中国烟草年鉴 2006

国家烟草专卖局、中国烟草总公司领导

姜成康

国家烟草专卖局局长、党组书记
中国烟草总公司总经理

张保振

国家烟草专卖局副局长、党组成员

何泽华

国家烟草专卖局副局长、党组成员

李克明

国家烟草专卖局副局长、党组成员

张　辉

国家烟草专卖局副局长、党组成员

潘家华

中央纪委驻国家烟草专卖局纪检组组长、国家烟草专卖局党组成员

领导视察

3月18日，中共中央政治局常委、中央纪委书记吴官正（左二）视察延吉卷烟厂

延吉卷烟厂 李福军 摄

7月18日，中共中央政治局委员、国务院副总理（中）曾培炎考察北京烟草物流中心

汪为民 摄

12月2日，中共中央政治局委员、新疆维吾尔自治区党委书记王乐泉（左二）考察长沙卷烟厂

湖南中烟 供稿

2月24日，浙江省委书记习近平（前排右一）考察宁波卷烟厂

湖南中烟 吕 群 摄

国家局领导考察

3月22日，姜成康局长到浙江烟草考察卷烟配送中心

浙江省局 供稿

4月11日，张保振副局长在郑州卷烟厂考察卷烟生产工作

河南中烟郑州卷烟厂 瞿卫华 摄

8月26日，何泽华副局长到潍坊考察烟叶工作

山东省局 冯 准 摄

6月1日，李克明副局长考察深圳烟草

深圳市局 供稿

9月22日，张辉副局长在福建慰问“断链行动”一线打假工作人员

福建省局 供稿

4月6日，潘家华组长（左四）在毕节地区考察烟水配套工程

贵州中烟 供稿

重要会议活动

1月14日～16日，2006年全国烟草工作会议在北京召开

汪为民 摄

1月20日～21日，2006年中烟进出口集团工作会议在成都召开

张小乐 摄

2月6日~17日,世界卫生组织《烟草控制框架公约》第一次缔约方大会在日内瓦举行,图为中国代表团部分成员合影(中为国家发展改革委副主任欧新黔)

国家局办公室新闻处 供稿

2月22日~24日，2006年全国烟草行业财务审计工作会议在北京召开

陈圆媛 摄

2月28日～3月1日，2006年全国烟草系统纪检监察工作会议在北京召开

唐 敏 摄

3月13日～14日，2006年全国烟草专卖管理工作会议在北京召开

刘海文 摄

3月21日～22日，2006年全国烟草行业信息化工作会议在北京召开

张晓燕 摄

4月13日～15日，2006年全国卷烟销售网络建设现场会在杭州召开

鲁建敏 摄

4月18日～19日，全国烟草系统2006年政治工作会议在北京召开

唐 敏 摄

4月20日，全国烟草行业“两项检查”工作进展情况汇报会在北京召开

颉虎平 摄

4月26日，国家局召开2006年全国烟草行业经济运行工作电视电话会议

张小乐 摄

5月，全国烟草系统离退休干部工作会议暨离退休干部“双先”表彰大会在北京召开

高建国 摄

5月19日～20日，全国烟草科学技术大会在北京召开

袁 博 摄

7月18日～20日，2006年全国烟草专卖局长、公司总经理座谈会在北京召开

汪为民 摄

7月25日，国家局与海关总署在北京签署《海关总署、国家烟草专卖局关于合作打击卷烟走私违法活动备忘录》

张百厚 摄

10月12日～13日，全国烟草行业多元化投资管理工作会议在北京召开

张 婧摄

10月13日，中国履行《烟草控制框架公约》启动仪式在北京举行

张小乐 摄

11月21日～22日，2006年全国卷烟销售工作会议在北京召开

颉虎平 摄

11月24日，2006年全国烟草行业统计工作会议在北京召开

武玉军 摄

12月18日～19日，全国烟草行业企业管理研讨座谈会在北京召开

张 婧 摄

12月26日～27日，全国烟草行业第二次企业文化建设工作暨政研会秘书长会议在北京召开

陈兴杰 摄

12月29日，国家局、公安部在北京联合召开全国卷烟打假总结表彰会

浙江省局 许新红 摄

2006年《年鉴》主要撰稿人名单

科技教育司：高运谦
中国烟草机械集团有限责任公司：周志华
中国烟草实业发展中心：陈　焕
中国烟草总公司郑州烟草研究院：程永玲
中国烟草总公司合肥设计院：宋　林
北京市烟草专卖局（公司）：王智誉
天津市烟草专卖局（公司）：白　岩
河北省烟草专卖局（公司）：丁兰国
山西省烟草专卖局（公司）：陈晓勇
内蒙古自治区烟草专卖局（公司）：齐俊峰
辽宁省烟草专卖局（公司）：王　淼
吉林省烟草专卖局（公司）：王兴谦
黑龙江省烟草专卖局（公司）：高　源
上海市烟草专卖局、上海烟草（集团公司）：胡剑平
江苏省烟草专卖局（公司）：张　华
浙江省烟草专卖局（公司）：章　莉
安徽省烟草专卖局（公司）：张　宁
福建省烟草专卖局（公司）：伊　尹
江西省烟草专卖局（公司）：左荣华
山东省烟草专卖局（公司）：张志强
河南省烟草专卖局（公司）：李长银
湖北省烟草专卖局（公司）：朱　天
湖南省烟草专卖局（公司）：张　仕
广东省烟草专卖局（公司）：张　慧
广西壮族自治区烟草专卖局（公司）：刘　武
海南省烟草专卖局（公司）：李方友
重庆市烟草专卖局（公司）：赵国平
四川省烟草专卖局（公司）：张羽翔
贵州省烟草专卖局（公司）：王　乾
云南省烟草专卖局（公司）：杨　漾
西藏自治区烟草专卖局（公司）：程　伟
陕西省烟草专卖局（公司）：王　玉
甘肃省烟草专卖局（公司）：王永青
青海省烟草专卖局（公司）：窦海宁
宁夏回族自治区烟草专卖局（公司）：汪创业
新疆维吾尔自治区烟草专卖局（公司）：张淑文
大连市烟草专卖局（公司）：高　瑞
深圳市烟草专卖局（公司）：全俊儒
河北中烟工业公司：李松卯
江苏中烟工业公司：滕舜英
浙江中烟工业公司：黄建阳
安徽中烟工业公司：朱要文
福建中烟工业公司：沈建书
江西中烟工业公司：张金泉
山东中烟工业公司：杨尚泉
河南中烟工业公司：张　宇
湖北中烟工业公司：张小平
湖南中烟工业公司：陈运高
广东中烟工业公司：杨文雯
广西中烟工业公司：周丽霞
川渝中烟工业公司：晏　钢
贵州中烟工业公司：胡桂姜
云南中烟工业公司：刘　卉
陕西中烟工业公司：金新伟
南通醋酸纤维有限公司：赵云峰
珠海醋酸纤维有限公司：蔡远中
昆明醋酸纤维有限公司：唐丽维

特别感谢：邱纪青　马　超　李保江

编写说明

一、《中国烟草年鉴》是由国家烟草专卖局组织编纂，全面反映中国烟草行业改革和发展情况以及所属各企业发展概貌的专业性、权威性行业综合年鉴。《中国烟草年鉴》自1996年创刊以来，已先后编纂出版了1991～1995年、1981～1990年、1996～1997年、1998～1999年、2000年、2001年、2002年、2003年、2004年、2005年卷等10期。从《中国烟草年鉴》2004年卷起，由国家烟草专卖局中国烟草杂志社《中国烟草年鉴》编辑部具体负责年鉴的编辑工作。

二、《中国烟草年鉴2006》设有领导讲话，重要文件，大事记，行业概览，国家烟草专卖局、中国烟草总公司机构，地区烟草，工业企业，科研机构，统计资料，人物，文化，公益事业，论点摘要，论文索引，附录，索引共计16个栏目。本年鉴“栏目”下设“分目”和“条目”。

三、本年鉴主要收录了2006年全国烟草行业发展的主要工作情况，内容充实，信息量大，特别突出了资料的权威性、延续性，反映行业改革发展的历程。并配有大量彩图。

四、本年鉴《行业概览》栏目在2005年年鉴的基础上，内容由13部分增至14部分。新增“多元化经营”内容，介绍了2006年行业多元化经营发展情况，并对多元化经营的历史进行了回顾。《行业概览》栏目全面反映了2006年全国烟草行业发展概况、发展计划与经济运行、烟叶生产经营、卷烟生产经营、专卖管理监督、政策法规与体制改革、财务与审计、内部管理监督、烟草科技、信息化建设、多元化经营、对外贸易与合作交流、人事与劳资、精神文明建设的基本情况。

五、《地区烟草》栏目，主要介绍烟草商业企业情况，2006年年鉴对各地市级局（公司）的介绍，改变了2005年年鉴仅采用列表的形式，对各地市级局（公司）分别进行文字介绍并与列表相结合，做到基本信息完整清晰，方便查阅，又突出重点，体现特色，突出了商业企业改制的内容。

六、《工业企业》栏目，主要介绍烟草工业企业，包括卷烟工业企业、烟草机械生产企业、辅料生产企业、烟叶加工企业2007年的发展情况，重点突出了卷烟工业企业联合重组改制的发展情况。

七、本年鉴的各种资料、数据主要由国家烟草专卖局各部门、各单位和行业各直属单位提供，条目内容、数据均经各撰稿单位审阅，并由国家局烟草专卖局办公室最后审定确认，资料可靠。本年鉴中有关涉及各地区的面积、人口及GDP数据均来自《中国统计年鉴》。

八、本年鉴中的各种资料、数据，除人物和先进企业名单外，一般截止时间为2006年12月31日。

编　者

2008年5月

目 录

领导讲话

信息化建设

多元化经营

思想政治工作

纪检监察

重要文件

综　合

专卖管理

生产经营

体改法规

财务审计

科技工作

人事政工

大事记

行业概览

国家烟草专卖局 中国烟草总公司机构

地区烟草

北京烟草

天津烟草

河北烟草

所属地市级局（公司）

山西烟草

所属地市级局（公司）

内蒙古烟草

所属地市级局（公司）

辽宁烟草

所属地市级局（公司）

湖北烟草

湖南烟草

广东烟草

广西烟草

甘肃烟草

青海烟草

宁夏烟草

新疆烟草

大连烟草

深圳烟草

工业企业

卷烟工业企业

烟草机械生产企业

辅料生产企业

烟叶加工企业

科研机构

统计资料

总表部分

工业部分

商业部分

其 他

人 物

人物名单

人物介绍

文 化

公益事业

论点摘要

论文索引

附 录

国外烟草

先进企业名单

索 引

领导讲话

全国烟草工作会议

在接见全国烟草专卖局长、公司总经理座谈会全体代表暨视察北京烟草物流中心时的讲话

国务院副总理　曾培炎

（2006年7月18日）

烟草行业是国民经济的一个特殊行业，是国家财税的重要来源。近几年来，烟草行业认真贯彻落实党中央、国务院的决策部署，一手抓改革，一手促发展，各项工作都取得了很大进展。企业结构在调整中优化，目前全国卷烟工业企业已由过去的185家调减为40家，卷烟牌号由近2000个压缩为200多个。对国家的贡献不断增加，去年实现利税超过2500亿元，比2000年增长了1.3倍；今年上半年达到1500多亿元。

今年以来，国民经济保持了平稳快速发展的好势头，上半年国内生产总值同比增长10.9%，是1996年以来最快的增速。同时，消费价格指数仅上涨1.3%，比较平稳；煤电运的制约缓解，没有出现大的紧张；财政收入比上年同期增加3600多亿元，经济效益较好。但是喜中也有忧，主要是固定资产投资规模偏大，银行信贷投放过多，国际收支不平衡的压力加大，外汇储备增长过快。对于存在的问题，国家正在采取一系列措施，加强和改善宏观调控，重点是继续严格控制两个"闸门"，进一步加强信贷和土地管理，加大节能环保工作力度，抑制固定资产投资规模，减少资金流动性过剩，避免经济增长由加快转为过热。希望这个会议能够更好地贯彻中央即将出台的宏观调控措施，促进经济发展继续保持好的势头。借此机会，对烟草行业提几点要求：

首先，要以科学发展观统领行业发展。把以人为本，促进全面协调可持续发展落到实处，加强卷烟计划管理，严格控制总量，维护人民健康；调整产品结构，增加有效供给，满足群众需求。要结合建设社会主义新农村，实行"工业反哺农业、城市支持农村"的方针，抓好烟叶生产基地建设，带动农民增加收入，更好地支持农业和农村建设。要结合建设资源节约型和环境友好型社会，切实抓好烟叶生产的节能降耗，努力实现节约发展、清洁发展和安全发展。要结合建设小康社会与和谐社会，用好烟草行业的积累的资金，积极支持新能源、环保、节能等基础设施建设，加大对社会公益事业的投入，履行企业社会责任，为国家建设和改善人民生活作出新的贡献。

第二，要深入推进行业改革。这几年烟草行业改革成效不小，要总结经验，深入推进。去年，国务院办公厅下发了有关文件，明确了烟草行业的改革方向，要继续抓好文件精神的贯彻落实。坚持和完善"统一领导、垂直管理、专卖专营"的制度，进一步理顺行业资产管理体制，简化管理层次，加强清产核资，落实有关责任，保证国有资产保值增值。继续推进卷烟工业企业联合重组，深化企业改革，加快建立现代企业制度，做大做强烟草企业。加快建设全国统一的销售网络，理顺烟草进出口管理体制，增强行业整体竞争力。近年来，烟草行业按照"电话供货、网上配送、电子结算、现代物流"的模式，整体推进销售网络建设，方便了零售，提高了效率，节约了资金，取得了很好的成效。要总结经验，不断完善，努力推进烟草传统商业向现代流通的转变。还要加大市场监管力度，深入推进卷烟打假、打私。

第三，要积极推进技术创新。改革是发展的动力，创新也是发展的动力。卷烟生产要进一步提高效益，卷烟产品要更好地满足国内各个消费层次的需要，将来还要"走出去"参与国际竞争，都要求解决许多技术问题。要集中力量搞好一些重要领域的科技攻关，力争在烟草育种、特色工艺、卷烟调香、降焦减害、烟机研制等方面不断取得新突破，努力提供科技进步对行业发展的贡献率。

第四，要加强队伍建设。烟草行业要认真学习邓小平理论和"三个代表"重要思想，牢固树立科学发展观，积极构建社会主义和谐社会，认真贯彻中央一系列方针政策。加强对各级干部职工的教育，抓好党

风廉政和精神文明建设，严格行业自律，强化行业内部审计监督。近年来，社会舆论对垄断行业收入分配问题反映比较多，烟草行业要加强自身管理，完善分配机制，提高服务质量，树立良好形象。

我相信，在国家烟草局党组的领导下，在全行业干部职工的共同努力下，我国烟草行业一定能够得到更好的发展，为国家建设和人民生活作出更大的贡献！

做好烟草行业2006年工作的几点意见

——在2006年全国烟草工作会议上的讲话（节选）

国家发展和改革委员会副主任　欧新黔

（2006年1月14日）

就做好烟草行业2006年的工作简要讲几点意见：

一、要继续积极稳妥地推进各项改革工作

发展改革委、财政部、烟草局《关于进一步理顺烟草行业资产管理体制深化烟草企业改革的意见》去年11月份已经国务院批准并下发执行。贯彻落实国务院有关文件，是烟草行业今后一个时期深化改革的重点内容，今年的任务尤为艰巨，关系着行业理顺资产管理体制、完善企业制度的改革能否顺利推进和实现预期目标。由于改革涉及多个层面，触及多方利益，各级烟草部门要对国务院有关文件精神认真学习、深刻领会，从巩固和完善烟草专卖制度，做大做强烟草企业，提高行业整体竞争实力，促进烟草行业持续健康发展的大局出发，在国家烟草局的统筹规划和组织指导下，按照改革实施方案，积极稳妥地做好各项工作，在稳定中推进改革。通过改革，国家局要进一步转变职能，切实加强行业管理，认真履行国务院赋予的行政职能；总公司要依法对所属企业履行出资人职责，承担起国有资产保值增值责任；卷烟工业企业要加快实施联合重组，探索建立现代企业制度，不断增强市场竞争力。发改委将全力支持烟草行业的改革，对实施改革中涉及的重大问题将积极协调有关部门加以解决，确保改革的顺利实施。

二、要严格“两烟”计划管理

《烟草专卖法》明确规定，烟草实行专卖管理，必须有计划地组织烟草专卖品的生产和经营。近年来烟叶生产实现稳定发展、卷烟产销保持协调稳定增长、烟草行业实现经济效益不断提高，都充分说明严格总量控制、加强计划管理是尤为必要的。今后，卷烟生产计划增长的空间将非常有限，烟草行业要保持平稳发展，切实维护国家计划的严肃性。国家局要继续加强宏观调控，加强对计划的管理和考核。要在坚持控制总量的前提下，改革计划管理方式，发挥市场机制调节作用，实现资源的优化配置。在烟叶生产环节，产区各级烟草部门要严格按照国家下达的收购计划组织烟叶种植和收购，这不仅关系着烟草行业发展基础的稳定，也关系着广大烟农收入的稳定和增长。在卷烟生产环节，工业企业要严格控制生产进度，坚持按照下达计划均衡组织生产，同时要积极通过实施跨省联合重组、开拓国际市场等途径扩大企业规模，壮大企业竞争实力。

三、要切实提高烟草行业自主创新能力

党的十六届五中全会把增强自主创新能力作为国家战略摆在经济社会发展的突出位置，强调要把提高自主创新能力作为调整产业结构、转变增长方式的中心环节。中央经济工作会议明确指出，我国已经到了必须更多依靠增强自主创新能力和提高劳动者素质推动经济发展的历史阶段。1月9日在北京召开的全国科学技术大会，向全民发出了加强自主创新、建设创新型国家的号召。随着资源和环境压力的不断增加，今后国内各种生产要素和资源性产品的价格都将出现上升趋势，由此必然增加企业成本，弱化现有竞争优势。面对这种情况，烟草行业必须从行业和企业自身长远发展的高度，充分认识提高自主创新能力的重要性和紧迫性，加快研究和实施自主创新战略，全面增强自主创新能力。要以提高卷烟产品质量、降低吸烟对健康的危害为目标，从烟叶种植到卷烟加工的每一个环节入手，增加研发投入，加强技术开发，加强引进技术的消化吸收再创新。要充分协调发挥行业科研机构、企业技术中心、博士后工作站、重点实验室以及科技人才的带头作用，开展项目攻关，积极发展具有自主知识产权的核心技术和关键技术。卷烟工业企业作为技术创新的主体，要在自主创新上大显身手，努力从粗放型经营向集约型经营转变，从高投入、高

消耗转向节约资源、降低成本，为企业发展提供新动力，为产品结构优化升级提供技术支撑，进而在激烈的市场竞争中赢得主动。

四、要抓好烟草行业的资源节约工作

烟草行业与其他行业相比，可能对我国能源资源对经济发展日益偏紧的约束感受不深，但节约资源已被中央定为基本国策，每一个行业、每一个企业都必须落实。我国古代思想家荀子说过“强本而节用，则天不能贫”，中国原本资源人均起来就不富裕，每个行业每个企业每个公民再不从每件事每时起都树立起节约意识，可持续发展也就无从谈起！我希望烟草行业要按照中央“十一五”规划建议中提出的建设资源节约型和环境友好型社会的要求，大力推进节能节水节地节材，加强综合利用，加强环境保护。

另外，姜局长在给委里汇报时谈到烟草行业在维护烟农利益、支持农业发展方面做了许多努力。我想这点做得好也很必要。这次中央“十一五”规划建议提出建设社会主义新农村，建立以工促农、以城带乡的长效机制。我希望，烟草行业要按照“十一五”规划要求，继续做好与农民利益相关的烟叶工作，形成良好的烟企与烟农合作共赢机制，为提高农民收入，为社会主义新农村建设贡献力量。

五、要以高度负责的态度认真履行《烟草控制框架公约》

2005年8月28日，第十届全国人大常委会第十七次会议批准世界卫生组织《烟草控制框架公约》，10月13日，中国政府履行《公约》启动仪式在北京举行，今年初《公约》在中国正式生效。作为世界第一大烟草生产和消费国，中国政府控烟的态度是坚决的。作为实行专卖管理的烟草行业，要从维护中国政府形象、维护消费者健康的大局出发，正确把握当前国内国际控烟形势，以积极的姿态投入到履行《公约》的各项工作中。同时，要正确处理烟草生产与烟草控制的关系，进一步认真履行国家所赋予的专卖职能，继续严格执行国家有关控烟的法律法规，始终坚持总量控制，规范自身生产经营行为，严厉打击非法生产经营活动，维护正常的烟草市场经营秩序。要进一步加大降低卷烟烟气中有害成分的研究力度，充分挖掘和利用各种有效资源，研究、探索、完善新的生产工艺和配方技术，不断提高卷烟产品质量。要重视加强《公约》以及吸烟有害健康的宣传，树立起烟草行业负责任的良好社会形象。

在全国烟草专卖局长、公司总经理座谈会上的讲话（摘要）

国家发展和改革委员会副主任　欧新黔

（2006年7月18日）

上半年，烟草行业在国家烟草局党组的领导下，按照年初全国烟草工作会议的部署，积极稳妥地推进行业改革，生产经营继续保持平稳健康发展的良好态势。下面，就全行业下半年需要重视做好的工作，简要强调以下几点：

一、要高度重视抓好国务院有关文件的贯彻落实

国务院有关文件的出台肯定了烟草行业实行专卖制度以来特别是近几年改革和发展取得的重要进展，进一步确定和提出了新形势下烟草行业深化改革的任务、目标和政策措施。文件明确了烟草行业继续实行“统一领导、垂直管理、专卖专营”的管理体制，中国烟草总公司依法对所属工商企业的国有资产行使出资人权利，经营和管理国有资产，承担保值增值责任；明确财政部对中国烟草总公司的国有资产进行监管，有关资产监管的重大事项报财政部批准。同时，要求进一步深化中国烟草总公司体制改革和烟草企业体制改革，努力实现做大做强烟草企业，提高行业整体竞争力，促进烟草行业持续健康发展的目标。国务院有关文件提出的各项任务和要求，对推进烟草行业持续健康发展具有重大指导意义。因此，全面抓好国务院有关文件精神的贯彻落实，是烟草行业当前和今后一个时期深化改革的主要任务。从上半年情况看，全行业理顺资产管理体制进展顺利，卷烟工业企业合并重组、商业企业培育地市级公司市场主体和“按订单组织供货”等各项改革积极推进，取得的成效比较明显，下半年要继续按照国家局制订的《实施方案》和部署要求，把贯彻落实国务院有关文件作为重中之重的任务，积极推进各项改革的实施。要进一步深入学

习领会文件精神，统一思想认识，增强推进实施各项改革的紧迫感和自觉性。要进一步做好理顺资产管理体制各项工作，加快建立烟草现代产权制度。要高度重视国有资产经营和管理工作，按财政部有关要求，切实加强对所属工商企业国有资产的监管，认真履行好出资人职责，确保国有资产保值增值。要积极推进烟草企业改革，加快公司制改造步伐，探索建立董事会、监事会、总经理相互制衡的法人治理结构，加快建设全国统一完善的卷烟销售网络，发挥市场机制作用，努力营造公平竞争的市场环境。要抓紧做好国家局、总公司职能和机构调整工作，把主要精力放到宏观决策、战略管理、资产经营方面，认真履行国务院赋予的管理职能，切实加强行业管理，加强和改善宏观调控，努力实现从行政管理为主向行政管理与资产经营管理并重转变，推进行业持续健康发展。

二、要高度重视保持行业平稳发展

马凯同志在烟草行业工作总结上批示：改革任务还很重，要积极稳妥促进发展、保持稳定。烟草行业的发展，要以满足市场消费需要为基本前提，在保证市场有效供求的同时努力为国家多创造效益。因此，要把保持平稳发展始终作为烟草工作的基本方针抓好落实，努力克服和防止各种脱离市场实际的盲目发展现象，避免出现大起大落。近年来，国家局坚持以科学发展观为统领，明确提出了要把行业发展建立在可靠的市场基础和扎实的工作基础上，建立在资源配置效率不断改善和提高上，建立在有质量、讲效益、可持续的前提上，这是符合烟草发展的客观要求和行业工作实际的，要坚持不懈地抓好落实。针对今年上半年行业经济运行中反映增长速度偏快现象，全行业都要进一步提高对贯彻落实科学发展观重大意义的认识，把科学发展观的各项要求自觉落实到实际工作中。现在市场上一些高档卷烟产品过度讲究包装、盲目追求高价位的问题仍比较突出，要采取有效措施，努力降低卷烟生产成本，切实重视抓好低档卷烟的生产销售，保证市场有效供求，满足消费需要。要紧密结合行业生产经营实际，正确认识和处理好发展速度与提高增长质量的关系，切实加强企业内部管理，把科学发展观真正落到实处，努力实现全面、协调、可持续发展。

三、要高度重视自主创新和节能降耗工作

贯彻落实科学发展观，要求我们必须更加重视科技进步和创新工作，通过推动科技创新，促进行业持续发展。今年初，党中央、国务院召开了全国科学技术大会，提出了建设创新型国家的战略任务，其核心就是要把增强自主创新能力作为我国科技发展的战略基点，走出中国特色的自主创新道路，推动科学技术的跨越式发展。烟草行业也召开了全行业科技大会进行贯彻，明确提出了建设创新型行业的目标和任务。全行业要按照这次大会的部署，把增强自主创新能力切实作为行业结构调整、转变增长方式的中心环节，全面抓好落实。要认真组织重大科研项目攻关，努力在减害降焦、特色工艺等关键技术上取得重大突破。要突出抓好节约生产、节能降耗工作，以提高资源利用效率为核心，充分调动企业节约资源的积极性和自觉性，切实形成节约型增长方式，改变高投入、高消耗、高成本和资源利用率低的现象，走节约型发展道路。要充分利用信息化手段提高行业现代化管理和科学管理水平，为建设资源节约型、环境友好型社会积极发挥行业应有的作用。

四、要高度重视加强烟叶基础

烟叶是行业发展的基础，烟叶工作的重要性不仅在于保证卷烟工业生产所需要，而且其种植生产过程与我国农业、农村特别是广大烟农密切联系。因此，要把烟叶生产放到行业发展全局以至整个农业农村发展、农民增收的大环境来考虑，始终高度重视抓好烟叶工作。2005 年以来，烟草行业累计投入资金 20 多亿元，其中国家局直接投入 12.56 亿元，在烟叶主产区全面实施烟叶基础设施建设工程，取得了明显成效。目前已建设的烟水配套项目可以解决 300 万亩烟田的排灌需要。这项工作不仅是烟叶生产可持续发展的重要保障，也为烟叶产区社会主义新农村建设提供了积极支持，要作为一项战略工程抓好，确保工程质量，努力取得实效。要积极争取地方党委政府及水利、农业等部门的支持，与当地农村农田基础设施建设结合起来，发挥好工程项目的综合效益。当前要重视抓好今年的烟叶收购工作，严格按国家计划和合同组织收购，保持烟叶总量和规模稳定。

五、要高度重视加强行业内部管理监督

2005 年以来，烟草行业在前几年进行“两烟”生产经营秩序专项整顿的基础上，在行业全面开展加强内部管理监督工作，并形成了以规范“两烟”生产经营为基础、以财务审计监督为关键、以对领导干部的监督为重点、以纪检监察再监督为保障的行业内部管理监督基本格局，今年，又重点进行了加强内部专卖管理监督和同级审计为主要内容的“两项检查”工作，不断推动行业内部管理监督工作深入开展。加强内部管理监督，对于规范生产经营秩序、解决存在的突出问题，对于更好地坚持和完善烟草专卖制度，对

于严格行业自律、树立行业良好形象，都是非常必要的措施和有效手段。特别是随着行业资产管理体制的逐步理顺，严格内部管理监督更显得尤为重要。全行业各单位都要更加重视加强内部管理监督工作，把加强内部管理监督与建立健全惩治和预防腐败体系、与加强行业思想道德建设紧密结合起来，进一步健全和完善各项制度，构建加强行业内部监管的长效机制，努力做到切实维护国家利益和消费者利益，确保行业持续健康发展。

完善体制机制　优化资源配置
增强竞争实力　全面提升水平
推动烟草行业持续稳定协调健康发展

——在2006年全国烟草工作会议上的讲话

姜成康

（2006年1月14日）

这次全国烟草工作会议，是在“十五”计划全面完成、“十一五”规划开始实施之际召开的一次重要会议。会议的主要任务是，认真贯彻党的十六大和十六届三中、四中、五中全会精神，贯彻落实中央经济工作会议和国务院有关文件精神，紧密联系行业实际，全面贯彻落实科学发展观，总结2005年工作情况，安排2006年工作任务，重点研究部署当前和今后一个时期行业改革与发展需要着力做好的几方面工作，进一步统一思想，明确任务，振奋精神，坚定信心，努力推动烟草行业持续稳定协调健康发展。

一、烟草行业2005年工作完成情况

2005年是“十五”时期的最后一年，全国烟草行业在党中央、国务院及国家发改委的正确领导下，在各有关部门和地方党委、政府的大力支持下，按照年初的工作部署，继续抓好“四个推进”，正确处理“五个关系”，依靠全行业干部职工的不懈努力和扎实工作，圆满完成各项工作任务，保持了行业平稳健康发展。全年实现工商税利2494.56亿元，比上年增加313.08亿元，增长14.35%。其中实现工商税金1595.25亿元，同比增长11.84%；工商利润899.31亿元，同比增长19.1%。

（一）稳定种植规模，注重提高质量，烟叶生产继续保持平稳发展

全行业更加重视烟叶工作，把稳定规模作为烟叶生产的首要任务，认真落实烟叶生产的各项政策措施，巩固和加强烟叶的基础地位。针对去年以来烟叶生产资料价格上涨、农民种烟积极性不稳定以及自然灾害频发等不利因素影响，国家局及时出台提高烤烟收购价格、调高产前扶持费标准、增加煤炭专项补贴、安排专项资金支持烟叶生产等一系列政策措施，加大对烟叶生产的扶持力度，对稳定烟叶规模起到了重要作用。产区各级烟草部门进一步完善和落实合同制，严格按计划组织烟叶生产和收购，收购秩序保持稳定。全国烤烟种植面积1674万亩，比上年增加160万亩，预计本农业年度全国烟叶收购量保持在210万吨左右，烟叶供求总体平衡。为提高烟叶质量和整体工作水平，各产区坚持重心下移、着眼基层、突出服务、加强基础。产区基层站的管理得到重视和加强，稳定了烟叶生产技术指导队伍。育苗、烘烤、收购等关键环节社会化、专业化服务体系进一步完善，为广大烟农提供了更为方便、有效的服务。烟叶基础设施建设开始启动，生产条件逐步改善，漂浮育苗、集约化烘烤、土壤改良及排灌等关键技术的推广力度进一步加大。全国集约化育苗比例达到82%，其中漂浮育苗移栽面积达到1010万亩。部分替代进口烟叶生产示范区的带动作用得到发挥，示范点增加到35个、示范面积11万亩。以提高烟叶品质为中心的配套技术示范工作取得成效，示范面积扩大到23万亩。各产区烟叶生产可持续发展规划初步制订完成，为调整和优化烟叶生产布局奠定了基础。

（二）适应市场变化，加强宏观调控，经济运行质量和效益继续稳步提高

全行业始终坚持“控量、促销、稳价、增效”的经济运行指导方针，针对年初一度出现的卷烟生产进度偏快、产品结构偏高、增长速度偏热的突出矛盾，国家局连续两次召开电视电话会议，采取积极有效措施，切实加强对总量和结构的调控。坚持按月下达生

产计划，对进度偏快省份及时进行限产，严格控制进度，确保均衡生产；专项安排增加低档卷烟生产计划，加大低档卷烟生产的补贴力度，确保市场有效供给；加大对卷烟生产进度和低档卷烟产销的考核力度，及时下达调度令，确保产销协调。各单位认真贯彻落实国家局制订的各项调控措施，合理安排产销结构，尤其重视组织抓好低档卷烟的生产和市场供应。通过行业上下共同努力，使1～4月产大于销的被动局面得到扭转，保持了全年卷烟产销协调稳定增长，产品结构趋于合理。全行业累计生产卷烟19423.2亿支（3884.6万箱），与去年同比增长687.3亿支（137.5万箱），增长3.67%；销售卷烟19472.3亿支（3894.5万箱），同比增长686.3亿支（137.3万箱），增长3.7%；年末卷烟工商库存1287.1亿支（257.4万箱），保持正常库存水平。全行业大力推进品牌维护、提升工作，启动了部分名优卷烟品牌在36个重点城市的市场监测和部分名优品牌市场走势监测工作，加强品牌管理与战略研究，名优品牌的竞争力进一步提高。全年卷烟生产牌号为325个，比上年减少169个；前10个牌号生产集中度为26.4%，同比上升5.4个百分点；百牌号生产比重为84.7%，同比上升11.1个百分点；名优卷烟生产比重为39.5%，同比上升5.7个百分点。进一步加强卷烟价格管理，有24个省级局（公司）在全省范围内实施卷烟零售明码标价工作，到年底，各区域低档卷烟批发价格归档工作已经完成，大部分名优卷烟已基本实现全国统一批发价。通过有效组织调度和加强管理，丝束等烟用物资实现了稳定供应，烟草进出口工作保持平稳发展，烟叶、卷烟出口总量与上年基本持平，全年实现出口创汇5.7亿美元，同比增长8.6%。

（三）推进行业体制改革，加快企业联合重组，烟草资源进一步得到有效整合

云南、广东中烟工业公司和四川省烟草公司理顺产权试点工作进展顺利，构建了母子公司体制，调整了省级公司职能。选择部分重点卷烟工业企业按照现代企业制度要求建立法人治理结构。进一步优化工业企业组织结构，全年共有13家卷烟工业企业完成了组织结构调整，目前具有法人资格的卷烟工业企业已调整减少到44家。积极推动烟草商业流通体制改革，强化地市级公司市场营销主体地位，取消县级公司法人资格步伐继续加快。全年共有202家县级公司取消法人资格，到2005年底全行业已累计取消县级烟草公司法人资格1317家。完成了7家打叶复烤企业的公司制改造工作，全行业已有44家打叶复烤企业按照公司制进行改制。继续做好烟叶生产经营富余人员分流工作，全年有4374人进行一次性有偿安置并通过验收。全行业卷烟销售网络建设以整体推进、全面提升为目标，统一地市级公司网络运行模式，基本实现了新业务模式的转换，资源整合取得实质性进展，整体水平有了较大提高。有22个省级局（公司）统一了全省地市级公司电话订货系统。全国持证卷烟零售客户443万户，比上年增加5.47%。其中实行电话订货的零售客户达到430万户，同比增长13.76%，占零售客户总数的97%；实行电子结算的零售客户195万户，同比增长14.24%，占零售客户总数的43.97%。全行业有近50%的地市级公司完成了对配送部门的整合，实现了“一库式”配送，直接分拣到户的达到296万户，地市级公司经营主体作用已经显现，促进了网络整体功能进一步发挥。大连、深圳、杭州等市公司“按客户订单组织货源”试点工作取得初步成效，卷烟需求预测准确率和订单满足率不断提高，适应市场的能力逐步增强。

（四）深入开展整顿规范，强化内部管理监督，烟草生产经营秩序明显改善

按照《2005年烟草行业整顿规范工作实施意见》，全行业继续深入推进整顿规范工作。为进一步巩固烟叶流通秩序整顿成果，防止烟叶经营违法违规问题反弹，国家局在全行业开展了烟叶生产经营秩序专项整顿，加大对违规经营烟叶案件的查处力度，进一步解决烟叶生产经营中存在的突出问题。各单位切实做好财经秩序整顿的后续工作，在落实整改的基础上，增加“整改督查总结”阶段，对数据填报、问题整改、制度建设和资料归档等项工作进行认真检查，对三年多时间的财经秩序专项整顿工作进行全面总结，善始善终做好整顿工作。为从根本上解决行业各种不规范问题，从解决“注重自律”这一重要课题入手，国家局党组自5月份开始在行业全面开展加强内部管理监督工作，努力构建加强内部监管长效机制，并明确河北省局等7个单位为国家局加强行业内部管理监督工作联系单位。各单位认真落实国家局《关于加强行业内部管理监督工作的意见》以及专卖管理、财务审计、纪检监察等三个方面实施意见的具体要求，主要领导亲自部署工作，积极推动内部管理监督工作深入开展。行业各直属单位进一步健全整顿和规范市场经济秩序领导小组，完善了整顿办工作机构，配备了专职副主任及专职人员，与各职能部门紧密配合协作，加强督导检查，狠抓落实。各单位普遍制订了加强内部管理监督实施方案，健全各项监管制度，突出抓好监管重点，注重加强同级监督和日常监督，对本级联系单位的工作加强具体指导，及时发现问题、总结经

验，以点带面推动工作开展。通过半年多的努力，行业内部管理监督工作取得初步成效，各级领导干部特别是主要领导对加强内部管理监督工作的认识明显提高，加强内部管理监督的自觉性和主动性得到增强。各单位更加重视内控制度建设，全面推行预算管理，加强内部审计和资金监管，进一步规范生产经营行为，推动行业内部管理监督工作深入、扎实、持久地开展。

（五）切实加强专卖管理，严厉打击制假活动，进一步净化卷烟市场

各级专卖管理部门紧紧依靠当地党委、政府的支持，与公安等部门密切合作，始终保持卷烟打假的高压态势。进一步完善打假协作机制，加强卷烟制假案件的移送工作，对重大涉烟案件进行跟踪督办。坚持“打源头”的方针，深入开展打击卷烟制假窝点活动，加强对卷烟纸等原辅材料和烟厂闲置设备的重点监管。全面开展打击制售假烟网络工作，建立打击销售假烟网络的组织机构和跨地区打假协调机制，形成协查办案的合力，成功组织了“6·18”、“9·23”等跨省区打击销售假烟网络行动，卷烟打假工作取得了新的突破。强化县级烟草专卖局职能建设，切实履行卷烟打假打私、加强市场监管的责任。加强对卷烟零售终端的政策、法规研究，制订卷烟零售业态分类标准和配套管理措施，对零售客户实施经营指导和依法管理。据统计，全年共查处制售假冒商标卷烟案件34.7万起，查获假冒卷烟73万件、制假烟叶1.2万吨，捣毁制假窝点2908个，查缴制假烟机1608台，打掉销售假烟网络23个，依法拘留制假分子5336人，判刑1697人、劳教82人。

（六）大力实施科技创新，努力提高管理水平，企业竞争实力不断增强

全行业以培育名优品牌为核心，不断加快技术创新步伐。“烟草育种、卷烟调香、特色工艺、减害降焦”四大战略课题开始启动。企业技术中心建设进一步加强，全行业已建立7家国家级、10家行业级企业技术中心，其中8家企业技术中心被国家人事部认定为博士后科研工作站。烟叶科技开发与推广体系不断完善，建立了8个全国优质烟叶生产科技示范基地和30多个烟草农业标准化示范县，加强了育种中心、试验站和生理生化基地建设。开展了行业重点实验室建设，郑州院等单位的烟草化学、烟草工艺、卷烟烟气、烟草栽培四个实验室认定为首批行业重点实验室。进一步加强质量监督和标准化管理，已有23个省级烟草质检站通过审查认可和授权，形成了由国家质检中心、省级质检站和行业重点质检站组成的行业质量监督检验体系。卷烟焦油量平均降至13.5毫克/支。完成了新《卷烟》国标的发布与宣贯工作，全行业有16个品牌被国家质检总局认定为中国名牌卷烟。烟机工业努力提高国产烟机质量水平和增强自主开发能力，引进技术的10000支/分卷接机组、550包/分包装机组成功开发。随着企业联合重组有效推进，规模扩张的大企业加速资源整合，加快机构调整，强化内部管理，积极运用信息化手段创新管理方式，提高企业现代管理水平。以落实安全生产责任制为核心，进一步完善安全监督管理机制和基础管理工作，推广实施职业安全健康管理体系，以道路交通、锅炉压力容器等为重点开展安全专项整治工作，避免了重、特大事故发生。完善投资管理办法，健全行业重大投资项目决策机制，严格控制多元化投资。信息化建设取得新的进展，行业地面骨干网建设全面完成，实现了国家局与各直属单位网络之间的互联互通。卷烟生产经营决策管理系统正式运行，并与烟草专卖准运证管理系统实现全面对接。国家局内部公文流转和公文远程传输系统运行稳定，烟机设备购置审批管理信息系统进入试运行，卷烟、烟叶等烟草专卖品的省际、省内交易全部实现网上运行。

（七）加强思想政治建设，推进反腐倡廉工作，为行业改革和发展提供了有力保障

按照中央统一部署和地方党委安排，行业全面开展了以学习实践“三个代表”重要思想为主要内容的保持共产党员先进性教育活动。各单位把开展先进性教育活动作为一项重大政治任务，精心组织实施，紧密联系行业改革与发展实际和党员队伍、党组织建设现状，认真制订和落实各项整改措施，着力解决存在的突出问题，全行业党员干部队伍的精神面貌发生新的变化，工作作风进一步转变，党员保持先进性长效机制初步建立。以开展先进性教育活动为契机，高度重视加强行业思想道德建设和企业文化建设。全行业广泛开展了牢固树立国家利益、消费者利益至上共同价值观大讨论活动，广大干部职工积极参与，采取多种形式从理论和实践层面展开讨论，加深了对“两个至上”共同价值观的认识和理解，把“两个切实维护”自觉落实到各方面工作中，为推进行业改革和发展打下较为坚实的思想基础。进一步加强各级领导班子和后备干部队伍建设，在全行业开展“四好”领导班子创建活动，促进了领导班子和领导干部整体素质的提高。不断深化干部人事制度改革，加大公开选拔、竞争上岗力度，积极推行聘用制，建立和完善激励机制。大力加强教育培训工作，增强培训的针对性和提高培训质量。国家局党校（培训中心）两期领导干部

进修班共培训厅、处两级干部学员188名，“管理整合”等短期研讨培训效果良好。中国烟草职工技术培训中心举办各类培训班96期、培训职工1.18万人（次），并积极组织开展远程培训。国家局选派行业各级领导干部、经营管理人员、高级技术和技能人员共200余人到境外培训。各级烟草学会积极组织开展学术交流与研讨活动，《中国烟草通志》编纂工作全面完成。全行业认真贯彻中央纪委第五次全会和国务院第三次廉政工作会议精神，以建立健全烟草行业惩治和预防腐败体系为重点，深入学习贯彻中共中央印发的《建立健全教育、制度、监督并重的惩治和预防腐败体系实施纲要》，从行业和本单位实际出发，制定具体贯彻落实意见，扎实开展构建惩防体系的基础性工作。国家局党组制定下发了《关于加强对行业各级领导班子及主要领导干部监督的意见》，明确了规范领导干部领导行为的五个方面重点，强调了切实加大追究力度的八项纪律，既突出了管理监督重点，又做到有章可循。各级纪检监察机构不断完善机制和健全制度，加大对同级领导班子及其成员监督检查的力度，加强对权力运行的制约和监督。进一步加大反腐败工作力度，切实落实中央纪委五次全会关于领导干部廉洁自律的各项新规定和新要求，重点加强领导干部、领导机关的廉洁自律工作。全行业受理群众来信来访2004件（次），新立案163件、共结案160件，给予党纪政纪处分处理的271人，其中司局级干部2人、处级干部34人。

在肯定成绩的同时，我们也要清醒看到工作中存在的不足和问题。主要是：烟叶生产出现过热苗头，部分产区计划失控；卷烟结构矛盾仍然突出，低档卷烟供应不足较为普遍；商业费用水平持续上升，各种铺张浪费现象仍比较严重，非市场因素尚待进一步克服。以上问题必须引起全行业高度重视，采取切实有效措施认真加以解决，以实现行业平稳健康发展。

二、当前和今后一个时期烟草行业改革与发展的主要工作

近年来，烟草行业在党中央、国务院的正确领导下，坚持以邓小平理论和“三个代表”重要思想为指导，牢固树立和认真落实科学发展观，通过行业广大干部职工的共同努力，各项工作继续向前推进，生产经营保持良好发展态势。2005年实现税利比2000年增长124.3%，年均增长17.5%，是实行烟草专卖制度以来发展比较好的一个时期。回顾总结行业近年来的工作，主要情况和特点是：

认真贯彻落实“做精做强主业，保持平稳发展”的基本方针和“深化改革、推动重组、走向联合、共同发展”的主要任务，坚持把发展建立在可靠的市场基础和扎实的工作基础之上。

在坚持专卖制度前提下，积极推进以市场为取向的改革，顺利实施省级公司工商管理体制分开，开展建立现代产权制度和现代企业制度试点工作，深化企业内部三项制度改革，进一步转变国家局、总公司，省级局、省级公司职能，确立卷烟工业企业和地市级公司的市场主体地位，充分发挥市场机制作用，使专卖制度下的烟草充满生机与活力；大力推进卷烟工业企业战略性调整，在更高层次、更高水平上推动企业联合重组，加大卷烟品牌整合力度，加快取消县级公司法人资格，优化企业组织结构和产品结构，较好地实现生产要素合理流动，努力改善和提高资源配置效率；始终坚持控制总量方针，加强和改善宏观调控，更加重视烟叶的基础地位，全面推进卷烟销售网络建设，加快信息化建设步伐，加强财务审计和内部监管，大力推动技术进步和管理创新，努力提高经济运行质量和效益；牢固树立“国家利益、消费者利益至上”的共同价值观，高度重视法制建设和市场监管工作，坚持依法行政、依法管理、依法组织生产经营活动，切实加强领导班子建设和党风廉政建设，深入开展反腐败斗争，努力解决好专卖制度下提高效率和注重自律两大课题，进一步坚持和完善烟草专卖制度，全面提高干部职工队伍的素质。

烟草行业通过近几年来的良好发展，为今后工作奠定了较为坚实的基础，面向未来，我们已经站在一个新的起点上。同时，烟草行业要继续保持平稳发展，也将面临许多新的矛盾和问题，面临更加严峻的挑战。主要表现在：

一是鉴于烟草产品的特殊性，面临着吸烟与健康问题更加严峻的挑战。目前，我国政府履行《烟草控制框架公约》工作已经启动，今后烟草发展的外部环境将受到更加严格的限制，对此我们要有足够的思想准备。

二是随着社会主义市场经济体制的不断完善和对外开放的不断扩大，面临着市场竞争更为严峻的挑战。我们要认识到，改革开放是我国的基本国策，烟草专卖处于市场经济和对外开放的大环境中，如何增强忧患意识、市场意识，应对更加激烈的市场竞争是必须解决的重大课题。

三是由于行业近年来的高速增长，面临着如何在较高税利水平上实现持续增长的严峻挑战。目前行业税利已在高位上运行，如何延长稳定增长期，避免出现大的波动，任务更加繁重和艰巨。

面对以上三个方面的严峻挑战，要确保烟草行业较长时期的持续平稳发展任务更加艰巨。根据党的十

六届五中全会、中央经济工作会议精神和温总理去年对烟草工作的重要批示，以及国务院有关文件精神，国家局党组研究提出当前和今后一个时期烟草行业改革与发展的总体思路是：坚持以邓小平理论和“三个代表”重要思想为指导，认真贯彻落实党的十六大和十六届三中、四中、五中全会精神以及国务院有关文件精神，坚持用科学发展观统领行业改革与发展全局，始终坚持“做精做强主业、保持平稳发展”的基本方针，继续紧紧围绕落实“深化改革、推动重组、走向联合、共同发展”的主要任务，着力于完善体制机制，优化资源配置，增强竞争实力，全面提升水平，努力实现烟草行业税利增长与国民经济增长基本保持同步，切实维护国家利益、消费者利益，推动烟草行业持续稳定协调健康发展。

按照以上总体目标和要求，全行业当前和今后一个时期要着重做好以下几方面的工作：

（一）不断深化行业改革，努力提高适应市场能力

近年来，烟草行业改革取得了重大突破，有力地促进了行业发展，实践证明，改革是推动行业发展的强大动力。目前行业改革已进入攻坚阶段，所要解决的问题比前一个时期复杂得多。我们要在继续实行“统一领导、垂直管理、专卖专营”体制前提下，统筹规划，精心组织，积极稳妥地做好各项工作，不断深化行业改革，努力提高适应市场能力。

1. 理顺产权，转变职能，建立烟草现代产权制度和企业制度。去年国务院办公厅下发了关于进一步理顺烟草行业资产管理体制深化烟草企业改革的意见，充分肯定了烟草行业实行专卖制度以来，特别是近年来的工作，明确提出了行业进一步理顺资产管理体制、深化企业改革的目标和任务，指明了行业改革方向，充分体现了国务院对烟草行业的重视、关心、支持，是指导行业当前和今后一个时期改革与发展的纲领性文件。全行业要把学习贯彻国务院有关文件精神作为当前工作的突出重点，认真制订方案，精心组织实施，确保理顺资产管理体制和深化企业改革的有关政策措施落实到位。

要深刻领会文件精神。国务院有关文件提出的改革目标和任务，既是对行业前段改革的肯定，也是对行业改革与发展进入新的阶段提出了新的更高的要求，我们一定要认真学习、深刻领会文件精神，把思想统一到国务院有关文件的各项要求上来。要从有利于烟草专卖制度巩固和完善，充分发挥专卖体制优势；有利于发挥市场机制作用，营造公平竞争的市场环境；有利于提高效率、注重自律，建立符合烟草特点的现代产权制度和现代企业制度；有利于调动各方面积极性，推动行业发展出发，切实抓好文件精神的贯彻落实。要明确贯彻落实国务院有关文件的主要任务。贯彻落实国务院有关文件，既涉及到理顺行业资产管理体制，又涉及到深化企业改革；既涉及到总公司、省级公司管理层面改革，又涉及到企业层面改革；既涉及到管理职能调整，又涉及到生产经营组织方式改变，要作为一项系统工程全面抓好落实。

要进一步理顺行业资产管理体制，建立现代产权制度。资产管理关系没有理顺，出资人缺位，权责不统一是长期困扰行业改革与发展的突出问题。国务院有关文件明确指出，中国烟草总公司依法对所属工商企业的国有资产行使出资人权利，经营和管理国有资产，承担保值增值责任。这就为烟草行业理顺产权，建立现代产权制度创造了条件，提供了体制保证。今年，要在认真总结云南、广东卷烟工业企业和四川烟草商业企业理顺产权试点工作的基础上，抓住时机，抓紧工作，以2005年财务结算为基数，争取在上半年基本完成总公司所属企业国有资产划转工作，构建母子公司体制，建立烟草现代产权制度。

要深化烟草企业改革，建立现代企业制度。要继续推进卷烟工业企业联合重组，培育大型企业集团；要在实行专卖专营的基础上，引入市场竞争机制，促进卷烟工业有序竞争；要加大卷烟工业企业公司制改造的力度，探索建立董事会、监事会、总经理相互制衡的法人治理结构，加快工厂制向公司制转变。对于实行母子公司体制的省级工业公司，卷烟工业企业的董事会、监事会由省级工业公司负责组建；实行母分公司体制的省级工业公司，省级工业公司的董事会、监事会由总公司负责组建；公司法人代表原则上由总经理担任。要进一步完善烟草商业企业管理体制，把地市级公司培育为市场营销的主体，建立总公司、省公司、地市级公司三级法人的体制；要组建全国统一的销售网络，进一步推进全国大市场的形成，为卷烟工业企业提供公平竞争的市场环境；要转变省公司职能，考虑到目前政企合一体制，为较好实现规范运作、高效运行，省公司不再直接从事“两烟”经营活动，集中精力抓管理、抓监督、抓资产经营，切实防止国有资产流失，承担国有资产保值增值责任。关于省公司转变职能、退出“两烟”经营工作，会后各省公司就要着手制订方案，与理顺资产管理体制同步进行。专业性公司改革要体现专业分工，突出强调服务，努力提高水平，逐步实现投资主体多元化，完善法人治理结构，为“两烟”经营提供强有力的支撑和保障。

要深化总公司体制改革。理顺资产管理体制后，总公司履行出资人职责，依法经营管理所属企业国有

资产，职能发生了很大变化。因此，要进一步强化监督，实现科学民主决策，相应调整内部机构，依法行使职权，不直接干预企业的生产经营活动，保障企业生产经营自主权。今后，国家局、总公司的主要职责是：切实加强行业管理，认真履行国务院赋予的管理职能；加强和改善宏观调控，努力提高经济运行质量和效益；依法对所属企业履行出资人职责，承担国有资产保值增值责任。

要切实加强对贯彻国务院有关文件的领导。这次改革关系到行业发展的全局，政策性强，需要解决的问题多，因此各级领导要高度重视，加强领导，确保各项改革任务的顺利实施。要统一思想，提高认识。从行业发展的大局和长远着想，从提高中国烟草总体竞争力出发，正确处理局部利益与全局利益，眼前利益与长远利益，企业、个人利益与国家利益、消费者利益之间的关系，尤其是各级领导干部都要从“两个切实维护”的高度，正确对待利益调整和岗位变动，成为推动改革的积极力量。要统一步调，严明纪律。这次改革坚持自上而下进行，由国家局统一组织实施。为了保证改革顺利推进，各单位要严格执行干部纪律、财经纪律、工资制度，严禁违反规定提拔干部，严禁突击花钱、突击增发工资。违者一经发现，必须严肃处理。要加强指导，保持稳定。各单位对改革中遇到的重大问题要及时请示汇报，认真加以解决。要高度重视稳定思想、稳定队伍，确保在稳定中推进改革。

2. 适应市场，满足消费，进一步改革卷烟交易方式。工商管理体制分开后，地区封锁得到有效缓解，新型的工商关系已初步建立，有力地促进了行业发展。但也要看到，烟草产品市场化水平并不是很高，企业适应市场能力并不是很强，工商关系调整仍有大量工作要做。要认识到，专卖制度下的烟草，适应市场的能力越强，就越具有强大生命力。要从体制上改革现有卷烟交易方式，提高卷烟产品市场化水平，提高工商企业适应市场的能力。由于历史和体制等方面的原因，目前卷烟交易在很大程度上仍然是自上而下的交易方式，订单不是真正来自市场，卷烟产销存在与市场脱节现象，这种状况如不改变，现有的企业、品牌格局将被重新固化，制约行业进一步发展。为了解决好这一问题，国家局去年在大连、深圳、杭州三个城市开展了“按客户订单组织货源”试点工作。“按客户订单组织货源”改变了自上而下的交易方式，使订单真正来自市场，满足消费者需要，对现行管理体制、运行方式提出了新的要求，是一场重大变革。通过半年的积极探索，试点工作取得了初步成效。主要表现在市场机制作用日趋显现，卷烟销量稳定增长，产品结构更加贴近市场，品牌集中度不断提高，品牌发展强者趋强，充分显示了强势品牌的竞争优势和扩张能力。同时，通过试点，也暴露出了一些矛盾和问题：产品与市场脱节矛盾仍然突出，低档烟供应不足问题比较普遍，一些品牌适应市场的能力不强，品牌竞争力较弱。解决总量和结构问题要靠加强调控和政策引导，而要解决品牌自身适应市场问题，必须靠市场机制，靠提高产品的科技力和竞争力。今年的试点工作要在认真总结试点单位经验的基础上，进一步加强领导，精心组织，继续推进，努力提高试点工作水平，扩大试点单位范围和内容，把按订单供货向按订单生产延伸，从重点城市向全省范围延伸，从技术层面向政策层面、体制层面延伸。今年除继续抓好三个试点城市外，在山东、山西两省全面开展按订单供货试点工作。在试点工作中，要更加注重消费者的真实需求，努力克服非市场因素；更加注重扶持重点企业，努力培育重点品牌；更加注重完善体制机制，努力解决深层次问题。要改革卷烟交易的计划管理方式。坚持控制总量、加强计划管理是烟草专卖的主要特征，也是保持平稳发展的重要前提，必须坚定不移地继续抓好。但在坚持控制总量前提下，要通过改革计划管理方式，充分发挥市场机制作用，实现资源的优化配置。为适应交易方式的改革，从今年下半年起，卷烟产销衔接取消省内省外计划分别管理方式，实行统一的计划衔接。工商企业都要认真研究交易方式和计划管理方式改革所带来的变化，努力适应新的形势，认真做好产销衔接工作，精心安排生产经营活动。

3. 统筹兼顾，综合协调，妥善处理各方面利益关系。改革不可避免地要涉及利益关系调整，因此在实施改革过程中，要妥善处理各方面利益关系，争取各方面支持，形成推动改革的强大动力。要正确处理与地方政府的利益关系。行业资产管理体制进一步理顺后，现有财税体制不变。因此，在企业联合重组中，要本着尊重历史、共享未来的原则，处理好与当地政府的利益关系。要正确处理行业内部的利益关系。理顺行业资产管理体制后，要充分调动省级公司、卷烟工业企业和地市级公司的积极性，进一步促进行业发展。总公司依法履行出资人职责，对所属企业的国有资产收益要在现有利益格局保持相对稳定的前提下，认真调研，充分听取各方面意见，制订切实可行方案，报财政部审批。对省级公司资产收益和管理费用，总公司也要认真制订方案，明确加以规定。要正确处理与零售客户和烟农的利益关系。零售客户是烟草公司联结消费者的桥梁和纽带，烟农是烟叶生产的主体，离开他们，我们将一事无成。在深化改革中，必须维护好零售客户和烟农的合理利益，如果他们的利益受到损害，最终损害的还是烟草行业自身。要正确处理联合重组中职工的利益关系。目前，行业实行的是工效挂钩的工资政策，工资的发放和增长要受到工资基数和效益增长的限制。由于原有的工资基础和效益水平不同，不同企业之间客观上存在着收入分配的差距，在企业重组中要承认这一差距。要通过发展解决收入增长问题。这一点务必加强宣传教育，并依法按程序加以规范。

（二）继续推进结构调整，努力提高资源配置效率

“十五”时期，行业结构调整尽管取得了很大进步，尤其是卷烟工业企业从2000年151家调整减少到44家，生产集中度明显提高，但行业企业组织结构仍不尽合理，结构调整仍是今后一个时期的主要任务。要通过进一步优化结构，努力改善和提高资源配置效率。

1. **以培育10多个重点骨干企业为目标，努力实现更高层次、更高水平的企业联合重组。**竞争实力的增强、水平的提升关键在于培育一批拥有自主知识产权和知名品牌，具有较强国际竞争力的优势企业。因此，要继续推进卷烟工业联合重组，优化卷烟工业组织结构，培育10多个重点骨干企业。在联合重组工作中，要坚持以品牌为支撑，通过名优品牌扩张实现企业规模扩张。“十五”时期企业组织结构调整是以关停并转中、小烟厂为主要特征，通过关闭52个小烟厂、兼并重组50个中小型烟厂和5家重点卷烟工业企业，优化了企业组织结构。今后一个时期企业重组的主要任务是强强联合、合并重组。重组能否取得成效，企业做大后能否做强，难度更大，任务更为艰巨。因此在今后重组工作中，要更加注重发挥市场机制作用，坚持以名优品牌为支撑，通过做大做强名优品牌，实现做大做强企业的目标。要从实际出发，采取多种形式推进联合重组。从发展方向看，要通过选择部分省级工业公司与所属卷烟工业企业进行合并重组试点，逐步形成总公司、卷烟工业企业二级母子公司体制，但这也需要一个过程。对省级工业公司与所属卷烟工业企业合并重组，要坚持成熟一个，推进一个，不搞一阵风，也不搞单一模式。对于目前实行母分公司体制条件尚不具备的省级工业公司，也要加快转变职能，努力实现以行政管理为主向以资产经营管理为主转变。对于跨省联合重组要综合考虑各方面因素，从有利于加强协调出发，着眼于共同发展，可以采取参股、控股、全资等多种形式。要高度重视企业重组后的内部整合工作。重组后的企业由于生产规模迅速扩大，而且多点生产，要克服大企业病，提高效率，需要对原有组织构架进行重新整合。要按照统一协调、明确职责、减少环节、高效顺畅的要求，加快技术开发、市场营销、物资采购、生产制造四个中心的建设，实行扁平化管理，把公司办成真正的公司，把工厂办成真正的工厂。

2. **以建立全国统一、完善的卷烟销售网络为主要任务，加快传统商业向现代流通的转变。**要创造条件加快取消县级公司法人资格，把地市级公司真正培育为市场营销主体。随着网建的推进，信息化水平的提高，在一个地市范围内实现访销配送是经济合理的，可较好地实现减少环节、提高效率的目的。纯销区的地市级公司，争取在今年内完成取消县级公司法人资格工作；烟叶主要产区在重心下移、着眼基层、突出服务、加强基础的同时，认真做好取消县级公司法人资格试点工作，在总结经验、完善办法的基础上，积极稳妥地加以推进。要按照整体推进、全面提升、注重实效、创新发展的要求，继续抓好网建工作。当前尤其要注意解决网建发展不平衡问题，相对落后的省份要积极学习上海、大连、深圳等地网建经验，发挥后发优势，尽快提升水平，为按订单供货全面展开提供扎实的网建基础，并切实发挥好网络培育品牌的重要功能。要进一步提高对农村客户服务质量。随着县级公司法人资格取消，网建工作同样要重心下移，加强农村，努力提高对农村客户的服务质量。要认识到，任何忽视农村市场的行为，都将严重削弱行业发展的市场基础，也严重损害烟草专卖的形象。要加强对卷烟销售的考评工作，通过社会中介机构开展零售客户和卷烟工业企业对销售工作满意度调查，进一步改进工作，努力做到“三个满意”。要加强对价格形成机制、合理经营差率等问题的政策研究，积极探索同档同价同差率的可行性，通过改革交易方式等一系列措施，为卷烟工业企业提供公平竞争的市场环境。

3. **以做精做强主业为基本方针，全面开展多元化投资的清理整顿工作。**由于历史原因，行业多元化投资企业数量多、资金量大、效益不尽理想。随着理顺行业资产管理体制工作的落实到位，要更加重视、切实抓好多元化投资的清理整顿工作。要始终坚持做精做强主业的基本方针，今后除符合国家产业政策和经济发展需要的战略性投资、保证烟草产业安全和提高卷烟品质的重大投资外，一般不再进行多元化投资。要全面开展多元化投资清理整顿工作。为摸清家底，发现问题，解决问题，今年要全面开展多元化投资清产核资和清理整顿工作，并要按权益法进行核算。今后多元化投资企业一般实行母子公司体制，减少投资层次，以免造成管理失控。在清理整顿中，要严格执行国家有关法律法规，严格按程序办事，切实防止国有资产流失。要加强对多元化投资的管理。各省级公

司要根据本单位实际，成立或指定专门部门负责多元化投资工作，通过盘活存量，加强管理，提高效益，实现多元化投资保值增值。

（三）切实转变增长方式，努力提高自主创新能力

“十五”时期，行业技术、管理水平有着明显提高，但仍未摆脱粗放型增长方式，成本高、费用大、资源利用率低等问题仍然突出，不少企业效益增长还是建立在简单地调高结构、片面地追求增加产量、盲目地扩大经营差率上，配方成本、包装成本、经营管理费用水平居高不下，这种状况如不改变，发展也是难以为继的。因此，要把转变增长方式作为落实科学发展观的重要内容，摆在更加突出的位置，着力提高自主创新能力，增强发展后劲，提高整体竞争力。

1. **紧紧围绕培育10多个名优品牌，加大技术创新力度，力求在核心技术和关键技术上取得突破。**近年来通过整合牌号，培育名牌，使卷烟产品的集中度明显提高，到2005年前10个牌号集中度已达26.4%，并培育5个超百万箱的品牌。但与国际知名品牌相比，我们的产品仍然存在不少差距，如何加大技术创新力度，提高产品的科技力和竞争力仍是今后工作的突出重点。要加强对市场的分析研究，把握消费者对卷烟产品风格、吸味的需要和发展变化，更好地适应市场，满足消费。关注市场、尊重市场就是要关注和尊重消费者的意愿，不断满足消费者的需要和发展变化，只有这样名优品牌的发展才有坚实的市场基础。要认识到，企业持续发展能力关键取决于持续创新能力，品牌昨天、今天适应市场，并不意味着永远适应市场，这就要给品牌不断赋予新的内涵，持续创新，跟上时代发展的潮流，否则就会被淘汰。要努力掌握拥有自主知识产权的核心技术，集中力量攻关，力求在烟草育种、特色工艺、卷烟调香、减害降焦等方面取得重大突破。烟叶工作要真正转移到以提高品质和等级合格率为中心的轨道上来，为名优品牌提供优质原料。要加强卷烟工艺研究和烟机研制，提高精细化加工和工艺控制水平，形成具有特色的工艺技术。调香技术是卷烟的核心技术，也是目前最为薄弱的环节。因此，要更加重视调香技术的研究，培养引进高素质的调香技术创新人才，力求在调香技术方面取得重大突破。要制定今后一个时期减害降焦目标，加强对减害降焦技术的研究，继续抓好减害降焦工作，适应更加严峻的控烟形势。要以培育10多个重点名优品牌为目标，加快制订和积极实施品牌发展纲要，继续推进品牌整合，培育一批具有特色和较强国际竞争力的中式卷烟代表品牌。我国由于卷烟生产规模大，不同区域之间也存在不同的消费习惯，因此牌号太少不行，要继续实施百牌号发展战略。与此同时，要重点培育10多个全国性的名优品牌。

2. **紧紧围绕提高资源利用效率，加大管理创新力度，力求在节约资源和降低成本费用上取得突破。**全行业都要把节约资源、降低成本费用摆在重要议事日程，通过提高资源利用效率，实现节约发展，可持续发展。要制订科学合理的技术标准，加大节能降耗考核力度，公布能源和主要原辅材料消耗考核结果，改变拼原料、拼材料的粗放型增长方式。要全面推行预算管理，严格成本费用核算，坚持勤俭办企业方针，坚决克服大手大脚、铺张浪费等不良风气，刹住奢侈之风，提高效益。要进一步规范内部交易行为，解决经营活动中存在的突出问题，切实降低交易成本。要认真落实《数字烟草发展纲要》，加快推进信息化建设步伐，建立统一标准、统一平台、统一数据库、统一网络的行业数据中心。要进一步完善生产经营决策管理系统和电子政务系统，通过挖掘功能，发挥作用，提高行业宏观决策能力和管理水平。要加快电子商务建设，努力实现商流、物流、资金流的统一。要启动资金监管系统建设，用信息化手段切实加强资金监管，确保资金安全。

3. **紧紧围绕建立和完善创新体系，明确创新目标，力求在完善创新机制方面取得突破。**增强自主创新能力，需要进一步完善创新体制机制。要坚持以企业为主体，充分发挥企业在自主创新中的主体地位。工商企业实施管理创新，要不断引入先进的管理思想、管理方法和管理手段，实施管理整合，促进生产要素合理流动，增强自主创新和综合管理能力，全面提升管理水平。重点卷烟工业企业要进一步转变观念，加大投入，大胆引进人才，有效激励人才，更加重视研发力量整合和技术中心建设，努力实现企业由大变强。要更加重视科研机构建设，充分发挥科研机构的牵头指导带动作用。行业的科研机构担负着基础应用研究和共用技术研究的重要责任，要进一步推动科研项目负责制和首席专家制度，加强与企业的合作和指导，加大原始创新、集成创新和引进消化吸收再创新的工作力度，集中力量攻关，解决制约行业发展的技术瓶颈问题，为行业技术进步发挥更加积极的作用。

（四）重视加强队伍建设，努力提高干部职工队伍整体素质

加强队伍建设，努力提高干部职工队伍整体素质是贯彻落实科学发展观的必然要求，也是增强竞争实力、全面提升水平的关键所在。

1. **高度重视聘用人员队伍建设，深入推进企业内部改革。**烟草由于实行政企合一，人事用工双轨制将长期存在，这就决定了企业内部改革的复杂性和艰巨性。推进企业内部改革，必须从这一实际出发，积极探索、努力实践，走出一条符合烟草特点的企业内部改革新路子。近年来，随着网建的推进和专卖管理工作的加强，聘用了一批网络从业人员和专卖稽查人员，这是行业人事用工制度的突破和进步，为行业发展注入了新的活力。同时，对如何加强聘用人员队伍建设，规范对聘用人员的管理，调动聘用人员的积极性也提出了新的要求。要坚持用《劳动法》规范劳动用工行为。各单位都要对烟叶生产技术辅导人员、卷烟销售网络从业人员、专卖管理稽查人员（统称基层三员队伍）聘用工作进行认真总结，严格按照《劳动法》的有关规定，进一步健全管理制度，完善管理办法。要坚持竞聘上岗的用人方向。对基层三员队伍人员的聘用，要根据业务开展的需要核定编制，明确标准，择优录用，竞聘上岗。在基层三员队伍实行聘用制的同时，对企业内部管理岗位也要积极推行竞聘上岗，对行业内各类人才，包括聘用人员，一视同仁，公平竞争，真正形成“进得来、出得去、留得住”的用人机制。要为聘用人员成长创造条件。要根据基层三员队伍的特点，尤其是对专业性比较强、业务素质要求比较高的岗位，制定不同级别标准，通过严格考核，对聘用人员确定不同级别档次。同时要加强企业文化建设，在政治上关心他们成长。要加强对收入分配的政策研究。行业目前实行的是工效挂钩政策，要根据有关政策规定，严格工资开支范围，凡是网络从业人员和专卖稽查人员工资，必须在核定的工资基数中开支。要坚持市场取向的工资制度改革。在实行老人老办法、新人新办法的同时，认真研究、合理设计岗位工资标准和工资结构，尤其要防止相同岗位人员收入差距的进一步拉大，避免增加改革的难度。

2. **高度重视人力资源能力建设，建设一支高素质的干部职工队伍。**要更新观念，更新知识，努力建设学习型行业。随着行业改革的不断深化，必然要求要以行政管理为主向以行政管理与资产经营管理并重转变，从计划经济条件下的工厂制向市场经济条件下的公司制转变，从粗放型经营向集约型经营转变，原来熟悉的东西有的已明显不适应形势发展的要求，而新的形势又迫切需要更新观念、更新知识。要大规模地开展教育培训工作，突出抓好岗位能力培训和专业技能培训，努力学习现代经济和管理知识，学习法律知识，学习先进技术，提高干部职工业务素质。要加快创新型人才培养，努力建设创新型行业。着力自主创新是行业增长方式转变、结构调整的中心环节，是推动行业进步的不竭动力。科技创新关键在人才，要充分调动科技人员积极性，加快创新型人才培养、引进、使用，认真制定和落实留住人才和吸引人才的各项政策，激发创新激情。行业各级科技部门、科研院所以及烟草学会组织，要在培养创新型人才和建设创新型行业方面发挥积极作用。要继续深入开展“国家利益、消费者利益至上”共同价值观大讨论，大力加强行业思想道德建设。在专卖制度下解决好“提高效率、注重自律”两大课题既是长期的任务，也是当前工作的突出重点。解决好这两大课题，必须牢固树立国家利益、消费者利益至上的共同价值观，提高干部职工的思想道德素质。要认真总结前段开展大讨论活动好的做法和经验，使大讨论活动能坚持下去，深入开展，扎实推进。要坚持把“两个至上”共同价值观作为行业文化建设、加强思想政治工作的重要内容，高度重视行业文化建设和思想政治工作，努力提高干部职工思想道德素质。

3. **高度重视领导班子建设，更好地应对今后面临的严峻挑战。**这里着重强调各级领导班子、领导干部要增强忧患意识、大局意识、责任意识问题。近年来行业持续保持高速增长，这既为今后发展奠定了较为坚实的基础，同时又很容易产生盲目乐观情绪和骄傲自满思想，对可能遇到的矛盾和困难估计不足。在形势好的时候，要居安思危，力戒浮躁，更多地看到问题，看到工作中的薄弱环节，采取更加积极有效措施去解决前进中存在的问题，避免出现失误。这就要求行业各级领导干部要进一步增强忧患意识、大局意识，树立高度负责的精神，尽职尽责地做好工作。关于责任问题，我想再次强调。我们每一位领导干部都要把所担任的职务当成是一种责任，对国家负责、对消费者负责、对行业负责、对全体员工负责。责任是一种追求，一种境界，一种品格。我们每一位领导干部都要抛弃各种私心杂念，专心致志做事，老老实实做人，尽职尽责工作，不辜负组织对我们的希望。责任是良好精神状态的体现。我们的领导干部职务有高低，能力有大小，但只要坚持原则，敢于负责，狠抓各项工作的推动和落实，就能赢得群众的信任和支持。我们强调领导干部要有良好的精神状态，就要体现在是否以事业为重，对事业负责，推动事业不断发展上。要力戒空谈，脚踏实地，扎实工作，不辜负群众对我们的希望。责任也是考验领导干部是否称职的重要标准。在其位，谋其政，尽其责，是对每一位领导干部的基本要求，也是考验是否称职的重要标准。看一位领导干部是否称职，首先要看是否认真履行了自己岗位的职责。组织为我们做好工作提供了很好的机遇和平台，我们要十分珍惜，要讲责任，尽责任，克服工作中的重重困难，去努力实现所确立的工作目标。如果回避矛盾，得过且过，影响的不仅仅是自己，而是整个事业，这就是不称职的表现。

三、2006年的工作安排

2006年是“十一五”规划开始实施的第一年，切实做好今年的各项工作，对于顺利完成烟草行业“十一五”规划任务，促进行业平稳发展，具有十分重要的意义。根据烟草行业“十一五”规划目标和当前行业发展情况，国家局确定2006年烟草行业主要经济指标是：烤烟种植面积1485万亩，生产、收购烟叶194.42万吨（其中烤烟189.54万吨、晾晒烟4.88万吨，含出口备货19.2万吨）；卷烟生产计划19650亿支（3930万箱，含出口30万箱，其中低档卷烟1511.7万箱、五类卷烟147.5万箱）；卷烟销售计划19750亿支（3950万箱，含出口30万箱，其中低档卷烟1527万箱、五类卷烟137.3万箱）；年末卷烟工商库存控制在1400亿支（280万箱）以内；全行业实现工商税利继续保持稳定增长。为确保2006年各项目标任务圆满完成，全行业在着力推进和全面落实当前和今后一个时期行业改革与发展主要工作任务的同时，还要切实重视和认真做好以下几个方面工作：

（一）高度重视烟叶工作，切实防止出现过热现象

全国烟叶生产已连续八年保持稳定，目前烟叶库存总量比较充足，结构基本合理，能够完全满足卷烟工业生产需要。当前烟叶工作的突出问题是，在烟叶经营走出困境、保持良好发展的同时，计划观念明显减弱，部分地区合同签订流于形式，违法违规收购经营烟叶问题时有发生。这种状况如不采取有力措施认真加以解决，势必严重影响烟叶生产健康发展，以至影响行业生产经营全局。要严格执行国家下达的种植收购计划，坚决刹住超种超收苗头，避免出现类似1997年严重超种超收的被动局面。为确保烟叶生产稳定，国家局明确提出，今年生产收购计划总体维持去年水平，“不开口子、不作调整”。各单位要严格按照国家局下达的烟叶种植收购计划和出口备货计划执行，逐级分解落实到位，并实行“一把手”负责制，采取切实有效措施，严禁超计划种植。要严格落实烟叶生产收购合同制，按照“全面推广、一次到位、明确权责、完善提高”的要求，在烟叶种植之前与烟农全面签订合同，提高合同签订质量，加强对种植和收购环节合同执行情况的检查力度，坚决制止无计划、无合同或超合同种植收购烟叶。再次重申，任何地区和单位不得超计划、超合同种植和收购烟叶，任何单位和个人不得无合同擅自收购烟叶，违者一经发现，必须严肃查处。对今年超计划收购的省级公司也要实行问责制，追究领导责任。要继续坚持重心下移、着眼基层、突出服务、加强基础，努力提高烟叶工作水平。要切实加强烟叶生产基础设施建设，通过抓好试点，总结经验，及时发现问题、解决问题，务求取得实实在在的成效。当前尤其要重视抓好对已竣工项目进行全面验收，对资金使用及时跟踪审计，认真检查工程质量是否符合标准，资金使用是否符合规定，真正做到对国家负责、对农民负责、对历史负责。要切实加强基层建设。烟叶生产收购环节多、任务重，各项工作能否落实到位，关键在于加强基层建设。要针对取消县级公司法人资格后新的形势，认真研究制订加强基层建设的意见和措施。要切实加强烟叶生产专业化、社会化服务体系建设。我国烟叶生产是建立在千家万户分散种植的基础上，要从保证烟叶生产先进实用技术推广得到较好落实、提高烟叶生产整体水平出发，进一步健全专业化、社会化服务系统，努力提高为烟农服务的水平。

（二）继续抓好卷烟产销协调稳定增长，确保经济运行平稳健康发展

卷烟生产经营要继续坚持“控量、促销、稳价、增效”方针，工商企业都要密切关注市场变化，着眼市场需求，合理安排产销结构，确保卷烟销量稳定增长。要严格控制生产进度，坚持按照下达计划均衡组织生产，始终保持产销稍紧平衡和库存合理。要根据企业联合重组后出现的新变化、新情况，继续紧紧围绕培育优势大品牌、提升重点企业核心竞争力，进一步整合卷烟牌号，把资源优势真正集中到有市场、有竞争力、有效益的大品牌上来。要继续高度重视组织抓好低档卷烟的生产和销售，这不仅对保持卷烟销量的稳定增长和行业平稳发展具有重要作用，而且直接关系到广大农村市场的卷烟消费供应，工商企业都要从行业持续平稳发展和维护消费者利益出发，积极采取措施落实低档卷烟产销计划，稳定低档卷烟生产，确保低档卷烟市场有效供给。烟机企业要在提高自主创新能力上下工夫，以发挥国产烟机在行业技术装备中的主导作用为主要任务，进一步巩固和开拓市场，促进经济效益平稳增长。烟草进出口工作要以整合资源、拓展渠道、重心外移、做实市场为重点，切实推进转型、改制、整合步伐，努力扩大烟叶和卷烟出口，提高国际市场占有率和竞争力。多元化投资管理工作要以多元化投资清理登记、摸清家底和建立健全管理机构与监管机制、监管制度为重点，为清理整顿、加强监管打好基础。全行业各单位都要高度重视安全生

产管理工作，认真贯彻国务院关于加强安全生产工作的各项指示精神，坚决克服麻痹、松懈思想，采取有效措施，强化安全管理。要专题研究，全面检查，进一步落实安全生产责任制；要突出重点，狠抓落实，保证各项安全生产措施真正落实到位；要健全制度，完善机构，努力提高应对突发事件的能力；要严格纪律，明确职责，切实加大事故责任追究力度，确保安全生产，严防各类事故发生。

（三）始终保持卷烟打假打私高压态势，进一步强化烟草专卖管理

近几年全行业经济效益持续较快增长，坚持不懈地开展卷烟打假斗争、整顿规范市场秩序发挥了重要保障作用，在理顺行业资产管理体制、不断深化企业改革的形势下，打假打私工作丝毫不能放松，专卖管理丝毫不能削弱。要坚持以打假打私为重点，在前几年取得显著成效的基础上，认真总结经验，针对存在的问题和薄弱环节，进一步加强领导、加大力度，坚持和落实烟草、公安联合打假工作制度，通力配合，深入推进卷烟打假打私工作。制假重点地区要以端窝点、抓主犯为主攻点，重点摧毁假烟生产能力，着力解决卷烟制假活动屡打不绝问题。其他地区要严厉打击转移、扩散的卷烟制假活动，做到有制假活动露头就打，不使其形成气候。要坚持把打击制售假烟网络放在突出重要的位置，认真落实国家局和公安部联合下发的《打击制售假烟工作方案》，总结探索经营案件的方法和经验，全面深入开展打击制售假烟网络工作，务必在打击制售假烟网络上取得新的更大成果。同时，对运输环节贩运假烟行为、违法生产经营卷烟纸行为、违法生产经营烟用聚丙烯丝束（滤嘴棒）行为也要继续进行严厉打击，对关停烟厂遗留烟机设备及原辅材料要加强监管，加大对重点地区、重点场所和重点渠道的控制，打防结合，综合治理，从源头上切断制假原辅材料的供应渠道。走私活动重点地区要密切关注卷烟走私新动向，有关省局要高度重视，与海关、边防等部门密切配合，加强日常市场检查和情报调研分析工作，排查线索，深挖走私团伙，采取有针对性的打击措施，有效遏制卷烟走私贩私违法犯罪活动。在专卖管理中，要进一步抓好卷烟零售市场监管工作，在提供优质服务的同时，坚持对零售客户依法加强管理，保护合法经营，查处违法经营，维护市场秩序，提高市场净化率。要进一步加强县级烟草专卖局建设，保障县级局在机构设置、人员配备、经费开支、装备配置等方面开展工作的需要，充分发挥县级局在专卖管理和市场监管方面的基础作用。要积极适应行业深化改革的需要，全面开展“五五”普法教育活动，提高干部职工法律意识和法律素质，大力加强各级专卖管理机构和专卖队伍建设，明确各级专卖部门职能，健全完善专卖执法体系，提高专卖管理队伍整体素质，确保做到严格执法、公正执法、文明执法，严格按规范程序办案，把烟草专卖管理工作努力提高到一个新水平。

（四）坚持突出重点，深入推进加强行业内部管理监督工作

加强行业内部管理监督，既是关系到行业长远发展的长期性任务，也是当前全行业必须着重抓好的一项重点工作。要坚持不懈、持之以恒地开展下去，确保行业健康发展。今年，全行业要按照国家局去年5月召开的全国烟草行业加强内部管理监督工作会议和11月召开的加强内部管理监督工作汇报会议的总体部署和有关文件要求，深入抓好贯彻落实，扎扎实实地向前推进。要切实加强领导，把加强内部监管与构建惩治和预防腐败体系紧密结合起来，坚持教育、制度、监督并重，坚持突出重点，把加强内部管理监督特别是对各级主要领导干部的监督，作为加强领导班子建设的重要内容抓好落实，着力解决行业改革和发展中存在的突出矛盾和问题。要切实提高执行力，确保各项监管制度和措施落实到位。要切实抓好典型，认真做好各级加强内部管理监督联系单位的工作，不断总结经验，促进内部监管工作深入开展。各级整顿办要加强检查督导，随时掌握工作进展情况，对关键部位和薄弱环节要加强调研，有重点地开展专项整治工作。要严格落实责任，严肃执行纪律，切实加大案件查办力度，对各种顶风违纪违规行为必须坚决予以查处，确保行业内部管理监督不断取得新的成效。今年上半年，全行业要对专卖管理监督和审计监督两个方面工作开展情况进行全面检查，切实加强日常监督、同级监督，并在适当时候召开汇报交流会，推进这项工作深入、扎实、持久地开展。

（五）大力加强干部职工队伍建设和反腐倡廉工作，保证行业改革与发展各项工作顺利进行

为了确保行业各项改革顺利推进，全行业必须更加重视加强干部职工队伍建设，努力营造积极向上、奋发有为、务实敬业、团结和谐的良好环境和氛围。要在全行业继续推进牢固树立国家利益和消费者利益至上共同价值观教育活动，大力倡导对国家负责、对消费者负责、对社会负责的行业道德风尚，展现烟草行业负责任的良好形象。要进一步加强行业各级党组织建设、领导班子建设和党员队伍建设，积极开展争创“四好领导班子”活动，充分发挥国家局党校（培

训中心）和各级教育培训机构作用，加强党员教育，巩固和强化保持共产党员先进性教育成果，逐步建立和形成保持党员先进性长效机制。要认真贯彻中央纪委第六次全体会议和国务院廉政工作会议精神，紧密联系行业改革发展实际，认真贯彻《建立健全教育、制度、监督并重的惩治和预防腐败体系实施纲要》和国家局贯彻落实《实施纲要》的具体意见，坚持标本兼治、综合治理、惩防并举、注重预防，研究确定阶段性目标任务，建立起行业惩治和预防腐败体系的框架，制订配套落实措施和办法，完善行业直属单位纪检监察机构和工作机制，认真落实党风廉政建设责任制，积极推动行业党风廉政建设和反腐败各项工作的落实。要认真抓好国家局党组《关于加强对行业各级领导班子及主要领导干部监督的意见》的贯彻落实，加强对各级领导干部廉洁自律情况的检查监督，坚决查处违纪违法案件。要针对行业和企业改革过程中出现的新情况，高度重视、做好维护稳定工作，在保持稳定中推进改革。要进一步重视做好离退休干部工作，积极做好职工思想政治工作，切实关注和关心职工群众最现实、最直接的利益问题，帮助职工解决实际困难。要充分发挥工青妇等群众组织及行业媒体的积极作用，运用多种形式搞好宣传教育活动和各类文化活动，充分调动广大干部职工的积极性和创造热情，努力为行业改革与发展贡献力量。

关于当前全行业需要重点把握和着力做好的工作

——在全国烟草专卖局长、公司总经理座谈会上的讲话

姜成康

（2006 年 7 月 18 日）

这次全国烟草专卖局长、公司总经理座谈会的主要任务是：深入贯彻落实党的十六届五中全会和国务院有关文件精神，坚持以科学发展观为统领，努力适应烟草行业改革和发展新形势、新阶段、新任务要求，紧紧围绕行业当前及今后一个时期“完善体制机制、优化资源配置、增强竞争实力、全面提升水平”的总体部署，认真总结和分析上半年工作情况，进一步研究解决当前存在的矛盾和问题，积极推进和全面抓好各项工作的落实，确保全年目标任务圆满完成，推动行业持续稳定协调健康发展。

一、关于贯彻落实国务院有关文件

以贯彻落实国务院有关文件为标志，烟草行业改革和发展进入了新的阶段。当前摆在全行业面前的主要任务就是认真学习、深刻领会国务院文件精神，切实抓好各项改革措施落实，继续深入推进烟草行业改革和发展。近半年多来，全行业坚持把学习和贯彻落实国务院有关文件作为行业工作的重中之重，抓紧进行各项改革的部署和实施，取得了积极进展和明显成效。

一是全面准确地领会文件精神，全行业思想认识进一步统一。国家局及时组织了传达学习，通过学习大家一致认识到，文件的下发充分体现了国务院对烟草行业的高度重视、关心和支持，为烟草行业改革和发展指明了方向。文件针对行业资产管理关系没有理顺、国有资产保值增值的责任和权利不统一、企业国际竞争力还较弱、管理体制不够健全、企业制度有待进一步完善等较长时期制约行业发展而自身又难以解决的问题，明确提出要进一步理顺烟草行业资产管理体制、深化烟草企业改革，努力实现做大做强烟草企业，提高行业整体竞争力，促进烟草行业持续健康发展的目标任务。因此，全行业把贯彻落实国务院文件的着力点放在体制创新上，通过理顺资产管理体制，建立烟草现代产权制度和现代企业制度；放在促进发展上，在坚持专卖制度前提下，通过发挥市场机制作用，促进有序竞争，推动科技进步，努力实现企业由大变强目标；放在转变职能上，通过明确职责、规范运作，尊重企业生产经营自主权，使专卖制度下的烟草充满生机和活力。二是紧密结合行业实际，认真研究制订贯彻落实国务院文件的具体实施意见。根据国务院有关文件提出的改革任务和要求，国家局在认真调研基础上，制订下发了贯彻落实国务院有关文件的实施意见，以及《理顺烟草行业国有产权实施方案》、《卷烟工业企业管理体制改革的指导意见》和《烟草商业企业建立母子公司体制改革的指导意见》，对贯彻落实国务院文件提出了明确要求，并召开专题会议进行安排部署。从前段工作开展情况看，这些文件的制定和贯彻实施，对于顺利推进各项改革发挥了很好的指导作用。三是突出重点，精心组织各项改革措施的落实。理顺资产管理体制工作进展顺利。认真做好

烟草产权划转工作是理顺行业资产管理体制的基础，为确保产权划转真实可靠，切实做到不重、不漏。近半年来，各单位按照国家局《关于理顺烟草行业国有产权实施方案》的要求以及广东中烟、云南中烟、云南商业、四川商业等4个试点单位的做法和经验，认真负责地做好产权划转有关资料上报工作。国家局将全行业产权划转有关资料汇总后上报财政部，目前财政部已正式作出批复，近期国家局将根据财政部批复要求将净资产逐级下投。卷烟工业企业改革不断深化。安徽卷烟工业重组方案国家局已正式批复，山东、江苏、河南卷烟工业重组方案已上报国家局，浙江卷烟工业重组方案也已研究制订，省级工业公司与所属卷烟工业企业合并重组取得新的进展；川渝、河北等工业公司积极推进品牌、营销整合，探索在实行母子公司体制下如何向经营实体转变；已经实行母分公司体制的工业公司高度重视资源整合和文化融合工作，生产经营保持良好发展。烟草商业企业改革在继续推进。取消县级公司法人资格工作加快进行，上半年取消县级公司法人资格108家，累计取消县级公司法人资格达到1425家；认真总结和推行浙江网建经验，突出服务、注重效率、优化流程、提高素质，网建水平得到进一步提升，有力地推进全国大市场的形成，为卷烟工业企业提供公平竞争的市场环境，为零售客户提供更加优质的服务；积极推进“按客户订单组织供货”试点工作，在认真总结大连、深圳、杭州3个试点单位做法和经验基础上，在山东、山西、浙江三个省全面开展，努力按市场化原则规范销售企业与零售客户关系。烟草进出口理顺资产管理体制方案也已研究制订，并与有关省级公司分别进行了衔接。就总体看，通过半年多来国务院有关文件的贯彻和实施，对烟草行业改革和发展产生了积极的影响。同时更要看到，贯彻落实国务院文件还仅仅是开始，取得的成效也是初步的，面临的任务仍然艰巨而繁重。下半年，全行业要集中精力，继续努力，着重做好以下几方面工作：

（一）高度重视国有资产经营和管理工作，切实负起保值增值责任

中国烟草总公司依法对所属工商企业的国有资产行使出资人权力，经营和管理国有资产，承担保值增值责任；同时，要求对所属企业要构建母子公司体制。因此，理顺资产管理体制后，总公司、省公司职能发生很大变化，经营和管理国有资产已经成为主要任务。经营和管理国有资产对行业来说是一项全新的工作，具有很强的政策性和挑战性，为认真履行出资人的职责，必须树立资产经营和管理的观念，高度重视国有资产经营和管理工作。要摸清家底，全面开展清产核资工作。清产核资、摸清家底是搞好国有资产经营和管理的基础，也是落实资产经营和管理责任的必要措施。全行业产权划转是以2005年财务会计决算数为基数确定的，为了确保资产质量真实可靠，按照有关政策规定，需要进一步开展清产核资工作。因此，各单位对清产核资工作都要高度重视，今年要重点搞好多元化经营企业的清产核资工作。有关多元化经营企业清产核资工作，国家局已专门下发文件，并召开会议进行安排部署，各单位主要负责人要亲自负责，组织专门班子具体实施，通过全面清理，建立健全制度，切实加强管理，为保值增值、防止国有资产流失打下良好基础。要制订有关资产经营和管理的规章制度，切实加强对国有资产经营和管理的考核。按照国务院文件规定要求，财政部对中国烟草总公司的国有资产进行监管。财政部有关监管的文件已正式下发，我们要认真抓好贯彻落实。总公司正抓紧制订依法对所属工商企业国有资产经营和管理的制度规定，对资产使用、资产处置、产权转让、投资、捐赠等提出具体明确的要求，切实做到有章可循。要建立国有资产经营和管理责任制度，加强对国有资产经营和管理考核工作，重点考核保值增值，防止国有资产流失。为有利于加强国有资产监管，国家局将在全行业统一实施财务管理软件系统，并于下半年正式启动。要把资产经营和管理结果与主要负责人薪酬挂钩，对造成国有资产严重损失的要追究责任。要完善机构，确保国有资产经营和管理工作落实到位。各单位都要明确有关机构和人员具体负责国有资产经营和管理工作。国家局、总公司资产管理部门要进一步明确职责，充实人员；省公司要在财务部门配备专门人员具体负责资产管理日常工作。为加强对多元化经营企业的管理，国家局已明确要求设立专门管理机构或指定财务部门进行管理，希望各省公司抓紧落实。

（二）继续深入推进烟草企业改革，认真落实深化改革的各项措施

要加快推进卷烟工业企业联合重组，继续深化卷烟工业企业改革。要抓住时机，抓紧工作，争取在年内完成5家省级工业公司与所属卷烟工业企业合并重组，形成母分公司体制。要积极探索实行母子公司体制的省级工业公司如何从管理为主向经营实体转变，与所属企业明确分工、形成合力，发挥整体功能。要认真做好关闭破产企业的后续工作，落实好国家局制订的政策措施，抓紧处理关停烟厂的遗留问题。要积极探索如何在卷烟工业企业建立法人治理结构。烟草行业由于实行专卖制度和“统一领导、垂直管理、专卖专营”体制，烟草企业基本上是国有独资企业，如何建立法人治理结构具有很强的探索性、艰巨性。国家局要在认真学习借鉴有关部门经验基础上，坚持从行业实际出发，积极探索建立烟草企业法人治理结构。要进一步明确烟草商业企业改革任务，积极推进烟草商业企业改革。国务院有关文件明确指出，要在实行烟草专卖专营的基础上，引入市场竞争机制，促进卷烟工业企业有序竞争。有序竞争是推动行业发展的强大动力，一个企业没有来自市场的压力，就没有动力，也就不可能有良好的发展。烟草商业企业要把为卷烟工业企业提供公平竞争的市场环境作为深化改革的主要任务。当前，要进一步解决好不符合国家局规定、人为设置品牌进入门槛问题，坚决克服片面追求高毛利率倾向，切实纠正各种不规范经营行为。要继续推进取消县级公司法人资格工作，高度重视地市级公司建设，努力提高地市级公司管理水平和营销能力，逐步形成总公司、省公司、地市公司三级法人的体制。要高度重视打叶复烤企业改制和管理工作，规范打叶复烤企业生产经营行为。目前，打叶复烤企业管理是一个薄弱环节，问题比较突出，必须切实加强管理。对尚未实行股份制改造的，要按照工商联手、共同投资的原则，加快改制工作。为加强专卖管理，打叶复烤企业的行业管理工作统一由各级烟草专卖局负责，以切实加强内部管理监督。理顺烟草进出口管理体制，是理顺行业资产管理体制的组成部分，也是有利于中国烟草走出去、增强国际竞争力的重要措施，国家局还要专题召开会议进行部署。各单位要按照国家局的部署和即将下发的《关于进一步加强烟草外贸工作的管理规定》，精心组织实施和落实，确保理顺进出口管理体制工作平稳顺利进行，各项业务平稳衔接和有效开展。

（三）切实转变总公司、省公司职能，为做大做强企业营造良好环境

理顺行业资产管理体制后，国家局、总公司，省级局、省烟草公司和省级工业公司职能都将发生很大变化，要认真履行职责，努力适应新形势、新任务的要求。要坚持依法行政，认真履行行政管理职能，对国务院规定的国家局22项行政许可和审批项目，要进一步健全制度、完善办法、公开程序、加强监督，防止滥施乱用行政审批权或以权谋私。对各级烟草专卖机构的行政管理职能，国家局也要明确加以规定，切实做到职权法定，依法行政。要针对理顺资产管理体制后新的形势，对国家局的行业管理职能和事项重新明确和加以调整，并制订具体管理办法，向全行业公布，做到公开透明。要认真履行资产经营和管理职能，结合探索卷烟工业企业建立法人治理结构，研究资产经营和管理的方式方法，明确资产经营和管理的具体内容。理顺资产管理体制后，关于总公司的职能已经做出明确规定，即：中国烟草总公司对全资企业、控股企业履行出资人的职责，依法经营管理国有资产，任免企业负责人，决定企业重大事项。因此，总公司在抓好企业负责人考核、任免、奖惩和对企业的国有资产收益依法履行出资人职责的同时，要把主要精力放在行业发展战略和规划研究、切实加强和改善宏观调控、努力提高国有资产经营和管理水平、加强队伍建设等方面。烟草商业企业暂不设立董事会、监事会，因此省级公司要在年底前退出经营领域，代表总公司对所属企业行使出资人职责，对地级市公司的财务预算、收入分配、投资项目等重大事项切实加强管理，确保出资人到位。

二、关于行业经济运行

上半年，全行业经济运行继续保持良好发展态势，卷烟产销均衡增长，库存保持合理，价格基本稳定，经济效益持续较高速度增长。主要特点表现为以下几方面：一是卷烟销量继续保持稳定增长。全行业认真落实国家局宏观调控措施，坚持把保持销量稳定增长作为经济运行的重要任务下大力气努力抓好，拉动了卷烟生产的稳定发展，有效避免了经济运行中出现大的波动，保持了产销协调稳定增长。今年1～6月份，全行业累计生产卷烟10314.0亿支（2062.8万箱），比去年同期增加295.9亿支（59.2万箱），增长3.0%；累计销售卷烟10375.4亿支（2075.1万箱），同比增加418.2亿支（83.6万箱），增长4.2%；6月底卷烟工商库存1237.5亿支（247.5万箱），库存总量比去年同月末减少141.4亿支（28.3万箱）；累计实现工商税利1525.77亿元，同比增加238.96亿元，增长18.57%，其中实现利润591.79亿元，同比增加98.04亿元，增长23.59%。二是重点骨干企业和重点名优品牌呈现较强发展势头。卷烟工业企业通过联合重组，企业规模在迅速扩张，生产集中度、品牌集中度进一步提高。到6月底，卷烟工业企业年生产规模超过150万箱的11家，其中超过200万箱的5家；上半年前10家卷烟工业企业生产集中度为50.5%，前10个牌号集中度为31.1%，分别比去年同期上升6.05个百分点和5.5个百分点。企业联合重组后能否实现由大变强目标，这是行业十分关注的问题，也是衡量企业联合重组是否实现目标的主要标志。从上半年经济运行状况看，联合重组后的上海、红塔、广东中烟、湖北中烟等重点骨干企业发展势头良好，“中华”、“芙蓉王”、“红塔山”、“白沙”、“红梅”、“红河”、

"云烟"、"双喜"等重点名优品牌深受市场欢迎，为行业经济运行保持良好态势发挥了重要支撑作用。三是企业内部管理得到进一步加强。国家局制定下发了《卷烟工业企业竞争能力指标体系》和《品牌发展纲要》，引导企业把主要精力放在加强内部管理、着力自主创新、提高队伍素质上，以提高竞争实力，全面提升水平。卷烟工业企业高度重视成本费用控制，努力降低成本费用，提高资源利用效率。1～6月份，全行业工业企业销售收入成本率和三项费用率均比上年同期有所下降，其中销售收入成本率降低0.99个百分点，三项费用率同比降低0.86个百分点。与此同时，通过加强管理和有效调控，烟草进出口工作运行平稳，出口创汇保持增长；烟机制造水平明显提高，运行态势良好，生产经营各项工作保持平稳发展。上半年行业经济运行态势总体良好，但也存在一些不容忽视的问题，主要表现在：一是增长速度仍然偏快，市场承受的压力在继续加大。今年上半年，全行业税利增长逐月提速，高速增长背后所反映出来的就是产品结构偏高，低档卷烟市场供求矛盾仍然突出。由于有效货源供应不足，导致一些省份卷烟销量出现下降。低档卷烟产销问题如不能得到有效解决，下半年全国卷烟销量很有可能出现下降，这将对全行业经济运行造成极大被动。二是品牌整合存在与市场脱节现象。整合品牌、精简牌号、培育重点名优品牌是发展方向，需要继续抓好，但在品牌整合过程中，一定要注意原有品牌与替代品牌之间的衔接，以免出现市场断档，影响市场供应。三是部分企业成本高、费用大、资源利用率低等问题较为突出。上半年商业企业三项费用率同比有所上升。在费用增加因素中，工资福利性支出占有较大比重，必须引起高度重视。国家局反复强调，在收入分配问题上一定要瞻前顾后、留有余地。目前一些单位在这方面随意性较大，有的甚至违反国家有关政策规定，这些问题必须认真加以解决。针对行业经济运行反映的矛盾和问题，下半年，全行业各单位要进一步引起高度重视，全面贯彻落实国家局的部署要求和各项措施，切实加强和改善宏观调控，认真做好以下几个方面工作：

（一）坚持以科学发展观为指导，努力保持经济运行平稳发展

近年来，国家局反复强调，要坚持以科学发展观为指导，认真贯彻落实"做精做强主业，保持平稳发展"的行业发展基本方针，把行业发展建立在扎实的工作基础和可靠的市场基础"两个基础"之上。必须充分认识到，行业近年来呈现的税利持续较高速度增长，因素是多方面的，具有其相对阶段性，要长期保持这种增长速度是难以实现的。行业经济运行中出现的不稳定、不健康因素，反映出了一些单位对"保持平稳发展"方针缺乏全面的理解和准确把握。要把行业发展真正建立在"两个基础"之上，实现科学发展，必须进一步把思想统一到科学发展观的要求上来，提高对贯彻落实科学发展观重大意义的认识，增强贯彻落实科学发展观的自觉性和坚定性。要正确处理当前利益与长远利益的关系，切实克服和解决盲目乐观思想和急功近利、盲目攀比等浮躁情绪，避免经济运行出现大的波动，努力保持较长时期的平稳发展。要正确处理增长与发展的关系，增长并不等于发展，只有建立在核心竞争能力增强、自主创新能力提高基础上的增长，才是实现真正的发展。要正确处理税利增长与管理水平提高的关系，不要因税利增长而掩盖管理方面存在的问题，通过高度重视企业内部管理，降低成本费用，努力实现节约发展、清洁发展、安全发展、可持续发展。

（二）高度重视低档卷烟生产销售，切实增加市场有效供给

近年来，国家局采取多项措施增加低档卷烟生产，努力解决低档卷烟市场供给不足问题。但就总体看，低档卷烟产销矛盾仍然是当前经济运行反映最为突出的问题。下半年要采取更加有效的措施，切实增加低档卷烟有效供给。要加大对低档卷烟生产和销售的考核力度。按照国家局今年下达的低档卷烟产销计划，上半年低档卷烟产销均低于正常进度。为保证低档卷烟产销任务完成，下半年对各省调整后的低档烟产销计划完成情况要逐月进行考核，并制订相应奖惩措施，以保持市场稳定。为增加低档卷烟有效供给，国家局决定下半年增加的卷烟生产计划全部用于低档卷烟生产。要积极稳妥地推进低档卷烟品牌整合工作，认真做好品牌之间的市场衔接，精心组织"大丰收"等牌号卷烟的生产和销售，培育一批全国性的低档卷烟大品牌。

（三）紧紧围绕培育"两个10多个"目标，努力提高企业核心竞争力

培育10多个重点骨干企业和10多个重点名优品牌，是做大做强烟草企业、提高行业整体竞争力的重要措施，也是当前和今后一个时期企业重组改制的主要任务。下半年，要紧紧围绕着重培育"两个10多个"目标，继续抓好各项措施落实。要认真贯彻全国烟草科技大会精神，坚持中式卷烟发展方向，通过重大专项实施，力求在重点领域和关键技术上取得重大突破，带动科技水平全面提升。要坚持以企业为主体，

更加重视重点企业自主创新工作，切实加强重点企业技术中心建设，加大技术和人力资源整合力度，着力于核心竞争力的培育，努力实现持续创新，推动企业持续健康发展。要以行业“百牌号”为基础，继续抓好精简牌号、整合品牌，着重在培育10多个重点名优品牌上下工夫，不断提高重点名优品牌的核心竞争能力，促进资源优化配置。各工业企业在实施品牌（规格）整合工作中，要注意严格按规定及时办理计税价格报批手续。要按照“突出服务、注重效率、优化流程、提高素质”网建工作新要求，整体推进网络建设，全面提升网建水平。要继续认真抓好“按客户订单组织供货”试点工作，按市场化原则规范销售企业与零售客户之间关系，更加注重消费者真实需求，更加注重为零售客户提供优质服务，更加注重发挥市场机制作用，为培育“两个10多个”营造公平竞争的市场环境。

（四）高度重视企业内部管理，全面提升企业管理水平

各单位都要切实加强企业内部管理，大力推进管理创新，通过提升管理水平，努力提高资源配置效率和企业竞争能力。要采取措施，严格控制费用水平上升。商业企业要针对上半年费用水平上升的状况，精打细算，严格把关，抓住重点，通过采取切实有效措施，解决存在的突出问题，坚决遏制费用水平上升势头。工业企业要切实加强对宣传促销等费用的控制，进一步降低费用水平。要严格规范成本核算，努力降低生产经营成本。针对行业生产经营活动中成本高、资源利用率低的状况，要通过制订科学合理的技术标准，积极推广新工艺、新技术、新材料，严格规范成本核算，加大节能降耗工作考核力度，力求在节约生产、提高资源利用率方面取得实质性的进展。要高度重视制度建设，用制度规范企业管理行为。在财务管理工作中，要突出预算管理，建立和完善预算制度，使预算真正成为硬约束；在人力资源管理工作中，要积极推行定员、定岗、定责、定薪和公开竞聘、择优上岗，用制度规范用工分配行为；在物资采购工作中，要全面推行资质认证、公开招标，切实做到公开、透明，在保证质量前提下，努力降低采购成本。全行业各单位都要高度重视安全生产管理工作，全面落实安全生产责任制，有针对性地搞好安全检查和专项整治，进一步健全完善突发事件应急预案和防灾救灾等各项措施，确保安全生产，严防各类事故发生。

三、关于加强烟叶基础

今年以来，全行业坚持把烟叶工作作为行业发展的重要基础，认真落实“重心下移、着眼基层、突出服务、加强基础”的工作方针和各项措施，高度重视和解决烟叶工作中出现的盲目发展问题，努力保持烟叶生产稳定发展。各级烟草部门把“稳定规模、防止过热”作为烟叶工作的首要任务，严格落实国家计划，认真签订种植收购合同，切实加强生产管理，狠抓烟叶基础设施建设，各项工作取得积极成效。今年全国共签订烟叶种植收购合同327.92万份，落实烤烟移栽面积1570.3万亩，约定收购量204.4万吨，控制在国家下达计划之内。上半年烟叶工作主要情况和特点：一是以合同制为主线，严格按国家计划全面签订合同，烟叶种植面积得到有效控制。2005年冬以来，部分产区地方政府、烟农种烟积极性较为高涨，过热现象表现突出，烟叶工作又一次面临盲目发展的严峻形势。为此，国家局密切关注烟叶发展态势，及时召开全国烟叶生产工作座谈会和电视电话会议，统一认识，明确任务，强化责任，要求各产区“一把手”亲自负责，切实加强计划管理，严格落实合同制，坚决刹住超种苗头。产区各级烟草部门认真贯彻国家局的部署要求，态度坚决，措施有力，工作到位，通过认真签订烟叶种植收购合同，维护国家计划的严肃性，确保计划和合同的落实，保证了烟叶种植规模稳定。二是大力普及先进技术，加强大田管理，努力为烟农提供较为全面的服务。全国集约化育苗移栽面积达1374.8万亩，占种烟总面积的88%，其中漂浮育苗移栽面积1098.7万亩，占种烟总面积的70%。进一步普及推广标准化烤房改造以及平衡施肥、土壤改良、烟田排灌、三段式烘烤技术，狠抓先进适用技术的到位率；建立健全烟叶生产专业化服务体系，减轻烟农劳动强度和技术复杂程度，统一育苗、统一机耕、统一施肥、统一植保取得较大进展；努力提高烟叶移栽质量，加强大田管理，烟叶长势总体良好。三是加强领导，严格管理，扎实开展烟叶生产基础设施建设工作。为认真贯彻中央提出的“工业反哺农业，城市支持农村”和建设社会主义新农村的重大方针和战略任务，全行业把以烟水配套工程为主要内容的烟叶生产基础设施建设作为一项重点工作突出抓好。为切实加强领导，国家局成立了烟叶生产基础设施建设领导小组，并专门设立办公室。国家局分管领导和办公室工作人员坚持深入烟区检查指导，及时总结推广好的经验和做法，及时发现和解决存在的问题，认真组织工程项目验收，对保证工程质量和资金安全，顺利推进烟叶生产基础设施建设发挥了重要的作用。去年以来，全行业共投入资金21.16亿元，共建成水窖40.26万口，水池3.34万口，排灌沟渠7693条，管网7.36万条，新建（整治）小塘

坝2565座，可基本解决300万亩左右烟田排灌需要。从一年来开展工作情况看，烟叶生产基础设施建设进展顺利，总体质量良好，受到地方政府和烟农普遍支持和好评。有关烟叶工作，这里着重强调加强烟叶基层建设问题。烟叶是行业持续健康发展的基础，关系到行业发展的全局。因此，烟叶工作在任何时候只能加强，不能有丝毫削弱。加强烟叶基础地位，保持烟叶生产稳定发展，建立良好的生产经营秩序，关键在于切实加强烟叶基层建设。为此，国家局组织专题调研组，对如何加强烟叶基层建设进行了认真调查，提出了很好的建议和意见。当前，要重点抓好以下几个方面工作：

（一）健全机构，切实加强对烟叶工作的领导

随着烟叶产区取消县级公司法人资格步伐加快，如何加强烟叶工作力量、防止烟叶工作被削弱的问题，需要引起高度重视和认真加以解决。烟叶主产区县公司法人资格取消后，仍然要保留县烟草公司名称或改为县烟草分公司，烟叶管理职能部门和工作人员不得减少。地市级公司尤其是主要负责人要用更多精力指导和管理烟叶工作。要高度重视烟叶基层站建设。基层站的设置要根据各地的实际情况，坚持合理规划，分类指导，突出重点，相对集中，既要考虑有利于加强管理，又要方便服务烟农，把烟叶基层收购站建设成为服务功能比较齐全的烟叶工作站。

（二）加强管理，建立良好的烟叶工作秩序

烟叶工作点多面广，环节多、战线长，为确保各项政策措施落实到位，建立良好的烟叶工作秩序，必须切实加强管理。要突出合同管理这一主线，对烟叶种植、收购、加工、调拨全过程严格实行合同管理，强化专卖管理监督。当前，要重点抓好严格按合同组织收购，任何单位、任何个人不得以任何理由超计划、超合同收购烟叶，违者要追究责任，严肃处理。要切实加强对复烤加工的合同管理，坚决杜绝无合同、超合同加工烟叶，从加工环节加强对烟叶流向的管理，堵塞漏洞，严防非法经营烟叶问题发生。要突出预算管理和资金管理，加强烟叶生产经营成本费用核算，规范烟叶产前投入和基础设施建设经费开支，全面加强财务管理。要加快烟叶工作信息化建设步伐，用信息化改造烟叶经营企业，全面提升烟叶管理水平。

（三）完善设施，努力为烟农提供优质服务

要按照烟叶基层站建设规划，以地市级烟草公司为投资主体，以完善服务功能为主要目标，坚持合理的建设标准，进一步抓好烟叶基层站标准化建设，改善基层员工的工作环境和生活环境。要继续突出抓好烟叶生产基础设施建设。加强烟叶生产基础设施建设是“十一五”时期行业一项重要的工作，要在认真总结去年以来工作经验的基础上，下更大力气努力抓好。要因地制宜，合理规划。烟叶生产基础设施建设项目必须建立在基本烟田规划基础上，不得随意安排项目，扩大建设范围。要坚持以烟水配套为重点，因地制宜，科学安排，注重发挥项目对于稳定烟叶种植面积、抗御自然灾害能力的功能和作用。要坚持标准，保证质量。烟叶生产基础设施建设能否真正成为烟农满意的工程，经得起时间的检验，为建设社会主义新农村发挥实实在在的作用，关键在于保证质量。要制订科学的工程质量标准，加强对质量的检查监督，全面组织工程项目验收，对达不到质量要求的，不得进行验收和给予资金补助。要严格管理，真抓实干。烟叶生产基础设施建设任务较重的省级公司，都要成立领导小组和办公室，积极争取地方党委、政府的领导、关心和支持，自觉接受地方纪检监察机构和审计部门监督，努力做好与水利、农业等部门的配合，认真负责地开展工作。要加强项目管理，建立完整的档案资料，确保每一个项目真实可靠，坚决杜绝弄虚作假行为。要加强资金管理，确保每一笔资金真正使用到项目上，做到合理合法、科学安全。

（四）提高素质，全面提升烟叶工作水平

加强队伍建设、提高队伍素质是加强烟叶基层建设的关键。要高度重视基层工作人员的培训工作，努力提高文化素质和专业技术水平，适应烟叶生产水平不断提高的需要。要坚持公开竞聘、择优录用，有计划地吸收一批大专以上文化程度的毕业生，落实好有关政策措施，努力改善现有人员的结构。要规范对聘用人员的管理，认真开展技能鉴定工作，为烟叶一线人员成长创造条件，提供良好环境。通过加强烟叶职工队伍建设，努力提高职工队伍素质，为全面提升烟叶工作水平提供人才支撑和组织保证。

四、关于行业内部管理监督

今年上半年，全行业按照国家局关于加强行业内部管理监督工作的总体部署，全面开展以内部专卖管理监督和同级审计为主要内容的“两项检查”工作，进一步深入推进加强行业内部管理监督工作。各直属单位按照国家局的要求，加强对所属企业自查工作的检查指导，认真组织所属企业自查工作。4、5月份，国家局先后分三批听取了各直属单位开展“两项检查”工作的专题汇报，认真分析“两项检查”工作中存在的问题，总结和推广一些单位好的做法和经验，

对如何深入扎实开展“两项检查”工作进一步提出了明确要求。全行业必须深刻认识到，全面开展“两项检查”工作，切实加强内部管理监督，是贯彻落实国务院有关文件精神，保证行业改革和发展顺利推进的需要，是认真贯彻中央提出的建立教育、制度、监督并重的惩治和预防腐败体系，解决行业存在的突出问题的需要，是坚持和完善烟草专卖制度，树立烟草行业在社会上负责任的形象的需要。事关全局，责任重大，意义长远。全行业各级领导班子特别是各直属单位主要负责同志，务必引起高度重视，用足够精力抓紧抓好“两项检查”工作。下半年，要重点抓好以下几个方面：

（一）全面开展复查工作，加大对存在问题的整改力度

目前，“两项检查”工作已进入省级局、省级公司对所属企业进行复查阶段。为此，国家局专门召开了转入复查阶段的电视电话会议，对复查工作再次进行了动员和部署。开展复查是保证“两项检查”取得实效的重要环节，也是对各单位自查工作的全面检验。从前段自查工作开展情况看，大多数单位能够按照国家局的要求，正视存在问题，认真进行整改，最大限度把问题解决在自查阶段，取得了较好效果。同时也要看到，自查工作发展还不平衡，少数单位仍然避重就轻、流于形式，有的甚至边查边犯，性质十分恶劣。因此，各省级局、省级公司都要高度重视复查工作，真抓真纠，下决心把问题解决在复查阶段。在复查工作中，对所属企业复查面要达到百分之百，切实做到不留死角、不留尾巴、不留后患。要通过深入细致、认真负责检查，进一步发现问题、解决问题。对财务审计检查，要按照审计署对行业审计要求，坚持标准，保证质量。对专卖管理监督检查，要重点检查卷烟工业企业超产瞒产，商业企业拆单分摊、虚拟客户，打叶复烤企业无合同、超合同加工复烤烟叶等突出问题，尤其要注意发现带有普遍性和倾向性问题。对检查发现的问题，要逐项提出整改意见，加大整改力度，确保整改工作落实到位。尤其是对时间久、情况复杂、解决难度大的历史遗留问题，要通过这次检查进行全面认真清理，决不能再久拖不决，否则将造成更大损失，留下严重后患。

（二）精心组织重点抽查工作，确保“两项检查”取得实效

国家局重点抽查工作初步确定从9月份开始。同级审计检查工作国家局统一组织检查组，对省公司、省工业公司及卷烟工业企业、打叶复烤企业进行全面抽查，对地市级公司先进行重点抽检，根据抽检情况再确定检抽面。专卖内部监督检查初步安排8月份从行业抽调人员，并举办检查人员培训班，通过集中培训、搞好试点，在总结经验基础上全面展开。通过开展“两项检查”工作，认真总结经验教训，加强对广大干部职工的自律教育，针对存在问题，进一步健全制度，尤其要切实加强日常生产经营活动和财务工作的管理，认真研究加强日常监督和同级监督的有效途径和办法措施，提高执行能力，推进行业内部管理监督工作的制度化、规范化。

（三）严格执行法律法规，严肃查处违法违规案件

为保证“两项检查”工作顺利开展，下决心解决存在的突出问题，在加强教育、健全制度的同时，必须严肃纪律，严格执行法律法规，加大对案件查处的力度。在“两项检查”工作中，国家局反复强调，要通过加强教育，提高认识，对自查发现的问题，坚持自我整改和教育为主，最大限度把问题解决在自查阶段。要通过认真制订整改措施，杜绝类似问题再次发生。对于复查和重点抽查发现的问题，要逐项分清责任，严肃处理。要坚决刹住边整边犯、边查边犯歪风，对顶风违纪的一经发现，必须从严查处，决不能姑息迁就。“两项检查”工作告一段落后，国家局对各直属单位内部管理监督工作要进行全面评价，看各单位生产经营秩序是好的还是混乱的，对存在的问题是正视的、积极解决的，还是长期搁置、置之不理的。如果一个单位的问题长期得不到解决，生产经营秩序混乱，就要解决领导班子问题。对此务必高度重视。

五、关于强化专卖管理

上半年，烟草专卖管理工作紧紧围绕打假打私、内部监管、加强基层建设三项任务，进一步加大工作力度，努力提高专卖管理水平，为行业改革和发展提供了有力支持和保证。半年来，共查处制售假冒商标卷烟案件16万起，查获假冒卷烟34.6万件、制假烟叶2687吨，捣毁制假窝点1286个，查缴制假烟机509台，打掉销售假烟网络188个，依法拘留制假分子2858人，其中判刑844人、劳教49人。尤其在打击贩假售假网络方面取得了新的进展和重大突破。国家局与公安部共同配合，成功组织了“5·31”专项行动，摧毁了横跨西南5个省（市、区）并涉及福建、广东制假窝点的制假售假网络，有力地打击了制售假烟违法活动。下半年，专卖管理要进一步突出抓好以下工作：

（一）始终保持打假高压态势，毫不松懈地深入推进卷烟打假工作

近年来通过不断加大打假工作的力度，尤其是加强打击贩售假烟网络工作，有效遏制了制假贩假反弹。但由于制假贩假暴利的驱动，打假未有穷期，任务仍然十分繁重艰巨，任何时候不得丝毫放松。要充分认识制假贩假的严重危害性，从上半年查获的假烟看，大部分是高档名优卷烟，对国家利益造成严重损害。因此，要从维护国家利益出发，进一步明确和认清各级专卖机构加强市场监管、净化卷烟市场的神圣职责，保证经费，落实人员，确保市场监管工作落实到位。否则，就是失职。要继续加强与公安等有关部门的合作，坚持打源头与打网络并重，把打击制售假烟网络放在更加突出的位置，认真落实国家局和公安部联合下发的《打击制售假烟网络工作方案》，进一步确定目标，明确任务，努力提高打击制售假烟网络中经营案件的能力，与公安机关密切配合，把握有利时机，集中予以摧毁，全面推动打击制售假烟网络工作的深入开展。国家局要加强对打击制售假烟网络工作的督导，确定一批重点案件，统一协调指挥跨省区的打击制售假烟网络专项行动，所涉及到的省级局都要积极参加，协同作战，努力争取新的更大突破。要继续深入开展打击制假窝点行动，卷烟制假重点地区要进一步加大打击力度，建立和完善打假工作机制，严格落实卷烟打假责任制，有效摧毁假烟生产能力。所有地区都要密切注意转移、扩散的卷烟制假活动，及时予以严厉打击。要坚持不懈开展打击非法拼装倒卖烟机、非法生产经营卷烟纸和丙纤丝束等原辅材料行为，严防烟用原辅材料流入地下制假窝点，从源头上遏制卷烟制假。对沿海沿边地区走私卷烟、丝束、卷烟纸等烟草专卖品活动也要密切加以关注，不断加大打击力度，努力争取在打击走私贩私团伙方面取得突破。要积极配合公安司法部门切实加大对制售假烟违法分子的抓捕追刑力度，依法严惩制假贩假团伙主犯。

（二）高度重视烟草专卖基层建设，充分发挥县级烟草专卖管理机构作用

县级烟草专卖管理机构是行业专卖管理工作的基础。县级烟草公司法人资格取消后，县级烟草专卖局作为烟草专卖行政执法主体，承担着基层烟草专卖管理监督的重要职责。针对取消县级公司法人资格后面临的新情况，去年，国家局明确提出了强化县级烟草专卖局职能的要求，通过一年来积极工作，县级烟草专卖局建设得到重视和加强。但是，无论从对县级局所应发挥作用的要求来看，还是从目前县级局所承担的任务看，这方面工作仍存在较大差距。全行业都要从规范烟草市场秩序、巩固和完善烟草专卖制度、维护国家和消费者利益，确保行业持续健康发展的高度，进一步提高对加强烟草专卖基层建设重要意义的认识，切实加强县级烟草专卖局建设和管理，并作为经常性工作努力抓好。要认真贯彻国家局《关于加强县级烟草专卖局专卖管理工作的意见》的各项要求，健全和落实县级烟草专卖局工作职能、机构设置和人员配备，在装备设施、经费开支等方面给予充分保障，积极发挥县级局一线专卖管理的重要作用。要制订和完善加强县级局建设的制度措施，完善内部管理、打假打私、市场监管和执法监督机制，努力提高县级局建设整体水平，夯实专卖管理基础。对于目前一些地区县级局职能作用落实不到位、专卖工作需要不能保证的问题，要采取有力措施加以解决。

（三）切实转变管理方式，充分发挥专卖执法队伍作用

近年来，为认真履行专卖管理职责，加大市场监管工作力度，建立良好的生产经营秩序，各级烟草部门高度重视专卖执法队伍建设，努力提高专卖执法队伍素质，为行业发展发挥了重要作用，对此必须充分肯定。要认真研究新形势、新任务对专卖管理工作提出的新要求，转变管理方式，更好地发挥专卖执法队伍作用。各级烟草专卖管理部门要把更多精力放在加强内部监管上，充实加强内部监管工作人员，加强对烟叶、卷烟及其他烟草专卖品生产经营活动的日常监管，把问题解决在内部，彻底改变重外轻内思想；要把市场监管的重点放在发现线索、查处案件、打击制售假烟团伙上，从源头上解决市场贩假走私等突出问题，进一步净化卷烟市场；对零售客户管理要把工作重点放在分析经营业态及展变化、了解掌握零售客户经营状况上，及时发现违规经营行为，在提供优质服务的同时，实行有效管理。

六、关于加强队伍建设

今年以来，全行业认真贯彻落实全国烟草工作会议和行业政治工作、纪检监察工作等会议的各项部署，认真学习贯彻党章，建立保持共产党员先进性长效机制普遍开展；认真学习胡锦涛总书记关于树立社会主义荣辱观的重要论述，切实加强思想道德建设；认真贯彻行业建立健全惩治和预防腐败体系的具体实施意见，进一步重视抓好党风廉政建设和反腐败工作；全面开展“‘两个至上’在岗位”主题实践活动，树立良好职业道德风尚，推动各级领导班子建设和人事分配制度改革，有力地促进和保证了行业改革和发展各项工作顺利进行，干部职工队伍表现出奋发向上、积极进

取的良好风貌。下半年，全行业要继续按照全国烟草系统政治工作、纪检监察工作会议的部署，紧紧围绕贯彻实施国务院有关文件，深入推动各项工作开展，为顺利推进行业改革和发展提供更为有力的保证。这里，着重强调在全行业如何全面开展"'两个至上'在岗位"主题实践活动问题。

去年，国家局在全行业深入开展了牢固树立国家利益和消费者利益至上行业共同价值观的"两个至上"大讨论活动，对加强烟草行业思想道德建设，提高职工队伍素质，树立正确的价值观，起到了重要的促进作用。在今年的全国烟草工作会议以及政工、纪检监察工作会议上，国家局党组一再强调，要把"两个至上"大讨论活动进一步深入、扎实、有效地推进，特别是要重在实践，努力做到知和行的统一。根据这一要求，今年要在全行业全面开展"'两个至上'在岗位"的主题实践活动。为此，国家局专门下发了文件，对开展这项活动进行了具体安排部署。

（一）开展"'两个至上'在岗位"的主题实践活动，要努力做到"三个结合"

1. **要与认真学习落实胡锦涛总书记提出的树立社会主义荣辱观紧密结合。**胡锦涛总书记在今年"两会"期间发表了树立社会主义荣辱观的重要讲话，明确提出要在全社会坚持进行以"八荣八耻"为主要内容的社会主义荣辱观教育，这是加强思想道德建设的重要指导方针。在全行业开展"'两个至上'在岗位"的主题实践活动，要突出抓好"八荣八耻"的思想道德教育，努力促进和形成"知荣辱、讲正气、树新风、促和谐"的文明风尚，牢固树立和践行社会主义荣辱观。

2. **要与建立健全保持共产党员先进性长效机制紧密结合。**从去年开始，在全党开展了保持共产党员先进性教育活动。目前先进性教育活动已基本结束，我们要认真学习贯彻胡锦涛总书记在庆祝建党85周年暨总结保持共产党员先进性教育活动大会上的重要讲话精神，把开展"'两个至上'在岗位"主题实践活动与建立健全保持共产党员先进性长效机制紧密结合，深入推进全行业党的先进性建设和加强执政能力建设，激励广大党员干部在本职岗位上自觉实践党的先进性建设基本要求，充分发挥党员的先锋模范作用，不断增强各级党组织的创造力、凝聚力、战斗力。

3. **要与深入贯彻国务院有关文件，进一步推进行业改革和发展紧密结合。**

认真贯彻落实国务院有关文件精神，深入推进行业改革和发展是全行业当前的主要任务。在贯彻国务院文件的过程中，不可避免地会涉及到各方面利益调整，遇到各种矛盾和问题。要通过开展"'两个至上'在岗位"主题实践活动，大力推进企业文化建设，增强广大干部职工的使命感和责任感，增强企业的凝聚力和向心力，积极解决行业改革和发展中的各种矛盾和问题，正确对待和处理好各方面利益关系调整，切实加强思想政治工作，进一步统一全行业思想认识，打牢思想基础，有效推动行业改革和发展各项措施的落实。

（二）开展"'两个至上'在岗位"的主题实践活动，要努力做到"四讲"

1. **要讲责任。**责任是一种品质，一种追求，一种精神境界。全行业要进一步树立责任意识，在社会上树立负责任的形象，真正对国家负责、对消费者负责。责任又是具体的，不同岗位有着不同的责任。对于国家局、总公司就是要对中央负责、对社会负责、对行业发展负责，从而实现对国家、对消费者负责这一神圣责任。各省级局、省级公司都要明确自己的责任，恪尽职守，尽职尽责，努力工作。对于工商企业，当前要认真做到对品牌负责，对市场负责，对烟农和零售客户负责。品牌是企业的象征，是全行业的宝贵财富，也是应对更加激烈市场竞争的关键所在。工商企业都要紧紧围绕培育"两个10多个"重点名优品牌这一目标，密切配合，共同努力，认真做好培育品牌、引导消费工作，提高品牌适应市场的水平和竞争能力。对市场负责也就是对消费者负责，要进一步增强市场观念和服务意识，为消费者提供优质的产品和良好的服务。当前要高度重视解决低档卷烟供应问题。低档卷烟有效供给不足，既有工业企业不愿生产，也有商业企业不愿销售的问题，这两个方面的问题同时存在。我们要从讲责任的高度来认识这一问题。不愿生产、不愿销售低档卷烟就是对市场、对消费者不负责任的表现，违背专卖立法宗旨，不符合"两个至上"共同价值观，要认真加以解决。我们要把关爱烟农和零售客户作为一种责任，为他们的生产经营创造良好的环境，提供优质的服务。只有这样，行业发展的基础才能牢固，可靠的市场基础也能真正建立起来。

2. **要讲诚信。**诚信是一种文化，是每一位职工特别是领导干部应有的关键品质。目前行业正在加强企业文化建设，因此要把讲诚信作为企业文化建设的重要内容，作为每一个职工特别是领导干部的基本道德规范落到实处，形成认认真真办事、老老实实做人，对社会负责、为客户着想的良好道德风尚。讲诚信，要紧密联系工作实际，联系生产经营实际。目前正在全行业全面开展"两项检查"工作，从检查发现的问题看，个别单位在生产经营和财务管理方面存在严重弄虚作假行为，这与诚实守信是格格不入、背道而驰的，损害的是国家利益和消费者利益。因此，在开展“‘两个至上’在岗位”主题实践活动中，要密切联系实际，加强诚信教育，切实做到遵纪守法，忠诚老实，自觉养成良好的职业操守和道德行为。

3. **要讲效率**。专卖制度下的烟草如何提高效率，是对我们领导能力的考验。随着卷烟工业企业规模不断扩张，取消县级公司法人资格步伐加快，地市级公司成为市场营销主体，如何克服“大企业”病，使企业充满生机和活力，需要我们认真研究并加以解决。我们讲国家利益至上，就是要使我们的行业成为有效率的行业，企业成为有效率的企业，努力为国家创造更多财富，增加国家财政收入。因此，要通过不断深化改革，为行业发展注入动力，激发活力，提高效率；要坚持以人为本，关心人、尊重人、激励人，充分调动全体员工积极性；要认真研究理顺资产管理体制后行业的管理方式和运行模式，努力做到理顺产权，明确职责，规范运作，高效运行。

4. **要讲奉献**。我们要始终清醒认识到，烟草行业效益比较好，专卖体制和政策发挥了根本的作用。国家为烟草行业发展创造了良好的体制性环境，我们一定要报效国家、服务人民，做到取之于社会，回报于社会。中央提出“工业反哺农业，城市支持农村”和“建设社会主义新农村”的重大战略方针和战略任务，国家局党组高度重视，去年全行业筹集了20多亿元资金用于烟田基础设施建设，这就是关爱烟农、回报社会的具体体现。烟草行业应集中一些资金，多做一些有益于社会、有益于烟农、有益于消费者的事情。对于烟草行业的干部职工，要切实加强艰苦奋斗、勤俭节约教育，努力做到严于律己，防微杜渐，廉洁奉公。烟草行业经过多年发展，现在不论工作环境还是生活条件都得到较大改善，对此要知足常乐，倍加珍惜，要潜心做事、低调做人，甘于奉献、勇于创新，艰苦奋斗、自强不息，自觉摆正国家、企业、个人之间的关系，始终把国家利益摆在首要位置，尤其要注重处理好收入分配等方面问题，严格控制和防止收入水平过快增长。今年上半年，为维护国家利益英勇献身、被追认为革命烈士的荆州市烟草专卖局原局长高荆洪和被授予践行社会主义荣辱观模范职工称号的西安市烟草专卖局（分公司）职工王兵同志，就是行业涌现出来的众多先进模范人物中的突出代表，国家局党组已作出决定，全行业都要学习他们对党忠诚、恪尽职守、勤奋敬业、无私奉献的精神，更加广泛地掀起学英模学先进活动热潮，立足本职岗位做好工作，努力为行业发展和国家建设多作贡献。

专卖管理

努力抓好打假打私　内部监管　加强基层建设三项任务　做好专卖管理工作

——在2006年全国烟草专卖管理工作会议上的讲话（摘要）

张　辉

（2006年3月13日）

一、新形势对专卖管理工作提出的新要求

当前行业的改革与发展进入了新的重要时期，对烟草专卖管理工作提出了新的更高的要求。广大专卖管理干部职工要认真学习好全国烟草工作会议、国务院有关文件和姜成康局长重要批示精神，充分认识新时期党组对专卖管理工作的要求，把思想认识统一到全国烟草工作会议精神、国务院有关文件的各项要求和姜成康局长重要批示上来，进一步提升专卖管理工作的质量和水平，保障行业改革与发展的顺利推进，确保行业持续、稳定、协调、健康发展。

（一）保持行业持续平稳发展，必须进一步巩固和完善国家烟草专卖制度

烟草专卖制度是烟草行业的根本制度。回顾烟草行业20多年特别是近几年快速发展的实践，可以得出一个最为基本的认识：国家对烟草行业实行专卖制度

是完全正确的，对有计划地组织烟草专卖品的生产和经营，提高烟草制品质量，维护消费者利益，保证国家财政收入发挥了极其重要的作用。去年温家宝总理对国家局报送的关于行业改革与发展情况汇报材料作了重要批示，对烟草专卖制度给予了充分的肯定。面向未来，烟草行业已经站在一个新的起点上，经过近几年的良好发展，具备了较为坚实的基础，同时也面临许多新的矛盾和问题，面临更加严峻的挑战。姜成康局长在今年的全国烟草工作会议上指出，烟草行业面临着吸烟与健康问题更加严峻的挑战，面临着市场竞争更为严峻的挑战，面临着如何在较高税利水平上实现持续增长的严峻的挑战，要确保在较长时期的持续平稳发展任务更加艰巨。从行业的特点和基本国情出发，毫不动摇地坚持巩固和完善烟草专卖制度、充分发挥专卖体制优势，是保持行业持续平稳发展的基本保障。

我们要充分看到，首先，巩固和完善国家烟草专卖制度，是实现控烟的有效方式。烟草是具有健康危害性的产品，同时也存在一定的负外部性，但它却有非常广泛的市场需求。对于这种特殊产品，国家必须对其进行严格管理和适当控制。曾培炎副总理曾指出，实行烟草专卖，是最好的控烟措施。作为世界上吸烟人口最多的国家，我国实行烟草专卖制度，严格按计划组织生产和销售，严厉打击各种非法烟草制售行为，这是在保障烟草行业健康发展的基础上实现控烟最为有效的方式。

第二，巩固和完善国家烟草专卖制度，是遏制假烟、走私烟蔓延泛滥的基础保证。由于烟草制品的社会需求量很大，制造工艺相对简单，加之税负较重，因此，通常是不法行为容易涉足的领域。我国通过实行烟草专卖制度，充分调动了各方面打假打私的积极性，保障了打假打私的人员和经费支出，有效地遏制了假烟、走私烟的蔓延和泛滥，对防止国家税收流失、维护消费者利益和合法企业的正当利益起到了重要作用。目前假烟、走私烟的泛滥之势基本得到遏制，但受多种现实社会经济因素的影响，假烟、走私烟随时都可能反弹，烟草行业打假打私的任务仍然非常艰巨。我们只有进一步巩固和完善烟草专卖制度，才能够有效打击卷烟制假、贩假、走私等非法活动，为维护国家利益、消费者利益及烟草企业的正当利益提供基础性保证。

第三，巩固和完善国家烟草专卖制度，与发展社会主义市场经济并不矛盾。国家烟草专卖的目的就是为了维护国家利益和消费者利益，保证国家财政收入，除此之外没有烟草行业自身的特殊利益，这和社会主义市场经济的总体目标是相吻合的。专卖制度下的垄断，既不是自然垄断、经济垄断和行政垄断，也不是企业垄断、行业垄断，是法律形式确立的国家垄断，维护的是国家利益和消费者利益，而不是通过垄断获取行业的特殊利益。专卖制度也不排斥竞争，而是鼓励公平竞争，通过市场化的改革，不断消除束缚行业发展的体制性障碍，引入竞争，提高效率。而且从客观实践来看，市场机制对于优化烟草资源配置、提高中国烟草总体竞争实力一直发挥着非常重要的作用。因此，烟草专卖制度是保持行业在较长时期持续平稳发展的根本保障，我们必须坚定信心，毫不动摇地坚持巩固和完善烟草专卖制度。

（二）贯彻落实国务院有关文件精神，必须进一步加强烟草专卖管理

2005 年国务院办公厅就进一步理顺烟草行业资产管理体制深化烟草企业改革发布了有关文件明确提出了行业进一步理顺资产管理体制、深化企业改革的目标和任务，指明了行业改革方向，是指导行业当前和今后一个时期改革与发展的纲领性文件，充分体现了国务院对烟草行业的重视、关心、支持。贯彻落实国务院有关文件，既涉及到理顺行业资产管理体制，又涉及到深化企业改革；既涉及到总公司、省级公司管理层面改革，又涉及到企业层面改革；既涉及到管理职能调整，又涉及到生产经营组织方式改变，是一项系统工程，是烟草行业全方位的改革和调整。能否将文件精神贯彻落实到位，事关全行业改革与发展的大局。姜成康局长明确要求，要从有利于烟草专卖制度巩固和完善，充分发挥专卖体制优势；有利于发挥市场机制作用，营造公平竞争的市场环境；有利于提高效率、注重自律，建立符合烟草特点的现代产权制度和现代企业制度；有利于调动各方面积极性，推动行业发展出发，切实抓好国务院有关文件精神的贯彻落实。各级局要把认识和行动统一到国务院有关文件精神和国家局的统一部署上来，按照“四个有利于”的要求，进一步提升专卖管理工作水平，努力营造公平竞争的市场环境，为贯彻国务院有关文件精神、顺利推进行业改革创造有利的条件。

一是要切实转变省级局（公司）的职能，全面加强专卖管理工作。理顺产权后，省级局（公司）要退出“两烟”经营领域，集中精力抓管理、抓监督、抓资产经营、抓队伍建设，依法行使出资人权利，承担国有资产保值增值责任。今后专卖管理是省级局（公司）的重要的、主要的工作职责，各省级局（公司）必须加强领导，切实履行专卖管理职责，认真做好内部监管、打假打私、市场监管、证件管理等工作。做好了专卖管理工作就为行使好出资人管人、管事、管资产的职责提供了有利条件和有效手段。

二是要根据深化企业改革和生产经营组织方式的

改变，及时调整专卖管理方式，实现规范运作、高效运行的要求。年底前，卷烟工商企业都要完成公司制改造。卷烟工业企业公司制改造后将有两种形式，一种情况是省级工业公司与联合重组后的卷烟工业企业合并成一个法人实体，与总公司建立两级母子公司体制；再一种是总公司、省级工业公司、卷烟工业企业三级母子公司体制。不论是哪种形式，今后省级工业公司都要向经营实体转变，逐步实行统一组织品牌生产、统一组织产品销售、统一组织原辅材料采购，实现资源在更大范围的合理流动。省级工业公司的经营许可范围将进一步扩大，内部专卖品调拨将更加频繁，专卖准运证管理的主要对象也将进一步扩大到省级工业公司。这就要求专卖管理必须有针对性地作出相应的调整，及时修订完善有关管理制度，根据需要扩大省级工业公司的许可范围，进一步加强准运证管理工作，确保公司制改造后企业的高效运行，为行业改革顺利推进起到积极的促进作用。

三是要始终保持卷烟打假的高压态势，努力营造公平竞争的市场环境。卷烟打假未有穷期，必须要有长期作战的准备，要有永不收兵的决心。近年来卷烟打假成效显著，对行业的改革与发展功不可没，但是有的地区守土有责的意识不强，打假职责履行不到位，成效不明显。各级局必须充分认识打击销售假烟网络的重要性，在深入打击制假窝点、摧毁假烟生产能力的同时，把打击销售假烟网络作为根治制售假烟违法犯罪活动的治本之策来抓，切实加大力度，确保取得新的更大成果。要注重创新工作思路和工作方法，不断提高卷烟打假工作水平。结合本地实际，积极探索有效的工作方法，进一步遏制制售假烟违法犯罪活动，营造规范的烟草市场秩序。

（三）解决注重自律的重大课题，必须进一步完善内部专卖管理监督长效机制

国家局党组在学习贯彻党的十六届四中全会精神过程中，明确提出了全行业在继续坚持和完善烟草专卖制度前提下，必须认真研究和切实解决好提高效率和注重自律两个重要课题。姜成康局长明确指出："在行业政企合一的特殊体制下，能不能解决好自律问题，关系到专卖制度的巩固和完善。如果能切实加强内部监管，那我们政企合一的体制就有存在的基础，就有生命力；如果不能进行有效的监管，问题成堆，那这个体制还有什么存在的必要?"这一段讲话，深刻地揭示了加强行业内部专卖管理监督与巩固烟草专卖制度的关系。当前行业加强内部监管工作的基本格局是：规范"两烟"经营是基础、财务审计是关键、领导干部监督是重点、纪检监察是保障。规范"两烟"经营主要靠建立和完善内部专卖管理监督长效机制，切实加强对工商企业生产经营全过程的有效监管来解决。行业过去搞整顿，也解决问题，但整顿是在问题严重时的事后监管，是有阶段性的，我们不可能长期整顿。而且这种问题跟进型的事后监管对我们来讲代价太大，成本太高，对行业的社会形象损害大；整顿成果也难以巩固，整顿完了照样还出问题，有的边整边出问题。因此，必须通过建立长效机制，起到有效防范和及时发现处理问题的作用。2005 年国家局提出加强专卖内管，变集中整顿为日常监管，变问题跟进型监管为行进型监管，变事后监管为事前、事中、事后全过程监管。各级局认真抓落实，取得了明显的进展。但目前在有的单位思想认识还不到位，专卖管理监督工作还不到位，监管意识和主动接受监管的意识都还有一定的差距，有效监管的长效机制还没有真正建立起来，"两烟"违规经营的问题仍时有发生，在个别单位、个别省表现得还比较突出。针对存在的问题，各级局要进一步提高思想认识，牢固树立国家利益至上、消费者利益至上的共同价值观，切实增强监管意识；要提高执行力，进一步落实内部专卖管理监督各项制度措施，努力实现制度化、规范化、日常化的要求，有效解决与专卖立法宗旨背道而驰的内部违法违规生产经营问题，促进"注重自律"这一重大课题的解决，努力做到维护国家利益和消费者利益，进一步巩固和完善烟草专卖制度。

（四）行政法制建设的深入推进，要求进一步提高专卖管理依法行政的水平

2004 年国务院发布了《全面推进依法行政实施纲要》，正式施行了《中华人民共和国行政许可法》；2005 年底十届全国人大常委会首次审议了《行政强制法》草案，今年初又将《行政程序法》列入了立法规划。由此可以看出我国加快推进依法行政、建设法治政府的决心和力度，这就给我们提出了怎样在现行的国家烟草专卖体制下进一步提高依法行政水平的重大课题。专卖管理工作直接关系到行政相对人的利益，是烟草行业在社会上的重要窗口。国家行政法律为我们正确行使烟草专卖法律法规赋予的权力提供了法律规范，使烟草专卖行政管理能更好地适应现阶段我国的经济社会环境和发展要求。严格执行国家行政法律，进一步提高专卖管理依法行政水平，是各级局必须要履行好的责任和义务，也是树立行业良好的社会形象，巩固和完善专卖制度的必然要求。经过多年的努力，各级局在依法行政方面取得了明显的成绩，同时也要清醒地认识到同依法行政的要求相比，还存在很大的差距，还有很多不相适应的地方。比如以有没有电话、

能不能电子结算等作为办理零售许可证条件的问题，这在有的单位比较突出，有一个县6个毗邻的村庄没有一家持证零售户，这是依法许可吗？行政法律的重要目的就是要保护行政相对人的权益，不能只从企业经营利益出发，只考虑配送成本的问题。否则，不就成了权力和利益挂钩吗？这个问题必须尽快加以纠正，不然就会对行业造成不良影响。还有专销结合、搞差异化服务的问题，专卖管理是行政执法范畴的问题，销售是卷烟经营范畴的问题，诚信是道德范畴的问题，不能把这些混为一谈，以专卖管理为手段进行对零售户的差异化服务，这就违反了依法行政和经营的公平公正原则。各级局要进一步提高认识，把依法行政的工作摆在更加突出的位置，坚持不懈地抓紧抓实抓好，努力适应社会主义民主法制建设的新形势，进一步提高专卖管理依法行政水平。要切实加强法律法规培训教育，牢固树立依法行政的理念，对有关行政法律原则、条款内容，每个专卖管理人员都要做到熟知能背、准确运用，尤其是各级分管领导和专卖部门负责人，要把严格依法行政作为自觉行为，做到既不失职不作为，又不越权乱作为。

二、2006年专卖管理工作的主要任务

今年是“十一五”规划开始实施的第一年，我们要按照全国烟草工作会议精神和姜成康局长“今年是行业改革的关键一年，也是全面落实内部监管工作的关键一年，希望专卖工作紧紧围绕中心，服务大局，继续抓好打假打私、内部监管、加强基层建设三项任务，加大工作力度，提高工作水平，取得新的成效，为行业的发展、各项改革措施的推进作出新的贡献”的重要批示，紧紧围绕三项任务，做好以下五个方面的工作。

（一）坚持加强检查落实，深入推进内部专卖管理监督工作

1. 扎实开展内部专卖管理监督检查工作。姜成康局长在全国烟草工作会议上提出，今年要对2005年行业生产经营活动和专卖管理监督工作开展情况进行全面检查。国家局已下发了《关于开展行业内部专卖管理监督检查的通知》，2月10日召开了电视电话会议，对开展好这项工作进行了安排。各单位积极行动，迅速部署，所有的省级局都已上报了工作方案。辽宁省局、广东中烟工业公司等9个单位专门召开会议传达会议精神，研究贯彻落实的措施；重庆、陕西等15个省级局成立了领导小组，“一把手”亲自挂帅；湖南、云南、江西等10个省局结合实际，设计多种表格，力求体现全过程监管，不留死角。目前各地正在按专卖内管检查工作方案组织开展工作，总体情况良好，但也存在一些问题。一是思想认识不到位，存在松懈、自满的情绪，有应付和等待观望的倾向。有的单位认为，近年来国家局狠抓整顿规范，成效显著，生产经营相当规范，企业自查没有内容可查，等待省级局复查和国家局抽查。有的单位工作方案过于简单，针对性不强、操作性不强，有的照搬照抄国家局的通知。二是自查时间安排紧张，自查人员力量不足，自查内容不明确，工作中存在敷衍塞责的倾向，容易流于形式。有的单位自查工作甚至已经结束。三是省级局和工业公司缺乏协调，企业自查和省级局复查之间缺乏统筹安排和有机衔接，有各自为战的倾向。各单位必须充分认识开展这次专卖内管检查的重要性，切实解决当前工作中存在的问题，扎实开展好这次内部专卖管理监督检查工作，务求实效。要认真学习全国烟草工作会议、2月10日电视电话会议精神和3月2日全国省级局、省级工业公司主要负责人会议上，姜成康局长对开展内部专卖管理监督检查的重要指示精神，对开展内部专卖管理监督检查，特别是企业自查工作进行再动员、再部署，统一广大干部职工的思想，提高认识，增强检查和自查工作的自觉性、主动性和针对性。全面深入的自查是专卖内管检查能否取得实效的关键。各省级局、各省级工业公司要切实加强领导，主要领导要亲自组织内部专卖管理监督检查工作，分管领导要具体负责，要在原有部署的基础上，进一步细化自查工作方案，明确自查内容、自查重点、工作流程、工作底稿、记录要求和责任要求等，确保取得实实在在的效果。凡是照搬照抄国家局文件的以及过于简单、没有针对性的工作方案一律推翻，重新制定。凡是自查走过场、没有取得实效的，不能转入下一阶段。各省级局要把加强对企业自查的督导作为近期专卖管理工作的突出重点，切实抓好。会后国家局将选择部分烟叶复烤企业、卷烟工商企业作为试点单位，派工作组与企业一起对2005年的生产经营业务进行彻底清查；各省级局都必须深入到2～3家企业，与企业一起进行自查，要本着时间服从质量的原则，把烟叶复烤企业作为督导检查的重点，认真查、严格查、全面查、不留死角、不留后患、实事求是，及时发现倾向性的问题，认真做好自查自纠工作。企业自查工作不得在4月底前结束。省级局和工业公司要加强沟通，建立和完善联系协调机制，共同做好企业自查和专卖内管工作。要建立定期汇报制度，各省级局要把企业自查、省级局督导情况每两周向国家局汇报一次，国家局将有针对性地进行分类指导。在自查阶段国家局将通过电视电话会的形式专题听取各省级局（公司）专卖内管检查情况的汇报。要通过扎扎实实的工作，争取把2005年存在的问题解决在自查阶段，巩固2005

年以来内部专卖管理监督工作的成果。省级局要在抓好企业自查工作的基础上，对复查工作进行周密的安排部署，在人力上给予充分的保障，对所有列入检查范围的企业进行全面、彻底的检查。要通过深入检查，针对检查出的问题，进行教育、处理、纠正、整改，不断完善有效监管的长效机制，切实加强日常监管、同级监管，进一步促进“注重自律”这一重大课题的解决。

2. **认真抓好专卖内管各项制度措施的落实**。在深入检查、纠正、解决去年违法违规问题的同时，各省级局要按国家局《内部专卖管理监督实施意见》的要求，深入开展定期检查、定期报告、案件查处、同级监管等工作，切实加强对今年行业生产经营活动的全过程监管，有效防范、及时发现处理违法违规生产经营问题。各省级局要抓住退出“两烟”经营领域的时机，把做好专卖内管工作作为职能调整的重要内容，落实机构，挑选熟悉生产经营业务、素质较高的同志充实专卖部门的力量，为进一步加强内部专卖管理监督工作创造条件。要继续加强联系单位工作的指导，通过联系单位出办法、出成效、出经验，明确市县局日常监管、同级监管的形式、措施以及信息沟通渠道等内容，做到任务落实到岗，责任落实到人，实现专卖内管日常化、制度化、规范化的要求。要注重运用信息化手段，提高专卖内管的质量和效率，国家局将向省级局开放“一号工程”的查询权，使省级局能及时掌握辖区内的生产经营信息。各省级局要注重运用信息化手段进行实时监管，进一步提高监管效率和水平。对于好的经验和做法，国家局将及时加以总结推广。

3. **加强专卖内管考核**。《烟草行业内部专卖管理监督考核暂行办法》将在这次会议讨论修改后马上印发。这次内部专卖管理监督检查要作为考核的重要内容，要通过明确标准，发挥激励导向作用，提高执行力，推动各省级局按要求抓好各项制度和工作措施的落实。国家局将实行考核制度化，每年第四季度对各省级局内部专卖管理监督工作考核一次，在行业内通报考核结果，对考核优秀的单位进行表扬，对工作不扎实、存在问题较多的单位进行批评教育，并限期整改，对专卖管理监督不作为、乱作为的，视情况追究有关人员责任。各省级局要按照国家局专卖内管《实施意见》和《考核暂行办法》的要求，结合实际，建立完善专卖内管考核工作制度，对地市级局进行严格考核。

4. **严肃查处违法违规经营问题**。国家局将实行监督检查经常化，定期派工作组对工商企业的规范经营情况进行检查，进一步解决“两烟”体外循环问题。今后凡是被国家局查出违法违规搞体外循环的，重点追究领导班子特别是主要领导的责任，并按有关规定追究同级专卖部门监管不力的责任。同时要建立案件督办制度，深入查找违法违规经营线索，责成省级局进行查处。各省级局要按要求办理国家局督办案件，如实上报查处结果。要通过加强监督检查，有效解决存在的突出问题，推动内部专卖管理监督工作进一步取得实效。

（二）坚持打源头与打网络并重，深入推进卷烟打假工作

1. **继续把打击制售假烟网络放在突出重要的位置，取得更大成果**。一要进一步提高认识。打击制售假烟网络是解决假烟问题的治本之策，是进一步提高卷烟打假工作质量和水平的关键。各省级局必须充分认识打网络的重要性，树立高度的责任意识，认真落实国家局和公安部下发的《打击制售假烟网络工作方案》，深入开展打击制售假烟网络工作。特别是去年在打击制售假烟网络上没有取得突破的省局，这次会上要负责任地说明原因，要切实负起责任，紧紧依靠各级公安部门，务必在打网络上取得突破。二要进一步落实责任。要把打网络的责任进一步落实到地市级局，每个地市级局都要成立专门的打网络机构，组织专门的打网络队伍，年底前都要打掉1~2个较大规模的网络。要通过落实责任、明确目标，充分调动地市局的积极性，全面推动打网络工作的深入开展，确保取得新的更大成果。三要进一步提高经营案件的能力。不管在生产、运输、仓储、分销、销售哪个环节查处案件，都要摸清假烟的来源去向，认真研究其经营价值。要抓住有价值的线索，与公安机关密切配合、耐心进行经营，查清制售假烟网络的组织结构、联络方式、覆盖范围、仓库位置和主要成员的活动规律，把握时机，予以摧毁。国家局将进一步加强对打击制售假烟网络工作的督导，统一协调指挥跨省打网络行动；确定一批重点案件，进行挂牌督办，所涉及到的省级局要实行专人负责，定期汇报办理情况，限期侦破。

2. **继续深入开展端窝点、打源头的工作，有效摧毁假烟生产能力**。打击制假窝点始终是打假工作的突出重点，任何时候都不得有丝毫松懈。一是卷烟制假重点地区要加大打击力度，取得新进展。广东要继续加大对广州及粤东制假顽固地区的卷烟制假活动的打击力度，巩固成果，扩大战果。福建要继续以打击云霄卷烟制假活动为重点，进一步遏制制假活动。要积极争取政府对卷烟打假工作的领导和支持，严格落实卷烟打假责任制，建立和完善打假工作机制，解决卷烟制假活动屡禁不止的问题。河南要扎实开展卷烟打假工作，有效解决商丘等地区存在的突出问题。山

东、河北等省也要采取更加有效的措施，取得卷烟打假的新成效。二是要严厉打击转移、扩散的卷烟制假活动。要针对卷烟制假活动靠近市场，向销区转移的趋势，坚持露头就打，决不能让制假活动形成气候。三是继续开展打击非法拼装倒卖烟机活动、非法生产经营卷烟纸和丙纤丝束等原辅材料行为，加强日常监管，积极探索长效管理机制，防止烟用原辅材料流入地下制假窝点，进一步从源头上遏制卷烟制假活动。

3. **继续加大抓捕追刑工作力度，进一步完善卷烟打假表彰奖励机制。**要坚持烟草、公安联合打假工作制度，不断加大案件侦破力度，严厉打击制售假烟犯罪团伙，特别要严厉打击运输、贩卖假烟团伙。国家局将进一步加强与最高法院、最高检察院的协调，争取将《卷烟打假适用法律问题的会议纪要》上升为司法解释，解决追刑的法律依据问题。各级局要加强与公检法机关的沟通协调，充分发挥《会议纪要》和《卷烟打假协作机制意见》的作用，依法严惩制假主犯。要根据2005年国家局、公安部联合召开的卷烟打假表彰会议精神，合理地用好奖励政策，进一步发挥推动卷烟打假工作的作用。今年打假补贴资金分配原则仍然是按照打假取得的实际成果安排，把端窝点、打网络、缴烟机三方面成果和完成国家局、公安部督办的重点案件情况，作为年底评选先进和特殊贡献奖的重要内容。要进一步加大打击走私卷烟、丝束、卷烟纸等烟草专卖品的力度。广西、广东、福建等重点地区要密切关注走私的新动向，高度重视，与海关、边防等部门密切配合，采取有针对性的打击措施，有效遏制走私贩私违法犯罪活动。要运用打击销售假烟网络的经验，深入排查线索，加强经营，力争在打击走私贩私团伙方面取得突破。

（三）坚持加强基层建设，充分发挥县级局专卖管理的基础性作用

1. **提高认识，加大力度。**县级局专卖管理工作是行业专卖管理工作的基础，县级烟草公司法人资格取消后，县级局仍是烟草专卖的行政执法主体，承担着行业内部专卖管理监督、市场监管、打假打私、烟草专卖零售许可证管理等重要职责，其专卖管理职能只能加强，不能削弱。在新的形势下进一步加强县级局专卖管理工作，是规范卷烟市场秩序的需要，是巩固和完善烟草专卖制度的本质要求，是维护国家利益、消费者利益的具体体现，是推进行业持续、稳定、协调、健康发展的重要保证。各级局要充分认识加强县级局建设的重要性，切实加强领导，加大工作力度，主要领导要对加强县级局建设负总责，把这项工作作为当前的突出重点来抓，把《加强县级烟草专卖局专卖管理工作的意见》的各项内容和要求落实到位，确保取得实效。

2. **理清思路，深入推进。**各省级局要对辖区内县级局专卖管理组织机构、人员配备、经费保障、职能发挥等情况进行全面的调查，认真查找存在的问题和薄弱环节，找准职能发挥不到位的部位，把主要制约因素分析清楚，理清思路，制订加强县级局建设的切实有效的制度措施。要明确县级局专卖管理的职责定位、机构设置、人员配备、经费开支、装备配置等方面的规定和标准，充实力量、规范管理流程，完善内部监管长效机制、打假打私联合办案机制、市场监管机制和执法监督机制，保障县级局专卖管理基础性作用的有效发挥。要抓好典型，加强督促指导，积累经验，以点带面，推动加强基层建设工作的深入开展；对于目前有的地区存在的县级局专卖人员、装备、经费不能保障专卖工作需要的问题，要采取有力措施，尽快加以解决，有效发挥县级局的职能作用，提高县级局建设的整体水平，进一步夯实专卖管理基础。

（四）坚持加强市场监管，对零售户依法加强管理

1. **进一步加强零售许可证管理工作。**要认真做好《许可证管理办法》修改的有关工作，修改发布后要组织广大专卖管理人员认真进行学习，抓好贯彻落实，切实加强依法许可工作。要有效解决农村地区零售户持证率偏低的问题，原则上只要有卷烟经营活动存在，一个村庄至少要发一个许可证。我们作为烟草专卖行政主管部门，不能放任无证经营行为的发生，专卖人员要主动上门宣讲政策，帮助办理许可证。对于外商投资的商业企业，按有关规定一律不得发放零售许可证，已经发放的，逐步收回。对零售户的监管要全面掌握零售户的经营资格、经营方式、经营能力、遵守法律法规等情况，按零售业态标准进行统计分类。对无证经营户要分类进行处理，对经营假烟、走私烟的，要与工商等执法部门协调配合，坚决予以取缔；对符合办证条件的，要补发许可证。

2. **进一步加大市场监管力度。**各省级局要制订方案，对辖区卷烟零售市场进行深入调研，摸清大户控制小户问题的基本情况，针对大户向小户、无证户提供货源以及大户向小户收购卷烟的问题，采取切实有效的措施，加以解决，9月底向国家局上报专题报告。要密切关注大户控制小户的问题，制定管理制度，按零售户的经营能力和真实需求，进行合理定量，防止出现大户收购卷烟、甩卖到其他地区、扰乱市场秩序

的问题，保证试点工作的顺利推进。要密切关注利用互联网非法经营卷烟的动向，发现苗头，坚决予以取缔。要加强对宾馆酒店、娱乐场所卷烟经营活动的监管，根据其经营特点，有针对性地进行夜间检查，严肃查处违法违规经营行为。要加强烟叶、烟丝市场的监管，查处违规向茄尼醇及烟碱等企业提供废弃烟叶、烟末等行为，以及利用烟草专卖品生产卷烟替代品的行为。要注重运用信息化手段，提高市场监管水平，在加强对零售户监管的同时，要加强对卷烟营销、配送活动的管理监督，及时发现处理卷烟不入网销售问题，规范市场秩序。

（五）坚持加强制度和机制建设，提高专卖队伍整体素质

1. 明确职责，完善专卖队伍组织体系。近年来，随着行业改革与发展的深入推进，专卖管理所处的环境和承担的工作任务发生了很大的变化，要在深入调研的基础上对专卖队伍的组织体系进行相应的调整。一要适应行业改革与发展的要求，进一步明确各级局专卖管理的职能定位，并根据职能定位确定机构、岗位设置和人员编制、经费保障、设施配备等问题。二要明确不同岗位的工作职责和资格，制定专卖管理岗位的标杆工作说明书，为加强专卖管理队伍组织建设提供保障。三要选择专卖管理队伍建设基础比较好的单位进行试点，检验确定的职能定位、机构设置、岗位职责、经费保障、人员编制、设施配备的科学合理性，不断加以完善，最终形成制度，全面推广。

2. 建立激励约束机制，优化专卖队伍结构。国家局将组织进行调研，严格按照《劳动法》的有关规定，建立"进得来、出得去、留得住"的用人机制。要明确专卖人员录用标准，择优录用，培训考试合格后上岗，严把进人关。对市县局专卖管理岗位要积极推行竞聘上岗，对聘用人员一视同仁，公平竞争，建立晋升通道，为聘用人员成长创造条件，把优秀人才留在专卖队伍里。要实行分级管理，从任职期限、德才表现和工作实绩等方面，制定不同级别标准，通过严格考核，对聘用人员确定不同级别和薪酬档次。各级局要制定规划，拓宽渠道，进一步加强教育培训，提高专卖管理人员政治素质和业务素质。要加强考核、调整的力度，对不具备专业知识、业务能力不强、不适应专卖管理工作的，要调离专卖岗位，要把年富力强，学法懂法、具有大专以上学历的人员和熟悉生产经营业务、素质较高的人员充实到专卖队伍中来，不断优化专卖队伍的结构。

3. 加强管理，提高严格执法、文明执法水平。一要建立和完善专卖行政执法主体资格认证制度。明确执法主体资格认证条件，严格执法主体资格认证程序，建立行政执法主体资格认证网络管理系统，运用现代网络技术对专卖执法主体资格进行认证。二要建立健全行政执法责任制。界定执法职责，科学设定执法岗位，严格规范执法程序。建立健全行政执法监督和错案追究制度，量化制度内容，定期进行考评，根据责任制落实情况进行奖惩。三要广泛推广运用专卖案件管理系统。通过运用网络管理系统，为按程序执法提供保障，及时加强对执法办案的每个环节的监督指导，减少执法工作的随意性，进一步提高案件查处的透明度，达到按程序执法的要求。四要开展先进评比表彰活动，总结经验，鼓舞士气，进一步弘扬"严于律己、秉公执法、乐于奉献、英勇顽强"的金叶卫士精神。

生产经营

对当前烟叶工作的几点要求

——在全国烟叶工作暨加强烟叶基层建设工作座谈会上的讲话（摘要）

姜成康

（2006 年 10 月 27 日）

烟叶是行业发展的基础，也是行业发展最为薄弱的环节和制约因素。我国卷烟生产规模决定了解决烟叶问题必须立足国内，建立在国内烟叶质量水平不断提高的基础上。要把稳定烟叶生产规模始终摆在烟叶

工作的首要位置，防止大的波动，保持烟叶生产的稳定发展；要把提高质量、改善结构作为烟叶工作的中心环节，适应和满足卷烟生产不断发展的需要，提供稳定可靠的原料保证；要把加强管理、提高管理水平作为烟叶工作的突出重点，建立良好的烟叶生产经营秩序，促进烟叶工作健康发展。当前重点抓好以下几个方面：

一、从构建社会主义和谐社会的战略高度，高度重视烟叶工作

烟草行业贯彻十六届六中全会精神，既要抓好烟草行业内部的和谐，更要妥善处理烟草行业和社会各方面的关系，注重烟草与社会的和谐，为构建社会主义和谐社会做出应有的努力。我们要更加关爱烟农，为烟农提供更加优质的服务，为他们的增产增收创造条件，营造环境。要全面推进烟叶基础设施建设，努力改善烟农的生产条件，为建设社会主义新农村作出应有的贡献。要全面提高专业化服务水平，规范和加强烟叶的产前投入管理，进一步把烟农从劳动强度大，技术难度高的环节解放出来。要严格执行烟叶的有关政策，与烟农建立平等互利、长期合作、共同发展的关系。

二、从保持烟草行业持续健康发展的全局着手，切实加强烟叶工作

烟叶工作事关全局，事关行业的长期稳定发展。各级领导要把烟叶工作摆上重要议事日程，摆在重要的位置。主要领导要亲自过问，搞好调查研究，加强对烟叶工作的指导，推动烟叶工作各项措施的落实。要正确分析烟叶工作的发展趋势，把握烟叶的发展规律。在今后相当长的时期内，烟叶的需求将保持基本稳定，这是一个基本的判断。要进一步明确烟叶工作的指导方针和工作重点，切实防止盲目追求规模扩张，努力保持烟叶的稳定发展。不要把经济效益的增长寄希望于烟叶的规模扩张，否则就会成为包袱、就是负担。要把改善结构作为今后烟叶工作的中心任务，努力实现和满足卷烟生产不断发展的需要。目前要重点抓好：一个是部分替代进口烟叶工作；再一个是我们国家有那么多有特色的烟叶，这是宝贵的资源，怎么把它挖掘出来需要努力。另外还有低档烟叶的问题，要从宏观上加以研究解决。

三、从进一步夯实烟叶发展的基础出发，认真抓好基层建设各项工作的落实

一是要强化主体作用。地市级公司是烟叶生产经营的主体，理所当然也是加强烟叶基层建设的主体，这一主体的地位、作用要充分发挥出来。烟叶主产区地市级公司的主要领导，要把主要精力放在烟叶工作上。要根据国家局下发的《决定》精神制订具体的实施意见，切实加强对烟叶基层建设的领导，确保机构、人员、资金的落实。要加强县级公司的建设，充分发挥县级公司加强基层建设的组织协调作用。

二是要把工作重点放在加强基层站建设上。要按照合理规划、相对集中、方便烟农、有利管理的原则，进一步优化基层站的布局。要按照设计合理、功能齐全、环境良好、管理科学的要求，加强基层站的标准化建设。基层站标准化建设要克服贪大求洋、不计成本的倾向，做到经济适用。要按照完善服务、优化流程、信息管理、规范运作的要求，努力提高收购站的管理和服务水平。先进的管理，一靠制度，二靠先进的管理手段，这就是信息化管理。下一步这项工作要很好推动一下，把基层站真正建设成为功能比较齐全的烟叶工作站。

三是努力提高基层工作人员的素质。要按照“分类管理、科学设岗、明确职责、严格考核、落实报酬”的总体要求，深化用工分配制度改革。要严格依法规范用工行为，坚持市场取向的用工分配制度改革，突出岗位管理，加强教育培训，吸收较高素质的人才，改善基层队伍的结构，建立“进得来、留得住、出得去”的用人机制，搭建基层人才成长的通道。

四是要深入开展“‘两个至上’在岗位”的主题实践活动，切实加强思想道德建设，为服务烟农打牢思想基础。国家局党组提出“两个至上”的行业共同价值观，是烟草行业核心价值体系的重要内容。当前要深入开展“‘两个至上’在岗位”主题实践活动，切实加强行业思想道德建设。

四、以建立良好的烟叶生产经营秩序为目标，进一步强化烟叶生产经营管理

一是全面加强合同管理，进一步规范烟叶生产、收购行为。二是全面加强烟叶经营环节的管理，规范烟叶的经营行为。烟叶战线长，地市级、县级，县级下面还有烟叶站，怎么加强整个烟叶经营环节的管理是非常重要的一项工作，如果搞得不好，很容易发生问题。三是全面加强复烤加工管理，进一步规范打叶复烤企业的加工行为。复烤是一个重要的环节。今年加快了对打叶复烤企业的公司制改造。打叶复烤要全面推行原叶交接、委托加工。目前烟叶的结算时间过长，对烟叶管理监督工作要进一步加强，以建立一个良好的烟叶经营秩序。

在全国卷烟销售网络建设现场会上的讲话(摘要)

何泽华

(2006年4月15日)

一、认真总结浙江卷烟销售网络建设工作的经验

姜成康局长在考察浙江烟草时作了重要讲话，把浙江网建经验总结为“突出服务、注重效率、优化流程、提高素质”四个方面。我认为，浙江网络建设的经验有五个主要特点：

(一) 突出服务、面向市场，实现了客我互动

服务是网络建设的本质要求，也是网建工作的出发点和归宿。姜局长多次讲，服务是网络建设的灵魂。服务精神在浙江烟草得到了很好的体现，服务在一定程度上已经成为浙江烟草商业企业每个员工的自觉行动。浙江烟草商业企业按照“三个满意”的要求，注重研究市场需求，注重与客户、消费者之间的沟通互动，从解决客户最不满意的问题入手，逐步克服非市场因素，客户的满意度不断提高。例如，目前浙江每月销售1000条以上卷烟的客户只有1500户，占全省卷烟零售户总数的0.6%，为解决销售大户问题、保证中小客户利益打下了良好的基础。

(二) 工商协同、培育重点品牌

国家局明确提出要扶持重点工业企业和重点品牌，这项工作在浙江得到了很好的落实。没有开放度就没有市场。工业企业、零售客户是否真正满意，关键取决于我们的网络是封闭还是开放。关起门来搞网建的时代已经过去了。市场化程度和网络的开放度，已经成为衡量网建水平的重要标志。下一步的网络建设就是要不断提高开放度。只有形成一个全国范围内统一、规范、标准化的网络，才能形成一个真正开放的市场。浙江烟草商业在市场准入方面强调“三不”，即不以工业企业规模大小限制渠道、不以省内省外产地区别设置障碍、不以毛利率高低选择品牌，初步实现了工商信息共享，开展了浙产烟的网上配货，初步形成了工商对接做市场、共同做品牌的基本格局。实行网上配货是一个新的标志。只有商业企业真正关心社会库存、工业企业真正关心行业库存，根据市场需求自动补货，才能真正以市场为主导，真正打通渠道。

(三) 完善体制、激活机制

从体制方面讲，浙江烟草商业企业的经营主体地位进一步确立，经营主体能力进一步增强，工商物流对接体制的雏形开始出现。从机制方面讲，工商信息共享的机制已经基本形成，对用工分配机制进行了大胆的探索，得到了姜局长的充分肯定。绍兴的用工制度改革，把正式工和聘用工纳入同一个游戏规则，给了聘用工一个职业发展的通道，方向正确，有创新性，也比较符合行业目前的实际。当然，在具体方法上还要不断总结。应结合企业日常管理，采用现代企业人力资源管理的方法，如湖州的绩效考核、杭州的职业生涯设计等，根据企业需要和个人能力，做到有通道、有考核、有培训，确保用工分配机制改革产生实实在在的效果。

(四) 基础扎实、精细管理

浙江网建水平高，首先是因为基础工作比较扎实，管理比较精细。比如，浙江每年实现上百亿元的利税，但物流系统的造价并不高，配送中心大部分利用旧房子、旧设备，没有高架库、机器人，全省只有杭州一条全自动分拣线，投资还并不高；从工业环节的出库到商业环节的出库，整个物流体系中送货车辆和笼车是整体设计的；普遍采用薄膜包装，一方面投入不高，减少了用工，提高了效率，降低了成本；另一方面避免了送货过程中的调包现象，加强了规范。再比如，大户问题是影响网络功能的大问题。这个问题不解决，网络控制市场的能力就会受到很大影响。但这个问题仅靠行政手段不可能根本解决。浙江认真分析了大户存在的原因，采取各种手段进行综合治理，适当控制大户，积极发展中小客户，加强对中小客户的服务，做了很多基础性的工作，比较有效地解决了大户问题，保证了中小客户的利益。浙江网建的精细化也有许多表现，比如，他们有一套应急方案。网建越标准化，应急的问题越重要。节假日、结婚、建房等卷烟需求大大增加的问题，货款不能及时收回的问题，车辆发生故障、天气发生变化等问题，都需要有一个方案来

解决。

（五）注重实效、创新发展

浙江烟草在体制、营销、管理、流程等方面的创新，能够结合本地实际，注重取得实效。近年来，网建工作在流程规范化方面有所增强，但在具体细节上的研究还不够深入。比如，有的地方取消县级公司法人资格以后，在县城设置了营销部，客户经理全部集中到县城上班，每天来回需要两三个小时的路程，时间都浪费在路上，做不了多少工作，人还很辛苦。如果客户经理每周大部分时间能够就近走访客户，再安排一两天时间到县营销部集中，工作效率就会大大提高。有的地方商品入库时要搬运一次，分拣时要从仓库搬到中转库，再从中转库搬到分拣机旁边，至少搬运四五次。如果能够优化流程，减少搬运次数，尽量一步到位，物流的效率就会大大提高。有的地方呼叫中心的座席员要向零售户询问每一个品牌的需求量，每次呼叫需要三四分钟。如果先由零售户把需要的品牌、数量提出来，再向他们推荐一两个品牌，就可以节省很多呼叫时间。供货品种数量不同，形成一个订单的工作量也不相同，对座席员就要有一个科学合理的考核办法，呼叫软件也要支持这种考核办法。有的地方送货线路是固定的，而大连的送货线路是由计算机根据每天的送货量等计算后自动生成的，既提高了效率，又减少了不规范行为的发生。有的地方把座席员、客户经理、送货员、专卖稽查员进行捆绑考核，这实际上还是批发部式的经营方式，结果造成不少不规范行为。“细节决定成败”。如果我们在这些细节上多作一些认真的研究和探讨，效率就会大大提高，网络的竞争力就会大大增强。

总的来讲，浙江网建有很多亮点，可以归纳为以下几个方面：一是物流体系的建设和物流资源的整合，符合行业物流工作的总体思路；二是内部用工分配机制改革的思路，符合行业实际和将来的发展方向；三是工商协同、网上配货、共同培育品牌，取得了比较好的效果；四是合理控量，比较有效地解决了大户问题；五是成立全省统一的客户投诉中心，获得了大量真实的市场信息，有利于省局（公司）转变职能、加强监管，促进了客户服务水平的提高；六是优化流程、整合资源，提高了效率。

二、下一步网络建设工作的主要任务

姜局长在浙江考察时对下一步的网建工作提出了明确要求，指出商业流通体制改革和网络建设，要以营造公平竞争的市场环境为目标，全面提升网建水平。这次会议标志着行业网络建设进入了全面提升的发展阶段，全面提升成为下一步网建工作的主要任务。

首先，要牢记一个目标，即以建立全国统一完善的卷烟销售网络为主要任务，加快从传统商业向现代流通转变。卷烟现代流通的前提是形成全国统一的市场和功能完善的网络。网络建设的根本目标是实现现代流通。现代化的网络是现代流通的载体，是现代流通的体现方式。所以，搞网建一定要按照现代流通的思路和标准来做。

其次，要加快两条途径建设，即通过加快流通体制改革、加大网络建设工作力度，建立全国统一、平等、公开、公平、竞争、有序的市场体系。流通体制改革就是要进行制度设计，包括进一步确立地市级公司的经营主体地位、加快省局（公司）的职能转变、改革交易方式、实行订单供货等各个方面。网建是一项业务工作，解决发展问题。要建立现代流通就必须深化改革，同时还要抓好网建等业务工作，巩固改革的成果。因此，要把流通体制改革和网络建设结合起来，从改革和发展两个方面，全面提升水平，加快全国统一的市场体系建设。

第三，要把握三个关键，即服务、效率和队伍。这是网络建设全面提升的核心问题。讲服务就是要服务工厂、服务客户、服务消费者，努力做到“三个满意”。讲效率就是要通过优化流程、整合资源，提高效率、降低成本。服务和效率最终取决于队伍，队伍建设已经成为网建工作中越来越重要和紧迫的任务。

第四，要全面提升四种能力，即服务客户、培育品牌、控制市场、科学管理的能力。这是全面提升的主要内容。服务客户的关键是客户能否真正满意。培育品牌是网络重要功能，是网络建设的目的和价值所在，也是工商企业的共同任务。品牌是工商企业根本利益的结合点，有了这个结合点，工商企业的关系就真正成为一个整体的两个部分之间的关系。控制市场包括两个方面：一是通过专卖打假，为营销创造良好的环境；二是网络要合理控制货源投放的对象、数量和节奏。零售客户的合理布局是控制市场的基础性工作，零售户布局不合理，就不可能真正控制市场。科学管理是提高网络水平的基础，关系服务水平、服务质量、服务效率、服务成本、人员素质等各个方面。

做好全面提升工作，必须坚持“五个统一”：一是要坚持打好基础与提升水平的统一。完成了新业务模式的整体推进，并不意味着可以放弃基础工作。做好基础工作是商业企业一项长期的任务。要全面提升水平，就要抓紧时间，高水平地完成模式推进工作，解决网络发展不平衡的问题，同时抓住新业务模式的内涵，解决网络模式从形似到神似的问题。县级公司法人资格取消以后，市公司要更加注重基础工作，注意调动县级单位的积极性，防止出现服务不到位、工作不落实的问题。

二是要坚持服务与效率的统一。服务是网络的根本。随着时间的推移，网络的效率问题也越来越突出。效率一方面表现为服务的及时性、准确性、有效性，另一方面表现为成本的竞争性。目前，商业企业成本费用增长过快，已经成为当前经济运行中的突出问题。今年一季度，商业企业三项费用同比增长13.6%。人工成本过高是影响成本费用的主要因素。因此，必须提高员工素质，减少用工数量，注重发挥员工的积极性和创造性。提高效率要以保证服务为前提。不能以提高效率为由减少服务项目、延长服务周期、降低服务质量。据统计，现在全行业对零售户一周送货两次的占24%，一周送货一次的占58.6%，两周送货一次的或者更少的占16%。这个问题必须引起足够的重视。中小客户本小利微，每次订货数量少，如果因此减少送货次数，就有可能被迫不规范经营。因此，必须坚持服务与效率的统一，着眼于企业内部整合资源、优化流程和加强管理，扎扎实实地做好各项工作。

三是要坚持"硬件"与"软件"的统一。这里所说的硬件，既包括基础设施、基础装备，还包括业务模式这项硬任务。必要的硬件是开展工作的物质基础，但不能以硬件不足为由影响工作。有的地方因为建配送中心，工作连续几年没有进展，这是不可取的。物流配送中心是作业场所，只要能满足分拣配送的需要就可以了。因此，必须充分利用现有资源，制定合理的建设标准，控制建设规模，把握建设质量。要把更多的精力放在软件上，包括物流体系设计、流程优化、资源整合、机制创新、队伍建设、加强管理等。其中一个很重要的软件就是领导重视，特别是地市级公司作为经营主体，"一把手"要抓住专卖和经营两个主要业务不放松，在软件上下真工夫、硬工夫。

四是要坚持经营主体地位与经营主体能力的统一。姜局长前年在大连考察时指出，像大连这样的现代流通企业同样是中国烟草的未来和希望。如果全国能有一批像大连这样的经营主体，中国烟草的现代流通就基本实现了。经营主体的能力建设是提升网络服务客户、培育品牌、控制市场、科学管理四种能力的关键。如果说全国是一个销售网络，那么地市级公司就是一个网片，县级营销部就是一个网格。只有经营主体的地位真正确立、能力真正增强了，整个网络才真正具有竞争力。因此，我们现在仍然强调要学习大连，学习杭州、绍兴、湖州、金华。省局（公司）要保证地市级公司经营主体地位的真正落实，同时要注重加强经营主体的能力建设，把地市级公司领导班子经营水平的提高放在更加重要的位置上；地市级公司既要认真履行职责，更要注重提高能力，特别是主要领导要注重提高自身素质。

五是要坚持创新与规范的统一。国家局提出，网建工作要"整体推进，全面提升，注重实效，创新发展"。创新发展是网建工作很重要的指导思想和发展思路，但是创新必须注重实效。近几年行业信息化发展很快，网络建设也越来越离不开信息化的发展，但信息化必须真正有用才行。因此，在提倡创新的同时要强调规范。全国统一的卷烟销售网络，要有整体性和标准性，必须有统一的规范。各地网络建设可以有自己的特点，但必须以贯彻落实全行业的网络规范为前提。订单供货工作的开展，迫切需要建立全国统一规范的销售网络。比如，订单供货要求工商协同营销，如果全国400多个商业企业，向同一家工业企业发送不同口径的信息，工业企业就无法对这些信息作出准确的分析判断，工商协同营销就不可能真正实现。

从今年开始，国家局将逐步在统一完善上做些工作。首先，要统一行业的客户分类标准。国家局已经下发了零售客户经营业态的分类标准，这次会议之后，销售公司还要下发客户分类标准。这里要指出，客户分类是为了做好营销业务，是企业内部用的，而不是对客户评定等级，甚至对客户按三六九等区别对待。各单位要注意这个问题，平等、公平、公正地对待每一个零售客户。其次，要统一地市级公司呼叫中心的软件和信息标准，包括产品代码、客户代码等。各地市级公司按照统一的标准将订单信息自动传送到国家局，由国家局的信息系统自动汇总分析后，按照权限把相关信息传送到各省局（公司）、工业公司和工业企业。地市级公司需要的信息由自身的系统自动生成。各单位就可以根据这些信息作出决策。这样就解决了行业商务信息重复建设、信息口径不统一、信息不能共享的问题，国家局的宏观调控措施也会更具有针对性。我们只要求呼叫中心的软件能够满足几套报表的共同需求，各商业企业可以根据自己的需要增加相应的软件功能，软件的开发仍然由各商业企业负责。呼叫中心还没有完全整合的地区，我们希望由省局（公司）统一组织开发软件。第三，要统一物流软件。行业生产经营决策管理系统将从"一打两扫"逐步变成"两打三扫"，实行打码到条。统一物流软件，就掌握了完整的物流信息，完成了对整个卷烟配送流程的控制。如果能够实现呼叫中心软件、物流软件和资金结算系统的对接，就可以实现商流、物流和资金流信息的统一。

三、关于当前卷烟销售和网络建设的几项工作

当前，全国卷烟销售和网络建设工作继续保持良好的态势。各单位要继续努力，重点抓好以下几项工作：

首先，要继续保持卷烟销售的良好态势。今年一季度的卷烟销售情况有以下几个特点：一是卷烟产销总量、结构和经济效益继续保持平稳增长。一季度，全国累计生产卷烟1062.4万箱，同比增加19.5万箱，增长1.9%；累计销售卷烟1087.0万箱，同比增加74.2万箱，增长7.3%；3月底卷烟工商库存245.4万箱，同比减少52.9万箱，减少17.7%。销售结构同比上升，单箱含税批发销售额同比增长9.4%。累计实现工商税利835.7亿元，同比增加109.3亿元，增长15.1%。二是从分地区情况看，绝大部分省（区）卷烟销量和销售结构均呈现同步增长的态势。除个别省份由于特殊原因销量下降外，其余省（区）卷烟总销量和一、二类卷烟销量均有所增长。三是重点品牌得到了发展，品牌集中度进一步提高，高档卷烟销售情况较好。行业继续保持良好的发展态势，与销售战线全体同志的努力是分不开的，也体现了工商之间协同发展的良好状态。

当前，既要紧紧抓住销量这个关键环节，又要利用当前的有利时机，扎实地做好基础工作，调整好销售状态。同时，要高度重视低档烟销售。目前，市场上仍然严重缺乏低档烟。今年一季度，行业累计生产低档烟360.8万箱，同比减少46.8万箱，减少11.5%，占总产量的比重为34.0%，同比减少5.1个百分点；销售低档烟363.2万箱，同比减少29.6万箱，减少7.5%，占总销量的33.4%，同比减少5.4个百分点。因此一定要充分认识低档烟销售的重要性，顺其自然，适度掌握，调整好状态。

第二，要十分重视农村市场。这次会议上介绍了山西的农村网建经验，值得各单位很好地学习借鉴。农村市场对卷烟经营有非常重要的意义。调查数据显示，全国有三亿吸烟人口，两亿在农村；全国15岁以上人口吸烟率农村是31.58%，城市是28.7%；平均每个吸烟者每天吸烟数量农村是19.2支，城市是16.2支；同时，全国还有数千万人口吸食旱烟，这是一个潜力巨大的市场。大家要看到，农村市场具有很强的成长性。2001年全国城市每包卷烟平均零售价格是4.87元，2005年达到6.55元，5年间增长了30%；2001年农村每包卷烟的平均零售价格是2.04元，2005年达到3.32元，5年间增长了60%。据专家研究，城市人口平均每增加100元的收入，只有30元用来购买消费品；而农村人口每增加100元的收入，有67元用来购买消费品。全国流动人口的吸烟率为58%，其中男性为72%，这些流动人口大部分来自农村。随着国家对农村投入和农民收入的增加，农村的购买力将大大增强，农村市场的重要性日益显现。相对于这样大的市场，我们的农村网建工作不容乐观。2005年底，全国有455.8万个零售客户，农村有280万个；零售客户的比重城市是3.71‰，农村是3.47‰；客户经理数量城市是1.01万人，农村是1.44万人；平均每位客户经理负责的零售客户数量城市是167个，农村是193个。我们在某省了解到，某县的一个区有70个自然村，其中30个自然村没有卷烟零售户，这意味着消费者要到几十公里以外才能买到卷烟。如果继续忽视农村市场，我们就要失去很多商机。因此，必须高度重视农村市场，从服务和效率的角度端正经营指导思想，从货源供应、服务周期等农村零售户和消费者最不满意的问题抓起，大力加强农村网络建设，逐步实现城乡网络一体化，不断增强对农村市场的控制力。

第三，要认真做好交易方式改革的准备工作。2003年工商分开以后，国家局提出了过渡期卷烟交易的“32字”基本原则，即“市场引导、计划调控，企业衔接、省级平衡，统一平台、分级管理，规范运作、诚实守信”，对工商关系平稳过渡起到了积极的作用。去年11月份玉溪会议提出，今年上半年各单位在总量计划内，允许省内外卷烟销售计划上下浮动10%。今年下半年的卷烟网上交易，将全面取消省内省外销售计划。特别要注意的是，交易方式改革的目标是扶持大企业、培育大品牌，形成全国统一的市场，应该继续扩大省际间的卷烟交易量，增加大企业、大品牌的销售。大家一定要看到这个方向，积极进行调整，正确处理省内烟和省外烟的关系，态度要积极，方法要稳妥、步伐要稳健，不得以取消省内省外销售计划为借口搞变相的地方封锁。国家局还将采取相应的配套措施解决这个问题。

第四，关于订单供货试点工作。目前，订单供货试点工作取得了初步成效，今年将逐步扩大试点范围。有的单位也在进行一些尝试。要注意的问题是，如果没有扎实的网建基础，实行订单供货容易出现很多问题。因此，各单位不要操之过急，应该把更多的精力放在打牢网建工作基础上。

在全国烟草行业现代物流建设工作会议上的讲话（摘要）

何泽华

（2006年6月29日）

这次会议的主要任务是，总结前一阶段行业物流工作，提高对行业物流建设的认识，安排布置下一阶段工作。下面，强调三个问题：

一、对前一阶段行业物流工作的回顾

行业物流工作进展比较顺利，主要有以下几个特点：

一是各级领导认识不断增强，物流工作越来越受到重视。工业企业在行业内首先提出物流建设问题，对企业内部供应物流、生产物流、销售物流进行了梳理整合，应用高架库、电子标签等先进技术，形成了工业企业内部比较完整的物流体系。自2002年以来，全行业先后有25个省级局（公司）在全省范围内实现了地市级公司集中电话订货；有258家地市级烟草公司完成了对配送部门的整合，实现了“一库制”集中配送；有全自动分拣线27条，半自动分拣线447条，人工分拣线1445条；有机动送货车17874辆，对314万个零售客户直接送货到门；有送货员24253人，再加上仓储人员、分拣人员和2万名左右工业企业的物流工作人员，全行业从事物流工作的人员有近10万人，占全行业员工总数的1/5。这些数据说明行业物流工作水平有了较大程度的提高，为更好地服务客户打下了良好的基础。

二是行业改革的深化为物流工作提供了强大动力，也提出了更高的要求和更严峻的挑战。工商管理体制分开是行业改革的突破口，工商企业成为经营主体，这从组织架构上决定了行业物流体系的格局。卷烟交易方式的改革和生产经营决策管理系统的建立，对物流工作既提出了新的要求，又创造了新的条件。随着订单供货向订单生产延伸，行业物流建设要加快进度，不断提高水平，网上配货作为最先进的现代物流方式将逐渐在工商企业之间得以推行。国家局生产经营决策管理系统本身就是围绕物流进行设计的，通过打码、扫码建立起完整的行业物流信息系统，从而实现对全行业的管理和控制。当前，行业正在贯彻落实国务院有关文件精神，更高层次、更高水平的联合重组正在拉开帷幕，部分省级工业公司将与所属卷烟工业企业进行合并重组，原来的工厂将变成生产点，工业企业的管理范围和管理幅度更大了。这就要求工业企业认真考虑企业内部物流的组织架构、物流方式，通过优化物流业务流程，整合内部物流资源，不断提高企业物流效率。

三是物流基础设施建设大大加强。目前行业物流的硬件是比较先进的，工业企业不仅拥有先进的生产装备，而且拥有一流的仓库体系；商业企业近几年建设的物流配送中心，水平也比较高。这为行业物流工作提供了较好的物质基础。同时，物流软件技术得到广泛使用，网络技术、分拣技术、自动化仓储技术、卫星定位等技术的应用，为加快物流建设提供了技术手段。生产经营决策管理系统的建立，为统一行业物流信息提供了完整的平台。

四是各单位在流程优化和管理提升方面积极探索，积累了不少经验。随着信息化水平的提高，工业企业内部业务流程得到进一步优化，生产物流比较先进。今后要把重点放在多点生产的物流体系建设方面，并对原辅材料的供应物流作进一步探索。随着全国卷烟销售网络建设工作的开展，不少商业企业从供应链管理的角度探索和研究访销配送流程，管理水平有了比较大的提升。

五是加强领导，统一规划，加大了工作力度。国家局对物流工作非常重视，2004年5月成立了行业现代物流建设领导小组，今年又根据机关部门的职能调整对领导小组进行了调整。领导小组各相关职能部门做了很多工作，中烟电子商务公司拟订了烟草行业现代物流建设近期工作要点，并即将研究制订全行业的物流技术标准；计划司提出了烟草行业“十一五”期间商业企业卷烟配送中心建设的意见，同时扩展了生产经营决策管理系统的功能，基本建立了行业物流控制体系；财务司即将下发烟草商业企业卷烟物流费用管理办法及核算规程。这几个文件出台以后，行业物流水平将有比较大的提升。

目前，行业物流建设还处于起步阶段，水平还不是很高，需要逐步探索。我们在看到成绩的同时，也要看到差距。总的来说，行业物流硬件水平比较高，但运行水平不高，主要表现在以下几个方面：

一是认识还不够深化。有的单位在物流建设中存在就事论事的思想，没有从提高中国烟草整体竞争实力的高度来认识物流建设工作；有的人认为物流建设很简单，有的人又把物流工作看得过于复杂；有的单位过分强调创新，没有处理好局部突破和整体推进的关系；在具体工作中，还存在不动和盲动两种情况，有的单位物流工作迟迟没有起步，而有的单位又投资过大、建设标准过高；有的单位还存在重硬件轻软件、重物轻人、重装备轻信息、重建设轻管理的倾向。

二是工作开展不够全面。有的单位误认为物流工作就是卷烟配送。实际上，行业物流工作包括很多方面。只有通过信息化、自动化的手段，对多种商品统一配送，才能发挥物流的规模效益。目前，行业销售物流主要是卷烟物流；生产物流问题通过先进的技术设备和生产流程已经逐步得到解决；在供应物流方面，烟叶物流的管理是比较薄弱的环节，材料物流也存在不少问题。即使是卷烟物流配送工作，在全国范围内也存在发展不平衡的问题。

三是方法不够科学。首先是规划不够合理。除物流中心的布点问题外，送货路线、仓库管理等都需要认真规划，需要进行科学测算。其次是系统资源没有充分发挥作用，工商企业人力、物力和财力资源没有得到有效配置。

四是管理不够严谨。不少企业缺乏管理意识、成本意识和效率意识。近几年行业三项费用不断上升，如商业企业除财务费用下降外，其他费用均有较大幅度的上升，特别是人工成本在企业成本费用中所占比重越来越大。除一些客观因素和不可比因素外，管理不精细也是成本费用上升的重要原因之一。

二、要进一步深化对行业现代物流建设的认识

（一）要充分认识行业现代物流建设的必要性

必须从行业改革发展的高度来认识行业现代物流建设。姜局长指出，现代物流建设是卷烟现代流通的重要支撑，是实现传统商业向现代流通转变的关键所在。在行业物流建设工作中，一定要坚持合理规划、统一标准、经济实用、综合配套的方针，通过切实加强管理，努力降低成本和提高效率。

首先，必须从提高中国烟草整体竞争实力的角度认识行业现代物流建设。行业实行专卖体制，如果简单地从成本角度看，则不一定要搞现代物流建设；但从长远看，不搞现代物流建设就失去了与外烟竞争的能力。因此，行业现代物流建设必须以提升中国烟草整体竞争实力作为出发点。

其次，要从现代流通的角度来考虑行业现代物流建设。物流建设投入大，产出不太明显，要按照供应链理论，从时间、空间、人、财、物、机会成本等各个方面，对物流成本认真进行测算，这样现代流通的综合效益才能显现出来。比如，全国卷烟库存过去是350万箱，现在是250万箱，按照每箱销售额1万元计算，仅降低库存一项就直接减少占用资金100亿元。

第三，要从转变经济增长方式、提高管理水平的角度认识行业现代物流建设。开展现代物流建设，通过在企业内部实行更加精细的专业分工，可以改变粗放的管理方式，从而提高企业管理水平和效率，更好地服务客户。

（二）要准确把握现代物流的本质特征

现代物流的本质特征是优质、高效、低成本的服务。服务是现代企业竞争的核心。要把握好优质服务这一现代物流的基本特征，努力在行业内形成供应商服务制造商、制造商服务经销商、经销商服务零售客户的服务价值链，实现卷烟产品物流价值的增值，为客户提供准确、快速、标准化的服务。物流系统如果效率不高，就会在市场竞争中被淘汰。因此，现代物流建设必须实现规模化、专业化、信息化、标准化，从而达到提高运行效率的目的。物流成本的高低是现代物流建设成功与否的重要标志，各单位都要通过科学管理和认真测算，不断降低物流体系的建设和运行成本。

（三）要抓好行业现代物流建设的几个重点

首先，要明确思路。姜局长在2004年全国烟草专卖局长、公司总经理座谈会上强调，在行业物流配送体系建设中，要注意把握好以下几点：一是物流配送体系是主业内的专业分工，要努力实现商流、物流、资金流的有机统一；二是要充分利用现有物流资源，坚持用信息化进行改造提升；三是明确当前主要是抓好企业内部物流系统建设；四是国家局要切实抓好统一制订规划、统一制订技术标准、统一开发信息平台工作，以保持行业物流建设的完整统一。这是当前行业物流工作的总体思路。

其次，要统一规划。目前还没有完成物流体系建设的省局（公司）和工商企业，要按照行业物流工作的总体思路，认真做好物流建设规划；已经建成的也要认真总结反思，使物流体系真正有效发挥作用。

第三，要注意优化流程。企业如果继续保留传统的业务流程，现代物流就不可能真正建立起来，企业的物流水平就不可能真正提高。

第四，要系统整合资源。随着工业企业联合重组

和县级公司法人资格的取消，工商企业的领导都要高度重视企业内部资源整合工作，真正把整合资源摆在重要的议程上。

第五，要合理利用先进技术。企业选择物流技术，不仅要考虑先进性，更要考虑实用性。

第六，要切实加强管理，搞好核算。

（四）要把握好几对关系

现代和现实的关系。运用现代信息手段和自动化技术是现代物流的重要特点之一，但一定要从中国烟草的现实出发。同时，现代物流的基本要求不能降低。过分拘泥于企业的实际情况，没有适当的现代意识，建成的只能是落后的物流体系。因此，要把现代与现实两个方面结合起来，真正发挥现代物流提升企业竞争能力的作用。

水平和速度的关系。行业现代物流建设既要加大力度、加快进度，也要体现水平。商业企业的现代物流配送中心建设不能无限期地拖延下去，必须加大力度、加快进度。现代物流建设的水平不是体现在建设标准上，而是体现在管理上，体现在运行效率上。目前，半自动分拣技术已经比较成熟，国家局原则上不再批准全自动分拣系统。

硬件和软件的关系。现代物流建设，要重视硬件，更要重视软件。

建设和管理的关系。搞物流工作，既要重视建设，也要重视管理。各单位应该把更多的精力放在加强管理上，注重提高员工素质和物流体系的运行效率。

三、近期行业物流工作安排

近期行业物流工作的要求是：在行业统一管理、统一组织的前提下，按照先企业后行业、先省内后省外、先卷烟后物资的原则，以省为单位，规划先行、流程优先、资源整合、注重实效，建设与管理并重。所谓先企业后行业，就是先以工商企业为主体搞物流建设，然后逐步搭建全行业的物流体系；所谓先省内后省外，就是先在一个省的范围内整合物流资源，搞好省内物流的工商对接，然后考虑省际间的物流整合问题；所谓先卷烟后物资，就是先搞好卷烟销售物流，然后将原辅材料物流纳入物流体系，逐步拓展、完善行业物流体系的功能。

工业企业重组后，在企业内部实际上形成了四个中心，即研发中心、制造中心、销售中心、采购物流中心。工业企业要适应多点生产、集中采购、集中销售的新业务模式，研究物流体系和组织体系问题，在企业内部系统整合物流资源。首先，应该树立“一库制”的概念，对多个生产点的仓库实行统一管理。仓库管理涉及企业领导和企业各部门的管理权限，只有树立整个企业只有一个仓库的概念，才能保证原辅材料和卷烟产品物流信息的准确性和真实性。其次，应该按照供应链的思想，整合好供应物流、生产物流和销售物流，着手搭建从采购、仓储，到生产、销售的完整的物流体系，提高物流资源的利用效率。比如，实行集中采购以后，要完善物流标准体系，与供应商搞好物流标准对接，在各个生产点之间安排好原辅材料和卷烟产品的库存，解决好配送问题，能够应对突发事件和紧急情况。第三，要系统整合企业物流资源，完善企业内部的管理体系、信息体系、仓储体系、配送体系等。工业企业要根据形势的变化和自身的需要，及早研究探索企业内部物流体系建设问题。

商业企业的物流工作要继续坚持“边建设边管理”的思路。目前，商业企业大规模的物流配送中心建设已经展开。去年，国家局共审批44个物流建设项目，总建筑面积45万平方米，总投资14亿元。从总体上看，商业企业物流配送中心建设还存在项目偏大、标准偏高、投资偏大等问题。按照国家局办公会议的精神，商业企业卷烟物流配送中心建设要坚持“合理规划、统一标准、经济实用、综合配套”原则。除直辖市局（公司）和大连、深圳市局（公司）外，其他各省区要以地市级公司为卷烟物流配送中心建设的主体；卷烟工业企业所在地的地市级公司卷烟物流配送中心建设，要与卷烟工业企业技术改造工作有机结合起来，充分利用资源；要充分利用地市级公司现有仓储设施，避免重复建设；要把卷烟物流集中分拣与分级配送工作有机结合起来，做到合理规划。要根据国家与行业的有关技术要求，统一行业卷烟物流配送中心建设的技术标准。要充分考虑卷烟物流配送成本，降低卷烟配送费用，提高商业企业的竞争力。要以信息化为支撑，把卷烟物流配送中心建设与“打码到条”、电访中心建设结合起来，做好综合配套。要根据地市级公司年分拣卷烟数量确定配送中心建设规模，对建设面积实行有效控制。要加强管理，做好设备采购的资质认证工作，避免设备采购中出现标新立异、五花八门的现象。要严格控制卷烟物流配送中心在装修上的投资，避免过度装修、豪华装修。

商业企业在抓好卷烟物流配送中心建设的同时，要更加注重抓好管理和内部核算，在保证服务质量的前提下，通过优化流程、加强管理，不断提高配送效率，降低配送成本。物流的效益一是“算”出来的，即通过测算，选择合理的业务流程、建设标准；二是“管”出来的，即通过加强管理、严格考核，提高配送效率；三是“抠”出来的，即要精打细算，厉行节约，减少浪费。搞物流建设就要会算、会管、会抠。

要搞好统筹协调。国家局将对行业物流建设进行整体规划，以保持行业物流建设的完整统一。当前要继续完善卷烟物流建设，积极探索烟叶物流建设，工业企业可以从自身实际出发研究实施烟用物资供应物流建设。要研究制定统一的技术标准、建设标准和操作标准。各单位要在信息化方面下更大的工夫。所谓综合配套，实际上就是要实现“三流贯通、四流汇通”，即商流、物流、资金流要在各自的流程中形成完整的闭环，同时要统一信息口径，打通信息流。目前国家局正在解决呼叫中心软件统一的问题，由各单位按照统一的口径提供客户订单信息，使商流信息形成从工业企业、商业企业到零售客户的完整闭环，为行业共享商流信息提供平台。生产经营决策管理系统正式运行以后，可以提供从工业企业到商业企业的物流信息；“打码到条”的实施，将打通从商业企业到零售客户的物流信息通道；如果再把工商企业的物流仓储信息统一起来，就可以形成完整的物流信息闭环。资金流与物流是同步的，随着物流信息闭环的形成，资金流信息闭环也就自然形成了。三个闭环的形成，就为行业在一个完整的平台上共享信息资源打下了良好的基础。各省级局（公司）、省工业公司和工商企业要有全局意识，积极配合，共同做好这项工作。另外，工商企业之间的协同问题要引起大家的重视。如果工商企业各自为政，各有各的口径，各有各的仓库，就很难实现资源共享，行业现代物流建设也很难发挥应有的作用。地市级公司当地有卷烟工业企业的，工商双方要相互理解、相互配合，充分利用物流资源。

企业管理

在全国烟草行业企业管理研讨座谈会上的讲话（摘要）

李克明

（2006年12月18日）

围绕这次会议研讨主题，下面讲两点意见：

一、围绕经济运行中心环节，企业由大变强在向前迈进

今年以来全行业紧紧围绕培育“两个10多个”的目标，国家局始终把推进企业由大变强作为经济运行工作中心环节，先后印发了《中国卷烟品牌发展纲要》和《烟草行业企业竞争能力评价体系和评价办法》等文件，从宏观层面、政策导向层面积极推进企业联合重组向更高层次更高水平迈进。工业企业主要从技术创新、管理创新、队伍建设三个方面来评价企业竞争力；商业企业主要从服务质量、经营效率、队伍建设三个方面来评价企业竞争力。今年以来，企业加大了品牌整合和资源整合力度，进一步推进管理整合，更加注重提升企业技术创新能力和管理创新能力水平，企业“由大变强”在向前迈进。主要体现在：

一是名优品牌呈现较为强劲的发展态势。品牌是企业竞争力的集中体现，做强品牌也是做强企业的集中体现。今年1～11月前十位卷烟品牌销量1238万箱，同比增加300万箱，增长31.97%。前十位卷烟品牌销量的增长带动了资源特别是烟叶向重点品牌集中。前十位卷烟品牌产量1195.96万箱，同比增加245万箱，占总产量的31.78%，同比增长5.5%。预计今年有8个品牌卷烟产量超过100万箱，有3个品牌产量超过150万箱。中华、玉溪、云烟、芙蓉王、白沙、红塔山等一批名优品牌发展态势良好。今年1～11月，中华销量同比增长29.1%；玉溪同比增长37.23%；云烟同比增长30.97%；芙蓉王同比增长35.66%；红塔山同比增长77.91%。联合重组后的广东、湖北中烟工业公司的双喜、黄鹤楼品牌也呈现了良好的发展态势。

二是企业更加注重技术创新能力的提升。卷烟工业企业更加注重技术中心建设，研发力量得到进一步加强，更加注重提升技术改造的技术含量。今年6月，国家局在北京召开了中式卷烟制丝生产线自主创新工作专题会议，会后国家局印发了《关于中式卷烟制丝生产线自主创新工作的意见》。中式卷烟制丝生产线自主创新工作要体现技术含量，真正体现以卷烟企业为主体，以提升卷烟品质和特色为目标，通过产、学、研相结合的途径来实现自主创新。这项工作

得到了重点工业企业积极响应，更加突出技术创新，把技术创新和管理创新的成果，充分体现在技术改造过程中，真正为打造中式卷烟品牌提供技术支撑。同时，企业更加注重提高调香技术水平和减害降焦水平。

三是企业管理水平明显提升。品牌管理和品牌维护水平得到进一步提升，特别是高档卷烟，更加注重市场反映和对市场投放节奏的把握，使存销比进一步趋向合理。更加注重成本费用的控制。今年1~11月，工业企业三项费用率9.24%，比去年同期10.1%下降了0.86个百分点。其中管理费用率6.28%，比去年同期6.33%降低0.05个百分点；经营费用率2.62%，比去年同期3.22%降低了0.6个百分点；财务费用率0.34%，比去年同期0.54%降低0.2个百分点。今年1~11月工业企业成本费用利润率32.15%，比去年同期增长1.1%。总体上看，联合重组后工业企业成本费用率、成本费用利润率一降一升的实际，说明了行业企业管理整体水平的提升。同时，工业企业在探讨企业法人治理结构方面也进行了积极的探索。红云集团、红辽集团，通过建立规范的法人治理结构，对提高效率起到了积极促进作用。

四是重点品牌重点企业良好的发展态势支撑了行业生产经营的平稳运行。今年以来，全行业经济运行呈现产销协调、库存合理、价格稳定、效益增长的良好发展态势。今年1~11月生产内销卷烟3732.5万箱，同比增加116.9万箱，增长3.2%；销售卷烟3744.8万箱，同比增加133.1万箱，增长3.7%。销量大于产量12.3万箱，销量增幅大于产量增幅。今年11月底卷烟工商库存255.2万箱，同比减少18.4万箱，下降6.7%，环比略有增加。各类卷烟存销比趋向合理。今年11月底，一类卷烟存销比为0.69，去年同期为0.99；二类卷烟存销比0.59，去年同期为0.79。今年1~11月累计生产低档卷烟1403.9万箱，同比减少97.2万箱，完成生产基数1476万箱的95.1%，高于正常生产进度3.43个百分点，但其中有2家省级工业公司低于正常生产进度。销售低档卷烟1385.12万箱，同比减少130.13万箱，占低档烟销售基数1476万箱的93.84%，高于正常进度的2.17个百分点，但其中有5家省级公司销售进度低于正常进度90%。生产“大丰收”卷烟53.92万箱，销售35.57万箱。其中浙江销售7.9万箱，山东7.15万箱，安徽4.49万箱。今年1~11月累计实现工商税利2720.4亿元，同比增加401.3亿元，增长17.3%。其中，工业税利1970.6亿元，同比增加254.5亿元，增长14.8%；商业税利749.8亿元，同比增加146.8亿元，增长24.3%。累计实现工商利润1010.1亿元，同比增加169.6亿元。其中，工业利润433.7亿元，同比增加54.3亿元，增长14.3%；商业利润576.5亿元，同比增加115.3亿元，增长25%。

今年12月11日，国家局召开了专题经济运行分析会，对今年以来经济运行工作进行了总结，分析了当前以及明年经济运行中应高度关注的几个问题。一是在加强“总量控制、稍紧平衡”调控措施取得明显成效的同时，要高度关注在适应市场需要、优化结构基础上实现总量平衡的问题。要注重发挥市场机制的作用。二是在卷烟品牌集中度提高、重点骨干品牌走势良好的状况下，要高度关注在推进品牌整合的同时，形成适度有序竞争格局的问题。要把工作的着力点放在体现水平的提升和科技创新上。三是在企业管理成本费用控制取得一定成效的同时，要高度关注企业“节约资源、保护环境”的问题。要把管理水平的提升真正体现在转变经济增长方式、依靠技术进步和优化资源配置上。

二、真正实现由大变强，行业和企业还需要持续不懈的努力

烟草行业是适度市场竞争和产业政策相结合条件下实现的企业做大，在企业做大后要高度重视向强的转变，企业联合重组后，重点企业、名优品牌得到了较好的发展，但离真正做强还有不少的差距。卷烟企业和品牌的强应体现在重点品牌持续的扩张能力上。目前有一些市场表现较好的卷烟品牌，但其中有一些品牌其高价差、高毛利率、组合销售、拼盘销售还是起着不小的作用，这都不能完全体现品牌的强。

（一）始终把适度竞争作为企业由大变强的不竭动力

在坚持烟草专卖体制下，发挥市场在资源配置中基础性作用，不断提高烟草市场化水平，是企业充满活力和富有效率的动力之源。企业竞争压力的衰减是企业活力衰减的重要原因。企业联合重组后竞争格局、竞争范围、竞争目标、竞争对手都发生了深刻变化，特别是在当前卷烟计划总量稍紧平衡得到比较好的落实的调控下，市场需求显得比较旺盛。一方面，产销增长，效益增加，经济运行平稳总体上是健康的、良好的；另一方面，我们也要客观分析目前的卷烟市场是不是有利于适度竞争的市场，在营造良好的市场竞争环境上还需进行不断的努力。

一是要体现市场机制在资源配置上的作用。国家局开展“按客户订单组织货源”试点工作，把订单供货向订单生产延伸，从技术层面向政策层面、体制

层面延伸，就是要发挥市场机制的作用。明年上半年产销交易就是在坚持有计划组织生产前提下，按照“放开衔接、适度引导、定向整合、推动发展”总体原则来进行的，其实质就是要以市场需求为导向，打破生产计划、品种结构与市场需求之间表面上的平衡，使有订单无生产计划与有生产计划而无订单的问题能反映出来。这次卷烟交易方式的变化是一个信号、一次演练，也是导向。近期，姜局长主持召开了产销衔接的专题会议，研究了如何更好地体现交易原则的导向，制订好具体可操作的实施方案。市场机制就是优胜劣汰，而优胜劣汰在烟草行业集中体现在品牌的优胜劣汰上，使适应市场需求有竞争力的品牌能够不断发展，使不适应市场需求不具有竞争力的品牌不断萎缩和淘汰，所以在现有计划体制下，按订单组织货源和按订单组织生产，仍然能发挥市场机制作用。

二是要切实推进按订单组织货源向按订单组织生产的延伸。一要转变观念。烟草专卖制度下坚持市场取向的改革，按订单组织货源向按订单组织生产延伸就必然是方向和发展趋势，工业企业要增强紧迫感和责任感，把被动的适应转变为主动的变革，要变革观念，变革流程。按订单组织货源向按订单组织生产延伸确实是一项比较复杂的系统工程，明年要作为行业经济运行工作的突出重点，进一步推进订单供货向订单组织生产的延伸，真正能够按照市场需求来确定结构、安排品种。浙江中烟工业公司以订单供货试点为契机，真正从按照主观意愿干什么转向于立足客户需求，以市场为导向来安排生产，谋划发展，对于提升浙江卷烟工业的竞争力是起到了推动作用的。二要优化业务流程，能够适应按订单组织生产的需要，积极探索以订单信息流为中心来带动企业的物流、资金流。三要实现工商互动，信息共享。按订单组织货源向订单组织生产延伸，工商互动、信息共享是基础。在信息共享方面，要进一步拓展卷烟生产经营决策系统在打通工商信息方面的作用。作为经济运行工作的突出重点，要进一步加强调研、加强政策研究、加大工作力度。

三是要促进卷烟大市场、大流通的形成和发展。全国统一开放的卷烟大市场，大流通是营造公平竞争市场环境的必然要求，也是衡量适度竞争水平的评价标准。从明年上半年产销交易的衔接情况看，因为还没有全部完成，只是可以看一个趋势。省际间的交易量的比重占44.9%，上年同期是38.41%，同比提高了6.5个百分点。云南目前已衔接的省际间交易量比重是75.87%；上海是56.57%；浙江、湖南、山东等省同比省际间交易量超过6.5个百分点。同时，也有4个省省际间交易比重有所下降。从已衔接情况看，地产烟比重超过60%的有11个省份；地产烟比重超过80%的有7个省份，个别超过90%。当然超过60%的11个省份情况是不同的，有的是地产烟竞争力比较强，也有的是地产烟竞争力不是很强的。从订单供货试点单位来看，省际间的交易量呈上升态势。从工业企业来说，地产烟比重过大，不利于提高竞争力；从商业企业来说，地产烟比重过大不利于满足消费者的真实需求。如果长期保持地产烟销售80%甚至90%的比重，对工业企业和商业企业来说都是不利于提高竞争水平的。姜局长在不久前召开的销售工作会议上指出：“未来竞争要实现两个跨越，由省内依赖型向面向全国市场跨越，从国内竞争向国际市场跨越”，对于形成适度有序的竞争格局，促进大流通、大市场应该说是方向。

四是要明确竞争目标，使企业始终处于竞争状态。企业联合重组后，特别是省级工业公司和所属企业合并重组后，原来企业的竞争范围、竞争对手、竞争方式和竞争目标都发生了变化。如何确立新的竞争目标，寻找新的竞争对手是至关重要的。在重点企业的形成和发展过程中，两个企业之间的相互竞争相互较劲应该说起到了不可替代的作用，产生了不可替代的动力，许多重点企业就是在这种较劲和较量中发展起来的。在新的竞争形势下，企业要树立新的竞争目标，对于不同的企业应该有不同的竞争目标。例如，培育“两个10多个”就是一个竞争目标，两个跨越也是竞争目标，有实力的企业要走出去同样也是竞争目标。国资委对所属国内一流企业的管理目标就是一流的企业要和国际跨国公司相竞争，要和国际先进水平相比较。国家局今年对烟草进出口管理体制进行了调整，实际上也是为了突出以企业为主体，实施烟草走出去的战略，参与国际竞争。今年，我们在老挝、柬埔寨等境外生产销售卷烟大约在100万件左右，同比去年有所增长。在柬埔寨生产销量卷烟大约占柬埔寨卷烟市场的35%，所以说，重点企业走出去也是一个目标。

（二）要把加强四个中心建设作为实现企业由大变强的重要途径

国务院有关文件的贯彻落实，进一步促进了卷烟工业企业的联合重组和卷烟工业企业管理体制的改革。目前，广东、广西、贵州、陕西、湖北、安徽、浙江、河南、山东、湖南、江苏等11个省级工业公司已与所属卷烟工业企业实现了合并重组，成为一个法人实体。省级工业公司要实现由管理为主向生产经营实体的转变，要按照统一协调，明确职责，减少环节，高效顺畅的要求，加强技术研发中心、市场营销中心、物资采购中心和生产制造中心的建设。加强四个中心的建设是实现由大变强的一个重要途径，也是省级工业公司转型一个的关键。加强四个中心要在“四个着力”上狠下工夫。

一是要着力于整合资源。企业之间联合重组，省级工业公司与所属企业合并重组都是为了企业能在更大范围上进行资源整合。要通过四个中心建设促进资源的整合。围绕品牌整合实现技术整合；围绕市场整合实现营销整合；围绕管理整合实现队伍整合。通过加强四个中心建设为整合资源提供支撑，把四个中心建设作为资源整合的载体，同时四个中心建设也要紧紧围绕着资源整合来加强。对于资源整合，四个中心的整合是基础，是关键，是保障。

二是要着力于提升市场反应能力。公平竞争的市场环境要最终使企业之间的竞争能够转向和体现在企业对市场反应能力的竞争上。所以，加强四个中心建设都要围绕提升企业对市场反应能力来展开。

营销中心建设要促进工业企业真正实现由销售向营销的转变。销售是以生产者为中心，注重的是把企业产品卖出去，营销是以客户为中心，注重的是把市场需求挖掘出来，特别是能够把消费者潜在的需求挖掘出来，把真实潜在的市场需求反馈给企业，使企业生产的产品更加适应市场需求而把产品卖出去，而不是靠单纯的推销把产品卖出去。所以销售和营销虽然是一字之差，但反映出企业的生产经营观念和方式的巨大变化，是生产导向型还是市场导向型企业的根本区别。工业公司营销中心的建设要积极探索以订单信息流为中心来带动企业的研发，带动企业的采购，带动企业的生产，以订单信息流为中心带动企业的物流，信息流和资金流。营销中心的建设不在于有多少营销人员，而要以信息化为支撑精简人员，减少层次。“人海战术”的营销实际上是不能够体现营销水平的。技术中心的建设要把市场需求作为研发的出发点和落脚点，实现研发前移。湖北中烟的“技术研发前移”体现了对市场的关注和跟进，能够更好更快地提升研发水平，提升市场的快速响应能力。实现技术创新成果的商业化，把市场和研发紧密地联系在一起，把品牌市场表现和技术研发的业绩紧密结合在一起，将市场变化反映到技术中心研发工作中。生产制造中心建设，应围绕着如何提高柔性化的生产水平。柔性化生产水平实际上就是生产企业响应市场的水平。物资采购中心建设，要围绕提升供应链管理水平，提高采购能力。供应链管理与传统物资采购管理的区别之一是其强调快速反应市场需求。供应链管理最初是从物流管理展开的。市场反应型的供应链就是强调要适应市场，要提高效率。

三是要着力提高运行效率。四个中心建设要始终围绕关注效率的提高。真正实现统一协调，责权分明，执行有力，行动迅速。四个中心建设要减少管理层次，提高管理幅度。红塔集团对营销中心层次进行了精减，对市场反应能力明显得到了提升。组织机构扁平化已经成为了一种发展趋势。扁平化组织机构是具有一定规模的企业内部管理层次较少，管理幅度较大的一种组织结构形式。所以企业规模扩大，并不意味着要增加管理层次，而是要增加管理幅度。这种组织结构要有利于根据市场变化及时地做出相应的反应。当然提高效率最终还是要探索建立完善的法人治理结构，这是提高效率的根本途径。

四是要着力于全面提升水平。四个中心建设要着力提升水平，四个中心建设不是简单的合并，而是要在整合中提升水平。通过四个中心建设不断提升企业的科技力、营销力、制造力和采购力。通过技术中心建设提高企业科技力，使企业研发水平得到不断提升。跨国公司主要强在其技术研发水平上，其研发费用占到了全球科研经费的90%以上，其最新技术拥有量占到全球的80%以上。所以，由大变强要注重技术强是一种战略的选择，是一种有远见的选择。通过营销中心建设来提高营销力，使生产与市场联系更加紧密，真正把营销作为连接企业与市场的纽带，通过提高营销力，来更好地满足消费者的需求。要通过制造中心建设来提高制造力，实现柔性生产，实现节约生产，实现清洁生产，不断提高企业质量控制水平、成本控制水平。通过物资采购中心建设来不断提升企业采购力，来提高供应链管理水平，来提升企业物流水平。

（三）真正把构建和谐企业作为企业充满活力、富有效率的重要保障

在企业重组后如何用和谐理念统领企业发展，对于重组合并后的企业是否能够充满活力、富有效率至关重要。要以和谐管理为指导建设企业和谐文化。当前企业文化已经作为一种管理方式，作为一种管理标准。为了企业管理向更高水平迈进，有学者认为，在企业管理中有形管理只占1/3，无形管理占3/2，无形管理主要就是企业文化管理。企业文化管理不仅占的比重大，而且处于根基部位，又决定着有形管理的效率。所以，构建和谐企业，建设和谐企业文化是持续保持企业充满活力和富有效率的重要保障。建设和谐企业文化，关键在于是否发挥了凝聚功能，形成了企业巨大向心力和凝聚力；是否发挥了激励功能，使全体员工形成一种奋发进取的精神状态；是否发挥了

约束功能，企业规章制度是一种硬约束，企业文化是一种软约束。企业要实现由大变强，需要有完善的法人治理结构，需要有企业核心技术等等，但是同样更需要有和谐企业文化。要使企业重组以后，每个员工积极性和创造性能够充分发挥出来，要把每个人的积极性和创造性保护好、发挥好、引导好是至关重要的，这样才能够使企业联合重组整合效应真正实现“1+1>2”，把每一个人积极性创造性发挥好，我们的企业就能够持续充满活力，富有效率。

烟草科技

全面增强自主创新能力
为建设创新型行业而努力奋斗

——在全国烟草科学技术大会上的讲话（摘要）

姜成康

（2006年5月19日）

这次会议的主要任务是：认真贯彻落实全国科学技术大会精神，紧密联系行业实际，安排部署当前和今后一个时期烟草科技发展工作，统一思想，明确任务，抢抓机遇，扎实苦干，全面增强自主创新能力，切实转变经济增长方式，着力提高科技进步对行业发展的贡献率，为建设创新型行业，提高行业整体竞争力，推动行业持续健康发展而努力奋斗。

一、充分认识科技进步和创新对行业发展的重大作用

“十五”时期是烟草行业发展比较好的时期，也是烟草科技工作取得明显进步、自主创新能力得到明显增强的时期。“十五”时期，烟草科技工作确立了中式卷烟的发展方向，紧紧围绕培育中式卷烟品牌、提高中式卷烟核心竞争力这一中心任务，在烟草农业、卷烟工业、烟草流通、烟草机械、烟用材料、信息化建设等方面开展了一系列关键技术的研究、集成和推广，取得了明显成效，为提高烟草行业整体竞争力，促进行业持续稳定协调健康发展提供了有力的支撑，发挥了积极推动作用。

一是烟草农业科技进步持续推进，烟叶质量明显提高。烟叶是行业发展的基础，如何提高烟叶品质是烟草科技工作的突出重点。“十五”时期，烟草农业科技工作通过科技项目实施、关键技术攻关、先进适用技术推广应用，促进了烟叶生产与科技水平的明显提高。烟草新品种选育、平衡施肥、集约化育苗、集约化烘烤、烟叶基因检测、进口烟叶替代等技术取得了较大突破；烟草种植区划、特色烟叶开发、烟叶无公害生产技术研究取得了阶段性成果；优质烟叶生产科技示范基地建设已见成效，为中式卷烟发展奠定了较为坚实的基础。“十五”期间共审定（认定）通过14个烟草新品种，自育烤烟品种推广面积从“九五”末的31.1%提高到58.5%，扭转了长期以来主要依赖引进烟草品种的被动局面。全国集约化育苗推广面积达到82%，专业化服务水平明显提高。

二是卷烟工业科技水平不断提升，核心竞争力明显增强。卷烟品牌是企业的象征，是企业核心竞争力的集中体现。“十五”时期，卷烟工业科技工作紧紧围绕培育名优品牌，在烟草化学、卷烟工艺、减害降焦、卷烟系统化设计、造纸法再造烟叶等关键技术上取得了重大突破。卷烟生产基本实现了从结果控制向过程控制的转变，造纸法再造烟叶设备开发和产品应用填补了国内空白，成功开发了一批低危害、低焦油卷烟产品并得到消费者认可。到去年底，全国卷烟焦油量由“九五”末的16.1毫克/支降至13.5毫克/支；有16个卷烟品牌被国家质检总局认定为“中国名牌”卷烟；36个行业名优卷烟生产比重达到39.5%，比2002年提高了17个百分点。以“中华”、“芙蓉王”、“玉溪”、“云烟”等为代表的高档名优品牌保持良好发展，“白沙”、“红河”、“红梅”等牌号规模超过百万箱，深受消费者欢迎。烟机工业自主研发能力、制造水平和产品质量不断提高，国产烟机基本满足了烟草加工企业技术改造对主力机型类设备的需要，引进、消化吸收和再创新的国产10000支

/分卷接机组、550包/分包装机组研制成功。行业电子政务、电子商务、生产经营管理决策系统等信息化建设取得实质性进展，信息化带动工业化的能力得到较大提高。

三是科研成果不断涌现，科研水平明显提升。科研成果和专利是衡量科技水平的重要标志，是科技人员刻苦攻关、拼搏奋斗的结晶。“十五”时期，在行业广大科技人员共同努力下，取得了一批具有较高水平的科技成果，共有82项科技成果获得国家局科技进步奖，其中“提高白肋烟质量及其在低焦油卷烟中的应用研究”、“降低卷烟烟气中的有害成分研究”、“卷烟工业自动化物流”、“根结线虫生防真菌资源的研究与应用”、“烟用二醋酸纤维素浆液精细过滤及高密度生产技术研究”等5个项目获得国家科技进步二等奖。发布了一批行业急需的技术标准，共制修订各类技术标准102项，其中国家标准23项、行业标准79项。行业授权专利数量逐年增加，卷烟工业企业获得专利授权的数量从2000年的21件增加到2005年的104件。

四是科研体系日趋健全，科技资源配置明显改善。通过多年努力，烟草行业逐步建立和形成了科研院所、企业技术中心和烟草农业试验站为骨干的科研体系。到“十五”末，全行业已建立7家国家级、11家行业级企业技术中心，其中8家企业技术中心被人事部认定为博士后科研工作站；建立了8个全国优质烟叶生产科技示范基地和35个烟草农业标准化示范县；认定了烟草化学、烟草工艺、卷烟烟气、烟草栽培4个行业重点实验室；23个省级烟草质检站通过审查认可和授权。郑州烟草研究院新院建成并投入使用，科研条件得到较大改善，科研开发能力进一步增强。烟草质量技术监督体系、标准化体系和信息资源体系进一步强化和完善。

五是科技队伍建设不断加强，科技人员素质明显提高。“十五”时期，全行业高度重视科技队伍建设，科技人员队伍进一步壮大，科研力量逐步加强，队伍素质不断提高，培养了一批具有较强创新能力的学科带头人和科技骨干，为推动行业科技进步提供了较好的人才保障。据统计，目前全行业具有中级以上专业技术职务任职资格的2.5万余人，硕士、博士研究生学历人员1613人，副高级以上专业技术职务任职资格的1500余人、研究员30余人。

“十五”时期，行业科技水平有了较大提高，但与行业发展需要还不相适应，存在比较明显的问题和薄弱环节。主要表现在：一是基础研究较为薄弱，特别是关键技术自给率低，具有较高水平的知识产权成果少，制约行业发展的技术瓶颈尚未取得重大突破。烟草品种选育、卷烟调香核心技术、中式卷烟特色工艺、减害降焦技术、技术装备等方面有待深化研究和取得突破。有关现代生物技术、吸烟与健康等领域研究还处于起步阶段。二是行业科技人员队伍整体素质有待提高，具有较高声望和水平的学术、学科带头人以及技术尖子人才尤其缺乏。三是行业创新体系有待进一步完善，科技资源配置方式、评价制度等方面与科技发展形势要求存在差距，激励优秀人才、鼓励创新的机制还不完善。四是科研项目重点不够突出，项目分散且结构不尽合理，低水平重复研究多，造成资源浪费。

烟草行业“十五”时期科技工作取得的明显进步，为行业进一步发展奠定了较为扎实的科技基础和工作基础。但我们必须清醒地看到，烟草行业今后较长时期的持续平稳发展，仍将面临吸烟与健康问题、市场竞争压力日益增大等更为严峻的挑战，烟草自身发展也未完全摆脱粗放型增长方式，成本高、费用大、资源利用效率低等问题仍然突出，这种状况如不能从根本上加以改变，行业的长期平稳健康发展是难以为继的。总结行业“十五”发展实践可以充分说明，无论烟叶发展、品牌培育，还是提高管理水平、优化资源配置，都有赖于科技进步的支撑和推动。应对今后更为严峻的挑战，切实转变烟草经济增长方式，更需要坚实有力的科学技术基础作支撑，更需要依靠科技进步和自主创新来实现。目前，烟草行业已经进入到必须更多地依靠科技进步和自主创新推动发展的新阶段，自主创新已成为能否保持行业持续健康发展的关键因素。

二、全面贯彻落实全国科学技术大会精神

国家局党组在认真学习、深刻领会全国科学技术大会精神的基础上，紧密结合行业实际，研究确定了未来15年烟草行业科技发展的总体思路、指导方针、主要任务和发展目标，并认真制定了《烟草行业中长期科技发展规划纲要》。确定当前和今后一个时期烟草科技发展的主要任务目标，就是要切实加强创新型行业建设，努力达到自主创新能力和科技整体实力显著增强，取得一批在世界烟草具有重大影响的科技成果，重点骨干企业的核心竞争力进一步明显提高，培育10多个拥有自主知识产权和较强竞争力的重点名优品牌，全面提升中国烟草整体竞争力，促进行业持续健康发展。

建设创新型行业，实现行业科技发展目标，其核心就是把增强自主创新能力作为烟草科技发展的战略基点，坚持走自主创新的道路，推动烟草科技的跨越式发展。要把增强自主创新能力切实作为行业发展的

战略任务和转变经济增长方式的中心环节，贯穿到行业工作的各个方面，激发全行业创新精神，培养高水平创新人才，形成有利于自主创新的体制机制，大力推进理论创新、制度创新、科技创新，为行业发展进步提供不竭的动力。建设创新型行业，实现行业科技发展目标，全行业要高度重视和认真抓好以下几个方面：

（一）明确烟草科技发展方针

烟草行业的科技发展，要认真贯彻中央提出的十六字科技发展指导方针，紧密结合行业实际，努力做到“坚持方向、突出重点、持续创新、支撑发展”。要继续坚持中式卷烟的发展方向，坚定不移地走中式卷烟的发展道路，把发展中式卷烟作为烟草科技发展的主要任务。自主创新对烟草行业来说，就是要始终做到以创新和发展中式卷烟为目标，不断丰富中式卷烟内涵，突出中式卷烟风格特征，培育具有较强竞争优势的中式卷烟代表品牌，努力提升中式卷烟的水平，使中式卷烟能够得到不断发展，适应更加开放、更加激烈的市场竞争，更好地满足消费者需要，稳定国内市场，积极拓展国际市场。要进一步突出重点，力求在重点领域和关键技术上取得重大突破，带动行业科技水平全面提升。要坚持有所为、有所不为，明确主攻方向，集中力量攻关，确保取得实效。要努力实现持续创新，把持续创新作为企业发展战略重点，促进企业持续健康发展。要把行业发展真正转移到依靠科技进步、自主创新的轨道上来，使科技进步、自主创新成为推动行业持续发展的强大支撑。要切实转变增长方式，提高资源利用率，努力实现节约发展、清洁发展、安全发展、可持续发展。

（二）突出烟草科技发展重点

实践证明，只有重点突破，才能切实增强企业核心竞争力，带动科技水平整体提升。因此，从国家局、总公司到省级局、公司，直到每个企业，都要通过科学论证，确定一批重大项目，精心组织项目实施，着力提高自主创新能力，推动科技工作发展。

要进一步明确烟草科技发展的重点领域和关键技术。烟草科技工作面临的主要矛盾不是资金问题，而是如何明确目标、选准项目问题，否则就难以突破。要紧紧围绕培育品牌这一中心，认真分析制约行业发展的主要技术瓶颈，明确烟草核心竞争力的关键所在，集中力量解决带有全局性、关键性的重大战略课题，形成一批具有较高水平、较大影响的科研成果，力求在重点领域和关键技术研究方面取得重要进展。去年国家局确定并实施的烟草育种、特色工艺、卷烟调香、减害降焦四大战略课题，必须坚定不移地下大力气抓紧抓好，务必抓出成效。这次会议进一步提出把烟叶原料、技术装备、循环经济、数字烟草等列入事关行业发展的重点领域同样具有十分重要的意义。对烟草科技发展的重点领域，都要选准课题、确定专项，认真制订实施方案，调动各方面力量组织攻关，力求取得突破。

要精心组织重大专项实施。实施重大项目带动，是提升自主创新能力，实现重点突破的重要途径。这次大会上提交讨论的《烟草行业中长期科技发展规划纲要》，提出了烟草基因组计划、低危害烟草新品种选育、烟叶无公害生产技术、卷烟增香保润技术、低危害卷烟产品、中式卷烟制丝生产线、超高速卷接包机组、功能性植物添加剂等重大专项，请大家认真讨论，会后还要组织专家进一步论证。重大专项一旦确立，必须集中力量、保证经费，全力以赴地抓好。不仅行业科技工作要突出重点，确立重大专项，各单位都要选准项目，认真克服和解决项目分散、低水平重复研究问题，确保实效。

（三）构建烟草科技创新体系

构建完善高效的烟草科技创新体系，是做好科技创新工作、建设创新型行业的组织保障和增强自主创新能力的关键措施，也是进一步优化行业科技资源配置的重要手段。要根据增强自主创新能力、建设创新型行业的总体发展目标，按照科学布局、优化配置、完善机制、提升能力的要求，加快建立和形成布局合理、定位清晰、分工协作、运行高效的行业科技创新体系。

全国科技大会明确提出，要建立以企业为主体、市场为导向、产学研相结合的技术创新体系，这是技术创新的重大战略调整。企业只有成为技术创新的主体，技术创新才能更好地贴近市场，适应市场的发展变化，满足企业的发展需要，克服长期存在的科技工作与企业发展相脱节现象，促进企业持续发展。因此，无论工业企业，还是商业企业，都要更加重视自主创新工作。当前全行业正在认真贯彻落实国务院有关文件精神，在更高层次、更高水平上推进企业重组，企业重组能否取得预期效果，资源能否得到有效整合，核心竞争力能否增强，关键在于要更加重视企业技术中心建设，认真抓好技术力量的整合，否则难以实现企业由大变强的目标。要切实加强卷烟工业企业技术中心、烟叶产区技术推广体系、各级质量检测站和标准化机构的建设，为构建完善的烟草科技创新体系奠定基础。要更加重视以郑州烟草研究院为代表的行业科研机构建设，充分发挥郑州烟草研究院的牵头、指导和推动作用。行业的科研机构要紧紧围绕行业发展的重大战略课题，切实加强应用基础研究和共性技术研究，加强与企业的合作，加强对企业技术中心的业务指导，为企业自主创新提供积极支持，解决企业自身难以解决的课题，在行业自主创新中充分发挥骨干和服务作用。要更加重视与行业外科研院所和高等院校的合作，突出做好对烟草行业发展具有重大影响的前瞻性、关键性、全局性课题研究，从而切实起到支撑行业发展、引领烟草未来的作用。要更加重视技术推广工作，健全科技传导机制，建立完善的技术推广体系，认真做好新技术、新工艺、新材料的推广应用，加快电子商务、现代物流体系建设，促进科技成果转化，充分发挥科技在行业发展中的积极推动作用。

（四）完善烟草创新激励机制

建立完善的创新激励机制是加强行业自主创新的重要保障。要建立技术创新绩效评价考核体系，加强对技术创新的政策支持。行业当前和今后一个时期的主要任务就是做大做强烟草企业，努力实现企业由大变强的目标，从而提高中国烟草整体竞争力，促进行业持续健康发展。实现企业由大变强的目标，关键靠自主创新。要建立对卷烟工业企业和烟草商业企业自主创新、增强竞争能力的评价体系，更好地引导企业着力技术创新、管理创新、提高职工素质。要制定相关政策，加大对企业自主创新的扶持力度，引导企业坚持走自主创新内涵式发展的新路子。

要建立和完善促进自主创新的激励机制，充分调动自主创新的积极性。要进一步改进烟草行业科技奖励制度，完善奖励评审办法。科技奖励要紧紧围绕提高企业核心竞争力和行业整体竞争力，重在贴近企业发展的迫切需要和长远发展，重在重点领域、关键技术取得突破，重在科技成果能较快转化为现实生产力，使科技奖励真正起到激励各单位、各企业着力自主创新、充分调动科技人员创新热情的作用。省级局（公司）、工业公司以及各企业都要设立科技奖项，建立和形成以行业奖励为引导、企业奖励为主体的科技奖励制度，尤其是对企业发展具有较大带动作用的重大自主创新项目和在自主创新工作中作出突出贡献的人员，要给予重奖。要加大专业技术职务聘任工作力度，在认真总结试点单位经验基础上，进一步统一思想，提高认识，认真做好专业技术职务评聘工作，落实专业技术岗位的相关政策，建立有利于促进科技人员大胆创新、刻苦攻关的激励机制。随着卷烟工业企业重组，商业企业取消县级公司法人资格工作的加快推进，为妥善处理各方面利益关系，调动各方面积极性，要在认真调研、搞好试点、总结经验、完善制度的基础上，在工商企业开展定岗、定员、定责、定薪工作。岗位设置可分别设立管理岗位、技术岗位、生产岗位、供销业务岗位等，通过严格考核，按不同岗位确定不同报酬。要完善行业科技人员参与国际交流、获得高级培训机会等非物质激励制度。

要完善有利于促进自主创新的烟草科技计划管理模式，更好地适应自主创新的需要。科技计划管理要实行科学决策、民主决策，建立健全规范的专家评审制度，统筹安排项目，突出重大专项。要加强人才培养和基地建设，把创新型人才培养和研究实验基地建设作为项目论证和考核的重要指标，努力实现由技术突破的单一目标向科技持续创新能力提高的综合目标转变。要加大对企业技术创新的支持，根据重大专项计划，支持重点骨干企业与科研院所、高等院校联合承担重大科技专项，建立以企业为主体、产学研联合的项目实施新机制。要实行重大项目招标制度，面向行业内外组织公开招标，动员和争取全社会科研力量解决烟草科技工作中的难点和重点问题。要大力推行课题制，由课题负责人组织人员落实任务，实现所确立的目标。要加强对科技项目实施过程中的动态跟踪管理，完善项目监督、检查、考核机制，落实科技计划管理责任制，提高自主创新效率。要完善科技成果鉴定的方式和方法，建立科学的科技成果评价指标体系，发挥成果鉴定与管理对自主创新、成果转化的导向作用。要切实加强对项目资金使用的管理，建立严格的项目经费预算制度，既要保证项目经费，又要做到资金使用科学合理、规范有序，确保专款专用，提高科研经费的利用效率。

（五）培养烟草科技创新人才

全行业都要认真贯彻尊重劳动、尊重知识、尊重人才、尊重创造的方针，全面实施“人才强国”战略，牢固树立“人才资源是第一资源”的观念，完善适应烟草行业自主创新需要的人才结构，不断发展壮大行业科技人才队伍。要坚持在创新实践中发现人才，在创新活动中培育人才，在创新事业中凝聚人才。要努力营造鼓励人才干事业、支持人才干成事业、帮助人才干好事业的社会环境，形成有利于优秀人才脱颖而出的体制机制，最大限度地激发科技人员的创新激情和活力，提高创新效率。针对行业高素质人才相对短缺的状况，要进一步解放思想，制定有利于吸引人才的政策，实行更加灵活的措施，加大引进人才工作力度，积极引进海内外高层次的烟草科技人才。要加强人才培养工作，通过加强重点学科、重点实验室建设和重大项目的实施以及国内外进修、培训等措施，着力培养造就一批创新能力强的高水平学科带头人和科技领军式人物。要十分重视科技人员使用，为科技人员开展工作创造良好的工作环境和生活环境。要结合重大项目的实施，大力加强对创新型后备人才的培养，提高中青年科技人员在科技项目组中的比例，形成具有烟草特色的优秀创新人才群体和创新团队。要继续推进科技评价制度、激励制度等科技人才管理制度改革，进一步优化行业的学术环境和人才成长环境，努力做到用事业造就人才，用环境聚集人才，用制度激励人才，用法规保障人才，从而培养造就一支富有创新精神的烟草行业创新型人才队伍。

（六）发展烟草科技创新文化

要在全行业积极培育创新意识，弘扬创新精神，完善创新机制，大力提倡敢为人先、敢冒风险的精神，大力倡导敢于创新、勇于竞争和宽容失败的精神，努力营造鼓励科技人员大胆创新、支持科技人员实现创新的有利条件。创新文化是先进文化的重要特征，也是烟草行业文化建设的重要内容。要在全行业进一步牢固树立“国家利益至上、消费者利益至上”的行业共同价值观，努力形成潜心做事、低调做人，宽容开放、敢于创新，牢记责任、自强不息的良好风气，坚决克服各种张扬浮躁、狭隘保守、急功近利等不良倾向，营造浓厚的创新氛围，激励和培育创新思维，造就创新型人才，做出创新成果，全面提高烟草行业创新能力和整体竞争力。

三、充分调动行业各方面积极性和创造性，为建设创新型行业努力奋斗

建设创新型行业是贯彻实施国家中长期科技发展战略部署的必然要求，是促进行业持续健康发展的迫切需要，是全行业的共同任务。要动员全行业力量，最广泛地调动各方面积极性和创造性，坚持走依靠科技进步、自主创新道路，为建设创新型行业而努力奋斗。

第一，切实加强领导，为建设创新型行业提供组织保障。全行业各单位、各级党组织都要从贯彻落实科学发展观、实施科教兴国战略和人才强国战略的高度，切实加强对烟草科技工作的领导，把着力于自主创新、切实提高自主创新能力摆在更加重要的位置，作为一件大事突出抓好。各单位主要领导要高度重视科技工作，亲自过问并定期听取科技工作汇报；分管领导要集中主要精力，加强具体指导，认真抓好科技发展各项工作的落实。要把提高自主创新能力促进发展方面所取得的成效，作为各级领导班子落实科学发展观和正确政绩观的一项重要内容进行检查和考核。要大力开展提高自主创新能力、建设创新型行业的宣传教育，努力营造良好的创新氛围和舆论环境。要加强统筹协调，强化政策支持，及时研究、认真解决科技发展和自主创新中遇到的各种矛盾、困难和问题。国家局制定的《烟草行业中长期科技发展规划纲要》正式下发后，全行业要认真组织学习，深刻领会精神，全面抓好贯彻落实。各单位要立足当前、着眼长远，结合实际认真研究提出本单位的科技发展规划，制订和实施促进自主创新的具体落实措施，扎扎实实地推进自主创新工作。

第二，加大投入力度，为建设创新型行业提供资金保障。加大科技投入、保证科技经费是推动自主创新的必要条件，对行业来说目前也是有能力可以做到的，关键在思想上要高度重视，充分认识加大科技投入对于促进自主创新的重要保障作用。要研究建立以企业为主体、高效率的科技投入机制，确保全行业研究开发投入强度逐年提高，使科技投入水平与建设创新型行业的要求相适应。国家局、总公司和行业各直属单位都要把科技投入作为预算的重要内容，科学合理地确定预算经费，确保科研经费开支。总公司今后将逐年增加对应用基础研究、共性技术研究、关键技术研究、重大专项和行业科技基础条件平台建设的经费开支，为行业科技进步奠定更为坚实的基础。工商企业都要增加对研究开发的投入力度，积极支持技术创新工作。要创新行业科技投入机制，加大政策支持力度，注重投入产出效果。要鼓励企业开展技术创新和对引进先进技术的消化吸收与再创新，对订购和使用国产首台（套）重大装备的工程项目可优先予以安排并享受一定优惠政策，引导和支持重点工业企业建立具有国际先进水平的技术创新平台。要广泛宣传和贯彻执行国家在技术创新方面的各项政策，引导企业充分利用和落实好现有的各项鼓励技术创新的财税政策，从提高核心竞争力的战略高度出发，真正把支持企业技术创新的各项优惠政策落到实处。

第三，发挥整体优势，为建设创新型行业提供技术保障。烟草是集农、工、商为一体的行业，有着较为完善的科研开发机构，企业技术中心、质量监督、技术推广体系比较健全。整合行业的技术要素，更好地发挥整体优势，对于推动行业科技进步有着十分重要的意义。在开展工作中，既要明确分工，突出重点；又要加强合作，形成合力，尤其要集中力量进行攻关，解决好事关行业发展全局性、前瞻性的重大战略课题。同时，要以更加开放的心态，充分利用社会资源，主动加强与行业外各科研机构、高等院校、企事业单位

的合作，包括进行国际间的合作。通过成果转让、联合开发、委托开发、共建研发中心等形式，增强企业的技术集成和创新能力。要积极参与国际烟草科学研究，促进企业在国际科技合作中发挥重要作用。要善于借助和利用各方面资源，努力提升烟草行业科技创新的整体水平。

统筹制订规划　实施项目带动
努力提升我国烟草科技自主创新水平

——在全国烟草科学技术大会上的讲话（摘要）

张保振

（2006年5月19日）

未来15年，我国烟草行业科技发展的主要任务是：一是坚定不移地坚持中式卷烟发展方向，加强自主创新，不断提高市场竞争力；二是围绕中式卷烟发展需要，科学剖析支撑中式卷烟发展要素，确定若干重点领域，统筹规划部署，以建立中式卷烟发展的综合支撑体系，全面提升科技支撑能力，并从中选择任务明确、技术基础较好、近期能够突破的领域作为关键技术进行重点攻关。同时，围绕事关行业发展全局、行业急需、体现我国优势、对行业发展具有标志性意义的关键共性问题，实施若干重大专项，组织基础研究和应用开发，实现重点突破，解决行业主要共性技术；三是构建支撑行业发展的科技创新体系，建立以企业为主体、市场为导向、产学研相结合的技术创新体系。

支撑中式卷烟发展的重点领域及其关键技术，重点应该考虑以下四个方面的内容：

一、加强烟草育种和烟叶原料研究，突出烟叶的基础性地位

烟叶原料是支撑我国烟草发展尤其是中式卷烟发展的基础与关键。在烟叶原料方面，要以提高烟叶品质为前提，以满足中式卷烟原料需求和促进烟叶可持续发展为目标，对不同产区、不同类型的烟叶进行科学品质定位，合理调整烟叶种植布局；针对不同区域烟叶生产特点，开展烟叶质量与环境关系研究、区域特色烟叶开发、优质高效栽培技术和有害生物综合防治，提高烟叶品质和生产综合效益；积极发展现代烟草农业，提高农业劳动生产率，围绕烟草病虫草害综合防治、调制技术等内容，解决对烟叶生产有重大影响的关键技术问题。要通过推进新的农业科技革命，为清洁烟区生态环境和基础建设提供全面的技术服务，为烟叶提质和生态安全提供可靠的技术保障，为提高烟叶生产的现代化水平、整体效益和烟叶商品的国际竞争力提供强有力的技术支撑，形成我国具有自主知识产权的烟叶生产核心技术。在烟草育种方面，要坚持以常规育种为主、高新技术育种为辅，以国内育种为主、引种为辅，以应用开发研究为主、基础研究为辅的工作原则，充分利用现代生物技术，重点开展种质资源挖掘、保存和创新、性状遗传与发育规律、新品种定向选育、良种良法配套技术等方面的研究。同时，要重视和加强优质烟叶生产新技术的系统集成研究与创新，加强烟草新品种、新技术、新组织管理方式的推广应用，尽快促进国产烟叶总体质量和工业可用性得到实质性改善与提高，逐步降低对进口烟叶的使用和依赖，从而使烟叶生产得到跨越式发展。

二、把推进卷烟调香、减害降焦、特色工艺及其特色配套设备的核心技术研究作为突破口，全面提升中式卷烟核心竞争力

卷烟调香是中式卷烟的核心技术，也是目前我们最为薄弱的环节。卷烟调香要以掌控卷烟调香核心技术，稳定、提升卷烟产品品质，创新和发展中式卷烟风格特色为目标；要通过开展国内外烟叶和卷烟香味特征研究、寻找中式卷烟香味特征与化学成分的关系，通过加强香味学研究，夯实调香基础，加强对新型烟用香原料的开发与应用研究，不断凸显卷烟产品风格特色。此外，还要加强调香技术研究，提高加香加料精度和针对性，强化香精香料品质控制，稳定产品质量，培养高素质、高技能的调香技术人才，掌握中式卷烟的调香核心技术，实现“以我为主、由我掌控”的卷烟调香目标。

特色工艺要以全面提升中式卷烟综合品质、突出卷烟产品香气风格和口味特征、充分发挥烟叶原料的使用价值、实现卷烟产品的特色化为目标，更新工艺理念，强化工艺创新，凸显工艺特色，构筑中式卷烟

工艺自主核心技术，实现卷烟产品设计系统化、加工精细化、控制智能化、生产集约化。同时，加强烟机及其配套设备的开发研究与制造，加强引进技术的消化、吸收和再创新，强化工艺研究与设备开发的结合，进一步降低我国烟机装备的对外依存度，整体提升行业烟草机械的研发能力和制造水平。

减害降焦要坚持“稳步降焦，重在减害”原则，强化相关技术、材料的原始创新和集成创新，充分挖掘、发挥国产烟叶原料、工艺、中式卷烟产品等在减害降焦、缓解吸烟与健康矛盾等方面的技术优势和潜力，形成相关评价技术、方法，以我为主形成相关的系列技术标准。要紧紧结合中式卷烟的风格风味特征，着力强化对中式卷烟减害降焦技术的研究与自主创新。要进一步研究降焦新技术、新材料，注重对传统的降焦技术与新开发的降焦技术的综合集成创新，积极推广降焦效果好、综合成本低的集成技术，促使卷烟焦油量的进一步下降。在卷烟减害方面，要深入研究能够选择性降低卷烟烟气中有害物质的新技术、新材料，积极组织综合性减害技术的集成创新和推广应用。

三、加强循环经济研究，适应和满足建设环境友好型、资源节约型社会的需要

循环经济这一发展模式对于行业的发展不仅十分必要，而且尤为迫切。为此，在生态农业方面，要重点研究提高土壤肥力、减少土壤污染的综合技术，加强生物降解膜和烟田废弃物无污染利用技术的推广应用，建立烟区生态监测与决策支持系统，要深入研究广泛推广烟草病虫草害生物防治技术，减少农药使用及其残留，要认真开展转基因技术研究，并科学控制转基因烟草释放和“漂移”，促进烟草可持续发展。在生态工业方面，要加强卷烟产品的清洁生产技术、节能环保技术、工业废物无害化技术研究；研究并推广使用环保材料，尤其是要在开发使用可降解、可循环、无公害包装材料方面（如包装纸、胶粘剂、薄膜等）取得实质性突破，以真正落实科学发展观。

四、加强烟草信息化建设，打造“数字烟草”

烟草信息化要紧密结合行业发展战略，以满足需要，促进发展，创新服务为原则，以应用体系建设为驱动，建设支撑和带动行业现代化建设的数字烟草，提升中国烟草总体竞争实力；应用新一代高性能计算机技术、高可信网络技术和网络信息安全技术，建设低成本、多性能、高智能、安全可靠的行业数据网络环境。构建行业电子商务体系、电子政务体系和管理决策体系，用信息化带动烟草行业现代化建设，为提高企业核心竞争力和中国烟草总体竞争实力，促进行业持续稳定协调健康发展提供基础保障。

对于重大专项，要给以足够的重视。重大专项是为了实现行业目标，通过核心技术突破和资源集成，在一定时限内完成的重大战略产品、关键共性技术和重大工程。采取重大专项这种方式，对于推动和加快行业科技发展具有十分重要的现实意义和战略意义。这种方式能够整合有限的科技资源，发挥集中力量办大事的优势，充分调动企业和社会各方面的积极性；能够加快攻克事关全局和长远的烟草科技难关，以烟草科技发展的局部跃升和突破，带动相关烟草技术水平的整体提升和行业生产力的跨越式发展。行业的重大专项应具备四个条件：一是关系行业全局，二是行业急需，三是能体现我国优势，四是对行业发展具有标志性的意义。按照这个原则，我们把烟草基因组计划、低危害烟草新品种选育、烟叶无公害生产技术、卷烟增香保润技术、低危害卷烟产品、中式卷烟制丝生产线、超高速卷接包机组、功能性植物添加剂等列为行业科技发展的重大专项。

对于行业科技创新体系建设，要给予格外的关注。科学构建支撑行业发展的科技创新体系，是行业科技工作的重点。全面推进布局合理、分工协作、满足烟草科技发展需求的行业科技创新体系建设，是提高行业自主创新能力，建设创新型行业的基础和保障。要建立以企业为主体、市场为导向、产学研相结合的技术创新体系。国家局鼓励和支持卷烟企业、有烟叶生产的分公司和烟机企业建立技术中心。国家烟草专卖局将重点扶持10多个国家级企业技术中心和15个左右优质烟叶生产科技示范基地建设。卷烟企业要紧紧围绕提高卷烟品牌的市场竞争力，烟叶生产企业应围绕满足中式卷烟原料需求，烟机企业应围绕为行业提供强有力的技术装备保障和支撑，集成高等院校、科研院所等相关力量，突出特色、发挥优势、联合攻关、强化应用，解决制约烟叶生产和品牌培育的瓶颈问题，提高行业总体竞争实力。同时要加强行业重点实验室的建设，国家局将重点在烟草育种、烟草工艺、烟草化学、烟用香精香料、生物技术、吸烟与健康等关键研究领域建立10个左右行业重点实验室（中心）。行业重点实验室（中心）应本着“布局合理、装备先进、共建共享、流动开放、高效运行”的原则建立，并逐步建立起开放、流动、竞争、协作的运行机制。要加强与中科院、农科院、医学科研机构等国内外相关单位的合作，促进知识流动、人才培养和科技资源共享。要鼓励有关科研院所、高等院校和社会力量参与烟草科技成果的转化服务，充分发挥其在科技中介

服务中的重要作用，充分发挥烟草学会在推动技术创新中的桥梁和协调服务功能，鼓励和支持区域性农业烟草试验站（中心）、基层烟叶技术推广站建设，提高烟叶生产技术成果转化率和到位率，加强技术创新服务，促进科技传导机制的健全。

信息化建设

牢记使命　不忘责任　锐意进取　扎实工作
开创“十一五”时期烟草行业信息化建设新局面

——在2006年全国烟草行业信息化工作会议上的讲话（摘要）

张保振

（2006年3月21日）

这次会议的主要任务是，进一步贯彻落实2006年全国烟草工作会议精神，回顾总结行业“十五”时期信息化建设工作情况，研究部署“十一五”时期行业信息化建设的总体要求，安排布置2006年工作任务。

一、“十五”时期行业信息化建设工作的简要回顾

“十五”时期，行业信息化建设在党的十六大提出的以信息化带动工业化、以工业化促进信息化，走新型工业化道路的战略指引下，按照“统一标准、统一平台、统一数据库、统一网络”，逐步实现系统集成、资源整合、信息共享的总体要求，全面启动数字烟草建设，有效地推动了行业的规范管理，有力地促进了行业的深化改革。这些成绩主要表现在以下三个方面：

（一）行业信息化“修路”工作已具规模

一是完成了行业地面通信骨干网的建设，全网投入运行。地面通信骨干网覆盖行业69个节点，实现了国家局与行业各直属单位及所属卷烟厂、分公司和烟机公司、进出口口岸公司等之间的互联互通，行业各直属单位入网率达到了100%。

二是基本完成了行业各直属单位省域网建设，行业各直属单位与下属单位的联网率达到96%。

三是行业网络与信息安全体系初步形成。行业各直属单位都制定了安全管理规定，28个单位实施了全省行业的信息安全体系建设，18个单位建设了备份网络系统。

四是网络运行管理进一步加强。国家局先后印发了《烟草行业计算机网络建设规范》、《烟草行业计算机网络和信息安全技术与管理规范》等文件。

（二）行业信息化“建库”工作已见成效

信息化工作关键在用。“十五”期间，行业信息化工作围绕应用系统建设，狠抓重点、突出亮点、破解难点，取得了实质性进展，基本建成了行业各业务主题的数据库。主要表现在：

一是完成了以办公自动化为主要内容的行业电子政务体系建设，有力地促进了办公效率和服务质量的提高，促进了转变职能、政务公开。自2004年9月系统运行以来，公文远程传输效率由原来的平均5天下降到平均2分钟，效率提高很多倍；2005年共处理收文1万多份，发文近4000份，实现了归档文档的网上查询；对行业52个类别的项目实行网上审批，实现了政务公开、透明；行业网站日访问量保持在6000人次左右。同时，行业32个直属单位均已建成了办公自动化系统，41个单位建成了内部办公网站。

二是在全行业的共同努力下，完成了“卷烟生产经营决策管理系统”的重点工程，初步实现了全行业卷烟生产经营数据的实时自动生成，有效保障了行业生产经营决策宏观调控的科学性和及时性。

三是实现了网上交易与网上专卖准运证的开出工作，特别是在2003年的“非典”期间，有效保障了全行业正常经营活动的开展。截至2005年底，共累计在网上签订合同51.2万份，交易的最高值达到日签订合同2万份；累计开出卷烟准运证近70万张，实现调运近6000万箱卷烟。

四是运用现代信息技术手段，全面推进网建工作，

先后涌现出了以南通、武汉、成都、上海、大连、福建等为代表的先进网建单位，有力地推进了传统商业向以“电话订货、网上配货、电子结算、现代物流”为主要特征的现代流通的转变，全国449.8万户零售商户的电话订货率达到了97%，电子结算率达到46%。同时，还有21个省级局（公司）建成了省级统一的卷烟营销系统，有力地促进了商业流通体制的改革和行业现代管理水平的提升。

（三）行业信息化“服务”工作已上新台阶

行业信息化服务工作，从加强管理、加强规划、加强指导入手，整个“服务”工作迈上一个新台阶。突出表现在：

一是信息化组织机构和人才队伍建设更加完善。从国家局到省级局、公司，各级单位都成立了信息化工作领导小组，“一把手”担任组长，既挂帅，又出征，出思路、出题目，提要求、抓落实。同时，各级单位都建立了信息化工作部门，一支有近5000名员工的行业信息化专业队伍伴随着行业信息化工作的推进已成长起来。

二是行业信息化发展的目标更加清晰。国家局制定并发布了《数字烟草发展纲要》，进一步明确了打造数字烟草的建设目标和任务，为行业信息化建设科学有序发展提供了一个既明晰又可操作的蓝本。

三是行业信息化的制度建设逐步完善。管理靠制度。近几年，国家局先后出台了《全国烟草行业信息化工作管理办法》、《全国烟草行业信息化工作考核办法》、《烟草行业信息化建设统一技术平台要求》和《烟草行业信息化标准体系》等重要文件，用制度规范了行业的信息化管理工作。

四是行业信息化建设更加适应并促进了行业的体制优势。近几年，整个行业的信息化建设逐步实现了从基础性向应用性、从局部性向全局性、从分散性向集中性建设与管理的转变，从而有力地保证和促进了行业“统一领导、垂直管理、专卖专营”的体制优势。

二、“十一五”时期行业信息化建设的总体要求

行业信息化建设的总体要求是：进一步贯彻落实科学发展观，坚持以信息化促进行业的现代化，全力打造数字烟草，充分发挥信息化在改造传统产业、优化资源配置、提升管理水平、提高总体竞争实力等方面的作用，努力使行业信息化建设水平达到国内先进水平。围绕这一总体要求，要立足“三个着眼”，做好“三项服务”。

一是着眼行业改革大局，建设基于标准架构的统一平台，服务不断发展变化的改革任务。行业深化改革是一个循序渐进的动态过程。在这个过程中，组织结构、管理模式、业务流程随时都可能发生变化。因此，今后一段时间内，行业的信息化建设必须坚持标准，遵循架构，提升整合，服务变化。

二是着眼行业平稳发展大局，建设一体化的数字烟草，服务提高中国烟草的整体竞争实力。按照国务院有关文件精神，理顺行业资产管理体制，中国烟草总公司依法对所属工商企业的国有资产行使出资人权利。这就要求，行业信息化建设更要突出一体化，上下贯通，左右协同，资源共享，以建立一个自上而下的专卖体制下的计划管理与自下而上以市场为导向优化资源配置相匹配的信息流，从而支持和促进“按订单组织货源”向“按订单组织生产”的延伸，支持和促进卷烟品牌的市场化整合，支持和促进行业生产经营的宏观调控工作，支持和促进行业人力资源管理工作，支持和促进国有资产管理工作，有效保障中国烟草总公司履行出资人的职责。

三是着眼行业自主创新大局，建设先进实用的信息化，服务行业做精做强主业的需要。作为最具创新性的技术之一，信息化建设要在虚拟空间实现产品数字化，优化信息资源配置，提高集成管理能力和科学决策水平，避免和克服大企业病，使主业更精、更强、更有竞争力。

三、积极做好今年的信息化工作

（一）切实加强对信息化工作的领导

能否搞好信息化工作，领导是关键。在信息化建设工作中，只有落后的领导，没有落后的技术。在搞信息化工作过程中，领导的作用远远大于技术的作用。各级领导务必高度重视信息化工作，不要当挂名领导，而要当实质领导，要出思路，提要求，抓落实，自觉将信息化建设融入到各项业务管理工作之中，使之成为提升工作水平的重要工具。

（二）切实抓好信息化的重点工作

姜成康局长在今年的全国烟草工作会议上指出：当前，要认真落实《数字烟草发展纲要》，加快推进信息化建设步伐，建立统一标准、统一平台、统一数据库、统一网络的行业数据中心。要进一步完善生产经营决策管理系统和电子政务系统，通过挖掘功能，发挥作用，提高行业宏观决策能力和管理水平。要加快电子商务建设，努力实现商流、物流、资金流的统一。要启动资金监管系统建设，用信息化手段切实加强资金监管，确保资金安全。姜成康局长的这些要求，

就是今年行业信息化建设工作的重点。为此，要突出抓好以下三方面的工作：

1. **要全面贯彻落实《数字烟草发展纲要》。**《数字烟草发展纲要》从总体上规划了行业信息化建设蓝图，明确了电子政务、电子商务和管理与决策三大体系的建设内容。当前，要把三大体系的建设内容落实到具体的信息化建设项目上来，深入开展可行性研究，制定专项规划。要继续坚持行业信息化建设的统一领导，分级管理，层层抓好落实。行业信息化建设决策在上层、落实在基层、管理在中间。国家局、总公司要进一步抓好信息化建设的组织、决策和协调等方面的工作。省级局、公司要按照行业的统一部署和要求，制定符合本省实际情况的信息化建设规划，集中管理好下属分公司的信息化建设，实现以省为单位统一的信息化，为建设全国统一的销售网络奠定基础；作为经营主体的地市公司要按照省公司的要求加快信息化建设步伐。卷烟工业企业公司制改造后，也要按照行业的统一要求和部署，根据企业实际情况制定信息化建设规划，要加强集成整合的力度，用信息化搭建管理平台，提高对多点生产的管控能力。

2. **坚持"统一标准、统一平台、统一数据库、统一网络"的要求，实现系统集成、资源整合、信息共享，把行业数据中心建设好。**行业的数据中心主要包括三个部分：一是行业数据交换平台，从技术上保障行业数据和统计信息的上传下达；二是行业信息协同平台，用于工商信息衔接，支持新型工商关系的建设；三是行业信息资源服务平台，用于加强对信息的分析应用，服务行业宏观调控和科学决策、服务行业经济运行、提高行业管理水平。信息是行业、企业的"千里眼"、"顺风耳"。在市场竞争过程中，缺失信息，就如同盲人骑瞎马。因此，必须要消灭信息盲点，使行业数据中心在各级、各类数据的基础上，流动不流失，顺畅不堵塞，在形成闭环系统过程中，完成收集、分析、决策、执行和反馈五个环节，有效提高信息资源的利用率。

3. **围绕"三个体系"，积极推进当前行业信息化重点工程项目建设。**重点工程项目是完成信息化工作总体目标的关键和载体。主要有：①继续完善提升行业电子政务体系建设；②按照行业工商交易方式的改革和行业"按订单组织货源"试点工作进一步拓展的要求，完善和提升工商交易电子商务平台建设；③为保证行业整个供应链物流信息的完整性，进一步加强市场监管，启动卷烟生产经营决策管理系统打码到条及呼叫订单采集建设；④随着行业资产管理体制改革的不断深入，为确保市场监管和国有资产监管到位，研究并适时启动资金监管系统建设。对这几个重点工程项目，要按照分工，认真落实责任，抓紧抓好，抓出成效。

（三）切实加强信息化队伍建设

要着力抓好以下三项工作：一要加强各级信息化部门能力建设，不断完善信息治理结构，建设以业务需求为中心的信息化组织；二要进一步加强信息化人才队伍建设，积极创造条件，培养懂技术、熟业务、会管理、善协调的复合型人才；三要加强协调，明确分工，落实责任，处理好业务部门与信息化部门之间、国家局（总公司）与省级局公司和工商企业之间、行业与合作伙伴之间的关系，保障内部一致、上下一致、内外一致，形成合力，创造一个充分调动各方面积极性的信息化建设良好氛围。

多元化经营

必须从全局角度、从战略高度抓好多元化投资管理

——在全国烟草行业多元化投资管理工作会议上的讲话（摘要）

姜成康

（2006年10月13日）

必须从全局的角度、从战略的高度抓好多元化投资管理，下面讲几点意见：

目前行业多元化投资的状况，一是数量多，现在行业多元化投资企业有1000多家。主业通过这几年重组整合，剩下600多家，卷烟工业企业具有法人资格剩下34家。多元化投资企业的数量大大超过主业经营

的企业数量。二是规模大，不是指每个多元化投资企业的规模大，是指整个行业多元化投资的规模大。今年我们抓好理顺资产管理体制工作，全行业所有者权益在3500亿元左右，多元化投资企业就占了1/6左右。三是情况千差万别，多元化投资企业形成的背景千差万别，多元化投资的形式也是千差万别，经营的状况也是千差万别。有些单位成立了多元化公司或者经营机构，不是按照项目来审核资金，而是每年都拿出一笔资金去进行投资。现在仍然还存在担保等问题。

一、加强多元化投资管理是加强烟草系统国有资产经营管理的迫切需要

按照国务院有关文件的要求，我们已经理顺了行业资产管理体制，所以，如何加强国有资产的经营管理已经成为今后一个时期非常重要的任务。最近国家局正在制定相关的制度，从加强资产经营管理的角度来说，一是加强基础管理，包括产权变动、产权登记、产权调整；二是加强营运管理；三是加强收益管理；四是加强内部控制制度；五是加强考核监督。这些都是我们下一步加强国有资产经营管理非常重要的内容。从加强国有资产经营管理的角度来看，加强投融资的管理是最重要、最关键的一环，特别是投资的管理。所以我们前几年提出了“四个严禁”。这些问题我们已经讲了多年，但有些单位还是我行我素，随意动用企业的资金，用于不是烟草自身的事情，这就不允许。而加强投资管理，很重要的就是加强对多元化投资的管理。这几年行业整体的经济效益比较好，所有者权益2000年才只有1600多亿元，到2005年达到3500多亿元。5年所有者权益翻了一番。现在企业的资金比较充裕，在这样的情况下，很容易产生投资冲动。钱投出去以后，要再收回来是很难的。因此加强多元化投资管理是我们今后认真履行出资人职责，加强国有资产经营管理的一项重要的、关键的工作。

二、加强多元化投资管理是确保国有资产保值增值的需要

有权就有责。国务院授权烟草行业依法经营烟草系统的国有资产，我们就相应地承担了国有资产保值增值的责任，特别要注重防止国有资产流失。防止国有资产流失，最主要的是两个问题：一个是如果烟叶的种植面积失控，将导致烟叶经营的大幅度亏损，这个我们过去有深刻的教训；第二个就是多元化投资，如果对多元化投资企业疏于管理，不能有效监督，就会导致国有资产流失。所以今年为什么要下决心清产核资，就是要对过去的问题有个了结、有个交待。按照财政部的规定，产权变动、企业重组必须进行清产核资。因此，如果当前不注意清理，不加强管理，就会存在很大的隐患。

三、加强多元化投资管理是建立行业良好的生产经营秩序的需要

近年来国家局为规范生产经营行为，建立良好的生产经营秩序，开展了多项专项整顿，取得了明显成效。2005年，国家局党组提出要切实加强内部管理监督。今年国家局对全行业专卖管理和财务审计监督进行两项重点检查。目前自查、复查基本告了一个段落，国家局正在组织重点检查。第一次重点检查的是河北省局（公司）、河北中烟工业公司、山西省局（公司）。财务审计监督检查是四个单位：陕西中烟工业公司、贵州中烟工业公司、云南省烟草公司、吉林省烟草公司，现在还正在开展。准备在专卖第二批检查、财务审计第一批检查结束后，开一次各单位“一把手”会议，通报国家局重点检查情况，就如何进一步推动两项检查进行安排部署。行业良好的生产经营秩序的建立，与多元化经营管理紧密相关。无论从资产的占用还是业务关系来看，一些多元化经营企业与主业的关系还需要进一步理顺。刚才有的同志也讲了，将来如何对多元化进行科学的分类，合理的定位，我们还要进一步研究这个问题。多元化与主业息息相关，所以要通过加强多元化经营管理，使我们整个生产经营行为更加规范，行业良好的生产经营秩序得到更好地建立。

我们要从全局的角度、战略的高度加强多元化投资管理，这绝不仅仅是单纯的业务工作，这里面牵涉到一系列的矛盾和问题。国家局每年都在清理本部的投资，这方面我们的感触也很深。1999年我分管经济运行，我宣布了一条规定：国家局本部六家公司一律停止多元化投资，所以1999年以后我们六大公司就没有多元化投资。就这样，对以往的投资情况我们自己清理起来也很困难。有些人退休都十年八年了，还要找回来。所以这不是一项简单的业务工作，这就要求，我们各单位的领导，特别是各单位的“一把手”，要高度重视、亲自组织、抓好协调，来推动多元化投资管理工作的健康发展。今年我听取多元化投资管理的工作汇报不少于5次。通过清产核资、清理登记，国家局对行业各单位多元化投资状况都有了比较清楚的了解。这项工作，分管的同志当然要全力以赴抓好，但我这里特别强调一把手要高度重视、亲自组织。这方面要是出了问题，法人代表要承担所在企业的民事责任。现在有些领导说实现税利多少，很高兴，当

然，抓住发展是第一要务很重要，但我们还要讲一句话，企业实现的税利，交了税以后，剩下来的都是国家的资产，如果单位“一把手”没有把这些资产管好，造成流失，是要承担相应的责任，不是说今年赚了多少钱，就能抵掉流失的部分。从某个程度上讲，我们整个工作的关注点，特别是加强国有资产经营管理工作的关注点，更多的是放在防止国有资产流失上，而不是放在保值增值上。一年有几百个亿的利润，肯定每年都能增值，但如果造成国有资产流失，是要负责任的。所以希望各单位的主要领导，要把国有资产经营管理的关注点，转移到如何防止国有资产流失方面。

思想政治工作

明确任务　加强学习　健全制度　提高素质　更好地适应烟草行业改革与发展新形势

——在全国烟草系统2006年政治工作会议上的讲话（摘要）

姜成康

（2006年4月18日）

下面，就如何更好地适应行业改革与发展新形势、新任务，进一步加强行业党的建设和思想政治工作，讲几点意见。

一、明确任务

行业当前和今后一个时期改革的主要任务，就是要在坚持专卖制度的前提下，进一步推进以市场为取向的改革，通过理顺资产管理体制，深化企业改革，建立烟草现代产权制度和现代企业制度。理顺行业资产管理体制后，国家局、总公司，省级局、省烟草公司和省级工业公司职能发生了很大变化，要认真履行职责，努力完成国务院赋予烟草行业的重要任务。当前，要在以下几个方面努力做好工作：

（一）坚持依法行政，认真履行行政管理职能

目前国家局行政许可事项有11项、非行政许可审批11项，这就是国务院赋予国家局行政管理的职能。此外，在理顺资产管理体制前，国家局为加强行业管理制定了30项管理项目。履行行业行政管理职能必须坚持依法行政，对国务院明确的22项行政许可和审批项目，要进一步健全制度，完善办法，公开程序，加强对审批结果的监督检查，切实保证行政权、审批权的正确行使和有效制约监督，防止滥施乱用行政审批权或以权谋私。对国家局规定的行业管理事项，要根据理顺资产管理体制后新的情况进行修订，并要制定具体管理办法向行业进行公布，做到公开透明，接受全行业的监督。在明确国家局、总公司管理职能同时，对省级局、省级公司的管理职能也要加以明确界定，并进行公布。国家局、总公司和省级局、省级公司都要减少行政审批，把工作重点转移到制定规则、加强监管上来。从决策到执行各环节都要加强监督，真正建立起结构合理、配置科学、程序严密、制约有效的权力运行机制，确保权力的正确行使。

（二）提高执行能力，确保宏观调控措施落实到位

理顺资产管理体制后，国家局、总公司对所属企业管理仍然是宏观管理，而不是按一个生产经营实体来运作。这主要考虑：一是烟草行业实行政企合一的特殊管理体制；二是总公司内部是母子公司体制，具有多个法人，仍然存在不同的利益主体；三是国务院有关文件明确提出要在实行专卖专营基础上，引入市场机制，促进有序竞争。因此，国家局、总公司要把主要精力放在加强行业发展战略和规划研究上，提高战略管理水平；加强和改善宏观调控，提高调控的科学性和有效性，努力做到总量、结构、生产力布局的协调平衡。实践证明，国家局、总公司加强宏观调控对于行业平稳发展至为重要。为保证国家局宏观调控措施落实到位，行业各单位必须提高执行力。因此，要把努力提高执行力，切实做到令行禁止，确保政令畅通作为加强各级领导班子建设的重要内容，认真加

以落实。要切实加大检查考核工作力度，对违背国家局决定、指示和规定要求的各种行为，必须严格执行纪律，认真进行处理。

（三）加强资产监管，依法履行出资人职责

理顺行业资产管理体制后，经营管理国有资产是总公司、省级公司的重要职责，也是一项全新的、富有挑战性的工作。总公司、省级公司在组织、指导生产经营活动的同时，要用足够的精力抓好资产经营管理，切实防止国有资产流失，确保国有资产保值增值。要制订资产经营管理考核办法，把资产经营的考核列入对省级公司考核的重要内容，对造成国有资产流失的问题，要坚决进行查处，严肃追究责任。要高度重视内审工作，切实加强审计监督，进一步健全审计机构，配齐审计人员，提高审计人员素质，全面开展同级审计和经济责任审计，及时发现和处理违反财经纪律的行为，保证会计信息和资产质量真实可靠，全面提高财务管理水平和资产经营管理水平。要全面开展清产核资工作，当前尤其要重视多元化投资的清产核资和清理登记工作，通过进行全面清理、依法依规处理，下工夫解决历史遗留问题，并要通过深化改革，健全制度，加强管理，规范运作，努力实现多元化投资保值增值。

（四）加强政策研究，妥善处理各方面利益关系

深化行业改革，必然涉及到各方面的利益调整。为确保行业稳定健康发展，努力构建和谐烟草，切实树立烟草行业对国家、对社会、对消费者负责任的良好形象，必须注意加强相关政策研究，妥善处理好各方面利益关系。国家局、总公司和省级局、省级公司机关工作人员，尤其是各级领导干部，要把加强政策研究作为基本功，高度重视政策研究工作。当前要高度重视和加强产业政策的研究，以保持烟叶生产稳定、卷烟生产合理布局、营造公平竞争的市场环境。要加强各个环节利益分配政策研究，协调工商之间的利益分配关系，协调国家、企业、个人之间的利益分配关系，始终把国家利益摆在首要位置，切实维护国家利益。要加强用工分配政策研究，高度重视收入分配问题，严格控制工资增长水平。职工收入水平的提高，必须建立在经济效益增长的基础上，符合市场取向的改革方向，更加注重公平。要重视企业内部薪酬分配政策研究，认真总结一些单位好的做法和经验加以推广，防止从事相同岗位工作人员收入差距进一步拉大。要从行业和企业长远发展出发，瞻前顾后、留有余地，注意公众舆论和影响，避免在一些问题上成为社会关注热点。

二、加强学习

（一）加强理论武装，提高贯彻落实科学发展观的能力

党员领导干部必须具有履行职责所需要的马克思主义理论水平，要在加强实践锻炼的基础上，更加注重理论学习，努力提高理论水平。要认真学习邓小平理论和“三个代表”重要思想，增强学习实践邓小平理论和“三个代表”重要思想的自觉性和坚定性，加深对党的路线、方针、政策的理解，更好地指导行业工作。党的十六大以来，以胡锦涛同志为总书记的党中央提出了科学发展观、构建社会主义和谐社会、加强党的执政能力建设、加强党的先进性建设等一系列重大战略思想，不断深化了对社会主义发展规律的认识。党的十六届五中全会进一步对这一系列重大战略思想作了深刻、全面、系统的阐述，集中体现在《中共中央关于制定国民经济和社会发展第十一个五年规划的建议》中。烟草行业如何在新的起点上，实现企业做大做强，提高整体竞争力，保持平稳发展；如何坚持以人为本，妥善处理各方面利益关系，构建和谐烟草；如何提高执政能力和领导水平，使行业各级党组织和领导干部更好地担负起带领广大职工开拓进取的重任，必须牢固树立和贯彻落实好科学发展观，坚持用科学发展观统领行业改革与发展。当前，要把全面树立和落实科学发展观作为理论武装工作的中心任务来抓，深刻理解和把握科学发展观的时代背景、重大意义、科学内涵和精神实质。要紧密联系烟草行业实际，针对存在的问题，认真研究如何立足科学发展，使行业发展真正建立在可靠的市场基础和扎实的工作基础上，转移到依靠科技进步、自主创新和提高劳动者素质轨道上，努力实现讲质量、有效益、可持续的发展。要始终坚持以人为本，着眼于人的全面发展，尊重人、理解人、关心人，认真贯彻尊重劳动、尊重知识、尊重人才、尊重创造的方针，按照不唯学历、不唯职称、不唯资历、不唯身份的“四个不唯”的要求，着力完善人才工作机制，优化人才资源配置，使行业各类人才的潜能在公平竞争中得到发挥，充分调动行业各类人才的积极性和创造性。要着眼于形成正确的用人导向，认真研究制定体现科学发展观、正确政绩观、符合行业特点的干部考核评价体系，全面、系统、客观、公正地看待和任用干部，切实加强行业各级领导班子建设，努力提高行业各级领导干部贯彻科学发展观的能力、依法行政的能力、履行出资人职责的能力，使行业各级领导班子和领导干部自觉用科学发展观指导实践、引领发展。

（二）深入学习党章，巩固先进性教育活动成果

在中央纪委第六次全会上，胡锦涛总书记从加强党的执政能力建设和先进性建设的战略高度，明确提出了全党同志要认真学习党章、自觉遵守党章、切实贯彻党章、坚决维护党章的重大任务。行业各级党组织要深刻认识胡总书记重要讲话的精神实质和重大意义，切实按照胡锦涛总书记重要讲话的要求，围绕着力解决好坚定理想信念、加强道德修养、发展党内民主、严明政治纪律、强化制约监督、加强制度建设等六个方面的问题，扎扎实实地抓好党章的学习贯彻。要切记并真正做到常修为政之德，常思贪欲之害，常怀律己之心，坚决抵御各种腐朽落后思想文化的侵蚀。要坚持高调做事，低调做人，不事张扬，用人格的力量去赢得群众的信任支持；要坚持严于律己，注重小节，防微杜渐，始终保持良好的道德品行；要坚持言行一致，光明磊落，诚恳待人，树立诚实可信的良好形象。行业各级党员领导干部要发挥带头作用，模范地履行党章规定的党员各项义务，自觉接受党内外群众的监督。

（三）认真贯彻执行《干部教育培训工作条例》，大规模开展教育培训干部工作

要按照胡锦涛总书记“联系实际创新路、加强培训求实效”的重要指示精神，结合行业实际，切实抓好《干部教育培训工作条例》的贯彻落实。各单位都要按照《干部教育培训工作条例》的要求，制订具体的贯彻落实意见，真正把干部教育培训作为推进行业发展的重要基础工作，作为深化行业改革的紧迫任务，作为应对更加严峻挑战的战略举措，高度重视，抓好落实。各单位人事政工部门要切实加强教育培训工作的规划、指导、协调、检查工作。在工作中既要高度重视处级以上领导干部的教育培训，又要重视抓好基层一线职工的培训工作，以提高全行业职工队伍素质。要创新培训内容，改进培训方式，努力提高培训质量。在抓好理论学习培训的同时，要认真抓好政策法规、业务知识、文化素养和技能训练培训工作，促进干部素质和能力的全面提高。在培训方式上，既要认真组织脱产教育培训，确保脱产培训时间，又要倡导在职自学，鼓励干部职工利用业余时间参加学习培训。要加强和改进境外培训工作，注重培训质量和效果。要有计划地开展短期培训、系列讲座，丰富培训内容，增强培训的针对性和有效性，提高干部职工的综合素质和实际工作能力。要整合培训力量和资源，优化培训队伍，推进干部教育培训工作的科学化、制度化、规范化，构建分工明确、优势互补、布局合理、竞争有序的干部教育培训机构体系。要继续高度重视国家局党校、总公司职工技术培训中心建设，充分发挥在其教育培训中的主渠道作用。“两烟”生产经营大省可结合自身实际，利用现有设施，建立教育培训机构。要加强与高等院校、科研院所的合作，借助社会力量，发挥其优势开展教育培训工作。要按照素质优良、规模适当、结构合理的原则，加强师资队伍建设，努力提高师资队伍素质。各单位都要把教育培训经费列入预算，保证教育培训的需要。

三、健全制度

加强制度建设、健全完善制度、抓好制度贯彻落实是当前一项紧迫而又十分重要的工作。在加强行业党的建设和干部人事工作方面，要重视抓好以下几个方面：

（一）研究制订保持共产党员先进性长效机制意见

建立健全保持共产党员先进性长效机制，是巩固先进性教育活动成果，加强党的先进性建设的重要举措。按照中央的要求，国家局党组研究制订了国家局、总公司机关保持共产党员先进性长效机制的意见，对加强机关党的先进性建设提出了六个方面具体要求，行业各级党组织都要结合实际，认真总结先进性教育活动的经验，并使之转化为长效机制。要建立健全长效的党员学习教育机制。要抓好机关党员干部日常理论学习、处级以上党员干部学习培训，要坚持和完善党组理论学习中心组集中学习制度，充分发挥党组理论学习中心组学习的带头示范作用。国家局党组理论学习中心组，每个季度安排一次集中学习，每次学习安排1～2个专题，每次学习时间不少于3天。坚持理论学习与专题研究相结合，已坚持多年并取得明显成效，对于统一思想、提高素质、指导工作，起到了积极推动作用。希望各省级局、公司党组认真抓好自身的中心组理论学习，努力做到经常化、制度化。要建立健全长效的党员管理机制。要进一步强化党内监督意识，全面落实党内监督条例，切实抓好领导干部述职述廉、诚勉谈话、个人重大事项报告制度，任何党员干部都要自觉置于党内监督之下，不允许存在不接受监督的特殊党员。要进一步加强基层党组织建设，充分发挥企业党组织政治核心和基层党组织战斗堡垒作用。在机关党支部要实行“一岗两责”，由主要负责人任党支部书记。要严格党的组织生活制度，定期开好民主生活会，不断提高民主生活会质量。领导干部要带头讲党课，并形成制度，持之以恒，坚持抓好。要建立健全长效的党员评价考核机制。通过抓好民主

评议党员工作，开展争先创优活动，激励广大党员奋发进取，充分发挥积极性、主动性、创造性，立足岗位建功立业。要建立健全长效的党员领导干部联系群众机制。党员领导干部要通过带头开展谈心活动，与干部职工沟通思想，掌握情况，能真正倾听群众的呼声，了解群众的意愿，向群众通报工作情况，以密切党群、干群关系。

（二）认真贯彻民主集中制

要深刻认识新形势下坚持民主集中制的重要性和必要性，自觉坚持和健全民主集中制。当前，随着各项改革措施的落实到位，企业联合重组在更高层次、更高水平上的推进，不论是商业企业还是工业企业，规模在迅速扩张，管理难度在明显增大，任务更加复杂艰巨。因此，必须确保做到各项决策科学民主，管理措施落实到位，内部管理规范有序，避免出现重大失误，保证企业持续健康发展。行业各级领导班子要不断完善以民主集中制为基础的决策机制，按照集体领导、民主集中、个别酝酿、会议决定的原则，发挥班子整体合力，保持协调高效运转。要坚持重大问题集体研究决定，进一步完善预算管理、投资管理、薪酬管理三个委员会，健全办事制度，严格办事程序，公开办事结果，接受群众监督，决不允许个人决定重大问题。要坚持集体领导和个人分工负责相结合，主要领导要充分发挥班子成员的积极性，支持班子成员在职责范围内积极开展工作；班子成员要加强沟通，注意协调，相互支持，相互尊重，自觉维护班子的形象和权威，形成坚强的领导集体。要认真研究工业企业公司制改造的具体办法和措施，积极探索建立董事会、监事会、经理层相互制衡的法人治理结构，明确职责，各司其职，有效制衡，高效运行。要完善党组（党委）议事规则，贯彻落实中央提出的国有企业党组织参与重大问题决策的基本内容，提高企业党组织参与决策的能力和水平，充分发挥党组织的政治核心作用。

（三）坚决执行《干部选拔任用工作条例》

中央颁布的《党政领导干部选拔任用工作条例》和有关规定，是选拔任用干部必须遵循的基本规章，是从源头上预防和治理用人上不正之风的有力武器。国家局党组对贯彻执行《条例》历来高度重视。2002年《条例》颁布以后，结合行业实际，及时制定印发了《省级烟草专卖局（公司）领导干部选拔任用工作实施办法（试行）》等一系列规范性文件，切实加强对行业各单位贯彻执行《条例》情况的监督检查，进一步规范了行业干部选拔任用工作。目前，行业贯彻执行《条例》的整体情况是好的，但也存在一些需要加以重视和解决的问题。主要有：对列入考察的对象没有严格按程序进行民主推荐；有的在民主推荐中拉关系、打招呼，搞不正当活动；对干部考察不够深入、不够全面，未形成能真实反映干部德才表现的考核材料；考核组和人事部门对拟提拔干部没有进行集体研究就提出意见，在党组讨论前党组成员个别酝酿不充分；对企业法定代表人在提拔前未能进行审计；未严格按照有关规定进行任前公示；对群众反映比较突出的问题没有进行认真核查等等。以上存在的问题，要坚决加以克服和纠正。行业各级党组织都要严格按照《干部任用条例》和国家局党组《实施办法》的规定，牢牢把握党的干部工作原则，坚持干部任用标准，坚持考察预告、民主推荐、组织考察、书面征求纪检监察部门意见、召开党组（党委）会集体讨论决定、法定代表人经济责任审计、任前公示、任职谈话等规定程序，以严密的程序保证干部选拔任用工作的质量。要进一步扩大公开选拔、竞争上岗范围，认真研究竞争上岗的制度设计、技术支持和考试考核的规范性问题，提高竞争上岗的质量和效果，使竞争上岗成为行业干部选拔任用的重要方式，从制度上打造行业各类人才公平参与竞争的平台。要始终坚持群众公认原则，树立正确的用人导向，进一步扩大民主，增加工作透明度。按照中央有关干部综合考核评价办法的要求，在原有考察方法的基础上，引入民意调查、实绩分析等新的手段，不断拓宽群众参与的渠道，注重工作实绩考核，把那些政治上强，民主作风好，有较丰富的领导经验，清正廉洁的优秀干部选拔到领导岗位。在干部选拔工作中，尤其要把思想政治素质放在首位，注重实际工作能力、发展潜力和群众公认程度。

（四）切实加强干部监督工作

行业各级党组织和人事部门要认真学习贯彻中央最近印发的《关于加强组织部门干部监督工作的意见》、《关于对党员领导干部进行诫勉谈话和函询的暂行办法》、《关于党员领导干部述职述廉的暂行规定》，紧紧抓住行业当前干部选拔任用工作中存在的突出问题，切实抓好《干部任用条例》执行情况的监督检查，坚决查处违反干部选拔任用规定的行为，严肃干部选拔任用工作纪律。要把学习贯彻好《干部任用条例》、《党政领导干部选拔任用工作监督检查办法》及有关政策规定精神，作为今年行业干部监督工作的一项重要任务，使行业各级领导干部熟悉、掌握和执行好《干部任用条例》和有关规定。领导班子的主要负责同志要带头学习、自觉遵守干部工作纪律，真正做到坚持程序一步不缺，履行程序一步不错，使程序成为选准用好干部的有力武器，成为防止用人上不正之风的一道屏障。

要切实加强对行业各级领导班子和领导干部的监督。认真贯彻执行党章和党内有关法规，认真落实国家局党组《关于加强对行业各级领导班子及主要领导干部监督的意见》、《关于加强行业内部管理监督工作的意见》以及“五条规定”和“八条纪律”，加强对行业各级领导干部行使权力的全方位、全过程监督，重点防范权力失控、决策失误和行为失范问题，建立健全重大决策失误责任追究制度。要突出监督重点，强化对选人用人、审批权运用、财务管理、卷烟销售、原辅材料采购、工程招投标等重点环节和部位的监督，确保权力正确行使，最大程度地减少权力“寻租”的机会。要建立健全强化预防、及时发现、严肃纠正的干部监督机制，加强事前和事中监督，发现干部有犯错误的苗头和倾向，要及时通过打招呼、函询、诫勉谈话等形式早做提醒、严肃批评、责令改正，切实做到防微杜渐，千万不要等到小问题变成大问题后再去查处。要进一步整合行业监督资源，形成监督合力，坚持联席会议制度，加强人事部门与纪检、审计等部门的配合与协作，及时交流信息、沟通情况。要结合工业企业公司制改造，积极探索监事会工作和纪检监察工作、经济责任审计工作形成合力的途径和方式。

四、提高素质

（一）牢固树立社会主义荣辱观，努力提高思想道德素质

行业各级党组织都要把学习胡锦涛总书记“八荣八耻”荣辱观的重要论述作为当前思想政治工作的一项重要任务努力抓好。要把学习和树立社会主义荣辱观作为加强领导班子建设的重要内容。领导干部要以身作则、率先垂范，带头实践，努力提高自身思想道德素质。社会主义荣辱观是社会主义价值观的集中体现，行业个别领导干部出现问题，原因是多方面的，而理想滑坡、信念动摇、道德失缺是其中的重要因素。作为一名领导干部必须要有高尚的价值追求，要艰苦奋斗、求真务实，淡泊名利、无私奉献，真正使“八荣八耻”的基本要求成为自己的行为准则和自觉行动。要把践行社会主义荣辱观与解决行业存在的突出问题紧密结合起来，从自己做起，从身边事做起，从一点一滴具体事情做起，进一步转变作风、会风、文风，下决心解决生产经营方面存在的不规范问题，在全行业形成遵纪守法、诚实守信、艰苦奋斗的良好风尚。要把集中性宣传教育活动与经常性宣传教育活动结合起来，持之以恒，久久为功，在实践中逐步积累，在常抓不懈中扎实推进，取得实实在在的成效。

（二）进一步开展“国家利益、消费者利益至上”行业共同价值观大讨论，努力提高行业职业道德素质

“两个至上”共同价值观大讨论仅仅是个开始，在认识上如何进一步提高，尤其是在实践上如何真正体现，努力做到知和行的统一，仍有大量工作要做，还任重道远。因此，要在深入、扎实上下更大的工夫，尤其要注重实践，使行业每一名员工真正把国家利益和消费者利益摆在高于一切的位置，作为一切工作的根本出发点和归宿，把是否符合国家利益和消费者利益作为评判是非曲直、好坏优劣、利弊得失的尺度，以此指导规范自己的思想和行为。当前，要紧密结合行业开展的财务审计和专卖管理两项监督检查，全面深入地开展“两个至上”共同价值观的讨论活动。为进一步规范行业内部生产经营和财务管理，在前几年开展财经秩序、卷烟体外循环、烟叶流通秩序专项整顿的基础上，国家局去年明确提出要在全行业全面开展和切实加强内部管理监督工作，进一步解决行业自律问题。从最近了解和掌握的情况看，一些单位在执行烟草专卖和财经法律法规方面仍然存在不少问题，个别单位问题还比较突出。产生这些问题的原因，其中重要一点就是思想认识问题，没有把“两个至上”的行业共同价值观真正体现在生产经营的指导方针和具体活动上。任何时候我们都要牢记，烟草实行的是特殊的管理体制，烟草企业都是国有企业，在行业内部不论是管理行为还是生产经营活动，都必须坚持依法管理，依法行政，决不允许损害国家利益和消费者利益。

（三）要不断更新知识，努力提高创新能力

当今世界，科技进步日新月异，社会发展变化很快，新知识层出不穷，新的形势和任务迫切要求我们更新知识，不断拓展自己的知识领域，增强做好本职工作的本领。每一位干部都要勤于学习、善于学习，既要学习与自己的业务有关的专业知识，又要广泛涉猎多方面的知识，学习一切反映当今世界文明进步的新知识、新经验，努力掌握经济、管理、科技、法律、历史文化等多方面的知识，善于用人类创造的优秀文明成果不断充实自己，提高自己。要努力提高创新能力。以胡锦涛同志为总书记的党中央，准确把握我国经济社会发展的基本特点和世界新科技发展的基本动向，作出了走中国特色自主创新道路、建设创新型国家的战略决策，并在“十一五”开局的关键时期召开了全国科技大会，把自主创新确立为国家战略。这为我们全面提升行业自主创新能力、建设创新型行业指明了方向。烟草行业要应对各种严峻挑战，

保持平稳健康发展，必须依靠自主创新，在重要领域和关键技术上取得重大突破，切实提高竞争实力，否则是难以为继的。为此，要在新形势下大力倡导创新精神，培养创新文化，营造创新的良好氛围，努力建设创新型行业。而要做到这一点，加强学习，接受新知识、新观念、新思想至为关键。如果知识老化、观念陈旧，墨守成规而不思进取，就势必要被历史所淘汰。

推进行业文化建设　努力构建和谐烟草 打造中国烟草核心竞争力

——在全国烟草行业第二次企业文化建设工作会议暨政研会秘书长会议上的讲话（摘要）

张保振

（2006 年 12 月 26 日）

这次全国烟草行业第二次企业文化建设工作会议暨政研会秘书长会议的主要任务是：紧密结合行业实际，交流企业文化建设工作试点单位的基本做法，参观学习企业文化建设工作先进单位成果展示，研究探讨行业企业文化建设工作思路，确定当前和今后一个时期行业企业文化建设工作任务，动员广大员工积极投身企业文化建设，进一步推进行业文化建设，努力构建和谐烟草，提高行业企业管理和精神文明建设水平，为进一步提升中国烟草核心竞争力，做大做强中国烟草提供保证。下面，我就深入贯彻党的十六届六中全会精神，进一步推进行业文化建设，努力构建和谐烟草，讲几点意见：

一、行业企业文化建设工作回顾

2002 年以来，烟草行业认真贯彻党中央、国务院的指示和要求，行业管理体制改革扎实推进，生产经营各项经济指标持续增长，主要指标连创历史新高，行业改革和发展发生了深刻的变化。全行业认真贯彻落实国务院有关文件精神，加快企业联合重组步伐，着力建立现代企业制度、完善法人治理结构，不断深化内部三项制度改革、规范激励约束机制，深入开展专项治理整顿，推进卷烟网络建设，所有这些工作，使烟草行业国有资产的布局和结构得到战略性调整，经济增长方式得到明显改进，行业经济发展的可持续性得到进一步提升。与此同时，我们欣喜地看到，烟草行业整体形象不断提升，大企业、大品牌、大市场的发展战略顺利推进实施，烟草企业核心竞争力不断加强，广大干部职工的思想观念和精神面貌发生了深刻的变化，国家利益至上、消费者利益至上的共同价值观深入人心，讲责任、讲诚信、讲效率、讲奉献的要求和潜心做事、低调做人，宽容开放、敢于创新，甘于奉献、自强不息，报效国家、回报社会的精神已经和正在成为广大干部职工的自觉行动。这些深刻的变化，是我们落实行业“深化改革、推动重组、走向联合、共同发展”主要任务的重要保证。在烟草行业企业文化建设步入起步阶段后，出现了一个有共同价值取向、体现企业特色、与行业改革和发展相适应的良好态势。主要体现在以下六个方面：

（一）领导高度重视，企业文化建设已经成为行业改革和发展的动力源泉

按照国家局要求，行业 58 家直属单位均已行动起来，绝大部分单位成立了工作领导机构，党政主要负责人直接领导，落实了具体工作机构，建立起了企业文化主管部门与各职能部门分工协作、责任落实、密切配合、齐抓共管的工作机制。根据《纲要》要求，全行业已有 48 家直属单位制定了企业文化建设规划，其中，有 18 家单位将企业文化建设规划以党组发文形式，下发基层实施。规划中，各单位细化分解了年度工作计划和目标，注重过程管理，坚持以点带面，狠抓工作落实，确保稳步推进；注重加强队伍建设，加大软硬件投入，完善企业文化的载体和设施，注重及时总结交流工作经验，选树典型，指导推动工作。仅今年以来，全行业举办企业文化培训班 70 多期，培训各级各类人员 9600 多人，外送培训达 2700 多人次。山西省局党组成立了以李泽华局长为组长的领导小组，将建设“以人为本”的晋烟企业文化确定为本年度的三大任务之一。吉林省局党组制定实施了企业文化建设考核评价办法，将企业文化建设纳入各级领导班子和领导干部绩效考核评价指标体系。浙江省局党组坚持重点推动，以点带面，在嘉兴市局试点工作的基础上，又确定杭州、宁波、温州、绍兴、金华和舟山作为第二批试点单位。根据对 58 家直属单位的调查，有 38 个单位开展了试点工作，行业上下初步形成了重视

企业文化，关注企业文化，推进企业文化的格局，为行业改革和发展提供了强有力的文化支撑。

（二）战略定位准确，企业文化建设紧紧围绕增强企业核心竞争能力展开

行业各直属单位坚持以邓小平理论和“三个代表”重要思想为指导，贯彻落实科学发展观，深刻把握社会主义市场经济的发展规律，努力适应国际国内市场竞争的变化，按照烟草专卖体制的特殊要求，围绕行业改革和发展的基本方针、主要任务，以建设具有核心竞争力的大企业、大品牌、大市场为目标，不断提高对企业文化建设重要性、紧迫性的认识，工作的责任感和自觉性明显增强。湖南中烟工业公司、川渝中烟工业公司、云南中烟工业公司等单位把企业文化建设作为改革和发展的助推器，作为凝聚职工力量、激发职工积极性和创造性、提升企业管理水平的重要途径，从战略发展的高度进行统筹，制定了建设发展纲要，并纳入了“十一五”规划。河北中烟工业公司，专门召集有关部门人员进行了专题研究，提出了明确任务和要求。所属企业张家口卷烟厂，突出开展了“诚文化”建设，今年已进入推广实施阶段，收到了较好的效果。延安卷烟厂、石家庄卷烟厂、吉安市烟草公司按照国家局试点工作要求，大力开展“红色文化”建设。企业文化建设成为总体发展战略的重要组成部分和重点工作，既切实提升了企业文化的战略地位，又使企业文化发挥重要作用得到了有力保证。

（三）认识不断提高，企业文化建设实践已经成为广大烟草员工的自觉行动

行业各直属单位认真落实国家局党组的工作部署，紧密结合本单位工作实际，细化了企业文化建设工作安排，通过多种形式大力宣传企业文化建设的重要意义，广泛传播企业文化知识，营造了良好的舆论氛围，使各级领导和广大员工积极投身到企业文化建设的各项工作之中。江西省局党组书记、局长、总经理揭国雄，针对规划的落实，要求各单位突出抓好服务文化建设，重点抓好取消县级法人以后的文化融合问题，树立“用心服务，成就客户”的企业文化理念，努力实现“三个满意”，注意突出抓好制度文化建设，进一步解决行业自律问题。北京市局公司成立了局长、总经理、党组书记周瑞增担任主任，各处室主要负责同志参加的企业文化建设指导委员会。陕西中烟工业公司党组书记、总经理龚朝凯，在国家局政工会后的第二天，就专门组织有关部门和所属企业在延安卷烟厂召开会议，进行了具体研究和部署。湖北中烟工业公司总经理、党组书记彭明权，广东中烟工业公司党组成员、纪检组长何锦标亲自参与制定企业文化建设规划、提炼企业理念、企业精神。河南省局成立了企业文化项目组，拨出专项资金，对全省商业企业文化建设工作开展了全方位的调研。河北省局、山东省局、中烟实业等单位结合广泛开展“‘两个至上’在岗位”主题实践活动，举办了深受职工欢迎的文艺调演活动。西安市烟草公司、太原市烟草公司、南京市烟草公司等单位还通过拓展训练、文化展示、调研、访谈等形式积极调动广大员工参与企业文化建设的积极性、自觉性和创造性，在更大范围内掀起了企业文化建设的热潮。通过推进企业文化建设，使广大员工对企业的使命、愿景和价值理念自觉认同，把个人发展与企业发展有机结合起来，思想观念进一步转变，学习创新意识进一步增强，职业道德和行为规范进一步改进，为企业改革与发展奠定了更加牢固的思想基础。

（四）示范作用明显，企业文化建设试点工作引领行业文化建设全面推进

坚持以点带面、稳步推进是行业企业文化建设取得成效的重要途径。在去年首先抓好长沙卷烟厂、将军集团、嘉兴烟草分公司等6个单位试点工作的基础上，今年又重点抓了红云集团、武烟集团、西安烟草分公司、南京烟草分公司等9家企业的试点工作。试点单位在做好工作的同时，广泛传授经验做法，先后接受参观、交流、学习的达11000多人次。根据行业思想政治工作会议精神，国家局先后对北京、河北、上海等35个直属单位进行了面对面的指导，为18个直属单位提供了资料信息等方面的帮助。目前，全行业开展试点工作的单位有：北京市局、河北省局、河北中烟、江苏省局、江苏中烟、安徽省局、江西省局、福建省局、湖南省局、四川省局、云南省局、陕西省局等30个直属单位的56家工商企业。陕西省局在试点工作中，注重特色文化建设。西安市烟草分公司在企业文化整合中突出“管理变革与服务创新过程中的文化再造”，努力打造“丝路情”文化服务品牌。江苏南京市烟草分公司以“正心笃行，追求至善”为基本价值取向，着力构建“人为先，诚为本，客为尊”的企业文化。红云集团以重组后的人心融合、管理融合、思想融合为重点，将“红云文化”有机地融入集团发展战略和品牌“双百”工程，使“红云文化”成为增强集团凝聚力和竞争力的重要保障。云南省烟草烟叶公司从打造集烟叶采购、生产、加工、经销和技术开发为一体的国际一流原料供应商战略出发，倾心打造“融合、竞合、整合”的“链合”特色文化。河

北邯郸市烟草公司汲取教育家孔子“三人行，必有吾师”、思想家荀子“行贵于知”的思想，着力构建“行者无疆，诚者必胜”的行文化。安徽安庆市烟草公司以“两个至上”为指导思想，以“夯实基础、追求一流”为愿景，力求“清醒有为、超越今天”，并以“打造执法与服务两个品牌”为使命，在企业发展、执法、服务、团队、人才、安全等方面进行了科学、系统的建设，使“和”文化成为安庆烟草的精神旗帜与保持持续、健康、稳定发展的有力保障。山西太原市烟草公司在企业文化试点工作中，积极开展各类公益活动，树立了责任烟草的良好形象。

（五）思想保证有力，企业文化建设已经成为行业思想政治建设的重要载体

企业文化建设作为重要载体和抓手，积极促进了行业党建、思想政治工作和精神文明建设的创新改进。各直属单位坚持与行业党的先进性建设相结合，与树立社会主义荣辱观相结合，广泛开展了学先进、比贡献、尽职责活动；与行业改革和发展相结合，突出开展了“‘两个至上’在岗位”主题实践活动，特别是把企业文化建设作为融入企业中心工作的重要载体和有效途径，拓展了工作领域和空间，丰富了党建、思想政治工作和精神文明建设工作的内容和方法，增强了工作的针对性、实效性和时代感。云南中烟工业公司将企业文化建设纳入党群组织系统的工作统一管理，拓展了思想政治工作领域，提升了精神文明建设水平。吉林省局发扬思想政治工作的优良传统，把思想道德建设作为培育核心理念的平台。山西省局以学习17年如一日，义务辅导学生、做好后进学生转化工作的“好母亲”李拖梅为契机，大力开展社会主义荣辱观教育。许多单位把思想政治工作与形势任务教育和理想信念教育、企业精神和经营理念教育、法律法规教育、职业道德教育等有机结合起来，赋予了行业思想政治工作新的内容和表现形式，使行业各级党组织发挥政治核心作用、加强思想政治建设、做好思想政治工作，更加体现职工的实际意愿和要求，增强了党组织的吸引力、凝聚力和战斗力；凸显了思想政治工作更加贴近实际、贴近生活、贴近群众；体现了精神文明建设活动的广泛性、实效性、创新性。

（六）管理水平提升，企业文化建设有机融入行业生产经营管理实践之中

企业文化建设是现代企业管理的灵魂。行业各直属单位在企业文化建设工作中，将企业文化有机地融入生产经营管理各项工作之中，不仅提升了企业管理水平，而且有效地树立了企业形象、品牌形象。吉林市烟草专卖局（分公司）紧紧把握现代流通“服务是金”的思想，努力构建“德”文化。将军集团从“诚为本、和为上、创为魂”的基本价值导向出发，形成了“整体最优”管理特色的将军文化。长沙卷烟厂搭建了相对成型的“鹤为形、和为神、飞翔之道、简单管理”的“白沙文化”。嘉兴市烟草公司在企业文化建设工作中，靠自己、靠培训、靠制度，使企业文化逐渐成为一种习惯、一种生活、一种追求。石家庄卷烟厂继承和发扬“红色文化”，着力打造文化上同魂、思想上同心、愿景上同向、战略上同一、行动上同步的“五同”融合新文化。烟草行业富有责任感、道德感、正义感的企业形象，不仅赢得了社会的广泛赞誉和零售户、烟农的高度认同，也赢得了广大消费者的赞许，同时，进一步增强了中国烟草的核心竞争能力。

在充分肯定行业企业文化建设工作成绩的同时，我们应该清醒地看到，在企业文化建设实践中还存在着一些问题：一是工作开展不平衡。个别单位尤其是个别企业的领导对企业文化建设工作缺乏紧迫感，主动性不强。少数单位机制不够健全，没有形成分工负责的工作体系，工作仅限于职能部门和少数人员，工作进展不明显。二是认识上存有误区。一些单位对企业文化建设的本质属性缺乏深刻理解，没有把企业文化建设与提升企业管理水平和竞争力、提高员工素质有机联系起来，没有把企业文化建设与创新改进企业党建思想政治工作有机联系起来，就文化抓文化。有的游离于发展战略之外，没有摆到企业发展的战略地位。三是方式方法不够得当。少数单位工作落实不深入、表面化、搞形式。不结合企业实际，特色不突出，员工认同度不高。有的流于做表面文章，没有转化为员工的自觉行为。四是队伍建设亟待加强。行业企业文化建设专业队伍与所肩负的工作任务和要求还有差距。主要表现为缺乏应有的专业知识，工作能力较低，人员配备不足，没有专门的工作机构。五是有的单位投入不足，一定程度上制约了工作的正常开展。针对这些问题，我们要在今后的工作中认真进行研究，切实加以解决。

二、当前和今后一个时期的主要任务

切实推进烟草行业企业文化建设，牢固树立与和谐社会、和谐烟草构建相适应、与烟草专卖专营体制相适应、与行业改革和发展相适应的新观念、新文化，正确引导广大员工的思想观念和行为规范，是深化行业管理体制改革，推进行业改革和发展的重要保证和迫切需要。行业文化建设的指导思想是：坚持以邓小平理论、“三个代表”重要思想为指导，全面贯彻落实科学发展观，牢固树立“两个至上”共同价值观，

紧紧围绕打造责任文化、诚信文化、和谐文化、构建和谐烟草的总体目标，着力推进行业精神文化建设、制度文化建设、行为文化建设、物质文化建设，为促进行业改革和发展，提高中国烟草核心竞争力，提供坚强有力的文化支撑。当前和今后一个时期行业文化建设的总体目标是：从试点引导转向全面推进，建立健全行业企业文化的架构体系、评价体系和激励机制，保证企业的决策行为、经营行为和员工行为。（简称“1213”，即一个推进、二个体系、一个机制、三个保证）。重点要抓好以下几方面工作：

（一）坚持理论武装，保证行业文化建设的正确方向

坚持以科学理论为指导，始终保持行业文化发展的正确方向，与时俱进地赋予行业文化以新的科学内涵和要求，对于引领行业广大职工牢固树立科学的思想观念，推进行业改革和发展，具有重要作用。

1. **要打牢共同思想基础。**邓小平理论、“三个代表”重要思想和科学发展观是推进烟草行业改革和发展、加强行业文化建设的根本指导方针。当前，要认真学习、深刻领会胡锦涛总书记在学习《江泽民文选》报告会上的讲话精神，按照《中共国家烟草专卖局党组关于学习〈江泽民文选〉的通知》要求，把学习《江泽民文选》放在理论学习的突出位置，作为党的建设、思想政治建设和党员干部理论学习培训的重要任务，抓紧抓好抓实。要紧密联系行业实际，认真贯彻落实国务院有关文件精神，进一步推进行业改革和发展；切实加强行业党的先进性建设，巩固和发展行业先进性教育活动成果，着力构建保持共产党员先进性的长效机制，不断增强各级党组织的创造力、凝聚力、战斗力；大力推进行业文化建设，用先进的文化激励员工、感染员工、凝聚员工，对外使企业更具感召力，对内使企业更具凝聚力。通过学习，努力做到在认识上有新提高，在运用上有新收获，进一步打牢团结奋斗的共同思想基础，切实增强贯彻落实科学发展观的自觉性和坚定性。

2. **要加强思想道德建设。**胡锦涛总书记关于社会主义荣辱观的重要论述，代表了先进文化的前进方向。要大力弘扬社会主义荣辱观，进一步贯彻落实《公民道德建设实施纲要》，引导广大员工自觉养成良好的思想道德、职业操守和行为规范。要围绕先进文化建设的目标，不断补充和完善行业思想道德规范体系，使社会主义先进文化建设落到实处，真正建立起适应行业改革和发展要求、体现维护国家利益和消费者利益、具有明显行业特色的文化体系，在增强企业凝聚力、激发员工创造力、提高中国烟草核心竞争力，实现企业发展与员工发展和谐一致、企业文化优势与竞争优势和谐一致、企业效益与企业形象和谐一致上有新的发展、新的进步。要积极学习借鉴国内外企业文化建设的优秀成果，努力建设和扶持健康有益的文化，抵制腐朽落后的文化，使行业文化建设始终符合中国先进文化的前进方向和要求。

3. **要推进和谐文化建设。**党的十六届六中全会作出的《中共中央关于构建社会主义和谐社会若干重大问题的决定》，是指导我们构建社会主义和谐社会的纲领性文件，也是指导我们酿造和谐文化、构建和谐烟草的纲领性文件。我们构建的企业和谐文化，就是要以和谐为思想内核和价值取向，融思想观念、理想信仰、企业精神、经营理念、行为规范、制度体制于一体，在价值取向上要目标一致，在行为取向上要步调一致，在组织取向上要上下一致，通过这“三个一”不断酿造出优质的和谐文化。要深刻理解推进烟草行业改革和发展是构建社会主义和谐社会的重要组成部分，明确烟草行业在国家经济建设中担负的重大责任，为社会主义和谐社会建设作出积极的贡献。构建和谐烟草主要须从三个方面努力，一是目标要更加明确；二是品牌要更有名气；三是队伍的士气要更加高涨。目标就是企业在联合重组后由大变强，品牌名气要通过打造强势品牌来实现，队伍士气要通过搞活机制来调动。要做好这些工作，打造好行业和谐文化责无旁贷。

（二）明确价值追求，狠抓共同价值观的培育孵化

国家局党组从行业改革和发展的战略高度，提出了牢固树立“两个至上”共同价值观的要求，这是行业先进文化建设的根本。共同价值观是行业文化的核心，是行业生产经营活动的灵魂。因此，狠抓行业共同价值观的培育孵化，才能使企业文化真正落地生根。建设企业文化，关键是要培育形成行业共同价值观并使之转化为企业和员工的思想和行为，贯穿到行业生产经营活动的全过程，最终实现知行合一。

1. **要坚持“两个至上”，在共同价值追求培育上下工夫。**2006年，全行业广泛开展了“两个至上”共同价值观大讨论活动。这一活动抓住了行业改革和发展的“牛鼻子”，效果明显，超越了烟草行业以往进行的多次主题教育活动。行业上下精神面貌焕然一新，业德行风得到明显改善，为推进行业改革和发展打下了坚实的思想道德基础，在解决烟草行业新时期面临的提高效率和注重自律两大课题中发挥了积极作用。然而，价值观的培育决不是一朝一夕之功，需要一个长期的过程，要采取多种形式进一步深化思想教育，

在有针对性地开展思想教育的同时，配合其他各种有效措施，多管齐下，综合治理。把思想教育与科学的组织和管理工作结合起来，与群众性的民主监督结合起来，与适时的专项整顿工作结合起来，与和谐烟草的构建结合起来等等，对符合“两个至上”共同价值观的先进思想和行为给予及时肯定和褒奖，使之受到激励；对违背“两个至上”共同价值观的错误思想和行为给予及时否定和惩戒，从而有效地调动行业上下的积极因素、克服消极因素，使“两个至上”共同价值观在全行业蔚成风气。

2. **要坚持“两个至上”，在共同价值追求转化上下工夫。**今年，全行业广泛开展了“‘两个至上’在岗位”主题实践活动。这一活动，实质上是一个在实践中正确解决好共同价值观的树立与实践的问题，也是行业先进文化建设的导入问题。为我们树立社会主义荣辱观、推进行业党的先进性建设、推进行业改革和发展提供了结合点，并为我们大力推进行业文化建设提供了全新的视角。“‘两个至上’在岗位”主题实践活动，是在全行业广泛开展“两个至上”共同价值观大讨论活动的基础上进行的。因此，这一活动具有深厚的思想基础。然而，“‘两个至上’在岗位”主题实践活动不是一阵风，而是全行业一项永续的责任工程。一是要通过开展形式多样的宣传教育活动，实现行业上下对共同价值观的深刻理解和广泛认同，实现共同价值观内化于心；二是要将共同价值理念贯穿到企业的各项规章制度和工作流程、工作标准中去，形成体现价值理念的制度体系，使共同价值观转化为员工可遵循的行为准则和行为规范，实现共同价值观固化于制；三是要把共同价值观体现在产品的生产销售和服务的提供等经营管理活动中，体现在广大员工日常行为和企业对外形象上，使共同价值观外化于行。

3. **要坚持“两个至上”，在共同价值追求升华上下工夫。**思想道德行为，是通过全行业员工在履行管理和生产经营责任的实际行动中具体体现出来的。思想是行为的先导。行业“两个至上”共同价值观本身的价值作用，就在于指导和推动全行业员工形成良好的道德风尚，自觉用实际行动来维护国家利益和消费者利益。然而，在我们的工作中，言行不一、知行不一、表里不一、说得好做得差之类的现象，在一些单位和一些人身上依然存在。出现这种现象的根本原因，是因为有些人在维护狭隘个人或小团体私利的欲念驱使下，不想不愿或不敢按照自己明知是正确的原则和规矩办事。而这种现象如果得不到纠正，也就不可能使“两个至上”共同价值观真正得到落实。因此，在“两个至上”的具体实践中，要教育引导广大员工发扬诚实守信的优良作风，切实把知与行有机统一起来，从维护行业信誉和自身人格的高度，自觉把“两个至上”共同价值观落实到行动中，做到知行统一、言行一致、说到做到，从而确保“两个至上”共同价值观在行业管理和生产经营实践活动中得到真正的贯彻落实。

（三）把握总体目标，努力构建烟草行业文化架构体系

《中国烟草企业文化建设纲要》明确提出了行业文化建设的奋斗目标，扎实推进行业文化体系建设是当前和今后一个时期全行业的共同责任和工作任务。全面推进行业企业文化建设，重点要在以下方面取得新的突破和进展。

1. **构建企业文化架构体系。**构建企业文化，内容很丰富。不同的企业有不同的内容，但从主流、主体上讲，其架构体系是相同的，包括精神文化、制度文化、行为文化、物质文化。精神文化，就是企业群体在长期生产经营、生活实践过程中所形成并为广大员工所认同的共同价值观，包括企业精神、风俗习惯、道德规范、行为方式等。构建企业的精神文化，核心是要构建、培养、弘扬企业精神，以便能在企业员工中产生一种相对稳定的心理定式，起到熏陶、凝聚、驱动、规范和评价的作用，从而使广大员工激情励志、调整心态、规范行为、鼓劲争上。制度文化，就是使企业的每一个成员有一个共同遵守的、并按一定程序办事的规程或行动准则。这种制度文化既包括企业的各项制度、规章，也包括企业的形象标志及企业的组织领导方式。行为文化，就是员工在企业、在社会的行为，体现为怎么样的人，就是以人为本的文化。这种文化体现的是人的价值、人的尊严和人的道德品质，目的是让员工个人在企业中的地位与作用相统一、从事生产经营的主人翁态度与在社会生活中发挥积极作用相统一、具有情感的自我意识与具有毅力的自我控制能力相统一。物质文化，就是承载着企业精神文化成果的物质产品。不仅包括企业的产品和服务，也包括企业的厂房、设备、商标、专利等一切有形的物质因素。要通过企业文化架构体系的构建，进一步细化企业文化建设，结合企业实际，在服务文化、品牌文化、营销文化、廉洁文化、安全文化、项目文化等方面有所作为，体现出共同的价值追求、使命认同、行为习惯、目标企盼，使企业文化的成果最终转化为企业内外的和谐、企业可持续发展的环境和动力。

2. **完善企业文化评价体系。**建立行业文化考核评价体系，做好效果评估，是行业文化建设的迫切需要。评价体系是企业文化建设的“方向盘”，决定着企业文化向哪个方向走。文化评价体系主要在理念识别系

统、行为识别系统、视觉识别系统三个方面下工夫。理念识别系统关键是看企业形成没形成自己的核心价值观、企业精神和经营管理理念。行为识别系统关键是看企业的员工行为、品牌行为、技术行为。员工的行为准则、道德标准、礼仪规范构成了全体员工的行为规范。员工的行为要量化到先进率，违法、违纪率等多方面去考量。品牌行为关键是看企业品牌的市场占有率，尤其是省外市场的占有率，还要看品牌商标的驰名度。技术行为关键是看企业技术专利的申请数和实际运用的专利数。视觉识别系统是企业文化中外显文化的具体表现，它体现和承载着企业文化。国家局将吸纳行业内外的力量，拿出一套行之有效的办法。工作中，要学习借鉴国内外企业的先进经验，运用现代管理方法，坚持定性与定量相结合原则，研究制定符合行业实际、科学、管用的考核评价标准和办法，实现烟草行业企业文化建设新的提高。

3. **建立企业文化激励机制**。激励机制是企业文化建设的"发动机"。要保证企业文化不断进步，就要靠激励机制不断促其创新。以人为本是企业文化建设的核心，要尊重人、激励人、鼓舞人，离不开行之有效的激励制度。在企业文化建设过程中，要善于挖掘典型，发挥典型引路的作用。对企业文化建设的先进经验要及时总结，采取现场会、交流会、电子邮件等形式及时推广。对先进人物的模范事迹要广泛宣传学习，既要从精神上给予鼓舞，也要给予必要的物质奖励。文化建设激励机制要与生产经营、专卖管理等工作联系起来，要与行业奖励规定结合起来，真正使文化激励机制与之融为一体，共荣共进，达到凝聚人心、鼓舞斗志、激励先进、鞭策后进、促进发展的作用。

4. **发挥企业文化保证作用**。构建烟草行业文化的两个体系和一个机制，目的是促进行业的持续稳定协调健康发展。通过体系和机制的建立，充分发挥企业文化建设的保证作用。第一，保证企业的决策行为，做强企业。要按照现代企业法人治理结构的要求，逐步加大内部决策的透明度，通过公开达到公正、公平的目的。第二，保证企业的经营行为，奉献报国。要充分体现"两个至上"行业共同价值观，一切为了国家利益，一切为了消费者利益。第三，保证企业的员工行为，成就员工。员工的行为实质也是企业的行为。要努力造就员工成为有理想、有道德、有文化、有纪律的"四有"新人，使员工奉献出的是服务，体现出的是思想，反映出的是企业的形象。

行业文化架构体系的构建是一项系统工程，要遵循文化建设的内在规律，整体谋划、系统设计、不断完善。一是要与行业专卖专营体制的实际结合起来，既要有利于形成企业文化建设的制度环境和机制，又要有利于促进行业的改革和发展；二是要与构建和谐烟草、和谐社会结合起来，引导企业正确履行社会责任，规范企业行为，提高烟草行业的诚信度、美誉度，塑造行业良好形象；三是要与规范员工行为结合起来，强化员工社会公德意识、职业道德意识，努力建设一支高素质的烟草员工队伍；四是要与加强生产经营管理工作结合起来，达到提高行业管理水平、增强行业凝聚力和核心竞争力的目的。

（四）创新建设载体，确保行业文化建设常抓不懈

行业的企业文化建设从2004年以来开始兴起，并取得了初步成效。但总体上还处于一个起步阶段。下一步工作的关键是由发动起步、试点引导转向全面推进。要建立和完善行业文化体系，注重实际效果；要与企业、行业的发展目标，"'两个至上'在岗位"主题实践活动，荣辱观的树立，学习行业先进人物有机结合起来；要长期坚持、润物无声；要创新建设载体，确保行业文化建设常抓不懈。

1. **要结合生产经营和管理活动**。生产经营和管理活动是行业文化建设的有效载体。要以创建资源节约型、环境友好型、本质安全型企业为目标，把促进企业发展与社会、资源、环境相协调作为行业发展战略的重要内容，开展行业责任文化、诚信文化、和谐文化建设。要建立健全各项管理标准和制度，以技术创新优化卷烟产品和服务，努力打造中国烟草服务品牌和中式卷烟代表品牌。要将行业文化建设寓于企业各项管理活动之中，通过组织员工参与民主管理，教育广大员工遵纪守法、敬业奉献、养成良好行为习惯，形成和谐共进的发展氛围。

2. **要确保文化建设的必要投入**。文化渗透管理，管理创造效益，文化成就未来。行业各级党组织，要进一步强化企业文化建设的投入是对行业未来投资的观念，行业各直属单位要设立企业文化建设专项经费，纳入预算管理，保证必要投入，为企业文化建设提供坚实的物质保障。

3. **要提供文化建设的人才支撑**。培育一支懂理论、善实践的专业队伍是不断提高行业文化建设水平的重要保证。要明确企业文化建设负责部门，加强企业文化人才队伍建设。要通过"走出去"、"请进来"等方式，积极开展专题学习和研讨，明年国家局将进一步加大培训力度，不断提高企业文化建设工作者和企业经营管理骨干学习掌握企业文化建设的基本理论和实务操作技能，开阔视野，拓宽思路，提高工作水平。企业文化建设工作者和广大企业经营管理人员要

加强学习，不断提高马克思主义理论素养，丰富企业文化专业知识，善于从生动的实践中吸取营养，提高实际工作能力，尽快形成一支理论素养好、实践能力强、专兼结合的企业文化建设工作者队伍。

纪检监察

以贯彻落实《实施纲要》为统领 全面推进行业党风廉政建设和反腐败工作

——在全国烟草系统纪检监察工作会议上的讲话（摘要）

潘家华

（2006年2月28日）

2006年，烟草行业各级纪检监察机构的主要任务是：以邓小平理论和“三个代表”重要思想为指导，深入贯彻党的十六大和十六届三中、四中、五中全会，中央纪委第六次全体会议和国务院第四次廉政工作会议精神，全面落实科学发展观，推进行业改革发展稳定所采取的重大举措开展监督检查，坚持反腐倡廉战略方针，以贯彻落实《实施纲要》统领构建行业惩防体系的各项工作，全面履行党章赋予的职责，切实维护党的纪律，稳步推进烟草行业党风廉政建设和反腐败工作。

一、以贯彻落实《实施纲要》为统领，全面推进构建惩防体系的各项工作

各级党组（党委）、各级纪检监察机构要进一步深刻认识做好反腐倡廉工作的极端重要性，始终旗帜鲜明、毫不动摇地反对腐败。要坚决按照中央的部署，真正把反腐倡廉工作作为提高党的执政能力和巩固党的执政地位的一项重大政治任务抓紧抓好，全面推进构建惩防体系的各项工作。

贯彻落实《实施纲要》，首先要真正学好《实施纲要》，深刻领会其精神实质，切实把思想统一到中央的部署上来。《实施纲要》明确了惩治和预防腐败体系建设的指导思想、主要目标和工作原则，提出了有效反对和预防腐败的一系列措施和办法。我们的任务就是要把《实施纲要》落实好，构建烟草行业惩防体系，这就是进一步加强反腐倡廉教育，筑牢拒腐防变的思想道德防线；进一步加强反腐倡廉的制度建设，充分发挥制度在惩治和预防腐败中的保证作用；进一步加强对权力运行的制约和监督，确保权力的正确行使。建立健全惩治和预防腐败体系的过程，同时也是深化改革的过程，体制机制创新的过程。要以改革统揽预防腐败的各项工作，积极推进纪检监察工作的制度建设和创新，通过不断地深化改革、创新体制机制，从源头上预防和解决腐败问题。

要认真贯彻落实国家局党组《具体意见》的部署和要求，紧紧围绕教育、制度、改革、监督和惩治这五个方面的重点，密切结合本单位的实际，抓紧制订本级的具体落实意见。要抓好任务分解，制订分工方案，明确牵头部门和参与单位任务和职责，确保《实施纲要》和《具体意见》的落实责任到人、工作到位。

各级党组（党委）组织实施《具体意见》，要以抓好领导干部责任制为重点，在落实上下工夫。各级党组（党委）和行政领导班子是建立健全烟草行业惩治和预防腐败体系的主体，党政主要负责人是惩治和预防腐败工作的第一责任人，因此，要切实负起责任。贯彻落实《具体意见》，党政主要负责同志要亲自牵头，明确和落实领导机构各成员的职责；研究制订贯彻《具体意见》的实施方案，党政主要负责同志要亲自组织讨论；分解落实惩治和预防腐败工作的各项任务，党政主要负责同志要亲自督促，明确具体目标、工作措施、时间进度和责任部门与责任人；推进构建惩防体系建设工作，党政主要负责同志要亲自协调，掌握情况，指导工作，研究措施，解决问题；检查考核惩防体系建设工作，党政主要负责同志要亲自参与。

各级纪检监察机构要充分发挥组织协调作用，积极协助党组（党委）抓好贯彻落实《具体意见》的各项工作，及时了解和掌握贯彻落实工作的进展情况，及时分析存在的问题及主要原因，提出推进工作的具体措施，切实把贯彻落实《具体意见》的工作落到

实处。

二、严肃纪律，确保政令畅通，为行业的改革和持续稳定协调健康发展提供有力保证

紧紧围绕贯彻落实国务院有关文件、推进行业改革和发展所采取的重大举措开展监督检查，确保政令畅通，这是今年纪检监察工作的重中之重。进一步理顺行业资产管理体制，建立现代企业制度，是烟草行业又一次重大改革。姜成康局长在全国烟草工作会议上指出：这次改革既涉及到理顺行业资产管理体制，又涉及到深化企业改革；既涉及到总公司、省级公司管理层面改革，又涉及到企业层面改革；既涉及到管理职能调整，又涉及到生产经营组织方式改变。这次改革关系到行业发展的全局，政策性强，需要解决的问题多。为了确保各项改革措施的顺利推进，必须统一认识、统一步调、严明纪律。各单位要严格执行干部纪律、财经纪律，凡是违反规定提拔干部、突击花钱、突击增发工资的，一经发现，必须严肃处理。

确保各项改革的顺利实施，需要有良好的生产经营秩序，对严重影响行业生产经营秩序的突出问题，必须有效纠正。各级党组（党委）要严格执行国家局党组制定的关于加强对行业各级领导班子及主要领导干部《监督意见》，凡是违反八条纪律的，一律先停职，再按照有关规定严肃处理。

烟草行业实行的是“统一领导、垂直管理、专卖专营”体制，计划也是政令，政令一出必须严格执行。全国烟叶生产已连续八年保持稳定。但是，当前烟叶生产的突出问题是计划观念淡薄，部分地区合同签订流于形式，违规违纪收购经营烟叶问题时有发生。为了避免出现严重超种超收的被动局面，姜成康局长在全国烟草工作会议上再次重申：任何地区和单位不得超计划、超合同种植和收购烟叶，任何单位和个人不得无合同擅自收购烟叶，违者一经发现，必须严肃查处。为此，今年上半年，各级纪检监察机构，尤其是烟叶重点产区，要就烟叶种植面积和合同种植情况开展专项监督检查。对于无计划、无合同和超合同种植的，一经发现必须坚决制止，并将有关情况逐级上报。

要切实加强对烟叶生产基础建设的资金使用情况和工程质量情况的监督检查。国家局党组坚决贯彻落实党的十六届五中全会精神，决定以投入巨额资金加强烟叶生产基础建设的方式反哺农业，为建设社会主义新农村作出行业应有的贡献，这一重大举措引起了强烈的社会反响，我们一定要把这一惠及农民的好事办好办实。在这里，所要强调的是，所有资金要实行专户管理，确保专款专用，落实到户。对那些弄虚作假骗取、挪用资金、挤占和截留的行为，一律从严惩处。要狠抓工程质量管理监督，明确标准，加强施工管理和指导，严格检查验收，确保工程质量。

三、深化反腐倡廉教育，促进领导干部廉洁从政

各级党组（党委）要进一步完善反腐倡廉教育的工作格局，在广大党员干部中，特别是要在领导干部中深入开展理想信念和从政道德教育、树立正确的权力观和政绩观教育、党的优良传统和作风教育、党纪条规和国家法律法规教育。要进一步巩固保持共产党员先进性教育活动的成果，深入开展保持党的先进性建设教育。各级党组（党委）理论学习中心组的学习，要以树立和落实科学发展观、正确权力观与政绩观为主要内容，开展“立党为公、执政为民”教育。

各级党组（党委）要把反腐倡廉教育列入重要议事日程，做到有计划有安排，要组织干部职工收看反腐倡廉教育影片，领导干部要带头讲党课，宣传教育和有关培训机构要把反腐倡廉教育作为培训内容，切实加大教育和培训力度，以夯实党员干部廉洁自律的思想基础。各级党组（党委）和行政领导班子，务必把对广大党员干部职工的法纪教育提到重要议事日程，明了透彻地从法理的角度讲解“两烟体外循环”的违法实质，提高守法意识。

要严格执行领导干部廉洁从政和国有企业领导干部廉洁从业的各项规定。严肃查处领导干部违反规定收受现金、有价证券和支付凭证、参与赌博、跑官要官、奢侈浪费、以权谋私等党风方面存在的问题。要明确行业改革中的廉洁自律规范，工商企业领导人员要坚持做到：不得在企业重组改制、资本运营、产权交易过程中擅自决策或为个人和亲友谋取私利，不得在招标采购中收受回扣；不得在企业重组改制和破产中损害国家和职工群众的利益。

要认真抓好国家局党组《关于加强对行业各级领导班子及主要领导干部监督的意见》和国家局党组、驻国家局纪检组监察局《关于对行业直属单位纪检监察工作和机构加强业务指导和管理的意见》的贯彻落实，完善相关制度措施，逐步推进领导述职述廉、廉政谈话等工作，开展巡视检查工作，不断把廉洁自律工作提高到新水平。

四、坚决纠正损害国家利益和群众切身利益的不正之风，切实维护行业形象

按照构建和谐社会的要求，坚持纠建并举、综合治理的方针，切实抓好纠风工作。要继续在行业深入开展“国家利益至上、消费者利益至上”的教育活

动，引导干部职工牢固树立维护国家利益、维护消费者利益的价值观。要结合行业实际和特点，坚决纠正单纯追求经济效益，忽视群众需求的倾向，把经济效益和社会效益一致起来，切实树立起烟草行业为消费者至诚服务的形象。要坚决纠正专卖执法中的违纪违规问题，规范执法程序，严明执法纪律，严格自律。

五、坚决查办违反党纪政纪的案件，切实加大惩治腐败的工作力度

行业各级纪检监察机构必须按照中央纪委六次全会要求，继续加大查办案件的工作力度，坚决维护党的纪律的严肃性。要以查办发生在领导机关和领导干部中的违反党纪政纪案件为重点，严肃查处领导干部滥用职权、贪污受贿的案件，利用人事权、审批权谋取私利的案件。要加大自办案件力度，切实解决“两烟”交易活动中送钱送物等商业贿赂问题；重点突破“两烟”体外循环案件中内外勾结以及重大投资决策失误和大额度资金失控造成国有资产严重流失、损失的案件；严厉查办利用职权在物资采购、工程建设、软件开发等过程中谋取私利的案件。加大对腐败分子经济处罚和赃款赃物追缴力度，尽可能挽回损失。各级纪检监察机构对发生“两烟”体外循环案件，一经查实，要依纪依法追究责任，造成重大损失和严重影响的，要移交司法机关处理。

要加强组织协调，强化检查指导。按照对派驻纪检监察机构和行业纪检监察机构体制机制改革的要求，各级纪检监察机构要认真履行职责，严格执行请示、报告制度，加强信息沟通。纪检组长（纪委书记）、监察处（室）长（主任）不仅要分管查办案件工作，还要亲自参与办案工作，每个单位都要力争有自办案件。驻国家局纪检组监察局将对行业重大案件线索进行排查，必要时将从行业纪检监察机构抽调人员，对重大案件进行重点突破。要加强信访工作，对群众署名举报的信件，认真进行调查核实，并将调查情况及时反馈给举报人。

要严格依纪依法办案，提高执纪执法水平。加强对纪检监察干部的学习培训，尤其要突出对违纪构成理论的学习，增强综合运用法律、纪律、经济处罚、组织处理等方式和手段的能力，增强办案的政治、经济和社会效果。

六、结合构建惩防体系，不断推进治本抓源头工作

认真按照《实施纲要》、《中央纪委关于落实〈实施纲要〉2007年底前工作要点》和国家局《具体意见》中关于构建行业惩防体系的措施和要求，围绕烟草行业的改革和发展，加大从源头上预防和治理腐败的力度，力争在重点部位和重要环节取得突破。要加强对理顺行业资产管理体制、深化企业改革过程的监督和管理。严格企业重组、兼并、破产的处置程序，防止国有资产损失和流失；强化科学民主决策，加强资产经营管理监督，确保国有资产的保值增值。要加强对《党政领导干部选拔任用条例》执行情况的监督。加大对干部选拔任用中民主推荐、民主测评、干部考察、任前公示、公开选拔、竞争上岗、任职试用期等环节的监督力度。要加强对资本运营和资金运用的监督管理。启动烟草行业资金结算监管体系建设，对行业资金特别是“两烟”经营资金进行有效监管，确保资金安全。要建立健全重大工程立项、重大投资决策、法人约束监督机制。加强对多元化经营活动的监督检查，对投资关系不清晰、不认真履行出资人责任、造成国有资产严重流失的，特别是账外账、小金库、偷漏国家税收等问题进行认真清理和查处。今年，纪检监察机构要配合有关部门对企业广告费用支出情况进行调研。要加强对烟用物资采购、工程招投标等活动的管理监督。建立和完善对重大工程建设、各类非专卖品烟用物资采购及信息系统软件开发招投标的各项制度规定，以及实施监督的途径和办法，确保程序公开、竞争公平、办事公正。要大力推进政务公开、企务公开，坚持和完善以职工代表大会为基本形式的民主管理、民主监督，增强行业生产经营管理的透明度。

重要文件

综　合

中共中央　国务院关于推进社会主义新农村建设的若干意见（节选）

（2005年12月31日　中发〔2006〕1号）

党的十六届五中全会通过的《中共中央关于制定国民经济和社会发展第十一个五年规划的建议》，明确了今后5年我国经济社会发展的奋斗目标和行动纲领，提出了建设社会主义新农村的重大历史任务，为做好当前和今后一个时期的“三农”工作指明了方向。

四、加强农村基础设施建设，改善社会主义新农村建设的物质条件

（15）大力加强农田水利、耕地质量和生态建设。在搞好重大水利工程建设的同时，不断加强农田水利建设。加快发展节水灌溉，继续把大型灌区续建配套和节水改造作为农业固定资产投资的重点。加大大型排涝泵站技术改造力度，配套建设田间工程。大力推广节水技术。实行中央和地方共同负责，逐步扩大中央和省级小型农田水利补助专项资金规模。切实抓好以小型灌区节水改造、雨水集蓄利用为重点的小型农田水利工程建设和管理。继续搞好病险水库除险加固，加强中小河流治理。要大力加强耕地质量建设，实施新一轮沃土工程，科学施用化肥，引导增施有机肥，全面提升地力。增加测土配方施肥补贴，继续实施保护性耕作示范工程和土壤有机质提升补贴试点。农业综合开发要重点支持粮食主产区改造中低产田和中型灌区节水改造。按照建设环境友好型社会的要求，继续推进生态建设，切实搞好退耕还林、天然林保护等重点生态工程，稳定完善政策，培育后续产业，巩固生态建设成果。继续推进退牧还草、山区综合开发。建立和完善生态补偿机制。做好重大病虫害防治工作，采取有效措施防止外来有害生物入侵。加强荒漠化治理，积极实施石漠化地区和东北黑土区等水土流失综合防治工程。建立和完善水电、采矿等企业的环境恢复治理责任机制，从水电、矿产等资源的开发收益中，安排一定的资金用于企业所在地环境的恢复治理，防止水土流失。

国务院关于印发2006年工作要点的通知（节选）

（2006年3月19日　国发〔2006〕12号）

六、进一步推进改革开放

（三十一）深化国有企业改革。加快国有大型企业股份制改革，着力完善产权结构、公司治理结构和激励约束机制，加快形成一批具有国际竞争力的大公司大企业集团。加大国有独资企业和垄断行业的改革力度，放宽市场准入，推进投资主体和产权多元化。积极推进铁路投融资体制改革。认真落实邮政体制改革方案。进一步理顺烟草行业管理体制。推动供水、供气、供热等市政公用事业单位改革。完善国有资产监管体制，建立健全国有资产经营预算制度、经营业绩考核体系和国有资产重大损失责任追究制度。规范和发展产权交易市场，继续做好国有企业政策性关闭破产、分离办社会职能和主辅分离等工作，规范国有企业改制和产权转让行为。推进集体企业改革和发展。认真落实鼓励、支持和引导非公有制经济发展的政策措施，加快清理限制非公有制经济发展的规定，推动实施“中小企业成长工程”。（国资委、发展改革委、财政部负责）

中华人民共和国国务院令

（第464号）

现公布《中华人民共和国烟叶税暂行条例》，自公布之日起施行。

总理 温家宝

二〇〇六年四月二十八日

中华人民共和国烟叶税暂行条例

第一条 在中华人民共和国境内收购烟叶的单位为烟叶税的纳税人。纳税人应当依照本条例规定缴纳烟叶税。

第二条 本条例所称烟叶，是指晾晒烟叶、烤烟叶。

第三条 烟叶税的应纳税额按照纳税人收购烟叶的收购金额和本条例第四条规定的税率计算。应纳税额的计算公式为：

应纳税额＝烟叶收购金额×税率

应纳税额以人民币计算。

第四条 烟叶税实行比例税率，税率为20%。

烟叶税税率的调整，由国务院决定。

第五条 烟叶税由地方税务机关征收。

第六条 纳税人收购烟叶，应当向烟叶收购地的主管税务机关申报纳税。

第七条 烟叶税的纳税义务发生时间为纳税人收购烟叶的当天。

第八条 纳税人应当自纳税义务发生之日起30日内申报纳税。具体纳税期限由主管税务机关核定。

第九条 烟叶税的征收管理，依照《中华人民共和国税收征收管理法》及本条例的有关规定执行。

第十条 本条例自公布之日起施行。

国家发展改革委、国家烟草专卖局关于2006年烤烟收购价格政策的通知

（2006年2月15日 发改价格〔2006〕255号）

各省、自治区、直辖市发展改革委、物价局、烟草专卖局：

为引导农民合理安排烤烟生产，促进烟叶生产稳定发展，现将2006年烤烟收购价格政策通知如下：

一、2006年全国烤烟收购价格总水平保持稳定，现行一至四价区中准级烤烟收购价格维持上年水平不变。

二、各等级烤烟收购价格维持上年水平不变（详见附表一）。

三、各价区的划分维持上年政策不变（详见附表二）。

四、各地要认真贯彻国家烟叶价格政策，严格执行国家规定的等级质量标准，烟叶收购等级合格率必须达到国家规定标准。各级价格主管部门要会同烟草等部门加强对烤烟收购价格政策执行情况的监督检查，对压级压价、抬级抬价、越权调价等违法行为要依法查处。

附表：一、2006年烤烟收购价格表

二、2006年烤烟价区表

附表一 **2006年烤烟收购价格表** 单位：元/50公斤

等　级		一价区	二价区	三价区	四价区
上等					
C1F	中桔一	870	860	820	750

续表

等　级		一价区	二价区	三价区	四价区
C2F	中桔二	800	790	750	680
C3F	中桔三	700	690	650	590
C1L	中柠一	800	790	760	690
C2L	中柠二	720	710	680	620
B1F	上桔一	700	690	660	600
B2F	上桔二	570	560	540	490
B1L	上柠一	600	590	560	510
B1R	上红一	560	550	525	480
H1F	完熟一	590	580	550	500
X1F	下桔一	610	605	580	530
中等					
C3L	中柠三	615	605	580	530
X2F	下桔二	505	500	480	435
C4F	中桔四	545	540	520	470
C4L	中柠四	505	500	480	440
X3F	下桔三	405	400	380	350
X1L	下柠一	590	580	550	500
X2L	下柠二	470	465	450	410
B3F	上桔三	400	395	390	360
B4F	上桔四	240	235	230	220
B2L	上柠二	420	410	400	380
B3L	上柠三	250	245	240	230
B2R	上红二	470	460	440	400
B3R	上红三	295	285	280	265
H2F	完熟二	485	480	460	420
X2V	下微青二	315	310	300	270
C3V	中微青三	505	500	480	435
B2V	上微青二	380	375	355	320
B3V	上微青三	280	275	260	235
S1	光滑一	225	220	210	190
下等					
B4L	上柠四	160	150	140	135
X3L	下柠三	310	300	290	270
X4L	下柠四	185	180	170	160
X4F	下桔四	220	210	200	190
S2	光滑二	110	105	100	90
CX1K	中下杂一	205	200	190	180
CX2K	中下杂二	135	135	130	125
B1K	上杂一	190	185	180	175
B2K	上杂二	105	100	100	95
GY1	青黄一	80	80	80	80
低等					
B3K	上杂三	80	80	80	80
GY2	青黄二	60	60	60	60

附表二　　2006 年烤烟价区表　　单位：元/50 公斤

价　区	中准级收购价格（X2F 级）	各价区所包括的地区
一价区	505 元/50 公斤	云南省玉溪市、昆明市、红河州
二价区	500 元/50 公斤	云南省除玉溪市、昆明市、红河州以外其他市（州）；贵州省遵义市、黔西南州；湖南省郴州市、永州市、长沙市、衡阳市、娄底市、益阳市、邵阳市；福建省；浙江省；江西省；广东省；广西壮族自治区；河南省三门峡市、洛阳市；安徽省皖南地区
三价区	480 元/50 公斤	四川省；重庆市；湖北省；山东省；贵州省除遵义市、黔西南州以外其他市（州）；湖南省除郴州市、永州市、长沙市、衡阳市、娄底市、益阳市、邵阳市以外其他地市；河南省除三门峡市、洛阳市以外其他地市；陕西省安康市、商洛市、汉中市；安徽省除皖南以外其他地市
四价区	435 元/50 公斤	河北省；山西省；内蒙古自治区；辽宁省；吉林省；黑龙江省；陕西省除安康市、商洛市、汉中市以外其他地市；甘肃省；宁夏回族自治区

国家烟草专卖局关于印发《中国烟叶生产可持续发展规划纲要（2006—2010）》的通知

（2006 年 2 月 10 日　国烟办〔2006〕116 号）

行业各直属单位，国家局、总公司机关各部门、各单位：

现将《中国烟叶生产可持续发展规划纲要（2006—2010）》印发给你们，请认真组织实施。

中国烟叶生产可持续发展规划纲要（2006—2010）（摘要）

烟叶是烟草行业发展的基础，烟叶生产的可持续发展事关行业发展全局。为实现中式卷烟原料的有效供给，保证大企业、大品牌战略稳步实施，促进烟草行业的平稳发展，提升中国烟草总体竞争实力，特制定本纲要。

一、烟叶生产现状和面临的形势

（一）烟叶生产现状

我国烟叶产区分布广泛，生态环境多样，自然条件总体适宜，主产烟区集中在农村经济欠发达的省份和地区。1998 年以来，按照“市场引导、计划种植、主攻质量、调整布局”的烟叶生产指导方针，以及“控制总量、提高质量、优化布局、优化结构”的烟叶工作重点，烟叶生产走上了规模稳定、质量提高、效益改善、秩序好转、管理加强的良性发展轨道，保持了平稳发展的良好态势。

烟叶规模稳定，产销协调夯实了行业持续、稳定、协调、健康发展的基础。近年来，烟叶种植面积稳定在 1500 万亩左右，烟农 360 万户左右，生产烟叶 3600 万担左右，收购加工能力基本配套，烟叶供求关系总体平衡。产区逐步向适宜区转移，生产集中度逐渐提高，30 万担以上重点地市级公司烟叶收购量占全国的 80% 左右。形成了以烤烟种植为主，白肋烟、香料烟、地方名优晾晒烟种植为辅，植烟面积南方烟区约占 80%、黄淮烟区约占 14%、北方烟区约占 6% 的种植格局。

烟叶质量的不断提高为中式卷烟的发展奠定了良好基础。依靠科技进步，紧紧围绕烟叶质量这一核心，大力倡导自我创新及消化吸收国际先进技术。通过“四项技术”的成功研发和推广，形成了适宜我国生态条件的烟叶生产技术框架和技术标准，科学规划建设了一批优质烟叶生产基地和标准化生产示范区，部分地区烟叶质量已接近国际先进水平。

烟叶生产经营管理能力的进一步增强为烟叶生产可持续发展创造了适宜条件。实施总量控制，保持规模稳定，实现供求平衡，加强企业内部经营管理和成本费用控制，烟叶经营效益不断提高，企业自我发展能力不断增强。

烟叶流通秩序的好转为营造良好市场环境提供了可靠保障。通过强化内部监管，全面推行并规范合同制，整顿流通秩序，统一有序、适度竞争的市场环境初步形成，烟叶资源配置效率有效提升。

（二）面临的形势

随着农业大环境的变化和烟草行业体制改革的深化，影响烟叶生产平稳发展的不确定因素增多。烟叶生产可持续发展面临的问题和挑战主要表现为：一是基础工作薄弱，烟田水利设施、调制设施、基层站点等基础设施建设有待加强；二是部分烟区生态环境、土壤质量退化，建立基本烟田保护制度、改善烟田质量的必要性和迫切性日渐凸现；三是烟叶品质与卷烟工业企业的需求存在差距，烟叶供求区域性、结构性矛盾更为突出；四是烟农种烟积极性亟需稳定，服务烟农水平有待提高。

二、烟叶生产可持续发展的指导思想和总体目标

（三）指导思想

坚持以科学发展观统领烟叶发展全局，转变发展观念，创新发展模式，提高发展质量，坚持科学发展道路，努力保持烟叶生产的平衡、协调、可持续发展。坚持“市场引导、计划种植、主攻质量、调整布局”的指导方针，始终把稳定规模和提高质量作为烟叶工作的主要任务；坚持以人为本与和谐发展，认真解决好烟叶基础队伍和烟农队伍建设问题，完善工业反哺农业政策，认真解决好“三农”问题，不断增强烟区综合生产能力，推进烟区社会主义新农村建设；坚持服务中式卷烟战略的发展方向，以加强基础设施建设、管理创新和技术进步为突破口，不断提高中国烟叶的整体生产水平和有效供给水平，为烟草行业持续、稳定、协调和健康发展提供坚实基础。要重点把握好以下原则：

必须保持平稳发展。稳定规模是烟叶生产可持续发展的基本前提。要严格按照国家计划组织生产和收购，坚持总量控制，全面推行合同制，实现种植规模的基本稳定。要综合考虑我国卷烟工业的原料供应和出口需求，确保供需总量平衡和结构优化，避免“大起大落”，实现平稳发展。

必须不断深化改革。形成更具活力的体制环境是实现烟叶生产可持续发展的必然要求。要在国家烟草专卖制度下不断深化以市场为取向的改革，完善烟叶生产组织管理体系，理顺各环节利益分配关系，构建更加合理的价格形成机制，更大程度地发挥市场在烟叶资源配置中的基础性作用，不断提高资源配置效率。要加强宏观调控和企业内部监管，努力构建良好的市场秩序和环境。

必须提高科技和管理水平。实现烟叶生产的可持续发展要紧紧依靠科技与管理进步和劳动力素质的提高。要大力推进科技创新，推动技术与管理进步，切实加强人力资源建设，努力提高烟农队伍、烟叶生产技术辅导队伍和经营管理队伍的整体素质，着力加强烟叶科技创新体系建设，不断提高科技对烟叶生产的贡献率；探索推广“良好烟叶生产操作规范”，改进烟叶生产组织管理方式，提高烟叶工作整体水平。

必须加强统筹协调。烟叶生产要放在整个大农业和整个烟草产业体系中来统筹规划，努力做到自然、经济、生态以及烟草农工商协调发展。要有效整合各种资源要素，对自然、经济、管理、技术等各方面条件较好，具有比较优势的地区和企业进行重点扶持。要高度重视烟草“三农”问题，加大工业反哺农业力度，改善烟区环境和生产条件，提高烟叶质量和综合生产能力，维护烟农利益，推进和谐烟区和社会主义新农村建设。

（四）总体目标

以市场为导向，科学合理配置资源，加大主产区生态环境保护和基础设施建设力度，持续改进烟叶质量，提高烟叶可用性，确保烟叶种植规模、烟叶数量相对稳定，保持烟叶资源长期稳定供应，有效支撑和实现中式卷烟原料的有效供给。

三、烟叶生产可持续发展的主要任务和措施

（五）稳定种植规模，建立基本烟田保护制度

稳定种植规模，实现供需平衡是烟叶生产的首要任务。要从我国卷烟市场总量扩张余地较为有限的客观实际出发，合理确定我国烟叶的种植规模和收购数量，切实加强总量控制，努力实现平稳发展。

稳定种植规模，首先要确保种植区域的相对稳定。要在总量控制的前提下，充分发挥市场配置烟叶资源的基础性作用，坚持“适度发展南方烟区，稳定巩固黄淮烟区和北方烟区”的总体指导方针，南方烟区遵循“区内调整布局，择优规划新区，适度扩大规模”原则，烟叶数量宜掌握在全国总量的80%～84%；黄淮烟区遵循“择优布局、重点扶持、稳定总量、平稳发展”原则，烟叶数量宜掌握在全国总量的10%～14%；北方烟区以生产优质填充型烟叶为主，适时调控种植规模，烟叶数量宜保持在全国总量的6%左右。加强和改善计划管理，不断优化烟叶生产力布局，将烟叶种植向自然生态条件适宜、能够轮作、技术基础

较好、种烟效益较高和具有一定规模且有稳定市场前景的地区转移，最大程度地提高烟叶生产的集中度。

稳定种植规模，必须保持烟农队伍的相对稳定。要进一步全面推行合同制，把合同制作为落实种植计划的关键措施，充分发挥合同落实国家计划、指导烟农生产的积极作用，切实维护合同的严肃性，维护烟叶生产和流通秩序的稳定；通过签订种植收购合同，严格履行合同条款，为烟农提供优质服务，维护烟农正当利益，稳定烟农队伍，保持烟叶总量稳定。

稳定种植规模，必须保持种烟田块的相对稳定，建立基本烟田保护制度。我国常年种植烟叶1500万亩左右，考虑轮作要求，遵循生态优先、相对集中的原则，在生态环境优越、水土资源丰富、社会经济适宜的烟区，选择土壤营养协调的宜烟田块，依照法定程序、行政程序、契约合同或村民自治等形式，确定基本烟田保护区，遵循全面规划、合理利用、用养结合、严格保护的方针，建立基本烟田保护制度。利用信息技术、遥感技术等现代化手段，规范基本烟田管理，建立基本烟田数据档案。

（六）改善环境条件，加强烟叶基础设施建设

基本烟田保护区要建立以烟为主的耕作制度，突出烟草在整个轮作制度中的主体地位，根据当地光、热、水资源、作物的生育期、轮作制度中养分的平衡协调供应等因素，科学安排茬口、轮作作物和耕种方式。

加大基本烟田土壤改良力度，重点解决部分烟田结构不良、酸碱不当、营养失调、病原量多等问题；通过合理轮作、秸秆还田、绿肥掩青、等高种植、规范农用化学品使用等措施，保护和培肥地力，提高烟田综合生产能力。建立科学的基本烟田开发利用和治理保护的监测管理机制，通过对烟田生态系统的结构、功能及其变化趋势进行连续监控，构建各具特色、持续平衡的烟叶生产生态体系、基本烟田质量管理和监测信息系统及预警体系。

要按照“充分论证、科学规划、编制预算、筹集资金、搞好试点、分期实施、规范运作、加强监管、确保效益”的指导思想，以及“加强规划、明确重点，抓好试点、稳步推进、明确责任、落实到户、加强检查、搞好监管”的建设原则，紧紧围绕基本烟田，科学确定标准，因地制宜地开展基础设施建设。按照区域水资源状况、烟草需水规律以及相关技术标准，以建设小水窖、小水池、小水坝、机（水）井，以及配套沟渠、管网为重点，加快基本烟田水利设施建设，全面实现水利设施配套；以构建全国集约化烘烤体系为重点，逐步实现烟叶集约化烘烤设施配套；优化烟叶基层站、复烤企业布局，加强标准化烟叶基层站建设，完善烟叶收购、仓储、加工设施，逐步形成完整的烟叶物流系统；以减轻烟农劳动强度为重点，因地制宜地推行烟用小型农机具，逐步实现烟叶生产半机械化、机械化作业；以方便烟农机耕作业为重点，逐步完善烟田路网建设。

（七）提高质量水平，加快技术创新推广步伐

持续提高烟叶质量水平是烟叶生产的重要目标之一。要围绕提高烟叶品质这个中心，切实加强技术创新和技术推广能力建设。逐步完善以研究院所、行业试验站、技术中心，以及基层技术推广机构为主体，社会智力资源广泛参与的烟叶技术创新推广体系；构建烟草种质资源信息平台、烟叶质量评价及有效使用信息平台、烟区生态环境及烟叶生产基础设施信息平台，烟区综合减灾减害技术四大信息平台；重点解决对烟叶生产有重大影响的基础性、关键性和前瞻性的技术问题，努力培育烟叶生产核心技术，提高核心竞争力。

加强育种工程研究，育引结合，加快新品种选育进程，着力培植区域特征明显，适应知名品牌、名优品牌配方需求的优良品种，加强配套生产技术研究，最大程度地挖掘品种的质量潜力；深化研究以烟为主的耕作栽培技术，建立基本烟田评价和质量管理体系，加强水分及养分全周期综合管理研究，为优质烟叶生产提供良好可靠的自然条件；建立健全病虫害综合治理技术体系，实施有害生物区域统防统治工程，控制病虫草害，保障优质烟叶生产；建立灾害天气等自然灾害预警机制，加强预警技术研究和能力建设；研发智能化密集式烘烤设备、设施和科学烘烤工艺，不断提高烤后烟叶质量；探索卫星遥感等现代信息技术在烟叶生产与管理中的应用研究；加强叶组加工技术、叶组配方技术研究，改进复烤加工工艺，提高烟叶有效使用水平；推进烟叶目标质量与配套生产技术体系研究。

加快科技成果转化，加大适用技术推广应用力度，不断增加烟叶生产科技含量。

（八）转变发展观念，努力提高经营管理水平

要树立集约化经营的管理思想，坚持走内涵式发展的道路。转变粗放的烟叶生产管理方式，实行精细化管理，积极推行烟叶生产全面质量管理，对烟叶生产和经营的全过程进行控制，走标准化、规模化、专业化发展之路，努力提高企业自我发展的能力，推进经济增长方式的转变。

保持烟叶生产稳定，提高烟叶工作整体水平，必须重心下移、着眼基层、突出服务、加强基础。产区县级烟草部门和烟叶基层站作为行业的基层单位，要突出烟叶生产收购、技术推广、服务烟农的功能和作用，完

善基础设施，切实加强执行能力建设。要加强对基层技术辅导人员的考核，稳定基层技术辅导队伍。规范基层站工作流程，形成一套完整、规范和标准化的基层站工作流程和作业制度，加强基层队伍管理，提高技术推广到位率和整体工作水平；要规范产前投入物资或补贴资金管理，加强烟叶的经营核算工作；要强化信息技术运用，加强烟叶物流管理，提升烟叶经营管理水平。

以人为本，优化用人机制，健全激励约束机制，建立教育培训制度，逐步培养高素质的烟叶生产、经营管理以及烟农队伍。要以优化烟叶人才资源配置为目的，建立和完善烟叶人才任用选拔制度，加快建立"进得来、留得住、出得去"的用人机制；推行专业技术职务聘任制和职业资格证书制度，以烟叶人才资源能力建设为核心，建立以能力和业绩为主、符合烟叶工作实际的科学的人才评价机制；加快分配制度改革，探索推行评聘分离、竞聘上岗、薪酬结合，明确岗位职责、工作目标、培训考核机制和奖惩办法，建立权、责、利明确的有效激励和约束机制，充分调动和保护基层技术辅导人员的积极性。

要进一步认真落实国家烟草专卖局、中国烟草总公司（以下简称国家局、总公司）《关于加强烟叶技术推广队伍建设的意见》的精神，按照"定编定岗、公开招聘、持证上岗、岗位培训、以岗定酬"的原则，积极推进基层烟叶技能人员、专业技术人才和经营管理队伍建设。

（九）突出服务意识，提高专业化服务水平

要坚持市场导向，增强服务意识，提高服务水平。烟农、烟草公司、卷烟工业企业共同构成烟叶生产经营的产业链和价值链，产区烟草公司提供的服务是实现烟叶价值的桥梁与纽带。

烟农是我国烟叶生产的基本主体，烟农的积极性最终决定烟叶生产规模和质量水平。要不断提高对烟农的社会化、专业化服务水平，解决种烟比较效益、劳动强度和技术复杂性等方面的问题，为烟农营造相对简单、轻松和放心的种烟环境，保持农民种烟积极性的相对稳定。建立烟农定期培训制度，完善基层技术推广体系，配套相关培训设施，提高服务烟农水平。

进一步创新烟叶生产组织方式，坚持以家庭承包经营为基础、统分结合的双层经营体制，根据自愿、有偿的原则引导烟农依法流转土地承包经营权，积极发展适度规模种植，重点发展10亩以上的种烟户以及多种形式的烟叶经济合作组织，建设一批适度规模种植专业村。坚持烟叶合同种植方向，不断深化完善合同制，规范合同签订的程序，按照"全面推广、一次到位、明确权责、完善提高"的原则与烟叶种植主体签订好合同。探索完善"烟草公司＋农户"、"烟草公司＋卷烟工业企业＋农户"等烟叶产业化模式，完善烟叶生产社会化、专业化服务体系，提高烟叶生产的专业化和组织化程度，逐步解决烟叶千家万户种植与卷烟品牌规模生产的矛盾。

产区烟草公司要根据卷烟工业企业对烟叶质量和供应的要求，在烟叶质量特征培育、质量控制和持续稳定供应等方面提供优质服务。要通过履行购销合同规范工商交接，保证工商交接等级合格率和等级纯度，为卷烟工业企业提供足量优质合格原料。

要树立全球烟叶资源统筹配置观，在立足国内产能资源的同时，在国外建立优质烟叶采购和生产基地，稳定进口烟叶货源；选择生态环境条件适宜地区，通过配套基础设施、创新生产及管理技术，建立稳定的优质烟叶生产基地，利用国内、国际两个市场为中式卷烟的发展夯实原料基础。

（十）不断深化改革，完善烟叶生产体制和机制

要不断深化改革，努力为烟叶生产的可持续发展提供有力的体制、机制和政策保障。进一步强化市场取向，建立市场机制与宏观调控有机结合的可行方式，形成既适应专卖制度要求又适应市场经济发展需要的生产经营体制。完善适度竞争机制，在坚持总量控制的前提下，建立以市场需求为核心的计划调控机制，不断提高资源配置效率。

产区地市级公司与卷烟工业企业要遵循互动、互信、双赢的原则，以市场为导向，以共同发展为目标，根据中式卷烟品牌配方个性化需求，制定规划，明确目标，积极行动，多种形式加快厂办基地建设步伐。一是卷烟工业企业和产区公司联合投资，共同开发烟田，风险共担，效益共享，主要满足工业企业的需要；二是卷烟工业企业与产区建立长期稳定的技术交流和供货关系，定点生产，定量供应；三是投资打叶复烤企业，参与其改制改造、仓库建设等，并提供管理和技术的支持，保证卷烟工业企业生产需要。卷烟工业企业要加大对基地的支持力度和参与程度，基地要确保烟叶质量满足卷烟生产配方的要求，使厂办基地工作取得实质性的进展，形成稳定的产销关系。

要完善烟叶价格政策，理顺利益分配关系。按照《中华人民共和国烟草专卖法》要求，认真执行烟叶国家统一定价政策，维护烟叶价格的严肃性；综合考虑市场供求关系、烟叶成本费用、国际烟叶市场价格、国家宏观经济政策和烟区社会经济条件等因素，合理确定烟叶收购和调拨价格，以保障烟农收入为基点协调各方利益关系，努力实现烟叶生产经营的良性发展；维护烟叶价格政策的稳定性和连续性，科学确定不同区域、不同

等级的烟叶价差，引导烟叶生产向优质化方向稳步发展；重视抓好价格制定和调整的基础工作，建立健全烟叶成本信息采集与分析系统，加强完善烟叶价格的宏观调控和管理，使制定的价格更加符合烟叶生产实际。

要积极制定“工业反哺农业”政策，加大烟叶生产投入扶持力度，帮助烟农消化部分生产成本，维持合理的种烟比较效益；要充分调动各方的投入积极性，建立烟叶生产长效投入机制，形成烟草系统、地方政府和烟农共同投资的良好机制，努力增强烟叶产区的自我发展能力；不断优化投资结构，集中必要的资金，有针对性地扶持重点产区、重点领域和重点项目，切实提高资金使用效率；加强对补贴资金的监督和管理，避免损失浪费和无效投入，杜绝投资建设过程中的各种不规范行为。

建立风险救助机制，在有条件的地区积极探索建立和完善烟叶生产风险基金制度，对发生重、特大自然灾害的烟农给予适当补助，减少种烟的风险与损失，增强烟农信心和稳定烟农队伍；积极引入烟叶商业保险，推动烟草公司与烟农共同投保制度，不断扩大烟叶保险种类和保险范围；建立完善烟叶储备调节机制，积极应对国际、国内烟叶市场波动对行业整体发展的不利影响。

打叶复烤企业要依据全国烟叶资源状况，合理安排布局。必须坚定不移地按照国家局、总公司制定的“工商联手、共同投资”的要求，进行体制改革，组建有限责任公司，切实按公司制要求建立法人治理结构；国家局、总公司鼓励打叶复烤企业间输出管理与技术，有条件的可积极探索联合重组、托管等改革方案。必须严格执行《中华人民共和国烟草专卖法》，按照签订的加工合同进行复烤加工，严禁无合同、超合同加工，坚决杜绝加工系统外烟叶；要不断强化各项基础管理，稳定、提高产品质量。

（十一）加强组织领导，切实保证纲要贯彻落实

要统一思想，提高认识，切实把烟叶生产可持续发展规划作为一项事关行业全局的重大战略任务来抓。国家局、总公司成立烟叶生产可持续发展工作领导小组，指导、监督全国烟叶生产可持续发展工作；有关省级局、省级公司要设立专门机构，按照本纲要的精神和要求，结合实际，科学制定本省烟叶生产可持续发展规划，认真组织实施。在规划实施过程中，要尊重农民意愿，尊重自然规律和市场规律。要积极探索市场经济条件下规划实施的有效机制，努力改善和加强宏观调控，切实发挥规划的导向作用。要积极争取各级政府及有关部门的支持，加强综合协调，确保规划目标和任务得以顺利完成。

在本纲要实施过程中，将根据社会经济状况和行业发展环境的变化，适时调整预期发展目标和政策措施。为实现本纲要提出的目标，国家局、总公司将分阶段制定配套文件并陆续发布。

国家烟草专卖局印发关于进一步规范“两烟”生产经营秩序的纪律要求的通知

（2006年3月30日　国烟监〔2006〕225号）

行业各直属单位，国家局、总公司机关各部门、各单位：

为认真贯彻落实党中央、国务院关于开展治理商业贿赂专项工作的部署要求，进一步规范“两烟”生产经营秩序和加强专卖管理，强化内部监督检查，严格责任追究制度，从源头上预防和治理腐败，现将《关于进一步规范“两烟”生产经营秩序的纪律要求》印发给你们，请各单位认真抓好落实。各工商企业要严格遵照执行，各级纪检监察机构和有关部门要加强监督检查，严肃执纪，确保“两烟”生产经营活动规范有序，确保烟草行业持续稳定协调健康发展。

关于进一步规范“两烟”生产经营秩序的纪律要求

为进一步规范“两烟”生产经营秩序和加强专卖管理，现重申如下纪律要求。

一、烟叶生产经营企业必须严格按照国家下达的计划种植烟叶，不得无合同、违反合同规定收购烟叶，不得跨地区收购烟叶，不得违反国家标准和收购价格压级压价或提级提价收购烟叶。

二、打叶复烤企业严禁无合同加工烟叶。

三、卷烟工业企业必须严格执行卷烟生产计划，不得超产、瞒产。

四、卷烟工业企业不得以任何形式向经销卷烟的

商业企业提供钱物进行卷烟促销活动。

五、烟草商业企业不得以任何名义、任何理由收受和索要卷烟工业企业钱物；工作人员（包括访销员、配送员、烟叶技术员）一律不得收受卷烟工业企业以各种名义发放的奖金、补贴和贵重物品。

六、烟草工商企业严禁搞“两烟”体外循环，不得以任何理由通过非正常渠道进行卷烟、烟叶交易。

凡违反上述纪律要求的，相关领导和责任人一律先停职，然后视情节轻重给予相应的党纪政纪处分，触犯刑律的移交司法机关处理。

专卖管理

国家烟草专卖局关于印发《烟草专卖执法过程中涉案卷烟价格管理暂行规定》的通知(摘要)

（2006 年 1 月 19 日　国烟计〔2006〕67 号）

各省级局（公司）：

为加强行业内部监管，规范卷烟价格管理和专卖执法行为，现将《烟草专卖执法过程中涉案卷烟价格管理暂行规定》印发给你们，请遵照执行，并将执行中出现的问题及时报国家局。

烟草专卖执法过程中涉案卷烟价格管理暂行规定

第一章　总　则

第一条　为加强行业内部监管，进一步规范专卖执法行为，不断完善卷烟价格管理，根据《中华人民共和国烟草专卖法》及其实施条例、《中华人民共和国行政处罚法》、《中华人民共和国拍卖法》及其他有关法律法规，制定《烟草专卖执法过程中涉案卷烟价格管理暂行规定》（以下简称《暂行规定》）。

第二条　烟草专卖执法过程中涉案卷烟（包括雪茄烟，下同）包括依法予以罚款的卷烟、收购的卷烟、没收的真品卷烟，以及依法查获的假冒商标卷烟（以下简称假烟）。

涉案卷烟价格管理包括涉案卷烟价值估算、收购价格、拍卖价格、销售价格和价格信息管理等内容。

第三条　国家局价格主管部门负责全国烟草专卖执法过程中涉案卷烟价格管理工作。各省级局价格主管部门会同相关部门成立涉案卷烟估价小组，负责本省范围内涉案卷烟价格管理工作。省级局可根据本《暂行规定》规定所属各级专卖局的有关权限和职责。

第二章　涉案卷烟的价值估算

第四条　涉案卷烟应按以下程序进行价值估算：

（一）涉案卷烟在规定的卷烟质量监督检测机构鉴定真假后，方可进行价值估算。卷烟真假鉴定可由委托估价方进行，也可应委托估价方要求由烟草专卖局涉案卷烟估价小组委托规定的烟草行业产品质量监督检验机构进行。

（二）委托估价方填写《卷烟价值估算申请表》（附件 1）及《申请价值估算卷烟明细表》（附件 2），与质量监督检验机构出具的卷烟鉴别检验报告一并报送烟草专卖局涉案卷烟估价小组。

（三）烟草专卖局涉案卷烟估价小组接受《卷烟价值估算申请表》后，根据《申请价值估算卷烟明细表》抽取样本，填写《申请价值估算卷烟抽样表》（附件 3）进行价值估算，并出具估价意见书（附件 4）。估价意见书出具时间原则上为接受委托之日起 4 个工作日内，节假日顺延。

抽样办法：与质量监督检验机构配合，共同抽样，相同牌号规格的成品烟不超过两条（200 支/条）或 20 盒，散支烟不超过 200 支。

第五条　人民法院、人民检察院、公安机关各自管辖的刑事案件，涉及到扣押、追缴、没收卷烟的价格不明、价格难以确定，要求烟草专卖局估价的，烟草专卖局有义务独立或配合上述部门委托的估价机构出具估价意见书。

第六条　在运输或销售环节依法查获的涉案真品

卷烟，按该产品在查获地执行的统一批发价格目录对应的批发价格进行价值估算。查获地统一批发价格目录中没有该产品的，按该产品在全国统一批发价格目录对应的批发价格进行价值估算。全国统一批发价格目录中没有该产品的，按目录中同类产品的平均批发价格进行价值估算。

同类产品指包装和卷制技术、感官质量、主流烟气成分等近似的卷烟。同类产品的选取不得少于3种。

第七条 在生产、运输或销售环节依法查获的涉案假烟，有标价的，以标价进行价值估算；没有标价的，按照同类真品卷烟的市场中间价进行价值估算。同类真品卷烟的市场中间价按第六条的规定执行。假烟价值难以确定的，按照有关规定委托指定的估价机构确定。

第三章 收购卷烟的收购价格

第八条 依法收购卷烟的收购价格，按该产品在收购行为发生地执行的统一批发价格目录里对应的批发价格的70%计算。收购行为发生地统一批发价格目录中没有该产品的，按该产品在全国统一批发价格目录对应的批发价格的70%计算。

第九条 依法收购卷烟如果有包装破损、出厂时间超过两年等情况，可以酌情降低收购价格，但不得低于统一批发价格的50%。

第四章 涉案真品卷烟的销售价格

第十条 依法收购和没收的真品卷烟除了按规定在烟草拍卖行进行拍卖外，其余全部移交销售部门入网销售。通过烟草拍卖行拍卖的卷烟，买受人应当全部移交销售部门入网销售。

执法部门移交的涉案真品卷烟，销售部门应当接受并指定专门的卷烟零售店设立专柜零售涉案真品卷烟，并按国家局及各省级局相关规定实行明码标价。

第十一条 涉案真品卷烟，完好无损的，应按该产品的统一批发价格销售。统一批发价格目录中没有该产品的，应按第六条相关规定确定销售价格。

第十二条 有包装破损、出厂时间超过两年等情况的卷烟，可以酌情在该产品统一批发价格基础上降低一定幅度销售，但不得低于统一批发价格的80%。

第十三条 拍卖行根据委托人提交的涉案收据、处理决定书、鉴别检验报告、估价意见书、价值估算及破损情况等确定委托底价，其中收购卷烟的委托底价不得低于收购价格。

第十四条 涉案真品卷烟拍卖中发生的手续费和其他相关费用，按照《拍卖法》和《烟草拍卖行拍卖规则》等规定收取。

第五章 涉案卷烟价格信息管理

第十五条 国家局在行业生产经营决策管理决策系统上建立专门的涉案卷烟价格管理信息模块，对涉案卷烟价格信息进行管理。

第十六条 国家局建立全国涉案卷烟价格目录，各省级局建立本省涉案卷烟价格目录。做出与涉案卷烟有关的价格认定按季度汇总后报国家局备案。

第六章 附 则

第十七条 罚款和没收真品卷烟的变价款应当按相关规定上缴财政。通过烟草拍卖行进行拍卖的没收真品卷烟，其拍卖成交价金扣除支付给拍卖行的拍卖费用后全部上缴财政。

第十八条 各省级局应严格遵守上述规定，将涉案卷烟价格管理纳入本省价格管理中，定期进行监督检查。

第十九条 本《暂行规定》由国家烟草专卖局负责解释。

第二十条 本《暂行规定》自发布之日起执行。

附件1：卷烟价值估算申请表（略）
附件2：申请价值估算的卷烟明细表（略）
附件3：申请价值估算的卷烟抽样表（略）
附件4：估价意见书（略）

国家烟草专卖局关于开展行业内部专卖管理监督检查的通知（摘要）

（2006年1月17日 国烟专〔2006〕56号）

行业各直属单位：

为认真贯彻全国烟草工作会议对加强内部管理监督工作的要求，继续深入推进加强行业内部管理监督工作，进一步规范行业内的生产经营秩序，切实加强日常监督和同级监督，保障行业改革与发展的顺利推进，确保行业健康发展，国家局决定对2005年行业内企业烟草专卖品生产经营活动进行全面的专卖管理监督检查。现将有关事项通知如下：

一、检查对象和内容

检查的对象是行业内所有从事烟草专卖品（即卷

烟、雪茄烟、烟叶、复烤烟叶、烟草薄片、烟丝、烟机、卷烟纸、烟用丝束、滤嘴棒）生产经营以及进出口业务的企业（含控股企业）。

检查内容是以上企业2005年遵守《烟草专卖法》及其实施条例和国家局《烟草行业内部专卖管理监督实施意见》的情况。具体检查内容如下：

1. 对卷烟（雪茄烟、烟丝、烟草薄片）工业企业（含工业公司、卷烟总厂、集团公司）的检查内容：生产所需的烟叶、烟机、卷烟纸、烟用丝束等烟草专卖品的购进、使用、库存及报废处理情况；卷烟生产、销售、打码、扫码、库存、购销合同签订、准运证开具使用情况；试制烟、促销用烟的生产使用情况。重点检查有无违规购进、报废处理烟草专卖品的问题，有无超计划生产或瞒产的问题，有无不列入计划生产试制烟、促销用烟的问题，有无违规销售卷烟（雪茄烟、烟草薄片）的问题，有无违反准运证管理规定的问题，有无违反打码、扫码有关规定的问题等。

2. 对商业企业（含省级烟叶公司、卷烟销售公司）的检查内容：卷烟购进、销售、库存、购销合同签订、准运证到货确认、扫码等情况；烟叶生产、收购、调拨、销售、库存、购销合同签订、准运证开具使用以及专卖品报废处理等情况。重点检查有无违规购进卷烟的问题，有无虚假确认的问题，有无违反扫码有关规定的问题，有无拆单分摊、假入网、超许可范围销售卷烟的问题，有无超计划种植烟叶的问题，有无不按合同收购、跨区收购烟叶的问题，有无违规销售烟叶、报废处理烟叶的问题，有无违反准运证管理规定的问题等。

3. 对烟叶复烤企业的检查内容：烟叶复烤合同的签订、执行情况；烟叶的复烤加工、调拨情况；烟梗及有关废料的处理情况；准运证的开具使用情况。重点检查有无无合同、超合同加工的问题，有无超许可范围违规经营烟叶的问题，有无违规处理烟梗废料的问题等。

4. 对烟机、卷烟纸、烟用丝束、滤嘴棒等烟草专卖品生产经营企业（含省级物资公司）的检查内容：购销、加工、大修合同的签订、执行情况；烟草专卖品的生产、购进、销售、库存情况；准运证的开具使用情况；烟草专卖品的报废处理情况。重点检查有无违规销售、加工、报废处理烟草专卖品的问题，有无违反准运证管理规定的问题等。

5. 对烟草专卖品进出口企业的检查内容：进出口合同的签订、执行情况；进出口所需烟草专卖品的购进、销售、库存情况；准运证的开具使用情况；烟草专卖品的报废处理情况。重点检查有无违规购进烟草专卖品的问题，有无出口倒流问题，有无超许可范围销售的问题等。

二、检查时间和步骤（略）

三、几点要求

1. 各单位要充分认识开展行业内部专卖管理监督检查工作的重要性，切实加强组织领导，摆上重要的议事日程，尽快制订工作方案，进行安排部署，在人力、物力上给予充分的保障，确保行业内部专卖管理监督检查工作的顺利开展。

2. 各单位要求真务实，严肃认真地开展自查、复查工作，对行业内部烟草专卖品生产经营业务，要逐笔进行清查、核实，确保查出真实情况，如实反映存在的问题。要实行责任制，企业主要领导对自查结果的真实性负责，省级局领导对复查结果的真实性负责。

3. 各单位对查出的违规生产经营问题以及弄虚作假的问题，要进行严肃处理，按规定追究有关人员的责任。处理的原则是：哪一级检查发现的问题，由哪一级负责处理；国家局查出的问题，责成省级局处理，并追究存在违规问题的企业主要领导和省级局负责复查领导的责任。

4. 各单位要坚持边整边改的原则，针对发现的问题，认真进行整改，建立健全企业内控的制度和机制，切实提高自律能力，有效防范不规范问题的发生。各级局要进一步贯彻国家局《烟草行业内部专卖管理监督实施意见》，抓好专卖内管长效机制建设工作，要继续完善制度，充实监管力量，加强考核督导，严格落实各项工作措施，确保内部专卖管理监督效果。

国家烟草专卖局关于印发《烟草行业内部专卖管理监督考核暂行办法》的通知（摘要）

（2006年3月28日　国烟专〔2006〕217号）

行业各直属单位：

现将《烟草行业内部专卖管理监督考核暂行办法》印发给你们，请遵照执行。届时，国家局将按此办法对各省级局内部专卖管理监督工作进行考核。

烟草行业内部专卖管理监督考核暂行办法

第一章 总 则

第一条 为持久深入扎实地推进行业内部专卖管理监督工作，促进省级局认真履行内部专卖管理监督的职责，实现内部专卖管理监督制度化、规范化、日常化，切实加强对行业内部生产经营活动的全过程有效监管，进一步推动行业注重自律课题的解决，特制订本办法。

第二条 本办法遵循公平公正、客观评价、正确引导的原则，确定考核内容和考核方式，充分体现依法行政、依法管理、有效监管的要求，推动行业内部专卖管理监督工作整体水平的提高。

第三条 本办法适用于国家局对各省级局内部专卖管理监督工作情况的考核，考核实行百分制评价形式。

第二章 考核内容

第四条 考核内容主要是内部专卖管理监督各项制度措施的制订、完善、执行情况和内部专卖管理监督的实际效果。

内部专卖管理监督各项制度措施的制订、完善和执行情况方面的考核内容根据国家局有关内部专卖管理监督的工作要求和《烟草行业内部专卖管理监督实施意见》的有关规定确定。

内部专卖管理监督实际效果方面的考核内容根据各省级局辖区行业内部企业依法依规组织生产经营情况确定。

具体的考核内容见附件。

第三章 考核方式

第五条 考核采取定期考核和日常检查相结合的方式进行。定期考核每年进行一次，一般在年底组织；日常检查不定期进行。

第六条 定期考核由国家局组成工作组对各省级局进行全面考核，采取听汇报、查阅有关文件和工作记录、对省级局专卖部门和联系单位进行现场考察、征求有关监管对象的意见等形式进行考核，重点解决内部专卖管理监督各项制度措施的制订、完善和执行的问题。

第七条 日常检查由国家局直接组成工作组对企业规范经营情况进行检查，或从市场上查处的案件等方面查找线索责成省级局进行查处，重点解决“两烟”体外循环问题，通过检查企业规范经营情况反映内部专卖管理监督的实际效果。

第四章 结果通报和责任追究

第八条 年度考核结束后，国家局在全行业通报内部专卖管理监督考核结果，对考核优秀的单位进行表扬，对存在问题较多的单位进行批评教育并限期整改。考核结果要作为对各省局领导干部年度业绩评定、奖励惩处的重要依据。

第九条 对于年度内部专卖管理监督考核不合格的，追究省级局有关领导及专卖部门负责人监管不作为的责任。

第十条 定期考核和日常检查的工作人员营私舞弊、滥用职权、违反有关规定的，根据情节追究有关当事人的责任。

第十一条 本办法由国家局负责解释。

第十二条 本办法自发布之日起施行。各省级局要参照本办法，制订考核地市局内部专卖管理监督工作的相应办法。

附件：2006年省级局内部专卖管理监督考核内容及评分标准明细表（略）

国家烟草专卖局关于卷烟准运证实行统一管理的通知（摘要）

（2006年6月29日 国烟专〔2006〕445号）

各省级局（公司）、工业公司：

为适应烟草行业企业组织结构调整和卷烟交易模式变化的要求，进一步规范卷烟流通秩序，提高准运证管理水平，国家局决定对省际、省内卷烟准运证实行统一管理。现将有关事项通知如下。

一、统一适用时间和应用平台

自2006年7月1日零时起，卷烟准运证不分省内、省际统一纳入国家局升级后的准运证管理系统进行管理，并统一使用国家局印制下发的2006版准运证。省内卷烟准运证可以使用原管理办法过渡1个月。自2006年8月1日零时起，各省级局准运证管理系统开具的卷烟准运证、手工开具的卷烟准运证无效。2006年上半年未执行完的卷烟合同、出口卷烟合同，仍按原管理办法，使用原准运证管理系统执行至2006年7月31日止。

二、统一适用范围

自2006年7月1日起，运输工商交易卷烟、商商交易卷烟、工业企业联营加工卷烟、退货卷烟，应开具准运证，收货方应同时进行实物信息和准运证信息确认；运输进出口卷烟、罚没拍卖卷烟、手卷雪茄烟、工商企业移库卷烟、补货或置换卷烟等，应开具准运证，收货方应进行准运证信息确认；运输品吸卷烟、新产品促销卷烟、检测用卷烟及其他非交易用烟，应开具准运证，申请单位对所运输卷烟的流向负责，不做到货确认；已实行卷烟统一配送的地区，配送卷烟不开准运证，配送单必须随货同行；卷烟配送需跨地区运输的，不开准运证，由毗邻地区协商管理办法。

三、统一管理流程

（一）准运证申请。持有国家局核发的身份认证卡的企业，登录国家局准运证管理系统（网址：zyz. tobacco. gov. cn），网上提交办理准运证申请。具有法人资格的卷烟工商企业（包括进出口公司）运输卷烟的，向货物所在地有权签发准运证的烟草专卖局提出办理申请；非独立法人的卷烟工业企业运输卷烟的，应由其所属的具有法人资格的卷烟工业企业提出准运证办理申请。烟草拍卖行运输拍卖卷烟的，向货物所在地的省级烟草专卖局提出办理申请。交易类型的卷烟运输，可以一份合同申请开具一份准运证，也可以多份合同申请开具一份准运证。非交易类型的卷烟运输，应网上提交申请书，同时提交其他书面证明材料，一份申请书可以申请开具多份准运证。准运证申请单位在准运证申请未经审批之前，可以撤回申请。

（二）准运证审批。国家局及省级烟草专卖局、地（市）级烟草专卖局为准运证的审批机关。审批机关网上审批准运证时，应重点审查申请单位的资质、合同的有效期限、申请书申明的理由、发货到货地点、准运证有效期限等内容。准运证的网上审批由经办人和审批人共同完成，经审批人授权的，也可由经办人独立完成。审批机关收到准运证申请，应在1个工作日内完成审批，遇有系统故障等特殊情况的，应在3个工作日内完成审批。对准运证申请作出不予办理决定的，应说明理由并告知申请单位。

（三）准运证制作。网上审批同意的准运证，可由审批机关、审批机关指定的机关或申请单位中的工业企业打印制作，卷烟商业企业、进出口公司、烟草拍卖行不打印制作准运证。审批机关指定的准运证打印制作机关应为货物所在地有权签发准运证的烟草专卖局。审批机关决定准运证的打印制作单位。卷烟工业企业具备准运证打印制作条件的，审批机关应准许其打印制作审批同意的准运证。卷烟工业企业打印制作准运证，应在审批同意后的4日内完成，4日内未完成准运证打印制作的，应由审批机关打印制作。准运证有效期自准运证打印制作之日起计算。准运证作废按照国家局下发的关于省际准运证作废管理的规定执行。

（四）到货确认。凭准运证运输的卷烟，除品吸卷烟、新产品促销卷烟、检测用卷烟及其他特例外，不分省内、省际，均应进行到货确认。卷烟到货确认按照国家局下发的关于省际卷烟到货确认的规定执行。代理卷烟出口的进出口公司，根据准运证和出口报关单，在准运证签发后的60日内完成出口确认。使用二维条码技术，加强对卷烟出库、到货确认管理。准运证的全部信息加密自动生成二维条码并打印在准运证上，卷烟调出单位先扫描准运证上的二维条码，再扫描实物条码，完成卷烟出库。烟草行业卷烟生产经营决策管理系统以二维条码的扫描为出库依据。卷烟收货单位通过扫描二维条码和实物条码，完成实物到货确认。

（五）文档管理。卷烟准运证使用国家局统一印制的2006版准运证。套印有“烟草专卖品准运证专用章”的空白准运证，由国家局分发给各省级烟草专卖局，省级烟草专卖局分发给地（市）级烟草专卖局或卷烟工业企业，地（市）级烟草专卖局分发给辖区内的卷烟工业企业。空白准运证逐级分发的信息，应记录在准运证管理系统中，系统中无记录的空白准运证不得使用。已使用的准运证，由收货方归档保存，作废的准运证由审批机关归档保存。准运证审批机关、具有准运证打印制作权限的卷烟工业企业，可通过系统打印已开具的准运证进行归档保存。

四、其他事项

（一）合同随货同行。卷烟交易管理模式改变后，省内、省际卷烟交易采用统一的合同样式（见附件）。根据合同开具准运证的，合同应随货同行。

（二）系统登录。卷烟准运证申请人、经办人、审批人、制证人、到货确认人，需持国家局核发的身份认证卡登录系统，进行相关的业务操作。省级烟草公司、工业公司凭国家局核发的用户名和密码登录系统，进行相关数据的查询。所有用户均可查询单份准运证的信息。

（三）个人携带卷烟。个人携带卷烟（雪茄烟）10条以上的，必须开具《烟草专卖品个人携带证》。个人携带卷烟每人每次不得超过50条。企业运输品吸卷烟、新产品促销卷烟、检测用卷烟等，不得使用个人携带证。

附件：电子交易专用合同（卷烟）样式（略）

生产经营

国家烟草专卖局关于调整卷烟分类标准的通知

（2006年6月7日　国烟办〔2006〕384号）

行业各直属单位，中国卷烟销售公司，中国烟草进出口（集团）公司，中烟电子商务公司，中国烟草实业发展中心：

为准确反映、研究不同档次卷烟在生产和消费环节的实际情况，加强行业宏观调控和经济运行分析，决定从明年起执行新的卷烟分类标准。现将有关事项通知如下：

一、新的卷烟分类标准

一类卷烟：每标准条（200支）不含增值税调拨价100元以上；二类卷烟：每标准条（200支）不含增值税调拨价50元（含）~100元；三类卷烟：每标准条（200支）不含增值税调拨价30元（含）~50元；四类卷烟：每标准条（200支）不含增值税调拨价16.50元（含）~30元；五类卷烟：每标准条（200支）不含增值税调拨价低于16.50元。

二、实施时间

新的卷烟分类标准于2007年1月1日起施行。为保持统计口径的连续性、完整性和可比性，2006年仍按现行分类标准进行考核。

三、相关要求

各单位要按照新标准的实施时间，提前做好卷烟分类新旧标准数据口径调整、各业务系统相关信息更新等准备工作，保证卷烟分类数据的准确性；要在按现行卷烟分类标准上报统计数据的同时，将2006年数据按新的卷烟分类标准进行分类，以保证2007年与2006年同期卷烟分类数据的可比性。

从2006年10月1日起，国家局将通过行业卷烟生产经营决策管理系统工商数采系统按新旧标准同时提供统计数据，请各单位加大、加快数据清理核对工作的力度、进度，保证数据的准确性、及时性和全面性，以加强经济运行分析和宏观调控工作。

国家烟草专卖局关于加强烟叶基层建设的决定

（2006年11月3日　国烟办〔2006〕771号）

行业各直属单位：

烟叶是烟草行业发展的基础，加强烟叶基层建设是巩固烟叶基础地位的关键，是保障烟草行业平稳健康发展重要的先行性工作。认真贯彻落实国务院有关文件，推进烟草行业改革和发展，取消县级烟草公司法人资格，对烟叶基层工作提出了新的更高的要求。为切实加强烟叶基层建设，高度重视烟叶的基础地位，把烟叶生产摆在更加突出的位置，现作出如下决定：

一、充分认识加强烟叶基层建设的重要性

近年来，烟草行业高度重视烟叶工作，出台了一系列支持烟叶生产的政策措施，烟叶工作得到明显加强，为行业的平稳健康发展发挥了重要的支撑作用。

但应该看到，烟叶工作依然是行业相对薄弱的环节，处于烟叶工作一线的县级烟草部门、烟叶基层站（点）和打叶复烤企业等基层单位，体制机制仍需完善、队伍素质有待提高、基础管理需要加强、基础设施建设刚刚起步，烟叶工作各项任务依然十分艰巨。特别是随着行业改革和发展全面推进，取消县级烟草公司法人资格后，烟叶基层面临许多新的情况和问题，烟叶管理不到位的现象时有发生，基层工作力度在部分地区存在被削弱的状况。

烟叶基层承担着烟草行业十分重要的职能和任务。在新的形势下，加强烟叶基层建设，是落实科学发展观和构建社会主义和谐社会的客观要求，是加强“三农”工作和建设社会主义新农村的具体体现，是实现工业反哺农业和建立支农惠农机制的根本措施，是满足卷烟工业企业原料需求和培育中式卷烟大品牌的基础保障。随着取消县级烟草公司法人资格和理顺行业资产管理体制的实施，加强烟叶基层建设，有利于烟叶基层更好地履行职责、充分发挥职能作用，有利于解决烟叶发展中面临的矛盾和问题、增强烟叶自我发展能力，有利于巩固烟叶生产的基础地位、推动烟草行业平稳健康发展。

经过近几年的改革和发展，烟草行业经济效益持续提高，中国烟草总体竞争实力不断增强，现阶段全面加强烟叶基层建设具备较为有利的条件。全行业要从构建社会主义和谐社会，促进烟草行业持续健康发展的战略和全局高度，充分认识加强烟叶基层建设的重要性，切实增强责任感和紧迫感，认真按照国家局、总公司的总体部署，真正把加强烟叶基层建设作为烟叶工作的重中之重，确保烟叶基层建设各项工作任务扎实有效地推进。

二、加强烟叶基层建设的总体要求和原则

加强烟叶基层建设的总体要求是：认真贯彻落实国务院有关文件精神，按照烟草行业改革和发展的总体部署以及《中国烟叶生产可持续发展规划纲要（2006～2010）》，坚持“重心下移、着眼基层、突出服务、加强基础”的方针，通过健全机构、加强管理、改善服务、完善设施、规范用工、提高素质，不断增强烟叶基层活力，全面提升烟叶工作水平，切实巩固烟叶基础地位，为卷烟工业企业提供优质原料，保障烟草行业的平稳健康发展。

在加强烟叶基层建设过程中，要始终坚持以下原则：

（一）统筹协调、分类指导的原则。把烟叶基层建设放在烟草产业链和地方经济社会大环境中通盘考虑，牢固树立和认真落实科学发展观，统筹协调局部建设与整体配套、硬件建设与软件建设、短期投入与长远发展以及烟草农工商、行业与社会、自然与经济等各种关系。针对各单位实际情况，坚持因地制宜，分类指导，科学规划，分步实施。重视发挥先进典型的示范和带动作用。

（二）突出重点、注重实效的原则。立足各单位客观条件，整合资源，着力解决制约烟叶基层发展的瓶颈性问题，高度重视基层站建设和信息化建设，切实加强基础管理和完善基础设施，扎实推进队伍建设，努力提高服务水平。从推动烟叶生产可持续发展的实际出发，突出特色，不强求一律；注重实效，不搞形式主义；真抓实干，不做表面文章。

（三）以人为本、立足发展的原则。坚持以人为本，尊重人、理解人、关心人，努力提高队伍素质和促进人才发展，充分调动各方面的积极性和创造性，实现好、维护好、发展好广大烟农和烟叶基层职工的根本利益。始终把发展作为第一要务，通过发展的办法解决烟叶基层建设面临的矛盾和问题，更好地保障广大烟农、基层职工以及各方面的合理利益。

三、加强烟叶基层建设的主要政策和措施

（一）完善机制，明确职能，切实加强烟叶基层建设的组织和体制保障

1. 明确地市级烟草公司的职能定位。地市级烟草公司是烟叶基层建设的组织和实施主体，担负着基层建设的主要职责。地市级烟草公司要进一步明确职责，切实加强烟叶生产经营组织与管理职能，进一步优化组织结构，理顺工作流程，逐步实现统一生产组织、统一烟叶经营、统一物资采购、统一财务管理、统一绩效考核。

2. 强化县级烟草公司工作职能。取消县级烟草公司法人资格后，县级烟草公司的名称保持不变或改为县烟草分公司，内部负责烟叶工作的职能机构不能减少，从事烟叶工作的人员力量不能削弱。县级烟草公司要突出加强管理和服务职能，主要承担合同管理、生产管理、收购管理、质量管理以及技术服务等职能任务。县级烟草专卖局的行业管理职能要进一步加强。

3. 着力把基层站建设成为烟叶工作站。基层站在巩固烟叶收购功能的同时，要发展成为综合性的烟叶工作站，突出抓好烟叶种植收购计划落实、合同签订和专业化、社会化服务工作，不断充实完善“组织生产、收购烟叶、供应物资、指导培训、技术服务、基础建设”等项功能。按照“合理规划、相对集中、方便烟农、有利管理”的原则，进一步优化基层站布局。

4. 加强打叶复烤企业管理。加快公司制改造步伐，除了尚未改制的卷烟工业企业的复烤车间和拟关停破产的以外，其余打叶复烤企业要在一年内全部改制完毕。改制后打叶复烤企业要按照现代企业制度建立健全法人治理结构。打叶复烤企业的行业管理实行属地管理，由所在地烟草专卖局负责；资产管理按照“谁投资、谁管理”的原则，由股东依法履行出资人职责。严格执行“原烟交接、委托加工”政策，强化内部管理，按合同加工烟叶。加快技术改造，完善工艺措施，改进加工质量，提高服务水平。

（二）加强管理，严肃纪律，努力构建良好的烟叶生产经营秩序

1. 加强专卖管理。加大烟叶种植、收购、调拨、加工各环节专卖管理力度，严肃执行国家计划，严格落实合同制，坚决杜绝烟叶体外循环，严厉打击违法违规生产、购销、加工、经营烟叶行为。建立和完善行业内部管理监督长效机制，注重行业自律，突出监管重点，加大监管力度。继续深入推进整顿规范工作，巩固烟叶流通秩序整顿规范成果，不断强化专项检查。

2. 加强合同管理。以合同为主线，优化烟叶工作流程，理顺烟叶种植、收购、调拨、加工各环节关系，规范各相关主体的行为。严格按国家计划签订合同，严格按合同组织烟叶种植，严格按合同进行收购，严格按合同加工烟叶。要按照国家局印发的合同管理办法，规范合同文本，明确合同签订程序，健全合同档案，完善合同管理的各项规章制度，严格按合同履行义务和责任，把合同签订与执行情况纳入绩效考核与奖惩体系，推进合同管理走向规范化和制度化。把加强合同监督检查作为行业内部管理监督工作的一项重要内容，突出过程控制，确保严格执行，不断提高合同管理水平。

3. 加强财务管理。推行全面预算管理，实行“收支两条线”，既要实现资金管理的集中统一，又要切实保障县级烟草公司的正常经费支出，充分调动各方面的积极性。加强成本费用控制，根据各单位实际情况，合理确定成本费用定额标准，厉行节约。规范烟叶生产补贴，严格执行补贴政策要求，要在烟叶种植收购合同中明确补贴项目、统一补贴标准，要加强补贴资金的管理，确保用于扶持烟农和支持烟叶生产。加强烟叶基础设施建设资金的监管，对项目预算、进度资金拨付、结算资金拨付等关键环节要严格把关。加强烟叶收购资金管理，统一筹措和高效利用收购资金并按照“方便烟农、保障安全”的原则，完善资金支付方式，有条件的单位要探索委托地方金融部门代办烟叶款项支付业务。加强国有资产经营管理，加大审计监督力度，确保国有资产的保值增值。

4. 加快信息化建设。按照国家局《数字烟草发展纲要》要求，制订烟叶信息化建设总体规划，推动烟叶信息管理基础软件在基层的全面实施，逐步解决与行业卷烟生产经营决策管理系统的对接。加大资金投入，建立基层信息数据快速传输网络平台，更新完善基层信息化硬件设备，力争在“十一五”期间基本形成体系完备、功能齐全、数据真实、反馈灵敏的烟叶基层信息网络体系。强化基层业务人员的信息化专项培训，建立健全基层信息人才培养、使用的长效机制。全面树立数字化管理理念，提高基层信息化管理水平。

（三）改善服务，优化分工，不断提高烟叶基层服务水平

1. 增强服务意识。牢固树立全过程、全环节和全员服务思想，坚持把优质高效服务贯穿于烟叶生产经营的始终。严格执行国家标准，提高烟叶收购和工商交接等级合格率，严格按加工协议规定的技术标准加工烟叶，严把加工质量，真正让烟农满意、让客户满意。进一步转变工作作风，改进工作方式，突出服务抓生产，突出服务抓管理，突出服务抓技术，不断提高服务质量和水平。上级部门要面向基层，深入基层，切实搞好服务工作，努力为烟叶基层建设提供良好环境和有力保障。

2. 优化专业分工。发展烟叶专业化服务组织和烟农互助合作组织，积极争取地方人民政府的领导和支持，充分调动各种力量开展专业化服务，努力构建烟叶生产专业化、社会化服务体系。创新烟叶生产组织方式，积极推进市场化运作的专业化服务，减轻烟农劳动强度和技术复杂程度。大力推行集约化育苗、商品化供应，积极探索集约化烘烤方式，努力提高烟叶技术和质量水平。创新烟叶收购组织方式，全面推广入户预检制，完善预检手段和措施，探索进村入户集中运输烟叶的可行方式，切实为烟农交售烟叶创造便利条件。积极培育专业户、科技户、示范户，支持发展烟叶适度规模种植。

3. 注重技术服务。完善烟叶基层技术推广机构，探索切实可行的技术推广模式，充实基层技术服务队伍，加大烟叶适用技术研发推广力度，寓技术于服务之中，加强技术管理，不断提高烟叶适用技术入户率、到位率和贡献率。要突出提高服务质量，拓展服务领域，提高服务水平。巩固县级烟草公司技术推广主导地位，建立产学研相结合、涉农企业及广大烟农广泛参与、分工协作、服务到位、充满活力的基层技术推广服务体系。

4. 创新服务手段。在完善烟农技术服务手册基础

上，积极利用电话、广播、电视、互联网等多种现代信息技术，建立面向烟农的技术服务平台，改善服务手段。完善烟农户籍化管理系统，开发先进适用的生产技术管理信息系统，提高服务效率，改善服务质量。实施烟叶种植、收购和加工全面质量管理，推行烟叶良好农业操作规范（GAP），完善烟叶身份标识系统，建立烟叶质量追踪和反馈体系，不断提高烟叶质量控制能力。

（四）完善设施，改善条件，切实提高烟叶生产可持续发展的保障能力

1. 推进烟叶生产基础设施建设。认真落实国家局加强烟叶生产基础设施建设工作的各项要求，在总结经验、完善办法、加强管理、明确责任的基础上，继续推进以烟水配套工程和集约化烘烤工程为主的烟叶生产基础设施建设，确保到“十一五”末期基本完成3000万亩基本烟田的基础设施配套建设工作，切实提高烟田综合生产能力和烟叶质量水平。

2. 加强烟叶基层站建设。制定基层站建设规划，按要求统一基层站建设标准和建筑规范，力争到“十一五”末期全国初步建成2000个左右设计合理、功能齐全、环境良好、管理高效的标准化基层站，统一名称格式和外观标识。以地市级烟草公司为投资主体，加大资金投入力度，完善基层站各项基础设施，改善基层员工的工作与生活条件。把信息化建设作为基层站建设的重要内容，逐步增加硬件设备，更新软件系统，加强技术培训。

3. 优化整合烟叶收购点。根据各地烟叶生产收购的实际需要，优化整合规模偏小、设施落后、所在地区烟叶种植无发展前景的烟叶收购点，力争到“十一五”末期把现有4622个收购点精简优化至2000个左右。对受影响的烟叶产区要积极改进收购方式，提高收购效率，切实方便烟农卖烟。各单位要本着经济实用的原则，对拟保留的烟叶收购点积极加以建设。要妥善处理好烟叶收购点的闲置资产，避免国有资产的损失和浪费。

4. 加强烟叶仓库建设。按照科学规划、统筹安排、合理布局的原则加强烟叶中转仓库和打叶复烤企业仓库建设，完善仓储设施。烟叶中转仓库由地市级烟草公司统一投资建设，打叶复烤企业仓库由股东单位投资建设。建立完善烟叶仓储管理办法，规范烟叶流程，加强仓储周转管理，提高仓库利用效率。

（五）依法用工，规范管理，为烟叶基层队伍建设奠定扎实基础

1. 依法规范用工。增强法律意识，按照《中华人民共和国劳动法》及行业的有关规定，健全劳动人事管理制度，完善管理办法。依法规范劳动关系，结合企业实际情况，根据不同的类型和岗位要求签订劳动合同。切实加强劳动合同管理，依法做好劳动合同的订立、续订、变更、解除、终止等各环节工作，有效发挥劳动合同的激励约束作用。按照有关法律及政策规定，缴纳各种社会保险，完善劳动保护制度。

2. 做好“四定”工作。进一步规范烟草商业企业劳动用工管理，在制订方案、搞好试点、总结经验的基础上，全面开展“定岗、定员、定责、定薪”工作。各烟叶产区要根据商业企业“四定”的总体要求和业务开展的实际需要，对包括烟叶生产技术辅导人员在内的基层三员队伍核定编制，明确标准，择优录用，竞聘上岗。进一步完善人员管理和绩效考核办法，建立有效的激励和约束机制，促进各类人才健康成长。

3. 完善收入分配办法。根据有关政策规定，进一步规范工资发放行为，严格工资开支范围。坚持市场取向的工资制度改革，结合“四定”工作，以劳动力市场价位为指导，合理确定各岗位的工资标准、工资结构和各类人员的收入水平，注重分配过程的公平，加强对分配的监管。要本着尊重历史、面对现实、共享发展的原则，妥善处理好职工之间的收入差距，尊重、理解、关心和爱护各类职工，努力营造和谐稳定的良好局面。

4. 全面推行持证上岗。烟叶基层队伍要全面实行持证上岗，到“十一五”末期县级烟草公司分管烟叶的领导、烟叶基层站站长应取得高级工以上职业资格或初级以上专业技术职称。全面组织基层烟叶生产技术人员参加专业技术培训与评定以及职业技能培训与鉴定，着力培养一批具有中高级技术职称或具有技师、高级技师职业资格的技术骨干。通过职业技能竞赛、练兵比武、技术创新和技术能手评选表彰等活动，在烟叶基层各类人员中不断发现和选拔高技能人才。

（六）提高素质，增强能力，积极建设一支符合行业发展要求的烟叶基层人才队伍

1. 严格选人用人标准。创新选人机制，拓宽选人渠道，通过公开考试、择优录用，积极引进优秀人才，不断充实人才队伍。新进人员要具备中专以上文化程度，同时要从思想品德、综合知识、专业技术技能等方面加强考查，严把人员入口关。完善考核评价制度，对不具备相应资格和素质的人员要加大培训力度，不断优化现有人员结构。建立健全人才流动机制，加大人才横向与纵向交流力度，加强人才资源的统一规划、统一调度和统一使用，努力实现人才资源的优化配置。

2. 搭建人才成长通道。结合“四定”工作，在烟

叶基层设置管理岗位和专业技术、技能岗位系列，进一步深化人事用工制度改革，建立完善全员竞争上岗和淘汰机制，对行业内各类人才，包括聘用员工，坚持统一标准，一视同仁，公平竞争，搭建通畅的人才成长通道。在实行评聘分开制度的前提下，全面推行专业技术、技能岗位的评聘工作，对聘用的专业技术、技能人员给予相应的报酬，对有特殊贡献的给予特殊奖励。凡符合条件的人员都可以参与管理岗位和专业技术、技能岗位的竞聘。

3. 大规模开展教育培训。制定烟叶基层队伍教育培训规划，明确教育培训目标，落实教育培训时间，保证教育培训经费，确保通过 3 至 5 年的努力，所有烟叶基层人员都参加形式多样的教育培训。充分发挥省级烟草公司和地市级烟草公司的培训主体作用，完善分级教育培训体系，拓宽教育培训渠道，构建多层次、多渠道的大规模教育培训新格局。建立健全教育培训档案，实行教育培训管理目标责任制，切实加强对教育培训的考核与评估。加强对烟农队伍的教育培训，不断提高烟农队伍的整体素质，努力建设一支稳定的新型烟农队伍。

4. 切实加强思想道德建设。牢固树立“八荣八耻”的社会主义荣辱观，进一步匡正行业风气，提高文明程度，推进和谐烟草建设，努力提高员工思想道德水平。深入开展“‘两个至上’在岗位”的主题实践活动，以是否符合国家利益和消费者利益为标准，指导和规范每一名员工的思想和行为，切实提高员工职业道德修养。切实加强企业文化建设，培养员工的爱岗敬业精神，丰富员工业余文化生活，提高员工的归属感和忠诚度，激发员工的工作激情。营造基层良好的学习氛围，促使员工不断更新知识，增强创新能力，努力提高自身综合素质。

（七）明确责任，狠抓落实，切实加强对烟叶基层建设工作的组织领导

烟叶基层建设是一项复杂而艰巨的系统工程，涉及面广，内容复杂，工作量大，要制订细致可行的工作方案，层层明确目标责任，切实提高执行力。烟叶主产区各级烟草公司要把加强烟叶基层建设作为“一把手”工程，列入党组（党委）重要议事日程，制定工作规划，狠抓工作落实。省级烟草专卖局（公司）要加强基层建设的组织领导，根据本决定精神制订具体实施意见。烟叶主产区地市级烟草公司主要负责人要把主要精力放在烟叶生产和经营管理方面，全面推动基层建设工作开展。要积极争取地方党委、政府的领导和支持，千方百计地为烟叶基层解决实际困难。要建立科学的考核奖惩体系，把基层建设的目标、标准、内容纳入到各单位绩效管理之中。要深入检查指导，解决基层建设中的问题，保障加强基层建设各项工作平稳有序地开展。

国家烟草专卖局关于下达2006年烤烟调拨基准价格和打叶复烤加工费用标准的通知

（2006 年 3 月 21 日　国烟计〔2006〕206 号）

各省级局（公司）、工业公司，中国烟叶公司：

现将2006年烤烟调拨基准价格（见附件）和打叶复烤加工费用标准下达给你们，并将有关事项通知如下：

一、各烟叶产区省级公司可以根据烟叶市场供求状况，在国家局制订的烟叶调拨基准价格基础上不超过15%的范围内浮动，确定实际调拨价格。各省级公司和工商企业必须严格执行国家局关于烟叶调拨价格的有关政策规定，不得擅自扩大烟叶调拨价格浮动幅度。

二、2006年片烟加工费用标准为每吨成品片烟2100元（不含增值税）。各烟叶产区省级公司及打叶复烤企业和卷烟工业企业必须严格执行，严禁以各种名目降低加工费用标准。

三、各烟叶产区省级公司所制订的烤烟、白肋烟和香料烟实际调拨价格应在全国烟叶调拨会议之前报国家局备案。

认真执行国家局下达的烟叶调拨价格和片烟加工费用标准，是烟叶生产平稳发展的重要保证，是提高行业经济运行质量的重要保证。各产区省级公司、各工业公司及卷烟工商企业必须予以高度重视，严格执行国家局下达的烤烟调拨价格和片烟加工费用标准。

附件：2006 年烤烟调拨基价表

2006 年烤烟调拨基价表　　单位：元/50 公斤

	一价区	二价区	三价区	四价区
上等				
C1F	1674	1610	1530	1423
C2F	1561	1495	1415	1306
C3F	1392	1325	1246	1153
C1L	1554	1491	1429	1321
C2L	1423	1357	1297	1204
B1F	1388	1322	1261	1169
B2F	1168	1101	1060	983
B1L	1221	1153	1093	1016
B1R	1142	1078	1028	959
H1F	1195	1131	1071	994
X1F	1246	1185	1134	1059
中等				
C3L	1203	1137	1098	1014
X2F	1035	973	944	867
C4F	1092	1033	1004	919
C4L	1027	967	938	871
X3F	884	815	785	735
X1L	1175	1103	1056	972
X2L	979	915	896	828
B3F	872	806	798	748
B4F	652	575	570	558
B2L	900	827	815	784
B3L	664	590	580	570
B2R	952	889	860	792
B3R	673	608	600	582
H2F	973	922	891	824
X2V	698	644	631	579
C3V	1016	960	931	855
B2V	804	750	719	659
B3V	644	588	565	522
S1	546	493	479	444
下等				
B4L	295	283	268	259
X3L	525	513	499	473
X4L	338	331	317	302
X4F	384	371	357	342
S2	254	248	240	226
CX1K	363	357	341	326
CX2K	259	259	250	240
B1K	332	326	317	308

续表

	一价区	二价区	三价区	四价区
B2K	205	199	196	186
GY1	166	166	163	159
低等				
B3K	148	148	144	141
GY2	115	115	111	108

国家烟草专卖局关于印发《烟草系统境外投资项目管理办法》的通知

（2006 年 4 月 4 日　国烟计〔2006〕235 号）

行业各直属单位，国家局、总公司机关各单位：

现将《烟草系统境外投资项目管理办法》印发给你们，请认真遵照执行。

烟草系统境外投资项目管理办法

第一章　总　则

第一条　为了加强烟草系统境外投资项目的管理，根据《中华人民共和国烟草专卖法》第二十八条“国务院烟草专卖行政主管部门根据国务院规定，管理烟草行业的进出口贸易和对外经济技术合作”的规定、国家发展和改革委员会第 21 号令《境外投资项目核准暂行管理办法》和商务部《关于境外投资开办企业核准事项的规定》（商务部令 2004 第 16 号），结合烟草系统的实际情况制订本办法。

第二条　本办法适用于烟草系统的单位在境外以新设、收购、兼并、参股、注资、股权置换等方式取得境外企业所有权或管理权等权益的行为；已批准运行的境外企业的分立、合并、撤销，股东、股本、投资总额、注册资金、经营范围、组织形式、生产规模、产品、建设地点、合资或合作期限的变更及利用分红或股东投资再投资等的项目。

第三条　本办法所称境外投资项目是指以现金、实物、技术、专利、管理等方式在境外（包括香港、澳门特别行政区）设立独资、合资、合作企业及代表处（办事处）（以下统称境外企业）等的投资行为。

第二章　项目的申请

第四条　申请报告由项目申报单位或其委托的咨询、设计单位负责编制。项目申请报告应包括以下主要内容：

一、项目名称、项目背景情况及投资各方的基本情况。

二、拟建项目的基本情况，主要内容包括：拟建项目的投资总额、注册资本、经营范围、经营期限、组织形式、股权结构等。

三、项目建设的规模、主要内容、产品、设备选型、技术方案的选择。

四、投资所在国家（地区）政治、经济、有关法律等的环境分析。

五、市场环境及发展前景分析。

六、资源和能源耗用与条件。

七、项目实施进度安排。

八、环境影响分析。

九、社会影响分析。

十、投资估算与资金筹措及经济效益分析。

第五条　项目申报单位在报送申请报告时，应附以下文件：

一、项目投资各方的合作意向书。

二、项目投资各方的营业执照（复印件）。

三、中方企业上一年度经审计的财务报表（复印件）。

四、外方的资信证明（限于合资、合作）。

五、外汇主管部门出具的境外投资外汇资金来源审查意见（以现金出资的项目）。

六、有限责任公司和股份制公司应出具董事会或股东会一致同意的文件。

七、根据国家规定应提交的其他文件。

第六条 项目申请单位需提供境外投资项目的申请报告及有关文件一式3份，其中1份按国家烟草专卖局（以下简称国家局）办公自动化的要求报送电子文件；另外2份以纸质文件寄送国家局。

第七条 项目申报单位要对所有申报材料内容的真实性负责。

第三章 项目批准的程序与原则

第八条 烟草系统境外投资项目的审批，按申报单位的资产关系由行业各直属单位或国家局、中国烟草总公司机关各二级公司（以下简称省级烟草主管部门）审核同意后报国家局审批。中方投资用汇额1000万美元以上的项目，由国家局审核同意后，报国家发展和改革委员会核准。

严禁以各种理由和方式拆分项目。

第九条 国家局审核同意的项目，由国家局征求我国驻投资所在国家（地区）经济商务参赞处（室）的意见。

第十条 项目申报单位收到国家局的批复后方可对外签署合资合同或协议（限于合资、合作）和公司章程。以实物投资的项目应对所投实物进行资产评估，评估结果报国家局备案。合资各方草签合资合同或协议和公司章程后，项目申报单位再按以上申报程序将合资合同或协议和公司章程（以实物投资的项目附资产评估备案表）一式3份报国家局，其中电子文件1份；纸质文件2份。国家局审核同意后报商务部核准。

第十一条 烟草系统内两家以上单位参股的境外投资项目，其项目的申报由出资额相对较大的单位负责（如出资额相等，由其中的一家申报），同时，其他参股方及其省级烟草主管部门应出具同意函。

第十二条 国家局对境外投资项目的审批原则为：

一、符合烟草行业总体发展战略方向，有利于在国际上树立中国烟草的形象，提高中国烟草的知名度，促进国内产品在国外销售。

二、投资所在国家（地区）与我国已建立外交关系并有良好的经贸合作关系。

三、项目的预测具有可靠的较好经济效益和发展前景。

四、符合国家和烟草行业的有关法律、法规和对外投资政策，同时符合投资所在国家（地区）的法律、法规。

第十三条 获得商务部批准的投资项目由商务部颁发《中华人民共和国境外投资批准证书》（在港澳地区投资的项目颁发《内地企业赴港澳地区投资批准证书》，以下简称《批准证书》）。国内投资企业凭《批准证书》办理外汇、银行、海关、外事等相关事宜。

第十四条 获得批准的投资企业，应按国家有关规定报送统计资料、参加烟草行业境外投资联合年检和境外投资综合绩效评价；经批准开办的境外企业，在当地注册后，应将注册文件报国家局备案，并向我国驻外经济商务参赞处（室）报到登记（港澳地区的境外企业向中央政府驻香港、澳门联络办报到登记）。

第十五条 获得批准的境外企业2年内尚未开展生产经营活动，国家局将按照商务部的有关规定收回《批准证书》、取消到境外投资的资格。

第四章 境外企业的撤销

第十六条 境外企业合资期满且不准备延长合资期限及合资期内终止合资企业的，应按资产关系逐级向国家局书面报告，说明撤销的原因、资产经营情况、清算情况、剩余资产分配情况并附以下有关文件：

一、境外企业在投资所在国家（地区）具有法律效力的注销文件。

二、境外企业清算前经过审计的财务报表。

三、境外企业资产清算表、剩余资产分配表。

四、商务部颁发的《批准证书》正本、《境外企业联合年检证书》正本。

第十七条 国家局审核后给予批复，同时报商务部备案。

第五章 附 则

第十八条 国内企业在境外设立贸易性公司或代表处（办事处）的申请报告内容，可参考本办法的申报内容根据实际情况编制。

第十九条 境外企业在当地开展生产经营活动，要遵守所在国家（地区）的法律、法规。各省级烟草主管部门要切实加强对所属企事业单位境外投资项目的监督和管理。

第二十条 如有违反国家法律、法规、本办法并造成投资重大失误的行为，将依法或有关规定追究其责任。

第二十一条 本办法由国家局负责解释。

第二十二条 本办法自发布之日起施行。国家局已经发布的有关境外投资项目方面的规定，与本办法不一致之处按本办法执行。

国家烟草专卖局关于印发《烟草系统利用外资项目管理办法》的通知

（2006年4月4日　国烟计〔2006〕236号）

行业各直属单位，国家局、总公司机关各单位：

现将《烟草系统利用外资项目管理办法》印发给你们，请认真遵照执行。

烟草系统利用外资项目管理办法

第一章　总　则

第一条　为了加强烟草系统利用外资项目的管理，根据《中华人民共和国烟草专卖法》第二十八条“国务院烟草专卖行政主管部门根据国务院规定，管理烟草行业的进出口贸易和对外经济技术合作”的规定、《国务院关于投资体制改革的决定》（国发〔2004〕20号）、《国务院办公厅关于保留部分非行政许可审批项目的通知》（国办发〔2004〕62号）和国家发展和改革委员会令第22号《外商投资项目核准暂行管理办法》，结合烟草系统的实际情况制订本办法。

第二条　本办法适用于烟草系统的单位利用外资项目（烟草批发、零售业务除外）的设立、合并、分立、参股、解散；已批准运行的利用外资项目的股东、股份比例、投资总额、注册资本、规模、产品、建设地点、合资或合作期限的变更及利用分红或股东投资再投资的项目。

第三条　本办法所称利用外资项目是指以中外合资或中外合作等方式的投资项目。

第二章　项目的申请

第四条　申请报告由项目申报单位或其委托的咨询、设计单位负责编制。项目申请报告应包括以下主要内容：

一、拟建项目名称及投资各方的基本情况。

二、拟建项目基本情况，包括项目投资总额、注册资本、出资方式、股份比例、经营期限、经营范围。

三、项目建设规模、建设地点、主要建设内容及产品、采用的主要技术和工艺、计划用工人数。

四、产品市场环境及发展前景分析。

五、资源和能源耗用与条件。

六、建设用地与相关规划。

七、环境影响分析。

八、社会影响分析。

九、项目实施进度安排。

十、投资估算与资金筹措及经济效益分析。

第五条　项目申报单位在报送申请报告时，应附以下文件：

一、项目投资各方的合作意向书。

二、项目投资各方的营业执照（复印件）、经审计的最新企业财务报表及开户银行出具的资金信用证明。

三、增资、并购项目的公司董事会决议。

四、银行出具的融资意向书。

五、环保部门出具的项目环境影响初审意见。

六、国土资源部门出具的项目用地初审意见。

七、城市规划部门出具的规划意见。

八、有限责任公司和股份制公司应出具董事会或股东会一致同意的文件。

九、根据国家规定应提交的其他文件。

环境影响初审意见和国土资源部门出具的项目用地初审意见，应按国家有关规定由具备资格的环保和国土资源部门出具有效的文件。

第六条　项目申报单位需提供利用外资项目的申请报告及有关文件一式3份，其中1份按国家烟草专卖局（以下简称国家局）办公自动化的要求报送电子文件；另外2份以纸质文件寄送国家局。

第七条　项目申报单位要对所有申报材料内容的真实性负责。

第三章　项目批准的程序与原则

第八条　烟草系统利用外资项目的审批，按申报单位的资产关系由行业各直属单位或国家局、中国烟草总公司机关各二级公司（以下简称省级烟草主管部门）审核同意报国家局批准后，按国家规定的项目审批权限，报地方政府或国家有关部门核准。

严禁以各种名义和理由拆分项目。

第九条　项目申报单位在收到国家局对项目申请报告的批复及地方政府或国家有关部门的核准后，方可对外草签合资合同或协议和公司章程，并按以上申报程序将草签的合资合同或协议和公司章程一式3份上报国家局，其中电子文件1份；纸质文件2份。国家局审核同意后，按项目审批权限报地方或国家商务部门核准。

第十条 烟草系统内两家以上单位参股的利用外资项目，其项目的申报由出资额相对较大的单位负责申报（如出资额相等，由其中的一家申报），同时，其他参股方及其省级烟草主管部门应出具同意函。

第十一条 利用外资项目的审批原则为：

（一）符合烟草行业总体发展战略方向，有利于提高烟草行业的整体实力。

（二）项目有较高的技术含量，能够引进国外的新技术、新产品，有利于提高卷烟品质。

（三）项目的预测具有可靠的较好经济效益。

（四）符合国家和地方的法律、法规及投资政策。

第十二条 项目批准后2年内尚未实施的项目，批准文件自动失效。

第四章 项目的解散或终止

第十三条 外商投资企业合资期满且不准备延长合资期限及合资期内终止合资企业的，应按资产关系逐级向国家局书面报告，说明撤销的原因、资产经营情况，国家局审核同意后报原审批机关核准清算方案。报国家局书面报告要附以下有关文件：

一、外商投资企业清算前经过审计的财务报表。

二、清算委员会人员名单。

三、清算方案。

第十四条 外商投资企业清算完成后，将清算结果报原审批机关备案，同时将《外商投资企业批准证书》交回原审批机关并办理工商、税务、银行等有关注销手续。

第五章 附 则

第十五条 项目申报单位在项目进行中要根据国家有关法律、法规执行项目法人责任制、招投标制、监理制、审计制等规定。各省级烟草主管部门要切实加强对所属单位利用外资项目的监督和管理。

第十六条 如有违反国家法律、法规及本办法造成投资重大失误的行为，将依法或有关规定追究其责任。

第十七条 香港、澳门特别行政区和台湾地区的投资者与烟草系统的单位合资在大陆举办的投资项目，参照本办法执行。

第十八条 本办法由国家局负责解释。

第十九条 本办法自发布之日起施行。国家局已经发布的有关利用外资项目方面的规定，与本办法不一致之处按本办法执行。

国家烟草专卖局关于烟草行业“十一五”期间卷烟物流配送中心建设的意见（摘要）

（2006年6月26日 国烟计〔2006〕425号）

行业各直属单位，国家局、总公司机关各有关单位：

根据行业发展规划要求，为规范地市级烟草公司卷烟配送中心建设行为，加强项目管理，提升卷烟销售网络服务功能，建立健全行业物流系统，促进行业现代物流体系的形成，特制订本意见。

本意见适用于烟草行业卷烟物流配送中心的新建、改建和扩建项目。

一、现状和问题

“十五”期间，随着体制改革不断深入，烟草行业实现了工商管理体制分离，明确了商业的三级管理体制，确立了地市级烟草公司的经营主体地位，全面取消了县级公司的法人资格，基本形成了全国统一、规范有序的卷烟销售网络。

在目前以地市级烟草公司为经营主体进行集中仓储配送的情况下，这些仓库普遍存在分散、狭小、条件较差的问题，不能保证卷烟集中储存，难以布置分拣设备，无法满足地市级烟草公司的业务需求。近年来，部分烟草公司为解决仓储分拣设施能力不足的问题，已建设了一批卷烟配送中心，在各地卷烟配送中心的建设中，存在着以下三个方面的问题：

一是缺乏统一规划、统筹安排。目前各地卷烟配送中心的建设没有经过系统规划，发展思路不够清晰，层次和重点不够明确，建设步调不尽一致，存在着建设的盲目性。

二是应有功能不明确，工艺流程不统一。在各地已建和在建的卷烟配送中心项目中，部分项目功能不够完整，工艺流程不统一，功能分区不够明确，缺乏统一的规范和界定

三是建设标准不统一、装备配置不合理。各项目

的单位面积仓储量、存储量、征地面积等建设标准各异，仓储分拣设备类型和能力配置不尽合理，信息化系统的平台类型、功能模块、技术标准等也没有统一。

在行业卷烟配送中心建设过程中，还存在着一些传统的思想观念，包括重装修、轻功能；重硬件、轻软件；重单项、轻集成等。同时，项目建设缺乏项目管理人才，项目管理工作缺乏科学性和系统性。

二、建设的基本思路及目标

坚持以科学发展观为指导，以“国家利益至上，消费者利益至上”为宗旨，以行业整体发展规划为依据，以规范管理、提升服务、提高效率、控制成本为目的，盘活现有存量资产，按规范、分类别地建设以地市级烟草公司为经营主体的“资源节约型、环境友好型”卷烟配送中心，满足统一管理、集中仓储、一次分拣、配送到户的流通业务需求，完善对卷烟工业和零售户的服务功能，提升卷烟销售网络运营水平，打造优质的商业流通服务品牌，为烟草行业持续、稳定、协调、健康发展发挥重要的支撑作用。

“十一五”期间，行业将基本完成层次分明、布局合理的地市级烟草公司卷烟配送中心的建设工作并根据行业发展的需要，着眼于更大范围的物流资源整合，积极推进工商衔接的物流体系建设，为形成行业现代物流体系打下坚实的基础，全面促进烟草传统商业向现代流通的转变。

三、建设的基本原则

卷烟配送中心是卷烟销售网络的重要环节，是行业重要的战略资源，也是“十一五”烟草行业固定资产投资的重点之一。卷烟配送中心的建设应坚持“合理规划、统一标准、经济实用、综合配套”原则，进行分类建设，为打造具有市场化水平和核心竞争能力的国内一流商业流通服务品牌，增强行业的整体竞争实力奠定基础。

（一）合理规划

卷烟配送中心由各省级烟草公司统一规划，分步实施，以地市级烟草公司为主体分类建设；要充分利用现有存量资源，合理选择卷烟配送中心的改建、扩建和新建方案；应将集中分拣与分级配送有机结合，择优选择配送模式；要和卷烟工业企业合理衔接，所在地有卷烟工业企业的，应与其技术改造有机结合，充分利用资源。

（二）统一标准

卷烟配送中心建设，要以中国卷烟销售公司《地市级烟草公司卷烟销售网络业务规范》为依据，参照《卷烟配送中心设计手册》，并在统一技术标准的基础上，统一仓储、分拣、配送的业务流程和工艺流程，统一信息平台，统一作业标准，统一形象标识。

（三）经济实用

卷烟配送中心建设，应按照高度信息化、适度自动化的要求，根据预测卷烟年销售量确定相应的建设规模和装备水平，应采用先进、适用、成熟、经济的技术装备，严格控制投资规模；不宜盲目采用全自动设备，既要防止贪大求洋、过度装修、浪费资源，又要防止低水平重复建设，以实现优质、高效、低成本运行的目标。

（四）综合配套

卷烟配送中心建设，要以信息化手段为支撑，与电话访销、电子商务等系统进行集成，完善卷烟销售网络的服务功能并满足“行业卷烟生产经营决策管理系统”的要求。

四、功能和建设内容（略）

五、建设分类及标准（略）

六、项目建设管理

（一）分级管理、各负其责

国家局负责宏观指导、统筹行业物流体系建设的中长期规划，制定相关建设规范和技术标准，建立供应商和产品的准入标准和评审制度，指导省级烟草公司做好全省卷烟物流配送中心的规划工作并根据《烟草系统非烟草制品投资项目内部审批管理规定》开展卷烟配送中心项目的立项审批和竣工验收工作。

各省级烟草公司要根据省情，综合分析各地市人口密度、销量分布、地理特征、交通等客观条件并充分利用现有土地、房产、物流配送设施等存量资源，综合考虑物流特性、投资规模、运行维护成本等因素，组织编制全省卷烟物流配送中心建设规划，对所辖的各卷烟配送中心进行明确定位；审查并转报地市级烟草公司卷烟配送中心建设项目；参与组织省内卷烟配送中心项目的竣工验收工作。

各地市级烟草公司是卷烟配送中心建设的主体单位，应遵照本意见，参照《卷烟配送中心设计手册》，按照全省卷烟物流配送中心建设规划，开展卷烟配送中心项目的论证、设计、报批和实施工作，承担项目建设的责任并积极争取当地人民政府的支持和优惠政策。

（二）严格管理、强化监督

在卷烟配送中心的建设过程中，各相关单位要严格遵守国家法律法规，执行国家颁布的有关技术标准和质量标准；严格执行国家局印发的《烟草系统非烟草制品投资项目内部审批管理规定》、《烟草行业招标投标管理办法》、《烟草行业固定资产投资项目监管办法》；要严格执行项目法人责任制、招投标制、工程监理制度和项目全过程审计制度。

行业各级纪检监察、财务审计、行政管理部门，要加强对管辖范围内卷烟配送中心建设项目的监督和管理，特别是强化对招投标和资金使用等重点环节的监控，防止出现违法犯罪和工作失职的问题。

卷烟配送中心的建设项目，其规划设计方案应组织有关专家进行技术经济论证；未列入各省级烟草公司物流配送中心建设规划内的项目，原则上不予立项。

各卷烟配送中心项目的仓储、分拣、运输、托盘、信息化系统等设备和服务的采购，应在通过专业部门资质认证后的供应商范围内，开展招投标工作。

（三）加强培训、培养人才

卷烟配送中心的规划设计、论证、实施和运行，专业分工较细、专业性较强，为保证各卷烟配送中心项目的建设质量和水平，必须集中运用行业内外的专业资源，提高建设人员的业务素质和管理水平并调动相关人员的积极性。

各省级烟草公司要加强现代物流和项目管理人才的培养，加强现有建设人员的专业技术培训和项目管理培训，集中省内行业专门人才，帮助解决各地市级烟草公司卷烟配送中心建设中出现的问题，必要时可借助外力，聘请行业外的专业机构和专业人才。

各地市级烟草公司，要根据卷烟配送中心建设和运行的需要，成立专门的领导班子和项目队伍，配置足够数量和相应能力的项目实施人员，并提供充分的培训。必要时可通过引进、聘用的形式，吸收行业外的专门人才。对所有从事项目建设的人员，要制订明确的业绩考核指标和奖惩办法。

各级烟草公司要遵照本意见的要求，认真做好卷烟物流配送中心的建设工作，为行业的持续稳定协调健康发展作出贡献。

国家烟草专卖局关于调整片烟加工费用标准的通知

（2006 年 11 月 15 日　国烟计〔2006〕809 号）

各省级局（公司）、工业公司，中国烟叶公司：

经研究确定，自 2006 年 11 月 1 日起，片烟加工费用标准由每吨成品片烟 2100 元调整为 2700 元。

各省级局（公司）要高度重视和切实加强对打叶复烤企业的管理和监督，进一步规范打叶复烤企业的生产加工行为。

各打叶复烤企业和卷烟工业企业要严格执行国家局关于“原烟交接、委托加工”的政策和其他有关政策，严格执行国家局确定的打叶复烤加工费用标准，严禁以各种名目降低或提高加工费用标准。

各打叶复烤企业要进一步加强内部管理，牢固树立为卷烟工业企业服务的意识，以卷烟工业企业的需求作为工作的出发点和落脚点，不断提高产品质量和服务质量，满足卷烟工业企业对片烟原料的需求。

国家烟草专卖局关于进一步推进联合重组卷烟工业企业管理整合工作的指导意见

（2006 年 2 月 13 日　国烟运〔2006〕124 号）

各省级工业公司，上海烟草（集团）公司，中国烟草实业发展中心：

为指导联合重组卷烟工业企业（下称联合重组企业）在规模扩张后开展管理整合工作，提高管理效率，全面提升管理水平，增强企业综合竞争能力，制订本指导意见。

一、充分认识进一步推进管理整合工作的重要性和紧迫性

近几年来，卷烟工业企业紧紧围绕“深化改革，推动重组，走向联合，共同发展”的行业主要任务，积极推进联合重组，生产力布局逐步趋于合理，企业集中度明显提高，形成了一批具有相对优势的大企

业。随着改革的进一步深化，行业资产管理关系的理顺，大企业与大企业之间的联合重组进程加快，跨区域、多点生产的企业增多，企业的生产规模、管理范围和管理幅度进一步增大，提高管理效率、全面提升管理水平，有效防范“大企业病”面临新的挑战。联合重组后，如何在企业文化融合的前提下，建立高效、顺畅、和谐、统一的管理体制和运行机制；如何在实现“资产、品牌、采购、销售”四统一的基础上，进一步推进技术研发和工艺标准的统一；如何在明确品牌定位的前提下，着力自主创新，进一步提高大品牌的竞争力和扩张力；如何在明确企业定位的前提下，提高和改善资源配置效率，促进生产要素合理流动，发挥大企业优势，增强企业的发展后劲，实现企业的可持续发展。这些新情况、新问题影响联合重组后的企业由做大向做强的转变，需要在管理整合工作中切实加以解决。因此，进一步推进管理整合工作是企业联合重组后面临的重要而又迫切的问题。

二、进一步推进管理整合工作的指导思想和工作目标

指导思想：牢固树立科学发展观，紧紧围绕“深化改革，推动重组，走向联合，共同发展”的行业主要任务，切实维护国家利益和消费者利益，深化企业改革，完善管理体制和运行机制，着力管理创新，不断引进先进的管理思想、管理方法和管理手段，整合资源，和谐发展，促进更高层次、更高水平的联合重组，提高中国烟草总体竞争实力。

工作目标：

全面提升企业管理水平，建立高效、顺畅、和谐、统一的管理体制和运行机制，有效防范“大企业病”；

优化资源配置，提高运营效率和效益，增强企业发展后劲，通过做大做强品牌，实现做大做强企业；

转变经济增长方式，增强核心竞争力，形成十多个具有国际竞争力的重点骨干企业。

三、工作要求

联合重组企业要以“整合资源、创新管理、提高效率、培育品牌、和谐发展”为重点，组织开展管理整合工作。

（一）建立规范的法人治理结构，提高企业治理能力

实践证明，随着卷烟工业企业规模的扩大，工厂制已难于适应今后企业进一步发展的需要。联合重组企业要按照现代产权制度和现代企业制度的要求，积极推进工厂制向公司制的转变，这是卷烟工业企业改革的方向，也是在制度创新方面加强企业内部监督管理的重要措施。建立规范的法人治理结构，要从制度层面规范公司董事会、监事会和经营管理者的权责，形成责权明确、相互协调、相互制衡、注重效率、促进发展的格局。完善决策和监督机制，提高执行力，确保企业健康运行。

（二）清晰发展战略，全面提升管理水平

企业制定发展战略必须与行业发展形势结合起来。当前，烟草行业正处于重要改革调整时期，卷烟工业企业要抓住有利时机，适应行业资产管理关系理顺的形势，按照行业发展规划和品牌发展纲要的总体要求，站在有利于形成大品牌、大市场、大企业，有利于实现资源在更大范围内优化配置，有利于增强中国烟草总体竞争实力的高度，制定符合企业实际的发展战略，并围绕发展战略制订具体措施。

联合重组后，对于多点生产建立总分体制的企业，要清晰总厂（集团总部）、分厂的职能定位。按照构建扁平化组织架构的要求，总厂（集团总部）在“四统一”的基础上，加快“技术研发中心、市场营销中心、物资采购中心、生产制造中心”的建设；分厂的主要职能是按下达的生产计划组织生产、保证产品质量、加强成本费用控制、确保安全生产。联合重组后成立股份制的企业，要按照董事会、监事会和经理层各司其职、各尽其责的要求治理企业，使企业规范、高效、协调运转。

全面提升管理水平，努力提高企业核心竞争力。高度重视重组后的内部整合工作，做细、做实每一项基础管理工作，全面提升管理水平，夯实企业由做大向做强转变的工作基础。国家局将制定衡量企业做强的水平指标体系，引导企业更多地关注核心竞争力的提高，增强企业可持续发展能力。

（三）围绕做大品牌，提高自主创新能力，增强大品牌的扩张力

完善多点生产的质量保障体系。针对不同生产点的不同业务流程和工艺技术标准，要实施统一的ISO9000质量管理体系。通过统一的工作质量标准来确保产品质量和标准的统一，保证产品质量的稳定性。在统一原辅料采购，统一生产过程工艺技术标准的基础上，强化过程控制和精细化加工，实行标准化生产，高度重视品牌多点生产的品质管理，为品牌扩张和做大品牌奠定扎实的工作基础。

围绕做大品牌，提高自主创新能力。联合重组企业要建立统一的研发中心，整合并充分利用各企业的

科技资源，增强科技成果转化能力。围绕做大品牌，着力自主创新，就是要更加关注品牌的核心技术和核心价值的培育，不断提高在减害降焦、提升品质、节约资源、降低成本等方面的原始创新、集成创新和引进消化吸收再创新能力，提高大品牌的科技力。在调香技术方面，要从掌握自主调香原创技术入手，不断提高在调香技术上的掌控能力。在节约利用资源方面，要倡导环境保护意识，加大节能降耗考核力度，改变拼原料、拼材料、浪费资源的粗放型增长方式。在加工工艺方面，要贯彻落实新版《卷烟工艺规范》，实现由控制结果向控制过程转变，控制指标向控制参数转变，人工控制经验决策向自动控制科学决策转变。在叶组配方方面，通过技术创新，解决部分卷烟大品牌过多依赖进口烟叶和部分区域性烟叶的突出矛盾，突破做大品牌在原料和技术上的“瓶颈”，使优势大品牌真正具有内在的风格特色和扩张能力，更好地满足消费需求，不断提高大品牌的核心竞争力。

坚持以市场为导向整合牌号，用品牌整合带动资源的整合。当前，各单位要按照国家局关于卷烟品牌发展纲要的总体思路要求，继续实施百牌号发展战略，加快非百牌号卷烟退出市场的步伐，使企业资源和生产要素进一步向有市场、有效益、有扩张力和竞争力的优势大品牌集中，工商联手培育十多个全国性重点名优品牌。在品牌整合过程中，要认真研究卷烟消费结构和消费习惯的市场变化规律，把握整合的力度、方向和节奏。品牌整合要从有利于做大品牌，有利于突出主导规格，有利于资源的充分优化配置的角度，控制品牌的规格数量，不断提高品牌集中度和竞争能力。企业要适应按客户订单组织生产的要求，充分发挥市场机制的作用，真正建立起以市场为导向的品牌维护管理体系。根据社会发展和消费者对卷烟产品风格、品质、吸味的需要和变化，坚持持续改进的思想，通过品牌改进与提升促进品牌成长，使改造后的品牌（规格）更贴近市场，为品牌扩张奠定扎实的市场基础。加强对品牌市场表现的分析，夯实市场培育、营销考核等基础工作，努力提高企业适应市场、快速响应市场的能力。

（四）加快信息化建设，提高企业现代化管理能力

联合重组企业信息化建设和规划要适应多点生产和下一步联合重组的需要，提高集成管理能力。按照供应链管理思想和扁平化组织管理体系的要求，进行业务流程再造，充分整合企业在市场、研发、生产、财务、人力、物资等方面的信息资源，搭建具有信息共享、业务集成、指挥调度、高效运行的管理平台，提高对多点生产的管控能力。

要通过信息化建设提高管理效率。制定统一的信息标准体系，搭建统一的技术平台，构建统一的数据中心和网络，打通企业横纵向信息流，防止出现信息“孤岛”，努力实现商流、物流、资金流的统一，用信息化改进传统的管理方式，提升管理水平，提高管理贡献率。按照快速反应市场的要求，逐步建立工商企业之间能够信息共享的信息化管理体系，努力提高对市场信息的综合处理与分析能力。

（五）加强财务管理与内部控制，确保资产保值增值

加强以资金管理为中心的财务管理。联合重组后总厂（集团总部）要对资金实施有效管理和监控，全面掌握资金流向，防止资金运行失控。统筹安排资金，优化资金结构，提高资金的使用效率和效益。

加强制度建设，有效防范企业财务风险。要坚持集权与分权相结合，关注结果与监控过程相统一，价值指标与实物指标相配套的原则，建立全面、综合、系统、统一的财务管理制度。加强对会计信息的实时监控、分类处理与全面分析，确保会计信息真实。统一财务核算，提高财务信息质量。要进一步强化财务风险控制，建立起投资决策制衡机制和财务审计监督的长效机制，充分发挥同级审计对同级财务的制衡和对业务部门的监督作用，确保国有资产的保值增值。

推行全面预算管理，提高预算管理的质量，发挥预算管理的控制作用。要贯彻落实国家局《烟草行业加强内部财务管理和审计监督的实施意见》的有关要求，通过建立预算管理委员会和相适应的预算管理组织体系、指标评价控制体系、业绩评价奖惩考核体系，对投资项目、物资采购、软件开发严格执行预算管理制度，进一步强化预算的财务控制功能，使企业的绩效管理目标得以细化落实。要加强成本费用控制，推行精细化管理，转变经济增长方式，构建精细化经营成本费用控制体系，特别要加强对可控成本费用的控制，充分发挥规模生产的成本比较优势，使企业成本费用利润率在现有的水平上稳步提高。

（六）建立有效的激励和约束机制，构建和谐的企业文化

有效整合人力资源。通过继续深化企业内部三项制度改革，把竞争上岗和人员分流有效结合起来，合理配置人力资源。在人员分流方面，要积极争取地方政府支持采取多种有效形式妥善安置富余人员，避免简单将富余人员推向社会的做法。在操作过程中，正确处理好各方面利益关系，体现以人为本，保证联合

重组和谐、稳定、平稳进行。

建立充分调动和发挥职工积极性的激励和约束机制。明确岗位职责和考核指标，建立合理的绩效考核体系，各项奖励政策要向有突出贡献的人才倾斜。形成“使用与培训考核相结合，待遇与业绩贡献相挂钩”的制度；形成“进得来、出得去、留得住”的用人机制；形成能够育人、用人、留人的有利于人才辈出、人尽其才的良好氛围。激发人才活力，激发创新激情，最大限度地调动人才的积极性和创造性，为企业发展提供强有力的人才支撑，为建设创新型行业发挥积极的作用。

实现企业文化的深度融合。要依照《中国烟草企业文化建设纲要》的总体要求，以“国家利益至上、消费者利益至上”的行业共同价值观指导企业文化建设，积极推进联合重组企业文化融合，塑造优秀企业文化。高度重视重组企业间不同的管理理念和文化内涵，充分吸纳相互间的优秀文化，整合经营理念，培育共同的企业精神，真正形成支撑企业未来发展的优秀企业文化，使企业充满生机活力。

（七）认真抓好安全生产工作

针对企业联合重组过程中，被重组企业可能出现的安全管理人员变化、部门职能调整易于产生思想松懈、责任制落实不到位等现象，要认真抓好安全生产责任制落实，确保安全工作无真空、无隐患、无死角，坚决防范各类事故发生。要积极推广应用《职业安全健康管理体系》和环境管理体系，采用安全管理的评价、风险评估等方法，以健全的安全管理体系有效运行增强安全管理的综合保障能力。要依靠科技进步，积极推进安全管理信息化建设，切实提高安全管理的现代化水平，真正实现安全管理和环境管理由传统的事后管理到现代化的预防管理的转变。

四、组织实施

联合重组企业要深入开展管理整合工作。管理整合是提升企业综合竞争力的有效途径，也是一项长期的基础性工作。各企业要高度重视，根据本意见的要求，在已开展管理整合的基础上，结合自身实际，研究制订进一步开展管理整合的工作计划，统筹安排，积极实践，在整合资源，夯实发展基础，寻求新的增长方式，增强竞争力方面下工夫，确保管理整合工作能够深入扎实地开展，积极探索中国卷烟工业企业管理整合的新路子。

体改法规

国家烟草专卖局关于烟草行业全面推行行政执法责任制的实施意见（摘要）

（2006 年 4 月 30 日　国烟法〔2006〕304 号）

各省级局：

为贯彻落实国务院《全面推进依法行政实施纲要》，全面推进烟草行业依法行政，规范和保障行业执法活动，提高执法水平，推动建立责权明确、行为规范、监督有效、保障有力的烟草专卖执法体制，根据《国务院办公厅关于推行行政执法责任制的若干意见》（国办发〔2005〕37 号）的要求，经研究，决定在烟草行业全面推行行政执法责任制。为切实做好这项工作，现提出如下具体实施意见。

一、烟草行业推行行政执法责任制，是一项具有战略意义的任务

行政执法责任制是规范和监督行政机关行政执法活动的一项重要制度。烟草行业的行政执法，具体体现为烟草专卖执法工作。

党中央、国务院高度重视推行行政执法责任制工作。党的十五大、十六大和十六届三中、四中全会，对推行行政执法责任制提出了明确的要求。各级烟草专卖局要以邓小平理论和“三个代表”重要思想为指导，树立和落实科学发展观，从立党为公、执政为民、建设法治政府、加强依法执政能力的高度，充分认识在烟草行业全面推行行政执法责任制的重要性。

推行行政执法责任制，是适应烟草行业改革和发展形势的迫切需要。近几年，烟草行业认真贯彻党中央、国务院的有关要求，积极探索推行行政执法责任制，在加强烟草专卖管理、规范专卖执法行为、强化

内部监督等方面做了大量工作，依法行政取得明显成效。但工作中仍存在不少问题，主要是：有的领导认识不到位，对建立行政执法责任制不够重视；有的单位制度不健全，程序不完善，考评机制不够科学，责任追究难以落实；有的单位与年度考核目标不挂钩，组织实施缺乏必要保障等。目前，烟草行业改革和发展进入了一个全新的时期，正处在一个新的历史起点上。随着改革的不断深化，行业发展面临许多新情况、新问题。进一步强化内部管理监督，增强自律能力，提升烟草专卖执法水平和质量，把烟草专卖执法行为纳入规范化、法制化轨道，对于贯彻落实好党的十六大精神和“三个代表”重要思想，用科学发展观统领全局，深化改革，转变职能，创新机制，增强竞争实力，全面提升水平，实现行业持续稳定协调健康发展，具有重大意义。

二、依法界定执法职责

（一）梳理执法依据

烟草行业行政执法依据，是现行有效的法律、法规、规章以及各级烟草专卖局“三定”规定，其中主要是烟草专卖法、行政处罚法、行政许可法、烟草专卖法实施条例及烟草专卖品准运证管理办法、烟草专卖许可证管理办法和烟草专卖行政处罚程序规定、“三定”规定等。各级烟草专卖局要依据这些规定对烟草专卖执法依据进行分类排序、列明目录，做到分类清晰、编排科学。下级烟草专卖局梳理的执法依据要与上级烟草专卖局的依据相衔接，避免发生冲突或者遗漏。梳理完毕的执法依据，除下发相关执法部门外，要以适当方式向社会公布。

（二）分解执法职权

要以梳理后的有关规定为依据，按照执法机构和执法岗位的配置，将执法职权进行逐一分解，列出每一项工作的依据和工作程序；将这些法定职权，落实到每个具体执法机构、执法岗位中，确保严格依法执法，任何部门不得擅自增加或者扩大本部门的行政执法权限，做到既不越权，也不缺位。分解职权要科学合理，既要避免职权重复交叉，又要有利于促进相互协调配合。不同层次的执法机构和执法岗位之间的职权要相互衔接，做到执法流程清楚、要求具体、期限明确、易于操作。

坚持上岗培训考试、持证执法制度。对各级烟草专卖局的执法人员，必须进行上岗前和在岗培训。确保做到从事烟草专卖执法工作的人员凡进必考。经考试合格具备烟草专卖执法资格的人员，由国家烟草专卖局统一颁发烟草专卖执法检查证件。考试不合格或者没有取得烟草行业执法检查证件的人员，不得从事烟草专卖执法活动；已经在岗的，必须调离烟草专卖执法岗位。

（三）确定执法责任

烟草专卖执法职责既是法定权力，又是必须履行的法定义务。任何违反法定义务的不作为和乱作为都必须承担相应的法律责任。要根据有权必有责的要求，在分解执法职权的基础上，确定不同机构、岗位执法人员的具体执法责任。要根据烟草专卖执法机构和烟草专卖执法人员违反义务的不同情形，依法确定其应当承担责任的种类和内容。真正做到权责统一、违法必究、依法行政。

三、建立健全烟草专卖执法评议考核机制

烟草专卖执法评议考核是评价执法工作情况、检验执法部门和执法人员是否正确行使执法职权和全面履行法定义务的重要机制，是推行行政执法责任制的重要环节。各级领导要高度重视，要建立健全烟草专卖执法评议考核机制，认真做好烟草专卖执法评议考核工作。

（一）评议考核的主体

各级烟草专卖局负责对下级烟草专卖局的烟草专卖执法工作进行评议考核并加强对下级烟草专卖局烟草专卖执法评议考核工作的监督和指导。国家烟草专卖局制订了对省级烟草专卖执法工作年度评议考核办法和具体标准（见附件），作为国家烟草专卖局对省级烟草专卖局进行评议考核的依据和标准。

法规工作机构会同专卖管理工作机构制订对下一级烟草专卖局执法评议考核的标准、实施程序等。法规工作机构会同专卖管理工作机构对下一级烟草专卖局执法工作进行评议考核；人事工作机构负责在年终考核中落实执法评议考核结果。

（二）评议考核的内容

主要是烟草专卖执法机构以及烟草专卖执法人员行使执法职权和履行法定义务的情况，包括：是否具有法定职权；执法主体是否合法；执法人员是否具备执法资格；执法依据是否正确；执法程序是否合法；执法决定的内容是否合法、适当；执法文书、案卷是否符合规定；以及执法决定的行政复议和行政诉讼情况等。

（三）评议考核的方法

评议考核采取组织考评、个人自我考评、互查互评相结合的方法，以组织考评为主。国家烟草专卖局对省级烟草专卖局组织年度考核；省级烟草专卖局每

半年对所属地市级烟草专卖局评议一次，每年考核一次；市级烟草专卖局可以根据实际情况，每季度对所属烟草专卖局进行评议，每年考核一次。

日常评议考核与年度评议考核相结合。日常评议考核应当作为对烟草专卖执法工作的层级监督和执法单位内部监督的重要手段。可以结合实际情况，因地制宜地采取案卷抽查、走访执法相对人等多种形式进行。

内部评议考核与外部评议相结合。内部评议考核要特别重视通过对行政复议的发生情况、行政案卷的评查情况，考核行政执法部门和行政执法人员的执法质量。外部评议要通过召开座谈会、发放执法评议卡、建立群众意见箱、开通执法评议专线电话、聘请监督评议员、民意测验等方式，听取行业管理相对人的意见；外部评议情况要作为最终考核意见的重要依据。行政执法评议考核采用百分制的形式进行。

评议考核的基本要求。要制订行政执法责任制考核方案，细化考核评议内容，确定量化的考核标准；严格遵守公开、公平、公正的原则，保证考核评议的全面性、客观性和公正性；评议考核的标准、过程、结果要以适当方式在一定范围内公开；要把行政执法评议考核与目标考核、岗位责任制考核结合起来，行政执法考核的分值要在年度目标考核和岗位责任制考核中占有适当比例。

四、认真落实行政执法责任制

对有违法或者不当行政执法行为的，根据造成后果的严重程度或影响的恶劣程度，可以给予下列处理：限期整改、通报批评或者取消评比先进资格等。

行政执法行为在行政复议和行政诉讼中被认定违法和变更、撤销等比例较高的，对外部评议中群众满意程度较低的，对推行行政执法责任制消极应付、弄虚作假的，应责令限期整改。情节严重的，给予通报批评或者取消评比先进的资格。

要制订明确的过错责任追究办法，对过错的范围、责任人的确定、责任追究形式、追究机构和程序有明确规定。对有关执法责任人员，根据过错形式、危害大小、情节轻重，给予下列处理：批评教育、离岗培训、调离执法岗位、取消执法资格等。

对实施违法或者不当的行政执法行为依法依纪应采取组织处理措施的，按照干部管理权限和规定程序办理。依法依纪应当追究责任的，由任免机关、监察机关依法给予行政处分。涉嫌犯罪的，依法移送司法机关处理。

要建立健全行政执法奖励机制。对行政执法绩效突出的行政执法单位、部门和行政执法人员，应予以表彰。充分调动行政执法部门和执法人员的积极性，提高行政执法质量和水平，形成有利于严格执法、公正执法、文明执法的良好环境。

五、切实加强对推行行政执法责任制的组织领导

推行行政执法责任制，工作环节多，涉及面广，专业性强，工作量大。各级领导特别是“一把手”和分管领导要高度重视，切实负起责任，加强对这项工作的组织领导，认真做好推行行政责任制的组织协调、跟踪指导、督促落实工作。

各级烟草专卖局的法规工作机构负责提出烟草行业贯彻落实全面推行行政执法责任制的具体实施意见和具体实施方案。烟草专卖局负责法规、专卖执法、人事以及纪检监察的工作机构要密切配合，保证执法责任制工作有效推进。

各级烟草专卖局要根据本实施意见的要求，制订和完善本单位实行行政执法责任制的具体实施意见和方案，确定工作目标，提出具体要求并报上一级烟草专卖局备案。要特别注意加强配套制度建设，通过各层次的配套制度建设，建立起科学合理、公平公正的激励和约束机制。

要注意总结推行行政执法责任制的经验，认真研究和解决工作存在的问题，加强与上级部门的相互沟通，强化对所属部门工作的指导。各省级烟草专卖局要在2006年6月30日前，完成推行行政执法责任制的相关工作。有关推行行政执法责任制工作的重要情况和问题，要及时报国家烟草专卖局政策法规与体制改革司。

附件：国家烟草专卖局对省级烟草专卖局烟草专卖执法工作年度评议考核办法

国家烟草专卖局对省级烟草专卖局烟草专卖执法工作年度评议考核办法

第一条 为了评价省级烟草专卖局专卖执法工作，进一步规范和监督专卖执法行为，促进依法行政，根

据《国家烟草专卖局关于在烟草行业全面推行行政执法责任制实施意见》的有关规定，制订本办法。

第二条 烟草专卖执法工作年度评议考核应坚持公开、公平、公正的原则，确保评议考核的全面性、客观性、公正性。

第三条 国家烟草专卖局负责对省级烟草专卖局专卖执法工作进行评议考核并加强对行业专卖执法责任制年度评议考核工作的监督和指导。

第四条 国家烟草专卖局的法制工作机构负责具体组织，会同专卖、人劳等部门共同进行对省级烟草专卖局专卖执法的年度评议考核工作。

国家烟草专卖局的人事和纪检监察等部门依照职责参与专卖执法责任制的年度评议考核工作并负责在年度考核中落实专卖执法责任制的评议考核结果。

第五条 专卖执法工作年度评议考核的主要内容：

（一）执行专卖执法责任制的组织领导工作情况；

（二）专卖执法责任制制度建立和执行情况；

（三）专卖执法的主体、依据和职责分解、落实情况；

（四）行政许可的实施情况；

（五）依法实施市场监管情况；

（六）行业内部监督管理情况；

（七）专卖执法队伍建设情况；

（八）创新专卖执法工作方式和工作机制情况。

第六条 专卖执法年度评议考核实行百分制，具体考核标准见附件。

第七条 专卖执法评议考核内容每一项都达到要求标准的得满分，不符合要求的酌情扣分。

第八条 有下列情形之一的，该项总分不得分：

（一）行政许可案卷不合格造成行政许可无效，出现行政赔偿的；

（二）专卖执法行为不文明，在社会上造成重大影响的；

（三）专卖执法出现重大错案，造成行政败诉的；

（四）生产经营企业出现重大违法违规违纪问题的。

第九条 评议考核的程序是：

（一）各省（区、市）烟草专卖局每年10月份开展自查自评，并形成书面报告于10月底前报国家烟草专卖局法规司；

（二）国家烟草专卖局法规司会同专卖司、人劳司和纪检监察等部门每年11月份对各单位进行书面审查和实地检查并汇总情况进行评议后于12月中旬将考核结果报国家烟草专卖局领导审定；

（三）专卖执法评议考核结果于12月底向全行业公布。

第十条 专卖执法年度评议考核采取书面审查和实地检查的方法进行。实地检查的方式主要是：

（一）听取省（区、市）烟草专卖局关于专卖执法责任制执行情况的汇报；

（二）查看落实专卖执法责任制的相关文件资料；

（三）随机抽取一定数量的执法案卷和许可案卷进行评查；

（四）对部分专卖执法人员的执法责任和相关法律知识进行测试；

（五）对部分卷烟市场进行抽检；

（六）组织卷烟零售商户和卷烟消费者参加座谈会听取意见或进行问卷调查。

第十一条 专卖执法年度考核结果由国家烟草专卖局作为评议省级烟草专卖局当年行政执法工作情况的依据。

第十二条 专卖执法年度考核结果应与省级烟草专卖局领导的岗位责任制考核挂钩，并作为领导岗位责任制考核的一项重要内容。

第十三条 专卖执法年度考核结果应与省级烟草专卖局年度总日标考核挂钩，并在年度总日标考核中占有一定比例的分值。

第十四条 本办法自发文之日起施行。

附件：国家烟草专卖局对省级烟草专卖局专卖执法年度评议考核评分标准（略）

国家烟草专卖局关于印发《烟草行业全面推进依法行政五年规划（2006—2010年）》的通知（摘要）

（2006年5月17日　国烟法〔2006〕335号）

行业各直属单位：

现将《烟草行业全面推进依法行政五年规划（2006—2010年）》印发给你们，请结合本单位情况，认真贯彻落实。

烟草行业全面推进依法行政五年规划（2006—2010年）

为了认真贯彻落实国务院《全面推进依法行政实施纲要》（国发〔2004〕10号，以下简称《纲要》），全面推进烟草行业依法行政、依法管理，依法组织生产经营，结合烟草行业工作实际，制定本规划。

一、指导思想和主要目标

（一）指导思想

以邓小平理论和“三个代表”重要思想为指导，坚持党的领导，坚持执政为民，树立科学的发展观，全面贯彻落实依法治国基本方略和《纲要》精神，忠实履行国家法律法规赋予的职责，维护国家利益和消费者利益，紧紧围绕烟草行业改革、发展和稳定的大局，增强烟草行业干部职工特别是领导干部依法行政、依法管理、依法组织生产经营的意识，提高其依法行政、依法管理、依法组织生产经营能力和水平，提高烟草专卖管理效能，降低管理成本，创新管理方式，增强管理透明度，推进烟草行业持续稳定协调健康发展。

（二）主要目标

经过五年的努力，在烟草行业基本实现依法行政、依法管理、依法组织生产经营的目标：

——行为规范、运转协调、公正透明、廉洁高效的烟草专卖管理体制基本形成。权责明确、行为规范、监督有效、保障有力的烟草专卖执法体制基本建立。烟草专卖执法行为得到规范，专卖执法水平进一步提高。烟草行业行政执法责任制得到有效落实，违法行政行为明显减少。

——按照法律规定的权限和程序以及烟草行业的发展需要制定规范性文件，建立健全各项规章制度，为烟草行业改革和发展提供制度保障。

——保障国家法律、法规、规章在烟草行业得到全面、正确实施，合法的烟草生产经营行为得到保护和支持，违法行为得到及时纠正和制裁，烟草市场秩序得到有效维护。

——逐步形成科学化、民主化、规范化的行政决策机制和制度。各级烟草专卖局向社会全面、准确、及时地提供烟草专卖管理信息，烟草专卖管理做到公开、公平、公正、便民、高效、诚信。

——探索形成高效、快捷的防范、化解烟草行业法律风险的机制，使烟草行业发展中遇到的法律风险得到有效防范和化解。

——建立行政权力与责任紧密挂钩的机制。建立完善烟草行业行政监督制度和机制，强化层级监督和专门监督，显著提高行政监督效能。

——烟草行业广大干部职工特别是各级领导干部依法行政、依法管理、依法组织生产经营的观念明显提高，尊重法律、崇尚法律、遵守法律的氛围基本形成，依法行政、依法管理、依法组织生产经营的能力明显增强，善于运用法律手段管理行政和经济事务，并善于运用法律手段维护自身权益、应对各种风险。

二、基本原则和基本要求

（一）基本原则

在烟草行业全面推进依法行政工作必须坚持党的领导、人民当家作主和依法治国三者的有机统一；必须把维护国家利益和消费者利益作为烟草专卖管理工作的出发点；必须维护宪法和法律的权威，确保法制统一和政令畅通；必须把烟草行业持续稳定协调健康发展作为依法行政的第一要务，坚持以人为本和全面、协调、可持续的发展观；必须把推进依法行政与深化行政管理体制改革、转变行政管理职能有机结合起来，坚持开拓创新和循序渐进的统一；必须坚持依法行政与提高行政效率的统一，既严格依法办事，又积极履行职责。

（二）基本要求

做到合法行政、合理行政、程序正当、高效便民、诚实守信、权责统一。

——合法行政。各级烟草专卖局应当依照法律、法规和规章的规定实施专卖管理；法律、法规和规章有规定的，必须依法管理；法律、法规和规章没有规定的，不得作出影响管理相对人合法权益或者增加管理相对人义务的决定。

——合理行政。各级烟草专卖局实施行政管理，应当遵循公平、公正的原则。要平等对待行政管理相对人，不偏私、不歧视。行使自由裁量权应当符合法律目的，排除不相关因素的干扰；所采取的措施和手段应当必要、适当；可以采用多种方式实现行政目的的，应当避免采用损害当事人权益的方式。——程序正当。各级烟草专卖局实施行政管理，除涉及国家秘密和依法受到保护的商业秘密、个人隐私的外，应当公开，注意听取公民、法人和其他组织的意见；要严格遵循法定程序，依法保障行政管理相对人、利害关系人的知情权、参与权和救济权。各级烟草专卖局工作人员履行职责，与行政管理相对人存在利害关系时，应当回避。

——高效便民。各级烟草专卖局实施行政管理，应当遵守法定时限，积极履行法定职责，提高办事效率，提供优质服务，方便公民、法人和其他组织。

——诚实守信。各级烟草专卖局公布的信息应当全面、准确、真实。非因法定事由并经法定程序，各级烟草专卖局不得撤销、变更已经生效的行政决定；因国家利益、公共利益或者其他法定事由需要撤回或者变更行政决定的，应当依照法定权限和程序进行并对行政管理相对人因此而受到的财产损失依法予以补偿。

——权责统一。各级烟草专卖局利用法律、法规赋予的执法手段，依法履行烟草专卖管理职责。各级烟草专卖局违法或者不当行使职权，应当依法承担法律责任，实现权力和责任的统一。依法做到执法有保障、有权必有责、用权受监督、违法受追究、侵权须赔偿。

三、主要任务

（一）切实转变职能，创新烟草专卖行政管理方式

依法规范经济调节和市场监管职能。各级烟草专卖局要依法履行《中华人民共和国烟草专卖法》所赋予的烟草行政管理职能，加强经济调节和市场监管职能，保证烟草行政主管部门的职能不“缺位”、不“错位”和不“越位”。按照国家关于推进事业单位改革的要求，采取有效措施逐步推进政事分开。在履行行政管理职能的同时，组织好烟草生产经营活动，逐步发挥市场在资源配置中的基础性作用。根据经济发展的需要，主要运用经济和法律手段管理经济，依法履行市场监管职能，保证市场监管的公正性和有效性，打破地区封锁，建设统一、开放、竞争、有序的市场体系。构建社会信用服务体系，建立失信惩戒机制，营造公平、有序、健康的市场竞争环境。

合理划分和依法规范各级烟草专卖局的职能和权限。按照国家法律法规和政策的要求，依法规范各级烟草专卖局的职能和权限。各级烟草专卖局按照精简、统一、效能的原则，科学合理设置内部机构，严格核定人员编制。进一步明确各级烟草专卖局的管理权限，形成职能划分基本合理，权责基本协调的行政经济管理格局。

清理和规范行政事业性收费等收入，依法规范收费管理。严格实行罚没收入罚缴分离，行政事业性收费收支两条线管理，行政事业性收费和罚没收入必须全部上缴财政，严禁以各种形式返还。各级烟草专卖局不得设立任何形式的“小金库”。

依法实施行政许可，创新行政管理方式。认真贯彻实施行政许可法，减少行政许可项目，规范行政许可行为，改革行政许可方式。烟草专卖行政许可实行“一个窗口”对外服务，严格规范行政审批行为。提高各级烟草专卖局的行政效率，建立行政管理和服务的首问负责制，进一步完善公文办理时限制。

推进政务信息公开。加快电子政务建设，通过电子政务将办理事项和主体、权限、责任、程序以及条件等，予以固定和公开。加强烟草行业政府网站建设，使网上办公成为烟草行业管理与服务的重要手段，实现便民和高效。制订烟草政务信息公开、共享制度，除涉及国家秘密和依法受到保护的商业秘密、个人隐私的事项外，各级烟草专卖局应当通过网站、新闻媒体等形式公开政务信息并实现内部不同部门之间网上信息互通、资源共享。

（二）建立健全依法科学民主决策机制

建立和完善烟草行政决策机制。科学、合理界定各级烟草专卖局及其内部各机构的行政决策权，完善内部决策规则。建立分级负责行政决策体制，实行行政权、决策权和决策责任相统一。实行依法决策、科学决策、民主决策。

制订并严格遵守行政决策程序规定，严格规范重大决策行为，坚持重大决策法律论证和合法性审查制度、重大决策集体讨论制度，把合法性审查和科学民主集体决策作为重大决策过程必经环节。

建立健全决策监督制度和责任追究制度。各级烟草专卖局应当确定部门和人员，定期对行政决策的执行情况进行跟踪与反馈并适时调整和完善有关决策。加强对决策活动的监督，完善行政决策的监督制度和机制，明确监督主体、监督内容、监督对象、监督程序和监督方式。建立重大决策评估制度，定期对重大决策执行情况进行调查、评估，将决策评估结果纳入工作考核。建立健全决策责任追究制度，按照“谁决策、谁负责”的原则，完善决策责任追究程序、范围、形式，实现决策权和决策责任相统一。

（三）提高烟草行业制度的建设质量

制定规范性文件应遵循法制统一原则，不得违反上位法的规定并与烟草行业的改革发展实际相一致，重在提高质量。

严格按照法定权限和规定程序制定规范性文件。规范性文件的内容要具体、明确，具有可操作性，能够切实解决问题；内在逻辑要严密，语言要规范、简洁、准确。

提高烟草行业制定规范性文件的透明度和公众参与程度。制定规范性文件，要广泛征询基层烟草管理人员、烟草生产经营人员和管理相对人的意见，对关系烟草行业稳定和发展、影响管理相对人切身利益的

规范性文件，要通过座谈会、论证会、听证会或者在行业内网站上公布规范性文件的草案或征求意见稿等方式听取意见并建立听取和采纳意见情况的说明制度。建立健全调查研究制度和专家咨询论证制度，提高规范性文件的质量。

建立和完善规范性文件的修改和废止工作制度和规范性文件定期清理和定期评价制度。对不能适应烟草行业改革发展形势要求，与法律、法规、规章规定不一致的规范性文件要及时清理，确保法制统一和政令畅通。规范性文件的制定机关和实施机关应当定期对其实施情况进行评估并根据评估意见定期进行清理。

强化法制工作机构合法性审查职能。各级烟草专卖局的法制工作机构，是规范性文件的统一审核部门。建立健全规范性文件合法性审查制度，杜绝规范性文件制定的随意性，防止规范性文件相互冲突。

（四）理顺烟草专卖执法体制，规范烟草专卖执法行为

深化烟草专卖执法体制改革。完善烟草专卖行政执法体制，加大行政执法力度。建立健全权责明确、行为规范、监督有效、保障有力的烟草专卖执法体制，进一步明确烟草专卖执法权限，落实行政执法责任，整顿和规范烟草市场秩序，建立公平竞争、依法经营的市场经济机制。

规范烟草专卖执法程序。严格按照法定程序行使权力、履行职责，依法健全和完善告知、听证、回避、公开等烟草专卖执法程序制度。明确烟草违法案件的立案管辖、处罚标准，规范烟草专卖执法人员行使自由裁量权，避免烟草专卖执法随意性。进一步完善烟草专卖执法程序，完善重大行政处罚决定向上一级备案制度。

建立健全行政执法案卷评查制度。各级烟草行政主管部门应当建立有关行政处罚、行政许可、行政强制等行政执法的案卷。对行政管理相对人的有关监督检查记录、证据材料、执法文书应当立卷归档。建立和完善行政处罚、行政许可、行政强制和行政复议等的案卷归档制度。

全面推行行政执法责任制、评议考核制和执法过错责任追究制。依法界定执法职责，科学设定执法岗位，规范执法程序。建立公开、公平、公正的评议考核制和执法过错或者错案责任追究制，评议考核应当听取公众的意见。积极探索行政执法绩效评估和奖惩办法。

完善烟草专卖执法主体资格制度和烟草专卖执法人员资格制度。烟草专卖执法必须由各级烟草行政主管部门在其法定职权范围内实施，非烟草行政主管部门未经法律、法规授权或者烟草行政主管部门的合法委托，不得行使烟草专卖执法权。实行烟草专卖执法人员资格制度，没有通过烟草专卖相关法律法规考试并取得执法资格的不得从事烟草专卖执法工作。

（五）积极探索烟草行业高效、快捷防范、化解矛盾的机制

完善信访工作机制和制度，完善预防和处置群体性事件机制，积极探索预防和解决烟草行业矛盾的新路子。要大力开展矛盾纠纷排查调处工作，建立健全相应的制度。对矛盾纠纷要依法妥善解决。

切实解决人民群众通过信访举报反映的问题。要完善信访制度，及时办理信访事项，切实保障信访人、举报人的权利和人身安全。任何烟草行政主管部门和个人不得以任何理由或者借口压制、限制人民群众信访和举报，不得打击报复信访和举报人员，不得将信访、举报材料及有关情况透露或者转送给被举报人。对可以通过复议、诉讼等法律程序解决的信访事项，应当告知信访人、举报人申请复议、提起诉讼的权利，积极引导当事人通过法律途径解决。

（六）完善烟草行业依法行政监督制度和机制，强化对行政管理工作的监督

各级烟草专卖局要自觉接受人大、政协的监督，接受司法监督，接受监察、审计等专门监督机关的监督，接受群众监督和舆论监督。

依法做好烟草行政复议工作，建立健全适合烟草行业行政复议工作特点的工作程序和内部工作制度，落实行政复议对行政自由裁量权的合理性审查，建立行政复议责任追究制度，建立完善行政复议、行政应诉案件统计报告分析制度，通过行政复议及时有效监督下级烟草专卖局严格依法行政。

建立和完善目标绩效考核管理制度，把依法行政作为各级烟草专卖局目标考核的重要内容。

创新内部层级监督机制。加大烟草行业上级行政机关对下级行政机关的执法监督力度，上级行政机关要建立健全经常性的监督制度，加强对下级行政机关具体行政行为的监督。

严格执行行政赔偿和补偿制度。按照国家法律、行政法规实施行政赔偿，保障公民、法人和其他组织依法获得赔偿。在行政赔偿程序中引入听证、协商和和解制度。建立健全行政补偿制度。

（七）增强依法行政观念，提高依法行政能力

建立健全领导干部学法用法制度，提高领导干部依法行政的能力和水平；增强法律意识，提高法律素养，提高依法决策、依法行政、依法管理和依法组织

生产经营的水平，定期或者不定期对领导干部进行依法决策、依法行政、依法管理、依法组织生产经营的知识培训。把领导干部依法决策、依法行政、依法管理和依法组织生产经营列入定期考核内容。积极探索对领导干部任职前实行法律知识考试的制度。

建立烟草行业广大干部职工学法用法制度以及依法行政、依法管理、依法组织生产经营情况考核制度。采取自学与集中培训相结合、以自学为主的方式，组织烟草行业广大干部职工学习通用法律知识以及与本职工作有关的专门法律知识。把依法行政、依法管理、依法组织生产经营情况作为考核烟草行业广大干部职工的重要内容，完善考核制度，制订具体的措施和办法。

加强法制宣传，积极营造全社会遵守烟草法律法规的良好环境。通过法制宣传，增强尊重和遵守烟草专卖法律法规的观念和意识，积极引导公民、法人和其他组织依法维护自身权益，为烟草行业推进依法行政创造良好的氛围。

四、实施步骤（略）

五、保障措施（略）

国家烟草专卖局关于加强残次和废弃烟草专卖品管理的通知

（2006年6月5日　国烟法〔2006〕375号）

行业各直属单位，中国烟草实业发展中心：

为了依法加强对残次、废弃烟叶（包括烟梗，下同）、烟末、卷烟纸、滤嘴棒、烟用丝束等残次、废弃烟草专卖品的管理，防止其流向非法烟厂，现将有关事宜通知如下：

一、行业内各工商企业，不得以任何名义和任何形式向行业外企业、单位提供残次、废弃烟叶、烟末。企业生产经营过程中产生的可以回收利用的残次、废弃烟叶、烟末，只能出售给行业内再造烟叶、烟草薄片等有关生产企业；不能回收利用的，必须予以销毁。

二、行业内各工业企业，必须对残次、废弃卷烟纸进行相应处理使其无法直接用于卷烟生产后，出售给省级工业公司指定的废品回收单位、造纸企业。对可以回收利用的残次、废弃滤嘴棒和烟用丝束，只能出售给已依法领取烟草专卖生产企业许可证的烟用丝束生产企业；不能回收利用的，必须予以销毁。

三、各省级局（公司）、工业公司要根据本通知有关规定，制订对所属企业产生的残次、废弃烟叶、烟末、卷烟纸、滤嘴棒、烟用丝束的具体管理办法。省级工业公司制订的管理办法，应当及时报所在的省级局备案。

四、各省级局（公司）、工业公司必须按照本通知要求，切实加强对残次、废弃烟叶、烟末、卷烟纸、滤嘴棒、烟用丝束的监督管理，制定权责分明的管理制度，责任落实到人。对非法收购、经营、运输残次、废弃烟叶、烟末、卷烟纸、滤嘴棒、烟用丝束的行为，要依法严肃查处。对行业内工商企业违反本通知规定的，要严肃追究有关企业主管领导和直接责任人的行政责任。

国家烟草专卖局关于印发《国家烟草专卖局关于罚没烟叶的管理办法（试行）》的通知

（2006年12月21日　国烟法〔2006〕950号）

各省级局（公司）、工业公司：

近年来，随着行业内部流通秩序的逐步规范和执法力度的不断加大，各执法机关查处的违法经营烟叶案件呈上升趋势。如何对罚没烟叶进行保管、验级、估价，如何将罚没烟叶纳入专卖流通渠道，如何确保罚没烟叶的税收缴纳等问题变得越来越突出。为维护法律的尊严和国家利益不受损害，保护各执法部门查处违法经营烟叶案件的积极性，规范罚没烟叶的处理程序，确保罚没烟叶能纳入专卖渠道流通，现将《国家烟草专卖局关于罚没烟叶的管理办法（试行）》印发给你们，请遵照执行。在执行过程中，请注意收集、汇总各单位的意见和建议，及时反馈国家局，以便对管理办法进行修改完善。

国家烟草专卖局关于罚没烟叶的管理办法（试行）

第一章 总 则

第一条 为加强对罚没烟叶的管理，规范罚没烟叶的处理程序，维护国家利益，根据《中华人民共和国烟草专卖法》、《中华人民共和国烟草专卖法实施条例》及其相关法律法规，制定本办法。

第二条 本办法所称罚没烟叶，是指烟草专卖局依法罚款收购或没收的烟叶、其他行政执法部门或司法部门移送处理的罚没烟叶。

罚没的复烤烟叶、烟丝、烟草薄片、烟梗、烟棒、烟沫适用本办法。

第三条 本办法适用于所有处罚烟叶违法案件的烟草专卖局、接受委托处理涉案烟叶的烟草专卖局和参与罚没烟叶处理的烟草拍卖行和烟草企业。

第二章 仓储保管

第四条 烟草专卖局对本机关处罚的涉案烟叶和接受委托处理的罚没烟叶，指定辖区内有烟叶仓储条件的烟草企业保管。

第五条 被指定保管罚没烟叶的烟草企业，对罚没烟叶应专库保管，专人负责，建立专门的罚没烟叶管理台账。

第六条 对先行登记保存的涉案烟叶应当场加贴封条，注明票据号码并由案件经办人和当事人签名。烟叶仓库保管员在入库交接时，应认真核对，确保封条完好无损后办理交接手续，向案件经办人出具涉案烟叶入库单。

第七条 未结案的涉案烟叶，实行分案管理和单独封存，仓库保管人员不得单独启封或与其他非涉案烟叶集中存放。需要抽取样品的罚没烟叶，由案件经办人员、仓库保管员、案件当事人共同启封。

第八条 罚没烟叶应根据管理台账办理出库手续，确保办案手续完备，程序合法，不得违反办案程序提前出库进行处理。

第九条 罚没烟叶的出库包括发还出库、委托收购（拍卖）出库、检测出库、销毁出库。

发还出库必须凭办理案件部门的《先行登记保存物品发还清单》办理出库手续。委托收购（拍卖）出库必须凭办理案件部门的《罚没烟叶委托收购书》办理出库手续。检测出库必须凭办理案件部门的《罚没烟叶委托检测书》办理出库手续。销毁出库必须凭办理案件部门的《违法物品销毁记录表》办理出库手续。

第十条 仓库保管人员每月对罚没烟叶的出入库情况进行核对和账务处理。烟草专卖局的专卖管理部门每季度对罚没烟叶的库存进行清查盘点，保证账物相符。

第三章 检验定级和价值估算

第十一条 罚没烟叶必须进行检验定级和价值估算，验级估算所认定的罚没烟叶价值为违法烟叶案件的案值。

罚没烟叶中属于国产原烟的，组织进行检验、定级、价值估算；罚没烟叶中属于国产复烤烟叶、烟草薄片、烟丝以及国外烟叶的，组织进行检验、价值估算。

第十二条 省级烟草专卖局的烟草质量检测部门和价格主管部门负责本辖区罚没烟叶检验定级和价值估算管理工作。

第十三条 对罚没烟叶进行检验定级必须由地市级以上烟草质量检测部门出具专门的检测报告，罚没烟叶经过检验定级后方可进行价值估算，罚没烟叶的价值估算应取得政府价格主管部门的认可。

罚没烟叶中的国产原烟经过检验定级后分为列级罚没烟叶（42级）、有使用价值的级外罚没烟叶以及无使用价值的废弃烟叶。

罚没烟叶中的国产复烤烟叶、烟草薄片、烟丝以及国外烟叶，经过检验后分为有使用价值的罚没烟叶和无使用价值的废弃烟叶。

第十四条 罚没烟叶按照国家烟草专卖局公布的同类产品全国平均销售价格进行认定和估算。无使用价值的废弃烟叶不进行价值估算。

国家烟草专卖局每年定期公布各类罚没烟叶进行价值估算所依据的价格标准。

第四章 处理程序与处理价格

第十五条 有使用价值的罚没烟叶应进行变价处理或拍卖处理。废弃烟叶按照国家烟草专卖局的相关规定进行处理。

第十六条 罚没烟叶的变价处理应由省级烟草专卖局统一定点本辖区内持有《烟草专卖批发企业许可证（经营）》、具有烟叶经营权的商业企业进行收购。

烟叶产区省（自治区、直辖市）变价处理罚没烟叶，由省级烟草专卖局定点的商业企业，通过国家烟草专卖局烟叶基础软件中的“烟叶罚没专户”进行收购。收购的罚没烟叶通过烟叶交易平台与卷烟工业企业签订购销合同纳入流通渠道。罚没烟叶所在地有权签发准运证的烟草专卖局，依据罚没烟叶的购销合同及相关资料开具准运证。

第十七条 罚没烟叶的拍卖应由国家烟草专卖局批准设立的烟草拍卖行进行。持有烟草专卖许可证的卷烟工业企业、烟草进出口企业、烟草薄片生产企业可以参加竞拍。烟草拍卖行拍卖罚没烟叶必须与买受企业签订《烟草专卖品拍卖成交确认书》，烟草拍卖行所在地有权签发准运证的烟草专卖局，依据《烟草专卖品拍卖成交确认书》及相关资料开具准运证。

非烟叶产区省（自治区、直辖市）的罚没烟叶，应统一委托烟草拍卖行进行拍卖。

第十八条 罚款收购的烟叶中属于列级原烟的，烟叶产区省（自治区、直辖市）按当地同等级烟叶收购价的70%确定收购价格；属于级外原烟、国产复烤烟叶、烟草薄片、烟丝的，按其估算价值的70%确定收购价格。

没收的烟叶中属于列级原烟的，烟叶产区省（自治区、直辖市）按当地同等级烟叶的收购价计算价格或确定委托拍卖底价，非烟叶产区省（自治区、直辖市）参照该等级烟叶上年度全国平均收购价确定委托拍卖底价；属于级外原烟、国产复烤烟叶、烟草薄片、烟丝以及国外烟叶的，按其估算价值计算收购价格或确定委托拍卖底价。

第十九条 纳入烟叶流通渠道的罚没烟叶单独统计数量，不占商业企业的烟叶收购计划、销售计划和卷烟工业企业的烟叶购进计划。

第二十条 烟草专卖局对罚没烟叶必须逐笔建立相关的案件卷宗备查，没有案卷的罚没烟叶不得委托行业内的商业企业收购或烟草拍卖行拍卖。

第二十一条 罚没烟叶的变价处理，由办理案件的烟草专卖局，向所属的地市级烟草专卖局或省级烟草专卖局报送案件卷宗、行政处罚决定书复印件、验级定价情况等相关资料，地市级烟草专卖局或省级烟草专卖局审核并出具《罚没烟叶委托收购书》，行业内具有烟叶经营权的商业企业依据《罚没烟叶委托收购书》对罚没烟叶进行收购。

第二十二条 罚没烟叶委托烟草拍卖行拍卖的，由办理案件或接受罚没烟叶处理委托的烟草专卖局，向烟草拍卖行出具《罚没烟叶委托拍卖函》并附案件查处情况、行政处罚决定书、验级定价情况等相关资料。

第二十三条 涉案废弃烟叶的销毁处理，由办理案件的烟草专卖局填报《废弃烟叶销毁处理审批表》并附案件查处情况、行政处罚决定书、验级检测情况等相关资料，报所属的地市级烟草专卖局审核。地市级烟草专卖局审核同意销毁的废弃烟叶，由指定的辖区内烟草企业保管并集中销毁，地市级烟草专卖局监督销毁。销毁过程制作现场记录存档备查。

第五章 财务税收管理

第二十四条 罚没烟叶的收入，应严格执行“收支两条线”管理，除应返还当事人的部分外，应全额上缴同级财政，不得坐支、截留和挪用。

第二十五条 收购罚没国产原烟的商业企业，应当依法缴纳烟叶税并建立购买罚没烟叶“一案一账”的管理制度。

委托烟草拍卖行拍卖罚没国产原烟的，拍卖收入中应包含烟叶税，由委托方依法缴纳。

第二十六条 烟草专卖局对违法当事人予以罚款收购的罚没烟叶，变价款返还当事人；烟草专卖局予以没收的罚没烟叶，变价款或拍卖款上缴同级财政部门；其他执法机关、司法机关委托烟草专卖局处理的罚没烟叶，变价款或拍卖款交该委托机关上缴财政部门。

第二十七条 烟草专卖局在处理涉案烟叶中产生的仓储保管、烟叶运输、检测验级、拍卖佣金等费用，在办案经费中进行列支，纳入预算管理。其他行政执法机关、司法机关委托烟草专卖局处理涉案烟叶产生的相应费用，由其单独向仓储、运输、检验、拍卖单位进行支付。

第六章 监督检查

第二十八条 罚没烟叶管理实行定期统计报告制度。地市级烟草专卖局每季度汇总辖区内罚没烟叶的案件查处、仓储保管、销毁处理、变价处理与拍卖情况并向省级烟草专卖局专项报告。省级烟草专卖局每半年向国家烟草专卖局进行罚没烟叶管理的专项报告。

第二十九条 各级烟草专卖局建立罚没烟叶管理的监督检查制度。查处烟叶违法案件的烟草专卖局要定期组织相关部门对罚没烟叶管理情况进行检查；地市级烟草专卖局每季度对辖区内罚没烟叶管理情况进行检查，省级烟草专卖局每年要对罚没烟叶的管理进行专项抽查。

第三十条 对违规处理罚没烟叶、管理不规范的单位要进行通报批评并视情节轻重，根据《烟草行业行政处分暂行规定》、《违反行政事业性收费和罚没收入收支两条线管理规定行政处分暂行规定》等，对直接责任人和负有领导责任的人员给予相应的行政处分。

第七章 附 则

第三十一条 各省级烟草专卖局可根据本办法制订具体的实施细则。

第三十二条 本办法自发布之日起施行。

财务审计

国家烟草专卖局关于印发《中国烟草总公司国有资产管理规定（试行）》的通知

（2006年10月20日　国烟财〔2006〕736号）

行业各直属单位，国家局、总公司机关各部门、各单位：

为贯彻落实国务院有关文件精神，根据国家有关法律法规及《财政部关于烟草行业国有资产管理若干问题的意见》（财建〔2006〕310号），国家烟草专卖局制订了《中国烟草总公司国有资产管理规定（试行）》，现印发给你们，请遵照执行。在执行过程中有何问题，请及时报告。

中国烟草总公司国有资产管理规定（试行）

第一章　总　则

第一条　为维护国有权益，建立"归属清晰、权责明确、保护严格、流转顺畅"的现代产权制度，实现国有资本保值增值，依据国家有关法律、法规制订本规定（试行）。

第二条　中国烟草总公司（以下简称总公司）、各省级烟草公司、省级工业公司、专业性公司和郑州烟草研究院等（以下简称直属公司）及其所属工商企业、单位（以下简称基层企业）适用本规定。

第三条　根据国务院赋予总公司的职权，总公司对所属工商企业的国有资产行使出资人权利，对所属工商企业实施国有资产与财务管理并承担国有资本保值增值责任。

第二章　职　责

第四条　总公司应履行的国有资产管理职责是：

一、依据国家关于国有资产监督管理的各项法律法规，制订所属工商企业国有资产管理办法，指导和监督企业建立健全国有资产管理制度，依法管理烟草行业的国有资产，努力提高国有资产经营和管理水平，确保国有资本保值增值，防止国有资产流失。

二、指导、组织并办理烟草行业国有资产基础管理工作。

三、根据烟草行业的发展战略和规划，审定直属公司、基层企业国有资本，依法审批直属公司、基层企业增减国有资本、投融资及企业组织结构调整中的重大事项。

四、依照法定程序管理直属公司、基层企业国有资本营运工作。实行资本预算管理制度，提高资产经营水平。

五、对企业的国有资产收益依法履行出资人职责，制订国有资本收益分配及使用方案。

六、制订所属工商企业国有资产经营和管理考核办法，组织国有资产经营管理考核工作。

七、行使国家有关部门规定的国有资产管理的其他职责。

第五条　根据总公司的授权，直属公司应履行的国有资产管理职责是：

一、认真贯彻落实国家法律法规，执行总公司制订的国有资产管理办法，加强对本级及所属基层企业国有资产经营管理，承担国有资本保值增值责任。

二、组织办理本级及所属基层企业国有资产基础管理相关事项。

三、审核申报本级及所属基层企业增减资本、投融资等重大事项。管理所属基层企业国有资本营运。

四、执行总公司关于投资收益管理办法。

五、根据统一部署，组织本级及所属基层企业国有资产经营管理考核工作。

第六条　基层企业应履行的国有资产管理职责是：

一、认真贯彻落实国家法律法规，执行总公司制订的国有资产管理办法，加强企业国有资产经营管理。

二、按规定办理企业国有资产基础管理工作。

三、及时申报企业增减资本、投融资等重大事项。

四、依法经营，确保国有资产的完整并承担保值增值的责任。

五、执行总公司关于投资收益管理办法。

第三章　国有资产基础管理

第七条　烟草行业国有资产基础管理包括产权界定、产权纠纷调处、产权登记、国有资产权证管理、清产核资、资产评估以及资产统计。

第八条　产权界定。烟草行业产权界定遵循“谁投资、谁拥有产权”的原则，按照《中华人民共和国民法通则》（中华人民共和国主席令第三十七号）及《国有资产产权界定和产权纠纷处理暂行办法》（国资法规发〔1993〕68号）、《城镇集体所有制企业、单位清产核资产权界定暂行办法》（国经贸企〔1996〕895号）等有关规定执行。

第九条　产权纠纷调处。烟草行业产权纠纷调处按照《国有资产产权界定和产权纠纷处理暂行办法》（国资法规发〔1993〕68号）、《企业国有产权纠纷调处工作规则》（财法〔2002〕1号）等有关规定执行。

第十条　产权登记。烟草行业产权登记工作按照《企业国有资产产权登记管理办法》（国务院第192号令）和《企业国有资产产权登记管理办法实施细则》（财管字〔2000〕116号）等规定执行，由总公司统一办理。

一、凡占有、使用国有资产并已经取得或申请取得法人资格的直属公司、基层企业，应当按规定申办国有资产产权登记。

二、产权登记分为占有产权登记、变动产权登记、注销产权登记。直属公司、基层企业应根据不同的经济行为办理相应的产权登记。

三、产权登记证是直属公司、基层企业进行资产评估、股份制改组和产权转让等经济行为报批的必备文件之一。没有产权登记证或产权登记证失效的单位，必须及时补办产权登记证。

四、烟草行业产权登记工作实行年度检查制度。

第十一条　国有资产权证管理。直属公司、基层企业要根据国家法律法规的规定，及时办理相关固定资产和无形资产的权属证明并切实加强管理，保障企业法人财产权的真实性和完整性。对自建、购置、接受出资人投入、捐赠人捐赠、无偿划入等各种方式增加的房屋建筑物、土地、车辆以及其他需要权属证明的资产，必须以本单位为权利人按国家规定办理或变更相关资产使用权证。

第十二条　清产核资。烟草行业清产核资工作比照国务院国有资产监督管理委员会《国有企业清产核资办法》（国资委令第1号）及其配套管理办法（包括国资评价〔2003〕72、73、74、78号文件）中的有关规定执行，由总公司统一组织。

第十三条　资产评估。烟草行业的资产评估工作，按照《国有资产评估管理办法》（国务院令第91号）和《国有资产评估管理办法实施细则》（国资办发〔1992〕36号）的规定执行，同时按财政部《国有资产评估项目备案管理办法》（财企〔2001〕802号）的规定实行备案制，由直属公司、基层企业在相应经济行为发生前，按规定将相关资产评估结果逐级专题报总公司，由总公司或财政部审查备案。

第十四条　资产统计。烟草行业的资产统计工作比照国家有关制度及《企业国有资产统计报告办法》（国资委令第4号）执行，由总公司统一组织。具体办法另行制订下发。

第四章　投融资管理

第十五条　直属公司、基层企业的投资，要遵循国家有关政策法规规定，根据风险与收益均衡等原则和经营需要，确定合理的投资规模和结构并严格按照总公司投资管理制度履行报批手续。向境外投资的，按照国家规定办理境外资产权属关系证明，承担有限责任。不允许任何形式未经批准的投资。

第十六条　直属公司、基层企业应建立健全投资决策制度，设立投资管理委员会，明确决策规则、程序、权限和责任等。法律、行政法规规定应当通过职工（代表）大会审议或者听取职工、相关组织意见的投资事项，依照其规定执行。决策事项涉及责任人与企业利益有冲突的，相关责任人应当回避。

第十七条　直属公司、基层企业对外投资项目中涉及国有划拨土地使用权的，要按国家改变土地用途的相关规定办理各项手续，改变土地性质并取得相关权属证明。

第十八条　直属公司、基层企业在生产经营中，要注意防范财务风险。除企业正常生产经营中必须的银行贷款外，不允许任何其他形式的融资行为。企业的融资项目必须纳入财务预算管理。

第十九条　直属公司、基层企业不允许进行任何形式的委托理财、对外担保和证券投资。

第五章　国有资本营运管理

第二十条　烟草行业国有资本营运管理包括国有资本变动、国有资产转让、对外捐赠以及资产损失的处理。烟草行业应当根据生产经营需要，确定合理的资产结构并实施资产结构动态管理。

第二十一条　直属公司、基层企业的注册资本要与企业规模相适应，在持续经营期间，对注册的国有资本除依法转让以外，不得抽回并且以出资额为限承担责任。投资企业对持续经营的被投资企业发生资不抵债情形时未确认的股权投资损失，不能冲减持有的国有资本；如需注入资本的，按国家有关规定及公司章程执行。

第二十二条 直属公司、基层企业以盈余公积金、资本公积金转增实收资本，需经总公司审批并按有关规定办理。直属公司、基层企业未按规定转增实收资本的，总公司可根据其资本积累情况，直接作出以盈余公积金、资本公积金转增实收资本的决定。

第二十三条 直属公司、基层企业除正常生产经营成果分配外因其他因素引起的国有资本变动，需按有关规定报总公司审批。其他因素包括以下内容：

一、国家（国家授权的机构）直接或追加（减少）投资。

二、直属公司、基层企业间国有资产无偿划转引起的国有资本变动。

三、直属公司、基层企业因资产重组、产权变动等原因进行的清产核资、资产评估行为引起的国有资本变动。

四、直属公司、基层企业因实行债转股后经国家（国家授权机构）批准增加的国有资本。

五、直属公司、基层企业接受捐赠引起的国有资本变动。

六、其他客观因素引起的国有资本变动。

第二十四条 股份有限公司国有股权设置方案和上市公司国有股减持方案，按照国务院及财政部的有关规定执行。

第二十五条 资产无偿划转。直属公司、基层企业国有资产无偿划转按照财政部《关于企业国有资产办理无偿划转手续的规定》（财管字〔1999〕301号）中的有关规定执行。烟草行业内的国有资产转让原则上采用无偿划转方式。

一、直属公司之间企业的国有资产无偿划转（含持有的上市公司股权），由资产划转双方协商后，按隶属关系逐级报总公司审批，同时报财政部备案。直属公司所属基层企业之间的国有资产无偿划转（不含直属公司本级和上市公司股权）由资产划转双方协商后报直属公司审批，同时报总公司备案。

二、资产划转双方应严格依据资产划转批复文件内容及时进行相应的账务调整并办理变动产权登记等有关手续。

第二十六条 烟草行业各级企业、单位原则上不得将其所占有的国有资产（含持有的上市公司股权）无偿划转给非烟草单位。但如果情况特殊，确需在烟草行业各级企业、单位和非烟草单位之间进行国有资产无偿划转的，必须逐级报经总公司同意后，由资产划转双方协商，经省部级主管部门审批后，分别按财政隶属关系逐级报财政部审批。

第二十七条 烟草行业各级企业、单位国有产权有偿转让按照《企业国有产权转让管理暂行办法》（国务院国有资产监督管理委员会、财政部令第3号）的有关规定执行。

一、烟草行业各级企业、单位向非烟草单位的产权转让，评估价值在1亿元以上的，由各单位逐级报总公司，由总公司报财政部审批；烟草行业各级企业、单位之间因特殊情况确需的产权有偿转让，评估价值在0.5亿元以上的，由各单位逐级报总公司审批，报财政部备案；其他产权转让，由各单位逐级报总公司审批。

二、转让的国有产权权属应当清晰。权属关系不明确或者存在权属纠纷的国有产权不得转让。被设置为担保物权的国有产权有偿转让，应当符合《中华人民共和国担保法》的有关规定。

三、烟草行业各级企业、单位国有产权有偿转让应当在依法设立的国家级产权交易机构中按有关法律公开交易。

第二十八条 直属公司、基层企业对外捐赠遵循《中华人民共和国公益事业捐赠法》和国家其他有关法律、法规及《财政部关于加强企业对外捐赠财务管理的通知》（财企〔2003〕95号）的规定，通过依法成立的公益性社会团体和公益性非营利的事业单位或者县级以上人民政府及其组成部门进行。特殊情况下，也可以通过合法的新闻媒体等进行。

直属公司、基层企业对外捐赠要根据本企业自身情况从严掌握并按规定程序操作。具体管理权限为：

一、基层企业捐赠。公益性、救济性捐赠年度累计100万元（含100万元）以内，救济性捐赠中救灾性捐赠年度累计300万元（含300万元）以内的，按隶属关系由直属公司决定具体权限进行审批，超过以上额度的捐赠报总公司审批。

二、省级工业公司捐赠。公益性、救济性捐赠年度累计100万元（含100万元）以内，救济性捐赠中的救灾性捐赠年度累计500万元（含500万元）以内的，由企业依法自行办理并报国家局备案，超过以上额度的捐赠报总公司审批。

三、省级工业公司以外的其他直属公司捐赠。公益性、救济性捐赠年度累计100万元（含100万元）以内，救济性捐赠中的救灾性捐赠年度累计300万元（含300万元）以内的，由企业依法自行办理并报国家局备案，超过以上额度的捐赠报总公司审批。

第二十九条 直属公司、基层企业应当建立各项资产损失或者减值准备管理制度，落实监管责任。企业发生的资产损失，按照《企业资产损失财务处理暂行办法》（财企〔2003〕233号）、《企业财产损失所得税前扣除管理办法》（国家税务总局令第13号）的有关规定处理。通过清产核资等方式清理出的资产损失，如符合财政部申报核减企业所有者权益条件，可按规定逐级上报审批并按批复数核减企业所有者权益。

第六章　投资收益管理

第三十条　总公司、直属公司对所出资企业的国有资产收益依法履行出资人职责。直属公司、基层企业执行总公司关于投资收益的分配及使用方案。

一、总公司负责制订所属工商企业国有资本投资收益管理办法，依法收取投资收益，根据烟草行业发展和总公司、直属公司、基层企业的实际情况妥善进行投资收益的分配和使用。

二、直属公司执行总公司的投资收益分配办法，督促所属基层企业认真落实。

三、基层企业按照投资收益分配办法，如实上报经营情况，如期上缴投资收益。

第三十一条　烟草行业国有资本投资收益管理的具体实施办法，由总公司根据财政部等有关部门的规定另行制订下发。

第七章　内部控制

第三十二条　直属公司、基层企业要建立健全内部控制制度，防止国有资产流失。

第三十三条　直属公司、基层企业要建立全面预算管理制度，以现金流为核心，按照实现企业价值最大化等财务目标的要求，对资金筹集、资产营运、成本费用、收益分配、重组清算等财务活动，实施全面预算管理。

第三十四条　直属公司、基层企业要建立内部资金调度控制制度，明确资金调度的条件、权限和程序，统一筹集、使用和管理资金。各单位支付、调度资金，要按照内部财务管理制度的规定，依据有效合同、合法凭证，办理相关手续。

第三十五条　直属公司、基层企业要建立成本费用管理控制系统。要强化成本预算约束，推行质量成本控制办法，实行成本定额管理、全员管理和全过程控制。要实行费用归口、分级管理和预算控制，建立必要的费用开支范围、标准和报销审批制度，编制各项经营管理费用预算，健全各项原始记录及相关的稽核制度。对大宗原辅材料或商品物资的采购、固定资产的购建和工程建设要按照公开、公正、公平的原则，采取招标方式进行。成本费用开支要严格按照《烟草企业成本费用管理办法》、《烟草企业成本费用核算规程》（国烟财〔2002〕619号）进行核算。

第三十六条　直属公司、基层企业要执行国家规定的工资政策。工资总额增长幅度不超过本企业经济效益增长幅度、职工实际平均工资增长幅度不超过本企业劳动生产率增长幅度，切实加强对工资分配管理，完善并严格实行工资总额控制制度。

第三十七条　直属公司、基层企业要建立健全国有资产管理制度。严格按照国家有关法律、法规以及国有资产管理规章制度要求管理国有资产。

第三十八条　直属公司、基层企业要加强内部审计监督，建立健全内部审计机构、通过内部审计加强企业国有资产管理工作。

第三十九条　直属公司、基层企业要按照总公司财会信息化管理要求建立财会管理信息化系统，加强国有资产监管。

第八章　考核与监督

第四十条　总公司负责所属工商企业国有资产的经营和管理考核工作，对所属工商企业国有资产质量、资本运营情况和保值增值能力进行综合考评。考核办法另行制订下发。

第四十一条　总公司负责组织实施直属公司国有资产经营和管理考核工作，直属公司负责组织实施所属基层企业国有资产经营管理考核工作。

第四十二条　直属公司、基层企业要建立、健全国有资产内部监督管理制度和内部审计制度，接受国家有关部门的监督检查。

第四十三条　直属公司、基层企业及相关责任人在国有资产经营管理和财务活动中违反财政、税收、会计等法律、行政法规的，依照有关法律、行政法规的规定给予相关单位及责任人以处理、处罚。

第九章　附　则

第四十四条　烟草行业对外投资组建的全资、控股多元化经营企业及参股的多元化经营企业中烟草行业所拥有的国有股权具体管理办法由总公司另行制订。

第四十五条　直属公司要依据本规定（试行）制订具体实施办法并报总公司备案。

第四十六条　本规定（试行）由总公司负责解释。

第四十七条　本规定（试行）自发布之日起施行。

国家烟草专卖局关于规范烟叶生产投入补贴若干问题的实施意见（摘要）

（2006年12月8日　国烟财〔2006〕904号）

各省级局（公司）：

《财政部国家发展改革委关于规范烟叶生产投入补贴若干问题的意见》（财建〔2006〕710号，以下简称《意见》），对规范烟叶生产投入补贴（以下简称补贴），扶持烟叶生产，稳定烟草行业基础具有重要意义。为认真贯彻落实《意见》精神，现提出如下实施意见：

一、明确职责，切实加强规范补贴的管理工作

（一）国家局的主要职责

1. 加强对补贴的宏观调控，制定全国行业补贴政策。

2. 审批各省行业年度补贴预算，确定各省行业补贴标准。

3. 加强对补贴实施情况的监督检查，规范补贴管理。

（二）省级局（公司）的主要职责

1. 贯彻执行国家局制定的全国行业补贴政策。

2. 审批各地市级（公司）年度补贴预算，确定各地市级公司补贴标准。

3. 加大监督、检查力度，确保补贴资金规范使用。

（三）地市级局（公司）的主要职责

1. 根据省级局（公司）制定的本省行业补贴政策，确定本地行业具体的补贴项目和标准，制定年度补贴政策和年度实施方案。

2. 公布补贴政策，确保补贴资金让烟农受益。

3. 建立健全规章制度，加强补贴资金的内部控制。

4. 加强预算管理，严格按批复的预算执行。

5. 规范运作，加强监管，确保补贴资金安全有效。

二、进一步明确补贴范围，严格按规定用途使用

烟草商业企业可以在烟叶收购价格外适当进行烟叶生产投入补贴，用于烟叶生产基础设施建设，烟叶生产专用物资，产业经营和产前、产中、产后技术与管理服务等方面，具体补贴范围为：

（一）烟叶生产基础设施建设补贴，包括烟水配套工程、田间道路建设、土壤改良（包括坡改梯、客土施用、酸碱度调节、秸秆还田、种植绿肥等）、烤房建设及改造的补贴。

烟叶生产基础设施建设项目开工前所发生的项目规划、论证、勘探、设计、咨询等前期工作费用的补贴也包括在内。

（二）烟叶生产专用物资补贴，包括种子、化肥（包括无机肥、有机肥）、地膜（包括农膜）、烤煤、农药、预检袋的补贴。

（三）专业化服务补贴，包括测土配方、病虫害统防统治、科技推广服务、防洪抗旱等自然灾害防治的补贴。

科技推广服务补贴包括特殊品种、育苗、农机具及机耕、专业化烘烤、土地流转协调、试验示范、技术培训等补贴。

防洪抗旱等自然灾害防治补贴包括防洪、抗旱、防震、防雹等提高抵御自然灾害能力方面的支出和对受灾烟农的补贴，具体项目为专业化气象服务补贴、自然灾害保险、自然灾害风险基金、防灾物品补贴、直接对受灾烟农的补贴等。

各烟草商业企业要严格按规定范围进行补贴，在上述补贴范围内的，可根据本地实际情况确定具体的补贴项目。上述补贴范围以外的，不得予以补贴并要正确划分企业生产经营的费用和烟叶生产投入补贴，不得相互挤占。

三、严格控制补贴标准，促进烟叶生产的平稳发展

补贴是烟叶收购价格必要的补充，补贴标准必须适当，补贴政策不能扰乱价格的杠杆作用。补贴标准的制定坚持以烟叶收购价格改革为取向，稳定农民种烟积极性和稳定烟叶生产，提高烟叶质量，促进烟叶供求总量平衡为目的。

补贴标准实行严格的审批制度，按照分级管理的原则，国家局审批各省级局（公司）平均补贴标准，各省级局（公司）审批所属烟草商业企业平均补贴标准。

国家局对补贴标准的审批程序如下：

1. 烟草商业企业根据本单位烟叶生产发展规划、当年烟叶生产计划，结合本地经济发展、烟叶价区划分、烟农收入、烟田建设任务、专用物资价格变化等实际情况，编制年度补贴预算和补贴标准报省级局（公司）。

2. 省级局（公司）根据全省烟叶发展情况，对所

属烟草商业企业年度补贴预算和补贴标准进行审核并制定全省行业年度补贴预算和补贴标准报国家局。

3. 国家局在补贴总量不超出国家控制水平前提下，根据全国烟叶发展情况对各省级局（公司）年度补贴预算进行审核批复，同时下达各省行业补贴标准。

4. 省级局（公司）根据国家局批复的年度补贴预算和补贴标准，批复所属烟草商业企业的年度补贴预算和补贴标准。

烟草商业企业年度补贴预算和补贴标准一经批复，一般不得调整，特殊情况如需要调整的，要按以上程序进行报批。对由于遭受自然灾害而使烟叶实际收购量达不到预算编制的计划收购量，致使补贴比例超过批复的补贴比例，而补贴金额未超过批复的补贴金额的，也要按规定程序进行报批。

四、严格补贴方式及程序，规范运作，确保烟农受益

（一）补贴方式

各烟草商业企业可根据当地实际情况，选择合适的补贴方式，补贴方式主要包括三种：1. 以现金的形式直接补贴烟农；2. 采取高价采购低价销售（含无偿）的方式间接补贴烟农；3. 采取直接支付提供专业化服务第三方的方式间接补贴烟农。

（二）补贴的程序

1. 确定具体的补贴项目和标准。烟草商业企业根据规定的补贴范围和标准，确定当年具体的补贴项目和标准并制定年度补贴政策和年度实施方案。

2. 公布补贴政策和办法。烟草商业企业要将烟叶生产投入补贴政策宣传到户并将对烟农的补贴项目、标准、受益烟农等进行张榜公示，使烟农充分了解补贴政策等信息，接受社会和群众监督。

3. 实行合同制管理。逐步推行补贴合同制，在与烟农签订的烟叶种植收购合同中列明补贴项目、标准及补贴时间等内容。对烟叶生产基础设施建设补贴，也可以与烟农、村民小组或村民委员会签订《烟叶生产基础设施建设项目补贴合同》。

4. 兑现补贴。烟草商业企业根据合同，在烟叶收购结束后或烟叶生产基础设施建设项目验收合格后给予补贴。兑付和支付各项补贴时，要有合法、有效的原始凭证，直接支付烟农的补贴必须有烟农签字的收据。

五、加强财务管理，规范财务核算，提高补贴的安全性、规范性和有效性

（一）烟草商业企业要严格遵照本意见的规定，建立健全规章制度，加强补贴资金管理，规范补贴财务核算，操作公开透明，确保补贴资金让烟农受益，严禁套取、挤占、截留和挪用补贴资金，自觉接受纪检监察、财政、审计等部门和广大烟农的监督，形成有效的资金监督检查机制。

（二）烟草商业企业要强化补贴预算管理，在确定补贴项目和补贴标准前要进行认真、科学的分析、测算、论证，实事求是地编制预算，根据批复的年度预算和补贴标准，统筹安排资金，合理使用，严格按批复的预算和补贴标准执行并对执行结果进行控制和分析。

（三）明确责任，确定专人管理补贴资金，加大补贴资金的监管和审计力度，对补贴预算、补贴项目、补贴标准、补贴合同、资金拨付等关键环节要严格把关，保证补贴资金用于扶持烟农和支持烟叶生产。

（四）规范补贴的财务核算，烟草商业企业发生的补贴，并入烟叶采购成本中，从成本中列支，按国家有关财务及会计规定进行核算。具体核算办法如下：

1. 科目设置

（1）增设一级科目“烟叶生产投入补贴”。

（2）“烟叶生产投入补贴”科目下设“基础设施建设补贴”、“专用物资补贴”、“专业化服务补贴”三个二级科目。

（3）各二级科目下可根据实际情况设置三级科目。如，“基础设施建设补贴”二级科目下可设置“烟水配套工程”、“田间道路建设”、“土壤改良”、“烤房建设及改造”等明细科目；“专用物资补贴”二级科目下可设置“种子”、“化肥”、“地膜”、“烤煤”、“农药”、“预检袋”等明细科目；“专业化服务补贴”二级科目下可设置“测土配方”、“病虫害统防统治”、“科技推广服务”、“自然灾害防治”等明细科目。

2. 核算方法

补贴先在“烟叶生产投入补贴”及其明细科目归集，然后分配计入烟叶采购成本。

（1）归集。

1）通过实物进行的补贴（包括无偿发放、低价销售），购进时先在“材料物资”科目核算，发放或使用时按照购进成本确认“其他业务收入”，实际收款额与购进成本之间的差额计入“烟叶生产投入补贴”及其明细科目。

2）通过现金或其他形式进行的补贴，发生时直接计入“烟叶生产投入补贴”及其明细科目，借记本科目，贷记“现金”等相关科目。

3）基础设施建设工程，在工程完工、验收合格后将应支付的补贴计入“烟叶生产投入补贴”及其明细科目。

（2）分配。

“烟叶生产投入补贴”及其明细科目归集的烟叶生产投入补贴，按照当年全部生产投入与当年收购的

全部烟叶收购金额进行配比的原则进行分配，即将全年按照权责发生制计算的生产投入全部分配到当年收购的烟叶采购成本中。企业年中可以按照预计的分配率分配，年末进行清算。

“烟叶生产投入补贴”科目余额年中在资产负债表“存货”项目列示，年末无余额。烟叶销售时正常结转成本。

3. 国家局补助的处理

国家局统筹安排的补助，烟草商业企业不再通过“专项应付款”核算，企业发生的烟叶基础设施建设项目补贴全部按照上述规定计入“烟叶生产投入补贴”并分配计入库存商品，企业收到国家局补贴时，计入“补贴收入”。

六、严肃纪律，加强监督检查

烟草商业企业要严格按规定用途、范围、标准、程序使用，不得擅自扩大补贴范围和提高补贴标准，保证其投入真实、合理、合规、有效，促进烟叶生产经营持续稳定发展。各级烟草主管部门要加强对补贴的监督检查，对超范围、超标准补贴、骗取补贴等违反财经纪律及本意见的单位、个人，要严肃查处，情节严重的要追究主管领导和直接责任人的责任。

七、加强领导，确保烟叶生产投入补贴政策的落实

烟叶生产投入补贴关系到广大农民的切身利益，关系到烟草行业的发展基础，各级烟草主管部门要提高认识，统一思想，切实加强组织领导，建立健全补贴管理责任制，明确责任，切实提高执行力，确保烟叶生产投入补贴政策的实施。

以上实施意见自2006年1月1日起执行。

国家烟草专卖局关于统一会计政策有关问题的通知

（2006年12月13日　国烟财〔2006〕919号）

行业各直属单位：

为贯彻落实国务院有关文件精神，确保国有资本的保值增值，自2007年1月1日起在全行业实施统一的会计政策。具体内容如下：

一、会计政策统一的内容

（一）收入的确认

烟草行业收入的确认按企业会计准则第14号执行。但根据我国烟草行业生产经营和专卖管理的特征与要求，特作出如下规定：

1. 卷烟工业企业必须真实反映当期卷烟销售收入。在发出卷烟商品，所有权发生转移时，即开具增值税发票，确认该项卷烟销售收入。

2. 卷烟流通企业必须真实反映当期卷烟销售收入。在商品发出，所有权发生转移时，即开具增值税发票，确认该项卷烟销售收入。

3. 烟叶产销企业必须真实反映当期烟叶销售收入。当原烟发出，卷烟工业企业办妥验收等交接手续后，即开具增值税发票，确认该项烟叶销售收入（当年发出的原烟必须在当年确认为销售收入）。

4. 烟草打叶复烤企业的烟叶加工收入以该批次烟叶加工完毕，且经对方验收后确认为当期收入。

（二）存货发出的计价方法

卷烟工业企业和烟草商业企业领用或发出存货，统一采用加权平均法（移动加权平均法或月末一次加权平均法）确定其实际成本。

（三）固定资产折旧

卷烟工业企业和烟草商业企业的固定资产折旧年限、折旧方法、残值率统一如下：

固定资产分类、折旧年限、残值率、折旧方法一览表

类　别	折旧年限	残值率	折旧方法
一、房屋建筑物类			
1. 房　屋	20年	5%	平均年限法
2. 建筑物	20年	5%	平均年限法
二、生产设备类			
1. 机器、机械（制丝、卷接包、机修、分拣设备等）	10年	5%	平均年限法

续表

类　别	折旧年限	残值率	折旧方法
2. 其他生产设备（锅炉、制冷供暖、起重、水泵、变压器、空压机、电控系统等）	10年	5%	平均年限法
三、器具、工具、家具类			
1. 计量标准器具	5年	5%	平均年限法
2. 仪器仪表	5年	5%	平均年限法
3. 其他器具工具	5年	5%	平均年限法
4. 办公用具	5年	5%	平均年限法
四、计算机、通讯类	5年	5%	平均年限法
五、运输工具类（车辆、装卸）	5年	5%	平均年限法

（四）无形资产摊销

卷烟工业企业和烟草商业企业的无形资产，按以下规定摊销：

1. 合同规定了受益年限但法律没有规定有效年限的，按合同规定的受益年限平均摊销；

2. 合同没有规定受益年限但法律规定了有效年限的，按法律规定的有效年限平均摊销；

3. 合同规定了受益年限，法律也规定了有效年限的，按两者之中较短年限平均摊销；

4. 合同没有受益年限，法律也没有规定有效年限的，其中电脑软件按三年平均摊销，其他无形资产（无有效期的土地使用权除外）按10年平均摊销。

（五）低值易耗品摊销

卷烟工业企业和烟草商业企业的低值易耗品，统一采用领用时一次性摊销的办法。

（六）资产减值

卷烟工业企业和烟草商业企业对应收款项（包括应收账款和其他应收款）计提坏账准备并采用备抵法进行核算。坏账准备采用余额百分比法计算，计提比例为5‰。对于其他资产，暂不计提减值准备。

（七）所得税核算

卷烟工业企业和烟草商业企业的所得税会计处理方法采用应付税款法。

二、相关规定

各企业对于固定资产折旧方法、无形资产摊销方法与原先采用的方法不一致的，不采用追溯法进行调整。

上述固定资产折旧年限为最长折旧年限，各企业不得采用更长的折旧年限，但可以加速折旧。采用加速折旧（如缩短折旧年限、采用加速折旧方法等）方法的企业，请做好与当地税务机构的沟通工作并将其加速折旧的方法及对企业年度会计报告的影响报国家局财务司备案。

科技工作

国家烟草专卖局公告

（2006年6月14日　2006年第1号）

全国烟草品种审定委员会第五届第一次会议审定通过了豫烟4号、秦烟95、云烟201、鄂烟5号、云香巴斯玛1号等5个烟草品种，现予公告。

附件：1. 品种审定编号说明

2. 全国烟草品种审定委员会审定通过品种简介

1. 品种审定编号说明

1. “国”表示国家级品种。

2. “审”表示审定通过的品种。

3. “烟”表示由全国烟草品种审定委员会审定通过的烟草品种。

4. 数字前4位表示品种审定通过的年份，后2位为品种顺序号。

如：国审烟200601，代表的是2006年审定的烟草品种豫烟4号的审定编号。

全国烟草品种审定委员会

二〇〇六年六月

2. 全国烟草品种审定委员会审定通过品种简介

1. **审定编号：国审烟**200601

品种名称：豫烟4号。

选育单位：河南省农业科学院烟草研究所。

品种来源：许金一号×Coker176。

特征特性：该品种为烤烟品种，植株筒形，自然株高110cm～128cm，打顶株高95cm～100cm，茎围8.5cm～9.0cm，着生叶数24片左右，可收叶20片～21片。叶形椭圆～宽椭圆，叶尖较钝，叶色深绿，腰叶长58cm～65cm，宽30cm～35cm。大田生育期113天，移栽到现蕾57天左右，大田前期生长慢，较耐旱。叶片成熟特征明显，易烘烤，烤后原烟颜色桔黄，光泽强，油份多，结构疏松。中抗黑胫病，抗根结线虫病，中抗普通花叶病，易感赤星病。平均亩产量134.5kg，上等烟比例19.2%，中部烟叶比例较高，适应目前卷烟工业对优质原料的需要。

栽培及调制技术要点：该品种适应性强，产量适中，适宜河南省大部份中等肥力及有水利条件的平原、丘陵烟区种植。一般中等肥力地块，平原区施纯氮量2.0公斤/亩～3.0公斤/亩，山岗丘陵区2.5公斤/亩～3.5公斤/亩，N: P2O5: K2O为1: 1.5～2: 3。应比NC89适当推迟播种期5天～10天。适当扩大行、株距，行、株距1.1m～1.2m×0.6m。适时打顶，单株留叶数20片～21片。团棵期原则上不浇水，加强中耕，促进根系发育。旺长期保证水肥供应，促进开秸开片。后期注意防治赤星病。成熟特征明显，以适熟采收为宜。

烘烤工艺按三段式灵活掌握：变黄阶段前期干球38℃、湿球36℃使叶尖半片变黄；后期干球40℃～42℃、湿球37℃～38℃使叶基部加速变黄，叶尖部适当失水定色。定色前期升温不宜过快，延长干球45℃～46℃、湿球38℃～39℃时间，促进叶基和支脉变黄；延长干球49℃～50℃、湿球39℃～40℃时间，促进主脉和部分支脉变黄。干球67℃～68℃、湿球42℃～42℃干筋。

2. **审定编号：国审烟**200602

品种名称：秦烟95。

选育单位：陕西省烟草研究所。

品种来源：（K326×净叶黄）×NC89。

特征特性：该品种为烤烟品种，植株筒形，打顶株高110cm～120cm，可采收叶片21片，叶形长椭圆，叶面较皱，叶长较长，腰叶长67.0cm，腰叶宽27.7cm，节距较大、茎叶角度中等。大田生长速度快，生育期短，大田生育期较NC89短7天以上，成熟早且集中，易烘烤。烤后原烟多桔黄色，叶片色度较强，油分较多，结构疏松，原烟外观质量好，主要化学成分含量适宜且比例协调，香气量足，评吸质量优于NC89，与K326相当，烟叶质量适合卷烟工业需要。平均亩产量130.5kg，上等烟比例21.2%。需肥量比NC89和K326高，中抗黑胫病、赤星病和根结线虫病，对病毒病CMV、蚀纹病和PVY的耐性优于NC89和K326。抗逆性能较好，喜肥水。

栽培及调制技术要点：该品种适宜于陕西省大部、河南省豫西丘陵山地及甘肃省、山西省等烟区种植，气候冷凉烟区尤为适宜。适宜在中等及中上等肥力田块种植，施纯氮量5公斤/亩～6公斤/亩，N: P2O5: K2O为1: 2: 2～3，种植密度1200株/亩左右，宽行距，留叶数21片，上部叶片充分成熟采收，易烘烤，按三段式烘烤工艺进行即可。根黑腐病易发田块杜绝栽植。

3. **审定编号：国审烟**200603

品种名称：云烟201。

选育单位：中国烟草育种研究（南方）中心，云南省烟草科学研究所。

品种来源：MS8610－711×KX14。

特征特性：该品种为烤烟品种，植株塔形，打顶后近似筒形，自然株高168.8cm，打顶株高107.5cm，大田着生叶数26.3片，可采收叶19.7片，叶形长椭圆形，腰叶长70.40cm，宽28.87cm，茎叶角度中，叶尖渐尖，叶缘波浪状，叶色绿，主脉粗细中等，节距4.74cm，花序集中，花色淡红色。大田生育期110天

~115天，移栽至中心花开放55天，苗期长势强。主要农艺性状变异系数小，遗传稳定。抗TMV，抗黑胫病，中抗南方根结线虫病，耐青枯病、CMV，感赤星病、PVY。抗病性优于对照品种K326。平均亩产量157.0kg，上等烟比例23.94%。主要化学成分比例协调。香气质中偏上至较好，香气量尚足，浓度中等，劲头中等，刺激性有，余味尚舒适，燃烧性强，灰色白色，质量档次中偏上至较好。

栽培及调制技术要点：该品种适宜在我国南方主要烟区，特别适宜在TMV高发病地区种植。每亩施氮量比K326低0.5kg~1kg，其他措施与K326相同，注意防治赤星病。叶肉及支脉失水变黄速度协调，主脉变黄稍滞后，按照中温中湿烘烤工艺烘烤。

4. **审定编号：国审烟**200604

品种名称：鄂烟5号。

选育单位：湖北省烟草公司恩施市公司，中国烟草白肋烟试验站，湖北省烟叶公司。

品种来源：MSKy14×B37。

特征特性：该品种为白肋烟品种，植株筒形，打顶株高110cm~142cm，茎围9.2cm~10.5cm，节距4.2cm~4.8cm，有效叶数25片~28片，叶形椭圆形，茎叶角度小~中，腰叶平均长68cm~73.5cm，宽29cm~36.6cm，叶色黄绿，叶面较皱，叶尖渐尖，叶耳中等，叶缘波浪，叶组织结构疏松，花色粉红。田间长势强。中抗烟草黑胫病，抗烟草普通花叶病。生长发育稳定，成熟集中一致，便于整株或半整株采收、晾制，兼具两亲本的优良特性。原烟多为红黄色，光泽鲜明，身份适中，叶片结构疏松。还原糖含量1.06%，烟碱4.27%，总氮3.91%，蛋白质16.64%，氮碱比0.92，主要化学成分含量适宜，比例协调。香气尚足，吃味尚纯净，微有杂气，劲头适中，质量档次中偏上。该品种在中等栽培条件下，平均亩产量为170.0kg，上等烟比例为34.7%。

栽培及调制技术要点：该品种属中熟品种，白肋烟适宜区均可种植。栽培上应注意采用地膜保温栽培，种植密度以1200株/亩~1400株/亩为宜。施氮量10公斤/亩~16kg/亩，硝态氮50%，N：P2O5：K20为1∶1∶2，底肥为总量的60%~70%，追肥在移栽20天内施完。50%第一朵中心花开放时一次性打顶，留叶22片~24片。剥叶采收2次，约打顶后3周左右一次性斩株采收。

采用89式晾房进行白肋烟晾制。前期注意通风排湿，后期注意关门防潮。每间晾房内必须配备干湿温度计和晾制图表，变黄期相对湿度为70%~80%，变褐期相对湿度为65%~75%，干筋期相对湿度为50%~55%，下架时相对湿度为16%~17%。

5. **审定编号：国审烟**200605

品种名称：云香巴斯玛1号。

选育单位：中国烟草育种研究（南方）中心，云南烟草保山香料烟有限责任公司。

品种来源：从“克撒锡巴斯玛”变异株中选出，经系统选育而成。

特征特性：该品种为香料烟品种，植株细塔形至塔形，叶片长椭圆形，无叶柄，叶耳大小中等，叶片厚薄适中，叶面腺毛密度适中，叶色绿至深绿。株高120cm~150cm，茎围3.6cm~3.8cm，节距3.3cm~5.2cm，叶数多达37片~42片（中上部小叶片较多），下部叶稍大、稍薄。生育期较长，为194天~203天。大田前期生长势较弱，中后期生长势较强，整齐度较好。综合抗性较好，较抗细菌性斑点病，大田后期棉铃虫危害较重。亩产量100 kg左右，AB级烟比例50%以上，综合经济效益较好。调制后叶色多为桔黄色，身份稍薄，油分适中。内在化学成分较协调。芳香型特征显著，燃烧性强，香气质较好，香气量较足至足，浓度中等，劲头适中，杂气少，余味舒适。

栽培及调制技术要点：该品种适宜在海拔1100m以下，年平均气温20℃左右，年日照时数在2000小时以上，降雨量少，土质为沙壤土的出地上种植。播种至成苗比克撒锡巴斯玛提前5天~8天，注意适时早播种，适时早栽。一般田烟种植密度为15000株/亩~16000株/亩，行距40cm，株距8cm~10cm。适宜在中等肥力地块种植，需肥量比克撒锡巴斯玛稍多，一般施纯氮3公斤/亩~5公斤/亩。烟叶成熟集中度好，分层落黄，易调制。

国家烟草专卖局关于印发《烟草行业产品质量监督管理办法》的通知(摘要)

（2006年4月26日　国烟科〔2006〕287号）

行业各直属单位：

为适应行业改革与发展的需要，进一步加强烟草行业产品质量监督工作，促进我国卷烟产品核心竞争力的提高，切实维护国家利益和消费者利益，根据国家产品质量监督的有关方针、政策和法律、法规，现将修订后的《烟草行业产品质量监督管理办法》印发给你们，请认真贯彻执行。

烟草行业产品质量监督管理办法

第一章 总 则

第一条 为加强和规范烟草产品质量的监督、检测检验与管理工作，切实维护国家利益和消费者利益，根据《中华人民共和国产品质量法》、《中华人民共和国烟草专卖法》及《产品质量国家监督抽查管理办法》等有关法律、法规，制订本办法。

第二条 本办法所称的烟草产品是指烟叶、烟草种子等烟草原产品，卷烟、雪茄烟、烟丝（含膨胀烟丝）、再造烟叶、复烤烟叶等烟草制品，滤嘴棒、丝束、卷烟纸、接装纸、成型纸、烟用薄膜、烟用内衬纸、烟用胶、卷烟商标印刷品、烟用拉线、烟用香精香料等烟用材料。

第三条 烟草产品质量监督主要采取抽查的形式，分为定期抽查和不定期专项抽查。定期抽查原则上每季度开展一次；专项抽查根据烟草产品质量状况不定期组织开展。

第二章 监督抽查计划

第四条 国家烟草专卖局质量监督主管部门（以下简称国家局主管部门）负责制订行业烟草产品质量监督工作计划并报国家质量监督检验检疫总局后组织实施。各省级烟草专卖局质量监督主管部门（以下简称省级局主管部门）按照国家局要求，负责制订本省烟草产品质量监督工作计划，报国家局主管部门备案后实施，同时也可纳入本省质量技术监督局质量监督计划。省级质量监督抽查不应包括国家颁布的免检产品。

第五条 质量监督抽查检验依据为被检产品的国家标准、行业标准、技术法规或国家及行业的有关规定。尚未制定国家标准和行业标准的，经国家局主管部门批准，可依据地方标准或上报备案（企业明示）的企业标准（质量承诺）以及技术合同执行。

第六条 凡经国家局负责组织抽查的产品（规格），自抽查之日起3个月内，各省级局和所在地质量技术监督局不再重复安排监督抽查。

第七条 烟草行业产品质量监督抽查不向被检单位收取检验费用，所需费用由国家局或省级局质检专项经费列支。

第三章 抽 样

第八条 烟草行业产品质量监督抽查的样品由被抽样单位无偿提供，抽取样品的数量不得超过检验的合理需要。

第九条 产品抽样工作应由承检单位或指定人员执行，确因路途遥远或特殊原因不能及时抽样的，可委托被抽样单位所在地烟草质检机构执行。原则上不得事先通知被抽样单位。被抽样单位不得直接抽样。

第十条 抽样人员应按照相关产品质量标准抽取样品，原则上抽样点应为卷烟生产企业成品仓库、材料仓库或销售企业仓库。抽取的样品一般应为前6个月内生产的产品。

抽样时抽样人员不应少于2名，参加抽样的抽样人员应持国家局下发的抽查通知或统一格式内容的《烟草行业产品质量监督抽查通知书》（以下简称《抽查通知书》）和有效身份证明。

抽样工作结束后，抽样人员应当认真填写抽样单。抽样单中内容必须完整、翔实。抽样单必须有抽样人员和被抽样单位有关人员签字，并加盖被抽样单位公章。抽样单一式三份，分别留存承担抽样的质检机构、被抽样单位各一份并随同样品送承检机构一份。封样应使用承检单位或指定的专用封样条。

第十一条 被抽样单位拒绝按正常程序进行抽样的，抽样人员应当耐心做工作，并阐明拒检后果和处理措施。如被抽样单位仍不接受抽查，抽样人员应当及时向下达任务的上级单位报告情况，由上级单位对被抽样单位按照拒绝产品质量监督抽查论处并进行通报。

遇有抽样工作不符合第十条规定的情况，被抽样单位可以拒绝接受抽查。

第四章 检验工作

第十二条 行业下达的烟草产品质量监督抽查检验任务由国家局授权的烟草产品质量监督检验机构（以下简称质检机构）执行。质检机构必须具备相应的检测条件和能力，符合法定要求并且按照国家局授权的项目开展检验工作。国家局组织的行业质量监督抽查检验工作禁止分包。

第十三条 质检机构的检验人员必须经过专业技术培训，考试合格，持有相应资格证书。根据需要，质检机构可聘用行业具有相应专业资格的检验人员，聘用的人员须纳入质检机构管理体系受控范围。

第十四条 承检机构在接受检验任务后，应制订出产品质量监督的抽查方案，并报下达任务的上级单位认可后实施。抽查方案中的抽样、检验项目、检验依据、判定规则等内容应当坚持科学、公正、准确的原则，严格按照抽查任务要求和产品质量标准执行，检验流程应纳入实验室管理体系严格受控。

第十五条 承检机构应在规定的时间内报送检验报告、结果汇总及综合分析报告，并立即向产品出现质量问题的被检单位寄送（传真）《检验报告》。检验报告中检验依据、检验项目、检验结论等内容必须清楚齐全。检验原始记录必须如实填写，妥善保存，严禁弄虚作假。

第十六条 被检单位对检验结果有异议的，应当在接到《检验报告》之日起15个工作日内向组织实施监督抽查的国家局或省级局主管部门提出书面报告，并抄送质检机构。逾期未提出异议者，视为认同检验结果。

第十七条 被检单位要求复验时，需提出申请，并经国家局或省级局主管部门同意后方可进行复验。复验一般由原质检机构进行，也可提交上一级质检机构进行。复验时，应采用备用样品检验，并在15个工作日内完成。复验结果抄报国家局或省级局主管部门，同时抄送被检单位。复验所需检验费用由被检单位承担。

第五章 监督抽查结果处理

第十八条 国家局主管部门负责向行业或社会发布产品质量监督抽查通报，对出现质量不合格、质量问题多的产品及其生产和销售企业以及拒检企业予以通报（或曝光）。各省级局组织实施的质量监督抽查结果，由各省级局主管部门处理，并报国家局主管部门。

第十九条 国家局主管部门安排的卷烟产品质量监督抽查中，对于出现质量问题的生产企业和销售企业，将按以下措施处理：

（一）省级局承担的质量监督抽查中出现一次产品不合格的生产企业或在国家局组织的行业质量监督抽查中产品质量波动大以及不符合产品质量等级品标准要求的生产企业，将予以警告，并限期整改。

（二）国家局组织的行业质量监督抽查中出现产品不合格或在省级局承担的质量监督抽查中年度内同一品牌（规格）产品连续两次以上出现不合格的，责令卷烟生产企业对不合格产品（规格）进行停产整顿，并纳入到行业经济运行业绩考核。停产整顿期间，应给予企业领导及直接责任人一定的经济处罚。对出现严重质量问题的产品，取消名优产品、优等品资格。经整顿后由国家局主管部门组织对企业的整顿工作进行复查验收，验收合格并经国家局下达通知后方可恢复生产。

（三）国家局或省级局组织的针对地市级卷烟销售企业进行的抽查中，出现质量不合格产品时，销售企业应立即暂停该产品（规格）销售，同时，对库存产品进行退货或降级处理并向生产企业反馈质量信息。销售企业应在省级烟草质检机构协助下建立卷烟质量信用档案，严把卷烟产品入库质量关。

第二十条 在国家局主管部门安排的质量监督抽查中，对出现质量问题的卷烟材料产品及其供应单位，按以下措施处理，并纳入质量信用检查考核范围。

（一）对出现一次不合格的产品及其供应单位，通知卷烟生产企业暂停采购使用。对出现一般性质量指标不合格的产品，库存产品可实施技术处理后降级使用或可实施退货；对安全卫生性指标不合格的产品，库存产品必须实施退货或销毁。待国家局对该产品进行再次抽查合格后，方可继续采购使用。

（二）同类产品年度内有两次以上抽查中或跨年度连续两次抽查中均出现有不合格产品，或一次被抽到2到5个规格同类产品中有2个以上不合格产品，或一次被抽查到6个规格以上的同类产品中有50%以上的不合格产品，或对供应单位的现场质量监督检查中发现生产卫生条件、工艺装备、质量控制能力、质量保证等关键环节方面不能满足烟草行业基本需求条件，则该类产品及供应单位将被列入国家局公布的不守信用名单并进行通报。

（三）对列入国家局不守信用名单的产品及供应单位，将通知卷烟生产企业停止使用该供应单位产品或出现不合格的该类产品，同时，对库存产品依据合同或者法律规定实行退货或销毁处理。

（四）列入不守信用名单的产品及供应单位，将视卷烟生产企业需求，在通报之日起6个月后，可安排专项检查。检查合格后，卷烟生产企业方可恢复该供应单位或该类产品的订货采购。检查再次不合格的，两年内该供应单位或该类产品不得再进入烟草行业使用。

第六章 工作纪律

第二十一条 参与质量监督抽查的工作人员，必须遵守纪律，严格程序，不徇私情，保守秘密。

第二十二条 检验机构应当保证检验工作科学、公正、准确；检验人员要有高度的责任感，熟练掌握检验技术，如实出具检验结果；检验工作过程中任何单位和个人必须坚持廉洁，加强自律，秉公办事。

第七章　附　则

第二十三条　本办法由国家局负责解释。本办法原则上适用于烟草原产品及非卷烟类烟草制品的质量监督抽查，未尽事宜，国家局另行规定。

第二十四条　本办法自2006年7月1日起施行。国家局原发布的《烟草行业产品质量监督管理办法》（国烟法〔1996〕第1号）和《国家烟草专卖局关于重申加强烟草产品质量监督后处理工作的通知》（国烟科〔1999〕257号）同时废止。

国家烟草专卖局关于印发《烟草行业产品质量监督检验机构管理办法》的通知（摘要）

（2006年5月29日　国烟科〔2006〕367号）

行业各直属单位：

为进一步加强烟草行业产品质量监督检验机构的建设和管理，提高质检机构整体技术和管理水平，更好地适应行业改革和发展的需要，现将修订后的《烟草行业产品质量监督检验机构管理办法》印发给你们，请认真贯彻执行。

烟草行业产品质量监督检验机构管理办法

第一章　总　则

第一条　为加强对烟草行业产品质量监督检验机构（以下简称质检机构）的监督和管理，进一步发挥质检机构的作用，保证质检工作的公正性、科学性和权威性，依据《中华人民共和国产品质量法》、《中华人民共和国标准化法》、《中华人民共和国计量法》、《中华人民共和国烟草专卖法》及《烟草行业产品质量监督管理办法》等法律法规及规定，制订本办法。

第二条　烟草行业质检机构由国家烟草专卖局质量监督主管部门（以下简称国家局主管部门）归口管理，其基本职责是承担对烟草专卖品及其相关产品（以下简称烟草产品）的质量监督检验、委托检验、鉴定评价、鉴别检验和仲裁检验等任务。

第二章　机构组成与认可授权

第三条　烟草行业质检机构分为国家级质检机构和省级质检机构。

（一）国家级质检机构是国家质量监督检验检疫总局批准设立并授权的行业最高质量检验机构。机构受国家局及其挂靠单位的领导，业务上受国家质量监督检验检疫总局的监督和指导。

（二）省级质检机构是国家局批准设立并授权的质检机构，是其所在省级管辖区（或委托管辖区）内的烟草产品最高质量监督检验机构。机构受所在地省级烟草专卖局的领导，业务上受行业国家级质检机构和其所在地省级质量技术监督局的指导。

国家局将依据质检机构的综合技术水平，通过对质检资源科学统筹和合理布局，重点扶持和建设一批重点省级质检机构。

第四条　对国家级和省级质检机构实行审查认可和授权制度。国家局主管部门负责质检机构的审查认可和授权管理。

第五条　认可授权证书有效期为五年。行业质检机构应在有效期满前六个月由其行政主管单位向国家局主管部门提出复评审和继续授权的申请，国家局主管部门按照程序规定实施现场审查评审，复审合格者换发认可授权证书；不合格者，取消授权，收回印章，并予通告；基本合格者，限期整改（一般为3个月），经整改并复审合格后，颁发认可授权证书，否则，按不合格处理。

第六条　在认可授权证书有效期限内，国家局主管部门可组织监督评审。

第七条　行业质检机构在获得授权后检验检测能力有变化的，可以申请扩项。扩项程序包括：提出申请、受理申请、现场评审、授权扩项。扩项可结合监督评审进行。

第三章　任务与职责

第八条　行业质检机构应当在授权的业务范围内

从事检测检验活动，建立质量管理体系并保证其持续有效运行，保证检测检验活动独立实施，保证检测检验人员独立开展工作，保证为委托方提供及时、有效的服务。

第九条 国家级质检机构的主要任务与职责：

（一）认真贯彻执行国家和行业有关产品质量监督检验工作的方针、政策、法规和管理办法。

（二）在授权范围内，承担国家或国家局下达的产品质量监督检验任务并按要求及时提供检验报告和综合分析报告。

（三）在授权范围内，承担烟草产品鉴别检验与仲裁性检验任务。

（四）根据国家局的要求，承担为烟草产品质量评定、新产品鉴定、成果鉴定、报奖等提供科学、公正、可靠的检验数据及评价意见。

（五）承担研究开发新的检测技术和方法及与质量有关的科学研究或技术开发项目。对行业同类质检机构进行技术指导、人员培训与考试。

（六）承担或参与国家标准、行业标准的制、修订工作及有关标准的试验、验证工作。

（七）根据国家局的要求，参加行业重大新工艺、新技术、新材料、大型设备（或成套设备）及引进项目的论证及验收检测检验工作。

（八）面向社会开展质量、检测检验等技术咨询服务。

（九）参加国际合作研究与技术交流。

（十）承担国家局的其他任务。

第十条 省级质检机构的主要任务与职责：

（一）认真贯彻执行国家和行业有关烟草质量监督检验工作方针、政策、法规和管理办法。

（二）按照国家局和省级局对卷烟产品市场质量监管的工作计划，承担卷烟产品的质量检验任务并按要求及时提供检验报告和综合分析报告。

（三）按照国家局和省级局对烟叶工商交接质量监督的工作安排，承担烟叶工商交接等级质量检验任务。

（四）承担卷烟及其他烟草产品的鉴别检验任务。

（五）按照国家局和省级局的统一计划安排，在授权的范围内，承担卷烟材料的质量检验任务。

（六）按照国家局和省级局的规定，承担省级工业公司及卷烟生产企业、其他可接受的产品质量委托检验任务。

（七）承担有质量争议的烟草产品仲裁性检验。

（八）结合实际情况及发展动态，研究检测技术及方法，开展与质量有关的科学研究和技术开发，提高检测能力并扩大检验业务范围。

（九）参与有关科技攻关项目、重点引进项目的论证及验收检验任务。

（十）承担国家局、省级局和省级质量技术监督主管部门要求承担的其他任务。

（十一）参加国际合作研究与技术交流。

（十二）重点省级质检机构要承担国家局要求的跨省（区、市）的行业产品检验和仲裁性检验任务。

第十一条 质检机构有权向产品生产企业和上级有关部门反映被检产品生产企业在产品质量上存在的问题，指导企业提高产品质量。

第四章 检验工作

第十二条 检验工作必须认真负责，严格按照标准及有关规定执行，检验要准确、可靠，判断结论要科学、公正。

第十三条 检验人员必须持有相应的资格证书。省级质检机构的检验人员由国家级质检机构负责培训、考试，取得资格证书。有特殊要求时，由国家局统一部署。

第十四条 行业质检机构应在每年年初向上级主管部门递交上年度工作总结及下一年度工作计划。发现或发生重大情况应随时报告。上级主管部门应对所属质检机构的工作进行不定期的监督检查。

第十五条 被检单位或其他单位对检验结果有争议时，由承检机构的上级主管部门组织裁定。

第十六条 行业质检机构安全管理及设施应符合《烟草行业实验室安全管理规定》并对在烟草质量监督检验岗位上接触有害、有毒物质的人员，按照国家有关规定提供其应有的劳保待遇。

第五章 附 则

第十七条 本办法由国家烟草专卖局负责解释。

第十八条 本办法自2006年7月1日起施行。国家局2001年发布的《烟草行业产品质量监督检验网管理办法》（国烟科〔2001〕第641号）同时废止。

附件：

1. 烟草行业产品质量监督检验机构审查认可细则

2. 烟草行业省级产品质量监督检验机构审查认可评定表（略）

3. 烟草行业重点省级产品质量监督检验机构审查认可评定补充条款（略）

4. 烟草行业省级产品质量监督检验机构审查认可申请书（略）

5. 烟草行业省级产品质量监督检验机构评审报告（略）

附件1：

烟草行业产品质量监督检验机构审查认可细则

第一章 总 则

第一条 为规范开展烟草行业质检机构的审查认可和授权工作，根据国家产品质量检验机构计量认证和审查认可评审的有关规定和《烟草行业产品质量监督检验机构管理办法》，制订本细则。

第二条 本细则所规定的审查认可工作的管理及评定办法，适用于烟草行业省级质检机构，国家级质检机构可参照执行。

第二章 评审依据及内容

第三条 国家级质检机构的审查认可依据和内容按照国家有关规定和中国实验室认可委员会发布的《检测和校准实验室能力认可准则》（CNAL/AC01：2005，如果文本改版更新时，应将最新版本作为有效版本，下同）等要求执行。

第四条 省级质检机构的审查认可依据按照《烟草行业省级产品质量监督检验机构审查认可评定表》（见附件2）并参照《检测和校准实验室能力认可准则》要求执行。在此基础上，重点省级质检机构的审查认可还应依据《烟草行业重点省级产品质量监督检验机构审查认可评定补充条款》（见附件3）要求执行。评审主要内容为质检机构的组织管理、人员素质、仪器设备和标准物质及标准样品、环境条件、检验工作等方面。

第三章 工作程序

第五条 省级质检机构应在通过计量认证的基础上，按照《烟草行业省级产品质量监督检验机构审查认可评定表》和《烟草行业重点省级产品质量监督检验机构审查认可评定补充条款》（适用于重点省级质检机构）自查合格后，向国家局主管部门提出审查认可申请。申请时必须报送下列资料：

（一）省级烟草专卖局关于对省级质检机构审查认可的请示文件；

（二）《烟草行业省级产品质量监督检验机构审查认可申请书》（见附件4）；

（三）自查情况报告；

（四）质量手册、程序文件。

第六条 国家局主管部门对申请材料进行审核认可后，遴选有关管理和技术专家组成审查认可评审组，具体负责现场审查评审工作。现场审查评审是对申请授权质检机构的检验检测整体水平的考核和评估。现场审查评审程序为：

（一）预备会议。初步确定现场评审计划，确定评审人员分工。一般评审组分两个组：第一组负责组织管理、人员素质、质量手册等内容的审查；第二组负责仪器设备、标准物质和标准样品、环境条件、检验工作等内容的审查。

（二）首次会议。会议由评审组组长主持，申请单位有关人员参加。主要内容为听取申请单位的情况汇报，完善现场审查计划并予宣布。

（三）现场评审。察看质检机构现场，下达现场试验项目并进行评审，同时进行文件、记录和档案等资料的审阅和评审。

（四）人员考核。按照审查认可所列项目，对检验、审核等人员采取分组座谈或个别交谈、实际操作及口试或笔试等形式进行考核。

（五）评审结论。评审组整理评审资料，提出评审结论和意见，形成评审报告。

（六）末次会议。评审组召开该质检机构隶属单位主管领导和人事、财务、科技等相关部门负责人以及质检机构全体人员参加的现场评审总结大会，由评审组长宣读评审结论和意见。

第七条 现场审查评审结束后，评审组向国家局主管部门提交审查认可评审报告（见附件5）。按照评审组意见，需要整改的质检机构，在三个月内，应向国家局主管部门提交整改报告。

第八条 国家局主管部门审核评审报告和质检机构整改报告后，报国家局批准，合格者，颁发审查认可授权证书及印章，并予通告。

第四章 评定规则

第九条 现场评审按照《烟草行业省级产品质量监督检验机构审查认可评定表》和《烟草行业重点省级产品质量监督检验机构审查认可评定补充条款》（适用于重点省级质检机构）的内容逐项评定，在对应的栏目中，符合的记为“A”，基本符合的记为“B”，不符合的记为“C”，并同时记录有关问题及建议。

第十条 《烟草行业省级产品质量监督检验机构

审查认可评定表》和《烟草行业重点省级产品质量监督检验机构审查认可评定补充条款》（适用于重点省级质检机构）中，评审项目分为“重点项目”（即※号项目）和“一般项目”两种；评审的最终结论分为“合格”、“基本合格”、“不合格”三种。审查认可评定规则为：

（一）省级质检机构评定规则。

1. 满足以下要求者为“合格”：

《烟草行业省级产品质量监督检验机构审查认可评定表》中“B”项（包括重点项的“B”项）数不多于4项，并且重点项“B”项数不多于2项，无“C”项。

2. 满足以下要求者为“基本合格”：

《烟草行业省级产品质量监督检验机构审查认可评定表》中“B”项（包括重点项的“B”项）数多于4项但不多于10项，并且重点项“B”项数不多于2项，无“C”项。

3. 出现下述情况之一者为“不合格”：

《烟草行业省级产品质量监督检验机构审查认可评定表》中“B”项数（包括重点项，即※项的“B”项）多于10项，或重点项“B”项数多于2项，或出现“C”项。

（二）重点省级质检机构除应满足“合格”要求外，还应满足《烟草行业重点省级产品质量监督检验机构审查认可评定补充条款》中“B”项数不多于1项，无“C”项的要求。

第五章　附　则

第十一条　评审员及其职责等应参照执行国家有关文件规定。

第十二条　本细则由国家烟草专卖局负责解释。

第十三条　本细则自2006年7月1日起施行。国家局2001年发布的《烟草行业产品质量监督检验机构审查认可细则》（国烟科〔2001〕第641号文件附件3）同时废止。

国家烟草专卖局关于印发《烟草行业国家、行业标准制修订管理工作规程》的通知

（2006年6月5日　国烟科〔2006〕379号）

行业各直属单位，国家局、总公司机关各部门、各单位：

为使烟草行业国家、行业标准的制修订工作规范化、程序化，提高标准制修订管理工作的质量和水平，现将《烟草行业国家、行业标准制修订管理工作规程》印发给你们，请遵照执行。

烟草行业国家、行业标准制修订管理工作规程

第一章　总　则

第一条　为使烟草行业国家、行业标准的制修订工作规范化、程序化，提高国家烟草专卖局（以下简称国家局）编制年度标准制修订项目计划工作的质量和水平，依据《中华人民共和国标准化法》、《中华人民共和国标准化法实施条例》及《国家标准管理办法》、《行业标准管理办法》和有关规定，制定本规程。

第二条　烟草行业国家、行业标准制修订管理工作主要涉及年度标准制修订项目（以下简称标准项目）的申报、计划的编制、合同的签订、变更与执行，标准草案的起草、征求意见、报批、审查、批准以及标准制修订的快速程序和标准的复审等环节。

第二章　标准项目的申报

第三条　标准项目的申报工作由国家局组织，原则上每年度组织申报一次。国家局也可根据需要，组织对重大标准项目进行招标。原则上，每年的8月底前，国家局标准化工作主管部门（以下简称主管部门）根据行业标准化工作发展战略和行业的工作重点，组织下一年度标准项目的申报工作。申请承担标准项目的单位根据国家局相关文件的要求通过中国烟草标准化网（http://www.ctsrc.org.cn，以下简称标准化网）进行网上填报，并在规定的时间内将纸质《国家标准项目建议书》或《行业标准项目申报书》（以下统称《申报书》，本规程所涉及的各种格式文本

均可从标准化网“工具字典”栏下载）及相关材料报送中国烟草标准化研究中心（以下简称标准化中心）汇总。

第三章　标准项目计划的编制

第四条　标准化中心要在国家局规定的标准项目申报日期截止后的5个工作日内，完成对标准项目的汇总和初步审查，并将《申报书》按不同的专业分送行业相关专业标准化分技术委员会（以下简称分标委）进行技术审查。各有关分标委要在20个工作日内组织有关人员完成对申报的标准项目的技术审查，并将书面审查意见反馈给标准化中心。

第五条　标准化中心在收到各有关分标委反馈的书面技术审查意见后，要在10个工作日内完成对所提意见的分类汇总和整理，并提出书面建议报国家局主管部门。

第六条　国家局主管部门在收到标准化中心上报的书面汇总材料及相关建议后的5个工作日内，确定是否需要邀请有关专家对申报的标准项目进行评审。如需评审，则一般要在20个工作日内组织有关专家完成评审工作，并将评审结果提交本部门审议；如不需评审，可直接将标准化中心上报的书面汇总材料及相关建议提交本部门审议。

第七条　国家局主管部门在上述相应工作程序完成后的15个工作日内完成对标准项目的审议（一般在下一年度的一月中、下旬），并在随后的10个工作日内落实审议意见。

第八条　审议意见全部落实后的5个工作日内，国家局主管部门完成标准项目年度计划草案的编制，提交国家局有关部门会签，并将会签后的标准项目年度计划草案及相关资料报国家局领导审批。原则上，标准项目的年度计划要在当年的第一季度下达。相关国家标准制修订项目的立项需同时报国家标准化管理委员会（以下简称国标委）。

第四章　标准项目合同的签订、变更与执行

第九条　标准项目年度计划一经下达，项目承担单位须在规定的时间内签订《国家烟草专卖局标准项目专项合同》（以下简称《专项合同》）。标准项目“承担单位”中列第一位的单位是该项目的第一承担单位，也是第一责任单位，该单位要对标准项目的质量、进度和经费管理等负责。

第十条　《专项合同》一经签订，各方当事人必须共同遵守并严格执行合同条款。若《专项合同》在执行过程中确因客观原因而需对部分内容或条款进行调整或修改，则该项目的第一承担单位要负责填报《国家烟草专卖局标准项目合同修订（撤销）申报书》（以下简称《项目修订申报书》）报国家局主管部门核准。

第十一条　国家局主管部门要在收到《项目修订申报书》后的10个工作日内，经核查有关情况后，研究处理意见，并在《项目修订申报书》相关栏目内注明，签字盖章后，反馈给该标准项目的第一承担单位。

第五章　标准草案的起草

第十二条　第一承担单位在《专项合同》签订后要组成项目组，组织标准起草工作，形成标准草案征求意见稿，并广泛征求有关单位和（或）相关分标委委员的意见。

第十三条　凡涉及检测方法和限量标准的项目应进行共同试验研究，以验证相关方法和检测数据。参与共同试验的单位原则上不得少于3家；若行业内有两种以上不同型号检测仪器可以对同一指标进行检测的，所制修订的标准须兼顾各型号的检测仪器，以确保标准的适用性。此类标准项目的征求意见稿要附系统、完整的共同实验报告。直接转换或采用国际标准的要附完整的验证报告。

第十四条　第一承担单位在完成征求意见工作后，要对反馈的意见进行科学的分析和研究，并在与协作单位充分沟通的基础上确定是否采纳。所有反馈的意见都须记录在案，并形成《意见汇总处理表》。对于采纳的意见要据此对原稿进行相应的修改、调整和补充，形成标准草案送审稿；对于不予采纳的意见，要说明理由。

第十五条　若采纳反馈意见后对征求意见稿有重大修改，则应分发第二征求意见稿（甚至第三征求意见稿）广泛征求意见。

第六章　标准草案的审查

第十六条　第一承担单位应将完成后的标准草案送审稿提交标准化中心进行形式审查并附相应的标准《编制说明》、《意见汇总处理表》、《专项合同》、《烟草行业标准制修订项目补助经费决算单》以及有关的实验、验证报告等材料，采用国际标准的项目要附标准原文和译文（以下统称送审材料）。

第十七条　标准项目形式审查的主要内容包括：1. 标准项目是否列入国家局年度计划；2. 标准送审材料是否齐全；3. 标准草案征求意见稿分发的单位是否足够广泛；4. 征求意见或进行试验验证的有关单位是否具有代表性和权威性；5. 是否完成了《专项合同》所约定的主要技术内容；6. 标准编写是否符合要求。

标准化中心原则上要在收到送审材料后的10个工作日内完成形式审查工作。

第十八条 第一承担单位依据形式审查意见对标准送审材料做必要的修改后，提交相关分标委秘书处；经该分标委主任委员（或主任委员委托副主任委员、或授权正、副秘书长）初审后提交本分标委全体委员进行技术审查。

第十九条 分标委秘书处可根据标准送审材料涉及的有关技术和管理内容，邀请行业内外有关专家对标准内容提供咨询、评议，并将咨询、评议情况作为标准送审材料的一部分在技术审查时提交全体委员。

第二十条 技术审查分为会议审查（以下简称会审）和函件审查（以下简称函审），一般以会审为主。各分标委在组织技术审查时应在会审或函审投票前一个月，将标准送审材料（包括函审时的《标准草案送审稿函件审查单》）提交本分标委全体委员。

第二十一条 技术审查的主要内容为：1. 标准草案送审稿内容是否符合国家有关法律、法规；2. 是否与现行的国家标准、行业标准协调一致，有无重复、交叉、抵触现象；3. 技术内容是否符合安全、合理、先进的要求并具有可操作性，符合行业发展方向；4. 在征求意见中有无重大意见，所占的比例以及处理是否得当；5. 对标准的水平、采标程度、标准性质、实施及过渡期提出建议。

第二十二条 会审时到会并参加表决（或函审时按规定时间投票）的委员人数必须达到应到（或应回函投票）委员人数的2/3以上，否则审查无效。委员们应在规定的时间内对标准草案送审稿提出赞成、弃权或反对的表决意见。标准的起草人不能参加表决，其所在单位的代表不能超过参加表决者的1/4。会审时因故不能到会的委员，须将有本人签字、写明对所审查的各项标准草案送审稿详细意见的书面材料在会审前交所在分标委秘书处，秘书处在会审时应予以宣读。

第二十三条 会审时，原则上应协商一致。秘书处应根据多数委员意见写出审查结论，并在会上对审查结论进行投票表决。关于表决结果，会审时到会并参加表决的委员中必须有2/3以上的委员赞成，且反对的委员不超过1/4方为通过（受委员委托列席会议的代表无表决权）。

第二十四条 函审时，按规定时间投票的委员中必须有2/3以上的委员赞成，且反对的委员不超过1/4方为通过。分标委秘书处应根据回函情况写出《函审结论》。

第二十五条 标准的表决结果及审查意见，特别是不同意见，应以书面形式记录在案。会审时，分标委要写出《会议纪要》并填写《标准草案送审稿审查结论表》；函审时，分标委要填写《标准草案送审稿函审结论表》并附《标准草案送审稿函审单》。经该分标委主任委员（或经主任委员授权的副主任委员）审核签字后作为标准草案报批稿的附件。

第二十六条 对标准草案送审稿有重大分歧时，须在审定结论中详细说明，必要时，由全标委秘书处组织审定裁决。

第二十七条 除了转化标准外，分标委原则上应对通过审查的标准项目进行水平评价。按照标准项目的技术水平、技术难度、创造性贡献、对推动技术进步作用的大小和所产生的经济效益或社会效益进行综合评定，一般可分为国际先进水平、国际一般水平和国内先进水平三个等级。会审时，标准项目的水平应由与会全体委员协商一致确定；函审时，由分标委秘书处根据多数委员的回函意见确定。

第二十八条 通过会审或函审的标准，第一承担单位要根据会审或函审的意见，对标准草案送审稿的有关内容进行修改、补充、完善后，形成标准草案报批稿；没有通过会审或函审的标准，第一承担单位要根据会审或函审意见，对标准草案送审稿的有关内容进行修改、补充、完善后，形成第二标准草案送审稿并提交该分标委再审。

第七章 标准草案的报批

第二十九条 标准草案报批稿及相关报批材料经分标委秘书处审查无误后，提交全国烟草标准化技术委员会（以下简称全标委）秘书处复核。提交的标准报批材料如下：

一、国家标准报批材料目录

1. 报批国家标准的公文1份；

2. 标准草案报批稿5份（需同时报电子版）（如有插图，须另附符合制版要求的插图2份）；

3. 标准草案送审稿1份（需同时报电子版）；

4. 标准编制说明（含有关附件）3份（需同时报电子版）；

5. 意见汇总处理表2份（需同时报电子版）；

6. 标准草案送审稿审查会议纪要、审定结论表（含专家签字名单）或函审结论表（含全部有效的函审单）各3份；

7. 如属采标制修订的标准，应附采标原文（或复制件）和译文各2份。

二、行业标准报批材料目录

1. 报批行业标准的公文1份；

2. 标准草案报批稿2份（需同时报电子版）（如有插图，须另附符合制版要求的插图2份）；

3. 标准草案送审稿1份（需同时报电子版）；

4. 标准编制说明（含有关附件）2份（需同时报电子版）；

5. 意见汇总处理表1份（需同时报电子版）；

6. 标准草案送审稿审查会议纪要、审定结论表（含专家签字名单）或函审结论表（含全部有效的函审单）各1份；

7. 如属采标制修订的标准，应附采标原文（或复制件）和译文各1份。

第三十条 全标委秘书处对报批材料进行程序和技术审核，完成必要的协调和完善工作，并经全标委秘书长（或秘书长委托副秘书长）审核签字后，报全标委主任委员（或主任委员授权副主任委员）批准。国家标准由国家局审查备案后报国家质量监督检验检疫总局和国标委批准发布；行业标准由国家局批准发布，并报国标委备案。一般情况下，标准批准发布的时间为项目完成、合同终止的时间。

第八章 标准制修订的快速程序

第三十一条 为缩短部分标准项目的制修订周期，以及针对突发紧急事件制修订应急标准需要，可采用快速程序。

第三十二条 快速程序是在正常标准制修订程序（程序类别代号：A）的基础上省略起草阶段（程序类别代号：B）或省略起草阶段和征求意见阶段（程序类别代号：C）的简化程序。

符合下列情况之一的一般标准项目以及应急标准项目均可申请采用相应快速程序：

一、一般标准项目

——等同采用、修改采用国际标准或国外先进标准制修订标准的项目，可采用B程序；

——现行标准的修订项目，可采用C程序（或B程序）；

——我国各级标准的转化项目，可采用B程序。

二、应急标准项目可采用C程序。

第三十三条 采用快速程序的一般标准项目，应按正常程序填报《申报书》，在相关栏内注明快速程序代码，并在备注中说明理由，同时由国家局下达标准计划。采用快速程序的应急标准项目，可由国家局直接（临时）下达标准计划，指定标准起草单位。相关国家标准制修订项目的立项需同时报国标委。

第三十四条 一般标准项目执行快速程序后，从相应阶段开始按照正常程序依次执行。应急标准执行快速程序后，除从相应阶段起按照正常程序依次执行外，还应遵守以下规定：

——标准草案送审稿完成后须经有关专家会审，不得函审。

——应急标准的应急原因及使用要求等内容应在前言中说明。

第九章 标准的复审

第三十五条 相关国家标准及烟草行业标准实施后5年内，国家局主管部门应根据科学技术进步和行业发展的需要适时组织有关分标委或有关专家对现行标准进行复审，以确定现行标准或其中的有关内容是否继续有效或应予以修改、修订或废止。

第三十六条 标准的复审可采用会审或函审；复审应广泛征求各相关使用方的意见。

第三十七条 全标委秘书处负责对复审意见进行汇总，并写出《标准复审结论报告》报国家局主管部门审批；复审国家标准的，还须填写《国家标准复审意见表》和《国家标准复审结果汇总表》，经国家局主管部门核准后报国标委。

第三十八条 根据复审意见需要修订的标准，应列入下年度的标准项目计划。

第十章 附 则

第三十九条 对国家局划拨的用于标准项目的补助性经费管理，按照国家局印发的《烟草行业标准制修订项目经费管理办法》执行。

第四十条 本规程由国家局负责解释。

第四十一条 本规程自发布之日起实施。国家局原1996年10月3日发布的《烟草行业标准制定、修订工作细则》同时废止。

国家烟草专卖局关于进一步推进减害降焦工作的通知

（2006年6月16日 国烟科〔2006〕412号）

行业各直属单位，中国烟草实业发展中心：

减害降焦是烟草发展的必然趋势，是应对吸烟与健康问题的一条有效途径，也是坚持中式卷烟发展方向的主要工作内容。为认真贯彻落实今年全国烟草工作会议和全国烟草科技大会精神，继续大力推进减害降焦工作，着力提升我国卷烟产品的核心竞争力，现将进一步推进减害降焦工作有关要求通知如下：

一、减害降焦的工作目标

1. “十一五”期末，即到2010年全国卷烟焦油量，以及一、二类卷烟品牌焦油量加权平均值实现12毫克/支以下的目标。力争实现2006年底全国卷烟焦油量加权平均值从2005年的13.5毫克/支下降到13.2毫克/支的目标，力促一、二类卷烟品牌降焦取得明显进展。

2. 坚持“稳步降焦、重在减害”的原则，尽快建立起中式卷烟烟气危害性指标评价体系，以现代生物、化学、物理、基因工程等新技术、新材料、新工艺开发应用为基础，从烟草品种、烟叶生产与调制、加工工艺、产品设计、材料选择等方面入手，深入研究能够选择性降低卷烟烟气中有害物质的新技术、新工艺、新材料并进行集成推广和应用。

二、政策措施

为有效推进减害降焦工作，从发文之日起，新开发的牌号（规格）焦油量盒标标注值不得超过12毫克/支，整合后的牌号（规格）原则上不得超过12毫克/支。

三、工作要求

1. 统一思想，提高认识。减害降焦是直接关系行业生存和发展、关系消费者利益的重大问题，也是积极履行《烟草控制框架公约》，提升我国卷烟产品核心竞争力的关键所在。截止到2005年底，全国卷烟焦油量加权平均值已下降到13.5毫克/支，降焦实用技术的研究和开发工作也取得了明显进展，但与2000年国家局办公会提出的到2005年底焦油量实现12毫克/支左右的目标要求相比，还存在一定差距，且近两年来行业降焦步伐明显趋缓。为此，今年全国烟草工作会议再次明确要制定今后一个时期减害降焦目标，加强对减害降焦技术的研究，继续抓好减害降焦工作，适应更加严峻的控烟形势。行业各级领导思想上要高度重视，提高认识；行动上要积极稳妥，真抓实干，努力推进减害降焦工作。

2. 制订措施，认真落实。以发展中式卷烟为方向，以减害降焦为主线，加速推进技术创新步伐，吸收国外成功的降焦技术和经验，联合攻关，重点跨越，切实提高自主创新能力，加强减害降焦新技术、新材料、新工艺的研究，加大减害降焦综合技术的集成和推广应用力度，不断提高减害降焦保香保味综合技术水平。各省级工业公司要对目前所属卷烟企业焦油量总体水平、各品牌焦油量水平进行全面分析，从产品设计、原辅材料选用、加工过程控制、产品质量与市场反应等方面入手，按照国家局提出的减害降焦工作目标，制订所属企业的减害降焦工作方案，明确企业分年度降焦目标和分品牌的各年度降焦目标，报国家局科技主管部门认可后切实抓好落实。

3. 加大监督检查力度。各省级局质检部门要加大卷烟产品质量监督检查力度，对一、二类卷烟品牌和重点牌号的卷烟焦油量每季度进行跟踪。国家局将定期检查各单位降焦目标的落实情况并对各直属单位及各卷烟企业的平均焦油量和主要品牌焦油量分季度进行全行业通报，以确保“十一五”期末全国卷烟产品降焦总体目标的实现。

国家烟草专卖局关于印发烟草行业中长期科技发展规划纲要（2006~2020年）的通知（摘要）

（2006年7月31日　国烟科〔2006〕526号）

行业各直属单位：

现将《烟草行业中长期科技发展规划纲要（2006~2020年）》印发给你们，请各单位认真贯彻施行。

烟草行业中长期科技发展规划纲要（2006~2020年）

为进一步推动烟草行业科技发展，增强自主创新能力，提升科技整体实力和中式卷烟市场竞争力，促进行业持续稳定协调健康发展，特制定本规划纲要。

一、现状分析（略）

二、总体思路

1. 指导方针

烟草行业中长期科技发展的指导方针是：坚持方向、突出重点、持续创新、支撑发展。坚持方向，就是坚定不移地走中式卷烟的发展道路，不断丰富中式卷烟内涵，突出中式卷烟风格特征，培育具有较强竞争优势的中式卷烟重点骨干品牌，创新和发展中式卷烟。突出重点，就是坚持有所为、有所不为，明确主攻方向，集中力量，重点突破，带动行业整体科技水平的提高。持续创新，就是始终坚持以市场为导向，以卷烟品牌为核心，以自主创新为主线，不断加强原始创新、集成创新和引进消化吸收再创新，培育一批具有自主知识产权、自主品牌和持续创新能力的创新型企业，建设创新型行业。支撑发展，就是努力提高中式卷烟的科技力和竞争力，将烟草行业经济增长方式转变到创新驱动型上来，支撑和引领行业的持续稳定协调健康发展。

2. 基本原则

牢固树立科学发展观，坚持以人为本、市场导向、突出主体、政策驱动的原则。

一是坚持以人为本原则。充分发挥人在自主创新中的核心作用。关注公众健康，维护国家利益和消费者利益，营造烟草与社会和谐发展的良好氛围；优化创新环境，激发科技人员的创新精神和潜能。

二是坚持市场导向原则。充分发挥市场在自主创新中的引导作用。适应和满足消费者不断发展变化的需求，培育和发展中式卷烟，提高卷烟产品市场竞争力；运用市场竞争与合作机制，优化科技资源配置，提高科技活动的效率和效益。

三是坚持突出主体原则。充分发挥企业在自主创新中的主体作用。激发企业的创新活力，使企业成为研究开发投入的主体、技术创新活动的主体和创新成果应用的主体。

四是坚持政策驱动原则。充分发挥政策在自主创新中的保障作用。深化科技体制改革，强化政策配套，增强行业科技创新的动力和活力，进一步推进科技发展。

3. 发展目标

烟草行业中长期科技发展总体目标是：自主创新能力和科技整体实力显著增强，取得一批在国际烟草行业具有重大影响的科技成果，形成一批拥有自主知识产权的重点骨干品牌和较强国际竞争力的重点骨干企业，成为创新型行业，实现经济增长方式的转变，推进烟草行业持续稳定协调健康发展。

到2010年，努力实现以下目标：一是打造一批创新型企业；二是重点培育10个左右市场基础好、技术含量高、经济效益好、发展潜力大的全国重点骨干品牌；三是完善中式卷烟原料体系，努力实现烟叶生产的稳定、优质、生态、安全，满足中式卷烟对烟叶品质多样化的需求；四是在中式卷烟关键技术、共性技术领域取得突破，参与制订国际标准的能力显著增强，拥有一批具有自主知识产权和国际影响力的成果、专利及以我为主的技术标准；五是国产烟机在行业技术装备中发挥主导作用，为卷烟企业的发展提供强有力的技术装备保障；六是提高烟草行业营销网络的规模化、专业化、信息化、标准化水平，实现传统商业向现代流通的转变；七是初步建立突出企业主体地位、支撑行业发展的行业创新体系；八是行业科技投入逐年递增；九是营造良好的科技创新文化氛围，培养一批在国内外有较大影响力的学科带头人，造就一支规模较大、素质较高的创新人才队伍。

到2020年，努力实现以下目标：一是显著提高中式卷烟的核心竞争力，使中式卷烟在国内继续保持明显竞争优势，显著增强国际市场占有和拓展能力，具备与国外优势卷烟品牌抗衡和竞争的能力；二是在关键技术领域取得重大突破，专利年度授权量大幅度增加，形成一批以我为主的国际标准，整体科技实力进入世界同业前列；三是形成适应国际竞争需要、支撑行业发展、体现行业整体优势、竞争合作、富有创新活力的行业创新体系；四是行业科技投入显著增加，科技贡献率显著提高，对外技术依存度显著降低，成为创新型行业。

三、主攻任务（略）

四、行业创新体系

按照科学布局、优化配置、完善机制、提升能力的指导思想，全面推进技术创新、知识创新和技术服务体系建设，构建布局合理、定位清晰、分工协作、运行高效的行业创新体系，为提高行业自主创新能力和科技整体实力提供强有力的保障。

1. 技术创新体系建设

建立以企业为主体、市场为导向、产学研相结合的行业技术创新体系，需要全面推进企业技术中心建设。加大对卷烟工业企业技术中心的整合和优化力度，鼓励和支持烟叶生产、烟用材料和烟机制造等企业建立技术中心；国家烟草专卖局重点扶持十多个工业企业技术中心、十多个以优质烟叶生产科技示范基地为基础的烟叶企业技术中心。

卷烟企业围绕提高卷烟品牌的市场竞争力，烟叶企业围绕满足中式卷烟原料需求，烟机企业围绕为行业提供强有力的技术装备保障和支撑，烟用材料企业围绕为卷烟生产提供优质配套材料，加强以企业为主体、市场为导向的、多种形式的产学研联合，解决制约烟叶生产和品牌培育等方面的关键技术瓶颈问题。

2. 知识创新体系建设

建立以科研机构为主体的知识创新体系，需要重点加强行业重点实验室建设。国家烟草专卖局重点在烟草育种、烟草工艺、烟草化学、烟用香精香料、生物技术、吸烟与健康等关键研究领域建设10个左右开放、流动、竞争、协作的行业重点实验室（中心）；并加强以郑州烟草研究院为代表的行业科研机构建设，充分发挥郑州烟草研究院的牵头、指导和推动作用。

行业科研机构要加强与企业及相关科研院所和高等院校的合作，紧紧围绕对行业发展具有重大影响的前瞻性、关键性、战略性课题，开展应用基础研究和关键技术、共性技术研究，为企业技术创新提供有力支持。

3. 技术服务体系建设

建立以专业化、信息化、规范化技术推广网络为主体的技术服务体系。健全科技传导机制，加速新技术、新工艺、新材料推广应用，促进科技成果转化。

支持科技资源与信息平台建设，开展信息交流、决策咨询、资源配置等服务，促进知识流动和技术转移；鼓励有关科研院所、高等院校及烟草学会各专业委员会参与科技成果转化服务，充分发挥其在科技服务中的重要作用。省级局（公司）加强区域性农业烟草试验站（中心）建设，烟叶产区地市级公司加强基层烟叶技术推广站和烟叶标准化示范区建设，提高烟叶生产技术成果转化率和到位率。

五、政策措施

按照有利于增强自主创新能力、有利于实施推广创新成果、有利于激发科技人员积极性和创造性、有利于充分利用行业内外科技资源、有利于科技支撑和促进行业发展的原则，制订相关科技政策措施。科技政策措施应随着形势发展和规划纲要实施进展情况，不断加以丰富和完善。

1. 深化科技体制改革

强化企业创新主体地位。加快完善统一、开放、竞争、有序的市场经济环境，充分发挥市场在配置资源中的基础性作用，增强企业自主创新的源动力。实施自主创新倾斜政策。建立企业牵头组织、科研机构参与实施重大科技攻关的有效机制。结合企业重组，整合技术力量和技术资源，使研究开发与技术推广、企业技术改造、重大技术引进消化吸收等有机地结合起来。加强烟草企业技术中心建设，引导和支持重点骨干企业建立具有国际先进水平的技术创新平台，提高企业自主创新能力、科技开发水平和市场竞争优势，促进企业成为研究开发投入的主体、技术创新活动的主体和创新成果应用的主体，提高企业的持续创新能力。

深化科技计划管理改革。以提高管理效率和经费使用效益为目标，以增强自主创新能力和优化科技资源配置为核心，以“权责明确、定位清晰、结构合理、运行高效”为原则，构建“公正、公开、规范、高效”的科技计划管理体系。行业科技计划应从支持项目为主，逐步转向统筹安排项目、人才、平台，实现从技术突破的单一目标向科技持续创新能力提高的综合目标转变，把人才培养和基地建设作为项目论证和考核的重要指标。国家烟草专卖局科技计划由科技项目计划和重大专项构成；科技项目计划是烟草行业稳定持续支持科技创新活动的基本形式，围绕行业目标、市场需求、产品需求确定；重大专项是体现行业战略目标的关键共性技术攻关、重大产品或重大工程，由国家烟草专卖局支持并组织实施。

实施项目带动战略。整合行业内外科技资源和科研力量，分步实施优先主题和重大专项，加强科技计划的项目实施与能力建设有机衔接，完善科技项目实施中的知识产权保护，出一批重大科研成果、专利和标准，提高行业持续创新能力，带动行业整体科技水平的提高。

健全科技项目运行机制。完善专家咨询和决策机制，推进科研项目课题制、首席专家制、项目法人制、客座专家制和项目招标制。完善项目监督、检查、考核机制，加强对科技项目实施过程中的监督和绩效评估。建立科学的科技成果评价指标体系，发挥成果鉴定与管理对自主创新的积极导向作用。

2. 加大科技投入

完善科技投入机制。建立以企业为主体、高效率的科技投入机制，加大政策支持力度，注重投入产出效果，确保全行业科技投入强度逐年提高，使科技投入水平与建设创新型行业的要求相适应。

优化科技投入结构。要在科学安排，提高效益上下工夫，加大对自主创新的支持力度。国家烟草专卖局科技投入重点支持应用基础研究、关键技术、共性技术研究、重大专项和行业科技基础条件平台建设，重点解决行业发展中的重大科技问题；企业科技投入围绕增强企业自主创新能力和市场竞争力，重点开展技术应用、技术集成和成果转化工作。建立创新风险基金，鼓励探索性课题研究，培养原始创新能力。

强化科技经费管理。完善科技经费预（决）算制度，建立科技经费的预算绩效评价体系，建立健全相应的评估和监督管理机制，提高科技经费的使用效率。国家烟草专卖局和行业各直属单位应将科技投入作为预算的重要内容，科学合理地确定预算经费，确保科研经费开支。

3. 加强科技基础条件平台建设

以整合为主线，共享为核心，按照项目、人才、平台统筹安排的原则，加强科技基础设施与条件平台建设。

加强郑州烟草研究院建设。继续加大对郑州烟草研究院的支持力度，改善科研条件，进一步增强科研实力，促使其建设成为国家烟草工程中心。

加强行业重点实验室（中心）建设。继续推进中国烟草遗传育种中心（南方、北方）和烟草化学、烟草工艺、烟草栽培、卷烟烟气等四个重点实验室建设；根据行业科技创新发展的需要，逐步论证启动烟草基因组学、生物技术、烟草病理学、烟气毒理学、香精香料、卷烟材料等重点实验室建设。

加强科技资源与信息平台建设。充分利用现代信息技术手段，加强烟草科学数据平台、科技文献平台、科技资源平台和网络科技环境平台建设，构建网络化科技资源共享体系，面向全行业提供共享服务，提高科技资源网络化共享和利用效率。重点建设中国烟草科学技术数据库、中国烟草种质资源库、香原料信息资源库、农业基础资源信息库等。

4. 强化自主创新激励机制

完善考核机制。建立自主创新能力综合评价体系，健全创新能力逐级考核制度，把自主创新能力作为烟草企业绩效考核的重要内容。

改革分配制度。建立健全调动科技人员积极性的分配制度，推进技术资源要素参与分配的薪酬制度改革，使科技人员的待遇具有外部竞争性和内部激励性。

加大奖励力度。国家烟草专卖局、省级局（公司）和工业公司及企业进一步完善科技奖励制度，对行业科技发展具有较大带动作用的重大自主创新项目和在自主创新工作中作出突出贡献的人员给予重奖，形成以行业奖励为引导、企业奖励为主体的行业科技奖励机制。

5. 实施知识产权战略和技术标准战略

实施知识产权战略。以掌握核心技术及其知识产权为主要目标，创造和保护知识产权。加强各类创新主体的知识产权管理能力建设，将知识产权管理纳入科技管理全过程。建立知识产权信息服务平台，完善知识产权公共服务体系。建立知识产权交易制度，加快自主知识产权技术和产品推广应用。加强对自主知识产权研发的奖励、激励。

实施技术标准战略。健全以行业标准化技术委员会、各专业标准化分技术委员会、企业标准化管理委员会为主体的行业标准化技术体系。制定和实施行业标准化发展战略，健全并完善行业标准体系，逐步构建以企业为主体、产学研紧密结合的标准化工作运行机制。支持企业参与制定国际技术标准，加快国外先进技术标准向国内标准转化的研究并实现再创新，推动以我为主技术标准的形成。加强技术贸易措施体系建设。健全以国家烟草质量监督检验中心、行业重点质检站和省级质检站为重点的布局合理、能力完备、技术先进、监控有力的行业质量监督体系，强化对技术标准的执行和监督。

6. 扩大科技合作与交流

加强人才交流。本着优势互补、资源共享、共同发展的原则，探索建立长效的人员交流机制，有针对性地支持、聘请一批高水平的国内外专家和优秀科技人才团队从事合作研究与交流。

深化技术合作。鼓励烟草企业依托有优势的大学、科研机构，开展联合开发、委托开发、成果转让等多种形式的合作。支持企业和科研机构参与国际科学研究。

7. 深入实施人才战略

加强人才培养。加快培养和造就一批富有创新精神的科技人才，在创新实践中发现人才，在创新活动中培育人才，在创新事业中凝聚人才。在烟草育种、栽培、植保、调香、工艺、材料、化学等研究领域，着力培养创新能力强的科技带头人。通过项目实施带动科技人才培养，使优秀人才特别是中青年科技骨干和跨学科复合型人才脱颖而出，在全行业建立学科、结构合理的人才队伍。

完善用人机制。建立以能力为导向、科学的科技人才评价机制。完善职称制度、评聘分离制度、特殊津贴制度、博士后制度等人才管理制度。推行岗位管理制度，实行“按需设岗、按岗聘用、双向选择、竞争上岗”，固定岗位和流动岗位相结合的用人制度，促进科技人员的合理流动。

8. 加强创新文化建设

积极发展创新文化，不断增强历史使命感、时代紧迫感和社会责任感，倡导拼搏进取、自觉奉献的爱国精神，求真务实、勇于创新的科学精神，团结协作、奋发有为的团队精神，使自主创新成为一种精神、一种作风、一种品质、一种风尚。加强科技人员职业道德建设，创造公平、宽松的学术环境，遏制科学技术研究中的浮躁风气和学术不良风气。充分发挥烟草学会、企业等各方面的优势集成，建立科普工作良性运行机制。在全行业形成激励创新、鼓励尝试、勇于竞争、求真务实、宽容失败的文化氛围，为科技发展创造良好的社会文化环境。

9. 建立有效的规划实施机制

发挥规划纲要对烟草行业科技发展的指导性作用，把增强自主创新能力的成效作为落实科学发展观和正确政绩观的重要内容。建立健全技术预测机制，为科技规划的流动实施和动态调整提供决策依据。建立规划的评估监督与动态调整机制，加强规划纲要实施的评估、监督和分类指导。

国家烟草专卖局在科技投入、激励政策、资金支持、政府采购、原始创新、引进消化吸收再创新、国产首台（套）设备、创造和保护知识产权、人才队伍建设、知识创新平台建设等方面制订若干配套政策。

行业各单位要根据规划纲要的总体部署，结合各自实际，制订和实施具体的科技发展计划。

国家烟草专卖局关于实施烟草科技发展规划纲要增强行业自主创新能力的决定

（2006年9月11日　国烟科〔2006〕647号）

行业各直属单位：

为贯彻全国烟草科学技术大会精神，组织实施《烟草行业中长期科技发展规划纲要（2006～2020年）》（国烟科〔2006〕526号，以下简称《规划纲要》），增强行业自主创新能力，努力建设创新型行业，促进行业持续稳定协调健康发展，现作如下决定：

一、实施《规划纲要》，努力建设创新型行业

增强自主创新能力、建设创新型国家，是党中央在新时期落实科学发展观、开创社会主义现代化建设新局面的重大战略决策。当前，烟草行业面临着社会压力、市场竞争压力和自身发展的挑战，自主创新已成为能否保持行业持续稳定协调健康发展的关键因素。只有通过自主创新，才能掌握事关行业安全和可持续发展的核心技术，推进行业科技实现跨越式发展；只有通过自主创新，才能在未来更加激烈的市场竞争中把握先机、赢得主动、保持优势、求得发展；只有通过自主创新，才能带动烟草生产力新的质的飞跃，实现经济增长方式的根本性转变，全面提升水平，增强行业整体竞争力。为此，国家烟草专卖局在认真学习、深刻领会全国科学技术大会精神的基础上，紧密结合行业实际，组织制定了《规划纲要》。《规划纲要》立足行业发展现状、面向未来，以增强自主创新能力为主线，以建设创新型行业为奋斗目标，对烟草行业未来15年科技发展作出了全面规划与部署，是新时期指导烟草行业科技发展的纲领性文件。

国家烟草专卖局决定，全面实施《规划纲要》，经过15年努力，到2020年将中国烟草建设成创新型行业。建设创新型行业，核心就是把增强自主创新能力作为烟草科技发展的战略基点，坚持走自主创新的道路，推动烟草科技的跨越式发展；把增强自主创新能力切实作为行业发展的战略任务和转变经济增长方式的中心环节，贯穿到行业工作的各个方面；激发全行业的创新精神，培养高水平创新人才，形成有利于自主创新的体制机制，为行业的可持续发展提供不竭的动力。全行业务必深刻认识建设创新型行业的极端重要性和紧迫性，切实把完成这项任务作为关系全局的大事抓紧抓好。

二、坚持中式卷烟发展方向，全面提升行业整体竞争力

新时期烟草行业科技发展的指导方针是：坚持方向、突出重点、持续创新、支撑发展。坚持方向，就是要继续坚持中式卷烟的发展方向，坚定不移地走中式卷烟的发展道路；突出重点，就是要坚持有所为，有所不为，集中力量，重点突破；持续创新，就是要始终以自主创新为主线，不断加强原始创新、集成创新和引进消化吸收再创新；支撑发展，就是要努力提高中式卷烟的科技实力和竞争能力，将行业经济增长方式转变到创新驱动型上来。这一方针是烟草行业多年发展实践和经验的概括总结，是面向未来引导中国烟草科技发展、实现烟草行业持续稳定协调健康发展的重要抉择。

从现在起到2020年，烟草科技发展要以提升行业整体竞争力为核心，实现以下重要目标：一是显著提高中式卷烟的核心竞争力，使中式卷烟在国内市场继续占有绝对竞争优势，对国际市场的占有和拓展能力明显增强，具备与国外优势卷烟品牌抗衡和竞争的能力；二是在关键技术领域取得重大突破，专利年度授权量大幅度增加并超过行业外申请和公告的数量，专利水平和质量明显提升，国际标准化战略取得实质性进展，整体科技实力进入世界同行前列；三是形成适应国际竞争需要、支撑行业发展、充分发挥行业整体优势、层次分明且竞争合作并富有创新活力的行业科技创新体系；四是行业科技投入大幅增加，科技进步贡献率显著提高，对外技术依存度显著降低，成为创新型行业。

为实现上述目标，国家烟草专卖局将烟草育种、烟叶原料、卷烟调香、特色工艺、减害降焦、技术装

备、循环经济、数字烟草等8个重点领域确定为主攻方向，并从中确定28项优先主题进行重点安排；同时，筛选出烟草基因组计划、高香气低危害烟草新品种、无公害烟叶工程、基本烟田治理工程、特色优质烟叶开发、卷烟增香保润、卷烟减害技术、中式卷烟制丝生产线、超高速卷接包机组等9个重大专项重点攻关。行业各单位要紧紧围绕中式卷烟的发展方向，认真组织和抓好重点领域、优先主题和重大专项的研究和实施，集中力量着力解决制约行业发展的关键技术问题，力争在短期内取得重大突破，提升行业整体竞争实力。

三、创新体制机制，完善行业创新体系

实施《规划纲要》，体制机制是关键。必须深化行业科技体制改革，进一步消除制约行业科技进步和创新的体制性、机制性障碍，有效整合行业科技资源，按照科学布局、优化配置、完善机制、提升能力的原则，构建由技术创新体系、知识创新体系和技术服务体系组成的行业创新体系。要继续推进科技体制改革，充分发挥市场在科技资源配置中的基础性作用，充分发挥行业各直属单位的主导作用，充分发挥企业在技术创新中的主体作用，充分发挥行业科研机构的科技支撑作用。

增强自主创新能力，关键是强化企业在技术创新中的主体地位，建立以企业为主体、市场为导向、产学研相结合的技术创新体系。采取更加有力的措施，营造更加良好的环境，使企业真正成为研究开发投入的主体、技术创新活动的主体和创新成果应用的主体。按照行业联合重组要求，加大卷烟工业企业技术中心的整合优化力度，鼓励和支持烟叶生产、卷烟材料等企业建立企业技术中心，支持有条件的企业参与和承担国家烟草专卖局重大科技攻关项目。开展多种形式的产学研联合，鼓励和支持卷烟企业同科研院所、高等院校共建研究开发机构，解决制约烟叶生产和品牌培育等方面的关键技术瓶颈问题，为企业自主创新提供积极支持。

深化科研体制改革，建立以科研机构为主体的知识创新体系。加强郑州烟草研究院等科研院所和行业重点实验室的建设，紧紧围绕行业发展的重大战略课题，积极开展应用基础研究和共性技术研究，更加重视与行业外科研院所和高等院校的合作，突出做好对烟草行业发展具有重大影响的前瞻性、关键性、全局性课题研究，切实起到支撑行业发展、引领烟草未来的作用。

健全科技传导机制，建立以专业化、信息化、规范化技术推广网络为主体的技术服务体系。加速新技术、新工艺、新材料的推广应用，促进科技成果转化。

四、完善行业配套政策，激励自主创新

为确保《规划纲要》顺利实施，国家烟草专卖局将在国家科技创新政策基础上，进一步完善行业科技创新政策措施，形成行业激励自主创新的政策措施体系。

（一）加大科技投入力度。完善科技投入机制，优化科技投入结构，强化科技经费管理，建立以企业为主体、高效率的科技投入机制，加大政策支持力度，注重投入产出效果，确保全行业科技投入强度逐年提高，使科技投入水平与建设创新型行业的要求相适应。

（二）深化科技计划管理改革。行业科技计划从支持项目为主，逐步转向统筹安排项目、人才、平台，实现由技术突破的单一目标向科技持续创新能力提高的综合目标转变。大力推行课题制。完善项目的监督、检查考核机制。

（三）加强科技基础条件平台建设。以整合为主线，共享为核心，加强对郑州烟草研究院、行业重点实验室（中心）、科技资源与信息平台建设。

（四）强化自主创新激励机制。建立行业技术创新绩效评价考核体系。改进烟草行业科技奖励制度，建立和形成以行业奖励为引导、企业奖励为主体的科技奖励制度。加大专业技术职务聘任工作力度。推进技术资源要素参与分配的薪酬制度改革，使科技人员的待遇具有外部竞争性和内部激励性。

（五）实施知识产权战略和技术标准战略。加强行业知识产权组织和信息服务平台的建设，建立知识产权保护和交易制度，加快行业自主知识产权技术的形成和应用。健全行业标准化组织体系，加强技术标准研究，完善行业标准体系，积极承担国际标准的研究制定工作，推进以我为主形成技术标准。

（六）扩大科技合作与交流。本着优势互补、资源共享、共同发展的原则，探索建立长效的人员交流机制，搭建高效的技术交流平台。深化技术合作，鼓励烟草企业与国内外有优势的大学、科研机构，开展联合开发、委托开发、成果转让等多种形式的合作。

（七）深入实施人才战略。加大青年科技人才的选拔和培养力度，完善行业自主创新人才的引进机制，建立以能力为导向、科学的科技人才评价机制，加快培养和造就一批富有创新精神的科技人才，形成学科、结构合理的人才队伍。

（八）加强创新文化建设。尊重科技人员及其劳动成果，拓展科技人员的发展空间。强化以结果和绩效为导向的科技人员管理模式，激励创新，宽容失败，从制度上激发科技人员的创造热情。倡导拼搏进取、自觉奉献、求真务实、团结协作的科学精神，为科技发展创造良好的社会文化环境。

五、充分调动行业各方面的积极性和创造性，为建设创新型行业而努力奋斗

实施《规划纲要》，建设创新型行业，是促进行业持续稳定协调健康发展的必然要求，是全行业的共同任务。

行业各单位要从贯彻落实科学发展观、实施科教兴国战略和人才强国战略的高度，切实加强对烟草科技工作的领导，把着力于自主创新、切实增强自主创新能力摆在更加重要的位置，作为一件大事突出抓好。各单位主要领导要高度重视科技工作，要亲自过问科技工作，定期听取科技工作汇报，切实解决科技工作中存在的问题；分管领导要集中主要精力，加强具体指导，认真抓好科技发展各项工作的落实。各单位要大力开展增强自主创新能力、建设创新型行业的宣传教育，努力营造良好的创新氛围和舆论环境。各单位要紧密配合，加强统筹协调，强化政策支持，及时研究、认真解决科技发展和自主创新中遇到的各种矛盾、困难和问题。各单位要立足当前、着眼长远，结合实际认真研究制定本单位的科技发展规划，积极实施促进自主创新的具体措施，扎扎实实地推进自主创新工作。

要加强对行业技术要素的整合，更好地发挥行业整体优势。要明确分工，突出重点，加强合作，形成合力尤其要集中力量联合攻关，解决好事关行业发展全局性、前瞻性的重大战略性课题，同时要更加充分地利用社会资源，主动加强与行业外科研机构、高等院校、企事业单位的合作。通过成果转让、联合开发、委托开发、共建研发中心等形式，增强企业的技术集成和创新能力。要在更宽领域、更高层次上积极参与国际烟草科学研究，不断扩大国际科技合作范围。

经过多年不懈努力，烟草科技工作取得了显著成就，为今后发展奠定了较为坚实的基础。面向未来，我们已站到一个新的起点上。全行业要高举邓小平理论和“三个代表”重要思想伟大旗帜，全面贯彻落实全国科学技术大会和全国烟草科学技术大会的各项任务部署，动员和组织行业各方面力量，统一思想，坚定信心，锐意进取，埋头苦干，以与时俱进的精神全面增强烟草行业自主创新能力，为提高中国烟草整体竞争实力，建设创新型行业而努力奋斗！

国家烟草专卖局关于实施烟草科技重大专项的若干意见(摘要)

（2006 年 11 月 17 日　国烟科〔2006〕822 号）

行业各直属单位：

为贯彻落实《烟草行业中长期科技发展规划纲要(2006～2020 年)》，推进烟草基因组计划、高香气低危害烟草新品种、无公害烟叶工程、基本烟田治理工程、特色优质烟叶开发、卷烟增香保润、卷烟减害技术、中式卷烟制丝生产线、超高速卷接包机组等 9 个重大专项顺利实施，现提出实施烟草科技重大专项的若干意见如下：

一、实施思路

1. 总体目标

攻克一批具有突破性、前瞻性的关键共性技术，开发一批具有带动性、关键性的重大产品，推进一批具有全局性、战略性的重大工程。带动人才、专利、标准三大战略的实施，研究开发出一批具有自主知识产权的核心技术和技术标准，培养一批创新型人才尤其是自主创新领军人才和学科带头人。促使行业和企业的整体科技实力显著提升，科技竞争力显著增强。

2. 指导原则

在组织管理上，坚持“论证启动、重点支持、联合攻关、规范管理”的原则。重大专项由国家烟草专卖局牵头组织，根据行业发展需要和实施条件的成熟程度，逐项论证启动；重大专项作为提高行业综合竞争力的项目，对推动和加快行业科技发展具有十分重要的现实意义和战略意义，是行业科技发展的重中之重，应在政策和资金上给予重点支持；重大专项要整合行业内外科技资源和科技力量，集成各方优势进行联合攻关，充分发挥行业技术创新体系的骨干作用，发挥知识创新体系的支撑作用，发挥技术服务体系的传导作用；重大专项要突出经费管理，强化过程管理，加强监督检查，把专利、标准和人才指标作为重要的考核内容，确保科学化运作、目标化考核、规范化管理。

在具体运作上，坚持“有限目标、分期实施、动态调整、滚动支持”的原则。重大专项要紧紧围绕中式卷烟的发展方向，针对不同专项的特点，坚持有所为，有所不为，确定可考核、操作性强的目标，确保目标的科学合理、重点突出；重大专项要根据行业发展需要，系统规划，总体部署，有序推进，分期实施；重大专项实施过程中在充分考虑与原有方案目标衔接的基础上，结合行业发展需要和研究进展，可对专项

的目标进行必要的调整；重大专项应建立快速吸纳创新性成果与人才的滚动机制，及时滚动支持最新发现的与专项核心技术密切相关的创新技术与人才。

二、专项分工（略）

三、专项实施（略）

四、相关措施

1. 加大科技投入

国家烟草专卖局对重大专项进行重点投入，保证科技经费，相关企业要在科研配套经费、研究开发设备投入等多方面给予重点支持，确保专项的顺利实施。要进一步完善科技经费预算制度，科学合理地确定预算经费，确保科研经费开支。要加强对专项、人才、基地的统筹安排，加强专项实施与能力建设的有机衔接，通过重大专项的实施，造就一支创新队伍，建设一批创新基地，提高科技持续创新能力。

2. 发挥行业创新体系的作用

一要充分发挥技术创新体系的骨干作用。重大专项的实施必须明确企业的参与程度与具体措施，鼓励有实力的企业承担专项任务。对需要多个企业参与的专项，可由相关科研院所牵头，采取产权共享等多种方式，联合或组织企业参与专项的攻关。企业要积极采取措施，做好重大专项实施过程中的产业化衔接、产业化机制的设计和运行工作，保证产业化资金的落实和到位，解决好利益共享机制，对所产生的知识产权及标准进行推广和应用。

二要充分发挥知识创新体系的支撑作用。行业知识创新体系要根据重大专项实施目标的要求，加强跨领域、跨学科的技术集成，深入开展应用基础研究和共性技术研究，开展对烟草行业发展具有重大影响的前瞻性、关键性、全局性的专项研究，切实起到支撑行业发展、引领烟草未来的作用。

三要充分发挥技术服务体系的传导作用。建立以专业化、信息化、规范化技术推广网络为主体的技术服务体系。健全科技传导机制，加速新技术、新工艺、新材料推广应用，促进科技成果转化。

3. 落实人才、专利和标准三大战略

深入实施人才、专利和标准三大战略，把培养科技人才、创造知识产权和技术标准作为评价专项成效的重要依据之一，更加注重专项实施过程中的人才培养、创新性和取得专利的水平。

一要深入实施人才战略。完善行业自主创新人才的引进机制和奖励机制，建立以能力为导向、科学的科技人才评价机制，加快培养和造就一批富有创新精神的科技人才。通过重大专项的实施以及国内外进修、培训等措施，着力培养造就一批创新能力强的高水平学科带头人和科技领军式人物。大力加强对创新型后备人才的培养，保证青年科技人员在重大专项中具有一定比例，优先支持有突出贡献的青年专家、海外优秀留学人员承担专项研究任务，形成具有烟草特色的优秀创新人才群体和创新团队。

二要实施知识产权战略。加强知识产权的创造，在对行业具有重大影响的关键技术领域，逐步形成一批对提升国际竞争力具有重要影响的发明专利；加强行业的知识产权管理能力建设，建立有效的知识产权管理体系和制度规范；建立行业的知识产权制度，将知识产权管理纳入重大专项实施的全过程。

三要实施标准化战略。建立与专项实施配套的技术标准研究机制，建立满足技术标准需求的科研支撑机制，建立科技成果快速转化为技术标准的“绿色通道”，促进重大专项科技成果的转化。

人事政工

中共国家烟草专卖局党组关于加强烟草行业党的先进性建设的意见（节选）

（2006年5月15日　国烟党〔2006〕31号）

行业各直属单位党组（党委）：

为进一步加强和推进行业党的建设，根据中央保持共产党员先进性教育活动领导小组《关于认真做好建立健全保持共产党员先进性长效机制的通知》要求，结合行业党建工作实际，特制订加强烟草行业党的先进性建设的意见。

一、学习教育机制

以邓小平理论和“三个代表”重要思想为指导，认真学习胡锦涛总书记关于社会主义荣辱观的重要论述，树立和落实科学发展观，坚持正确的政绩观，从加强党的执政能力建设和先进性建设的战略高度，深刻理解在新的历史条件下学习贯彻党章的重要性和必要性，始终把学习党章、遵守党章、贯彻党章、维护党章作为一项重大任务抓紧抓好。

1. 理论武装制度

要深入学习邓小平理论和“三个代表”重要思想，不断加深对社会主义荣辱观的认识理解，牢固树立国家利益、消费者利益至上（以下简称“两个至上”）共同价值观，努力做到切实维护国家利益，维护消费者利益（以下简称“两个维护”），从行业发展和稳定的高度出发，增强政治意识、大局意识、责任意识，确保行业持续稳定协调健康发展。

2. 学习培训制度

党支部组织党员学习每月至少一次，学习内容由党组（党委）安排。每年对本单位党员要进行一周集中培训，由各级党组（党委）统一组织实施。每年对本系统党支部书记集中培训一次，由各级党组（党委）统一组织实施。要通过专题报告会、事迹报告会、学习交流会、演讲报告会、理论研讨会、参观展览等形式，增强学习的有效性。要发挥各级党校和培训中心的作用，研究完善培训体系，采取短期轮训方式，加大对党员、党员干部的学习培训力度。要积极创造条件，建立健全党员活动室、阅览室、党建网站，打造学习教育阵地。

3. 中心组学习制度

党组（党委）中心组每季度集中学习一次，每次学习不少于三天。在学习贯彻中央和上级主管部门的重要精神、重大决策部署的同时，要结合行业改革与发展的重大问题进行学习研讨，进一步明确工作思路。

4. 干部上党课制度

党组（党委）书记和成员要坚持每年上一堂党课，基层单位党支部书记或委员每季度要讲一堂党课。党课内容既要有本单位党员队伍思想状况的分析，又要找准存在的问题，还要提出改进的办法和努力的方向；既要有理论上的宣讲，又要结合行业和本单位的实际，使全体党员始终明确保持先进性的要求和标准。

5. 学习交流制度

学习交流包括学习成果、经验介绍、文件学习，还有党建工作热点分析、难点探讨。要充分利用多种媒体搭建党员学习交流平台。运用现代网络技术大力推行“菜单式”、“案例式”、“现场观摩式”、“情景模拟式”和“座谈研讨式”教育，变“读”与“听”的传统模式为“光”和“电”（多媒体、电子网络）教育手段，使党员学习教育活动有新鲜感、有感染力。

6. 学习评价制度

各级党组（党委）要把党员教育工作纳入到党建工作和企业经济责任考核范畴，同布置、同检查、同考核、同奖惩。通过建立点名调学、笔记调阅和“述学”、“考学”、“评学”制度，完善党员学习档案，合理运用考核评估结果，使党员学习有深度，有效果，形成学习、思考、工作和提高的良性循环，从而在思想、政治、工作和作风等方面始终保持先进性。

二、队伍管理机制

建立党员队伍管理机制是保持共产党员先进性的中心环节，要把建章立制，加强队伍管理工作放在突出位置。要坚持党要管党，从严治党的原则，认真贯彻落实党章及党组（党委）、支部工作条例，加强党员管理。

1. “三会一课”制度

行业各级党组织要严格党的组织生活：党支部党员大会每季度至少召开一次；党支部委员会每月召开一次；党小组会议每月召开一次；党支部要结合工作每季度上一堂党课或形势报告。要提高会议质量，规范会议记录，确保会议效果。

2. 思想汇报制度

党员每半年要向党组织汇报一次个人思想、工作、学习及先锋作用发挥、群众工作等情况，以得到组织和党员的帮助。因工作需要，长期离开组织的党员，要自觉与本单位党组织保持积极的联系和沟通，外出时间超过半年的，待工作结束，要主动向党组织写出书面汇报。

3. 谈心交心制度

继续抓好在党员领导干部之间，党员领导干部与党员之间，党员与党员之间，党员领导（党员）与群众之间积极开展一对一、一对多、多对多的谈心活动。党组（党委）成员之间每年要开展一次谈心；党组（党委）成员与分管部门（单位）主要领导干部之间要适时开展谈心；部门（单位）领导与部属之间要不定期开展谈心活动。

4. 民主生活制度

党内民主生活会是开展批评与自我批评的有效载体。各级党组（党委）每年、基层党支部每半年要组织召开一次民主生活会。按照“一人谈，众人帮，逐个进行”的方式，面对面地开展积极健康的批评与自我批评和思想交流。行业各直属单位民主生活会，召开前应主动与国家局、总公司和所在地的党组织沟通，国家局、总公司相关部门要派员参加会议并进行指导。各级党组（党委）成员还要参加双重组织生活。

5. 民主评议制度

行业各直属单位党员民主评议活动，每年要开展一次。各级党组（党委）在组织实施中，要严格把握好“六个环节”：评议准备、学习动员、党性分析、民主评议、组织鉴定、奖惩实施。要坚持“四个突出”，着力解决“四个问题”：突出党员工作岗位特点，解决评议针对性不强的问题；突出群众参与，解决民主评议面不广的问题；突出落实整改，解决时过境迁问题；突出帮助教育，解决落后党员思想工作转化问题。

6. 书记培训制度

党组织的建设基础在党支部，支部的工作关键在支部书记作用发挥。行业各级党组（党委）每年要围绕行业的中心工作和行业党建工作的主要任务，对党支部书记进行学习培训，使支部书记明确工作任务，掌握工作方法，提高工作水平。

三、行业先锋机制

牢固树立“两个至上”共同价值观，切实做到“两个维护”，是烟草行业共产党员先进性的突出特点，也是广大党员发挥先锋模范作用的主题实践活动，是我们一切工作的出发点和落脚点。充分发挥党员尤其是党员领导干部的先锋模范作用，要紧密结合“两个维护”的要求，着重解决好专卖体制下“提高效率、注重自律”两大课题，这不仅是烟草行业当前工作的重点，也是烟草行业的长期任务。

1. 搭建平台

各级党组（党委）、支部要紧密结合贯彻落实行业“做精做强主业，保持平稳发展”的基本方针和“深化改革、推动重组、走向联合、共同发展”的主要任务，结合本单位和党员岗位的实际情况，围绕践行“两个维护”实践活动，打造平台，让党员“有为有位”，组织党员比能力、比服务、比奉献、比实绩，将主题实践活动常态化。

2. 落实责任

各级党组（党委）书记是践行“两个维护”的第一责任人，支部书记是直接责任者。政工部门负有组织、指导、协调的责任，要加强对牢固树立“两个至上”共同价值观的指导、督促；要深入实际，调查研究，及时发现、推广践行“两个维护”的典型，指导和帮助基层创造性地开展牢固树立“两个至上”共同价值观和自觉践行“两个维护”主题实践活动。

3. 考核评价

以开展牢固树立“两个至上”共同价值观，自觉践行“两个维护”主题实践活动为抓手，进一步对照党的宗旨，检查理想信念是否坚定、经受各种考验的能力强不强；对照形势任务，检查思想观念是否僵化保守、完成工作目标的信心足不足；对照岗位职责，检查工作的本领和技能是否扎实、胜任岗位的本事硬不硬；对照群众测评，检查工作作风是否转变、离群众的期望远不远。通过对照检查，让党员准确把握自己的思想坐标和行为坐标，增强保持党员先进性的自觉性、主动性。

四、联系群众机制

保持党的先进性的根本要求是始终保持同人民群众的血肉联系。要在继承和发扬优良传统的基础上，拓宽联系渠道、改进联系方式、丰富联系内容、增强联系实效，团结和带领广大干部职工为实现行业的持续稳定协调健康发展而奋斗。

1. 调查研究制度

领导干部深入基层调查研究是掌握实情的有效途径，也是为推进行业改革发展提供决策的重要依据。调查研究要结合实际，突出重点，抓住难点。既要着眼于行业、企业的长远发展，开展战略性调研；又要着眼于行业、企业的中心工作，开展决策性调研；还要针对群众关心的热点、难点问题，开展对策性调研；也要总结经验，树立典型，开展经验性调研。各级党组（党委）成员每年要结合实际有针对性地开展调研工作，撰写高质量的调研报告。

2. 联系基层制度

各级党组（党委）成员尤其是主要领导都要结合工作积极开展“进村入户到企业，广开言路听意见”活动，畅通行业与消费者、零售户和烟农的联系渠道，坚持经常深入到联系点，做到了解情况在一线，解决问题在一线，感情融合在一线，干部考评在一线，成效体现在一线。

3. 扶贫帮困制度

要按照“适宜、适时、适度”的原则，认真建立扶贫帮困的常态运行机制，尤其在行业“两个维护”的实践中，要选准载体，丰富内容，拓宽领域，积极探索党员“献爱心扶贫帮困”主题活动渠道，组织开展消费者、零售户和烟农“平时有人访”、“难时有人帮”工作，通过扶贫帮困活动的开展，使党员思想境界得到提升，及时把党组织和党员的关爱与温暖送到群众之中，增强党在人民群众心中的威望，努力构建新时期负责任、讲诚信烟草行业新形象。

五、民主参与机制

发扬党内民主，保障党员权利，是保持共产党员先进性的重要基础。通过建立党员权利保障机制，明确党员权利、落实保障措施、完善制度规定、进一步发展党内民主，增强党的生机和活力，最大限度地调动和保护广大党员的积极性、主动性和创造性，为广大党员保持先进性创造条件。

1. **重大决策制度**

党组（党委）作出重要决议、决定前，要以适当的方式在一定范围内征求党员意见。对于多数党员有不同意见或是存在较大分歧的，应暂缓作出决定，尤其是与广大党员利益密切相关的重大事项决策，要向党员公开，组织党员讨论，保证党内重大决策的科学化、民主化。

2. **党内通报制度**

通报本单位党代会的主要内容和精神；通报党组（党委）作出的决议、决定；通报行业、企业改革发展情况和其他需要通报的事项；在一定范围内通报各级领导班子民主生活会基本情况和整改意见措施；通报上级党组织对党员提出的意见和建议以及进行认真研究处理的结果。

3. **党务公开制度**

按照依法公开、真实可信的要求，凡是群众关心的党内热点问题，容易出现以权谋私、滋生腐败、引发不公的事项，只要不涉及党内的秘密，都要在一定范围内向党员、群众公开。要明确党务公开的主要内容、具体形式、重要程序和时间期限。

4. **保护权益制度**

认真落实保护揭发、检举人权益制度是确保党内民主的重要内容。各级党组织对于党员的批评、揭发、检举、控告以及提出的有关处分、罢免、撤换要求，要按照规定及时处理。不论哪一级党组织对揭发、检举人以及揭发、检举的内容都必须严格给予保密，严禁将检举、控告材料转给被检举、被控告的组织和个人；严禁对揭发、检举人和控告人歧视、刁难、压制，严禁各种形式的打击报复。党组织对于署真实姓名的揭发、检举人，应以适当方式回访或者回函并告知其处理结果；对揭发、检举严重违法违纪问题经查证属实的要给予表扬或者奖励。

六、激励引导机制

健全和完善有效的激励引导机制，营造党员成长的良好环境，激发党员奋发有为、敢于创新、勇于开拓、善于创造的进取精神，是增强党员的荣誉感、责任感和使命感，保持党员先进性的不竭动力。

1. **目标激励制度**

开展党员责任区、党员示范岗等各种“创先争优”活动。把目标管理与党员的权利、义务及其他工作结合起来，纳入党内活动内容，以活动为载体，实行量化考核，实现目标管理。进一步细化本单位党员先进性要求，并作为党员日常行为规范和民主评议的依据。

2. **培训激励制度**

树立培训是第一福利的观念，对表现优秀的党员，要优先安排培训。党员培训要针对岗位工作特点，按照“缺什么、补什么，干什么、学什么”的原则开展培训工作，让党员成为技术革新、工作创新、业务精湛、技能领先等各个岗位的带头人和标兵。

3. **典型激励制度**

各级党组（党委）每年要开展一次“优秀共产党员、优秀党务工作者、先进基层党组织”等评选表彰活动。要通过举办事迹报告会、媒体宣传等形式，大力宣传推广先进典型，用身边的典型事例教育身边的人。对于各类先进典型，除给予精神奖励外，要给予一定的物质奖励，要作为党员干部选拔任用的重要依据。

七、组织工作机制

完善各级党组织的领导体制和工作制度，明确企业党组织的主要任务和体现形式，是实现烟草行业“完善体制机制、优化资源配置、增强竞争实力、全面提升水平”总体目标的重要保证，也是烟草企业党组织在公司建立法人治理结构中充分发挥核心作用提供制度保证。

1. **优先工作制度**

各级党组（党委）要从有利于烟草专卖制度巩固和完善，有利于发挥专卖体制优势；有利于营造公平竞争的市场环境，发挥市场机制作用；有利于提高效率、注重自律，建立符合烟草特点的现代产权制度和现代企业制度；有利于调动各方面积极性，推动行业发展的“五个有利于”出发，力求每项决策既符合中央精神，又符合烟草行业实际、符合广大干部职工要求，用改革的观念，超前的思维，前瞻性地研究和思考事关烟草行业改革发展的重大问题，突破制约和困扰行业发展的疑难问题，与时俱进地推进烟草行业的各项工作。

2. **科学论证制度**

各级党组（党委）作出重大决策前，要进行专题调研，听取基层和各方面的意见，充分论证利弊得失，经过自下而上、自上而下的民主讨论，形成比较成熟的意见后再提交党组（党委）讨论，使每项决策既符合中央的精神，又符合行业、企业的实际。

3. **参与决策制度**

积极研究探索烟草行业完善体制机制、建立法人治理结构与发挥党组织的政治核心作用的有效结合形式。企业党组织要建立健全议事规则，按照“集体研究、分别体现、双向反映、科学民主”的要求，使烟草行业企业党组织参与重大问题决策的规定落到实处。从实际出发，积极探索建立现代企业制度与发挥党组织的政治核心作用最佳结合方式，既要积极推进行业体制机制和现代企业制度的建立完善，又要充分发挥党的政治优势。

4. 政工例会制度

党组织的政治核心作用是通过强有力的思想政治工作来体现的。各单位要建立政工例会制度，分析本单位思想政治工作形势，掌握本单位政治工作动态，研究部署政治工作阶段性计划，尤其是充分利用践行“两个维护”的平台，大力加强行业企业文化建设，以企业文化建设为载体，不断创新行业思想政治工作新局面。

八、组织建设机制

队伍建设的重点是党员领导干部，核心在各级领导班子。要坚持以理论建设为根本、能力建设为重点、作风建设为基础、制度建设为保证，全面提升行业各级领导班子和领导人员的整体素质和能力，努力把各级领导班子建设成为“政治素质好、经营业绩好、团结协作好、作风形象好”的坚强领导集体。

1. 选拔任用制度

认真贯彻执行中央组织部《党政领导干部选拔任用工作条例》及行业干部队伍管理的一系列文件规定，进一步建立和完善适应行业改革发展要求的干部人事制度，严格按照条例选人用人。积极探索适应行业改革、适应现代企业制度的企业领导人员选拔任用模式，把党管干部和董事会依法选择经营管理者以及经营管理者依法行使人权结合起来。建立企业领导人员公开选拔、竞争上岗等办法，采取上下挂职、任职，岗位交流、招聘等方式，把组织选拔与市场选聘有机结合起来，拓宽用人渠道，拓展选拔方式。建立以能力为重点、业绩为导向，定性与定量相结合的企业领导人员考核评价办法。建立企业领导班子后备人员管理办法，加强后备干部培养。

2. 干部监督制度

行业各级党组织及各级纪检监察部门要认真抓好国家局党组《关于加强对行业各级领导班子及主要领导干部监督的意见》（国烟党〔2005〕39号）的贯彻落实，加强对各级领导干部廉洁自律情况的检查监督，切实加强对权力运行的制约和监督。重点监督各级领导班子及主要领导干部是否真正严格执行民主集中制原则；是否严格执行领导干部选拔任用工作有关程序；是否严格财务制度，严肃财经纪律，加强财务管理；是否严格遵守烟草专卖法律法规和国家局规定的生产经营纪律；是否严格遵守领导干部廉洁自律有关规定。

3. 内部监督制度

有效加强内部管理监督，在实行专卖制度下努力解决好“注重自律”这一重大课题。以《国家烟草专卖局关于加强行业内部管理监督工作的意见》（国烟办〔2005〕360号）、《烟草行业内部专卖管理监督实施意见》（国烟专〔2005〕277号）、《烟草行业加强内部财务管理和审计监督的实施意见》（国烟财〔2005〕533号）等文件为依据，落实责任，使加强内部管理监督工作取得实实在在的成效。

九、党建责任机制

建立和落实行业党建工作责任机制，是加强烟草行业党员先进性建设的重要组织保证。只有建立健全党建工作责任机制，才能有效明确各级党组织抓党建工作的责任目标，落实基层党建工作考核奖惩措施，强化领导责任，实行责任追究，把党要管党、从严治党的原则落实到实处。

1. 齐抓共管制度

行业各级党组织要严格履行党章赋予的职责，认真承担起党建工作的责任，努力健全党组（党委）负责，书记带头抓，党委各部门齐抓共管，一级抓一级，一级带一级，层层抓落实的党建工作新格局。各级党组（党委）书记要履行党建工作第一责任人职责，分管负责人要履行具体责任人职责，基层党组织负责人要履行直接责任人的职责。

2.“一岗双责”制度

无论是党务干部，还是党员行政干部、业务干部，都要把做好党建工作作为分内的工作、应尽的责任，把党建工作结合生产经营和管理一道去做，实施党建工作指标与生产经营指标同布置、同检查、同考核、同兑现。

3. 目标管理制度

各级党组（党委）对国家局、总公司下达的责任目标要结合本单位实际进行层层分解，将党建工作任务落实到基层党支部。基层党支部要与党员签订《党员目标管理责任书》。把党章规定的党员义务与党员的岗位职责结合起来，进一步细化保持共产党员先进性的标准要求，制定可操作、可考核的具体责任目标。要按照目标明确、突出重点、量化透明、责任到人的原则，将目标纵向分解到基层组织和责任人，形成一个横向到边、纵向到人的责任网络。

4. 考评奖惩制度

围绕行业中心工作，建立党建工作考核评价体系，指标构成要体现时代精神和行业特点，考核标准要科学，有较强的可操作性和权威性，要用三个文明建设的实际成果来检验党建工作的成效，要把党建工作完成情况纳入“文明单位”、“文明机关”创建工作中去并与奖惩考核挂钩。对个别单位党建工作责任不到位，经检查未达标者，要追求责任，并将开展党员先进性建设情况作为年底考察班子、任用干部的重要依据，作为评选“四好领导班子”的重要条件。

国家烟草专卖局关于在全行业开展“‘两个维护’在岗位”主题实践活动的意见

（2006 年 4 月 27 日　国烟人〔2006〕292 号）

行业各直属单位：

为切实加强行业干部职工队伍思想道德建设，牢固树立社会主义荣辱观，建立适应行业改革发展要求，具有明显行业特色的文化体系，进一步把行业干部职工的思想和行动统一到国家局党组提出的“牢固树立国家利益、消费者利益至上（以下简称“两个至上”）的共同价值观上来，决定在全行业开展“‘两个维护’在岗位”主题实践活动。现提出如下意见：

一、高度重视，充分认识开展“‘两个维护’在岗位”主题实践活动的重要性和必要性

开展“‘两个维护’在岗位”主题实践活动，是提高干部职工思想道德素质的重要举措。以贯彻落实国务院有关文件为标志，烟草行业改革与发展进入新的阶段，保持行业平稳健康发展，树立负责任的烟草行业形象，关键在人，在于全体干部职工思想道德素质的全面提高。在烟草专卖制度下，要努力做到切实维护国家利益，维护消费者利益，一个重要的方面就是要紧紧抓住发展这个第一要务，通过深化改革、推动重组、整合资源、加强管理，为国家创造更多财富。因此，面对新形势、新任务，行业广大干部职工要认真学习社会主义荣辱观的重要论述，牢固树立“两个至上”的共同价值观，积极推进行业改革与发展，这既是一个重大的经济问题，也是一个重大的政治问题。

开展“‘两个维护’在岗位”主题实践活动，是坚持和完善烟草专卖制度，提高中国烟草总体竞争实力的迫切需要。随着行业的改革与发展，烟草行业所面临的国际国内形势发生了深刻变化，要进一步坚持和完善烟草专卖制度，就必须完善行业体制机制，优化资源配置，从而增强中国烟草竞争实力。因此，广大干部职工要从大局和长远出发，传承中华文明的优良道德传统，把“八荣八耻”所倡导的道德准则，变成每个职工的行为标准和自觉行动，始终把国家利益、消费者利益放在至高无上的地位，始终强调个人对社会的奉献，在做好本职工作中贡献国家，服务社会，发展企业，造福人民。

开展“‘两个维护’在岗位”主题实践活动，是解决好专卖制度下提高效益和注重自律两大课题的思想基础，是推进行业先进文化建设的根本要求和现实需要。近年来，烟草行业干部职工通过认真学习、深入实践，干部职工思想理论水平不断增强，驾驭市场经济的能力和经营管理水平有了很大提高，思想作风和工作作风有了明显改进，凝聚力、战斗力不断增强。广大干部职工为推进行业改革与发展，保持行业稳定做了大量的工作。但是与党中央的要求和烟草行业面临的新形势新任务相比，干部职工思想道德建设还有差距，存在不少薄弱环节。要解决这些问题，一方面要从建立和完善行业体制机制上下工夫，另一方面通过进一步树立“两个至上”共同价值观，开展“两个维护”主题实践活动和行业企业文化建设，加强干部职工思想道德建设切实加以解决。

二、结合实际，认真组织开展“‘两个维护’在岗位”主题实践活动

开展“‘两个维护’在岗位”主题实践活动，必须坚持以邓小平理论和“三个代表”重要思想为指导，认真学习胡锦涛总书记关于社会主义荣辱观的重要论述，不断加深对社会主义荣辱观的认识理解，认真贯彻落实党的十六大和十六届三中、四中、五中全会精神以及国务院有关文件精神，学习 2005 年行业“两个至上”共同价值观高层论坛和 2006 年全国烟草工作会议、政治工作会议精神，紧密结合行业改革与发展的实际，以企业文化建设为主线、思想道德建设为根本、能力建设为重点、作风建设为基础、制度建设为保证，构建适应行业改革发展要求，体现维护国家利益和消费者利益，具有明显行业特色的文化体系，在增强企业凝聚力、激发员工创造力、提高中国烟草核心竞争力，实现企业发展与员工发展和谐一致、企业文化优势与竞争优势和谐一致、企业效益与企业形象和谐一致（简称“一体三力三一致”），为烟草行业

持续稳定协调健康发展提供坚实的思想保证。

各级领导要高度重视，要将"'两个维护'在岗位"主题实践活动作为一项重要工作来抓，要结合行业和本单位的工作实际和干部职工的思想实际、岗位特点，结合行业开展的财务审计和专卖管理两项监督检查，认真组织，精心安排，分步实施。

1. 制订活动方案

按照国家局、总公司的总体部署，行业各直属单位要对本单位开展牢固树立"两个至上"共同价值观大讨论活动情况进行调研和总结，结合本单位工作实际，制订开展"'两个维护'在岗位"主题实践活动的具体实施方案，5月底前报国家局、总公司。

2. 深入学习动员

活动中，各单位要认真组织干部职工学习党的十六大和十六届三中、四中、五中全会精神，学习"三个代表"重要思想，学习胡锦涛总书记关于社会主义荣辱观的重要论述，学习《中华人民共和国烟草专卖法》，学习国务院有关文件精神，学习国家局领导在2005年行业"两个至上"共同价值观高层论坛和2006年全国烟草工作、纪检监察工作、政治工作等会议上的工作报告和讲话精神，进一步提高对牢固树立"两个至上"共同价值观的认识，真正把干部职工的思想统一到国家局党组的要求上来，为开展"'两个维护'在岗位"主题实践活动打牢思想理论基础。

3. 大力开展宣传

为切实推动"'两个维护'在岗位"主题实践活动的开展，各单位要加大宣传力度，展示负责任的烟草行业形象。国家局将组织行业相关媒体开辟专栏并组织开展"'两个维护'在岗位"征文活动，选登各单位在开展"'两个维护'在岗位"主题实践活动中的做法、经验及典型事例，重点挖掘和推广2~3个典型，为主题实践活动的开展营造良好的舆论氛围。行业各直属单位要充分利用企业报刊、板报、墙报、内部网站等媒体广泛开展宣传活动。要积极挖掘和推广本单位在开展"'两个维护'在岗位"主题实践活动中典型，特别是结合行业开展的财务审计和专卖管理两项监督检查中的好做法、好经验及时向国家局推荐、报送。为展示烟草行业良好社会形象，各单位要主动开展公益宣传活动。立足本单位实际情况，本着节俭的原则，将国家局党组提出的"牢固树立国家利益、消费者利益至上的共同价值观，切实维护国家利益，维护消费者利益"的要求向社会展示，让群众了解，得到客户支持，树立行业形象。

4. 开展专题活动

为切实推动"'两个维护'在岗位"主题实践活动的开展，行业各直属单位要组织有卷烟零售户、烟农、工商企业参与的"两个维护"在岗位——"听客户讲你我的故事"专题演讲报告会，国家局将适时组织专题演讲报告会。随着行业牢固树立"两个至上"共同价值观大讨论活动的深入，行业各直属单位要适时组织有地方领导、专家学者、新闻单位参与的"烟草行业认真学习贯彻胡锦涛总书记关于社会主义荣辱观的重要论述——'两个至上'共同价值观与国有企业价值取向"专题座谈会。今年下半年国家局将组织有相关部委领导、专家学者、相关省市单位领导、中央新闻单位参与的"烟草行业认真学习贯彻胡锦涛总书记关于社会主义荣辱观的重要论述——'两个至上'共同价值观与国有企业价值取向"专题研讨会。通过专题活动的开展，进一步提高行业干部职工思想认识，增强责任意识，赢得社会理解，树立行业形象，推进主题活动，切实维护国家利益，维护消费者利益。

行业各直属单位在开展"'两个维护'在岗位"主题实践活动中，要围绕行业中心工作，结合本单位实际情况，针对不同工作岗位开展"'两个维护'在岗位"主题实践活动。

各级领导干部，尤其是主要领导干部要围绕"做人做事做公仆，尽职尽责尽义务"的主题，抛弃私心杂念，认认真真做事，老老实实做人，尽心尽责工作，对国家负责、对消费者负责、对行业负责、对全体干部职工负责。

广大干部职工要围绕"立足本职作贡献，超越自我在岗位"的主题，做好本职工作，尽心尽力尽责，树立服务意识，创造一流业绩，对国家负责、对消费者负责、对企业负责、对自己负责。

工业企业要围绕"管理创新求发展，提质降耗树品牌"的主题，提高资源配置效率，加大管理创新力度，优化规模生产效率，确保产品供给质量，对国家负责、对消费者负责、对行业负责、对商业企业负责。

商业企业要围绕"联心联责联利，公司客户双赢"的主题，用真情打动客户，用真心换取信任，时时为客户着想，事事对客户负责，利益与客户共享，对国家负责、对消费者负责、对行业负责、对客户负责。

烟叶生产要围绕"重心下移打基础，反哺农业为烟农"的主题，严格烟叶生产流程，大力推广实用技术，提高服务烟农水平，为新农村建设作贡献，对国家负责、对农民负责、对历史负责。

三、加强领导，切实保证开展"'两个维护'在岗位"主题实践活动的组织实施

开展"'两个维护'在岗位"主题实践活动，是一项长期的工作，是加强干部职工思想道德建设的一

项系统工程，是行业提高效率、注重自律和保持平稳健康发展的思想保证，是行业先进文化建设的具体实践。各级领导要高度重视，切实把这项工作列入重要议事日程，使主题实践活动真正落到实处。

一是行业各直属单位领导及直接责任人，要切实肩负起责任。要以明确的态度、积极的工作、主动的践行、扎实的作风保证"'两个维护'在岗位"主题实践活动的开展。要把主题实践活动与学习"三个代表"重要思想结合起来，与知荣明耻的道德实践活动、与全面落实科学发展观、实现"十一五"规划的宣传教育结合起来，与深化保持共产党员先进性教育活动结合起来，与贯彻《公民道德建设实施纲要》结合起来，与贯彻落实国务院有关文件精神结合起来，坚持知行统一、教育和实践相结合，充实内容、创新形式、拓展领域，让更多的人参与到实践活动中来。通过主题实践活动的开展，进一步提高和统一干部职工思想认识，牢固树立"两个至上"的共同价值观，把"两个维护"放在各项工作的首位，紧紧围绕行业"做精做强主业，保持平稳发展"的基本方针和"深化改革，推动重组，走向联合，共同发展"的主要任务，围绕行业体制机制变革开展主题实践活动。行业各直属单位领导尤其是"一把手"要带头参加主题实践活动，做顾大局、讲责任、尽责任的表率。

二是各级思想政治工作部门，要切实肩负起责任。工作中要增强责任感和使命感，抓学习，强素质，做表率。要切实抓好主题实践活动的组织工作，又要身体力行践行"两个维护"。加强指导，深入调研，大力宣传，积极引导。要及时将好的做法、经验和典型推荐、报送国家局，积极组织有关人员参加国家局组织的各项活动。

三是要坚持齐抓共管。各级政工部门是主题实践活动组织工作的职能部门，在履行好统筹协调、牵头抓总职责的同时，要注意处理好各个部门之间的关系，主动沟通、加强联系，努力构建齐抓共管的工作格局，确保主题实践活动富有成效。

行业各直属单位在开展"'两个维护'在岗位"主题实践活动中，对活动情况要进行检查、总结。2006年主题实践活动总结报告请于12月底前报国家局人事劳动司。

国家烟草专卖局关于印发《国家烟草专卖局　中国烟草总公司关于表彰奖励的暂行规定》的通知

（2006年10月24日　国烟人〔2006〕752号）

行业各直属单位：

现将《国家烟草专卖局中国烟草总公司关于表彰奖励的暂行规定》印发给你们，请认真执行。

国家烟草专卖局　中国烟草总公司关于表彰奖励的暂行规定

一、表彰奖励的目的和原则

为充分调动行业干部职工的积极性和创造性，鼓励先进，鞭策后进，牢固树立国家利益、消费者利益至上的共同价值观，切实维护国家利益、维护消费者利益，确保行业各项工作任务的圆满完成，根据国家及国家局、总公司有关规定，结合行业实际，制订本规定。

奖励应当遵循下列原则：

（一）严格标准，按绩施奖；

（二）发扬民主，群众公认；

（三）公开、公平、公正；

（四）以精神奖励为主，物质奖励为辅；

（五）国家局、总公司机关各部门、各单位不再设立奖励项目。

二、表彰奖励的项目

（一）全国烟草行业劳动模范、先进集体；

（二）金叶卫士；

（三）因维护国家烟草专卖制度、重大事件、单项工作需要表彰而授予的荣誉称号；

（四）全国烟草行业××工作先进个人、××工作先进单位。

三、表彰奖励的权限

（一）全国烟草行业劳动模范、先进集体，由国家局人劳司提出和制订条件，各相关部门或单位会签，中纪委驻国家局、总公司纪检组（监察部驻国家局、总公司监察局）审查，报国家局党组会或局长、总经理办公会审定；

（二）“金叶卫士”，由国家局专卖司提出和制订条件，人劳司、财务司等部门会签，报国家局党组会或局长、总经理办公会审定；

（三）全国烟草行业××工作先进个人、××工作先进单位由国家局、总公司相关部门或单位提出和制订条件，人劳司、财务司等部门会签，报国家局党组会或局长、总经理办公会审定；

（四）因维护国家烟草专卖制度、重大事件、单项工作突出需要表彰而授予荣誉称号的，由国家局、总公司相关部门或单位提出和制订条件，人劳司、财务司等部门会签，报国家局党组会或局长、总经理办公会审定；与有关部门联合表彰的另行制定。

四、表彰奖励的标准

对获得各种奖励表彰的单位和个人，发给一次性奖金，奖励经费由承办单位（或部门）按照有关规定提出预算申请。

（一）获得全国烟草行业劳动模范的个人，奖金应控制在30000元以内；获得全国烟草行业先进集体的单位，奖金应控制在60000元以内；

（二）获得“金叶卫士”称号的个人，奖金应控制在20000元以内；

（三）获得全国烟草行业××工作先进单位的，奖金应控制在5000元以内；××工作先进个人的，奖金应控制在3000元以内；

（四）上述奖励标准根据同类奖励标准的变化，经国家局、总公司党组会或局长、总经理办公会审定后，可作调整变化；

（五）因维护国家烟草专卖制度、重大事件、单项工作受到表彰而授予荣誉称号的单位、个人，奖金另行制定。

五、表彰奖励的实施

奖励应根据行业实际情况，按照下列比例和年限实施：

（一）全国烟草行业劳动模范，每5年表彰一次，奖励比例为行业干部职工（含合同制干部职工）总数的0.15‰。全国烟草行业先进集体，每5年表彰一次，奖励比例为行业具有法人资格单位总数的10%；

（二）“金叶卫士”，每3年表彰一次，奖励比例为行业干部职工（含合同制干部职工）总数的0.02‰；

（三）因维护国家烟草专卖制度、重大事件、单项工作突出需要表彰而授予荣誉称号的，按国家局党组意见组织实施；

（四）全国烟草行业××工作先进单位，每3年表彰一次，奖励比例为行业具有法人资格单位总数的5%。全国烟草行业××工作先进个人，每3年表彰一次，奖励比例为行业干部职工（含合同制干部职工）总数的0.1‰。

实施奖励应当按照下列程序办理：

（一）干部职工推荐并在适当范围内组织评议，提出受奖人员和单位以及奖励项目的建议；

（二）党组（党委）召开会议，研究决定受奖对象和奖励项目，报上级单位审定；

（三）根据国家局党组或国家局、总公司决定实施奖励；

（四）行业劳动模范、先进集体在推荐到国家局、总公司表彰前，行业各直属单位具体承办部门要进行考察。国家局、总公司表彰前，应通过相关媒体进行公示；

（五）奖励决定，应以正式文件下达并以适当方式宣布；

（六）对个人、单位实施奖励，必须填写《××工作先进个人登记表》、《授予××同志××荣誉称号登记表》、《行业劳动模范评审登记表》、《××工作先进单位登记表》、《授予××单位××荣誉称号登记表》、《烟草行业先进集体审批登记表》。个人奖励材料存入本人档案，个人、单位奖励实施完成，其奖励材料需统一整理后，交国家局、总公司机关档案室存档。

六、附　则

行业各直属单位实施奖励参照本暂行规定执行。

本暂行规定由国家烟草专卖局、中国烟草总公司负责解释。

党中央、国务院，党中央、国务院有关部门，地方党委、人民政府奖励项目的奖金参照本暂行规定执行。

本暂行规定自发布之日起施行。

大事记

2006年中国烟草大事记

1月

1日　国家烟草专卖局（以下简称“国家局”）局长、中国烟草总公司总经理姜成康通过《中国烟草》、《东方烟草报》、行业网站三家媒体向全国烟草行业发表新年贺词。

11日　全国烟草行业部分省市烟草公司卷烟物流配送中心建设专题座谈会在北京召开。国家局副局长何泽华出席会议并讲话，强调行业现代物流建设的关键是解决规模化、专业化、信息化、标准化等问题，努力实现优质、高效、低成本运作。

12日　国家局印发《国家烟草专卖局关于开展烟草行业多元化经营企业清产核资工作的通知》（国烟财〔2006〕36号），决定对烟草行业多元化经营企业在开展清理登记的同时，开展清产核资工作。

14日~16日　2006年全国烟草工作会议在北京召开。国家发展与改革委员会副主任欧新黔出席会议并讲话。国家局局长姜成康传达了曾培炎副总理对烟草工作的重要批示，并作题为《完善体制机制 优化资源配置 增强竞争实力 全面提升水平 推动烟草行业持续稳定协调健康发展》的工作报告，对2006年行业工作进行了全面部署。国家局副局长张保振、何泽华、李克明、张辉、中央纪委驻国家烟草专卖局纪检组组长潘家华等出席会议。

15日　在2006年全国烟草工作会议期间，由行业12家卷烟工业企业向全行业发起的“建设资源节约型、环境友好型企业”的倡议活动在北京举行倡议书签字仪式。张保振、何泽华、李克明出席签字仪式。

16日　2006年“订单供货”试点工作第一次会议在北京召开。姜成康、何泽华、李克明出席会议并讲话。会议提出要按照“三个延伸”和“三个更加注重”的要求，在更大范围和更深层次继续推进“按客户订单组织货源”试点工作。

17日　国家局印发《国家烟草专卖局关于开展行业内部专卖管理监督检查的通知》（国烟专〔2006〕56号），明确专卖检查对象、内容、时间、步骤和相关要求，对行业内部专卖管理监督检查工作进行部署。

国家局下发《国家烟草专卖局关于印发〈烟草专卖执法过程中涉案卷烟价格管理暂行规定〉的通知》（国烟计〔2006〕67号），规范卷烟价格管理和专卖执法行为。

20日　《新烟草·旺铺》首发仪式在北京举行，国家局副局长张保振出席会议并讲话。

24日　国家局召开2006年烟草行业安全生产工作电视电话会议。会议分析总结2005年行业安全生产工作，并对2006年行业的安全生产工作进行安排部署。李克明作题为《强化责任，狠抓落实，全面加强烟草行业安全生产工作》的讲话。

中国烟草机械集团有限责任公司2005年工作会议在北京召开。李克明出席会议并提出要从大力推进烟机工业自主创新和管理创新、切实增强竞争意识、着力推进自主创新、继续深化企业改革、不断提升经营水平等方面促进烟机工业的平稳发展。

2月

10日　国家局召开全国烟草行业加强内部管理监督和整顿规范工作电视电话会议，部署2006年烟草行业加强内部管理监督工作和在全行业开展“两项检查”工作。姜成康、何泽华、张辉和潘家华出席会议。何泽华就开展2005年度同级审计工作作了讲话，张辉作题为《严格检查 加强监管 继续深入推进内部专卖管理监督工作》的讲话。

14日　国家局印发《国家烟草专卖局关于进一步推进联合重组卷烟工业企业管理整合工作的指导意见》（国烟运〔2006〕124号）。指导联合重组卷烟工业企业在规模扩张后开展管理整合工作，提高管理效率，全面提升管理水平，增强企业综合竞争能力，防范“大企业病”。

15日　国家局、公安部与北京市公安局、北京市烟草专卖局联合打假工作座谈会在北京召开。张辉代表国家局和公安部向北京市公安局颁发了“2005年度烟草行业卷烟打假特殊贡献奖”。

16日~17日　烟草行业自主创新专题座谈会在北京召开。姜成康、张保振出席会议并讲话。会议邀请行业内外部分有关领导和专家、学者参加，围绕“如何提高中国烟草总体竞争实力，全面提升水平，着力自主创新，走出一条中国烟草发展的新路子”进行了研讨座谈。

中国烟草实业发展中心2006年第一次厂长（经理）工作会在北京召开。李克明出席会议并讲话，对中国烟草实业发展中心2006年改革与发展工作提出做好“五个积极稳妥”的要求。

23日 国家局印发《国家烟草专卖局关于加强烟叶种植收购合同管理的紧急通知》（国烟明电〔2006〕1号），加强烟叶种植收购合同管理，严格控制烟叶种植面积。

22日~24日 2006年全国烟草行业财务审计工作会议在北京召开。姜成康、何泽华出席会议并讲话。姜成康就在新形势下抓好财务审计工作提出三个方面要求：积极做好资产化转工作，进一步推进行业改革与发展；全面加强财务管理，努力提高行业财务管理、资产经营管理水平；高度重视内部审计监督，充分发挥内部审计机构作用。

24日 国家局召开全国烟叶生产工作电视电话会议。何泽华作题为《切实加强计划管理 严格落实合同制 确保烟叶生产平稳发展》的讲话，全面分析了当前烟叶生产形势，提出要将稳定规模、防止过热作为当前烟叶生产的中心工作，强调把控制烟叶种植面积摆在烟叶工作的首位，加强烟叶生产基础设施建设管理，并布置烟叶网上集中交易。

国家局印发《国家烟草专卖局关于对进口卷烟实行统一批发价格管理和下达2006年进口卷烟口岸拨交价格及全国统一批发价格与雪茄烟烟斗丝口岸拨交价格的通知》（国烟计〔2006〕151号），进一步完善进口卷烟统一批发价格管理。

28日~3月1日 2006年全国烟草系统纪检监察工作会议在北京召开。姜成康、张保振、何泽华、李克明、张辉、潘家华出席会议。姜成康发表讲话，潘家华作题为《以贯彻落实<实施纲要>为统领 全面推进行业党风廉政建设和反腐败工作》的工作报告。

3月

6日 国家局印发《国家烟草专卖局关于落实烟草行业省级多元化投资管理机构设置工作的通知》（国烟办〔2006〕160号）。通知明确了行业省级多元化投资管理机构的主要职责，对设置原则和设置模式进行了规定。

13日~14日 全国烟草专卖管理工作会议在北京召开。姜成康对会议和做好专卖管理工作作出批示，要求专卖工作紧紧围绕中心，服务大局，继续抓好打假打私、内部监管、加强基层建设三项任务。张辉作工作报告，提出要做好专卖管理工作。

3月15日 国家局印发《国家烟草专卖局关于2006年1~2月份低档卷烟产销情况的通报》（国烟运〔2006〕198号），7月17日、8月1日相继印发《国家烟草专卖局关于安排上半年低档卷烟专项生产计划的通知》（国烟运〔2006〕491号）、《国家烟草专卖局关于下达2006年低档卷烟生产和销售计划的通知》（国烟运〔2006〕529号）；9月22日、10月20日国家局办公室印发《国家烟草专卖局办公室关于2006年1~8月份低档卷烟产销情况的通报》（国烟办综〔2006〕425号）、《国家烟草专卖局办公室关于2006年9月份低档卷烟产销情况的通报》（国烟办综〔2006〕465号）。国家局对2006年全国低档卷烟生产和销售进行有效组织和调控。

18日~19日 全国部分替代进口烟叶工作座谈会在江苏南京召开。会议肯定了部分替代进口烟叶项目实施一年来取得的成绩，明确了下一步实施的工作重点。何泽华出席会议并讲话。

21日~22日 2006年全国烟草行业信息化工作会议在北京召开。张保振作题为《牢记使命 不忘责任 锐意进取 扎实工作 开创“十一五”时期烟草行业信息化建设新局面》的讲话，提出力争在“十一五”期末实现“数字烟草”的主要任务目标，使行业信息化整体水平达到国内先进水平。

28日 国家局在北京组织召开“行业卷烟生产经营决策管理系统”（以下简称“决策系统”）项目验收会议。李克明出席会议并讲话，对“决策系统”运行提出要求：一是要稳定运行、降低成本；二是要在“决策系统”运用和升级上下工夫；三是要持续改进、不断提升。

国家局下发《国家烟草专卖局关于印发〈烟草行业内部专卖管理监督考核暂行办法〉的通知》（国烟专〔2006〕217号），明确行业内部专卖管理监督考核的内容、方式、评分细则、结果通报和责任追究，对省级局内部专卖管理监督工作情况实施百分制考核。

29日 国家局党组印发《贯彻落实<建立健全教育、制度、监督并重的惩治和预防腐败体系实施纲要>的具体意见的分工方案》（国烟党〔2006〕22号），推进烟草行业教育、制度、监督并重的惩治和预防腐败体系建设。

30日 国家局印发《关于进一步规范“两烟”生产经营秩序的纪律要求》（国烟监〔2006〕225号），贯彻落实党中央、国务院关于开展治理商业贿赂专项工作的部署要求，进一步规范“两烟”生产经营秩序，强化内部监督检查，从源头上预防和治理腐败。

3月 国家局与国家环境保护总局以及国内有关烟草公司签署了《甲基溴淘汰育苗温室建设项目协议书》。

4月

4日 国家局下发《国家烟草专卖局关于印发

〈烟草系统境外投资项目管理办法〉的通知》（国烟计〔2006〕235）号）和《国家烟草专卖局关于印发〈烟草系统利用外资项目管理办法〉的通知》（国烟计〔2006〕236号），健全新形势下行业固定资产投资管理体系，加强项目的科学管理。

10日 国家局印发《国家烟草专卖局关于进一步做好行业内部专卖管理监督检查自查工作有关问题的通知》（国烟专〔2006〕242号），以确保各工商企业自查工作质量。

4月上旬 国家局组织两个联合调研组就行业卷烟生产企业广告宣传费的使用管理情况和大宗物资采购管理、烟机零配件采购管理情况进行专题调研，完成《关于卷烟企业广告宣传的调研报告》、《卷烟企业大宗物资采购管理情况调研报告》、《卷烟企业烟机零配件采购管理情况调研报告》。

13日～15日 2006年全国卷烟销售网络建设现场会在浙江杭州召开。何泽华出席会议并讲话，高度评价了浙江网建工作，提出下一阶段行业网建工作的目标，要加快流通体制改革、加大网络建设力度，把握服务、效率和队伍“三个关键”，全面提升网络服务客户、培育品牌、控制市场和科学管理的能力，同时坚持“五个统一”。

16日 2006年“按客户订单组织货源”试点工作第二次会议在浙江杭州召开。何泽华、李克明出席会议并讲话。会议强调试点单位要牢牢把握按订单组织货源试点工作的方向，按照“三个延伸”和“三个更加注重”的要求，有所侧重地开展工作。

18日～19日 全国烟草系统2006年政治工作会议在北京召开。姜成康出席会议并作题为《明确任务 加强学习 健全制度 提高素质 更好地适应烟草行业改革与发展新形势》的讲话，张保振作总结讲话。

20日、24日、5月17日 国家局分三批在北京组织召开全国烟草行业“两项检查”工作进展情况汇报会，姜成康、何泽华、李克明、张辉、潘家华出席会议。姜成康对进一步做好“两项检查”工作提出四点要求。会议听取了行业各直属单位“两项检查”工作的组织开展情况、自查阶段发现的主要问题和下一步复查工作的打算的全面汇报。

25日 国家局在北京召开第二批企业文化建设试点单位工作汇报会。张保振出席会议并讲话，指出，当前在制定企业文化发展规划时，要挖掘传统性、增强自觉性，加强针对性、提高有效性，把握方向性、坚持持久性。

26日、5月29日、12月8日 国家局相继下发《国家烟草专卖局关于印发〈烟草行业产品质量监督管理办法〉的通知》（国烟科〔2006〕287号）、《国家烟草专卖局关于印发〈烟草行业产品质量监督检验机构管理办法〉的通知》（国烟科〔2006〕367号）、《国家烟草专卖局关于印发〈烟草产品鉴别检验管理办法〉和〈卷烟产品鉴别检验规程〉的通知》（国烟科〔2006〕894号），进一步加强烟草行业质量技术监督基础规范管理。

26日 国家局召开2006年全国烟草行业经济运行工作电视电话会议。姜成康出席会议并讲话，李克明作题为《着力培育重点骨干品牌，着力推进企业由大变强》的工作报告。会议分析了当前行业经济运行面临的新形势，指出一季度行业经济运行中存在的低档卷烟供应过于偏紧，资源利用效率需要进一步提高等问题，要求各单位切实推进经济增长方式的转变，努力提高经济运行的质量和效益。

26日～28日 全国烟草行业办公室、外事工作会议在北京召开。张保振出席会议并讲话。会议总结了近一年来全行业办公室、外事工作情况，安排部署了下一阶段的工作任务。

30日 国家局下发《国家烟草专卖局关于印发〈中国卷烟品牌发展纲要〉的通知》（国烟运〔2006〕303号），提出在未来5年内以“百牌号”为基础，着力培育10多个全国重点骨干品牌，实现资源优化配置，进一步提高烟草行业市场化水平，提高品牌核心竞争能力，保持行业平稳发展。

5月

8日 国家局印发《国家烟草专卖局关于烟草行业全面推行行政执法责任制的实施意见》（国烟法〔2006〕304号），贯彻落实国务院《全面推行依法行政实施纲要》，全面推进烟草行业依法行政，决定在烟草行业全面推行行政执法责任制，并制订国家局对各省级烟草专卖局烟草专卖执法工作年度评议考核办法。

9日～10日 全国烟草系统离退休干部工作会暨离退休干部“双先”表彰大会在北京召开。会议总结了2005年离退休干部工作，安排部署2006年工作任务，对41名离退休干部先进个人和37个离退休干部先进党支部进行了表彰。姜成康为会议致贺信，张保振出席会议并讲话。

10日 国家局印发《烟草行业企业竞争能力评价体系（试行）》（国烟运〔2006〕309号），引导企业着力进行科技创新、管理创新，提高职工素质，转变增长方式，优化资源配置，增强适应市场的能力，切实提升企业核心竞争力，真正实现由大变强。

国家局印发《国家烟草专卖局关于进一步加强烟草行业法规工作的指导意见》（国烟法〔2006〕310

号），就进一步加强烟草行业法规工作，推动法制建设，巩固和完善烟草专卖制度，增强法制意识，加强法律监督，提升行业依法行政、依法管理、依法生产经营水平，提出指导意见。

中国烟草总公司和德国 HAUNI 公司 protos90E 卷接机组专有技术转让协议验收证书签字仪式在湖北武汉举行。李克明出席了签字仪式。

11 日　行业“十五”重大技术创新装备 ZJ112 型10000 支/分卷接机组和 ZB47 型 550 包/分包装机组样机鉴定会在湖北武汉举行。李克明出席鉴定会并讲话。两个项目的总体技术水平达到了国际先进水平，缩小了中国烟草机械技术水平与国际先进水平的差距。

15 日　国家局党组印发《中共国家烟草专卖局党组关于加强烟草行业党的先进性建设的意见》（国烟党〔2006〕31 号），按照中央保持共产党员先进性教育活动领导小组《关于认真做好建立健全保持共产党员先进性长效机制的通知》的要求，进一步加强和推进行业党的建设。

17 日　国家局印发《国家烟草专卖局关于低档卷烟调拨价格归档的通知》（国烟计〔2006〕331 号），就低档卷烟调拨价格按梯次化归档问题作出规定，三个统价区域经营的所有低档卷烟（不含税调拨价16. 5元/条及以下）的批发价格归档并实现全国统一，进一步规范低档卷烟价格管理。

19 日　国家局下发《国家烟草专卖局关于印发〈烟草行业全面推进依法行政五年规划（2006－2010）〉的通知》（国烟法〔2006〕335 号），明确五年规划的指导思想、主要目标、基本原则、基本要求、主要任务、实施步骤和保障措施。

19 日～20 日　全国烟草科学技术大会在北京召开，姜成康、张保振、何泽华、李克明、张辉、潘家华，中国烟草学会理事长杨传德出席会议。姜成康作题为《全面增强自主创新能力　为建设创新型行业而努力奋斗》的重要讲话，张保振作题为《统筹制订规划　实施项目带动　努力提升我国烟草科技自主创新水平》的讲话。会议确定了烟草行业当前和今后一个时期的科技发展主要目标：切实加强创新型行业建设，增强行业自主创新能力和科技整体实力，取得一批在世界烟草领域具有重大影响的科技成果，提高重点骨干企业的核心竞争力，培育 10 多个拥有自主知识产权和较强竞争力的重点名优品牌，全面提升中国烟草整体竞争力。

22 日　国家局印发《国家烟草专卖局关于认真做好内部专卖管理监督检查复查工作的通知》（国烟专〔2006〕349 号），对行业内部专卖管理监督检查复查阶段提出工作要求和工作意见。

31 日　为纪念“世界无烟日”，由国家局、中国宋庆龄基金会、全国少工委和中国控制吸烟协会联合主办，《中华少年》杂志社承办的“无烟花季 健康成长——‘太阳花杯’主题教育活动”在北京市十一学校举行。主办方、承办方领导和十一学校的 500 名师生代表参加了活动。国家局办公室有关领导在活动中阐述了劝阻青少年吸烟的重要意义。

6月

5 日　国家局印发《国家烟草专卖局关于加强残次和废弃烟草专卖品管理的通知》（国烟法〔2006〕375 号），依法加强对残次、废弃烟叶（包括烟梗）、烟末、卷烟纸、滤嘴棒、烟用丝束等残次、废弃烟草专卖品的管理。

9 日　国家局印发《国家烟草专卖局关于省级局（公司）和省级工业公司设置多元化经营管理机构的通知》（国烟人〔2006〕388 号），明确了各省级局（公司）和省级工业公司负责多元化经营管理工作的部门。

12 日　全国烟草行业多元化经营企业清产核资工作会在北京召开。姜成康、李克明出席会议。李克明作题为《加强领导 精心组织 全面开展多元化经营企业的清产核资工作》的讲话，对前一个阶段全行业多元化经营企业清产核资工作和多元化经营企业登记情况进行总结，就下一阶段全面开展此项工作提出明确要求。

15 日～16 日　中式卷烟制丝设备自主创新工作会在北京召开。李克明出席会议并讲话，对开展中式卷烟制丝设备自主创新工作提出要突出重点、明确方向、加强领导、精心组织的要求。

27 日　国家局印发《国家烟草专卖局关于烟草行业“十一五”期间卷烟物流配送中心建设的意见》（国烟计〔2006〕425 号），规范地市级烟草公司卷烟配送中心建设，提升卷烟销售网络服务功能，促进行业现代物流体系的形成。

国家局授予陕西省烟草专卖局（公司）机关职工王兵同志践行社会主义荣辱观模范职工荣誉称号暨表彰大会在陕西西安召开。张保振出席会议并讲话。

29 日　国家局印发《国家烟草专卖局关于卷烟准运证实行统一管理的通知》（国烟专〔2006〕445 号），适应烟草行业企业组织结构调整和卷烟交易模式变化的要求，进一步规范卷烟流通秩序，提高准运证管理水平，对省际、省内卷烟准运证实行统一管理。

29 日～30 日　全国烟草行业首次现代物流建设工作会在重庆召开。姜成康为此次会议及行业现代物流工作作了批示，何泽华出席会议并讲话，就开展当前和今后一个时期卷烟物流建设工作作出部署。要求卷烟物流建设工作要在国家局统一管理、统一组织的前提下，以企业为主体，先省内、后省外，先卷烟、后物资，以省为单位，规划先行、流程优先，系统整合资源，建设与管理并重。

6月30日 国家局、总公司机关纪念中国共产党成立85周年大会在北京召开，举行了新党员入党宣誓仪式，对8个先进党支部和28名优秀党务工作者给予表彰，并组织了歌咏比赛。姜成康、张辉、潘家华出席大会。

6月 根据国家局确定的“新能源、环保、节能”行业战略性投资方向，启动投资项目前期准备工作，掌握目标投资领域基本情况和政策，年内组织人员考察有关战略性投资项目情况。

6月 “大丰收”作为国家局首次开发、推出的低价位卷烟共享品牌率先在武汉烟草（集团）有限公司、厦门卷烟厂、南京卷烟厂、常德卷烟厂、阜阳卷烟厂5家卷烟生产企业投产。截至2006年底，共有15家中烟工业公司、23家卷烟生产企业陆续开始生产并在部分销区进行试销。

7月

3日 国家局印发《国家烟草专卖局关于启用2006版烟草专卖品准运证的通知》（国烟专〔2006〕448号），启用全国统一的卷烟准运证管理系统。

国家局召开全国烟草行业“两项检查”工作转段动员电视电话会议，深入推进“两项检查”工作，对各单位下一步的自查和省级局、工业公司的复查工作提出了具体要求。张辉、潘家华出席会议并讲话。

5日~7日 2006年全国烟叶收购暨基层建设工作现场会在云南曲靖召开。何泽华、潘家华出席会议并讲话。何泽华提出，当前要重点抓好烟叶流通秩序管理，把控制总量放在首要位置，加强管理，做好服务，要继续搞好基础设施建设工作，把基层建设摆到重要位置上。潘家华对烟叶基础设施建设和烟叶收购调拨秩序强调了纪律要求。

13日 国家局在北京就2006年上半年行业工作情况召开新闻发布会。国家局新闻发言人、办公室主任张修连向与会的社会媒体通报了上半年烟草行业各项改革推进和经济运行情况，并回答了记者提问。

国家局下发《国家烟草专卖局关于印发〈烟草行业开展法制宣传教育的第五个五年规划〉的通知》（国烟法〔2006〕472号），制定烟草行业开展法制宣传教育的第五个五年规划。

16日 中国烟草总公司与法国施伟策·摩迪国际集团公司合作的第一个大型合资企业——中烟摩迪（江门）纸业有限公司动工奠基典礼在广东江门举行。李克明出席会议并讲话。

17日 国家局下发《国家烟草专卖局关于印发当前烟草行业多元化投资管理工作要点的通知》（国烟办〔2006〕492号），以紧密配合正在开展的全行业多元化经营企业清产核资工作，切实加强对多元化经营企业的监管，进一步建立健全行业多元化经营管理机制。

18日~20日 2006年全国烟草专卖局长、公司总经理座谈会在北京召开。国家发展和改革委员会副主任欧新黔出席会议并讲话，对烟草行业上半年工作给予充分肯定，对行业下半年的改革和发展提出要求。姜成康在讲话中根据国务院有关文件的精神，围绕当前全行业需要重点把握和着力做好的工作，从深化烟草行业改革、行业经济运行、加强烟叶基础、行业内部管理监督、强化专卖管理以及加强队伍建设等六个方面做了全面分析和部署。张保振、何泽华、李克明、张辉、潘家华、杨传德出席会议。

18日 中共中央政治局委员、国务院副总理曾培炎接见了出席2006年全国烟草专卖局长、公司总经理座谈会的全体代表，并视察北京烟草物流中心。曾培炎副总理讲话强调，要正确认识烟草行业的特殊性，坚持以人为本，以科学发展观统领各项工作，进一步深化改革、加强管理、调整结构、提高质量，促进烟草行业健康发展。

20日 《中国烟草通志》首发式在北京举行。参加2006年全国烟草专卖局长、公司总经理座谈会全体代表参加了首发式。姜成康作了题为《修志载历史春秋 用志为行业服务》的讲话。《中国烟草通志》的编纂工作历时7年，是中国有史以来出版的第一部烟草通志。

25日 国家局与海关总署在北京签署《关于合作打击卷烟走私违法活动备忘录》。这是海关总署与国家局第三次签署《备忘录》，对建立卷烟打私联席会议制度、重大案件督办制度、政策研究制度、信息通报制度以及工作职责进行了详细规定，对进一步加强和完善合作机制，有效开展打击卷烟走私贩私违法犯罪活动，防止国家税收流失，具有重要的意义和作用。

31日 国家局印发《国家烟草专卖局关于严格收入分配管理的意见》（国烟人〔2006〕522号），对进一步规范行业收入分配作出明确规定。

国家局下发《国家烟草专卖局关于印发烟草行业中长期科技发展规划纲要（2006－2020年）的通知》（国烟科〔2006〕526号）。《纲要》明确提出烟草行业未来15年科技发展的指导方针、基本原则、发展目标、总体部署、重点领域、优先主题、重大专项以及行业创新体系建设目标和相关措施。确定了需要着力解决的制约行业发展的关键技术问题和全局性、战略性重大科技工程，提出了行业创新体系构架和配套措施。

8月

1日　国家局召开全国烟草行业“五五”法制宣传教育动员电视电话会议。姜成康出席会议，张辉作题为《紧紧围绕行业改革发展大局 开创烟草行业法制宣传教育工作新局面》的讲话。会议传达了《中共中央国务院转发<中央宣传部、司法部关于在公民中开展法制宣传教育的第五个五年规划>的通知》精神，并对烟草行业第五个五年法制宣传教育工作作了安排部署。

8日　国家局印发《国家烟草专卖局关于调整中国烟草进出口（集团）公司成员企业管理体制的决定》（国烟法〔2006〕589号），加快烟草行业进出口系统“转型、改制、整合”工作的开展，对中国烟草进出口（集团）公司成员企业管理体制作出调整。

行业卷烟生产经营决策管理系统打码到条及订单采集系统项目合同签字仪式在北京举行。李克明出席签字仪式并讲话。

10日~11日　烟草行业调整进出口集团成员企业管理体制工作会议在北京召开。会议宣读了《国家烟草专卖局关于调整中国烟草进出口（集团）公司成员企业管理体制的决定》。姜成康、李克明出席会议并讲话。李克明作了题为《统一思想，明确任务，确保调整烟草进出口管理体制工作的顺利完成》的报告。

13日~15日　全国烟草系统纪检监察工作座谈会在山西太原召开。潘家华就当前烟草行业纪检监察工作发表讲话，强调要围绕中央纪委第六次全会和国务院第四次廉政工作会议部署的任务要求，着重研究解决影响行业健康发展的八个方面的问题。

16日　国家局在湖北武汉举行表彰大会，追授因公殉职的湖北省荆州市烟草专卖局原局长高荆洪烈士“献身国家利益模范基层干部”荣誉称号。张保振出席会议并讲话。

19日　2006年度中国制造业500强暨大型工业企业信息发布年会在人民大会堂召开。会议确定了2006年度中国制造业500强名单，烟草行业共有24家企业上榜。烟草行业排名前三位的红塔烟草（集团）有限责任公司、红云烟草（集团）有限责任公司、上海烟草（集团）公司分别名列排行榜第41、52、57位。

31日~9月1日　“按客户订单组织货源”试点工作第三次会议在深圳召开。会议提出要进一步明确试点工作重点、坚持分类指导、加强队伍建设、着手研究按订单组织生产四点要求。何泽华、李克明出席会议并讲话。

9月

4日　国家局办公室印发《国家烟草专卖局办公室关于编制2007年烟草行业“两烟”供产销年度计划（草案）的通知》（国烟办综〔2006〕397号），要求各省级局（公司）、工业公司提报相关材料，为2007年行业“两烟”供产销年度计划（草案）编制工作做好准备。

12日　国家局印发《国家烟草专卖局关于实施科技规划纲要增强行业自主创新能力的决定》（国烟科〔2006〕647号）。《决定》明确了贯彻实施《烟草行业中长期科技发展规划纲要（2006~2020年）》的重大意义、重要目标、重点任务和政策措施。要求进一步强化企业在技术创新中的主体地位，全力建立以科研机构为主体的知识创新体系，不断完善行业配套政策，加强行业技术要素的整合，深化行业科技体制改革，实施知识产权战略和技术标准战略。

25日~27日　中烟机械集团公司第二次科技工作会议在云南玉溪召开。李克明出席会议并讲话，就烟机工业的科技进步和技术创新提出了意见和要求。

27日　国家局修订颁布了《国家烟草专卖局科学技术进步奖励办法》和《国家烟草专卖局科学技术奖励办法实施细则》。《办法》增设了国家局科学技术杰出贡献奖，并在奖励种类的设置、奖励力度、评审标准和评审程序等方面作调整。

28日　国家局、总公司机关第八届职工运动会在先农坛体育场举行。姜成康、张保振、何泽华、李克明、张辉、杨传德及国家局老领导到会观看了比赛。

29日　国家局印发《国家烟草专卖局关于进一步加强和规范烟草行业职业健康安全管理体系工作的通知》（国烟运〔2006〕688号），进一步加强行业职业健康安全管理体系的实施工作，规范行业推进体系的实施过程，有效提升行业安全管理水平用。

30日　国家局印发《国家烟草专卖局关于烟草行业全面实施ISO9000质量管理体系的指导意见》（国烟运〔2006〕704号），提出行业贯彻ISO9000质量管理体系工作的现实意义、指导思想、总体目标和工作要求，切实提高烟草企业科学管理水平，增强行业总体竞争实力。

10月

12日~13日　全国烟草行业多元化投资管理工作会议在北京召开。姜成康、李克明出席会议并讲话。会议总结分析上半年多元化投资清理登记工作、清产核资工作和多元化投资管理机构建设工作情况，提出行业多元化投资管理工作思路，研究探讨建立有关管理制度和办法，并部署下一阶段多元化投资管理工作。

13日　公安部、国家局在陕西渭南召开表彰大会，对侦破渭南“12·28”特大假烟网络案件的渭南市公安局、渭南市烟草专卖局两个先进集体以及12名先进个人进行表彰。张辉出席会议并讲话。

20日　国家局下发《国家烟草专卖局关于印发〈中国烟草总公司国有资产管理规定（试行）的通知》（国烟办〔2006〕736号），对中国烟草总公司在国有资产应履行的职责、国有资产基础管理、投融资管理、国有资本营运管理、投资收益管理等方面作出规定。

27日　全国烟叶工作暨加强烟叶基层建设工作座谈会在北京召开。姜成康、何泽华、潘家华出席会议并讲话。会议总结了2006年烟叶生产基础设施建设情况，部署2007年烟叶生产基础设施建设工作。会议提出，要切实防止过热，把控制总量、稳定规模摆在烟叶工作首要位置。

30日　国家局召开烟草行业“打码到条”及订单采集系统项目实施工作电视电话会议。何泽华、李克明出席会议并讲话。会议具体部署了行业“打码到条”及订单采集系统项目实施工作，项目试点单位湖北省烟草专卖局（公司）和合肥市烟草专卖局（公司）作了专题发言。

11月

2日　第三届全国烟草标准化技术委员会成立暨首次工作会议在北京召开。张保振作题为《行业标准化工作面临的形势和任务》的讲话。会议完成了全国烟草标准化技术委员会换届工作，修订了《烟草行业标准化中长期发展战略（2007－2020年）》（讨论稿），研究了烟草行业标准化工作。

3日　国家局印发《国家烟草专卖局关于加强烟叶基层建设的决定》（国烟办〔2006〕771号），要求全行业各单位高度重视烟叶的基础地位，切实加强烟叶基层建设，把烟叶生产摆在更加突出的位置。

国家局下发《国家烟草专卖局关于印发〈烟草系统省级公司领导薪酬管理暂行办法〉的通知》（国烟人〔2006〕770号），进一步规范烟草系统收入分配秩序，建立有效的激励约束机制。

4日～5日　全国烟草行业稳定和信访工作会在四川成都召开。张保振出席会议并讲话。会议总结了行业稳定和信访工作情况，分析了当前工作面临的形势，布置了2007年的工作任务。

11日　2006年中国烟草杂志社工作会议在北京召开。张保振出席会议并讲话。会议以党的十六届六中全会精神为指导，回顾总结了中国烟草杂志社2006年工作情况，对2007年工作进行了部署。

15日　中国烟草机械集团有限责任公司与湖北中烟工业公司建立密切合作关系签字仪式暨中烟机械湖北地区零配件服务中心揭牌仪式在湖北武汉举行。李克明出席签字仪式并讲话。

国家局印发《国家烟草专卖局关于调整片烟加工费用标准的通知》（国烟计〔2006〕809号），确定从2006年11月1日起，片烟加工费用标准由每吨成品片烟2100元调整为2700元。

21日～22日　2006年全国卷烟销售工作会议在北京召开。姜成康、何泽华出席会议并讲话。会议总结了近几年和2006年卷烟销售工作情况，对2007年卷烟销售工作提出了要求。会议还对行业100名优秀客户经理进行了表彰。

24日　2006年全国烟草行业统计工作会议在北京召开。张保振出席会议并讲话，强调行业统计工作要按照《数字烟草发展纲要》的要求，坚持以“数据质量、优质服务”为核心，处理好信息技术应用与统计业务的关系。

国家局“深化流通体制改革 为培育‘两个10多个’营造良好环境专题调研座谈会”在山西太原召开。何泽华出席会议并讲话。

12月

1日　珠海醋酸纤维有限公司增资扩建工程（二期）项目竣工验收会议在广东珠海召开。

7日　中国烟草机械集团有限责任公司、中国烟草总公司郑州烟草研究院和上海烟草（集团）公司在上海举行建立战略合作关系协议的签约仪式。李克明出席签约仪式并作讲话。

15日　国家局办公自动化系统建设项目竣工验收会议在北京召开。张保振出席会议并讲话。

18日～19日　全国烟草行业企业管理研讨座谈会在北京召开。姜成康为此次会议作出批示，李克明就企业联合重组后如何实现由大变强作了讲话。会议围绕培育“两个10多个”、推进管理创新、提高效率、和谐发展、由大变强的主题进行了交流讨论。

19日～22日　2006年度国家局（总公司）科技委会议在广西南宁召开。会议评审了2006年度国家局科技进步奖，并推荐了2006年国家级科技进步奖项目。

21日　国家局下发《国家烟草专卖局关于印发〈国家烟草专卖局关于罚没烟叶的管理办法（试行）〉的通知》（国烟法〔2006〕950号），规范罚没烟叶的处理程序，确保罚没烟叶纳入专卖渠道流通。

26日~27日　全国烟草行业第二次企业文化建设工作会议暨政研会秘书长会议在北京召开。会议主题为大力推进企业文化建设、酿造和谐文化、构建和谐烟草。姜成康作题为《全面贯彻落实科学发展观　努力推动烟草文化建设》的讲话，张保振作题为《推进行业文化建设　努力构建和谐烟草　打造中国烟草核心竞争力》的讲话。

29日　国家局、公安部2006年度全国卷烟打假总结表彰会在北京召开。姜成康主持会议，公安部常务副部长白景富讲话，张辉对2006年卷烟打假工作进行总结并提出今后工作要求。会议对公安、烟草系统的卷烟打假先进集体和先进个人进行了表彰。

31日　国家局印发《国家烟草专卖局关于调整行业内部管理项目的通知》（国烟人〔2006〕983号），推动国家局、总公司进一步转变职能，将行业内部管理项目由原来的30项调整为18项，进一步规范了行业内部管理工作。

6月27日，张保振副局长在模范职工王兵表彰大会上讲话

陕西西安市局 供稿

11月8日，全国烟草行业“两个至上”在岗位演讲报告竞赛在北京举行

华　眉　摄

“七·一”前夕，国家局机关举行新党员入党宣誓仪式

李大鹏 摄

9月28日，国家局、总公司机关第八届职工运动会在北京先农坛体育场举行

李大鹏 摄

黑龙江省局（公司）邀请专家作社会主义荣辱观专题辅导

黑龙江省局 供稿

辽宁省局机关举办处级
干部竞争上岗民主测评大会
辽宁省局 银铭钦 摄

徐州卷烟厂设立了廉政文化
教育活动室
江苏中烟徐州卷烟厂 杨 军 摄

8月，江苏中烟举办“两个维护”演讲比赛
江苏中烟 郑 杰 摄

南京卷烟厂定期公布礼品礼金上交情况

江苏中烟南京卷烟厂 供稿

安徽铜陵市局（公司）营销中心的驾驶员出车前集体背诵“五不准”

吕玉敏 摄

7月，江西省局（公司）机关召开“抓作风、促效能、创事业”动员大会

江西省局 供稿

山东省局（公司）召开局长（总经理）座谈会暨党组理论学习中心组（扩大）读书会

山东省局 杨卫中 摄

许昌卷烟总厂干部职工参观反腐倡廉图片展

河南中烟许昌卷烟厂 供稿

广东省广州市局（公司）工会获广州市总工会表彰

广东省广州市局 仇正楼 摄

山东省局（公司）召开局长（总经理）座谈会暨党组理论学习中心组（扩大）读书会

山东省局 杨卫中 摄

许昌卷烟总厂干部职工参观反腐倡廉图片展

河南中烟许昌卷烟厂 供稿

广东省广州市局（公司）工会获广州市总工会表彰

广东省广州市局 仇正楼 摄

12月17日，中烟实业发展中心举办首届"好日子"职工文艺汇演

深圳卷烟厂 温益顺 摄

6月29日，深圳烟草行业召开组建20周年庆祝大会

深圳市局 供稿

7月，广西烟草商业系统进行文艺汇演

广西区局 供稿

3月16日，甘肃省局机关召开改进工作作风讨论交流大会
甘肃省局 常 斌 摄

8月，云南中烟召开“两个至上先进事迹”报告会
云南中烟 雷海涛 摄

陕西省烟草系统开展“向王兵同志学习”活动
刘海文 摄

12月27日，姜成康局长、张保振副局长为《中国烟草企业文化案例》首发式揭幕

陈兴杰 摄

1月20日，张保振副局长（右五）出席中国烟草杂志社在北京举行的《新烟草·旺铺》杂志首发仪式

汪为民 摄

辽宁省局（公司）举办新闻写作培训班

辽宁省局 银铭钦 摄

浙江中烟举行2006年“利群阳光·助学行动”启动仪式暨《阳光力量》一书首发式

浙江中烟 供稿

新郑烟草(集团)公司取得郭沫若“红旗渠”手迹独家使用权

河南中烟新郑卷烟厂 崔照伟 摄

河南农业大学烟草专业创办30周年庆典

中国烟草总公司职工技术培训中心 白建保 摄

8月30日，广东中烟美术书法诗词摄影协会成立

广东中烟 熊颖艳 摄

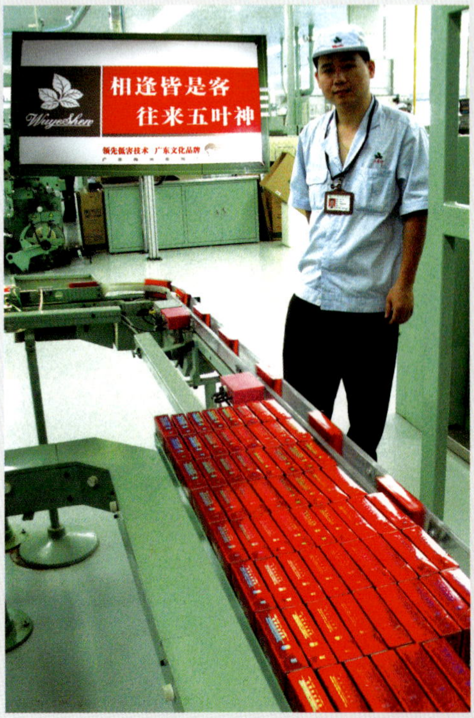

在广东中烟梅州卷烟厂的生产车间处处体现"五叶神"品牌文化

张小乐 摄

广东中烟在布达拉宫前举行“双喜·世纪婚礼”活动

广东中烟 孙茂勇 摄

广东佛山烟草商业系统举行纪念长征胜利70周年歌咏比赛

广东佛山市局 供稿

行业概览

2006年全国烟草行业发展概况

2006年，全国烟草行业坚持以科学发展观为指导，在党中央、国务院及国家发展改革委的正确领导下，在各有关部门和地方党委、政府的大力支持下，围绕年初国家局提出的行业改革和发展总体部署和目标要求，比较好地完成了各项工作任务。全行业实现工商税利2963.25亿元，比上年增加502.03亿元，增长20.4%。其中，实现工商税金1843.72亿元，同比增长15.34%；工商利润1119.53亿元，同比增长29.78%。

烟叶生产保持稳定发展

全行业坚持把烟叶工作作为行业发展的重要基础，把“控制总量、稳定规模、防止过热”作为烟叶工作的突出重点，认真落实“重心下移、着眼基层、突出服务、加强基础”的烟叶工作方针，大力推进烟叶基层建设和烟田基础设施建设，切实加强生产经营管理。产区各级烟草部门坚持以合同制为主线，严格按国家计划组织生产收购，烟叶种植面积得到有效控制，烟叶生产连续9年保持了稳定发展。全国烤烟种植面积完成1572万亩，同比减少102万亩；签订种植收购合同325万份，同比减少43万份。以提高烟叶质量为中心，加大先进适用技术普及推广力度，烟叶生产、收购各环节专业化服务进一步提高。全国集约化育苗移栽面积1374.8万亩，占种烟总面积的88%，其中漂浮育苗移栽面积1098.7万亩，占种烟总面积的70%。统一育苗、统一机耕、统一施肥、统一植保取得较大进展，土壤改良、平衡施肥、病虫防治、减灾减害、烟田排灌等技术到位率进一步提高，部分替代进口烟叶生产示范项目进展良好。各产区进一步完善烟叶收购、调拨工作管理制度，全面推广收购预检制，分层次加强对验级员、预检员和烟农进行培训，正确掌握国家等级标准。其中，云南、贵州、福建等重点产区烟叶收购等级合格率达到80%以上。

全行业两年共投入60多亿元，大力开展烟叶生产基础设施建设工作，保证了烟叶基础设施建设顺利进行。2005年度已建项目的工程质量比较好地达到建设标准。切实重视和加强烟叶基层建设，国家局组织进行了烟叶基层建设专题调研，下发了《关于加强烟叶基层建设的决定》，烟叶基层建设得到普遍重视，基层建设各项工作深入推进。

经济运行继续保持良好态势

继续坚持“控量、稳价、促销、增效”的生产经营方针，把经济运行工作的着力点放在建立可靠的市场基础和扎实的工作基础上，切实加强和改善宏观调控，努力保持卷烟产销的协调发展。

全年累计生产卷烟20217.8亿支（4043.6万箱），比上年增加680.8亿支（136.2万箱），增长3.5%；销售卷烟20352.2亿支（4070.4万箱），同比增加767.4亿支（153.5万箱），增长3.9%；年末卷烟工商库存1184.8亿支（237.0万箱），同比减少103.7亿支（20.7万箱）。工商企业重视抓好低档卷烟生产和销售，全年共完成低档卷烟生产7575.3亿支（1515.1万箱）、销售7491.1亿支（1498.2万箱），努力增加有效供给，在一定程度上缓解了低档卷烟市场供求矛盾。围绕培育“两个10多个”的目标，认真落实《中国卷烟品牌发展纲要》，以卷烟“百牌号”为基础，加大品牌整合力度，重点骨干品牌的竞争力进一步提高。全年卷烟生产牌号为224个，比上年314个减少90个；“百牌号”卷烟集中度为89.4%，同比上升4.5个百分点；前十个品牌集中度为31.9%，同比上升5.6个百分点；有8个牌号卷烟产销量超过100万箱，以“中华”、“芙蓉王”、“云烟”、“红塔山”、“双喜”为代表的一批名优品牌市场表现良好。

卷烟销售网络建设按照“突出服务、注重效率、优化流程、提高素质”的要求，截至2006年底，在全国460万户卷烟零售客户中，实行电话订货的达到97.3%、电子结算的达到51.4%。重视加强卷烟价格管理，积极做好低档卷烟各环节价格归档工作，卷烟牌号规格基本实现全国统一批发价格。改革卷烟交易方式，取消产销衔接中原省内、省外计划分别核定的做法，实行统一管理。

烟草进出口工作在调整管理体制的同时积极开展各项贸易业务，烟叶、卷烟出口总体完成年度计划，实现出口创汇与上年持平，卷烟出口保持增长。丝束、烟机等烟用物资和装备供应稳定，生产经营管理水平不断提高。全行业高度重视安全生产管理工作，以落实安全责任、狠抓关键环节、推进体系贯标、强化制度落实为重点，坚持预防为主，全面推进职业安全健康管理体系建设，加强经常性安全生产检查，有效避免了重特大事故发生。

行业改革取得积极进展

进一步理顺行业资产管理体制，大力推进和深化烟草企业改革，建立烟草现代产权制度和现代企业制度。高度重视理顺资产管理体制工作，上半年全面完成了烟草产权划转工作。加强国有资产经营管理，下发了《中国烟草总公司国有资产管理规定》，对有关资产使用、资产处置、产权转让、对外投资、捐赠等方面做出明确规定。全面开展多元化投资企业清产核资工作，比较全面地掌握了行业多元化投资情况和资产状况，基本完成省级烟草多元化投资管理机构建设，初步建立起自上而下、归口管理、分级负责的行业多元化投资管理体制。

进一步深化卷烟工业体制改革，大力推动卷烟工业企业组织结构调整，加快省级工业公司与所属卷烟工业企业合并重组。截至2006年底，全行业有11家省级工业公司完成了与所属卷烟工业企业的合并重组，全国具有法人资格的卷烟工业企业调整减少到31家。加大省级工业公司和卷烟工业企业公司制改造力度，各省级工业公司全部改制为中国烟草总公司的全资子公司，卷烟工业企业相继改制为省级工业公司的全资子公司或分公司。积极进行建立符合现代企业制度要求的企业法人治理结构的探索，在红塔、红云烟草（集团）有限责任公司和中烟实业中心下属企业建立了董事会、监事会，初步形成规范动作、有效制衡、高效运行的法人治理结构。积极做好关闭破产小烟厂遗留问题的处理工作，职工安置和敏感债务处理基本完成。

在商业企业体制改革方面，公司制改造继续推进。四川、安徽等省级公司建立了总公司、省公司、地市级公司三级母子公司体制，以地市级公司为市场营销主体，省级公司退出“两烟”经营，集中精力抓管理、抓资产经营。取消县级公司法人资格工作继续进行，全年取消县级公司法人资格225家，累计取消县级公司法人资格1542家。

打叶复烤企业改制力度不断加大，47家打叶复烤企业建立了有限责任公司体制。对烟草进出口管理体制进行了调整，按新体制要求建立和完善各项管理制度。烟机工业同卷烟工业企业建立密切合作关系的试点工作进展良好。积极推进“按客户订单组织货源”的试点，在总结大连、深圳、杭州3个试点单位做法和经验基础上，将试点范围扩大到山西、山东和浙江全省，按市场化原则规范销售企业与零售客户关系。依靠工商企业的密切配合，试点工作在发挥市场机制作用、增加适销对路货源、培育重点名优品牌等方面取得了积极进展和明显成效。

内部管理监督工作深入推进

全面开展以专卖管理监督和同级审计监督为主要内容的“两项检查”工作。国家局加大对开展“两项检查”工作的督导力度。在自查复查阶段，多次召开会议听取行业各直属单位开展“两项检查”工作的专题汇报，对扎实有效地搞好“两项检查”工作提出明确的目标要求。在重点抽查阶段，制订标准统一、规范的抽查工作方案，从全行业抽调人员进行集中培训后组成检查组，分期分批对各单位开展“两项检查”工作的情况进行重点抽查，确保“两项检查”工作取得实效。截至2006年底，内部专卖管理监督完成了涉及10个省级局（公司）、4个工业公司共98家工商企业的抽查工作，同级审计派出42个审计组，对所有省级工业公司及其所属工业企业和生产点、22个省级局（公司）及其近三分之一的地市级公司进行了行业内部审计。各单位对加强内部管理监督工作的认识进一步提高，主要负责同志亲自抓，充实专卖管理和审计队伍力量，专卖、审计、整顿办、纪检监察等部门形成合力，认真履行职能，重点查找“两烟”生产经营、财务管理、资金管理等方面存在的问题，制订切实有效措施，依法依规进行整改，建立健全各项制度，推进了内部管理监督工作的制度化、规范化。纪检监察部门加大对违规违纪案件的查处力度，严肃处理了一批前整后犯、顶风违纪的案件，使加强内部管理监督与构建行业惩治和预防腐败体系紧密结合起来。

进一步规范烟叶经营流通秩序，国家局以烟叶合同的签订和执行为主线，对种植合同的签订、移栽后的实际种植面积和按合同收购、调拨、加工烟叶等情况进行了重点检查，有效防止和减少了烟叶流通领域各类不规范问题的发生。国家局组织调研组对行业重大工程项目、广告费支出、大宗物资采购情况专门开展调研，针对存在的问题和薄弱环节，积极提出措施和建议，为下一步制订具体措施、加强监管奠定了基础。

专卖管理工作进一步强化

各级专卖管理部门紧紧围绕打假打私、内部监管、加强基层建设三项重点任务，不断强化专卖管理各项工作。始终保持卷烟打假高压态势，坚持打源头与打网络并重，切实落实烟草、公安联合打假工作制度，加强对有价值案件线索的经营，对重大案件挂牌督办，成功组织了天津“1·12”、西南五省“5·31”、京冀“11·25”等一批重大贩假网络案件的集中打击行动。全国共打掉制售假烟网络475个，其中，达到国家局与公安部制定的制售假烟网络案件标准的255个，涉案金额千万元以上的大要案24个。通过严格落实卷烟打假责任制，深入开展端窝点、打源头工作，福建、广东等省制假重点地区的制假活动得到有效控制，各地呈转移、扩散势头的卷烟制假活动受到严厉打击，对烟机和卷烟纸、丝束等原辅材料的日常监管进一步加强。全年共查处制售假冒商标卷烟案件33万起，查获假冒卷烟90.7万件，捣毁制假窝点4296个，查缴制假烟机1281台、烟叶1.06万吨，依法拘留制假分子6634人，其中判刑2313人、劳教116人。

全行业高度重视和加强专卖基层建设，认真贯彻落实国家局关于《加强县级烟草专卖局专卖管理工作的意见》各项内容和要求，明确县级局专卖管理的职责定位和机构设置，充实人员力量，制定装备设施配置、经费开支等方面的规定和标准，完善加强县级局建设的制度措施，进一步夯实专卖管理基础。切实加强卷烟零售市场监管，国家局专门组织对卷烟零售市场变化和监管情况进行了调研，针对存在问题提出加强监管的具体措施。加大卷烟零售许可证的管理力度，按零售业态标准对零售户实施分类管理。注重加强对卷烟零售市场特别是零售终端的研究，创新专卖管理方式方法，对重点环节和关键部位实施全面监控，依法查处各种非法经营活动，重点打击非法经营大户。准运证管理工作迈上新台阶。卷烟准运证管理系统自2006年下半年正式升级启用，改变过去的省际、省内分级管理模式，实行统一管理，加强了对卷烟流向的动态监控。依法行政，全面部署“五五”普法工作，大力开展法律法规培训教育，推行行政执法责任制，规范行政执法行为，烟草专卖执法体系的逐步健全和完善。

自主创新能力不断提升

烟草科技工作坚持中式卷烟发展方向，紧紧围绕培育中式卷烟代表品牌、提高中式卷烟核心竞争力这一中心任务，加强企业技术中心建设，开展一系列关键技术的研究、集成和推广，努力提高行业自主创新能力。召开全国烟草科技大会，制定颁布了《烟草行业中长期科技发展规划纲要（2006～2020年）》和《关于实施烟草科技发展规划纲要，增强行业自主创新能力的决定》，明确了烟草行业中长期科技发展的指导方针、基本原则以及行业创新体系建设目标和相关政策措施，资源节约型、环境友好型企业建设进一步受到重视，节约发展、清洁发展、安全发展更加深入人心。认真组织重大专项实施，积极推进烟草育种、卷烟调香、特色工艺、减害降焦四大战略课题和优质烟叶生产科技示范基地、烟叶种植区划等重点科技工作，建立了国家局调香技术人才培养基地，启动卷烟调香人才系统培养工作，发布实施了72项国家和行业标准。卷烟焦油量平均降至13.2毫克/支，比上年下降0.3毫克/支。中式卷烟制丝设备自主创新工作积极推进，行业“十五”重大技术装备项目10000支/分卷接机组、550包/分包装机组通过国家局组织的鉴定，总体技术水平达到国际先进水平。

卷烟工业企业更加注重强化质量管理，积极运用现代信息技术实现对多点生产经营的实时监控，确保了扩张品牌在异地加工、多点生产条件下产品质量的一致和稳定。烟草经济研究和烟草科技学术交流活动取得新的成果，历时五年的《中国烟草通志》编纂工作全面完成并正式出版发行。行业信息化建设步伐进一步加快。制定和完善了信息化工作的有关标准和规范；卷烟生产经营决策管理系统稳定运行，并积极拓展在卷烟工业企业的应用；卷烟打码到条及订单采集系统项目全面实施；行业数据中心建设开始启动，推动各业务系统集成整合、信息共享；办公自动化系统应用更为广泛，网上审批系统在国家局和行业各直属单位之间开始试运行。行业统计工作服务能力不断提升，通过开展统计数据质量检查，促进了各单位更加重视统计基础工作和强化数据质量意识，“工商数据采集系统”数据清理核对工作有序开展，替代现有统计报表准备工作基本就绪。

思想政治工作和反腐倡廉取得积极成效

全行业全面开展学习党章、学习《江泽民文选》、学习和践行社会主义荣辱观活动，继续深入开展“两个至上”① 行业共同价值观大讨论，采取多种形式组织开展“‘两个至上’在岗位”主题实践活动。广大干部职工努力践行“两个至上”，努力改进思想作风和工作作风，行业职工队伍的凝聚力进一步增强。深入开展“四好领导班子”② 争创考核活动，对行业各直属单位贯彻执行《党政领导干部选拔任用工作条例》情况进行了全面检查。继续深化行业人事用工分配制度改革，严格落实薪酬管理各项制度规定，依法规范劳动用工行为。开展行业“四定”③ 工作，制订烟草行业岗位名称目录，将各岗位分别纳入不同类别进行管理。进一步加强教育培训工作，完善教育培训机制，印发了《烟草行业教育培训工作实施办法》，加强对各类人才以及不同岗位人员的培训；国家局党校结合

① 两个至上：国家利益至上、消费者利益至上。

② 四好领导班子：即政治素质好、团结协作好、作风纪律好、经营业绩好的领导班子。

③ 四定：定岗、定员、定责、定薪。

行业实际，有针对性地对行业改革和发展中需要重点解决的问题组织专题研讨。大力开展企业文化建设工作，国家局确定了武烟集团等6家企业文化建设试点单位，对各级分管企业文化建设工作的领导进行专门培训，组织开展烟草企业文化建设论坛、成果展示等活动，促进企业文化建设有效开展。进一步重视做好离退休干部工作，加强离退休人员党支部建设和活动中心（站）建设。

全行业认真贯彻落实中共中央印发的《建立健全教育、制度、监督并重的惩治和预防腐败体系实施纲要》，扎实推进构建行业惩防体系工作，各级领导班子和领导干部的廉政自律意识进一步增强。国家局采取以点带面方式，分别在云南、河北、山西、湖南、重庆等省级局进行贯彻落实《实施纲要》试点，及时总结推广经验。各级纪检监察机构认真履行监督检查职责，突出加强对重大投资决策和大额资金使用的监督以及对干部选拔任用工作的监督。行业各直属单位纪检监察机构进一步健全，重点抓好对同级领导班子特别是主要领导干部的监督，使对权力运行的制约和监督得到有效加强。加大对违纪违法案件的查处力度，全行业全年受理群众来信来访2380件（次），新立案231件，共结案222件，给予428人党纪政纪处分。充分发挥行业各级工青妇等群众组织的作用，广泛开展精神文明创建活动和多种形式的文体比赛、演讲竞赛等活动。行业媒体坚持“三贴近”方针，弘扬主旋律，紧紧围绕行业中心任务开展宣传报道工作，为促进行业持续健康发展营造了积极的舆论氛围。

发展计划与经济运行

行业经济运行总体情况

产销均衡增长，库存合理。2006年行业卷烟全年累计生产卷烟20217.8亿支（4043.6万箱），比上年增加680.8亿支（136.2万箱），增长3.5%；销售卷烟20352.2亿支（4070.4万箱），同比增加767.4亿支（153.5万箱），增长3.9%。年末行业卷烟库存为1184.8亿支（237万箱），比上年减少103.6亿支（20.7万箱）。

卷烟产品结构稳步上升。2006年行业产量比上年增加136.2万箱，其中，一、二、三类烟同比分别增加81万箱、107.3万箱、309.5万箱，四、五类卷烟同比分别减少318.8万箱、42.8万箱。2006年一、二、三类烟产量比重比上年分别上升1.9、2.1和6.3个百分点，四、五类烟产量比上年分别下降9、1.2个百分点。

2006年，行业经济运行工作以加强调控为重点，以实现产销均衡、结构协调为目标，把克服非市场因素，解决结构性矛盾放在经济运行工作中更加突出的位置；以提高行业总体竞争实力为出发点，大力培育和扶持优势品牌，努力推进品牌维护、提升工作；以防止和克服“大企业病”为抓手，引导企业切实加强管理，提高资源整合能力。

计划管理

烟叶生产计划。加强烟叶计划管理，抑制烟叶盲目发展势头。针对2006年年初烟叶生产偏热的情况，进一步强调收购计划的严肃性，提出明确要求，较好地抑制了烟叶盲目发展的势头。对超计划生产的产区，安排在下年度收购、抵扣当年计划，有效地化解矛盾，维护了烟叶供需平衡和烟农利益。2006年全国烤烟种植面积完成1570万亩，烤烟收购量4100万担左右，控制在国家计划之内，较好地完成了预期调控目标。

卷烟生产计划。坚持“控制总量、稍紧平衡”的卷烟调控方针，以优化结构、满足市场有效供给为主要调控目标，确保卷烟产销的平衡。2006年全年累计生产卷烟20217.8亿支（4043.6万箱），累计销售卷烟20352.2亿支（4070.4万箱），年末行业卷烟库存为1184.8亿支（237万箱）。全年共完成低档卷烟①生产7575.5亿支（1515.1万箱），销售7491.1亿支（1498.2万箱），低档卷烟市场供求矛盾有所缓解。

进出口计划。不断完善外贸管理，促进对外贸易保持稳定发展，原辅料进口计划保障了工业企业生产需求。

价格管理

完善卷烟价格管理的体制机制。调整卷烟价类划分标准，新的卷烟价类标准将于2007年1月1日正式

① 低档烟指每标准条（200支）不含增值税调拨价16.5元（含）以下的卷烟合计，包括四、五类烟及三类烟的一部分。

实施。规范专卖执法过程中涉案卷烟价格管理，2006年1月19日，国家局印发《烟草专卖执法过程中涉案卷烟价格管理暂行规定》。

全面加强卷烟价格目录管理。通过清理全国卷烟工业企业调拨价格目录，上半年对8家卷烟工业企业擅自生产12个卷烟规格、5.8万箱产量的调拨价格目录外产品，国家局进行通报批评并责令整改；连续半年未安排生产和一年产量不足100箱的卷烟产品共128个牌号规格，下半年被清退出调拨价格目录。加强统一批发价格管理，建立各省级局（公司）经营牌号规格卷烟的基准目录，贯彻落实“一物一码一价”和“进一退一”原则。

基本完成卷烟全国统一批发价格工作。2006年全行业实际生产卷烟224个牌号878个规格，除“中华”、“牡丹”、“云烟”、“芙蓉王”4个牌号的8个规格外，其余870个规格卷烟全部实现全国统一批发价。

实施低档卷烟各环节价格归档工作。2006年1月1日起，三个统价区域经营的所有低档卷烟的批发价格归档并实现全国统一。印发《国家烟草专卖局关于低档卷烟调拨价格归档的通知》，7月，全行业206个低档卷烟牌号规格、1511.7万箱（全年计划数）的调拨价格全部归档，完成全行业低档卷烟调拨价格和批发价格的归档工作。低档卷烟价格归档工作规范了低档卷烟的生产经营秩序，有效缓解了低档卷烟的市场供求矛盾，在一定程度上扭转了商业系统片面追求毛利率倾向，促进了低档卷烟品牌的整合，有利于培育低档卷烟大品牌，对稳定低档卷烟的生产和销售发挥了积极作用。

推动卷烟零售明码标价工作。截至2006年底，全国除天津、黑龙江等省（市）局（公司）未以省为单位开展卷烟零售明码标价工作外，其余省级局（公司）全部在省内实施了卷烟零售明码标价工作。

烟叶价格调整。国家发展与改革委员会和国家局于2006年2月15日下达2006年烤烟收购价格政策，2006年全国烤烟收购价格总水平保持稳定。国家局于2006年11月1日起调整片烟加工费用标准，片烟加工费用标准由原来每吨成品片烟2100元调整为2700元。

投资管理

技术改造投资管理。2006年，卷烟工业企业的技术改造投资以培育“两个10多个”① 为目标，围绕工业公司组织结构和管理模式的进一步调整，明确各生产厂家的功能定位，整合资源，优化配置；以品牌为中心，既保证高端品牌生产工艺设备的先进性、完整性，强调技术创新，又注重中低端品牌生产工艺设备的实用性、经济性，体现低成本运行。2006年批复的主要技术改造项目有：杭州卷烟厂、武汉烟草（集团）易地技术改造；常德卷烟厂“芙蓉王”卷烟生产线技术改造；陕西中烟工业公司汉中卷烟厂制丝线及配套设施技术改造；营口卷烟厂“十五”后期技术改造工程配套；红河卷烟总厂昭通卷烟厂卷烟辅料及成品仓库技术改造；毕节卷烟厂技术改造。

烟草商业系统投资管理。根据《烟草行业“十一五”期间卷烟物流配送中心建设的意见》，对商业建设配送中心项目的总体发展思路、投资规模、技术选择等进行充分论证，引导投资方向，控制投资规模，积极稳妥地开展项目申报审批工作。2006年获批准的商业系统投资项目有：陕西、广西、河北、辽宁及北京、陕西西安、辽宁沈阳、安徽淮南、江苏泰州、广西贺州、广西柳州、湖南怀化、湖北宜昌、湖北黄石、湖北孝感、湖北宣城、云南昭通、广西崇左、福建建瓯、山东滨州、山东临沂、广西河池、吉林北辰、广东开平等省、市烟草公司购建经营业务用房；河北石家庄、辽宁葫芦岛、江西景德镇、江西上饶、福建厦门、四川内江、四川宜宾、四川南充、广西南宁、湖北咸宁、湖北黄冈、湖北十堰、陕西宝鸡、辽宁沈阳、福建宁德、甘肃白云、河南洛阳、黑龙江齐齐哈尔、广西玉林等市烟草公司建设卷烟配送中心。

烟机购置管理。做好烟机购置审批工作，树立为企业着想的思想，为企业（尤其是重点企业）的技术改造提供支持。2006年国家局批复同意购置烟机设备2191台套。

多元化投资管理。继续坚持“做精做强主业，保持平稳发展”的行业工作指导方针，对新建项目实行严格控制；对已经运营、经济效益较好、需要进一步改造和完善的项目给予支持；对于经济效益较差的项目，严格控制其追加投资。2006年批复的项目有：厦门鑫叶集团有限公司印刷及包装工程建设项目、红云烟草（集团）有限责任公司天恒大酒店部分客房装修改造项目。

境外投资和利用外资管理。继续贯彻落实中国烟草国际化发展战略，推进中国烟草“走出去”的步伐，规范境外投资和利用外资项目管理。2006年，杭州卷烟厂在巴西设立卷烟生产合资企业、芜湖卷烟厂投资参股罗马尼亚宝丰烟草实业有限责任公司及境外企业股权变更、设立CTPM国际有限公司、华英烟草有限公司提前终止、将军烟草集团有限公司转让中国烟草哈萨克斯坦有限责任公司全部股份并撤销境外企业等项目获得国家局或有关部门批准。

---

① 十多个重点骨干企业和十多个重点名优品牌。

品牌整合

紧紧围绕培育“两个10多个”的目标，以“百牌号”为基础，大力整合压缩品牌，提高品牌集中度。围绕提高品牌科技力、文化力、竞争力、发展创新力，在品牌整合、扩张的基础上制定实施《中国卷烟品牌发展纲要》。通过品牌整合，品牌集中度得到明显提高，在产品牌的生产数量大大减少，大品牌进一步壮大，重点高档品牌的走势和生命力得到有效加强。

行业“百牌号”卷烟、名优卷烟产、销量同比增长，有8个品牌产销量突破100万箱。2006年全行业累计销售“百牌号”卷烟18012亿支（3602.4万箱），同比增长10.4%。“百牌号”卷烟销量占全国总销量的88.1%，同比上升5个百分点。销量排名前10位的品牌销量总计6364.7亿支（1272.94万箱），占行业总销量的31.53%，比上年提高5.13个百分点。有8个卷品牌销量超过500亿支（100万箱），其中“白沙”、“红梅”、“红金龙”销量超过750亿支（150万箱）。

2006年全年累计销售名优烟9432亿支（1886.4万箱），同比增长25.9%，占全国销量的46.1%，占“百牌号”卷烟销量的52.4%。2006年全行业名优卷烟商业销量30个品牌同比上升，其中14个品牌销量同比增幅超过30%。6个品牌卷烟销量同比下降。

行业品牌集中度进一步提高。截至2006年底，行业在产牌号数减少到168个，比上年减少33个。2006年全年累计生产卷烟牌号224个，比2005年的325个减少101个。2006年全行业平均单牌号产量90.5亿支（18.1万箱），比上年增加30.5亿支（6.1万箱）。

低档烟调控

2006年，结合部分省级局（公司）、中烟工业公司卷烟产、销结构提升过快，个别单位的低档卷烟生产销售进度仍达不到正常标准，低档卷烟市场供给不足等问题，国家局出台《国家烟草专卖局关于安排上半年低档卷烟专项生产计划的通知》、《国家烟草专卖局关于下达2006年低档卷烟生产和销售计划的通知》等一系列低档卷烟调控政策。政策出台后，行业各单位都结合自身实际情况有针对性地制订了相应的措施。

全年累计生产低档卷烟7575.5亿支（1515.1万箱），完成全年低档卷烟生产计划的102.6%；累计销售低档卷烟7491.1亿支（1498.2万箱），完成全年低档卷烟销售计划的101.5%。

为解决低档卷烟市场有效供给不足的问题，国家局首次开发、推出低价位卷烟共享品牌“大丰收”，并于2006年6月率先在武烟集团、厦门卷烟厂、南京卷烟厂、常德卷烟厂、阜阳卷烟厂5家卷烟生产企业投产。截至2006年底，已有15家中烟工业公司、23个生产厂家陆续开始生产并在部分销区进行试销，半年内产量达301.15亿支（60.23万箱），商业销量达221亿支（44.2万箱）。

行业卷烟生产经营决策管理系统建设

*行业卷烟生产经营决策管理系统的验收工作。*行业卷烟生产经营决策管理系统经过半年多的正式运行，于2006年3月进行了总体验收。卷烟生产经营决策管理系统的建设为行业的宏观调控、科学决策、行业监督提供有效手段。同时，搭建了行业基础信息平台，为实现行业“系统集成、资源整合、信息共享”奠定坚实的基础。

*打码到条及订单采集系统项目的建设。*完成打码到条及订单采集系统方案的总体设计，试点的软件设计和开发以及与分拣设备厂商和打喷码设备厂商的软件接口等工作。

召开项目价格听证会，形成听证结论。2006年8月，与系统集成商中软国际公司签署项目合同。9月，在北京召开行业“打码到条系统方案”专家论证会，系统建设总体方案通过行业内外专家论证。10月，召开烟草行业打码到条及订单采集项目实施工作电视电话会议，对打码到条及订单采集系统在全行业的实施工作进行安排和部署，项目实施工作将全面启动。

企业管理

为切实提高烟草企业科学管理水平，2006年初国家局制定下发《国家烟草专卖局关于进一步推进联合重组卷烟工业企业管理整合工作的指导意见》，《意见》以全面提升企业管理水平、优化资源配置、转变经济增长方式为工作目标，以“建立规范的法人治理结构，清晰发展战略，围绕做大品牌，提高自主创新能力，加快信息化建设，加强财务管理与内部控制，建立有效的激励和约束机制，认真抓好安全生产工作”为实现途径的工作要求，为卷烟工业企业整合资源、联合重组提供了引导作用。下发《国家烟草专卖局关于印发烟草行业企业竞争能力评价体系（试行）》，《评价体系》从管理创新、技术创新和人才队伍建设三个方面积极引导企业由大变强。

2006年12月18日到19日，烟草行业企业管理研讨座谈会在北京召开，以“发展——注重创新、注重效率、注重竞争、注重和谐”为主题，传达、学习了姜局长所作的重要批示，李克明副局长就企业联合重组后如何实现由大变强作重要讲话；会上广东中烟工业公司、山西省烟草公司等10个单位围绕“生产制造、市场营销、产品研发与物资供应”四大中心建设、加强企业制度建设、加强资源整合、实施流程再造、推进标准化管理、提高企业治理能力、积极培育“两个10多个”、推进企业实现由大变强等方面内容进行交流座谈。

为切实强化企业基础管理和提高科学管理水平，下发了《国家烟草专卖局关于烟草行业全面实施ISO9000质量管理体系的指导意见》，提出开始在全行业工商企业全面开展推行和贯彻ISO9000质量管理体系工作，明确各省级工业公司贯标工作在2007年要全面启动并实施内容覆盖其所辖成员企业的统一的ISO9000质量管理体系。

2006年，QC小组活动在全行业广泛开展。7月，在秦皇岛组织召开全国烟草行业第十七届优秀QC成果发布会，来自卷烟工业企业、商业企业和烟机制造企业的42个QC小组参加成果发布会。2006年，全行业共评选出一等奖成果12个、二等奖成果14个、三等奖成果16个。获得一等奖的12个小组被中国质量协会授予“全国优秀质量管理小组”称号，其中红塔集团的生产一部制丝车间QC成果被中国质量协会选作参加2007年北京国际质量管理小组会议的发表成果。向中国企业协会推荐武烟集团的“以提高品牌竞争力为目标的整合管理”、常德卷烟厂的“确保企业稳健发展的战略决策与实施”两项现代化管理成果。红云集团昆明卷烟厂的“行业变革中的烟草企业和谐管理”荣获“国家级企业管理现代化创新成果奖”一等奖并受到表彰。广东中烟工业公司被评为“全国实施卓越绩效模式先进企业”。

物资管理

行业在低档卷烟生产中推广使用真空镀铝纸代替复合铝箔纸。下发了《国家烟草卖局关于在低档卷烟上推广使用真空镀铝纸的意见》，据不完全统计，2006年，已有12个省级中烟工业公司在12个品牌规格上应用真空镀铝纸，节约采购成本2004.71万元，节约铝资源1015.29吨。

为盘活设备存量资产，提高设备资源利用率，行业各企业间全年设备调拨67台套；设备租借14台套；配合理顺资产关系与清产核资工作开展，全年设备报废713台套。

节能工作

为贯彻落实《国务院关于加强节能工作的决定》，创建节约型行业，国家局和各卷烟工业企业、打叶复烤企业、烟机制造企业与醋纤丝束生产企业对能源使用情况进行调查，国家局对企业上报的报表数据进行统计汇总，初步了解全行业生产制造企业能耗基本情况，在此基础上，制订并印发《国家烟草专卖局关于加强节能工作的实施方案》。国家局有关部门组织制定特殊规格滤棒醋纤丝束单耗标准，形成标准讨论稿，并初步进行现场耗用情况测试，基本具备标准审定条件。

卷烟工艺

推进中式卷烟制丝设备自主创新工作。下发《国家烟草专卖局关于开展中式卷烟制丝生产线自主创新工作的意见》。6月，行业召开制丝设备自主创新工作座谈会，座谈会以培育行业10多个重点骨干品牌、开展中式卷烟制丝设备自主创新、实现企业“由大变强”、增强中国烟草总体竞争实力为目标，紧紧围绕中式卷烟的工艺需求，以及如何打造适应和满足中式卷烟加工工艺要求的制丝设备进行了广泛的讨论，并针对制丝设备自主创新开展专题调研和交流。

2006年，全行业进一步将工作重心从注重税利提升、结构提升转移到核心能力的培养上来。以提升中式卷烟的品质特色为核心，通过科技创新和管理创新打造中式卷烟品牌。以突出中式卷烟的品质特色和提升国产烟叶使用价值为重点，以提高企业核心竞争力为目标，以“产学研”结合为途径，通过工艺创新带动中式卷烟制丝生产线自主创新，通过中式卷烟制丝生产线自主创新促进工艺技术进步，进一步提高行业总体竞争实力。

安全管理

落实安全生产责任制。针对行业卷烟工业企业联合重组和完善商业企业管理体制的实际，着重以落实安全生产责任制为核心，全行业各单位进一步完善安全监督、管理机制和基础管理工作，加大安全管理在生产经营中的管理力度，使有关安全生产法规和规章在行业改革和发展过程中得到有效落实。

推行现代安全管理方法。根据国家局《关于烟草行业实施职业安全健康管理体系的意见》，在近两年试点的基础上，全行业全面推进职业安全健康管理体系实施工作。为确保体系实施取得实际效果，国家局对已经贯标的企业进行行业评审，对抽查中发现的问题及时向行业进行通报，并印发体系建立、运行专刊，引导各单位顺利开展体系实施工作。印发《关于进一步加强和规范体系实施工作的通知》，保证行业全面推行体系实施工作的有序开展。

开展安全宣传教育，组织实施专业培训。全行业充分利用烟草刊物、安全简报、网络等方式，开展一系列安全宣传活动，特别是通过开展“全国安全生产月”、“119消防安全周”等活动，各企业开展了多种形式的安全宣传教育。

进一步完善比较系统的行业安全培训机制，国家局有关部门分两批直接组织培训近120名持有国家相关资质的职业健康安全管理体系审核员，有近160人分3批参加国家安全生产监督管理总局组织的现代安全管理和体系管理评审培训。大多数省级局（公司）和部分中烟工业公司通过相关安全培训，使企业领导取得安全生产资质，做到依法持证上岗。

开展安全专项整治。针对烟草行业发展中安全工作的重点环节和突出问题，根据工、商企业的不同特点和发展阶段，行业开展了以锅炉压力容器、道路机动车辆、仓库、电气设施、宾馆饭店等为重点的安全专项整治工作，有力地遏制了重、特大事故的发生。针对醋酸纤维生产企业的安全特性以及实施扩建改造工程的情况，有关部门先后组织3次安全检查，切实加大对其安全生产的监督、指导工作力度。面对2006年年初以来比较严峻的道路交通安全形势，国家局经济运行部门及时总结有关情况通报全行业引以为戒，并针对造成责任交通事故的主要原因，印发《关于进一步加强道路交通车辆安全管理的通知》，同时，组织专题道路交通安全管理研讨，交流交通安全管理经验，商讨切实加强交通安全管理的措施，以有效遏制重大交通责任事故的发生。

烟叶生产经营

烟叶工作总体政策

2006年，全国烟草行业坚持把烟叶工作作为行业发展的重要基础，认真落实“重心下移、着眼基层、突出服务、加强基础”的工作方针，加强宏观调控，切实解决烟叶生产盲目发展问题，完善生产管理，狠抓基础设施建设与基层建设，提高烟叶工作整体水平，烟叶生产实现连续九年的平稳发展。

宏观调控政策。2006年初，部分烟叶产区种烟积极性较为高涨，烟叶生产过热现象突出。国家烟草专卖局把“控制总量、稳定规模、防止过热”作为烟叶工作的突出重点，加强计划管理，严格落实合同制，实行政策调控，2006年全国烤烟收购价格总水平保持稳定，收购价区保持不变，烟叶生产补贴标准实行总量控制，平均补贴标准每50公斤烟叶不超过收购价格的15%，“十一五”期间全国行业烟叶生产基础设施建设平均补贴标准每亩不超过1000元。

烟叶产区的各级烟草部门严格按国家计划组织生产收购，统一《烟叶种植收购合同》文本，以合同制为主线，加强合同签订、烟田预留、种子供应、烟苗培育、物资发放、烟苗移栽、面积核实、烟叶收购等关键环节的过程控制。建立合同公示制度和旬报制度，烟叶信息管理基础软件在各烟叶产区大面积推广，国家收购计划、烟叶种植收购合同全面实现计算机联网控制，部分烟叶产区开展电子合同试点，烟叶生产收购总量得到有效控制，基本实现“控得住”的目标。

烟叶种植

2006年2月，针对年初部分烟叶产区生产过热的生产形势，国家局组织召开全国烟叶生产工作电视电话会议，两次以明传电报形式印发紧急通知，加强合同管理，严格控制烟叶种植面积。据统计，2006年全国签订烟叶种植收购合同325万份，烤烟种植面积1572万亩，同比减少102万亩。

烟叶收购

2006年，行业继续加强烟叶流通秩序的整顿规范，以开展“两项检查”为契机，进一步强化有效监管、行业自律，净化烟叶市场环境。国家局先后对17个省（区、市）公司、44个地市级公司的烟叶收购工作进行检查，大部分省份成立了烟叶收购工作检查组和烟叶收购调拨质量监督领导小组，将合同收购作为专卖监督的重点，严厉打击违法违规行为。专卖督察员进驻基层站制度在一些产区试点推行，国家局《关于进一步规范“两烟”生产经营秩序的纪律要求》及烟叶收购工作的“七条要求”、“五条纪律”得到较好贯彻执行，烟叶收购组织措施不断完善，国家标准得到严格执行，等级质量比较平稳，收购秩序稳定。

按照“全面推广、一次到位、明确权责、完善提高”的原则签订烟叶购销合同，规范烟叶交易工作，购销合同履约率逐步提高，实现烟叶产销平衡。2005年度①全国签订烤烟购销合同215.78万吨（4315.66万担），合同履约203.79万吨（4075.71万担），合同履约率94%。国家局组织检查的17个省（区、市）中，有14个省（区、市）的烟叶收购等级合格率在80%以上。

① 根据烟叶生产和收购的需要，2005年度指2005年7月~2006年6月。

技术推广

*提高先进实用技术到位率。*大力推广普及优良品种、漂浮育苗、平衡施肥、烟水配套、统防统治、成熟采收、集约化烘烤技术。2006 年，国家局在云南楚雄举办 3 期烟草集约化、商品化育苗技术与管理培训班。全国集约化育苗移栽面积 1374.8 万亩，集约化育苗比例达 88%，其中漂浮育苗移栽面积 1098.7 万亩，同比增长 9%。继续推广烟田轮作、秸秆还田等土壤改良及排灌技术，烟株生长的生态环境得到改善；以增香降碱为目标的平衡营养和配方施肥技术得到大面积推广。建立健全烟叶生产专业化、社会化服务体系，统一育苗、统一机耕、统一施肥、统一植保取得较大进展，烟农合作组织和减灾减害体系不断完善。推广密集式烘烤技术，主产烟区开展烤房技术改造，组织密集式烤房对比试验，探索烟叶烘烤的专业化、集约化运作方式。

*部分替代进口烟叶生产示范工作。*3 月 18～19 日，国家局在江苏南京召开全国部分替代进口烟叶工作会议，进一步完善项目管理机制与组织方式，建设烟叶质量改进平台，重点开展风格特色、加工特性、模块配方、叶组替代四方面的试验研究。2006 年，全国部分替代进口烟叶项目示范点 32 个，种植面积由 11 万亩增加到 13.7 万亩，示范点平均烟叶亩产量 141.4 公斤，比大面积生产增加 7～10 公斤，平均亩产值 1607.1 元，比大面积生产增加 221.9 元，收购上等烟比例达到 50%。项目自 2004 年启动以来，示范总面积 32.6 万亩，收购烟叶 4.61 万吨（92.2 万担），涉及 9 个省 31 个县和 17 家卷烟工业企业，发挥了良好的“替代、带动、探索”作用。

烟叶基础设施建设

加大烟叶生产基础设施建设力度，2006 年 2 月，出台《中国烟叶生产可持续发展规划纲要（2006～2010）》，明确全国规划保护基本烟田 3005 万亩，完成 2005 年度全国基础设施建设项目验收工作。烟叶产区各级烟草部门以规划基本烟田和建立保护制度为基础，以烟水配套和密集式烘烤工程为重点，扎实开展烟叶生产基础设施建设，构建起完善的工作体系，形成较完整的管理制度规范，项目建设质量不断提高。2006 年度，全国烟叶生产基础设施建设计划投资 56.9 亿元，其中行业投资 45.7 亿元；截至 2006 年底，云南省完成年度计划的 71%，四川省完成 56%，其他省份的烟叶生产基础设施建设也全面展开。

烟叶基层建设

2006 年上半年，国家局组织开展烟叶基层建设专题调研，7 月，在云南曲靖召开全国烟叶收购暨基层建设工作现场会，10 月，在北京召开全国烟叶工作暨加强烟叶基层建设工作座谈会，11 月，下发了《国家烟草专卖局关于加强烟叶基层建设的决定》。各烟叶产区落实“重心下移、着眼基层、突出服务、加强基础”的工作方针，大部分省份组织课题组开展烟叶基层建设调研，研究制订烟叶基层建设工作方案，基层建设工作全面启动。

体制机制趋于完善，取消县级公司法人资格后，烟叶主产区保持县级烟草公司名称不变或改为县烟草分公司，通过调整组织机构设置，明确职能定位，市公司、县公司、烟站三级职能得到更好发挥。基础管理工作得到加强，以合同制为主线，烟叶种植、收购、加工、调拨业务流程进一步优化，专卖管理、合同管理、财务管理、信息化建设进一步强化，烟叶基层服务水平不断提高。烟叶基层站建设深入推进，本着“适当压缩、合理布局、以改为主、突出功能”的原则，结合烟叶产区布局搞好基层站规划建设。各烟叶产区设计合理、功能齐全、环境良好、管理高效的基层站格局基本形成。烟叶队伍建设全面强化，健全人才引进、人才培养机制，加强培训教育，深化用工分配制度改革，开展“四定”工作，队伍整体素质得到提高。

烟叶进出口

2006 年，从巴西、津巴布韦等国家组织进口烤烟约 4.4 万吨，出口烟叶约 14 万吨。

卷烟生产经营

卷烟产销情况

2006 年，累计生产卷烟 20217.8 亿支（4043.6 万箱），与上年同比增长 3.5%；共生产低档卷烟 7575.3 亿支（1515.1 万箱），完成全年低档卷烟生产计划的 102.6%，低档卷烟市场供求矛盾有所缓解。

2006 年，国内卷烟销量为 20289 亿支（4057.8 万箱)，与上年同比增长4%，完成全年销售任务的103.5%，超额完成689亿支（137.8万箱）。年末卷烟库存总量1184.8亿支（237万箱），比上年略有减少，其中工业库存176.7亿支（35.3万箱），商业库存1008.2亿支（201.6万箱）。

2006年，全国各类卷烟销售情况为：高结构卷烟（一、二类）销量5557.2亿支（1111.4万箱），比上年增加988.4亿支（197.7万箱），增长21.63%。低结构卷烟（四、五类）销量5006亿支（1001.2万箱），同比减少1816.4亿支（363.3万箱），降幅为26.6%。

名优烟累计销售9432亿支（1886.4万箱），比上年增加1941.6亿支（388.3万箱），增长25.9%。“百牌号”卷烟累计销售18012亿支（3602.4）万箱，同比增长10.4%。商业企业实现卷烟经营利润540.4亿元，同比增长30.1%。

市场分析

从行政大区销售情况来看，华东市场是全国销量和销售结构最高的区域，也是全国最有价值的市场，整体保持了稳定发展的态势，其中浙江省销量增幅明显，同比增长9.33%；华北市场除河北省（同比增长2.24%）发展速度略缓外，整体发展速度比较均衡，其中，内蒙古（同比增长8.35%）、山西（同比增长6.24%）销量增长明显；中南地区人口密集，又有广东、深圳等经济发达地区带动，增长速度逐渐加快，增幅最高的深圳达到4.93%；西南和西北市场属于经济欠发达地区，卷烟销量和销售结构还有进一步发展的空间，其中新疆异军突起，增幅达到8.31%；东北市场除了大连市保持11.1%高幅增长外，其他各省份增幅不大。从各省份市场分析可以看出，实行“按客户订单组织货源”的省份销量增长明显，逐渐成为各区域市场卷烟销量增长的领跑者，“按客户订单组织货源”的优势逐渐凸显。

卷烟网上交易

2006年上半年共签订合同87654份（其中购销合同87308份，联营合同346份）。成交总量3350.85亿支（670.17万箱），完成核定调入计划的86.90%，完成核定调出计划的88.31%。成交金额522.36亿元。交易品牌131个，比上年同比减少36个。

2006年下半年为进一步深化烟草行业以市场化为取向的改革，推动“按客户订单组织货源”工作，全国卷烟交易方式进行了改革，首次打破省际界限，实行“统一交易平台、统一计划管理、统一合同鉴章”的三统一管理办法。2006年下半年，共签订半年协议5784份，总协议量9311.75亿支（1862.35万箱），完成核定调入计划10132.95亿支（2026.59万箱）的91.9%，完成调出计划9774.85亿支（1954.97万箱）的95.26%。

品牌培育

2006年，在完成《2005中国烟草消费状况调查》的基础上，对调查数据进行综合分析，完成《农村卷烟消费市场调查报告》、《高档烟市场调查报告》等专题报告，积极探讨在当前市场形势下的品牌培育工作。为提高中国烟草市场化研究水平，组织开展流动人口卷烟消费状况调查的有关工作，并对全国流动人口卷烟消费情况进行汇总分析。

在全国“百牌号”卷烟中，2006年共有69个品牌销量比上年有所增长，52个品牌销量与上年同比有所下降。“黄山”、“七匹狼”、“红山茶”、“红金龙”、“双喜”、“黄果树”、“红梅”、“云烟”、“利群”、“红旗渠”等销量超过200亿支（40万箱）、销售额超过50亿元的优势品牌均保持20%以上的增长速度。“红塔山”品牌经过近几年的调整，在2006年实现跳跃性增长，销量上升到305亿支（61万箱），比上年增长79.2%，销售额达到108亿元。“白沙”、“红河”在较高基数上仍然保持较快速度增长，销量增长率分别为17.8%和13.3%。

网络建设

2006年，全国各地卷烟销售网络建设工作紧紧围绕行业“完善体制机制、优化资源配置、增强竞争实力、全面提升水平”的总体任务，按照国家局网建工作的总体部署深入开展。

2006年4月，国家局在浙江杭州召开全国网建现场会，总结浙江网络建设“突出服务、注重效率、优化流程、提高素质”的经验，从“面向市场，实现批零互动”、“工商协同，培育重点品牌”、“完善体制，激活机制”、“夯实基础，精细管理”、“注重实效，创新发展”等五个主要方面实地展示了浙江烟草在体制、营销、管理、流程等方面的创新工作，对全国网建起到了很好的示范指导作用。

根据国家局整体推进、全面提升卷烟销售网络建设工作的总体安排，按照《全国卷烟销售网络建设整体推进、全面提升工作方案》和《地市级烟草公司卷烟销售网络业务规范》的要求，对网建整体推进工作进行检查考评。在各省级局（公司）组织检查的基础上，中国卷烟销售公司组成4个考评组，从5月至11月分别对27个省级局（公司）进行了检查考评，24个省级局（公司）达到优秀，3个省级局（公司）达到良好。从检查考评总体情况看，全国网建工作取得了显著的阶段性成果，整体推进工作的目标基本实现。2006年底，全国共有持证零售户458万户，比上年增长1.79%，其中实行电话订货的零售户446万户，同比增加28万户，占零售户总数的97.32%；实行电子结算的零售户232万户，同比增加44万户，占零售户总数的50.78%；全国所有地市级公司都实现了“一库式”配送，直接分拣到户数达到370万。

为促进全国卷烟销售网络的统一和完善，提高网络规范化、标准化水平，做好《地市级烟草公司卷烟销售网络业务规范》的修订工作。为推进全行业统一电话订货系统的工作，印发《关于统一烟草商业企业卷烟零售客户分类标准的通知》和《烟草行业商业企业电话订货管理信息系统规范》，截至2006年底，所有省级局（公司）都按照全国统一的零售户分类标准，在更新零售户基本信息后，完成对零售户的统一分类，确保全行业统一电话订货系统工作正常开展。

销售管理

促进2006年销量稳定增长。2006年，坚持“控量、促销、稳价、增效”的经济运行指导方针，继续把促进销量的稳定增长放在首位，进一步加强销售管理工作。为确保完成全年销售任务，特别是低档烟销售任务的完成，中国卷烟销售公司会同有关部门进行调研，了解情况，积极为工商企业协调货源，并下发文件对做好低档卷烟的销售工作提出了明确要求，较圆满地完成各项工作任务，表现在：狠抓销量、优化结构、培育品牌，全国卷烟市场保持良好的发展态势；扩大试点，“按客户订单组织货源”试点工作稳步推进；整体推进，全面提升，统一完善，全国卷烟销售网络建设工作顺利开展；转变职能，加强管理，提高素质，卷烟营销水平不断提高。

确定今后一个时期的主要任务。为贯彻落实“完善体制机制、优化资源配置、增强竞争实力、全面提升水平”的精神，组织召开全国卷烟销售工作会议，总结近几年和2006年卷烟销售工作情况，安排部署2007年和今后一个时期卷烟销售工作的主要任务，即坚持以科学发展观为指导，紧紧围绕构建“和谐烟草”的战略目标，始终坚持“做精做强主业，保持平稳发展”的基本方针和“控量、促销、稳价、增效”的经济运行指导方针，着力完善市场体系、健全市场机制、营造良好环境、实现和谐营销，始终确保卷烟销售工作与行业发展同步，为烟草行业的持续稳定协调健康发展发挥更大的支撑和推动作用。

保证数据上报的及时、准确。2006年，中国卷烟销售公司对100名卷烟价格市场信息员和100名客户经理市场动态信息员分别进行了培训，并对表现优秀的20名信息员进行了表彰。为调动行业广大客户经理积极性和创造性，根据《国家烟草专卖局办公室关于烟草行业优秀客户经理推选工作的实施意见》，评选出100名行业优秀客户经理，并在全国卷烟销售工作会议上进行了表彰。

加强信息交流。编制每月一期的《卷烟销售工作》、《按客户订单组织货源试点工作》和《全国卷烟市场行情》简报，并下发给各省级卷烟销售部门，对服务工商企业起到了导向作用。

“按客户订单组织货源”试点工作

国家局从2005年开始在大连、深圳、杭州开展“按客户订单组织货源”试点工作，2006年将试点范围扩大到山西、山东和浙江全省。2006年，国家局先后召开三次试点工作会议，并在山西和山东举办“大连烟草按客户订单组织货源试点工作专题报告会”，加强对人员的培训。中国卷烟销售公司密切关注试点工作动态，加强调查研究，2006年累计编发了16期《试点工作简报》。各试点单位紧紧围绕“三个延伸”和“三个更加注重”的总体要求，结合本地实际，有重点、有步骤地推进试点工作的开展。2006年，随着试点范围的扩大，按订单组织货源在促进卷烟销售、培育名优品牌、支持重点企业等方面产生了显著的效果。2006年，山西、浙江（未扣除杭州）、山东三个试点省份销售卷烟3140亿支（628万箱），比上年增长8.4%，高出全国各省区平均水平4.3个百分点，高出全国非试点省区平均水平5.2个百分点；大连、深圳、杭州三个试点城市销售卷烟535亿支（107万箱），同比增长8.8%，高出全国重点城市平均水平3.3个百分点，高出非试点重点城市平均水平3.6个百分点。

专卖监督管理

2006年，专卖管理工作由过去的重市场监管、轻内部监管转变为市场监管、内部监管并重，做到了职责法定、依法执法。专卖管理的工作任务明确，各级烟草专卖局紧紧围绕打私打假、内部监管和加强基层建设3项任务，全面推动专卖管理工作的深入开展，取得了显著成绩。

内部专卖管理监督检查

2006年，强化行业专卖内部监督重点是通过全面开展监督检查工作，使行业在生产经营领域存在的问题得到了集中纠正，企业的内部管理制度进一步完善，开展内部专卖管理监督的机制初步建立，行业加强内部管理监督的基础更加牢固。

企业开展自查。绝大多数企业按要求对2005年的生产经营业务逐笔进行了核对，如实反映了存在的问题。各省级局加强督导，并按转段标准，对企业自查结果进行审核。省级局、工业公司加强教育和引导，把专卖内管检查工作同“‘两个至上’在岗位”主题实践活动紧密结合起来，提高干部职工依法管理、依法组织生产经营活动的意识。

省级局全面复查。各省级局按照不留死角、不留尾巴、不留后患的要求，研究制订工作方案，抽调有关业务骨干，组成检查组，对辖区内所有烟草工商企业进行全面检查。通过复查，进一步发现存在的问题，并进行了严肃处理，共处理违纪责任人373人；督促企业针对查出的问题，制订落实整改措施，完善管理制度，构建企业内控机制，切实加强规范管理。

国家局重点抽查。重点抽查通过集中培训、搞好试点，在总结经验基础上全面展开。9月，国家局对河北、山西进行了试点检查，其后分两批对辽宁、吉林、黑龙江、内蒙古、大连、云南、贵州、广西进行了重点抽查。完成对10省（区、市）14家直属单位的抽查，共检查了98家工商企业。已重点抽查过的单位，对检查组反馈的问题高度重视，召开专题会议并制订落实整改措施，研究制订构建长效机制的工作方案，积极探索同级监管、日常监管的有效途径和方式。

打叶复烤企业实行派员驻厂监督和定点联系制度

根据《关于印发2006年全国烟草系统纪检监察工作座谈会会议纪要的通知》（国烟党〔2006〕53号），对打叶复烤企业实行派员驻厂监督制度和纪检监察机构与打叶复烤企业定点联系制度，重点监督检查打叶复烤企业是否严格按加工合同复烤烟叶，加工复烤的烟叶是否合法收购，是否有完备的付款凭证。主要通过核查烟叶购销合同、调拨单、准运证及付款凭证并与烟叶销售单位及准运证管理单位进行确认，对加工完成后的烟叶验收入库、运输及烟叶使用单位到货验收进行跟踪监督管理，监督打叶复烤企业对烟叶加工档案的管理等3方面工作，规范和强化复烤企业日常管理机制。

截至2006年11月中旬，辽宁、河南、广东、湖北、重庆、四川、云南7省市上报了工作方案。有的制订了监督检查以及考核的相关制度，其中多数单位的派驻人员于11月初陆续进驻所属各复烤企业。云南根据复烤企业数量多，业务量大的特点，强调派驻人员现场监管和运用信息化手段相结合进行有效监管。重庆等单位组织了相关人员进行培训，并在培训后进入企业，对企业生产经营进行日常的内部专卖管理监督。

卷烟打假

2006年，卷烟打假工作实现了从过去注重打击制假窝点到打窝点、打网络并重的转变，从局部打假到全国性跨地区打假转变，打假工作质量和水平明显提高。

打击制售假烟网络。根据行业“全面深入开展打击制售假烟网络工作，务必取得新的更大成果”的要求，提出“每个地、市都要打掉1~2个较大规模制售假烟网络”的目标任务。各级局成立了打击制售假烟网络工作组织机构，绝大多数省公安厅主管厅长和省烟草专卖局主管局长担任领导小组组长，深入排查线索，加强对卷烟打假工作的组织领导。

2006年，全国共打掉制售假烟网络475个，其中达到国家局与公安部制定的制售假烟网络案件标准的255个。天津“1·12”、西南五省“5·31”、京冀“11·25”、陕西“12·28”等一批制售假烟网络案件在全国产生重大影响。宁夏、青海等省区实现了打击制售假烟网络工作的突破。各地烟草部门、公安机关密切协作，向制售假烟网络上游延伸办案，实施异地抓捕行动，广东、福建协助全国20多个省份，抓捕制售假烟团伙主要犯罪嫌疑人70余人。

打击假烟生产能力。山东省局“打疏结合，综合治理”，在制假重点地区开展了长达一年多的专项整治行动，打掉了每年30万件以上的假烟生产能力。福建省局始终把云霄作为重点地区，以“断原料、断生产、断运输”为目标，组织开展“断链行动”，从2006年9月17日到2007年初，共摧毁制假窝点、假烟仓库1600余个，查获制丝生产线29条、制假设备300多台，收缴假烟4.6万件，烟叶、烟丝5600多吨，运输假烟车辆145辆，抓获制假人员165人，其中刑事拘留42人。黑龙江、湖南、贵州等省密切关注制假活动向销区转移的动向，打掉一批立足未稳的制假窝点。

源头打假工作。各地不断加大监管力度，查处了一批违法生产经营卷烟纸、烟用丝束、烟叶、烟丝的案件。江苏、湖北查处了大丰、仙桃非法经营丙纤丝束重大案件，打掉非法生产烟用丝束生产线9条。烟叶产区重点打击非法经营烟叶行为，云南曲靖、红河等地查获非法复烤厂11个，其中，年烤烟能力30万担以上的非法复烤厂3个，查获烟叶、烟丝1600余吨，广西查扣各类非法烟叶、烟丝6000多吨，有效切断了制假窝点的烟叶、烟丝来源。

运输分销假烟环节打假。广东省局以打击假烟运输、仓储、销售等环节为重点，组织开展专项行动，着力解决广州、汕头等地运销假烟活动猖獗的问题，取得较好的效果，查获假烟5万余件，案值近2亿元，抓获犯罪嫌疑人134人。湖北省局重点打击利用高速公路、铁路非法运输假烟行为，在京珠、沪蓉高速公路湖北段构建阻止假烟北上的屏障。

抓捕追刑工作。各地烟草部门、公安机关深入开展打击制售假烟网络工作，向制售假烟网络上游延伸办案，异地抓捕了一批长期藏匿的制售假烟团伙主犯。广东、福建共接待全国20多个省份、113批400多人次执法人员，协助查处制售假烟案件，抓捕主要犯罪嫌疑人70余名。通过加强省际间协作办案，加大抓捕力度，对制售假烟违法犯罪活动的打击效果明显提高。

打假成果。2006年，全国共查处制售假烟案件33万起，查获假烟90.7万件，捣毁制假窝点4296个，查缴制假烟机1281台、烟丝、烟叶5万余吨，案值50多亿元，依法拘留制假分子6634人，其中逮捕2034人、判刑2313人、劳教116人。国家局与公安部于2006年年底联合召开了全国卷烟打假总结表彰会议，12个单位获“全国卷烟打假工作突出贡献奖”，35个集体获“全国卷烟打假工作先进集体”荣誉称号，52名同志获“全国卷烟打假工作先进个人”荣誉称号。

专卖基层建设

加强县级局专卖管理的基础性工作。2006年，各级局贯彻落实国家局《关于加强县级烟草专卖局专卖管理工作的意见》，针对县级公司法人资格取消后出现的问题，采取切实有效措施。完善有关人员录用、任用、培训、考核以及经费保障等制度，制订针对性、操作性较强的措施，从人员、经费、装备等方面较好地保障了县级局专卖管理工作的需要；制订实施烟草专卖管理组织机构及岗位设置管理制度，保证了县级局职能作用的有效发挥；制订县级执法主体建设指导意见，积极探索专卖基层队伍的专业化分工和精细化管理，取得了较好的效果；制订县级局专卖管理操作手册，召开现场会进行推广，全面提高县级局专卖管理工作水平。

专卖队伍建设。各级局加强培训教育，提高专卖队伍整体素质。大多数省局结合当前专卖管理的主要任务，举办打击制售假烟网络、内管复查等专项培训班，提高专卖队伍业务素质。各省局按照职权法定、依法行政的要求，制订烟草专卖行政执法岗位责任、执法标准和执法过错责任追究等制度，界定执法权限、严格法定程序和执法依据、落实执法责任追究，切实加强对专卖队伍的管理，提高专卖执法水平。

证件管理

加大卷烟零售许可证管理力度，按零售业态标准对零售户实施分类管理。

为适应烟草行业企业组织结构调整和卷烟交易模式变化的要求，进一步规范卷烟流通秩序，提高准运证管理水平，行业对省际、省内卷烟准运证实行统一管理。6月29日，专卖司下发了《国家烟草专卖局关于卷烟准运证实行统一管理的通知》（国烟专〔2006〕445号）。统一使用时间和应用平台，规定自2006年7月1日零时起，卷烟准运证不分省内、省际统一纳入国家局升级后的准运证管理系统进行管理，并统一使用国家局印制下发的2006版准运证。统一适用范围，规定涉及卷烟配送、交易、运输等多种情况下应开具准运证。统一管理流程，对准运证的申请、审批、制作，到货确认、文档管理进行了相应说明。此外，对合同随货同行、系统登录、个人携带卷烟进行了补充说明。

政策法规与体制改革

按照“完善体制机制、优化资源配置、增强竞争实力、全面提升水平、推动烟草行业持续稳定协调健康发展”的工作部署，遵循统一规划、分类指导、分步实施、全面推进原则，全国烟草行业在2006年大力推进卷烟工业企业管理体制改革，积极开展烟草商业企业建立母子公司体制改革，深化进出口等烟草配套企业的管理体制改革，探索建立符合现代企业制度要求的法人治理结构，同时进一步完善烟草专卖法律法规体系，加强行业立法工作，规范行政执法行为，开展“五五”普法宣传。

卷烟工业企业管理体制改革

组织结构调整。各省级工业公司全部改制为中国烟草总公司的全资子公司，卷烟工业企业相继改制为省级工业公司的全资子公司或分公司。截至2006年底，全国17家省级工业公司中，已有11家完成了与所属卷烟工业企业的联合重组工作，全国具有法人资格的卷烟工业企业已经减少到31家。

建立法人治理结构。按照国务院有关文件要求，在卷烟工业企业中探索建立董事会、监事会、经理层相互制衡的法人治理结构。2006年相继在红塔烟草（集团）有限责任公司、四川烟草工业有限责任公司、重庆烟草工业有限责任公司建立和完善了董事会、监事会制度。

处理关闭破产小烟厂的遗留问题。着力推动企业依法破产、烟草专用设备销毁、职工安置和敏感债务处理4个方面的工作。截至2006年底，职工安置和敏感债务处理基本完成，通过政策性破产、依法破产等方式引导，小烟厂已逐步合法地退出烟草生产经营领域。

烟草商业企业改革

公司制改造。安徽、山西、吉林等地的23家省级烟草公司与中国烟草总公司构建三级母子公司体制①，以地市级烟草公司为市场主体，省级烟草公司退出“两烟”市场，集中精力抓监管；重庆、大连等10家省级烟草公司与中国烟草总公司构建二级母子公司体制②，省级烟草公司继续从事“两烟”经营。

取消县级烟草公司法人资格。坚持分类指导、因地制宜、加快推进的工作方针，2006年取消县级烟草公司法人资格225家。截至2006年底，全国累计取消县级烟草公司法人资格1542家，地市级烟草公司市场营销主体地位得到了进一步巩固。其中全部取消县级烟草公司法人资格的省级烟草公司上升至20个，包括山西、辽宁、江西、山东、海南、青海、新疆、大连、宁夏、江苏、湖南、贵州、安徽、重庆、福建、吉林、北京、天津、上海、深圳等省（区、市）烟草公司。卷烟纯销区县级烟草公司法人资格取消工作基本完成，烟叶产区县级公司法人资格取消工作全面铺开，同时对取消县级烟草公司法人资格后如何加强烟叶管理、基层建设等问题进行了调研。

打叶复烤企业改制。2006年全行业共有9家打叶复烤企业进一步完善了法人治理结构，其中，4家建立了有限责任公司体制的法人治理结构，3家进行合并重组，1家通过股权转让实现工商联手，1家实现增资扩股。此外，另有1家打叶复烤企业申请依法破产。共有17家工业企业参与打叶复烤企业的改制，投入改制资金超过8亿元。截至2006年年底，全行业共有47家打叶复烤企业建立了有限责任公司体制，基本建立了股东会、董事会、监事会分权制衡的治理结构。

富余人员分流安置。2006年河南、湖北、贵州、湖南4省参加了烟叶生产经营富余人员有偿分流安置工作，全部通过国家局验收，共计分流富余人员3188人。自2005年以来，累计分流安置烟叶生产富余人员7562人，全行业使用资金10亿多元，国家局计划补贴资金3.78亿元。

进出口管理体制调整

为加快烟草行业进出口系统“转型、改制、整合”工作的开展，进一步实施中国烟草“走出去”战略，推动烟草进出口贸易的发展，国家局印发了《国家烟草专卖局关于调整中国烟草进出口（集团）公司成员企业管理体制的决定》（国烟法〔2006〕589号），对现行烟草行业进出口管理体制进行了调整和完善。

机构设置与调整。将中国烟草黑龙江、上海、湖南、贵州、福建、四川进出口有限责任公司，中国烟草辽宁、广东、云南进出口有限公司，新疆、陕西、浙江烟草进出口有限责任公司及中烟国际货运代理有限责任公司等13家烟草进出口公司调整为所在地省级公司的子公司；将吉林烟草进出口有限责任公司调整为中国烟草实业发展中心的子公司；将中国烟草山东进出口有限责任公司的股权结构调整为山东省公司占60%，山东中烟占40%。同时，在贵州、川渝、陕西、河南、湖北、湖南、福建、浙江中烟工业公司设置进出口部。将云南红塔进出口有限公司整合后调整为云南中烟工业公司的子公司。

业务划分和人员归属。完成业务划分，同时按从事业务确定了人员归属。作为各省级公司子公司的进出口公司主要从事烟叶进出口业务，工业公司进出口部主要从事卷烟出口、烟叶进口、辅料进出口、设备及零配件进出口、丝束进口和向其境外投资企业出口烟叶等业务。

加强法律保障工作

法规条文修订。为适应外部法律环境的变化和解决新出现的问题，规范烟草专卖管理行为，保护公民、法人和其他组织的合法权益，保障烟草专卖主管部门依法行使职权，修改了《烟草专卖许可证管理办法》

---

① 三级母子公司体制：指构建中国烟草总公司与省级烟草公司，省级烟草公司与地市级烟草公司的公司结构模式。

② 二级母子公司体制：指构建中国烟草总公司与省级烟草公司、计划单列市烟草公司的公司结构模式。

中的一些条文。此外，在其他规范性文件制定上严把法律审查关，保证规范性文件的内容符合法律法规的规定。

*开展法律顾问。*对一些重要项目提供法律咨询和法律意见，防范法律风险。行业各级法规部门在2006年积极参加重要合同的起草、谈判工作，审查合同文本，避免在合同的签订过程中出现各种法律漏洞，预防合同纠纷的发生；政策法规与体制改革司参与审查的合同有《烟草行业卷烟生产经营决策管理系统数据应用与经济运行分析平台技术开发》、《烟草行业市场检测系统》等30多份，涉及行业信息化建设、项目招投标、生产经营等各个方面，并在审查后提出了法律参考意见。

*烟草提取物管理。*针对近年来市场上用烟草提取物制作的所谓的戒烟产品和中国加入《烟草控制框架公约》后出现的新情况，组织进行了专题研究，提出了解决方案，并积极协调国家有关部门进行有效监管。

建立行业行政执法责任制

*机构设置与制度保障。*贯彻落实国务院《全面推进依法行政实施纲要》，全面推进烟草行业依法行政，规范和保障行业执法活动，国家局制定发布了《关于烟草行业全面推行依法行政责任制的实施意见》（国烟法〔2006〕304号），对各省级局行政执法评议工作做出全面部署。大部分省级局成立了推行行政执法责任制领导小组和日常工作机构，制订实施方案和工作计划。各地市级局也设置了相应机构，负责本级局的行政执法责任制工作。同时，以进行专题座谈、发文件、召开动员大会等形式统一思想。

*执法职责界定。*梳理执法依据。大部分省级局依据法律原则对《烟草专卖法》、《行政许可法》等进行分目录、汇编成册并下发到执法人员手中。公布梳理结果，主动接受地方、媒体、公众监督。分解执法职权。大部分省级局根据本单位专卖执法岗位的设置情况，分解执法职权。确定执法责任。制定各烟草专卖执法机构和具体执法岗位的执法责任，基本做到权责统一、违法必究、依法行政。

*专卖执法评议考核机制。*规定评议考核的主体。国家局制订了对省级烟草专卖执法工作年度评议考核办法和具体标准，作为对省级局进行评议考核的依据和标准。法规工作机构会同专卖管理工作机构制订对下一级烟草专卖局执法评议考核的标准、实施程序等。同时规定了评议考核的内容，制定了评议考核的办法。

行业“五五”普法

2006年是全国“五五”普法第一年，根据《中共中央国务院转发<中央宣传部、司法部关于在公民中开展法制宣传教育的第五个五年规划>的通知》要求，结合烟草行业实际，层层制订规划，召开电视电话会议，全面规划和部署烟草行业“五五”普法工作。

*完善工作基础。*各省级局、工业公司积极启动和部署五五普法工作。召开动员会议，对所属单位贯彻落实“五五”普法规划提出明确具体要求；根据各单位实际情况，制订普法规划和各年度计划，明确普法基本目标、宣传对象、工作要求等内容，作为指导本单位开展法制宣传教育的重要指导性文件；调整组织机构，行业各级单位普遍组建由“一把手”为组长，分管领导任副组长，法规、专卖、财务、人事劳资、纪检监察等部门为成员单位的普法领导小组，提供组织保障；落实宣传经费。

*宣传和培训。*重点宣传学习《宪法》、《烟草专卖法》及规范行政行为的法律法规、与生产经营密切相关的法律法规；重点加强对领导干部、专卖管理人员、企业生产经营管理人员的法制宣传教育，同时采取各种形式对卷烟零售户、消费者进行相关法律法规的宣传教育。针对行业实际，重点加强对新《公司法》的学习培训，国家局举办了4期新《公司法》培训班，对行业各直属单位“一把手”、分管法规工作的主管领导、法规处处长等进行了集中学习和培训。各省级公司也分别举办了新《公司法》培训班。

财务与审计

理顺产权关系

完成国有产权划转工作。2006年，顺利完成国有产权上划下投，在全国烟草行业建立了资产纽带关系。此次国有产权划转的范围为中国烟草总公司所属企业事业单位的全部国有资本及其应享有权益。对于已关停、进入破产程序的企业，资产不再上划。2006年4月，国家局财务部门基本完成烟草行业理顺产权关系产权划转工作相关资料的收集统计和审核工作。2006年上半年，按照国家局《关于理顺烟草行业国有产权实施方案》的要求，顺利完成3557亿元的国家资本和权益的上划下投，理顺了行业上下的产权关系，为进一步理顺行业管理体制奠定良好基础。同时，国家局协调财政部、税务总局，就行业产权关系理顺后省级公司收取管理费和投资收益方案进行了广泛的调研、论证。

制订国有资产管理办法

为加强国有资产经营管理制度建设，根据财政部有关文件精神，国家局下发了《中国烟草总公司国有资产管理试行规定》，对有关产权基础管理、资产使用、资产处置、产权转让、对外投资、捐赠赞助等方面作出规定，明确了各级公司国有资产管理的权利和责任，各级公司也陆续制订实施细则，为国有资产管理工作逐步走上规范化轨道提供了制度保证。

清产核资

2006年，为了全面清理烟草主业对多元化经营企业的实际投资情况，国家局对行业多元化经营企业进行资产清查。此次清产核资以2005年12月31日为清查时间点，涉及中国烟草总公司及其所属的32家省级局（公司）、17家省级中烟工业公司、7家直属二级公司和郑州烟草研究院等65家行业单位，共计1054家烟草主业的全资、控股、相对控股的多元化经营企业（含再投资控股企业）。清查内容重点围绕主业长期投资情况、往来账中的投资情况、用于多元化经营的在建工程项目、对外担保、因历史原因形成的账外资产、主业在境外投资情况、在主业账上反映但仍用于多元化经营的固定资产项目等七个方面进行。通过多元化经营企业清产核资工作，国家局全面摸清对外投资及多元化经营企业的"家底"，真实掌握了企业的资产价值和财务状况。

全面开展同级审计

2006年，全行业首次开展2005年度的同级审计工作，同级审计的主要内容涉及财务收支审计、内部控制制度审计、预算审计和专项资金审计，尤其将内控制度审计放到重要位置。同时，国家局对审计机构的设置、人员充实情况、行业审计、同步审计和后续审计的整改落实情况等开展检查。2月，召开全国烟草行业2006年财务审计工作会议；3月，国家局财务审计司对行业各二级公司本级开展同级审计工作，组织同级审计工作检查督导组深入湖南、贵州等省份了解情况，开展检查督导行业同级审计工作；8月，分5个片区召开2006年全国烟草行业财务审计工作座谈汇报会；11月，召开同级审计检查工作汇报会，听取各省财务处有关情况汇报，开展对全国29个省公司工业公司同级审计重点检查工作。

此次同级审计分三个阶段进行，分别为企业自查、省级公司复查和国家局重点检查。为确保审计质量，各单位按照国家局的工作方案制订具体实施方案，细化审计内容和工作方法。省级公司不仅按时完成本级的同级审计工作，还加强对下级单位开展同级审计工作的监督检查。省级工业公司、复烤企业和省级局（公司）企业自查和复查面达100%，地市级公司达30%。为做好财政专项资金审计，国家局财务司分成三批对全国烟草工商企业2003年至2006年间收到的财政资金的账务处理情况、使用开支情况进行全面的检查。

预算及成本管理

以预算管理为主线，加强财务日常管理监督。行业各单位根据企业改革和业务流程的变化，充分发挥各级预算管理委员会的作用，修订预算管理制度办法，细化预算编制，加强预算考核，进一步加强预算的全过程控制能力。尤其是在企业重组的过程中，各省级公司都通过预算管理这条主线，掌握生产经营的规范运行，为行业体制改革的顺利进行发挥了重要作用。

加强成本费用控制。针对历次审计中反映的突出问题，行业各单位严格执行工效挂钩政策，规范了"三员"工资列支渠道；针对企业超产行为，严格成本费用核算，真实反映企业生产经营成果，有效遏制了企业当期销售跨期核算的问题。

资金管理

以监控资金运作为重点，加强资金风险管理。针对资金管理的突出问题，省级公司以防范资金风险为中心，严格实行"收支两条线"和资金预算审批制度，强化对下属企业的资金监控，确保资金的安全完整。部分省级公司开展经常性的银行账户清理，从源头上堵住资金漏洞；对资金进出大的主要环节，完善大额资金审批程序和内部控制制度建设。各单位加强对烟叶结算资金的监控，对交易情况异常的成员单位进行督促，确保烟叶结算纪律的严肃性，烟叶结算资金的安全性和合法性程度得到提高。

规范烟叶生产投入行为。2006年，国家局协调财政部出台了允许烟叶生产投入在费用中列支的政策，解决了困扰烟草行业多年的烟叶生产投入没有列支渠道的问题。根据国家局烟叶生产投入补贴实施意见，烟叶产区的各级烟草财务部门普遍加强关于烟叶生产投入和烟叶生产基础设施建设的制度建设，加强对资金使用核算的日常检查和管理，规范烟叶生产投入补贴标准及烟叶生产基础设施建设项目资金的申报、审批、拨款和实施环节的管理，进一步规范了烟叶生产经营秩序。

会计基础工作

完善制度、统一代码，夯实会计工作基础。2006年，在统一制度，软件和会计编码上取得积极进展。国家局下发《烟草行业卷烟商业企业物流费用管理办法和核算规程》，为商业企业规范物流管理、控制物流成本提供了制度上的依据；制订并统一行业的会计科目及代码，切实加强全行业的核算基础工作。全行业加快统一财会管理信息系统的步伐，开展相关内容的前期准备工作。国家局加强对统一财会管理信息系统的组织领导，组成以姜成康局长为组长的行业统一实施财会软件管理信息系统领导小组，并在领导小组的直接领导下积极推进工作。

2006年，各省级局（公司）和省级工业公司在企业组织结构调整过程中基本实现了本系统内会计政策、核算科目、核算内容和核算口径的“四统一”，满足了总厂、分厂多点生产经营管理和地市级公司独立经营主体的工作需要。在取消县级公司法人资格后，为防止出现监管真空，从完善管理制度、规范资金运作程序角度，省市级公司也进一步加强了县级营销部和烟站的财务管理和相关基础工作。

内部管理监督

2006年，全行业继续坚持“规范‘两烟’经营是基础、财务审计是关键、领导干部是重点、纪检监察再监督是保障”的行业内部监管基本格局，继续坚持“主要领导负总责、分管领导具体负责、管理监督部门为主、整顿办日常协调、各部门齐抓共管”的工作机制，继续深入、持久、扎实地开展加强内部管理监督工作。

扎实推进“两项检查”工作

2006年，全行业全面开展以内部专卖管理监督检查和同级审计检查为主要内容的“两项检查”工作。国家局相继印发《国家烟草专卖局关于开展行业内部专卖管理监督检查的通知》（国烟专〔2006〕56号）和《国家烟草专卖局关于开展2005年同级审计工作的通知》（国烟审〔2006〕69号），决定对2005年度烟草专卖品生产经营活动和财务开支情况进行全面检查和审计。

工商企业开展自查。绝大多数企业对“两项检查”工作高度重视，成立了内部专卖管理监督检查和同级审计检查领导小组，制订具体可行的自查工作实施方案，并选派业务能力强的工作人员对照实施方案逐笔逐项地认真开展自查，同时国家局制订了明确的转段标准。各省级局（公司）、工业公司成立了督导组，对所属企业的自查情况进行全面督导检查，并对所属企业能否按期转段进行严格审核和把关。

省级局（公司）、工业公司开展复查。各省级局（公司）、工业公司研究制订复查工作实施方案，明确复查重点和工作流程，严明工作纪律，抽调业务骨干组成多个检查组，对所有的直属企业进行全面彻底地复查。

国家局开展重点抽查。专卖司对河北、山西省局（公司）内部专卖管理监督检查的情况进行了试点检查，财务审计司对吉林省局（公司）、云南省局（公司）、陕西中烟和云南中烟进行了同级审计检查的试点检查。在试点检查的基础上，国家局修订完善了“两项检查”的重点抽查工作实施方案，并由专卖司和财务审计司分别对直属企业进行了深入扎实的重点抽查。截至2007年6月，专卖司完成对14省市22家直属单位的重点抽查，财务审计司完成除由地方审计机关审计的9家省级单位和西藏区局（公司）以外的40家省级单位的重点抽查。

总结典型。充分发挥先进单位示范作用，及时发现和总结好的典型和做法，以典型引路，推动工作。安徽省局（公司）实行承诺制，省局与所属单位法人代表签订责任书；河南省局（公司）把“两项检查”列入年终考核，实行一票否决制；宁夏区局（公司）把坚持“四个凡是”作为检验“两项检查”工作的尺度；广东中烟工业公司狠抓问题整改，注重整改效果；江西中烟工业公司围绕自查工作，建立责任制度、汇报制度、考核制度、督办制度等四种机制。通过充分发挥典型的示范作用，为其他单位深入开展“两项检查”工作提供了榜样和借鉴。

推进"两项检查"督导工作。整顿办在"两项检查"工作过程中，充分发挥行业网站"内管专栏"的平台及窗口作用，及时报道行业直属单位"两项检查"工作开展情况，编发36期反映直属单位"两项检查"工作进展情况的《工作动态》，收到来自各级整顿办的稿件1400余份。先后16次组织近40余人次的"两项检查"工作调研组赴山西、河北、广东、福建、江苏、浙江、青海、海南、山东、河南、上海、大连、云南、贵州、四川等16省级局（公司）、11个省级工业公司36个地市级局（分公司）、30个县级局（营销部）、12家烟厂、13家复烤企业，重点了解各单位在"两项检查"工作中的情况，撰写调研报告20篇。

烟叶经营秩序整顿

2006年初，国家局下发了《关于做好2006年度烟叶合同检查工作的通知》，明确要求烟叶产区的省级局（公司）把烟叶种植、收购、加工、调拨等四个环节的合同落实情况作为当年烟叶经营秩序整顿的重点工作。

检查烟叶种植合同。烟叶产区的省级局（公司）按照国家局要求，组织检查组对本省（区、市）烟叶种植计划的分解情况、《烟叶种植收购合同》的签订情况、农户按合同种植烟叶的情况进行检查。检查组采取走访农户核对合同、深入田间查棵论亩、核实微机录入数据等方式，深入检查烟叶种植合同的落实情况。国家局也组织检查组对贵州、云南、河南、陕西、甘肃、黑龙江、广西、重庆、湖北等省（区、市）的烟叶种植合同进行了抽查。

检查烟叶收购合同。烟叶产区的省级局（公司）高度重视烟叶收购工作，收购期间反复强调烟叶收购的七条纪律，并组织检查组对基层烟站按合同收购烟叶的情况进行了重点检查，防止各类无合同和超合同收购烟叶行为的发生。国家局组织检查组对福建、广西、湖南、四川、贵州、云南等省烟叶生产收购的户籍化管理情况、烟叶收购合同的签订情况和已收购烟叶的仓储情况进行了重点抽查。

检查烟叶复烤加工合同。烟叶产区的省级局（公司）按照国家局的要求对打叶复烤企业实行了派员驻厂制度，并组织检查组对打叶复烤企业按合同复烤加工烟叶的情况进行了检查，重点检查了是否存在无合同和超合同加工烟叶、违规购销烟叶和为系统外加工烟叶的情况。国家局也派出由监察局、烟叶公司和整顿办组成的联合检查组，对云南、贵州、广西、湖北、湖南、福建、四川、重庆、河南等省的11家打叶复烤企业进行了检查。

检查烟叶调拨合同。各省级局（公司）按照国家局《关于做好2006年度烟叶调拨合同检查工作的通知》要求，由整顿办配合专卖部门对工商企业之间烟叶调拨合同的执行情况进行了检查，确保有关单位严格按照国家局下达的烟叶调拨计划签订烟叶购销合同，按合同供应和调入烟叶。

处理有关烟叶生产经营秩序的举报。为了进一步拓宽举报渠道，广泛接受群众监督和社会监督，国家局整顿办开通了主任信箱。2006年国家局整顿办共接到30起烟叶方面的举报并及时进行了处理。

围绕薄弱环节开展专项调研工作

根据《2006年烟草行业加强内部管理监督及整顿和规范市场经济秩序的意见》的安排，2006年4月，国家局组织联合调研组对广告宣传费的使用管理情况和大宗物资、烟机零配件的采购管理情况进行了专题调研，先后赴上海烟草（集团）公司、红塔烟草（集团）有限责任公司、云南中烟工业公司红河卷烟厂、湖南中烟工业公司长沙卷烟厂、湖南中烟工业公司常德卷烟厂、贵州中烟工业公司贵阳卷烟厂、浙江中烟工业公司杭州制造部、浙江中烟工业公司宁波制造部8家重点企业进行了调研。5月下旬，分别下发了《关于填报大宗物资采购和烟机配件采购调查表的通知》和《关于填报广告宣传类支出统计表的通知》，统计整理了2004年、2005年全国16家工业公司和中烟实业中心所属卷烟工业企业的广告费用支出、大宗物资及烟机零配件采购、使用和库存情况，以及三年以上库存不用零配件的有关数据，对全国卷烟工业企业近几年的广告宣传费支出情况和大宗物资、烟机零配件采购库存情况进行了较为详细的统计。

一些省级局（公司）、工业公司也结合本省烟草行业生产经营的实际选择调研方向，开展了专题调研工作。福建省局（公司）整顿办对加强行业工程项目招投标管理工作进行了专项调研；江苏中烟对大宗物资采购和烟机零配件采购进行了专题调研；贵州省局（公司）对推行全面预算管理和质量管理体系的情况进行了专题调研；河南省局（公司）对重点工程项目、广告宣传费开支和大宗物资采购进行了专题调研；广西区局（公司）对工业企业向商业企业支付奖励和组织出国考察问题进行了调研，并在调研的基础上进行了整改处理。

建设内部监管长效机制

完善工作机制和组织机构。建立了同级监督工作机制，多数直属单位制订了加强同级监督的办法；做好直属单位纪检监察机构领导的提名和审核工作，切实加强干部管理；各级纪检监察机构进一步健全，人员得到充实，2006年批复实施体制改革的十几个省级工业公司都设置了监察机构，40多个市局（分公司）充实了纪检监察干部，部分市局（分公司）对县局派驻了专职纪检监察员。同时，注重抓好纪检监察干部培训，组织50名行业纪检监察干部参加中央纪委的培训并在查办案件等工作实践中相互学习，纪检监查干部整体素质得到提高。

推进规章制度建设。大部分单位结合加强内部管理监督工作对本企业的各项规章制度进行清理，废止已经过时的规章制度，对仍然有用的规章制度进行修改完善，并新制订了一批规章制度，进一步规范企业的管理流程。为了提高制度的执行效果，一些单位采用多种形式对新修改和制订的规章制度进行了宣传和培训，使每名员工都能够知道并自觉地遵守制度。

发挥联系单位的示范作用。全年整顿办共组织3次专题调研组，赴上海、山东、大连等单位进行调研，总结出上海烟草（集团）公司“寓监于管、管监结合，管监一体化”的做法；大连市局（公司）在制度建设中，突出对关键点的控制，注重对制度执行情况的监督与考评，强调制度执行力，并通过信息化建设，固化业务流程，用电脑的“原则性”克服人脑的“随意性”的做法；山东省局（公司）注重提高各级领导班子执行力，保证政令畅通的做法。同时，将这些经验和做法在整顿办的《工作动态》中进行了介绍。

构建惩防体系

全行业坚持以《建立健全教育、制度、监督并重的惩治和预防腐败体系实施纲要》（以下简称《实施纲要》）为统领，提出构建烟草行业惩治和预防腐败体系的“三个结合”：与保持共产党员先进性教育紧密结合，建立思想道德教育的长效机制；与烟草行业整顿规范工作紧密结合，推进反腐倡廉工作制度化；与履行纪检监察工作职能紧密结合，强化对权力运行的有效制约和监督。

突出“领导干部是重点”。把加强内部管理监督与构建惩防体系紧密结合，从构建惩防体系的高度，把加强内部管理监督特别是加强对各级主要领导干部的监督作为加强领导班子建设的重要内容。国家局党组和驻局纪检组切实抓好《党内监督条例》的贯彻落实，进一步规范领导干部从政行为。按照国家局党组《关于加强对行业各级领导班子及主要领导干部监督的意见》，加强对“三重一大”问题的监督检查。对健全完善资金监管制度提出积极建议，对重大投资、大额度资金使用及其招投标进行跟踪监督，严格制度，减少漏洞。行业切实加强对干部选拔任用工作的监督，开展对47名拟提拔的司局级干部、28名机关处级干部的考察工作，并进行了廉政审核；与15名行业直属单位领导干部进行廉政谈话，对有群众反映的5名干部进行诫勉谈话；进一步完善干部廉政档案，建档人员达400余名。行业纪检监察机构全年组织廉政谈话6017次，诫勉谈话639次。

推进行业惩防体系建设。国家局党组和驻局纪检组通过组织专题学习、开辟专栏、会议研讨等多种形式，继续抓好学习教育，增强了各级领导干部和职工贯彻落实《实施纲要》的自觉性。采取以点带面的方法，及时总结推广试点经验，切实加强督促指导。同时，驻局纪检组监察局对各单位构建惩防体系工作的进展情况进行跟踪检查。国家局党组制订了构建惩防体系的《分工方案》，分别把近期、中期和较长时期的工作任务分解到22个职能部门，明确责任，加强协调，促进了工作深入开展。各直属单位普遍制订了贯彻落实《实施纲要》的具体意见，行业构建惩防体系工作全面推进。

严肃查处违纪违法案件。加大对违纪违法案件的查处力度，严肃处理顶风违纪案件。2006年，全行业受理群众来信来访2380件（次），初核378件，立案231件，结案222件，有428人受到了党纪政纪处分，其中，司局级干部1人，处级干部44人。驻局纪检组监察局办理信访举报592件，先后对群众举报的7起案件线索进行了初核，立案查处4起，向有关单位或领导干部发出责成说明问题通知书4份，对反映有问题的公司和卷烟生产企业领导干部发函督办43件。驻局纪检组监察局立案查处的案件主要涉及国有资产流失问题、职工集资款投入股市的问题、干部任用方面存在的问题、个别领导以权谋私的问题。

从源头防治腐败。2006年8月，召开行业纪检监察工作座谈会，围绕“四个纪律保证”，专门就治理“两烟”体外循环，大额度资金使用、重大工程项目、大宗物资采购和打叶复烤企业的监督管理等八个方面的问题进行了深入研讨，提出了具体的工作思路。结合行业实际，研究制订了《关于进一步规范“两烟”生产经营秩序的纪律要求》，从六个方面重申了在“两烟”生产经营中必须遵守的纪律，对顶风违纪行为进行了严肃查处。对行业纠风工作进行部署，加大治理“两烟”生产经营中的违规问题和专卖执法中的不正之风的工作力度。

烟草科技

2006年，烟草行业科技工作紧紧围绕国家局提出的“完善体制机制，优化资源配置，增强竞争实力，全面提升水平”的主要任务，坚持中式卷烟的发展方向，努力提高中式卷烟核心竞争力，建设创新型行业，大力推进烟草育种、卷烟调香、特色工艺、减害降焦四大战略性课题研究，实施知识产权战略和技术标准战略，进一步完善科技创新、标准化和质量监督体系，开创了烟草科技工作的新局面。

烟草科技发展方向

2006年烟草行业科技工作基本思路是：以邓小平理论和“三个代表”重要思想为指导，以科学发展观统领烟草科技工作的全局。坚持自主创新、重点跨越、支撑发展、引领未来的指导方针，以实施重大项目带动战略，提升行业自主创新能力为目标；以发展中式卷烟、培育中式卷烟品牌为基点；深化科技体制改革，整合科技资源，强化标准化和质量监督工作，加大科技投入和科技人才培养力度，努力提高企业核心竞争力和中国烟草总体竞争实力，促进烟草与社会的和谐发展。

国家局制定并实施《烟草行业中长期科技发展规划纲要（2006～2020年）》。《纲要》围绕中式卷烟的发展需要，确定8个重点领域、28项优先主题，着力解决制约行业发展的关键技术问题；同时，筛选出9个行业急需、基础较好的技术、产品和工程作为重大专项，攻克一批具有突破性、前瞻性的关键共性技术，开发一批具有带动性、关键性的重大产品，推进一批具有全局性、战略性的重大工程。

按照《纲要》的总体要求，各省局（公司）、中烟工业公司制定了本单位的《科技发展规划纲要》。国家局制定《国家烟草专卖局关于实施烟草科技重大专项的若干意见》，对《纲要》提出的9个重大专项进行任务分解，落实各个专项的牵头单位，力求攻克一批具有全局性、前瞻性的关键共性技术，开发一批具有战略性、带动性的重大产品或重大工程；研究制订《国家烟草专卖局办公室关于征集2007年度烟草行业重大科研项目的通知》，结合行业发展实际需要征集重大科研项目，集中行业内外科研力量联合攻关，力求在中式卷烟关键技术、共性技术领域取得突破，形成一批具有自主知识产权的成果、专利和技术标准。

四大战略性课题

烟草育种。2006年，国家局相关部门成立由59人组成的第五届全国烟草品种审定委员会，以适应烟草品种两级审定工作的要求。国家局印发《中国烟草种质资源平台建设方案》，开展烟草种质资源收集、保存、评价、鉴定、区试等相关工作；印发《烟草品种管理办法》、《烟草品种审定办法》、《烟草品种试验办法》、《烟草品种审定委员会章程》4个文件，逐步落实品种管理、试验和两级审定等相关工作。

6月，行业召开第五届全国烟草品种审定委员会第一次会议，审定通过“豫烟4号”、“秦烟95”、“云烟201”、“鄂烟5号”、“云香巴斯玛1号”等5个卷烟品种，并向全行业发布公告。

加大新品种选育工作力度，重点在高香气新品种选育、抗病毒优质新品种选育、地方特色品种的选育3个方向进行重点攻关，并落实2006年品种区试相关工作。立项实施“中国烟草基因组计划方案研究”项目，国家局科教司完成中国烟草基因组计划可行性分析报告，并于11月召开中国烟草基因组计划方案研究项目专家论证会，对中国烟草基因组计划的必要性和可行性、方案提出的经济技术指标、总体技术路线、技术方案、运行方式和实施策略等问题，进行讨论，形成专家论证意见，为烟草基因组计划重大专项的实施提供科学依据。

卷烟调香。实施项目带动战略，全面推进卷烟调香技术研究。根据行业重点骨干品牌发展需要，通过科研项目的形式，开展卷烟调香技术研究企业试点工作，推动卷烟调香应用技术研究。2006年将红云烟草（集团）有限责任公司、武汉烟草（集团）有限公司、红塔烟草（集团）有限责任公司、红河卷烟总厂4家卷烟生产企业作为试点企业，围绕“云烟”、“红金龙”、“红梅”、“红河”4个品牌分别构建卷烟企业技术体系、品控体系和人才体系。抓好中式卷烟香精香料核心技术研究项目的研究和成果推广工作，推进卷烟调香基础和共性研究。

以共性技术研究为突破口，启动卷烟调香品控技术研究。召开卷烟调香品控技术体系研究项目启动会，全面启动卷烟调香品控体系研究工作。国家局有关部门联合行业内外科研单位、香精香料企业，研究卷烟企业普遍使用的香精、料液、反应性香原料、精油等

4大类香精香料产品的通用品控方法和技术，为卷烟企业品控应用技术研究提供技术基础和支撑。

全面开展卷烟调香人才培养工作。国家局依据《卷烟调香工程方案》，制订《卷烟调香人才培养实施方案》，全面启动卷烟调香人才培养工作，确定培养目标、工作思路。有关部门通过广泛调研，确定了国际化、开放式培养基地作为卷烟调香人才培养的具体实施机构；确定培养方式、培养内容，编制培养计划；选拔学员，开学授课，在完成教学筹备工作的基础上，于9月份下达卷烟调香师、工程硕士的招生计划，并于11月在广州举行首期卷烟高级调香师班、调香师班开学仪式和“国家烟草专卖局卷烟调香人才培养基地”揭牌仪式，在郑州举行2006年度卷烟调香（方向）工程硕士开学仪式。组建烟草行业调香技术委员会，并明确其工作任务和组织构架，选出41名委员作为第一届全国卷烟调香技术委员会正式成员。

特色工艺。国家局印发《特色工艺工作方案》，部署企业试点工作，组织专家组对申报特色工艺项目的多家卷烟生产企业进行了现场考察和质疑答辩，经过充分论证，确定川渝中烟工业公司、广东中烟工业公司、河南中烟工业公司等企业作为第三批特色工艺应用技术研究试点单位，重点围绕“娇子”、“双喜”、“红旗渠”等品牌开展以“分组加工技术、均质化生产技术、数字化加工技术”为核心内容的特色工艺应用技术研究。

减害降焦。继续实施项目带动战略，部署“卷烟危害性指标体系研究”项目，重点研究表征卷烟危害性的评价指标体系。5月，召开“卷烟危害性评价指标体系”项目论证会，提出卷烟低危害的主要指标体系以及卷烟危害性分级限量标准，为行业减害降焦提供理论指导和依据。在总结、完善卷烟烟气主要有害成分分析检测方法的基础上，召开“卷烟烟气44种有害成分分析方法”7个分项项目鉴定会。

6月，下发《国家烟草专卖局关于进一步推进减害降焦工作的通知》，明确“十一五”末，即到2010年全国卷烟焦油量，以及一、二类卷烟品牌焦油量加权平均值实现12毫克/支以下的目标。据统计，2006年全国卷烟焦油量加权平均值为13.2毫克/支，比上年下降0.3毫克/支。

烟叶可持续发展工作

优质烟叶生产科技示范基地建设。根据国家局科技示范基地建设总体部署要求，建立湖南郴州、贵州毕节两个科技示范基地。印发《国家烟草专卖局关于做好第一批优质烟叶生产科技示范基地考核验收相关工作的通知》，筹备开展对第一批科技示范基地验收的相关工作。

国家局科教司组织科技工作人员赴云南大理、福建三明、广西百色检查调研关键技术研究和推广实施情况，对优质烟叶开发和科技示范基地建设工作进行指导。提出科技示范基地建设要紧紧围绕建立科技型企业或创新型企业的目标，发挥科技支撑和市场导向两个作用，构建技术、服务、市场三个平台，发挥市场带动、技术支撑、孵化培育和纽带服务四项功能，进一步提高科技贡献率，促进烟区的可持续发展。

中国烟草种植区划。落实《2006年度中国烟草种植区划工作方案》，完成2006年度烟叶、土壤样品的取样和部分烟叶和土壤样品的检测，相关部门对中国烟区烟叶质量状况、植烟土壤状况和气候条件进行全面的分析评价，初步建立了烟叶质量评价指标体系、植烟土壤适宜性评价指标体系、气候适生性评价指标体系，并对项目进行了分析总结。

2006年，国家局有关部门对烟叶质量评价指标体系、植烟土壤适宜性评价指标体系、气候适生性评价指标体系进行了论证。制订《中国烟草种植区划信息系统平台构建方案》，分别开发全国种植区划和典型区划信息系统，实现开发平台、开发语言、数据标准和数据库的统一，构建中国烟草种植区划信息系统。

科技项目运作与管理

国家局下发2006年度科技项目计划，受理并审查2006年度国家局科研项目专项合同，组织清理、审查烟草科研机构1998～2004年度的项目实施情况。完成低危害卷烟指标体系研究、烟用香精香料核心技术研究和三大基础分析等国家局部分重点项目的检查和部署工作。开展对19项科技成果的鉴定，进行2项科技项目的田间评议工作。

行业创新体系建设

加强行业技术创新体系与企业技术中心建设。建立以企业为主体、市场为导向、产学研相结合的技术创新体系。加大企业技术中心的整合优化力度，即企业技术中心整合中应注重“稳”、“融”、“优”，要“突出重点，突破局限，突显优势”，要做到“五个统一”① 和“三个有利于”②。国家局修订《烟草行业认定企业技术中心管理办法》；组织人员对广西中烟工业公司技术中心进行认定；开展加强烟机技术中心建

① 指统一战略规划、统一项目管理、统一科技人员调配、统一科技经费筹措和使用、统一规章制度和管理。

② 指有利于激发科技人员的创造热情，完善创新机制和环境；有利于提高科研水平和效率，增强自主创新能力；有利于科技创新人才培养，提升科技人员的整体素质。

设的专题调研；开展行业内国家级技术中心的申报和重组后技术中心的更名申报工作。截至2006年底，行业共有国家级技术中心6家①，行业级技术中心9家②。推进行业重点实验室建设，制订重点实验室专项经费管理办法，组织开展重点实验室管理人员与清华大学等重点院校实验室的学习交流活动，明确重点实验室建设近期工作任务。

*建立以科研机构为主体的知识创新体系。*确定郑州烟草研究院“十一五”科技发展指导思想和发展目标，按照国家局赋予郑州院“二二一三”的职责定位，发挥郑州烟草研究院在烟草科技工作中的牵头、指导、推动作用。促进郑州院通过牵头实施行业重大科研课题，充分利用行业内外科技资源，带动各企业技术中心开展提高自主创新能力的科学研究。通过项目实施带动企业科技人才培养，促进中青年科技骨干和跨学科复合型人才脱颖而出。推进行业重点实验室建设，制订重点实验室专项经费管理办法并对重点实验室管理人员进行培训。

*加强行业科技服务体系建设。*进一步推进烟草科技基础条件平台建设，根据国家和国家局关于要“加强科技创新基地与平台建设，建立科技资源的共享机制”、“加强科技基础条件平台建设”要求，加强并完善行业质检数据分析系统、中国烟草技术基础数据库、行业病虫害预报预测、行业种质资源库、行业标准参照卷烟样品库和行业重点科技文献与科技信息系统等组成的烟草行业科技基础平台建设。建立烟草行业较为系统、完整的科技信息资源库，在信息传递、技术咨询、质量检测、科技查新等方面发挥权威性作用，有力地支撑并服务于行业科技创新体系。

*加强农业科研开发与技术推广机构建设。*国家局采取积极有效的措施，不断提高两个育种中心（南方中心、北方中心）、一个实验基地（国家烟草栽培生理生化研究基地）和五个农业试验站（东北、东南、西南、中南和白肋烟试验站）的成果推广与科技服务能力，有效促进烟草科技成果转化为现实生产力。

创新政策与创新能力评价

对湖北、湖南、上海等地工商企业开展科技创新财税优惠政策调研工作，梳理有关国家科技创新财税优惠政策，分析行业科技创新财税优惠政策利用的基本情况和存在的问题，提出用好用足科技创新财税优惠政策的意见和工作重点，启动武汉烟草（集团）有限公司、常德卷烟厂、长沙卷烟厂实施科技创新优惠政策的试点工作。组织科技贡献率的技术讲座。

实施行业的知识产权战略。启动“中国烟草知识产权发展策略与管理研究”工作，明确今后一段时期烟草行业知识产权工作的指导思想、战略目标、政策措施等。举办“烟草行业技术创新与知识产权”培训班，培训行业各直属单位科技管理部门负责人、各国家级与行业级技术中心和重点实验室负责人等100余人。

深入开展卷烟工业技术创新能力评价工作。完成“卷烟工业企业技术创新能力与发展态势评价研究”项目，应用新制定的创新能力评价体系，开展2006年度行业卷烟工业企业技术创新能力评价工作。国家局对41家卷烟工业企业2005年度的R&D数据和统计年报数据进行分析评价，并进行企业技术创新能力分析，印发2006年度《烟草行业卷烟工业企业技术创新能力评价研究与分析》报告。

科技奖励

加快和完善行业科技奖励制度改革，国家局下发《国家烟草专卖局科学技术进步奖励办法》和《国家烟草专卖局科学技术奖励办法实施细则》。《奖励办法》增设国家局科学技术杰出贡献奖，在奖励种类的设置、奖励力度、评审标准和评审程序等方面予以较大调整。开展实施2006度国家局科技进步奖的申报、送审和初审工作，评选出2006年度国家局科技进步奖15项，产生3项推荐国家科技进步奖的项目。

国家局加大科技进步奖励工作力度。印发《国家烟草专卖局关于2005年度科学技术进步奖的决定》和《国家烟草专卖局关于表彰奖励全国烟草行业“十五”重大科技成果暨科技创新工作先进集体和先进个人的决定》，对获得国家科技进步奖的重大科技项目一次给予每个项目30万元的奖励。

科技培训

有效推动行业科技人员培训工作的深入开展，开展对行业各直属单位科技管理部门负责人、重点实验室主任、产品研发与检验人员、标准化管理人员等人员的专业培训和科技管理培训。同时对卷烟调香方向的研究生进行培训，培养了一批高级复合型人才。

技术监督

*质量监督检查。*不断加强以维护卷烟品牌质量和提高品牌竞争力为核心的质量监督工作，完成对滤棒、卷烟纸、烟用接装纸、烟用香精香料的质量监督检查，抽查合格率分别为100%、91.89%、93.4%、93.4%。

---

① 长沙卷烟厂、常德卷烟厂技术中心已联合重组。

② 龙岩卷烟厂和厦门卷烟厂、蚌阜卷烟厂和芜湖卷烟厂、颐中烟草（集团）有限公司和将军烟草集团有限公司技术中心已分别重组。

依据《国家烟草专卖局关于规范烟用香精香料产品标识标注的通知》文件要求，首次开展对烟用香精香料产品标识标注的检查，检查合格率为97.1%。推进烟用材料信用体系建设，对出现的不合格烟用材料加大质量跟踪抽查力度。加大对卷烟产品和烟叶工商交接质量监督工作力度，加强对流通领域卷烟产品的抽检力度，全年卷烟产品质量合格率稳定在98%以上；烟叶工商交接等级质量平均合格率约为63.4%，与2005年度的63.3%基本持平。

规范质量监督管理。2006年，国家局发布《烟草行业产品质量监督管理办法》、《烟草行业产品质量监督检验机构管理办法》、《烟草产品鉴别检验管理办法》和《卷烟产品鉴别检验规程》等烟草行业质量技术监督的最基础规范性文件。

启动烟草质检机构资源整合工作。2006年1月，国家局正式授权北京市烟草质检站承担天津地区卷烟产品鉴别检验及市场监督检验工作。10月，由北京、天津两个市局（公司）共同筹建的北京市烟草质检站天津卷烟产品鉴别检验组通过检验能力和授权签字人考核，为今后烟草行业质检资源优化整合开创了先例。

省级质检机构成绩显著。加大省级质检机构的烟草产品鉴别检验工作量，鉴别范围不断拓展。据不完全统计，2006年行业省级以上质检机构共鉴别检验卷烟20多万批次，完成15台（套）烟机和110个批次零配件的鉴别检验。

举办国际研讨会。2006年11月，第四届卷烟烟气分析、卷烟纸、丝束共同实验研究暨检测技术国际研讨会在上海举行，来自国内外质检领域的217位专家和代表参加本次研讨会。会议通报了2005年3项产品共同实验检测结果，提出改进意见，同时布置2007年共同实验计划并分发样品。从2004年起，这3项共同实验研究已纳入中国合格评定国家认可委员会实验室能力验证计划（CNAS）。会上，就烟草检测技术领域的28篇最新论文成果进行现场报告交流。

标准化管理

指导性管理文件的编制。2006年，国家局下发《烟草行业标准化中长期发展战略（2007—2020年）》、《烟草行业国家、行业标准制修订管理工作规程》等相关的规范性文件，提高标准制修订管理工作的质量和水平，标准制修订工作更加规范化、程序化。

标准制修订。组织2006年度标准制修订项目计划的编制及合同的签订，启动部分重点项目；开展2007年度标准制修订项目的申报和专家评审，基本完成2007年度标准制修订项目计划的编制。截至2006年底，国家局共批准发布行业标准72项，配合国家标准委完成对有关标准的清理，废止标准92项（其中部分烟机标准转为企业标准）。

标准化综合管理。完成行业全国烟草标准化技术委员会（简称“全标委”）的换届工作，召开全标委首次工作会议。成立行业的物流分标委并对个别分标委的人员进行调整，以充实加强标委会的力量。

按照国家标准委的有关要求，为保证烟叶标准化生产示范县建设工作的质量和水平，根据行业烟叶生产发展的实际情况，在取消3个标准化示范区荣誉称号的同时，补充6个国家级烟叶标准化生产示范区；对第四批国家级烟叶标准化示范区建设单位进行普查，为2007年的正式考核、验收工作奠定基础。召开第四、第五批示范区建设年度工作总结和经验交流会。国家局科教司组织研讨并修订、完善了《烟叶标准化生产示范县管理办法》和《考核验收办法》。

2006年，国家局下发《卷烟品牌许可生产质量保障通则》和《卷烟企业清洁生产通则》，组织开展“烟草行业标准化示范企业评价细则”的研究与制定，为有效推动卷烟生产企业的标准化工作奠定基础；举办6期标准类培训班，培训有关技术骨干近900人；组织烟用包装材料挥发性有机物（VOC）的检测方法标准及VOC限量等一批重要标准的研究与制定；就建立技术性贸易措施体系的前期工作进行研究和探讨，并确定工作重点。

开展相关代码标准的制修订、维护以及与行业物流建设等方面相关的标准制订工作。对卷烟产品代码的规范应用和卷烟产品的命名是否符合标准要求进行再次清理。基本解决卷烟销售环节旧版卷烟包装标识与新版《卷烟》国标不符的问题。

履行国际公约

履行国际公约，氟利昂和甲基溴淘汰工作进展顺利。根据《中国逐步淘汰消耗臭氧层物国家方案》和《中国甲基溴行业消费整体淘汰计划》的安排及国家环保总局有关要求，确定2006和2007年度行业氟利昂烟丝膨胀装置拆除计划及氟利昂消费配额，拆除深圳、贵定卷烟厂和黄果树集团的氟利昂烟丝膨胀装置设备3套。完成一期第一批福建龙岩等地区甲基溴淘汰集约化育苗示范中心6万平方米的建设工作，国家局与国家环保局和行业有关单位分别签署《甲基溴淘汰育苗温室建设项目协议书》和《烟草行业甲基溴淘汰责任书》。开展甲基溴淘汰示范中心二期建设的申报和方案的评审工作，确定湖南永州等地区作为甲基溴淘汰二期第一批育苗示范中心建设地，制订烟草行业甲基溴淘汰二期温室建设工作实施方案，启动甲基溴淘汰一期第二批和二期第一批育苗示范中心建设，计划在8个省的8个分公司建成17.64万平米的育苗温室。

做好履行《烟草控制框架公约》准备工作，制订“卷烟制品包装与标签”、“烟草成分的检测、控制与披露”两个专题技术报告和履约技术方案。

学术交流

国内学术交流。10月23日~24日，工业专业委员会烟草工艺学组在郑州召开学术研讨会，探讨中式卷烟特色工艺研究应用及制丝生产线自主创新工作，对交流的60篇论文进行评选。11月23日~24日，烟草机械学组在上海举办以中式卷烟工艺装备研发为主题的学术研讨会，行业内外从事烟草机械和烟草工艺的专家及技术人员90余人参加研讨会，会上交流论文161篇。12月，化学学组在广州举办关于中式卷烟发展、调香技术与化学研究的学术研讨会，会上，行业内外专家作烟用香精香料技术、烟草化学成分分析和卷烟产品品质分析方面的专题报告，110篇论文在会上进行交流。

农业专业委员会遗传育种、栽培与营养、植物保护、调制与分级四个学组开展“基本烟田与专业化服务”等学术研讨活动，针对国家局确定实施的烟草育种战略课题及病虫害预测预报、综合防治网络建设课题，在14个省烟叶产区和科研单位进行调查研究。信息化专业委员会召开研讨会，围绕工业信息化建设思路、平台建设、集成整合、数据中心和信息共享等问题进行学术交流。就行业企业重组、建立现代企业制度及复烤企业适应行业发展等方面开展学术交流。

国际学术交流。1月30日~2月3日，中国烟草学会组团赴西班牙参加烟草科学研究合作中心（CORESTA）2006年第一次理事会。9月17日~20日，第60届烟草科学研究会议（TSRC）在加拿大魁北克省蒙特利尔市召开，会议以“烟草工业中的技术挑战”为主题，探讨如何有效降低烟气的危害性，会上，有49篇科技论文进行交流，中国烟草代表团发表7篇论文。10月15日~21日，CORESTA2006年大会在法国巴黎召开，中国烟草代表团参加会议。会上，交流科技论文165篇，其中，中国烟草代表团参加交流会论文12篇，中国1名青年科技工作者获得CORESTA奖学金；中国烟草代表团还参加了CORESTA烟草特种分析物工作组和活性炭嘴棒中三醋酸甘油酯测定方法项目组工作会议。

信息化建设

行业信息化建设概况

2006年，烟草行业各单位、各级信息化工作部门认真贯彻全国烟草工作会议和烟草行业信息化工作会议精神，以科学发展观为指导，围绕中心，服务大局，全面落实《数字烟草发展纲要》，大力推进“数字烟草”建设，加快构建烟草行业数据中心，逐步实现系统集成、资源整合、信息共享，发挥了信息化支撑行业生产经营活动，实现管理创新的作用。

信息化建设“十一五”发展规划。2006年作为“十一五”开局之年，行业各直属单位有32个省级单位结合自身实际情况，制订了信息化建设“十一五”发展规划，明确了目标，有效地指导信息化建设协调有序发展。

行业信息化工作考核检查。2006年9月起，在全行业开展了为期4个月的信息化工作考核检查，考核分自查、互查和抽查三个阶段，这是行业第一次信息化工作考核。通过考核检查，在深化行业信息化认识、提升信息化管理水平、提高信息系统应用效果、加强队伍建设等方面取得了一定成效，也发现了信息化建设过程中存在的认识层面、管理层面、技术层面等方面的问题。

行业数据中心建设。国家烟草专卖局组织起草《烟草行业数据中心建设实施意见》，明确行业数据中心建设的总体要求、建设原则和目标、实施内容以及保障措施，提出行业数据中心主要分国家局和省级公司两级，由信息资源标准、数据交换服务、数据加工存储、数据分析应用和信息安全保障五个体系组成，包括国家局、省级公司和工商企业三级用户的总体架构。

工商数采系统与统计系统并轨。国家局成立了工商数采系统数据清理核对工作小组，通过数据清理核对、升级工商数采系统、举办统计人员培训班、开展统计数据质量检查等工作，解决了业务系统数据标准与卷烟生产经营决策管理系统数据报送制度不完全统一、“工商数采系统”数据与传统统计报表数据不完全相符、“一打两扫”数据与相关统计数据不完全一致等问题。

工商营销信息共享平台建设。为满足按订单组织货源向按订单组织生产延伸的需要，国家局进行了行业工商营销信息共享平台建设，一期建设完成，进入全行业推广应用阶段，实现了工商之间的数据交流和业务互动，为工商营销信息共享平台二期建设积累了经验。

行业信息化重点工程建设

办公自动化建设。随着行业电子政务建设的不断推进，按照国家局办公自动化建设“四有”的要求，行业有48个省级单位建成了办公自动化系统。2006年8月，国家局制订《网上审批系统与各单位办公自动化系统对接技术要求》，进一步规范国家局与行业各单位办公自动化接口标准，提高了行业现代化办公效率。

电子商务体系建设。行业各省级局（公司）结合网建达标工作加快了应用系统集成，基本实现专卖、营销、烟叶等系统集成和数据集成，电话订货率、电子结算率大幅度提高，卷烟经营的信息化管理水平得到提升。

行业各级信息化工作部门参与卷烟生产经营决策管理系统，实施“打码到条”项目，延伸了卷烟物流信息。北京市烟草专卖局（公司）完成了物流中心各信息系统的全面测试、上线运行及分项验收工作。湖北省烟草专卖局（公司）作为“打码到条”项目的试点单位，完成了系统联调，在分拣线上实现在线连续打码、电子标签整托盘出入库的测试工作。

行业各单位按照国家局印发的《烟草行业商业企业电话订货管理信息系统规范》要求，制订符合自身实际情况的具体技术实施方案，对本地的电话订货管理信息系统进行改造并推广应用，为实施订单采集，由“按订单供货”向“按订单生产”延伸做好了准备。

按照国家局的统一部署，行业各单位信息化工作部门会同烟叶主管部门，在全行业进行了烟叶基础软件升级、测试和推广应用工作，统一规范了基础业务数据，提高了烟叶信息化的管理水平。截至2006年底，烟叶基础软件在全国24个省局、17个工业公司、110个分公司、77%左右的烟叶产区县、54%左右的烟叶收购站点投入使用。烟叶种植户、收购站点、商业企业、打叶复烤企业以及管理部门连成了一个广域网络，业务涵盖烟叶生产、收购、经营、复烤加工等环节，形成“网络互连互通、数据传送通畅、业务信息完整、决策及时准确”的烟叶信息化系统，实现烟叶基础数据采集的自动化、烟叶信息处理的电算化和烟叶信息传递、信息共享的网络化。

管理信息系统建设。为更好地发挥信息化对行业管理监督的支撑作用，国家局加快了财务软件、人力资源软件、专卖证件管理等系统的建设和完善。行业各单位根据自身管理的需要，开发实用系统，上海烟草（集团）公司、安徽省烟草专卖局等单位建立了管理信息系统，加强内部监管。行业各单位信息化工作部门为行业管理监督系统建设提供服务，促进行业严格管理监督。

企业信息化建设

2006年，工业企业在联合重组的形势下探索和开展信息化工作，各单位按照“统一采购、统一销售、统一财务、统一组织安排生产”的联合重组原则，逐步探索和建立集团化ERP系统、集团财务一体化系统，以“多点运作、统一管理”的模式，支撑各单位不同时期改革与发展的战略需求。上海烟草（集团）公司、湖北中烟工业公司、安徽中烟工业公司、广东中烟工业公司等工业公司通过搭建平台、梳理业务流程、不断集成整合应用系统，建设集团化管理信息平台，在企业联合重组中发挥了作用。

烟草行业门户网站建设

2006年，按照政府网站要实现从“新闻宣传”向“电子政务”的转变和中央政府门户网站内容保障的要求，行业网站从栏目设计、页面规划等方面进一步得到完善，增加了“网上办事”和“互动交流”等功能，先后开设10余个行业重点、热点专题，发布信息4万余条，网站日平均点击率达6000余人次。在国务院信息化工作办公室组织开展的2006年中国政府网站绩效评估中，行业门户网站在76个部委中排名第41位，比上年上升11位。

2006年12月，国家局经济信息中心会同国家局办公室、中国烟草杂志社共同组织召开2006年行业网站通联工作会议，举办通讯员培训班，进一步落实工作任务，促进交流，提高通讯员队伍素质。

全行业有48家省级局、工业公司建成了以政务信息公开、公文流转和系统应用集成为主要内容的内部网站，为干部职工提供了办公平台和信息门户，部分卷烟工业企业和重点城市建设面向社会公众的互联网站也近百个。

相关制度和标准规范建设

2006年，按照行业信息化“四统一”的总体要求，国家局修改制订《烟草行业计算机网络建设技术与管理规范》和《烟草行业地面通信骨干网运行维护管理规定》，统一技术、管理和运行维护的要求，明确行业各级信息化工作部门的职责。制订《烟草行业多媒体通信业务系统技术规范》和《烟草行业视讯会议系统建设技术方案》，规范行业多媒体通信业务系统的建设，加强对行业多媒体通信业务系统的指导，统一行业地面电视会议系统，组织协调行业各单位确定地面电视会议系统建设方案，实现各省级单位的互联互通。

全国烟草标准化技术委员会信息分技术委员会调整和充实了部分委员，召开信息分标委第四次工作会议，制订烟草行业“十一五”信息化标准化工作规划，开展《烟草行业专卖管理代码》、《烟草行业工商统计数据元》等标准制订工作，组织完成《烟叶代码》、《烟用材料代码》、《烟草行业多媒体通信技术规范》、《烟草行业工业企业财会管理信息系统基本功能规范》四项标准的研究制订工作，出版发行《烟草行业信息化标准汇编（2005 年～2006 年）》，申报 2007 年标准制订项目。

2006 年，行业各单位以信息化考核为契机，加强制度建设和标准化规范的制订工作，从信息化工作管理办法、网络管理、安全管理及应用维护管理等方面制订和完善了一系列规章制度。行业各单位加强软件正版化工作，加大软件正版化的宣传力度，行业软件正版化工作取得了进展。

基础设施和安全体系建设

行业内联网建设。截至 2006 年底，行业建成以国家局为中心，省级单位为主体，由骨干网、省域网和基层网三级网络构成的行业内联网。行业省级单位均实现本级与所属企业的专线联通，其中 30 个省级局内联网覆盖面延伸至区县级单位，所有省级工业公司内联网覆盖面延伸至卷烟厂，网络带宽基本达到 2M 以上。行业各烟叶基层单位有办公计算机 5 千余台，其中 84% 的烟叶基层单位可通过电话拨号、ADSL 等方式联入互联网，5% 的烟叶基层单位实现与省域网的专线联通。行业内联网主要承载卷烟生产经营决策管理系统、办公自动化系统、交易系统等重要业务，成为行业数据传输的主要通道。

信息安全体系建设。国家局启动烟草行业 CA 安全认证体系建设和烟草行业信息安全等级划分工作，CA 安全认证系统与部分业务系统完成了对接，实现统一的身份认证。行业各单位也制订相应的管理制度和应急预案，编制行业信息系统的各类使用和管理人员的岗位职责及操作规范，实施防病毒以及数据安全存储等安全项目。进一步规范互联网出口，在互联网出口和核心数据区域设置防火墙，配置安全策略，定期检查防病毒软件的使用和升级情况，堵塞安全漏洞。

机房建设。2006 年，行业部分单位办公场所变化和企业异地改造，行业信息化工作部门完成了机房建设、设备搬迁、系统部署工作。国家局信息中心完成了符合标准的、安全可靠的数据中心机房建设，并在行业各单位的密切配合下，完成行业信息网络系统迁移工作。山东、海南、青海、深圳等省（市）局和合肥设计院等单位完成了中心机房设备的搬迁和网络、系统的部署。

人才培训

2006 年，行业举办各类信息化培训班千余个，培训人数近 5 万人次。国家局连续举办 5 期各省级公司及所属工商企业的数采统计培训班，进行小型机系统维护、数据库管理、网站通联会、信息标准和技术培训，提高统计和信息技术人员的专业水平。

中国烟草学会信息化专业委员会召开 3 次研讨会，并进行论文评审工作。召开信息化专业委员会工业信息化研讨会，针对工业信息化建设思路、集团化管理平台建设、信息系统集成整合、数据中心建设和工商信息协同共享等方面的经验进行交流，开展专题研讨；召开两次网络与安全研讨会，对《烟草行业计算机网络建设技术与管理规范》、《行业信息安全体系建设指南》和《行业 CA 安全认证体系建设方案和招标标书》进行充分的讨论和论证，明确行业安全体系建设的总体框架和安全认证体系的建设要求。开展信息化专业委员会的论文评审工作，收到论文 115 篇，评选出 33 篇优秀论文收录到《中国烟草学会 2006 年学术年会论文集》。

多元化经营

多元化经营现状

行业多元化投资现状主要体现在以下几个方面：一是数量多，截至 2006 年底，行业多元化投资企业有 1000 多家。主业通过重组整合只剩下 600 多家企业，多元化投资企业的数量大大超过主业经营企业数。二是规模大，在全行业 3500 亿元左右的所有者权益中，多元化投资占 1/6 左右。三是情况千差万别，多元化投资企业形成的背景千差万别，多元化投资的形式、经营的状况也是千差万别。

从多元化经营企业来说，在经营管理方面存在着许多薄弱环节，尚未真正建立起归属清晰、权责明确、保护严格、流转顺畅的现代产权制度。这些问题主要表现在：一是产权关系不清晰。一些多元化经营企业投资结构比较复杂，出资人模糊，产权归属不清晰。二是投资缺乏有效的控制。一些单位和企业投资的随意性较大，投资缺乏科学的可行性认证，没有严格执行规范的审批程序和审批制度，存在盲目投资的现象。三是财务核算不规范。大部分多元化经营企业没有按照权益法进行核算，导致账实不符，账账不符，存在大量不良资产。四是企业管理比较粗放。管理制度不健全，重投资轻管理的现象普遍存在。

多元化投资清理登记

为落实"做精做强主业、保持平稳发展"的基本方针，进一步加强对多元化投资的监管工作，国家局决定从2005年11月起对行业多元化投资开展全面的清理登记工作，于2005年12月下发《国家烟草专卖局办公室关于开展烟草行业多元化投资清理登记工作的通知》。这次清理登记工作是对全行业的多元化投资情况，包括多元化经营企业的产权关系、资产状况、管理状况、再投资状况等进行全面的调查摸底，为今后科学分析、分类指导、整合优化、改制重组、制订规划、规范运作等方面工作打下坚实基础。

按照国家局的总体工作部署，中国烟草投资管理公司历时半年，于2006年5月基本完成全行业多元化投资情况的清理登记工作，比较清晰地掌握了行业多元化企业的经营现状、投资结构、资产关系；同时，对在清理登记中登记的已处于停业、清盘、破产等状态的企业，要求各省级烟草公司做好退出市场及资产处置工作。

这次清理登记结果显示，截至2005年底，烟草行业多元化投资企业共1589家，投资项目78个；投资领域涉及国民经济行业分类共20个门类中的19个门类，长期投资总额500多亿元；烟草行业直接控制的总资产达700多亿元。

省级多元化投资管理机构建设

2006年6月，国家局下发《关于省级局（公司）和省级工业公司设置多元化经营管理机构的通知》，要求各省级局（公司）、省级工业公司设置多元化经营管理机构，初步建立起自上而下、归口管理、分级负责的行业多元化投资管理体制。省级多元化投资管理机构的主要职责是：负责本级及所属企业多元化经营工作的归口管理，对本级及所属企业多元化投资形成的资产承担监管责任。省级多元化投资管理机构在业务上接受中国烟草投资管理公司的归口管理。

截至2006年底，烟草行业有7个省级工业公司单独设置投资管理部，5个省级工业公司设置与财务管理部合署办公的投资管理部，9个省级局（公司）设置投资管理处，20个省级局（公司）由财务管理处负责多元化经营管理工作。

此外，国家局原已批复成立的6个单位的投资管理部（处）重新调整职能；浙江、福建省局（公司）直接进入成立投资管理公司的试点阶段。

在完善多元化投资管理机构设置的同时，逐步建立健全运行机制。明确中国烟草投资管理公司和省级多元化投资管理机构的职责范围、工作程序，建立起工作对应关系；明确多元化投资管理体制的改革方向，条件成熟的省级多元化投资管理部门积极创造条件，向经营性的投资管理公司转变；推进制度建设，中国烟草投资管理公司起草烟草行业多元化投资经营管理有关规定，并着手准备行业多元化经营企业国有资产管理办法、考核办法、内部审计制度等一系列管理制度的起草工作。

多元化投资企业清产核资

为全面清理烟草主业对多元化经营企业的实际投资情况，清理企业各类资产损失，核实企业资本金，规范投资行为，国家局于2006年初开始着手准备烟草行业多元化投资企业的清产核资工作。2006年1月至4月，云南中烟工业公司、广东中烟工业公司、云南省烟草公司、四川省烟草公司4家单位作为试点，迈出多元化经营企业清产核资的第一步。2006年6月，4家试点单位清产核资工作圆满完成。

2006年下半年，全面开展烟草行业多元化经营企业清产核资工作。此次清产核资以2005年12月31日为清查时间点，涉及中国烟草总公司及其所属的32家省级局（公司）、17家省级工业公司、7家直属二级公司、郑州烟草研究院等65家行业单位，包括本级及直属公司（19家）、所属工业企业（44家）、商业地市级公司（377家）、县级公司（438家）及相关企业（进出口公司、烟机公司、复烤厂等111家），共计1054家烟草主业企业的全资、控股、相对控股的多元化经营企业（含再投资控股企业）。清查内容重点围绕主业企业的长期投资情况、往来账中的投资情况、用于多元化经营的在建工程项目、对外担保、因历史原因形成的账外资产、主业在境外投资情况、在主业账上反映但仍用于多元化经营的固定资产项目等七个方面进行。通过多元化经营企业清产核资工作，国家局全面摸清对外投资及多元化经营企业的“家底”，真实掌握了企业的资产价值和财务状况。

明确多元化投资经营管理思路

2006年7月18日，切实加强对多元化经营企业的监管，进一步建立健全行业多元化经营管理机制，国家局下发《关于印发当前烟草行业多元化投资管理工作要点的通知》。通知就2006年下半年及以后一段时间的工作任务对行业各直属单位提出明确要求：一是抓紧落实建立健全省级多元化投资管理机构的工作；二是全面开展行业多元化经营企业清产核资工作；三是做好关停企业的清退工作；四是积极探索多元化投资管理体制和运行机制的改革。

2006年10月12日至13日，国家局召开全国烟草行业多元化投资管理工作会议。会议提出当前及今后一段时间加强行业多元化投资管理工作的思路：先“瘦身”，后“强身”，实现多元化投资经营的良性发展。即：加大对不良资产的处置力度，减少投资层级，理顺投资关系，盘活现有存量；同时要建立健全体制机制，逐步建立起管理制度体系，整合资源和规范管理，切实提升经营管理水平，实现国有资产的保值增值。

多元化经营企业清退整改

2006年，中国烟草投资管理公司组成工作组，分赴上海、广东、云南、河南、黑龙江、吉林、辽宁、大连、湖北、湖南等地，对各地省级公司对关停的多元化经营企业清退工作的进展情况进行检查、指导和督促。截至2006年底，各省上报的清退企业计划为680家，其中到12月底已完成清退并办完工商注销手续的企业242家，基本完成清退工作、相关注销手续正在办理的企业102家，正在清退的企业336家。

行业战略性投资项目前期准备

2006年，国家局确定将“新能源、环保、节能”作为行业战略性投资的方向，初步确定选择重大战略投资需要把握的三个原则：一是国家鼓励发展的重要产业，为国家的经济建设和社会发展服务；二是既要讲经济效益，更要讲社会效益，力求两个效益的最佳结合，保证国有资产的保值增值；三是能够充分发挥资金雄厚、抗风险能力强的优势和体现国有大企业的责任意识，投资资金密集型和技术密集型的前瞻性项目。

2006年下半年，行业战略性投资节奏逐渐加快，一方面，中国烟草投资管理公司收集、整理相关资料，全面掌握目标投资领域的基本情况和政策；另一方面全面了解初步确定的目标投资领域的资源状况、环境、交通，以及产业发展前景等情况。通过与国内外有关机构，特别是美国伊斯曼公司的交流，对煤化工的技术、发展方向等进行了解；开始专家选聘工作；对可再生能源，特别是生物质能源方面开始战略投资的前期研究。

有关烟草产业安全和提高卷烟品质的重大投资项目

2006年，云南烟草薄片合资项目按计划进展顺利。7月，在江门举行中烟摩迪（江门）纸业有限公司奠基仪式，标志着江门卷烟纸中法合作项目正式启动。中烟摩迪（江门）纸业有限公司是中国烟草总公司和法国施伟策－摩迪公司合作的第一个大型合资企业，总投资8.06亿元人民币，规划年产12000吨卷烟盘纸、6000吨高透成型纸。2006年底，部分工程开始施工，项目进展顺利。

行业多元化经营历史沿革

烟草行业多元化经营工作的发展历程大致分为以下四个阶段：

第一阶段是从20世纪80年代初期至1991年，为起步时期。烟草行业的部分企业开始动用少量资金尝试进行多元化投资，围绕服务主业和增加就业两大主要目的，兴办一些为主业配套的辅料生产企业以及劳动服务性质的商贸企业和农副基地类企业。由于当时盘纸、印刷、香精香料等配套产品产业升级换代，同时可用资金有限，因此这个阶段的投资项目相对集中在烟草配套产业，投资规模比较小、进入起点比较低，在当时顺应了烟草主业大规模技术改造和技术进步的需要，改变了烟草辅助材料供应受制于人的局面，推进了配套产业的成长。

第二阶段是1992—1998年，为快速发展时期。这个时期，烟草行业刚刚经过“七五”、“八五”期间的高速增长，获得了可观的积累，受当时国家“减员增效、兴办三产”的政策导向的影响和推动，开始大量投资多元化产业，投资范围延伸到近20个行业领域，单体项目规模明显增大，投资总额直线上升。截至1998年底，全行业多元化经营累积投资接近247亿元。

多元化投资行为呈现出明显的无序化倾向。首先，一些项目定位不准，投资盲目，从行业总体上看，项目过多、起点过低、过小，投资分散，低水平重复建设问题普遍存在；其次，不少多元化经营企业不是按照市场原则，而是按照计划体制来运作，导致企业对市场的反应慢，过分依赖主业，缺乏灵活性；第三，管理粗放、效益低下，一些企业内部关系比较复杂，给企业管理带来很大困难，在管理方面也缺乏力度和行之有效的方法；第四，市场竞争力薄弱，发展后劲不足，在数百亿元的多元化资产中，真正有市场竞争力、有比较优势的企业不是很多，发展后劲不足。

第三阶段是1999年~2004年，为初步调整时期。由于前阶段盲目扩张带来的诸多问题，国家局强调对多元化经营进行全面清理整顿，严格控制再投资；整个行业的投资冲动减弱，有实力进行多元化投资的企业开始更加理性地选择投资重点。自1999年起，国家局针对烟草行业多元化经营暴露出来的问题，强调在多元化投资经营的问题上要以优化投资、强化管理、清理整顿为重点，并制订下发一系列有关文件，对烟草系统多元化的投资原则、审批程序以及监督管理等方面作出明确规定和提出要求。同时，国家局提出“严控增量、盘活存量、加强管理、提高效益”的指导思想，分别对有关部门赋予行业多元化管理职能，对专业二级公司赋予多元化经营的宏观指导、协调和服务的职能，部分省级局（公司）也相应制订一些管理办法，加强管理、协调和服务的力度。

第四阶段是2005年以来，为归口管理时期，多元化经营步入专业化管理的新阶段，逐步走上规范、健康、有序的发展轨道。2005年底，国务院办公厅颁发文件，明确提出要进一步理顺烟草行业资产管理体制、深化烟草企业改革。

多元化投资总额在全行业所有者权益中占相当大的比重。为加强和规范全行业多元化投资管理，2005年8月，国家局对原中国烟草物资公司进行更名和职能调整，将中国烟草物资公司更名为中国烟草投资管理公司。作为中国烟草总公司投资设立的全资子公司，负责对行业多元化经营实行统一的归口管理等工作，改变过去分头管理的状况，赋予中国烟草投资管理公司研究制定多元化投资规划和管理制度规定，分类指导企业；完善法人治理结构，建立考核制度；加强监督检查，实现保值增值的职能。行业多元化投资经营管理步入正轨。

对外贸易与合作交流

外事管理

外事工作。坚持“统一领导、归口管理、分级负责、协调配合”的外事工作原则。在出访方面，严格控制团组人数和短期培训团组，加强对出访时间、出访国家等方面的管理。2006年，国家局共执行出访团组74个，整体规模与上年相比略有减少，出国人员337人次；办理出国文件698件，办理护照、通行证114个，团组签证201个。在外事接待方面，共接待国外公司高层人员代表团和外国政府代表团30个，对每个来访团组都周到安排，团组接待完毕后及时进行报道，整理会谈纪要，形成外事接待工作流程的规范化。在中韩、中日烟草交流方面，2006年接待日本签字团、韩国签字团和日本法律法规交流团；组织中韩烟草篮球、中韩烟草足球赛和中韩烟草羽毛球比赛；接待韩国烟草人参公社社长代表团和日本烟草社长代表团；组织赴日烟草标准化考察、管理体制与市场营销考察团。加强护照管理工作，通过对以往外事资料的清理，掌握职工护照持有状况，同时建章立制，明确护照办理、登记、收缴工作流程，建立定期催缴制度和相应的处罚措施。按照国家外专局的精神，与人劳司、运行司配合在全行业选拔6位同志参加由国家外专局组织的赴英国华威大学为期18周的高级管理人才培训。完成了CORESTA2008年大会、2007年第十四届烟气分析亚洲合作研究会议、2007年TABEXPO世界烟草博览会等国际会议的筹备与协调工作。

对外合作

做好履行《烟草控制框架公约》的各项工作，完成第一次缔约方会议的各项准备工作。参加由国家工商行政管理总局组织召开的履行《烟草控制框架公约》暨修改烟草广告管理办法研讨会，提出修改烟草广告管理办法的意见和建议。完成履行《烟草控制框架公约》卷烟包装方案的起草工作，召开全行业履行《烟草控制框架公约》卷烟包装研讨会。4月和6月，举办由各省级局（公司）、工业公司办公室人员、重点卷烟工业企业领导及工作人员参加的《烟草控制框架公约》培训班。在做好国内履约工作的同时，还加强与帝国烟草公司在《烟草控制框架公约》及公共事务方面的交流，组织国家局（总公司）有关部门，以及部分工业企业在澳大利亚召开第三次《烟草控制框架公约》及公共事务研讨会。

对外经贸

2006年，全国烟草系统实现进出口商品总值15亿美元，与上年同比增长2%。实现销售收入69亿元，同比增长2%；实现利润9.46亿元。

2006年，进口到货总值9.34亿美元，与上年同比增长3%。全年进口卷烟26万件，进口烟叶7.9万吨，进口丝束5.9万吨，进口滤嘴棒6.8亿支，进口卷烟纸9126吨。

2006年，出口商品总值（创汇）5.71亿美元，与上年同比增长0.12%。全年共出口烟叶类产品总计13.4万吨，创汇2.64亿美元。卷烟出口170万件，同比增长12%，出口创汇2.36亿美元，同比增长4%；烟机出口创汇2030万美元，同比增长71%。

进出口管理

组织好“两烟”出口工作和国营贸易进口业务。对卷烟出口品牌、出口客户和目标市场进行清理、整顿和整合，积极开拓卷烟出口目标市场，采取有效措施防止卷烟出口走私回流。出口卷烟牌号由上年的80个减少到57个；出口客户由上年的104家减少到91家；出口市场由上年的38个减少到34个。

做好出口烟叶备货和出口经营工作，促进烟叶出口平稳发展，2006年，烟叶出口均价2194美元/吨，与上年同比增长12%。

附：

中国烟草进出口（集团）公司成员企业及驻外机构

根据国家烟草专卖法和外贸相关法规，经国家烟草专卖局、中国烟草总公司授权，中国烟草进出口（集团）公司统一负责全国烟草专卖品进出口经营管理工作及相关外经贸合作事宜。同时，中国烟草进出口（集团）公司被赋予烟草类国营贸易唯一进口权，为全国烟草行业烟草类国营贸易唯一进口单位。

为加快烟草行业进出口系统“转型、改制、整合”工作开展，进一步实施中国烟草“走出去”战略，推动烟草进出口贸易的发展，2006年4月，国家局、总公司正式启动国内口岸公司管理体制调整工作，8月，国家局下发文件将原有的17家口岸公司的资产划转给各省（市）烟草专卖局或工业公司，其中深圳烟草进出口有限公司体制暂不变动，仍归中国烟草进出口（集团）公司管理。

成员企业

深圳烟草进出口有限公司

深圳烟草进出口有限公司成立于1997年12月，是经原对外贸易经济合作部和国家烟草专卖局批准成立的深圳特区唯一经营烟草进出口业务的经贸公司。公司工商注册资本为1000万元。深圳烟草进出口有限公司是中国烟草进出口（集团）公司的控股子公司，实行董事会领导下的总经理负责制。股东方为中国烟草进出口（集团）公司、中国烟草总公司深圳市公司、深圳中深烟草贸易中心。

2006年，公司全年实现进出口总值2830万美元，其中出口总值1706万美元，与上年同比减少186万美元，下降9.83%；其中烟叶出口139吨，同比减少429吨，降幅为76%；卷烟出口10.35万件，同比增加7761件，增幅为8%。实现销售收入34921万元，同比减少5183万元，降幅为12.92%；实现利润4462万元，同比增加277万元，增长6.62%。

驻外机构

天利国际经贸有限公司

天利国际经贸有限公司是中国烟草进出口（集团）公司的全资子公司，经原对外贸易经济合作部批准，于1989年在香港注册成立。公司的主要职责是经营烟草及其制品、烟草机械设备及零部件、烟用辅料等进出口业务；开展烟草经济技术合作及交流活动；负责中国烟草海外机构的管理工作；负责国际烟草商情信息的收集、汇编工作；承担有关出国团组的接待安排工作。

2006年，出口烟叶45360吨，完成全年烟叶出口任务的139.5%，出口创汇1.1亿美元，其中出口东南亚市场41834吨，出口创汇1.01亿美元；出口卷烟14597件。2006年实现利润17331.28万港元，与上年同比增长71.86%，完成预算的197.62%。

天泽烟草有限责任公司

中国烟草进出口（集团）公司驻哈拉雷代表处设立于1990年，地点为津巴布韦哈拉雷，内派人员7人。主要任务是收集、了解津巴布韦及周边国家烟叶种植、收购、加工、销售情况，协助中国烟叶采购、监督加工验货团组开展工作，协调、解决中国进口烟叶过程中的有关问题，接待国内团组。2005年4月1日，津巴布韦公司注册局颁发了天泽公司注册证书。英文名称TIAN ZE TOBACCO COMPANY（PRIVATE）LIMITED，中文名称为天泽烟草有限责任（私营）公司。公司主要经营烟叶采购，烟草合同种植、烟草合同收购，加工、包装、出口等业务。

2006年，天泽公司完成2004~2005烟季的烟叶销售、发货工作，开展2005~2006烟季的合同种植、收购、拍卖和市场采购工作，组织开展2006~2007烟季的合同种植工作，签订2005~2006烟季烟叶出口合同1190吨，协助中烟进出口（集团）公司烟叶采购、监督加工验货团组开展工作。

中烟国际巴西有限公司

公司成立于2002年6月6日，注册地点为巴西桑塔克鲁兹，注册资本40万美元，共有内派人员2人。主要工作是收集、了解巴西烟叶种植、收购、加工、销售信息，协助中国烟叶采购、监督加工验货团组开展工作，协调、解决中国进口烟叶过程中的有关问题，研究探索公司改革、开展实质性经营业务的方案，接待国内团组。

2006年，中烟国际巴西有限公司继续收集了解巴西烟叶生产、收购信息，协助中烟进出口（集团）公司烟叶采购、监督加工验货团组开展工作。

中国烟草进出口（集团）公司驻莫斯科代表处

代表处设立于1992年，地点为俄罗斯莫斯科，内派人员2人。代表处主要任务是收集、了解俄罗斯及独联体国家的烟草商情信息，宣传、推销中国烟草制品及烟草机械，协助开展中外烟草合作项目，接待国内团组。

2006年，莫斯科代表处积极协助上海烟草（集团）公司跟踪“金鹿”品牌卷烟在俄罗斯市场的销售情况，深入进行市场调研，并就如何增加“金鹿”品牌卷烟在俄罗斯市场销售提出具体建议。

中国烟草日本株式会社

公司成立于2001年4月21日，注册地点为日本东京，注册资本20万美元，其中，天利国际经贸有限公司占60%的股份、日本泰丰通商株式会社占40%的股份，现有内派人员2人。公司主要任务是经营中国卷烟在日本市场的销售。

加强巩固和扩大中国卷烟在日本的销售市场。做好对泰丰通商促销宣传的支持工作，全年提供促销费1136万日元，使“中南海”系列卷烟的销量稳步上升；积极协助日本大协公司做好“丹健”系列卷烟的销售工作以及薄荷型“中南海”卷烟在日本上市的准备工作。加强以财务管理为核心的内部管理工作，2006年顺利通过日本税务部门的财务检查；加强与国家局、中烟进出口（集团）公司及相关口岸公司及企业的联系和交流，根据国家局外事司和中烟进出口（集团）公司的统一安排，圆满完成了全年接待或协助接待国内访日团组的任务。

2006年，完成进口卷烟8.5万件，与上年同比增长11.90%。实现销售收入7795.68万日元，完成预算的101.44%，同比增长11.04%。

迪拜瑞世达贸易有限公司

公司成立于1997年，注册地点为阿联酋迪拜，注册资本30万美元。主要职责是开拓中东市场，经营中国卷烟、烟叶、烟梗在中东地区的销售。

2006年，出口卷烟1.95万件，与上年同比增长350%。

中国烟草进出口汉堡有限公司

公司成立于1998年，注册地点为德国汉堡，注册资本35万美元。主要业务是经营烟叶、烟梗、烟机及零配件。

2006年，出口烟梗577.5吨，执行烟草机械关键部件出口合同，合同金额达474万欧元。

人事与劳资

干部人事工作

国家局机关干部人事工作。2006年，国家烟草专卖局机关分期分批完成64名干部的考核任免，其中，司级干部14名，处级干部50名。全年交流干部64名，其中，机关内部交流14名，到省级局和工业公司任职3名、挂职3名，接收行业挂职干部41名，接收3名西部少数民族地区干部。按照“凡进必考”的原则，根据考录规程，组织接收14名应届高校毕业生，安置5名军队转业干部。完成国家局机关及行业管理干部1000余份档案的整理工作。制订了《国家烟草专卖局、中国烟草总公司关于表彰奖励的暂行规定》，修订了《国家局、总公司机关工作人员考勤规定》，编印《干部人事工作有关文件及参考资料汇编》、《干部人事档案管理工作文件汇编》。

省级局（公司）领导班子建设。全年有9个省级局（公司）的领导班子在政治素质、思想作风、团结协调、领导能力、开展工作情况、廉政建设等方面接受了全面考核。全年有28个省级局（公司）的领导班子成员进行了调整，共调整干部68人，其中主要领导调整2人；副职平级调整21人；新进领导班子28人；晋升级别（含巡视员、助理巡视员）18人；交流干部5人；退休（免职）19人。

领导干部审计监督。在省级局领导干部中开展经济责任审计和离任审计工作，有20名企业法人接受了审计，其中离任审计2名，任期内经济责任审计6名，

12名提拔到领导岗位和提高行政级别的基层企业法定代表接受了任职前经济责任审计。

行业各级人事部门针对群众来信及提任领导干部公示中反映的问题进行调查了解，在干部任职前谈话中就干部考核和公示中群众所反映的问题进行反馈，并根据反馈提出具体要求；国家局人事劳动司通过阅读各单位上报的民主生活会材料以及参加民主生活会等方式及时了解各省级局（公司）领导班子存在的主要问题并加强对各单位整改措施的了解和监督。

劳动工资管理

用工分配制度改革。2006年，全行业按照国家局制订的“合理分类、科学设岗、明确职责、严格考核、落实薪酬”的原则，在商业企业开展定岗、定员、定责、定薪的“四定”工作；在工业企业开展管理岗位、专业技术岗位、生产操作岗位、业务岗位等“四类”岗位的确定工作。国家局组织召开了烟草商业企业和烟草工业企业的“四定”工作研讨会，确定了“四定”工作思路并初步起草出烟草商业企业和烟草工业企业“四定”工作指导意见。各级工业企业、商业企业均按照国家局的要求制订相关的“四定”方案。国家局人劳司组织开展了劳动定额、定员标准化工作，发布烟草工业打叶复烤的劳动定额、定员标准，试行卷烟营销和卷烟配送劳动定额、定员标准，研究制定专卖管理与烟叶种植和收购的劳动定员、定额标准。

加强行业劳动工资宏观调控。2006年7月起，《国家烟草专卖局关于严格收入分配管理的意见》、《国家烟草专卖局关于加强收入分配管理的通知》、《国家烟草专卖局转发劳动和社会保障部财政部审计署企业工资内外收入监督检查领导小组〈关于做好2006年国有企业工资内外收入监督检查工作通知〉的通知》等一系列文件陆续下发，行业收入分配秩序得到了进一步规范。2006年11月，《烟草系统省级公司领导薪酬管理暂行办法》印发，确定了各省级公司领导2005年薪酬按此办法核定。国家局人事劳动司会同财务管理与监督司、经济运行司共同草拟《2006年省级公司领导工作业绩考核办法》。

针对烟草商业企业销售网络聘用员工工资从费用中列支，不符合国家有关政策的情况，烟草商业企业专门核定增加了部分工资基数，用以彻底解决聘用员工工资列支渠道问题。

人才队伍建设

高技能人才队伍建设。举办“红塔杯”第二届烟草行业烟机设备维修职业技能竞赛，参加竞赛决赛选手共计85名，来自16个工业公司，依据总成绩决出前20名选手，获得由国家局授予的“全国烟草技术能手”称号，其中，3名选手被劳动和社会保障部授予“全国技术能手”称号。

川渝中烟工业公司、河北中烟工业公司、江苏中烟工业公司、云南中烟工业公司、云南省烟草专卖局（公司）、四川省烟草专卖局（公司）、湖南省烟草专卖局（公司）等单位举办了省级职业技能竞赛。

开展第八届“全国烟草技术能手”评选表彰活动，在卷烟生产、原烟生产、烟机制造、醋酸纤维制造4个领域评选出行业技术能手50名。

国家局人事劳动司推荐并组织“全国烟草技术能手”参加第七届“全国技能人才表彰大会”，两名同志获得“全国技术能手”称号，中国烟草总公司职工技术培训中心获得“国家技能人才突出贡献单位”称号。

行业职业技能鉴定。行业内职业技能鉴定机构质量体系认证试点工作顺利启动，国家局鉴定中心、上海烟草（集团）公司鉴定站等7家行业特有工种职业技能鉴定机构成为首批试点单位。

专业技术职务聘任试点。2006年，行业中的5家单位开展了专业技术职务聘任试点工作，国家局人劳司总结并完成了专业技术职务聘任工作案例的编写，并下发了《全国烟草行业专业技术人员管理手册》。

高级专业技术资格评审。行业的高级专业技术资格评审办法得到改革，实现了全面电子化评审；在2006年度全行业6个系列高级专业技术资格评审工作中，全行业有226人申报，175人通过评审；2人被推荐申报为烟草行业2006年享受政府特殊津贴人员。

行业教育培训

教育培训概况。2006年，全行业深入学习贯彻《烟草行业教育培训工作实施办法（试行）》文件精神，大规模开展教育培训，大幅度提高干部、职工素质，各级各类教育培训成效显著。国家局表彰了10个“十五”教育培训工作先进集体和30名“十五”教育培训工作先进个人。国家局党校举办培训班6期，培训419人次；中烟平谷培训中心举办培训班8期，培训534人次；中国烟草总公司职工技术培训中心举办行业职工培训136期，培训14596人次（不含远程培训）。

制订行业教育培训工作实施办法。国家局于2006年7月14日印发《烟草行业教育培训工作实施办法（试行）》。《实施办法》对全行业教育培训工作的指导思想，工作原则，管理体制，教育培训的对象、内容、方式、培训机构、管理队伍、师资、教材、经费、考核、评估、工作评价，监督与纪律等方面做出规定，并首次明确提出省级局（公司）、工业公司全面负责本系统教育培训工作的组织、管理与具体实施。

起草了《烟草行业教育培训工作评价办法（试行）》和《烟草行业教育培训机构评估办法（试行）》，并在河北、福建、贵州3个省级局，江苏、广东、云南3个中烟工业公司进行教育培训工作评价试点；安徽省烟草培训中心、河南省烟草培训中心、湖南省烟草培训中心3个培训机构进行了教育培训机构评估试点。

干部教育培训。国家局人劳司与国家局党校共同组织第九期司局级领导干部培训班，培训干部20人；结合党校处级培训班对行业内25名后备干部进行培训。

国家局职工培训中心举办了春秋两季党员领导干部进修班，其中进修B班，学制为三个月，196名司局级和处级学员参加进修；党校进修A班，学制为两个月，25名处级学员参加进修。此外，还举办“烟草行业战略思维与领导科学”培训班，培训全国地市级烟草公司主要领导干部102名；举办“烟草行业工业企业资产重组与管理优化”培训班，培训行业工业企业领导干部65人；承办国家局机关第七期科级干部培训班，培训机关青年干部25人。2006年，国家局职工培训中心被中央党校评为“中央国家机关分校教学管理先进单位”。

远程培训初见成效。国家局人劳司组织开展《烟叶生产与管理》远程培训，组织拍摄、制作、修改《烟叶生产与管理》网上培训课件，经有关专家进行审定后，在国家局视频会议系统进行远程培训。

中国烟草总公司职工技术培训中心以“中国烟草培训网”为平台，在2005年开发的“卷烟销售客户经理远程培训”课件的基础上修订完善，2006年推出后，商业系统员工在线学习人数达2637人。“专卖管理人员远程培训”和“电话访销员远程培训”项目的培训大纲、课件脚本也通过国家局相关部门及专家的评审。

行业成人学历教育。中国烟草总公司职工技术培训中心面向全行业开展成人学历教育服务，2006年远程教育在读专科、专升本科学生1000余人；与中国科学技术大学等高校联合开展研究生学位教育，各类在职研究生教育在读生224人（其中：软件工程硕士112人，化学工程硕士40人，MBA课程进修班72人）。

自主开发实施培训项目能力增强。中国烟草总公司职工技术培训中心自主开发了多种培训项目，举办较高层次和企业急需的培训班108期，培训10595人次，同比增加1724人次。培育了烟叶分级培训、实验数据挖掘与统计技术培训、客户经理培训等8个品牌项目，其中，开办烟叶分级培训项目23期，培训2211人次。建立行业职工培训项目体系，收集企业及学员培训需求信息，制作涵盖烟草农、工、商、贸、管等职业领域的培训项目菜单，并在中国烟草培训网发布，增强培训的计划性和针对性。

行业职教干部培训。行业有23个省级局（公司）、中烟工业公司及所属单位的150名教育培训管理干部参加了“第十一期烟草行业职教干部培训班”。

行业师资库建设。国家局人劳司与中国烟草总公司职工技术培训中心合作，开发二级师资库系统，按照师资的专业、研究方向、职称等内容进行分类，对培训国家局党组管干部的高层次师资和培训普通员工的师资进行分级管理，对行业内入库的1600名教师进行整理和筛选。

复退军人录用考试和岗前培训。国家局人劳司组织两次复退军人录用考试，3月，有19个单位的780人参加考试，8月，有15个单位的570人参加考试。组织“烟草行业复退军人岗前培训教学研讨会”，讨论、修订《烟草行业新进复退军人岗前培训教学计划和教学大纲》，对考试合格后录用的1200多名复退军人进行岗前培训。

离退休干部管理

离退休干部概况。截至2006年底，全行业离退休干部38622人，其中离休干部3460人，退休干部35162人。其中，1927年8月1日至1937年7月6日（第二次国内革命战争时期）参加革命工作的8人；1937年7月7日至1942年12月底（抗战前期）参加革命工作的136人；1943年1月1日至1945年9月2日（抗战后期）参加革命工作的362人；1945年9月3日至1949年底（解放战争时期）参加革命工作的2954人。

离休干部高龄人员逐年增加，3460名离休干部中80岁及以上的1025名，70岁至79岁的2423人，占离休干部总数的99.6%。

活动站建设。按照中组部的有关要求，全行业进一步加强和完善老干部活动站的建设，本着“实用、节俭、不奢华”的原则，不断改善硬件设施，并向离退休干部的家属开放，使活动站真正成为老干部之家。山东省烟草专卖局（公司）建立完善老干部活动中心143个，总建筑面积5700平方米，可容纳1500人同时进行各种活动。截至2006年底，全行业有离退休人员活动中心（站、室）1254个，同比增加54个；总建筑面积31.37万平方米，同比增加5万平方米；总投资3.5亿元，日均活动人数2万多人。

开展活动情况。2006年5月，召开了2006年全国烟草系统离退休干部工作会暨全国烟草系统离退休干部“双先”表彰大会，有203人参加。6月，举办了烟草系统离退休干部工作人员政策业务培训，有118名相关人员参加培训。11月，举办了烟草系统离退休干部工作人员信息管理系统培训。

结合庆祝中国共产党建党85周年和红军长征胜利70周年，行业各单位组织开展了一系列纪念活动。红云集团昆明卷烟厂210名离退休职工参加中共云南省委宣传部组织的歌咏大会。组织国家局机关离退休干部参加由中共中央国家机关工作委员会举办的征文活动，有4名老同志投稿，其中王世旭同志的文章被刊登在中央国家机关《老年工作园地》第8期上。

国家局离退休干部办公室按照中组部关于做好2006年度老干部工作部门课题调研工作的有关要求，结合烟草行业实际，分三个调研小组，对行业部分单位老干部工作，特别是离退休干部活动中心（站、室）建设情况进行了调研。调研过程中，通过实地考察、听取汇报、召开座谈会等形式，获取了全面而详实的第一手资料，学习好的做法，总结经验，为今后指导行业工作积累了资料。

国家局机关离退休干部管理。加强国家局机关离退休干部党支部建设，建立健全东便门、东经路、恒昌、方庄、北下关5个离退休干部党支部的组织建设，把部分原司级干部选配到党支部书记的位置上。按照中组部的有关精神，2006年1月起，将离退休干部党员交纳的党费按50%的比例留成，定期拨给离退休干部党支部，作为开展活动的费用，专款专用，为各支部顺利开展工作提供保障。

加强国家局机关老干部的政治理论学习，坚持离退休干部每季一次政治学习和组织生活制度，坚持国家局原领导每月阅文制度，坚持定期通报行业改革与发展情况制度，国家局机关坚持为机关离退休干部每人每年订阅一份《中国烟草》杂志和《东方烟草报》。

做好老干部信访工作，2006年国家局离退休干部办公室接待来信、来访9件次。

按时发放离退休费，按时报销门诊医药费，确保离退休干部“老有所养、老有所医”。2006年，国家局机关为机关离休干部审核、报销医疗费共计68800元（不包括住院费）；机关服务局医务室坚持每月送药到活动站，并坚持为离退休干部一年一次体检；对行动不便的老同志、老领导看病就医提供人员和车辆保障。

落实走访慰问制度，国家局离退休干部办公室组织召开机关离退休干部春节团拜会，国家局党组成员、各司局部门领导及老同志约200余人参加；全年看望住院的老同志38人；为老干部发送各类物品39批次，共计7475份。确保老干部看病及其他各项活动的用车安排，全年累计出车638次，安全行驶97912公里。

思想政治工作

“‘两个至上’在岗位”主题实践活动

2006年，全行业广泛开展“‘两个至上’在岗位”主题实践活动，行业各直属单位均对本单位开展牢固树立“两个至上”共同价值观大讨论活动情况进行了调研和总结，制订了开展“‘两个至上’在岗位”主题实践活动的具体实施方案，组织干部职工学习党的十六大和十六届三中、四中、五中全会精神，学习“三个代表”重要思想，学习胡锦涛总书记关于社会主义荣辱观的重要论述，学习国家局领导在2005年行业“两个至上”共同价值观高层论坛和2006年全国烟草工作、纪检监察工作、政治工作等会议上的工作报告和讲话精神，进一步提高对牢固树立“两个至上”共同价值观的认识，真正把干部职工的思想统一到国家局党组的要求上来，为开展“‘两个至上’在岗位”主题实践活动打牢思想理论基础。

行业各直属单位还充分利用企业报刊、板报、墙报、内部网站等媒体广泛开展宣传活动。积极挖掘和推广本单位在开展“‘两个至上’在岗位”主题实践活动中的典型人物、事件。开展“‘两个至上’在岗位——听客户讲你我的故事”演讲报告活动。云南、浙江、深圳、江西、大连等13个单位在当地政府的大力支持下，组织卷烟零售户和烟农参加各类形式座谈会390场次。全国近6000名卷烟零售户和烟农参加了演讲报告活动。通过开展演讲报告活动，认真征求社会各界对行业改革与发展的意见与建议，群策群力消除卷烟销售过程中的隐患，群防群治搞好卷烟打假缉私，切实维护国家利益、消费者利益。

荣辱观教育

2006年，全行业深入开展“社会主义荣辱观”主题教育活动。各级党组（党委）围绕树立社会主义荣辱观这个主题，结合国家局党组提出的牢固树立“两个至上”行业共同价值观的要求，充分运用各种手段，广泛宣传，深入教育。

首先营造浓厚舆论氛围。充分发挥行业媒体的优势，运用多种形式，大力宣传胡锦涛总书记重要讲话的重大意义和深刻内涵，宣传社会主义荣辱观的基本内容和精神实质，宣传贯彻落实胡锦涛总书记重要讲话的生动实践和新鲜经验，使社会主义荣辱观的基本要求家喻户晓、深入人心，成为全行业的共识。充分发挥舆论监督的导向作用，切实加强对社会普遍关注的道德热点问题的引导，褒扬高尚品德，鞭挞不良行为，积极营造追求真善美、抵制假恶丑的良好舆论氛围。

其次在深入普及上下功夫。通过座谈、讲座、知识竞赛、图片展览等形式，进行生动活泼、形式多样的普及教育。充分发挥各级党校、培训中心等基层宣传教育阵地的作用，开展社会主义荣辱观宣讲活动。及时总结推广“车间议事会”、“道德评议会”、“班组论坛”等有益做法，引导干部职工对身边的道德行为展开评议，在工厂、车间、烟田形成健康向上的道德舆论场，扩大社会主义荣辱观教育的覆盖面。

最后在学习针对性上下功夫。把社会主义荣辱观教育作为提高行业干部职工思想道德素质的基础性工作，纳入学习教育培训工作的全过程，渗透到烟草工作的各个方面、各个环节。针对不同人员、不同工作岗位科学规划社会主义荣辱观学习教育的具体内容，编发学习教材，改进学习方式方法，增强教育的吸引力、感染力。

企业文化

2006年，烟草行业继续推进企业文化建设。截至2006年底，全行业已有48家直属单位制订了企业文化建设规划，其中18家单位将企业文化建设规划以党组发文形式，下发基层实施。2006年，行业在继续抓好长沙卷烟厂、将军烟草集团公司、嘉兴烟草分公司、吉林烟草分公司、佳木斯烟草分公司、济宁烟草公司等6个单位试点工作的基础上，又重点对红云集团、武烟集团、西安烟草分公司、南京烟草分公司等9家企业的试点工作进行了指导。各试点单位在做好工作的同时，广泛传授经验做法，先后接受行业各单位参观、交流、学习11000多人次。

国家局还先后对北京、河北、上海等35个直属单位进行了面对面的指导，为18个直属单位提供了资料信息等方面的帮助。目前，全行业开展试点工作的单位有：北京市局、河北省局、河北中烟、江苏省局、江苏中烟、安徽省局、江西省局、福建省局、湖南省局、四川省局、云南省局、陕西省局等30个直属单位的56家工商企业。行业上下初步形成了重视企业文化，关注企业文化，推进企业文化的格局。

在全行业开展企业文化案例整理工作，2006年12月，出版《中国烟草企业文化案例》丛书。开展企业文化培训工作，全行业于2006年4月11~17日、7月11~17日和9月11~17日，在中国烟草总公司职工技术培训中心举办3期企业文化培训班，行业各直属单位有关领导和所属工业企业、地（市）公司分管企业文化建设工作的领导、部门负责人以及有关人员共1158人参加了培训。

报纸期刊

《中国烟草》杂志。《中国烟草》杂志是国家局主管、中国烟草杂志社主办的行业刊物。《中国烟草》自创办以来，坚持正确导向，坚持为行业服务，坚持与时俱进，交流探索行业改革思路，努力做到“贴近实际、贴近基层、贴近读者”。2006年《中国烟草》编辑出版24期，文字量近300万字，订阅量3万份。

2006年，《中国烟草》继续发挥机关刊物的“喉舌”作用，增强新闻报道的敏感性，围绕国家局党组的工作思路，较好地把握住了行业在改革与发展进程中的方针政策，集中力量对国家局重要工作部署及行业重点、热点问题及时跟踪、深度挖掘，展开了以专题形式为主的深度和系列报道。如相继推出了专题《“两个至上”知行合一》、《理顺资产管理体制》、《稳定烟叶 力戒过热》、《为了大众消费》、《自主创新促行业发展》等。加强《中国烟草》杂志网络版的建设，截至2006年底，网络版已将2002年至2006年各期的《中国烟草》杂志制作成电子版。

2006年，《中国烟草》杂志的传阅率进一步提高，由每本3.9人增加到4.6人，同时，《中国烟草》杂志行业外企业订阅量和个人订阅量持续增加，刊物在行业内外的影响力不断扩大。

《中国烟草学报》。2006年，《中国烟草学报》继续获得中国科技协会精品科技期刊工程项目资助，全年编辑出版6期，根据《中国学术期刊综合评价数据库》对全国学术期刊影响因子排序，2006年《中国烟草学报》影响因子比上年提高0.014，达到0.600。2006年，《中国烟草学报》首次向社会公开发行征订。

《东方烟草报》。2006年，《东方烟草报》继续按照“围绕中心、服务大局、突出特色、办成精品”的办报方针，提高报纸质量，细化专题策划和版面策划，进一步围绕国家局党组工作指导思想、总体部署组织开展新闻报道，较好地完成 2006 年行业新闻宣传工作。2006 年全年报纸发行量达 51293 份。5 月创办《东方烟草报·中烟物流》专刊。

网络传媒

行业网站建设。2006 年，按照政府网站要实现从“新闻宣传”向“电子政务”的转变和中央政府门户网站内容保障的要求，国家局行业网站从栏目设计、页面规划等方面进行了进一步完善，增加“网上办事”和“互动交流”等功能，先后开设 10 多个行业重点、热点专题，全年共发布信息 4 万多条，日平均点击率达 6000 多人次。在 2006 年中国政府网站绩效评估中，国家局行业网站排名第 41 位，比上年上升 11 位。加强行业的网站工作管理，2006 年 12 月，召开 2006 年行业网站通联工作会议和通讯员培训班，提高通讯员队伍素质。

2006 年，行业各单位重视网站建设工作。截至 2006 年底，已有 48 家省级烟草专卖局、中烟工业公司建成了以政务信息公开、公文流转和系统应用集成为主要内容的内部网站，为干部职工提供了办公平台和信息门户。部分卷烟工业企业和重点城市建设面向社会公众的互联网站已近百个。

志书编撰

《中国烟草年鉴》。2006 年 5 月，中国烟草年鉴编辑部在贵阳召开了 2004 年年鉴审稿和 2005 年年鉴组稿工作会议。6 月，2004 年年鉴全部稿件 130 余万字提交国家局办公室作最后审定。8 月，2004 年年鉴编辑工作全部完成，按时提交出版社。12 月，2004 年年鉴印刷出版。

按照国家局 2004 年年鉴与 2005 年年鉴交叉进行的原则，2005 年年鉴的组稿工作从 2006 年 4 月开始，主要是修订大纲、召开组稿工作会议等。12 月，稿件基本到齐，2005 年年鉴正在编辑中。

《中国烟草通志》。7 月 20 日，由中国烟草学会组织编纂的《中国烟草通志》在北京举行首发仪式。《中国烟草通志》以烟草事业为主线，记载 400 年中国烟草演变过程，运用撰修历史贯通古今、以时为序竖排横写原则，采用方志以区域为记述范围横排门类竖写方式，以志体为主，史体为辅。分为五卷，设烟叶，烟丝（手工卷烟、雪茄烟、鼻烟），卷烟工业，卷烟市场与营销，卷烟配套材料，烟草机械，对外贸易经济合作与国际交往，烟草专卖，烟草税收，财务与审计，科学技术研究与技术改造，组织机构与职工队伍建设，烟事文化，烟草控制，人物等 15 篇共 70 章，174 万字，图片 900 余幅。

截至 2006 年底，全国烟草行业共有 17 个省局（公司）完成省烟草志编撰工作，8 个省局（公司）完成省烟草志初稿编辑。

国家烟草专卖局
中国烟草总公司机构

国家烟草专卖局　中国烟草总公司机构

国家烟草专卖局办公室（外事司）

主要职责　管理行业和办理机关的政务信息、新闻宣传、文秘档案、保密、信访、行政事务等工作；管理烟草系统外事工作。

主要领导　主任、司长：邢万里（－2006.5）、张修连（2006.6－）；副主任、副司长：郭联君、胡新华（－2006.2）、杨永安；副巡视员：杨大宏、孙宝义（2006.5－）。

机构设置　设综合调研处、秘书处（值班室）、文秘档案处、对外联络处、新闻联络处、保卫信访处。

国家烟草专卖局发展计划司

主要职责　国家烟草专卖局发展计划司是国家烟草专卖局主管烟草行业长远发展规划和生产经营计划管理的综合职能部门。负责研究提出烟草行业发展战略、行业规划，调整产业结构，引导行业合理布局；编制固定资产投资规划；研究提出和实施烟草专卖品产供销及进出口的年度计划；组织烟草行业对外经济技术合作；参与制定烟草专卖品的价格政策，管理烟草专卖品的价格；依法编制烟草专卖品管理名录；汇集、分析、发布行业经济、技术和市场信息。

主要领导　司长：赵洪顺（2006.7－）；副司长：孙桂芳、郭齐贵。

机构设置　设综合处、计划处、物价处、投资处。

国家烟草专卖局专卖监督管理司

主要职责　监督、检查《中华人民共和国烟草专卖法》及有关法规的执行情况，查禁、关停计划外烟厂；检查烟草专卖品的生产、经营活动，查处违法、违章案件，打击涉烟不法行为，保护合法经营；依法组织烟草专卖品证件的发放和检查；管理烟草专卖派驻机构。

主要领导　司长：魏树琦；副司长：孙晓莹（－2006.7）、高兴智（2006.7－）、关宏梅（2006.7－）。

机构设置　设综合处、内部监督管理处、市场监督管理处、打假打私处、证件管理处。

国家烟草专卖局经济运行司

主要职责　国家烟草专卖局经济运行司是国家烟草专卖局主管烟草行业经济运行的综合职能部门。参与制订烟草行业产、供、销年度计划并组织实施，负责编制和下达月度生产计划；负责编制和实施烟草行业经济运行调控政策和方案；负责烟草行业经济运行的宏观分析、监控预警和统一调度，协调解决经济运行中出现的重大问题；起草、下达国家局、总公司生产经营调度指令。指导烟草系统工商企业管理工作，指导烟草企业提高管理水平，推进管理创新，负责组织烟草企业管理创新经验的推广和企业家队伍的培训工作；组织协调烟草企业生产经营活动的正常运行，负责工商运行协调有关工作；负责制订烟草行业工作目标考核办法并组织实施；宏观管理烟草行业产品品牌和结构调整；依法管理烟草制品商标注册及商标管理工作。组织实施中外烟草企业间生产技术合作工作；组织指导烟草行业诚信体系建设；制订烟草行业设备管理制度；负责烟草行业物资和质量管理工作。组织烟草系统贯彻执行国家有关安全生产的方针、政策、法律、法规；制订并实施安全、储运管理制度、规范及标准；负责烟草系统安全管理工作，组织烟草系统安全检查工作；负责烟草专卖品运输调度、重要物资紧急调度和运输协调工作。

主要领导 司长：王 平；副司长：卢瑞刚 秦前浩（-2006.11） 李德义（2006.11-）。

机构设置 设综合处、生产经营管理处、企业管理处、安全与储运处。

国家烟草专卖局政策法规与体制改革司

主要职责 国家烟草专卖局政策法规与体制改革司是国家烟草专卖局主管研究制定有关政策、法规以及烟草行业经济体制改革的职能部门。其主要职能是研究提出烟草行业有关法规和政策；组织制定烟草行业的规章、规范；承办法律咨询和行政复议工作；研究提出烟草行业体制改革的政策措施；指导企业的体制改革、组建跨地区的企业集团和专业性集团公司、建立现代企业制度；承办审批烟草企业的开办、分立、合并、撤销工作；指导直属事业单位改革。

主要领导 司长：刘敬如；副司长：李 鸣 赵国臣；巡视员：卢炎华（-2006.1）。

机构设置 设综合处、政策法规处、体制改革处、行政复议处，其中政策法规处与行政复议处合并办公，一个机构，两块牌子。

国家烟草专卖局财务管理与监督司（审计司）

主要职责 国家烟草专卖局财务管理与监督司（审计司）是国家烟草专卖局主管烟草行业财务管理与监督、会计核算、国有资产监管及内部审计工作的职能部门。财务管理方面，制定全行业统一的财务管理办法和财务政策，指导监督行业各企业开展预算管理、资金管理、成本费用管理等方面的工作。会计管理方面，负责制定行业统一的会计核算制度，指导企业开展会计核算和报表编制工作、会计信息化、会计决算等工作。对国有资产进行管理，按照国家统一的规定，指导企业开展清产核资、产权登记、资产评估、资产划转等日常国有资产管理工作。内部审计监督工作，统一领导全行业内部审计方面，指导企业开展经济责任审计、财务收支审计和专项审计工作，直接开展省级公司和二级公司法人代表的经济责任审计工作。

主要领导 司长：张玉霞；副司长：王建雪 张书东 郝和国（2006.7-）；副巡视员：叶建华 李晓兵（2006.7-）。

机构设置 设综合处、财务处、会计处、资产处、审计一处、审计二处、机关财务处。

国家烟草专卖局科技教育司

主要职责 国家烟草专卖局科技教育司是国家烟草专卖局主管烟草行业科技、教育管理的综合职能部门。主要负责研究制定烟草行业科技发展方针、政策及规章制度；组织编制科技发展规划及年度计划；编制和组织实施烟草行业科技开发项目和研究课题年度计划；组织和管理重大科技开发项目；宏观指导烟草企业的科研开发工作；负责烟草行业标准化管理工作，组织制订烟草行业各项标准；监督检测烟草专卖品质量；根据国家局对外经济技术合作的统一规划，组织国内外科技合作与交流；负责烟草行业科技成果推广、奖励和专利申报工作；承担行业科技成果统计、分析工作；编制国家局科技经费预算、决算计划；指导烟草系统科学研究单位、企业技术中心的业务工作；承担国家局科技教育领导小组、科学技术委员会、全国标准化技术委员会日常工作；指导中国烟草学会工作。

主要领导 司长：金忠理；副司长：王献生。

机构设置 设综合处、科研推广处、技术监督处、标准化处。

国家烟草专卖局人事劳动司

主要职责　负责制订烟草系统人事、劳动工资、政治工作的方针、政策和规章制度，宏观管理烟草系统人事、劳动工资、教育培训工作。组织实施烟草系统机构、人事制度以及劳动用工制度、工资分配制度、社会保险制度的改革工作。负责国家局党组管理干部，国家局、总公司机关各部门、各单位干部的管理工作；组织指导、监督检查烟草系统各级领导班子建设工作；负责出国人员政审工作。负责国家局、总公司机关各部门、各单位，省级局（公司）、省级工业公司机关机构设置、撤销、编制的审批和管理工作。负责烟草系统专业技术人员管理、高级专业（技术）资格评定及人力资源配置工作，指导行业专业（技术）资格评定和专业（技术）职务聘任工作；负责制订和实施烟草系统人才规划。组织制订和实施烟草系统劳动工资计划；会同有关部门，组织和指导烟草系统工效挂钩、劳动定员定额管理、工资总额管理等工作。指导烟草系统基层企业党的建设、精神文明建设、企业文化建设及思想政治工作；承担中国烟草职工思想政治工作研究会和全国烟草系统党的建设研究会的日常工作。指导烟草系统人事档案管理工作；负责管理国家局党组管理干部档案；负责烟草系统人事、劳动工资统计工作。

主要领导　司长：温凤林（－2006.6）、邢万里（2006.6－）；副司长：问　武（－2006.6）、刘景珍、孙晓莹（2006.7－）。

机构设置　设综合处、干部处、机关人事处、劳动工资处、教育培训处、思想政治工作处。

中央纪委、监察部驻国家烟草专卖局纪检组、监察局

主要职责　中央纪委、监察部驻国家烟草专卖局纪检组、监察局是中央纪委、监察部派驻国家烟草专卖局的纪检监察机构，直接受中央纪委、监察部领导。根据《驻国家烟草专卖局纪检组、监察局关于实行统一管理的实施方案》的规定，驻局纪检组、监察局的主要职责是：监督检查驻在部门及所属系统执行党的路线、方针、政策和决议情况，遵守国家法律、法规和执行国务院决策情况；在《中国共产党章程》和《行政监察法》规定范围内，对驻在部门党组（党委）及其成员和其他领导干部实行监督；对行业直属单位纪检监察工作和机构的业务进行指导和管理，对行业直属单位党组（党委）和行政领导班子及其成员实行监督；协助驻在部门党组（党委）抓好党风廉政建设、纠正部门和行业不正之风，会同有关部门对党员、干部进行党纪、政纪教育，促进行业党风廉政建设和反腐败工作深入开展；监督、检查驻在部门及行业直属单位党风廉政建设责任制执行情况；督促、协调驻在部门研究制订本系统、本行业预防和治理腐败的措施；受理对检查、监察对象的控告及其申诉，调查处理检查、监察对象违反党纪、政纪的案件。

主要领导　纪检组组长：潘家华；纪检组副组长、监察局局长：高　林；监察局副局长：赵同军（2006.5－）、刘　忠（2006.12－）。

机构设置　设综合室、监督检查室、信访审理室和纠风室。

国家烟草专卖局离退休干部办公室

主要职责　宏观管理全国烟草系统离退休干部工作，对国家局、总公司机关离退休干部进行管理、服务。

主要领导　主任：邵文龙（2006.7－）；副主任：孔长生；副巡视员：刘　洁。

机构设置　设综合处和机关离退休干部处。

国家烟草专卖局机关服务中心（服务局）

主要职责　负责机关行政管理工作，制订内部管理制度并组织实施，保障机关工作正常运转；负责机

关的交通运输、机动车辆管理、使用及安全工作；负责机关出差人员车、机票的订购工作；负责机关职工食堂的管理及主、副食品的采购供应工作；负责机关办公楼、所属职工宿舍的物业管理工作；负责机关的基本建设、房地产的管理工作；负责机关职工的医疗、保健、计划生育工作；负责机关服务中心多种经营经济实体的管理工作；负责机关与有关社区的联系；负责机关办公楼门前“三包”及绿化、美化工作。

主要领导 主任（局长）：张修连（－2006.6）、王礼发（2006.6－）；副主任（副局长）：王廷钊、何绍青。

机构设置 设办公室、综合服务处、财务处、生活福利处、基建房产处。下设直属单位有西便门办公楼物业管理中心、广安门办公楼管理处、虎坊桥办公楼物业管理中心、东经路职工宿舍管理委员会、小马厂职工宿舍管理委员会、中烟平谷培训中心、机关汽车维修中心、机关房屋维修中心。

国家烟草专卖局职工培训中心（中共国家烟草专卖局党校）

主要职责 国家烟草专卖局职工培训中心（中共国家烟草专卖局党校）是全国烟草行业中高级领导干部教育培训的主渠道、主阵地，承担开展党校教育和短期培训的任务，同时还承担国家局机关及行业各单位举办的短期培训和会议。

主要领导 党校校长：潘家华；党校常务副校长、培训中心主任：何秀群；党校副校长、培训中心副主任：王继锋；副巡视员：罗丙均（－2006.11）。

机构设置 设办公室、教务处、总务处。

国家烟草专卖局烟草经济信息中心

主要职责 国家烟草专卖局烟草经济信息中心是国家烟草专卖局、中国烟草总公司负责行业信息化建设和信息采集、分析、预测及行业信息化管理等工作的直属事业单位，承担国家局信息化工作领导小组的日常工作（国家局信息化工作领导小组办公室设在烟草经济信息中心）。根据国家信息化的方针、政策和规划，结合烟草行业实际，研究制订并组织实施烟草行业信息化建设发展规划和年度计划，并组织实施。参与制订和贯彻实施烟草行业计算机、数据库系统及网络通信等技术标准，制订和实施烟草行业信息系统运行与管理的规章、制度。负责烟草行业信息网络、通讯系统的管理、运行和维护工作。负责烟草行业经济信息的采集、传输、加工、汇总和分析、预测工作，为烟草行业及国家局、总公司机关提供信息服务；负责相关技术咨询和服务工作等。

主要领导 主任：高　锦；副主任：陈　彤。

机构设置 设综合处、信息统计分析处、系统运行处、网络通信处。

国家烟草专卖局烟草经济研究所

主要职责 负责组织开展烟草行业改革与发展经济理论的研究，烟草行业经济政策、重大产业政策和发展战略的研究，烟草工业、农业、商业发展规划和经济政策的研究，参与烟草工业企业、商业企业、烟草流通体制以及烟草企业制度改革的研究，对国际烟草经济、科技信息以及国际烟草市场、有关国家政府烟草政策和管理模式的分析研究，整理和分析国家经济体制改革和国民经济运行信息，为国家局、总公司决策和行业发展提供服务，承担烟草行业软科学研究工作。

主要领导 所长：郭联君；副巡视员：黄忠魁。

机构设置 设办公室、经济政策研究室、产业发展研究室。

中国烟草杂志社

主要职责　编辑出版发行国家烟草专卖局的机关刊物《中国烟草》杂志（半月刊）；承担国家局行业网站新闻、专题、会议等栏目的采编、上传工作；负责《中国烟草年鉴》编纂发行工作；编辑出版发行《新烟草》杂志（月刊）。

主要领导　社长、主编：苗　绿；副社长、副主编：刘　杰；副社长：毛幼力（2006.7－）。

机构设置　设主编室、编辑一部、编辑二部、记者部、《中国烟草年鉴》编辑部、《新烟草》编辑部、美术摄影编辑部、网络部、综合办公室（2006.7－）、广告部、出版发行经营部。

中国烟草学会

主要职责　中国烟草学会是由全国烟草科学技术工作者和与烟草事业有关的单位、团体自愿组成并依法登记的全国性、非营利、具有法人地位的学术性社会团体。中国烟草学会发挥科技人才密集、联系广泛等优势，结合烟草科技事业开展学术交流，促进科技进步和科技成果转化为生产力；开展烟草科学普及活动，编辑出版《中国烟草学报》及科普书籍，搞好学会网站建设，开展科技咨询、继续教育等服务活动；接受国家烟草专卖局、中国烟草总公司的委托对烟草科技发展的有关问题进行调研论证，提出决策建议；开展国际民间烟草相关领域的交流，加强同国外和港、澳、台地区烟草科学技术团体和工作者的友好交往；及时反映会员和科技人员的建议和呼声，维护其合法权益，举办为其服务的公益型事业和活动；表彰、奖励有突出贡献的学会团体会员和个人会员；对省级烟草学会工作进行业务指导。

主要领导　理事长：杨传德；副理事长、秘书长：郑富钢（－2006.10）；副理事长：王彦亭、谢剑平、胡荣海；副秘书长：董国智。

机构设置　设办公室、学术部、编辑部。

国家烟草专卖局整顿和规范市场经济秩序领导小组办公室

主要职责　整顿办为常设性临时机构，在国家局整顿和规范市场经济秩序领导小组（简称“领导小组”）的直接领导下，承担领导小组的日常工作。负责向领导小组报告全行业整顿和规范市场经济秩序工作的重大事项，做好牵头、组织、协调、综合指导全行业整顿和规范市场经济秩序工作；根据烟草行业整顿和规范市场经济秩序的总体要求，做好整顿和规范市场经济秩序的调研工作，向领导小组提出整顿和规范市场经济秩序的工作建议；组织全国烟草行业整顿和规范市场经济秩序的有关会议；负责组织起草整顿和规范市场经济秩序工作的领导讲话和文件；组织协调烟草行业专项整治行动的实施，督办重大案件的查处工作；负责与全国整顿和规范市场经济秩序领导小组办公室的工作联系。

主要领导　常务副主任：李　鸣；副主任：穆重林、马　宁、叶建华、张国宾。

机构设置　设综合组、财经组、烟叶组、内管组。

中国烟叶公司

主要职责　承担行业一定宏观管理和服务职能，并自主开展进口烟叶和化肥的经营业务。根据国家有关烟叶生产、收购和流通方面政策，研究提出烟叶生产、收购、加工、经营的制度、办法、规定和经济政策。协同有关部门编制烟叶种植、收购、储备和调拨计划。组织全国烟叶网上集中交易，协调交易和运输中有关问题，监督检查交易执行情况。推进烟叶管理基础软件的推广和实施，负责烟叶生产组织、指导、协调、服务工作。承担部分替代进口烟叶生产示范项目指导。指导、监督、协调全国的烟叶收购工作，检查烟叶收购政策执行情况，协调和处理省际边界矛盾。配合有关部门组织对烟叶国家标准的技术培训，审定各地年度烟叶收购基准样品。推行打叶复烤工艺，组织复烤技术的培训和交流。配合有关部门组织进口烟叶的采购、监督加工、验收、港口接货、调运、结算等工作。

主要领导 总经理：赵振山；巡视员：周尚勇；副总经理：陈江华 张玉征 包 勤。

机构设置 设办公室、综合计划部、生产管理部（烟叶技术推广中心）、收购管理部、复烤企业管理部、投资管理部、财务部、经营部、全国烟叶基础设施建设领导小组办公室。

中国卷烟销售公司

主要职责 负责全国卷烟销售工作并承担行业宏观管理和服务职能，参与研究并提出全国卷烟销售工作的有关方针、政策和规章制度。负责组织、协调、指导和规范全国卷烟销售工作。负责制订全国卷烟销售网络建设的有关方针、政策，并督促贯彻落实。负责组织、指导全国卷烟市场的调查、预测。提供市场信息，做好市场管理及卷烟品牌的市场培育工作。会同有关部门制订工商企业卷烟交易规则及相关政策。负责对各省工商企业的卷烟交易工作进行指导和管理。负责卷烟（含雪茄烟）进口计划草案及进口卷烟（含雪茄烟）在国内市场的统一安排。

主要领导 总经理：田忠振；副总经理：吴庚宏 曹华青（–2006.11） 秦前浩（2006.11–） 汪世贵（2006.11–）；副巡视员：张志伟（–2006.11）。

机构设置 设办公室、财务部、网建部、经营部、信息部、交易管理部。

中国烟草投资管理公司

主要职责 对国家局、总公司直接投资的企业（不含从事烟草制品生产与经营的企业、中国烟草机械集团有限责任公司和中国烟草进出口<集团>公司及其投资的企业）行使出资人权利，依法经营与管理。负责烟草行业多元化经营工作的归口管理。组织开展多元化经营整顿工作；研究制订行业多元化投资规划及管理规定，对多元化经营企业进行分类指导，研究制订长期亏损、扭亏无望的企业依法退出市场的办法；指导行业多元化经营企业建立现代企业制度，完善法人治理结构，理顺烟草主业与多元化经营投资关系；建立和完善行业多元化经营企业国有资产保值增值指标体系和目标考核制度，开展对多元化经营工作的监督检查。负责烟草行业战略性投资项目的规划、论证及组织实施。负责国产醋纤丝束经营。

主要领导 总经理：吴建明；副总经理：鞠远珊（–2006.3） 孙兰成 吴 益；副巡视员：苗交明。

机构设置 设办公室、企业管理部、行业指导管理部、事业发展部、财务管理部、审计部、经营部。

中国烟草机械集团有限责任公司

主要职责 1999年，由中国烟草总公司控股，上海烟草（集团）公司、云南、山东、河南省烟草公司共同投资组建的中国烟草机械集团有限责任公司（以下简称“中烟机械集团公司”），是烟草行业内第一家按现代企业制度框架组建的专业化集团公司。主要负责烟草专用机械及相关产品的生产、经营、技术、质量等工作，同时负责制订烟草机械产品生产经营业务的管理制度。

主要领导 董事长、党组书记：张林海；总经理、党组副书记：王崇光；副总经理、总工程师、党组成员：李兆升；副总经理、总会计师、党组成员：宋春华；副总经理、党组成员：王仲强 王建法；纪检组长、党组成员：姜 凯。

机构设置 设办公室、人事（政工）部、综合计划部、生产管理部、技术合作部、财务资产部、市场部、审计部。中烟机械集团公司下辖7家控股子公司：上海、常德、许昌、秦皇岛烟草机械有限责任公司4家工业企业，北京达特烟草成套设备技术开发有限责任公司、北京特思达机电技术开发有限责任公司2家专业公司，以及设在上海浦东、专门从事烟机新产品开发的中烟机械技术中心有限责任公司。

中国烟草进出口（集团）公司

主要职责　根据烟草专卖法和外贸相关法规，经国家烟草专卖局、中国烟草总公司授权，负责全国烟草专卖品进出口经营管理工作及相关对外经贸合作事宜。同时，（集团）公司被赋予烟草类国营贸易唯一进口权，为全国烟草行业烟草类国营贸易唯一进口单位。

主要领导　总经理、党组书记：张本甫；副总经理、党组成员：郭胜锁　陈金铭　梁占华　潘肖勇；副总经理：高学林。

机构设置　设办公室、人事部、财务管理部、审计部、综合计划部、投资管理部等6个职能管理部门及烟机物资进出口部、烟叶进出口部、卷烟进出口部等3个业务管理部门。

集团公司以控股方式管理深圳烟草进出口有限（责任）公司。集团公司还直接管理7个驻外机构：天利国际经贸有限公司（所在地：中国香港）、天泽烟草有限责任公司/中国烟草进出口（集团）公司驻津巴布韦代表处（所在地：津巴布韦哈拉雷）、中烟国际巴西有限公司（所在地：巴西圣克鲁斯）、中国烟草进出口（集团）公司驻莫斯科代表处（所在地：俄罗斯莫斯科）、中国烟草日本株式会社（所在地：日本东京）、迪拜瑞世达贸易有限公司（所在地：阿联酋迪拜）、中国烟草进出口汉堡有限公司（所在地：德国汉堡）。

中烟电子商务公司

主要职责　根据国家法律法规和国家局、总公司的政策规定，研究和探索烟草行业电子商务活动的方法和途径，围绕集商流、物流、资金流、信息流于一体的电子商务活动，搭建平台，提供服务。配合有关部门研究制订烟草行业物流建设规划及物流标准体系。负责烟草行业生产经营决策管理系统的日常管理、安全管理和技术支持服务工作；负责电子商务平台的日常管理、安全管理和技术支持服务工作；负责对有关数据进行汇总、分析，提供信息服务。

主要领导　总经理：李宝忠；副总经理：曹华青（2006.11－）　董传国(2006.7－)　范建治(2006.7－)。

机构设置　设办公室、综合管理部、交易部、物流部、技术部、财务部。

中国烟草实业发展中心

主要职责　对没有成立省级工业公司的省级局（公司）参与组建的卷烟有限责任公司的股份进行管理，依法行使股东权利。对各省级工业公司、上海烟草（集团）公司管理范围以外的行业其他卷烟工业企业进行管理、指导、协调和服务。

主要领导　总经理、党组书记：许志龙；副总经理、党组成员：张建军　李保林　李东明　李增林（2006.12－）；总会计师、党组成员：娄宝山；纪检组长、党组成员：傅　鹏。

机构设置　设办公室（外事办公室）、人力资源部（纪检监察部）、生产安全管理部、财务部、审计部（监事室）、法律与改革部、市场营销部、物资供应部。

中国烟草总公司郑州烟草研究院

主要职责　综合性从事烟草科学研究与开发，是国际标准化组织（ISO）第126技术委员会国内技术归口单位。主要从事烟草栽培调制及贮保、卷烟加工工艺和卷烟配方、烟草化学、烟用香精香料、卷烟减害降焦、再造烟叶等方面的应用基础研究和共性技术研究，卷烟厂和烟叶复烤厂的工程设计，行业相关检测仪器的研制、开发等。

主要领导 院长、党委书记：闫亚明；党委副书记：傅清波；副院长、党委委员：谢剑平 赵继先 张建勋（2006.12—）；副院长：罗登山（2006.12—）。

机构设置 设置职能部门4个：院长办公室、党委人事办公室（含研究生部）、科研开发处、财务管理处；科研部门4个：农业研究室、烟草工艺研究开发中心、烟草化学重点实验室、香精香料研究室；3个行业“中心”：国家烟草质量监督检验中心、中国烟草科技信息中心、中国烟草标准化研究中心；2个“三产”部门：郑州新桥实业有限公司、郑州嘉德机电科技有限公司。

中国烟草总公司合肥设计院

主要职责 主要从事烟草行业大型技术改造建设工程设计和服务，以及行业工程建设基础研究性工作。

主要领导 院长、党委书记：朱小平；副院长、党委委员：陆 敏。

机构设置 设生产设计处（总师办）、经营处、人力资源处、财务处、办公室。

中国烟草总公司职工技术培训中心

主要职责 承担烟草行业高技术、高技能人员的技术、技能培训，中高级经营管理人员业务培训，师资的培训，开展远程教育培训和职业技能竞赛。

主要领导 主任、党委书记：翁 浩；副主任、党委委员：杨保吉 刘学义 李广才。

机构设置 设办公室、政工处、教务处、生产技术培训处、经营管理培训处、学员管理处、财务审计处和安保科8个行政、教学管理部门，另设后勤服务部、客房服务部、餐饮服务部3个教学服务部门。

2月23日，辽宁省局与省公安厅联合召开卷烟打假工作总结表彰大会 辽宁省局 银铭钦 摄

6月26日，广东湛江法院审理春雷行动“1·31”特大卷烟走私案庭审现场 广东省局 供稿

专卖稽查员铲除非法种植的莫合烟株 新疆区局 薛 峰 摄

在农村地区重奖举报人员，营造良好卷烟打假氛围 江西省局 供稿

烟草、公安联合执法

安徽合肥市局 供稿

湖南长沙市局集中公开销毁假冒卷烟

湖南省局 供稿

公安人员与专卖稽查人员搜查制假现场

深圳市局 范德安 摄

江西省局举行首次涉嫌违法运输卷烟行政处罚听证会

江西省局 供稿

执法人员查封假冒卷烟窝藏点

陕西渭南市局 供稿

江苏淮安“5·07”案查获了大量假冒烟用丝束

江苏省局 何 娴 摄

11月16日，河北承德市公、检、法、烟草四部门召开打击制售假冒卷烟联席会

河北承德市局 王宝军 摄

辽宁省局组织全省专卖执法人员进行统一考试

辽宁省局 银铭钦 摄

江苏东海县局专卖执法人员冒雪检查卷烟市场
江苏东海县局 王 军 摄

专卖稽查人员与客户经理向零售客户宣传真假烟识别知识
江苏淮安市局 饶 波 摄

专卖稽查人员向消费者现场介绍真假卷烟鉴别方法
海南儋州市局 祝春岗 摄

专卖工作人员向群众宣传烟草法规
陕西汉中市局 供稿

分级员对烟叶进行分级

陈兴杰 摄

中外双方共同检验烟叶样本

中国烟草进出口（集团）公司 供稿

烟农与烟草公司签订烟叶种植收购合同

袁 博 摄

工人在整理烟叶

张小乐 摄

烟叶收购站现场

湖南郴州市局 阳关云 摄

技术员指导烟农采摘烟叶

山东日照市局 卞继玲 摄

专家现场指导烟农打顶抹杈

湖北恩施州烟草公司 供稿

重庆巫山县局邀请专家对烟农进行烤烟生产技术培训

重庆巫山县局 冯维达 摄

湖南桂阳县的漂浮育苗基地

吕玉敏 摄

湖南桂阳县仁义烟草站为烟农举办“金叶夜校”

湖南桂阳县局 供稿

中国烟草采购考察团在津巴布韦育苗大棚查看烟苗长势

中国烟草进出口（集团）公司 供稿

贵州遵义科技示范园里的工厂化育苗大棚

贵州省局 张长华 摄

技术员在烤房内做初烤笔记

重庆市局 供稿

四川宁南县局帮助烟农修建烟用水窖

四川省局 李坤忠 摄

黑龙江绥化市的机电井和水罐是烟水配套工程建设的成果之一

黑龙江省局 供稿

烟水配套工程方便了烟田灌溉

云南曲靖烟草公司 供稿

客户经理利用动销台账，听取客户对货源的意见

汪为民 摄

天津市烟草公司组织开展高级卷烟产品营销员知识竞赛活动

天津市局 供稿

11月24日，辽宁省烟草公司召开网建全面提升阶段性经验交流会

辽宁省局 银铭钦 摄

设立卷烟品牌专卖店，展示企业形象

张小乐 摄

上海海烟物流中心卷烟主传送带

上海市局 供稿

上海海烟物流中心卷烟高架仓库

上海市局 供稿

辽宁沈阳市局（公司）召开零售客户座谈会

辽宁省局 杨 勇摄

上海烟草（集团）公司与中烟机械集团公司、郑州烟草研究院建立战略合作关系

上海市局 供稿

12月1日，国家局同级审计领导小组到浙江舟山市局（公司）检查指导同级审计工作

浙江省局 供稿

客户经理悉心指导零售客户

江苏新沂市局 李 超 摄

江苏丰县营销部送货员克服暴雨突袭的困难为零售客户送货

江苏徐州市局 王 云 摄

浙江省烟草公司与湖北中烟联合举办品牌营销研讨会

浙江省局 许新红 摄

安徽省局（公司）设立客户投诉热线“96300”，对所属地市级公司的经营进行监督

张方圆 摄

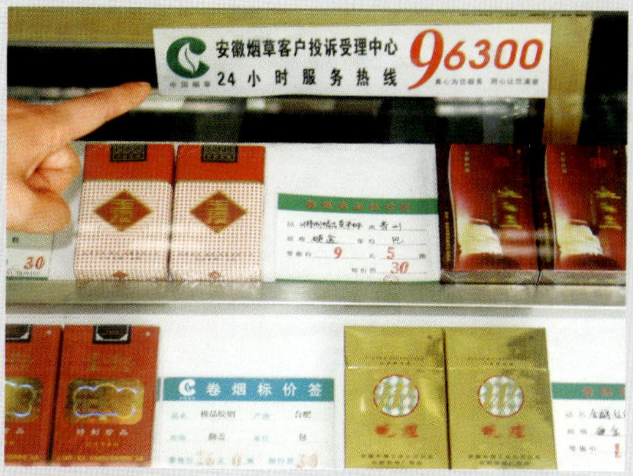

安徽亳州市烟草公司“大丰收”营销小分队走村串户做宣传

安徽亳州市局 李子亭 摄

9月14日，山西省局（公司）与福建中烟联合召开工商协同营销座谈会

福建中烟 供稿

6月，低价位卷烟共享品牌“大丰收”面世

福建省局 柯招平 摄

海南儋州市的零售客户向社会公开承诺不出售伪劣烟、假冒烟及走私烟

海南儋州市局 供稿

9月19日，重庆市局（公司）与川渝中烟共同召开工商共育品牌恳谈会

川渝中烟 供稿

湖南省局（公司）举办首届卷烟营销职业技能竞赛

湖南省局 供稿

地区烟草

北京烟草

北京市烟草专卖局（公司）

概　况

北京是中华人民共和国首都，位于华北平原西北边缘。全市土地面积约1.7万平方公里。全市总人口1581万人。2006年北京市实现地区生产总值（GDP）7870.28亿元。

北京市烟草专卖局（公司）成立于1986年1月1日。2006年11月撤销北京京烟工贸有限公司、北京京烟中海广告有限公司，其资产并入北京京烟卷烟零售连锁有限公司。2006年下辖18个区（县）烟草专卖局（公司）和铁路运输专卖分局、公路运输专卖分局、北京市卷烟销售公司、烟草物流中心、北京京烟卷烟零售连锁有限公司等单位。拥有总资产33.61亿元，其中固定资产9.77亿元、流动资产22.83亿元。全市烟草行业共有员工2779人，其中，聘用员工1923人，拥有高级职称的有21人、中级职称226人、初级职称229人。全市辖区共有卷烟零售户33479户。

2006年9月，《北京烟草视窗》编辑部、崇文区烟草专卖局专卖监督管理科被共青团北京市委评为“2005年度北京市青年文明号”。10月15日，公司被中国电子学会企业信息化专委会评选为“2006年度中国信息化百强企业”之一。12月10日，市局（公司）在北京市政府法制办组织开展的2006年度全市行政处罚案卷评查工作中取得并列第一名。

领导成员

局长、总经理、党组书记：周瑞增

副总经理、党组成员：仲长林

副局长、党组成员：梁宝贵

副局长、纪检组长、党组成员：孙　奇

副总经理、党组成员：焦为中

副总经理、党组成员：甄晓勇

机构设置

北京市局（公司）设办公室、综合计划处、安全保卫处、专卖管理处、法规处、财务管理处、审计处、人事劳资处、监察处、思想政治工作处10个处（室）及质量监督检测站、经济信息中心、机关服务中心、烟草学会4个专业部门。

经济效益

2006年销售卷烟332.83亿支（66.57万箱），与上年同比增长4.25%。其中，销售名优烟226.60亿支（45.32万箱），占总销量的68.08%，同比增长16.18%。一至五类烟分别占总销量的9.42%、20.33%、48.02%、20.91%、1.32%。平均单箱销售额达13028元，同比增长8.87%。

销售雪茄烟17.64万支，其中，销售进口雪茄烟38个品牌、74个规格共11.07万支；销售国产雪茄烟6个品牌、11个规格共6.57万支。销售雪茄烟实现销售收入427.8万元，毛利额91.4万元，综合毛利率达到21%。截至2006年底，累计发展雪茄烟零售店200余家。

2006年实现销售收入74.12亿元，与上年同比增长13.50%。单箱销售收入为13028元，同比增长8.87%。实现税利17.61亿元，同比增长33.27%，其中实现利润13.86亿元，同比增长31.72%，实现税金3.75亿元，同比增长39.32%。

专卖管理

2006年，北京市局（公司）把打击制售假烟网络放在突出位置，各级专卖管理机构总结成功破获2005年“6·18”大案的经验。5月15日与7月24日，市局（公司）在朝阳区北神树卫生填埋场分别公开销毁假烟13724万支（标值8000余万元）、6856万支（标值近5000万元）。6月2日，在市委政法委主持下召开了公、检、法、烟草四部门涉烟犯罪案件局级协调会议。6月7日，召开全市首届烟草、公安联合打假工作会议。10月18日~20日，召开华北五省区市烟草、公安打假协调会议，各区县局以及铁路、公路分局主动建立了市内区域间的联合打假机制，并加强与河北毗邻市县和铁路、公路执法部门的联系沟通。

加强联合打假力度。2月15日，国家局、公安部与市公安局、市烟草专卖局联合打假工作座谈会在北京召开。在“5·31”案件中，市局（公司）专卖处、公路运输专卖分局会同天津市局（公司）、天津警方等，捣毁天津市北辰区的一个日生产能力300万支、辐射北京、河北、东三省等地市场、跨省制售假烟网络团伙。10月，北京、天津、河北三个省（市）烟草部门、公安机关在北京召开“京津冀第三届卷烟打假联席会议暨专卖管理工作交流会议”。

全年共查处各类违法案件3171起，查获非法卷烟36936万支，打掉制售假烟网络17个，刑事拘留137人，判刑63人。其中，“4·19”、“5·31”、“12·06”等案件得到国家局、公安部的充分肯定。特别是“12·06”大案成功破获违法经营金额达一亿多元的重大制售假烟网络案件，打掉窝点70个，收缴违法卷烟2084万支，抓捕犯罪嫌疑人73人。国家局、公安部发来贺电表示祝贺。

卷烟销售

品牌建设。品牌集中度进一步提高，2006年销售的品牌90个、规格200个，比2005年分别减少了7个和13个。卷烟销量前十位的品牌销量合计225.35亿支（45.07万箱），与上年同比增长11.6%。2006年销量前十位品牌集中度为67.7%，比上年提高4.5个百分点。

在品牌维护和品牌培育上取得较好成绩。高档品牌价稳量增，销售“中华”5.85亿支（1.17万箱），与上年同比增长7%；销售“玉溪”3亿支（0.60万箱），同比增长72%；销售“芙蓉王”1.8亿支（0.36万箱），同比增长15%；销售“云烟”6.7亿支（1.34万箱），同比增长10.5%。规模品牌增势强劲，销售“中南海”42.6亿支（8.52万箱），同比增长35%；销售“红梅”34.05亿支（6.81万箱），同比增长21%；销售“白沙”29.5亿支（5.90万箱），同比增长22%；销售“红塔山”32.1亿支（6.42万箱），同比增长33%。低档品牌销势良好，销售低档烟96.4亿支（19.28万箱），连续两年超额完成国家局考核指标。国家局低档烟共享品牌“大丰收”于7月投放市场，销量增长平稳，下半年共销售2.45亿支（0.49万箱）。

构建新型工商关系。以品牌经营为纽带、以共同发展为目标，不断探索建立新型工商关系的有效途径。共同加强品牌市场调研，制订品牌培育计划，做好品牌投放工作。信息共享，坚持每月向工业企业通报市场信息和品牌走势，通过维护品牌和培育品牌密切工商合作关系。建立沟通衔接机制。加强与重点供应商的紧密衔接，通过互访、沟通，确保主销品牌按协议保证供应，并为工业企业品牌经营拓展渠道。

网上交易。第二十五次全国卷烟网上集中交易于2006年5月25日~31日进行。本次交易市局（公司）购进64个品牌（北京卷烟厂4个）、145个规格（北京卷烟厂16个）的卷烟153.05亿支（30.61万箱），其中北京地产烟36亿支（7.20万箱），外埠烟117.05亿支（23.41万箱）。

第二十六次全国卷烟网上集中交易于2006年12月5日~13日进行。本次交易市局（公司）购进58个品牌、140个规格的卷烟共173.5亿支（34.70万箱），其中，北京烟34.5亿支（6.90万箱）、外埠烟139亿支（27.80万箱）。

网络建设

实现全市订单集中统一处理，全市集中的电话订货中心运转基本顺畅。全市集中的物流中心正式启用，实现了仓储、分拣、配送的高度集成。“批零互动、订单供货”工作模式全面推广。客户服务投诉中心继续完善。此外，网内销售率、电话订货率、电子结算率（91%）均通过国家局验收。3月1日~9日，由销售公司牵头分8个组，深入18个区县对零售客户满意度进行专题市场调查，调查发现客户综合满意度为86.99%。2006年，市局（公司）被国家烟草专卖局评为“网建工作优秀单位”。

企业管理

内部管理监督。开展“两项检查”工作，成立“两项检查”工作领导小组。按照市局（公司）关于“两项检查”工作要求，从销售公司和卷烟食品配送两个层面进行自查并撰写自查报告、制订整改措施，按时上报。对公司本级和“市配”在自查中发现的问题，通过完善制度建设和管理措施进行整改，对需要多方协调整改的问题提出具体整改意见，上报市局（公司）党组研究决定。

行政执法工作。加强行政许可管理，修订合理布局标准。加大对行业重大经济活动的法律监管及法律服务力度，对标的额在30万元以上的重大经济合同以及行业重大经济活动进行法律审核。坚持执法监督检查，在全市行政执法案卷评查中，连续三年保持并列第一名。全面部署“五五”普法工作，开展法律法规培训教育，组织法律知识讲座和学制度、用制度的群众性活动。推行行政执法责任制。

安全管理。加强安全宣传教育和培训。组织部分安全主管领导和安保干部参加国家安全生产监督管理局开办的安全培训班，取得持证上岗的资格；聘请咨询公司专家对领导干部进行OHSAS18000相关知识的系统培训；聘请火灾防治中心专家现场讲解如何预防火灾及发生火灾如何自救等知识；聘请烟草行业安全专家对安全干部和技术骨干进行现场培训。

开展安全专项整治活动。对确定的具有高度风险的部门、部位、岗位进行专项整治；针对防火工作，重点抓各类电器线路治理和烟库明火监控等8种能够直接导致火灾的违章治理工作；针对交通违法违章中可能导致重大事故的超速行驶、违法停车、强行超车、酒后驾车等8种严重行为进行专项治理。

加强职业健康安全管理体系建设。4月6日，召开职业健康安全管理体系文件发布会。举办由各单位一把手和安全主管领导参加的培训班。在体系实施阶段，各单位利用专栏、局域网举办培训，对领导和员工介绍体系相关知识。2006年底在对安全管理制式表格落实情况的检查中，大部分单位落实较好。

信息化建设

2006年是北京烟草信息化建设从“整体推进”到“全面提升”的重要阶段。围绕经营管理中心工作，完成电话订货系统、后台结算系统和协议销售软件的升级改造；办公自动化系统全面投入使用，系统运转顺畅，门户网站建设不断完善，已建设成一个信息管理系统，形成营销、专卖、财务、办公、物流五大体系。8月10日，独立设计、自主集成并组织实施的物流中心信息系统数据备份项目实施完成。

多元化经营

开展多元化企业清产核资，基本完成东亚铝业公司的股权转让工作。2006年撤销京烟工贸有限公司和京烟中海广告有限公司，其资产并入北京京烟零售连锁有限公司，并由北京京烟卷烟零售连锁有限公司承担其原有职能。通过股权转让，北京京烟卷烟零售连锁有限公司成为市局（公司）的全资子公司。

人事劳资

完成对机关14个部门和24个基层单位共计134名处级干部的年度考核工作，对10名新提职的副处级干部和4名挂职干部进行试用期考核、转正。国家局在12月的检查中，对选拔任用干部的标准、程序及机制创新给予了肯定。制订《行业高级技术人职务聘任意见》。年内聘任专业技术职务10人。年内有37人取得各级专业技术职务任职资格，其中高级7人，中级16人，初级14人。对全局139名处级干部和部分科级干部的档案进行了全面清理。

根据物流中心建设进度，通州烟草公司配送人员整体上划。根据后勤体制改革关于后勤管理与服务职能分开的要求，将金健恒通公司13名正式员工的人事劳动关系并入机关服务中心进行管理，将机关服务中心35名聘用人员调入金健恒通公司。接收了15名大学毕业生和2名军转干部。为7名达到法定退休年龄的人员办理了相关退休手续。

3月30日，市局（公司）举办新《公司法》培训班，邀请相关专家进行专题授课。

思想政治工作

深入开展“‘两个至上’在岗位”主题实践活动，制订《北京烟草系统“‘两个至上’在岗位”主题实践活动实施方案》。开展“‘两个至上’在岗位”征文活动，连续组织开展四次系统“‘两个至上’在岗位”主题实践活动处级干部论坛。组织两名零售户代表参加国家局举办的“听客户讲你我的故事”演讲比赛。在客户经理、市场检查、配送、管理、后勤等各个岗位的干部职工中开设员工论坛。通过征求零售客户、工业企业和员工三个层面的意见，进行满意度测评。大力表彰全系统各个岗位上涌现出来的好人好事；组成两个调研组对北京烟草系统25个直属单位主题实践活动的进展情况进行调研并形成调研报告。

举办北京烟草系统纪念建党85周年表彰大会暨第二届职工歌咏大赛。组织员工参观纪念长征胜利70周年展览以及西柏坡革命历史展览馆，开展传统教育。10月21日，市局（公司）团委组织近40名员工参加“走向2008——北京国际长走大会”。

企业文化

制定并下发《北京烟草系统“十一五”企业文化建设规划》和《2006年企业文化建设推进计划》。聘请中国企业文化研究会的专家为系统全体员工举办企业文化知识讲座。在市局网络平台和《北京烟草》杂志开设企业文化栏目。组织基层单位主管企业文化建设的领导及部门负责人参加国家烟草专卖局举办的企业文化建设培训班。面向系统全体员工，组织开展企业文化建设问卷调查。2月28日，《北京志·商业卷·烟草商业志》通过终审。

特事要辑

1月19日~20日，市局（公司）召开2006年工作会议，会议通过《坚持以科学发展观统领全局，积极推进北京烟草“十一五”改革与发展》的工作报告。国家局副局长张保振出席会议并作重要讲话。

1月26日，国家局局长姜成康一行到市局（公司）和北京卷烟厂向广大干部职工拜年。

4月13日~14日，市局（公司）召开2006年专卖管理、法制工作会议会，国家局副局长张辉等出席会议。

4月18日~19日，北京烟草与日本烟草产业株式会社举行交流座谈会，随后代表团到物流中心进行参观考察。

6月5日，国家局局长姜成康对“5·31”案件作出重要批示。批示指出：“北京市局自去年以来按照国家局部署，不停顿地开展打击制售假烟活动，并取得显著成果，这种精神值得学习和表扬。望认真总结经验，再接再厉取得新的成果。”

7月18日，中共中央政治局委员、国务院副总理曾培炎会见了出席全国烟草专卖局长、公司总经理座谈会的全体代表并考察了北京烟草物流中心。

7月27日~28日，北京烟草半年座谈会议召开，国家局副局长李克明等出席会议。

9月7日，国家局副局长何泽华参观物流中心和电话呼叫中心，重点就北京烟草推行的“批零互动、订单供货”模式与西城、海淀、丰台和顺义4个区的10余名客户经理代表进行座谈。

北京市局（公司）主要统计指标汇总

实现税利（亿元）	商业利润（亿元）	销售卷烟（亿支）	种植烟叶（万亩）	收购烟叶（万担）	出口创汇（万美元）
17.61	13.86	332.83	/	/	/

所属区、县局（公司）

东城区烟草专卖局（公司）

东城区烟草专卖局（公司）成立于1998年3月。拥有总资产4700万元，其中，固定资产178万元、流动资产4494万元。截至2006年底，共有员工68人，其中聘用员工31人。辖区内共有卷烟零售户1494户。

2006年销售卷烟11.14亿支（2.23万箱），与上年同比增长4.97%。实现销售收入26010万元，同比增长11.05%。实现税利3549万元，同比增长23.41%，其中，实现利润2777万元，同比增长28.67%。

西城区烟草专卖局（公司）

西城区烟草专卖局（公司）成立于1998年3月12日。截至2006年底，拥有总资产5619万元，其中，固定资产128万元、流动资产5491万元。共有员工65人，其中聘用员工35人。辖区内共有卷烟零售户1533户。

2006年销售卷烟12.51亿支（2.50万箱），与上年同比增长2.56%。其中，销售地产烟2.9亿支（0.58万箱），完成年计划的100.5%，同比增长1.1%；销售“中南海”系列卷烟2.04亿支（0.41万箱），完成年计划的117%，同比增长13.2%；销售名优烟7.7亿支（1.54万箱），完成年计划的102%，同比增长3.6%。十大重点培育品牌销量同比增长40%。单箱销售收入13272元，同比增长7%。实现销售收入28386万元，同比增长9.78%。实现税利4339万元，同比增长34.99%，其中，实现利润3385万元，同比增长34.3%。

崇文区烟草专卖局（公司）

崇文区烟草专卖局成立于1994年，崇文区烟草公司成立于1998年。截至2006年底，拥有总资产5910万元，其中，固定资产4017万元、流动资产1893万元。共有员工48人，其中聘用员工24人。辖区内共有卷烟零售户637户。

2006年销售卷烟9.83亿支（1.97万箱），与上年同比增长2.54%。实现税利3119万元，同比增长28.99%，其中，实现利润2404万元，同比增长24.59%。

2006年区局专卖监督管理科被评为北京市“青年文明号”。

宣武区烟草专卖局（公司）

宣武区烟草专卖局（公司）成立于1998年3月18日。截至2006年底，拥有总资产4694万元，其中，固定资产204万元、流动资产4490万元。共有员工63人，其中聘用员工27人。辖区内共有卷烟零售户1094户。

2006年销售卷烟10.66亿支（2.13万箱），与上年同比增长2.14%。实现销售收入24523万元，同比增长9.42%。实现税利3448万元，同比增长22.67%，其中实现利润2697万元，同比增长24.32%。

朝阳区烟草专卖局（公司）

朝阳区烟草专卖局成立于1991年7月，朝阳区烟草公司成立于1998年3月。截至2006年底，拥有总资产29897万元，其中，固定资产246万元、流动资产29592万元。共有员工140人，其中聘用员工82人。辖区内共有卷烟零售户4343户。

2006年销售卷烟48.90亿支（9.78万箱），与上年同比增长3.97%。实现销售收入115098万元，同比增长11.66%。实现税利20283万元，同比增长24.83%，其中，实现利润16727万元，同比增长23.91%。

海淀区烟草专卖局（公司）

海淀区烟草专卖局成立于1994年，海淀区烟草公司成立于1998年。截至2006年底，拥有总资产26398万元，其中，固定资产6878万元、流动资产19520万元。共有员工130人，其中聘用员工87人。辖区内共有卷烟零售户3936户。

2006年销售卷烟46.06亿支（9.21万箱），与上年同比增长6.49%。单箱销售额达13125.43元，同比增加30.01元。实现销售收入108808万元，同比增长18.95%。实现税利19717万元，同比增长37.65%，其中实现利润16457万元，同比增长40.27%。

丰台区烟草专卖局（公司）

丰台区烟草专卖局（公司）成立于1997年11月24日。截至2006年底，拥有总资产18817万元，其中，固定资产4335万元、流动资产14477万元。共有员工110人，其中聘用员工82人。辖区内共有卷烟零售户2755户。

2006年销售卷烟30.99亿支（6.20万箱），与上年同比增长8.93%。实现销售收入83930万元，同比增长24.55%。实现税利15539万元，同比增长46.45%，其中，实现利润12725万元，同比增长46.65%。

石景山区烟草专卖局（公司）

石景山区烟草专卖局（公司）成立于1997年1月。截至2006年底，拥有总资产5884万元，其中，固定资产1242万元、流动资产4642万元。共有员工65人，其中聘用员工44人。辖区内共有卷烟零售户812户。

2006年销售卷烟11.07亿支（2.21万箱），与上年同比增长2.2%。实现销售收入23033万元，同比增长5.63%。实现税利3475万元，其中，实现利润2737万元，同比增长18.23%。

12月29日，在国家烟草专卖局、公安部召开的全国卷烟打假总结表彰会上，区局（公司）被授予“全国卷烟打假工作先进集体”荣誉称号。

通州区烟草专卖局（公司）

通州区烟草专卖局（公司）成立于1992年。拥有总资产12820万元，其中，固定资产净值251万元、流动资产12569万元。共有员工67人，其中聘用员工44人。辖区内共有卷烟零售户2852户。

2006年销售卷烟21.24亿支（4.25万箱），与上年同比增长5.57%。实现销售收入44074万元，同比增长13.79%。实现税利7568万元，同比增长31.79%，其中，实现利润6152万元，同比增长29.82%。

顺义区烟草专卖局（公司）

顺义区烟草专卖局（公司）成立于1997年8月。截至2006年底，拥有总资产12107万元，其中，固定资产2248万元、流动资产9857万元。共有员工96人，其中聘用员工73人。辖区内共有卷烟零售户2156户。

2006年销售卷烟20.57亿支（4.11万箱），与上年同比增长3.57%。实现销售收入42896万元，同比增长11.17%。实现税利7154万元，同比增长41.01%，其中实现利润5836万元，同比增长43.54%。

延庆县烟草专卖局（公司）

延庆县烟草专卖局（公司）成立于1995年3月22日。拥有总资产3523万元，其中，固定资产2105万元、流动资产1418万元。共有员工55人，其中聘用员工43人。辖区内共有卷烟零售户1131户。

2006年销售卷烟7.34亿支（1.47万箱），与上年同比增长2.15%。实现销售收入13868万元，同比增长7.64%。实现税利1798万元，同比增长33.93%，其中，实现利润1404万元，同比增长39.33%。

2006年区局（公司）局长（经理）高雪生被中共北京市人民政府国有资产监督管理委员会评为“优秀党务工作者”。

怀柔区烟草专卖局（公司）

怀柔区烟草专卖局成立于1996年6月，怀柔区烟草公司成立于2001年12月。截至2006年年底，拥有总资产6115万元，其中，固定资产225万元、流动资产5890万元。共有员工70人，其中聘用员工57人。辖区内共有卷烟零售户1127户。

2006年销售卷烟10.25亿支（2.05万箱），与上年同比增长3.63%。实现销售收入19499万元，同比增长9.66%。实现税利3045万元，同比增长22.18%，实现利润2398万元，同比增长20.13%。

大兴区烟草专卖局（公司）

大兴区烟草专卖局（公司）成立于1997年1月28日。截至2006年底，拥有总资产10178万元，其中，固定资产858万元、流动资产9281万元。共有员工89人，其中聘用员工77人。辖区内有卷烟零售户2209户。

2006年销售卷烟18.24亿支（3.65万箱），与上年同比增长1.84%。实现销售收入35394万元，同比增长5.76%。实现税利5847万元，同比增长14.64%，其中实现利润4771万元，同比增长11.26%。

昌平区烟草专卖局（公司）

昌平区烟草专卖局成立于1998年3月，昌平区烟草公司成立于1998年4月。截至2006年底，拥有总资产9635万元，其中，固定资产1425万元、流动资产8210万元。共有员工89人，其中聘用员工62人。辖区内共有卷烟零售户1899户。

2006年销售卷烟19.13亿支（3.83万箱），与上年同比增长4.76%。实现销售收入37738万元，同比增长9.32%。实现税利5876万元，同比增长22.78%，其中实现利润4801万元，同比增长22.59%。

2006年区局（公司）获北京烟草系统“2005年度卷烟打假先进单位”称号。

密云县烟草专卖局（公司）

密云县烟草专卖局（公司）成立于1997年8月。截至2006年底，拥有总资产6266万元，其中，固定资产合计1221万元、流动资产5045万元。共有员工65人，其中聘用员工49人。辖区内共有卷烟零售户1855户。

2006年销售卷烟11.31亿支（2.26万箱），与上年同比增长3.36%。实现销售收入20798万元，同比增长11.15%。实现税利3088万元，同比增长26.35%，其中，实现利润2381万元，同比增长19.55%。

门头沟区烟草专卖局（公司）

门头沟区烟草专卖局（公司）成立于1998年2月18日。截至2006年底，拥有总资产3130万元，其中，固定资产1798万元、流动资产1332万元。共有员工36人，其中聘用员工27人。辖区内共有卷烟零售户562户。

2006年销售卷烟5.86亿支（1.17万箱），与上年同比增长1.03%。其中，销售北京地产烟0.89亿支（0.18万箱），占总销量的15%，销售“中南海”0.40亿支（0.08万箱），占地产烟的45%。实现销售收入9905万元，同比增长9.01%。实现税利1200万元，同比增长25.80%，其中，实现利润926万元，同比增长28.92%。

房山区烟草专卖局（公司）

房山区烟草专卖局（公司）成立于1998年4月。截至2006年底，拥有总资产9563万元，其中，固定资产1276万元、流动资产8288万元。共有员工82人，其中聘用员工69人。辖区内共有卷烟零售户1555户。

2006年销售卷烟19.24亿支（3.85万箱），与上年同比增长5.67%。实现销售收入36843万元，同比增长14.94%。实现税利6102万元，同比增长33.31%，其中，实现利润5033万元，同比增长35.72%。

平谷区烟草专卖局（公司）

平谷区烟草专卖局（公司）成立于1998年2月16日。截至2006年底，拥有总资产3752万元，其中，固定资产1636万元、流动资产2117万元。共有员工64人，其中聘用员工52人。辖区内共有卷烟零售户1529户。

2006年销售卷烟8.90亿支（1.78万箱），与上年同比增长3.86%。实现销售收入14688万元，同比增长14.94%。实现税利1821万元，同比增长29.50%，其中，实现利润1376万元，同比增长24.32%。

铁路运输专卖分局

铁路运输专卖分局成立于1990年7月。主要职责是检查铁路违法运输卷烟行为。共有员工18人，其中聘用员工3人。

分局先后与北京铁路公安处刑侦支队、石家庄铁路公安处刑侦支队、北京市公安局公交总队、海淀公安分局永定路派出所确立工作长效机制，加强对案件的调查经营和信息的共享，联合查处了“4·5”、“5·30”等案件。

2006年立案78起，结案82起。其中2005年立案，2006年结案的案件7起。审核案卷85卷，案卷审核率达100%，在参加市局（公司）组织的案卷抽查中，案卷优秀率达100%。全年查获违法卷烟共1810.56万支，其中，查获真品违法卷烟613.06万支、假冒伪劣卷烟706.26万支、走私卷烟491.24万支，罚没收入350.66万元（其中2005年立案，2006年结案收缴罚没款97.62万元，2006年立案结案收缴罚没款253.04万元）。查处制售假烟网络案件3起，查获制假切丝机24台、印刷机2台、烘干房1座、烘干炉2台、成品库8个、非成品库10个、烟丝100余吨、假冒伪劣卷烟条装包装纸100余万张、烟用卷包纸（原纸）20余大盘、烟用乳胶30余桶。2006年向公安机关移送案件41起，案件移送率达100%。其中判刑4人，追刑4人。全年未发生行政诉讼或行政复议案件。

公路运输专卖分局

公路运输专卖分局成立于1992年11月，是北京市烟草专卖局的派出机构。主要职责是查处北京市公路运输环节中的违法运输烟草专卖品案件。共有员工19人。

2006年共查获案件44起，其中，自办案件42起，移交外省烟草专卖局处理案件2起。查获各类违法卷烟3978.78万支，涉案金额1531.1万元，收缴罚没款167.1万元。查获制售假烟网络案件4起。查获卷接机2台。向公安机关移送案件28起，案件移送率达100%。被公安机关依法刑事拘留8人、逮捕3人，法院依法判刑5人。全年未发生行政诉讼或行政复议案件。

全年组织对公路运输客、货运场、站、点进行执法检查200余次，出动人员430余人次，出动车辆250余台次。查获2起利用航空违法运输卷烟行为，在公路运输客货运场站查获违法运输卷烟案件21起。

2006年北京市烟草商业系统主要情况统计

区、县局（公司）名称		东城区烟草专卖局、东城烟草公司	西城区烟草专卖局、西城烟草公司	崇文区烟草专卖局、崇文烟草公司	宣武区烟草专卖局、宣武烟草公司	朝阳区烟草专卖局、朝阳烟草公司
法人代表/主要负责人		杨　捷	殷　刚	武　斌	张　业	王爱国
总资产（万元）		4700	5619	5910	4694	29897
员工总数（其中聘用员工数）（人）		68（其中聘用员工31人）	65（其中聘用员工35人）	48（其中聘用员工24人）	63（其中聘用员工27人）	140（其中聘用员工82人）
所属县级局数量（个）		/	/	/	/	/
所属县级公司数量（个）		/	/	/	/	/
所属营销部（分公司、访销中心、烟叶复烤厂、稽查大队等）		1个访销中心、1个稽查大队	1个访销中心、1个稽查大队	1个访销中心、1个稽查大队	1个访销中心、1个稽查大队	1个访销中心、1个稽查大队
销售卷烟（亿支）		11.14	12.51	9.83	10.66	48.90
实现税利（万元）	本年	3549	4339	3119	3448	20283
	上年	2876	3215	2418	2811	16247
实现利润（万元）	本年	2777	3385	2404	2697	16727
	上年	2158	2526	1930	2169	13499
烟叶种植（亩）		/	/	/	/	/
烟叶收购（担）		/	/	/	/	/
零售户数（户）		1494	1533	637	1094	4343

区、县局（公司）名称		海淀区烟草专卖局、海淀烟草公司	丰台区烟草专卖局、丰台烟草公司	石景山区烟草专卖局、石景山烟草公司	通州区烟草专卖局、通州烟草公司	顺义区烟草专卖局、顺义烟草公司
法人代表/主要负责人		沈　勇	李宝珍	王英平（－2006.5）、艾小平（2006.5－）	武玉清	王文相
总资产（万元）		26398	18817	5884	12020	12107
员工总数（其中聘用员工数）（人）		130（其中聘用员工87人）	110（其中聘用员工82人）	65（其中聘用员工44人）	67（其中聘用员工44人）	96（其中聘用员工73人）
所属县级局数量（个）		/	/	/	/	/
所属县级公司数量（个）		/	/	/	/	/
所属营销部（分公司、访销中心、烟叶复烤厂、稽查大队等）		1个访销中心、1个稽查大队	1个访销中心、1个稽查大队	1个访销中心、1个稽查大队	1个访销中心、1个稽查大队	1个访销中心、1个稽查大队
销售卷烟（亿支）		46.06	30.99	11.07	21.24	20.57
实现税利（万元）	本年	19 717	15539	3475	7568	7154
	上年	14325	10610	2907	5742	5073
实现利润（万元）	本年	16457	12725	2737	6152	5836
	上年	11733	8677	2315	4739	4066
烟叶种植（亩）		/	/	/	/	/
烟叶收购（担）		/	/	/	/	/
零售户数（户）		3936	2755	812	2852	2156

区、县局（公司）名称		延庆县烟草专卖局、延庆烟草公司	怀柔区烟草专卖局、怀柔烟草公司	大兴区烟草专卖局、大兴烟草公司	昌平区烟草专卖局、昌平烟草公司
法人代表/主要负责人		高雪生	杨　军	孙立勇	王亚非
总资产（万元）		3523	6115	10178	9635
员工总数（其中聘用员工数）（人）		55（其中聘用员工43人）	70（其中聘用员工57人）	89（其中聘用员工77人）	89（其中聘用员工62人）
所属县级局数量（个）		/	/	/	/
所属县级公司数量（个）		/	/	/	/
所属营销部（分公司、访销中心、烟叶复烤厂、稽查大队等）		1个访销中心、1个稽查大队	1个访销中心、1个稽查大队	1个访销中心、1个稽查大队	1个访销中心、1个稽查大队
销售卷烟（亿支）		7.34	10.25	18.24	19.13
实现税利（万元）	本年	1798	3045	5847	5876
	上年	1343	2492	5112	4786
实现利润（万元）	本年	1404	2398	4771	4801
	上年	1008	1996	4288	3916
烟叶种植（亩）		/	/	/	/
烟叶收购（担）		/	/	/	/
零售户数（户）		1131	1127	2209	1899

区、县局（公司）名称		密云县烟草专卖局、密云烟草公司	门头沟区烟草专卖局、门头沟烟草公司	房山区烟草专卖局、房山烟草公司	平谷区烟草专卖局、平谷烟草公司
法人代表/主要负责人		孔繁国	王献军	李学梅	罗明录
总资产（万元）		6266	3130	9563	3752
员工总数（其中聘用员工数）（人）		65（其中聘用员工49人）	36（其中聘用员工27人）	82（其中聘用员工69人）	64（其中聘用员工52人）
所属县级局数量（个）		/	/	/	/
所属县级公司数量（个）		/	/	/	/
所属营销部（分公司、访销中心、烟叶复烤厂、稽查大队等）		1个访销中心、1个稽查大队	1个访销中心、1个稽查大队	1个访销中心、1个稽查大队	1个访销中心、1个稽查大队
销售卷烟（亿支）		11.31	5.86	19.24	8.90
实现税利（万元）	本年	3088	1200	6102	1821
	上年	2444	954	4577	1406
实现利润（万元）	本年	2381	926	5033	1376
	上年	1992	718	3708	1107
烟叶种植（亩）		/	/	/	/
烟叶收购（担）		/	/	/	/
零售户数（户）		1855	562	1555	1529

（王智誉）

天津烟草

天津市烟草专卖局（公司）

概况

天津市地处华北平原的东北部，是中国四个直辖市之一。全市下辖18个区（县），总面积1.2万平方公里，总人口1075万人。截至2006年底，全市实现地区生产总值（GDP）4359.15亿元。

天津市烟草专卖局、中国烟草总公司天津市公司成立于1986年1月1日。2006年下辖15个区（县）烟草专卖局、10个烟草分公司、5个烟草有限公司和天津市卷烟销售分公司、天津市烟草公司物流分公司、天津市恒大实业公司。全市行业共有在岗员工1590人，其中，获得高级职称的有7人、中级职称的有57人。截至2006年底，全市行业拥有总资产20.6亿元，其中，固定资产为2.92亿元、流动资产为17.12亿元。辖区内共有卷烟零售户23307户。

2006年市局（公司）获全国"卷烟打假先进集体"、"天津市年度行政执法监督先进单位"、"天津市和平区个人所得税代扣代缴先进单位"、"天津市工业系统2005~2006年度先进中心组"等称号。

领导成员

局长、总经理、党委书记：张永栋

副总经理、党委委员：王建民

副局长、党委委员：陈　余（2006.3—）

副总经理、党委委员：陈雅康

纪委书记、党委委员：高玉明

副局长、党委委员：朱　军

助理巡视员：徐　雷

组织机构

市局（公司）机关设办公室（外事办公室）、综合计划处、专卖监督管理处、法规处、财务管理处（国有资产管理处）、审计处、人事劳资处、安全保卫处、监察处（与党委纪检委合署办公）、思想政治工作处（机关党总支、工会）10个处室和经济信息中心、机关服务中心2个专业部门。

经济效益

2006年销售卷烟244.76亿支（48.95万箱），与上年同比增长5.18%。其中，销售一、二类卷烟63.5亿支（12.7万箱），同比增长22.67%，占总销量的25.94%，同比提高3.7个百分点。卷烟单箱销售收入（含税）11833元，同比增长7.25%。全年卷烟销售牌号整合掉26个品牌、85个规格。全年销售"百牌号"卷烟239.8亿支（47.96万箱），同比增长5.2%，占总销量的97.98%。销售名优卷烟112.65亿支（22.53万箱），同比增长8.29%，占总销量的46.03%。

全年实现销售收入70.3亿元，与上年同比增长13.42%。实现税利9.92亿元，同比增长27.36%，其中，实现利润7.96亿元，同比增长29.24%，完成税金1.96亿元，同比增长19.73%。

专卖管理

2006年专卖管理工作继续贯彻打源头的工作方针，在"破网络、打团伙、捣窝点、抓首犯、净市场"上下工夫。实行办案目标管理责任制，把端窝点、打网络、破案件等指标列入考核内容，量化分解，形成了一级抓一级、逐级负责的责任体系。加大考核力度，每季度听一次各区（县）局工作汇报，每半年进行一次考核。加大打假政策、打假成果的社会宣传力度，在辖区开设宣传点，印发宣传材料，讲解真假烟鉴别知识，公布举报奖励政策。全年全市共查处各类违法经营案件1456起，查处制售假烟网络大案13起，捣毁制假窝点5个，查获各类制假机械10台套及大量原辅材料，查获各类违法卷烟386万条，总案值2500多万元，抓捕涉案嫌疑人50多名。

联合打假工作取得新突破。重视发挥部门、区域两个联合打假机制的作用，加强与市公安局及京冀烟草部门的沟通联系，打击制售假烟违法犯罪行为，联合破获了"1·12"、"4·28"、"7·7"、"10·11"销售假烟网络案件，捣毁2个制假窝点，查获1起贩运假烟案件，收缴假烟3700多件，占全年查获总量的75%。

注重队伍教育培训工作，组织开展专题教学活动和军事化素养、业务技能培训，6月2日~9日，稽查总队在天津市警察职业学院举行了为期一周的"军事训练、规范管理"封闭式集训。开展作风纪律专项整顿活动，对照专卖执法行为规范和天津市局专卖执法人员八项禁令，进行自查和互查。

加强对零售市场的监管，对卷烟零售业态变化进行专题调研并制订具体办法，实施分类管理，促进规范经营。针对大户控制小户问题，联合公安部门开展专项整治行动。

网络建设

在网络建设的软硬环境建设方面，推进新型客户分类标准，采取客户档案与客户分类同步进行的方法，对全市零售户进行科学分类。落实呼叫中心系统升级工作，对营销管理系统进行全面升级改造，各应用系统形成有机整体并通过国家局信息化考核。实施运行专销一体化信息管理系统，全面整合营销业务、网建工作和专卖管理工作，使业务系统、专卖系统、数据查询、宏观管理、客户关系管理和报表系统等6个系统形成一个有机整体，实现营销数据和专卖数据的集中统一。着力提升客户关系管理应用水平，市局（公司）对15个基层单位进行“面对面”的督导和帮扶，开展网建自查考评工作，及时发现存在问题，共同分析原因，提出解决办法。推进卷烟配送中心建设，截至2006年底，主体工程和外装修全部竣工，“三扫一打”工艺流程调整改进完毕。

体制改革

2006年上半年，完成中国烟草总公司与市公司建立母子公司体制的有关工作，通过资产盘点、应收账款处理，全市行业资产上划总公司，并作为国有法人资本下拨给市公司。截至2006年底，理顺天津烟草行业资产工作，明确母子公司体制构架。取消天津市塘沽区烟草公司、大港烟草公司、卷烟销售公司、卷烟配送中心法人资格，对外名称分别变更为天津市烟草公司塘沽分公司、烟草公司大港分公司、卷烟销售分公司、烟草公司物流分公司。市公司设立了天津市烟草公司市区第一分公司、市区第二分公司、市区第三分公司、东丽分公司、津南分公司、西青分公司、北辰分公司、塘沽分公司、汉沽分公司、大港分公司、物流分公司、卷烟销售分公司等12个分公司，继续保留天津市恒大实业公司作为全资子公司，投资设立了武清烟草有限公司、宝坻烟草有限公司、芦台烟草有限公司、渔阳烟草有限公司、静海烟草有限公司等5个控股烟草有限公司。

内部管理监督

按照“自下而上、三流对照、专销结合、综合分析”的方法，逐笔核对2005年的生产经营业务，进行全面自查，并及时组织对自查工作的检查督导。针对自查中发现的拆单分摊、虚拟客户等违规经营问题制订复查工作方案，抽调人员组成复查小组，在经过试点进一步完善了复查工作方法后，开展全面复查工作，提出初步整改意见。

开展“四查四看”。组织开展“四查四看”工作，即一查对“两项检查”工作的重视程度，看国家局的部署和要求是否深入人心，自查工作组织领导及发挥作用是否到位，自查工作方案是否科学合理，2005年以来经营管理工作存在的问题是否最大限度地解决在自查阶段；二查“两项检查”工作的机制和制度，看机构设置和人员配备是否健全，制度是否完备，日常监管和同级监管工作开展是否到位；三查问题整改，看查出的问题是否认真梳理，整改措施是否有针对性，效果是否明显；四查规范经营，看2005年自查和复查发现的问题在2006年是否仍然存在，是否边整边犯、前整后犯。同时，针对重点环节制订相关制度，逐步建立和完善“事前”监管和“事中”监管相结合的长效机制。

同级审计。围绕财务收支、内控制度、预算管理和专项资金四个方面重点开展同级审计工作，先后经过自查、督查、自查回头看和检查整改四个阶段，发现和纠正问题。

重点监督检查。加强对工程建设项目招标、物资采购等重点工作、重点项目的监督检查，天津烟草卷烟配送中心建设的招投标工作被天津市工业纪工委评为“2006年度工业、国资委系统效能监察好项目”。

信息化建设

抓紧落实全市行业呼叫中心系统的升级工作。通过改造升级，实现了全市行业呼叫中心统一信息平台、异地远程呼叫功能。全面应用专销一体化信息管理系统，实现了营销数据和专卖数据的集中统一，全面整合了营销业务、网络建设和专卖管理工作，使业务系统、专卖系统、数据查询、宏观管理、客户关系管理和报表系统等六个应用系统形成一个有机整体，增强了数据的实时性、准确性、可利用性和扩展性。

多元化经营

天津市恒大实业公司是多元化经营的主要项目。成立于2005年1月1日，是天津市烟草专卖局（公司）的全资子公司，主要负责原天津卷烟厂战略性联合重组后的富余分流人员的安置和管理工作。公司内设11个职能部门及江山总店、运输公司、印刷厂3个经营实体。共有员工942人，其中，岗上员工278人、岗下员工664人。

公司把工作重点放在岗下员工的管理和服务。针对分流人员中岗下员工、内退员工和困难群体人员较多的情况，成立岗下办公室和退休办公室，专门为岗下员工和退休、内退员工服务，确保两个群体员工有困难时有人管、有人问。结合实际，建立“三个必访”、“三个必帮”、“三个必谈”工作机制，即员工家中有困难必访、员工本人住院生病必访、员工本人及家属亡故必访；员工家中有困难必帮、员工家中有丧事必帮、员工家中出现特殊情况必帮；员工家中出现变故必谈、员工情绪不稳定必谈、对员工提出的质疑必谈。较大幅度地调整所属人员的工资和福利水平；组织全体员工进行体检，为有重大疾病和重大疾病隐患的员工积极联系康复治疗；为全体员工办理补充医疗保险。

队伍建设

围绕开展争创“四好”领导班子活动，以提高领导班子的整体素质、提升整体功能和提高领导企业发展及解决问题的能力为重点，着力抓好各级领导干部的能力建设。在争创过程中，广泛听取群众意见，自觉接受群众的评议和监督，结合本年度民主生活会中群众提出的意见和建议，积极制订整改措施。选派部分处级干部参加国家局党校培训班，组织举办全行业处级干部读书班。加强行业各级党组中心组的理论学习。加强经营管理和专业技能队伍建设，以基层单位中层干部和一线各类人员的业务培训、技能鉴定为主要内容，市局（公司）及所属各单位共开展岗位技能培训1500余人次；技术练兵、技能比武和劳动竞赛10余场次，参与员工209人次；103名员工的职业技能提升一个等级。继续加大干部轮岗交流力度，对3个基层单位的领导班子进行了调整。

思想政治工作

开展学习贯彻党章教育活动，提高广大党员对“三个代表”的认识。以建立健全党员学习培训机制、管理监督机制和发挥作用机制为重点，制订《天津烟草行业建立健全保持共产党员先进性长效机制的实施意见》，进一步推进党的先进性建设。

深入开展“‘两个至上’在岗位”主题实践活动。突出“岗位奉献”这一落脚点，从岗位实践出发，分别在领导干部、卷烟销售岗位、专卖管理岗位和其他岗位员工中，以“做人做事做公仆，尽职尽责尽义务”、“联心联责联利，公司客户双赢”、“文明执法显形象，热情服务见精神”、“立足本职作贡献，超越自我在岗位”等为主要内容，深入开展了主题实践活动。充分利用简报、宣传栏、板报等载体广泛开展宣传活动。组织“‘两个至上’在岗位”领导干部论坛会、演讲会、主题征文活动。

2006年10月22日，召开天津烟草第一届职工运动会，以“强身健体、团结拼搏、展示形象、共建和谐”为主题，精心设计了田径、球类、棋牌、趣味比赛等18个比赛项目。

党风廉政建设

推进天津烟草系统的惩防腐败体系建设工作，制订了《关于落实〈建立健全教育、制度、监督并重的惩治和预防腐败体系实施纲要〉的具体措施》，抓好在市区第一烟草专卖局的试点工作。

开展治理商业贿赂专项工作，市局（公司）和所属各单位成立治理商业贿赂领导小组，制订工作方案和治理商业贿赂专项工作六条纪律。开展企务、政务公开活动，每月将卷烟经营情况、财务报表、日常费用支出等情况上墙公开，增强工作的透明度，切实维护员工的知情权、参与权、监督权。

严肃查办违规违纪案件，对群众来信反映的问题进行查理，对个别单位违规违纪经营，财务管理不严等问题分别成立调查组进行调查核实，2个单位的主要领导被调整了工作岗位。

企业文化

结合天津烟草实际，制定《天津烟草企业文化建设三年规划》，初步确定天津烟草企业文化建设的意义、指导方针和具体目标，并逐步形成“锲而不舍，同心图强”的企业精神和“精诚共进”的核心价值观。“精”就是精益求精、争创一流、严谨细致、追求卓越。“诚”就是忠于组织、忠于企业、忠于事业、诚实守信。“共”就是目标一致、步调一致、集体主义、团队精神以及企业与职工的共同全面发展。“进”就是坚持不懈地追求，从不满足地创造，永不停顿地前进。将现有的企业文化进一步整合、提炼和创新，有机地融入企业管理、思想政治工作和精神文明建设的全过程，使之成为全体员工的共同信念和追求，推动“和谐天津烟草”建设。

特事要辑

10月22日，举行天津烟草第一届员工运动会。

10月23日，天津市恒大实业公司岗下女员工李德荣当选为天津市“十佳文明市民”。

11月1日，国家烟草专卖局局长姜成康一行到天津考察。

12月8日，国家局签发了《国家烟草专卖局关于中国烟草总公司天津市公司建立母子公司体制改革的批复》（国烟法〔2006〕893号），批复了中国烟草总公司天津市公司建立母子公司体制改革方案。

12月19日~20日，国家局副局长何泽华一行到天津考察。

天津市局（公司）主要统计指标汇总

实现税利（亿元）	商业利润（亿元）	销售卷烟（亿支）	烟叶种植（万亩）	烟叶收购（万担）	出口创汇（万美元）
9.92	7.96	244.76	/	/	/

所属区、县局（公司）

天津市区第一烟草专卖局（分公司）

天津市区第一烟草专卖局（分公司）成立于1999年8月，负责和平区、河西区的烟草专卖管理和卷烟销售工作。拥有总资产3479万元，其中，固定资产331万元、流动资产2950万元。共有员工141人，其中聘用员工97人。截至2006年底，辖区内共有卷烟零售户2360户。

2006年销售卷烟27.73亿支（5.55万箱），与上年同比增长4.88%。实现税利8939万元，同比增长14.15%，其中，实现利润7403万元，同比增长17.64%。

天津市区第二烟草专卖局（分公司）

天津市区第二烟草专卖局（分公司）成立于1999年9月28日，负责河东区、河北区的烟草专卖管理和卷烟销售工作。拥有总资产2646万元，其中，固定资产517万元、流动资产2108万元。共有员工153人，其中聘用员工99人。截至2006年底，辖区内共有卷烟零售户2434户，其中，河东区1175户、河北区1259户。

2006年销售卷烟32.87亿支（6.57万箱），与上年同比增长5.49%。实现税利10428万元，同比增长19.78%，其中，实现利润8562万元，同比增长21.48%。

天津市区第三烟草专卖局（分公司）

天津市区第三烟草专卖局（分公司）成立于1999年8月，负责红桥区、南开区的烟草专卖管理和卷烟销售工作。拥有总资产3876万元，其中，固定资产454万元、流动资产3332万元。共有员工155人，其中聘用员工107人。截至2006年底，辖区内共有卷烟零售户2973户。

2006年销售卷烟33.27亿支（6.65万箱），与上年同比增长4.39%。实现税利10795万元，同比增长21.77%，其中，实现利润8833万元，同比增长21.35%。

东丽区烟草专卖局（分公司）

东丽区烟草专卖局（分公司）成立于1998年5月12日。拥有总资产1352万元，其中，固定资产308万元、流动资产997万元。共有员工80人，其中聘用员工55人。截至2006年底，辖区内共有卷烟零售户1182户。

2006年销售卷烟11.25亿支（2.25万箱），与上年同比增长6.33%。实现税利3273万元，同比增长24.17%，其中，实现利润2639万元，同比增长25.31%。

津南区烟草专卖局（分公司）

津南区烟草专卖局（分公司）成立于1998年7月。拥有总资产1320万元，其中，固定资产216万元、流动资产1087万元。共有员工79人，其中聘用员工59人。截至2006年底，辖区内共有卷烟零售户1113户。

2006年销售卷烟10.55亿支（2.11万箱），与上年同比增长5.5%。实现税利3046万元，同比增长26.44%，其中，实现利润2454万元，同比增长28.68%。

西青区烟草专卖局（分公司）

西青区烟草专卖局（分公司）成立于1998年5月11日。拥有总资产1504万元，其中，固定资产209万元、流动资产1047万元。共有员工67人，其中聘用员工36人。截至2006年底，辖区内共有卷烟零售户1006户。

2006年销售卷烟10.81亿支（2.16万箱），与上年同比增长5.36%。实现税利2877万元，同比增长20.98%，其中，实现利润2278万元，同比增长20.78%。

北辰区烟草专卖局（分公司）

北辰区烟草专卖局（分公司）成立于1998年5月。拥有总资产1320万元，其中，固定资产263万元、流动资产1043万元。共有员工80人，其中聘用员工51人。截至2006年底，辖区内共有卷烟零售户1184户。

2006年销售卷烟11.13亿支（2.23万箱），与上年同比增长4.31%。实现税利3195万元，同比增长19.75%，其中，实现利润2577万元，同比增长21.10%。

塘沽区烟草专卖局（分公司）

塘沽区烟草专卖局（分公司）成立于1995年8月，2006年12月由塘沽区烟草专卖局（公司）改制更名为塘沽区烟草专卖局（分公司），负责塘沽区、天津经济技术开发区、天津港保税区的烟草专卖管理和卷烟销售工作。区局（分公司）机关设6个科（室、中心），其中，专卖科下设2个稽查大队和1个专管中队。拥有总资产5988万元，其中，固定资产669万元、流动资产 5310 万元。共有员工 96 人，其中聘用员工 72 人。截至 2006 年底，辖区内共有卷烟零售户 1536 户。

2006 年销售卷烟 14.47 亿支（2.89 万箱），与上年同比增长 6.71%。实现税利 4456 万元，同比增长 33.05%，其中，实现利润 3572 万元，同比增长 28.77%。

2006 年着力实施市场净化、网建上水平、名优卷烟培育和提高人才素质四大工程，注重发扬“锲而不舍，同心同强”的企业精神。

汉沽区烟草专卖局（分公司）

汉沽区烟草专卖局（分公司）成立于 1997 年。拥有总资产 1041 万元，其中，固定资产 163 万元、流动资产 753 万元。共有员工 32 人，其中聘用员工 22 人。截至 2006 年底，辖区内共有卷烟零售户 510 户。

2006 年销售卷烟 4.59 亿支（0.92 万箱），与上年同比增长 8.25%。实现税利 1322 万元，同比增长 40.04%，其中实现利润 1034 万元，同比增长 38.24%。

大港区烟草专卖局（分公司）

大港区烟草专卖局成立于 1993 年 6 月，大港区烟草公司成立于 1995 年。2006 年 12 月由大港烟草专卖局（公司）改制更名为大港区烟草分公司。拥有总资产 4491 万元，其中，固定资产 1371 万元、流动资产 3095 万元。共有员工 60 人，其中聘用员工 42 人。截至 2006 年底，辖区内共有卷烟零售户 1045 户。

2006 年销售卷烟 9.96 亿支（1.99 万箱），与上年同比增长 4.73%。实现税利 3081 万元，同比增长 30.66%，其中，实现利润 2434 万元，同比增长 30.23%。

武清区烟草专卖局、武清烟草有限公司

武清区烟草专卖局成立于 1992 年，武清烟草有限公司成立于 1996 年 6 月并于成立之日起与武清区烟草专卖局合署办公。拥有总资产 4653 万元，其中，固定资产 320 万元、流动资产 4305 万元。共有员工 140 人，其中，市烟草系统员工 14 名，区供销社系统员工 71 名，聘用员工 55 名。截至 2006 年底，辖区内共有卷烟零售户 2021 户。

2006 年销售卷烟 20.25 亿支（4.05 万箱），与上年同比增长 5.14%。实现税利 4781 万元，同比增长 20.7%，其中，实现利润 3730 万元，同比增长 21.26%。

宝坻区烟草专卖局、宝坻烟草有限公司

宝坻区烟草专卖局成立于 1991 年 10 月，宝坻烟草有限公司成立于 1996 年 9 月并于成立之日起与宝坻区烟草专卖局合署办公。拥有总资产 3390 万元，其中，固定资产 222 万元、流动资产 3127 万元。共有员工 102 人，其中，市烟草系统员工 14 名，区供销社系统员工 35 名，聘用员工 53 名。截至 2006 年底，辖区内共有卷烟零售户 1731 户。

2006 年销售卷烟 15.95 亿支（3.19 万箱），与上年同比增长 5.35%。实现税利 3659 万元，同比增长 21.52%，其中，实现利润 2834 万元，同比增长 22.52%。

宁河县烟草专卖局、芦台烟草有限公司

宁河县烟草专卖局成立于 1992 年，芦台烟草有限公司成立于 1996 年 8 月并自成立起与宁河县烟草专卖局合署办公。县局（有限公司）机关设 6 个科（室、中心），其中，专卖科下设 1 个稽查大队和 2 个稽查中队，客户服务中心下设 2 个客户服务部。拥有总资产 1885 万元，其中，固定资产 232 万元、流动资产 1637 万元。共有员工 81 人，其中，市烟草系统员工 13 名，县供销社系统员工 47 名，聘用员工 21 名。截至 2006 年底，辖区内共有卷烟零售户 1001 户。

2006 年销售卷烟 8.84 亿支（1.77 万箱），与上年同比增长 3.76%。实现税利 1869 万元，同比增长 18.29%，其中，实现利润 1390 万元，同比增长 18.30%。

静海县烟草专卖局、静海烟草有限公司

静海县烟草专卖局成立于 1992 年 7 月，静海烟草有限公司成立于 1996 年 11 并自成立之日起与静海县烟草专卖局合署办公。拥有总资产 2552 万元，其中，固定资产 292 万元、流动资产 2243 万元。共有员工 94 人，其中，市烟草系统员工 17 名，县供销社系统员工 41 名，聘用员工 36 名。截至 2006 年底，辖区内共有卷烟零售户 1150 户。

2006 年销售卷烟 13.20 亿支（2.64 万箱），与上年同比增长 6.62%。实现税利 3094 万元，同比增长 37.51%，其中，实现利润 2431 万元，同比增长 40.03%。

蓟县烟草专卖局、渔阳烟草有限公司

蓟县烟草专卖局成立于 1991 年 12 月，渔阳烟草有限公司成立于 1996 年 8 月并于成立之日起与蓟县烟草专卖局合署办公。拥有总资产 4002 万元，其中，固定资产 464 万元、流动资产 3012 万元。共有员工 122 人，其中，市烟草系统员工 14 人，县供销社系统员工 40 人，聘用员工 68 人。截至 2006 年底，辖区内共有卷烟零售户 2061 户。

2006 年销售卷烟 19.77 亿支（3.95 万箱），与上年同比增长 4.38%。实现税利 4693 万元，同比增长 19.20%，其中，实现利润 3680 万元，同比增长 20.66%。

2006年天津市烟草商业系统主要情况统计

区、县局（公司）名称	天津市区第一烟草专卖局、天津市烟草公司第一分公司	天津市区第二烟草专卖局、天津市烟草公司第二分公司	天津市区第三烟草专卖局、天津市烟草公司第三分公司	东丽区烟草专卖局、天津市烟草公司东丽分公司	津南区烟草专卖局、天津市烟草公司津南分公司
法人代表/主要负责人	张永栋	张永栋	张永栋	张永栋	张永栋
总资产（万元）	3479	2646	3876	1352	1320
员工总数（其中聘用员工数）（人）	141（其中聘用员工97人）	153（其中聘用员工99人）	155（其中聘用员工107人）	80（其中聘用员工55人）	79（其中聘用员工59人）
所属县级局数量（个）	/	/	/	/	/
所属县级公司数量（个）	/	/	/	/	/
所属营销部（分公司、访销中心、烟叶复烤厂、稽查大队等）	1个访销中心、2个稽查大队	1个访销中心、2个稽查大队	1个访销中心、2个稽查大队	1个访销中心、1个稽查大队	1个访销中心、1个稽查大队
销售卷烟（亿支）	27.73	32.87	33.27	11.25	10.55
实现税利（万元） 本年	8939	10428	10795	3273	3046
实现税利（万元） 上年	7831	8706	8865	2636	2409
实现利润（万元） 本年	7403	8562	8833	2639	2454
实现利润（万元） 上年	6293	7048	7279	2106	1907
烟叶种植（亩）	/	/	/	/	/
烟叶收购（担）	/	/	/	/	/
零售户数（户）	2360	2434	2973	1182	1113

区、县局（公司）名称	西青区烟草专卖局、天津市烟草公司西青分公司	北辰区烟草专卖局、天津市烟草公司北辰分公司	塘沽区烟草专卖局、塘沽区烟草分公司	汉沽区烟草专卖局、天津市烟草公司汉沽分公司	大港区烟草专卖局、大港烟草分公司
法人代表/主要负责人	张永栋	张永栋	张永栋	张永栋	张永栋
总资产（万元）	1504	1320	5988	1041	4491
员工总数（其中聘用员工数）（人）	67（其中聘用员工36人）	80（其中聘用员工51人）	96（其中聘用员工72人）	32（其中聘用员工22人）	60（其中聘用员工42人）
所属县级局数量（个）	/	/	/	/	/
所属县级公司数量（个）	/	/	/	/	/
所属营销部（分公司、访销中心、烟叶复烤厂、稽查大队等）	1个访销中心、1个稽查大队	1个访销中心、1个稽查大队	1个访销中心、2个稽查大队	1个访销中心、1个稽查大队	1个访销中心、1个稽查大队
销售卷烟（亿支）	10.81	11.13	14.47	4.59	9.96
实现税利（万元） 本年	2877	3195	4456	1322	3081
实现税利（万元） 上年	2378	2668	3349	944	2358
实现利润（万元） 本年	2278	2577	3572	1034	2434
实现利润（万元） 上年	1886	2128	2774	748	1869
烟叶种植（亩）	/	/	/	/	/
烟叶收购（担）	/	/	/	/	/
零售户数（户）	1006	1184	1536	510	1045

区、县局（公司）名称		武清区烟草专卖局、武清烟草有限公司	宝坻区烟草专卖局、宝坻烟草有限公司	宁河县烟草专卖局、芦台烟草有限公司	静海县烟草专卖局、静海烟草有限公司	蓟县烟草专卖局、渔阳烟草有限公司
法人代表/主要负责人		李加春	李加春	李加春	李加春	李加春
总资产（万元）		4653	3390	1885	2552	4002
员工总数（其中聘用员工数）（人）		140（其中聘用员工55人）	102（其中聘用员工53人）	81（其中聘用员工21人）	94（其中聘用员工36人）	122（其中聘用员工68人）
所属县级局数量（个）		/	/	/	/	/
所属县级公司数量（个）		/	/	/	/	/
所属营销部（分公司、访销中心、烟叶复烤厂、稽查大队等）		1个访销中心、1个稽查大队	1个访销中心、1个稽查大队	1个访销中心、1个稽查大队	1个访销中心、1个稽查大队	1个访销中心、1个稽查大队
销售卷烟（亿支）		20.25	15.95	8.84	13.20	19.77
实现税利（万元）	本年	4781	3659	1869	3094	4693
	上年	3961	3011	1580	2250	3937
实现利润（万元）	本年	3730	2834	1390	2431	3680
	上年	3076	2313	1175	1736	3050
烟叶种植（亩）		/	/	/	/	/
烟叶收购（担）		/	/	/	/	/
零售户数（户）		2021	1731	1001	1150	2061

（白　岩）

河北烟草

河北省烟草专卖局（公司）

概　况

河北省位于华北地区，总面积18.77万平方公里，总人口6898万人。全省有11个地级市、36个市辖区、22个县级市、114个县（含6个自治县）、1962个乡镇。2006年全省实现地区生产总值（GDP）11660.43亿元。

河北省烟草专卖局（公司）成立于1982年，1986年上划国家烟草专卖局、中国烟草总公司。2006年下辖11个地市级烟草专卖局（公司）、138个县级烟草专卖局、137个营销部。全省行业在岗员工11703人。截至2006年底，全省烟草商业资产总额56亿元，其中，固定资产8.32亿元、流动资产45.25亿元、无形及其他资产0.7亿元。

2006年河北省局（公司）获国家局和公安部联合颁发的“全国卷烟打假工作特殊贡献奖”，河北省局（公司）局长、总经理、党组书记滑福生获“全国五一劳动奖章”。

领导成员

局长、总经理、党组书记：滑福生

副局长、党组成员：鲍灵军

纪检组长、党组成员：王玉田

副总经理、党组成员：钱　江

副总经理、党组成员：杨子辛

组织机构

河北省局（公司）机关设办公室（外事办公室）、综合计划处（经济运行处、经济信息中心）、安全保卫处、专卖监督管理处（专卖稽查总队、内部专卖管理监督办公室）、政策法规与体制改革处、财务管理处（国有资产管理处、资金管理中心）、审计处、人事劳资处（职业技能鉴定站）、监察处（与党组纪检组合署办公）、思想政治工作处（机关党委）、卷烟销售管理处、烟叶管理处等12个职能处（室），机关服务中心、烟草质量监督检测站、烟草职工教育培训中心、烟草学会、离退休人员管理办公室等5个专业部门，河北省烟草专卖局整顿和规范市场经济秩序领导小组办公室1个临时机构。

经济效益

2006年，全省累计销售卷烟1013.05亿支(202.61万箱)，与上年同比增长2.25%。其中，累计销售一类烟37.5亿支（7.5万箱），同比增长14.4%；二类烟152.4亿支（30.48万箱），同比增长31.43%；三类烟458.75亿支（91.75万箱），同比增长24.72%，四类烟299.85亿支（59.97万箱），同比减少33.49%；五类烟64.60亿支（12.92万箱），同比增长176.16%。一、二、三、四、五类烟占总销量的比重分别为3.7%、15.04%、45.28%、29.6%和6.37%。年末库存为43.9亿支（8.78万箱），同比减少19.05%。

全年实现销售收入151.09亿元，与上年同比增长11.37%。实现税利26.61亿元，同比增长27.27%，其中实现利润20.10亿元，同比增长24.60%。

专卖管理

卷烟打假。充分发挥联合打假工作机制的作用，坚持联席会议、信息共享、联合办案、挂牌督办等制度。2006年，全省共查处假烟案件25211起，收缴各类制假烟机43台，查获假烟3.85亿支；破获制售假烟网络16个，其中，案值在100万元以上的有13个，涉案总金额3.8亿元。全省共抓获制售假烟涉案人员601人，拘留333人、逮捕108人、判刑32人。京冀两地联手打掉秦皇岛“11·25”特大售假网络，抓获网络主要成员31人，捣毁假烟仓库17个，查获假冒卷烟665件，查获涉案车辆6部、交易往来账册22册，涉案金额1.1599亿元。保定市局（公司）成功破获“4·27”特大贩运销售假烟网络案，涉案卷烟23112.43件，涉案价值达6800万元，涉案人员45人。沧州市局（公司）捣毁的“8·24”跨省销售假烟网络案件，查获假冒“中华”、“玉溪”等高档卷烟2400余条，涉案金额高达1200多万元。

市场监管。加强卷烟零售市场的日常监管力度，开展市场清查和打击“大户控制小户”专项行动。2006年全省共查处各种涉烟案件32185起，其中无证运输案件242起、无证经营案件301起、走私卷烟案件30起、非法渠道进货案件5927起，查扣各种非法卷烟4.93亿支。

证件管理。2006年全省共计审批发放烟草专卖零售许可证22580份，变更许可证43989份，注销许可证7960份；审批发放卷烟准运证11921份，烟叶、烟用物资准运证1372份；发放烟草专卖执法检查证1336份，在发放证件过程中，按照公开、公平、公正原则，坚持依法行政，做到了程序合法，手续完备。

提高执法水平。把县级局建设作为重点，健全专卖科（股）、稽查队和管理所等机构。优化专卖队伍，充实专卖力量，优化人员结构。强化法律法规培训，全年共举办培训班246期，培训人员9343人次。提高执法队伍的装备水平，全年共配备执法车辆359辆、电脑451台，投入资金共计2256万元。组织开展案卷评查，充分发挥专卖管理信息系统的作用，利用现代信息化手段规范办案程序，提高案件查处的透明度，切实推动依法行政工作的深入开展。

网络建设

通过各市局（公司）自查、省局（公司）复查和整改提高三个阶段，查找不足，整改提高，全省网建水平达到国家局网建考评的优秀标准。截至2006年底，全省入网销售率、全省一库式大配送普及率、访送分离零售客户比例以及电话订货率均达到100%，城区电子结算率达到83.26%。

客户关系管理。完成对原有客户档案中的识别信息、基本信息、经营水平、业务模式、守法情况、服务信息等六个部分的修改完善；建成以零售客户业态划分为基础，以经营规模、市场类型和守法情况等为依据的零售客户分类和评价体系，充实完善不同类别零售客户的服务标准；丰富和完善客户经理工作平台。以客户服务工作流程为主线，以品牌培育、科学定量、客户服务、信息采集四项重点工作为基本框架，对现有管理信息系统进行改造，提高客户经理的客户分析能力和服务水平。

现代物流建设。结合河北烟草商业物流工作实际，制定《河北省商业系统卷烟现代物流建设规划》，同时召开物流建设专题会议，统筹规划、分步实施。建立物流周报制度，对各市局（公司）物流工作进行及时调度。

烟叶产销

坚持“市场引导、计划种植、主攻质量、调整布局”的方针，把“稳定规模、防止过热”作为烟叶工作的重中之重，把“推广技术、提高质量”作为关键措施，推行种植收购合同制，落实烟叶种植面积，稳定烟叶种植规模。2006年全省共计6个县、37个乡镇、175个村种植烟叶，共签订种植收购合同3125份，同比减少847份；合同面积30200亩，同比减少5100亩；合同收购量0.39万吨（7.75万担），实际收购0.39万吨（7.75万担）。签订烟叶销售合同0.40万吨（8万担），实际销售0.40万吨（8万担）。

体制改革

开展母子公司体制改革工作。省局（公司）成立了母子公司制改革领导小组，制订实施方案和公司章程，出台了国有产权划转财务问题的意见。根据《国家烟草专卖局关于中国烟草总公司河北省公司建立母子公司体制改革的批复》（国烟法[2006]753号），中国烟草总公司河北省公司成为中国烟草总公司的全资子公司。所属各地市级分公司变更为公司，成为河北省公司的全资子公司。取消河北省卷烟销售公司和河北省烟叶公司的经营职能，分别更名为卷烟销售管理处、烟叶管理处，纳入河北省局（公司）内部机构。到2006年年底，中国烟草总公司河北省公司本部停止了“两烟”经营；全省烟草商业企业的资产上划及下投工作全部完成；各市公司的工商注册、税务登记、专卖许可证变更等工作基本完成，河北烟草商业系统母子公司体制已经建立。

企业管理

宏观调控。根据全省卷烟配送中心和经营办公设施现状，编写制定《河北烟草商业系统物流及经营办公设施“十一五”投资规划》。完善考核办法，在考核指标体系中新增了专卖、财务、网建、党建和党风廉政建设等管理项目。省局（公司）出台《关于加强卷烟价格管理的有关规定》，明确了价格目录发布、零售价格管理、新增牌号定价、罚没烟及滞销烟处理等程序。加强价格日常管理，推进明码实价。加强投资项目管理，规范项目审批程序，严格实行项目全过程痕迹化管理，加强过程监督。

内部管理监督。省局（公司）围绕各单位2005年不规范的经营问题和管理中的漏洞，全面开展自查和复查工作。同时按照“边查、边改、边规范”的原则，认真整改，完善制度，并对相关责任人进行了严肃处理。在国家局的重点抽查中，没有查出自查、复查以外的重大问题，“两项检查”工作受到国家局检查组的肯定。全省行业以对领导干部的监督、审计监督、内部专卖管理监督、民主监督、纪检监察再监督为主要内容的内部监督体系初步形成，企业管理逐步走向法制化、制度化、规范化。

财务管理。制订《河北省商业企业国有产权划转若干财务问题的意见》，成功解决井陉县公司和全省10家破产、停业县公司产权上划问题，及时办理了产权变动登记和税务登记等相关手续。各级财务部门按照“同级审计”工作部署开展自查自纠，全面彻底整改。制订《河北省烟草商业系统多元化经营企业清产核资工作方案》，突出“核销损失、做实资产，加快调整、提高效益，建章立制、加强监管”重点。强化会计基础工作，在全国烟草系统会计信息质量评比中获得一等奖。

审计监督。省局（公司）制订《河北烟草商业系统开展2005年同级审计工作实施方案》和《河北省烟草商业系统同级审计操作规范》，列举了16大类、38小类、251个检查要点，按照操作规程查找问题并加以整改。开展2006年同级审计，对财务收支、固定资产构建和管理、预算的制订和执行、物资采购及其他重大经济事项的决策和执行等情况进行事前、事中、事后审计。2006年，全省行业独立完成内部审计项目43项，配合社会审计机构完成审计项目11项，提出并被采纳的建议342条。

劳动工资管理。对各市局（公司）领导正职2004年、2005年工资内外收入情况进行了摸底调研，制订《市局（公司）处级干部薪酬管理暂行办法》。根据年度目标考核结果，核定市局（公司）处级干部2006年度薪酬。开展劳动用工和工资内外收入大检查，对不规范的问题及时进行整改。

安全管理工作。省局（公司）制定《河北省烟草商业企业安全生产管理工作考核标准》、《车辆安全管理补充规定》等规章制度，全面落实安全生产管理责任制，把安全工作纳入对各级领导班子业绩考核内容。加大安全生产投入，2006年全省行业购置和维护安全设备投入资金1568万元。开展安全检查，全年组织安全检查2863次，查出安全隐患1549条，整改1539条，整改率达到99.35%。加强队伍建设，全省行业安保干部配备基本到位。省局（公司）组织全省行业2000多名驾驶员参加《交通法》及其实施条例的学习，考试合格率达98%以上。组织两期共计191人参加的市、县局安全管理人员培训班，行业各级安全防范意识明显提高。全面启动《职业健康安全管理体系》贯标工作，5个市局（公司）开始试运行。

信息化建设

信息化考核自查和省内交叉互查工作。组织全省商业企业小型机及其硬件设备扩容工作，提高小型机的承载能力，加快营销专卖等信息系统的运行效率。卷烟生产经营决策管理系统数采系统定版测试并推广过程中，采用“三对接一核对”的工作方法，保证数据采集上报及时、准确。

办公自动化项目建设。2006年5月正式启动办公自动化项目建设，先后完成了考察调研、规划立项等工作，招标确定了办公自动化应用软件中标单位，办公自动化系统开始转换为使用IBM相关软硬件产品作为集成平台。

网络信息系统安全项目。制订了全省安全系统项目实施方案，完成了防病毒软件升级和防火墙、入侵检测系统的采购和安装。部分单位购置了三层网络交换机。

营销系统升级改造工作。在最大限度保证原有功能模块完整的基础上对全省行业电话订货系统进行了升级改造，于9月底之前分期分批顺利实施电话订货管理信息系统；针对卷烟营销系统终验过程中所发现的问题及新需求，完善了省局（公司）宏观管理系统及各公司营销管理系统和客户关系管理系统。

软件正版化工作。共采购Windows 1725套、Office 598套、WPS1447套、Red Office 529套，并于5月份之前全部完成了正版软件的换版工作。

多元化经营

河北平山温泉烟草培训中心是多元化经营的主要项目。始建于1996年，由河北省卷烟销售公司、河北石家庄市烟草公司、河北平山县烟草公司共同投资兴建，从业人员60余人。该中心位于平山县温塘镇，距离石家庄市约50公里，毗邻革命圣地西柏坡。培训中心现有标准客房50间，大小会议室5个，可同时容纳100人食宿、培训。

队伍建设

领导干部队伍建设。开展"四好"领导班子创建活动，选派6名市局（公司）主要领导干部参加国家局党校的培训；举办两期县级局领导干部培训班，对66名县级局主要负责同志进行履行职责能力培训。强化对领导班子和领导干部的考核管理，通过述职述廉、民主测评、个别谈话等程序和方式，对全省行业11个市局（公司）的领导班子及其成员2006年工作情况进行全面考核。先后调整充实市局（公司）领导班子10个，提拔处级干部8人，改任非领导职务5人。加强干部监督工作，配齐市局（公司）纪检组长；按照中央办公厅《关于党员领导干部报告个人有关事项的规定》，组织全省行业处级以上干部开展了首次集中报告工作；严格执行组织纪律，处理调整处级干部2人。

全员教育培训。对省局（公司）机关培训需求进行问卷调查，配合软件正版化工作，广泛开展办公软件应用知识培训。开展"教育培训工作评价"和"教育培训机构评估"试点工作。组织省局（公司）机关各部门和全省行业11个市局（公司）对2006年教育培训工作进行评估并通过国家局的检查验收。

切实做好职业技能鉴定工作，分四批次组织全省行业790名卷烟商品营销员参加职业资格认证考试，对75名通用工种和434名特有工种进行职业技能培训和鉴定。选派9名同志参加国家局组织的烟草行业物流师职业资格培训，选派2名同志参加企业培训师职业资格培训。5月份举办全省行业首届高级卷烟商品营销员（客户经理）职业技能竞赛，协助河北中烟工业公司组织完成了特有工种省级二类烟机设备修理职业技能大赛。

招聘工作。引进各类专业人才，经过笔试和面试，全省行业共聘用法律、财会、计算机、中文等专业大学毕业生89名。对省局（公司）机关9名新聘大学生进行了入职培训。组织146名新进转业退伍军人参加了录用考试，对考试成绩合格的143名同志进行了岗前培训。

思想政治工作

省局（公司）出台并试行"四好"领导班子考评办法，各市局（公司）机关党委成立和换届工作全面完成。在建党85周年之际，省局（公司）对全省行业4个先进机关党委、16个先进基层党支部、51名优秀共产党员和18名优秀党务工作者进行了表彰。推进"两个至上"大讨论，联合行业内外媒体大力宣传"爱岗敬业无私奉献模范干部"康洪民的先进事迹。各单位积极组织零售户开展"听客户讲你我的故事"专题演讲，省局（公司）从各市局（公司）选送的22名代表中选派两名优胜选手参加了国家局的演讲报告会，分获二等奖和优秀奖。围绕主题实践、企业文化建设、创建学习型组织等调研课题，深入开展思想政治工作研究，共征集论文76篇，报国家局参评11篇。成功举办全省行业第三届员工运动会。12月，对11名优秀工会工作者、12名优秀工会积极分子进行了表彰。

党风廉政建设

省局（公司）下发《关于对行业纪检监察工作和机构加强业务指导和管理的实施办法》等系列相关文件，实行派驻纪检监察员制度。与新任职干部进行任职前廉政谈话和签订《廉政保证书》。省局（公司）纪检监察部门对薪酬、招标、预算、投资4个委员会工作程序进行监督，履行对省局（公司）办公自动化、新办公楼、培训中心等重点项目的全过程监督。全年收到信访件213件，全省行业查办违纪线索34件，立案6件，组织处理10人，行政处分6人。参加河北省人民广播电台"阳光热线"直播节目5期，接受群众咨询32个，调查群众反映问题14个，为群众解答咨询问题18个。全省行业各级参加阳光投诉、阳光工程等活动91次，参加人数638人次，接受群众咨询1745人次，接受投诉250人次，解决问题198个。

企业文化

省局（公司）制定了《河北烟草企业文化建设规划》，以邯郸、石家庄、唐山三个市局（公司）为试点单位，推进企业文化建设。邯郸市局（公司）确立了以"志存高远，行者无疆"为核心理念，以理念、行为、视听"三大体系"为基本框架的邯郸烟草"行文化"体系；石家庄市局（公司）结合自身的发展，确立了"高远、坚定、正德、笃行"的"志文化"；

唐山这座再生城市则孕育了唐山市局（公司）的“再生文化”，再生文化的主旋律即为弘扬“抗震精神”，即“继承、发展、创新”。2006年，三家试点单位均完成了《企业文化理念体系》、《员工行为规范》、《员工手册》、《企业文化故事》、《制度评价体系》、《企业文化建设方案》等主要成果。2006年12月，邯郸市局（公司）参加了由25家单位参展的全行业第二届企业文化建设成果展示会。省局（公司）利用典型的示范作用，举办了全省行业企业文化展示会和交流会。76人参加国家局企业文化培训，组织各市局（公司）政工科长到企业文化建设先进单位参观学习。

特事要辑

3月7日，国家局副局长张辉在石家庄市与河北省公安厅厅长刘玉顺等有关领导就进一步加强烟草与公安的协作、共同打击卷烟制假售假活动进行了座谈，并向河北省公安厅颁发了卷烟打假特殊贡献奖。

4月13日~14日，国家局副局长张保振到河北白沙烟草有限责任公司、石家庄市局（公司）就烟草企业文化建设进行调研。

8月2日，国家局局长姜成康、副局长李克明等到秦皇岛市局（公司）调研。

8月2日~4日，国家局局长姜成康到秦皇岛、唐山两市局（公司）和秦皇岛烟机公司调研。

8月22日，公安部、国家局督办的涉及闽、粤、冀、津、晋、蒙六省（区、市）的石家庄“6·05”特大制售假烟网络案件成功告破。

8月22日，国家局局长姜成康到唐山市局（公司）考察。

8月24日，国家局副局长张保振到张家口市局（公司）调研。

11月25日，秦皇岛“11·25”特大制售假烟网络案件在公安部、国家局和省公安厅、省局（公司）领导的统一部署下，历经10个月成功告破。

河北省局（公司）主要统计指标汇总

实现税利（亿元）	商业利润（亿元）	销售卷烟（亿支）	烟叶种植（万亩）	烟叶收购（万担）	出口创汇（万美元）
26.61	20.10	1013.05	3.02	7.75	/

所属地市级局（公司）

石家庄市烟草专卖局（公司）

概　况

石家庄市位于河北省中南部，总面积1.57万平方公里。截至2006年末全市常住人口939.50万人。全市共设立6个区、17个县级行政单位，223个乡（镇）。2006年实现地区生产总值（GDP）2064亿元。

石家庄市烟草专卖局、河北省烟草公司石家庄市公司成立于1985年7月，2006年由石家庄市局（分公司）改制更名为石家庄市局（公司）。2006年下辖辛集市、晋州市、藁城市、新乐市、鹿泉市、正定县、深泽县、无极县、赵县、栾城县、高邑县、元氏县、赞皇县、井陉县、平山县、灵寿县、行唐县17个县（市）烟草专卖局（营销部）。截至2006年底，全市行业在岗员工1552人，其中聘用员工755人。截至2006年底，全市行业拥有总资产为77018万元，其中，固定资产原值11223万元、固定资产净值6407万元、流动资产65795万元。全市行业共有卷烟零售户33286户，其中市区7266户。

领导成员

局长、党组书记：戴　勇（2006.7—）
经理、党组副书记：杨克勤
副经理、党组成员：马宝平
副局长、纪检组长、党组成员：段纪俊
副局长、党组成员：李琏柱
总会计师：付立民
工会主席：贾永亮

组织机构

石家庄市局（公司）机关设办公室、营销中心（客服中心）、物流中心、信息中心、专卖科、企管办、财务科、人事劳资科、纪检监察科、审计科、安保科、政工科共12个科（室）。

经济效益

2006年全市共销售卷烟148.4亿支（29.68万箱），与上年同比增长4.87%。其中，销售一类烟10.15亿支（2.03万箱），同比增长23.4%；二类烟22.85亿支（4.57万箱），同比增长29.81%；三类烟77.25亿支（15.45万箱），同比增长21.93%。销售“百牌号”卷烟147.3亿支（29.46万箱），同比增长5.95%，其中，名优烟53.6亿支（10.72万箱），同比增长11%。

实现销售收入233185.07万元，与上年同比增长12.38%；单箱销售收入9191.42元，同比增加868.25元。实现税利36371万元，同比增长16.11%，其中，实现利润28687万元，同比增长15.26%。

专卖管理

2006年，全市共查处各类违法违规案件1988起，向公安部门移送涉嫌犯罪案件18起，查获违法卷烟9810件，其中，假冒卷烟9235件，渠道外卷烟575件。捣毁制假窝点9个、贩假窝点12个，收缴各类制假机械13台以及大量制假原辅材料，集中公开销毁假烟13000余件。成功打掉有较大影响的制售假烟网络6个，其中，“6·05”案件被列为公安部、国家局督办案件，抓获主要成员12名，其中，逮捕8人，涉案总金额560多万元。另有3个达到国家局和省局（公司）制售假烟网络案件标准，累计涉案假烟8717.94件，案值1334.3万元，抓获涉案嫌疑人151人，批捕21人，刑事拘留19人。

深入开展打击制售假烟网络，进一步健全打击制售假烟网络领导小组，成立了打网工作组。加强专卖队伍建设，组织市局（公司）机关28人参加省法制办的培训考试，组织市区稽查分局和县局共319人参加市法制办的培训考试。在零售许可证管理方面，加强调度和检查，提高许可证勘验、审批的效率。专卖部门和业务、信息部门结合，对全市系统内3万多个零售许可证，与营销系统网上供货户进行逐一核对、调整，并制订了零售户信息定期核对制度。

网络建设

实施客户分类，加强经营指导。在新的客户经理操作平台上线之前，制订了客户分类指导意见，并在藁城、灵寿试点运行；重点加强客户分析，统一分析模板和工作内容，加强客户沟通及对客户的经营指导；客服人员及时将客户分类及测评情况告知客户，接受零售户监督。

掌握客户真实需求，明确科学定量工作流程，把异常订单率列入各县年终考核和市场经理、客户经理日常考核；进一步细分定量区间，核量审批工作严格规范。加大对大户的监控力度，分析月核量与实际销量差异在30%以上以及销量变动较大的客户，及时调整定量。

优化软件功能，提升工作效率。成立项目攻关小组，学习浙江网建经验，多次集中研究讨论，确定软件升级工作思路，形成需求报告。2006年10月顺利完成订、送货批次的调整，将每周两次访销、配送模式统一调整为每周一次；在做好全区零售户信息收集与核对、完成电访员和客户经理培训的基础上，完成电话订货系统的改造。

卷烟销售

*品牌建设。*加大品牌培育和整合力度，围绕省局（公司）考核的重点牌号，加强工商之间协作，制订不同阶段品牌培育工作方案，完善《品牌培育工作手册》，加强工作指导与考核。2006年全区在销品牌69个，同比减少5个；在销规格146个，同比减少27个。

*购销环节管理。*对卷烟购销环节进行自查、检查和整改，重点完善卷烟投放和罚没处理卷烟的工作制度及流程，细化科学定量和客户经理管理办法，进一步规范决策层、管理层和操作层等各层面的运作，加强源头控制。抓好销量的均衡增长，制订详细的货源投放计划，及时测算销量进度，严格按合同量和销售指标均衡投放。积极寻求低档烟货源，采取向县区市场倾斜等措施，重点保障农村市场稳定供应。在货源组织上严格按存销比发货，确保高档烟不断档、不积压。加强客户需求和品牌销售趋势的分析研究，提高货源的有效性和合同执行率，库存结构调整优化。

制度建设

针对“两项检查”工作中查找出的问题和薄弱环节，进一步补充、修订和完善了包括市局（公司）机关、各县级局和企业整体三个层面的管理制度体系。共修订全区公共管理制度46项，形成公共管理制度1套，县局（营销部）制度汇编17套，市局（公司）机关部门手册14套，并及时组织全区副科以上干部进行了制度培训和考试。从2006年开始，转变考核重点，增大工作质量占考核的比重，重点加强制度执行、痕迹化管理和日常监管等环节的考核监督。

邯郸市烟草专卖局（公司）

邯郸市烟草专卖局、河北省烟草公司邯郸市公司成立于1986年，2006年由邯郸市局（分公司）改制更名为邯郸市局（公司）。市局（公司）机关设14个职能科室。2006年下辖大名县、魏县、曲周县、邱县、鸡泽县、广平县、成安县、临漳县、磁县、涉县、永年县、馆陶县、峰峰矿区、邯郸县、武安市等15个县烟草专卖局（营销部）和肥乡县烟草专卖局。截至2006年底，拥有总资产44867万元，其中固定资产10190万元、流动资产34108万元。共有在职员工1490名，其中聘用员工505人。全市辖区共有卷烟零售户30129户。

2006年销售卷烟122.48亿支（24.50万箱），与上年同比增长4.21%。其中，销售四、五类烟76.15亿支

(15.23 万箱)，同比增长 4.3%。实现销售收入 156750 万元，同比增长 10.94%。实现税利 21030 万元，其中，实现利润 15172 万元，同比增长 5.60%。不断提高品牌集中度，销售的品牌由年初的 180 个减少到 128 个。

全年共查处各类涉烟违法案件 17111 起，查获违法卷烟 11103 件，其中，假冒卷烟 10577 件，依法移送司法机关 51 人，其中，刑事拘留 42 人，批捕 6 人，判刑 3 人。查获“6·30”特大制售贩运假烟网络案。此案涉及全国 8 省 2 市，查扣违法运输车辆 14 部，抓获涉案人员 66 人，涉案假烟案值达 1.56 亿元，被列入公安部和国家局直接督办大案。

2006 年邯郸市局（公司）获“河北省五一劳动奖状”、“河北省文明单位”、“河北省重信用守合同单位”、“河北省打击制售假冒卷烟网络工作先进集体”等称号。

保定市烟草专卖局（公司）

保定市烟草专卖局、河北省烟草公司保定市公司成立于 1984 年 12 月，2006 年 12 月由保定市局（分公司）改制更名为保定市局（公司）。市局（公司）机关设 15 个科室（部门）。2006 年下辖曲阳县、安国市、安新县、定兴县、阜平县、博野县、满城县、蠡县、易县、顺平县、徐水县、涞水县、高阳县、唐县、容城县、涞源县、高碑店市、清苑县、望都县 19 个县（市）烟草专卖局（营销部），涿州、雄县 2 个稽查大队（营销部）及定州稽查大队（卷烟经理部）。拥有总资产 55665 万元，其中固定资产 9294 万元、流动资产 45495 万元。共有在岗员工 1524 名，其中聘用员工 482 人。全市辖区共有卷烟零售户 34371 个。

2006 年销售卷烟 152.79 亿支（30.56 万箱），完成年计划的 103.24%，与上年同比增长 2.41%。其中，销售四、五类烟 86.25 亿支（17.25 万箱），占总销量的 56.44%，完成年计划的 103.89%。实现销售收入 229794 万元，同比增长 15.70%。实现税利 31920 万元，其中实现利润 24103 万元，同比增长 27.42%。费用率为 6.40%，同比下降 0.51 个百分点；单箱销售收入（含税）8798.27 元；库存卷烟 5.78 亿支（1.16 万箱）。

全年共出动专项打假人员 3905 人次，查处各类涉烟违法案件 2503 起，查扣各类违法卷烟 7047.2 件，捣毁制假售假窝点 23 个，拘留 16 人，逮捕 20 人，判刑 18 人。成功破获的“4·27”特大贩运销售假烟网络案件。

张家口市烟草专卖局（公司）

张家口市烟草专卖局、河北省烟草公司张家口市公司成立于 1984 年 6 月，最初与张家口卷烟厂实行厂、局（司）为一体的经营管理体制，2000 年初正式与张家口卷烟厂进行工商分离，2006 年 12 月 26 日由张家口市局（分公司）改制更名为张家口市局（公司）。市局（公司）机关共设 14 个部门。2006 年下辖沽源县、尚义县、张北县、康保县、怀安县、怀来县、赤城县、万全县、涿鹿县、蔚县、阳原县 11 个县烟草专卖局（营销部）和宣化县、崇礼县 2 个县烟草专卖局、1 个区级的宣下分局。企业拥有总资产 30953 万元，其中固定资产 6668 万元、流动资产 24285 万元。共有在岗员工 767 人，其中聘用员工 331 人。全市辖区共有卷烟零售户 11680 户。

2006 年销售卷烟 70.54 亿支（14.11 万箱），与上年同比增长 2.75%。其中，一、二、三类烟占销售总量的 58.23%，同比增长 28.71%。销售一类烟 1.44 亿支（0.29 万箱），同比增长 27.43%；二类烟 0.36 亿支（0.072 万箱），同比增长 80%；三类烟 9.85 亿支（1.97 万箱），同比增长 22.8%。全年实现销售收入 101098.76 万元，同比增长 13.2%。实现税利 13461 万元，同比增长 10.95%，其中实现利润 10024 万元，同比增长 5%。

全年共出动执法人员 26400 余人次，出动执法车辆 5200 余台次，查处各类卷烟违法案件 1100 多起，查处假冒伪劣卷烟 1300 多件，查获 YZ14－23 卷接机组 1 台套、3000 型包装机组 1 台套，标值 300 余万元，行政拘留涉案人员 6 人、报请批捕 2 人。

承德市烟草专卖局（公司）

承德市烟草专卖局、河北省烟草公司承德市公司成立于 1985 年，1987 年上划。2006 年 12 月由承德市局（分公司）改制更名为承德市局（公司）。市局（公司）机关设 14 个科（室）。2006 年下辖承德县、宽城满族自治县、平泉县、滦平县、隆化县、兴隆县、围场满族蒙古族自治县、丰宁满族自治县 8 个县烟草专卖局（营销部）。拥有总资产 16698 万元，其中，固定资产 5178 万元、流动资产 10386 万元。在岗员工 598 人，其中聘用员工 234 人。全市辖区共有卷烟零售户 15582 户。

2006 年销售卷烟 50.09 亿支（10.02 万箱），与上年同比增长 2.37%。实现销售收入 72189 万元，同比增长 15.42%。实现税利 10074 万元，其中实现利润 7135 万元，同比增长 29.63%。

全年共查处卷烟违法案件 106 起，其中假烟案件 53 起；查获非法卷烟 530 件，涉案金额 150 多万元，其中假冒卷烟 384 件，涉案标值 100 万元，罚没款 5.93 万元。移送公安机关涉烟案件 4 起，公安机关刑事拘留涉嫌犯罪人员2人（批捕1人），取保候审1人。捣毁较大售假和囤积卷烟窝点6个。2006年11月4日，破获承德近几年来最大的销售非法生产卷烟案件。该案查获假冒卷烟24个品种共15047条，标值636135元，经公安部门立案，对2名涉嫌犯罪人员批捕1人，取保候审1人。

唐山市烟草专卖局（公司）

唐山市烟草专卖局、河北省烟草公司唐山市公司成立于1986年3月1日，2006年12月由唐山市局（分公司）改制更名为唐山市局（公司）。市局（公司）机关设14个科（室）。2006年下辖丰润区、丰南区、滦县、滦南县、乐亭县、迁安市、迁西县、遵化市、玉田县、唐海县10个县（市、区）烟草专卖局（营销部）。拥有总资产65062万元，其中，固定资产7573万元、流动资产55969万元。共有在岗员工818人，其中聘用员工343人。全市辖区共有卷烟零售户24315户。

2006年卷烟总销量继续保持增长，省产烟销售比重进一步提高。全年销售卷烟109.76亿支（21.95万箱），与上年同比增长8.33%。其中，销售省产烟54.40亿支（10.88万箱），占总销量比重的49.56%，同比增长9.33%；销售省外烟55.36亿支（11.07万箱），占50.44%，同比增长7.36%。全年销售一、二、三类烟77.93亿支（15.59万箱），占总销量比重的71%，同比增长23.23%。其中，一类烟5.62亿支（1.12万箱），二类烟21.09亿支（4.22万箱），三类烟51.23亿支（10.25万箱）。销售四、五类烟49.17亿支（9.83万箱），占总销量比重的44.8%，同比增长14.47%。销售“百牌号”卷烟109.41亿支（21.88万箱），占总销量比重的99.68%，同比增长12.55%；销售名优烟59.43亿支（11.89万箱），同比增长23.27%。2006年卷烟销售牌号（规格）为121个，同比减少7个。全年实现销售收入188962万元，同比增长17.10%。实现税利31162万元，同比增长42.84%，其中实现利润23640万元，同比增长34.25%。

全年共查办各类涉烟违法案件3250起，其中，大案9起，查扣非法卷烟2989.45件，罚没款11.24万元，移交公安机关25人，刑事拘留13人，批捕10人。11月10日，破获一个涉案人员达67人，涉案金案达2000多万元的制售假烟网络案件。

廊坊市烟草专卖局（公司）

廊坊市烟草专卖局、河北省烟草公司廊坊市公司成立于1986年7月，2006年由廊坊市局（分公司）改制更名为廊坊市局（公司）。市局（公司）机关设14个职能科（室）。2006年下辖城区、三河市、大厂回族自治县、香河县、永清县、固安县、霸州市、文安县、大城县9个县（市、区）烟草专卖局（营销部）。截至2006年底，拥有总资产56497万元，其中，固定资产12058万元、流动资产41281万元。共有在岗员工718人，其中聘用员工205人。全市辖区共有卷烟零售户10364户。

2006年销售卷烟63.55亿支（12.71万箱），完成年计划的102.5%，与上年同比下降12.41%。其中，销售“百牌号”卷烟（含四、五类烟）63.25亿支（12.65万箱），占总销量的99.56%；销售四、五类烟23.60亿支（4.72万箱），占总销量的37.1%。实现销售收入104376万元，同比下降18.85%。实现税利16403万元，同比下降20.92%，其中，实现利润11397万元，同比下降30.98%。

成立于2003年的廊坊开发区中天供水有限公司在2006年实现销售收入270万元，上缴各种税金32万元。

沧州市烟草专卖局（公司）

沧州市烟草专卖局、河北省烟草公司沧州市公司成立于1985年，2006年由沧州市局（分公司）改制更名为沧州市局（公司）。市局（公司）机关设14个职能科（室）。2006年下辖肃宁县、孟村回族自治县、东光县、任丘市、海兴县、泊头市、献县、青县、沧县、吴桥县、黄骅市、盐山县、南皮县、河间市14个县（市）烟草专卖局（营销部）和花园酒店1家多元化企业。拥有总资产48493万元，其中，固定资产7153.4万元、流动资产41256万元。共有在岗员工1373人，其中聘用员工344人。全市辖区共有卷烟零售户18465户。

2006年销售卷烟98.55亿支（19.71万箱），与上年同比增长1.63%。其中，一、二、三类烟销售比重达到56.22%，同比上升13个百分点；销售四、五类烟57.9亿支（11.58万箱）；销售名优烟39.85亿支（7.97万箱），同比增长22.37%。实现销售收入137461.2万元，同比增长14.1%。实现税利21081万元，同比增长13.58%，其中，实现利润15992万元，同比增长12.01%。企业所有者权益为41430.8万元，同比增值了27.46%。

全年共查处卷烟违法案件1762起，判刑5人，拘留25人，收缴制假烟机2台套，查扣非法卷烟2826万支，罚没款4.2万元。在沧州市破获“8·24”跨省销售假烟网络案件。

2006年，在省局（公司）举办的“听客户讲你我的故事”演讲比赛中，黄骅市、南皮县的两位零售户代表分别获得了第一、第四名的好成绩。其中，黄骅市的零售户代表吴桐还在全国烟草行业演讲比赛中获三等奖。市局（公司）在省局（公司）组织的年终网络考评验收中取得100分，在“零售户满意度调查”中取得93.85分，名列全省第二位。

衡水市烟草专卖局（公司）

衡水市烟草专卖局、河北省烟草公司衡水市公司成立于1985年，原名为衡水地区烟草专卖局、河北省烟草公司衡水分公司，1996年衡水撤地设市，更名为衡水市烟草专卖局（分公司）。2006年12月6日，实行母子体制改革后更名为衡水市局（公司）。市局（公司）机关设10个科（室）和物流中心、综合信息中心、营销中心、服务中心4个中心。2006年下辖桃城区、冀州市、枣强县、武邑县、深州市、武强县、饶阳县、安平县、故城县、景县、阜城县11个县（市、区）烟草专卖局（营销部）。拥有总资产20089万元，其中，固定资产7846万元、流动资产14198万元。共有在岗员工844人，其中，聘用员工220人，本科学历89人，大专学历202人，经济师11人，市局（公司）领导班子成员4人，中层干部24人，县局领导班子成员共33人，驻县纪检员11人。全市辖区共有卷烟零售户10499户。

2006年销售卷烟57.7亿支（11.54万箱），与上年同比增长0.75%。其中，销售一类烟2.08亿支（0.42万箱），同比增长4.96%；二类烟7.43亿支（1.49万箱），同比增长29.57%；三类烟15.43亿支（3.09万箱），同比下降3.23%；四、五类烟32.76亿支（6.55万箱），同比下降2.5%。实现销售收入80681.5万元，同比增长9.7%。实现税利10972万元，同比增长30.88%，其中，实现利润7786万元，同比增长39.56%。

2006年8月份，在安平县成功破获涉及6省9市的制售假冒卷烟大案，涉及违法卷烟4911件，总案值达360多万元，抓获犯罪嫌疑人31名，其中，批捕13人，取得候审4人。该案是衡水市局近年来破获的第一个集制假、售假于一体的重大案件。

2006年市局（公司）被河北省公安厅和河北省烟草局授予“打击制售假冒卷烟网络先进集体”荣誉称号。

邢台市烟草专卖局（公司）

邢台市烟草专卖局、河北省烟草公司邢台市公司成立于1984年7月1日，2006年由邢台市局（分公司）改制更名为邢台市局（公司）。市局（公司）机关设14个科（室）和城区稽查中心（营销部）、卷烟专卖店和烟草大厦3个直属单位。2006年下辖邢台县、沙河市、内邱县、临城县、隆尧县、柏乡县、宁晋县、巨鹿县、平乡县、广宗县、南和县、任县、南宫市、新河县、威县、清河县、临西县17个县（市）烟草专卖局（营销部）。拥有总资产42448万元，其中，固定资产7154万元、流动资产35015万元，无形资产及其他资产278万元。共有在岗员工1342人，其中聘用员工401人。全市辖区共有卷烟零售户18597户。

2006年销售卷烟95.89亿支（19.18万箱），完成年计划的102.02%，与上年同比增长1.47%。实现销售收入134069.83万元，同比增长15.52%。实现税利19760万元，同比增长12.24%，其中实现利润14596万元，同比增长22.97%。

秦皇岛市烟草专卖局（公司）

秦皇岛市烟草专卖局、河北省烟草公司秦皇岛市公司成立于1986年3月，2006年由秦皇岛市局（分公司）改制更名为秦皇岛市局（公司）。市局（公司）机关设16个科（室、中心）。2006年下辖抚宁县、昌黎县、卢龙县、青龙满族自治县4个县烟草专卖局（营销部）和北戴河、山海关2个区营销部。拥有总资产30811万元，其中，固定资产5068.7万元、流动资产24159.5万元。共有在岗员工453人，其中聘用员工175人。全市辖区共有卷烟零售户11193户。

2006年销售卷烟43.3亿支（8.66万箱），与上年同比增长2.44%。实现卷烟销售收入72345万元，同比增长14.93%；平均单箱销售收入8354元，同比增长12.15%。实现税利11519万元，其中实现利润8803万元。

2006年被中华慈善总会授予“中华慈善事业突出贡献奖”；被省文明委授予“省级文明单位”；被省局（公司）工会和市总工会评为“先进员工之家”；在全省行业经营管理责任目标考核中获第一名。

全年共查处各类涉烟违法案件1081起，查没违法卷烟2232.87万支，查处较大售假案件17起，移交公安7起，批捕13人，刑事拘留27人，判刑2人，公安机关立案网上追捕3人，上缴罚没款161万元。成功破获“9·03”和“11·25”两个较大卷烟售假网络案件。

2006年市局（公司）被河北省公安厅、河北省烟草专卖局授予“打击制售假冒卷烟网络先进集体”荣誉称号。

2006 年河北省烟草商业系统主要情况统计

地市级局（公司）名称		石家庄市烟草专卖局、河北省烟草公司石家庄市公司	邯郸市烟草专卖局、河北省烟草公司邯郸市公司	保定市烟草专卖局、河北省烟草公司保定市公司	张家口市烟草专卖局、河北省烟草公司张家口市公司	承德市烟草专卖局、河北省烟草公司承德市公司
法人代表/主要负责人		杨克勤	成志忠	王春怀	罗明海	毛建民
总资产（万元）		77018	44867	55665	30953	16698
员工总数（其中聘用员工数）（人）		1552（其中聘用员工 755 人）	1490（其中聘用员工 505 人）	1524（其中聘用员工 482 人）	767（其中聘用员工 331 人）	598（其中聘用员工 234 人）
所属县级局数量（个）		17	16	19	13	8
所属县级公司数量（个）		/	/	/	/	/
所属营销部（分公司、访销中心、烟叶复烤厂、稽查大队等）		17 个营销部、1 个营销中心、18 个稽查大队、1 个物流中心	15 个营销部、1 个营销中心、16 个稽查大队、1 个物流中心	21 个营销部、1 个营销中心、3 个稽查大队、1 个物流中心	11 个营销部、1 个营销中心、14 个稽查大队、1 个物流中心	8 个营销部、1 个营销中心、1 个稽查大队、1 个物流中心
销售卷烟（亿支）		148.40	122.48	152.79	70.54	50.09
实现税利（万元）	本年	36371	21030	31920	13461	10074
	上年	31326	19237	25681	12133	7359
实现利润（万元）	本年	28687	15172	24103	10024	7135
	上年	24890	14368	18916	9547	5504
烟叶种植（亩）		6006	/	3014	21200	/
烟叶收购（担）		19500	/	8000	50000	/
零售户数（户）		33286	30129	34371	11680	15582

地市级局（公司）名称		唐山市烟草专卖局、河北省烟草公司唐山市公司	廊坊市烟草专卖局、河北省烟草公司廊坊市公司	沧州市烟草专卖局、河北省烟草公司沧州市公司	衡水市烟草专卖局、河北省烟草公司衡水市公司	邢台市烟草专卖局、河北省烟草公司邢台市公司	秦皇岛市烟草专卖局、河北省烟草公司秦皇岛市公司
法人代表/主要负责人		骆 钢	贾立业	李学成	李济民	张玉华	孙广起
总资产（万元）		65062	56497	48493	20089	42448	30811
员工总数（其中聘用员工数）（人）		818（其中聘用员工 343 人）	718（其中聘用员工 205 人）	1373（其中聘用员工 344 人）	844（其中聘用员工 220 人）	1342 人（其中聘用员工 401 人）	453（其中聘用员工 175 人）
所属县级局数量（个）		10	9	14	11	17	4
所属县级公司数量（个）		/	/	/	/	/	/
所属营销部（分公司、访销中心、烟叶复烤厂、稽查大队等）		10 个营销部、1 个营销中心、3 个稽查大队、1 个物流中心	9 个营销部、1 个营销中心、9 个稽查大队、1 个物流中心	14 个营销部、1 个营销中心、1 个稽查大队、1 个物流中心	11 个营销部、1 个营销中心、11 个稽查大队、1 个物流中心	17 个营销部、1 个营销中心、1 个稽查大队、1 个物流中心	4 个营销部、1 个营销中心、1 个稽查中心、1 个物流中心
销售卷烟（亿支）		109.76	63.55	98.55	57.70	95.89	43.30
实现税利（万元）	本年	31162	16403	21081	10972	19760	11519
	本年	21816	20742	18560	8383	16002	9300
实现利润（万元）	本年	23640	11397	15992	7786	14596	8803
	上年	17609	16513	14277	5579	11870	6983
烟叶种植（亩）		/	/	/	/	/	/
烟叶收购（担）		/	/	/	/	/	/
零售户数（户）		24315	10364	18465	10499	18597	11193

（丁兰国）

山西烟草

山西省烟草专卖局（公司）

概　况

山西省地处华北地区，占地面积15.66万平方公里，总人口3375万人。全省共辖11个地级市、119个县、市、区。2006年全省地区生产总值（GDP）4752.54亿元。

山西省烟草公司组建于1982年，1983年7月设立山西省烟草专卖局，1984年6月上划国家烟草专卖局、中国烟草总公司。2006年下辖太原、大同、阳泉、长治、晋城、朔州、忻州、吕梁、晋中、临汾、运城11个地（市）级烟草专卖局（公司），3个专卖稽查支队，111个县级烟草专卖局（营销部）。截至2006年底，全省行业拥有总资产45.74亿元，其中，固定资产9.04亿元、流动资产32.74亿元、净资产35.24亿元。共有从业人员7553人，其中在册人员4212人，聘用人员3140人。

2006年山西烟草行业“坚持以人为本，深化行业改革，以网络建设和订单供货为中心任务，创新内部管理监督，加强经济运行宏观调控，加大‘打网络’工作力度，推进企业文化建设，继续构建和谐山西烟草，推动山西烟草向更高水平的全面发展。”

2006年省局（公司）获国家烟草专卖局“全国卷烟打假工作先进集体”及山西省“文明单位标兵”、“创建优秀服务品牌模范单位”、“定点扶贫先进单位”、“先进基层党组织”等称号。

领导成员

局长、总经理、党组书记：李泽华

副局长、纪检组长（兼）、党组成员：陈克进（2006年12月兼任纪检组长）

副总经理、党组成员：王志毅

副总经理、党组成员：王振业（—2006.1）

纪检组长、党组成员：苏亚君（—2006.4）

副总经理、党组成员：程高峰

助理巡视员：杨德江

助理巡视员：栗书文

组织机构

省局（公司）设办公室（外事办公室）、综合计划处、安全保卫处、专卖监督管理处、政策法规与体制改革处、财务管理处（资金管理中心）、审计处、人事劳资处、监察处（与纪检组合署办公）、思想政治工作处（与机关党委、工会合署办公）、卷烟经营管理处（8月28日撤销山西省卷烟销售公司后设置）、烟叶生产经营管理处（8月28日撤销山西省烟叶生产购销公司后设置）等12个职能处（室），机关服务中心、经济信息中心、质量监督检测站、离退休人员管理办公室、烟草学会、职业技能鉴定站、山西烟草职工培训中心等7个专业部门和整顿办公室、督查办公室（新设置）、基建项目办公室、调研办公室、劳动服务公司等5个增设机构。

经济效益

2006年辖区销售卷烟636.98亿支（127.40万箱），与上年同比增长6.24%，其中，销售一类烟38.9亿支（7.78万箱），同比增长42.08%，占总销量比重的6.11%；二类烟116.48亿支（23.3万箱），同比增长33.12%，占总销量比重的18.29%；三类烟369.15亿支（73.83万箱），同比增长16.28%，占总销量比重的57.95%；四类烟86.99亿支（17.4万箱），同比下降40.6%，占总销量比重的13.66%；五类烟25.46亿支（5.09万箱），同比增长22.54%，占总销量比重的4%。全省销售“百牌号”卷烟596.84亿支（119.37万箱），同比增长5.38%，占总销量的93.7%；全国销量前十位的品牌在山西省的销量达391.80亿支（78.36万箱），占全省总销量的61.51%。年末卷烟库存29.72亿支（5.94万箱），占库存控指标30亿支（6万箱）的99.07%。

实现卷烟销售收入142.71亿元，与上年同比增长20.78%。实现卷烟经营税利25.90亿元，同比增长26.16%，其中，实现利润20.10亿元，同比增长24.07%，完成税金5.80亿元，同比增长33.95%。全年卷烟批发均价达到44.81元/条，较上年提高4.81元/条。

2006年全省烟叶种植覆盖运城、临汾、长治3个市的54个乡镇，烤烟种植面积5.45万亩，收购量0.75万吨（14.98万担），实现产值6666万元，上缴税金1333万元，实现利润1198万元。

专卖管理

综合治理。按照卷烟打假标本兼治的原则，加强卷烟市场的日常监管和打击制售假烟网络工作，实行卷烟打假综合治理。

日常监管方面，先后开展了全省“元旦、春节期间卷烟打假专项行动”、“打假破网、清理市场专项行动”。在卷烟市场集中整治专项行动中，会同公安、工商部门，对假烟、走私烟进行拉网式的清查，严厉打击经营假烟、走私烟和非法渠道卷烟的活动，清理取缔了一批无证卷烟零售户和非法贩、售、藏假烟的“钉子户”；加强对城乡结合部、省际间毗邻区域、公路、铁路沿线及各种物流储运站点、物流仓库等重点区域、部位的监管；加大对高档名品店、礼品回收店、宾馆、酒店、娱乐场所等新的贩售假烟、走私卷烟、雪茄烟摊点和农村的废旧仓库、房舍等的清理整顿力度；进一步延伸专卖管理触角，通过加强基层专卖管理所的建立和管理，加强对农村市场的监管和取缔无证卷烟零售户工作。

打击制售假烟网络方面，认真落实省局（公司）和公安厅联合下发的《打击制售假烟网络实施方案》，从生产、运输、仓储、销售多环节打击制售假烟网络，确定了每个市局（公司）打掉1～2个完整的制售贩藏假烟网络的目标，并作为对各市局（公司）“一把手”的重要考核指标。加强同周边省局（公司）建立打假工作协作机制，在5月由国家烟草专卖局在陕西组织召开的部分省份打击制售假烟网络工作协调会中，同相关省局（公司）建立了打击制售假烟网络工作协作机制。10月18日加入华北区卷烟打假工作协作机制。

建立长效机制。加强制度建设，制定《山西省烟草专卖局打击制售假烟网络工作实施细则》，进一步明确网络案件的标准，建立了省内网络案件的协作配合制度；制订《山西省烟草系统2006年度专卖管理监督工作目标责任制考核办法》，依此对卷烟打假工作进行全面细致的考核；出台了《关于进一步加强各县级局基层专卖管理所建设的意见》，对各县级局基层专卖管理所的职能定位、机构设置、装备配置、专管员配备等做了进一步的规定。截至2006年底，全省建立基层专卖管理所170个，基层专卖管理工作组织机构到位、人员配备到位。

打假成果。2006年全省共查获制售假烟网络案件15起，结案11起，全省网络案件总标值达到1.1亿元。其中，晋中市局（公司）“1·17”、太原市清徐县局“11·8”、运城市局（公司）“8·15”三个跨省市非法经营卷烟案件达到国家局和公安部规定的制售假烟网络案件标准，特别是晋中市局（公司）“1·17”案件涉案总金额达到7900万元。全省共查处制售贩藏假烟案件8384起，查获各类假冒卷烟4.43亿支（0.89万箱），收缴制假烟机设备8台，端掉制假窝点10个、贩藏假烟窝点434个，依法移送公安机关涉嫌刑事犯罪案件122起，拘留105人，逮捕75人，判刑39人。

网络建设

2006年山西省局（公司）确立了“发展为先、改革为力、创新为源、服务为魂、规范为基、责任为重、员工为本、和谐为道”的网建工作指导思想，将农村市场网建工作列为网建全面提升的重点和突破点。

农村市场网络建设。实施“金叶乡亲工程”，立足解决农村市场普遍存在的“点、数、量、服务、管理”等“五难”瓶颈问题，推广运城市局（公司）“专卖管理营销服务大厅”的模式，确定了“打造‘金叶乡亲工程’，全面提升重农村，阵地前移建大厅，解决空白布网络，满足需求低档烟，情系农民给方便，延伸服务多元化，知难而进见精神”的农村市场网建工作思路。

依托大厅，搭建无障碍农村服务平台。截至2006年底，全省共设立服务大厅147个，覆盖20154个自然村、45265个零售客户，服务的农村零售客户占全省零售客户总数的61%。扩展大厅职能，使大厅成为对农村市场就近管理、服务的一级常设经营单元体，成为市局（公司）工作重心下移、加强基层建设的重要途径，实现了“五个载体”的功能，即各县局职能转变后最佳的工作载体，农村卷烟市场的管理服务载体，连接商业、工业、客户和消费者“四位一体”的协同营销载体，专销同心协力打假打私的最佳结合载体，练班子、带队伍、强作风的提升素质的载体。

解决“空白村”问题。出台《全省农村卷烟销售网络“空白村”解决办法》。各市局（公司）层层签订责任书，建立“空白村”定期跟踪走访制度，与农村基层政府密切合作，及时发展有条件的农村零售客户入网。截至2006年底，全省共解决“空白村”13485个，农村卷烟销售网络覆盖面达到自然村总数的68%，同比提高29个百分点；网络覆盖300人以上自然村20252个，覆盖面达99.7%；全省农村入网零售客户达到74353户，同比增长19.96%，占农村人口总数的比例达到3.4‰。

服务边远山区。在发挥大厅作用的基础上，尽可能采取多种形式，保证大厅辐射范围之外的零售户享受到同样的服务。朔州市局（公司）成立了边远山区特别服务队，采用“一站采集、专线专送、驿站管理、全程服务”的形式；忻州市局（公司）把大厅的功能搬到流动服务车上，以车建站、以站代厅，打破县级行政区划，形成了点、线、面相结合，厅、站、车为互补的“三位一体、梯次补位”农村网络服务模式；吕梁市局（公司）党员与农村弱势群体客户结对子，组织了“送物送款、营销培训、政策倾斜”等一系列帮扶活动。

解决低档烟供应问题。多次与有关工业企业协调、沟通，加大低档烟的采购力度；在低档烟订货计划安排上下达硬指标，跟踪落实进度；在具体操作上对市局（公司）购进低档烟给予支持。按照城乡有别的原则，由市局（公司）和县级营销部共同对低档烟的流向进行调控。2006年，全省销售低档烟209亿支（41.8万箱），完成计划的103.22%。

挖掘农村市场潜力。把“农村零售客户和消费者满不满意、受不受益”作为衡量工作的标准，全省利用农村服务大厅，采取多种形式的活动与农村零售客户互动沟通，参与活动达52158人次，培训面达50%。组织召开新品介绍会，提高客户和消费者对新品牌的认同感。一年来，全省已较好地培育了“红山茶”、“哈德门”、“红梅”、“红旗渠”、“黄果树”、“北戴河”等一批适合农村市场的品牌。“大丰收”自7月入市以来，销量近5亿支（1万箱）。全省2006年农村卷烟销量达345亿支（69万箱），同比增长6.7%，成为全省卷烟销量新的增长点。

工商协同营销。省局（公司）积极转变观念，定位于“服务商”、“责任商”，与18家中烟工业公司逐步建立沟通互动机制。各市局（公司）与工业企业形成了协同培育品牌的工作流程，摸索出“新品上市百点销售法”、“梯次结构销售法”等营销手段。4月8日召开“山西烟草订单供货工商协同营销座谈会”，提出了“工商一体、协同营销、和谐双赢、共同发展”的理念，拉开全省协同营销的序幕。9月、10月，省局（公司）先后与福建中烟工业公司、玉溪红塔烟草（集团）有限责任公司举办工商协同营销座谈会。

重塑商业形象。提出对工业企业“三个敢于”（敢于让工业企业考核、敢于让工业企业评价、敢于让工业企业监督）、“三个信得过”（信得过的山西商业企业、信得过的山西市场、信得过的山西营销团队）和“四不”（不给工业企业找麻烦、不向工业企业提任何条件、不增加工业企业任何负担、不准在节假日向工业企业提企业或个人的旅游要求）的承诺，努力打造“服务头等舱”这一品牌，为工业企业营造一个公开、公平、公正的市场环境。

建立品牌评价体系。建立品牌引退机制和品牌培育流程，以品类管理为手段，建立量化的进退标准和具体的品牌培育方法。在充分获取零售客户和消费者对品牌的意见的基础上，对品牌进行全面细致的评价，并把结果反馈给工业企业。设置品牌管理专业机构，各市局（公司）设置品牌管理科，进行品牌发展规划、动态分析、引退管理、品类管理，跟踪品牌市场表现及工商协同营销团队建设。

建立并启用工业评价商业的体系。通过采用问卷调查和座谈会的形式，定期从“公开、公平、公正”程度、协同程度、互动程度、规范程度四个方面接受工业企业的评价。在2006年底的评价中，工业企业对省局（公司）及各市局（公司）的综合满意度为95.9%。

工商合作创建协同营销团队。10月，省局（公司）出台了《关于工商协同营销、和谐双赢、创建工商营销队伍的指导意见》。协同营销团队组建后，各市局（公司）与工业驻地代表在市场预测与分析、品牌评价与培育、信息互通与研究等方面进行具体磋商；省局（公司）与工业企业驻晋单位、各市局（公司）建立了月度品牌分析、市场分析报告、季度市场例会等制度。

建立全省统一的工商协同营销信息平台。在晋城市局（公司）进行试点，与玉溪红塔（集团）公司、红云烟草（集团）有限责任公司、红河卷烟总厂、河北中烟工业公司、湖南中烟工业公司、上海烟草（集团）公司等10家工业企业实现了系统对接和平台使用。

建立新型客户服务体系。秉承“牵着客户的心、谋着客户的利、装着客户的事、系着客户的情”的价值服务理念，通过“六个一”，即一个规范有序的经营环境，一套标准化与个性化相结合的服务模式，一系列合理的盈利保障措施，一个顺畅的沟通渠道，一条规范的服务链，一个零售客户满意度评价体系，把服务理念进一步具体化、系统化，努力建立与零售户“平等互利、长期合作、共同发展”的新型客户关系。全省零售户卷烟经营毛利率平均为10%左右，比2005年提高2个百分点。

营造经营环境，在全省范围内开展零售客户普查工作，出台《卷烟零售点合理布局的指导意见》，规范卷烟零售许可证的管理和发放；公开货源信息，出台《卷烟货源公开投放实施办法》，各市局（公司）建立实施了相应的货源信息公示制度和有效货源的调入机制，按照卷烟零售户的实际需求定量供货；根据《全省千条零售户管理办法》，按照“控制大户、稳定中户、扶持小户、帮扶弱户”的原则，合理控制“千条零售客户”（月销量超过800条的零售客户）。截至2006年底，全省“千条零售客户”共计161户，占卷烟零售户总数比例由2005年5月的3.2%下降到0.13%。

创建服务模式，全省推行市局（公司）班子成员客户联系点制度，及时了解零售客户的需求；统一客户服务标准，出台了客户经理、电访员、送货员、专管员的服务标准规范；满足市场特殊需求，出台《关于社会团体、婚丧嫁娶等特殊用烟管理办法》，建立了应急“绿色通道”；出台《弱势群体帮扶办法》，帮扶弱势群体客户，提供优先办证、经营扶持、理财帮助等服务，自6月以来，全省共帮扶弱势群体客户1225户；全省建立了卷烟零售户培训体系，为零售客户提供培训。一年来，全省共开展培训1832期，达119936人次，客户培训面达到67%。

采取盈利保障措施，全省在新的客户业态分类的基础上对所有客户进行了重新定量；统一发放零售明码标签，杜绝低价竞销的行为发生，引导卷烟零售户规范经营；客户经理指导零售客户经营，开展“一对一”的客户服务。

建立沟通渠道，开通全省客户投诉中心和监控中心；各市局（公司）创办零售户刊物，及时传递信息。在构筑服务链方面，全省统一使用《山西省烟草行业专卖管理监督服务册》，规范送货小票粘贴制度，各市局（公司）基本形成客户经理、电话访销员、专卖管理员、送货员“四员”规范的服务链。2006年底，省局（公司）启动全省零售客户满意度评价体系，零售客户满意度达到89.9%。

打造全省“精细严”现代物流。省局（公司）于9月召开全省物流“精细严”管理现场会，推广太原物流“精细严”管理经验。各市局（公司）从提高物流配送能力入手，从“送货周期是否满意、送货到户是否及时、卷烟商品是否完好”等问题抓起，优化送货路线、车辆和人员的配置。太原、长治、晋中等市局（公司）已完全打破行政区划，采取直送、接力配送、代送相结合的方式，按经济区域进行配送。截至2006年底，全省直送比例达63.38%，接力配送的比例达36.46%，边远山区代送比例达0.16%。与2005年底相比，零售户数量增长23.35%，配送路线从2038条增加为2060条，配送车辆由563辆减少为483辆，送货人员由1083人减少为879人，单箱物流费用降低到91.22元。推广自动化环保塑封卷烟包装，卷烟塑封包装的比例达100%。

按订单组织货源

2006年山西省局（公司）被国家局确定为全国“按订单组织货源”的三个试点单位之一。省局（公司）将其与网建工作紧密结合，探索具有自身特色的预测和分析市场需求的路子。

建立零售客户经营动销台账。7月推广晋中市局（公司）采用的《零售客户卷烟经营动销台账》（简称“台账”），即记录零售客户日常经营中各品牌购进、销售、库存、经营毛利等数据的表格式账本。以“台账”为纽带，商业企业与零售客户建立“我帮你算盈利、你帮我填库存”的互助经营关系，加强与客户的情感联系，成为客户经理指导客户经营、实施订单预测、及时掌握库存的重要工具。截至2006年底，全省已有99%的零售客户使用了动销台账。

多渠道零售户库存采集方法。主要有三种方式：一是由客户经理在月末与零售户共同盘点库存，并通过动销台账、PDA数据采集工具等将库存数据汇总到信息管理系统。这种采集方式约占零售户总数的2/3。二是由电访员电话采集，由客户自报库存，电访员将库存信息输入信息管理系统。这种采集方式主要用于边远山区、交通不便的零售户，是直接采集库存的补充手段。三是太原、晋中等已采用智能终端机的市局（公司），通过智能终端机的销售数据生成库存信息。建立了省、市公司的月度零售户库存汇总、分析和报告制度，每月底由客户经理向营销中心提交所辖零售客户的实际库存和分析报告，经市局（公司）汇总分析后上报省局（公司）。全省零售户库存采集面达100%，采集内容包括所有在销卷烟的品牌、结构、数量。

建立“四维协同预测”机制。即通过客户经理与客户互动预测、市场经理分析预测区域市场、部门综合预测（订单部、品牌部、采供部）、工业企业代表协同预测四个维度，进行自下而上的市场需求预测形成的一套方案。在需求预测上，尊重客户经理和市场经理的预测结果；在销售计划和销售结构的把握上，尊重综合订单部的意见；在重点品牌预测上，尊重品牌管理科的评估分析；在采供意向上，尊重品牌品类管理、评估结果以及工业企业的建议和意见，最终生成《月度卷烟需求预测汇总表》，提交市局（公司）订单供货领导小组审核，确定下月度的订货信息。同时，建立了“市场三级跟踪制”，即销售跟踪、客户跟踪、重点消费者跟踪，使市场预测建立在客观市场需求的基础上，提高准确度和需求管理的水平。

实施“双万信息工程”。出台《建立万名零售客户、万名消费者信息互动机制指导意见》。9月在全省选择一万名零售客户、一万名消费者，实施“双万信息工程”，建立全省“双万”、市局（公司）“双千”、县局（营销部）“双百”的逐级分解的信息互动机制。

各市局（公司）根据城市和农村分布、零售客户的业态类型和经营规模、卷烟销售和消费结构等因素，选择“双千”信息员并建立档案，并进行分析、更新和维护。客户经理定期向“双千”信息员反馈烟草行业的政策、品牌、价格、市场整体趋势等有关信息；“双千”信息员向市局（公司）反馈市场动态、品牌表现、烟草公司服务质量，以及对工商企业的意见建议等信息。市、县两级营销部门还建立了每半年一次大型座谈会、每季度一次小型座谈会的例会制度。各地新品上市前都利用“双千”机制，纳入品牌引退机制。

烟叶产销

烟叶生产。推行合同制管理，与农民逐户签订烟叶种植收购合同，并实行省公司备案，同时加大监管力度，将烟叶工作列入地市级公司年度责任目标的考核范畴。推广适用技术，省（局）公司制订了《山西省烟叶生产新技术推广实施意见》，统一印制了1万册《山西省烤烟生产技术要点》，逐级发放到烟农手中。全省100%采用了包衣种子，“云烟85”、“云烟87”等新品种占到70%以上，漂浮育苗达到7800亩，较2005年增长两倍，全省平衡施肥面积占到总面积的80%左右。全省11个烟叶种植县，签订合同7461份，合同面积5.55万亩，实际移栽烟叶5.49万亩，收购烟叶0.75万吨（14.98万担），上中等烟占85%，均价2.22元/公斤，烟叶总量控制在国家局计划15万担之内。

烟叶基础设施建设。修订《山西省烟叶生产基础设施建设总体规划》、《山西省烟叶生产基础设施建设实施方案及有关管理办法》。2006年，全省建设烟水配套工程共计494项，烟叶调制设施61项，全年预算资金554万元。

整顿规范烟叶生产经营秩序。制订《2006年度山西省烟叶生产经营秩序整顿规范工作方案》。各产烟县严格按计划种植、收购烟叶，调拨烟叶交接顺利，彻底杜绝了应县、怀仁市、灵丘县3个县（市）无计划烟叶种植，完成全省0.75万吨（15万担）烟叶计划。成立两个复查组，对全省种烟市、县共计20个单位、34个收购站（点）全部进行复查，并通过国家局抽查组的复查。

技术培训。组织综合技术、职业技术鉴定等培训，培训人次达30人，培训烟叶分级技术骨干80多人，90%的学员取得了烤烟验级证。

体制改革

省局（公司）加快组织结构调整和体制改革，建立母子公司管理体制。在借鉴行业母子公司改革试点单位经验的基础上，7月完成了《中国烟草总公司山西省公司建立母子公司体制改革的实施方案》和《中国烟草总公司山西省公司章程》的报批工作，8月完成烟草产权划转和资产下投工作，建立了省公司与各市公司的母子公司管理体制，10月份完成取消省卷烟销售公司、省烟叶生产购销公司的法人资格工作，省公司退出“两烟”经营领域。11月20日出台《关于转变省局（公司）职能深化市级公司市场营销主体地位的意见（试行）》，明确了省、市局（公司）职能定位、管理方式和运作模式。明确省、市两级公司的职能定位、管理方式和运作模式，重新调整了职能设置、内设机构、人员编制。对市局（公司）下放企业经营权、分级管理权、人事任免权，让市局（公司）管事和管人有机统一。

打造市局（公司）营销主体

各市局（公司）基本实现营销、物流等核心业务环节的管理上移，对客户经理、配送人员等进行统一标准、统一管理、统一考核。建立和完善市局（公司）的激励与约束机制，对经营者的工作成效和能力进行严格的考核并与企业效益挂钩；对职工收入分配重新调整，明确按贡献给予报酬。建立监督评价机制，省局（公司）定期对市局（公司）进行考核与监督。强化自身素质，提高主体能力。落实“行政化管理”向“专业化管理”转变、从“粗放型管理”向“精细化管理”转变、从“任务化管理”向“目标化管理”转变，从“传统流通”向“现代流通”的四个转变，做到思想观念上、组织结构上、业务流程上、人员素质上、管理手段上的五个适应，实现“六个目标”，即一个清晰的定位、一个高效的组织、一套统一规范的流程体系、一个标准化和规范化的网络、一支高素质、有活力的团队、一个鲜明的企业文化。加强管理，确保县局（营销部）工作重心下移。实行与职责、贡献挂钩的薪酬办法，建立相应的评价、监督、考核机制，充分调动县局（营销部）的工作积极性，提高经营决策、科学管理、控制市场、培育品牌、服务客户等“五种能力”。

内部管理监督

开展以专卖管理监督和同级审计检查为主要内容的“两项检查”工作。各市局（公司）按照省局（公司）制订的实施方案进行自查，省局（公司）派出复查组对各单位自查情况进行全面检查。全省行业共查出会计核算、资产管理、专卖管理、基建投资等19个方面的问题，制订了12项具体的整改措施。

加快建立专卖内管长效机制。选择大同市局（公司）作为省内试点单位，在全省推广其监管流程化、突出痕迹化、体现精细化、促进规范化的专卖内部管理监督“四化”经验。自7月1日起，在全省统一推行使用《专卖管理监督服务册》，内容涉及专卖管理的各个方面。开发了一套内部监管工作的应用系统，全省各级局成立内部专卖管理监督办公室，配备专职的内管工作人员。初步建立起一套内部监管的流程体系，即“实施一套监管流程，发挥一本册子作用，搭建一个信息平台，抓好一支内管队伍”。

人事劳资管理

10月16日出台《干部选拔任用工作责任制暂行规定》。在干部选拔任用中，配齐了市局（公司）的领导班子和省局（公司）机关副处级空缺岗位。坚持择优选拔人才，招聘高校毕业生和选拔挂职人员工作时坚持公正透明的用人原则。各市局（公司）加强干部选拔任用，把一批年富力强、综合素质高的人员调整到机关中层管理岗位和县级局领导岗位。省局（公司）机关率先开展定岗、定责、定员、定薪的“四定”工作和全员流程化工作。8月份开始，以各处室为单位，细化部门职责和岗位职责，制定相应的流程规范和考核目标，在此基础上确定薪酬，建立相应的考评机制。晋城市局（公司）打破传统选人用人办法，公开选拔、竞聘，使一批优秀的聘用人员走上了基层领导岗位和关键管理岗位。各市局（公司）细化岗位和管理流程，形成较为完善的“四员”管理流程。全员流程化工程包括八大体系，即专卖管理流程体系、卷烟经营与管理流程体系、人力资源管理流程体系、财务与审计管理流程体系、现代物流流程体系、信息化管理流程体系、绩效考核与宽带薪酬管理流程体系、惩治和预防腐败流程体系。

信息化建设

统一实施浪潮V3系统。浪潮V3系统是采用联合体数据库技术，基于一体化的系统集成解决方案。它涵盖了专卖管理、分销管理、呼叫中心、客户关系管理、供应商关系管理、供应链管理、辅助决策、协同办公等多个方面。3月初完成了硬件设备系统软件的验收、安装和调试工作；4月1日开始在晋城、晋中市局（公司）试点，和原有的V2系统并行；5月1日晋城、晋中市局（公司）正式运行V3系统；7月1日全省除太原市局（公司）以外，其他10个市局（公司）正式启用了浪潮V3系统，并于9月30日完成了全省V3系统第一次需求完善。

建立工商协同营销平台。2006年以晋城市局（公司）为试点单位，通过晋城市公司的网站与6家卷烟工业企业建立工商协同营销的基础模式，于4月底完成基于门户网站的信息互通。11月研发并部署完成全省集中的工商协同营销平台。各工业企业能够实时查询各市公司和全省对本企业卷烟的需求预测数据，按天、周、旬、月、季度、半年、年度等查询本企业卷烟品牌在各市公司的销售走势及与同档次卷烟销售的对比情况，将预测数据下载到本企业信息系统中。

网络改造。完成卷烟生产经营决策管理系统的数据维护和系统升级，确保上报数据与现行统计报表系统数据的一致性。完成商业企业电话订货管理信息系统规范改造。加强广域网和省局（公司）机关局域网的建设及运行管理，对网络进行了升级改造，制订《山西省烟草行业地面通信骨干网运行维护管理规定》、《山西省烟草行业网络安全管理制度》。

队伍建设

员工在岗培训机制。建立了全省统一的培训规划和员工能力发展计划，对全省员工进行每年不少于一周的分类职业培训。2006年，省局（公司）将吕梁的“烂尾楼”改建成全省烟草职工培训中心，于7月份竣工并投入使用。2005~2006年，全省180多人参加订单供货培训，300人参加大连的经验介绍报告会，1000多人接受专题培训；省局（公司）共组织了28期集中培训，受训人员达2953人（次）；对全省各级各类岗位特别是客户经理等营销队伍进行了强化培训；各市公司也开展了大量的日常性培训工作。统一印制了《客户经理百日练兵教材》，开展以客户经理“一口清”为主要内容的“百日练兵”活动，提高营销团队的业务技能。2006年，省局（公司）出台了《关于客户经理等级评定分级管理的意见》，分三批对全省819名客户经理开展了初级、中级、高级卷烟商品营销员职业技能鉴定培训、考试。积极开展职工职业技能鉴定工作，进行了8个批（次）1083人（次）的鉴定，合格率达到83%。

绩效考评和奖励。全省成立了绩效考评委员会，形成了自上而下的一级管一级、一级评一级的考评办法和考评流程，并在客户经理岗位上率先破题。2005年以来，全省共评出17名高级客户经理、128名中级客户经理和551名初级客户经理。全省开展了“五个一批”优秀典型选树活动，共评选出127名优秀个人，其中，优秀县级局局长24名，优秀客户经理30名，优秀专卖管理员34名，优秀送货员20名，优秀电访员19名。

员工满意度评价体系。实施《山西烟草行业员工满意度评价体系》，建立员工满意度反馈评价体系，强调“内部满意度”是一切工作的基础，强调“领导就是服务”的理念，服务的内容在于提高员工对企业的忠诚度和自身的生活幸福指数，营造和谐的内部环境。2006年底，开展让员工评价省市两级班子的活动。在年底的员工满意度评价中，员工给市级领导班子的打分平均在90分以上，给省局（公司）领导班子的打分为92分。

思想政治工作

全省行业深入开展了“学党章、知荣辱、‘两个至上’在岗位”活动。省局（公司）举办了“‘两个至上’在岗位主题实践活动”大讲台，领导上讲台谈心得；阳泉市局（公司）组织电访员巡回报告会12场；全省行业弘扬太原市局（公司）职工李拖梅的奉献精神，组织事迹报告会12场；省局（公司）机关党员于7月1日向全省行业共产党员发出“学党章、知荣辱、作贡献”的倡议；开展“推动岗位练兵，提高职业技能”活动和“讲责任、讲诚信、讲效率、讲奉献”系列教育活动。

党风廉政建设

省局（公司）党组印发《关于对行业各级领导班子及主要领导干部加强监督的实施意见》，要求各级领导班子及主要领导干部正确履行职责，自觉接受监督。出台《全省烟草商业企业治理商业贿赂专项工作实施方案》，坚决杜绝“两烟”经营活动中的不正当交易行为。查办违纪违法案件，全省行业全年受理群众来信来访、电话举报16件（次），立案4起，11人受到党纪政纪处分。

企业文化

制定实施《山西烟草企业文化建设三年规划（试行）》，选择太原市局（公司）作为企业文化建设试点单位，从行为、形象、精神三方面入手构建企业文化。各单位确立了自己的企业文化核心理念，太原市局（公司）提出“上班是幸福、工作是愉快、相聚是缘分、奉献是责任”的企业精神；运城市局（公司）以“四满意”为基础，提出“情系消费、信达客户、义融工业、仁待员工”、“把农村服务大厅建设成为农村零售客户‘110’”等经营理念；朔州市局（公司）以“无论路有多远、每个客户都是我们服务的对象”为服务宗旨；长治市局（公司）在开展服务中提出“岗位有限、敬业无限”的服务理念等。在全省范围内征集2000多个优秀企业故事，为整理编发《山西烟草企业故事集》打下基础。10月组织各单位进行首次企业文化建设集中展示。编发《山西烟草企业文化图片集》，参加了国家局组织的企业文化案例审定会。

特事要辑

1月20日~22日，山西烟草2006年工作会议在太原召开。

3月21日~22日，国家局纪检组组长潘家华到山西省局（公司）调研。

4月8日，省局（公司）在太原召开山西烟草订单供货工商协同营销座谈会，国家局副局长何泽华出席会议。

6月26日，全省烟草行业整体推进、全面提升暨迎接全国卷烟销售网络建设现场会动员大会在太原召开。

10月9日，北方十一省（区、市）卷烟价格联动会议在山西省太原市召开，会议对中档卷烟的批发价格进行了归档。

11月24日，国家局“深化流通体制改革为培育‘两个10多个’营造良好环境专题调研座谈会”在太原召开，何泽华出席会议。

12月22日~23日，省局（公司）召开“山西烟草农村网络建设工作全面提升经验交流会”，对全省特别是运城市局（公司）农村网建提升工作进行总结，确定今后农网建设的基本模式。

山西省局（公司）主要统计指标汇总

实现税利（亿元）	商业利润（亿元）	销售卷烟（亿支）	烟叶种植（万亩）	烟叶收购（万担）	出口创汇（万美元）
25.90	20.10	636.98	5.45	14.98	/

所属地市级局（公司）

太原市烟草专卖局（公司）

概　况

太原市是山西省省会，位于山西省中部，占地面积6998平方公里，总人口340万人，全市辖10个县（市、区）。2006年全市实现地区生产总值（GDP）1013.38亿元。

太原市烟草专卖局（公司）组建于1983年8月，2006年下辖营销中心、物流中心、稽查中心三个中心，清徐县、古交市、阳曲县、娄烦县四个县级局（营销部）。截至2006年底，全市行业拥有总资产61215万元，其中，固定资产7996万元、流动资产52805万元、净资产53443万元。从业人员643人，其中聘用人员261人。辖区共有卷烟零售户13055户。

领导成员

局长、经理、党组书记：董文彦

副局长、党组成员：罗永康

副局长、纪检组长、工会主席、党组成员：董康毅（2006年2月任副局长、纪检组长）

副局长、党组成员：李效忠（2006年2月任副局

长，免副经理）

副经理、党组成员：董旭红

副经理、党组成员：王玉花（2006年2月任副经理，免纪检组长）

组织机构

市局（公司）机关内设办公室、经济运行科（管理控制中心）、政工科、专卖监督管理科、财务管理科（资金结算中心）、人事教育科、纪检监察室、技术信息科、审计科、监督检查科、安全保卫科等11个科（室、中心）。

经济效益

全市辖区销售卷烟76.42亿支（15.28万箱），与上年同比增长11.01%，其中，销售一类烟9.30亿支（1.86万箱），同比增长58.40%；二类烟18.70亿支（3.74万箱），同比增长14.22%；三类烟41.72亿支（8.34万箱），同比增长14.72%；四类烟5.67亿支（1.13万箱），同比下降41.41%；五类烟1.02亿支（0.20万箱），同比增长86.55%。销售“百牌号”卷烟76.24亿支（15.25万箱），占总销量的99.76%。实现销售收入224059万元，同比增长24.37%。实现税利43759万元，同比增长51.56%，其中实现利润34633万元，同比增长48.51%。

专卖管理

采取基础管理抓市场、外围整治抓贩运、打假破网抓追刑、客户管理抓转化、队伍建设抓提升、专卖管理上水平“五抓一上”的专卖管理工作方针。开展和谐专卖转化客户工作，2006年成功转化客户359户，守法经营户比例达到98%以上。开展“五五”普法工作，举办办案文书填写、真假烟识别、办案技能等培训。多次组织召开烟草局、公安局、检察院、法院四部门联席会议，加强打假沟通协作。积极开展专卖交叉检查，“千条零售客户”从年初的124户下降到45户。2006年全市共查处各种卷烟违法案件1002起，大案要案48起，捣毁制假窝点3个，捣毁贩藏假冒卷烟窝点51个，查获违法卷烟1亿支（0.20万箱），制假烟丝16.4吨、滤嘴棒137万支，上缴罚没款90.88万元。

网络建设

信息采集与反馈。为全市零售客户制作了卷烟经营电子动销台账，台账内容包括客户卷烟明细、价格、库存、需求量、定货量、销量、盈利等。按照“双万”、“双千”信息工程的要求，有选择性地为部分零售客户安装智能终端机，实现对零售客户的网上配货。在此基础上，实施“四个一单”，即向零售客户提供的一周一单——《经营指导建议书》；向客户经理提供的一周一单——《客户经理助手》；向工业企业提供的一月一单——《品牌走势与预测》；向市局（公司）管理决策者提供的一日一单——《市场快讯》。

做好“服务商”。从工业企业的难点和需求出发，结合本地市场特点、品牌的市场适应程度、市场需求变化及趋势，加强与工业企业的沟通，逐步建立了一套品牌管理体系。针对规模品牌、潜力品牌、补充品牌、新入品牌四种类型，运用“三上一站式”（从上市到上柜再到上量的一站式服务）、“新品上市百点销售法”、“梯次推进法”等营销手段，加大适销货源的采购力度，市场呈现出卷烟品种多、适销对路品牌多、新品上市多等特点。全年新引入38个规格的产品，确保适销对路品牌数量不少于50个，成功引入和培育的品牌有“七匹狼”、“黄鹤楼”。服务零售户方面，细分客户，合理定量，公开货源，合理投放，向零售户派发《客户直通车》刊物，设立重点客户服务部。全市零售客户的盈利水平从2005年的8%上升到2006年的10%以上，客户综合满意度由2005年的78.94%上升到2006年的89.59%。在农村网络建设方面，设立农村服务大厅4个，全部解决300人以上的“空白村”共计300个，新发展农村零售客户823户。

企业管理

全员流程化建设。市局（公司）对现有业务、管理流程进行整合优化，明确各部门、各岗位的职责范围、工作流程、操作规范、关键考核指标（KPI），借助建模工具进行了模型化和文字图解转化，将商流、物流、资金流、信息流、管理流固化进信息系统，形成营销主体经营、管理、监督、考核四位一体的管理体系。全员流程化建设工作共涉及32个部门、183个岗位；梳理职责960项、制作协作流程199项、业务表单1300余张；确定考核指标1463项；编制全员流程化《组织体系图解手册》、《业务流程图解手册》、《岗位工作图解手册》和《太原烟草全员流程化管理平台》。全员实物劳动生产率由2005年全年平均224.6箱提高到2006年的全年平均245箱。

加强“两项检查”，规范经营行为。开展内部管理监督和同级审计工作，完善同级专卖管理监督工作制度、检查制度、备案备查制度、内部专卖管理监督案件查办制度等12项内部监管制度。组织开展自查自纠“回头看”工作，通过查看凭证、报表、服务手册、动销台账等，对卷烟经营、财务管理、资金管理、货源分配、配送确认等方面进行检查。加强对财务工作规范化管理。推行预算管理，在物资采购、工程建设、软件开发、薪酬管理等方面全部实施“阳光”作业。2006年“阳光工作组”共审核经济合同项目36项、大型款项支出190份。

安全管理。开展“安全生产月”活动，职业健康安全管理体系基本建成，具备接受外审的条件。

队伍建设

以“展示智慧，成就未来”的企业理念激励员工，提出“营造学习型文化，创建智慧型企业，争做数字型员工”的目标，围绕“提升全员的业务能力、强化全员的思想品德、营造全局的和谐氛围”三项核心内容，开展“1136”员工职业标准体系培训。“1136”指的是一个责任心，一个服务意识，熟悉政策、熟悉客户、熟悉品牌，会分析、会计划、会沟通、会培育、会收集、会总结。以“1136”客户经理职业标准建设为重点，开展岗位比武练兵、“订单组织货源”系列培训等活动。全年共举办各种培训班26期，各中心、营销部培训49期，外部培训268人次。其中，市、县两级局长参加各类培训累计76人次；全市客户经理参加各类培训累计542人次。

思想政治工作

以“两个至上”行业共同价值观为指导，开展“八荣八耻”社会主义荣辱观学习教育活动，学党章、知荣辱、实践“‘两个至上’在岗位”。清徐县局办公室主任李拖梅的事迹多次受到中宣部、省市政府和新闻媒体的赞扬，市局（公司）专门举办李拖梅同志先进事迹报告会。在全市系统开展了“‘两个至上’在岗位”主题演讲活动；开展“找问题、出思路、服务创新在岗位”服务月；在客户经理、专管员、送货员、坐席员中开展了业务技能“一口清”、“执法人员技能比武”、“劳动竞赛”、“贴心话语暖人心”等一系列活动。

党风廉政建设

制订并下发《关于建立健全“廉政谈话制度”的有关规定》和《全市系统治理商业贿赂专项工作实施方案》。召开领导班子成员述职述廉大会和民主生活会，收集征求意见表200份。设置举报、意见箱，增设功能，开通投诉、举报录音电话。开展廉政文化建设活动，组织观看廉政教育系列短剧和廉政警示片，举办廉政文化书画展，共收集廉政警言警句460条、廉政书法37幅、绘画169幅。

企业文化

2006年市局（公司）被国家局确定为行业六个企业文化建设试点单位之一。出台《企业文化建设总体方案》和《太原烟草企业文化建设三年规划》。以“学习、借鉴、创新、推进”为建设途径，融合烟草行业文化和晋商诚信经营文化，挖掘原有的“上班是幸福、工作是愉快、相聚是缘分、奉献是责任”二十字企业文化理念，提出“传承、特色、创新”六字方针，形成了以“一三五七”为体系的太原烟草企业文化创新模式，即建立一个核心企业文化精神，创建“源文化、缘文化、圆文化”相融的三“Y”理念，实施“五个一”社会责任工程，即帮助一百户弱势群体脱贫的关爱工程、解决一百名孩子上学问题的爱心工程、共建一条文明街道的靓丽工程、打造一片绿洲的生态工程，扶植一个新农村建设的民生工程，实现工业、消费者、零售户、社会、行业、员工，连同企业本身共七方共赢。此外，编辑出版《员工手册》、《企业文化手册》、《李拖梅先进事迹汇编》、《有话有画故事集》等四本图册；摄制完成了企业形象片；谱写了《太原烟草之歌》企业歌曲。

大同市烟草专卖局（公司）

大同市烟草专卖局（公司）组建于1983年8月，1993年7月雁北地区烟草专卖局和大同市烟草专卖局合并为大同市烟草专卖局，大同市烟草分公司更名为大同市第一烟草分公司，雁北地区烟草公司更名为大同市第二烟草分公司，1994年12月撤销大同市烟草专卖局，成立大同市第一烟草专卖局和大同市第二烟草专卖局，2000年12月大同市第一烟草专卖局（公司）、第二烟草专卖局（公司）合并为大同市烟草专卖局（公司）。2006年下辖城区、南郊区、新荣区、大同县、天镇县、阳高县、浑源县、广灵县、灵丘县、左云县10个县（区）级烟草专卖局（营销部）及大同市同烟实业公司。机关内设13个科（室、中心）。截至2006年底，全市行业拥有总资产44666万元，其中，固定资产8194万元、流动资产35094万元，净资产36051万元。从业人员801名，其中聘用人员462人。辖区共有卷烟零售户9953户。

全市辖区销售卷烟62.81亿支（12.56万箱），与上年同比增长4.29%。其中，销售一类烟5.00亿支（1万箱），同比增长28.30%；二类烟11.84亿支（2.37万箱），同比增长33.16%；三类烟32.48亿支（6.50万箱），同比增长15.68%；四类烟9.93亿支（1.99万箱），同比下降30.85%；五类烟3.56亿支（0.71万箱），同比下降28.81%。实现销售收入162881万元，同比增长18.57%。实现税利30675万元，同比增长36.92%，其中，实现利润24000万元，同比增长38.18%。

全年共查办各类涉烟违法案件2143起，查扣各类违法卷烟5053.73件，其中，假烟4320.33件，捣毁各类地下黑窝点62个。向司法移送案件18起，刑事拘留17人，逮捕14人。成功破获“2·23”跨省售假网络案件。

推行“四化”专卖内部管理监督办法，即“监管流程化、突出痕迹化、体现精细化、促进规范化”。

阳泉市烟草专卖局（公司）

阳泉市烟草专卖局（公司）于1983年9月组建。2006年下辖平定县、盂县2个县级烟草专卖局（营销部）和城区、矿区、郊区三个专卖稽查小队。机关内设6个科（室、中心）。截至2006年底，全市行业拥有总资产15664万元，其中，固定资产7558万元、流动资产7962万元、净资产13784万元。从业人员293人，其中聘用人员154人。辖区共有卷烟零售户5137户。

全市辖区销售卷烟24.16亿支（4.83万箱），与上年同比增长4.38%。其中，销售一类烟1.21亿支（0.24万箱），同比增长29.92%；二类烟4.49亿支（0.90万箱），同比增长27.84%；三类烟13.02亿支（2.60万箱），同比增长11.37%；四类烟4.30亿支（0.86万箱），同比下降27.31%；五类烟1.15亿支（0.23万箱），同比增长4.19%。实现销售收入52115万元，同比增长12.90%。实现税利9407万元，同比增长18.99%，其中，实现利润7377万元，同比增长17.17%。

全年共查处涉烟违法案件1688起，查扣各类违禁卷烟35353.9条，其中假烟34806条。查扣违法卷烟总值达637819.36元，有价卷烟总值达29103.6元。

电话访销标准化服务。电访部开展电访员“我说服务”格言评选活动，在电话访销过程中践行“微笑服务、贴心服务、承诺服务”。电访员不定期实地走访客户，开展结对子、助残扶困活动。2006年在阳泉召开全省行业电话订货员标准化服务现场会。2006年电访部被阳泉市直工委、市团委授予双“青年文明号”，电访部在全省行业进行巡回演讲。

长治市烟草专卖局（公司）

长治市烟草专卖局（公司）组建于1983年。2006年下辖长治县、潞城市、屯留县、长子县、壶关县、平顺县、黎城县、武乡县、襄垣县、沁县、沁源县、城区、郊区13个县级烟草专卖局（营销部）。机关内设13个科（室、中心）。截至2006年底，全市行业拥有总资产37475万元，其中，固定资产11786万元、流动资产25496万元、净资产32344万元。从业人员725人，其中聘用人员319人。辖区共有卷烟零售户11739户。

全市辖区销售卷烟61.62亿支（12.32万箱），与上年同比增长6.35%，其中，销售一类烟3.15亿支（0.63万箱），同比增长50.54%；二类烟10.72亿支（2.14万箱），同比增长39.47%；三类烟40.69亿支（8.14万箱），同比增长29.60%；四类烟5.12亿支（1.02万箱），同比下降64.78%；五类烟1.94亿支（0.39万箱），同比下降12.93%。实现销售收入126435万元，同比增长23.01%。实现税利19842万元，同比增长28.19%，其中，实现利润15475万元，同比增长30.03%。

烟叶种植覆盖7个乡镇，烤烟种植面积8000亩，收购量0.11万吨（2.2万担），实现产值979万元，上缴税金196万元，实现利润176万元。

全年共查处各类涉烟违法案件1299起，其中，50万元以上的案件1起，5万元以上的案件4起。收缴各类违法卷烟1431件，其中，已鉴定的假烟1016件，收缴烟丝47吨、烟叶22吨，捣毁制售贩藏假烟窝点31个，移送司法机关案件6起，批捕10人，判刑4人。

晋城市烟草专卖局（公司）

晋城市烟草专卖局（公司）组建于1983年8月。2006年下辖城区、泽州县、高平市、阳城县、沁水县、陵川县6个县级烟草专卖局（营销部）。内设11个科（室、中心）。截至2006年底，全市行业拥有总资产23790万元，其中，固定资产5855万元、流动资产17726万元、净资产20679万元。从业人员450人，其中聘用人员230人。辖区共有卷烟零售户7933户。

全市辖区销售卷烟41.46亿支（8.29万箱），与上年同比增长3.58%，其中，销售一类烟3.05亿支（0.61万箱），同比增长8.96%；二类烟6.06亿支（1.21万箱），同比增长18.74%；三类烟27.08亿支（5.42万箱），同比增长31.57%；四类烟3.90亿支（0.78万箱），同比下降63.99%；五类烟1.37亿支（0.27万箱），同比增长92.79%。实现销售收入86446万元，同比增长14.30%。实现税利13419万元，其中，实现利润10341万元，同比增长15.35%。

全年共查处各类涉烟违法案件674起，查获各类违法卷烟2284.5件，其中，假冒卷烟1843.88件，标值152万元，罚没款11.5万元，捣毁售假黑窝点63个，判刑11人。

2006年市局（公司）荣获“山西省五一劳动奖状”、“山西省优质服务先进集体”称号。

在全省率先出台《工商营销团队共建实施方案》，明确工商营销团队共建目标、共建流程、共建原则、双方职责和义务。积极开展省内工商协同信息平台试点工作，4月底正式开通基于门户网站的“工商协同营销信息平台”。10月在全省率先与红塔烟草（集团）有限责任公司、红云烟草（集团）有限责任公司联调测试数据线路并获成功。

朔州市烟草专卖局（公司）

朔州市烟草专卖局（公司）成立于1989年7月。2006年下辖朔城区、平鲁区、山阴县、怀仁县、应县、右玉县6个县级烟草专卖局（营销部）。机关内设11个科（室、中心）及打网办、整顿办、内管办、特别管理服务队、基建办、督查办、烟草培训中心等临时机构。截至2006年底，全市行业拥有总资产13574万元，其中，固定资产7531万元、流动资产5815万元、净资产10397万元。从业人员334人，其中聘用人员154人。辖区共有卷烟零售户5038户。

全市辖区销售卷烟27.66亿支（5.53万箱），与上年同比增长8.27%，其中，销售一类烟1.52亿支（0.30万箱），同比增长16.18%；二类烟5.27亿支（1.05万箱），同比增长63.84%；三类烟14.93亿支（2.99万箱），同比增长21.38%；四类烟4.48亿支（0.90万箱），同比下降34.90%；五类烟1.45亿支（0.29万箱），同比下降20.92%。实现销售收入61470万元，同比增长18.86%。实现税利9098万元，同比增长19.84%，其中，实现利润6966万元，同比增长18.85%。

全年共查处涉烟违法案件1185起，打掉制售违法卷烟黑窝点53个，查获假烟0.33亿支。破获朔州地区历史上最大的“2·6”制售假烟网络案件，案值140余万元。

2006年市局（公司）荣获“山西省文明单位”称号。

边远山区特色服务。市局（公司）将原属于县（区）局（营销部）管辖、县（区）中心35公里之外地势偏远的山区地带，统一由市局（公司）特别管理服务队进行管理服务，实行专人采集订单、专人电话访销、专人送货，农忙时预约访销时间，开通应急补访补货通道，形成了“市局（公司）为主、县区为辅、协同管理、共同服务”的管理运行格局。通过边远山区特别管理服务，全市网络覆盖率由2005年底的25%提高到2006年底的93%，网络运行成本每月减少2.3万元左右。

忻州市烟草专卖局（公司）

忻州市烟草专卖局（公司）组建于1983年4月。2006年下辖忻府区、原平市、代县、繁峙县、定襄县、五台县、宁武县、神池县、岢岚县、五寨县、保德县、静乐县、偏关县、河曲县14个县级烟草专卖局（营销部）。机关内设15个科（室、中心）。截至2006年底，全市行业拥有总资产28356万元，其中，固定资产8122万元、流动资产20131万元、净资产23251万元。从业人员725人，其中聘用人员252人。辖区共有卷烟零售户10346户。

全市辖区销售卷烟53.90亿支（10.78万箱），与上年同比增长8.40%，其中，销售一类烟2.46亿支（0.49万箱），同比增长39.70%；二类烟7.93亿支（1.59万箱），同比增长44.91%；三类烟35.10亿支（7.02万箱），同比增长18.12%；四类烟6.28亿支（1.26万箱），同比下降43.23%；五类烟2.13亿支（0.43万箱），同比增长23.81%。实现销售收入112036万元，同比增长18.55%。实现税利19623万元，其中，实现利润15041万元，同比增长37.76%。

全年共查处涉烟违法案件946起，查扣违法卷烟1670件，其中，假冒卷烟988件，查扣违法烟叶4.6吨，总值210万元，其中，标值90万元，上缴财政7.27万元。依法移送涉烟刑事案件4起，刑事拘留9人，逮捕2人，判刑1人。3月17日，集中销毁2400余件假烟。

创建“厅、站、车三位一体”农村市场服务模式。在建立农村管理服务大厅的同时，以车辆为载体组建农村流动服务站，承担距离大厅或营销部半径在20公里以上的客户服务和管理。全市共建立4个流动服务站，辐射农村零售客户总数的27.56%。同时，全市统一为每个县级营销部配置农村偏远客户服务车一辆，辐射农村零售客户总数的6.8%。形成了厅、站、车三位一体的农网服务新模式，基本实现了农村市场覆盖无盲点、管理无死角、服务无障碍的目标。

吕梁市烟草专卖局（公司）

吕梁市烟草专卖局（公司）组建于1984年。2006年下辖离石区、汾阳市、孝义市、中阳县、柳林县、石楼县、交口县、方山县、临县、岚县、兴县、交城县、文水县13个县级烟草专卖局（营销部）。机关内设17个科（室、中心）。截至2006年底，全市行业拥有总资产35750万元，其中，固定资产19683万元、流动资产15698万元、净资产27782万元。从业人员898人，其中聘用人员414人。辖区共有卷烟零售户12386户。

全市辖区销售卷烟64.19亿支（12.84万箱），与上年同比增长2.15%，其中，销售一类烟3.39亿支（0.68万箱），同比增长65.69%；二类烟10.34亿支（2.07万箱），同比增长82.53%；三类烟37.70亿支（7.54万箱），同比增长5.36%；四类烟10.25亿支（2.05万箱），同比下降44.69%；五类烟2.51亿支（0.50万箱），同比增长208.77%。实现销售收入139106万元，同比增长18.32%。实现税利23789万元，同比增长34.52%，其中，实现利润18496万元，同比增长32.25%。

全年共查处各类涉烟违法案件1038起，其中5万元以上的大要案8起。查获各种违法卷烟3015.82件，上缴罚没款26.19万元，捣毁藏假窝点26个，捣毁制假窝点1个，查获拼装卷烟机1台，破获销售假烟网络案件1起，批捕9人，判刑6人。

2006年市局（公司）获"山西省劳动竞赛集体一等功"、"山西省企业文化建设先进单位"、"山西省卷烟打假工作先进集体"、"山西省价格诚信单位"称号。

晋中市烟草专卖局（公司）

晋中市烟草专卖局（公司）组建于1984年10月。2006年下辖榆次区、太谷县、祁县、平遥县、介休市、灵石县、榆社县、左权县、和顺县、昔阳县、寿阳县11个县级烟草专卖局（营销部）。机关内设12个科（室、中心）。截至2006年底，全市行业拥有总资产32373.45万元，其中，固定资产18212.86万元、流动资产13810.97万元、净资产27552.64万元。从业人员680名，其中聘用人员209名。辖区共有卷烟零售户10058户。

全市辖区销售卷烟62亿支（12.4万箱），与上年同比增长4.77%，其中，销售一类烟3.07亿支（0.61万箱），同比增长50.59%；二类烟10.17亿支（2.03万箱），同比增长20.86%；三类烟36.57亿支（7.31万箱），同比增长16.26%；四类烟9.30亿支（1.86万箱），同比下降42.22%；五类烟2.89亿支（0.58万箱），同比增长146.70%。实现销售收入131214万元，同比增长13.87%。实现税利20589万元，其中，实现利润15929万元，同比增长19.52%。

全年共查处涉烟违法案件1453起，查获违法卷烟4386件，其中假冒卷烟3513件。刑事拘留25人，逮捕8人，捣毁制假窝点55个、破获"1·17"等制售假烟网络案件7起。

2006年市局（公司）获"山西省精神文明单位"称号。

客户关系管理。细分客户，对零售客户进行了7大类84小类的细分。推广零售客户《动销台账》，帮助客户提高经营能力，培养客户经理市场、品牌、库存、盈利、客户、服务六个方面的分析能力。推行明码实价，与市物价部门联合开展"零售终端价格诚信、互动监督共赢"活动。优化服务流程，分别制定了客户经理、品牌经理、市场经理、电访员、专管员、送货员《岗位实用手册》。开展客户经理分级评定，设置初、中、高三级九档体系，实施以技能等级为主体结构的宽带薪酬机制。加强客户培训，全市95%以上的客户受到了一次以上的培训。

临汾市烟草专卖局（公司）

临汾市烟草专卖局（公司）组建于1985年7月。2006年下辖尧都区、侯马市、曲沃县、翼城县、襄汾县、洪洞县、霍州市、古县、吉县、安泽县、浮山县、乡宁县、蒲县、大宁县、永和县、隰县、汾西县17个县级烟草专卖局（营销部）。机关内设15个科（室、中心）。截至2006年底，全市行业拥有总资产42468.42万元，其中，固定资产10117万元、流动资产30639万元、净资产33243万元。从业人员820人，其中聘用人员233人。辖区共有卷烟零售户16411户。

全市辖区销售卷烟77.55亿支（15.51万箱），与上年同比增长6.16%，其中，销售一类烟3.93亿支（0.79万箱），同比增长58.36%；二类烟15.39亿支（3.08万箱），同比增长30.62%；三类烟41.84亿支（8.37万箱），同比增长15.15%；四类烟12.87亿支（2.57万箱），同比下降34.81%；五类烟3.51亿支（0.70万箱），增加30.13%。实现销售收入166525万元，同比增长19.80%。实现税利25534万元，同比增长35.49%，其中，实现利润20019万元，同比增长32.53%。

烟叶种植覆盖21个乡镇，烤烟种植面积13202亩，收购量0.19万吨（3.78万担），实现产值1682万元，上缴税金336万元，实现利润302万元。

全年共查处涉烟违法案件1221起，查扣违法卷烟4430件，其中，假冒卷烟2987件，原辅材料4吨，罚没款32.16万元。全年向司法机关移送涉案人员21人，其中，批捕12人，判刑7人。破获了"2·24"和"6·28"特大制假售假烟网络案件。10月13日召开焚烧假烟大会，公开销毁了3679件假冒卷烟及一大批制假原辅材料，总标值达354.5万元。

2006年大宁县局（营销部）客户经理温媛被国家烟草专卖局评为"全国烟草行业优秀客户经理"。

工商协同营销。8月4日与红河卷烟总厂建立了工商协同品牌战略发展规划，建立协同营销的"一个合作机制、三个共享平台"。建立责任放心型的品牌培育共享平台，实施品牌培育递进策略。建立务实高效的营销人力资源共享平台，"红河"卷烟在完全由市公司营销团队承担品牌培育和维护责任。建立快速便捷的信息共享平台，与红河卷烟总厂定期互通市场动态、卷烟生产等信息。临汾市成为"红河"卷烟全国第一大地市级市场。

运城市烟草专卖局（公司）

运城市烟草专卖局（公司）组建于1984年9月。2006年下辖盐湖区、临猗县、永济市、万荣县、河津市、新绛县、稷山县、铝厂厂区、绛县、闻喜县、夏县、垣曲县、平陆县、芮城县、风陵渡区15个县级局（营销部）。内设15个科（室、中心）。截至2006年底，全市行业拥有总资产37659万元，其中，固定资产12423万元、流动资产24925万元、净资产31681万元。从业人员1024人，其中聘用人员452人。辖区共有卷烟零售户16977户。

全市辖区销售卷烟85.21亿支（17.04万箱），与上年同比增长7.80%，其中，销售一类烟2.81亿支（0.56万箱），同比增长31.04%；二类烟15.57亿支（3.11万箱），同比增长36.79%；三类烟48.02亿支（9.60万箱），同比增长9.73%；四类烟14.88亿支（2.98万箱），同比下降20.86%；五类烟3.94亿支（0.79万箱），同比下降33.15%。实现销售收入164773万元，同比增长18.58%。实现税利24279万元，其中，实现利润18153万元，同比增长17.10%。

烟叶种植覆盖26个乡镇，烤烟种植面积33260亩，收购量0.45万吨（9万担），实现产值4005万元，上缴税金801万元，实现利润720万元。

全年共查处涉烟违法案件388起，其中5万元以上的案件25起。查获卷烟10632.11万支，其中，违法卷烟1438.34万支，假烟93.77万支。捣毁制售、贩藏假烟窝点40个，查获土造电动卷接包机械2台，查获制假辅料0.45吨，没收卷烟164.66万支，罚没款项7.54万余元。报捕13人，批捕11人，逮捕10人。破获“晋粤闽”贩假售假特大网络案件。该案涉及山西、广东、福建3省，涉案人员达102人，涉案金额达1456万元。

建立农村管理服务大厅。利用原乡镇卷烟批发部的旧址，在全市建立35个农村管理服务大厅，对全市农村实现了充分覆盖，取消县级公司法人资格后的县级局实现了工作重心下移。大厅履行对农村市场法规宣传、引导消费、培训客户、指导订单、品牌培育、管理市场、内部监管、特殊用烟、帮扶弱势群体、接力配送等10项职能，涵盖了县级局（营销部）的全部职能。

2006年山西省烟草商业系统主要情况统计

地市级局（公司）名称		太原市烟草专卖局、山西省烟草公司太原市公司	大同市烟草专卖局、山西省烟草公司大同市公司	阳泉市烟草专卖局、山西省烟草公司阳泉市公司	长治市烟草专卖局、山西省烟草公司长治市公司	晋城市烟草专卖局、山西省烟草公司晋城市公司
法人代表/主要负责人		董文彦	高兰生	张维良	金永平	陈惠民
总资产（万元）		61215	44666	15664	37475	23790
员工总数（其中聘用员工数）（人）		643（其中聘用员工261人）	801（其中聘用员工462人）	293（其中聘用员工154人）	723（其中聘用员工319人）	450（其中聘用员工230人）
所属县级局数量（个）		4	10	2	13	6
所属县级公司数量（个）		/	/	/	/	/
所属营销部（分公司、访销中心、烟叶复烤厂、稽查大队等）		4个营销部、1个营销中心、1个物流中心、1个稽查中心	10个营销部、1个访销中心、1个稽查大队	2个营销部、1个营销中心、1个物流中心、1个稽查大队	13个营销部、1个访销中心、1个稽查大队	6个营销部、1个访销中心、1个稽查大队
销售卷烟（亿支）		76.42	62.81	24.16	61.62	41.46
实现税利（万元）	本年	43759	30675	9407	19842	13419
	上年	28872	22403	7906	15479	10645
实现利润（万元）	本年	34633	24000	7377	15475	10341
	上年	23320	17369	6296	11901	8965
烟叶种植（亩）		/	/	/	8000	/
烟叶收购（担）		/	/	/	22000	/
零售户数（户）		13055	9953	5137	11739	7933

地市级局（公司）名称		朔州市烟草专卖局、山西省烟草公司朔州市公司	忻州市烟草专卖局、山西省烟草公司忻州市公司	吕梁市烟草专卖局、山西省烟草公司吕梁市公司	晋中市烟草专卖局、山西省烟草公司晋中市公司	临汾市烟草专卖局、山西省烟草公司临汾市公司	运城市烟草专卖局、山西省烟草公司运城市公司
法人代表/主要负责人		宫治堂	任川水	张凤翔	闫　杰	郭生平	景随玉
总资产（万元）		13574	28356	35750	32373	42468	37659
员工总数（其中聘用员工数）（人）		334（其中聘用员工154人）	725（其中聘用员工252人）	898（其中聘用员工414人）	680（其中聘用员工209人）	820（其中聘用员工233人）	1024（其中聘用员工452人）
所属县级局数量（个）		6	14	13	11	17	15
所属县级公司数量（个）		/	/	/	/	/	/
所属营销部（分公司、访销中心、烟叶复烤厂、稽查大队等）		6个营销部、1个营销中心、1个物流中心、1个稽查大队	14个营销部、1个营销中心、1个物流中心、1个稽查大队	13个营销部、1个营销中心、2个物流中心、1个稽查大队	11个营销部、1个营销中心、1个物流中心、1个稽查大队	17个营销部、1个营销中心、1个物流中心、1个稽查大队	15个营销部、1个营销中心、1个物流中心、1个稽查大队
销售卷烟（亿支）		27.66	53.90	64.19	62.00	77.55	85.21
实现利润（万元）	本年	9098	19623	23789	20589	25534	24279
	上年	7592	13318	17685	17927	18846	18853
实现利润（万元）	本年	6966	15041	18496	15929	20019	18153
	上年	5861	10918	13986	13328	15105	15502
烟叶种植（亩）		/	/	/	/	13202	33260
烟叶收购（担）		/	/	/	/	37800	90000
零售户数（户）		5038	10346	12386	10058	16411	16977

（陈晓勇）

内蒙古烟草

内蒙古自治区烟草专卖局（公司）

概　况

内蒙古自治区以蒙古族人口为主体，汉族人口占大多数，有49个民族。面积为118.3万平方公里。全区包括12个盟（市），101个旗（县、区、市），1112个苏木乡镇。截至2006年底，全区总人口2352万人，全年财政总收入343.38亿元，2006年实现地区生产总值（GDP）4791.48亿元。

内蒙古自治区烟草专卖局、中国烟草总公司内蒙古自治区公司成立于1984年。2006年下辖卷烟销售公司（处）、内蒙古烟叶生产经营管理部、烟草质量监督检测站、金叶实业（集团）有限责任公司（与投资管理处合署办公）4个直属二级单位和满洲里市、呼伦贝尔市、兴安盟、赤峰市、通辽市、二连浩特市、锡林郭勒盟、乌兰察布市、呼和浩特市、包头市、鄂尔多斯市、巴彦淖尔市、乌海市、阿拉善盟14个烟草专卖局（公司）。截至2006年底，除锡林郭勒盟烟草专卖局（公司）外，全区烟草行业县级烟草公司全部取消法人资格，各盟（市）烟草专卖局（公司）下辖80个旗（县、区、市）烟草专卖局（营销部、公司）、5个区（市）烟草专卖局。全区持零售许可证的入网卷烟零售商户73710户。截至2006年底，全区烟草行业有员工5548人，其中，在岗员工5545人，其他从业人员3人。全区烟草行业商业资产总额为25.64亿元，其中流动资产为18.09亿元，固定资产净值为5.35亿元。

2006年被国家烟草专卖局评为“全国卷烟销售网络建设整体推进工作优秀单位”。3月，区局（公司）机关离退休人员党支部被国家局评为“烟草行业先进党支部”。

领导成员

局长、总经理、党组书记：董晓民

副局长、党组成员：陈　余（—2006.3）

副局长、纪检组长、党组成员：胡新华（2006.2—）

副总经理、党组成员：乌力吉（2006.2—）

副总经理、党组成员：张福义（2006年2月免去纪检组长）

机构设置

区局（公司）机关内设办公室（外事办、烟草学会）、人事劳资处、思想政治工作处（机关党委、工会）、专卖管理处（含稽查总队、内部专卖管理监督办公室）、财务管理处、审计处、纪检监察处、综合计划处、法规处、信息中心、安全保卫处、整顿办等12个处（室）。

经济效益

2006年，全区烟草商业系统累计销售卷烟428.25亿支（85.65万箱），与上年同比增长8.35%。其中，累计销售“百牌号”卷烟（含四、五类）418.2亿支（83.64万箱），占卷烟系统外销量的97.65%；累计销售低档卷烟184亿支（36.8万箱），占卷烟系统外销量的42.97%，完成计划的105.16%。期末库存23.7亿支（4.74万箱），在国家局库存的限定指标内。全年共收购烟叶1.19万吨（23.86万担）。

2006年全区商业企业主营业务收入78.52亿元，与上年同比增长6.42%。实现税利14.14亿元，同比增长43.41%，其中，实现利润10.51亿元，增长50.37%。烟叶收购实现税利0.20亿元。多元化经营实现销售收入3.46亿元，实现税利0.35亿元，同比增长24%；实现利润0.27亿元，增长26%。

2006年底全区经营的各种牌号降为191个，达到年初提出的控制在200个牌号内的目标。

专卖管理

卷烟打假。全区各级烟草专卖局加强与公、检、法等部门联合，相继破获一系列售假网络案件，其中鄂尔多斯市局破获的陈志杰假冒卷烟网络案件，涉案金额达400余万元。2006年，全区烟草行业共出动打假人员82843人次，出动打私人员29478人次，查获违法案件9746起，捣毁贩藏假冒卷烟窝点80个，破获制售假冒卷烟网络案件12起。全区共有26名违法犯罪分子被判刑，12人被劳教。

专卖队伍建设。全面加强旗（县）级烟草专卖局建设，加强专卖执法队伍管理，严格执行专卖执法人员资格认证制度。区局（公司）加强行业法规工作，启动“五五”普法工作。加强学习培训，于6月组织了由有关专卖人员参加的督查审核工作培训；7月举办了行业内部专卖管理监督检查复查工作培训班。

专卖管理制度。修订和完善现有的专卖管理制度，落实错案和违规执法责任追究制，坚持案件备案制度。实行案卷评查制度，及时发现并纠正不规范的执法行为。建立健全监督制约机制，确定了烟草专卖执法督察人员，建立群众评议制度，对专卖管理人员的工作情况进行评议。

监督自查工作。全区行业各单位开展对2005年度烟草专卖品生产经营活动的专卖管理监督自查和全区行业财务收支同级审计自查工作，区局（公司）进行督查、复查。针对存在的问题，制订整改措施。充实审计工作力量，各单位均由“一把手”主管审计工作。

网络建设

由区卷烟销售公司牵头组成区局网建检查验收小组，按照国家局下发的《网建整体推进考核表》的6大部分24个考核小项，对全区14家盟（市）局（公司）进行检查考评。针对各公司在网建整体推进前期工作中存在的一些问题，销售公司立即提出整改意见，限期整改。各公司对照自身网建实际，积极优化网络组织结构、深化客户关系管理、大力推行电子结算、加强信息化建设、强化督查考核工作的力度，完成网建整体推进工作任务。

2006年，区局（公司）委托咨询公司进行了“零售户满意度”专项调查并将调查意见反馈给各级营销部门，督促其改进工作。以地市级烟草公司卷烟物流配送体系建设作为工作的切入点，推动全区行业烟草物流配送中心的建设。在通辽和呼和浩特市局（公司）组织开展了按订单供货的试点工作。致力于构建新型工商关系，由区局（公司）领导带队走访重点工业企业。8月初在呼伦贝尔市召开了工商联谊座谈会。

烟叶产销

2006年全区共种植烟叶7.82万亩，分布在37个乡镇，签订烟叶种植合同8003份，合同收购量1.2万吨（24万担），其中，国内计划收购量为0.6万吨（12万担），出口备货0.6万吨（12万担）。实际收购烟叶1.19万吨（23.86万担），烟叶收购均价为7.06元/公斤，投入烟叶收购的资金总额为8300多万元，已全部调拨。

严格落实国家计划，控制了烟叶生产总量。强化生产监管，杜绝超合同种植烟叶问题的发生。加强田间管理，“控产提质”目标基本实现。基础设施建设方面，2006年全区行业共完成机电井159眼，沟渠、管网40.71千米，密集式烤房66座，落实国家局补贴资金369万元。6月，国家局烟叶生产基础设施建设项目验收组进行了为期3天的检查验收，共抽验17个项目，抽验项目全部合格。

体制改革

根据《国家烟草专卖局关于中国烟草总公司内蒙古自治区公司建立母子公司体制改革的批复》（国烟法［2006］519号），10月12日，区局（公司）印发

《关于各盟、市烟草分公司实施建立母子公司体制改革的批复》。12月，原各盟（市）烟草分公司完成工商变更登记注册。区局（公司）实施了全区烟草商业企业建立母子公司体制改革工作，同时推进理顺未上划旗（县）级烟叶公司、烟草公司管理体制工作。明确中国烟草总公司为中国烟草总公司内蒙古自治区公司的出资人，中国烟草总公司内蒙古自治区公司为所属盟（市）公司的出资人的产权关系，确立了中国烟草总公司与各盟（市）公司、各旗（县）公司的三级母子公司管理体制。

2006年调整烟叶管理体制模式，各个种烟旗（县）公司由烟叶产区的地市级烟草公司管理，管理重心下移。对各项资产进行了全面清理。

内部管理监督

1月，区局（公司）部署全区烟草行业同级审计工作，各单位进行自查。8月，区局（公司）组织召开全区烟草行业同级审计工作汇报会议，进一步部署同级审计工作。5月~11月，区局（公司）组织开展对全区烟草行业17个单位的同级审计督查、复查及“回头看”工作。12月12日~30日，国家局同级审计检查组到内蒙古烟草行业进行了检查验收。

2月，区局（公司）制订开展行业内部专卖管理监督检查工作方案，在各单位全面自查的基础上，组成11个商业督查组和2个烟叶督查组，于6月8日~25日对各单位开展内部专卖管理监督自查工作进行了督查，并于7月进行复查。10月11日~11月1日，国家局内部专卖管理监督检查组对内蒙古烟草行业进行了检查。

人事劳资管理

加大人事制度改革，出台了《内蒙古自治区烟草行业新进大学毕业生聘用管理实施办法》、《内蒙古自治区烟草行业新进退役士兵接收及聘用管理实施办法》和《内蒙古自治区烟草行业计划外聘用员工管理办法》，建立起以交流任职、岗位轮换和挂职锻炼为主要方式的干部交流机制。2006年，区局（公司）接受了国家局对贯彻执行《干部选拔任用条例》及有关规定的专项检查。在国家局人事档案检查中，以94.2分（90分为合格）的成绩通过检查验收。

加强人事制度建设，草拟完成《关于盟市局（分公司）机构设置、职能配置、岗位设置和人员编制调整指导意见》、《关于旗县局（营销部）机构设置、职能配置、岗位设置和人员编制调整指导意见》，为下一步组织开展“四定”工作奠定了基础。完成《内蒙古自治区烟草行业专业技术职务聘任工作实施办法（讨论稿）》、《内蒙古自治区烟草行业专业技术职务任职资格管理办法（讨论稿）》的修订草拟工作。拟定《内蒙古烟草行业商业系统员工动态管理办法（试行）》，为配合《员工动态管理办法》的制订，对全区行业在册员工身份进行了全面审核。

在薪酬管理方面，拟定《内蒙古自治区烟草行业各盟市局（公司）领导薪酬管理暂行办法》。全年共对254人次的工资变动进行了批复，共办理了12名同志的内部退休手续和31名退休人员的生活补贴发放备案手续，共审核批复了170名符合条件人员的知识分子边疆补贴等事宜。

企业管理

建立长效机制。下发《关于进一步加强经济运行分析调控工作的通知》、《关于对各分公司上报经济运行分析报告进行考评的函》及考评标准，按月对各盟（市）公司上报经济运行报告的时间、质量进行考评。结合全区行业科技管理工作现状，起草《内蒙古自治区烟叶生产高科技示范园区建设“十一五”计划》。制订《内蒙古自治区烟叶生产高科技示范区建设实施方案》。制订并执行《内蒙古自治区烟草行业2006年度“双文明建设”实绩考核办法》。

财务管理。2006年，开展“两项检查”，对财务内部监管再次进行全面自查和复查。完成了国家局部署的财政专项资金使用情况自查、复查工作。编制、上报区局（公司）机关本部和所属企业2006年三项费用、资本性支出预算，并对所属企业2006年的费用预算进行了批复，在预算上严格控制了各项费用的支出和费用水平的增长。全年费用水平较上年有所下降。参加国家局组织的6期新会计知识和4期会计电算化中级知识培训，各二级单位还组织会计人员参加地方财政、税务审计部门举办的各种培训班、会计人员继续教育培训等。

安全管理。2006年，继续在全区行业推行安全生产责任制，重新修订了全区烟草行业安全管理目标责任状。全区烟草行业各单位层层签订了安全生产责任状，各单位从主要领导到各个岗位的一般工作人员，都纳入了全员安全生产责任制管理范围。

信息化建设

完成全区烟草行业电话订货系统的改造工作。完成卷烟生产经营决策管理系统升级改造工作。进行了系统的升级和新接口系统的开发。完成了视频会议系统及IP电话系统的技术方案。基本上完成全区烟草行业办公自动化系统的开发工作。除呼和浩特市局（公司）外，全区行业各单位完成了专卖许可证管理系统与营销网络系统的接口工作。在通辽市局（公司）试点开发和实施了协议订单子系统。

建立全区行业统一的互联网出口，关闭了所属单位的互联网接口。按照呼和浩特市公安局网监支队的网络安全要求，采取了关闭有关服务端口、升级系统补丁、重新审查上网用户、进行网络安全培训等网络安全保障措施。

制订和完善了一系列信息化管理方面的规章制度。制定内蒙古烟草行业“十一·五”信息化发展规划（草案），组织召开研讨会对信息化发展规划（草案）进行研讨。

组织全区烟草行业信息化自查工作并督促各单位对存在的问题限期整改。

参加国家局的小型机系统维护、网站通联会和技术培训、行业卷烟生产经营决策管理系统技术培训等一系列培训任务。

多元化经营

内蒙古金叶实业（集团）有限责任公司（简称“金叶集团”），主要负责对全区烟草行业多元化经营的领导、规划、管理和监督，并在全区行业开展多元化经营业务。它成立于1997年，隶属于区局（公司），注册资金14140万元，是具有独立法人资格的国有二级企业。截至2006年底，拥有总资产45777万元。自1997年成立以来，金叶集团已形成了以建筑、房地产开发为龙头，多业并举的规模化经营企业。原所属企业共有17家，包括建筑公司、房地产开发公司、建筑设备租赁公司3家；宾馆、餐饮服务业5家；产品生产企业2家；商贸企业3家；广告、装饰装潢公司2家；物业管理、科技生态园2家。2006年调整发展战略，清退了维纳斯啤酒城和内蒙古阿尔吉利羊绒有限责任公司，所属企业由17家缩减到12家，即内蒙古派力房地产开发有限责任公司、内蒙古派力建筑工程有限责任公司、内蒙古金叶物业管理有限责任公司、内蒙古五原华阳商贸有限责任公司、内蒙古五原华阳房地产有限责任公司、二连金叶时代广场有限责任公司、内蒙古致理广告有限责任公司、内蒙古派力装饰装潢工程有限责任公司、内蒙古烟草培训中心、金叶阳光大酒店、内蒙古金叶科技生态有限责任公司、金叶集团本部。

2006年9月8日，区局（公司）成立投资管理处，与金叶集团合署办公。

队伍建设

全年完成10个直属单位、二级单位领导班子的组织考核工作，形成81万字领导班子及后备干部考核材料。完成拟提拔干部的任职公示及征求地方组织部意见等工作。继续加强对各单位科级干部任免工作的监督和管理，严格履行科级干部审批备案程序。

根据“凡进必考”的原则，6月，在组织资格审查、笔试和面试的基础上，完成2006年度全区行业高校毕业生的招聘录用工作，参加统一考试的52名大学毕业生中有28人被录用，录用比例为53.85%。9月，组织各有关单位拟接收退伍军人参加由国家局统一举办的录用考试，参加统一考试的19名退伍军人有9人被录用，录用比例为47.37%。2006年新进的高校毕业生、退伍军人全部实行聘用制管理，均充实到旗（县）局（营销部）工作。

组织第八期中青年干部培训班的实习锻炼、毕业设计写作及答辩工作。组织完成第二期MBA课程进修班共计62人的有关课程学习及毕业工作。先后组织中青年干部培训班学员赴云南有关工商企业赴福建厦门，组织MBA课程进修班学员赴辽宁大连进行各为期一周的考察调研活动。10月，开办第九期中青年干部培训班。

思想政治工作

2006年全区行业开展了“‘两个至上’在岗位”主题实践活动，并把活动与学习贯彻胡锦涛总书记在庆祝中国共产党成立85周年暨总结保持共产党员先进性教育活动大会上的重要讲话结合起来，与知荣明耻的道德实践活动、与学习先进人物事迹结合起来，组织了由各单位员工、卷烟零售户、烟农参与的“‘两个至上’在岗位”主题实践活动的演讲比赛。9月18日，全区烟草行业“‘两个至上’在岗位——听客户讲你我的故事”演讲比赛活动在呼和浩特市举行，来自全区17家烟草工商企业的28名员工和11名卷烟零售户参加了比赛 。

党风廉政建设

进一步修订和完善《中共内蒙古烟草专卖局（公司）党组中心组学习制度》，印发《关于加强和改进党组中心组学习的意见》。按照学习贯彻党章专题、党史和哲学基本理论专题、《江泽民文选》专题以及十六届六中全会四个专题进行系统学习。坚持“三会一课”制度。严格按党章规定抓好基层党组织的换届和改选工作。制订《机关党支部工作制度（试行）》，修订、完善了政治理论学习制度、民主生活会制度、民主评议党员制度等13项制度。印发《开展创建学习型党支部活动的意见》和《开展创建五个好党支部活动的意见》。注重加强基层党组织建设，七一前夕表彰了先进基层党组织、优秀共产党员和优秀党务干部。

全区烟草行业纪检监察机构定期对纪检监察信访和案件工作进行统计汇总分析，查找员工群众反映问题的规律、特点和趋势。进行廉洁从业教育，汇编成《全区烟草行业行政管理、整顿规范、廉洁自律有关规定摘编》，并组织笔试测验。履行廉政监督职责，2006年全区烟草行业共受理群众信访举报42件并照规定办理，对15名违纪人员给予了纪律处分。

企业文化

组织全区烟草行业各单位分管企业文化建设工作的领导和部门负责人共22人先后参加了国家局在郑州组织的三期企业文化建设培训班。各市局（公司）积极推进企业文化建设，形成体现自身特色和地区特色的企业文化，如以呼和浩特市局（公司）为代表的“文化渗透、潜移默化”模式，以通辽市局（公司）为代表的“以点带面、整体推进”模式和以包头市局（公司）为代表的“整合提升、特色文化”模式。

特事要辑

2月9日～10日，内蒙古自治区烟草专卖局（公司）全区烟草工作会议在呼和浩特市召开，会议通过题为《转变职能 深化改革 加速推进全区烟草行业市场化进程》的工作报告。

7月26日，国家局印发《关于中国烟草总公司内蒙古自治区公司建立母子公司体制改革的批复》（国烟法［2006］519号）。2007年1月1日起，各盟（市）分公司统一更名为各盟（市）公司。

7月27日～28日，全区烟草行业工作座谈会、内蒙古烟草学会换届选举工作会议在通辽市召开。

9月8日，内蒙古自治区烟草专卖局（公司）印发《关于成立区局（公司）投资管理处的通知》，成立区局（公司）投资管理处，与金叶实业（集团）有限责任公司合署办公。

9月15日，内蒙古自治区高级人民法院、高级人民检察院、公安厅、区局（公司）共同组织召开2006年首次卷烟打假联席座谈会议。

11月17日，内蒙古自治区烟草专卖局（公司）印发《关于建立县级局专卖管理周例会制度的通知》，全区行业建立县级局专卖管理周例会制度。

内蒙古自治区局（公司）主要统计指标汇总

实现税利（亿元）	商业利润（亿元）	销售卷烟（亿支）	烟叶种植（万亩）	烟叶收购（万担）	出口创汇（万美元）
14.14	10.51	428.25	7.82	23.86	/

所属地市级局（公司）

呼和浩特市烟草专卖局（公司）

概　况

呼和浩特市是内蒙古自治区首府，以蒙古族为主体，汉族人口占大多数，有满族、回族等共36个民族。全市总面积为1.72万平方公里，辖1旗、4县、4区。共有人口214万人，其中市区人口143.41万人。

呼和浩特市烟草专卖局（公司）的前身为呼和浩特市局（分公司），成立于1984年，2006年完成公司体制改革后更名而来。2006年下辖和林县、清水河县、托克托县、武川县、土默特左旗5个旗（县）局（营销部）和新城区、回民区、赛罕区、玉泉区4个城区烟草专卖局。拥有总资产49136万元，固定资产18000万元，流动资产26000万元。共有员工624人，其中聘用员工399人。辖区卷烟零售户7506户。

2006年获“内蒙古自治区质量效益型先进企业”等多项称号，连续第四年夺得全区烟草行业商业企业“双文明”建设实绩考核第一名。

领导成员

局长、经理、党组书记：郑子林

副局长、副经理、党组成员：于小芹

副局长、副经理、党组成员：谢振瀛

副局长、副经理、党组成员：跃　述

副局长、副经理、党组成员：梁　磊

助理调研员：王丽媛（2006.10—）

助理调研员：董玉军（2006.10—）

组织机构

市局（公司）内设办公室、机关后勤服务中心、人事劳资科、营销中心、财计科、工会、经济运行信息科、督察考评中心、纪检监察科、安全保卫科、审计科、政工科（精神文明办公室）、整顿办、物流中心、零售店管理科、专卖管理科（专卖稽查中心、专卖稽查支队、内部专卖管理监督办公室）等16个科室。

经济效益

2006年全市辖区累计销售各类卷烟59.64亿支（11.93万箱），与上年同比增加0.65亿支（0.13万箱），同比增长1.10%，其中，销售低档卷烟（指不含税调拨价在16.5元/条以下的卷烟）20.35亿支（4.07万箱）。

实现销售收入146746万元，与上年同比增加24599万元，同比增长20.14%。实现毛利30327万元，增加6332万元，增长26.05%。实现税利26647万元，增长25.93%，其中，实现利润20210万元，增长23.39%。

专卖管理

加强与市公安局、市检察院、市法院等部门的协作配合，持续开展"打网络、端窝点、净市场、抓主犯、追实刑"等活动。全年共查处各类涉烟违法案件1436起，查扣违法卷烟58175.40条、违法烟丝105包，案值631万元；移送公安机关案件18起，刑事拘留14人，批捕11人，判刑15人。成功破获"6·14"售假网络案件，查获各类假烟6237条，涉案金额98万元，仓储点5个，车辆4台，抓获涉案人员5人。

体制改革

制订《内蒙古自治区烟草公司呼和浩特市公司建立母子公司体制改革实施方案》和《内蒙古自治区烟草公司呼和浩特市公司建立母子公司体制改革章程》，完成公司机构名称变更以及公司公章名称变更，原"内蒙古自治区烟草公司呼和浩特分公司"改为"内蒙古自治区烟草公司呼和浩特市公司"，是中国烟草总公司内蒙古自治区公司的全资子公司。完成呼和浩特市烟草公司工商变更登记注册、组织机构代码证变更、税务登记证变更、烟草专卖经营企业许可证变更、旗（县）级卷烟营销部工商注册变更。完成企业资产划转，按规定及时办理了资产划转、产权变动登记手续，将原呼和浩特烟草分公司所属的国家资本变更为国有法人资本。成立投资管理委员会、预算管理委员会、薪酬管理委员会。

多元化经营

全年共投资3001万元，其中，通辽市金叶广场950万元，北京百年树人集团2000万元，呼和浩特市苁蓉物流公司51万元。2006年实现税利93.05万元。

人事劳资管理

严格执行区局（公司）关于新进大学毕业生和退役士兵的相关规定，与聘用员工签订劳动合同，劳务派遣协议率达到100%。建立动态考核机制，深化分配制度改革，实行全员工效挂钩，制定倾斜一线员工的工效挂钩机制，机关所有干部员工的工资收入与效益挂钩，逐月考核，逐月兑现。制订执行《员工年度考核办法》，构建人力资源管理平台。严格内部机构设置，落实人员岗位的"四定"原则，即定岗、定人、定薪、定编，按需设岗，按岗择人，不超职数配备干部。开展专业技术职称管理工作和职业技能鉴定工作，参加区局（公司）举办的各类培训班，全年组织各类培训共18次。

企业文化

组织编印《呼和浩特市烟草专卖局（公司）·企业道德建设读本》，向着三个新方向，即"感恩文化、团队文化、执行文化"的化育工程，去深化企业文化建设。丰富员工的文化生活，组织多种形式的文化娱乐活动。公司编排的大合唱和演讲节目，在区局（公司）庆祝建党85周年文艺会演和全区烟草行业"'两个至上'在岗位"演讲比赛中，分别夺得第一名、第二名和两个第三名。2006年8月，结合公司成立22周年庆祝活动，开展了多项团队拓展训练。

满洲里市烟草专卖局（公司）

满洲里市烟草专卖局（公司）的前身为满洲里市烟草专卖局（分公司），成立于1993年，2004年取消所属县级公司法人资格，2006年完成公司体制改革后更名而来。2006年下辖扎赉诺尔烟草专卖局（营销部）。市局（公司）机关内设8个科（室、中心），经区局（公司）同意另设立了工会。截至2006年底，拥有总资产4799万元，固定资产3025万元，净资产3304万元。共有员工92人，其中聘用员工40人。全市辖区共有卷烟零售户1028户。

2006年，购进卷烟5.35亿支（1.07万箱），销售卷烟5.26亿支（1.05万箱）。辖区人口18.4万，人均销售卷烟14.4条。实现销售收入8963万元，与上年同比增长27.12%。实现税利448.8万元，同比下降17.92%，其中，利润亏损46万元，实现税金494.8万元，同比增长18.25%。

呼伦贝尔市烟草专卖局（公司）

呼伦贝尔市烟草专卖局（公司）的前身为呼伦贝尔市烟草专卖局（分公司），成立于1984年，2006年完成公司体制改革后更名而来。2006年下辖海拉尔区、根河市、扎兰屯市、牙克石市、额尔古纳市、阿荣旗、鄂伦春族自治旗（阿里河、大杨树卷烟营销部）、莫力达瓦达斡尔族自治旗8个旗（市、区）烟草专卖局（营销部），鄂温克族自治旗、陈巴尔虎旗、新巴尔虎左旗、新巴尔虎右旗4个旗（市、区）烟草专卖局以及呼伦贝尔烟草宾馆1个多元化经营企业。市局（公司）机关内设17个职能科室（中心）。截至2006年底，拥有总资产15954万元。共有员工633人，其中聘用员工414人。全市辖区共有卷烟零售户7951户。

2006年销售卷烟38.81亿支（7.76万箱），与上年同比增长2.13%。实现销售收入54763万元，增加5291万元，增长10.7%。实现税利5541万元，增长

11.27%，其中，实现利润2754万元，增长27.97%。市场占有率为人均7.6条，比上年增加0.01条；费用率为11.58%，按可比口径比上年降低1.19个百分点。单箱销售额达6922元，比上年增加897元；毛利率为19.01%，同比增长0.72个百分点。截至2006年底，累计实现税利5.33亿元。实现了到2006年自有资金达到1亿元、贷款为零的第一个五年愿景规划目标。

体制改革方面确定了"54321"模式，即"五心联动、四流贯通、三线并行、双体错位、全程考核"。市局（公司）设立了营销中心、物流配送中心（3个）、专卖稽查中心、财务核算中心、督察考核中心5个上游机构，实现商流、物流、资金流和管理流贯通。市场营销、物流配送和专卖稽查三线自上而下独立并行，直接连通市场及零售客户。市公司营销主体和旗（市）局专卖执法主体错位分开，突出市公司营销主体地位，强化旗（市）局专卖执法主体地位。全程考核，变单纯的结果考核为讲过程、重结果的考核。

赤峰市烟草专卖局（公司）

赤峰市烟草专卖局（公司）的前身为赤峰市烟草专卖局（分公司），成立于1984年4月1日，2006年完成公司体制改革后更名而来。2006年下辖金叶烟酒商场1个多元化企业。市局（公司）机关内设12个科（室）。截至2006年底，拥有总资产18373万元，其中固定资产6750万元。共有员工1095人，其中聘用员工401人。全市辖区共有卷烟零售户12573户。

2006年购进卷烟47.91亿支（9.58万箱），销售卷烟48.75亿支（9.75万箱），与上年同比增长13.9%。实现销售收入71569万元，增长22.5%。实现税利11666万元，增长58.35%，其中，实现利润7974万元，增长99.80%。

全市种植烟叶面积为74666亩，收购烟叶1.12万吨（22.39万担）。烟叶实现利润2300万元。

兴安盟烟草专卖局（公司）

兴安盟烟草专卖局（公司）的前身为兴安盟烟草专卖局（分公司），成立于1984年，2006年完成公司体制改革后更名而来。2006年下辖阿尔山市、扎赉特旗、科尔沁右翼前旗、突泉县、科尔沁右翼中旗4个旗（县、市）烟草专卖局（营销部）和乌兰浩特市1个市烟草专卖局。盟局（公司）机关内设9个职能科室，设营销中心、物流配送中心、督查考评中心、信息中心等4个网络运营机构。截至2006年底，拥有总资产为17644万元，固定资产3414万元，流动资产13215万元。共有员工334人，其中聘用员工188人。辖区共有卷烟零售户5255户。

2006年销售卷烟23.99亿支（4.80万箱），与上年同比增长4.03%。其中，销售一类烟0.822亿支（0.16万箱），二类烟1.45亿支（0.29万箱），三类烟8.34亿支（1.67万箱），四类烟11.64亿支（2.33万箱），五类烟2.596亿支（0.52万箱）。实现销售收入33896万元，增长31.53%。实现税利3696万元，增长21.42%，其中，实现利润2501万元，增长42.43%。

通辽市烟草专卖局（公司）

通辽市烟草专卖局（公司）的前身为通辽市烟草专卖局（分公司），成立于1984年9月26日，2006年完成公司体制改革后更名而来。2006年下辖科尔沁区、科尔沁左翼中旗、科尔沁左翼后旗、开鲁县、奈曼旗、扎鲁特旗、库伦旗、霍林郭勒市8个旗（县、市、区）烟草专卖局（营销部）。市局（公司）机关内设11个职能科室和1个营销中心、1个物流配送中心、1个稽查支队、8个稽查大队、8个营销部、1个烟叶经营部。截至2006年底，拥有总资产22429万元，固定资产7741万元，流动资产13366万元，无形资产342万元，长期投资980万元。共有员工613人，其中聘用员工300人。全市辖区共有卷烟零售户9400户。

2006年购进卷烟46.47亿支（9.29万箱），完成计划的102.32%。系统外销售卷烟46.51亿支（9.30万箱），与上年同比增长7.79%，完成年度计划的113.44%。其中，销售低档卷烟24.24亿支（4.85万箱），完成计划的107.74%。销售一类烟0.99亿支（0.20万箱），二类烟5.01亿支（1.002万箱），三类烟22.12亿支（4.42万箱），四类烟14.29亿支（2.86万箱），五类烟4.11亿支（0.82万箱）。全市平均毛利率为19.94%，增长0.60个百分点。实现税利9490万元，增长35.53%，其中，实现利润6635万元，同比增长38.98%。全市各旗（县）卷烟营销部均实现利润增长，其中，库伦旗营销部、霍林郭勒市营销部和科尔沁区营销部同比增长超过50%。

全市种植烟叶面积为1570亩，收购烟叶235.5吨（4710担），完成了烟叶种植收购计划。销售烟叶294.5吨（5890担），与上年同比增长193.47%。

锡林郭勒盟烟草专卖局（公司）

锡林郭勒盟烟草专卖局（公司）的前身为锡林郭勒驻张家口分公司，成立于1984年4月，是从河北张家口锡盟驻张糖烟酒站分离组建而成，锡林郭勒盟烟草专卖局成立于1985年10月。2005年4月撤销内蒙古自治区烟草公司锡林郭勒驻张分公司，同时正式成立内蒙古自治区烟草公司锡林郭勒分公司，2006年完成公司体制改革后更名而来。2006年下辖锡林浩特市、苏尼特右旗、东乌珠穆沁旗、西乌珠穆沁旗、正蓝旗、多伦县、太仆寺旗等7个旗（县、市）局（营销部），兼管阿巴嘎旗、苏尼特左旗、正镶白旗、镶黄旗、乌拉盖管理区等5个地方旗（区）烟草专卖局（公司）。盟局（公司）机关内设15个科（室、中心）。截至2006年底，拥有总资产7579万元，固定资产2710.92万元，流动资产3874.30万元。共有员工247人，其中聘用员工68人。全盟辖区卷烟零售户3215户。

2006年购进卷烟17.87亿支（3.57万箱），完成计划的105.5%，与上年同比增长3%。销售卷烟18.40亿支（3.68万箱），完成计划的109.6%，增长7.90%。销售“百牌号”卷烟占系统外总销量的99.68%；销售低档卷烟9.39亿支（1.88万箱），完成计划的115.88%。实现销售收入26992万元，下降1.26%。单箱销售收入为7281元（不含税），增长6.99%。实现税利2801万元，增长28.55%，其中，实现利润1785万元，增长40.77%。综合销售毛利率为17.28%，较上年提高2.39个百分点。实际库存691箱，低于2550箱的库限指标。

二连浩特市烟草专卖局（公司）

二连浩特市烟草专卖局（公司）的前身为二连浩特市烟草专卖局（分公司），成立于1995年，2006年完成公司体制改革后更名而来。市局（公司）机关内设6个职能科室（中心）。截至2006年底，拥有总资产1794万元，固定资产674万元，流动资产1061万元。所有者权益1268万元。共有员工28人，其中聘用员工9人。全市辖区共有卷烟零售户187户。

2006年购进卷烟1.59亿支（0.32万箱），销售卷烟1.58亿支（0.32万箱），与上年同比增长9%。其中，销量一类烟413.6万支（82.72箱），二类烟1630万支（325.64箱），三类烟4360万支（872.432箱），四类烟4320万支（863.032箱），五类烟5270万支（1054.344箱）。实现销售收入3190万元，比上年增加605万元，增长23.4%。全年实现税利566万元，增加43万元，增长8.22%，其中，实现利润425万元，增加63万元，增长17.40%。

乌兰察布市烟草专卖局（公司）

乌兰察布市烟草专卖局（公司）的前身为乌兰察布市烟草专卖局（分公司），成立于1984年，2006年完成公司体制改革后更名而来。2006年下辖卓资县、商都县、四子王旗、丰镇市、化德县、兴和县、凉城县、察哈尔右翼前旗、察哈尔右翼后旗、察哈尔右翼中旗等10个旗（县、市）烟草专卖局（营销部）和凉城县烟叶公司。市局（公司）机关内设办公室、机关后勤服务中心、烟叶科、人事劳资科（于2007年分设思想政治工作科）、车辆管理服务队、纪检监察科、专卖监督管理科（含：专卖稽查支队；于2007年分设内部专卖管理监督科）、审计科、信息中心、安全保卫科、营销中心、物流配送中心、财务管理科、督查考评中心（于2007年分设网建管理办公室）、金叶名烟名酒公司、集宁区烟草专卖局16个部门。截至2006年底，拥有总资产26730万元，其中，固定资产7106万元、流动资产18706万元。所有者权益19017万元。共有员工520人，其中聘用员工195人。全市辖区共有卷烟零售户6175户。

2006年购进卷烟49.5亿支（9.90万箱），与上年同比增长9.92%。销售卷烟48.62亿支（9.72万箱），增长4.13%。销售“百牌号”卷烟及低档卷烟48.45亿支（9.69万箱），占系统外总销量的99.62%。销售一类烟3.61亿支（0.72万箱），二类烟6.365亿支（1.27万箱），三类烟20.86亿支（4.17万箱），四类烟14.05亿支（2.81万箱），五类烟3.85亿支（0.77万箱）。实现销售收入80937万元，增长17.97%。实现税利11436万元，增长21.43%，其中，实现利润8568万元，增长20.61%。

2006年种植烟叶面积为1953亩，收购烤烟365.3吨（7306担），工商交接等级合格率80.8%，上中等烟比例为61.5%。烟叶实现税利146万元，与上年同比增长57%，实现利润99万元，同比增长37.5%。对凉城县六苏木烟站进行了改建扩建。

卷烟品牌从年初的151个整合压缩到年底的119个，达到内蒙古烟草公司压缩到120个品牌的要求。

包头市烟草专卖局（公司）

包头市烟草专卖局（公司）的前身为包头市烟草专卖局（分公司），成立于1984年5月1日，2006年完成公司体制改革后更名而来。2006年下辖土默特右旗、固阳县、达茂旗、石拐区、白云区5个旗（县、区）烟草专卖局（营销部）。市局（公司）机关内设12个科（室、中心）。截至2006年底，拥有资产35000万元，其中，固定资产6898万元、流动资产26620万元。共有员工357名，其中聘用员工176名。全市辖区共有卷烟零售户7654户。

2006年购进卷烟53.5亿支（10.70万箱），与上年同比增长4.5%。销售卷烟53.36亿支（10.67万箱），增长6.47%。实现销售收入115102万元，增长21.53%。实现税利22668万元，增长23.46%，其中，实现利润17741万元，增长29.61%。

2006年，包头市局（公司）被内蒙古自治区质量协会、用户委员会评为“全区用户满意服务企业”，被内蒙古自治区公安厅、内蒙古自治区烟草专卖局评为“全区卷烟打假先进集体”，被内蒙古自治区烟草专卖局（公司）评为“全区烟草行业双文明建设二等奖”。

初步建立具有包烟特色的“春晖·寸草”文化体系。

鄂尔多斯市烟草专卖局（公司）

鄂尔多斯市烟草专卖局（公司）的前身为鄂尔多斯市烟草专卖局（分公司），成立于1984年3月3日，2006年4月，增设了市局专卖稽查支队和棋盘井经济开发区、乌兰木伦两个直属分局，2006年完成公司体制改革后更名而来。2006年下辖达拉特旗、伊金霍洛旗、准格尔旗、薛家湾区、鄂托克旗、鄂托克前旗、乌审旗、杭锦旗8旗（区）烟草专卖局（营销部）和东胜区烟草专卖局。市局（公司）机关内设17个科（室、中心）。截至2006年底，拥有总资产22654万元，固定资产为2717.77万元，流动资产为18152.96万元。共有员工429人，其中聘用员工229人。编制内员工中大专及以上文化程度的105人、经济师32人、会计师7人、统计师1人、政工师4人。全市辖区共有卷烟零售户4591户。

2006年购进卷烟39.85亿支（7.97万箱），与上年同比增长39.7%。其中，购进一类烟5.3亿支（1.06万箱），二类烟8.25亿支（1.65万箱），三类烟15.4亿支（3.08万箱），四类烟8.9亿支（1.78万箱），五类烟2.15亿支（0.43万箱）。全年销售卷烟39.45亿支（7.89万箱），增长37.85%。销售低档卷烟13.3亿支（2.66万箱），完成计划的111.13%。实现销售收入82833万元，增长72.16%。单箱销售收入10436元，增加2080元，增长24.89%。综合毛利率为20.56%，增长15.77%。费用率6.79%，下降13.17%。实现税利14627万元，增长165.46%，其中，实现利润11228万元，增加7538万元，增长204.28%，完成税收3399万元，增加1628万元，增长91.93%。

巴彦淖尔市烟草专卖局（公司）

巴彦淖尔市烟草专卖局（公司）的前身为巴彦淖尔市烟草专卖局（分公司），成立于1984年，2006年完成公司体制改革后更名而来。2006年下辖乌拉特前旗、五原县、杭锦后旗、磴口县4个旗（县）局（营销部）和乌拉特中旗、乌拉特后旗2个旗烟草专卖局。市局（公司）机关内设12个职能科（室）。截至2006年底，拥有总资产16960万元，固定资产4535万元，流动资产11215万元。共有员工246人，其中聘用员工145人。辖区共有人口171万人，卷烟零售户3100户。

2006年销售卷烟30.16亿支（6.03万箱），与上年同比增长4.6%。其中，销售一类烟1.68亿支（0.34万箱），二类烟5.90亿支（1.18万箱），三类烟11.55亿支（2.31万箱），四类烟8.75亿支（1.75万箱），五类烟2.33亿支（0.47万箱）。实现销售收入50524万元。实现税利7710万元，增长7.64%，其中，实现利润5317万元，增长2.82%。

乌海市烟草专卖局（公司）

乌海市烟草专卖局（公司）的前身为乌海市烟草专卖局（分公司），1984年4月从原乌海市糖业烟酒公司分离组建而成，2006年完成公司体制改革后更名而来。内设12个职能科（室）。截至2006年底，拥有资产总额7689万元，固定资产2457万元，流动资产5232万元。共有员工125人，其中聘用员工38人。全市辖区共有卷烟零售户1391户。

2006年购进卷烟8.94亿支（1.79万箱），完成计划的114.5%。销售卷烟9.28亿支（1.86万箱），与上年同比增长24.85%。销售“百牌号”卷烟8.8亿支（1.76万箱），占销售总量的94.69%。销售低档卷烟1.4亿支（0.28万箱），完成计划的113.15%。销售一类烟0.24亿支（0.05万箱），二类烟1.33亿支（0.27万箱），三类烟2.61亿支（0.52万箱），四类烟3.76亿支（0.75万箱），五类烟1.34亿支（0.27万箱）。实现销售收入22903万元，增长52.07%。实现税利5075万元，增长166.33%，其中，实现利润4092万元，增长165.71%。

阿拉善盟烟草专卖局（公司）

阿拉善盟烟草专卖局（公司）的前身为阿拉善盟烟草专卖局（分公司），成立于1984年，2006年完成公司体制改革后更名而来。2006年下辖阿拉善左旗、阿拉善右旗、额济纳旗等3个旗烟草专卖局（营销部）和乌斯太烟草专卖分局。盟局（公司）机关内设10个职能科（室、中心）。截至2006年底，拥有总资产3919万元，固定资产1381.31万元，流动资产2851.07万元。共有员工85人，其中聘用员工41人。

全盟辖区卷烟零售户849户。

2006年销售卷烟5.25亿支（1.05万箱），与上年同比减少5.69%。其中，销售一类烟0.15亿支（0.03万箱），二类烟0.52亿支（0.105万箱），三类烟0.76亿支（0.15万箱），四类卷烟2.17亿支（0.43万箱），五类烟1.701亿支（0.34万箱）。实现销售收入10870万元，减少9.06%。实现税利1735万元，增长47.31%，其中，实现利润1182万元，增长62.13%。

2006年内蒙古自治区烟草商业系统主要情况统计

地市级局（公司）名称		呼和浩特市烟草专卖局、呼和浩特市烟草公司	满洲里市烟草专卖局、满洲里市烟草公司	呼伦贝尔市烟草专卖局、呼伦贝尔市烟草公司	赤峰市烟草专卖局、赤峰市烟草公司	兴安盟烟草专卖局、兴安盟烟草公司
法人代表/主要负责人		郑子林	李会安	王文忠	王永章	罗松林
总资产（万元）		49136	4799	15954	18373	17644
员工总数（其中聘用员工数）（人）		624（其中聘用员工399人）	92（其中聘用员工40人）	633（其中聘用员工414人）	1095（其中聘用员工401人）	334（其中聘用员工188人）
所属县级局数量（个）		9	1	12	10	6
所属县级公司数量（个）		/	/	/	/	/
所属营销部（分公司、访销中心、烟叶复烤厂、稽查大队等）		5个营销部、1个营销中心、1个物流配送中心、2个稽查大队	1个营销中心、1个物流配送中心、2个稽查大队	3个物流配送中心、1个访销中心、7个稽查大队	1个营销中心、1个物流中心、10个营销部、12个稽查大队	1个营销中心、1个配送中心、5个卷烟营销部
销售卷烟（亿支）		59.64	5.26	38.81	47.91	23.99
实现税利（万元）	本年	26647	449	5541	11666	3696
	上年	21139	547	4980	7367	3044
实现利润（万元）	本年	20210	-46	2754	7974	2501
	上年	16379	187	2152	3991	1756
烟叶种植（亩）		/	/	/	74666	/
烟叶收购（担）		/	/	/	223900	/
零售户数（户）		7506	1028	7951	12573	5255

地市级局（公司）名称	通辽市烟草专卖局、通辽市烟草公司	锡林郭勒盟烟草专卖局、锡林郭勒盟烟草公司	二连浩特市烟草专卖局、二连浩特市烟草公司	乌兰察布市烟草专卖局、乌兰察布市烟草公司	包头市烟草专卖局、包头市烟草公司
法人代表/主要负责人	张清泉	赵德国	卢智	薛钢伟	刘先勇
总资产（万元）	22492	7579	1794	26730	35000
员工总数（其中聘用员工数）（人）	613（其中聘用员工300人）	247（其中聘用员工68人）	28（其中聘用员工9人）	520（其中聘用员工195人）	357（其中聘用员工176人）
所属县级局数量（个）	8	7	/	11	5
所属县级公司数量（个）	/	5	/	1	/
所属营销部（分公司、访销中心、烟叶复烤厂、稽查大队等）	8个营销部、1个营销中心、1个物流配送中心、8个稽查大队	7个营销部、1个营销中心、1个物流中心、1个配送中心	1个营销中心、1个配送中心、1个稽查大队	1个营销中心、1个物流配送中心、10个营销部、1个稽查大队	5个营销部、1个营销中心、1个物流配送中心、1个稽查大队

续表

地市级局（公司）名称		通辽市烟草专卖局、通辽市烟草公司	锡林郭勒盟烟草专卖局、锡林郭勒盟烟草公司	二连浩特市烟草专卖局、二连浩特市烟草公司	乌兰察布市烟草专卖局、乌兰察布市烟草公司	包头市烟草专卖局、包头市烟草公司
销售卷烟（亿支）		46. 51	18. 40	1. 58	48. 62	53. 36
实现税利（万元）	本年	9490	2801	566	11436	22668
	上年	7002	2179	523	9418	18360
实现利润（万元）	本年	6635	1785	425	8568	17741
	上年	4774	1268	362	4710	13688
烟叶种植（亩）		1570	/	/	1953	/
烟叶收购（担）		4710	/	/	7306	/
零售户数（户）		9400	3215	187	6175	7654

地市级局（公司）名称		鄂尔多斯市烟草专卖局、鄂尔多斯市烟草公司	巴彦淖尔市烟草专卖局、巴彦淖尔市烟草公司	乌海市烟草专卖局、乌海市烟草公司	阿拉善盟烟草专卖局、阿拉善盟烟草公司
法人代表/主要负责人		董建华	乔培雄	董祥生	石贺令
总资产（万元）		22654	16960	7689	3919
员工总数（其中聘用员工数）（人）		429（其中聘用员工 229 人）	246（其中聘用员工 145 人）	125（其中聘用员工 38 人）	85（其中聘用员工 41 人）
所属县级局数量（个）		11	6	/	4
所属县级公司数量（个）		/	/	/	/
所属营销部（分公司、访销中心、烟叶复烤厂、稽查大队等）		1 个营销中心、1 个物流配送中心、8 个营销部、9 个稽查大队	4 个营销部、1 个营销中心、1 个物流配送中心、1 个稽查大队	1 个营销中心、1 个物流配送中心、1 个稽查中心	3 个营销部、1 个营销中心、1 个稽查支队、1 个物流配送中心
销售卷烟（亿支）		39. 45	30. 16	9. 28	5. 25
实现税利（万元）	本年	14627	7710	5075	1735
	上年	5510	7163	2346	1178
实现利润（万元）	本年	11228	5317	4092	1182
	上年	3690	5171	1540	729
烟叶种植（亩）		/	/	/	/
烟叶收购（担）		/	/	/	/
零售户数（户）		4591	3100	1391	849

（齐俊峰）

辽宁烟草

辽宁省烟草专卖局（公司）

概　况

辽宁省位于中国东北地区南部，是中国东北经济区和环渤海经济区的重要结合部。辽宁省陆地面积 14. 59 万平方公里，水域面积 1 万平方公里，海域面积15.02万平方公里。总人口4189万人。全省共辖14个地级市、56个市辖区、17个县级市、19个县、8个自治县。2006年，全省生产总值9257亿元，与上年同比增长13.8%。

辽宁省烟草公司成立于1983年5月21日。同年7月22日，辽宁省政府设立辽宁省烟草专卖局。1984年9月24日，辽宁省烟草公司正式上划中国烟草总公司。2006年下辖13个地市烟草专卖局（公司）和中国烟草辽宁进出口公司，38个县级烟草专卖局和丹东辽东烟草发展有限责任公司1个股份制公司。拥有总资产48亿元，其中，固定资产11.86亿元、流动资产34.71亿元。全省行业共有员工8024人，其中聘用员工3960人。截至2006年12月底，全省行业共有离退休干部735人。

领导成员

局长、总经理、党组书记：赵振林

副局长、党组成员：于嘉云

副总经理、党组成员：杜胜利

副局长、党组成员：孙世夫

纪检组长、党组成员：韩永斌（2006.3—）

党组成员：李德贤

副巡视员：赵晋生（2006.9—）

组织机构

省局（公司）机关设办公室（外事办公室）、综合计划处（经济运行处）、安全保卫处、专卖监督管理处（专卖稽查总队）、政策法规与体制改革处、财务管理处（国有资产管理处、资金管理中心）、审计处、人事劳资处（职业技能鉴定站）、监察处（党组纪检组）、思想政治工作处（机关党委）、卷烟销售管理处、烟叶管理处、科技处（烟草质量监督检测站）13个职能处（室），经济信息中心、离退休人员管理办公室、机关服务中心、烟草学会（编辑部）4个专业部门，整顿和规范市场经济秩序领导小组办公室1个增设机构。

经济效益

2006年累计销售卷烟606.77亿支（121.34万箱），实现年计划的101.97%，与上年同比增长1.95%。其中，销售一类烟42.45亿支（8.49万箱），与上年同比增加4.7亿支（0.94万箱），占总销量的6.99%；二类烟96.95亿支（19.39万箱），同比增加21.45亿支（4.29万箱），占总销量的15.98%；三类烟336.2亿支（67.24万箱），同比增加51.5亿支（10.3万箱），占总销量的55.41%；四类烟124.4亿支（24.88万箱），同比减少64.2亿支（12.84万箱），占总销量的20.51%；五类烟6.75亿支（1.35万箱），同比减少1.85亿支（0.37万箱），占总销量的1.11%。

全年实现销售收入126.27亿元，与上年同比增长7.93%。实现税利17.58亿元，同比增长17.83%，其中，实现利润12.47亿元，同比增长18.88%。卷烟实现利润13.10亿元，与上年同比增长14.5%。

专卖管理

卷烟打假。2006年全省各级专卖管理部门落实“一把手”亲自抓、主管局长具体负责的领导机制，打击制售假烟网络，做到落实组织机构、任务、责任到岗到人，注重提高烟草、公安联合打假能力和重大案件经营能力。全省共破获制售假烟网络案件35个，其中，符合国家局网络标准的9个，完成年初每个市局打掉1~2个假烟网络的工作目标。查处制售假烟案件4437起，查获假烟2.9万件、违法烟叶32吨、烟丝61吨，捣毁制假窝点187个，移交公安、司法机关刑事拘留61人，逮捕41人，判刑37人。

证件管理。2006年重点加强对卷烟零售许可证的管理工作，坚决取缔无证经营。全省行业开展对无证经营户的调查统计工作，对8000户无证经营户的实际状况进行分析，对符合条件的无证经营户办理零售许可证。各级专卖管理部门积极会同工商部门坚决取缔无证经营户，全省持证经营率上升。截至2006年底，全省共有124453户卷烟零售户。

内部专卖管理监督。10月，省局（公司）印发《辽宁省烟草行业内部专卖管理监督办法（试行）》。各单位对“两烟”生产经营行为进行自查，省局（公司）组织了四个复查组，对全省行业16家工商企业进行为期两个月的复查，提出“组织严密、要求严格、过程严谨、纪律严明”，对每项业务流程及具体工作环节都进行全面检查并制订、落实整改措施。全省共查出体外循环卷烟67363箱。

专卖队伍建设。2006年全省行业内开展加强文明执法活动。开展“五五普法”活动，组织了三次专卖执法人员法律知识培训和考试，对全省新增加和调整到专卖执法岗位的人员进行法律知识考试，共计433人参加。各市局（公司）加强对专卖人员的日常考核和对工作过程的督查。开展“‘两个至上’在岗位”主题实践活动和岗位技能竞赛活动，组织各级专卖管理人员学习业务知识。

网络建设

工作部署。省局（公司）以“优化流程”为突破口，8月出台了《辽宁省卷烟销售网络建设业务流程》，卷烟销售网络建设工作从整体推进阶段转变到全面提升阶段。全省卷烟销售网络建设整体推进工作实现了“六个统一”，即统一组织架构、统一业务流程、统一服务标准、统一电话访销、统一卷烟配送、统一电子结算。

6月19日，召开全省卷烟销售网络建设工作会议，会议作“抓住本质学浙江，占领网建至高点”的工作部署，制订并下发《辽宁省卷烟销售网络建设全面提升工作实施方案》，规定各个阶段需要完成的工作任务，用一年左右的时间基本达到浙江现有水平，建成全国一流的网建。11月，召开全省网建工作全面提升阶段性经验交流会，沈阳市局（公司）介绍了网建阶段性工作的开展情况。

在全面提升工作中，全省行业开展零售客户真实销量调查工作，积极推进全省按客户订单组织货源的试点工作。对全省的市场经理和部分客户经理进行专题的培训，掌握按客户订单组织货源的基本理论。在国家局评比中，被评为卷烟销售网络建设整体推进工作优秀单位。

物流建设。坚持“合理规划、统一标准、经济实用、综合配套”原则，结合辽宁卷烟销售网络建设全面提升工作，全面启动卷烟现代物流建设。成立省局（公司）物流建设领导小组，制定并下发《辽宁烟草卷烟物流中心近期建设规划》、《辽宁烟草物流设备采购标准》等制度。采取“走出去，请进来”的办法，加强现代物流知识的培训与学习。组织物流接口设备和物流信息化系统的统一招标工作，监督和引导市局（公司）采用经济实用的物流设备和成熟先进的物流信息系统。着眼于建立新型工商关系，积极组织工商对接，工商密切协作，整体推进全省行业卷烟现代物流建设。

投诉服务。8月，成立辽宁省烟草专卖局（公司）客户投诉中心，开通“800”免费投诉电话，分三个部分分别面向客户、面向烟农、面向消费者开通投诉专线，印发《致全省卷烟零售客户的一封信》。截至2006年11月30日，共受理零售客户意见529件、烟农意见31件，满意度回访303件，满意率92%。在受理投诉过程中查实多起重大案件，其中，沈阳市局（公司）立案7宗，辽阳市局（公司）立案1宗并协助省局（公司）专卖管理处在阜新市摧毁假烟制造窝点1个。

烟叶产销

烟叶种植与收购。2006年烟叶种植工作主要目标是“稳得住、控得住”，加强组织领导，严格合同管理。全省实种烤烟14.38万亩，收购烟叶1.99万吨(39.76万担)，其中，上等烟比例为22.69%，中等烟为59.03%，下低等烟为18.28%。

烟叶收购中，注重实施预检制、加强预检考核，实施包包复检、二次整选，加强过程控制、严把收购等级质量关，烟叶收购等级合格率和烟叶等级纯度提高。全省行业组织了三次烟叶收购等级质量检查，抽检1600多担烟叶，平均等级合格率为80.42%。国家局烟叶收购检查组对凤城和宽甸两县（市）等级质量进行抽查，平均等级合格率83.4%，在全国排名第二。

技术推广。2006年在对省内烟叶化学成分分析结果和国家局送检样品的化学成分分析数据进行分类汇总，对国内大型卷烟工业企业的烟叶检测结果以及客户反馈的综合意见进行综合分析之后，召开全省烟叶生产技术研讨会，调整全省烟叶生产技术，加强技术管理。烟叶成熟度提高，叶片结构、油分、身份改善。加大烟叶生产先进适用技术推广力度，提高技术的到位率。针对全省烟叶生产中新技术和示范项目，加强对基层各岗位人员技术培训，并以经验交流会、观摩会、研讨会、培训班等形式进行技能培训与鉴定，提高基层队伍技术人员素质。

创新烟叶生产组织方式。推广和探索烟叶生产的专业化分工协作、社会化服务模式，全省实现大棚集约化育苗100%，机械起垄与施肥面积达到全省植烟面积的30%以上，病虫害统防统治面积8万亩以上，占全省植烟面积的50%以上。与沈阳农业大学合作建立了全省烟草病虫害预测预报信息网络，对全省烟叶病虫害发生情况发布预测预报信息。全省病害损失由2005年总产7%左右的5万余担，减少到2006年总产4%以下的15万担左右。在昌图县安排落实了烟叶生产集约化示范村建设工作，示范村在商品化供应成苗、烟农合作组织、专业化烘烤、建立专业化社会化服务体系做出了一定的探索，做到统一育苗、机耕、施肥等。

烟叶基础施设建设。全省制定了烟叶生产基础设施建设五年总体规划，制定了密集式烤房建设质量标准与验收办法、基础设施建设补贴资金管理办法、水利设施建设质量控制及验收方法。截至2006年底，全省共有基础设施项目2914个，其中，密集式烤房2898座，水源设施项目16个（机井14眼，水池1座，管网1处）。2006年全省烟叶生产基础设施工程投资3119.13万元，其中，烟水配套工程投资63.61万元，密集式烤房工程投资3055.52万元，并对烟叶生产基础设施建设全面进行了组织验收。全面启动基本烟田规划工作，聘请专家统一规划、制图，规划了33万亩基本烟田，用GPS技术在电子版地图上建立基本烟田信息档案，并以地方政府正式文件形式下发基本烟田保护制度。与当地水利部门密切配合，对基本烟田进行逐块勘察。

厂办基地建设。高度重视厂办基地建设，2006年铁岭市局（公司）与武汉烟草（集团）在限公司，阜

新市局（公司）与江苏中烟工业公司南京卷烟厂、淮阴卷烟厂，丹东市局（公司）与红塔辽宁烟草有限责任公司，朝阳市局（公司）与福建中烟工业公司厦门卷烟厂分别签署了烟叶基地建设协议。截止到2006年底，各产烟市公司与8家行业重点企业建立了烟叶厂办基地合作关系。

体制改革

2006年10月，省局（公司）制订了《中国烟草总公司辽宁省公司建立母子公司体制改革实施方案》和《中国烟草总公司辽宁省公司章程》。根据《国家烟草专卖局关于中国烟草总公司辽宁省公司建立母子公司体制改革的批复》（国烟法［2006］713号），12月完成13个市公司和中国烟草辽宁进出口公司章程的审批，各子公司完成公司名称牌匾样本和变更登记工作；理顺丹东辽东烟草发展有限责任公司的烟叶管理体制，按原烟交接、委托加工的原则，将烟叶生产经营职能划归辽宁省烟草公司丹东市公司；停止辽宁省公司本级卷烟和烟叶经营活动。

财务管理

下发《辽宁省烟草商业企业内部审计监督管理办法（试行）》。统一全省会计科目编码和核算内容、会计凭证格式和尺寸。建立完善“三个委员会议事”制度、费用开支标准、废旧包装管理办法。

多元化清产核资。组织开展自成立以来最大规模的多元化清产核资和主业不良资产的处置工作。基本解决诸多重大历史遗留问题，对问题过多、亏损严重、风险较高的多元化企业全部实现了关、停、并、转。重新修订了清产核资工作方案，制订了工作时间表，对全省行业不良资产进行梳理分类，确定以省公司本级、铁岭、沈阳、鞍山、抚顺市局（公司）为重点单位。7月16日至10月末，北京昆仑华勤会计师事务所进驻，协助开展并顺利完成清产核资工作。

专项审计工作。开展多项专项审计工作，对烟叶烟田基础设施投资和烟叶生产产前农药、化肥、煤炭、烟苗物资补贴投入情况，基建工程预决算及资金拨付的重点，财务预算执行情况、销货款、大宗物资采购、卷烟、烟叶废旧包装物管理的关键环节，企业债权债务不清、潜亏挂账、国有资产管理问题和工会经费、食堂收支账监管的空白点及全省各单位2005年经济责任目标完成情况进行考核，对全省工资收入发放情况进行了全面检查。

预算管理。2006年全省行业三项费用支出总额为115742万元，比预算118330万元，减少2588万元，下降2.2%；制订国有资产管理实施细则；编制完成了2007年省公司本级和全省预算方案。

宏观调控与价格管理

全省行业严格执行“销量调稳、结构调准、成本调低”的经济运行十二字方针，加大调控力度，按月调度销售计划，加强检查考核，有针对性地解决经济运行工作中存在的问题，有效防止市场出现大的波动。加大低档烟销售的调控。着力与红塔烟草（集团）有限责任公司、福建中烟工业公司、湖北中烟工业公司、贵州黄果树烟草集团等重点企业加强合作，培育大品牌。

落实品牌发展战略和卷烟价格管理政策，制定并下发《卷烟价格管理目录》，严格执行“一物一码一价”的卷烟价格管理规定。制定并下发《关于专卖执法过程中涉案卷烟价格管理规定》，明确涉案卷烟价格管理的流程和要求。以行业生产经营决策管理系统为依托，推进卷烟统一批发价格由省级公司电脑锁定、市公司执行的统一批发价格管理模式；以市公司为单位推行卷烟明码标价工作。

安全管理

2006年是全省行业确定安全生产工作三年上水平的第一年。全省在“规范基础、严格管理、提高水平”上下工夫，进一步提高安全事故的预防能力，实现了全年无重大责任事故的目标。强化车辆司机的管理整治，检查车辆封存情况，应封存率达到100%。全年考核了240名司机，淘汰10%。强化两烟仓库的管理整治，省局（公司）检查四次，查处大小隐患68处，按时限全部整改完毕。强化配送车货款的管理整治。强化易燃易爆、锅炉、重点部位的管理整治。提升安全预防硬件水平，沈阳、本溪市局（公司）等单位配置和完善了监控系统和报警系统，并与公安、消防部门联网。葫芦岛市局（公司）等单位配置和改进了GPS定位监控系统。初步实施职业安全健康管理体系，沈阳市局（公司）的职业安全健康管理体系试点工作全部结束，通过国家局的验收认可，取得资质认证。

信息化建设

省局（公司）制定并下发《辽宁省烟草行业小型机计算机机房参考标准》和《辽宁省烟草商业系统计算机机房建设规划表》，明确全省行业机房建设标准。

完成卷烟营销系统中电话访销、电子结算、客户关系管理、统计、进销存功能的升级；招标采购小型机、存储和备份设备30台套，完成了全省信息化硬件和基础设施从服务器阶段到小型机阶段的转变；招标购买并安装了数据库、应用服务器软件；部署完毕全省应用集成平台，完成应用集成软件升级与系统部分整合；安装调试完成电视电话会议系统；开发运行专卖管理系统；完成全省行业卷烟物流配送系统工程信息化部分招标工作；启动全省行业办公自动化系统工程。

对烟叶信息管理基础软件系统的升级进行全面调研。建立起烟叶生产管理信息体系、烟农投诉平台、烟农信息系统，全省进行了基本烟田统一规划、制图，全省产烟区全部使用GPS技术监测烟叶种植面积模式，建立基本烟田电子档案。在烟叶购销工作中建立烟叶基础数据库，运用烟叶收购调拨管理子系统，掌握烟叶收购调拨数据，准确及时上报调入、调出和库存数据，利用现代信息网络手段全面实现烟叶购销调拨合同的计算机管理。

进出口贸易

2005年12月31日，中国烟草辽宁进出口公司上划中国烟草总公司，其资产再经辽宁省公司投入辽宁进出口公司，作为辽宁省公司的全资子公司。它成立于1985年，位于辽宁省大连市，主要经营卷烟进出口、烟叶出口、烟机和烟机零配件及其他烟用辅料进出口配套服务业务。截至2006年底，拥有总资产19686万元，其中，负债总额8172万元，所有者权益11514万元。内设卷烟业务部、烟叶业务部、财务综合部、办公室。共有在岗员工30人。

2006年实现进出口总值2252万美元，出口创汇2118万美元。出口卷烟17.65亿支（3.53万箱），创汇1489万美元；出口烟叶464吨，创汇78万美元。2006年进出口系统体制改革后，公司出口“中南海”、“人民大会堂”等牌号卷烟8万件以上，稳定了卷烟出口业务。实现销售自营进口卷烟1.77亿支（0.35万箱），与上年同比增长47.43%，实现毛利1489万元，同比增长44.14%。

实现销售收入8937万元，剔除非经营性因素影响后，公司累计盈利507万元。

完成新烟出口备货8万余担，增加散叶、手抽片、切把头出口规格，使B3F、B4F、B3L、X3F中等烟叶在2006年达到总备货量的21.95%，实现了备货量和中等烟备货比例的重大突破。2006年，公司通过登门拜访和邀请客户上门看货的方式，由英国联合烟草公司一家客户发展到先后与美国环球烟草公司、联一国际公司、英国西特兰公司、英国联合、欧洲崔比克、俄罗斯日千里、越南三宝麟、中国香港天利国际经贸有限公司、印尼集炳、菲律宾艾克等国际烟草商签订了2007年订单和意向协议，扭转了烟叶出口长期完不成计划的被动局面。

队伍建设

干部选拔与考核。省局（公司）党组建立处级干部廉政档案，制订《省局（公司）副处级领导干部竞争上岗实施意见》和《省局（公司）副处级非领导职务民主推荐实施意见》。贯彻执行《干部选拔任用工作条例》，创新干部选拔任用机制，树立干部提拔靠能力、靠业绩、靠民意的用人导向，先后调整了7个市局（公司）、丹东辽东公司及辽宁进出口公司的领导班子，其中共有6个单位的“一把手”实现新老交替，充实和配备了5名专职纪检组长。

用工制度改革。下发《全省烟草商业企业规范机构设置，定岗定编，积极推进三项制度改革的指导意见》，以辽阳、朝阳市局（公司）为试点单位，对中层管理干部实行考核测评、竞争上岗，为普通员工建立职级晋升通道。

员工教育培训。组织员工参加国家局举办的各级各类培训班10个，累计培训人员113人次。全省行业各单位开展多种形式的培训班295期，累计培训人员达16624人次。全年共组织开展卷烟商品营销员、特有工种职业技能鉴定5批次，鉴定人员1135人，有856人取得了高级工、中级工证书。组织开展了专业技术任职资格评审工作，共有118人取得中级任职资格，390人取得初级任职资格。10月17日，省局（公司）聘请辽宁大学教授做新《公司法》讲座；12月4日法制宣传日，举办省局（公司）机关法律知识竞赛，省局（公司）机关140人参加竞赛。

劳动工资管理。召开三次全省行业劳资工作会议，制订《市级局（公司）领导班子成员奖金管理办法》、《市级局（公司）领导薪酬管理暂行办法》，解决行业工资发放不规范问题。召开五次薪酬委员会会议，研究制订全省行业工效挂钩方案、市局（公司）领导班子年度薪酬、省局（公司）机关工资奖金发放等问题。开展两次行业工资管理大检查，并向国家局做专题汇报。

思想政治工作

省局（公司）党组将树立“两个至上”行业共同价值观与树立社会主义荣辱观紧密结合，与学习《江泽民文选》、学习贯彻党章紧密结合，制订《全省行业开展“两观”学习教育活动的实施方案》。开展“听客户讲你我的故事”演讲比赛和讲责任、讲诚信、讲奉献、讲效率的“四讲”演讲活动。演讲中推选出的优秀选手分赴各市局（公司）巡回演讲，直接受众面达2000多人。在国家局主办的演讲比赛中，朝阳市局（公司）选手张国宏和辽阳市局（公司）选手赵丽华分别获一、二等奖。

党风廉政建设

省局（公司）党组制定了《建立健全教育、制度、监督并重的惩治和预防腐败体系实施纲要》，加强惩防腐败体系的建设。制订《辽宁省烟草专卖局党组关于对全省行业纪检监察工作和机构加强业务指导和管理的意见》等相关制度，加强对纪检监察工作的实施，构建全省行业内部管理监督的监管体系。重新修订党风廉政建设考核表，制订纪检监察再监督痕迹化管理表。

全年总计受理群众举报信27件（不含上级转办8件），与上年同比下降16.1%。其中，署名举报3件，重复举报4件，提出复核复议1件。到年底已初核4件，批转市局（公司）3件，对2件属重复上访的问题提出了具体处理意见。

科普与学术交流

2006年全省行业组织三次科普活动。在全省烟草行业中开展科普画廊展示活动，共展示画廊、图板、科普知识1800多幅；开展送科技下乡活动，农业专业委员会共购科普书籍8000余套；举办各类科技培训班82次，参加人员近万人。举办全省烟草系统学术交流年会；组织参加中国烟草学会、省科协、九省一市烟草片区交流会，编印了《2006年全省行业优秀科技论文集》。

企业文化

2006年为辽宁省局（公司）企业文化建设启动年，省局（公司）下发《辽宁省烟草商业企业文化建设规划》，确定沈阳、锦州市局（公司）为试点单位。沈阳市局（公司）开展了“打造沈烟特色文化”宣传活动，组织企业文化建设大讨论，在全市行业范围内广泛征集“沈阳烟草之歌”——《蜡烛颂》词曲，营造出“学习、创新、和谐”的文化氛围。编制了《沈阳烟草企业文化手册》、《沈阳烟草企业员工手册》、《沈阳烟草有话有画故事集》，构建具有沈阳烟草特色的“2133”企业文化体系，即“两个至上”行业共同价值观，一个“燃烧自我，照亮他人”的企业精神，“正、善、真”的企业哲学和“管理、经营、服务”的三个企业理念。锦州市局（公司）致力于“内求和谐、外求发展”的理念文化建设及制度文化建设，在全体员工中形成包括工作惯例习俗、生活习俗、形象习俗等六个方面的行为文化，完善各项规章制度，修订包括基本行为准则、个人仪表、团队行为等六个方面内容的《锦烟员工行为规范》。

特事要辑

2月9日~10日，全省烟草工作会议在营口召开。会议提出“四个转变”工作思路和五项工作任务。

2月23日，辽宁省局（公司）和辽宁省公安厅联合召开卷烟打假工作总结表彰大会，对10个先进集体和27个先进个人给予了表彰。

5月23日~24日，国家局局长姜成康一行到辽宁烟草考察。

10月17日，全省烟草行业建立母子公司体制动员部署大会在沈阳召开。

辽宁省局（公司）主要统计指标汇总

实现税利（亿元）	商业利润（亿元）	销售卷烟（亿支）	烟叶种植（万亩）	烟叶收购（万担）	出口创汇（万美元）
17.58	12.47	606.77	14.38	39.76	2118.00

所属地市级局（公司）

沈阳市烟草专卖局（公司）

概　况

沈阳市位于辽宁省中部。总面积为1.29万平方公里。2006年，全市总人口为698万人。实现地区生产总值（GDP）2482.5亿元，与上年同比增长16.5%。

沈阳市烟草专卖局（公司）成立于1983年10月29日，2006年11月由沈阳市局（分公司）改制更名为沈阳市局（公司）。2006年下辖新民市、辽中县、康平县、法库县4个县（市）烟草专卖局（营销部）。拥有总资产113922万元，其中，固定资产15694万元、流动资产97745万元。共有员工1482人，其中聘用员工934人。辖区内共有卷烟零售户26319户。

2006年3月，被中国社会经济调查所评为“辽宁省十佳信誉单位”、“辽宁社会信誉AAA单位”；10月，被中国企业文化促进会评为“2006年全国企业文化建设工作先进单位”，被中国社会经济调查所经济调查部评为“中国市场AAAA级单位”；11月，被中国企业信用调查评价中心评为“中国AAA级诚信企业”。

领导成员

局长、经理、党组书记：韩佳君

副局长、副经理、党组副书记：张国梁

副局长、党组成员：高金喆（—2006.3）

副局长、党组成员：闫学明

副局长、党组成员：孙炳莲
副经理、党组成员：王文有
纪检组长、党组成员：李建华

组织机构

市局（公司）机关设办公室、纪检监察办公室、审计督查办公室、财务处、安全保卫处、人事劳资处、思想政治工作处、专卖管理处、机关党委9个职能部门，营销管理中心、物流管理中心、专卖管理中心（下设6个稽查支队）、管理规划发展中心、督察考评中心、资金结算中心（与财务处合署办公）6个中心和机场服务处。

经济效益

2006年销售卷烟149.72亿支（29.94万箱），与上年同比增长4.7%，其中，销售一类烟12.83亿支（2.57万箱），同比增长13.7%；二类烟30.59亿支（6.12万箱），同比增长33%；三类烟87.25亿支（17.45万箱），同比增长2.2%；四类烟18.24亿支（3.6万箱），同比下降37.5%；五类烟0.82亿支（0.16万箱），同比下降21.2%。销售“百牌号”卷烟125.7亿支（25.14万箱），同比增长20.7%。年末库存卷烟5.65亿支（1.13万箱），同比下降30.2%。

全年实现销售收入302540万元，与上年同比增长1.85%。实现毛利额66674万元，同比增长11.57%。实现税利54283万元，同比增长16.67%，其中，实现利润41671万元，同比增长17.79%，完成税金12612万元，同比增长13.1%。

专卖管理

卷烟打假。2006年沈阳市局（公司）将“打网络”列为卷烟打假工作的首要任务。健全专卖督察考核机制，完善《沈阳市烟草专卖局行政执法责任制》和《稽查支队专卖管理人员岗位职责百分考核标准》。完善公安派驻机制，与公安机关联合开展以“打源头、堵渠道、抓终端、破网络”为主题的打假专项行动。全年共查处假烟案件1413起，查获假烟10840件，收缴伪劣烟叶、烟丝48吨，摧毁3个售假网络，捣毁83个制假、贩假窝点，拘留37人，逮捕11人，判刑13人。破获的“7·17”、“9·19”、“11·5”三起制售假烟网络案件，被国家局列为2006年全国网络案件。

专卖队伍建设。从2006年6月1日起调整专卖队伍工作职能，实行“全员市管、全员稽查”，取消中队长建制，实行大队长负责制。打牢县级局行政执法主体的基础，对辖区四个县局足额配备专卖管理人员，足额配置设备、车辆，足额保障所需经费。在专卖队伍中开展“爱岗敬业创最佳、练功比武选状元”的岗位大练兵活动，共举办知识竞赛、演讲比赛十余场。加强内部专卖管理监督，提出“定标准、调数据、定疑点、理线索、查问题”的工作流程，完成对2005年1月至4月，40万箱卷烟经营情况的自查工作。

零售市场管理。重点加强对服务娱乐类客户的管理。全面推行“送货员、客户经理和市管员联系卡”制度，加强与零售客户的沟通。加强钱款安全管理，实行“三员联保”，即凡是在送货区内存在未办理电子结算的零售户，该送货区内送货员、客户经理和市管员要协同保证安全。对千条大户的销售情况和库存情况逐一进行调查，重新核定销量。千条大户占总零售客户的比例从年初的5.42%下降到年末的0.35%。规范零售许可证的管理与发放工作，认真履行新证办理、证件变更和停业歇业的相关手续，全年新办理零售许可证3838个。

网络建设

2006年上半年完成了网建“整体推进”的工作任务，下半年进入到网建“全面提升”的重要阶段。根据客户群的分类情况出台《卷烟零售客户个性化服务管理标准》。组织召开了3次全市范围的客户座谈会，在重点客户中陆续召开了15次客户培训会。全年累计培训客户达1500人次。8月至9月开展以“让客户满意”为主题的服务月活动。

注重培育大企业、大品牌，与15家工业企业建立了工商互动平台，与红塔烟草集团、武汉烟草集团等多家工业企业建立经常性的信息沟通体系，制定品牌发展战略规划和实施细则，建立了12家重点工业企业档案，38个重点品牌规格的管理档案，并拟定相关规章制度。

实现流程优化和再造。制订《沈阳市烟草公司卷烟销售网络工作流程规范》，形成核心业务流程、主营业务流程和岗位业务流程三个层次的流程，实现管理流程与业务流程、内部流程与外部流程对接。通过先试点，后推广的方式，全面展开订单供货的工作，与49家集团客户开展网上配货。建立成本核算体系，本着“以最短送货线路、服务最多的客户”的原则，优化了市内五区的33条配送线路，实现车辆自动导航跟踪管理，车辆满载率达90%以上，单件货物里程同比减少24%，送货车次同比减少14%。

财务管理

全面推行预算管理，制定严格的预算考核体系，采取重点费用定额管理，一般费用归口管理的办法，每季度根据各部门预算执行情况，编制部门预算执行情况报表，并公布预算执行情况，编写预算执行报告，下发预算执行通报，及时向有关部门提出分析预警。对六项主要费用（差旅费、办公费、业务招待费、燃油费、修理费、广告费）实行明确的定额管理。2006

年三项费用率为6.82%，同比下降0.63%。

开展多元化经营企业清产核资工作，对企业账面上的所有资产进行了全面清理，重点对不良资产和长期投资进行逐项排查，采取实地调查和网上查询等各类方式，共清查出不良资产总额3148.5万元，处理不良资产共计487笔，资产处理中连带涉及的金额为1.3亿元。如期完成资产上划工作，及时办理公司税务变更登记及银行印鉴变更等相关手续，上划净资产7.98亿元。

信息化建设

完成沈阳烟草信息系统统一平台的建设任务，初步形成电子商务、电子政务、决策管理3大体系和营销、客户关系管理、物流管理、专卖管理、人力资源等12个系统。编制了《沈阳烟草信息化建设“十一五”规划》。加强信息安全管理，建立信息化防护和容错备份预案，开展定期巡检、安全评估等工作。组织开发订单供货系统，截至2006年12月，订单供货信息系统已经升级到第三个版本，在和平、沈河、皇姑三个区进行试运行。加强对一线工作人员的监管，开发POS机跟踪管理系统，实现“痕迹管理”，提高了公司对一线员工活动的管理能力。加强工商协同营销，启动电子商务平台。

队伍建设

全面推行科级管理干部竞聘制，通过公开职位、民主推荐、竞聘演讲等干部公开选拔程序，选拔出25名一线部门负责人。完善公开招聘制度，严格遵循“凡进必考”原则，全年共招聘3名硕士研究生、5名全日制本科毕业生充实客户经理队伍。组织人员编写了干部员工教育培训教材《青年干部素质与能力指导》。建立企业内部培训讲师队伍，8名员工通过企业培训师职业资格鉴定考试。

全年共举办各级各类培训班68个，累计培训人员6046人次，参加国家局、省局（公司）和市委市政府举办的培训累计达565人次；举办科以上干部集中培训11次，培训人员781人次；网络从业人员培训15次，培训人员4064人次；专业技能培训21次，培训人员252人次；全员素质提升培训2次。

思想政治工作

以“三会一课”为载体，健全党组理论学习中心组学习制度。组织多种形式的学习研讨活动，中心组成员共撰写学习心得、理论调研文章14篇。开展叫响“我是共产党员，深化共产党员工程”活动；设“共产党员号”送货车、共产党员岗。全年共组织入党积极分子培训3次，预备党员转正9人，发展新党员3人。深入开展社会主义荣辱观和“两个至上”共同价值观学习教育活动，组织零售客户代表参加“‘两个至上’在岗位”主题实践活动，评选出的两名选手在参加全省行业“‘两个至上’在岗位”暨“四讲”演讲比赛中，分别获得一、二等奖。与13家媒体建立了良好的合作关系，为多家报刊投稿30余篇。

党风廉政建设

进一步完善惩防腐败体系，针对工程招投标、软件开发、干部任用、财务审计、物资采购、专卖执法、卷烟销售等建立了相应的监督制度。在4月召开的纪检监察工作会议上，市局（公司）党组与每名处级干部签订责任状。对7起举报投诉案件进行调查核实，与在卷烟经营方面有违规行为的两名客户经理解除了劳动合同。落实政务公开，重点对卷烟流通领域损害零售客户和消费者利益的问题进行纠正，查处和纠正“拆单分摊”或变相“卖大份”的问题，对专卖稽查人员执法不公、工作方法简单粗暴等问题进行纠正。

特事要辑

5月23日，国家局局长姜成康到沈阳市局（公司）考察。

8月4日，沈阳市局（公司）召开“‘两个至上’在岗位”、“听客户讲你我的故事”演讲会。

12月12日，沈阳市局（公司）召开冬季市场净化攻势暨沈河区战役誓师大会。争取从2006年12月13日至2007年3月20日实现“三无一提升”，即柜台无违规烟、无无证经营、无违价经营和A类客户的提升率同比增长30%。

鞍山市烟草专卖局（公司）

鞍山市烟草专卖局（公司）成立于1984年4月25日，同年8月14日正式挂牌。2006年12月由鞍山市局（分公司）改制更名为鞍山市局（公司）。2006年下辖海城市、台安县、岫岩县3个县烟草专卖局（营销部）。市局（公司）机关设10个职能部门。拥有总资产30026万元，其中，固定资产4101万元、流动资产25498万元。共有员工513人，其中聘用员工230人。辖区共有卷烟零售户11098户。

2006年销售卷烟58亿支（11.60万箱），与上年同比增长5.45%。实现销售收入105525.8万元，同比增长11.41%。实现税利18512万元，同比增长25.85%，其中，实现利润13578万元，同比增长23.75%。

2006年市局（公司）专卖稽查支队获“辽宁省卷烟打假先进集体”称号；市局（公司）获“2006年度辽宁省烟草学会工作先进单位”、“辽宁省烟草安全工作目标管理先进单位”等称号。

抚顺市烟草专卖局（公司）

抚顺市烟草专卖局（公司）成立于1984年1月1日，负责抚顺四区三县的卷烟购销和烟草市场管理。2006年12月由抚顺市局（分公司）改制更名为抚顺市局（公司）。2006年下辖清原县、新宾县2个县烟草专卖局（营销部）。市局（公司）机关设10个职能部门。拥有总资产20751万元，其中，固定资产4878万元、流动资产15411万元。共有员工511人，其中聘用员工252人。辖区共有卷烟零售户6985户。

2006年销售卷烟39.25亿支（7.85万箱），与上年同比增长2.61%。实现销售收入70164万元，同比增长7.98%。实现税利9951万元，同比下降9.53%，其中，实现利润7119万元，同比下降11.94%。

2006年市局（公司）获“辽宁省消协维权先进单位”称号。

本溪市烟草专卖局（公司）

本溪市烟草专卖局（公司）成立于1984年4月，同年6月18日正式挂牌。2006年12月由本溪市局（分公司）改制更名为本溪市局（公司）。2006年下辖本溪县、桓仁县2个县烟草专卖局（营销部）和南芬区营销部。市局（公司）机关设11个职能部门。拥有总资产16004万元，其中，固定资产8410万元、流动资产7260万元。共有员工311人，其中聘用员工142人。辖区共有卷烟零售户6202户。

2006年销售卷烟28.11亿支（5.62万箱），与上年同比增长2.33%。实现销售收入53329万元，同比增长7.68%。实现税利8942万元，同比增长22.39%，其中，实现利润6700万元，同比增长26.30%。

2006年市局（公司）被评为“辽宁省文明单位”。

网络建设。在组织订单供货业务知识培训的基础上，开展对零售户的分类调查工作，完成对零售户实际销量的测算和确定合理供货量工作，从9月1日起开始实行按零售户订单组织货源的模式，对零售户进行订单配送。按照“合理规划、统一标准、经济实用、综合配套”的原则，完成分拣区和待装区的改造工程，实现了物流设备托盘、笼车、塑包机标准化管理，引入平台货位管理，托盘管理、电子标签、薄膜包装、车辆智能调动系统等软硬件物流设备。

丹东市烟草专卖局（公司）

丹东市烟草专卖局（公司）成立于1984年4月，2006年12月由丹东市局（分公司）改制更名为丹东市局（公司）。2006年下辖东港市、凤城市、宽甸县3个县（市）烟草专卖局（卷烟配送中心）和东港、凤城、宽甸、岫岩4个烟叶总站。12月，原由丹东辽东烟草发展有限责任公司负责的烟叶生产经营职能划归丹东市局（公司）管理。市局（公司）机关设12个职能部门。拥有总资产61551万元，其中，固定资产23055万元、流动资产35460万元。共有员工846人，其中聘用员工442人。辖区共有卷烟零售户8884户，植烟农户5356户。

2006年销售卷烟38.44亿支（7.7万箱），与上年同比下降8.56%。实现销售收入66580万元，同比下降0.80%。实现卷烟税利11608万元，其中实现利润8904万元。

2006年市局（公司）被评为丹东市“2006年度行风建设先进单位”。

锦州市烟草专卖局（公司）

锦州市烟草专卖局（公司）成立于1984年，2006年12月由锦州市局（分公司）改制更名为锦州市局（公司）。2006年下辖黑山县、北镇县、凌海县、义县4个县烟草专卖局（营销部）。市局（公司）机关设13个职能部门，下管园艺场和零售商店两个多元化企业。拥有总资产27989万元，其中，固定资产4952万元、流动资产21556万元。共有员工371人，其中聘用员工160人。辖区共有卷烟零售户10136户。

2006年销售卷烟48亿支（9.6万箱），与上年同比增长1.76%。实现销售收入78434万元，同比增长12.78%。实现税利12123万元，同比增长14.45%，其中，实现利润9355万元，同比增长17.54%。

2006年市局（公司）被辽宁省总工会评为“辽宁省工会困难员工帮扶工作先进集体”；被省局（公司）推荐为“辽宁省思想政治工作先进单位”。

营口市烟草专卖局（公司）

营口市烟草专卖局（公司）成立于1984年4月28日。2006年12月由营口市局（分公司）改制更名为营口市局（公司）。2006年下辖盖州市、大石桥市2个县（市）烟草专卖局（营销部）和老边区、鲅鱼圈区2个卷烟批发配送中心。市局（公司）机关设11个职能部门。拥有总资产28353万元，其中，固定资产5502万元、流动资产22748万元。共有员工384人，其中聘用员工278人。辖区共有卷烟零售户8356户。

2006年销售卷烟38.5亿支（7.7万箱），与上年同比增长0.86%。实现销售收入70046万元，同比增长3.72%。实现税利13319万元，同比增长16.63%，其中实现利润10084万元，同比增长12.18%。

2006年在专卖管理工作中，坚持“守土有责”的工作方针，深入开展卷烟打私打假活动和市场管理工作。实践中认真做好五方面结合，即行政执法与刑事执法相结合；坚持路上堵、市场管与暗中访、店里查相结合；对卷烟市场实行分片区量化管理与取缔无证经营相结合；对卷烟经营户进行面对面的宣传教育与利用新闻媒体宣传相结合；加强执法队伍建设与开展行政执法责任考评相结合。

阜新市烟草专卖局（公司）

阜新市烟草专卖局（公司）成立于1984年4月20日，2006年12月由阜新市局（分公司）改制更名为阜新市局（公司）。2006年下辖阜新县、彰武县2个烟叶生产销售公司和阜新县烟草专卖局、彰武县烟草专卖局（配送中心）。市局（公司）机关设12个职能部门。拥有总资产16831万元，其中，固定资产3721万元、流动资产12280万元。共有员工528人，其中聘用员工359人。辖区共有卷烟零售户5452户，植烟农户1698户。

2006年销售卷烟31.7亿支（6.34万箱），与上年同比下降1.15%。种植烟叶2.31万亩，收购烤烟0.36万吨（7.20万担），同比下降30.23%。“两烟”实现销售收入55829万元，同比增长2.43%。“两烟”实现税利7050万元，其中实现利润4720万元。

2006年阜新市局（公司）获辽宁省“五一劳动奖状”。

辽阳市烟草专卖局（公司）

辽阳市烟草专卖局（公司）成立于1983年11月，1984年1月正式运行。2006年11月完成母子公司体制改革，由辽阳市局（分公司）更名为辽阳市局（公司），12月28日正式挂牌。2006年下辖灯塔市、辽阳县2个县（市）烟草专卖局（营销部）。市局（公司）机关设11个职能部门。拥有总资产14898万元，其中，固定资产1746万元、流动资产13073万元。共有员工294人，其中聘用员工109人。辖区共有卷烟零售户6235户。

2006年销售卷烟30.25亿支（6.05万箱），与上年同比增长1.75%。实现销售收入55071万元，同比增长10.28%。实现税利9869万元，同比增长22.92%，其中，实现利润7487万元，同比增长24.95%。

2006年市局（公司）获“辽宁省重合同守信誉企业”、“辽宁省烟草安全工作目标管理先进单位”、“辽宁省烟草行业学会工作先进单位”等称号。客户经理张旭获“全国烟草行业优秀客户经理”称号，何红霞、李磊荣获“辽宁省烟草行业优秀客户经理”称号。

铁岭市烟草专卖局（公司）

铁岭市烟草专卖局（公司）成立于1984年1月1日。2006年12月由铁岭市局（分公司）改制更名为铁岭市局（公司）。2006年下辖开原市、调兵山市、昌图县、西丰县、清河区5个县（市、区）烟草专卖局和开原市、昌图县、西丰县3个烟叶分公司。市局（公司）机关设13个职能部门。拥有总资产31273万元，其中，固定资产9338万元、流动资产21297万元。共有员工878人，其中聘用员工197人。辖区共有卷烟零售户11237户，植烟农户1452户。

2006年销售卷烟44.65亿支（8.93万箱），与上年同比增长1.25%。种植烟叶3.05万亩，收购烤烟0.48万吨（9.67万担），同比下降37.09%。“两烟”实现销售收入74312万元，同比增长4.81%。“两烟”利润亏损4131万元，上缴税收2795万元。

朝阳市烟草专卖局（公司）

朝阳市烟草专卖局（公司）成立于1984年，2006年11月21日由朝阳市局（分公司）改制更名为朝阳市局（公司）。2006年下辖北票市、建平市、凌源县、喀喇沁左翼蒙古族自治县4个县（市）烟草专卖局（营销部）和北票市、建平市2个烟叶生产收购总站以及1个直属管理部。市局（公司）机关设12个职能部门。拥有总资产28652万元，其中，固定资产6976万元、流动资产20677万元。共有员工616人，其中聘用员工409人。辖区共有卷烟零售户10700户，植烟农户2916户。

2006年销售卷烟38.5亿支（7.7万箱），与上年同比增长5.77%；种植烟叶2.77万亩，收购烤烟0.4145万吨（8.29万担），同比下降29.92%。“两烟”实现销售收入67198万元，同比增长22.81%。“两烟”实现税利8942万元，同比增长54.73%，其中实现利润6287万元，同比增长65.93%。

2006年烟叶生产完成“双控”任务，达到“双保”目标。烟叶收购计划由原来的0.8万吨（16万担）落实到0.415万吨（8.3万担），种植计划从原来的5.5万亩缩减了一半。在“双控”工作中，市局（公司）尽最大努力保护烟农利益，积极配合地方政府研究制订转产项目，共拿出补贴资金55万元。在烟叶生产经营方面，全面实现大棚集中育苗，100%使用塑料托盘，共利用大棚57座，使用托盘29951盘。同时，投资40万元为北票建造辽宁省最大的烟田给水滴灌工程并投入使用，受益烟田面积达1200亩。

盘锦市烟草专卖局（公司）

盘锦市烟草专卖局（公司）成立于1984年，2006年11月24日由盘锦市局（分公司）改制更名为盘锦市局（公司）。2006年下辖盘山县、大洼县2个县烟草专卖局和广达公司。市局（公司）机关设11个职能部门。拥有总资产14350万元，其中，固定资产2520万元、流动资产11640万元。共有员工204人，其中聘用员工87人。辖区共有卷烟零售户3219户。

2006年销售卷烟20.75亿支（4.15万箱），与上年同比增长3.75%。实现销售收入42679万元，同比增长12.81%。实现税利7776万元，同比增长15.18%，其中实现利润5878万元。

2006年6月，投资50多万元完成物流分拣设备的安装，投资200多万元完成信息中心的标准化改造。9月，完成营销中心、物流中心二级机构的设置和人力资源配置。10月，实现全地区“一库制”分拣配送，建立“机构扁平化、分工专业化、流程科学化、服务规范化”的现代卷烟销售网络模式。

葫芦岛市烟草专卖局（公司）

葫芦岛市烟草专卖局（公司）成立于1989年，2006年12月由葫芦岛市局（分公司）改制更名为葫芦岛市局（公司）。2006年下辖兴城市、绥中县、建昌县3个县（市）烟草专卖局（营销部）。市局（公司）机关设8个职能部门和1个金叶商店。拥有总资产23588万元，其中，固定资产5060万元、流动资产18401万元。共有员工409人，其中聘用员工159人。辖区共有卷烟零售户9630户。

2006年销售卷烟40.9亿支（8.18万箱），与上年同比增长2.07%。实现销售收入70367万元，同比增长11.59%。实现税利10111万元，其中实现利润8235万元。

2006年辽宁省烟草商业系统主要情况统计

地市级局（公司）名称		沈阳市烟草专卖局、沈阳市烟草公司	鞍山市烟草专卖局、鞍山市烟草公司	抚顺市烟草专卖局、抚顺市烟草公司	本溪市烟草专卖局、本溪市烟草公司	丹东市烟草专卖局、丹东市烟草公司
法人代表/主要负责人		韩佳君	曹永芳	李　力	蒋全波	范学忠
总资产（万元）		113922	30026	20751	16004	61551
员工总数（其中聘用员工数）（人）		1482（其中聘用员工934人）	513（其中聘用员工230人）	511（其中聘用员工252人）	311（其中聘用员工142人）	846（其中聘用员工442人）
所属县级局数量（个）		4	3	2	2	3
所属县级公司数量（个）		/	/	/	/	/
所属营销部（分公司、访销中心、烟叶复烤厂、稽查大队等）		1个营销中心、1个物流中心、4个营销部、6个稽查支队	1个营销中心、1个物流中心、3个营销部、4个配送站	1个营销中心、1个物流中心、2个营销部、4个区专卖管理所、3个县稽查大队；3个稽查直属大队	1个营销中心、1个物流中心、3个营销部、4个稽查大队、4个市场部、1个专管大队	1个营销中心、1个物流中心、3个卷烟配送中心、4个烟叶总站
销售卷烟（亿支）		149.72	58.00	39.25	28.11	38.44
实现税利（万元）	本年	54283	18512	9951	8942	11608
	上年	46528	14709	10999	7306	4035
实现利润（万元）	本年	41671	13578	7119	6700	8904
	上年	35378	10972	8084	5305	1364
烟叶种植（亩）		/	/	/	/	/
烟叶收购（担）		/	/	/	/	/
零售户数（户）		26319	11098	6985	6202	8884

地市级局（公司）名称		锦州市烟草专卖局、锦州市烟草公司	营口市烟草专卖局、营口市烟草公司	阜新市烟草专卖局、阜新市烟草公司	辽阳市烟草专卖局、辽阳市烟草公司
法人代表/主要负责人		王　碧	仲崇库	齐世英	于海荣
总资产（万元）		27989	28353	16831	14898
员工总数（其中聘用员工数）（人）		371（其中聘用员工160人）	384（其中聘用员工278人）	528（其中聘用员工359人）	294（其中聘用员工109人）
所属县级局数量（个）		4	2	2	2
所属县级公司数量（个）		/	/	/	/
所属营销部（分公司、访销中心、烟叶复烤厂、稽查大队等）		1个营销中心、1个物流中心、4个营销部、8个稽查大队	1个营销中心、1个物流中心、2个营销部、2个卷烟批发配送中心、9个稽查大队	1个营销中心、1个物流中心、3个访销中心、5个稽查大队、2个烟叶生产销售公司	1个营销中心、1个物流中心、2个营销部、3个配送站
销售卷烟（亿支）		48.00	38.50	31.70	30.25
实现税利（万元）	本年	12123	13319	7050	9869
	上年	10592	11420	4980	8029
实现利润（万元）	本年	9355	10084	4720	7487
	上年	7959	8989	2883	5992
烟叶种植（亩）		/	/	23072	/
烟叶收购（担）		/	/	71988	/
零售户数（户）		10136	8356	5452	6235

地市级局（公司）名称		铁岭市烟草专卖局、铁岭市烟草公司	朝阳市烟草专卖局、朝阳市烟草公司	盘锦市烟草专卖局、盘锦市烟草公司	葫芦岛市烟草专卖局、葫芦岛市烟草公司
法人代表/主要负责人		王书文	吕其华	姜振光	张宁一
总资产（万元）		31273	28652	14350	23588
员工总数（其中聘用员工数）（人）		878（其中聘用员工197人）	616（其中聘用员工409人）	204（其中聘用员工87人）	409（其中聘用员工159人）
所属县级局数量（个）		5	1	2	3
所属县级公司数量（个）		/	/	/	/
所属营销部（分公司、访销中心、烟叶复烤厂、稽查大队等）		1个营销中心、1个物流中心、4个分送站、1个稽查中心、8个稽查大队、3个烟叶分公司	1个访销中心、1个物流中心、4个营销部、7个稽查大队、2个烟叶生产收购总站	1个营销中心、1个物流中心、3个稽查大队	1个营销中心、1个物流中心、3个营销部、7个稽查大队
销售卷烟（亿支）		44.65	38.50	20.75	40.90
实现税利（万元）	本年	-1336	8942	7776	10111
	上年	6318	5779	6752	10062
实现利润（万元）	本年	-4131	6287	5878	8235
	上年	3238	3789	5193	7196
烟叶种植（亩）		30491	27666	/	/
烟叶收购（担）		96665	82925	/	/
零售户数（户）		11237	10700	3219	9630

（王　森）

吉林烟草

吉林省烟草专卖局（公司）

概　况

吉林省位于中国东北中部，总面积18.74万平方公里，人口2723万人，有48个少数民族。全省设8个地级市、1个自治州、20个市辖区、20个县级市、17个县、3个少数民族自治县。2006年，全省实现地区生产总值（GDP）4275.12亿元。

截至2006年底，吉林省烟草专卖局（公司）下辖长春市、吉林市、四平市、辽源市、通化市、白山市、白城市、松原市和延边州9个市、州烟草专卖局（公司）。全省烟草行业有员工6615人，其中聘用员工2086人。拥有固定资产0.88亿元，流动资产14.56亿元。

领导成员

局长、总经理、党组书记：王健男

副局长、副总经理、党组成员：董伟光

副总经理、党组成员：衣景林（—2006.7）

副局长、党组成员：曹东伟

副总经理、党组成员：王永盛

纪检组长、党组成员：徐　智

副巡视员：杨贵生（2006.11—）

副巡视员：张永刚

组织机构

省局（公司）机关设有办公室（与外事办公室、烟草学会合署办公）、综合计划处、安全保卫处（与公安三分局合署办公）、专卖监督管理处（与专卖管理稽查总队、内部专卖管理监督办公室合署办公）、政策法规与体制改革处、财务管理处（与资金管理中心合署办公）、审计处、人事劳资处（与离退休干部办公室合署办公）、监察处（与党组纪检组合署办公）、思想政治工作处（与机关党委、工会合署办公）、卷烟经营管理部、烟叶生产经营管理部13个职能处室，信息中心、机关服务中心、职业培训中心（与职业技能鉴定站合署办公）3个中心和吉林省烟草质量监督检测站。

经济效益

2006年，全省行业完成卷烟销售425.32亿支（85.06万箱），与上年同比增长1.75%。实现“两烟”税利12.4亿元，同比增长19.23%；实现“两烟”利润9.1亿元，同比增长21.3%；实现“两烟”税收（含教育附加税）2.96亿元，其中，卷烟税收2.88亿元，烟叶税收0.075亿元。烟叶种植14.56万亩，收购烤烟2.099万吨（41.99万担），实现利润0.23亿元。

全省卷烟商业企业综合经济效益指数同比增长9.97%，其中，成本费用利润率同比增加0.88%，资本保值增值率同比增加92.6%，资产负债率同比下降17.78%，销售利润率同比增加0.64%。

专卖管理

卷烟打假。2006年，全省行业将打假的工作重点放在“破网追刑”上，即破获、粉碎形成制售假烟的网络团伙，加大追究制售假烟网络团伙犯罪分子的刑事责任。长春市局、吉林市局、延边州局先后成功破获多起具有一定影响的售假网络案件，其中，案值20万元以上网络案件5起，100万元案值以上网络案件3起，延边州局破获的“1·14”跨区售假网络案件，案值达375万元。

2006年，全省行业查处各类涉烟违法案件4849起，捣毁黑制丝窝点、售假窝点109处，查获假烟16798万支，查扣违法烟丝34吨、烟叶36吨、制假烟机10台，移交公安、司法机关抓获犯罪分子8人，其中判刑3人。

特业整顿。省局（公司）下发《清理餐饮、娱乐、洗浴中心等高档消费场所卷烟经营实施方案》，协调省公安厅、省工商局组成联合验收组，对长春、吉林、四平等重点地区的特殊行业整顿工作进行检查验收。经过近3个月的全面治理，依法取消卷烟经营资格特业户313户、整改558户，对符合经营条件的特业户补办许可证612个。

卷烟销售

省局（公司）加大宏观调控力度，引导商业企业抓好结构提升，加大品牌整合力度，培育和扶持符合国家烟草专卖局提出的具有品牌发展方向、市场占有率高、效益水平好的优势牌号，使市场资源进一步向“两个10多个”重点工业企业优势牌号集中。2006年，全省行业完成一、二类烟销售75亿支（15万箱），占卷烟销售总量的17.63%；清理退市卷烟品牌、规格65个，处理库存2.95亿支（0.59万箱）。“百牌号”卷烟销售385亿支（77万箱），占卷烟销售总量的90.5%。战略联盟企业品牌销售364亿支（72.8万箱），占卷烟销售总量的86%。销量居前10位的卷烟品牌集中度为72.33%，同比提高2%，初步形成以“中华”、“芙蓉王”、“云烟”、“长白山”、“人参生命源”等品牌为主体的高中档卷烟消费群体。

网络建设

建立以市、州公司为主体的营销体系。各市、州公司采取集中电访、统一分拣、分级配送模式转换，采取弹性送货和农村分段送货、委托送货等形式，整合送货路线。全省行业有送货线路872条、送货车辆325台、送货人员482人，与上年分别同比减少45条、34台、105人。客户经理队伍499人，同比增加96人，卷烟服务营销能力进一步加强。

吉林市局（公司）按“客户订单组织货源”和白城市局（公司）“双诚信”（烟草公司与商户建立起双向承诺、双向服务、双向监督的服务体系）试点工作进展顺利，为全省行业交易方式改革、加强客户关系管理积累一定经验。

烟叶产销

烟叶基础设施建设。省局（公司）加强烟叶基础设施建设，先后投入2494万元，加上国家局配套的2290万元，吉林省烟叶基础设施建设合计投入4784万元。全年新建密集烤房2059座、建烟水配套工程195项、配置移动管网1315公里、购置农机具673台套、烟田联合保险111992亩，烟叶基础设施建设有效改善了烟农的生产劳动环境，也为吉林省烟叶平稳发展奠定良好的基础。

烟叶收购。2006年，全省行业签订烤烟种植合同7815份，种植烤烟14.23万亩，收购烤烟2.1万吨（42万担），完成收购计划的100%。其中，收购上等烟3.83万吨（7.66万担），占收购量的18.24%；中等烟12.82万吨（25.63万担），占收购量的61.02%；下等烟4.36万吨（8.71万担），占收购量的20.73%。实现利润2328万元，达到自1998年以来烟叶效益的最好水平。

体制改革

省局（公司）制订《中国烟草总公司吉林省公司建立母子公司体制的实施方案》和《中国烟草总公司吉林省公司章程》。7月24日，根据国家局批复，中国烟草总公司吉林省公司是中国烟草总公司的全资子公司，投资设立9个市、州公司，分别是吉林省烟草公司长春、吉林、四平、辽源、通化、白山、白城、松原市公司和延边州公司，各市、州公司是中国烟草总公司吉林省公司的全资子公司。省公司本部退出“两烟”经营，分别设卷烟经营管理部和烟叶生产经营管理部，对全省卷烟经营和烟叶生产经营行使宏观调控和监管职能，初步实现以行政管理为主向以资产经营管理和行政管理并重的转变，确立市、州公司的市场经营主体地位。

取消吉林省烟叶公司、延边州烟叶公司及所属各县（市）烟叶公司的法人资格，依法将白城地区烟叶生产经营纳入行业统一管理，分别由长春、延边和白城市烟草公司具体负责烟叶生产经营工作，依法对资不抵债的延吉、图们、珲春、安图四县（市）烟叶公司实施破产。

队伍建设

人事用工制度改革。2006年，全省行业建立一整套比较完善的用工、用人和分配机制。2006年，吉林、白城、延边、辽源、松原、通化、白山7个市、州局（公司）提供286个竞争岗位。经过竞聘，原中层管理人员落聘53人；新竞争上中层管理岗位65人，其中原大集体人员4人，三年期限合同人员3人。

2006年，省局（公司）统一组织从高校选聘优秀毕业生，全省选聘的18个岗位中有454人报名，经过筛选有260人参加笔试。白城市局（公司）的客户经理和电访员全部面向社会公开选聘，本科学历占80%以上。各市、州局（公司）注重职工素质的提高，按照三项制度改革规定的用工程序和选聘标准，大力调整充实一线人员。

教育培训。省局（公司）建立市、县两级后备干部队伍，组织一期青年干部培训班。以职业培训中心为依托，深入开展干部职工培训工作，全年举办领导干部、青年干部、市场营销管理、法律法规等各类培训班13期，培训893人次。

内部管理监管

明确各级领导班子、领导干部和职能部门的内部管理监督职责，初步形成内部监管的长效机制。各市、州局（公司）借鉴通化市局（公司）的成功经验，专卖部门建立管理监督制度体系，营销部门建立经营自律的制度体系。内部专卖管理监督部门一方面考核同级业务经营自律制度的制定、完善、执行情况和专卖管理部门职责履行情况，同时接受上级内部专卖管理监督部门和同级纪检监察部门的考核。

完善各级领导班子的议事规则和决策程序，发挥投资、预算、薪酬“三个委员会”的作用。在干部人事、基建投资、资产购置处置等重要决策过程中，全面推行政务公开制度，维护广大职工的知情权、参与权、监督权，增强权力运行的透明度。

党风廉政建设

全省行业继续贯彻落实省局（公司）党组提出的

“加强四个修养”、“增强四个意识”、“树立正确四观”的要求，通过创建“四好”领导班子活动，提升各级领导班子的能力素质。制订领导干部党风廉政建设岗位职责，建立责任制体系，以领导班子和主要领导干部为重点，加强对权力运行的监督。

围绕惩防体系建设的重点难点问题，在局部先行试点的基础上，研究制订《全省烟草系统惩防体系建设实施意见》。在四平市局（公司）试点的基础上，确立全省行业政行风建设的长效机制。落实“双重领导”制度，纪检监察工作机制得到完善。

企业文化

全省行业落实企业文化建设工作会议的部署和《吉林省烟草系统2006～2007年企业文化建设实施意见》，推广吉林市局（公司）企业文化建设工作试点经验，并聘请专家参与设计、整合，形成一整套企业文化建设规范化操作模式。全省行业各单位按照省局（公司）的总体部署，参照吉林市局（公司）的做法，进行企业文化诊断，以此为依据，撰写企业文化诊断报告、制定企业文化建设规划、编订企业文化手册、开展企业理念宣传等项任务。

成立企业文化建设办公室，负责企业文化建设的具体工作。在长春、吉林、四平、延边、白城、松原等市、州局（公司）设立专门的思想政治工作机构或配备专职人员。

吉林省局（公司）主要统计指标汇总

实现税利（亿元）	商业利润（亿元）	销售卷烟（亿支）	烟叶种植（万亩）	烟叶收购（万担）	出口创汇（万美元）
12.40	9.10	425.32	14.56	41.99	/

所属地市级局（公司）

长春市烟草专卖局（公司）

概　况

长春市是吉林省省会，面积2.06万平方公里。下辖6区3市1县，全市人口731万人。

长春市烟草专卖局（公司）成立于1984年，2006年7月国家局批复，吉林省烟草公司长春分公司变更为吉林省烟草公司长春市公司。2006年市局（公司）下辖榆树市、农安县、德惠市、九台市、双阳区、朝阳区、宽城区、南关区、二道区、绿园区10个县级烟草专卖局（分公司、营销部），以及特业分局（营销部）和长春市烟叶公司。其中，特业分局成立于2006年6月，负责市区各种特业场所的管理和供货。长春市烟叶公司是省局（公司）退出“两烟”经营后，由原省烟叶公司划转到市局（公司），具体管理行业内的柳河县烟叶公司、榆树市烟叶公司和行业外的德惠烟叶公司、扶余县烟叶公司、蛟河市烟叶公司5个烟叶公司。企业拥有资产总额62400万元，员工1137人，其中聘用员工411人。辖区有卷烟零售户24672户。

2006年，市局（公司）被评为“吉林省人民满意的金牌形象使者单位”、“吉林省明星企业”、“长春市百姓口碑最佳单位”、“长春市百姓信赖的商企单位”。

领导成员

局长、党组书记：杨贵生（2006年11月23日调任省局（公司）副巡视员）

局长、经理、党组书记：陈建新（2006.11—）

副局长、副经理、党组成员：张建华（2006.11—）

副局长、副经理、党组成员：刘　君（2006.11—）

副局长、副经理、党组成员：张　波

副局长、副经理、党组成员：毛元国

副局长、副经理、党组成员：车大光

副局长、副经理、党组成员：刘　炜

组织机构

市局（公司）设有办公室、营销中心、配送中心、专卖处、信息中心、企业管理处（考评中心）、人事劳资处、财务处、监察审计处、安全保卫处、思想政治工作处、工会12个职能部门。

经济效益

2006年，全市辖区完成卷烟销售119.4亿支（23.88万箱），与上年同比增长1.67%；其中，一、二类烟销量占总销量的17%，同比增长2.9%；三类烟销量占总销量的56%，同比增长1.3%；四、五类烟销量占总销量的26.4%，同比下降4.8%。卷烟销售收入202000万元，同比增长11.7%。实现“两烟”税利32279万元，同比增长13.09%；其中，实现“两烟”利润26116万元，同比增长20.6%。平均单箱销售收入8445元，同比增长10.12%；单箱毛利1710元，同比增长17.7%。成本费用利润率14.92%，同比增加1.17%，销售利润率为12.9%，同比增长

0.88%。烟叶种植5.47万亩，收购烤烟7675吨(153500担)。

品牌培育

市局（公司）把品牌培育作为优化销售结构、提高经济效益、增强整体实力、加快企业发展的重要举措，制订符合长春市销售实际的《长春市局（公司）品牌培育实施方案》，按一个品牌一个培育策略的原则，采取设立品牌经理、落实推介任务、强化绩效考核等一系列措施。2006年，全市辖区卷烟销量超过5000箱的品牌14个，超过万箱的品牌6个，"百牌号"卷烟品牌比例92.75%。

专卖管理

出台《长春市局（公司）内部专卖管理监督工作规范》和《长春市局（公司）卷烟经营管理自律制度》，强化专卖管理的内部监督作用，提高专卖管理人员的依法行政水平，保证卷烟入网销售、落地销售、入户销售100%。

坚持"内管"与"外打"并重，坚持"破网络，抓管理"的工作原则，成功破获一起案值300多万元的假烟网络案件，收缴各类违法经营卷烟200多件。全年移交公安、司法机关刑拘犯罪嫌疑人8人，批捕6人，判刑3人，追刑力度进一步加大。坚持日常检查不放松，全年出动9539车次、26123人次，对市场进行5937次检查，办理各类涉烟违法案件377起，收缴各类假冒商标卷烟3365件。

网络建设

推行"一库式"管理模式。正式取消县级营销部的分库，新开一条卷烟分拣线，增设5台包装裹膜机，完成由喷码防伪向激光打码防伪的转变，实现"一库式"管理。

加强网建规范。市局（公司）从业务流程环节入手，改革电访模式，由定向访销转换成随机电话访销，避免"人情烟"现象的发生。结合零售户分类标准研究出台紧俏烟分配办法，卷烟分配方式更加公开、透明。防止利用"机动卡"搞违规经营行为的发生，对原有IC卡进行清理和注销并对全地区零售户的IC卡进行全部更换，进一步堵住违规经营的漏洞。

加强营销队伍建设。通过对客户经理岗位职能和服务标准的不断明晰，特别是对销量、毛利、品牌培育等工作指标的不断量化和细化，客户经理走访市场更加突出针对性、规律性和实效性。

信息化建设

2006年，长春市局（公司）以抓好分销系统、呼叫中心系统、客户关系管理系统、专卖管理系统、办公自动化管理系统、电子商务、资金管理系统软件的升级改造工作为目标，进一步加快"数字烟草"的工作进程。

市局（公司）围绕业务流程的转变，完成"随机电话访销"、"一库式管理"、"客户关系管理软件模式"的软件升级改造和设备的安装调试工作，保证流程的平稳过渡。加强与零售户的交流与沟通，在省商务中心的配合下，开通短信平台系统，数字化水平得到进一步提升。

企业管理

市局（公司）于2006年6月5日通过职业健康安全管理体系认证，通过对各分公司、营销部和配送中心等重点部位的检查，加大隐患的检查和整改力度。通过认证完善了企业安全健康管理办法和相关条例，搜集与行业有关的75项法律法规，形成8个类别的安全管理制度，建立健全各种安全档案56套。

通过公开纪检监察、专卖、电访和配送等环节的举报投诉电话，进一步规范服务行为和执法行为。全年处理投诉案件92起，纠正和回复处理意见92起，办结率100%。

内部管理监督

2006年，市局（公司）设立投资委员会、预算委员会、薪酬委员会，发挥"三个委员会"在项目投入、资金支出、收入分配等问题上的审查把关作用，实现卷烟营销、专卖管理、项目投资、财务支出、人事劳资等重要环节工作的制度化、程序化、规范化，强化同级审计作用和纪检监察再监督职能。2006年3月，市局（公司）开展为期一个月的2005年度的财务收支、内控制度、预算管理、专项资金4个方面的全面审计。

市局（公司）成立常设的内部管理监督办公室，研究出台《长春市局（公司）内部专卖管理监督工作规范》和《长春市局（公司）卷烟经营管理自律制度》，强化专卖管理的内部监督作用，提高专卖管理人员的依法行政水平，对监管主体的每一个环节都确定监管内容。

企业文化

2006年，市局（公司）机关企业文化建设得到全面发展，从企业文化诊断入手，完成企业文化理念的提炼，对全体职工分3批进行企业文化理念、企业核心价值观、企业精神、企业愿景、企业经营理念等5个专题的系统培训，印发《长春市烟草公司企业文化手册》和《长春市烟草公司员工行为规范》。完成《企业规划措施汇编》和《企业规章制度汇编》。从理念转化为员工行为入手加大培训力度，包括营销、专卖、计算机软件操作、安全管理以及新员工岗前教育培训在内，培训活动20余次。

吉林市烟草专卖局（公司）

吉林市烟草专卖局（公司）成立于1984年6月，2006年7月国家局批复，吉林省烟草公司吉林分公司改制更名为吉林省烟草公司吉林市公司。2006年市局（公司）下辖舒兰市、磐石市、桦甸市、蛟河市、永吉县5个县级烟草专卖局（分公司）和吉林市金叶烟草有限公司。企业拥有资产总额36668万元，员工852人，其中聘用员工489人。辖区有卷烟零售户21000户。

2006年，全市辖区完成卷烟销售69.2亿支（13.84万箱），与上年同比增加1.17亿支（0.23万箱），增长1.7%。实现销售收入119742万元，同比增加14059万元，增长13.3%。实现毛利额24083万元，同比增加4274万元，增长21.5%。实现税利16965万元（不含教育费附加117万元），同比增加2018万元，增长13.5%；其中，实现利润12658万元，同比增加2542万元，增长25.13%；实现税金4307万元（不含企业所得税）。

2006年，全市相继开展4次大型的烟草专卖管理专项行动，破获2起假烟销售网络案件。全年累计查处涉烟违法案件1530件，收缴假烟标值达1100多万元，罚没款61.8万元，市场净化率保持在98%以上。

四平市烟草专卖局（公司）

四平市烟草专卖局（公司）成立于1984年，2006年7月国家局批复，吉林省烟草公司四平分公司改制更名为吉林省烟草公司四平市公司。2006年市局（公司）下辖公主岭市、梨树县、伊通满族自治县、双辽市4个县级烟草专卖局（分公司）。企业拥有资产总额18178万元，员工609人，其中聘用员工310人。辖区有卷烟零售户10214户。

2006年，全市辖区完成卷烟销售49.15亿支（9.83万箱），与上年同比增加0.85亿支（0.17万箱），增长1.77%。实现卷烟销售收入71412万元，同比增加10396万元，增长17.4%；实现毛利额14060万元，同比增加2631万元，增长23.02%。实现税利10082万元，同比增长23.13%；其中，实现利润7676万元，同比增加1730万元，增长29.1%。

全年查处涉烟违法案件1792件，没收各类非法卷烟1041件，收缴非法烟丝7901公斤、“烟砖”2219块，实现罚没收入155.42万元。

2006年，市局（公司）被评为“2005～2006年度吉林省精神文明建设先进单位”。

辽源市烟草专卖局（公司）

辽源市烟草专卖局（公司）成立于1984年，2006年7月国家局批复，吉林省烟草公司辽源分公司改制更名为吉林省烟草公司辽源市公司。2006年市局（公司）下辖东丰县、东辽县2个县级烟草专卖局。企业拥有资产总额11130万元，员工203人，其中聘用员工61人。辖区有卷烟零售户4053户。

2006年，全市辖区完成卷烟销售19.92亿支（3.98万箱），同比增加0.86亿支（0.17万箱），增长4.51%，其中，一、二类烟销售3.05亿支（0.61万箱），同比增加0.8亿支（0.16万箱），增长37%。实现税利4842万元，同比增加629万元，增长14.93%；其中，实现利润3504万元，同比增加392万元，增长12.6%。单箱销售收入7934元，同比增加901元，增长12.8%；单箱毛利额1664元，同比增加279元。

全年查处各类涉烟违法案件473件，查扣非法生产卷烟3279条，标值17.16万元；查扣烟叶8414公斤、大小“烟砖”2158块，非法生产烟丝9000多公斤，收缴罚没款4.83万元。

通化市烟草专卖局（公司）

通化市烟草专卖局（公司）成立于1984年，2006年7月国家局批复，吉林省烟草公司通化分公司改制更名为吉林省烟草公司通化市公司。2006年市局（公司）下辖梅河口市、集安市、通化县、辉南县、柳河县5个县级烟草专卖局（分公司）。企业拥有资产总额17169万元，员工399人，其中聘用员工195人。辖区有卷烟零售户9500户。

2006年，全市辖区完成卷烟销售37.21亿支（7.44万箱），与上年同比增长3.65%，其中，一、二类烟销售7.6亿支（1.52万箱），占销售总量的20.4%，同比增长24.7%；三类烟销售23.81亿支（4.76万箱），同比增长12.5%。实现税利9162万元，同比增长11.51%；其中，实现利润6737万元，同比增长15.78%。

全年查处涉烟售假案件32件，其中，移送司法机关2件；打掉售假窝点21个，查获假烟341件，案值60余万元。全年开展专项行动11次、联合检查9次，取缔无证经营、违法违规商户70余户。加强专卖队伍建设，全年培训执法人员200余人次，培训合格率100%。

白城市烟草专卖局（公司）

白城市烟草专卖局（公司）成立于1984年，2006

年7月国家局批复，吉林省烟草公司白城分公司改制更名为吉林省烟草公司白城市公司。2006年市局（公司）下辖洮南市、大安市、通榆县、镇赉县4个县级烟草专卖局（分公司）。企业拥有资产总额14412万元，其中固定资产为3865万元；拥有员工286人，其中聘用员工128人。辖区有卷烟零售户10015户。

2006年，全市辖区完成卷烟销售32.19亿支（6.44万箱），与上年同比增加0.86亿支（0.17万箱），增长2.74%。实现税利6793万元，同比增长44.5%；其中，实现利润4776万元，同比增长37.2%。

白山市烟草专卖局（公司）

白山市烟草专卖局（公司）成立于1985年，2006年7月国家局批复，吉林省烟草公司白山分公司改制更名为吉林省烟草公司白山市公司。2006年市局（公司）下辖临江市、靖宇县、长白朝鲜族自治县、抚松县4个县级烟草专卖局（分公司）。企业拥有资产总额10958万元，其中固定资产4131万元；员工331人，其中聘用员工156人。辖区有卷烟零售户6823户。

2006年，全市辖区完成卷烟销售21.16亿支（4.23万箱）。实现毛利额7083万元，同比增长11.68%；实现单箱毛利额1674元。实现税利4622万元，与上年同比增长5.55%；其中，实现利润3385万元，同比增长12.2%。

松原市烟草专卖局（公司）

松原市烟草专卖局（公司）成立于1992年，2006年7月国家局批复，吉林省烟草公司松原分公司改制更名为吉林省烟草公司松原市公司。2006年市局（公司）下辖扶余县、长岭县、乾安县3个县级烟草专卖局（分公司）和前郭尔罗斯蒙古族自治县烟草专卖局。企业拥有资产总额20030万元，员工429人，其中聘用员工226人。辖区有卷烟零售户13429户。

2006年，全市辖区完成卷烟销售40.29亿支（8.06万箱），与上年同比增加0.72亿支（0.14万箱），增长1.82%。实现税利7987万元，同比增长20.67%；其中，实现利润5975万元，同比增加1317万元，增长28.27%。

全年出动稽查人员执法检查12176人次，出动车辆4461台次；立案55起，查获各类违法卷烟25799条，卷烟罚没款28248元。

延边朝鲜族自治州烟草专卖局（公司）

延边州烟草专卖局（公司）成立于1983年12月，2006年7月国家局批复，吉林省烟草公司延边分公司改制更名为吉林省烟草公司延边州公司，2006年下辖州内图们市、汪清县、珲春市、龙井市、和龙县、安图县、敦化市7个县级烟草专卖局（分公司）。企业拥有资产总额38982万元，其中，固定资产12068万元、流动资产26026万元；拥有员工705人，其中聘用员工298人。辖区有卷烟零售户10294户。

2006年，全州辖区完成卷烟销售36.61亿支（7.32万箱），与上年同比增长0.57%，其中，低档烟销售7.06亿支（1.41万箱），完成计划的101%。其中，销售一类烟1.29亿支（0.26万箱），占销售总量的3.52%；二类烟8.75亿支（1.75万箱），占销售总量的23.91%；三类烟19.5亿支（3.9万箱），占销售总量的53.27%；四类烟7.07亿支（1.41万箱），占销售总量的19.3%；“百牌号”卷烟销量占总销量的98%（含低档烟）。全州种植烤烟63490亩，收购烟叶7250吨（145000担）。实现“两烟”销售收入63635万元，同比增长8.3%；实现毛利额13176万元，同比增长16%。实现“两烟”税利7681万元，其中实现“两烟”利润5057万元。

全年查处各类涉烟违法案件959件，查扣各类非法卷烟2198件、烟叶14.2吨、烟叶切丝机2台，罚没款57970元，销毁各类假冒商标卷烟327件。

2006年吉林省烟草商业系统主要情况统计

地市级局（公司）名称	长春市烟草专卖局、长春市烟草公司	吉林市烟草专卖局、吉林市烟草公司	四平市烟草专卖局、四平市烟草公司	辽源市烟草专卖局、辽源市烟草公司	通化市烟草专卖局、通化市烟草公司
法人代表/主要负责人	杨贵生（-2006.11）、陈建新（2006.11-）	于　谦	高晓青	崔福安	姜国林
总资产（万元）	62400	36668	18178	11130	17169
员工总数（其中聘用员工数）（人）	1137（其中聘用员工411人）	852（其中聘用员工489人）	609（其中聘用员工310人）	203（其中聘用员工61人）	399（其中聘用员工195人）

续表

地市级局（公司）名称		长春市烟草专卖局、长春市烟草公司	吉林市烟草专卖局、吉林市烟草公司	四平市烟草专卖局、四平市烟草公司	辽源市烟草专卖局、辽源市烟草公司	通化市烟草专卖局、通化市烟草公司
所属县级局数量（个）		5	5	4	2	5
所属县级公司数量（个）		/	/	/	/	/
所属营销部（分公司、访销中心、烟叶复烤厂、稽查大队等）		3个访销中心、5个分公司、6个营销部、3个稽查大队	1个营销中心、4个分公司、1个配送中心、3个稽查大队、4个城区分局	1个营销中心、4个分公司、1个稽查大队	1个营销中心、1个配送中、1个稽查支队、2个稽查大队	1个营销中心、5个分公司、1个物流中心、2个配送中心、1个稽查大队
销售卷烟（亿支）		119.40	69.20	49.15	19.92	37.21
实现税利（万元）	本年	32279	16965	10082	4842	9162
	上年	28543	14947	8188	4361	8216
实现利润（万元）	本年	26116	12658	7676	3504	6737
	上年	21655	10116	5946	3112	5819
烟叶种植（亩）		54700	/	/	/	/
烟叶收购（担）		153500	/	/	/	/
零售户数（户）		24672	21000	10214	4053	9500

地市级局（公司）名称		白城市烟草专卖局、白城市烟草公司	白山市烟草专卖局、白山市烟草公司	松原市烟草专卖局、松原市烟草公司	延边州烟草专卖局、延边州烟草公司
法人代表/主要负责人		张凤武	王晓强（-2006.5）、徐继坤（2006.5-）	吴家伟	范忠顺
总资产（万元）		14412	10958	20030	38982
员工总数（其中聘用员工数）（人）		286（其中聘用员工128人）	331（其中聘用员工156人）	429（其中聘用员工226人）	705（其中聘用员工298人）
所属县级局数量（个）		4	4	4	7
所属县级公司数量（个）		/	/	/	/
所属营销部（分公司、访销中心、烟叶复烤厂、稽查大队等）		5个营销中心、4个分公司、1个物流中心、5个配送站、1个稽查支队、4个稽查大队	1个访销中心、4个分公司、1个配送中心、1个稽查大队	1个访销中心、3个分公司、1个配送中心、5个专卖管理所、5个稽查大队	1个营销中心、7个分公司、1个配送中心、5个配送站
销售卷烟（亿支）		32.19	21.16	40.29	36.61
实现税利（万元）	本年	6793	4622	7987	7681
	上年	4701	4379	6619	7873
实现利润（万元）	本年	4776	3385	5975	5057
	上年	3481	3017	4658	5506
烟叶种植（亩）		/	/	/	63490
烟叶收购（担）		/	/	/	145000
零售户数（户）		10015	6823	13429	10294

（王兴谦）

黑龙江烟草

黑龙江省烟草专卖局（公司）

概　况

黑龙江省位于中国东北部。全省土地总面积为46万平方公里，总人口3823万人。全省设12个地级市，1个地区，64个市辖区，18个县级市，45个县，1个自治县。2006年地区生产总值（GDP）为6188.90亿元。

黑龙江省烟草公司成立于1982年7月，黑龙江省烟草专卖局成立于1983年4月。1984年4月正式上划国家烟草专卖局、中国烟草总公司。2006年实施母子公司体制改制，确定了省公司与各地市公司的母子公司隶属关系。2006年下辖17家全资子公司，其中，14个地市烟草专卖局（公司）、哈尔滨烟叶公司和牡丹江烟叶公司2个烟叶公司、中国烟草黑龙江进出口有限责任公司、64个烟草专卖县（市）局（营销部）、4家打叶复烤企业、18个县级烟叶分公司和2个非法人烟叶生产经营站，并设有黑龙江省烟草科研所（即中国烟草东北农业试验站、中国烟草转基因检测中心）和绥化烟草中专。全省行业共有在册员工7072人，其中聘用员工2505人。截至2006年底，拥有总资产50.38亿元，其中，固定资产14.77亿元、流动资产34.54亿元。辖区内共有卷烟零售户197899户。

2006年，全省烟草行业紧紧围绕省局党组提出的“1233”发展目标①，按照“加强正规化管理，走向正规化经营，实现正规化发展”的工作总体要求，创新体制机制，整合发展力量，完善考核体系，强化内部监管。

2006年省局（公司）专卖稽查总队首次被国家局和公安部表彰为“全国卷烟打假工作先进集体”。

领导成员

局长、总经理、党组书记：吕忠信

副总经理、党组成员：魏湘泽（—2006.6）

副局长、党组成员：迟焕发

副总经理、党组成员：孙杰邦

纪检组长、党组成员：牛中全

副总经理、党组成员：杨鹤声

党组成员：王殿贵

组织机构

省局（公司）设办公室（外事办公室）、综合计划处（经济运行处）、安全保卫处、专卖监督管理处、政策法规与体制改革处、财务管理处、审计处、科技处、人事劳资处、监察处（与党组纪检组合署办公）、思想政治工作处、卷烟销售管理处、烟叶管理处等13个处室和机关服务中心、离退休人员管理办公室、烟草质量监督检测站、烟草工会、烟草学会、整顿和规范市场经济秩序领导小组办公室等6个专业部门。

经济效益

2006年销售卷烟577.43亿支（115.49万箱），与上年同比增长3.62%。其中，销售一类烟22.92亿支，同比增长8.5%，占总销量的4.0%；二类烟71.64亿支（14.33万箱），同比增长35.4%，占总销量的12.4%；三类烟228.38亿支（45.68万箱），同比增长31.1%，占总销量的39.5%；四类烟231.83亿支（46.37万箱），同比下降9.5%，占总销量的40.1%；五类烟22.66亿支（4.53万箱），同比下降57.1%，占总销量的3.9%。

全年全省商业企业实现销售收入101.68亿元，与上年同比增长17.79%。卷烟实现税利18.58亿元，同比增长34.74%，其中，实现利润12.98亿元，同比增长39.72%。毛利率为24%，成本费用利润率为12%，国有资产保值增值率为133%。

2006年全省实际种植烟叶面积为36.90万亩，收购烟叶5.61万吨（112.19万担），销售烟叶5.27万吨（105.32万担），实现烟叶销售收入14.05亿元。

专卖管理

2006年按照“三个正规化”建设和“真打不假打，实干不虚干”的专卖管理工作要求，推进专卖管

① 即利用一年左右时间，通过实行各烟叶分公司报账制并建立烟叶生产经营考核体系和实行各烟草分公司管理台账制并建立卷烟经营评价体系等措施，基本理顺行业管理体制和运行机制；利用两年左右时间，通过自我消化、实施破产、引资改制和争取政策性补贴等项措施，基本解决全省烟草行业历史亏挂；利用三年左右时间，通过体制和机制创新，建立“两烟”目标管理，实行卷烟销售向大企业大品牌倾斜等措施，使全省烟草行业实现税利达到20亿元；利用三年左右时间，通过开拓市场、增加销量、引导消费、提升结构等措施，使各项主要烟草经济指标基本达到全国平均水平。

理工作。

卷烟打假打私。2006年卷烟打假打私工作以“查源堵窝、打击走私贩私、制假售假、摧毁网络、严惩犯罪”为工作目标，积极构建与地方政府联合打假的新模式，开展一系列专项打假打私活动。

加大对边境免税店的监管、检查力度，狠抓边境口岸出口免税卷烟倒流问题。对宾馆、酒店、洗浴、夜总会等高档卷烟销售场所进行拉网式重点检查，实施不间断的重点看管和监控。从7月开始，集中开展“名烟名酒店”专项治理活动。加大对铁路、民航、森工、农垦系统卷烟打假工作力度。

2006年，全省共破获假冒商标卷烟案件1.26万起，查获假冒商标卷烟1.22万件，案值近8300万元。其中100万元以上大要案6起，50万元~100万元案件15起，20万元~50万元56起，5万元~20万元203起。捣毁制造假烟的黑工厂2处，查获制假烟机3台，刑事拘留108人。省局（公司）集中组织销毁假冒商标卷烟12807件。其中，6月30日，省局（公司）将1~5月全省专卖收缴的25万余条假冒商标卷烟在阿城市郊集中销毁，为全省首次大规模集中销毁假冒商标卷烟。

打击制售假烟网络。省局（公司）制订下发《“打网络、端窝点”专项打击制售假烟战役工作方案》。各市局（公司）加大资金投入，为专卖稽查人员和公安办案人员配备必要的监听和侦察设备，提高经营案件的能力，接连破获哈尔滨“7·30”、“8·10”、大庆“9·16”，佳木斯“9·21”等一批制售假烟网络案件。2006年，全省共破获制售假烟网络案件12起，其中，达到国家局与公安部制定的制售假烟网络案件标准的6起，涉案金额超过百万元以上的大要案6起。

建立联合打假机制。省局（公司）与省工商行政管理局联合制定并下发《黑龙江省整顿规范烟草专卖市场经营秩序协作机制》；与省财政厅联合制订并下发《烟草罚没财物管理规定》；与省监狱管理局联合制订并下发《全省监狱烟草专卖管理及卷烟经营管理办法》。各级局积极探索完善与地方政府的联合打假机制，哈尔滨铁路烟草专卖局大庆车站烟草检查站、森工分局公安值勤室相继挂牌成立。

专卖内管工作。建立内管长效机制，共出台500多项规章制度，强化对生产经营活动事前、事中和事后的全过程专卖管理监督。通过企业自查、省局（公司）全面复查和国家局抽查，使全省行业各项经营活动纳入正规化管理轨道。省局（公司）以“辖区管理、环环相扣、逐笔核对、层层督导检查”为原则，制定了自查、复查、验收各阶段工作标准。省局（公司）在4月、6月分别组织3个工作组两次到基层各单位，检查企业开展自查自纠的情况，并于5月31日召开牡丹江现场会，总结工作方法，交流内管经验。在复查阶段，省局（公司）通过多种形式，历时两个月，复查了25个法人企业，抽查了18个县级卷烟营销部和10个烟叶分公司，共查出44个方面117个问题，提出了150条整改建议并督促进行了整改。对于在自查和复查阶段发现的问题，各级局严格追究责任，共处理有关人员37人。10月11日至11月3日，国家局抽检组对全省专卖内管工作进行了抽检并给予肯定。

烟叶“双控”专卖管理。省局（公司）先后下发系列规定性文件，加强对烟叶生产经营各环节的专卖管理监督。成立省市县三级烟叶专卖稽查队伍，配备专兼职结合的烟叶专卖稽查人员，在资金、装备、经费上给予保障。省、市局分别与烟叶产区主管副局长签订了责任状。各级局严格执行烟叶准运证管理规定，以计划收购量为依据，严格按照下达的烟叶收购计划开具准运证，严把收购总量、加工、运输关。

各级烟叶专卖稽查部门紧紧抓住各项关键环节，对产烟区各乡镇村屯逐户进行检查，对重点烟叶产区、重点烟户进行死看死守，打击无计划种植、超计划种植的行为。全省共取缔无合同种植户1451户，拆除育苗大棚867座，铲除母床苗面积约2.5万平方米、子床面积约9800平方米，收缴烟种2950克。各级烟叶稽查部门积极与所在地政府的公、检、法等部门协调，严厉打击违法收购和贩运烟叶行为，切断违法烟叶外流的渠道。烟叶收购期间，全省共抽调专卖人员近600人，公安干警100余人，动用车辆78台，设卡100多处，查获违法经营烟叶案件56起，收缴违法烟叶139.46吨。

发挥舆论导向作用，营造“双控”舆论氛围。省局（公司）与各产烟县（市）局（公司）大力宣传《黑龙江省烟草专卖局关于严格控制烟叶种植面积的紧急公告》，并印发《致广大农民朋友的一封公开信》，宣传全国烟叶生产形势和国家局烟叶“双控”方针。召开烟农座谈会，讲清“双控”与黑龙江烟叶长远发展的关系。

专卖稽查队伍建设。省局（公司）制订并下发《加强县级烟草专卖局专卖管理工作的具体规定》，注重加强专卖稽查人员的依法办案能力、市场检查处理复杂情况能力、案卷制作能力、真假烟鉴别能力、案件经营能力、案件侦破能力、对零售户的管理服务能力“七种能力”。2006年省局（公司）首次开展专卖副局长述职活动。

网络建设

2006年全省在卷烟销售网络建设工作上重点抓了

6项工作。

采取“四个步骤”。首先，省局（公司）成立由局长（总经理）任组长、省局（公司）党组全体成员和相关部门参加的卷烟销售网络建设领导小组，各全资子公司也相应成立了由一把手任组长的网建领导小组。其次，成立卷烟销售管理处，抽调9名具有营销和网建工作经验的同志，加强省局（公司）对卷烟营销和网建的管理与服务。再次，黑龙江省烟草公司于2006年6月完全退出卷烟经营，管理监督方式由行政管理监督为主向资产经营管理与行政管理并重转变。第四，全省地市级公司成为市场营销的主体，在省公司的整体发展规划指导下开展经营。

优化网络流程。全省行业以“需求决定流程，流程决定组织，组织配置资源”为原则，统一全省网络组织框架，梳理全省网络业务流程，落实网络技术保障，统一网络岗位名称和职责，制订网络岗位操作规范，完善网络规章制度，明确每个网络流程的工作人员、工作指标和工作标准。全省行业商业初步建立电子政务、电子商务、仓储和物流配送以及产供销一体化、工商协同4个基础信息平台，初步形成统一平台、统一操作、统一管理的现代网络运行模式。建立全省统一的烟草全资子公司管理台账制度。

整合企业资源。2006年，黑龙江省烟草公司退出卷烟经营，全省经营主体整合到14个。初步形成以地市级公司为经营主体，全区订单统一采集、货源统一采购、卷烟统一配送，实现了地市级公司规模经营。整合物流资源，全省物流体系基本上以改造为主，各全资子公司努力提高费用控制水平，加强成本核算，优化配送路线，加强包装物管理、车辆管理和控制。

加强服务管理。构建客户关系管理体系，各全资子公司成立了统一的呼叫中心，全面推行电话订货、电子结算。按照“限制谁、扶植谁、依靠谁”的原则，构建公平互动的批零关系，突出中小客户这个中心，公平合理供货，确保其基本利益。

建立健全内外部监督体系。在行业内部，各全资子公司突出督察考评工作的作用，开展“三线互控、三级督察”，将职工收益与督察考评结果挂钩，使企业与职工利益高度统一。在行业外部监督上，全省行业商业坚持实行机关人员利用业余时间走访零售客户，听取零售客户意见，对出现的问题及时整改的做法。同时建立省市二级投诉体系。

提升销售网络。重视农村卷烟销售网络建设，强化县级营销部功能。为解决农村市场客户入网难、电话订货难、货源难、送货难、农村消费者买烟难等问题，为边远地区零售户设置“电话营销员”。“电话营销员”在拜访周期是客户经理，其他时间则用电话为零售户进行指导。重点抓好农垦、森工、铁路和民航卷烟销售网络的管理和服务，先后建立了农垦、森工、和铁路专卖分局，在宝泉岭、红兴隆、建三江等农垦管理局所在地建立专卖管理所和卷烟营销部。

打造现代网络营销队伍。加强干部队伍建设，推进网络用工分配制度改革，建立良好的用人机制和环境。通过地市局（公司）推荐，省局（公司）登记造册，集中培训，着重培养现代管理、现代营销、市场预测、现代物流的人才。通过加强教育培训，提高员工队伍知识技术水平。全省的职工教育培训工作以现代营销、网络业务规范、“四员”手册、信息技术等为主要内容。

烟叶产销

2006年全省实际种植烟叶面积为36.90万亩，签订种植收购合同17599份，合同约定收购量为5.8475万吨（116.95万担），主要分布在哈尔滨、牡丹江两个产区。全省烟叶种植区域分布在31个县（市）、217个乡（镇）、1396个村，共有17599户烟农。其中，烟叶收购量在0.1万吨（2万担）以上的乡镇11个、0.05万吨~0.1万吨的乡镇20个、0.25万吨~0.5万吨的乡镇32个。拥有烟叶种植面积100.05亩以上的烟户49户，49.95亩~100.05亩之间的烟户373户，30亩~49.95亩之间的烟户2727户，10.01亩~30亩之间的烟户14215户。

全年收购烟叶5.61万吨（112.19万担）。其中，上等烟0.83万吨（16.46万担），占总比重的14.67%；中等烟3.06万吨（61.21万担），占总比重的54.56%；下等烟1.73万吨（34.52万担），占总比重的30.77%。均价为7.56元/公斤。全年销售烟叶5.27万吨（105.32万担），加工量为6.72万吨（134.46万担）。

全省烟农种植烤烟总收入为4.02亿元，实现特产税总额0.85亿元。全年烟草行业为烟田水利设施投入3300万元，新建烤房投入5588万元，以各种形式补贴烟农投入2129万元，累计投入总额11017万元，直接受益烟农达1.12万户。

烟叶产销工作严格执行国家计划，烟叶实现“稳控”目标。启动烟田水利基础设施建设工程，新打机电井238眼，全省7万亩烟区实现烟水配套。完成2005年度新建的5588座半自动化烤房验收工作，2006年又新建1690座半自动化密集式烤房。

体制改革

建立母子公司体制。11月16日，省局（公司）下发《关于全省烟草商业建立母子公司体制的通知》。截至2006年底，全省行业构建母子公司体制基本到位，形成了全省行业17家全资子公司的市场经营主体，分别为黑龙江省烟草公司哈尔滨、齐齐哈尔、牡丹江、佳木斯、大庆、鸡西、双鸭山、伊春、七台河、鹤岗、黑河、绥化、绥芬河市公司和大兴安岭地区公司，以及黑龙江省烟草公司哈尔滨、牡丹江烟叶公司和中国烟草黑龙江进出口有限责任公司。

危困企业依法破产减亏减债。截至2006年底，望奎、兰西、鸡东、林口烟叶经销公司，青冈县、五大连池市烟草公司6家企业依法破产工作全部结束。通过实施依法破产，为行业减亏减债总额为10.74亿元，其中，减亏5.88亿元（明亏2.74亿元，潜亏3.14亿元），减债4.86亿元。

烟叶生产经营管理体制变革。进一步明确哈尔滨、牡丹江烟叶公司的生产经营实体和市场竞争主体地位，使其成为人财物、产供销、责权利险共担的一体化公司。取消所有县级烟叶种植企业法人资格，将县级烟叶企业变成非法人的分公司，分别向哈尔滨、牡丹江烟叶公司报账核算。调整天阳肇州烟叶分公司管理主体，其资产、人员划转哈尔滨烟叶公司管理，在肇州设立报账制分公司，负责组织当地烟叶种植收购业务。绥化、勃利烟叶经销公司改制后，其烟叶种植部分改为分公司体制，实行报账制核算，资产和人员也分别划转哈尔滨、牡丹江烟叶公司管理。

引资改制打叶复烤企业。云南玉溪红塔集团出资1亿元，与哈尔滨烟叶公司共同改制绥化打叶复烤企业，组建绥化红塔烟叶有限责任公司。湖南中烟工业公司长沙、常德卷烟厂共同出资5000万元，与牡丹江烟叶公司共同改制勃利打叶复烤企业，组建勃利龙湘烟叶有限责任公司。

省公司退出“两烟”经营。黑龙江省公司彻底退出“两烟”生产经营，不再从事卷烟、烟叶等生产经营活动。为彻底解决省烟草物资公司及所属三家辅料企业经营问题，撤销了省烟草物资公司，依法解散哈尔滨老巴夺彩印有限公司，关闭哈尔滨群星烟用胶厂。

行业组织结构调整。省局（公司）对全省县级烟草企业组织结构调整工作进行了全面清理。取消了绥化、勃利和宁安三家烟叶经销公司以及黑龙江龙申烟草有限责任公司企业法人资格。将烟草中专学校和烟草职工培训中心挂靠牡丹江烟叶公司。调整省烟草科研所管理组织结构，明确其事业单位主体职能，初步建立“一所两站”专心科研、指导和服务全省烟叶生产的科研管理体制。

企业管理

财务管理。完成全省行业资产的上划下投，理顺哈尔滨龙云烟草物流有限责任公司、中国烟草黑龙江进出口有限责任公司及哈尔滨天阳国际烟草有限责任公司的投资关系。开展全省行业多元化经营企业清产核资工作，对清理出的损失全部列入2006年度决算，对退出多元化经营的企业进行清算。全面清理全省行业闲置资产。在预算管理方面，统一会计政策，会计科目及代码，对全省行业财务情况进行调研。

民主建设。全省行业制订民主协商制度。在职工代表大会上向职工代表报告落实情况，并由经理代表行政与工会主席代表职工在职代会上签订集体合同。按照推行企业事务公开工作的要求，各分局（公司）制订工作方案，建立领导小组，规定公开的内容和形式。

安全管理。以哈尔滨、齐齐哈尔、牡丹江市局（公司）作为职业安全健康体系的试点单位，完成职业安全健康管理体系 OHSMS—18001 的咨询工作。省局（公司）下发《关于印发〈省局（公司）安全生产重、特大突发事故应急预案〉的通知》，组织各全资子公司及所属企业编制安全突发事故应急预案。截至2006年底，全省行业应急预案体系已经形成。

人事劳资建设

根据所属各单位的实现税利情况，按照工效挂钩比例，核定所属各单位的工资基数。综合考虑所属各单位经济效益、人均劳动效率、人工成本、工效挂钩新增效益工资的提取及工资水平等因素，核定所属各单位的工资计划。申报了省局（公司）领导成员工资收入情况，并对所属分局（公司）领导成员工资收入情况进行了统计、分析。对人均销量、人均利润和百元利税工资含量三项季度考核指标进行了调整，并将统计情况反馈给各分局（公司）。

加强班子考察，全年考察处级单位23家，考核领导干部110人，共有1613名干部职工参加领导干部测评。任免干部151名，其中提拔干部43名。完善后备干部队伍建设，从年初开始，全省行业各直属单位调整补充了领导班子后备干部。

2006年全省开办各类培训班192次，参加培训人次5368人次。其中，开展资格培训班29次，培训人员200人次；开展职业技能培训班35次，培训人员1030人次；开展适应性培训122次，培训人员4070人次；自办继续教育培训班5次，培训人员50人次；自办学历教育班1次，培训人员5人次；2人次参加行业外继续教育，170人次参加行业外学历教育。聘请省委组织部的同志对人事干部进行档案专业知识培训。全年全省行业有6人通过高级专业技术职务的评审，有16人通过中级专业技术职务评审，60人通过初级专业技术职务评审。

信息化建设

全省行业应用软件包括分销、专卖、资金管理、辅助决策、办公自动化、卷烟经营决策管理系统、烟叶基础软件等系统，覆盖黑龙江烟草的核心管理和各项业务。

信息化重点项目方面，加强电子政务建设。截至2006年底，全省烟叶生产、调拨软件已普及到各基层烟站；在省局（公司）办公自动化（OA）系统运行稳定的基础上，结合全省实际情况对系统进行了升级；从功能、流程和数据标准等方面对电话订货管理信息系统进行改造；建成以政务信息公开、公文流转和系统应用集成为主要内容的内部网站；9月，完成呼叫中心改造工作。

对信息化工作进行正规化管理，在应用系统程序方面具体落实了日结回退、月结回退等具体操作的约束，建立基层单位业务数据调整申请流程。

加强安全系统管理，建立健全各项安全保密制度，制订系列相关管理规定。制订全省统一的信息安全规划和方案，8月将防病毒软件在全省范围统一升级；建立核心数据备份系统，实现对重要数据的备份；对全省行业范围内互联网出口实现统一管理，并在出口处设置防火墙、入侵监测等多层网络安全设备。

加强设备维护管理，保障行业视频会议系统、电子大屏幕正常运行。在全年国家局组织召开的11次电视电话会议与省局（公司）召开的7次全省范围的电视电话会议中，保证了设备的正常运行。

进出口贸易

2006年12月，中国烟草黑龙江进出口有限责任公司正式划归省局（公司）并成为其下属的全资子公司之一。改制后公司共设立卷烟进出口部、烟叶进出口部、财务综合部、烟叶基地备货部和办公室5个部门。

全年共出口烟叶及烟梗8809吨（176180担），同比下降42%。实现销售收入24851万元，完成全年计划的118%。进口卷烟10581万支（2116.2箱），同比增长7%。进口卷烟首次突破万件，毛利近1000万元。

2006年，公司完成进出口总值1436万美元，与上年同比下降32%，超过全年创汇计划436万美元。实现利润1060万元，同比减少405万元，超过全年计划60万元。

出口烟叶基地建设。组建“烟叶基地备货部”，重点负责与各出口烟叶基地的协调工作。新组建的蒙龙公司顺利投入运营，与有关单位衔接落实好内蒙古0.6万吨（12万担）烟叶备货计划。加强与哈尔滨、牡丹江烟叶公司的协作，落实省内出口烟叶基地1.15万吨（23万担）烟叶备货计划。2006年公司实现出口烟叶有效备货1万吨（20万担）。

烟叶出口备货。在现有出口产品中选择CYB、CYC、CYE、CYX四个品牌进行重点培育。成立烟叶备货加工领导小组，负责烟叶监督加工工作。在湖南省及省内进行的新烟加工备货工作中，继续实行驻厂监督加工制度，派遣专业技术人员组成加工小组在复烤厂两班倒跟班作业，完成了1万吨烟叶、烟梗备货任务。

烟叶出口销售。调整经营策略，加大对重点目标市场的培育力度。通过组团出访和请客户来洽谈等方式，巩固与北非、东南亚、俄罗斯等传统市场直销客户的贸易联系，稳定烟叶出口规模和效益。主动出击，加大对烟梗出口市场的开拓力度，通过加强企业宣传、有计划地向新客户邮寄样品，寻找市场的新突破点。调整库存，有针对性地开拓中等烟出口市场，适当提高中等烟出口比例。

思想政治工作

省局（公司）制订并下发《关于在全省行业开展“‘两个至上’在岗位”主题实践活动实施方案》。共收到165篇征文，其中一篇获得华东东北片区一等奖。国家局网站、《东方烟草报》等刊发省局（公司）“‘两个至上’在岗位”论文、消息19篇。开展“听客户讲你我的故事”演讲报告。

制订并下发《关于认真学习贯彻胡锦涛总书记社会主义荣辱观重要论述的通知》。省局（公司）机关制作了“八荣八耻”的宣传板，邀请省委党校副校长祝福恩教授给机关全体干部职工做社会主义荣辱观的专题辅导。在全省行业开展“远学王兵，近学身边人”的活动。

省局（公司）机关、哈尔滨市局（公司）、鹤岗市局（公司）、绥化市局（公司）、鸡西市局（公司）、七台河市局（公司）、庆安县局（营销部）、北安市局（营销部）等8个单位被评为“省级文明单位标兵”。甘南县局（营销部）、哈尔滨烟叶公司集贤烟叶分公司评为“省级文明单位”。

召开政研会年会，共收到研究论文80篇，评出一等奖2名、二等奖5名、三等奖8名。

党风廉政建设

制订下发《中共黑龙江省烟草专卖局党组关于加强全省行业党的先进性建设的实施意见》。在学习贯彻党章活动中，各单位采取领导讲党课、举办主题党日等多种形式开展活动。省局（公司）党组理论中心学习组举办党章专题学习会，并将辅导讲话印发全行业。省局（公司）党组下发《关于学习贯彻党的十六届六中全会精神的通知》，全省行业各单位通过集中学习、专题讲座、座谈研讨等形式学习贯彻十六届六中全会精神。

企业文化

2006年3月10日制订并下发《关于加强全省行业企业文化建设的意见》。省局（公司）政工处参与对佳木斯市局（公司）企业文化建设深化的提升工作，参与指导佳木斯市局（公司）企业文化案例编写工作，其案例手册于2006年底前在全国烟草企业文化第二届年会上首发。7月和9月，分别组织两批行业政工干部参加国家局企业文化建设培训班。开展"创建学习型组织，争做知识型员工"活动。

特事要辑

1月21日，召开2006年全省烟草工作会议。会议作《创新体制机制，整合发展力量，完善考核体系，强化内部监管，努力实现黑龙江烟草行业又快又好地发展》的工作报告。报告提出了全省烟草行业今后一个时期改革与发展的"1233"基本发展思路和发展目标。

2月19日，召开2006年全省烟叶工作会议。全省烟叶"双控"工作全面启动。

4月19日，由省烟草公司和云南红塔集团共同出资组建的绥化红塔烟叶有限责任公司在绥化正式挂牌成立。

4月28日，由省烟草公司与湖南中烟工业公司长沙、常德卷烟厂共同出资组建的勃利龙湘烟叶有限责任公司在勃利正式挂牌成立。

7月6日，省烟草卷烟销售公司、烟草物资公司、金叶科技有限公司等单位共134人整体划归哈尔滨市局（公司）管理。省局（公司）退出卷烟经营工作基本结束。

8月7日，召开全省烟草专卖局长、公司经理座谈会。会议全面阐述了"加强正规化建设，走向正规化经营，实现正规化发展"的内涵和重要意义，从卷烟销售、烟叶生产经营、薪酬管理、财务管理、企业管理和干部选拔任用管理等6方面提出了25条具体要求。

8月27日，省委书记钱运录在省局呈报的《关于哈尔滨市公安局和市烟草专卖局等单位联合破获特大假冒卷烟案件情况的报告》上作出重要批示：这种为维护国家利益和消费者利益，高度负责、顽强拼搏的精神，值得赞扬。

5月~12月，望奎、鸡东、兰西、林口烟叶经销公司和青冈、五大连池县（市）烟草公司分别被当地人民法院依法裁定破产终结，以上6家资不抵债企业依法实施破产全部取得成功。在理顺产权关系之前卸下沉重的亏挂"包袱"，行业减亏减债10.74亿元，为实现全省行业国有资产保值增值奠定了坚实基础。

黑龙江省局（公司）主要统计指标汇总

实现税利（亿元）	商业利润（亿元）	销售卷烟（亿支）	烟叶种植（万亩）	烟叶收购（万担）	出口创汇（万美元）
18.58	12.98	577.43	36.90	112.19	1436.00

所属地市级局（公司）

哈尔滨市烟草专卖局（公司）

概　况

哈尔滨市下辖8个区，10个县（市），193个乡镇，1879个村。总面积为5.38万平方公里，总人口975万人。2006年实现地区生产总值（GDP）2094亿元。

哈尔滨市烟草专卖局（公司）成立于1983年。2006年市局（公司）下辖市区第一、第二、第三卷烟营销部3个营销部，第一、第二、第三、第四、第五分局5个分局，阿城区、五常市、双城市、尚志市、巴彦县、宾县、依兰县、延寿县、木兰县、通河县、方正县11个县（市、区）烟草专卖局（营销部）。全市辖区内共有卷烟零售户50314户。

2006年，市局（公司）被黑龙江省政府授予"省级文明单位标兵"称号。

领导成员

局长、经理、党组书记：秦殿刚（2006.6—）

副经理、党组副书记：王培泉

副经理、党组成员：张利斌

副经理、党组成员：郝志强（2006.6—）

党组副书记、纪检组长、工会主席：郭泽玉

副经理、党组成员：张绍忱

副局长、党组成员：潘进勇

副经理、党组成员：李明学

组织机构

市局（公司）设办公室、财务管理处、人事劳资处、专卖监督管理处、综合计划处、政工处、监察室、审计处、安全保卫处、法规处、营销管理处（中心）、信息中心、物流中心13个处（室、中心）。

经济效益

2006年销售卷烟165.59亿支（33.12万箱），与上年同比增长5.72%。其中，销售一类烟7.41亿支（1.48万箱），占总销量的4.48%；二类烟23.22亿支（4.64万箱），占总销量的14.02%；三类烟70.68亿支（14.14万箱），占总销量的42.68%；四类烟63.91亿支（12.78万箱），占总销量的38.6%；五类烟0.36亿支（0.07万箱），占总销量的0.22%。

全年实现销售收入319916万元，与上年同比增长20.78%。实现税利48797万元，同比增长56.43%，其中实现利润35905万元，同比增长63.24%。

专卖管理

2006年构建“政府、媒体、公安、烟草”四位一体的“大专卖、大监管”专卖管理体系，实现卷烟销售市场“以我为主、由我调控、归我管理”的根本性转变。

在全市系统开展“市场整治、清障除淤、保驾护航”专项打假行动。全年共查处各类违法卷烟案件14269起，其中，2起达到国家局规定的制售假烟网络案件标准，破获跨省制售假烟网络案件3起，查扣、销毁假冒商标卷烟38万条，查扣制假烟机5台，违法烟丝、烟叶8.5吨，共计案值3851万元，拘留及批捕制假分子54人，判刑23人。破获“7·30”、“8·10”特大制售假烟网络案件。

黑龙江省委书记钱运录对哈尔滨市烟草打私打假工作作出重要批示，中共哈尔滨市委办公厅下发了《关于哈尔滨市开展卷烟打私打假专项行动有关情况的通报》。

网络建设

市局（公司）以《三级督察考核工作实施办法》为依据，对工作目标、工作质量、工作流程、工作纪律、行为规范等方面工作纳入考核。公司领导班子带队组成模拟验收自查小组，从资料准备、痕迹管理、规范经营、指标完成、员工培训等多方面对网络建设进行自检自查。8月通过国家局网建检查工作的验收。

信息化建设

2006年，完成呼叫中心的升级工作；开发适合名烟总汇使用的软件系统；协助金叶总店开发酒类防伪标识；安装调试防火墙；建立FTP文件服务器，在公司内部以及全区均可实现资料的网上传递，公司基本实现无纸化办公。

进行信息化档案管理，计算机中心对所有软件系统、硬件设备、日常管理、规章制度、维护日志、公司文件等进行了全面整理，分门别类予以存档。在省局（公司）组织的全省计算机信息化管理检查考评中，被列为全省的计算机信息化管理样板予以推广。

购置第三台小型机，顺利地将原系统数据迁移到新的小型机中，并将三台小型机的操作系统全部升级到AIX520。安装HA双机热备，扩展了I/O通道。

队伍建设

确立以“市场调研与调查、购销谈判、卷烟商品知识、管理与服务、网建新知识、客户关系管理（CRM）、拜访客户技巧、现代营销知识”八个培训主题为2006年培训重点项目，开展“一级培训”，重点开展专卖稽查技能和真假烟识别能力的培训。在“一级培训”达标中，完成培训95课时，培训总计1378人次。12月25～26日，市公司组织全系统“三员”（客户经理、订货员、送货员）及机关干部共计450人参加了业务知识脱产培训。基层各单位除配合“一级培训”内容开展“二级培训”活动外，还组织小教员在部门内进行培训。

思想政治工作

市局（公司）形成以党组理论学习中心组为龙头的理论学习制度，对十六大报告、党章和“三个代表”重要思想、《江泽民文选》等相关材料进行学习。开展“强素质、求创新、讲和谐、做表率”主题实践活动。结合市局（公司）的实际，制订《主题实践活动方案》，加强市局（公司）机关党的思想、组织、作风和制度建设。

开展系列主题实践活动。在全市系统范围内开展以“八荣八耻”学习为题的社会主义荣辱观教育活动；开展实施“‘两个至上’在岗位”主题实践活动；开展向先进人物王兵同志学习活动；开展向灾区“送温暖、献爱心”捐助活动。

企业文化

结合企业的工作实际制订《企业文化建设实施方案》，开展为什么要建设先进的企业文化、怎样建设先进的企业文化的大讨论活动。把“团结造氛围，务实求真谛，拚搏创效益，发展是永恒”作为企业宗旨；把“求真务实，不断进取，天天向上，月月变化，年年发展”作为企业的发展理念；把“顾客至尊，服务至上，诚实守信，全力拓展顾客最优先的合力经营”作为企业的经营理念；把“以人为本，科学规范”作为企业的管理理念。着力从精神文化、人性化管理、营销专卖文化、服务文化、制度文化、形象文化6个方面合力打造企业文化。

齐齐哈尔市烟草专卖局（公司）

齐齐哈尔市烟草专卖局（公司）成立于1983年。2006年12月由齐齐哈尔市局（分公司）改制更名为齐齐哈尔市局（公司）。2006年下辖龙江县、甘南县、富裕县、克山县、克东县、依安县、拜泉县、讷河市、泰来县9个县（市）烟草专卖局（营销部），富拉尔基区、昂昂溪区、梅里斯达斡尔族区、龙沙区、铁锋区、建华区6个区烟草专卖局（营销部）及齐齐哈尔铁路烟草专卖局和13个卷烟零售店。拥有总资产22516万元，其中，固定资产6458万元、流动资产15656万元。共有在岗员工546人，其中聘用员工85人。全市辖区共有卷烟零售户25912户。

2006年销售卷烟71.07亿支（14.21万箱），与上年同比增长3.81%。实现销售收入110436万元，同比增长16.38%。单箱销售收入7770元，同比增长12.1%。实现税利12563万元，同比增长60.88%，其中，实现利润9088万元，同比增长60.11%。实现国有资产保值增值，销量和利润均创历史最好水平。

在2006年的专卖管理工作中，开展"打网络、破大案、端窝点、断渠道"、"百日会战"、"鹤城行动"、"迎双节、打百日"等多次专项治理打假战役。2006年共查处涉烟违法案件3658起，罚没总额852.67万元，破获5万元以上的案件34起，端掉贩假窝点71个。

绥化市烟草专卖局（公司）

绥化市烟草专卖局（公司）成立于1983年初。2006年12月由绥化市局（分公司）改制更名为绥化市局（公司）。2006年下辖肇东市、海伦市、庆安县、青冈县、明水县、望奎县、兰西县、安达市、绥棱县、北林区10个县（市、区）烟草专卖局（营销部）。拥有总资产14422万元，其中，固定资产3933万元、流动资产10428万元。共有员工1006人，其中聘用员工263人。全市辖区内共有卷烟零售户24086户。

2006年销售卷烟6639亿支（13.28万箱），与上年同比增长6.93%。实现销售收入92214万元，同比增长18.72%。实现税利7524万元，同比增长28.86%，其中，实现利润4636万元，同比增长23.33%。单箱销售收入6945元，同比增加693元。费用率为11.2%，同比降低0.87个百分点。

2006年，市局（公司）被省委省政府授予"省级文明单位标兵"称号。

大庆市烟草专卖局（公司）

大庆市烟草专卖局（公司）成立于1983年5月。2006年12月由大庆市局（分公司）改制更名为大庆市局（公司）。2006年下辖萨尔图区、让胡路区、新村区、乘风区、红岗区、龙凤区、大同区7个区烟草专卖分局（营销部）和肇州县、肇源县、林甸县、杜尔伯特蒙古自治县4个县烟草专卖局（营销部）。截至2006年12月底，拥有总资产22800万元，其中，固定资产2874万元、流动资产19913万元。共有员工450人，其中聘用员工158人。全市辖区共有卷烟零售户13039户。

2006年销售卷烟46.82亿支（9.36万箱），与上年同比增长1.61%。单箱销售收入为10360元，同比增加1764元。实现销售收入97003万元，同比增长22.48%。实现税利15434万元，同比增长57.44%，其中实现利润11947万元，同比增长57.86%。

全年查处涉烟违法案件3202起，罚没案值807万元。破获5万元以上案件7起，10万元以上案件5起，20万元以上的案件4起，50万元以上案件2起，100万元以上案件2起。涉烟违法人员被司法机关拘留13人，批捕7人，判刑1人。

结合卷烟市场营销、市场管理出现的新情况，提出实施"搭档式"工作模式，保证"三员"同步工作、同步考核、同步分配。

佳木斯市烟草专卖局（公司）

佳木斯市烟草专卖局（公司）成立于1983年，佳木斯市烟草公司成立于1985年，由原合江地区烟草公司和佳木斯市烟草公司合并成立而来，1986年10月22日更名为佳木斯分公司。2006年12月由佳木斯市局（分公司）改制更名为佳木斯市局（公司）。2006年下辖永红、向阳、前进、东风、郊区5个区烟草专卖局，富锦市、桦南县、汤原县、桦川县、同江市、抚远县6个县（市）卷烟营销部和三江农垦卷烟营销部。其中，三江农垦卷烟营销部成立于2006年4月。截至2006年底，拥有总资产13778万元，其中，固定资产4375万元、流动资产9334万元。共有员工583人，其中聘用员工226人。全市辖区共有卷烟零售户15880户。

2006年销售卷烟39.39亿支（6.68万箱），完成计划的101%，与上年同比增长2.06%。实现销售收入66571万元，同比增长15.14%。实现税利7985万元，同比增长236.35%，其中，实现利润5598万元，同比增长609.51%。

2006年全市共查处涉烟违法案件1062起，其中制售假烟网络案件2起，端掉贩藏假烟窝点19个，罚没卷烟1613.42件，案值416.87万元，刑事拘留5人，判刑2人。其中，市局（公司）破获"9·21"非法贩运假烟案件，收缴假冒商标卷烟3.3万条，案值

159.82万元。

2006年先后获得全国“五一”劳动奖状、全国“安康杯”竞赛先进单位等荣誉称号。

牡丹江市烟草专卖局（公司）

牡丹江市烟草专卖局（公司）成立于1983年。2006年12月由牡丹江市局（分公司）改制更名为牡丹江市局（公司）。2006年下辖西安、东安、阳明、爱民4个区烟草专卖局和林口县、东宁县、海林市、宁安市、穆棱市5个县（市）卷烟营销部。拥有总资产15854万元，其中，固定资产4193万元、流动资产11604万元。共有员工436人，其中聘用员工68人。全市辖区共有卷烟零售户13511户。

2006年销售卷烟38.13亿支（7.63万箱），与上年同比增长1.77%，一、二、三类卷烟占总销量比重分别为3.36%、14.68%和48.17%。实现销售收入67452万元，同比增长7.28%。实现税利7704万元，同比增长42.04%，其中，实现利润5644万元，同比增长56.04%。

全年共查办涉烟违法案件1345起，破获了建国以来牡丹江市最大的一起制售假烟网络案件，端掉违法销售点和窝藏点8个，破获20万元以上案件6起，共收缴违法卷烟680.82万支，案值385.72万元，判刑3人，拘留6人。

鸡西市烟草专卖局（公司）

鸡西市烟草专卖局（公司）成立于1983年3月。2006年12月由鸡西市局（分公司）改制更名为鸡西市局（公司）。2006年下辖鸡冠区烟草专卖局，鸡东县、密山市、虎林市3个县（市）烟草专卖局（营销部）。拥有总资产11337万元，其中，固定资产3625万元、流动资产7654万元。共有员工339人，其中聘用员工60人。全市辖区共有卷烟零售户12686户，其中有效户数为11293户。

2006年销售卷烟30.31亿支（6.06万箱），完成年度计划的101.02%。实现销售收入55398万元，与上年同比增长14.93%。实现利税5983万元，同比增长63.56%，其中，实现利润4404万元，同比增长105.6%。

2006年全市查处涉烟违法案件1043起，没收违法卷烟18869条，其中，假烟18485.3条，没收违法烟叶48400.75公斤。总案值为450万元，其中，假烟案值326万元。

2006年，市局（公司）被省委省政府授予“省级文明单位标兵”称号。

黑河市烟草专卖局（公司）

黑河市烟草专卖局（公司）成立于1990年2月。2006年12月由黑河市局（分公司）改制更名为黑河市局（公司）。2006年下辖北安市、嫩江县、五大连池市、逊克县、孙吴县5个县（市）级烟草专卖局（营销部）和爱晖区营销部。其中，爱辉区营销部成立于2006年。拥有总资产9453万元，其中，固定资产2257万元、流动资产7116万元。共有员工432人，其中聘用员工208人。全市辖区共有卷烟零售户8968户。

2006年全市卷烟销售总量为27.51亿支（5.50万箱），同比增长6.49%，人均销烟达7.92条，比上年增加0.52条。实现销售收入41016万元，同比增长17.79%。单箱销售收入为7455元，比同期增加597元。实现税利4645万元，同比增长46.21%，其中实现利润3360万元，同比增长52.73%。

双鸭山市烟草专卖局（公司）

双鸭山市烟草公司成立于1983年1月，双鸭山市烟草专卖局成立于1986年5月。2006年12月由双鸭山市局（分公司）改制更名为双鸭山市局（公司）。2006年下辖集贤县、宝清县、友谊县、饶河县等4个县烟草专卖局（营销部）。拥有总资产10678万元，其中，固定资产6283万元、流动资产4196万元。共有员工334人，其中聘用员工66人。全市辖区共有卷烟零售户10593户。

2006年销售卷烟25.76亿支（5.15万箱），与上年同比增长2.02%。实现销售收入45156万元，同比增长33.88%。实现税利4567万元，同比增长91.33%，其中实现利润3033万元，同比增长102.2%。

鹤岗市烟草专卖局（公司）

鹤岗市烟草专卖局（公司）成立于1983年。2006年12月由鹤岗市局（分公司）改制更名为鹤岗市局（公司）。2006年下辖萝北县、绥滨县两个县烟草专卖局（营销部）和农林分局。拥有总资产8639万元，其中，固定资产2853万元、流动资产5695万元。共有员工209人，其中聘用员工27人。全市辖区共有卷烟零售户7306户。

2006年销售卷烟19.69亿支（3.93万箱），与上年同比增长0.83%。实现销售收入33934万元，同比增长15.66%。实现税利4200万元，同比增长43.54%，其中实现利润2872万元，同比增长31.62%。

市局成立特业稽查大队，专门负责酒店，宾馆，洗浴，歌厅等一类卷烟市场，加大市场检查力度。利用“3·15”消费者权益日、“6·29”烟草专卖法颁布十五周年纪念日等，散发宣传单五千余份，向群众宣传烟草专卖法律法规等。

2006年，市局（公司）被省委省政府授予“省级文明单位标兵”称号。

伊春市烟草专卖局（公司）

伊春市烟草专卖局（公司）成立于1983年10月。2006年12月由伊春市局（分公司）改制更名为伊春市局（公司）。2006年下辖铁力市、嘉荫县、伊春区、南岔区、汤旺河区5个县（市、区）烟草专卖局（营销部）。拥有总资产7950万元，其中，固定资产1580万元、流动资产6233万元。共有员工166人，其中聘用员工58人。全市辖区共有卷烟零售户5286户。

2006年销售卷烟17.51亿支（3.50万箱），完成计划的100.07%。单箱销售收入7735元，同比提高590元。实现销售收入27091万元，与上年同比增长5.51%。实现税利2849万元，同比增长37.43%，其中，实现利润2012万元，同比增长46.75%。

2006年全市行业全面推行“电话访销、网上配货、电子结算、现代物流”的现代经营方式，实行“一库制，统一分拣，分级配送”的统一管理模式，实现了由传统商业向现代流通企业的全面转型。

七台河市烟草专卖局（公司）

七台河市烟草专卖局（公司）成立于1983年。2006年12月由七台河市局（分公司）改制更名七台河市局（公司）。2006年下辖勃利县烟草专卖局（营销部）。拥有总资产7474万元，其中，固定资产2618万元、流动资产4819万元。共有员工189人，其中聘用员工65人。全市辖区共有卷烟零售户6600户。

2006年销售卷烟15.81亿支（3.16万箱），与上年同比增长3.13%。销售的一、二、三类烟占总销量比重分别为3.91%、15.73%、42.34%。销售“百牌号”卷烟占总牌号的80%。实现销售收入29375万元，同比增长17.27%。实现税利3726万元，同比增长59.09%，其中，实现利润2655万元，同比增长68.46%。

全年查获涉烟违法案件725起，罚没假冒商标卷烟7308条，案值86万元。

2006年，市局（公司）被黑龙江省政府授予“省级文明单位标兵”称号。

大兴安岭地区烟草专卖局（公司）

大兴安岭地区烟草专卖局（公司）成立于1985年，最初隶属于大兴安岭地区商业局，2003年11月正式上划省局（公司）。2006年12月由大兴安岭区局（分公司）改制更名为大兴安岭区局（公司）。2006年下辖加格达奇区、漠河县、塔河县、呼玛县、松岭区、新林区、呼中区7个县（区）烟草专卖局（营销部）。拥有总资产2971万元，其中，固定资产1507万元、流动资产1463万元。共有员工169人，其中聘用员工39人。全市辖区共有卷烟零售户2549户。

2006年销售卷烟9.34亿支（1.87万箱），完成计划的101.01%，与上年同比增长3.64%。实现销售收入15763万元，同比增长19.11%。费用率13.06%，同比下降3.68个百分点。实现税利1649万元，同比增长119.57%，其中，实现利润1007万元，同比增长152.38%。

2006年全区共查获各类涉烟违法案件207起，移送公安机关1起，破获制售假烟网络案件1起，端掉制假窝点8个，查获违法卷烟72万支，案值94.65万元，罚没款及卷烟变价款3.37万元。加强对铁路列车、公路配货站、场、邮政等重点区域、重点场所、重点对象进行重点监控和检查，首次查获邮寄假烟案件2起，查获假烟0.8万支。1月17日，与公安机关联合在呼中区查获假冒商标卷烟26万支，案值71.5万元。

绥芬河市烟草专卖局（公司）

绥芬河市烟草专卖局（公司）成立于1998年1月，是从原绥芬河市糖业烟酒公司分离而来，2005年5月1日正式上划省局（公司）。2006年12月由绥芬河市局（分公司）改制更名为绥芬河市局（公司）。拥有总资产1799万元，其中，固定资产974万元、流动资产802万元。共有员工51人，其中聘用员工4人。全市辖区共有卷烟零售户1169户，其中有效户为1120户。

2006年销售卷烟3.43亿支（0.69万箱），完成年度计划的101%，与上年同比增长15.8%。实现销售收入7204万元。实现税利692万元，同比增长73%，其中，实现利润470万元，同比增长114.6%。单箱销售收入10595元，综合毛利率22.8%。

2006年市局（公司）查处涉烟违法案件105起，查获非法走私卷烟案件23起，假冒卷烟案件38起。总案值达15万元。

哈尔滨烟叶公司

哈尔滨烟叶公司成立于2001年12月，由黑龙江烟叶公司改制而成。2006年12月，公司上划为中国烟草总公司黑龙江省公司的全资子公司，改制更名为黑龙江省烟草公司哈尔滨烟叶公司。2006年下辖宾县、绥化、肇州、汤原、集贤、富锦、望奎、肇东、绥滨、桦南10家烟叶分公司和绥化红塔烟叶有限责任公司。拥有总资产72242万元，其中，固定资产10328

万元、流动资产50775万元。共有员工1330人，其中聘用员工362人。辖区共有植烟农户8785户。

2006年烟叶种植面积18.28万亩，收购烟叶2.74万吨（54.7万担），销售烟叶3.53万吨（70.5万担）。实现销售收入67727万元，与上年同比增长3.39%。实现利税11052万元，同比增加33万元，其中实现利润1690万元，同比下降64.03%。

全年共投入资金2882万元，新建密集式烤房2392座，受益面积67000亩，新打机电井123眼、安装提水罐123处，可受益面积37000亩。投资500多万元，兴建富锦福安、绥化新源、汤原胜利三个科技园区及宾县、集贤、桦南、肇东四个烘烤园区。

2006年公司被省总工会等八部委联合授予“全省学习型组织标兵单位”；被省总工会授予黑龙江省“五一”劳动奖状；被省委组织部、省总工会等七部门联合评为“全省厂务公开民主管理工作先进单位”。

牡丹江烟叶公司

黑龙江省烟草公司牡丹江烟叶公司成立于2001年12月，是黑龙江省两大烟叶产销集团之一，负责黑龙江省东南部12个县（市、区）烟叶生产的技术指导、产品收购、加工与销售。2006年12月，公司上划为中国烟草总公司黑龙江省公司的全资子公司，改制更名为黑龙江省烟草公司牡丹江烟叶公司。下辖勃利龙湘烟叶有限责任公司、林口烟草打叶复烤厂2个烟叶加工企业，宁安、东宁、穆棱、宝清、密山、勃利、海林、林口8个烟叶分公司、鸡东、虎林2个烟叶生产经营站。2005年底，取消县级烟叶公司法人资格并向牡丹江烟叶公司报账。2006年牡丹江烟叶公司所属林口、鸡东烟叶经销公司依法破产，为行业减亏2.92亿元，减债1.65亿元。与湖南中烟工业公司合作成立勃利龙湘烟叶有限责任公司，4月正式揭牌运营。拥有总资产41477万元，其中，固定资产5196万元、流动资产30899万元。共有员工1085人，其中聘用员工222人。辖区共有植烟农户8814户。

2006年烟叶种植面积185187.43亩，收购烟叶2.87万吨（57.41万担）。实现销售收入75000万元，同比增长17.18%。实现税利28727万元，同比增加16047万元，同比增长126.55%，其中，实现利润19284万元，同比增加16036万元，同比增长493.72%。烟农收入2.1亿元。

2006年黑龙江省烟草商业系统主要情况统计

地市级局（公司）名称		哈尔滨市烟草专卖局、哈尔滨市烟草公司	齐齐哈尔市烟草专卖局、齐齐哈尔市烟草公司	绥化市烟草专卖局、绥化市烟草公司	大庆市烟草专卖局、大庆市烟草公司
法人代表/主要负责人		秦殿刚	王永权	刘 俊	王乃信
总资产（万元）		116939	22516	14422	22800
员工总数（其中聘用员工数）（人）		1873（其中聘用员工561人）	546（其中聘用员工85人）	1006（其中聘用员工263人）	450（其中聘用员工158人）
所属县级局数量（个）		16	15	10	11
所属县级公司数量（个）		/	/	/	/
所属营销部（分公司、访销中心、烟叶复烤厂、稽查大队等）		1个营销中心、14个营销部、1个配送中心、15个稽查大队	1个营销中心、15个营销部、1个物流中心	10个营销部、1个访销中心、1个物流中心、3个稽查大队	11个营销部、1个访销中心、1个配送中心、1个营销中心、1个稽查大队、1个铁路检查站
销售卷烟（亿支）		165.59	71.07	66.39	46.82
实现税利（万元）	本年	48797	12563	7524	15434
	上年	31194	7809	5839	9803
实现利润（万元）	本年	35905	9088	4636	11947
	上年	21995	5676	3759	7568
烟叶种植（亩）		/	/	/	/
烟叶收购（担）		/	/	/	/
零售户数（户）		50314	25912	24086	13039

地市级局（公司）名称		佳木斯市烟草专卖局、佳木斯市烟草公司	牡丹江市烟草专卖局、牡丹江市烟草公司	鸡西市烟草专卖局、鸡西市烟草公司	黑河市烟草专卖局、黑河市烟草公司
法人代表/主要负责人		耿金波	郭万成	贺志勤	于荣廷
总资产（万元）		13778	15854	11337	9453
员工总数（其中聘用员工数）（人）		583（其中聘用员工226人）	436（其中聘用员工68人）	339（其中聘用员工60人）	432（其中聘用员工208人）
所属县级局数量（个）		5	4	4	5
所属县级公司数量（个）		/	/	/	/
所属营销部（分公司、访销中心、烟叶复烤厂、稽查大队等）		1个营销中心、7个营销部、1个配送中心、1个稽查中心、17个稽查大队	5个营销部、1个访销中心、1个物流中心、4个配送站	1个营销中心、3个营销部、1个配送中心	6个营销部、4个营销中心、1个配送中心、6个稽查大队
销售卷烟（亿支）		39.39	38.13	30.31	27.51
实现税利（万元）	本年	7985	7704	5983	4645
	上年	2374	5424	3658	3177
实现税利（万元）	本年	5598	5644	4404	3360
	上年	789	3617	2142	2200
烟叶种植（亩）		/	/	/	/
烟叶收购（担）		/	/	/	/
零售户数（户）		15880	13511	12686	8968

地市级局（公司）名称		双鸭山市烟草专卖局、双鸭山市烟草公司	鹤岗市烟草专卖局、鹤岗市烟草公司	伊春市烟草专卖局、伊春市烟草公司	七台河市烟草专卖局、七台河市烟草公司
法人代表/主要负责人		孙胜良	傅建政	李超富	邵建波
总资产（万元）		10678	8639	7950	7474
员工总数（其中聘用员工数）（人）		334（其中聘用员工66人）	209（其中聘用员工27人）	166（其中聘用员工58人）	189（其中聘用员工65人）
所属县级局数量（个）		4	3	5	1
所属县级公司数量（个）		/	/	/	/
所属营销部（分公司、访销中心、烟叶复烤厂、稽查大队等）		4个营销部、1个访销中心、1个配送中心、9个稽查大队	2个营销部、1个访销中心、1个配送中心、6个稽查大队	5个营销部、1个营销中心、1个配送中心、7个稽查大队、20个配送站	1个营销部、1个访销中心、1个物流配送中心、5个稽查大队
销售卷烟（亿支）		25.76	19.69	17.51	15.81
实现税利（万元）	本年	4567	4200	2849	3726
	上年	2387	2926	2073	2342
实现利润（万元）	本年	3033	2872	2012	2655
	上年	1500	2182	1371	1576
烟叶种植（亩）		/	/	/	/
烟叶收购（担）		/	/	/	/
零售户数（户）		10593	7306	5286	6600

地市级局（公司）名称		大兴安岭地区烟草专卖局、大兴安岭地区烟草公司	绥芬河市烟草专卖局、绥芬河市烟草公司	哈尔滨烟叶公司	牡丹江烟叶公司
法人代表/主要负责人		宁　辉	高国东	武常青	罗国良
总资产（万元）		2971	1799	72242	41477
员工总数（其中聘用员工数）（人）		169（其中聘用员工39人）	51（其中聘用员工4人）	1330（其中聘用员工362人）	1085（其中聘用员工222人）
所属县级局数量（个）		7	/	/	/
所属县级公司数量（个）		/	/	/	/
所属营销部（分公司、访销中心、烟叶复烤厂、稽查大队等）		7个营销部、1个物流中心、4个稽查大队	1个营销中心、1个配送中心、2个稽查大队	10个烟叶分公司	2个烟叶加工企业、8个烟叶分公司、2个烟叶生产经营站
销售卷烟（亿支）		9.34	3.43	/	/
实现税利（万元）	本年	1649	692	11052	28727
	上年	751	400	11019	12680
实现利润（万元）	本年	1007	470	1690	19284
	上年	399	219	4698	3248
烟叶种植（亩）		/	/	182772	185187
烟叶收购（担）		/	/	547000	574100
零售户数（户）		2549	1169	8785（烟农户数）	8814（烟农户数）

注释：14家商业子公司不从事烟叶生产收购业务，故烟叶收购量为零。

哈尔滨、牡丹江烟叶公司不从事卷烟销售经营业务，故卷烟销量、零售户数量为零。

（高　源）

上海烟草

上海市烟草专卖局、上海烟草（集团）公司

概　况

上海地处长江三角洲，面积6340.5平方公里，共有18个区1个县，人口1368.1万人。2006年实现地区生产总值（GDP）达10296.97亿元，比上年增长12%。

上海市烟草专卖局成立于1984年2月，2006年下辖19个区（县）烟草专卖分局以及驻上海铁路专卖局。

上海烟草（集团）公司于1993年11月由原上海市烟草公司及所属企业改制组建。公司组建以来，先后与原市、区（县）烟草糖酒有限公司共同组建浦东、虹口、青浦、崇明、金山、宝山、长宁、普陀、南汇、闸北、松江、奉贤、黄浦、静安、杨浦、徐汇、卢湾、闵行、嘉定、捷强等20家烟草糖酒有限公司。2006年上海烟草（集团）公司下辖8家工业企业，包括上海卷烟厂、北京卷烟厂、天津卷烟厂、上海高扬国际烟草有限公司、上海烟草储运公司、上海烟草工业印刷厂（含上海金鼎印务有限公司）、上海白玉兰烟草材料有限公司、上海海烟物流发展有限公司。

截至2006年底，上海市烟草专卖局、上海烟草（集团）公司共有干部职工5425人，其中，高级职称62人、中级职称461人。上海烟草（集团）公司固定资产净值39.39亿元，流动资产317.52亿元。

2006年，上海烟草（集团）公司被评为上海市“守合同重信用”3A级企业、国家4A级“标准化良好行为示范企业”，位列“第三届全国工业重点行业效益十佳企业”烟草行业第1位、“2006中国卷烟制

造行业排头兵企业”第1位、“2005年度中国纳税百强”第7位、“2006年度中国制造业500强”第57位、“2005年度中国企业信息化500强”第18位。

领导成员

上海市烟草专卖局、上海烟草（集团）公司实行局长、总经理负责制，主要领导成员有：

局长、总经理、党委书记：董浩林

党委副书记：刘罗曼

纪委书记、工会主席：谢华庆

副总经理、党委委员：施　超

副局长、党委委员：吴菊民

总经济师、党委委员：沈伟明

中国烟草博物馆常务副馆长、党委委员：王传清

副总经理、党委委员：董秀明

副总经理、党委委员：周永森（2006.2—）

巡视员：高宪法（2006.2—）

巡视员：徐明辉（2006.2—）

副巡视员：许虎烈

组织机构

上海市烟草专卖局、上海烟草（集团）公司共设31个处室（部门），分别是：办公室（党委办公室、外事办公室）、综合管理处、驻北京办事处、组织处（老干部处、统战处）、劳动工资培训处、法律法规处（整顿和规范市场经济秩序工作办公室）、政工处、纪委监察室、工会（退管会）、团委、总部党委、安全保卫处（人民武装部）、行政处、专卖监督管理处（内部专卖管理监督办公室）、上海市烟草学会（修志办公室）、财务物价处、投资管理处、审计处、营销中心、上海烟草贸易中心、物资处、烟叶部、信息中心、技术中心、质量监督检测站、基建设备处、生产管理处、中国烟草上海进出口有限责任公司、三产管理部、房地产开发经营公司、苏州中华园大饭店。

经济效益

2006年，集团公司共生产卷烟1121.56亿支（224.3万箱），比2005年增长5.06%。其中，生产一类烟228.48亿支（45.7万箱），同比增长50.03%；二类烟293.48亿支（58.7万箱），同比下降5.36%；三类烟328.18亿支（65.64万箱），同比下降1.78%；四类烟249.69亿支（49.94万箱），同比增长11.89%；五类烟21.72亿支（4.34万箱），同比下降54.58%。

销售卷烟1125亿支（225万箱），比2005年增长4.46%；实现销售收入259.13亿元，比2005年增长12.12%。

出口卷烟41.61亿支（8.32万箱），同比下降3.14%；出口烟叶8156吨，同比增长128.91%。创汇10318万美元，同比增长5.45%；对外贸易实现利润4953万元，同比下降1.26%。

2006年，集团公司实现工商税利247.69亿元，比上年增长16%；实现工商利润96.04亿元，同比增加16.50%。其中，工业利润76.70亿元，同比增加15.39%；商业利润19.34亿元，同比增长21.10%。

产品介绍

主要卷烟品牌有上海卷烟厂生产的“中华”、“熊猫”、“红双喜”、“牡丹”、“上海”、“大前门”；北京卷烟厂生产的“中南海”、“北京”以及天津卷烟厂生产的“江山”、“恒大”等。

专卖管理

以“破除销假网络”为专卖管理工作重心，强化卷烟市场的监管、整治。全市各级专卖管理部门在扎实推进内部监管工作和不断加强基层队伍建设的同时，积极联合工商、公安、司法等部门，重拳打击贩假售假网络，摧毁了一批网络销假团伙，加大对制售假冒卷烟违法分子的抓捕追刑力度，卷烟打假工作取得新的突破。

2006年，共捣毁卷烟制假窝点7个、藏假仓库93处；查获假冒商标卷烟128.3万条、非法贩卖真品卷烟44.1万条；协助公安、司法机关抓获涉烟犯罪嫌疑人249人，依法刑事拘留制假分子141人，72人被依法追究刑事责任。

市场建设

围绕“精品网络”建设目标，提升上海市场建设水平。全面开展“订单营销”工作，以市场化原则规范销售和零售客户之间的关系，确保订单营销服务模式的成功推广；探索终端管理输出模式，对全市名烟名酒（烟酒专卖）店实行统一经营管理标准，对便利、卖场业态客户进行规范指导，加强其“形象展示、价格辐射、服务示范”的市场作用。充分体现集团公司“呼叫中心、客户服务中心、物流中心”的功能，进一步完善“电子商务、连锁经营、现代物流、优质服务”运行模式。

立足京津市场，巩固传统重点市场，加大市外卷烟市场营销力度。以核心零售客户为重点，细分目标市场，巩固和拓展“中华”品牌市场；以“红双喜”品牌创立100周年为契机，结合“（百顺）红双喜”上市，开展形式多样的促销宣传活动，扩大市场影响。

烟叶采购

在烟叶原料资源配置上，按照集团公司产品结构和卷烟配方需求，优化烟叶采购布局，加强与烟叶产区的沟通协调，严格烟叶验收的层次和程序，加大对“熊猫”、“中华”原料的挑选力度，注重提高烟叶质量。2006年，烟叶采购实际完成量达到10万吨（200万担）；其中上等烟叶比例超过40%。在全国各省、

市、自治区建立19个烟叶基地和21个定点采购点，为上海卷烟工业的持续平稳发展提供了可靠的原料保证。

体制改革

加快推进商业有限公司体制改革，实行统一领导与垂直管理。制订《关于加强区（县）烟草分局、烟草糖酒有限公司管监工作的基本框架》和《关于进一步加强专卖、销售工作的若干意见》，基本完成全市19家专卖分局、有限公司领导班子成员人事关系的划转和派出工作，加强对各专卖分局、有限公司领导班子的领导和管理，确保“管人、管事、管资产”的高度集中统一管理。

实施资源整合，进一步优化企业内部结构。结合集团化运作的要求，在加快企业文化融合和“四统一”步伐的同时，对集团公司内部组织机构和部门职能进行梳理、调整和完善。积极稳妥地推进技术开发、市场营销、物资采购、生产制造四个中心的建设。正式成立集团公司营销中心，实现京、津、沪三地营销队伍的有效整合。

企业管理

标准化工作。在集团公司标准化工作上，以创建“标准化良好行为示范企业”为目标，建立标准化管理基本工作秩序，搭建标准化管理平台，2006年共发布127个标准，并通过国家标准化委员会“标准化良好行为示范企业”的确认验收，达到国家4A级标准。

质量改进。通过生产过程中的参数化控制、信息化管理、精细化作业，不断增强生产过程的控制力度；针对质量信息的反馈情况，积极组织开展技术攻关、专项改进，不断提高产品实物质量；按照《卷烟》新国标要求，建立完善质量内控标准，推进工艺验证，不断提升产品质量监控水平，持续提高工厂核心竞争能力。

成本预算管理。在成本控制和预算管理上，抓住生产经营中的重点，开展成本管理和控制，在节约资源和降低成本费用上取得实效；注重预算的事前控制和过程监管，对预算事项进行严格审核，确保资金使用符合规范、经济高效。

管理创新。以“提升市场营销能力和技术创新能力”为主题，推行卓越绩效模式，初步建立“国内一流、国际先进”的指标评价体系；全面推行“设备要素管理”，完善《设备要素管理绩效评价体系》；加强“安全质量标准化”工作，落实责任，深化危险源动态监控，健全优化了专业化、技术化安全标准体系。

信息化建设

进一步完善产供销、财务、人力资源三大集成系统的运行维护体系，在保持系统稳定运行的基础上，加强工业环节营销管理系统、储运集成系统的建设，确保年内部分模块投入试运行。

着力推进集团化信息管理平台建设，建立天津卷烟厂生产指挥系统，并形成北京卷烟厂信息化整体实施方案。

分层次建立应用分析主题，稳步推进烟叶资源保障能力分析系统、全国市场信息跟踪分析系统、上海卷烟厂六西格玛评测分析系统、竞争品牌技术信息分析系统建设，加强数据资源分析应用，提高企业数据中心的应用水平。

科技创新

上海烟草（集团）公司技术中心是中国烟草行业的行业级和国家级技术中心，拥有约8000平方米科研场所及一批先进实验分析检测仪器设备。2006年，有员工67人，其中，大专以上文化程度占85%，高、中级职称占45%，博士、硕士研究生学历18人。主任室下设立技术管理部、卷烟产品工艺技术研究部、烟叶原料配方技术研究部、烟草化学研究部、理化实验室。2006年，技术中心以“提质、减害、稳焦、增效”为主线实施开展各类科技项目32项，取得一系列成果。

围绕国家局提出的建设创新型行业的目标要求，提出集团公司“十一五”期间技术创新的总体目标，明确未来一个时期集团公司技术创新工作的发展方向。注重提高技术创新能力，确定50个科技项目，加强对特色制丝工艺、烟叶原料使用、卷烟减害稳焦、烟气分析评价等产品核心技术的研究和应用。“加香加料技术”、“烟叶分组加工的前期研究”等课题研究取得阶段性成果；“烟叶原料质量控制”等6项技术成果实现推广应用。2006年，集团公司申请专利12项，卷烟焦油加权平均量降至11.9毫克/支。

技术改造

围绕品牌发展战略，以提升技术、管理、市场和资源利用能级为目标，以体现产品风格、特色和个性服务为要求，在工艺技术、技术装备、信息化建设等方面不断调整优化集团“十一五”技术改造规划。北京卷烟厂技术改造项目年前顺利开工奠基；天津卷烟厂技改项目通过国家局专家组的论证；上海卷烟厂技改项目围绕“中华”品牌发展战略，以建设世界一流工厂为要求，在更高起点上优化方案。

多元化经营

2006年，全面开展清产核资和清理整顿工作，规范多元化投资。对投资的多元化经营企业的经营、委托理财、对外担保与抵押等情况进行全面细致的梳理；结合有限公司的会计制度转轨，理顺资产权属关系，清理对外投资项目，规范资金运作；按照“盘活存量、严控增量”的要求，进一步优化多元化投资布局，不断完善投资结构，健全完善各项管理制度，确保集团公司资产保值增值。全年共实现投资性销售收入4.34亿元，实现净利润0.29亿元。

对外合作与交流

突出“市场、品牌、客户”三个重点，增强海外市场营销能力。卷烟出口总量继续保持国内领先地位，全年共出口卷烟41.61亿支（8.32万箱），其中“红双喜”全年出口量比上年增长10.38%。出口烟叶8156吨。出口创汇1.03亿美元，首次突破1亿美元。集团公司卷烟在澳洲、美国、日本、中国台湾四个市场的销售网点达到24434个，比上年增长70.63%。

建立和推进“有我参与、共同经营”的出口卷烟经营方式，以市场、渠道、价格、流向、消费群体“五个跟踪”为核心，及时准确地把握、分析海外市场信息和卷烟出口核心经营指标，进一步提高卷烟营销的针对性和及时性。

进出口贸易

中国烟草上海进出口有限责任公司原名中国烟草上海进出口公司，始建于1985年1月1日，是原对外贸易经济合作部批准的工贸一体化外贸公司。1999年12月27日，中国烟草进出口（集团）公司与上海烟草（集团）公司联合对其进行改制。2000年7月1日，中国烟草上海进出口公司正式更名为中国烟草上海进出口有限责任公司，实行董事会领导下的总经理负责制。2006年1月1日，中国烟草进出口（集团）公司将其所拥有的51%公司股权无偿划拨给上海烟草（集团）公司，自此中国烟草上海进出口有限责任公司成为上海烟草（集团）公司的全资子公司，注册资金4028万元。截至2006年底，已相继开辟欧洲、亚洲、非洲、大洋洲和北美洲的25个国家和地区的有税市场，并不断拓展美国、英国、澳大利亚、日本、南非、中国香港、中国台湾等39个国家和地区、86个城市的免税市场。

2006年，共实现出口创汇1.03亿美元，进出口贸易总额达1.31亿美元。在出口卷烟方面，共出口卷烟41.61亿支，创汇8797万美元。其中，自营卷烟出口40.4亿支，创汇8616万美元；代理“中南海”卷烟出口1.21亿支，创汇181万美元。中国烟草上海进出口有限责任公司将低焦油卷烟作为产品结构优化的重要工作之一，全年低焦油卷烟出口数量达到12.05亿支，比2005年的10.96亿支增长9.95%。在出口烟叶方面，共出口8156吨，创汇1332万美元；其中，烟叶出口6728吨，创汇995万美元；膨胀烟丝出口1103吨，创汇336万美元；废料出口325吨，创汇1万美元。

内部监管

扎实推进管理监督一体化工作。全面梳理专卖管理、卷烟销售、物资采购等重点环节的业务流程，编制并发布标准化监督管理文件。抓好全员监管标准培训工作和监管标准的考核评审，建立起企业内部监管长效机制。

精心组织内部专卖管理监督和同级审计“两项检查”。在做好工商企业生产经营行为检查的同时，重点对年度烟叶购销合同、烟叶打叶复烤委托加工合同的签订和执行情况进行检查。在组织自查、“回头看”工作的基础上，扎实开展专项资金、工资福利、会计核算和内控管理等方面的复查，对发现的问题，逐项落实整改措施。注重对所属商业有限公司重大事项的监控和审批，逐步推行全面预算管理，不断提高投资管理的效果。

队伍建设

干部人事工作。加强干部考核，推行聘用制，圆满完成新一届干部聘任工作；结合机构调整、职责梳理和干部聘用，全面开展定编制、定职责、定岗位、定人员“四定”工作，加强人力资源信息化建设。在各单位、各处室（部门）全面实行干部管理权限下放、分级管理，加大后备干部培养力度。

高技能人才培育。开展定员对标工作，探索集团化培训管理模式；实施“阶段性待退休”政策，优化干部职工队伍结构；推进“名师带徒”工作，完成新一届技师评聘，成立上海烟草技师协会。2006年，在“红塔杯”第二届全国烟草行业烟机设备维修职业技能竞赛上，获得四个机种中的三项冠军、两项亚军。

思想政治工作

2006年，全面开展先进性教育“回头看”活动，形成18项党建工作规定。各单位、各部门根据局、公司党委要求，联系党员队伍、党组织建设现状，着力解决存在的突出问题，建立健全保持党的先进性的长效机制，党员干部的精神面貌、工作作风发生了新的变化。

围绕贯彻落实全国烟草工作会议和政治工作会议的各项部署，推出“党委中心组联组学习交流会”制度，组织学习胡锦涛总书记关于树立社会主义荣辱观的重要论述，突出抓好职工“八荣八耻”的思想道德教育。同时，围绕集团改革发展的重点、难点、热点问题加强思想政治工作理论研究，并通过各种形式和途径收集职工思想动态，了解职工的心声和愿望。

党风廉政建设

根据中纪委六次全会和上海市党风廉政建设干部大会、行业纪检监察工作会议的有关精神，紧密结合集团公司工作实际，开展“拒腐防变、履权为民”主题教育，加强各级领导廉洁自律。以标准化推进管理监督一体化，落实党风廉政责任制，进一步抓好“双保护”工程。据统计，全年集团公司个人和集体登记上交的礼品、礼金和礼券共计635人次、3598件次，价值145.1万元。在下半年的党风廉政建设民意测评中，局、公司和厂处级领导班子平均满意率分别达100%和99.43%。

企业文化

全面开展“‘两个至上’在岗位”的主题实践活动，树立良好的职业道德风尚，不断提高职工队伍的整体素质。提炼形成“国家利益至上，消费者利益至上；我以集团为荣，集团以我为荣”的集团核心价值观，构建了一套以企业精神、企业战略思想、企业战略目标、企业核心价值观四大支柱为支撑，涵盖经营管理、质量理念、品牌理念、形象理念、学习工作理念、党员教育理念、廉政建设理念、文明礼仪理念的上海烟草企业文化总体框架。

特事要辑

1月9日，上海市委副书记刘云耕、市经济工作委员会党委书记潘志纯参观考察上海海烟物流中心。

1月20日，上海烟草集团太仓海烟烟草薄片有限公司项目主厂房结构封顶。

3月25日～27日，国家局局长姜成康、副局长李克明到上海烟草（集团）公司调研，考察上海高扬国际烟草有限公司和上海烟草工业印刷厂，走访崇明烟草糖酒有限公司的部分卷烟销售终端网点。

4月6日，上海市人大常委会主任龚学平一行考察上海烟草（集团）公司，并以节能降耗工作为重点进行深入调研。

9月6日，国家局副局长张辉一行到上海烟草（集团）公司考察。

9月29日，日本烟草株式会社新任社长木村宏、高级顾问本田胜宏（前任社长）一行6人访问上海烟草（集团）公司。

10月11日，上海市人大常委会副主任、市总工会主席、市厂务公开民主管理领导小组副组长陈豪到上海烟草（集团）公司检查厂务公开民主管理工作。

11月1日，国家局局长姜成康一行考察天津卷烟厂。

11月23日，上海市政协主席蒋以任、市委副书记王安顺、副市长胡延照考察上海烟草（集团）公司。

12月4日，国家局副局长张保振到上海烟草（集团）公司考察。

12月7日，上海烟草（集团）公司、中国烟草机械集团有限责任公司、郑州烟草研究院在上海举行建立战略合作关系协议签约仪式，签署《中国烟草机械集团有限责任公司与上海烟草（集团）公司建立密切合作关系协议书》和《上海烟草（集团）公司与郑州烟草研究院“中华”牌卷烟技术创新研究协议书》。

12月20日，国家局局长姜成康一行到上海烟草（集团）公司考察调研。

上海烟草（集团）公司主要统计指标汇总

实现税利（亿元）	商业利润（亿元）	销售卷烟（亿支）	烟叶种植（万亩）	烟叶收购（万担）	出口创汇（万美元）
247.69	19.34	1125.00	/	/	10318.00

所属区、县局（公司）

上海市烟草专卖局浦东新区分局
上海烟草集团浦东烟草糖酒有限公司

上海市烟草专卖局浦东新区分局成立于1993年11月24日。上海烟草集团浦东烟草糖酒有限公司成立于1995年12月，由上海烟草（集团）公司、上海烟草集团上海烟草贸易中心、上海浦东新区烟酒茶经营有限公司共同出资组建。截至2006年年底，全区资产总额32571万元，其中，固定资产净值13900万元、流动资产18000万元。共有员工491人，其中聘用员工108人。

2006年，全区完成卷烟销售24.27亿支（4.85万箱），实现销售收入95900万元；实现税利15324万元，其中实现利润12528万元。

管理模式创新。各稽查中队正式进驻浦东新区六大功能区，开展属地化管理，并依靠各级地方政府建立烟草专卖市场长效管理机制，进一步增强经营案件能力，加大打私打假力度，实现在专卖管理模式上的创新。

上海市烟草专卖局虹口分局
上海烟草集团虹口烟草糖酒有限公司

上海市烟草专卖局虹口分局成立于1990年12月25日。上海烟草集团虹口烟草糖酒有限公司成立于1993年10月，由上海烟草（集团）公司、虹口区糖业烟酒公司（1994年更名为上海大祥集团公司）共同出资组建。截至2006年底，全区资产总额39408万元，其中，固定资产净值17900万元、流动资产18700万元。共有员工959人，其中聘用员工44人。辖区共有卷烟零售户1427户。2006年，公司被评为“上海市重合同守信用3A级企业”、“上海市纳税信用等级A级企业”。

2006年，全区完成卷烟销售14.58亿支（2.92万箱），实现销售收入92500万元；实现税利12670万元，其中实现利润9046万元。

全年破获涉烟违法案件160起；查获各类违法卷烟715.63万支，其中，假冒卷烟411.486万支、走私卷烟125.54万支；查获卷烟制假窝点1个、藏假仓库25个，总案值达786万元。

加入呼叫中心，推行订单营销，并发挥网络培育品牌效能。推行营销部KPI体系绩效考核，落实客户经理分级制，做好客户服务和市场监管工作。

上海市烟草专卖局青浦分局
上海烟草集团青浦烟草糖酒有限公司

上海市烟草专卖局青浦分局成立于1991年1月11日。上海烟草集团青浦烟草糖酒有限公司成立于1995年3月，由上海烟草（集团）公司、青浦区供销合作联合社共同出资组建。截至2006年底，全区资产总额23714万元，其中，固定资产净值2200万元、流动资产21300万元。共有员工370人。辖区共有卷烟零售户1768户。2006年，分局（公司）荣获上海维权20年“3·15”金奖，荣获“2006年上海市用户满意企业”、“上海市治安安全合格单位”、“上海市建设健康城市健康单位”等称号。

2006年，全区完成卷烟销售13.4亿支（2.68万箱），实现销售收入65900万元；实现税利12706万元，其中实现利润10284万元。

全年共查处涉烟违法案件434起，共查获各类非法卷烟25424.3条，其中假冒卷烟52.27万支、走私卷烟34.78万支，区域市场净化率达到97%以上。

分局（公司）下属多元化经营企业——金叶连锁公司2006年实现销售27400万元，超年度指标14.52%。金叶便利店全部实行POS机管理，信息与总部联网，并完成单店、单品特价工作的设置，成功实现网上付款。

上海市烟草专卖局崇明分局
上海烟草集团崇明烟草糖酒有限公司

上海市烟草专卖局崇明分局成立于1991年1月12日。上海烟草集团崇明烟草糖酒有限公司成立于1995年4月，由上海烟草（集团）公司、上海烟草集团上海烟草贸易中心、上海崇明供销商业（集团）有限公司共同出资组建。截至2006年底，全区资产总额27673万元，其中，固定资产净值4600万元、流动资产21400万元。共有员工1166人，其中聘用员工850人。辖区共有卷烟零售户2365户。2006年，分局（公司）荣获“上海市文明单位”、“2004~2005年度上海市安全单位”、“2004~2005年度上海市守合同重信用企业”等多项荣誉称号。

2006年，全区完成卷烟销售15.51亿支（3.1万箱），实现销售收入94400万元；实现税利13354万元，其中实现利润10440万元。

确立以稽查中队为主体的区域监管责任制，对涉烟违法嫌疑人员开展调查摸底工作，实施长线监控。以“网络之家”为平台，以组织培训学习和情况通报等形式，引导网络客户守法经营、诚信经营、参与管理；与长兴、横沙两岛综合治理部门共同建立卷烟市场管理长效机制，实现两岛划转崇明后的管理到位。2006年，分局（公司）被评为“2005度上海市专卖先进集体”。

上海市烟草专卖局金山分局
上海烟草集团金山烟草糖酒有限公司

上海市烟草专卖局金山分局成立于1990年11月5日。上海烟草集团金山烟草糖酒有限公司成立于1995年1月，由上海烟草（集团）公司、上海烟草集团上海烟草贸易中心、上海金石商社共同出资组建。截至2006年底，全区资产总额33037万元，其中，固定资产净值2500万元、流动资产13000万元。共有员工888人，其中聘用员工534人。辖区共有卷烟零售户1769户。2006年，分局被评为市局“百日整治活动先进集体”。

2006年，全区完成卷烟销售13.6亿支（2.72万箱），实现销售收入72200万元；实现税利9381万元，其中实现利润6344万元。

全年共查处各类涉烟违法案件82件，查获违法卷烟1099.96万支，总案值达362.34万元，市场净化率达到97%以上。其中，分局联合区公安局共同破获的“8.22”网络团伙售假案，抓获犯罪嫌疑人17名，捣毁藏假仓库7处，案值达292.38万元。

上海市烟草专卖局宝山分局
上海烟草集团宝山烟草糖酒有限公司

上海市烟草专卖局宝山分局成立于1990年12月25日。上海烟草集团宝山烟草糖酒有限公司成立于1995年12月，由上海烟草（集团）公司、上海烟草集团上海烟草贸易中心、上海宝山区糖业烟酒有限责任公司共同出资组建。截至2006年底，全区资产总额28942万元，其中，固定资产净值6800万元、流动资产20900万元。共有员工538人，其中聘用员工15人。辖区共有卷烟零售户2085户。2006年，分局荣获市局“卷烟打假先进集体”、“百日专项整治行动先进集体”称号。

2006年，全区完成卷烟销售13.15亿支（2.63万箱），实现销售收入53500万元；实现税利11666万元，其中实现利润9171万元。

全年共查获各类涉烟违法案件373起；捣毁藏假仓库7个、制售假烟窝点两个；查获各类非法卷烟4662.62万支，其中，走私卷烟14.34万支、假冒卷烟3637.28万支；总案值1662.55万元。

顺利完成《订单营销业务流程》的编制工作，实现由“订单计划生成”向自下而上的“订单需求生成”的转变，开展需求预测和订单识别工作。

上海烟草专卖局长宁分局
上海烟草集团长宁烟草糖酒有限公司

上海市烟草专卖局长宁分局成立于1991年2月2日。上海烟草集团长宁烟草糖酒有限公司成立于1996年10月，由上海烟草（集团）公司、上海烟草集团上海烟草贸易中心、上海九华商业（集团）有限公司共同出资组建。截至2006年底，全区资产总额14238万元，其中，固定资产净值1400万元、流动资产12800万元。共有员工268人，其中聘用员工59人。辖区共有卷烟零售户893户。2006年，分局被评为市局“百日专项整治行动先进单位”。

2006年，全区完成卷烟销售8.14亿支（1.63万箱），实现销售收入38300万元；实现税利9017万元，其中实现利润7317万元。

与公安等相关部门配合，查获卷烟违法案件147起，查获卷烟932.43万支，其中，假冒卷烟728.91万支，标值490余万元。尤其是在“9·25”卷烟售假大案中，共查获“中华”、“熊猫”等假冒卷烟720.84万支，案值354万元；抓获涉案犯罪嫌疑人6名；收缴现金41.8万余元；缴获涉案车辆6辆。

推出“阳光政策”，鼓励一部分符合条件的老职工腾出工作岗位，加强对青年员工的培养和使用。引进青年人才，把大专、大学学历的青年充实到各个岗位。做到人尽其用，通过竞聘、提聘、招聘优化人员结构，达到劳动效率、工作能力最大化。制订“人事、用工、分配”三项制度改革实施方案，开展岗位职责检查和考核。

上海烟草专卖局普陀分局
上海烟草集团普陀烟草糖酒有限公司

上海市烟草专卖局普陀分局成立于1990年11月5日。上海烟草集团普陀烟草糖酒有限公司成立于1996年10月，由上海烟草（集团）公司、上海市快乐集团有限公司共同出资组建。截至2006年底，全区资产总额16467万元，其中，固定资产净值900万元、流动资产14900万元。共有员工604人。辖区内共有卷烟零售户1099户。

2006年，全区完成卷烟销售11.6亿支（2.32万箱），实现销售收入54600万元；实现税利9610万元，其中实现利润7679万元。

全年共查获各类涉烟违法案件262起；查获走私卷烟162.2万支、假冒卷烟1178.98万支，标值525.27万元；捣毁假烟仓库15个、制假窝点1个；破获网络批发售假案1起；有9名涉案违法分子被依法逮捕。

吸收法律专业应届大学生和优秀年轻职工、退伍军人充实到专卖队伍中，专卖队伍呈现“两高一低”，即学历高、党员比例高、平均年龄低。

上海烟草专卖局南汇分局
上海烟草集团南汇烟草糖酒有限公司

上海市烟草专卖局南汇分局成立于1991年1月12日。上海烟草集团南汇烟草糖酒有限公司成立于1995年1月，由上海烟草（集团）公司、上海烟草集团上海烟草贸易中心、上海南供投资有限公司共同出资组建。截至2006年底，全区资产总额21800万元，其中，固定资产净值4100万元、流动资产17700万元。共有员工499人，其中聘用员工190人。辖区共有卷烟零售户1911户。2006年，分局（公司）荣获“上海市文明单位”、“2004～2005年度上海市守合同重信用企业”等荣誉称号。

2006年，全区完成卷烟销售16.07亿支（3.21万箱），实现销售收入60400万元；实现税利10419万元，其中实现利润8356万元。

成功制作全区卷烟经营户（包括无证户）网络分

布图，提高稽查打击的及时性和准确性，重点打击无证钉子户和重大违法经营户。2006年，共立案162起，查获各类违法卷烟457.2万支，案值160.18万元，分局被评为“上海市专卖管理先进集体”。

作为“万村千乡”市场工程建设试点单位，以抓农村村级商业网络和名烟名酒（烟酒专卖）店建设为重点，取得网建工作新成效。改善农村消费环境，拓展卷烟销售网点，截至2006年底，已建成“为农连锁超市”135家。

上海烟草专卖局闸北分局 上海烟草集团闸北烟草糖酒有限公司

上海市烟草专卖局闸北分局成立于1990年12月25日。上海烟草集团闸北烟草糖酒有限公司成立于1996年11月，由上海烟草（集团）公司、上海烟草集团上海烟草贸易中心、上海市闸北区国有资产投资公司共同出资组建。截至2006年底，全区资产总额13687万元，其中，固定资产净值1100万元、流动资产12600万元。共有员工384人，其中聘用员工58人。辖区共有卷烟零售户1431户。2006年，分局被市局评为“百日专项整治行动先进集体”和“2006年度打私打假先进集体”。

2006年，全区完成卷烟销售10.07亿支（2.01万箱），实现销售收入42900万元；实现税利8104万元，其中利润6596万元。

分局联合杨浦、虹口分局及驻铁路烟草专卖局发起“百日专项整治行动”，共查获各类非法卷烟1668.83万支，其中，假冒卷烟1422.59万支、走私卷烟62.87万支；取缔无证卷烟经营户202户、无证流动摊位192个。

上海市烟草专卖局松江分局 上海烟草集团松江烟草糖酒有限公司

上海市烟草专卖局松江分局成立于1991年1月25日。上海烟草集团松江烟草糖酒有限公司成立于1995年1月，由上海烟草（集团）公司、上海烟草集团上海烟草贸易中心、松江商业总公司共同出资组建。截至2006年底，全区资产总额33116万元，其中，固定资产净值11200万元、流动资产11200万元。共有员工578人，其中聘用员工222人。辖区共有卷烟零售户1606户。2006年，分局（公司）被评为“上海市文明单位”。

2006年，全区完成卷烟销售13.64亿支（2.73万箱），实现销售收入69000万元；实现税利12249万元，其中实现利润9951万元。2006年，多元化经营项目总投资2.3亿元，占地面积4万平方米，总建筑面积6.28万平方米的“黎明商业广场”项目，于2006年11月竣工并通过验收。

2006年，分局（公司）党政领导班子成员人事关系上划市局、集团公司，党、工、团等组织关系重新调整隶属于中共松江区机关工作委员会，完成分局（公司）成立以来最大的一次管理体、人事关系、组织领导的变改。

上海市烟草专卖局奉贤分局 上海烟草集团奉贤烟草糖酒有限公司

上海市烟草专卖局奉贤分局成立于1991年2月1日。上海烟草集团奉贤烟草糖酒有限公司成立于1995年1月，由上海烟草（集团）公司、奉贤区供销合作总社共同出资。截至2006年底，全区资产总额56506万元，其中，固定资产净值37500万元、流动资产17100万元。共有员工1243人，其中聘用员工680人。分局（公司）下设11个部门。辖区共有卷烟零售户1720户。

2006年，全区完成卷烟销售13.96亿支（2.79万箱），实现销售收入100700万元；实现税利12604万元，其中实现利润8964万元。

分局（公司）党政领导班子成员人事关系年内全部上划市局、集团公司，党、工、团等组织关系重新调整隶属于奉贤区综合工作党委。

多元化经营企业上海金叶商厦2006年共实现销售收入29000万元，与上年同比增21.5%；实现毛利5100万元，同比增长26.6%，其中实现利润1700万元，同比增长90%。

上海市烟草专卖局黄浦分局 上海烟草集团黄浦烟草糖酒有限公司

上海市烟草专卖局黄浦分局始建于1990年12月28日。2002年6月19日，与原上海市烟草专卖局南市分局合并成立新的上海市烟草专卖局黄浦分局。上海烟草集团黄浦烟草糖酒有限公司成立于1993年11月，由上海烟草（集团）公司、上海烟草集团上海烟草贸易中心、上海得强实业有限公司、上海豫园（集团）有限公司共同出资组建。截至2006年底，全区资产总额101579万元，其中，固定资产净值37500万元、流动资产17100万元。共有员工599人，其中聘用员工66人。辖区共有卷烟零售户1397户。2006年，分局（公司）荣获“2004～2005年度上海市合同信用等级AAA级企业”、“2004～2005年度上海市守合同重信用企业”、“2005～2006年度上海市文明单位”

称号。

2006年，全区完成卷烟销售18.73亿支（3.75万箱），实现销售收入177300万元；实现税利33142万元，其中实现利润27535万元。

网络建设方面，不断完善对卷烟零售客户的细分化管理，及时调整货源分配，推行“紧俏烟按周轮流投放”、“网点个性化销售指导”和“差异化分配货源”等方法。加强专销结合与批零结合，深化“网建考核”、“直属店卷烟存销比指标考核”、“顾客满意度第三方测评反馈”工作。

2006年，分局（公司）打破原有“过程考核”的办法，逐步推行“过程与绩效并重”的考核新思路，相继出台新的《专卖管理人员的绩效考核管理办法》、《营销部季度工作综合质量考核方案》、《零售部门店督导、检查管理办法》，丰富考核内容，细化考核环节、完善考核体系。

上海市烟草专卖局静安分局
上海烟草集团静安烟草糖酒有限公司

上海市烟草专卖局静安分局成立于1990年12月25日。上海烟草集团静安烟草糖酒有限公司成立于1996年10月，由上海烟草（集团）公司、上海九百（集团）有限公司、上海海烟物流发展有限公司共同出资组建。截至2006年底，全区资产总额15231万元，其中，固定资产净值8700万元、流动资产6500万元。共有员工329人，其中聘用员工31人。辖区共有卷烟零售户602户。公司所属多元化经营企业上海儿童食品商店荣获2005~2006年“上海市文明单位”称号。

2006年，全区完成卷烟销售5.04亿支（1.01万箱），实现销售收入28300万元；实现税利6343万元，其中实现利润4950万元。

2006年，卷烟需求预测模型开发取得初步成效。该模型依据相关、连续和类推三原则，充分考虑价格、货源、市场行情、消费者需求变化趋势、循环和季节变动的综合因素，采集三级批系统有关数据，通过数据的组合形成预测的数学模型，将影响预测的主要因素以数学形式转换的方法予以筛选、排除，使其尽可能与客观需求相匹配。

上海市烟草专卖局杨浦分局
上海烟草集团杨浦烟草糖酒有限公司

上海市烟草专卖局杨浦分局成立于1990年12月25日。上海烟草集团杨浦烟草糖酒有限公司成立于1996年12月，由上海烟草（集团）公司、上海烟草集团上海烟草贸易中心、上海杨浦商业发展投资有限公司共同出资组建。截至2006年底，全区资产总额16875万元，其中，固定资产净值2000万元、流动资产13800万元。共有员工377人，其中聘用员工58人。辖区共有卷烟零售户1074户。近两年来，分局（公司）先后被评为“上海市职工最满意企业”、“上海市平等协商集体合同工作示范单位”、“上海市模范职工之家”、“上海市首届构建和谐商业杰出贡献企业”。

2006年，全区完成卷烟销售12.09亿支（2.42万箱），实现销售收入50900万元；实现税利10275万元，其中实现利润8150万元。

探索订单预测方法。以《杨浦烟草消费市场调查研究报告》为依据，将全区划分成若干个面积相等的网格进行市场需求预测，初步形成综合网点选址评价、缺货天数评价和存销比评价的预测公式，逐步实现由“订单计划生成”向“订单需求生成”的转变。

上海市烟草专卖局徐汇分局
上海烟草集团徐汇烟草糖酒有限公司

上海市烟草专卖局徐汇分局成立于1990年12月25日。上海烟草集团徐汇烟草糖酒有限公司成立于1997年1月，由上海烟草（集团）公司、上海烟草集团上海烟草贸易中心、上海徐汇国有资产投资经营有限公司共同出资组建。截至2006年底，全区资产总额16210万元，其中，固定资产净值4200万元、流动资产12000万元。共有员工251人，其中聘用员工11人。辖区共有卷烟零售户941户。

2006年，全区完成卷烟销售8.61亿支（1.72万箱），实现销售收入38100万元；实现税利8261万元，其中实现利润6702万元。

实施档案标准化集中管理，对历年的行政许可、行政处罚案卷进行全面清理，并建立档案室，实施专人统一管理；参与区政府“市场规范监管信息共享平台”建设；建立经营户信息数据资料库。

上海市烟草专卖局卢湾分局
上海烟草集团卢湾烟草糖酒有限公司

上海市烟草专卖局卢湾分局成立于1991年1月22日。上海烟草集团卢湾烟草糖酒有限公司成立于1996年8月，由上海烟草（集团）公司、卢湾区国资委共同出资组建。截至2006年底，全区资产总额34399万元，其中，固定资产净值15600万元、流动资产15800万元。共有员工1083人，其中聘用员工219人。辖区共有卷烟零售户605户。2006年，分局（公司）荣获“上海市重合同守信用单位”、“上海市商业优秀思想政治工作单位”、“中国诚信企业经营示范单位”等称号。

2006年，公司共销售卷烟6.51亿支（1.3万箱），实现销售收入50000万元；实现税利11877万元，其中实现利润9067万元。

公司拥有长春食品商店、黄山茶叶公司、长春连锁公司、哈尔滨食品厂、美臣大酒店、美臣商务酒店等一批具有一定规模的经济实体。同时，与香港和记黄浦集团、台湾富申冷机公司、台湾统一集团等多个企业合作，先后建立了屈臣氏日用品有限公司、富申冷机有限公司、上海统一星巴克咖啡有限公司等多个合资、合作企业。其中，美臣商务酒店于2006年8月22日对外开张营业。

上海市烟草专卖局闵行分局
上海烟草集团闵行烟草糖酒有限公司

上海市烟草专卖局闵行分局始建于1990年11月5日。1995年1月1日，与原上海市烟草专卖局上海县分局合并成立新的上海市烟草专卖局闵行分局。上海烟草集团闵行烟草糖酒有限公司成立于1995年2月，由上海烟草（集团）公司、闵行区供销社、闵行区商业集团公司共同出资组建。截至2006年底，全区资产总额37597万元，其中，固定资产净值8000万元、流动资产27200万元。共有员工595人，其中聘用员工197人。辖区共有卷烟零售户1622户。

2006年，全区完成卷烟销售15.47亿支（3.09万箱），实现税利15763万元，其中实现利润12906万元。

2006年，分局配合公安机关共立案344件，刑拘16人，其中追刑6人；查获假冒卷烟4699万支、走私烟539万支,，标值2730.71万元。

上海市烟草专卖局嘉定分局
上海烟草集团嘉定烟草糖酒有限公司

上海市烟草专卖局嘉定分局成立于1991年1月16日。上海烟草集团嘉定烟草糖酒有限公司成立于1995年1月，由上海烟草（集团）公司、上海烟草集团上海烟草贸易中心、嘉定区供销社共同出资组建。截至2006年底，全区资产总额为30789万元，其中，固定资产净值8800万元、流动资产21700万元。共有员工683人，其中聘用员工24人。辖区共有卷烟零售户2051户。

2006年，全区完成卷烟销售18.34亿支（3.67万箱），实现销售收入83900万元；实现税利12086万元，其中实现利润9264万元。

2006年，分局与区公安经侦支队、工商检查支队、检察院在联合执法、联合办案上保持紧密的工作机制，确保每季度不少于两次的集中整治行动。全年共查获涉案卷烟19.1万条，其中，走私烟0.1万条，非法生产烟16.2万条；总案值为1392万元。

上海捷强烟草糖酒（集团）有限公司

上海捷强烟草糖酒（集团）有限公司成立于1996年2月。由上海烟草（集团）公司、上海市糖业烟酒（集团）有限公司共同出资组建。截至2006年底，资产总额99800万元，其中，固定资产净值3400万元、流动资产66000万元。共有员工1088人，其中聘用员工972人。辖区共有卷烟零售户203户。2006年，公司连续第四年荣获“上海市文明单位”称号。

2006年，全区完成卷烟销售15.96亿支（3.19万箱），实现销售收入82800万元；实现税利14072万元，其中实现利润10600万元。

公司面向全国，致力于发展以零售连锁和品牌代理为核心主业的经营产业链，在上海市内拥有直营门店100余家，加盟店120余家，在江苏、福建、浙江等华东地区中心城市发展连锁门店200余家，同时建立覆盖连锁超市、便利店、综合商厦、餐饮酒店等在内的上万家社会终端网络，总经销、总代理“康辉”正一品系列、“雅可”、“瑞士莲”、“吉利莲”、“利口乐”、“渔父之宝”等数十个国内外知名食品品牌。

上海市烟草专卖局驻上海铁路专卖局
上海烟草集团铁路烟草有限公司

上海市烟草专卖局驻上海铁路专卖局成立于1991年9月15日。上海烟草集团铁路烟草有限公司于2003年12月26日由原上海铁路烟草批发市场改制组建。公司由上海烟草（集团）公司、上海烟草集团上海烟草贸易中心、上海铁路经济发展有限公司共同出资。上海烟草集团铁路烟草糖酒有限公司成立于1992年1月，由上海烟草（集团）公司、上海烟草集团上海烟草贸易中心、上海铁路经济发展有限公司共同出资组建。截至2006年底，资产总额为3481万元，其中固定资产净值100万元。共有员工37人，其中聘用员工9人。分局（公司）下设6个部门。辖区内共有卷烟零售户101户。

2006年，全区完成卷烟销售1.3亿支（0.26万箱），实现销售收入6800万元；实现税利1286万元，其中实现利润863万元。

采用具有铁路特色的管理办案经营模式，发挥铁路公安情报系统的作用，加强与铁路公安部门的协作，建立健全快速反应机制。全年共查处涉烟违法案件27起，查获各类非法卷烟605.35万支，其中假冒卷烟499.15万支、走私卷烟69.07万支。

所属企业

上海卷烟厂

概　况

上海卷烟厂始建于1925年，前身是英美烟草公司颐中三厂。1952年4月，颐中三厂转让给中国政府，更名为国营上海卷烟二厂；1960年12月，更名为上海卷烟厂。1993年11月26日，上海烟草（集团）公司正式成立，上海卷烟厂成为其核心层单位之一。截至2006年底，上海卷烟厂在册职工数为1983人。年生产能力750亿支（150万箱）。

2006年，上海卷烟厂根据企业“十一五”规划和“12816”的年度方针目标，抓住“质量”和“成本”两大核心要素，围绕“顾客满意”的目标，在进一步加强基础管理的同时，持续探索卓越绩效管理、六西格玛（6σ）等先进管理理念和方法，着力提升质量竞争力、成本控制力、队伍竞争力和适应市场能力，不断朝建设“最具竞争力卷烟制造工厂”的目标努力。2006年，上海卷烟厂被评为“上海市实施卓越绩效模式先进企业”、“第七届全国设备管理优秀单位”。

领导成员

上海卷烟厂实行厂长负责制，主要领导成员有：

厂长、党委委员：部　强

副厂长、党委书记：姜立功

工会主席、纪委书记：汤红芳

副厂长、党委委员：周　铭

副厂长、党委委员：胡勤伟

副厂长、党委委员：卢　游

党委委员：杨　莺

组织机构

上海卷烟厂设办公室（党委办公室、厂长办公室）、综合管理科、财务科，人事劳资科、政工科、纪委监察科、工会、团委、工艺质量科、仓储科、设备科、安保科、行政科、科室党总支、一车间、二车间、三车间、膨胀烟丝车间、动力车间共19个部门（车间）。

生产经营

2006年，共生产卷烟735.45亿支（147.09万箱），与上年同比增长3.74%。其中，生产一类烟213.36亿支（42.67万箱），同比增长23.6%；二类烟205.04亿支（41.01万箱），同比增长4.75%；三类烟175.46亿支（35.09万箱），同比减少38.8%；四类烟139.46亿支（27.89万箱），同比增加23.25%；五类烟2.14亿支（0.43万箱），同比减少95.21%。生产“中华”牌卷烟158.88亿支（31.78万箱），占总产量的21.6%；“红双喜”牌卷烟206.2亿支（41.24万箱），占总产量的28.04%；“牡丹”牌卷烟175.46亿支（35.09万箱），占总产量的23.86%。全年产品质量抽检合格率为100%，卷烟外在质量平均得分为99.27分，其中“中华”牌卷烟的外在质量得分为99.52分；卷烟制造过程σ水平达到3.838。

产品介绍及品牌战略

2006年，上海卷烟厂生产的卷烟品牌有“熊猫”、“中华”、“上海”、“红双喜”、“牡丹”、“飞马”、“大前门”等。企业运用新工艺、新技术、新材料，不断改进生产工艺，生产多种规格包装的卷烟和不同焦油含量的系列产品，获得良好的市场效应。2006年底，推出“中华”家族新成员12毫克“中华5000”产品大样。

机构调整

进一步梳理、优化企业内部管理职能。撤销膳食科，将原膳食科的管理职能划归行政科，整合后勤管理职能和资源，业务流程、管理流程得到优化。配合集团公司“十一五”技改规划和进度要求，将原二车间花烟工段及卷包生产设备整体搬迁至主厂房，并将原隶属二车间的成型作业区划归三车间管理。将集团公司设备处零配件仓库、物资处五金仓库和收货组、场地组等职能和人员纳入上海卷烟厂管理范围。

技术改造

与集团公司相关处室配合，完成上海卷烟厂“十一五”技改方案初稿，以及技改方案优化和初步设计方案。同时，根据集团公司总体规划，引进三组GD121/X500卷包机组。

科技创新

持续探索卓越绩效管理、六西格玛（6σ）等先进的管理理念和方法，着力提升质量竞争力、成本控制力、队伍竞争力和适应市场能力，结合《卷烟》新国标的推行，在企业、车间、班组3个层面上积极开展管理创新活动。

拟定28项需要重点攻关改进的指导性意见和课

题，申报攻关项目55个，确立“双突破”项目13项。陆续应用与实施“改进P70、P100型卷烟机吸丝导轨，提高烟支重量SD值控制水平降低消耗”、“应用多面体摄像技术，提高小包外观质量”、“提高超高速机组综合效率”、“影响卷烟内在质量的制丝过程控制研究”等项目，大大增强企业科技创新的实力。此外，年内还申报了5项技术专利。

企业管理

财务管理。以规范、监管成本为重点，确保会计信息真实、完整、及时；资金纳入集团公司资金管理中心统一监管；完成企业标准成本的制定，初步建立以成本中心为主体的成本责任体系。

质量管理。2006年，共注册QC质量管理活动课题69项，有568人次参与QC课题攻关，普及率达到2522%。全年获得全国QC发布一等奖1项、全国烟草行业QC发布一等奖1项、上海市QC成果擂台赛二等奖1项。

设备管理。以设备要素管理《实施指南》为指导，以《绩效评价方法》为依据，全面推行设备要素管理，注重经济性与实效性的结合，体现要素工作的经济绩效，为各项工作的全面完成提供设备保证。

安全管理。以重点危险源监控为核心，推进安全质量标准化，保持安全生产综合评价“优秀”等级；推行消防管理评价体系；开展清洁生产审核，实现环境管理体系转版，提高环境管理体系运行水平。2006年，未发生重大事故（事件）及一般工伤事故，企业荣获“上海市安全先进单位”称号。

信息化建设

按照产销集成系统运行要求，进一步完善生产指挥系统和各岗位运维手册，形成分层次的运维体系和运维平台，稳步开展信息化基础保障工作，优化系统平台，提高系统运行的稳定性。

按照预算管理、资金管理中心、人力资源信息集成建设要求，配合集团公司推进三大集成系统的完善和优化，在各车间（部门）推广应用预算管理模块。

完成生产过程控制六西格玛（6σ）主题分析应用，培养和建立一支主题数据应用分析人员队伍。其中，六西格玛（6σ）水平测评系统和效能分析系统投入运营；完成对关键质量指标监控系统的要求、数据源及实施进度确认和需求调研工作；企业额综合指标查询分析系统开发完成并处于试运行阶段。

队伍建设

围绕“优化队伍结构、提升员工素质”的工作主线，开展三个方面的工作。开设多个等级工培训班和干部培训班，推广“一事一训”，实施具有针对性、实效性的培训，提高员工的职业技能素养。截至2006年底，工厂具备技师及以上资格共有75人，其中生产一线高级技师6人、一线技师18人。持续推进“师徒带教”活动，在对“名师带徒”、“双师教练式带徒”与“基本技能带教”3个层面的带教活动进行全面总结分析和整合的基础上，实施异地异厂带教工作。通过制订《新进员工管理办法》，对新进大学生毕业生、新进高职生、新进退役军人和其他新进人员设计针对性较强的培养方案和培训体系，建立良好的新进员工培养、使用、考核和激励竞争机制。

思想政治工作

策划组织两级党组理论学习中心组学习，提高领导干部运用科学发展观解决实际问题的能力；严格落实各项党员学习计划，发挥党员对工厂中心工作的推动作用。

以党建工作长效机制建设为重点，深入开展“四好”领导班子创建活动，进一步发挥领导干部的带头表率作用、党支部的战斗堡垒作用和党员的先锋模范作用，提高党建保障力，为构建企业“和谐、发展、卓越”的良好氛围做出有益的探索。2006年，上海卷烟厂被评为“上海市先进基层党组织”。

党风廉政建设

组织全体党员干部学习贯彻中央纪委六次全会精神以及上海市、国家局党风廉政建设干部大会精神和集团公司党风廉政建设干部大会精神，深化党风廉政教育工作，以标准化推进管理监督一体化工作和责任保障机制建设工作，修订企业《“三重一大”集体决策规定》。2006年，全厂党员干部受教育面达100%，党员、干部违纪违规发生率为零，职工群众对领导班子廉洁自律的满意率为97.01%。

北京卷烟厂

概　况

北京卷烟厂始建于1970年，2004年1月1日正式纳入上海烟草（集团）公司管理。总资产17.18亿元，年生产能力150亿支（30万箱），年产销规模达148.1亿支（29.62万箱），占地面积8.95万平方米。截至2006年底，企业共有员工794人，其中，大中专以上学历368人、高级技术职称7人、中级职称129人。2006年，北京卷烟厂被评为2006年“北京企业100强”，并连续第八年被评为“首都文明单位标兵”。

领导成员

企业实行厂长负责制，主要领导成员有：

厂长、党委副书记：曲志刚

党委书记：马庆林

常务副厂长、党委委员：齐伟城

常务副厂长、党委委员：张　建（—2006.12）
副厂长：姚琴声（—2006.12）
党委副书记、纪委书记、工会主席：蔡继东
总工程师：张维群
总会计师：于国欣
副厂长：赵丽儒（2006.8—）
副厂长：柳宝发（2006.8—2006.12）

生产经营

2006年，生产卷烟147.6亿支（29.52万箱），与上年同比增长7.93%。其中，一类烟13.95亿支（2.79万箱），同比增长6.5%；二类烟23.01亿支（4.6万箱），同比增长36.4%；三卷烟69.82亿支（13.96万箱），同比减少0.13%；四类烟38.72亿支（7.74万箱），同比增长13.96%；五类烟2亿支（0.4万箱），同比减少32.66%。

销售卷烟148.14亿支（29.62万箱），与上年同比增长7.84%。其中，一类烟14.06亿支（2.81万箱），同比增长11.94%；二类烟23.35亿支（4.67万箱），同比增长40.92%；三类烟70.14亿支（14.03万箱），同比增长0.23%；四类烟38.41亿支（7.68万箱），同比增长9.46%；五类烟2.17亿支（0.43万箱），同比减少26.94%。

实现销售收入19.03亿元，与上年同比增长12.94%；实现税利12.33亿元，同比增长25.69%；实现利润2.72亿元，同比增长80.13%；平均单箱税利4151元，同比增长16.83%。出口创汇1124.25万美元，同比增长12.16%。资产负债率13.53%，同比提高7.18%。

品牌战略和产品介绍

坚持“科技先导，纯净奉献”的企业宗旨，以“中南海”品牌建设为核心，坚持“首都是基础，空间在外埠，开拓在海外”的营销方针，采用中草药技术、低焦油技术、低自由基技术和纳米技术，重点开发低焦油、低危害混合型卷烟，努力成为中国混合型卷烟和高科技卷烟研发生产出口基地。2006年，围绕“把‘中南海’品牌打造成为中国混合型卷烟第一大品牌”这一总体目标，加大市场拓展和品牌整合力度，实现产品结构的新调整和新提升，“中南海”卷烟销量占总销量的比重从上年的57%上升到75%。

2006年，生产“中南海”卷烟111.80亿支（22.36万箱），与上年同比增长40.97%。销售“中南海”卷烟112.46亿支（22.49万箱），同比增长43.35%；出口“中南海”卷烟9.9亿支（1.98万箱），同比增长9.76%。“中南海”卷烟销往全国32个省份、134个地区，远销日本、韩国、新加坡、中国香港、中国台湾等国家和地区，成为全国出口混合型卷烟第一品牌。2006年7月1日推出“中南海（薄荷）”卷烟，全年出口日本0.9986亿支（0.1997万箱），出口马来西亚0.053亿支（0.011万箱）。

体制改革

2006年，顺利实现三项制度改革新的薪酬体系对接。建立起岗位薪级工资制度。明确231个岗位，由过去的“一岗一级”转变为“一岗多级”宽带薪酬体系。建立起岗位发展通道制度，从职工职业生涯设计和发展的角度，将岗位分为管理类、技术类、营销类、职能类、技能作业类5个大类12个序列，与宽带薪酬体系相结合，建立起岗位发展通道。由身份管理向岗位管理转变，明确“以岗定薪、岗变薪变、一岗多级、绩优薪升”原则来进行企业人力资源的管理。

技术改造

2006年，企业以“现代不豪华，舒适不浪费”为原则，以“精心组织，建立制度，周密安排，加快进度”为工作要求，相继取得市政、环境、卫生、安全、交通、人防、地震、园林、规划和开工等审批文件。完成制丝工艺、卷接包设备、物流配套、建筑信息等方面的方案调研、论证，以及前期设计工作，并开展联合工房、土方回填、物流系统和控制系统等项目的招标工作。做好临时办公、围墙建设、地质勘察、水电开通等施工前期基础工作，明确岗位责任制，建立起项目、监督和档案管理制度。2006年12月29日，北京卷烟厂易地技改项目正式开工。

科技创新

加快“减害降焦”工作实施步伐。“利用纳米技术有效降低卷烟烟气中有害物质含量”项目通过国家局的鉴定，达到国际领先水平。“自由基限量标准”项目完成对100多种国内外卷烟中自由基含量的测定工作。“烟气有害物质的快速检测”项目、“近红外检测技术应用”项目取得新的进展。条烟缺包检测装置项目申报国家新型使用技术专利和发明专利。进一步降低产品焦油含量，品牌平均焦油含量达到10.29毫克/支，比上年降低0.2毫克/支。此外，北京卷烟厂《利用纳米技术有效降低卷烟烟气中有害物质含量的研究》论文在CORESTA学术交流会上受到广泛关注和赞誉。

企业管理

基础管理。以“眼睛向内练内功，在精细实上下工夫”为管理要求，编制、修订企业标准592项，初步形成与集团公司统一的标准化体系。同时，深入推进管理创新活动、卓越绩效评价和设备要素管理，取得较为明显的成效。

节约降耗。把节约降耗与预算管理相结合，细化完善预算制度，明确降耗项目。全年烟叶单耗

6.72公斤/万支，比上年降低1.61%，节约费用成本800万元。其中，配方成本减少370万元。

质量控制。围绕"大协议、小订单"运行模式，以精细化管理为核心，坚持生产围着市场转，克服库存较低、供货紧张、前紧后松等困难，保证市场供应。进一步贯彻新卷烟工艺规范，深入开展过程工艺验证，提高改进设备效率，提高加工能力和保障水平。

安全管理。进一步落实各级安全岗位责任制，有针对性地强化安全教育，开展突发安全事故演练活动。定期组织安全大检查，积极整改，消除隐患。

内部管理监督

深入开展同级审计和专项检查等工作。成立相应的领导班子和工作班子，重点从专卖管理、工资福利、会计核算、账外账、资产质量等方面入手开展自查，根据检查出来的问题，制订整改方案，建立完善内部控制制度和自我监督长效机制。同时，落实企业内部监管一体化工作，明确企业第一批11个监管重点，并编制相应的监管标准化文件。

职工教育培训

2006年，继续开展创建学习型企业活动。组织开展软件、会计、档案、安全、信息和标准化等基础知识培训，以及市场营销、职能管理、专业技能和绩效管理等培训。同时，组织93名职工参加特有工种技能等级鉴定。

特事要辑

1月26日，国家局局长姜成康考察北京卷烟厂。

天津卷烟厂

概　况

天津卷烟厂始建于1919年，前身系天津英美烟草公司。1952年被中央人民政府接管，更名为天津卷烟厂。2004年12月与上海烟草（集团）公司签署联合重组协议，更名为上海烟草（集团）公司天津卷烟厂。企业占地面积18.28万平方米，年生产能力200亿支（40万箱）。企业资产总额10.44亿元，有在职职工1021人，拥有各类专业技术职称人员139人，其中，高级职称3人、中级职称58人、初级职称78人；研究生学历5人、本科学历66人、专科学历89人。拥有一条5000千克/小时制丝线、10台（套）PROTOS70卷接机组、5台（套）GDX1包装机组、5台（套）GDX2包装机组、5台（套）SUPER9卷接机组、3台（套）B1包装机组和5台（套）滤棒成型机组等卷接包生产线关键设备。

领导成员

企业实行厂长负责制，主要领导成员有：

厂长、党委书记：李钢成
副厂长、党委委员：田振勇
副厂长、党委委员：唐　涛
副厂长、党委委员：张培勇
副厂长、党委委员：朱洪武（—2006.7）
党委副书记：宋　玮（—2006.7）
党委副书记、纪委书记、工会主席：孟庆荣
副厂长：李　卫（2006.6—）

生产经营

2006年生产卷烟146亿支（29.2万箱），与上年同比增长10.19%。其中，生产一类烟1.14亿支（0.23万箱），同比增长5.56%；二类烟5.26亿支（1.05万箱），同比减少15.71%；三类烟50.58亿支（10.12万箱），同比增长2.95%；四类烟71.51亿支（14.3万箱），同比减少5.97%；五类烟17.5亿支（3.5万箱）。销售卷烟146.9亿支（29.38万箱），同比增长11.75%。其中，"江山"7.01亿支（1.4万箱），"恒大"77.09亿支（15.42万箱），集团公司品牌62.8亿支（12.56万箱）。实现卷烟销售收入11.63亿元，同比增长10.45%。实现税利5.98亿元，同比增长6.22%；其中，利润0.02亿元，同比减少18.03%（大部分利润用于消化历史遗留不良资产）。

产品介绍

2006年生产"江山"、"恒大"、"大前门"、"牡丹"、"飞马"5个品牌的12个规格。其中"江山"、"恒大"、"牡丹"品牌被列入《卷烟产品百牌号目录》。"恒大"系列卷烟创牌于1947年，该品牌以香气浓、吃味纯、劲头足为特点，连续三次被认定为"天津市著名商标"。"江山"系列卷烟以"关注人的需求，关爱人的健康"为经营理念，连续两次被认定为"天津市著名商标"，并被评为"天津市名牌产品"。"牡丹"2006年首次被认定为"天津市著名商标"。

技术改造

按照集团公司"十一五"技改工作总体要求，于2月16日成立技改办公室；3月31日召开"十一五"技术改造项目研讨会。7月12日，取得国家局关于天津卷烟厂"十一五"技改项目征地事宜请示的批复。8月23日，与天津市东丽区人民政府正式签订天津卷烟厂"十一五"技术改造项目征地协议。11月17日，"十一五"技改项目通过专家论证。12月26日，国家局正式批复天津卷烟厂"十一五"技术改造项目。12月31日，天津市规划局同意天津卷烟厂"十一五"技改建设项目的选址意见。

科技创新

加快"减害降焦"工作实施步伐，进一步优化卷烟加工工艺指标，中草药添加技术研究取得一定进展。

《酶水解连续流动测定烟草中的淀粉含量》论文在世界烟草科技大会上发布。深入开展群众性技术革新活动，《降低膨胀烟丝掺配电子秤动态累计误差》课题荣获“茅台”杯全国QC小组成果发表赛一等奖。

企业管理

为适应集团化运作模式，天津卷烟厂进一步加大资源整合力度，优化人力资源配置。本着“系统梳理、关注现场，分步推进，整体提升”的原则，对全厂各级制度进行全面、系统的梳理，建立企业管理标准化体系和其他相关制度，将企业各项工作纳入制度化、标准化管理轨道。完善绩效考核体系，初步建立“一流工厂KPI”指标。按计划要求开展岗位调查分析，撰写职位说明书中的岗位任职资格，梳理管理人员及专业技术人员能力清单，建立分层分类的胜任能力模型。与此同时，制订薪酬体系和绩效管理体系等改革方案。

稳定提高工艺制造和产品质量保障能力、主要工序参数化控制实现率。进一步提高质量管理体系的运行质量、有效性和保障能力。2006年，设备管理工作提前一年获得集团公司“设备管理二级企业（单位）”称号。落实集团公司资金统一监管要求，构建资金管理中心平台；以提升企业成本管理能力为切入点，强化经营管理，完善经营机制，提高经济运行质量。

信息化建设

初步完成生产指挥系统的移植，实现产供销集成连接。人力资源信息集成系统和计量器具管理、五金零备件管理、销售（MIS）管理、计划排产管理等系统按计划实施。同时，为保证国家局卷烟生产经营决策管理系统规范、有效、正常运行，制订一系列管理制度，做到环环把关、严格监控，始终保持打码率和扫码率100%。

上海高扬国际烟草有限公司

概　况

上海高扬国际烟草有限公司创建于1992年2月，1995年7月正式投入生产，由上海烟草（集团）公司、香港南洋兄弟投资（中国）有限公司合资经营，投资总额为5000万美元。公司占地面积4.8万平方米，拥有1条3300千克/小时的德国HAUNI公司制丝线，1条1000千克/小时的制梗线，1条800千克/小时的白肋烟线，8台（套）卷接包机组，年生产能力150亿支（30万箱）。截至2006年底，公司共有员工353人，资产总额4.01亿元。

领导成员

公司实行董事会领导下的总经理负责制，主要领导成员有：

董事长：高宪法

副董事长：陆大镛

董事：朱明华　陈　烨　陆永年　李　跃　谢亦三

总经理、党总支书记：谢亦三

副总经理：徐国强（—2006.8）

党总支副书记、工会主席：盛晓敏

副总经理：张　强（2006.8—）

总工程师：蔡得明

生产经营

生产委托加工卷烟93.86亿支（18.772万箱），与上年同比增长4.59%；实现销售收入1.75亿元，同比增长7.36%。实现税利0.79亿元，同比增长45.97%；实现利润0.32亿元，同比增长7.08%；单箱税利308.81元，同比增长2.41%。

产品介绍

以委托加工生产低焦油卷烟产品为主，生产的卷烟品牌有“牡丹”、“红双喜”、“金鹿”等，并与日本烟草产业株式会社合作来料加工生产“七星”牌卷烟。

技术改造

完成一套ZJ112－ZB47机组、两组PROTOS1－8卷接机以及瑞龙连接设备的调试、验收、整改等工作，实施一组德斐坏烟处理机改造项目，提高了设备对生产、工艺、质量的保障能力和制丝生产品质控制能力。

企业管理

财务管理。将预算指标由原来的70项细化成191项，明确指标的构成、责任人、组织关系和范围。对预算管理系统与主要业务的权力点进行梳理，确定主要权力点77项，并全部实施授权管理，使全年预算相符率达到98.9%。

质量管理。建立“问题排摸分类—分析失控点—完善控制方法—培训与实施”的防范流程，形成质量异常防范体系。全年因制造质量原因造成的消费者投诉共4次，理赔率0.01PPM，未发生质量事故和二、三级工序异常。工艺能力满足率为93.65%，比上年提高4.25个百分点。

劳资管理。全面开展管理干部“四定”调研工作，完成干部换届聘任工作。对各部门工人岗位进行定员定岗，优化人员配置，积极鼓励基层职工走技术型的成长发展路线，并坚持技术比武、师徒带教、技师立项、评优晋级等职工技能振兴的有效做法。

安全管理。开展危险源的辨识、评价，确立危险源35个，修订完善重点危险源控制措施43条。通过“安全月”系列活动、“119消防日”主题活动以及全员安全承诺等活动，加大安全教育的影响力和渗透力。

信息化建设

根据用户的个性需求，从三个层面推进公司信息资源的开发利用：一是面向基层用户，建立固化的查询分析层。通过开发网上报表系统，满足用户固定需求。二是面向专业管理者，建立灵活的报表分析层。通过扩充财务固定资产、卷包剔除、废料等BO数据语义层，提升各部门数据分析利用水平。三是面向课题攻关小组，建立综合的查询分析层。针对特定问题进行多层次、多角度、多阶段的分析处理，并与零配件采购、轮季保、日常设备维修相结合，将分析的结果直接用于指导实践。

队伍建设

实现技术队伍由经验型向知识型、由单一型向复合型的转变，为企业凝聚人、引导人、培养人营造良好氛围。全年共组织职工培训520人次，培养高级工23人。截至2006年底，公司有111人具有高级工及以上职称，260人达到高中及以上文化程度。同时，公司助理级及以上技术职称人员上报论文49篇，上报率比上年提高44%。

企业文化

形成企业自身的文化特色，即建立和有效运行集中化、扁平化组织机构的企业制度、以自主管理和学习型组织建设为特点的班组文化、以“真诚实践十六字质量方针”为目标的质量文化。结合“‘两个至上’在岗位”主题实践活动，不断挖掘“两个至上”行业共同价值观内涵。开展员工文明行为大讨论活动，编制《高扬公司员工文明行为手册》，着手搭建企业文化框架。

上海烟草储运公司

概　况

上海烟草储运公司成立于1993年11月，拥有两个烟叶原料仓库（云岭西路仓库和国权北路仓库）、一个卷烟成品仓库和一个专业运输车队。公司主要承担上海烟草行业烟叶原料和卷烟成品的储存、养护、运输、调拨职能。公司总资产9.13亿元，烟叶仓库面积33.63万平方米，卷烟仓库面积4.21万平方米，生产运输车辆79辆，各类铲车105台（包括夹包车、托盘推垛机、托盘搬运车、叉车等）。截至2006年底，共有职工712人，其中，大中专学历506人，技术工人426人，中、高级工占技术工人比例为99.53%。

领导成员

公司实行总经理负责制，主要领导成员有：

总经理、党委委员：解建伟（2006年7月起兼任党委书记）

党委书记、副总经理：陆志明（—2006.4）

副总经理、党委委员：黄龙翔

副总经理、党委委员：许资新（2006.4—）

副总经理、党委委员：宋　玮（2006.6—）

纪委书记、工会主席：陆仁平

生产经营

2006年，完成烟叶吞吐20.93万吨（418.6万担），卷烟吞吐1377.48亿支，汽车运输535.74万吨公里，柴油单耗7.66升/百吨公里，主要生产设备完好率98.35%，全年无质量事故和重大安全事故。

服务链打造

2006年是公司三年打造服务链计划的第一年。围绕“精强储运每天，满意服务永远”的服务理念，公司党政工团齐抓共管。初步构建外部服务链框架，制订《客户满意度测评办法（暂行）》，形成服务流程、标准和承诺。公司将服务渗透到生产、质量、安全等各项管理工作中去，推进储运工作从“生产为中心”向“服务为中心”转变，不断提升客户和员工的满意度，不断提升又精又强的储运专业能力，不断提升对集团公司的贡献度。

企业管理

质量管理。加强质量验收、数据检测、异常问题分析处理和养护管理、技术手段的应用，深入推进“检测、控制、评价一体化”工作。以“中华”原料烟叶为重点，加强现场质量控制，优化质量指标体系，加强数据分析和过程控制，及时调整和改进烟叶养护手段。

财务管理。以规范、监管、成本为重点，推进财务信息集成系统建设，完善预算管理网络建设，建立储运财务监管模式。继续加强物料仓库管理，细分库存物品，减少库存品种，控制库存资金。

现场管理。以“5S”365为活动主题，组织清爽优美环境、安全清洁生产、保全完好设备、“5S”日清日高4个专题活动，深入开展现场管理活动，改进工作作风，提升员工素养，形成和谐融洽的工作氛围。

设备管理。加强委外维修管理，推行课题制运作，注重节能降耗，优化仓库布局，强调过程控制，夯实设备要素管理基础，确保主要生产设备完好，提高主要生产设备的利用率，为各项生产任务的有序开展提供设备保障。

安全管理。以“预防为主，持续改进”为主线，坚持“你安全，我安全，人人、时时、事事安全”的安全理念，推进安全质量标准化建设。深化网络化区域化安全管理，突出重点危险源分级监控，注重宣传、教育、培训和考核，并初步形成公司安全文化。

信息化建设

为实现储运生产业务的集成化、一体化、专业化和多元化管理，按照“机构扁平、流程优化、资源共享、管理科学”的指导思路，结合储运工作特点，在梳理整合原有卷烟、烟叶业务系统的基础上，新增订单管理、智能调度、储运成本、客户服务、绩效分析等功能，逐步建立健全储运物流管理系统。该系统将突破原有的储运生产管理模式，突出订单驱动、一级调度等先进理念，更好地为多货主提供多商品的仓储运输服务。

队伍建设

按照“不同层次、不同类型、不同时期”的要求建立完善后备干部队伍，明确人才培养重点目标，加强对近期培养对象的季度跟踪考核。在2006年的干部聘任中，共有7名干部进行岗位交流，且干部的平均年龄由44.4岁下降到43.9岁，大专以上学历由64.2%提高到73.2%。

上海烟草工业印刷厂（含上海金鼎印务有限公司）

概　况

上海烟草工业印刷厂始建于1929年，是国内最早专业生产卷烟商标的印刷厂。现为上海烟草（集团）公司全额投资的子公司。拥有集资兴建的上海金鼎印务有限公司和上海罗德烟草印务有限公司两个公司。2004年上海烟草工业印刷厂整体搬迁至浦东新区高行工业园区，占地面积11万平方米，截至2006年底共有在册职工564人。

其中，上海金鼎印务有限公司于2005年12月28日与上海罗德烟草印务有限公司合并。合并后上海金鼎印务有限公司的股东包括上海海烟实业合作公司、上海烟草工业印刷厂、香港天利国际经贸有限公司、上海烟印实业合作公司和上海汇佳资产经营管理有限公司。公司占地面积6万余平方米，截至2006年底共有在册职工502人。

上海烟草工业印刷厂主要生产高中档卷烟商标及包装装潢印刷品、画册、样本等，具备国内领先的创意设计、制版、胶印、凹印、烫金、丝网印刷和模切等综合印刷能力。主要产品为高中档卷烟商标及包装装潢印刷品、画册、样本等。企业在2006年获得由中国包装联合会颁发的“中国包装龙头企业”称号以及由上海市包装技术协会颁发的“上海市包装五星级企业”称号。

领导成员

上海烟草工业印刷厂实行厂长负责制，主要领导成员有：

上海烟草工业印刷厂厂级领导

厂长、党委委员：俞志康

副厂长、党委书记、纪委书记：曹水萍

副厂长、党委委员：张国生

副厂长、党委委员：孙健法

副厂长：邹国南

纪委书记、工会主席：甘向红

副厂长：罗　龙（2006.6—）

上海金鼎印务有限公司董事会成员

董事长、总经理：俞志康

董　事：张国生　邹国南

烟印实业合作公司董事会成员

董事长：邹国南

董　事：陈　依　高祥麟　程丽娟　方海建　聂　明　祁光荣

生产经营

2006年，上海烟草工业印刷厂完成印刷产量115753对开万印，与上年同比增长40.06%；实现工业产值4.59亿元，同比减少25.22%；实现销售收入7.22亿元，同比增长9.35%；实现税利0.83亿元，同比增长2.5%；实现利润0.45亿元，同比增长5.02%。

上海金鼎印务有限公司①完成印刷产量149549对开万印，与上年同比增长66.15%；实现工业产值27862万元，同比增长208.48%；实现销售收入26878万元，同比增长182.07%；实现税利4294万元，同比增长107.14%；实现利润2546万元，同比增长117.05%。

品牌战略和产品介绍

产品主要包括烟标产品和社会产品两方面。其中，烟标产品主要有上海卷烟厂的“熊猫”、“中华”、“红双喜”、“上海”、“金鹿”等系列烟标，以及一系列外省市烟标。社会产品大致可分为日用化工类、食品类、文教用品类等，主要品牌包括：德国汉高公司的“蓓泽丝”染发剂系列外包装盒、“欧莱雅”唇膏系列外包装盒、“肯德基”外带全家桶系列、上海不凡帝糖果有限公司的“阿尔卑斯”和“贝洁”系列包装盒、瑞特元昌公司的订书机、订书钉系列外包装盒等。

科技创新

积极参与卷烟新品包装设计工作。参与“（喜庆）红双喜”和新品“（全开式）中华”、“江山”、

---

① 2006年，上海金鼎印务有限公司与上海罗德烟草印务有限公司合并，造成金鼎公司指标数据增长明显。

“（2008 奥运）中华”等品牌的包装形象设计。

开展新材料应用试验。在“（百顺）红双喜”上采用镭射光柱转移纸新材料和联机凹印工艺进行试制，取得成功；在“（软包）江山”上采用新型金属油墨和卷筒镭射素面转移纸进行试验，并试制出样品。

有序开展科技改进项目。基本完成凹印产品的工艺技术数据录入工作，完成胶印烟标类产品“中华”、“红双喜”、“牡丹”等的工艺技术数据录入工作。

技术改造

2006 年实施海德堡 XL105 八色联机 UV 上光胶印机、BOBST820 配置联机自动捆扎机等技术改造项目。

企业管理

管理创新。以“卓越绩效评价准则”为核心，结合企业“十一五”规划，建立企业自我评价体系和反映核心能力指标体系，并结合企业独特的烟草行业、印刷行业双重性特点对指标体系不断健全和完善。

生产管理。4 月份，生产调度中心正式投入运行，《企业生产管理手册》完成修订并进入试运行，生产过程中的异常情况得到有效控制，为各项生产业务的有序进行起到良好的保障作用。

质量管理。在积极开展质量管理体系内部审核、SPC 质量统计、质量改进活动、QC 小组活动的同时，对一些非常规材料和非常规项目进行探索研究，为尽早发现这些材料和项目可能存在的问题，保证材料印刷适性、把好生产头道关奠定基础。

标准化管理。围绕“精简、统一、协调”的标准化建设总体要求，对企业标准体系文件进行审视、修订，并组织开展三次全厂性的标准制度执行情况督查。完成企业全部标准文件的网络上传工作。

安全管理。加大危险源控制力度，完成全厂危险源的排摸、辨识与评价，建立重点危险源控制、管理、点检、检查、考评流程。同时，组织开展以机动车辆为主要对象的厂内交通道路专项整治活动。

信息化建设

“烟印资源管理系统”一期项目投入正式运行。初步建立起高效便捷的信息沟通网络和集成的生产管理系统，形成适合企业的、科学的业务流程和运行机制，有效地支持各个关键业务的管理，提高响应速度和管理水平。“烟印资源管理系统”二期项目正在有条不紊地进行中。

队伍建设

试行“机长负责制”和“机长岗位聘任制”，通过赋予机长对机台人员的考核权力和机台人员变动的建议权等，强化机长的管理职能，提高整个机组的团队协作能力，进一步发挥好机长的工作积极性。注重人才梯队储备，在后备干部培养以及各种紧缺或急需人才的选拔、储备等方面进一步加大工作力度。

企业文化

提出企业文化建设分步实施的思路，把企业制度文化、员工形象文化、企业环境文化和市场营销文化作为企业文化建设的重要抓手，以“强意识，内化于心；抓执行，外化于形；重长远，固化于制”的方式在职工中牢固树立行业共同价值观。积极打造“金鼎”品牌，将“上海烟印 演绎精品”广而告之；积极推行“职工车厢学校”，自行拍摄专题片 40 部，使这一流动课堂逐渐成为员工学习教育的品牌载体。

上海白玉兰烟草材料有限公司

概　况

上海白玉兰烟草材料有限公司 2003 年由原上海烟草材料厂浦东联营公司转制组建，由上海海烟实业合作公司、上海惠民工贸合作公司、上海张江实业总公司合资经营，专业生产各类包装纸箱、制造卷烟滤棒和多用途胶粘剂。公司占地面积 2.6 万平方米。截至 2006 年底，有在册员工 398 名。公司拥有德国虹霓公司复合成型机、KDF－2 滤棒成型机、波纹滤棒成型机、法国基尔三色印刷模切机、台湾半自动钉箱机等各类专用生产设备，长期为上海卷烟厂、上海高扬国际烟草有限公司、全国各大烟叶基地提供“熊猫”、“中华”和“红双喜”等产品的滤棒、烟箱、烟叶大箱及卷烟配套产品。

领导成员

公司实行总经理负责制，主要领导成员有：

总经理、党支部书记：陈一鸣（—2006.7）

总经理、党支部书记：徐国强（2006.8—）

党支部副书记、工会主席：蔡建国

副总经理：张荣彪

副总经理：秦建国

副总经理：田永昌

生产经营

2006 年，公司生产瓦楞纸箱 1152 万标准平方米，滤棒 24.98 亿支（其中醋纤滤棒 18.4 亿支、丙纤滤棒 5.2 亿支、特种滤棒 1.38 亿支），实现销售收入 1.46 亿元（业外产品销售收入 0.35 亿元），与上年同比减少 18.89%；实现税利 0.46 亿元，同比减少 1.86%；实现利润 0.19 亿元，同比减少 43.38%。

科技创新

2006 年，划出 200 平方米专用场地区域、配备两台 YL－21 型滤棒成型机用于滤棒的研制和实验，筹建企业滤棒产品开发实验室。对复合纤维滤棒内在性能进行持续改进，提出“一级纤维改性、二级纤维表面改性和三级配套用胶粘剂改性”的思路，共试样140余次，解决滤棒硬度偏软的问题。2006年11月，将特种加碳成型机落料装置项目申请国家专利。

技术改造

通过可行性研究，确定纸箱生产线更新、印刷模切机新增、变配电改造和“煤锅炉”改“油锅炉”等技改项目，总投资规模6000万元。解决技改项目在上海地方立项报批、进口审核、减免关税、设备招标等一系列手续问题，先后通过浦东新区经贸局和市经贸委的项目审批，并完成项目的配套工程。此外，公司通过对纸板生产线电脑横切机的升级改造，提高印模机送纸精度，改进模切板弹性橡胶结构形式，使纸张损耗减少0.5%，年节约原纸价值13万元。

企业管理

坚持“滤棒质量就是卷烟质量，烟箱质量是沪产名优烟外在质量一部分”的质量理念。在滤棒产品方面，通过加强工艺执行力度，加强过程控制力度，加强数据分析能力，运用柏拉图、SPC控制图等统计工具对滤棒产品质量走向和波动做出准确判断，及时对设备状况、工艺参数作出适当调整，实现滤棒产品质量稳定受控。在纸箱产品方面，强化操作规范，强化工艺纪律执行，强化产品质量自检，运用“防差错技术”，推出严格的操作规程，确保纸箱质量始终保持较好水平。

全年注册QC小组17个，申报课题21个，参与人数132人，普及率达33%。其中成型车间机修QC小组《减少波纹滤棒停机时间》项目荣获全国烟草行业成果发布二等奖。全年QC活动共创造经济效益近20万元。

推行标准化管理。利用信息管理系统平台，实施标准化文件网上发布、搜寻和查阅。网上发布标准化文件138个。

队伍建设

全年通过各种途径接受和参加培训人数达1100人次，其中工人技能上等级、高级工上岗等岗位参训人员71人。利用职工自助教育学校，开设专业管理课程14期，共培训394人次；其他各类讲座培训人数为635人次，干部参训覆盖率100%。培训中高级工人7人，目前公司中高级工占技术工人比例为59.7%。

上海海烟物流发展有限公司

概　况

上海海烟物流发展有限公司成立于2002年6月18日，公司整合上海烟草糖酒行业优势资源，专注于烟草、酒类、食品、百货的分销与配送，是集现代物流、商品营销、信息服务于一体的供应链服务提供商。公司下属海烟物流中心占地面积6.67万平方米。截至2006年底，资产总额15.61亿元。有在职员工671人。2006年，公司被评为“上海优秀服务商标”，“上海市企业咨信AA级”，并获得长宁区“特别贡献奖”。

领导成员

公司实行总经理负责制，主要领导成员有：

董事会

董事长：董秀明

副董事长：吴顺宝　杨圣明

董　事：郭　兰　史荣康　岑鼎崑　姜留柱　徐　鹏　胡伟坚　徐寿康　朱　华

监事会

监事长：沈伟明

副监事长：杨建华

监　事：管振毅　丁友德　张品新　刘正渝　蒋国澄

经营管理层

总经理、党委委员：过明啸

副总经理、党委书记：陆　捷

工会主席、党委委员：蒋国澄

副总经理：柏树兴

生产经营

2006年，公司共配送卷烟347.12亿支（69.42万箱），与上年同比增长2.24%；销售卷烟92.97亿支（18.6万箱），同比增长8.74%；实现卷烟销售额36亿元，同比增长7.56%；实现糖酒销售额16.5亿元；同比增长2.74%。2006年，公司共实现税利3.88亿元，同比增长20.12%；实现利润3.16亿元，同比增长26.91%。

信息化建设

根据公司经营管理发展的需要，充分运用SAP物流配送信息系统的管理功能，推进管理水平提高。实施集约经营ERP项目，成立项目管理小组，结合集约经营对信息集成和管理优化的现状，深入分析集约经营业务中采购、物流、销售和财务存在的信息与管理流程问题，完成集约经营信息化未来业务蓝图最终稿。年内试运行SAP物流配送信息系统，初步实现ERP项目的六大目标。建立安全运行体系，以保证投入应用系统的安全稳定运行。

队伍建设

继续举办生产现场工作人员大专班。完善培训机制，按不同岗位、层次开展有针对性的培训工作。2006年，共安排113门培训课程，557人次参加；开展29门专业技术课程，91人次参加。

思想政治工作

加强领导班子建设。以“课题制”为主要学习形式，定期组织党组理论学习中心组集中学习。遵照《上海烟草系统党建工作规定》的要求，定期召开公司领导班子专题民主生活会，紧密联系思想和工作实际，针对自身存在的突出问题，自我剖析、深刻分析，查找问题，并做好反馈和公示工作。

深化“党员责任区”活动。2006年初全体党员进行责任区目标承诺，年末组织党员对照先进性具体要求和责任区承诺进行“双对标”活动，就一年来的工作学习情况进行自查，并针对存在的薄弱环节提出整改措施，接受党组织和群众的监督。

建立工团组织。6月初召开公司第一次工会会员代表大会，成立海烟物流工会。6月28日召开公司首次团代会，成立共青团海烟物流委员会。

落实“星级职工之家”创建活动。发挥“海烟物流培训交流站”的作用，进一步提高一线员工的技能、文化素质，出版《海烟物流中心物流运营方式》一书。着力抓好工会干部的能力培养，提高各级工会干部的政策理论水平和工作能力。充分利用“职工之家”这一载体，进行班组长专题培训，促进班组工作水平的持续提高。

全面构建“学习型团组织”。组织开展“两个至上”行业共同价值观和“服务创造价值”理念的大讨论。开展“员工行为规范”宣传与“知荣辱，守法规，文明行为从我做起”青年志愿者活动。组建海烟物流青年协会，为青年搭建学习理论、展示才华的舞台，拓展与青年沟通和交流的途径。组建“CHANNEL HIGH”海烟物流新闻站，充分展示海烟团员青年的风采。

2006年上海烟草商业系统主要情况统计

区县局（公司）名称		上海市烟草专卖局浦东新区分局、浦东烟草糖酒有限公司	上海市烟草专卖局虹口分局、虹口烟草糖酒有限公司	上海市烟草专卖局青浦分局、青浦烟草糖酒有限公司	上海市烟草专卖局崇明分局、崇明烟草糖酒有限公司	上海市烟草专卖局金山分局、金山烟草糖酒有限公司
法人代表/主要负责人		倪鸿宾	董秀明	管振毅	倪鸿宾	杨圣明
总资产（万元）		32571	39408	23714	27673	33037
员工总数（其中聘用员工数）（人）		491（其中聘用员工108人）	959（其中聘用员工44人）	370	1166（其中聘用员工850人）	888（其中聘用员工534人）
所属县级局数量（个）		/	/	/	/	/
所属县级公司数量（个）		/	/	/	/	/
所属营销部（分公司、访销中心、烟叶复烤厂、稽查大队等）（个）		/	/	/	/	/
销售卷烟（亿支）		24.27	14.58	13.40	15.51	13.60
实现税利（万元）	本年	15324	12670	12706	13354	9381
	上年	13813	10945	11351	8576	10605
实现利润（万元）	本年	12528	9046	10284	10440	6344
	上年	11037	7021	8897	6024	7947
烟叶种植（亩）		/	/	/	/	/
烟叶收购（担）		/	/	/	/	/
零售户数（户）		2946	1427	1768	2365	1769

区县局（公司）名称	上海市烟草专卖局宝山分局、宝山烟草糖酒有限公司	上海市烟草专卖局长宁分局、长宁烟草糖酒有限公司	上海市烟草专卖局普陀分局、普陀烟草糖酒有限公司	上海市烟草专卖局南汇分局、南汇烟草糖酒有限公司	上海市烟草专卖局闸北分局、闸北烟草糖酒有限公司
法人代表/主要负责人	董秀明	管振毅	杨圣明	倪鸿宾	杨圣明
总资产（万元）	28942	14238	16467	21800	13687

续表

区县局（公司）名称		上海市烟草专卖局宝山分局、宝山烟草糖酒有限公司	上海市烟草专卖局长宁分局、长宁烟草糖酒有限公司	上海市烟草专卖局普陀分局、普陀烟草糖酒有限公司	上海市烟草专卖局南汇分局、南汇烟草糖酒有限公司	上海市烟草专卖局闸北分局、闸北烟草糖酒有限公司
员工总数（其中聘用员工数）（人）		538（其中聘用员工15人）	268（其中聘用员工59人）	604	499（其中聘用员工190人）	384（其中聘用员工58人）
所属县级局数量（个）		/	/	/	/	/
所属县级公司数量（个）		/	/	/	/	/
所属营销部（分公司、访销中心、烟叶复烤厂、稽查大队等）（个）		/	/	/	/	/
销售卷烟（亿支）		13.15	8.14	11.60	16.07	10.07
实现税利（万元）	本年	11666	9017	9610	10419	8104
	上年	11021	7695	9109	8424	6898
实现利润（万元）	本年	9171	7317	7679	8356	6596
	上年	8406	6102	6962	6437	5435
烟叶种植（亩）		/	/	/	/	/
烟叶收购（担）		/	/	/	/	/
零售户数（户）		2085	893	1099	1911	1431

区县局（公司）名称		上海市烟草专卖局奉贤分局、奉贤烟草糖酒有限公司	上海市烟草专卖局黄浦分局、黄浦烟草糖酒有限公司	上海市烟草专卖局静安分局、静安烟草糖酒有限公司	上海市烟草专卖局杨浦分局、杨浦烟草糖酒有限公司	上海市烟草专卖局徐汇分局、徐汇烟草糖酒有限公司
法人代表/主要负责人		沈伟明	沈伟明	杨圣明	董秀明	倪鸿宾
总资产（万元）		56506	101579	15231	16875	16210
员工总数（其中聘用员工数）（人）		1243（其中聘用员工680人）	599（其中聘用员工66人）	329（其中聘用员工31人）	377（其中聘用员工58人）	251（其中聘用员工11人）
所属县级局数量（个）		/	/	/	/	/
所属县级公司数量（个）		/	/	/	/	/
所属营销部（分公司、访销中心、烟叶复烤厂、稽查大队等）（个）		/	/	/	/	/
销售卷烟（亿支）		13.96	18.73	5.04	12.09	8.61
实现税利（万元）	本年	12604	33142	6343	10275	8261
	上年	10158	26427	4586	8371	6944
实现利润（万元）	本年	8964	27535	4950	8150	6702
	上年	6522	20802	3160	6412	5367
烟叶种植（亩）		/	/	/	/	/
烟叶收购（担）		/	/	/	/	/
零售户数（户）		1720	1397	602	1074	941

区县局（公司）名称		上海市烟草专卖局卢湾分局、卢湾烟草糖酒有限公司	上海市烟草专卖局闵行分局、闵行烟草糖酒有限公司	上海市烟草专卖局嘉定分局、嘉定烟草糖酒有限公司	上海捷强烟草糖酒（集团）有限公司	上海市烟草专卖局驻上海铁路专卖局、铁路烟草有限公司
法人代表/主要负责人		沈伟明	董秀明	杨圣明	沈伟明	杨圣明
总资产（万元）		34399	37597	30789	99800	3481
员工总数（其中聘用员工数）（人）		1083（其中聘用员工219人）	595（其中聘用员工197人）	683（其中聘用员工24人）	1088（其中聘用员工972人）	37（其中聘用员工9人）
所属县级局数量（个）		/	/	/	/	/
所属县级公司数量（个）		/	/	/	/	/
所属营销部（分公司、访销中心、烟叶复烤厂、稽查大队等）（个）		/	/	/	/	/
销售卷烟（亿支）		6.51	15.47	18.34	15.96	1.30
实现税利（万元）	本年	11877	15763	12086	14072	1286
	上年	10617	14637	9439	14158	1344
实现利润（万元）	本年	9067	12906	9264	10600	863
	上年	7859	11702	6732	10988	900
烟叶种植（亩）		/	/	/	/	/
烟叶收购（担）		/	/	/	/	/
零售户数（户）		605	1622	2051	203	101

（胡剑平）

江苏烟草

江苏省烟草专卖局（公司）

概　况

江苏省位于长江下游地区，总面积10.26万平方公里，总人口7550万人。全省设13个地级市，106个县、市、区。2006年，江苏省实现地区生产总值（GDP）21645.08亿元。

江苏省烟草专卖局、中国烟草总公司江苏省公司分别组建于1983年7月、1982年11月。2006年省局（公司）下辖南京、苏州、无锡、常州、镇江、南通、扬州、泰州、盐城、淮安、宿迁、徐州、连云港13个市烟草专卖局（公司），65个县烟草专卖局（营销部）。截至2006年底，固定资产20.7亿元，有在岗正式职工3174人，聘用职工10000人，在岗职工中拥有高级职称者11人，拥有中级职称者417人。

领导成员

局长、总经理、党组书记：尉彭城

副局长、党组成员：苗永新（—2006.1）

副总经理、党组成员：杨兴泉

副局长、党组成员：樊剑峰（2006.1—）

纪检组长、党组成员：马鲁宁

组织机构

省局（公司）设办公室（外事办公室）、政策法规与体制改革处、发展计划处、专卖监督管理处、财务管理处、人事劳资处、安全保卫处、纪检监察处、思想政治工作处（机关党委、工会）、卷烟销售公司、经济信息中心、质量监督检测站、烟草学会、职业技能鉴定站、机关服务中心、金丝利集团公司等16个处室（部门、公司）。

经济效益

2006年，共销售卷烟1197.08亿支（239.42万箱），与上年同比增长4.13%，其中，销售一类烟

178.03 亿支（35.61 万箱）、二类烟 263 亿支（52.60 万箱）、三类烟 559.61 亿支（111.92 万箱）、四类烟 112.86 亿支（22.57 万箱）、五类烟 83.58 亿支（16.72 万箱）。销售省产卷烟 620.93 亿支（124.19 万箱）。实现销售收入 384.69 亿元。实现税利 94.90 亿元，同比增长 20.67%；其中，利润 76.42 亿元，同比增长 18.63%。成本费用 270.23 亿元，同比下降 7.83%。

专卖管理

卷烟打假打私。以“打假破网”为突破口，推进卷烟打假打私工作。围绕“打假破网”目标，坚持“四不放过”原则（即来源不清不放过、去向不明不放过、无处理结果不放过、未总结经验教训不放过），强化经营案件意识，拓宽情报信息渠道，完善片区协作联动机制，深挖制售假烟网络案件，始终保持打假打私高压态势。相继开展“冬季会战”、“雷霆行动”、“风暴行动”等专项打假行动，查处网络案件 23 起。各市局（公司）都完成了“在大市范围内打掉 1～2 个有影响的制售假烟网络案件”的目标。

2006 年，全省共出动专卖执法人员 16.2 万人次，查处涉烟违法案件 3.3 万起，与上年同比增长 5.1%。查获违法卷烟 4.5 万件，同比增长 24%，其中，假冒卷烟 3.2 万件，同比增长 32.2%。捣毁贩藏假烟窝点 1215 个，同比增长 31%。实现罚没款 3101 万元，同比增长 19%。移交公安、司法机关依法拘留、逮捕和判刑的不法烟贩分别为 436 人、181 人和 183 人，是上年的 28 倍、7.5 倍和 4.1 倍。

加强联合打假。3 月 28 日，省局（公司）与江苏省公安厅联合召开全省卷烟打假总结表彰会。6 月 14 日，召开全省打击销售假烟网络工作座谈会，坚定烟草、公安联手打击涉烟违法犯罪的决心和信心。为促进卷烟打假行政执法与刑事司法有机衔接，8 月 8 日，召开全省卷烟打假打私暨适用法律问题座谈会，与有关部门联合出台《关于办理违反烟草专卖管理刑事案件适用法律若干问题的意见》。2006 年，江苏省公安厅和江苏省法院先后 3 次发文挂牌督办了 8 起涉烟案件，并对其中两起案件进行现场督办。

内部专卖管理监督。按照“加强领导，建立机构，制定方案，严格自查，边整边改，全面复查”的步骤，开展内部专卖管理监督自查、复查工作，加强日常监督和同级监督，探索内部专卖管理监督的长效机制，实现监管和自律的有机结合。为加强与工业企业的沟通衔接，省局（公司）与江苏中烟工业公司多次召开专题会议，就加强内部专卖管理监督的一些具体问题进行交流、探讨，并确定了淮安市局（公司）和淮阴卷烟厂为自查联系单位。为指导基层市局（公司）开展自查、复查工作，省局（公司）还制订“市场访查”方案，定期到各市局明查暗访，建立有效督察机制。

专卖管理基础建设。以基层建设为抓手，夯实专卖管理基础。贯彻落实国家局《加强县级烟草专卖局专卖管理工作的意见》，进一步明确县级局专卖管理的职能定位，对全省的专卖稽查队伍进行摸底调查，并根据调查情况制订方案，同时在连云港市局（公司）开展试点工作，探索加强基层建设的有效措施。

网络建设

网建检查考评。以国家局网建检查考评为契机，召开全省卷烟销售网络建设整体推进工作检查标准座谈会，编写具体考评细则，将国家局检查考评标准的 6 大类进一步细化为 76 小项，并确定评分标准。加强对检查考评工作的指导、协调、监督，多次赴基层开展网建调研工作，同时定期编发《网建信息》，报道全省网建工作进展，促进各地的网建整体推进工作。根据网建检查考评的总体安排，省局（公司）于 4 月组织 4 个检查小组对全省网建整体推进工作进行检查考评，全面了解全省各市局（公司）网建工作的整体情况，搜集网建工作中的亮点，反馈各地网建工作存在的问题，督促改进，及时将考评情况汇总上报，并委托第三方对全省零售户进行满意度调查。在 6 月中下旬国家局组织的检查考评中，江苏省网建工作得到了国家局检查组的肯定，给予“江苏网建工作继续保持在行业领先的行列中”的评价。

网络服务功能。2006 年，省局（公司）继续推进“客户投诉中心”建设，完善客户投诉管理体系，全面收集客户意见，优化处理机制，实施有效监督，提升服务质量。坚持执行客户投诉日报和月度通报制度，全年共编制投诉日报表 251 份，客户投诉工作情况通报 12 份。为帮助各市局（公司）及时掌握客户情况，“客户投诉中心”还增加咨询类统计分析，并于 11 月召开全省客户投诉座谈会，改进、提升客户投诉工作质量。截止到 2006 年底，省局（公司）“客户投诉中心”共接到投诉 242 件，建议 265 件，咨询 4457 件。

建立服务质量评价体系。从 2006 年 4 月起，省局（公司）每月从各市局（公司）所辖的零售户中随机选取 2% 的零售客户，就总体服务、货源供应、客户经理服务质量、送货员服务质量、专卖稽查人员工作质量等 5 个方面的问题进行电话调查，截至 2006 年底，电话调查卷烟零售户 28800 户。省局（公司）结合电话满意度调查、客户关系管理水平以及对工业企业服务情况对各市局（公司）进行综合测评，并在客户投诉工作情况通报中将各单位服务质量水平排序结果每两个月公布一次，截止到 2006 年底，已公布

4期。

加强“市场信息反馈中心”建设。按月整理和汇总全省卷烟市场信息，及时向27家重点工业企业进行个性化的反馈。开通局长（总经理）网上信箱，建立“江苏烟草工商信息互动平台”，畅通工商信息反馈渠道，促进工商双方的信息交流。

“两个升级”和物流建设。制订“全省客户分类、电话订货软件”升级维护的工作方案和技术方案，并在南京市局（公司）试点，同时，组织召开全省客户分类、电话订货软件升级维护现场会，启动全省客户分类、电话订货软件升级维护工作。2006年，共完成322186户零售户基础资料的收集、整理和核对工作。为加强和规范客户基础信息管理，编写《江苏烟草商业企业零售客户基础信息管理办法》，明确零售客户基础信息的类型、维护周期、维护权限和职责等。

全省以统一的信息平台为依托，按照“合理规划、统一标准、经济实用、综合配套”的方针，加快推进现代物流建设。制定《项目职责划分》、《项目分类和建设标准》，明确各单位职责分工，完善物流配送中心建设的运行机制。通过建立试点、分类指导、有序推进，逐步完成规划设计、招标采购等工作，加快实施各市的物流配送中心建设，为网建全面提升工作打好基础。

信息化建设

确立指导思想。对照国家局《数字烟草发展纲要》，结合江苏省的信息化建设的实际情况，印发《“十一五”信息化发展规划纲要》，明确全省信息化工作的指导思想、基本原则、总体目标、主要任务和保障措施，提出“江苏烟草信息化工作要统筹规划、资源共享、应用主导、面向市场、安全可靠、务求实效，要把信息化工作纳入组织发展的总体规划，紧密结合‘三大战略’的实施要求，促进信息技术与管理变革相融合”的指导思想。

专卖营销管理信息系统项目建设。以统一信息平台为依托，推进全省专卖营销管理信息系统项目建设。通过跟踪、监控，及时发现问题，完善全省营销管理软件系统。加强对该软件应用培训工作，逐步建立日常运行维护机制。以国家局网建整体推进检查考评为契机，完成客户关系管理系统的推广应用工作。为监控全省行业的品牌管理、价格控制、经济运行等情况，完成省局（公司）综合业务管理平台的培训与应用。开展专卖证件管理软件推广应用和案件管理软件的运行工作。在全省范围内实现新证发放、旧证停业、歇业、注销以及检查证、督察证等证件管理的信息互动和共享。

工商信息互动平台。7月，正式启动江苏烟草商业系统工商信息互动平台建设工作，8月底开发完成，9月14日，召开江苏省工商信息互动平台开通发布会，标志着江苏省工商信息互动平台正式投入运行。工商信息互动平台的建成，为营造公平竞争的市场环境和追求“三个满意”服务目标提供基础。

体制改革

根据《国家烟草专卖局关于中国烟草总公司江苏省公司建立母子公司体制改革的批复》（国烟法[2006]684号），中国烟草总公司江苏省公司投资设立13个市级全资子公司，对外分别称江苏省烟草公司X市公司。按照“理顺产权、调整职能、规范运作、高效运行”的要求，确定全省烟草商业企业建立母子公司体制改革六个阶段的工作计划，即准备动员、制订方案、资产划转、变更登记、总结完善、试运行阶段。同时，要求体制改革的每个阶段都要注重把握方向，取得实效，坚持做到“五个贯彻始终”，即将坚持和完善烟草专卖制度贯彻始终；将“两个至上”的行业共同价值观和“三大战略”① 贯彻始终；将以市场化方向的改革贯彻始终；将进一步强化省公司监管职能贯彻始终；将进一步突出市级公司的经营主体地位贯彻始终。2006年，完成省局（公司）和市局（公司）的资产一体化和财务处理相关工作，实现国家资本向国有法人资本的转变。

财务管理

2006年，省局（公司）落实“总成本领先战略”，围绕年初确定的“保先争位”目标，加强成本费用管理，关注主要经济指标的变化情况，通过对成本费用指标、资产利用效率和经营结构的分析，加强对经济运行的过程控制，提高财务管理水平。

加强费用预算编制、审批、执行和考核，深化细化成本预算管理。2006年，全省烟草商业经济效益与上年同比增长28.12%，三项费用总额同比下降2.6%，单箱费用598元，同比下降4.88%。费用率为4.36%，同比下降20%。加强制度建设，强化责任观念，完善内部控制，严格执行财经纪律，严禁各种财经违法违纪行为。

完善财务审计监督制度，制订全系统财务人员委派管理办法，规范财务委派工作。着手统一会计核算平台和标准，对各项收支活动进行全面监控，提高财会信息质量。加大审计力度，开展任期经济责任审计和固定资产投资审计，发挥审计在行业管理中的作用。组织开展同级审计、审计自查和复查，推进审计工作的规范化和程序化。配合做好地方审计及财政专员专

① “三大战略”是指：创商业品牌战略、总成本领先战略、人才强企战略。

项检查，有针对性地进行重点督察和过程跟踪。

人事改革

干部选拔任用。推动公推竞岗、竞争上岗等方式在干部选拔任用工作中的使用范围和力度。2006年，共提拔科级干部84名（45岁及以下的干部占66.7%），其中，拥有大学本科以上学历37名、硕士以上学位1名、非中共党员干部3名。组织公推竞岗选拔科级干部3个批次，公推竞岗岗位17个，通过公推竞岗选拔任用科级干部13名；组织竞争上岗选拔科级干部4个批次，竞争上岗岗位26个，通过竞争上岗选拔任用科级干部8名。在干部管理方面，全年共交流干部100名，干部挂职上级单位工作38名，干部下派基层锻炼10名。

完善"四定"方案。启动烟草商业企业定岗、定员、定责、定薪的"四定"方案设计草拟工作。在充分调研基础上，收集各市局机构设置、人员编制及薪酬水平的基本资料与数据，提出各市局（公司）机构、职能和编制的基本构架，同时加强对各市局（公司）"四定"工作的指导。

技术职务聘任工作。根据《江苏省烟草专卖局（公司）系统专业技术职务聘任管理试行办法》的相关规定，就实施原则、岗位设置和任职资格管理等方面指导基层实施专业技术职务聘任工作，制订专业技术职务聘任管理实施试行办法。

队伍建设

争创"四好"班子检查评比。2006年，省局（公司）将争创"四好"班子检查考评与全省经济运行质量和效益考核有机结合。各市局（公司）加强对日常工作的痕迹化管理，做到活动有计划、有过程、有成果、有记录。苏州、连云港、宿迁、徐州等市局（公司）按照量化考核表上的各个考核项目，建立起争创"四好"班子活动档案和台账，分类管理相关制度、规定、方案和活动记录。常州市局（公司）利用计算机信息技术，建立电子文档，搭建起争创"四好"班子活动的电子管理平台，提高人事信息管理的现代化水平。

建立人才后备库。根据《中共江苏省烟草专卖局党组关于建立江苏省烟草专卖局党组管理领导班子后备干部库的通知》精神，建立后备干部库，为全省行业领导班子建设、领导人才使用提供可靠保证。加强对后备干部的培养，组织后备干部参加国家局党校的政治理论培训班，让后备干部赴基层单位特别是条件比较艰苦、困难比较多、情况比较复杂的地方挂职锻炼或交流锻炼。2006年，省局（公司）调整配备的25名市局（公司）领导班子成员中就有8名是从后备干部库中选拔的，占后备干部库总量的14.55%。

教育培训。7月，组织全省卷烟销售网络管理人员培训班，集中13个市局（公司）的业务经理、营销中心经理、区域营销部副经理以及省销售公司有关人员共100余人，就供应链管理、服务品牌、网建信息化以及《烟草控制框架公约》等进行系统培训。

多元化经营

2006年，金丝利集团公司及所属的金丝利喜来登酒店、金丝利租赁公司、金丝利药业公司3个骨干企业累计实现营业收入11301.35万元，其中，金丝利喜来登酒店实现营业收入8844.18万元，实现利润2239.88万元；金丝利药业公司实现营业收入2086.68万元，实现利润133.11万元；金丝利租赁公司实现营业收入370.5万元，实现利润1028.68万元。

思想政治工作

学习贯彻十六届五中、六中全会精神，组织党员学习党章、《胡锦涛总书记在庆祝中国共产党成立85周年暨总结保持共产党员先进性教育活动大会上重要讲话》、《江泽民文选》等重要文件。开展精神文明创建和公民道德建设工作，组织全系统干部职工学习践行社会主义荣辱观，开展"向王兵同志学习"等活动。开展文明行业创建活动，淮安、宿迁两个市局（分公司）被评为"江苏省创建文明行业工作先进单位"，39个单位被评为"省文明单位"。

开展"'两个至上'在岗位"征文活动，共收到各类征文278篇。在国家局举办的"'两个至上'在岗位"演讲比赛中，徐州市局（分公司）刘献侠、淮安市局（分公司）周春燕分别获得一、二等奖。举办"听客户讲你我的故事"专题演讲报告会。组织"我在岗位践行'与客户共创成功'"活动，围绕"两个至上"行业共同价值观和"三大战略"目标任务，对如何在自己本职岗位上实现"与客户共创成功"开展讨论，收到各类文章40篇，建议1435条。

开展"五赛五比"优质服务竞赛活动，把服务竞赛与"创商业品牌战略"结合起来，与开展"'两个至上'在岗位"主题实践活动结合起来，与提升队伍素质、创建企业文化结合起来，促进全省行业服务水平的提升。活动中还评选出"十佳服务团队"和"十佳服务明星"，其中5名客户经理被评为"全国优秀客户经理"。

做好政研会工作。制订并下发2006年思想政治工作研究参考课题，加强调查研究，探讨思想政治工作新方法。组织召开2006年度全省行业政研会，交流优秀论文，共评出一等奖3篇，二等奖5篇，三等奖18篇。在全国烟草华东、东北片职工政治思想工作研究会第14次会议上，江苏烟草交流的3篇论文分别荣获一、二、三等奖。

党风廉政建设

按照“谁主管、谁负责”的原则，全年共签订党风廉政建设责任书1032份。12月，省局（公司）组织两个考核组，对各市局（公司）2006年落实党风廉政建设责任制情况进行全面考核。

加强党风廉政思想教育，全年共组织开展反腐倡廉专题教育445次，请党校教授、纪委和检察院领导以及单位领导作报告202次，观看反腐题材录像片478次，组织反腐教育参观599次。加强制度建设，制订《领导干部个人重大事项报告制度实施细则》、《市局领导班子及领导干部落实党风廉政建设责任制情况报告制度》等规定，聘任了四批党风廉政信息员，加强对党员干部的教育、管理和监督。2006年，全省行业194名科级以上干部进行了述职述廉，172名科级以上干部进行了廉政谈话，省、市局纪检组负责人同下属单位负责人进行谈话66人次。狠抓领导干部廉洁从政各项规定的落实，全年共有干部职工285人次登记上交礼品、礼金折合人民币199.2万元，其中，科以上干部92名登记上交礼品礼金折合人民币39.9万元；41名处以上干部报告了购房、子女出国学习、操办子女婚礼等个人重大事项；有82名处以上干部申报了个人收入。依纪依法做好信访举报和查办案件工作，全年共收到群众来信22件，已办结22件。

加强内部管理监督，加大从源头上预防和治理腐败工作的力度。制订《关于在基建工程项目建设、信息化建设和大宗物资采购招投标活动建立中乙方向甲方递交廉政承诺书制度的通知》和《关于进一步规范和完善信息化建设运作程序的意见》，使全省行业的基建工程建设、大宗物资采购、软件开发招投标活动逐步规范。

企业文化

贯彻《烟草行业企业文化建设纲要》，制订《江苏烟草商业系统企业文化建设实施意见》，确定南京市局（公司）为烟草行业企业文化建设试点单位，选择南通、连云港、扬州市局（公司）作为全省行业企业文化建设试点单位。组织有关人员赴浙江嘉兴市局（分公司）、湖南长沙卷烟厂和福建厦门市局（分公司）学习考察了企业文化建设工作，形成《关于对嘉兴、长沙、厦门三地烟草企业文化建设的学习考察报告》，对构建江苏烟草商业企业文化提出了四条建设性意见。

江苏省局（公司）主要统计指标汇总

实现税利（亿元）	商业利润（亿元）	销售卷烟（亿支）	烟叶种植（万亩）	烟叶收购（万担）	出口创汇（万美元）
94.90	76.42	1197.08	/	/	/

所属地市级局（公司）

南京市烟草专卖局（公司）

概　况

南京市是江苏省省会，总面积6597.63平方公里，总人口607.2万人，下辖13个区县。2006年，实现地区生产总值（GDP）2774亿元。

南京市烟草专卖局（公司）组建于1983年，2006年下辖浦口区、六合区、江宁区、溧水县、高淳县5个区、县烟草专卖局（营销部），以及下关、秦淮、建邺、玄武、白下、鼓楼、栖霞、雨花台8个城区分局，栖霞、雨花2个城区营销部。2006年8月，将城区8个分局进行合并重组，成立一分局、二分局、三分局、四分局4个城区分局。截至2006年底，总资产332402万元，共有职工1535人，其中聘用职工1171人。辖区内共有卷烟零售户20885户。2006年，市局（公司）荣获“建设新南京有功单位”称号。

领导成员

局长、经理、党组书记：金雪亭（—2006.1）

局长、经理、党组书记：李潮江（2006.1—）

副局长、党组成员、工会主席：董志俊（—2006.3）

副经理、党组成员、机关党委书记：陈利生

副局长、党组成员：李定华（2006.3—）

组织机构

市局（公司）设办公室、安全保卫处、基建办公室、专卖监督管理处、人力资源处、监察处、财务管理处、审计处、经济信息中心、卷烟营销中心、配送中心、督察考评中心等12个部门。

经济效益

2006年，共销售卷烟138.5亿支（27.70万箱），

与上年同比增长2.28%，其中，销售一类烟20.5亿支（4.10万箱），二类烟46.11亿支（9.22万箱），三类烟61.55亿支（12.30万箱），四类烟6.35亿支（1.27万箱），五类烟3.99亿支（0.80万箱）。“百牌号”卷烟销量为129.75亿支（25.95万箱），占总销量的93.71%。实现销售收入503900万元，实现税利122500万元，同比增长31.41%；其中，利润100200万元，同比增长27.52%。

专卖管理

加强烟草专卖行政执法责任制建设，全年无行政诉讼败诉案件。重视内部专卖管理监督工作，建立各项内部管理监督制度、形成长效管理机制，促进内部专卖管理监督工作经常化、制度化、规范化。

2006年，出动专卖打假人员3万多人次，查处涉烟违法案件2749起，查获各类违法卷烟3044万支（其中假冒卷烟2689万支），查获案值50万元以上大案24起，先后17次受到省局（公司）通令嘉奖，捣毁贩藏假烟窝点31个，破获销售假烟网络4个，移交公安、司法机关依法拘留不法烟贩104人、逮捕25人、判刑29人。

网络建设

以取消区、县烟草专卖局（公司）法人资格为契机，在全市系统内统一组织架构、统一业务流程、统一功能模式、统一服务标准、统一信息平台。撤销区、县营销部仓库，实现卷烟存储、分拣、配送的“一库式”模式。全面启动卷烟零售客户按业态分类服务、分类供货工作，成功完成客户分类、电话订货软件升级维护，推进“按不同零售业态进行差异化服务”的试点工作。

制订《与卷烟工业企业关系管理办法》，加强对重点工业企业的客户关系管理，建立健全品牌管理档案，完善品牌引入、退出机制，加大品牌整合力度。加强品牌销售分析及预测，重视新品和促销品牌的培育，及时与工业企业沟通信息，为工业企业品牌培育提供全方位服务。推行明码实价工作，采取量价调控等经济手段，遏制和防范大户控制小户以及二次批发的形成，维护卷烟市场稳定和客户经营利益。

企业管理

制订《内部管理规章制度汇编》、《内部惩处暂行规定》和《南京市烟草专卖局（公司）政（企）务公开实施办法》，使企业管理走向制度化和民主化。加强财务预算制管理，完善预算管理和核算办法，健全“动态预算管理、按季度考核”机制，实施资金集中管理。成立督察考评中心，建立健全三级督察和两级考核体系，以改进工作作风、提升服务水平、规范网络运行。加强安全管理，全面实施职业健康安全管理体系，召开GB/T28001：2001职业健康安全管理体系贯标动员大会。

信息化建设

完善营销、配送的信息化管理模块，优化客户定级、货源分配方案，提高配送分拣效率。筹划新物流配送中心信息化系统，搭建现代物流建设高平台。梳理和调整办公自动化系统平台。开发人力资源管理软件，搭建起一套集人事、薪酬、培训考评于一体的管理系统。开发固定资产管理软件，稳妥推进企业GPS和GIS应用。

队伍建设

加强干部管理、推行干部交流，对97名副科以上干部进行考察，交流调整47名干部。在全市行业推行聘任制。出台《关于理顺各区县局中层干部职级职务的指导意见》，逐步理顺全系统干部职级。推行公推竞岗工作，先后选拔3个分局副局长和9个专卖科长。加强优秀外聘员工的选拔使用，通过竞聘方式挑选出市场经理、综合管理员各1名。

思想政治工作

开展理论研讨和调研，召开市局（公司）系统政研会第十次年会。加强党的组织建设，结合实际及时调整党组织架构，开展支部委员改选和换届工作。抓好党员管理，做好入党积极分子的培养考察和党员发展工作。2006年11月，市局（公司）机关党总支顺利升格为党委，完成了第一届党委委员的选举工作。开展“一抓二争三创”系列活动、“‘两个至上’在岗位”主题实践活动、“听客户讲你我的故事”专题演讲报告会以及“十佳”先进员工评比活动，丰富职工精神生活。

企业文化

重视企业文化建设工作，制定《企业文化建设实施意见》和三年发展规划，先后组织12场员工座谈会，个别深度访谈23人，发放问卷370份，撰写《南京烟草公司企业文化现状评估报告》。组织两次企业管理干部文化知识培训，在管理干部中开展以“总结—改进—提高”为主线的深度思考工作、开展“十一长假读一本好书”活动，组织学习心得交流。组织企业文化建设的基层试点，开展关于职业信条、管理原则、经营理念的大讨论，组织“我们的职业信条”专题演讲会。通过全方位努力，以企业价值观、企业伦理、职业信条为核心的企业文化体系初步建立。

苏州市烟草专卖局（公司）

苏州市烟草专卖局（公司）成立于1984年1月，

2006年下辖吴城分局、吴江市、昆山市、常熟市、太仓市、张家港市6个市烟草专卖局（营销部）。截至2006年底，总资产290616万元，共有职工1269人，其中聘用职工1047人。辖区内共有卷烟零售户38332户。

2006年，共销售卷烟147.87亿支（29.57万箱），与上年同比增长2.5%。实现销售收入506785万元，同比增长11.90%。实现税利166743万元，同比增长33.55%；其中，利润136742万元，同比增长32.56%。

2006年，共查处各类涉烟违法案件3941起，查获假冒卷烟2553件、走私烟63件，实现罚没款402.22万元，移交公安、司法机关依法拘留15人，判刑4人。

无锡市烟草专卖局（公司）

无锡市烟草专卖局（公司）成立于1984年1月，2006年下辖江阴市、宜兴市2个市烟草专卖局（营销部）以及锡惠分局（经营部），截至2006年底，总资产225914万元，共有职工945人，其中聘用职工804人。辖区内共有卷烟零售户21796户。

2006年，共销售卷烟100.67亿支（20.13万箱），与上年同比增长4.3%。实现销售收入467100万元，同比增长10.24%。实现税利118924万元，同比增长18.07%；其中，利润98038万元，同比增长17.93%。

推进卷烟打假“冬季会战”、“雷霆行动”、“风暴行动”、“打击大户控制小户”等专项整治活动。在“冬季会战”中，共出动专卖执法人员9634人次，查获涉烟违法案件363起，查获非法卷烟1526.4件，案值754万元；在“雷霆行动”中，共出动专卖执法人员3800人次，查获涉烟违法案件295起，查获非法卷烟435件，案值228万元；在“风暴行动”中，共出动专卖执法人员4000余人次，查获涉烟违法案件503起，查获非法卷烟789件；在“打击大户控制小户”专项行动中，查获违规经营案件27起，查扣卷烟1654条，案值11.5万元。全年共查获各类涉烟违法案件3007起，查获非法卷烟7152.74件，实现罚没款839万元。破获“5·18”、“8·24”特大假烟销售网络案件2起。

常州市烟草专卖局（公司）

常州市烟草专卖局（公司）组建于1984年，2006年下辖武进区、金坛市、溧阳市3个市、区烟草专卖局（营销部）。截至2006年底，总资产18816万元，共有职工635人，其中聘用职工487人。辖区内共有卷烟零售户11495户。

2006年，共销售卷烟70亿支（14万箱），与上年同比增长3.7%。实现销售收入268000万元，同比增长8%；“百牌号”卷烟销售比重达99.9%。实现税利66616万元，同比增长24.1%；其中，利润54344万元，同比增长25.9%；单箱费用同比减少63.9元，下降9.2%。

组织卷烟打假“冬季会战”、“雷霆行动”、“风暴行动”、“狩猎行动”等专项行动，成功破获2起贩售假烟网络，涉案金额1250万元。全年共查处涉烟违法案件2062起，查获违法卷烟30.5万条，其中，假冒卷烟21.7万条，捣毁制售假烟窝点84个，实现罚没款518万元，移送公安、司法机关依法拘留27人，批捕9人，拘役3人。

镇江市烟草专卖局（公司）

镇江市烟草专卖局（公司）组建于1983年，2006年下辖丹阳市、句容市、扬中市、丹徒区4个市、区烟草专卖局（营销部）。截至2006年底，总资产100168万元，共有职工705人，其中聘用职工542人。辖区内共有卷烟零售户15200户。

2006年，共销售卷烟56.47亿支（11.29万箱），与上年同比增长2.17%。实现销售收入193900万元，同比增长5.88%。实现税利53523万元，同比增长21.54%；其中，利润43187万元，同比增长22.58%。

全年共出动专卖执法人员3.8万人次，查处涉烟违法案件651起，查获假冒卷烟3.57万条、走私烟0.09万条、无防伪标识卷烟1.35万条，实现罚没款71万元，协助司法机关逮捕涉烟违法人员30名。成功破获了1起假烟网络犯罪案件，案值500多万元。

开展“四讲三会两能一口清”岗位练兵活动，分批组织全市170名专卖稽查人员进行集训。开展案卷评议交流活动、执法评议活动和市场净化率互查活动，规范行政执法和行政许可行为。

南通市烟草专卖局（公司）

南通市烟草专卖局（公司）成立于1983年5月，2006年下辖海安市、如皋市、如东县、通州市、启东市、海门县6个县、市烟草专卖局（营销部）。截至2006年底，总资产14729万元，共有职工1030人，其中聘用职工788人，辖区内共有卷烟零售户34900户。2006年，市局（公司）获“2006年度江苏省服务质量管理优秀企业”、“2006年度江苏省标准化协会先进集体”称号；再次荣获“江苏省服务质量奖”。如东县局（营销部）倪美红被评为“全国烟草行业优秀客户经理”。

2006年，共销售卷烟108.5亿支（21.7万箱），

实现销售收入298500万元，实现税利85909万元；其中利润69793万元。

全年共出动专卖执法人员27063人次，查处涉烟违法案件2902起，查获非法卷烟755.73件，其中假冒卷烟514.84件。

扬州市烟草专卖局（公司）

扬州市烟草专卖局（公司）成立于1983年7月，2006年下辖邗江区、江都市、高邮市、仪征市、宝应县5个县、市烟草专卖局（营销部）。截至2006年底，总资产111864万元，共有职工1033人，其中聘用职工786人。辖区内共有卷烟零售户22185户。2006年，市局（公司）被省精神文明建设指导委员会授予省级“文明单位”称号，市局（公司）管晓飞被评为“全国烟草行业优秀客户经理”。

2006年，共销售卷烟78.90亿支（15.78万箱），与上年同比增长2.04%；实现销售收入281000万元，同比增长15.18%。实现税利64282万元，同比增长35.35%；其中利润50722万元，同比增长32.87%。

全年共查处各类涉烟违法案件1364起，查获违法卷烟2823.9万支，其中，假冒卷烟案件816起，查获假冒卷烟1566.5万支，破获卷烟网络案件2起，实现罚没款135.18万元，移交公安、司法机关依法刑事拘留18人、逮捕9人、判刑3人。10月，破获扬州烟草有史以来最大的一起假冒卷烟案，查获假冒卷烟1095.92件，案值402.66万元。

泰州市烟草专卖局（公司）

泰州市烟草专卖局（公司）成立于1996年10月，2006年下辖靖江市、泰兴市、姜堰市、兴化市4个市烟草专卖局（营销部）。截至2006年底，共有职工1140人，其中聘用职工915人。辖区内共有卷烟零售户23750户。

2006年，共销售卷烟75.83亿支（15.17万箱），与上年同比增长1.14%；实现销售收入210700万元，同比增长10.17%。实现税利59033万元，同比增长25.47%；其中利润47332万元。

全年共查处涉烟违法案件2232起，其中5万元以上案件25起，百万元以上案件4起，查获非法卷烟14.5万条，其中假冒卷烟10.4万条，成功破获两起假冒卷烟销售网络案件。移交公安、司法机关依法逮捕16人，判刑13人。

盐城市烟草专卖局（公司）

盐城市烟草专卖局（公司）组建于1983年，2006年下辖响水县、滨海县、阜宁县、射阳县、建湖县、大丰市、东台市7个县、市烟草专卖局（营销部）。截至2006年底，总资产113008万元，共有职工1197人，其中聘用职工890人。辖区内共有卷烟零售户37474户。

2006年，共销售卷烟115.51亿支（23.10万箱），实现销售收入231851万元，同比下降8.42%。实现税利60514万元，同比增长24.78%；其中，利润47969万元，同比增长26.24%。

全年共查获各类涉烟违法案件3851起，其中破获千万元以上案件两起，百万元以上的案件两起，查获非法卷烟13.07万条，其中假冒卷烟8.52万条，案值960.53万元，捣毁藏假黑窝点107个，移交公安、司法机关依法逮捕34人、判刑47人。大丰市局查获的“6·10”非法生产、销售烟用丙纤丝束案件，受到国家局、公安部的联合表彰。

淮安市烟草专卖局（公司）

淮安市烟草专卖局（公司）组建于1983年7月，2006年下辖楚州区、淮阴区、涟水县、洪泽县、金湖县、盱眙县6个县、区烟草专卖局（营销部）。截至2006年底，总资产67000万元，共有职工798人，其中聘用职工518人，辖区内共有卷烟零售户22119户。

2006年，共销售卷烟63.95亿支（12.79万箱），与上年同比增长0.6%。其中，销售低档烟25.40亿支（5.08万箱），同比增长5.8%。销量前十位品牌占总销售量的86%，同比提高5个百分点。实现销售收入145200万元，同比增长9.8%；实现销售毛利39100万元，同比增长18.5%。实现税利30330万元，同比增长20.2%；其中，利润25254万元，同比增长24.4%。

全年共出动专卖执法人员40433人次，查处涉烟违法案件417起，其中，案值10万元以上案件15起，案值50万元以上案件两起，案值100万元以上案件4起。查获违法卷烟3991.73件，其中，假冒卷烟2631.71件，捣毁制售假窝点146个，实现罚没款20.5万元，破获涉嫌销售非法烟草专卖品网络案件两起，移交公安、司法机关依法拘留48人、逮捕21人、判刑13人。成果破获“5·07”、“7·14”两起省公安厅挂牌督办的制售假冒烟草制品大案。

宿迁市烟草专卖局（公司）

宿迁市烟草专卖局（公司）组建于1996年，2006年下辖沭阳县、泗阳县、泗洪县、宿豫区4个区、县烟草专卖局（营销部）。截至2006年底，总资产42400万元，共有职工914人，其中聘用职工770人。

辖区内共有卷烟零售户21373户。

2006年，共销售卷烟56.56亿支（11.312万箱），实现销售收入91600万元，与上年同比增长9.18%。实现销售毛利23100万元，同比增长13.79%。实现税利21200万元，同比增长23.25%；其中利润16800万元，同比增长21.74%。

在网络建设上，推行“五定”的“定时准点送货制”，即在规定的时间内走规定的路线，到规定的地点按规定的动作完成规定的送货任务。

徐州市烟草专卖局（公司）

徐州市烟草专卖局（公司）创建于1983年6月，2006年下辖丰县、沛县、铜山县、睢宁县、新沂市、邳州市、贾汪区7个县、市、区烟草专卖局（营销部）。截至2006年底，总资产104286万元，共有职工1467人，其中聘用员工1098人。辖区内共有卷烟零售户38641户。2006年，市局（公司）专卖监督管理处被省局（公司）和省公安厅联合评为“卷烟打假先进集体”。

2006年，共销售卷烟123.76亿支（24.75万箱），与上年同比增长1.15%。其中销售名优烟85.48亿支（17.10万箱），同比增长23.5%，占总销量的69.07%；销售低档烟54.65亿支（10.93万箱）。实现销售收入220793万元，实现税利49414万元，同比增长24.88%；其中利润39301万元，同比增长26.04%。

全年共查处各类涉烟违法案件10252起，查获非法卷烟5326.47件，其中假冒卷烟3840.66件，非法烟丝、烟叶47.58吨，捣毁贩藏假烟窝点329个，实现罚没款195.55万元，移交公安、司法机关立案34起，逮捕10人，刑事拘留35人，判刑28人。全年集中销毁非法卷烟制品11次，公开销毁各类假烟2502.68件，劣质烟叶、烟丝67.15吨，卷烟纸2.5吨，滤嘴棒55万支，假冒商标标识33.52万张，YJ14制假卷烟机2台。

连云港市烟草专卖局（公司）

连云港市烟草专卖局（公司）组建于1983年，2006年下辖赣榆县、东海县、灌云县、灌南县4个县烟草专卖局（营销部）。截至2006年底，总资产53129万元，共有职工890人，其中聘用职工692人。辖区内共有卷烟零售户19119户。2006年，市局（公司）先后获得“全国用户满意服务奖”、“全省卷烟打假工作先进集体”、“江苏省文明行业”等称号。

2006年，共销售卷烟60.4亿支（12.08万箱），实现销售收入109982万元，与上年同比增长12.78%，实现销售毛利29234万元，同比增长18.57%。实现税利25116万元，同比增长24.51%；其中利润20092万元，同比增长27.46%。

全年共查处各类涉烟违法案件740起，查获非法卷烟10.79万条，案值739.77万元，其中，假冒卷烟8.08万条，案值482.11万元，捣毁违法卷烟窝点192个，移交公安、司法机关依法行政拘留15人，刑事拘留79人，逮捕46人，判刑24人。

市局（公司）围绕提升服务质量开展了系列活动。开展客户经理工作“五量化”、电话订货员“微笑服务”、卷烟配送“四无达标”、“班车式送货服务”等竞赛活动；开展“诚信经营、明码实价示范一条街”和“百佳形象店创建”活动；成立QC研究小组，围绕热点难点问题开展课题攻关。优化整合送货线路，推进分拣到户，试行卷烟“一库式”管理，提高送货效率和服务质量，全市电话订货率100%，订货成功率99%；电子结算率94%，结算成功率95%。

2006年江苏省烟草商业系统主要情况统计

地市级局（公司）名称	南京市烟草专卖局、南京市烟草公司	苏州市烟草专卖局、苏州市烟草公司	无锡市烟草专卖局、无锡市烟草公司	常州市烟草专卖局、常州市烟草公司	镇江市烟草专卖局、镇江烟草公司
法人代表/主要负责人	李潮江	沈昌炘	蔡仲康	许亚楠	刘茂珍
总资产（万元）	332402	290616	225914	18816	100168
员工总数（其中聘用员工数）（人）	1535（其中聘用员工1171人）	1269（其中聘用员工1047人）	945（其中聘用员工804）	635（其中聘用员工487人）	705（其中聘用员工542人）
所属县级局数量（个）	9	5	2	3	4
所属县级公司数量(个)	/	/	/	/	/
所属营销部（分公司、访销中心、烟叶复烤厂、稽查大队等）	15个稽查大队	28个稽查大队	8个稽查大队	7个稽查大队	7个稽查大队

续表

地市级局（公司）名称		南京市烟草专卖局、南京市烟草公司	苏州市烟草专卖局、苏州市烟草公司	无锡市烟草专卖局、无锡市烟草公司	常州市烟草专卖局、常州市烟草公司	镇江市烟草专卖局、镇江烟草公司
销售卷烟（亿支）		138.48	147.87	100.67	70.00	56.47
实现税利（万元）	本年	122500	166743	118924	66616	53523
	上年	93200	124850	100907	53665	44233
实现利润（万元）	本年	100200	136742	98038	54344	43187
	上年	78600	103154	83323	43155	35330
烟叶种植（亩）		/	/	/	/	/
烟叶收购（担）		/	/	/	/	/
零售户数（户）		20885	38332	21796	11495	15200

地市级局（公司）名称		南通市烟草专卖局、南通市烟草公司	扬州市烟草专卖局、扬州市烟草公司	泰州市烟草专卖局、泰州市烟草公司	盐城市烟草专卖局、盐城市烟草公司
法人代表/主要负责人		秦立华	朱安平	刘培峰	李成军
总资产（万元）		14729	111864	100000	113008
员工总数（其中聘用员工数）（人）		1030（其中聘用员工 788 人）	1033（其中聘用员工 786 人）	1140（其中聘用员工 915 人）	1197（其中聘用员工 890 人）
所属县级局数量（个）		6	5	4	7
所属县级公司数量（个）		/	/	/	/
所属营销部（分公司、访销中心、烟叶复烤厂、稽查大队等）		8 个稽查大队	3 个稽查大队	6 个稽查大队	35 个稽查大队
销售卷烟（亿支）		108.50	78.90	75.83	115.51
实现税利（万元）	本年	85909	64282	59033	60514
	上年	68630	47760	47050	48721
实现利润（万元）	本年	69793	50722	47332	47969
	上年	55214	38436	37476	38221
烟叶种植（亩）		/	/	/	/
烟叶收购（担）		/	/	/	/
零售户数（户）		34900	22185	23750	37474

地市级局（公司）名称		淮安市烟草专卖局、淮安市烟草公司）	宿迁市烟草专卖局、宿迁市烟草公司	徐州市烟草专卖局、徐州市烟草公司	连云港市烟草专卖局、连云港市烟草公司
法人代表/主要负责人		蒋银	杨思藻	王玉平	符晖明
总资产（万元）		67000	42400	104286	53129
员工总数（其中聘用员工数）（人）		789（其中聘用员工 518 人）	914（其中聘用员工 770 人）	1467（其中聘用员工 1098 人）	890（其中聘用员工 692 人）
所属县级局数量（个）		6	4	7	4
所属县级公司数量（个）		/	/	/	/
所属营销部（分公司、访销中心、烟叶复烤厂、稽查大队等）		10 个稽查大队	6 个稽查大队	13 个稽查大队	7 个稽查大队
销售卷烟（亿支）		63.95	56.56	123.76	60.40
实现税利（万元）	本年	30330	21200	49414	25116
	上年	25247	17200	39543	20172

续表

地市级局（公司）名称		淮安市烟草专卖局、淮安市烟草公司）	宿迁市烟草专卖局、宿迁市烟草公司	徐州市烟草专卖局、徐州市烟草公司	连云港市烟草专卖局、连云港市烟草公司
实现利润（万元）	本年	25254	16800	39301	20092
	上年	19289	13800	31157	15764
烟叶种植（亩）		/	/	/	/
烟叶收购（担）		/	/	/	/
零售户数（户）		22119	21373	38641	19119

（张　华）

浙江烟草

浙江省烟草专卖局（公司）

概　况

浙江省地处中国东南沿海长江三角洲南翼，陆域面积10.18万平方公里，常住人口4980万人。全省设杭州、宁波2个副省级城市（其中宁波市为全国计划单列市），温州、湖州、嘉兴、绍兴、金华、衢州、舟山、台州、丽水9个地级市，90个县级行政单位。2006年浙江省实现地区生产总值（GDP）15742.51亿元。

浙江省烟草专卖局（公司）组建于1984年，1985年1月1日浙江省烟草公司上划中国烟草总公司。拥有固定资产46.85亿元，流动资产180.48亿元，国有资产保值增值率131%。2006年省局（公司）下辖11个地（市）级烟草专卖局（分公司），65个县级烟草专卖局（公司、营销部）。全省商业系统从业人员11916人，其中在岗职工3409人。

领导成员

局长、经理、党组书记：钱锦根

副局长、党组成员：涂　勇

副局长、党组成员：邱　萍

副总经理、党组成员：于政雄

助理巡视员：张玉勇

组织机构

省局（公司）设办公室（外事办公室）、综合计划处（经济运行处）、专卖监督管理处、销售管理处、法规处、财务管理处、审计处、科技处、安全保卫处、人事劳资处、监察处（与党组纪检组合署办公）、思想政治工作处（机关党委）12个处室，浙江省卷烟销售公司1个专业公司，浙江烟草进出口有限公司1个全资子公司，信息中心、投资管理中心、浙江省烟草质量监督检测站（与科技处合署办公）、机关服务中心、烟草专卖稽查总队、浙江省烟草拍卖行、烟草学会秘书处等7个专业部门。

经济效益

2006年，全省共销售卷烟1091.85亿支（218.37万箱），与上年同比增长9.33%，其中，一类烟248.55亿支（49.71万箱），同比增长29.15%；二类烟282.5亿支（56.5万箱），同比增长20.17%；三类烟411.75亿支（82.35万箱），同比增长10.81%；四、五类烟149.05亿支（29.81万箱），同比下降25.31%。实现销售收入421.2亿元（含增值税）。2006年全省实现“两烟”税利102.8亿元，同比增长25.8%；其中，利润82.2亿元，同比增长28.9%，缴税20.6亿元。2006年全省种植烟叶2.03万亩，收购烟叶0.22万吨（4.31万担）。实现烟草进出口总值6163.56万美元，出口创汇1166万美元。

专卖管理

2006年，专卖管理工作围绕“打网络、抓内管、强基础”三项工作，以打假破网为着力点，强化内部监管，狠抓队伍建设，专卖管理理念和管理手段实现了重大转变。

卷烟打假破网。省局（公司）把打击卷烟售假网络作为专卖管理工作的重中之重，通过强化领导机制、优化工作机制、完善长效机制，始终保持打假工作的高压态势。2006年年初，省局（公司）设立了打假打私办公室，专门负责组织指导全省重大网络案件的查处、信息情报网络的建设，完善信息共享、案件联查指挥协调机制。各地、市局以“年内每个地区要打掉一个以上制售假冒卷烟网络、追刑工作进一步突破”为目标，建立了打假破网责任制。通过对制售假烟网

络活动规律的研究及对制售假烟形势的分析和判断，在全省范围内建立起了一个横向联合公安、工商、质监、检察院、法院等部门，纵向整合省、市、县三级稽查力量的立体联防、协同作战网，形成了联横合纵，以网制网，二级指挥、三级联动的打假协作机制。嘉兴、湖州、温州等地、市局，还建立了与毗邻省、市的协作关系，联合整治省际交界地域的市场，使专卖管理的触角进一步延伸。同时，为提高省、市两级烟草专卖局指挥协调能力，形成权责清晰、分工明确的区域化管理格局，省局（公司）相继出台了《案件查处指挥协调规定（试行）》、《浙江省烟草专卖案件信息管理办法》、《浙江省重大烟草违法案件督办规定》等3个规范性文件，对案件查处中的权责、信息管理、重大案件的督办事项等作了明确规定，充分发挥了省局打假办公室在查办跨省、跨地区案件中的协调指挥作用。

由于在全省范围内实现了信息共享，及时把握住破案时机，精心经营案件，2006年全省共查处假烟案件17596起，同比增长7.83%；查扣假烟38680件，同比增长101.58%；查获假烟案值2.92亿元，同比增长311%。破获案值在百万元以上的售假网络案件12起，其中案值超千万元的6起，占全国的1/4。在2006年底召开的全国卷烟打假总结表彰会上，省局（公司）被国家局、公安部授予“全国卷烟打假工作特殊贡献奖”。

专卖内部管理监督。2006年，省局（公司）把专卖内部管理监督工作作为巩固和完善专卖制度、解决自律课题的重要举措来认识和对待，在全体职工中逐步树立起“加强监管是本职、疏于监管是失职、不善监管不称职”的意识，及时破解了工商企业“被动应付”、“自满侥幸”和专卖部门“不愿管”、“不想管”的问题，专卖内部管理监督检查工作实现了由“要我查”到“我要查”的转变。

根据浙江省工商企业生产经营的实际，省局将超产瞒产、违规购销调运处理专卖品作为工业企业检查的重点，把“三个100%”（即100%入网、100%入户、100%落地销售）作为商业企业的检查重点，从商流、物流、资金流、信息流等方面对工商企业的生产经营行为进行全面检查；复查阶段突出针对性和操作性，对复查的重点内容、方法进行专题培训。专卖内管检查人员从熟悉业务流程的每个环节入手，边学边查，借助专卖管理信息系统等现代科技手段，检查生产经营的每一个环节、每一笔业务，逐笔印证生产经营数据。针对检查中发现的问题，着重从制度层面加以解决。通过完善监管制度，健全内控机制，建立日常化监管的措施和手段，初步形成以内管促内控，事前防范、事中监督、事后追究的专卖内管模式和方法。

基层专卖管理建设。各地、市局重视加强基层专卖管理建设，落实县级烟草专卖局的机构设置、人员装备配置，保证县级局职能作用的有效发挥。为进一步规范执法行为，省局制定《浙江省烟草专卖依法行政的五年实施规划》，全面推行烟草专卖行政执法评议考核机制。

重视专卖队伍建设，精心组织开展“双能竞赛”，对专卖人员进行法律法规、专卖实务、计算机、体能等方面的培训、训练，锻炼了一支作风过硬、业务精通、具有较高素质的专卖队伍。

网络建设

2006年，省局（公司）结合浙江烟草实际，把“资源整合、优化流程、加强管理、提高素质”作为网建再提升工作的重要前提，以营造公平竞争的市场环境为目标，以建立统一、完善的卷烟销售网络为主要任务，在整体推进、全面提升的基础上，实现了服务客户、培育品牌、控制市场、科学管理水平的再提升。

全省行业按照全国网建现场会精神和“突出服务、注重效率、优化流程、提高素质”的网建工作总体要求，抓好全省网建再提升工作。开展地市公司网建达标工作，推进全省网建的整体提升；调整物流布点，全省卷烟配送中心（分中心）由23个整合到21个；开展卷烟物流成本费用核算体系试点工作，加强物流成本核算；按照国家局统一标准，完成全省电话订货系统改造。省市两级投诉服务体系运转正常，全年省局（公司）客户投诉中心共受理客户意见9948件，各市局（分公司）客服热线共受理客户意见49018件。更加注重批零关系，把零售客户满意度引入对分公司的年度考核中，零售客户的满意度达到91%；对全省1242名客户经理举办了培训和“应知应会”考试，客户经理的综合素质进一步提升。截至2006年底，全省电话订货率99.99%，电子结算率61.6%，卷烟分拣配送到户率99.71%，入网销售率100%。

体制改革

稳妥地推进取消县级公司法人资格、理顺产权关系、建立母子公司体制改革工作。省局（公司）多次就取消县级公司法人资格、理顺产权关系、建立母子公司体制改革工作召开专题会议，完成了建立母子公司的实施方案和公司章程，下发实施县级公司法人资格取消后的机构调整、人员配置、经济运行、财务管理、营销管理和专卖管理等各项配套制度。

完成省烟草进出口公司管理体制的调整。卷烟销售公司于2006年年底前停止经营，省局（公司）正式退出卷烟经营；开展设立浙江烟草香溢投资管理公司试点工作；全省分、县公司资产财务关系全部上划到省公司。通过内部组织机构调整、业务流程再造、财务资产上划、资源优化配置等实质性措施的到位，基本形成了“三级法人、二级管理、一级营销”和“1加13”（即1个省公司加11个分公司和1个进出口公司、1个投资管理公司）的母子公司体制，烟草商业的管理体制改革实现了平稳过渡、软性着陆。

企业管理

内部管理监督。2006年，全省行业通过建立工作机构、制订检查方案、突出自查重点、加强督查整改，认真组织开展“两项检查”。省局（公司）加大督导力度，在自查阶段，多次召开专题会议听取汇报，明确工作要求，组织督查组开展巡回督查；在复查阶段，制定统一的复查标准，对下属企业进行了全面复查。通过自查和复查，全省共查出26类200多个问题，落实整改措施730条，处理违规人员52人。针对检查中暴露出来的问题，各单位加强制度建设，积极构建长效管理监督机制。省局（公司）新修订专卖内部监管制度9个、财务审计制度6个、经济运行管理制度10个；行业各直属单位共新修订内部监管制度245个。2006年12月，浙江烟草同级审计顺利通过国家局检查。

推进标准化工作。省局（公司）下发《关于各市烟草专卖局（分公司）贯彻ISO9001：2000标准的指导意见》，全面启动行业贯标工作。以适应市场经济需要、增强综合竞争能力为出发点，以切实提高管理水平为目标，以逐步建立起以ISO9000标准为主体、其他管理标准和工作标准相配套的科学管理体系作为贯标工作的指导思想，以“实事求是、注重实效；全面客观、科学简约；以我为主、继承发展；领导挂帅、全员参与”作为贯标工作的基本原则，规定贯标工作的覆盖范围、具体步骤及其必须保证的时间，指出贯标过程中的注意的事项。

为确保贯标工作取得实效，成立以局长（总经理）为组长的全省贯标领导推进机构，各地市级局（公司）也相继成立相应的贯标领导机构，同时组织省内外咨询水平较高的咨询、认证机构进行议标遴选，确定3家咨询机构和1家认证公司，作为全省贯标工作的咨询、认证服务单位，并对其最低工作时间、最高服务价格、人员资质、市局（分公司）的认证方式做了规定和要求。2006年省局（公司）被国家局定为贯标试点联系单位。

安全生产。加强制度建设，安保管理制度体系初步形成。2006年，省局（公司）相继出台了《浙江省烟草专卖、商业系统安全保卫管理规定》、《内部安全保卫责任规定》、《安全教育培训规定》、《安全检查规定》、《安全隐患整改规定》、《安全档案资料管理规定》、《车辆交通安全管理规定》、《消防安全管理规定》、《治安保卫工作规定》、《职业健康和劳动保护管理规定》、《多元企业安全管理规定》、《出租物业安全管理规定》、《信息网络安全管理规定》、《特种设备安全管理规定》、《安全设施设备管理规定》等制度，基本涵盖了安全工作的各个方面，为今后安保工作提供了制度保障。

狠抓基层安全保卫人员配备，加强安保设施设备的投入。围绕“平安浙烟”建设，坚持“安全第一、预防为主”，进一步落实安全责任，加强安全检查，弘扬安全文化，开展安全宣传教育活动，提升事故防范能力，2006年全省行业没有发生重大安全事故。

信息化建设

2006年，全省行业在上年迅速推进各大应用系统的基础上，进一步落实IT战略规划，继续实施全省信息化规划所制定的IT战略目标，将浙江烟草信息化目标架构落地。

为适应全省资产财务关系上划及取消县级法人资格工作，建立了以地市级公司为市场营销主体的管理型财务信息系统并进行推广；做好物流系统的提升，探索建立物流综合管理平台，积极使用数字化仓储管理系统，实现仓储管理数字化；与浙江省测绘局签订了浙江烟草电子地图采购框架协议，下发《关于统一“浙江烟草专卖、商业地理信息系统（GIS）”建设标准的通知》，确定了全省地理信息系统建设的“四统一”（平台、地图、开发商和开发标准）原则，台州、湖州、温州、金华和嘉兴等市局（分公司）按照“四统一”原则逐步展开GIS平台建设和相关应用，保证了全省空间数据的互联互通；进一步提升六大核心信息化应用系统（即新营销系统、工商协同系统、订单监管系统、专卖系统、全省视频会议与监控系统、假冒烟鉴别检验管理系统），充分发挥系统的效能；积极推广运用“营销工具箱”，即省局（公司）为贯彻订单供货试点业务流程专门开发的一线营销人员的工具软件，致力于帮助营销人员有效执行营销任务。它简化了操作流程，记录了工作过程，明确了工作标准，提高了工作效率，促使营销工作从注重结果向注重过程转变，为提高企业基层的营销水平创造了一条有效途径。通过调整系统架构、完善存储备份、加强网络安全工作，进一步巩固和优化了信息化基础平台。

多元化经营

开展多元化投资清理登记和清产核资工作，进一步摸清全省烟草商业多元化投资资产情况，对所属多元化企业和资产进行梳理，统一了“关、停、并、转、清、退、核、送、留”企业的处置意见；严格执行《浙江省烟草商业系统多元化经营投资项目审批管理办法》，对新增投资严格按规定程序进行报批；按照严控增量、盘活存量、规范管理的工作任务，对全省多元化工作和本级多元化企业进行了考核，在考核多元化投资收益率的同时，加强了多元化工作基础管理、清理整顿、规范投资决策行为等方面情况的考核；根据管资产与管人、管事相结合的国有资产监管新体制要求，进一步加强对本级多元化企业的监督和管理。

全省烟草商业多元化工作继续以“香溢”品牌为平台，重点抓好“香溢旅业”和“香溢房产”两大产业，做实旅业，做好房产。“香溢旅业”以杭州香溢大酒店为龙头，发挥系统内宾馆（酒店）的数量优势，通过管理模式互动，实行联网、连锁经营，“香溢旅业”的知名度进一步提高。根据国家局“严控增量”的要求，“香溢房产”把主要精力放在做好做强现有房地产企业上。加强了对现有房产项目的管理和风险控制。

队伍建设

人事用工改革。2006年，省局（公司）出台《浙江省烟草专卖、商业系统县级局（分公司）职能配置、机构设置、岗位设置和人员编制调整的指导意见》，参照绍兴、金华等市局（分公司）的经验，坚持“二改同步、三制并行、五性合一”的思路（即机构改革与机制创新同步，人事用工分配三项制度改革并行，方向性、科学性、系统性、操作性、有效性五性合一），经过酝酿准备、宣传发动、中层干部竞聘、员工双向选择、人员退出安置等阶段工作的实施，推进人事改革，在改革过程中，省局（公司）坚持方案先行，坚持全地区一体化操作、坚持公开、公平、公正的实施、坚持做好员工的思想政治工作，取得初步成效。一是完成机构调整，市、县两级组织机构已逐步调整到位，具备了按新体制运行的组织条件；二是优化人员配置，通过开展中层干部公开竞聘、员工的双向选择，全行业共有328名员工报名参加中层岗位的竞争上岗，254名员工参与了竞岗演讲，6575名员工参加双向选择；三是完备用人制度，按照全地区一体化运作的要求，建立人事劳资管理制度，形成一体化管理雏形；四是员工的积极性得到了调动，干部职工从干部竞争上岗、员工双向选拔中感受到竞争的压力和动力，危机意识和竞争意识大大加强。

领导班子调配。加大对领导班子调配力度，先后对宁波、嘉兴、绍兴、金华、丽水、台州、舟山等地、市级局所属的34个县级局（公司）的领导班子进行了调整；绍兴、丽水、台州、温州等地、市级局对任职超过10年的干部实行岗位交流和易地任职。领导干部的调整，激活了行业人事管理新机制，实现了干部队伍的优化配置。

教育培训。2006年，全省烟草专卖商业系统干部职工教育培训基地正式启用，全年共组织省局（公司）中层干部和市、县两级领导班子成员70余人分两期进行培训；稳步推进职业技能鉴定，全年有431名员工参加了初、中、高级营销员的技能鉴定；举办客户经理、专卖人员的学习培训和“双能”职业竞赛，制定实施行业“五五”普法规划，促进全省行业干部职工队伍整体素质的提升。

思想政治工作

开展“‘两个至上’在岗位”主题实践活动。进一步深化“两个至上”行业共同价值观教育。在全体员工中广泛开展“‘两个至上’在岗位”优秀员工宣传评比活动，通过自下而上的宣传、推荐，评选出了“‘两个至上’在岗位”20名优秀员工，还投票推选产生了“浙江省烟草十佳优秀员工”。

党建工作。2006年，全省行业各级党组把学习贯彻党章作为加强行业党的建设的重要任务。采取党组理论学习中心组扩大会、专题读书会、报告会等形式，学习党的十六届五中、六中全会精神、胡锦涛总书记“七一”讲话和《江泽民文选》以及指定的学习书目。把学习贯彻社会主义荣辱观与学习贯彻党章结合起来，引导党员干部群众把社会主义荣辱观渗透到日常工作生活之中。为巩固先进性教育的成果，省局（公司）机关成立了业余党校，对机关党员和入党积极分子进行系统的党的知识教育。2006年，省局（公司）机关评选表彰了3个先进党组织、6名优秀党务工作者和18名优秀党员。全省行业各单位也通过纪念会、报告会、参观展览等多种形式，开展纪念建党87周年和红军长征胜利70周年系列活动。

维护稳定工作。2006年是浙江烟草行业改革调整的重要时期，为保证改革与发展的顺利推进，省、市两级政工部门认真落实全年不少于两次的政工干部蹲点调研制度，深入一线及时掌握了解员工的思想动态。省局（公司）下发《关于进一步加强思想政治工作维护行业稳定的通知》，要求各级党组织切实加强组织领导，严格落实责任，认真排查存在的各种不稳定因素，及时化解各种矛盾和问题，保持员工的思想稳定。

党风廉政建设

2006年，全省行业按照国家局、省局（公司）党组关于加强对行业各级领导班子及主要领导干部监督的指示要求，从提高认识、健全制度、规范操作、强化监督等方面抓好贯彻执行。通过学习贯彻国家局党组、省局（公司）党组的有关意见、规定，提高各级领导干部对权力运行进行有效制约监督重要性的认识，增强领导干部切实负起监督职责和自觉接受监督的自觉性。通过修改完善“两个议事规则”（即党组议事规则、行政工作规则）和“三重一大”实施办法等制度，为科学、民主决策提供制度保障。规范领导干部权力行使和廉洁从业，各单位党组领导班子特别是主要领导干部自觉用民主集中制的基本原则、基本程序规范和约束领导行为，在班子内部建立科学准确、民主集中、程序规范的决策机制和权力制衡机制。建立投资、预算和薪酬3个委员会，对涉及投资、预算、薪酬事项，注重发挥3个委员会咨询、建议、审核、监控和决策作用，提高决策的准确性和科学性。

企业文化

2006年，全省行业围绕国家局提出的烟草企业文化建设“一体三力三一致”的总体目标，着力抓好浙江烟草企业文化建设工作。

*制定企业文化建设规划。*研究制定了浙江烟草企业文化建设五年规划，明确了今后五年全系统企业文化建设的总体目标，即通过五年的努力，构建起反映企业特色、有利于提升企业竞争能力的企业文化体系。企业文化建设基本原则，即继承创新、立足现实；以人为本、创建和谐；领导带头、全员参与；注重统一、讲究特色；重点突破、全面推进。企业文化建设工作推进的三个阶段，即宣贯培训、推广试点阶段（2006年）；全面推进阶段（2007～2008年）；完善提升阶段（2009～2010年）。

*开展企业文化建设专题培训及试点工作。*5月，组织所属市局有关人员进行了为期3天的企业文化建设专题培训，7月，邀请企业文化建设专家进行专题辅导。在加强培训的同时，充分发挥嘉兴市局（分公司）企业文化建设试点的成功经验，召开全省行业电视电话会议，介绍嘉兴企业文化建设情况。新确立杭州、宁波、温州、金华和舟山等5个单位为浙江烟草企业文化建设试点单位。

特事要辑

2月13日～14日，国家局副局长何泽华考察绍兴、湖州、杭州市局（分公司），听取了网建工作情况汇报，并就全国网建现场会的准备工作进行了具体指导。

3月22日～25日，国家局局长姜成康、副局长李克明到浙江烟草考察工作。

4月13日～15日，全国卷烟销售网络建设现场会在杭州召开，国家局副局长何泽华以及参加全国网建会200余名有关领导和代表参观杭州卷烟配送中心。

4月16日，2006年“按客户订单组织货源”试点工作第二次会议在杭州召开，国家局副局长何泽华、李克明出席会议并发表了讲话。

11月22日，国家局同级审计检查组正式进驻烟草商业系统，对省局（公司）本级和杭州市局（分公司）的同级审计工作进行检查，并抽查了宁波、舟山、嘉兴市局（分公司）和海宁县局（公司）。

11月27日，省公司与湖北中烟工业公司联合举办了鄂浙工商战略合作暨“黄鹤楼”品牌营销研讨会，确立了鄂浙工商共生营销战略合作关系，签署了《浙江省烟草公司、湖北中烟工业公司工商共生营销战略合作意向书》。

11月30日～12月1日，国家局副局长张保振等领导到浙江烟草考察工作。

12月18日～20日，浙江烟草专卖商业系统第二届专卖、安保“双能”竞赛在杭州举行。

浙江省局（公司）主要统计指标汇总

实现税利（亿元）	商业利润（亿元）	销售卷烟（亿支）	烟叶种植（万亩）	烟叶收购（万担）	出口创汇（万美元）
102.80	82.20	1091.85	2.03	4.31	1166.00

所属地市级局（公司）

杭州市烟草专卖局（分公司）

概　况

杭州市地处长江三角洲南翼，杭州湾西端，全市面积16596平方公里，常住人口773.1万人。杭州市下辖西湖、下城、上城、拱墅、江干、高新（滨江）、萧山、余杭8个区，建德、富阳、临安3个县级市，桐庐、淳安2个县。2006年全市实现地区生产总值（GDP）3440.99亿元。

2006年，杭州市烟草专卖局（分公司）下辖萧山区、余杭区、临安市、富阳市、桐庐县、建德市、淳安县7个县、市、区烟草专卖局（公司），固定资产

72500万元，流动资产270200万元，共有职工1624人，其中正式职工426人。2006年，市局（分公司）分别荣获浙江省烟草专卖、商业系统授予的“全国卷烟销售网络建设现场会特别贡献奖”。市局（分公司）的“营销工具箱”软件和卷烟物流一体化运作分别获得全省烟草科技创新一等奖、三等奖。

领导成员

局长、经理、党组成员：方祖英

党组书记：钟　祥

副局长、党组成员：丁显成

副经理、党组成员、机关党委书记：裘木根

副经理、党组成员、工会主席：沈世英

副经理：傅久海

组织机构

市局（分公司）下设办公室、人事劳资处、思想政治工作处、纪检监察处、安全保卫处、专卖监督管理处、法规处、销售业务处、销售管理处、财务管理处、审计处、投资管理处、信息中心、卷烟配送中心等14个处室（部门）。

经济效益

2006年，全市共销售卷烟176.4亿支（35.28万箱），与上年同比增长11.97%；其中，销售一类烟33.6亿支（6.72万箱）、二类烟20.08亿支（4.02万箱）、三类烟41.76亿支（8.35万箱）、四类烟55.88亿支（11.18万箱）、五类烟25.04亿支（5.01万箱）。实现卷烟销售收入63.85亿元，同比增长23.29%。实现税利169500万元，同比增长23.07%；其中利润137800万元，同比增长27.87%。三项费用率6.84%，同比下降0.1%。国有资产保值增值率148%，继续保持全省领先。全年共销售品牌47个，规格101个，其中排名前20位的品牌占总销量的83%，省外烟销售比重由原来的35%增加到42%。全市“百牌号”卷烟销量170.3亿支（34.06万箱），同比增长14.85%，比全省7.9%的同比增长水平高出6.95个百分点。

专卖管理

加大联合打假力度，成立“杭州市公安局驻杭州市烟草专卖局联络室”，为查办涉烟违法案件提供了强有力的保障，行政执法与刑事司法的衔接更加紧密，联合打假工作实现制度化、日常化、经常化。

2006年，全市共查获假冒卷烟案件2257起，查扣假冒卷烟40余万条，案值4200余万元，其中破获案值100万元以上的售假卷烟网络大案11起，查获假烟近26余万条，总案值高达2790万元。移交公安、司法机关立案侦查涉烟案件26起，依法刑拘69人，判刑22人。

网络建设

2006年，杭州烟草网建工作以迎接全国卷烟销售网络建设现场会为主线，做好全国卷烟销售网络建设现场会的各项协办工作，精心布置会议现场，做好台账资料的准备工作。2006年，市局（分公司）被省局（公司）授予“全国卷烟销售网络建设现场会特别贡献奖”。全国网建会后，按照姜成康“突出服务、注重效率、优化流程、提高素质”的总体要求，深化订单供货、物流一体化和营销服务管理等工作。截至2006年底，全市电话订货率达100%，电子结算率达90%，卷烟分拣配送到户率接近100%，入网销售率达到100%，投诉中心共受理客户意见1252件，客户满意度达到96.65%，客户满意度综合排名全省第二。

队伍建设

根据省局（公司）对市、县两级职能配置、机构设置、岗位设置和人员编制的批复和指导意见，出台《杭州市烟草专卖局（分公司）岗位设置和人员编制实施意见》并积极贯彻实施，市局（分公司）本级和全市各直属单位分别组织实施了员工岗位的竞聘，经过报名选择、更改报名二次选择和考试、测评综合确定等3个步骤，1290名员工走上岗位。出台《杭州市烟草专卖局（分公司）干部管理工作暂行规定》，为干部管理队伍建设提供了政策依据，顺利完成了对市局（分公司）处、科级干部新一轮考核和聘任工作，同时对淳安、建德、桐庐、余杭区局（公司）试用期满的6名班子成员进行了考核，对临安区局（公司）班子进行了调整充实。

修订出台实施《杭州地区行业干部职工教育培训管理办法》，2006年，共组织各类教育培训250班次，培训7680人次。全市85名客户经理通过卷烟商品营销员职业技能考试鉴定。

精神文明建设

开展“两个至上”行业共同价值观教育活动。组织专题讲座13场次，举办演讲比赛13场，经过层层选拔，杭州烟草姚静代表省局（公司）参加全国烟草行业“‘两个至上’在岗位”演讲比赛，荣获二等奖。开展“‘两个至上’在岗位”优秀员工评比活动，17名员工被评为“优秀员工”，其中1名还被评为“浙江省烟草十佳优秀员工”。

充分发挥工会组织在行业改革和发展中的作用，健全基层工会组织，成立了工会女职工委员会，做好聘用人员的入会工作；加强党风廉政建设，深入学习贯彻党章，努力提高党员干部的思想政治素质。注重抓好领导干部廉洁自律工作，贯彻落实党风廉政建设责任制；认真开展效能监察工作和行纪行规督查工作。

组织开展企业文化建设工作，对杭州烟草企业文化的现状进行定位。通过教育培训，基本完成前期宣导工作，统一了全地区烟草办公场所和营业场所的行业形象标识。

特事要辑

1月6日，市局（分公司）在沈家村投诉受理中心举行局长（经理）接待日活动。

4月14日，国家局副局长何泽华以及参加全国网建会200余名有关领导和代表参观杭州卷烟配送中心。

宁波市烟草专卖局（分公司）

概　况

宁波简称“甬”，位于中国海岸线中段，浙江宁绍平原东端，东有舟山群岛为天然屏障，北濒杭州湾，西接绍兴市的嵊县、新昌、上虞，南临三门湾，并与台州的三门、天台相连。全市面积9365平方公里，下辖海曙、江东、江北、镇海、北仑、鄞州6个区，慈溪、余姚、奉化3个县级市和宁海、象山2个县。2006年实现地区生产总值（GDP）2864.49亿元。

宁波市烟草专卖局（分公司）成立于1988年。2006年下辖慈溪市、余姚市、奉化市、象山县、宁海县、镇海区、北仑区、鄞州区8个县、市、区烟草专卖局（公司）。全市烟草行业共有干部职工1830人，其中市局（分公司）本级干部职工395人，8个直属单位1435人。截至2006年底，辖区内共有卷烟零售户40747户。2006年市局（分公司）本级以及余姚、奉化、象山、鄞州、北仑等县（市、区）局被评为“省级文明单位”。

领导成员

经理、党组书记：聂建华

局长、党组成员：乐眉初

副局长、纪检组长、行业工会主任、党组成员：周志猛

副局长、党组成员：陈健胜

副经理、党组成员：池昌敏

组织机构

市局（分公司）设办公室、人事劳资处、专卖监督管理处、经济运行处（督察考评中心）、营销中心、法规处、纪检监察处、财务处、审计处、安全保卫处、投资管理处、思想政治工作处、信息中心、整顿和规范市场经济秩序领导小组办公室（整顿办）、配送中心、浦甬兄弟烟草有限公司等16个部门、单位。

经济效益

2006年，全市辖区共销售卷烟171.75亿支（34.35万箱），其中，销售一类烟45.70亿支（9.14万箱），与上年同比增长41.77%；二类烟40.47亿支（8.09万箱），同比增长34.91%；三类烟65.67亿支（13.13万箱），同比增长10.08%；四类烟19.88亿支（3.98万箱），同比下降31.02%；五类烟0.038亿支（0.0075万箱），同比下降79.1%。实现销售收入892800万元，实现税利166900万元，其中利润134900万元，三项费用率为6.48%，国有资产保值增值率为197%。

专卖管理

以“打网络、抓内管、强基础”为重点，不断强化专卖管理各项工作。以“见物见人见网络”为目标，始终保持打击制售假冒卷烟网络的高压态势，联合公安、检查、司法、工商等职能部门形成打私、打假、打无证的联合协作机制。2006年经公安部门侦查，锁定上家及分销商8家，清查整理出下家达30余家，涉案金额800余万元；成功破获“7·11”地下卷烟销假网络案，查获假冒卷烟3.5万余条，案值700余万元，捣毁地下仓库6个，公安机关抓捕犯罪嫌疑人7名。

在全市范围内开展对无证经营的整治工作，充分发挥工商部门驻烟草联络室的作用，全面细致地开展排查与引导工作。2006年，共查处无证案件922起，其中移交工商部门95起，取缔无证经营户数462户，督促申办许可证户数1058户，自动关门或改行的户数1256户。

2006年，全市共进行烟草执法检查22134次，出动检查人员104386人，公开集中销毁假冒卷烟17万余条，查处涉烟违法案件10855起，查获违法卷烟23.57万条，实现罚没款425.6万元。移送公安、司法机关审查涉烟违法案件21起，行政拘留（治安）10人，刑事拘留37人，判刑16人。

网络建设

2006年，市局（分公司）按照卷烟销售网络建设“突出服务、注重效率、优化流程、提高素质”的总体要求，研究制订了全市网建再提升工作方案，进一步落实“按客户订单组织货源”工作。整理汇编全市网建整体推进工作台账，共计10卷13册，确保全市网建整体推进工作顺利通过省局（公司）的达标考评；制订《宁波烟草商业企业卷烟物流配送建设实施意见》，整合、优化配送线路，降低配送网络运营成本，实施营销工具箱等新业务系统的应用，顺利实现电话订货呼叫方式由被动呼入向主动呼出的转变，并实行五日工作制，卷烟营销服务工作效率明显提高。加强客户投诉中心建设，扩大客户投诉（服务）热线宣传，抓好全市客户投诉管理工作。

2006年，市局（分公司）客户投诉中心共受理来电7393个，其中，建议类620件，咨询类2945件，专卖举报类78件。

2006年，全市卷烟入网销售率达100%，市场占有率达100%，电话订货率达到100%，电话订货员每日人均有效订单数超过120份，城区电子结算率达79.6%，零售客户卷烟经营毛利率达到10.67%。全年完成配货总包数365.7万包，配货到户率达100%。

体制改革

2006年，全市行业进一步理顺行业资产管理体制，推进和深化行业体制改革。

根据浙政办发［2005］88号文件和省局有关文件精神，针对宁波作为计划单列市，以及象山烟草零资产上划的特殊情况，做好与省局（公司）、市、县地方政府及各有关部门的沟通与协调工作。抓住上划前的有利时机，进一步梳理资产，做好不良资产的处置工作。2006年全市分公司、县公司资产、财务关系全部上划，象山县局（公司）顺利变更为象山营销部。同时，根据浙烟人联［2005］72号文件精神，积极推进实施市局（分公司）本级机构设置、职能配置、岗位设置、人员编制等的调整和职能转变。

安全生产

抓好安全生产工作，组织开展“交通安全知识宣传教育活动”、“安全生产月”等活动，全年全市烟草行业共组织各类安全知识讲座、知识竞赛等27场次，受教育员工7000余人次。突出防范重点，分别组织了断电、火灾、抢劫、车辆故障等应急情况的处置预案演练，确保了全年无安全事故发生，“平安甬烟”建设取得明显成效。

队伍建设

按照《党政领导干部选拔任用工作条例》的有关规定和要求，对5个县级局（公司）的领导班子进行了调整和充实；在全市烟草行业范围内公开竞聘10个副处级行政领导岗位，进一步优化行业的干部队伍结构；注重加强基层专卖队伍建设，开展专卖行政执法人员“双能”竞赛，基层专卖队伍人员素质明显提高；多次组织客户经理营销技能应知应会等培训和考核，进一步提升网络从业人员素质。

精神文明建设

组织开展“‘两个至上’在岗位”主题实践活动，编写《“两个至上”价值观理论体系知识问答》手册，开展向全体员工推荐读一本好书活动；制定《企业文化建设五年规划》和《2006年企业文化建设实施方案》，推进企业文化建设；《烟之缘》等行业自办宣传报以及市、县两级办公信息平台，弘扬主旋律，紧紧围绕行业中心工作开展宣传报道和信息工作，为促进行业稳定营造积极的舆论氛围。

特事要辑

11月28日，国家局同级审计检查组到宁波市局（分公司），对宁波市烟草专卖、商业系统开展同级审计工作情况进行检查。

温州市烟草专卖局（分公司）

温州市烟草专卖局（分公司）成立于1985年，2006年下辖永嘉县、瑞安市、乐清市、平阳县、苍南县、泰顺县、洞头县、文成县8个县、市烟草专卖局（公司）。市局（分公司）下设温州浦瓯烟草贸易有限公司和温州香溢经贸有限公司2个三产企业。截至2006年底，总资产254094万元，共有职工1545人，其中聘用职工1199人，辖区内共有卷烟零售户39090户。

2006年，全市完成辖区卷烟销售163.55亿支（32.71万箱），与上年同比增长9.82%。实现销售收入545000万元，同比增长21%。实现税利137800万元，同比增长3.88%；其中，利润111000万元，同比增长23.06%。

机构改革调整，市局（分公司）撤销了销售管理处、投资管理处，成立了营销中心、配送中心、经济运行处（督察考评中心）、审计处、法规处；县级局（公司）多个内设部门统一撤并调整为办公室、业务科、专卖科、财务科四个科室。全年共调整交流行业领导干部33人。

嘉兴市烟草专卖局（分公司）

嘉兴市烟草专卖局（分公司）组建于1985年，2006年下辖嘉善县、平湖市、海盐县、海宁市、桐乡市5个县、市烟草专卖局（公司），截至2006年底，总资产180346万元，共有职工1100人，其中聘用职工167人。辖区内共有卷烟零售户16713户。

2006年，全市完成辖区卷烟销售79.06亿支（15.81万箱），与上年同比增长6.55%。实现销售收入377856万元，同比增长12.71%。实现税利87403万元，同比增长11.82%；其中，利润70326万元，同比增长18.62%。2006年，共种植烟叶0.16万亩，收购烟叶156.5吨（3130担）。

全年共查获各类涉烟违法案件3460起，查获各类违法卷烟24.99万条，其中，假冒卷烟15.76万条，同比增加25%。涉烟案件被判刑人数42人，同比增加61%。

2006年，嘉兴烟草企业文化建设向纵深挺进，“人为本、和为魂、创为神”的特色文化体系得到完善，《嘉烟战略报告》正式出版，标志着企业发展方式开始由自发式向自觉式转变。首先，结合实际，开展“查找我身边的管理漏洞”、“两个至上在岗位”等活动增强员工凝聚力和竞争力。其次，创新载体，加深理解认知。印发《嘉兴烟草企业文化核心素质案例集》，出版《成就梦想》，作为中国烟草企业文化建设系列丛书第一辑。边宣传边贯彻、边丰富边完善的嘉烟特色文化体系得到了国家局、省局领导的充分肯定和省内外同行的高度评价。2006年，国家局副局长张保振到嘉兴烟草考察工作，勉励嘉兴烟草努力成为行业企业文化的一面旗帜。

湖州市烟草专卖局（分公司）

湖州市烟草专卖局（分公司）组建于1985年，2006年下辖长兴县、德清县、安吉县3个县烟草专卖局（公司），截至2006年底，总资产117792万元，共有职工1213人，其中聘用职工1037人。辖区内共有卷烟零售户19232户。

2006年，全市完成辖区卷烟销售60.74亿支(12.15万箱)，与上年同比增长2.93%。实现销售收入221500万元，同比增长13.8%。实现税利61673万元，同比增长20.27%；其中利润49960万元，同比增长30.49%。

绍兴市烟草专卖局（分公司）

绍兴市烟草专卖局（分公司）组建于1986年，2006年下辖诸暨市、上虞市、嵊州市、新昌县4个县、市烟草专卖局（公司）。截至2006年底，总资产206267万元，共有职工958人，其中聘用职工794人。辖区内共有卷烟零售户23713户。

2006年，全市完成辖区卷烟销售95.84亿支(19.17万箱)，与上年同比增长7.93%。销售毛利96531万元，同比增长20.47%。实现销售收入378800万元，同比增长19.3%。实现税利98136万元，同比增长25.85%；其中，利润79598万元，同比增长30.36%。2006年，全市种植香料烟12223亩，收购烟叶973吨（19460担），比上年增长18./18%。

深化以员工动态管理制度为核心的用工分配制度改革，形成了包含绩效管理、职业生涯规划、教育培训等多元化结构的人力资源管理体系。在总结经验的基础上，2006年对员工动态管理制度作了三个方面的调整：一是实行员工动态管理积分制管理。二是完善绩效考核的流程，即把整个绩效考核过程分为“绩效计划、绩效辅导、绩效评价、绩效反馈”四个阶段。三是在客户经理、专卖管理员和机关综合岗位三类有较高技术含量的岗位进行职业生涯规划和管理。2006年，员工动态管理制度获得了第十三届全国企业管理现代化创新成果评比二等奖。

金华市烟草专卖局（分公司）

金华市烟草专卖局（分公司）组建于1986年，2006年下辖兰溪市、东阳市、浦江县、武义县、义乌市、永康市、磐安县7个县、市烟草专卖局（公司）。截至2006年底，总资产161653万元，共有职工1177人，其中聘用职工939人。辖区内共有卷烟零售户29650户。

2006年，全市完成辖区卷烟销售103.50亿支(20.7万箱)，实现销售收入359000万元，与上年同比增长20%。实现税利83000万元，同比增长29.1%；其中，利润65000万元，同比增长33%。

全市共查获涉烟违法案件5236起，查获非法卷烟45.3万条，案值3271.4万元，实现罚没款508.5万元。成功侦破“3·28”特大售假网络大案，涉案卷烟6万多条、涉案金额1500多万元，公安机关依法抓获违法犯罪分子16名，是全国24个特大网络案之一。

衢州市烟草专卖局（分公司）

衢州市烟草专卖局（分公司）组建于1986年，2006年下辖江山市、龙游县、常山县、开化县4个县、市烟草专卖局（公司）。截至2006年底，总资产50354万元，共有职工552人，其中聘用职工314人。辖区内共有卷烟零售户13411户。2006年衢州市局（分公司）被浙江省委、省政府授予“省级文明单位”荣誉称号。

2006年，全市完成辖区卷烟销售43.23亿支(8.64万箱)，与上年同比增长5.57%。实现销售收入143000万元，同比增长19.88%。实现税利28600万元，同比增长22.75%；其中，利润23000万元，同比增长33.72%。

丽水市烟草专卖局（分公司）

丽水市烟草专卖局（分公司）组建于1986年，2006年下辖青田县、缙云县、龙泉市、庆元县、景宁畲族自治县、遂昌县、松阳县等7个县烟草专卖局（公司）和云和县烟草专卖局（营销部）。截至2006年底，总资产70826万元，共有职工794人，其中聘用人员459人。辖区内共有卷烟零售户12701户。

2006年，全市完成辖区卷烟销售45.86亿支(9.17万箱)，与上年同比增长5.5%。实现销售收入121600万元，同比增长21.65%。单箱批发销售额15488元，同比增长15.29%。实现税利27390万元，同比增长29.78%；其中，利润20025万元，同比增长33.42%。全市种植烟叶6476亩，收购烟叶1022吨（20440担）。

成功破获缙云“12·20”特大制售假烟网络案件，查获非法卷烟24000件，涉案金额21400万元，抓获团伙成员19人。

台州市烟草专卖局（分公司）

台州市烟草专卖局（分公司）组建于1986年，2006年下辖天台县、仙居县、三门县、临海市、黄岩区、温岭市、玉环县7个县、市、区烟草专卖局（公司）。截至2006年底，总资产203400万元，共有职工1218人，其中聘用人员912人。辖区内共有卷烟零售户39058户。

2006年，全市完成辖区卷烟销售123.85亿支（24.77万箱），与上年同比增长10.14%。实现销售收入366400万元，同比增长23.63%。实现税利102700万元，同比增长23.11%；其中，利润82700万元，同比增长27.94%。

破获“7·21”售假网络大案，共查获假冒卷烟1.1万条，案值380万元，涉案的两名主犯落网，公安、司法机关依法刑事拘留14人，逮捕4人。

舟山市烟草专卖局（分公司）

舟山市烟草专卖局（分公司）组建于1987年，2006年下辖普陀区、岱山县、嵊泗县3个县、区烟草专卖局（公司）。截至2006年底，总资产55316万元，共有职工373人，其中聘用人员202人。辖区内共有卷烟零售户7645户。2006年，市局（分公司）专卖市场净化率达9928%，名列全省第一。

2006年，全市完成辖区卷烟销售28.32亿支（5.66万箱），与上年同比增长7.2%。实现销售收入101000万元，同比增长18.65%。实现税利30044万元；其中利润22820万元，同比增长64.31%。

全年共查获各类涉烟违法案件531起。成功破获一起销售假冒卷烟网络案件，涉案金额68.7万元，涉及舟山、宁波两地销假上下家13户共27人，移交公安、司法机关抓捕犯罪嫌疑人5人，其中判刑4人。

2006年浙江省烟草商业系统主要情况统计

地市级局（公司）名称		杭州市烟草专卖局、杭州烟草分公司	宁波市烟草专卖局、宁波烟草分公司	温州市烟草专卖局、温州烟草分公司	嘉兴市烟草专卖局、嘉兴烟草分公司	湖州市烟草专卖局、湖州烟草分公司
法人代表/主要负责人		方祖英	聂建华	陈金声	王德源	孙佳华
总资产（万元）		342700	226411	254094	180346	117792
员工总数（其中聘用员工数）（人）		1624（其中聘用员工1198人）	1830（其中聘用员工1157人）	1545（其中聘用员工1199人）	1073（其中聘用员工812人）	1213（其中聘用员工1037人）
所属县级局数量（个）		7	8	8	5	3
所属县级公司数量（个）		7	8	8	5	3
所属营销部（分公司、访销中心、烟叶复烤厂、稽查大队等）		1个营销中心、26个市场部、1个物流中心、1个物流分中心、6个配送站、10个稽查大队	1个营销中心、1个配送中心、9个稽查大队	1个市场部、1个采供部、1个订单部、2个配送中心、1个稽查支队、10个稽查大队、33个专卖管理所	1个营销中心、1个物流中心、5个配送站、2个稽查大队、16个稽查中队、14个专卖管理所	1个营销中心、1个物流中心
销售卷烟（亿支）		176.40	171.75	163.55	79.06	60.74
实现税利（万元）	本年	169500	166900	137800	87403	61673
	上年	141000	128100	113400	78162	56081
实现利润（万元）	本年	137800	134900	111000	70326	49960
	上年	111700	100600	90200	55366	38227
烟叶种植（亩）		/	/	/	1600	/
烟叶收购（担）		/	/	/	3130	/
零售户数（户）		32000	40185	39090	16713	19232

地市级局（公司）名称		绍兴市烟草专卖局、绍兴烟草分公司	金华市烟草专卖局、金华烟草分公司	衢州市烟草专卖局、衢州烟草分公司	丽水市烟草专卖局、丽水烟草分公司	台州市烟草专卖局、台州烟草分公司	舟山市烟草专卖局、舟山烟草分公司
法人代表/主要负责人		戴伟坤	邱樟海	缪裕富	朱聪佩	童循亚	包诚善
总资产（万元）		206267	161653	50354	70826	203400	55316
员工总数（其中聘用员工数）（人）		958（其中聘用员工794人）	1177（其中聘用员工939人）	552（其中聘用员工314）	794（其中聘用员工459）	1218（其中聘用员工912人）	373（其中聘用员工202人）
所属县级局数量（个）		4	7	4	8	7	3
所属县级公司数量(个)		4	7	4	8	7	3
所属营销部（分公司、访销中心、烟叶复烤厂、稽查大队等）		1个营销中心、4个营销部、1个物流中心、3个配送站、1个稽查支队、6个稽查大队	1个营销中心、1个配送中心、1个配送分中心、1个稽查支队、7个检查大队、29个专卖所	1个营销中心、1个配送中心、1个稽查支队、4个检查大队	1个营销部、1个营销中心、47个配送站、12个专卖管理所、9个稽查大队	1个营销中心、2个物流中心、6个配送站	1个营销中心、1个配送中心、1个配送分中心、4个稽查大队
销售卷烟（亿支）		95.84	103.50	43.23	45.86	123.85	28.32
实现税利（万元）	本年	98136	83000	28600	27390	102700	30044
	上年	77976	69300	24000	21105	85500	19498
实现利润（万元）	本年	79598	65000	23000	20025	82700	22820
	上年	61061	53500	18700	15009	66800	13888
烟叶种植（亩）		12223	/	/	6476	/	/
烟叶收购（担）		19460	/	/	20440	/	/
零售户数（户）		23713	29650	13411	12701	39058	7645

（章　莉）

安徽烟草

安徽省烟草专卖局（公司）

概　况

安徽省位于华东腹地，面积13.96万平方公里，全省设17个地级市，44个市辖区，5个县级市，56个县，人口6110万人，2006年安徽省实现地区生产总值（GDP）6148.73亿元。

1980年10月安徽烟草在全国率先实行烟草管理体制改革，成立烟草工业公司，实行产供销、人财物、内外贸统一管理。1983年更名为安徽省烟草公司，同年10月上划中国烟草总公司。1984年5月，安徽省烟草专卖局成立，与安徽省烟草公司实行一套机构、两块牌子。2003年安徽烟草实行工商分开管理体制改革。

2006年，安徽省烟草专卖局（公司）下辖17个市烟草专卖局（公司），71个县级烟草专卖局，2家烟叶复烤企业①（华环国际烟草有限公司、华圆烟草有限责任公司）以及皖南烟叶有限责任公司。全省烟草商业系统共有员工13872人（聘用员工7570人），其中，高级职称12人、中级职称352人、初级职称826人。

领导成员

副局长、副总经理、党组副书记（主持工作）：赵洪顺（—2006.7）

副局长、副总经理、党组副书记（主持工作）：问　武（2006.7—）

副局长、党组成员、纪检组长：刘焕荣

副局长、党组成员：王汉文

副总经理、党组成员：卓俭华

① 参见《工业企业》栏目烟叶加工企业子目。

组织机构

省局（公司）设办公室（外事办公室、烟草学会）、综合计划处（经济运行处）、安全保卫处、专卖监督管理处（与稽查总队合署办公）、政策法规与体制改革处、财务管理处（国有资产管理处、资金管理中心）、审计处、科技处（与烟草质量技术检测站合署办公）、人事劳资处（与离退休干部办公室、特有工种职业技能鉴定站合署办公）、监察处（与党组纪检组合署办公）、政工处（机关党委、烟草工会）、卷烟营销管理处、烟叶生产经营管理处等13个职能部门，经济信息中心、机关服务中心、机关离退休干部服务中心、安徽烟草培训中心4个专业部门，整顿办1个非常设机构。

经济效益

2006年，全省共销售卷烟849亿支（169.80万箱），与上年同比增长2.7%，其中，销售一类烟108.5亿支（21.70万箱），二类烟103亿支（20.60万箱），三类烟395亿支（79万箱），四类烟178亿支（35.60万箱），五类烟63.5亿支（12.70万箱）。2006年实现销售收入192.2亿元，同比增长17%；实现“两烟”税利38亿元，同比增长34%，其中完成税收8亿元，同比增长29%；实现利润30亿元，同比增长34.5%；平均单箱批发销售额11319元，平均单箱利润额1779元，综合毛利率25.7%。

专卖管理

打假专项行动。为维护元旦、春节市场稳定，创造良好的卷烟市场营销环境。2006年初，全省统一开展“大战六十天”卷烟打假专项行动。其后，各地又结合实际相继组织开展“利剑行动”、“飓风六号”、“零点行动”、“春季维权”、“夏日旋风”、“秋风行动”、“维权二号”、“维权三号”等打假专项行动，掌握烟草市场的控制权，取得明显成效。2006年，全省共查获各类涉烟违法案件38303起，查获违法卷烟16900件，捣毁制假窝点713个，收缴罚没款621万元。全年移交公安、司法机关511人，其中，判刑131人、劳教13人、拘留367人。

打击售假网络。重视案件经营，深挖细究，追根溯源，2006年共破获制售假烟网络案件19起，涉案金额3224万元。

加强县级局建设。完善执法装备配置，下发《关于完善各级专卖管理有关装备配置的通知》（皖烟专［2006］2号），要求各县级烟草专卖局以专卖管理队（所）为单位配置“一车三机”，（以越野车为主的稽查车辆，摄像机、录音机、数码相机）和电脑等设备，确保日常市场监管和稽查办案工作顺利开展；制订《县级局建设考核办法与细则》，对县级局组织机构、专卖装备、内部管理、考核培训、依法行政、证件管理、队伍建设、经费保障等方面进行详细的规定，省局（公司）于11月14至12月1日组成联合检查组，在全省范围内对各县级局建设和行政执法责任制进行了专项检查。

卷烟销售

销售管理。注意研究卷烟销售规律，加强和改善宏观调控，努力保持经济运行平稳发展。为确保实现卷烟销售开门红，加大卷烟销售工作力度，做好适销货源的储备。1月，全省共销售卷烟124亿支（24.8万箱），比上年增加19.5亿支（3.9万箱），增长18.7%，创单月历史销量新高。针对上半年卷烟销售进度偏快、结构偏高、低档卷烟销售大幅下滑的势头，多次召开会议研究对策，引导各单位转变思想观念，通过组织省内外适销货源、发挥经济运行考核的导向作用、加大低档卷烟品牌“大丰收”的宣传培育力度等手段，有效减缓了计划与市场的矛盾和低档卷烟快速下降的趋势，较好地完成了国家局下达的卷烟销售任务。组织开展全省农村卷烟市场消费情况调查，为指导农村市场卷烟营销提供真实准确的参考依据。加强库存监控，对全年的库存指标根据季节的变化下达控制目标，对省外烟、省内烟、低档烟分别测算，保持库存的合理水平，减少资金占用。

品牌培育。上半年组织开展“全省零售户最喜爱的卷烟品牌”评选活动，评选出零售户最喜爱的卷烟品牌20个（其中省内品牌9个、省外品牌11个），同时在行业内外对评选结果广泛发布宣传，提高社会认知度，扩大省内外名优卷烟市场占有率和影响力。下半年针对全省卷烟品牌的发展现状，结合全国卷烟品牌发展战略的要求，制订《加强全省卷烟品牌管理的实施意见》，明确品牌培育目标任务，做好品牌发展的中长期规划；建立品牌评价制度，定期对各种品牌的市场表现进行评价，衡量品牌竞争力的状况；加强卷烟品类管理，以零售价为基础将所有品牌划分为一定的层级，对每个层级根据品牌评价的结果确定一线、二线和三线品牌，分别制订不同的营销策略；完善品牌引入和退出机制，明确新品引入的条件和流程，统一品牌退出的标准；加大品牌培育工作，明确省市两级品牌的职能定位，通过工商协作共同做好品牌培育工作。

着眼于安徽烟草整体实力的提升，关注“黄山”品牌的培育。与安徽中烟工业公司联合成立“黄山”卷烟品牌“双百工程”（即“黄山”品牌销量达100万箱，销售额达100个亿）协调领导小组，联合下发《“黄山”品牌双百工程实施意见》，共同组织实施动员大会。在省局（公司）的统一部署下，各市局（公司）精心组织评吸会、推介会和零售户座谈会，发挥网络功能，扎实推进黄山品牌培育。

网络建设

*制定网建目标。*制订《安徽省烟草公司卷烟销售网络建设统一完善、全面提升方案》，明确下一阶段网建工作的具体目标要求。以全省网建达到全国先进水平为目标，进一步巩固卷烟销售网络整体推进工作成果，贯彻落实国家局《地市级烟草公司卷烟销售网络业务规范》，建立和完善市场服务体系、品牌培育体系、网络标准体系、质量控制体系，优化作业流程、服务流程，强化营销队伍建设，加强管理，提高服务工业企业、零售客户的水平，进一步增强“服务客户，培育品牌，控制市场，科学管理”的能力，全面提升卷烟销售网络建设水平。

*开展网建自查。*成立网建检查考评领导小组和办公室，制订实施方案，召开全省视频动员大会，部署网建自查工作。省局（公司）抽调人员组成检查组开展复查工作，检查、分析、总结和评估被查单位网建整体推进工作情况，站在找问题的角度，从严掌握评分标准，客观评估工作质量，指出存在问题并提出改进建议。同时抽调124名客户经理，组成17个调查小组，实地开展零售客户满意度调查活动。6月6日～12日，在国家局网建整体推进工作检查考评组对蚌埠、巢湖、铜陵、池州、安庆5家市局（公司）进行重点检查考评后，安徽烟草商业卷烟营销网络建设顺利通过国家局网建检查考评。

*加强工商沟通。*服务于全行业“两个10多个”发展战略，加强与全国重点工业企业的交流合作，组织有关人员考察云南、上海、湖南等省市工业企业，为实行按订单组织供货打下基础。建立省内工商定期沟通协调机制，以年度、半年产销计划衔接会为主要方式，辅以每半个月营销管理部门之间的日常沟通，特殊情况随时保持沟通，重大事项主要领导亲自参加，加强工商之间信息的互通和共享，对保持工商双方的协调共同发展起到了积极的作用。

*建设全省客户投诉中心。*2006年3月，全省客户投诉中心启动运行，截至7月底，17个市局（公司）的“96300”电话投诉业务全部集中到客户投诉中心，客户投诉中心在广泛听取上下游客户和社会各界的合理意见建议，督促各市局（公司）改进工作作风、提高服务质量、加强科学管理、提升社会形象等方面起到了很好的作用。

烟叶生产

*落实烟叶种植与收购合同制。*贯彻落实国家局“稳定规模、防止过热”要求，落实“一把手”责任制，层层签订烟叶生产责任书，加强烟田预留、种子供应、物资发放等过程控制，严格按计划种植。全省于3月15日前完成了烟叶种植合同的签订工作，落实烟叶种植面积12.86万亩，签订合同16943份，户均种烟面积7.6亩；稳定烟叶收购秩序，提高烟叶收购质量，2006年，全省共收购烟叶1.63万吨（32.6万担），其中，上等烟占收购总量的25.2%，中等烟占60.7%，下等烟占14.1%，烟叶收购均价达8.59元/公斤。烟叶调拨工作进展顺利，全省打叶复烤烟叶8.76万吨（175.1万担）。

*督查烟叶合同执行情况。*把烟叶种植、收购、加工、调拨合同的签订和执行作为全省行业烟叶生产经营秩序整顿规范工作的主要内容，切实维护国家烟叶生产计划的严肃性。4月～5月，省局（公司）组织检查组，采取听取汇报、查看相关资料、深入烟站、走访农户、随机抽查合同文本、实地丈量等方式，重点对全省烟叶合同签订与移栽面积落实情况进行了全面检查。9月6日～10月26日，加强对烟叶收购阶段的监管，对全省行业7家烟叶产区公司及16个烟叶收购站的烟叶收购合同执行情况进行检查。12月，按照《烟叶复烤加工合同检查工作细则》的要求，从烟叶复烤加工合同的签订执行、准运证开具使用、烟梗及有关废料的处理、烟叶经营等方面对华环国际烟草有限公司、华圆烟草有限责任公司两个烟叶复烤加工企业规范生产经营情况进行检查，进一步规范烟叶复烤加工企业生产经营活动。

*推广先进适用技术。*新品种试种工作显现成效，亳州、阜阳等地试种“龙江911”、“龙江9717”、“龙江9601”等新品种取得成功；漂浮育苗技术普及率明显提高，2006年全省推广漂浮育苗4.1万亩，比上年增长23%，漂浮育苗普及率达31%；密集型烤房推广步伐加快，全省烟叶产量的40%由密集型烤房烘烤；替代进口烟叶生产示范试验基地建设进展顺利，全年安排落实替代进口烟叶生产示范试验基地6000亩；皖南烟区烟叶特殊香气形成机理及配套栽培技术项目研究工作全面启动，已完成项目年度总结和工业验证；病虫害综合防治效果明显，烟叶病毒病得到有效控制，全年未发生病毒性疾病的大面积暴发。

*完善烟叶生产社会化服务体系。*在育苗方面，阜阳、亳州等市局（公司）培育起一批育苗专业户，实行商品化育苗；池州市局（公司）实行集中统一育苗和商品化供苗，让烟农简单、轻松种烟。在种植保险方面，池州、亳州、阜阳等市局（公司）积极开展烟叶种植保险业务，减少烟农种烟风险。在提高烟农种烟水平方面，皖南烟叶公司与宣城职业高中联合办学，同时与宣城电台合作开办“金叶台”节目，培养和建立职业化烟农队伍，提升科技种烟整体水平。在烟叶

收购管理方面，各地完善服务措施，改进服务态度，做好烟叶收购工作，在收购站公开烟农服务热线电话，随时为烟农服务，听取烟农意见，受理烟农投诉，同时采取预检制和电话预约交售烟叶的方式，2006年，皖南地区80%的烟叶收购实现封闭式收购，皖北地区则实行了设点试行封闭收购的方式。在创新探索方面，宿州市局（公司）尝试“鲜烟收购，集中烘烤”，大胆探索培育烟叶烘烤专业户的路子；亳州市局（公司）和皖南烟叶公司开展“秸秆压块”替代煤炭烘烤烟叶工作，试验方法得当，进一步验证了“秸秆压块”替代煤炭烘烤烟叶的可行性，“秸秆压块”替代煤炭烘烤烟叶不仅能够帮助烟农增收节支，而且具有显著的能源、经济、生态、环保等综合效益。

烟叶生产基础设施建设。按照“搞好试点、总结经验、注重实效、逐步推广”的原则和“九个一”的要求，围绕“一个战略”即“稳北促南”① 发展战略，抓好“三个基本”，即烟农、烟田、基础设施，建立“四个体系”即烟叶生产基础设施管理体系、制度管理体系、资金管理体系和项目监管体系。2006年，全省新建和改造密集烤房1464座，沟渠10条，塘坝66个，投入资金2588.46万元。烟叶生产基础设施项目全部到位，保质保量，符合相应行业标准和技术标准，并顺利通过了国家局组织的验收。

体制改制

建立母子公司体制。1月，恢复合肥市烟草公司独立法人资格，6月，取消长丰、肥东、肥西县烟草公司法人资格，实行市、县烟草公司的统一管理、统一经营、统一核算。处理蒙城县烟草公司的历史遗留问题，于7月取消了蒙城县烟草公司法人资格。转变省局（公司）职能，5月24日下发《中国烟草总公司安徽省公司关于撤销烟叶经理部的通知》（皖烟法［2006］54号)、8月28日下发《中国烟草总公司安徽省公司关于撤销卷烟销售部的通知》（皖烟法［2006］260号)，完成省销售公司、烟叶公司的注销工作，省局（公司）本级退出“两烟”经营；同时设立卷烟营销管理处、烟叶生产经营管理处。根据《国家烟草专卖局关于中国烟草总公司安徽省公司建立母子公司体制改革的批复》（国烟法［2005］387号）的要求，各市级烟草企业名称要统一变更为安徽省烟草公司××市公司，为做到名称统一规范，经与工商行政管理部门协商，完成了合肥、芜湖、蚌埠、阜阳、滁州和蚌埠储运中心6家企业名称变更工作。批复市级公司上报的体制改革实施方案和公司章程，各市级公司相继办理了工商、税务、产权等变更登记手续。

理顺产权关系。根据国家局要求，结合安徽烟草实际，制订国有产权划转方案，按时完成国有产权划转工作，全省烟草商业系统共划转净资产45.03亿元。开展多元化经营企业清理登记和清产核资工作，成立领导机构，制订实施方案，审核、汇总、上报各项清理登记数据，基本掌握了全省烟草商业对外投资规模、分布情况以及多元化经营企业的基本情况，企业投资情况的清查结果顺利通过国家局汇审。

财务管理

预算管理。进一步修改和完善预算管理指标和报表体系，注重预算编制过程中的沟通与协调，加强对预算执行过程的实时监控和分析，将预算管理纳入经济运行质量考核体系，为预算管理的顺利推行提供保障。针对母子公司体制改革以及物流公司清算注销，及时对预算进行全面调整，使预算更加符合实际，保证了年度预算的准确性。

资金管理。升级资金管理系统，加强对资金流向的监控。6月，新的资金管理系统上线运行。10月，资金管理系统顺利通过验收。升级后的资金管理系统增加了资金监控模块，通过对资金管理中心成员单位收入户、支出户的实时或历史交易查询掌握资金流向，达到资金监控的目的；制订《资金管理中心风险防范制度》，对资金管理中心岗位分工、授权审批、银行账户、资金下拨、内部借款等进行规范控制，完成2005年银行账户年检及备案工作，改变资金运作模式，变内部借贷为委托银行贷款。

成本管理。建立月度费用分析制度，将月度费用分析作为财务基础工作的重要组成部分。统一费用指标分析口径，将账面费用水平分析与物流、工资、管理费等指标还原后的实际水平分析相结合，费用总水平分析与具体费用项目分析相结合，注重对各单位费用总额的增减情况以及各费用项目的增减情况的排序，分析费用增减原因以及各单位费用管理水平的差异，寻求费用控制办法，为进一步降低费用提供参考资料。

内部管理监督

开展“两项检查”。开展以专卖管理监督和同级审计为主要内容的“两项检查”工作，健全组织机构，制订方案细则，充实人员力量，自查工作扎实有效。专卖、财务、审计、监察、整顿办等部门协同配合，对全省各直属单位和行业相关单位进行全面复查，针对复查中发现的问题，加大整改力度，先后下发整改通知书和任务分解表，限期书面上报整改情况，确保整改工作落实到位。

联系点工作。推进内部监管各联系点单位工作经验总结工作，在充分调研和反复修改的基础上，总结

① “稳南促北”发展战略即明确定位，皖北烟区以生产优质辅料烟为主，皖南烟区以生产优质主料烟为主。

出联系点单位四项比较成熟的做法和经验，如加强内部专卖管理监督；加强内部财务管理和审计监督；加强内部领导班子建设管理监督、推进局务公开制度；加强内部卷烟营销管理监督、推进卷烟货源分配与供应公平透明化等。11月18日在全省行业加强内部管理监督工作会议上进行推广，起到了以点代面的示范作用。

同级监管工作。在合肥市局（公司）开展内部同级管理监督试点工作，论证、修改《加强内部同级管理监督实施方案》，确定同级监管的指导思想，突出监管与再监督主体和对象，明确监管依据、内容和措施，强调以连带责任追究为主的责任追究制。《实施方案》中突出了纪检组长对党组成员特别是主要领导的监管；突出了专卖行政执法部门对生产经营的全过程监管；突出了审计部门对财务收支的监管；同时突出了整顿办和纪检监察部门对纪检组长、专卖行政执法部门、审计部门的再监督，形成了同级和日常监管的基本格局。

接受行业审计。2006年6月~9月，国家审计署授权安徽省审计厅对安徽省烟草商业2005年财务收支情况进行全面审计，审计范围包括全省烟草商业系统所有企业。为配合好地方审计工作，省局（公司）在部署所属企业开展自查自纠工作的同时，积极做好沟通、协调和服务工作，专门召开行业审计进驻动员会，成立审计联络组、材料组和后勤组，并要求每个部门确定1名审计联络员。全省烟草商业企业财务收支的规范性、内部监管的有效性和执行制度的严肃性得到地方审计部门的积极评价。

开展“投资规范年”活动。以资本性支出预算为管理主线，以项目决策论证组和监督检查组为两个工作抓手，围绕“不放过一个预算外项目，不放过一个超投资项目，不放过一个变更（擅自）内容项目”三项工作目标，严密控制“项目立项、设计、招标和资金使用”四个关键环节，确保“程序规范，招标规范，过程规范，监督规范和服务规范”。

加强制度建设。开展制度梳理和修订工作，加强行业内部管理监督、提高工作效率、建立良好的工作秩序，省局（公司）着手编印《安徽省烟草专卖局（公司）现行管理制度汇编》、《安徽省烟草专卖局（公司）机关现行管理制度汇编》，收录了2000~2006年全省烟草商业现行的经营管理方面的95项规定、规章、和条例等文件，涉及到专卖管理、“两烟”经营管理、计划运行与投资管理、财务审计管理、人事劳资管理、综合管理等方面内容，促进了经营管理工作的规范化、制度化和科学化，为充分发挥职工民主管理、民主监督作用提供了重要依据。

信息化建设

“安徽烟草商业管理信息系统”（一期）项目。为满足全省烟草商业经营管理和网络建设需要，加快实现安徽省烟草从传统商业向现代流通转变，形成互联互通、信息协同、资源共享的信息支撑服务体系，安徽省局（公司）于2005年初开始对全省信息系统进行重新规划，在统一的业务平台基础上，采用“17+1”分布集中的模式在17个市局（公司）和省局（公司）构建“安徽烟草商业管理信息系统”。该系统主要目的是解决全省烟草商业一些系统相对独立，互为信息孤岛，各系统架构不统一，基础信息编码不统一，后台数据不统一，数据采集通道不一致，相互之间信息交互不畅，系统整合困难等一系列问题。通过建立完整的企业业务信息基础数据库，掌握客户资料，进行客户分析，实施客户关系管理，采用信息手段巩固营销渠道，以应对更加激烈的市场竞争，同时为工业企业面向市场的生产提供可靠的数据资料，并通过数据仓库的建设，将数据转化为信息，将信息转化为知识，为企业领导者提供决策依据。在2005年“安徽烟草商业管理信息系统”一期项目启动并顺利通过试点单位验收后，2006年开始在全省进行推广实施，3月，完成全省17家市局（公司）的基础业务功能的部署、培训和上线工作，整个系统进入全面的试运行阶段。5月完成全省后续功能的部署、培训和上线工作，同时完成了省局（公司）本级功能的上线工作，整个系统步入全面运行阶段；6月，进入全省整体验收阶段；10月10日正式通过验收。

搭建标准基础数据平台。根据国家局制定的基础数据编码体系标准，建立全省统一编码标准，统一各类编码的维护管理流程，采用工作流的方式，通过行政审批方式维护编码的持续统一性，通过流程的规范化来统一基础数据的管理和维护，为系统间数据交互与共享提供全省行业编码数据管理平台。在统一编码标准的基础上构建省、市两级架构的数据中心体系。同时，省、市两级数据中心在明确了数据精度、数据查询时间、数据综合程度，以及数据指标等具体要求的基础上，构建起省局（公司）5大数据分析模型和市局（公司）13个数据分析模型。数据中心的初步建成突破了简单的报表和查询功能局限，为管理监控和决策支持提供数据分析，提高企业决策分析能力。

网络安全管理。为确保全省网络硬件环境和视频会议正常使用，省局（公司）于4月26日~5月20日组织了全省范围的网络巡检，初步掌握了全省网络和视频会议运行状况。在此基础上，开展全省网络的升级改造和网络管理软件招、投标和实施工作，构建省、市两级数据中心的安全体系。

数字化仓储管理。结合全省仓储管理现状和网建工作要求，制订仓储管理系统实施方案，统一电子设备和相关硬件机械设备的标准，以提升安徽烟草商业仓储数字化管理水平。安庆市局（公司）作为试点单位，该系统于10月18日成功试运行，11月18日正式投入运行。

人事与劳资

“四定”工作。组织相关人员到大连、深圳、成都等地，就人事用工分配制度改革和“四定”工作进行考察学习。开展全面调研，基本掌握各基层单位的组织结构、岗位设置、人员编制、岗位薪酬等情况及其特点，分析研究存在问题和对策，为“四定”工作打基础。制订“四定”工作指导意见，提出“四定”工作总体思路，即围绕行业“完善体制机制、优化资源配置、全面提升水平、增强竞争实力”的总体部署，按照“合理分类、科学设岗、明确职责、严格考核、落实薪酬”的基本原则，进一步优化人力资源配置，加强队伍建设，规范人事、用工、分配等各项制度；坚持推进以市场为取向的改革，本着“尊重历史、再造机制、共享未来”的基本思路，达到淡化身份界限、实行动态管理、打通晋升通道、搞活人事用工分配机制、全面提升员工整体素质、提高企业管理水平和运行效率的目标，真正确立充满生机和活力的市级公司市场经营主体地位。选定蚌埠市局（公司）为“四定”试点单位，工作进展顺利。

干部队伍建设。开展基层领导班子和处级干部年度考核和机关2005年度工作考核评比工作，加强基层领导班子建设和机关效能建设。根据《关于进一步完善干部管理制度的规定》（皖烟党［2005］103号）精神，按照直属单位党组推荐、省局（公司）组织考察、党组研究决定、任前公示等程序，开展市局（公司）助理调研员选拔任用工作，2006年共选拔任命了11名助理调研员。

人才招聘工作。继续坚持“凡进必考”和新进人员聘用制，组织开展高校毕业生招聘工作。委托省人事考试中心统一考试，择优招聘。对新聘人员实行劳动关系合同制、人事档案代理制，提高了用人的市场化、规范化水平。实行新进高校毕业生工资收入与原来正式员工同等待遇，促进了内部和谐，有利于企业吸引人才、留住人才。继续深化接收安置退役军人的改革工作，积极配合安徽省安置办，对全省行业应接收安置退役军人实行有偿转移。

收入分配管理。贯彻落实国家局有关文件精神，采取企业自查和抽查相结合的方法，对全省系统各单位工资内外收入情况进行监督检查，进一步规范收入分配管理，确保国家各项工资分配政策在行业内的贯彻执行和国家局各项收入分配调控措施的落实到位。

教育培训。推进教育培训工作科学化、制度化、规范化，制订《安徽省烟草专卖局（公司）教育培训工作实施办法（试行）》，对全省系统开展教育培训工作的指导思想、工作原则、管理体制、内容方法、师资队伍建设和教材建设、保障措施和评价体系等方面作了全面规定，要求全省各级单位分级分类开展多形式、重实效的教育培训工作，在做好领导干部、经营管理人员和中高级专业技术人员、高技能人员重点培训工作的同时，突出对卷烟销售网络从业人员、专卖管理稽查人员、烟叶生产技术辅导人员等“基层三员”队伍的教育培训。

制订并落实年度教育培训计划，推进人才队伍建设。组织开展青年干部进修、新进高校毕业生岗前培训、干部理论学习知识讲座等教育培训活动，组织推荐人员参加国家局举办的软件工程硕士研究生教育、烟草科学工程等专业（专科升本科）学历教育、系统管理员等教育培训。

职业技能鉴定。根据企业及职工需求，拓展鉴定工作领域，扩大鉴定范围，整体推进职业技能鉴定工作，加大高技能人才队伍培养和建设力度。全年共分9个批次对19家企业的1873人进行了职业技能鉴定，涉及11个工种和二、三、四、五等4个级别。通过鉴定的人员中，按照类别划分，鉴定特有工种742人，卷烟商品推销员1131人；按照等级划分，鉴定初级工315人、中级工1295人、高级工192人、技师71人。

离退休干部管理。组织离退休干部开展庆祝建党85周年、红军长征胜利70周年纪念活动，举办摄影展、书画展、文艺演出等活动，宣传老干部的历史功绩，宣传他们“离岗不离党、退休不退色”的革命本色，弘扬党的优良传统和作风；开展《中华人民共和国老年人权益保障法》颁布10周年纪念活动，宣传《老年人权益保障法》，营造尊老、爱老、敬老的良好风气和氛围；对老干部“两项待遇”落实情况、老干部基层党组织建设情况以及离退休干部活动中心建设情况进行了检查。

安全管理

安全生产责任制。层层签订安全责任状，把安全管理与事故控制共同列入经济运行考核。实行安全单项百分制考核和“一票否决”制，加大安全检查力度，采取“三个结合”，即各单位自查与检查组检查相结合，全面检查与重点抽查相结合，明查与暗访相结合的方式，认真组织安全生产大检查。

开展“职工安全教育年”活动。以“安全第一、关爱生命”为活动主题，广泛开展多种形式的职工安全生产知识普及教育活动，在宣传教育的覆盖面上，基本做到了全员教育培训；在培训教育形式上，以集中教育为主渠道，配以行业网站、板报、宣传栏、邀请专业人员培训、举行应急救援演习等形式，做到因地制宜、多策并举；在培训教育的内容上，既强调知识性，又追求通俗易懂，贴近员工、贴近生活、贴近实际。“安全第一、关爱生命”活动基本达到了“教育一人，带动一家，影响一片，推动全面”的目标。

开展交通安全专项治理。推行上岗证考试制度，对313名驾驶员进行了考核，其中，未通过者41名，淘汰率为13.10%。严格执行“五不准”制度、“两证一单”制度、车辆统一集中定点定位停放制度，推行“钥匙上缴”工程，即收缴车辆备用钥匙，按车编号统一上缴安全保卫部门封存。

思想政治工作

全省系统各级、各单位普遍通过举办专题讲座、创办“牢固树立社会主义荣辱观”图片宣传栏、组织观看《生死牛玉儒》和《居安思危——苏共亡党的历史教训》等教育影片和组织参加全国“红船杯”学党章知识竞赛等活动，开展学习党章和践行社会主义荣辱观的各项教育活动。

组织“‘两个至上’在岗位”——“听客户讲你我的故事”专题演讲报告会，举办“‘两个至上’在岗位”专题征文活动，共收到征文54篇。

成立效能建设领导小组，制订实施方案，召开动员大会，推进机关效能建设。推出“政风行风热线直播室”，省局（公司）领导走进直播室，直接回答全省卷烟零售户和消费者的提问，通过与社会公众的沟通与交流，树立企业良好形象。

企业文化

组织企业文化建设培训，选派95人分3批参加了国家局举办的企业文化建设培训班。推进试点工作，合肥市局（公司）为全国重点城市企业文化建设试点单位，同时为深入推进全省商业系统的企业文化建设，选择蚌埠、安庆市局（公司）为全省烟草商业系统试点单位。其中，安庆市局（公司）的试点工作于9月21日正式启动，并在12月下旬举办的全国烟草行业第二次企业文化建设工作会议暨政研会秘书长会议上，作为全国烟草行业8家商业企业参展单位之一，代表安徽烟草行业进行企业文化建设成果展示。分皖北、皖中和皖南3个片区召开了企业文化建设专题座谈会，对深化企业文化建设进行了再动员和再部署。加强企业文化载体建设，举办文艺汇演、首届篮球赛和烹饪技术比赛，丰富员工精神文化生活。

特事要辑

1月20日，安徽省烟草专卖局（公司）工作会议在合肥召开。省局（公司）主要负责人赵洪顺作了《坚持完善体制，引入市场机制，全面提升水平，努力提高保持持续稳定协调健康发展的能力》的报告，提出“十一五”全省烟草商业发展的指导思想、总体目标，确定2006年工作的总体思路。

8月17日，安徽省烟草专卖局长、公司总经理座谈会在合肥召开。省局（公司）主要负责人同武在会上作题为《正确处理四个关系，努力做好八项工作》的工作报告。

9月6日，安徽烟草学会第四次全省会员代表大会在合肥召开，中国烟草学会理事长杨传德和全省行业150名代表出席会议。

安徽省局（公司）主要统计指标汇总

实现税利（亿元）	商业利润（亿元）	销售卷烟（亿支）	烟叶种植（万亩）	烟叶收购（万担）	出口创汇（万美元）
38.00	30.00	849.00	12.86	32.60	/

所属地市级局（公司）

合肥市烟草专卖局（公司）

概　况

合肥市下辖瑶海、庐阳、蜀山、包河4区和肥东、肥西、长丰3县，并赋予合肥高新技术产业开发区、合肥经济技术开发区、合肥新站综合试验区市级管理权限。2006年，全市实现地区生产总值（GDP）1073.86亿元。

2006年1月，根据《国家烟草专卖局关于设立合肥市烟草公司的批复》（国烟法［2006］39号），合肥市烟草分公司重新成为独立法人实体，更名为合肥市烟草公司。2006年年底，根据《安徽省烟草专卖局关于合肥等五个市烟草公司和蚌埠烟叶储运中心企业名称变更的通知》（皖烟法［2006］317号），原安徽省合肥市烟草公司更名为安徽省烟草公司合肥市公司，成为中国烟草总公司安徽省公司的全资子公司。

2006年，合肥市烟草专卖局（公司），2006年下辖长丰县、肥东县、肥西县烟草专卖局（营销部）。共有职工1018人，其中聘用职工634人。公司总资产63525万元，其中，固定资产5734万元、流动资产56821万元。辖区内共有卷烟零售户23454户。2006年，市局（公司），荣获“全国卷烟打假工作先进集体”、“安徽省第七届文明单位”、“合肥市第十届文明单位”等称号。

领导成员

局长、总经理、党组书记：项建安

副总经理、党组成员：张雪松

纪检组长、工会主席、党组成员：纪　萍

副局长、党组成员：葛鲁民

组织机构

市局（公司）下设办公室、纪检组监察室、人力资源科、专卖管理科（稽查支队）、财务管理科、安全保卫科、政工科（工会）、营销管理中心、卷烟配送中心、信息技术中心等10个科室（中心）。

经济效益

2006年，全市辖区销售卷烟73.44亿支（14.68万箱），与上年同比增长2.04%，其中，一类烟20.67亿支（4.13万箱），二类烟11.45亿支（2.29万箱），三类烟29.15亿支（5.83万箱），四类烟9亿支（1.80万箱），五类烟3.16亿支（0.63万箱）。实现销售收入251588万元，同比增长11.22%。实现税利53955万元，同比增长15.58%；其中，利润43618万元，同比增长15.34%。

专卖管理

2006年，合肥市专卖管理工作以“打团破网、内部监管、加强基层建设”三项任务为重点，狠抓市场守法经营率，在节日期间开展大规模专项整治行动，同时，发挥烟草行业与公安、司法部门的联合打假机制的作用，设立卷烟打假领导小组办公室和打击涉烟犯罪网络办公室，将卷烟打假工作与全市“打黑除恶”专项工作结合，加大对售假分子的抓捕追刑力度。

2006年，全市共查获各类烟草违法案件8714起，其中10万元以上案件25起。移交公安、司法机关治安拘留6人，刑事拘留70人，劳教2人，判刑32人。查获各类违法卷烟3877.28件，其中，假冒卷烟3112.59件、走私烟52.66件、非计划烟713.02件，案值1926万元。销毁假冒卷烟3199件，收缴罚没款209万元。

销售与网建

实施优质的标准化服务，提供个性化服务。结合合肥地区卷烟销售特点，制订科学合理的客户评价体系以及相应的核量与限量规范，实现了单品牌定购的系，统内流程化处理；制订合理透明的品牌投放方案，实现全区主销品牌的软件系统内直接分配；对客户电子档案进行动态维护，整合信息资源，优化送货线路，实行一次分拣、二次配送的送货方式，率先在全省启用了塑膜包装机，为开展“按客户订单组织货源”工作打下坚实的网建基础。

调整督察工作模式及内容。市局（公司）将原先对基层员工工作质量和市场守法经营状况的考核，转变为对各部门、各岗位工作质量及关键业绩指标完成情况的考评。同时督察工作由明访、暗访转变为内部考评和监督检查。组织开展全省2006年度客户满意度调查，就卷烟价格及质量、客户投诉、坐席员、客户经理、送货员、专卖人员的工作质量等8个方面26个小项的内容进行了问卷调查，调查结果显示：卷烟零售户满意度总体为94.67%。

内部管理监管

“两项检查”工作。一是同级审计工作。制定《同级审计实施方案》，组织全区财务负责人、审计组成员，召开2005年同级审计见面会。通过自查、复查及聘请会计事务所帮助检查的方式，采取“边审计、边整改、边汇报”的形式，敦促问题整改，追踪验证情况，强化审计监督服务职能，确保同级审计工作顺利进行。二是专卖内部监管工作。制订《内部监管工作细则与考核方案》，派出内部监管人员多次赴黄山卷烟总厂、合肥卷烟厂、合肥市卷烟配送中心、营销中心以及三县营销部，督促、落实内部监管工作；召开工商座谈会，组织人员进行内部监管法律法规知识培训，加强了与相关单位、部门之间的信息互通，建立了自查、复查全程协查机制。

构建监察长效机制。为充分发挥审计、专卖等职能部门的同级监督作用，坚持“整顿与规范并重、查处与整改并举”的原则，市局（公司）制订并下发《加强内部同级管理监督实施方案》，采取百分制的量化评分细则，明确了同级管理监督主体，分别从领导层、职能部门和群众组织3个不同层面进行同级监督，并由纪检监察部门、整顿办、审计部、专卖管理部及市局（公司）党组和上级主管部门之间的相互监督，形成监督过程的闭环，构建内部同级监管长效机制。

企业管理

市局（公司）通过月度预算执行情况通报、分析，加强差异率分析和管理，努力降低成本费用。

出台《大宗物品采购管理规定》，由财务管理部、纪检监察部门和具体采购部门组成采购小组，对劳保用品、办公家具、空调等21个采购项目，进行比质比价、公开招标，实行阳光操作，在保证质量的前提下，降低采购成本，节约企业资金。

市局（公司）顺利通过“三标合一”① 认证，将先进的管理技术融于企业的发展中，初步建立了安全自查、隐患整改和事故预防体系。通过组织开展全区安全知识竞赛、灭火及人员疏散演练、邀请市交警培训学校老师授课、观看警示教育、抽查车辆行驶速度、检查车辆定点停放等工作，开展“职工安全教育年”活动，落实“钥匙上交工程”，健全和稳定安全管理机构，增强全员的事故防范能力。

信息化建设

市局（公司）作为“安徽烟草商业管理信息系统”一期项目建设试点单位，继续完善“商业信息管理系统”的功能与范围，初步实现了平台统一、标准统一、数据统一和系统集成。通过对呼叫中心控制设备进行系统升级，以及开发新的“固定资产管理系统”，引入车辆管理信息系统，提高了企业管理的精细化与标准化，促进了流程的固化和信息的及时共享与反馈，为信息系统的数据整合和客户服务提供了技术支撑。

队伍建设

干部选拔工作。出台《合肥市烟草专卖局（公司）关于科级、股级职务及交流、挂职干部管理的有关规定》（合烟党〔2006〕6号）、《合肥市烟草专卖局（公司）关于股级干部的选拔办法》（合烟人〔2006〕1号），依照以上规定开展一市三县非领导职务、股级干部选拔工作，包括材料收缴、审核，对拟提拔的干部候选人进行考核谈话。2006年，考核谈话157人次，共提拔副科级干部2名，助理督导员（副科级非领导职务）8名，股级干部47名。

干部档案整理。安排专人对股级以上干部的档案进行系统的整理。按照省局（公司）要求，为一市三县所有副科级以上干部和本级股级以上干部重新填写了新版《干部履历表》，并制作电子版履历。归档材料完整齐全、文字清楚、对象明确，归档材料均为手续完备、内容真实的原始件，并有专人保管，为信息查阅和及时更新提供便捷。

教育培训工作。举办营销知识、专卖法律法规、安全管理方面的培训共26次，参加培训学员达2200人次。在学历教育培训方面，共有27人取得了专科及以上学历，其中有5人取得了本科学历。

思想政治工作

“‘两个至上’在岗位”主题实践活动。市局（公司）组织各级管理人员围绕“权力就是义务，职务就是责任”的主题，全体党员围绕“一个党员就是一面旗帜”的主题，广大员工围绕“工作就是责任，服务创造价值”的主题，在全区范围内开展“‘两个至上’在岗位”主题实践活动。组织股级以上管理人员撰写学习心得体会，并由各支部充分挖掘优秀员工光荣事迹，通过宣传报道，树立典型，宣扬先进，教育和感召广大干部职工。

坚持政治思想学习。市局（公司）始终坚持员工政治思想学习的与时俱进，组织党员干部学习《江泽民文选》、胡锦涛同志在学习《江泽民文选》报告会上的讲话以及《构建社会主义和谐社会若干重大问题学习导读》等读物，并由市局（公司）有关领导为参加学习的员工讲授党课。

开展健康向上的文体活动。组织开展了迎春游艺活动、爬山活动、钓鱼比赛、“计算机、真假烟、车辆驾驶技能劳动竞赛”等活动，在春节前夕召开老干部职工座谈会，在暑期慰问一线员工，组织参加了合肥市“万人同唱正气歌”歌咏大会，承办并参加了省局烟草商业企业第一届职工篮球赛。

党风廉政建设

把党风廉政建设责任制作为严肃的政治纪律严格执行，确定了以各部门主要负责人为第一责任人的惩治和预防腐败体系框架，完善纪检监察机构和工作机制，为全市47名副科级以上干部建立了廉政档案，签订《党风廉政建设责任书》和《干部廉洁自律承诺书》。通过组织观看警示教育片、举办学习党章专题讲座、开展全区副科级以上干部治理商业贿赂谈心等活动，将保持共产党员先进性教育和实践活动，纳入到党风廉政教育中去，全面推动企业的廉政文化建设。同时，加大了对干部选拔任用中民主推荐、民主测评、差额考察、任前公示、公开选拔、竞争上岗等环节的监督力度。

企业文化

合肥烟草企业文化项目于2006年12月15日正式启动，与北京仁达方略管理咨询公司成立企业文化项目联合工作组。项目组从2006年12月15日至12月29日完成了第一阶段的调研工作，先后访谈了各级人员共114人次，形成访谈记录11万字，回收各单位共228份问卷，其中，综合问卷224份，领导者倾向问卷4份。在深入调研、诊断的基础上，确定了“融”文化的企业文化体系。

“融”意味着一种和谐的发展。促进合肥烟草发展的各种要素充分融合，形成合力；合肥烟草内外部

---

① “三标合一”认证，即质量管理、环境保护、职业健康安全3个体系标准同时进行认证。

各种关系亲密无间，其乐融融，以情感和行动的一致，推进合肥烟草持续、和谐发展。“融”是坚持原则基础上的求大同、存小异。不讲原则、一团和气，不是“融”的本意和主旨，“融”是坚持原则与求同存异的辨证统一，是民主集中制的文化表现。

淮北市烟草专卖局（公司）

淮北市烟草专卖局（公司）成立于1981年，2006年下辖濉溪县烟草专卖局，1个营销中心。截至2006年底，总资产26714万元，共有职工336人，其中聘用职工220人。辖区内共有卷烟零售户8427户。

2006年，全市共完成辖区卷烟销售28.91亿支（5.78万箱），完成年度计划的101.42%，与上年同比增长0.66%。实现销售收入48371万元，同比增长9.91%；实现毛利额13546万元，同比增长10.39%。实现税利12497万元，同比增长12.13%；其中，利润10091万元，同比增长13.45%。

亳州市烟草专卖局（公司）

亳州市烟草专卖局（公司）成立于1981年，2006年下辖谯城区、涡阳县、蒙城县、利辛县等4个县、区烟草专卖局，4个区域营销部。截至2006年底，总资产24605万元，共有职工1275人，其中聘用职工544人。辖区内共有卷烟零售户25552户。2006年，市局（公司）荣获“第七届省级文明单位”、“全省优秀党组织”和“全国全民健身活动先进单位”等称号。

2006年，全市共完成辖区卷烟销售59.25亿支（11.85万箱），实现销售收入80985万元，与上年同比增加11319万元，增长16.25%。种植烟叶44561亩，收购烟叶4590.05吨（91801担），实现“两烟”税利10999万元，同比增加1546万元，增长16.35%；其中利润7972万元，同比增加1142万元，增长16.72%。

做好低档卷烟销售工作，将低档卷烟销售任务纳入考核指标，督促各级营销部门做好低档卷烟的营销工作，加强同省内外工业企业联系，确保低档卷烟及时调拨，为做好低档卷烟销售工作提供货源保障。在全国低档卷烟共享品牌“大丰收”的销售方面，提出“一切为了‘大丰收’”，把“大丰收”的营销作为践行“两个至上”的主题工程，做到宣传到位、送货到位、服务到位“三到位”，经过“大丰收”品牌的宣传期、培育期、成熟期和丰收期四个阶段的规划和实施，“大丰收”卷烟得到亳州地区广大零售户和消费者的欢迎和喜爱，销售态势平稳。2006年7月至12月全市销售“大丰收”品牌卷烟5.26亿支（1.05万箱）。

宿州市烟草专卖局（公司）

宿州市烟草专卖局（公司）成立于1981年，2006年下辖萧县、砀山县、灵璧县、泗县、埇桥区等5个县级烟草专卖局，5个营销部。截至2006年底，总资产37988万元，共有职工1162人，其中聘用职工757人。辖区内共有卷烟零售户27481户。

2006年，全市共完成辖区卷烟销售71.07亿支（14.21万箱），与上年同比增长1.40%。种植烟叶2214亩，收购烤烟286.3吨（5726担），同比增长70.10%。实现销售收入106954万元，同比增长14.40%，其中，卷烟销售收入106738万元，烤烟销售收入216万元；卷烟单箱毛利1771元，同比增长23%；卷烟条均价30元/条，同比增加3.9元/条，增长15%。全年实现“两烟”税利16476万元，同比增长31.17%；其中，利润12610万元，同比增长29.19%。

蚌埠市烟草专卖局（公司）

蚌埠市烟草专卖局（公司）成立于1983年，2006年下辖怀远县、固镇县、五河县3个县烟草专卖局、1个专卖直属分局、1个营销管理中心。截至2006年底，总资产26800万元，共有职工546人，其中聘用职工138人。辖区内共有卷烟零售户13600户。2006年，市局（公司）被省文明委授予“安徽省文明行业先进单位”。

2006年，全市共完成辖区卷烟销售49亿支（9.8万箱），与上年同比增长6.52%。实现卷烟销售收入87700万元，同比增长18.22%；卷烟毛利额19300万元，同比增长25.50%；单条均价35.80元，同比增长11.60%。种植烟叶13000亩，收购烟叶1270吨（25400担）。全年实现“两烟”税利14600万元，同比增长17.80%；其中，利润11000万元，同比增长17%。

阜阳市烟草专卖局（公司）

阜阳烟草专卖局（公司）成立于1981年，2006年下辖临泉县、阜南县、太和县、颍上县、界首市、颍城区等6个市、县、区烟草专卖局（营销部），截至2006年底，总资产33598万元。共有职工1397人，其中聘用职工734人，辖区内共有卷烟零售户37741户。2006年，市局（公司）被评为“全省经济运行质量一等奖”、“全省专卖打假先进集体”等称号。

2006年，全市共完成辖区卷烟销售96亿支

(19.20万箱)，实现销售收入123400万元。种植烟叶5361亩，收购烟叶530.75吨（10615担）。实现“两烟”税利22500万元，其中利润16833万元。

全市共查处涉烟违法案件2739起，查获非法卷烟2518.48万支，案值701.31万元。捣毁制、售假窝点36个，移交公安、司法机关依法刑事拘留22人，行政拘留14人，劳教4人，判刑13人。

淮南市烟草专卖局（公司）

淮南市烟草专卖局（公司）组建于1982年，2006年下辖凤台县烟草专卖局、1个营销中心。截至2006年底，总资产27041万元，共有职工508人，其中聘用职工347人。辖区内共有卷烟零售户11402户。

2006年，全市共完成辖区卷烟销售37.61亿支(7.52万箱)，与上年同比增加1.60亿支（0.32万箱)，增长4.43%。实现销售收入81033万元，同比增加13743万元，增长20.40%。实现税利18570万元，同比增加4099万元，增长28.30%；其中，利润14585万元，同比增加3296万元，增长29.20%。

滁州市烟草专卖局（公司）

滁州市烟草专卖局（公司）组建于1982年，2006年下辖来安县、全椒县、天长市、定远县、凤阳县、明光市6个县、市烟草专卖局（营销部）。截至2006年底，总资产39686万元，共有职工998人，其中聘用职工170人。辖区内共有卷烟零售户16381户。

2006年，全市共完成辖区卷烟销售60.43亿支(12.08万箱)；实现销售收入107799万元，同比增长16.08%。实现税利23170万元，其中利润18019万元。

六安市烟草专卖局（公司）

六安市烟草专卖局（公司）成立于1985年，2006年下辖寿县、霍邱县、舒城县、金寨县、霍山县5个县烟草专卖局（营销部）和皋城、叶集2个直属烟草专卖分局。截至2006年底，总资产52806万元，共有职工770人，其中聘用职工525人。辖区内共有卷烟零售户28490户。

2006年，全市共完成辖区卷烟销售74.15亿支(14.83万箱)，与上年同比增长3.34%。实现销售收入135200万元，同比增长21.54%。种植烟叶826亩，收购烟叶97.7吨（1954担），实现“两烟”税利31459万元，同比增长31.35%；其中利润25240万元。

马鞍山市烟草专卖局（公司）

马鞍山市烟草专卖局（公司）组建于1981年，2006年下辖当涂县烟草专卖局、市局直属分局、2个营销部。截至2006年底，总资产25662万元，共有职工383人，其中聘用职工282人。辖区内共有卷烟零售户6643户。

2006年，全市共完成辖区卷烟销售21.38亿支(4.28万箱)，与上年同比增长3.60%。实现销售收入65000万元，同比增长15.60%。实现税利14565万元，同比增长26.30%；其中，实现利润11675万元，同比增长23.60%。

开展“消费者最喜爱的卷烟品牌调查”活动，共调查省内外卷烟品牌74个，走访卷烟零售户5000余户。开展“全市卷烟零售业态调查”，按照业态类型、市场类型、商圈类型等标准，科学划分全市6687户零售户并完善其档案，进一步细分目标市场、明确营销策略。同时还开展了“零售户满意度调查”和“客户基础信息调查”，广泛征求零售户对卷烟供应工作、卷烟价格政策、卷烟服务工作的意见和建议。

巢湖市烟草专卖局（公司）

巢湖市烟草专卖局（公司）成立于1985年，2006年下辖无为县、庐江县、和县、含山县、居巢区5个县、区烟草专卖局、1个营销中心。截至2006年底，总资产49120万元。共有职工884人，其中聘用职工681人。辖区内共有卷烟零售户20200户。

2006年，全市共完成辖区卷烟销售55.55亿支(11.11万箱)，与上年同比增长2.17%，其中销售低档烟20.06亿支（4.01万箱）。实现卷烟销售收入126000万元，与上年同比增长19.37%。实现税利28379万元，同比增长40.13%；其中，利润22309万元，同比增长43.47%。

探索卷烟货源分配与供应的公开透明机制，确定“货源预测、集体决策、区域投放、比例计算、业态分类、三级分配、客户知晓、电访执行、跟踪监督”的紧俏卷烟货源公开分配原则，从紧俏品牌卷烟定位、分配原则、分配方法、监督保障等方面入手，规范卷烟经营管理行为，建立融洽的烟草客户关系。

芜湖市烟草专卖局（公司）

芜湖市烟草专卖局（公司）成立于1981年，2006年下辖芜湖县、南陵县、繁昌县3个县烟草专卖局(营销部)和1个专卖直属分局。截至2006年底，总资产48872万元，共有职工475人，其中聘用职工260

人。辖区内共有卷烟零售户10124户。

2006年，全市共完成辖区卷烟销售36.77亿支(7.35万箱)，与上年同比增长1.01%。实现销售收入91870万元，同比增长13.11%。实现税利23021万元，同比增长24.51%；其中利润18646万元，同比增长25.91%。

宣城市烟草专卖局（公司）

宣城市烟草专卖局（公司）组建于1984年，2006年下辖郎溪县、广德县、宁国市、泾县、绩溪县、旌德县6个县烟草专卖局和宣州区烟草专卖分局、1个营销中心。截至2006年底，总资产51974万元，共有职工784人，其中聘用职工451人。辖区内共有卷烟零售客户14874户。

2006年，全市共完成辖区卷烟销售46.43亿支(9.2860万箱)，与上年同比增长1.10%。实现卷烟销售收入107812万元，同比增长16.43%。实现销售毛利29008万元，同比增长27.82%。实现税利26248万元，同比增长32.63%；其中，利润20866万元，同比增长27.8%。

全年共查处涉烟违法案件407起，查扣违法、违规卷烟429.53件，捣毁贩假窝点8个，破获案值54万元的网络经营案件1起。移交公安、司法机关依法拘留21人，逮捕8人，劳教1人，判刑6人。

铜陵市烟草专卖局（公司）

铜陵市烟草专卖局（公司）成立于1981年，2006年下辖铜陵县烟草专卖局（营销部）和铜都烟草专卖分局。截至2006年底，总资产19000万元，共有职工178人，其中聘用职工109人。辖区内共有卷烟零售户4345户。

2006年，全市共完成辖区卷烟销售12.80亿支(2.56万箱)，与上年同比增加0.71亿支（0.14万箱)，增长5.92%。实现卷烟销售收入40027万元，同比增加8608万元，增长27.40%。实现税利10994万元，同比增长46.40%；其中，实现利润8727万元，同比增长47.20%。

全年共查处各类涉烟违法案件274起，查获各类违法卷烟5377条，查处无证运输卷烟案件8起，非法贩售假冒卷烟网络案件2起，移交公安、司法机关依法刑事拘留5人，判刑1人。

池州市烟草专卖局（公司）

池州市烟草专卖局（公司）组建于1981年，2006年下辖贵池区、青阳县、石台县、东至县4个县、区烟草专卖局，1个营销中心，1个烟叶经营部，1个多元化经营企业九子山宾馆等单位。截至2006年底，总资产26079万元，共有职工646人，其中聘用职工524人。辖区内共有卷烟零售户10606户。

2006年，全市共完成辖区卷烟销售24.58亿支(4.92万箱)，与上年同比增长3%。实现销售收入53267万元，同比增长19.40%。种植烟叶2342亩，收购烟叶333.95吨（6679担）。实现“两烟”税利11725万元，同比增长34.20%；其中，利润8955万元，同比增长33.40%。

安庆市烟草专卖局（公司）

安庆市烟草专卖局（公司）成立于1981年，2006年下辖宜城县、桐城市、枞阳县、怀宁县、潜山县、岳西县、太湖县、望江县、宿松县9个县、市烟草专卖局，3个区域营销部。截至2006年底，总资产69540万元，共有职工1272人，其中聘用职工969人。辖区内共有卷烟零售户27922户。2006年，市局（公司）被评为“安徽省第七届文明单位”、“安徽省诚信企业”、“安徽省模范职工之家”。

2006年，全市共完成辖区卷烟销售77.45亿支(15.49万箱)，与上年同比增长2.30%。实现销售收入157600万元，同比增长15.54%。实现税利34500万元，同比增长24.10%；其中利润27340万元。

推进企业文化建设试点工作，丰富和完善“贵和、人和、亲和、理合、融合、祥和”为核心的“和”文化理论体系，以富有时代精神和行业特色的安庆烟草文化为安庆烟草的改革与发展提供更加强大的精神动力和思想保证。参加中国烟草企业文化建设成果展示展览会并获好评。

黄山市烟草专卖局（公司）

黄山市烟草专卖局（公司）组建于1981年，2006年下辖屯溪区、徽州区2个区烟草专卖分局，歙县、休宁县、祁门县、黟县和黄山区5个县、区烟草专卖局（营销部)。截至2006年底，总资产29256万元，共有职工372人，其中聘用职工230人。辖区内共有卷烟零售户9659户。

2006年，全市共完成辖区卷烟销售24.55亿支(4.91万箱)，实现销售收入57429万元，与上年同比增15.40%。实现销售毛利15750万元，同比增长25.70%。实现税利13232万元，同比增长40%；其中，利润9993万元，同比增长41%。

全年共出动专卖执法人员9012人次，查处各类涉烟违法案件221起，查获非法卷烟58.91件，其中，假冒卷烟27.81件。收缴罚没款41.2万元。移交公安、司法机关依法刑拘13人，判刑5人。连续破获横跨安徽、江苏、福建三省的歙县“4·24”、屯溪“9·29”等重大涉烟网络案件。

2006年安徽省烟草商业系统主要情况统计

地市级局（公司）名称		合肥市烟草专卖局、安徽省烟草公司合肥市公司	淮北市烟草专卖局、安徽省烟草公司淮北市公司	亳州市烟草专卖局、安徽省烟草公司亳州市公司	宿州市烟草专卖局、安徽省烟草公司宿州市公司	蚌埠市烟草专卖局、安徽省烟草公司蚌埠市公司
法人代表/主要负责人		项建安	王传清	孙太勇	王世华	金小玲
总资产（万元）		63524	26714	24605	37988	26800
员工总数（其中聘用员工数）（人）		1018（其中聘用人员634人）	336（其中聘用员工220人）	1275（其中聘用员工544人）	1162（其中聘用员工757人）	546（其中聘用工138人）
所属县级局数量（个）		3	1	4	4	3
所属县级公司数量（个）		/	/	/	/	/
所属营销部（分公司、访销中心、烟叶复烤厂、稽查大队等）		1个营销中心、4个营销部、1个订单部、1个稽查中心、1个市管中心	1个营销中心、1个物流中心、2个中转站	1个营销中心、4个区域营销部、1个物流中心	1个营销中心、5个营销部、1个物流中心、4个配送站、6个稽查大队	1个营销管理中心、1个配送中心、1个稽查支队
销售卷烟（亿支）		73.44	28.91	59.25	71.07	49.00
实现税利（万元）	本年	53955	12497	10999	16476	14600
	上年	46931	11145	9435	12561	12381
实现利润（万元）	本年	43618	10091	7972	12610	11000
	上年	37818	8895	6830	9761	9401
烟叶种植（亩）		/	/	44561	2214	13000
烟叶收购（担）		/	/	91801	5726	25400
零售户数（户）		23454	8427	25552	27481	13600

地市级局（公司）名称		阜阳市烟草专卖局、安徽省烟草公司阜阳市公司	淮南市烟草专卖局、安徽省烟草公司淮南市公司	滁州市烟草专卖局、安徽省烟草公司滁州市公司	六安市烟草专卖局、安徽省烟草公司六安市公司
法人代表/主要负责人		时玉玲	昝兴标	戴锦亮	谢建生
总资产（万元）		33598	27041	39686	52806
员工总数（其中聘用员工数）（人）		1397（其中聘用员工734人）	508（其中聘用员工347人）	998（其中聘用员工170人）	770（其中聘用员工525人）
所属县级局数量（个）		6	1	6	5
所属县级公司数量（个）		/	/	/	/
所属营销部（分公司、访销中心、烟叶复烤厂、稽查大队等）		1个营销管理中心、1个配送中心、6个区域营销部、1个稽查支队	1个营销中心、1个物流中心、3个配送站、22个稽查队	7个营销部、5个配送站、1个订单部、7个稽查大队	1个营销中心、1个配送中心、8个稽查大队
销售卷烟（亿支）		96.00	37.61	60.43	74.15
实现税利（万元）	本年	22500	18570	23170	31459
	上年	14895	14471	16086	21979
实现利润（万元）	本年	16833	14585	18019	25240
	上年	11166	11289	11893	17398
烟叶种植（亩）		5361	/	/	826
烟叶收购（担）		10615	/	/	1954
零售户数（户）		37741	11402	16381	28490

地市级局（公司）名称		马鞍山市烟草专卖局、安徽省烟草公司马鞍山市公司	巢湖市烟草专卖局、安徽省烟草公司巢湖市公司	芜湖市烟草专卖局、安徽省烟草公司芜湖市公司	宣城市烟草专卖局、安徽省烟草公司宣城市公司
法人代表/主要负责人		盛昌科	丁云水	吴永成	张后全
总资产（万元）		25662	49120	48872	51974
员工总数（其中聘用员工数）（人）		383（其中聘用员工282人）	884（其中聘用员工681人）	475（其中聘用员工260人）	784（其中聘用员工451人）
所属县级局数量（个）		1	5	4	7
所属县级公司数量（个）		/	/	/	/
所属营销部（分公司、访销中心、烟叶复烤厂、稽查大队等）		2个营销部、8个稽查大队、1个市场大队、1个侦查大队、1个配送中心	1个营销中心、1个物流中心、3个配送站	1个卷烟营销中心、3个县级经营部、1个卷烟配送中心、3个县级配送中转站、1个稽查大队、3个市管大队	1个营销管理中心、1个卷烟配送中心、3个卷烟配送中转站
销售卷烟（亿支）		21.38	55.55	36.77	46.43
实现税利（万元）	本年	14565	28379	23021	26248
	上年	11363	20587	18559	20046
实现利润（万元）	本年	11675	22309	18646	20866
	上年	9189	15879	14809	15848
烟叶种植（亩）		/	/	/	/
烟叶收购（担）		/	/	/	/
零售户数（户）		6643	20200	10124	14874

地市级局（公司）名称		铜陵市烟草专卖局、安徽省烟草公司铜陵市公司	池州市烟草专卖局、安徽省烟草公司池州市公司	安庆市烟草专卖局、安徽省烟草公司安庆市公司	黄山市烟草专卖局、安徽省烟草公司黄山市公司
法人代表/主要负责人		陈长生	齐美生	江太平	范家福
总资产（万元）		19000	26079	69540	29256
员工总数（其中聘用员工数）（人）		178（其中聘用员工109人）	646（其中聘用员工524人）	1272（其中聘用员工969人）	372（其中聘用员工230人）
所属县级局数量（个）		1	4	9	7
所属县级公司数量（个）		/	/	/	/
所属营销部（分公司、访销中心、烟叶复烤厂、稽查大队等）		1个访销中心、1个配送中心、4个稽查大队	1个营销中心、1个配送中心、4个营销部、18专卖管理所、4个稽查中队	1个卷烟配送中心、1个订单部、3个区域营销部、8个配送中转站、9个稽查大队	5个区域营销部、2个配送站、2个稽查大队
销售卷烟（亿支）		12.80	24.58	77.45	24.55
实现税利（万元）	本年	10994	11725	34500	13232
	上年	7466	8660	27800	9443
实现利润（万元）	本年	8727	8955	27340	9993
	上年	5928	6631	21400	7086
烟叶种植（亩）		/	2342	/	/
烟叶收购（担）		/	6679	/	/
零售户数（户）		4345	10606	27922	9659

（张　宁）

福建烟草

福建省烟草专卖局（公司）

概　况

福建省位于中国东南沿海，面积12.37万平方公里，人口3558万人。全省设9个地级市，85个县级行政单位。2006年福建省实现地区生产总值（GDP）7614.55亿元。

福建省烟草专卖局（公司）组建于1984年。2006年下辖福州、厦门、宁德、莆田、泉州、漳州、龙岩、三明、南平9个市烟草专卖局（公司）、61个县烟草专卖局（分公司）、2个烟叶复烤企业、1个烟草培训中心、1个多元化投资企业和中国烟草福建进出口公司。截至2006年底，总资产130亿元，所有者权益102.6亿元。全省烟草商业系统共有职工11965人，其中聘用职工8162人。

2006年，省局（公司）被国家局、公安部授予“全国卷烟打假工作特殊贡献奖”。厦门市局（公司）叶天津、漳州市局（公司）洪彩虹、三明市局（公司）沈玮、泉州市局（公司）刘建义荣获“全国烟草行业优秀客户经理”称号。莆田市局（公司）被评为“全国文明创建工作先进单位”。

领导成员

局长、总经理、党组书记：杨培森

副局长、党组成员：张　卉

副总经理、党组成员：揭柏林

副总经理、党组成员：李晓陆

党组成员、纪检组长：黄星光

组织机构

省局（公司）设办公室（外事办公室）、综合计划处（经济运行处）、专卖监督管理处、卷烟销售处、烟叶处、政策法规与体制改革处、财务管理处、审计处、人事劳资处（离退休人员管理办公室、职工教育培育中心合署办公）、监察处（与党组纪检组合署办公）、思想政治工作处（机关党委、工会）、安全处等12个处室，机关服务中心、专卖管理稽查总队、经济信息中心、烟草质量监督检测站、技能鉴定站、福建省烟草学会秘书处、福建省烟草农业科学研究所（与科技处合署办公）等7个专业部门，福建省烟草拍卖行1个专业公司。

经济效益

2006年，全省行业累计销售卷烟678.55亿支（135.71万箱），与上年同比增长5.77%。其中，销售一类烟95亿支（19万箱），同比增长18.85%，占总销量的14%；二类烟160.82亿支（32.16万箱），同比增长31.79%，占总销量的23.7%；三类烟360.65亿支（72.13万箱），同比增长4.32%，占总销量的53.16%；四类烟59.5亿支（11.9万箱），同比下降33.15%，占总销量的8.77%；五类烟2.35亿支（0.47万箱），同比下降49.64%，占总销量的0.35%。全省卷烟销售条均批发价54.85元，单箱毛利2373元。全年共种植烟叶91.73万亩，收购烟叶11.235万吨（224.7万担）。实现“两烟”税利45.54亿元，同比增长25.6%；其中，利润35.42亿元，同比增长24.46%。实现出口创汇555万美元，其中出口卷烟800万支（160箱），创汇8万美元；出口烟叶3418吨，创汇547万美元。

专卖管理

卷烟打假打私。加强与漳州、云霄等制假重点地区地方政府的沟通合作，建立以政府为主导的卷烟打假责任制。保持卷烟打假高压态势，针对漳州地区制假活动易出现季节性反弹的特点，省局（公司）与省公安厅于9月中旬联合开展“断链行动”，在云霄及其周边地区全面、持续、深入地开展以摧毁烟叶、烟丝等制假原料供应链为主要目标的专项打击活动。厦门、泉州市局（公司）加强沿海地区卷烟打私工作，较好地遏制卷烟走私反弹。

截至2006年底，共捣毁制假窝点2448个，查获制假烟机596台，查获假冒卷烟122924件，查获制假烟叶、烟丝4723.5吨。共破获案值50万元以上网络案件17起，其中，福州“5·17”跨国制售假冒卷烟网络案件查获假冒卷烟23万条，案值3000万元，是“全国打击侵犯知识产权犯罪专项行动”十大案件之一。全年移交公安、司法机关依法刑拘涉案人员346人，判刑193人。配合、协助全国19个省、市、区办理卷烟打假案件85批次，抓获涉假嫌疑犯63人。

专卖日常管理。从机构设置、日常管理、队伍建设入手，加强专卖市场监管和基础建设。全省设区市

局所在地基本设立区级局，负责本部市场管理。继续实行专管所、稽查队分设模式和“三长挂片”① 制度，加强专卖人员业务技能培训，提升专管所、稽查队日常管理运行质量和专卖队伍素质。调整完善合理定量策略，放宽对月供货5件以下客户的单品种定量限制，较好地处理了遏制大户与满足市场的关系。运用信息手段，及时发现、纠正了一些地区大户套卡、代订等问题，规范省内卷烟准运证、个人携带证的管理和卷烟促销行为。

网络建设

2006年，全省行业按照省局（公司）制订的“三个建设”、“三个转变”的工作要求，即“加强营销主体能力建设、渠道的终端建设、市场经理队伍建设，推进由粗放经营向精细化管理转变、由‘以我为中心’向‘以客户为中心’转变、由过度依赖体制性优势向运用市场手段提高市场化水平转变”，推进覆盖城乡、功能完善、优质高效、经济实用的卷烟现代营销网络建设。

制定《福建省地、市级烟草公司卷烟网络运行规范》，统一以市级公司为市场主体的组织机构、业务流程与工作要求，提升市级公司市场主体能力。各级单位从核算体系、现场管理、优化线路入手，强化物流基础管理，提升服务零售终端的能力。拓展边远农村市场，增加农村市场低档卷烟供应，因地制宜探索农村市场货源供应、客户服务、物流配送的适用模式，农村市场订货难、送货难、满足需求难等问题得到改善。全面开展“一十百千万”② 零售终端建设工程，改进零售户星级管理，完善明码标价，提高零售户的经营能力、获利水平与满意度。高度重视营销队伍建设，通过对营销队伍开展培训和举办管理者营销辩论赛，推动营销队伍转型，提高客户经理理论素质与实践能力。

烟叶产销

稳定烟叶生产。省局（公司）坚持稳定政策、稳定规模的原则，加强合同管理，抓好烟叶生产扶持工作。2006年，全省烟叶产前扶持投入25715万元，比上年增长12%。全年共收购烟叶11.24万吨（224.7万担），其中上等烟叶比例占52.5%。10亩以上大户种植烟叶面积占烟叶种植总面积的34.8%，户均种烟面积提高到7.3亩。

开发特色烟叶。围绕“优先发展、分步实施、三赢共生”战略，开展烟叶品种选育等相关技术研究，初步筛选出“C2”、“F1-35”等特色品种，完成0.5万吨（10万担）清香型烟叶开发任务。

完善烟农服务体系。开展防灾救灾工作，全年共投入救灾资金3000多万元，有效帮助烟农减少损失，同时建成覆盖全省烟区的人工防雹系统。全省烟叶专业化、社会化生产程度持续提高，商品化育苗占烟叶种植总面积的38%。加大密集式烤房的兴建和“小改密”的推广力度，有效提高烟叶烘烤水平。推行编码收购③的烟叶收购方式，编码收购站扩大到88个站点，占收购站点总数的50%，进一步提高烟叶收购的公平与效率。

烟叶基础设施建设。坚持“三个以我为主”的原则，即“项目规划立项以我为主，把关口前移；资金拨付以我为主，保证资金使用安全；验收以我为主，保证工程质量”。形成一套系统的运作流程与制度规范。同时，积极努力将烟叶生产基础设施建设列入福建省《海峡西岸社会主义新农村建设五年规划纲要》中。全省2005年度共投入烟叶扶持资金4.66亿元，其中2.49亿元用于烟田基础设施建设，2.17亿元用于烟农密集式烤房建设补贴。基础设施建设项目全部通过国家局验收，并在防灾、抗灾中发挥重要作用，挽回直接经济损失2亿余元。

体制改革

加强对全省烟草商业系统资产管理体制改革的领导，成立福建烟草商业企业母子公司体制改革工作领导小组，制订全省商业系统资产管理体制改革方案，各市局（分公司）按照国家局、省局统一部署，于6月底完成资产上划工作。11月，国家局正式批复福建省母子公司体制改制方案，同时批准取消龙岩、三明、南平烟区25家县级公司法人资格，全省市局（分公司）统一更名为福建省烟草公司下属市公司，县级公司（营销部）统一更名为县级分公司，全省商业系统“9+2”母子公司体制正式确立，即省公司作为出资人，下辖9个地市级公司和福建海晟投资管理有限公司、福建烟草进出口公司。

根据《国家烟草专卖局关于调整中国烟草福建进出口有限责任公司管理体制的批复》（国烟法［2005］884号）中国烟草福建进出口有限责任公司管理体制

---

① “三长挂片”制度，即将卷烟零售客户分成三片，由县局正、副局长、专卖办主任“三长”挂片负责。“三长”除了落实基层卷烟销售到诚信服务各环节的责任外，还担负着企业内部管理的责任落实和责任监督工作。

②“一十百千万”零售终端建设工作，即以区域营销部为单位在主要商业街区建设“终端形象示范一条街”，每位客户经理帮助10户以上的零售客户维护改善零售终端经营环境，维护的零售客户每个县级单位原则上要求达到一百户，每个分公司原则上要求达到一千户，力争全省有一万户零售客户终端形象得到改造。

③ 编码收购，指对烟农交售的烟叶进行编号后，评级员在评级时不直接与烟农接触就对烟叶进行评级的烟叶收购方式。

于11月划归省局（公司）管理，成为福建省局公司的子公司。

企业管理

完善资产投资管理。严格按照有关规定进行固定资产投资，加强对全省行业固定资产投资的管理，规范投资行为，提高调控力度，避免低水平重复建设。制定《福建烟草商业系统办公用房建设标准（试行）》，加强对全省行业固定资产投资项目造价管理，制订固定资产投资项目的结算审核、审计办法，规范全省行业固定资产投资项目的造价核定过程，有效控制工程造价，节约投资。明确技术改造项目申报审批程序，加强对技术改造项目建设可行性、必要性的论证分析以及技术改造项目工艺和技术装备先进性、实用性、合理性的论证分析。

建立业绩考核制度。省局（公司）制订2006年业绩评价考核管理办法，将经济手段评价和内控职能考核相结合，设置了4大体系9个方面62项201条考核细则，考核项目不仅包括指标考核，还包括职能部门的日常考核以及年终现场考评。通过量化的考评分数，全面、综合地反映和评价系统各单位经济运行质量、效益和管理水平，客观公正地衡量各单位的工作成效。

信息化建设

做好“按客户订单组织货源”信息化支持工作，对电话订货系统、客户经理工作站、资源计划系统进行优化升级。推进GPS系统建设，省局（公司）信息中心与安全处、销售处密切配合，在总结漳州、南平市局（公司）GPS系统建设经验的基础上，制订全省GPS建设方案。

升级全省专卖管理系统，实现专卖信息数据的全区集中管理。完善办公自动化系统，针对原有办公自动化系统使用中存在的档案管理功能不能满足需求、发文印章管理不符合要求等问题，对档案管理子系统进行全面升级。做好打码到条及订单采集系统项目的实施准备工作，做好系统实施前的设备选型工作。省局（公司）内部网站投入运行，有效地推动了行业内部信息的沟通和互动。

多元化投资

将省局（公司）在福建闽烟经贸有限责任公司、福建海晟信息技术有限公司、北京闽燕兴商贸有限公司、厦门海晟房地产开发有限公司、福建省金叶文化传播有限公司、武夷山海晟国际大酒店管理有限公司、福建海晟连锁营销发展有限公司、福建省海晟物业管理公司、福建省烟草拍卖行等9家多元化企业投资参股的净资产全部划转给福建烟草海晟投资公司，成立福建烟草海晟投资管理有限公司，探索建立现代企业法人治理结构。2006年，根据《关于将福建海晟集团有限公司更名为福建烟草海晟投资管理有限公司的通知》（闽烟办［2006］80号），福建海晟集团更名为福建烟草海晟投资管理有限公司。

加强对多元化企业重点项目的监管，确保行业多元化企业经营规范有序。福建烟草海晟投资管理有限公司下属企业福建海晟房地产公司取得海沧“H2006G02”的土地使用权，用于开发商品房，投入资金达75500万元。针对该项目投入大、项目建设管理复杂的情况，省局（公司）派专人参加项目建设的管理工作，参与项目招投标、掌握项目建设的进度、确保项目规范运作。

人事与劳资

规范聘用职工管理。贯彻落实《福建省烟草商业系统短期聘用职工管理暂行办法》，做好聘用职工的录用、定级、晋级和绩效考核工作，规范聘用职工管理。宁德市局（公司）积极探索以“竞聘上岗、以岗定薪、绩效考核、优胜劣汰”为导向的用工分配机制改革。

开展竞争上岗。加大公开选拔、竞争上岗的力度，泉州、厦门市局（公司）打破身份界限，面向包括聘用职工在内的全体员工，开展市级公司中层、县级分公司副职岗位的公开竞聘，拓展聘用职工发展空间。

教育培训。省局（公司）制订《福建烟草商业系统教育培训实施意见》，举办县级局（分公司）局长（经理）工商管理培训班、应届大学毕业生入职培训班，与湖南农业大学联合举办烟草科学与工程技术方向的在职研究生班。

思想政治工作

开展“‘两个至上’在岗位”主题实践活动。组织召开全省烟草商业系统“‘两个至上’在岗位——听客户讲你我的故事”专题演讲报告会、“‘两个至上’在岗位”典型经验报告会以及由地方领导、专家学者、新闻单位参与的“烟草行业认真学习贯彻胡锦涛总书记关于社会主义荣辱观的重要论述——‘两个至上’共同价值观与国有企业价值取向”专题座谈会。开展福建省烟草商业系统“‘两个至上’在岗位”征文活动，评选优秀征文。在国家局召开的“‘两个至上’在岗位——听客户讲你我的故事”专题演讲报告会中两人获一等奖。

省局（公司）网站、《福建烟草》、《海峡烟草》发挥宣传引导功能，为行业平稳发展提供良好舆论氛围。福建烟草学会、福建烟草职工政研会分别完成换届选举。《省志·烟草志》续修工作全面启动。省局（公司）认真总结“牢固树立国家利益、消费者利益至上的价值观”大讨论活动，共征集论文500篇。

福建省局（公司）主要统计指标汇总

实现税利（亿元）	商业利润（亿元）	销售卷烟（亿支）	烟叶种植（万亩）	烟叶收购（万担）	出口创汇（万美元）
45.54	29.24	678.55	91.73	224.70	555.00

所属地市级局（公司）

福州市烟草专卖局（公司）

概　况

2006年，福州市烟草专卖局（公司）下辖福清市、长乐市、闽侯县、连江县、罗源县、永泰县、平潭县、闽清县8个县、市烟草专卖局（分公司）以及城南、城北分局（分公司），市局（公司）拥有福建海晟连锁营销发展有限公司、福建海晟物业管理公司、福州金叶物流有限公司、福州金叶大酒店有限公司4家多元化经营企业。总资产101082万元，共有职工1197人，其中聘用职工788人，辖区内共有卷烟零售户24300户。

领导成员

局长、经理、党组书记：陈起勇（—2006.2）

局长、经理、党组书记：林则森（2006.2—）

副局长、党组成员：江永俊

副经理、党组成员：吴　润

副经理、党组成员：臧世涛

纪检组长、党组成员：陈艳红

组织机构

市局（公司）设办公室、政工科、监察科、行政安全科、审计科、财务科、专卖科、专卖督察管理科、卷烟营销中心、物流发展中心办公室10个科室以及信息中心、烟草学会2个专业部门。

经济效益

2006年，共销售卷烟117.55亿支（23.51万箱），与上年同比增长7.4%。其中，销售一类烟18.8亿支（3.76万箱），同比增长19.81%，占总销量的16%；二类烟42.5亿支（8.5万箱），同比增长22.78%，占总销量的36.17%；三类烟46.75亿支（9.35万箱），同比增长3.62%，占总销量的39.81%；四类烟8.3亿支（1.66万箱），同比下降33.94%，占总销量的7.09%；五类烟1.05亿支（0.21万箱），同比下降18.67%，占总销量的0.93%。实现销售收入291900万元，同比增长19.84%。实现条均价58.1元，同比增长11.6%。实现税利53400万元，同比增长36.56%；其中，利润42300万元，同比增长36.96%。

专卖管理

以打击制售假冒卷烟网络为突破口、以强化市场整顿规范为主线，全市专卖管理工作呈现“以点带面、纵深推进”的态势。2006年，全市共查获各类涉烟违法案件3774起，查获违法卷烟45.08万条，案值5万元以上案件47起，移送公安、司法机关依法逮捕涉案人员26人。重拳打击销售假冒卷烟网络案件，成功破获“5·17”、“12·12”、“12·27”等制售假冒卷烟网络案件。

开展市场整顿规范工作，采取常规巡查与突击检查相结合、属地管理与联动稽查相结合、专卖执法与联合执法相结合的措施，对重点地区、重点部位和节假日卷烟市场进行重点监控，实现卷烟市场整顿规范工作的常态化。开展法律法规宣传活动，组织全市各单位开展面向零售户、消费者的法制宣传“大篷车”活动，使烟草法制宣传走向社会、走进社区，实现专卖管理工作变打为疏，由治标向治本转化。加强县级局建设，通过整合组织机构、完善县级局专卖班子配置、加大投入、统一装备办案器材等措施夯实基层专卖基础，发挥县级专卖行政主体职能。

网络建设

2006年，全市网建工作按照“突出服务、注重效率、优化流程、提高素质”的工作要求，建立“上下联动、四位一体”的市场跟踪体系，提高网络运行能力。修订《客户经理工作规范及管理规定》，明确客户经理工作内容，理顺作业流程，加强绩效考核，探索新型团队服务模式，推动营销队伍转型。完善供货体系，严格执行“四个一”（一店一证一号一订）管理，有效解决套购、乱码、一号多订等不规范现象，规范市场秩序。精细客户服务工作，设立大客户经理，对大型商场等零售业态进行统一有效的管理和服务。建立短信互动平台、客户信息员平台，加强与零售客户的良性互动沟通。实现物流垂直管理，全市建立“一个配送中心、七个中转站”物流配送模式，率先在全省实现“一库式”配送。

信息化建设

完成市局（公司）中心机房至各县局（分公司）

机房的备份链路建设，打造数据快速、安全、稳定传输的通道。加强网络安全管理，出台实施《福州烟草网络安全规划方案》，构建更为有效的网络安全架构。升级福建海晟连锁营销发展有限公司CRM系统，增设采集客户真实需求功能，对客户资料实施动态维护。

企业管理

加强财务管理与监督，增设县级局财务室，更好地贯彻落实内控制度。推行绩效考核，出台年度综合目标管理考核办法。完善薪酬制度，进一步理顺劳资待遇，建立更加科学、合理、规范的员工薪酬管理体系。突出抓好货款现金安全，完善应急预案。顺利通过职业健康安全管理体系认证。重视安全工作，增强责任意识，层层分解安全责任目标，全市实现“七个为零，一个控制”的安全生产经营目标。

队伍建设

加强县级局领导班子建设，调整充实7位县级局副科级干部。加强培训工作，制订企业年度学习培训实施方案，建立每周学习例会制度，组织全市各级人员参加全封闭团队拓展训练，提高职业技能，增强团队凝聚力。开展专卖人员岗位大练兵、大比武，内强素质，外塑形象，取得良好效果。

思想政治工作

开展“八荣八耻”学习教育和“‘两个至上’在岗位”主题实践活动。制订学习方案，开辟学习专栏，召开专题报告会和演讲比赛。精心策划“规范送货、让客户满意”活动，将荣辱观教育与“‘两个至上’在岗位”主题实践活动相结合，将思想教育与日常工作相结合，营造良好学习教育氛围。

党风廉政建设

推进党风廉政建设和反腐败工作，对选拔任用干部进行全程监督。开展预防职务犯罪宣传教育活动，制订《党风廉政建设责任制考核办法》。逐一核实11件群众举报信，对两位同志进行诫勉谈话，做到早提醒、早告示。对县级局业务接待费和全市“规范送货”进行效能监察。

厦门市烟草专卖局（公司）

概　况

厦门市烟草专卖局（公司）组建于1984年，2006年下辖厦门市局第一分局（分公司）以及福建厦门海晟连锁商贸有限公司、厦门五福贸易有限公司、上海捷强烟草糖酒集团厦门有限公司3个多元化经营企业。截至2006年底，总资产69802万元，共有职工318人，其中聘用职工189人。辖区内共有卷烟零售户9177户。市局（公司）叶天津荣获“全国烟草行业优秀客户经理”称号。市局（公司）陈全志荣获“全国烟草行业‘四五’普法先进个人”、“省财贸轻纺烟草医药工会支持工会工作好领导”等称号。

领导成员

局长、经理、党组书记：陈全志

副局长、党组成员：尤泽清（—2006.8）

副经理、党组成员：金向阳（2006.10—）

纪检组长、党组成员：刘水金

组织机构

市局（公司）设办公室、综合计划科、财务科、监察科、人事劳资、驻厦门审计办公室、信息中心、营销中心、物流中心（安全科）、专卖管理监督办公室等10个科室。

经济效益

2006年，共销售卷烟63.15亿支（12.63万箱），与上年同比增长13.30%，其中，销售一类烟3.99亿支（0.798万箱），同比增长68.91%，占总销量的6.32%；二类烟5.35亿支（1.071万箱），同比增长17.63%，占总销量的8.48%；三类烟15.44亿支（3.089万箱），同比增长52.46%，占总销量的24.46%；四类烟30.38亿支（6.076万箱），同比增长4.58%，占总销量的48.11%；五类烟7.97亿支（1.594万箱），同比下降17.29%，占总销量的12.62%。全年实现条均价61.15元，同比增长7.4元。实现销售收入165036万元，同比增长28.94%。实现销售毛利37924万元，同比增长37.66%。单箱销售收入13067元，同比增加1588元；单箱毛利3003元，同比增加531元；单箱利润为2525元，同比增加474元。实现税利39399万元，同比增长40.68%；其中，利润27051万元，同比增长39.34%。费用率继续保持较低水平，同比下降0.25%。

专卖管理

对专卖内设机构进行调整，设立证管中心、案审中心、内部管理监督中心和行动大队，把办证、案件审理职能从日常市场监管职能中剥离，重点加强内部监管和打击地下网络的力量，突出专业化分工，保证专卖打假工作质量。

开展内部专卖监督管理工作，成立内部专卖管理监督工作领导小组和办公室，配备3名专职人员，制订8项规章制度，以卷烟购进、销售环节、直营连锁店零售环节为监管重点，开展自查自纠，发现问题及时整改。

2006年，市局（公司）专卖管理行动大队协调公安、司法部门，形成多个执法部门作战合力，采用技术侦查、蹲守、排查等手段，破获了一批制售假烟地下网络，全年共摧毁制售假冒卷烟网络3个、捣毁贩藏窝点18个，捣毁制假窝点8个，共查获涉烟违法案件5496件，破获假冒卷烟经营网络案件2件，案值1000万元。开展“取缔无证户”、“重点区域整治”等专项行动，全年共取缔无证经营户776户，移交公安、司法机关立案处理390起。

网络建设

围绕按客户订单组织货源试点工作，再造业务流程。重点提高客户分析能力，从不同层次进行品牌需求预测、总量预测，在需求预测的基础上，对原有流程进行了梳理和优化。升级网络服务功能，呼叫中心增加了需求采集功能模块，品牌策划中心增加了个性化销售策略自动执行系统，为试点工作在数据分析、流程运转、策略执行等方面提供必要的技术支持。加强对客户经理的培训、管理和实战演练力度，组织技能竞赛和岗位竞聘活动，提高客户经理队伍对客户订单组织货源工作的认识。

组织货源推进按客户订单组织货源试点工作。在满足客户需求方面，通过协调各工业企业和省局（公司）销售公司，加大对“中华”、“牡丹”、“双喜”、“红梅”、“芙蓉王”等紧俏货源的组织力度，2006年，投放“中华”353箱、“牡丹”4417箱、“双喜”334箱、“红梅”2716箱、“芙蓉王”481箱，保证市场需求。加大对整合品牌的替代力度，引进“红旗渠”、“红金龙”、“红河”、“芙蓉”、“黄果树”、“云烟”等骨干品牌，弥补品牌整合带来的需求缺口，全国8个超百万箱的品牌及一些重点企业的强势品牌在厦门市场均有大幅增长。

品牌培育

通过分解销售任务、考核三率（上柜率、增长率、重点指标完成率）、组织召开品牌培育技能大赛、进行策略引导、推介促销等手段，实现品牌的提升，以“七匹狼”、“芙蓉王”、“利群”为代表的高端品牌，以“红塔山”、“云烟”为代表的中高端品牌和以“哈德门”为代表的中低端品牌均取得较好的市场表现，其中“七匹狼”销量实现199.84%的增长。

体制改革

完成清产核资和资产上划工作，推进母子公司体制改革工作。根据母子公司章程，福建省烟草公司厦门分公司更名为福建省烟草公司厦门市公司，成为中国烟草总公司福建省公司的全资子公司。在行政区域内设立厦门市烟草公司第一分公司，成为市公司非法人分支经营机构，市局（公司）作为母子公司体制下的市场经营主体正式确立。

企业管理

内部管理监督。开展同级审计监督，对财务收支、内控制度、专项资金、工会经费、专卖经费等重点环节展开重点审计，对薄弱环节进行及时整改。对涉及基建工程、大宗物资采购、固定资产投资等项目实施审计监督、合同评审和法律把关。纪检监察部门对专卖、经营、投资等环节实行效能检查，积极履行再监督职能。财务管理以提高管理效能为重点，细化核算科目，提高核算水平，规范费用列支。全省行业内部管理监督格局基本形成。

在原有质量管理体系的基础上，导入OHSAS18000职业健康安全管理体系，整合体系文件，辩识危险源并采取有效措施防范安全事故的发生，建立应急预案，顺利通过中国检验认证集团的现场审核，实现了人本理念和服务理念的有机结合。

多元化经营

多元化企业以服务消费者为主要职责，抓管理、树形象，企业效益不断提高。福建厦门海晟连锁商贸有限公司逐步扩大零售辐射面，品牌影响力日益扩大，2006年实现利润443万元；厦门五福贸易有限公司在经营转轨中承担了主业的后勤服务保障工作，基本扭转被动局面，实现利润13万元；上海捷强烟草糖酒集团厦门有限公司着重挖掘品牌影响力，经营业绩上有大幅度的提高，实现利润200万元。

人事与劳资

以规范健全人力资源管理体系作为人事工作的核心。修订经济责任制考核、薪酬分配办法，使薪酬分配在尊重历史的基础上更趋合理。出台补充医疗保险、住房提租补贴、年休假、职工生活福利等有关管理办法，改善职工的福利待遇。设置职务晋级和技能晋级等晋升途径，明确年度考核实施细则，提出岗位能力要求，规划职工的职业生涯。制订鼓励学历教育培训的规定，鼓励职工自学成才。

创新干部队伍建设思路，首次采用民主推荐、心理测试、经营管理知识人机对话、专家面试、竞聘演讲、笔试、职工投票、组织考核等方法程序选拔了5位中层干部。结合一线队伍短期聘用职工比重逐年提高的实际，市局（公司）加强职工思想动态研究，从政治待遇上重视，从收入待遇上体现，在职业生涯、技能培训、支持自学等方面一视同仁，竟聘选拔叶天津、林宗华2名聘用职工任市局（公司）客户服务中心主任。

思想政治工作

开展“‘两个至上’在岗位”主题实践活动、“艰苦奋斗大家谈”、“听客户讲你我的故事”等活动。将“文明窗口”创建活动作为精神文明建设重点，着力打造“感动营销”、“快乐送货”等核心服务品牌，2006年市局（公司）被评为“第九届省级文明单位”、“省级模范职工之家”和“全国和谐劳动关系优秀企业”。

党风廉政建设以治理商业贿赂和效能监察为抓手，

签订并落实责任状，出台各类岗位人员廉洁从业守则，开展了警示教育和预防职务犯罪教育活动，发挥纪检监察再监督的作用。

企业文化

2006年，围绕“企业文化传播年”活动，市局（公司）将具备思想性、艺术性、草根性的市花“三角梅”确定为企业文化的形象标志，比较贴切地表现了企业职工为维护国家利益和消费者利益所作的贡献。通过成立企业文化建设领导小组、举办“文化研讨营”活动、编写企业之歌《啊！三角梅》、拍摄企业文化专题片《平凡创造非凡》等系列活动，充实了企业文化成果和内涵。7月24日，《企业文化理念》、《企业文化故事》作为企业文化建设初步成果正式发布。以此为标志，企业文化进入传播阶段，市局（公司）制作以“三角梅——平凡创造非凡”为蕴意的浮雕、雕塑和喷泉、邮册、画册以及其他诸多VI识别系统应用方式，组织以“三角梅——平凡创造非凡”为主题的职工文艺汇演，实现32个文化理念上墙，冠名经发系统“三角梅”杯政研论文征文比赛，成立厂家驻厦业务员“三角梅”俱乐部。通过一年来扎实有效的工作，以“两个至上”行业共同价值观、“三角梅——平凡创造非凡”为核心的企业文化理念已植根于企业广大职工思想意识中。

宁德市烟草专卖局（公司）

宁德市烟草专卖局（公司）组建于1984年，2006年下辖福安市、福鼎市、霞浦县、蕉城区、寿宁县、周宁县、柘荣县、古田县、屏南县9个县、市、区烟草专卖局（分公司），总资产46838万元，共有职工700人，其中聘用职工398人。辖区内共有卷烟零售户14700户。

2006年，共销售卷烟49.45亿支（9.89万箱），与上年同比增长6.78%。实现销售收入122383万元。实现税利23333万元，同比增长45%；其中，利润17701万元，同比增长44%。

开拓农村市场，制定《2006～2008年农村卷烟销售网络建设发展规划》。加强下游供应渠道建设，实施客户细分策略应用，满足客户个性化需求。开展卷烟生动陈列指导，推进“一十百千万工程”、“打造亮丽一条街”活动。

全年共查处涉烟违法案件391起，查获假冒卷烟15997件，违法烟丝47吨，查获制假烟机1台套，公开销毁假冒卷烟17488件，移交公安、司法机关依法判刑11人。

莆田市烟草专卖局（公司）

莆田市烟草专卖局（公司）组建于1984年7月，2006年下辖仙游县、秀屿区、城区3个县、区烟草专卖局（分公司），总资产38900万元，共有职工444人，其中聘用职工330人。辖区内共有卷烟零售户10273户。

2006年，共销售卷烟49.31亿支（9.86万箱），实现销售收入112460万元，与上年同比增长16.77%，实现销售毛利22959万元，同比增长22.31%。实现税利21885万元，同比增长27.24%；其中，利润17531万元，同比增长29.68%，税收4354万元，同比增长18.29%。

专卖管理方面，破获两起销售假烟网络案件，案值811万元，公安、司法机关抓获涉案人员21人。企业文化建设方面，提炼出以“两个至上”为核心价值观，包括“做强做精，做实做细，打造一流企业”愿景，“诚信、和谐、创新、奉献”企业精神在内的19项文化理念，初步建立起体现维护国家利益和消费者利益，具有明显行业特色和地域特征的“山海文化”。

泉州市烟草专卖局（公司）

泉州市烟草专卖局（公司）组建于1984年4月，2006年下辖城区、晋江市、南安市、石狮市、惠安县、安溪县、永春县、德化县、泉港区9个县、市、区烟草专卖局（分公司）。截至2006年底，总资产150714万元，共有职工1234人，其中聘用职工910人。辖区内共有卷烟零售户3024户。市局（分公司）刘建义被评为“全国烟草行业优秀客户经理”。安溪“育苗”小组的“提升硬盒一品梅（醇红）的市场铺货率”项目参加国家局QC小组成果发布会获二等奖。

2006年，共销售卷烟157.48亿支（31.5万箱），实现销售收入361000万元，实现税利75929万元，其中利润61540万元。

专卖管理方面，开展“飞鹰行动”专项打私行动，共破获制、售假冒卷烟案件677起，其中案值超过5万元的37起；与泉州海关缉私分局、石狮海关缉私分局联合开展代号为“海鸥行动”的专项打私行动，破获大要案件12起，查获各类涉烟违法卷烟1131.3件；开展以打击泉州、晋江、石狮、南安等区域地下非法卷烟经营户为重点的专项清理整顿行动，查处非法经营案件1502起，查获非法渠道卷烟2914.3件，市场净化率达98.5%。

漳州市烟草专卖局（公司）

漳州市烟草专卖局（公司）组建于1984年，2006年下辖龙海市、漳浦县、华安县、东山县、长泰县、云霄县、南靖县、平和县、诏安县、芗城区10个县、市、区烟草专卖局（分公司），截至2006年底，总资产81196万元，共有职工1138人，其中，长期聘用职工520人、短期聘用职工618人，辖区内共有卷烟零售户20524户。

2006年，共销售卷烟97.37亿支（19.47万箱），实现销售收入234600万元。实现税利46550万元，其中利润36373万元。

全年共捣毁制假售假窝点1235处，查获非法烟机207台（套），非法制丝生产线41条。查获假冒卷烟7.4万件，烟叶4834吨。成功破获龙文“8·11”销售贩运假冒卷烟案和南靖“7·11”制售假冒卷烟案等案值百万元以上的网络案件。

龙岩市烟草专卖局（公司）

龙岩市烟草专卖局成立于1984年3月，2006年下辖长汀县、永定县、上杭县、武平县、连城县、漳平市、新罗区7个县、市、区烟草专卖局（分公司）以及鑫叶农资有限责任公司、鑫叶物流有限公司两家多元化经营企业，截至2006年底，总资产178984万元，共有职工2019人，其中聘用职工1208人。辖区内共有卷烟零售户10431户。

2006年，共销售卷烟46.7亿支（9.34万箱），同比增长5.39%。实现销售收入104205万元，全年共种植烟叶164600亩，收购烟叶3.17万吨（63.3万担）。实现“两烟”税利35855万元；其中，利润27500万元，实现卷烟利润13068万元，同比增长3.78%，实现烟叶利润14432万元。

三明市烟草专卖局（公司）

三明市烟草专卖局（公司）组建于1984年，2006年下辖城区、永安市、清流县、宁化县、建宁县、泰宁县、明溪县、将乐县、沙县县、尤溪县、大田县11个县级烟草专卖局（分公司）、福建省三明金叶复烤有限公司、三明金明农资有限公司两个对外投资企业以及宏叶物流发展有限公司一个多元化经营企业。截至2006年底，总资产302155万元，共有职工2712人，其中聘用职工1936人。辖区内共有卷烟零售户10718户，烟叶种植户43800户。

2006年，共销售卷烟45.24亿支（9.05万箱），全市共种植烟叶425000亩，收购烟叶971100担。实现“两烟”销售收入390264万元，与上年同比增长15.28%。实现“两烟”税利65112万元，同比增长12.85%；其中，利润48900万元，同比增长10.58%。

烟叶种植规模总体稳定，全市共签订烟叶种植合同52万份，安排烟叶生产扶持资金10600万元（不含烟田和密集式烤房建设）、烟叶救灾资金786万元。全年新建密集式烤房2850座，累计已建成烤房4085座，占全国推广总数的1/10。累计完成编码式收购站改造44个，占烟叶收购站的53.7%，编码式收购烟叶占总烟叶收购总量的50%。投入烟叶基础建设项目资金16600万元，完成烟水配套工程1887项，密集式烤房4085座，有727个种烟行政村、4.2万户烟农和223000亩农田（其中14.68万亩基本烟田）受益。

专卖管理方面，全市共出动专卖执法人员18065人次，查处各类涉烟违法案件226起，查获非法卷烟642.94件、走私卷烟10.752件、非法渠道卷烟78.56件，实现罚没款15.09万元，公开销毁假冒卷烟2247件，取消烟草专卖经营业务资格3户，查处无证经营卷烟案件56起，破获超百万元销售假烟网络1个。查处烟叶案件51起，查获非法烟叶、烟丝、烟末336.83吨。移送公安、司法机关依法刑拘16人，逮捕5人，上网追捕2人，判刑13人。

南平市烟草专卖局（公司）

南平市烟草专卖局（公司）组建于1984年，2006年下辖延平区、邵武市、顺昌县、建阳市、建瓯市、浦城县、武夷山市、光泽县、松溪县、政和县10个县、市、区烟草专卖局（分公司），以及福建武夷烟叶有限公司。总资产130421万元，共有职工2203人，其中聘用职工1785人。辖区内共有卷烟零售户12129户。

2006年，共销售卷烟52.17亿支（10.43万箱），实现销售收入171943万元。全年共种植烟叶221728亩，与上年同比增长22.4%，收购烟叶3.16万吨（63.27万担），同比增长22.2%。实现“两烟”税利36758万元，其中利润29015万元。

烟叶生产方面，与菲·莫公司及环球烟叶公司开展技术合作，创建国家局国际型优质烟基地。与中国农科院青州烟草研究所、福建省烟草农业科学研究所等科研单位合作开展烟叶试验。与省内外卷烟工业企业合作建立了烟叶替代进口基地，开发清香型烟叶项目，并实施控氮降碱生产措施，提高烟叶质量。全市户均种烟面积达到8.7亩，与上年同比增长14.8%，10亩以上规模种植户增长83%，适度规模种植取得进一步发展，布局更趋合理。2006年南平烟区被列为国家储备烟叶和出口烟叶基地，列入全国31家重点烟区。

2006年，各县市（公司）按照“调研摸底、设定条件、科学规划、分布到位”的总体要求，设立23个客户服务工作站，下派驻站客户经理47名，服务89个乡镇、1143个行政村、6882户零售客户，占农村市场约80%。

2006年福建省烟草商业系统主要情况统计

地市级局（公司）名称		福州市烟草专卖局、福州市烟草公司	厦门市烟草专卖局、厦门市烟草公司	宁德市烟草专卖局、宁德市烟草公司	莆田市烟草专卖局、莆田市烟草公司	泉州市烟草专卖局、泉州市烟草公司
法人代表/主要负责人		林则森	陈全志	黄端启	朱建国	孔祥统
总资产（万元）		101082	69802	46838	38900	150714
员工总数（其中聘用员工数）（人）		1197（其中聘用员工788人）	318（其中聘用员工189人）	700（其中聘用员工398人）	444（其中聘用员工330人）	1234（其中聘用员工910人）
所属县级局数量（个）		10	1	9	1	9
所属县级公司数量（个）		/	/	/	/	/
所属营销部（分公司、访销中心、烟叶复烤厂、稽查大队等）		10个分公司、10个客户服务中心、1个物流中心、7个中转站、14个稽查大队	1个分公司、1个物流中心、5个客户服务部、5个稽查大队	9个分公司、9个客户服务中心、4个物流分中心、9个稽查大队	3个分公司、1个客户服务中心、1个物流中心、4个稽查大队	9个分公司、3个物流中心、9个稽查大队
销售卷烟（亿支）		117.56	63.15	49.31	49.31	157.48
实现税利（万元）	本年	52696	39399	23333	21885	75929
	上年	39491	28005	16427	17200	50589
实现利润（万元）	本年	41635	31886	17701	17531	61540
	上年	31250	22856	12655	13519	49448
烟叶种植（亩）		/	/	/	/	/
烟叶收购（担）		/	/	/	/	/
零售户数（户）		24300	9177	14700	10273	30246

地市级局（公司）名称		漳州市烟草专卖局、漳州市烟草公司	龙岩市烟草专卖局、龙岩市烟草公司	三明市烟草专卖局、三明市烟草公司	南平市烟草专卖局、南平市烟草公司
法人代表/主要负责人		游文忠	姜林灿	刘添毅	黄宗淦
总资产（万元）		81196	178984	302155	130421
员工总数（其中聘用员工数）（人）		1138（其中聘用员工618人）	2019（其中聘用员工1208人）	2712（其中聘用员工1936人）	2203（其中聘用员工1785人）
所属县级局数量（个）		10	7	11	10
所属县级公司数量（个）		/	/	/	/
所属营销部（分公司、访销中心、烟叶复烤厂、稽查大队等）		10个分公司、10个客户服务中心1、1个物流中心、2个配送中心、10个转送站、1个稽查支队、10个稽查大队	7个分公司、1个营销部（含访销中心、物流中心、配送站各1个）、7个稽查大队	11个分公司、11个客户服务中心、1个物流中心、10个稽查大队	10个分公司、访销中心、3个物流中心、10个稽查大队
销售卷烟（亿支）		97.37	46.70	45.24	52.17
实现税利（万元）	本年	46550	35855	65112	36758
	上年	32546	39588	57700	28510
实现利润（万元）	本年	36373	27500	48900	29015
	上年	25247	30320	44400	21995
烟叶种植（亩）		3400	164600	425000	221728
烟叶收购（担）		9705	633000	971100	632682
零售户数（户）		20524	10431	10718	12129

（伊　尹）

江西烟草

江西省烟草专卖局（公司）

概　况

江西省地处长江中下游南岸，面积16.69万平方公里，人口4339万人。下设11个地级市。2006年全省实现地区生产总值（GDP）4670.53亿元。

2006年，江西省烟草专卖局（公司）辖南昌、九江、上饶、抚州、宜春、吉安、赣州、景德镇、萍乡、新余、鹰潭11个地级市烟草专卖局（公司）、驻南昌铁路烟草专卖局、中国烟草井冈山传统教育基地以及95个县级烟草专卖局和98个县级营销中心（营销部）。截至2006年底，拥有固定资产12.57亿元，流动资产29.76亿元。共有从业人员9191人（聘用人员5100人），其中，大学本科以上学历534人、中级职称237人、高级职称12人。

2006年，省局（公司）被评为"省文明单位"、"全省社会治安综合治理目标管理先进单位"、"全省职工思想政治工作先进单位"、"全省档案工作先进集体"，被省直属机关党委授予"'抓作风、促效能、创事业'主题实践活动先进单位"称号。中国烟草井冈山传统教育基地被中共江西省委、江西省人民政府评为全省"四五"法制宣传教育工作先进单位。

领导成员

局长、总经理、党组书记：揭国雄

副局长、副总经理、党组成员：雷万春

党组成员、巡视员：张正蝉（2006.7～2006.12）

副局长、纪检组长、党组成员：罗年安

副总经理、党组成员：郑　京

助理巡视员：胡声宇

组织机构

省局（公司）机关设办公室（外事办公室）、综合计划处（经济运行处）、专卖监督管理处（专卖稽查总队）、政策法规与体改处、财务管理处、审计处、人事劳资处（离退休人员管理办公室）、监察处（与党组纪检组合署办公）、思想政治工作处、机关党委、科技处（经济信息中心）、安全保卫处、卷烟销售管理处、烟叶管理处、烟草质量监督检测站、烟叶科学研究所、机关服务中心、烟草职工教育培训中心、烟草职业技能鉴定站、烟草学会等20个处室（部门）。

经济效益

2006年，全省共销售卷烟543.55亿支（108.71万箱），与上年同比增长3.6%。其中，销售省产卷烟365.64亿支（73.13万箱），同比下降3%，销售省外卷烟177.92亿支（35.58万箱），同比增长20.5%。全省人均销量6.34条，与上年同比增加0.22条。销售一类烟84.79亿支（16.96万箱），占总销量的15.6%，同比增长19.1%；二类烟110.65亿支（22.13万箱），占总销量的20.36%，同比增长8.5%；三卷烟194.28亿支（38.86万箱），占总销量的35.75%，同比增长14.0%；四类烟127.84亿支（25.57万箱），占总销量的23.52%，同比下降20.9%；五类烟25.99亿支（5.20万箱），占总销量的4.78%，同比减少34%。销售"百牌号"卷烟407亿支（81.4万箱），占总销量74.9%，同比增长25.2%。全省销售品牌数、规格数分别同比减少28个、107个。实现销售收入154.88亿元，同比增长15.95%。实现"两烟"税利22.74亿元，同比增长31.29%；其中，利润17.1亿元，同比增长27.9%。成本费用利润率12.45%，同比增长1.31%。

烟叶生产稳中有升，全年种植烟叶19.43万亩，与上年同比增长26.99%。收购烟叶2.57万吨（51.4万担），同比增长48.99%，其中，上等烟占收购总量的48.02%，比上年增加3.92个百分点。

专卖管理

内部专卖管理监督。开展内部专卖管理监督专项检查，省局（公司）成立内部专卖管理监督检查复查工作领导小组，结合江西烟草实际，细化自查方案，明确提出"四不放过"（即自查内容未到位的不放过，自查问题没搞清楚的不放过，查出问题未处理到位的不放过，整改措施未制订的不放过）要求。先后派出4个自查督导组，参与南昌卷烟总厂、赣南卷烟厂和抚州、鹰潭市局（公司）的内部专卖管理监督自查工作，并以此为标准指导全省烟草各工商企业开展好内部专卖管理监督自查。针对可能存在的自查不彻底情况，进一步组织开展内部专卖管理监督自查"回头看"活动，尽可能将存在的问题解决在自查阶段。复查阶段，制订工商企业内部专卖管理监督复查工作流程，举办内部专卖管理监督复查工作培训班，成立3个复查工作组，通过调阅各种原始单证、查看各类账本、网上查询相关数据、走访零售户和烟农等方式，分别从物流、信息流、资金流，以及到货确认等方面仔细核对2005年生产经营数据，对全省21个行业内企业进行全面复查。整改监督阶段，督促企业针对查出的问题，深入剖析原因，有针对性地制订整改措施。

完善内部专卖管理监督体系，先后出台举报监督、管理监督通报、定期检查、内部案件查处、学习培训、监督考核、责任追究等相关制度。建立健全内部专卖管理监督长效机制，通过制订内部专卖管理监督流程图，成立内部专卖管理监督领导小组，设立驻江西中烟工业公司内部专卖管理监督办公室，加强对“两烟”生产经营等重点环节的全过程监管。建立健全激励约束机制，将内部专卖管理监督纳入专卖工作目标管理考核体系。对出现违反内部管理监督规定的行为，不仅追究当事人责任，而且追究监管人员的责任，通过内部专卖管理监督工作的全面开展，全省烟草自律意识进一步提升，生产经营秩序进一步规范。

“打击制售假烟网络年”活动。强化打假破网组织领导和责任落实，省、市、县三级烟草专卖局均成立打击制售假烟网络工作领导小组，形成烟草部门和公安机关统一指挥、快速反应、通力配合、互联互动的良好工作机制。先后4次联合省公安厅召开打击制售假冒卷烟网络专题会议，制订工作方案，分析打假形势，研究督办案件，部署卷烟打假工作。强化案件经营意识，通过建立大要案上报制度，对案值高、影响大、涉及面广的案件实行挂牌督办，同时，对重点案件实行“三定”，即定案、定人、定时完成，确保打假各项措施落实到位。完善案件举报和办案奖励机制，建立健全大要案信息库和卷烟违法经营档案，积极拓宽案件线索来源渠道。举办全省打击制售假冒卷烟网络案件培训班，并以专刊的形式对全省卷烟打假破网工作进行定期通报，及时推广各地好的经验和做法。加强与周边兄弟单位的沟通协调，先后发送协查函37份，与浙江、广东、湖南、湖北、安徽、江苏、福建等省开展案件协查84起，切实提高跨省联合打假合作水平。

2006年，全省共查处各类涉烟违法案件21251起，其中，假冒卷烟案件3919起、走私卷烟烟案件891起、5万元以上大要案件196起；查获假冒卷烟19876万支，走私烟452.66万支；摧毁制假窝点3个，贩假窝点38个；查获违法烟叶、烟丝合计361.69吨，查获大型制假机械6台（套）；移交公安、司法机关依法拘留219人，逮捕37人，劳教7人，判刑58人。

专卖管理网络建设。制定《专卖管理网络建设操作规范》，健全完善各级专卖管理组织机构，明晰专卖管理网络建设工作职责，统一人员配备，规范工作流程，初步形成完整严密、运作高效、反应迅速的专卖管理网络。在萍乡市局（公司）开展专卖管理网络建设试点工作，进一步细化《操作规范》，同时出台《专卖管理网络建设过程化管理实施办法》，以及专卖人员聘用、培训、资格认证、星级评定、考试考核、责任追究等一系列管理制度，全面推动专卖管理网络建设。

专卖社区化管理和零售户自律小组建设。健全烟草专卖社区化管理机构，完善相关制度、工作职责和考核细则，加强对社区信息员、自律小组组长的推选、培训和监督管理工作，加大对社区和自律小组的维护指导力度，坚持每月定期走访零售户、召开工作联系会，促进专卖管理触角的延伸。截至2006年底，全省烟草专卖管理工作共进入724个社区，工作开展面达48%；成立自律小组9146个，参与自律小组卷烟零售户89087户，参与率达59%。

网络建设

2006年，省局（公司）高度重视网建整体推进、全面提升工作。通过制定《2006～2008年卷烟销售网络建设规划》，编撰《江西卷烟销售业务流程规范》，进一步优化业务流程、统一业务模式。5月，顺利通过国家局网建整体推进工作检查考评。

网建三项重点工作。做好客户关系管理、现代物流、网建信息化三项重点工作。在客户关系管理方面，成立专门的课题组，按照客户关系管理“摸清客户、识别客户、搞准需求、制定策略、落实服务、检查反馈、完善改进”的七个重点环节，从岗位分工协作、岗位责任、工作标准等方面制定一系列标准化文件，为全省系统的流程再造提供有效保障；在现代物流方面，按照国家局建设“经济、实用、低成本”现代物流的要求，制定《江西省烟草卷烟配送中心综合布局和选址规划》、《卷烟配送中心建设项目评审程序》，规范全省卷烟配送中心建设；在网建信息化方面，制定《2006～2008年网建信息化目标》，做好呼叫中心硬件招标、改造工作，以及营销管理信息系统的完善工作，主题分析系统、视频会议系统、数字仓储系统、配送线路优化、卫星导航系统的应用，为全省网建深层次发展提供科技支持。

“按客户订单组织货源”工作。进行“月计划、周安排”营销模式改革试点工作。以制订“年度销售预测报告与销售计划、年度采购计划、月度销售预测报告、月度采购计划、月度销售计划、客户订单签订，以及电话订单”为主线，有效提升各单位把握市场需求和满足市场需求的能力，为下一步推行“按客户订单组织货源”工作打下坚实基础。

烟叶产销

坚持国家局“控制总量，稳定规模，防止过热”的总体要求，贯彻落实省政府《关于加快江西省烟叶产业发展意见的通知》，把握全国“北烟南移”的趋势，抓住机遇，适度加快烟叶发展，培育新的经济增长点。2006 年，全省烟叶调拨按照基地烟叶对口调拨，非基地烟叶由省烟叶集中经营组统一经营调拨的经营原则，完成省内烟叶调拨 1.24 万吨（24.7 万担）和省外调拨 1.34 万吨（26.8 万担）的任务。

推行烟叶收购预检制。制订并下发《全省烟叶收购预检制实施意见》、《全省加强烟叶等级质量管理实施意见》和《全省烟叶收购阶段检查考核细则》，全面推行烟叶收购预检制。省局（公司）成立全省烟叶等级质量检查监督小组和全省烟叶国家标准专业技术员队伍，各县、市局也相应建立了县烟叶标准专业队伍，确保烟叶收购质量，2006 年全省烟叶收购等级合格率达 67.7%，全省工商交接等级合格率达 62.4%。

加大科技推广力度。推广烤烟生产实用技术，进一步开展平衡施肥，实施采收烘烤攻坚计划。2006 年全省漂浮育苗面积占育苗总面积的 88.7%，其中集约化商品育苗占育苗面积的 32.3%；土壤改良得到重视和落实，其中，隔年轮作比例达 70%，稻草还田比例达 26.9%。在 2005 年实施两万亩以成熟度为中心的配套生产技术试验示范与推广项目的基础上，突出抓好广昌、石城两个中心示范点，全省烟叶生产技术全面参照以成熟度为中心的配套生产技术示范与推广项目方案。病虫害统防统治成效明显。2006 年，全省共设立 25 个省级综合防治示范点，推广普及综合防治技术，综合防治示范点病害的防治率达到 65% 以上。对主要病虫草害防治用药进行比价采购，占全年烟草用药的 50%。

烟田基础设施建设。2006 年，全省共完成上年度烟田水利基础设施建设项目 22 个，工程总投资 773.73 万元，建成沟渠 56.65 千米，受益面积 0.85 万亩，新建推广密集性烤房 1558 座，标准烤房 11821 座。2006 年全省烟水配套工程采取“整村整片”的方针，在 88 个重点村分两批实施，预计总投资 9798 万元，直接和间接受益面积将达到 9.22 万亩。

烟叶基地建设。加强烟叶基地建设，进一步扩大省内烟叶基地建设面积，基地烟叶收购调拨量达到省内烟叶总需求量的 70%。与重庆烟草工业有限责任公司共建优质烟叶基地两万亩。与上海烟草（集团）公司、红塔烟草（集团）公司和红塔辽宁烟草有限责任公司继续实行定点调拨；开展替代进口烟叶开发推广工作，单列专项开发经费 30 万元扩大替代进口烟叶基地开发，共计在信丰、瑞金、广昌、黎川等市建设 2000 余亩的替代进口烟叶基地。

体制改革

推进全省系统理顺资产关系、建立母子公司管理体制的改革进程。制订《设区市公司建立母子公司体制改革工作的指导意见》，对国务院有关文件贯彻落实过程中的重点和难点问题进行专题阐述，并在全省法规体改工作会议上进行详细解释和答疑，确保全省系统体制改革工作顺利进行。

2006 年，顺利完成体制改革方案上报批复、资产划转变更等工作，基本理顺总公司、省公司、市公司之间的资产关系。2006 年，省局（公司）全面退出卷烟、烟叶经营，对全省卷烟经营行使宏观调控和监管职能；全省系统共设立 11 个全资子公司、97 个分公司，确立了省局（公司）国有资产监管的主体地位、地市级市场经营主体地位和县级局基层执法主体地位。

企业管理

“两项检查”工作。根据国家局统一部署，开展以专卖管理监督和同级审计监督为主要内容的“两项检查”工作。开展以财务收支、内部控制制度、预算管理、专项资金审计为重点的同级审计检查。开展经济责任和基建项目审计。全面实施统一会计核算制度，开展会计质量抽查和多元化经营企业清产核资，夯实国有资产管理基础，确保全省系统国有资产保值增值。

完善内部管理监督长效机制。抓住专卖执法、财务管理、基建工程、软件开发、卷烟销售、烟叶产销、大宗物资采购、人事用工等关键部位和薄弱环节，健全完善内部管理监督长效机制，重点强化对领导班子特别是主要领导的监督。专卖、财务、销售、烟叶四个方面的监管一体化工作得到较好推广，顺利完成人事用工和内部综合管理一体化试点，进一步规范岗位权力运作程序和工作流程，严防权力失控、决策失误、行为失范、资产流失。

综合治理安全工作。建立健全综治安全领导责任制，完善事故应急救援机制和安全生产长效机制。积极响应省委、省政府号召，变“上访”为“下访”，深入基层，主动倾听群众意见，帮助解决实际困难。大力开展创建和谐平安烟草活动，坚持“安全第一，预防为主”方针，加大安全投入，提高防控水平，强化安全检查，消除事故隐患。开展《公司法》培训和“五五”法制宣传教育工作，全省烟草系统共有 8000 人次参加了普法知识考试。

质量管理工作。以全面提升企业管理水平和提高管理效率为目标，遵循“统一组织、突出实效、注重培训、强化内审”的原则，在景德镇市局（分公司）开展 ISO9000 贯标试点工作。

信息化建设

2006 年，信息化工作按照“统筹规划、统一领导，应用主导、资源共享，安全高效、务求实效”原则，贯彻《数字烟草发展纲要》，以需求为导向，以提升信息系统应用、整合系统资源为重点，狠抓网络改造、机房建设等基础工作，推进全省烟草信息化建设进程，为行业管理和经营提供技术支持和保障。

制定《省局（公司）系统“十一五”信息化规划》，建立健全信息化工作制度和标准体系，并将信息化工作纳入全省经济运行业绩目标考核，促进信息化工作规范有序进行。协调信息化建设需要的各类内外部关键资源，健全完善各级信息中心组织建设，加强对信息化建设项目的管理和监督，严格控制信息化项目因建设周期长、投资规模大、项目结构复杂等因素带来的风险。

加强重点工程应用系统建设。根据本省烟草经营模式的转变和先进信息技术的要求，完成2005版营销管理信息系统，完善以分公司为经营主体的网建模式；完成2005版专卖系统升级改造并在全省推广应用，以适应新形势下专卖管理和建设数字烟草的要求；完成综合办公信息系统的开发和推广实施工作，实现与国家局和各所属市局（公司）的公文远程传输；卷烟生产经营决策管理系统得到有效应用，实现对各分公司卷烟经营的有效监督。

信息化基础设施建设。制定机房建设具体标准，并对新建、改造机房提出明确整改建议；对信息化核心设备进行改造，购进IBM小型计算机23台，提升全省系统核心服务器的性能，加强了系统的稳定性；加强网络及信息安全，落实数据存储和备份解决方案，进一步提升数据安全管理能力。

信息化队伍建设。组织人员参加国家局系统软件培训和专业技术培训。2006年，全省行业具有信息化中级职称人员6人，获得CCNA认证人员5人，获得MCSE认证人员11人。

队伍建设

人力资源基础建设。按照最新档案装订整理标准，集中两个多月时间对档案进行分类、清查、装订；建立干部档案登记表、档案转递登记册、死亡干部档案登记表等台账并实现信息化管理，完善档案收集、鉴别归档、档案整理、安全保密、查阅借阅、档案转递、检查核对等制度，加强干部人事档案管理，并顺利通过国家局抽查验收。

专业技术职务聘任制度改革。制订《全省烟草系统专业技术职务聘任工作实施意见》，改进并完善专业技术职务任职资格的申报和评审程序，突出“两烟”主业，按照“科学设岗、公开程序、公示结果、绩效考核”的要求，明确岗位设置方法和聘任程序。对全省系统在岗高级专业技术人员进行考核，聘任3名在岗高级专业技术人员，评审通过政工师2人、助理政工师2人，对7名会计师、2名统计师、1名经济师进行资格认定。

教育培训工作。制订下发《省局（公司）系统职工教育培训工作实施办法（试行）》，进一步规范全省系统教育培训工作，以人事劳资部门牵头抓总、各相关部门分工负责、密切配合，省、市、县局（公司）一级抓一级、层层抓落实的教育培训管理体系初步建立。广泛调研、制订并下发《省局（公司）各部门2006年度教育培训计划》，共安排培训项目43个。2006年机关各部门共举办各类培训班70余期次、处长论坛3期，培训职工5300余人次。各市局（公司）也自主安排举办了100多期次培训班，培训职工近万人次。

职业技能鉴定。先后开展3个批次卷烟商品营销员鉴定工作，举办1期高级卷烟商品营销员培训班。配合烟叶技术队伍建设，加快烟叶技术推广人员职业技能鉴定步伐，重点对赣州、上饶市局（公司）从事烟叶种植的技术人员开展初级烟叶分级工技能鉴定，共有239人通过鉴定，合格率达96.3%。组织举办1期汽车驾驶员技师职业技能鉴定培训班，共有29人参加鉴定，合格率达100%。

思想政治工作

开展社会主义主荣辱观教育活动。印发《关于开展社会主义荣辱观学习教育活动的实施方案》，明确开展社会主义荣辱观学习教育活动的指导思想、总体要求、目标任务和具体安排。各单位采取讨论、征文、演讲等形式。在局域网和宣传栏等宣传阵地大力宣传高荆洪、王兵等先进人物事迹，鼓舞全体员工向先进模范学习，并在省局机关开展“我身边的共产党员”征文活动，宣传、学习身边人、身边事，了解先进人物在平凡工作岗位默默奉献的精神，使社会主义荣辱观教育深入到每个职工岗位。

开展“‘两个至上’在岗位”主题实践活动。在“‘国宝杯’牢固树立国家利益至上、消费者利益至上的价值观”征文活动中，揭国雄局长（总经理）撰写的《巩固先进性教育成果，落实行业共同价值观》被国家局评为特别奖，景德镇市局（公司）徐素珍撰写的《落实“两个至上”重在实践》获二等奖。组织开展“‘两个至上’在岗位——听客户讲你我的故事”演讲比赛，来自基层一线的员工、零售户，烟农共计21人参加比赛，其中宜春市局（公司）、景德镇市局（公司）的选手代表省局（公司）参加国家局组织的全国烟草行业“牢固树立‘两个至上’共同价值观”演讲比赛，分别获得二、三等奖。

7月15日~12月30日，省局（公司）机关组织开展“抓作风、促效能、创事业”主题实践活动，分学习教育、组织实施、督查总结三个阶段进行。主题实践活动进一步推进了机关作风与效能建设，巩固和扩大先进性教育成果。

引导基层开展形式多样、健康向上的群众性文体活动。举办全省系统网球培训班、第二届乒乓球比赛和“金叶风采”摄影书法比赛，以活动为载体，努力凝聚人心，提升团队精神。

党风廉政建设

加强正反两方面警示教育，廉政教育和廉政文化建设不断推进。2006年，全省行业共编发简报382篇，在各类报刊、杂志等媒体上刊发党风廉政主题稿件401篇，举办专题教育318次，组织专题报告155次，观看廉政教育片280次，受教育干部职工达24927人次。

惩治和预防腐败体系建设不断健全。制定并落实省局党组关于落实《建立健全教育、制度、监督并重的惩治和预防腐败体系实施纲要》实施办法和分工方案，提出2007～2015年全省系统惩防体系阶段性目标，以管监一体化为具体措施，规划全省系统惩防体系蓝图。将销售、专卖、财务、烟叶四个重点环节管监一体化规范性文件汇编成册，规范管监一体化工作；在景德镇、宜春市局（公司）开展人事用工和以“基建工程、物资采购、车辆管理、财产保险”为重点的内部综合管理一体化试点工作；在销售、专卖、烟叶三个“窗口”继续深入开展纠正部门和行业不正之风工作，对产烟区烟水配套工程专项资金使用情况、工作程序、工程质量进行专项检查；参加省政府纠风办、省广播电台联合举办的“政风行风热线”节目，现场解答零售户和烟农提出的咨询和投诉，得到省政府纠风办和群众的好评；制订《2006年党风廉政建设和反腐败工作目标管理责任考评方案》，开展治理“红包”问题和商业贿赂专项工作，查办违纪违规案件力度不断加大，党风廉政建设和领导干部廉洁自律工作不断深入。

2006年，共进行领导干部任前廉政谈话72人次，对18名干部进行诫勉谈话，对3名干部进行函询，321名科级以上领导干部开展述职述廉；移交公安、司法机关立案10起，结案10起；处理违纪、违规干部职工14人，其中副处级干部1人；共收到群众信访件45件，转办件8件，核实率100%，做到“件件有着落，事事有回音”。

企业文化

开展红色文化建设。吉安市局（公司）被列为全国烟草行业红色企业文化试点单位，其“山文化，实哲学”的红色企业文化在全国第二次企业文化建设交流会上得到国家局和行业同仁的好评。九江市局（公司）企业文化工作取得阶段性成果，“金的品质、叶的奉献”的服务理念为企业打造了服务品牌，创造了经济效益。主动选派3批49名政工干部参加为期7天的全国烟草行业企业文化培训班，为推广和普及企业文化建设打下思想基础和组织基础。

特事要辑

2月15日～16日，国家局副局长何泽华一行到江西考察烟叶生产和卷烟销售工作，并对江西烟叶工作提出四点要求。

5月11日，省局（公司）与江西省公安厅在南昌召开2005年全省卷烟打假总结表彰暨2006年“打击制售假烟网络年”动员会议，对2006年卷烟打假工作进行部署。

5月19日，江西省烟叶科学研究所李立新荣获“全国烟草行业‘十五’期间科技创新工作先进个人”称号。

江西省局（公司）主要统计指标汇总

实现税利（亿元）	商业利润（亿元）	销售卷烟（亿支）	烟叶种植（万亩）	烟叶收购（万担）	出口创汇（万美元）
22.74	17.10	543.55	19.43	51.40	/

所属地市级局（公司）

南昌市烟草专卖局（公司）

概　况

南昌市下辖南昌县、新建县、进贤县、安义县、东湖区、西湖区、青云谱区、青山湖区和湾里区等9个县（区），面积7402.86平方公里，人口454.54万人，2006年实现地区生产总值（GDP）1184.57亿元。

南昌市烟草专卖局（公司）成立于1985年5月，2006年下辖南昌县、新建县、进贤县、安义县4个县局（营销部）、第一、第二两个直属分局和南昌市公司综合开发公司。截至2006年底，总资产66755万元，其中，固定资产11052万元、流动资金49702万元。拥有职工863人，其中聘用职工389人，辖区内共有卷烟零售户17609户。

2006年，南昌市局（公司）获得"全省烟草系统网建工作优秀奖"、"专卖管理工作目标优秀奖"。

领导成员

局长（经理）、党委书记：魏　平

党委成员、纪委书记：任梦瞰

副经理、党委委员：蔡晓荣

副经理、党委委员：唐胜团

副局长、党委委员：齐波浪

组织机构

市局（公司）设办公室、综合管理服务中心、信息中心、工会（团委）、监察科、人劳科、房管科（筹建处）、稽查中心、财务科、审计科、安保科、营销中心、督察中心、配送中心等14个部门（科室）。

经济效益

2006年，共销售卷烟78.55亿支（15.71万箱），与上年同比增长8.1%。其中，销售一类烟17.69亿支（3.54万箱），占总销量的22.52%，同比增长22.69%；二类烟25.06亿支（5.02万箱），占总销量的31.93%，同比增长16.4%；三类烟27.75亿支（5.55万箱），占总销量的35.32%，同比增长6.54%；四类烟5.97亿支（1.19万箱），占总销量的7.6%；五类烟2.06亿支（0.41万箱），占总销量的2.62%。实现销售收入196080万元，同比增长19.8%。实现税利35288万元，同比增长24%；其中利润28597万元，同比增长25%。

专卖管理

开展"打击大户控制小户"专项行动，打掉一批带有批发性质、辐射能力强的违法经营"大户"，占零售户总数65%以上的"中小户"销量明显增加，月销量20件以上的"大户"销量明显减少，通过"打击大户控制小户"专项行动，进一步提高了市局（公司）在卷烟零售市场上的控制力和占有率。强化专卖管理，注重打假破网工作，举办案卷制作培训班、"首届专卖专业技能大比武"等活动。开展零售户调查摸底工作，更新零售户基础资料。开展专卖管理网络建设，围绕省局（公司）下发的《专卖管理网络建设操作规范》，完善岗位设置，配齐相关人员，健全各项规章制度。

贯彻国家局《关于加强县级烟草专卖局专卖管理工作意见》，积极调整县级局职能，于2006年年初成立南昌市烟草专卖局第一、第二直属局，进一步明确职责，充分发挥县级局专卖执法主体地位和市场监管的基础作用。对外抓好卷烟零售市场监管，提供优质服务，同时坚持对零售户依法加强管理，保护合法经营，查处违法经营；对内进一步加强内部专卖管理监督，加强日常监督和同级监督，加大案件查办力度。

2006年，共查办涉烟违法案件7073起，查获违法卷烟4628.3万支，其中，假冒卷烟2879万支、走私卷烟130.9万支；移交公安、司法机关刑事拘留15人，逮捕12人，判刑16人；查办网络案件5起，已结案3起。

网络建设

调整组织机构，撤销4县营销中心、配送部和城区6个营销部，组建8个区域营销部、进贤送货组和安义送货组两个送货组，实行营销、配送一条线管理，进一步优化资源配置。狠抓客户关系管理试点工作，成立客户关系管理课题调研组，制订烟草专卖零售许可证申办、无证卷烟经营户管理等25个工作流程，有效构建客户关系管理框架体系。开发车辆管理定位系统，利用车辆管理定位系统（GIS）进行线路优化调度，降低物流配送成本，提高配送工作效率。进一步规范管理流程，开展"按客户订单组织货源"试点工作，加强品类管理，制订特供卷烟管理办法和紧俏卷烟使用情况报告制度，完善客户超量供货报批备案流程，加大对四、五类烟的货源组织和品牌培育。健全考核机制，制订月度和年度考核办法，将目标任务考核与过程化考核相结合，全面加强督察日常检查工作。

体制改革

按照国家局和省局"理顺产权、调整职能、规范运作、高效运行"的总要求，成立市局（公司）体制改革工作领导小组，印发《江西省烟草公司南昌市公司建立母子公司体制实施方案》和《江西省烟草公司南昌市公司章程》，积极争取工商行政管理机构的支持，顺利完成了母子公司体制改革。

内部管理监督

开展内部专卖管理监督，对全市行业2005年的合同签订、到货确认、体外循环、资金结算等情况逐一进行自查。开展同级审计检查，成立以主要领导为组长的审计工作小组，对市局（公司）及其综合开发公司的财务收支等情况进行复审，并顺利通过年度审计。注重开展管监一体化工作，制订《关于全面推行专卖管理、财务管理、卷烟购销"管监一体化"工作的实施意见》，明确专卖、财务、卷烟购销管监一体化工作重点，并制订《再监督和责任追究办法》，进一步明确了再监督内容，落实了管理责任。实行每月目标考核和过程化考核，将考核结果与单位、部门、个人收入直接挂钩。

信息化建设

配合省局（公司）专卖软件试点验收工作，开展后台数据比对工作，确保新系统切换后数据一致。开通各局域网外专卖网点的系统访问通道，使其能够通过使用证书认证的方式进入省局（公司）局域网络，从而保障了农村专卖中队的正常办公。全面推行办公自动化试点工作，通过精心组织、广泛动员，制订方案，稳步推进，顺利完成试点工作任务，并于8月17日通过省局（公司）的现场验收。验收合格后，市局（公司）还安排专人负责办公系统的维护，多次对各单位（部门）进行回访，及时发现问题，积极改善系统功能，推动办公自动化系统正常运行。加强小型机存贮项目建设，投资100余万元采购小型机和光纤交换机，提升业务系统运行效率。

队伍建设

2006年，共有300人次参加了职业技能培训、新职工岗前培训、网络建设知识培训等专业培训，同时开展初级、中级、高级三个级别的营销员技能鉴定工作，提高员工专业技能水平。与江西财经大学共同举办首届MBA课程研修班，着力打造学习型企业，进一步提升了中层以上管理人员市场分析能力和企业管理能力。

思想政治工作

加强干部职工思想政治教育，坚持党组理论学习中心组学习制度，将每月学习一次调整为每季度集中学习三天。开展"党章学习月六个一"活动，即：组织一次理论中心组学习、举办一次学习心得交流会和党章专题讲座、开展一次革命传统教育、进行一次党章知识测试、开展一次对照检查、撰写一篇学习心得。

党风廉政建设

实行"一岗双责"制和"谁主管、谁负责"制度，制订党风廉政建设责任制领导干部分工责任表，按照纵向管理的原则将责任逐级分解和细化，从倡导廉政文化、抓好学习教育，加强班子建设、搞好廉洁自律，推进管监一体化、做好再监督工作，严格办事程序、纠正不正之风，认真查办案件、惩处违法违纪，落实廉政责任、加强队伍建设等六个方面明确了工作内容、责任范围、责任部门和领导分工。制订《南昌市烟草系统2006年党风廉政建设和反腐败工作目标管理责任考评方案》，使党风廉政建设工作考核内容更具体、操作性更强。加强班子建设，促进领导干部廉洁自律，召开年度民主生活会，通过向所属单位（部门）征求意见、召开干部职工座谈会等方式，向职工群众征求意见，既总结了工作、交流了思想、增进了理解，又加强了班子团结，促进了领导班子建设，增强了廉洁自律的自觉性。市局（公司）领导班子成员均根据有关要求，对照党章、"八个坚持、八个反对"、"四大纪律"、"八项要求"进行了"述职述廉"，对一年来的工作表现和廉洁自律情况进行了总结。

企业文化

开展企业文化建设，聘请专家对市局（公司）企业经营理念进行深入解读，分析优良传统和存在的问题，通过组织召开一线员工、离退休干部，以及中层干部座谈会，充分征集意见，进行反复论证，最终出炉了具有南昌烟草特色的"澄"文化。"澄"文化以"香橙"为形象载体，把"用心服务，成就客户"服务理念贯穿企业文化建设中，表现了南昌烟草内诚于心、外信于行，团结协作，规范创新的企业精神和核心价值观。同时，积极举办企业文化建设宣讲会，邀请专家为广大干部职工讲解企业文化知识，在广大干部职工中大力传播企业文化，增强了员工企业忠诚度和主人翁意识。

特事要辑

1月16日，南昌市烟草专卖局第一、第二直属局挂牌成立。

2月15日，国家局何泽华副局长一行到南昌市局（公司）调研，并作重要讲话。

4月27日，市局（公司）召开企业文化建设宣讲会，确立了"用心服务，成就客户"的品牌主张。

10月24日~26日，市局（公司）开展第一次职业健康安全管理体系内部审核活动。

九江市烟草专卖局（公司）

九江市烟草专卖局（公司）成立于1985年5月，2006年下辖城区、九江县、修水县、武宁县、瑞昌市、永修县、德安县、星子县、共青城、庐山、都昌县、湖口县、彭泽县13个县、市、区烟草专卖局（营销部）和12个稽查大队。截至2006年底，总资产40680万元，拥有职工901人，其中聘用职工374人。辖区内共有卷烟零售户18704户。2006年，九江市局（公司）荣获第三届"江西省文明行业"称号，市局老干部支部被授予"全国烟草系统先进党支部"称号。

2006年，全市共销售卷烟65亿支（13万箱），与上年同比增长0.99%；实现销售收入144131万元，同比增长14.2%。实现税利24269万元，同比增长29%；其中，利润18492万元，同比增长28%。

全年成立烟草专卖社区71个，社区参与面达44%。查获各类涉烟违法案件638起，查获各类违法卷烟589.8万支。6月13日，都昌县局破获一起涉案金额达795.11万元，涉及上线12人、跨越4个省市、下线50人的制售假冒卷烟网络，移送公安、司法机关依法刑拘5人，逮捕3人，取保侯审2人，判刑1人。

上饶市烟草专卖局（公司）

上饶市烟草专卖局（公司）成立于1984年6月，2006年下辖信州区、上饶县、玉山县、广丰县、横峰县、铅山县、弋阳县、鄱阳县、余干县、万年县、德兴市、婺源县12个县、市、区烟草专卖局（营销部）。截至2006年底，总资产43758万元，共有职工1141人，其中聘用职工694人。辖区内共有卷烟零售户26385户。2006年，上饶、横峰、弋阳县局（营销部）被授予“省文明单位”称号。2006年，市局（公司）撤销上饶、广丰、铅山、横峰、弋阳、余干、万年、德兴、婺源等9个县、市营销部的自办卷烟直营店，玉山、鄱阳县营销部自办卷烟直营店暂时保留。

2006年，全市共销售卷烟77.02亿支（15.4万箱），与上年同比增长7.55%。实现销售收入150500万元，同比增长16.3%。收购烟叶312吨（6249担）。实现“两烟”税利26745万元，同比增长24.48%；其中，利润20495万元，同比增长23.66%。

全年共查处各类涉烟违法案件3763起，查获违法卷烟1537件，破获涉案金额5万元以上假冒卷烟案11起。移送公安、司法机关依法刑拘38人，逮捕1人，判刑4人，治安拘留2人。

抚州市烟草专卖局（公司）

抚州市烟草专卖局（公司）成立于1984年7月，2006年下辖直属、黎川县、崇仁县、南城县、金溪县、南丰县、资溪县、广昌县、宜黄县、东乡县、乐安县11个县、区烟草专卖局（营销部）。截至2006年底，总资产29949万元，共有职工1255人，其中聘用职工835人。辖区内共有卷烟零售户14573户。2006年，抚州市局（公司）被国家局授予“全国烟草行业老干部工作先进集体”称号。

2006年，共销售卷烟44.21亿支（8.84万箱），与上年同比增长0.62%；实现销售收入107700万元，同比增长14.3%。种植烟叶56300亩，同比增长32.6%。实现“两烟”税利24876万元，同比增长41.4%；其中，利润13478万元，同比增长33.8%。收购烟叶7770吨（155400担），同比增长13.5%。

全年共成立烟草专卖社区49个，卷烟零售户自律小组289个，市场净化率达97.20%，同比增加1.5个百分点。全年共查处涉烟违法案件405起，查缴违法卷烟9526.04万支，查获非法烟叶19.1吨，移送公安、司法机关依法刑拘18人、逮捕4人、判刑3人。9月27日，查获一起涉案金额250余万元、涉案人员10人，跨江西、福建、浙江三省的制售假烟网络案件。4月1日至8月31日，开展打击“大户控制小户”专项行动，共查处涉烟违法案件143起，查缴各类违法卷烟1299.39万支，取缔无证经营户45户。

宜春市烟草专卖局（公司）

宜春市烟草专卖局（公司）成立于1985年1月，2006年下辖袁州区、丰城市、樟树市、高安市、奉新县、靖安县、宜丰县、铜鼓县、上高县、万载县10个县、市、区烟草专卖局（营销部）。截至2006年底，总资产42991万元，共有职工1012人，其中聘用职工379人。辖区内共有卷烟零售户21686户。2006年，宜春市局（公司）先后获得全省行业“‘两个至上’在岗位——听客户讲你我的故事”演讲比赛个人一等奖和团体一等奖、全国烟草行业“‘两个至上’在岗位——听客户讲你我的故事”演讲比赛二等奖；市局（公司）和铜鼓县局（营销部）再次被评为“省文明单位”。

2006年，共销售卷烟67.95亿支（13.59万箱），与上年同比增长1.9%。实现销售收入123241万元，同比增长13.2%。实现税利20213万元，同比增长30.7%；其中，利润14966万元，同比增长22.6%。

根据2006年，3月17日印发的《宜春烟草专卖局（分公司）组织机构调整实施方案》，成立营销、配送、信息、督察四个中心。4月，对10个县级局的组织机构、人事制度进行改革，重新定编定岗定员，实行竞争上岗。改革后，全市共设10个县（市、区）卷烟营销部、17个客户服务部、8个配送中转站。

全市共成立烟草专卖社区128个、零售户自律小组542个。全年查获各类涉烟违法案件1609起，查获违法卷烟2261万支；移送公安、司法机关依法逮捕1人，拘留46人，劳动教养4人，判刑1人。

吉安市烟草专卖局（公司）

吉安市烟草专卖局（公司）成立于1985年11月，2006年下辖直属、吉安县、吉水县、峡江县、新干县、永丰县、安福县、泰和县、遂川县、万安县、永新县、井冈山市等12个县、市烟草专卖局（营销部）。截至2006年底，总资产30183万元，共有职工821人，其中聘用职工303人。辖区内共有卷烟零售户14204户。

2006年，共销售卷烟51.05亿支（17.02万箱），与上年同比增长2.4%。实现销售收入101542万元，同比增长37%。收购烟叶3665吨（73300担），同比增长117%。实现“两烟”税利17936万元，同比增长52.72%；其中，利润12824万元，同比增长40.78%。

全年共查获各类涉烟违法案件743起，破获非法经营卷烟网络3个，查缴假、私、非卷烟751万支，其中假冒卷烟555万支。

赣州市烟草专卖局（公司）

赣州市烟草专卖局（公司）成立于1984年8月，2006年下辖章贡区、赣县、上犹县、崇义县、南康市、大余县、信丰县、龙南县、全南县、定南县、安远县、寻乌县、于都县、兴国县、瑞金市、会昌县、石城县、宁都县18个县、市、区烟草专卖局（营销部）。截至2006年底，总资产51110万元，共有职工1953人，其中聘用职工1342人。辖区内共有卷烟零售户29934户。2006年，赣州市局（公司）专卖稽查支队被公安部、国家烟草专卖局授予“全国卷烟打假工作先进集体”称号。

2006年，共销售卷烟75.2亿支（15.04万箱），与上年同比增长1.3%。实现销售收入143700万元，同比增长15.4%。收购烟叶13950吨（279000担），同比增长42.5%。实现“两烟”税利29095万元，同比增长46.1%；其中，利润19732万元，同比增长43%。

全年共成立烟草专卖社区114个、零售户自律小组552个；参与自律小组的零售户13157户，占零售户总数的44.8%。全年共查处各类涉烟违法案件5905起，查获非法卷烟4093.05万支，查缴烟丝25.93吨、烟叶226.8吨，收缴制假烟丝机25台（套），捣毁制假窝点1处，移交公安、司法机关依法抓获48人，拘留33人，劳教1人，逮捕13人，判刑1人。

烟叶基础设施建设方面，投入3690万元用于扶持烟叶生产和烤房建设。开展“提供无偿使用卷烟柜台”活动，2000位优质诚信客户受益。

景德镇市烟草专卖局（公司）

景德镇市烟草专卖局（公司）成立于1985年1月，2006年下辖乐平市、浮梁县和直属分局3个县、市烟草专卖局（营销部）和金叶大酒店。截至2006年底，总资产20874万元，共有职工573人，其中聘用职工207人。辖区内共有卷烟零售户7723户。2006年，景德镇市局（公司）荣获“江西省价格诚信单位”。市局（公司）党委书记、局长（经理）徐素珍获“江西省三八红旗手”称号。

2006年，共销售卷烟26.06亿支（5.21万箱），与上年同比增长4.83%。实现销售收入62700万元，同比增长20.17%。实现税利11354万元，同比增长21.15%；其中，利润9030万元，同比增长20.88%。

共成立烟草专卖社区42个，零售户自律小组229个，参与自律小组零售户4717户，参与率达69.5%。全年共查获各类涉烟违法案件632起，5万元以上大要案件8起；查获各类违法违规卷烟341.52万支，其中假冒卷烟193万支；移交公安、司法机关依法逮捕13人，判刑8人。

萍乡市烟草专卖局（公司）

萍乡市烟草专卖局（公司）成立于1985年2月，2006年下辖直属局、上栗县局、卢溪县局、湘东区局、莲花县局5个县、区烟草专卖局（营销部）和1个综合开发公司。截至2006年底，总资产16434万元，共有职工385人，其中聘用职工233人，辖区内共有卷烟零售户6973户。2006年，市局（公司）被评为“全省系统社会治安综合治理先进单位”、“全省系统平安单位”。

2006年，共销售卷烟25.76亿支（5.15万箱），与上年同比增长1.45%。实现销售收入65000万元，同比增长30%。实现税利9396万元，同比增长26.4%；其中，利润7088万元，同比增长37.4%。

全年共查获各类涉烟违法案件1602起，查获非法卷烟1054.8万支，破获制假、贩假网络案件1起，移送公安、司法机关依法拘留14人，批捕4人，判刑10人。

新余市烟草专卖局（公司）

新余市烟草专卖局（公司）成立于1984年12月，2006年下辖渝水区、分宜县两个县、区烟草专卖局（营销部）。截至2006年底，总资产11603万元，共有职工248人，其中聘用职工129人，辖区内共有卷烟零售户4336户。2006年，新余市局（公司）被评为“全省系统平安单位”，并连续三年被评为“全省系统社会治安综合治理先进单位”。

2006年，共销售卷烟15.53亿支（3.1万箱），与上年同比增长2.3%。实现销售收入34800万元，同比增长12%。实现税利6207万元，同比增长35%；其中，利润4602万元，同比增长17%。

全年共查处各类涉烟违法案件244起，查缴各类违规卷烟375.04万支，其中假冒卷烟48.36万支。破获20万元以上制假、贩假网络案件3起。移送公安、司法机关依法刑事拘留9人，判刑5人。

鹰潭市烟草专卖局（公司）

鹰潭市烟草专卖局（公司）成立于1985年3月，2006年下辖月湖区、贵溪市、余江县3个县、市、区烟草专卖局（营销部）。截至2006年底，总资产11654万元，共有职工281人，其中聘用职工160人。辖区内共有卷烟零售户3882户。

2006年，共销售卷烟15.92亿支（3.18万箱），与上年同比增长2.4%。实现销售收入43100万元，同比增长20.2%。实现税利7992万元，同比增长16.2%；其中，利润6232万元，同比增长19.7%。

成立零售户自律小组111个，参与自律小组的零售户达1914户，参与率50%。全年共查处各类涉烟违法案件283起，其中，假冒卷烟案件97起；查获非法卷烟955.66万支，其中，假冒卷烟625.06万支、烟丝262公斤、烟叶8000公斤；破获制假窝点1个；移交公安、司法机关依法批捕涉嫌违法犯罪人员2人，刑拘3人。

驻南昌铁路烟草专卖局

驻南昌铁路烟草专卖局于2001年11月恢复成立，是江西省烟草专卖局的派驻机构，受江西省烟草专卖局和南昌铁路局双重领导，以江西省烟草专卖局为主，依法加强铁路烟草专卖管理，保护烟草专卖品在铁路系统的合法经营和运输，打击和查处违法行为。2006年下辖南昌铁路卷烟经营部，卷烟销售范围为南昌铁路局所辖江西省境内的车站、客车和南昌地区铁路二、三村家属区。截至2006年底，总资产1108万元，拥有职工28人，辖区内共有卷烟零售户139户。

2006年，共销售卷烟1.1亿支（0.22万箱）。实现销售收入7300万元，与上年同比增长21%。实现税利972万元，同比增长34.6%；其中，利润697万元，同比增长26.5%。

全年共查处各类涉烟违法案件121起，查缴各类违法卷烟168.66万支，其中，假冒卷烟53.58万支、走私卷烟24.9万支、无证运输卷烟90.18万支，案值152万元。移交公安、司法机关依法批捕11人，刑拘14人，判刑8人。

2006年12月31日，卷烟经营部股东单位由江西省卷烟销售公司变更为南昌市烟草公司，原南昌铁路卷烟经营部纳入南昌市公司销售网络，其经营权限、销售范围仍保持不变。

2006年江西省烟草商业系统主要情况统计

地市级局（公司）名称		南昌市烟草专卖局、江西省烟草公司南昌市公司	九江市烟草专卖局、江西省烟草公司九江市公司	上饶市烟草专卖局、江西省烟草公司上饶市公司	抚州市烟草专卖局、江西省烟草公司抚州市公司
法人代表/主要负责人		魏平	刘淳	熊也农	叶福建
总资产（万元）		66755	40680	42758	29949
员工总数（其中聘用员工数）（人）		863（其中聘用员工389人）	901（其中聘用员工374人）	1141（其中聘用员工694人）	1255（其中聘用员工835人）
所属县级局数量（个）		6	13	12	11
所属县级公司数量（个）		/	/	/	/
所属营销部（分公司、访销中心、稽查大队等）		8个营销部、8个稽查大队	13个营销部、12个稽查大队	12个营销部、12个稽查大队	11个营销部、11个稽查大队
销售卷烟（亿支）		78.55	65.00	77.02	44.21
实现税利（万元）	本年	35288	24269	26745	24876
	上年	28378	18794	21486	17591
实现利润（万元）	本年	28597	18492	20495	13478
	上年	22819	14427	16574	10071
烟叶种植（亩）		/	/	2162	56300
烟叶收购（担）		/	/	6249	155400
零售户数（户）		17609	18704	26385	14573

地市级局（公司）名称		宜春市烟草专卖局、江西省烟草公司宜春市公司	吉安市烟草专卖局、江西省烟草公司吉安市公司	赣州市烟草专卖局、江西省烟草公司赣州市公司	景德镇市烟草专卖局、江西省烟草公司景德镇市公司
法人代表/主要负责人		胡义强	辛焕荣	罗建武	徐素珍
总资产（万元）		42991	30183	51110	20874
员工总数（其中聘用员工数）（人）		1012（其中聘用员工379人）	821（其中聘用员工303人）	1953（其中聘用员工1342人）	573（其中聘用员工207人）
所属县级局数量（个）		10	12	18	3
所属县级公司数量（个）		/	/	/	/
所属营销部（分公司、访销中心、稽查大队等）		10个营销部、10个稽查大队	12个营销部、12个稽查大队	18个营销部、18个稽查大队	3个营销部、3个稽查大队
销售卷烟（亿支）		67.95	51.05	75.20	26.06
实现税利（万元）	本年	20213	17936	29095	11354
	上年	15468	11744	19921	9372
实现利润（万元）	本年	14966	12824	19732	9030
	上年	12210	9109	13802	7470
烟叶种植（亩）		/	22200	118600	/
烟叶收购（担）		/	73300	279000	/
零售户数（户）		21686	14204	29934	7723

地市级局（公司）名称		萍乡市烟草专卖局、江西省烟草公司萍乡市公司	新余市烟草专卖局、江西省烟草公司新余市公司	鹰潭市烟草专卖局、江西省烟草公司鹰潭市公司	江西省烟草专卖局驻南昌铁路烟草专卖局
法人代表/主要负责人		王毅力	肖启裕	陈小平	徐新华
总资产（万元）		16434	11603	11654	1108
员工总数（其中聘用员工数）（人）		385（其中聘用员工233人）	248（其中聘用员工129人）	281（其中聘用员工160人）	28（其中聘用员工16人）
所属县级局数量（个）		5	2	3	/
所属县级公司数量（个）		/	/	/	/
所属营销部（分公司、访销中心、稽查大队等）		5个营销部、7个稽查大队	2个营销部、3个稽查大队	3个营销部、3个稽查大队	1个营销部、1个稽查大队
销售卷烟（亿支）		25.76	15.53	15.92	1.10
实现税利（万元）	本年	9396	6207	7992	972
	上年	6840	4597	6626	722
实现利润（万元）	本年	7088	4602	6232	697
	上年	5607	3661	5206	551
烟叶种植（亩）		/	/	/	/
烟叶收购（担）		/	/	/	/
零售户数（户）		6973	4336	3882	139

（左荣华、刘莉红）

山东烟草

山东省烟草专卖局（公司）

概　况

山东省位于中国东部沿海，总面积15.7万平方公里，总人口9309万人。全省设17个地级市、140个县级行政单位。2006年，全省实现地区生产总值（GDP）达到22077.36亿元。

山东省烟草专卖局、山东省烟草公司分别组建于1983年和1982年，1985年山东省烟草公司上划中国烟草总公司。2006年省局（公司）下辖济南、青岛、淄博、枣庄、东营、烟台、潍坊、济宁、泰安、威海、日照、莱芜、临沂、德州、聊城、滨州、菏泽17个市烟草专卖局（有限公司）、140个县级烟草专卖局（分公司、营销部）、2家烟叶复烤有限公司（山东京鲁烟叶复烤有限公司、山东申沂烟叶复烤有限公司），1个烟草培训中心（青州烟草中等专业学校）、1个进出口公司（中国烟草山东进出口公司），1家多元化管理集团公司（山东宏发烟草<集团>有限公司）。共有职工21094人，其中聘用职工10592人。在岗职工中拥有高级职称者47人，拥有中级职称者1033人，拥有初级职称者3262人。截至2006年底，固定资产33.83亿元，流动资产72.76亿元。

2006年，省局（公司）离退休人员管理办公室被中组部、人事部评为“全国老干部工作先进集体”，省局（公司）被中共山东省委、省政府授予“‘平安山东’建设先进集体”、“山东省整顿和规范市场经济秩序工作先进集体”等称号。

领导成员

局长、党组书记：孙公准

副局长、总经理、党组副书记：王彦亭

副局长、党组成员：陈毅力

副总经理、党组成员：武梅华

副局长、党组成员、纪检组长：王玉麟

副总经理、党组成员：刘云生

副巡视员：曹卫国

副巡视员：董永平（2006.12—）

副巡视员：邓志坚（2006.12—）

组织机构

省局（公司）设办公室（外事办公室）、人事劳资处、监察处（党组纪检组办公室）、法规处、专卖监督管理处（专卖监督管理稽查总队）、综合计划处、财务管理处、审计处、安全保卫处、科技处、思想政治工作处（与机关党委、工会合署办公）、投资管理处等12个内设机构。职工基本养老保险统筹办公室（归口人事劳资处）、离退休人员管理办公室、铁路烟草专卖局（归口专卖监督管理处）、机关服务中心、山东省烟草行业特有工种职业技能鉴定站、山东烟草资金管理中心（归口财务管理处）、山东烟草信息中心、山东省烟草质量监督检测站、山东省烟草学会、东方烟草报社等10个专业部门。山东省卷烟销售公司（山东省卷烟交易中心）、山东省烟叶生产购销公司2个专业公司，以及1个整顿办公室、1个临时机构新办公楼筹建处。

经济效益

2006年，全省共销售卷烟1408.3亿支（281.7万箱），完成国家局下达计划的106.3%，比上年增长8.7%。其中，销售一、二类烟200.4亿支（40.1万箱），比上年增长40.5%，占总销量的14.2%；三类烟807.9亿支（161.6万箱），比上年增长72.3%，占总销量的57.4%；四类烟342亿支（68.4万箱），比上年下降42.9%，占总销量的24.3%；五类烟58亿支（11.6万箱），比上年下降31.8%，占总销量的4.1%。单箱销售额9542元，比上年增长11.4%；单箱销售利润1147元，比上年增长17.28%；卷烟综合毛利率为24.17%，比上年提高0.19个百分点。全省种植烟叶39.06万亩，比上年增加6万亩；收购烟叶5.75万吨（114.9万担），比上年增加2.09万吨（41.89万担）；烟叶平均等级合格率86.3%。出口创汇1705.2万美元。实现销售收入246.21亿元，比上年增加49.26亿元，增长25.12%。实现“两烟”税利41.64亿元，同比增长24.37%；其中，利润28.96亿元，同比增长21.83%。

专卖管理

省局（公司）确定“管理重心下移，加强基层基础，县级局向小机关、大执法转变”的工作定位和“优化执法环境，完善体制机制，突出工作重点，加强队伍建设”的工作思路，卷烟市场控制力显著增强。

优化专卖执法环境。省政府专门召开会议，部署“两项行动”即整治卷烟市场经营秩序专项行动和根治重点地区卷烟制假专项行动。2006年10月，省政府在商河召开现场会，对“两项行动”以来收缴的155台制假设备进行公开销毁。省局（公司）与法院、检察院、公安、工商等部门建立健全烟草制品打假协作机制，进一步完善市场管理和打假打私长效机制。

卷烟打假。按照“打疏结合、综合治理”的原则，突出抓好重点地区打假和源头打假工作，制假活动得到基本根治。2006年，全省共端掉制假窝点15处、贩藏假烟窝点3569处，查获制假设备110台（套），移交公安、司法机关拘留1017人，逮捕186人，判刑165人。

市场清理整顿工作。以打击制售假烟网络为重点，开展市场清理整顿工作。全省打击非法经营大户5009户，成功破获26起符合国家局要求的网络案件。其中，济宁市局（公司）破获的“3·30”案件，涉案金额800万元，涉案人员51人，是近年来山东破获的涉案省份最广、案值最大的案件。按照“先收编，后规范”的原则，清理整顿卷烟无证零售户，共清理无证户5.7万户。

销售与网络

“按客户订单组织货源”。2006年，省局（公司）被国家局确定为全国烟草行业“按客户订单组织货源”试点单位。在全省行业统一“试点就是创新、试点就是反映问题、试点定位要明确”的认识，把国家局提出的“三个延伸”、“三个更加注重”作为试点工作的定位，做好“学习、借鉴、结合、创新”文章。成立由工商双方领导组成的试点工作领导小组，先后召开6次领导小组会议，加强领导和协调，做到“认识、领导、组织、措施、责任”五个到位。总结济南、青岛、威海、滨州市局（公司）首批试运行单位8个方面的试点经验，制订《分类指导、分批推进工作指导意见》，推动全省试点工作扎实开展。截止到2006年底，全省卷烟销售增长率达到8.7%，总量预测准确率达93.65%，客户订单满足率达77.44%，“百牌号”集中度达98.8%。

突出有效组织货源和培育名优品牌“两项重点”，做好试点向订单生产延伸工作，先后与11家省级工业公司建立战略联盟关系。加强产销衔接，确保货源适销对路。通过采取“集中衔接，分别订货”的产销衔接方式，全省协议签订率达96.6%，比上年提高12.8个百分点。省局（公司）成立卷烟品牌管理委员会，制订完善品牌管理办法，统一了品牌引入、退出和促销流程，为工业企业营造公平竞争的市场环境。

网建提升工作。按照省局（公司）“扩大销量，提升结构，培育品牌，增加效益”的思路，卷烟经营实现了“销量增长、结构上移、品牌集中”。按照“城市市场提升结构，农村市场扩大销量”的经营指导思想，对各市局（有限公司）实行分类指导，加强货源的有效配置。采取日报表和县公司旬简报的形式，加强对卷烟销售情况的调度，2006年，单箱销售额9542元，比上年增长11.4%，卷烟“百牌号”集中度达到98.8%，同比提高2.4个百分点。

与各市局（公司）签订网建目标责任书，制订并实施全省网建全面提升工作方案。按照经营业态、地理位置、经营规模、专卖守法情况对零售客户进行重新分类维护，制定具有针对性的营销服务策略。根据《山东省卷烟销售网络建设整体规划》的要求，实现全省营销机构“定岗、定员、定责”。完善电话订货、品牌培育、物流配送、客户服务流程，重新设计市场需求预测、市场预警和客户订单采集流程，为营销人员提供完善的技术支持平台。规范卷烟零售市场价格体系，提高零售客户的盈利水平。推进电子结算工作，城区电子结算率达62%，部分单位达95%以上。加强零售终端信息点建设，全省共建立零售终端信息点9350户，占零售客户总数的2.3%。

烟叶产销

确定“立足实、争取强、注重精、要特色”的工作思路，2006年，共种植烤烟39.06万亩，收购烟叶5.75万吨（114.9万担），其中，上、中等烟叶占收购总量的82.1%，公斤均价8.56元，平均亩产147.1公斤，累计投放收购资金4.92亿元。

省政府建立烟叶生产联席会议制度，下发《关于促进烟叶生产可持续发展的意见》，省农业厅、水利厅与省局（公司）联合下发《关于加强烟水配套工程等烟叶生产基础设施建设的意见》，基本形成政府领导、烟草为主、部门参与、分工负责、齐抓共管的工作格局。

推进基础设施建设，全年共建成基础设施建设项目6264个，投入资金1.6亿元，受益面积达到23万亩。发展规模化、集约化种植，全省发展10亩以上大户5876户。建设农场457个，总面积达6.7万亩，同比增加3.3万亩。推进“科技兴烟”工作，全省集约化育苗率达80%以上，防病措施更加科学，苗床熏蒸剂甲基溴替代技术得到广泛应用，生态、环保、防病的育苗基地得到示范推广。严格执行烟叶合同收购，全省工商交接等级合格率为70.9%。完善政府协调、气象为主、烟草资助的烟叶生产保障机制，2006年，共增设防雹炮点26处。完善烟叶种植风险保障体系，为烟农投保近360万元，降低烟叶种植风险。加强基层建设，以改善烟站收购设施和职工工作生活条件为重点，对全省149个烟站进行改造和建设。

内部管理监督

开展以内部专卖管理监督检查和同级审计监督检查工作为内容的“两项检查”工作，确定“以自查自纠为主题，以全员参与为基础，以建立长效机制为目标，以加强领导和社会监督为保障，把问题最大限度地解决在自查自纠阶段”的工作思路。建立内部专卖管理监督特派员制度，成立内部专卖管理监督工作机构。加强制度建设，制订《卷烟及复烤企业内部专卖管理监督工作暂行规定》、《省内运输烟草专卖品及收货确认管理办法》等制度，完善内部专卖管理监督长效机制。在内部专卖管理监督检查方面，全省烟草局（公司）系统共自查出“两烟”生产经营、进出口业务等环节31各方面的问题，涉及52.65万笔业务；在同级审计方面，全系统共查处8个方面的问题，涉及内容73项。除涉及资产质量方面的问题外，其他问题已全部整改到位。

体制改革

理顺省局（公司）与市局（有限公司）的投资关系，调整各市公司股东权益，增加省局（公司）对17个市局（有限公司）的投资，省、市公司母子公司管理体制架构基本形成。以理顺体制机制、优化资源配置、提高复烤企业整体竞争实力为目标，做好烟叶复烤企业布局调整工作。根据《国家烟草专卖局关于调整中国烟草进出口（集团）公司成员企业管理体制的决定》（国烟法［2006］589号），中国烟草山东进出口公司重新划归省局（公司）管理。对此，省局（公司）研究制订《中国烟草山东进出口公司管理体制调整方案》，对中国烟草山东进出口公司进行资产评估，理顺资产关系，调整进出口公司管理体制，将中国烟草山东进出口公司改制成有限责任公司。改制后的中国烟草山东进出口公司，省局（公司）持有60%的股份，山东中烟工业公司持有40%的股份。进出口公司经营范围保持不变，并接受中国烟草进出口（集团）公司业务指导。

科技创新

把“探索新型的消费与营销管理模式，建立以品牌培育为中心的卷烟供应链体系，加强卷烟销售网络，特别是零售终端网络系统的研究，提高营销水平与市场控制力”作为科技立项的重中之重，结合烟叶生产、行业内部管理监督、企业文化建设等工作重点，确定供应链管理体系建设、特色烟叶品牌培育、病虫害综合防治及企业管理创新等4个立项重点。编制《山东省烟草专卖局、中国烟草总公司山东省公司中长期科技发展规划纲要（2006－2020年）》。在原有中国烟草遗传育种研究（北方）中心的基础上，组建“山东省烟草病虫害研究中心”和“山东省卷烟营销战略研究中心”，初步形成了以三个中心为核心创新层，以企业为创新主体，产学研联合，研究开发与推广应用相结合的科技创新体系。

信息化建设

加强信息化重点工程建设，重点做好卷烟生产经营决策管理系统、电子政务系统及电话订货系统、“按客户订单组织货源”试点信息支持系统、视频会议系统、桌面管理系统的学习、培训、推广应用工作。在“按客户订单组织货源”试点工作中，创造出管理信息系统集中在省局（公司）、业务运营系统分布在地市的信息系统管理模式。加大对物流分拣、烟叶管理等相关信息化项目建设的技术支持力度。重视信息化考核工作，制订《山东烟草局（公司）系统信息化工作考核办法》，促进全省信息化建设工作。

企业管理

财务管理。按照国家局有关规定，做实资产，理顺产权，完成资产的上划下投工作。摸清家底，开展多元化经营企业清产核资工作。依法依规消化资产及经营损失。强化预算管理，突出预算编制、执行、考核等关键环节控制，降低成本费用，全面完成预算目标。加强制度建设，建立会计信息体系，确保会计信息的真实、准确、完整。加强价格管理工作，完善全省卷烟统一批发价格目录，夯实卷烟价格工作基础。作为北方11省（区、市）价区牵头单位，组织开展北方价区卷烟批发价格检查工作。

审计管理。开展固定资产投资项目、物资采购及合同管理、预算执行情况和经济责任审计，通过开展专项审计和审计调查，加强审计结果利用，促进企业管理水平提高。完善审计制度建设，建立省局（公司）预算管理、审计调查、后续审计、经济合同管理、会计资料、审计结果公布、审计人员后续教育等7个方面的审计制度、办法。加强审计管理，坚持审、帮、促结合，发现问题、解决问题，提高管理和效益水平，发挥审计建设性作用。

安全管理。以建立安全生产长效机制为主线，以消防、交通、宾馆酒店为管理重点，加强安全管理工作。通过抓基础、基层工作，逐步理顺安全组织机构，加强安保管理力量，形成企业安全文化。2006年，企业事故隐患数量同比下降20%。实现年度重大火灾责任事故为零，重大交通责任事故为零，重大因工伤亡事故为零，重大设备事故为零，重大责任被盗事故为零，工伤事故率控制在2‰以内的安全管理目标。

进出口贸易

2006年，山东进出口有限责任公司实现销售收入36609.8万元，比上年下降4.62%；实现进出口总值

4588.95万美元，比上年增长0.24%。出口创汇1705.02万美元，比上年增长13.61%；其中，烟叶出口3438.76吨，比上年增长31.97%；烟梗出口727.52吨，比上年降低29.44%；卷烟代理出口117580万支，比上年增长14.91%；出口烟丝4.46吨；出口旧烟机5套。进口总值2883.93万美元，比上年下降6.27%；其中，进口卷烟8889.03万支，比上年增长25.11%；进口丝束7113.17吨，比上年下降10.4%；进口盘纸790.38吨，比上年下降32.56%；代理进口设备仪器5批；进口烟叶6138吨。

多元化经营

开展多元化经营企业清产核资工作，共清理登记多元化经营企业62户，直接投资115774万元，其中全资、控股、相对控股企业37户，参股企业14户，往来性质及集体企业11户。11月，召开全省烟草系统清理清退多元化资产工作座谈会，初步确定18户多元化企业暂时予以保留，44户多元化企业列入清退计划。列入保留计划的18户多元化企业中，全资、控股和相对控股企业11户，参股企业4户，集体企业改制后保留3户，投资额84492万元；列入清退计划的44户企业中，全资、控股和相对控股企业26户，参股企业10户，往来性质及账外集体企业8户，清理投资额31282万元。截止到2006年底，15户企业已完成清退任务。

人事与劳资

人事用工制度。制订市级局（公司）领导干部选拔任用、全系统干部交流、领导班子及干部管理监督、干部教育培训、省局（公司）机关处级干部选拔任用、省局（公司）机关科级干部晋升等6项制度，初步建立起人员能进能出、干部能上能下、薪酬能升能降的新型人事用工制度。2006年，共调整充实15个市局（有限公司）及中专学校的领导班子，组织13个单位和省局（公司）机关竞争上岗和干部选拔工作，共计选拔处级干部87名，其中竞争上岗选拔60名、组织考察选拔27名，调整处级干部20名。交流任职处级干部26名，交流挂任处级职务5人。抓好聘用人员队伍建设，打通聘用人员的成长渠道，共有300多人通过竞争上岗走上县级局（分公司、营销部）管理岗位。

教育培训。举办第二至第五期干部培训班，共有415名员工接受为期3个月的脱产培训；有8人到省委党校和国家局党校进行培训。根据“五五”普法规划，培训专卖执法人员近7万人次；结合订单供货试点，培训内部人员约3万人次；组织职业技能鉴定培训2800多人次。

思想政治工作

加强党组理论学习中心组学习。召开3次党组理论学习中心组（扩大）读书会，就学习贯彻《党章》、科学发展观和十六届六中全会精神等内容进行交流探讨，组织全系统党员、干部职工认真学习《江泽民文选》，开展社会主义荣辱观教育，进一步提高干部职工的政治理论素质。加强党建工作，初步建立起保持党组织和党员先进性的长效机制。开展“五个好”优秀党组织和“五个好”优秀党员的创建、评选活动。开展“‘两个至上’在岗位”主题实践活动。共撰写以“‘两个至上’在岗位”为主题的论文400余篇，组织地方领导、专家学者、新闻单位参与的“烟草行业‘两个至上’共同价值观与国有企业价值取向的选择”专题座谈会30余场。充分发挥工青妇等群众组织的作用，组织开展乒乓球、登山、棋牌比赛，有效地活跃了职工的文体生活。

党风廉政建设

突出惩防体系建设、责任制考核和纪检监察组织机构建设三项重点任务。省局（公司）党组印发《中共山东省烟草专卖局（公司）党组贯彻落实〈建立健全教育、制度、监督并重的惩治和预防腐败体系实施纲要〉的具体意见》、《关于加强市级局（公司）纪检监察组织机构和队伍建设的意见》、《山东省烟草专卖局（公司）系统2005～2006年度党风廉政建设责任制考核方案》、《关于评选全省烟草局（公司）系统2005～2006年度“党风廉政建设先进单位、先进个人”和“优秀纪检监察干部”的通知》，加强惩治和预防腐败体系建设，开展党风廉政建设责任制考核和评先树优活动，进一步加强反腐倡廉工作。2006年，全省行业共组织522名各级干部进行年度述职述廉，对260名新任干部进行廉政谈话，对10名领导干部进行诫勉谈话；受理信访举报106件次，立案6起，结案9起，党纪政纪处分38人次。

成立治理商业贿赂领导小组，印发《山东省烟草专卖局（公司）开展治理商业贿赂专项工作方案》，把治理商业贿赂工作与行业内部专卖管理监督检查和同级审计监督检查工作有机结合起来，围绕卷烟经营、烟叶收购、项目建设和物资采购等三个重点环节，开展自查自纠，就发现的问题进行整改。继续深化企务公开，参与“阳光政务热线”和民主评议政风行风活动，加强企业内部民主建设和企业外部监督。

企业文化

省局（公司）成立企业文化建设委员会，由省局（公司）领导任委员会主任、副主任，各直属单位主要领导为成员，明确各单位主要领导为企业文化建设的第一责任人，切实加强组织领导。制订《山东烟草局（公司）系统企业文化建设意见》，明确全省行业企业文化建设的指导思想、基本原则、基本内容、总体目标，对文化建设的方法步骤、具体措施及组织领导、工作评估做了具体部署。4次召开调研座谈会，对企业文化建设工作进行研究探讨。2006年，济宁市局（有限公司）作为全国烟草行业企业文化试点单位，完成《企业文化案例》编写工作，修订完善了《2006版济宁烟草文化手册》。济南、青岛、烟台、潍坊、临沂、淄博、枣庄、莱芜、滨州、德州等市局（有限公司）均制订《企业文化建设实施方案》，全面推进企业文化建设工作。

特事要辑

1月12日，山东省政府召开2005年度全省烟叶生产工作表彰会。

8月26日～27日，国家局副局长何泽华到山东烟草调研。

10月31日，山东省综治办、山东省整规办、山东省公安厅、山东省工商局、山东省烟草专卖局在济南联合召开山东省整治卷烟市场秩序暨根治重点地区卷烟制假专项行动总结表彰会、集中销毁卷烟制假设备现场会，共销毁制假烟机设备110台（套）。山东省委常委、政法委书记阎启俊，国家局副局长张辉参加了此次会议。

山东省局（公司）主要统计指标汇总

实现税利（亿元）	商业利润（亿元）	销售卷烟（亿支）	烟叶种植（万亩）	烟叶收购（万担）	出口创汇（万美元）
41.64	28.96	1408.30	39.06	114.90	1705.02

所属地市级局（公司）

济南市烟草专卖局（有限公司）

概　况

济南市总面积8177平方公里，总人口597.44万人。下辖6区、1市、3县。2006年全市实现地区生产总值（GDP）2185.09亿元。

济南市烟草专卖局（有限公司）组建于1984年，2006年下辖历下区、槐荫区、天桥区、历城区、章丘市、长清区、平阴县、济阳县、商河县9个县级烟草专卖局（营销部）。总资产63142.48万元，共有职工1234人，其中聘用职工665人。辖区内共有卷烟零售户21534户。

2006年，市局（有限公司）被国家局、公安部授予“2006年全国卷烟打假先进集体”；市局（有限公司）局长、总经理张克强被山东省总工会授予“山东富民兴鲁劳动奖章”。

领导成员

局长、总经理、党委书记：张克强

纪委书记、党委副书记：崔爱民

副总经理、党委委员：李炳俊（—2006.8）

副总经理、党委委员：赵　强（—2006.7）

副局长、党委委员：何东升

副局长、党委委员：刘加信（2006.8—）

副总经理、党委委员：高　萍（20068—）

副总经理、党委委员：陈　勇（2006.8—）

副调研员：张华昌（2006.8—）

副调研员：周　洁（2006.8—）

副局长、山东省烟草专卖局内部专卖管理监督副特派员：赵　强（2006.7—）

组织机构

市局（有限公司）设办公室（党委办公室、外事办公室）、人事劳资处、政工处、监察处、专卖监督管理处（专卖监督管理稽查支队）、综合信息处、财务（国有资产管理）处、审计处、安全保卫处、离退休人员管理处、整顿办公室、卷烟营销中心等12个科室（部门）。

经济效益

2006年，共销售卷烟100.83亿支（20.17万箱），比上年增长3.60%。其中，销售一类烟4.67亿支（0.93万箱），比上年增长15.68%；二类烟11.27亿支（2.25万箱），比上年增长40.64%；三类烟64.38亿支（12.88万箱），比上年增长67.38%；四类烟18.09亿支（3.62万箱），比上年减少57.48%，五类烟2.43亿支（0.49箱），比上年减少43.26%。实现销售收入182242万元，比上年增长18.37%；实现税利37804万元，同比增长29.47%；其中，利润28776万元，同比增长27.45%。

专卖管理

完善“党委政府领导，部门齐抓共管，烟草充分发挥打假主力军作用，县乡村一把手逐级负责”的卷烟打假工作机制，把“打大户、破网络”作为整顿规范市场的突破口，2006年，共打击非法卷烟经营大户1711户，在商河、济阳破获符合国家局要求的网络案件两起，在槐荫区破获符合省局要求的网络案件一起。协助济阳、商河两县政府对部分乡村进行立体帮扶，为符合条件的农村卷烟零售户办理卷烟零售许可证，巩固打假成果。

加强基层基础，实现县级局向“小机关、大执法”转变的工作要求，制订了专卖建所工作规划方案，按照“循序渐进、成熟一个建设一个”的原则，启动基层专卖所建设工作，先期建设的19个专卖所的硬件设施基本到位。制订《行政执法责任制年度评议考核办法》等7项制度，进一步健全行政执法责任制制度体系。

2006年，全市共查获涉烟案件8133起，查获各类非法卷烟5821.2万支，查获假冒卷烟4665.98万支，涉案金额2296.72万元。移交公安、司法机关依法判刑6人。

网络建设

试点工作思路。把“按订单组织货源”试点作为网建工作的重点，抓好三个方面的工作，即：打通供应链的信息通道，推动“订单供货”向“订单生产”延伸；扶持重点企业，培育重点品牌，推动国家局“两个10多个”战略目标的实现；积极探索体制、机制方面的深层次问题，为行业改革提供有益的借鉴。制订试点工作方案，提出“一五三六”的总体工作思路，建立“三三四三”需求预测模式。

细化客户分类。实施客户经理的专业化分工设置。依据零售户经营规模、地理区位及守法诚信程度的不同，将零售户在业态分类标准的基础上重新细化归并为甲乙丙丁四大类，为不同类别的客户配置不同的客户经理，制订不同的服务标准、工作流程和考核办法；并根据管理范围和工作难易程度的不同，确定不同类别客户经理的配置比例和服务客户的数量。

整合物流资源。以先进的数学模型和电脑软件为基础，打破行政区域界限，对配送线路进行优化，整合全市物流资源。线路调整优化后，送货车辆由原来的74部减少到66部，送货线路由原来的426条减少到363条，年节约总里程40.3万公里，年节约车辆、人员、油耗等各项费用约131万元；单箱物流费进一步降低。

提高营销队伍素质。面向社会招聘16名具有全日制专科以上学历和一定市场营销经验的客户经理。开展客户经理“三看四比”活动。“三看”即看客户店面形象、看客户规范程度、看客户导购能力；“四比”即比品牌上柜、比“三率一度”、比客户获利、比客户满意。实施层级动态管理，将“四员”设置为首席、高级、中级、初级和见习五个层级，建立以工作业绩和能力素质评价为基本导向的四员层级动态管理机制。

探索建立工商协同信息平台。推动“订单供货”向“订单生产”延伸。实现与浙江中烟工业公司、山东中烟工业公司的按库存预警自动补货功能，与红塔烟草（集团）公司、红云烟草（集团）有限责任公司、长沙卷烟厂等工业企业签订了平台使用服务协议书。

内部管理监督

坚持“一靠制度、二靠纪律、三靠自律、四靠他律”的原则，开展“两项检查”工作。抓住专卖、经营、考核三个环节，把“两项检查”同学习贯彻党章、践行“两个至上”、社会主义荣辱观大讨论和反商业贿赂工作结合起来，推动“两项检查”工作向全员自查自纠延伸，向专卖管理执法行为自查延伸。加强制度建设，2006年新建制度38项，修改完善了11大类、68小类、159项制度。在内部专卖管理监督方面，查出9项不规范行为和事项，共8085笔、涉及卷烟17091件，金额9503.72万元，全部进行了整改；同级审计方面，通过自查、复查及“回头看”，共查出问题35个，涉及金额1574.44万元，均进行了整改，整改率达99.6%。

队伍建设

加强干部职工队伍建设。按照省局（公司）党组的统一部署，通过竞争上岗，4位同志走上市局（有限公司）领导岗位。开展《公司法》培训，先后选派31人参加省局（公司）系统干部培训班。开展“五个好”党支部、“五个好”党员评选活动，对4个先进党支部及28名优秀共产党员进行了表彰。提高队伍素质，全年接收、招聘具有本科以上学历的毕业生13人。完善聘用人员和劳务派遣人员管理机制，推进用工方式改革。截至2006年底，共有20名劳务派遣人员走上了基层单位中层管理岗位。

思想政治工作

开展“‘两个至上’在岗位”主题实践活动。按照制订方案、学习动员、专题活动、总结提升四个阶段深入开展主题实践活动。举行“满足消费者的真实需求是我们永恒的追求”、“‘两个至上’在岗位”专题演讲比赛践行“两个至上”。开展“学习贯彻党章、树立社会主义荣辱观”主题教育活动。狠抓团的组织建设，开展争创“青年文明号”活动。成立青年志愿者服务团队，开展各种献爱心、志愿服务和创新活动，2006年共有5名团员被济南市总工会评为“市级青年创新能手”。

青岛市烟草专卖局（有限公司）

概　况

青岛市总面积10654平方公里，人口749.41万人，下辖7区5市，2006年实现地区生产总值(GDP) 3206.6亿元。

2006年，青岛市烟草专卖局（有限公司）下辖市南、市北、四方、李沧、崂山、城阳、黄岛、莱西、即墨9个区（市）烟草专卖局（营销部），胶州、胶南、平度3个市烟草专卖局（分公司）。共有职工965人，其中聘用职工485人。固定资产26810万元；流动资产78915万元。辖区内共有卷烟零售户30589户。

2006年，市局（有限公司）被山东省社会治安综合治理委员会授予“2006年平安山东建设先进基层单位”称号。

领导成员

局长、总经理、执行董事、党委书记：刘国华

副局长、党委副书记、纪委书记、工会主席：朱汇泉（2006年9月，仅任工会主席）

副总经理、党委委员：潘瑞杰（2006年9月，改任副局长）

副总经理、党委委员：温　清

副局长、党委委员：谢　云

副总经理、党委委员：王健民（2006.09—）

副局长、党委委员：王军伟（2006.09—）

党委委员、纪委书记：董海燕（2006.09—）

组织机构

市局（有限公司）设办公室（外事办公室、机关服务中心）、人事劳资处、政工（离退休管理）处、监察处、专卖监督管理处（专卖监督管理稽查支队）、综合计划（信息）处、财务（国有资产管理）处、审计处、安全保卫处、卷烟营销中心、烟叶生产经营中心和整顿办公室12个职能部门。

经济效益

2006年，全市共销售卷烟146.53亿支（29.31万箱），比上年增长12.02%。其中，销售一类烟9.45亿支（1.89万箱），比上年增长35%；二类烟29.8亿支（5.96万箱），比上年增长46%；三类烟104.6亿支（20.92万箱），比上年增长42%；四类烟2.65亿支（0.53万箱），比上年减少91%。实现“两烟”销售收入315994万元，同比增长23.82%，实现“两烟”税利74963万元，同比增长32.2%；其中，利润59064万元，同比增长31.95%。

专卖管理

卷烟打假专项行动。开展整顿和规范卷烟市场经营秩序、根治重点地区卷烟制假专项行动以及打击非法大户，破除非法经营网络的专项行动，成功破获“818”非法销售假冒卷烟案件、“322”非法销售假冒卷烟案、“423”非法藏匿卷烟案。加大联合打假力度，市局（有限公司）制订与公安、司法机关的联席会议制度、案件移交制度、信息共享制度、重大案件督办制度、案件奖励制度和宣传制度等一系列工作规范，完善和巩固联合打击涉烟违法犯罪活动的长效机制。2006年，查获涉烟案件7576起，查获违法卷烟4297万支（859.4箱），原辅材料44.36吨，涉案总值1695.6万元；捣毁贩藏假烟窝点128个。

清理无证经营户。2006年6月，市局（有限公司）联合市整规办、工商局、公安局，在全市范围内对“未依法取得烟草专卖零售许可证，从事烟草制品零售业务”等13项违法行为和“存在无证经营卷烟行为的宾馆、酒店、洗浴中心”等重点场所进行专项治理整顿，共清理无证户5730户。

内部专卖管理监督。设计涵盖行业全部监督检查内容的25个表格，在全市推开使用，每月检查汇总存档。督促驻地卷烟工业企业等行业内企业制订内部专卖管理监督自查方案。对青岛卷烟厂、青岛造纸厂等企业的监管重点进行全面检查。严格执行烟草专卖品准运证制度，签发烟草专卖准运证7044份，有效履行对烟草专卖品运输的监管职能。

知识产权保护。与青岛卷烟厂等卷烟生产企业建立假冒商标卷烟案件通报制度，相互通报卷烟商标、标识、包装等知识产权保护情况以及相关案件查处情况，建立信息共享交流平台。与公安、工商、质监、旅游等相关执法部门联合开展保护知识产权专项行动，对辖区内的综合集贸市场、宾馆酒店、码头、机场、货运部及卷烟制假售假窝点等重点区域进行“拉网式”整治行动，2006年共有5名犯罪嫌疑人因侵犯知识产权被司法机关判刑。

网络建设

按客户订单组织货源。2006年1月，省局（公司）确定青岛市局（有限公司）为山东省“按客户订单组织货源”首批试点单位。第一阶段，主要进行动员、规划、培训和制度建设等试点准备工作。建立领导联系点制度和专业组调度会议制度等综合配套保障制度，对全区3万名零售户普遍进行了1~2次专题培训。4月，试点工作进入试运行阶段，加强与工业企业的沟通，开展基本预测和试运行。7月，进入全面试运行以后，重点推动试点向体制、机制、订单生产和消费领域等方面延伸，以试点工作的全面提升推动网建和企业整体工作的全面提升。2006

年10月，预测准确率和满足率最高分别达到96.22%和96.81%。同时，根据"按客户订单组织货源"试点工作需要，对卷烟经营总体流程进行全面梳理。

规范终端管理。根据国家局卷烟零售户业态分类标准，对全区近3万零售户客户按营销策略类别、访销周期进行统计分析，并通过研究各类客户经营业态、地理位置和区域分布等信息资料，将196个客户类别合并至18个营销策略类别，有效提高了营销策略测算的准确性。

开展商圈调查。为加强数据采集的代表性和准确性，提高营销策略制定和品牌培育的精准性和前瞻性，以城阳区营销部为首期试点单位，以客户经理为单元，全面采集商圈内人口数量和构成特征、消费能力与消费习惯、卷烟吸食口味与结构，并对相关数据进行分析，建立某个或某几个客户组合所辐射范围的消费者数据库，进行商圈发展定位，进一步细分客户群体和品牌，提高市场需求采集的准确性和品牌培育的针对性。截至2006年底，第二批试点的市北、李沧、莱西3个营销部已经完成商圈划分和基础数据的采集工作，进入数据分析阶段。

建立新型工商关系。2006年4月，启动与主要战略合作伙伴（卷烟工业企业）的商谈工作。修订《卷烟供应商评价办法》，对相关工业企业基础信息资料进行全面整理，健全完善供应商信息库。制订《卷烟货源采购衔接管理办法》，确立工商企业之间"半年意向、季调整、月合同、日分运"的合同协商与执行模式，并明确双方在货源衔接与合同执行上应共同遵循的原则及权责。利用"工商联盟互动平台"（ICAP），搭建与工业企业信息资源共享通道，为工业企业提供需求、销售、库存、价格和统计分析等市场信息。全年引进新品卷烟15个，退出规格22个，"百牌号"集中度达99.98%。

烟叶产销

围绕"立足实、争取强、注重精、要特色"的总体思路，出台《2006年烟叶生产扶持办法》等扶持措施，调动烟农植烟积极性。推行烟叶集约化大棚育苗等先进技术，提高烟叶质量。出台《员工带薪办烟叶农场暂行办法》，示范推广烟叶大户种植模式，鼓励适度规模发展。2006年，全区3个种烟市共签订烟叶产购合同1290份，完成移栽面积7236亩，收购烟叶1100吨（22700担），收购量同比增长31.5%。

企业管理

"两项检查"工作。制订《山东青岛烟草有限公司内部专卖管理监督工作自查方案》和实施细则，明确自查范围、内容，以及对复查中发现违规问题的处理标准。按照"全、严、细、实、准"原则，围绕卷烟经营工作3个重点环节和10项重点工作、烟叶生产经营工作3个重点环节和4项重点工作开展专卖内部管理自查自纠。同级审计自查自纠围绕财务收支、内控制度、预算、专项资金和资产状况5个方面开展工作。加强制度建设，对2000年以来制定的有关规章制度进行全面梳理，制订和完善"两烟"生产经营等方面的监管制度55项，做好"自查与自律"、"自纠与建章立制"两个结合。

财务统一核算体制。根据市局（有限公司）成为经营主体后企业经营模式和核算模式发生较大变化的实际，出台"报账制单位资金预算管理"、"加强内部财务管理监督"等10个内控和监管制度。建立集团账户管理模式，对各营销部（分公司）银行存款进行有效支配和监管。

资产管理。制订《青岛市烟草专卖局（有限公司）投资项目审批管理办法》、《青岛市烟草专卖局（有限公司）投资管理委员会工作细则》和《青岛市局（有限公司）房屋管理办法》，对全区的投资项目范围、实施程序、申报、审批，以及固定资产管理、处置权限等进行明确。

信息化建设

结合企业信息化系统建设现状和需求，立足企业信息化建设整体规划，制订《青岛烟草有限公司信息化规范》、《青岛烟草有限公司信息化安全规范》、《信息化建设项目招投标规范制度》和《信息化培训机制和年度培训计划》等制度，提高信息管理水平。

为满足市局（有限公司）与所属各区（市）营销部（分公司）实现"三统一"后卷烟营销工作实际需要，对分销系统进行升级，结束全区12个营销部（分公司）业务各自独立操作的局面，实现全区业务操作的统一执行，为统一营销策略、统一管理提供了技术支持与保障。为配合"按客户订单组织货源"试点工作，对呼叫系统进行升级和改造，顺利通过省局（公司）验收。优化银行扣款程序。开展全区业务系统操作标准化工作。

完善"零售终端网络管理系统"工商信息平台数据、订单分析等功能，对网上订单户实施分类管理、分档营销，实现了网上配货、网上需求预测、消费者问卷调查和零售户库存预警等功能，密切了烟草工业、商业、零售户、消费者之间的信息互通；建立智能配载分析决策系统，该系统是集卫星定位、线路优化、地理信息、仓储分拣于一体的综合信息管理平台。

队伍建设

人力资源整合。通过“干部交流”、“人才引进”、“素质提升”和“淘汰落后”等多种途径和方式，提高员工队伍整体素质。对市局（有限公司）机关和所属各区（市）局（营销部、分公司）的22名中层管理人员进行岗位交流。借助人才招聘会、网上招聘、代理招聘等，择优引进40余名具有本科或研究生学历的优秀人才，充实到营销、专卖、信息、设备维修、总控等岗位。组织5批（次）人员参加青州烟草中专学校的干部培训。经过整合，全区员工队伍建设初步实现“数量精简、结构合理、素质提升”的目标。

教育培训。制订《青岛市烟草专卖局2006年法制宣传教育和依法治理工作实施方案》和《全市专卖执法人员争创先进、规范达标竞赛活动实施方案》，于2月、3月、9月、12月分四个批次就烟草专卖法规、内勤管理、MIS系统应用等内容举办全市专卖管理人员培训班，实现烟草专卖管理由注重依靠行政手段向注重运用法律手段的转变。邀请驻青岛高校教授和国际烟草营销专家就“企业文化”、“人力资源体系构建”、“订单管理”和“卷烟营销”等课题分别对机关管理人员、卷烟营销人员进行专题培训。

思想政治工作

2006年，先后组织开展3次专题学习教育活动。一是学习党章“五个一”活动。组织268名党员及500余名干部职工参与党章专题学习活动。二是开展“两个至上”大讨论活动。制订《开展“‘两个至上’在岗位”主题实践活动实施方案》，召开卷烟零售客户、消费者、烟草职工、烟农种植户座谈会；举办“‘两个至上’在岗位”主题演讲比赛；征集专题实践活动理论研讨文章87篇、学习心得232篇。三是学习实践社会主义荣辱观活动。制订“企业八荣八耻”，细化社会主义荣辱观学习教育的具体内容，学习教育活动做到“五个相结合”，即与贯彻落实科学发展观相结合，与学习贯彻党章相结合，与践行行业共同价值观相结合，与企业文化建设相结合，与学习先进典型相结合。

党风廉政建设

建立健全党风廉政建设问责体系、分工协作体系、责任考核体系和责任追究体系，形成“一岗双责”工作格局。调整健全预算管理、投资管理、薪酬管理3个委员会，完善相应的议事规则、决策程序和监督机制。在全区范围内选配兼职纪检监察员14人，并在一线员工中聘请廉政信息员35人，构筑起较为严密的纪检监察工作网络。强化专、兼职纪检监察员的教育培训，着力加强纪检监察干部队伍思想建设、作风建设和能力建设。选派3名纪检干部，分批参加中纪委培训中心的业务培训。开展“健全党风廉政建设责任制”课题研究，就党风廉政建设责任制的功能与意义、存在的薄弱环节及其成因与对策等进行深入探讨，提高企业党风廉政建设的理论研究水平。

企业文化

2006年3月，市局（有限公司）与中国海洋大学签订合作协议，启动企业文化建设管理咨询项目。开展企业文化建设调查问卷，了解企业员工思想现状、员工的评价以及对相关方面状况。进行企业文化建设访谈工作，对市局（有限公司）机关及各基层单位不同层次员工120多人进行深度访谈，在对调查问卷和访谈资料进行全面深入分析后，形成《企业文化诊断报告》。2006年3月，市局（有限公司）被选为青岛市国有企业文化建设促进会理事单位。

淄博市烟草专卖局（有限公司）

淄博市烟草专卖局（有限公司）组建于1982年，2006年下辖张店区、博山区、淄川区、周村区、临淄区、桓台县、高青县、沂源县等8个区、县级烟草专卖局（营销部）及淄博金建物流有限公司和淄博金叶经贸有限公司两个多元化企业。截至2006年底，总资产36374万元，共有职工1357人，其中聘用职工383人。辖区内共有卷烟零售户18584户。2006年，市局（有限公司）被山东省档案局授予“省特级档案室”称号。

2006年，全市共销售卷烟71.53亿支（14.31万箱），比上年增长9.91%。种植烟叶21900亩，收购烟叶2670吨（53400担）。实现销售收入123315万元，比上年增长19.37%，其中，实现卷烟销售收入117431万元，实现烟叶销售收入5884万元。实现“两烟”税利21777万元，比上年增长43.82%；其中利润15255万元，比上年增长53.42%。

全年共查处涉烟案件4978起，其中，万元以上大案89起，比上年增长48%；查获各类非法卷烟3015.06万支，比上年增长69%，涉案总值676.45万元，比上年增长65%；端掉制售假冒卷烟窝点1128个，比上年增长56%。破获网络案件11起。移交公安、司法机关依法拘留81人，判刑16人。

枣庄市烟草专卖局（有限公司）

枣庄市烟草专卖局（有限公司）组建于1982年，2006年下辖滕州市、市中区、薛城区、山亭区、峄城区、台儿庄区6个区、市烟草专卖局（营销部）。截至2006年底，总资产31042万元，共有职工873人，其中聘用职工493人。辖区内共有卷烟零售户15710户。2006年，枣庄市局（有限公司）荣获“山东省思想政治工作优秀企业”称号。

2006年，全市销售卷烟57亿支（11.4万箱），比上年增长5.56%；实现销售收入112800万元，比上年增长29.25%。实现税利25210万元，比上年增长58.58%，其中，利润19604万元，比上年增长66.66%。

全年共出动专卖执法人员10.8万人次，打击非法经营大户208个，捣毁贩藏假烟窝点192个。共查获涉烟违法案件6956起，其中，3万元以上案件27起，查扣卷烟3135件，案值525万元，移送公安、司法机关依法行政拘留10人，刑事拘留19人，判刑9人。

企业文化建设方面，汲取墨子“兼相爱、交相利”思想的精华，构建“和合文化”，先后编辑出版《心灵颂歌——枣烟歌颂词萃》、《友谊放歌——枣烟楹联选粹》、《创业新歌——枣烟管理手册》和《魅力赞歌——枣烟文化手册》。

东营市烟草专卖局（有限公司）

东营市烟草专卖局（有限公司）成立于1983年12月，2006年下辖东营区、河口区、垦利县、利津县、广饶县5个区、县烟草专卖局（营销部），截至2006年底，总资产19318万元，共有职工384人，其中聘用职工167人。辖区内共有卷烟零售户7730户。

2006年，共销售卷烟35亿支（7万箱），比上年增长5.37%。实现销售收入69264万元，比上年增长18.48%。实现税利14190万元，比上年增长25.85%；其中，利润10886万元，比上年增长27.46%。实现单箱值11572元，比上年增长12.53%。

烟台市烟草专卖局（有限公司）

烟台市烟草专卖局（有限公司）成立于1982年，2006年下辖芝罘区、莱山区、牟平区、福山区、蓬莱市、栖霞市、龙口市、海阳市、莱州市、招远市、莱阳市、长岛县12个县、市、区烟草专卖局（营销部），截至2006年底，总资产66513万元，共有职工1254人，其中聘用职工628人。辖区内共有卷烟零售户31518户。

2006年，共销售卷烟111.83亿支（22.37万箱），比上年增长13.5%。实现销售收入217318万元，比上年增长26.9%。实现税利42476万元，同比增长41.1%；其中，利润31776万元，同比增长42.3%。

全年共查获各类涉烟违法案件5229起，查获各类卷烟2080万支，案值1111万元。破获国家局和省局要求网络案件2起。移交公安、司法机关依法行政拘留3人，刑事拘留44人，逮捕13人，判刑17人。

企业文化建设上基本形成以“人本管理”、“团体精神”、“和谐文化”、“制度约束”、“敬老爱企”、“选贤任能”为主的核心文化。

潍坊市烟草专卖局（有限公司）

潍坊市烟草专卖局（有限公司）组建于1984年，2006年下辖诸城市、青州市、安丘市、昌邑市、高密市、寿光市、临朐县、昌乐县、奎文区、潍城区、寒亭区、坊子区12个县、市、区烟草专卖局（分公司、营销部），山东鑫叶经贸有限公司以及东方大酒店。截至2006年底，总资产121840万元，共有职工3199人，其中聘用职工715人。辖区内共有卷烟零售户40732户。2006年，市局（有限公司）机关离退休党支部被国家局党组授予“先进党支部”称号。市局（有限公司）被山东省政府授予“全省卷烟打假和整治卷烟市场秩序两个专项行动先进集体”称号。

2006年，全市销售卷烟131.86亿支（26.37万箱），实现销售收入211542万元，比上年增长18.45%；实现销售毛利51339万元，比上年增长38.42%。种植烟叶130031亩，收购烟叶21108吨（422200担）。实现“两烟”税利40087万元，比上年增长48.83%；其中，利润24373万元，比上年增长65.45%。

烟叶种植方面，推进烟叶规模化种植，发展烟叶农场230个，面积42500亩。推广ZC－01品种、邦禾生物肥和半自动化密集烤房等三项新进技术。

2006年，全市共查获各类涉烟违法案件7370起，查扣各类违法卷烟2288万支，案值972万元，捣毁匿假售假窝点229个，实现罚没款134.67万元。

济宁市烟草专卖局（有限公司）

济宁市烟草专卖局（有限公司）组建于1982年，2006年下辖市中区、任城区、兖州市、曲阜市、泗水县、邹城市、微山县、鱼台县、金乡县、嘉祥县、汶上县、梁山县12个县、市、区烟草专卖局（营销部）及兖州印刷公司、新星砼制品有限公司两个工业企业，截至2006年底，总资产61262万元，共有职工1508人，其中聘用职工987人。辖区内共有卷烟零售户35894户。

2006年，共销售卷烟121.13亿支（24.23万箱），

比上年增长10.50%。实现销售收入181513万元，比上年增长20.64%。实现毛利42214万元，比上年增长50.37%。实现税利24114万元，比上年下降7.84%；其中，利润16356万元，比上年下降15.97%。

全年共查获涉烟违法案件4075起。查获非法卷烟1885.63万支，案值292.14万元；查获非法烟叶、烟丝90.91吨；捣毁制假藏匿窝点119个；查获大要案件14起，其中，"3·30"销售假烟网络案件，涉案金额800余万元，涉及17个省市，涉案人员40余人。移送公安、司法机关依法拘留69人，逮捕26人，判刑19人。

推进企业文化建设，明确"一点三到四原则"①的企业文化建设思路。汲取儒家思想精髓，提炼出"仁·和"精神、"和而不同、履行使命"、"高调做事、低调做人"、"立在诚信、兴在创新"、"提高执行力、用心去做事"、"在圣土上用圣火点燃激情"等理念文化，把"发展文化、诚信文化、和谐文化、执行文化"作为济宁烟草企业文化建设的主要内容。完成中国烟草企业文化建设系列丛书《再造"儒商"》的编写工作，印发《2006版济烟文化手册》。

泰安市烟草专卖局（有限公司）

泰安市烟草专卖局（有限公司）组建于1983年，2006年下辖宁阳县、东平县、新泰市、肥城市、泰山区、岱岳区6个县、市、区烟草专卖局（营销部），截至2006年底，总资产24963万元，共有职工952人，其中聘用职工502人。辖区内共有卷烟零售户25337户。

2006年，共销售卷烟73.1亿支（14.62万箱），比上年增长4.2%。实现销售收入98114.94万元，比上年增长26.4%；销售毛利21263万元，比上年增长15.3%。实现税利13265万元，比上年增长12.2%；其中，利润9178.03万元，比上年增长11.6%。

全年共查处案件4985起，查获各类违法卷烟1568万支，案值318万元，查处烟叶、烟丝103吨，打击非法经营大户242个，端掉藏匿假烟窝点162处，罚款9万元，拘留4人，逮捕15人，判刑9人。

威海市烟草专卖局（有限公司）

威海市烟草专卖局（有限公司）组建于1988年，2006年下辖荣成市、文登市、乳山市、市区4个县、区烟草专卖局（营销部），截至2006年底，总资产34910万元，共有职工467人，其中聘用职工226人。辖区内共有卷烟零售户13400户。

2006年，共销售卷烟46.34亿支（9.27万箱），比上年增长7.54%；实现销售收入91162元，比上年增长4.81%。实现税利18390万元，比上年增长23.91%，实现利润14016万元，比上年增长22.99%。

全年共查处各类涉烟违法案件2345起，查获非法卷烟966万支，案值550万元。移送公安、司法机关依法行政、刑事拘留46人，逮捕10人，判刑5人。召开集中焚烧假冒卷烟现场会，销毁假冒卷烟3635万支，案值760.15万元。

日照市烟草专卖局（有限公司）

日照市烟草专卖局（有限公司）组建于1991年7月，2006年下辖东港区、莒县、五莲县、岚山区4个县、区烟草专卖局（分公司）和开发区烟草专卖局，截至2006年底，总资产33555万元，共有职工924人，其中聘用职工391人。辖区内共有卷烟零售户12962户。

2006年，共销售卷烟42.58亿支（8.52万箱），比上年增加3.89亿支（0.78万箱），增长10.06%。种植烟叶56206亩，收购烟叶8800吨（176000担），实现"两烟"销售收入76705万元，比上年增长19.9%；实现"两烟"税利13148万元，比上年增长35.08%；其中，利润8378万元，比上年增长47%。

烟叶生产方面，共投入烟叶生产扶持资金3376万元，平均每亩600余元，有效调动了烟农的生产积极性。投资783万元，建设烟叶基础设施项目1123个，可受益面积达2.5万亩，受益烟农达4800户，占全市烟农总户数的38%。投入110万元用于防雹体系设施建设。

全年共查办涉烟违法案件3123起，查处各类违法卷烟31100条，查处3万元以上大要案件11起，捣毁制假藏匿窝点583个，打击非法经营大户107户。移交公安、司法机关依法逮捕3人，拘留41人，判刑1人，实现罚没款8.24万元。

莱芜市烟草专卖局（有限公司）

莱芜市烟草专卖局（有限公司）组建于1984

---

① "一点三到四原则"指的是：按照以人为本、服务中心，博采众长、独具特色，重在建设、全员参与，贴近实际、注重实效的四原则，将企业文化建设的主要精力投入到理念的落地生根上，将主攻方向明确到精神与行为的统一上，将建设重点集中到企业文化与"两个至上"、企业文化与制度建设、企业文化与实践工作的结合上，工作的落脚点放在促进企业稳定发展、提升企业形象、提高员工素质，让员工更舒心地工作、更好地享受生活，实现社会价值、自我价值上。

年，2006年下辖莱城区、钢城区两个区烟草专卖局和莱芜金利烟草有限公司。截至2006年底，总资产10132万元，共有职工303人，其中聘用职工157人。辖区内共有卷烟零售户6175户。2006年，市局（有限公司）被评为“省级守合同重信用企业”、“全省卷烟打假和整治卷烟市场秩序两个专项行动先进集体”、“省经贸委市场运行监测先进企业”、“消费者满意单位”。

2006年，共销售卷烟18.47亿支（3.69万箱），比上年增长8.47%；种植烟叶11543亩，比上年增长98%；收购烟叶1498吨（29967担），比上年增长175%；实现“两烟”销售收入35913万元，比上年增长29.12%；实现“两烟”税利5037万元，比上年增长56.47%，其中，利润3378万元，比上年增长69.57%。

烟叶生产方面，优化品种结构，选用NC89、云烟85等优质高产、抗菌品种，并全部实行集约化育苗，起垄盖膜率达到100%。专卖管理方面，破获的“4·30”案件中，共查获违法卷烟1682件，案值118万元，移交公安、司法机关依法拘留14人，批捕2人，提起公诉9名。

临沂市烟草专卖局（有限公司）

临沂市烟草专卖局（有限公司）成立于1982年，2006年下辖罗庄区、河东区、兰山区、郯城县、苍山县、莒南县、沂水县、蒙阴县、平邑县、费县、沂南县、临沭县12个县、区烟草专卖局（分公司、营销部）以及山东申沂烟叶复烤有限公司、临沂荣华大酒店和临沂金叶经贸公司。截至2006年底，总资产87937万元，共有职工3371人，其中聘用职工1385人。辖区内共有卷烟零售户41230户。

2006年，共销售卷烟138.78亿支（27.75万箱），卷烟实现销售收入194707万元，实现税利33255万元，实现利润24755万元。种植烤烟163579亩，收购烟叶22257吨（445143担），实现烟叶销售收入33505万元。实现“两烟”销售收入228212万元，实现“两烟”税利39715万元；其中，利润24924万元，比上年增长26.88%。

烟叶生产方面，首先完善防雹体系建设，全市共投入资金131万元，建立烟田防雹炮点45个，配备火箭发射架7个，防雹高炮38门，购置炮弹9700枚，重点植烟区、重点雹灾路线全部建立了防雹点。按每亩投入10元的原则，建立种烟风险准备金。建立烟农协会、烟叶农场等组织管理模式，建立烤烟合作社663个，烟农协会269个，涉及1027个村、16800户烟农。完成烟叶生产基础设施建设项目2848个，投资663.98万元对部分烟站进行了改造、维修。

德州市烟草专卖局（有限公司）

德州市烟草专卖局（有限公司）组建于1984年，2006年下辖德城区、乐陵市、禹城市、平原县、武城县、夏津县、齐河县、陵县、临邑县、宁津县、庆云县11个县、市、区烟草专卖局（分公司、营销部），截至2006年底，总资产27383万元，共有职工1122人，其中聘用职工579人。辖区内共有卷烟零售户24511户。

2006年，全市共销售卷烟72.4亿支（14.48万箱），同比增长9.1%。实现销售收入95026万元，比上年增加7054万元，增长8%。实现税利16169万元，比上年增加2213万元，增长15.9%；其中，利润12285万元，比上年增加2356万元，增长23.73%。

全市共查获各类涉烟违法案件7360起，查扣各类违法卷烟1968.68万支，查获制假烟叶（丝、梗）44.42吨，查获制假YJ14－23卷接机组1套，小型卷烟机3台，卷烟纸0.12吨，滤嘴棒2万支。捣毁制假窝点1处，端掉藏假售假窝点277处，打击违法经营大户358处，破除非法经营网络3个。移送公安司法机关依法拘留71人，判刑2人，逮捕2人，劳教1人。

聊城市烟草专卖局（有限公司）

聊城市烟草专卖局（有限公司）成立于1982年，2006年下辖东昌府区、临清市、冠县、莘县、阳谷县、东阿县、茌平县、高唐县8个县、区烟草专卖局（营销部）。截至2006年底，总资产18620万元，共有职工1028人，其中聘用职工670人。辖区内共有卷烟零售户26298户。

2006年，全市共销售卷烟71.4亿支（14.28万箱），比上年增长8.13%。实现销售收入90555万元，实现税利12506万元，比上年增长14.66%；其中，利润8708万元，比上年增长12.96%。

开展“卷烟零售规范店”和“中华烟定点销售店”评选建设活动，分3期在《聊城日报》上公布151家“卷烟零售规范店”和148家“中华烟定点销售店”名单。开展“亮丽终端”建设活动，从店面形象、柜台设置、卷烟摆放等各个方面加强了对零售客户的经营指导，进一步提高零售终端形象。

2006年，共查获各类涉烟违法案件18314起，查扣非法卷烟3970.86万支，打击非法经营大户455个。移送公安、司法机关依法行政、刑事拘留涉烟人员157人，其中，逮捕13人、判刑11人。

滨州市烟草专卖局（有限公司）

滨州市烟草专卖局（有限公司）组建于1984年，2006年下辖滨城区、惠民县、阳信县、无棣县、沾化县、博兴县、邹平县7个县、区烟草专卖局（营销部）。截至2006年底，总资产16935万元，共有职工689人，其中聘用职工411人。辖区内共有卷烟零售户21396户。

2006年，共销售卷烟57.73亿支（11.55万箱），比上年增长17.75%。实现销售收入81634万元，比上年增长28.62%。实现税利12677万元，比上年增长59.6%；其中，利润9119万元，比上年增长78.63%。

深化“亮丽终端”建设，实施“百千万”（即百家明星店，千家形象店，万家守法店）工程和“五个一”（即一店、一牌、一柜、一册、一签）工程，通过统一客户店面形象、细化经营指导、稳定市场价格秩序、开展星级零售户评选等服务措施，不断提升客户的忠诚度、贡献度和满意度。

菏泽市烟草专卖局（有限公司）

菏泽市烟草专卖局（有限公司）组建于1982年，2006年下辖牡丹区、单县、郓城县、东明县、巨野县、成武县、鄄城县、定陶县、曹县9个县、区烟草专卖局（营销部）。截至2006年底，总资产35174万元，共有职工1461人，其中聘用职工813人。辖区内共有卷烟零售户36917户。

2006年，共销售卷烟111.83亿支（22.37万箱），比上年增长8.57%。实现销售收入144359万元，比上年增长21.24%；实现销售毛利32341万元，比上年增长19.57%。实现税利22247万元，比上年增长27.01%；其中，利润16018万元，比上年增长27.39%。

2006年山东省烟草商业系统主要情况统计

地市级局（公司）名称		济南市烟草专卖局、山东济南烟草有限公司	青岛市烟草专卖局、山东青岛烟草有限公司	淄博市烟草专卖局、山东淄博烟草有限公司	枣庄市烟草专卖局、山东枣庄烟草有限公司	东营市烟草专卖局、山东东营烟草有限公司
法人代表/主要负责人		张克强	刘国华	傅体兴	赵　波	蒋树珍
总资产（万元）		63142	105725	36374	31042	19318
员工总数（人）		1234（其中聘用员工665人）	965（其中聘用员工485人）	1357（其中聘用员工383人）	873（其中聘用员工493人）	384（其中聘用员工167人）
所属县级局数量（个）		9	12	8	6	5
所属县级公司数量（个）		/	3	/	/	/
所属营销部（分公司、访销中心、烟叶复烤厂、稽查大队等）		5个营销部、9个稽查大队	9个营销部、12个稽查大队	8个营销部、8个稽查大队	6个营销部、1个访销中心、1个物流中心、6个配送站、6个稽查大队	1个营销中心、1个物流中心、1个稽查支队、4个营销部
销售卷烟（亿支）		100.83	146.53	71.53	57.00	35.00
实现税利（万元）	本年	37804	74693	15211	25210	14190
	上年	29200	56703	15142	15897	11275
实现利润（万元）	本年	28776	59064	15255	19604	10886
	上年	22600	44761	9943	11763	8541
烟叶种植（亩）		/	7236	21900	/	/
烟叶收购（担）		/	22700	53400	/	/
零售户数（户）		21534	30589	18584	15710	7730

地市级局（公司）名称		烟台市烟草专卖局、山东烟台烟草有限公司	潍坊市烟草专卖局、山东潍坊烟草有限公司	济宁市烟草专卖局、山东济宁烟草有限公司	泰安市烟草专卖局、山东泰安烟草有限公司
法人代表/主要负责人		祝国业	王成才	崔方成	韩春曦
总资产（万元）		66513	121840	61262	24963
员工总数（人）		1254（其中聘用员工628人）	3199（其中聘用员工715人）	1508（其中聘用员工987人）	952（其中聘用员工502人）
所属县级局数量（个）		12	12	12	6
所属县级公司数量（个）		/	6	/	/
所属营销部（分公司、访销中心、烟叶复烤厂、稽查大队等）		12个营销部、12个稽查大队、1个配送科、1个电话订货部	6个营销部、1个电访中心、1个烟叶复烤厂、12个稽查大队	1个营销中心、12个营销部、12个稽查大队	6个县级营销部、1个物流配送中心、1个集中电话访销中心、7个配送站
销售卷烟（亿支）		111.83	131.86	121.13	73.10
实现税利（万元）	本年	42476	40087	24114	13265
	上年	30102	26934	26165	11826
实现利润（万元）	本年	31776	24373	16356	9178
	上年	22329	14731	19465	8226
烟叶种植（亩）		/	130031	/	/
烟叶收购（担）		/	422200	/	/
零售户数（户）		31518	40732	35894	25337

地市级局（公司）名称		威海市烟草专卖局、山东威海烟草有限公司	日照市烟草专卖局、山东日照烟草有限公司	莱芜市烟草专卖局、山东莱芜烟草有限公司	临沂市烟草专卖局、山东临沂烟草有限公司
法人代表/主要负责人		毕庶国	张守厚	李　峰	刘昌宝
总资产（万元）		34910	33555	10132	87937
员工总数（其中聘用员工数）（人）		467（其中聘用员工226人）	924（其中聘用员工391人）	303（其中聘用员工157人）	3371（其中聘用员工1385人）
所属县级局数量（个）		4	5	2	12
所属县级公司数量（个）		/	/	/	10
所属营销部（分公司、访销中心、烟叶复烤厂、稽查大队等）		4个营销部、1个卷烟营销中心、1个集中呼叫中心、1个物流中心、3个配送中转站、4个稽查大队	1个营销中心、4个稽查大队、1个烟叶交接储运站	1个营销中心、1个物流中心、1个电访中心、1个稽查大队	1个营销中心、2个营销部、1个配送中心、1个烟叶复烤厂、12个稽查大队
销售卷烟（亿支）		46. 34	42.58	18.47	138.78
实现税利（万元）	本年	18491	13148	5037	39715
	上年	14841	9733	3219	30697
实现利润（万元）	本年	14261	8378	3378	24924
	上年	11396	5699	1992	19643
烟叶种植（亩）		/	56206	11543	163579
烟叶收购（担）		/	176000	29967	445143
零售户数（户）		13400	12962	6175	41230

地市级局（公司）名称		德州市烟草专卖局、山东德州烟草有限公司	聊城市烟草专卖局、山东聊城烟草有限公司	滨州市烟草专卖局、山东滨州烟草有限公司	菏泽市烟草专卖局、山东菏泽烟草有限公司
法人代表/主要负责人		刘延章	贺连军	韩志忠	乔廷勇
总资产（万元）		27383	18620	16935	35174
员工总数（其中聘用员工数）（人）		1122（其中聘用员工579人）	1028（其中聘用员工670人）	689（其中聘用员工411人）	1461（其中聘用员工813人）
所属县级局数量（个）		11	8	7	9
所属县级公司数量（个）		/	/	/	/
所属营销部（分公司、访销中心、烟叶复烤厂、稽查大队等）		11个营销部、访销中心、11个稽查大队	8个营销部、1个物流中心、1个配送中转站、1个访销中心、9个稽查大队	1个营销中心、1个物流配送部、4个配送分部、7个稽查大队、20个专卖管理所	1个营销中心、9个营销部、1个配送部、9个稽查大队
销售卷烟（亿支）		72.40	71.40	57.73	111.83
实现税利（万元）	本年	16169	12506	12677	22247
	上年	14051	10907	7943	17516
实现利润（万元）	本年	12285	8708	9119	16018
	上年	9929	7709	5105	12574
烟叶种植（亩）		/	/	/	/
烟叶收购（担）		/	/	/	/
零售户数（户）		24511	26298	21396	36917

（张志强）

河南烟草

河南省烟草专卖局（公司）

概　况

河南省地处中国中部，面积16.7万平方公里，人口9392万人。全省下设17个省辖市，159个县级行政单位，2355个乡、镇。2006年全省实现地区生产总值（GDP）12495.97亿元。

截至2006年底，河南省烟草专卖局（公司）辖18个市级烟草专卖局（公司）、130个县级烟草专卖局、126个县级烟草公司（营销部）和天昌国际烟草有限公司①。全省烟草行业共有固定资产18.2亿元，流动资产77.14亿元，在岗职工27812人，其中聘用员工7137人。

2006年，省局（公司）监察处获“全国纪检监察系统先进集体”称号，是全国烟草行业唯一获此殊荣的单位。

领导成员

党组书记、局长、总经理：郑建民

党组成员、副局长：秦留拽

党组成员、副总经理：王志富

党组成员、副总经理：李俊成

党组成员、纪检组长：徐德全

组织机构

省局（公司）设办公室（外事办公室）、综合计划处（经济运行处）、安全保卫处、专卖监督管理处、法规处、财务管理处、审计处、科技处、人事劳资处、监察处、思想政治工作处（机关党委）、投资管理处等12个内设机构，河南省烟草公司卷烟销售分公司、河南省烟草公司烟叶分公司、中国烟草河南进出口有限责任公司3个专业公司，河南烟草质量监督检测站、河南烟草经济信息中心、河南省烟草学会秘书处、离退休人员管理办公室、河南省烟草专卖局（公司）机关服务中心、河南省烟草专卖局烟草行业特有工种职业技能鉴定站、烟草专卖稽查总队、河南烟草驻北京

① 天昌国际烟草有限公司参见《工业企业》栏目复烤企业子目。

办事处等8个专业部门，整顿和规范市场经济秩序办公室1个临时性常设机构。

经济效益

2006年，全省共销售卷烟1302亿支（260.4万箱），与上年同比增加52.8亿支（10.56万箱），增长4.23%，其中，销售一类烟85.65亿支（17.13万箱），占总销量的6.58%；二类烟50.65亿支（10.13万箱），占总销量的3.89%；三类烟861.4亿支（172.28万箱），占总销量的66.16%；四类烟287.35亿支（57.47万箱），占总销量的22.07%；五类烟17亿支（3.4万箱），占总销量的1.3%。实现卷烟销售收入192.83亿元，同比增长14.56%；实现卷烟利润26.41亿元，同比增长63.2%。收购烤烟15.4万吨（307.8万担），同比增加0.56万吨（11.2万担），实现烟叶销售收入31.76亿元，同比增长3.28%。实现烟叶税利7.11亿元，其中利润4.88亿元。2006年，全省烟草商业实现“两烟”税利41.56亿元，同比增长33.46%；其中，利润31.29亿元，同比增长42.77%。

专卖管理

保持卷烟打私打假高压态势，落实烟草、公安联合打假工作制度，成功组织了多次集中打假活动，重点地区制售假活动得到进一步遏制。2006年，全省共捣毁制售假冒卷烟窝点3167个，查获假冒卷烟6.29亿支（1.26万箱）、原辅材料691.76吨，收缴大型制假烟机135台（套），移交公安、司法机关依法拘留制假人员1104人，其中判刑168人、劳教58人。坚持端窝点与打网络并重，明确责任，强化督导，2006年打掉案值50万元以上的制售假冒卷烟网络21个。注重加强市场日常监管，依法查处各类非法经营活动，与工商部门建立协作机制，取缔无证经营商户7689个。强化内部专卖管理监督，健全内部专卖监管机构，对烟叶收购和复烤加工实行专卖派员现场监督，对卷烟生产经营实行动态监控。落实国家局《关于加强县级烟草专卖局专卖管理工作的意见》，在机构设置、人员配备、经费开支、装备配备等方面给予充分保障，进一步夯实专卖管理基础。

网络建设

以提高效率、降低成本为重点，加快由“建模式”向“重实效”转变，全面提升网建水平。2006年，全省实现50公里以内一级配送，5个市局（公司）实现直接配送到户，电话订货率达到99%以上，电子结算率达到47%以上。卷烟销售网络从业人员减少1256人，送货线路减少202条，送货车辆减少362台。省局（公司）被国家局评为“网建整体推进工作优秀单位”。在郑州、许昌市局（公司）开展了“按客户订单组织货源”试点工作，积累了初步经验。

烟叶产销

坚持以合同制为主线，严格按照国家计划组织生产收购。2006年种植烟叶120.48万亩，签订烟叶种植合同26.67万份，稳定烟叶生产规模。截至2006年底，共收购烟叶15.4万吨（307.8万担），与上年同比增加0.56万吨（11.2万担），9年来首次完成国家局制订的计划。销售烟叶14.6万吨（292万担），同时全面完成出口备货计划。

以增加单产、提高质量为中心，加大生产扶持投入，推广先进适用技术，加强示范园区建设，提高专业化、社会化服务水平。2006年全省生产扶持投入2.56亿元，亩均较上年同比增加30元。集约化育苗移栽面积占烟叶种植面积的88.7%，其中漂浮育苗移栽面积占53%；亩均产量达到128公斤，烟农收入进一步提高。2006年省局（公司）共筹措资金1.45亿元，用于加强烟水、烟炕配套工程建设，共完成项目11375个，受到广大烟农和各级政府的普遍好评。完善收购预检制，加强等级质量监督，烟叶收购等级合格率达83.4%。首次委托金融部门支付收购资金，烟叶收购工作规范有序。

体制改革

理顺行业产权关系，按时完成资产上划和下投工作，2006年国家局批准省公司建立母子公司体制工作方案和省公司章程。在郑州、洛阳、商丘三个市局（公司）开展试点工作，加快取消“两烟”区、县级公司法人资格工作。积极培育市公司市场营销主体，加大企业资源整合力度，建立新的运行和管理机制。开展多元化企业清产核资工作，在摸清家底、核实资产的基础上，根据企业经营状况，分别提出处理意见。省局（公司）成立多元化投资管理机构，初步建立了自上而下、归口管理、分级负责的管理体制。许昌烤烟厂破产工作进展顺利，依法关闭了新郑烟叶复烤厂，共分流安置人员2626人。同时，推进河南烟草进出口有限公司管理体制调整工作。

内部管理监督

组织开展“规范管理年”活动，提出“彻底向不规范行为告别”的要求和“杜绝卷烟体外循环、杜绝接收省外烟叶、杜绝接收区外烟叶、确保资金安全”的目标。按照国家局的统一部署，严密组织、严格标准、严明纪律，全面开展以内部专卖管理监督和同级审计监督为主要内容的“两项检查”工作。省局（公司）党组成员分别与各单位主要负责同志进行了谈话，同时建立党组成员联系点制度，加强对“两项检查”工作的督查，统一开展内部管理监督“回头看”工作，不断把“两项检查”引向深入。2006年，全省开展的内部专卖管理监督检查中共查出7大类22个方面的问题，在同级审计检查中共查出8大类27个方面的问题，均依法依规进行了整改，严肃追究了有关人员的责任。各单位针对存在的问题，制订有效措施，健全规章制度，探索长效机制，加强薄弱环节，生产经营秩序实现根本性好转。

企业管理

发挥预算、投资、薪酬三个委员会的作用，加强投资项目管理，严格预算执行检查，全省可控费用同比减少1.06亿元。省局（公司）集中采购大宗物资8项，压缩预算开支4700多万元。开展增收节支活动，严格控制成本、降低费用，全省销售费用率同比下降2.6个百分点。加强资产经营管理，资产负债率同比下降16.8个百分点，保值增值率同比提高38个百分点，资产质量明显改善。开展劳动用工检查，规范用工行为。落实国家局要求，严格控制工资发放水平。落实安全生产责任制，加大安全检查和隐患整改力度，安全形势继续保持平稳。

进出口贸易

中国烟草河南进出口有限责任公司成立于1985年7月，1999年8月改制为有限责任公司，投资方为中国烟草进出口（集团）公司和中国烟草总公司河南省公司，公司注册资本1158万元。根据《国家烟草专卖局关于调整中国烟草进出口（集团）公司成员企业管理体制的决定》（国烟法［2006］589号）文件要求，2006年12月将中国烟草进出口（集团）公司持有的中国烟草河南进出口有限责任公司51%股权，无偿划转给中国烟草总公司河南省公司，中国烟草河南进出口有限责任公司调整为中国烟草总公司河南省公司的全资子公司，公司名称不变。截至2006年底，公司总资产20637万元，资产负债率为35%。所有者权益13372万元。

2006年，实现进出口总值991万美元，与上年同期比下降27%。其中，烟叶出口2126吨，出口创汇336万美元；卷烟出口45370万支，出口创汇309万美元；烟丝出口1151吨，出口创汇282万美元；烟机出口创汇51万美元，烟草辅料出口创汇13万美元。共实现销售收入27514万元。实现利润总额1132万元。

思想政治工作

开展社会主义荣辱观教育和"'两个至上'在岗位"主题实践活动，大力倡导"做有志气的河南烟草人"，干部职工的思想道德素质进一步提高。开展"四好"领导班子创建考核活动，切实转变干部作风，提高干部队伍的执行力。启动企业文化建设项目，开展企业文化建设试点工作，思想政治工作和精神文明创建活动取得新的进展。烟草学会组织建设和学术交流得到加强，《河南省志·烟草分志》终审定稿。加强教育培训工作，2006年，省局（公司）举办培训班31期，培训2000多人次。

党风廉政建设

重视党风廉政建设和纪检监察工作，落实党风廉政建设责任制，构建行业惩防体系。加强对干部职工的教育、监督和管理，规范从政从业行为。加大对违法违纪案件的查处力度，2006年，共立案52起，处理违纪人员118人。高度重视行风政风建设，召开全省烟草商业纪检监察工作会议，提出六项廉政承诺：一是民主决策，贯彻落实科学发展观；二是公道正派，按规定选拔任用干部；三是严格要求，带头执行廉洁自律规定；四是廉洁奉公，正确使用手中权力；五是加强监管，认真落实"两烟"经营纪律；六是强化责任，落实党风廉政建设责任制。

特事要辑

1月12日，河南省副省长史济春对河南烟草商业系统的工作作出批示，充分肯定了2005年改革发展取得的成绩，勉励全省烟草商业为实现中原崛起作出更大贡献。

1月21日至22日，省局（公司）召开2006年河南烟草工作会议，局长、总经理郑建民作了题为《立足科学发展，全面提升水平，努力实现"十一五"规划的良好开局》的工作报告。

2月17日，省局（公司）制订并下发《全省烟草商业规范管理年活动方案》，在全省烟草商业组织开展规范管理年活动，提出"彻底向不规范行为告别"的要求。

4月11日，国家局副局长张保振一行考察了郑州烟草物流中心工程。

6月16日，河南省省长李成玉一行到平顶山市烟叶主产区郏县堂街镇考察烟叶生产工作。

8月17日至19日，国家局纪检组组长潘家华在河南调研烟水配套工程，要求河南省局要围绕水源、科学规划、好事办好、回报社会。

河南省局（公司）主要统计指标汇总

实现税利（亿元）	商业利润（亿元）	销售卷烟（亿支）	烟叶种植（万亩）	烟叶收购（万担）	出口创汇（万美元）
41.56	31.29	1302.00	120.48	307.80	/

所属地市级局（公司）

郑州市烟草专卖局（分公司）

概　况

2006年，郑州市局（分公司）辖荥阳市、巩义市、登封市、新密市、新郑市、中牟县、上街区等7个县级局（支公司）和1个直属分局（支公司）。截至2006年底，拥有固定资产25491万元，流动资产40733万元。共有职工1254人，其中聘用职工825人。辖区内共有卷烟零售户27394户。

2006年，市局（分公司）直属分局获“全省烟草商业系统先进集体”称号，新郑支公司客户经理游丽亚被国家局授予“全国烟草行业优秀客户经理”称号。

领导成员

局长、经理、党组书记：徐鸿飞

党组副书记、纪检组长：寇建平

副经理、党组成员：王茂欣

副局长、党组成员：张俊生（2006.3—）

副经理、党组成员：蒋中民

组织机构

市局（分公司）设办公室、经济运行处（督察考评中心）、安全保卫处、专卖监督管理处（稽查支队）、财务管理处（资金结算中心）、审计处、人事劳资处、监察处（与党组纪检组合署办公）、思想政治工作处、经济信息中心、机关服务中心、机关党委、整规办等13个处室，以及卷烟营销中心、卷烟采供中心、卷烟配送中心、烟叶营销中心等4个生产经营机构。

经济效益

2006年，全市共销售卷烟127.79亿支（25.59万箱），与上年同比增长4.17%；其中，销售一类烟3.47亿支（0.69万箱），同比增长21.85%，占总销量的2.71%；二类烟15.02亿支（3.004万箱），同比增长67.11%，占总销量的11.76%；三类烟6.47亿支（1.29万箱），同比降低22.09%，占总销量的5.06%；四类烟54.74亿支（10.94万箱），同比增长27.65%，占总销量的42.84%；五类烟48.06亿支（9.61万箱），同比降低19.27%，占总销量的37.62%。名优烟销量占总销量的57.12%。2006年，共销售烟叶3150吨（63000担），实现“两烟”销售收入255869万元。实现“两烟”税利48452万元，同比增长20.71%；其中，利润37042万元，卷烟利润36726万元、烟叶利润316万元。

专卖管理

2006年，市局（分公司）围绕“端窝点、破网络、抓主犯、打源头”的工作主线，始终突出“一个中心”，即“高档卷烟市场治理”这个中心；努力实现“三个转变”，即“治标”向“治本”转变，“治物”向“治人”转变，“收烟查案”向“破网打源”转变；始终坚持“三个结合”，即高档卷烟市场治理与打假破网的结合，专项整顿与综合治理的结合，源头打击与日常监管的结合，卷烟市场管理取得了初步成效，有力地维护了市场稳定。

2006年，共查处涉烟违法案件9015起，查获违法卷烟8497万支，端毁制假窝点2个，查获制假烟机2台（套），移交公安司法机关追刑99人，拘留57人，逮捕27人，判刑15人。2006年，还举行大型卷烟打假成果展示，采用粉碎分离，分类利用的方式，对2006年以来查处的40余万条案值2200多万元的假冒卷烟进行集中公开销毁。

网络建设

在2005年“决胜网建”成果的基础上，继续以整体推进、全面提升、平衡发展为总体要求，加强领导，全方位规划，狠抓基础，分阶段实施。全年的网建工作围绕“推进模式完善创新、降低运行成本、提高运行质量”开展工作，建设现代化的卷烟营销网络，为企业持续、稳定、快速发展提供有力保障，基本实现了年初确定的“网络管理规范化、卷烟营销品牌化、信息传递数字化、物流配送现代化、机关办公自动化、薪酬分配差异化、客户关系亲情化”的网建目标。8月7日，全市电话订货模式实现由呼出转为呼入。为实现订单处理自动化、仓储配送一体化、配货作业流程化、物流管理科学化，8月18日，郑州卷烟物流配送中心正式运行。

烟叶产销

2006年，全市共种植烟叶15400亩，建成集约化育苗棚768个，全部实行集约化托盘育苗。共收购烟叶1600吨（32000担），销售烟叶1600吨（32000担），实现烟叶毛利1960万元。

企业管理

以“规范管理年”为契机，以“两项检查”为重点，通过加强领导，明确职责，健全机制，完善方案，深入开展自查自纠。针对自查出来的问题，依法依规进行整改，并顺利通过省局检查验收。从规范、教育、监督、预防与惩处并重的角度出发，以“两烟”生产经营、专卖、财务管理为关键，以同级管理监督为突破点，构建内部管理监督长效机制，编印40余万字的《郑州烟草工作规范》，形成靠制度管理、按制度办事的良好局面，巩固了“两项检查”成果，促进了“两烟”经营秩序的根本性好转。

做好以财务管理为核心的精细化管理工作，提高企业管理水平。发挥预算、薪酬、投资委员会的作用，严格预算管理，强化审计监督，有效压缩费用，降低经营成本。2006年，对28个基建维修项目进行审计，审减金额28万元。开展办公设备比价采购工作42项，节约资金242万元。加强资产管理，促进资产质量明显改善，整合优化资源，确保国有资产保值增值，截至2006年底，企业资产负债率为20.01%，与上年同比下降74.5%，国有资产保值增值率达279.31%。

加强人事劳资管理，进一步规范劳动关系，全年没有发生工资超计划发放情况，努力实现“两个确保”，即一是确保严格执行工挂分配，健全工资台账制度，实行工资报表与财务账目月核季审，及时监控和清理出现的不规范工资列支行为；二是确保企业薪酬管理目标兑现的科学性、激励性。

加强ISO9001：2000质量管理体系认证工作，6月，通过中国质量认证中心厦门评审中心组织的现场审核；7月，获得ISO9001：2000质量管理认证书，完成ISO9001：2000质量管理体系认证贯标工作。同时，积极推进职业健康安全管理体系的咨询认证工作，进一步提高企业安全管理水平。

信息化建设

贯彻落实全省信息化工作会议精神，以信息化带动传统商业向现代流通转变，充分发挥信息化在企业经营管理中的基础作用，按照“统一平台，统一数据库，统一网络”的要求和“系统集成，资源整合，信息共享”的思想，对郑州广域网的网络、存储、安全三个方面进行了完善和优化，完成了卷烟物流配送中心建设信息化配套工程，升级了业务系统版本进行，同时做好数据信息统计报送工作，2006年市局（分公司）被河南省统计局评为“2006年度统计先进单位”。

党风廉政建设

坚持以“三个代表”重要思想为指导，按照省局和市纪委纪检监察会议要求，以贯彻落实《建立健全教育、制度、监督并重的惩治和预防腐败体系实施纲要》为重点，通过抓好领导干部廉洁自律，完善机制，细化责任，强化教育，严格监督等工作，推动全市行业党风廉政建设和反腐倡廉工作的深入开展。一是采取多种形式，深化廉政教育。深入开展“社会主义荣辱观”教育，把胡锦涛同志提出的“八荣八耻”作为全系统每个党员领导干部的价值取向和行为准则，号召全系统争做有志气的郑州烟草人。二是狠抓廉洁自律，规范从政行为。5月25日，组织全区副科级以上党员干部80余人，到郑州市监狱进行廉洁警示教育。三是加大惩治力度，抓好案件查办。四是强化制度建设，完善防腐体系。建立健全落实《党员及党员领导干部廉洁自律制度》，完善修订《“三重一大”监督管理制度》等。五是集中抓好治理商业贿赂工作。六是扎实有效地开展“宣传教育月活动”。

特事要辑

3月10日，郑州烟草商业系统启动“规范管理年”活动。

4月11日，国家局副局长张保振一行到市局（分公司）调研指导工作，考察了正在建设中的郑州烟草物流配送中心。

11月1日，市局（分公司）举办大型卷烟打假成果展示。

开封市烟草专卖局（分公司）

开封市烟草专卖局（分公司）组建于1983年，2006年下辖开封县、杞县、尉氏、兰考、通许、开封城区6个县、区烟草专卖局（营销部），截至2006年底，拥有固定资产5558万元，流动资金19805万元，共有职工1008人，其中聘用职工459人。辖区内共有卷烟零售户16472户。

2006年，共销售卷烟65.85亿支（13.17万箱），实现销售收入92771万元，与上年同比增长10.89%；实现销售毛利19966万元，同比增长11.40%。实现税利13681万元，同比增长12.06%，其中，利润10246万元，同比增长25.50%；实现税收3435万元，同比下降15%。

洛阳市烟草专卖局（分公司）

洛阳市烟草专卖局（分公司）组建于1983年，2006年下辖偃师、孟津、新安、宜阳、伊川、汝阳、嵩县、洛宁、栾川、吉利区、城区11个县、市、区烟草专卖局（公司、营销部），截至2006年底，拥有固定资产26881万元，流动资金67502万元，共有职工2498人，其中聘用员工560人。辖区内共有卷烟零售户21500户。

2006年，共销售卷烟94.70亿支（18.94万箱），实现销售收入144978万元，与上年同比增长14.38%；销售毛利32266万元，同比增长14.88%；收购烟叶31300吨（626000担），销售烟叶28024.7吨（560494担），实现烟叶销售收入58899万元，实现烟叶销售毛利25455万元，同比增长4.34%。卷烟销售方面，实现100%入网销售、100%落地销售、100%入户销售。

全年共实现“两烟”销售收入203877万元，与上年同比增长9.38%。实现税利40943万元，同比增长27.97%；其中，利润28145万元，同比增长24.62%。

2006年，全市共投入烟叶生产扶持资金7493.23万元，建设烟叶生产基础设施项目3588个。科技示范园涉及洛宁、宜阳2个县3个乡14个行政村，总面积10360亩，基本达到“工程是一流、烟株仪仗队”，“烟水、烟路、烟炕、烟棚”四配套的要求。烟叶生产先进技术推广有力，冬前起垄面积80%以上，大棚集约化育苗95%，烤房密集化改造60%，秸秆覆盖2万多亩。国家局烟叶收购等级检查合格率为86%，在全国重点抽查的44个分公司中位居第二，工商交接等级检查合格率平均为65.6%。

2006年，共办理涉烟违法案件4842起，查获违法卷烟13万条，查获烟叶96.8吨，打掉制假烟丝窝点1个，办理连环案、案中案23个，办理10万元以上小型网络案件3个，办理66万元大案1个，破获百万元贩售假烟网络案件2个，破获两百万元制售假烟网络案件1个。移送公安、司法机关依法拘留违法人员218人，批捕9人，判刑4人，劳教9人。

平顶山市烟草专卖局（分公司）

平顶山市烟草专卖局（分公司）组建于1984年，共8个独立核算单位、1个报账制单位和1个控股企业，其中市局（分公司）、郏县、叶县、宝丰县、鲁山县、汝州市、舞钢市、石龙区烟草专卖局（公司）为独立核算单位，直属分局（支公司）为非独立核算单位，宝丰金叶烟草有限责任公司为市局（分公司）控股企业。截至2006年底，总资产75172万元，共有职工2774人，其中聘用职工435人。辖区内共有卷烟零售户12995户。

2006年，共销售卷烟66.08亿支（13.22万箱），实现卷烟毛利20993万元，与上年同比增长15.13%，单箱销售收入达到7499.5元。收购烟叶18019.3吨（360386担），销售烟叶17628.65吨（352573担），同比增长40.88%。实现烟叶毛利16318万元，同比增长43.86%。实现“两烟”税利25089万元，其中，利润17714万元，同比增长2.4%。

烟叶生产方面，全年共投入6010万元用于烟叶生产扶持，投入基础设施建设资金800多万元，完成建设项目421个。

2006年，共捣毁制假窝点154个，售假窝点126个，倒买倒卖烟机团伙1个，破获50万元以上制售假烟网络3个，查获制假烟机设备299台、查获假冒卷烟5855件，查处违法案件6366起，移交公安、司法机关依法拘留涉案人员38人，逮捕16人，判刑12人。

安阳市烟草专卖局（分公司）

安阳市烟草专卖局（分公司）成立于1983年，2006年下辖安阳、汤阴、林州、内黄、滑县和直属分局6个县、市、区烟草专卖局（营销部），截至2006年底，总资产28477万元，共有职工851人，其中聘用职工398人。辖区内共有卷烟零售户18682户。

2006年，共销售卷烟70.54亿支（14.11万箱），与上年同比增长3.11%；超额完成年度计划的2.52%。实现销售收入99802万元，同比增长22.79%。实现税利15966万元，同比增长31.32%；其中利润12458万元。

2006年，全市共查处各类涉烟违法案件7931起，查扣各类违法卷烟5621件，捣毁制假窝点6个，贩藏假烟窝点198个，查获制假烟机11台，破获制售假烟网络2个，案值分别为225万余元、86.3万元。移交公安、司法机关依法拘留涉烟违法分子91人、批捕23人、判刑22人。

鹤壁市烟草专卖局（分公司）

鹤壁市烟草专卖局（分公司）成立于1984年，2006年下辖市区、浚县、淇县3个县烟草专卖局（营销部），截至2006年底，总资产7388万元，共有职工310人，其中聘用职工160人。辖区内共有卷烟零售户5129户。

2006年，共销售卷烟20.13亿支（4.03万箱），与上年同比增长1.67%。实现销售收入28294万元，同比增长12.37%，卷烟单箱销售收入7027元，同比增长10.52%。实现税利4088万元；其中，利润3068万元，同比增长10.24%。

2006年，查处各类涉烟违法案件723起，查扣违法卷烟1584件，实现罚没款3.17万元，打掉贩藏假烟窝点19个，制售假网络1个，移交公安、司法机关依法劳动教养5人，批捕9人。取缔无证零售户48户。

修订《货源公开制度》，将卷烟货源分配转变为公开透明方式，全面贯彻《零售户业态分类标准》，实现限量供货，将卷烟防伪标识由客户代码转变为专卖证号，实现了卷烟销售点的痕迹管理。

新乡市烟草专卖局（分公司）

新乡市烟草专卖局（分公司）成立于1983年8月，2006年下辖辉县、卫辉、新乡、获嘉、原阳、延津、封丘、长垣9个县烟草专卖局（营销部），截至2006年底，总资产32321万元，其中，固定资产8188万元、流动资产22645万元，共有职工876人，其中聘用职工325人。辖区内共有卷烟零售户17391户。2006年，被河南省委、省政府授予“省级文明单位”称号。

2006年，共销售卷烟71.79亿支（14.36万箱），与上年同比增长6.12%；实现销售收入101200万元，同比增长17.95%。实现单箱销售收入7049元，同比增长11.79%。卷烟销售费用率8.65%，同比下降0.94%。实现税利15510万元，同比增长15.42%；其中，利润11820万元，同比增长30.72%。

2006年，共查处各类涉烟违法案件5520起，查获违法卷烟5079件，案值近1000万元。其中，查获假冒卷烟4646件，无标识卷烟433件，烟丝14.84吨，移交公安、司法机关依法拘留41人，逮捕1人，判刑20人。

焦作市烟草专卖局（分公司）

焦作市烟草专卖局（分公司）成立于1984年，2006年下辖孟州、博爱、沁阳、武陟、修武、温县和直属分局等7个县烟草专卖局（营销部），截至2006年底，总资产15493万元，共有职工692人，其中聘用职工188人，辖区内共有卷烟零售户9028户。

2006年，共销售卷烟45.90亿支（9.18万箱），实现销售收入64748万元，同比增长20.76%。实现税利10108万元，同比增长35.08%；其中，利润7316万元，同比增长37.8%。

2006年，共查处各类涉烟违法案件1699起，查获各类非法卷烟623万支，查获制假烟叶烟丝70吨，收缴制假烟机和烟叶切丝机16台，成功破获两起假烟网络案件，移交公安、司法机关依法拘留155人，逮捕15人，判刑5人。

濮阳市烟草专卖局（分公司）

濮阳市烟草专卖局（分公司）组建于1985年，2006年下辖濮阳、清丰、南乐、范县、台前和直属分局等6个县烟草专卖局（营销部），截至2006年底，总资产15282万元，共有员工702人，其中聘用职工392人，辖区内共有卷烟零售户10461户。

2006年，销售卷烟46.05亿支（9.21万箱），与上年同比增长2.09%。实现单箱销售收入7111元，同比增加611元；实现单箱毛利1479元，同比增加103元；销售费用率8.95%，同比下降2.02个百分点。实现税利9790万元，同比增长48.15%；其中，利润7355万元，同比增长66.7%。

2006年，共查处各类涉烟违法案件7308起，其中，查获假冒卷烟案件6803起，捣毁贩藏假烟窝点282个，制假窝点4个。查获非法卷烟2381.9万支，其中假冒卷烟2132.5万支。查获假冒烟丝6.3吨，制假拼装烟机4台、接嘴机1台，移交公安、司法机关依法拘留58人，刑事拘留55人，逮捕31人，判刑18人，劳教8人，实现罚没款21.35万元。成功破获“11·21”重大贩假网络案件。

许昌市烟草专卖局（分公司）

许昌市烟草专卖局（分公司）组建于1983年，2006年下辖许昌、襄城、禹州、鄢陵、长葛和魏都区6个县、市、区烟草专卖局（公司），截至2006年底，总资产152037万元，共有职工2235人，其中聘用职工80人。辖区内共有卷烟零售户16515户。

2006年，共销售卷烟64.73亿支（12.95万箱），实现销售收入133914万元，与上年同比增长11.98%；实现销售毛利19650万元，同比增长5.9%。收购烟叶17888.95吨（357779担），实现烟叶销售毛利16284万元，同比增长14.19%。实现“两烟”税利23741万元，同比增长40.43%；其中，利润16667万元，同比增长39.48%。

2006年，共查处各类涉烟违法案件7200起，查获各类违法违规卷烟4477件，其中假冒商标卷烟3899件；查获违法烟叶46.77吨。捣毁制售假烟窝点91个，收缴制假卷烟机7台（套），接嘴机4台，切丝机12台，其他设备16台。移交公安、司法机关依法行政拘留19人，刑事拘留27人，劳教5人，逮捕18人，判刑17人。实现罚没款9.49万元。

漯河市烟草专卖局（分公司）

漯河市烟草专卖局（分公司）组建于1986年，2006年下辖舞阳县烟草专卖局（公司）、临颍县烟草专卖局（公司）、城区烟草专卖局（营销部）、城区烟叶经营部、卷烟物流配送中心、孟庙烟叶储备库、金叶实业有限责任公司7家直属单位。截至2006年底，总资产31999万元，共有职工1419人，其中聘用职工124人。辖区内共有卷烟零售户6258户。

2006年，共销售卷烟36.23亿支（7.25万箱），与上年同比增长2.04%。实现卷烟单箱销售收入7140.35元，同比增加356.75元。实现“两烟”税利9391万元，同比增长49.71%；其中，利润6748万元，同比增长72.89%。共种植烟叶57412亩，收购烟叶9485.65吨（189713担）。

烟叶基础设施建设方面，投入1200万元扶持资金用于烟叶生产，全年新建密集式烤房285座，新打机井67眼。

2006年，破获制售假网络2个，捣毁制售假窝点124个，查获制假烟机32台，查获违规卷烟27万条。移交公安、司法机关依法行政拘留涉烟违法犯罪分子3人，刑事拘留18人、逮捕4人、判刑2人。

三门峡市烟草专卖局（分公司）

三门峡市烟草专卖局（分公司）成立于1986年，2006年下辖卢氏县、灵宝市、陕县、渑池县、义马市烟草专卖局（公司）、湖滨区直属分局（支公司）和三门峡金红烟草有限责任公司。截至2006年底，总资产135066万元，共有职工1544人，其中聘用职工326人。辖区内共有卷烟零售户7335户。2006年，市局（分公司）被国家局授予“科技创新先进集体”称号。

2006年，共销售卷烟38.32亿支（7.66万箱），超额完成年度计划的13%，人均销量8.8条，实现单箱销售收入7929元。2006年，共种植烟叶235000亩，收购烟叶28899.9吨（577998担），实现“两烟”税利29131万元；其中，利润22703万元，同比增长34.6%。

南阳市烟草专卖局（分公司）

南阳市烟草专卖局（分公司）组建于1983年，2006年下辖淅川、西峡、镇平、内乡、社旗、桐柏、新野、邓州、唐河、南召、方城、河南油田、直属分局等13个县级烟草专卖局（公司、营销部）。截至2006年底，总资产91857万元，共有职工3241人，其中聘用职工599人，辖区内共有卷烟零售户30684户。

2006年，共销售卷烟141.36亿支（28.27万箱），实现销售收入236502万元，与上年同比增长21.06%。共种植烟叶150000亩，收购烟叶24041吨（480900担）。实现“两烟”税利32117万元，同比增长83.86%；产品费用率为15.42%，同比下降1.79%。

2006年，南阳烟草加快推进企业文化建设，提出企业文化建设“10369”工程。

商丘市烟草专卖局（分公司）

商丘市烟草专卖局（分公司）成立于1983年9月，2006年下辖夏邑县、柘城县、宁陵县、睢县、民权县、梁园区、睢阳区、虞城县、永城市9个县、市、区烟草专卖局（营销部）。截至2006年底，总资产38083万元，共有职工1716人，其中聘用职工543人。辖区内共有卷烟零售户20847户。

2006年，共销售卷烟100.90亿支（20.2万箱），实现销售收入150823万元，同比增长12.13%。收购烟叶6098.95吨（121979担）。实现税利25599万元，其中利润17594万元。

2006年，市局（公司）投入1159万元用于烟叶生产，建造漂浮育苗大棚216座，建设标准化烤房942座，建成集约化烤房98座。

全年查获各类涉烟违法案件12467起，其中，假冒卷烟案件12266起；查获非法卷烟4460件，其中假冒卷烟4257件。捣毁制、售假窝点161个，查缴制假烟机33台（套），制假原材料25.04吨，卷烟纸3吨，滤嘴棒48.06万支，烟用丝束1.5吨。移交公安、司法机关依法拘留44人，批捕6人，判刑7人，劳教5人。

信阳市烟草专卖局（分公司）

信阳市烟草专卖局（分公司）组建于1983年，下设浉河区、平桥区、罗山县、息县、商城县、潢川县、固始县、光山县、淮滨县、新县等10直属区、县烟草专卖局（公司）及和平桥卷烟营销部、固始营销部和光山营销部3个卷烟营销部。截至2006年底，总资产43711万元，共有职工1595人，其中聘用职工572人。辖区内共有卷烟零售户15600户。

2006年，共销售卷烟86.02亿支（17.20万箱），与上年同比增长1.49%，实现单箱销售收入7904元，同比增加546元；实现单箱毛利1833元，同比增加230元。实现“两烟”税利23134万元，同比增长47.13%；其中，利润16555万元，同比增长47%。

2006年，共查获制售假冒卷烟窝点18个，查处涉烟违法案件1595起，查扣非法卷烟1365.9件，移交公安、司法机关依法拘留39人，批捕8人，判刑3人。

周口市烟草专卖局（分公司）

周口市烟草专卖局（分公司）组建于1982年，2006年下辖郸城、鹿邑、西华、淮阳、扶沟、商水、沈丘、太康、项城、川汇10个县、市、区烟草专卖局（公司），截至2006年底，拥有固定资产18367万元，流动资产32356万元，共有职工2650人，其中聘用职工527人，辖区内共有卷烟零售户24137户。

2006年，共销售卷烟112.86（22.57万箱），实现卷烟销售收入142198万元，与上年同比增长14.55%；实现卷烟销售毛利29005万元，同比增长8.12%。收购烟叶5591吨（111820担），销售烟叶6857吨（137140担），实现烟叶销售毛利4696万元，同比下降19.23%。实现“两烟”税利18038万元，同比增长39.93%；其中，利润13991万元，同比增长162.49%。

2006年，共查获各类涉烟违法案件8081件，侦破50万元以上的卷烟制售假网络案件3起。移交公安、司法机关依法判刑6人，劳动教养16人，拘留115人，批捕16人。

驻马店市烟草专卖局（分公司）

驻马店市烟草专卖局（分公司）组建于1983年，2006年下辖新蔡、汝南、正阳、西平、上蔡、平舆、遂平、确山、泌阳和直属分局等10个县、区烟草专卖局（公司）。截至2006年，总资产42687万元，其中固定资产14668万元，流动资产27651万元；共有职工2118人，其中聘用职工724人。辖区内共有卷烟零售户14626户。

2006年，共销售卷烟103亿支（20.6万箱），其中销售低档卷烟63.55亿支（12.71万箱），全面完成低档烟销售任务。实现卷烟销售收入135700万元；实现卷烟销售毛利2.95万元。收购烟叶8175吨（163500担），销售烟叶11250吨（225000担），实现烟叶销售毛利9585万元。实现“两烟”税利29174万元；其中，利润21031万元，完成税收8143万元。

全年烟叶种植面积71000亩，共发展千亩种烟村6个，500亩以上村26个，25亩左右种烟大户725户。烟叶生产基础设施建设顺利开展，共申请国家补贴1287万元，自筹资金2124万元，完成项目建设2270项。烟叶质量稳步提高，工商交接合格率稳定在67%以上，“金铜山”品牌声誉逐步提高。

2006年，共破获各类涉烟违法案件7287起，捣毁贩藏窝点246个，查获各类非法卷烟3484万支，查扣各类原辅材料37.66吨，实现罚没款65.97万元，共打掉案值100万元以上的售假网络2个，案值1000万元以上售假网络1个。移交公安、司法机关依法拘留57人，判刑17人。

济源市烟草专卖局（分公司）

济源市烟草专卖局（分公司）组建于1983年10月，1997年2月上划河南省烟草专卖局（公司）管理。截至2006年底，总资产7007万元，其中固定资产1534万元，流动资产5324万元。共有职工218人，其中聘用职工53人。辖区内共有卷烟零售户2123户。

2006年，共销售卷烟9亿支（1.8万箱），实现销售收入14948万元，与上年同比增长21.62％；实现销售毛利3280万元，同比增长23.77%。收购烟叶1975吨（39500担）；实现烟叶销售毛利1306万元，同比增长33.67%。实现“两烟”税利3632万元，同比增长64.57%，其中，利润2930万元，同比增长78.12%。

2006年河南省烟草商业系统主要情况统计

地市级局（公司）名称		郑州市烟草专卖局、郑州烟草分公司	开封市烟草专卖局、开封烟草分公司	洛阳市烟草专卖局、洛阳烟草分公司	平顶山市烟草专卖局、平顶山烟草分公司	安阳市烟草专卖局、安阳烟草分公司
法人代表/主要负责人		徐鸿飞	赵　超	宋献彬	胡宏超	李晓海
总资产（万元）		66224	25880	98051	75172	28477
员工总数（其中聘用员工数）（人）		1254（其中聘用员工825人）	1008（其中聘用员工459人）	2498（其中聘用员工560人）	2774（其中聘用员工435人）	851（其中聘用员工398人）
所属县级局数量（个）		8	6	11	8	7
所属县级公司数量（个）		/	/	/	8	/
所属营销部（分公司、访销中心、烟叶复烤厂、稽查大队等）		1个营销部、1个访销中心、1个稽查大队	6个营销部、1个访销中心、1个稽查大队	1个卷烟营销中心、1个烟叶购销中心、1个电访中心、1个卷烟配送中心、1个稽查大队	1个卷烟营销中心、1个卷烟物流中心、1个烟叶复烤厂	1个营销部、1个访销中心、1个稽查大队
销售卷烟（亿支）		127.79	65.85	94.70	66.08	70.54
实现税利（万元）	本年	48452	13681	40943	25089	15966
	上年	40138	12206	30215	14446	12158
实现利润（万元）	本年	37042	10246	28145	17714	12458
	上年	30103	8163	21239	9829	9127
烟叶种植（亩）		15400	/	267175	139839	/
烟叶收购（担）		32000	/	626000	360386	/
零售户数（户）		27394	16472	21500	12995	18682

地市级局（公司）名称		鹤壁市烟草专卖局、鹤壁烟草分公司	新乡市烟草专卖局、新乡烟草分公司	焦作市烟草专卖局、焦作烟草分公司	濮阳市烟草专卖局、濮阳烟草分公司	许昌市烟草专卖局、许昌烟草分公司
法人代表/主要负责人		乔　勇	连豫民	蒋贺清	卢俊良	张占军
总资产（万元）		7388	32321	15493	15282	152037
员工总数（其中聘用员工数）（人）		310（其中聘用员工160人）	876（其中聘用员工325人）	692（其中聘用员工188人）	702（其中聘用员工392人）	2235（其中聘用员工80人）
所属县级局数量（个）		3	9	7	6	6
所属县级公司数量（个）		/	/	/	/	6
所属营销部（分公司、访销中心、烟叶复烤厂、稽查大队等）		4个营销部	9个客户中心、9个稽查大队	1个访销中心、7个稽查大队	6个营销部、1个访销中心、6个稽查大队	10个营销中心、3个稽查大队
销售卷烟（亿支）		20.13	71.79	45.90	46.05	64.73
实现税利（万元）	本年	4088	15510	10108	9790	23741
	上年	3561	12621	7483	6608	16906
实现利润（万元）	本年	3068	11820	7316	7355	16667
	上年	2783	9042	5309	4412	11949
烟叶种植（亩）		/	/	/	/	133117
烟叶收购（担）		/	/	/	/	357779
零售户数（户）		5129	17391	9028	10461	16515

地市级局（公司）名称		漯河市烟草专卖局、漯河烟草分公司	三门峡市市烟草专卖局、三门峡烟草分公司	南阳市烟草专卖局、南阳烟草分公司	商丘市烟草专卖局、商丘烟草分公司
法人代表/主要负责人		袁志永	吴明山	赵明山	张明显
总资产（万元）		31999	135066	91857	38083
员工总数（其中聘用员工数）（人）		1419（其中聘用员工124人）	1544（其中聘用员工326人）	3241（其中聘用员工599人）	1716（其中聘用员工543人）
所属县级局数量（个）		4	6	13	9
所属县级公司数量（个）		/	6	13	/
所属营销部（分公司、访销中心、烟叶复烤厂、稽查大队等）		1个营销部、1个信息中心、1个物流配送中心、3个稽查大队	1个营销中心、1个烟叶购销公司、1个烟叶复烤厂、1个稽查大队	2个营销部、1个访销中心、1个配送中心、1个烟叶复烤厂、16个稽查大队	9个访销中心、9个稽查大队
销售卷烟（亿支）		36.23	38.32	141.36	100.90
实现税利（万元）	本年	9391	29131	32117	25599
	上年	6273	21319	22086	18899
实现利润（万元）	本年	6748	22703	22562	17594
	上年	3903	16882	13896	10397
烟叶种植（亩）		57412	235000	150000	50000
烟叶收购（担）		189713	577998	480900	121979
零售户数（户）		6258	7335	30684	20847

地市级局（公司）名称		信阳市烟草专卖局、信阳烟草分公司	周口市烟草专卖局、周口烟草分公司	驻马店市烟草专卖局、驻马店烟草分公司	济源市烟草专卖局、济源烟草分公司
法人代表/主要负责人		张振华	贺思挺	方嵩岳	刘坤海
总资产（万元）		43711	44640	42687	7007
员工总数（其中聘用员工数）（人）		1595（其中聘用员工572人）	2650（其中聘用员工527人）	2118（其中聘用员工724人）	218（其中聘用员工53人）
所属县级局数量（个）		10	10	10	/
所属县级公司数量（个）		/	/	10	/
所属营销部（分公司、访销中心、烟叶复烤厂、稽查大队等）		3个营销部	1个访销中心、1个稽查大队	10个访销中心、10个稽查大队	1个访销中心、1个稽查大队
销售卷烟（亿支）		86. 02	112. 86	103. 00	9. 00
实现税利（万元）	本年	23134	18038	29174	3632
	上年	15723	12970	32857	2207
实现利润（万元）	本年	16555	13991	21031	2930
	上年	11238	5330	17007	1645
烟叶种植（亩）		9827	111820	71000	18000
烟叶收购（担）		17193	163500	163500	39500
零售户数（户）		15600	24137	14626	2123

（李长银）

湖北烟草

湖北省烟草专卖局（公司）

概　况

湖北省简称鄂，省会武汉，地处长江中游、洞庭湖之北。下辖12个地级市、1个自治州、3个直管市、1个林区。全省面积18. 59万平方公里，人口5693万人。2006年全省实现地区生产总值（GDP）7581. 32亿元。

湖北省烟专卖局（公司）组建于1984年，2006年下辖武汉、黄冈、襄樊、荆州、十堰、孝感、恩施、宜昌、咸宁、随州、黄石、荆门、鄂州等13个地市级烟草专卖局（公司），仙桃、天门、潜江等3个直管市烟草专卖局（公司）和神农架林区烟草专卖局（公司），另有恩施金叶烟草有限责任公司、襄樊金叶烟草有限责任公司2家烟叶打叶复烤企业①，全省烟草商业系统在岗员工11241人，其中聘用员工3681人。拥有固定资产19. 31亿元，流动资产58. 04亿元。烟叶收购量常年在8. 5万～10万吨之间，卷烟市场容量近850亿支（170万箱），卷烟消费居全国中等水平。

领导成员

局长、总经理、党组书记：曹树斌
副局长、党组成员、纪检组长：解　冰
副总经理、党组成员：赵全意
副局长、党组成员：彭义政
副总经理、党组成员：杨　树

组织机构

省局（公司）机关下设机构有：办公室（外事办公室）、综合计划处、专卖监督管理处（稽查总队）、法规处、财务管理处（含资金结算中心）、审计处、科技处、人事劳资处、安全保卫处、监察处（党组纪检组）、思想政治工作处（机关党委、工会、离退休人员管理办公室）、烟叶管理处、烟草学会、经济信息中心、机关服务中心、卷烟销售公司、烟草质量监督检测站、中国白肋烟试验站（省烟草科研所）等18个部门。

① 恩施金叶烟草有限责任公司、襄樊金叶烟草有限责任公司具体情况详见工业企业栏目烟叶加工企业子目。

经济效益

2006年，全省销售卷烟836.75亿支（167.35万箱），其中，销售一类烟73.7亿支（14.74万箱），占销售总量的8.81%；二类烟170.65亿支（34.13万箱），占销售总量的20.40%；三类烟243.85亿支（48.77万箱），占销售总量的29.14%；四类烟290.45亿支（58.09万箱），占销售总量的34.71%；五类烟58.05亿支（11.61万箱），占销售总量的6.94%。一至三类烟比重达到56.56%，与上年同比提高11个百分点。单箱均价11431元，同比增加1420元。卷烟毛利率26.16%，比上年提高1.76个百分点。

2006年，全省烟草商业系统实现税利34.75亿元（不包括消化历史包袱2.31亿元和直属单位实现税利0.52亿元），比上年26.07亿元增加8.68亿元，增长33.26%。其中，实现利润25.67亿元，同比增加7.75亿元，增长43.22%；实现税收9.07亿元，同比增加0.93亿元，增长11.36%。出口创汇2253万美元，同比增长14.02%。

专卖管理

通过深入开展经营案件、查破地下网络、集中整治等方式，加大对涉烟犯罪的打击力度。2006年，全省累计出动卷烟打假、市场整顿人员46万人次，查处涉烟案件40775起，其中，假冒卷烟案件11275起，占涉烟案件总量的30%。查获非法卷烟109261件，其中假冒卷烟86503件，占查获非法卷烟总量的79.17%。打击涉烟违法犯罪分子887人，其中移交公安、司法机关依法判刑289人，劳教9人，拘留589人。

经营案件工作。2006年，在省政府的领导下，省局（公司）与公安、交通、工商、质监等部门紧密配合，先后4次开展了全省卷烟打假与市场整顿专项行动。这4次专项打假行动共出动执法人员29万人次，查处涉烟案件19389起，查获假、私、非卷烟42879件，案值10391万元，移交公安、司法机关依法拘留涉烟违法犯罪嫌疑人149人。截至2006年底，全省共破获案值50万元以上的假冒卷烟网络案件27起，共查处假冒卷烟分销、零售点557个，抓捕犯罪嫌疑人170人，从广东、福建等制假重点地区抓捕归案的假冒卷烟网络上线犯罪嫌疑人19人。武汉"12·16"、荆州"12·13"、襄樊"5·8"、麻城"6·5"等重大网络案件及仙桃"6·20"非法生产烟用丝束案的侦破，进一步扩大了烟草专卖管理的社会影响，震慑了不法分子，维护了省内卷烟市场的秩序。

市场整顿。进一步健全和完善卷烟打假行政执法与刑事司法衔接机制。省局（公司）和省公安厅联合制订了《打击制售假烟网络工作方案》，经与公安、检察院、法院等部门协商，有效解决了少数涉烟犯罪分子规避法律打击的问题。针对非法经营卷烟活动的新情况、新动向，加强对货物托运部和烟酒精品店的监控，采取有重点、分步骤、稳步推进的办法，成功取缔了以名烟名酒店为幌子销售假冒卷烟活动和带有"帮派"性质的373个非法经营户。加大对铁路沿线站点的稽查，有效打击了非法贩运假冒卷烟的"包包队"。赤壁、大悟、黄梅3个稽查大队继续发挥守"口子"的屏障作用，全年共查处案值5万元以上的非法运输卷烟案件565起，查获非法卷烟70587件，案值18388万元，有效遏制了假冒卷烟北上的通道，为全国打假作出了贡献。

基层队伍建设。进一步强化县级烟草专卖局的专卖管理职能，将基层专卖管理工作向农村零售市场延伸，努力消除管理死角。根据地理环境、市场条件设立"烟草专卖管理所"，实行定人定责、目标管理、分类指导。各单位以辖区经营户数和销量任务为定员标准，充实专卖稽查力量，保证了专卖管理、案件稽查经费到位。全面推行行政执法责任制，加强执法队伍建设，定期开展监督检查和评议考核，加强法律法规知识培训，案卷合格率明显上升，专卖执法人员依法行政、文明执法的意识不断增强，行政执法水平明显提高。

烟叶生产

2006年，全省各烟叶产区认真贯彻落实省委、省政府《关于加强烟叶生产发展的通知》和国家局烟叶工作座谈会及烟叶生产电视电话会议精神，围绕"重心下移、着眼基层、突出服务、加强基础"的烟叶工作方针，扎实工作，取得了显著成效。

烟叶生产计划管理。省局（公司）把计划管理作为烟叶工作的重要环节来抓，实行"一把手"负责制，层层落实责任，严格合同管理，将合同制贯穿于烟叶种植、购销、加工的全过程，有效控制烟叶生产规模。同时，为保障国家计划的落实，建立扶持投入、风险保障和激励先进三项保障机制。首先，加大扶持投入，2006年湖北省财政安排1200万元资金，烟草商业企业筹资1.95亿元，用于烟叶生产专用肥、农膜、农药、科技项目等方面的产前投入，解决了烟农投入能力不足问题，使全省烟叶亩平均投入达到217元，接近全国平均水平，为全省烟叶生产整体水平和烟叶质量的提升奠定了良好的物资基础。其次，加强烟叶风险保障，制订《全省烟叶生产风险资金管理办法》，省局（公司）与湖北中烟工业公司共同出资建立了全省烟叶生产风险基金，2006年拨付各产区防雹资金和自然灾害补偿资金达1630万元，对减少烟农损失，保护烟农利益起到了极大作用。第三，激励先进单位和个人，2006年省局（公司）以省政府的名义对全省烟叶生产先进乡镇、村和烟农进行表彰奖励。通过以上三项机制的建立和实施，有力地保障了烟叶生产收购计划的完成。2006年，全省烟叶总量计划9.81万吨（196.13万担），各产区公司严格执行国家计划，圆满完成了烟叶生产收购任务。

烟叶经营情况。2006年，各烟叶产区严格执行国家局《关于进一步规范“两烟”生产经营秩序的纪律要求》以及烟叶收购工作的“七条要求”、“五条纪律”，采取得力措施，加大检查力度，利用烟叶收购软件升级，提高合同管理水平。全省烟叶收购秩序良好，省际间边界收购秩序稳定，工商烟叶交接质量合格率达到81.2%，收购等级合格率达到75%以上，均超过了国家规定标准。烟叶销售情况良好，烤烟销售订单达到11万吨（220万担），超过国家局下达计划近4万吨（80万担），并形成销大于产的局面。全省各打叶复烤企业全面完成改制工作，生产加工情况良好，效益逐年递增。

烟叶产区基础设施建设。根据国家局和省委、省政府的部署，各烟叶产区坚持速度、质量、效益并举，狠抓烟叶基础设施建设，较好地改善了烟农生产、生活条件。累计上年全省烟水配套工程总投资2.1亿元，其中国家局补贴0.78亿元，各级烟草部门配套0.65亿元，地方及烟农协调配套和投工投劳0.66亿元。水利设施灌溉面积达20.35万亩，5.13万户农户因此受益。烟水配套工程在战胜60年不遇的旱灾中发挥了较好的作用，既保证了烟叶生产用水，又为部分烟区解决了人畜饮水和其他经济作物供水问题。

2006年，全省优良品种种植率100%，漂浮育苗面积39.78万亩，占总种植面积的50%以上，推广应用面进一步扩大。烟叶主产区积极试验示范和推广密集式烤房，2006年共建造2400座，承担烘烤面积近6万亩，达到了全国平均水平。催芽包衣、平衡施肥、土壤改良、病虫害防治等技术到位率进一步提高。

科研部门通过建立知识创新、技术创新、技术服务体系，从解决制约湖北省烟叶生产质量、生产管理模式入手，积极开展各类课题研究，以科技项目实施为平台，不断提高全省烟草行业科技研发水平和技术转化、推广力度。省烟草科研所主持的《优质白肋烟晾制技术及其机理研究》、《湖北优质烤烟生产综合配套技术试验示范与推广应用》等研究项目分别获得国家局、省政府科技进步二等奖和三等奖。《湖北烟叶专业新村组织模式研究》课题通过国家级政策研究专家论证，已被省委、省政府采纳，并将于2007年开始组织实施。

卷烟销售

2006年，全省行业紧紧围绕国家局“控量、促销、稳价、增效”的方针，加强宏观调控，适度调整卷烟销售结构，努力保证市场有效供给。

卷烟销售。2006年，卷烟销售工作遇到了货源供应不足、品牌整合力度增大、工业投放节奏与市场需求不同步等突出问题。省局（公司）积极与工业公司沟通协商，组织货源，及时掌握进度，适时进行调控。一方面，争取国家局调减了湖北省的低档烟计划，增加了省外烟指标，使卷烟销售更能贴近市场的真实需求。另一方面，适时调整有关单位的销量任务和低档烟计划，保证了总供给和市场需求的适度平衡。总体来看，全年卷烟销售均衡、协调，每月销售稳定在65亿支（13万箱）以上，呈现出淡季不淡，旺季更旺的态势。

重点骨干品牌培育。全省系统认真贯彻落实国家局培育“两个10多个”的要求，着力培育重点骨干品牌。通过严格品牌管理，实行卷烟品牌“进一退一”的申报审批制度，有效控制了不成规模的小品牌的引进，品牌集中度进一步提高。2006年全省销售“百牌号”卷烟714.9亿支（142.98万箱），占总销量的85.43%，与上年同比提高7.45个百分点。销售全国名优卷烟594.3亿支（118.86万箱），占总销量的71.02%，同比提高17.76个百分点。加大对全国共享品牌“大丰收”的培育力度，全年销售15亿支（3万箱）。

网络建设

全省网建工作按照国家局“突出服务、注重效率、优化流程、提高素质”的要求，在整体推进的基础上全面提升网建水平，把工作的着力点放在提高服务质量和优化流程、提升效率上。在网建工作中，切实把提高服务水平，密切与经营户的关系作为工作的出发点和落脚点。对卷烟货源和紧俏品牌实行全面公开、公平分配的原则，尽力增加直访直送户，减少代订代送和挂靠送货户。同时实行限量供货，限制经营大户，扶持经营小户，有效防止了“大户”控制“小户”的现象。在全省广泛开展“星级经营户”、“守法经营先进经营户”的评选活动，并给予精神和物质上的奖励，有力地促进了经营户守法经营，密切了烟草企业与经营户的关系。

按照国家局《地市级烟草公司卷烟销售网络业务规范》的要求，进一步优化了营销管理、客户服务、订单采集、电子结算、现代物流的业务规范和工作流程，推动信息化“四统一”在网建工作中的应用。通过优化流程、整合线路提高效率，2006年全省共减少送货线路280条，减少配送车辆111辆，减少送货人员近200人。访销配送周期和送货线路的整合，减少了电访及送货成本，降低了送货过程中的安全风险，优化了资源配置，提高了工作效率。截至2006年底，全省实行一周一访的经营户数达到17.02万户，占全省经营户总量的82.68%，比上年提高了24.31个百分点。

在稳定“电子结算”、“银行代收卡”结算的基础上，积极推行移动POS机结算，截至2006年底，全省使用POS机结算的经营户占总经营户数的40%以上，非现金结算户比例达到96%，较好地解决了资金结算中的安全隐患和快速归集问题。

体制改革

2006年，省局（公司）认真贯彻落实国办发［2005］57号文件精神，省局（公司）和各市（州）局成立了体制改革领导小组和工作专班，有步骤、有计划地稳步推进改革。

母子公司体制改革。将全省烟草商业系统的净资产汇总上划中国烟草总公司，并经财政部批复，中国烟草总公司将上划的净资产38.52亿元作为投资划给湖北省，形成投资关系。其中，省公司4.17亿元，市州公司34.35亿元。省公司所属19个全资子公司，其中市级烟草公司17个，专业公司2个。全省烟草商业系统逐步建立了“归属清晰、权责明确、流转顺畅”的现代产权制度。

依法转变职能。新建立的总公司、省级公司和地市级公司三级法人治理结构，使省局（公司）和各市（州）公司的职能发生了根本性的变化。2006年，省局（公司）完成了卷烟销售公司、进出口公司和烟叶公司的改革和职能转换工作。经过产权划转，中国烟草湖北进出口有限责任公司变更为省公司的全资子公司。省烟叶公司进行了职能调整，更名为烟叶管理处，退出了烟叶经营，重新明确了工作职责。省卷烟销售公司在2005年完成改革后，不再从事卷烟经营。以上几项工作的完成，标志着省局（公司）彻底退出卷烟和烟叶经营，实现了职能的转换，由过去的行政管理为主转变为以行政管理和资产经营管理并重的管理体制。各市（州）公司市场营销主体的地位初步确立，作用得到较好发挥，市场监管和内部管理明显加强，确保了各项任务的圆满完成。

清产核资工作。在2005年依法依规处理5.42亿元不良资产的基础上，2006年处理各类不良资产2.42亿元，其中，省局（公司）0.11亿元、市州局2.31亿元。除利川市烟叶公司1.05亿元亏损待依法处理外，基本实现了扭亏任务。开展多元化企业资产核资工作，全面掌握多元化投资和资产状况，为加强投资管理，理顺产权关系创造条件，截至2006年底，全省多元化企业48家，资产4.45亿元，其中省局（公司）7家，资产1.94亿元；市州局（公司）41家，资产2.51亿元。

人员安置工作。按照国家局有关政策，通过资金补贴的方式，促进企业富余人员分流安置。荆州、咸宁、恩施等8个市（州）公司一次性有偿分流安置共50人。

内部管理监督

2006年，省局（公司）把内部专卖管理监督和同级审计作为加强内部管理监督的重点，深入开展了“两项检查”。省局（公司）和各单位分别成立了领导小组和工作专班，建立了主要领导挂帅，分管领导具体负责，有关部门相互配合的工作机制，做到组织机构落实、方案落实、检查落实、整改落实，确保“两项检查”工作质量。

同级审计经过自查、复查、整改调账和迎接国家局全面检查四个阶段的工作，达到了预期效果。各单位领导高度重视做好自查和复查的工作，在复查阶段，省局（公司）组织了4个工作组，对全省烟草商业系统的所有企业进行了复查，检查面达到100%。复查重点抓住内控制度建设、专卖罚没款、专项资金、工资福利、会计核算、账外账、“小金库”、烟叶经营等方面的问题，帮助企业查找遗漏的问题和环节，最大限度地把问题暴露在复查阶段。整改调账阶段，省局（公司）根据复查结果对各单位下达了整改通知书，督促各单位整改，确保按时调账到位。国家局全面检查阶段，对全省9个单位的同级审计工作进行了全面检查，未发现违反国家法律法规的重大问题。

内部专卖管理监督工作稳步推进。省局（公司）工作组深入到襄樊市、宜昌市、恩施州公司和复烤企业调研、督查，对全省的烟草工商企业进行了复查。同时，各单位针对检查中暴露的问题，总结经验教训，认真分析原因，明确整改要求，落实整改责任，制订和完善内部管理监督的各项措施，建立长效机制，使内部管理监督工作开始走向制度化、规范化。

财务管理

2006年，全省行业实施全面预算管理，涵盖销售、资金、利润、费用、资本性支出等内容，重点突出费用预算管理，对费用总额、费用率两个指标进行刚性控制。省局（公司）对费用预算的编制、审批、执行、控制、分析、考评等各个环节严格把关、考核，有效遏制了费用率增长的势头，全省费用率同比下降0.7个百分点。狠抓资金监管，通过强化货款监管、账户监管、动态监管、数据监管、权限监管，确保了资金安全，支持了业务运行，资金监管系统全年实现综合效益近8000万元。

人事与劳资

干部队伍建设。加强对各级领导班子和领导干部的管理，严格执行《党政领导干部选拔任用工作条例》。先后对恩施、仙桃、随州等9个单位的领导班子进行了充实调整。继续加大干部公开选拔的力度，推进市（州）局副职领导和中层干部竞争上岗，有效改善了干部队伍结构。开展“四好”班子创建活动，推动了领导班子的思想政治建设、组织建设和作风建设。

三项制度改革。按照“重心下移、强化基层、充实一线”的原则，严格控制从业人员数量。2006年，全省行业减员1212人。其中，武汉市局（公司）通过优化访销配送线路、岗位考核、末位淘汰等办法，减员187人，人均劳效明显提高。十堰、荆州市局（公司）探索人事制度改革的新途径，通过建立和完善员工绩效考核体系，较好解决了两种用工分配制度的衔接，调动了员工特别是聘用员工的积极性，优化了人员结构。

结合“四定”（即定岗、定责、定员、定薪）方案的调研，省局（公司）摸清了全省行业的人员数量、岗位分布、收入水平、人均劳效等情况，为全面实施“四定”打下了坚实基础。十堰、恩施市局（公司）和科研所等单位积极开展专业技术人员聘任试点工作，取得了较好效果。全省行业稳步推进技能鉴定工作，对卷烟商品营销员和烟叶分级工进行了鉴定。

教育培训工作。制订《湖北省烟草商业系统教育培训工作实施办法》，继续在省委党校开办了一期干部理论培训班，对全省县级局以上干部进行轮训。先后举办了全省烟草系统专卖、人事、法规、信息化、办公室工作和烟叶基层站人员培训班，提高了从业人员素质。按照“五五”普法规划，各单位重点开展了《宪法》和《公司法》等法律知识培训，营造了学法、懂法、用法的良好氛围。

劳动工资管理。理顺了全省行业的收入分配，规范了工资开支渠道，调减了部分单位的收入，纠正了部分单位实施年金的做法，较好控制了工资总额发放，实现了工资收入控制在2005年水平以内的工作目标。

进出口工作

2006年，根据《国家烟草专卖局关于调整中国烟草进出口（集团）公司成员企业管理体制的决定》（国烟法［2006］589号），2006年12月将中国烟草进出口（集团）公司、武汉烟草（集团）有限公司的股权无偿划转给中国烟草总公司湖北省公司，中国烟草湖北进出口有限责任公司成为中国烟草总公司湖北省公司的全资子公司，公司名称不变。截至2006年底，公司总资产36416万元，资产负债率为78.28%。所有者权益7910万元。

2006年，实现销售收入32494万元，比上年同比增长8.85%。完成出口总值2240万美元，同比增长13.36%。其中，出口各类烟叶7058吨，完成全年烟叶出口计划7050吨的100.11%；烟叶出口创汇1985万美元，同比增长9.97%。出口卷烟6500件，卷烟出口创汇99万美元。出口烟机设备4套，创汇127万美元，出口烟丝30吨，创汇29万美元。进口寄售卷烟5573件，进口丝束4249吨。

党风廉政建设

省局（公司）贯彻中央《建立健全教育、制度、监督并重的惩治和预防腐败体系实施纲要》，加大了对领导班子特别是主要领导干部的监督力度，把党风廉政责任制和经济目标责任制紧密结合，共同部署，共同考核。黄石市局加大监督的群众性和透明性，将惩治和预防腐败的关口前移，切实加强对人、财、物等关键部位和重点环节的监督。恩施州局针对烟叶生产经营的薄弱环节，狠抓规范，大胆管理，扭转了违法违规案件多发的局面。各单位对基建工程、物资采购等都采取了规范的招投标、比质比价采购制度，预算、投资、薪酬委员会的作用得到较好发挥。同时积极开展预防职务犯罪教育活动，通过典型教育和警示教育，增强领导干部廉洁从业意识。

精神文明建设

全省行业深入开展“‘两个至上’在岗位”的主题实践活动，并与向高荆洪烈士学习紧密结合起来，推动干部职工队伍的思想和作风建设，涌现了一批像甘世柱一样的先进人物。围绕纪念建党85周年和红军长征胜利70周年，各单位开展了丰富多彩的庆祝活动。荆州市局在全行业组织的“‘两个至上’在岗位”演讲比赛中获得一等奖。全省系统积极开展企业文化建设，武汉、宜昌、鄂州市局作为全省的试点单位，进行了积极探索，取得明显成效。

湖北省局（公司）主要统计指标汇总

实现税利（亿元）	商业利润（亿元）	销售卷烟（亿支）	烟叶种植（万亩）	烟叶收购（万担）	出口创汇（万美元）
34.75	25.67	836.75	79.29	196.13	2253.00

所属地市级局（公司）

武汉市烟草专卖局（公司）

概　况

武汉市烟草专卖局（公司）组建于1986年，2006年下辖江汉、江岸、桥口、汉阳、武昌、青山、洪山、蔡甸、黄陂、新洲、江夏、东西湖、汉南等13个区局（营销中心）和金叶惠民商贸有限公司、金叶信息公司、金叶物流公司等3个专业公司，共有职工1435人，其中聘用职工810人，总资产191478万元。2006年，武汉市局（公司）被评为全国烟草行业打假先进集体，并荣获湖北省"五一劳动奖状"，市局（公司）团委被推荐为"全国五四红旗团委"创建单位，洪山区局（公司）客户经理周全胜获"全国优秀客户经理"称号，林强华等5名同志获市"劳动模范"称号，王洪斌等3名同志被授予"武汉市五一劳动奖章"。

领导成员

局长、经理、党委书记：刘裕堂

副局长、副经理、党委委员：张永红

副经理、工会主席、党委委员：祝有银

副局长、副经理、党委委员：史广礼（2006.7—）

副局长、副经理、党委委员：孙维亚（2006.7—）

纪委书记、党委委员：杨家银（2006.10—）

副局级调研员：魏文才（2006.4—）

副局级调研员：秦国秀（2006.5—）

组织机构

市局（公司）设14个内部机构：办公室、人事劳资处（政治工作处）、专卖监督管理处、政策法规和体制改革处、营销总部、财务管理处、审计处、监察处、安全保卫处、信息中心、后勤服务中心、机关党委、工会委员会、烟草学会。

经济效益

2006年，全市销售卷烟161.13亿支（32.23万箱），与上年同比增加6.04亿支（1.21万箱），增长3.89%；实现销售收入457048万元，同比增加63355万元，增长16.09%；实现税利122675万元，同比增长32.15%。其中，利润97038万元，同比增长35.02%；实现税收25637万元，同比增加4675万元，增长22.31%。

专卖管理

2006年，专卖管理工作有新进展，基本形成以市党委、市政府为领导，公安、司法、工商、质监等部门广泛参与的联动机制。武汉市政法委召集公安、检查、司法、烟草等部门联合下发《关于办理涉烟违法犯罪案件若干问题的会议纪要》，对涉烟违法犯罪法律适用问题做出更加明确的规定。武汉市综合治理委员会制订并下发《2006年全市烟草专卖社区化管理工作意见》和《关于加强托运市场管理，查禁非法"三烟"工作的会议纪要》，对全市烟草专卖社区化管理工作和托运市场管理提出了新的工作目标、工作措施和工作要求。2006年，市局（公司）联合公安、工商、质监、交通等部门组织开展了四次市场整顿专项行动，保持了打击涉烟犯罪的高压态势。

围绕市局（公司）年初提出的"用一年的时间，彻底摸清武汉市的地下贩烟网络，并组织实施有效打击；用一年的时间，彻底改变武汉市卷烟市场公开摆卖非法'三烟'现状"的目标，在专卖工作中，突出市场占有率和净化率的提高，强化涉烟犯罪打击，增强依法行政的能力，取得了突出的成绩。

2006年，全市共查获假、私、非卷烟案件10723起（其中万元以上案件1576起），查获非法假、私、非卷烟总量40926件，案值1.24亿元，其中假冒卷烟31313件，案值8701.5万元。全年共有77起涉烟违法案件的145名犯罪嫌疑人被移交公安、司法机关刑事拘留，8起案件的9名涉烟违法人员被移交公安、司法机关劳动教养，65起涉烟案件的114名犯罪分子被依法判处刑罚。

网络建设

2006年，市局（公司）以"按客户订单组织货源"为抓手，突出服务、效率和队伍建设，着力提升营销水平。将《地市级烟草公司卷烟销售网络业务规范》作为规范蓝本，围绕"突出服务、注重效率、优化流程、提高素质"的总体要求，全面开展卷烟销售网络的整体推进和全面提升工作：一是围绕经营目标，开展"按客户订单组织货源"的试点工作，努力满足市场需求；二是突出服务，以市场化为核心，努力实现"三个满意"；三是以规范化为基本要求，进一步优化流程；四是加强培训，提高素质，着力为员工营造良好的成长氛围。

在建设现代流通企业方面，市局（公司）整合调整了业务经营流程，对送货线路进行了全面的优化整合。实施数字化仓储操作，对分拣设备自动塑封包装机进行了改造，启用塑膜封包送货，缩短了货物交接时间，提高了送货车的装载率。经过一系列的流程改进，降低了损耗，提高了工作效率。

企业管理

2006年，市局（公司）以内部管理监督为重点，加大对规范经营、审计稽核、督察考评等方面的监管力度，通过实施过程控制跟踪，强化事前事中监督，企业管理水平得到了有效提升。一是强化经营管理，规范经营行为，密切关注各类业态零售客户，加大经营管理力度。通过运用客户供应限量标准这一杠杆，进一步加大对大型卖场经营行为的监管力度。二是加强财务制度建设，制订并推行《费用项目管理体系及费用核算规范》、《会计科目运用规范》、《会计内部单据》、《2006年费用考核实施细则》等制度，解决了企业长期以来基础会计制度缺失的问题，对规范会计核算起到基础性作用。三是积极落实预算管理，层层分解预算，形成比较完整的预算体系，初步建立预算管理预警平台，通过统一预算数据的存储、执行、调整和控制，建立起标准的监控体系，为做好全面预算管理奠定基础。四是以同级审计为契机全面推进企业内部审计工作。通过自查、回头看、复查、整改及国家局重点检查等几个阶段的工作，顺利完成了2005年同级审计工作。并在国家局重点检查中获得98分的好成绩。五是建立督察考评机制，完善绩效考评体系。按照国家局《地市级烟草公司卷烟销售网络业务规范》的要求，市局（公司）成立了督察考评委员会，设置了督察考评部，制定下发了督察考评工作流程和系列支撑文件，对每个岗位的关键业绩指标进行了提炼，加强对网建工作的检查、监督、考评，确保卷烟销售网络运行质量的有效提升。

信息化建设

2006年，武汉市局公司信息化建设工作按照国家局、省局（公司）的工作要求，紧密围绕业务经营、网络建设、专卖管理等中心工作，加大软件开发工作力度。按照全国卷烟销售网络建设整体推进工作检查考评细则要求，完成对电话访销系统、客户关系管理系统、业务系统的修改、完善和整合；按照国家局信息化评分细则要求，在信息化基础建设、重点工程建设、网络安全、软件正版率、系统运行与维护、制度建设与管理等方面积极开展自查工作，对发现的问题进行及时整改，受到国家局、省局（公司）信息化建设二级检查组的高度评价；根据国烟办［2006］32号文件精神，在省局（公司）统一部署下，完成了数据中心的建设，主要实现了编码程序接收、市烟草公司数据上报、数据汇总及报表展现等；同时还积极筹备运作“打码到条”工作。

2006年，市局（公司）信息中心还完成了管理所（市场部）信息平台建设、专卖管理信息平台建设、物流配送中心视频监控系统开发、按客户订单组织货源软件的开发等项目。

多元化经营

2006年，金叶惠民商贸有限公司实现销售收入8337.21万元，同比增加1180.45万元，增长16.49%，实现利润1168万元，同比增加647.69万元，增长124.48%。金叶信息公司实现销售收入424.67万元，实现利润92.74万元。金叶物流公司实现销售收入2003万元，实现利润186.57万元。

队伍建设

竞争上岗。2006年，市局（公司）按照公开、公平、公正的原则，通过公开竞争、择优聘任的方式，完成了享受正处级待遇干部的选拔工作；通过民主推荐、述职演讲、组织考核、党委评价等程序，公开选聘了区局（营销中心）、政治工作处、办公室等单位（部门）副职13名，充实了处级干部队伍。

培训工作。2006年，市局（公司）以服务企业中心工作、强化人力资源开发、改善员工知识结构、提高员工综合素质为主要目标，开展了系列教育培训工作，全年培训人数达3835人次。一是开展了岗位技能培训。针对市场部（管理所）负责人开展了服务营销策略、客户关系管理、团队建设等内容培训；针对专卖人员开展了计算机技能培训；针对财务人员开展财会专业知识技能培训。二是开展了资格认证培训。为金叶物流公司开展了特种作业人员取证培训（特种车驾驶证）；为营销人员开展了卷烟商品营销员技能鉴定培训，先后组织了中、高级卷烟商品营销员技能鉴定培训312人次。

思想政治工作

市局（公司）以探索保持共产党员先进性长效机制为抓手，推进党的基层组织和党员队伍建设。一是狠抓党员干部政治理论学习，先后组织人员学习了党章、“社会主义荣辱观”、胡锦涛总书记“七·一”讲话等内容，召开党委理论学习中心组扩大会，邀请党校教授开展专题讲座，帮助党员领导干部学习理解；组织开展了“保持共产党员先进性教育活动与党的先进性建设”征文活动，共收到征文95篇，评选出特别奖6篇、一等奖2篇、二等奖6篇，三等奖14篇。通过系列学习活动，使党组织的凝聚力得到了增强，党员干部思想作风和工作作风得到了转变，工作积极性得到了提高，党员先锋作用得到了发挥。二是加强党的基层组织建设。结合“双基”建设的实际和党员新形势下教育管理的需要，将7城区的基层党组织由直属党支部变更为党总支，并统一下设为机关党支部、专卖党支部和业务党支部，加强了管理所（市场部）党的组织建设，使党的基层组织建设下沉到一线，增强党组织的凝聚力和战斗力。

以丰富多彩的文化活动为载体，宣传企业文化，丰富职工生活，陶冶职工情趣。工会先后组织了职工羽毛球比赛和大众广播体操展示赛；女工委员会举办“色彩搭配”的美学讲座。基层单位还因地制宜地开展了一些有益于职工身心健康的活动，如武昌区局组织了职工趣味体育活动，黄陂、桥口区局、惠民公司组织了职工知识竞赛，物流公司组织了职工拔河比赛，青山区局还与区交管部门组织了联谊活动等。

充分运用自办报纸、刊物、信息平台等媒体，开展“两个至上”大讨论、企业发展战略研讨活动，由烟草学会组织企业管理征文等活动，广泛听取职工意见和建议，企业民主管理水平不断提高。

黄冈市烟草专卖局（公司）

黄冈市烟草专卖局（公司）组建于1984年，2006年下辖黄州、团风、红安、麻城、罗田、英山、浠水、蕲春、武穴、黄梅等10个县、市、区烟草专卖局（营销部）和龙感湖分局（公司），截至2006年底，总资产45461万元，共有职工1150人，其中聘用职工330人，辖区内共有卷烟零售户24418户。

2006年，全市完成辖区卷烟销售85.16亿支（17.03万箱），与上年同比增长1.4%；实现销售收入156600万元，同比增长17.6%；单箱销售额9195元，同比增长16.01%；实现税利22189万元，同比增长58.8%，其中，利润15052万元，同比增长73.7%。

襄樊市烟草专卖局（公司）

襄樊市烟草专卖局（公司）组建于1984年，2006年下辖襄阳区、樊城区、襄城区、谷城县、保康县、南漳县、宜城市、枣阳市、老河口市9个县、市、区烟草专卖局（营销部）和2个烟叶经理部，原襄阳烟叶经理部于2006年4月撤销。市局（公司）控股襄樊金叶烟草有限责任公司。截至2006年底，总资产66644万元，共有职工1953人，其中聘用职工124人，辖区内共有卷烟零售户19920户。

2006年，全市共完成辖区卷烟销售82亿支（16.40万箱），实现销售收入131748万元，与上年同比增长19.95%。单箱销售额9396元，同比增加1582元。种植烤烟11.2万亩，收购烟叶1.19万吨（23.80万担），与上年同比增长13.33%，收购金额9661万元，同比增长25.83%。销售烟叶0.74万吨（14.85万担），销售金额10556万元，同比下降44.2%。全市实现“两烟”销售收入142304万元，与上年同比增长10.53%；实现税利22270万元（不含烟叶特产税2124万元），同比增长19.19%，其中，利润16851万元，同比增长45.24%；税收5419万元（不含烟叶特产税），同比减少1663万元；费用总额同比减少450万元。

烟草生产基础设施建设共完成项目投资2500万元，新建烟水配套项目容量142747立方米，排洪渠1.7千米，提灌站7座，密集烤房86座，受益耕地27843亩，受益农户4314户。加强基层部（所）建设，全区37个基层部（所）均达到站点布局合理化、专卖服务一体化、内部管理规范化、部所设施配套化、部所面貌整洁化。

开展“风暴行动”、“雷雨行动”和“破冰行动”等专项打假行动。期间，全市共出动执法检查人员20000余人次，查获涉烟违法案件1591起，查获非法卷烟1290件，案值553万元。全年共查处涉烟违法案件4173起，案值1027万元，破获5万元以上的大案要案25起，捣毁制假、贩假窝点34个，移交公安、司法机关依法拘留23人，其中判刑7人。

荆州市烟草专卖局（公司）

荆州市烟草专卖局（公司）组建于1984年6月，2006年下辖沙市区、荆州区、江陵县、公安县、监利县、松滋市、石首市、洪湖市8个县、市、区烟草专卖局（营销部），截至2006年底，总资产49532万元，共有职工964人，其中聘用职工477人。辖区内共有卷烟零售户20638户。

2006年，全市共完成辖区卷烟销售83.08亿支（16.62万箱）；实现销售收入151922万元，与上年同比增长6.73%；销售毛利39096万元，同比增长25.73%；实现税利27994万元，同比增长13.79%，其中，利润20635万元，同比增长15.26%。

重视企业文化建设，完成《荆州烟草志》的编撰工作，成立市局（公司）“文联”筹备组，举办全市烟草职工书画摄影展，在《引领》杂志上开办“引领烟事”栏目，在《荆州日报》开辟“荆州烟草”专版，与《荆州文学》合办《金叶》杂志，为企业文化建设搭建平台。

十堰市烟草专卖局（公司）

十堰市烟草专卖局（公司），组建于1984年12月，2006年下辖郧县、郧西县、竹溪县、竹山县、房县、丹江口市、城区分局7个县、市、区烟草专卖局（营销部）和十堰烟叶有限责任公司。截至2006年底，拥有总资产44124万元，其中，固定资产12287万元、流动资产28777万元，共有职工967人，其中聘用职工571人，辖区内共有卷烟零售户13167户。市局（公司）第四党支部被国家局授予“优秀基层党支部”称号，丹江口市局（营销部）杨凌燕被评为“全国烟草行业优秀客户经理”。

2006年，全市共完成辖区卷烟销售45.15亿支(9.03万箱)；实现销售收入87307万元，与上年同比增长13.27%；单箱销售额9668元/箱，同比增长13.25%。截至2006年底，全市签订烟叶种植合同12746份，移栽面积5.2万亩，收购烟叶0.68万吨(13.69万担)，销售烟叶0.49万吨（9.88万担），实现销售收入9018万元，实现税利1225.6万元。实现“两烟”税利14529万元，同比增长49.95%，其中，利润10603万元，同比增加4476万元，增长73%。

开展以打击贩运销售“白包”烟，打击销售假冒“红金龙（佳品）”、“红金（龙火之舞）”，清理整顿无证经营，清理拆除“名烟批发”、“名烟专营”、“名烟专卖”非法招牌等为重点的专项打假和市场整顿行动，共查处万元以上大案96起，打掉贩假窝点15个。全年组织开展打假专项行动8次，出动专卖执法人员11000余人次，出动执法车辆2300多台次。全年共查处涉烟违法案件1390起，查获非法卷烟792万支，非法烟叶41908公斤。

孝感市烟草专卖局（公司）

孝感市烟草专卖局（公司）组建于1984年4月，2006年下辖孝南区、汉川市、应城市、云梦县、安陆市、大悟县、孝昌县7个县、市、区烟草专卖局（营销部）。截至2006年底，总资产34297万元，其中固定资产14000万元，流动资产20000万元，主业在岗职工794人，其中聘用员工283人。辖区内共有卷烟零售户12273户。

2006年，全市共完成辖区卷烟销售61.5亿支（12.3万箱），实现销售收入110372万元，与上年同比增长15.53%，实现销售毛利28745万元，同比增长30.75%；实现税利19096万元，同比增长41.10%；其中，利润14448万元，同比增长60.11%。实行成本控制，2006年，全市综合费用率11.19%，同比下降1.26个百分点。

网络建设方面，通过优化组合，裁并送货线路9条，减少送货车组9个，访送周期由一周二次调整为一周一次。推行电访自动拨号呼叫，实现当日访销、当日分拣、次日送货，年底实施滚动访销、滚动分拣。加强数字化仓库建设，添置全自动包装机、整件打码设备等，使用自动化环保塑封包装。

2006年，全市共查获各类涉烟违法案件3505起，查获非法卷烟10109件，其中，假冒卷烟9539件，案值3480万元。移交公安、司法机关依法拘留61人，判刑14人。市局鄂北口子大队被省政府授予“全省卷烟打假、市场整顿先进集体”称号。

恩施州烟草专卖局（公司）

恩施土家族苗族自治州烟草专卖局（公司），组建于1984年。2006年下辖来凤县、鹤峰县、咸丰县、宣恩县、巴东县、建始县、利川市、恩施市8个县、市烟草专卖局（营销部、分公司）、7个烟叶分公司、1个烟叶产销公司、恩施州烟草物资供应公司、鄂西卷烟材料厂等单位（部门），委托代管恩施金叶烟草有限责任公司。2004年和2006年经国家局批准分别取消了县级法人资格单位15个，截至2006年底，暂保留利川市烟叶产销公司1个县级法人资格单位。共有总资产159826万元，共有员工2692人，其中聘用员工1357人。2006年，全州共有烟叶种植农户97605户，其中，种植烤烟52515户、种植白肋烟45090户。辖区内共有卷烟零售户10487户。

2006年，全州完成辖区卷烟销售46.92亿支(9.38万箱)；实现销售收入186093万元；实现税利23771万元，其中利润13017万元。全州烟叶种植面积53.97万亩，其中烤烟40.3万亩，白肋烟13.67万亩。收购烟叶6.47万吨（129.4万担），其中，烤烟4.56万吨（91.11万担）、白肋烟1.91万吨（38.29万担）。收购金额49924.25万元。

2006年12月31日，经国家烟草专卖局批准，取消了原湖北省烟草公司恩施市烟草公司、湖北省烟草公司建始县烟草公司的县级法人资格，变更为恩施州烟草公司恩施市烟草分公司和恩施州烟草公司建始县烟草分公司，属非独立法人的分支机构。

宜昌市烟草专卖局（公司）

宜昌市烟草专卖局（公司）组建于1984年4月。2006年下辖夷陵区、宜都市、枝江市、当阳市、远安县、兴山县、秭归县、长阳土家族自治县、五峰土家族自治县9个县、市、区烟草专卖局（营销部）。市局（公司）下属宜昌烟用物资公司、宜昌烟草贸易开发公司2个专业公司。截至2006年底，拥有总资产47656万元，其中，固定资产19463万元、流动资产27330万元。共有职工1163人，其中聘用职工528人。辖区内共有卷烟经营户15243户。2006年，市局（公司）被宜昌市委、市政府授予“市级文明系统”称号，8个县、市、区局（营销部）被评为“省级文明单位”，9个县、市、区局被评为“市级文明单位”。

2006年，全市共完成辖区卷烟销售69.13亿支(13.82万箱)。单箱销售额10079元，与上年同比增长10.38%。种植烟叶9.9万亩，收购烟叶1.40万吨(28万担)，其中，烤烟0.83万吨（16.6万担）、白肋烟0.4万吨（8万担）、马里兰烟0.17万吨（3.4万担）。实现“两烟”销售收入139257万元，同比增长17.27%；实现税利27260万元，同比增长68%，其中，利润18188万元，同比增长62.95%。

烟叶生产方面，全市漂浮育苗面积41000亩，占移栽面积的41%。开展以成熟度为中心配套生产技术及烟叶生产实用技术（如平衡施肥、密集式烘烤、病虫害防治、品种区试等项目）的试验与推广工作。重点抓好北京—五峰马里兰、白肋烟基地、武烟—兴山部分替代进口烟叶生产示范基地、进出口公司的丰产型白肋烟基地等项目建设。加大扶持力度，全市共投资3874万元（其中国家局补贴970万元），建设水窖、水池5600个，总容量112000立方米，密集型烤房建设392座。

网络建设方面。投资3600万元建成卷烟物流中心并投入使用。全年增设农村市场部31个，平均每个县级营销部有3~4个市场部。全市卷烟经营户100%实行电子结算。开展打码到条及订单采集项目试点工作。

2006年，全市查获各类涉烟违法案件1748起，其中假冒卷烟663起；查获非法卷烟11.03万条，涉案金额663.92万元。成功捣毁地下制假窝点1个、非法生产烟用滤嘴棒地下窝点1个，捣毁贩假网络21个，售假藏假窝点12个。移交公安、司法机关依法判刑11人、拘留17人、劳动教养2人。

咸宁市烟草专卖局（公司）

咸宁市烟草专卖局（公司）组建于1984年4月19日，2006年下辖咸安区、嘉鱼县、赤壁市、通城县、崇阳县、通山县6个县、市、区烟草专卖局（营销部），截至2006年底，拥有总资产22400万元，共有职工501人，其中聘用员工105人。辖区内共有卷烟零售户8080户。

2006年，全市共完成辖区卷烟销售35.19亿支（7.04万箱），与上年同比增长0.05%；实现销售收入71225.45万元，同比增长16.25%，其中，省产烟销售收入62102.61万元，同比增长14.07%；实现税利12681.85万元，同比增长22.95%；其中，利润8552.88万元，同比增长18.25%。

专卖管理方面，全年共查获涉烟违法案件2468起，查获非法卷烟11962件，案值3339万元。移交公安、司法机关依法判刑13人。加强人事改革，全市共精简机构37个，其中，市场部减少18个、专卖管理中队减少5个，共精简人员279人。

随州市烟草专卖局（公司）

随州市烟草专卖局（公司）组建于2000年10月，2006年下辖曾都区、广水市烟草专卖局（营销部）。截至2006年底，拥有总资产13855万元，共有职工378人，其中聘用职工86人。辖区内共有卷烟零售经营户6303户。

2006年，全市共完成辖区卷烟销售30.31亿支（6.06万箱），与上年同比增长2.12%。实现税利8131万元，同比增长86.9%，其中，利润5782万元，同比增长111.2%。

黄石市烟草专卖局（公司）

黄石市烟草专卖局（公司）组建于1984年6月，2006年下辖大冶市、阳新县、直属分局3个县、市、区烟草专卖局（营销部）。截至2006年底，总资产25630万元，共有员工380人，其中聘用员工161人。辖区内共有卷烟零售户11443户。

2006年，全市共完成辖区卷烟销售32.68亿支（6.54万箱），单箱销售额1.23万元，与上年同比增长16.6%；实现税利14819万元，同比增长30.19%，其中完成税收3171万元，同比增长0.57%，实现利润11648万元，同比增长41.53%。

全市共查处涉烟违法案件2202起，查获非法卷烟1567.6件，案值579.4万元，其中非法卷烟531.2件。查获万元以上大案94起，端掉地下窝点62个，收缴罚没款52.3万元。移交公安、司法机关刑事拘留30人，治安拘留5人，判刑18人。

荆门市烟草专卖局（公司）

荆门市烟草专卖局（公司）组建于1984年8月，2006年下辖沙洋县、京山县、钟祥市、城区4个县、市、区烟草专卖局（营销部）。截至2006年底，拥有总资产24829万元，共有员工423人，其中聘用员工224人。辖区内共有卷烟零售户13855户。

2006年，全市共完成辖区卷烟销售40.01亿支（8.002万箱），实现销售收入71188万元，与上年同比增长15.46%；销售毛利18299万元，同比增长23.51%；实现税利15124万元，同比增长47.58%，其中，利润11632万元，同比增长60.31%。

卷烟营销工作，2006年，市局（公司）统一整合全市卷烟市场，优化送货线路。将全市二县一市三区行政区域市场，整合为“两大区域”（即直送区域和转送区域）板块市场。优化整合送货线路，使送货线路由原来的39条，整合为33条。统一全市客户经理和配送人员的配备标准。全市城区市场3608个经营户，共配客户经理28人；农村市场10247个经营户，共配备客户经理89人。送货员按一条线路一台车辆，一车2人，一个中转部另配2名机动人员的标准，共配备74人。

统一全市农村网点设置和建设标准。按照“区域布局合理、服务延伸到边、有利指导管理、运作高效灵活”的要求，对农村市场部重新进行选（定）点布局。全市52个乡镇，按统一选址、统一规划、统一设计、统一功能设施建设的意见，已确定建设好15个市场部。

全年共查处各类涉烟违法案件2409起，查获非法卷烟789件，其中，查获假冒卷烟案件989起，查获假冒卷烟374件。移交公安、司法机关依法拘留16人、逮捕6人、判刑14人。

鄂州市烟草专卖局（公司）

鄂州市烟草专卖局（公司）组建于1984年9月，2006年下辖鄂城、华容、梁子湖3个区烟草专卖局、1个卷烟营销部和4个卷烟市场部。截至2006年底，总资产9996万元，共有职工199人，其中聘用职工95人。辖区内共有卷烟零售户4360户。

2006年，全市共完成辖区卷烟销售14.05亿支（2.81万箱），实现销售收入29216万元，与上年同比增长18.07%；实现税利5589万元，同比增长53%，其中，利润3866万元，同比增长59%，税收3277万元，同比增长33%。

对“家”文化进行整合、规范和完善，确立“家”文化的5大核心理念和示范型、执行型、争先型、团队型、学习型、公开型、敬老型、爱心型8大行为准则，建立全新的“家”文化理念系统、视觉识别系统和行为系统。同时，以《鄂州烟草》报、《鄂州烟草纵横》、鄂州烟草首届企业文化节、“今天，我们来开讲”活动等为载体，通过聘请企业文化宣讲师等手段，精心培育“家”文化，使员工在内容上认知“家”文化，在思想上认同“家”文化，在行为上遵循“家”文化，把“家”文化作为共同的价值追求。

仙桃市烟草专卖局（公司）

仙桃市烟草专卖局（公司）组建于1984年4月，2006年下辖毛嘴、三伏潭、张沟、通海口、彭场、长埫口、西流河、城区等8个市场部，截至2006年底，拥有固定资产1945万元，流动资产9791万元，在岗职工139人，其中聘用职工71人。辖区内共有卷烟零售户3251户。

2006年，全市共完成辖区卷烟销售17.44亿支（3.49万箱），实现销售收入34185万元，与上年同比增长16%；销售毛利9012万元，同比增长25%；实现税利7725万元，同比增长25.71%；其中，税收3830万元，同比增长21%，利润5891万元，同比增长31%。

全年共查获各类涉烟违法案件830起，查扣非法卷烟776件，案值293万元。打掉非法运销团伙18个，捣毁手工制假窝点1个，依法查封取缔非法生产销售烟用丝束地下生产线1条。移交公安、司法机关依法查处涉烟违法人员23人，刑事拘留10人，逮捕6人。

天门市烟草专卖局（公司）

天门市烟草专卖局（公司）组建于1984年9月。2006年市局（公司）下辖5个卷烟营销市场部、5个市场管理所、4个专卖稽查中队、2个零售门市部。截至2006年底，拥有总资产9763万元，其中，固定资产2334万元、流动资产7185万元，共有职工193人，其中聘用职工83人。辖区内共有卷烟零售户4480户。

2006年，全市共完成辖区卷烟销售18.66亿支（3.73万箱），与上年同比增长0.64%；实现销售收入31197万元，同比增长11.78%。实现税利6102万元，同比增长24.89%，其中利润4711万元，同比增长42.12%。

潜江市烟草专卖局（公司）

潜江市烟草专卖局（公司）组建于1984年5月。市局（公司）设有城区、泽口、王场、广华、浩口、张金、老新、渔洋等8个市场部，4个专卖管理所（园林专卖管理所、广华专卖管理所、张金专卖管理所、老新专卖管理所），4个卷烟专卖店，2个稽查中队。截至2006年底，总资产8534万元，在岗员工128人，其中聘用员工36人。辖区内共有卷烟零售户3068户。

2006年，全市共完成辖区卷烟销售12.50亿支（2.50万箱），实现销售收入25900万元，与上年同比增长17%，实现税利5876万元，同比增长46%，其中利润4360万元，同比增长61%；税收1516万元，同比增长14%。

神农架林区烟草专卖局（公司）

1986年1月15日，神农架林区商业局决定组建神农架林区烟草专卖局，隶属神农架林区商业局管辖。1986年8月30日，神农架林区烟草专卖局、湖北省烟草公司神农架林区公司财务体制上划，实行“统一领导、垂直管理、专卖专营”的烟草行业管理体制，隶属湖北省烟草专卖局（公司）直辖（正科级）。2004年11月5日，经省国家局批准，神农架林区烟草专卖局、湖北省烟草公司神农架林区公司整体升格为副处级单位。区局（公司）下设3个职能部门（行政办公室、专卖监督管理科、财务管理科）、1个专业部门（卷烟营销部）、1个卷烟配送部、2个卷烟配送站、4个二级委配站、1个烟草专卖店。截至2006年底，总资产1096万元，共有职工31人。辖区内共有卷烟零售户533户。

2006年，全市共完成辖区卷烟销售1.4亿支（0.28万箱），实现销售收入3453万元，与上年同比增长22.14%；实现税利605万元，其中利润444万元。

2006年湖北省烟草商业系统主要情况统计

地市级局（公司）名称		武汉市烟草专卖局、武汉市烟草公司	黄冈市烟草专卖局、黄冈市烟草公司	襄樊市烟草专卖局、襄樊市烟草公司	荆州市烟草专卖局、荆州市烟草公司	十堰市烟草专卖局、十堰市烟草公司
法人代表/主要负责人		刘裕堂	徐述舟	唐启楹	蔡刚	梁斌
总资产（万元）		191478	45461	66644	49523	44124
员工总数（其中聘用员工数）（人）		1435（其中聘用员工810人）	1150（其中聘用员工330人）	1953（其中聘用员工1124人）	964（其中聘用员工477人）	967人（其中聘用员工571人）
所属县级局数量（个）		13	11	9	8	7
所属县级公司数量（个）		/	/	/	/	/
所属营销部（分公司、访销中心、烟叶复烤厂、稽查大队等）		13个营销中心、13个稽查大队、1个电话呼叫中心	10个营销部、1个访销中心、1个配送中心、10个稽查大队	1个市公司卷烟营销部、9个县（市、区）营销部、2个烟叶经理部、1个稽查支队、14个特勤中队、31个市管中队	8个营销部、1个营销中心、1个电访中心、1个物流中心、8个稽查大队、68个稽查中队	7个卷烟营销部、1个访销中心1个物流中心、23个稽查大队
销售卷烟（亿支）		161.13	85.16	82.00	83.08	45.15
实现税利（万元）	本年	122675	22189	22270	27994	14529
	上年	94022	13973	18684	24601	9689
实现利润（万元）	本年	97038	15052	16851	20635	10603
	上年	72116	8667	11602	17903	6127
烟叶种植（亩）		/	/	112000	/	52000
烟叶收购（担）		/	/	238000	/	136900
零售户数（户）		35508	24418	19920	20638	13167

地市级局（公司）名称		孝感市烟草专卖局、孝感市烟草公司	恩施州烟草专卖局、恩施州烟草公司	宜昌市烟草专卖局、宜昌市烟草公司	咸宁市烟草专卖局、咸宁市烟草公司
法人代表/主要负责人		宁康明	黄树立	高道德	游爱民
总资产（万元）		34297	159826	47656	22400
员工总数（其中聘用员工数）（人）		794（其中聘用员工283人）	2692（其中聘用员工1357人）	1163（其中聘用员工528人）	501（其中聘有员工105人）
所属县级局数量（个）		7	8	9	6
所属县级公司数量（个）		/	1	/	/
所属营销部（分公司、访销中心、烟叶复烤厂、稽查大队等）		1个电访中心、1个物流中心、1个稽查支队、8个稽查大队、9个稽查中队	8个卷烟营销部、1个访销中心、1个稽查支队、8个稽查大队、22个稽查中队	9个营销部、1个访销中心、1个配送中心、3个烟叶中心仓库、1个稽查支队、9个稽查大队	1个营销中心、6个营销部、7个稽查大队
销售卷烟（亿支）		61.50	46.92	69.13	35.19
实现税利（万元）	本年	19096	23771	27260	12682
	上年	13534	4432	16226	10712
实现利润（万元）	本年	14448	13017	18188	8553
	上年	9024	—6086	11162	7533
烟叶种植（亩）		/	539700	99000	/
烟叶收购（担）		/	1294000	280000	/
零售户数（户）		12273	10487	15243	8080

地市级局（公司）名称		随州市烟草专卖局、随州市烟草公司	黄石市烟草专卖局、黄石市烟草公司	鄂州市烟草专卖局、鄂州市烟草公司	荆门市烟草专卖局、荆门市烟草公司
法人代表/主要负责人		邹元忠	李学农	夏汉林	雷培榜
总资产（万元）		13855	25630	9996	24829
员工总数（其中聘用员工数）（人）		378（其中聘用员工86人）	380（其中聘用员工161人）	199（其中聘用员工95人）	423（其中聘用员工224人）
所属县级局数量（个）		2	3	/	4
所属县级公司数量（个）		/	/	/	/
所属营销部（分公司、访销中心、烟叶复烤厂、稽查大队等）		1个访销中心、1个物流配送部、2个县级营销部、2个稽查大队	3个营销部、1个配送部、1个订单部	1个电访中心、1个物流中心、9个稽查大队、4个市场部	4个营销部、1个配送中心、1个稽查支队、4个稽查大队
销售卷烟（亿支）		30.31	32.68	14.05	40.01
实现税利（万元）	本年	8131	14819	5589	15124
	上年	4350	11383	3644	10248
实现利润（万元）	本年	5782	11648	3866	11632
	上年	2738	8230	2433	7255
烟叶种植（亩）		/	/	/	/
烟叶收购（担）		/	/	/	/
零售户数（户）		6303	11443	4360	13855

地市级局（公司）名称		仙桃市烟草专卖局、仙桃市烟草公司	天门市烟草专卖局、天门市烟草公司	潜江市烟草专卖局、潜江市烟草公司	神农架林区烟草专卖局、神农架林区烟草公司
法人代表/主要负责人		马力	黄海堂	张子义	韩敏
总资产（万元）		11818	9763	8534	1096
员工总数（其中聘用员工数）（人）		210（其中聘用员工71人）	193（其中聘用员工83人）	232（其中聘用员工36人）	31（其中聘用员工13人）
所属县级局数量（个）		/	/	/	/
所属县级公司数量（个）		/	/	/	/
所属营销部（分公司、访销中心、烟叶复烤厂、稽查大队等）		8个市场部、4个稽查中队、3个专卖管理所	5个市场部、1个稽查大队、2个稽查中队	1个卷烟营销部、1个卷烟配送部、8个市场部、2个稽查大队、4个专卖管理所、4个卷烟精品店	1个卷烟营销部、1个分拣中心、3个配送部、4个委托配送站
销售卷烟（亿支）		17.44	18.66	12.50	1.40
实现税利（万元）	本年	7725	6102	5876	605
	上年	6191	4886	4036	443
实现利润（万元）	本年	5891	4711	4360	444
	上年	4497	3357	2702	302
烟叶种植（亩）		/	/	/	/
烟叶收购（担）		/	/	/	/
零售户数（户）		3251	4480	3068	533

（朱　天）

湖南烟草

湖南省烟草专卖局（公司）

概　况

湖南省总面积21.18万平方公里，总人口6674万人，下辖13个地级市、1个自治州和122个县（市、区）。2006年，全省实现地区生产总值（GDP）7568.89亿元，与上年同比增长12.1%。

湖南省烟草公司成立于1983年7月，湖南省烟草专卖局成立于1983年10月。1985年1月，湖南省烟草公司正式上划中国烟草总公司。2003年5月，实行烟草行业工商管理体制改革，工商分开。2006年11月，实施母子公司体制改革，2006年，湖南省烟草专卖局（公司）下辖14个市、州烟草专卖局（公司），永州天顺烟叶复烤有限责任公司、郴州天泰烟叶复烤有限责任公司两家复烤企业和湖南省烟草职工培训中心（湘潭烟草中专学校）。全省烟草商业系统拥有干部员工13430人（聘用员工2307人），其中，高级职称49人、中级职称768人。

领导成员

局长、总经理、党组书记：杨先杰

副局长、党组成员：张志刚

副总经理、总会计师、党组成员：吕　刚

副总经理、党组成员：汪世贵

纪检组长、党组成员：程晓邵

总农艺师：赵松义

组织机构

省局（公司）设有办公室（外事办公室）、综合计划处（经济运行处）、卷烟销售管理处、安全保卫处、专卖监督管理处（专卖稽查总队）、政策法规与体制改革处、财务管理处、审计处、烟叶管理处（科技处）、人事劳资处（离退休人员管理办公室）、监察处（与党组纪检组合署办公）、思想政治工作处（机关党委、工会）、投资管理处13个职能处室和烟草学会、机关服务中心、经济信息中心、烟草质量监督检测站、中国烟草中南农业试验站、中国烟草湖南进出口有限责任公司6个专业部门以及基建办1个临时性机构。

经济效益

2006年，全省行业完成卷烟销售1061.34亿支（212.27万箱），实现销售收入251.03亿元。其中，一类烟销售188.1亿支（37.62万箱），占总销量的17.72%；二类烟53.39亿支（10.68万箱），占总销量的5.03%；三类烟425.34亿支（85.07万箱），占总销量的40.07%；四类烟388.93亿支（77.79万箱），占总销量的36.64%；五类烟5.63亿支（1.13万箱），占总销量的0.53%。

实现"两烟"税利42.33亿元，与上年同比增长14.96%。其中，实现"两烟"利润32.23亿元，同比增长17.67%；实现"两烟"税收10.17亿元，同比增长11.89%；综合毛利率19.12%，同比增长0.52%；销售利润率11.29%，同比增长1.38%；资产负债率25.88%，同比下降16.64%。烟叶种植111.97万亩，烟叶收购13.23万吨（264.55万担），出口卷烟115077件，出口烟叶（含烟梗、烟末）5124吨，创汇2495万美元。

专卖管理

省局（公司）加强对专卖执法工作的组织协调，形成"政府负责、部门参与、各方联动、烟草发挥主导作用"的工作格局，完善与相关部门的联合打假协作机制，建立并规范联席会议制度、联合办案制度、案件移送制度、重大案件督办制度和查办案件奖励制度。加强县级局专卖管理工作，制订《湖南省烟草专卖局关于加强县级局专卖管理工作的实施意见》，明确县级局专卖管理机构设置、人员编制和办案器材配备的具体要求。

2006年，全省行业出动打假人员61314人次，查处假冒卷烟案件2047起，查获假冒卷烟31548.47万支，捣毁制假、售假窝点214个，收缴大型制假烟机53台，查办制售假烟网络案件21起，移交公安、司法机关判处制售假烟犯罪分子有期徒刑114人、劳动教养4人。

卷烟销售

适应全国卷烟工业加快整合和卷烟交易方式改革的要求，围绕国家烟草专卖局提出的"两个10多个"的目标，营造公平竞争的市场环境，加强宏观调控，品牌集中度明显提高。2006年，全省销售排名前10位的"白沙"、"芙蓉"、"芙蓉王"、"相思鸟"、"红河"、"黄果树"、"双喜"、"红豆"、"红梅"、"红三环"品牌集中度达90.85%。卷烟单箱均价11826元，与上年同比提高888元。

2006年，全省行业完成卷烟销售1061.5亿支（212.3万箱），与上年同比增加47.5亿支（9.5万箱），增长4.68%。其中，销售省外卷烟188亿支（37.6万箱），同比增加53亿支（10.6万箱），增长39.26%，占销售总量的17.7%，省内外卷烟结构不合理的状况有所改变。“白沙”品牌卷烟在全国销量876.84亿支（175.37万箱），其中省内销售量432.85亿支（86.57万箱）；“芙蓉王”品牌卷烟在全国销量153.62亿支（30.72万箱），其中省内销售量47.56亿支（9.51万箱）。全面完成国家局下达的低档卷烟销售任务，销售低档卷烟439.6亿支（87.92万箱），比计划多完成14.6亿支（2.92万箱），占卷烟销售总量的41.42%。

网络建设

完善物流配送体系。省局（公司）坚持以服务客户为中心，探索集中跨区订货、科学合理分配货源和入户预约协议销售等模式，组织完成《湖南省烟草商业系统“十一五”卷烟现代物流系统规划》和《湖南省烟草商业系统物流配送中心建设设计规范》的制定以及仓储分拣设备统一招投标工作，促进各市、州卷烟物流配送中心建设全面启动，永州、益阳、娄底、怀化、湘西等市、州公司相继完成机械化分拣、数字仓储改造。

推进发证扩网工作，加强农村网络户的服务，截至2006年底，全省发证入网零售客户28.4万户，在网运行23.8万户。

营销队伍建设。规范统一全省营销服务标识、零售店装饰、营销人员着装，举办全省首届卷烟营销职业技能竞赛等活动。各单位结合人力资源改革，调整、优化营销部门和岗位人员的配备，推行“凡进必考”和合同聘用制，面向社会公开选聘客户经理和订单员队伍，同时强化岗位培训，努力适应新形势、新要求。省局（公司）组织全省系统业务经理、物流负责人参加国家局现代物流培训班学习，举办6期客户经理培训班，培训客户经理400余人次。

烟叶产销

科技兴烟。省局（公司）重点开展烤烟新品种选育、全省烟叶种植区划、基本烟田适宜性评价与可持续利用技术、密集型烤房及配套烘烤工艺研究与应用、病虫害区域综合治理等5个项目的研究。着力推广种子技术、漂浮育苗、平衡施肥、土壤改良、病虫综合防治、密集烤房及三段式烘烤等6项技术。全省推广漂浮育苗101.32万亩，占总面积的89.8%；绿肥压青与稻草还田56.6万亩，占总面积的50.5%，植烟土壤进一步改良。对25个烟叶主产县的专用基肥进行分区测土配方，平衡施肥面积107.15万亩，占总面积的95.5%，施肥技术朝精准施肥方向发展。落实统防统治面积86万亩，占总面积的76.7%，病虫害得到有效控制。推广密集烤房及配套烘烤工艺，全省新建密集型烤房5505座。

烟叶收购。把烟叶生产、收购作为全省整顿和规范工作的重点，并纳入产区公司经济运行和目标管理的内容进行考核。全面实行上户预检、预约式收购和标准化烟站封闭式编码微机收购，取消所有基层烟站的烟叶挑选整理环节。全年收购烟叶13.25万吨（265万担），其中，晾晒烟0.135万吨（2.7万担），上等烟比例43.23%、中等烟比例47.54%，上中等烟收购均价10.38元/公斤。全省5个烟叶主产区的烟叶收购平均等级合格率81.3%。

体制改革

2006年，省局（公司）组织制订建立母子公司体制改革实施方案和公司章程。11月15日，根据国家局批复，中国烟草总公司湖南省公司成为中国烟草总公司的全资子公司，中国烟草总公司湖南省公司投资设立15个市级全资子公司和1个控股子公司。15个市级全资子公司分别是湖南省烟草公司长沙、湘潭、株洲、岳阳、常德、益阳、衡阳、邵阳、娄底、郴州、永州、张家界、怀化市公司和湘西自治州公司及中国烟草湖南进出口有限责任公司；1个控股子公司是湖南省金叶肥料有限责任公司。体制改革后，省公司和市级公司的名称保持不变，县级烟草公司在取消公司法人资格后，改为市级烟草公司的分公司。

按照国家局的统一部署，抓好中国烟草湖南进出口有限责任公司管理体制的改革工作，着重进行改制、资产划转和人员整合三个方面工作。将中国烟草湖南进出口有限责任公司改制成为中国烟草总公司湖南省公司的全资子公司，公司的人事、财务、业务和党务工作隶属湖南省烟草专卖局（公司）管理。

企业管理

固定资产投资及预算管理。省局（公司）加大对固定资产投资管理的力度，制定全省系统“两烟”仓库、烟草站点、办公经营场所的规划和设计标准，加强对投资项目审批程序和实施过程全方位的监督管理，投资管理逐步规范。改善宏观调控，每月定期分析和通报全省行业的经济运行情况。全面推行预算管理，2006年三项费用25.36亿元，与上年同比减少0.13亿元；三项费用率9.52%，同比下降1.96%。

安全工作。以建章立制和强化考核为重点，狠抓基础管理和基础设施建设，开展专项整治和安全检查各两次，推进职业健康安全管理体系建设，重大以上安全责任事故为零。

信息化建设

省局（公司）围绕建设、应用、管理三个主题，有机整合全省行业的营销、专卖、客户关系管理、财务、烟叶和办公自动化等6大系统。完成物流中心建设规划和卷烟仓库设计规范的制定，以及分拣系统的统一招标采购，形成覆盖省、市、县3个应用与管理的网络信息系统。完成办公自动化系统的推广应用和视频会议系统的建设工作，开通短信平台。以公文流转为核心，全面推广实施包含网站、公文传输、档案、综合事务、个人工作平台等5大模块的办公自动化系统。实现办公自动化、专卖、营销、客户关系管理、烟叶、财务、电话订货等应用系统的集成，实现办公自动化系统（OA）与国家局“公文传输系统”和“网上审批系统”、营销与卷烟生产经营决策管理系统的集成。

进出口贸易

省局（公司）根据《中烟进出口集团成员企业资产划转和人员整合实施方案》的要求，顺利完成中国烟草湖南进出口有限责任公司的改制、资产划转和人员整合工作。配合长沙、常德卷烟厂调研制订“巩固中东、南美，开拓东欧市场，在东南亚搭建生产平台”方案。

2006年，全省行业出口烟叶5124吨，与上年同比增长24%，实现烟叶出口市场、结构、价格三大突破。出口市场由传统的独联体、东欧市场和中东、北非市场扩大到东南亚、欧美以及南美市场，出口客户由中、小客户增加到帝国烟草等大的跨国烟草商。出口烟叶的等级结构在原来的B1K、B2K、B3K、CX1K、CX2K等低次等级的基础之上，增加了B3F、B4F、X3L、X4L、X3F、X4F等中等烟的出口；出口价格由往年的1500美元/吨左右上升到2058美元/吨，首次突破2000美元/吨。

全年出口卷烟115077件，同比增长69%；创汇1538万美元，同比增长27%，成为中烟国际卷烟出口的基地省份。出口整机两台，第一次实现湖南中烟进出口有限责任公司烟机整机出口。全年实现进出口商品总值2642万美元，同比增长44%。其中，出口总值2495万美元，同比增长62%；进口总值147万美元，同比下降48%。

队伍建设

干部队伍建设。省局（公司）加大干部交流和调整力度，落实岗位轮换制度。组织省局机关12名同志跨部门轮岗，办理干部交流挂职7人次，完成处级以上领导干部和各单位领导班子的调整配备工作，办理干部任免48人次，干部在年龄、知识和专业结构上得到进一步优化。

人事与劳资。制订《市级局（公司）机构设置和定编、定岗、定员、考核、薪酬试行方案》，加强全省系统收入分配的调控管理，优化全省系统的“工效挂钩”方案。出台以“因素法”分配工资基数的方案，并首次按“因素法”核定2005年度各单位的工资基数。修改并完善全省系统《工资总额宏观管理办法》，制订并下发《工资调控管理暂行办法》。

人事用工制度。做好省局机关第六轮全员竞聘工作，先后成立竞聘工作组织机构，制订《省局（公司）机关第六轮全员竞聘工作方案和实施细则》。进一步规范新进人员招聘工作，委托省人事考试中心完成2006年度全省系统新进工作人员公开招聘工作。

教育培训。加大干部队伍的教育培训力度，送培有发展潜力的领导干部参加各种培训。其中送培参加国家局党校处级干部培训班两人，省直机关党校处干班1人、青干班1人、廉政教育培训班3人、科干班两人，与中南大学商学院联合举办全省系统第一期领导干部培训班。

组织实施99名新进复退军人的录用考试和岗前培训。抓好工商管理硕士（MBA）、农学烟草本科班和市场营销本科班的教学与管理，组织开展全省系统卷烟营销客户经理队伍建设的调研和业务培训工作。组织省局机关人员参加职称外语和经济师等专业技术任职资格的报名和考试，开展全省系统专业技术评审，办理获得高级专业技术任职资格人员的资格确认。全年办理各类教育培训班48期，3730名干部职工参加培训。

内部管理监督

同级审计。2006年，全省行业开展同级审计检查，查出问题金额1.32亿元，其中同级审计自查查出1.08亿元，省局（公司）及各市、州局（公司）复查查出2483万元。针对发现的问题，及时组织整改和督查，全省行业制订和完善各种规章制度，以及整改措施175项，整改问题1065个，整改率98%。因违规生产经营受到处理507人，其中，受到企业内部处理429人、受到行政处分78人。

内部专卖管理监督。加强内部专卖管理监督长效机制建设，制订内部专卖管理监督实施细则等9项制度。建立对“两烟”生产经营活动进行事前、事中和事后全过程管理监督的制度体系。完善执行制度的责任机制、督促机制和奖惩机制，形成制度体系、业务操作规范、业务操作流程和监督考核相结合的运行机制，规范内部“两烟”生产经营行为。

思想政治工作

理论学习。组织开展党章、社会主义荣辱观、《江泽民文选》等专题学习，组织员工撰写学习心得体会。协助组织开展《公司法》、国有资产管理法律法规及有关党纪政纪的学习教育。结合重点工作开展主题调研，总结创建全国文明单位的经验，形成《以锲而不舍的精神抓文明创建工作》一文并推介到省直各单位学习。

省局党组理论学习中心组先后以“立党为公，兴烟为民”、“知荣明耻，落实‘两个至上’促发展”等为主题组织5次专题学习，收集学习体会100余篇。开展“四好”领导班子创建活动，完成对各市、州局（公司）和职工培训中心创建活动的初步考评。省局机关开展基层党建示范点创建、机关作风改进、“干部职工文明素质教育年”和“五好文明家庭”活动，并在省直机关工委的领导下，与省电力公司、中南勘测设计研究院发起成立“湖南省省直文明创建工作促进会”。

“‘两个至上’在岗位”。省局（公司）先后组织在长沙、岳阳、益阳等地举行9场“两个至上”宣讲报告会，2000余名干部职工现场听取报告。在全省行业内开展“‘两个至上’在岗位”征文活动，收集文章120余篇，并在《东方烟草报》、《湖南烟草》和省局网站等媒体上刊发80余篇。各市、州局（公司）选送的职工感人事迹在全国烟草行业“‘两个至上’在岗位”演讲报告竞赛上获得一、二等奖各一个。

基层党建。建立健全党建制度10个，坚持“三会一课”制度，开展党组书记上党课、支部联合上党课等活动。严格按照标准发展党员6名，2006年以来获得省部级以上个人荣誉6人次。建立党组抓机关党建制度，成立创建工作领导小组和领导小组办公室，“一把手”切实担负第一责任人的责任，其他党组成员履行自己的职责。通过开辟“创建基层党建示范点”网上专栏等措施，营造良好的创建氛围。将支部根据实际设置调整为19个，并合理配备专兼职党务工作者，保证党组织活动经费，推行工作责任制，发挥党组织在行业改革和发展中的政治核心作用。

党风廉政建设

省局（公司）落实《贯彻落实〈建立健全教育、制度、监督并重的惩治和预防腐败体系实施纲要〉的具体意见》，细化从源头上预防和治理腐败的措施。加强对《党政领导干部选拔任用条例》执行情况和“三重一大”问题的监督力度，严格按照民主集中制的原则进行决策，严格执行法律法规、党纪条规和上级的政策规定。完善《公开选拔处级领导干部工作试行办法》、《领导干部考核试行办法》，出台《关于加强各级领导班子及主要领导干部监督的意见》、《关于对不在状态的处级领导干部采取组织措施的暂行办法》，制订纪检监察工作统一管理方案，并在全省行业实施。

企业文化

省局（公司）制定《全省系统2006～2010年企业文化建设规划》和编辑发行《企业文化手册》（知识版），举办全省系统企业文化知识竞赛。组织全省系统从事企业文化建设的领导和同志参加国家局企业文化建设培训班，并到山西、山东以及浙江开展企业文化建设工作调研。

全省各单位把企业文化建设与文明创建、回报社会、创建学习型组织等有机结合起来。所属岳阳市局（公司）推出企业独有的“忧乐”观，怀化市局（公司）构建以“厚德载物，维新图强，由爱启程，和谐致远”为基本价值取向的“山泉”文化，郴州市局（公司）提炼以“金色事业、金牌服务”为核心的“金”文化。

省局（公司）设计出统一的视觉识别系统，并确定体现企业文化精神的色彩、图案、文字和通用标识等视觉识别基本元素，且运用到销售工作中。规定全省自营的卷烟零售连锁店统一名称为“636”连锁店，并统一外观形象。在《湖南烟草》和省局网站上开设企业文化建设专栏，怀化、娄底、株洲、岳阳、衡阳市局（公司）等单位分别创办《怀化烟草》、《衡烟之声》等内部刊物，为企业文化搭建良好的传播渠道。

特事要辑

8月22日～25日，国家局局长姜成康一行到湖南烟草考察指导工作，分别考察了长沙浏阳烟叶基地、常德烟机公司、常德市烟草专卖局（公司）、常德卷烟厂、长沙市烟草专卖局（公司）物流中心和长沙卷烟厂。

湖南省局（公司）主要经济指标汇总

实现税利（亿元）	商业利润（亿元）	销售卷烟（亿支）	烟叶种植（万亩）	烟叶收购（万担）	出口创汇（万美元）
42.33	32.23	1061.34	111.97	264.55	2495.00

所属地市级局（公司）

长沙市烟草专卖局（公司）

概　况

长沙市是湖南省会和全省政治、经济、文化、科教、信息中心，辖芙蓉、天心、岳麓、开福、雨花5区，长沙、望城、宁乡3县和浏阳市。全市土地总面积1.18万平方公里，总人口622万人。2006年，长沙市全年实现地区生产总值（GDP）1790.66亿元。

长沙市烟草专卖局（公司）成立于1984年7月，2006年下辖长沙、望城、浏阳、宁乡4个县级烟草专卖局（营销部）。企业拥有资产总额136971万元，其中固定资产48100万元，流动资产49200万元；员工796人，其中聘用员工207人。辖区有卷烟零售户21437户。

领导成员

局长、经理党组书记：李大幸（2006.1—）

副局长、党组成员：吴奇林

副局长、党组成员：杨　奇

副经理、党组成员：徐招深（2006.2—）

副经理、总会计师、党组成员：罗稳刚

纪检组长、党组成员：彭凤玲

组织机构

市局（公司）机关设有办公室（法规科）、经济运行科、人事劳资科、财务科、审计科、信息中心、纪检监察科、专卖管理科、营销中心、配送中心、政工科、安全保卫科、烟叶生产经营部13个职能科室。

经济效益

2006年，全市辖区完成卷烟销售121.48亿支（24.3万箱），与上年同比增长3.68%。其中，销售一类烟10.20亿支（2.04万箱），占销售总量的8.4%；二类烟8.04亿支（1.61万箱），占销售总量的6.62%；三类烟19.74亿支（3.95万箱），占销售总量16.25%；四类烟45.65亿支（9.13万箱），占销售总量的37.58%；五类烟37.85亿支（7.57万箱），占销售总量的31.16%。销售省外卷烟16.82亿支（3.36万箱），同比增长33.07%。收购烤烟1.58万吨（31.6万担），晒黄烟0.09万吨（1.8万担）。全年实现销售收入377739万元，其中，卷烟销售收入302122万元，同比增长9.26%；烟叶销售收入42666万元，同比增长6.88%。实现“两烟”税利57661万元，同比增长24.75%；实现“两烟”利润40009万元（含所得税15517万元），同比增长22.45%，其中，卷烟利润36911万元、烟叶利润3098万元；上缴税金（不含所得税）33169万元。

专卖管理

打假打私。开展以“端窝点、打首犯、堵渠道、清市场、破网络”为重点的市场清理整顿。重新组建长沙市烟草市场治理整顿和烟叶生产管理领导小组，建立与法院、检察院以及公安、工商和质量技术监督部门烟草制品打假协作机制，成功破获“6·11”、“12·22”特大销售假烟网络案。全年查获涉烟违法经营卷烟案件1487起，查扣卷烟12962.78万支，上缴财政罚没款626.6万元，公开销毁、焚烧假冒卷烟10980件。

专卖队伍建设。根据各所、队、办人员结构情况和新进人员特点，考虑年龄、文化水平，市场监管力量布局等因素，进行人员优化组合，将稽查支队总人数由75人精简到51人。多次在队伍中深入开展以“整顿思想、整顿作风、整顿纪律”为主要内容的教育活动。针对超越权限执法、不按程序执法、不文明执法等行为进行全面清查，对查找出来的问题开展批评和自我批评、自查自纠及民主评议，塑造专卖队伍良好的社会形象。

网络建设

市局（公司）启动“跨区订货、合理定量”的营销模式，统一客户呼叫平台，截至2006年底，全市辖区零售户21437户。撤销浏阳、宁乡卷烟分库，仓储分拣实现“一库制”，形成以市区为中心、两县为节点的二级跨区配送格局；全年出动送货车辆12540次。运用GPS信息化管理手段合理优化送货线路，送货车组从48个减少到40个；通过改进装载技术，将单车满载率由75%提高到95%。

烟叶产销

烟叶产销规范化建设。协调与产烟县（市）政府的关系，基本理顺烟叶投入政策，核减非正常投入，确保烟叶生产规范有序按政策操作。在乡镇、村组的支持和配合下，逐村逐组逐户进行种烟面积的落实，针对冬翻、备耕、烤房建设等实际情况，出台烟叶合同签订管理办法，与烟农签订有计划面积、收购等级、数量、农用物资等为主要内容的种植合同。突出抓烟叶上户预约预检甩捆收购，收购等级合格率81.87%。

烟叶生产技术推广。采取稳、控结合的措施，以烟叶合同管理为主线，狠抓土壤改良、漂浮育苗、密集式烘烤等适用技术的推广，漂浮育苗率100%，密

集式烘烤率40%。编写烟叶生产技术方案，组织相关人员进行讨论和审定，并通过生产技术人员、培植员，用生产技术方案指导烟叶生产全过程，为提高烟叶质量提供技术保障。

烟叶基础设施建设。设立专人加强烟叶基地建设管理工作，在浏阳、宁乡规划2006年烟叶基础设施建设的基础上，组织相关专家就规划、预算等方面工作进行统一论证，制订各单位一把手为烟叶基地建设第一责任人、烟草站长为辖区项目建设第一责任人、烟叶培植员为现场第一责任人的管理办法和考核措施。投资3261.7万元，建成2006年度烟叶基础设施建设工程项目1187个，总惠及29个村，受益烟农5117户。

体制改革

2006年4月，完成长沙、望城2个县级卷烟纯销售营销部的重新组建工作，实施人事、财务和烟叶等工作全面对接。6月26日、27日，浏阳、宁乡两个产烟县级营销部分别实现挂牌运作。至此，全市行业全面完成取消县级公司法人资格工作。

信息化建设

市局（公司）经过实施环境准备、现场培训、系统整改3个阶段，全面采用办公自动化软件，并按照要求完成视频会议室的建设。完成对专卖营销、烟叶生产收购、财务等系统的升级改造工作，增强系统应用的可靠性。开发对外信息平台，做好长沙烟草网站对外信息发布和维护工作，网站日平均访问量130人次，电子商务入口向23个烟厂发放账号，为工商互通提供良好的信息平台。

企业管理

制度建设。贯彻落实行业加强内部管理监督和整顿规范工作，对卷烟销售、烟叶经营、专卖管理、财务管理和物资采购等方面工作开展自查自审。制订《部门岗位工作职责》、《员工绩效考核方案》、《营销中心管理制度》、《烟叶收购工作纪律和责任追究细则》等制度，规范工作程序，堵塞管理漏洞，整理修订长沙烟草第一批规章制度，汇编成第（一）册和第（二）册，逐步完善全市统一的制度体系。

成本控制。在投资、预算、薪酬、经济评审等方面提高依法民主管理和集体决策的水平，通过建立健全“三会三委一组”，严格控制成本费用开支。投资委员会对多处闲置零星资产进行处置，收回处置资金900余万元。经济评审小组上半年组织各类经济评审20余次，节约费用25万余元。

安全生产。深化安全管理宣传教育。在“安全生产月”活动中，出安全宣传版报18期；在长沙烟草网上发表宣传文章6篇；悬挂（张贴）安全宣传横幅、标语、招贴画共计560条（张）。加强检查督促，开展消防和保卫基础设施专项整顿，对权属建筑设施进行认真登记和排查，并对照国家和行业关于消防、保卫基础设施的规范要求查找差距，及时发现和整改安全事故隐患139处，有效避免重特大安全责任事故和治安刑事案件的发生。

多元化经营

市局（公司）对外投资的全资控股公司有神农酒店、金网公司，参股企业有白沙物流、天福打叶复烤有限公司。2006年，神农酒店实现营业收入6000万元，经营利润800万元；金网公司调整经营思路，推行优化整合，扭转了亏损局面。其他三产企业总体运行态势趋好。

队伍建设

市局（公司）制订《人力资源管理项目整体实施方案》，完成定岗定编、绩效考核、薪酬分配、主要业务流程优化以及岗位说明书等文件。首次在全市系统进行3个中层管理职位的公开选拔，全面展开市局机关和四县全员的竞争上岗和优化组合。此次竞聘后，全市系统中层管理人员队伍平均年龄41.4岁，本科以上学历占50%，女干部比例30%，中层管理人员的年龄和文化结构更趋合理。

思想政治工作

采取多种形式组织开展“‘两个至上’在岗位”主题实践活动，每季度以党支部为单位，组织广大党员干部认真开展政治学习，并邀请市委党校、省委党校教授讲党课。2006年向各支部、各部门（单位）发放学习资料1550册，其中，《江泽民文选》50本、《烟草企业文化知识手册》1300本、其他学习资料200本。选派22人次参加市委中心组的学习；组织离（退）休老同志和内退人员进行政治学习，宣传党的政策和企业改革发展的形势。

党风廉政建设

落实党风廉政建设责任制，全年收到群众来信来访7件，并及时组织调查核实处理。采取集中学习、板报宣传、自学和讨论相结合的方式，提高党员干部的思想政治素质，增强拒腐防变能力。

株洲市烟草专卖局（公司）

株洲市烟草专卖局（公司）成立于1984年10月，2006年下辖株洲县、攸县、茶陵县、炎陵县和醴陵市5个县级烟草专卖局（营销部）。截至2006年底，企业拥有资产总额65115万元，员工530人，其中聘用员工158人。辖区有卷烟零售户13900户。

2006年，全市辖区完成卷烟销售74.35亿支

(14.87万箱)，与上年同比增长4.13%。实现“两烟”税利32536万元，同比增长22.43%，其中，实现烟叶税利922万元，同比增长39.7%，实现卷烟税利31614万元，同比增长19.77%；实现“两烟”利润25132万元，同比增长19.3%。种植烟叶10000亩，收购烟叶990吨（19800担）。

湘潭市烟草专卖局（公司）

湘潭市烟草专卖局（公司）成立于1984年12月，2006年下辖湘潭县、湘乡市、韶山市3个县级烟草专卖局（营销部）。截至2006年底，企业拥有资产总额36014万元，员工336人，其中聘用员工108人。辖区有卷烟零售户9762户。

2006年，全市辖区完成卷烟销售55.51亿支(11.10万箱)，实现卷烟销售收入115821万元，同比增长8.79%。实现“两烟”税利20800万元，同比增长24.73%；实现“两烟”利润16405万元，同比增长24.6%。经济效益综合指数226.57%，总资产贡献率62.43%。资产负债率6.73%，资产保值增值率133.73%，人均劳动效率65.43万元。种植烟叶1000亩，收购烟叶65.65吨（1313担）。

全年查处涉烟违法案件97件，端掉制假、售假窝点27个，查获违法卷烟1344.99万支，其中没收（销毁）假冒卷烟565.12万支。移交司法机关追究刑事责任7人，其中，逮捕6人、判刑6人，上缴罚没款55.56万元。

衡阳市烟草专卖局（公司）

衡阳市烟草专卖局（公司）成立于1984年7月，2006年下辖衡南县、衡阳县、衡山县、衡东县、常宁市、祁东县、耒阳市、南岳区8个县级烟草专卖局（营销部）。截至2006年底，企业拥有资产总额82429万元，员工1153人，其中聘用员工580人。辖区有卷烟零售户25910户。

2006年，全市辖区完成卷烟销售104亿支（20.8万箱)，与上年同比增加6.5亿支（1.3万箱)，增长6.67%。实现“两烟”销售收入240900万元，同比增加10.46%，其中，卷烟销售收入207700万元，同比增加15.99%。实现“两烟”税利40936万元，同比增长19%，其中，卷烟实现税利32736万元，烟叶实现税利8200万元；实现“两烟”利润29832万元，同比增长12.93%，其中，实现卷烟利润25712万元，实现烟叶利润4120万元；实现税收11104万元，同比增加39.08%。种植烟叶110381亩，收购烟叶13800吨(276000担)。

全年出动稽查人员执法检查4378人次，查办涉烟违法案件300起。查获各类违法违规卷烟6631件，其中假冒卷烟5257件。查获违法烟丝9697公斤、烟叶9630公斤、卷烟纸2100公斤、滤嘴棒185.36万支。捣毁制假贩假窝点6个，缴获制假烟机8台。查办案值达50万元的贩运假烟案4起，其中案值超100万元的贩运假烟案1起。收缴罚没款50.9万元，移交公安、司法机关拘留违法分子20人、判刑11人、劳动教养2人。

岳阳市烟草专卖局（公司）

岳阳市烟草专卖局（公司）成立于1984年，2006年下辖岳阳县、临湘市、华容县、湘阴县、汨罗市、平江县6个县级烟草专卖局（营销部)。截至2006年底，企业拥有资产总额72491万元，员工719人，其中聘用员工275人。辖区有卷烟零售户22562户。

2006年，全市辖区完成卷烟销售95.59亿支(19.11万箱)，与上年同比增长2.46%。实现销售收入196700万元，同比增长10.72%；实现毛利40700万元，同比增长13.89%；实现“两烟”税利32785万元，同比增长12.89%；实现“两烟”利润24978万元，同比增长13.15%；上缴税金7807万元，同比增长19.84%。

全年查处各类涉烟违法案件358起，查获假冒烟4750件；端掉假烟窝点18个，配合公安部门抓获涉案人员42人，其中，刑拘16人、判刑11人。

郴州市烟草专卖局（公司）

郴州市烟草专卖局（公司）成立于1984年3月，2006年下辖桂阳县、嘉禾县、临武县、宜章县、永兴县、安仁县、资兴市、汝城县、桂东县9个县级烟草专卖局（营销部)。截至2006年底，企业拥有资产总额111487万元，员工2291人，其中聘用员工289人。辖区有卷烟零售户15300户。

2006年，全市辖区完成卷烟销售72亿支（14.4万箱)，与上年同比增长5.73%。实现“两烟”销售收入228397万元，其中，卷烟销售收入135020万元，与上年同比增长10.53%；烟叶销售收入93377万元，同比减少25.31%。实现“两烟”税利53809万元（含郴州天泰烟叶复烤有限责任公司)，其中，烟叶税利36629万元、卷烟税利17180万元；实现“两烟”利润31351万元（含郴州天泰烟叶复烤有限责任公司)，其中，烟叶利润18920万元、卷烟利润12431万元，同比增长22.49%。种植烟叶306300亩，收购烟叶40800吨（816000担)。

全市烟叶基础设施投入1.09亿元，实际受益面积8.6万亩，项目分别安排在全市38个乡镇、112个行政村。其中新建小塘坝20处，完成投资255.1万元；新修沟渠638条，总长度497.745千米，投资9335.6万元；新建堤灌站2个，投资9.5万元；新、改建密集式烤房3800座，投资1273.5万元。根据国家局的补贴政策，全市2006年度烟叶基础设施项目获国家局补贴资金4085.8万元。

全年查处各类涉烟违法案件344起，其中立案查处195起。查获假烟3844万支，销毁各类制假烟机36台，捣毁制售假烟窝点14个，查获制假烟叶烟丝22.11吨、滤嘴棒391万支、卷烟纸3.02吨。移交公安司法机关抓获制假贩假人员65人，其中拘留24人、判刑9人。

2006年市局（公司）获得“省文明标兵单位”荣誉称号。

常德市烟草专卖局（公司）

常德市烟草专卖局（公司）成立于1984年4月，2006年下辖安乡县、汉寿县、澧县、临澧县、桃源县、石门县、津市市7个县级烟草专卖局（营销部）。截至2006年底，企业拥有资产总额64396万元，员工900人，其中聘用员工231人。辖区有卷烟零售户25145户。

2006年，全市辖区完成卷烟销售106.5亿支（21.3万箱），与上年同比增长2.4%；实现销售收入214066万元，同比增长12.59%；实现毛利42381万元，同比增长15.31%；综合毛利率19.8%，同比增长0.47%。实现“两烟”税利32883万元，同比增长33.36%；实现“两烟”利润24361万元，同比增长15.66%；完成税收8522万元，同比增长24.83%。烟叶种植36600亩，收购烤烟4685吨（93698担），其中上中等烟比例81.66%。

益阳市烟草专卖局（公司）

益阳市烟草专卖局（公司）成立于1984年11月，2006年下辖南县、沅江市、桃江县、安化县4个县级烟草专卖局（营销部）。截至2006年底，企业拥有资产总额43546万元，员工580人，其中聘用员工88人。辖区有卷烟零售户18288户。

2006年，全市辖区完成卷烟销售75.28亿支（15.06万箱），与上年同比增长1.11%，其中，销售一类烟12.49亿支（2.50万箱），占总销量的16.59%；二类烟3.78亿支（0.76万箱），占总销量的5.02%；三类烟30.37亿支（6.07万箱），占总销量的40.35%；四类烟28.56亿支（5.71万箱），占总销量的37.94%；五类烟0.08亿支（0.02万箱），占总销量的0.1%。销售省外卷烟12.44亿支（2.49万箱），占总销量的16.53%。实现销售收入148595万元，同比增长12.95%。实现“两烟”税利25351万元，同比增长34.45%，其中，卷烟税利24129万元、烟叶税利1222万元；实现“两烟”利润19002万元，同比增长31.88%，其中，卷烟利润18234万元、烟叶利润768万元。种植烟叶5000亩，收购烟叶478.1吨（9562担）。

全年查获各类违法卷烟1850.66件，其中假冒商标卷烟1490.28件；查缴制假烟叶烟丝22.67吨。查获案值达100万元的沅江“3·15”贩运假烟网络案，移交司法机关判刑4人。

娄底市烟草专卖局（公司）

娄底市烟草专卖局（公司）成立于1984年12月，2006年下辖冷水江市、双峰县、涟源市、新化县4个县级烟草专卖局（营销部）。截至2006年底，企业拥有资产总额32121万元，员工499人，其中聘用员工87人。辖区有卷烟零售户18334户。

2006年，全市辖区完成卷烟销售57.78亿支（11.56万箱），与上年同比增长3.75亿支（0.75万箱），增长6.93%；实现销售收入121396万元，同比增长20.83%；综合毛利率20.98%。实现“两烟”税利20670万元，同比增长25.69%；实现“两烟”利润15424万元，同比增加2820万元，增长22.37%。经济综合指数225.45%，同比增长13.05%。种植烟叶4999亩，收购烟叶434.55吨（8691担）。

全年查处涉烟违法案件199件，罚没款55.47万元，捣毁劣质烟叶加工点15个，查获贩假网络1个，捣毁贩藏假烟窝点3个；查获违法卷烟881.56件，没收假冒卷烟263.99件，查获违法烟叶、烟丝27.29吨，收缴非法制丝机械10台，移交公安司法机关拘留11人、判刑3人。

邵阳市烟草专卖局（公司）

邵阳市烟草专卖局（公司）成立于1984年10月，2006年下辖邵东县、新邵县、隆回县、洞口县、绥宁县、城步苗族自治县、武冈市、新宁县、邵阳县9个县级烟草专卖局（营销部）。截至2006年底，企业拥有资产总额49136万元，员工1062人，其中聘用员工337人。辖区有卷烟零售户27366户。

2006年，全市辖区完成卷烟销售93亿支（18.6万箱），与上年同比增长6.74%。实现销售收入

166286万元，同比增加10.74%。实现“两烟”税利27890万元，同比增长23.03%，其中，卷烟税利25733万元、烟叶税利2157万元；实现“两烟”利润21779万元，同比增长30.33%，其中，卷烟利润20142万元、烟叶利润1637万元。种植烟叶44900亩，收购烟叶5745吨（114900担）。

湘西土家族苗族自治州烟草专卖局（公司）

湘西土家族苗族自治州烟草专卖局（公司）成立于1984年5月，2006年下辖龙山县、永顺县、保靖县、花垣县、古丈县、凤凰县、泸溪县7个县级烟草专卖局（营销部）。截至2006年底，企业拥有资产总额61535万元，员工1554人，其中聘用员工770人。辖区有卷烟零售户7677户，种烟农户26804户。

2006年，全州辖区完成卷烟销售34.23亿支（6.85万箱），与上年同比增长2.33%。实现“两烟”税利22023万元，其中，卷烟税利10378万元、烟叶税利11645万元；实现“两烟”利润9132万元，其中，卷烟利润6606万元、烟叶利润2526万元；上缴“两烟”税金12891万元，其中，卷烟税金3772万元、烟叶税金9119万元。种植烤烟185000亩，收购烟叶24326吨（486513担）。

全年查处非法生产卷烟1275.4万支，收缴违法运输（经营）的烟叶、烟丝131.13吨。协助公安机关抓捕贩假分子28名，其中判刑11人。

张家界市烟草专卖局（公司）

张家界市烟草专卖局（公司）成立于1988年，2006年下辖慈利县、桑植县、武陵源区3个县级烟草专卖局（营销部）。截至2006年底，企业拥有资产总额30396万元，员工729人，其中聘用员工352人。辖区有卷烟零售户6742户。

2006年，全市辖区完成卷烟销售27.54亿支（5.51万箱），与上年同比增长3.55%；实现销售收入94079万元。实现“两烟”税利14761万元，同比增加6598万元，增长80.83%，其中，卷烟税利8732万元、烟叶税利6029万元；实现“两烟”利润10548万元，同比增加5317万元，增长101.65%，其中，卷烟利润6204万元、烟叶利润4344万元。烟叶种植80946亩，收购烟叶10215吨（204300担）（含代存烟叶），同比增加700吨（14100担），增长7.42%。

全市出动稽查人员执法检查1293人次，查处各类涉烟违法案件25件，移送工商部门处理罚没款25万元，没收走私烟2.55万支，收缴假冒商标卷烟21.91万支，端掉销售假烟窝点4个。

怀化市烟草专卖局（公司）

怀化市烟草专卖局（公司）成立于1984年5月，2006年下辖中方县、沅陵县、辰溪县、溆浦县、会同县、麻阳苗族自治县、新晃侗族自治县、芷江侗族自治县、靖州苗族侗族自治县、通道侗族自治县、洪江市11个县级烟草专卖局（营销部）。截至2006年底，企业拥有资产总额36682万元，员工654人，其中聘用员工173人。辖区有卷烟零售户14258户。

2006年，全市辖区完成卷烟销售65.05亿支（13.01万箱），与上年同比增加3.6亿支（0.72万箱），增长5.82%。实现销售收入119635万元，同比增长17.98%。实现“两烟”税利18212万元，同比增长31.55%；实现“两烟”利润13179万元，同比增长36.92%。种植烟叶13000亩，收购烟叶1580吨（31600担）。

全年出动稽查人员执法检查7278人次，查获涉烟违法案件215件，查获违法卷烟1634.93万支，查获违法烟叶、烟丝137.66吨，销毁假冒卷烟2216.06万支，捣毁制假窝点4个、贩藏假窝点11个。移交司法机关拘留违法人员5人、判刑2人。

永州市烟草专卖局（公司）

永州市烟草专卖局（公司）成立于1985年，2006年下辖零陵区、祁阳县、东安县、双牌县、道县、江华瑶族自治县、江永县、宁远县、新田县、蓝山县、冷水滩区11个县级烟草专卖局（营销部）和天顺烟叶复烤有限责任公司。截至2006年底，企业拥有资产总额69727万元，员工2131人，其中聘用员工131人。辖区有卷烟零售户18117户。

2006年，全市辖区完成卷烟销售78.25亿支（15.65万箱），与上年同比增长6.46%。实现“两烟”销售收入207556万元，同比增长11%，其中，卷烟实现销售收入132767万元，同比增长7.7%。实现“两烟”税利33252万元，同比增长16.46%，其中，烟叶税利12858万元、卷烟税利20394万元；实现“两烟”利润26022万元，同比增长36.84%，其中，烟叶利润8361万元、卷烟利润17661万元。烟叶种植206000亩，收购烟叶25939吨（518780担）。

2006年，全市设置科研、示范推广项目23项，投入科研经费34.2万元，60多人参与科研工作。推广漂浮育苗20.25万亩，地膜覆盖面积13.42万亩，稻草覆盖面积5.18万亩；新改建热风循环烤房1634座，新建密集烤房1287座。加工推广烟草引发包衣种子35万包，加工基质7000多立方米，营养液7万多包。

2006年湖南省烟草商业系统主要情况统计

地市级局（公司）名称		长沙市烟草专卖局、长沙市烟草公司	株洲市烟草专卖局、株洲市烟草公司	湘潭市烟草专卖局、湘潭市烟草公司	衡阳市烟草专卖局、衡阳市烟草公司	岳阳市烟草专卖局、岳阳市烟草公司
法人代表/主要负责人		李大幸	杨万松	刘麦秋	柏承知	刘建贵
总资产（万元）		136971	65115	36014	82429	72491
员工总数（其中聘用员工数）（人）		796（其中聘用员工207人）	530（其中聘用员工158人）	336（其中聘用员工108人）	1153（其中聘用员工580人）	719（其中聘用员工275人）
所属县级局数量（个）		4	5	3	8	6
所属县级公司数量（个）		/	/	/	/	/
所属营销部（分公司、访销中心、烟叶复烤厂、稽查大队等）		1个营销中心、4个营销部、1个物流配送中心、1个烟叶复烤厂、1个稽查大队	1个营销中心、5个营销部、1个物流配送中心、5个配送分部、6个稽查大队、1个市管大队	1个营销中心、3个营销部、1个物流配送中心、1个稽查支队、5个稽查大队	1个营销中心、8个营销部、8个配送分部、1个物流中心、9个稽查大队	1个营销中心、6个营销部、1个物流配送中心、6个稽查大队、1个稽查支队
销售卷烟（亿支）		121.48	74.35	55.51	104.00	95.59
实现税利（万元）	本年	57661	32536	20800	40936	32785
	上年	46220	26576	16676	34401	29041
实现利润（万元）	本年	40009	25132	16405	29832	24978
	上年	32674	21065	13166	26417	22076
烟叶种植（亩）		126000	10000	1000	110381	1119
烟叶收购（担）		334000	19800	1313	276000	3500
零售户数（户）		21437	13900	9762	25910	22562

地市级局（公司）名称		郴州市烟草专卖局、郴州市烟草公司	常德市烟草专卖局、常德市烟草公司	益阳市烟草专卖局、益阳市烟草公司	娄底市烟草专卖局、娄底市烟草公司	邵阳市烟草专卖局、邵阳市烟草公司
法人代表/主要负责人		姜孝清	阎湘鲁	肖钢超	李刚华	黎柏凯
总资产（万元）		111487	64396	43546	32121	49136
员工总数（其中聘用员工数）（人）		2291（其中聘用员工289人）	900（其中聘用员工231人）	580（其中聘用员工88）	499（其中聘用员工87人）	1062（其中聘用员工337人）
所属县级局数量（个）		9	7	4	4	9
所属县级公司数量（个）		/	/	/	/	/
所属营销部（分公司、访销中心、烟叶复烤厂、稽查大队等）		1个营销中心、1个烟叶复烤厂、9个营销部、3个稽查大队	1个营销中心、1个物流中心、7个营销部、1个稽查支队、7个稽查大队	4个营销部、1个物流中心、1个访销中心、6个稽查大队	1个营销中心、4个营销部、1个物流中心、4个配送分部、6个烟草专卖稽查大队	1个营销中心、9个营销部、1个物流配送中心、14个稽查大队、1个稽查支队
销售卷烟（亿支）		72.00	106.50	75.28	57.78	93.00
实现税利（万元）	本年	53809	32883	25351	20670	27890
	上年	48886	24658	18855	16445	22669
实现利润（万元）	本年	31351	24361	19002	15424	21779
	上年	25589	21063	14409	12604	16711
烟叶种植（亩）		306300	36600	5000	4999	44900
烟叶收购（担）		816000	93698	9562	8691	114900
零售户数（户）		15300	25145	18288	18334	27366

地市级局（公司）名称		湘西自治州烟草专卖局、湘西自治州烟草公司	张家界市烟草专卖局、张家界市烟草公司	怀化市烟草专卖局、怀化市烟草公司	永州市烟草专卖局、永州市烟草公司
法人代表/主要负责人		邓少文	刘诗清	李民灯	徐文军
总资产（万元）		61535	30396	36682	69727
员工总数（其中聘用员工数）（人）		1554（其中聘用员工770人）	729（其中聘用员工352人）	654（其中聘用员工173人）	2151（其中聘用员工131人）
所属县级局数量（个）		7	3	11	11
所属县级公司数量（个）		/	/	/	/
所属营销部（分公司、访销中心、烟叶复烤厂、稽查大队等）		1个营销中心、7个营销部、1个物流中心	1个营销中心、3个营销部、1个物流中心、3个稽查大队、2个配送站	11个营销部、1个访销中心、1个物流中心、11个配送部、1个稽查支队、11个稽查大队	11个营销部（1个烟叶复烤有限责任公司）、11个稽查大队
销售卷烟（亿支）		34.23	27.54	65.05	78.25
实现税利（万元）	本年	22023	14761	18212	33252
	上年	26447	8163	13844	28552
实现利润（万元）	本年	9132	10548	13179	26022
	上年	12548	5231	9625	19016
烟叶种植（亩）		185000	80946	13000	206000
烟叶收购（担）		486513	204300	31600	518771
零售户数（户）		7677	6742	14258	18117

（张　仕）

广东烟草

广东省烟草专卖局（公司）

概　况

广东省位于中国南部，陆地总面积17.98万平方公里，全省设21个地级市，54个市辖区、23个县级市、41个县、3个少数民族自治县。2006年广东省实现地区生产总值（GDP）26204亿元。

广东省烟草专卖局（公司）成立于1983年，全省烟草行业有97家市（县、区）烟草专卖局；有91家独立企业法人单位和6家不具备独立法人资格的分公司；下辖广东省梅州烟叶复烤有限责任公司、广东省韶关烟叶复烤有限责任公司2个烟叶复烤企业。

全省烟草商业系统拥有员工13710人，其中，聘用员工6548人，具有高级职称39人、中级职称516人。

领导成员

局长、总经理、党组书记：向晋成

副局长、纪检组长、党组成员：何建华

副总经理、党组成员：黄履东

副总经理、党组成员：陈焕平（2006.7—）

助理巡视员：武铁云（2006.7—）

组织机构

省局（公司）机关设有办公室（外事办公室）、发展计划处、专卖监督管理处、政策法规与体制改革处、财务管理处、审计处、投资管理办公室、科技处、人事劳资处（培训中心）、安全保卫处、监察处、思想政治工作处等12个职能处室，离退休人员管理办公室、烟草学会办公室（编志办）、机关服务中心、信息中心、卷烟营销管理部、烟叶管理部（广东省烟叶生产购销公司）、职业技能鉴定站等7个专业部门和珠江城基建办公室、广东烟草行业整顿和规范市场经济秩序工作办公室、广东烟草粤东管理中心、广东烟草粤西管理中心4个临时机构。

经济效益

2006年，全省行业完成卷烟销售1523.1亿支（304.62万箱），与上年同比增长3.18%，其中，销售一类烟195.13亿支（39.03万箱），同比增长8.88%；二类烟513.25亿支（102.65万箱），同比增长17.13%；三类烟677.39亿支（135.48万箱），同比增长2.27%；省外卷烟700亿支（140万箱），同比增长7.55%。实现“两烟”税利116.68亿元，同比增长35.36%；其中，实现“两烟”利润95.84亿元，同比增长36.84%；出口创汇3843万美元，同比增长1.96%。

专卖管理

卷烟打假。坚持“三个立足”，即：立足广东卷烟打假服务于全国的全局思想；立足“破网络、打团伙、抓主犯”；立足政府打假，健全卷烟打假长效机制，各级地方党委政府亲自部署、亲自指挥。全年查处制假窝点119个，移交公安、司法机关抓获主犯47人，查获制假机械269台，破获制假售假网络20个，移交司法机关判刑涉烟犯罪分子426人。

打假专项行动。2006年3月15日，省局、省公安厅及茂名等地公安联合行动，在广州、茂名、佛山、湛江捣毁一个特大制售假烟网络，查获12个窝点、4台套卷接机、2台嘴棒机，现场查获1050件假烟，抓获制假人员55名，其中主犯5名，涉案金额500多万元，受到公安部、国家烟草专卖局的通令嘉奖。

8月15日，省局（公司）组织为期3个月的打击假烟运输、仓储和分销的专项行动，其中广州、汕尾、汕头、潮州、揭阳取得较好的成效。专项行动期间出动执法人员2531人次，查获涉烟违法案件158件、截获车辆127台、查获仓库及分销点76个、缴获假烟5.35亿支，涉案货值约2亿元。

网络建设

电话订货。2006年4月，全省实现以地市级局（公司）为经营管理主体的电话订货集中呼叫，粤东区域实现4个地级市17个单位的集中呼叫。制定统一的电话订货业务流程和管理规范。全省卷烟入网销售率100%，电话订货率100%，电话订货成功率98.06%，省外烟周转期8.27天，省内烟周转期7.61天。

货源管理。全省各地级市局（公司）实现“大市”统购，广州等7个单位实现“大市”统销。各单位注意以“大市”经营为思路努力整合市场资源和货源资源。以“限制大户、发展中户、扶持小户”为原则，在保证销量增长的前提下加大货源投放的管理力度，制订相对统一的货源分配制度和分配方案，整体货源投放相对均衡，畅销烟的分配日趋合理。

物流配送。实现地市级公司为经营主体的“一库式”管理。全省16个物流中心建设项目逐步启动。按照“一库式”管理的工作目标，各地级市公司逐步推进“大市”物流整合，将县级公司物流职能整合到地级市公司，卷烟到货后统一储存在地级市公司物流仓库，统一管理调配；科学配置卷烟分拣系统，重新优化配送线路。

烟叶产销

省局（公司）进一步优化烟叶生产布局，形成以南雄烟叶为主的品牌，得到广东中烟工业公司、武烟集团、红塔集团等重点骨干企业的认可。建立相对稳定的烟叶供应基地，烟叶生产基础设施和基层建设得到加强。2006年，全省收购烟叶3.21万吨（64.17万担），完成收购计划的97.08%，其中，上等烟1.76万吨（35.28万担）、中等烟1.13万吨（22.52万担）、下等烟0.29万吨（5.88万担），平均收购价10.83元/公斤。

体制改革

2006年，省局（公司）完成所有资产上划工作，并对全省烟草商业系统多元化经营企业进行清产核资，对一些不良资产，采取有偿转让等方式予以处置，全年处置多元化经营企业9家。与地方政府协商沟通，加大理顺金叶公司管理工作力度，按照资产关系、人员劳动关系及金叶公司管理体制“三个清晰界定”的要求，妥善解决历史遗留问题。

完善市、县级烟草有限公司管理体制。省局（公司）全面部署完善市、县烟草有限公司管理体制工作，将地级市烟草有限公司与辖区内的县级有限公司进行合并重组，以自愿为前提，调整地级市烟草有限公司的股权结构，按法定程序解散县级烟草有限公司，设立地级市烟草有限公司的分公司。

进出口贸易

2006年11月国家局批复，同意将中国烟草进出口（集团）公司、广东卷烟总厂持有中国烟草广东进出口有限公司的股份通过法定程序和审批手续划转由中国烟草总公司广东省公司持有，使公司成为中国烟草总公司广东省公司的全资子公司。

2006年，广东烟草进出口有限公司实现销售收入61116万元，与上年同比增长4.52%；完成出口（创汇）总值3843万美元，比上年同比增长1.96%，完成年度计划的100.4%。实现利润4409万元，同比增长38.39%，完成年度计划的133.62%。全年进口卷烟36576件，同比下降16.8%；出口卷烟115950件，同比增长3.5%；出口烟叶3339吨，同比下降10.3%；出口烟丝1693吨，与上年持平。

队伍建设

开展机关建设年活动，举办机关公文写作、办公自动化等培训班，组织处、科级和一般干部机关公文竞赛。科技（质检）工作确定了科技5个方面的定位，完成卷烟真伪鉴别14000多批次；开展市、县局（公司）烟草质量技术监督人才的培育工作。

对省局（公司）党组管理的150名干部进行考

察，省局机关有58名处、科级干部得到提拔任用，全省各市、县局有41名干部提升职级或待遇。实施系统外进人“凡进必考”政策，以公平、公正、公开为原则，招聘录取清华、北大、西南财大等名牌院校大学毕业生209名。

内部管理监督

省局（公司）党组高度重视“两项检查”工作，全年出动检查人员2500多人次，检查有关企业120多家，保证“两项检查”工作环环相扣，落实到位。针对在检查中发现的问题，省局（公司）党组在“内外结合、标本兼治”方面下工夫，抓问题整改，抓违规人员查处，抓存在问题症结，抓相应制度完善。

通过“两项检查”工作的开展，查处内部专卖管理监督方面具体问题1200多个，其中1000多个问题已进行整改，余下的问题，也制订措施，指定专人跟进整改。同级审计发现涉及问题金额1846.91万元，其中已整改金额1826.55万元，整改率99.98%。

思想政治工作

2006年，省局（公司）全面开展“‘两个至上’在岗位”主题实践活动，举行各种类型的演讲会、讨论会；在全省开展“‘两个至上’在岗位”演讲比赛，并通过电视电话会议向全省行业转播。在《广东烟草》开辟专栏，进行专题讨论，帮助广大干部职工树立并实践“两个至上”行业共同价值观。全省行业103个县级以上单位中，有3个单位被评为省精神文明建设先进单位，有97个跨入各级精神文明先进单位行列。

党风廉政建设

省局（公司）建立惩治预防腐败体系，开展同步监督管理工作。制订《关于构建教育制度监督并重的惩治与预防腐败体系实施办法》，对构建惩防体系的各项工作进行责任分解和督促落实，制订《关于加强对全省烟草商业系统各级领导班子及主要领导干部监督的实施办法》，强化对领导干部的管理和监督。

与国家局纪检组、各级检察机关和纪委共同开展工程建设同步预防职务犯罪工作，加强对基建工程招投标、合同管理、资金拨付、设计变更、竣工验收等关键环节的管理和监督。在项目审批方面，严格执行国家局关于非烟草制品投资项目内部审批管理规定，根据投资额度的大小逐级进行审批。在招投标管理方面，对规定额度以上的要进行公开招标，对于个别技术要求复杂、或有特殊专业要求或不符合经济合理性要求的，经上一级项目审批部门核准后，才可邀请招标。在对工程建设中重要设备、材料采购方面，对规定额度以上的采购项目进行公开招标，对规定额度以下的采购项目，要按照公开、公正、公平和比质比价的原则选择供应商。

特事要辑

1月18~21日，2006年广东烟草商业系统工作会议在东莞市召开。会议主要传达国家局工作会议有关精神，总结广东省烟草商业系统2005年工作情况，并布置2006年的工作任务。局长向晋成作题为《坚持科学发展着眼整体推进 全面建设烟草流通强省》的报告。

3月22日，国家局副局长张辉一行到广东省局（公司）就内部专卖管理监督检查、2005年行业同级审计工作以及卷烟打假工作情况进行检查指导。

8月8日，国家局纪检组组长潘家华一行参加省局（公司）珠江城项目奠基仪式。

11月28日，国家局副局长何泽华一行考察广州、佛山、东莞卷烟市场。

12月22日，国家局副局长张辉一行到省局（公司）检查指导工作。

广东省局（公司）主要统计指标汇总

实现税利（亿元）	商业利润（亿元）	销售卷烟（亿支）	烟叶种植（万亩）	烟叶收购（万担）	出口创汇（万美元）
116.68	95.84	1523.10	26.60	64.17	3843.00

所属地市级局（公司）

广州市烟草专卖局（有限公司）

概　况

广州市是广东省省会城市，是广东省政治、经济、科技、教育和文化中心，也是华南区域性中心城市。截至2006年底，广州市人口749万人，实现地区生产总值（GDP）6236亿元，与上年同比增长14.4%，经济总量在全国主要大城市中居第三位。

2002年，广州市烟草专卖局（有限公司）取消所属区级公司法人资格，2005年，取消从化、增城县级公司法人资格，至此，市局（有限公司）下属区县级公司法人资格全部被取消，实行一个经营主体的管理体制。2006年，市局（有限公司）下辖越秀区、荔湾区、海珠区、白云区、天河区、黄埔区、萝岗区、番禺区、南沙区、花都区、从化区、增城区等12个区县级烟草专卖局和广东烟草广州市有限公司物流配送中心。截至2006年底，企业拥有资产总额133867万元，员工1143人，其中聘用员工715人。辖区有卷烟零售户24381户。

市局（有限公司）被广东省工业工会委员会评为“先进职工之家”，被广东省总工会评为“广东省模范职工之家”；广州市烟草专卖局天河分局被评为“2006年度全省卷烟打假先进单位”。

领导成员

局长、总经理、党组书记：户春河

副局长、党组成员：陈秉恒

副局长、纪检组长、工会主席、党组成员：钟月晃

副总经理、党组成员：刁百尧

副总经理、党组成员：范国新

组织机构

市局（有限公司）设有办公室、营销管理中心、专卖管理办公室（内部专卖管理监督办公室、稽查支队）、信息中心、财务处（财务管理中心）、人事劳资处（含督察考评中心、质量管理办公室）、安全保卫处、纪检监察处、审计处、政工处、工会、外经开发部12个部门。

经济效益

2006年，全市辖区完成卷烟销售208.5亿支（41.70万箱），与上年同比增加6.4亿支（1.28万箱），增长3.16%；一类烟销售28.09亿支（5.62万箱），占销售总量的13.47%；二类烟销售73.55亿支（14.71万箱），占销售总量的35.28%；三类烟销售94.21亿支（18.84万箱），占销售总量的45.19%；四类烟销售12.31亿支（2.46万箱），占销售总量的5.90%；五类烟销售0.34亿支（0.07万箱），占销售总量的0.16%。实现毛利额126100万元，同比增长24.28%；费用率5.38%，同比下降5.61%。实现税利128469万元，同比增长38.28%；其中，实现利润103449万元，同比增加29609万元，增长40.1%。

优化货源结构，适度增加中高档卷烟的购销，其中一、二类烟实现毛利额分别占全年毛利总额的34.61%、43.63%。退还不适销的牌号，把滞销货源的购进比例降到1%以下。提高品牌集中度，十大主销品牌占卷烟销售总量的69.73%。

专卖管理

市局（有限公司）发挥领导机制、工作机制、长效机制的“三个机制”作用，加大打假力度。在领导机制上，加强与各级政府的沟通协调，提高市政府和各级政府对卷烟打假工作的重视。在工作机制上，市政府先后召开行政执法与刑事司法执法相衔接联席会议、全市打击制售假烟网络领导小组会议。在长效机制上，全市各级政府签订层级责任状，落实打假责任制。落实卷烟打假“四个整合”，做到全面整治与重点打击相结合、整顿打击与社区化管理相结合、案件经营与机制落实相结合、严厉打击与宣传教育相结合。

2006年，市局查处涉烟违法案件2761件，捣毁制假窝点1027个，查获制假烟机60台，查获假烟95653.84万支、违法烟丝430.83吨、烟叶468.7吨，移交公安、司法机关抓获制假分子100名、逮捕刑拘98人。组织开展“打击广州地区制售假烟网络专项行动”、“广州市货运站场专项整治行动”、“打击假烟运输仓储批发专项行动”、“120天卷烟打假联合行动”、“冬春专项行动”、“伍仙桥专项整治”等多项整治行动。全年破获13宗超百万元大案，总案值高达2684.19万元。

网络建设

客户服务。市局（有限公司）制订《广州市卷烟零售客户管理办法》、《客户经理管理及考评办法》和《零售客户服务标准》，修订对零售客户评价、分类、维护流程等规定，明确服务客户的要求和质量标准，在提供个性化服务、培育名优品牌、引导消费，以及客户业态分类等方面对客户关系管理系统功能进行完善。明确客户经理向不同级别客户提供订货、拜访、供货协议签订、卷烟配送等基本服务的时间和质量要求。

零售户测评和货源分配。修订零售客户评价、分类、维护的流程，按照业态划分、零售客户的经营规模、经营环境等情况，对客户进行分类，分别从6个度（贡献度、诚信度、合作度、适宜度、规范度、发展度）、29小项进行零售客户等级测评，把零售客户分为5个等级、7类经营业态。

制订《广州市零售客户货源供应办法》，明确规定零售户进货量上限的标准、实行货源公平、公正、公开分配，畅销货源优先供应中小型客户。制订的不同等级客户货源分配权重，分局根据客户月平均进货量，结合货源分配权重，确定每一级客户的平均进货量和最高进货量。

绩效考核。通过企业管理信息平台的运行，对经营管理各环节、岗位职责履行情况进行有效监管，加强对一线营销服务人员考核，定期检查客户服务情况、业绩指标完成情况和客户满意情况。通过收集服务质量投诉情况、客户经理服务情况、相关业绩指标达标情况、市场督察情况和客户满意度指标达成情况等，

实施绩效考核。在关键业绩指标中对客户拜访、协议签订、品牌和客户培育、市场和客户分析、明码标价等客户服务工作做出具体的工作质量要求和考核标准。

物流配送。市局（有限公司）进行物流资源整合，通过扩充办公、分拣场地，在物流配送中心实现集中办公、集中分拣、集中配送的“一条龙”服务；在增城、从化、花都、番禺分设4个送货组，设点送货，实行一库式配送；根据国家局“两打三扫”的要求，安装5条自动化分拣线；规范送货服务行为，实行规范送货、文明送货，提升服务质量。

企业管理

市局（有限公司）成立督察考评中心，加强督察工作内部运作的管理。根据国家局制定的监督考评工作内容、流程，结合实际制订《督察考评工作实施细则》，明晰细化运作流程，建立投诉受理和督察考评岗位工作流程、工作规定，使督察工作有章可依，规范操作。督察考评中心借助信息系统实时对销售、专卖、配送等各环节、岗位的关键指标实行监控和分析，特别是加强对卷烟销售环节规范经营行为的监督；通过现场走访和抽查检查相结合的方式加强对员工遵守规章制度、履行岗位职责情况实施监控。

市局（有限公司）研发并应用仓储管理预警信息系统，在库存管理系统中增加库存总量预警、产期预警等功能，对各品种卷烟设置库存上下限，建立具体品牌的库存管理机制，实现对卷烟库存总量的实时监控，提高库存管理水平，保证卷烟均衡销售，防止脱销、断档现象的出现。

队伍建设

人事用工。加强干部内部交流工作，增强干部队伍活力。市局（有限公司）结合机构整合、调整需要和干部队伍状况，对处、科级干部进行轮岗交流，轮岗交流涉及10个分局和机关3个处室。优化干部队伍结构，制订《非领导职务设置、选拔任用及管理暂行办法》，建立健全干部能上能下的机制，解决干部“能下”、“能出”问题。

畅通人员流动机制，引进急需人才。通过招聘大学毕业生、接收军转干部、招聘一年期合同工等方式引进人才。通过考核、竞岗等多种形式优胜劣汰，对考核不合格的人员予以解聘，促进人员的合理流动。按照“凡进必考、择优录用”的原则和工作需要，统一公开招聘应届硕士研究生1名，接收军队转业干部3名，系统外调入人员8名，招聘新员工26名，均分别充实到营销、物流、专卖、财务、审计、督察考评队伍中。

教育培训。开展卷烟商品营销员职业技能鉴定和业务培训，提高营销队伍素质。6月中旬对分局客户服务部人员分3批进行营销知识培训，9月，组织209名一线营销人员参加全国卷烟商品营销员职业技能鉴定，10月选送2名客户服务部主任参加高级营销员培训。加强企业内部培训工作，组织各类业务技能培训，如绩效考核实操办法、投诉处理技巧、写作技巧、计算机操作、商务礼仪、工会知识、保密规定等，市局（有限公司）编写《客户经理培训教材（2006）》，并对全局（公司）124名客户经理进行培训。全年组织或参加各类培训30期，参加培训人员3239人次。

思想政治工作

宣传教育活动。市局（有限公司）创造性地开展思想政治工作，组织全体党员和广大职工开展“知荣辱，树新风”大讨论、学习党章、争当排头兵征文、“‘两个至上’在岗位”演讲、专卖岗位技能竞赛、员工故事征集等活动，组织242名党员考察革命圣地——井冈山。各党支部还以纪念建党85周年为契机，开展支部书记上党课和主题党日活动。选送1名代表全省参加全国烟草行业“‘两个至上’在岗位”演讲报告竞赛，获三等奖。

党建工作。市局（有限公司）召开2006年机关党委工作会议和党支部工作会议，对2006年党建工作进行部署，并对各支委进行了党务培训。全年组织10名处级党员干部参加为期一个半月的省委党校理论进修班学习；组织4批18名入党积极分子参加省直机关举办的积极分子培训班。以纪念建党85周年为契机，各党支部纷纷开展支部书记上党课和主题党日活动，结合各自实际工作，开展丰富多彩的纪念活动。

共青团工作。加强团员青年的社会主义荣辱观教育和增强团员意识，组织白云分局团支部参加省直团工委举办的“青春颂”主题青年歌会，参加省直团工委在清远市飞来峡水利枢纽举行的“保护母亲河，净化珠江水”青年植树活动。2006年，市局（有限公司）获得各级对集体和个人的表彰38项，涌现出一批先进集体、劳动模范和先进个人。

特事要辑

3月22日，国家局副局长张辉一行到广州市局（有限公司）调研。张辉副局长一行听取了广东省局（公司）、广州市局（有限公司）开展内部专卖管理监督检查和2005年同级审计情况的汇报。

9月6日，中国卷烟销售总公司总经理田忠振一行在省局（公司）副总经理黄履东的陪同下，检查广州烟草网建全面提升工作。

11月29日，国家局副局长何泽华到广州市局（有限公司）检查指导工作。

中山市烟草专卖局（有限责任公司）

中山市烟草专卖局成立于1990年，广东烟草中山市有限责任公司成立于1999年。企业拥有资产总额19230万元，员工226人。辖区有卷烟零售户6031户。

2006年，全市辖区完成卷烟销售44.13亿支(8.83万箱)，与上年同比增长2.72%；实现销售收入105255万元，同比增长19.05%。实现税利24308万元，同比增长40.92%；其中，实现利润19720万元，同比增长42.75%。累计销售“百牌号”卷烟42.85亿支（8.57万箱），同比增长22.05%，占总销量的97.18%；销售量前10位卷烟品牌集中度为73.79%，同比提高2.64%。

珠海市烟草专卖局（有限公司）

珠海市烟草专卖局成立于1985年，广东烟草珠海市烟草有限公司成立于2001年。2004年8月取消所属区公司法人资格，下设斗门区烟草专卖局（分公司）。企业拥有资产总额22222万元，员工198人。辖区有卷烟零售户3521户。

2006年，全市辖区完成卷烟销售30.63亿支(6.13万箱)，与上年同比增长0.62%；实现卷烟销售毛利20360万元，同比增长38.89%；毛利率23.92%，同比增长4.1%；三项费用率4.93%，同比降低0.58%。实现销售收入85121万元，同比增长15.08%。实现税利19681万元，同比增长50.74%；其中，实现利润15872万元，同比增长52.92%。

东莞市烟草专卖局（有限公司）

东莞市烟草专卖局成立于1988年，广东烟草东莞市有限公司成立于2001年，隶属东莞市人民政府和广东省烟草专卖局（公司）双重领导，以省局（公司）领导为主。企业拥有资产总额67804万元，员工532人，其中聘用员工462人。辖区有卷烟零售户14458户。

2006年，全市辖区完成卷烟销售109.42亿支(21.88万箱)，与上年同比增长16.94%；实现卷烟销售收入265074万元，同比增长25.08%；实现销售毛利额62500万元，同比增长44.76%。实现税利63843万元，同比增长47.89%；其中，实现利润34955万元，同比增长49.94%。

佛山市烟草专卖局（有限责任公司）

佛山市烟草专卖局成立于1987年，广东烟草佛山市有限责任公司成立于1999年，2006年下辖南海区、顺德区、三水区、高明区4个县级烟草专卖局（分公司）。企业拥有资产总额57756万元，员工690人，其中聘用员工434人。辖区有卷烟零售户15639户。

2006年，全市辖区完成卷烟销售122.5亿支(24.5万箱)，同比增加7.75亿支（1.55万箱），增长6.73%；实现卷烟销售收入286300万元，同比增长20.48%；平均毛利率23.49%，同比增长3.23%。实现税利64500万元，同比增长50.35%，其中，实现利润51100万元，同比增长48.98%。

肇庆市烟草专卖局（有限责任公司）

肇庆市烟草专卖局成立于1988年，广东烟草肇庆市有限责任公司成立于1997年，2006年下辖高要市、广宁县、四会市、德庆县、封开县、怀集县6个县级烟草专卖局（有限公司）。企业拥有资产总额26367万元，员工665人，其中聘用员工345人。辖区有卷烟零售户8502户。

2006年，全市辖区完成卷烟销售11.04亿支（2.21万箱），同比增长0.43%；购进卷烟10.96亿支（2.19万箱）；卷烟销售毛利30649万元，毛利率15.73%；实现税利36528万元，同比增长61.85%；其中，实现利润30720万元（含投资收益7835万元），同比增长66.82%。

全年查处各类涉烟违法案件278件，查扣卷烟1796万支、捣毁制假窝点1个，移交公安机关抓获涉嫌制假人员19人，罚没款107.04万元。

江门市烟草专卖局（有限公司）

江门市烟草专卖局成立于1986年，广东烟草江门市有限公司成立于2001年，2006年下辖新会区、台山市、开平市、鹤山市、恩平市5个县级烟草专卖局（有限公司、公司）。企业拥有资产总额58685万元，员工718人，其中聘用员工382人。辖区有卷烟零售户13499户。

2006年，全市辖区完成卷烟销售92.24亿支(18.45万箱)。实现卷烟销售收入211246万元，与上年同比增长7.54%；销售毛利率24.32%，同比增长13.06%；费用率5.88%，同比下降3.92%。实现税利50391万元，同比增长31.6%；其中，实现利润39656万元，同比增长31.73%。

惠州市烟草专卖局（有限责任公司）

惠州市烟草专卖局成立于1986年，广东烟草惠州市有限责任公司成立于1998年，2006年下辖博罗县、惠东县、龙门县、惠阳区、大亚湾区5个县级烟草专卖局（有限公司、分公司）。企业拥有资产总额37527万元，员工699人，其中聘用员工449人。辖区有卷烟零售户10135户。

2006年，全市辖区完成卷烟销售69亿支（13.80万箱），同比增加4.79亿支（0.99万箱），增长

7.46%。实现税利48407万元，同比增长42.45%；实现利润40180万元，同比增长45.43%。

全市出动卷烟打假、打私、打非和检查清理整顿市场工作人员19314人次，查处各类涉烟违法案件137件，其中制售假网络案2件，非法运输案1件；捣毁制、售假窝点4个；查获制假烟机6套（12台）。

茂名市烟草专卖局（有限责任公司）

茂名市烟草专卖局（公司）成立于1991年，广东烟草茂名市有限责任公司成立于1999年，2006年下辖高州市、信宜市、化州市、电白县4个县级烟草专卖局（有限公司）。企业拥有资产总额60241万元，员工717人，其中聘用员工358人。辖区有卷烟零售户9514户。

2006年，全市辖区完成卷烟销售70.35亿支（14.07万箱），与上年同比增加2.39亿支（0.48万箱），增长3.53%。实现税利50312万元，同比增长60.18%；实现利润42144万元，同比增长67.88%。

阳江市烟草专卖局（有限责任公司）

广东省阳江市烟草专卖局成立于1991年，广东烟草阳江市有限责任公司成立于1997年，2006年下辖阳春市、阳东县、阳西县3个县级烟草专卖局（有限公司）。企业拥有资产总额29948万元，员工409人，其中聘用员工207人。辖区有卷烟零售户6040户。

2006年，全市辖区完成卷烟销售37.21亿支（7.44万箱），实现销售收入82222万元，同比增长7.43%。实现税利22440万元，同比增长44.6%；其中，实现利润18206万元，同比增长47.08%。

云浮市烟草专卖局（有限责任公司）

云浮市烟草专卖局成立于1994年，广东烟草云浮市有限责任公司成立于1998年，2006年下辖罗定市、郁南县、云安县、新兴县4个县级烟草专卖局（有限公司）。企业拥有资产总额31300万元，员工374人，其中聘用员工149人。辖区有卷烟零售户5739户。

2006年，全市辖区完成卷烟销售37.17亿支（7.43万箱），与上年同比增长2.28%；实现销售收入101577万元，同比增长19.1%。实现税利19541万元，同比增长49.43%；实现利润15357万元，同比增长50.06%。

湛江市烟草专卖局（有限公司）

湛江市烟草专卖局成立于1983年，广东烟草湛江市有限公司成立于2001年，2006年下辖廉江市、雷州市、吴川市、遂溪县、徐闻县5个县级烟草专卖局（有限公司）。企业拥有资产总额40571万元，其中，固定资产348万元、流动资产22575万元；员工795人，其中聘用员工395人。辖区有卷烟零售户9890户。

2006年，全市辖区完成卷烟销售89.03亿支（17.81万箱）。实现“两烟”销售收入217634万元，同比增长5.84%。实现“两烟”税利49721万元，同比增长33.52%；实现“两烟”利润38774万元，同比增长36.07%。

汕头市烟草专卖局（有限责任公司）

汕头市烟草专卖局成立于1985年，广东烟草汕头市有限责任公司成立于1999年，2006年下辖潮阳区、澄海区、龙湖区及南澳县4个县级烟草专卖局（有限公司、公司）。企业拥有资产总额81366万元，员工662人，其中聘用员工334人。辖区有卷烟零售户6900户。

2006年，全市辖区完成卷烟销售92.45亿支（18.49万箱），与上年同比增长0.59%。实现税利81123万元，同比增长32.39%；实现利润64846万元，同比增长32.07%；上缴税收16277万元，同比增长33.64%。

全年查获制售假烟窝点16个，缴获制假烟机58台、假冒卷烟9051件，移交公安司法机关拘留制售假烟分子32人、判刑11人。

潮州市烟草专卖局（有限责任公司）

潮州市烟草专卖局成立于1988年，广东烟草潮州市有限责任公司成立于1998年，2006年下辖潮安县、饶平县两个县级烟草专卖局（有限公司）。企业拥有资产总额37361万元，员工528人，其中聘用员工238人。辖区有卷烟零售户4230户。

2006年，全市辖区完成卷烟销售46.57亿支（9.31万箱），与上年同比增长4.35%，实现卷烟销售收入132086万元，同比增长13.26%；实现销售毛利额34389万元，同比增长34.61%。实现税利33251万元，同比增长29.84%；其中，实现利润26330万元，同比增长28.51%。

全年查处涉烟违法案件68件，捣毁卷烟制假窝点14个，查获卷烟制假机械32台，缴获假烟5143件，罚没卷烟1240条。

汕尾市烟草专卖局（有限公司）

汕尾市烟草专卖局成立于1988年，广东烟草汕尾市有限公司成立于2001年，2006年下辖陆丰市、海丰县、陆河县3个县级烟草专卖局（有限公司）。企业拥有资产总额35605万元，员工614人，其中聘用员工193人，辖区卷烟零售户8102户。

2006年，全市辖区系统销售卷烟57.36亿支(11.47万箱)，同比增长2.7%，实现销售收入139538万元，同比增长9.24%。实现税利45085万元，同比增长64.30%；其中，实现利润37193万元，同比增长70.74%。

揭阳市烟草专卖局（有限公司）

揭阳市烟草专卖局成立于1992年，广东烟草揭阳市有限公司成立于2001年，2006年下辖普宁市、揭东县、揭西县、惠来县4个县级烟草专卖局（有限责任公司、有限公司）。企业拥有资产总额86851万元，员工892人，其中聘用员工515人。辖区有卷烟零售户11679户。

2006年，全市辖区完成卷烟销售108.07亿支(21.61万箱)，与上年同比增长2.55%。实现税利88112万元，同比增长42.92%；实现利润71889万元，同比增长41.29%。

韶关市烟草专卖局（有限公司）

韶关市烟草专卖局成立于1984年，广东烟草韶关市有限公司成立于2001年，2006年下辖仁化县、始兴县、翁源县、新丰县、曲江区、乳源县、乐昌市7个县级烟草专卖局（有限公司）。企业拥有资产总额34570万元，员工1085人，其中聘用员工466人。辖区有卷烟零售户7079户。

2006年，全市辖区完成卷烟销售44.28亿支(8.86万箱)，实现卷烟销售收入106877万元，同比增长7.80%。收购烟叶7345吨（146900担），调拨烟叶5665吨（113300担），烟叶销售收入11421万元，同比增长26.88%。实现“两烟”税利22724万元，同比增长27.13%，其中，卷烟税利19536万元，同比增长28.11%，烟叶税利3188万元，同比增长21.46%；实现“两烟”利润16069万元，同比增长24.89%，其中，卷烟利润15326万元，同比增长25.87%，烟叶利润743万元，同比增长7.57%。

梅州市烟草专卖局（有限公司）

梅州市烟草专卖局（公司）成立于1983年，广东烟草梅州市有限公司成立于2001年，2006年下辖梅县、兴宁市、大埔县、平远县、蕉岭县、丰顺县、五华县7个县级烟草专卖局（有限公司）。企业拥有资产总额96820万元，员工1308人，其中聘用工752人。辖区有卷烟零售户9468户，烟叶种植户7648户。

2006年，全市辖区完成卷烟销售78.76亿支(15.75万箱)，实现“两烟”销售收入376686万元。实现“两烟”税利47977万元，同比增长27.21%；其中，实现“两烟”利润35517万元，同比增长22.35%。

南雄市烟草专卖局（有限公司）

南雄市烟草公司成立于1983年，广东烟草南雄市有限公司成立于2001年，属省局（公司）直管。公司下属11个烟叶收购站、1个复烤厂和1个烟草研究所（省公司直管，南雄公司代管）。企业拥有资产总额28441万元，员工623人，其中聘用员工103人，有专业技术职称员工118人。辖区有卷烟零售户1163户。

2006年，全市辖区完成卷烟销售7.29亿支(1.46万箱)，与上年同比增长3.48%，收购烟叶14206吨（284119担）。实现“两烟”税利17611万元，同比增长30.92%，其中，卷烟税利3931万元，同比增长25.63%，烟叶税利13680万元，同比增长32.52%；实现“两烟”利润10499万元，同比增长43.7%，其中，卷烟利润3066万元，同比增长24.28%，烟叶利润7433万元，同比增长53.61%。签订烟叶合同19223万份，合同面积124853亩。

河源市烟草专卖局（有限责任公司）

河源市烟草专卖局成立于1983年11月，广东烟草河源市有限责任公司成立于1998年，2006年下辖东源县、和平县、连平县、龙川县、紫金县5个县级烟草专卖局（有限公司）。企业拥有资产总额41103万元，员工676人，其中聘用员工338人。辖区有卷烟零售户7704户。

2006年，全市辖区完成卷烟销售56.86亿支(11.37万箱)，与上年同比增加1.16亿支（0.23万箱），增长2.08%。实现销售收入142000万元，同比增长9.9%，实现税利37592万元，同比增长65.26%；其中，实现利润30369万元，同比增长65.60%。

清远市烟草专卖局（有限公司）

清远市烟草专卖局成立于1988年，广东烟草清远市有限公司成立于2001年，2006年下辖英德市、清新县、佛冈县、阳山县、连州市、连南瑶族自治县、连山壮族瑶族自治县7个县级烟草专卖局（有限公司）。企业拥有资产总额59250万元，员工831人，其中聘用员工386人。辖区有卷烟零售户9140户。

全市辖区完成卷烟销售65.84亿支（13.17万箱），实现“两烟”税利45799万元，同比增长45%，其中，烟叶税利189万元、卷烟税利45610万元；实现"两烟"利润38178万元，同比增长47%，其中，烟叶利润28万元、卷烟利润38150万元。

2006年广东省烟草商业系统主要情况统计

地市级局（公司）名称		广州市烟草专卖局、广东烟草广州市有限公司	中山市烟草专卖局、广东烟草中山市有限责任公司	珠海市烟草专卖局、广东烟草珠海市有限公司	东莞市烟草专卖局、广东烟草东莞市有限公司	佛山市烟草专卖局、广东烟草佛山市有限责任公司
法人代表/主要负责人		户春河	黄洪意（-2006.9） 仇燕红（2006.9-）	黄时南	刘恒建	王国飞
总资产（万元）		133867	19230	22222	67804	57756
员工总数（其中聘用员工数）（人）		1143（其中聘用员工715人）	226（其中聘用员工226人）	198（其中聘用员工198人）	532（其中聘用员工462人）	690（其中聘用员工434人）
所属县级局数量（个）		12	/	1	/	4
所属县级公司数量（个）		/	/	/	/	/
所属营销部（分公司、访销中心、烟叶复烤厂、稽查大队等）		1个营销管理中心、10个客户服务部、10个稽查大队	1个营销管理中心、1个物流配送中心、4个稽查大队	1个营销中心、1个物流中心、5个稽查大队	1个营销中心、1个物流中心、2个配送站	1个营销中心、5个营销部、1个物流配送中心、6个稽查大队
销售卷烟（亿支）		208.50	44.13	30.63	109.42	122.50
实现税利（万元）	本年	128469	24308	19681	63843	64500
	上年	92905	17250	13057	43195	42900
实现利润（万元）	本年	103449	19720	15872	34955	51100
	上年	73840	13814	10379	23312	34300
烟叶种植（亩）		/	/	/	/	/
烟叶收购（担）		/	/	/	/	/
零售户数（户）		24381	6031	3521	14458	15639

地市级局（公司）名称		肇庆市烟草专卖局、广东烟草肇庆市有限责任公司	江门市烟草专卖局、广东烟草江门市有限公司	惠州市烟草专卖局、广东烟草惠州市有限责任公司	茂名市烟草专卖局、广东烟草茂名市有限责任公司	阳江市烟草专卖局、广东烟草阳江市有限责任公司
法人代表/主要负责人		何启恒	赵汝光	陈惠忠	翁 飞	林 显
总资产（万元）		26367	58685	37527	60241	29948
员工总数（其中聘用员工数）（人）		665（其中聘用员工345人）	718（其中聘用员工382人）	699（其中聘用员工449人）	717（其中聘用员工358人）	409（其中聘用员工207人）
所属县级局数量（个）		6	5	5	4	3
所属县级公司数量（个）		/	/	/	/	/
所属营销部（分公司、访销中心、烟叶复烤厂、稽查大队等）		1个营销中心、6个营销部、9个稽查大队、1个物流中心	6个营销中心、3个物流中心、2个配送站、6个稽查大队	1个营销管理中心、5个营销部、5个稽查大队	1个营销中心、1个物流中心、4个营销部、6个稽查大队	1个营销中心、1个物流中心、7个稽查大队、3个营销部
销售卷烟（亿支）		11.04	92.24	69.00	70.35	37.21
实现税利（万元）	本年	36528	50391	48407	50312	22440
	上年	22570	38290	33982	31409	15521
实现利润（万元）	本年	30720	39656	40180	42144	18206
	上年	18415	30104	27628	25104	12378
烟叶种植（亩）		/	/	/	/	/
烟叶收购（担）		/	/	/	/	/
零售户数（户）		8502	13499	10135	9514	6040

地市级局（公司）名称		云浮市烟草专卖局、广东烟草云浮市有限责任公司	湛江市烟草专卖局、广东烟草湛江市有限公司	汕头市烟草专卖局、广东烟草汕头市有限责任公司	潮州市烟草专卖局、广东烟草潮州市有限责任公司	汕尾市烟草专卖局、广东烟草汕尾市有限公司
法人代表/主要负责人		刘志强	李仕文	林松楷	陈业芝	卢 胜
总资产（万元）		31300	40571	81366	37361	35605
员工总数（其中聘用员工数）（人）		374（其中聘用员工149人）	795（其中聘用员工395人）	662（其中聘用员工334人）	528（其中聘用员工238人）	614（其中聘用员工193人）
所属县级局数量（个）		4	5	4	2	3
所属县级公司数量（个）		/	/	/	/	/
所属营销部（分公司、访销中心、烟叶复烤厂、稽查大队等）		1个营销中心、4个营销部、2个物流中心、6个稽查大队、3个配送站	1个营销中心、5个营销部、10个稽查大队、1个物流中心、5个配送站、1个访销中心	1个营销中心、1个物流中心、4个营销部、8个稽查大队	1个营销管理中心、2个营销部、1个物流配送中心、3个稽查大队	1个营销中心、1个物流中心、2个稽查大队
销售卷烟（亿支）		37.17	89.03	92.45	46.57	57.36
实现税利（万元）	本年	19541	49721	81123	33251	45085
	上年	13077	37238	61278	25609	27425
实现利润（万元）	本年	15357	38774	64846	26330	37193
	上年	10234	28495	49098	20488	21784
烟叶种植（亩）		/	8571	/	/	/
烟叶收购（担）		/	4893	/	/	/
零售户数（户）		5739	9890	6900	4230	8102

地市级局（公司）名称		揭阳市烟草专卖局、广东烟草揭阳市有限公司	韶关市烟草专卖局、广东烟草韶关市有限公司	梅州市烟草专卖局、广东烟草梅州市有限公司	南雄市烟草专卖局、广东烟草南雄市有限公司	河源市烟草专卖局、广东烟草河源市有限责任公司	清远市烟草专卖局、广东烟草清远市有限公司
法人代表/主要负责人		许永钦	徐永露	林建华	尹本良	刘志斌	杨伟平
总资产（万元）		86851	34570	96820	28441	41103	59250
员工总数（其中聘用员工数）（人）		892（其中聘用员工515人）	1085（其中聘用员工466人）	1308（其中聘用员工752人）	623（其中聘用员工103人）	676（其中聘用员工338人）	831（其中聘用员工386人）
所属县级局数量（个）		4	7	7	/	5	7
所属县级公司数量(个)		/	/	/	/	/	/
所属营销部（分公司、访销中心、烟叶复烤厂、稽查大队等）		1个营销中心、1个物流中心、4个营销部、4个稽查大队	8个营销部、9个稽查大队	1个营销管理中心、1个物流配送中心、1个稽查大队、7个营销部、7个稽查中队	1个营销部、1个稽查大队	1个营销中心、5个营销部、1个物流中心、5个配送站、5个稽查大队	1个营销中心、1个物流中心、1个配送站、7个营销部、11个稽查大队
销售卷烟（亿支）		108.07	44.28	78.76	7.29	56.86	65.84
实现税利（万元）	本年	88112	22724	47977	17611	37592	45799
	上年	61649	17874	37715	13452	22747	31500
实现利润（万元）	本年	71889	16069	35517	10499	30369	38178
	上年	50868	12867	29029	7306	18338	26025
烟叶种植（亩）		/	72840	80123	124853	/	5271
烟叶收购（担）		/	146900	199595	284119	/	12407
零售户数（户）		11679	7079	9468	1163	7704	9140

（张 慧）

广西烟草

广西壮族自治区烟草专卖局（公司）

概　况

广西壮族自治区地处祖国南疆，土地面积23.67万平方公里，下辖14个地级市，109个县（市、区），总人口4961万人。2006年，广西实现地区生产总值（GDP）4801.98亿元，与上年同比增长13.5%。

广西壮族自治区烟草公司组建于1983年5月，1985年1月上划中国烟草总公司。广西壮族自治区烟草专卖局组建于1984年1月。2006年，广西壮族自治区烟草专卖局（公司）下辖14个市级烟草专卖局（公司）、1家烟叶复烤企业（伊灵烟叶复烤有限责任公司）和1家多元化经营企业（北海甲天下国际大酒店）。截至2006年底，广西壮族自治区烟草行业拥有员工8515人，其中，正式员工3622人、聘用员工4146人、其他从业人员747人；高级职称5人，中级职称203人，初级职称797人。

领导成员

局长、总经理、党组书记：张长胜

副局长、副总经理、党组成员（正厅级）：谈天江

副局长、纪检组长、党组成员：黄凤贵

副总经理、党组成员：张克勤

副总经理、党组成员：周志明

组织机构

区局（公司）机关设有办公室（外事办公室）、人事劳资处、专卖管理监督处、发展计划处、财务管理与监督处、审计处、科技处、监察处（纪检组）、安全保卫处、思想政治工作处（机关党委、机关工会）、政策法规与体制改革处、卷烟经营管理处、烟叶管理处、检测站、机关服务中心和烟草学会等16个部门。

经济效益

2006年，全自治区行业完成卷烟销售561.18亿支（112.24万箱），与上年同比增长4.85%，其中，销售地产卷烟328.45亿支（65.69万箱），区外卷烟232.75亿支（46.55万箱）；销售低档卷烟247.15亿支（49.43万箱。"百牌号"卷烟销售比例达99.1%。一、二、三类烟销量占总销量的比重分别为3.6%、16.5%、58.3%，四、五类烟按计划科学投放。实现"两烟"税利15.58亿元；实现"两烟"利润11.37亿元；实现税收4.21亿元。平均单箱销售额（含税）9482元，同比增加1144元，增长13.7%。

专卖管理

*卷烟打假。*2006年，专卖管理围绕卷烟打私打假、专卖内部监督管理、加强基层建设3项重点任务开展工作。区局（公司）坚持以打击假烟制售网络为重点，打窝点、打网络、打源头三条战线同时推进，先后打掉南宁"6·1"、桂林"4·14"、百色"7·12"、梧州"10·2"等4个涉案金额超过100万元的制假网络案。

2006年，全区行业查处涉烟违法案件12090件，查获各种非法卷烟22017件，其中，非法渠道卷烟5362件、假冒卷烟4936件、走私卷烟11719件。查获、收缴违法运输、经营的烟叶烟丝8465吨。打掉涉案金额30万元以上的假烟销售网络18个，收缴制假机械8台（套），移送公安、司法机关处理涉烟违法人员239人。

*基层专卖组织建设。*区局（公司）印发《关于在全区范围内开展县级烟草专卖局建设达标活动工作方案》，成立领导小组，按照"认识、监督、指导、培训、投入"五到位和"目标量化、工作细化、行为规范化"的"三化"要求配合市级局开展落实县级局职能、健全完善基层专卖管理机构、落实专卖管理人员编制、加强基层专卖队伍建设、保障县级局专卖管理经费、保障专卖执法装备、加强对县级专卖管理工作考核等7个方面达标建设活动，确保县级局专卖管理工作得到加强。

内部管理监督

2006年7月4日，区局（公司）召开行业内部专卖管理监督检查自查工作汇报会及转段动员会。7月18日起，开始对辖区内14个市级烟草公司和广西中烟工业公司（广西卷烟总厂）、广西卷烟销售公司、广西烟叶购销公司、广西伊灵烟叶复烤有限责任公司、广西烟用辅料有限责任公司、广西甲天下化纤有限责任公司、广西甲天下纸品包装有限责任公司等21家企业进行复查，重点检查了卷烟生产经营中的业务往来账、合同、准运证、扫码、入库单、零售户购烟、银行账户等方面违法违规行为和烟叶合同、收购、仓储、调运等不规范问题，8月26日复查工作结束。复查工作检查全区16000多笔业务，抽查零售

户10300户，处理各类违法违规人员85人，制订《特殊客户供货管理办法》、《卷烟零售市场监管办法》等相关的管理制度，初步建立起内部专卖管理监督的长效机制。

区局（公司）党组成立领导小组，制订工作方案，明确设置“三条高压线”：对卷烟体外循环的行为不放过，对违反财经纪律、私设“小金库”的行为不放过，对违反专卖法律法规、从事违法经营和执法循私的行为不放过。从严处理两起内部违纪案件。

网络建设

2006年，区局（公司）落实《网建业务规范》贯标工作，实施客户统一分类，采取公正透明的货源分配办法，指导客户经营，保证客户合理利润，开展周期性满意度调查，完善客户投诉体系。实施合理定量，均衡供应，保护广大中小客户的利益，提升市场控制力。完善访送体系，优化资源配置，降低运行成本，提升网络运作质量。

截至2006年底，全区行业共有烟草物流中心14个、卷烟物流中转站68个、配送线路2537条、配送车辆571台，各地物流中心基本配置了自动、半自动分拣线，分拣到户率达到97.35%、送货到户率达到98.89%。成立14个访销中心，14个客户投诉中心、有电话订货员225名、配送人员902名、客户经理882名、平均每位客户经理服务198个客户。全区有持证卷烟零售户176358户，电话订货户达172702户，电话订货率98.5%；电子结算户达105619户，电子结算率60.41%。

财务审计

2006年，区局（公司）重点加强企业同级审计，确保整改措施落实到位。配合地方审计，认真纠错促规范；履行干部离任经济责任审计制度，对离任干部任期政绩进行客观评价；加强对基建工程项目的监管，强化基建项目预结算审计。全年完成审计项目184个，其中，经济效益审计19个，经济责任审计3个，基本建设审计113个，专项资金审计37个，内控评审12个；促进增收节支3717万元，提出审计建议意见被采纳268条，纠正违规金额19942万元。

烟叶产销

2006年，区局（公司）确立“建设优质烟叶强省”的发展战略和“不求规模最大，但求质量最优”的发展思路，建设了一支由专家、专业骨干、烟技员组成的拥有1250多人的烟叶工作队伍，其中一线技术员约1000人，达到国家局技术人员配备300～400亩/人的要求。推进“以市级公司为管理主体，以烟站为节点”的管理模式，完善烟叶生产管理体系，提高规范化生产水平。按照“降两度、增科技、上质量、树品牌”的工作方针，推进产学研相结合的科研工作机制。加强烟叶生产基础设施建设，有烟叶基层站76个、收购线86条、验级室（棚）2272间、烟叶收购机55台套，烟叶基层站占地面积291.1亩。有种植烟叶农户28929户，农户档案全部实行电脑管理。有烟叶中转仓5个，新建一批标准化烤房和新置办灌溉设施。

2006年，全自治区有20个县、136个乡镇、858个村、3.17万户烟农种植烤烟，签订合同3.17万份，收购烤烟2.16万吨（43.19万担），与上年同比增加0.53万吨（10.6万担），增长33%。全区合同烤烟种植面积18.60万亩，其中，上等烟比例33.7%、中等烟比例50.9%，收购均价8.99元/公斤，同比减少0.56元/公斤，收购金额1.94亿元，上缴烟叶税4200万元。

体制改革

贯彻落实国务院有关文件精神，遵循“理顺产权，调整职能，规范运作，高效运行”的指导方针，转变职能，商业企业改制工作取得实质性进展。2006年下半年，区烟叶公司和卷烟销售公司全面停止经营，12月份进入歇业清算程序，区局（公司）完全退出“两烟”经营，构建母子公司体制，形成“一个中心、两个主体”治理格局。区局（公司）成为监督管理服务中心，职能从以行政管理为主向行政管理与资产管理并重转变。市级局（公司）按照“突出服务、注重效率、优化流程、提高素质”的要求，成为市场经营主体；县级局在执法硬件设施、人员保障、执法环境的协调等方面得到一定程度的改善，成为专卖执法的主体。

思想政治工作

2006年，区局（公司）切实加强政治理论学习，举办一期60名干部职工参加的理论学习班，用一个月时间开展“学党章、遵守党章、维护党章”活动。加强机关作风建设，开展为期两个半月的机关作风大整顿活动，作风整顿活动经过动员学习、查摆问题、整改提高和总结回头看四个阶段。10月，组织全区行业“‘两个至上’在岗位”演讲报告竞赛，选送两名职工参加国家局举办的“‘两个至上’在岗位”演讲比赛，二人均荣获二等奖。

广西壮族自治区局（公司）主要统计指标汇总

实现税利（亿元）	商业利润（亿元）	销售卷烟（亿支）	烟叶种植（万亩）	烟叶收购（万担）	出口创汇（万美元）
15.51	11.39	561.18	18.60	43.19	/

注：烟叶收购统计不包括晒黄烟叶。

所属地市级局（公司）

南宁市烟草专卖局（公司）

概 况

南宁市是广西壮族自治区的首府，面积22112平方公里，下辖6县6城区，人口659.54万人，其中市区人口249.6万人。

南宁市烟草专卖局（公司）成立于1983年，1995年与南宁卷烟厂、武鸣卷烟厂合并组成南宁烟草（集团）有限责任公司，2001年11月实现工商分开，2003年7月取消所属县级公司法人资格。2006年，市局（公司）下辖青秀、兴宁、江南、西乡塘、良庆、邕宁6个城区烟草专卖局（市场部）和武鸣县、宾阳县、横县、隆安县、上林县、马山县6个县级烟草专卖局（市场部）。企业拥有资产总额36900万元，员工1199人，其中聘用员工218人；具有高级职称1人、中级职称27人、初级职称191人。辖区有卷烟零售户22732户。

2006年，市局（公司）获“2006年全国卷烟打假先进集体”、“2006年全区卷烟打假先进集体”、“南宁市直属机关2003～2006年度党建工作创新先进单位”、“市直机关2006年度党建目标管理工作优胜单位”、“2006年度广西商业企业内部审计工作先进单位”称号。

领导成员

局长、经理、党组书记：席亮文

副经理、党组成员：周力勇

纪检组长、党组成员：何 敏

副局长、党组成员：黄兴佳

组织机构

市局（公司）机关设有办公室、人力资源科、财务科、审计科、信息科、综合管理科、安全保卫科、专卖管理办公室、机关后勤服务中心、基建管理办公室、整顿和规范管理办公室、营销管理中心、物流管理中心13个部门。

经济效益

2006年，全市辖区销售卷烟83.80亿支（16.76万箱），与上年同比增加4.43亿支（0.89万箱），增长5.61%。实现单箱卷烟销售额10219元，同比增加980元，增长10.6%。实现卷烟销售收入14.64亿元，同比增长16.54%。实现税利23961万元，同比增加11168万元，增长87.3%；实现利润17855万元，同比增长121.05%。企业资产负债率同比下降8.8%，劳动生产率同比提高8.9%。

卷烟销售

市局（公司）以满足市场需求为根本出发点，以地产名优卷烟为核心，区外名优卷烟为重点，贯彻“地产卷烟提结构、区外卷烟重品牌”的采购方针，合理安排卷烟采购。一方面提高卷烟购进结构，另一方面确保低档烟销售任务的完成。当年，一类烟购进比例为4.3%，二类烟购进比例为17%，三类烟购进比例为54%，低档烟购进比例为35%，保证市场高、中、低档产品的有效供应。

成立品牌管理委员会，制订品牌引入、推广、评价、维护、退出等10余项品牌管理工作流程与管理办法，对每一个品牌进行科学评价与管理。培育地产名优烟“真龙”系列品牌，并逐步引入和培育一些货源相对稳定、具有潜力的区外品牌。

专卖管理

市局（公司）加强与司法、公安、交通部门的协调和联系，强化市场监管，构建纵向以南宁市为核心、以辖区县为下伸点，横向以烟草、公安、工商、交通管理部门等执法部门的立体联防网络。优化行政许可审批流程，建立行政执法责任制，把行政执法权限和责任明确落实到每一个执法岗位。规范立案标准、组织开展案件评审、案件驳回调查制度、以文书固化程序等措施，进一步规范行政处罚工作。

全年查处各类涉烟违法案件4237件，端掉地下卷烟批发及烟丝加工窝点167个，查获各类非法经营卷烟4279.69件，烟叶、烟丝1118.70吨，收缴制假器械17台（套），向公安、司法机关移送涉案人员30人，逮捕7人，判刑7人，成功破获涉案金额217万元的“6·1”特大售假网络案件。

网络建设

根据国家局颁布的《地市级销售网络业务规范》，

市局（公司）制订《2006年卷烟销售网络建设整体推进、全面提升工作方案》，开展客户分类工作，完善客户关系管理系统，指导客户经营。实施公正透明的货源分配办法，完善客户投诉体系，不断改进工作质量，零售客户毛利率达到15.4%。开展线路整合、跨区域配送，提高配送车辆的装载率。升级卷烟分拣线，将分拣速度从3500条/小时升级到8000条/小时，优化资源配置，降低运行成本。构建大型的现代物流配送体系，2006年1月，计划投资1.5亿元的南宁烟草科技园联合工房、动力房工程破土动工，综合仓库也于12月开始施工。截至2006年底，全市辖区电话订货户数22582户，电话订货率99.3%；电子结算户数17180户，电子结算率75.6%。

企业管理

2006年，市局（公司）进一步规范企业内部管理，开展ISO9001：2000质量管理体系贯标认证工作，并顺利通过认证。加大预算管理力度，把事后的考核扣罚提前到事前开支控制，实现将费用预算控制点前移的要求，真正发挥预算管理对经营活动的指导作用。加强内控制度建设，重点开展专卖内部管理监督和全面审计“两项检查”，顺利通过国家局、区局开展同级审计和自治区审计厅审计检查。

队伍建设

2006年，市局（公司）累计组织培训8679人次，共计41135学时，人均受培训达42.5学时，超过区局要求的年人均40学时的要求，其中内部培训累计315期。客户经理人均受训时间50学时，累计7154学时、1662人次。举办8期业务技术培训班，培训员工834人次，派出参加业务培训76人。市局（公司）组建内训师队伍，规范师资队伍管理，完善培训师档案，建立内训管理制度，明确培训经费开支及有关管理制度。鼓励员工报名参加业余进修学习，提高员工素质和高学历员工的比重。加强员工职业技能培训，推行持证上岗。2006年组织客户经理、访销员、物流配送员以及部分专卖员226人参加职业技能鉴定。

党风廉政建设

2006年，全省行业开展各种专题教育4次，组织观看各种警示教育片560人次，购买和发放党风廉政有关学习资料485份。在全区行业中率先成立职工思想政治工作研究会，开展职工思想政治工作征文等活动，狠抓领导干部廉洁自律，建立权力运行监督机制。落实党风廉政建设责任制，与下属的12个经营单位和13个机关职能部门签订党风廉政建设责任书。

开展行政效能监察与纠风工作。针对影响本单位（部门）形象、影响工作效能和群众反映强烈的突出问题进行立项，共立项19个。抓好岗位权力点的查找和内控措施的制订工作，查找出岗位权力点582个，制订相应的内控措施601条，基本确定各岗位所拥有的权力点以及相应的内控措施。加大对重点环节和重点部门权力行使的监督力度。

建立健全领导干部廉洁自律制度。制定并下发一系列规范领导干部从政行为的文件，修订和完善七个有关党风廉政建设方面的制度，进一步完善领导班子议事规则、程序和决策机制，提高依法决策、民主决策、科学决策的能力和水平。

企业文化

2006年，市局（公司）成功举办企业文化专题辩论赛、户外拓展、“争创青年文明号”活动、“牢固树立国家利益、消费者利益至上的共同价值观”演讲比赛和主题实践活动、企业文化导入仪式暨文艺晚会等一系列活动，把每年的6月9日定为南宁烟草“企业文化日”。与深圳博艺堂广告有限公司合作，完成企业标识和形象的设计工作。

柳州市烟草专卖局（公司）

柳州市烟草专卖局（公司）成立于1984年4月，2006年下辖柳江县、柳城县、鹿寨县、融安县、融水苗族自治县和三江侗族自治县6个县级烟草专卖局（营销部）和营销中心、配送中心2个中心，市局（公司）机关设有9个科室。企业拥有资产总额29285万元，固定资产原值6261万元，职工561人，其中聘用员工335人；具有中级专业技术职称13名，其中，政工师3名、经济师5名、会计师3名、统计师2名；初级职称者55名。辖区有卷烟零售户14871户。

2006年，全市辖区完成卷烟销售54.70亿支（10.94万箱），与上年同比增加2.15亿支（0.43万箱），增长4%。卷烟单箱销售额8720元（不含税），同比增加898元。实现税利16893万元，同比增加4475万元，增长36.04%；其中，实现税金3878万元，同比增加977万元，增长33.69%；实现利润13015万元，同比增加3498万元，增长36.75%。

桂林市烟草专卖局（公司）

桂林市烟草专卖局（公司）成立于1984年12月，2006年下辖城区、临桂县、兴安县、全州县、灌阳县、阳朔县、荔浦县、平乐县、恭城瑶族自治县、龙胜各族自治县、资源县、永福县、灵川县13个县级烟草专卖局（营销部）。市局（公司）机关设有12个科室。企业拥有资产总额44372万元，员工941人，其中，正式在岗员工391人、离岗退养126人、离退休135人，聘用员工424人。辖区有卷烟零售户21934户。

2006年，全市辖区完成卷烟销售73.28亿支(14.66万箱)，与上年同比增长0.63%，卷烟单箱销售额9726元，同比增长14.6%。实现税利19709万元，同比增长42.87%；其中，上缴税金5407万元，同比增长27.08%；实现利润14302万元，同比增长54.37%。

市局（公司）被区局（公司）评为“卷烟打假工作先进集体”，并被桂林市政府评为“打私先进单位”。

河池市烟草专卖局（公司）

河池市烟草专卖局（公司）成立于1984年7月26日。2006年下辖城区、宜州市、罗城仫佬族自治县、环江毛南族自治县、南丹县、天峨县、东兰县、巴马瑶族自治县、凤山县、都安瑶族自治县、大化瑶族自治县11个县级烟草专卖局（营销部）。市局（公司）机关设有11个科室。企业拥有资产总额25823万元，员工732人，其中聘用员工499人。辖区有卷烟零售户15981户。

2006年，全市辖区完成卷烟销售46.34亿支（9.27万箱），与上年同比增加2.1亿支，增长4.75%。实现“两烟”税利10731万元，同比增加3458万元，增长47.5%，其中，税收2872万元、利润7859万元。种植烟叶2.84万亩，收购烟叶0.31万吨（6.1万担）。

百色市烟草专卖局（公司）

百色市烟草专卖局（公司）成立于1988年，2006年下辖右江区、田阳县、田东县、平果县、德保县、靖西县、那坡县、田林县、西林县、隆林各族自治县、乐业县、凌云县12个县级烟草专卖局（营销部）。市局（公司）机关设有12个科室。企业拥有资产总额46240万元，员工1306人，其中聘用员工1001人。辖区有卷烟零售户12471户。

2006年，全市辖区完成卷烟销售40.30亿支(8.06万箱)，完成年计划的103.35%，卷烟销售毛利11664万元。实现税利14921万元，与上年同比增长37.23%；实现利润10643万元，同比增长28.85%。

全市种植烟叶12.24万亩，收购烟叶1.49万吨(29.83万担)，其中，上等烟比例30.67%、中等烟比例54.44%，烟叶收购均价8.72元/公斤，烟农收入1.299亿元（不包含产前投入部分），实现烟叶税2598.35万元。

钦州市烟草专卖局（公司）

钦州市烟草专卖局（公司）成立于1988年4月2日，2006年下辖城区、灵山县、浦北县3个县级烟草专卖局（营销部）。市局（公司）机关设有8个科室和营销管理中心、物流管理中心2个中心。企业拥有资产总额11865万元，其中固定资产6397万元，员工417人，其中聘用员工300人；拥有大专以上学历者141人。辖区有卷烟零售户11100户。

2006年，全市辖区完成卷烟销售30.57亿支(6.11万箱)，单箱销售额7273元。实现税利5996万元，与上年同比增长86.21%，其中，实现利润4317万元，同比增长80.70%。

北海市烟草专卖局（公司）

广西北海市烟草专卖局（公司）成立于1985年5月，2006年下辖合浦县烟草专卖局和7个专卖管理所。市局（公司）机关设有12个科室。企业拥有资产总额14721万元，其中，固定资产原值6890万元；拥有员工265人（在职员工253人），其中聘用员工139人。辖区有卷烟零售户6220户。

2006年，全市辖区完成卷烟销售17.79亿支（3.56万箱），与上年同比增长11%；实现税利6926万元，同比增长50%，其中，缴纳税金1726万元，同比增长72.95%；实现利润5200万元，同比增长44%。

防城港市烟草专卖局（公司）

防城港市烟草专卖局（公司）成立于1988年8月27日，2006年下辖城区、上思县、东兴市3个县级烟草专卖局。市局（公司）机关设有10个科室。企业拥有资产总额7224万元，其中固定资产3417万元；拥有员工218人，其中聘用员工141人。辖区有卷烟零售户3184户。

2006年，全市辖区完成卷烟销售12.3亿支(2.47万箱)，完成年计划的107.2%，与上年同比增长3.9%，其中，低档烟4.35亿支（0.87万箱），完成年计划100.8%。实现税利3614万元，比上年增加1610万元，同比增长80.34%；其中，利润2589万元，比上年增加1229万元，同比增长90.38%。

玉林市烟草专卖局（公司）

玉林市烟草专卖局（公司）成立于1984年8月26日，2003年8月取消县级公司法人资格。市局（公司）机关2006年下辖城区、容县、北流市、陆川县、博白县、兴业县6个县级烟草专卖局（营销部），机关设有9个科室。企业拥有资产总额20579万元，员工621人，其中聘用员工340人。辖区有卷烟零售户16763户。

2006年，全市辖区实现卷烟销售45.5亿支(9.10万箱)，与上年同比增长9.86%，其中低档烟销售16.55亿支（3.31万箱）。实现税利11788万元，同比增长99.09%；其中，实现税收3288万元，同比增长50.89%；实现利润8500万元，同比增长127%。

贵港市烟草专卖局（公司）

贵港市烟草专卖局（公司）成立于1997年1月，2003年11月撤销所属县级公司法人资格，改设营销部，2005年5月撤销营销部。2006年下辖贵港城区、桂平市、平南县3个县级烟草专卖局。市局（公司）设有10个科室和营销管理中心、物流管理中心2个中心。企业拥有资产总额14767万元，固定资产原值3178万元，员工470人，其中聘用员工282人。辖区有卷烟零售户14333户。

2006年，全市辖区实现卷烟销售37.65亿支（7.53万箱），与上年同比增长7.43%；单箱销售额7753元（不含税），同比增长12.93%；毛利费用率43.78%，同比下降2.62%。实现税利9549万元，同比增长58.32%，其中利润6945万元，同比增长57.34%。

梧州市烟草专卖局（公司）

梧州市烟草专卖局（公司）成立于1985年1月1日，2006年下辖城区、苍梧县、藤县、岑溪市、蒙山县等5个县级烟草专卖局（营销部）。市局（公司）机关设有办公室、人力资源管理科、财务科、审计科、专卖办、综合管理科、整顿办、信息科、监察科、安全保卫科10个科室，营销管理中心、物流管理中心2个中心，和城区区域营销部、苍梧营销部、藤县营销部、岑溪营销部4个区域营销部。企业拥有资产总额16800万元，员工455人（不含内退），其中聘用员工284人。大专以上学历员工151人，占员工总数的33.2%。辖区有卷烟零售户10112户。

2006年，全市辖区完成卷烟销售37.47亿支（7.49万箱），与上年同比增长6.1%，年人均销量6.13条，同比增加0.2条。实现税利9656万元，同比增长55%，其中，实现利润7271万元，同比增长69.96%。

贺州市烟草专卖局（公司）

贺州市烟草专卖局（公司）成立于2001年12月，2006年下辖八步区、昭平县、钟山县、富川瑶族自治县4个县级烟草专卖局（营销部）。市局（公司）机关设有8个科室和1个烟叶生产部，营销中心、物流中心2个中心。企业拥有资产总额12092万元，员工443人，其中聘用员工177人。辖区有卷烟零售户6332户。

2006年，全市辖区完成卷烟销售23.43亿支（4.69万箱），与上年同比增长5.3%。实现卷烟销售36363万元，卷烟单箱销售额7759元（不含税）。全市签订烤烟种植合同6698份，种植面积3.07万亩，收购烟叶0.34万吨（6.74万担）。实现税利7005万元，同比增长46.7%，其中，实现利润5028万元，同比增长56.73%。

来宾市烟草专卖局（公司）

来宾市烟草专卖局（公司）成立于2003年2月26日，2006年下辖城区（辖兴宾区）、象州县、武宣县、金秀瑶族自治县、忻城县、合山市6个县级烟草专卖局。市局（公司）机关设有办公室、专卖办、财务科、审计科、人力资源科、综合科、整规办、安保科以及营销管理中心、物流管理中心、基建办等11个科室。企业拥有资产总额10234万元，其中，固定资产1977万元、流动资产7840万元；职工445人，其中聘用员工270人；大专以上学历164人，初级职称41人、中级职称6人。辖区有卷烟零售户9689户。

2006年，全市辖区完成卷烟销售28.49亿支（5.70万箱）。其中，地产烟（不含联营烟）销售18.05亿支（3.61万箱），区外烟（含联营烟）销售10.5亿支（2.1万箱）。实现卷烟销售收入41879万元，单箱销售额（不含税）7350元。实现税利5597万元，同比增长49.73%，其中，利润3981万元，同比增长56.06%。

崇左市烟草专卖局（公司）

崇左市烟草专卖局（公司）成立于2003年8月8日，2006年下辖崇左市城区、龙州县、大新县、宁明县、扶绥县、天等县、凭祥市等7个县级烟草专卖局（营销部、配送部）。市局（公司）机关设有办公室、人力资源管理科、纪检监察科、财务科、营销管理中心、专卖管理办公室、物流管理中心、综合管理科、审计科、整顿和规范管理办公室、安全保卫科、信息科12个科室。企业拥有资产总额11998万元，员工560人（在岗员工471人），其中聘用员工273人；具有技术职称25人，大学本科学历42人，大专学历103人。辖区有卷烟零售户10636户。

2006年，全市辖区完成卷烟销售29.52亿支（5.90万箱），与上年同比增长0.57%，实现卷烟销售收入41626万元。累计实现单箱销售额7028元（不含税），同比增加1131元。实现税利4822万元，同比增长39.65%，其中，利润3367万元，同比增长52.58%。

2006年广西壮族自治区烟草商业系统主要情况统计

地市级局（公司）名称		南宁市烟草专卖局、南宁市烟草公司	柳州市烟草专卖局、柳州市烟草公司	桂林市烟草专卖局、桂林市烟草公司	河池市烟草专卖局、河池市烟草公司	百色市烟草专卖局、百色市烟草公司
法人代表/主要负责人		席亮文	黄丽娜	邹发远	梁开朝	王新钧
总资产（万元）		36900	29285	44372	25823	46240
员工总数（其中聘用员工数）（人）		1199（其中聘用员工218人）	561（其中聘用员工335人）	941（其中聘用员工424人）	732（其中聘用员工449人）	1306（其中聘用员工1001人）
所属县级局数量（个）		12	6	12	11	12
所属县级公司数量（个）		/	/	/	/	/
所属营销部（分公司、访销中心、烟叶复烤厂、稽查大队等）		1个营销中心、1个访销大队、12个营销部、1个稽查支队、12个稽查大队	1个营销中心、6个营销部、1个物流中心、1个稽查支队、6个稽查大队	1个营销中心、11个营销部、1个物流中心、13个市场部、13个配送部、13个稽查大队	11个营销部、1个访销中心、11个稽查大队	1个营销中心、1个物流中心、1个稽查支队、12个稽查大队
销售卷烟（亿支）		83.80	54.70	73.28	46.34	40.30
实现税利（万元）	本年	23961	16893	19709	10731	14921
	上年	12793	12418	13796	7273	10873
实现利润（万元）	本年	17855	13015	14302	7859	10643
	上年	8418	9517	9265	5031	8260
烟叶种植（亩）		/	/	2793	28431	122576
烟叶收购（担）		/	/	5147	61042	298271
零售户数（户）		22732	14871	21934	15981	12471

地市级局（公司）名称		钦州市烟草专卖局、钦州市烟草公司	北海市烟草专卖局、北海市烟草公司	防城港市烟草专卖局、防城港市烟草公司	玉林市烟草专卖局、玉林市烟草公司	贵港市烟草专卖局、贵港市烟草公司
法人代表/主要负责人		覃敏良	吴长周	张新荣	朱东波	戴诗宜
总资产（万元）		11865	14721	7224	20579	14767
员工总数（其中聘用员工数）（人）		417（其中聘用员工300人）	265（其中聘用员工151人）	218（其中聘用员工141人）	621（其中聘用员工340人）	470（其中聘用员工282人）
所属县级局数量（个）		3	1	3	6	3
所属县级公司数量（个）		/	/	/	/	/
所属营销部（分公司、访销中心、烟叶复烤厂、稽查大队等）		1个营销中心、3个营销部、1个稽查支队、3个稽查大队	1个访销中心、2个稽查大队	1个营销中心、1个物流中心、1个稽查大队	1个营销中心、6个营销部、1个物流中心、6个稽查大队	1个营销中心、1个物流中心、1个稽查支队、3个稽查大队、1个机动队、18个专卖管理所
销售卷烟（亿支）		30.57	17.79	12.30	45.50	37.65
实现税利（万元）	本年	5996	6926	3614	11788	9549
	上年	3220	4619	2004	5921	6029
实现利润（万元）	本年	4317	5200	2589	8500	6945
	上年	2389	3611	1360	3745	4414
烟叶种植（亩）		/	/	/	/	6496
烟叶收购（担）		/	/	/	/	8900
零售户数（户）		11100	6220	3184	16763	14333

地市级局（公司）名称		梧州市烟草专卖局、梧州市烟草公司	贺州市烟草专卖局、贺州市烟草公司	来宾市烟草专卖局、来宾市烟草公司	崇左市烟草专卖局、崇左市烟草公司
法人代表/主要负责人		彭　峰	卫　国	韩　峰	廖正清
总资产（万元）		16800	12092	10234	11998
员工总数（其中聘用员工数）（人）		455（其中聘用员工284人）	443（其中聘用员工177人）	445（其中聘用员工270人）	560（其中聘用员工273人）
所属县级局数量（个）		5	4	6	7
所属县级公司数量（个）		/	/	/	/
所属营销部（分公司、访销中心、烟叶复烤厂、稽查大队等）		5个营销部、1个营销管理中心、1个稽查支队、5个稽查大队	1个访销中心、5个营销部、5个稽查大队	1个订单采集部、1个稽查支队、9个稽查大队、11个市管所	1个访销中心、7个营销部、7个稽查大队
销售卷烟（亿支）		37.47	23.43	28.49	29.52
实现税利（万元）	本年	9656	7006	5597	4822
	上年	6249	4739	3738	3453
实现利润（万元）	本年	7271	5028	3981	3367
	上年	4278	3208	2551	2206
烟叶种植（亩）		/	30663	/	/
烟叶收购（担）		/	67363	/	/
零售户数（户）		10112	6332	9689	10636

（刘　武）

海南烟草

海南省烟草专卖局（公司）

概　况

海南省位于中国南端，陆地面积3.4万平方公里。截至2006年底，全省常住人口835.88万人。全省辖2个地级市、4个市辖区、6个县级市、4个县、6个少数民族自治县。2006年，海南省实现地区生产总值（GDP）1052.43亿元，与上年同比增长12.5%。

海南省烟草专卖局（公司）成立于1988年6月1日，拥有海南省烟草公司海口、三亚、琼海、儋州公司4个子公司和海南省烟草实业发展总公司（2006年5月，取消法人资格，成立多种经营管理办公室，6月更名为投资管理处）及1家境外企业（老挝寮中好运烟草有限公司及卷烟厂）。2006年下辖2个地级市烟草专卖局、16个县级烟草专卖局和14个县级营销部。2006年末，全省烟草行业拥有干部职工1896人，其中，在职员工1651人（正式员工1175人、聘用员工476人）。拥有固定资产5亿元，流动资产9亿元。

领导成员

局长、总经理、党组书记：张晓川

副局长、纪检组长、党组成员：杨　明（纪检组长任职截至2006年9月）

副总经理、党组成员：林先德

总会计师、党组成员：闫玉岗

纪检组长、党组成员：张永军（2006.9—）

组织机构

省局（公司）机关内设办公室（外事办公室）、综合计划处（经济运行处）、安全保卫处、专卖监督管理处（专卖稽查总队）、政策法规与体制改革处、财务管理处（国有资产管理处）、审计处、人事劳资处、监察处（与党组纪检组合署办公）、思想政治工作处（机关党委、工会）、卷烟销售处、投资管理处等12个职能处（室）及烟草质量监督检测站、经济信息中心、职工培训中心、职业技能鉴定站、机关服务中心、烟草学会等6个专业部门。

经济效益

2006年，全省行业完成卷烟销售140.67亿支（28.13万箱），与上年同比增长4.5%，完成年度计划的104.2%，其中，销售一类烟18.97亿支（3.79万箱），同比增长44.6%，占总销量的13.5%；二类烟32.44亿支（6.49万箱），同比增长17.5%，占总销量的23.1%；三类烟66.94亿支（13.39万箱），同比增长24.4%，占总销量的47.6%；四类烟20.05亿支（4.01万箱），同比下降41.1%，占总销量的14.2%；五类烟2.28亿支（0.46万箱），同比下降62.5%，占总销量的1.6%。全年实现税利5.92亿元，同比增长70.61%；实现商业利润4.16亿元，同比增长87.39%。

专卖管理

卷烟打假打私。2006年，全省行业各级专卖管理部门认真贯彻落实国家烟草专卖局卷烟打假打私的工作部署和要求，紧紧围绕“端窝查点、摧毁网络、惩处犯罪、深挖后台、根除假冒走私卷烟”的打假工作目标，明确“四特三拼”打假思路（四特：特殊措施、特殊技术、特殊手段、特殊办法；三拼：拼耐力、拼实力、拼智力），加强组织领导，突出打假重点，加强联合执法，加大打假投入，营造打假声势，始终保持对制售假烟及走私卷烟等违法活动的高压打击态势。全年查处涉烟违法案件1627件，其中假烟案件1029件；查获违法、违章经营卷烟1862万支，烟叶、烟丝31.63吨，制假拼装烟机1台（套）；捣毁贩藏假烟窝点43个，制假窝点1个；打掉非法制售假烟网络5个，其中，符合国家局标准的两个，上缴罚没款48.58万元。移交公安、司法机关刑事拘留46人，逮捕12人，判刑11人。

加强市场监管。全省各市、县局联合工商部门开展清理行动，加强零售许可证管理，开展零售户普查工作，对照零售业态标准进行统计分类，取缔经营假冒、走私卷烟的不法经营户。加大市场整顿和日常监管力度，组织开展清理整顿专项行动，7月~9月，联合公安、工商等部门在全省范围开展“夏日风暴2号”专项整治行动。开展为期一个月的国庆、中秋节期间卷烟打假打私专项行动，重点加大对汽车站、码头、货物托运部等货物集散地及农村集贸市场的检查力度，加强对城乡结合部、弃置旧厂房、山区果场、林场和城镇出租房的巡查监控，市场净化率不断提高。

提高执法水平。开展严格执法、文明执法、公正执法的教育培训活动，对新上岗人员和初次申领执法证件的人员进行业务培训，考试合格后方可执法。完善与公安、工商、海关、边防、法院、检察院等有关部门的联合执法工作方案，建立联合执法的长效机制。落实行政执法责任制，省局（公司）对各市、县局落实和完善行政执法责任制情况进行监督检查。

卷烟销售

有效组织货源。为有效解决货源紧张问题，省局（公司）主动加强与各卷烟生产厂家的沟通与协调，特别是与红塔烟草（集团）有限责任公司、红云烟草（集团）有限责任公司、常德卷烟厂、长沙卷烟厂、上海烟草（集团）公司、红河卷烟总厂、广东中烟工业公司等重点厂家建立战略合作伙伴关系，得到厂家大力支持和配合，在全国销量大、计划少的情况下，货源得到保证，满足了海南市场需求。

优化卷烟销售结构。加强对“百牌号”卷烟销售的监控和指导，重点围绕培育“两个10多个”，优化结构，整合品牌，提高“百牌号”卷烟集中度，卷烟销售结构更加合理。2006年，海南市场销售“百牌号”卷烟121.94亿支（24.39万箱），与上年同比增长23.4%，占总销量的86.7%；销量居前五名的卷烟品牌为“红梅”、“芙蓉”、“白沙”、“云烟”、“红塔山”，分别销售46.62亿支（9.32万箱）、13.8亿支（2.76万箱）、9.41亿支（1.88万箱）、8.03万支（1.61万箱）、5.61亿支（1.12万箱），占总销量的59.3%，同比分别增长37.3%、37%、14.9%、42.3%、113.7%。

抓好低档烟销售。坚决贯彻国家局关于加强低档烟销售的战略部署，从满足农村、农民和低收入消费群体的需求出发，加大低档烟的促销力度。针对上半年低档烟销量同比持续下降、完成计划进度偏慢的问题，及时组织适销对路的低档烟货源，并做好低档烟新品牌的替代、宣传、引导工作，确保农村市场低档烟的有效供给，完成国家局下达的低档烟销售计划。

规范价格管理。全省行业严格执行国家局关于卷烟价格方面的管理规定和中南八省区统一批发价要求，开展区域统价和全省零售指导价工作，保证主销品牌卷烟价稳量增。按照《海南省卷烟促销活动管理办法》，加强对各厂家市场促销活动的统一管理，严格报批制度，实行全程监管，杜绝促销过程中的不公正行为，规范全省烟草行业的市场经济秩序。

网络建设

整合网络资源。省局（公司）按照“突出服务、注重效率、优化流程、提高素质”的要求，不断完善管理体制，深入整合网络资源，突破原有县域经济格局，重新设计送货路线。调整网络组织架构，初步形成以省局（公司）为指挥中心、4个子公司为轴心、各市、县局为节点的商流、物流、信息流、管理流、资金流“五流”明晰的卷烟销售网络。推进以子公司为主体的统一网络组织构架、统一业务流程、统一信息平台、统一服务标准等方面的建设。通过组织构架调整、业务流程再造、流通方式转换、城乡统一运行，全面推行“电话订货、网上配货、电子结算、现代物流”，实现新业务模式的转换，全省行业网建整体推进目标基本完成。

网建推进工作。省局（公司）组织有关人员参观学习兄弟省份网建工作的先进经验，针对网建工作中存在的持证经营率低、“大户”左右市场、网络队伍适应市场能力不强、信息技术支撑不足、领导干部对网建工作认识不够等五个方面主要问题，明确提出全省烟草行业网建工作的总体要求和主要任务，并层层签订网建目标责任状，基本做到领导到位、任务到位、责任到位。

客户关系管理。在全省实行统一批发价格的基础上，实施全省统一零售价，制订和完善了质量问题卷烟退换、客户投诉处理、货源分配等制度，定期召开零售户座谈会，设立800客户投诉电话，将第三方满意度调查结果纳入网建考核体系中，提高零售户对烟草公司的综合满意度，促进客户关系管理水平的提升。

电子结算。加强与海南邮政、海南银联的合作，通过邮政、银联系统，实现在邮政、银联有网点的城镇都可以进行烟草配送货款的电子支付业务，全省电子结算零售户比率达89%。

体制改革

省局（公司）研究确定了全省烟草行业实行省公司继续经营的母子公司体制改革方案并得到国家局的正式批复。根据国家局批复的《中国烟草总公司海南省公司建立母子公司体制改革的实施方案》及《中国烟草总公司海南省公司章程》，省局下发《海南省烟草行业体制改革具体实施办法》及工作进度表，全省烟草行业各单位、各部门高度重视，分工协作，改革的各项具体实施工作进展顺利。

省局（公司）将原18个市、县烟草公司无偿划入省公司的净资产以投资方式投入各子公司。各子公司自2004年1月1日至2005年12月31日取得的净利润，在消化完历史亏挂后，余额经会计师事务所确认后作为省公司的收益继续投资到子公司，完成资产下投工作，理顺了省公司与4个子公司的产权关系。

内部监管

内部专卖管理监督。2006年2月至7月中旬，全省行业各单位进行内部专卖管理监督检查自查。7月24日开始，省局（公司）组织3个复查工作组用2个月左右时间对各单位自查工作进行全面复查。通过内部专卖管理监督检查，海南烟草商业企业主要存在的卖大户、拆单分摊、代访代订、先销售后入网、集团消费手续不全、紧俏烟分配不合理、搭配销售、资金结算不规范和专卖系统信息混乱等9类问题得到整改。工业企业存在的烟叶到货确认与实际入库数量差距较大、滤嘴棒实际入库量与计划实际执行量差距较大、废弃烟草物资的管理存在不规范行为和原始资料管理不到位等4类问题得到纠正。

同级审计。2006年3月至4月，全省行业开展同级审计自查工作，集中力量对2000年以来通过行业清产核资、会计决算、财经秩序整顿和各类审计中检查出来的问题进行梳理，对尚未整改或整改不彻底的问题限期整改，认真检查2002～2005年专营利润返还款、打假经费等各项财政资金的使用情况。4月25日至5月10日，省局（公司）组织力量对4个子公司自查情况进行复查，并开展同级审计“回头看”活动，重点对各单位整改措施的制订和落实情况进行检查。5月26日，对全省烟草行业同级审计工作进行总结，着重从建立长效机制方面做了有益探讨，并根据同级审计发现的问题，从同级审计、资金管理、投资管理、固定资产管理、低值易耗品管理等方面制定和完善相关制度。通过同级审计，全省烟草行业在财务管理、资金管理、会计基础管理等方面存在的问题得到有效整改。

企业管理

发挥预算、投资、薪酬管理委员会的作用，完善全面预算管理制度，强化预算管理，加强预算编制、执行和考核工作，严格限制无预算和超预算支出。充分发挥审计部门事前管理作用，着重从预算管理、资金管理、费用开支等方面开展各项专项审计，对省局（公司）和4个子公司预算进行实地审核。制订全省行业统一的会计核算制度，提高财务基础管理水平。落实资产定期清查制度，建立各类资产台账，组织企业清算工作，清理主业往来账款、长期投资等账目，开展多元化投资企业的清产核资，全省行业清理出资产损失4023.69万元。

严格把关基建工程、物资采购、车辆购置、信息化建设投资等项目，规范程序，控制项目投资的盲目性，节省预算支出。严格合同审查，出台《海南省烟草行业合同审核规定》，从合同主体、合同条款、合同格式等方面进行严格审核，全年共审查合同70多份。

继续落实安全生产责任制，加强安全教育培训，加大安全防范设施投入，开展自纠自查和安全大检查，狠抓事故隐患整改，有效避免了重特大事故的发生。

信息化建设

省局（公司）对机关办公自动化系统进行升级，更换数据库服务器和操作系统，提高系统运行速度。调整公文远程传输系统传输通道，保证办公系统与国家局公文远程传输系统的互联互通。全年共接收国家局电子发文1621份，上传国家局电子公文225份。加强4个子公司相关办公业务及公文流传情况的调研，为办公自动化系统在全省行业的推广使用做好前期准备工作。

根据国家局《烟草行业计算机网络安全技术与管理规范》要求，省局（公司）认真部署信息安全系统一期项目的建设实施工作，建立包含网络信息安全综合管理系统、网络入侵检测与安全审计系统、数据库审计系统等内容的安全管理与监控中心，并于5月份完成一期建设的验收工作。

省局（公司）重新对扫码系统进行方案设计，采用双机备份方式对系统进行安全保护，保障系统的不间断性和扫码连续性。制订紧急实施预案，在保障数据系统正常采集的情况下，对卷烟生产经营决策管理系统的数据采集系统进行升级，保证数据采集系统升级顺利完成。抓好可视化信息管理系统，完成全省行业财务账务系统升级及全面预算系统建设、远程教育系统的开发建设，做好全省烟草行业呼叫中心一期改造及“打码到条”项目准备工作。

外向型经济

省局（公司）境外企业老挝寮中好运烟草有限公司加强技术改造，解决除尘等设备能力不配套和车间生产环境温湿度不均衡等问题，为产品质量的提高创造条件。加强产品研发和结构调整，增加地产烟丝在叶组配方中的使用比例，研制推出4个新产品及改良调整的“红花”系列产品，初步得到市场的认可。整合卷烟销售网点布局，理顺销售渠道，形成以代理、二级批发、零售终端为主的较为通畅、覆盖面广的卷烟销售网络，巩固老挝国内市场。

2006年，企业累计生产卷烟5.64亿支（1.13万箱），与上年同比增长50.19%；销售卷烟5.6亿支（1.12万箱），同比增长32.18%；实现卷烟销售收入305.69万美元，实现利润31万美元。收购烟叶487吨（9740担），与烟农签订烟叶种植合同304公顷，烟叶种植和收购工作取得历史性突破，结束十年依赖进口原料组织生产的历史。

多元化经营

2006年7月，省局（公司）开展全省烟草行业多元化经营企业清产核资工作，对基准日与投资相关的会计报表主要项目，尤其是投资项目、投资性的往来、在建工程、固定资产等实施审计，以查证多元化经营企业和项目。核对公司主要房屋建筑物、土地使用权等资产的产权证件，核查有无以资产对外提供抵押、担保的情形等内容。

通过清查核资，核查出主业投资多元化企业9户并全部停业清算，其原始投资成本3338万元，投资账面数1338万元。对无法再投资经营且经多年追讨无望、有法律纠纷的投资遗留项目实施金额风险代理，对不再继续经营的项目和不再运作的外设机构房屋产权实施转让处置，对需要继续经营的项目实施跟踪加强管理，对经营不善的多元化经营企业实施关停。

队伍建设

*干部队伍建设。*加强领导班子建设情况考核，将“政治素质好、经营业绩好、团结协作好、作风形象好”等考核指标量化，增强子公司“四好”领导班子创建工作的实效性。加强队伍建设，根据干部选拔任用原则，通过民主评议、组织考察、征求纪检监察部门意见、党组讨论决定和任前公示等程序，对省局机关部分空缺处级领导岗位进行补充，聘任3名副处级干部。对部分市、县局领导班子进行调整充实，县级局领导班子的人员结构、文化层次更趋合理。

*规范劳动用工制度。*省局（公司）针对多年来形成的劳动用工关系复杂、不易管理的问题，明确用工流程，将辅助用工管理划分成项目管理、劳务用工管理和短期费用工管理三种方式，对不同的岗位需求，采取相应的聘用模式，签订不同的聘用合同，对一些岗位的富余人员按合同解聘，并严格按劳动法给予相应的经济补偿。对新录用的临时聘用人员严格把关，实行考核录用制度。

*离退休管理工作。*省局（公司）始终把对老同志负责、为老同志服务作为工作的一项重要内容，努力做到从政治上关心老同志，在生活中照顾老同志。坚持向老同志通报国家局以及省局出台的各项重大改革措施、重大决策；及时通知和传达给老同志一些党员学习、招聘人员、会议通知等日常工作信息。进一步规范职工内退、退休办理制度。

*加强教育培训。*开展各种形式的职工教育培训，卷烟营销、专卖管理、“五五”普法等培训效果初显。2006年10月，省局（公司）举办历年来规模最大、层次最高、人员最齐的一期网络建设高级培训班，较好推动网建工作的深入开展。选派4名子公司领导班子成员到国家局党校参加处级干部进修班，组织子公司主要领导参加国家局举办的各类短期培训班。组织新进省局机关的高校毕业生到基层参加学习实践。

思想政治工作

省局（公司）注重加强各级领导班子的政治理论学习，落实党组中心组理论学习制度，认真开展学习党章、树立社会主义荣辱观和学习贯彻胡锦涛总书记“七一”讲话、《江泽民文选》、十六届六中全会精神等一系列活动，通过邀请专家授课、举办专题研讨会、进行交流演讲、领导亲自上党课等方式，不断提高各级领导干部的政治理论修养。

省局（公司）从5月底开始，分学习动员、宣传发动、专题活动三个阶段对“‘两个至上’在岗位主题实践活动”进行具体的安排部署。在学习动员阶段，通过聘请专家授课、举办交流演讲、观看教育电影、领导上党课等形式多样的活动，为“‘两个至上’在岗位主题实践活动”的开展奠定思想理论基础。在省直工委组织的“学党章、忆传统、知荣辱、做表率”演讲比赛中，海南烟草选派的代表获得总分第二名的成绩，在11月份全国烟草行业“‘两个至上’在岗位”主题实践活动演讲竞赛中，海南烟草选送的两名选手分别获得二、三等奖。举办专题研讨会，6月份组织召开以“如何把学习贯彻党章和树立社会主义荣辱观自觉落实到思想和行动上”为题的专题研讨会；8月30日组织由省局（公司）机关副处以上干部、各子公司主要负责人、各支部代表和地方政府领导、新闻单位参与的“烟草行业认真学习贯彻胡锦涛总书记关于社会主义荣辱观的重要论述——‘两个至上共同价值观与国有企业价值取向”专题座谈会。

做好机关党员的培养和发展工作，严格审定入党积极分子、入党发展对象，选送4名入党积极分子参加省直工委的集中培训，发展3名新党员。按照省直工委的部署，做好2004～2006年度省直机关评优推优工作，省局（公司）机关第八党支部、专卖监督管理处分别被评为“基层先进党支部”和“文明单位”，3名同志分别获得“优秀共产党员”、“优秀党务工作者”和“精神文明建设先进工作者”的称号。

党风廉政建设

*贯彻《实施纲要》。*2006年，全省行业紧紧围绕改革与发展的中心工作，加强党风廉政建设和反腐败工作，认真组织学习贯彻党章，落实《建立健全教育、制度、监督并重的惩治和预防腐败体系实施纲要》，制订贯彻《实施纲要》的具体意见和分工方案，形成符合海南烟草行业实际的惩治和预防腐败体系建设规划，全省烟草行业“党组统一领导、党政齐抓共管、纪检组织协调、部门各负其责”的工作机制初步形成。

*强化制约监督。*省局（公司）党组制订《关于加强对全省烟草系统各级领导班子及主要领导干部监督的实施办法》，加强对党员领导干部特别是对“一把手”的管理监督。纪检监察部门按照《党内监督条例》和国家局《关于加强对行业各级领导班子特别是主要领导干部监督的意见》要求，加强对权力运行的监督检查。通过对重大决策、重要干部任免、重大项目安排、大额资金使用以及基建工程、软件开发和物资采购等环节的监督，有效防止了操作中的失误和违纪问题的发生。

*加大违纪违法案件查办力度。*2006年，省局（公司）严肃查处琼海公司万宁营销部卷烟体外循环案件，对主要领导给予降职处分，对班子成员给予行政记过处分，对直接责任人给予开除处分，给予一名犯有伪造学历错误的同志党纪政纪处分，并在全省烟草行业进行通报。

海南省局（公司）主要统计指标汇总

实现税利（亿元）	商业利润（亿元）	销售卷烟（亿支）	烟叶种植（万亩）	烟叶收购（万担）	出口创汇（万美元）
5.92	4.16	140.67	/	/	/

所属地市级局（公司）

海口市烟草专卖局、海南省烟草公司海口公司

概　况

海口市是海南省省会，面积2305平方公里，人口148万人。2006年，全市实现地区生产总值（GDP）511.75亿元。

海口市烟草专卖局、海南省烟草公司海口公司是中国烟草总公司海南省公司打破原有行政区划管理模式，经过重组，以海口市烟草专卖局、海南省烟草公司海口市公司（成立于1997年）为核心，于2003年9月成立的正处级独立法人单位。2006年下辖文昌市、澄迈县、定安县、临高县4个县级烟草专卖局（营销部），2006年，市局（公司）拥有职工617人，其中，在岗正式员工345人、待岗员工6人、内退74人、离退休106人、聘用员工83人、借调人员2人、其他人员1人。企业资产总额23216万元，负债率29.84%，固定资产9997万元、流动资产8557万元。辖区有卷

烟零售户10107户。

2006年，市局（公司）被省局（公司）评为“全省烟草行业经济运行质量和效益一等奖”；被海口市国资委评为“先进基层党组织”；被海口市人民政府办公厅评为“2006年度政务服务工作暨优质服务月活动三等奖”单位；被海口市统计局评为“2006年全市批发和零售业、住宿和餐饮业统计工作先进单位”。

领导成员

局长、经理、党组书记：刘伯光

副经理、党组成员：苏海萍

副局长、党组成员：赵　强

副局长、纪检组长、党组成员：王业纯

组织机构

市局（公司）设有行政办公室、人事劳资科、纪检监察科、专卖管理科、专卖稽查支队、整顿办公室、财务管理科、审计科、安全保卫科、管理中心、营销中心、物流中心和机关党委（工会）13个科室。

经济效益

2006年，全市辖区完成卷烟销售62.27亿支（12.45万箱），与上年同比增长4.83%。实现销售收入154138万元，同比增长16.87%。实现税利9161万元，同比增长58.54%，其中，完成税收3198万元，同比增长18.22%，实现利润5963万元，同比增长94.04%。

专卖管理

市局（公司）开展内部专卖管理监督检查工作，初步建立专卖内管长效机制，与公安、检察院、法院、工商等部门建立联合执法长效机制，开展“夏日风暴2号”等卷烟打假打私专项行动。加强许可证管理，强化市场监管，建立健全执法监督体系，全面推行行政执法责任制。

2006年，市局查处各类涉烟违法案件1224件，查扣“三烟”1408.4万支（假烟1218.786万支，走私烟40.68万支，非渠道烟148.934万支），烟丝、烟叶25.6吨，为国家挽回经济损失700多万元；移交公安、司法机关拘留涉烟犯罪嫌疑人44名，逮捕12名，判刑9名，网上追逃5名。

网络建设

市局（公司）按照国家局《中国卷烟品牌发展纲要》的要求，培育和整合卷烟品牌，优化销售结构，替补市场空缺，减少市场波动。全面推行明码标价，加强卷烟供应管理，促进规范经营，并建立统一的客户评价、分类和服务标准体系。坚持就近合理原则，整合部分县市毗邻边角区域、半径50公里范围内的配送线路，缩短配送线路，提高网络运行水平。

推行电子零售连锁经营，强化市场终端控制力，注重工商协调，定期召开客户座谈会、品牌推介会，建立良好的合作同盟。加强计算机网络建设，搭建畅通的经营管理信息平台。

企业管理

市局（公司）加强同级审计自查工作，对资金使用、基建工程、物资采购、工资分配等项目实行有效的管理监督，强化企业自律能力。严格财务预算规定，突出预算管理的全面性、全程性和全员性，全年费用预算9350万元，实际使用9146万元，节省204万元。

信息化建设

市局（公司）开展客户周转数管理系统、电子零售烟柜上线工作，对卷烟货源分配和销售过程实行有效的管理与监控。定期对计算机网络系统进行病毒扫描检测及杀毒、升级，保障信息网络系统安全运行。完成电话订货录音系统、零售户网上电子结算系统、卷烟批发销售系统的上线、升级以及专卖案件管理系统试运行等工作，信息化管理水平得到提高。

队伍建设

市局（公司）相继举办驾驶员培训班、客户经理培训班、公文写作培训班、开展拓展训练等培训活动，广大干部职工的整体素质得到提高。组织专卖、营销部门有关人员，分期分批前往兄弟单位参观考察，学习专卖内管、联合执法、按订单组织货源等先进经验，从整体上提高执法效能、网建水平和管理效率。出台中层干部考核方案，对中层干部进行任期全面考核。

思想政治工作

市局（公司）坚持每季度召开一次党组理论学习中心组学习讨论（扩大）会制度，开展领导干部专题民主生活会、党支部生活会，抓好学习时间、内容、人员三落实，学习贯彻党章、十六届六中全会精神，深化党员干部对科学发展观、构建和谐社会基本内涵和精神实质的认识，做到学习有心得、发言有提纲。开展“八荣八耻”社会主义荣辱观教育、“两个至上”行业共同价值观大讨论，围绕工作中的具体事例进行讨论与思考，筑牢思想防线，营造健康向上的企业文化氛围。

市局（公司）开展“七·一”评选优秀党员、先进党支部活动，组织党员和入党积极分子到宋庆龄故居、冯白驹故居、李硕勋烈士纪念亭、红色娘子军纪念馆等地参观学习，开展形式多样的爱国主义和革命传统教育，激发广大党员的爱党、爱国、爱民热情。签订年度党风廉政责任书，抓好领导干部廉洁自律和重大事项报告制度，落实信访举报工作，以及党风廉政建设目标管理责任制。

三亚市烟草专卖局、海南省烟草公司三亚公司

三亚市烟草专卖局、海南省烟草公司三亚公司是中国烟草总公司海南省公司打破原有行政区划管理模式，经过改制，以三亚市烟草专卖局、海南省烟草公司三亚市公司（成立于1985年）为核心，于2003年9月成立的正处级独立法人单位。2006年下辖陵水黎族自治县、乐东黎族自治县、保亭黎族苗族自治县、五指山市4个县级烟草专卖局（营销部），经营业务统归三亚公司管理。有在职员工255人，其中聘用员工52人。截至2006年底，全市行业固定资产5518万元，流动资产5430万元，辖区有卷烟零售户4175户。

2006年，全市辖区完成卷烟销售29.79亿支（5.96万箱），与上年同比增长4.5%，其中，“百牌号”卷烟销售29.5亿支（5.9万箱），占总销量比重为98.97%。销售一类烟3.63亿支（0.73万箱），同比增长42.6%；二类烟6.44亿支（1.29万箱），同比增长21.6%；三类烟14.30亿支（2.86万箱），同比增长1.7%；四类烟5.08亿支（1.02万箱），同比下降42.27%；五类烟0.34亿支（0.07万箱），同比下降63.83%。实现销售收入65000万元，同比增长17.6%；实现税利1700万元，其中实现利润1357万元。

全年查处各类涉烟违法案件381起，捣毁制售假烟窝点3个，查获各类违法违规卷烟181.2万支、烟丝285公斤，案值达72.44万元，上缴罚没款10.38万元，移交公安司法机关刑拘涉烟犯罪分子3名。查获了建省以来首台制假烟机，抓捕10名涉案嫌疑人。

琼海市烟草专卖局、海南省烟草公司琼海公司

琼海市烟草专卖局、海南省烟草公司琼海公司是中国烟草总公司海南省公司打破原有行政区划管理模式，经过改制，以琼海市烟草专卖局、海南省烟草公司琼海市公司（成立于1989年）为核心，于2003年9月成立的正处级独立法人单位，2006年下辖琼海市、万宁市、屯昌县、琼中黎族苗族自治县4个县级烟草专卖局（营销部），经营业务统归琼海公司管理。有职工211人（其中聘用员工58人）。截至2006年底，全市行业拥有总资产12718万元。辖区有卷烟零售户4620户。

2006年，全市辖区完成卷烟销售27.99亿支（5.6万箱），与上年同比增长3.21%，其中，“百牌号”卷烟销售23.95亿支（4.79万箱），占总销量比重为85.57%。销售一类烟2.65亿支（0.53万箱），同比增长54.09%；二类烟6.1亿支（1.22万箱），同比增长22.52%；三类烟14.18亿支（2.84万箱），同比增长25.42%；四类烟4.37亿支（0.87万箱），同比下降42.55%；五类烟0.70亿支（0.14万箱），同比下降53.96%。实现销售收入58366万元，同比增长17.90%；实现税利2934万元，同比增长12.59%；其中，实现利润1865万元，同比增长18.26%。

全年查处各类涉烟违法案件4849起，捣毁售假窝点6个，查获假烟47.65万支，移交公安司法机关刑拘涉烟犯罪分子3人。

儋州市烟草专卖局、海南省烟草公司儋州公司

儋州市烟草专卖局、海南省烟草公司儋州公司是中国烟草总公司海南省公司打破原有行政区划管理模式，经过改制，以儋州市烟草专卖局、海南省烟草公司儋州市公司（成立于1988年）为核心，于2003年9月成立的正处级独立法人单位，2006年下辖儋州市、东方市、昌江黎族自治县、白沙黎族自治县4个县级烟草专卖局（营销部），经营业务统归儋州公司管理。辖区人口170万，员工166人（其中聘用员工29人）。截至2006年底，全市行业拥有总资产6741万元，辖区有卷烟零售户2803户。

2006年，全辖区完成卷烟销售20.54亿支（4.11万箱），与上年同比增长9.52%，其中，销售一类烟0.63亿支（0.13万箱），同比增长28.57%；二类烟1.39亿支（0.28万箱），同比增长52.75%；三类烟3.98亿支（0.80万箱），同比增长26.75%；四类烟7.90亿支（1.58万箱），同比增长5%；五类烟6.65亿支（1.33万箱），同比下降11.33%；“百牌号”卷烟销售占有率达到99.64%，同比增长3.61%。实现税利1997万元，比上年减少99万元，同比减少4.7%；其中，实现利润1155万元，比上年增加88万元，同比增长8.2%。

全年查处涉烟违法案件59起，查获各类违法卷烟35.3万支，端掉制售假烟窝点11个，移交公安司法机关刑事拘留涉烟犯罪分子2人。

2006年，儋州公司先后建立60多项资产管理制度，对资产进行全面登记，明确管理人、责任人，确保国有资产全面保值增值。盘活现有资产，妥善处理原白沙县公司果园历史债务，并争取通过法律手段解决原昌江县公司经营三亚房产目前尚有3套房存在产权不清等问题。截至2006年底，企业不良资产比2003年9月前下降90.85%。

2006 年海南省烟草商业系统主要情况统计

地市级局（公司）名称		海口市烟草专卖局、海南省烟草公司海口公司	三亚市烟草专卖局、海南省烟草公司三亚公司	琼海市烟草专卖局、海南省烟草公司琼海公司	儋州市烟草专卖局、海南省烟草公司儋州公司
法人代表/主要负责人		刘伯光	赵江波	郭国文	许丁科
总资产（万元）		23216	10948	12718	6741
员工总数（其中聘用员工数）（人）		428（其中聘用员工 83 人）	255（其中聘用员工 52 人）	211（其中聘用员工 58 人）	166（其中聘用员工 29 人）
所属县级局数量（个）		4	4	4	4
所属县级公司数量（个）		/	/	/	/
所属营销部（分公司、访销中心、烟叶复烤厂、稽查大队等）		1 个营销中心、1 个管理中心、1 个物流中心、4 个营销部、10 个稽查大队	1 个营销管理中心、1 个物流中心、4 个营销部、8 个稽查大队	1 个经营管理中心（含 1 个营销管理中心、1 个物流中心）3 个营销部、6 个稽查大队	1 个营销中心、1 个配送中心、3 个营销部、7 个稽查大队
销售卷烟（亿支）		62.27	29.79	27.99	20.54
实现税利（万元）	本年	9161	1700	2934	1997
	上年	5778	-4501	2606	2096
实现利润（万元）	本年	5963	1357	1865	1155
	上年	3073	-5692	1577	1067
烟叶种植（亩）		/	/	/	/
烟叶收购（担）		/	/	/	/
零售户数（户）		10107	4175	4620	2803

（李方友）

重庆烟草

重庆市烟草专卖局（公司）

概　况

重庆市面积 8.24 万平方公里，下辖 40 个行政区县（自治县、市），全市总人口 3144 万人。2006 年重庆市实现地区生产总值（GDP）3486.2 亿元。

重庆市烟草专卖局（公司）成立于 1983 年，由国家烟草专卖局、中国烟草总公司和重庆市人民政府双重领导。2006 年，市局（公司）取消烟叶公司和其余 19 家区、县公司的法人资格，投资设立 2 个控股子公司，依法设立不具有法人资格的 42 个分公司，完成全市烟草商业系统母子公司体制改革。截至 2006 年底，市局（公司）下辖中国烟草总公司重庆市公司销售分公司、物流分公司和烟叶分公司 3 个专业分公司，重庆金益烟草有限责任公司、重庆万兴烟叶有限责任公司 2 个打叶复烤企业及 39 个区县局（分公司）。截至 2006 年底，全市烟草行业从业人员 11924 人，其中，在岗员工 7361 人、聘用员工 4563 人，保留关系 749 人。资产总额 48.33 亿元，其中所有者权益 28.96 亿元。

2006 年，市局（公司）被中国电子学会企业信息化专委会授予“2006 年度中国信息化百强企业”称号，被重庆市商委评为“2005 年重庆市商贸流通企业三十强”第一名，获市国资委颁发的 2006 年度“国企贡献奖”；市局（公司）领导集体获市国资委授予 2004～2005 年度“四好班子”称号；重庆烟草商业被重庆市委、市政府评为“重庆市文明行业”；巴南区局（分公司）荣获“全国五一劳动奖状”；万州区烟草专卖局荣获“全国卷烟打假先进集体”荣誉称号。

领导成员

局长、总经理、党组书记：贾明非

副局长、党组成员：李恩华

副总经理、党组成员：高兴华

纪检组长、党组成员：李　江

副局长、党组成员：刘光洋（2006.1—）

副巡视员：李　志（2006.1—）

组织机构

市局（公司）机关设有办公室（外事办公室）、综合计划处（经济运行处）、专卖监督管理处（专卖稽查总队）、政策法规与体制改革处、财务管理处（资金结算中心）、审计处、科技处（烟草质量监督检测站）、安全保卫处、人事劳资处、监察处（党组纪检组）、思想政治工作处（工会、共青团、机关党委）、经济信息中心、离退休人员管理办公室、重庆市烟草专卖局特有工种职业技能鉴定站、重庆市烟草专卖局（公司）机关服务中心、重庆烟草学会等16个部门和重庆市烟草公司销售分公司、重庆市烟草公司物流分公司、重庆市烟草公司烟叶分公司3个专业分公司。

经济效益

2006年，全市行业销售卷烟441.5亿支（88.3万箱），与上年同比增加16.1亿支（32.2万箱），增长3.78%，其中，销售一类烟33.5亿支（6.7万箱），同比增长41.9%，二类烟76亿支（15.2万箱），同比增长25.7%，三类烟210亿支（42万箱），同比增长27.3%。年末库存23.5亿支（4.7万箱），同比下降4亿支（0.8万箱）。收购烟叶（含白肋烟）7.26万吨（145.16万担），销售7.68万吨（153.66万担），同比增长10.99%，加工烟叶7.55万吨（151万担），同比增加1.03万吨（20.5万担）。按全市合并为一个法人实体的口径统计，全市行业“两烟”实现销售收入98.58亿元，同比增长15.03%。“两烟”实现税利16.34亿元，同比增长18.72%；“两烟”实现利润11.12亿元，同比增长15.46%，其中，实现烟叶利润1.3亿元，实现卷烟利润9.82亿元。

专卖管理

卷烟打假。市局（公司）围绕“破网络、抓主犯、追刑责”工作重点，建立打击假烟网络指挥中心，制定三级假烟网络标准，将打假破网工作引向深入。具体体现在：巩固和完善卷烟政府打假目标责任制，加强与公、检、法等部门的协作，完善与铁路公安的联防联管机制，增强打假合力；更新和添置打假办案车辆，购置摄像和照相设备及相关的侦查设施，继续实施打假经费预算制，采取大要案费用和打击制售假烟网络费用据实列支的办法，保证各单位的打假投入。破获重庆“5·31”制售假烟网络案件，现场查获烟草专卖品价值达300余万元，向公安、司法机关移交涉烟犯罪嫌疑人员17名，刑拘6人，批捕1人。四季度，组织全市各区县局开展打击“大户控制小户”专项行动，共查处违法案件2863起，取缔非法批发倒卖卷烟、控制小户等违法行为的“大户”96户；加大打击无证运输烟叶力度，规范烟叶市场秩序；开展许可证全面清理，完善许可证合理布局，加强零售许可证监管。

2006年，全市行业查处各类涉烟违法案件21483件，与上年同比增长9%。查处各类违法卷烟11551万支，增长9.9%，其中查处假冒卷烟9524万支。捣毁制售假烟窝点106个，移交公安、司法机关拘留110人，逮捕50人，判刑31人。

基层专卖队伍建设。推进基层专卖局组织体系建设，坚持新进专卖人员“凡进必考”制度，严格执法资格要求。市局与西南政法大学合作，分期举办全市案件处理人员、稽查骨干、专卖局长及科长的脱产培训班，提高队伍素质。渝北区局开展的军事训练、巴南区局开展的全员法制培训，拓展了专卖队伍培训新方式。制订并下发《关于贯彻落实国家局全面推行行政执法责任制实施意见的工作方案》，完善执法监督机制，加强行政监督检查。采取问卷调查、召开座谈会等多种形式广泛征求社会各界意见，开展文明执法评议，合川区局等单位积极参加当地政府法制部门开展的行政执法检查活动，推动依法行政水平的提高。

网络建设

加快流程整合，完成卷烟经营模式的整体转换。实现卷烟销售网络的规模化经营、专业化分工、标准化服务、高效率运行。建立全市统一的呼叫、配送、结算、信息、投诉、考评中心，完善区县局职能，形成销售分公司直面客户采集订单、物流分公司统一配送到户、区县公司注重客户服务与品牌培育的精简、扁平、高效的组织机构。印发《重庆市烟草行业订单供货实施办法》和《重庆市烟草专卖局关于认真做好订单供货工作的通知》，从7月份开始，全市39个区县局（分公司）全面启动订单供货。

市局（公司）着力现代物流体系建设，按照“低投入、高效率、数字化”的物流建设思想，2005年6月~2006年12月，累计投资1.18亿元，建成江北中心库和丰都、黔江、涪陵、万州4个配送中心并全部投入使用，“一个中心库+四个分库”的投入运营，标志着与重庆直辖体制、管理对象、经营范围相适应的卷烟物流布局初具模型。依托专销资源信息管理系统，完善专销资源管理为核心业务系统的电子商务系统和数字仓储系统，基本建成“覆盖城乡、功能完善、优质高效、经济适用、全市统一”的现代卷烟流通体系，“商流、物流、资金流、信息流”得到有效整合。

烟叶产销

优化品种布局。在全市59.9万亩烟叶种植面积中，“云烟85”、“云烟87”两品种占种植总面积的44.9%，“K326”品种占42%，“云烟202”等品种占13.1%，初步形成“高海拔种植云烟系列、中低海拔种植“K326”和“一乡一品、一点一品”的品种布局，有效降低烟叶种植风险，品种布局更趋合理。全市推广漂浮育苗35.8万亩，同比增加6.2万亩，占移栽面积的63.6%，武隆、丰都、秀山等县漂浮育苗推广率已达90%以上。

烟叶基础设施建设。开展与湖南、四川、江苏等地的卷烟工业企业深化烟叶基地建设合作，在直收直调、全等级调拨等方面进行实质性探索。坚持“因地制宜、整体推进、全面配套、注重实效、强化规范、持续改进”原则，全年投入烟叶生产及基础设施建设资金超过2亿元，建成烟水配套工程容量99.6万立方米，覆盖烟田10.3万亩。在今年的抗旱救灾中，烟水配套工程从根本上解决了项目所在烟区的人畜饮水困难，满足烟叶育苗和移栽需要，烟叶旺长期的需水问题得到缓解。全年实现烟农售烟收入5.2亿元，烟叶综合税收近2.5亿元，烟叶利润1.8亿元（含消化历史亏挂）。

体制改革

2006年，完成中国烟草总公司与重庆市公司的母子公司体制构建，取消包括烟叶公司在内的20家企业的法人资格，依法设立1个全资子公司、2个控股子公司、3个专业分公司和39个区域分公司。搭建以“资产一体化、管理扁平化、经营集约化、分配属地化”为特征的管理体制构架。

企业管理

财务管理。坚持全面预算管理，市局（公司）在费用预算管理基础上，建立烟叶基础设施建设、烟叶生产投入及物资采购资金专项预算等专项预算管理体系，强化预算执行分析和考核制度，规范行业烟叶生产投入行为，年末全市行业三项费用率13.7%，与上年同比下降1.7个百分点，行业费用得到有效控制。组织和完成历时半年的行业多元化企业清产核资工作，清理出被投资主体及多元化企业124户，对其中的29户多元化企业进行清产核资，4户企业进行清算。全面清理市局（公司）所属各单位的固定资产，查清固定资产净值11.7亿元，在用的11亿元，未使用的0.7亿元。进一步清理核实债权、债务，全年消化坏账损失6000多万元。

安全生产。市局（公司）贯彻安全发展理念，构建全员责任的安全保卫目标责任体系，逐级层层签订安全管理责任书，加大检查和考核力度，安全生产目标责任制得到有效落实。全市行业各单位认真落实《2006年安全保卫工作要点》，突出交通安全管理和计算机网络安全管理等在行业安全生产工作中的重要地位。加大对仓储管理的监控力度，重点加强转运前及转运中的安全保卫工作，整改各类隐患30余个，基层、基础工作进一步夯实，全年行业无特大生产性责任事故发生。万兴、巴南、永川、万洲、涪陵等单位试点启动《职业健康安全管理体系》工程，完成调研、培训、危险源辨识和体系文件的编写、发布工作，试点工作效果显著，为行业全面推进体系实施打下坚实的基础。

信息化建设

依据《重庆市烟草行业2003～2006年信息化建设总体规划》，全市行业按照《数字烟草发展纲要》、《重庆市烟草行业信息化建设总体规划》要求，着力于流程的整合、卷烟专销业务平台的完善、烟叶信息化的深化应用、电子政务的全面使用，全市行业信息化水平进一步提升。完成“数字渝烟”建设目标，建成覆盖全市45个烟草基层企业，面向10多万卷烟零售客户、11万烟叶种植农户，集成一个网络平台，一个数据中心和电子政务、电子商务、辅助决策三大应用体系共16个系统的“数字渝烟”信息平台。其中烟草专卖与营销资源管理信息系统（V3）、烟叶基础软件及烟叶质检加工管理系统、电子政务系统、辅助决策系统的推广应用，为全市卷烟流程整合、订单供货和物流建设工作的全面完成提供了有力保障。

多元化经营

组织开展对行业多元化经营企业清理登记和清产核资工作。根据清理登记和清产核资掌握的情况，全面开展行业多元化经营企业历史遗留问题的处置工作，在深入调查研究的基础上，印发《关于多元化经营企业的处置意见》，加强督促和指导，多元化经营企业的处置工作取得一定成效。

健全完善行业多元化经营企业管理体制。采取调整机构、二级投资、集中管理的方式，全市行业多元化产业投资全部向重庆渝叶实力（集团）有限责任公司（简称“渝叶公司”）集中，彻底扭转多级投资、交叉投资的状况。理顺市局（公司）对渝叶公司、渝叶公司对直属子公司的投资关系，推进渝叶公司投资各区县多元化经营企业的调整。坚持重点扶持方针，加大对渝叶公司等全市行业重点多元化企业的支持力度，通过机构改革和内部产权调整，渝叶公司形成“以‘两烟’运输为基础，房地产开发建筑为重点，卷烟配送劳务作业和卷烟连锁经营为新增长点，其他产业为补充”的多元化产业布局。

2006年，全市行业多元化产业实现销售收入2.1亿元，与上年同比增长10.5%，实现利润711万元，同比增长58.4%；其中，渝叶公司实现销售收入1.5亿元，占多元化销售总额的71.4%，实现利润630万元，占总额的88.6%。

内部管理监督

市局（公司）贯彻落实《全国烟草行业加强内部管理监督和整顿规范工作电视电话会议》精神，成立自查工作领导小组，行业各单位相应成立工作小组，明确责任领导、责任部门和责任人员，落实分级责任制。行业各单位均设立内部专卖管理监督办公室，市局（公司）配备5名专职工作人员，各区县局配备2~4名专职工作人员。推广永川区局试点经验，印发《开展行业内部专卖管理监督检查工作方案》，确定5类检查对象，细分42个自查重点，设计24张自查工作表格，统一和指导全市行业的自查工作。市局（公司）党组成员深入企业开展自查工作督导，分片召开汇报会，组织开展自查“回头看”；组成卷烟、烟叶、工业三个工作组，严把复查转段关、宣传动员关、复查质量关、督促整改关，发现问题275条，提出限期整改建议286条。重新修订和完善《监督检查制度》、《工业企业监督制度》、《教育培训制度》等11项专卖内管工作制度，印发《两烟经营日常监管工作流程手册》，统一同级监管工作流程。

全市行业强化内部控制制度建设，加大内部监管力度，开展同级审计检查。在自查和复查工作中，行业各单位加大对涉及问题的整改力度，建立并完善内控制度，改进和优化内部监管方式，强化日常监管，构建内部监管长效机制，整改违规金额60256万元。加强对重点环节和重点部位的监督，建立重大投资全程监督审计牵制模式，防止违规行为。全年组织开展合同审计113个，审计金额16323万元；开展工程竣工决算审计18个，审计金额2683万元，审减金额128万元；开展经济责任审计10项，查出各种违规金额4346万元。

人事与劳资

人事制度改革。2006年，全面实施行业机构调整，组织实施销售分公司和物流分公司员工选调工作，保障全市卷烟流程顺利整合。根据组织机构、岗位设置和职能职责重点的变化，市局（公司）出台《重庆市烟草专卖局关于规范全市行业员工竞争上岗的指导意见》，全面启动行业“定岗、定责、定员、定薪”的“四定”工作。出台《市局（公司）机关专业技术人员聘任管理实施方案》和《市局（公司）机关技师聘任管理实施方案》，对专业技术职务和技师聘任的范围、职数设置、条件、待遇、程序、考核管理等方面作做出全方位规定。组织行业农业、政工两个序列的中级任职资格评审，有6名同志获得政工师任职资格，4名同志获得农艺师任职资格。开展职称初定工作，对符合条件的77名同志初定了相应系列、等级的专业技术职务任职资格；与川渝中烟工业公司达成协议，商业的工程序列中级任职资格委托川渝公司评审，川渝公司的农业序列中级任职资格委托市局（公司）评审。

干部员工队伍建设。组建市局（公司）所属的卷烟物流分公司领导班子，调整充实机关6个部门和酉阳、巫山等21个基层单位领导班子，调整处级干部46名。出台《重庆市烟草行业员工教育培训工作实施办法》，明确市局（公司）、区县（分公司）两个管理层级在员工教育培训方面的工作职责、教育培训归口管理等项目，推动员工教育培训工作的全面开展。2006年，市局（公司）分别选派8名领导干部、13名后备干部参加市国资委组织的企业经营管理人员培训，选派3名领导干部参加国家局党校政治理论培训，组织5名同志参加国家局企业培训师培训、6名同志参加国家局举办的在职教育管理人员岗位培训。完成大中专毕业生召录和复转军人接收安置工作，签约录用大学毕业生30人，接收安置复员军人24人。

思想政治工作

全市行业广泛开展“‘两个至上’在岗位”主题实践活动。市局（公司）出台实施方案并提出具体要求，开展理论与实践的交流和探讨，开展专题征文活动，优选先进典型文章50余篇编印成册，并组织开展学习教育；组成行业“‘两个至上’在岗位”主题实践活动先进事迹报告团，宣讲践行“两个至上”的先进事迹。

加强机关党建，完成市局（公司）机关党委的换届改选及增补工作。全年组织两期共40名入党积极分子参加学习培训，20名同志成为中共预备党员，12名中共预备党员按期转为中共正式党员。加强群团工作，完成机关工会、共青团换届选举，积极组织开展春节联欢、市直机关女员工运动会、“弘扬长征精神、践行‘两个至上’”庆国庆歌咏比赛、行业合理化建议等形式多样、内容丰富的活动，进一步凝聚人心，振奋精神。

党风廉政建设

全市行业按照“严明纪律，为行业政令畅通提供纪律保证”、“严肃执纪，为坚持专卖制度提供纪律保证”、“优化环境，为深化烟草企业改革提供纪律保证”、“严格自律，为维护‘两个至上’提供纪律保证”的四个纪律保证要求，坚持“标本兼治、惩防并举、注重预防”的方针，开展党风廉政建设和反腐败工作。修改完善《行业党风廉政建设责任制实施办法》、《党风廉政建设责任制执行情况考核办法》等规章制度，狠抓《党风廉政建设责任书》的责任落实。加强企业廉政文化建设，形成经常性的党性、党风、党纪教育。认真落实《市国资委治理商业贿赂专项工作实施方案》，对照检查，严格执行，切实维护国家利益。全面推进行业惩治和预防腐败体系建设，清理完善监督制度，加强对关键环节和领域的同步监督，加大违法违纪案件的查处力度，全年立案2起，处分违规违纪人员3人。

企业文化

2006年，全市行业企业文化建设按照《中国烟草企业文化建设纲要》的要求，广泛调研，学习先进，进一步明确思路，启动工作基本就绪。先后组织三批人员参加国家局组织的企业文化建设工作专题培训，安排人员到浙江嘉兴、山东济宁等地考察学习。在此基础上，以重庆的地域特点和文化特色为背景，结合重庆烟草实际，出台《重庆烟草行业企业文化建设三年规划》，进一步明确重庆烟草以打造总部文化为先导，突出重庆的地域特点和文化特色，将“两个至上”价值观与“红岩精神”、“三峡移民精神”有机结合，通过培育核心价值观、培育执行力、培育文化氛围、培育和谐心态，促进诚信烟草、效益烟草、和谐烟草的实现，构建独具特色的重庆烟草企业文化建设的总体思路，全市行业企业文化建设正稳步推进。

重庆市局（公司）主要统计指标汇总

实现税利（亿元）	商业利润（亿元）	销售卷烟（亿支）	烟叶种植（万亩）	烟叶收购（万担）	出口创汇（万美元）
16.34	11.12	441.50	59.90	145.16	/

所属区、县局（公司）

万州区烟草专卖局（分公司）

万州区烟草专卖局（分公司），组建于1983年1月30日，2006年8月体制改革中，公司名称由重庆市烟草公司万州分公司变更为中国烟草总公司重庆市公司万州分公司。企业资产总额10500万元，固定资产原值6438万元；员工728人，其中聘用员工138人。辖区有卷烟零售户7165户，烟叶种植户5989户。

2006年，辖区完成卷烟销售20.85亿支（4.17万箱），白肋烟收购0.19万吨（3.85万担），实现销售收入36900万元，与上年同比增长12.86%。实现“两烟”税利2700万元，同比增长28.33%；其中，实现利润1245万元，同比增长51.83%。

万州卷烟配送中心是重庆三峡库区卷烟销售网络，配送中心工程于2006年6月27日开工建设、12月25日正式启动运行，配送区域为1区7县，对万州区直接分拣配送到户，云阳、开县、梁平、奉节、巫山、巫溪、城口等7县接力配送到客户。

投资180万元实施烟水配套面积2061亩，完工各种水池253口，容积22551立方米，铺设管网32.28公里；无偿投入79.4万元用于烟用物资和运费补贴支持烟农；支持烟农修建合格晾房207座，补助12.8万元；投入简易晾房资金31.8万元。为增加用于烟用微耕机和烟区修建公路分别补贴资金2.8万元、无偿投入6万元。推广应用新技术，优良品种种植面积9868亩，占总面积88.96%，漂浮育苗16000盘，移栽烟2000余亩，推广地膜烟2000亩。

全年查处涉烟违法案件421件，查获违法卷烟796.6万支，案值200万元，查获违法烟叶690担，案值68万元。收缴罚款10万元，捣毁贩藏假烟窝点29个；查办大案要案15起，移交公安、司法机关刑拘涉烟违法分子14人、判刑6人。

黔江区烟草专卖局（分公司）

黔江区烟草专卖局（分公司）组建于1983年，2006年8月体制改革中，公司名称由重庆市烟草公司黔江分公司变更为中国烟草总公司重庆市公司黔江分公司。企业资产总额17350万元，所有者权益9721万元，固定资产4731万元，员工533人，其中聘用员工223人。辖区有卷烟零售户1925户，烟叶种植户10044户。

2006年，辖区完成卷烟销售6.29亿支（1.26万箱），烟叶收购0.95万吨（19万担），实现销售收入27649万元，与上年同比增长25.69%。实现“两烟”

税利3360万元，其中实现利润3181元，同比增长1.27%。种植烤烟78653亩，实现烟农种烟收入8808万元，烟叶综合税收2878万元。

按照“整村推进规划、依托水源蓄水、根据布局调节、管网分配到田”的思路，大力实施烟水配套工程建设。2006年，修建水池468口，蓄水量23.1万立方米，铺设管网449.6千米，开挖沟渠9.34千米，安装水桩4000个，配套面积2.5万亩，工程受到当地党政、烟农和行业各级的一致好评。2006年，区局（分公司）被重庆市局和重庆市水利局评为“烟水配套工程建设先进单位”。

按照重庆市局（公司）“一库四点”的物流建设方案，建成黔江卷烟区域配送中心，年分拣配送能力5.5万箱，覆盖黔江、彭水、酉阳、秀山4个区县7416个零售户，形成了“商流、物流、资金流、信息流”全面集成管理的现代物流体系。

涪陵区烟草专卖局（分公司）

涪陵区烟草专卖局（分公司）组建于1983年，2006年8月体制改革中，公司名称由重庆市烟草公司涪陵分公司变更为中国烟草总公司重庆市公司涪陵分公司。企业资产总额11062万元，其中固定资产3206万元；员工332人，其中聘用员工150人。辖区有卷烟零售户3902户，烟叶种植户1676户。

2006年，辖区完成卷烟销售16.11亿支（3.22万箱），烟叶收购0.12万吨（2.45万担）。实现销售收入2.999亿元，与上年同比增长12%。实现“两烟”税利3672万元，同比增长17.58%；其中，实现利润2523万元，同比增长24.1%。

渝中区烟草专卖局（分公司）

渝中区烟草专卖局（分公司）组建于1984年，2006年8月体制改革中，公司名称由中国烟草总公司重庆市公司渝中卷烟营销中心变更为中国烟草总公司重庆市公司渝中分公司。企业资产总额7062万元，固定资产4681万元，员工105人，其中聘用员工4人。辖区有卷烟零售户2733户。

2006年，辖区完成卷烟销售16亿支（3.2万箱），同比增长5.61%，其中，一、二、三类烟销售14.45亿支（2.89万箱），完成计划的106.42%，同比增长7.04%。实现销售收入50648.93万元，与上年同比增长26.16%；实现单箱销售收入15794.23元，同比增长19.46%，销售毛利率18.73%，同比增长0.87%。实现税利8705万元，同比增长43.46%；其中，实现利润6903万元，同比增长48.5%。全年费用率5.02%，同比下降1.18%。

区局将专卖工作重心由过去查堵暗流烟为主，向以打击制售假烟网络为重点的打假打私为主转变，成功破获一个国家级的假烟销售网络——“1·10”假烟网络。

大渡口区烟草专卖局（分公司）

大渡口区烟草专卖局（分公司）组建于1985年，2006年8月体制改革中，公司名称由中国烟草总公司重庆市公司大渡口卷烟营销中心变更为中国烟草总公司重庆市公司大渡口分公司。企业资产总额1755万元，其中固定资产861万元；员工54人，其中聘用员工11人。辖区有卷烟零售户1008户。

2006年，辖区完成卷烟销售6.35亿支（1.27万箱），实现销售收入13395万元，与上年同比增长17.78%。实现税利1801万元，同比增长23.44%；其中，实现利润1371万元，同比增长25.66%。

江北区烟草专卖局（分公司）

江北区烟草专卖局（分公司）组建于1985年，2006年8月体制改革中，公司名称由中国烟草总公司重庆市公司江北卷烟营销中心变更为中国烟草总公司重庆市公司江北分公司。企业资产总额5037万元，其中固定资产1224万元；员工108人，其中聘用员工10人。辖区有卷烟零售户2192户。

2006年，辖区完成卷烟销售14.92亿支（2.98万箱），实现销售收入36490万元，与上年同比增长21.61%。实现税利5109万元，同比增长41.45%；其中，实现利润3847万元，同比增长46.55%。

沙坪坝区烟草专卖局（分公司）

沙坪坝区烟草专卖局（分公司）组建于1985年11月，2006年8月体制改革中，公司名称由中国烟草总公司重庆市公司沙坪坝卷烟营销中心变更为中国烟草总公司重庆市公司沙坪坝分公司。企业资产总额4442万元，其中固定资产1327万元；员工115人，其中聘用员工17人。辖区有卷烟零售户2780户。

2006年，辖区完成卷烟销售19.39亿支（3.88万箱），与上年同比增长10.76%，实现销售收入51926万元，同比增长18.37%。实现税利6763万元，同比增长14.03%；其中，实现利润5398万元，同比增长17.3%。

全年查处各类涉烟违法案件1905件，罚没款69.37万元；向公安机关移送案件7件，刑事拘留10人，其中4人被判刑；查处一起以重庆为中心，辐射四川、云南等地的特大非法销售卷烟网络案件，案值近66万元，查获违法卷烟25500条，向公安机关移交犯罪嫌疑人5名。

九龙坡区烟草专卖局（分公司）

九龙坡区烟草专卖局（分公司）组建于1985年，2006年8月体制改革中，公司名称由中国烟草总公司重庆市公司九龙坡卷烟营销中心变更为中国烟草总公司重庆市公司九龙坡分公司。企业资产总额6085万元，其中固定资产2639万元；员工128人，其中聘用员工12人。辖区有卷烟零售户3826户。

2006年，辖区完成卷烟销售20.79亿支（4.16万箱），实现销售收入48463万元，与上年同比增长5.8%。实现税利7150万元，同比增长19.95%；其中，实现利润5565万元，同比增长17.33%。

全年查处涉烟违法案件995起，没收违法卷烟831件，破假烟网络1个，罚没款146.6万元，移交公安、司法机关刑事拘留7人，其中判刑3人。

南岸区烟草专卖局（分公司）

南岸区烟草专卖局（分公司）组建于1985年，2006年8月体制改革中，公司名称由中国烟草总公司重庆市公司南岸卷烟营销中心变更为中国烟草总公司重庆市公司南岸分公司。企业资产总额5224万元，其中固定资产3420万元（净值2675万元）；员工149人，其中，聘用员工11人、退休员工34人、内部退养员工8人。辖区有卷烟零售户2366户。

2006年，辖区完成卷烟销售15.92亿支（3.18万箱），实现销售收入37559万元，与上年同比增长21.92%。实现税利6586万元，同比增长58.31%；其中，实现利润3857万元，同比增长27.38%。

全年查处各类涉烟违法案件889起，总案值400余万元，上缴罚没款68.2万元。5月31日，破获一个涉案金额高达1200万元的跨省制售假烟网络，现场查获500余万元的涉案烟草制品。

北碚区烟草专卖局（分公司）

北碚区烟草专卖局（分公司）组建于1985年，2006年8月体制改革中，公司名称由中国烟草总公司重庆市公司北碚卷烟营销中心变更为中国烟草总公司重庆市公司北碚分公司。企业资产总额2903万元，其中固定资产1099.9万元；员工125人，其中聘用员工31人。辖区有卷烟零售户3036户。

2006年，辖区实现卷烟销售12.88亿支（2.58万箱），实现销售收入25639万元，与上年同比增长11.23%。实现税利3305万元，同比增长16.14%；其中，实现利润2487万元，同比增长17.74%。

区局（分公司）获重庆市第二届争创“学习型、知识型职工”活动先进班组称号。

万盛区烟草专卖局（分公司）

万盛区烟草专卖局（分公司）组建于1984年，2006年8月体制改革中，公司名称由中国烟草总公司重庆市公司万盛卷烟营销中心变更为中国烟草总公司重庆市公司万盛分公司。企业资产总额1333万元，其中固定资产714万元；员工54人，其中聘用员工17人。辖区有卷烟零售户1096户。

2006年，辖区完成卷烟销售5.06亿支（1.01万箱），实现销售收入10378万元，与上年同比增长8.09%。实现税利860万元，同比增长16.34%；其中，实现利润581万元，同比增长20.19%。

全年查处涉烟违法案件60起，其中大要案12起，大要案罚没款13319元，全年总计罚没款21150元，大要案占全年总罚没款数的63%。

渝北区烟草专卖局（分公司）

渝北区烟草专卖局（分公司）组建于1985年10月，2006年8月体制改革中，公司名称由中国烟草总公司重庆市公司渝北卷烟营销中心变更为中国烟草总公司重庆市公司渝北分公司，机关设5个科室。企业资产总额4766万元，固定资产净值1350万元；员工138人，其中聘用员工37人。辖区有卷烟零售户4324户。

2006年，辖区完成卷烟销售23.8亿支（4.76万箱），实现销售收入50882万元，与上年同比增长20.03%。实现税利7685万元，同比增长30.01%；其中，实现利润5951万元，同比增长34.15%。

全年查处涉烟违法案件1074起，案值762万元，没收违法假烟333件，罚没收入66万元；破获“4.29”假烟网络，涉案卷烟50万元，涉及分销点11个，移交公安、司法机关刑事拘留4人，逮捕2人。

2006年，区局（分公司）被重庆市局评为“2006年度先进单位”、“打假打私先进单位”和“技能人才开发工作先进单位”称号；领导班子被市局（公司）评为“四好”领导班子；工会被重庆市工会授予“模范员工之家”称号。局长（经理）蒲志奇获重庆市委、组织部、宣传部、总工会授予的“重庆市职工信赖的好经理”称号。冯华荣获市局授予的“优秀客户经理”和重庆市总工会授予的“女职工建功立业标兵”称号。

巴南区烟草专卖局（分公司）

巴南区烟草专卖局（分公司）组建于1986年，2006年8月体制改革中，公司名称由中国烟草总公司重庆市公司巴南卷烟营销中心变更为中国烟草总公司重庆市公司巴南分公司。企业资产总额3628万元，固定资产原值2293万元，净值1546万元；员工110人，其中聘用员工36人。辖区有卷烟零售户3100户。

2006年，辖区完成卷烟销售16.38亿支（3.28万箱），实现销售收入28021万元，与上年同比增长11.15%。实现税利3272万元，同比增长19.25%；其中，实现利润2308万元，同比增长24.12%。

2006年4月，荣获全国总工会授予的“全国五一劳动奖状”。

长寿区烟草专卖局（分公司）

长寿区烟草专卖局（分公司）组建于1984年，2006年8月体制改革中，公司名称由中国烟草总公司重庆市公司长寿卷烟营销中心变更为中国烟草总公司重庆市公司长寿分公司。企业资产总额2428万元，其中固定资产2115万元；员工123人，其中聘用员工53人。辖区有卷烟零售户3229户。

2006年，辖区完成卷烟销售11.41亿支（2.28万箱），实现销售收入21457万元，与上年同比增长10.87%。实现税利1500万元，其中实现利润924万元。

2006年10月，区局（分公司）查获一个售假网络案件，涉案金额27万多元，分销网点10多个，该案达到市局网络二级案件标准。

霍家碧同志被重庆市总工会授予“职工信赖的好工会主席”称号。

江津市烟草专卖局（分公司）

江津市烟草专卖局（分公司）组建于1985年，2006年8月体制改革中，公司名称由中国烟草总公司重庆市公司江津卷烟营销中心变更为中国烟草总公司重庆市公司江津分公司。企业资产总额4882万元，所有者权益1966万元，固定资产4727万元；员工183人，其中聘用员工61人。辖区有卷烟零售户3619户。

2006年，辖区完成卷烟销售17.9亿支（3.58万箱），实现销售收入26800万元，与上年同比提高15%。实现税利2589万元，同比增长61.91%；其中，实现利润1746万元，同比增长92.93%。

全年与交通执法部门开展综合执法检查125余次，向公安、司法机关移交案件5起，执行4起，实现强制执行款项7738元。

合川市烟草专卖局（分公司）

合川市烟草专卖局（分公司）组建于1985年10月，2006年8月体制改革中，公司名称由中国烟草总公司重庆市公司合川卷烟营销中心变更为中国烟草总公司重庆市公司合川分公司。企业资产总额2634万元，其中固定资产1294万元；员工109人，其中聘用员工13人。辖区有卷烟零售户5132户。

2006年，辖区完成卷烟销售18.09亿支（3.62万箱），与上年同比增长8.19%，实现销售收入2.60亿元，同比增长15.23%。实现税利2376万元，其中实现利润1643万元。

全年出动执法人员检查1814人次，查获各类涉烟违法案件950起，查获违规卷烟117件，其中假冒伪劣卷烟49件，罚没款8.93万元，移交公安、司法机关刑事拘留涉烟违法人员4人，其中判刑3人。

2006年，市局（分公司）被重庆市局评为“2006年度先进单位”和“技能人才开发工作先进单位”。市局（分公司）党组被重庆市局党组、合川市委评为“先进基层党组织”。党组书记、局长、经理窦梓铭被合川市委授予“优秀共产党员”称号，党组副书记许伦桂被重庆市烟草专卖局党组、合川市直机关工委评为“优秀党务工作者”称号。

永川市烟草专卖局（分公司）

永川市烟草专卖局（分公司）组建于1984年，2006年8月体制改革中，公司名称由中国烟草总公司重庆市公司永川卷烟营销中心变更为中国烟草总公司重庆市公司永川分公司。企业资产总额3153万元，其中固定资产1457万元；员工148人，其中聘用员工30人。辖区有卷烟零售户3562户。

2006年，辖区完成卷烟销售15.61亿支（3.12万箱），实现销售收入23702万元（不含税），与上年同比增长13.16%。实现税利2150万元，同比增长24.98%；其中，实现利润1377万元，同比增长35.26%。

市局破获“12·12”的市局一级假烟网络案件，查获假烟存储窝点1个，涉案金额50余万元，移交公安、司法机关刑事拘留3人。

2006年，连续第6年荣获永川市“十佳商业企业”称号；经永川市国税、地税纳税信用等级评定领导小组评定为A级纳税人，工会被永川市总工会授予“先进职工之家”、“先进基层工会”称号，荣获“永川市‘四五’普法工作先进单位”称号。局长（经理）肖中华荣获重庆市委、组织部、宣传部、总工会授予的“员工信赖的好经理”称号，陈茹荣获全国烟草行业“优秀客户经理”称号。

南川市烟草专卖局（分公司）

南川市烟草专卖局（分公司）组建于1987年。2006年8月体制改革中，公司名称由重庆市烟草公司南川市公司变更为中国烟草总公司重庆市公司南川分公司，机关设9个科室。企业资产总额7488万元，其中固定资产6046万元；员工209人，其中聘用员工122人。辖区有卷烟零售户2418户，烟叶种植户1700户。

2006年，辖区完成卷烟销售9.25亿支（1.85万箱），烟叶收购0.17万吨（3.41万担）。实现销售收入20417万元，与上年同比增长11.91%。实现税利3945万元，同比增长131.92%；其中，实现利润1858元，同比增长1.81%。烟叶单产比上年提高322公斤，烟农每亩增收160余元。

綦江县烟草专卖局（分公司）

綦江县烟草专卖局（分公司）组建于1984年，2006年8月体制改革中，公司名称由中国烟草总公司重庆市公司綦江卷烟营销中心变更为中国烟草总公司重庆市公司綦江分公司。企业资产总额3663万元，其中固定资产2391万元；员工133人，其中聘用员工53人。辖区有卷烟零售户3538户，烟叶种植户744户。

2006年，辖区完成卷烟销售13.03亿支（2.61万箱），烟叶收购328.6吨（6574担）。实现销售收入19700万元，与上年同比提高5.57%。实现税利2339万元，同比增长15.62%；其中，实现利润1699万元，同比增长24.65%。

潼南县烟草专卖局（分公司）

潼南烟草专卖局（分公司）组建于1984年，2006年8月体制改革中，公司名称由中国烟草总公司重庆市公司潼南卷烟营销中心变更为中国烟草总公司重庆市公司潼南分公司。企业资产总额1428万元，其中固定资产665.28万元；员工107人，其中，聘用员工53人。辖区有卷烟零售户2394户。

2006年，辖区完成卷烟销售8.12亿支（1.62万箱），实现销售收入10379万元，与上年同比提高8.28%。实现税利679万元，同比增长6.47%；其中，实现利润363万元，同比增长74.21%。

全年查处涉烟违法案件738起，其中，无证经营案件334起、走私烟案件1起、假冒商标卷烟案件327起、非法渠道进货案件73起，其他案件3起；罚没款8.87万元，没收卷烟24.72万支，其中，正品卷烟3.68万支、假冒卷烟21.04万支；移交公安机关治安拘留涉烟违法分子1人、刑事拘留1人，移交司法机关执行涉烟违法案件1起；全年查处案值上万元的假烟案件3起。

铜梁县烟草专卖局（分公司）

铜梁县烟草专卖局（分公司）组建于1985年，2006年8月体制改革中，公司名称由中国烟草总公司重庆市公司铜梁卷烟营销中心变更为中国烟草总公司重庆市公司铜梁分公司。企业资产总额1751万元，其中固定资产70万元；员工95人，其中聘用员工38人。辖区有卷烟零售户3134户。

2006年，辖区完成卷烟销售9.78亿支（1.96万箱），实现销售收入13925万元，与上年同比增长12.50%。实现税利1067万元，同比增长22.22%；其中，实现利润737万元，同比增长60.91%。

全年查处涉烟违法案件423起，其中，假冒卷烟108起、走私卷烟5起、未在核定地点经营案件11起、未在当地烟草专卖批发企业进货案件62起、使用违法转让许可证30起，罚没收入4万余元。

大足县烟草专卖局（分公司）

大足县烟草专卖局（分公司）组建于1984年，2006年8月体制改革中，公司名称由中国烟草总公司重庆市公司大足卷烟营销中心变更为中国烟草总公司重庆市公司大足分公司。企业资产总额2869万元，其中固定资产1734万元；员工118人，其中聘用员工26人。辖区有卷烟零售户3357户。

2006年，辖区完成卷烟销售12.15亿支（2.43万箱），实现销售收入20709万元，与上年同比增长11%。实现税利1486万元，同比增长15.46%；其中，实现利润937万元，同比增长16.69%。

全年查处涉烟违法案件560起，查获假冒卷烟9500多条，没收正品卷烟350余条，涉案金额52万元，罚没款21万元；破获符合市局二级标准的非法经营烟丝及假烟网络1个；向司法机关移送案件1起，刑事拘留涉烟违法分子3人。

2006年，县局（分公司）被评为“重庆市厂务公开合格单位”。李洁获“全国优秀客户经理”称号。

荣昌县烟草专卖局（分公司）

荣昌县烟草专卖局（分公司）组建于1984年，2006年8月体制改革中，公司名称由中国烟草总公司重庆市公司荣昌卷烟营销中心变更为中国烟草总公司重庆市公司荣昌分公司。企业资产总额2315万元，其中固定资产453.66万元；员工107人，其中聘用员工46人。辖区有卷烟零售户1729户。

2006年，辖区完成卷烟销售11.12亿支（2.22万箱），实现销售收入15960万元，与上年同比增长15.92%。实现税利1394万元，同比增长44.79%；其中，实现利润934万元，同比增长66.73%。

璧山县烟草专卖局（分公司）

璧山县烟草专卖局（分公司）组建于1984年，2006年8月体制改革中，公司名称由中国烟草总公司重庆市公司璧山卷烟营销中心变更为中国烟草总公司重庆市公司璧山分公司。企业资产总额2596万元，其中固定资产1054万元；员工98人，其中，聘用员工39人。辖区有卷烟零售户2117户。

2006年，辖区完成卷烟销售10亿支（2万箱），实现销售收入16669万元，与上年同比增长9.4%。实现税利1535万元，同比增长18.26%；其中实现利润1024万元，同比增长23.37%。

全年查处涉烟违法案件378件，没收各种假冒卷烟471.6条，罚没款3.22万元。

梁平县烟草专卖局（分公司）

重庆市梁平县烟草专卖局（分公司）组建于1984年，2006年8月体制改革中，公司名称由重庆市烟草公司梁平县公司变更为中国烟草总公司重庆市公司梁平分公司。企业资产总额1318万元，固定资产净值508万元、原值821万元；员工159人，其中聘用员工32人。辖区有卷烟零售户2641户。

2006年，辖区完成卷烟销售9.14亿支（1.83万箱），实现销售收入11982万元，与上年同比增长14.12%。实现税利1835万元，同比增长143.68%；其中，实现利润274万元，同比增长77.06%。

城口县烟草专卖局（分公司）

城口县烟草专卖局（分公司）组建于1984年，2006年8月体制改革中，公司名称由重庆市烟草公司城口县公司变更为中国烟草总公司重庆市公司城口分公司。企业资产总额1487万元，其中固定资产807万元；员工54人，其中聘用员工18人。辖区有卷烟零售户1318户。

2006年，辖区完成卷烟销售2.50亿支（0.51万箱），实现销售收入4788万元，与上年同比增长18%。实现税利842万元，同比下降6.44%；其中，实现利润404万元，同比下降19.2%。

丰都县烟草专卖局（分公司）

丰都县烟草专卖局（分公司）组建于1983年，2006年8月体制改革中，公司名称由重庆市烟草公司丰都县公司变更为中国烟草总公司重庆市公司丰都分公司。企业资产总额8603万元，其中固定资产4201万元；员工272人（含退休33人、内退9人），其中聘用员工116人。辖区有卷烟零售户2766户，烟叶种植户2294户。

2006年，辖区完成卷烟销售7.07亿支（1.42万箱），烟叶收购0.3万吨（6.1万担），实现销售收入11575万元，与上年同比增长8.7%。实现税利2372万元，同比增长20.47%；其中，实现利润1102万元，同比增长22.05%。

坚持科技兴烟，实现“5个100%”突破，即：100%的良种化、100%的漂浮育苗、100%的地膜种植、100%的肥料配套、100%的打项抹芽。

全年查处各类涉烟违法案件418起，其中销售假烟、走私烟案件29件。破获“12·11”贩假网络大案，查获假冒卷烟案值30余万元，初步涉案金额70余万元，移交公安、司法机关刑事拘留7人，其中批捕2人。

垫江县烟草专卖局（分公司）

垫江县烟草专卖局（分公司）组建于1983年12月，2006年8月体制改革中，公司名称由重庆市烟草公司垫江县公司变更为中国烟草总公司重庆市公司垫江分公司。企业资产总额2190万元，其中固定资产1027万元；员工120人，其中聘用员工23人。辖区有卷烟零售户2794户。

2006年，辖区完成卷烟销售8.68亿支（1.74万箱），实现销售收入12856万元，与上年同比增长15.7%。实现税利937万元，同比增长141.9%；其中，实现利润420万元，同比增长22倍。

全年三项费用预算总额1875万元，实际执行总额1811万元，比预算减少64万元，预算执行率为97%。

彻底解决劳动用工历史遗留问题。县局（分公司）按照市局（公司）劳动用工管理相关规定，对15名临时送货员、搬运工、配货员的基础档案和原始资料进行了收集、调查、复制、整理，在充分协商的基础上，依法终止了15名临时用工的劳务关系，一次性补发经济补偿金57000元，妥善解决了几年来一直悬而未解的历史遗留问题。

全年查获各类违法烟案1037起，案值107.14万元，其中，查获无证经营卷烟案629起、销售假冒卷烟案180起、非法渠道进货案20起，处罚没款11.6万元。

武隆县烟草专卖局（分公司）

武隆县烟草专卖局（分公司）组建于1983年，2006年8月改制，公司名称由重庆市烟草公司武隆县公司变更为中国烟草总公司重庆市公司武隆分公司，机关设12个科室。企业拥有资产总额14932万元，固定资产原值9735万元、净值6283万元；员工378人，其中聘用员工195人。辖区有卷烟零售户2469户，烟叶种植户8469户。

2006年，辖区完成卷烟销售5.47亿支（1.09万箱），烟叶收购0.82万吨（16.4万担），实现销售收入25000万元。实现税利2661.39万元（不含烟叶税1308万元），其中实现利润1270万元。

忠县烟草专卖局（分公司）

忠县烟草专卖局（分公司）组建于1984年5月，2006年8月体制改革中，公司名称由重庆市烟草公司忠县公司变更为中国烟草总公司重庆市公司忠县分公司。企业资产总额1873万元；员工209人，其中聘用员工23人。辖区有卷烟零售户2961户。

2006年，辖区完成卷烟销售8.06亿支（1.61万箱），实现销售收入10638万元（不含税），与上年同比增长7.4%。实现税利1107万元，同比增长47.6%；其中，实现利润498万元，同比增长66%。

开县烟草专卖局（分公司）

开县烟草专卖局（分公司）组建于1984年，2006年8月体制改革中，公司名称由重庆市烟草公司开县公司变更为中国烟草总公司重庆市公司开县分公司。企业资产总额5657万元，其中固定资产2081万元；员工165人，其中聘用员工67人。辖区有卷烟零售户4182户。

2006年，辖区完成卷烟销售13.09亿支（2.62万箱），实现销售收入20617.74万元，与上年同比增长18.75%。实现税利2397万元，同比增长40.24%；其中，实现利润1631万元，同比增长53.49%。

云阳县烟草专卖局（分公司）

云阳县烟草专卖局（分公司）组建于1984年，2006年8月体制改革中，公司名称由重庆市烟草公司云阳县公司变更为中国烟草总公司重庆市公司云阳分公司。企业资产总额3198万元，其中固定资产1980万元；员工155人，其中聘用工33人。辖区有卷烟零售户3884户，烟叶种植户2560户。

2006年，辖区完成卷烟销售9.70亿支（1.94万箱），烟叶收购0.06万吨（1.26万担）。实现销售收入17035万元，与上年同比增长10.21%。实现税利1141万元，其中实现利润362万元。

奉节县烟草专卖局（分公司）

奉节县烟草专卖局（分公司）组建于1984年，2006年8月体制改革中，公司名称由重庆市烟草公司奉节县公司变更为中国烟草总公司重庆市公司奉节分公司。企业资产总额9056万元，其中固定资产3019万元；员工325人，其中聘用员工135人。辖区有卷烟零售户2729户，烟叶种植户7374户。

2006年，辖区完成卷烟销售9.85亿支（1.97万箱），烟叶收购0.43万吨（8.63万担）。实现销售收入24393万元，与上年同比增长16.7%。实现税利2723万元，同比增长59.73%；其中，实现利润1910万元，同比增长108.3%。

2006年，县局（分公司）实施烟水配套工程4000亩，建蓄水池40000方，新建智能烤房250个，新建热风循环式烤房898个，改建烤房1028个，新建供热式晾房61座，新建标准化晾房286座，投入资金达千万余元。采取烟农自筹40%、公司补贴30%、农业局补贴30%的筹资方式，推广16台小型微耕机。

全年查处涉烟违法案件247起，案值40.4万元，罚没收入16.1万元。其中，查获违法假烟案件64起，案值10.05万元，罚没款9.33万元；查获烟叶违法案件17起，查获烟叶14676公斤，案值4.33万元；取缔无证户200余户，下达责令改正通知书600余份。

巫山县烟草专卖局（分公司）

巫山县烟草专卖局（分公司）组建于1984年，2006年8月体制改革中，公司名称由重庆市烟草公司巫山县公司变更为中国烟草总公司重庆市公司巫山分公司。企业资产总额18774万元，其中固定资产6368万元；员工418人，其中聘用员工244人。辖区有卷烟零售户2340户，烟叶种植户12140户。

2006年，辖区完成卷烟销售7.38亿支（1.48万箱），烟叶收购0.98万吨（19.5万担）；实现销售收入31964万元，同比增长7.6%。实现税利7209万元，同比增长133.68%；其中，实现利润3303万元，同比增长67.84%。

巫溪县烟草专卖局（分公司）

巫溪县烟草专卖局（分公司）组建于1984年，

2006年8月体制改革中，公司名称由重庆市烟草公司巫溪县公司变更为中国烟草总公司重庆市公司巫溪分公司。企业资产总额6205万元，员工158人，其中聘用员工92人。辖区有卷烟零售户1613户，烟叶种植户2941户。

2006年，辖区完成卷烟销售4.42亿支（0.88万箱），烟叶收购0.29万吨（4.77万担），实现销售收入14600万元，同比提高18.48%，实现税利4015万元，同比增长43.5%，其中，实现利润2169万元，同比增长5.6%。

石柱土家族自治县烟草专卖局（分公司）

石柱土家族自治县烟草专卖局（分公司）组建于1983年，2006年8月体制改革中，公司名称由重庆市烟草公司石柱县公司变更为中国烟草总公司重庆市公司石柱分公司。企业资产总额8858万元，其中固定资产2130元；员工277人，其中聘用员工108人。辖区有卷烟零售户1570户，烟叶种植户4523户。

2006年，辖区完成卷烟销售5.1亿支（1.02万箱），烟叶收购0.5万吨（9.93万担），实现销售收入17000万元，同比提高17%。实现税利2620元，其中，实现利润1634元，同比增长5.42%。

全年查处各类涉烟违法案件214件，其中，无证经营案件130件、销售假冒卷烟案件75件、无证运输案件2件、其他案件7件，缴获假冒伪劣卷烟7859条，摧毁1个假烟销售网络；涉烟违法案件总案值37.8万元，移交公安、司法机关刑事拘留1人，烟叶案件判刑3人。

2006年，县局（分公司）被市文明委授予“市级精神文明先进单位”、“市级文明小区”荣誉称号；被市总工会授予“市级模范员工之家”的荣誉称号。

秀山土家族苗族自治县烟草专卖局（分公司）

秀山县烟草专卖局（分公司）组建于1983年9月，2006年8月体制改革中，公司名称由重庆市烟草公司秀山县公司变更中国烟草总公司重庆市公司秀山分公司。企业资产总额6400万元，其中固定资产2100万元；员工181人，其中聘用员工72人。辖区有卷烟零售户1669户，烟叶种植户2840户。

2006年，辖区完成卷烟销售6.5亿支（1.3万箱），烟叶收购0.16万吨（3.2万担），实现销售收入17079万元，同比增长6.36%，实现税利2551万元，同比增长64.47%，其中，实现利润1140万元，同比增长20.76%。

全年查处涉烟违法案件75起，总案值33.58万元，向公安、司法机关移交涉烟违法犯罪分子4人，其中判刑2人。

县局（分公司）的党建、计生、综治、消防工作保持“县级先进单位”称号，爱国卫生工作保持“市级先进单位”称号，工会获“市级模范职工之家”称号。

酉阳土家族苗族自治县烟草专卖局（分公司）

酉阳土家族苗族自治县烟草专卖局（分公司）组建于1984年，2006年8月体制改革中，公司名称由重庆市烟草公司酉阳县公司变更为中国烟草总公司重庆市公司酉阳分公司。企业资产总额15642万元，固定资产3334万元，员工305人，其中聘用员工187人。辖区有卷烟零售户2284户，烟叶种植户79495户。

2006年，辖区完成卷烟销售6.41亿支（1.28万箱），烟叶收购1万吨（20万担）。实现销售收入28769万元，与上年同比增长22.82%。实现税利6333万元，同比增长15.90%；其中，实现利润3114万元，同比增长27.01%。

烟水配套工程投资总额1368.4万元，修建水池784个，容量114200立方米；铺设管网240千米，修建沟渠72000米，覆盖面积11000亩。

全年出动执法检查700人次、400车次，查处涉烟违法案件336起，没收假烟596条，收缴罚没款68523元，市场净化率98%。

彭水苗族土家族自治县烟草专卖局（分公司）

彭水苗族土家族自治县烟草专卖局（分公司）组建于1983年，2006年8月体制改革中，公司名称由重庆市烟草公司彭水县公司变更为中国烟草总公司重庆市公司彭水分公司。企业资产总额23409万元，固定资产4119万元；员工551人，其中聘用员工363人。辖区有卷烟零售户1762户，烟叶种植户16563户。

2006年，辖区完成卷烟销售6.18亿支（1.24万箱），烟叶收购1.4万吨（27.9万担），实现销售收入37603万元，同比减少10.26%。实现税利4202万元，其中实现利润2643万元。

全县修建水池452个，总蓄水引水量201635立方米；受益农户6626户，受益人口26504人。全县落实34个种烟乡镇、188个村、861个组、720个合作社、16563户种植烤烟，签订烤烟合同面积11.64万亩。

2006年重庆市烟草商业系统主要情况统计

区、县局（公司）名称		万州区烟草专卖局（分公司）	黔江区烟草专卖局（分公司）	涪陵区烟草专卖局（分公司）	渝中区烟草专卖局（分公司）	大渡口区烟草专卖局（分公司）
主要负责人/主要负责人		向世涛（-2006.3）梁世万（2006.3-）	谢会川	陈中玉（-2006.4）蔡世全（2006.4）	王　今	段承明
总资产（万元）		10500	17350	11062	7062	1755
员工总数（其中聘用员工数）（人）		728（其中聘用员工138人）	533（其中聘用员工223人）	332（其中聘用员工150人）	105（其中聘用员工4人）	54（其中聘用员工11人）
所属县级局数量（个）		/	/	/	/	/
所属县级公司数量（个）		/	/	/	/	/
所属营销部（分公司、访销中心、烟叶复烤厂、稽查大队等）		1个客户服务部、1个区域电订部、1个配送部、7个稽查中队	1个客户服务部、1个区域电订部、1个配送部、1个稽查中队	1个客户服务部、5个稽查中队	1个客户服务部、2个稽查中队	1个客户服务部、3个稽查中队
销售卷烟（亿支）		20.85	6.29	16.11	16.00	6.35
实现税利（万元）	本年	2700	3360	3672	8705	1801
	上年	2104	4219	3123	6068	1459
实现利润（万元）	本年	1245	3181	2523	6903	1371
	上年	820	3141	2033	4648	1091
烟叶种植（亩）		11093	78653	11363	/	/
烟叶收购（担）		38500	190000	24500	/	/
零售户数（户）		7165	1925	3902	2733	1008

区、县局（公司）名称		江北区烟草专卖局（分公司）	沙坪坝区烟草专卖（分公司）	九龙坡区烟草专卖（分公司）	南岸区烟草专卖局（分公司）	北碚区烟草专卖局（分公司）
主要负责人/主要负责人		郭　敏	黄在春	戴吉云	黄健雄	谷　华
总资产（万元）		5037	4442	6085	5224	2903
员工总数（其中聘用员工数）（人）		108（其中聘用员工10人）	115（其中聘用员工17人）	128（其中聘用员工12人）	149（其中聘用员工11人）	125（其中聘用员工31人）
所属县级局数量（个）		/	/	/	/	/
所属县级公司数量（个）		/	/	/	/	/
所属营销部（分公司、访销中心、烟叶复烤厂、稽查大队等）		1个客户服务部、4个稽查中队	1个客户服务部、3个稽查中队	1个客户服务部、3个稽查中队	1个客户服务部、6个稽查中队	1个客户服务部、3个稽查中队
销售卷烟（亿支）		14.92	19.39	20.79	15.92	12.88
实现税利（万元）	本年	5109	6763	7150	6586	3305
	上年	3612	5931	5961	4160	2846
实现利润（万元）	本年	3847	5398	5565	3857	2487
	上年	2625	4602	4743	3028	2112
烟叶种植（亩）		/	/	/	/	/
烟叶收购（担）		/	/	/	/	/
零售户数（户）		2192	2780	3826	2366	3036

区、县局（公司）名称		万盛区烟草专卖局（分公司）	渝北区烟草专卖局（分公司）	巴南区烟草专卖局（分公司）	长寿区烟草专卖局（分公司）	江津市烟草专卖局（分公司）
主要负责人/主要负责人		徐　建	蒲志奇	田　松	余小林（－2006.4） 张　旭（2006.4－）	李长中
总资产（万元）		1333	4766	3628	2428	4882
员工总数（其中聘用员工数）（人）		54（其中聘用员工17人）	138（其中聘用员工37人）	110（其中聘用员工36人）	123（其中聘用员工53人）	183（其中聘用员工61人）
所属县级局数量（个）		/	/	/	/	/
所属县级公司数量（个）		/	/	/	/	/
所属营销部（分公司、访销中心、烟叶复烤厂、稽查大队等）		1个客户服务部、2个稽查中队	1个客户服务部、7个稽查中队	1个客户服务部、4个稽查中队	1个客户服务部、5个稽查中队	1个客户服务部、11个稽查中队
销售卷烟（亿支）		5.06	23.80	16.38	11.41	17.90
实现税利（万元）	本年	860	7685	3272	1500	2589
	上年	739	5911	2744	－1827（消化潜亏）	1599
实现利润（万元）	本年	581	5951	2308	924	1746
	上年	483	4436	1859	－2334（消化潜亏）	905
烟叶种植（亩）		/	/	/	/	/
烟叶收购（担）		/	/	/	/	/
零售户数（户）		1096	4324	3100	3229	3619

区、县局（公司）名称		合川市烟草专卖局（分公司）	永川市烟草专卖局（分公司）	南川市烟草专卖局（分公司）	綦江县烟草专卖局（分公司）	潼南县烟草专卖局（分公司）
主要负责人/主要负责人		窦梓铭	肖中华	张建华	张琼华	李兴奇（－2006.4） 刘　伟（2006.4－）
总资产（万元）		2634	3153	7488	3663	1428
员工总数（其中聘用员工数）（人）		109（其中聘用员工13人）	148（其中聘用员工30人）	209（其中聘用员工122人）	133（其中聘用员工53人）	107（其中聘用员工53人）
所属县级局数量（个）		/	/	/	/	/
所属县级公司数量（个）		/	/	/	/	/
所属营销部（分公司、访销中心、烟叶复烤厂、稽查大队等）		1个客户服务部、9个稽查中队	1个客户服务部、6个稽查中队	1个客户服务部、6个稽查中队	1个客户服务部、5个稽查中队	1个客户服务部、4个稽查中队
销售卷烟（亿支）		18.09	15.61	9.25	13.03	8.12
实现税利（万元）	本年	2376	2150	3945	2339	679
	上年	2400	1720	1701	2023	638
实现利润（万元）	本年	1643	1377	1858	1699	363
	上年	1700	1018	1825	1363	208
烟叶种植（亩）		/	/	20000	4300	/
烟叶收购（担）		/	/	34100	6600	/
零售户数（户）		5132	3562	2418	3538	2394

区、县局（分公司）名称		铜梁县烟草专卖局（分公司）	大足县烟草专卖局（分公司）	荣昌县烟草专卖局（分公司）	璧山县烟草专卖局（分公司）	梁平县烟草专卖局（分公司）
主要负责人/主要负责人		张胜华	张吉富（-2006.3） 赵　飞（2006.3-）	蔡世全（-2006.4） 范　涛（2006.4-）	楚　鹰	张　旭（-2006.4） 李锦福（2006.4-）
总资产（万元）		1751	2869	2315	2596	1318
员工总数（其中聘用员工数）（人）		95（其中聘用员工38人）	118（其中聘用员工26人）	107（其中聘用员工46人）	98（其中聘用员工39人）	159（其中聘用员工32人）
所属县级局数量（个）		/	/	/	/	/
所属县级公司数量（个）		/	/	/	/	/
所属营销部（分公司、访销中心、烟叶复烤厂、稽查大队等）		1个客户服务部、4个稽查中队	1个客户服务部、6个稽查中队	1个客户服务部、2个稽查中队	1个客户服务部、3个稽查中队	1个客户服务部、5个稽查中队
销售卷烟（亿支）		9.78	12.15	11.12	10.00	9.14
实现税利（万元）	本年	1067	1486	1394	1535	1835
	上年	873	1287	963	1298	753
实现利润（万元）	本年	737	937	934	1024	274
	上年	458	803	560	830	155
烟叶种植（亩）		/	/	/	/	/
烟叶收购（担）		/	/	/	/	/
零售户数（户）		2976	3357	1729	2117	2641

区、县局（分公司）名称		城口县烟草专卖局（分公司）	丰都县烟草专卖局（分公司）	垫江县烟草专卖局（分公司）	武隆县烟草专卖局（分公司）	忠县烟草专卖局（分公司）
主要负责人/主要负责人		夏刚东	刘　劲	程念民	肖鹏程	何汝成
总资产（万元）		1487	8603	2190	14932	1873
员工总数（其中聘用员工数）（人）		54（其中聘用员工18人）	272（其中聘用员工116人）	120（其中聘用员工23人）	378（其中聘用员工105人）	209（其中聘用员工23人）
所属县级局数量（个）		/	/	/	/	/
所属县级公司数量（个）		/	/	/	/	/
所属营销部（分公司、访销中心、烟叶复烤厂、稽查大队等）		1个客户服务部、1个稽查中队	1个客户服务部、6个稽查中队	1个客户服务部、6个稽查中队	1个客户服务部、5个稽查中队	1个客户服务部、10个稽查中队
销售卷烟（亿支）		2.50	7.07	8.68	5.47	8.06
实现税利（万元）	本年	842	2372	937	2661	1107
	上年	900	1969	387	4158	750
实现利润（万元）	本年	404	1102	420	1270	498
	上年	500	903	18	2437	300
烟叶种植（亩）		/	22727	/	72000	/
烟叶收购（担）		/	61000	/	164000	/
零售户数（户）		1318	2766	2794	2469	2961

区、县局（分公司）名称		开县烟草专卖局（分公司）	云阳县烟草卖局（分公司）	奉节县烟草专卖局（分公司）	巫山县烟草专卖局（分公司）	巫溪县烟草专卖局（分公司）
主要负责人/主要负责人		郤　俊	阳显春	杨洪涛	黄元奎（-2006.3） 冉庆远（2006.3-）	冉庆远（-2006.3） 李　明（2006.3-）
总资产（万元）		5657	3198	9056	18774	6205
员工总数（其中聘用员工数）（人）		165（其中聘用员工67人）	155（其中聘用员工33人）	325（其中聘用员工135人）	418（其中聘用员工244人）	158（其中聘用员工92人）
所属县级局数量（个）		/	/	/	/	/
所属县级公司数量（个）		/	/	/	/	/
所属营销部（分公司、访销中心、烟叶复烤厂、稽查大队等）		1个客户服务部、7个稽查中队	1个客户服务部、6个稽查中队	1个客户服务部、4个稽查中队	1个客户服务部、3个稽查中队	1个客户服务部、2个稽查中队
销售卷烟（亿支）		13.09	9.70	9.85	7.38	4.42
实现税利（万元）	本年	2397	1141	2723	7209	4015
	上年	1709	1209	1705	3085	2798
实现利润（万元）	本年	1631	362	1910	3303	2169
	上年	1063	559	917	1968	2054
烟叶种植（亩）		3484	4468	30623	53830	18000
烟叶收购（担）		4400	12600	86300	195000	47700
零售户数（户）		4182	3884	2729	2340	1613

区、县局（分公司）名称		石柱土家族自治县烟草专卖局（分公司）	秀山土家族苗族自治县烟草专卖局（分公司）	酉阳土家族苗族自治县烟草专卖局（分公司）	彭水苗族土家族自治县烟草专卖局（分公司）
主要负责人/主要负责人		罗晓庆	何明川	刘　晗（-2006.5） 谢　静（2006.5-）	江　波
总资产（万元）		8858	6400	15642	23409
员工总数（其中聘用员工数）（人）		227（其中聘用员工108人）	181（其中聘用员工72人）	305（其中聘用员工187人）	551（其中聘用员工363人）
所属县级局数量（个）		/	/	/	/
所属县级公司数量（个）		/	/	/	/
所属营销部（分公司、访销中心、烟叶复烤厂、稽查大队等）		1个客户服务部、3个稽查中队	1个客户服务部、3个稽查中队	1个客户服务部、3个稽查中队	1个客户服务部、10个稽查中队
销售卷烟（亿支）		5.10	6.50	6.41	6.18
实现税利（万元）	本年	2620	2551	6333	4202
	上年	2824	1551	5464	9022
实现利润（万元）	本年	1634	1140	3114	2643
	上年	1550	944	2452	5420
烟叶种植（亩）		44000	15403	79495	116430
烟叶收购（担）		99300	32100	199900	279000
零售户数（户）		1570	1669	2284	1762

（赵国平）

四川烟草

四川省烟草专卖局（公司）

概　况

四川省简称“川”或“蜀”，省会成都。位于长江上游，面积48.5万平方公里。人口8169万人，有汉、彝、藏、羌等50余个民族。2006年全省实现地区生产总值（GDP）8638亿元。

四川省烟草专卖局（公司）成立于1983年2月，1984年7月整体上划国家烟草专卖局、中国烟草总公司。截至2006年底，省局（公司）下辖22个市、州烟草专卖局（公司），163个县（市、区）局（营销部）。全省烟草行业有员工12253人（其中聘用员工5666人），离退休人员2784人。

2006年，省局（公司）被中华慈善总会授予“中华慈善事业突出贡献奖”，机关离退休人员第一党支部被国家局党组授予“全国烟草行业先进离退休干部党支部”荣誉称号。

领导成员

局长、总经理、党组书记：龚锦华

副总经理、党组成员：伍勤江

副局长、党组成员：杨永法

副总经理、党组成员：陈　霖

纪检组长、党组成员：黄晋南

党组成员：胡存忠

总会计师：石　磊

副巡视员：董兴顺

副巡视员：胡志清

组织机构

省局（公司）设有办公室（外事办）、综合计划处（经济运行处）、安全保卫处、专卖稽查管理处（稽查总队）、法规处、财务管理处（国有资产管理处）、审计处、人事劳资处、监察处（与党组纪检合署办公）、思想政治工作处（机关党委、工会）、科技处（与烟草质量监督检测站合署办公）、卷烟经营管理部、烟叶生产经营管理部、经济信息中心、资金管理中心、烟草经济秩序整顿办公室、离退休人员管理办公室、机关后勤服务管理中心、烟草职工教育培训中心（职业技能鉴定站）、省烟草学会办公室20个职能处室和中国烟草四川进出口有限责任公司。

经济效益

2006年，全省行业销售卷烟1051.65亿支（210.33万箱），与上年同比增长4.24%，其中，销售一类烟73.45亿支（14.69万箱），同比增长39.47%；二类烟162.7亿支（32.54万箱），同比增长35.97%；三类烟582.2亿支（116.44万箱），同比增长24.67%；四类烟187.1亿支（37.42万箱），同比下降42.50%；五类烟45.8亿支（9.16万箱），同比增长3.58%。全省“百牌号”卷烟累计销售951.1亿支（190.22万箱），占销售总量的90.44%，同比增长9.13%。全省名优卷烟累计销售547.85亿支（109.57万箱），占销售总量的52.09%，同比增长34.71%。

2006年，全省烟草行业实现“两烟”税利51.07亿元，与上年同比增长60.95%。其中烟叶实现税利11.99亿元；卷烟实现税利39.08亿元，同比增长48.27%。实现“两烟”利润36.81亿元，其中，烟叶实现利润7.05亿元、卷烟实现利润29.76亿元。

专卖管理

县级局执法主体建设。2006年，省局（公司）选择了纯卷烟经营单位的绵阳市局（公司）和“两烟”生产经营单位的广元市局（公司）作为县级局执法主体建设试点单位，推进专卖基层队伍建设。两个试点单位成立以局长为组长，分管领导为副组长，相关职能科室负责人为成员的县级文明规范执法主体建设试点工作领导小组，提出构建“文明”、“规范”的县级专卖执法主体的两大“理念”，形成“专业执法，规范管理”的专卖管理模式，建立和完善以关键业绩指标和工作质量标准为主要内容的专卖管理绩效考核体系，通过试点工作，一般案件查处率比往年同期有大幅度提升，部分单位上升88.7%；市场净化率提升3.37%~4.45%，市场控制力得到增强。

卷烟打假。省局（公司）制订《2006年打击制售假烟网络工作方案》，下发《四川省烟草专卖局关于进一步加强打击制售假烟网络工作的通知》，明确网络案件的界定标准及责任落实，划分出100万元以上、50万元~100万元、30万元~50万元的三类网络案件界定标准；明确奖励和惩戒机制，把打击制售假烟网络纳入考核，把责任和任务分解到人。注重与公安机关协作，建立健全“协调联动、信息共享、案件经营”三项制度。

2006年，全省行业出动打假人员228176人次，查处涉烟违法案件14307起，捣毁制假窝点75个，查获大型制假烟机13台、假冒卷烟38184万支、贩藏假烟窝点190个，移交公安、司法机关拘留制售假烟违法人员309人，其中，逮捕86人、判刑52人。全年破获制售假烟网络案件38起，其中，100万元以上网络案件20起，50万元~100万元的网络案件10起，30万元~50万元案件8起；捣毁生产窝点23个、分销假烟网点899个，查获各类假烟8102万支，抓获和锁定违法犯罪嫌疑人779人，涉案金额5010万元。

网络建设

“三集中”营销模式。2006年，省局（公司）在上年开创并完成“呼叫集中、配送集中、营销集中”的“三集中”网络营销新模式在全省的推广任务的基础上，继续整体推进，全面提升，全省行业将边远山区的农村卷烟零售客户纳入销售网络，有效扩大了卷烟销售网络的覆盖面，提高了农村市场占有率。按照“打破区划限制、整体规划市场、高效顺畅运转”的原则，发展专业化物流配送体系，内部物流资源由分散到统一，全面实现物流资源的优化配置，在22个市、州辖区形成全方位开放式的大市场。

在“三集中”的营销模式下，各个市场主体集中掌控订单权、配送权和营销权，对卷烟经营管理工作做到“八个统一”：营销统一规划，货源统一调拨，卷烟统一分配，订单统一采集，物流统一配送，货款统一回笼，人员统一管理，绩效统一考评，市场主体多元化的问题得到彻底解决，增添了规范管理的有效措施。“三集中”改革减少了管理层次和经营环节，市、州公司作为市场营销主体，对零售客户垂直进行电话订货、货源分配和卷烟配送，商流、物流、信息流在市、州公司实现三线分离，独立运作，相互制约，从业务流程上杜绝不规范的经营行为，加快现代管理企业的发展步伐。

规范网建业务流程。全省各单位按照效率最高、利益最佳、服务最优的“三最”网建目标，整合市场资源，优化资源配置，提高对市场资源的统一调控和综合利用能力。重新设定和建成“三大主流程”和“九大子流程”（即商流：调、销、存流程；物流：仓储、配货、送货、退货流程；资金流：货款现金结算、电子结算流程）。2006年，全省入网销售率100%，电话订货率95%，电话订货成功率96.6%，市、州公司所在地城区电子结算率75.27%。各单位把“呼叫集中”作为集中市场资源、挖掘市场潜力的重要手段，通过集中电话订货，保证市场资源的统一掌控和充分利用。

合理配置网建资源。2006年，全省行业撤销167个县级呼叫中心，减少电话订货员136名，设立22个市级呼叫中心；整合物流配送点139个，建立22个物流中心，促进营销模式的根本转变。进一步整合经营资源，全省在2005年减少1700人的基础上，又精减营销人员316人，人均实物劳动生产率提高7.4%。省公司彻底退出“两烟”和多元化经营，各市、州公司真正形成以地市级公司为营销主体的市场运作格局和全省统一、完善的卷烟销售网络体系，主动适应市场、面对消费者，主动出击市场、服务消费者，全省行业客户满意度85%。

烟叶产销

烟叶基础设施建设。2006年，省局（公司）先后制订《四川省烟叶生产基础设施建设总体规划》、《四川省烟叶生产基础设施建设档案管理办法》、《四川省烟叶生产基础设施建设工程验收办法（试行）》等一系列烟叶基础设施建设的制度，抓好烟叶基础设施建设工作的规范运行和监督检查，加强从规划、设计、施工、资金使用到工程项目质量验收全过程的监督检查。全年投入烟叶基础设施建设资金6.37亿元，建成小水窖133034口、水池17714口、沟渠968.812千米、管网2268.88千米，整治小塘坝330处；灌溉面积49.59万亩，受益农户79612户。

实用技术推广。完善以烟为主的耕作制度，加大先进实用技术的标准化配套推广，推行绿肥种植、秸秆还田和农家肥菌剂促腐技术。抓常规实用技术标准化配套应用，推行集中商品化育苗和漂浮育苗，绿肥种植和秸秆还田面积63.2万亩。全省实行统一供种、统一育苗、统一管理，统一供应“四个统一”的育苗方式，集中育苗面积100%，漂浮育苗可移栽面积76.11万亩，占计划面积的89.8%，商品化供苗比例达85.52%。加强烟叶科研工作，参与完成国家重点科技项目“金攀西”优质烟叶开发课题总结工作。

烟叶技术骨干培训。2006年，省局（公司）加强基层烟叶技术骨干的技术和管理培训，聘请专家、举办各种培训班，参加培训300余人次；组织全省烤烟国标培训4次，培训375人次；开展首届全省烟草商业烟叶分级骨干技能竞赛和分级技能鉴定。各个产区组织开展技术和职业培训350余次，受训人员15万余人。

烟叶种植与收购。2006年，省局（公司）烟叶工作以“重心下移、着眼基层、突出服务、加强基础”为重点，克服前期低温阴雨、中后期特大伏旱等自然灾害影响，保持烟叶稳定生产。全年签订烤烟种植合同16.31万份，种植烤烟84.96万亩，种植白肋烟2.2万亩；收购烤烟14.59万吨（291.78万担）（其中28万担抵扣2007年计划），上等烟比例37.89%、中等烟比例46.01%、下等烟比例15.65%、级外烟比例0.44%，均价9.7元/公斤。

体制改革

2006年，省局（公司）进一步理顺资产关系，切实转变职能，加强资产经营管理，确保国有资产保值增值。在管理模式上，构建“一个中心两个主体”的管理新模式，把省局（公司）打造成为科学高效的管理监督中心，市级公司建设成为充满生机活力的市场经营主体，县级局建设成为严格文明的专卖执法主体；在主体建设上，在绵阳、广元市局（公司）进行“两个主体”建设试点工作，各市、州局（公司）按照“集团化管理，专业化分工，市场化运作，精细化提升”的思路，形成分工明确、流程顺畅的运行模式。

人事与劳资

人力资源管理。将成都市局（公司）作为人力资源管理改革试点单位，构建“职责明确、人岗匹配”的岗位管理制度、“以岗定薪、同工同酬”的分配制度，“身份统一、规范有序”的劳动管理制度，“科学合理、覆盖全面”的绩效管理四大制度体系。在试点单位完成绩效考核、薪酬管理和岗位管理等模块的开发运用工作，收集导入全省行业员工的基础数据，并对省局（公司）机关薪酬模块进行正式运行。出台《一线员工岗位管理办法》、《部分岗位实行轮岗交流办法》等10余项制度，修改下发10万余字的《人力资源管理作业指导书》。

教育培训。省局（公司）研究制订《四川省烟草商业系统教育培训工作实施办法》，加大教育培训力度，建立教育培训计划管理制度，全年受训人员5000余人次。加强职业技能鉴定工作，组织完成卷烟商品营销员、汽车驾驶员、烟叶分级工、计算机网络管理员4个工种1955名员工的技能培训和鉴定，鉴定合格率51%，其中职业技能鉴定工作连续4年被国家局评为先进。开展第一届烟叶分级职业技能竞赛，组织300名烟叶分级工参加。

企业管理

深化“管理年”活动。2006年，省局（公司）在上年“管理年”活动的基础上，将“管理年”研究成果转化为现实生产力，提高烟草资源的配置效率，构建“科学管理、民主管理、依法管理”的现代管理模式。省局（公司）各部门、各市、州局（公司）全面把握企业文化建设、卷烟营销管理、烟叶生产经营管理、人力资源管理、财务管理、审计管理、信息化建设管理、ISO9001质量管理体系八大工作模块的核心思想与主要内容，结合工作实际进一步修订完善模块成果。按照“统一领导、自上而下、分类实施”的原则，分别采取“整体推进、全面实施”、“全面推广、重点指导”、“先行试点、分步实施”三种方法有序推进各模块的具体实施。

质量管理体系认证。全面导入ISO9001质量管理体系，在全省范围内统一制定和发布质量管理体系文件，组织11个作业指导书的试运行工作，分地区、分阶段、分层次开展质量管理培训，内容涉及ISO9001国际质量管理体系标准、质量管理的基本原则和原理、质量管理体系策划和实施审核的方法与技巧等，培训人员2500多人次，员工素质和企业质量管理水平全面提高，22个市、州局（公司）全部通过体系认证。

信息化建设

省局（公司）信息化工作着力信息资源整合，数据中心基本建成，实现了全省行业主要应用系统之间的数据共享，提高信息资源利用价值，加大应用系统资源整合力度。

在人力资源管理信息系统试点实施工作中，完成全省各市局（公司）人员基础信息的数据采集，实现人力资源数据的电子化；完成省公司职务职能管理、人员信息管理、薪资系统建设，满足省公司人员薪资管理核算和分析要求；完成成都市局（公司）组织（岗位体系）、人员、薪酬、绩效管理的实际运行，实现主要管理流程的电子化。

启动全省办公自动化系统二期建设，打造全省行业电子政务平台。12月中旬完成德阳、资阳的试点工作，全面完成二期外事、安全、计算机资源、短信平台以及邮件系统试点应用。

配合全省行业其他重点工程完成“烟草行业打码到条及订单采集”工程实施前的阶段性任务，完成成都试点建设方案及设备采购、安装等前期工作。上半年正式启动行业数据中心系统，完成省市两级数据交换平台的总体方案、功能测试和试点运用，对全省卷烟营销数据进行初步集中和验证，完成辅助决策系统经济运行、企业竞争能力评价、实时商情、进销存等营销主题的开发和试运行，初步建立全省行业数据中心平台和辅助决策分析体系。加强烟叶信息系统的应用水平，完成烟技员手持数据采集与记录终端设备（PDA）的推广和应用，实现基础数据采集前移；实施电子化收购机系统，促进烟叶生产收购的电子化管理。

加强网络与信息安全体系建设。启动全省统一的信息资产管理、补丁分发和桌面安全管理系统的试点建设，初步实现信息资产的自动采集和统计；统一实施计算机网络与机房设备防雷工程建设，严格执行国家局机房建设相关标准和规范；配合国家局完成相关业务系统向行业地面通信骨干网的移植，保证各单位计算机网络的互联互通。

内部管理监督

2006年2月，省局（公司）制订并下发《关于开展行业内部专卖管理监督检查的通知》，通过学习动员、企业自查、省局复查、内管检查“回头看”四个阶段，对全省行业内33家工商企业2005年以来的“两烟”生产经营业务进行全面的专卖内管检查。通过企业自查和省局复查，处理违规违纪责任人247人。

省局（公司）把内部监管长效机制的建立作为解决行业注重自律、提高效率问题的根本，先后制订并下发《关于进一步加强行业内部专卖管理监督自查工作的通知》等专卖内管文件13份，建立健全《内部专卖管理监督实施细则》等工作制度15项，深入全省行业企业指导和督导工作30余次。复查结束后，组织全省行业开展专卖内管检查“回头看”，行业内各单位针对突出问题，认真梳理、逐条整改，全面加强制度和机制建设，完善企业内控制度。

进出口贸易

2006年，中国烟草四川进出口有限责任公司调整为四川省烟草专卖局（公司）的子公司。全年实现进出口总值6014.72万美元，与上年同比增加680.98万美元，增长12.77%；出口创汇2761.29万美元，同比增加502.54万美元，增长22.25%；实现销售收入54019.81万元，同比增加10268.89万元，增长23.47%；实现利润4603.16万元，同比增加1125.20万元，增长32.35%。

出口烟叶12170.58吨（以片烟计算，含烟梗、烟末），同比增加1626.35吨，增长15.42%；出口卷烟5375件，进口销售卷烟17989.6件，进口销售雪茄烟3.01万支；出口卷烟纸1070.16吨，进口卷烟纸256.83吨。进口丝束7731.14吨，进口嘴棒44044.56千支，进口机械1台套。

思想政治工作

2006年，省局（公司）结合企业文化建设和“‘两个至上’在岗位”主题实践活动重点工作，把思想政治工作贯穿于生产经营中，组织“‘两个至上’在岗位”主题实践活动。全省行业广泛开展“‘两个至上’在岗位”专题演讲报告会和专题座谈会，其中，召开座谈会36场、演讲报告126份。

全省行业继续深化以“政治素质好、经营业绩好、团结协作好、作风形象好”为主要内容的创建“四好”领导班子活动，不断完善党组理论中心组学习制度，开展对党章、社会主义荣辱观、《江泽民文选》和十六届六中全会四个专题的政治学习，并邀请专家授课。省局（公司）领导成员深入基层开展调研，为基层解决困难和问题，人均下基层次数40天以上。

党风廉政建设

*构建惩防监督体系。*2006年，省局（公司）按照中纪委、省纪委和国家局纪检组的总体部署，努力构建与行业相适应的教育、制度、监督并重的惩治和预防腐败体系。制订《诫勉谈话和函询》、《加强领导班子和领导干部监督的意见》、《加强烟叶基础设施建设监督工作的意见》等27个监督管理制度。修改和完善四川烟草商业企业ISO9001：2000质量管理体系文件——《纪检监察作业指导书》，并通过ISO9001：2000质量认证。

2006年，全省行业有21个单位设立独立的纪检监察机构，举办纪检监察干部业务培训班，市州局（公司）纪检组长、监察科（处）长及业务骨干60余人接受培训。

*坚持督查制度。*对党风廉政建设和各项工作落实情况进行督导检查，组织22个市州局（公司）领导班子成员和机关20个部门主要负责人进行述职述廉，接受群众的监督和评议。对全省行业私设“小金库”和全行业879名科以上干部入股煤矿、领导干部及其配偶子女违规经商办企业情况进行专项清理，没有发现问题。坚持诫勉谈话制度，对7名新提拔的领导干部进行任前廉政谈话，对信访和案件反映的10余名县处级领导干部和3个领导班子进行集体和个别诫勉谈话，对拟提拔的3名领导干部在公示期间的信访反映及时调查核实。

*受理群众来信来访。*省局（公司）受理群众来信来访，严肃查处各类违纪违法案件，受理群众来信来访和电话举报84件（次），其中，检举控告类71件（次），反映县处级干部的17件（次），乡科级干部20件（次），一般干部23件（次）。信访初查9件，新立案9件，结案9件，15人受到党纪政纪处分。先后对3个领导班子，6名县处级干部涉及违纪违法问题进行调查核实，对两个市、县局违纪问题进行直接调查，对4起案件进行重点督办，对14个单位的案件进行协调、指导，向有关部门和领导发出责成问题说明书4份。

企业文化

2006年，省局（公司）建立健全企业文化建设领导小组，形成省局（公司）、市州局（公司）、区县局（营销部）三个层面互动的组织领导工作体系。制订下发《四川烟草企业文化建设规划和实施意见》，加大企业文化的宣传报道。组织22个市州局（公司）的政工科长分三期参加由国家局举办的企业文化建设培训班；8月举办全省烟草商业企业文化知识竞赛活动，竞赛内容包括企业文化、科学发展观等9个方面的基本知识，22个市州局（公司）参赛队进行3天7轮的预决赛。

2006年，省局（公司）按照“系统思考，集团操作，立体推进，多层构建”的工作思路，以“两个至上”行业共同价值观为指导，构建从省局（公司）到市州局（公司）到区县局（营销部）再到员工个人的企业文化建设格局。省局（公司）完善并确立“人为本、法为准、德为先”的四川烟草核心价值观，“携手客户，构建和谐并进的利益共同体”的企业使命，“以责任奉献社会、以真情回报客户、以创新超越自我”的企业精神，“不断超越，领先一步”的发展理念。各单位从实际出发，提炼内容丰富的生产经营和管理理念，建成整体联动、上下互动的四川烟草企业文化理念体系。

四川省局（公司）主要统计指标汇总

实现税利（亿元）	商业利润（亿元）	销售卷烟（亿支）	烟叶种植（万亩）	烟叶收购（万担）	出口创汇（万美元）
51.07	36.81	1051.65	87.16	291.78	2761.29

所属地市级局（公司）

成都市烟草专卖局（公司）

概　况

四川省省会成都，总面积1.21万平方公里，2006年末总人口1082万人。全市设20个区（市）县。2006年实现地区生产总值（GDP）2750亿元，与上年同比增长13.8%。

成都市烟草专卖局（公司）成立于1983年，2006年下辖19个区（市）县烟草专卖局、16个卷烟营销部和1个物流中心；在岗员工1367人，辖区有卷烟零售客户32972户。

领导成员

局长、经理、党组书记：胡存忠

副局长、纪检组长、党组成员：薛荣华

副局长，党组成员：雷　雯

副经理、党组成员：马青生

副经理、党组成员：王英杰

调研员：王崇华

组织机构

市局（机关）设有办公室、政治工作处、专卖管理处、营销中心、直属机关党委办公室、财务管理处、审计处、监察处、督察（投诉）中心、信息中心、安保卫处、行政管理处12个部门。

经济效益

2006年，全市辖区完成卷烟销售205.95亿支（41.19万箱），与上年同比增长8.2%；实现销售收入50.78亿元，同比增长25.89%。实现税利12.59亿元，同比增长38.89%；其中，上缴税金2.29亿元，同比增长43.11%；实现利润10.3亿元，同比增长37.99%。

全年销售一类烟28.24亿支（5.65万箱），同比增长37.96%；二类烟48.55亿支（9.71万箱），同比增长38.32%；三类烟111.9亿支（22.38万箱），同比增长11.74%；四类烟11.89亿支（2.38万箱），同比减少64.79%；五类烟5.37亿支（1.07万箱），同比增长436.74%。全市系统费用率降至4.14%，同比减少10.71%。全年累计销售“百牌号”卷烟205.4亿支（41.08万箱），同比增长8.3%，占总销量比重的99.7%。

专卖管理

2006年11月30日，四川省人大正式批准《成都市烟草专卖管理条例》，该条例对国家和四川省现行烟草专卖法律法规中没有涉及到的一些烟草违法行为设定了罚则，进一步明确了处罚依据。在行政许可方面，进一步明确零售许可证的申领条件，增强申办许可证的透明度，规范发证机关的行政许可行为。要求卷烟零售户亮证经营、明码标价。对烟草制品促销活动实行许可管理，规范烟草制品的促销行为，对烟草专卖执法人员的执法行为制订相关监督措施。

全年查处各类涉烟违法案件3766起，其中假烟案件1052起。查获各类违法卷烟26472件，其中假烟20387件，取缔涉及销售假烟零售店226家。摧毁大型假烟销售网络5个，捣毁假烟存储窝点27个、分销网点115个。上缴罚没收入1801.7万元，移交公安、司法机关刑事拘留34人，其中判刑7人。

网络建设

市局（公司）全面实施卷烟塑封包装，降低配送成本，杜绝调包现象的发生，提高客户服务水平和企业形象。对仓储设施进行改造，安装钢架和电子标签，设立中控室，实行货位信息系统管理，进一步推进仓储数字化建设，物流配送工作效率得到提升。成功上线运行V3系统，各主要业务和辅助决策支持系统运行顺畅，实现与“按客户订单组织货源”工作的顺利衔接。

市局（公司）加强零售网络终端管理，萎缩特殊客户557户，1000～1500条客户萎缩工作逐步展开，市场控制力得到增强。进一步深化客户关系管理工作，为客户提供个性化服务，加强经营指导，倡导诚信经营，客户盈利率10.53%，客户满意度87.7%。全市电话订货员由80人减少到67人，日均呼叫户数超过130户。

企业管理

财务审计。市局（公司）抓好资金监督控制，特别是对银行账户管理进行全面清理检查。健全完善全面预算管理体系，细化物流成本核算，加强成本费用控制，全面开展固定资产权证清理核实，解决“三产”公司遗留问题。强化审计监督，成立内部审计委员会，以财务内审为基础，开展同级审计自查工作，进一步强化对资金资产、财务收支及基建工程的审计监督，全年审减基建工程款130万元，确保国有资产保值增值。

质量管理。全面导入ISO9001：2000质量管理体系，编写完成100余万字、融入先进管理理念和成都烟草特色的体系文件，建立起一套“标准统一、运作规范、管理科学、监督高效”的质量管理体系，并获得质量认证证书，企业的各项管理工作步入流程化、标准化、规范化的轨道。

安全生产。市局（公司）导入GB/T28001职业健康安全管理体系，建立职业健康安全管理方针、战略目标及体系文件，形成一套以危险源辨识、风险评价、风险控制为核心的全新安全管理模式。进一步完善安全管理责任制，加大安全督导检查力度，全年消除各类安全隐患50余处。

督察与投诉受理

2006年，市局（公司）继续把深化效能督察、规范投诉服务工作作为推进企业改革与发展的重要工作。在全市行业开展基层督察、同级督察和行风督察，建立起一套全方位、立体化、多角度的综合督察（投诉）体系。通过强化基层督察，提升基层单位的执行力，确保各项政策措施的贯彻落实；通过开展同级督察，从基层和机关两个层面建立对机关处室的立体监督考评体系，推动机关作风的转变和服务水平的提升；通过深化行风督察，深入了解和监督一线员工工作状态，树立良好的企业形象和风气。

建立定期“领导接待日”制度，开通“800”免费客户投诉热线，拓宽外部监督信息渠道，了解客户意见需求。全年受理各类投诉101件，同比下降48%，投诉处理满意率100%。通过第三方测评，全市零售客户满意度87.7%。

人力资源管理改革

实行分类管理，拓宽成长通道，实现岗位设置科学化。实施岗位分析，明确岗位职责，开展全面、深入的岗位分析和梳理，从岗位关系、责任内容、技能要求、学历标准、工作经验、环境条件等方面，编写了146份《岗位说明书》，明确每个岗位的工作职责和任职资格要求。通过重新定岗、定责、定编，全市系统的岗位数量由改革前的182个减少到146个。制订《岗位分类分级管理办法》，把全市系统所有岗位划分为管理、业务、技术、操作等4大类，对每类岗位设置不同的等级，每个岗位设置5个档次。开展岗位测评，确定岗位等级，在定岗定员定责的基础上，制订《岗位价值评估付酬要素量表》，从岗位承担的责任和风险、知识技能要求、工作环境、工作强度等4个方面25个具体要素入手，对每个岗位的劳动价值进行综合测评。实施岗位竞争，实现人岗匹配，采用岗位竞聘和双向选择的办法，内、外聘员工在同一平台上统一实行竞争上岗。

调整薪酬结构，转变分配导向，实现收入分配合理化。实行总量控制，统一工资结构，对员工工资结构进行统一设计，除原内聘员工享受保留工资作为对其积累性贡献的承认外，所有员工收入均由岗位工资、绩效薪酬两部分构成，实现薪酬制度的并轨管理。按照“按劳分配、公平效率”的原则，打破传统的职务序列工资分配制度，依据岗位等级，并参照成都市劳动力市场价格，确定每个岗位的工资标准，实行以岗定薪、易岗易薪。实行保留工资，兼顾各方利益，按照“老人老办法，新人新政策”，对改革前在岗的内聘员工，根据本人原来的工资水平和工龄等因素确定保留工资标准。

打破身份界限，严格上岗考核，实现劳动用工统一化。通过开展法律培训，明确权利义务，增强员工依法保护自身权益的意识，健全和完善企业《劳动管理规定》，实现依法统一管理。严格上岗考核，统一劳动合同，建立健全员工上岗考核机制，从履行职责、工作业绩、遵章守纪等方面对员工进行全面考核，无论是过去的内聘员工还是外聘员工，改革后都统称为企业员工，享受同样的薪酬和福利待遇，签订同样的劳动合同，企业与员工由过去的行政依附关系转变为平等的法律关系。

健全考核体系，完善考核机制，实现绩效管理规范化。引入先进理念，改进考核手段，制订市局（公司）《绩效管理实施办法》，通过对企业战略目标的层层分解、岗位关键绩效指标（KPI）的设定以及信息化管理软件的应用，促进绩效考核的量化和绩效管理体系的形成，所有岗位都有明确的绩效评价指标。运用多维度评分法，采用多主体评价，被考评对象的上级、平级、下级共同对其实施考核，确保绩效评价的客观公正性。增强考核实效，建立一套机关部门绩效考核制度，并将测评结果与部门绩效薪酬挂钩。统一考核标准，转变考核导向，在基层单位考核上，通过对人均销量、人均税利、费用率、贡献度等指标的综合考核，确定各单位绩效薪酬的应发总额，再根据各单位在专卖管理、网建营销、安全以及其他管理工作的考评结果，确定其实发总额，各单位再对收入实施二次分配，提高绩效考核的全面性和客观公正性。

教育培训

市局（公司）在干部选拔任用上严格落实竞争上岗、公推公示制度，全年提拔使用领导干部9人，组建6个城区局领导班子，及时调整5个基层班子。对双流区等15个区县单位领导班子和中层干部进行年度考核和民主测评，促进基层班子领导能力的提高。

加强职工队伍建设，保证每名客户经理全年培训时间在30小时以上；组织开展法律知识竞赛、案卷评析活动，以及专卖中层干部系统培训，建立起一支高素质的专卖法规队伍。先后两次组织客户经理、稽查员、送货员等一线职工出国学习考察。全年组织开展各类培训127次，培训人员6700余人次。

思想政治工作

市局（公司）深入开展“学习贯彻党章年”活动，通过多种方式组织全体党员，特别是各级领导干部深刻理解、研读党章，促进广大党员的思想素质、政治觉悟和理想信念得到提升。通过演讲比赛、征文比赛、岗位练兵等多种形式广泛开展“‘两个至上’在岗位”主题实践活动，立足本职岗位。全市行业深入开展文明单位标兵创建活动，教育和带领广大干部职工自觉遵循和践行公民道德建设基本道德规范，开展“文明处室”、“文明职工”等文明创建活动，并通过市文明办对市级文明单位标兵的现场进行考核验收。

2006年，市局（公司）组织开展职工运动会、摄影比赛等各类文体活动，组建成立职工业余文艺演出队，出版发行《成都烟草报》。完成《成都市烟草志》的编纂和出版工作，获得四川省地方志优秀成果一等奖等5项奖励。利用行业、地方媒体宣传企业改革发展成就，提升企业形象，企业文化理念深入人心，增强广大干部职工的凝聚力和向心力。

自贡市烟草专卖局（公司）

自贡市烟草专卖局（公司）成立于1983年，2006年下辖荣县、富顺县局（营销部）和1个直属分局（营销部）。企业资产总额21069万元，员工342人，其中聘用员工200人。辖区有卷烟零售户6825户。

2006年，全市辖区完成卷烟销售35.3亿支（7.06万箱），与上年同比增长4.2%，其中，一类烟销售1.85亿支（0.37万箱），占总销量的5.24%；二类烟7.55亿支（1.51万箱），占总销量的22.31%；三类烟18.55亿支（3.71万箱），占总销量的52.55%；四类烟6.5亿支（1.3万箱），占总销量的18.41%；五类烟0.85亿支（0.17万箱），占总销量的2.40%。

实现销售收入14454万元，同比增长40.08%。单箱毛利额2101元，同比增加576.54元。实现税利12965万元，同比增长57.51%；其中，实现利润10243万元，同比增长56.72%。

全年查获各类违法卷烟1017件，破获案值超过50万元以上的网络案件2起、30万元的网络案件1起，捣毁制假窝点4个，查获贩藏假烟窝点19个，移交公安、司法机关刑事拘留犯罪嫌疑人24人、判刑7人。

攀枝花市烟草专卖局（公司）

攀枝花市烟草专卖局（公司）成立于1984年，2006年下辖米易县、盐边县、仁和区、东区、西区5个县级烟草专卖局和米易县、盐边县、仁和区、直属4个营销部。企业资产总额38765万元，员工571人，其中聘用员工445人。辖区有卷烟零售户4340户。

2006年，全市辖区完成卷烟销售20.85亿支（4.17万箱），与上年同比增长9.45%；实现销售收入49165万元，同比增长33.11%。种植烟叶79000亩，收购烤烟11070吨（221400担）；实现“两烟”税利25331万元，其中实现“两烟”利润13864万元。

2006年，攀枝花市签订烤烟种植收购合同14735份，合同种植面积7.9万亩，收购均价8.57元/公斤（不含级内烟），实现烟农销售收入10337万元。

攀枝花市经县、市、省、国家四级验收和省级复查验收合格水窖34455口、合格水池6口，共计91.79万立方米，新增受益烟田面积9.2万亩。新（改）建标准化烤房20912座（含密集式烤房89座），初步建成烟叶仓储中心1个、标准化烟站6个、标准化收购点36个，建筑面积61534平方米。

全年查获各类涉烟违法案件1072起，查扣违法卷烟951件，案值390万元；查获违法烟叶58834担，案值152万元。端掉制假窝点7个、售假窝点3个、囤积窝点5个，移交公安、司法机关刑事拘留17人。

2006年，市局（公司）被攀枝花市政府授予“烤烟生产先进集体”称号。

泸州市烟草专卖局（公司）

泸州市烟草专卖局（公司）成立于1983年12月，2006年下辖龙马潭区、江阳区、纳溪区、泸县、合江县、古蔺县、叙永县7个县级烟草专卖局（营销部）

和1所烟草科学试验站。企业资产总额69198万元，员工1670人，其中聘用员工295人。辖区有卷烟零售户13959户。

2006年，全市辖区完成卷烟销售57.26亿支（11.45万箱），与上年同比增加1.16亿支（0.23万箱），增长2.1%。一、二、三类烟销量37.73亿支（7.55万箱），占总销量的65.9%，同比增长24.4%。全年实现“两烟”销售收入151141万元，同比增长26281万元，其中，实现卷烟销售收入104500万元、烟叶销售收入46600万元。实现“两烟”税利32100万元，上缴税金9300万元，实现利润22800万元。

2006年，烟叶生产克服了移栽前干旱、“6·20冰雹”、“6·29水灾”及50年不遇的严重干旱等恶劣天气，全市烟叶生产呈现出良好的发展态势，落实种烟农户24980户，收购烟叶18000吨（360000担），其中，上等烟比例34.97%，收购均价8.34元/公斤。实现烟叶总产值16663万元，加上农业税返还及烟煤补贴，全市烟农总收入21074万元。

全年查获各类涉烟违法案件3087起，查获违法卷烟3528件、违法烟叶104吨，上缴罚没款154万元，移交公安、司法机关拘留34人，判处有期徒刑6人。

德阳市烟草专卖局（公司）

德阳市烟草专卖局（公司）成立于1983年1月，2006年下辖旌阳区、什邡市、广汉市、绵竹市、中江县、罗江县6个县级烟草专卖局（营销部）。企业资产总额36273万元，员工520人，其中聘用员工192人。辖区有卷烟零售户12791户。

2006年，全市辖区完成卷烟销售47.11亿支（9.42万箱），其中，省内烟销售33.53亿支（6.71万箱），省外烟销售13.59亿支（2.72万箱）。全年实现毛利额22559万元，同比增加4701万元，增长26.33%。实现“两烟”税利19001万元；实现“两烟”利润14494万元；上缴税金4507万元。

全年收购晒烟526.9吨（10538担），销售烟叶490.15吨（9803担），实现销售收入581万元，实现毛利267万元，实现利润126万元。

全年查获各类涉烟违法案件3320起，捣毁生产、存储假烟窝点46个，查扣违法卷烟2685件，查获制假卷烟机械10台，案值749万元，上缴罚没款90万元，移交公安、司法机关抓获犯罪嫌疑人21人、追刑15人。破获“1·11”和“8·16”两起制售假烟网络案件，案值分别达50余万元和400余万元。

绵阳市烟草专卖局（公司）

绵阳市烟草专卖局（公司）成立于1984年1月。2006年下辖涪城区、游仙区、江油市、三台县、盐亭县、梓潼县、安县、北川县、平武县9个县级烟草专卖局和8个营销部，员工608人，其中聘用员工427人。辖区有卷烟零售户17276户。

2006年，全市辖区完成卷烟销售64.03亿支（12.81万箱），与上年同比增长1.16%，其中省内烟销售46.06亿支（9.21万箱）；省外烟销售17.97亿支（3.59万箱）。实现税利22051万元，同比增长43.37%，其中实现利润17464万元，同比增长50.94%。

全年查处各类涉烟违法案件1887起，上缴罚没款63.55万元，先后破获“4·10”、“6·6”、“8·16”、“9·13”等一批大案。捣毁制假窝点4个，破获制售假烟网络案件4起，其中百万元以上大案2起；移交公安、司法机关抓获制售假烟人员100余人，其中拘留18人。

广元市烟草专卖局（公司）

广元市烟草专卖局（公司）成立于1985年，2006年下辖苍溪县、旺苍县、剑阁县、青川县、市中区、元坝区、朝天区7个县级烟草专卖局和剑阁、旺苍、元坝3个烟叶生产管理部。企业资产总额28599万元，员工631人，其中聘用员工446人。辖区有卷烟零售户9486户。

2006年，全市辖区完成卷烟销售33.77亿支（6.75万箱），与上年同比增长1.93%。其中，销售一类烟1.25亿支（0.25万箱），二类烟4.55亿支（0.91万箱），三类烟18.49亿支（3.70万箱），四类烟7.58亿支（1.52万箱），五类烟1.9亿支（0.38万箱）。单箱毛利额1819元，同比增长35.88%；平均毛利率24.93%，同比增长13.75%。实现“两烟”税利11196万元，其中实现“两烟”利润8548万元。种植烤烟5.8万亩，收购烤烟8000吨（160000担）。

全年查处各类涉烟违法案件315起，侦破网络案件2个，查获各类卷烟731件，查获违法烟叶389担，罚没收入57.85万元，移交公安、司法机关拘留犯罪嫌疑人13人，判刑1人。

遂宁市烟草专卖局（公司）

遂宁市烟草专卖局（公司）成立于1985年4月，2006年下辖射洪县、蓬溪县、大英县、船山区、安居区5个县级烟草专卖局（营销部）和1个物流中心、1个县公司（射洪烟草公司尚未取消法人资格）。企业资产总额17216万元，员工376名，其中聘用员工236人。辖区有卷烟零售户10267户。

2006年，全市完成卷烟销售38.51亿支（7.7万箱），与上年同比增长4.79%；实现销售收入65708

万元，同比增长22.30%。实现税利11432万元，同比增长33.79%；实现利润8667万元，同比增长29.69%；消化历史坏账1655万元，消除了困扰多年的沉重历史包袱。

全年查获各类违法案件2174起，查获违法卷烟1974件、烟叶3.72吨。移交公安、司法机关刑事拘留6人、治安拘留10人。摧毁一个涉案金额50多万元，覆盖大半个城区的制售假冒卷烟网络。

内江市烟草专卖局（公司）

内江市烟草专卖局（公司）成立于1983年，2006年下辖市中区、东兴区、资中县、威远县、隆昌县等5个县级烟草专卖局（营销部）。企业资产总额25200万元，员工493人，其中聘用员工231人。辖区有卷烟零售户11438户。

2006年，全市辖区完成卷烟销售46.85亿支（9.37万箱），与上年同比增长4.1%；实现销售收入82673万元，同比增长18.3%。实现税利15639万元，同比增长60.38%；实现利润11960万元，同比增长59.36%。

捣毁地下制售卷烟网络4个，其中制假网络3个、违法经营网络1个。其中"1·25"制造、生产销售假冒卷烟地下网络案件，累计案值163万元，5名违法犯罪分子被判刑。

乐山市烟草专卖局（公司）

乐山市烟草专卖局（公司）成立于1984年，2006年下辖市中区、五通桥区、沙湾区、金口河区、峨眉山市、夹江县、犍为县、井研县、沐川县、马边彝族自治县、峨边彝族自治县11个县级烟草专卖局（营销部）。企业资产总额29663万元，员工453人，其中聘用员工265人。辖区有卷烟零售户10767户。

全市辖区完成卷烟销售45.86亿支（9.17万箱），与上年同比增长3.98%。其中，销售省外卷烟16.49亿支（3.3万箱），省内卷烟29.37亿支（5.87万箱）。销售一类烟2.29亿支（0.46万箱），二类烟7.19亿支（1.44万箱），三类烟29.01亿支（5.8万箱），四类烟7.00亿支（1.4万箱），五类烟0.36亿支（0.07万箱）。实现销售收入81852万元，同比增长22.80%。实现税利14223万元，同比增长54.25%；实现利润10632万元，同比增长55.78%。

全年出动执法人员19883人次，查处涉烟违法案件752起，案值412万元，上缴罚没款117万元。移交公安、司法机关拘留犯罪嫌疑人14人，判刑1人。

南充市烟草专卖局（公司）

南充市烟草专卖局（公司）成立于1984年，2006年下辖直属分局、西充县、南部县、仪陇县、营山县、蓬安县、阆中县7个县级烟草专卖局（营销部）。企业资产总额27053万元，员工780人，其中聘用员工395人。辖区有卷烟零售户18619户。

2006年，全市辖区完成卷烟销售12.85亿支（2.57万箱），实现销售收入101368万元，与上年同比增长22.32%；销售毛利额22770万元。实现税利16083万元，其中实现利润额11135万元，上缴税收4948万元。

全年查处涉烟违法案件3821起，查扣违法卷烟1790件，查获YJ14烟机1台，打掉3个制售假烟网络。其中移交公安、司法机关刑事拘留25人，批准逮捕8人。

宜宾市烟草专卖局（公司）

宜宾市烟草专卖局（公司）成立于1983年，2006年下辖翠屏区、宜宾县、南溪县、江安县、长宁县、高县、筠连县、珙县、兴文县、屏山县10个县级烟草专卖局（营销部）和物流中心、宜宾烟叶复烤厂。企业资产总额40824万元，员工1061人，其中聘用员工474人。辖区有卷烟零售户13826户。

2006年，全市辖区完成卷烟销售59.58亿支（11.92万箱），实现销售收入118068万元，与上年同比增长23.56%，销售毛利额27693万元，同比增长30.18%。实现税利19993万元，同比增长40.06%；其中，实现利润14725万元，上缴税收5268万元。

全年查处涉烟违法案件2109起，上缴罚没款545.65万元，移交公安机关拘留61人，判刑1人。

广安市烟草专卖局（公司）

广安市烟草专卖局（公司）成立于1993年，2006年下辖广安区、岳池县、武胜县，华蓥市、邻水县5个县级烟草专卖局（营销部）和物流中心、营销中心、信息中心3个专业部门。企业拥有资产总额19103万元，员工460人，其中聘用员工221人。辖区有卷烟零售户11845户。

2006年，全市辖区完成卷烟销售44.19亿支（8.84万箱），与上年同比增长2.8%。实现销售收入64400万元，同比增长22.76%；实现税利10053万元，同比增长46.72%；其中，实现利润7692万元，同比增长54.99%。

达州市烟草专卖局（公司）

达州市烟草专卖局（公司）成立于1984年，2006年下辖通川区、达县、大竹县、渠县、开江县、宣汉县、万源市7个县级烟草专卖局（营销部）。企业拥有资产总额35339万元，员工765人，其中聘用员工

284 人。辖区有卷烟零售户 16300 户。

2006 年，全市辖区完成卷烟销售 61.61 亿支(12.32 万箱)，与上年同比增长 2.02%，其中，一、二类烟销售 10.55 亿支（2.11 万箱)，同比增长 30.71%；三类烟 31.45 亿支（6.29 万箱)，同比增长 36.27%；四类烟 16.83 亿支（3.37 万箱)，同比减少 32.51%；五类烟 2.8 亿支（0.56 万箱)，同比减少 35.58%。实现销售收入 103270 万元，同比增长 18.17%。实现“两烟”税利 17957 万元，同比增长 53.23%；实现“两烟”利润 13243 万元，同比增长 56.11%。

全市实际移栽烟叶 17296 亩，同比增长 23.2%；收购烟叶 1656.05 吨（33121 担)，其中烤烟 411.05 吨(8221 担)、晾烟 1173.1 吨（23462 担)、晒烟 71.9 吨(1438 担)。销售烟叶 1208.75 吨（24175 担)，收回烟叶货款 1720 万元。

全年查获各类涉烟违法案件 2325 起，查获各类违法卷烟 2704 件，其中假冒卷烟 1732 件。

巴中市烟草专卖局（公司）

巴中市烟草专卖局（公司）成立于 1993 年，2006 年下辖巴州区、南江县、通江县、平昌县等 4 个县级烟草专卖局（营销部）和物流中心、营销流中心 2 个专业部门。企业资产总额 12484 万元，员工 361 人，其中聘用员工 135 人。辖区有卷烟零售户 10455 户。

2006 年，全市辖区完成卷烟销售 33.5 亿支（6.7 万箱)，与上年同比增长 2.21%，其中，销售一类烟 0.8646 亿支（0.17 万箱)，同比增长 33.24%；二类烟 3.47 亿支（0.69 万箱)，同比增长 35.05%，三类烟 17.46 亿支（3.49 万箱)，同比增长 77.59%，四类烟 9.46 亿支（1.89 万箱)；五类烟 2.25 亿支（0.45 万箱)。全年实现销售收入 50600 万元，同比增长 20.86%；实现毛利额 11615 万元，同比增长 37.70%；实现税利 8001 万元，同比增长 59%；实现利润 6210 万元。

全年查获涉烟违法案件 1020 起，查获违法卷烟 425 件，案值金额 22.71 万元，实现罚没收入 26.88 万元；查获假烟网络 1 个，案值 37 万多元；查扣违法运输卷烟车辆 9 台，移交公安机关拘留 7 人；平均市场净化率 97.55%，办案合格率 100%。

雅安市烟草专卖局（公司）

雅安市烟草专卖局（公司）成立于 1983 年，2006 年下辖雨城区、名山县、荥经县、汉源县、石棉县、天全县、芦山县、宝兴县 8 个县级烟草专卖局（营销部)。企业资产总额 15514 万元，员工 238 人，其中聘用员工 122 人。辖区有卷烟零售户 4283 户。

2006 年，全市辖区完成卷烟销售 22.53 亿支(4.51 万箱)，与上年同比增长 3%。一类烟销售 1.39 亿支（0.28 万箱)，同比增长 25%；二类烟 2.05 亿支(0.41 万箱)，同比增长 7%；三类烟 16.64 亿支(3.33 万箱)，同比增长 12%；四类烟 2.46 亿支(0.49 万箱)，同比下降 37%。全年实现销售收入 36539 万元，同比增长 15.17%。实现税利 6583 万元，同比增长 37.43%；其中实现利润 5295 万元，同比增长 41.84%。

全年查处各类涉烟违法案件 351 起，收缴违法卷烟 3946 件、烟叶 23.6 吨，捣毁售假窝点 4 个，移交公安、司法机关刑事拘留 4 人。

眉山市烟草专卖局（公司）

眉山市烟草专卖局（公司）成立于 1997 年，2006 年下辖东坡区、仁寿县、洪雅县、彭山县、青神县、丹棱县 6 个县级烟草专卖局（营销部）和 1 个物流中心。企业资产总额 20000 万元，员工 342 人，其中聘用员工 198 人。辖区有卷烟零售户 6828 户。

2006 年，全市辖区完成卷烟销售 38.1 亿支(7.62 万箱)，与上年同比增长 3.83%；实现销售收入 63900 万元，同比增长 24.53%。全年实现税利 12500 万元，同比增长 77.41%；其中，实现利润 9633 万元，同比增长 72.51%；卷烟毛利率 22.24%，同比增长 10.89%；费用率 6.74%，同比下降 13.5%。

全年出动执法人员 38416 人次，查处各类涉烟违法案件 566 起，查获假冒卷烟 700 余件，破获仁寿“5·5”、东坡“10·20”、青神“12·4”三起案值超百万元的制假、售假网络案件，移交公安、司法机关刑事拘留 45 人、判刑 6 人。

资阳市烟草专卖局（公司）

资阳市烟草专卖局（公司）成立于 1998 年，2006 年下辖雁江区、简阳市、乐至县、安岳县 4 个县级烟草专卖局（营销部）和 1 个物流中心。企业资产总额 18636 万元，员工 849 名，其中聘用员工 117 人。辖区有卷烟零售户 12436 户。

2006 年，全市辖区完成卷烟销售 47.15 亿支（9.43 万箱)，与上年同比增长 2.39%；实现销售收入 73500 万元，同比增长 19.51%；实现税利 10525 万元，同比增长 77.54%；实现利润 7543 万元，同比增长 77.27%。

全年查处各类涉烟违法案件 1944 起，查扣卷烟 1188 件，上缴罚没款 47.18 万元；捣毁制假窝点 1 个、贩藏假烟窝点 24 个；移交公安、司法机关刑事拘留犯罪嫌疑人 42 人，批捕 16 人。

2006年9月，市局（公司）被省局（公司）确定为“综合办公自动化二期信息系统”的试点单位，9月杭州新世纪公司技术人员正式进场开始试点工作，11月6日双轨试运行，12月11日通过省局（公司）试点验收。

凉山彝族自治州烟草专卖局（公司）

凉山彝族自治州烟草专卖局（公司）成立于1984年5月，2006年下辖会理县、会东县、宁南县、德昌县、西昌市、普格县、盐源县、冕宁县、越西县、金阳县、布拖县、雷波县、美姑县、甘洛县、昭觉县、喜德县、木里藏族自治县17个县级烟草专卖局（营销部）。企业资产总额242483万元，员工2776人，其中聘用员工2280人。辖区有卷烟零售户10046户。

2006年，全州累计实现卷烟销售48.29亿支（9.69万箱），与上年同比增长7.23%。实现销售收入76604万元，销售毛利率23.12%。收购烟叶206.5万担（其中出口备货40万担），其中上等烟比例41.5%。

实现“两烟”税利86138万元，同比增长74.95%，其中卷烟税利15453万元，烟叶税利70685万元。实现“两烟”利润69841万元，同比增长96.23%，其中，卷烟利润11527万元、烟叶利润58314万元。

全年查获各类涉烟违法案件1303起，查获违法卷烟1372件，查处违法烟叶2786担，破获假烟销售网络案件1起，案值42万余元，上缴罚没款89.59万元。

阿坝藏族羌族自治州烟草专卖局（公司）

阿坝藏族羌族自治州烟草专卖局、四川省烟草公司阿坝州公司经国家烟草专卖局和四川省人民政府批准，于2002年12月30日正式上划挂牌成立，上划四川省烟草专卖局（公司）。于2003取消所辖各县级公司法人资格。2006年下辖阿坝县、金川县、理县、茂县、汶川县、马尔康县、若尔盖县、松潘县、黑水县、九寨沟县、红原县、壤塘县、小金县13个县级烟草专卖局（营销中心）。企业资产总额12756万元，员工218人，其中聘用员工100人。辖区有卷烟零售户3362户。

2006年，全州辖区完成卷烟销售13.7亿支（2.74万箱），与上年同比增长1.38%，其中省内烟销售9.18亿支（1.84万箱），同比减少8.74%；省外烟销售4.5亿支（0.9万箱），同比增长31.02%。实现销售收入30896万元；实现税利5289万元，同比增长57.41%；其中，实现利润3801万元，同比增长37.62%。

州局（公司）完成3.0营销系统的上线和卷烟生产经营决策管理系统的升级工作，确立“城网全面访送分离，农网预约定单，定时配送”的卷烟配送模式，调整送货线路，减少配送线路15条。拓展电子结算业务，与阿坝州邮政局签订《卷烟销售货款电子结算协议》，填补全州农网电子结算的空白，城网电子结算率100%，全州电子结算成功率90%以上。开展客户差异化服务，州局（公司）呼叫中心针对部分藏族零售户不会汉语的情况，安排两名会藏语的呼叫员同时提供藏语呼叫服务，创造性地实施藏汉“双语”呼叫服务。对交通、通讯条件差的农网经营户实行“预约订单、委托配送”。经营户分析维护面80%以上，经营户等级提升率达20%以上。

全年查获各类涉烟违法案件109起，破获假烟网络案件2个，移送公安机关立案侦察的1个，查获假烟120件，上缴罚没款5.82万元，市场净化率95%。

甘孜藏族自治州烟草专卖局（公司）

甘孜藏族自治州烟草专卖局（公司）成立于2003年9月，2006年下辖康定、泸定、丹巴、九龙、雅江、理塘、巴塘、乡城、得荣、稻城、道孚、炉霍、色达、甘孜、新龙、石渠、德格、白玉18个县级烟草专卖局和康定、泸定、丹巴、九龙、理塘、巴塘、乡城、炉霍、甘孜、德格10个营销部。企业资产总额8105万元，员工229人，其中聘用员工68人；辖区有卷烟零售户2733户。

2006年，全州辖区完成卷烟销售12.17亿支（2.43万箱），销售一类烟1.34亿支（0.27万箱），二类烟1.6亿支（0.32万箱），三类烟8.25亿支（1.65万箱）。实现销售收入24473万元，毛利额6013万元。实现税利2737万元，其中实现利润1517万元。

全年查获各类涉烟违法案件143起，上缴罚没款9.89万元；查获假冒卷烟183件，价值24.23万元。向公安、司法机关移交4名涉烟犯罪嫌疑人，全州卷烟市场净化率96.57%。

2006年，经过动员筹备、资料收集、志稿编修、审核验收等阶段，历时近三年的《甘孜州烟草志》编纂完成。

都江堰市烟草专卖局（公司）

都江堰市烟草专卖局（公司）成立于1984年，原隶属于成都市烟草专卖局（公司），1996年10月划归四川省烟草专卖局（公司）直属管理。企业资产总额13803万元，员工100人，其中聘用员工56人。辖区有卷烟零售户2221户。

2006年全市辖区完成卷烟销售11.7亿支（2.34万箱），与上年同比增长3.72%。实现销售收入31059万元，同比增长32.68%；实现税利7572万元，同比增长

31.07%；实现利润6150万元，同比增长67.71%。

全年开展市场统一大检查6次，出动执法人员4910人次，执法车辆1380台次，查获涉烟违法案件449起，上缴罚没款15.6万元。

2006年四川省烟草商业系统主要情况统计

地市级局（公司）名称		成都市烟草专卖局、成都市烟草公司	自贡市烟草专卖局、自贡市烟草公司	攀枝花市烟草专卖局、攀枝花市烟草公司	泸州市烟草专卖局、泸州市烟草公司	德阳市烟草专卖局、德阳市烟草公司
法人代表/主要负责人		胡存忠	曾德昌	王 钟	任增福	廖恩太
总资产（万元）		204488	21069	38765	69198	36273
员工总数（其中聘用员工数）（人）		员工1367人（人力资源管理改革后，统称为企业员工）	342（其中聘用员工200人）	571（其中聘用员工445人）	1670（其中聘用员工295人）	520（其中聘用员工192人）
所属县级局数量（个）		19	3	5	7	6
所属县级公司数量（个）		/	/	/	/	/
所属营销部（分公司、访销中心、烟叶复烤厂、稽查大队等）		16个营销部、1个物流中心、20个稽查大队	3个营销部、3个稽查大队	4个营销部、1个访销中心、5个稽查大队	7个营销部、1个访销中心、7个稽查大队	6个营销部、6个稽查大队
销售卷烟（亿支）		205.95	35.30	20.85	57.26	47.11
实现税利（万元）	本年	125940	12965	25331	32100	19001
	上年	90673	8231	8914	13469	14068
实现利润（万元）	本年	103011	10243	13864	22800	14494
	上年	74652	6536	7462	6326	10725
烟叶种植（亩）		/	/	79000	135000	4800
烟叶收购（担）		/	/	221400	360000	10538
零售户数（户）		32972	6825	4340	13959	12791

地市级局（公司）名称		绵阳市烟草专卖局、绵阳市烟草公司	广元市烟草专卖局、广元市烟草公司	遂宁市烟草专卖局、遂宁市烟草公司	内江市烟草专卖局、内江市烟草公司	乐山市烟草专卖局、乐山市烟草公司
法人代表/主要负责人		陈 章	宋 平	步 克	刘耀亭	尹 柯
总资产（万元）		50181	28599	17216	25200	29663
员工总数（其中聘用员工数）（人）		608（其中聘用员工427人）	631（其中聘用员工446人）	376（其中聘用员工236人）	493（其中聘用员工231人）	453（其中聘用员工265人）
所属县级局数量（个）		9	7	5	5	11
所属县级公司数量（个）		/	/	1	/	/
所属营销部（分公司、访销中心、烟叶复烤厂、稽查大队等）		8个营销部、8个稽查大队	1个营销部、7个稽查大队	3个营销部、1个电访中心、6个稽查大队	5个营销部、5个稽查大队	11个营销部、1个访销中心、11个稽查大队
销售卷烟（亿支）		64.03	33.77	38.51	46.85	45.86
实现税利（万元）	本年	22051	11196	11432	15639	14223
	上年	15380	7333	8545	9590	9221
实现利润（万元）	本年	17464	8548	8667	11960	10632
	上年	11570	4293	6683	7505	6825
烟叶种植（亩）		/	58000	/	/	/
烟叶收购（担）		/	160000	/	/	/
零售户数（户）		17276	9486	10267	11438	10767

地市级局（公司）名称		南充市烟草专卖局、南充市烟草公司	宜宾市烟草专卖局、宜宾市烟草公司	广安市烟草专卖局、广安市烟草公司	达州市烟草专卖局、达州市烟草公司
法人代表/主要负责人		彭榜富	赵屹峰	冯清德（－2006.8） 杜如万（2006.8－）	黄凤培
总资产（万元）		27053	40824	19103	35339
员工总数（其中聘用员工数）（人）		780（其中聘用员工395人）	1061（其中聘用员工474人）	460（其中聘用员工221人）	765（其中聘用员工284人）
所属县级局数量（个）		7	10	5	7
所属县级公司数量（个）		/	/	/	/
所属营销部（分公司、访销中心、烟叶复烤厂、稽查大队等）		7个营销部、1个访销中心、7个稽查大队	10个营销部、1个物流中心、1个访销中心、10个稽查大队	5个营销部、1个物流中心、5个稽查大队	7个营销部、1个访销中心、7个稽查大队
销售卷烟（亿支）		12.85	59.58	44.19	61.61
实现税利（万元）	本年	16083	19993	10053	17957
	上年	5162	14275	6852	11719
实现利润（万元）	本年	11135	14725	7692	13243
	上年	4378	5901	4963	8483
烟叶种植（亩）		/	58000	/	17296
烟叶收购（担）		/	144600	/	33121
零售户数（户）		18619	13826	11845	16300

地市级局（公司）名称		巴中市烟草专卖局、巴中市烟草公司	雅安市烟草专卖局、雅安市烟草公司	眉山市烟草专卖局、眉山市烟草公司	资阳市烟草专卖局、资阳市烟草公司
法人代表/主要负责人		吴长生	姜　宁	叶章贵	唐　强
总资产（万元）		12484	15514	20000	18636
员工总数（其中聘用员工数）（人）		361（其中聘用员工135人）	238（其中聘用员工122人）	342（其中聘用员工198人）	849（其中聘用员工117人）
所属县级局数量（个）		4	8	6	4
所属县级公司数量（个）		/	/	/	/
所属营销部（分公司、访销中心、烟叶复烤厂、稽查大队等）		4个营销部、4个稽查大队	8个营销部、1个订单部、8个稽查大队	6个营销部、1个物流中心、6个稽查大队	4个营销部、4个稽查大队、1个物流中心
销售卷烟（亿支）		33.50	22.53	38.10	47.15
实现税利（万元）	本年	8001	6583	12500	10525
	上年	5032	4790	7046	5928
实现利润（万元）	本年	6210	5295	9633	7543
	上年	2638	3733	5584	4255
烟叶种植（亩）		/	/	/	/
烟叶收购（担）		/	/	/	/
零售户数（户）		10455	4283	6828	12436

地市级局（公司）名称		凉山州烟草专卖局、凉山州烟草公司	阿坝州烟草专卖局、阿坝州烟草公司	甘孜州烟草专卖局、甘孜州烟草公司	都江堰市烟草专卖局、都江堰市烟草公司
法人代表/主要负责人		宋 俊	苏王福	四朗彭措	刘兴红
总资产（万元）		242483	12756	8105	13803
员工总数（其中聘用员工数）（人）		2776（其中聘用员工2280人）	218（其中聘用员工100人）	员工229人（其中聘用员工68人）	100（其中聘用员工56人）
所属县级局数量（个）		17	13	18	/
所属县级公司数量（个）		/	/	/	/
所属营销部（分公司、访销中心、烟叶复烤厂、稽查大队等）		17个营销部、17个稽查大队、18个配送站	13个营销部、13个稽查大队、14个配送站	10个营销部、3个稽查大队、1个呼叫中心	
销售卷烟（亿支）		48.29	13.70	12.17	11.70
实现税利（万元）	本年	86138	5289	2737	7572
	上年	49236	3360	2166	5777
实现利润（万元）	本年	69841	3801	1517	6150
	上年	35592	2762	1245	3667
烟叶种植（亩）		619500	/	/	/
烟叶收购（担）		2065000	/	/	/
零售户数（户）		10046	3362	2733	2221

（张羽翔）

贵州烟草

贵州省烟草专卖局（公司）

概　况

贵州省地处云贵高原，总面积17.6万平方公里，总人口3757万人。全省辖贵阳、遵义、安顺、六盘水4个地级市，黔东南、黔南、黔西南3个自治州，毕节、铜仁2个地区以及88个县级行政单位。2006年，全省实现地区生产总值（GDP）2282亿元，与上年同比增长11.5%。

贵州省烟草公司组建于1981年11月，贵州省烟草专卖局组建于1983年9月。1986年6月贵州省烟草公司上划中国烟草总公司，2004年1月实行工商分开。2006年11月体制改革，贵州省烟草专卖局（公司）下辖9个市、州、地烟草专卖局（公司）、80个县级烟草专卖局（营销部）、6家打叶复烤企业（贵州南明烟叶有限责任公司、贵州遵义烟叶有限责任公司、贵州申义烟叶有限责任公司、毕节顺泰烟叶有限责任公司、铜仁梵净山烟叶有限责任公司、黔南吉星烟叶有限责任公司）、1个烟草质量监督检测站和贵州省烟草科学研究所。贵州省是全国优质烤烟主产省之一，每年烤烟产量600万担左右，约占全国烟叶生产总量的15%，是全国烤烟生产第二大省。

全省烟草商业有干部员工20446人，其中，具有高级职称者21人、中级职称者449人。

领导成员

局长、总经理、党组书记：张建华

副局长、副总经理、党组成员：杨　俊

副局长、党组成员：顾青松

副总经理、党组成员：李智勇

组织机构

省局（公司）机关设有办公室（外事办公室）、综合计划处（经济运行处）、安全保卫处、专卖监督管理处、政策法规处、财务管理处、审计处、科技处（烟草学会、计算机信息中心）、人事劳资处、监察处、思想政治工作处（机关党委、工会）11个处室，贵州省卷烟销售公司、贵州省烟叶生产购销公司2个专业公司，贵州省烟草质量监督检测站、机关离退休职工管理工作办公室、机关服务中心、多元化经营管理办公室4个专业部门、整顿和规范市场经济秩序工作办公室、烟叶基础设施建设办公室2个阶段性机构。

经济效益

2006年，全省行业完成卷烟销售489.55亿支(97.91万箱)，与上年同比增加9.7亿支（1.94万箱)，增长2.02%，其中，销售一类烟46.45亿支(9.29万箱)，占总销量的9.49%；二类烟15.6亿支(3.12万箱)，占总销量的3.19%；三类烟260.65亿支（52.13万箱)，占总销量的53.24%；四类烟158.75亿支（31.75万箱)，占总销量的32.43%；五类烟8.1亿支（1.62万箱)，占总销量的1.66%。一、三类烟销量同比分别增加11.2亿支（2.24万箱）和21.55亿支（4.31万箱)，二、四、五类烟销量同比分别减少1.1亿支（0.22万箱)、9.4亿支（1.88万箱)、12.6亿支（2.52万箱)。实现单箱销售均价10026元，同比增加1091元，增长13.9%。实现“两烟”税利38.15亿元，实现“两烟”利润24.59亿元。

专卖管理

打私打假。省局（公司）与省高级人民法院、省人民检察院、省公安厅联合印发《关于建立烟草制品打假协作机制的会议纪要》，与省公安厅联合印发《贵州省打击制售假烟网络工作方案》，与公安厅联合召开全省卷烟打假总结表彰会，形成全省联合打假的工作格局。全省各级烟草专卖管理部门参与西南“5·31”打击制假售假网络的专项行动，打掉10个有一定规模的制售假烟网络，其中，贵阳市、毕节地区各3个，遵义市、安顺市、六盘水市和黔西南州各1个。查处制售假烟违法案件2077起，查获假烟5315.43万支，捣毁制假窝点48个，贩藏假烟窝点49个，查缴制假烟机9台、违法烟叶和烟丝256吨，移交公安、司法机关拘留制假分子66人，其中逮捕26人、判刑15人。

加强专卖监管。省局（公司）印发《关于对特殊供应卷烟专卖管理的规定》等8个规范性文件，完善专卖管理的管理机制。落实边界协调工作机制，完善烟叶公路运输管理办法和罚没烟叶管理办法。加强对卷烟工业企业和打叶复烤企业的烟草专卖属地管理，向打叶复烤企业派出专卖、纪检监察人员驻厂实施监督。

专卖队伍建设。健全专卖队伍培训机制，落实培训时间、方式和内容，就专卖管理常用法律法规、专卖管理系统操作进行不同层次、不同形式的培训。对新充实的专卖管理人员需经培训考试合格后方准予上岗。提高专卖执法检查证的申办条件，没有签订劳动合同、考试不合格的，坚决不予办理。优化专卖管理队伍结构，调离部分业务能力不强，不能胜任内管、案件管理等工作的人员，把年富力强、文化素质较高、熟悉生产经营业务的人员充实到专卖管理队伍中。对专卖案卷进行评查打分，依法梳理执法依据、执法程序，加强案卷档案管理，整改存在的问题，依法行政、文明执法水平得到明显提高。

网络建设

2006年，全省烟草行业按照卷烟网建“整体推进、全面提升”的部署，在取消县级公司法人资格的基础上，成立营销、物流、资金结算、信息、督察考评5大中心。全省建立统一标准、统一平台、统一数据库、统一网络的新信息系统（含营销管理、客户关系管理、专卖管理、绩效管理、辅助决策5个子系统)。开展跨区域动态随机呼叫、少数民族语言电访、“烟草新时空”手机订货、指导经营、情感营销等增值服务。全年电话订货率和电话订货成功率均达97%，电话订货员每人日均呼叫130户以上，最高达150户；电子结算率44%，其中，城市77.2%、农村27.58%；电子结算成功率90%，电子标签分拣线6条，分拣到户率92%。

加大物流配送资源整合，截至2006年底，全省烟草行业拥有配送中心9个，卷烟配送分库39个，区域中转站24个。精简车辆51台、人员212人，减少送货线路99条。

烟叶产销

2006年，全省签订烤烟种植收购合同40.3万份，与上年同比减少10.5万份。种植烟叶255.5万亩，收购烟叶29.72万吨（594.3万担)，完成计划的98.07%，上等烟比例31.12%。烟叶收购均价8.79元/公斤，实现烟农收入27.32亿元（含煤炭补贴)，烟农户均收入6780元，同比增加460元。投入烟叶生产补贴5.32亿元，工商交接烟叶平均等级合格率76.5%。销售烟叶32.98万吨（659.5万担)，实现销售收入66.98亿元，同比增加4.2亿元。

科技创新。省局（公司）召开全省烟草商业 科技创新大会，制定了贵州烟草商业“十一五”科技发展规划，确定烤烟新品种选育、特色烟叶开发和测土配方施肥3大专项工程。开展了烟草种植区划、烘烤调制、烟叶质量数据库、部分替代进口烟叶等重点科技项目，10项实用技术推广应用取得进展。发挥集约化育苗、机械化耕作、密集式烘烤等新技术的作用，减少种烟技术复杂程度，减轻劳动强度。“贵烟4号”的选育及配套栽培技术获2006年度省政府科技进步三等奖。

烟叶收购。在烟叶收购中坚持标准，对样收购，收购等级合格率在80%以上。合同内的烟叶不拒收、不限收，无合同、超合同的烟叶不予收购。全面推行烟叶收购初分预检，扩大收购资金电子结算试点范围，在全省26个县（市）开展电子结算。加强烟叶商品质量管理，提高工商交接等级合格率。通过约定烟叶交售时间及地点、为烟农提供休息室等措施，进一步完善烟叶收购服务。

基础设施建设。2006建设年度，省局（公司）投入烟水配套工程建设资金4.1亿元，建成小水窖5.3万口、水池4.3万口，整治小塘坝257座，新建提灌站121个、配套沟渠1506千米、管网9394千米，受益烟地113.8万亩。投入烤房建设资金6049万元，新建密集型烤房2917座，改建小型密集型烤房2.6万座，解决了32万亩烟叶的智能化烘烤问题。推广使用旋耕机1560台、起垄机278台套，机耕面积22.7万亩。烤房建设以"小改密"为主，伏旱地区烟水工程以引灌、提灌配套沟渠、管网为主。建成的基础设施，改善了烟叶生产条件，增强抵御自然灾害的能力，其中一部分设施有效解决农村的人畜饮水困难。毕节地区烟水提灌工程得到国家烟草专卖局肯定，受到广大烟农的好评。

体制改革

2006年11月，国家局批复《中国烟草总公司贵州省公司关于建立母子公司体制的请示》，中国烟草总公司贵州省公司投资设立10个全资子公司。9个市级烟草公司分别是贵州省烟草公司贵阳市公司、遵义市公司、安顺市公司、六盘水市公司、黔南州公司、黔西南州公司、黔东南州公司、毕节地区公司、铜仁地区公司；1个市级专业公司是中国烟草贵州进出口有限责任公司，2006年调整为贵州省公司的子公司。

省局（公司）全面履行"指导、服务、协调、监管"的职能，印发《市（州、地）局（公司）机构设置、人员编制和职工数配备的办法》和《县（市、区）局（分公司）机构设置及定编定员的指导意见》等规范性文件，对全省烟草商业的组织构架和职能配置重新进行调整。完成麻江县烟草公司破产、人员分流安置和打叶复烤企业改制工作，南明烟叶复烤厂职工分流安置进入实施阶段。在贵阳市、六盘水市、铜仁地区的烟草公司开展以淡化员工身份为切入点的薪酬改革试点工作。

企业管理

省局（公司）坚持"安全第一、预防为主、综合治理"的安全工作方针，把安全工作作为经济发展和企业进步的基础，纳入总体规划，认证运行职业健康安全管理体系。把预防事故作为安全生产工作的重要任务，落实防范措施。建立安全生产长效机制，推动安全文化、安全法制、安全责任、安全科技、安全投入"五要素"落实到位。全年整改事故隐患397起，无火灾、生产重伤和死亡、特大交通责任事故发生。

地市级局（公司）成立会计核算中心，实现资金集中管理，强化对烟叶生产投入。开展多元化投资清产核资工作，依法处理资产损失和不良资产，基本消化历史包袱。

内部管理监督

省局（公司）加大对"两项检查"的督察力度，在复查阶段，制定标准统一、规范完整的复查工作方案，对全省烟草工商企业专卖品生产经营情况进行全面复查。通过自查和复查，查出5个方面21类问题，涉及金额5.3亿元。同级审计查出不同程度的问题金额12.9亿元，剔除财务、专卖、资产管理方面的问题金额7亿元，2006年整改3.4亿元，进入整改程序2.5亿元。针对自查、复查中发现的问题，制订措施，落实整改责任，内部管理监督水平得到提升。

进出口贸易

2006年，中国烟草贵州进出口有限责任公司向东南亚的盐仓、针标、南洋等烟草公司和韩国人参公社销售中高等级烟叶近5000吨。远洋、东南亚高端市场、中东中端市场、俄罗斯低端市场等进一步巩固和扩大。根据2006年烟用丝束的结算方式由代理变为买断，与相关单位和部门协商，制订新的操作流程，保证丝束进口业务有序、规范进行。全年出口烟叶2.22万吨，出口卷烟1750万支；出口创汇4094万美元，比上年增加71万美元，增长2%。

队伍建设

干部选拔任用。全省烟草行业开展机构调整和定编、定员，对5个地市级局（公司）领导班子进行考核和调整充实，提拔处级干部27人，其中，提任正处级干部2人、副处级干部25人。召开领导班子述职述廉、民主推荐会10次，收到民主测评、推荐票716张，干部职工个别谈话302人次，形成考察报告10份、个人考察材料58份。

教育培训。全省烟草行业树立"以人为本"和"大教育、大培训"的观念，以领导干部和技术人才为重点，推进全员培训。全年举办各类培训班2000多期，参加培训学习的达62000人次，投入教育经费1157万元。

思想政治工作

全省烟草商业 开展学习党章、学习《江泽民文选》、学习和践行社会主义荣辱观等活动和"两个至上在岗位"主题实践活动，牢固树立"两个至上"行业共同价值观，倡导和谐理念，培育和谐精神。组织"知荣辱、树新风"巡回演讲，历时半个多月，听众达3000余人次。贵阳市局、毕节地区局、黔西南州局、黔南州局等单位举办“听客户讲你我的故事”专题演讲报告会。

党风廉政建设

省局（公司）制订《贯彻落实〈建立健全教育、制度、监督并重的惩治和预防腐败体系实施纲要〉具体意见的分工方案》。学习、落实好国家局党组《关于加强对行业各级领导班子及主要领导干部监督的意见》。抓好治理商业贿赂专项工作，加强对商业审批、生产经营和重大工程项目建设等关键环节的监督，严肃查处收受礼金、有价证券、支付凭证等问题。加大案件查处力度，全年立案35件，结案35件，查处67人。

贵州省局（公司）主要统计指标汇总

实现税利（亿元）	商业利润（亿元）	销售卷烟（亿支）	烟叶种植（万亩）	烟叶收购（万担）	出口创汇（万美元）
38.15	24.59	489.55	255.50	594.30	4094.00

所属地市级局（公司）

贵阳市烟草专卖局（公司）

概　况

贵阳市位于云贵高原东部，是贵州省省会。全市总面积8034平方公里，下辖6区3县1市、2个开发区。2006年末全市人口355.14万人。

贵阳市烟草专卖局（公司）成立于2001年8月，2006年11月国家局批复，贵州省烟草公司贵阳市分公司改制更名为贵州省烟草公司贵阳市公司。2006年，市局（公司）下辖南明区、云岩区、小河区、花溪区、乌当区、白云区、修文县、息烽县、开阳县、清镇市10个县级烟草专卖局（营销部）。截至2006年底，企业拥有资产总额95350万元，其中，固定资产10606万元、流动资产82912万元；员工1416人，其中聘用员工443人。辖区有卷烟零售户17038户。

领导成员

局长、经理、党委书记：任　林

副局长、副经理、党委副书记：黄天林

纪委书记、党委委员：张群超

副局长、党委委员：谢　宏

副经理、党委委员：谭　建（2006.7—）

组织机构

市局（公司）机关设有办公室、人事劳资科、财务科（资金结算中心）、审计科、监察科、整顿办、政治工作科、计划科、企业管理科（督察考评中心）、安全保卫科、专卖管理科、专卖稽查支队、烟叶生产经营部、卷烟营销中心、卷烟配送中心、信息中心、多元化经营办公室17个部门。

经济效益

2006年，全市辖区完成卷烟销售82.2亿支（16.44万箱），与上年同比增长1.07%；实现销售收入210007万元，同比增长13.25%；单箱销售收入12770元，同比增长12.05%。收购烟叶1.93万吨（38.6万担），实现销售收入43047万元，全等级均价8.5元/公斤。实现“两烟”销售收入253054万元，同比增长8.4%；实现“两烟”税利45212万元，同比增长12.16%；实现“两烟”利润36114万元，同比增长14.51%。

专卖管理

市局坚持“严抓管理、广结联盟、持续打击、保障有力”的指导思想，继续以“端窝点、破网络、抓主犯”为重点，创新遏制制假活动手段，净化市场，维护秩序。全年查处涉烟违法违规案件4851件，案值1053.21万元，上缴罚没收入48.67万元，移交公安、司法机关抓获犯罪嫌疑人63人，其中批捕5人。乌当区局联合公安等部门破获制、运、销一条龙违法卷烟网络案件，该案涉及广东、贵州、四川、福建等省，4名犯罪嫌疑人被依法判刑。

开展专项治理卷烟体外循环工作，从物流、资金流、信息流3个方面核对卷烟经营业务，保证卷烟100%入网销售、100%落地销售、100%落户销售，对烤烟计划、生产、收购、调拨等各环节实施专卖监督。

网络建设

市局（公司）按照“突出服务、优化流程、注重实效、创新发展”的要求，网建工作得到快速发展。订单员人均每日呼叫130户以上，电话订货成功率达98.5%以上；电子结算户8040户，占全市零售户总数的47.3%，其中城网7338户，占城网零售户总数的78.59%，电子结算成功率93%。

市局（公司）将原来较为分散的24个送货区域优化为较为集中的22个块状送货区域，减少55万余元的人力成本。将全市1000条以上（含1000条）客户从2005年12月的2169户减为164户（注：2006年9月底统计），有效限制“大户”的低价倾销。

烟叶产购

2006年，全市辖区种植烤烟16.24万亩，收购烟叶1.93万吨（38.6万担）（全等级）。上等烟收购0.53万吨（10.61万担），占收购总量的30.41%，桔黄烟收购1.2万吨（23.99万担），占总收购量的68.77%。烟农收入16583万元（包括煤炭补贴698万元，产后扶持1044万元），户均收入7884元；上缴烟叶税3266万元。

加强烟叶生产基础设施建设。全年修建小水窖5217口、受益面积14929亩，改建密集型烤房2026座、受益面积25357亩，新建密集型烤房33座，修建烟路11条（14.8千米），发放烟机29台套，建设生态村8个。

企业管理

安全生产。市局（公司）以质量管理体系、职业健康安全管理体系和环境管理体系贯标工作为契机，认真组织开好“四个会（班子会、安委会、安全工作专题会、职工会）”、抓好“五件事（安全思想大反思、安全工作大检查、安全隐患大整改、应急预案制订和演练、安全责任制兑现）”。贯彻落实国家局有关文件的安排部署和全年安全工作计划，并签订安全责任书。

预算管理。通过细化预算管理科目和级次，合理划分预算项目和核算内容，提高预算编制质量和水平。合理划分事权和财权，正确处理预算管理边界，提高预算透明度。运用财务信息化手段加强对预算执行的适时监控，将预算管理纳入目标管理考核体系，确保预算管理的实现。

人事与劳资

人事制度改革。2006年，市局（公司）实行机构、人事、薪酬的三项制度改革，建立合理的进退机制，营造公平、公正、公开的用人环境，形成知识化、专业化、年轻化、综合能力高的用人导向，提高人力资源配置市场化水平。经过学习动员、科级干部的选聘与竞聘、员工双向选择摘牌上岗、办理上岗手续等5个阶段，合理调整机构，确定人员编制，明确职能、职责，优化干部队伍结构，形成新的用人机制。

员工培训。2006年，市局（公司）加强干部职工的业务知识和业务技能的学习培训。全年组织专卖管理、卷烟网建、烤烟生产收调等学习培训53期，参加培训人数2700人次，组织干部职工参观学习考察行业先进企业100人次。

薪酬分配体系改革。按照现代企业薪酬管理制度的要求，市局（公司）进行薪酬分配体系改革。在定岗定员和定责的基础上，遵循按劳分配和公平效率的原则，合理确定各岗位的薪酬水平，定岗定薪，易岗易薪，建立科学、动态的工资运行机制。绩效考评按照一定的程序、标准和规则，对各岗位员工的工作总结（计划）、工作态度、工作业绩和工作能力进行考评，动态衡量员工的工作状况和效果，通过与薪酬、调配、晋升、培训等因素挂钩，实现对员工的激励。

党风廉政建设

市局（公司）开展党风廉政宣传教育，向69名副科级以上干部家属寄发倡廉信。针对副科级以上干部41人举办预防职务犯罪学习讲座，订购《居安思危——苏共亡党的历史教训》、《深入学习党章的基本精神》、《拒腐防变每月一课》等8部电教片160多张光盘并下发到各县（市、区）局。

宣传“两烟”生产经营纪律，强调遵守国家局关于卷烟生产经营秩序“五条纪律”、烤烟收购“七条要求”、财经纪律的“四个严禁”。做好党风廉政建设责任制的落实，制订并下发《关于对2006年党风廉政建设和反腐败工作任务进行责任分解的通知》、《2006年党风廉政建设和反腐败工作目标评分考核表》，将党风廉政建设和反腐败工作分解落实到相关部门和人员。签订党风廉政建设责任书，坚持做到分工明确、责任到人，措施到位。

遵义市烟草专卖局（公司）

遵义市烟草专卖局（公司）成立于1983年，2006年11月国家局批复，由贵州省烟草公司遵义市分公司更名为贵州省烟草公司遵义市公司。2006年，市局（公司）下辖市区、务川仡佬族苗族自治县、湄潭县、遵义县、仁怀市、习水县、道真仡佬族苗族自治县、余庆县、桐梓县、正安县、绥阳县、凤冈县、赤水市13个县级烟草专卖局（营销部），卷烟营销中心和物流配送中心2个中心，贵州遵义烟叶有限责任公司和贵州申义烟叶复烤有限责任公司2个打叶复烤企业。企业拥有资产总额286827万元，其中，固定资产85890万元、流动资产188508万元；员工4997人，其中聘用员工2364人。辖区有卷烟零售户25722户。

2006年，全市辖区完成卷烟销售89.69亿支（17.94万箱）。实现"两烟"销售收入345152万元，其中烟叶收入189895万元，卷烟收入155257万元；实现"两烟"销售毛利额130277万元，其中烟叶毛利98905万元，卷烟毛利31372万元，同比增长26.8%。实现"两烟"税利129063万元，同比增长66.02%；实现"两烟"利润66997万元，同比增长94.84%，其中卷烟利润18973万元，烟叶利润48024万元。"两烟"实现增值税16178.9万元。全市收购烤烟8.93万吨（178.52万担），销售烤烟8.95万吨（179万担）。

安顺市烟草专卖局（公司）

安顺市烟草专卖局（公司）成立于1984年，2006年11月国家局批复，贵州省烟草公司安顺分公司改制更名为贵州省烟草公司安顺市公司。2006年，市局（公司）下辖西秀区、紫云苗族布依族自治县、镇宁布依族苗族自治县、平坝县、普定县、关岭布依族苗族自治县6个县级烟草专卖局（营销部）。企业拥有资产总额42268万元，其中固定资产8524万元，流动资产32331万元；员工1239人，其中聘用员工646人。辖区有卷烟零售户11475户。

2006年，全市辖区完成卷烟销售35.28亿支（7.06万箱），与上年同比增加1.4亿支（0.28万箱），增长4.16%。实现卷烟销售收入53519万元，同比增加7351万元；单箱销售收入8874.79元，同比增加901元。实现"两烟"税利20617万元，其中，卷烟税利11091万元、烟叶税利9526万元；实现"两烟"利润11158万元，同比增加4192万元，其中，卷烟利润7009万元、烟叶利润4149万元；上缴"两烟"税收9459万元，其中，卷烟税收4082万元、烟叶税收5377万元。收购烤烟0.99万吨（19.79万担），完成计划的96.07%，同比减少0.10万吨（2.09万担），收购均价8.87元/公斤，同比增加0.75元/公斤。

六盘水市烟草专卖局（公司）

六盘水市烟草专卖局（公司）成立于1984年，2006年11月国家局批复，贵州省烟草公司六盘水市分公司改制更名为贵州省烟草公司六盘水市公司。2006年，市局（公司）下辖水城县、六枝特区、盘县3个县级烟草专卖局（营销部）。企业拥有资产总额37829万元，员工898人，其中聘用员工685人。辖区有卷烟零售户9817户。

2006年，全市辖区完成卷烟销售40.21亿支（8.04万箱），与上年同比增加1.18亿支（0.24万箱），增长3.02%。卷烟单箱销售收入9780元，同比增加1384元，增长16.48%。实现"两烟"销售收入98055万元，与上年同比增加18629万元，增长23.45%，其中，卷烟销售收入78649万元，同比增加13088万元，增长19.96%；烟叶销售收入19117万元，同比增加5297万元，增长38.33%。实现"两烟"销售毛利额25142万元，同比增加5551万元，增长28.33%，其中，卷烟销售毛利额17018万元，同比增加3233万元，增长23.45%；烟叶销售毛利额8124万元，同比增加2318万元，增长39.92%。实现"两烟"税利18365万元，同比增长13%；实现"两烟"利润14260万元，同比增长72.33%，其中，烟叶利润4135万元、卷烟利润10125万元。

黔东南苗族侗族自治州烟草专卖局（公司）

黔东南州烟草专卖局（公司）成立于1983年，2006年11月国家局批复，贵州省烟草公司黔东南州分公司改制更名为贵州省烟草公司黔东南州公司。2006年，州局（公司）下辖凯里市、丹寨县、施秉县、镇远县、岑巩县、三穗县、天柱县、锦屏县、黎平县、从江县、榕江县、雷山县、黄平县、麻江县、台江县、剑河县16个县级烟草专卖局（营销部）以及卷烟营销中心、物流中心、烟叶生产经营部、烟叶生产技术中心4个专业部门。企业拥有资产总额40053万元，其中，固定资产10513万元、流动资产28789万元；在岗员工1428人，其中聘用员工658人；中级职称28人、初级职称206人，大专以上学历447人。辖区有卷烟零售户17548户。

2006年，全州完成卷烟销售45.07亿支（9.01万箱），与上年同比增长2.4%；单箱均价8495元（含税），同比增长1.04%。其中，销售一类烟3.11亿支（0.62万箱），占总销量的6.9%；二类烟0.77亿支（0.16万箱），占总销量的1.7%；三类烟19.85亿支（3.97万箱），占总销量44%；四类烟19.9亿支（3.98万箱），占总销量的44.2%；五类烟1.45亿支（0.29万箱），占总销量的3.2%。实现"两烟"税利22886万元，同比增长166.9%，其中，卷烟税利11399万元，同比增长237.29%，烟叶税利11487万元，同比增长121.11%；实现"两烟"利润11278万元，其中，卷烟利润6276万元、烟叶利润5002万元。实现"两烟"税收11608万元，同比增长51.54%，其中，卷烟税收5124万元，同比增长72.89%，烟叶税收6484万元，同比增长38.08%。收购烟叶1.20万吨（23.98万担），完成计划的99.99%，上中等烟比例78.6%，均价8.92元/公斤，烟叶收购等级合格率81%。销售烟叶1.49万吨（29.8万担），其中新烟

0.925 万吨（18.6 万担）。

黔南布依族苗族自治州烟草专卖局（公司）

黔南布依族苗族自治州烟草专卖局（公司）成立于1984年，2006年11月国家局批复，贵州省烟草公司黔南州分公司改制更名为贵州省烟草公司黔南州公司。2006年，州局（公司）下辖都匀市、福泉市、惠水县、瓮安县、贵定县、独山县、平塘县、龙里县、长顺县、荔波县、罗甸县、三都水族自治县等12个县级烟草专卖局（营销部）。企业拥有资产总额74291万元，其中固定资产19815万元；员工1954人，其中聘用员工1127人。辖区有卷烟零售户16419户，种烟农户29765户。

2006年，全州系统实现“两烟”销售收入125061万元，与上年同比增长2.28%。完成卷烟销售49.52亿支（9.9万箱），同比增长3.53%，单箱均价8814.56元（含税），增长8.76%。实现“两烟”税利30875万元，同比增长58.66%；实现“两烟”利润22733万元，同比增长63.13%。烟叶收购2.46万吨（49.17万担），占收购计划99.5%，烟叶收购金额21161万元，均价9.73元/公斤，销售烟叶2.78万吨（55.51万担），缴纳烟叶税4835万元。签订烟叶产购合同29765份，户均种植烟叶6.63亩，同比增加0.87亩。

黔西南布依族苗族自治州烟草专卖局（公司）

黔西南布依族苗族自治州烟草专卖局（公司）成立于1983年，2006年11月国家局批复，贵州省烟草公司黔西南州分公司改制更名为贵州省烟草公司黔西南州公司。2006年，州局（公司）下辖兴义市、兴仁县、普安县、晴隆县、贞丰县、安龙县、册亨县、望谟县8个县级烟草专卖局（营销部）及兴义烟叶挑选场、兴仁烟叶挑选场。企业拥有资产总额81989万元，其中固定资产15033万元，流动资产59886万元；员工1997人，其中聘用员工1459人。辖区有卷烟零售户11859户。

2006年，全州辖区完成卷烟销售35.52亿支（7.10万箱），与上年同比增加2.57%。实现“两烟”销售收入111518万元；毛利额36511万元，同比增长3%。实现“两烟”税利44685万元，同比增长26.56%，其中，卷烟税利11251万元、烟叶税利33434万元；实现“两烟”利润23178万元，同比增长37.93%，其中，卷烟利润6868万元、烟叶利润16310万元。收购烟叶2.54万吨（50.85万担），完成计划2.55万吨（51万担）的99.72%，其中，上中等烟比例为86.29%，均价9.9元/公斤，与上年同比增加0.26元/公斤。

毕节地区烟草专卖局（公司）

毕节地区烟草专卖局（公司）成立于1983年，2006年11月国家局批复，贵州省烟草公司毕节地区分公司改制更名为贵州省烟草公司毕节地区公司。2006年，地区局（公司）下辖毕节市、大方县、黔西县、金沙县、织金县、纳雍县、威宁县、赫章县8个县级烟草专卖局（营销部），1个地区烟叶营销中心和1个控股公司（毕节顺泰烟叶有限责任公司）。企业拥有资产总额215690万元，员工8658人，其中聘用员工1515人。辖区有卷烟零售户25640户。

2006年，全地区完成卷烟销售74.26亿支（14.85万箱），与上年同比增长2.37%。实现“两烟”销售收入282100万元，其中卷烟销售收入117500万元。实现“两烟”税利86522万元，同比增长20.79%；实现利润47100亿元，消化潜亏损失33000万元。销售烟叶7.63万吨（152.6万担），实现销售收入16.46亿元。收购烟叶8.33万吨（166.6万担），完成计划的99.26%，均价8.89元/公斤。

铜仁地区烟草专卖局（公司）

铜仁地区烟草专卖局（公司）成立于1983年，2006年11月国家局批复，贵州省烟草公司铜仁地区分公司改制更名为贵州省烟草公司铜仁地区公司。2006年，地区局（公司）下辖铜仁市、玉屏县、万山特区3个烟草专卖局，松桃县、思南县、德江县、江口县、印江县、沿河县、石阡县7个烟草专卖局（营销部）。企业拥有资产总额64663万元，员工1869人，其中聘用员工1047人。辖区有卷烟零售户13408户。

2006年，全地区完成卷烟销售38.3亿支（7.66万箱），与上年同比增加1.3亿支（0.26万箱），增长3.23%。实现卷烟毛利额11803万元，同比增加1710万元。实现“两烟”税利21023万元，同比增长36.41%，其中，烟叶税利13187万元、卷烟税利7836万元；实现“两烟”利润10615万元，其中，烟叶利润4744万元、卷烟利润5871万元。收购烟叶2.53万吨（50.53万担），完成计划的89.12%；销售烟叶2.86万吨（57.13万担）。

2006年贵州省烟草商业系统主要情况统计

地市级局（公司）名称		贵阳市烟草专卖局、贵阳市烟草公司	遵义市烟草专卖局、遵义市烟草公司	安顺市烟草专卖局、安顺市烟草公司	六盘水市烟草专卖局、六盘水市烟草公司	黔东南州烟草专卖局、黔东南州烟草公司
法人代表/主要负责人		任　林	吴洪田	徐　铭	童立里	向必焰
总资产（万元）		95350	286827	42268	37829	40053
员工总数（其中聘用员工数）（人）		1416（其中聘用员工443人）	4997（其中聘用员工2364人）	1239（其中聘用员工646人）	898（其中聘用员工685人）	1428（其中聘用员工658人）
所属县级局数量（个）		10	13	6	3	16
所属县级公司数量（个）		/	/	/	/	/
所属营销部（分公司、访销中心、烟叶复烤厂、稽查大队等）		1个营销中心、1个物流中心、4个中转配送站、11个稽查大队	1个营销中心、1个物流中心、1个稽查支队、13个稽查大队、2个烟叶复烤厂	1个营销中心、1个资金决算中心、1个信息中心、1个稽查支队、1个物流配送中心、2个中转站、5个营销部、7个稽查大队	3个营销部、11个客户服务部、12个专管所、7个稽查中队、20个烟叶站	1个营销中心、1个物流配送中心、16个稽查大队、3个区域营销部
销售卷烟（亿支）		82.20	89.69	35.28	40.21	45.07
实现税利（万元）	本年	45212	129063	20617	18365	22886
	上年	40308	77739	14585	16252	8712
实现利润（万元）	本年	36114	66997	11158	14260	11278
	上年	29537	34386	6966	8275	679
烟叶种植（亩）		162400	788900	84900	99064	107437
烟叶收购（担）		348900	1785200	197900	199900	239800
零售户数（户）		17038	25722	11475	9817	17548

地市级局（公司）名称		黔南州烟草专卖局、黔南州烟草公司	黔西南州烟草专卖局、黔西南州烟草公司	毕节地区烟草专卖局、毕节地区烟草公司	铜仁地区烟草专卖局、铜仁地区烟草公司
法人代表/主要负责人		刘登乾	张锡荣	龙丽琴	陈风雷
总资产（万元）		74291	81989	215690	64663
员工总数（其中聘用员工数）（人）		1954（其中聘用员工1127人）	1997（其中聘用员工1459人）	8658（其中聘用员工1515人）	1869（其中聘用员工1047人）
所属县级局数量（个）		12	8	8	10
所属县级公司数量（个）		/	/	/	/
所属营销部（分公司、访销中心、烟叶复烤厂、稽查大队等）		1个营销中心、1个物流中心、1个烟叶复烤厂、12个稽查大队、32个稽查中队	8个营销部、1个所属访销中心、1个烟叶复烤厂（在建）	8个营销部、1个订单部、31个客户服务部、1个物流中心、6个中转部、2个分库、1个配送部、1个送货部、8个稽查大队、38个稽查中队、1个烟叶营销中心、1个烟叶复烤厂	8个区域营销部、1个稽查支队、11个稽查大队、1个烟叶复烤厂
销售卷烟（亿支）		49.52	35.52	74.26	38.30
实现税利（万元）	本年	30875	44685	86522	21023
	上年	19460	35307	64109	13368
实现利润（万元）	本年	22733	23178	47100	10615
	上年	13935	16804	33604	2747
烟叶种植（亩）		200000	196000	680000	241006
烟叶收购（担）		491700	508500	1666100	505300
零售户数（户）		16419	11859	25640	13408

（王　乾）

云南烟草

云南省烟草专卖局（公司）

概　况

云南省地处中国西南边陲，总面积39.4万多平方公里，约占全国面积的4.1%。2006年，全省总人口4270万人。云南省下辖8个地级市、8个自治州、12个市辖区、9个县级市、79个县、29个自治县、1559个乡镇。2006年全省实现地区生产总值（GDP）4001.87亿元，按可比价格计算，比上年增长11.9%。

云南省是全国的优质烟叶主产区之一，烤烟主要分布在昆明、玉溪、曲靖、红河、楚雄、大理、昭通、文山、保山、思茅、丽江、临沧等12个州（市）。近年来，全省烟叶种植面积稳定在500万亩～550万亩左右，从事种烟的农户在160万户左右，涉烟农业人口700多万人，烟叶年收购量在1500万担左右，占全国烟叶产量的1/3以上。

云南省烟草公司成立于1982年4月，云南省烟草专卖局成立于1983年11月。截至2006年底，省局（公司）下辖16个州（市）局（公司），并拥有云南省烟草科学研究所、云南省烟草职业技能鉴定站、云南省烟草烟叶公司、中国烟草云南进出口公司以及云南省烟草实业公司5个直属单位。全省烟草行业共有从业人员3.5万人，其中专业技术人员和经营管理人员8500余人。

领导成员

局长、总经理、党组书记：李万兴

副局长、党组成员：刘瑞生

纪检组长、党组成员：温宁军

副总经理、党组成员：杨经建

副总经理、党组成员：童荣昆

总会计师：丁筱森（—2006.7）

总农艺师：胡荣海

副巡视员：管自和

组织机构

省局（公司）机关设有办公室（外事办公室）、烟叶管理处、专卖监督管理处、销售管理处、综合计划处、法规处、财务管理处、审计处、科技处、人事劳资处、监察处（纪检组）、投资管理处、安全保卫处、思想政治工作处（机关党委、工会、共青团）等处室。

经济效益

2006年，累计销售卷烟678亿支（135.6万箱），与上年同比增长4.9%。其中，一类烟80.25亿支（16.05万箱），同比增长61.3%；二类烟174.85亿支（34.97万箱），同比增长14.4%；三类烟288.5亿支（57.7万箱），同比增长20.9%；四类烟117.95亿支（23.59万箱），同比减少40.1%；五类烟16.25亿支（3.25万箱），同比增长111%。

全省共种植烟叶597.02万亩，收购烟叶73.97万吨（1479.33万担），出口备货145.63万担。

全年实现“两烟”税利101.99亿元，同比增长16.8%；其中，实现税金40.87亿元，同比增长7.9%；实现利润61.12亿元，同比增长23.5%。卷烟实现税利23.9亿元，烟叶实现税利78.09亿元；卷烟实现利润23.9亿元，烟叶实现利润37.22亿元。“两烟”出口全年创汇超过1.3亿美元。

专卖管理

卷烟打假。2006年，贯彻落实《关于办理涉烟刑事案件适用法律若干问题的意见》，出台《涉烟刑事案件证据参考标准》和《关于充分运用劳动教养措施惩处涉烟违法犯罪活动的意见》。坚持打源头与打网络并重，全省共破获制售假烟网络18个，其中代号为“0601”、“0602”特大网络案的破获使打网络工作取得重大突破。在全省范围内开展4次“风暴”打假打私专项行动。全年共出动打假打私人员24.1万人次，查办假冒卷烟案件6389起、各类走私涉烟案件1009起，查获假冒卷烟4.02万件、走私烟5620件、各种制假设备290台（套），移交公安司法机关刑拘566人、逮捕291人、判刑137人。

内部专卖管理监督。重点开展全省55个单位内部专卖管理监督检查的自查、复查和重点抽查工作。加大监督管理力度，扎实进行烟叶合同、收购、经营等专项检查，确保烟叶工作顺利开展。加强准运证管理，以及涉烟原辅材料等专卖品的管理监督。

专卖基础工作。修订《云南省专卖管理组织机构、岗位设置指导意见》，统一各级专卖局的组织机构、职能职责、任职资格等条件。开展专卖“四定”工作的调研和试点。健全机构，成立铁路、民航专卖分局。加强制度建设，制订办案经费补助、案件价格

鉴定、罚没烟叶和涉烟废弃原料等管理规定。举办多期培训，统一全省的专卖举报电话，完成专卖管理信息系统一期项目的建设。

销售与网建

通过梳理营销、物流配送、电话订货等6个中心的业务流程，不断充实和完善各项工作程序、规章制度和服务标准，加强以降低物流成本为主的配送管理。逐步完善客户经理绩效考核体系，实现分拣配送到户和每个州市一个呼叫中心电话订货的方式，整合统一全省卷烟销售网络模式，有效解决网建起步晚、发展不平衡的问题。2006年，全省网建“整体推进”工作在国家局的考评验收中达到优秀。

注重品牌培育。加强货源组织，销量和效益稳步增长。加强与卷烟工业企业的协调、合作，研究实施合理的投放策略，以品牌为中心共同维护和培育卷烟市场。通过加强促销、推广和引导消费等方式，克服品牌整合带来的困难，稳定市场。针对农村市场低档烟供应不足的问题，扩大货源供应渠道，主动与省内外卷烟工业企业洽谈采购低档卷烟，提高合同履约率，基本保证市场需求。

进一步提高对零售户的服务水平。抓好零售户合理布局，积极探索建立零售户自律机制，开发运用卷烟销售管理分析系统，研究消费市场，规范经营，稳定零售价格，提高市场控制能力和零售户的满意度。全面推开明码标价工作。

烟叶生产

2006年，全省共收购烤烟73.97万吨（1479.3万担），收购金额79.8亿元，收购均价10.8元/公斤，实现烟叶税17.6亿元。

有效落实烟叶生产先进实用技术。培育高茎壮苗、深耕深翻高起垄、适时揭膜培土、适时封顶合理留叶等实用技术措施得到较好落实，进一步提高烟叶生产整体水平。加强育苗、整地、施肥、防治病虫害、烘烤等专业化服务，优质烟示范和新品种选育取得新的进展。全面推行“聚约式”收购模式和二次密码验级入库，烟叶生产组织管理模式有所创新。烟叶收购效率和等级合格率进一步提高，经国家局质检组检查，全省烟叶收购综合等级合格率为82.5%。

2006年度全省规划烟叶生产基础设施建设项目19.75万件，预计受益面积达178万亩，受益农户52.8万户，总投资约14.9亿元，其中烟草行业补贴资金10.66亿元。截至2006年底，完成烟水工程项目18.2万件，占计划量的98.6%。制定完善《云南省烤房建设规划》，加大烤房的改建和完善提升力度，组织开展对烤房的研究和选型推广工作。结合烟区布局，规划建设基层站，基层站由原来的2239个调整为1774个。完善烟叶基层体制机制，加强培训，努力提高基层人员素质。加大技术服务和科技推广力度，全面推广国家局烟叶信息管理基础软件，基本保证烟叶收购的需要，基层站的综合性职能得到较好发挥。

体制改革

2006年，全面取消县级烟草公司法人资格，先后取消昆明市、玉溪市、曲靖市、楚雄州、大理州、昭通市、保山市、文山州等8个烟叶主产区72家具有法人资格的县级烟草公司和德宏州瑞丽市、陇川县两家烟草公司的法人资格，全部改建为相应州（市）级烟草公司的分公司。

理顺资产管理关系，建立母子公司体制。构建中国烟草总公司、中国烟草总公司云南省公司、云南省各州（市）公司之间的母子公司关系。将云南省烟草公司昆明、玉溪、曲靖、红河、楚雄、大理、昭通、保山、丽江、思茅、临沧、文山、德宏、西双版纳、怒江、迪庆（州）市公司和中国烟草云南进出口有限公司、云南省烟草烟叶公司、云南省烟草实业公司各州（市）公司的资产上划中国烟草总公司云南省公司，再由中国烟草总公司云南省公司作为投资人将上划的资产下投到各州（市）公司，各州（市）公司从而成为中国烟草总公司云南省公司的全资子公司。将中国烟草总公司云南省公司的资产上划中国烟草总公司，再由中国烟草总公司作为投资人将上划的资产下投到中国烟草总公司云南省公司，中国烟草总公司云南省公司从而成为中国烟草总公司的全资子公司。各州（市）公司的名称由原来的“云南省烟草××州（市）公司”变更为“云南省烟草公司××州（市）公司”。

烟叶复烤企业的改革重组。2006年，对曲靖天然烟叶复烤有限公司、石林天合烟叶复烤有限公司转让部分股权，原控股的州（市）烟草公司保持相对控股。

企业管理

预算管理。对全省16个州（市）公司及6个直属单位的资本性支出预算提出初审方案，及时下发到各单位，确保投资项目的按时实施。2006年全省烟草商业系统的22个预算单位资本性支出预算共22.15亿元，其中，新增投资项目预算15.77亿元，在建工程投资项目预算6.39亿元。

资产管理。2006年1～11月，省局（公司）共审批下达固定资产投资计划3.34亿元，建筑面积12.63万平方米，共57个项目，其中，基建项目投资2.99亿元，技术改造项目投资3584万元；业务用车购置118辆，预算4440万元。2006年对全系统上报的150多个项目进行审查并行文批复、转报请示处理。

对工商分设后相关的资产进行划分及对所涉及的房屋产权进行变更，已完成28项房屋产权的清理核对，并与中介机构签订房屋产权变更登记的委托协议。根据国家局有关多元化投资项目的政策规定，对广东三水鸿南酒店股权转让做前期准备工作，向国家局上报股权评估备案请示，并参加了在广州市进行的鸿南酒店股权竞拍会，以1亿元的价格成功转让股权，最大限度地减少了国有资产损失。

信息化建设

根据国家局有关规定和通知的精神，省局（公司）安排部署全省烟草行业信息化工作考核，对全省烟草行业开展全面的信息化考核自查工作。

2006年按国家呼叫中心的技术要求对卷烟销售系统进行规范改造。完成云南省烟草专卖信息系统软件项目的开发、实施，完成专卖管理系统的证件、案件系统的推广、使用，行业监控软件正在试点运行中。在全省范围内统一实施“国家烟草专卖局烟叶信息管理基础软件”，成立烟叶基础软件推广领导小组，对基础软件进行推广实施。利用行业已有信息网络基础，构建省、市两级数据中心的实施建设步骤，建立正常的信息化培训机制和培训计划。

进出口贸易

中国烟草云南进出口有限公司成立于1985年，原为中国烟草进出口集团公司的成员企业。2006年，根据国家局调整进出口企业资产关系和管理体制的部署，中国烟草云南进出口有限公司改制为中国烟草总公司云南省公司的全资子公司，主要经营云南省的烟叶出口、卷烟进出口、烟丝出口和烟机辅料进出口业务。截至2006年底，公司总资产为182871万元，资产负债率5.88%，总资产收益率7.82%。共有员工91人，其中，聘用员工20人。

2006年，公司实现进出口总值16875万美元，与上年同比增长4%。其中，进口到货总值2890万美元，同比下降13%。出口总值14350万美元，同比增长7%。出口烟叶56437吨，同比增长8%；创汇11539万美元，同比增长13%。出口卷烟131807件，创汇2111万美元。出口烟丝678吨，创汇202万美元。实现利润11602万元。

狠抓出口烤烟的等级结构调整，充分利用配方打叶技术，拓展等级结构。全年实现单价超过2600美元的烤烟出口9133.93吨，比上年增长191.8%，占烟叶出口总量的16.2%。全年出口香料烟5564.23吨，比上年增加1394.32吨，出口红土晒烟316.8吨。市场集中度不断提高，欧美市场和东南亚市场的出口量分别达22364吨和24978吨，占出口总量的85%以上；其中向日本烟草销售烤烟11715吨，比上年增长69%。

思想政治工作

2006年，组织广大党员干部学习十六届六中全会《中共中央关于构建社会主义和谐社会若干重大问题的决定》和《江泽民文选》，围绕“十五”期间的成就和“十一五”烟草改革发展规划的总体目标、任务和各项工作的部署，加强对党员的教育。召开云南省烟草公司2006年政治工作会议，会议印发《中共云南省烟草专卖局关于进一步加强全省烟草公司系统党员先进性建设的意见》、《云南省烟草专卖局关于在全省系统开展“‘两个至上’在岗位”主题实践活动的意见》和《云南省烟草专卖局党组关于在全省系统开展企业文化建设的实施意见》等文件。

贯彻落实省局（公司）党组关于开展争创“四好”领导班子活动的文件精神，开展争创“四好”领导班子活动和制定实施“云岭先锋”工程的目标考核制度，切实加强各级领导班子建设和基层党组织的建设。

特事要辑

1月23日，云南省委、省政府召开2006年烟草工作座谈会，省委、省政府、省人大、省政协的主要负责同志均出席会议。

2月6日，云南省副省长程映萱召集并主持云南省烟草公司和云南中烟工业公司烤烟品种协调会。

2月13日~14日，云南省局（公司）召开烟草工作会议。

4月5日~7日，国家局局长姜成康、副局长李克明一行考察曲靖陆良县大莫古镇的基本烟田水利建设和预整地情况，以及曲靖芳华镇、红河弥勒县的商品化育苗情况。

6月7日~8日，国家局副局长何泽华到曲靖陆良县大莫古镇、芳华镇考察烟田建设情况。

6月22日，云南省人大常委会副主任戴光禄、人大财经委主任赵钰、副主任程政宁、冯毅、冯登坤、李维林等一行到云南省局（公司）考察。

7月5日~7日，2006年全国烟叶收购暨基层建设工作现场会在曲靖市召开。

8月14日，国家局副局长张保振到玉溪市调研烤烟生产和科研情况。

8月16日~17日，云南省局（公司）召开全系统局长、经理座谈会。

11月27日~30日，国家局局长姜成康、副局长李克明到云南省局（公司）考察。

12月5日~6日，全省烟叶暨基础建设工作会议在云南昆明召开。

云南省局（公司）主要统计指标汇总

实现税利（亿元）	商业利润（亿元）	销售卷烟（亿支）	烟叶种植（万亩）	烟叶收购（万担）	出口创汇（万美元）
104.83	63.01	678.00	597.02	1479.33	13000.00

所属地市级局（公司）

昆明市烟草专卖局（公司）

概　况

昆明市是云南省省会，全市总面积21501平方公里，辖盘龙区、五华区、官渡区、西山区、东川区、呈贡县、晋宁县、安宁市、富民县、宜良县、嵩明县、石林彝族自治县、禄劝彝族苗族自治县、寻甸回族彝族自治县5区1市8县，共26个民族。

昆明市烟草专卖局（公司）组建于1984年，于2003年实行工商分设，专卖局和烟草公司实行一套班子、两块牌子管理。市局（公司）实行云南省烟草公司和地方人民政府双重领导、以行业管理为主的体制。2006年取消12个县（市）区公司法人资格，下辖12个县级烟草专卖局（分公司），以及昆明市城区卷烟配送有限责任公司、石林天合烟叶复烤有限责任公司（以下简称“天合公司”）2个股份公司，实行市公司统一经营管理。2006年，总资产444561万元，其中，固定资产72580万元、流动资产320713万元。有员工3197人，其中聘用员工539人。辖区有卷烟零售户15601户。

2006年，昆明市局（公司）以抓烤烟生产经营、全市卷烟销售和专卖管理三项工作为主，获得“云南省网建工作一等奖”，并荣获“云南省内卷烟销售工作先进单位”、“全国专卖管理工作先进单位”和“全国打假打私先进单位”等称号。

领导成员

局长、经理、党委书记：郑天一

副局长、副经理、党委委员：赵树昆

副局长、党委委员、纪委书记：赵　斌

副经理、党委委员：杨晓安

总会计师：徐　宏

组织机构

市局（公司）机关设办公室、劳动人事部、财务管理部、审计部、专卖监督管理办公室、卷烟经营部、烟叶生产经营部、企业管理部、纪检监察部、安保部。

经济效益

2006年，全市累计销售卷烟100.8亿支（20.16万箱）。实现“两烟”销售收入780000万元（含卷烟360000万元，烤烟420000万元），与上年同比增长7%。实现“两烟”税利137000万元（含烤烟96000万元，卷烟41000万元），同比增长10.48%。其中，完成税金49000万元，同比增长6.76%，实现利润88000万元，同比增长12.53%。卷烟实现利润36969万元，烟叶实现利润60027万元。

全市共收购烟叶9.06万吨（181.28万担），占收购计划的99.75%。资产负债率21.97%，同比下降2.28个百分点。销售利润率12%，同比提高0.32个百分点。国有资本保值增值率114%，同比下降1个百分点。

烟叶生产

规范烟叶收购合同。围绕“稳定规模，稳定政策”这一指导思想，全市以落实烟叶收购合同制为主线，强化规范。在统一合同文本的基础上，结合“国家局烟叶信息管理基础软件”使用，严格签订程序，严格指导监督，严格合同管理，严控育苗数量，种烟农户100%签订合同，合同100%公示，并多阶段进行量产评估，确保“合同、育苗、面积”三吻合，“双控”政策实施得到落实。全年共与烟农签订合同198720份。

烤烟种植、收购。烤烟育苗以“高茎壮苗深栽”为中心任务，重点加强病毒病防控技术措施的落实和商品化育苗的全面推行，抓好常规集中育苗和无土化漂浮育苗。全市育苗播种时间更趋合理，播种计划切合实际，其中漂浮育苗有92%达到壮苗标准。全市于5月12日全面完成65万亩移栽任务，其中，谷雨移栽49.2万亩，占计划79.3%

2006年，全市收购的烟叶中，上等烟占36.35%，中等烟占55.4%。实现烟农收入95100万元，烟叶税20900万元，占计划的99.75%。全市烟叶抽检等级合格率达86.8%。

基础设施建设。2006年，全市基础设施建设投资11163.43万元，其中，烟水配套工程10129.43万元，烤房建设1034万元，工程基本在2006年底前完成施工。烟水工程建设涉及12个种烟县（市、区）56个

乡镇186个村，新增水利受益面积14.19万亩，受益农户3.52万户。全市共新建标准化普通烤房6707座，新建烤房294座，改建烤房1798座，改造KMZ－Ⅰ型自动化控制烤房1255座，新建各类密集烤房15座。

销售与网建

组织货源。基于省内低端卷烟严重供给不足的状况，加大对部分省外低档卷烟的引进，加大宣传、推广工作力度，引导市场消费，2006年省外低档卷烟销售量较2005年增长13倍，基本保证了低档卷烟在昆明市场的供应。

卷烟明码标价。完成卷烟零售明码标价工作，卷烟零售客户使用统一印发的标价签，依照规定公开标示卷烟价格、出售卷烟，并做到诚信经营，为维护卷烟市场秩序、消费者利益和稳定卷烟零售价格起到积极作用。

客户服务。2月至12月，市局（公司）分7个阶段组织开展"客户服务技能提升活动"，涉及卷烟零售客户共3586户，活动以提高零售客户的盈利水平和满意度为重点，通过对部分高效品牌的推广及促销，提升零售客户的盈利能力，提高新老品牌卷烟的推广及市场培育能力。组织卷烟工业企业客户营销人员、零售客户共180人开展个性化服务活动。为13000余户守法诚信经营零售客户配备服务标牌，为全区集团客户发放《卷烟零售客户服务宣传册》，《烟草专卖法规知识宣传手册》，为大部分零售客户制作《客户服务营销指导建议书》，对客户进行有效的营销指导，帮助客户提高盈利水平。

按照国家局《烟草零售业态分类标准》，对全区卷烟客户零售业态分类进行重新测算，制定《云南省烟草昆明市公司零售客户分类服务标准》。7月在全区正式实施新的客户分类服务工作。

信息化建设

结合新的卷烟零售客户分类服务标准，开发网上配货系统、升级数字化仓库系统、物流配送系统、数字化仓储系统、分拣系统、客户关系管理系统、电话订货系统等，实现各系统的高度整合，增强网络运营能力。规范信息系统管理，建立系统应急预案、系统故障申报制度、系统故障分析制度和系统故障责任追究制度。增加集团客户服务中心系统软件功能；完善销售管理系统；更改电话订货系统操作界面，保持数据与国家局接轨；整合和增加客户关系管理系统功能模块；对物流配送系统、分拣系统进行改造，不断完善数字化仓库出库系统。

专卖管理

法规宣传。以"3·15国际消费者权益日"和"6·29烟草专卖法颁布纪念日"为契机，采取设立咨询服务台、发放宣传资料、展示假冒卷烟、讲解真假烟识别知识等宣传方式，组织开展大规模的烟草专卖法律、法规宣传活动。3月15日，组织20余名工作人员在金马碧鸡广场展示打假成果，向群众发放宣传资料1000余册，接待咨询群众300人次。

卷烟打假。根据《云南省"两烟"打假打私领导小组办公室关于在全省开展"风暴一、二、三号"清理整顿卷烟市场专项行动的通知》要求，分别于6月、7月、9月三个时段开展三次卷烟打假行动，全市共出动4615人次，出动车辆675台次，检查市场卷烟经营户6425余户，查处违法经营户（包含无证户）498起。2006年共出动打假打私人员30576人次，查处各类涉烟违法案件1958起，其中，查处无证运输案件263起，无证经营案件107起，走私烟案件18起，非渠道卷烟案件316起，假烟案件1254起。查处各品牌假冒卷烟12966.9件，捣毁制假贩藏假窝点248个，查获制假设备226台，查处走私烟（回流烟）147.28件，查处非渠道卷烟3302件，查处烟丝、烟叶合计203吨。公安机关立案侦查36起，拘留涉烟违法分子140人，逮捕91人，各级法院对涉烟犯罪分子判有期徒刑15人，销毁制假设备203台，销毁假烟8633.9件。

专卖队伍建设。3月27日至28日，举办"2006年度业务培训会"，参加人员136人。6月28日至30日，组织172人进行案件管理子系统的操作培训。10月20日，成立"昆明市官渡区保安服务中心快速应急保安大队"。

企业管理

财务审计。完成云南省局（公司）本级和所属12家烟草企业的净资产划转到中国烟草总公司申办工作，修订昆明市局（公司）财务管理制度。开展多元化投资清理登记及清产核资工作，清理上报处置不良资产，促进国有资产的保值增值。

强化审计职能，建立健全以项目法人制、招投标制、合同管理制、质量责任制的"四制"为核心，以组织领导、计划管理、资金管理、质量保障、工程验收"五大体系"为保障的建管机制，确保工程建设的过程控制，同时狠抓项目可行性论证、工程监理（监督）、工程验收和工程造价及资金审计四项工作，进一步确保"项目、资金、质量"三个到位。

人事劳资。坚持标准，严格程序，改善领导班子年龄结构，将一批政治思想素质好、工作能力强的年轻干部选拔到各级领导岗位上来。对12个县（市）区局（公司）和天合公司、城区公司的领导班子进行调整和充实。

加大干部绩效考核和监督的力度。从严格管理和关心爱护干部出发，把对干部监督贯穿于干部培养教育、考察考核、选拔任用、日常管理的各个环节，建立健全强化预防、及时发现、严肃纠正的监督工作机制。

以《劳动法》为依据，根据国家局《关于开展烟草行业依法规范劳动关系专项检查的通知》，加大对企业劳动工资的监督检查力度，组织进行劳动关系自查自纠及整改，规范企业劳动用工行为，全市行业企业劳动争议案件比往年有所减少。规范劳动工资管理贯彻执行国家的劳动工资政策、行业工资管理规定、工效挂钩政策，落实国家局劳动工资宏观调控总量计划。

安全工作。进一步落实“纵向到底，横向到边”的全员安全生产责任制，把安全生产的责任分解到各单位、各部门和个人。对已有的规章制度进行逐级逐岗的全面整理、修订和落实。加大安全检查力度，消除事故隐患，防止各类事故发生。年内，实现死亡事故为零、重伤事故为零、重大火灾事故为零、重大设备事故为零、重大交通事故为零的“五个为零”工作目标。

党风廉政建设

以开展保持共产党员先进性教育活动为契机，将党风廉政建设和反腐败工作与先进性教育活动有机结合起来，全面实施惩治和预防腐败体系。

重视职工广泛关注、反映强烈的问题，树立纠风工作无小事的大局观，始终按照“管行业必须管行风”的原则，加大治理卷烟经营和烤烟生产中滋生不正之风的力度。从职工群众反映强烈的热点问题入手，切实纠正以权谋私、以烟谋私的不正之风。积极参与治理卷烟体外循环的检查工作；增强干部任免的透明度，对拟提拔任用的干部进行民主推荐、民主测评、任前公示，让职工群众直接监督干部的任用。

玉溪市烟草专卖局（公司）

玉溪市烟草专卖局（公司）组建于1982年，2006年分别取消红塔区、峨山县、通海县、江川县、澄江县、易门县、元江县、新平县、华宁县9个县级公司法人资格。截至2006年底，下辖红塔区、澄江县、江川县、通海县、华宁县、峨山县、新平县、元江县、易门县9个县级烟草专卖局（分公司）。2006年，资产总额340225万元，其中固定资产净值66169万元。员工总数1094人，其中聘用员工373人。辖区有卷烟零售户6224户。

2006年，全市共完成辖区卷烟销售35.02亿支(7.004万箱)，其中，一、二类烟销量13.49亿支(2.7万箱)，与上年同比增长29.88%。实现销售收入70707万元，同比增长11.28%；单箱销售收入10095元/箱；累计毛利15660万元。综合平均毛利率22.15%，同比增长17.38%。全年共种植烤烟68.88万亩，收购烤烟9.3万吨（186万担)，完成省公司下达任务的106%。

全年实现“两烟”税利101012万元，与上年同比下降9.03%，其中，卷烟实现税利11753万元、烟叶实现税利89259万元。实现“两烟”利润60540万元，其中，卷烟实现利润8681万元、烟叶实现利润51859万元。

2006年，大力推行“准采证”制度、强化烘烤管理，适时封顶留足叶片、坚持成熟采烤、烟叶烘烤质量不断提高。卧式密集烤房建设在2005年新建卧式密集烤房25群320座基础上，2006年建成766座，可烤面积达2万亩以上。

全年共查处涉烟违法案件555件，没收非法卷烟1229.586件、烟叶891.78吨、烟丝12.3吨，罚没款177.75万元，司法、公安机关刑事拘留涉烟违法犯罪嫌疑人55人，批准逮捕26人，判刑11人。

曲靖市烟草专卖局（公司）

曲靖市烟草专卖局（公司）成立于1982年，截至2006年底，下辖宣威市、会泽县、富源县、沾益县、陆良县、师宗县、罗平县、马龙县8个烟草专卖局（分公司)、曲靖市烟草公司麒麟区分公司，以及曲靖烟叶有限公司、曲靖天然烟叶复烤有限责任公司两个专业公司。共有员工5374人，其中聘用员工1659人。有总资产627301万元，其中固定资产154408万元。辖区共有卷烟零售户14927户。

2006年，开展全员营销和挂钩联系零售户试点、“网上配货”试点和明码标价工作。引入邮政参与合作，拓宽电子结算和物流配送渠道。全市辖区销售卷烟90.4亿支（18.08万箱)，与上年同比增长6.55%。实现“两烟”销售收入649000万元，同比增长6.13%。实现“两烟”税利200931万元，同比增长19.22%；其中，完成税收92900万元，同比增长13.56%；实现利润108000万元，同比增长24.55%。实现卷烟利润3.1亿元，同比增长30.03%。

全年移栽烤烟127.58万亩，收购烟叶17.35万吨(347万担)，实现收购总值198300万元，均价11.43元/公斤；销售烟叶17.75万吨（355.06万担)。2006年，完成基本烟田建设36.67万亩，新改建QJⅢ型烤房1111座。全市漂浮育苗推广面积106.72万亩，机械深耕面积71万亩，大田轮作比例达81%以上。

采取“统一入库点、统一入库模式、统一入库人员管理、统一入库质量眼光”的“四统一”管理办法组织烟叶入库，烟叶入库工作10月中旬全面结束。工商交接降变比率降为0.25%，达到历史最高水平。11月底前完成全年调拨销售计划，实现初烟零库存的目标。

红河哈尼族彝族自治州烟草专卖局（公司）

红河哈尼族彝族自治州烟草专卖局（公司）组建于1983年12月28日，2003年1月7日从红河州烟草专卖局、红河州烟草公司、红河卷烟厂“三合一”企业中分设出来。截至2006年底，下辖弥勒县、泸西县、建水县、石屏县、开远市、个旧市、蒙自县、河口瑶族自治县、金平苗族瑶族傣族自治县、红河县、屏边县、元阳县、绿春县13个县级烟草专卖局（经营部、营销部）以及红河打叶复烤有限公司、泸西烟叶复烤厂。有总资产328369万元，其中，流动资产174089万元。共有员工5044人，其中聘用员工3233人。辖区共有卷烟零售户11292户。

2006年，全州完成辖区卷烟销售61.73亿支（12.35万箱），与上年同比增长6.23%。实现销售收入124398万元，同比增长26.9%。卷烟销售毛利25875万元，同比增长37.89%。实现“两烟”税利102061万元，同比增长17.46%。其中，实现税收39583万元，同比增长15.62%；实现利润62478万元，同比增长18.66%。

全年收购烟叶7.81万吨（156.1万担），完成收购计划的100%，其中，上等烟叶占64%、中等烟叶占27.5%、上中等烟叶比例达91.5%，收购均价11.44元/公斤，上缴烤烟农特税及附加税1.9639亿元。调拨烟叶7.97万吨（159.48万担）。2006年，全州有种烟农户151304户，种植烤烟55.7万亩。建立漂浮育苗小棚121324个，发放烟苗6.7亿株，移栽面积55.7万亩。全州规划烟区水利工程项目21397件，总投资13469.249万元，工程项目受益农户58608户，受益面积12.73万亩。改建并验收合格的烤房有4672座。

2006年全州共查处涉烟违法案件705起，查获假冒卷烟415.57件，收缴烟叶2033.31吨，总罚没款415.57万元。公安司法机关刑拘犯罪嫌疑人19人，逮捕21人，拘役1人，判处有期徒刑9人。

大理白族自治州烟草专卖局（公司）

大理白族自治州烟草专卖局（公司）组建于1984年1月，2006年取消10家县级公司法人资格，截至2006年底，下辖大理市、祥云县、宾川县、弥渡县、洱源县、巍山县、南涧县、永平县、鹤庆县、剑川县、云龙县、漾濞彝族自治县12个县级烟草专卖局（分公司），以及云南烟草宾川白肋烟有限责任公司、云南省烟草大理烟叶复烤有限责任公司两个控股公司。有总资产289500万元，其中所有者权益114500万元。共有员工2134人，其中聘用员工806人。共有卷烟零售户10001户。2006年，大理州局（公司）被授予“云南省烟草公司系统‘十·五’科技创新先进集体”、“精神文明单位”等称号。

2006年，全州辖区销售卷烟56.29亿支（11.26万箱），实现“两烟”销售收入453600万元，与上年同比增长13.8%。实现“两烟”税利71700万元，同比增长29.42%，其中，卷烟实现税利20000万元，烟叶实现税利51700万元。完成“两烟”税收35000万元，同比增长9.26%。实现“两烟”利润36700万元，其中，烟叶利润21100万元、卷烟利润15600万元。

2006年，大理州共收购烟叶6.85万吨（136.99万担），其中，上等烟、中等烟比例分别为44.99%、45.1%，收购均价11.19元/公斤，实现烟农收入83700万元。收购白肋烟0.25万吨（5万担）。全年共投入资金15300万元用于烟水工程建设，累计建设工程90006件，其中标准化水窖89008个；投资5169万元，用于烤房改造，截至2006年底，累计新建标准化烤房102847座，密集式烤房122座，自动化改造3450座；投资11800万元，改造改建一批标准、规范、适用的基层站（点）。

2006年，全州累计查处涉烟违法案件2234起。其中，无证运输卷烟案件316起，无证经营卷烟案件252起，走私烟案件2起，假冒商标卷烟案件996起，非法渠道进货卷烟案件668起。查扣假非私卷烟4039.18件，查扣烟叶236.78吨。出动打假打私37204人次，捣毁制假窝点6个。

楚雄彝族自治州烟草专卖局（公司）

楚雄彝族自治州烟草专卖局（公司）始建于1982年7月，截至2006年底，下辖楚雄市、双柏县、牟定县、南华县、姚安县、大姚县、永仁县、武定县、禄丰县9个县级烟草专卖局（分公司）、元谋县营销部、1个烟叶复烤企业、1个控股合资企业。有总资产276015万元，其中固定资产33000万元。共有员工2454人，其中聘用员工579人。辖区内有卷烟零售户7646户。

2006年全州辖区销售卷烟39.91亿支（7.98万箱），与上年同比增长2.89%；其中，一类烟5.04亿支（1.009万箱），同比增长62.06%；二类烟8.42亿支（1.68万箱），同比增长14.3%；三类烟16.4亿支

(3.28 万箱)，同比增长 16.04%；四、五类烟 10.04 亿支（2.009 万箱），同比减少 29.16%。全年实现卷烟销售收入 258500 万元，同比增长 15.09%；单箱销售额 12264 元，综合毛利率 25.01%。实现“两烟”税利 85200 万元，同比增长 27.9%，其中，卷烟实现税利 15400 万元、烟叶实现税利 69800 万元；实现“两烟”利润 47900 万元，同比增长 41.71%，其中，卷烟实现利润 11500 万元、烟叶实现利润 36400 万元。

2006 年，全州种植烤烟 50.5 万亩，收购烟叶 7.37 万吨（147.3 万担）（含出口备货 24.3 万担），烟叶收购等级综合合格率 80.54%，上等烟比例 45.24%，收购均价 11 元/公斤，烟农户均收入 3937 元。

2006 年，全州漂浮育苗配套面积 50 万亩，占移栽面积的 99%，商品化率达 96%；机械深耕面积 21 万亩，占种植面积的 41.8%。2006 年全州完工的基本烟田水利设施项目达 37065 件。建成卧式密集型烤房 397 座；规划改造建设烟叶站 10 个，烟叶收购点 8 个。

昭通市烟草专卖局（公司）

云南省烟草公司昭通市公司、昭通市烟草专卖局分别组建于 1982 年、1984 年，1986 年统一上划，实行农、工、商，产、供、销一体化“三合一”体制。截至 2006 年底，下辖昭阳区、鲁甸县、巧家县、镇雄县、彝良县、威信县、大关县、永善县、盐津县、绥江县、水富县 11 个县级烟草专卖局（分公司）以及 1 个三产部门——云南省烟草公司昭通市公司画苑宾馆。有总资产 205194 万元，共有员工 2428 人，其中聘用员工 588 人。辖区有卷烟零售户 11415 户。

2006 年全市辖区销售卷烟 73.06 亿支（14.61 万箱），与上年同比增长 6.6%，实现卷烟销售收入 140852 万元。全年实现“两烟”销售收入 241364 万元，同比增长 13.37%。实现“两烟”税利 54112 万元，同比增长 37.7%；其中，实现税金 22672 万元，同比减少 9.45%；实现利润 31440 万元，同比增长 120%。实现卷烟税利 24312 万元，烟叶税利 29800 万元；实现卷烟利润 19396 万元，烟叶利润 12044 万元。

全市共完成烤烟收购 4.75 万吨（94.99 万担）(含出口备货 11 万担)，上中等烟比例 77.77%，综合等级合格率 81.63%。

全市共办理各类涉烟违法案件 2326 起，收缴罚没款 170.75 万元，没收假烟 3582.23 万支，捣毁制假窝点 11 个。移送公安司法机关案件 14 起，逮捕违法人员 15 人，拘留 18 人，判刑 11 人。共查处烟叶案件 77 起，涉案烟叶 189 吨，价值 567078.6 元，罚没款 326917.9 元。

保山市烟草专卖局（公司）

保山市烟草专卖局（公司）组建于 1988 年，截至 2006 年底，下辖隆阳区、腾冲县、龙陵县、施甸县、昌宁县 5 个县级烟草专卖局（分公司）。有总资产 157726 万元，其中固定资产 37605 万元。员工总数 1518 人，其中，聘用员工 471 人。共有卷烟零售户 7430 户。

2006 年，全市辖区销售卷烟 37.59 亿支（7.52 万箱），实现卷烟销售收入 126699 万元，与上年同比增长 23.04%。实现“两烟”销售收入 307980 万元，同比增长 21.03%。实现“两烟”税利 61908 万元，同比增长 40.36%，其中，完成税收 25567 万元，同比增长 10.87%；实现利润 36341 万元，同比增长 72.68%。实现卷烟税利 11884 万元，卷烟利润 9555 万元。实现烟叶税利 50024 万元，烟叶利润 26786 万元。

2006 年，收购烤烟 3.88 万吨（77.5 万担），其中上等烟比例 39.51%，中等烟比例 49.68%，收购上等烟等级合格率 76.9%、综合等级合格率 79.6%。全市规划烟水工程项目总投资 11981 万元；计划工程项目 27711 件，其中，新建水窖 27669 件（口）、管网（桩灌）42 件，受益种烟面积 12.84 万亩，受益农户 39221 户。

2006 年全市共出动专卖执法办案 17477 人次，查办各种涉烟违法案件 1250 起，其中，查办烤烟违法案件 32 起，没收烤烟 211.12 吨，罚没变价款 98.6 余万元；查办卷烟违法案件 1218 起，涉及假烟 1325.04 件，走私烟 370.47 件，案值约 1150 万元。向公安司法部门移送案件 25 起，刑拘 21 人，逮捕 10 人，判刑 6 人。

丽江市烟草专卖局（公司）

丽江市烟草专卖局（公司）成立于 1985 年，截至 2006 年底，下辖永胜县、华坪县、玉龙纳西族自治县、宁蒗彝族自治县 4 个县级烟草专卖局（营销部）。有总资产 56331 万元，其中净资产 27850 万元。共有员工 481 人，其中聘用员工 110 人。辖区有卷烟零售户 3796 户。

全市辖区销售卷烟 19.57 亿支（3.91 万箱），实现卷烟销售收入 52000 万元。实现“两烟”销售收入 78558 万元，与上年同比增长 14.24%。实现“两烟”税利 20192 万元，同比增长 26.75%；其中，税金 7638 万元，同比增长 2.3%；实现利润 12554 万元，同比增长 48.32%。实现卷烟税利 5585 万元，实现烟叶税利 14607 万元。

全年种植烤烟9.5万亩，收购烟叶约1.3万吨（26万担），其中中上等烟叶占92.3%，烟农户均收入6116元。新建立式炉小烤房3925座，实施立式炉烤房改造1659座，三台改四或五台322座，智能化烤房改造739座，其中200座智能化烤房投入使用，全市小烤房达到30589座。共建小水窖1307个、水池725个、沟渠工程95件，管网工程66件，受益农户10799户，受益面积36063亩。

2006年，开展"高原风暴一号"、"风暴二号"、"风暴三号""风暴四号"打假专项行动，出动专卖执法人员6100人次，查处案件317起，查扣卷烟168.94万支，其中，假冒烟145.24万支，烟叶28吨，罚没款40.21万元。

文山壮族苗族自治州烟草专卖局（公司）

文山壮族苗族自治州烟草专卖局（公司）组建于1984年7月，2006年取消8个县级公司法人资格，建立母子公司体制。截至2006年底，下辖文山县、砚山县、西畴县、麻栗坡县、马关县、丘北县、广南县、富宁县8个县级烟草专卖局（分公司）以及文山州复烤厂、瑞和大酒店。有总资产164193万元，其中固定资产54565万元。共有员工1083人，其中聘用员工489人。辖区有卷烟零售户7506户。

2006年，全州辖区完成卷烟销售40.3亿支（8.06万箱），实现卷烟销售收入73274万元，与上年同比增长13.69%，销售毛利15503万元，同比增长22.65%。实现"两烟"税利45331万元，同比增长4.71%；其中，完成税收20719万元，实现利润24612万元。

2006年完成烤烟移栽28.46万亩，收购烟叶3.7万吨（73.9万担），其中上等烟叶比例达37%。实现烟农收入38000万元，实现烟叶税收8293万元。

2006年，省局（公司）批准基本烟田建设面积10.33万亩，规划建设烟水工程8380件，总投资6536.33万元。实际完成烟水工程建设项目8695件，其中，小水窖8600件、水池11个、沟渠19件、管网64件、小坝塘1个。新建智能化烤房151座、自动化烤房4座、标准化烤房群90群1234座，改造老烤房1135座。

2006年，成功组织5次"高原风暴"专项行动，共查处涉烟案件901件，罚没金额384.84万元；查获假冒卷烟1136.88件，烟叶2289.81吨，烟梗273.37吨，烟丝60.52吨，走私卷烟10.75件，查获贩藏假烟窝点1个，捣毁制假窝点3个；配合公安司法机关逮捕拘留犯罪嫌疑人9人，判处有期徒刑7人，劳动教养1人，其他处罚1人。

德宏傣族景颇族自治州烟草专卖局（公司）

德宏傣族景颇族自治州烟草专卖局（公司）组建于1989年，2006年取消瑞丽、陇川两个县级烟草公司法人资格。截至2006年底，下辖潞西市、瑞丽市、陇川县、盈江县、梁河县5个县级烟草专卖局（营销部），是卷烟纯销企业。有总资产18806万元，其中固定资产5923万元。共有员工125人，其中聘用员工40人。辖区有卷烟零售户3069户。

2006年，全州辖区销售卷烟16.75亿支（3.35万箱），实现卷烟销售收入32157万元。卷烟经营平均毛利率22.6%，比上年增加0.6个百分点。实现税利5057万元，与上年同比增长58.3%；其中，实现利润3624万元，同比增长57.65%。

2006年，全州共出动打假打私人员3044人次，车辆892台（次），查处涉烟违法案件382起，没收卷烟3619.8件、烟叶79.2吨、烟丝28.5吨、烟梗0.47吨、滤嘴棒113万支、卷烟纸582盘、商标标识25.5万张、YJ14卷烟机1台，切丝机2台、水松纸6箱。配合公安部门先后拘留59人，逮捕34人。12人被人民法院判刑。

为提高卷烟零售客户满意度、忠诚度及贡献度，2006年德宏州局（公司）成立零售户自律组织，全州共建立零售户自律组织68个，其中盈江25个，陇川23个，瑞丽14个，梁河4个，潞西2个。

西双版纳傣族自治州烟草专卖局（公司）

西双版纳傣族自治州烟草专卖局成立于1991年6月，云南省烟草公司西双版纳州公司于1993年1月成立。截至2006年底，下辖景洪市、勐海县、勐腊县3个县级烟草专卖局（市场室），控股企业有新傣园酒店管理有限公司。资产总额20558万元，其中所有者权益17371万元。共有员工665人（含控股企业职工445人），其中聘用员工548人。辖区有卷烟零售户3090户。

2006年，辖区销售卷烟16.53亿支（3.31万箱），与上年同比增长6.1%。实现销售收入37020万元，同比增长25.25%；实现税利4965万元，同比增长87.57%；实现利润2944万元，同比增长70.1%。

2006年内开展"高原风暴"、"风暴一号"、"风暴二号"、"风暴三号"打假专项行动，共查处涉烟违法案件208起，查获非法卷烟376.8件，案值合计74.3万元。全年共查处各类烟草违法案件451起，查获违法卷烟1646.58件；案值合计348.24万元。依法移送公安机关的涉烟案件24起，公安机关立案侦察

10起，刑事拘留30人，批捕1人。

怒江傈僳族自治州烟草专卖局（公司）

怒江傈僳族自治州烟草专卖局（公司）组建于1994年8月。截至2006年底，下辖兰坪白族普米族自治县、贡山独龙族怒族自治县、福贡县3个县级烟草专卖局。共有员工125人，其中聘用员工60人。有总资产8983万元，其中固定资产2600万元。辖区有卷烟零售户1469户。

2006年，全州完成卷烟销售11.2亿支（2.24万箱），实现销售收入26753万元，与上年同比减少32.43%；销售毛利额5424万元，毛利率20.27%。实现税利3628万元，同比减少38%。其中，完成税收928万元，同比增长4.38%；实现利润2700万元，同比减少45.59%。

思茅市烟草专卖局（公司）

思茅市烟草专卖局（公司）组建于1992年。截至2006年底，下辖景东彝族自治县、镇沅彝族哈尼族拉祜族自治县、墨江哈尼族自治县、景谷傣族彝族自治县、普洱哈尼族彝族自治县、江城哈尼族彝族自治县、澜沧拉祜族自治县、孟连傣族拉祜族佤族自治县、西盟佤族自治县和翠云区10个县级烟草专卖局（营销部）。有总资产50457万元。共有员工722人，其中聘用员工300人。辖区有卷烟零售户5014户。

2006年销售卷烟36.12亿支（7.22万箱），与上年同比增长3.03%。实现销售收入100600万元，同比增长25.77%。单箱销售收入9273元，同比增长12.77%。实现“两烟”税利16856万元，同比增长8.15%，其中，完成税收7295万元，同比增长10.11%；实现利润9561万元，同比增长6.7%。卷烟实现税利10647万元，同比增长7.69%；烤烟实现税利6694万元，同比增长17.46%，其中，实现利润2095万元，同比增长87.72%。综合费用率22.02%，同比下降1.01个百分点。

2006年，共有22712户烟农种植烤烟，收购烟叶6.2万吨（31万担），其中，上等烟叶占收购量的42.9%，与上年同比提高10.14个百分点；中等烟叶占收购量的43.87%，同比下降3.67个百分点；下等烟叶占收购量的13.23%，同比下降6.51个百分点。实现烟农收入15903万元，烟农户均收入7002元。2006年新建烤房5700座，其中，10座以上集中建盖96群1655座，5座以上集中建盖38群230座，YQⅢ型智能化密集型烤房5群98座，烤房群共1983座；对2006年新建烤房进行自动控温控湿小烤房改造510座；新建烟叶收购站4个，扩建烟叶收购站（点）7个。

2006年，全市共查处各类烟草违法案件638起，查获各类涉案卷烟1681.8件，查获烟叶31.97吨，烟丝22.42吨，合计案值339.38万元。摧毁制售假冒卷烟网络3个，捣毁制假窝点1个，贩藏假窝点9个，公安司法机关刑事拘留43人，逮捕23人，判刑19人。

临沧市烟草专卖局（公司）

临沧市烟草专卖局（公司）组建于1985年6月，截至2006年底，下辖永德县、云县、凤庆县、临翔区、镇康县、双江拉祜族佤族布朗族傣族自治县、沧源佤族自治县、耿马傣族佤族自治县8个县级烟草专卖局（分公司）。有总资产26542万元。共有员工751人，其中聘用员工304人。辖区有卷烟零售户数5041户。

2006年销售卷烟35.26亿支（7.05万箱），与上年同比增长5.22%。实现“两烟”销售收入56902万元，同比增长12.2%。卷烟单箱销售收入9142元，同比增长20.05%。实现“两烟”税利11798万元，同比增长27.31%，其中，实现税金5305万元，同比增长20.08%；实现利润6493万元，同比增长33.44%。卷烟实现税利8383万元，实现利润5789万元；烟叶实现税利3415万元，实现利润704万元。

2006年，全市共种植烤烟6.79万亩，完成指令性烟叶收购计划0.78万吨（15.67万担），完成出口备货计划2.16万担。

全市查办涉烟违法案件910起，其中刑事立案41起。

迪庆藏族自治州烟草专卖局（公司）

迪庆藏族自治州烟草专卖局（公司）组建于2002年3月。根据迪庆州作为卷烟纯销区的特点，全州只设一个州公司为核算中心，撤销与原县级贸易局和署的县级专卖机构，成立非独立核算的配送中心和一个执法大队。下设德钦县、维西傈僳族自治县、香格里拉县、奔子栏镇、白济汛镇、虎跳峡镇、其宗镇7个区域营销中心。共有员工104人，其中聘用员工12人。有总资产5432万元，其中固定资产1762万元。辖区有卷烟零售户1803户。

2006年，全州完成辖区卷烟销售7.5亿支（1.5万箱），实现销售收入14955万元，与上年同比增长25.28%；销售毛利3331万元，同比增长32.24%。实现税利1573万元，同比增长24.94%；其中，完成税收602万元，同比增长27.27%；实现利润971万元，同比增长23.54%。

2006年云南省烟草商业系统主要情况统计

地市级局（公司）名称		昆明市烟草专卖局、云南省烟草公司昆明市公司	玉溪市烟草专卖局、云南省烟草公司玉溪市公司	曲靖市烟草专卖局、云南省烟草公司曲靖市公司	红河州烟草专卖局、云南省烟草公司红河州公司	大理州烟草专卖局、云南省烟草公司大理州公司
法人代表/主要负责人		郑天一	邓小刚（2006.4－）	高体仁	谷 宏	宋利民
总资产（万元）		444561	340225	627301	328369	289500
员工总数（其中聘用员工数）（人）		3197（其中聘用员工539人）	1094（其中聘用员工373人）	5374（其中聘用员工1659人）	5044（其中聘用员工3233人）	2134（其中聘用员工806人）
所属县级局数量（个）		13	9	9	13	12
所属县级公司数量（个）		/	/	/	/	/
所属营销部（分公司、访销中心、烟叶复烤厂、稽查大队等）（个）		12个分公司、1个营销中心、16个专卖稽查大队	9个分公司、1个营销中心、1个物流中心、9个中转站、9个稽查大队	8个分公司、1个营销中心、1个物流中心	1个营销中心、1个物流中心、13个配送站	12个分公司、1个营销中心、1个物流中心、1个配送站
销售卷烟（亿支）		100.80	35.02	90.40	61.73	56.29
实现税利（万元）	本年	137000	101012	200931	102061	71700
	上年	124100	111926	168542	86888	55419
实现利润（万元）	本年	88000	60540	108063	62478	36700
	上年	78200	65816	86765	52652	23068
烟叶种植（亩）		650000	688800	1275800	557000	480787
烟叶收购（担）		1812800	1860000	3470000	1561000	1369900
零售户数（户）		15601	6224	14972	11292	10001

地市级局（公司）名称		楚雄州烟草专卖局、云南省烟草公司楚雄州公司	昭通市烟草专卖局、云南省烟草公司昭通市公司	保山市烟草专卖局、云南省烟草公司保山市公司	丽江市烟草专卖局、云南省烟草公司丽江市公司	文山州烟草专卖局、云南省烟草公司文山州公司
法人代表/主要负责人		段应泽	何兴普	包 毅	张卫国	杨世田
总资产（万元）		276015	205194	157726	56331	164193
员工总数（其中聘用员工数）（人）		2454（其中聘用员工579人）	2428（其中聘用员工588人）	1518（其中聘用员工471人）	717（其中聘用员工346人）	1083（其中聘用员工489人）
所属县级局数量（个）		10	11	5	4	8
所属县级公司数量（个）		/	/	/	/	/
所属营销部（分公司、访销中心、烟叶复烤厂、稽查大队等）（个）		9个分公司、1个营销中心、1个物流中心、10个配送站、10个稽查大队	11个分公司、1个营销中心、1个物流中心、11个配送站、11个稽查大队	5个分公司、1个客服中心、1个物流中心、1个电话订货中心、1个电子结算中心、1个督查考评组、1个稽查大队	1个营销中心、1个物流中心、1个配送站	8个分公司、1个营销中心、1个物流中心
销售卷烟（亿支）		39.91	73.06	37.59	19.57	40.30
实现税利（万元）	本年	85200	54112	61908	20192	45331
	上年	66995	39295	44106	15930	43292
实现利润（万元）	本年	47900	31440	36341	12554	24612
	上年	33816	14258	21045	8464	24906
烟叶种植（亩）		505000	365400	283500	95000	284600
烟叶收购（担）		1473000	949900	775000	260000	739000
零售户数（户）		7646	11415	7430	3796	7506

地市级局（公司）名称		德宏州烟草专卖局、云南省烟草公司德宏州公司	西双版纳州烟草专卖局、云南省烟草公司西双版纳州公司	怒江市烟草专卖局、云南省烟草公司怒江市公司	思茅市烟草专卖局、云南省烟草公司思茅市公司	临沧市烟草专卖局、云南省烟草公司临沧市公司	迪庆州烟草专卖局、云南省烟草公司迪庆州公司
法人代表/主要负责人		李京辉	彭川	何杨赵	黄灿宁	陈发勇	夏巴
总资产（万元）		18806	20558	8983	50457	26542	5432
员工总数（其中聘用员工数）（人）		125（其中聘用员工40人）	665（其中聘用员工548人）	125（其中聘用员工60人）	722（其中聘用员工300人）	751（其中聘用员工304人）	104（其中聘用员工12人）
所属县级局数量（个）		5	3	3	10	8	/
所属县级公司数量（个）		/	/	/	/	/	/
所属营销部（分公司、访销中心、烟叶复烤厂、稽查大队等）		1个营销中心、1个物流中心、5个配送站、5个稽查大队	1个营销中心、1个物流中心、3个稽查大队	1个营销中心、1个物流中心	1个营销中心、1个物流中心、9个配送站、1个烟草专卖稽查支队、10个稽查大队	8个分公司、1个营销中心、1个物流中心、8个配送站	1个配送中心、7个营销部、1个执法大队
销售卷烟（亿支）		16.75	16.53	11.20	36.12	35.26	7.50
实现税利（万元）	本年	5057	4965	3628	16856	11798	1573
	上年	3202	2647	5852	15586	9267	1259
实现利润（万元）	本年	3624	2944	2700	9561	6493	971
	上年	2299	1731	4962	8961	4866	786
烟叶种植（亩）		/	/	/	114300	67900	/
烟叶收购（担）		/	/	/	310000	156700	/
零售户数（户）		3069	3090	1469	5014	5041	1803

（杨　漾）

西藏烟草

西藏自治区烟草专卖局（公司）

概　况

西藏位于祖国西南边，内与新疆、青海、四川、云南等省区相邻，外与印度、尼泊尔、不丹等国家和克什米尔地区接壤。全区总面积120多万平方公里，约占全国国土面积的1/8，境内平均海拔在4000米以上。下辖6地1市，73个县（市、区），总人口281万人，是一个以藏族为主体，汉、门巴、珞巴等民族聚居的少数民族自治区。2006年，西藏全区实现地区生产总值（GDP）达290.05亿元，与上年同比增长13.4%，人均GDP达10396元。

西藏自治区烟草专卖局（公司）组建于1998年，2001年上划国家烟草专卖局、中国烟草总公司。2006年下辖昌都、日喀则、山南、林芝、那曲、阿里6个地区烟草专卖局（公司）。其中，阿里、那曲两地区烟草专卖局（公司）体制未上划。西藏区局（公司）分设10个处、1个专业分公司、3个专业部门。全区烟草行业固定资产1.39亿元，流动资产4.37亿元，其中，区局（公司）固定资产0.77亿元，流动资产3.51亿元。全区烟草行业共有员工872人（因阿里、那曲烟草体制未上划，不作统计），其中，高级职称1人、中级职称10人。

2006年是西藏烟草实施“十一五”规划的开局之年，在分析行业发展大趋势和准确定位西藏烟草现状的基础上，提出西藏烟草“十一五”期间要围绕“一个中心、两个重点、三项突破、四大成效”① 开展各项工作。西藏烟草积极贯彻“做精做强主业，保持平稳发展”的基本方针，践行“国家利益至上、消费者利益至上”行业共同价值观，紧紧围绕国家局“完善体制机制、优化资源配置、增强竞争实力、全面提升水平”的总体部署，明确工作思路，加大工作力度，取得较好的经济效益和社会效益。

领导成员

局长、总经理、党委副书记：平措旺扎

副局长、副总经理、党委书记：杨桂选

副局长、副总经理、党委委员：蔡建文

副局长、纪检书记、党委委员：旺　啦

副总经理、工会主席、党委成员：乔建民

组织机构

西藏区局（公司）设办公室（外事办公室）、综合计划处（经济运行处、科技处）、专卖监督管理处、销售管理处、财务管理处、审计处、人事劳资处、纪检监察室、法规处、安全保卫处10个处室，访销配送中心、储运中心、信息中心3个专业部门和金叶实业发展有限责任公司1个专业公司。

经济效益

2006年全区共销售卷烟38.85亿支（7.77万箱）②，与上年同比增长9.16%，其中，一类烟5.24亿支（1.048万箱），同比增长28.75%；二类烟8.8亿支（1.76万箱），同比下降10.02%；三类烟14.58亿支（2.92万箱），同比增长5.12%；四类烟9.17亿支（1.83万箱），同比增长35.65%；五类烟1.05亿支（0.21万箱），同比下降5.41%。

全区烟草行业实现销售收入9.98亿元，与上年同比增长15.5%。实现税利2.2亿元，同比增长21.21%。其中，完成税收0.78亿元；实现利润1.42亿元，同比增长12.7%。平均单箱批发销售额14291元，同比增长3.88%。全区年平均商业库存3.3亿支（0.66万箱），同比下降5.71%；单箱利润1824元，同比增长3.5%。综合毛利率25.3%，国有资产保值增值率135%。

专卖管理

2006年，区局（公司）把打假、内部监管、加强基层建设作为专卖工作的三大任务常抓不懈，积极落实烟草、公安联合打假工作制度，对打假人、财、物统一调配，签订打假工作责任制。在打假中做到打源头与打网络并重，重点对川藏、青藏公路和机场、火车站、货运部进行监督检查，深挖案件线索，追查假烟来源，努力提高经营案件的能力。认真、严格开展到货确认制，通过开展专卖内部管理大检查，有效防止卷烟“体外循环”的发生，严格罚没款的管理、专卖执法经费的使用和罚没烟的处理。全年共查处假烟案件890起，没收假烟1028件，标值达466万元，判刑2人，打掉制售假烟网络7个。查扣非法渠道进货卷烟1877件，标值达273万元。销毁假烟753件，标值达206万元。

加强专卖执法培训，加大专卖人员考核力度，建立违规执法追究、查处分离、罚没收支为核心的监督制约机制，把不合格人员清离出专卖执法队伍，形成“进得来、留得住、出得去”的用人机制，提高了依法行政、文明执法水平。

销售与网建

根据“一个口子对外、一个龙头放水”的要求，以高中档烟求效益、低中档烟占市场为目标，建立健全各项规章制度，规范内部销售行为。整合品牌，努力构建真实反映市场需求、结构合理的品牌格局，增强市场控制力，全区市场占有率达70%左右。加强与卷烟生产厂家的沟通与协调，增加畅销品牌的供应量，全年有效货源基本满足市场需求，卷烟价格平稳、有序。

建立客户经理队伍，制订拉萨市网络建设方案，为开展“按客户订单组织货源”打下基础。成功召开西南五省区统一批发价格管理工作会议。

网建工作更加注重消费者的真实需求、为零售客户提供优质服务和发挥市场机制的作用。按照“优质化服务、规范化经营、专业化分工、信息化管理”的销售网络体系建设要求，本着“城网讲标准、农网求实效”的指导思想，全区网建整体推进、全面提升，初步建立较为完善的卷烟销售网络。

体制改革

按照“分类管理、科学设岗、明确职责、严格考核、落实报酬”的总体要求，制订“定岗、定员、定责、定薪”的方案上报国家局。完成阿里地区烟草体制上划基础性工作。

财务审计

同级审计是2006年内审工作的重点，历时近一年时间。区局（公司）成立领导小组，建立工作机构，制订《西藏烟草行业2005年同级审计实施方案》、《西藏烟草行业2005年同级审计检查工作方案》、《西

---

① 即把提高行业核心竞争力、增强行业整体实力作为工作的中心；突出抓好企业管理和卷烟销售两项工作；力争“三项制度”改革取得新突破，卷烟销售网络建设和现代物流取得新突破，市场秩序整顿规范取得新突破；建立符合现代企业制度的科学管理体系，建立符合现代物流要求的销售网络体系，全区卷烟市场净化率达95%以上，行业干部职工整体素质适应新形势的要求。

② 含未上划地区。

藏烟草行业2005年同级审计复查方案》，深入开展同级审计的自查、检查、复查等工作。在同级审计开展过程中，西藏区局（公司）先后召开两次同级审计汇报，保证工作规范、有序地开展。通过同级审计，财经制度更加完善，解决了部分久拖不决的历史遗留问题，实现了摸家底、揭问题、促发展。

企业管理

资产管理。2006年，西藏区局（公司）顺利完成行业资产清理和产权划转工作，进一步理顺资产管理体制。牢固树立资产经营和管理观念，探索国有资产经营和管理的有效方式、方法。加强财务制度建设，明确国有资产管理的人员、职责、措施，切实负起国有资产保值增值的责任。开展多元化经营项目的清产核资工作，摸清家底，剥离不良资产，优化资产结构。

资金管理。加大对地区烟草的扶持力度，解决4个体制上划地区的基本建设遗留资金的缺口问题，解决各地区局（公司）流动资金问题。在确保资金有效供给的前提下，调整银行贷款总量，行业资产负债率为27%，与上年同比下降11个百分点。企业成本费用大幅减少，全年成本费用率为8.17%，同比下降0.44个百分点。

安全工作。把预防安全生产事故，落实各项安全措施当作大事来抓，对安全工作实行一票否决制。各地区局（公司）加大对安全设施的资金投入，都建立机构、选配专职人员、配备交通通讯工具。在西藏区公司，以及山南、林芝、日喀则、昌都、那曲地区烟草公司的仓库安装了行业领先的超音速消防灭火系统。

信息化建设

行业信息化建设取得新进展。开始运行A6财务软件，正式启用OA办公自动化系统，开发了集专卖管理、卷烟流通管理和客户关系管理等信息整合为一体的软件。

队伍建设

在全区烟草行业开展以“政治素质好、经营业绩好、团结协作好、作风形象好”为主要内容的“四好”领导班子创建活动和2005年度“四好”班子的考察、测评、评选活动。制订《加强对行业各级领导班子特别是主要领导干部监督的意见》，切实加强对干部的监管。坚持党组理论学习中心组理论学习制度和领导班子民主生活会制度，开展积极健康的思想建设。

制订《西藏烟草教育培训实施意见》和《2006年干部职工培训计划》。11月，在自治区党校举办西藏烟草行业第一期干部培训班，24名区科级干部参加培训，集中学习邓小平理论、“三个代表”重要思想、科学发展观、企业管理等知识。出台《职工内部退养暂行规定》、《聘用员工管理办法》、《工效挂钩办法》等制度。开展第一批、第二批干部出国考察学习及第五批职工疗养。

思想政治工作

深入开展学习党章、遵守党章、贯彻党章、实践党章等活动，进一步加强各级党组织建设和干部职工的思想道德建设。深化广大党员对党章的认识，加强党员意识，促进党组织发挥在企业的核心领导作用。组织员工学习《江泽民文选》，坚持用党的最新理论成果武装头脑、指导实践。

举办以“两个至上”为主题的演讲比赛。“两个至上”成为干部职工共同的行为准则，促进了全区行业干部职工的思想统一、行为规范和作风改进。

企业文化

2006年，完善《西藏烟草企业文化建设规划发展纲要》，明确当前和今后一个时期内企业文化建设的指导思想、总体目标和重点任务。多次召开企业文化建设座谈会，通过开展组织职工考试等多种形式、多条渠道的活动让职工了解企业文化规划。把企业文化建设与扶贫救灾、发展民族教育和抢救藏民族文化遗产相结合。日喀则烟草农牧民艺术团充分挖掘当地“堆谐”艺术，参加全国第三届少数民族文艺汇演，得到中央部委、国家局和自治区党委、政府的充分肯定，区局（公司）被授予“突出贡献奖”。山南烟草职工业余文艺队参加庆祝西藏自治区和平解放55周年文艺汇演，获得二等奖，区局（公司）被授予“优秀组织奖”。

特事要辑

8月11日，国家局副局长张辉到西藏烟草考察工作并作重要指示。

11月10日，西藏烟草在自治区党校举办西藏烟草行业第一期干部培训班。

西藏自治区局（公司）主要统计指标汇总

实现税利（亿元）	商业利润（亿元）	销售卷烟（亿支）	烟叶种植（万亩）	烟叶收购（万担）	出口创汇（万美元）
2.20	1.42	38.85	/	/	/

附注：因原拉萨市烟草专卖局（公司）2003年初体制上划西藏区局（公司），国家局批准取消了拉萨市烟草专卖局（公司）这一机构。拉萨市卷烟市场管理、卷烟经营全部由区局（公司）承担，所以，拉萨市作为全国36个网建重点城市之一，其工作概况均包含在区局（公司）的情况介绍中。

所属地市级局（公司）

昌都地区烟草专卖局（公司）

昌都地区烟草专卖局（公司）组建于1998年，2004年7月体制上划。下设7个科室及信息中心、配送中心、储运中心等3个专业部门。截至2006年底，有总资产3789万元，其中，固定资产1268万元、流动资产2521万元。有员工89人，其中聘用员工47人。辖区共有卷烟零售户1068户。

2006年销售卷烟5.37亿支（1.07万箱），与上年同比增长36.64%。实现销售收入16499万元，同比增长74.66%。实现税利825万元，其中，完成税收455万元，同比增长87.44%；实现利润370万元，同比增长55.46%。销售毛利1296万元，同比增长47.78%，

日喀则地区烟草专卖局（公司）

日喀则地区烟草专卖局（公司）成立于1998年9月，2004年7月体制上划。下设6个科室和城区卷烟配送中心、拉孜卷烟配送中心、江孜卷烟配送中心。截至2006年底，有总资产3728万元。有员工117人，其中聘用员工76人。辖区共有卷烟零售户2879户。2006年地区局（公司）被日喀则地委评为“党务工作先进单位”、“群众文化工作先进集体”，被自治区党委、政府评为“第三届全国少数民族文艺汇演特别奖”和“‘十五’全区定点扶贫工作先进单位”。

全年销售卷烟6.71亿支（1.34万箱），与上年同比增长43%。实现销售收入13091万元，同比增长45%；实现税利740万元，其中，完成税收386万元，同比增长107%；实现利润354万元，同比下降6%（消化以前年度243.6万元债务）。

2006年，地区局（公司）企业文化建设以树立“两个至上”的行业共同价值观为思想基础，先后制订并形成日喀则烟草誓词、日喀则烟草工作思路、日喀则烟草经营理念（服务至上、顾客至尊、诚信经营、共同发展），开展“‘两个至上’在岗位”主题实践活动。以制度建设和服务为核心，针对不同工作岗位制订和建立符合实际、便于管理、具有可操作性的一系列内控制度，形成按制度管人、按制度办事的基本模式。把服务作为企业文化建设的核心内容，从保证货源供应、保证中小客户利益、培养客户经理、正确处理客户投诉、提高服务水平和客户满意度等方面开展工作。

企业文化建设与扶贫工作相结合。拉孜县日萨乡是地区局的定点帮扶点。本着办好事、办实事的宗旨，地区局（公司）利用近半年的时间，对拉孜县的“堆谐”资源进行调查研究，并请有关专家进行可行性论证后，确定了文化扶贫的方向。成立“西藏烟草日喀则地区拉孜县农民艺术团”，并开展培训。2006年，文化扶贫使90名农牧民演员平均每人创收9666元，并使他们转变了思想，提高了致富能力。

山南地区烟草专卖局（公司）

山南地区烟草专卖局（公司）组建于1998年，2004年7月体制上划。内设5个科室和2个专业部门。截至2006年底，有总资产4252万元，其中，固定资产2100万元。有员工96人，其中聘用员工63人。辖区共有卷烟零售户1754户。

全年销售卷烟3.74亿支（0.75万箱），实现销售收入8639万元，同比增长149%。实现税利571万元，其中，完成税收316万元，同比增长136%；实现利润255万元。

加强员工培训力度，实行末位淘汰制。除平时每周五的定时学习外，特别加强业务技能水平的培训和时事政治、法律法规的学习，组织开展员工电脑基础知识培训和考试，同时将电脑基础知识培训考核成绩纳入年度末位淘汰考核之中。多次派员工到内地厂家考察学习。以岗定人，完善管理。从地区待业青年及退伍军人中录用或招聘驾驶员、专卖稽查员和营业员等不同岗位的员工66名，占职工总人数的66.7%。建立健全聘用员工管理办法和合理用工的工作机制。在招聘时把家庭条件比较困难的待业青年及退伍军人作为优先考虑对象；要求被招聘人员思想品质好、身体素质好、语言表达能力较强。根据不同岗位要求，实行先培训，再考核，考核合格后上岗的管理机制。

林芝地区烟草专卖局（公司）

林芝地区烟草专卖局（公司）组建于1996年11月，2004年7月体制上划。下设办公室、专卖管理6个科室和米林县、波密县、工布江达县3个卷烟配送中心（专卖管理所）。截至2006年底，有总资产3133万元，其中固定资产1438万元。有员工81人，其中聘用员工45人。辖区共有卷烟零售户715户。

全年销售卷烟3.63亿支（0.73万箱），与上年同比增长24%。实现销售收入10617万元（含税），首次突破亿元大关，同比增长49%。实现税利842万元，同比增长150%，其中，实现利润535万元，同比增长224%。

2006年，地区局（公司）实施“先城网后农网，以点带面”，逐级实现“城乡一体、全面访销、集中配送、专销结合、灵活多变”的网建模式，大力推进覆盖城乡的网络建设。按照稳扎、稳打、成熟、巩固、发展的原则，实行高起点建网、高标准管理、高质量服务。在行署所在地——八一镇全面实行电话访销配送方式。在抓好城网建设的同时，下大力气抓好农网建设，先后在各县、小集镇设立卷烟批零网点10个，实现网建工作重点由城网向农网的转变。建立以波密县、米林县、工布江达县为中心的三大片区卷烟销售体系，即以波密为中心，延伸辐射至察隅、墨脱县的卷烟销售网络；以米林县为中心，延伸至朗县、墨脱县的卷烟销售网络；以工布江达县为中心、服务318国道一线的卷烟销售网络。

2006年西藏自治区烟草商业系统主要情况统计

地市级局（公司）名称		昌都地区烟草专卖局、西藏自治区烟草公司昌都地区烟草公司	日喀则地区烟草专卖局、西藏自治区烟草公司日喀则地区烟草公司	山南地区烟草专卖局、西藏自治区烟草公司山南地区烟草公司	林芝地区烟草专卖局、西藏自治区烟草公司林芝地区烟草公司
法人代表/主要负责人		尼玛泽仁	普　布	袁金平	顿　珠
总资产（万元）		3789	3728	4252	3133
员工总数（其中聘用员工数）（人）		89（其中聘用员工47人）	117（其中聘用员工76人）	96（其中聘用员工63人）	81（其中聘用员工45人）
所属县级局数量（个）		/	/	/	/
所属县级公司数量（个）		/	/	/	/
所属营销部（分公司、访销中心、烟叶复烤厂、稽查大队等）		10个营销中心、1个物流中心、1个稽查大队	6个营销中心、6个稽查大队	11个营销中心、1个稽查大队	5个营销中心、3个稽查大队
销售卷烟（亿支）		5.37	6.71	3.74	3.63
实现税利（万元）	本年	825	740	571	842
	上年	274	568	282	338
实现利润（万元）	本年	370	354	255	535
	上年	238	378	154	165
烟叶种植（亩）		/	/	/	/
烟叶收购（担）		/	/	/	/
零售户数（户）		1068	2879	1754	715

注：阿里、那曲两个地区烟草公司体制未上划，在此不作统计。

（程　伟）

陕西烟草

陕西省烟草专卖局（公司）

概　况

陕西省位于中国西北地区东部的黄河中游，面积20.56万平方公里，总人口3720万人。辖10个地级市、1个农业高新技术产业示范区，107个县（市、区），省会设在西安市。2006年，全省实现地区生产总值（GDP）4383.9亿元，比上年增长12.7%。

陕西省烟草专卖局（公司）1984年组建，2003年12月实行工商管理体制分设。2006年下辖地市级烟草专卖局（分公司）11个，县级烟草专卖局（营销部）96个。2006年，全省烟草专卖局（公司）系统共有职工8578人，其中，高级职称32人、中级职称491人。拥有固定资产13.08亿元、流动资产33.71亿元。

领导成员

局长、总经理、党组书记：李嵩震

副总经理、党组成员：张曼军

副局长、党组成员：燕宏恩

副总经理、党组成员：聂和平

纪检组长、党组成员：高玉杰

巡视员：田纪楼

组织机构

内设机构11个：办公室（外事办）、综合计划处（经济运行处）、安全保卫处、专卖监督管理处（稽查总队）、法规处、财务管理处、审计处、科技处、人事劳资处、监察处（与党组纪检组合署办公）、思想政治工作处（机关党委）

专业公司3个：卷烟销售分公司、烟叶分公司、烟草进出口公司（与对外经济贸易办公室合署办公）

专业部门8个：会计核算中心、经济信息中心、烟草学会、烟草工会（机关工会）、机关后勤服务中心、烟草质量监督检测站、烟草研究所、烟草技能鉴定站

临时机构1个：整顿与规范市场经济秩序领导小组办公室

经济效益

2006年，全省累计销售卷烟607.1亿支（121.42万箱），完成年计划的100.77%，与上年同比增长4.64%。其中，一类烟37.9亿支（7.58万箱），同比增长34.94%；二类烟94.8亿支（18.96万箱），同比增长30.49%；三类烟263.3亿支（52.66万箱），同比增长8.25%；四类烟185.8亿支（37.15万箱），同比下降9.3%；五类烟25.3亿支（5.07万箱），同比下降19.3%。销售省产烟472.9亿支（94.59万箱）；销售“百牌号”卷烟470.9亿支（94.17万箱），同比增长11.75%，占总销量的77.56%，同比提高4.7个百分点；销售名优卷烟240.65亿支（48.13万箱），同比增长19.98%，占总销量的39.64%，同比提高5个百分点；销售低档卷烟276亿支（55.2万箱），完成国家局下达计划。

实现销售收入141.96亿元，其中卷烟实现销售收入132.94亿元。“两烟”共实现税利18.75亿元，较上年增长45.5%，实现税金4.27亿元，实现利润14.48亿元。其中，卷烟实现税利16.1亿元，烟叶实现税利2.65亿元。

其中卷烟实现利润12.1亿元。西安、安康、咸阳、宝鸡、榆林、渭南等六个市公司的利润过亿元，其中西安市公司达到4.79亿元。

实现烟草外贸出口总值1876万美元。

专卖管理

*卷烟打假。*紧紧围绕打私打假、内部监管、基层建设三大专卖工作任务，不断加大工作力度，提高工作水平。积极组织和推动以破除制售假烟网络为重点的卷烟打假工作，会同省公安厅联合开展“卷烟打假年活动”，突出打击制售假烟网络，成功破获以渭南“12·28”、西铁“1·23”特大假烟网络案件为代表的14起假烟网络案件。11个单位完成打假网络任务。

2006年，全省共查获标值5万元以上假烟案件100起，其中标值100万元以上假烟案件14起，查获假烟23815.2万支，捣毁4个制假窝点，查获制假设备6台（套），送交公安、司法部门依法刑事拘留103人，批捕63人，判刑39人。省局（公司）、西安铁路公安处刑警支队被公安部、国家局授予“全国卷烟打假工作先进集体”荣誉称号，渭南市局（公司）、渭南市公安局荣获“全国卷烟打假特殊贡献奖”。

*加强县级局建设。*部分县级局以上专卖机关设立专卖管理服务大厅，实现许可证办理、案件处理、来访接待、法律咨询“一厅式”办公。全面调研专卖队伍情况，完善专卖管理联络员制度，提高监管质量，积极组织全省专卖人员开展执法为民活动和争先创模活动，创建文明专卖窗口形象工程。

品牌培育

加强品牌品类管理，培育出3个年销量20万箱以上、两个年销量5～10万箱的卷烟品牌，初步形成各档次品牌之间适度竞争的良性发展格局。卷烟单箱销售均价达到9485元，同比增加911元；卷烟经营实现利润12.1亿元，同比增长41.64%。

网络建设

2006年，全省网建顺利转入全面提升阶段。建成信息大平台并投入运行，统一电话订货系统软件，调整电话订货周期。进一步确立“电话订货、电子结算、网上配货、现代物流”的网建模式，全面提高卷烟销售管理水平。西安、咸阳市公司率先推行按客户订单组织货源试点；榆林、宝鸡市公司率先建成物流配送中心，6个市公司实施网上配货与网上订货业务，9个市公司在城区及郊县实施半自动分拣和一次配送到户。全省零售客户电话订货率达100%，电话订货成功率达98.9%，11个市公司城区电子结算率达96.38%，电子结算成功率达97.14%。

统一卷烟零售客户分类标准。实施客户合理定量和卷烟零售明码标价，重点加强客户经理对客户的经营指导及对新型零售业态的研究，“陕西省卷烟营销网络运行规范研究与应用”项目经陕西省科学技术厅评审，获省政府科技进步三等奖。2006年，省公司建立客户投诉中心，零售客户毛利率达10.18%，零售客户满意度达88.3%，工业客户满意度达97.1%，网络服务功能进一步增强。对符合条件的96名市场经理、654名客户经理进行培训、考试和资格认证，专业化的卷烟营销队伍素质进一步提高。

烟叶产销

烟叶生产坚持“稳定规模、防止过热”的双控方针，在重灾之年保持平稳发展。2006年，全省种植烤烟42万亩，户均种植面积达7.1亩，与上年同比增加了0.4亩；收购烟叶54650吨（109.3万担），收购均价7.82元/公斤；实现烟农收入4.27亿元，同比增加705.6万元；亩均收入1017元，同比增加107元；户均收入7240元，同比增加1053元；缴纳烟叶税9399万元。烟叶收购秩序平稳，在国家局的检查中，收购等级合格率达到82.3%，工商交接等级合格率达到65%以上。

烟叶营销态势良好，省际间调出量超过烟叶收购总量的50%。全省年投入产前扶持资金5238.7万元以物资形式补贴烟农。截至2006年底，投入烟叶基础设施建设资金15470万元，完成水窖、水池、机井、小塘坝项目8200个，新修沟渠244千米，铺设管网77.9千米，新建密集型烤房664座，改建密集型烤房4138座。烟叶基础设施建设成为支撑烟区发展、助力新农村建设的“惠民工程”。2006年，宝鸡陇县被列入第五批国家级烟叶标准化示范区。

体制改革

2006年是陕西省烟草行业体制改革取得重大突破的一年。全面理顺省公司与总公司、市公司之间的产权关系，建立三级母子公司体制。按照国家局关于在烟草商业企业建立母子公司体制的要求安排部署，7月至12月，全省11个地市级局（分公司）相继建立母子公司体制。

初步完成省公司职能转变，市公司市场主体地位明显增强。全面完成延安市公司剩余县级联销公司的上划工作；顺利完成陕西烟草进出口有限责任公司体制调整工作；成功改制咸阳烟叶复烤厂。

科技创新

省局（公司）制定《中长期科技发展规划纲要》，出台一系列配套的政策措施，初步建立激励自主创新的科技创新体系。10月10日，为进一步推动全省烟草科技发展，更好地为中式卷烟发展和创新型现代烟草行业提供科技支撑，制定陕西省局（公司）中长期科技发展规划纲要（2006－2020年）。

2006年，“秦烟95等烤烟新品种应用项目”获得全国农牧渔业丰收奖二等奖；“秦烟1号等新品种的选育及中烟98等新品种的引用推广项目”获得陕西省科学技术二等奖；“烟草丸化种芽技术研究与推广项目”获得陕西省农业技术推广成果二等奖；“陕西省卷烟营销网络运行规范研究与应用项目”获得陕西省科学技术三等奖。

企业管理

财务管理。规范会计核算程序，提高财务信息质量。强化财务制度建设，补充完善市公司对县级营销中心加强财务管理的规章制度，营销网络的财务管理和会计核算更加规范化。制订《陕西省烟叶生产基础设施建设项目补贴资金管理办法》，财务监管工作制度框架基本形成。完成7家县级公司的资产划转，对13家企业办理产权变动登记，对陕西秦申烟草有限公司、合阳烟叶复烤厂、商洛金大酒店有限责任公司办理产权注销登记，对16家企业进行产权登记。

积极探索加强预算管理的方法，建立企业预算汇报工作制度。坚持低成本发展战略，审核上报2006年财务预算，并逐户下达财务预算，加强财务预算执行情况的监控，做好差异分析，建立事前引导、事中控制、事后监督的监管体系。加强应收账款管理，清理债权债务2.65亿元，税前处理烟叶呆坏账损失6500多万元，节约税收支出2100余万元。资金管理中心加大资金集中管理，严格控制资金流向，提高使用效率。加强企业开户银行的监管，确保财政资金的安全规范使用。

工资分配。实施“员工动态管理”，要求全省行业以西安市局（公司）的用工分配制度改革为先导，按照调查摸底、制订方案、分析论证、组织实施四个阶段全面启动，实行工作报告制度和联系交流。咸阳、延安、安康、汉中市局（公司）结合企业发展现状研究制订出符合自身特色的“全员动态管理”方案，有力地推进了企业的人事用工、薪酬分配制度改革。

绩效考核。企业绩效考核评价体系初步建立，对市级公司的考核评价由单纯的经济运行目标考核转入过程与绩效考核。

安全管理。与各单位主要负责人签订2006年度安全目标责任书，进一步明确“第一责任人”的责任和奖惩措施。围绕“安全生产月”、“119”消防宣传日和安全体系贯标工作，积极开展安全宣传教育和培训、演练，提高全员的安全意识和防范能力。突出预防，开展两次以安全保卫机构建设、安全基础管理、安全检查隐患整改、安全教育培训、安全设施建设、安全体系建设为主要内容的安全检查。进一步健全车辆安全管理制度，确保车辆道路交通安全。在西安、咸阳两个市公司试点运行的基础上，其他8家市公司安全体系建立工作稳步推进。2006年，编印《陕西省烟草专卖局（公司）系统职业健康安全管理体系法律法规管理制度汇编》。

信息化建设

以国家局信息化工作考核为契机，狠抓制度规范，用制度管人管事，使信息化建设工作做到可测、可控、可量化。信息大平台建设正式步入全面实施阶段，以应用为导向，全面推广卷烟营销管理、专卖管理和客户关系管理三大应用软件，完成全省行业办公自动化建设前期准备工作。

做好卷烟生产经营决策管理系统、办公自动化管理系统的日常维护，确保扫码、入库、数据上报等各环节的顺畅和系统的正常运行，确保国家局公文传输系统的正常运行。做好视频会议系统的调试及技术保障，提前完成国家局统一呼叫中心软件升级和数据采集工作。

加强和完善省内信息化基础设施建设，加强网络和信息安全体系建设，协助完成全省客户服务投诉中心建设工作，全面扎实做好全省行业统计工作。

加强信息化人员的职业化、正规化、系统化培训，建设懂技术、会管理的专业队伍，积极探索管理信息化，提升信息化工作水平。

整顿规范

扎实开展“两项检查”，内部专卖管理监督检查共自查出违规违纪问题168项，复查出违规违纪问题96项，共处理责任人员512人。同级审计共自查出违规违纪问题230余项，涉及金额3537万元；复查出违规违纪问题150余项，涉及金额897万元。

开展专项治理商业贿赂工作，突出抓好对行业领导班子及主要领导干部的管理监督，行业惩治和预防腐败体系建设初见成效。

切实加强对烟叶产购合同、烟用物资管理使用、烟叶收购秩序的监督检查，烟叶生产经营秩序进一步好转。

全面加强制度建设，全省行业共建立、修订内部管理监督制度及办法1849项，其中，修订制度467项、新制定制度533项，内部监管长效机制日益完善。完成省局（公司）机关和行业管理制度的汇编，共汇编各种规章制度107项，修订新出台制度41项，为规范行业“两烟”生产经营及行业内部管理工作提供了依据和保障。

对外交流与合作

建立备货协调机制，积极组织货源，加强与东南亚传统客户的联系，开发中东、北非等烟叶出口新市场，确保烟叶出口市场稳定。主动应对经营转变方式，建立进口卷烟经营新模式。

参与蒙古烟草公司生产经营指导，保证生产供应，协调产品开发，同时利用芜湖卷烟厂混合型卷烟技术力量较强的优势，理顺生产和销售，重点完成芜湖卷烟厂参股宝丰烟草公司的项目。

不断拓展烟机产品市场，市场逐步辐射到南非、新加坡、墨西哥、菲律宾、印尼等国家和地区。

进出口贸易

陕西烟草进出口有限责任公司成立于1999年9月，由中国烟草进出口（集团）公司、中国烟草总公司陕西省公司、宝鸡卷烟厂、原旬阳卷烟厂共同出资组建，实行董事会领导下的总经理负责制。公司注册资本为500万元。自成立以来已形成以烟叶出口为基础，卷烟进出口为辅，境外卷烟厂原辅材料及烟机设备出口为特色的多元化经营格局。

2006年，国家局对进出口集团（公司）管理体制进行调整，改制后的陕西烟草进出口有限责任公司成为中国烟草总公司陕西省公司的全资子公司，成立董事会、监事会，建立了完善的法人治理结构。

2006年实现出口总额1876万美元，完成全年计划的183%，同比增长61%；实现进口额236万美元。

多元化经营

启动多元化经营企业清产核资工作，通过动员部署、业务培训、指导协调和跟踪检查，多元化企业清产核资主体工作顺利完成，基本达到“摸清家底，核实资产”的预期目的。截至清产核资基准日时，11家多元化经营企业账面资产总额28748万元，负债总额10473万元，少数股东权益1115万元，所有者权益17160万元，清理各项资产损失1762万元。

队伍建设

围绕提高素质、优化结构、改进作风、增强团结的目标，以配备纪检组长为重点，对各市局（公司）领导班子进行调整补充，加大省局（公司）与各市级局（公司）处级干部的交流力度，全省行业共择优选拔任用处级干部31名、非领导职务干部18名，干部队伍结构进一步优化；对110名处级干部和44名处级后备干部进行集中培训，干部队伍素质进一步提高；组织开展高级专业技术职务评聘工作。

突出“效率”和“成本”意识，建立人员信息化管理，理清全省行业在岗职工、内退人员、离退休人员和专卖稽查人员、网络营销人员、烟叶生产技术人员、勤杂人员四类聘用人员的基本构成，出台《定额定员方案》、《聘用人员管理办法》，规范企业用工行业，员工队伍活力进一步增强。

思想政治工作

加强机关党委的建设，充分发挥基层党组织的战斗堡垒作用和共产党员的先锋模范作用，大力宣传党的路线、方针、政策、机关的好人好事，以及各党支部党建工作好的做法。组织学习贯彻十六届五中、六中全会精神，打牢思想基础，同时加强党组理论学习中心组政治理论学习。

积极开展“一抓二争三创”的精神文明创建活动，在省局（公司）机关开展“我文明，机关文明；我美丽，机关美丽”的文明主题活动，广泛开展行业共同价值观和社会主义荣辱观教育，涌现出烟草行业践行社会主义荣辱观模范职工——王兵同志，受到国家局的表彰奖励。在进一步开展“牢固树立国家利益、消费者利益的共同价值观”大讨论活动基础上，以学习践行社会主义荣辱观模范职工王兵同志为契机，在机关全体党员干部中开展“两个至上”主题实践活动，并组织“感动你我他——‘两个至上’主题实践活动演讲竞赛”，有效地促进了精神文明和企业文化建设，省局（公司）被省委、省政府评为“省级文明单位标兵”。

以西安、榆林、安康市公司为试点，全面启动企业文化建设，鼓励创新的文化氛围初步形成。

党风廉政建设

完善党风廉政教育体系，把廉政教育与学习贯彻党章、社会主义荣辱观、反腐倡廉工作、十一五规划紧密结合起来，教育党员干部要增强发展意识、大局意识、责任意识和忧患意识。制定省局（公司）党组《关于贯彻落实教育、制度、监督并重的惩治与预防腐败体系实施纲要的意见》、《关于行业纪检监察工作和机构加强业务指导和管理的意见》、《关于开展治理商业贿赂专项工作实施意见》，加强纪检监察干部队伍人员组织建设，推进行业党风廉政建设法制进程。制定《关于加强对行业各级领导班子及主要领导干部实施监督的办法》、《巡视工作暂行办法》、《廉政谈话制度的通知》等规定，保证行业政令畅通。

深入推进行业专项治理工作，先后集中开展对商业贿赂、烟叶专项治理、烟叶收购站点现场监督工作。积极构建惩防体系建设，组织首次新任处级领导干部进行集体廉政谈话，对宝鸡、商洛市局进行巡视，规范基层领导班子用制度管权、管事、管人的监督机制。

特事要辑

1月19日~20日，陕西省局（公司）召开2006年工作会议，会上总结2005年工作和“十五”时期行业发展情况，研究规划“十一五”发展目标和发展战略，部署2006年工作总结要求和主要任务。

6月27日，国家局在西安举行授予西安市局职工王兵同志“社会主义荣辱观模范职工”荣誉称号表彰大会。

7月21日，召开全省烟草专卖局长、公司经理座谈会。

10月9日，陕西省烟草商业卷烟物流配送中心建设总体规划全面实施。

10月13日，公安部、国家局在渭南市召开陕西渭南“12·28”特大假烟网络案件表彰会。

陕西省局（公司）主要统计指标汇总

实现税利（亿元）	商业利润（亿元）	销售卷烟（亿支）	烟叶种植（万亩）	烟叶收购（万担）	出口创汇（万美元）
18.75	14.48	607.10	42.00	109.30	1876.00

所属地市级局（公司）

西安市烟草专卖局（公司）

概　况

西安市占地面积10108平方公里，总人口822.52万人，下辖9区4县。2006年实现地区生产总值（GDP）1450.02亿元，比上年增长14.62%。

西安市烟草专卖局（公司）于2006年由西安市烟草专卖局（分公司）改制而来，组建于1987年，2006年下辖4个城区烟草专卖分局（营销部）和长安区、临潼区、高陵县、周至县、户县、蓝田县、阎良区7个县级烟草专卖局（营销部）。2006年全市行业共有员工1524人，其中聘用员工676人。资产总额78900万元，其中，固定资产23700万元、流动资产55200万元。全市辖区有卷烟零售户22863户。

领导成员

局长、经理、党委书记：王万勋

纪委书记、副局长、党委委员：周亚清

副经理、党委委员：周武庆

组织机构

内设机构：办公室、专卖监督管理处（与专卖稽查中心合署）、人事劳资处、计划财务处、审计处、政工处、监察处、安全保卫处。

专业部门：营销中心、配送中心、资金结算中心、信息中心、督察考评中心、机关后勤服务中心、机关工会、企业文化处。

临时机构：内部管理监督办公室、基建办公室。

多元化投资企业：金叶实业发展有限责任公司。

经济效益

2006年，全市销售卷烟141.97亿支（28.39万箱），完成年度计划140.75亿支的100.87%，与上年同比增长4.64%；其中，一类烟13.4亿支（2.68万箱），同比增长38.35%，占总销量的9.44%；二类烟26.44亿支（5.29万箱），同比增长22.38%，占总销量的18.62%。实现销售收入281800万元，同比增长6.22%；实现税利58107万元，同比增长42.4%，其中，实现利润46982万元，同比增长45.06%。

2006年，多元化经营业务实现收入5078万元，实现利润402万元。

专卖管理

卷烟打假。各分局、区（县）局坚持把打击销售假烟网络放在突出位置，充分发挥联合执法长效合作机制的作用，深入开展"卷烟打假年"活动。全年投入打假经费559万元，查获涉烟违法行为12090余起，案值万元以上案件599起，其中，5万元以上案件87起、百万元以上特大假烟案件12起，查获各类违法卷烟18200余件，案值4880余万元，非法烟机一台，其中假冒商标卷烟15350件，标值人民币4250万元，移交公安、司法机关刑事拘留44人，批捕31人，判刑25人。举办"3·15"环保销毁假烟活动。成功破获"5·20"、"11·13"两起特大网络案件。

规范卷烟经营秩序。加强自律，严肃纪律，对区县营销部开办的直营店进行整顿规范，对卷烟经营户"一证多卡"问题进行深入调查，严肃查处以烟谋私的人和事，进一步规范经营、管理、执法行为。在县级局全面开展"一厅式"服务，实行政务公开、服务承诺和首问责任制，公开办证条件和程序，简化审批手续，提高工作效率。提升诚信等级管理水平，组织开展零售户"诚信经营、拒绝假烟"签名活动。推广区县局"守法诚信一条街、一个村"的先进建设经验，全面开展守法诚信百条街、千个村、万家店无假货活动。市区"诚信一条街、一个村"覆盖面达60%以上，农村覆盖面达70%以上。诚信自律组织达到60%~70%以上。

证件管理。在狠抓案件查处的同时，以规范零售许可证管理为核心，深化诚信等级管理，重点清理有售假行为的"烟酒茶"、"名烟名酒"店和无证经营户1702户。加强对"城中村"和偏远地区及宾馆、饭店的规范管理，建立市场准入退出机制。通过许可证年鉴，为456户零售户办理歇业手续，为78户零售户办理变更手续，收回670户停业户的零售许可证，注销120个零售许可证，对104户不符合要求的零售户未予年检，对有严重违规经营行为的零售户下发了整改通知。

网络建设

按照"突出服务、注重效率、优化流程、提高素质"的总体要求，落实地市级烟草公司卷烟销售网络业务规范》（试行），提高科学管理、服务客户、培育品牌能力。针对农村网建相对滞后，尤其是新上划县区营销部网建水平不高的现状，开展城乡网建"一帮一"活动，促进全市网建工作的整体推进、全面提升。

订单供货。按照"工商协同、批零互动"的八字方针，于5月份在第三营销部开展订单供货试点工作，继而从10月份起在城区四个营销部全面开展了试点工作，将原来自上而下的货源分配模式转变为自下而上按客户订单组织货源供应市场，最大限度地满足消费者需求。

客户服务。以客户重新分类和订单供货工作为契机，开展大规模的卷烟零售户经营状况调查。坚持领导接待日、投诉回访和领导与经营户联系三项制度，接待经营户70人，受理客户意见和投诉1100余起，客户投诉处理满意率达95%以上。在全系统营销人员中开展"我能为你做什么？"大讨论和"零售户服务月"活动，进一步提高了营销人员的服务意识和服务客户的能力。以提升客户价值为目标，全面推行了零售明码标价工作，零售户盈利水平大幅提高，满意度达到98%。

品牌维护。按照大品牌和大市场的要求，进一步完善品牌评估体系和培育体系，落实品类管理办法，建立、完善85个品牌规格档案、30个供应商档案和300个重点消费者档案，制订品牌培育实施方案22个，以"为中国烟草贡献、为西安市场添彩"为主线，与武烟集团确立全面合作、共同发展的战略伙伴关系。

充实加强品牌经理队伍，招聘4名专职品牌经理，广泛深入开展"你把品牌交给我"大讨论活动，将品牌培育、服务营销理念贯彻于每一名营销人员的工作中。

体制改革

为理顺产权关系，建立"归属清晰、权责明确、保护严格、流转顺畅"的现代产权制度，根据国家局、省局（公司）的总体安排，完成母子公司体制改革方案、公司章程、资产的上报审批和工商执照变更工作，为进一步深化改革奠定了基础。

2006年，以建立充满生机与活力的市场经营主体为目标，加大资源整合力度，推进组织机构调整和流程再造。克服职工安置、资金划转等困难，解决阎良区卷烟联销公司的上划问题，全面完成联销公司上划和法人一体化工作。根据精简高效、激活机制的原则，将原城区6个分局（营销部）整合为4个。

打破行政区划界限，对市公司的物流资源进行优化配置和业务重组，将原来设在县区营销部的7个分库整合为3个区域中转站和1个对接点，同时进一步优化送货线路，通过异地调配实现物流配送人员和车辆在全系统范围内的合理流动，裁减聘用人员39名，减少车辆18台，全年节约费用670多万元，实现组织构架、业务流程、服务标准、信息平台的四统一和营销管理、配送管理、资金管理、考评管理的四集中，市公司的营销主体地位得到加强。

企业管理

成本管理。以财务管理为龙头，大力推进“节约型”企业建设。进一步深化财务管理体制改革，实行区县财务主管委派制。创新预算管理办法，努力降低费用水平。2006年，全系统发生三项费用14302万元，与上年同比下降8.09%；费用利润率335%，同比增长94.78%，比省局（公司）下达指标高出52.64个百分点。在全面、细致测算的基础上，制订《卷烟物流费用单独核算的实施意见》，为2007年科学制定物流费用预算定额、全面降低物流成本奠定基础。

资产管理。加强资产管理，提高资产质量。清理单位和个人欠款123笔共570万元；处理不良资产和投资571万元。加强商流和固定资产投资计划管理，顺利完成阎良区卷烟联销公司上划和多元化投资企业清产核资工作。完成固定资产预决算审计31项，审计金额2227万元，核减工程结算资金268万元。

安全管理。以人为本，积极开展职业健康安全管理体系的实施工作，完成体系文件的发布、试运行和初审工作，签订全员安全责任书，使健康安全管理进入人性化、科学化、程序化、规范化的轨道。

信息化建设

按照国家局“统一标准、统一平台、统一数据库、统一网络”的设计原则，完成信息大平台的设计，并于2月28日上线运行，实现商流、物流、资金流、信息流的全面贯通，进一步提升了现代流通水平。2006年，全市电话订货率100%，电话订货成功率97.7%；城网电子结算率100%，电子结算成功率100%；农村开展电子结算3807户，电子结算率29.3%，电子结算成功率100%；网上订货发展到40家，覆盖大部分集团客户。

以“客户至上、服务至诚”为理念，全面推广客户关系管理应用软件，充分利用客户关系管理系统，建立标准化的客户服务体系。

队伍建设

领导班子建设。按照省局（公司）关于选拔领导班子后备干部的条件，通过民主推荐、组织考察、党委研究，选拔4名德才兼备的中层干部作为领导班子的后备人选。开展中层干部述职、民主测评活动，考察任用13名处级干部。调整加强阎良、户县、长安区县局的领导班子。深入开展以争创“政治素质好、经营业绩好、团结协作好、作风形象好”为内容的“四好”领导班子建设活动，为西安烟草的改革发展提供坚强有力的政治和组织保证。

员工队伍建设。在全市行业内实行“三定”即促进生产要素合理流动。结合配送体制改革，将周至、长安、临潼、阎良等区（县）177名配送人员进行跨区调配，做到人尽其才、物尽其用。加大人事用工制度改革力度，实行“凡进必考”制度，面向社会公开招聘8名企业急需的高学历人才。对城区专卖稽查人员和市场经理进行轮岗交流；执行“瘦身计划”，结合流程优化，裁减115名专卖稽查和电访人员；各区县局也普遍结合机构改革，实行竞争上岗，对不适应岗位素质要求的人员进行裁减进行待岗培训。以作风建设为重点，内强素质，外树形象，开展专卖稽查员、客户经理、送货员、电访员等“四员”队伍整顿工作，召开“四员”大会，开除2名客户经理，对管理不善的1名市场经理进行行政警告处分，提高了队伍的纯洁性和战斗力。

动态管理制度。制订出台中层干部、专业技术人员和员工三个动态管理制度，开辟全员成长通道。将员工管理分为12档，中层管理分为6档，专业技术干部管理分为9档，开辟行政、技术和岗位三个员工晋升通道，初步建立“进得来、留得住、用得上”的人才管理机制，为人才的成长进步提供广阔的发展空间。

劳资管理。进一步健全考评体系，完善考核办法。本着“能够量化必须量化、不能量化坚持细化”的原则，细化各部门、单位的目标任务，签订岗位目标责任书，坚持动态考核、过程考核、绩效考核相结合，促进各项工作的落实和工作质量、服务水平的提高。

教育培训。开办市局（公司）机关职工阅览室，向全市行业每位员工发放《可以平凡不能平庸》和《员工准则》两本书，开展“读一本好书、写一篇好文章、做一件好事、提一个合理化建议”的“四个一”活动。成立西安烟草员工培训学校，大力开展多层次、多形式的员工培训活动，进一步激发全员的学习工作热情和创造活力。在全省行业科技项目评审中，市局（公司）申报的企业文化、员工培训、客户数据挖掘和网上配货4个项目顺利通过专家评审并立项，占全省立项项目的30%，争取省局科研经费及市局配套费155万元。

思想政治工作

以“两个至上”行业共同价值观为指导，深入开展“‘两个至上’在岗位”主题实践活动及“比同学、比同事、比同龄人，每位员工思考和回答：你的工作环境是优还是劣？你的工作质量是高还是低？你的工资收入是多还是少?”的大讨论活动，提升广大员工的思想精神境界，激发员工爱企业、爱岗位的工作热忱。

以纪念市局（公司）成立20周年为主题，组织开展西安烟草20年征文比赛、艰苦奋斗创业史演讲、报告会、图片展览、文艺汇演等丰富多彩的系列庆祝活动，弘扬企业精神。

2006年，市局（公司）党委被市国资委评为“四好班子”，营销中心订单部被共青团西安市委授予“青年文明号”称号，电话订货员岗位被陕西省劳动竞赛委员会评为“十佳示范岗”。本单位职工王兵被国家局、总公司授予“全国烟草行业践行社会主义荣辱观模范职工”荣誉称号，全系统广大干部员工掀起“向王兵同志学习，争做‘四有’模范职工”活动的热潮，树立了西安烟草的良好形象。

党风廉政建设

2006年，下发《西安市烟草专卖局（分公司）2006年党风廉政建设和反腐败工作要点》，市局（公司）“一把手”与各单位（部门）签订《2006年党风、行风廉政建设目标责任书》，并对中层以上领导干部提出强化四种意识、筑牢四道防线的要求，要求领导干部既要在干事创业方面考出好成绩，又要在廉政勤政方面交出优异答卷，自觉树立廉洁从政、勤政为民的良好形象

落实廉政责任。细化并下发《局（司）2006年党风廉政建设和反腐败斗争主要任务分工一览表》，将具体任务分解细化为4大类19项，明确责任处室、协办处室和分管领导，进一步明确各处室主要负责人与各基层领导班子及其成员在党风廉政建设和反腐败工作中应承担的责任。

以学习党章为重点，深入开展反腐倡廉宣传教育。制订《局（司）2006年反腐倡廉宣传教育实施意见》和《西安市烟草专卖局（分公司）关于在全系统开展学习、遵守、贯彻、维护党章活动的通知》，并按月印发学习内容下发至各单位、各部门。

及时落实全省关于禁赌工作的意见，向全系统发出《西安市烟草专卖局关于贯彻落实省公安厅等13部门〈关于进一步加强全省禁赌工作的意见〉的通知》，制订《市局（分公司）关于禁止干部职工参与赌博的七条规定》，在行业上下营造“反对赌博、远离赌博”良好氛围。

开辟纪检监察工作网页，及时宣传廉政工作进展情况和教育活动的开展情况。

企业文化

坚持以人为本，把建设先进企业文化作为增强企业凝聚力、创造力、竞争力的重要途径，以国家局、省局企业文化建设试点为动力，实施企业文化建设工程，确立以“开元文化”为特色的企业文化体系，形成具有时代特色和西安烟草特点的理念文化、管理文化、行为文化、品牌文化和视听文化。印发《企业文化手册》，创作出《西安烟草之歌》，拍摄企业文化专辑电视片。

特事要辑

6月27日，国家局于在西安市曲江宾馆召开授予王兵同志“践行社会主义荣辱观模范职工”荣誉称号表彰大会，国家局副局长张保振出席并讲话。

咸阳市烟草专卖局（公司）

咸阳市烟草专卖局（公司）于2006年由咸阳市烟草专卖局（分公司）改制而来，组建于1986年9月。2006年下辖城区、兴平市、武功县、乾县、礼泉县、永寿县、彬县、长武县、旬邑县、淳化县、泾阳县、三原县等12个县级烟草专卖局（分公司），咸阳烤烟复烤公司和宏立商贸有限责任公司。有从业人员（不含复烤厂）1213人，其中聘用员工409人。有总资产56234万元，其中，固定资产14698万元。辖区有卷烟零售户11858户。

2006年销售卷烟73.95亿支（14.79万箱），与上年同比增长6.23%。其中，销售低档卷烟31.05亿支（6.21万箱），超额完成省局下达计划；销售“百牌号”卷烟72.8亿支（14.56万箱），同比增长16%，占总销量的98%。卷烟单箱均价8974元，同比增加544元；实现毛利22400万元，同比增长31.35%，单箱毛利1520元。其中，实现“两烟”税利19939万元、实现“两烟”利润14813万元。

全市共查处各类违法案件2628起，查获非法卷烟1474件，涉烟案值251.2万元，取缔无证经营724户；移送公安机关3起，立案调查3起，司法处理4人，其中刑事拘留3人，批捕1人；查获非法贩运烟叶案件17起，查处烟叶91吨。开展“无假烟销售示范区”创建活动，创建无假烟销售示范区24个，参与经营户1200多户。实施零售户管理“百千万工程”，全市共建卷烟示范户913户、模范户1583户、守法户9069户。

2006年，全市烤烟种植户7678个，种植烤烟5万亩，户均6.5亩。收购烟叶0.704万吨（14.18万担），均价7.5元/公斤。实现烟农收入5275万元，亩均收入1055元，户均收入6870元，缴纳烟叶税1055万元。

开展“烟田基础设施建设年”活动，投入资金224.64万元，建成新烤房277座，水井6眼，水窖12口，铺设烟水配套管网25公里，兴修烟田道路65公里，受益烟田13000多亩，受益烟农1000多户。制订

并严格执行《规范烟叶收购秩序十条规定》，落实袋装预检、一户一卡、封闭验级、质量追究等管理办法，收购等级合格率达80%以上，完全符合工商交接质量标准。2005年度烟叶实现零库存，2006年度新烟调拨4300吨（8.6万担），实现烟叶毛利4800万元。

宝鸡市烟草专卖局（公司）

宝鸡市烟草专卖局（公司）于2006年由宝鸡市烟草专卖局（分公司）改制而来，组建于1986年。2006年下辖陈仓区、凤翔县、岐山县、扶风、陇县、眉县、麟游县、千阳县、凤县、太白县10个县级烟草专卖局（分公司）。有总资产36056万元，其中，固定资产8455万元、流动资产25066万元。共有员工1289人，其中聘用员工656人。辖区有卷烟零售户10625户。

全年累计销售卷烟55.35亿支（11.07万箱），与上年同比增长3.7%。共实现销售收入85078万元。卷烟单箱销售收入9090元，同比增长11.9%。实现“两烟”税利16105万元，同比增长123.27%；实现利润12637万元，同比增长182.32%，其中，卷烟实现利润9065万元，同比增长113.55%。

2006年，全市查处假冒走私卷烟案件852起，收缴假冒卷烟513件，涉案标值65万元。其中5万元以上涉嫌经济犯罪案件移送公安机关4起；查获假烟网络案件6起，案件标值200多万元。移送涉案当事人共16人，其中，刑事拘留7人，批捕5人。

种植烤烟6.2万亩，收购烟叶0.98万吨（19.6万担），与上年同比增长33.4%。销售烟叶0.63万吨（12.53万担），实现销售收入9602万元。实现烟农收入7360万元，增长19.7%；实现烟叶税1620万元，增长31.8%。2006年，陇县被列为国家级烟叶标准化示范县，市局（公司）荣获农业部“干旱烟区新品种应用农牧渔业丰收奖”二等奖。

渭南市烟草专卖局（公司）

渭南市烟草专卖局（公司）于2006年由宝鸡市烟草专卖局（分公司）改制而来，组建上划于1986年。2006年下辖直属分局、韩城市、合阳县、澄城县、富平县、蒲城县、潼关县、白水县、华县、华阴市、大荔县11个县级烟草专卖局（分公司）。有总资产37569万元，其中，固定资产6102万元、流动资产27341万元。共有员工1422人，其中聘用员工184人。辖区有卷烟零售户16337户。

2006年，累计销售卷烟87.45亿支（17.49万箱），与上年同比增长1.9%。共实现销售收入138012万元。其中，销售低档卷烟47.11亿支（9.42万箱），占总销量的54%。卷烟单箱均价7892元，同比提高540元。实现“两烟”税利14484万元，其中实现“两烟”利润10333万元。

先后查处和破获合阳“12·28”、富平“6·15”、华阴“5·10”、蒲城“12·10”以及大荔、直属分局等多起假烟网络案件。公安部、国家局在渭南联合召开“12·28”假烟网络案件表彰大会，并授予渭南市局卷烟打假“特殊贡献奖”荣誉称号。直属分局许辉获“全国烟草行业百名优秀客户经理”荣誉称号。

2006年，累计投入350万元用于烟叶产前物资扶持。种植烤烟21200亩，收购烟叶0.27万吨（5.4万担），中上等烟叶比例达到80%。修建支渠1万米，机井3眼，铺设管网3.5万米、硬化道路6000米。

铜川市烟草专卖局（公司）

铜川市烟草专卖局（公司）于2006年由铜川市烟草专卖局（分公司）改制而来，组建上划于1986年7月。2006年下辖城区、耀州区和宜君县3个县级烟草专卖局（分公司）。资产总额10260万元，固定资产净值4966万元，所有者权益6593万元。共有员工437人，其中聘用员工238人。辖区有卷烟零售户1673户。

2006年，全市累计销售卷烟14.1亿支（2.82万箱），与上年同比增长2.93%。实现销售收入28683万元，同比增长7.08%。收购烟叶2187吨（4.33万担）。实现烟叶销售额2918万元。实现“两烟”税利4088万元，同比增长18.91%；实现“两烟”利润2846万元，同比增长38.42%，其中，卷烟利润2297万元、烟叶利润549万元。

全市共查获6起较大的销售假烟案件，查获各类涉假卷烟6421条，涉案金额30余万元，端掉售假窝点5个，移交公安机关刑事拘留不法分子5人，查获标值超过百万元的非法经营卷烟大案1起。纠正违规经营户361户，取缔无证户19户，查获非法卷烟12353.7条，查扣烟叶1528.07担。

加大以烟路、烟水为重点的烟叶基础设施建设投入力度，全年列入计划的烟叶基础设施建设项目总投入达1199万元。截至2006年底，完成验收投资608万元，新建密集式烤炉159座。新建标准烤炉422座，改造旧炉63座。为烟水、烟路配套设施建设投入资金368万元。2006年，全市共栽植烟叶1.5万亩，收购烟叶0.22万吨（4.33万担），平均亩产288斤。收购均价7.87元/公斤，实现产值1703.55万元，亩均产值1135.7元；中上等烟叶达83.3%。

建立母子公司管理体制，实现全系统财税一体化，全面注销原区（县）公司的法人注册登记，建立全系统统一管理、统一调配的人事劳资管理体制。

商洛市烟草专卖局（公司）

商洛市烟草专卖局（公司）于2006年由商洛市烟草专卖局（分公司）改制而来，成立于1986年，2006年下辖商州区、洛南县、丹凤县、商南县、山阳县、镇安县、柞水县7个县级烟草专卖局（营销部）及金叶大酒店。有总资产24635万元，其中，固定资产8216万元。共有员工835人，其中聘用员工513人。市局（公司）设有8个科室、6大中心和1个专业公司。全市共有卷烟零售户6653户，其中，城区1075户、农村5578户。

2006年，共销售卷烟32.5亿支（6.5万箱），实现“两烟”销售收入55776万元。实现“两烟”税利8446万元，其中，卷烟税利5868万元、烟叶税利2540万元；实现“两烟”利润6704万元，其中，卷烟利润4868万元、烟叶利润1836万元。全市种植烤烟6.3万亩，收购烟叶1.02万吨（20.46万担），同比增长27.8%。

全年查处各类违法案件367起，查获违规卷烟843.45万支，查获烟叶0.8吨，实现罚没收入8.99万元。其中“10·8”案查获假冒卷烟610件，涉案金额高达354.21万元，涉案人员20人。

汉中市烟草专卖局（公司）

汉中市烟草专卖局（公司）于2006年由汉中市烟草专卖局（分公司）改制而来，成立于1986年7月1日。2006年下辖汉台直属分局和南郑县、城固县、洋县、勉县、西乡县、略阳县、宁强县、留坝县、佛坪县、镇巴县10个县级烟草专卖局（营销部）。有总资产21937万元，其中，固定资产7351万元、流动资产13423万元。共有员工802人，其中聘用员工331人。辖区有卷烟零售户12849户。

2006年，全市销售卷烟51.9亿支（10.38万箱），与上年同比增长3.1%。种植烤烟3.5万亩，收购烟叶0.37万吨（7.42万担）（不含罚没烟叶），同比增长16%。“两烟”实现销售收入82240万元；实现税利12007万元，同比增长35.6%；实现利润8734万元，同比增长45.4%。其中，卷烟利润8639万元、烟叶利润95万元。

全市共查获涉烟违法案件1032起，涉案卷烟3751件，案值596.8万元。其中，查获5万元以上的案件15起，涉案卷烟2461件；打掉制售假烟网络2个；行政拘留35人，刑事拘留28人，判刑9人。

全年共投资590.44万元建成水窖325口，水池201个，小塘坝1座，U型沟渠9290米，管网16384米，烤炉109座，受益烟田1万余亩。

安康市烟草专卖局（公司）

安康市烟草专卖局（公司）于2006年由安康市烟草专卖局（分公司）改制而来，组建于1986年，2006年下辖汉滨区、旬阳县、白河县、平利县、石泉县、汉阴县、紫阳县、宁陕县、镇坪县、岚皋县10个县级烟草专卖局（营销部），有总资产32473万元，其中，固定资产9095万元、流动资产22528万元。共有员工1166人，其中聘用员工916人。共有卷烟零售户10401户。

2006年，全市共完成辖区卷烟销售39.58亿支（7.92万箱），实现“两烟”经营收入78997万元。实现“两烟”税利17565万元，其中，卷烟税利11029万元、烟叶税利6536万元；实现“两烟”利润14372万元，同比增长47.84%，其中，卷烟利润9056万元、烟叶利润5316万元。收购烟叶1.35万吨（27.04万担），实现税收9723万元，同比增长19.6%。

全市共查获查处涉烟违法案件200起，其中假烟案件161起，查获违法违规卷烟221.1件，其中假冒卷烟197.1件。

2006年，全市种植烤烟14万亩，收购均价8.16元/公斤，上中等烟叶比例达71.05%，烟农收入11000万元，缴纳烟叶税2200万元。全市共投入1800万元产前扶持资金以物资形式补贴烟农。投资1463万元资金建成密集式烤炉59座、小改密烤炉1891座、水窖2379口。

延安市烟草专卖局（公司）

延安市烟草专卖局（公司）于2006年由延安市烟草专卖局（分公司）改制而来，创建于1981年3月，1986年6月上划。2006年下辖宝塔区、黄陵县、黄龙县、洛川县、宜川县、富县、延长县、安塞县、吴起县、志丹县、延川县、子长县、甘泉县13个县级烟草专卖局（分公司）。有总资产35940万元。共有员工1115人，其中聘用员工202人。辖区有卷烟零售户6425户。

2006年，全市共销售卷烟55亿支（11万箱），完成年计划的101.82%，增幅9.08%。其中，销售低档卷烟24.75亿支（4.95万箱），完成年计划100.01%。实现“两烟”销售收入94680万元，同比增长34.99%，其中，卷烟销售收入86693万元，同比增长38%。实现“两烟”税利11976万元；实现“两烟”利润7238万元（含非生产性经营收入1414万元），其中，卷烟利润4305万元、烟叶利润2933万元。

破获宝塔区“4·22”、“10·23”、富县“4·29”、宜川“9·16”、甘泉“9·20”等在省内影响较大的制售假烟网络案件。全年查处涉烟违法案件181起，涉案金598.49万元。

2006年，全市烟叶种植面积4万亩，烟农户均种植面积8.9亩。建立烟农档案、签订产购合同4491份，实际收购烟叶5355吨（10.71万担），占收购计划的

97.39%，收购值3630万元，实现税金799万元。上等烟比例5.37%，中等烟比例58.02%，下低次等烟比例36.61%。2006年共投入460多万元产前扶持资金以物资形式补贴烟农；完成烟叶基础设施建设投资383.99万元。

全力推进联销公司上划工作，2006年5月12日、8月8日，子长、甘泉相继挂牌上划，半上划的安塞公司于8月22日实现财务上划，全系统卷烟联销公司上划工作基本完成。

榆林市烟草专卖局（公司）

榆林市烟草专卖局（公司）于2006年由榆林市烟草专卖局（分公司）改制而来，组建上划于1986年。2006年下辖榆阳区、神木县、府谷县、煤田县、定边县、靖边县、横山县、绥德县、佳县、吴堡县、米脂县、子洲县、清涧县等13个县级烟草专卖局（分公司）。有总资产37223万元，其中，固定资产11469万元。共有员工703人，其中聘用员工220人。辖区有卷烟零售户6627户。

全年共销售卷烟61.6亿支（12.32万箱），其中三类以上卷烟销量比重达73.8%，共实现销售收入122357万元。实现税利15069万元，其中实现利润10984万元。单箱销售收入9929元，比上年增长10%。

2006年共查处各类涉烟违法案件981起，查获假冒商标卷烟1672件、假冒防伪标识16390枚，罚没款33.85万元，端掉售假窝点40余个，破获制售假烟网络4个，移送公安机关案件13起，判刑1人。成功破获特大销售假冒卷烟网络案件，共查获涉假卷烟33个品牌，涉假卷烟983.8件，标值400余万元。

杨凌示范区烟草专卖局（公司）

杨凌示范区烟草专卖局（公司）于2006年由杨凌示范区烟草专卖局（分公司）改制而来，组建于1999年10月。总资产2200万元。共有在岗员工38人，其中聘用员工19人。辖区共有卷烟零售户502户。

2006年全区共销售卷烟2.62亿支（0.52万箱），实现销售收入4926万元，与上年同比增长8.8%。销售毛利1026万元，同比增长30.2%。实现税利807万元，同比增长48.1%，其中利润567万元，同比增长36%。

2006年陕西省烟草商业系统主要情况统计

地市级局（公司）名称		西安市烟草专卖局、陕西省烟草公司西安公司	咸阳市烟草专卖局、陕西省烟草公司咸阳公司	宝鸡市烟草专卖局、陕西省烟草公司宝鸡公司	渭南市烟草专卖局、陕西省烟草公司渭南公司	铜川市烟草专卖局、陕西省烟草公司铜川公司	商洛市烟草专卖局、陕西省烟草公司商洛公司
法人代表/主要负责人		王万勋	李振海	吉应城	孙新增	崔传斌	杨一端
总资产（万元）		78900	56234	36056	37569	10260	24635
员工总数（其中聘用员工人数）（人）		1524（其中聘用员工676人）	1213人（其中聘用员工409人）（不包括复烤厂）	1289（其中聘用员工636人）	1422（其中聘用员工184人）	437（其中聘用员工238人）	835（其中聘用员工313人）
所属县级局数量（个）		11	12	10	11	3	7
所属县级公司数量(个)		/	/	/	/	/	/
所属营销部（分公司、访销中心、烟叶复烤厂、稽查大队等）		1个卷烟营销中心、1个物流配送中心、16个稽查大队	1个营销中心（配送中心）、12个营销部、1个烟叶复烤厂、1个稽查大队、12个县局稽查大队	10个营销中心、1个访销中心、1个物流中心、1个配送站、10个稽查大队	1个电访中心、1个稽查支队、11个稽查大队	1个营销中心、1个物流中心、3个营销部、1个稽查大队	1个营销中心、1个物流中心、5个配送站、1个稽查大队
销售卷烟（亿支）		141.97	73.95	55.35	87.45	14.10	32.50
实现税利（万元）	本年	58107	19939	16105	14484	4088	8446
	上年	40808	13065	7213	7160	3438	5005
实现利润（万元）	本年	46982	14813	12637	10333	2846	6704
	上年	32370	9189	4476	4267	2056	3917
烟叶种植（亩）		/	50000	62000	21200	15000	63000
烟叶收购（担）		/	141800	196000	54000	43270	204600
零售户数（户）		22863	11858	10625	16337	1673	6653

地市级局（公司）名称		汉中市烟草专卖局、陕西省烟草公司汉中公司	安康市烟草专卖局、陕西省烟草公司安康公司	延安市烟草专卖局、陕西省烟草公司延安公司	榆林市烟草专卖局、陕西省烟草公司榆林公司	杨凌示范区烟草专卖局、陕西省烟草公司杨凌公司
法人代表/主要负责人		张爱峰	张百川	刘　玮	张　涛	李当生
总资产（万元）		21937	32473	35940	37223	2200
员工总数（其中聘用员工数）（人）		802（其中聘用员工331人）	1166（其中聘用员工916人）	1115（其中聘用员工202人）	703（其中聘用员工220人）	38（其中聘用员工19人）
所属县级局数量（个）		10	10	13	13（含神府煤田烟草局）	/
所属县级公司数量（个）		/	/	/	/	/
所属营销部（分公司、访销中心、烟叶复烤厂、稽查大队等）		10个营销中心、1个物流中心、11个稽查大队	11个营销部、1个访销中心	1个营销中心、1个电访中心、1个物流中心、2个配送站、1个稽查支队、13个稽查队	13个营销部、1个物流中心、13配送站、1个稽查大队	1个营销中心、1个访销中心（即访销部）、1个配送站、1个稽查队
销售卷烟（亿支）		51.90	39.58	55.03	61.60	2.62
实现税利（万元）	本年	12007	17565	11976	15069	807
	上年	8856	12089	525	10727	545
实现利润（万元）	本年	8734	14372	7238	10984	567
	上年	6008	9721	-2068	7675	417
烟叶种植（亩）		35000	140000	40000	/	/
烟叶收购（担）		74200	270400	107100	/	/
零售户数（户）		12849	10401	6425	6627	502

（王　玉）

甘肃烟草

甘肃省烟草专卖局（公司）

概　况

甘肃省地处黄河上游，总面积45.5万平方公里，总人口2606.25万人。境内居住有回、藏、东乡、土、裕固、保安、蒙古族等54个少数民族，其中裕固、东乡、保安族为甘肃省特有少数民族。全省共设14个市（州）、86个县（市、区）。2006年，全省实现地区生产总值（GDP）2275亿元，比上年增长11.4%。

甘肃省烟草专卖局（公司）成立于1984年9月，辖兰州、天水、武威、金昌、张掖、酒泉、敦煌、平凉、庆阳、陇南、白银、定西、临夏、甘南等14个市（州）烟草专卖局（公司）（其中临夏、甘南州局财政关系隶属于地方，未上划到烟草行业管理）和70个县级局（公司、营销部）。2006年，全省烟草商业系统共有员工4823人（不含临夏、甘南州局，不含离退休人员和三产人员），其中聘用员工2775人。企业总资产39.21亿元（不含临夏、甘南州局），其中，固定资产9.28亿元、流动资产28.86亿元。

2006年，甘肃省烟叶公司参与的我国干旱烟区秦烟95等4新品种应用项目，被农业部授予全国农牧渔业丰收奖二等奖，甘肃省烟叶公司受到农业部表彰奖励。

领导成员

局长、总经理、党组书记：武卫东

副局长、纪检组长、党组成员：周孝贤

副总经理、总会计师、党组成员：孔荣成

副总经理、党组成员：张　威

副总经理、党组成员：李德义（—2006.11）

巡视员：李国勋（—2006.9）

副巡视员：芮　澍

副巡视员：张建新

组织机构

省局（公司）机关共设办公室（外事办公室）、综合计划处（经济运行处）、安全保卫处、专卖监督管理处、法规处、财务管理处、审计处、人事劳资处、监察处、思想政治工作处（机关党委）、多元化经营投资管理处、烟叶管理处、卷烟销售管理处13个职能处室，经济信息中心、机关服务中心、行业特有工种职业技能鉴定站、西北烟草质量监督检测站4个专业部门，驻铁路烟草专卖局（稽查总队）1个派出机构，整顿和规范市场经济秩序办公室1个临时机构和烟草学会。

经济效益

2006年，甘肃省烟草商业系统销售卷烟357.11亿支（71.42万箱），与上年同比下降17.5%，其中省产烟316.75亿支（63.35万箱），省外烟40.35亿支（8.07万箱）。销售三类以上卷烟198.05亿支（39.61万箱），占总销量的55.46%。其中，一类烟23.25亿支（4.65万箱），占总销量的6.51%；二类烟15.55亿支（3.11万箱），占总销量的4.35%；三类烟159.25亿支（31.85万箱），占总销量的44.59%；销售四、五类烟159.05亿支（31.81万箱），占总销量的44.55%。

2006年，甘肃省烟草商业系统实现销售收入82.16亿元，与上年同比下降32.74%。实现“两烟”税利11.94亿元（不含临夏、甘南州局），同比下降5.97%。其中税金3.4亿元，同比增长26.58%；利润8.54亿元，同比下降14.71%。实现卷烟税利11.01亿元，同比下降5.8%；实现烟叶税利0.67亿元，同比增长73.69%。烟叶种植5.6万亩，收购烟叶0.84万吨（16.7万担）。

专卖管理

卷烟打假。2006年，以“查破制售假烟网络”为突破口，创新工作方法，调整充实打假力量，完善和落实联合打假机制，充分发挥联合执法优势，与公安等部门统一组织指挥打假破网专项行动，打假破网取得重大突破。兰州、平凉、武威、定西、天水、白银等市局联合公安等部门先后破获8起较大规模的制售假烟网络案件，其中涉案金额在100万元以上的4起。2006年，全省共查获各类卷烟违法经营案件36531起，查获卷烟8415件，案值2057万元，拘留逮捕犯罪嫌疑人30人，判刑8人、劳动教养3人。

市场监管。不断完善户籍化管理制度，加强指导培训和督查考核，提高户籍化管理工作运行质量。制订《甘肃省烟草专卖局开展打击大户控制小户专项行动方案》，调查、掌握违法经营户特别是违法经营大户情况，查找大户控制小户问题产生的根源，研究制订有效措施，打击区域性违法经营大户。大力取缔无证户，全面解决无证经营给市场管理带来的压力。

规范烟叶市场秩序。开展庆阳、陇南烟区整顿烟叶生产经营秩序专项行动，省局（公司）牵头组织毗邻地区烟叶收购和专卖管理协调会，与陕西、宁夏、内蒙古等省（区）专卖执法机关共同创建专卖管理联动工作机制，广泛开展地区间的执法协作，共同打击非法贩销烟叶活动。派驻烟叶收购督导组和专卖检查组，建立烟叶收购突发事件预警机制，加强烟叶收购监督检查，取缔非法收购点17个，查获涉案烟叶138.8吨。

网络建设

2006年，按照国家局“整体推进、全面提升、注重实效、创新发展”的网建工作要求，进一步转变思想观念，克服起步晚、条件差的困难，通过组织机构重组、业务流程再造、基础设施改造、信息平台搭建、流通方式转换，实现网络建设超常规、跨越式的整体推进。构建以“四集中、四统一”（即集中呼叫、统一订单，集中物流、统一配送，集中营销、统一结算，集中管理、统一信息平台）为主要特征，低成本、高效率、优质化服务的现代卷烟销售网络，缩小了网络建设与其他先进地区的差距，为传统商业向现代流通转变奠定基础。

网建整体推进工作通过国家局验收之后，各单位又开展“百日完善”活动，组织实施客户关系管理、物流费用核算、农村市场管理、督察考评、工商互动等方面的试点活动，全省电话订货率达100%，网络服务效率和管理水平得到进一步提升。综合利用仓储资源、创造性地抓网建整体推进，弹性拼箱、弹性送货，已成为甘肃烟草网建的鲜明特点。

烟叶产销

2006年，围绕“稳定规模、防止过热”的烟叶工作指导思想，坚持“重心下移、着眼基层、突出服务、加强基础”的烟叶基层建设工作方针，严格执行种植收购计划，认真推行合同制，规范烟叶生产收购秩序，加强基础设施建设、推广先进适用生产技术，强化管理，提高烟叶质量，采取有力措施，在控制面积、计划种植、合同签订、布局调整、技术推广、基础设施建设等方面开展工作，保持烟叶生产的平稳发展。

争取地方政府的支持，采取多种形式向广大烟农宣传国家烟叶产业政策、全国烟叶形势，引导烟农调整种植结构、控制烟叶种植面积。全面推行合同制，严格按计划组织烟叶种植收购，超计划种植势头得到有效遏制，烟叶收购控制在计划以内。联合烟叶产区政府及有关部门，以生态环境、种烟规模、发展潜力、经济基础、市场资源条件等为依据，全面调查适宜种烟耕地，规划基本烟田13万亩，其中，庆阳8.5万亩、陇南4.5万亩，分别落实到乡镇、村组、农户和地块，并以50亩为单位建立档案，建立基本烟田保护制度。加大产前投入和基础设施建设投入，2006年全省投入318.7万元用于烟水配套工程和烤房等烟叶基础设施建设。

强化技术培训。2006年共举办烟草育苗、烟叶烘烤、烟叶分级技术等各类培训班、现场会240场次，培训技术员、烟农17434人次。大力推广漂浮育苗技术，全省漂浮育苗移栽面积达21003亩，占全省合同移栽总面积57278亩的36.7%，是上年的2.4倍。进一步普及平衡施肥技术，进行烟草新品种栽培和密集式烘烤试验。

内部管理监督

坚持以法规教育为指导、制度建设为基础，以治理卷烟体外循环和“两项检查”为重点，深入开展“规范年”活动。

坚持加快发展与促进规范并举。牢固树立规范发展意识，全面部署“五五”普法教育工作，广泛开展《烟草专卖法》、《公司法》、《会计法》、《审计法》、《行政许可法》等一系列法制教育活动，全省行业贯彻落实国家有关法律法规以及行业规定的执行力明显增强。

坚持查清问题与整改问题并举。按照“严、细、实、全”和“三不放过”的要求，在重点治理卷烟体外循环的基础上，深入开展“两项检查”的自查、复查和重点检查工作，卷烟体外循环问题得到彻底治理，专卖内部管理、经营管理和财务管理等方面存在的突出问题得到有效整改。

坚持查处问题与建立长效机制并举。对治理卷烟体外循环和“两项检查”中顶风违纪的行为进行严肃查处，针对反映出的突出问题，省局（公司）修订完善和新建49项内管制度，各单位相应建立有关制度，加强长效监管机制建设。

体制改革

推进资产管理体制改革，围绕把各市（州）公司培育成为专卖体制下市场营销主体的目标，把实施产权制度改革、加快组织结构调整与创新卷烟营销网络模式、建设统一信息平台整体部署同步推进。取消兰州市红古区、永登县公司等49家县级公司法人资格，整合组织机构和岗位人员，优化业务流程，统一财务核算和纳税方式，实现市（州）公司统一经营、集中管理，确立市（州）公司的市场营销主体地位。

构建省、市母子公司管理体制，建立现代产权制度，切实转变省公司管理职能。制订《中国烟草总公司甘肃省公司建立母子公司体制实施方案》，顺利完成全省烟草中央企业的资产划转工作，理顺产权关系，形成中国烟草总公司对甘肃省公司，省公司对敦煌市公司、酒泉市公司、张掖市公司、金昌市公司、武威市公司、兰州市公司、白银市公司、定西市公司、天水市公司、陇南市公司、平凉市公司、庆阳市公司等12家市级公司的投资关系（甘南、临夏州分公司待财政关系上划后，依实施方案建立与省公司的母子公司体制）。10月，全省烟草中央企业的资产划转工作顺利完成。甘肃省公司本级和所属62户烟草企业的净资产23.17亿元上划到中国烟草总公司，根据国家局资产划转批复，省公司将净资产以投资的形式分别投入到所属12家市级公司，甘肃省烟叶公司的净资产并入省公司，48家县级烟草公司的净资产并入到所属各市公司。初步构建省市母子公司管理体制。

11月8日，根据《国家烟草专卖局关于甘肃省烟草专卖局所属地级市（州）分局更名的批复》（国烟人〔2006〕727号）精神，全省各市（州）烟草专卖分局更名为市（州）烟草专卖局。

撤并整合省卷烟销售分公司、烟叶公司、欣大集团公司，省公司彻底退出“两烟”和多元化经营，承担起“指导、服务、协调、监管”的职责。

企业管理

同级审计工作。按照国家局对同级审计工作的总体部署，开展思想动员、健全组织机构、指导各级单位进行自查、督导、复查等工作，对2005年和2006年上半年的财务收支进行全面自查整改，一些惯性思维和一贯做法得到扭转，财务收支等方面的不规范行为得到纠正。

预算、资金、核算管理。全面加强预算管理工作，通过省外学习考察、省内试点调研，结合全省行业实际，制订《甘肃省烟草行业全面预算管理实施方案》及《甘肃省烟草行业全面预算管理办法》，并在全省范围内组织实施。建立起以目标利润为基础、以收入和成本费用控制为核心的预算模型，并通过对预算目标的层层分解、滚动考核、动态运行，强化预算在实现业绩目标中的控制、激励和约束作用。加强资金监管，对各单位的资金账户开展专项清理，从源头上堵塞漏洞，有效防范资金风险。严格核算管理，加强成本费用控制。进一步清理、完善有关制度，制订《甘肃省烟草专卖局（公司）机关暂借款及费用开支审批报销管理办法》、《甘肃省烟草系统车辆配备购置管理办法》、《甘肃省烟草行业会计信息质量考核办法》、《甘肃省烟草行业财务收支审计实施办法》、《甘肃省烟草行业领导干部任期经济责任审计实施办法》等相关制度，修订、完善《甘肃省烟草行业内部审计工作规定》。

薪酬管理。严格执行劳动和社会保障部及财政部批准的工效挂钩方案，核定省局（公司）和各市局（公司）工效挂钩工资总额基数。加大工资分配监管力度，先后5次发文，对全省行业工资发放水平、工资开支渠道、领导干部奖金发放、聘用人员工资列支渠道、缴纳个人所得税、住房补贴、行业外领取报酬等问题做明确规定。积极稳妥地推进企业经营管理者收入分配制度改革，对市（州）局（公司）领导的薪酬实行年薪制，除一定数额的基本薪酬外，绩效薪酬根据省局（公司）每年对市（州）局（公司）经济运行情况考核结果确定，充分调动经营者的积极性。

安全管理。落实职业安全健康管理体系实施工作，加强对兰州市局（公司）试点工作的指导，加强对重大危险源的控制。开展经常性安全检查和机动车辆道路交通安全专项整治活动，创新安全管理工作思路，防止安全事故的发生。加强安全知识培训，落实持证上岗要求，先后举办3期安全生产经营管理人员资格培训班，对省局（公司）主要领导、各市（州）局（公司）及其所属县（区）局（营销部）主要负责人和分管安全的领导共200人进行培训，培训人员分别取得由甘肃省安全生产监督管理局颁发的《安全生产主要负责人员资格证书》和《安全管理人员资格证书》。加强应急管理，各市（州）局（公司）制订突发公共事件应急救援预案，成立由“一把手”负责的应急领导小组，并按照预案进行实际演练，提高预防和处理突发公共事件的能力。

信息化建设

从行业体制改革和流通模式转变的实际出发，建成以省局（公司）为中心的“大集中”的信息技术平台和全省统一的“一体化”协同应用系统，实现电话订货、电子结算、物流配送、网上办公、客户管理、专卖管理等电子商务和电子政务系统一体化运作。

以《数字烟草发展纲要》为指导，编制《甘肃省烟草商业信息化总体规划纲要（2006~2010年）》，制定“十一五”期间信息化建设的四个阶段性目标，确立“大集中”和“一体化”的技术路线。遵照《烟草行业信息化建设统一技术平台要求》、《烟草行业计算机网络建设技术与管理规范》等一系列国家、行业、企业标准和规范，开展机房、网络、安全、应用等信息系统建设。

完善信息化管理制度。建立包括管理规定、操作规程、使用说明在内的三级文件体系，修订完善《甘肃省烟草商业信息化工作管理办法》、《中心机房管理规定》、《甘肃省烟草行业信息分类与编码规则》等制度、标准文件10余部。研究并实践ISO20000（信息技术服务管理体系）、ISO27001（信息安全管理体系），推进IT治理标准化。

多元化经营

开展多元化经营企业清产核资工作。制订《甘肃省烟草公司多元化经营企业清产核资工作方案》，从清理烟草主业长期投资和投资性质的往来账入手，全面开展多元化经营企业清产核资。摸清全省行业多元化经营企业的家底，并对主业直接投资多元化经营企业总户数15户、多元化经营企业再投资企业两户、多元化经营企业参股企业两户共19户企业的资产进行专项清查审计，为进一步加强国有资产经营管理打下基础。

整合全省烟草行业多元化经营企业。落实省级局（公司）退出“两烟”经营活动要求，撤销由省公司、各市公司以及兰州卷烟厂共同投资组建的多元化经营实体——甘肃欣大实业集团有限公司，转让其股权，完成股权转让、退股、清算及注销工作，省公司彻底退出多元化经营。各市（州）局（公司）做好投资主体变更，董事会、监事会改选等工作。

2006年，全省行业多元化经营企业完成主营业务收入66916万元，实现利润9740万元，实现税金3037万元。

人事与劳资

领导干部选拔任用。严格执行《党政领导干部选拔任用工作条例》和省局（公司）党组制订的《甘肃省烟草系统处级领导干部选拔任用工作实施办法》，严格履行“民主推荐、组织考察、讨论决定、任前公示”等基本程序。全年共调整充实8个领导班子，提拔3名年轻干部，交流9名处级干部，其中异地交流4名，全面调整充实市（州）局（公司）后备干部队伍。

干部人事制度改革。首次在全省烟草行业范围内通过公开选拔、竞争上岗的方式，选拔12名基层优秀年轻干部到省局机关有关部门工作。各市（州）局（公司）对机关部门和县（区）局领导岗位普遍推行公开选拔、竞争上岗的做法，形成良好的用人导向。

人才引进。把合理引进人才作为人才工作的重点，制订引进计划，严格录用程序，提高员工整体素质，建立有序的人才梯次。在大学毕业生接收工作中，着重接收引进行业急需的计算机、财务会计、法律、文秘等方面的人才，按照“凡进必考”的要求，组织录用考试，进行双向选择，提高人才引进的针对性。2006年全省行业共引进45名大学毕业生和4名研究生。

教育培训。研究制定省局（公司）《干部职工教育培训“十一五”规划》，对今后5年内干部职工的教育培训工作进行总体部署。选派人员参加国家局举办的各类培训班，组织15名市（州）局（公司）处级干部参加甘肃省委党校和甘肃行政学院举办的为期3个月的主体学习班。开展各类业务知识和岗位技能培训活动，2006年培训职工达2992人次。

思想政治工作

先进性教育活动。做好保持共产党员先进性教育活动巩固和扩大整改成果工作。狠抓整改措施的落实，做到整改内容、具体措施、完成时限、目标效果、责任人“五落实”。对已整改完成的意见建议，实行责任人、主管领导与先进性教育领导小组验收、签字销号制度，并对整改完成情况及时向群众进行通报。建立关于加强机关党员学习教育的长效机制》、《关于加强机关综合管理的机制》、《党支部工作制度》等七项长效机制。

理论学习。组织开展学习贯彻党章、十六届六中全会精神、《江泽民文选》和树立社会主义荣辱观活动，通过加强组织领导，创新活动载体，注重典型宣传，举办辅导讲座和知识竞赛活动，引导职工把社会主义荣辱观渗透到日常工作生活之中。组织观看《赢在执行》、《细节决定成败》等录像讲座，深入开展“改进机关作风，我应怎样办”的大讨论活动。在对查摆问题进行梳理汇总的基础上，分析归纳出6大类共69条工作作风等方面存在的突出问题，本着实事求是的原则，制订具体应对措施。

“‘两个至上’在岗位”主题实践活动。组织“‘两个至上’在岗位”征文活动和系列宣传活动；组织卷烟零售户、烟农等参与“听客户讲你我的故事”专题演讲报告会；选出两名选手参加全国烟草行业“‘两个至上’在岗位”报告竞赛活动，获得三等奖。

工会、共青团工作。坚持把职代会作为职工维权的重要渠道，省局（公司）机关选举会员代表，召开第二届会员代表大会，进一步保障职工民主管理、民主参与、民主监督权利的落实。落实省总工会关于烟草系统工会经费分成比例的批复精神，开展全省行业工会经费统一收缴工作，进一步理顺行业工会的管理体制。

党风廉政建设

开展反腐倡廉宣传教育工作。把学习贯彻党章、保持共产党员先进性教育活动与加强内部管理监督、遵纪守法教育活动相结合，与牢固树立“两个至上”行业共同价值观，开展“‘两个至上’在岗位”主题实践活动相结合，与改进工作作风，树立正确的权力观、地位观、利益观等专题教育活动相结合，进行正反典型事例教育，组织观看《生死牛玉儒》和《苏共亡党的历史教训》等影视片，通过聘请老师讲党课、组织专家作报告、集中座谈交流和知识竞赛等方式强化学习效果。同时，结合建党85周年、抗战胜利60周年和红军长征胜利70周年等纪念活动，开展参观学习、征文演讲和知识竞赛等活动。全年开展各类专题教育140次，举办讲座、报告会87场次，组织观看电教片148场次，受教育总人数14462人次。

构建惩防体系。推进《建立健全教育、制度、监督并重的惩治和预防腐败体系实施纲要》贯彻落实工作。制订关于建立健全教育、制度、监督并重的惩治和预防腐败体系《实施意见》，研究确定7个方面21项具体工作内容，并以落实责任制为重点，对省局（公司）机关各部门落实《实施意见》的任务进行分解，明确牵头和协作部门、工作措施及时间进度。各市（州）局（公司）按照《实施意见》要求，突出重点工作领域，细化目标责任措施，制订实施方案，全省行业构建惩防体系工作全面起步。

查处违规违纪案件。围绕全省行业整顿规范经营秩序、治理体外循环、强化内部监管等重点工作，严肃查处违反行业制度规定的案件，有效遏制不规范经营行为。2006年，全省行业共受理群众来信来访17件（次），有7个分公司的28人因违规经营问题受到行政处分，涉及县处级干部14人，科级干部14人。

履行监督职责。落实领导干部个人收入申报和重大事项报告制度，省局（公司）为166名县（处）级干部、市局为科级干部建立廉政档案。执行谈话和“两述”制度，全省行业共进行廉政谈话61人、诫勉谈话45人、述职述廉317人。继续落实党风廉政信息员工作制度，各单位相继聘请第四批党风廉政信息员。

突出重点领域和环节，对执行行业有关规定制度、强化资产管理监督方面进行监督检查。围绕基础设施、办公自动化、营销网络建设等工程的招标投标过程开展服务和监督。积极参与烟水配套工程立项和建设规划、年度实施计划、资金预算、竣工验收等工作。根据建立内管制度框架体系的要求，修订完善《甘肃省烟草系统党风廉政建设责任制考核办法》及其责任追究实施细则等四项制度，促进惩防体系建设的不断深入。

加强纪检监察机构和队伍建设。省局（公司）党组下发《关于各分局（公司）纪检监察机构设置及人员配备的通知》，要求各单位在机构改革中设置监察科，配备专职纪检监察员，加强人员和机构保障。制订《关于对全省行业纪检监察工作和机构加强业务指导和管理的实施办法》，促进了全省行业纪检监察工作的深入开展。

企业文化

贯彻落实《中国烟草企业文化建设纲要》，稳步推进全省行业企业文化建设。印发《甘肃烟草行业企业文化建设实施意见》，通过内部刊物、工作动态、宣传栏、内部网站等多种渠道，大力宣传企业文化建设的重要意义，宣传企业的核心价值观和经营理念，宣传集中体现企业文化的典型案例，为企业文化建设营造良好的舆论氛围。组织各市局（公司）有关人员分两期参加国家局组织的企业文化建设培训；派人参加省委宣传部、省国资委组织的企业文化建设现场经验交流会，为企业文化建设工作的开展培养骨干。

兰州市局（公司）、定西市局（公司）、金昌市局（公司）三个试点单位在总结提炼过去企业文化建设成果的基础上，做好启动、论证、咨询、提升等各项工作，总结、形成企业文化建设案例，为全省行业企业文化建设提供借鉴。

特事要辑

8月23日～25日，国家局副局长何泽华一行到甘肃省局（公司）考察指导工作。

8月31日，省局（公司）撤销甘肃省卷烟销售分公司，设立卷烟销售管理处，省公司不再具有卷烟经营职能，不具体从事卷烟经营活动。

9月5日，陕西、甘肃、宁夏三省（区）在甘肃省庆阳市召开烟叶收购边界协调会。

10月11日，省局（公司）撤销甘肃省烟叶公司，设立烟叶管理处，省公司不再具有烟叶经营职能，不具体从事烟叶经营活动。

10月，全省烟草中央企业的资产划转工作顺利完成。

甘肃省局（公司）主要统计指标汇总

实现税利（亿元）	商业利润（亿元）	销售卷烟（亿支）	烟叶种植（万亩）	烟叶收购（万担）	出口创汇（万美元）
11.94	8.54	357.11	5.60	16.70	/

所属地市级局（公司）

兰州市烟草专卖局（公司）

概　况

兰州是甘肃省省会，下辖城关、七里河、西固、安宁、红古5个区和永登、榆中、皋兰3个县，市域总面积1.31万平方公里，境内居住着汉、回、满、东乡、裕固等38个民族，全市总人口314万。2006年，兰州市实现地区生产总值（GDP）638.47亿元。

1985年2月1日，中国烟草总公司甘肃省公司兰州分公司正式成立。同年8月5日，甘肃省烟草专卖局兰州分局成立。2006年10月，根据甘肃省烟草专卖局的批复，甘肃省烟草兰州公司更名为甘肃省烟草公司兰州市公司；11月，甘肃省烟草专卖局兰州分局更名为兰州市烟草专卖局。2006年3月，取消红古区、永登县、榆中县、皋兰县4个县（区）公司法人资格，分别成立县营销部。截至2006年底，下辖城关区、七里河区、西固区、安宁区、红古县、榆中县、皋兰县、永登县8个县（区）烟草专卖局（营销部）。企业总资产69773万元，其中，固定资产16002万元、流动资产51864万元。共有从业人员853人（不含离退休人员和三产人员），其中聘用员工513人。正式员工中具有大专以上学历的216人，取得初、中、高级专业技术职称资格的79人。辖区有卷烟零售户15237户。

领导成员

局长、经理、党组书记：刘　震

副经理、党组成员：王玉峰

副局长、党组成员：乔亚男

副经理：李　涛

副经理、党组成员：王玉琴

副经理、党组成员：蒋惠芳（—2006.11）

副经理、党组成员：金　明

组织机构

兰州市局（公司）设办公室、政工（监察）科、财务科、审计科、专卖管理科、安保科、稽查支队7个科（室、队），以及营销管理中心、仓储配送中心、资金结算中心、信息中心和督察考评中心。

经济效益

2006年，全市辖区共完成卷烟销售72.07亿支（14.41万箱）。其中，销售一类烟7.35亿支（1.47万箱），占总销量的10.20%；二类烟5.14亿支（1.03万箱），占总销量的7.13%；三类烟40.74亿支

(8.15万箱)，占总销量的56.53%；四类烟18.84亿支(3.77万箱)，占总销量的26.14%。

2006年，实现销售收入149292万元，销售毛利37231万元。实现税利36377万元，与上年同比增长28.49%；其中，实现利润28299万元，同比增长24.41%。单箱税利2524元、单箱利润1964元。

专卖管理

2006年，兰州市局(公司)"内抓监管、外破网络"，深入开展内部专卖管理监督检查。加强专卖基础管理，进一步密切专销结合，加强队伍建设，推行行政执法责任制。强化市场经理、客户经理和稽查人员"三元"互动监督的工作机制。加强各单位之间信息情报网络的建设，加强与公安等部门的协作和配合，建立健全与司法机关的案件移送机制，加大追刑力度。适时调整工作思路，不间断地开展整顿节日市场、打击非法贩销等专项整治活动，努力规范卷烟市场秩序。

2006年共查处各类涉烟违法案件30840起，查扣卷烟3387件，案(标)值1479万元。向司法、公安机关移交9案23人，其中行政拘留2案3人，刑事拘留2案14人，劳动教养2案3人。特别是7月份，与省公安厅经侦总队联合破获杨某、陈某非法贩销网络案件。涉案假冒卷烟1813.8条，标值102.86万元。此案抓获和锁定非法贩销网络的上线、下线共11人，4名当事人被依法刑事拘留，其中两名被依法逮捕。

网络建设

2006年，兰州市局(公司)深入开展网建"整体推进"工作，通过深化组织机构改革，将8个县(区)营销主体的卷烟购、销、调、存业务全部集中到市公司，初步确立市公司经营主体地位。

整合全市电话订货业务，将全市所有卷烟零售客户整体纳入营销管理中心电话订货平台。因地制宜改造卷烟仓库，实现"一库式"仓储管理；依照"半径最佳、流速最短、节点最少"和"弹性装箱、弹性装车、弹性路线"的原则，实现由仓储配送中心分拣到户、统一配送的集中物流模式。全面启用专卖与营销资源管理信息系统(V3)，初步形成专卖、营销、仓储、客户关系管理的信息链接网络。按照国家局制定的统一标准，科学分类，提高客户关系管理水平。开展兰州烟草视觉形象识别系统(VIS)导入工作。2006年，实现以"集中呼叫、统一订单，集中物流、统一配送，集中营销、统一结算，集中管理、统一信息平台"为特征的网络运行模式。顺利通过全省网建现场会和国家局网建验收组的检验。

卷烟销售

2006年，面临四类卷烟货源严重不足、滞销卷烟库存积压的严峻形势，兰州市公司积极调整工作思路，进一步转变营销观念、提高卷烟销售结构，企业经营由销量效益型转变为结构效益型，由向省局(公司)要货源转变为向市场挖潜力，克服四类货源不足的不利因素，彻底甩掉库存积压卷烟的包袱。截至2006年底，三类以上卷烟销售结构与上年同比提高8%，平均单条销售额达到46元，毛利率同比增长12%。全年销量同比增长不到1%，利润同比增长24.4%。滞销卷烟库存由年初的3500多箱下降到不足100箱，盘活资金7200余万元。

体制改革

2006年，市局(公司)取消全部县级公司的法人资格。县级局继续实行属地专卖执法管理，成立县(区)卷烟营销部，其作为市局(公司)营销管理中心在8个县(区)的区域性内设机构，受营销管理中心和县(区)局的双重管理，以营销管理中心为主，与县(区)局合署办公。

企业管理

通过"精、细、实"的手段，全面加强内部管理。在组织结构调整的基础上，构建财务管理一体化的内部岗位框架，初步建立财务集中核算的制度保障体系；采用"分级审批，归口管理"的办法，逐级确定审批权限，推行全面预算管理；积极开展同级审计，完善企业内控机制，提高审计监督的权威性和有效性；完善企业内部分配机制，统一全区职工津补贴发放标准，规范不同单位之间职工基本薪酬收入。6月，在全市行业内开展职业健康安全管理体系建设工作，在年内开始体系的试运行。

多元化经营

2006年，多元化经营企业——甘肃欣大实业集团撤销后，市局(公司)整体接收欣大兰州公司原属甘肃欣大实业集团的全部股权。股权转让后，欣大兰州公司成为市局(公司)的全资子公司。同时，调整欣大兰州公司机构设置，完善"自上而下、统一领导、分级管理"的管理体制，重新核定编制，裁减冗余人员，整合网络资源，规范内部管理。健全制度和强化"三级督察"，杜绝代售卷烟等违反经营纪律行为的发生，保证商品质量安全。加大安全设施投入力度和强化安全措施，确保零售网点经营安全。加强促销宣传，增强主动营销意识，倡导优质服务。通过一系列管理措施，打造诚信烟草的窗口形象。欣大兰州公司全年实现销售额26800万元，占社会卷烟消费总额的15.6%，在短短两年间，总资产由1500万元增加到4694万元，增长213%。

队伍建设

2006年，按照"精干、高效、满负荷"的原则，调整市局(公司)机关各职能部门和所属单位的岗位设置，积极推行竞争上岗。面向全市行业对部分机关管理岗位、城区客户经理岗位实行竞争上岗，各单位有近千名职工参加80余个岗位的竞争，精简人员300余人。通过定岗定编、竞争上岗，大大提高工作效率，人均实物劳动生产率由年初的132箱提高到185箱。

启动“客户经理职业生涯规划”，对改革客户经理选用机制进行有益的尝试，高学历的正式职工进入过去由聘用职工单一组成的客户经理队伍，队伍结构发生质的变化。截至2005年底，全市共有客户经理100名，平均年龄27岁，大专以上学历占总人数的65%以上。

继续推行科级干部考核制度，分别对排名前、后3位的科级干部进行奖励和诫勉谈话。

内部管理监督

2006年，兰州市局（公司）成立领导机构，制订实施细则，通过履行专项检查、同级监管和日常监管的职能，查清企业内部存在的假入网分摊零售户、业务用烟列支虚拟客户或分摊持证户、向无证户供货、截留销售、超限量供货等问题。针对发现的问题，市局（公司）在向省局（公司）上报自查报告的同时，研究制订出具体的整改措施，落实责任部门和责任人，明确彻底整改的时间，确保整改到位。为确保内部管理监督的长期效果，使内管工作日常化、规范化、制度化，市局（公司）制订《同级专卖管理监督制度》、《内部专卖管理监督检查制度》、《内部专卖管理监督案件查办制度》、《内部专卖管理监督报告制度》、《内部专卖管理监督责任追究制度》及《内部专卖管理监督考核办法》等内部专卖管理监督检查制度，为专卖内管工作的顺利开展提供制度保障。

思想政治工作

开展“八荣八耻”的社会主义荣辱观教育和“两个至上”行业共同价值观教育。结合企业实际，开展“爱岗敬业、恪尽职守”大讨论。以党支部为单位，组织专题座谈和讨论，利用板报、宣传栏等广泛宣传，使广大干部职工进一步明确自身的岗位要求，自觉履行岗位职责。

继续发挥《工作动态》内部信息交流作用，全年共编发46期，刊登文章180余篇。加强企业网站的建设，全年更新各类文章篇数达224篇。

加强党组织建设，换届选举机关党委。在各基层工会委员会改选的基础上，对市局（公司）工会委员会进行改选。

党风廉政建设

充分发挥民主生活会和组织生活会的作用，营造企业内部民主监督的氛围。通过召开职工大会、领导干部述职述廉、群众民主测评等形式，对中层干部党风廉政建设责任制的执行情况进行检查考核。聘任第四批党风廉政信息员，完善规章制度和监督制约措施，充分发挥党风廉政信息网络的作用，确保党风廉政建设不出现死角，纪检监察部门、各党支部、党风廉政信息员三者之间做到信息及时沟通，使上级党组，纪检监察部门关于党风廉政建设的各项要求及时得到贯彻落实，基层的情况也能及时得以反馈。

特事要辑

4月，兰州市人民政府下发《兰州市人民政府关于推进烟草经营管理体制改革加强烟草专卖管理工作的通知》（兰政发［2006］27号），向各县（区）人民政府和市政府有关部门提出支持和配合烟草体制改革的要求。

8月23日，国家局副局长何泽华考察兰州市公司网建工作。

10月，根据甘肃省烟草专卖局的批复，甘肃省烟草兰州公司更名为甘肃省烟草公司兰州市公司；11月，甘肃省烟草专卖局兰州分局更名为兰州市烟草专卖局。

天水市烟草专卖局（公司）

天水市烟草专卖局（公司）由甘肃省烟草专卖局天水分局（分公司）于2006年改制而来，组建于1984年12月。2006年3月，取消秦安、甘谷、武山3个县级公司法人资格，分别成立秦安、甘谷、武山县营销部。截至2006年底，下辖秦州区、麦积区、秦安县、甘谷县、武山县5个县级烟草专卖局（营销部），以及清水、张家川2个县烟草专卖局（公司）（未上划）。全市行业共有干部职工464人，其中聘用员工302人（不含清水、张家川县公司）。企业总资产25563万元，其中固定资产11284万元。市局（公司）内设9个职能科室，直属1个烟草稽查支队和1个多元化经营企业。辖区共有卷烟零售户13504户，自设自建卷烟零售店、超市34个。

2006年，辖区销售卷烟40.13亿支（8.03万箱），其中，销售一类烟1.77亿支（0.35万箱），占总销量的4.41%；二类烟1.85亿支（0.37万箱），占总销量的4.6%；三类烟16.12亿支（3.23万箱），占总销量的40.18%；四类烟20.39亿支（4.08万箱），占总销量的50.81%。卷烟存销比为7.9，较上年下降两个百分点，库存比例更加合理。

2006年，完成销售总额58741万元，实现税利8883万元，其中实现利润6850万元。单箱税利1106元、单箱利润853元。

2006年12月，在原甘肃欣大实业集团天水经销有限公司的基础上改制成立天水欣大实业有限公司，下设包装材料分公司和欣大酒店两个分支机构，注册资金300万元，有固定资产919万元。多元化经营管理工作日趋规范，经营范围已扩展到卷烟零售、酒类批零、物流劳务、酒店管理、包装材料等多个领域。全年完成商品销售收入4932万元，实现各类税金589万元，实现利润总额681万元。

武威市烟草专卖局（公司）

武威市烟草专卖局（公司）由甘肃省烟草专卖局武威分局（分公司）于2006年改制而来，成立于1985年1月。2006年，武威市局（公司）推行组织结构调整，先后取消民勤县、古浪县、天祝县3家县级公司法人资格，分别成立烟草营销管理部。截至2006年底，下辖凉州区、天祝县、古浪县、民勤县4个县级烟草专卖局（营销部）和一个多元化经营企业——甘肃欣大实业集团武威经销有限公司。共有从业人员323人（不含内退、离退休人员和三产人员），其中聘用员工168人。有总资产18813万元。市局（公司）内设5个职能科室和营销管理、仓储配送、资金结算、信息、督察考评五个中心。辖区共有卷烟零售户7970户。

2006年，全市辖区共完成卷烟销售23.62亿支(4.72万箱)。其中，销售一类烟1.00亿支（0.20万箱），占总销量的4.25%；二类烟1.17亿支（0.23万箱），占总销量的4.97%；三类烟8.63亿支（1.73万箱），占总销量的36.53%；四类烟12.82亿支（2.56万箱），占总销量的54.25%。实现销售收入45421万元。实现销售毛利额7882万元，与上年同比下降7.79%。实现税利5784万元，同比下降1.45%；其中，利润4016万元，同比下降7.74%。

金昌市烟草专卖局（公司）

金昌市烟草专卖局（公司）由甘肃省烟草专卖局金昌分局（分公司）于2006年改制而来，成立于1984年。截至2006年底，下辖永昌县烟草专卖局(营销管理部）和1个多元化经营企业——甘肃欣大实业集团金昌经销有限公司。全市行业共有从业人员171人，其中聘用员工112人。有总资产8697万元。市局（公司）机关设9个职能部门。辖区共有卷烟零售户2401户。2006年，金昌市局（公司）被甘肃省委、省政府授予“省级文明单位”荣誉称号。

2006年，全市辖区共实现卷烟销售8.7亿支(1.74万箱)。实现销售收入15873万元，与上年同比下降11.34%。实现税利3308万元，同比增长16.6%；其中，实现利润2335万元，同比增长1.39%。

开展企业文化建设试点工作。市局（公司）通过健全组织机构，开展基础状况调研，制定《企业文化建设三年规划》和《企业文化建设实施方案》，广泛宣传动员，挖掘提炼核心理念，编辑《企业文化手册》等形式提高认识，初步构建金昌烟草企业文化建设框架。

张掖市烟草专卖局（公司）

张掖市烟草专卖局（公司）由甘肃省烟草专卖局张掖分局（分公司）于2006年改制而来，成立于1992年6月。2006年3月，取消高台、民乐、临泽、山丹县公司法人资格，成立4县营销部。截至2006年底，下辖甘州区、高台县、临泽县、山丹县、民乐县5个县级烟草专卖局（营销部）和1个多元化经营企业——甘肃欣大实业集团张掖经销有限公司。共有员工244人，其中聘用员工122人。有总资产15278万元，其中，固定资产4329万元、流动资产10444万元。市局（公司）机关设9个职能科室（中心）。辖区共有卷烟零售户6000户。

2006年，全市辖区销售卷烟18.45亿支（3.69万箱)。其中，销售一类烟0.85亿支（0.17万箱），占总销量的4.58%；二类烟0.77亿支（0.15万箱），占总销量的4.17%；三类烟8.21亿支（1.64万箱），占总销量的44.52%；四类烟8.62亿支（1.73万箱），占总销量的46.73%。

2006年，实现销售收入32204万元，实现税利4985万元，同比增加375万元，增长8.13%；其中，利润3386万元。单箱税利1351元、单箱利润918元。

酒泉市烟草专卖局（公司）

酒泉市烟草专卖局（公司）由甘肃省烟草专卖局酒泉分局（分公司）于2006年改制而来，成立于1985年。2006年3月，取消肃州区、玉门市、安西县、金塔县4个县级公司法人资格。截至2006年底，下辖肃州区、嘉峪关市、玉门市、瓜州县、金塔县5个县级烟草专卖局（营销部）和1个多元化经营企业——甘肃欣大实业集团酒泉经销有限公司。全市行业共有从业人员238人，其中聘用员工128人。有总资产21860万元，其中，固定资产4545万元、流动资产16735万元。市局（公司）机关内设8个职能部门。辖区共有零售户5109户。

2006年，全市辖区共销售卷烟23.23亿支（4.65万箱）。其中，销售一类烟2.34亿支（0.47万箱)，占总销量的10.06%；二类烟2.21亿支（0.44万箱)，占总销量的9.5%；三类烟12.3亿支（2.46万箱)，占总销量的52.97%；四类烟6.38亿支（1.28万箱），占总销量的27.47%。实现销售收入73037万元，实现税利11436万元，其中实现利润8285万元。

2006年，酒泉市局（公司）作为全省三项制度改革试点单位，推行“双向选择、竞聘上岗、择优录用、能进能出、能上能下”的选人用人机制，建立收入能增能减、有效激励的分配机制和员工动态管理机制，规范用工管理，优化干部队伍，缩小收入差距。通过改革，市局（公司）职能部门减少为8个，县级局职能部门减少为2个，全市系统共精简科级干部18人，普通员工41人。

敦煌市烟草专卖局（公司）

敦煌市烟草专卖局（公司）由甘肃省烟草专卖局敦煌分局（分公司）于2006年改制而来，组建于1992年5月。2006年，共有员工81人，其中聘用职工40人。资产总额5712万元，其中固定资产2668万元。市局（公司）设6个职能科室、4个中心、5个专卖管理所、1个道路稽查队、1个机动稽查队、欣大公司及金叶宾馆。辖区共有卷烟零售户1186户。

2006年，全市辖区共销售卷烟4.36亿支（0.87万箱）。其中，销售一类烟0.52亿支（0.1万箱），占总销量的11.9%；二类烟0.62亿支（0.12万箱），占总销量的14.26%；三类烟2.08亿支（0.42万箱），占总销量的47.65%；四类烟1.14亿支（0.23万箱），占总销量的26.19%。实现卷烟销售收入10069万元，实现税利2147万元，其中实现利润1526万元。

平凉市烟草专卖局（公司）

平凉市烟草专卖局（公司）由甘肃省烟草专卖局平凉分局（分公司）于2006年改制而来，组建于1984年8月。2006年3月，取消泾川、崇信、灵台、华亭、庄浪、静宁6家县级公司法人资格，成立营销部。截至2006年底，下辖崆峒区、泾川县、崇信县、灵台县、华亭县、庄浪县、静宁县7个县级烟草专卖局（营销部）和1个直属多元化经营企业。全市行业共有在职职工352人，其中聘用员工232人。有总资产21437万元。其中，固定资产5495万元。市局（公司）机关设9个职能部门。辖区有卷烟零售客户8213户。2006年，平凉市局（公司）被甘肃省委、省政府评为全省“2001~2005年普法宣传教育先进单位”。

2006年，全市辖区共销售卷烟24.94亿支（4.99万箱）。其中，销售一类烟1.19亿支（0.24万箱），占总销量的4.75%；二类烟0.69亿支（0.14万箱），占总销量的2.78%；三类烟10.81亿支（2.16万箱），占总销量的43.34%；四类烟12.25亿支（2.45万箱），占总销量的49.13%。实现销售收入39665万元，实现税利7643万元，其中，实现利润5743万元。

2006年，平凉市局（公司）成功破获经营范围涉及4省（区）、11个地（市）的阮某非法贩销假烟网络案件，查实阮某等人非法销售卷烟涉案金额324.22万元，查扣非法经营假冒卷烟306.7条，标值9.91万元；已查明的25名涉案人中4人被批捕，21人被行政处罚。该假烟网络案件被选入2006年甘肃省整顿和规范市场经济秩序十大典型案件，受到甘肃省公安厅、甘肃省烟草专卖局的表彰奖励。

庆阳市烟草专卖局（公司）

庆阳市烟草专卖局（公司）由甘肃省烟草专卖局庆阳分局（分公司）于2006年改制而来，组建于1984年12月。2006年4月，取消正宁县、华池县、庆城县、宁县、合水县、镇原县、环县7个县公司法人资格，成立县营销部。截至2006年底，下辖西峰区、庆城县、华池县、环县、合水县、宁县、正宁县、镇原县8个县级烟草专卖局（营销部）。全市行业共有员工571人，其中聘用员工258人。有总资产40872万元。市局（公司）机关内设10个科室。辖区共有卷烟零售户7508户。2006年，庆阳市烟草公司被甘肃省商业联合会命名为“甘肃商业诚信企业”。

2006年，全市辖区共销售卷烟29.68亿支（5.94万箱）。其中，销售一类烟1.5亿支（0.3万箱），占总销量的5.07%；二类烟0.82亿支（0.17万箱），占总销量的2.76%；三类烟12.21亿支（2.44万箱），占总销量的41.12%；四类烟15.15亿支（3.03万箱），占总销量的51.05%。实现“两烟”税利11297万元，同比增长14.21%；其中实现利润7745万元，同比增长3.88%。

2006年，全市共种植烤烟35747亩，收购烟叶0.58万吨（11.68万担），收购均价6.69元/公斤。

陇南市烟草专卖局（公司）

陇南市烟草专卖局（公司）由甘肃省烟草专卖局陇南分局（分公司）于2006年改制而来，成立于1987年。2006年4月，取消宕昌县、文县、康县、成县、徽县、西和县、礼县、两当县8个县级公司法人资格，成立县营销部。截至2006年底，下辖武都区、宕昌县、西和县、两当县、康县、文县、礼县、成县、徽县9个县级烟草专卖局（营销部）和陇南欣大经销有限公司、天水办事处。共有员工571人，其中聘用员工368人。有总资产23460万元。市局（公司）机关内设10个职能部门，辖区有卷烟零售户10081户。

2006年，全市辖区共销售卷烟33.34亿支（6.67万箱）。其中，销售一类烟1.35亿支（0.27万箱），占总销量的4.05%；二类烟1.41亿支（0.28万箱），占总销量的4.24%；三类烟12.20亿支（2.44万箱），占总销量的36.59%；四类烟18.38亿支（3.68万箱），占总销量的55.12%。实现“两烟”税利7943万元，其中实现利润5141万元。

2006年，全市共落实种植面积20145亩，烤烟收购量0.25万吨（4.98万担）。

白银市烟草专卖局（公司）

白银市烟草专卖局（公司）由甘肃省烟草专卖局白银分局（分公司）于2006年改制而来，成立于1987年。2006年3月，规范两区三县的内设机构和人员编制，取消靖远县、景泰县、会宁县3个县级公司法人资格，成立县营销部。截至2006年底，下辖白银区、平川区、靖远县、景泰县、会宁县5个县（区）烟草专卖局（营销部）。共有员工367人，其中聘用员工236人。有总资产19180万元。市局（公司）机关内设6个科室和5个中心。辖区有卷烟零售户8278户。

2006年，全市辖区共销售卷烟24.55亿支（4.91万箱）。其中，销售一类烟0.94亿支（0.19万箱），占总销量的3.84%；二类烟0.84亿支（0.17万箱），占总销量的3.42%；三类烟9.68亿支（1.93万箱），占总销量的39.43%；四类烟13.09亿支（2.62万箱），占总销量的53.31%。销售省外烟2.29亿支（0.46万箱），与上年同比增长85%。实现销售收入36516万元，实现税利5643万元，其中实现利润3942万元。

定西市烟草专卖局（公司）

定西市烟草专卖局（公司）由甘肃省烟草专卖局定西分局（分公司）于2006年改制而来，组建于1992年7月。2006年4月，取消所辖安定区、临洮县、陇西县、岷县、通渭县、渭源县、漳县7个县（区）公司法人资格，分别设立7个县级烟草专卖局（营销部），同时下辖一个多元化经营企业——甘肃欣大实业集团定西经销有限公司。全市行业共有从业人员374人，其中聘用员工221人。有总资产20502万元。市局（公司）设9个职能部门。全市共有28专卖管理所、12个稽查中队、3个固定检查站、2个铁路检查站。辖区共有卷烟零售户10813户。

2006年，全市辖区共销售卷烟31.89亿支（6.38万箱）。其中，销售一类烟0.86亿支（0.17万箱），占总销量的2.69%；二类烟0.52亿支（0.11万箱），占总销量的1.65%；三类烟12.41亿支（2.48万箱），占总销量的38.9%；四类烟18.1亿支（3.62万箱），占总销量的56.76%。完成销售额53000万元，实现税利6017万元，其中利润4109万元。多元化经营企业实现税利404万元，其中利润326万元。

临夏回族自治州烟草专卖局（分公司）

1994年8月，临夏回族自治州烟草专卖局（分公司）组建成立，1999年3月划归甘肃省烟草专卖局管理。2006年11月，甘肃省烟草专卖局临夏回族自治州分局更名为临夏回族自治州烟草专卖局。截至2006年底，下辖康乐、和政、永靖、积石山4个县烟草专卖局（营销部），康乐、和政、永靖3个县营销部，一个多元化经营企业——甘肃欣大实业集团临夏经销有限公司。2006年全州行业共有从业人员222人，其中聘用员工124人。有总资产11337万元。辖区共有卷烟零售户6161户。

2006年，全州辖区共销售卷烟15.14亿支（3.03万箱）。其中，销售一类烟0.59亿支（0.12万箱），占总销量的3.91%；二类烟0.38亿支（0.07万箱），占总销量的2.49%；三类烟6.63亿支（1.33万箱），占总销量的43.82%；四类烟7.54亿支（1.51万箱），占总销量的49.78%。

2006年，实现销售收入25208万元，实现税利3998万元，其中，利润2884万元，与上年同比下降12.61%。单箱税利1319元、单箱利润952元。

甘南藏族自治州烟草专卖局（分公司）

1998年6月，甘南藏族自治州烟草专卖局（分公司）组建成立（未上划，财政关系隶属地方），2003年10月划归甘肃省烟草专卖局管理。2006年11月，甘肃省烟草专卖局甘南藏族自治州分局更名为甘南藏族自治州烟草专卖局。截至2006年底，共有从业人员81人（不含内退、离退休人员和三产人员），其中聘用员工46人。有总资产7383万元。州局（公司）内设4个职能科室和3个中心。辖区共有卷烟零售户3066户。

2006年，全州辖区累计销售卷烟7.01亿支（1.40万箱）。其中，销售一类烟0.34亿支（0.07万箱），占总销量的4.87%；二类烟0.29亿支（0.06万箱），占总销量的4.2%；三类烟2.89亿支（0.58万箱），占总销量的41.24%；四类烟3.49亿支（0.69万箱），占总销量的49.69%。实现销售收入9570万元，与上年同比下降4.2%。实现税利1290万元，其中，上缴税金331万元，实现利润959万元。

2006年甘肃省烟草商业系统主要情况统计

地市级局（公司）名称		兰州市烟草专卖局、甘肃省烟草公司兰州市公司	天水市烟草专卖局、甘肃省烟草公司天水市公司	武威市烟草专卖局、甘肃省烟草公司武威市公司	金昌市烟草专卖局、甘肃省烟草公司金昌市公司	张掖市烟草专卖局、甘肃省烟草公司张掖市公司
法人代表/主要负责人		刘　震	李　明	张仕儒	来锁成	贾辉林
总资产（万元）		69773	25563	18813	8697	15278
员工总数（其中聘用员工数）（人）		853（其中聘用员工513人）	464（其中聘用员工302人）	323（其中聘用员工168人）	171（其中聘用员工112人）	244（其中聘用员工122人）
所属县级局数量（个）		8	7	4	1	5
所属县级公司数量（个）		/	2	/	/	/
所属营销部（分公司、访销中心、烟叶复烤厂、稽查大队等）		8个营销部、1个电访中心、1个配送中心、7个稽查大队	5个营销部、1个电访中心、1个配送中心、7个稽查大队	4个营销部、1个电访中心、1个稽查支队、2个稽查大队	1个营销部、1个电访中心、1个配送中心、4个稽查大队	5个营销部、1个电访中心、1个稽查支队、5个稽查大队
销售卷烟（亿支）		72.07	40.13	23.62	8.70	18.45
实现税利（万元）	本年	36377	8883	5784	3308	4985
	上年	28311	9610	5869	2837	4610
实现利润（万元）	本年	28299	6850	4016	2335	3386
	上年	22746	7371	4353	2303	3684
烟叶种植（亩）		/	/	/	/	/
烟叶收购（担）		/	/	/	/	/
零售户数（户）		15237	13504	7970	2401	6000

地市级局（公司）名称		酒泉市烟草专卖局、甘肃省烟草公司酒泉市公司	敦煌市烟草专卖局、甘肃省烟草公司敦煌市公司	平凉市烟草专卖局、甘肃省烟草公司平凉市公司	庆阳市烟草专卖局、甘肃省烟草公司庆阳市公司	陇南市烟草专卖局、甘肃省烟草公司陇南市公司
法人代表/主要负责人		米虎祥	赵普忠	王进立（-2006.7） 杨　洪（2006.7-）	邓兴有（-2006.7） 王进立(2006.7-2006.10) 缑守恩（2006.10-）	牛跟道
总资产（万元）		21860	5712	21437	40872	23460
员工总数（其中聘用员工数）（人）		238（其中聘用员工128人）	81（其中聘用员工40人）	352（其中聘用员工232人）	571（其中聘用员工258人）	571（其中聘用员工368人）
所属县级局数量（个）		5	/	7	8	9
所属县级公司数量（个）		/	/	/	/	/
所属营销部（分公司、访销中心、烟叶复烤厂、稽查大队等）		5个营销部、1个配送中心、1个稽查支队、5个稽查大队	1个配送中心、2个稽查大队	7个营销部、1个电访中心、1个稽查支队、7个稽查大队	8个营销部、1个电访中心、1个配送中心、9个稽查大队	9个营销部、1个电访中心、1个配送中心、1个稽查支队、9个稽查大队
销售卷烟（亿支）		23.23	4.36	24.94	29.68	33.34
实现税利（万元）	本年	11436	2147	7643	11297	7943
	上年	8047	1925	8486	9891	8218
实现利润（万元）	本年	8285	1526	5743	7745	5141
	上年	6623	1528	6365	7456	6374
烟叶种植（亩）		/	/	/	35747	20145
烟叶收购（担）		/	/	/	116842	49767
零售户数（户）		5109	1186	8213	7508	10081

地市级局（公司）名称		白银市烟草专卖局、甘肃省烟草公司白银市公司	定西市烟草专卖局、甘肃省烟草公司定西市公司	临夏回族自治州烟草专卖局、甘肃省烟草公司临夏回族自治州分公司	甘南藏族自治州烟草专卖局、甘肃省烟草公司甘南藏族自治州分公司
法人代表/主要负责人		蔺志宏	蒋大成	魏小敏	张建辉
总资产（万元）		19180	20502	11337	7383
员工总数（其中聘用员工人数）（人）		367（其中聘用员工236人）	374（其中聘用员工221人）	222（其中聘用员工124人）	81（其中聘用员工46人）
所属县级局数量（个）		5	7	4	/
所属县级公司数量（个）		/	/	/	/
所属营销部（分公司、访销中心、烟叶复烤厂、稽查大队等）		5个营销部、1个电访中心、1个配送中心、5个稽查大队	7个营销部、1个电访中心、1个配送中心、1个稽查支队、7个稽查大队	4个营销部、1个电访中心、1个配送中心、1个稽查支队、4个稽查大队	1个电访中心、1个配送中心、1个稽查支队
销售卷烟（亿支）		24.55	31.89	15.14	7.01
实现税利（万元）	本年	5643	6017	3998	1290
	上年	6903	7318	4156	2186
实现利润（万元）	本年	3942	4109	2884	959
	上年	5227	5737	3300	1814
烟叶种植（亩）		/	/	/	/
烟叶收购（担）		/	/	/	/
零售户数（户）		8278	10813	6161	3066

备注：员工总数中不含离退休人员和三产人员

（王永青）

青海烟草

青海省烟草专卖局（公司）

概　况

青海省位于中国西部的青藏高原，全省面积72.23万平方公里，辖8个州（地、市）、51个县级行政单位，440个乡、镇，总人口547万。青海是一个多民族聚居的地区，主要少数民族有藏族、回族、蒙古族、撒拉族、土族，少数民族人口占全省人口的42.76%。2006年全省实现地区生产总值（GDP）641.05亿元，按可比价格计算，比上年增长12.2%。

青海省烟草专卖局（公司）组建于1984年，1986年青海省烟草公司上划中国烟草总公司，2006年下辖西宁、海东、海西、海北、海南、黄南、玉树、果洛和格尔木9个州、地、市烟草专卖局（分公司），29个县级烟草专卖局（营销部）。2006年全省烟草行业共有从业人员1310人，其中，聘用员工229人，资产总额为11.08亿元。

2006年，青海省烟草公司连续第三年上缴各类税金过亿元，被省政府评为“青海财政支柱企业”，被青海省统计局、青海省企业家协会等部门认定为“青海企业50强”，荣获青海商业联合会授予的“青海最佳效益企业”称号。

领导成员

局长、总经理、党组书记：宋亚强

副总经理、党组成员：侯国昆

副局长、党组成员：张超凡

纪检组长、党组成员：李成方

组织机构

省局（公司）机关设有办公室（外事办）、综合计划处（经济运行处、科技处）、安全保卫处、专卖监督管理处、法规处、财务管理处、审计处、人事劳资处、监察处（党组纪检组）、思想政治工作处（机关党委、工会）10个职能处室和经济信息中心、机关服务中心、卷烟销售公司、金叶公司4个直属单位。

经济效益

2006年，全省累计销售卷烟86.08亿支（17.2万箱），与上年同比增长1.08%，其中，一、二、三、四、五类卷烟分别占销售比重的5.01%、9.67%、41.92%、23.32%和20.07%；一、二、三、五类卷烟销售所占比重同比分别上升0.76、1.38、4.9、1.55个百分点，四类卷烟销售所占比重同比下降8.6个百分点。实现销售收入14.74亿元，同比增长6.27%；平均单箱销售额为10000元，同比增长5%；实现税利3.5亿元，同比增长2.94%；其中，实现利润2.74亿元，与上年持平。

专卖管理

卷烟打假。加强与公、检、法、工商等部门的协作，严厉打击涉烟违法犯罪活动。2006年共出动打假打私人员8786人次，全省共打掉两个制售假烟网络，共查处违法卷烟案件1028起（其中假冒卷烟案件381起），捣毁制假窝点两个、贩藏假烟窝点19个，查扣违法卷烟1554.23万支（其中假烟377.56万支），实现罚没款87.59万元，移交公安、司法机关拘留21人，逮捕16人，判刑6人。

内部专卖管理监督检查。按照国家局的安排部署和工作要求，扎实开展工作。自查阶段，各单位抽调人员组成自查小组，认真履行监管检查职责，主要从物流、商流、信息流等方面对每笔卷烟经营业务做检查核对。省局（公司）组成督导组，省局（公司）领导班子成员以分片包干的形式深入基层，加强对自查工作的督导检查，及时纠正发现的问题，确保自查工作深入开展。复查阶段，省局（公司）组织复查组，通过召开汇报会、座谈会和查阅相关材料等方式，加大对重点部门和环节的检查，同时对检查发现的问题逐项整改，确保复查工作取得实效；全省烟草各单位针对存在的问题进一步建立健全制度，落实日常监督和同级监督的有效途径和办法措施。对顶风违纪的行为，按照《五条纪律》要求对相关人员给予严肃处理，全省烟草广大干部职工法律责任和纪律意识进一步增强。

强化基础性工作。规范许可证的管理，认真开展年检工作，对不符合年检条件的坚决不予年检，并向卷烟零售户公示年检结果。由专卖部门牵头，人事、法规等部门配合，从组织机构、人员配备、经费保障、制度建设等方面在全省烟草各县级局开展调研工作，摸清了各县级局状况。开展卷烟零售市场监管工作情况的调查，并对调查情况作梳理、汇总和分析，建立起比较全面详细的零售客户档案基础资料。

加强基层专卖管理机构建设，充分发挥县级局在专卖管理和市场监管方面的基础性作用。制定《全省烟草系统开展法制宣传教育的第五个五年规划》，开展法制宣传活动，强化对员工法律法规的教育培训，推行行政执法责任制。

网络建设

采用委托客户代订和县营销部代订等多种形式，撤销各县库房，全省所有地市级公司全部实现了集中电话订货和“一库式”管理的网建新业务模式转换，实现“零库存”管理，通过了国家局对全省卷烟销售网络建设整体推进工作的考评验收。

补充健全网络运行相关管理制度、工作职责和流程，进一步优化配送线路，全省共有送货线路216条，比上年减少了9条。以“委托订货”、“代送代访”的方式解决偏远农村牧区的订货难和送货难的问题。

在全省全面推广使用CRM客户关系管理系统。按照统一的客户分类标准完成卷烟销售客户分类工作，建立起完整的客户基本信息。

体制改革

按照国家局对青海烟草的具体要求，省局（公司）组织工作调研组到基层单位调研，形成体制改革方案和公司章程，并得到国家局的批复，确定了省公司与州（地、市）公司的母子公司体制，于2006年底着手准备工商体制变更及各项前期准备工作。

全省烟草系统各单位以2005年12月31日为基准日，全面理清了各类资产，经中介机构确认，向中国烟草总公司无偿划转净资产共8.6亿元，其中，实收资本0.8亿元、资本公积0.35亿元、盈余公积7.4亿元。中国烟草总公司对青海省公司、省公司对州（地、市）级公司行使出资人权利和履行出资人义务。

企业管理

财务管理。充分发挥预算管理委员会的作用，细化预算编制，推行预算执行情况定期分析报告制度，严格依照预算拨划资金，监控资金运作，控制费用支出，有效防范了资金风险。全省烟草系统积极开展同级审计工作，并配合国家局同级审计检查组圆满完成对省公司及西宁市分公司的同级审计检查。

开展对多元化经营企业的清产核资工作，进一步摸清家底，核实企业资本金，处理资产损失和潜亏挂账，确保了国有资产的安全完整。根据国家局关于清理撤销联营公司、品牌公司的通知要求，完成青申有限责任公司撤销及财务并账等相关工作。组织全省烟草系统11家单位做好产权登记年检工作。

劳资管理。严格执行国家局和省局（公司）制定的劳动工资政策和工资总额计划管理规定，所有工资性收入必须从“工效挂钩”应付工资科目中列支，加强对卷烟销售网络和专卖稽查聘用人员工资发放渠道的规范管理。组织全省烟草行业各单位开展2005年、

2006 年工资内外收入监督检查工作。与青海省劳动和社会保障厅接洽了对体制理顺单位的工资基数划转问题，完成理顺单位向地方劳动部门申报划转工资基数的工作。

安全管理。明确各单位主要领导是安全工作第一责任人，层层签订安全目标责任书和个人承包责任书，严肃追究导致发生安全事故的相关单位和责任人应该承担的责任。

定期对重点部位和重要环节进行安全自查和检查，对检查出的安全隐患进行整改。组织开展消防应急预案和车辆交通事故应急预案现场演练观摩会，开展形式多样的安全宣传教育活动，举办安全培训学习和安全知识竞赛，增强全员的安全法制观念、安全意识和防范能力。全年无重大安全事故发生。

信息化建设

根据国家局《数字烟草发展纲要》精神，制定符合青海烟草信息化发展实际的未来 3~5 年的发展规划；积极推行办公自动化系统建设，在全省烟草系统正式启用该系统传输电子公文；进一步加大客户关系管理（CRM）、卷烟专卖 MIS 综合信息管理系统的推广和使用力度，逐步完善财务会计核算和资金管理、人事劳资以及其他信息化管理的建设。

按照国家和行业机房建设有关规范标准及项目建设要求，完成青海烟草大厦中心机房建设，建设标准为 B 级（GB50174－93）。2006 年 8 月通过项目验收后正式投入运行；完成全省省域网升级改造。省局（公司）中心节点通过 155M 光缆接入电信运营商的 ATM/FR 网络，实现了省局（公司）至各州（地、市）局（分公司）2MFR 数字专线、各州（地、市）局（分公司）至县局（营销部）128KFR，以及省局（公司）10M 互联网专线的互联互通，基本完成省域网络建设任务。

制订密码口令、用户操作权限、安全保密、防病毒等信息安全相关管理制度，对互联网端口进行严格把关，严格控制各单位和部门互联网端口数，及时为各服务器、客户端系统软件和防病毒软件升级和安装安全补丁。

队伍建设

完善干部选拔制度。认真梳理 2000 年以来省局（公司）干部选拔任用工作和制度建设情况，配合国家局工作组完成关于贯彻执行《干部选拔任用条例》及其相关规定情况的专项检查。根据国家局要求，对各所属单位贯彻《干部选拔任用条例》和民主集中制情况进行抽查，并抓好对存在的问题实行整改措施的落实。拓宽干部竞聘的范围和方式，按照“公开、平等、竞争、择优”的原则，在海东、海西两个区局（公司）分别第一次开展公开竞聘领导班子副职的工作；在前期检查指导和工作调研的基础上，对各所属单位领导班子进行一次全面考核，并根据考核情况调整充实了部分单位的领导班子。

人员招聘。通过加大人员交流力度，从高校招聘毕业生，接收复退军人等方式缓解青海烟草人力资源结构不平衡的矛盾。坚持“凡进必考”的原则开展 2006 年度的高校毕业生招聘工作，录用研究生 1 人，本科毕业生 17 人。按计划通过笔试、面试，接收军队转业干部两名，复退军人 8 名。推行合同制的人事用工办法，与所有聘用员工签订了劳动合同。

教育培训。以岗位技能培训为重点，在全省烟草行业开展理论知识、专题学习、实践技能等各方面的培训，选派干部职工参加国家局和省局组织举办的各类培训班，选派部分单位领导班子成员和省局（公司）机关处级以上领导干部有选择性地参加清华大学继续教育学院 EMBA 研修班部分课程的学习，与青海大学经济系合作举办为期半个月的企业经营管理知识培训班。2006 年，全省烟草系统各单位干部职工共参加省局（公司）举办的各类培训班 22 期，参训人员 600 多人次。

思想政治工作

突出抓好党组理论学习中心组学习制度，促进各级领导班子建设和思想政治理论水平。开展“学习党章、寻找差距、增强党性”主题实践活动，并与建立保持共产党员先进性的长效机制、深化行业改革与发展结合起来，贯彻落实“三个代表”重要思想和提高树立科学发展观的自觉性。组织广大干部职工学习政治理论，以观看辅导讲座、知识答卷等学习教育形式，深入开展社会主义荣辱观教育活动。

10 月 25 日，省局（公司）举办全省烟草系统“‘两个至上’在岗位——听客户讲你我的故事”演讲报告会。演讲评选出两名选手代表省局参加了国家局的比赛，荣获三等奖。

进一步完善工会组织。做好省局（公司）机关工会委员会的选举工作和部分州（地、市）分公司的工会委员会换届选举和补选工作，充分发挥工会“桥梁纽带”作用。组织职工开展联谊活动和健身体育活动，开展女职工的调查问卷及“姐妹献爱心、帮困助学”和“金秋助学”等活动，多次走访慰问全省烟草行业困难职工、离退休职工和职工遗属。

党风廉政建设

制订《惩防体系建设实施方案》，明确青海烟草系统 2006~2012 年惩防体系建设目标。坚持民主集中制度，完善党组议事决策规则，落实领导干部个人重大事项报告制度，建立完善党内情况通报制度、情况反映制度、重大决策征求意见等制度。

以学习贯彻党章、开展警示教育、学习党纪条规等为主要内容，采取党风廉政建设宣传教育同经常性政治理论学习教育相结合、党组理论学习中心组集中学习与有关专业会议相结合等方式，为领导干部配发反腐倡廉理论书籍，开展学党章知识竞答和廉政歌曲演唱等活动，加强对党员领导干部的宣传教育。

制订《2006年惩防体系建设任务分工》，对同级领导班子及主要领导干部在重大事项方面的监督和责任作了进一步的分工和明确。层层签订党风廉政建设责任书，一级抓一级，加强日常监督和重点监督。完成对部分州（地、市）局（分公司）负责人任期内经济责任审计和离任经济责任审计工作，并对在“两项检查”中查实存在违纪问题的领导干部做了处理。

企业文化

多次举办企业文化建设专题系列讲座，编印《青海烟草企业文化手册》，制订《青海烟草企业文化建设实施细则》，进一步明确责任和分工，并充分利用网站、杂志、标语等宣传载体和手段宣传青海烟草的企业文化理念。

全面开展“‘两个至上’在岗位”主题实践活动，组织员工和卷烟零售客户共同参加的“‘两个至上’在岗位——听客户讲你我的故事”演讲报告会，并选派人员参加国家局“两个至上”演讲竞赛和青海省总工会组织的职工演讲活动。在全省烟草行业组织“企业文化大家谈”和“‘两个至上’在岗位”征文活动，积极推进企业文化建设。

特事要辑

2月13日~14日，青海省2006年度烟草工作会议在西宁召开。

8月9日~15日，国家局网建检查考评组对青海卷烟销售网络建设整体推进工作进行检查考评。

8月19日~21日，中国烟草学会经济专业委员会“深化行业改革促进企业发展研讨会”在西宁召开。

9月27日，青海省局（公司）乔迁新址办公。

青海省局（公司）主要统计指标汇总

实现税利（亿元）	商业利润（亿元）	卷烟销售（亿支）	烟叶种植（万亩）	烟叶收购（万担）	出口创汇（万美元）
3.50	2.74	86.08	/	/	/

所属地市级局（公司）

西宁市烟草专卖局（分公司）

概　况

西宁是青海省省会，总面积7665平方公里，人口212.73万。下辖城东、城西、城北、城中、城南新区5个区及大通、湟中、湟源3县。2006年，西宁市实现地区生产总值（GDP）281.61亿元，按可比价格计算，比上年增长14.5%；人均生产总值13326元，按可比价格计算，比上年增长12.9%。

西宁市烟草专卖局（分公司）组建于2000年9月，2006年下辖大通回族土族自治县、湟中县、湟源县3个县级烟草专卖局（营销部）。截至2006年底，西宁市局（分公司）共有员工325人，其中聘用人员183人，资产总额11245万元，其中，固定资产756万元。辖区有卷烟零售户8619户。2006年，西宁市局（分公司）被青海省人民政府授予“2005年度青海省上缴税收先进企业”称号。

领导成员

局长、经理、党组书记：崔会民

副经理、党组成员：林兆红

副局长、纪检组长、党组成员：戴岳鹏

经理助理、党组成员：杨　玲

组织机构

市局（分公司）机关设6个科室（部门），即办公室、综合计划科（安全保卫科、信息中心）、专卖监督管理科（稽查支队）、财务管理科（结算中心）、人力资源科、监察审计科，以及营销中心、配送中心两个直属单位。

经济效益

2006年，全市辖区共计销售卷烟36.24亿支（7.25万箱），与上年同比增长2.93%，其中，一类烟2.51亿支，占总销量比重的5.29%；二类烟4.47亿支，占总销量比重的10.52%；三类烟15.99亿支，占总销量比重的44.12%；四类烟7.26亿支，占总销量比重的20.03%；五类烟6.02亿支，占总销量比重的16.61%。销售“百牌号”卷烟31.42亿支（6.28万箱），同比增长18.86%；实现销售收入73105万元。实现税利2682万元，同比下降15.95%；实现利润1939万元，同比减少303万元，下降17.75%（2006年毛利率同比下降1.72%，三项费用比上年增加373万元）。

专卖管理

2006年，打击贩售假烟网络取得历史性突破，成功查处“5·2”非法经营卷烟网络案件和“5·11”跨省制贩假冒卷烟网络案件。5月2日，西宁市局（分公司）与西宁市经侦支队成功查获一起无证伪装运输卷烟大案，共查获违法运输的卷烟8000条，总案值66余万元，现场抓获3名违法嫌疑人。5月11日，西宁烟草、警方与广州烟草、警方联手，在西宁和广州同时采取行动，破获西宁市首起跨省制贩假冒商标卷烟网络案件，抓获违法犯罪嫌疑人9名。6月20日，根据省局（公司）安排，西宁市局（分公司）在原配送中心空地举办处置突发事件启动应急预案消防演练观摩会。

全年共查处假冒卷烟违法案件111起，查获各类假冒卷烟273.5万支，标值235.7万元。移交公安、司法机关刑事拘留违法嫌疑人14名，其中正式逮捕11人，判处有期徒刑3人，拘役1人。

在依法进行日常检查，维护卷烟市场秩序的同时，扎实开展市场集中整治行动，全年共组织开展5次较大规模的集中检查，出动人员1700多人次。根据西宁市政府有关文件要求，市局（公司）烟草专卖零售许可证行政许可办理项目入驻市政府行政服务中心。

全面梳理全市烟草专卖行政执法依据，确立各职能部门执法范围和职责权限，并逐一分解到具体工作岗位上。

网络建设

按照“整体推进、全面提升、注重实效、创新发展”的要求，从优化业务流程，提升服务客户水平和适应市场能力着手，深入推进卷烟销售网络建设。设立督察考评办公室，梳理整合部门职责、岗位流程；重新核定客户卷烟周转数，并在工作实践中不断调整，使其逐步趋于科学合理，进一步掌握客户需求；修订完善《紧俏货源分配办法》，并委托西宁市城市社会经济调查队进行客户满意度调查；在湟源县局（营销部）开展“按客户订单组织货源”试点工作，为在全市范围内推行奠定基础。

企业管理

财务管理。以部门为基本单位加强预算管理，提高预算控制力度，增强预算的严肃性。运用U8成本核算软件，初步实现手工三级账、电脑核算双轨同时运行的电子化成本核算和固定资产电子核算。配合税务机关完成配送中心资产报损工作，报损资产217万元。积极配合清查小组对企业资产彻底清查，圆满完成多元化投资企业的清产核资工作。

质量管理。向全体员工灌输PDCA①质量管理循环的思维方法。在市局（分公司）试运行ISO9001：2000质量管理体系，规范管理作用和持续改进作用日益显现。

人力资源管理。根据国家局、省局（公司）及《地市级烟草公司卷烟销售网络业务规范》的要求，先后成立督察考评办公室、内部专卖管理监督办公室、整顿和规范市场经济秩序领导小组办公室，进一步完善组织机构。对各项制度进行认真讨论和修改，紧紧围绕“严、细、深、实”四个字开展工作，使各项管理制度更具操作性。

安全管理。引入并贯彻职业健康安全管理体系，落实安全责任制，加强设施建设和督促检查；以“安全生产月”为契机，通过安全知识有奖答卷等形式加大安全教育宣传力度，增强了全员安全防范意识。成功举办全省烟草系统消防演练观摩会。全年无重大安全事故发生，隐患整改率为100%，达到安全工作目标。

信息化建设

全面完成2004~2006年度信息化建设自查工作。加强网络安全防范，及时做好防病毒软件升级，积极做好电访软件功能的完善和各系统软件的运行维护工作。加强网络从业人员培训，保证了各信息系统的安全正常运行。

内部管理监督

按照省局（公司）的安排部署，深入开展以内部专卖管理监督和同级审计监督为主要内容的“两项检查”自查工作。高度重视自查工作，并成立机构、充实人员、制订方案、明确职责。深入开展以卷烟经营业务为主要内容的内部专卖管理监督自查和以财务收支、预算、内控制度、专项资金审计等内容的同级审计自查以及重大违规经营问题的专项调查工作。制订切实可行的整改措施逐项落实整改，并组织开展内部管理监督自查工作“回头看”和延伸财务自查自纠工作以巩固阶段性工作成果，补充完善了17项内控和监督制度。

队伍建设

教育培训。除遵循按需培训原则，增强培训的针对性和实效性外，还对员工进行基本技能如计算机知识、法律知识的普及培训，开展岗位技能竞赛、大练兵、大比武等活动。2006年，市局（分公司）共举办各类培训班8个，参加培训的人数达581人次，参加国家局、省局（公司）各类培训111人次。

---

① PDCA是指Plan（计划）、Do（执行）、Check（检查）和Action（处理）。

劳资管理。工资发放严格按照省局（公司）核定的工资总额执行，为职工缴纳、结转各项社会保险。2006年初与聘用人员、所属3个县局（营销部）协议聘用人员签订劳动合同，并为所属3县协议聘用人员缴存住房公积金，为一线员工办理人身意外伤害保险。

思想政治工作

坚持党组理论学习中心组理论学习制度，通过集中学习与自学相结合、观看电教片与讨论发言相结合等方式的学习，理论水平得到提高。

开展社会主义荣辱观教育活动及“‘两个至上’在岗位”主题实践活动。通过召开动员会、征文、“听客户讲你我的故事”，以及听员工讲体现“两个至上”的故事等活动，扩大宣传影响面。按照省局（公司）的统一部署，利用多种载体和形式组织党员干部扎实开展学习贯彻党章主题实践活动。

积极开展“献爱心”、“博爱一日捐”募捐活动，对残疾儿童、孤儿、贫困家庭等进行慰问。围绕加强组织、发挥职能、维护职工合法权益开展工作，出台《职工合理化建议奖励办法》、《实行局（司）务公开制度实施意见》，着手进行职工之家建设，组织开展文体活动。

特事要辑

3月2日~3日，西宁市局（分公司）召开全市烟草工作会议。

8月7日，西宁烟草物流配送中心开工典礼奠基仪式隆重举行。

9月19日，西宁市局（分公司）烟草专卖零售许可证办理项目正式进驻市政府行政服务中心统一办理。

海东地区烟草专卖局（分公司）

青海海东地区位于青海省东部，西宁市与兰州市的中间地带，总面积1.32万平方公里，总人口156.8万，是青海省重要的农业经济区和乡镇企业发展最快的地区。海东地区烟草专卖局（分公司）组建于2000年8月，2006年下辖乐都县、民和回族土族自治县、互助土族自治县、平安县、循化撒拉族自治县、化隆回族自治县6个县级烟草专卖局（营销部）。区局（分公司）机关设有7个科室，以及后勤服务中心、营销中心、配送中心3个直属部门。共有员工200人，其中聘用员工26人，总资产4458万元。辖区内共有卷烟零售户4310户。

2006年完成辖区卷烟销售18亿支（3.6万箱），与上年同比增长5.08%。实现销售收入23433万元，同比增长7.74%。实现单箱销售额7614元，同比增长2.49%。实现税利664万元，其中实现利润326万元。

海西蒙古族藏族自治州烟草专卖局（分公司）

海西蒙古族藏族自治州地处青藏高原北部、青海省西部，是青甘新藏四省区交汇的中心地带，总面积30.09万平方公里，总人口42.55万。海西州烟草专卖局（分公司）组建于1986年8月，2006年下辖都兰、乌兰、天峻、茫崖、大柴旦5个县（行委）烟草专卖局（营销部）。海西州局（分公司）机关设有5个科室（部门）。共有员工102人，其中聘用员工16人，资产总额2469万元。辖区共有卷烟零售户1094户。

2006年，辖区销售卷烟6.32亿支（1.26万箱），实现销售收入10627万元，与上年同比增长31.2%；实现税利601万元，同比增长126.79%；其中，实现利润350万元，同比增长181.45%。

全年共查获卷烟违法案件47起，先行登记保存非渠道购进卷烟22.86万支，案值达91074元，罚没款1.54万元，其中查获假、私卷烟4.26万支。

在州局（分公司）内部机构改革的基础上，制订出县局内部机构改革方案及实施细则，并于3月份全面完成县局内部机构改革。

格尔木市烟草专卖局（分公司）

格尔木市是青海省西部一座以盐化、石油化工为主的新兴工业城市。格尔木行政区域面积为12.45万平方公里，市区平均海拔2800米，常住人口20万，是汉、蒙、藏、回等多个民族的聚居区。格尔木市烟草专卖局（分公司）组建于2000年12月，机关设有4个科室。共有员工61人，其中聘用员工9人，总资产1655万元。辖区内共有卷烟零售户822户。

2006年，辖区销售卷烟6.34亿支（1.27万箱），实现卷烟销售收入13167万元；卷烟单箱销售收入12142元，与上年同比增长7.53%。实现税利439万元，其中实现利润303万元。

海北藏族自治州烟草专卖局（分公司）

海北藏族自治州位于青海省东北部，总面积3.41万平方公里，总人口27.38万。海北州烟草专卖局（分公司）组建于2004年3月，2006年下辖门源、祁连、刚察3个县烟草专卖局（营销部）。州局（分公司）机关设有5个科室（部门）。共有员工82人，其中大专以上学历22人，聘用人员7人，总资产1511万元。全州辖区有卷烟零售户1061户。

2006年辖区销售卷烟5.42亿支（1.09万箱），与上年同比减少11%；实现销售收入7320万元，单箱销售额7896元；实现税利334万元，其中实现利润

130万元。

2006年，按照“整体推进、全面提升、注重实效、创新发展”的目标及《地市级烟草公司卷烟营销网络建设业务规划》的要求，补充完善各项基础工作制度，细化可操作指标，全州实现集中电访和“一库制”管理分级配送。州局（分公司）、门源、祁连县局（营销部）办公楼于2006年9月份先后完工投入使用。

海南藏族自治州烟草专卖局（分公司）

海南藏族自治州地处“青海湖”之南，是青藏高原的东门户和通往西藏和青南地区的交通要冲。总面积4.5万平方公里，总人口42.18万。海南州烟草专卖局（分公司）于2004年5月成立，2006年下辖共和、兴海、同德、贵南、贵德5个县烟草专卖局（营销部），机关内设4个科室。共有员工74人，其中聘用员工10人，资产总额1559万元。辖区内共有卷烟零售户1359户。

2006年全州辖区累计销售卷烟5.72亿支（1.14万箱）；2006年实现销售收入7441万元；实现税利313万元，其中实现利润163万元。

黄南藏族自治州烟草专卖局（分公司）

黄南藏族自治州位于青海省东南部，地处九曲黄河第一湾。总面积1.89万平方公里，总人口22.38万。黄南州烟草专卖局（分公司）组建于2004年5月，2006年下辖同仁县、尖扎县、泽库县、河南蒙古族自治县4个县级烟草专卖局（营销部）。州局（分公司）机关设5个科室。共有员工60人，其中聘用员工10人，总资产1237万元。全州共有卷烟零售户889户。

2006年全州辖区销售卷烟3.35亿支（0.67万箱），与上年基本持平，实现销售收入5266万元。全年累计实现税利305万元，同比增长10.9%；其中实现利润153万元。

玉树藏族自治州烟草专卖局（分公司）

玉树藏族自治州位于青藏高原腹地的三江源头，平均海拔在4200米以上，总面积26.8万平方公里，总人口30.28万。玉树州烟草专卖局（分公司）组建于2004年6月，2006年下辖杂多、治多、曲麻莱、囊谦、称多5个县级烟草专卖局（营销部），机关设有4个职能科室。共有员工65人，其中聘用员工23人。资产总额1383万元，辖区内有卷烟零售户535户。

2006年，全州辖区销售卷烟2.84亿支（0.57万箱），实现销售收入4260万元，同比增长10.4%。实现税利171万元，其中实现利润18万元。

全年共出动打假人次1170余次，查获各类卷烟违法案件224起，共查扣卷烟24201条，收缴罚没款28488.55元。因地制宜，优化配送线路，加强费用控制，降低网络运营成本，合理确定送货周期。在州内6个有一定市场规模的乡镇推行电访业务。

果洛藏族自治州烟草专卖局（分公司）

果洛藏族自治州位于青海省东南部，平均海拔在4000米以上，总面积7.6万平方公里，总人口15.36万。果洛州烟草专卖局（分公司）组建于2004年9月，机关设4个科室（部门）。2006年11月20日，设立久治县烟草专卖局（营销部）。州局（分公司）共有员工38名，其中聘用员工14人。总资产858万元。全州共有卷烟零售户331户。

2006年，销售卷烟1.83亿支（0.36万箱），实现销售收入2776万元。实现税利120万元，同比增长9.09%；其中实现利润42万元。

2006年青海省烟草商业系统主要情况统计

地市级局（公司）名称	西宁市烟草专卖局、西宁烟草分公司	海东地区烟草专卖局、海东烟草分公司	海西州烟草专卖局、海西烟草分公司	格尔木市烟草专卖局、格尔木烟草分公司
法人代表/主要负责人	崔会民	钟建平	钟彦君	李安益
总资产（万元）	11245	4458	2469	1655
员工总数（其中聘用员工数）（人）	325（其中聘用员工数183人）	200（其中聘用员工26人）	102（其中聘用员工16人）	61（其中聘用员工9人）
所属县级局数量（个）	3	6	5	/
所属县级公司的数量（个）	/	/	/	/
所属营销部（分公司、访销中心、烟叶复烤厂、稽查大队等）	3个营销部、1个营销中心、1个配送中心、1个稽查支队（8个稽查大队）	6个营销部、1个营销中心、1个配送中心、1个稽查支队（7个稽查大队）	5个营销部、1个营销中心、1个稽查支队（5个稽查大队）	1个营销部、1个稽查支队

续表

地市级局（公司）名称		西宁市烟草专卖局、西宁烟草分公司	海东地区烟草专卖局、海东烟草分公司	海西州烟草专卖局、海西烟草分公司	格尔木市烟草专卖局、格尔木烟草分公司
销售卷烟（亿支）		36.24	18.00	6.32	6.34
实现税利（万元）	本年	2682	664	601	439
	上年	3191	918	264	466
实现利润（万元）	本年	1939	326	350	303
	上年	2358	580	124	323
烟叶种植（亩）		/	/	/	/
烟叶收购（担）		/	/	/	/
零售户数（户）		8619	4310	1094	822

地市级局（公司）名称		海北州烟草专卖局、海北烟草分公司	海南州烟草专卖局、海南烟草分公司	黄南州烟草专卖局、黄南烟草分公司	玉树州烟草专卖局、玉树烟草分公司	果洛州烟草专卖局、果洛烟草分公司
法人代表/主要负责人		董长吉	张国明	李映元	王洪胜	暂 无
总资产（万元）		1511	1559	1237	1383	858
员工总数（其中聘用员工数）（人）		82（其中聘用员工7人）	74（其中聘用员工10人）	60（其中聘用员工10人）	65（其中聘用员工23人）	38（其中聘用员工14人）
所属县级局数量（个）		3	4	2	5	1
所属县级公司的数量(个)		/	/	/	/	/
所属营销部（分公司、访销中心、烟叶复烤厂、稽查大队等）		2个营销部、1个营销中心、1个稽查支队（3个稽查大队）	5个营销部、1个稽查支队	4个营销部、1个稽查支队	5个营销部、1个营销中心、1个稽查支队	1个营销部、1个稽查支队
销售卷烟（亿支）		5.42	5.72	3.35	2.84	1.83
实现税利（万元）	本年	334	313	305	171	120
	上年	501	471	191	85	110
实现利润（万元）	本年	130	163	153	18	42
	上年	402	382	105	31	70
烟叶种植（亩）		/	/	/	/	/
烟叶收购（担）		/	/	/	/	/
零售户数（户）		1061	1359	889	535	331

（实海宁）

宁夏烟草

宁夏回族自治区烟草专卖局（公司）

概　况

宁夏回族自治区位于中国西北地区东部，黄河中上游，与甘肃、陕西、内蒙古毗邻。全区总面积6.64万平方公里，总人口600.76万，其中回族人口213.71万。自治区辖银川、石嘴山、吴忠、固原和中卫5个地级市，下辖2个县级市、11个县、1个县级移民开发区及8个市辖区。2006年，全区实现地区国内生产总值（GDP）707亿元，比上年增长12.5%。

1983年10月15日，自治区人民政府批准成立宁夏回族自治区烟草专卖局（公司），1984年4月挂牌成立，1986年7月上划国家烟草专卖局、中国烟草总公司。2006年下辖银川、石嘴山、吴忠、固原、中卫等5个市烟草专卖局（分公司）。截至2006年底，全系统共有干部职工1337人，其中聘用员工730人；总资产10.04亿元，其中，固定资产1.55亿元、流动资产8.3亿元。

领导成员

局长、总经理、党组书记：师增建

副总经理、党组成员：毕溪英

副局长、纪检组长、党组成员：李光荣

副总经理、党组成员：张天峰（2006.3—）

巡视员：葛波涛

组织机构

设办公室（外事办公室）、经济运行处、安全保卫处、专卖监督管理处、体制改革与政策法规处、财务管理处、审计处、人事劳资处（机关党委）、监察处，卷烟销售公司、机关服务中心、经济信息中心，烟草学会（编志办）等13个职能部门。

经济效益

2006年，全区共销售卷烟90.79亿支（18.16万箱），比上年同比增长2.6%。其中，销售“百牌号”卷烟70.6亿支（14.12万箱），同比增长1.6%，占总销量的77.8%；销售低档卷烟26.4亿支（5.28万箱），同比下降18.9%，占总销量的29.1%，完成国家局下达低档卷烟销售计划量27.5亿支的96%。2006年底全区库存55.06亿支（11.01万箱），比上年底下降1.6%，卷烟存销比为0.8。全年实现销售收入20.7亿元，同比增长7.5%；卷烟单箱销售额为11459元，同比增长8.6%。实现税利3.84亿元，同比增长24.16%；其中，实现利润2.95亿元，同比增长31.93%；实现税金0.89亿元，同比增长3.8%。

专卖管理

卷烟打假。建立健全专卖管理目标责任制，在内部专卖监管、打假打私、县级局建设等方面做了大量工作。各单位始终保持高压态势，坚持“打源头、破网络、抓主犯”的方针，成立打假领导小组，完善打假协作机制，修订打假经费管理办法，加强打假案件的移交工作，对重大假烟案件进行跟踪督办，贩假售假活动得到有效遏制。2006年，全区共出动市场检查68280人次，查处各类违法案件957起，查获假冒商标卷烟2881.78万支，配合公安机关拘留和批捕贩售假烟分子41人，判刑20人。成功破获银川市“4·19”重大贩假网络案件，这是宁夏自治区局（公司）成立以来破获的最大贩售假烟案件，涉案金额1730多万元，涉案人员40人，被检察机关批捕22人，判刑15人，银川市局（分公司）被评为“全国烟草系统打假先进单位”。

加强县级局建设。本着职能不变、执法主体不变、属地管理不变的原则，区局（公司）制订《关于加强县级烟草专卖局专卖管理工作的意见》，贯彻“县级局专卖管理职能只能加强，不能削弱”的工作要求，充分发挥县级局在专卖管理和市场监管方面的基础性作用。各级局加强依法行政工作，认真部署“五五”普法工作，开展法律法规培训教育。

品牌整合

按照国家局“两个10多个”的发展战略，加强品牌整合和培育工作，品牌集中度得到进一步提高，2006年下半年比2005年底在销品牌减少11个，调入品牌减少20个、规格减少30个，销量前10位的“百牌号”卷烟集中度为51.3%。

网络建设

2006年，是全区网建工作推进最快、变化最大、成效最明显的一年，实现了网建“全区一个样、全区大变样”的阶段性目标，基本建立起与新模式相适应的组织架构、岗位职责、业务流程、绩效考评、营销管理、物流管理、信息化管理等基础性平台。宁夏区局（公司）被国家局评为“全国网建整体推进优秀单位”。

2006年，坚持“控量、稳价、促销、增效”的方针，改善和加强调控力度，努力克服非市场因素，转变增长方式，发挥网络功能，特别是把工作的着力点放在建立可靠的市场基础和扎实的工作基础上。

围绕整体推进工作目标，实行“典型引路、促进平衡、季度考核、落实责任”的办法，加快网建步伐。为促进网建的整体推进工作，区公司领导多次深入基层督查指导，区销售公司先后组织4次督查考评。各单位切实把网建作为“一把手”工程，认真贯彻落实《地市级烟草公司卷烟销售网络业务规范》，细化服务标准，加强客户关系管理，客户管理和服务水平有新的提高。合理配置资源，整合配送部门、送货路线，实现了“一库式”配送。

在通过国家局网建整体推进检查验收后，针对提出的不足和问题，区公司下发整改工作安排并跟踪检查整改情况，各单位按照要求，认真进行整改，进一步完善网络功能，为全面提升工作奠定了基础。

截至2006年底，全区入网零售户22340户，比上年增长6.78%；电话订货率100%，同比增长19.02%；电子结算率65.56%，同比增长12.75%，其中城市电子结算率为90.95%，同比增长23.05%；在第三方调查中，客户满意率为89.5%。

体制改革

根据国家局有关文件精神，区局（公司）研究制订建立母子公司体制工作的实施方案和公司章程，制订国有资产经营管理的有关规定，对资产使用、资产处置、产权转让、投资捐赠等工作提出要求，有效防止坏账损失和国有资产流失，为建立归属清晰、权责明确、保护严格、流转顺畅的现代产权制度打下基础。

进一步理顺县级局（营销部）的管理体制、管理流程、管理制度，推动了地市级公司更好地发挥市场营销主体作用。在三项制度改革中，基层单位进一步建立健全岗位晋升、薪酬管理、考评激励等制度，开展按需设岗、竞聘上岗、择优录取工作，探索业绩考核办法，加强薪酬管理，充分调动了员工的工作积极性。

2006年，对全区所属企业的各类资产进行核查，组织开展多元化企业的资产清查和清算工作，多元化企业的净资产684万元全部并入主业。完成区公司本部及分公司净资产的上划下拨工作，形成区公司对地市级公司的投资关系。

企业管理

成本控制。加强企业内部管理，优化资源配置，严格成本费用核算。2006年，三项费用为15250万元，比上年减少679万元，下降4.4%；三项费用率7.4%，比上年下降0.9个百分点，其中可控费用比上年减少675万元；三项费用利润率为198.5%，比上年增加58%，成本费用较高的问题得到初步解决。

安全管理。强化安全生产责任制，以防火防盗、机动车辆安全管理工作为重点，开展职业健康安全管理体系建设，加强安全管理、监督和检查，为改革与发展提供了安全稳定的环境。

内部管理监督

各单位把“两项检查”工作作为内部管理监督工作的重点，明确检查内容，细化检查措施，狠抓自查、复查、整改落实和制度建设，较好地完成了阶段性工作。各单位制订内部专卖管理监督和同级审计工作自查、复查实施方案，区局（公司）明确自查的四项原则和纪律规定，确保“两项检查”工作措施的有效落实。在各单位认真自查的基础上，区局（公司）组成复查组，纠正自查过程中整改不严、不细、不全、不彻底的问题，下发限期整改意见书，并组成督查组对整改落实情况进行督办，把问题解决在自查、复查阶段，同级审计纠正违规资金1492.61万元，并通过地方审计机关的审计。

各单位制订完善管人、管权、管事、管钱、管物方方面面的监管制度，积极探索同级监督、日常监督、规范经营的工作途径和方法。区局（公司）制订《宁夏烟草系统卷烟销售工作内部管理监督制度》，建立内部审计、联席会议等制度；制订《宁夏烟草系统内部专卖管理监督暂行规定》，建立内部监管考核办法、监管流程，并对近年来内部管理监督制度进行全面清理、修改完善后汇编印发执行，推进了宁夏烟草系统法制化、规范化、制度化建设。同时，在区局（公司）整顿办的组织协调下，有关部门对烟叶合同进行全面检查，对重点项目、工程，大宗物资采购进行了调研。

队伍建设

加强干部队伍建设。在考核考察的基础上，调整充实部分市局（分公司）领导班子和机关处室干部，干部选拔任用条例的执行情况受到国家局检查组的好评。加强教育培训工作，修订完善《干部职工教育培训规划》和《教育培训考核细则》，集中组织学习党章、《江泽民文选》、党的十六届六中全会精神，开展社会主义荣辱观教育等一系列学习教育活动，举办公文写作、营销管理、《公司法》、专卖打假等培训班，提高干部职工的综合素质和业务技能。

思想政治工作

按照国家局要求和统一部署，各单位围绕“三个结合”（即把主题实践活动与认真学习落实胡锦涛总书记提出的树立社会主义荣辱观结合起来，与建立健全保持共产党员先进性长效机制结合起来，与进一步推进行业改革和发展结合起来）和“四个讲”（即讲责任、讲诚信、讲效率、讲奉献）的要求，深入开展“‘两个至上’在岗位”主题实践活动，以座谈、征文、演讲等形式营造学习教育的良好氛围，加深了对“两个至上”行业共同价值观的认识，从思想上为推进全省行业改革与发展打下较为坚实的基础。在全国烟草行业演讲比赛中，区局（公司）两名代表荣获二等奖。

启动创建文明处室、“四好”领导班子、“五好”党支部等活动，推进机关、领导班子和领导干部素质建设工作。

党风廉政

为贯彻落实《建立健全教育制度监督并重的惩治和预防腐败体系实施纲要》，区局（公司）制订实施意见和分工方案，印发《关于加强对全区烟草系统各级领导班子及主要领导干部监督的实施办法》、《纪检监察机构关于加强对同级领导班子和领导干部的监督办法》。明确和规范领导干部的行为要求和纪检监察机构职能，强调对领导干部切实加大追究的“八项纪律”，切实规范和制约权力运行，加大对违纪违规问题的追究力度，对两起违纪案件责任人给予免职和行政处分。开展治理商业贿赂、党风廉政建设责任制考核、廉政教育等工作，有力地促进了廉政工作。

特事要辑

1月24日~28日，宁夏自治区局（公司）召开全区烟草工作会议，提出当前和今后一个时期宁夏烟草改革与发展的指导思想和“在新起点实现新发展”的总体要求。

7月27日~28日，国家局局长姜成康到宁夏烟草检查指导工作。

8月4日~5日，宁夏自治区局（公司）召开全区烟草专卖局长、经理座谈会，从经济运行、卷烟销售网络建设、深化改革、内部管理监督、专卖管理、队伍建设等六个方面总结上半年工作，部署下半年主要任务。

9月18日~19日，国家局副局长李克明到宁夏烟草检查指导工作。

宁夏回族自治区局（公司）主要统计指标汇总

实现税利（亿元）	商业利润（亿元）	销售卷烟（亿支）	烟叶种植（万亩）	烟叶收购（万担）	出口创汇（万美元）
3.91	3.03	90.79	0.53	1.60	/

所属地市级局（公司）

银川市烟草专卖局（分公司）

概　况

银川市是宁夏回族自治区首府，辖兴庆区、金凤区、西夏区、灵武市、永宁县、贺兰县，占地面积9555.3平方公里，2006年底总人口为144.68万，实现地区生产总值（GDP）335.29亿元。

银川市烟草专卖局（分公司）组建于1998年1月，辖永宁县、贺兰县、灵武市烟草专卖局（营销部）。截至2006年底，共有干部员工378人，其中聘用员工242人，大专以上学历占员工总数的61%。有总资产25116万元，净资产22000万元，固定资产5433万元。全市共有卷烟零售户5345户，其中城网3036户，农网2309户。

2006年，银川市局（分公司）被国家局授予“全国卷烟打假工作先进集体”称号，被区局（公司）授予“全区卷烟打假工作先进集体”、“全区烟草系统安全生产工作先进单位”、“财务工作先进单位”、“劳动统计工作先进单位”、“‘四五’普法工作先进集体”称号，被自治区、银川市党委、政府授予“纳税信用等级A级”、“普法依法治理先进集体”、“扶贫开发对口帮扶先进单位”、“全区农林水财系统劳动关系和谐优秀企业”等多项荣誉。

领导成员

局长、经理、党组书记：杨保仓

副局长、党组成员：段崇智（—2006.5）

副经理、党组成员：刘　虹

副局长、纪检组长、党组成员：王国慧

副经理、党组成员：杨学增

调研员：邵生智、李建国

助理调研员：杜兵治（2006.4—）

组织机构

市局（分公司）机关设办公室、政工（监察）科、安全保卫科、审计科、财务管理科、信息中心、督察考评中心、专卖监督管理中心、营销管理中心和物流中心。

经济效益

2006年，银川市局（分公司）共销售卷烟31.13亿支（6.23万箱），与上年同比增长8.73%；其中，一类烟1.61亿支（0.32万箱），同比增长30.59%，占总销量的5.17%；二类烟1.3亿支（0.26万箱），同比增长111.36%，占总销量的4.18%；三类烟8.11亿支（1.62万箱），同比增长32.23%，占总销量的26.05%；四类烟12.32亿支（2.46万箱），同比增长8.28%，占总销量的39.56%；五类烟7.8亿支（1.56万箱），同比减少17.99%，占总销量的25.04%。实现销售收入69040.24万元，同比增长22.61%；实现税利15309万元，同比增长39.74%；实现利润11775万元，同比增长46.88%。

专卖管理

进一步完善打假工作领导机制、打假工作长效机制、打假工作经营机制、打假工作防控机制和打假工作奖惩机制，确保卷烟打假有序进行。积极争取地方党委、政府和有关部门支持，市政府先后4次组织召开烟草联合执法协调会，下发《关于卷烟打假工作的会议纪要》，市政法委5次召开会议协调部署，市整规办下发《卷烟打假实施方案》，联合市公安局、工商局、质检局、城管局、商务局下发《关于整顿卷烟市场的通告》等文件。针对贩售假烟团伙化、网络化的严峻形势，强化“联合治理、两防一打、打点连线、经营案件、稽查联动”的打假策略，深入开展“卷烟打假年”活动。2006年，由国家局、公安部挂牌督侦，宁夏自治区局（公司）、银川市局（公司）、灵武市局（公司）和灵武市公安局三级部门联手查办，成功破获涉案1730余万元的宁夏第一大贩售假烟网络案，并成功制止68家“名烟名酒店”的违法经营活动。

2006年，共查处各类卷烟违法案件538起，没收非法卷烟2232件，收缴罚没款38.83万元，移交工商案件32起，移交公安机关案件16起，批捕25人，判刑16人，捣毁贩藏假烟窝点3个，并告破1起百万元以上的假烟网络案件。

卷烟销售与网络建设

终端管理。贯彻执行《全国卷烟销售网络建设整体推进、全面提升工作方案》，全面完成网建整体推进工作的各项目标任务。在客户服务方面，从客户最不满意的环节入手，解决客户服务本质的问题；从客户最需要的环节入手，解决客户服务效果的问题；从客户服务最薄弱的环节入手，解决城网农网发展不平衡的问题。加强农网客户服务与管理的力度，努力克服非市场因素，增加低档卷烟采购量，使农网客户的订单满足率达到80%以上。2006年，全市电话订货率100%，电子结算率97%，零售客户对货源的满意度82%，卷烟明码实价执行率85%，零售客户卷烟经营毛利率133%，市场净化率96%，市场占有率99%。

卷烟配送管理。通过整合资源、规范流程、统一标准化作业，依托现代化物流系统实施集中配送管理，把入库、仓储、分拣、配送整合成真正意义上“一体化”物流配送体系，最大限度地节约成本、提高效率。实现仓库增容400箱，仓库储位的实际利用率提高5%，每天出库上货时间缩短2小时，整体工作时间提前近3小时，单个周转箱装载率由76%提高到92%，人均分拣量由每天2447条提高到3295条。全市配送线路减少11条，送货车减少1辆，配送人员减少7人。

品牌培育。基本形成以市场为导向的品牌管理体系，并始终坚持“从客户中采集需求，从培育中满足需求，从工商合作中实现需求”的品牌培育方法。品牌的准入、培育、退出都以市场需求为准则，按照流程规范化操作，严格遵循对各类品牌的进入不设置门槛、不以毛利率的高低来取舍、不设置人为障碍的原则，局部利益服从于行业市场化取向的改革大局，创造公平、公正、公开的市场竞争环境。在全市范围内建立起50个消费者信息点，发展了500名消费者评吸员，高度重视消费者需求的变化。为卷烟工业企业提供真正有价值的信息，基本形成工商合作培育品牌的格局。

信息化建设

面向流程，建立以业务系统、专卖系统、仓储系统、财务监督管理系统、卷烟市场化运营系统为主体的信息系统管理体系，构建起功能完善、高效实用、系统集成、富有特色的信息系统管理模式。面向上游，建立沟通协作信息平台。通过销售数据提报、计划合同履行、网上信息查询、市场分析传递、日常短信服务，打通消费者、商业企业和工业企业之间的信息通道。面向下游，按照客户信息、客户分类、客户维护、客户投诉、客户查询、市场分析、呼叫订单采集模块，构建信息互通共享机制，实现“三流畅通、四流贯通”。面向管理，建立办公自动化系统，导入客户经理工作平台，实现对销售、订货、结算、分拣、专卖、费用、利润等关键指标的动态分析，形成“从计划到维护，从维护到管理，从管理到分析”的闭环，全面提升企业管理水平。

内部管理监督

突出内部管理监督，加强行业自律。确立“管理治企”的发展战略，制定“突出一个‘严’字，狠抓一个‘管’字，落实一个‘激’字，体现一个‘效’字”的企业管理方针。按照日常监管、同级监管、属地监管的原则，建立健全以《内部管理监督规定》为主体，涵盖党建、作风效能、精神文明、党风廉政等企业各项工作的110余个管理监督制度，形成以规章制度管理人、以组织纪律约束人、以目标责任考核人、以奖勤罚懒激励人的管理机制。

在内部检查监督上，深入开展内部专卖管理监督工作检查和同级审计检查，每季度在供应端对各单位的商流、物流、资金流、信息流等内部经营情况进行复查，在客户端公开货源投放标准，在管理主体端向社会公示专卖执法人员行为准则和聘请义务监督员、行风评议员接受社会监督，确保了卷烟入网、入户、落地销售率为100%。

修订完善《党组议事规划》、《领导干部廉洁自律若干规定》、《党风廉政建设和反腐败工作制度》和《政务企务公开制度》等项规定并狠抓落实，积极参加“政风行风在线”节目和突出抓好政风行风民主评议，打牢内部管理监督的思想、组织、业务和工作“四个基础”，保证了企业的健康发展。

队伍建设

以加强员工思想道德素质建设，提高领导班子决策水平，提高员工队伍素质为重点，确立了“人才兴企”的企业发展战略。

从提高领导班子决策能力入手，注重“三个重要环节”（即：决策前深入调研，为正确决策提供可靠依据；决策中充分酝酿讨论，集中集体智慧；决策后完善相关措施，确保决策成效的最大化）和“三个不断提升”（即：加强政治理论知识的学习，不断提升领导班子的政策水平；加强现代流通业务知识的学习，不断提升领导班子的经营水平；加强党风廉政警示教育的学习，不断提升领导班子廉洁自律的水平）。

加强员工队伍建设。积极营造拴心留人的环境。在奖金分配、福利待遇、社会统筹、劳动保障等方面，最大限度做到不同身份之间的相对公平。根据岗位设置、职位贡献、绩效考核等要素，与员工签订了不同期限的劳动合同，使一些岗位贡献大、企业发展紧缺的人才在企业中找到位置，增强员工的归属感、责任感和使命感。为鼓励员工自主创新，2006年拿出专项资金7.65万元奖励给为企业发展做出突出贡献的员工。

企业文化

2006年，对银川烟草的企业文化进行整合提炼，构建了由理念文化体系、管理文化体系、行为文化体系、形象文化体系和箴言文化体系五个部分构成的银烟文化体系框架。

石嘴山市烟草专卖局（分公司）

石嘴山市烟草专卖局（分公司）成立于1986年12月，2006年下辖惠农区专管所、平罗县烟草专卖局（营销部）。市局（分公司）机关设办公室、政工科、专卖监督管理科、财务管理科、审计科、安全保卫科、营销管理中心、卷烟配送中心、信息中心和督察考评中心10个职能科室。截至2006年底，总资产11849万元，其中，固定资产1628万元、净资产11449万元。共有干部职工171人，其中聘用员工100人。辖区有卷烟零售户3622户。

2006年销售卷烟15.45亿支（3.09万箱），实现销售收入3.03亿元，实现税利6310.47万元，其中实现利润4882万元。

始终保持卷烟打假打私高压态势，进一步强化烟草专卖管理，把打击制售假烟网络放在突出重要位置。全年共出动打假打私8071人次，查处案件124起，其中无证运输卷烟案件3起、销售非法烟厂生产卷烟案件98起、未在当地烟草专卖批发企业进货案件22起、无证经营1起，没收非法烟厂生产卷烟291.18件、查扣卷烟37.83件，罚没款8.05万元。以规范经营自律小组维护卷烟零售客户与消费者的利益为切入点，加强专卖人员管理服务职能，有效提高市场控制力，净化卷烟市场环境。

从夯实网建基础工作入手，以全面完成“组织构架统一、业务流程统一，服务标准统一，信息平台统一”的新业务模式转换为目标，提高服务水平，转变思想、找准问题，加强货源管理，完善供应商服务机制，完善品牌培育制度，加快品牌整合力度，加强物流配送建设，加强“三级督察”考评机制，实现了区局（公司）网建领导小组提出的“跨越式发展”的要求，顺利通过国家局及区局（公司）卷烟销售网络建设“整体推进”考核验收。

吴忠市烟草专卖局（分公司）

吴忠市烟草专卖局（分公司）成立于1999年8月，2006年下辖青铜峡市、盐池县、同心县3个县级烟草专卖局（营销部）和红寺堡营销部。市局（分公司）机关设10个职能科室。截至2006年底，资产总值13057万元，其中固定资产2730万元，流动资产10214万元。共有干部职工251人，其中聘用员工133人，大专以上学历139人，占员工总数的55%。辖区共有卷烟零售户4206户。

2006年销售卷烟18.39亿支（3.68万箱），实现销售收入35548万元，实现税利7050万元，其中实现利润5507万元。

紧跟烟草市场的形势和特点，进一步落实工作责任制，加强对市场的管理和综合整治，消除盲区和死角。盯死、管住重点地区、重要地段、重点户头和重要方向。扩大线索来源，加强对案件的经营，端窝点、查处大案要案。保持高压态势，并积极争取公安、司法机关的支持，落实好联合工作制度，提高办案的质量和效率。2006年共出动检查人员21758人次，路查214次，上街集中宣传专卖法律法规14次，查获各类案件347起，其中无证运输案件11起，没收假冒商标卷烟10555条，罚没款9.45万元。

按照现代企业管理要求，搭建机构扁平化、管理网状化全新的经营管理组织架构，实现统一人力资源管理、统一资产管理、统一制度规范、统一信息平台、统一考核奖惩“五个统一”的企业经营管理模式和统一电话呼叫、统一物流配送、统一业务流程、统一服务标准、统一资金结算“五个统一”的网络运行模式。以客户需求为导向，以短流程、快流速、高效率为目标，建立管理流、商流、物流、资金流四流合一的流程管理体系。实现了全市统一集中呼叫，统一货源供应，统一品牌策略，统一客户分类、测评和维护，统一800服务热线，实施一库式集中配送和城乡统一运行。

固原市烟草专卖局（分公司）

固原市烟草专卖局（分公司）成立于1989年

1月，辖西吉、彭阳、隆德、泾源4个县烟草专卖局（营销部）。市局（分公司）机关设10个职能科（室、中心）。截至2006年底，企业资产总额8260万元。共有干部职工247人，其中聘用员工145人。辖区共有卷烟零售户5957户。

2006年共销售卷烟13.77亿支（2.75万箱），实现销售收入22227.06万元，实现税利3025万元，其中，实现利润2200万元、税金825万元。

以打私打假、内部监管、加强基层建设工作为重点，严格落实行政执法责任制、错案追究制，依法行政，文明执法，程序办案。坚持信息搜集与案件经营紧密结合，打击贩售假私卷烟活动与打击源头紧密相结合，建立健全打私打假信息情报网络。采取重点地区重点监控的办法，严防死守，始终保持卷烟打假高压态势。2006年共出动打私打假人员8423人次，车辆1882辆次，查处卷烟违法案件86起，查扣各类违法卷烟53.07万支。

中卫市烟草专卖局（公司）

中卫市烟草专卖局（公司）成立于2004年7月，2006年下辖中宁县、海原县烟草专卖局（营销部）。市局（公司）内设11个科（室）。截至2006年底，资产总额为8486万元，其中，流动资产5300万元、固定资产3100万元。共有干部职工171人，其中职工110人。辖区共有卷烟零售户3353户。2006年，市局（公司）荣获“自治区‘四五’普法先进单位”、“中卫市先进职工之家”、“社会治安综合治理先进单位”、“依法治理示范单位”等荣誉称号。

2006年，共销售卷烟12.05亿支（2.41万箱），实现销售收入21237.8万元，实现税利3787万元，其中利润3037万元。

以“突出服务，注重效率，优化流程，提高素质”为总要求，坚持把资源整合、客户服务、科学管理、品牌培育作为网建工作的重点，扎实开展网建“整体推进”攻坚战。

客户服务。积极完善、转变业务模式，统一全市的电话订货；优化业务流程，加强对工作过程的控制和管理；深化客户关系管理，加强客情关系建设，统一服务内容和服务标准，不断改进服务思想、创新服务方式、规范服务行为，努力打造市场终端服务管理体系。提升全市零售终端的服务水平，合理整合和分配内外部资源，基本建立起全市统一的服务网络。

供求管理。顺应行业改革发展新要求，建立“市场需求预测、半年协议签订、按月分解合同”的新型货源采购管理模式，确保货源有效供给和结构合理，初步形成有序的市场供求关系，为以后按订单组织货源奠定了基础。

品牌培育。推进品牌管理体系建设，加大品牌整合置换力度，调整品牌培育方向，完善工商衔接机制，积极推进工商关系建设，认真开展品牌示范店的评选与管理工作，探索实施消费者管理，截至2006年底，全市共发展品牌示范店35家，建立消费信息点37个。全面加强物流体系建设，推进仓储科学管理，调整配送、分拣模式，优化送货线路，提高配送效率，全市实现100%分拣到户，物流配送成本得到有效降低。

2006年宁夏回族自治区烟草商业系统主要情况统计

地市级局（公司）名称		银川市烟草专卖局、银川市烟草分公司	石嘴山市烟草专卖局、石嘴山市烟草分公司	吴忠市烟草专卖局、吴忠市烟草分公司	固原市烟草专卖局、固原市烟草分公司	中卫市烟草专卖局、中卫市烟草公司
法人代表/主要负责人		杨保仓	刘大年	沙 军	马 斌	马存军
总资产（万元）		25116	11849	13057	8260	8486
员工总数（其中聘用员工数）（人）		378（其中聘用员工242人）	171（其中聘用员工100人）	251（其中聘用员工133人）	247（其中聘用员工145人）	171（其中聘用员工110人）
所属县级局数量（个）		3	1	3	4	2
所属县级公司数量（个）		/	/	/	/	/
所属营销部（分公司、访销中心、烟叶复烤厂、稽查大队等）		1个营销中心、7个营销部、3个稽查大队	1个营销中心、2个稽查大队	1个营销中心、4个营销部、6个稽查大队	4个营销部、4个稽查大队	1个营销中心、2个营销部、1个稽查大队
销售卷烟（亿支）		31.13	15.45	18.39	13.77	12.05
实现税利（万元）	本年	15309	6310	7050	3025	3787
	上年	10592	4599	5129	3056	3315

续表

地市级局（公司）名称		银川市烟草专卖局、银川市烟草分公司	石嘴山市烟草专卖局、石嘴山市烟草分公司	吴忠市烟草专卖局、吴忠市烟草分公司	固原市烟草专卖局、固原市烟草分公司	中卫市烟草专卖局、中卫市烟草公司
实现利润（万元）	本年	11775	4882	5507	2200	3037
	上年	8017	3605	3868	2371	2266
烟叶种植（亩）		/	/	/	/	/
烟叶收购（担）		/	/	/	/	/
零售户数（户）		5345	3622	4206	5957	3353

（汪创业）

新疆烟草

新疆维吾尔自治区烟草专卖局（公司）

概　况

新疆维吾尔自治区位于欧亚大陆中部，中华人民共和国西北部，面积166万平方公里，是多民族聚居地区，其中主要有维吾尔族、汉族、哈萨克族、回族、蒙古族等。截至2006年底，全区总人口2050万人。2006年实现地区生产总值（GDP）3045.26亿元，与上年同比增长11.0%。

新疆维吾尔自治区烟草专卖局（公司）成立于1986年1月。2006年下辖15个烟草专卖分局（公司）、69个县（市）烟草专卖局以及多种经营公司（2006年底注销）、新疆烟草进出口有限责任公司。截至2006年底，区局（公司）拥有总资产20.68亿元，其中，固定资产原值6.01亿元、流动资产14.53亿元，净资产16.36亿元。共有干部职工2900人。辖区共有卷烟零售户61766户。

2006年区局（公司）财务管理处在全国烟草系统“2005～2006年度会计信息质量评比”中获二等奖；9月区局（公司）获区人民政府颁发的“帮扶贫困群众建设抗震住房先进单位”；同年，区局（公司）获自治区级“文明单位”荣誉称号。

领导成员

局长、总经理、党组书记：陈玉芳

副局长、党组成员：石道明

副局长、纪检组长、党组成员：多里坤·阿西木（2006年6月前任新疆烟草进出口有限责任公司总经理）

副总经理、总会计师、党组成员：邱永春

纪检组长、党组成员：方素青（—2006.3）

组织机构

区局（公司）机关设办公室（外事办公室、烟草学会）、综合计划处（经济运行处）、专卖监督管理处（专卖稽查总队）、政策法规与体制改革处、安全保卫处、财务管理处、审计处、人事劳资处（离退休人员管理办公室）、监察处（与党组纪检组合署办公）、思想政治工作处（机关党委、工会）、卷烟销售处、行政处和信息中心等13个处（室、中心）。

经济运行

2006年全区累计销售卷烟244.75亿支（48.95万箱），与上年同比增长8.3%。其中，销售一类烟10.82亿支（2.16万箱），同比增长27.7%，占销售总量的4.4%；二类烟34.99亿支（7.00万箱），同比增长12%，占销售总量的14.3%；三类烟148.02亿支（29.61万箱），同比增长24.1%，占销售总量的60.5%；四类烟48.2亿支（9.64万箱），同比下降22.3%，占销售总量的19.7%；五类烟2.69亿支（0.54万箱），同比下降44.8%，占销售总量的1.1%。

全年实现销售收入42.43亿元，与上年同比增长11.4%。实现税利9.01亿元，同比增长36.3%，其中，实现商业利润6.67亿元，同比增长38.6%。

卷烟销售

实施卷烟价格管理三统一：统一卷烟价格下载时间、统一卷烟价格执行时间、统一卷烟价格锁定时间。加强卷烟价格目录管理工作：2006年全年申报卷烟价格11次，调整卷烟价格24次，下发卷烟价格通知21次，新增卷烟牌号规格39个，注销卷烟牌号规格62个。加强卷烟价格管理监督检查工作，采取平时抽查和年终考核相结合的措施，加强对卷烟零售明码标价执行的监督检查。在有效货源偏紧的情况下，调整替代品牌，拓展可成长品牌的市场份额。将部分品牌履约率低的情况及时向工业企业提出反馈意见并进行调整。减少基层库存，提高货源利用率，保障全区货源供应。根据退市品牌的库存数量、动销率，制订退市品牌消化库存时间表，调剂库存量。

专卖管理

统一全区专卖工作操作程序和执行标准，出台《烟草专卖基础工作评价标准》、《卷烟市场基础工作评价标准》。

全年全区共出动打假人员7363人次，查处销售假冒卷烟案件1552起，涉案金额最高为280余万元，查获假冒卷烟1498.38件。公安司法机关抓捕涉嫌犯罪人员16人，刑事拘留13人，其中批捕11人，判处有期徒刑4人，被判拘役4人。加强对莫合烟种植、加工和运输等环节的监管，全区共铲除莫合烟种植1232.35亩，铲除莫合烟苗2.71亩，查处莫合烟227.16吨。

执行各级领导干部、执法人员和经营管理人员法律培训考试制度，2006年全行业共有600人次参加考试。区局（公司）对各分局（公司）专卖科长和内勤人员进行行政证据知识培训。

网络建设

网络建设"整体提升"阶段的工作取得了新的突破，与上年相比，电话订货、持证入网和入网销售率继续保持100%的高比例；电子结算比例达到68%，同比提高了12.1个百分点。注重网络的服务功能，全区共设立14个配送中心，8个配送分库，14个订单部；安装使用了23条电子标签分拣线；聘用288名客户经理和97名电话订货员。在国家局组织的网建验收评比中被评为优秀单位。

进一步完善客户基础信息，构建零售客户评价体系。建立与客户的沟通机制，除利用客户经理拜访、专卖宣传等方式外，大部分分局（公司）都实施了《零售户办证前培训制度》，同时发挥零售户协会等组织的作用，在零售户中开展宣传、教育、诚信倡议等活动。对零售户进行法律法规和卷烟营销知识等方面的培训，全区参加培训的零售客户达到31692人。全区烟草行业的客户综合满意度为90%，服务满意度为92.5%，货源供应方面的客户满意度达到88.5%。

加大对客户经理的培训力度，2006年有3人被国家局授予"烟草行业优秀客户经理"荣誉称号。

烟叶产销

调整生产布局，优化品种结构。为确保烟叶达到外商认可的国际质量标准，首先，从调整种植区域入手，结合土地、水源氯离子含量的实际情况，采取了"扩大察县，稳定塔城，压缩呼图壁"的措施。从负责人到技术员都深入各县、乡、团场，对农户作动员、讲政策、谈优惠条件，落实种植面积。压缩面积的产区严把烟农种植资格关，坚决淘汰不能胜任的承包人，减少大户种植，发展小户种植。察布查尔县种植面积扩大到4298亩，比上年翻了一番，占全区烟叶种植面积的61.15%。其次，优化品种结构，移栽克撒锡烟叶3705亩，占总面积的52.7%，移栽新品种塔玛克烟叶833亩。在呼图壁和伊犁两个产区原有的主栽品种上增加新品种巴斯玛克撒西，并试种了半香料烟塔玛克这一新品种。个别种植基地推广香料烟小棚调制技术。

在烟叶生产中，严格执行《烟农见面卡》制度，落实三准证（浇水、施肥、施药）制度。加强技术培训考核，每个生产环节公司都组织效能监察小组下产区进行考评。

2006年全区种植烟叶7028亩，其中，香料烟6184亩、半香料烟844亩；收购烟叶0.07万吨（1.31万担），其中，香料烟0.055万吨（1.10万担）、半香料烟0.01万吨（0.21万担）。加工烟叶0.053万吨（1.07万担），销售香料烟0.07万吨（1.45万担）。

体制改革

2006年12月国家局对新疆烟草进出口有限责任公司管理体制进行调整，该公司成为区公司的全资子公司。撤销新疆烟叶生产开发有限责任公司，将其业务并入新疆烟草进出口有限责任公司；撤销多种经营公司，将其卷烟配送业务并入区公司销售处；撤销新疆云疆烟草商贸有限责任公司及其经营部。72名人员被分流安排到乌鲁木齐烟草专卖分局（公司）工作。

企业管理

安全管理。区局（公司）与各单位、各部门负责人签订安全责任书，明确安全职责。修订卷烟仓库安全管理制度、建设工程"三同时"制度程序，规范管理制度和完善安全考核量化指标。在培训安全骨干的基础上，组织了近3000人次的职业安全健康管理体系培训学习，对全区226名内审员进行培训。建立过程和痕迹管理档案，增强在岗管理人员的责任心。全区行业共17个单位顺利完成了第一阶段安全体系的建立工作并投入试运行。开展安全生产动态检查和抽查，提高安全防范控制能力。

人事劳资管理。逐步推进三项制度改革工作。在万箱定员的基础上严格劳动定员，按照定员数下发劳动工资。各单位将薪酬分配重点向客户经理和其他一线工作人员倾斜。对存在薪酬双轨制的单位进一步缩小新老职工的收入差距，将对职工的管理由身份管理向岗位管理转变。

信息化建设。2月完成了行业内网络电话（VOIP）电话语音系统的建设实施工作及行业所有防火墙的配置工作。3月对全区行业的虚拟专用网（VPN）网络工作进行了安装和升级。

财务管理

建立内部财务监管的长效机制，对会计科目编码和核算内容进行修订并做出统一规定，其中对属于工资性费用的装卸费和劳务费等，一并纳入工资总额进行统一管理和核算。

根据新会计科目核算的内容重新制定2006年费用预算申报项目。核定费用预算时，在分析各分局（公司）的预算编制报告的基础上，结合上年决算情况、本年行业发展方向及规划、各地区的卷烟销量、人员（人力成本）状况、地域情况、各费用项目在经济运行中的可控程度和重要程度等几项因素进行具体分析。

2006年修订了经济运行考核方案中的费用预算管理考核办法，考核要点为费用项目和费用水平指标，包括综合费用率、可控费用率、费用同比增减情况。把各费用项目在经济运行中的可控程度和重要程度设置不同的考核分值，年度总预算、分类预算执行情况设置不同的考核分值，年度实际费用总水平和分类费用水平增减幅度设置不同的考核分值等多项标准结合起来，修订费用预算考核方案。2006年全区行业三项费用水平下降0.76个百分点。

全区财产实行统一保险。为有效地降低保险费用，经过与保险公司的多次协商，最终以全年114.6万元的金额投保汽车572辆、流动资产1亿元、固定资产9000万元、货物运输1000万元，保险费与上年同比下降35.91%。

改革业务招待费管理方式。由区局（公司）安排所属单位接待客人实行陪同人员签单结账的方式，改为由区局（公司）直接结算，进一步理顺了业务招待费管理和考核。

委托税务事务所对地方税种进行检查，避免在小金额的税种上出现违规问题。2006年开通网上银行，将工资、奖金等现金发放业务改为通过网上银行发放。

区局（公司）财务管理处在全国烟草系统“2005～2006年度会计信息质量评比”中获二等奖。

进出口贸易

新疆烟草进出口有限责任公司成立于1996年7月，由中国烟草进出口（集团）公司和中国烟草总公司新疆维吾尔自治区公司共同投资组建。公司拥有总资产9384万元。2006年5月，根据《中烟进出口集团成员企业资产划转和人员整合的实施方案》，新疆烟草进出口有限责任公司划转为区局（公司）的全资专业子公司。设综合办公室、计划财务部、经营部3个部门。下辖石河子天河烟草加工部、察县金叶香料烟有限责任公司。共有员工85人，其中聘用员工22人，中共党员24人，少数民族员工9人。

公司以一业为主，实施多种经营。主营烟草、烟草制品、烟机设备、卷烟辅料及烟草生产技术的进出口和代理进出口；此外，还开展国内寄售外国烟草制品，承办中外合资经营、合作生产，“三来一补”及转口贸易等业务。依托新疆的地缘、人文优势，主要面向俄罗斯、哈萨克斯坦等沿新疆周边的国家开展外贸业务，已与欧洲、中亚和东南亚等地的客商建立了较稳定的业务关系。

2006年完成出口总值235万美元。其中，烟草制品出口总值204万美元，非烟草制品出口总值31万美元。出口烤烟860吨，创汇125万美元；出口香料烟207吨，创汇68万美元；出口烟梗268吨，创汇12万美元。

代理进口卷烟6250万支，与上年同比增长17.86%；进口总值130万美元，同比增长12.44%。其中，新疆卷烟0.275亿支（0.055万箱），同比增长3.77%；甘肃卷烟0.24亿支（0.048万箱），同比增长26.13%；青海卷烟0.11亿支（0.022万箱），同比增长46.67%。实现销售总额3342.3万元，实现利润680万元。

队伍建设

大力推进干部队伍建设。依据《地州市局（公司）领导干部选拔任用工作实施办法（试行）》，经过推荐、考察、任前公示等规定程序，将8名同志提拔到领导干部岗位并进行任前培训。加大领导干部交流力度，交流人数占处级在职干部人数的23.6%。开展职工培训工作，全年共组织以专卖、安全、公文写作和办公自动化、客户经理、卷烟生产经营决策管理系统、职业安全、企业文化等为主题的培训1190场，参与培训的人员达45902人次。此外，39人参加了全国性的培训学习。

思想政治工作

深入开展“‘两个至上’在岗位”主题实践活动。利用局域网开办了“‘两个至上’在岗位”主题实践活动专栏；7月组织以“两个至上”为主题的领导干部理论研讨会，30多名处级干部撰写并宣读了论文；11月组织了“‘两个至上’在岗位”职工演讲比赛，从中选出2名选手代表新疆烟草参加全国演讲比赛，分别获得二等奖和三等奖。组织“听客户讲你我的故事”专题演讲报告会。

党风廉政建设

6月21日，制订了《关于贯彻落实〈建立健全教育、制度、监督并重的惩治和预防腐败体系实施纲要〉的具体办法》。6月30日组织开展学习党章的专题教育活动和以“抵制商业贿赂”为主题的第八次党风廉政教育月活动。接待群众来信来访，全年共处理群众来信26件并全部办结。

企业文化

2006年2月正式出台《新疆烟草专卖局（公司）2006~2008年企业文化建设规划纲要》，下发《2006年企业文化建设工作安排意见》，将企业文化建设工作内容纳入年度综合考核体系，并正式委托专业咨询机构总体策划设计和参与实施全区烟草的企业文化建设工程。提炼出新疆维吾尔自治区烟草行业20年来长期积淀的以“奉献”为核心的企业文化基因，并将新疆烟草的企业文化定位为“感动文化”，品牌传播用语为“用心创造感动、真情奉献社会”。完成新疆烟草感动文化理念体系的策划设计，共设计理念23条，汇编成《企业文化手册》。开展企业文化建设导入培训工作，职工培训覆盖面达到95%以上。

特事要辑

2月22日，同意撤销奎屯烟草专卖分局（公司），成立奎屯市烟草专卖局（烟草物流配送中心），由塔城地区烟草专卖分局（公司）负责管理。

4月24日，开办“企业文化网站”。

6月15日，印发《关于统一变更所属公司名称的通知》（新烟法［2006］8号），建立“归属清晰、权责明确、保护严格、流转顺畅”的现代产权制度。

7月，召开第四次网建会，会上为新疆区局（公司）成立二十周年举行了简朴的庆祝活动，区局（公司）局长（总经理）陈玉芳作了重要讲话。

7月4日~7日，国家局局长姜成康到新疆烟草考察。

7月12日~14日，在乌鲁木齐召开西南、西北片区烟草学术研讨会。

10月9日，撤销新疆烟用材料公司，该公司生产设备全部调新疆卷烟厂，所有人员由区公司统一安置，资产由公司统一收回。

11月18日，与新疆人民广播电台共同举办了新广行风热线“自治区烟草专卖局局长接待日”节目。

11月30日，将伊犁将军烟草集团有限公司有偿转让给伊犁将军大酒店。

12月28日，中国烟草进出口公司持有的新疆烟草进出口有限责任公司60%股权无偿划转区局（公司）。

新疆维吾尔自治区局（公司）主要统计指标汇总

实现税利（亿元）	商业利润（亿元）	销售卷烟（亿支）	烟叶种植（万亩）	烟叶收购（万担）	出口创汇（万美元）
9.01	6.67	244.75	0.70	1.31	235.00

所属地市级局（公司）

乌鲁木齐烟草专卖分局（公司）

概　况

乌鲁木齐市是新疆维吾尔自治区首府，地处天山中段北麓、准噶尔盆地南缘。下辖天山区、沙依巴克区、新市区、水磨沟区、东山区、头屯河区、达坂城区7区和乌鲁木齐县。总面积1.09万平方公里，居住着汉族、维吾尔族、回族、哈萨克族、蒙古族等49个民族，总人口195万人，其中，少数民族人口占26.3%、非农人口占82%。2006年乌鲁木齐市GDP为654亿元。

乌鲁木齐烟草专卖分局（公司）成立于1986年5月。截至2006年底，拥有总资产29209万元，其中固定资产6608万元。共有员工493人，其中聘用员工225人。全市辖区共有卷烟零售户9400户。

2006年获“新疆企业景气调查先进单位”，“人口与计划生育工作达标优秀单位”、“无偿献血、健康教育先进集体”、“精神文明建设工作先进集体”等称号，被新疆维吾尔自治区人民政府评为“百家模范纳税大户”，顺利通过自治区级精神文明单位验收。

领导成员

局长、经理、党组书记：曲卫东

副经理、党组成员：马培杉

纪检组长、党组副书记：李卫东

副经理、党组成员：金新民

机构设置

分局（公司）机关设办公室、政工科、财务管理科、物业管理科、安全保卫科、工会办、营销中心、专卖管理科（稽查支队）、物流中心、信息技术中心等10个职能部门。

经济运行

2006年辖区销售卷烟53.33亿支（10.67万箱），与上年同比增长5.08%，其中，销售一类烟3.69亿支（0.74万箱），同比增长26.7%；二类烟10.57亿支（2.11万箱），同比增长5.9%；三类烟33.1亿支（6.62万箱），同比增长20.7%；四类烟5.95亿支（1.19万箱），同比下降40.8%；五类烟0.02亿支（0.01万箱），同比下降93.7%。

全年实现销售收入113029万元，与上年同比增长11%。实现税利8156万元，其中实现利润5529万元。

专卖管理

围绕打假打私、内部监管、基层建设三项重点任务，深化专卖管理工作。2006年查处各类违法违规案件2520起，查获各类假冒卷烟74209.3条，收缴罚没款36.68万元，查处涉及莫合烟的相关案件181起，共计12.9吨。破获典型网络案件4起，查获假冒卷烟20441条，案值582万元，批捕提起公诉10人，刑事拘留3人，行政处罚12人。破获重大案件20起，查获假冒卷烟47051条，案值758万元，移送司法机关追刑13人。

网络建设

营销服务方面，将客户经理十大职能的专业营销工作与零售客户群体细分及分类服务需求相结合，提高客户服务的针对性和需求响应力；完善客户服务投诉受理机制，加强服务质量的监督和改进；专销协作、营销服务与市场监管相结合，解决好业务流程优化过程中合理定量、价格维护等方面出现的问题，客户满意度始终保持在90%以上；物流效率方面，打破以点、线、面为主的线路式送货模式，采用以送货车装载量为主、送货户数相对弹性的新型送货模式，降低物流成本，送货员减少37.3%，送货车驾驶员减少37.1%，订单员减少32%，送货车辆减少42%。

队伍建设

把员工培训纳入企业发展战略，将员工个人需求和企业发展要求相结合，业务培训与绩效改进相结合。完善公司、部门两级培训体系，加强培训管理，年内共组织各类培训28种，参加培训人数10819人次，专卖执法人员全国统一考试合格率100%，客户经理队伍中有90%考取了国家营销师或营销员职业资格证书。

特事要辑

7月4日，国家局局长姜成康考察乌鲁木齐烟草专卖分局（公司）物流中心储配部、营销中心订单部和市场部。

昌吉回族自治州烟草专卖分局（公司）

昌吉回族自治州烟草专卖分局（公司）于2000年6月正式上划新疆区局（公司）。2006年下辖木垒哈萨克自治县、奇台县、吉木萨尔县、阜康市、米泉市、五家渠市、呼图壁县、玛纳斯县8个县（市）烟草专卖局（营销部）。分局（公司）机关设5个科（室）。截至2006年底，拥有总资产5889万元，其中，固定资产3519万元、流动资产2285万元。共有员工254名，其中聘用员工234名。全州辖区共有卷烟零售户8122户，其中，城区3764户、农网4358户。

2006年辖区销售卷烟24.42亿支（4.88万箱），与上年同比增长10.65%，总销量居全区第二位。实现销售收入46612万元，同比增长17.7%。实现税利2526万元，同比增长31.77%，其中，实现利润1755万元，同比增长16.77%。

2006年昌吉回族自治州分局（公司）客服部主任杨峻峰被国家局授予“烟草行业优秀客户经理”荣誉称号。

在莫合烟清理整顿工作中，全州共查获莫合烟44.15吨，铲除可种植740.5亩莫合烟的烟苗和大田莫合烟47.8亩。

1月11日，玛纳斯县局鲍旭芳、周斌武在送货途中遭遇抢劫，因公殉职。

新疆维吾尔自治区烟草专卖局石河子分局、新疆烟草兵团石河子有限公司

新疆维吾尔自治区烟草专卖局石河子分局成立于1998年，石河子烟草公司成立于1996年。2001年4月11日，石河子烟草公司整体移交给兵团烟草公司，成立新疆烟草兵团石河子有限公司。分局（有限公司）机关设6个科（室、中心）。拥有总资产5417万元，其中固定资产2096万元、流动资产2877万元。共有员工120人，其中聘用员工80人。辖区共有卷烟零售户2600户。

2006年辖区销售卷烟11.18亿支（2.24万箱），与上年同比增长5.47%，其中，销售一类烟0.43亿支（0.09万箱），同比增长17.37%；二类烟1.52亿支（0.303万箱），同比增长13.42%；三类烟6.2亿支（1.24万箱），同比增长12.98%；四类烟2.90亿

支（0.58 万箱），同比下降 2.01%；五类烟 0.13 亿支（0.026 万箱），同比下降 73.43%。全年实现销售收入 18460 万元，与上年同比增长 12.5%。实现税利 2526 万元，同比增长 27.13%，其中，实现利润 2001 万元，同比增长 26.73%。

开展"'两个至上'在岗位"主题演讲活动，任洪微同志在区局（公司）组织的演讲比赛中获二等奖，参加国家局全国烟草行业"'两个至上'在岗位"演讲比赛获二等奖。

博尔塔拉蒙古自治州烟草专卖分局（公司）

博尔塔拉蒙古自治州烟草专卖分局（公司）成立于 1997 年 8 月。2006 年下辖精河县、温泉县 2 个县烟草专卖局（营销部），阿拉山口、塔斯尔海 2 个专卖管理所以及博乐市卷烟配送中心。分局（公司）设 4 个科（室）。截至 2006 年底，拥有总资产 2396 万元，其中，固定资产 1123.22 万元、流动资产 1156.35 万元。共有员工 81 人，其中聘用员工 68 人。全州辖区共有卷烟零售户 2462 户。

2006 年辖区销售卷烟 8.22 亿支（1.64 万箱），与上年同比增长 5.52%。全年实现销售收入 12565 万元，同比增长 14%。实现税利 642 万元，同比增长 26.38%，其中，实现利润 383 万元，同比增长 14.67%。

伊犁哈萨克自治州烟草专卖分局（公司）

伊犁哈萨克自治州烟草专卖分局（公司）成立于 1991 年 9 月。分局（公司）设 6 个科（室、中心），其中专卖监督管理科下设伊宁市专卖稽查大队，营销中心（下设伊宁市区卷烟营销部），配送中心下设巩留县中转分库。2006 年下辖伊宁市、霍城县、察布查尔锡伯自治县、巩留县、特克斯县、昭苏县、尼勒克县、新源县 8 个县（市）烟草专卖局（营销部）。拥有总资产 7360 万元。共有员工 338 人，其中聘用员工 278 人。截至 2006 年底，全州辖区共有卷烟零售户 7635 户。

2006 年辖区销售卷烟 23.2 亿支（4.64 万箱），与上年同比增长 4.41%。实现销售收入 40126 万元，同比增长 16.4%。实现税利 750 万元，同比增长 33.99%，其中，实现利润 13 万元，同比下降 57.25%。

加强对莫合烟的监管，铲除 13729 亩已种植的莫合烟，共查处涉及莫合烟的案件 140 起，查获莫合烟 99.11 吨。

顺利完成网络组织架构，原访销信息科分设为营销中心、信息中心、配送中心。在巩留县建设了卷烟中转分库，实现全州卷烟一户一码。

2006 年，分局（公司）被自治区人民政府授予"2004～2006 年度模范纳税企业"称号。

克拉玛依烟草专卖分局（公司）

克拉玛依烟草专卖分局于 2000 年 9 月 16 日正式上划新疆区局（公司），同时由乌鲁木齐分局（公司）与克拉玛依市商贸有限责任公司共同出资，组建克拉玛依烟草商贸有限责任公司。2004 年 4 月 20 日，乌鲁木齐分局（公司）将股权转让给区局（公司），克拉玛依市商贸有限责任公司将所持的 20% 股权转让给克拉玛依市瑞大糖酒有限公司，企业名称不变。2006 年 4 月，区局（公司）以 300 万元收回瑞大糖酒有限公司持有的全部股份，克拉玛依市烟草商贸有限责任公司更名为新疆维吾尔自治区克拉玛依市烟草公司，与克拉玛依烟草专卖分局合署办公。2006 年 2 月，撤销独山子区烟草专卖局（物流配送中心）的卷烟库房。6 月，撤销访销信息科、独山子区物流配送中心，成立营销中心、配送中心、督察考评部门，设立独山子区中转站。2006 年下辖克拉玛依市烟草专卖局（营销部）及独山子营销部。分局（公司）机关设 4 个科（室）。拥有总资产 1820 万元。共有员工 68 人，其中聘用员工 66 人。全市辖区共有卷烟零售户 1604 户。

2006 年辖区销售卷烟 8.17 亿支（1.63 万箱），与上年同比增长 5.97%。实现销售收入 16865 万元，同比增长 16.01%。实现税利 1237 万元，同比增长 21.27%，其中，实现利润 909 万元，同比增长 18.51%。

塔城地区烟草专卖分局（公司）

塔城地区烟草专卖分局于 2000 年 7 月正式上划新疆区局（公司），塔城地区烟草商贸有限责任公司于 2002 年 6 月由区局（公司）垂直管理，与分局合署办公，2006 年 6 月改制更名为塔城地区烟草专卖分局（公司）。2006 年下辖塔城市、乌苏市、奎屯市、沙湾县、额敏县、和布克赛尔蒙古自治县、裕民县和托里县 8 个县（市）烟草专卖局（营销部）。分局（公司）机关设 4 个科（室、中心）。截至 2006 年底，总资产为 4510 万元，其中，固定资产 2487.51 万元、流动资产 1970.55 万元。共有员工 190 人，其中聘用员工 187 人。全区共有卷烟零售户 6048 户。

2006 年辖区销售卷烟 19.76 亿支（3.59 万箱），与上年同比增长 28.56%。销售"百牌号"卷烟 12.54 亿支（2.51 万箱），同比增长 12.7%。实现销售收入 3.39 亿元。实现税利 2056 万元，同比增长 68.66%，其中实现利润 1423 万元，同比增长 47.77%。

全地区完成了“集中呼叫、集中配送、集中营销、分片管理”的现代物流体系，在各县（市）局网点实现“全面访销、全面配送、访送分离、专销一体”的运行模式。

阿勒泰地区烟草专卖分局（公司）

阿勒泰地区烟草专卖分局（公司）2001年11月对6个县局实行直管，2002年取消县公司法人资格，2003年分局（公司）正式上划新疆区局（公司）。2006年下辖福海县、布尔津县、富蕴县、哈巴河县、青河县和吉木乃县6个县烟草专卖局（营销部）。分局（公司）机关设6个职能中心。拥有总资产2376万元，其中，固定资产1533万元、流动资产838万元。共有员工100人，其中聘用员工97人。辖区共有卷烟零售户2727户。

2006年辖区销售卷烟9.71亿支（1.94万箱），与上年同比增长3.19%，实现销售收入15700万元，同比增长8%。实现税利770万元，同比增长12.90%，其中，实现利润448万元，同比增长6.41%。

巴音郭楞蒙古自治州烟草专卖分局（公司）

巴音郭楞蒙古自治州烟草专卖分局（公司）成立于1994年8月22日。2006年下辖焉耆回族自治县、博湖县、和硕县、和静县、轮台县、尉犁县、若羌县、且末县8个县烟草专卖局（营销部）及马兰地区营销部，金叶大酒店1家多元化企业，1个访销中心，1个稽查大队。分局（公司）机关设9个科（室）。截至2006年底，拥有总资产8184万元。共有员工218人，其中聘用员工142人，大专以上学历123人，党员53人，职工平均年龄为32.8岁。全州辖区共有卷烟零售户4877户。

2006年辖区销售卷烟21.53亿支（4.31万箱），与上年同比增长13.04%。实现销售收入44749万元，同比增长19.8%。实现税利1516万元，同比下降22.73%，其中实现利润533万元，同比下降4.24%。

以“打造巴州烟草网络品牌”为目标，推行“电话订货、网上配货、电子结算、现代物流”的网络运行模式，实现了“集中呼叫、集中配送、集中营销、分片管理”的卷烟营销模式。

吐鲁番地区烟草专卖分局（公司）

吐鲁番地区烟草专卖分局（公司）成立于1986年6月1日。2006年下辖鄯善县、托克逊县2个县烟草专卖局（客户服务部），1个卷烟营销中心和2个稽查大队。分局（公司）机关设4个科（室）。截至2006年底，拥有总资产原值2571万元，其中，固定资产1324万元、流动资产2000万元。共有员工72人，其中聘用员工36人。辖区共有卷烟零售户1983户，其中，吐鲁番市846户、鄯善县794户、托克逊县343户。

2006年辖区销售卷烟7.54亿支（1.51万箱），与上年同比增长18.88%。实现销售收入12872万元，同比增长23.44%。实现税利547万元，其中，实现利润290万元，同比增长83.54%。

哈密地区烟草专卖分局（公司）

哈密地区烟草专卖分局（公司）成立于1979年10月，前身为哈密地区糖烟酒公司，1988年5月正式上划新疆区局（公司）。2006年下辖巴里坤县烟草专卖局（营销部）和伊吾县、哈密三道岭矿区烟草专卖管理所。分局（公司）机关设5个科（室）。截至2006年底，拥有总资产3462万元，其中，固定资产2926万元、流动资产1412万元。共有在岗员工120人，其中聘用员工16人。辖区共有卷烟零售户1982户，入网销售率达到100%。

2006年辖区销售卷烟8.4亿支（1.68万箱），与上年同比增长11.7%。实现销售收入1641万元，同比增长20.4%。实现税利614万元，同比增长221.46%，其中实现利润265万元。

2006年分局（公司）全面完成了“集中呼叫，喷码到户，统一分拣，统一配送”的网建整体提升工作。专卖管理进一步加强，全年查处各类违法违规卷烟经营案件368起，查扣各类违法违规卷烟4310条，查处非法生产的莫合烟55吨，罚没收入达7.5万元。

阿克苏地区烟草专卖分局（公司）

阿克苏地区烟草专卖分局（公司）于2003年元月正式上划新疆区局（公司）。2006年下辖库车县、新和县、拜城县、沙雅县、温宿县、阿瓦提县、乌什县、阿拉尔市8个县（市）烟草专卖局（营销部）和沙井子营销部。分局（公司）机关设6个科（室）。截至2006年底，拥有总资产5124万元，其中，固定资产净值2953.56万元、流动资产1981.37万元。共有员工212人，其中聘用员工210人。辖区共有卷烟零售户4962户。

2006年辖区销售卷烟22.76亿支（4.55万箱），与上年同比增长13.18%。实现销售收入45900万元，同比增长20.94%。实现税利2843万元，同比增长43.08%，其中，实现利润1851万元，同比增长34.88%。

2006年分局（公司）被评为全区系统内“工作目

标考核先进单位”；分局（公司）党组被评为“四好领导班子”。

在企业文化建设中，形成了阿克苏烟草特有的“家”文化。

喀什地区烟草专卖分局（公司）

喀什地区烟草专卖分局（公司）成立于1999年7月。2006年下辖巴楚县、图木舒克市、泽普县、叶城县、莎车县、麦盖提县、英吉沙县、岳普湖县、伽师县、阿图什市、乌恰县、阿克陶县、疏勒县、疏附县14个县（市）烟草专卖局（营销部）及1个访销中心。分局（公司）机关设6个科（室）。拥有总资产5540万元，其中，固定资产原值3896万元、净值2932万元。共有员工194人，实行全员聘用制。辖区共有卷烟零售户4595户。

2006年辖区销售卷烟18.94亿支（3.78万箱），与上年同比增长11.02%。实现销售收入31673万元，同比增长10.80%。实现税利2256万元，其中，实现利润1180万元，同比增长32.29%，实现税金1076万元，同比增长1.13%。

6月22日，分局（公司）获自治区“援建军营图书室先进单位”称号。

2006年喀什市连锁零售店实行一店一码管理模式。

和田地区烟草专卖分局（公司）

和田地区烟草专卖分局、和田地区烟草有限责任公司成立于2001年3月，最初隶属于巴州烟草专卖分局（库尔勒烟草分公司）。2002年6月和田地区烟草有限责任公司更名为新疆维吾尔自治区烟草公司和田地区公司并正式上划新疆区局（公司）。2006年下辖皮山县、墨玉县、洛浦县、策勒县、于田县、民丰县6个县烟草专卖局（营销部）。分局（公司）机关设6个职能科室。截至2006年底，拥有总资产3680万元，其中，固定资产2521万元、流动资产1121万元。共有员工80人，实行全员聘用制。辖区共有卷烟零售户2769户。

2006年辖区销售卷烟7.41亿支（1.48万箱），与上年同比增长9.13%。实现销售收入13789万元，同比增长17.4%。实现税利656万元，其中，实现利润243万元，同比增长14.62%。

2006年新疆维吾尔自治区烟草商业系统主要情况统计

地市级局（公司）名称		乌鲁木齐市烟草专卖分局、乌鲁木齐市烟草公司	昌吉回族自治州烟草专卖分局、昌吉回族自治州烟草公司	新疆维吾尔自治区烟草专卖局石河子分局、新疆烟草兵团石河子有限公司	博尔塔拉蒙古自治州烟草专卖分局、博尔塔拉蒙古自治州烟草公司	伊犁哈萨克自治州烟草专卖分局、伊犁地区烟草公司
法人代表/主要负责人		曲卫东	李天锡	张小勇	刘建昌	李　忠
总资产（万元）		29209	5889	5417	2396	7360
员工总数（其中聘用员工数）（人）		493（其中聘用员工225人）	254（其中聘用员工234人）	120（其中聘用员工80人）	81（其中聘用员工68人）	338（其中聘用员工278人）
所属县级局数量（个）		/	8	/	2	8
所属县级公司数量（个）		/	/	/	/	/
所属营销部（分公司、访销中心、烟叶复烤厂、稽查大队等）		1个营销中心、1个配送中心、1个稽查支队	8个营销部、8个稽查大队	1个配送中心、2个稽查大队	2个营销部、3个稽查大队、2个专卖管理所、1个配送中心	1个营销中心、9个营销部、9个稽查大队
销售卷烟（亿支）		53.33	24.42	11.18	8.22	23.20
实现税利（万元）	本年	8156	2526	2526	642	750
	上年	108	1917	1987	508	560
实现利润（万元）	本年	5529	1755	2001	383	13
	上年	-1589	1503	1579	334	30
烟叶种植（亩）		/	/	/	/	/
烟叶收购（担）		/	/	/	/	/
零售户数（户）		9400	8122	2600	2462	7635

地市级局（公司）名称		克拉玛依烟草专卖分局、克拉玛依市烟草公司	塔城地区烟草专卖分局、塔城地区烟草公司	阿勒泰地区烟草专卖分局、阿勒泰地区烟草公司	巴音郭楞蒙古自治州烟草专卖分局、巴音郭楞蒙古自治州烟草公司	吐鲁番地区烟草专卖分局、吐鲁番地区烟草公司
法人代表/主要负责人		邱永春	秘秀峰	杜世荣	张　景	木哈拉木·西日甫
总资产（万元）		1820	4510	2376	8184	2571
员工总数（其中聘用员工数）（人）		68（其中聘用员工 66 人）	190（其中聘用员工 187 人）	100（其中聘用员工 97 人）	218（其中聘用员工 142 人）	72（其中聘用员工 36 人）
所属县级局数量（个）		1	8	6	8	2
所属县级公司数量（个）		/	/	/	/	/
所属营销部（分公司、访销中心、烟叶复烤厂、稽查大队等）		1 个营销中心、1 个配送中心、2 个营销部、2 个稽查大队	1 个配送中心、8 个营销部、8 个稽查大队	6 个营销部、1 个专卖管理所、6 个稽查大队	9 个营销部、8 个稽查大队、1 个访销中心	2 个客户服务部、2 个稽查大队、1 个访销中心
销售卷烟（亿支）		8.17	19.76	9.71	21.53	7.54
实现税利（万元）	本年	1237	2056	770	1516	547
	上年	1020	1219	682	1962	314
实现利润（万元）	本年	909	1423	448	533	290
	上年	767	963	421	557	158
烟叶种植（亩）		/	/	/	/	/
烟叶收购（担）		/	/	/	/	/
零售户数（户）		1604	6048	2727	4877	1983

地市级局（公司）名称		哈密地区烟草专卖分局、哈密地区烟草公司	阿克苏地区烟草专卖分局、阿克苏地区烟草公司	喀什地区烟草专卖分局、喀什地区烟草公司	和田地区烟草专卖分局、和田地区烟草公司
法人代表/主要负责人		李煜东	李谦明	郑学义	张　力
总资产（万元）		3462	5124	5540	3680
员工总数（其中聘用员工数）（人）		120（其中聘用员工 16 人）	212（其中聘用员工 210 人）	194①	80②
所属县级局数量（个）		1	8	14	6
所属县级公司数量（个）		/	/	/	/
所属营销部（分公司、访销中心、烟叶复烤厂、稽查大队等）		1 个营销部、2 个专卖管理所	9 个营销部、1 个配送中心、8 个稽查大队	14 个营销部、1 个配送中心、14 个稽查大队、1 个访销中心	6 个营销部、1 个配送中心、6 个稽查大队
销售卷烟（亿支）		8.40	22.76	18.94	7.41
实现税利（万元）	本年	614	2843	2256	656
	上年	191	1987	1336	604
实现利润（万元）	本年	265	1851	1180	243
	上年	-24	1372	892	212
烟叶种植（亩）		/	/	/	/
烟叶收购（担）		/	/	/	/
零售户数（户）		1982	4962	4595	2769

①②实行全员聘用制

（张淑文）

大连烟草

大连市烟草专卖局（公司）

概　况

大连市位于辽东半岛南端。全市占地面积为12574平方公里，人口约620万。大连市下辖6个区3个县级市1个县，各区（市、县）共辖21个乡、54个镇，85个街道办事处，并设有大连经济技术开发区、大连保税区、大连高新技术园区等经济开放先导区。2006年大连实现地区生产总值（GDP）2569亿元，与上年同比增长16.4%，实现社会消费品零售总额839.3亿元，增长14.7%，城市居民人均可支配收入13350元，增长11.3%，农村居民人均纯收入6984元，增长18.3%。

大连市烟草专卖局（公司）组建于1984年，在烟草行业内计划单列，是国家烟草专卖局、中国烟草总公司直接管理的省级烟草专卖局（公司）；1994年全面上划国家局，2003年底取消县级公司法人资格，2006年大连市烟草公司更名为中国烟草总公司大连市公司，成为中国烟草总公司的全资子公司。2006年下辖旅顺口区、金州区、瓦房店市、普兰店市、庄河市5个区（市）级局（营销部）、1个市区营销中心，1个烟草培训中心，大连经济技术开发区东方大厦有限公司1个控股子公司。全市烟草行业共有从业人员840人，聘用职工569人，内部退养职工98人，离退休人员124人。其中，高级职称4人、中级职称48人、初级职称110人；研究生9人、本科生141人、大专生328人。企业总资产20亿元，固定资产2.76亿元，占资产总额的13.54%，流动资产16.15亿元，比年初12.41亿元增加了3.74亿元，增长30.1%，占资产总额的79.19%。辖区内共有卷烟零售户23211户，其中，城镇15387户，占66%；农村7824户，占34%。

2006年大连市烟草专卖局（公司）被辽宁省政府及有关单位评为“中国信息化百强企业”、“辽宁省纳税百强”、“纳税信誉等级A级企业”、工商免检企业、“大连慈善爱心奖”。

领导成员

局长、总经理、党组书记：毕长敏

副局长、副总经理、党组成员：戚　兵

副总经理、党组成员：王卫东

纪检组长、党组成员：潘洪革

组织机构

市局（公司）设办公室、安全保卫处、综合计划处、专卖监督管理处、法规处、财务管理处、审计处、人事劳资处、监察处、思想政治工作处10个处（室）和客服中心、配送中心、信息中心、开发办公室、销售处、市内营销中心6个专业部门。

经济效益

2006年全市辖区共销售卷烟139.18亿支（27.84万箱），与上年同比增长11.1%。其中，销售一类烟6.04亿支（1.21万箱），同比增长23.01%，占总销量的4%；二类烟5.82亿支（1.16万箱），同比增长6.05%，占总销量的4%；三类烟32.78亿支（6.56万箱），同比增长35.12%，占总销量的24%，同比增加5个百分点；四类烟62.00亿支（12.40万箱），同比增长5.96%，占总销量的45%；五类烟32.55亿支（6.51万箱），同比下降1.75%，占总销量的23%。年末库存卷烟8.37亿支（1.67万箱）。

全年实现销售收入34.94亿元，与上年同比增长18.56%。实现税利8.3亿元，同比增长46.74%，其中，实现利润6.8亿元，同比增长52.57%。

网络建设

执行大连烟草统一出台的客户经理、座席代表、送货员、品牌经理、市场经理、区域经理工作手册，推进营销服务创新，努力完善卷烟流通供应链和价值链建设。通过创新客户经理、牌号经理工作机制，围绕落实“四个责任”理顺内部业务流程，形成以客户经理为核心快速应对卷烟零售户的营销服务团队。

创新品牌培育机制，与供应商建立工商一体化培育品牌工作机制，5月成功举办“中国烟草大连讲坛”，讲坛主题旨在提高全员素质，让企业与供应商、零售客户、消费者一同成长。强化在品牌培育工作中的工商协同，整合烟草工商企业资源，为保障市场供应服务。

创新客户管理机制，拓展客户关系管理思路和办法，以解决客户抱怨和不满意为出发点，召开客户恳谈会170余场，与全市城乡23000余个卷烟零售户面对面进行沟通交流。进一步密切客户关系，把零售客户作为供应链下游的成员纳入营销网络，成为工商共同培育品牌的载体。

持续坚持创新，大连烟草的客户关系管理初步实现了六大转变，即从尝试探索向全面深化转变，从单纯的客户供应链向客户价值链转变，从单纯的服务客户向规范客户经营行为转变，从理顺内部流程向内外部流程全面优化转变，从满足货源供应向培育品牌和差异化服务转变，从与客户信息互动向信息共享转变。

专卖管理

打击违法经营卷烟活动。2006年，大连市两级烟草专卖行政管理部门加大对违法经营重点户的管理力度，加大对车站、码头、货场等重点部位的监控力度，加大对大要案件的侦破和追刑力度和收集信息、布设眼线的力度。全地区共查处违法卷烟4700余万支，案值达2500余万元，破获万元以上涉烟违法案件327起，其中1万元～5万元213起，5万元～10万元60起，10万元～15万元21起，15万元～100万元30起，100万元以上3起，上缴罚没款100余万元，破获具有制售假烟网络性质的案件3起，移交公安司法机关的案件6起，刑事拘留13人，判刑8人。

卷烟零售市场监管。市局（公司）对全地区重点管理客户实行重点监管，制定重点管理内容和目标，在上半年和下半年分别召开两次重点客户培训大会，采取播放卷烟打假光盘、召开座谈会等形式宣传法律政策，提高其自觉守法经营的意识。同时以授课形式加强对新客户的教育培训工作。

许可证管理。严格按照合理布局的要求控制零售许可证的数量。2006年全地区新办烟草专卖零售许可证2533个。其中，国有8个、集体17个、个体2396个、其他112个。市内共新办烟草专卖零售许可证971个。其中，国有5个、集体3个、个体867个、其他96个。停业整顿147户，取消经营资格37户。

执法队伍建设。加强执法人员思想政治教育，开展党日活动、召开党员座谈会、群众座谈会、党员群众谈心会等多种形式的思想教育活动。针对卷烟市场的新情况、新特点，开展对稽查人员业务技能的培训和法律知识运用的培训。出台内部考核办法，将案件查处任务直接分配到人，每月考核一次，并将人员的奖金与考核直接挂钩。11月通过开展业绩、述职、民主测评、闭卷考试等形式，对全员进行考核，优秀人员按照员工等级管理办法予以奖励，对末尾人员进行重点考察。

订单供货

2006年是大连烟草开展订单供货试点的第二年，全系统以订单供货试点为契机，完善市场调研和商品决策机制，针对市场变化适时调整货源投放节奏和供应政策，强化对客户经营和市场运行的引导，采取主动措施促进品牌置换和新品替代，尽力解决经济运行中出现的品牌结构与市场需求、计划与市场等突出矛盾，进一步深化订单供货试点工作。

坚持在确保销量稳定的同时，强化重点品牌培育，优化品牌，提高结构，重点做大“红塔山”、“长白山”、“中南海”，做精“玉溪（软）”等品牌，促进效益增长由单纯依靠销量增长向销量和结构双向驱动转变。全年一类卷烟销量同比增长21.09%。

坚持不断健全销售网络基础，提高订单服务、配送服务的水平和效率，推动商品运营和市场营销进一步适应市场和客户需求。坚持并完善经济运行分析和客户经营状况分析制度，把握市场动态和经济运行大局，加强对运行进度的跟踪监控和考核。

内部管理监督

2006年市局（公司）成立内管工作领导小组，由局长（总经理）担任组长，组织开展内管工作。成立内管办公室，督察办公室负责日常的监管工作。成立以市局（公司）党组成员为组长的两个检查组，构建基层单位自我监督、专卖内管监督、督察再监督“三位一体”的内管工作机制，形成由“一把手”负总责、分管领导具体负责、领导小组办公室协调组织、专卖内部管理监督机构有效发挥职能、各部门齐抓共管的工作格局。

完善监管工作流程；完善财务审计、投资管理、专卖管理、人事劳资、卷烟经营、商品管理、物流管理、客户管理、座席员管理、客户投诉与咨询管理、资产管理、信息化管理12个方面的规章制度500多条；补充制订和完善涉及内部管理监督、商品管理、物流管理、客户管理、市场管理、促销管理、信息管理等方面的管理规定和办法210个；出台《员工作业手册》，建立目标责任机制、市场督察机制、科学的测评制约机制、奖惩机制，从而形成制度体系、业务操作规范、业务操作流程和监督考核相结合的运行机制。

信息化建设

2006年年初，大连烟草完成对V3系统的客户关系管理（CRM）、供应链管理（SCM）整体修改和功能升级，同时完善了报表系统、案审系统。电子商务二期的分销系统、供应链管理系统、客户关系管理系统、供应商管理系统、专卖管理系统以及相应的报表系统于2006年初全面正式运行。

大连烟草信息中心研究提出构建IT服务管理软件的建议，并分析了IT服务管理模块的可行性，制订IT管理服务制度。截至2006年底，该服务软件仍在测试过程中。

对卷烟生产经营决策管理系统进行了功能扩充和软件升级。客户信息及呼叫中心软件于2006年10月正式上线运行。

多元化经营

2006年，大连烟草的多元化经营在提升产业运行效率、降低运行费用、提升人员素质、发挥品牌优势等方面注重拓展发展空间。东方大厦、春天物业两个主要多元化经营企业在酒店管理和物业管理领域实现新的突破。

2006年，东方大厦年平均客房入住率达到86.5%，连续三年保持在86%以上。全年实现营业收入5030万元，同比增加270万元，增长率为5.7%。企业税利达520万元，同比增加10万元，增长率为2%。

春天物业公司以“春天服务”品牌为纽带开展联合重组和规模扩张，承揽山东浪潮集团泰安科技园、泰安市烟草公司办公楼、济南市烟草公司办公楼三个项目，承接近五万平方米的物业管理工作。2006年4月，承接大连市国际网球中心14000多平米的保洁项目。先后为将军集团国际业务部餐厅、济南烟厂食堂提供咨询服务。全年共实现利润104万元，与上年同比增加27.3万元。

队伍建设

2006年，经过考核、竞聘，提拔了一批干部。3人由副处聘为正处，1人由助理被聘为副处，两名科级干部被聘为助理，5名副科级干部被聘为正科级、2名员工被聘为副科级干部（其中1人为聘用制员工）。2006年底，对全地区副处级以上的干部进行公开述职和民主测评。各区（市）局（营销部）对本单位的科级干部进行了全面考核。同时，市局（公司）组织进行了全地区干部员工考试考核。在对处级及以下干部员工全面进行考试考核中，经过11场考试和20多场次的述职和测评，与8名考试考核排名最后的员工终止劳动合同。

制订公布《教育培训工作方案》。2006年初创办了中国烟草“大连讲坛”，组织7次较大规模的教育培训活动。其中，近400人参加由北京交通大学教授主讲的现代物流讲座；200多人参加由云南红云集团领导主讲的卷烟科技知识讲座；重点围绕《员工手册》开展业务培训。

行业培训方面，分别组织2名处级干部参加国家局党校学习，2人参加国家局举办的第一期战略思维与领导科学培训班，2人参加国家局举办的物流管理人员培训。

思想政治工作

5月召开全地区政工会议，确定政研课题，组织各单位政工人员进行调查研究。先后组织编写了政研论文14篇，烟草学会论文2篇，其中三篇论文分获东北、华东片区烟草职工思想政治工作研究会优秀论文一、二、三等奖；一篇获中国监察学会、中央纪委纪检研究所“调研成果优秀奖”。

加大对青年职工的思想政治工作力度。选举产生第一届机关团委，成立“丛飞青年志愿者”服务队，募集了5170元捐献给大连市青少年发展基金会；组织团员代表走访受助学生家庭、瓦房店市春天希望小学和社会福利院，送去慰问品和慰问金。四月下旬在团员青年中组织开展“大连烟草第一届团员青年原创格言大赛”，结合“八荣八耻”主题教育，围绕大连烟草“让我们共同成长”的企业理念，以文字、图片、绘画、摄影等多种形式创作了161条格言作品。客服呼叫中心、专卖监督管理处查办一科、市内营销中心市场二部被团市委评为市级“青年文明号”。

企业文化

2006年，市局（公司）以开展“两个至上”行业共同价值观大讨论活动为契机，弘扬行业精神和“让我们共同成长”的企业理念，紧紧围绕“一个主题、两个层面、三个做实、四个关注、五个开展”展开活动。一个主题是“‘两个至上’在岗位”；两个层面即管理层和基层；三个做实即建实网、办实事、出实效；四个关注是关注市场、关注客户的真实需求、关注终端消费、关注双赢水平；五个开展是在管理、专卖、客户经理、座席员、配送员五个重点岗位开展主题实践活动。组织宣讲组到各单位进行宣讲；组织“‘两个至上’在岗位”专题学习和宣传树立典型。

特事要辑

5月25日，国家局局长姜成康一行到大连市局（公司）考察调研，称“大连烟草是网建的一面旗帜，代表了中国烟草网建的发展方向”。

8月3日，国家局副局长何泽华到大连市局（公司）对订单供货试点工作进行调研。

8月25日，国家局副局长李克明到大连市局（公司）对订单供货试点工作进行调研。

大连市局（公司）主要统计指标汇总

实现税利（亿元）	商业利润（亿元）	销售卷烟（亿支）	烟叶种植（万亩）	烟叶收购（万担）	出口创汇（万美元）
8.30	6.80	139.18	/	/	/

（高　瑞）

深圳烟草

深圳市烟草专卖局（公司）

概　况

深圳市位于中国南部沿海，地处广东省南部，东临大亚湾和大鹏湾，南边深圳河与香港相连，总面积1952.84平方公里。2006年底常住人口846.43万，其中户籍人口196.83万。全市设福田、罗湖、南山、盐田、宝安、龙岗6个市辖行政区。2006年，深圳市实现地区生产总值（GDP）5684亿元，比上年增长15%。

深圳市烟草专卖局（公司）组建于1986年，1995年上划国家烟草专卖局管理，被授予省级烟草专卖管理权，2006年下辖6个区局（公司）和深圳市烟草沙头角分公司、深圳烟草进出口有限公司①、中深烟草贸易中心3个联营公司。全市烟草商业系统有员工828人，其中，高级职称10人、中级职称45人。2006年末，深圳市局（公司）固定资产合计94878万元、流动资产合计22878万元②。

2006年，市局（公司）坚持“做精做强主业，保持平稳发展”的基本方针，全面落实科学发展观，紧紧围绕行业“完善体制机制，优化资源配置，增强竞争实力，全面提升水平”的主要任务，努力加强宏观调控，坚持把加强卷烟经营管理，保持卷烟销售的平稳发展作为重中之重，切实抓紧抓好，确保市场平稳，经济运行质量进一步提升。继续深化体制改革、加强企业管理，行业综合实力进一步增强；注重把握真实需求、促进工商协作，卷烟销售工作进一步突破；加大打击力度、强化执法责任，专卖管理进一步加强；不断加强党建工作、提升企业文化，精神文明建设进一步发展，实现了“十一五”时期的良好开局。

2006年深圳市局（公司）被广东省委、省政府授予“广东省先进集体”称号，被深圳市劳动和社会保障局授予“遵守劳动法模范企业”称号，被市劳动和社会保障局、市安全生产监督管理局联合评为“工伤预防先进单位一等奖”。

领导成员

局长、总经理、党组书记：罗光伟

副局长、党组成员：顾永光

副局长、副总经理、党组纪检组组长、工会主席、党组成员：崔茂德

副总经理、党组成员：吴建荣

副总经理、党组成员：张锦辉

副总经理、党组成员：卢杰英

党组成员：钟春锋

组织机构

深圳市局（公司）设立16个处级管理机构，分别为办公室（外事办公室）、政策法规与体制改革处、专卖监督管理处、人事劳资处、综合计划处（科技处）、财务管理处、审计处、思想政治工作处（机关党委、工会）、监察处（与党组纪检组合署办公）、安全保卫处、卷烟销售管理处11个职能处室，以及经济信息中心、机关服务中心、物流中心3个专业部门。

经济效益

2006年，深圳市公司销售卷烟219.32亿支（43.9万箱），与上年同比增长4.69%。销售低档烟18.41亿支（3.68万箱），同比增长1.14%。实现销售收入70.7亿元（含增值税），同比增长14.6%。平均单箱销售额16117元/箱（含税），同比增长9.23%。实现税利总额17.1亿元，同比增长27.61%，其中，实现利润14亿元，同比增长29.75%。

全年进出口商品总额2830万美元，实现利润4462万元。全年实现出口创汇1706万美元。

专卖管理

内部专卖管理监督。2006年，深圳市局（公司）通过召开专题会议、印发文件和内部刊物、制作网页和宣传栏等形式进行宣传发动，提高干部职工对内部专卖管理监督工作重要性的认识；建立组织机构，制订工作方案；加强培训，先后举办4期专卖内管工作培训班，收到良好的效果；加强督查指导，市局（公司）在自查阶段多次派出督导组到各区局（公司）进行督导检查，有效促进自查工作的深入开展；组织开展专卖内管自查和复查。通过查摆问题和整改，广大干部职工提高认识，专卖内部日常监管和同级监管工作水平明显提高，达到“以查促管、干部员工受教

---

① 深圳烟草进出口有限公司由中国烟草进出口（集团）公司、深圳市烟草专卖局（公司）共同控股，详细情况请见《行业概览》栏目中的“对外贸易与合作交流”。

② 固定资产、流动资产数据不含深圳市烟草沙头角分公司、深圳烟草进出口有限公司和中深烟草贸易中心。

育”的预期目的。

市场监管。扎实开展卷烟市场的监管，做好零售业态分类，根据分类结合管理经验，制订更具有针对性的市场管理计划。加强零售许可证管理，不断提高办证效率，简化办证程序。巩固深圳市“清无”行动的成果，与工商等执法部门配合对辖区卷烟无证经营行为进行清理和疏导。坚持每季度的市场净化率考核制度，全市卷烟市场净化率始终保持在95%以上。

卷烟打假。继续对卷烟违法犯罪行为保持高压打击态势，落实市局（公司）与深圳市公安局下发的有关工作方案，加强组织领导，开展集中打击行动，重点打击制售假烟网络，狠抓打假源头。2006年，深圳市局（公司）继续在宝安区局开展卷烟打假社区化管理试点工作，实现以地方政府牵头、烟草专卖局为主、相关执法部门配合、社区组织协助、社区群众积极参与的卷烟打假新模式。宝安区政府与全区10个街道办签订责任状，发挥社区群众、当地干部熟悉地形和管理便利的优势，加大对卷烟制假售假违法犯罪分子的打击力度。卷烟打假社区化管理模式在该区全面启动并取得初步成效，切实推动了当地基层组织打假责任制的落实。

全年共出动专卖执法35000多人次，办理烟草违法案件1888宗，查获假冒卷烟14077万支、走私烟528万支，捣毁制造假烟窝点21个、贩藏假烟窝点37个，捣毁完整的制售假烟网络8个，查获制假烟机33台、非法烟丝43吨以及其他原辅材料一大批，召开销毁假烟及机械现场会5次，配合公安机关抓获制售假烟人员142人，其中，拘留71人、逮捕19人、判刑52人。

专卖队伍建设。继续把队伍建设作为专卖工作的重中之重，抓紧思想教育和政治学习。打好执法为民的思想基础，强化依法行政观念，抓好业务技能培训，2006年对全体专卖执法人员进行《烟草专卖法》及其《实施条例》、五部行政法规等内容的培训。推行执法责任制、提高专卖执法意识，增强依法行政的能力。组织开展全市稽查队伍的纪律教育活动，通过学习纪律规定、到廉政基地参观学习等方式，扎扎实实地加强队伍的纪律教育。

品牌培育

联合国内卷烟工业企业开展协同营销，打造公平竞争的市场平台，完善工商信息协同平台。推进工商营销一体化，共同培育重点品牌，强化品牌培育的功能。制订《深圳市场卷烟品牌发展方案》，对品牌发展的目标、原则和任务提出了具体要求。针对深产卷烟市场价格不稳的现象，不断加强市场调控，优化投放策略，遏制价格下滑。大力推进“好日子”品牌形象宣传和市场培育，“好日子”商标被国家工商行政总局评为“中国驰名商标”，“（吉祥）好日子”顺利上市，市场反应良好。抓好“（金尊）好日子”的品牌培育工作，该品牌呈现出价稳、量增的良好势头。

销售与网建

做好网建整体推进检查考评工作。制订全市网建整体推进工作方案，进一步统一完善网络组织构架，规范网络业务流程。加强和完善网建工作制度建设，先后制定《市场经理工作手册》、《品牌经理工作手册》、《客户经理工作手册》、《电话订货员工作手册》、《送货员工作手册》等工作规范。加强和完善客户分类管理及客户服务工作，改造升级客户关系管理系统，以及全市卷烟零售客户的基础信息录入系统，按照四个维度对客户进行统一分类，为进一步提升客户服务水平奠定基础。

“订单供货”试点工作。2006年，深圳市公司按照国家局关于按客户订单组织货源试点工作“三个延伸”、“三个更加注重”的指示精神，注重对市场真实需求的把握，努力促进订单供货向订单生产延伸，使订单真实反映消费者需要。坚持开展试点调研工作，2006年，全市烟草行业共计120多人次先后两次共用5天时间对全市试点工作进行跟班劳动调研，及时解决工作中遇到的一些问题。在需求预测上试行“预订单”，提高订货工作的主动性和实时订单的效率。需求预测准确率和客户订单满足率进一步提高，卷烟经营市场化程度提高，非市场因素明显减少。

品牌管理。制订《2006年深圳市场品牌发展工作方案》，对品牌的引进、培育、宣传促销、维护、淘汰制订明确的标准和措施。以重点卷烟工业企业、重点卷烟品牌为对象，坚持市场选择、重点优先、结构合理的原则，确立培育重点目标品牌目录。对全市品牌统一规划，制订并落实品牌培育工作方案。品牌管理工作人员定期开展调研工作，对“好日子”、“中华”、“红双喜”、“云烟”、“玉溪”、“红塔山”等品牌进行有针对性、阶段性的市场研究和分析，提出针对市场变化的营销策略。同时，加强工商沟通协作，共同推进品牌培育和拓展工作的发展。卷烟品牌集中度稳步提高，名优品牌销量保持较高增长率，主销品牌保持强劲增长势头，新品牌培育工作稳步发展。

营销队伍建设。加强制度建设，先后制定《客户经理工作手册》等6个工作手册，增强营销队伍的执行力。加强与零售客户沟通，向全市两万多零售客户印发《客户通》杂志，得到广大客户的好评。高度重视对一线营销人员的系统培训工作，年内三批卷烟商品营销员参加了全市行业职业技能鉴定，有49人通过初级鉴定，99人通过中级鉴定，1人通过高级鉴定，营销队伍整体素质不断提高。

体制改革

2006年，深圳市局（公司）全力推动深圳烟草母子公司体制改革工作。制订上报《中国烟草总公司深圳市公司建立母子公司体制改革的实施方案》和《中国烟草总公司深圳市公司章程》，并根据国家局的批复精神，积极稳妥地促进三级母子公司现代管理体制的形成。妥善处理宝安、龙岗两个区公司历史遗留的税后利润分配问题。

企业管理

财务管理。2006年，深圳市局（公司）严格按照财经法律、法规的有关规定和国家会计制度开展会计核算和财务管理工作，做到账目清楚，核算准确，保证会计信息真实准确。不断完善财务预算管理工作，围绕企业改革与发展的实际需要，完成市局（公司）2006年预算执行情况和2007年财务预算的编制工作。做好理顺产权关系的相关工作，按照国家局要求及时上报国有产权划转有关数据，顺利完成行业国有产权划转的申报工作。树立资产营运观念，规范资产基础管理，着重强化财务在资产形成中的事前、事中和事后的过程管理。加强对固定资产的清查、摸底工作。切实提高资产营运效率，努力实现资产的保值增值。组织和开展多元化经营企业清产核资工作，摸清家底，依法依规核实资产，为今后多元化投资的规范管理打下良好的基础。做好财务管理制度的修订，对公司的《财务管理制度》、《会计核算规程》及《费用开支及报销细则》等进行了全面的修订和补充。

安全管理。2006年，深圳市局（公司）高度重视安全管理工作，积极推动职业安全健康管理体系的贯标工作，并顺利通过认证，行业安全管理水平进一步提高。实现年度重大生产事故率为零、重大火灾事故率为零、重大盗窃事故率为零、重大交通事故率为零、员工体检覆盖率为100%的年度安全管理目标。

信息化建设

2006年，深圳市局（公司）围绕按客户订单组织货源试点工作深入开展的要求，不断深化行业信息系统的整合和提升，先后对卷烟供应链配送系统、客户关系管理系统、电话订货系统、工商协同平台多次进行改造升级，并积极做好“打码到条”、“订单采集”系统项目实施前期准备工作。全面开展办公自动化系统的建设，经过一年的开发，深圳烟草协同办公系统于2006年末开始运行，开启了无纸化办公的电子政务时期。

进一步推进财会信息化建设，引入用友NC财务软件，提升财务管理水平。

开展行业信息化规划工作，西丽物流中心网络安全控制系统的建成提高了信息系统的安全可靠性。

队伍建设

2006年，深圳市局（公司）继续加强人力资源管理，完成部分职能部门的调整和中层管理人员岗位交流，进一步优化资源配置。贯彻执行工资分配政策，建立公平合理的分配机制。做好员工的教育培训和技能鉴定工作，通过“按订单组织货源流程演示”、“按订单组织货源预测分析”、“品牌营销的理论与实践”、“成功激励与心灵成长”等活动的开展，提高员工整体素质，努力建设好与行业改革发展相适应的员工队伍。

思想政治工作

理论学习。坚持党组理论学习中心组学习制度，不断提高领导班子的思想理论水平。全年开展“贯彻全国科学技术大会精神，全面提高行业自主创新能力”、《中国共产党章程》和“社会主义荣辱观”、“胡锦涛总书记在庆祝中国共产党成立85周年大会上的讲话”、民主生活会专题学习、党的十六届六中全会精神《中共中央关于构建社会主义和谐社会若干重大问题的决定》等5个专题的学习。2006年9月，在深圳市驻深工委系统党委（党组）中心组交流会上，市局（公司）党组作了《抓好中心组学习、提高班子理论水平和领导能力》的经验交流，介绍了市局（公司）中心组学习多年来“坚持制度，严密组织，长期坚持”、“联系实际，紧跟形势，学以致用”、“领导示范，带动辐射，效果明显”的经验，在参会单位之间引起良好的反响。

“两个至上”大讨论。2006年，深圳市局（公司）积极开展“‘两个至上’在岗位”主题实践活动，组织8个场次的“‘两个至上’在岗位——听客户讲你我的故事”座谈会，并选派两名零售户代表进京参加国家局“‘两个至上’在岗位”演讲报告竞赛活动，“两个至上”行业共同价值观在深圳烟草更加深入人心。

党的建设。组织员工认真学习党章、党的十六届六中全会精神和胡锦涛总书记关于构建和谐社会、社会主义荣辱观的重要论述，积极参加深圳市驻深工委组织的加强党的先进性建设论坛以及征文活动。组织纪念中国共产党成立85周年系列活动。开展新党员入党宣誓、“党员义务服务周”、慰问有困难的党员和老党员等活动。5～6月在全市行业开展民主评议党员活动，全部党员均被评为合格党员；6月，围绕学习贯彻党章和社会主义荣辱观教育开展“党员理论教育月”活动；七一前夕，在民主评议党员的基础上，评选表彰了一批先进基层党组织、优秀共产党员和优秀党务工作者。

抓好党建日常工作。坚持党员发展标准，做好发展党员工作。适应市局（公司）机构变动情况，调整支部、支委设置，新成立机关党委第10党支部，恢复机关党委第5党支部。进一步理顺行业党组织管理体制，4月，深圳中深烟草贸易中心党支部组织关系由深圳市投资控股有限公司党委转移至深圳市局（公司）机关党委管理。

党风廉政建设

2006年，深圳市局（公司）认真贯彻全国烟草山西纪检监察工作会议精神，制订深圳烟草行业《关于规范“两烟”生产经营工作实施细则（试行）》等7个实施细则，在深圳烟草行业构建教育、制度、监督并重的惩治和预防腐败体系。抓好廉政教育，通过组织进行一次学习动员，举办一次党风廉政教育讲座，集中观看一批警示教育片，唱会一首廉政歌曲，畅谈一次学习体会的“五个一”活动，使教育入脑入心，取得实效。

开展党风廉政建设责任制考核，严格领导干部廉洁自律各项规定，加强对基础设施建设、资金监管等关键环节的监管，认真抓好干部队伍建设。2006年，共登记上缴礼品礼金达172人次，折合人民币207656元。

企业文化

2006年，为庆祝深圳烟草行业成立20周年，深圳市局（公司）召开行业成立20周年员工纪念大会、出版发行《深圳烟草志》、《深圳烟草行业成立二十周年征文集——记忆与感动》和《深烟廿周年纪念》画册，举办深圳烟草行业发展图片及书画摄影展等活动，大力弘扬行业20年来艰苦创业、开拓进取的精神，激发员工艰苦奋斗、再创辉煌的热情。

出台具有特区烟草特色的《深圳烟草企业文化建设指导规划》，对深圳烟草行业20年来的发展成就进行归纳，对行业企业文化的未来发展走向进行了规划。提出“清醒、谦虚、自信、敢拼、求新、争先”的深烟精神（文化）。

在全市行业内开展“学习烟草行业先进人物——高荆洪、王兵活动”和“学习丛飞活动”，积极参加“团结友爱、无私奉献、冬衣暖人心”募捐活动、“情系灾区、奉献爱心”向广东省受灾地区捐款活动，捐资援建西藏阿里“好日子”学校，切实履行社会责任，树立良好的行业形象。

特事要辑

2月，深圳烟草物流中心条烟分拣线整体升级工程完工，条烟分拣能力得到有力提升。

6月，国家局副局长李克明考察深圳烟草物流中心。

6月，深圳烟草行业召开“纪念行业成立二十周年庆祝大会暨《深圳烟草志》发行仪式”。

9月，国家局副局长何泽华考察深圳烟草物流中心。

9月，深圳市局（公司）职业健康安全体系（OHSAS 18001）获得审核通过。

9月，深圳市局（公司）搬迁至新建成的特美思大厦。

12月，国家局局长姜成康、副局长张保振考察深圳烟草物流中心。

深圳市局（公司）主要统计指标汇总

实现税利（亿元）	商业利润（亿元）	销售卷烟（亿支）	烟叶种植（万亩）	烟叶收购（万担）	出口创汇（万美元）
17.10	14.00	219.32	/	/	1706.00

所属区局（公司）

深圳市福田区烟草专卖局（公司）

深圳市福田区烟草专卖局（公司）组建于1995年8月，位于深圳市中部。区局（公司）内设局长（经理）室、办公室（安全科）、专卖管理科（内部专卖监督科）、业务科、财务科四科一室。2006年，共有员工57人，总资产10774万元，净资产7136万元。辖区有卷烟零售户2470户。

2006年，全区共完成卷烟销售23.49亿支（4.69万箱），实现销售收入67117万元，与上年同比增长19.7%；销售毛利8002万元，同比增长28.4%。实现税利8152万元，其中，完成税收2542万元，同比增长46.2%；实现利润5610万元。

深圳市罗湖区烟草专卖局（公司）

深圳市罗湖区烟草专卖局（公司）组建于1995年6月，位于深圳市中部。区局（公司）内设局长（经理）室、办公室（安全科）、专卖管理科（内部专卖监督科）、业务科、财务科四科一室。2006年，共有员工58人，总资产11529万元，净资产7767万元。辖区有卷烟零售户2294户。

2006年，全区共完成卷烟销售23.56亿支（4.71万箱），实现销售收入67475万元，与上年同比增长12.38%；销售毛利8157万元，同比增长19.86%。实现税利8564万元，同比增长24.33%，其中，完成税收2412万元，同比增长19.71%；实现利润6152万元。

为了丰富员工的业余文化生活，创办《罗湖烟草通讯》季刊，促进和加强员工间的学习与交流，区局（公司）根据深圳市局精神于2006年7月成立罗湖区局（公司）特美思俱乐部，由摄影、书画、文艺、文学和体育5个分部组成。俱乐部成立后，编印《记忆与感动》文集，经常性组织书法展、摄影展、球类比赛等文体活动，活跃职工业余生活，起到陶冶情操、凝聚精神、增强干劲、促进发展的作用。

深圳市南山区烟草专卖局（公司）

深圳市南山区烟草专卖局（公司）组建于1994年4月，位于深圳市西部。区局（公司）内设局长（经理）室、办公室（安全科）、专卖管理科（内部专卖监督科）、业务科、财务科四科一室。2006年，有员工56人，资产总额10475万元，净资产6806万元。辖区有卷烟零售户3040户。

2006年，全区共完成卷烟销售23.44亿支（4.69万箱），实现销售收入65257万元，与上年同比增长14.14%；销售毛利7817万元，同比增长23.88%。实现税利8723万元，同比增长47.2%，其中，完成税收2321万元，同比增长25.8%；实现利润6402万元，同比增长32.52%。

深圳市盐田区烟草专卖局（公司）

深圳市盐田区烟草专卖局（公司）组建于1998年9月，位于深圳市东部。区局（公司）内设局长（经理）室、办公室（安全科）、专卖管理科（内部专卖监督科）、业务科、财务科四科一室。2006年，有员工38人，总资产7814万元，净资产4694万元。辖区有卷烟零售户2375户。

2006年，全区共完成卷烟销售19.65亿支（3.93万箱），与上年同比增长4.15%；实现销售收入54000万元，同比增长15.24%；销售毛利6502万元，同比增长23.39%。实现税利6562万元，同比增长30.53%，其中，完成税收1944万元，同比增长26.17%；实现利润4618万元，同比增长12.22%。

2006年，区局（公司）联合区工商、公安队等部门捣毁一处假冒卷烟仓库，现场查获假冒“万宝路”卷烟1130箱，假冒“L&B”卷烟49箱，案值共约人民币700万元；现场抓获正在转运的假冒“万宝路”卷烟1053箱，假冒“L&B”卷烟160箱，假冒“B&H”卷烟110箱，假冒“SUPERKINGS”卷烟357箱，案值约人民币1800万元。全年共查获假冒卷烟2859箱，案值约2500万元。

深圳市宝安区烟草专卖局（公司）

深圳市宝安区烟草专卖局（公司）组建于1995年6月，位于深圳市西北部。区局（公司）内设局长（经理）室、办公室（安全科）、专卖管理科（内部专卖监督科）、业务科、财务科四科一室。2006年，有员工119人，总资产13691万元。辖区有持证卷烟零售户5850户。

2006年，全区共完成卷烟销售46.42亿支（9.28万箱），实现销售收入117159万元，与上年同比增长18.53%；销售毛利13833万元，同比增长26.54%。实现税利15771万元，其中，完成税收4089万元，同比增长29%；实现利润11682万元。

深圳市龙岗区烟草专卖局（公司）

深圳市龙岗区烟草专卖局（公司）组建于1993年1月，位于深圳市东部。区局（公司）内设局长（经理）室、办公室（安全科）、专卖管理科（内部专卖监督科）、业务科、财务科四科一室。2006年，有员工104人，总资产12307万元，净资产8040万元。辖区有卷烟零售户4747户。

2006年，全区共完成卷烟销售39.01亿支（7.8万箱），实现销售收入97883万元，与上年同比增长19.41%，销售毛利11578万元，同比增长26.51%。实现税利11326万元，同比增长34.55%，其中，完成税收3433万元，同比增长28.82%；实现利润7893万元。

狠抓全员学习培训，努力推进“学习型企业”的建立。2006年，区局（公司）参加学习、培训的共850多人次。鼓励员工参加业余党校、成人教育等在职学习，全面提升公司员工队伍整体素质。截至2006年底，大专以上学历的有27人，占员工总数25%。2006年下半年，积极推进人事制度创新。结合企业实际，初步制订《机关内部岗位绩效考核评价办法》，明确岗位职责、岗位要求、岗位评价和岗位考核，以过程考核和目标考核相结合；对各片区稽查组长和部分片区客户经理进行岗位轮换，调动广大员工的积极性。

2006年深圳市烟草商业系统主要情况统计

区局（公司）名称		深圳市福田区烟草专卖局、深圳市烟草福田公司	深圳市罗湖区烟草专卖局、深圳市烟草罗湖公司	深圳市南山区烟草专卖局、深圳市烟草南山公司	深圳市盐田区烟草专卖局、深圳市盐田烟草有限公司	深圳市宝安区烟草专卖局、深圳市烟草宝安公司	深圳市龙岗区烟草专卖局、深圳市烟草龙岗公司
法人代表/主要负责人		叶选强	罗求安	赛　民	崔茂德	李新忠	黄励勋
总资产（万元）		10774	11529	10475	7814	13691	12307
员工总数（其中聘用员工数）（人）①		57	58	56	38	119	104
所属县级局数量（个）		/	/	/	/	/	/
所属县级公司的数量（个）		/	/	/	/	/	/
所属营销部（分公司、访销中心、烟叶复烤厂、稽查大队等）		/	/	/	/	/	/
销售卷烟（亿支）		23.49	23.56	23.44	19.65	46.42	39.01
实现税利（万元）	本年	8152	8564	8723	6562	15771	11326
	上年	5868	6854	5926	5027	12852	8418
实现利润（万元）	本年	5610	6152	6402	4618	11682	7893
	上年	4740	5708	4831	4115	9515	6826
烟叶种植（亩）		/	/	/	/	/	/
烟叶收购（担）		/	/	/	/	/	/
零售户数（户）		2470	2294	3040	2375	5850	4747

①深圳烟草实行全员聘用制。

（全俊儒）

1月16日，12家卷烟工业企业联合倡议“建设资源节约型、环境友好型企业”签字仪式在北京举行

张小乐 摄

1月16日，徐州卷烟厂举行“十一五”重点跨越工程奠基仪式

江苏中烟徐州卷烟厂 杨 军 摄

3月23日，福建中烟工业大厦奠基典礼在厦门举行

福建中烟 供稿

4月1日，航天英雄杨利伟（左三）参观武烟集团

湖北中烟 供稿

4月7日，南京卷烟厂开发出全国首包中式细支烟

江苏中烟南京卷烟厂 任强林 摄

7月6日，青岛卷烟厂举行易地技改搬迁启动仪式

山东中烟青岛卷烟厂 供稿

7月28日，淮阴卷烟厂“十一五”技改工程开工

江苏中烟淮阴卷烟厂 王普刚 摄

7月30日，武烟集团参加商务部组织的“中部崛起品牌行”活动

湖北中烟 供稿

8月14日，"红塔杯"第二届全国烟草行业烟机设备维修技能大赛现场

魏侠利 摄

9月15日，"金圣"品牌荣获"中国烟草十大梦想品牌"称号

江西中烟 供稿

9月21日，湖北中烟举办首届烟草科技东湖论坛

湖北中烟 供稿

9月26日，安徽中烟在合肥举行联合重组新闻发布会

魏侠利 摄

10月21日，张辉副局长为重组后的江苏中烟揭牌

江苏中烟徐州卷烟厂 杨 军 摄

11月9日，红塔集团在玉溪庆祝创业50周年

黄凤玲 摄

11月16日，湖南中烟合并重组揭牌仪式在长沙举行

湖南中烟 供稿

11月16日，“红旗渠”卷烟2006年第100万箱产品下线

河南中烟新郑卷烟厂 梁四平 摄

11月22日，河南中烟合并重组仪式在郑州举行

王学仕 摄

12月13日，厦门卷烟厂举行新产品“（国际）金桥”上市推介会

厦门卷烟厂 供稿

12月28日，“芙蓉王”卷烟生产线技改工程奠基

湖南中烟 供稿

红塔集团销售团队进行成长训练

红塔集团 供稿

微软大中华区执行总裁展示在卷烟营销中用手机识别编码

湖南中烟长沙卷烟厂 供稿

自动装箱机

江苏中烟徐州卷烟厂 杨 军 摄

杭州卷烟厂内部整托盘配送运输

中烟电子商务公司 供稿

南昌卷烟总厂技术中心一角

江西中烟 供稿

片烟开箱机

山东中烟 供稿

现代化的生产车间

湖北恩施金叶烟草有限责任公司 供稿

重庆万兴烟叶复烤有限公司开展生产设备技术改造

重庆市局 供稿

四川烟草工业有限责任公司成都分厂新建成的制丝线

川渝中烟 供稿

红塔集团玉溪卷烟厂动力控制室

红塔集团 供稿

红塔集团卷烟生产线

红塔集团 供稿

自动化堆垛机械手

陈兴杰 摄

技术工人正在维修卷接包设备

山东中烟 供稿

技术人员对各环节能耗进行记录

国家局发展计划司 马海燕 摄

在生产车间进行现场技术检测

江苏中烟格瑞实业有限责任公司 邢广飞 摄

检验员对产品质量进行检测

安徽中烟阜阳卷烟厂 供稿

11月20日，国家局卷烟调香人才培养基地在广州正式挂牌

夏 子 摄

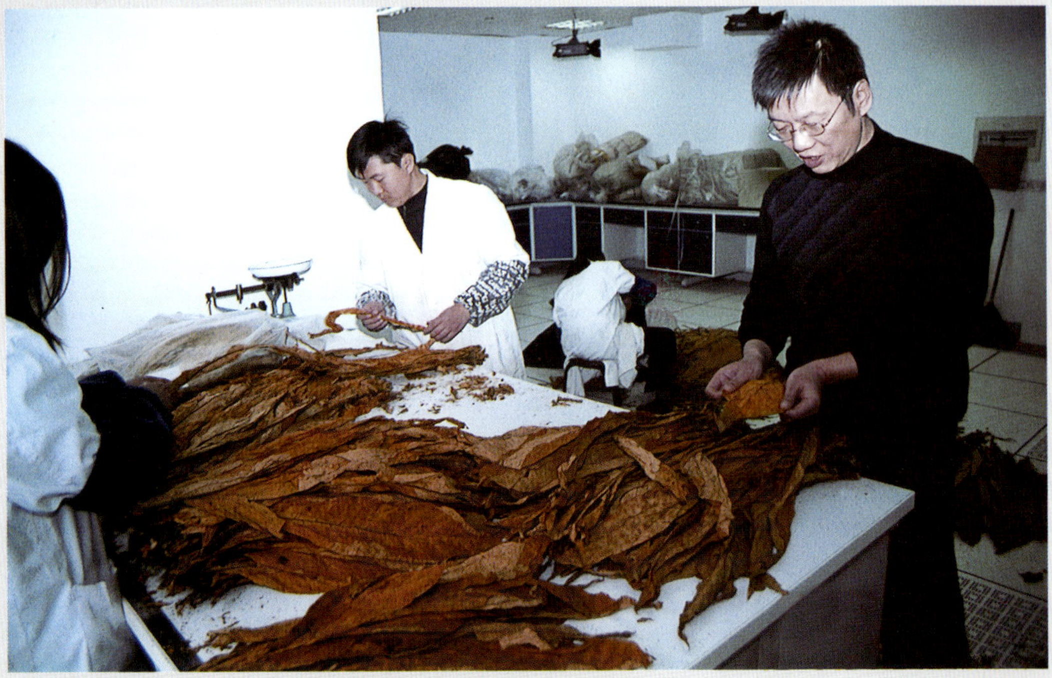

科技人员对烟叶进行检测

王学仕 摄

2月22日，江苏中烟南通烟滤嘴公司举办沟槽滤棒鉴定会

江苏中烟 供稿

南通醋酸纤维有限公司通过自主创新，主要工艺装置的国产比率达91%以上

吕玉敏 摄

淮阴卷烟厂设立专项奖金奖励科研人员

江苏中烟淮阴卷烟厂 供稿

技术人员对超级回潮出料进行“会诊”

河南中烟许昌卷烟厂 籍晓鸣 摄

技术人员在进行调香实验

川渝中烟 供稿

工业企业

卷烟工业企业

河北中烟工业公司

概　况

河北中烟工业公司成立于2003年6月12日。下辖张家口卷烟厂有限责任公司（2006年由张家口卷烟厂改制更名而来）、河北白沙烟草有限责任公司（河北中烟工业公司持有50%的股权）两家卷烟工业企业。截至2006年年底，公司年卷烟生产能力650亿支（130万箱），年卷烟生产计划650亿支（130万箱）。拥有总资产53.07亿元，其中，固定资产16.59亿元、流动资产37.22亿元，所有者权益为21.07亿元，资产负债率为48.15%。共有干部职工8000多人。

领导成员

公司实行总经理负责制，主要领导成员有：

总经理、党组书记：段铁力

副总经理、党组成员：杨　军

副总经理、党组成员：严金虎（2006.9－）

纪检组长、党组成员：李金祥

组织机构

公司设办公室（外事办公室）、人力资源部、综合计划部、生产管理部、财务管理部（投资管理部）、法律与改革部、监察部、思想政治工作部、审计部、安全保卫部、市场营销中心、技术中心、信息中心、物资供应部、原料供应部、后勤服务中心16个部门和石家庄北方烟机配件有限公司。

生产经营

2006年生产卷烟620亿支（124万箱），与上年同比增长3.3%。其中，生产一类烟12亿支（2.4万箱），二类烟71.5亿支（14.3万箱），三类烟261亿支（52.2万箱），四类烟208.5亿支（41.7万箱），五类烟67亿支（13.4万箱）。一、二、三类烟占生产比重的55.6%，同比提高16.2个百分点。销售卷烟620.5亿支（124.1万箱），同比增长3.5%。一、二、三类烟占销售比重的55.9%，同比提高16.7个百分点。省外销量达78亿支（15.6万箱），同比增长44%。省外销售“钻石”系列18亿支（3.6万箱），同比增长121.3%。年末卷烟工业库存3亿支（0.6万箱），同比下降21.2%；商业库存（含省外商业库存）15亿支（3万箱），同比下降11.7%。

2006年实现销售收入61.06亿元；与上年同比增长8.8%。实现税利37.8亿元，与上年同比增长21%，其中，实现利润7.1亿元，同比增长52.8%。单箱卷烟实现税利达3054元。

品牌战略和产品介绍

品牌战略。2006年确立了突出重点市场，突出重点品牌，努力形成以“钻石”、“白沙”、“新石家庄”三大重点品牌为支撑的品牌发展框架。深化与湖南中烟的合作，做大做强“白沙”品牌，稳步扩大“白沙”品牌生产的数量。

产品介绍。截至2006年底，共有6个品牌25个规格，初步形成以“钻石”、“白沙”、“新石家庄”为重点，其他牌号为辅助的品牌发展格局。其中，“钻石”进入全国名优烟行列，“白沙”为合作名优烟品牌，“钻石”、“新石家庄”、“玉兰”、“北戴河”列入国家烟草专卖局《卷烟产品百牌号目录》。2006年“钻石”累计销售112.5亿支（22.5万箱），与上年同比增长41.2%，销量增幅在全国名优烟中居第16位；销售“白沙”84亿支（16.8万箱），同比增长67.1%；销售“新石家庄”117.5亿支（23.5万箱），同比增长57.8%。以“（紫）钻石”、“（蓝）钻石”、“（盖）白沙”、“（绿）石家庄（二代）”、“（红）石家庄（二代）”为代表的重点规格，在河北同价位产品市场中占据龙头地位。“钻石”、“白沙”、“新石家庄”三个重点品牌，全年累计销售314亿支（62.8万箱），同比增长53.6%，占总销量比重的50.6%，同比提高16.5个百分点。

品牌培育。加强重点市场管理，实行定期考评考核，实施动态管理，同时对重点市场实行优先衔接、优先订货、优先供货，巩固和扩大重点市场。在省内市场不断巩固的基础上，着力开拓省外市场，加大省外销售力度，确立了以山西为中心、华北为重点，立足省内，辐射全国的销售体系，市场占有率和覆盖率稳步提高。省外销量从少量增加到80多亿支（16多万箱）。进一步规范原辅材料采购管理，强化烟叶验级人员的技术培训，加大烟叶省外调入和省内调剂力度，烟叶库存结构逐步趋向合理。在品牌发展、品牌培育和货源供给上，加强与商业企业的沟通协调，建立工商一体化的品牌培育机制，逐步实现工商协同、

信息共享。11月2日，在石家庄召开冀晋烟草工商协同营销座谈会暨新产品评吸会。加强对零售户的服务，不断改善为零售户服务的方式和方法，努力构建对产品具有较高忠诚度的零售客户服务网络。

体制改革

2006年顺利完成下属企业的资产划转工作，理顺全省行业资产管理体制。按照实体化运作的需要，截至2006年底，工业公司机关改革基本完成，16个部门正式组建，张家口卷烟厂改制工作顺利完成，依法成立张家口卷烟厂有限责任公司，并组建了公司董事会、监事会、经理层。推进工业公司实体化进程，正式组建市场营销中心、技术研发中心、生产制造中心、物资采购中心，“四个中心”建设及人员上划工作基本完成。

技术改造

高度重视技术改造，投资约15亿元启动了河北白沙烟草有限责任公司异地技改工程和张家口卷烟厂有限责任公司大规模技改工程。截至2006年底，两大技改工程进展顺利。

科技创新

以减害降焦为主线，以发展中式卷烟为方向，以提高产品科技含量为目标。组织实施课题制的科研管理模式，对河北中烟2006年度的特色工艺研究、烟叶原料的综合利用、卷烟产品的减害降焦等课题进行探讨。针对部分企业存在叶组配方成本偏高偏快、质量缺陷等问题，组织省内科技人员进行科技攻关，合理修订工艺指标。加强与科研单位的技术交流与合作，与郑州烟草院的工艺研究开发中心进行技术洽谈，拟订卷烟均质化加工技术研究、滤棒成型技术推广、特色工艺技术应用研究三个项目的合作方案。在全国烟草行业第十七届优秀QC小组成果评比中，“减少ZJ19卷烟机组剔除系统故障”项目获一等奖，“解决除氧器低水位问题保证锅炉供水安全”项目获二等奖。

财务管理

公司是全国烟草行业预算管理试点单位。成立预算管理委员会，实行财务收支业务和资本的全面预算管理，从预算的编制、批准、实施，到预算执行情况的分析、考核形成一个完整的体系。强化预算管理和过程控制，严格预算的执行和考核。2006年，工业公司和各企业的预算执行达到各项预算目标，全省三项费用同比减少1784万元，费用率为9.79%，同比降低1.87个百分点，低于全国平均水平。

从资产投入、资产经营和资产处置三个环节入手，完善行业资产管理制度，建立投资和资产管理的完整体系。企业的资本性支出严格遵守投资管理程序，坚持先立项再列入预算、对预算严格审计后再按程序拨款的原则，防止资金使用的随意性。

正确处理多元化经营与烟草主业的关系，各企业一律暂停多元化投资，一律不准进行证券投资和委托理财，一律不准向系统外提供担保。

企业管理

内部管理监督。在内部审计工作模式上，巩固和完善现有的“上审下”的模式，积极开展同级审计。建立以财务收支审计为基础、以内控制度评审为主线、以经济责任审计为重点的工作体系，注重监管与服务并重，发挥内审及时性、连续性和预防性的统一。在国家局“两项检查”过程中，检查组给予“领导重视、部署周密、工作扎实、方法科学、成效显著”的评价。

以技改工程监管为重点，公司和企业两级监察部门主动出击，加大对技改工程、基建、采购各环节的监督检查力度，参与企业技改工程招投标项目19批51项，确保了招标项目的公开透明。

劳资管理。完善工资管理制度，按照“分类管理、科学设岗、明确职责、严格考核、落实报酬”的总体要求，探索建立了以四类人才分类管理为基础，以岗位价值为核心，以绩效考核为依据的收入分配体系，适度调节收入的分配格局。

“6S”管理。全面推行“6S”（整理、整顿、清扫、安全、清洁、素养）管理，成立“6S”管理领导小组和工作机构，10月30日，公司召开推行“6S”管理动员大会。

信息化建设

认真落实《数字烟草发展纲要》，稳步推进办公自动化建设。2006年下半年，公司机关开展了办公自动化建设和网站建设，年底完成公文流转系统软件开发工作并正式试运行。探索建立以信息化为支撑的新业务流程和管理模式，完善订单信息流的建设，提升快速响应市场的能力，推动“按订单组织供货”的改革进程。8月，河北白沙烟草有限责任公司完成企业资源计划系统（ERP）相关子系统的优化升级。2006年底，张家口卷烟厂有限责任公司生产管理系统研发成功。

队伍建设

加强企业领导干部队伍建设。按照公司制管理制度，依法成立张家口卷烟厂有限责任公司董事会、监事会和管理层，选任了董事会、监事会和企业高级管理人员。按照营销、研发、采购、生产“四统一”的需要，完成四个中心内部机构设置和人员配置，采取公开述职、面试等形式，经过民主评议和组织考察，聘任了部门负责人和工作人员。

初步理顺四类人才分类管理与培养思路。全面贯

彻落实《全员职业生涯终身教育体系》，对领导人才突出领导发展能力的培养，对经营管理人才以提高执行力为重点进一步加大培养教育力度，对专业技术人才开展职称评审推荐工作，认定高级职称6人、中级职称25人、初级职称40人。实施专业技术职务聘任工作，两个企业共聘任主任工程师、副主任工程师57名。在专业技能人员的培养上，制定技师聘任制度。举办第二届烟机设备维修竞赛和操作工比赛，12名选手获“河北烟草工业系统技术能手”称号。

思想政治工作

广泛开展学习党章、《江泽民文选》和社会主义荣辱观等活动，深入开展“‘两个至上’在岗位”主题实践活动。以“推进改革，促进发展，构建和谐河北中烟”为主题，明确和谐河北中烟的建设目标和具体措施。组织送电影下乡、钻石助学等活动，赞助首届河北省“七夕”情侣节银河之恋集体婚礼、全国田径运动会、“钻石杯”2006感动河北十大人物评选和十大经济风云人物评选等活动。

党风廉政建设

进一步完善党风廉政制度体系，公司先后制定《廉政谈话实施办法》、《领导干部述廉实施办法》和《领导干部廉政承诺实施办法》。广泛开展党员干部廉洁从政“四个一”活动，即每周发送一条廉政短信、每月推荐一篇廉洁从业主题文章、每季观看一次反腐倡廉教育片、每年读一本反腐倡廉主题教育丛书。

企业文化

围绕“以人为本，诚信经营”的核心理念和“严、细、实、和、搏、好”的企业精神，突出“诚文化”和“红色文化”特色，全省系统的企业文化建设逐步形成体系。张家口卷烟厂有限责任公司制定了《诚文化实施规划》、《诚文化手册》和《员工行为规范手册》，开展“至诚张烟”系列活动。河北白沙烟草有限责任公司作为国家局企业文化建设的试点单位，深入挖掘“红色文化”内涵，制定企业文化建设规划，形成具有鲜明特色的“五同”理念，即文化上同魂、思想上同心、愿景上同向、战略上同一、行动上同步。“诚文化”和“红色文化”在全国烟草行业企业文化建设展览会上得到肯定。

特事要辑

2月9日，河北省政府省长季允石、副省长付双建等出席河北烟草工业系统工作会议。

3月7日，国家局副局长张辉到河北中烟考察，就内部监督管理工作进行督导。

4月，河北白沙烟草有限责任公司被国家局确定为“红色文化”建设试点单位。4月13日，国家局副局长张保振先后到河北白沙、张家口卷烟厂就企业文化建设进行调研。

8月1日，国家局局长姜成康、副局长李克明到河北烟草调研。

8月18日，河北省委常委、常务副省长郭庚茂考察张家口卷烟厂技改工程。

8月24日，国家局副局长张保振到张家口卷烟厂进行调研。

12月19日，河北省副省长张和到河北白沙烟草有限责任公司调研。

12月29日，举行张家口卷烟厂有限责任公司揭牌暨制丝线竣工剪彩仪式。

所属企业

张家口卷烟厂有限责任公司

概　况

张家口卷烟厂有限责任公司其前身为成立于1939年的张家口卷烟厂，2006年由张家口卷烟厂改制更名而来。生产区占地面积为78807平方米。企业年卷烟生产能力400亿支（80万箱），年卷烟生产计划375亿支（75万箱）。拥有总资产25.9亿元，其中固定资产（净值）4.8亿元。共有在职职工2948人，其中，生产工人1989人、工程技术人员75人、管理人员281人、后勤服务人员603人。企业先后从英、美、德、法、意等国引进了制丝、卷接、包装等先进设备，并拥有具有国际先进水平的白肋烟处理线和膨胀烟丝生产线。1978年至2006年，累计为国家创税利151.6亿元。2006年9月2日，在国家税务总局公布的2005年度中国纳税百强排行榜上，公司名列第94位。

2006年公司连续两年被评为“中国企业信息化500强”。

领导成员

董事会

董事长：段铁力

董事：杨　军　严金虎　李建新　栾永亮　贾保军　师进辉　刘学峰　史　凯

监事会

主席：李金祥

监事：胡俊华　何　庄　胡自强　牛亚维

2006年12月改制前，公司实行厂长负责制，主要领导成员有：

厂长、党委书记：师进辉

纪委书记、工会主席、党委委员：范建华

党委副书记：刘学峰

副厂长、总会计师、党委委员：李奎英

副厂长、党委委员：王大放

副厂长、党委委员：尚德强

副厂长、党委委员：黄　强

副厂长：张生才

总工程师：霍晓辉

2006年12月改制后，公司实行总经理负责制，主要领导成员有：

总经理、党委书记：师进辉

党委副书记：刘学峰

纪委书记、工会主席、党委委员：范建华

副总经理、总会计师、党委委员：李奎英

副总经理、党委委员：王大放

副总经理、党委委员：尚德强

副总经理、党委委员：黄　强

生产经营

2006年生产卷烟345.05亿支（69万箱），与上年同比增长2.99%。其中，生产一类烟0.4亿支（0.08万箱），二类烟50.3亿支（10.06万箱），三类烟98.5亿支（19.7万箱），四类烟146.35亿支（29.27万箱），五类烟49.5亿支（9.9万箱）。销售卷烟345.55亿支（69.11万箱），同比增长2.59%。其中，销售一类烟0.45亿支（0.09万箱），二类烟50.8亿支（10.16万箱），三类烟98.55亿支（19.71万箱），四类烟146.4亿支（29.28万箱），五类烟49.35亿支（9.87万箱）。

全年实现销售收入31.12亿元，与上年同比增长14.8%。实现税利16.81亿元，同比增长17.35%，其中，实现利润2.29亿元，同比增长67.96%。单箱税利为2432.6元，同比增长14.39%。

品牌战略和产品介绍

2006年确定“钻石”销量达100亿支（20万箱），一、二类烟比例达15%的销售目标。大力加强“（玫瑰）钻石”卷烟的宣传促销和市场推广，以此带动“钻石”品牌形象的整体提升。加大电视媒体广告、重点城市大型平面广告投放力度，做好广告、公关、终端宣传促销的有机结合。充分利用重大社会活动、节假日、消费旺季等时机，开展品牌宣传促销攻势。强化策划功能，寻求与专业公司的密切合作，注重投入产出效益。省外宣传以山西为重点，以平面广告为品牌传播的主要形式，实施送电影下乡为沟通服务的主要途径。

2006年公司拥有“钻石”和“北戴河”2个自有品牌，都入选了《卷烟产品百牌号目录》，其中“钻石”为全国名优卷烟，12月31日被认定为河北省著名商标。全年加工生产了“白沙”、“新石家庄”和“大丰收”3个品牌。“钻石”系列共拥有7个规格，分别为：“钻石（国嘴120）”、“（皇冠）钻石”、“（金）钻石”、“（玫瑰）钻石”、“（红）钻石（二代）”、“（蓝）钻石”、“（紫）钻石”。“北戴河”系列拥有4个规格，分别为：“（100软混）北戴河”、“（软烤）北戴河”、“（软特醇）北戴河”、“（硬）北戴河”。其中尤以“（玫瑰）钻石”、“（红）钻石（二代）”、“（蓝）钻石”、“（紫）钻石”、“（软烤）北戴河”等规格深受消费者喜爱。

2006年，面向中高层消费者推出“钻石（国嘴120）”、“（皇冠）钻石”、“（红）钻石（二代）”。

体制改革

2006年5月开始筹划由“工厂制”转变为“公司制”，编制《张家口卷烟厂改制方案》并先后报河北中烟工业公司、国家局，以及张家口市人民政府批准。12月26日，张家口卷烟厂正式改制更名为张家口卷烟厂有限责任公司。12月29日，张家口卷烟厂有限责任公司举行揭牌仪式。

技术改造

2005年3月25日正式启动“十五”技改工程，预计总投资6亿元，分三期实施。一期工程于2006年3月1日复工建设，共投资2.5亿元。完成联合生产工房主体建筑面积49150平方米，配备片烟制丝生产线，搬迁了部分卷接包设备，形成独立的生产区间。2006年12月29日，张家口卷烟厂有限责任公司一期项目正式投产。

科技创新

自2002年开始，公司先后投资1000多万元，从国外引进各种检测仪器，于2003年建立产品研发中心。积极开展与国内外著名研发机构的技术交流与合作，成功开发出我国第一个拥有自主核心专利技术的120毫米超长滤嘴卷烟新产品。该产品在减害降焦上突出“绿色”概念，产品外观实现全新突破。

在特色工艺、特色风格和关键技术研究方面不断取得突破，其中针对降低焦油和烟气温度这两大问题，采用自主核心专利技术的异型中空复合滤嘴材料，创新研发独立恒温技术，能有效清除和吸附烟气中的有害成分。

企业管理

财务管理。做好应收应付款的管理工作，为技改工程的实施和原辅材料采购等提供资金保障。积极开展年度财务审计工作，处理历史遗留问题，进一步开展各项清产核资工作。

精细化管理和项目管理。2006年导入精细化管理和项目管理理念。在精细化管理上，以转变观念、强化意识、加强培训、提升素质为切入点，以节约降耗、降低成本、提高效率为重点，将精细化管理与生产经营过程、质量体系完善、打造数字化处室等工作结合起来。其中以推进工艺整改、节约增效、技术创新为着眼点，制定精细化管理文件，强化考核和执行。在项目管理上，从制度建设入手，组建项目管理机构，形成工艺科研技术类、设备能源技术类和生产经营管理类三个项目管理小组，制订《项目管理办法》，将项目管理与科技创新、QC小组活动和企业的基础管理等工作有机地结合起来，把项目管理理念、方法和手段落实到企业管理当中。全年共确定项目69个，截至2006年底，完成62个项目。

安全管理。全面落实安全管理制度，加强安全意识教育，保证企业“5022”，即无死亡及重大人身伤害事故，无压力容器严重事故，无重大火灾事故，无重大交通事故，轻伤事故率控制在2‰以内，发案率控制在2‰以内，安全工作目标的实现。通过职业健康安全管理体系的外审认证工作。

信息化建设

加强对卷烟生产经营决策管理系统、客户关系管理系统的日常维护，开发了包括基础数据等6个模块的生产制造管理系统。先后实施完成了网络安全工程项目、企业资源计划系统（ERP）、客户关系管理系统（CRM）的改进和完善工作及新厂区综合布线及数字监控布线工作。

队伍建设

以“人才强企”战略为依托，加强员工队伍建设。对公司培训需求状况进行调研，全面实施年度教育培训规划。成功举办河北烟草工业系统第二届烟机设备维修及操作职业技能竞赛，公司有8名参赛选手获奖。开展中层干部选拔、专业技术职务聘任、大中专毕业生和复转军人的引进等工作，2006年选拔任用中层管理人员18名，引进大学毕业生39名，退伍军人16名。

思想政治工作

全面开展学习党章、学习和践行社会主义荣辱观和“‘两个至上’在岗位”主题实践活动。狠抓基层组织建设，充分发挥党支部的战斗堡垒作用。在2006年全市庆祝建党85周年暨先进性教育活动总结表彰大会上，公司获“张家口市先进基层党组织”称号，有4人被评为市级“优秀共产党员”，3人被评为市级“优秀党务工作者”。公司全年共发展新党员26名。

9月10日举行第二届职工运动会，共有611名员工参加。加大公司的对外宣传力度，分别在行业和地方等媒体上累计发表各类文章近200篇。

企业文化

2006年是公司的“诚文化年”，3月30日召开企业文化建设启动大会。公司围绕以“诚文化”为核心的企业文化体系，建立健全企业文化建设组织机构，制订实施方案。通过推出《诚文化手册》和《员工行为规范手册》，制作“大道至诚”专题宣传片，征集、编印了诚文化故事集，开展“钻石之歌”歌咏比赛等“至诚张烟”系列活动，开展“诚文化”理念体系的宣传和培训。坚持把企业文化推行工作与企业生产经营管理相结合，将“诚文化”理念渗透到生产经营管理的各个环节和全过程。

特事要辑

7月6日，河北烟草工业系统第二届烟机设备维修职业技能竞赛暨烟机设备操作职业技能竞赛在公司举行。

8月3日，河北省政协副主席冯文海一行到公司考察。

8月18日，河北省委常委、常务副省长郭庚茂一行到公司技改工地考察。

8月24日，国家局副局长张保振一行到公司考察。

9月2日，河北省政府副省长付双建到公司考察。

10月11日，河北省政协副主席刘健生到公司考察。

12月29日，张家口卷烟厂有限责任公司挂牌暨技改一期项目投产剪彩仪式在新厂区举行。

河北白沙烟草有限责任公司

概　况

河北白沙烟草有限责任公司其前身为成立于1948年的石家庄卷烟厂，2005年由石家庄卷烟厂改制更名而来。河北中烟工业公司持有河北白沙烟草有限责任公司50%的股权。下辖保定卷烟分厂及金石百利工贸有限公司、万事利有限责任公司、灵芝卷烟材料厂等多元化企业。企业占地面积为16.69万平方米（不含易地技改新址34.7万平方米）。年卷烟生产能力300亿支（60万箱），2006年卷烟产销规模达275亿支（55万箱）。拥有总资产27.18亿元，其中，固定资产6.95亿元、流动资产20.02亿元。共有员工4205人，其中大中专以上文化程度的有618人。

其中，保定卷烟分厂占地面积近24万平方米，建筑面积55572平方米，年生产能力近200亿支（40万箱）。截至2006年底，分厂共有在册员工1781人，其中专业技术人员529人。分厂内设20个职能处室。

领导成员

董事会

董事长：段铁力

副董事长：卢　平

董事：严金虎　杜为红　狄东昇　涂清明　陈国联　刘建福　朱方钦　臧　靖

监事会

主席：华谢飞

监事：李丽华　王　芬　丁付起　胡俊华　李永乐

公司实行总经理负责制，主要领导成员有：

总经理、党委副书记：杜为红

副总经理、党委书记：狄东昇

副总经理：赵文华

纪委书记、党委副书记：张太明

副总经理：易　广

副总经理：周振威

副总经理：刘松杨

工会主席：路　莉

生产经营

2006年生产卷烟275亿支（55万箱），与上年同比增长3.8%。其中，生产一类烟11.5亿支（2.3万箱），二类烟21亿支（4.2万箱），三类烟162.5亿支（32.5万箱）。销售卷烟275亿支（55万箱），同比增长4.6%。库存卷烟2.5亿支（0.5万箱），同比降低11.5%。

全年实现销售收入30.36亿元，与上年同比增长16.5%。实现税利19.78亿元，同比增长21%，其中实现利润4.54亿元，同比增长41.5%。资产负债率为34.88%，同比下降25.4个百分点。实现税利5.19亿元，同比增长24.43%，其中实现利润9491万元，同比增长93.65%。

其中，2006年保定卷烟分厂生产卷烟96.5亿支（19.3万箱），销售卷烟94.5亿支（18.9万箱）。实现销售收入8.27亿元，与上年同比增长10.5%。实现税利5.34亿元，同比增长25.4%，其中，实现利润0.9亿元，同比增长90.6%。单箱实现税利2809元，同比增长16.6%。

产品介绍

2006年公司生产的卷烟品牌有"新石家庄"系列、"灵芝"系列和"白沙"系列，其中，"新石家庄"系列销量为105亿支（21万箱），"灵芝"系列销量为72亿支（14.4万箱），"白沙"系列销量为80亿支（16万箱）。"石家庄"、"灵芝"、"玉兰"被评为"河北省名牌"产品。

技术改造

2006年初，全面启动河北白沙烟草有限责任公司技改工程。截至2006年底，公司易地技改工程完成联合工房主体施工，工艺设备主机选型已确定，基本完成科研办公楼、综合服务楼及仓库地基加固工作。

企业管理

质量管理。强化工艺质量监督职能，推动车间自主管理，提升产品实物质量。2006年，外部机构共抽检18批次10个牌号，产品合格率达100%，卷制包装平均得分97.8分，综合平均得分91.2分。接待顾客投诉47次，处理率为100%。4月11日，保定卷烟分厂三车间乙班4#卷接机组创造了8小时44分连续工作纪录，打破了三车间曾经创造的6小时10分的纪录。

财务管理。推进企业精细化管理，强化公司预算委员会职能，推行全面预算管理，重点围绕企业经营效益的实现目标，从经营业务预算和财务预算入手，严格控制各项成本费用，提高资金的使用率。通过银行与保定分厂建立网上结算信息平台，确保生产经营的正常需要和资金使用安全。加大票据贴现业务资金运营规模，降低利率，全年降低银行贷款1.75亿元，降低财务费用1095万元。

物资管理。规范原辅材料的采购管理，物资采购从合同签订到计划的下达、准运证的开具及物资的购进、使用、库存和调拨等一系列环节都做到了痕迹化管理，确保数据准确无误。为保障公司下达的采购资金计划，一方面与供应商谈判，开展比价采购，密切关注市场行情，采取风险共担的原则，合理确定物资采购价格；另一方面采取"多批次少批量"的采购原则，压低库存。

安全工作。加强安全教育培训，以"安全发展、国泰民安"为主题，开展"安全生产月"和"百日安全无事故"系列活动。

信息化建设

建立健全一系列信息化管理规章制度，修订完善了《河北白沙信息化工作管理办法》。做好ERP系统的维护并保证其正常稳定运行。针对建立新账套、实施新国标，对财务和质量子系统程序进行开发，实现了ERP系统在物流、资金流和信息流方面的统一。逐步完善公司卷烟生产经营决策管理系统的信息系统支撑部分，完成卷烟生产经营决策管理系统数据传输方式由外网转内网的线路和IP调整工作。公司作为工商数据系统升级在全国的首批试点，完成ERP系统与卷烟生产经营决策管理系统程序修改并通过国家局的测试。完善电子公告栏功能，电子公告栏成为公司内部交流的重要渠道。

队伍建设

人才队伍建设。以《全员职业生涯终身教育体系实施方案》为指导，贯彻落实公司四类人才培养方案，打造学习型组织。开展专业技术职务聘任，2006年共有20人被聘为主任工程师，10人被聘为副主任工程师。做好“60人才工程”，车间技术骨干与“60工程”人员分别签订了“部门培养协议”和“师徒结对协议”。完成各项技能鉴定工作，2006年参加鉴定人员332人次，其中，烟草行业特有工种鉴定291人次，通用工种鉴定41人次。

教育培训工作。2006年共组织培训班41个，其中，中高层管理人员培训班15个，培训主要内容为“6S与工作简化”、资产重组与管理优化、企业文化建设、现代企业管理高级研修班、目标管理与时间管理等；一般管理人员培训班26个，培训主要内容为新《卷烟》国标、“三标一体”知识、VISIO2003绘图软件、新《公司法》和国企员工敬业精神光盘等内容。与河北师范大学职业技术学院联合举办“河北白沙烟草有限责任公司技术工人继续教育培训班”，共有50名车间技术骨干参加培训。

思想政治工作

开展实践调查并形成《职工思想动态分析报告》。举办职工书法绘画摄影作品展，并制作幻灯片在公司局域网公布。在党支部中开展“歌声颂党恩”大合唱活动和以“知荣明耻”为主题的演讲比赛。开展板报橱窗评比活动。

党风廉政建设

组织公司领导班子和中层以上管理人员观看党内参考片《居安思危》。学习贯彻《建立健全教育、制度、监督并重的惩治和预防腐败体系实施纲要》，在全公司范围内组织了以“八荣八耻”为中心内容的演讲比赛，并选出优秀作品参加市里的竞赛并获二等奖。在公司电子公告栏内尝试设立《党风廉政建设之窗》，开办政策方针、警示箴言、典型案例分析等专栏。

深入开展“党员先锋号”和“青年文明号”创建活动，制订“党员营销尖兵”的评选办法。按照《党支部目标考核办法》和“堡垒工程”创建活动的标准对党支部进行考核。在党员中开展“读一本好书，写一篇心得”活动。

企业文化

2006年是公司企业文化建设的启动年。公司成立了由“一把手”负责的领导机构和组织机构，各部门明确企业文化建设的推进骨干。制定《河北白沙烟草有限责任公司企业文化建设实施纲要》及《河北白沙企业文化建设实施方案》。完成对文化体系的整合提升，建立起“五同”，即文化上同魂、思想上同心、愿景上同向、战略上同一、行动上同步的“红色文化”体系，并在北京召开专家论证会。4月，国家局副局长张保振到公司考察“红色文化”建设。5月，公司被确定为国家局“红色文化”建设试点单位。7月，召开企业文化建设启动培训大会。12月26日，公司企业文化建设成果在全国烟草行业第二次企业文化建设工作会议暨政研会秘书长会议上发布并参展。12月，公司全体员工参加了《企业文化手册》发布大会。

特事要辑

2月25日，召开“河北白沙第一届一次职工代表大会”。

3月7日，国家局副局长张辉一行到河北白沙烟草有限责任公司考察，进行行业同级审计工作检查。

3月21日，“白沙”卷烟品牌在保定卷烟分厂制丝线正式开始批量生产。

4月13日，国家局副局长张保振一行到公司进行调研。

4月28日，河北白沙烟草有限责任公司市场部上划河北中烟工业公司市场营销中心。

12月19日，河北省政府副省长张和一行到公司调研。

（李松卯）

上海烟草（集团）公司所属企业

上海卷烟厂

概　况

上海卷烟厂其前身是始建于1925年的英美烟草公司颐中三厂。1952年4月，颐中三厂转让给中国政府，更名为国营上海卷烟二厂；1960年12月，更名为上海卷烟厂。1993年11月26日，上海烟草（集团）公司正式成立，上海卷烟厂成为其核心层单位之一。截至2006年底，上海卷烟厂在册职工数为1983人。年生产能力750亿支（150万箱）。

2006年，上海卷烟厂根据企业“十一五”规划和“12816”的年度方针目标，抓住“质量”和“成本”两大核心要素，围绕“顾客满意”的目标，在进一步加强基础管理的同时，持续探索卓越绩效管理、六西格玛（6σ）等先进管理理念和方法，着力提升质量竞争力、成本控制力、队伍竞争力和适应市场能力，不断朝建设“最具竞争力卷烟制造工厂”的目标努力。2006年，上海卷烟厂被评为“上海市实施卓越绩效模式先进企业”、“第七届全国设备管理优秀单位”。

领导成员

上海卷烟厂实行厂长负责制，主要领导成员有：

厂长、党委委员：郜　强

副厂长、党委书记：姜立功

工会主席、纪委书记：汤红芳

副厂长、党委委员：周　铭

副厂长、党委委员：胡勤伟

副厂长、党委委员：卢　游

党委委员：杨　莺

组织机构

上海卷烟厂设办公室（党委办公室、厂长办公室）、综合管理科、财务科，人事劳资科、政工科、纪委监察科、工会、团委、工艺质量科、仓储科、设备科、安保科、行政科、科室党总支、一车间、二车间、三车间、膨胀烟丝车间、动力车间共19个部门（车间）。

生产经营

2006年，共生产卷烟735.46亿支（147.09万箱），与上年同比增长3.74%。其中，生产一类烟213.36亿支（42.67万箱），同比增长23.6%；二类烟205.04亿支（41.01万箱），同比增长4.75%；三类烟175.46亿支（35.09万箱），同比减少3.88%；四类烟139.46亿支（27.89万箱），同比增加23.25%；五类烟2.14亿支（0.43万箱），同比减少95.21%。生产“中华”牌卷烟158.88亿支（31.78万箱），占总产量的21.6%；“红双喜”牌卷烟206.2亿支（41.24万箱），占总产量的28.04%；“牡丹”牌卷烟175.46亿支（35.09万箱），占总产量的23.86%。全年产品质量抽检合格率为100%，卷烟外在质量平均得分为99.27分，其中“中华”牌卷烟的外在质量得分为99.52分；卷烟制造过程σ水平达到3.838。

产品介绍及品牌战略

2006年，上海卷烟厂生产的卷烟品牌有“熊猫”、“中华”、“上海”、“红双喜”、“牡丹”、“飞马”、“大前门”等。企业运用新工艺、新技术、新材料，不断改进生产工艺，生产多种规格包装的卷烟和不同焦油含量的系列产品，获得良好的市场效应。2006年底，推出“中华”家族新成员12毫克“中华5000”产品大样。

机构调整

进一步梳理、优化企业内部管理职能。撤销膳食科，将原膳食科的管理职能划归行政科，整合后勤管理职能和资源，业务流程、管理流程得到优化。配合集团公司“十一五”技改规划和进度要求，将原三车间花烟工段及卷包生产设备整体搬迁至主厂房，并将原隶属二车间的成型作业区划归三车间管理。将集团公司设备处零配件仓库、物资处五金仓库和收货组、场地组等职能和人员纳入上海卷烟厂管理范围。

技术改造

与集团公司相关处室配合，完成上海卷烟厂“十一五”技改方案初稿，以及技改方案优化和初步设计方案。同时，根据集团公司总体规划，引进三组GD121/X500卷包机组。

科技创新

持续探索卓越绩效管理、六西格玛（6σ）等先进的管理理念和方法，着力提升质量竞争力、成本控制力、队伍竞争力和适应市场能力，结合《卷烟》新国标的推行，在企业、车间、班组3个层面上积极开展管理创新活动。

拟定28项需要重点攻关改进的指导性意见和课题，申报攻关项目55个，确立“双突破”项目13项。陆续应用与实施“改进P70、P100型卷烟机吸丝导轨，提高烟支重量SD值控制水平降低消耗”、“应用多面体摄像技术，提高小包外观质量”、“提高超高速机组综合效率”、“影响卷烟内在质量的制丝过程控制研究”等项目，大大增强企业科技创新的实力。此外，年内还申报了5项技术专利。

企业管理

财务管理。以规范、监管成本为重点，确保会计信息真实、完整、及时；资金纳入集团公司资金管理中心统一监管；完成企业标准成本的制定，初步建立以成本中心为主体的成本责任体系。

质量管理。2006年，共注册QC质量管理活动课题69项，有568人次参与QC课题攻关，普及率达到25.22%。全年获得全国QC发布一等奖1项、全国烟草行业QC发布一等奖1项、上海市QC成果擂台赛二等奖1项。

设备管理。以设备要素管理《实施指南》为指导，以《绩效评价方法》为依据，全面推行设备要素管理，注重经济性与实效性的结合，体现要素工作的经济绩效，为各项工作的全面完成提供设备保证。

安全管理。以重点危险源监控为核心，推进安全质量标准化，保持安全生产综合评价“优秀”等级；推行消防管理评价体系；开展清洁生产审核，实现环境管理体系转版，提高环境管理体系运行水平。2006年，未发生重大事故（事件）及一般工伤事故，企业荣获“上海市安全先进单位”称号。

信息化建设

按照产销集成系统运行要求，进一步完善生产指挥系统和各岗位运维手册，形成分层次的运维体系和运维平台，稳步开展信息化基础保障工作，优化系统平台，提高系统运行的稳定性。

按照预算管理、资金管理中心、人力资源信息集成建设要求，配合集团公司推进三大集成系统的完善和优化，在各车间（部门）推广应用预算管理模块。

完成生产过程控制六西格玛（6σ）主题分析应用，培养和建立一支主题数据应用分析人员队伍。其中，六西格玛（6σ）水平测评系统和效能分析系统投入运营；完成对关键质量指标监控系统的要求、数据源及实施进度确认和需求调研工作；企业额综合指标查询分析系统开发完成并处于试运行阶段。

队伍建设

围绕“优化队伍结构、提升员工素质”的工作主线，开展三个方面的工作。开设多个等级工培训班和干部培训班，推广“一事一训”，实施具有针对性、实效性的培训，提高员工的职业技能素养。截至2006年底，工厂具备技师及以上资格共有75人，其中，生产一线高级技师6人、一线技师18人。持续推进“师徒带教”活动，在对“名师带徒”、“双师教练式带徒”与“基本技能带教”3个层面的带教活动进行全面总结分析和整合的基础上，实施异地异厂带教工作。通过制定《新进员工管理办法》，对新进大学毕业生、新进高职生、新进退役军人和其他新进人员设计针对性较强的培养方案和培训体系，建立良好的新进员工培养、使用、考核和激励竞争机制。

思想政治工作

组织党组理论学习中心组学习，提高领导干部运用科学发展观解决实际问题的能力；严格落实各项党员学习计划，发挥党员对工厂中心工作的推动作用。

以党建工作长效机制建设为重点，深入开展“四好”领导班子创建活动，进一步发挥领导干部的带头表率作用、党支部的战斗堡垒作用和党员的先锋模范作用，提高党建保障力，为构建企业“和谐、发展、卓越”的良好氛围做出有益的探索。2006年，上海卷烟厂被评为“上海市先进基层党组织”。

党风廉政建设

组织全体党员干部学习贯彻中央纪委六次全会精神以及上海市、国家局党风廉政建设干部大会精神和集团公司党风廉政建设干部大会精神，深化党风廉政教育工作，以标准化推进管理监督一体化工作和责任保障机制建设工作，修订企业《“三重一大”集体决策规定》。2006年，全厂党员干部受教育面达100%，党员、干部违纪违规发生率为零，职工群众对领导班子廉洁自律的满意率为97.01%。

上海烟草（集团）公司北京卷烟厂

概　况

北京卷烟厂始建于1970年，2004年1月1日正式纳入上海烟草（集团）公司管理。总资产17.18亿元，年生产能力150亿支（30万箱），年产销规模达148.1亿支（29.62万箱），占地面积8.95万平方米。截至2006年底，企业共有员工794人，其中，大中专以上学历368人、高级技术职称7人、中级职称129人。2006年，北京卷烟厂被评为2006年“北京企业100强”，并连续第八年被评为“首都文明单位标兵”。

领导成员

企业实行厂长负责制，主要领导成员有：

厂长、党委副书记：曲志刚

党委书记：马庆林

常务副厂长、党委委员：齐伟城

常务副厂长、党委委员：张　建（-2006.12）

副厂长：姚琴声（-2006.12）

党委副书记、纪委书记、工会主席：蔡继东

总工程师：张维群

总会计师：于国欣

副厂长：赵丽儒（2006.8-）

副厂长：柳宝发（2006.8-2006.12）

生产经营

2006年，生产卷烟147.50亿支（29.52万箱），与上年同比增长7.93%。其中，一类烟13.95亿支（2.79万箱），同比增长6.5%；二类烟23.01亿支（4.6万箱），同比增长36.4%；三卷烟69.82亿支（13.96万箱），同比减少0.13%；四类烟38.72亿支（7.74万箱），同比增长13.96%；五类烟2亿支（0.4万箱），同比减少32.66%。

销售卷烟148.14亿支（29.62万箱），与上年同比增长7.84%。其中，一类烟14.06亿支（2.81万箱），同比增长11.94%；二类烟23.35亿支（4.67万箱），同比增长40.92%；三类烟70.14亿支（14.03万箱），同比增长0.23%；四类烟38.41亿支（7.68万箱），同比增长9.46%；五类烟2.17亿支（0.43万箱），同比减少26.94%。

实现销售收入19.03亿元，与上年同比增长12.94%；实现税利12.33亿元，同比增长25.69%；实现利润2.72亿元，同比增长80.13%；平均单箱税利4151元，同比增长16.83%。出口创汇1124.25万美元，同比增长12.16%。资产负债率13.53%，同比提高7.18%。

品牌战略和产品介绍

坚持“科技先导，纯净奉献”的企业宗旨，以“中南海”品牌建设为核心，坚持“首都是基础，空间在外埠，开拓在海外”的营销方针，采用中草药技术、低焦油技术、低自由基技术和纳米技术，重点开发低焦油、低危害混合型卷烟，努力成为中国混合型卷烟和高科技卷烟研发生产出口基地。2006年，围绕“把‘中南海’品牌打造成为中国混合型卷烟第一大品牌”这一总体目标，加大市场拓展和品牌整合力度，实现产品结构的新调整和新提升，“中南海”卷烟销量占总销量的比重从上年的57%上升到75%。

2006年，生产“中南海”卷烟111.80亿支(22.36万箱)，与上年同比增长40.97%。销售“中南海”卷烟112.46亿支（22.49万箱），同比增长43.35%；出口“中南海”卷烟9.9亿支（1.98万箱），同比增长9.76%。“中南海”卷烟销往全国32个省份、134个地区，远销日本、韩国、新加坡、中国香港、中国台湾等国家和地区，成为全国出口混合型卷烟第一品牌。2006年7月1日推出“中南海（薄荷）”卷烟，全年出口日本0.9986亿支（0.1997万箱），出口马来西亚0.053亿支（0.011万箱）。

体制改革

2006年，顺利实现三项制度改革新的薪酬体系对接。建立起岗位薪级工资制度。明确231个岗位，由过去的“一岗一级”转变为“一岗多级”宽带薪酬体系。建立起岗位发展通道制度，从职工职业生涯设计和发展的角度，将岗位分为管理类、技术类、营销类、职能类、技能作业类5个大类12个序列，与宽带薪酬体系相结合，建立起岗位发展通道。由身份管理向岗位管理转变，明确“以岗定薪、岗变薪变、一岗多级、绩优薪升”原则来进行企业人力资源的管理。

技术改造

2006年，企业以“现代不豪华，舒适不浪费”为原则，以“精心组织，建立制度，周密安排，加快进度”为工作要求，相继取得市政、环境、卫生、安全、交通、人防、地震、园林、规划和开工等审批文件。完成制丝工艺、卷接包设备、物流配套、建筑信息等方面的方案调研、论证以及前期设计工作，并开展联合工房、土方回填、物流系统和控制系统等项目的招标工作。做好临时办公、围墙建设、地质勘察、水电开通等施工前期基础工作，明确岗位责任制，建立起项目、监督和档案管理制度。2006年12月29日，北京卷烟厂易地技改项目正式开工。

科技创新

加快“减害降焦”工作实施步伐。“利用纳米技术有效降低卷烟烟气中有害物质含量”项目通过国家局的鉴定，达到国际领先水平。“自由基限量标准”项目完成对100多种国内外卷烟中自由基含量的测定工作。“烟气有害物质的快速检测”项目、“近红外检测技术应用”项目取得新的进展。条烟缺包检测装置项目申报国家新型使用技术专利和发明专利。进一步降低产品焦油含量，品牌平均焦油含量达到10.29毫克/支，比上年降低0.2毫克/支。此外，北京卷烟厂《利用纳米技术有效降低卷烟烟气中有害物质含量的研究》论文在CORESTA学术交流会上受到广泛关注和赞誉。

企业管理

基础管理。以“眼睛向内练内功，在精细实上下功夫”为管理要求，编制、修订企业标准592项，初步形成与集团公司统一的标准化体系。同时，深入推进管理创新活动、卓越绩效评价和设备要素管理，取得较为明显的成效。

节约降耗。把节约降耗与预算管理相结合，细化完善预算制度，明确降耗项目。全年烟叶单耗6.72公斤/万支，比上年降低1.61%，节约费用成本800万元。其中配方成本减少370万元。

质量控制。围绕“大协议、小订单”运行模式，以精细化管理为核心，坚持生产围着市场转，克服库存较低、供货紧张、前紧后松等困难，保证市场供应。进一步贯彻新卷烟工艺规范，深入开展过程工艺验证，提高改进设备效率，提高加工能力和保障水平。

安全管理。进一步落实各级安全岗位责任制，有针对性地强化安全教育，开展突发安全事故演练活动。定期组织安全大检查，积极整改，消除隐患。

内部管理监督

深入开展同级审计和专项检查等工作。成立相应的领导班子和工作班子，重点从专卖管理、工资福利、会计核算、账外账、资产质量等方面入手开展自查，根据检查出来的问题，制订整改方案，建立完善内部控制制度和自我监督长效机制。同时，落实企业内部监管一体化工作，明确企业第一批11个监管重点，并编制相应的监管标准化文件。

职工教育培训

2006年，继续开展创建学习型企业活动。组织开展软件、会计、档案、安全、信息和标准化等基础知识培训，以及市场营销、职能管理、专业技能和绩效管理等培训。同时，组织93名职工参加特有工种技能等级鉴定。

特事要辑

1月26日，国家局局长姜成康考察北京卷烟厂。

上海烟草（集团）公司天津卷烟厂

概　况

天津卷烟厂其前身为始建于1919年的天津英美烟草公司。1952年被中央人民政府接管，更名为天津卷烟厂。2004年12月与上海烟草（集团）公司签署联合重组协议，更名为上海烟草（集团）公司天津卷烟厂。企业占地面积18.28万平方米，年生产能力200亿支（40万箱）。企业资产总额10.44亿元，有在职职工1021人，拥有各类专业技术职称人员139人，其中，高级职称3人、中级职称58人、初级职称78人；研究生学历5人、本科学历66人、专科学历89人。拥有一条5000千克/小时制丝线、10台套PROTOS70卷接机组、5台套GDX1包装机组、5台套GDX2包装机组、5台套SUPER9卷接机组、3台套B1包装机组和5台套滤棒成型机组等卷接包生产线关键设备。

领导成员

企业实行厂长负责制，主要领导成员有：

厂长、党委书记：李钢成

副厂长、党委委员：田振勇

副厂长、党委委员：唐　涛

副厂长、党委委员：张培勇

副厂长、党委委员：朱洪武（－2006.7）

党委副书记：宋　玮（－2006.7）

党委副书记、纪委书记、工会主席：孟庆荣

副厂长：李　卫（2006.6－）

生产经营

2006年生产卷烟145.99亿支（29.20万箱），与上年同比增长10.19%。其中，生产一类烟1.14亿支（0.23万箱），同比增长5.56%；二类烟5.26亿支（1.05万箱），同比减少15.71%；三类烟50.58亿支（10.12万箱），同比增长2.95%；四类烟71.51亿支（14.30万箱），同比减少5.97%；五类烟17.5亿支（3.5万箱）。销售卷烟146.9亿支（29.38万箱），同比增长11.75%。其中，“江山”7.01亿支（1.4万箱），“恒大”77.09亿支（15.42万箱），集团公司品牌62.8亿支（12.56万箱）。实现卷烟销售收入11.63亿元，同比增长10.45%。实现税利5.98亿元，同比增长6.22%；其中，利润0.02亿元，同比减少18.03%（大部分利润用于消化历史遗留不良资产）。

产品介绍

2006年生产“江山”、“恒大”、“大前门”、“牡丹”、“飞马”5个品牌的12个规格。其中，“江山”、“恒大”、“牡丹”品牌被列入《卷烟产品百牌号目录》。“恒大”系列卷烟创牌于1947年，该品牌以香气浓、吃味纯、劲头足为特点，连续三次被认定为“天津市著名商标”。“江山”系列卷烟以“关注人的需求，关爱人的健康”为经营理念，连续两次被认定为“天津市著名商标”，并被评为“天津市名牌产品”。“牡丹”2006年首次被认定为“天津市著名商标”。

技术改造

按照集团公司“十一五”技改工作总体要求，于2月16日成立技改办公室。3月31日召开“十一五”技术改造项目研讨会。7月12日，取得国家局关于天津卷烟厂“十一五”技改项目征地事宜请示的批复。8月23日，与天津市东丽区人民政府正式签订天津卷烟厂“十一五”技术改造项目征地协议。11月17日，“十一五”技改项目通过专家论证。12月26日，国家局正式批复天津卷烟厂“十一五”技术改造项目。12月31日，天津市规划局同意天津卷烟厂“十一五”技改建设项目的选址意见。

科技创新

加快“减害降焦”工作实施步伐，进一步优化卷烟加工工艺指标，中草药添加技术研究取得一定进展。《酶水解连续流动测定烟草中的淀粉含量》论文在世界烟草科技大会上发布。深入开展群众性技术革新活动，《降低膨胀烟丝掺配电子秤动态累计误差》课题荣获“茅台杯”全国QC小组成果发表赛一等奖。

企业管理

为适应集团化运作模式，天津卷烟厂进一步加大资源整合力度，优化人力资源配置。本着“系统梳理、关注现场，分步推进，整体提升”的原则，对全厂各级制度进行全面、系统的梳理，建立企业管理标准化体系和其他相关制度，将企业各项工作纳入制度化、标准化管理轨道。完善绩效考核体系，初步建立“一流工厂KPI”指标。按计划要求开展岗位调查分析，撰写职位说明书中的岗位任职资格，梳理管理人员及专业技术人员能力清单，建立分层分类的胜任能力模型。与此同时，制订薪酬体系和绩效管理体系等改革方案。

稳定提高工艺制造和产品质量保障能力、主要工序参数化控制实现率。进一步提高质量管理体系的运行质量、有效性和保障能力。2006年，设备管理工作提前一年获得集团公司“设备管理二级企业（单位）”称号。落实集团公司资金统一监管要求，构建资金管理中心平台；以提升企业成本管理能力为切入点，强化经营管理，完善经营机制，提高经济运行质量。

信息化建设

初步完成生产指挥系统的移植，实现产供销集成连接。人力资源信息集成系统和计量器具管理、五金零备件管理、销售（MIS）管理、计划排产管理等系统按计划实施。同时，为保证国家局卷烟生产经营决策管理系统规范、有效、正常运行，制定一系列管理制度，做到环环把关、严格监控，始终保持打码率和扫码率100%。

上海高扬国际烟草有限公司

概　况

上海高扬国际烟草有限公司创建于1992年2月，1995年7月正式投入生产，由上海烟草（集团）公司、香港南洋兄弟投资（中国）有限公司合资经营，投资总额为5000万美元。公司占地面积4.8万平方米，拥有1条3300千克/小时的德国HAUNI公司制丝线，1条1000千克/小时的制梗线，1条800千克/小时的白肋烟线，8台套卷接包机组，年生产能力150亿支（30万箱）。截至2006年底，公司共有员工353人，资产总额4.01亿元。

领导成员

公司实行董事会领导下的总经理负责制，主要领导成员有：

董事长：高宪法

副董事长：陆大镛

董　事：朱明华　陈　烨　陆永年　李　跃　谢亦三

总经理、党总支书记：谢亦三

副总经理：徐国强（－2006.8）

党总支副书记、工会主席：盛晓敏

副总经理：张　强（2006.8－）

总工程师：蔡得明

生产经营

生产委托加工卷烟93.86亿支（18.772万箱），与上年同比增长4.59%；实现销售收入1.75亿元，同比增长7.36%。实现税利0.79亿元，同比增长45.97%；实现利润0.32亿元，同比增长7.08%；单箱税利308.81元，同比增长2.41%。

产品介绍

以委托加工生产低焦油卷烟产品为主，生产的卷烟品牌有“牡丹”、“红双喜”、“金鹿”等，并与日本烟草产业株式会社合作来料加工生产“七星”牌卷烟。

技术改造

完成一套ZJ112－ZB47机组、两组PROTOS1－8卷接机以及瑞龙连接设备的调试、验收、整改等工作，实施一组德斐坏烟处理机改造项目，提高了设备对生产、工艺、质量的保障能力和制丝生产品质控制能力。

企业管理

财务管理。将预算指标由原来的70项细化成191项，明确指标的构成、责任人、组织关系和范围。对预算管理系统与主要业务的权力点进行梳理，确定主要权力点77项，并全部实施授权管理，使全年预算相符率达到98.9%。

质量管理。建立“问题排摸分类—分析失控点—完善控制方法—培训与实施”的防范流程，形成质量异常防范体系。全年因制造质量原因造成的消费者投诉共4次，理赔率0.01PPM，未发生质量事故和二、三级工序异常。工艺能力满足率为93.65%，比上年提高4.25个百分点。

劳资管理。全面开展管理干部“四定”调研工作，完成干部换届聘任工作。对各部门工人岗位进行定员定岗，优化人员配置，积极鼓励基层职工走技术型的成长发展路线，并坚持技术比武、师徒带教、技师立项、评优晋级等职工技能振兴的有效做法。

安全管理。开展危险源的辨识、评价，确立危险源35个，修订完善重点危险源控制措施43条。通过“安全月”系列活动、“119消防日”主题活动以及全员安全承诺等活动，加大安全教育的影响力和渗透力。

信息化建设

根据用户的个性需求，从三个层面推进公司信息资源的开发利用：一是面向基层用户，建立固化的查询分析层。通过开发网上报表系统，满足用户固定需求。二是面向专业管理者，建立灵活的报表分析层。通过扩充财务固定资产、卷包剔除、废料等BO数据语义层，提升各部门数据分析利用水平。三是面向课题攻关小组，建立综合的查询分析层。针对特定问题进行多层次、多角度、多阶段的分析处理，并与零配件采购、轮季保、日常设备维修相结合，将分析的结果直接用于指导实践。

队伍建设

实现技术队伍由经验型向知识型、由单一型向复合型的转变，为企业凝聚人、引导人、培养人营造良好氛围。全年共组织职工培训520人次，培养高级工23人。截至2006年底，公司有111人具有高级工及以上职称，260人达到高中及以上文化程度。同时，公司助理级及以上技术职称人员上报论文49篇，上报率比上年提高44%。

企业文化

形成企业自身的文化特色，即建立和有效运行集中化、扁平化组织机构的企业制度、以自主管理和学习型组织建设为特点的班组文化、以“真诚实践十六字质量方针”为目标的质量文化。结合“‘两个至上’在岗位”主题实践活动，不断挖掘“两个至上”行业共同价值观内涵。开展员工文明行为大讨论活动，编制《高扬公司员工文明行为手册》，着手搭建企业文化框架。

（胡剑平）

江苏中烟工业公司

概　况

江苏中烟工业公司成立于2003年9月17日。2006年9月实行管理体制改革，公司与所属南京卷烟厂、徐州卷烟厂、淮阴卷烟厂、江苏省烟草物资公司合并重组为一个法人实体，注销江苏省烟草物资公司，取消各卷烟厂法人资格，公司和各卷烟厂实行母分公司管理模式。南通烟滤嘴有限责任公司、江苏格瑞实业有限责任公司、江苏烟草原料发展有限责任公司、江苏烟草机械有限责任公司成为江苏中烟工业公司的4个全资子公司，实行母子公司管理模式。2006年江苏中烟工业系统共生产内销卷烟843.5亿支（168.7万箱）。截至2006年底，公司资产总额189.26亿元，与上年同比增长16.67%，其中，净资产29.63亿元、流动资产147.74亿元。公司共有员工7695人，其中机关员工68人。

领导成员

公司实行总经理负责制，主要领导成员有：

总经理、党组书记：蒋洪喜

副总经理、党组成员：王广志

纪检组长、党组成员：俞惠梅

党组成员、南京卷烟厂厂长、党委书记：张岩磊

党组成员、徐州卷烟厂厂长、党委书记：张铭业

党组成员、淮阴卷烟厂党委书记：刘加荣

副巡视员：郭粉林（2006.2－）

组织机构

公司下设办公室（外事办公室）、人力资源部、党群工作部、监察部、法律与改革部、财务管理部（投资管理部）、审计部、综合计划部、企业管理部、市场营销部、原料供应部、物资供应部、安全保卫部、后勤服务部、技术中心、信息中心16个部门。

其中，办公室（外事办公室）和后勤服务部合署办公，监察部和人力资源部合署办公，法律与改革部和党群工作部合署办公，安全保卫部和企业管理部合署办公，财务管理部和投资管理部合署办公。

生产经营

2006年生产卷烟843.5亿支（168.7万箱）。其中，生产一、二类烟379.64亿支（75.93万箱），与上年同比增长4.24%，占总产量的45%；三、四类烟381.73亿支（76.35万箱），同比增长1.12%，占总产量的45.26%。销售卷烟845亿支（168.9万箱），其中省外销售量为226.1亿支（45.2万箱），同比增长17.4%。出口1.91亿支（0.38万箱），库存0.96亿支（0.19万箱）。

全年实现销售收入202.5亿元，与上年同比增长13.8%。实现税利159.04亿元，同比增长15.1%，其中实现利润46.69亿元。平均单箱税利9416元，同比增长10.89%。

品牌战略和产品介绍

以“百牌号”发展为重点，加大资源整合力度和调控力度。建立品牌评价体系，加强品牌管理调控。坚持中式卷烟的发展方向，着力培养主导品牌“苏烟”、“南京”、“一品梅”、“红杉树”，建立原料保障机制，保证骨干品牌充分享用计划资源，整合研发力量，提高品牌科技含量和质量水平，坚持“稳步降焦，重在减害”的原则，确保名优卷烟品牌质量为基点，加大省外市场开发力度，省外市场销量不断增加。

2006年重点品牌“苏烟”、“南京”、“一品梅”、“红杉树”总销量为680亿支（136万箱），与上年同比增长10.4%，占总销量比重的80.5%。其中，“南京”销量为216.35亿支（43.27万箱），同比增长11.1%；“一品梅”销量为197.13亿支（39.43万箱），同比增长5.8%；“红杉树”销量为240亿支（48万箱），同比增长12%；“苏烟”销量为26.43亿支（5.29万箱），同比增长27.8%。

体制改革

2006年7月24日，国家烟草专卖局下发《国家烟草专卖局关于江苏卷烟工业企业管理体制改革的批复》（国烟法〔2006〕503号），取消南京卷烟厂、徐州卷烟厂、淮阴卷烟厂、江苏烟草物资公司的法人资格，与原江苏中烟工业公司合并重组为一个法人实体，名称沿用“江苏中烟工业公司”。2006年9月，公司新的工商营业执照办理完毕。12月19日，公司与所属的南京卷烟厂、徐州卷烟厂、淮阴卷烟厂在南京举行重组仪式。

科技创新

公司制定《江苏中烟工业公司科学技术委员会章

程（暂行）》、《江苏中烟工业公司专家委员会管理办法（暂行）》，分别成立江苏中烟工业公司科学技术委员会和江苏中烟工业公司专家委员会。建立和健全知识产权管理制度，制订《江苏中烟工业公司专利管理办法》。

组织申报科技项目《碎片梗丝膨胀（ESS）应用技术研究》，获得国家局2006年度科技项目立项，《数字化卷烟配方》项目获2006年度国家局科技进步三等奖。2006年，江苏中烟共立项烟草科学研究与技术开发项目9项，内容覆盖产品研发、工艺研究、烟草化学、卷烟主要材料、市场分析等领域。抓好减害降焦集成技术的研究和应用，2006年江苏中烟综合焦油加权平均值为12.4毫克/支。

企业管理

管理体系建设与整合。2006年着重引导和督促各单位开展“三标一体”或“两标一体”的管理体系整合，降低管理成本。南京卷烟厂、徐州卷烟厂先后通过了上海质量审核中心的质量、环境、职业健康安全三体系认证；淮阴烟厂着力进行职业健康安全管理体系建设并顺利通过上海质量审核中心的审核；南通烟滤嘴有限公司融合质量、环境、职业健康安全三个标准的所有要求，对公司资源进行有机整合，以卓越绩效管理模式整合三个体系。

重点产品生产体系建设。徐州卷烟厂在全厂进行“苏烟品牌工程链”建设；南通烟滤嘴有限公司组织建立和完善了特种滤棒生产组织体系，明确特种滤棒工艺策划、生产组织工作的流程和岗位的职责。

专卖管理监督。围绕计划执行合同签订、卷烟打扫码、准运证开具、到货确认、货款结算等重点环节加强专卖管理，对2005年1月至2006年9月专卖品经营中执行专卖制度情况进行自查和复查，加强对所属企业的检查监督；将卷烟商标、铝箔纸、水松纸、香精香料列入重点材料，实行审批管理。

财务管理。制定《预算管理》、《资金管理》、《国有资产管理》、《财务总监委派》等制度，初步形成重组后财务管理体制的架构。以资金管理、预算管理为中心，提高财务管理水平。开展多元化经营企业的清产核资工作，逐步理顺产权关系。加快会计电算化进程，着力提高会计核算水平。

安全管理。对南京卷烟厂、徐州卷烟厂、淮阴卷烟厂三家卷烟生产点和南通滤嘴厂、江苏格瑞公司两家直属公司的安全生产工作实施全面监督管理。调整修改全系统安全管理制度，层层落实安全生产责任制，健全和完善安全生产预警防范机制。

劳资管理。严格工资规范管理，制订进一步严格收入分配管理的相关规定。为适应江苏烟草工业系统合并重组后新的内部管理体制，制订各卷烟厂、直属公司领导干部的工资管理办法，对公司各基层单位领导干部的工资管理工作进行规范，理顺工资管理关系，建立健全激励约束机制。

物资管理

烟机零配件管理。制订并下发《江苏中烟工业公司烟机零配件经营管理办法》和《江苏中烟工业公司国产烟机零配件供应厂商资质认证实施细则》，成立烟机零配件资质认证小组，于2006年4月下旬启动烟机零配件供应厂商资质认证工作。完成中烟机零配件交易会会员及江苏分会会员换证工作。加大进口烟机零配件集中统一采购的管理力度，督促各厂优化工作流程、强化档案信息管理，严格控制国产件替代进口件的进程。

原料供应管理。制订《江苏中烟工业公司烟叶供应管理办法（暂行）》，确立“三统一、四分开”的烟叶原料供应工作原则，即工业公司统一烟叶计划管理、烟叶货款结算和烟叶基地建设，各卷烟厂分别采购、加工、质检、储运。下发系列规范性文件，统一工作标准，实现业务流程再造，使烟叶巡检、监打和结算工作做到程序化、制度化、规范化。烟叶基地建设以部分替代进口试验示范项目为切入点，以投资参股打叶复烤企业为手段，提高基地建设的水平。烟叶采购实施层级化管理，以烟叶质量管理和巡检为抓手，加强原烟工商交接中的质量管理；加工过程中以推行打叶复烤企业资质认证和落实烟叶打叶复烤监打工作规程为手段，加强烟叶打叶复烤过程监管。

辅料供应管理。制订《江苏中烟工业公司卷烟材料经营管理办法》，编制了《卷烟商标、铝箔纸、水松纸需求情况申报表》，严格要求各厂按上、下半年的预排产量，分品种、规格上报需求数量及相关供应商，强调辅材和供应厂商名称的规范填报，要求名称与结账发票名称相统一，细化对卷烟商标小盒和条盒的独立核算价格的填报。确定2006年度各种辅料的定点供应厂商，重新审定材料的最高限价。

辅料生产企业

南通烟滤嘴有限责任公司。成立于1981年，原名南通烟滤嘴实验工厂，2006年改制更名为“南通烟滤嘴有限责任公司”，成为江苏中烟工业公司下属的子公司。企业占地面积为2.995万平方米，拥有总资产1.24亿元。共有职工342人，其中，大专以上学历105人、中级技术职称32人。作为国家局定点的专业化滤嘴生产研发企业，年生产各种规格型号滤嘴能力达100亿支。拥有高速进口成型机12台，其他各类成型机17台。

公司生产“南星”牌滤嘴棒。2006年共生产滤嘴棒107.36亿支，同比下降0.1%。销售滤嘴棒108.03亿支，实现销售收入17584.6万元，同比上升3.97%。实现税利1754万元，其中实现利润1030万元。资产负债率35.81%，同比下降27.5%。

江苏格瑞实业有限责任公司。成立于2002年3月，是江苏中烟工业公司的全资子公司。公司占地面积为3.895万平方米，拥有总资产2.02亿元，其中固定资产1.29亿元，是全国第一家专业生产二氧化碳膨胀烟丝企业。共有员工173人。

2006年共生产膨胀烟丝3869.539吨，实现税利9200万元，其中实现利润1976万元，均与上年基本持平。

深入开展膨丝工艺技术研究。改变以前单纯物理加工的传统模式，针对不同部位烟叶的加工特性，全面实施“分组加工”工艺研究。开展“生物添加剂”和“保润剂”实验。7月参加国家局在上海举办的二氧化碳膨胀烟丝应用技术研讨会，并就膨丝工艺研究做了专题发言。

积极开展质量管理QC活动，2006年《延长浸渍器旋转接头泄露间隔》、《降低生产线安全隐患率》和《提高MC－45计量带润滑效果》三项QC成果，在省公司的评审中获一个二等奖、两个三等奖。

除与省内外客户保持良好合作外，公司积极开展膨胀烟丝出口业务。从3月起，与香港南洋兄弟烟草公司、中国烟草福建进出口有限责任公司洽谈膨胀烟丝出口香港业务。从5月起，与中国烟草辽宁进出口公司洽谈出口东南亚业务。

信息化建设

编制《江苏工业数字烟草建设规划》，对江苏中烟工业系统的信息化建设进行整体规划。制定《关于落实〈数字烟草发展纲要〉的实施意见》，规范信息系统的整合和全系统的信息管理工作。加大信息化工作的考核与检查力度，把信息化工作与企业经济责任考核挂钩。

完成协同办公体系建设。4月完成公司机关协同办公系统的实施工作，5月开始在机关双轨制运行，并于月底组织了针对系统管理员的集中培训。8月，公司机关投入运转。11月，5家下属单位的公文流转、网上审批、档案管理、信息发布等核心功能实现正常流转。

推进公司集团化企业资源计划系统（ERP）建设，完成了涵盖公司物资采购、库存管理、财务管理、生产管理、营销管理、客户管理一体化的需求设计，完成了产品、烟叶、烟用材料、烟机零配件的统一编码规范制定和产品的统一编码工作。进行财务核算系统的集中部署，在原徐州卷烟厂财务系统基础上，将徐州卷烟厂NC3.0系统升级并移植到省公司，解决省公司合并后的并账运行问题。

做好信息及网络安全体系规划与建设，对网络系统进行扩容和升级，对机关内使用的IP地址进行重新规划。完成《江苏中烟工业公司网络升级和信息安全体系建设》方案设计，制定《信息安全工作管理规范》。组织信息化工作自查工作，10月底通过国家局考核小组的考核。

队伍建设

推行干部人事制度改革，制定《江苏中烟工业公司干部人事管理办法（暂行）》等文件。实行厂（处）级领导干部试用制、聘任制、任期制，建立干部实绩考核评价标准和指标体系。实行优秀科级干部享受副处级待遇制度，实行改任非领导职务、离岗退养制度和财务总监委派制等。

加大教育培训力度。3月，举办江苏中烟工业系统通讯员培训班和《公司法》的普及培训；8月，组织学习关于体制改革的相关文件及14份新的内部管理制度文件等。11月，国家局将江苏中烟作为教育培训评价工作的试点单位。各单位从加强教育培训管理、组织教育培训实施、做好教育培训保障工作、建立健全教育培训考核和激励机制4个方面，根据23条指标逐项进行检查。

思想政治工作

开展学习贯彻社会主义荣辱观、学习胡锦涛在建党85周年大会上重要讲话精神、《江泽民文选》、十六届六中全会精神和省第十一次党代表会精神等教育活动，在网站开辟学习专栏，组织全系统分阶段、分步骤开展教育活动。

5月至12月开展以“‘两个至上’在岗位，我为改革发展做贡献”为主题的实践活动。开展主题演讲比赛、征集岗位具体荣辱标准、开展专题座谈交流会、进行岗位评先创优表彰等4项活动。其中，在8月组织的主题演讲比赛中，演讲比赛与公司新内部管理办法培训班同步进行。推荐的两名选手在国家局主办的“‘两个至上’在岗位”演讲比赛中，分别获得二、三等奖。

坚持组织公司机关工作人员每周二下午进行例行学习，播放企业管理、廉政警示、社会主义荣辱观等教学光盘，将职工教育培训与时事教育、政治理论学习相结合。

党风廉政建设

学习贯彻党章，起草下发《中共江苏中烟工业公司机关委员会2006年度工作要点》，制订学习计划并于6月初组织机关全体党员进行了一次党章知识测试。

积极构建惩防腐败体系，相继制订《关于加强对全省烟草工业系统各级领导班子及主要领导干部监督的实施办法》、《江苏中烟工业公司关于处级以上领导干部个人重大事项报告制度实施办法》等。坚持民主生活会以及干部述职、述廉制度，干部个人收入、重大事项报告制度；坚持对干部选拔任用的监督；坚持党组理论学习中心组学习制度；坚持纪检监察部门对管理过程的监督。

开展加强党的先进性教育活动，起草通过《中共江苏中烟工业公司党组关于加强全系统党的先进性建设的意见》。组织机关党员开展多种主题教育活动，“七一”前，组织机关全体党员干部参观连云港赣榆县爱国主义教育基地抗日山；“七一”前，将印有社会主义荣辱观的具体内容及廉洁格言的廉政书签一套发放到每名党员手中；组织机关全体党员观看教育影片；以部门为单位开展向行业先进个人高荆洪烈士学习的活动。

特事要辑

1月16日，徐州卷烟厂“十一五”重点跨越工程举行奠基仪式。

7月5日，国家局科教司在上海组织召开“干冰膨胀烟丝线热端设备改造与试验”项目鉴定会和“干冰膨胀烟丝技术发展前景”研讨会，格瑞公司工艺主管工程师就“干冰法膨胀烟丝的工艺优化与质量改进”作专题发言。

9月30日，江苏中烟工业公司与南京卷烟厂、徐州卷烟厂、淮阴卷烟厂、江苏烟草物资公司合并重组为一个法人实体，原各卷烟厂取消法人资格。

12月19日，江苏中烟工业公司与所属的南京卷烟厂、徐州卷烟厂、淮阴卷烟厂在南京举行重组仪式。

所属企业

江苏中烟工业公司南京卷烟厂

概　况

江苏中烟工业公司南京卷烟厂前身为成立于1948年的南京卷烟厂，2006年7月取消南京卷烟厂法人资格后改制更名而来。新厂区占地面积为27.2万平方米。2006年企业年生产卷烟350亿支（70万箱），拥有总资产80.97亿元，其中，固定资产（原值）16.7亿元、流动资产70.76亿元。共有员工1500余人，其中专业技术人员500多人。拥有国内第一台套超高速卷接包卷烟机组、国内先进水平的GD121、PRTOS等卷烟设备和现代化的制丝生产车间。

2006年，企业上缴税金分别位居江苏省、南京市大中型企业中第一名。

领导成员

厂长、党委书记：张岩磊

副厂长、党委委员：李　鸣

副厂长、党委委员：王振洲

副厂长、党委委员：黄　彪

副厂长、党委委员：王　宁

副厂长：成　群（2006.4－）

副厂长：谢文浩

纪委书记、党委副书记：龚怀龙

工会主席：刘殷亭（2006.10－）

财务总监：杨　勇（2006.9－）

生产经营

2006年生产卷烟310.65亿支（62.13万箱），与上年同比下降2.46%。其中，生产一类烟84.24亿支（16.84万箱），同比增长68.04%，占总产量的27.12%；二类烟117.14亿支（23.42万箱），占总产量的37.71%；三类烟76.4亿支（15.2万箱）；四类烟11亿支（2.2万箱）。销售卷烟332.70亿支（66.54万箱），同比增长7.49%。

2006年实现销售收入82.26亿元，与上年同比增长27.4%。实现税利69.07亿元，同比增长19.14%，其中，实现利润22.73亿元，同比下降6.8%。

品牌战略和产品介绍

围绕“重点发展高中端市场”的品牌战略，全年重点开发“南京（至尊）”、“南京（金牌）”的销售市场。组织攀岩等大型活动，以生活理念的塑造引导消费，创新细支“梦都”的市场推广模式。进一步巩固省内市场的基础，深化与山东、浙江、安徽等省市的战略合作关系，新增辽宁、福建、重庆等市场。

“南京”系列生产216.55亿支（43.31万箱），占总产量的69.72%，销售237.5亿支（47.5万箱），占总销量的71.4%，同比增长13.27%；“梦都”系列销售34亿支（6.8万箱），占总销量的10.2%。其中“南京”品牌被评为江苏著名品牌。3月推出“南京（至尊）”；4月推出自主研发的“梦都”超细卷烟，填补国内烤烟型超细卷烟的空白。“梦都”超细商标设计获“中国十大烟标”金奖。

机构调整

2006年1月，撤销南京卷烟销售有限责任公司，与南京卷烟厂销售处合并，2月13月组建了南京卷烟厂销售公司。进行两次销售组织结构的整合调整，统一销售职能，形成覆盖省内外的销售队伍，增设市场处、综合处。

科技创新

发挥科技项目管理委员会的职能，完善“分组竞争，组内合作”的研发机制、科技成果评价体系，推进卷烟产品的清洁生产技术、节能环保技术的研究和应用。与南京师范大学共同开展“选择性降焦减害研究”项目并上报江苏省科学技术委员会，进入省科技重大项目。5月在国家局“大丰收”叶组配方公开评审中，叶组配方被列为标杆叶组配方；在调香及中试样品招标中夺魁，成为定点生产厂家之一。组织进行技术攻关，整改制丝工艺。

企业管理

财务管理。开展以专卖管理和同级审计监督为主要内容的“两项检查”活动，同级审计通过国家局的验收。以全面预算管理为龙头，加大对经济活动的控制。编制切合实际的部门预算，规划控制企业经济活动，通过对经营结果及财务指标的对比分析，有效控制了资金支出，提高了资金利用率。

质量管理。推进质量管理、环境管理和职业健康安全管理体系“三标一体”的整合，通过内部审核，跟踪验证，“三标一体”整合顺利通过上海质量认证中心的认证。完善质量管理体系，开展消耗、质量、设备运行相关性的研究，控制消耗，减少规律性的硬点飘移。完善深化质量指标体系，加大对卷烟质量的检验结果理化分析，质量得分由年初的91.42分上升并稳定在96分，抽检合格率为100%，在国家局上半年市场抽检内外质量综合得分中排名第九。

人事管理及培训工作。启动“三个通道”的考核评聘工作，全年共聘用主任、副主任技师5名，主任、副主任科员10名，技师12名。开展职工培训，全年开办42期累计3800人次的培训活动。其中，包括第四期、第五期管理人员轮训，中层干部安全知识和“用心沟通”培训，《卷烟》新国标培训等。

思想政治工作

结合合并重组的形势，利用内外网站、企业报、电子屏幕、宣传橱窗等载体，开展“‘两个至上’在岗位，我为改革发展做贡献”的主题实践活动、社会主义荣辱观的宣传教育。选派6名选手参加省中烟工业公司组织的“‘两个至上’在岗位”演讲比赛，获一等奖。组织征文和演讲比赛，弘扬先进人物事迹。组织“爱心捐助”活动，赞助在校贫困大学生。开设老年大学书法班。

党风廉政建设

开展普法教育、廉政教育，全年组织进行了5次廉政教育活动。构建企业惩防体系，层层签订党风建设责任状。全年企业干部上缴礼品礼金价值70多万元，企业获“南京市党风廉政建设优秀单位”称号。

江苏中烟工业公司徐州卷烟厂

概　况

江苏中烟工业公司徐州卷烟厂其前身为成立于1939年的徐州卷烟厂，2006年7月取消徐州卷烟厂法人资格后改制更名而来。企业占地面积为27万平方米，年生产卷烟750亿支（150万箱）。拥有总资产57亿元，其中，固定资产15.6亿元、流动资产41亿元。共有在岗职工3276人（澄城分厂1221人），其中，大中专以上学历799人、高级技术职称8人、中级职称129人。企业拥有国内第一条世界领先的以应用叶丝高膨胀设备HXD为核心的6000千克/小时制丝生产线，拥有科技含量与国际先进水平同步的卷包加工机组及采用计算机智能化控制的物流系统和理化检测设备，拥有一个行业级技术中心，获得行业内首家国家发改委立项特批的电子商务专项基金。

2006年，企业入围“全国烟草行业效益十佳企业”和“全国纳税百强榜”，先后获“江苏省质量管理奖”、“省安康杯竞赛先进单位”、“省创建学习型企业工作先进单位”、“省企业文化建设先进单位”、“省和谐劳动关系模范企业”等称号。企业《厂务公开实施体系设计》获江苏省首届软科学成果三等奖。三级站检测班组、一车间总控班组、技术中心产品研究室班组分别被授予省“五一巾帼班组”、省“五一文明班组”和省“学习型班组”称号。常务副厂长王继林被评为“江苏省劳动模范”。

领导成员

厂长、党委书记：张铭业

副厂长、纪委书记、党委委员：张兴顺

常务副厂长、党委委员：王继林

副厂长、党委委员：宣晓泉

副厂长、党委委员：蒋安东

副厂长、党委委员：朱卫星

副厂长、党委委员、澄城分厂厂长、党委书记：董　彪（2006.10－）

副厂长、党委委员：高　宏（2006.10－）

工会主席、党委委员：王洪雷（2006.10－）

财务总监：边　姜（2006.9－）

生产经营

2006年生产卷烟287.25亿支（59.05万箱），与上年同比增长2.6%。其中，生产一至三类烟237.76亿支（47.55万箱），同比增长1.8%，占总产量的

82.8%；四、五类烟49.49亿支（9.90万箱），同比增长6.4%，占总产量的17.2%。销售卷烟287.34亿支（57.46万箱），与上年基本持平。

全年实现销售收入74.78亿元，与上年同比增长14.45%。实现税利61.47亿元，同比增长20.23%，其中，实现利润18.25亿元，同比增长26.63%。

品牌战略和产品介绍

针对"按订单组织供货"改革，牢牢抓住省内市场的同时，选择省外重点市场，以点带面，重点突破。"苏烟"、"红杉树"在山东、浙江、河北、安徽、陕西等地的销售量和品牌影响力进一步提升，成功进入海南省市场。

2006年销售"红杉树"240.21亿支（48.04万箱），与上年同比增长17.12%，占总销量的83.6%，实现销售收入34.12亿元，同比增长17.15%。销售"苏烟"27.53亿支（5.5万箱），同比增长26.87%，占总销量的9.57%，实现销售收入34.8亿元，同比增长28.95%。根据"大企业、大市场、大品牌"的发展思路，将"东渡"与"方塔"整合到"红杉树"品牌中，集中发展"苏烟"、"红杉树"两个主导品牌。2006年成功推出了新品"红杉树（五星）"。"红杉树"成为江苏烟草工业产销量第一的品牌，连续四个月进入全国烟草所有品牌总销量的前二十位。"苏烟"、"红杉树"获"中国卷烟行业十大最具影响力品牌"称号。

技术改造

引进全国第一条HXD+ESS制丝工艺生产线，其应用技术研究获得国家局年度科技项目立项。截至2006年底，"十一五"基建主体工程基本竣工，设备安装工作已全面展开，南厂区危房改造及生产辅助综合楼项目开始全面规划，澄城分厂全线自动控制的片烟生产线已投入使用。针对企业制丝线的关键设备进行重点攻关，制定出科学合理的工艺参数，提高了在线加工质量。质量稳定性和焦油波动范围均达到国内领先水平。

科技创新

围绕"提高产品技术含量，全面打造品牌核心竞争力"这一中心任务，加强技术中心建设，按时完成商标、盒皮改造工作，产品市场抽检合格率为100%。减害降焦工作取得新成效，卷烟焦油加权平均值有效控制在11.96毫克/支，同比下降3.9%。强化"苏烟工程链"建设，实施"苏烟"从原料、工艺、制丝、卷接、设备到仓储、销售等各环节的全面流程管理，配合企业CRM系统和800服务热线的应用。7月举办首批科技与管理创新项目成果评审会，34个科技与管理创新项目完成申报验收，新增47个项目获批立项。

企业管理

财务管理。推行全面预算管理，2006年按年度预算口径计算，经济责任考核效果明显，全年节能降耗6000余万元。

物资管理。从采购、收发、装卸、仓储各环节制定考核办法。通过比质比价、与供应商反复谈判，全年节约辅料采购资金566万元。积极探索物资联合存储方式，降低资金占用、缩短辅料库存周期，节约运输费、仓储费、保管费等200余万元。

劳资管理。完成"五险一金"的调整申报，出台工资承包方案，完善签审批制度，加强对部门考勤、劳动用工的管理，并重新设计了工资发放流程。以预算和经济责任承包指标为依据、以贡献大小为标准进行奖金分配。规范工资收入分配制度，解决了主业和多元化企业员工混岗问题。

质量和安全管理。以质量管理和职业健康安全管理体系建设为主线提高质量和安全管理水平，通过质量管理体系的复评审核。按照卓越绩效评价模式，以三大管理体系运行绩效为基础，荣获"江苏省质量管理奖"。以现场、工艺、质量、安全的全方位检查为主要督促手段，坚持监督检查经常化和制度化，规范企业的生产现场和安全生产行为，完成"九个为零"的安全目标，一、二级站产品抽检合格率达100%。

队伍建设

加大公开选拔、竞争上岗力度，全年共调整干部22名，其中提拔使用11名。推进"项目负责人制"和危机预警机制的实施。采取"送出去，请进来"的方式，全年共举办各类培训班70余期，6000多人次参加培训，人均培训课时30学时以上。分两批对全厂76名中层干部进行了两周的封闭式培训，举办了3期技能鉴定考核，100余名技术工人参加了中级、高级、技师和高级技师4个等级工鉴定，涉及12个工种。

党风廉政建设

按照"一岗双责"的要求，明确厂领导班子成员对分管范围内的党风廉政建设负直接领导责任，将厂领导班子集体廉政承诺予以公示，接受监督。按照江苏省廉政文化示范点建设标准，投入专项资金开展廉政文化进厂区活动，建立企业廉政网站、党风廉政教育活动室、开展廉政漫画征集活动。与徐州市人民检察院联合成立了预防职务犯罪协调工作小组，与徐州市人民检察院、鼓楼区人民检察院共同开展"十一五"重点跨越一期工程项目的专项预防工作。

企业文化

企业将文化建设纳入企业战略规划，坚持把企业文化与现代化的管理体系有机结合，把加强企业文化建设作为思想政治工作的主要内容，探索并实践具有徐烟特色的企业文化，提出永远以“世界一流”作为奋斗目标，努力提升“中国苏烟，尊贵经典”和“红红火火红杉树，红红火火红中国”的品牌形象。组织开展品牌宣传活动，先后成功组织了“红杉树杯”2006年长三角青年创业与科技创新扬州论坛，浙江、河北、海南等地的“苏烟”发展战略恳谈暨答谢会等大型品牌宣传活动。

特事要辑

1月16日，徐州卷烟厂“十一五”重点跨越工程举行奠基仪式。

12月1日，国家局副局长何泽华在徐州卷烟厂进行调研。

江苏中烟工业公司淮阴卷烟厂

概　况

江苏中烟工业公司淮阴卷烟厂其前身为成立于1945年的淮阴卷烟厂，2006年7月取消淮阴卷烟厂法人资格后改制更名而来。企业占地面积为34.07万平方米，年卷烟生产能力300亿支（60万箱）。截至2006年底，拥有总资产37.3亿元，其中固定资产（原值）15.6亿元。共有员工2261名。拥有进口COMAS模式6000千克/小时制丝生产线1条，HXD在线膨胀设备1套，PROTOS卷接机组15台套，FOCKE包装机组5台套，GDX2包装机组6台套。

2006年企业获“全国厂务公开先进单位”、“江苏省企业文化先进单位”、“江苏省纪检监察工作先进单位”等称号。制丝车间机电维修组获“全国质量信得过班组”称号。

领导成员

厂党委书记：刘加荣

厂长、党委副书记：唐　健

副厂长、党委委员、纪委书记：樊兆庆

副厂长、党委委员：强　青

副厂长、党委委员：郁雨昌

副厂长、党委委员：周　涛

副厂长、党委委员：陶利群

工会主席、党委委员：关　军（2006.6－）

财务总监：部广礼

生产经营

2006年生产卷烟247.5亿支（49.5万箱），与上年同比增长6.45%。其中，生产一类烟30.8亿支（6.2万箱），二类烟45.4亿支（9.1万箱），三类烟142.1亿支（28.4万箱），四类烟15.9亿支（3.2万箱），五类烟13.2亿支（2.6万箱）。销售卷烟248亿支（49.6万箱），同比增长7.11%。

全年实现销售收入48.7亿元（含税），与上年同比增长5.44%。实现税利27.8亿元，同比增长0.25%，其中，实现利润5.56亿元，同比下降11.13%。

品牌战略与产品介绍

加大省外市场的开拓力度，全年省外市场调拨卷烟59.75亿支（11.95万箱），同比增长19.8%。

2006年生产的卷烟品牌有“一品梅”、“国烟”、“华西村”。“一品梅”、“华西村”被国家局列入《卷烟产品百牌号目录》，其中“一品梅”是企业重点培育品牌。2006年销售“一品梅”系列卷烟197亿支（39.4万箱），与上年同比增长5.75%，实现销售收入33.2亿元，同比增长4.38%。“一品梅”在江苏省内有较稳定的市场份额，省外主要销往广东、福建、上海、黑龙江、吉林、辽宁、北京、天津、山东、陕西等20多个省区市。

2006年成功投放“一品梅（世纪佳品）”、“一品梅（特制1906）”和“华西村（经典）”三个规格。以“一品梅（世纪佳品）”的投放为切入点，启动“一品梅新世纪工程”，突出重点品牌、重点规格的市场培育工作。全年销售“一品梅（世纪佳品）”15.6亿支（3.12万箱）。“一品梅（特制1906）”逐步向全国市场投放。

机构调整

根据行业改革发展的需要和国务院有关文件精神，9月完成企业法人取消和工商注册变更相关工作。以贯彻落实江苏中烟工业公司制定的一系列内部管理制度为主要内容，推进管理流程再造。对内部机构进行了调整，新设技改工程部、财务企管部、技改处、设备能源处、质量管理处5个部（处），撤销了财务管理部、企业管理部、技改装备处、动力处、计量处、工艺质量处等7个部（处），推进扁平化管理。

技术改造

引进高速卷接、包装机项目获国家局批准。组织实施“十一五”技改工程，主要包括“十五”后期规划调整项目和烟叶仓储项目。6月举行奠基仪式，11月新建联合工房土建工程开工建设。全年完成主要项目和主要设备公开招标50多项，累计完成招标金额3.95亿元，无一项违规操作，无一例重大投诉。截至2006年底，完成联合工房基础柱梁的浇铸工作，烟叶仓库的四幢仓库的主体建筑建至四层（共五层）。开展2006年质量攻关活动，确立21个攻关项目并组织实施。

科技创新

拥有行业级技术中心，技术创新能力居行业前十名。2006年，成功研发、投放“一品梅（特制1906）”、“华西村（经典）”等新品，启动高档“一品梅”的研发工作。利用HXD系统开展工艺研究和试验，对国家局统一低档烟品牌“大丰收”配方进行了研究，被国家局选为标样产品。“数字化卷烟产品设计”软件应用达到国内领先水平，产品综合焦油含量12.05毫克/支。

企业管理

两项检查。开展内部专卖管理监督和同级审计两项检查相关工作，成立加强专卖管理监督领导机构，颁布《淮阴卷烟厂内部专卖管理监督制度》和《淮阴卷烟厂内部专卖管理监督自查工作实施方案》。对生产计划、卷烟营销、专卖物资采购、烟草专用机械、烟叶采购五个方面进行自查。开展内部管理制度执行情况和预算管理实施情况检查，12月通过国家局同级审计开展情况检查。

财务管理。完成联合重组过程中的账务调整，实行资金收支两条线制度和资金预算审批制度，资金管理平台投入使用。建立公积金管理程序和个人所得税计算上缴程序，开展经济责任审计和重大工程基建项目跟踪审计。

物资管理。把烟叶基地建设与品牌的长远规划结合起来，稳定提高烟叶基地化供应水平，推进替代进口烟叶示范项目，弥补进口烟叶数量的不足。2006年共调进烟叶1.85万吨（37万担）、烟梗0.43万吨（8.6万担）。截至2006年底，库存烟叶4.75万吨（95万担），可以满足32个月份的生产使用量。

日常管理。强化目标管理，确定全厂年度目标152个，开发“目标管理与绩效考核”工作软件。坚持安全教育和强化安全检查与隐患整改相结合，全年安全生产无事故。建立OHSAS18000职业健康安全管理体系并通过认证。

信息化建设

完成省公司统一协同办公系统的应用培训、推广，实施信息门户系统和烟叶物资管理系统，修订出台《计算机相关物资管理》、《信息系统运行维护及安全管理》、《信息系统开发》等信息系统管理标准。完成信息门户系统和烟叶物资管理系统各模块的设计和开发，完善辅材管理系统部分模块。

队伍建设

组织干部调整交流20余人次，对中层干部实行聘任制。为高中层干部举办人力资源、企业管理知识的培训，与大专院校联合举办各类学习班，邀请专家来厂进行讲座，发放相关书籍。组织参加2006年度技术大比武，以“高技能、新技师”为主题，分制丝设备SQ317、卷接设备PROTOS70和GD121、包装设备FOCKE350和GDX2等5个机型，组织烟机设备修理技师参加江苏中烟工业公司第二届烟机设备维修职业技能竞赛，3名专业技师获得国家局授予的“全国烟草技术能手”称号。

党风廉政建设

开展学习党章、学习和践行社会主义荣辱观、开展“两个至上”等教育，出台《淮阴卷烟厂党委关于进一步加强党建工作的实施意见》，制订了学习教育、党员管理等6项机制20项制度，开展争创“四好”领导班子活动。在全体党员中开展“争先创优”活动，召开由党支部书记、党员干部、普通党员、生产技术管理骨干等参加的党委民主生活会，共收集意见83条。召开2006年厂纪检监察工作会议，党委与14个重要部门负责人签订了2006年廉洁自律保证书。邀请淮安市纪委参与技改工程建设的监督，并与技改、基建部门签订了廉洁自律保证书，同时出台淮阴卷烟厂“十一五”技改工程工作人员廉洁自律十条规定。

企业文化

大力弘扬“敬业奉献，永不满足”的企业精神，坚持“以人为本，严爱相济”的理念，推进企业文化建设，形成具有“务实”、“和谐”、“进取”特质的企业文化体系。组织干部职工为社会弱势群体捐款捐物，引导职工树立社会公益心，营造“家和”文化。

（滕舜英）

浙江中烟工业公司

概　况

浙江中烟工业公司成立于2003年7月，2006年8月18日，取消杭州卷烟厂、宁波卷烟厂法人资格，组成新的浙江中烟工业公司。下辖浙江中烟工业公司杭州制造部、宁波制造部2个生产点及宁波三润投资有限责任公司、中烟文化策划有限责任公司2个多元化经营公司。公司年卷烟生产能力810亿支（162万箱），年卷烟生产计划665亿支（133万箱）。截至2006年底，公司拥有总资产170.17亿元，其中，固定资产38.03亿元、流动资产128.18亿元，所有者权益149.65亿元，资产负债率12.06%。公司本部共有员工754人，其中，研究生以上学历14人、大专以上学历352人。

2006年12月，公司获浙江省人民政府颁发的首届“浙江慈善奖”。

领导成员

公司实行总经理负责制，主要领导成员有：

总经理、党组书记：张益山

副总经理、纪检组长、党组成员：刘建设

副总经理、党组成员：徐芳权

副总经理、党组成员：孟伟刚（2006年10月任公司副总经理）

助理巡视员：洪　波

组织机构

公司本部设办公室（外事办公室）、综合计划部、生产管理部、安全保卫部、财务管理部、审计部、法律与改革部、投资管理部、人力资源部、思想政治工作部、监察部、市场营销部（2006年2月～8月曾更名为市场营销总部）、物资供应部、进出口部、技术中心、信息中心（2006年3月由科技开发部更名为信息中心）等16个部门。

生产经营

2006年共生产卷烟855.10亿支（171.02万箱），与上年同比增长4.82%，其中，加工卷烟183.35亿支（36.67万箱）；销售卷烟854.75亿支（170.95万箱）。省内销售608.15亿支（121.63万箱），同比下降3.39%；省外销售237.55亿支（47.51万箱），同比增长20.16%。出口卷烟6.75亿支（1.35万箱）。全年高价位卷烟工业销量为266.70亿支（53.34万箱），同比增长17.42%；中高价位卷烟工业销量为272.55亿支（54.51万箱），同比增长0.39%；中低价位卷烟工业销量为111.10亿支（22.22万箱），同比增长4.7%。

全年实现销售收入191.75亿元，与上年同比增长11.74%。实现税利134.74亿元，与上年同比增长7.63%。其中，实现利润30.58亿元，同比增长2.10%；税金104.16亿元，同比增长9.37%。全年完成工业总产值170.30亿元，同比增长7.11%，单箱税利达10193元。

品牌战略和产品介绍

在推进公司联合重组的过程中制定“分层、错层、逐层”的品牌发展战略，以培育优势大品牌为目标，出台品牌整合的具体方案，即总体品牌战略定位“利群”、“大红鹰”、“雄狮”三个重点品牌，突出分层发展，高、中、低整体配合。品牌之间实行错层发展，在不同档次配之以不同的品牌。在不同阶段实施不同的推进方案，突出重点，逐层发展。联合重组后，两个制造部打通生产。

2006年实施品牌结构的整合调整，由年初的8个品牌50个规格减少到8个品牌43个规格。“利群”、“大红鹰”品牌被国家质检总局和中国名牌战略推进委员会评为“中国名牌”产品。“利群”工业销量215.90亿支（43.18万箱），与上年同比增长29.37%，商业批发市值达到159亿元，名列全行业第三。12月19日，“利群”卷烟被商务部认定为“中华老字号”产品。“大红鹰”工业销量58.50亿支（11.7万箱），“雄狮”品牌工业销量108.15亿支（21.63万箱）。卷烟产销结构和品牌集中度比上年优化，品牌形象和品牌效益进一步跃升。

2006年新研发的产品有“大红鹰（全新）”和国家局共享低档烟品牌“大丰收”。同时“利群（金装长嘴）”和“利群（休闲）”产品配方进一步改进了设计，充分体现了高科技含量，突出“醇淡”风格。

体制改革

加快“内联外拓”战略的实施。2006年初，内部实现生产、营销、物资、研发“四统一”。8月18日，根据《国家烟草专卖局关于浙江卷烟工业企业管理体制改革的批复》（国烟法〔2006〕605号），浙江中烟工业公司与杭州卷烟厂、宁波卷烟厂合并重组成一个法人实体，直接从事卷烟生产经营，取消杭州卷烟厂、宁波卷烟厂法人资格。8月30日，浙江省烟草专卖局（公司）把涉及省公司产品进出口的业务和人员全部划归省公司管理。9月19日，“三位一体”的浙江中烟工业公司正式挂牌，10月1日公司财务并账运行。初步建立了统一的生产制造平台、市场营销平台、物资采购供应平台、财务核算平台、信息化保障平台。建立和完善投资委员会、预算委员会、薪酬委员会三个专业委员会。

按订单组织供货

努力探索按订单组织生产运作机制，坚持以市场为导向，以满足需求为立足点，优化和完善“互动确认、网上配货、滚动生产、应急调度”的业务流程，确立了以订单为中心的运作模式。

在操作方式上，依托国家局网上卷烟交易系统和工商协同信息平台，与商业客户建立信息沟通机制，实时掌握市场需求信息，按照“供应商维护库存”的现代市场营销理念，实行按存销比自动预测和配货制度。采用以市场需求为导向的滚动生产模式，实现生产与销售的动态平衡。

科技创新

公司在联合重组后，在生产工艺技术上以保持产品品质稳定性为主体，开展配方、工艺、材料和技术标准等方面的综合维护，初步统一了多点生产的工艺标准、技术标准、检验标准，保证产品的同质化。

以做强、做大品牌为主线，开展新产品、新技术、新材料、新工艺、新方法的“五新”研究。公司申报并获得受理的自主知识产权专利8项，其中3项已获得授权证书。杭州制造部、宁波制造部的6个QC小组分别获全国级、行业级和省级优秀QC小组称号。杭州制造部的“增强薄荷滤棒生产柔性”和宁波制造部的“软包内衬纸输送系统改装”两个QC项目获“全国优秀QC成果奖”；杭州制造部的“提高梗丝小流量控制精度”和宁波制造部的“减少糖料厨房供料失败次数”两个QC项目获烟草行业优秀QC成果奖。另外，结合卷烟生产经营决策管理系统，首创电子标签扫码、门对门托盘运输方式。

技术改造

公司的“十一五”杭州制造部易地技术改造项目得到国家局批准并迅速推进实施，按照高起点规划、高水平设计的要求，开展三轮工艺大讨论，形成了五六个具有技术创新亮点的工艺项目。截至2006年底，总体规划设计方案已完成评标并进入实质性操作阶段。

企业管理

以提高综合管理有效性为目标，横向到边、纵向到底，构建综合管理体系。

物资采购。严格规范供应链管理，加强计划、采购、供应、检验、供应商考评认证以及安全等工作，各类原辅材料的供应做到“衔接有序、节奏不乱”。积极推行“阳光采购”，通过招标、比价和价格审计，全年共降低采购成本1000多万元。

在烟叶采购工作上，加大烟叶基地建设力度，以投资参股方式参与四川凉山州打叶复烤企业的体制改革。公司采购人员和技术人员常年深入烟叶产区，协调关系，跟踪基地生产运行情况，提高基地管理水平，提升基地对原料供应的保障能力。截至2006年底，基地烟叶约占总调入量的60%。

财务管理。建立财务管理体系，自2006年10月并账以来，公司与所属两个制造部实行“一个账号、三点核算”，运行良好。加强预算管理和成本费用控制，做好资金使用的管理和控制，促进成本费用的进一步降低。2006年单箱成本（自产内销）降低119元，同比下降3.78%，单箱费用降低52元，同比下降6.59%。

人事劳资。根据机构变化和人员配置的要求，做好公司各部门和两个制造部的领导班子的选拔聘任及相关人员的调整充实工作。制定并实施统一的薪酬分配制度。

生产管理。制造部在完成自产生产任务671.75亿支（134.35万箱）的同时，争取委外加工计划，落实生产加工烟183.35亿支（36.67万箱），并按照管理程序把关，满足市场扩容和品牌扩张的要求。

内部管理监督

按照国家局对“两项检查”工作的部署，公司成立专项整顿办公室，制订实施方案开展内部专卖管理监督检查、同级审计检查及烟叶合同专项检查。通过“听、看、查、评”等方式，揭示企业经营管理中存在的问题和缺陷。两个制造部坚持边查边改的办法，针对整改意见及自查中暴露出来的涉及专卖内管的问题，落实相应的整改措施。

建立健全企业内部管理监督长效机制，制订一系列制度，形成了审计、法改、监察相关职能部门协调配合、共同把关的监督机制，并通过财务预算管理加强资金费用控制，形成监督合力。相关职能部门积极参与到生产经营、物资采购、工程建设、广告宣传等项目的实施，从源头开展监督，促进内部管理监督的制度化、规范化和经常化。开展多元化企业的调查摸底工作，进行资产、人员、经营状况的梳理，加强对非主业国有投资的监管工作。

信息化建设

2006年信息化建设紧扣联合重组、体制整合的主题，以行业改革与发展为主线，以强化信息化管理和信息化建设为基点，紧扣核心业务整合需求，初步构建标准统一的数据交换平台，完成了市场营销、财务核算、辅料采购供应以及仓储等应用系统的集成。2月，部署完善全省统一的综合营销业务系统，实现了公司统一的卷烟市场信息采集、销售分析、销售预测、计划与投放、调度运输、成品库存管理等业务。9月，构建公司统一财务核算与辅料管理系统，同时对公司数据交换平台进行调整，制定数据采集标准和规范，加强数据采集与审核，逐步构建公司数据中心。10月，完善优化经济运行分析系统，实现生产经营数据动态查询与分析，为业务开展和管理决策提供及时的信息支持，主要业务信息化覆盖率达到80%以上。

思想政治工作

2006年组织开展学习贯彻党章、落实科学发展观、树立社会主义荣辱观、党员先进性教育回头看、学习贯彻十六届六中全会精神、建党85周年系列活动以及反腐倡廉教育等学习教育活动。

以行业“两个至上”共同价值观为指导，结合浙江卷烟工业改革与发展实际，开展“大局观、利益观、发展观”主题教育活动和“昂首迈向新历程”的主题学习活动。深入开展“‘两个至上’在岗位”主题实践活动，公司本部开展“方法总比问题多”读书活动，杭州制造部开展大讨论、合理化建议、技术比武等形式的活动，宁波制造部以“岗位奉献”为目标，开展“五个一”活动。宁波制造部和杭州制造部选派的两名选手在参加国家局组织的演讲比赛中，分别获得一等奖和三等奖。

公司联合重组后开通公司门户网站，创办《浙江中烟报》，加强舆论宣传。组织开展了“浙江中烟光明行动”、“利群阳光助学行动”和“大红鹰玫瑰婚典”等大型主题活动。

特事要辑

2月14日，国家局副局长何泽华一行到浙江中烟工业公司杭州卷烟厂考察，听取关于“按客户订单组织生产”工作的汇报。

2月18日，浙江中烟工业公司宣布浙江烟草工业统一营销正式启动。

2月24日，浙江省委书记习近平到浙江中烟工业公司宁波卷烟厂考察。

3月23日，国家局局长姜成康、副局长李克明到浙江中烟工业公司考察，要求进一步明确浙江烟草工业发展的战略目标。

8月18日，国家局批复同意浙江卷烟工业联合重组的体制改革方案。

8月22日、30日，浙江省政府副省长金德水一行分别到宁波卷烟厂、杭州卷烟厂考察。

9月19日，浙江中烟工业公司举行联合重组揭牌仪式。副省长金德水等出席揭牌仪式。

11月29日，国家局副局长张保振一行到浙江中烟工业公司考察。

所属企业

浙江中烟工业公司杭州制造部

概　况

浙江中烟工业公司杭州制造部其前身为成立于1949年10月的利群烟厂，位于杭州市中山南路77号，1964年利群烟厂更名为杭州卷烟厂，2006年取消杭州卷烟厂法人资格后改制更名为浙江中烟工业公司杭州制造部。企业年卷烟生产能力500亿支（100万箱），年卷烟生产计划409.85亿支（81.97万箱）。拥有总资产97亿元，其中，固定资产19亿元、流动资产76亿元。截至2006年底，主业在岗员工1064人。拥有从德国引进的8000公斤/小时虹霓制丝线1条，从德国和意大利进口的GD－PROTOS连接机组25台套，7组意大利产自动装封箱机，2台码垛机，9组KDF2滤棒成型机，7套滤棒发送机。

2006年企业被中央精神文明建设指导委员会评为“全国精神文明建设工作先进单位”，连续四年入选“中国企业500强”。

领导成员

2006年9月联合重组前，企业实行厂长负责制，主要领导成员有：

厂长、党委书记：孟伟刚

常务副厂长：王建军

党委副书记、纪委书记：郭晓英

副厂长：朱志宏

副厂长：仲煜安

副厂长：储国海

副厂长：张思荣

工会主席：施成水

2006年9月联合重组后，主要领导成员有：

主任、党委书记：张思荣

副主任、党委副书记、纪委书记：张立新

副主任：童华杰

副主任：周小忠

副主任：倪雄军

工会主席：施成水

生产情况

2006年生产卷烟411.70亿支（82.34万箱），与上年同比下降8.47%。其中，生产一类烟203.56亿支（40.71万箱），二类烟27.30亿支（5.46万箱），三类烟49.73亿支（9.95万箱），四类烟131.11亿支（26.22万箱）。

全年销售自产卷烟407.88亿支（81.57万箱），同比下降4.3%。库存卷烟4.07亿支（0.81万箱）。

全年实现销售收入121.41亿元，与上年同比增长13.43%。实现税利93.76亿元，同比增长7.24%，其中，实现利润22.49亿元，同比下降0.9%。单箱卷烟制造费用为201.3元，实物劳动生产率695.44箱/人。

产品介绍

遵循“高质量生产好每一支卷烟，对每一个顾客负责”的质量方针。卷烟产品追求“醇和、淡雅”。入选“百牌号”的有“利群”、“雄狮”、“新安江”、“西湖”牌卷烟。

2006年卷烟产品有8个品牌24个规格。其中，生产“利群”系列卷烟产品205.44亿支（41.09万箱）。“利群”品牌多次被评为全国名优卷烟。8月2日，杭州卷烟厂获得《香烟盒（阳光利群）》、《包装盒（阳光利群条）》两项外观设计专利。12月5日，在北京召开的2006年度中国最有价值品牌发布会上，“利群”品牌2006年评估价值达110.1亿元，列中国最有价值品牌第15位。12月19日，由商务部发起并组织的在北京召开的中华老字号授牌仪式上，“利群”牌卷烟被认定为“中华老字号”产品。

体制改革

在生产统一调度的基础之上，2月18日统一营销、物资采购，3月31日统一技术研发。9月19日，浙江中烟工业公司正式揭牌，杭州卷烟厂与浙江中烟工业公司、宁波卷烟厂“三位一体”，联合重组成新的浙江中烟工业公司，杭州卷烟厂改制更名为浙江中烟工业公司杭州制造部，从原来的生产经营型企业转变为浙江中烟工业公司的生产加工基地。10月1日实现财务并账，全面实现浙江卷烟工业营销、生产、物资、研发的“四统一”。

整合过程中，原杭州卷烟厂市场部、技术中心、供应科、财务科、审计科成建制上划到公司。

技术改造

完成“七五”老厂房的整体改造；完成新制丝线C线改造及中控室的调整，使制丝Z1段的产能从8000千克/小时增加到9000千克/小时，换牌辅助时间每批次缩短5分钟；完成2#叶丝干冰膨胀生产线的调试和试生产；完成4台卷烟机、5台包装机、3台成型机、1台封箱机、2台AGV小车、1组卷烟在线检测仪MC^2的安装、调试和生产；完成4台滤棒存储器的安装；完成滤棒交换中心的安装调试并投入生产；完成12台COMFLEX和2台发送机的PLC改造，1台RTS烟支平走项目；完成17组卷烟机核头与微波的互换工作。

7月10日，举行“十一五”易地技术改造项目签约仪式，完成项目用地A地块26万平方米（约400亩）土地的初步移交工作，11月20日~23日，中国烟草总公司郑州烟草研究院和机械工业第六设计研究院联合投送的方案中标。完成总体规划设计的评标工作。12月23日，举行项目奠基典礼。

企业管理

联合重组后，主要职能是围绕中烟工业公司生产经营的总体目标，做好产品的制造质量、生产成本、生产安全、现场管理、劳动效率、产品交付及时性的控制。

质量管理。深化质量体系的运行，坚持持续改进的理念，积极运用QC活动方式开展质量课题攻关。全年完成44项质量改进QC课题。卷包车间“增加薄荷滤棒生产柔性”QC成果获得省级一等奖，卷包车间辅助轮保QC小组获“全国优秀QC小组”称号，卷包车间技术组获“浙江省优秀QC小组”称号。制丝车间“提高小流量控制精度，实现梗丝掺配柔性化”QC成果获行业QC成果二等奖，制丝车间技术QC小组荣获“全国烟草行业优秀QC小组”称号。在产品质量方面，一级站和二级站质量抽检合格率均为100%；三级站质量抽检优质率99.82%，产品质量投诉理赔0.52ppm。

“5S”管理。全面推进整理、整顿、清扫、清洁、素养“5S”管理活动，营造整洁有序、规范高效的生产现场，带动工厂基础管理水平的提升。6月至12月，开展参观5S管理优秀企业活动，组织全员培训，在办公、生产、保养仓储和辅助设施四大类区域内，策划实施了“5S管理团队、个人竞赛活动”。竞赛活动中，实施戴明循环（PDCA）改进，共收到有效提案1493项，有效改善点1343个，有效创新改善项25个。

安全管理。环境管理体系和职业健康安全管理体系正常运行，安全生产全年实现“五无控一”目标，即无火灾事故，无重伤以上的工伤事故，无失窃事故，无治安事件，无我方主责的交通事故，工伤事故率控制在1‰以下。

信息化建设

参与建设国家局卷烟生产经营决策管理系统项目，完成省内18个配送中心整托盘电子标签扫码入库确认的推广。完成行业卷烟成品电子标签应用规范标准项目的申报。完成客户关系管理系统、市场销售分析系统、制造部中烟视频会议系统和供应商物资采购协同平台项目的实施。继续进行企业资源计划系统（ERP）三期项目的实施。整合完成企业内部网站，主要包括内部网站功能的升级、各应用系统的单点登录及统一用户管理。

队伍建设

全年新招聘员工95人，其中大中专学历66人。开展职业技能带头人活动，带教师傅从2005年的31名发展到2006年的124名，徒弟从90名增加到167名。鲁建新、陈建国、卫荣祥、王展军4人分别获市级、公司级“职业技能带头人”称号。通过职业技能鉴定，有46人通过三个等级的职业技能鉴定，其中，中级工23人、高级工20人、技师3人。7月，选送职工参加由杭州市总工会组织的“万名职工免费培训活动”，8名职工获得钳工高级工资格证书，10名职工获得钳工中级工资格证书。全年共举办培训79场次，培训1984人次，总课时达到17200多节。

思想政治工作

5~9月，通过员工参与讨论、提建议、开展技术比武和演讲比赛等形式，开展“大局观、利益观、发展观”主题教育活动。千余名员工提出5个方面1578

条建议和意见，437名员工参加21个技术比武和技能比武活动，发表60篇大讨论文章，24位同志参加“‘两个至上’在岗位”主题实践演讲赛。

结合“创建学习型组织、争做知识型职工”活动，在班组和职工中开展以“学做人学做事，企业发展我发展”为主题内容的读书活动。杭州制造部获市工业资产经营有限公司读书活动“先进单位”称号，卷包车间技术组获省级读书活动“示范班组”，制丝车间的乐欢获市工业资产经营有限公司读书活动“先进个人”荣誉。卷包车间技术组还先后获得了省、市级“学习型班组”的称号。

全年共出《杭烟》简报90期、《杭烟报》9期，播出电视专题片、新闻片共182部。成立职工足球协会、钓鱼协会等群众性的文体协会，开展“利群”杯篮球比赛、保龄球比赛、瑜珈培训、摄影创作等活动。

特事要辑

2月27日，第二条570千克/小时CO_2膨胀烟丝生产线在“七五”厂房正式投产。

7月30日，召开杭州卷烟厂第十六届职工代表大会，大会同意杭州卷烟厂取消法人资格，与浙江中烟工业公司、宁波卷烟厂实施联合重组；原则同意《浙江卷烟工业体制改革实施方案（草案）》的主要内容。

12月23日，浙江中烟工业公司杭州制造部“十一五”易地技术改造项目奠基典礼在杭州西湖区转塘浮山地块举行。

浙江中烟工业公司宁波制造部

概　况

浙江中烟工业公司宁波制造部其前身为成立于1925年的宁波卷烟厂，2006年9月取消宁波卷烟厂法人资格后改制更名而来。企业占地面积为15万平方米。制造部年生产卷烟能力310亿支（62万箱），年卷烟生产计划153亿支（30.6万箱）。截至2006年12月，拥有总资产60亿元。共有员工1800名。经过“九五”技改，拥有一条5000千克COMAS制丝线，16台套GD－PROTOS卷接设备。主要生产“大红鹰”、“五一”、“上游”三大品牌。

2006年企业被国家信息测评中心评为“2005年度中国企业信息化五百强”第31名，荣获“集团信息化成就奖”。

领导成员

2006年9月联合重组前，企业实行厂长负责制，主要领导成员有：

厂长、党委书记：许明忠

副厂长、党委副书记：何小寒

副厂长：徐兆良

副厂长：冯四云

副厂长：杨小泰

副厂长：李慧君

厂长助理：邵国良

厂长助理：虞文进

副总工程师：何新伟

2006年9月联合重组后，主要领导成员有：

书记：何小寒

主任：徐兆良

副主任：冯四云

副主任：邵国良

副主任：谢琪君

正处级调研员：李慧君

副处级调研员：何新伟

生产情况

2006年生产卷烟260.03亿支（52万箱），与上年同比增长1.8%。其中，生产一类烟71.25亿支（14.25万箱），二类烟62.85亿支（12.57万箱），三类烟77.09亿支（15.42万箱），四类烟44.62亿支（8.92万箱），五类烟4.23亿支（0.845万箱）。

产品介绍

联合重组前主要生产品牌为“大红鹰”、“五一”、“上游”，分别覆盖高、中、低档产品并入选《卷烟产品百牌号目录》。其中，“大红鹰”为主要效益品牌，被评为“中国驰名商标”、“中国名牌”。

体制改革

2006年9月联合重组后，原属宁波卷烟厂销售总部机构人员（内含业务一部即省内部、业务二部即省外部、业务三部即物流部、企划部及客户服务中心）成建制上划到中烟工业公司。财务科、审计科、原料科、辅料科、技术中心等也相继上划。宁波制造部部门总数从26个减少到14个。

技术改造

“十五”后期技术改造稳步推进。新梗丝线完成单机实物调试。对微波片叶线进行了联机调试和实物调试。储丝房设备完成机械和电气安装并进入单机调试阶段。梗丝线加香、加料及混丝加香设备完成安装并进行实物调试。扩建厂房新配电系统投入试运行。完成高架库房货架、堆垛机、输送机以及配套电器设备安装并通过全面验收。与技改项目配套的动力以及电器设备如空调箱、变电所、电梯、压力管道等完成预定装配计划。

科技创新

组织开展“课题制”项目。二车间“软包内衬输送系统改装、减少衬纸歪斜病疵”QC成果获得江苏省质量协会一等奖，并被中国质量协会、中华全国总工会、共青团中央等部门评为“年度全国优秀质量管理小组”。顺利完成PROTOS重量控制的研究项目，拟定《各牌号PT目标重量及相关控制参数表》。

企业管理

质量管理。改变卷接包质量检验方法，以转换后的过程控制为手段，以烟支吸阻稳定性为重点，以PT参数控制的合理性和有效性为基础，将外观指标控制下放到操作中。深化滤棒质量的监控方法和力度，改变以往按支考核模式，以均值和SD为衡量标准加强过程控制，达到行业先进水平。重新规范残烟的掺和规定，对盛量容器、工作日志、计量标准和操作规范进行清理，规范制丝车间的操作和检验仪器的校准。全年上级部门抽检合格率达100%，优等品平均综合得分90.77（标准值89），包装和卷制得分95.48（目标值70），病疵外退烟累计0.144ppm（目标值0.35ppm）。

内部管理监督。在大额资金运用上，严格执行集体决定原则。“十五”技改资金的使用须由职能部门对项目购置提出书面申请，经审计、装备等部门论证，纪委参与，再由厂部办公会议集体研究决定，各部门严格按照厂招投标管理规定执行，节约资金132.5万元。以加强专卖管理和财务审计监督“两项检查”为重点进行自查自纠。

安全管理。规范安全检查力度，狠抓隐患的整改，对查出的安全隐患实行“PDCA”① 管理，确保整改率达100%。组织各部门对安全工作进行自查自纠。加强对技改在建工程的监控。对消防设施、防盗报警监控系统实行日、月、季、年分项检查、维护、测试。

充分发挥宣传阵地作用、大力培育企业的安全文化，发挥“一报”（宁烟报）、“一台”（大红鹰电视台）、“一站”（网站）的媒体作用，设立“安全信息”、“安全法规”、“安保管理”、“法律服务”等栏目。邀请相关专家进行交通、消防方面的法律法规的培训。与13个外来施工单位签订《安全保卫协议》。

加强特种设备的安全管理，对铲车、电梯、锅炉、压力容器等特种设备分项目进行登记，完善特种设备安全管理台账，按规定期限年检。强化特种作业管理，组织培训做到持证上岗。

大力推进OHSAS18000职业健康安全管理体系和ISO14000环境管理体系。建立《环境、职业健康安全手册》1个一级文件及19个程序文件。

信息化建设

2006年信息工作以“优化信息资源，强化信息整合，提升信息化应用水平”为目标。RFID托盘系统于9月7日通过验收。基本完成信息平台的实施工作，12月1日通过验收。PROTOS系统更换新的硬件系统并通过验收。卷烟机综合测试台数据采集与质量分析程序、卷接包生产动态查询分析模块整改、储丝柜辅助调度程序通过部门确认。完成扩建厂房和新建高架库的综合布线系统和计算机网络系统。对卷烟生产经营决策管理系统、MES系统、计算机网络、人事所得税等系统进行维护和开发。整理商业计划与控制系统（BPCS）流程。重新开设了中烟公司（宁波）账本。

内部交流

在卷烟工艺、技术改造、信息化建设以及企业文化建设上，加强与兄弟卷烟企业尤其是杭州制造部的交流沟通，加强与郑州烟草研究院、上海、常德烟机公司及IT企业的合作。加强与省工业公司的联系，保障加工单位按计划生产并组织货源，顺利完成年度外加工卷烟30亿支（6万箱）的指标。杭州、宁波两个卷烟生产点实行“工艺打通”，互换生产品牌，顺利完成“利群”、“新安江”等牌号的生产任务，质量达到工艺要求。

队伍建设

人力资源管理。通过从员工的内外招聘以及内部调配两方面为切入点开展工作，优化人力资源组合。员工内部招聘工作方面，完成10个岗位的公开招聘，最终录用14人。制订领导干部考核选拔办法，上半年公开招聘中层管理干部6名，车间主任助理3名以及团委负责人1名。外部招聘方面，以人事代理方式招收32名新员工，其中大学本科毕业生6名。在员工内部调配方面，累计调整员工岗位78人次、调动和划转人员60人次、调整助理以上人员61人次。择优将23名集团人事代理员工招入主业，择优聘任了21名技师。对中层干部及助理进行全面聘任。

劳资管理。加强岗位分布、职能跟踪、岗位说明书动态维护及岗位评价等方面工作，及时做好岗位清理、调整、撤销和增设工作。全面修订《岗位资格和能力要求》，将环境和职业健康体系涉及到的岗位纳入评估控制。根据修订后的要求，对550多名员工进行评估确认。推进以岗位关键业绩指标为核心的绩效考核制度，修订91个科室岗位绩效管理（KPI）标准，逐步完成岗位KPI业绩数据提供和考核信息反馈。注重推进绩效考核向绩效管理转变，尝试建立目标计划、绩效监控与辅导、绩效考核、反馈沟通以及改进计划的循环管理模式。

职工教育培训。以岗位技术培训为重点，开展员

---

① P: plan，计划；D: do，实施；C: check，监测；A: action，处理（改进）。

工培训工作。全年共自办19个专业，23个培训班，通过内部培训和送外培训相结合的方式，累计培训人员1154人次。在生产一线的岗位技术培训方面，开设制丝、膨丝、卷接、包装、烟草检验等专业培训班，共输送40名员工参加通用技术工种职业技能培训。开设工控计算机、网络日常使用和维护培训班。以设备维修、管理人员为主要对象，开展CAD制图培训。完成160人次特种作业人员岗位资格培训初复训工作。在管理业务知识和技能培训方面，开展质量管理与持续改进、内审员培训、新国标培训、交通安全知识、安全等培训班及专题讲座，累计培训人员218人次。开设同级财务审计人员培训班，培训人员19人次。完成各类学历教育培训45名，外送37名员工参加大专学历教育，外送48名员工参加本科学历教育。

思想政治工作

坚持每月一次的管理人员的科务会议学习制度。结合建党85周年，开展系列纪念活动。以支部为单位，围绕“为社会、为企业献一份爱心、做一件实事”主题开展了形式多样的“党员实事”活动，如车间进行义务劳动、帮困结对组织募捐、前往革命老区余姚过组织生活等。召开“纪念建党八十五周年”先进表彰会。组织先进性教育回头看活动，把先进性教育与企业的“天天进步”理念推进活动和行业的“两个至上”价值观的深化有机结合。完成《2006年党员作业本》。对全厂207名党员进行民主评议。结合中心工作，开展“力争上游”、“文明岗位”、“挑杂物保质量”、“产、质量现场管理”等劳动竞赛活动。组织“一车间维修工综合维修”、“二车间机组操作和简易调整”、“二车间维修工机台基础操作”等技术比武活动。围绕成果共享开展“师徒结对”等活动。《以凝聚力点石成金　铸烟草行业王牌军》一文获华东东北地区烟草职工思想政治工作研究会一等奖。

企业文化

全年企业文化的重心是围绕“天天进步”理念开展工作。制订实施“‘两个至上’在岗位”——“天天进步”理念推进工程总体方案，成立了以厂长为组长的理念推进领导小组。围绕“五大意识”，即危机意识、质量意识、成本意识、效率意识、安全意识，“两个至上”价值观和“天天进步”理念，通过《宁烟报》和精神文明网站，引导员工参与讨论。开展主题征文活动和演讲比赛、“天天进步”读书活动等，推动“天天进步”理念的实施。开展“学制度、明职责、重沟通、构筑‘五个一’工程”问卷活动。开展“‘两个至上’在岗位”——“天天进步”明星评选活动。

（黄建阳）

安徽中烟工业公司

概　况

安徽中烟工业公司成立于2003年4月3日，2006年5月18日进行联合重组，取消安徽黄山卷烟总厂（由蚌埠、合肥、滁州卷烟厂联合重组而成）、芜湖卷烟厂、阜阳卷烟厂法人资格。截至2006年底，下辖蚌埠、合肥、滁州、芜湖、阜阳卷烟厂5个生产点，另设省内营销事业部、省外营销事业部2个事业部和1个物流中心，参与控股罗马尼亚宝丰烟草公司。公司年卷烟生产能力1250亿支（250万箱），年卷烟生产计划1065亿支（213万箱）。拥有总资产92.59亿元，其中，固定资产（净值）30.79亿元、流动资产58.17亿元，无形及其他资产3.63亿元。共有员工7318人，其中，硕士研究生以上学历68人、本科学历911人；技师163人、高级技工1056人、中级技工1866人。

2006年7月，实现财务、生产、物资、销售“四统一”，形成了一厂多点的生产经营格局，是行业内第一家完成与所属企业合并重组的中烟公司。

领导成员

公司实行总经理负责制，主要领导成员有：

总经理、党组书记：薛明德

常务副总经理、党组成员：朱建华

副总经理、党组成员：卢安宁

副总经理、党组成员：赵　辉（2006.9－）

副总经理、党组成员：黄小虎（2006.9－）

纪检组长、党组成员：张会廷（2006.9－）

总会计师：吴信芳（2006.9－）

组织机构

2006年7月重组前，公司设办公室（外事办）、人力资源部、企划部、财务审计部、营销本部（卷烟营销分公司）、研发部、制造本部（安保部）、物资分公司、物流本部（安泰工业物流公司）、原料部10个职能部门。

2006年7月重组后，公司设办公室（外事办、发改部）、企划部（信息中心）、生产管理部、安全保卫部、市场营销部、原料部、物资采购部、财务部、审计部、投资管理部、人力资源部、纪检监察部、政工部（机关党委、团委、工会）、技术中心、机关服务中心15个职能部门。

生产经营

2006年生产卷烟（含出口）1066.16亿支（213.23万箱），与上年同比增长3.51%；调拨卷烟1065.99亿支（213.20万箱），同比增长3.14%。其中，生产一类烟82.83亿支（16.57万箱），同比增长16.81%；二类烟73.05亿支（14.61万箱）；三类烟551.02亿支（110.20万箱）；四类烟256.25亿支（51.25万箱）；五类烟103.02亿支（20.60万箱）。省内销售卷烟739.20亿支（147.84万箱），省外销售326.79亿支（65.36万箱）。年末库存卷烟6.40亿支（1.28万箱）。

2006年实现销售收入146.65亿元，与上年同比增长11.41%。单箱（含税）收入6874.62元，同比增长8.02%。实现税利76.51亿元，同比增长15.59%，其中，实现利润11.19亿元，同比增长30.87%，完成税收65.32亿元，同比增长13.32%。

品牌战略和产品介绍

2006年品牌发展战略的目标是：以跻身“两个10多个”为奋斗目标，即把企业打造成全国10多个重点骨干企业之一，把“黄山”品牌打造成全行业10多个重点骨干品牌之一，努力提升企业综合竞争实力，实现安徽卷烟工业“由大变强”。

品牌发展战略的基本思路是：围绕“黄山”跻身“10多个重点骨干品牌”的战略目标，进一步突出“黄山”在品牌建设中的核心地位，全力推动“黄山”品牌高端突破和规模扩张。加快整合低端产品，分步实施“红三环”对“钟鼎”、“迎客松（低档）”、“盛唐”、“香梅”的整合，促进“红三环”规模迅速扩张。重视做好行业共享品牌“大丰收”的生产销售工作。特色品牌“都宝”在巩固国内混合型卷烟市场优势的同时，进一步开拓国际市场。“皖烟”、“迎客松”等效益品牌继续保持稳健发展态势。

公司全年生产16个品牌67个规格。所有品牌中，烤烟型有13个，分别为“黄山”、“迎客松”、“皖烟”、“红三环”、“王中王”、“光明”、“都宝”、“渡江”、“盛唐”、“丹健”、“香梅”、“大丰收”、“钟鼎”；雪茄烟有3个，分别为“黄山松”、“味美思”、“王冠”。其中，“黄山”、“迎客松”、“皖烟”、“都宝”、“红三环”、“渡江”、“盛唐”、“光明”8个牌号进入全国《卷烟产品百牌号目录》。“黄山”为中国驰名商标，“黄山”、“迎客松”为全国名优品牌。

2006年，销售“黄山”系列230亿支（46万箱），与上年同比增长110%；销售“迎客松”系列58.03亿支（11.61万箱），同比减少8.02亿支（1.60万箱）；特色品牌“都宝”国内销售80亿支（16万箱），同比增长30%。

体制改革

2005年3月进行第一步联合重组，取消蚌埠卷烟厂、合肥卷烟厂、滁州卷烟厂法人资格，成立安徽黄山卷烟总厂；2006年5月成立第二阶段联合重组工作领导小组，总结黄山卷烟总厂的成功运作经验，向省委省政府汇报第二阶段联合重组工作思路，妥善做好与卷烟企业所在地党委政府的协调工作。先后组织调研小组赴广东、云南学习借鉴先进经验，进一步完善联合重组方案。参与重组企业的厂长办公会和职代会、省长办公会议先后通过联合重组方案。

5月18日，国家局下发《国家烟草专卖局关于安徽卷烟工业企业管理体制改革的批复》（国烟法〔2006〕338号），同意安徽中烟工业公司与安徽黄山卷烟总厂（蚌埠、合肥、滁州卷烟厂）、芜湖卷烟厂、阜阳卷烟厂联合重组，成为一个法人实体，继续使用“安徽中烟工业公司”名称。取消安徽黄山卷烟总厂、芜湖卷烟厂、阜阳卷烟厂法人资格，其债权、债务一并由安徽中烟工业公司承继。各卷烟生产点实行内部核算和目标管理。公司作为中国烟草总公司的全资子公司，出资人变更为中国烟草总公司，由国家资本变更为国有法人资本。

截至2006年底，完成资产划转、工商税务变更、许可证办理等相关手续；重新搭建了组织架构，界定职能和工作流程；整合财务系统，实行“一账式”的财务运行体系；整合营销核心业务系统，健全和完善责权利相统一的营销事业部管理体系。

科技创新

围绕多点生产业务模式做好产品设计、试验验证、评价鉴定，先后完成近10个规格产品多点生产的技术支持工作。解决丙纤嘴棒替代醋纤嘴棒的技术难题，基本完成加长嘴棒在全省中高档产品中的推广应用，加快材料设计和使用标准的统一。“红三环（特醇软盒）”以丙纤嘴棒替代醋纤嘴棒；“黄山”、“皖烟”系列及“红三环”部分规格推广使用加长嘴棒。围绕品牌联合组织攻关，完成了7个规格产品的商标改造设计、内在品质提升工作。

“十五”技改进入收尾阶段，继合肥、芜湖和滁州卷烟厂之后，阜阳卷烟厂下半年顺利通过竣工验收，蚌埠卷烟厂的主体工程于2006年底基本完工。

组织开展技改总结和经验交流活动。广泛推广应用分组加工技术，开发了“黄山（硬盒）”、“都宝（超越）”。把握“中式卷烟”发展方向，运用分组加工技术和新材料，以提高品质品位、稳定成本为原则，对“皖烟（新制）”、“皖烟（金醇和）”进行提质改造。

内部管理监督

完善以党组会、办公会以及预算、投资、薪酬委员会运作为主体的基本管理体制，出台财务、投资、审计、生产、安全、劳资、宣传、行政等专项规章40多项，增强决策执行力和内部控制力，初步构建了与一体化运作相适应的体制机制。

企业以“两项检查”为契机，以内部管理为重点，切实把加强内部管理监督工作的各项要求落实到日常生产经营工作中。严格执行行业生产经营“五条禁令”和宏观调控的各项部署；整合全省广告资源，成立专门组织对项目进行严格的立项评审；物资采购实行集中管理、分级授权，全年通过比价采购降低成本5000万元。

企业管理

财务管理。制订财务、预算、费用、资金管理等一系列管理规章，明确各级负责人的费用审批权限。推行全面预算管理，提高销售收入、成本费用和资金预算的准确性，强化财务预算的刚性约束力。强化成本费用控制与管理，建立统一的成本核算标准和核算细则，全面推广加长嘴棒改造和丙纤改性嘴棒技术在相应价位产品中的实际应用，逐步统一多点生产规格的辅材标准，促进规模采购和降低成本工作。强化广告宣传管理和费用控制，加强变动费用管理，建立完善定期分析制度。

生产管理。加强和完善质量保障体系，健全多点生产卷烟的同质化流程控制和管理监督，进一步挖掘“十五”技改先进技术和设备的潜力，加强设备维护保养和维修队伍建设，强化关键工序和制造全过程的质量控制，建立严格的质量奖惩机制。加强和完善投资管理与资产监管，做好多元化经营企业的清产核资工作，逐步探索资产经营管理的方式方法。

人事劳资。企业根据研发、生产、营销、管理业务特点，探索建立四种收入分配模式，优化分配体系。严格控制工资总额增长，规范工资列支渠道，严把预算控制和网上审批关，严禁通过成本、费用以及其它非正常渠道违规列支工资福利。完善企业内退方案，逐步统一内退政策标准。解决退役士兵安置问题，75名退役士兵全部实行有偿转移安置。

信息化建设

充分利用信息化手段支撑生产经营的一体化运作。生产经营决策管理系统的运行模式成功升级，借助与数据上报分析系统的对接，实现全省计划资源在线统一管理、数采系统信息统一上报；推进统一管理信息平台建设，扩充人力资源和物资管理系统，实现与财务系统一体化；成功进行管理信息平台对接“金税系统”的开发设计，基本完成了中小型应用平台向大型应用平台的升级工作高。7月1日，企业实现销售调拨、资金结算、财务“一账式”管理、办公自动化等核心业务系统的全面整合，并开始正式运行。

对外交流与合作

2006年向中国台湾出口“都宝”卷烟1.04亿支（0.21万箱），与上年同比增长578%。出口创汇102万美元，同比增长560%。罗马尼亚宝丰烟草公司2006年生产“DUBLISS”卷烟0.76亿支（0.15万箱），调拨0.65亿支（0.13万箱）。

队伍建设

开展“四好”领导班子争创活动，调整充实基层班子力量，做好干部调配和班子考核，组织开展专业技术职务评聘和技能人才用工改革试点。加大岗位培训、轮岗交流力度，健全激励约束机制，加强管理干部队伍尤其是处以上干部队伍建设。部署“五五”普法工作，开展技术技能和法制教育培训。举办“黄山杯”烟机操作与维修职能技能竞赛，开展营销师、技师和特有工种的职业技能鉴定，加快技能人才培养。

思想政治工作

全面开展“‘两个至上’在岗位”主题实践活动，开展落实社会主义荣辱观学习活动。组织学习十六届六中全会精神，学习党章和《江泽民文选》，开展践行社会主义荣辱观、“两个至上”大讨论和向王兵同志学习活动。组织学习贯彻《安徽卷烟工业第二阶段联合重组宣传纲要》。坚持政务、厂务和政策公开，办事过程和结果公开。通过宣传橱窗、广播电视、局域网等媒介，对“八荣八耻”进行全面宣传。举办“知荣耻、树新风、建和谐、促发展”为主题的演讲比赛。开展学习交流、岗位练兵、劳动竞赛、技术比武以及各类文体活动。关心长期患病以及生活困难的离退休员工，促进企业和谐发展。

芜湖卷烟厂以“贴近生活、贴近实际、贴近员工”为原则，通过日常学习、知识竞赛、观看廉政教育片、召开警示教育现场会等活动，提高党员干部的勤政廉政意识；开展群众性的技术管理活动、争先创优活动和群众性文明创建活动，组织文体竞赛交流。

合肥卷烟厂4月起开展树立社会主义荣辱观教育活动，确立以“讲大局、讲和谐、讲发展、讲民意、讲责任、讲规矩、讲正气、讲自律”为主要内容的企业荣辱观。组织纪念建党八十五周年暨文艺表彰大会。6月~7月，举办“红皖杯”首届员工五人制足球赛；新建网球场、篮球场，丰富员工业余文化生活。

阜阳卷烟厂开展治理商业贿赂专项工作，加大案件查处力度。充分发挥工青妇等群众组织的作用，开展青工座谈会、演讲比赛、植树造林、知识竞赛、导师带徒等活动。

滁州卷烟厂以召开职代会、开展“厂长接待日”工作、组织员工参与食堂民主管理、深入推进厂务公开制度、召开职代会联席会议等多种方式推进民主建设。开展评选先进集体、个人和劳动竞赛活动，调动员工学技术、钻业务的积极性，提高员工操作、维修水平。认真落实离退休老同志的各项待遇，做好离退休、退岗员工的思想政治工作，加强离退休党支部建设，开展适合中老年同志的文体活动。

党风廉政建设

企业坚持“标本兼治、综合治理、惩防并举、注重预防”的方针，构建惩治和预防腐败体系。推进“厂务公开”制度，加强对重点环节、部位的监督检查。开展绩效评估，通过干部述职、民主测评、个别谈话、问卷调查等形式，对企业领导班子及成员的德、能、勤、绩、廉等进行年度考核。

企业文化

企业文化的重点是加快多元文化融合步伐，培育新的规范企业行为和员工行为的共同价值观，打造安徽中烟企业文化，有效促进管理，推动企业发展。

提升广大干部员工的主人翁意识，把跻身行业“两个10多个”作为共同奋斗目标，11月10日，召开“黄山”品牌建设动员视频会。弘扬“厚德崇智、共创共享”的企业价值理念，推进管理文化融合，开展了“十佳人物”评选、文体和演讲比赛、操作技能和维修技术比武、创新示范岗等活动，增进内部多层次沟通交流，促进多元文化的融合。其中，合肥卷烟厂确立了以“讲大局、讲和谐、讲发展、讲民意、讲责任、讲规矩、讲正气、讲自律”为主要内容的企业荣辱观。强化“中烟大家庭”意识，培养员工的大局意识和奉献精神。加强企业标准化建设，逐步形成统一的工作规范和企业管理文化。充分发挥群众性组织的作用，努力把工、青、妇等组织建设成企业文化融合的综合平台。

特事要辑

1月30日，国家局副局长李克明对安徽安泰物流基地春节期间的安全保卫工作进行检查。

5月18日，根据国家局的批复，安徽中烟工业公司下辖的芜湖卷烟厂、阜阳卷烟厂与黄山卷烟总厂（蚌埠、合肥、滁州卷烟厂）取消法人资格，并入安徽中烟工业公司。

9月26日，安徽中烟工业公司召开联合重组新闻发布会。

11月1日~3日，国家局原局长江明、国家局副局长何泽华、李克明一行到安徽中烟工业公司阜阳、蚌埠、合肥卷烟厂三个生产点及烟草物流中心考察。

所属企业

安徽中烟工业公司蚌埠卷烟厂

概　况

安徽中烟工业公司蚌埠卷烟厂其前身为成立于1942年的东海烟厂，1964年更名为蚌埠卷烟厂，2005年取消法人资格作为安徽黄山卷烟总厂的分厂，2006年取消黄山卷烟总厂法人资格改制更名而来。企业年卷烟生产能力300亿支（60万箱）。截至2006年底，固定资产（原值）15.09亿元。共有主业人员1058人，三产人员1461人，其中，研究生学历7人、本科学历194人、大专学历241人、中专和中等专业技术学校学历128人。

2006年企业获“全国卫生示范企业”、“全国安康杯优胜企业”、“全国计划生育协会工作先进单位”、“全省工会系统先进集体”等称号，蚌埠卷烟厂党委获“全国先进基层党组织”称号。

领导成员

厂长、党委书记：黄小虎

党委副书记、纪委书记、工会主席：乔宗华

副厂长、党委委员：徐　斌

副厂长、党委委员：李国栋

副厂长、党委委员：王　毅

副厂长、党委委员：王成虎（2006.3－）

生产情况

2006年生产卷烟268.91亿支（53.78万箱）。其中，生产一类烟15.25亿支（3.05万箱），二类烟10.5亿支（2.1万箱），三类烟217亿支（43.4万箱），四类烟25.15亿支（5.03万箱），五类烟0.8亿支（0.16万箱）。

技术改造

2006年3月起，蚌埠卷烟厂对多个项目进行技术改造。先后改造了片烟配方高架库、成品物流系统、自动化立体配件库、原名优膨胀车间、厂区环境等。6月开始搬迁CO_2膨胀线，11月底土建改造工程基本完成。新建蒸汽站房于2005年底建筑主体结构封面，于2006年11月竣工验收。

科技创新

与多家高校共同承担国家局的4个科研课题，即“中草药减害的应用研究”、“烟草工业下脚料综合利用研究”、“纳米材料降焦减害技术研究”、“烟草多酚类物质及其与品质关系的研究”。加强与高等院校的技术交流，组织科研人员往来交流。对20个中草药的溶解度进行了测定；对5个中草药有效成分的药理活性进行了综述；对生物肥效的有效含量、活性的测定、实验数据、菌种筛选和PH值控制范围等进行进一步探讨；完成了对河南、云南、福建、安徽等8个烟区14个等级的烟叶样品的定期检测，了解烟叶不同醇化时期的多酚类物质含量变化趋势；完成定期在线取样工作，分析不同工艺参数下烟丝的多酚类物质含量差异，探索加工过程中烟叶（丝）多酚类物质变化的规律，作为卷烟生产加工工艺技术参数设计的理论依据。

由蚌埠卷烟厂自主开发的生物香精已取得阶段性成果。2006年，项目组对涉及的所有微生物菌种进行转接、培养和保存。与国内烟用香精香料知名企业进行技术交流，对国内香精香料生产工艺及质量控制情况进行调研，初步建立香精香料评价程序，确实提高香精香料检测技术和质量控制水平。

信息化建设

9月1日，“一卡通”系统正式投入使用，实现就餐、考勤和出入管理的“一卡式”管理。完成全厂防病毒系统的招标、部署，统一安装全厂应用服务器和各部门计算机。完成中心机房防雷设施改造、消防报警及CO_2气体自动灭火系统检修，并分别通过了市防雷中心和市消防支队的测试、验收。配合技改实施辅料AGV系统、卷包数采、零配件立体库、卷烟成品库、片烟高架库等系统。

企业管理

财务管理。根据年度预算，编制蚌埠卷烟厂的成本、费用、资金等预算，每月对费用、成本、资金等预算的执行情况进行考核，定期向厂部报告。进一步完善成本核算、考核制度，制定目标成本和制造费用定额，配合企管办、工段控制消耗指标，每月检查目标成本完成情况并考核。完成应收应付账款的清理工作，对近百个烟草公司2005年4月以前应收应付账款进行逐户逐笔清理。资产管理工作方面，按期核对各仓库存货的账实相符情况，对已报废的资产中，有实物的按照“销账不销案”的原则，健全、完善“备查簿”进行追踪管理，并由华安会计师事务所对企业各项资产进行审计核实。

采购供应工作。在生产过程中积极组织相关辅料、香精香料、配件和燃料的供应工作，完成各工段、部门申报的2000多种备件2550万元采购供应工作，完成532批次共计427000公斤，价值5800万元香精香料的采购任务，完成燃料、消防器材和劳保用品等采购供应工作。

质量管理。按照新的烟叶采购流程，检验人员根据烟叶采购“原烟产地验收，就近加工打片”的工作模式和安徽中烟原料采购检验流程，深入烟叶产区挑选符合企业质量要求的原烟。严把原辅材料入厂检验关，增订《不合格品处置办法》，进一步细化和规范不合格辅材的指标分类及评审处置程序。注重生产过程质量控制，积极转变工艺质量管理思想，转变检验员的检验职能，由人为控制的工艺质量现场管理逐步向全过程自动化现场管理转变。利用中控数据及生产过程检查的数据进行产品质量分析，同时对顾客投诉的产品质量缺陷进行分类分析，对重点、难点问题组织有关人员进行攻关。2006年先后确立实施了6项影响烟支外观质量项目，4个包装质量改进项目。在卷烟成品质量监督自查及国家局质检中心、各省局二级站的产品质量监督检查和市场抽查中，合格率均达100%。

安全管理。完成中心机房防雷设施改造、消防报警及CO_2气体自动灭火系统检修。对所有锅炉压力容器压力表、安全阀等安全附件及配电安全用具进行安全检测。加强技改现场安全管理，以生产现场为重点，严把危险作业关，确保施工安全。加强对重点要害部位、危险源点的监控，确定了26个一级安全管理点、10个二级安全管理点、17个三级安全管理点，明确三级责任，制定检查规定和考核办法，严格检查监控。对113个避雷设施进行年检，确保特种设备安全运行。

建立健全职业健康安全管理体系。积极参与“三标一体”宣传及贯彻工作。做好职业病防治、劳动保护工作，2006年分别对59名接触放射源员工进行职业体检和个人剂量跟踪检测，检测结果均未超出国家标准。

队伍建设

全年举办各类培训班93期，参加培训达14837人次，培训课时达1043学时。培训内容主要有高级技师技能鉴定——零件测绘、特种作业人员办证、安全防火录像内容测试、职业卫生安全管理、“三标一体”、工艺贯标等。开办复审培训班、钳工培训班、中层干部培训班、入党积极分子培训班。

党风廉政建设

3月举办廉政信息员培训班，邀请市纪委相关领导授课。开展学习《中纪委六次全会》及《建立健全教育、制度、监督并重的惩治和预防腐败体系实施纲要》，并进行书面知识考试。在全体中层干部、各部门业务骨干中开展“预防职务犯罪”警示教育。5月，各党支部开展党支部书记上党课活动，党课以“学习党章、遵守党章、贯彻党章、维护党章”为专题。5月、7月，分别对5个主要业务部门进行上半年廉政建设管理情况汇报情况的抽查，组织10名廉政信息员参加，对各部门的自查汇报材料内容进行抽查核实，对需要完善的内容下发整改通知书。

安徽中烟工业公司芜湖卷烟厂

概　况

安徽中烟工业公司芜湖卷烟厂其前身为成立于1949年的芜湖卷烟厂。2006年5月，取消芜湖卷烟厂的法人资格，与安徽中烟工业公司合并重组后作为其卷烟生产点，改制更名而来。企业占地28万平方米，企业年卷烟生产能力400亿支（80万箱）。截至2006年底，固定资产（原值）13.64亿元。共有主业从业人员999人，物流人员150人，物业人员168人。企业拥有6000千克/小时的片烟制丝生产线和2000千克/小时的梗丝生产线、1500千克/小时的白肋烟线、2250千克/小时的叶丝中试制生产线、废烟处理线。2006年新增一套糖香料厨房。拥有17台套国际领先、国内一流的卷接包设备，配置了嘴棒发射机、自动装封箱机，条烟输送系统、激光自动引导AGV无人搬运小车等先进设备，实现辅料自动配送。

2006年企业获“安徽省第七届文明单位”、“安徽省‘十五’发展创新工程先进集体”、“安徽省‘四五’普法先进单位”、“安徽省设备管理优秀单位”、“全省先进基层党组织”等称号。

领导成员

厂长、党委书记：赵　辉（－2006.9）

副厂长、工会主席、党委委员：何　盛（2006年10月起任厂长、党委书记）

副厂长、党委委员：孙　平

副厂长、党委委员：张　劲

副厂长、党委委员：王龙明（－2006.12）

总会计师、党委委员：张荣霞（－2006.12）

副厂长、党委委员：汪玉兰（2006.12－）

生产情况

2006年生产卷烟266亿支（53.2万箱），与上年同比增长2.4%。其中，生产一类烟25.8亿支（5.16万箱），二类烟19.2亿支（3.84万箱），三类烟127.05亿支（25.41万箱），四类烟75.85亿支（15.17万箱），五类烟18.25亿支（3.65万箱）。出口卷烟1.1亿支（0.22万箱）。

技术改造

2006年将技术改造的重点放在加快新技术、新设备、新工艺的消化吸收上，优化工艺布局，发挥技改效益。加强对工艺设备的布局调整，完成PROTOS1－8卷烟机、ZB45硬盒翻盖机、嘴棒发射机等相关卷接包设备的安装、调试和改造，完成CO_2线电气系统的升级改造、物流配件自动化系统安装运行、糖香料厨房的扩容改造、降尘系统烟丝回收改造、动力工段的油改气工程以及制丝线优化项目方案设计实施等。

科技创新

芜湖卷烟厂技术中心共有科研人员39人，大专以上学历37人，其中研究生5人。实验室检测设备原值1464万元。

加强混合型卷烟技术研究和“都宝”产品研发，初步实现了混合型卷烟数字化配方模式，成功研制开发焦油量为1毫克/支的“都宝”产品。开发了针对中国台湾市场、墨西哥市场和罗马尼亚市场的“都宝”产品。成功改造罗马尼亚市场的三个“DUBLISS”产品，使之符合罗马尼亚加入欧盟后新的法律法规要求。

2006年工艺研究工作中，实现“迎客松（国宾）”、“迎客松（贵宾）”、“迎客松（礼宾）”、“迎客松（嘉宾）”和“迎客松（新）”等中高档“迎客松”分组加工以及对共享品牌“一品黄山”的分组加工。通过多次上线实验，成功掌握“都宝（新）”等混合型卷烟产品的分组加工技术。

企业管理

生产管理。召开生产计划衔接会。制定卷烟码段管理办法，提出“码段也是企业资源”的管理目标，明确码段使用部门和管理部门的相关责任。各部门共同对生产排码量及码段使用量进行统计分析，监督生产使用。无码段浪费及违反打、扫码规定的现象发生。

质量管理。进一步深化质量控制、质量分析、质量追溯和质量考核四个新模式。通过加强在线计量仪器校准、剔除装置完好检查、过程巡检等措施，质量控制逐步由事后控制向事前、事中控制转移。针对生产控制信息系统和管理信息系统质量数据的应用，组织多次专题讨论，结合企业数据中心项目，将质量数据进行了全面集成，引进SPC等专门的分析工具。修订《质量考核办法》，全面引入过程控制和系统管理的思想。在行业下半年市场抽检中，“都宝（醇和）”、“迎客松（国宾）”取得了综合得分第一名和第九名的成绩。按照产量加权平均计算，企业产品平均焦油量为12.21毫克/支。

设备管理。组织完成设备大中修和项修计划。通过专业技能培训、维修人员参与设备厂家的大修、自主开展大修等方式，培养维修队伍，提高维修技能。设备完好率达98.87%，设备有效作业率为86.23%，设备故障率为0.93%。

成本控制。技术中心加强叶组配方成本控制、卷烟材料研究力度、分组加工技术研究。原料物资部门通过采购物资成本最优化，减少物耗，降低库存等措施，降低物资成本。制造工段加强技能培训、设备预防性维修，提高生产过程的成本控制水平。各职能部门开展成本费用控制“金点子”合理化建议征集活动。全年企业成本费用下降3041万元。

安全管理。利用生产晨会、企业综合会议、安全例会等会议，强调安全工作，开展“9·26”宣传活动和消防演习等。加强安全专业知识、管理知识和新设备维护的培训，提高企业安保队伍的整体素质，坚持和完善三级安全检查制度。做好安全管理制度建设，加强安全制度执行检查，结合“三标一体”工作逐步建立长效机制。

信息化建设

“十五”期间，基本完成企业信息化体系的构建。2006年，信息化建设工作重点是充分发挥信息化的效益，以信息化提升管理效率，实现信息化为管理服务的宗旨。6月，正式启动数据中心建设项目，采取“开发原型—培训—调研—初步确定需求—再讨论—开发系统—再确认”的模式。进一步完善电子防盗系统（EAS）。完善高架库调度系统，确保仓库管理系统（WMS）、EAS、实物三者之间账实相符。结合综合测试台投入使用，组织开发了综合测试台数据采集程序、机台数采站展示程序和企业信息系统（EIS）综合测试台报表。逐步过度到EAS平台。

队伍建设

持续开展岗位竞聘，建立“公开、公平、公正”的用人机制。全年完成两次干部和普通员工的公开竞聘，先后对51名竞聘上岗的人员进行分流安置，对聘任的专业技术人员进行聘期考核和续聘。

加大人才培训力度，将技能鉴定、委外培训和内部培训等方式有机结合，突出对专业技术人才、管理人才和复合型人才的培养。全年有11人获得硕士学位，21人参加各类学历教育培训，完成53名一般管理人员的培训和500余人的企业内部培训，安排委外培训200余人次。加强中层管理人员培训，与地方高等院校合作，针对企业管理人员的实际要求，进行订单式培训十余次。开展企业内部影像培训教材的制作工作。

特事要辑

5月，取消芜湖卷烟厂的法人资格，与安徽中烟工业公司合并重组后作为其卷烟生产点。

9月20日，国家局局长姜成康一行到罗马尼亚宝丰烟草公司考察。

安徽中烟工业公司合肥卷烟厂

概　况

安徽中烟工业公司合肥卷烟厂其前身为皖北军分区后勤卷烟厂，1949年随部队迁到合肥。2005年取消法人资格作为安徽黄山卷烟总厂的分厂，2006年取消黄山卷烟总厂法人资格后，改制更名为安徽中烟工业公司合肥卷烟厂。企业占地面积为25.77万平方米，其中生产区面积19.04万平方米。年卷烟生产能力250亿支（50万箱）。截至2006年底，总资产10.4亿元，其中，固定资产（原值）9.23亿元、流动资产0.8亿元、净值5.59亿元。共有在岗员工1427人。企业是中国烟草科研教学实验基地，拥有13台套高速卷包设备和1条5000千克/小时制丝线。

2006年企业获“安徽省第七届文明单位”等称号；员工阮厚昆被授予“全国优秀共青团员”称号。

领导成员

厂长、党委书记：朱　杰（－2006.3.）

厂长、党委书记：周恩海（2006.3－）

党委副书记：时大远

副厂长、党委委员：王冬梅

副厂长、党委委员：叶伟业

副厂长、党委委员：林　河（2006.4－）

纪委书记、党委委员：李甲林（2006.3－）

总会计师：王宗玲

工会主席、党委委员：崔　枫（2006.4－）

生产情况

2006年生产卷烟173.1亿支（34.62万箱），与上年同比增长1.82%。其中，“皖烟”突破40亿支（8万箱），同比增长24.97%，净增8.15亿支（1.63万箱），完成产值30.65亿元，同比增长18.94%。

单箱耗烟叶36.02千克，与上年同比下降0.20千克。单箱耗嘴棒8427支，同比减少22支；单箱耗盘纸3086米，同比减少83米；单箱能耗同比下降9.9%。

产品介绍

2006年生产的卷烟品牌有“皖烟（经典）”、“皖烟（极品）”、“皖烟（醇和）”、“皖烟（新制）”、“黄山（金醇和）”、“黄山（蓝一品）”等。其中“皖烟”品牌是合肥卷烟厂的主要品牌，也是安徽中烟工业公司的效益品牌。

体制改革

2006年，合肥卷烟厂转变为安徽中烟工业公司的一个生产制造点。在组织机构调整中，合肥卷烟厂的物流公司、营销队伍相继剥离。企业对生产环节的机构进行了调整，原各工段恢复为车间；将原材料、制丝并为制丝车间；原质检室改为品质管理部，成为独立的职能部门；成立生产管理部，作为生产管理的总协调部门。

技术改造

2006年投入技改资金约3943万元，完成技改项目36项。主要项目有新建烟叶醇化库，改造卷烟生产经营决策管理系统厂房、生产设备，购置检测仪器等。4月6日，合肥卷烟厂污水处理站项目举行开工奠基仪式。

科技创新

以“分类加工技术的研究”为工作核心，加快研究应用。承担了国家局单等级原料的基础性研究项目。2006年，该项目涉及安徽、贵州共12个等级，过程样品共288组，组织上百次试验样品的评吸、评价工作。在“分组加工”特色工艺加工技术的烟叶分组原则的制订、工艺加工参数的确定、分组产品的设计与应用等工作研究中取得重要进步。

企业管理

质量管理。2006年5月，组织完成“质量管理年”活动。组织企业2006年质量管理QC成果现场发布及择优上报工作。组织《卷烟工艺规范》，GB5606－2005《卷烟》国标等质量管理方面的学习培训。进行“三标一体”的建立、实施及持续改进工作。根据《卷烟品牌许可生产质量保障通则》（YC/T198－2006）和《卷烟企业清洁生产评价准则》（YC/T199－2006）两项行业标准，在企业内进行自查。9月，制定下发《安徽中烟工业公司合肥卷烟厂2006年“质量月”活动实施意见》，开展为期7个月的“质量月”活动。

制度建设。修订了《项目招标管理办法》和《费用管理办法》；制订《合肥卷烟厂残次、废弃烟草专卖品交接管理办法》、《安徽中烟工业公司合肥卷烟厂在线试验（实验）管理暂行规定》和《安徽中烟工业公司合肥卷烟厂自行采购物资管理暂行规定》。

企业文化

根据《合肥卷烟厂企业文化建设五年规划》，2006年是企业文化建设的第一年，企业以宣传贯彻“两个至上”行业共同价值观为根本出发点，围绕“三高”定位，营造“激情、和谐、务实、进取”的企业文化氛围。

安徽中烟工业公司阜阳卷烟厂

概　况

安徽中烟工业公司阜阳卷烟厂前身为成立于1948年的阜阳人民烟厂，2006年5月，取消阜阳卷烟厂法人资格后改制更名而来。企业拥有先进的制丝生产线和卷接包设备，年制丝能力达350亿支（70万箱），卷接能力达250亿支（50万箱）。企业占地面积为26.27万平方米，总资产（原值）9.3亿元。共有在岗员工998人，其中公贸公司208人。企业是国家局确认的5个烟草行业的低档烟重点生产企业之一。

2006年企业获安徽省政府颁发的“安徽省‘五一’劳动奖状”，获“安徽省‘十五’发展创新工程先进集体”称号。

领导成员

厂长、党委书记：张会廷（－2006.9）

副长厂、党委委员：刘　云（2006年9月主持工作）

党委副书记、纪委书记：汤福华

工会主席、党委委员：葛善礼

副厂长、党委委员：李　葆

总会计师、党委委员：王良杰（－2006.5）

总会计师、党委委员：夏登梅（2006.6－）

生产情况

2006年生产卷烟197亿支（39.4万箱），与上年同比增长9.46%。其中，生产二类烟16.3亿支（3.26万箱），三类烟40.6亿支（8.12万箱），四类烟72.9亿支（14.58万箱），五类烟67.2亿支（13.44万箱）。

产品介绍

参与研发、生产全国低档烟共享品牌“大丰收”，推动行业低档烟品牌资源整合。主导产品为全国共享品牌“大丰收”及“香梅”品牌系列卷烟、“红三环”等。

技术改造

2006年9月19日，“十五”技改工程通过总体竣工验收。工程总投资13965.91万元，是阜阳卷烟厂历史上规模最大、投资额最多、水平最高的一次技术改造。新建成的中控室集实时监控、数据采集、质量过程控制、信息化管理和LED系统于一体，实现了全过程控制和生产信息的自动化管理。生产线按照联机设备方式，缩短工艺流程，合理布局，提高生产效率。工艺、质检、计量形成三位一体的互动模式，在线监控，数据共享，自动分析，促进生产的柔性化、精细化和集约化。动力站房改造完毕。新建烟叶醇化库已正式投入使用。

科技创新

开展群众性小改小革，加大对新材料、新技术、新工艺的研究应用。开发了SH92叶丝高速膨胀机冷却水的二次利用技术，降低制造成本。解决 SQ315 切丝机毛烟问题，降低烟丝消耗。解决梗丝流化床出料梗丝分层和水分不均匀问题。依靠自身力量，研发了改进型的缺包检测器，弥补转移喷镀铝箔纸缺包监测器的缺陷。自主研制并申报了防结团叶丝松散引射喷汽嘴技术的实用新型专利证书。

内部管理监督

2006 年全面实施“三标一体”管理体系建设，提高标准化水平。落实行业、企业内部专卖管理监督检查工作，制订《阜阳卷烟厂烟草专用机械管理办法》、《阜阳卷烟厂试制烟管理规定》、《阜阳卷烟厂生产下脚料管理办法补充规定》等加强企业内部专卖管理的制度。进一步规范、完善项目投资管理流程，结合企业实际，制订系列确保项目投资的工程质量和收益的规章制度。制订系列企业内控制度，补充完善企业标准化体系。

企业管理

财务管理。以全面费用预算管理为突破口，继续强化财务管理。落实内控制度，规范会计核算，打牢会计基础，实现财务管理的顺利对接。认真对待专项审计，保证整改落实到位。成立多元化经营清产核资领导组织机构，保证清产核资工作的有效展开。牢固树立成本意识和费用控制意识，把财务与业务紧密结合起来，加强全面预算管理，推行全方位全过程的成本控制。

安全管理。进一步落实《安全质量标准化实施方案》，对安全生产责任制进行了重新修订，共制定 21 个安全生产管理标准。修订《车辆运输管理暂行规定》，确保卷烟安全及时运输。

队伍建设

实施人才工程战略，树立“人力资源是第一资源”的观念，坚持以人为本的思想，抓住培养、引进、使用、储备四个环节，把品德、知识、能力和业绩作为衡量和使用人才的主要标准。坚持以人为本，落实目标管理、绩效评估和岗位技术津贴制度，科学合理使用和配置人力资源，加强人才引进和培训工作，开展人才梯队建设和关键技术岗位的人才储备工作，加大教育培训力度。2006 年全年举办 34 期培训班，培训 1324 人次。

特事要辑

5 月，取消阜阳卷烟厂的法人资格，与安徽中烟工业公司合并重组后作为其卷烟生产点。

9 月 19 日，“十五”技改正式通过竣工验收。

11 月 1 日，国家局副局长何泽华考察“十五”技改后的阜阳卷烟厂。

12 月，新建烟叶醇化库正式投入使用。

安徽中烟工业公司滁州卷烟厂

概　况

安徽中烟工业公司滁州卷烟厂前身为位于蚌埠的同生烟厂，成立于 1949 年，2005 年取消法人资格作为安徽黄山卷烟总厂的分厂，2006 年取消黄山卷烟总厂法人资格后，改制更名为安徽中烟工业公司滁州卷烟厂。企业占地面积为 80000 平方米，年卷烟生产能力 175 亿支（35 万箱）。截至 2006 年底，固定资产（原值）5.82 亿元。企业主营业务共有在编员工 531 人，其中，拥有硕士学历的 4 人、本科学历的 110 人、大专学历的 188 人；拥有中级以上专业技术资格人员 52 人、副主任工程师（技师）12 人。企业物业公司共有员工 281 人，其中在编人员 71 人。企业拥有一条 5000 千克/小时制丝生产线，实现了制丝线上位机操作、监控。卷接包车间在线使用的设备包括 10 台套 ZJ19 卷接机组，5 台套 ZB45 机组，3 台套 B1 机组，4 台套 ZB43 机组。卷接包生产线实现了数采、集控、过程监控、WEB 查询功能。

2006 年企业被国家体育总局授予“全国群众体育先进单位”称号；2 月，企业团委被共青团安徽省委员会授予“全省优秀企业团委”称号。

领导成员

厂长、党委书记：潘安民

第一副厂长、党委委员：李金广

总工程师、党委委员：乔国宝

副厂长、党委委员：王成虎（－2006.3）

副厂长、党委委员：黄　剑（2006.4－）

生产情况

2006 年生产卷烟 161 亿支（32.2 万箱），全部为“红三环”系列。其中，生产二类烟 8.1 亿支（1.62 万箱），三类烟 116.3 亿支（23.26 万箱），四类烟 36.6 亿支（7.32 万箱）。

产品介绍

企业产品为“红三环”卷烟，有特醇软盒、特醇硬盒、特制硬盒等规格。2006 年 11 月，“红三环”品牌再次获“安徽名牌产品”称号。

技术改造

2006 年购置 YF12 连接装置和 ZB45 包装机组各一台。连接设备于 8 月份完成安装调试验收工作并已投产；ZB45 包装机组于 12 月底到厂并进行安装调试。完成 25 毫米嘴棒发射系统改造工作。10 月 23 日，厂区抬高工程的南大门改造项目顺利通过验收。11 月 30 日，滁州卷烟厂新建的 20000 平方米烟叶醇化库工程顺利通过整体验收。

科技创新

2006年，实现“红三环（特醇软盒）”产品使用加胶丙纤棒替代醋纤嘴棒生产。从嘴棒烘干、胶原料、切割刀片、嘴棒成型、嘴棒吹风装置等多个环节设计实验方案，经过先后30余次实验，5月25日取得成功。6月~9月，对产量、质量、设备有效作业率进行跟踪分析，感官产量、消耗、设备有效作业率以及过程产品质量均满足企业各项技术标准和考核标准要求。

内部管理监督

多次召开内部专卖监督管理专题会，研究布置企业监管工作，建立健全组织机构，制订和完善内部监管实施办法。充分发挥监察、审计职能，组织内部专卖管理监督自查和同级审计自查与整改；加强对企业重点环节的监督，严格招投标制度。全年完成各类招投标评审项目137个，累计审核采购、基建技改等合同365份，标的金额5680万元，未发生任何合同纠纷。

企业管理

将生产管理、质量保证和成本控制作为管理重点，深化“企业管理年”活动，促进企业管理水平的提升。

成本费用控制。完善成本费用控制体系，不断降低产品成本，严格控制费用支出。强化定额管理和标准成本管理，规范基础数据的记录，理顺成本费用核算流程，明确归集办法，提高分析水平，掌握成本变化的根本原因，为成本费用的管理提供依据；建立分级预算、归口管理的费用控制机制，落实全面预算管理办法，严格执行财务审批制度，严明财务纪律。

工艺质量管理体系。抓好工艺质量管理体系的建设，细化“6S”现场管理，创新管理手段，不断提升生产现场管理水平。加强设备、计量和能源管理，坚持设备维保制度，确保生产设备正常运转，全年设备完好率达到86%以上，有效作业率平均达到82%以上；加强工艺管理，探索由内控指标管理转为参数控制管理的新途径、新方法，强化工艺技术研究，做好产品改造和品质维护工作；大力提倡新技术、新材料的研究，加快对25毫米嘴棒、丙纤改性嘴棒及辅材等新技术的应用；严把产品生产质量检验关，质量检验的重点放到在制品的机台自检、现场巡检等过程控制上，国家局、省局产品市场监督抽查合格率达100%。

安全管理。结合贯彻“三标一体”，做好职业健康安全管理标准和行业安全质量标准化工作，构建安全管理体系。切实执行企业三级安全检查，加大安全教育力度，狠抓隐患整改，加强安全保卫，实现了年初确定的安全目标。

信息化建设

2006年保证了网络、管理信息系统项目，特别是卷烟生产经营决策管理系统安全稳定的运行。制定生产中控系统管理规定，明确各环节、各层面的管理职责。出台卷烟生产经营决策管理系统管理规定，定期组织检查，督促整改存在的问题。开展生产底层操作控制系统、管理信息系统等的应用培训。

队伍建设

企业从抓好管理、专业技术、操作技能三支队伍的培养入手，努力提高干部员工队伍的整体素质。通过开展教育培训和目标点评工作，着重提高管理队伍的管理水平和个人综合素质；通过专业技术人员考聘和技术交流与互助，使企业专业技术人员适应了企业装备技术、制造水平的提升对专业技术提出的要求；通过导师带徒、岗位培训、技能竞赛等手段，培养操作工队伍。

（朱要文）

福建中烟工业公司

概　况

福建中烟工业公司成立于2003年11月，下辖龙岩卷烟厂、厦门卷烟厂、龙岩金叶复烤有限责任公司和金闽再造烟叶有限责任公司①4家法人企业。企业总资产92.44亿元。共有职工3173人，其中公司本部职工103人，龙岩卷烟厂1525人，厦门卷烟厂1233人，龙岩金叶复烤有限责任公司257人，金闽再造烟叶有限责任公司55人。

领导成员

总经理、党组书记：卢金来

副总经理、党组成员：李仰佳

党组成员、厦门卷烟厂厂长：王建勇

党组成员、龙岩卷烟厂厂长：李跃民

助理巡视员：叶枝榕

组织机构

公司设办公室、人力资源管理处（纪检监察处）、财务审计处（投资管理处）、市场营销管理处（营销中心）、科技开发处（技术中心）、生产安全管理处、体改法规处、物资供应处、进出口处等9个部门。

① 龙岩金叶复烤有限责任公司和福建金闽再造烟叶发展有限公司具体内容详见工业公司烟叶加工企业条目。

生产经营

2006年，生产卷烟639.9亿支（127.98万箱），与上年同比增长5.8%。其中，一类烟63.8亿支（12.76万箱），同比增长10.2%；二类烟139.5亿支（27.9万箱），同比增长34.3%；三类烟359.4亿支（71.88万箱），同比增长6.5%；四类烟72亿支（14.4万箱），同比下降5.8%；五类烟5.2亿支（1.04万箱），同比下降82.1%。

2006年，销售卷烟646.3亿支（129.26万箱），与上年同比增长7.2%。其中，一类烟64.4亿支（12.88万箱），同比增长26.8%；二类烟139.6亿支（27.92万箱），同比增长26.8%；三类烟359.6亿支（71.92万箱），同比增长6.5%；四类烟72.8亿支（14.56万箱），同比下降81.5%；五类烟9.9亿支（1.98万箱），同比下降60.8%。实现销售收入98.07亿元，同比增长14.3%。实现税利69.31亿元，同比增长18.5%。其中，利润15.25亿元，同比增长26.1%；单箱税利5369元，同比增长10.5%。

品牌战略和产品介绍

围绕进入“两个10多个”的总目标，按照“大品牌、大企业、大市场”的发展战略，以“品牌共享、税利同增、总体规划、分步实施”为原则，实施“一优一特”品牌发展战略，做强做大“七匹狼”品牌，打造有中国特色的高档混合型卷烟品牌“金桥”，推进品牌整合、营销整合、技术整合，以名优品牌为发展的聚焦点，形成协同效应，提升福建卷烟工业整体竞争实力。

2006年，企业主要卷烟品牌有“七匹狼”、“金桥”、“石狮”。“七匹狼”品牌实现历史性突破，销量达到271.45亿支（54.29万箱），比上年增加104.4亿支（20.88万箱），增长62.5%。销量排名从上年第18位跃升到第11位，增幅列第3位。“金桥”品牌销量达35亿支（7万箱），比上年增长40%。同时，公司不断提升产品档次，先后开发高档卷烟“七匹狼（传奇）”系列〔“七匹狼（金典）”、“七匹狼（庆典）”〕和“金桥（国际）”。

科技创新

技术中心建设。加强企业技术中心建设，增加科研经费投入。2006年，全省工业系统专职从事科研活动的人数达117人，其中，硕士研究生以上学历14人、博士1人；中级职称48人、高级职称9人。科研人员学科、专业知识结构合理，涉及烟草种植、烟草工艺、香精香料、卷烟设备、化学工程、分析化学、农学、计算机、机械制造、电气工程、装潢艺术、市场营销、工商管理等学科；重视技术创新工作，增加科技开发经费投入，2006年，共投入10478万元用于技术开发，与上年同比增长21.8%，为科研项目的顺利开展提供了资金保证。

项目研究。2006年，共开展42个项目研究，其中国家局项目5个，省公司项目7个，完成5个新产品的改造开发工作。开展与郑州烟草研究院国家重点实验室的合作项目研究，与中国科技大学合作开展“定向合成潜香物质有效成分烟气转移率研究”研究；参与国家局组织的2005年度烟叶主要化学成分合作分析项目等。

QC小组活动。召开福建中烟工业公司QC成果发布会，在发布的16个QC成果中，评选出一等奖2个，二等奖5个，三等奖6个。其中，龙岩卷烟厂制丝QC小组“降低KLK/G烘丝机出口干头量”获得国家局QC成果二等奖，厦门卷烟厂制丝车间尖峰小组“降低HXD燃烧炉熄火次数”获国家局QC成果三等奖。

知识产权保护。重视知识产权保护和科技成果转化，在合法使用他人知识产权的同时，加强知识产权管理与保护，提高企业知识产权保护意识，研究开发出的新技术、新工艺均申请国家专利，以提升企业核心技术的研发能力与水平。截至2006年底，企业拥有授权专利21件，正在受理专利6件。

人才培养。建造多维的人才培养平台，采取“传帮带”、“项目研究”、“请进来、送出去”等多种形式培养人才。选派技术骨干到中国科技大学、郑州轻工业学院等高校和科研院所参加化学工程、烟草工程、卷烟调香方向工程、食品工程硕士研究生班学习。同时，结合科研项目的开展，依托合作单位的科研技术力量，在项目实施过程中加强对人才的培养。

企业管理

标准化管理。进一步贯彻国际质量管理体系等相关国际标准，提升企业管理水平。贯彻《GB/T24001－ISO14001环境管理体系要求及使用指南》、《GB/T28001职业健康安全管理体系规范》标准，建立环境管理体系和职业健康安全管理体系，并与质量管理体系整合成一体化管理体系，提升企业标准化管理水平。

设备管理。针对2006年龙岩卷烟厂和厦门卷烟厂异地技改后有部分废旧设备待处理的情况，福建中烟工业公司与福建省烟草专卖局（公司）专卖处密切配合，协助、指导下属企业在技改工程完成后对闲置、淘汰的烟草专用机械设备进行调拨、报废、销毁，规范对闲置、淘汰烟草专业机械的管理。

监督管理。2006年，按照《福建卷烟工业系统效能（执法）监察工作规范（试行）》的要求，加大对基建技改、物资采购、软件开发和经营性广告等活动的效能监察。制定《福建中烟工业公司招投标管理办法》，完善对重大工程建设、各类非专卖品招标采购

的各项流程、制度和规定，确保程序公开、竞争公平、办事公正。对重点工程进行全程监督，2006年重点对福建中烟工业大厦基建项目进行全程监督。该项目从设计招标，到监理、施工单位招标，空调、电梯等大型设备的采购，均在纪检监察部门和政府招标中心的严格监督下进行，通过公开招投标节约资金1289万元。

信息化建设

2006年，福建中烟工业公司将“建设数据中心、突出重点工程、全面加强管理”作为信息化建设的主要任务，结合福建卷烟工业实际，编写福建中烟工业公司信息系统规划。

信息系统建设。完善信息系统建设，提高企业信息化程度。6月，完成对电子商务、资金结算系统的升级改造。在原有财务系统平台的基础上，开发卷烟电子交易接口，实现公司同龙岩卷烟厂ERP系统、厦门卷烟厂ERP系统，公司同国家局电子交易系统，公司同福建省烟草专卖局电子商务系统、资金结算系统的无缝链接。开发广告品管理系统，规范广告管理。协调龙岩卷烟厂做好CRM系统的移植改造工作。作为卷烟生产经营决策管理系统拓展应用的9个试点单位之一，制订卷烟生产经营决策管理系统拓展应用方案，做好扩展应用工作。办公自动化系统与国家局公文传输平台及网上审批系统实现无缝链接。

信息网络安全。构筑网络、系统、数据三道安全防线，有效保证信息网络安全。加强对行业广域网、Internet、行业地面骨干网三道防火墙系统的管理。做好福建中烟工业公司系统网络、服务器及电脑病毒查杀工作。定期维护SYMANTEC（企业防病毒系统），确保系统正常运作。做好VERITAS存储备份系统的日常管理及维护工作。加强对公司VPN网络远程访问用户的授权、管理和监控。同时，按照《中心机房管理制度》要求，对机房日常运作维护进行规范化管理。

信息化培训。开展多层次的信息化培训工作，培养“懂技术、会管理、善协调”的信息化建设的复合型人才。2006年，组织公司及下属企业的信息化专业人员参加微软MCSE和思科CCNA培训班。组织公司机关人员进行OFFICE软件操作培训。组织人员参加国家局组织的数据库管理员培训。

队伍建设

领导班子建设。开展争创“四好”领导班子活动，制定下发《中共福建中烟工业公司党组争创“四好”领导班子活动实施细则》，对下属企业领导班子从“政治素质好、经营业绩好、团结协作好、作风形象好”等四个方面提出了具体要求和创建措施。规范机关干部队伍建设，下发《关于处级干部改任非领导职务和内部退养制度的通知》和《关于机关本部科以下职工实行内部退养的通知》，对改任非领导职务和内部退养制度进行了规范。在全省卷烟工业系统组织开展干部档案审核整理工作，完成了机关干部档案的自查及材料的补充、整理，顺利通过了国家局干部档案审核工作检查组的验收。

教育培训。加强管理、营销和技术“三支队伍”建设为重点，分类分层次开展教育培训工作。2006年，共有24名企业中高层管理人员参加厦门大学EMBA专业硕士学位学习，28人参加普通硕士研究生学习，153人参加专升本学习，34人参加专业技术人员培训。推荐4名专业技术人员参加国家局中、高级调香师培训，选派3名副处级干部参加国家局党校学习，共有98人次参加国家局组织的业务培训。2006年，由企业自主组织的各项培训41次，参加人数达3824人次。

职业技能鉴定。2006年，共有261人参加了中高级营销员、烟叶保管工、质检工、卷烟设备修理工、卷接工、包装工、制丝工等工种的鉴定，考试合格222人，合格率达85%。此外，开展制冷空调、叉车、电工、电焊、厂内机动车等十几个特殊工种的初审取证及复审工作。组织专业人员参加“红塔杯”第二届全国烟草行业烟机设备维修职业技能竞赛，一名职工获得“全国烟草技术能手”称号。截至2006年底，共有1899人取得职业技能资格证书，其中，初级工599人、中级工1004人、高级工259人，技师34人（其中高级技师3人）。

思想政治工作

“‘两个至上’在岗位”主题实践活动。制订并下发《“‘两个至上’在岗位”主题实践活动实施方案》、《关于开展“‘两个至上’在岗位”专题活动的通知》，把主题实践活动分学习动员、主题实践和总结提高三个阶段扎实抓好。对主题实践阶段的专题活动进行了研究和部署，在公司网站开辟学习专栏，组织开展“‘两个至上’在岗位”征文活动，共征集文章28篇，评出一、二、三等奖共10名。以“思危、思进、思发展，立足岗位共建‘两个至上’，‘和谐烟草’”为主题，根据不同岗位和工作性质，对各级领导干部、各级管理人员、广大一线员工、全体共产党员四个层面人员在本职岗位上践行“两个至上”提出了具体要求。

党建工作。建立营销中心党总支和技术中心党支部，完成了党员组织关系的接转。加强党员日常管理，开展党员民主评议工作，下发《党费收缴管理规定》，2006年发展了2名新党员。严格落实党组理论学习中心组学习制度，坚持每季度制订党组中心组学习方案并做好学习会的保障工作。组织召开2006年度党组民主生活会和机关处级以上党员领导干部民主生活会。开展以“知荣辱、树新风”为主题的树立社会主义荣辱观道德实践活动。先后组织机关职工观看建党85周年教育影片《邓小平在1923》、《生死牛玉儒》。

精神文明建设。下发《福建卷烟工业系统2006年精神文明建设考核办法》，加强企业精神文明建设，充分利用公司网站和各种行业媒体宣传党的路线、方针、政策，宣传品牌整合战略及企业生产经营和工作中涌现出来的先锋模范。积极开展工、青、妇等群团活动，先后组织春节团拜、中秋博饼、“庆五一”篮球友谊赛、节日联欢等活动，组织员工参加2006年度厦门国际马拉松赛。

党风廉政建设

反腐倡廉教育。找准切入点和结合点，加强反腐倡廉教育。以“‘两个至上’在岗位”主题实践活动为契机，引导广大干部职工牢固树立“国家利益、消费者利益至上”行业共同价值观，纠正单纯追求经济效益的倾向，把经济效益和社会效益统一起来，树立烟草行业为消费者至诚服务的形象。以烟草行业腐败案件为背景，把党员干部作为反腐倡廉教育的主要对象，完善反腐倡廉教育的工作格局。在广大党员干部中深入开展理想信念、权力观和政绩观教育，夯实党员干部廉洁自律的思想基础。以党组理论学习中心组学习会和民主生活会为平台，开展廉洁自律主题教育，2006年先后组织学习了《中国共产党党内监督条例（试行）》、《中国共产党纪律处分条例》，观看了《反腐倡廉警示教育片》、《预防职务犯罪教育片》等警示片。

完善监督环节。根据国家局《关于加强对行业各级领导班子及主要领导干部监督的意见》，重点对各单位领导班子民主集中制的落实情况进行了检查，要求各单位对重大事项、群众关注的热点问题，以及重大经济活动等情况予以公开，确保广大干部职工的知情权、参与权和监督权。建立健全党风廉政建设情况通报制度、领导干部述职述廉制度、领导干部谈话诫勉制度等，切实抓好责任分解、责任考核、责任追究三个环节。制订《2006年福建卷烟工业系统党风廉政建设工作考核办法》，对各单位执行党风廉政建设责任制情况进行检查，并与精神文明建设和生产经营责任目标考核挂钩，党风廉政建设和反腐败各项工作得到较好的落实。

纪检监察工作。制定下发《福建卷烟工业系统2006年党风廉政建设工作要点》，把“四个纪律保证”作为纪检监察工作的出发点和落脚点，即纪检监察工作要为行业政令畅通提供纪律保证，为维护专卖制度提供纪律保证，为推进“两个至上”提供纪律保证。加强对行业纪检监察机构和业务的指导和管理，制订《福建中烟工业公司关于对行业直属单位纪检监察工作和机构加强业务指导和管理的意见》，理顺纪检监察机构设置和工作机制，完善党风廉政信息员制度，2006年共聘请12名党风廉政信息员。

企业文化

2006年，企业文化建设以《中国烟草企业文化建设纲要》为指导，以“两个至上”行业共同价值观为主线，将“两个至上”行业共同价值观融入到企业的理念体系建设中，构建具有行业特色和企业个性的企业文化体系。龙岩卷烟厂与新加坡开锐咨询公司合作，完成了企业文化建设的启动、论证、咨询、提升等各项工作，并受邀在国家局12月召开的全国烟草行业第二次企业文化建设工作暨政研会秘书长会议上进行了展示。

加强企业文化理念的传播和深植。将文化理念案例化、传奇化，广为传播，起到激励人、鼓舞人、影响人的作用。设计面向行业价值链、面向终端客户的企业传播活动，将“两个至上”行业共同价值观等企业文化理念灌输于公共关系和品牌活动之中。规范企业管理流程和业务流程，在流程设计中植入企业文化理念，让企业文化真实可操作；把企业文化建设与树立社会主义荣辱观相结合，与构建和谐企业相结合，使企业文化理念深入人心。

所属企业

龙岩卷烟厂

概　况

龙岩卷烟厂创建于1951年，是福建中烟工业公司的全资子公司，企业下属福建红狼实业有限责任公司、贝森蜂窝新型材料（福建）有限责任公司两个多元化经营企业①。企业总资产44.58亿元，年卷烟生产能力412.05亿支（82.41万箱）。企业占地面积13.98万平方米，职工2045人，其中，研究生以上学历10人、大中专以上学历854人，拥有高级技术职称者16人、拥有中级职称者270人。企业拥有国内一流、科技含

① 下属多元化经营企业原北京龙燕兴科贸有限公司于2006年12月注销。

量与国际先进水平同步的制丝生产线、卷接包设备及公共配套工程、理化检测设备以及行业级技术中心。

2006年2月，龙岩卷烟厂被国家信息化测评中心评为“中国企业信息化500强”企业，荣获“最佳管控一体化奖”。8月，被中国设备管理协会评为“第七届全国设备管理优秀单位”。龙岩卷烟厂郑东文被评为“全国烟草技术能手”、杨达辉被评为“全国烟草行业十五科技创新先进个人”。

领导成员

企业实行厂长负责制，主要领导成员：

厂长：李跃民

党委书记：赖鞍山

副厂长：林荣欣

副厂长：杨达辉

副厂长：陈万年

副厂长、工会主席：陈聪玉

党委副书记、纪委书记：胡国林

副厂长：黄　华（2006.7－）

调研员：陈镇泉（－2006.6）

生产经营

2006年，生产卷烟330.04亿支（66.01万箱），与上年同比增长7.33%，其中，生产一类烟40.25亿支（8.05万箱），二类烟90.2亿支（18.04万箱），三类烟181.44亿支（36.29万箱），四类烟18.15亿支（3.63万箱）。销售卷烟331.54亿支（66.31万箱），同比增长7.77%。2006年，企业共销售七匹狼卷烟207.55亿支（41.51万箱），占总销量的62.6%，同比提高8.3个百分点。其中，省外销售73亿支（14.67万箱），同比增长35.43%。实现销售收入54.05亿元，同比增长13.16%。实现单箱税利5998.19元，同比增长9.12%。实现税利39.72亿元，同比增长17.62%；其中利润8.53亿元。

科技创新

2006年，龙岩卷烟厂“烟丝干燥去湿控制方法”获得发明专利授权，“卷烟加工梗丝风选自动控制装置”、“多喷嘴小流量香料施加装置”、“卷烟加工滚筒类增温增湿装置”获得实用新型专利授权，“24毫米嘴棒在翻盖产品中的应用研究”、“二氧化碳膨胀前后烟丝香味成分变化研究”两个项目通过福建中烟工业公司组织的鉴定。

基础应用研究。开展以“打造龙烟特色工艺，提高‘七匹狼’产品市场适应能力”为主线的基础应用研究及产品开发改进，针对“七匹狼”系列产品在嗅香风格、烟香清晰度、刺激性、干燥感及浓度劲头方面的不足，开展了香精香料、添加剂、卷烟材料等产品配套技术研究。完成国家环保总局“二氧化碳替代氟利昂烟丝膨胀技术”项目研究。完成不同工艺参数、不同蒸汽施加方式对松散效率和产品感官质量影响的研究试验。“建立填充值修正计算数学模型”、“24毫米规格滤棒丝束的选型和优化”、“国产60CU卷烟纸的应用研究”、“造纸法薄片制丝加工工艺试验”等项目研究成果已投入到实际生产应用中。

分组加工研究。实施分组加工生产，建立分组加工工艺模式下的分组加料工艺平台，进行牌号配方模块分组加工后的分组加料研究，实现卷烟精细化加工技术，充分展现产品风格特征。2006年，完成“七匹狼（豪情）”、“七匹狼（古田）”、“七匹狼（软灰）”、“七匹狼（软红）”等牌号的分组加工应用研究，开展以“七匹狼（新枣红）”牌号为突破口的分组加料研究试验，实现“七匹狼（新枣红）”、“七匹狼（新枣红A）”、“七匹狼（红）”、“七匹狼（软红）”等牌号的分组加工后的分组加料生产。在分组加料试验研究成果上，开展“七匹狼（古田）”、“七匹狼（豪情）”等牌号的大线生产的分组加料研究。

工艺技术参数优化。对大小线松片回潮、润叶加料工序热风温度、切丝宽度、DCC + HXD、HT + KLK－G等工序进行单工序关键工艺技术参数优化，并应用混交设计方法进行组合试验，应用数据统计分析方法，得出各工序影响产品感官质量的重要影响因子和水平，并将优化后的工艺技术参数应用于实际生产中，提高产品感官质量。开展“烟丝风送与卷制工序工艺技术参数优化”项目研究，完成贮丝出口烟丝输送方式、烟丝风送风速、卷烟机弹丝辘和风扇辘转速、平整盘劈刀凹槽深度规格、卷烟机平均重量控制系统等工艺技术参数、工艺方式优化试验，将部分工艺技术参数优化成果应用于生产中，提高卷烟产品质量控制的稳定性和控焦、稳焦能力。

技术改造

2006年，企业新增3台套PROTOS1－8卷接机组，并投入使用。完成制丝关键工序设备的工艺适应性研究，提高3000千克/小时制丝线柔性化生产水平。对高架库排风系统进行技术改造。完成嘴棒发射机的安装调试，提高卷包生产过程控制精度和设备运行可靠性等技术改造。

企业管理

财务管理。代理福建中烟工业公司卷烟采购、销售和成本核算工作，保证全省行业营销中心整合工作顺利实施。为规范企业经济业务流程，加强对经济业务活动的监督和控制，自行研发财务管理信息系统，并于2006年投入使用。加强资金监管，按相互约束原则，将付款业务分由出纳、资金管理、副科长三个岗位办理，同时制订内部资金使用原则意见，提高资金使用效率，2006年节约财务费用900多万元。

质量管理。按照《卷烟》新国标要求制定企业质量检验标准，实现新老标准的平稳过渡。完成菲利普·莫里斯公司“万宝路”制丝线、卷接包机组的各项中试工作。依据工艺质量信息管理子系统信息、市场反馈信息、日常工艺质量检查信息，及时组织质量改进。开展QC小组活动，提高产品质量的可靠性。加强质量检验监督把关，确保不合格辅料不投入生产，不合格产品不出厂。在国家局一、二季度统一检查中，公司二级站共抽查37个牌号的产品，产品合格率达100%，出厂成品合格率达100%。开展市场反馈信息的分析活动，明确生产的薄弱环节，提出质量改进措施，确保质量改进到位。

标准化管理。策划建立标准化管理体系，将所有的技术标准、管理标准及各项制度进行整合，形成贯穿企业的生产、经营、财务、审计、纪检等方面的管理文件，理顺各管理接口，提高管理效率。

安全生产。制定《龙岩卷烟厂安全合格班（机）组考评办法及考核细则》，以班（机）组为单位开展“‘遵章守纪，我要安全’创建安全合格班（机）组”活动。开展安全生产月活动，围绕“安全发展，国泰民安”的主题，突出宣传教育活动的针对性、实效性和职工认同性，真正使广大职工通过宣传教育活动学以致用，提高工作中安全防范意识和能力。加强安全生产管理基础资料的建立完善和考核力度，结合安全生产合格班（机）组的创建和考核，修订《龙岩卷烟厂安全生产工作考核标准》。组织职工开展消防技能培训和演练，举办职工餐厅燃气泄漏应急演练，烟叶库区背负式空气呼吸器操作演练，提高职工的安全应急处置能力。全年安全生产工作实现“8个零、2个控制”的目标，千员轻（重）伤率为零。

信息化建设

完成应用集成开发（EAI）项目（一期）建设，主要包括企业信息门户、IRP规划、LYMIS迁移、财务全面预算、CRM升级改造、OA系统建设、数据仓库建设、信息仓库建设等内容。

制定信息分类与编码标准化体系，在深入理解各个信息系统编码的基础上，结合编码对象及业务流程，完成标准化体系框架建设和信息分类方案，共收集431个编码对象，形成34份电子文档，废弃72个编码对象，合并新增17个编码对象，直接采用11份国家标准和12份行业标准，重新完善了187个编码对象的标准化描述，初步形成技术先进、层次分明、结构合理、相互配套的体系表，做到一物一码，实现系统间信息共享。

完成小线烘丝段PLC程序改造、烘丝段基于批次控制的PLC功能模块图编制和程序编写工作。改进和完善物流系统的业务流程，对AGV故障应急流程优化和烟箱自动返库模式进行改造，保障辅料及时供应，减小出错概率，提高物流系统的自动化程度和可靠性。

人事劳资

薪酬和福利管理。制订年度经济责任制方案，重点对卷包车间奖金系数进行重新定位，适当拉大机关科室不同岗级之间的收入差距，设立车间班组活动考核奖，以使部门与车间、车间与车间及不同岗位之间收入分配更趋合理。对离退休人员待遇进行重新调整，适当提高离退休人员待遇，体现企业的人性关怀。

完善绩效管理体系。将中层干部行为评价内容从原6大项24小项提炼为6大项18小项，通过矩阵表的方式，确定部门之间、岗位之间工作的相关性，提高评价结果的客观性、准确性。将厂级关键绩效指标根据各项指标的难易程度、创新性、重要性等标准分成三档，对不同档次的关键绩效指标设定不同的绩效系数。

聘用人员管理。从招聘条件、待遇、假期管理及培训四个方面，修订《龙岩卷烟厂外聘工管理暂行规定》。开展聘用技术工与聘用大学生考核工作，按10%比例淘汰不合格员工，提高聘用人员队伍的竞争意识与危机意识。

教育培训。全年共举办各类培训班62期，培训员工2446人次，累计培训1640课时。其中技能鉴定培训考核14个工种等级，累计培训822课时，培训190人，工商管理专升本上课280课时。

合作交流

继续与郑州烟草研究院、国家局烟草栽培生理生化研究基地、中国科技大学等科研院所、高校就卷烟特色工艺、烟草化学与化学成分分析、烟叶仓储技术和醇化质量、技术中心建设、烟草信息收集等方面开展技术合作。同时，抓好与菲利普·莫里斯公司的产品加工合作，进行多次、多批的梗丝线、二氧化碳膨胀烟丝线、叶丝线、成型线、卷接包装线的中试和模拟测试，实施多次、多项设备改进及改造工作，通过菲利普·莫里斯公司的技术及工艺生产线认证。通过合作交流，企业提高了工艺研究、设备管理、质量管理的水平。

思想政治工作

开展社会主义荣辱观学习教育活动，举办以“实践社会主义荣辱观”为主题的演讲比赛，组织开展以“弘扬荣辱观，增强责任感”为主题的征文活动。组织全厂410名党员参加了以“学习党章、遵守党章、贯彻党章、维护党章”为主题的“‘红船杯’学习贯彻党章知识竞赛”活动。开展“‘两个至上’在岗位”

主题实践活动，提出“管理创新求发展，提质降耗树品牌”的主题，通过优化资源配置、加大管理创新力度、提高规模生产效率、确保产品供给质量，开展岗位实践活动。开展“安康杯”安全生产竞赛活动，要求员工多提安全卫生合理化建议，积极查找身边事故隐患，同时选择事故易发的工种举办安全技能比武活动。

构建厂务公开长效机制，制订《厂务公开工作实施计划表》、《厂务公开监督检查及责任追究规定（试行）》，对厂务公开的内容、形式、范围、时间及承办部门做出规定，明确厂务公开监督检查的内容及方法、责任追究的内容及方式，从加强制度建设入手，提高厂务公开运行质量。

开展企业青年职工思想教育活动，利用宣传栏、板报和《龙烟人》宣传党的方针政策和企业的生产经营方针，各支部宣传栏、板报围绕“两个至上”、“安全生产”、“省运会”、“防火知识”、“质量是企业生命”、“八荣八耻”、“远离毒品　珍爱生命”等方面内容，加强对青年职工的思想教育。

党风廉政建设

加强对领导干部的监督，建立党内监督和群众监督“两个监督”机制，突出监督重点，加强对掌管人、财、物实权单位和部门工作人员的监督，以防止滥用权力，以权谋私。开展效能监察。把基建工程、物资采购、软件开发和广告运作作为效能监察工作的重点，致力做好“三项”工作，即构建自律机制，惩治和防范相结合，强化效能监察。开展治理商业贿赂专项工作，成立治理商业贿赂专项工作领导小组，明确治理商业贿赂工作重点，对工程建设、物资采购、广告宣传、促销费用等方面进行检查。

做好信访举报件的调查处理工作。提倡和鼓励实名举报，严肃查处打击报复举报人的行为，建立有效的信访处理机制。对收到的信访件、举报电话、来访及时地按规定进行调查、初核并处理，全年共处理信访件、来电来访件3件。

企业文化

启动企业文化建设管理咨询项目，先后完成企业文化现状的全员问卷调查和员工深度访谈等调研工作，形成企业文化现状诊断报告。开展企业文化理念研讨，召开各基层党支部研讨成果发布交流会，为提炼具有龙烟特色企业文化理念体系提供客观真实的素材。开展以“一个提炼、两个传播、三个深植”为基本内容的企业文化建设，完成《企业文化手册》、《企业文化故事手册》的编写工作，确立以“责任、激情、超越”为核心的新的企业文化理念体系。

厦门卷烟厂

概　况

厦门卷烟厂始建于1954年，设有卷接包、制丝两个生产车间以及专门生产混合型卷烟的金桥生产中心，下辖1个多元化经营企业厦门鑫叶集团有限公司。企业占地面积20万平方米，在岗职工（不包括多元化经营企业）1222人，其中，大专以上学历562人，占职工总数的46%，拥有专业技术职称者占职工总数的70.5%。全厂在岗人员平均年龄35.5岁。截至2006年底，企业资产总额（不含多元化经营企业）43.32亿元。2006年，企业以2005年财务决算的净资产26.67亿元作为上划数，将资产上划福建中烟工业公司，并接受中烟工业公司全额的返回投资，理顺了国家局（总公司）、福建中烟工业公司、厦门卷烟厂三级资产关系和管理层级。

2006年，企业荣获“全国用户满意企业”、“全国质量管理小组活动优秀企业”、“全国绿化模范单位”、“第七届全国设备管理优秀单位”、“福建省2005年用户满意企业”、“福建省质量管理先进企业”等称号。制丝车间二氧化碳膨胀烟丝班、金桥生产中心制丝班分别获得“全国质量信得过班组”称号，金桥生产中心制丝车间的烟叶消耗QC小组和金桥生产中心金刚QC小组分别获得“全国优秀质量管理小组”称号，质量管理部在线检验班获“2006年全国轻工业质量信得过班组”称号。

领导成员

厦门卷烟厂实行厂长负责制，主要领导成员有：

厂长、党委负责人：王建勇

副厂长、总会计师：刘宗柳

副厂长：王道宽

副厂长：崔　勇（－2006.4）

副厂长：吴志文（2006.4－）

党委副书记、纪委书记、工会主席：吴灿滨

党委副书记：朱一民

组织机构

厦门卷烟厂设办公室、组织宣传部、人力资源部、财务部、企业管理部、审计室、工会团委、营销服务部、物资供应部、信息技术部、安全保卫部、后勤保障部、技改办、生产调度室、装备动力部、制丝车间、卷包车间、质量管理部、金桥生产中心等19个部门（科室）。

机构调整

2006年，厦门卷烟厂营销中心和技术中心职能上移福建中烟工业公司，由中烟工业公司负责开展两个中心的日常工作。同时企业保留营销服务部。

生产经营

2006年，共生产卷烟308.5亿支（61.7万箱），与上年同比增长2.84%；其中，一类烟25.1亿支（5.02万箱），同比增长48.52%，二类烟49.05亿支（9.81万箱），同比增长42.79%，三类烟175.2亿支（35.04万箱），同比下降2.61%，四类烟53.55亿支（10.71万箱），同比增长34.89%，五类烟5.55亿支（1.11万箱），同比下降80.96%。实现调拨卷烟314.4亿支（62.88万箱），与上年同比增长6.72%。2006年，“石狮”系列销量达176.9亿支（35.38万箱），占总销量的56.27%，与上年同比降低18.47%。“七匹狼”系列销量达63.7亿支（12.74万箱），占总销量的20.27%，同比增长189.15%。全年实现销售收入44.01亿元，同比增长15.84%。实现单箱销售收入6999.94元，同比增长8.55%。实现税利29.21亿元，同比增长18.52%；其中，利润6.57亿元，同比增长31.92%。平均单箱税利4646.38元，同比增加462.66元。

异地技改

为贯彻实施福建中烟工业公司“一优一特”品牌发展战略，企业启动金桥生产中心易地搬迁项目，于2006年12月26日签订333亩土地的征用合同，节约成本近7000万元。

科技创新

QC小组成果。2006年，厦门卷烟厂制丝车间尖峰QC小组的“降低HXD燃烧炉熄火次数”获得福建省QC小组成果一等奖；卷包车间卷接QC小组成果“开发MAX滚刀毛刷全自动喷雾加油装置”、卷包车间尖兵QC小组成果“降低滤棒丙等率”获得福建省QC小组成果二等奖；金桥生产中心烟叶降耗QC小组成果“降低制丝生产环节的烟叶消耗”、质量管理部在线检验班组QC小组成果“推行5S提升卷包质检室现场管理品质”获得福建省QC小组成果三等奖。

企业管理

开展标准化工作，以ISO9001：2000版标准为基本模式，将质量管理体系、环境管理体系和职业健康安全管理体系进行整合，并顺利通过年度监督审核。

按照《卷烟企业清洁生产评价准则》的要求，对企业清洁生产审核生产性基础数据进行分析、改善，编制《企业清洁生产数据管理规定》。

率先在行业内实现制丝线的质量控制从检验控制向工艺控制转移，采用“标偏法”替代抽检的方式，提高质量管理水平，2006年产品市场抽检合格率达100%。“石狮（超醇8毫克）”在2006年上半年卷烟产品质量监督市场抽查中获得综合质量得分第一。

加强设备管理，全年全厂设备有效作业率达87.18%，制丝线主要生产设备完好率100%，卷接包机组主要生产设备完好率99.9%。

信息化建设

配合省公司营销、技术中心整合，改造迁移信息系统；开展“工商数据采集系统”数据清理核对、信息安全调研；构建企业信息门户。

内部管理监督

制订《厦门卷烟厂2006年加强内部管理监督工作要点》、《厦门卷烟厂专卖管理监督检查和同级审计自查“回头看”工作实施方案》，开展常规性检查、监督，对不适用于促销的库存广告品进行实地盘查。完成“两项检查”、烟叶生产秩序第三阶段检查自查工作，大宗物资采购情况调查工作，“两项检查回头看”工作以及广告、宣传费自查工作。

人事劳资

以公开竞聘的形式对急需补充的中层管理、专业技术岗位进行充实，通过公开报名、资格审核、党委讨论、组织考核、任前公示等程序，根据向生产、技术倾斜和公平公正、竞争择优原则，在参与竞聘的186人中选拔了12名中层管理人员，新聘任11名专业技术人员。

召开第十二届三次职代会，审议并通过《女职工特殊权益专项集体合同》、《带薪年休假暂行办法》、《企业年金实施办法》、《年金理事会章程》、《年金管理委托合同》、《2006年福利基金方案》等制度，规范企业用工。

控制工资发放水平和进度，确保“职工平均收入不得超过去年水平，保持工资水平基本稳定”。按照厦门市社会保险相关文件，开展参保工作，企业参保率达100%。与职工签订劳动合同，理顺劳动关系，合同签订率达100%。

以技能提升和岗位培训为重点，建立职教培训体系，全年共开展各类培训133项，参加人数3309人次，总课时达21723时。开展8个特殊工种共99人参加的初、中级工技能鉴定，其中，取得技师资格4人，取得中、高级职业资格证书59人，需持证岗位持证率100%。

思想政治工作

开展“做人做事做公仆，尽职尽责尽义务”主题教育实践活动，通过观看录像片、请市委党校教授上党课等学习教育活动，提高党员党性原则和党员意识。围绕坚定理想信念、加强道德修养、发扬党内民主、严明政治纪律、强化制约监督、加强制度建设等六个方面，开展系列党建活动。

开展以“立足本职作贡献，超越自我在岗位”为主题的征文活动和演讲比赛，在广大职工中掀起树立社会主义荣辱观的热潮。开展纪念中国共产党建党85周年和红军长征胜利70周年系列活动，激发广大党员和职工的奋斗精神。在车间班组开展“质量控制优秀生产班组”劳动竞赛、“安全月”、“质量月”等活动，加强员工安全生产意识。

充分利用企业报、内部网等宣传载体，对行业形势、品牌整合等情况，广泛宣传，正确引导，培养职工的危机意识、责任意识和大局意识。在企业内部网站建立“普法”、“先进性教育”、“树立‘两个至上’价值观”等专栏，利用《学习园地》、《党的建设》栏目及时、迅速地向广大党员宣传党的路线、方针、政策，宣传行业、企业的重要会议精神。

党风廉政建设

学习贯彻中纪委六次全会、国务院四次廉政会议、国家局纪检监察工作会和座谈会精神，教育职工算好政治前途、家庭幸福、人身自由、经济收入、集体荣誉“五本账”。组织开展治理商业贿赂专项工作，成立工作领导小组，向中层以上管理人员发放廉政家庭倡议书。

特事要辑

2月3日，国家局局长姜成康一行到厦门卷烟厂调研工作。

（沈建书）

江西中烟工业公司

概　况

江西中烟工业公司成立于2004年10月28日。截至2006年底，公司下辖南昌卷烟总厂①（含南昌卷烟总厂本部、南昌卷烟总厂赣南卷烟厂、南昌卷烟总厂广丰卷烟厂、南昌卷烟总厂井冈山卷烟厂和南昌卷烟总厂兴国卷烟厂）及江西锦峰实业有限公司。公司机关共有正式员工47人，公司资产总额14.97亿元，年产销规模449亿支（89.8万箱）。

2006年，江西中烟工业公司围绕“做精做优、保持特色、缩小差距、增强实力”的发展定位，深化体制改革，培育主导品牌，提升队伍素质，圆满完成了各项目标任务，实现了江西卷烟工业“十一五”发展的良好开局。12月7日，国家烟草专卖局正式下发《关于江西卷烟工业企业合并重组和建立母子公司体制的批复》（国烟法〔2006〕885号），同意原南昌卷烟总厂与赣南卷烟厂、广丰卷烟厂合并重组为一个法人实体，保留原南昌卷烟总厂的企业名称，与中国烟草总公司、江西中烟工业公司构建三级母子公司体制，江西中烟工业公司与南昌卷烟总厂实行“一套机构、两块牌子”。12月28日，原南昌卷烟总厂与赣南卷烟厂、广丰卷烟厂正式合并重组为新的南昌卷烟总厂。

2006年，江西中烟工业公司荣获省直机关工委授予的“优秀基层党组织”称号，江西省综合治理委员会授予的“2006年度全省社会治安综合治理目标管理先进单位”、“平安单位”称号和中共江西省委密码工作领导小组授予的“2006年度密码工作先进单位”称号。南昌卷烟总厂还被江西省红十字会授予“江西首届杰出公益奖”，被中共南昌市委评为“先进性教育活动先进集体”等称号。

领导成员

副总经理、党组副书记（主持工作）：郑　伟

副总经理、党组成员：徐仲良

纪检组长、党组成员：王志彬

组织机构

公司机关下设办公室（外事办）、人力资源部、法律与改革部、科技开发部、市场营销部、财务审计部、生产安全管理部和物资供应部等8个部门。

生产经营

2006年，全省卷烟工业系统累计生产卷烟449.01亿支（89.80万箱），与上年同比增长24.03%，其中，生产一类烟43.04亿支（8.61万箱），二类烟111.71亿支（22.34万箱），三类烟161.46亿支（32.3万箱），四类烟104.24亿支（20.84万箱），五类烟28.56亿支（5.71万箱）。全年销售卷烟453亿支（90.6万箱），与上年同比增长24.79%，其中，销售一类烟42.95亿支（8.59万箱），二类烟113.45亿支（22.69万箱），三类烟162.6亿支（32.52万箱），四类烟106.4亿支（21.28万箱），五类烟27.8亿支（5.56万箱）。实现销售收入58.92亿元，同比增长8.68%，实现税利34.86亿元，同比增长8.29%；其中利润6.4亿元。单箱税利为4273元，同比增长10.9%。

品牌战略和产品介绍

2006年，公司主要品牌有原南昌卷烟总厂生产的

① 2006年12月28日，原南昌卷烟总厂与赣南卷烟厂、广丰卷烟厂正式合并重组为新的南昌卷烟总厂，故江西中烟工业公司均按原南昌卷烟总厂、赣南卷烟厂、广丰卷烟厂各项工作分别叙述。

"金圣"、"庐山"，赣南卷烟厂生产的"赣"烟和广丰卷烟厂生产的"月兔"等品牌。2006年，公司还成功开发了"金圣（盛世典藏）"、"庐山（银）"、"金圣（软红）"等新产品。

2006年，公司按照"做强'金圣'、做大'庐山'"的品牌发展思路，加快品牌整合，有效推进了"南方（软）"系列向"庐山"品牌的整合。截至2006年底，全省卷烟牌号由2005年的9个品牌42个规格减少到6个品牌32个规格。通过品牌整合，促进了主导骨干品牌的稳步发展。2006年，"金圣"系列销售55亿支（11万箱），与上年同比增长5%，"庐山"系列销售220亿支（44万箱），同比增长101%，两大主导骨干品牌产销量集中度由上年的38%提高至60.56%，税利贡献度由上年的71.2%提高至78%。省外市场开拓得到实质性突破，全年省外销售90.55亿支（18.11万箱），与上年同比增长141%，其中"庐山"品牌省外销售76.5亿支（15.3万箱），同比增长300%。

科技创新

提升技术研发水平。2006年，原南昌卷烟总厂技术中心被认定为省级技术中心；"制丝工艺技术集成推广应用示范项目"顺利通过国家局验收。召开江西中烟工业公司第十四次QC成果发布会，共有14个QC小组在会上发表成果，其中，获得国家局QC成果二等奖1个、省质协QC成果一等奖3个。2006年，原南昌卷烟总厂技术中心还成功开发了"金圣（盛世典藏）"、"庐山（银）"、"金圣（软红）"等新产品，其中"金圣（盛世典藏）"集中应用了发明、外观设计、实用新型三类共八项最新专利技术。

推进技术改造工作。原南昌卷烟总厂"十五"易地技改项目工艺、质量、环保、安全生产、劳动卫生、消防、规划、档案等全部通过专项验收，易地技术改造总体工程具备竣工验收条件，并向国家局提出了验收申请。原南昌卷烟总厂井冈山卷烟厂全年投入技改资金760万元，完成了两组MK9-5卷接机项修及烟支长度改造和两组6000型包装机的项修任务，对影响产品质量的制丝TM710水分仪和空调主机等设备进行了技术改造。南昌卷烟总厂广丰卷烟厂通过对粘胶嘴棒进行工艺技术改造，节约资金140余万元；通过改进技术全叶耗同比下降到1.71公斤/箱，节约资金650万元。

减害技术研究取得突破。中国军事医学科学院历经3年完成了对第二代"金圣香"科研成果的评价研究报告，得出了"金圣烟所添加的'金圣香'具有明显降低卷烟危害的作用，整体降害效果达到全国领先水平；'金圣香'与卷烟烟气具有明显的协调性；'金圣香'降低卷烟危害具有明确的机理"的重要结论。中国毒理协会专家组在对"金圣香"安全性毒理学评价报告、"金圣"牌卷烟低危害毒理学评价报告及"金圣"牌卷烟降低卷烟危害机理研究整体动物实验和体外实验进行了认真评审后，也作出了"技术资料完整、实验模型合理，实验方法可靠，实验结果真实、结论准确，'金圣香'具有明显降低卷烟危害的作用"的鉴定结论，并指出："金圣香"具有增强机体细胞抗向氧化功能、保护细胞膜、稳定细胞内环境等多种生理、生化功能，与卷烟烟气具有较好的协调性。通过采取针对性的降害技术手段，南昌卷烟总厂卷烟产品烟气一氧化碳量达到新版《卷烟》国家标准要求。全年产品卷烟焦油加权平均值为13.44毫克/支，与上年同比下降0.52毫克/支。2006年，第二代"金圣香"被成功运用于新产品"金圣（盛世典藏）"中。

体制改革

完成产权划转工作。国家局下发《国家烟草专卖局关于江西中烟工业公司国有产权划转有关事项的批复》（国烟财〔2006〕561号），将江西卷烟工业企业净资产13.416亿元由中国烟草总公司投资到江西中烟工业公司。

5月18日，国家局下发《国家烟草专卖局关于广丰卷烟厂上划有关事宜的批复》（国烟法〔2006〕332号），正式批复同意广丰卷烟厂上划为中央预算内企业。6月27日，广丰卷烟厂上划中央预算内企业接收仪式在广丰县中心会场举行。

积极推进原南昌卷烟总厂、赣南卷烟厂、广丰卷烟厂合并重组工作。9月21日，三厂签署《南昌卷烟总厂、赣南卷烟厂、广丰卷烟厂合并重组协议书》；12月7日，国家局正式批复同意原南昌卷烟总厂与赣南、广丰卷烟厂合并重组为新的南昌卷烟总厂，与中国烟草总公司、江西中烟工业公司构建三级母子公司体制；12月28日，新的南昌卷烟总厂正式运行。重组后，注销赣南卷烟厂、广丰卷烟厂企业法人资格，原赣南卷烟厂、广丰卷烟厂成为南昌卷烟总厂的下属生产点，对外称为"南昌卷烟总厂赣南卷烟厂、南昌卷烟总厂广丰卷烟厂"。总厂下属生产点为非独立核算单位，下属生产点厂长受总厂法人代表的委托，按照权限组织生产管理，对生产、质量、安全、稳定负责，及时汇报重大事项。

企业管理

推进贯标工作。宣传贯彻执行新版《卷烟》国家标准，召开专题会议进行部署，组织人员参加培训，下发了标准实施意见的文件。制订和执行卷烟质量内控计划，对宣传贯彻新版《卷烟》国家标准和卷烟工艺规范、完善质量检测手段、开展降焦减害研究、加强原辅材料监督检验、组织产品质量委托检验和加大质量考核力度等方面的工作做了布置。

加强财务管理。围绕体制改革中心任务，以预算管理为主线，以资金管理为核心，以成本控制为基础，以同级审计为重点，以做实企业为目标，狠抓财务监管和企业自律，2006年全省卷烟工业企业成本费用指标均控制在预算范围之内，其中南昌卷烟总厂可比成本费用降低5000万元。

开展管理整合。按照“两厂两中心”的运作模式，全力推进资产、品牌、采购、销售“四统一”工作，通过优化管理流程，推进管理整合、品牌联合和文化融合，不断提升质量、成本、财务管理能力。同时，着手研究全省卷烟工业企业联合重组后的管理整合工作，出台了《江西卷烟工业企业合并重组管理运行方案》，规范了过渡时期的管理运行模式和运作办法，通过聘请国内著名的管理咨询公司——北大纵横管理咨询公司，就重组后企业的组织架构、管理流程、业务流程，岗位评价和绩效管理体系等进行了全方位的整合，为重组后的江西卷烟工业提升管理水平奠定了基础。

安全生产与综合治理。加强安全工作，强化安全生产责任制，加大对安全生产工作的投入和检查力度，开展了应急预案演练，实现了全年“八个为零，一个控制”的目标，连续11年实现“重大事故为零”；以开展和谐平安建设为关键，积极预防和排查调处矛盾纠纷，全面加强综治工作，顺利实现了2006年综合治理工作各项责任目标。

内部管理监督

全省卷烟工业系统按照国家局的统一部署，开展以专卖管理监督检查和同级审计为内容的“两项检查”工作。围绕加强内部专卖管理监督，先后在内部监督、纪检监察、财务审计监督、原料物资采购、加强生产计划和设备管理方面、加强卷烟销售和广告宣传管理等6个方面制定和出台了27项规章制度。

在自查过程中，各企业坚持做到自查与整改相结合，整改与提高相结合，不断完善规章制度，规范企业内部管理。在复查阶段，公司先后通过不同方式，抽调了50余人组成了8个“两项检查”工作检查组，对所属单位进行了复查。在同级审计复查工作中，复查组工作人员坚持标准，严格把关，保证质量，各企业主动配合，对所有卷烟工业企业进行了全面复查，努力把问题解决在复查阶段。2006年底国家局检查组对全省卷烟工业企业同级审计监督工作进行了全面检查，对全省同级审计工作给予了充分的肯定。

人事与劳资

人事制度改革。推进干部竞争上岗和人员分流工作。原南昌卷烟总厂开展定员定编工作，全力推动原南昌卷烟总厂市场营销中心和技术中心的机构组建工作，完成了市场营销中心中层干部的竞聘选拔以及营销员、信息员的竞争上岗。南昌卷烟总厂赣南卷烟厂积极推进了干部人事制度改革，南昌卷烟总厂广丰卷烟厂克服各种困难平稳分流了842名临时工，原南昌卷烟总厂兴国卷烟厂初步完成了定员定岗工作。

教育培训。开展职工教育培训工作，与北大国际MBA学院合作举办了EMBA高级工商管理研修班，公司机关和所属企业31名同志参加了研修班学习。加大对干部培养选拔力度，安排机关一位处级干部参加国家局组织的党校学习；先后选派5名中青年干部进行“上挂下派”挂职锻炼；组织开展计算机知识培训，聘请专业公司进行授课，结合个人学习情况开展现场“单兵教练”，提高了干部职工对计算机知识“应知、应会”能力。

规范干部人事档案。组织力量开展对全省烟草工业系统处级干部档案整理归档工作，较好地完成了处级干部和公司机关干部职工的档案整理归档任务。组织力量对南昌卷烟总厂广丰卷烟厂在岗职工和内退、待岗、退休人员的情况进行了摸底清查，调阅核查了1600多份职工档案，对南昌卷烟总厂广丰卷烟厂人员情况有了较清晰的了解，为南昌卷烟总厂广丰卷烟厂上划后的定岗定员和减员增效奠定了基础。

思想政治工作

坚持党组理论学习中心组学习制度，严格按照每季度一次，每次不少于三天的要求，安排各项学习；坚持以支部或部门为单位的组织形式，有计划地组织党员、职工开展学习教育活动；邀请江西省委党校教授作《中国共产党章程》辅导讲座；组织开展全省烟草工业系统“学习贯彻党章，树立正确荣辱观”征文比赛、知识竞赛，提高全体干部职工学习贯彻党章和践行社会主义荣辱观的热情；积极开展反腐倡廉教育、正反两方面教育活动，组织公司干部职工观看《居安思危——苏共亡党的历史教训》电视教育片，听取《预防职务犯罪》讲座，增强了党员干部廉洁自律意识；开展“五五”普法教育活动，参加了省直工委组织的“五五”普法考试，进一步提高广大党员干部法规意识。制订《中共江西中烟工业公司党组关于开展“四好”领导班子争创活动的实施方案》，开展好“四好”领导班子争创工作。

开展“‘两个至上’在岗位”主题实践活动。先后开展了“‘两个至上’在岗位”主题实践活动征文比赛、“听客户讲你我的故事”演讲比赛等活动，设置了宣传栏，张贴活动动态、交流心得体会。在国家局举行的“‘两个至上’在岗位”主题实践活动演讲报告竞赛中，南昌卷烟总厂选手万少燕荣获一等奖。

同时，公司机关党委还组织开展了达标部室和先进工作者创建活动以及“抓作风、处效能、创事业”主题实践活动，树立“敬业、务实、高效、廉洁、文明”的机关作风，促进机关“行为规范、运转协调、公正透明、廉洁高效”。

特事要辑

5月18日，国家烟草专卖局下发《关于广丰卷烟厂上划有关事宜的批复》（国烟法〔2006〕332号），正式批复同意广丰卷烟厂上划为中央预算内企业。

9月21日，原南昌卷烟总厂、赣南卷烟厂、广丰卷烟厂签署《南昌卷烟总厂、赣南卷烟厂、广丰卷烟厂合并重组协议书》。

12月7日，国家烟草专卖局下发《关于江西卷烟工业企业合并重组和建立母子公司体制的批复》（国烟法〔2006〕885号），同意原南昌卷烟总厂与赣南、广丰卷烟厂合并重组为新的南昌卷烟总厂，与江西中烟工业公司、中国烟草总公司构建三级母子公司体制，标志着江西卷烟工业企业组织结构调整的实质性工作得以顺利完成。

12月28日，由原南昌卷烟总厂与赣南卷烟厂、广丰卷烟厂合并重组成的新的南昌卷烟总厂正式挂牌。

所属企业

南昌卷烟总厂①

概 况

南昌卷烟总厂由原南昌卷烟总厂、赣南卷烟厂、广丰卷烟厂合并重组而成。2006年9月21日三厂签订合并重组协议书，12月7日，国家局正式批复同意原南昌卷烟总厂与赣南、广丰卷烟厂合并重组为新的南昌卷烟总厂，与中国烟草总公司、江西中烟工业公司构建三级母子公司体制。12月28日，原南昌卷烟总厂与赣南卷烟厂、广丰卷烟厂正式合并重组为新的南昌卷烟总厂。重组后，江西中烟工业公司与南昌卷烟总厂实行“合署办公、平稳过渡”。

领导成员

按照国家局批复精神，成立南昌卷烟总厂管理委员会。主要领导成员有：

主任：郑 伟（2006.12－）

副主任：徐仲良 王志彬（2006.12－）

委员：王迪汗 黄 平 余小斌 刘一华 廖新尧（2006.12－）

生产经营②

2006年，南昌卷烟总厂生产卷烟449亿支（89.8万箱），销售卷烟453亿支（90.6万箱），实现税利34.86亿元。

2006年南昌卷烟总厂联合重组的企业

南昌卷烟总厂③

（合并重组后原南昌卷烟总厂为南昌卷烟总厂本部，南昌卷烟总厂井冈山卷烟厂、南昌卷烟总厂兴国卷烟厂名称不变）

概 况

2006年是南昌卷烟总厂联合重组后正式运行的第一年。一年来，围绕江西中烟工业公司“做精做优、保持特色、缩小差距、增强实力”的发展定位，南昌卷烟总厂狠抓资源优化，全力推进资产、品牌、采购、销售“四统一”工作，并通过优化管理流程，推进管理整合、品牌联合和文化融合，不断提升质量、成本、财务管理能力，使企业综合实力得到了快速提升，为“十一五”发展奠定了良好的开局。截至2006年底，企业共有在岗员工3800余人，总资产40.4亿元，资产负债率48.12%，年生产能力300亿支（60万箱）。2006年，企业被评为“中国制造业500强”、“中国纳税百强”、“江西工业十强企业”、“江西省税利突出贡献企业”等。

领导成员

企业实行厂长负责制，主要领导成员有：

总厂厂长（兼）：郑 伟

总厂党委委员、纪委书记、党委主要负责人（兼）：王志彬

常务副厂长、总厂党委委员、副书记：王迪汗

工会主席、总厂党委委员、副书记：叶华英

总厂井冈山卷烟厂厂长、总厂党委委员：刘一华

总厂兴国卷烟厂厂长、总厂党委委员：缪 波

总厂副厂长：赵明强

---

① 此处所称“南昌卷烟总厂”为2006年12月由原南昌卷烟总厂、赣南卷烟厂、广丰卷烟厂合并重组成的新的南昌卷烟总厂。

② 由于江西中烟工业公司与南昌卷烟总厂实现“合署办公、平稳过渡”，故南昌卷烟总厂的生产经营数据与江西中烟工业公司生产经营数据一致，具体数据参见江西中烟工业公司生产经营条目。

③ 此处所称“南昌卷烟总厂”为2005年由南昌卷烟厂、井冈山卷烟厂、兴国卷烟厂联合重组成立的原南昌卷烟总厂。

总厂副厂长：张胜健

总厂总会计师：曾　平

总厂副厂长：黄剑文

总厂副厂长：付武军

总厂调研员：胡全荣

总厂调研员：杨纯志

总厂助理调研员：蒋椿生

组织机构

企业设办公室、企管部（含信息中心）、人力资源部、党群工作部（含党办、纪检监察科、退管办、工会）、技改发展部、财务部、审计部、品质部、制造部（含生产科、设备科、制丝车间、卷包车间、动力车间、成型车间）、技术中心、市场营销中心、原料部、供应部、安全保卫部、稽查支队、金圣文化传播公司、后勤服务中心、金圣实业公司等18个部门，并下设井冈山、兴国卷烟厂两个生产点。

生产经营

2006年，生产卷烟318.85亿支（63.77万箱），与上年同比增长12.44%，其中，一类烟40.55亿支（8.11万箱），与上年同比下降0.35%；二类烟101.7亿支（20.34万箱），同比增长4.37%；三类烟99.45亿支（19.89万箱），同比增长21.48%；四类烟54.05亿支（10.81万箱），同比下降24.03%；五类烟23.01亿支（4.6万箱），同比增长176.3%。其中，南昌卷烟总厂井冈山卷烟厂生产卷烟41.15亿支（8.23万箱），一至四类烟产量为30.6亿支（6.12万箱），与上年同比增长13.8%，五类烟10.55亿支（2.11万箱），同比下降19.5%；南昌卷烟总厂兴国卷烟厂生产卷烟37.20亿支（7.44万箱），四类烟27.91亿支（5.58万箱），五类烟9.29亿支（1.86万箱）。

2006年，销售卷烟339.65亿支（67.93万箱），与上年同比增长10.53%，其中，一类烟40.65亿支（8.13万箱），同比下降0.13%；二类烟104亿支（20.8万箱），同比增长5.04%；三类烟114.2亿支（22.84万箱），同比增长39.1%；四类烟54.25亿支（10.85万箱），同比下降28.38%；五类烟26.52亿支（5.33万箱），同比增长194%。实现销售收入46.96亿元，同比增长5.81%；单箱销售收入7286元，同比增长19%，实现单箱税利4766元，同比增长22%。实现税利30.72亿元，同比增长3.86%，其中税收25.74亿元，同比增长14.3%；利润4.98亿元，同比增长0.64%。

品牌战略和产品介绍

2006年，企业主要卷烟品牌有“金圣”、“庐山”。6月，两品牌被认定为“江西省同行业地产最畅销商品”。2006年成功开发了“金圣（盛世典藏）”、“庐山（银）”、“金圣（软红）”等新产品。

按照江西中烟工业公司“做强‘金圣’，做大‘庐山’”的品牌发展战略，加快品牌整合，主导品牌和规格市场价格平稳，产品销售态势良好。全年“金圣”系列销售54.75亿支（10.95万箱），同比增长5.26%；“庐山”系列销售220.35亿支（44.07万箱），同比增长108.36%。“金圣”、“庐山”两个品牌集中度为80.99%。省内市场老牌号保持稳健增长，其中“金圣（软）”、“庐山（珍品）”、“庐山（黄精品）”、“庐山（新）”、“金圣（吉品）”销量分别同比增长190.65%、191.46%、127.88%、213.1%、18.87%；省外市场亮点突出，“庐山（精品）”、“庐山（红）”、“庐山（新）”和“金圣（硬）”销量分别同比增长156.48%、620.65%、1329.1%和63.51%。主导品牌和规格获得了很大的发展空间。

技术改造

2006年，南昌卷烟总厂井冈山卷烟厂投入技改资金760万元，完成了两组MK9－5卷接机项修及烟支长度改造和两组6000型包装机的项修任务，对影响产品质量的制丝TM710水分仪和空调主机等设备进行了技术改造；本着“实用、节约”的原则，投入30余万元实施了安全监控系统技改项目，监控点达43处，监控画面16个，有效提高了安全生产管理的技术水平。2006年，企业设备完好率达93.7%，设备有效作业率达85.7%，设备有效利用率达97%。

开展群众性质量管理活动，《降低YB43三部件盒片上送纸次数》、《解决醋酸纤维滤棒胶孔问题》、《降低烘梗丝水分标准偏差》3个QC成果分别获得江西省第27次QC成果发布二、三等奖。

2006年，南昌卷烟总厂兴国卷烟厂对卷接包车间风力送丝除尘器45KW电机进行变频改造，改造后的设备较原设备节电27%以上。全年实现了设备完好率95.87%以上，设备运行故障率2%以下的目标。

企业管理

*开展“两项检查”。*以国家局“两项检查”作为企业管理诊断和管理提升的契机，深入开展“两项检查”工作。企业顺利通过了江西中烟工业公司的复查，并作为全国烟草工业系统第一批受检企业，在国家局同级审计检查中取得了95分的成绩。通过开展“两项检查”，及时纠正了不规范行为，堵塞了管理漏洞，建立健全了各项制度，构建了长效机制，进一步规范了基础管理工作，企业内控能力进一步加强。

*制度建设。*成立预算、投资、薪酬、广告策划4个管理委员会，制订议事规则，建立党政联席会议制度，形成较为民主、科学的决策体系。重新梳理管理流程，出台统计工作、合同管理、广告宣传、医疗费

用管理、固定资产管理、废品物资管理等13项规章制度，从制度上保证了企业的平稳、有序、高效运转。南昌卷烟总厂兴国卷烟厂通过加强制度建设，全年修订和完善企业100多项管理制度和内控制度。

财务管理。将全面预算管理延伸至所有部门以及南昌卷烟总厂井冈山卷烟厂、南昌卷烟总厂兴国卷烟厂，走出了一条以预算管理为主线的“一厂多点”的财务管理模式。通过细化预算编制项目，实行预算归口管理和分季度管理，明确预算责任主体，强化预算执行监督，有效控制了各项成本费用支出。

质量管理。9月，企业ISO9001：2000质量管理体系顺利通过了上海质量体系审核中心的复评，此次复评是企业2000年通过质量管理体系认证后的第二次复评。完成了体系文件的修改和换版工作，并将南昌卷烟总厂井冈山卷烟厂、兴国卷烟厂纳入管理体系，完善了多点生产下的质量控制和持续改进机制，做到均质化生产。稳步推进职业健康安全管理体系建设，为下一步资格认定奠定良好基础。举办“质量月”活动，改进产品质量，2006年产品在全国和全省统一检查、抽查中保持100%的合格率。

物资管理。针对重组后“一厂多点”的生产模式，对原辅材料和零配件的采购、仓储和配送进行了精心调度和流程优化，保障了各生产点所需的物资供应。2006年共调拨原烟80万担，加工片烟47万担，为企业联合重组后实现平稳较快发展提供了有力的物资保障。

成本管理。开展以“降成本、创效益，立足岗位做贡献”为主题的岗位实践活动，通过广泛宣传和组织多种形式的活动，全员成本意识逐步提高。针对物流配送、成本考核、设备管理、零配件管理等重点环节采取了有效措施，成本控制能力稳步提高。全年单箱税利同比增长91元；单箱三项费用同比下降28元；其中南昌卷烟厂本部单箱成本同比下降184.71元。南昌卷烟总厂井冈山卷烟厂将消耗指标分解到车间机台，有效控制了单箱物耗，全年单箱烟叶消耗38.8公斤，与上年同比减少1.16公斤；单箱滤棒消耗8491支，同比减少50支；单箱耗盘纸3221米，同比减少94米。南昌卷烟总厂兴国卷烟厂开展“节能降耗”活动，实行紧缩式的消耗管理办法，加大对机物料的考核力度，全面降低企业的生产制造成本，2006年企业烟叶单耗为38.82公斤，较目标考核值40公斤节约1.18公斤；滤棒单耗为8476支，较目标考核值8500节约24支；卷烟盘纸单耗为3247米，较目标考核值3300米节约53米；制造费用实际发生金额317万元，控制在全年预算360万元以内。

安全管理。继续坚持“安全第一，预防为主”的方针，充实基层组织，开展安全生产月活动和事故应急救援演习，提高职工安全意识。落实安全、综治责任制，实行一票否决制，全年无任何重大安全事故和上访事件发生，实现了“八个为零、一个控制”的目标。

信息化建设

按照“整合、简化、安全、高效”的原则，完成了卷烟生产经营决策管理系统的整合、卷包数采系统二期的技术论证工作，以及CRM系统、用友供应链管理系统和财务信息系统的验收工作。实现了对生产经营管理的有效监控和客户关系管理的自动化运作，实现了财务数据统一管理、存货物资的动态库存管理和集中统一管理。进一步加强企业网建设，促进厂内信息沟通和文化融合。南昌卷烟总厂兴国卷烟厂启用了用友总账管理系统和存货供应链管理系统，规范财务管理工作。

队伍建设

加强重组企业间的员工交流培训，全年南昌卷烟总厂井冈山卷烟厂、南昌卷烟厂兴国卷烟厂共有20余名员工进入南昌卷烟总厂本部工作和锻炼，200余名员工到南昌卷烟总厂参加技术培训和管理培训，通过交流培训，增进了员工对企业的认同感和归属感。

2006年，南昌卷烟总厂共举行各类培训40余项，培训人数1100余人次，同时，举办了南昌卷烟总厂首届“烟机设备维修职业技能竞赛”，提高职工的维修技能和学习积极性。

为在岗编外正式工补办了1994年至1998年养老保险，同时进一步规范劳动用工管理，对临时用工的招用、管理、待遇、合同签订做了详细规定。

企业文化

加强重组企业间的文化融合和建设。按照“循序渐进、取长补短、和谐融合”的要求，坚持“承认历史、着眼未来、求同存异、和而不同”的原则，积极倡导“责任、宽容、务实、创造”的理念，充分利用金圣网站、金圣报等媒体，加大南昌卷烟总厂与南昌卷烟总厂井冈山卷烟厂、南昌卷烟总厂兴国卷烟厂的文化交流，同时还开展篮球、乒乓球、羽毛球、拔河比赛，“七一”歌咏比赛，黑板报比赛和摄影比赛，组织参观总厂新生产线等集体活动，交流思想，凝聚合力，“以为南烟总厂发展做贡献论英雄”已成为全体员工的共同行为准则。

特事要辑

2月15日，国家局副局长何泽华一行在江西省副省长凌成兴、江西中烟工业公司有关领导的陪同下考察南昌卷烟总厂。

4 月 14 日，江西省经贸委组织召开省级技术中心认定验收会，认定南昌卷烟总厂技术中心具备省级企业技术中心的各项条件，通过验收。

4 月 20 日，国家发展改革委副主任欧新黔一行到南昌卷烟总厂考察工作。

5 月 11 日，国家局副局长张辉到南昌卷烟总厂考察工作。

8 月 30 日，南昌卷烟总厂召开第一届职工代表大会第二次会议，审议通过了与赣南卷烟厂、广丰卷烟厂合并重组协议书。

赣南卷烟厂

（合并重组后更名为南昌卷烟总厂赣南卷烟厂）

概　况

南昌卷烟总厂赣南卷烟厂其前身为创建于 1969 年的赣南卷烟厂，2006 年合并重组后更名而来。总资产 7.7 亿元，年生产能力 100 亿支（20 万箱），年产销规模达 86.50 亿支（17.3 万箱），企业占地面积 12 万平方米，拥有从德国、法国、意大利等国引进的先进制丝线、卷接机组、包装设备，配有先进的工艺技术分析和质量检测设备，是江西省重点骨干企业、赣州市龙头企业和工业支柱企业。2006 年被江西省企业家联合协会授予“税利突出贡献企业”称号，“‘赣’牌”卷烟被江西省统计局授予“江西省同行业地产最畅销商品”称号。截至 2006 年底，企业共有职工 1432 人，其中中级职称 40 人，初级职称 176 人。

领导成员

厂长、党委书记：黄　平

党委副书记、纪委书记：刘海清

副厂长：钟正荣

工会主席：陈茂富

副厂长：何善懋

副厂长：朱　平

生产经营

2006 年，共生产卷烟 70.2 亿支（14.04 万箱），其中，一类烟 2.49 亿支（0.49 万箱）；二类烟 5.93 亿支（1.18 万箱）；三类烟 40.07 亿支（8.01 万箱）；四类烟 16.13 亿支（3.22 万箱）；五类烟 5.54 亿支（1.1 万箱）。销售卷烟 53.40 亿支（10.68 万箱），其中一类烟 2.6 亿支（0.52 万箱）；二类烟 5.65 亿支（1.13 万箱）；三类烟 26.55 亿支（5.31 万箱）；四类烟 17.1 亿支（3.42 万箱）；五类烟 1.3 亿支（0.26 万箱）。实现工业总产值 67088 万元，实现调拨额 80284 万元；单箱调拨额 5602 元（含联营生产产品），实现税收 34854 万元，利润 7825 万元（含年终各项补贴）。

品牌战略与产品介绍

企业主要卷烟品牌为“赣”牌卷烟。

以“稳定省内市场，拓展省外市场”作为销售工作的重点。省内市场着重于做精做优，解决销售工作的“三大矛盾”，即调整产品结构与市场占有率的矛盾、提高经济效益与低档烟比例偏大的矛盾、控制费用与加大投入从而做大高档烟市场份额的矛盾。省外市场的拓展坚持以中、低档烟为切入口，由低向高逐步渗透。同时着力抓好联营生产加工，确保联营生产任务的完成和产品的均质化。

2006 年，生产“赣”牌卷烟 51.95 亿支（10.39 万箱），销售“赣”牌卷烟 53.04 亿支（10.61 万箱）。其中“赣（蓝）”牌卷烟全年销售 24.25 亿支（4.85 万箱），与上年同比增长 140.81%。与原南昌卷烟总厂联营生产“庐山”牌卷烟，共生产 18.25 亿支（3.65 万箱），其中，生产“庐山（硬）”14 亿支（2.8 万箱），生产“庐山（软）”4.25 亿支（0.85 万箱）。

技术改造

2006 年，企业技术改造主要项目有：对卷包车间的卷接机组进行了烟支规格改造，改造后的烟支规格全部与南昌卷烟总厂相符合；在制丝车间叶片回潮、叶片加料两个工艺控制点添加了两台红外水分仪；更换加香加料电子秤；完成了真空回潮机箱体的大修更换；完成了 15 吨/小时锅炉的中修；完成了 3 台电梯的电控改造。

企业管理

突出精细化管理。一是财务管理方面，全力抓好全面预算管理，努力降低成本费用，同时开展清产核资工作，为企业的联合重组作准备。二是质量管理方面，贯彻实施 ISO9000：2000 版质量管理体系，改进产品质量，确保质量稳定。三是人事劳资管理方面，积极稳妥地推进企业的劳动用工制度改革、干部人事制度改革和分配制度改革，充分调动广大干部职工的积极性。四是安全生产和综合治理方面，常抓不懈，确保企业和谐健康发展。

队伍建设

2006 年，企业共有职工 1432 人，其中，男职工 821 人，占职工总数的 57.3%；女职工 671 人，占职工总数的 42.7%。大专以上文化程度的职工 341 人，中专技校、高中文化的职工 502 人，分别占职工总数的 23.8%、35%。2006 年共有 614 人通过了职业技能鉴定考核，其中，初级工 383 人、中级工 173 人、高级工 49 人、技师 9 人。

为顺应行业改革发展要求，建立一支素质高、技术强、业务精的员工队伍，企业及时出台了《赣南卷烟厂关于人事制度改革的实施意见》，理顺了干部人事关系和薪酬关系。逐步解除部分临时工聘用协议，鼓励正式职工从事原临时工从事的工作岗位。制定相对优惠的“内退”政策，积极鼓励和引导符合条件的职工申请内部退养为企业重组后各项工作的开展奠定思想基础和组织基础。

精神文明建设

围绕“开展四项教育，建立学习型企业”的要求，制订2006年党建工作目标，并将目标分解到各党支部，通过定措施、促检查、抓落实，确保党建目标落到实处。组织厂党委理论学习中心组成员和中层干部认真学习党章，胡锦涛同志的重要讲话等，提高党员干部的政治理论素质；加强党风廉政建设，2006年初厂党委与各部门负责人签订了《党风廉政建设目标管理责任状》，落实了“一岗双责”制度。积极推行厂务公开制度，公开职工关心的政策和事务，公开职工关心的热点和难点。进一步拓宽纪检监察的参与面，加强了对生产、基建、物资采购等工作的监督和管理，从源头上防止各种腐败现象的发生。

企业文化

秉承“逆水行舟，不进则退”的企业精神，贯彻“一丝一支，精益求精，顾客满意，品牌卓越”的质量方针，树立和营造“省内行业主力军地位不动摇，行业生产布局有位置”的责任意识和紧迫氛围，以高效顺畅作为企业生产管理运行的目标。

特事要辑

2月，赣南卷烟厂被江西省劳动和社会保障厅授予“全省劳动关系模范企业”荣誉称号。

8月，赣南卷烟厂召开九届五次职代会，与会的144名代表全票表决通过了《南昌卷烟总厂、赣南卷烟厂、广丰卷烟厂合并重组协议书》的审议决议（草案）。

11月，中国税务杂志社与国家税务总局计划统计司联合推出了2005年度“中国纳税500强”排行榜，赣南卷烟厂榜上有名。

广丰卷烟厂

（重组后更名为南昌卷烟总厂广丰卷烟厂）

概　况

南昌卷烟总厂广丰卷烟厂其前身为创建于1988年的广丰卷烟厂，1991年8月，正式被批准为国家计划内地方卷烟厂。2006年5月18日，上划为中央预算内企业。2006年12月7日，国家局下文批复同意南昌卷烟总厂与赣南卷烟厂、广丰卷烟厂合并重组为新的南昌卷烟总厂，与江西中烟工业公司、中国烟草总公司构建三级母子公司体制。2006年，企业占地面积15.87万平方米①，年卷烟生产能力达150亿支（30万箱）。拥有职工2007名，其中拥有中级以上技术职称者52人。截至2006年底，企业资产总额8.09亿元，资产负债率98.76%。

2006年，企业荣获“江西省质量管理小组活动优秀企业”、“江西省十大爱心单位”、“江西省税利突出贡献企业”等称号，企业党委获“江西省先进基层党组织”称号。

领导成员

厂长、党委书记：余小斌（2006.12－）

副厂长、党委委员：徐辉广（2006.12－）

党委委员、纪委书记：蒋　捷（2006.12－）

工会主席、党委委员：唐庆丰（2006.12－）

副厂长、党委委员：俞增产（2006.12－）

助理调研员：夏良俊（2006.12－）

组织机构

企业设办公室、党群工作部、企管办、审计科、财务部、品管科、烟叶科、设备科、供应科、保卫科、纪检监察室、工会办公室、团委、人力资源部、招标办、信息中心、总务科、技改办、整顿办、制丝车间、卷接包车间、动力车间、薄片车间、硬包车间、成型车间等25个部门（科室、车间）。

生产经营

2006年，共生产卷烟60亿支（12万箱），其中，生产三类烟4.05亿支（0.81万箱）、四类烟21.92亿支（4.38万箱）、五类烟34.03亿支（6.81万箱）；销售卷烟61.03亿支（12.21万箱），其中，销售三类烟4.11亿支（0.82万箱）、四类烟21.86亿支（4.37万箱）、五类烟35.06亿支（7.01万箱）。2006年，共销售“月兔（王）”4.25亿支（0.85万箱），占总销量的7.03%；销售“月兔（春）”4.1亿支（0.82万箱），占总销量的6.68%；销售“月兔（小）”1.75亿支（0.35万箱），占总销量的2.88%；销售“月兔（特醇）”35.1亿支（7.02万箱），占总销量的57.5%。全年实现销售收入6.02亿元，其中税收2.49亿元。

品牌战略及产品介绍

2006年，企业主要卷烟品牌是“月兔”系列品牌，包括“月兔（春）”、“月兔（王）”、“月兔（小）”、“月兔（特醇）”等。

按照“一厂一牌”的经营模式，不断优化产品结构，大力培育主导品牌。2006年成功推出了4元/包的“月兔（王）”，同时，以“继承、整合、创新、提升”为主线，将“月兔”品牌的49个不同规格压缩

① 2006年广丰卷烟厂上划为中央预算内企业后与月兔集团剥离，企业占地面积为广丰卷烟厂厂区实际占地面积，不含原月兔集团占地面积。

整合到4个。

体制改革

4月4日，国家局下发《国家烟草专卖局办公室转发<财政部关于同意将江西广丰卷烟厂净资产上划中央管理的通知>的通知》（国烟办综〔2006〕120号），明确了广丰卷烟厂净资产上划中央管理。5月18日，国家局下发《国家烟草专卖局关于广丰卷烟厂上划有关事宜的批复》（国烟法〔2006〕332号），就广丰卷烟厂上划为预算内企业后管理体制等方面的问题予以了明确。6月27日，在广丰县举行了广丰卷烟厂上划为中央预算内企业接收仪式。12月7日，企业与原南昌卷烟总厂实行联合重组，重组后企业更名为南昌卷烟总厂广丰卷烟厂，取消企业法人资格，实现资产、品牌、采购、销售"四统一"。

科技创新

2006年，共奖励科技革新项目15个，奖励金额15余万元。6个QC成果获省级奖励，其中，"提高薄片丝质量"、"提高薄片丝长度合格率"获全省QC成果一等奖；"提高成品烟丝水分合格率"、"研发成本核算系统，提高工作效率"、"研发生产日报表系统"、"提高烘后梗丝水分合格率"项目获全省QC成果二等奖。通过改性聚丙烯丝束代替二醋酸丝束在低档烟中的应用，辊压法薄片在卷烟配方中的应用，在挖潜降耗、降低成本方面取得较大成绩。如通过对粘胶嘴棒进行工艺技术改造，节约资金140余万元；全叶耗同比下降1.71公斤/箱，节约资金650万元。

企业管理

以"两项检查"为契机，开展内部专卖管理监督检查自查工作，进一步完善企业内控制度，形成惩防结合的长效机制。在财务管理方面，加强了资金的有效使用；在成本管理方面，制订了原辅料、设备零配件及水电消耗等考核制度并严格执行；在质量管理方面，制订《质量考核办法》，实行"三级检验制度"，奖优罚劣；在物资采购方面，完善了采购制度，为企业节省资金100余万元；加强安全生产方面，全年未发生重特大安全事故。

队伍建设

重视职工教育培训工作，加强人力资源管理。倡导创建学习型企业，实行全员培训制度，全年共举办生产工艺、企业管理、法律法规等知识培训班31期，投入资金近100万元，2000多人次参加了培训。

特事要辑

9月10日，广丰卷烟厂按照上划协议的要求和"公正、公平、公开"的原则，人员分流及疏导工作取得较大进展，首批硬包车间季节工785名职工分流补偿工作结束。

（张金泉　揭李文）

山东中烟工业公司

概　况

山东中烟工业公司成立于2004年2月，2006年8月，根据国家烟草专卖局《关于山东卷烟工业企业管理体制改革的批复》（国烟法〔2006〕497号），同意山东中烟工业公司整合将军、颐中烟草（集团）有限公司卷烟生产的主营业务，与济南卷烟厂、青岛卷烟厂、青州卷烟厂、滕州卷烟厂构建母分公司管理体制，直接从事卷烟生产经营，继续保留将军、颐中烟草（集团）有限公司两个全资子公司，分别负责公司的多元化生产经营。截至2006年底，企业总资产173.3亿元，共有职工10821人，拥有国家级技术中心1个、行业级技术中心1个。

领导成员

公司实行总经理负责制，主要领导成员有：

总经理、党组书记：赵华民

党组成员：蒲　强

副总经理、党组成员：朱怡聆

副总经理、党组成员：韩　林

组织机构

公司设办公室、人力资源部、生产安全部、营销中心、科技信息中心、法律与改革部、财务部、审计部、物资采购中心、投资管理部、监察部、政工部、机关党委办公室等13个职能部门。

生产经营

2006年，全省卷烟工业系统累计生产卷烟1201.99亿支（240.40万箱），与上年同比增长2.71%。其中，一类烟19.23亿支（3.85万箱），同比增长11.95%；二类烟100.23亿支（20万箱），同比增长23.22%；三类烟826.06亿支（165.21万箱），同比增长69.61%；四类烟255.91亿支（51.2万箱），同比下降55.85%；五类烟0.56亿支（0.11万箱），同比下降88.86%。销售卷烟1196.1亿支（239.22万箱），同比增长1.58%。其中：一类烟19.19亿支（3.84万箱），同比增长4.84%；二类烟100.35亿支（20.1万箱），同比增长17.88%；三类烟821.37亿支（164.3万箱），同比增长67.94%；四类烟254.63亿支（50.93 万箱），同比下降 56.09%；五类烟 0.56 亿支（0.11 万箱），同比下降 88.88%。实现销售收入 140.58 亿元，同比增长 8.39%。实现税利 81.78 亿元，同比增长 13.12%；其中，利润 14.9 亿元，同比增长 36.7%。

品牌战略和产品介绍

2006 年，主要卷烟品牌有：济南卷烟厂生产的“将军”、“大鸡”；青岛卷烟厂生产的“哈德门”、“泰山”、“壹枝笔”；青州卷烟厂生产的“八喜”等。

推进品牌整合，提高产品集中度。按照“整合低端，做强中端，拉升高端”和“做精‘壹枝笔’、做强‘将军’、做大‘哈德门’，稳定‘八喜’、‘大鸡’”的品牌发展规划，加大产品结构调整力度，进一步整合精简牌号规格。在产牌号由 2005 年底的 36 个规格整合到 2006 年的 25 个规格。列入国家局“百牌号”的重点品牌“将军”、“哈德门”、“壹枝笔”、“大鸡”、“八喜”等牌号生产集中度达 99% 以上。其中，行业名优卷烟“将军”销售 177.8 亿支（35.5 万箱），与上年同比增长 39.6%。“哈德门”销售 525 亿支（105 万箱），同比增长 4.3%；“壹枝笔”系列销售 45.5 亿支（9.1 万箱），同比增长 44.4%。密切工商关系，联手打造“山东烟草大品牌”，为品牌发展营造有利环境。

体制改革

按照国务院有关文件要求，理顺烟草行业资产管理体制，实施省级工业公司和卷烟工业企业合并重组，逐步形成中国烟草总公司、卷烟工业企业二级母子公司体制，根据国家局《关于山东卷烟工业企业管理体制改革的批复》（国烟法〔2006〕497 号），山东中烟工业公司理顺资产管理关系，完成资产上划下投工作，与中国烟草总公司、所属企业确立新的资产关系。调整企业管理体制，将济南卷烟厂、青岛卷烟厂、青州卷烟厂、滕州卷烟厂调整为山东中烟工业公司直属企业，保留将军、颐中烟草（集团）有限公司两个全资子公司，作为山东中烟工业公司的全资子公司，主要从事多元化生产经营。

科技创新

2006 年，山东中烟工业公司围绕《烟草行业中长期科技发展规划纲要》，完善技术创新机制建设。组织召开山东中烟科学技术大会，重奖突出贡献人员。组织完成 21 项科研项目的实施，部分项目技术成果达到国内领先水平。技术改造进展顺利，济南卷烟厂易地迁建项目进入设备安装阶段，青岛卷烟厂完成新厂搬迁并顺利达产，滕州卷烟厂危房改造项目完成联合工房主体工程，瑞博斯公司 400 千克/小时再造烟叶中试线顺利通过验收。

企业管理

修订完善各项规章制度和业务流程，设计新的运行机制，初步建立适应新的管理体制运行的制度体系，为实现职能化管理向流程化管理转变打基础。建立健全预算管理制度，全省行业基本实现统一市场营销、统一品牌加工、统一物资采购、统一财务结算，同时成立资金管理中心，规范资金运作方式，加强资金收支监管，降低筹资成本。完善原料、材料、工艺、质量、检测等多项技术标准，初步建立统一的标准化体系。制订实施质量、环境和职业安全健康管理体系工作方案，开展“三证一认”工作。建立健全安全监督管理机制，实现安全管理重心下移和隐患关口前移，全年未发生重大责任事故。

信息化建设

信息化建设取得新进展，综合营销管理系统进展顺利，机关办公自动化系统开始试运行。青岛卷烟厂、滕州卷烟厂企业资源计划系统（ERP）项目顺利上线运行，青岛卷烟厂生产制造执行系统（MES）项目正式上线运行并通过企业验收，济南卷烟厂 MES 系统项目正在开发实施，青岛卷烟厂计算机辅助设计系统（CAD）项目通过企业验收，达到同行业先进水平。

多元化经营

开展管理体制改革工作，整合将军、颐中烟草（集团）有限公司烟草主营业务，作为山东中烟工业公司的全资子公司，主要从事多元化生产经营和管理。2006 年，将军烟草（集团）有限公司实现销售收入 67328 万元，实现税利 9287 万元，其中利润 3023 万元。颐中烟草（集团）有限责任公司实现销售收入 72000 万元，实现税利 10100 万元，其中利润 847.5 万元。

队伍建设

围绕建设高素质干部队伍总体目标，贯彻干部队伍革命化、年轻化、知识化、专业化“四化”方针，执行《党政领导干部选拔任用工作条例》，加大干部岗位轮换、交流力度。2006 年，完成对所属企业 6 个领导班子、40 名领导干部的考核。加强技能人才队伍建设，在第二届全国烟草行业烟机设备维修技能竞赛上，山东中烟工业公司参赛选手分获第一、第二名。

思想政治工作

开展党章专题教育和“‘两个至上’在岗位”主题实践活动。各级党组织和广大党员进一步学习贯彻党章，规范党员行为，提高各级党组织的创造力、凝聚力、战斗力。开展“‘两个至上’在岗位”、“听客户讲你我的故事”专题演讲活动和巡回演讲报告会。

党风廉政建设

推进惩防体系建设。组织各单位领导班子成员 80

多人进行警示教育，组织党员赴沂蒙革命老区进行革命传统教育。抓好对同级领导班子特别是主要领导干部的监督，共组织党风廉政建设和反腐败专题学习教育活动44场次，参加教育活动的党员干部2万余人次。加强对重大决策、重要干部任免、重大项目安排和大额度资金使用等决策执行情况的监督，健全完善资金监管制度，对重大投资、大额度资金使用及招投标项目进行跟踪监督。

所属企业

山东中烟工业公司济南卷烟厂

概　况

山东中烟工业公司济南卷烟厂其前身为创立于1928年的济南卷烟厂，2006年8月，根据国家烟草专卖局《关于山东卷烟工业企业管理体制改革的批复》(国烟法〔2006〕497号)，济南卷烟厂上划山东中烟工业公司管理，改制更名为山东中烟工业公司济南卷烟厂（以下简称“济南卷烟厂”）。企业共有职工1000余人，年卷烟生产能力近500亿支（100万箱），是全国四家定点雪茄烟生产企业之一，“将军”牌雪茄是中国高档手工卷制雪茄的代表。2006年，企业被山东省政府授予“山东省质量管理奖”，被评为山东省首批“劳动关系和谐企业”。

领导成员

厂长、党委副书记：段　玲

副厂长、党委书记：秦日伦

副厂长、党委委员：王洪祥

副厂长、党委委员：王坤明

纪委书记、工会主席、党委委员：卞新中

生产经营

2006年，生产卷烟434.5亿支（86.9万箱），与上年同比增长6.7%，其中，生产一类烟3.4亿支(0.68万箱)，二类烟12.05亿支（2.41万箱），三类烟319.05亿支（63.81万箱），四类烟100.25亿支(20.05万箱)。销售卷烟431.95亿支（86.39万箱），同比增长5.8%。其中，销售一类烟3.4亿支（0.68万箱），二类烟11.8亿支（2.36万箱），三类烟316.8亿支（63.36万箱），四类烟100亿支（20万箱）。实现销售收入48.4亿元，同比增长9.21%。实现税利28.9亿元，同比增长6.42%；其中，利润5.01亿元，同比增长20.17%。出口卷烟117580件，创汇654万美元。

主要产品和品牌战略

2006年，企业主要卷烟品牌有：“将军”、“大鸡”。

围绕“‘将军’系列产品销量突破35万箱”的目标，做好品牌维护工作和新品开发工作。以提高产品的市场适应性为目标，完成“将军（11mg”）、“将军(天元)”、“将军（金）”、“大鸡（富贵）”、“大鸡(软盒)”等产品的改造。开发新产品“将军（吉祥)”，全年共销售9.3亿支（1.86万箱）。2006年，共销售“将军（特醇)”98亿支（19.6万箱），销售“将军（普通)”49亿支（9.8万箱），两规格的销量占“将军”品牌系列销量的85%。全年“将军”系列品牌累计销售175.2亿支（35.04万箱），实现了年初制定的“突破35万箱”的目标。

作为生产全行业低档烟品牌“大丰收”的第二批试点加工单位，全年共生产“大丰收”14.75亿支(2.95万箱)。做好卷烟出口工作，在稳固中东市场的同时开发新市场，全年共出口卷烟11.7万件，列全英文标识产品第一位。在雪茄烟方面，2006年设计开发“将军（84mm)”、“将军（100mm)”新型雪茄产品，全年累计生产手制雪茄烟5万支，同时为丰富雪茄烟的规格序列，在手制雪茄烟的基础上进行了机制雪茄烟的试制。

体制改革

把支持山东烟草工业管理体制改革，作为全年的一项重要工作，多次召开会议进行学习贯彻，统一领导班子和全体员工的思想认识。参与山东烟草工业联合重组方案及各分项方案的讨论，并提出相关建议。2006年，召开济南卷烟厂十四届六次职代会主席团第三次（扩大）会议，审议通过《山东卷烟工业企业管理体制改革实施方案》，顺利完成山东烟草工业联合重组前的有关程序工作，根据中烟公司关于所属卷烟厂部门及内部机构设置的意见和干部人事管理的有关规定，按照“分层管理、责权利一致、精简高效”的原则，重新设置21个部门。

内部管理监督

开展以专卖管理监督和同级审计监督为主要内容的“两项检查”工作。专卖管理监督方面，2006年2月至6月，在全厂范围内开展专卖管理监督自查整改活动，分别对专卖材料、烟机设备、卷烟生产和销售情况进行自查。编制内部专卖管理自查表、个人业务行为和事项自查承诺表、不规范行为和事项明细登记表等细化自查内容。同级审计方面，以内部控制制度为主线，以重大财务收支和资产的真实性为重点，对2005年财务收支、内控制度、预算管理、专项资金管理等方面进行审计。对同级审计中发现的问题提出具体整改措施，逐条逐项整改。在“回头看”阶段，聘请会计师事务所重点对专项资金、工资福利、会计核算、账外账、“小金库”等5个方面进行了检查。2006年8月、12月，山东中烟工业公司、国家局相继组织复查组对同级审计工作进行复审。

信息化建设

梳理业务流程和已有的信息化系统，构建企业全域的数据模型，建立标准的管理库，并以烟草行业标准代码为基础，结合企业实际情况，构建国家、卷烟生产企业二级体系的标准编码。同时，MES系统完成了与车间及自动化物流系统的接口框架，完成需求调研分析报告。

技术改造

按照“设计一流、施工一流、工艺一流、设备一流、管理一流、效益一流”的目标开展易地技术改造工作。2006年，12万平方米的联合工房主体施工全部完成并通过质监站验收，5万平方米的网架结构部分基本完成，具备设备安装条件。10月，动力中心工程完成主体验收。香精香料库、综合服务楼、废品库、中水处理站等单体工程陆续开工，主体施工已完成。厂区景观的方案也在优化。

做好易地技改设备招投标、技术方案论证及设备安装调试工作。物流设备方面，组织物流项目烟叶醇化库、烟丝掺兑库、辅料库、成品库、备品备件库和物流系统计算机的招投标工作。签订6000千克/小时制丝线主机及辅连设备、800千克/小时二氧化碳膨胀烟丝生产线自控及集成系统等技术协议和合同79份，确保设备按期进场安装。进行制丝设备控制计算机网络系统模型的设计，编制制丝线工艺设备电气控制系统规范。截至2006年底，完成新制丝线、条烟输送等350余台工艺设备以及锅炉、空压机等280余台公用配套设备的安装。

企业管理

财务审计。定期召开经济运行分析会议，研究解决财务预算执行过程中出现的问题，督促整改落实。开展审计监督工作，全年完成工程审计22项，审报金额1020.81万元，审减金额50.22万元。完成合同审计629项，审计合同金额218406万元，修改合同条款50条。审计迁建合同188项，合同金额50596万元。

质量管理。开展以“创新提升质量，名牌促进发展”为主题的质量月活动，通过举办“将军质量论坛”，开展“质量优秀机台、班组”评选活动等形式，提高全员质量意识。2006年，企业在卷烟内在质量、包装质量、服务质量三个方面顾客满意度调查中，取得85.92分的好成绩。经产品质量一、二级站抽检，企业产品合格率为100%。加强QC成果管理，成功举办“将军集团第四届QC成果发布交流会”。参加济南市群众性质量管理活动经验交流会，共有9个QC成果获一等奖。

贯标工作。企业ISO9000：2000版质量管理体系运行水平逐步提高，质量保证能力不断增强。职业健康安全管理体系OHSAS18001和环境管理体系ISO14001贯标工作经过调研、培训、危险源识别、程序文件、管理文件起草等多个阶段，于2006年4月正式运行。8月28日，通过上海质量审核中心认证。

完善考核系统。在细化营销、研发、制造、综合管理四大考核体系的基础上，增加或调换26个量化指标，对17个原有指标进行了微调。增加对重点工作任务的考核，设置和调整了迁建指挥部和国际业务部的考核内容。通过定期考核，促进企业经营目标的完成。

知识产权。重视企业知识产权保护工作，全年组织专利申请91项，同比增长20%以上，企业专利申请量和授权量居行业前列。组织申报山东中烟工业公司科技项目22项，12个项目获得中烟工业公司立项。“制丝关键工程在制品化学成分变化与内在质量关系研究”通过国家局鉴定。

安全生产。落实安全生产责任制，实施领导“一岗双责”制度。调整充实安全生产管理委会委员，定期召开安全例会，把安全落到实处。举办各单位、部门第一责任人参加的安全管理培训班。加强道路交通安全教育，全年未发生重大安全责任事故。

人事与劳资

深化人事制度改革，加大公开选拔、竞争上岗力度，建立和完善激励机制。相继进行技术中心、省内外销售处5名中层管理人员的竞聘工作。为引进高水平研发人才，聘任1名化学分析博士。全年完成21个部门、53名中层管理人员调整及省工业公司49人选调。组织44名中层管理人员参加国家局、省委组织部组织的干部考察。

加强和改进教育培训工作，重点进行中层管理人员的岗位技能提升培训、卷烟商品营销员的职业技能鉴定、技术工人的职业技能竞赛活动。全年举办各种培训班91期，完成政治、岗位技术培训5230人次。3人在“红塔杯”职业技能竞赛中取得好成绩，其中1人获得第5名，被国家局授予“全国烟草行业技术能手”称号。2名高级技师分别被评为“山东省首席技师”和“济南市首席技师”。

思想政治工作

“‘两个至上’在岗位”主题实践活动。通过举办征文活动、创办学习园地、撰写心得体会、典型引路、公益宣传、专题研讨会等多种形式，做好主题实践活动。及时总结实践活动的经验和做法，将其纳入员工思想道德建设和企业文化建设中。

党建工作。修订完善《党员目标管理制度》，明确党建工作的指导思想、任务目标和基本要求。及时理顺党组织结构，根据山东烟草工业管理体制改革的需要，做好党总支、支部的设立和党总支、支部书记的配备工作，并成立了离休干部党总支部。按照新制订的《发展党员工作细则》进行党员发展工作，全年确定党员发展对象53人，其中13人加入中国共产党。

基层民主建设。加强以职代会为基本形式的民主管理，规范民主管理工作程序。推进和深化厂务公开，坚持和完善“领导接待日”、“厂情通报会”制度，畅通干部职工的交流渠道。以维护职工的合法权益作为工会工作的根本出发点，依法做好维权和劳动关系协调工作。

党风廉政建设

强化廉洁自律意识，采取专题讲座、座谈会、参观等多种形式，推动党员干部“学党章、守纪律、做表率、树形象”主题教育活动的开展。落实党风廉政建设责任制，坚持“党委统一领导、党政齐抓共管、纪委组织协调、部门各负其责”的领导体制和工作机制，按照“一把手”负总责、分管领导具体抓的原则，自上而下层层签订党风廉政建设责任书，形成“分工明确、责任具体，一级抓一级、层层抓落实”的责任体系。

企业文化

开展将军文化整合提升和宣传普及工作。2006年，企业完成30万字将军文化案例《将军之道》的编写工作，经过国家局审核出版。在企业内部建立将军文化展示厅，通过宣传、教育、研讨、文体活动等综合手段对将军文化体系进行了全面而深入的培训普及。

山东中烟工业公司青岛卷烟厂

概　况

2006年，山东卷烟工业企业管理体制实施改革，青岛卷烟厂上划山东中烟工业公司管理，成为山东中烟工业公司的生产点之一。企业占地面积36.44万平方米，共有职工1713人，年卷烟生产能力530亿支(106万箱)。

领导成员

厂长、党委副书记：邹　勇

副厂长、党委副书记（主持党委工作)：周　健

工会主席、党委委员：徐　颖

副厂长、党委委员、纪委书记：张　彤

副厂长、党委委员：肖春菊

生产情况

山东中烟工业公司实行资产、品牌、采购、销售“四统一”后，青岛卷烟厂不再负责卷烟销售，只承担卷烟生产任务，销售数量、销售收入、利润、单项利润等均实行统一核算，2006年，青岛卷烟厂共生产卷烟475.75亿支（95.15万箱)，与上年同比增长2.4%。

品牌培育

突出品牌发展战略的导向作用，稳步推进品牌培育及市场拓展，产品结构显著提升。一、二、三类烟全年产量达到340.05亿支（68.01万箱)，与上年同比增长20.53%。“壹枝笔”、“哈德门”两个主导品牌集中度达到97%，同比提高3.6个百分点。全年销售“哈德门”系列卷烟524.9亿支（104.98万箱)，同比增长4.24%。销售“壹枝笔”系列卷烟45.35亿支(9.07万箱)，同比增长44.4%，增幅居鲁产卷烟首位。主打规格“哈德门（精品)”年产量达到155.6亿支（31.12万箱)，同比增长66.4%；“壹枝笔（华贵)”年产量达到32.15亿支（6.43万箱)，同比增长27.2%。“哈德门（醇香)”年销量突破15亿支（3万箱)，“壹枝笔（宏图)”年销量突破5亿支（1万箱)。“哈德门”系列卷烟在产规格从年初的7个压缩到4个，内在结构明显改善。省外地市级公司客户数量突破200家，全年省外卷烟销量达182.05亿支(36.41万箱)，同比增长60.7%。

技术改造

完成新厂房设备调试、投料调试、试生产等各阶段的工作，确保新厂房如期投入生产。截至2006年8月底，共搬迁设备1836台套，较原计划提前一个半月完成设备搬迁工作。9月底，全厂搬迁工作基本结束。整个搬迁过程实现了人身、设备、物资安全无事故。10月，易地技改项目进入内部交验阶段，各项基础设施和信息化建设逐步完善。

科技创新

2006年，青岛卷烟厂技术中心完成与国家局就标准项目“ICP等离子检测辅助材料中重金属”合同文本的签订；完成与山东省局（公司）“减少卷烟中液体亚硝胺检测方法的建立”等5项合同文本的签订；完成与中国海洋大学“烟叶醇化计算机管理软件系统的开发”的合作协议签订；完成与青州烟科所“库存片烟霉变规律/安全指标防治技术”项目的合作协议签订。2006年，科技立项项目20项，其中9项通过项目招标立项。完成验收鉴定21项，其中，“利用微生

物改善烟叶质量的应用研究”、“CAD卷烟配方辅助设计研究开发（二期）”等12项达到国内领先水平。2006年，共投入2996万元用于科技开发，与上年同比增长20%。

配方研究和质量改进工作。按照品牌发展规划，重点加强“壹枝筆”、“哈德门”的配方研究和质量改进工作。成功开发出“壹枝筆（软红）”、“大丰收（软）”、“大丰收（硬）”等3个产品，相继完成“壹枝筆（软宏图）”、“壹枝筆（新贵）”、“哈德门（醇香）”等产品的改造任务。结合新厂加工设备和工艺线的变化，对产品配方的进行改造，顺利实现各牌号卷烟配方从老厂到新厂的转换，保证了生产的正常进行和市场的平稳过渡。按照山东中烟公司实施大品牌战略的要求，协助济南、青州卷烟厂完成“哈德门”系列卷烟配方研究，保证多点加工的同质化。

企业管理

强化职能管理，推进流程管理，完成与颐中（青岛）置业有限公司相关职能划分。加强质量管理系统、环境管理系统、职业健康安全管理系统“三合一”体系建设，发布实施“三合一”体系管理手册、程序文件。一次性通过中国质量协会ISO9001：2000质量管理体系监督审核。开展内部专卖管理监督和同级审计“两项检查”，提高内部监管水平，顺利通过国家局、山东省局、山东中烟公司组织的督导、复核、复查。

信息化建设

“十五863/CIMS”项目基本完成，企业信息化建设取得重大进展。MES项目于11月1日正式上线。CAD项目二期取得突破性进展。ERP项目二期的工厂维修模块、培训管理及考勤管理系统等陆续上线，并通过生产计划模块和物料管理模块的流程调整，实现与CIMS其他系统的集成。企业信息化系统形成了涵盖上层ERP系统、中间层MES系统、底层物流自动化系统和中控系统的有机整体。

队伍建设

推行中层管理人员竞争上岗、任前公示制和试用期制。对新提任中层副职管理人员就管理素质方面展开专题培训。实施“首席技术工人、技师聘任制”，组织开展第三届工程技术人员评聘工作，新聘47名企业首席工人和技师，加快企业高技能人才队伍建设。

开展全员教育培训，推动学习型企业建设。全年举办各类培训班178个，累计培训4856人次。在主管以上管理人员中开展内部培训，安排人员参加专业业务培训、首届山东中烟系统员工素质培训班，分层次、分专业完成易地建厂新技术、新工艺培训。对专业技术人员坚持“优先性培训”和“超前性培训”，举办针对卷烟工艺新规范的“新工艺规范培训”。聘请国内知名院校、公司专家举办针对烟草开发和科研的学术交流和技能培训。组织完成系统内工程系列初评，经济师、会计师、一级建造师等资格认证工作。完成高级烟叶分级工、中级卷烟营销人员职业技能鉴定的组织工作。

思想政治工作

以科学发展观为指导，贯彻“抓班子、带队伍、建机制、促发展”的工作方针，围绕争创“四好”领导班子的目标，加强领导班子建设。结合行业和企业实际，组织开展“品牌决定命运，和谐促进发展”宣传教育活动、“‘两个至上’在岗位”主题实践活动、“牢固树立社会主义荣辱观”专题活动。落实党风廉政建设责任制，加强廉政建设和反腐败教育。

山东中烟工业公司青州卷烟厂

概　况

山东中烟工业公司青州卷烟厂其前身为始建于1948年的青州卷烟厂，1998年8月，山东烟草实施综合配套改革，青州卷烟厂划归颐中烟草（集团）有限公司管理。2006年，青州卷烟厂上划山东中烟工业公司管理，成为山东中烟工业公司的生产点之一。截至2006年底，企业占地面积16.7万平方米，共有职工1353人，年生产能力190亿支（38万箱）。

领导成员

厂长、党委副书记：史春晓

副厂长、党委书记：黄文正

副厂长、党委委员：赵阳春

副厂长、党委委员：张金光

纪委书记、工会主席、党委委员：孙玉洲

副厂长：程逢春

生产情况

山东中烟工业公司实行资产、品牌、采购、销售“四统一”后，青州卷烟厂不再负责卷烟销售，只承担卷烟生产任务，销售数量、销售收入、利润、单项利润等均实行统一核算，全年共生产卷烟191.4亿支（38.3万箱），与上年同比增长1.52%。

体制改革

完成全省烟草工业管理体制改革赋予企业的各项任务，成立管理体制改革领导小组，坚持组织领导、政策宣传、措施落实三到位。

做好体制改革转型期的生产衔接，顺利完成资产划转、财务并账、共享品牌、同质化加工、品牌置换和市场整合等工作。在品牌整合过渡阶段，企业克服了生产批次更换、设备改造频繁以及工艺要求差异等困难，保证“哈德门”、“将军”两个全省共享品牌的按时、按质生产，完成省工业公司下达的生产任务。

内部管理监督

把规范自律放在首要位置，将开展内部专卖管理监督和同级审计“两项检查”作为体制改革的重点之一，以对行业、对企业、对职工负责的态度，坚持领导、组织、自查、整改“四个到位”，个案整改与建章立制“两个同步”，确保工作成效和持久规范。成立整顿和规范市场经济秩序工作领导小组及办公室，加强综合协调和过程督导督查。建立健全122个内控制度，为新体制下高起点地运行奠定基础。经自查，在内部专卖管理监督检查中发现不规范问题35个，同级审计检查中不规范事项79项。截至2006年底，不规范问题、事项整改率分别为94%和98.7%。

信息化建设

加快信息化建设步伐，统一统计指标的范围和口径，准确高效地做好网上直报工作。完成网络安全集成项目建设，开通与省工业公司的两条数据传输专线和视频会议系统，保持网络安全畅通以及上线软件的可靠运行。

质量管理

质量控制。把满足订单需要作为生产的出发点和落脚点，进行精细化加工，积极构建产品品质保障机制和按订单组织生产的快速反应机制。结合新版《卷烟》国标的实施，对生产工艺各环节进行全面、系统的跟踪验证，对相关工艺制度进行梳理、增补和规范。完善相关的生产流程和工艺技术要求，制订《管理岗位流程管理办法》、《管理岗位流程管理办法实施指南》、《管理流程再造实施方案》，实施与新体制相适应的管理流程再造工作，截至2006年底，完成第一阶段的流程描述工作并开始模拟运行。企业初步建立起精细化加工模型，产品质量稳定受控。在国家局和省中烟工业公司组织的质量抽检中，产品合格率达100%。

设备管理和计量管理。及时更新生产、检测设备14台（组），引进在线高温管式烟丝膨胀系统，完成对18组不同机型设备的改造工作。全年企业设备完好率100%，制丝设备故障停机率1.71%，卷接包设备有效作业率88.6%，计量标准器具配备率、合格率100%。辅助材料、备品备件供应和后勤保障及时有序。

群众性质量管理活动。以提高质量、降低成本为重点，推广质量管理小组活动，全年企业共对21项QC成果进行初评，推荐优秀成果参加国家局QC成果发布，其中2个QC成果获全国一等奖，2个QC成果获全国二等奖，4个质量管理小组被评为“全国优秀质量管理小组”。

企业管理

开展“增产节约、增收节支”活动。重新核定在产产品卷烟商标纸价格，商标单价平均核减率20%以上，核减额达1091.52万元。重点对烟叶单耗过高问题进行全线跟踪、测试和管理。全年烟叶单耗降至34.7千克，同比下降2.4%。采用新技术、新工艺，细化原辅材料消耗和能源消耗的管理考核，提高生产废弃和剔除物的回收利用率。全年单箱耗电、耗水、耗气同比分别下降3.88%、0.04%和29.04%，仅耗气一项就节约资金57万元。

成本管理。深化预算管理、比质比价招标管理，推行部门费用承包制，着力压缩酌量性费用支出。全年会议费用67万元，同比下降68.1%；广告宣传费用1112万元，同比下降65.5%。三项费用同比下降3.7%；可比牌号生产成本同比减少391万元。

安全生产。本着“谁主管、谁负责”的原则，落实安全生产风险抵押制度。强化安全与健康教育，组织全厂职工开展安全生产教育12次，受教育人数达4200人次。加强安全隐患专项检查，查出一般事故隐患58条，下达隐患整改通知书13次，并及时监督整改，事故隐患整改率达100%。强化安全专项检查考核和特种设备及岗位管理，加强应急预案体系的完善和演练。

队伍建设

全年举办各类培训91期，组织技术练兵、技能竞赛20多次。推行劳务用工社会化，新劳务用工一律实行社会中介机构代理制。按照省工业公司“凡进必考”原则和“新人新办法”要求，接收安置退伍军人18名。为161名职工按规定办理了内退和退休手续，为107人办理了合同续签手续。

思想政治工作

开展社会主义荣辱观教育和“‘两个至上’在岗位”主题实践活动。将“‘两个至上’在岗位”主题实践活动纳入“创先争优”活动考核方案和企业文化建设体系。加强基层党组织建设，全年吸收12名入党积极分子加入中国共产党，为19名预备党员和72名党员同志办理了转正及组织关系转接手续。开展新《信访条例》宣教活动，做好维护稳定工作。落实离退休人员“两项待遇”，为968名离退休职工调整了待遇。完成企业职代会换届选举工作，组织召开第十一届一次职工代表大会，签订工资集体协议和集体劳动合同，确保职代会职权的落实。

山东中烟工业公司滕州卷烟厂

概　况

山东中烟工业公司滕州卷烟厂其前身为始建于1951年的滕州卷烟厂，2006年滕州卷烟厂上划山东中烟工业公司管理，成为山东中烟工业公司的生产点之一。截至2006年底，企业占地面积3万平方米，在岗正式职工1080人，年生产能力150亿支（30万箱），拥有生产能力为5000千克/小时的制丝生产线1条，ZJ17、ZB25等卷接包设备22台套。

领导成员

副厂长、党委副书记：赵　昆（主持行政工作）

副厂长、党委副书记：孙　萍（主持党委工作）

副厂长、党委委员、工会主席（兼）、纪委书记（兼）：苏红卫

副厂长、党委委员：葛振良

副厂长、党委委员：孙有旗

生产情况

山东中烟工业公司实行资产、品牌、采购、销售“四统一”后，滕州卷烟厂不再负责卷烟销售，只承担卷烟生产任务，销售数量、销售收入、利润、单项利润等均实行统一核算，2006年，滕州卷烟厂共生产卷烟100亿支（20万箱）。

对卷烟牌号进行整合，2006年，企业主要生产“哈德门”卷烟。全年生产“哈德门”系列卷烟99.45亿支（19.89万箱），生产“孔府（软喜庆）”0.55亿支（0.11万箱）。

技术改造

2006年，投资3458.1万元完成滕州卷烟厂危房改造项目。截至2006年底，完成联合工房主体工程建设，新建联合工房的卷包车间和制丝车间地面垫层浇筑完毕，进入网架组装工序。配套设备已基本完成招标，配电室、能源管理中心的地面、预埋管道已基本处理完毕，即将进行安装。完成25种185台套制丝设备的初步选型工作，优化组合了1条制丝加工线。

企业管理

财务管理。坚持目标费用考核管理办法，实行费用预算归口管理，严格分级控制。全年可控费用支出4067万元，比年度预算节约158万元，有效控制费用支出。

质量管理。确定新《卷烟》国标要求的型式检验、出厂检验的具体检测项目。编制《常见产品质量缺陷产生的原因及排除方法》，提高质检人员分析问题的能力。开展“降低烟支克重标准偏差”为课题的QC小组活动。2006年，滕州卷烟厂卷烟产品优等品率同比上升了15.95个百分点，产品质量较上年有明显提高。

物资管理。严把进厂检验关和仓储关，扩大原辅材料的考核范围。优化各项定额指标，并对物耗定额指标实行动态跟踪、持续改进。调整原辅材料考核模式，由原来的单机台单班考核调整为单机台双班考核，按照投入产出法，使烟叶考核由分段式考核向一体化考核转变。

“6S”现场管理。2006年5月，在企业内部推行“6S”现场管理试点工作，由企业计划调度处牵头，制丝车间、卷包车间、实业制造部、动力车间、供应处以“清洁整齐、物流有序、安全稳定、优质高效”为目标，试点推行“6S”现场管理，各车间共清理“不要物”1000余件次，大宗废旧物品20余吨。9月，在前期试点推行的基础上，面向全厂推进“6S”管理工作。截至2006年底，“6S”现场管理工作在全厂取得阶段性成果，办公场所更加规范、整洁，缩短了“寻找”时间，减少了工作差错，提高了工作效率。

贯标工作。启动职业健康安全管理体系认证工作，共辨识出危险源1131个，确定重点危险源12大类共24项。收集、整理涉及职业健康安全管理体系相关的法律、法规122部，确定企业职业健康安全管理体系“以人为本、健康至上、安全为先、防微杜渐、精细管理、持续改进”的24字方针。完成了包括管理手册、20个程序文件和21个管理制度在内所有体系文件的编写、论证和会签，并于12月5日召开了体系文件发布大会，职业健康安全管理体系顺利进入试运行阶段。

信息化建设

制订《滕州卷烟厂技改信息化建设实施方案》、《信息化建设总体投资预算》，做好信息化建设长远规划。做好卷烟生产经营决策管理系统、ERP管理系统、卷烟交易网上开票和准运证打印系统的运行与维护工作，整理系统维护手册，提高系统维护效率，保证生产销售的正常进行。

队伍建设

在人才建设方面，提出“2323”人才目标，即在2~3年内，为企业培养20名中高级技师，300名中高级技术工人，20名中高级职业技能管理人员和30名专业技术人才。举办管理类知识培训、法律类知识培训、思想政治培训、企业文化建设培训等培训项目17项，参训人数达2569人次。举办MK9-5卷接机组、ZJ17卷接机组、ZL22A滤嘴成型机组、ZB25包装机组、制丝操作工等岗位的中高级职业技能培训，参训人数635人次。与曲阜师范大学联合举办经济专业函授本科班，注册学员74人，根据教学

计划，已顺利完成了4门课程的教学任务和3门课程的结业考试工作。重视职业技能培训鉴定工作，全年有193人通过国家职业技能鉴定机构考核鉴定，78名特种作业人员通过地方有关部门的鉴定。鼓励职工业余自学参加专业技术任职资格考试，全年有9人取得中级专业技术职称。

党风廉政建设

制订《滕州卷烟厂收受礼品登记制度》、《检举举报查处保密管理规定》等管理文件。实行党风廉政建设责任制，逐级签订2006年度党风廉政建设责任书。与危房改造项目建设单位中铁公司和监理单位郑州中兴监理公司签订党风廉政责任书，对工程项目部廉政制度建设和执行情况进行综合检查。在全厂范围内发放《廉政信息调查表》，征集合理化建议。建立党员领导干部廉政档案，坚持党员领导干部重大事项申报制度，每月按时上报各类监察工作报表。

按照企业制定的《效能监察管理规定》，强化"审计再审计"之监督职能，由纪检监察部门对本厂审计部门的审计项目进行抽检审核，共抽查工程类、物资采购类项目69个，编写分析报告，提出完善相关管理文件的监察建议。对大宗物资采购项目，由纪检监察部门协同审计部门进行市场调查、比价，参与工程网架招投标等51项工程项目的监督工作，有效行使监督职能。

（杨尚泉）

河南中烟工业公司

概　况

河南中烟工业公司成立于2003年10月。下辖河南新郑烟草（集团）公司、许昌卷烟总厂、郑州卷烟总厂3家卷烟工业企业，河南金芒果印刷有限公司、河南金瑞香精香料有限公司、河南华银纸业有限公司3家多元化经营企业及河南省烟草机械有限公司。2006年11月22日，河南中烟工业公司与河南新郑烟草（集团）公司、许昌卷烟总厂、郑州卷烟总厂实施合并重组，并注销河南省烟草机械有限公司，新的河南中烟工业公司挂牌成立。公司总资产142.73亿元，其中，固定资产45.04亿元、流动资产93.89亿元。共有在岗员工9903人。

2006年4月，公司入选"河南省百户重点工业企业"。

领导成员

公司实行总经理负责制，主要领导成员有：

总经理、党组书记：赵九来

副总经理、党组成员：杨自业

党组成员、河南新郑烟草（集团）公司总经理：赵志正

党组成员、许昌卷烟总厂厂长：宋有申

组织机构

2006年7月17日前，公司机关设有办公室（外事办）、人力资源部（纪检监察部）、科技开发部、生产安全管理部、财务审计部、法律与改革部、市场营销部和物资供应部等8个部门。

根据国家烟草专卖局2006年7月17日《关于河南卷烟工业企业管理体制改革的批复》，公司内设办公室（外事办）、企划部、生产管理部、安全保卫部、装备部、法律与改革部、财务部、审计部、人力资源部（职业技能鉴定站）、投资管理部、监察部、政工部（机关党委、团委、工会）、市场营销部、原料部、物资部、进出口部、技术中心、信息中心等18个部门。

生产经营

2006年生产卷烟1479.90亿支（295.98万箱），与上年同比增长3.85%。其中，一类烟76.10亿支（15.22万箱），同比增长57.14%；二类烟43.22亿支（8.64万箱），同比增长25.25%；三类烟1091.93亿支（218.39万箱），同比增长67.19%；四类烟258.25亿支（51.65万箱），同比下降60.56%；五类烟10.40亿支（2.08万箱），同比下降69.61%。销售卷烟1479.74亿支（295.95万箱），同比增长3.88%。其中，一类烟75.87亿支（15.17万箱），同比增长58.84%；二类烟43.04亿支（8.61万箱），同比增长31.44%；三类烟1092.07亿支（218.42万箱），同比增长66.92%；四类烟258.27亿支（51.65万箱），同比下降60.60%；五类烟10.49亿支（2.10万箱），同比下降69.29%。出口卷烟4.54亿支（0.91万箱）。

全年实现销售收入162.31亿元，与上年同比增长18.10%。实现税利91.19亿元，同比增长26.29%，其中，实现利润13.18亿元，同比增长71.78%。实现单箱税利3071元，同比增长31.08%。

品牌战略和产品介绍

公司生产的卷烟品牌主要有"帝豪"、"红旗渠"、"黄金叶"、"金芒果"、"金许昌"、"沙河"、"散花"、"芒果"等8个品牌、24个规格。推进品牌整合，2006年压缩1个品牌（"洛烟"）、9个规格。"红旗

渠”、“金芒果”卷烟为全国烟草行业名优卷烟，“帝豪”卷烟被国家烟草专卖局纳入行业名优卷烟考核，“红旗渠”、“黄金叶”为中国驰名商标。

重点培育“红旗渠”、“帝豪”品牌。2006年“红旗渠”年销量突破百万箱，达到567.47亿支(113.49万箱)，与上年同比增长20.25%，居全国单牌销量排名第6位；“帝豪”突破10万箱，达到60.73亿支（12.15万箱），同比增长60.96%，居全国一类烟销量第10位。两个重点品牌销量比重达到42.45%，与上年同比上升6.7个百分点。平均单品牌产量达到37万箱。平均单箱销售收入5251元，同比增长12.01%。

体制改革

积极推进管理体制改革。2006年7月17日，国家局下发《国家烟草专卖局关于河南卷烟工业企业管理体制改革的批复》（国烟法〔2006〕488号），同意河南中烟工业公司与河南新郑烟草（集团）公司、许昌卷烟总厂、郑州卷烟总厂合并重组成一个法人实体，继续使用“河南中烟工业公司”名称，取消河南新郑烟草（集团）公司、许昌卷烟总厂、郑州卷烟总厂法人资格，作为河南中烟工业公司的生产厂。11月22日，河南卷烟工业举行重组仪式，新的河南中烟工业公司挂牌成立。

关小工作取得实质性进展。截至2006年底，淮滨、邓州、新乡3家卷烟厂破产终结，光山、商丘、汝州、开封4家卷烟厂进入破产程序，周口卷烟厂提出破产申请，淮滨、邓州、新乡、光山、商丘、开封、周口7家卷烟厂已销毁设备。职工分流安置全面结束，共安置各类人员9822人，安置率达99.9%。

科技创新

理清产品研发思路，明确研发改造重点，制订《提升重点品牌和一、二类卷烟内在质量的实施方案》，围绕原料特性、特色工艺、香精香料、辅料技术等开展研究。贯彻落实新版卷烟工艺规范，加强质量监督和标准化工作，组织编写了《卷烟工艺质检员素质教育读本》，组织人员参加《卷烟》国标、《卷烟品牌许可生产质量保证通则》、《卷烟企业清洁生产评价准则》等学习培训。工艺质量保证能力增强，产品质量稳步提高，卷烟质量市场抽检合格率达到100%，“金芒果（盛世金典）”连续4次在国家局抽检中综合得分进入前10名。全年共投入技改资金10.96亿元，技改项目进展顺利。

企业管理

内部监管。将“两项检查”作为加强内部监管的重点，制订方案进行自查复查。先后八次深入三家工业企业进行检查，两次与河南省烟草专卖局（公司）组成联合检查组，对相关企业进行阶段性检查。重新修订印发《关于进一步规范生产经营行为若干规定的通知》和《残次和报废专卖品管理制度》，依法加强对生产计划和残次、废弃烟草专卖品的管理。各企业对在自查、复查中发现的问题进行全面梳理，按照“三不放过”原则进行整改，问题整改率达到100%。

财务审计。进一步加强基础管理，以财务管理为核心，强化预算、成本费用和资金管理，压减三项费用2048万元，销售收入成本费用率和收入成本率分别比上年下降5.51和3.37个百分点，成本费用利润率提高5.57个百分点，负债总额比上年下降2.97%，资产负债率62.91%，比上年下降5.36个百分点。认真开展审计工作，共完成审计项目1756个，查出违规金额75275万元，核减投资金额1650万元。

生产管理。与产区建立战略合作伙伴关系，合作产区烟叶占到了总购进量的60%以上。进一步推进非专卖品卷烟材料资质认证采购，对5家供应量少、质量差的供应商进行了置换。加强设备管理，设备有效作业率平均达到85.2%。

多元化企业清产核资。印发《河南烟草工业多元化经营企业清产核资工作方案》，组织对多元化经营企业各项资产、负债和权益进行核对，所属45家多元化经营企业参加了清产核资。

安全工作。高度重视安全生产工作，全年未发生重大安全责任事故。深入开展“五五”普法和依法治企工作，依法处理各种涉法事务，挽回经济损失7717万元。

信息化建设

在《河南中烟信息化建设总体规划》的基础上，依据《数字烟草发展纲要》，围绕业务流程优化方案和应用系统解决方案等内容，启动“信息化发展规划”项目，为公司的业务处理、信息系统应用、数据汇总、查询、分析、决策及分阶段实施计划等提供指导意见。工业公司信息门户、办公自动化（OA）、视频会议、产销存报表及营销管理等系统投入使用。启动企业资源计划（ERP）系统一期工程，对广域网进行升级改造。

队伍建设

开展争创“四好”领导班子考评活动，对各企业领导班子进行专门培训，选送9名领导干部外出参加培训，对下属企业领导进行全面考核，并建立领导班子成员考核成绩档案。积极开展教育培训，共举办不同层面和类型的培训班566次，培训24042人次，队伍素质进一步提高。开展职业技能鉴定，涉及6个工种共186人，通过鉴定180人，其中参加技师鉴定21人，通过15人。开展专业技术职务评审推荐工作，23

人分获高、中级专业技术职务任职资格。

积极推进三项制度改革，许昌卷烟总厂作为三项制度改革的试点单位，打破分配上的平均主义，基本形成岗位价值加个人绩效的薪酬管理模式。明确岗位说明书，强化内部基础管理。

思想政治工作

学习党章，通过座谈、讲座、图片展览等形式，开展社会主义荣辱观教育。

高度重视信访工作，全年共接待上访49起124人次，其中公司机关接待上访12起32人次，未发生群体性到郑州或进京上访事件。积极做好离退休干部的待遇落实和老干部活动中心完善工作，发挥工青妇等群团组织的作用，开展各种比赛、交流活动。

开展"'两个至上'在岗位"主题实践活动，坚持做到"四个结合"，即与认真学习贯彻胡锦涛总书记提出的树立社会主义荣辱观紧密结合，与建立保持共产党员先进性长效机制结合，与深入贯彻国务院有关文件精神相结合，与开展"我为河南卷烟工业崛起做贡献"活动相结合。在开展"'两个至上'在岗位"主题实践活动中，先后在机关本部及各企业组织了4场先进事迹巡回报告，并组织3名选手参加由国家局组织的"'两个至上'在岗位"演讲报告竞赛活动，均获得二等奖。

党风廉政建设

注重党风廉政建设责任制和治理商业贿赂专项工作，积极构建惩防腐败体系，制订下发《2006年度党风廉政建设责任目标》和《治理商业贿赂专项工作实施方案》，将郑州卷烟总厂作为建立健全惩防腐败体系的试点单位。强化对领导干部的监督，下发《关于贯彻落实国家局党组<关于加强对行业各级领导班子及主要领导干部监督的意见>的通知》，并对所属企业贯彻执行情况进行专项检查。全年共登记上缴礼品礼金52人次，折合人民币43万元。加强纪检监察队伍建设，开展"做党的忠诚卫士、当群众的贴心人"主题实践活动。

企业文化

组织政工部门有关人员参加国家局举办的三期企业文化建设培训。8月创办了公司机关内部刊物《河南中烟》，加强河南卷烟工业信息宣传工作，推进企业思想文化融合与管理整合，截至2006年底，共试刊出版三期。2006年12月，郑州卷烟总厂完成《郑州卷烟总厂能力文化纲要》。河南新郑烟草（集团）公司以"胜己者，胜天下"为基本理念，大力弘扬红旗渠精神，积极塑造健康向上的企业文化和品牌文化。

特事要辑

1月20日，河南省人民政府印发《关于表彰全省烟草工商系统的通报》，对全省烟草工商系统实现税利132.75亿元，同比增长28.45%，超额完成省政府确定的预期目标予以通报表彰。

1月22日，河南省副省长史济春对河南卷烟工业作出重要批示，要求着力自主创新，转变增长方式，加快"红旗渠"、"帝豪"两个强势大牌培育发展，进一步深化企业改革，促进河南卷烟工业崛起。

2月27日，河南省人民政府批复同意河南中烟工业公司与所属卷烟工业企业合并改制。

7月17日，国家局批复同意河南中烟工业公司与河南新郑烟草（集团）公司、许昌卷烟总厂、郑州卷烟总厂合并重组成一个法人实体。

11月22日，河南卷烟工业举行一体化重组仪式。河南省省长李成玉、副省长史济春、国家局副局长张保振出席重组仪式。

所属企业

河南新郑烟草（集团）公司

概　况

河南新郑烟草（集团）公司成立于2003年7月9日，由原新郑卷烟厂、安阳卷烟厂、洛阳卷烟厂联合重组而成，2006年7月取消河南新郑烟草（集团）公司（简称"新烟集团"）法人资格作为河南中烟工业公司的卷烟生产厂。年产销卷烟规模达550亿支（110万箱）。企业占地面积101.33万平方米，拥有总资产49.39亿元，其中，固定资产17.95亿元、流动资产30.34亿元。共有员工3579人，其中，大专学历816人、本科学历694人、研究生以上学历18人。企业技术中心为行业级技术中心，企业建有博士后科研工作站和博士后流动站。

2006年企业获"中国最具社会责任感企业"、"河南省职业道德建设先进单位"、"全国质量管理小组活动优秀企业"、"全国企业培训先进单位"、"中国企业信息化500强"、"全国企业信息工作先进集体"等称号，入选"中国制造业500强"。企业原料供应部获"全国五一劳动奖状"，新郑卷烟厂赵天泉、安阳卷烟厂王国东获"全国五一劳动奖章"。

领导成员

企业实行总经理负责制，主要领导成员有：

总经理、党委副书记：赵志正

副总经理、党委书记：杨志忠

常务副总经理、党委委员：王志远

纪委书记、工会主席、党委委员：魏平建

副总经理：张国显

副总经理：史建超

副总经理：李世勇

副总经理：安保华（-2006.5）

党委委员：苏来兴

党委委员：陈春喜

党委委员：贾　兆

生产情况

2006年生产卷烟549.99亿支（109.99万箱），与上年同比增长3.20%，其中，一类烟14.86亿支（2.97万箱），同比增长41.82%；二类烟17.77亿支（3.55万箱），同比下降8.47%；三类烟412.35亿支（82.47万箱），同比增长76.6%；四类烟94.91亿支（18.98万箱），同比下降62.17%；五类烟10.1亿支（2.02万箱），同比下降46.01%。销售卷烟551.57亿支（110.31万箱），同比下降4.98%，其中，一类烟15.39亿支（3.08万箱），同比增长48.23%；二类烟18.15亿支（3.63万箱），同比下降5.02%；三类烟412.89亿支（82.58万箱），同比增长54.82%；四类烟94.95亿支（18.99万箱），同比下降64.26%；五类烟10.19亿支（2.03万箱），同比下降45.32%。出口卷烟0.56亿支（1120箱），实现卷烟出口总值34.49万美元。

全年实现销售收入57.65亿元，与上年同比增长16.33%。实现税利35.73亿元，同比增长42.24%，其中，实现利润3.35亿元，同比增长30.35%。单箱销售收入5239元，同比增长12.53%，实现单箱税利3022.93元，同比增长29.17%。

品牌战略和产品介绍

重点培育发展“红旗渠”品牌，突出40元/条以上规格的发展，增强“红旗渠”的盈利能力和市场竞争力。3月，“以品牌整合为主导的企业联合重组”成果在2006年全国企业管理创新大会上获第十二届“全国企业管理现代化创新成果奖”二等奖。

稳步推进“红旗渠”高档形象产品的研发工作，开发出150元/条的储备产品。“红旗渠”系列共有8个规格，其中“红旗渠（嘉年华）”为2006年新投放牌号，将“红旗渠（花红硬）”置换为“红旗渠（红软）”，为企业增加利润约4000万元。4月24日，企业与中国知识产权报社在北京联合主办郭沫若先生“红旗渠”手迹著作权授权推介会，取得郭沫若先生“红旗渠”手迹独家使用权。10月15日，“红旗渠”卷烟获“2006全国企业最具知名度创新产品”称号。11月16日，“红旗渠”卷烟2006年第100万箱产品在安阳卷烟厂下线，品牌年产量突破100万箱。

技术改造

新郑、安阳、洛阳三个卷烟生产厂技改工程累计完成投资4.8亿元。新郑卷烟厂制丝线提升改造一期工程于2006年初投入运行，二期工程于7月份试生产；安阳卷烟厂制丝线2006年底具备带料试车条件；洛阳卷烟厂于12月底完成制丝线的安装。截至2006年底，新郑、安阳卷烟厂形成以GD和PASSIM机型为主、洛阳卷烟厂以新长城和B1机型为主的设备力量。

科技创新

3月导入集成产品研发系统（IPD），建立了减害降焦技术、香精香料技术、特色工艺技术、分析测试技术等4大技术开发流程，并引入项目管理机制，开展品牌与市场体系研究。开展特色原料研究，7月成立“红旗渠”品牌豫西烟叶研究所，以豫西洛宁10万亩特色烟叶基地为依托，针对“红旗渠”所需的个性烟叶，开展提高豫西烟叶香气质量核心技术研究。发挥博士后科研工作站的作用，分别从中科院高分子物理研究所、郑州大学化学院和河南农业大学农学院引进3名博士，开展特色原料专项研究、中式卷烟特色香精香料研究及降低烟气中有害成分研究、进口烟叶替代研究、造纸法薄片应用研究、特色工艺研究及其在技改中的应用研究等。其中特色工艺研究中的烟梗分组加工技术研究项目通过河南省科技厅成果鉴定。2006年获得国家专利7项，其中，发明专利1项、实用新型专利3项、外观设计专利3项。科技对企业效益的贡献率由2003年的31%上升到2006年的69%。

企业管理

财务管理。建立完善财务内控制度，出台《新烟集团财务分析制度》、《新烟集团定额管理制度》、《新烟集团成本核算制度》等系列制度文件。组织召开预算编制布置会，形成包括产品销售、产品成本、原料采购、辅助材料采购等环节完整的预算体系。

原料采购。原料安全供应体系实现结构和规模化两个跨越，基地烟叶采购量达到采购总量的60%以上。实施优质内部原料采购，接收标准比上年提高了5个百分点，烟叶采购质量在国家局烟叶工商交接质量监督检查中受到通报表扬。物资采购流程进一步优化，7大类卷烟材料严格在资质认证合格供方范围内进行采购，通过协商议价、公开招标等方式，降低采购成本1355万元。

内部管理监督。深入开展“两项检查”，制订

《专卖管理监督检查实施方案》。经过宣传发动、初步自查、内部互查、专项检查、深入自查和内部复查6个阶段的工作，8月通过河南省烟草专卖局的复查。开展2005年和2006年上半年同级审计工作，通过河南中烟工业公司同级审计工作检查组的复查。

生产管理。完善产品同质化加工模式，成立品牌加工同质化项目组，做好《卷烟品牌许可生产质量保障通则》的宣传工作，逐步实现由烟丝配送到制丝本地化，确保了多点生产同质化。深入开展（质量管理）QC活动，企业包装电气QC小组的《降低08#包装机的噪音》成果获国家局QC小组成果二等奖，企业被评为“全国质量管理小组活动优秀企业”。继续推行内退政策，稳步实行减员增效，全员实物劳动生产率达到304.28箱/人，较上年提高4.34个百分点。

安全工作。2006年初运行质量、环境和职业健康安全“三合一”管理体系。落实安全生产责任制，全年实现无重伤、无死亡、无火灾、无重大交通责任事故，轻伤率小于1.5‰，没有发生与企业有关的职业病。

信息化建设

先后实施了计算机网络安全系统、设备管理软件系统、安阳卷烟厂和洛阳卷烟厂联合工房综合布线系统等7个信息化工程项目，完成OA、档案信息管理系统2个软件工程项目的验收。客户管理系统（CRM）通过河南省科技厅技术成果鉴定。

队伍建设

9月组织实施企业总部一般管理人员年度绩效考核，对符合晋升条件的144名管理人员进行职级晋升。择优录用了26名大学毕业生。加强员工教育和培训，全年举办各类培训班57期，培训人员2812人次。在国家局组织的包装修理技师鉴定中，6名职工取得技师资格，2名职工取得高级技师资格，87名职工获得制丝、包装高级工资格。在第十五次全国企业培训工作会议上，企业被授予“全国企业培训先进单位”称号。

思想政治工作

坚持党委理论学习中心组每季度集中学习制度和管理人员每月理论学习制度，用“三个代表”重要思想和科学发展观武装党员干部头脑，各级领导干部全年共上缴礼金、在价证券、礼品折扣59600元。制定《关于加强对集团公司各级领导班子和主要领导干部监督的规定》，对企业重大决策、重要干部任免、重大项目安排和大额资金使用等“三重一大”实行集体研究、民主决策。深入开展“四好”领导班子创建活动，企业党委被郑州市委授予“先进基层党组织”称号。加强形势任务教育，组织开展《河南卷烟工业企业管理体制改革宣传提纲》学习活动。

加强思想道德教育，开展社会主义荣辱观宣传教育活动，通过组织座谈讨论、倡议签名，举办征文活动、演讲比赛、专家讲座、诗歌朗诵等形式践行“八荣八耻”。深入开展“‘两个至上’在岗位”主题实践活动，举行“‘两个至上’在岗位”先进事迹报告会。选送的一名选手在全国烟草行业“‘两个至上’在岗位”演讲比赛中获二等奖。

特事要辑

6月13日，企业召开一届四次职工代表大会，表决通过了《关于河南卷烟工业企业管理体制改革的决议》，同意参与河南中烟工业公司一体化重组。

许昌卷烟总厂

概　况

许昌卷烟总厂成立于2003年7月9日，由原许昌卷烟厂和驻马店卷烟厂联合重组而成，2005年1月取消南阳卷烟厂法人资格并入许昌卷烟总厂，2006年7月取消许昌卷烟总厂法人资格作为河南中烟工业公司的卷烟生产厂。年产销卷烟规模达550亿支（110万箱）。企业占地面积30.2万平方米，拥有总资产53.4亿元，其中，固定资产14.3亿元、流动资产37.6亿元。共有员工3831人，其中，大专学历1411人、本科学历523人、研究生以上学历106人。拥有首条国产新世纪卷烟制丝线鉴定样线，设有博士后科研工作站，配置了与国际先进水平同步的卷接包设备和产品质量检测设备。

2006年企业获“全国先进基层党组织”、“全国烟草行业十五教育培训工作先进集体”、“全国五四红旗团委”、“2005年度河南省诚信纳税大户”、“2001～2005年全省法制宣传教育和依法治理工作先进单位”等称号，入选“中国制造业500强”、“中国企业信息化500强”、“中国纳税百强”、“中国企业教育百强”。南阳分厂职工张新锋获“全国五一劳动奖章”。

领导成员

企业实行厂长负责制，主要领导成员有：

厂长、党委副书记：宋有申

副厂长、党委书记：彭桂新

常务副厂长、党委委员：许廷选

党委副书记、纪委书记：张　辉

副厂长、党委委员：陈书政

总会计师：王振华

副厂长、工会主席、党委委员：孟祥军

副厂长：李郑钢

副厂长：王恒宇

副厂长：徐合军

副厂长：宋振宇（-2006.5）

总工程师：马宇平

党委委员：李贵玲

党委委员：崔少卿

生产情况

2006年生产卷烟551.83亿支（110.37万箱），与上年同比增长2.67%，其中，一类烟60.93亿支（12.19万箱），同比增长61.74%；二类烟6.99亿支（1.40万箱），同比增长5.54%；三类烟351.67亿支（70.33万箱），同比增长105.65%；四类烟131.94亿支（26.39万箱），同比下降57.04%；五类烟0.3亿支（0.06万箱），同比下降98.01%。销售卷烟551.80亿支（110.36万箱），同比增长7.32%，其中，一类烟60.73亿支（12.14万箱），同比增长60.96%；二类烟7.18亿支（1.44万箱），同比增长11.41%；三类烟351.65亿支（70.33万箱），同比增长137.97%；四类烟131.94亿支（26.39万箱），同比下降57.04%；五类烟0.3亿支（0.06万箱），同比下降98.01%。出口卷烟3.93亿支（0.79万箱）。

全年实现销售收入60.41亿元，与上年同比增长20.70%。单箱销售收入5432元，同比增长18.07%。实现税利39.42亿元，同比增长38.29%，其中，实现利润7.31亿元，同比增长180.04%。实现单箱税利3448.6元，同比增长31.12%。实现卷烟出口总值307.76万美元。

品牌战略和产品介绍

大力实施"一名一大"的品牌发展战略，重点发展"帝豪"（一名）和"金许昌"（一大）两个"百牌号"品牌。

2006年，"帝豪"销量60.73亿支（12.15万箱），与上年同比增长60.96%，居全国一类烟销量第10位，被评为"河南十大竞争力品牌"；"金许昌"销量461.2亿支（92.24万箱），同比增长15.52%，被评为"河南省名牌产品"。成功生产国家局共享牌号"大丰收"卷烟，完成"发时达（蓝硬）"（出口缅甸）、"发时达"（9毫克/支）混合型出口产品开发工作，开发具有全新风格的150元/条的"帝豪"作为储备产品。

技术改造

完成许昌总厂本部职工活动中心、水网改造等技改项目。截至2006年底，帝豪游园及周庄烟叶存放仓库仍在建设中。完成驻马店分厂制丝车间设备改造、厂区绿化景观等工程项目。南阳分厂厂区线路改造、成品库电气改造、温凉河改造等工程完成立项。承担的河南烟草造纸法薄片项目于11月26日奠基，截至2006年底，关键设备仍在选型订货，主厂房桩基工程已进入施工阶段。

科技创新

推进科技创新降低卷烟有害成分，卷烟焦油含量加权平均值由2003年的15.02毫克/支降至2006年的13.41毫克/支。自主合成4种功能性香料，完成"烟用香精香料质量指纹控制技术研究"项目，提高香精香料质量控制精度和广度。完成国家局"特色工艺技术应用基础及共性技术研究"项目的2006年度工作，"制丝工艺技术集成及推广应用研究"项目通过国家局验收，"新型高效过滤嘴棒"项目被评为"2005年河南中烟工业公司科学技术进步一等奖"。申报发明专利3项，实用新型专利3项。在全国核心期刊发表8篇学术论文。企业入选国家局中式卷烟制丝生产线自主创新工作试点单位。

企业管理

财务管理。通过推行全面预算管理和目标成本管理，强化各项费用控制，促进了增收节支、降本增效。全年总厂每万支的成本，原料、香精、盒皮的成本均位居全国重点工业企业前列。

质量管理。制订《工艺过程控制预案》，逐步实现事后控制向事前控制、结果控制向因素控制转变。重点在工艺参数稳定性上下工夫，参数控制逐步实现由原来的合格率控制逐步向标偏控制、过程能力指数控制转变，提高了控制的科学性、精确程度与稳定程度。群众性质量管理工作方面，七车间修理班获"国家级质量信得过班组"，驻马店分厂获"河南省质量管理小组优秀企业"，QC小组荣获"国优"5个、"省优"11个，创企业历史最好水平。9月13日，企业在2006年第28次全国质量管理小组代表大会上，被评为"全国优秀质量管理小组"、"全国质量信得过班组"、"全国质量管理小组卓越领导者"。

按照设备保工艺、工艺保质量的思路，以提高设备完好率和有效作业率为重点，强化设备现场检查工作，推行设备轮保养模式，开展群众性的设备无故障运行创纪录活动和小改小革活动。企业获"第七届河南省设备管理优秀单位"。

内部管理监督。开展内部专卖管理监督检查工作，下发了《许昌卷烟总厂内部专卖管理监督自查工作实施方案》和《许昌卷烟总厂加强内部监管工作考核办法》，列出了自查内容和自查重点，安排了自查部门、自查时间；明确了自查责任和自查目标；落实了督促检查和考核制度。顺利完成"两项检查"工作的自查，并通过河南省局（公司）和河南中烟工业公司组织的复查。

安全管理。组织实施了质量管理体系、职业健康安全管理体系，健全各项安全管理制度和规定。推行安全风险抵押金制度。

信息化建设

采用“统一平台、统一数据库、统一应用系统”的信息化模式，实现信息流、物流、资金流三流合一。完善企业资源计划（ERP）系统，计算机集成制造系统（CIMS）项目和客户关系管理系统（CRM），并通过河南中烟工业公司的验收；统一全厂财务管理系统平台，实现通用账务管理、财务分析、电子报表、固定资产管理、应收应付及远程应用等功能，实现三地财务账务统一管理；优化一厂三地网络系统，实现总厂网络与国家局卷烟生产经营决策管理系统、财务审计等系统的直接相连。

队伍建设

围绕企业中心工作，有针对性地开展了新工艺规范、统计技术、治安处罚法、管理行为学、新闻宣传写作、钳工技术、特有工种技能鉴定、消防演练、拓展训练等培训活动，全年共举办各类培训班247期，培训人员7094人次；参加外部培训109期，送外培训人员363人次；转岗培训125人次。全厂387名机、电修理工全部通过复审培训和考核。137人获大专以上成人学历。

思想政治工作

开展“‘两个至上’在岗位”主题实践活动、向行业模范高荆宏、王兵学习活动。以学习党章、社会主义荣辱观主题教育、党的知识抢答赛、共产党员先进事迹报告会、“新时期共产党员风采”征文及电视专题节目等多种形式庆祝中国共产党成立85周年系列活动。加强新闻宣传工作，在市级以上新闻媒体发稿300余篇，省级以上新闻媒体发稿100余篇。与许昌市委宣传部及多家新闻媒体联合组织“许烟创新发展”集中采访宣传报道活动。

党风廉政建设

组织学习《河南卷烟工业管理体制改革宣传提纲》。健全完善内部监督的制度体系，出台系列规章制度。突出对重点部位和关键环节的监督，累计节约资金685万元。强化法律事务监督，依法避免损失270多万元。加强领导干部廉洁自律工作，2006年总厂各部门及个人共计28人次上交礼金（有价证券）31.24万元，32人次上交礼品314件。先后对16起群众信访件进行调查核实。落实“一岗双责”，总厂厂长与各部门负责人签订党风廉政建设责任书29份，总厂各部门、南阳分厂、驻马店分厂向部门重点关键岗位人员分解责任书929份，形成一级抓一级、层层抓落实、上下联动的责任制体系。

特事要辑

2月18日，举行企业“全国文明单位”揭牌仪式。

6月16日，企业召开一届五次职工代表大会，表决通过了《关于河南卷烟工业企业管理体制改革的决议》，同意参与河南中烟工业公司一体化重组。

12月25日，团中央书记处书记尔肯江·吐拉洪一行到企业考察共青团工作。

12月29日，企业举行《许昌卷烟厂志》首发式。

郑州卷烟总厂

概　况

郑州卷烟总厂成立于2003年7月9日，由原郑州卷烟厂与漯河卷烟厂联合重组而成，2006年7月取消郑州卷烟总厂的法人资格，作为河南中烟工业公司的卷烟生产厂。年产销规模378亿支（76万箱）。企业占地面积17.6万平方米，拥有总资产34.43亿元，其中，固定资产12.64亿元、流动资产20.78亿元。共有在岗员工2421人，其中，研究生以上学历64人、本科学历262人、大专学历558人。拥有国内首条具备分组加工实际生产能力的制丝线，配置了具有国际先进水平的卷接包设备和产品质量检测仪器。

4月24日~27日，企业在河南卷烟工业系统第三届QC小组成果发布会上，获一等奖1个、二等奖2个、三等奖3个和优秀奖1个。

领导成员

企业实行厂长负责制，主要领导成员有：

厂长、党委副书记：邵富根

副厂长、党委书记：吴殿信

副厂长：李　强

副厂长、党委委员：白瑞民

党委副书记、纪委书记：张丕中

副厂长：曹曙东

副厂长：孙长青

副厂长：刘金福（-2006.5）

党委委员、漯河分厂厂长：程国胜

工会主席、党委委员：张建民

总会计师：邵宏杰（2006.4-）

生产情况

2006年共生产卷烟378.63亿支（75.73万箱），与上年同比增长6.55%，其中，一类烟0.31亿支（0.06万箱），同比增长12.28%；二类烟18.44亿支（3.69万箱），同比增长117.86%；三类烟327.9亿支（65.58万箱），同比增长32.1%；四、五类烟32.01亿支（6.45万箱），同比下降67.33%。销售卷烟

378.27亿支（75.65万箱），同比增长6.49%，其中，一类烟0.2亿支（0.04万箱），同比增长33.3%；二类烟18.31亿支（3.66万箱），同比增长126.05%；三类烟327.76亿支（65.55万箱），同比增长31.82%；四、五类烟32亿支（6.4万箱），同比下降67.23%。

全年实现销售收入36.56亿元，与上年同比增长20.58%。实现税利20.03亿元，同比增长27.01%，其中，实现利润2.4亿元，同比增长58.94%。实现单箱销售收入4833.02元，同比增长13.14%；单箱税利2689元，同比增长46.59%。

品牌战略和产品介绍

坚持“做精做强‘黄金叶’，强力实施单规格突破”的品牌发展思路，全力推进“黄金叶”品牌工程。出台《2006年品牌与市场规划》和《2006年“黄金叶”品牌运作方案》，实行品牌经理负责制，加强工商互动交流，与省内18个地市级烟草公司签订了工商战略联盟意向书。

全年“黄金叶”销量达117.75亿支（23.55万箱），占总销量（不含出口烟）的31.13%，其中销售“黄金叶（世纪之光）”114亿支（22.8万箱），销售“黄金叶（世纪之星）”3.48亿支（0.70万箱），销售“黄金叶（茗仕之风）”0.20亿支（0.04万箱）。2月27日，在首届河南广电传媒财富年会上，企业获“年度十大最具发展力企业”称号，“黄金叶”品牌获“年度十大亲民品牌”称号。

2006年与河南新郑烟草（集团）公司联营加工“红旗渠”8.21亿支（1.64万箱），与杭州卷烟厂联营加工“西湖”18.67亿支（3.73万箱）、“雄狮”13.23亿支（2.65万箱）。

2006年停止生产“沙河（红白硬）”卷烟，将“沙河（红白硬）”改造为“沙河（喜庆）”。

技术改造

2006年10月，总厂“十五”技改二期卷接包主厂房及科研办公楼完工并投入使用，总建筑面积20106平方米。卷包车间设备采用直连机组式布置，最多可布置21组卷包机组，截至2006年底，拥有15组卷包对接机组。10月15日，漯河分厂技改制丝线投料生产。

科技创新

加强对分组加工技术，借助SH94气流式烘丝工艺，拓宽烟叶原料使用范围，消化库存的低劣质烟叶。尤其在“沙河（七彩）”上，根据叶组配方特性实现了全气流干燥，单箱耗丝下降0.53千克。

加强对造纸法烟草薄片应用技术的研究。从7月开始，造纸法烟草薄片在产品中逐步使用。与2005年相比，“散花（兰软）”单箱节约成本40元，“黄金叶（世纪之光）”单箱节约成本近60元（考虑原料涨价因素）。拓宽原料使用范围，提高原料利用率，在保持烟气状态特征相对稳定的情况下，逐渐减少津巴布韦和湖南烟叶的使用比例，增大平顶山、三门峡卢氏县、贵州等地区烟叶使用比例，最终逐步取消湖南和津巴布韦烟叶。叶组配方中津巴布韦烟叶使用比例已由原来的8%降至2%，湖南烟叶使用比例由8%降至2%，适当降低云南烟叶的使用比例。8月，造纸法烟草薄片作为一种很好的填充料在“黄金叶（世纪之光）”中得到成功应用。

加大新技术、新材料的研究和应用，完成转移纸替代镭射膜纸的转化工作，对“黄金叶（世纪之星）”进行全新改造，降低包装实物成本。注重基础工艺应用技术研究和质量管理工作，积极开展工序能力评价、关键工序点检和QC攻关活动。

企业管理

财务管理。坚持开源与节流并举，修订6项财务管理制度，加大全面预算管理和目标成本管理执行力度。开展多元化清产核资，彻底清查主辅业资产状况，理顺明晰了产权关系。加强资金流管理，在保证生产经营和技改工作前提下，资产负债率和财务费用比上年分别下降0.19%和10.76%。

生产经营管理。结合企业技改实施技术革新100余项，推行设备轮保的管理模式，设备有效作业率达到87.01%，完好率100%。推进流程管理，重点推进与生产经营密切相关的56个流程。深入开展“6S”管理工作，将“6S”管理广泛运用于生产、设备、安全、质量等各个方面，改善生产现场与办公环境，提高现场管理水平和职工素养。

内部管理监督。成立专项领导小组和11个专业自查组，制订工作方案、职责、流程和纪律，建立由主管领导参与、审核并整改的工作机制，对两年来全部生产经营活动进行自查。共查出9大类34个问题，修订14项制度、21个流程，建立7项新制度。

安全管理。全面推进职业健康安全管理体系建设，11月，通过职业健康安全管理体系外部认证，取得职业健康安全管理体系认证证书。进一步规范安全生产行为，全年未发生任何重大安全责任事故。

人事劳资管理。推行三项制度改革，通过调整处室分配系数和主体车间单箱值，在岗位评价的基础上重点对效益工资分配进行调整。对企业新进人员统一实施人事、劳动代理制，完成总厂定编、定岗、定员工作。

信息化建设

制订《郑州卷烟总厂信息化战略规划》、《郑州卷烟总厂卷接包车间数据采集系统方案》、《生产执行系统（MES）规划》。完善行业卷烟生产经营决策管理系统的运行管理。修改完善管理信息系统（MIS）程序。对外部网站和OA系统进行整合。对全厂的网络进行优化改造，加强网络安全建设。参与河南卷烟工业信息化战略规划、广域网改造、视频会议系统和数据上报及分析系统建设，截至2006年底完成部分建设。

队伍建设

创建“四好”领导班子，开展中层干部和管理人员年度考核。对2个中层职位进行公开选拔，推荐33名优秀人才参加工业公司中高级专业技术人员评审备案，新聘13名初、中级专业技术职务。通过人事、劳动代理制吸收大学毕业生和复退人员进厂工作。加强劳动合同管理，新签劳动合同3人，续订合同279人，解除合同3人，办理辞职3人。

开展职工培训和技术比武等活动，强化职工综合知识学习教育。全年共举办各类培训班96个，培训人员7444人次。25名员工参加在职研究生学习，1人通过通用工种高级技师鉴定，2人通过通用工种技师鉴定，50人通过通用工种初、中、高级鉴定，3人通过行业特有工种技师鉴定，21人通过行业特有工种中高级工鉴定。

思想政治工作

围绕“两项检查”，实施“‘黄金叶’品牌工程”，推进企业内部管理监督工作制度化、规范化，提升“黄金叶”品牌的美誉度。通过征文、先进事迹报告会等多种形式开展“‘两个至上’在岗位”主题实践活动。选派选手参加国家局举办的“‘两个至上’在岗位”先进事迹报告会，获二等奖。落实厂长接待日制度，全年共接待来访100多人次。加强企业宣传工作，全年共编发《黄金叶信息》12期，广播宣传稿件420余篇，电视新闻100余条，电视专题节目11期，企业内部网站稿件近200篇，在行业内外各类报纸、杂志媒体发表文章130多篇。抓好离退休人员管理工作，在工资收入总体保持不变的情况下，提高内退职工的工资。抓好职工文体活动，举办迎“七一”大合唱、庆“十一”文艺会演，开展各类球赛、演讲比赛、书法绘画摄影比赛等文体活动。

党风廉政建设

推进惩防腐败体系建设，5月19日，企业和郑州市管城区人民检察院等8家单位举行联合开展惩治和预防腐败体系建设签约仪式。通过廉政论坛、专题讲座、廉政图片展、观看廉政录像等形式开展廉政教育。探索构建党风廉政、财务管理、审计监督、干部人事、党内监督、民主监督、物资采购项目投资、规范经营等8大制度体系，梳理涉及惩防腐败体系建设的管理制度110余项，与8家单位签署《共建公约》。编辑出版《廉洁指导手册》和《廉政论坛》，举办专题讲座6场，编发简报22期。企业作为河南中烟工业公司惩防腐败体系建设的试点单位，试点工作接受各类报刊、网站、电视台等新闻媒体的报道200余次。

特事要辑

3月6日，漯河分厂举行“全国精神文明建设工作先进单位”揭牌仪式。

4月11日，国家局副局长张保振到企业考察。

6月17日，企业召开一届二次职工代表大会，表决通过了《关于河南卷烟工业企业管理体制改革的决议》，同意参与河南中烟工业公司一体化重组。

10月15日，漯河分厂新制丝线投产。

10月25日，企业新卷接包车间投产，完成技改搬迁工程。

（张　宇）

湖北中烟工业公司

概　况

湖北中烟工业公司于2004年1月18日成立。2005年，通过大力推进卷烟工业企业结构调整，湖北卷烟工业企业结构调整任务基本完成。2006年，推进武汉烟草（集团）有限公司（简称“武烟集团”）与湖北中烟工业公司、武汉卷烟厂的双向合署办公，截至2006年底，形成“一厂六点”的生产经营格局，湖北中烟工业公司下设武汉卷烟厂、红安卷烟厂、三峡烟草有限公司、广水卷烟厂、襄樊卷烟厂和清江卷烟厂6个卷烟生产点（均不具有企业法人资格）。共有职工近9000人，资产总额164亿元。

2006年，湖北中烟工业公司紧密围绕行业“完善体制机制，优化资源配置，增强竞争实力，全面提升水平”的主要任务，坚持以市场为导向，以改革为动力，以调整为主线，产业资源得到有效整合，经济运行质量有所提高。

领导成员

公司实行总经理负责制，主要领导成员有：

总经理、党组书记：彭明权

纪检组长、党组副书记：钟淑玉（－2006.7）

副总经理、党组成员：吴 俊

副总经理、纪检组长、党组成员：谢伯卿

副总经理、党组成员：康永胜

副总经理、党组成员：彭传新（2006.11－）

组织机构

公司设有办公室（外事办）、人力资源部、法律与改革部、科技与发展部、市场营销部、经济运行部、财务审计部和物资供应部等8个部门。

生产经营

2006年，全省共生产卷烟1153.4亿支（230.68万箱），与上年同比增长2.69%，其中，一类烟74.75亿支（14.95万箱），同比增长47.43%；二类烟145.8亿支（29.16万箱），同比增长44.71%；三类烟389.95亿支（77.99万箱），同比增长46.21%。实现销售收入155亿元，同比增长22.28%；实现税利91.62亿元，同比增长29.01%，其中，利润13亿元，同比增长73.8%；单箱税利3882元，同比增长24.4%。

品牌整合

2006年，紧紧围绕“做精中式卷烟经典品牌——‘黄鹤楼’、做好大众品牌‘红金龙’、‘红双喜’、‘黄金龙’、‘大丰收’”的品牌发展思路，培植主导品牌特色，压缩品牌规格，塑造品牌文化，主导品牌销量保持一定增幅。“黄鹤楼”系列在继承的基础上进行创新，探索出“全叶精选”、“小锅小炒”、“木桶醇化”、“低焦高香”、“天然香精香料”等特色工艺和技术，开发出“（黄鹤楼）漫天游”、“（黄鹤楼）论道”、“（黄鹤楼）雅香”等新品，初步形成“金色色系、典藏配方、特色工艺、雅香风格”为四大关键要求的独特风格；强化品牌形象，促进产品销售，“黄鹤楼”系列全年实现销量77.5亿支（15.5万箱），与上年同比增长37%，被认定为“中国驰名商标”；“红金龙”系列实现销量765亿支（153万箱），同比增长39%。

高度重视大众品牌“红双喜”、“黄金龙”、“大丰收”等的产销工作，成立专班，部署推进产品研发、生产和销售工作。

体制改革

开展资产清理，完成国有产权划转和多元化经营企业的清产核资、清理登记工作，为下一步理顺产权关系创造条件。按照“重心下移、充实基层、夯实基础”原则，推进武烟集团与湖北中烟工业公司、武汉卷烟厂双向合署办公，压缩管理层次，优化岗位设置，充实基层力量。规范经济责任制考核、生产管理、设备管理、安全生产与环境保护等方面工作的职责和程序，理顺运行机制，为建设统一的管理平台做好准备。按照“自愿选择、多渠道安置、主辅分离、减员增效”的原则，继续优化员工结构，进一步提高实物劳动生产率。

科技创新

湖北中烟工业公司技术中心是科技创新活动的主体，承担着产品开发、工艺与材料技术、香精香料技术、吸烟与健康技术及基础技术等重大科研课题的研究工作。2006年，技术中心有员工133人，其中科研技术人员75人，主要由烟草工程、化学、食品工程、材料、工艺美术等专业人员组成，整体呈现知识化、年轻化的特点。科研队伍平均年龄34岁，其中，博士研究生学历8人、硕士研究生学历32人、本科以上学历105人；高级职称7人、中级职称59人、初级职称23人。外界各类社会专家、精英人才400余人。

全年完成科研项目43项，其中，国家局科研项目2项、省级科研项目1项、达到国内领先水平的科研成果2项、已转化应用于生产的科研成果34项。“烟用香精特征芳香组成分析及调配研究”、“止咳化痰类中草药在卷烟中的应用研究”项目分别获2006年度“国家烟草专卖局科学技术进步奖”。开发、改进及形成新产品储备40余个，新产品销量411.5亿支（82.3万箱），占总销量的28.8%；实现销售收入47.93亿元，占全部销售收入35.74%；实现税利29.91亿元，占税利总额的32.65%。转化成果项目，采用新技术、新工艺，全年降低成本1.22亿元。具体科研项目见下表：

技术中心2006年科研项目完成情况一览表

项目名称	项目来源	项目合作形式	项目活动类型	完成日期/预计完成时期
烟叶原料质量体系研究和应用	国家局立项	企业自主完成	基础研究	2006－12－1
广南部分替代进口烟叶生产技术研究与工业验证	国家局立项	与高等院校合作	应用研究	2006－12－23
湖北恩施部分替代进口烟叶生产技术研究与工业验证	国家局立项	与独立科研机构合作	应用研究	2006－12－30

项目名称	项目来源	项目合作形式	项目活动类型	完成日期/预计完成时期
湖北宜昌部分替代进口烟叶生产技术研究与工业验证	国家局立项	与独立科研机构合作	应用研究	2006－12－30
降低烟丝在风送过程中分层和造碎的研究	自立项目	企业自主完成	实验发展	2006－2－27
中药草本植物在卷烟中的应用研究	自立项目	与高等院校合作	应用研究	2006－9－1
广东南雄部分替代进口烟叶生产技术研究与工业验证	国家局立项	与独立科研机构合作	应用研究	2006－12－30
工艺实验线测试验收与评价	自立项目	企业自主完成	研究与试验发展成果应用	2006－12－30
卷烟纸分析对比研究	自立项目	企业自主完成	研究与试验发展成果应用	2006－12－1
国内通用规格丝束的系统适用性研究	自立项目	企业自主完成	应用研究	2006－12－30
功能性板块香基调配及应用研究	自立项目	企业自主完成	实验发展	2006－12－1
改善产品单项内质缺陷的针对加料加香技术研究	自立项目	企业自主完成	实验发展	2006－12－1
CO_2 膨胀烟丝回收塔中烟膏的加香加料应用研究	自立项目	企业自主完成	应用研究	2006－12－1
天然提取物活性成分在降焦减害中的应用研究	自立项目	企业自主完成	应用研究	2006－12－1
6mg 低焦油烤烟型卷烟产品技术研究	自立项目	企业自主完成	实验发展	2006－12－1
特殊香型卷烟产品技术开发研究	自立项目	企业自主完成	实验发展	2006－10－1
特色产品工艺改造技术集成	自立项目	企业自主完成	实验发展	2006－8－1
优质填充型烟叶生产技术研究与应用	自立项目	企业自主完成	应用研究	2006－12－23
卷烟品牌调香体系构建	国家局立项	与其他企业合作	实验发展	2008－12－1
武汉烟草集团部分替代进口烟叶生产及工业验证	国家局立项	企业自主完成	实验发展	2008－12－1
造纸法再造烟叶综合技术研究	自立项目	与独立科研机构合作	实验发展	2009－5－1
烤烟片烟醇化调控技术及醇化质量判定方法研究与应用	国家局立项	与独立科研机构合作	实验发展	2009－6－1
配方打叶技术集成研究与应用	自立项目	企业自主完成	实验发展	2008－12－30

项目名称	项目来源	项目合作形式	项目活动类型	完成日期/预计完成时期
清香型特色烟品种示范及病虫害综合防治技术推广	自立项目	企业自主完成	研究与试验发展成果应用	2006-11-30
2006年攀枝花红大品种施肥与烘烤关键技术生产示范与开发	自立项目	企业自主完成	实验发展	2006-12-1
广南烟叶基地烤烟优化灌溉技术推广	自立项目	企业自主完成	研究与试验发展成果应用	2006-12-30
2006年武烟-南雄基地烤烟控碱增香技术示范与推广	自立项目	企业自主完成	实验发展	2006-12-1
清江流域及环神农架优质烟叶基地开发与工业利用研究	自立项目	企业自主完成	实验发展	2006-12-1
硬盒黄鹤楼（雅香）产品开发（01238）	自立项目	企业自主完成	研究与试验发展成果应用	2006-4-30
硬盒红金龙（龙行天下）产品开发	自立项目	企业自主完成	研究与试验发展成果应用	2006-8-30
硬盒红金龙（黄鹤）产品开发	自立项目	企业自主完成	研究与试验发展成果应用	2006-9-30
硬盒黄鹤楼（磨砂）产品改造	自立项目	企业自主完成	研究与试验发展成果应用	2006-5-30
硬盒红金龙（火之舞新）产品改造	自立项目	企业自主完成	研究与试验发展成果应用	2006-4-30
硬盒红金龙（神州腾龙）产品改造	自立项目	企业自主完成	研究与试验发展成果应用	2006-5-31
硬盒红金龙（九州红AAS）产品改造	自立项目	企业自主完成	研究与试验发展成果应用	2006-8-31
软盒大丰收产品开发（06103）	自立项目	企业自主完成	研究与试验发展成果应用	2006-6-30
硬盒红金龙（虹之彩东北）产品改造	自立项目	企业自主完成	研究与试验发展成果应用	2006-5-30
软盒红金龙（虹之彩新）产品改造	自立项目	企业自主完成	研究与试验发展成果应用	2006-3-30
软盒红金龙（九州腾龙）产品改造	自立项目	企业自主完成	研究与试验发展成果应用	2006-5-30
水果香型中美产品开发	自立项目	企业自主完成	研究与试验发展成果应用	2006-12-30
10元/包出口烤烟型产品开发	自立项目	企业自主完成	研究与试验发展成果应用	2006-5-30
10mg英式烤烟型产品研制与开发	自立项目	企业自主完成	研究与试验发展成果应用	2006-8-30
透明拉线在GD包装设备上的使用研究	自立项目	企业自主完成	研究与试验发展成果应用	2006-8-31

项目名称	项目来源	项目合作形式	项目活动类型	完成日期/预计完成时期
关于条烟输送系统中堵烟现象的分析与研究	自立项目	企业自主完成	研究与试验发展成果应用	2006－8－31
降低冷凝水铁离子方法的研究	自立项目	企业自主完成	实验发展	2006－10－30
空调电机节电研究	自立项目	企业自主完成	实验发展	2006－12－30
云南产区烟叶配方打叶技术研究和应用	自立项目	企业自主完成	研究与试验发展成果应用	2006－12－30

企业管理

生产管理。加强多点生产的组织管理，统筹市场需求状况及各卷烟厂技术装备、工艺质量控制水平，对全省所有品牌规格实行定点生产，导入竞争机制，将产品的生产质量、制造成本、服务质量与卷烟厂的生产计划、利益分配挂钩，落实责任，强化考核，月月通报，达到提高产品质量、降低生产成本的目的。

成本管理。以预算管理为主线，强化成本目标管理，将年度费用目标分解到各卷烟厂、各单位，实施全过程跟踪考核；推行比质比价、招标采购，降低物资采购成本，推广应用新材料、新工艺、新技术，2006年合计降低成本费用1.22亿元，销售成本率下降2.19个百分点。

安全管理。对各企业签订2006年安全生产目标责任状，各企业主要领导缴纳相应的风险抵押金。对各企业分管安全工作的领导进行安全教育培训，培训人数22人。在湖北宜昌举办由省中烟工业公司和武汉厚博安全技术研究所共同主办的“安全生产管理”培训班，共培训来自全省工业的系统员工67人。

在安全生产检查中共查出各类安全问题75条，下达安全检查隐患意见书7份计23条书面意见。意见涉及特种设备、安全检查及隐患整改、现场安全管理、消防管理、安全基础工作等9个方面。加大安全专项投入，全面落实“三同时”管理规定。各企业投入安全专项资金共计800多万元，全年未发生安全生产事故。

信息化建设

推进信息化建设，制订信息化总体规划。完成卷烟生产经营决策管理系统、资源计划系统、生产执行系统和办公自动化系统等项目。完善信息化建设总体规划，指导今后3～5年信息化建设。按照“四统一”的要求，继续完善ERP系统，扩大使用范围，集成其他边界业务系统；完善MES系统，自5月份起开始测试、并行运行，11月份正式切换上线，已具备包括基础数据维护、计划排产与调度管理、设备管理、生产人员管理、生产标准管理、质量管理、生产监视、生产统计、集成信息管理等功能；完善办公自动化项目，对湖北中烟工业公司及下属6厂的办公自动化系统进行部署和升级，建立RTX即时通讯系统，提高企业办公工作效率；完善营销管理系统，根据行业订单生产的要求，加快建设工商协同平台，以保证与商业信息的及时交流。

加强对客户信息的采集和管理功能，强化客户服务功能。加强分析功能，以及加强对营销人员业务知识培训的功能。注重加强信息安全管理和网络维护，部署集中控制、分级管理的防杀病毒系统，分别启动安全服务项目和网络管理项目，以保障信息系统安全。

对外合作与交流

2006年，中国烟草总公司与菲利普·莫里斯国际集团选择9家国内企业作为合作候选企业进行筛选，武烟集团成为入选的合作企业。2006年，累计出口卷烟9000件，烟丝35吨，涉及中国香港、中国澳门、中国台湾等地区，以及菲律宾、印尼、新加坡、马来西亚、东帝汶、美国、澳大利亚等国家；出口所涉品牌包括“黄鹤楼”、“R. G. D”等。组织人员到墨西哥、莫桑比克等国家进行参观考察。

队伍建设

2006年，人才队伍建设取得一定成效，尤其是技能人才队伍建设取得进展，湖北中烟工业公司在全国烟草行业技能大赛中取得较好名次，同时有4位车间一线工人被行业评为高级技师。组织并委托中国烟草职工培训中心举办为期14天的烟机设备修理工培训班，培训人数达30人。广泛开展职工技能比武、专业培训活动，组织参加全国烟草行业“红塔杯”烟机设备维修工技能竞赛，取得好成绩。组织开展全省烟草行业专业技术资格（工程师）评审、全国烟草行业专业技术资格（高级会计师）评审等活动。

思想政治工作

坚持党组理论学习中心组学习制度，提高各领导成员的理论修养、管理艺术和驾驭局面能力。从上至下开展争创“四好”领导班子活动，贯彻落实《党政领导干部选拔作用工作条例》，强化各卷烟厂、各单位职责，增强各级班子的凝聚力、思想力、行动力。

在系统内广泛开展“‘两个至上’在岗位”主题实践活动，使“维护国家利益、维护消费者利益”深入全体员工内心。组织开展全省烟草工业系统庆祝中国共产党成立85周年“黄鹤楼”杯歌咏比赛。开展学习宣讲社会主义荣辱观活动，邀请湖北省委党校教授作“八荣八耻”辅导报告。以《江泽民文选》正式出版为契机，组织政治学习，提升党员思想素质。以学习《党章》为主线，抓好班子建设，组织开展“认真学习党章重温入党誓词”活动。

坚持“六必访”制度，组织走访慰问活动，先后6次组织向困难职工、社会弱势群体捐赠活动。加强信访稳定工作，落实领导责任制，做到职工思想问题领导出面，主动沟通，将各类不稳定事件抑制在萌芽状态，变上访为下访，营造和谐向上的氛围。

党风廉政建设

探索反腐倡廉新思路、新措施，推行厂务公开、企务公开、政务公开，构建靠制度管人、管事、管权的长效约束机制。加强对权力运行的全方位制约和监督，保证职工群众的知情权、参与权、选择权和监督权。2006年，全省卷烟工业企业纪检监察部门共受理群众来信举报3件，立案查处3人，其中2人受党纪政纪处分，1人被追究刑事责任，为国家和企业挽回经济损失128万元。

企业文化

作为全国烟草行业企业文化建设的试点单位，坚持以“两个至上”为共同价值观，倡导“正直、宽容、远见、敬业”的团队理念，引导广大职工视正直为尊，以宽容为善，视远见为智，以敬业为荣。教育班子、骨干奉行“四事”的工作作风，做到精心谋事，潜心干事，坦荡处事，谨慎行事；在各单位、全体员工中间推行“四自”的处事规则：自己的事自己思考，自己的事自己做主，自己的事自己沟通，自己的事自己负责，充分发挥每个实体、个体的潜能和创造力，同时激活企业整体功能的发挥；初步建立起以“责任为重、创新为魂、以人为本”为三大支撑的企业文化体系，系统推进企业文化建设和文化融合，做到融合过程循序渐进，使文化力转化为企业的凝聚力、向心力和创造力。

特事要辑

4月1日，航天英雄杨利伟到湖北中烟工业公司参观考察。

5月11日～12日，国家局ZJ112型卷接机组和ZB47型包装机组样机鉴定会在武汉举行，国家局副局长李克明出席会议。

7月4日，湖北省副省长任世茂参加全省卷烟打假工作领导小组座谈会，并指出，要进一步整顿市场，增强全省烟草行业改革和发展的紧迫感，努力实现全年目标任务。

8月6日，国家局副局长张保振考察湖北中烟工业公司。

9月5日，国家局局长姜成康到湖北中烟工业公司考察调研，勉励湖北卷烟工业企业努力成为行业关键少数的几个重点骨干企业之一。

11月15日，国家局副局长李克明考察湖北中烟工业公司时指出，公司的发展抓住了行业改革发展阶段的机遇，有望成为增强中国烟草总体竞争实力的一个重要支撑。

所属企业

湖北中烟工业公司武汉卷烟厂

概　况

湖北中烟工业公司武汉卷烟厂其前身为创建于1916年的南洋兄弟烟草公司汉口分公司，1926年改名为汉口制造厂，1964年10月由汉口制造厂改名为汉口卷烟总厂，1968年汉口卷烟总厂改名为武汉卷烟厂。

武汉卷烟厂占地面积80万平方米，有职工近2800人，其中，具有大中专学历的近400人、中高级技术职称的250余人。拥有国际一流的制丝、卷接、包装生产设备及公共配套工程，设有制丝、卷包、动力和特色烟4个车间。

2006年，企业通过系列技术、设备引进和改造，极大提升柔性化生产加工水平，年生产能力达到500亿支（100万箱），并建成“黄鹤楼”特色工艺线和特色烟生产车间，为把“黄鹤楼”打造成中式卷烟经典品牌奠定基础。强化企业基础管理，狠抓质量控制，实施成本降低工程，推进人才队伍、企业文化和和谐工厂建设。2006年企业先后荣获“全国五一劳动奖状”、“全国文明单位”、湖北省“省级最佳文明单位”等荣誉称号。

领导成员

厂长、党委书记：吕有农

副书记：肖贤敬

副厂长：王时俊　周汉生

总工程师：陈祖刚

生产情况

企业主要生产“黄鹤楼”、“红金龙”、“大丰收”等品牌卷烟。2006年完成卷烟产量434.8亿支(86.96万箱)。

财务审计

根据“扁平化、夯实基础”的要求，湖北中烟工业公司与武烟集团财务审计部门合署办公，统一管理全省卷烟工业企业财务审计工作，进一步强化财务审计管理。坚持全面预算管理制度，实施管理信息化，出台全省统一的会计核算办法，实现财务管理规范化、制度化、标准化，提升财务管理水平；完成与广水卷烟厂并账工作，实现全省卷烟工业企业财务一体化；加强资产、资金监管，规范内部运作，摸清对外投资家底，进一步做实资产；突出资金安全保障，建立较为有效的内控监督体系，形成“以资金安全性稽核为主，以工作评价和专项检查为辅，以制度运行为保障”的格局。推进资源节约、环境友好型企业建设，开展节能降耗活动，推进物资、工程建设、软件开发等方面的“阳光采购”，强化财务控制，降低采购成本费用，全年降低成本费用1.1亿元。

技术改造

2006年，根据“总体规划、精心设计、分步实施、系统考虑、资源共享、传承文明、争创一流”的新厂建设基本思路，在前期筹建阶段的基础上，建设完成了土地报批手续等工作，进入设计招标阶段，努力建设“生态型、环保型”工厂。

按照“效益、环保、节约”的技改方针，相继完成如下项目：黄鹤楼特色工艺线完成调试和投产以及异型规格设备改造；污水处理站项目验收并实现营运；实施供电双回路项目，解决冬夏高峰期用电的困难；完成卷包数采项目的验收和两套软包卷接包机组、两台装封箱机的安装交验以及两台成型机组的交验。

企业管理

质量管理。坚持“一手抓质量改进，一手抓成本控制”的发展思路，理顺原辅料质量检测、生产过程质量控制、产品运输质量保障的管理程序和职责界定，强化各环节的责任，加强制丝线工序评价，实现质量由结果管理向过程控制转变。广泛开展QC活动，加强工艺技术改进和设备技术改造研究，“提高CO_2膨胀烟丝的整丝率”获2006年度烟草行业QC成果一等奖，实现了工艺研究与实际经济效益的同步发展。一、二、三级站质量抽检合格率达到100%，产品市场投诉率降低到0.03ppm。

物资管理。开展材料计划管理工作，保证及时供应，满足市场和生产需求。改进供方评价体系，提高供方绩效评价的科学性和可操作性。“以合同为基础，以需求结构为重点，以质量为中心”，加大烟叶调拨力度，保障生产经营需要。

安全管理。依据“从严管理，从优服务，落实责任，确保安全”指导思想，坚持“安全第一，预防为主”的安全工作方针，加强消防宣传教育培训，严格落实消防安全责任制和安全生产责任制，重点加强对仓储、技术中心、生产车间、香糖料房等重点区域或部位的安全检查，查出隐患96起，实现整改率100%。以综合体系贯标为着力点，全面修订职业健康与安全、环境运行文件，强化危险源和环境因素识别，并按统一标准和格式全面更新危险源和环境因素台账，共整理出危险源544条，环境因素220条。2006年未发生各类重大事故，工伤事故为零。

标准化建设。根据“务实、简化、有效”的原则，全面修订各项管理制度，开展ISO9000、ISO14000和OHSAS18000标准的年度审核工作，顺利通过三项体系年度审核。构建整合型管理体系，全面实施技术、营销、品牌管理创新，“以提高品牌竞争力为目标加强整合管理”等7个项目分别荣获全国、全省、全市管理创新成果一、二、三等奖，企业整体管理水平不断提高。

信息化建设

按照“统一平台、统一数据库、统一网络”的要求，实现系统集成、资源整合、信息共享。制订信息化建设规划，公开招标并实施信息安全、ERP和MES项目，以MES生产执行系统为纽带，完成生产作业计划执行、资源调度优化、物料管理与配方、能源供应控制、操作管理以及必要的数据信息转换等数据集成和应用，实现计划与生产执行平台的无缝衔接，完成协同办公系统，打造“数字武烟”。

队伍建设

树立人才资源是第一资源的观念，加强人力资源能力建设，实施人才培养工程，特别重视技能人才、操作人才和维修人才的培养，着力提高员工队伍素质。结合企业改革发展需要，选派优秀人才充实一线，夯实一线人力资源基础。以职业技能鉴定为契机，全年开展培训231项，培训6091人次，4人获高级技师职称，13人获省（市）各类表彰。

党风廉政建设

组织学习中纪委六次全会以及省、市、国家局、湖北中烟工业公司的有关会议和文件精神，就贯彻科学发展观、和谐社会理论、“八荣八耻”、《党章》、《惩治和预防腐败体系实施纲要》、《党内监督条例

(试行)》、《纪律处分条例》等组织学习讨论，提高党员干部队伍拒腐防变能力。建立和完善《领导干部报告个人重大事项的规定》、《礼品登记制度》、《廉政档案制度》等制度，加大违纪违法的查处力度，重点监控物资采购、工程建设、软件开发、市场促销以及干部选拔运用等关键环节，提高企业规范管理水平。

特事要辑

2月5日，武汉市市长李宪生考察武汉卷烟厂，强调武汉市政府将不遗余力、一如既往地支持烟草行业的发展。

3月7日，武汉市常务副市长涂勇考察武烟卷烟厂，提出要在全市推广企业发展现代物流好的经验和做法。

湖北中烟工业公司襄樊卷烟厂

概　况

湖北中烟工业公司襄樊卷烟厂其前身为始建于1944年的襄樊卷烟厂，厂区面积近24万余平方米，年卷烟生产能力250亿支（50万箱），拥有一条5000千克/小时制丝线、两条薄片生产线以及PROTOS对GD机组等在线专用卷接包设备共42台套。2006年，有主业在岗职工1288人。2006年企业被襄樊市委授予“优秀基层党组织”、被省卫生厅和省安全生产技术监督局和省总工会授予“湖北省职业卫生示范企业”，被湖北省安全生产委员会授予“全省安全生产先进单位”等称号。

领导成员

厂长、党委副书记：李金春

副厂长、党委委员：赵天沫

纪委书记、党委委员：陈德录

副厂长、党委委员：张道义

副厂长、党委委员：苏质斌

副厂长、党委委员：王耀国

生产情况

企业主要生产“红金龙”、“黄金龙”等品牌卷烟，2006年完成产量241.95亿支（48.39万箱）。

技术改造

2006年，先后完成制丝线糖料房加料改造、烟丝提升和暂存系统改造、风力送丝系统改造等工作，调入一台PROTOS70和一台长城机组，完成3台GDX1机组和14台6000型烟支规格改造工作，增加2台YJ15G机组和2台大修后的长城机组，淘汰10台YJ14/22机组。通过调整改造，全部淘汰低速机组，生产和产品的精细化加工和工艺质量都得到保证。

基础管理

根据年度生产经营目标，制定出工作目标责任状，将产量、质量、消耗、成本费用、安全生产、现场管理、设备有效作业率管理、党风廉政建设、思想政治工作、贯标工作等软硬指标全部纳入部门年度工作目标。制定出管理科室绩效考核办法，实行百分制、立体交叉、月度考核、奖惩兑现的方式，考核结果与部门月度效益工资分配挂钩；将车间二次分配的比例调整为“4321”，即产量40%、质量30%、成本效益20%、安全与现场管理10%。推行质量管理体系（ISO9000）和职业健康安全管理体系（OHSMS）认证工作。

企业管理

财务管理。加强财务预算目标管理，充实调整预算管理委员会。制定出《费用预算管理考核办法》，每季度严格按办法对各部门费用开支情况进行考核，考核结果与当期部门效益工资分配挂钩。加强财务同级审计工作，坚持自查自纠，及时整改处理，配合行业多元化经营企业清产核资，彻底摸清企业资产家底。加强会计核算和财务管理规范化，在“依法核算、依法理财”的前提下，保障国有资产保值增值。

质量管理。围绕“强意识，持续有效改进；夯基础，优化过程控制；适市场，提供满意产品”的质量方针，以贯彻新版《卷烟》国标为契机，提高产品工艺控制水平，实现向精细化加工的转变，确保卷烟产品质量的稳定。一方面通过开展新国标培训，对车间关键岗位进行新标准培训考试，使职工熟练掌握新国标的有关技术指标、质量标准，为稳定和提高产品质量水平打下坚实的基础。另一方面进一步完善生产过程监控网络，建立质量例会制度，特别是从规范记录入手，进行痕迹化管理，形成工序自检、首检、专检(巡检)、纠正预防、验证的严密质量控制管理体系，提高上道工序为下道工序服务的质量意识，确保产品质量稳定。

物资管理。企业严格按生产进度组织原、辅材料的调运、采购，推行“阳光工程”、“痕迹化管理”，确保各类物资按计划采购，100%满足生产需求。专卖类辅助材料的购进仍沿用由省物资公司集中采购、分类调拨的方式进行。烟叶使用仍沿用2005年武烟集团配送和消化本厂库存烟叶的模式进行，同时根据省中烟工业公司安排，严格执行武烟集团合同采购烟叶。制定《关于残次和废弃烟草专卖品管理办法》和废旧物资处理流程，废弃专卖物资的管理更趋于规范化、制度化，专卖类废旧物资整个销售过程严格按专卖管理有关规定执行。

安全管理。贯彻100%执行、100%落实的企业“安全双百方针”，与各部门签订年度安全工作目标责任状，做到“责任到位、检查到位、整改到位、考核到位”。重新调整“基层安全小组”、“基层治保会”、“义务消防队”，修订《车间（部门）月度安全考核标准》，严格班组日检、车间周检、安保科月检、企业季检的“四级检查”制度。特别加大事故隐患预防和整改力度，抓好事故隐患的监控和排查工作，对发现的事故隐患整改采取“五定”制度（即定人员、定内容、定时间、定标准、定措施），使安全生产工作始终处于受控和在控状态。

信息化建设

完成国家局卷烟生产经营决策管理系统运行维护和管理提升工作，重新修订管理制度和操作规程，建立卷烟生产经营决策管理系统每日巡视制度和快速响应机制，全年共解决各类故障35起，通过及时响应处理，保证卷烟生产经营决策管理系统各环节总体运行质量。完成湖北中烟工业公司协同办公系统实施运行工作，通过将各种信息、流程、人员等进行联结和整合，建立一个开放、互动、共享和协同的工作环境。实施武烟集团 ERP 系统，2006 年上线运行物流（烟叶、辅料）和财务系统，以实现财务、业务全省信息系统一体化。

队伍建设

企业继续实行扁平化管理，先后一次性撤销厂子弟学校、幼儿园、招待所，物业公司与服务公司、多种经营部合并，温泉度假村并入金城大酒店，三产公司中层干部由原来的21人精简到14人。稳妥地做好人员安置工作。执行国家、行业的工资政策，配合企业内部三项制度改革，按照“易岗易薪”原则做好岗位工资调整理顺工作，加强对工资数据的基础统计及分析工作。

2006年，为激励专业技术人才发挥作用，企业制定《技师聘任管理暂行规定》，成立技师聘任评审委员，通过考核和评审，共有10名工人技师被厂部予以聘任。制订技术改进和管理创新奖励实施办法，规范和整合“五小成果”、“小改小革”、“QC 成果”等各类评比奖励活动，充分调动全厂职工学习知识、学习技能的积极性，激发职工技术创新和争做技术能手的工作热情。

采取“请进来、送出去”的方式，近100名一线职工分别参加长城、PROTOS、制丝线自动控制、切丝机理论等相关技术培训，10名职工通过国家局技能鉴定站的技师鉴定，取得技师资格证书。

特事要辑

3月13日，由国家局职工技能鉴定指导中心组织的湖北省烟草行业烟机设备修理工技师鉴定会在襄樊召开。

4月18日，襄樊卷烟厂举行新动力中心工程开工仪式，标志该项目进入实施阶段。

湖北中烟工业公司三峡烟草有限公司

概　况

湖北中烟工业公司三峡烟草有限公司下辖三峡卷烟厂、雪茄烟厂，占地面积约16万平方米，总资产7.5亿元，年卷烟生产能力150亿支（30万箱）。2006年，共有职工1458人，拥有3000千克/小时制丝线，FK、PASSM、GDX1、GDX2 等卷接包进口设备14余台套和一条中高档雪茄烟生产线。

领导成员

总经理、党委书记：倪　华

副总经理、党委委员：刘兴国

副总经理、党委委员：杨　猛

副总经理、党委委员：邹华荣

工会主席：舒宜根（－2006.12）

党委委员、工会主席：李先师（2006.12－）

总经理助理、党委成员：廖其双

党委委员：尚有喜

总经理助理；廖中海

生产情况

企业主要生产“红金龙”品牌卷烟，全年生产卷烟93.95亿支（18.79万箱），生产雪茄烟332万支。

技术改造

2006年，企业对制丝线进行技术改造，同期实施卷接包配套设施改造及空调、空压设备的大中修理。改造后，制丝线自动化控制检测水平大幅提升，储柜达到批次投料5000千克的工艺技术要求，梗丝质量、加香加料的精度等主要工艺指标达到工艺规范要求；同时卷包车间楼面沉降的安全隐患得到消除，物流顺畅，改善了生产环境。基本完成雪茄烟技术改造计划，500千克/小时芯叶生产线全线投产，改造大修雪茄卷接包生产设备投入使用，进口迷你雪茄生产设备已进厂安装，新增配料间土建工程如期完工。

企业管理

生产管理。严格按计划按品种合理调度，组织生产，推行看板管理，细分每一工序、机台的作业分配，加强人员重组与调动的管理，充分挖掘生产潜能，提高应急应变能力，确保生产计划执行率达到100%。

财务管理。在财务上加强预算、成本管理。预算管理做到科学编制、分段控制、定额实施，全年可控费用预算执行率88.24%，资本性支出预算执行率73.22%。严格实行成本定额管理，每季度召开一次成本分析例会，半年召开一次经济运行分析会，对超定额、超进度指标进行分析，对照年计划制订确保措施，一一细化，分解到部门、岗位和个人，确保各项费用控制在目标值内。

质量管理。坚持执行质量"一票否决制"。按照湖北中烟工业公司多点生产统一技术标准的要求，严格把好原辅料检验关，全年共巡检烟叶11万担、检查辅料912批次，抽查率100%，合格率100%。在生产过程控制中，不断细化工艺技术和质量标准，详细制订每月内控工艺指标，并伴随技改前后进行两次大的工艺测试，提出整改措施23项（次），工艺整改完成率90%以上。优化工艺参数，大大提高工艺控制水平和产品内质，降低生产过程消耗。2006年在国家局、省中烟公司组织的市场抽检中，产品质量合格率均达100%，市场投诉率为0，产品质量抽检外观得分94.06分。全部单耗指标均控制在目标值内，与上年相比呈现不同程度的下降。QC小组取得明显成效，在企业2006年QC优秀成果发布会上，卷包车间"降低ZB45包装机组停机频次"、制丝车间"提高松散回潮烟片质量"等成果分获省中烟工业公司二等奖、三等奖。

在原辅料供应和仓储管理上，指定专门部门、人员负责，在质量上严格把关，确保按质按量完成，全年共集并烟叶9.1万担，原烟平均等级合格率、辅料入库合格率均有所提高。在烟叶仓储管理上，加强科学养护防霉变、防虫害，仓损控制在0.3%以内。

安全管理。继续严格执行风险抵押金制度，层层落实二级、三级责任，形成安全管理网络。重新修订完善16项专项安全管理制度346条，开展安全检查，全年企业内部开展安全月检12次，季度检查4次，配合国家局、省中烟工业公司检查4次，开展以锅炉、压力容器为重点的专项检查2次，发现安全隐患60项，整改60项，整改率100%。修订完善了公司交通安全管理制度21项，组织驾驶员专题学习6次。以"安全生产月"、"119"活动为载体，开展"八个一"活动，通过安全知识竞赛、实战演练及技能比武等活动，提高全员安全意识和防火安全自救能力，确保无重大安全事故发生。

信息化建设

全面推进卷烟生产经营决策管理系统、ERP、办公自动化系统实施运行，深化应用软件开发，完成生产管理信息系统、润滑管理软件、卷包车间信息的开发和整理，规范统计基础工作，顺利通过国家局组织的统计数据质量工作小组的检查。

队伍建设

全年共举办各类各级培训班58期，培训2600余人次，其中外出培训430人次。7月，企业在停产技改期间，组织职工进行技术操作、企业管理、思想教育等多方面的培训工作，开展32个课题共810人次参加。组织174人参加省公司技能鉴定，其中，技师1人、高级工76人、初级工81人通过鉴定，合格率90%以上。

湖北中烟工业公司广水卷烟厂

概　况

湖北中烟工业公司其前身为创建于1970年的广水卷烟厂，占地总面积50余万平方米。企业总资产5亿元，年卷烟生产能力150亿支（30万箱）。2006年，职工总数632人，其中高级技术职称22人，中级职称180人。拥有较为完善的卷烟生产流水线及公共配套工程和理化检测设备，其中有引进英国、德国的先进制丝设备和卷接包设备8台套，通过ISO9000－2000版国际标准认证。2006年，企业荣获省中烟工业公司"技术创新先进单位"、"广水市纳税先进单位"、"广水市先进基层党组织"等称号。

领导成员

企业实行厂长负责制，主要领导成员有：

厂长、党委书记：彭涛鸣

党委副书记、纪委书记、工会主席：肖才敏

副厂长：易宙晓

副厂长：周章铁

副厂长：余迁鸿

总工程师：孙立国

厂长助理：尚　斌

厂长助理：韩向东（2006.5－）

党委委员：陈前民

生产情况

企业主要生产"红金龙"品牌卷烟，2006年完成产量81.95亿支（16.39万箱）。

技术改造

大力推进设备技术改造和攻关活动，完成切梗丝机、储丝柜、风力送丝安装、2台BE大修和2台套软盒卷包设备电器改造，实现一条龙作业。

企业管理

质量管理。切实加强工艺质量管理，对10个关键工序进行重点监控，并配合湖北中烟工业公司进行项目攻关，强化数据分析，针对性整改，有效保证产品质量。通过QC攻关，建立中控室报警系统，对过程参数进行有效监测，适时调整，保证在线工艺质量的稳定。注重设备工艺技术的跟进性和继承性，强化技术学习和交流，坚持搞好设备预防性维修，保证生产的顺利进行。组织论证，完成空调风送系统的革新改造，提高后勤技术保障能力，产品综合质量列全省前3名。

财务管理。严格落实省中烟工业公司财务管理要求，推进电算化转型升级，推行全面预算管理，规范费用列支渠道，严格审批程序。加强国有资产的维护和保管，促进国有资产的保值增值，顺利通过国家局同级审计验收。10月份顺利完成与省中烟工业公司并账。

安全管理。建立并完善各级安全生产管理组织和应对突发情况的应急机制，加大安全消防硬件投入，完善监控报警系统，保证企业的安全。

信息化建设

成功上线财务、备件管理系统，通过业务流程再造，加强烟叶、辅料、备件管理，各项管理制度在程序设计中得到落实。

顺利完成国家局生产经营决策管理系统的模式转换，成功将生产经营决策管理系统由总厂模式转换为分厂模式，排产、产品下线打码、产品出库扫码等环节运行情况良好。完成ERP上线工作，成功将生产计划、成品管理、备件管理、财务管理、原辅料管理系统等模块付诸实施。完成档案管理系统。部署防火墙系统，完成网络入侵检测系统，保障网络安全。

特事要辑

10月，广水卷烟厂成功与湖北中烟工业公司工业公司并账，中烟公司对广水卷烟厂实行预算管理。

湖北中烟工业公司红安卷烟厂

概　况

湖北中烟工业公司红安卷烟厂其前身为始建于1981年的红安卷烟厂，占地面积近24万平方米，1983年纳入国家计划，属国家中二型卷烟制造企业。年生产能力125亿支（25万箱）。2006年，有在岗职工715人（含计划外用工228人）。资产总额8.09亿元，其中固定资产（净值）2.12亿元，企业于1999年通过ISO9000质量体系认证。2006年被湖北省委、省政府评为“省级最佳文明单位”。

领导成员

厂长、党委书记：方战先

副厂长、党委委员：王闰光

党委委员、纪委书记：张均锡

工会主席：潘清明

厂长助理：张福平

厂长助理：熊平安

副总工程师：肖志国

厂长助理：帅克彬

厂长助理：罗红坪

生产情况

企业主要生产“红金龙”品牌卷烟，2006年完成产量77.5亿支（15.5万箱）。

技术改造

2006年先后完成梗丝加香工序改造、2台“长城”卷接机组大修、添置3台套卷包连接设备和配电房改造，投入技改资金共1740万元。

企业管理

2006年，红安卷烟厂继续推行目标责任制管理，将上级公司下达的年度目标任务定为企业一级目标，分解后形成二级目标，以责任状形式下达到各部门，然后由各部门实施再分解形成三、四级目标，责任到岗位、到人头，形成“人人有目标，个个有重担，月月有考核”的目标责任管理体系。

财务管理。坚持以预算管理为主线、以会计核算规范为基础、以成本核算管理为重点，科学合理编制和分解预算。在预算执行过程中，严格执行制度，加强考核和分析评价，通过强化过程控制来降低成本费用。组织开展季度量、本、利分析活动，并形成例会制度。2006年实现四个下降：一是四项主要物耗指标全面下降，烟叶、盘纸、嘴棒、盒片单耗与上年同比下降1.25%、0.24%、0.14%和0.2%；二是管理费用同比下降24.5%；三是单箱直接人工成本同比下降12.8%；四是单箱制造费用同比下降14.06%。

质量管理。2006年，“红金龙（02117A）”、“红金龙（02264）”两个规格产品在红安卷烟厂定点生产。企业完善管理、考核制度，强化工艺纪律，对新版《卷烟》国标实施全员培训；进行多次工艺测试和评价，实施持续改进；加大“三检”（车间自检、工艺质量科巡检、三级站抽检）频率，过程控制得到加强；落实每月一次的产品评吸会、质量例会、质量工作通报和奖罚，促进质量管理工作；添置“卷烟综合测试台、快速水份仪”检测设备；成立产品质量市场信息小组，建立与销区市场信息交流管道，实行质量跟踪管理。质量工作“多管齐下”，满足了卷烟异地生产“同质化”要求，全年产品市场抽检合格率达100%，产品外观质量得分平均93分。

物资管理。坚持以优质高效保障生产为前提，严把烟叶、辅助材料进货检验关，加强原辅材料仓储管理，组织原辅材料的保障供给。卷烟成品出入库，克服卷烟生产经营决策管理系统在线打扫码运行不稳定、码段到位不及时、成品积压等困难，及时组织人工补贴码。6月，省中烟工业公司赋予生产点烟叶、辅料采购权，企业及时组织力量进驻产区市场，按上级公司签订的合同、采购数量和品种组织货源，保证生产所需。

安全管理。实行安全生产目标责任管理制度和安全风险抵押金制度，季度考核，责任明确。进行经常性的安全生产教育，实行“三级”安检制，即生产车间、各科室日常自检，安保科、生产科组织周检，厂安委会季度大检查，隐患整改率达到100%。重点部位如配电房、锅炉房，成品、烟叶、纸料等各物资仓库实行24小时值守，安全工作人防、物防、技防得到有效落实，全年无火灾事故、无重大交通事故、无刑事治安案件发生。

信息化建设

2006年企业信息化建设投入60多万元，完成微机控制中心机房、打扫码扩建、安全防护体系和网络优化四项改造。组织举办卷烟生产经营决策管理系统、ERP和新办公自动化系统应用、网络共享、瑞星杀毒软件应用等多期培训。完成计算机设备摸底清理、优化配置、技术档案建立和健全打扫码管理制度等相关工作。

队伍建设

围绕企业的中心任务和发展目标，以人才资源能力建设为核心，以学以致用、长短结合为原则，以培养与企业发展相适应的经营管理人才、专业技术人才、技能人才3支高素质人才队伍为重点，培养和造就层次合理、结构优化、一岗多能的职工队伍。全年共举办培训班10期，共培训员工1100余人次。

劳动用工方面实行老人老办法、新人新政策。对在人事制度改革中竞聘上岗的职工继续签订劳动合同，沿用原有薪酬模式，实行一岗一薪、易岗易薪。对生产所需的搬运、服务性人员委托所在地劳动部门以劳务派遣方式解决。企业推行绩效管理，实行月度考核、季度评价，对奖金实行二次分配，工效挂钩，拉开收入差距，奖勤罚懒。

企业文化

进一步推进企业文化融合，在教育培训活动中，坚持灌输“国家利益、消费者利益至上”的行业共同价值观和“务实求精，争创一流”的企业精神，倡导“自己的事情自己思考，自己的事情自己作主，自己的事情自己沟通，自己的事情自己负责”的处事规则和“精心谋事、潜心干事、谨慎行事、坦荡处事”的工作作风。结合企业实际，确立“稳定、管理、改革、提高”工作方针和“做精做优红安卷烟厂，构建文明和谐生产基地”的奋斗目标。

湖北中烟工业公司清江卷烟厂

概　况

湖北中烟工业公司清江卷烟厂其前身为清江卷烟厂，组建于2003年8月21日，由原利川卷烟厂和来凤卷烟厂合并组建而成，总部厂区位于利川。企业的前身利川卷烟厂始建于1970年，1982年上划国家烟草专卖局、中国烟草总公司。2005年6月，企业实施资源整合，关闭来凤生产点，实现了集中并点生产。2005年10月，武烟集团重组清江卷烟厂，清江卷烟厂成为武烟集团的卷烟生产点。

企业拥有占地面积2.2万平方米的主厂房、锅炉房和空压站，配套有制丝生产线、卷接包设备和动力、科研设施。年生产能力350亿支（70万箱），生产规模250亿支（50万箱），2006年有职工1188人。

领导成员

党委书记：彭　军（恩施州委常委、副州长兼）

厂长、党委副书记：张仁才

副厂长、党委副书记、纪委书记：谭文波

副厂长、党委成员：陈元利

副厂长、党委成员：吴宏伟

副厂长、党委成员：宋　波

副厂长、党委成员：吴曦华

副厂长、党委成员：谭文峰

副厂长、党委成员：宋玉林

生产情况

企业主要生产“红金龙”、“黄金龙”等品牌卷烟，2006年完成产量223.2亿支（44.64万箱）。

技术改造

2006年，投资1470万元兴建9600平方米片烟中转仓库，一定程度地缓解了企业原料储运过程的问题。

企业管理

成本预算管理。立足向管理要效益，贯彻《预算管理实施方案》、《薪酬分配方案》、《成本控制方案》等管理方案和办法，坚持以目标成本为主线，以直接成本率和硬成本控制为中心，依托计划价格体系、三费定额体系、材料消耗体系和薪酬分配方案，加强硬成本、过程消耗、采购成本、费用定额管理，并严格考核奖惩，成本费用得到了有效控制。

工艺质量管理。深入推广ISO系列质量标准认证体系，推进《工艺规程》和《卷烟新国标》实施，建立健全工艺质量管理制度，完善基础数据，优化工艺参数，注重工艺改进和工艺创新，加强工艺质量预防管理和过程控制。加强技术改造，调整设备布局，共计整改5大项（检测仪器的配备，梗线二级贮梗、梗丝加料的改造，制丝中控系统的升级，香糖料厨房软硬件设施的改造升级，卷包高速设备更新和过程检测与剔除装置的配备），涉及整改小项累计达85项。强化车间职工和工艺人员的工艺质量培训，全年开展多次工艺质量管理、技术标准、设备操作与维护等专题培训，确保全体员工对工艺质量标准、工艺规范、内控标准等技术文件熟记于心，操作到位。

制度规范。完善各项规章制度，重新修订工艺质量管理实施办法、成本控制实施办法和劳动行为规范等制度，新出台现场管理制度、工作责任追究制度、厂部决策规则等一系列管理制度；安装指纹考勤系统和安全数字监控系统，加大制度监督、检查、执行和查处力度，进一步规范员工劳动行为。严格安全生产责任制，加大人防、技防投入，强化安全生产自查整改，加强全员安全知识培训和实战演练，提高员工安全预防和消防的能力。制订并实施《现场管理制度》，每月进行一次全面检查，与绩效考核挂钩，严格兑现，为企业生产、办公提供良好的外部环境。

队伍建设

全年以质量、工艺生产操作技能为重点，分期分批开展业务培训，并组织严格的考试。6月面向全厂招聘17名挡车工、电工、叉车驾驶员和10名工艺质检员，作为后备技术人员，并对他们进行为期3个月的系统培训。同时，通过送出去、请进来的形式培训工艺员、质检员、贯标员、微机员和职教人员，全年培训600多人次。

（张小平）

湖南中烟工业公司

概　况

湖南中烟工业公司成立于2003年5月23日，下辖两厂及六个生产点，即：长沙卷烟厂（长沙卷烟厂本部、郴州卷烟分厂、宁夏吴忠卷烟分厂），常德卷烟厂（常德卷烟厂本部、零陵卷烟分厂、吉林四平卷烟分厂）。长沙卷烟厂和常德卷烟厂均为全国烟草行业排名前十位的工业企业。2006年10月，经国家烟草专卖局批复，湖南中烟工业公司与所属长沙卷烟厂、常德卷烟厂实施合并重组，取消长沙卷烟厂、常德卷烟厂的法人资格。合并重组后的湖南中烟工业公司是中国烟草总公司的全资子公司，下辖长沙卷烟厂、常德卷烟厂、郴州卷烟厂、零陵卷烟厂、四平卷烟厂、吴忠卷烟厂6个非法人卷烟厂和湘西鹤盛原烟发展公司、常德芙蓉烟叶复烤公司、浏阳天福打叶复烤公司3个具有独立法人资格的烟叶复烤加工企业，1个具有独立法人资格的烟草薄片加工企业，并持有河北白沙烟草有限责任公司50%的股权。

截至2006年底，企业拥有职工14115人（其中在岗9563人、内退4552人），资产总额237亿元。

领导成员

总经理、党组书记：周昌贡

副总经理、党组成员：蒋效拉

纪检组长、党组成员：李曙光

党组成员：卢　平

党组成员：曾献兵

组织机构

2006年10月以前，公司机关设有办公室、生产安全管理部、财务审计部、物资供应部、市场营销部、科技开发部、人力资源部（纪检监察部）、法律与改革部、机关党委和机关工会等10个部门。

2006年10月合并重组后，公司机关设有办公室（外事办公室）、综合计划部（企业管理部）、生产管理部、安全保卫部、法律与改革部、财务管理部、审计部、人力资源部、思想政治工作部（机关党委、团委、工会）、监察部、投资管理部、进出口部、原料供应部、物资供应部、市场营销部、技术中心、信息中心、后勤服务中心等18个部门。

生产经营

2006年，湖南省卷烟工业企业生产卷烟1511.52亿支（302.3万箱）（含出口），与上年同比增长3.4%。销售卷烟1595.6亿支（319.12万箱），同比增长4.34%。完成国家局下达的低档烟生产任务598.33亿支（119.67万箱），占卷烟总产量的39.58%。

全年实现卷烟销售收入290亿元，同比增长12.32%；实现税利216.75亿元，同比增长18.73%；实现利润46.84亿元，同比增长40.07%；单箱税利7173元，同比增长15.48%。实现卷烟出口11.5亿支（2.3万箱），同比增长69.10%；创汇1538万美元，同比增长27.61%。

品牌战略和产品介绍

湖南中烟工业公司确定了高档以“芙蓉王”为主、中档以“白沙”为主、低档以“芙蓉”为主的卷烟品牌发展思路。在巩固省内市场基础地位的同时，先后与10多个省级局（公司）建立战略合作伙伴关系，广东、浙江、江西、陕西等湘烟产品的主导市场得到进一步巩固和发展，重庆、福建、安徽等目标市场的开拓力度进一步加大。

推动长沙卷烟厂、常德卷烟厂的品牌互换生产，完成12.5亿支（2.5万箱）的品牌互换生产计划。品牌合作加工规模进一步扩大，全年省外联营加工总量188.2亿支（37.64万箱），通过品牌输出和省内的品牌整合，进一步做大名优品牌，名优品牌规模达1700亿支（340万箱）。“白沙”品牌全年产销875亿支

(175万箱)，同比增加125亿支(25万箱)，继续保持行业单牌号产销量第一；“芙蓉王”产销量151.5亿支(30.3万箱)，同比增加35.85亿支(7.17万箱)，在高档卷烟产品中继续保持领先位置；“芙蓉”品牌产销量540亿支(108万箱)，单牌号规模排全行业第八位。三大品牌集中度达93%。

体制改革

2006年10月13日，国家局批复湖南中烟工业公司与所属长沙卷烟厂、常德卷烟厂实施合并重组，取消长沙卷烟厂、常德卷烟厂的法人资格，湖南烟草工业合并重组为一个企业法人。11月16日举行仪式，新的湖南中烟工业公司挂牌成立，湖南中烟工业公司成为一个拥有6个卷烟生产厂、产销规模居全国烟草行业第一的跨省跨区域的大型卷烟工业企业。

合并重组后，湖南中烟工业公司实现长沙卷烟厂、常德卷烟厂的市场营销、技术研发、物资采购、原料调拨的整合，加强和充实公司经营实体的各项职能。制定基础类、综合管理类、物资采购类、基础设施(设备)类、财务管理类、信息化管理类、设计开发类等12类公司一级管理制度标准32个。对所属卷烟厂实行新的职能定位，制定印发《湖南中烟工业公司卷烟厂管理办法》，明确卷烟生产厂以卷烟生产、质量管理、安全稳定、队伍建设为主的职能。完成公司部门职能设计，制定印发《湖南中烟工业公司部门工作标准》。

科技创新

2006年12月18日，湖南中烟工业公司技术中心成立，实现长沙卷烟厂、常德卷烟厂两个国家级技术中心在工作机制平台、内部业务流程上的整合，原长沙卷烟厂、常德卷烟厂的科技资源优势得到集成。在品牌维护方面，确保“芙蓉王”、“白沙”、“芙蓉”三大品牌卷烟成品质量的一、二级站抽检合格率100%。在减害降焦方面，卷烟焦油含量的加权平均值降至13.1毫克/支，同比下降0.5毫克/支。在新产品开发和技术储备方面，完成“(钻石)和”、“(668)(紫)和”等新产品的配方设计工作，对“(淡味)银象”、“(超淡味)银象”、“大丰收”进行开发，完成多个品牌的配方与技术储备和低焦油含量卷烟的技术储备。

在工艺技术方面，重点完成“芙蓉王”6000千克/小时制丝线技术改造工艺方案的论证设计工作，完成卷烟新国标的商标改版工作，制订中式卷烟特色工艺研究实施方案，并进行部分工序加工特性测试与研究。在烟叶技术研究方面，进一步修订和完善各烟叶基地的烤烟生产技术规程，形成各基地比较完善的烟叶生产技术体系。有一批科研成果在国家、行业及省市获奖，全年申请专利37项。

技术改造

2006年，公司组织完成常德卷烟厂“芙蓉王”生产线技改项目的初步设计、评审，并于12月28日开工奠基。协调推进长沙卷烟厂“十五”技改二期工程的各项工作。常德卷烟厂第二期烟叶仓库群建设完成80%的工程量。完成零陵卷烟厂烟叶(片烟)仓库的项目论证、报批及征地前期工作。

企业管理

全面预算管理。通过加强全面预算管理，公司的物资采购得到规范，有效控制采购成本，保证材料和辅料的采购质量，增强对产品质量的保障能力。销售成本费用率36.73%，同比下降5%。

安全生产。公司全系统全面实现年初确定的“六无”安全工作目标，全年无生产岗位死亡事故，无重特大设备事故，无重特大火灾事故，无负同等责任以上的重特大交通事故，无重特大污染事故，无重特大盗窃事故，确保公司持续、稳定、安全发展。

信息化建设

公司信息化建设紧跟合并重组后工作开展的需要，在信息系统建设、网络建设、防护系统建设及代码标准制定等方面展开工作。公司市场营销系统、烟叶管理信息系统、物资采购与管理系统、国际业务管理系统等信息系统建设项目先后实现上线试运行。截至2006年底，公司内部局域网布线和至各卷烟厂、技术中心、浏阳科技园的专网建设全部完成，实现公司主业的全部联网，为推进信息化管理打下了基础。

队伍建设

干部队伍建设。继续深入开展“四好”领导班子争创活动，按照活动实施方案的具体评比标准，加强宣传引导和检查考核。按照《干部教育培训工作条例》的要求，加强对领导干部的制度化培训，坚持每季度一次党组理论学习中心组学习。选派5名处级干部参加国家局党校和省委党校的学习培训。完成合并重组后各卷烟厂领导班子的配备工作，严格按规定、按程序配齐配强6个卷烟厂的领导班子，保证管理体制改革后各卷烟厂领导班子的顺利交接和企业生产经营的平稳正常运行。

高技能人才队伍建设。加强高技能人才队伍建设，组织各卷烟厂参加国家局组织的培训和鉴定，全年有282人通过中级工鉴定，298人通过高级工鉴定，185人通过技师鉴定，4名高级技师通过国家局职业技能鉴定中心组织的资格审查和项目评审。组织湖南烟草工业系统第二届技术能手评选活动，向国家局推荐4名“全国烟草技术能手”候选人，评选出4名“全省烟草工业技术能手”。

职工教育培训。制订《湖南烟草工业系统教育培训工作实施办法》，公司教育培训工作更加规范化和制度化，全年公司开展员工培训624项，培训员工19082人次。

思想政治工作

理论学习。2月14日~16日，公司党组理论学习中心组进行2006年第一季度集中学习。重点学习党章、《胡锦涛同志在中国共产党中央纪律检查委员会第六次全体会议上的讲话》和国家局局长姜成康在全国烟草工作会议上的讲话等内容。

5月10日~13日，公司党组理论学习中心组进行2006年第二季度集中学习。重点学习《牢固树立社会主义荣辱观》，《中共国家烟草专卖局党组关于认真学习贯彻胡锦涛总书记关于社会主义荣辱观重要论述的通知》等内容。

8月1日~3日，公司党组理论学习中心组举行第三次集中学习，主要集中学习《胡锦涛同志在全国科学技术大会上的讲话》、《温家宝同志在全国科学技术大会上的讲话》等内容。研究讨论如何努力提升湖南烟草工业科技自主创新水平。

11月16日~18日，公司党组理论学习中心组进行第四次集中学习，主要学习贯彻十六届六中全会和湖南省第九次党代会精神，谋划合并重组后2007年乃至今后一个时期湖南烟草工业的改革与发展。

舆论宣传。开展思想教育和宣传引导工作，确保合并重组顺利实现。着力公司管理体制改革的宣传、教育与引导工作，开展公司制改革、企业内部改革，为改革与发展奠定思想基础。在推进湖南烟草工业合并重组的关键时期，印发《湖南卷烟工业管理体制改革宣传提纲》，召开全省烟草工业系统政工、纪检工作座谈会，进一步统一思想，明确任务，严明纪律。

党风廉政建设

深入开展党风廉政宣传教育工作，以党组理论学习中心组学习为平台，开展廉洁自律主题教育，以各种活动为载体，强化反腐倡廉教育效果，组织党员干部观看具有警示作用的电教片和电影录像。效能监察工作全面开展，各级纪检监察机构参与各项目招投标活动100余次，涉及金额两亿多元，与预算资金相比较节约近千万元。认真执行领导干部重大事项报告制度，9名处级、153名科级干部主动向组织报告个人重大事项。

特事要辑

2月9日，湖南省省长周伯华听取湖南中烟工业公司总经理周昌贡的工作汇报，对湖南烟草工业过去一年及“十五”期间所取得的成绩给予充分的肯定，并对湖南烟草工业的进一步发展提出新的要求。

2月15日~16日，湖南中烟工业公司召开2006年湖南烟草工业工作会议，会议提出了“十一五”时期湖南烟草工业改革发展的主要任务。

2月28日，津巴布韦司法部第一副部长蒙格塔为首的政府代表团考察访问湖南中烟工业公司，双方就烟叶贸易与烟叶种植等内容进行亲切友好的会谈，并达成初步合作意向，继续加强湖南烟草工业企业与津巴布韦烟草企业之间的合作。

3月1日~2日，津巴布韦政府代表团一行参观长沙卷烟厂和常德卷烟厂。

8月22日~8月25日，国家局局长姜成康一行到长沙卷烟厂、常德卷烟厂进行考察调研，听取了湖南中烟工业公司总经理周昌贡的工作汇报，对湖南烟草工业的改革与发展提出新的要求和希望。

11月16日，湖南中烟工业公司在长沙举行与所属长沙卷烟厂、常德卷烟厂合并重组揭牌仪式。国家局副局长张辉和湖南省委常委、省纪委书记、副省长许云昭共同为新的湖南中烟工业公司揭牌。

11月27日，国家局副局长何泽华一行到湖南烟草工业考察指导工作，对湖南中烟工业公司的品牌建设、订单供货、原料管理、资源配制等方面的工作提出新的希望与要求。

所属企业

湖南中烟工业公司长沙卷烟厂

概　况

湖南中烟工业公司长沙卷烟厂是白沙集团的核心企业，其前身是1947年兴建的欧亚卷烟厂和新中卷烟厂，1964年更名为长沙卷烟厂。2006年10月18日，湖南中烟工业公司重组其下属的长沙卷烟厂和常德卷烟厂，长沙卷烟厂成为新湖南中烟工业公司的6个非法人生产点之一，更名为湖南中烟工业公司长沙卷烟厂。

截至2006年底，长沙卷烟厂占地面积1091亩，其中主厂区面积511亩。企业拥有资产总额132.18亿元，资产负债率15.52%。拥有员工3716人，其中聘用员工589人；专业技术人员1399人，其中，高级职称14人、中级职称402人、研究生以上学历78人，其中企业博士后科研工作站在站博士4人。企业拥有制丝线2条、卷接机35台、包装机34台、成型机19台。

2006年，长沙卷烟厂再次入选“中国最具生命力百强企业”，并排名第六名；被中国工业企业经济联合会和中国工业报社评为“中国卷烟制造行业排头兵企业”；被湖南省人事厅和湖南省工商行政管理局评为“湖南省商标工作先进集体”。余冰获得2006年“全国五一劳动奖章”；蒋浪花获得2006年“全国三八红旗手”。

领导成员

2006年11月重组前，主要领导成员有：

厂长、党委书记：卢　平

常务副厂长、党委委员：刘建福

党委副书记、纪委书记：刘学鲁

副厂长、党委委员：谢建宏

副厂长、党委委员：范康君

副厂长、工会主席、党委委员：沈力平

副厂长、党委委员：刘明华

副厂长、党委委员：曹莉芳

总工程师、党委委员：黄　昂

党委委员、郴州卷烟分厂厂长：周文斌

党委委员、郴州卷烟分厂党委书记：刘京广

党委委员、吴忠卷烟分厂厂长：李朝晖

2006年11月重组后，主要领导成员有：

厂长、党委书记：范康君

副厂长、党委委员：沈力平（2006.12.12免去工会主席职务）

副厂长、党委委员：黄　昂

副厂长、党委委员：刘京广

党委副书记：尹　宾

纪委书记、党委委员：丁洪涛

工会主席、党委委员：黄朝晖（2006.12－）

生产情况

2006年，长沙卷烟厂生产卷烟641.91亿支（128.38万箱），与上年同比增长1.67%；实现销售收入120.11亿元，同比增长4.22%。实现税利86.9亿元，同比增长7.98%；实现利润19.2亿元，同比增长17.1%；出口烟丝50吨，创汇581.62万美元。

品牌战略和产品介绍

“白沙”系列产品规格有“（软）白沙”、“（盖）白沙”、“（精品）白沙”、“（特制精品）白沙”、“（银世界）白沙”、“（精品二代）白沙”、“（珍品）白沙”和“（特制珍品）白沙”。2006年，“白沙”国内销售875亿支（175万箱），同比增长16.67%，连续第五年蝉联中国烟草行业卷烟单牌号销量冠军。

“和”系列产品规格有“（紫）和”、“（钻石）和”、“（天下）和”。“和”品牌定位高端市场，大力推行整合营销，品牌形象和产品市场覆盖率均得到稳步提高。2006年1月，“（天下）和”一经面世就获得市场的肯定。

体制改革

2006年10月，湖南中烟工业公司与所属长沙卷烟厂、常德卷烟厂合并重组成为一个法人实体，取消长沙卷烟厂法人资格。长沙卷烟厂成为新湖南中烟工业公司的6个非法人生产点之一，企业更名为湖南中烟工业公司长沙卷烟厂。企业的营销、研发、采购等多项职能上划湖南中烟工业公司，企业经营管理模式由生产经营型转变为生产管理型。

技术改造

2006年，长沙卷烟厂引进两套超高速卷包机组PT2－2和FOCKE701，新增两台ZB45国产包装机、1台ZJ17国产卷烟机、3台ZL26成型机、1台进口KDF4成型机和1台MULFI－E复合嘴棒成型机。

联合工房一期工程自2005年8月正式投产来，运行正常。2006年9月通过国家局的竣工审计，被誉为“烟草行业技术改造样板工程”。

联合工房二期工程于2006年9月开工。工程投资概算8.7亿元，建筑面积68490平方米，预计2008年上半年开始工艺设备搬迁。

科技创新

2006年，长沙卷烟厂试制样品154个，完成“（紫）和”、“（钻石）和”、出口东非的“NISE”等品牌的配方设计工作。完成药物型和水果香型卷烟配方设计技术储备，以及部分替代进口烟叶配方技术研究工作。

在项目研究上，开展“（精品）白沙”、“（精品二代）白沙”配方设计研究工作，并于3月和7月分别实现“创新工艺”的生产切换；完成部分替代进口烟叶示范点的烟叶质量评价、替代叶组模块及配套香精香料设计的技术研究，开展造纸法烟草薄片降低杂气和提高烟香的深度研究。

企业管理

财务审计。全年完成10项重要的审计工作，稳步推进“战略、计划、预算”联动的全面预算管理，倡导全员理财，运筹财务资源，纵深推进“新环保节俭”运动，全年降低成本费用2.6亿元。

质量管理。长沙卷烟厂不断优化和完善一级检验模式，建立对外合作质量保证能力评估模块，编制《质检人员实务手册》，推进《GB5606－2005（卷烟系列国家标准）》的转版实施工作。

物资采购。实施“多点生产，集中采购，主要辅料统一调拨”的采购工作思路，建立辅料工艺成本数据字典，全年降低采购成本4368万元。

安全生产。长沙卷烟厂试运行职业健康安全管理体系，开展安全专项检查60次，消除安全隐患485起，完成177台套特种设备检测。

合作交流

开辟河北张家口卷烟厂、广西南宁卷烟厂和零陵卷烟厂三个加工点，联营加工卷烟170.39亿支(34.08万箱)，新增“（特制精品）白沙”对外许可加工牌号。2006年6月，《菲利普·莫里斯产品有限公司与长沙卷烟厂商标许可与生产协议》得到国家局的批复，许可“万宝路”在长沙卷烟厂生产，并完成产品生产的小试和中试工作。

队伍建设

加强员工的职业化建设，通过特种行业的技师鉴定26人，通过国家局组织的商品营销员鉴定61人，通过劳动和社会保障部组织的“企业文化师”鉴定5人。加强兼职讲师队伍建设，新增9名兼职讲师，截至2006年底，兼职讲师人数68人。全年组织培训项目320项，培训5352人次。

开展以任职资格为基础的专业技术人员聘任试点工作，在国家局、湖南中烟进行专题发布，加强专业人员的培养，全年聘任技术专家33名。制订个性化、差异化的奖励方案，建立项目立项、评审、分配等全套激励流程和实施办法。

党风廉政建设

长沙卷烟厂厂纪委与党委班子成员及全厂各党支部、各部门签订《党风廉政建设责任书》；完善反腐倡廉的宣传工作机制，通过组织党员观看廉政教育电影、张贴宣传挂图等方式，从正反两方面对员工开展廉政教育活动。加强对企业各项业务活动的过程监督，参与工程队伍考察、招投标活动70余次。

企业文化

2006年，长沙卷烟厂不断加强企业文化建设和企业文化的宣传力度。5月，制作《和天下》画报；6月，新编《感动白沙人物》手册；12月，修订并重新出版《白沙文化手册》。重点组织了“感动白沙”人物颁奖晚会，“6·28感恩日”等主题活动。参加烟草行业第二次企业文化交流会和企业文化成果展，编辑的《我心飞翔——中国烟草企业文化建设系列丛书》一书，在交流会上首发。全年制作《感动白沙晚会人物、团队》、《文化烟草》等电视专题片10个。

特事要辑

5月26日，国家局纪检组组长潘家华一行到长沙卷烟厂考察指导工作。

8月24日，国家局局长姜成康一行到长沙卷烟厂考察指导工作。

9月8日，长沙卷烟厂召开第十九届二次员工代表大会，282名代表全票通过《湖南卷烟工业企业合并重组协议》、《湖南卷烟工业企业管理体制改革实施方案》。

11月15日，国家局副局长张辉一行到长沙卷烟厂考察指导工作。

12月2日，中共中央政治局委员、新疆维吾尔自治区书记王乐泉率新疆维吾尔自治区党政代表团到长沙卷烟厂考察。

湖南中烟工业公司常德卷烟厂

概　况

湖南中烟工业公司常德卷烟厂前身是常德县公营新湘烟厂，成立于1951年7月15日。2006年10月18日，湖南中烟工业公司重组其下属的长沙卷烟厂和常德卷烟厂，常德卷烟厂成为新湖南中烟工业公司的6个非法人生产点之一。截至2006年底，企业拥有资产总额95.86亿元，全厂占地面积111万平方米（含祁东管理处、长沙办事处）。企业拥有员工4781人，其中在岗员工3616人。全厂有PROTOS70卷烟机32台套、GD－X1包装机12台套、GD－X2包装机20台套，拥有设计生产能力12000千克/小时和3000千克/小时制丝线各一条。

2006年，“芙蓉王”被世界品牌实验室评为“中国500最具价值品牌”，被中国质量标准研究中心、中国质量监督管理协会推荐为“2006年度中国最具竞争优势品牌”、“烟草行业最具发展潜力强势品牌10强”，被中国产品质量协会评为“质量信誉AAA等级”；“芙蓉王”QC小组荣获“中国铝业杯”全国QC小组成果发表赛一等奖；“芙蓉王”荣获中国企业联合会颁发的“中国影响力品牌数据库”证书。常德卷烟厂被中国设备管理协会评为“第七届全国设备管理优秀单位”称号，被全国企业管理现代化创新成果审定委员会授予“国家级企业管理现代化创新成果奖”。

领导成员

2006年11月重组前，主要领导成员有：

厂长、党委书记：曾献兵

常务副厂长、党委委员：杨智敏

党委副书记兼工会主席：车德莲

副厂长：李明三

副厂长、党委委员：熊新荣

纪委书记、党委委员：杨道明

总会计师、党委委员：朱方钦

副厂长、党委委员：孙贤军

副厂长：刘存孝
副厂长、党委委员：邹纲强
副厂长、党委委员：龚道国
党委委员、零陵卷烟分厂厂长：陈东平
党委委员、零陵卷烟分厂党委书记：熊丽平
党委委员、四平卷烟分厂厂长：白玉琦
2006年11月重组后，主要领导成员有：
厂长兼党委书记：邹纲强
副厂长：李明三
副厂长、党委委员：刘存孝
党委副书记：曾兆亚
纪委书记、党委委员：杜　晖
工会主席、党委委员：向晓芳
副厂长、党委委员：李平华

生产情况

2006年，常德卷烟厂生产卷烟704.41亿支（140.88万箱），与上年同比增长2.81%；实现销售收入153.48亿元，同比增长21.76%。实现税利120亿元，同比增长28.87%；实现利润26.5亿元，同比增长50.60%。全年出口卷烟70977件，同比增长32.94%，出口创汇998万美元。

品牌战略和产品介绍

2006年，常德卷烟厂围绕“强品牌、优市场、精管理”的主体要求开展年度营销工作，坚持以“芙蓉王”品牌发展为主导，努力建设以“芙蓉王”为发展龙头、“芙蓉”为规模支撑的品牌结构体系。“芙蓉王”坚持以“内部建设优先、外部竞争领先”的“双先”为运作理念，以“三1”为发展目标，即三至五年时间，“芙蓉王”品牌以一定的规模优势、结构优势及良好的品牌状态，打造100亿税利品牌、进入烟草行业“10多个”重点骨干品牌之列、成为销量第一的高档品牌。制订《常德卷烟厂芙蓉王品牌“十一五”发展纲要》，有规划、有系统、有策略地推进“芙蓉王”品牌的发展。

“芙蓉王”系列包括“（钻石）芙蓉王”、“（蓝软）芙蓉王”、“（蓝塑）芙蓉王”、“（蓝）芙蓉王”、“芙蓉王”5个规格，全年销量151.5亿支（30.3万箱）。

“芙蓉”系列包括“（精品）芙蓉”、“（黄后）芙蓉”、“（佳品）芙蓉”、“（红软）芙蓉”、“（黄）芙蓉”、“（橙软）芙蓉”6个规格，其中“（黄后）芙蓉”销售30.75亿支（6.15万箱）；“（佳品）芙蓉”销售69.35亿支（13.87万箱）。

体制改革

2006年10月，湖南中烟工业公司与所属长沙卷烟厂、常德卷烟厂合并重组为新的湖南中烟工业公司，取消长沙卷烟厂、常德卷烟厂的法人资格。常德卷烟厂成为新湖南中烟工业公司的6个非法人生产点之一。常德卷烟厂的营销、研发、采购等多项职能上划湖南中烟工业公司，企业经营管理模式由生产经营型转变为生产管理型。

技术改造

石板滩烟叶库区扩建工程项目（二期）于2006年9月开工，预计工期两年，预计建成时间为2008年年底，预算总投资额33512万元。

“芙蓉王”卷烟生产线技术改造项目于2006年12月28日奠基开工，预计工期两年，预计建成时间为2008年年底。预算总投资额81783万元，新建总建筑面积67244平方米。

科技创新

2006年，常德卷烟厂开展科研项目71项，涉及烟草种植、卷烟技术、烟草化学、生物与纳米技术、企业管理、文化建设等诸多领域。2006年，向国家知识产权局申报专利5项，获得授权专利两项，拥有专利总量36个。

2006年6月，常德卷烟厂烟草质量监督站顺利通过中国实验室认可委员会复评。其中，《制丝工艺技术水平分析及提高质量的技术集成研究推广》获国家局科技成果推广类一等奖，《具有降低危害、清新口气功效的生物活性剂微胶囊在卷烟中的应用研究》获国家局科技成果科研开发类二等奖。全年在各类刊物发表论文31篇，其中中文核心期刊27篇。

截至2006年12月13日，常德卷烟厂卷烟品牌焦油含量总体呈下降趋势，全部卷烟品牌正常样焦油含量平均值12.13毫克/支，同比下降1.22毫克/支，其中“芙蓉王”正常样焦油含量平均值14.50毫克/支，同比下降1.48毫克/支。

企业管理

财务管理。全面推进预算管理，完成清产核资，促进多元企业健康发展。全年实施招投标36次，比质比价52项，涉及金额1.6亿余元，与预算资金相比节约近千万元。

质量管理。推行防差错技术，优化过程控制SPC技术；加强工艺的过程研究；加强质量的联防，初步探索一条质量联防的新路子，产品的质量效益凸显。

物资管理。通过建立烟叶杀虫供方资质认证管理制度，开展《烟叶仓储害虫防治方法的集成与应用》攻关研究；确立片烟仓储霉变综合防治技术研究，实现仓储烟叶的保值增值。

安全管理。2006年，常德卷烟厂实现“六无”安全工作目标。被常德市人民政府授予“平安企业”、“2006年度安全生产先进单位”称号。常德卷烟厂安保法规部被湖南省公安厅记集体三等功。

队伍建设

通过创新中层干部年度考察点评、强化中层干部队伍考核管理、突出中层干部队伍教育培训等，提升干部队伍整体水平。分别以“学习《江泽民文选》和十六届六中全会精神”、“制度创新”、“商务礼仪”为主题，开展三期中层干部集中培训，分三批组织全厂中层后备干部开展拓展训练。

完成企业年度人才招聘计划，招聘应届大学毕业生31人，其中本科毕业生23人、硕士毕业生8人。完成企业年度教育培训计划，全年完成培训项目77个，其中厂级项目36个、部门级项目41个，培训4763人次。

思想政治工作

理论学习。2006年，常德卷烟厂党委在全厂党员队伍中开展学习贯彻党章系列活动；坚持每季度进行一次中心组学习，强化企业领导班子的大局把握能力、组织管理能力，定期组织领导班子成员集中学习。在全厂范围内开展“‘两个至上’在岗位”主题实践活动，形成立足岗位尽职奉献的浓厚氛围。

党建工作。全年发展党员39人，其中35岁以下的青年党员29人，大中专以上学历36人，一线员工和专业技术人员31人。健全党员民主评议制度，有975名党员参加民主评议，其中优秀364人，占总人数的37.33%，合格611人，占总人数的62.67%。

工青妇工作。工会和各基层分会走访慰问困难职工240人次，发放困难补助金42万元，对全厂95名符合助学补助发放条件的职工子女实施助学补助，补助金额13.8万元。

舆论宣传。精心策划传播企业形象，与中央电视台国际频道合作录制《成功企业的社会责任》节目；策划践行“两个至上”行业共同价值观、“芙蓉”学子助学等一系列宣传报道；建立健全“芙蓉王”网站的管理制度，全年刊登新闻526条，开辟专栏3个。

特事要辑

5月16日，湖南省省委书记、省人大常委会主任张春贤一行到常德卷烟厂考察指导工作。

5月29日，国家局纪检组长潘家华一行到常德卷烟厂考察指导工作。

8月23日，国家局局长姜成康一行到常德卷烟厂考察指导工作。

12月28日，湖南中烟工业公司常德卷烟厂举行“芙蓉王”卷烟生产线技术改造工程奠基仪式。湖南省省委副书记、代省长周强出席仪式并考察了湖南中烟工业公司常德卷烟厂。

湖南中烟工业公司郴州卷烟厂

概　况

湖南中烟工业公司郴州卷烟厂前身是创建于1939年的华中卷烟厂，1961年从长沙迁到郴州，1964年更名为郴州卷烟厂。1996年5月，原郴州卷烟厂和湖南郴州市烟草专卖局（公司）合并改制组建湘南烟草集团，是湖南省第一家烟草企业集团。2004年7月，原郴州卷烟厂与长沙卷烟厂实现联合重组，成为长沙卷烟厂郴州卷烟分厂。2006年10月，湖南烟草工业合并重组，企业更名为湖南中烟工业公司郴州卷烟厂，成为湖南中烟工业公司的6个非法人生产点之一。

企业拥有资产总额12.9亿元，年生产能力175亿支（35万箱），占地面积55.28万平方米；员工3176人，其中在岗员工1496人。

领导成员

2006年10月重组前，主要领导成员有：

厂长：周文斌

党委书记：刘京广

副厂长、党委委员：汤　华

副厂长、党委委员：周景秋

工会主席、党委委员：刘　军

2006年10月重组后，主要领导成员有：

厂长、党委书记：周文斌

副厂长、党委委员：汤　华

副厂长、党委委员：周景秋

工会主席、党委委员：刘　军

生产情况

2006年，郴州卷烟厂生产卷烟152.5亿支（30.5万箱），与上年同比增长18.5亿支（3.7万箱），同比增长13.69%。实现销售收入14.49亿元，同比增长13.35%。实现税利8.29亿元，同比增长20.49%。

体制改革

2006年10月，湖南烟草工业合并重组后，企业名称由“长沙卷烟厂郴州卷烟分厂”更名为“湖南中烟工业公司郴州卷烟厂”，郴州卷烟厂成为湖南中烟工业公司下属的6个卷烟生产厂之一，执行卷烟生产职能，公司对其实行母分公司管理。体制改革后，郴州卷烟厂进行组织机构调整，职能机构由20个减少到17个。

技术改造

2006年，郴州卷烟厂完成“卷包车间设备平面摆布优化（PT－COMFLEX－GD设备调头）”、“LOG机组大修置换PT卷接机组”、“嘴棒发射系统”和

"20T/H锅炉"等技改项目，总投资额7700余万元。

企业管理

财务管理。强化全面预算管理，全年完成可控资金比年度预算节约700余万元。截至2006年底，企业不良资产基本清理完毕，贷款全部还清。

质量管理。推行了一级质量检验模式，产品合格率100%，优等品率稳定在90%以上，实现顾客"零投诉"。8月，在全国烟草行业第17届优秀QC小组成果发布会上，工厂制丝车间QC小组的《减少加料筒粘附烟叶》获得三等奖。

安全管理。2006年2月，郴州卷烟厂职业健康安全体系认证工作全面启动，全年实现安全管理"六无"目标。

信息化建设

2006年3月，郴州卷烟厂开始实施协同平台一期项目和零配件管理系统项目建设，7月进行试运行，8月正式运行，进行新老系统的切换。建设协同工作平台，将企业分散的管理和信息化应用进行有效聚合，提升企业信息化管理水平。

思想政治工作

郴州卷烟厂以"以人为本、知行合一、职业团队"为思想政治工作方针，推进政工ISO9000体系建设，制订一系列推进文件，构建完善的运行体系。重视维护稳定工作，成立信访办，开展学习《信访条例》活动，制订《处理来信来访工作制度》和《三级信访控制终结制程序》。

2006年，郴州卷烟厂健全完善党员干部述职述廉、任前谈话等制度，围绕企业深化改革的热点抓效能监察，在企业重大改革、招投标、采购等经济活动中，落实全方位、全过程的监控。围绕企业工作流程抓效能监察，对各部门（车间）绩效工资分配、内部管理、有关工程项目及财务管理等方面工作开展深入监督，落实"程序大于权力"的管理理念。

企业文化

郴州卷烟厂多渠道、全方位地开展文化宣传，向员工传达企业精神。坚持办好《郴烟通讯》，全年开展"感动白沙"人物宣传、十大优秀共产党员宣传、抗洪表彰先进集体及先进个人宣传等先进人物的宣传。印发《郴烟通讯》22期；在《湖南日报》、《郴州日报》、《东方烟草报》刊发企业宣传稿件6篇；制作《激情跨越2006》、《职代会报告》、《七一表彰》、《决战碧利斯、格美》等4部专题片。

特事要辑

2月18日，国家局副局长何泽华到郴州卷烟厂考察指导工作。

湖南中烟工业公司零陵卷烟厂

概　况

湖南中烟工业公司零陵卷烟厂其前身是成立于1976年8月的零陵卷烟厂。2003年12月，经国家局批准，常德卷烟厂兼并零陵卷烟厂，取消零陵卷烟厂法人资格，成立常德卷烟厂零陵卷烟分厂。2006年10月，湖南中烟工业公司与所属长沙卷烟厂、常德卷烟厂合并重组后，成立湖南中烟工业公司零陵卷烟厂，成为湖南中烟工业公司的6个非法人生产点之一。

企业占地面积54万平方米，拥有资产总额6亿元，年生产能力150亿支（30万箱）；拥有员工1911人，其中在岗员工929人。

领导成员

2006年11月重组前，主要领导成员有：

厂长、党委委员：陈东平

党委书记：熊丽萍

副厂长、党委委员：朱凌冰

副厂长、党委委员：吕爱华

总工程师、党委委员：易和新

副厂长：邓永志

2006年11月重组后，主要领导成员有：

厂长兼党委书记：陈东平

副厂长、党委委员：朱凌冰

副厂长、党委委员：吕爱华

总工程师、党委委员：易和新

副厂长：邓永志

生产情况

2006年，零陵卷烟厂生产卷烟122.5亿支（24.5万箱），其中，"芙蓉"系列卷烟91亿支（18.2万箱），"红豆"系列卷烟12亿支（2.4万箱），"白沙"系列卷烟19.5亿支（3.9万箱）。

2006年5月，"红豆"系列卷烟正式停止生产，输入品牌"芙蓉"系列和"（软）白沙"，实现均质化生产，完成年度品牌整合任务。

技术改造

2006年3月，投资26500万元的零陵卷烟厂30万箱技术改造项目制丝生产线正式投产；7月，卷接包生产线正式投产，年生产能力达30万箱。

科技创新

2006年，零陵卷烟厂通过合理运用烟叶原料、产品叶组配方技术研究、生产工艺参数优化、原辅材料合理搭配等成果，提升"芙蓉"、"白沙"品牌的均质化生产水平。在质量攻关上，制丝车间"减少梗签含量"QC项目获"全国优秀QC小组"称号；卷包车间

"减少小盒掉盖反馈频次"QC项目获"全省优秀QC小组"称号。

企业管理

制度化管理。全年修订完善制度文件80余个，基本理顺流程，规范管理。通过制度的执行和严格考核，员工执行力得到提高。

"7S"现场管理。2006年，零陵卷烟厂把开展"7S"现场管理作为企业管理的一项重要内容。通过开展"7S"竞赛评比，企业生产环境和办公环境有了新变化，全员"整理、整顿、清扫、清洁、素养、安全、节约"的意识得到增强。

预算管理。以预算为中心、以资金为重点、以成本为核心，通过每个季度的经济运行分析会，研究措施，科学决策，确保各项预算准确完成，提高企业经济运行质量。

信息化建设

2006年10月，零陵卷烟厂对卷烟生产经营决策管理系统进行搬迁升级改造，实现成品烟箱在线打码入库，提升整条生产线的自动化水平。投资170万元对计算机网络系统和程控交换机进行升级改造，企业信息化水平得到提升。

队伍建设

截至2006年10月底，零陵卷烟厂历时一年零两个月的"五定"（定岗、定编、定员、定责、定资）工作全部完成。开展员工竞争上岗，800多人通过竞争走上299个岗位或进行岗位轮换。

2006年，建立中层干部绩效考评机制和后备干部选拔培养管理体制，完善经常化、规范化的学习培训制度。全年组织8个专题125个课时的干部学习，开展两次中层（后备）以上干部野外长途拉练活动。实行专业技术职务聘任制度，全年累计培训员工2083人次。截至2006年底，企业拥有本科及以上学历97人、大专学历297人；高级专业技术职称1人、中级职称101人；技师4人、高级技术工人81人。

思想政治工作

零陵卷烟厂设基层党支部7个，拥有党员633人，其中预备党员21人。按照构建党员先进性教育长效机制和"一岗双责"（党政双重责任）要求，开展"我是党员，我是标杆"等增强先进性意识的主题竞赛活动。2006年5月~6月，组织开展"党在我心中"庆祝建党85周年系列活动。员工思想动态信息采集与处理机制逐步健全，维稳制度得到完善，形成了企业大政工格局。

2006年，零陵卷烟厂将社会主义荣辱观教育与行业"两个至上"主题实践活动有机结合，在全厂员工中开展了广泛的学习、讨论、实践活动，举办"芙蓉王杯"青年辩论赛、"'两个至上'在岗位"青年论坛和"我与企业共奋进"员工演讲赛。8月，举办第二届职工体育文化月活动。利用内部报纸《零烟通讯》和电视台、局域网等作为主要宣传阵地。《零烟通讯》全年出版23期，电视台每周播出一期新闻。

党风廉政建设

2006年，零陵卷烟厂进一步完善党风廉政建设责任制和述职述廉等制度，引入党风廉政风险抵押金激励机制，构筑党委和支部双层监督网络。3月，以湖南省第三监狱作为企业思想品德教育基地，组织中层（后备）干部及家属开展服刑犯人现身说法教育。

全年全程参与品牌置换、"五定"用工制度改革和30万箱技改工程建设监督工作，并针对办公用品采购和30万箱技改工程两个项目进行效能监察立项，确保企业改革与发展顺利进行。

湖南中烟工业公司四平卷烟厂

概　况

湖南中烟工业公司四平卷烟厂其前身为成立于1948年的四平卷烟厂，2003年与常德卷烟厂实现联合重组，更名为常德卷烟厂四平卷烟分厂。2006年10月，湖南中烟工业公司与所属长沙卷烟厂、常德卷烟厂合并重组后，成立湖南中烟工业公司四平卷烟厂，成为湖南中烟工业公司的6个非法人生产点之一。

企业占地面积6.5万平方米，固定资产原值2.05亿元，年生产能力（75亿支）15万箱；拥有员工984人，其中专业技术人员64人，大中专以上学历136人。拥有3000千克/小时的片烟生产线一条，有先进的卷接机组8套、包装机组8套、嘴棒成型机组7套。

领导成员

2006年11月重组前，主要领导成员有：

厂长、党委副书记：白玉琦

党委书记、纪委书记、工会主席：曾兆亚

副厂长、党委委员：衣文友

副厂长、党委委员：高占忠

副厂长、党委委员：韩志明

副厂长、党委委员：马英林

2006年11月重组后，主要领导成员有：

厂　长、党委书记：白玉琦

副厂长、党委委员：衣文友

党委副书记、纪委书记：马英林

副厂长、工会主席、党委委员：高占忠

副厂长、党委委员：韩志明

生产情况

2006年，四平卷烟厂生产卷烟55亿支（11万箱），其中，生产“（黄后）芙蓉”3.77亿支（0.75万箱）、“（佳品）芙蓉”32.63亿支（6.53万箱）、“（红软）芙蓉”1.97亿支（0.39万箱）、“（黄）芙蓉”16.14亿支（3.23万箱）、“（醇香）东方红”0.49亿支（0.098万箱）。

体制改革

2006年10月，湖南烟草工业整体合并重组后，企业名称由“常德卷烟厂四平卷烟分厂”更名为“湖南中烟工业公司四平卷烟厂”。四平卷烟厂成为湖南中烟工业公司下属的6个卷烟生产厂之一，执行卷烟生产职能，公司对其实行母分公司管理体制。

技术改造

2006年4月，四平卷烟厂的综合库、烟叶仓库兴建工程开工，工期4个月，9月建成使用。工程总规模10242平方米，投资894万元。该项工程解决了企业仓库容量严重不足的问题。

科技创新

2006年，四平卷烟厂开展小改小革和工艺攻关创新，通过“三新”（新工艺、新技术、新材料）技术攻关，完成节约挖潜117万元。

信息化建设

2006年，四平卷烟厂加强信息化建设，优化网络资源，企业先后投资80余万元对网络交换设备、网络安全设备、现有网络结构进行部分改造、添置和更新，为高效办公提供保障。

队伍建设

2006年，四平卷烟厂以开发和建设人力资源为目的，坚持“员工教育培训服务于企业生产经营发展”的理念，在教育培训内容上强调“三实”，即：实际、实用、实效。在教育培训形式上注重灵活多样，做到重点人才重点培养，优秀人才优先培养，紧缺人才加紧培养。全年累计培训费用支出15万元。

党风廉政建设

四平卷烟厂以教育和预防为主，强化廉政教育的深度和广度，提高党员干部的廉洁自律意识，开展党员干部违纪违法行为自查自纠专项工作。任用9名兼职纪检监察员，重点围绕“权、钱、事、人”四个方面，加大监察防范力度，加强对重点对象、重点领域、重点部门、重点环节的监督和管理，保证企业健康发展。

特事要辑

8月1日，国家局副局长何泽华一行到四平卷烟厂检查指导工作。

湖南中烟工业公司吴忠卷烟厂

概　况

湖南中烟工业公司吴忠卷烟厂是宁夏回族自治区唯一的国有卷烟生产企业，前身为成立于1970年的宁夏吴忠卷烟厂。2004年，长沙卷烟厂对吴忠卷烟厂实施兼并，取消法人资格，更名为长沙卷烟厂吴忠卷烟分厂。2006年10月，湖南中烟工业公司与所属长沙卷烟厂、常德卷烟厂合并重组后，成立湖南中烟工业公司吴忠卷烟厂。

截至2006年底，企业拥有固定资产总额10098万元；企业占地总面积7.4万平方米，拥有员工441人，其中在岗员工350人。

企业主要生产设备有：1500千克/小时制丝生产线1条，MK9－5卷接机组2台，YJ14－22卷接机组3台，YJ14－23卷接机组6台，YB43包装机2台，YB4硬盒机组1台，6000型包装机2台。

2006年，吴忠卷烟厂被宁夏回族自治区政府评为“创利税先进工业企业”、“社会捐助先进集体”和“职工职业道德建设十佳单位”称号。

领导成员

厂长、党委书记：李朝辉

党委副书记、纪委书记：沈中和

党委委员、制丝车间主任：李占保

党委委员、企业管理部部长：陈业刚

党委委员、财务审计部部长：边淑华

生产情况

2006年，吴忠卷烟厂生产卷烟13亿支（2.6万箱），实现销售收入1.6亿元。实现税利8818万元，同比增长12.52%；其中实现利润840万元，同比增长4.35%。

体制改革

2006年10月，湖南中烟工业公司与所属长沙卷烟厂、常德卷烟厂合并重组成立新的湖南中烟工业公司，取消长沙卷烟厂、常德卷烟厂法人资格。吴忠卷烟厂成为新湖南中烟工业公司的6个非法人生产点之一，企业的营销、研发、采购等多项职能上划湖南中烟工业公司，企业经营管理模式由生产经营型转变为生产管理型。

队伍建设

2006年，吴忠卷烟厂外派人员进行培训45人次，内部培训1521人次，培训费用21.7万元，是企业送出培训人员、投入资金最多的一年。

坚持以人为本、用人所长的人力资源管理原则，巩固和完善岗位绩效工资制成果，探讨员工绩效考核办法，实行岗位竞聘，初步搭建公开、公平、公正的用人平台。

思想政治工作

2006年，吴忠卷烟厂党委发挥党组织的核心堡垒作用和党员的先锋模范作用，党组织的凝聚力得到加强。全年发展党员6名，有13名入党积极分子被纳入培养考察对象。组织全厂党员到六盘山红军长征纪念馆，开展“重走长征路，庆祝建党85周年”活动。

党风廉政建设

坚持党风廉政、精神文明建设工作齐抓共管，层层签订党风廉政建设责任书，明确各级领导干部职责，抓好责任制落实，严格执行行业“领导干部廉洁自律行为准则”。落实个人重大事项报告、收入申报、礼品登记等制度，加强对权力运行的监督；坚决执行经济合同会签制度，确保资金使用安全。做好厂务公开工作，对重大事项、领导干部民主生活会和个人收入等情况，主动接受群众监督。全年没有发生违反纪律规定的事件，没有发生给企业造成损失或影响企业声誉的事件。

特事要辑

7月28日，国家局局长姜成康在自治区政府副主席齐同生的陪同下考察了湖南中烟工业公司吴忠卷烟厂。

（陈运高）

广东中烟工业公司（广东卷烟总厂）

概　况

广东中烟工业公司成立于2003年5月。2004年，广州卷烟二厂与韶关卷烟厂、梅州卷烟厂、湛江卷烟厂联合重组成为一个企业法人实体，即广东卷烟总厂。2004年9月10日，广东卷烟工业企业举行联合重组签约仪式，广东中烟工业公司与广东卷烟总厂实行“两块牌子，一套机构”的管理体制。2005年1月1日，各分厂资产统一到广东卷烟总厂。广东卷烟总厂与广东中烟工业公司实行“两块牌子，一套机构”运作模式。2006年11月国家烟草专卖局批复，广东中烟工业公司与广东卷烟总厂合并成为一个法人实体，保留广东中烟工业公司的企业名称。广东中烟工业公司下设4个不具有企业法人资格的卷烟生产厂，分别是广东中烟工业公司广州卷烟二厂、梅州卷烟厂、韶关卷烟厂、湛江卷烟厂。

领导成员

总经理、党组书记：李根基

副总经理、党组成员：李世胜

副总经理、党组成员：廖中浩

纪检组长、党组成员：何锦标

总会计师、党组成员：张穗强（2006.2－）

党组成员：林孟昌（2006.2－）

副巡视员：成善松（2006.2－）

组织机构

公司（总厂）设有办公室（外事办公室）、综合计划部、生产管理部、安全保卫部、市场营销部、烟叶部、物资采购部、财务会计部、审计部、法律与改革部、投资管理部、人力资源部、思想政治工作部（直属党委、工会、直属团委）、纪检监察部、技术中心、信息中心、烟机零配件中心17个部门。

生产经营

2006年全省卷烟工业企业生产卷烟946.6亿支（189.32万箱），其中，生产一类烟106.65亿支（21.33万箱），同比增长8.88%；二类烟493.45亿支（98.69万箱），同比增长32.31%；三类烟279.6亿支（55.92万箱），同比下降13.40%；四类烟66.9亿支（13.38万箱），同比下降45.37%。生产低档烟170亿支（34万箱）。

2006年，公司（总厂）实现税利119亿元，与上年同比增长15%；其中，实现利润33亿元，同比增长25%；上缴税金86亿元，同比增长13%。平均单箱收入8852元，同比增长9.2%；平均单箱税利6021元，同比增长13%；平均单箱利润1484元，同比增长25.1%。

品牌战略和产品介绍

公司（总厂）根据国家局提出的行业“百牌号”发展战略和广东卷烟工业实际，制定科学的品牌规划，全力做大“双喜”，做强“五叶神”。通过协调整合其他品牌，支撑大品牌和强势品牌的发展，使有限的生产计划、生产资源向“双喜”等优势品牌倾斜。加大市场开发力度，通过市场整合和营销整合，加大对重点市场和重点产品的开拓力度，根据市场变化采取有效的投放策略，确保产品价格合理，保证新产品的稳定和发展，形成一个以省内市场为基础，以周边市场为依托，逐步向全国市场拓展的格局。在各生产点，通过设备调配和牌号转移生产，设备资源得到合理配置，提高了设备利用率，降低了生产费用。公司（总厂）统一技术标准，确保产品质量的稳定，实现同质化生产。

公司（总厂）推进两广卷烟工业战略性合作的工

作，形成“以品牌联合生产为切入点”合作共识。2006年9月，公司（总厂）成立两广卷烟工业战略性合作领导小组，下设领导小组办公室和5个专项工作组，进行两广卷烟工业战略性合作的风险评估和研究论证工作。2006年11月，双方签订2007年两广合作生产卷烟的协议书，确定2007年在广西联合生产“双喜”卷烟的规格和数量，两广卷烟工业战略性合作迈出坚实的一步。

“双喜”、“五叶神”、“椰树”、“红玫”、“羊城”5大品牌产量933.05亿支（186.61万箱），占总产量的98.57%，其中，“双喜”系列（含出口和广西加工）473.65亿支（94.73万箱），“五叶神”系列（含出口）93.05亿支（18.61万箱），“红玫”系列111.45亿支（22.29万箱），“红玫王”系列33.4亿支（6.68万箱），“椰树”系列152.55亿支（30.51万箱），“羊城”系列68.95亿支（13.79万箱）。2006年，“双喜”系列省内销售380亿支（76万箱），占全省卷烟市场的25%，占中高档卷烟市场近80%；省外销售84亿支（16.8万箱），同比增长85%；并远销美国、加拿大、巴拿马、南非及东南亚等20多个国家和地区。“双喜”位居全国卷烟品牌总销量前10名，全国二类烟产销量首位。“五叶神”省外销量11亿支（2.2万箱），同比增长78%。两大品牌占省外总销量的70%以上。

体制改革

2006年，公司（总厂）根据国家局《卷烟工业企业管理体制改革的指导意见》，结合广东卷烟工业已与总公司建立产权关系的实际情况，对《广东中烟工业公司章程》和《广东卷烟工业企业管理体制改革的实施方案》进行多次修改完善，国家局11月批复《广东卷烟工业企业管理体制改革的实施方案》和《广东中烟工业公司章程》。广东中烟工业公司与广东卷烟总厂合并成为一个法人实体，保留广东中烟工业公司的企业名称。广东中烟工业公司下设4个不具有企业法人资格的卷烟生产厂，分别是广东中烟工业公司广州卷烟二厂、梅州卷烟厂、韶关卷烟厂、湛江卷烟厂。

科技创新

公司（总厂）以产品为依托，以市场为导向，优化技术资源配置，紧紧抓住产品的应用技术，集中精力在产品的关键要素，也就是消费者对卷烟最关注的重点上展开自主创新，实践出一条从“广东制造”到“广东创造”的新路子。

公司（总厂）将全省技术资源的整合作为企业整合的先导来抓，全省卷烟工业的技术创新能力得到较大提高。2006年，公司（总厂）完成行业级技术中心认定，技术中心逐步形成具有广东卷烟工业特色的技术创新体系，企业整体技术水平和研发能力得到提升；建立博士后工作站，承担前瞻性、技术储备型项目。技术中心逐步形成围绕产品的创新体系及配套技术，开展烟叶原料、香味技术、特色工艺、减害降焦等主攻领域的重点研究，为做大主导品牌提供技术保障，实现全省范围的生产转移，保证在“一牌多点”生产情况下的同质化要求。加强检测技术研究，完成“烟草中氯含量连续流动测定”、“卷烟深度抽吸对烟气分析结果的影响”、“卷烟包装材料中挥发性有机化合物的检测”等研究课题。

深入市场进行产品风格口味调研，对“（世纪经典）双喜”、“（软盒特醇）五叶神”、“（国际）双喜”进行改进。在强化产品配套技术研究方面，对“双喜”品牌适用原料的配套需求及保障供给进行系统规划。在保持“双喜”原有风格的基础上，通过原辅材料优化，结合新工艺技术研究应用，逐步降低焦油量。

企业管理

公司（总厂）根据当前一个法人治理结构下的多点生产管理模式，与专业管理咨询公司开展企业管理和信息化综合咨询，提出职能改进和流程优化的设计方案。制定支撑管理改革和发展的信息化总体规划，完成《广东中烟管理与信息化现状分析报告》、《广东中烟战略和管理模式设计报告》等工作。企业的管理创新和持续改进，以及重构公司的管理信息系统（ERP）有了清晰的思路和方向。

随着广东卷烟工业企业合并重组的完成，公司职能从原来以行政管理为主转变为直接进行生产经营。根据职能的转变，公司（总厂）明确公司本部与各生产厂的职能与权限，制订并完善公司的各项运行制度，经过各相关职能部门共同研究、反复论证及充分听取各卷烟厂（生产部）的意见，制订《广东中烟工业公司生产运行管理办法（试行）》并发布实施。确立公司新的管理架构和管理体系，完善一个法人治理结构下多点生产，实现快速响应的经营决策机制，防止出现大企业病，实现企业的高效运行。

对外交流与合作

公司（总厂）的技术考察团一行14人分别于5月15日~27日、6月22日~28日前往德国、意大利、日本和俄罗斯的主流烟机制造厂商和有代表性的卷烟厂进行技术考察，了解和把握国际上先进烟草加工技术装备的发展趋势及使用技术和运转情况，为广州卷烟二厂易地改造项目总体规划设计的要求和设备选型作技术准备。

3月21日，美国联合烟叶公司执行副总波兰德先生一行和中置香港有限公司一行到公司（总厂）访问，并就今后烟叶的购买意向进行交流。

4月11日，法国施伟策—摩迪国际集团首席运营官维卢泰先生一行4人到公司（总厂）访问，共同探讨合作前景。

5月31日，斯道拉恩索集团公司负责全球烟草包装的总裁何根先生一行6人和香港昌迪公司代表到公司（总厂）访问，并进行技术交流。

人事改革

2006年，公司（总厂）推进劳动人事制度改革，下发《广东中烟工业公司关于进一步深化劳动人事制度改革的意见》。根据指导文件精神，全面开展深化劳动人事制度改革，各生产厂制订相应的实施方案，并结合自身实际进行组织机构调整，做好劳动人事制度改革的释疑解惑和职工思想稳定工作，坚持公平、公正、公开原则，处理好企业利益与职工利益的关系。韶关卷烟厂、梅州卷烟厂、湛江卷烟厂妥善安置富余人员594人，各厂富余人员分流工作平稳完成。

公司（总厂）制订《关于理顺公司本部人事分配制度的意见》和《广东中烟工业公司（广东卷烟总厂）本部过渡期工资制度调整方案》，以及具体实施细则，调整完善公司工资分配方案，理顺借调人员的人事劳资关系。下发《关于在公司本部开展年度考核、定岗定员、考核晋升工作的实施方案》和《公司本部专业技术职务聘任暂行办法》、《生产厂领导班子年度绩效考核评价办法》等文件，进一步加大干部考核、选拔、交流工作力度。

队伍建设

干部队伍建设。坚持党管干部及德才兼备的原则，建立健全科学的干部选拔任用机制和监督管理机制，制订《广东中烟工业公司关于在公司本部开展年度考核、定岗定员、考核晋升工作的实施方案》，对公司（总厂）本部人员开展年度考核、定岗定员和考核晋升。公司人力资源部组织人员到各卷烟厂，采取个人述职、民主测评和个别谈话等方式，对各卷烟厂（生产部）的领导班子进行考核；出台《干部交流（挂职）的管理暂行办法》，明确干部交流的具体管理办法，加大干部交流力度。

职工教育培训。制订《2006年职工教育培训工作意见》和《公司本部2006年职工培训年度计划》，对教育培训工作提出指导性意见。制定《公司本部员工参加业余学历（学位）学习管理暂行规定》，加强员工学历教育管理。引进社会资源，组织管理人员和专业技术人员参加"广州人才大学堂知名专家系列讲座"和中山大学"TFO培训课程"，全年有372人次参加"TFO培训课程"学习。举办专题培训班，全年先后举办科技论文写作培训班、全面预算管理培训班、安全知识培训班等，参加培训642人次。

技能人才培养。广州卷烟二厂、梅州卷烟厂、韶关卷烟厂开展烟草特有工种技能鉴定，有392人参加鉴定，鉴定合格率95.4%。举办高级烟机设备修理工职业技能培训班，并组织符合条件的技师参加培训和高级技师考评，3名技师通过国家技能鉴定指导中心组织的高级技师技改项目评估。举办"GDX2烟机设备修理职业技能选拔赛"，选拔5名选手代表参加"红塔杯"第二届全国烟草行业烟机设备维修职业技能竞赛。

思想政治工作

公司（总厂）开展以"'两个至上'在岗位"为主题的主题实践活动，在活动中坚持以领导干部为关键，以广大员工为主体。开展"'两个至上'在岗位"征文比赛活动，并在《广东中烟报》开辟"'两个至上'在岗位"为主题的排头兵实践活动专栏。

2006年，公司（总厂）开展形式多样的社会主义荣辱观教育和"践行八荣八耻，从我做起"主题教育活动，广大干部职工将正确的"荣辱观"融入到自己工作、学习和生活之中。公司党组下发《开展"践行八荣八耻，从我做起"主题教育活动实施方案》，采取保证时间学、全面系统学、突出重点学、个人自觉学等多种学习形式，引导干部职工自觉树立高尚正确的社会主义荣辱观。

党风廉政建设

公司（总厂）对《惩治和预防腐败实施纲要》的任务进行分解，制订分工方案，明确牵头部门和参与单位的任务和职责。针对重点工程，制订《关于对广州卷烟二厂易地改造建设项目实施廉政监督的意见》和《廉政监督管理办法》，加强对重点工程的廉政监督。针对敏感部门、关键环节，建立和健全内部管理监督制度，完善《公司（总厂）招标投标管理实施细则》、《公司（总厂）招标投标管理规定》，加强对合同的管理。按照党风廉政建设责任制的要求，及时进行廉政签约，实行层级管理、层级负责，强化责任追究，推动公司党风廉政建设和反腐败各项工作的落实。

公司（总厂）邀请广东省检察院、广东省纪委领导和广州市委党校的教授开展预防职务犯罪、党章学习等廉政教育。利用办公协同系统，播放廉政教育片，组织生产厂开展"廉政歌曲大家唱"以及七月份进行的廉政教育月活动，增强广大党员干部的廉政意识。

企业文化

公司（总厂）对企业文化建设进行整体设计，提炼出广东中烟工业公司企业文化理念系统。企业愿景：令人尊敬的烟草消费品企业，拥有出色的员工，创造一流的品牌，提供优质的产品和服务，成为优秀的企业公民；企业使命：创造消费乐趣，承担社会责任，实现员工价值；企业核心价值观：国家与消费者利益至上，创造价值，服务社群；企业精神：以人为本，诚信务实，创新进取，和谐共好；企业经营理念：市场导向，共赢发展；企业管理理念：全员参与，精细高效。在推进公司企业文化建设过程中，把企业文化建设放到更加突出的位置，纳入企业发展规划和整体布局之中。

特事要辑

2月17日，国家局副局长何泽华到广东卷烟总厂韶关卷烟厂调研，希望广东卷烟工业能够抓住机遇，发挥品牌优势，做大做强“双喜”。

3月23日，国家局副局长张辉到广东卷烟总厂调研，检查指导广东卷烟工业专卖监督检查、同级审计工作。

6月14日，广东省省长黄华华考察广东卷烟总厂梅州卷烟厂，指出做强“五叶神”为山区经济发展做更大贡献。

7月，国家人事部和广东省人事厅分别发文批准广东中烟工业公司设立博士后工作站。

10月10日，广东省副省长林木声到广东卷烟总厂梅州卷烟厂调研。

11月29日，国家局副局长何泽华到广东中烟工业公司指导工作，并对公司品牌发展工作进行调研。

所属企业

广东中烟工业公司广州卷烟二厂

概　况

2004年1月，广州卷烟二厂、广州卷烟一厂及南海卷烟厂三厂重组，关闭廉江卷烟厂，新的广州卷烟二厂成立，原广州卷烟二厂、广州卷烟一厂、南海卷烟厂分别称为生产二部、生产一部及南海生产部。2005年，企业更名为广东卷烟总厂广州卷烟二厂。2006年11月3日，国家局批复广东中烟工业公司与广东卷烟总厂合并成为一个法人实体，保留广东中烟工业公司的企业名称，企业更名为广东中烟工业公司广州卷烟二厂。

2006年，广州卷烟二厂的佘玉灵荣获广东省“优秀党支部书记”称号，朱德健荣获广东省“优秀共产党员”称号，梁岳荣获省直机关授予的“青年岗位能手”称号，陈汉涛荣获省直工委授予的“优秀共产党员”称号，区志云荣获省直机关授予的2006年度“岗位排头兵”称号，秦丽凤、李力红荣获省总工会授予的2006年度“南粤女工文明岗”称号，吴兆德荣获中国财贸轻纺烟草工会全国委员会颁发的“全国烟草行业职工创新能手”称号。

领导成员

党委书记、厂长：成善松（2006.3－）
副厂长、党委委员：周临干
纪委书记、党委委员：庄　红
党委委员：赵呈祥
党委委员：张赤兵（2006.9－）
党委委员：张金城
党委委员：陈国定
党委委员：刘焕钊

生产情况

2006年，广州卷烟二厂生产卷烟546.62亿支（109.32万箱），与上年同比增长1.1%。全年生产“双喜”437.83亿支（87.57万箱），生产“椰树”39.43亿支（7.89万箱），生产“羊城”68.94亿支（13.79万箱），实现工业总产值911200万元。

企业管理

广州卷烟二厂充分发掘设备产能，大力推进管理创新、制度创新和技术创新。实行柔性生产，克服设备产能与产品结构需求的矛盾，较好克服产能与需求的矛盾。生产一部通过加强质量监控，产品质量得到提高，2006年顾客投诉次数同比下降70%。为配合新国标的实施，生产二部在2月份开始升级质量管理系统。

队伍建设

2006年，广州卷烟二厂生产一部选派两名员工参加中国质量协会举办的国家级QC诊断师培训班，选派7名员工参加广东省质量协会举办的省级诊断师培训班。生产二部3名员工在国家局的高级技师考评中获得高级技师的资格。南海生产部加大员工教育培训力度，全年培训人数387人，共计1122人次，其中岗位培训（含资格培训、适应性培训和技术等级培训）1017人次，继续教育91人次，其他培训14人次。

技术改造

截至2006年10月份，广州卷烟二厂生产二部完成对30多台套包装设备、制丝、膨丝线的数采装置的安装、调试工作，实现远程监视、综合查询、综合报表等功能，全厂数采系统平台基本搭建完成。进行KDF2嘴棒成型机的PLC改造，改造后整机的机械和电气性能得到提高，实现全速运行接驳盘纸，解决了因降速驳纸时增塑剂喷洒不均匀引起的产品质量不稳定的质量问题，降低了噪音和故障率。

党风廉政建设

广州卷烟二厂围绕企业改革和发展的工作大局，组织广大干部群众开展牢固树立社会主义荣辱观的主题教育活动，开展"三个走在前面"和"'两个至上'在岗位"的主题实践活动，发挥典型的示范作用，引导广大党员、干部树立正确的社会主义荣辱观，坚定理想信念，将"八荣八耻"观念融入到工作、学习和生活之中。

开展法纪教育，组织全体党员干部观看廉政勤政警示片，学习党风廉政有关文件，提高党员干部的廉政勤政意识，进一步完善党风廉政建设责任制，推进干部职工队伍思想道德建设和作风建设。

广东中烟工业公司梅州卷烟厂

概　况

广东中烟工业公司梅州卷烟厂前身是创建于1939年的广东梅州卷烟厂，是粤东唯一的卷烟工业企业和梅州市龙头骨干企业。2005年，企业更名为广东卷烟总厂梅州卷烟厂。2006年11月3日，国家局批复广东中烟工业公司与广东卷烟总厂合并成为一个法人实体，保留广东中烟工业公司的企业名称，企业更名为广东中烟工业公司梅州卷烟厂。

截至2006年底，企业职工人数1061人，占地面积138572平方米，年设备生产能力200亿支（40万箱），拥有5000千克/小时的制丝生产线和以PROTOS70、ZB25、ZB45为主的先进卷接包生产设备以及国内一流的检测设备。

2006年，被广东省委评为"固本强基先进基层党组织"。

领导成员

厂长、党委书记：刁东田（2006.9－）

副厂长、党委委员：饶智华

党委副书记、纪委书记、工会主席：吴宗雄

副厂长、党委委员：李伟才

生产情况

2006年累计生产卷烟130.5亿支（26.1万箱），与上年同比增长4.17%。其中，生产"五叶神"93亿支（18.6万箱）；生产"椰树"37.45亿支（7.49万箱）。实现销售收入403829万元，同比增长6.26%；上缴税金256549万元，同比增长9.12%。

技术改造

2006年，梅州卷烟厂完成制丝车间烘丝段和掺配段的技术改造，改造的设备范围包括：烘丝段、加香段、掺配段和梗丝加香段。改造后的设备运行稳定，烟丝卷曲度、填充值、烟丝的纯净度、各类烟丝掺兑精度得到提高，烟丝整体质量和卷制烟支质量得到改进，20支克重平均下降0.115克以上。

企业管理

梅州卷烟厂重点做好生产岗位员工的质量意识，生产管理部门、设备管理部门和生产车间加大设备技改资金投入，加强计划检修和预防维修，加强设备管理和生产现场管理，把现代化管理手段应用于设备管理工作和日常生产现场管理工作中。全面落实安全生产责任制，安全管理得到加强，实现安全生产全年零事故的目标。

队伍建设

2006年，梅州卷烟厂组织生产技术工人参加行业职业技能培训和职业技能鉴定工作。全年有73位职工参加了13个工种的中高级技能考试，有69人顺利通过考试，合格率94.5%，其中高级工33人，合格率97.06%。

广东中烟工业公司韶关卷烟厂

概　况

广东中烟工业公司韶关卷烟厂前身为创建于1950年6月1日的民生卷烟厂。1964年，民生卷烟厂更名为韶关卷烟厂。2005年，韶关卷烟厂更名为广东卷烟总厂韶关卷烟厂。2006年11月3日，国家局批复广东中烟工业公司与广东卷烟总厂合并成为一个法人实体，保留广东中烟工业公司的企业名称，企业更名为广东中烟工业公司韶关卷烟厂。

企业有职工753人，占地面积约15万平方米，总资产12.35亿元。拥有5000千克/小时的制丝生产线一条，二氧化碳膨胀烟丝制丝线一条，GD卷接包机组12套。

2006年，韶关卷烟厂荣获"全国先进基层党组织"、"广东省文明单位"、"广东省先进单位"等称号。

领导成员

厂长、党委委员：张卓研（2006.9－）

党委书记：赖建文

党委副书记：陈绮婷

副厂长、纪委委员：何维贵

副厂长：戴建国

工会主席、党委委员：潘醒初

生产情况

2006年，韶关卷烟厂生产"双喜"、"红玫王"

系列，生产卷烟167.5亿支（33.5万箱），与上年同比增长5%；其中“双喜”系列45.32亿支（9.06万箱），“红玫王”系列120.19亿支（24.03万箱）。全年实现生产总值303700万元，同比增长11%；上缴税金146100万元，同比增长7.43%；单箱税金3991.28元，同比增长2.04%。

技术改造

2006年，韶关卷烟厂注重技术改造，全年先后完成制丝线膨胀加料，梗丝线工艺设备调整，成品丝10T储丝柜改造等技术改造工程；车间主空调设备及其配套配电设备改造工作；完成3台套卷接机组SRM系统电器改造，4台包装机组安装条包检测器，2台GDX2安装四面整容装置，2台GD机组装条盒珠形上胶装置工作；完成10台套卷接机组核扫描年度保养相关工作；配合信息中心做好卷烟生产经营决策管理系统二期改造工作；完成二氧化碳生产线压缩机安装，以及旋转臂改造等工作。

企业管理

管理体系认证。韶关卷烟厂对ISO14001环境管理体系进行转版的同时，将管理体系进行整合，编写《质量、环境、职业健康安全管理手册》，建立《文件控制程序》等32个程序文件，制订《特大重大安全事故应急预案》等12个应急预案。2006年7月完成ISO9001质量管理体系（2000版）、ISO14001环境管理体系（2004版）、GBT28001职业健康安全管理体系三个体系合一的认证工作。

安全生产。对安全设施、生产设备、通讯设施进行系统的检查，加强员工安全意识及技能培训，增强控制风险能力；以体系运行控制为安全管理的手段，加大安全管理的力度，依照“HES运行控制程序”，使体系运行与各专项检查相结合。

队伍建设

2006年，韶关卷烟厂实施劳动人事制度的改革，职能部门缩减合并为16个。做好劳动人事制度改革的释疑解惑和职工思想稳定工作，为180名符合条件的职工办理离岗安置手续。

制订职工教育培训工作计划，加强职工教育工作，不断培养优秀人才来适应企业发展的需求。特别是对新入厂的大学毕业生的培养，做到有培训计划、有跟踪、有考核，促进成为各自岗位的生产骨干力量。全年组织实施43个项目的培训，参加培训521人次，其中管理人员275人次，生产工人246人次。

思想政治工作

韶关卷烟厂深入开展“三个走在前面”、“践行八荣八耻，从我做起”、“明荣知耻、远离黄赌毒”和“‘两个至上’在岗位”主题实践活动，组织参加公司（总厂）开展的“三个走在前面”征文活动，收到员工论文18篇，其中两篇获一等奖。抓好党的组织建设，学习、贯彻好党章，按照党章的要求，健全完善党的组织、作风建设的长效机制，组织以党章、社会主义荣辱观等为主要内容的知识测试，党员参与率100%。

组织开展多种文化活动，充分利用《广东中烟报》、橱窗、黑板报、大小会议和形势教育课等方式，向职工宣传改革的形势，及时通报改革的情况，正确引导职工面对行业的改革发展。

广东中烟工业公司湛江卷烟厂

概　况

广东中烟工业公司湛江卷烟厂其前身为创建于1978年8月的湛江卷烟厂。2005年，企业更名为广东卷烟总厂湛江卷烟厂。2006年11月3日，国家局批复广东中烟工业公司与广东卷烟总厂合并成为一个法人实体，保留广东中烟工业公司的企业名称，企业更名为广东中烟工业公司湛江卷烟厂。

企业年生产能力150亿支（30万箱），占地面积82742平方米，在岗职工687人，拥有3000千克/小时的制丝生产线和卷接包生产设备。

2006年荣获“广东省纳税A级企业”、“广东省工会女职工先进集体”、“广东省群众体育先进集体”等称号。

领导成员

厂长、党委委员：符　敏（2006.2－）

党委书记：陈国明

副厂长、党委委员：庞耀林

副厂长、党委委员：王忠刚

副厂长、党委委员：李旭华（2006年9月挂职）

纪委书记、党委委员：刘广英

工会主席、党委委员：林卫中

生产情况

2006年，湛江卷烟厂生产卷烟112亿支（22.4万箱），与上年同比增长12%；销售卷烟109.99亿支（21.99万箱），同比增长8%。实现销售收入99645万元，同比增长21.84%。实现税收47622万元，同比增长21.84%；其中，单箱税收2164.84元，同比增长12.82%。生产“椰树”系列75.7亿支（15.14万箱），占总产量的67.57%；生产“（软）红玫”24.65亿支（4.93万箱），占总产量的22%；生产“大丰收”9.2亿支（1.84万箱），占总产量的8.21%；生产“威龙”2.49亿支（0.49万箱），占总产量的2.22%。

技术改造

2006年，湛江卷烟厂投入7000多万元进行技术改造，购置具有国际先进水平的滤嘴成型机2台，软包、硬包机组各1套，并对制丝车间的梗丝线及除尘系统进行更新改造，2006年全员货币劳动率159.23万元/人，同比增长26.99%。

企业管理

开展“6S”管理。通过“整理”、“整顿”、“清扫”、“清洁”、“素养”和“安全”，把现场管理工作提升到一个更精更细的高度。从员工形象、员工行为、持证上岗、环境管理、定置管理、物流控制等六个方面制定车间《现场管理标准》和《现场管理考核标准》，提出“物有序、面无尘、人依规”的现场管理九字方针，创造清洁生产现场环境；卷烟储运科成品仓实行“三日一小扫、五日一大扫”的清洁制度。

制度化建设。制订《烟草专卖品的管理规定》等多项制度，规范企业的生产经营行为，做到依法办事；逐步完善有关专项考核制度，如安全管理考核制度、工艺质量考核制度、能耗物耗考核制度、生产产量考核制度、“6S”现场管理考核制度、设备管理考核制度。根据工作的需要，先后制订《湛江卷烟厂禁赌规定》、《湛烟职工文明礼仪手则》、《临工用工制度》等，进一步规范职工的行为。全面完善企业局域网建设，以广东中烟工业公司办公协同系统为平台，实现办公自动化。

队伍建设

湛江卷烟厂实施人力资源改革，内部机构由原来的23个调整为16个，中层干部职工数减少8个，有236名符合条件的职工离岗退养。职工年龄结构趋于年轻化，在岗职工的平均年龄从48.5岁降低到现在的40.51岁；专业知识结构趋于合理化，获得专业资格职称的有155人，占在岗人数的17.96%。

按因材施用和优势互补的原则进行中层干部的聘任，中层干部队伍得到进一步优化。取消股级制，只在车间和科室下属单位设置班组长，优化人力资源的管理制度。

通过采取企业组织培训和个人自主学习相结合、综合素质培训与技能培训相结合等方式，狠抓企业管理和员工业务技能培训，打造学习型、效率型、创新型和节约型企业。全年培训职工2810余人次，其中管理岗位980人次，职工全员培训率100%。

思想政治工作

“岗位排头兵”活动。开展“三个走在前面”为主题的“岗位排头兵”实践活动，评选和表彰10名来自专业技术岗位、工人岗位、管理岗位的排头兵优秀党员。组织开展“三个走在前面”为主题的征文比赛活动，其中有两篇征文获得公司征文比赛的三等奖；选派两名选手参加公司（总厂）组织的“三个走在前面”演讲比赛，分别获得二、三等奖。

共青团工作。湛江卷烟厂团委以开展“导师带徒”活动为主线，组织来自3个生产车间的8对师徒结成对子，使更多的青年工作者立足岗位成才；深化争创“青年文明号”、“青年岗位能手”活动。卷接包车间7号卷接机被团市委继续命名为“青年文明号”，陈永光被团市委授予“青年岗位能手”称号；坚持开展“青年志愿者”便民服务活动，利用节假日义务为群众维修电脑、小家电和自行车等。

（杨文雯）

广西中烟工业公司（广西卷烟总厂）

概　况

广西中烟工业公司成立于2003年12月28日，下辖柳州卷烟厂、南宁卷烟厂和广西甲天下烟用辅料有限责任公司。2004年9月24日，柳州卷烟厂、南宁卷烟厂实施联合重组，成立广西卷烟总厂。广西卷烟总厂与广西中烟工业公司实行“一套机构，两块牌子”的运作模式，企业全称为广西中烟工业公司（广西卷烟总厂）。2006年10月，国家烟草专卖局批复广西中烟工业公司与广西卷烟总厂合并成为一个法人实体，保留广西中烟工业公司的企业名称，原广西卷烟总厂南宁分厂、柳州分厂，作为广西中烟工业公司的卷烟生产点，分别称广西中烟工业公司南宁制造部、广西中烟工业公司柳州制造部，实行内部核算和预算管理。2006年12月，广西中烟工业公司直接兼并甲天下辅料有限公司，甲天下辅料公司的资产、债权、债务直接无偿划转到广西中烟工业公司。甲天下辅料有限公司所属的广西真龙彩印有限公司、甲天下纸品有限责任公司、甲天下化纤有限责任公司、甲天下水松纸有限公司保留其独立法人地位，为广西中烟工业公司全资或控股子公司。

公司拥有资产总额53.54亿元，在岗员工2199人，其中聘用员工195人。2006年，公司荣获“全国名优产品售后服务先进单位行业十佳”、“中国企业500强”、“中国制造业500强”、中国质量协会认定的

“质量信誉等级 AAA 级”、“广西强优工业企业”称号。

领导成员

总经理、党组书记：罗　毅

副总经理、党组成员：张雨夏

副总经理、党组成员：张汉涛

纪检组长、党组成员：王　全

总会计师：陈仲良（2006.3－）

组织机构

公司设有办公室（外事办公室）、综合计划部、生产管理部、安全保卫部、法律与改革部、财务管理部（投资管理部）、审计部、人力资源部、思想政治工作部（机关党委、工会）、监察部、市场营销部、物资供应部、原料供应部、后勤服务中心、技术中心、信息中心、制造一部和制造二部 18 个部室、中心和广西甲天下烟用辅料有限责任公司。

生产经营

2006 年，公司生产卷烟 550 亿支（110 万箱），与上年同比增长 2.9%；销售卷烟 553.55 亿支（110.71 万箱），与上年同比增长 4.79%。其中“真龙”系列卷烟全年生产 63.4 亿支（12.68 万箱），同比增长 134%；销售 66.25 亿支（13.25 万箱），同比增长 184.3%。“甲天下”系列卷烟全年生产 313.5 亿支（62.7 万箱），销售 314.45 亿支（62.89 万箱）。实现卷烟销售收入 64.35 亿元，同比增长 20.71%。实现工业产值 60.88 亿元，同比增长 11.85%。实现工业税利 34.61 亿元，其中实现利润 4.57 亿元。

烟叶、盘纸、嘴棒三大物耗中，南宁制造部卷烟单箱消耗烟叶 36.2 千克，同比降低 2.13 千克，盘纸 3171 米，同比减少 61.9 米；嘴棒 8424.9 支，同比减少 14.3 支。柳州制造部卷烟单箱消耗烟叶 36.3 千克，同比降低 0.8 千克；盘纸 3195 米，同比减少 3 米；嘴棒 8410 支，同比增加 6 支。

品牌战略和产品介绍

2006 年，公司集中资源对“真龙”品牌进行培育，新开发出“（神韵）真龙（A）”、“（贡品）真龙（B）”、“（珍品）真龙（B）”、“（娇子）真龙（B）”4 个新品种，对原有的 7 个产品进行内外在品质改良，通过调整配方、外包装装潢改造来优化产品质量。推行“高上摊率、高覆盖率、高视觉率、高动销率”的营销策略，集中力量开拓全国市场，基本完成“真龙亮剑，走向全国”的战略部署。全年分别与全国 29 个省（直辖市、自治区）有销售业务往来，在 146 个地市级以上的市场销售“真龙”系列卷烟，基本完成“真龙”在全国市场的布局。

“真龙”系列品牌（规格）主要有“（神韵）真龙（A、B、C）”、“（鸿韵）真龙”、“（贡品）真龙”、“（珍品）真龙（B）”、“（太子）真龙”、“（骄子）真龙（B）”。“甲天下”系列品牌（规格）有“（珍品软盒）甲天下”、“（富）甲天下”、“（贵）甲天下”、“（特制）甲天下”、“（硬盒、精品）甲天下”、“（软盒、醇和）甲天下”、“（软盒、醇和）甲天下（新）”。

2006 年，“真龙”系列卷烟获得的荣誉有：“2005 年度中国卷烟最具影响力品牌”、“2005 年度中国同行业最具影响力品牌”、“中国政府采购首选品牌”、“中国驰名品牌”、“2006 中国最具知名度创新产品”、“中国卷烟十大影响力品牌”等。

体制改革

公司制订《广西卷烟工业企业管理体制改革实施方案》，完成国有资产的清产核资、产权划转和公司制改造工作。2006 年 10 月 13 日，国家局批复同意广西卷烟工业企业进行管理体制改革，广西中烟工业公司与广西卷烟总厂合并成为一个法人实体，保留广西中烟工业公司的企业名称。原广西卷烟总厂南宁分厂、柳州分厂，作为广西中烟工业公司的卷烟生产点，对外分别称广西中烟工业公司南宁制造部、广西中烟工业公司柳州制造部。

烟叶基地建设

2006 年，公司与自治区外的贵州、重庆、四川、湖南、湖北 5 个省、市的 13 个市、25 个县签订种植 15.1 万亩、调拨烟叶 30.8 万担的烟叶生产调拨合同；与自治区内的百色、贺州、桂林 3 个市的 14 个县签订种植 5.77 万亩、调拨 13.6 万担的烟叶生产调拨合同。投资 3000 多万元在湖南邵阳、湖北咸丰、贵州遵义、重庆奉节等地兴建基地烟叶收购站。

开展烟叶基地生产配套技术研究，与烟叶基地县共同制订烟叶生产技术方案，确保各基地烟叶质量符合公司产品生产需要。分别与各烟叶基地县联合开展“以成熟度为中心的配套生产技术示范与推广”、“桂林新烟区配套技术研究”、“提高邵阳地区烤烟成熟度和香气质量的研究与应用”、“基地特色烟叶原料开发”等项目研究，提高各基地烟叶生产水平与烟叶质量。

技术改造

2006 年，公司投入技术改造资金 3.7 亿元，重点用于建设和改造烟叶仓库群。烟叶仓库采用货架存放形式，配置温湿度自动控制系统，为烟叶生产提供优越的仓储条件。完成靖西、武鸣、柳拖仓库群建设及钟山、富川、南宁旧仓库的改造，建筑总面积 110082 平方米，实现库容约 4.75 万吨（95 万担），其中烟叶醇化能力约 3.75 万吨（75 万担）、周转能力 1 万吨

(20万担)。

科技创新

2006年3月，公司召开科技与创新工作暨科学技术协会成立大会，明确科技与创新工作的主要方向、目标和任务。成立企业科协，为公司科技工作者搭建创新工作平台，发挥学术研讨的主渠道作用。加强技术中心建设，2006年12月，通过了国家局对广西中烟工业公司技术中心为行业级技术中心的认定，技术中心拥有一支涵盖烟草工程、食品工程、分析化学、烟草种植、土壤农化等专业的各类专业技术人才队伍，其中博士后1人、博士2人、研究生7人、本科生62人，大专以上学历人员所占比例90%。加强博士后科研工作站建设，引进博士后1人、博士2人，发挥博士后科研工作站在科研工作中的引导和拉动作用。

加强产学研联合，完善以项目课题制为载体的科研机制，实现人、财、物的资源合理配置。开展配方模块、烟草薄片、香精香料、微生物技术、卷烟工艺、烟气化学分析等技术研究和创新工作，提升产品的技术含量和水平。加强产学研联合攻关，与郑州烟草研究院、中国科技大学、广西大学、自治区疾病预防控制中心等高等院校和科研机构联合开展项目攻关，承担的国家局《制丝工艺技术集成推广应用》的两个分项目并通过验收，《烤烟质量评价体系和数据库研究》通过广西科学技术厅成果鉴定，自治区级项目《真龙(太子)卷烟研制开发》通过区经委鉴定验收，《以甘蔗渣为基质的烤烟漂浮育苗综合技术应用研究》项目获国家局科学技术进步奖三等奖，《提高广西基地烟叶可用性的研究》项目获广西科技进步三等奖、南宁市科技进步二等奖。《一种烟用中草药添加剂》、《甘蔗渣复合基质及其制备方法》等5项专利申请获得国家专利局受理，其中《一种烟用中草药添加剂》发明专利初审合格。

企业管理

贯标工作。2006年3月，公司在成功推行质量管理体系的基础上，导入环境管理标准（ISO14001)、职业健康安全管理标准（OHSAS18001)，并实施质量、环境、职业健康安全管理3个体系的整合。贯标工作先后经历体系调研和策划，“三标合一”管理体系培训，管理方针征集、评选，环境因素和危险源的识别、评价，体系文件的编制、审批，管理目标的制定与分解等阶段，编制出1份管理手册、29个程序文件、420多个技术标准和管理标准。11月27日~28日，公司通过第三方质量监督审核和环境、职业健康安全审核，成为全国烟草行业首家通过“三标合一”认证的省级工业企业。

总经理奖励基金。在2005年设立的总经理奖励基金的基础上，制订《2006年度总经理奖励基金管理办法》，推动增收节支、合理化建议及管理（技术）创新工作的深入开展。全年技术创新项目立项66项，管理创新项目立项92项，增收节支项目立项27项，其中增收节支项目增加经济效益约8500万元。年底“总经理奖励基金”对70个管理创新项目、50个技术创新项目、16个增收节支项目进行奖励和表彰，奖励金额400万元。

QC小组活动。公司鼓励职工拓展QC课题类型，试点开展“创新型”课题。对申报“创新型”课题的QC小组，从活动过程、材料整理、选送参加上级发布等方面给予大力支持和指导，促进创新型课题的开展。全年有35个QC小组开展课题活动，7个QC课题成果先后获得中国质量协会“茅台杯”、“中国铝业杯”、轻工质协“新飞杯”等全国性QC成果发布赛一等奖，多个班组及个人获得表彰，其中《GD包装机条盒玻纸检测器的研发》课题进入申报专利程序。

绩效管理。公司导入卓越绩效管理模式，通过对绩效管理相关理论及企业绩效管理的案例进行分析研究，结合生产经营管理的实际情况，形成绩效管理实施构架。各部门围绕财务指标、重点工作指标和360度考核方面，突出对产品质量、工艺质量、设备管理、安全管理、供应商管理、往来账款清理的考核，以百分制的形式进行月度和年度考核。考核过程由部门自评，考核工作小组根据考核情况，采用现场考核、集中评议等形式对考核指标进行评分，结合专项考核扣款，形成综合考核报告，通报至各部门。

组织编写顾客满意度测评报告，收集、整理公司实施卓越绩效的证实性材料，包括企业推行ISO9000情况、环保达标情况、获得质量方面奖励情况等，撰写经验材料进行申报评选。全年荣获“广西卓越绩效模式先进企业”、“全国轻工业卓越绩效模式先进企业”、“全国卓越绩效模式先进企业”、“全国企业管理现代化创新成果奖”称号。

“6S”管理。2006年，在南宁、柳州制造部成功推行“6S”现场管理基础上，公司在办公场所、仓库区域、公共区域全面引入和推行“6S”管理。成立“6S”推行委员会和“6S”推行办公室，组织召开“6S”管理推行活动动员大会，各部室指定一名部长负责“6S”工作。编印《6S推行手册》，系统向职工介绍“6S”概念、目的、理念、创意技艺、典型难点问题的攻坚案例。公司以此作为一流硬环境配套的软环境管理规范，从“6S”评价标准、推行程序、实施规范三方面进行提炼，形成《卷烟工业企业现场管理规范》项目，申报并通过国家局标准化制定委员会的复审，列为2007年烟草行业标准，在全行业范围内推行。

采购及招投标管理。2006年，公司制定、修改完善《比质比价采购管理标准》、《付款审批权限管理标准》、《企业合同管理标准》、《招标投标管理标准》、《资金管理标准》等25个管理标准，实现制度化规范化管理。制定《采购价格管理标准》，使物资采购、工程建设、项目招投标有章可循、有制度标准可依。成立价格工作领导小组，对采购价格进行监督管理。修改物资采购合同中“立项、签订、付款”3个审批环节，加强物资采购监管力度。

信息化建设

公司以应用体系建设为驱动，先后完成广西中烟信息化建设总体规划、企业广域网络信息安全体系一、二期工程、视频会议系统、协同办公系统、企业资源计划系统（ERP）一、二期系统、行业卷烟生产经营决策管理系统、公文远程传输系统和网上审批系统等重点项目。2006年3月启动ERP三期系统、生产制造执行系统（MES）、容灾中心、企业网站等建设项目，并做好各类系统的维护，有效解决两制造部卷烟生产经营决策管理系统互不兼容的问题。

公司入选为“中国企业信息化500强”，《公司信息化建设总体规划》和《企业协同办公系统》两个项目分别获得“最佳信息化战略奖”和“最佳协同设计应用奖”。

人事与劳资

干部队伍建设。贯彻执行《党政领导干部选拔任用工作条例》，严格按照部门推荐、组织考察、党组研究、任前公示等程序，提拔任用2名科级干部和1名处级干部，并对9名试用期满的正副处级干部实施试用期满考察。深化干部制度改革，推进干部队伍建设工作，坚持“优胜劣汰”、“能上能下，能进能出”的选人用人机制，完善企业内部竞争激励约束机制。制订并实施《广西中烟工业公司处级干部述职评议考察实施方案》、《广西中烟工业公司职工年度考核实施方案》，2006年12月，组织开展公司成立3年以来首次处级干部述职评议考察和职工年度考核。

员工培训。组建公司内部培训教员组，组织教员组成员到国家局郑州培训中心等机构进行培训，提高培训师的业务素质和教学水平。通过与烟机设备厂家合作办班的方式，先后组织237名技术工人前往上海烟机公司、常德烟机公司、昆船公司、秦皇岛烟机公司、沈飞集团等设备厂家进行现场跟班作业培训学习，使具有技术潜力和培养价值的维修工人全部轮训一次，全面提升维修队伍的整体水平。

技能鉴定工作。按照国家局提出的“三年内培养1000名新技师”的目标要求，结合企业技术改造后设备先进，高技能人才缺乏的现状，开展名师带徒、送外培训及鉴定，2006年1月在国家局组织的贵州省烟机设备维修技师职业资格鉴定中，公司有4人通过技师鉴定；5月在广西柳州举办的烟机设备维修技师鉴定中，有15人通过技师鉴定。

全年组织开展5批655人次的技能鉴定考试，鉴定工种包括卷接包装设备操作维修工鉴定、制丝设备操作维修及烟草检验工鉴定、卷烟商品营销员鉴定、烟叶分级工鉴定等。截至2006年底，技术工人中持职业资格证人数1117人，其中，技师32人、高级工274人、中级工502人、初级工309人。

人事用工制度。深化人事用工制度改革，探索和尝试新型的企业用工形式，采取无固定期限、长期聘用、短期聘用、协议工资和劳务派遣等多种用工形式并存的方式，满足企业各种用工需求。对新引进的、安排在关键技术岗位的高层次人才，采取长期聘用制；对拓展区外卷烟市场而增加的用工，采取临时聘用制，签订一年期以下短期合同；对制造部门生产辅助、仓库半年搬运、烟叶整选、清洁、保安、食堂等后勤辅助岗位的新增用工，采取劳务派遣方式。用工制度的改革，促进了用工形式由国家用工向企业用工、企业用工向市场用工的过渡与尝试。

工资及福利制度。公司实施“薪点工资”制度，将员工的收入与企业完成生产经营任务情况及部门绩效考核有效结合起来，充分体现薪点工资制度中“绩效优先”的原则。制订《广西中烟工业公司内退职工2006年工资调整方案》、《广西中烟工业公司离（退）休人员2006年生活补贴调整方案》，建立内退职工工资、离（退）休人员生活补贴与广西居民消费价格同步增长的长效机制，有效改善离退休人员和内退员工的生活水平，解决离退休人员和内退员工的实际困难。

思想政治工作

理论学习。2006年，公司把学习贯彻党章作为加强基层党建工作的重要内容。执行“三会一课”（支部大会、支委会、小组会、党课）制度，通过党支部、党小组专题学习会，开展庆祝建党85周年党史党章的知识竞赛、主题活动等形式，使广大党员丰富对党的认识，提高理论水平；三次聘请自治区党校教授到公司上党课，分别就科学发展观、新党章和党支部工作作专题讲座，提高党员理论水平、政治素质和党性修养。

党建工作。制订并实施《公司精神文明建设和党建工作考核及奖励办法》，将党建工作纳入日常考核，做到同部署、同考核、同表彰，实现党建工作规范化管理。加强党员发展工作，组织81人参加入党积极分子培训班，11人参加国家局党校及自治区党校的培训，全年发展党员42名，预备党员转正22名。

工青妇组织。围绕提高班组（科室）建设水平和员工队伍整体素质，公司机关团委组织全体青年团员开展推进学习型班组（科室）、“星级班组”、“青年文明号”、“技术能手”等创建活动。各级工会坚持“重大节日有活动，日常活动不间断”的工作方针，举办“五一”大合唱比赛、“情系真龙、携手共赢”供应商文艺晚会、“践行两个至上，创建和谐烟草”职工文艺汇演及各种球类、摄影比赛等80多次活动。

企业文化

2006年，在原有的“企业价值、精神、经营、质量、人才、服务、工作作风”七大企业文化理念的基础上，增加了“企业愿景”一项，提出企业与人、与环境“持续发展、人企共进、和谐共生”的美好愿景。编撰《广西卷烟总厂企业文化手册》、《广西卷烟总厂员工思想道德修养与行为规范》4000多册并印发到每位员工手中；开展形式多样的企业文化的宣传贯彻工作，开设3次专题讲座，提高职工对企业文化深度的理解，培训18名企业文化兼职宣传员，建立企业文化管理师队伍。举办广西区直机关百名团委书记“龙文化”研讨会；举行职工书画散文大赛，有200多名职工参与，收到300多幅（件）作品；完成22位企业文化榜样人物先进事迹的采写并在《真龙报》、《广西烟草》、《女性天地》等报刊杂志上发表。

2006年7月，公司被评为广西企业文化建设先进单位；2006年10月，荣获全国企业文化促进会颁发的“全国企业文化建设优秀单位”称号。

企业价值观：消费者利益为本，国家利益至上

企业精神：真龙腾飞，志甲天下

企业愿景：持续发展，人企共进，和谐共生

经营理念：零缺陷，零浪费，高技术，大品牌

质量理念：卓越品质铸真龙，顾客满意甲天下

人才理念：尚贤聚能，人尽其才，有为有位

服务理念：用心服务，时刻满足顾客需求；至信至诚，不断超越顾客期望

工作作风：雷厉风行，求实创新

特事要辑

3月4日，以马拉维共和国工会总书记奥斯丁·卡里曼奇拉为团长的马拉维工会参观团一行到公司参观访问。

3月15日，中国人民解放军总装备部核试验基地师团级干部理论培训班学员一行50余人在广西军区领导陪同下，到公司参观指导。

7月14日~16日，公司首届技术比武活动在南宁拉开帷幕，来自制造一部、制造二部的40位技术能手分别参加了制丝、卷接PROTOS70、包装GDX1、包装GDX2四个工种的理论考试和技能实操比武。

7月6日~7日，全国人大常委会副秘书长王万宾一行分别考察了广西卷烟总厂制造二部和制造一部。

9月8日，自治区党委书记刘奇葆、副主席杨道喜到公司考察工作。

11月23日~24日，国家局局长姜成康、副局长李克明到广西中烟工业公司调研指导工作。

所属企业

广西中烟工业公司南宁制造部

概　况

广西中烟工业公司南宁制造部前身为成立于1978年的广西壮族自治区南宁卷烟厂。2003年12月28日，广西中烟工业公司成立，南宁卷烟厂成为广西中烟工业公司下属两个卷烟生产企业之一。2004年9月24日，取消南宁卷烟厂与柳州卷烟厂两厂法人资格，实施联合重组，成立广西卷烟总厂，南宁卷烟厂成为广西卷烟总厂下属的南宁分厂（对内称为制造一部）。2006年10月13日国家局批复，广西中烟工业公司与广西卷烟总厂合并成为一个法人实体，保留广西中烟工业公司的企业名称，下属的南宁制造部为广西中烟工业公司的卷烟生产点，实行内部核算和预算管理。

领导成员

厂长、党委书记：戴　翔

副厂长：李江宁

工会主席、纪委书记：覃汉良

组织机构

南宁制造部组织机构设置为：综合管理科、党办、人力资源科、工会、设备科、生产调度科、制丝车间、卷接包车间、动力车间、真龙车间10个科室、车间。

生产情况

2006年，南宁制造部生产卷烟268.1亿支（53.62万箱），与上年同比增长2.9%，其中，生产一类烟2.3亿支（0.46万箱），二类烟10.55亿支（2.11万箱），三类烟155.55亿支（31.11万箱），四类烟88.20亿支（17.64万箱），五类烟11.46亿支（2.29万箱）。

企业管理

质量管理。严格执行ISO9001质量管理体系标准，全面落实公司工艺质量文件和标准，开展工艺检查和工艺改进活动，加强对班组质量管理工作的考核和评估。完善质量考核体系，实行“岗位、工序质量管理负责制”，量化、优化质量考核指标。强化过程控制，集中力量解决生产过程中突出重点难点问题。完善车间内部工艺、质量管理条例，对生产过程中出现不符合工艺质量要求的问题，及时处理和做出质量责任判定。

创新质量管理，做好“6S”管理和精细化管理的前期导入工作，组织质量管理骨干分批外出学习培训。做好产品市场质量跟踪调查研究，组织车间和相关科室人员到百色、崇左、北海、防城港、钦州等地市的市场进行产品质量跟踪调查，及时了解消费者的消费需要。每月召开内部质量分析会，做好质量管理工作及重点质量问题的攻关，确保质量管理稳步提升。全年制丝、卷包、烟丝成品抽检工艺指标的优等品率分别达30.06%、49.91%、94.14%。

节能降耗。开展“改变不良习惯，节能降耗从我做起”为主题的节能降耗活动，对公司下达的16项物耗指标，细化分解到车间、班组、机台及岗位。对烟叶、盘纸、嘴棒三大物耗指标进行立项攻关，解决降耗难点、重点；优化生产流程，最大限度降低物耗。强化原辅材料使用过程监控，制订发现不合格材料及时汇报和处理制度，对发现的不合格材料做到记录、分析、落实、反馈的全程监控。2006年，南宁制造部三大物耗分别降至烟叶36.2公斤/箱、盘纸3171米/箱、嘴棒8424.9支/箱，各项材料消耗全年节约费用800多万元。

贯标工作。在公司质量、环境、职业健康安全管理体系的“三标合一”活动中，南宁制造部组织开展环境因素、危险源识别，对所有涉及的作业指导书进行调整修改，识别环境因素156项、危险源517项，更改作业指导书31份，制定真龙车间岗位作业指导书三层文件391份，销毁677份作废的作业指导书。在4月、8月、10月的内审及第三方审核中，发现观察项27项，不合格项8项，及时跟踪整改，年末顺利通过第三方质量监督审核和环境、职业健康安全审核。

安全生产。安全生产工作重点抓好规范化、标准化、有序化管理，重心放在过程安全监控，细化责任到人，考核到位，做到“安全第一，预防为主”。加强职工安全宣传教育，新员工须经三级安全教育方能上岗。成立班组视察、安保为一体的联合检查小组，加强各项安全基础设施检查力度，从源头上扼制事故的发生，排除各种安全隐患。全年进行安全大检查6次，安全专项检查2次，无重特大事故发生，实现安全生产。

队伍建设

人事管理。合理配置人力资源，缓解部门用工紧张现状。正确处理各种劳动关系，重新规范各部门劳动用工行为，到期劳动合同续签率100%。集中人力对历年人事档案材料进行清理、立卷、归档，确保人事档案管理的保密性、完整性和延续性。为每一位职工建立基本电子人事档案，为全面推进人事档案电子化管理打下良好基础。

培训及技能鉴定。2006年，南宁制造部制订《制造一部技术工人持证上岗实施方案》，通过加强培训和技能鉴定两方面工作，逐步提高一线员工的专业技术技能水平。全年培训员工3283人次，员工受训率100%，培训内容涉及烟机设备修理、卷烟设备操作及维护经验、现场管理、烟机设备修理技师、信息自动化电教培训等。

学习和研究国家有关劳动及劳动安全文件精神，组织开展通用工种技能鉴定工作。鉴定工作涉及带班班长、技术员、电工、机械维修工、司炉兼水处理操作工、空压兼制冷操作工等岗位。4月，328名员工参加职业技能鉴定考试，考试合格182名。5月，在公司的技师鉴定工作中，南宁制造部派出8名职工参加技师鉴定，6名职工通过实操鉴定。

打造技术精英团队。拓宽技术人员成才渠道，组织实施《制造一部技术职务聘任办法》和《制造一部2006年度首席维修工评选办法》，经过严格的资格审查和民主评议，分别评聘技术总监1名、主任工程师5名、副主任工程师5名和评选出首席维修工3名。被聘技术骨干根据各自的专业并按职责要求，承担起技术科研攻关项目，在各自技术领域中发挥带头人的作用。

思想政治工作

党建工作。发挥党员的模范带头作用，全面推行党员业绩公开榜和党员、入党积极份子技术互助，深化“党员示范岗”创建活动，在支部中开展“支部班子好、党员队伍好、活动开展好、制度建设好、发挥作用好”为内容的支部创“五好”活动，把党支部建设成组织坚强、党员队伍过硬、基础工作扎实、思想工作有力的战斗堡垒。在车间内开展党员责任制活动，每个党员有责任区，责任区员工的思想工作由责任党员负责。

坚持“三会一课”制度，按时召开组织生活会和党内民主生活会。“以党员团队技术化，技术团队党员化”为目标，加强技术型职工入党积极分子的培养，吸收技术型职工加入党的队伍，全年培训入党积极分子23名，发展新党员18名，预备党员转正1名。截至2006年底，南宁制造部有党员101名，其中生产一线党员72名，党员中具有大专以上学历77名，占党员总数的76.23%。

加强民主化建设。推行领导恳谈日制度，采取部领导与员工面对面座谈的方式，每月安排一天由部领导轮流接待员工来访、征集合理化建议，对员工反映的问题，分类分别处理，定期将恳谈会情况予以公布。全年召开8次恳谈会，有430多名员工参与并提出110条意见，其中25条合理化建议提交到公司并得到采纳。

广西中烟工业公司柳州制造部

概　况

广西中烟工业公司柳州制造部前身为广西壮族自治区柳州卷烟厂。2003年12月，广西中烟工业公司成立，柳州卷烟厂成为广西中烟工业公司下属两个卷烟生产企业之一。2004年9月，南宁卷烟厂与柳州卷烟厂实施联合重组，成立广西卷烟总厂，柳州卷烟厂成为广西卷烟总厂下辖的生产基地之一。2006年10月国家局批复，同意广西中烟工业公司与广西卷烟总厂合并成为一个法人实体，保留广西中烟工业公司的企业名称，下属的柳州制造部成为广西中烟工业公司的卷烟生产点，实行内部核算和预算管理。

领导成员

厂长、党委书记：刘春鸣

副厂长：郭志宏

工会主席、纪委书记：文胜辉

组织机构

柳州制造部机构设置为：综合管理科、人力资源科、纪检党办、工会（团委）、生产调度科、设备技改科、后勤服务中心、卷包车间、制丝车间、动力车间等10个科室、车间。

生产情况

2006年，柳州制造部生产卷烟281.9亿支（56.38万箱），与上年同比增长2.9%，其中，生产二类烟67.7亿支（13.54万箱），三类烟170.65亿支（34.13万箱），四类烟43.5亿支（8.7万箱）。

质量管理

QC活动。邀请资深QC专家开课讲学，对最新的QC知识进行讲解。组织QC骨干参加自治区质量管理协会举办的QC诊断师培训，提高骨干人员的理论及活动开展水平。5月召开QC成果发布会，总结QC活动成果，评选出优秀成果并进行表彰。柳州制造部QC小组在今年全国烟草行业QC成果发布会上发布的课题《降低叶片加料的不合格率》荣获一等奖，4个QC小组荣获“全国质量信得过班组”称号。

设备管理。推行目视化管理，各车间在设备管理上形成标识清晰的管理看板，各主机设备工作原理、维保状态、工作安排等内容在管理看板上直观体现。在操作现场对设备主体也做出明显的警示、提醒等标识，方便操作、维护、管理人员熟悉设备概况，明确工作安排。

制订《制造二部设备管理考核实施细则》，将设备管理人员、维修人员、设备操作人员共同纳入监督和考核范围，全体员工共同参与设备管理，规范设备管理。2006年，柳州制造部卷包设备有效作业率87.61%，制丝设备故障率1.51%，动力设备故障率0.08%，为实现全年的生产任务提供设备支持。

质量控制。建立内部供应服务链，开展“上道工序为下道工序服务”、“下道工序就是顾客”活动。加强生产过程控制管理，建立问题经验库，将生产过程中产生的各种质量问题和相应的解决办法集中汇总，形成预防问题、解决问题的知识共享平台。定期开展缺陷产品巡回展，使一线职工更加清醒的认识自身质量控制水平，树立起“质量就是生命”、“质量第一”的质量理念。

队伍建设

班组建设。规范班组建设，提高班组建设水平和员工队伍的整体素质，制订《创建“星级班组”竞赛活动实施方案》，将班组节能降耗、改革创新、质量意识教育、安全教育等方面的内容作为星级班组创建的重要指标。各班组根据岗位工作特点创新开展岗位练兵、技术比武、班组内部师徒学习、轮岗学习、思想主题学习和QC攻关等活动，员工针对企业现状提出的39条合理化建议均得到不同程度的采用，其中5条得到公司的奖励。

员工培训。实施设备技能、生产工艺、生产管理、管理体系等知识的培训，外送培训37项148人次，内部培训49项3077人次。开展内部培训师队伍建设，聘任71名内培师。承办自治区烟机设备技师鉴定实操考试，柳州制造部有14名技术工人参加，其中12人通过考试，通过率85.7%。组织职工参加公司组织的修理钳工、电工技术比武大赛，促进各工种技能水平的提高。开展维修案例（操作方法）的评选活动并进行维修案例交流发布，组织开展师徒结对及技术讲台活动。

思想政治工作

2006年，柳州制造部贯彻落实《职工思想政治工作体系》，全面了解职工思想动态，做好职工思想政治工作。各党支部定期填写包括生产、质量、生活、福利等方面的反馈表向厂党委汇报职工思想动态。在全体党员中开展学习党章、遵守党章、贯彻党章、维护党章活动，在广大员工中倡导以“八荣八耻”为主要内容的社会主义荣辱观。

完善党建目标考核的内容，每月对基层党支部建设各项指标进行考核，考核结果报综合管理科，并以此作为当月奖罚依据。加强党员队伍建设，注重把生产、技术、管理一线员工中思想素质过硬、业务水平高、敬业奉献精神好的优秀分子吸收到党内，全年有13名同志加入党组织、7名党员转正、90名党员被评为优秀党员。

（周丽霞）

川渝中烟工业公司

概　况

川渝中烟工业公司是全国烟草行业首家跨省组建的工业公司，成立于2003年8月6日，下辖成都卷烟厂、重庆烟草工业有限公司和什邡卷烟厂三家全国重点卷烟生产企业和主要生产滤嘴棒的四川三联卷烟材料有限公司。2006年体制改革，成都卷烟厂和什邡卷烟厂联合重组为四川烟草工业有限责任公司，取消成都卷烟厂、什邡卷烟厂的法人资格，原成都卷烟厂、什邡卷烟厂成为四川烟草工业有限责任公司的生产点，四川烟草工业有限责任公司、重庆烟草工业有限责任公司成为川渝中烟工业公司的全资子公司。

公司拥有员工16000人，其中在岗员工9000人。截至2006年底，公司资产总额138.17亿元，所有者权益66.67亿元，资产负债率48.3%。

领导成员

公司实行总经理负责制，主要领导成员有：

总经理、党组书记：吴应禄

副总经理、党组成员：李德福（2006年4月改任巡视员）

副总经理、党组成员：李存林（2006年4月任党组副书记）

副总经理、党组成员：李增林

党组成员、成都卷烟厂厂长：程佳华（2006年4月任副总经理）

党组成员、重庆烟草工业有限公司总经理：易从宽

党组成员、什邡卷烟厂厂长：吴　宪（2006年4月任副总经理）

副巡视员：罗　维（2006.4－）

副巡视员：赖成虎（2006.4－）

组织机构

2006年6月公司组织结构调整，将原有11个部室（中心）调整为办公室（外事办）、法律与改革部、生产安全管理部、市场营销部、技术研发中心、企业管理部（信息中心）、烟叶部、物资采购部、财务管理部、审计部、企业策划部、人力资源部、监察部、党群工作部、投资管理部、进出口部等16个部门，7月撤销市场营销部，成立营销中心；8月撤销物资采购部，成立物资供应中心。

生产经营

全年累计生产卷烟1104.85亿支（220.97万箱），与上年同比增长2.16%，其中低档烟508.2亿支（101.64万箱）。销售卷烟1107.6亿支（221.52万箱），同比增长1.7%，其中，一、二类烟生产229.5亿支（45.9万箱），同比增长22.3%；三类烟573亿支（114.6万箱），同比增长20.3%。年末工业库存13.7亿支（2.74万箱），同比下降18.9%，低于国家烟草专卖局控库指标。

全年实现销售收入150.9亿元，同比增长16.3%。在处理历史遗留问题和消化潜亏2.15亿元后，实现税利78.9亿元，同比增加8.8亿元，增长12.6%；其中，单箱税利3564元，同比增加332元；实现利润10.3亿元，增长4.5%。

品牌战略和产品介绍

公司按照国家局《卷烟品牌发展纲要》的要求，确定了“做强‘娇子’，做大‘天下秀’，做精‘龙凤呈祥’、打造国产雪茄第一品牌、稳定中档‘宏声’和‘九寨沟’”的品牌整合发展思路。以打造强势品牌作为工作重点，加快实施品牌战略，推进品牌整合培育系统工程，加大品牌整合力度，公司卷烟品牌整合到5个。

2006年，“娇子”、“天下秀”、“龙凤呈祥”三大品牌合计生产348.9亿支（69.78万箱），与上年同比增长16.9%，品牌集中度31.6%，同比增长5.6%。三大品牌调拨销售349.25亿支（69.84万箱），占总销量的31.5%，同比增长19.6%。其中，“娇子”系列88.55亿支（17.71万箱），同比增长39.3%，省外销售41亿支（8.2万箱），同比增长58.9%；“天下秀”系列228.75亿支（45.75万箱），同比增长12.4%；“龙凤呈祥”系列31.95亿支（6.39万箱），同比增长27.2%。全年累计生产雪茄烟3.21亿支（0.64万箱），同比增长7.3%；销售3.07亿支

(0.61万箱)，同比增长9.1%，继续占到国产雪茄80%以上的市场份额。

“(软黄)天子”、“(时代阳光)娇子”、“(阳光二代)娇子”、“(X)娇子”、“(喜庆珍品)龙凤呈祥”等一些结构性、提质改造的产品在区域市场成为新的亮点。“(软黄)天子”在重庆市场销量超过同档次的传统强势品牌，结束了川渝两地无畅销高档烟的历史。

体制改革

2006年5月国家局批复，同意成都卷烟厂与什邡卷烟厂联合重组，组建“四川烟草工业有限责任公司”。取消成都卷烟厂、什邡卷烟厂的法人资格，原成都卷烟厂、什邡卷烟厂成为四川烟草工业有限责任公司的生产点。川渝中烟工业公司名称不变，是中国烟草总公司的全资子公司。四川烟草工业有限责任公司、重庆烟草工业有限责任公司，成为川渝中烟工业公司的全资子公司。

公司于7月份全面启动改革方案，通过理顺产权、调整职能，形成川渝公司“一母两子”(一母：川渝公司，两子：四川、重庆烟草工业有限责任公司)的公司体制和生产管理、技术研发、市场营销、物资供应“四统一”(生产、技术、物资、营销统一)的运行模式。按照“母子体制、母分运作”的原则，完成公司上下组织机构的系统调整，实现由过去以行政管理为主向资产经营管理和直接组织生产经营转变。

科技创新

*工艺技术创新。*2006年6月，公司承担国家局的“卷烟企业特色工艺应用技术研究”项目，该项目旨在通过原料特性、产品特性、设备特性研究，开展分组加工技术、均质化技术、数字化加工技术、制丝线自主创新研究，提升产品技术水平，打造特色工艺技术。

2006年12月，公司通过国家局组织的“制丝工艺技术集成推广应用”项目验收。该项目历时两年半，公司下属企业原成都卷烟厂被国家局列为项目的8家技术推广应用示范企业之一，重点开展HDT型叶丝干燥膨胀机在中式卷烟生产中的应用研究工作，结合制丝工艺集成技术对HDT参数进行优化，研究实现了分组加工，并应用于生产。

*产品技术。*2006年，公司完成“(软阳光二代)娇子”、“(国宝)娇子”、“(时代阳光二代)”娇子、“(喜庆省外版)龙凤呈祥”等产品的开发和改造工作；完成“(蓝)娇子”、“(红)娇子”的降焦改造、“(硬)宏声”丙纤改造工作。在产品技术上，采用“生物处理”技术、香味补偿技术、化学平衡调香术，对配方模块进行处理，形成川渝中烟工业公司独特的产品风格和核心技术。在开发“(国宝)娇子”中，采用HDT处理技术，突破高端产品对梗丝的使用瓶颈，梗丝的使用量达8%。探索中式特色卷烟的加香加料技术，参与郑州烟草研究院的“中式卷烟香精香料核心技术研究”项目。

*减害降焦。*主持“降低烟气中多种有害成分的复合生化制剂研究”项目，研究成果用于“(喜庆珍品)龙凤呈祥”之中。参与专利课题“一种减缓烟气对呼吸系统不良影响的卷烟滤嘴添加剂”在产品中的运用的研究试验，并试验应用于每包7元、10元和15元零售价位的“龙凤呈祥”产品上，取得明显成果并申报、公开国家发明专利5项。

*雪茄烟技术。*公司形成拥有自主知识产权的“递叠反转层式法”全叶卷雪茄烟卷制技术。与郑州烟草研究院、中国烟草标准化研究中心开展技术合作，完成国家局组织的《雪茄烟》国标修订主要内容的修订与汇审工作并形成送审标准；提出草拟行业标准项目《雪茄烟叶技术要求》，完成科技项目合同填报工作并获国家局批准。

信息化建设

公司按照行业《数字烟草发展纲要》，修订《川渝中烟工业公司“十一五”信息化建设总体规划》，对未来5年信息化建设的总体思路、总体目标及近两年的分阶段目标，提出支撑公司发展战略的信息化战略。

2006年，公司新建3个管理信息系统(财务管理信息系统、过渡期营销管理信息系统、过渡期卷烟生产计划统计管理信息系统)，实施两个升级改造项目(升级改造公司卷烟生产经营决策管理系统、升级改造公司骨干网络系统)。全年更新网站内容3900多条，收发公文2356个，登录门户网站的用户24万余人次。信息化建设投入资金1559万元，其中，硬件设备投入560万元，软件设备投入910万元，维护费用89万元。

队伍建设

*技能人才队伍建设。*开展技师鉴定培训，对39名参加技师鉴定人员进行240学时集中培训；对457名初级工、中级工、高级工组织开展技能鉴定，271人鉴定合格；组织39名高级工参加行业维修技师鉴定，26人取得维修技师资格；开展川渝公司第二届烟机维修技能竞赛，33名选手参加竞赛，有12名选手分别获得一、二、三等奖，其中3人被授予“川渝中烟工业公司技术能手”称号，两人被国家局授予“全国烟草行业技术能手”称号；选拔7名获奖选手参加“红塔杯”行业技能竞赛，1名选手获奖，被授予“全国烟草行业技术能手”称号；推荐4名同志参加全国烟草行业技术能手评选，其中有3人被评为“全国烟草

行业技术能手”称号。

人才培训。全年选调部级（处级）和企业领导干部参加行业领导干部培训班两期，培训3人次；选调参加行业举办的职业能力提升和专业技术人员培训378人次。全年组织新接收复退军人和大学毕业生岗前培训23项，参训613人次；开展经营管理类人员培训300项，参加培训5177人次；专业技术人员培训172项，参加培训1608人次；技能人才的培训43项，参加培训1144人次。

人才招录。做好接收安置工作，坚持“凡进必考”原则，组织复退军人录用考试和大学生招录等考试，接收复退军人86名，招聘大学毕业生65名，调入行业外人员2名。

思想政治工作

2006年，公司推进“‘两个至上’在岗位”主题实践活动，制订《川渝公司开展“‘两个至上’在岗位”主题实践活动实施方案》，明确以“五个岗位为重点、五项活动为载体、贯穿五个结合”的活动内容（五个岗位：领导、管理、技术、营销、操作；五项活动：技术练兵、岗位竞赛、创优评比、专题调研、主题征文；五个结合：与社会主义荣辱观教育相结合、与建立共产党员先进性教育长效机制相结合、与贯彻落实国务院有关文件精神相结合、与行业治理整顿两个专项检查相结合、与企业文化建设相结合）。9月26日，公司召开活动开展情况汇报会，及时总结、交流阶段性成果和经验。10月26日，公司举行“两个至上”主题演讲比赛。

党风廉政建设

2006年，公司把“拒腐防变”作为各级班子和干部调整后的“第一堂课”，全年召开干部警示大会5次，组织观看警示教育片23次，组织党风廉政教育70次，接受教育5891人次。公司先后制订川渝中烟《党组议事规则》、《企业领导人员述职述廉制度》等5项规定，配合行政拟定川渝中烟《卷烟材料采购供应管理办法》等制度6项，进一步健全制度体系。建立公司党组管理干部廉政档案118份，与提拔任职和交流任职的62名领导人员进行廉政谈话。全年参与招投标和商务谈判13次，受理群众来信来访11件次、检举控告类6件次，企业内部监管力度进一步加大。

企业文化

公司加强企业文化建设探讨与研究，企业文化建设成效初步显现。经过自上而下、自下而上的反复讨论，初步形成“两个至上”的核心价值观、“激情创业、竞搏一流”的企业精神和“敬业、爱岗、忠诚、奉献”的文化理念，公司上下形成全力塑造川渝中烟“激情文化”的共识。全年选送20多名干部参加行业和地方组织的企业文化建设专题培训，各单位举办企业文化知识讲座，培训员工600多人次。

在企业文化实践方面，各单位依托主题实践活动、支部组织生活、体育竞赛、文艺汇演等形式，大力倡导“能共事才能成大事”、“相遇难得、相逢珍重、相处一心”的意识，消除区域文化、条块文化的影响，促进各个部门内部和部门之间的协作共事、协同作战。

所属企业

四川烟草工业有限责任公司

概　况

四川烟草工业有限责任公司组建于2006年6月，由成都卷烟厂和什邡卷烟厂实施联合重组而成，是川渝中烟工业公司出资设立的全资子公司。公司职工9977人，其中在岗职工4574人。拥有大中专及以上学历3493人，其中，研究生学历27人，具有高级技术职称的6人、中级职称的234人。

截至2006年底，公司资产总额71.87亿元，拥有“中国驰名商标”、“全国名优卷烟”品牌——“娇子”、“天下秀”和中国最大的雪茄品牌——“长城”；拥有亚洲最大的雪茄生产基地，产销量占国产雪茄销量的83%；拥有世界烟草行业先进的在线快速膨胀干燥设备的制丝线（HDT）和国际先进、国内一流水平的卷烟制造设备，国内高水平的卷烟（生产）企业生产执行系统（MES），四川省第一条全自动化生产物流系统，在生产环境、污水处理及中水利用、废品废料处理、降噪、除尘等各方面都达到国内先进水平。

2006年，公司先后获得四川省委颁发的“突出贡献工业企业”、四川省国资委颁发的“省国资委系统学习型先进组织”，被四川省人民政府评为“省级文明单位”和“2006年度纳税先进单位”等称号。

领导成员

董事会

董事长：罗　维

董　事：姜　鸥　陆　伟　汤柱国　邓　权　吴　钢

职工董事：毛开跃

监事会

主　席：赖成虎
经理层
总经理、党委副书记：邓　权
副总经理、党委书记：吴　钢
副总经理、党委委员：冯广林
副总经理、党委委员：张　静
纪委书记、党委委员：李长勋
总工程师、党委委员：徐太源
总会计师：程晓苏
党委委员、成都分厂厂长：甘忠德
党委委员、什邡分厂厂长：黄若强
党委委员、西昌分厂厂长：周　冰
党委委员、绵阳分厂厂长：秦富炳

生产经营

2006年，公司生产卷烟700亿支（140万箱），销售卷烟702亿支（140.4万箱），其中，生产一类烟32.74亿支（6.55万箱），二类烟110亿支（22万箱），三类烟367.85亿支（73.57万箱），四类烟143亿支（28.6万箱），五类烟40.85亿支（8.71万箱）。

实现工业总产值85.64亿元，同比增长10.65%；实现销售收入85.20亿元，同比增长10.41%；实现税利49.61亿元，同比增长7.28%，入库税金46.51亿元，同比增长8.64%；实现利润5.18亿元，同比降低17.2%。

品牌战略和产品介绍

2006年，公司按照川渝中烟工业公司提出的“做强娇子、做大天下秀、打造国产雪茄第一品牌”的品牌战略目标，立足于“生产、质量、成本、安全”四项基本职能，着力为川渝中烟工业公司生产制造品质优异和符合市场竞争力的优势产品。

公司拥有全国“百牌号”卷烟“娇子”、“天下秀”、“五牛”、“九寨沟”和中国最大的雪茄品牌“长城”。“娇子”系列全年销售88.4亿支（17.68万箱），同比增长39.3%；“天下秀”系列全年销售228.8亿支（45.76万箱），同比增长14.13%。销售雪茄烟3.07亿支（0.61万箱），同比增长9.11%。

体制改革

2006年6月，川渝中烟工业公司在四川、重庆两省（市）各级地方党委、政府的支持下，全面启动川渝烟草工业以理顺产权关系，实行“公司制运作、‘四统一’管理模式”为核心，以“做实做强川渝公司，提升整体竞争实力”为目的的整体改革，完成原成都卷烟厂、什邡卷烟厂的联合重组，于6月28日正式组建四川烟草工业有限责任公司，并相继完成董事会、监事会、经理层和党委、纪委、工会组织的设立，实现由“工厂制”向“公司制”的转变。

公司为川渝中烟工业公司出资设立的全资子公司，采取“母子体制、母分运作”的运行模式，以“生产、质量、成本、安全”为基本职能。拥有成都、什邡、西昌、绵阳四个分厂，对四个分厂实行内部核算和目标绩效管理。

科技创新

公司集中人力和物力，与郑州烟草研究院、青州烟草研究所、四川大学等科研机构和大专院校开展工艺技术、原料研究、基础理论方面的合作，在二类烟及以下类别产品中实现分组加工。完善模块配方理念，采用“生物处理”技术有针对性地对配方模块进行处理，对新开发的“（国宝）娇子”产品各模块全部进行“HDT”处理。在“（国宝）娇子”产品中梗丝使用量达8%，解决了公司在扩张过程中的原料瓶颈问题，为公司可持续发展提供了技术支撑。

企业管理

QC小组活动。2006年，公司各分厂分别通过现场发布评选，推荐评选等方式，对优秀QC成果进行表彰，并将部分优秀成果推荐参加国优、行优、省优、市优的评比。经过QC小组活动国家级诊断师评审组的评选，推荐的优秀QC成果在各级评比中脱颖而出，分别获得“全国优秀质量管理小组”称号和“四川省优秀质量管理小组”称号。

物资管理。组织制订《2006年度烟叶采购管理办法》和《烟叶原料仓储管理办法》，规范烟叶采购的作业流程，强化对烟叶仓储的有效管理，提高物资烟叶管理的运行效率和质量。

信息化建设

公司组织搭建“一司四厂”信息化交流平台，即公司内部局域网。保证公司与分厂的信息交流顺畅，全年收发公文174个，公司重要信息的发送质量得到提高。在川渝中烟工业公司“四统一”要求下，公司对卷烟生产经营决策管理系统所对应的信息系统进行升级部署，并着手对财务核算、结算、资金预算、档案管理等一系列信息系统建设进行工作调研，为信息系统建设提供业务支撑。

队伍建设

全年组织228人参加7个工种技能鉴定，129人合格并取得相应的资格证书。其中参加技师鉴定的有19人，合格13人，合格率68%。全年培训职工7222人次，其中，岗位能力提升培训242项、培训职工5991人次；上岗资格培训46项，培训职工1106人次；岗前培训2项，培训职工125人次。

思想政治工作

理论学习。公司定期召开党组理论学习中心组学

习会，重点加强对党的十六届六中全会及行业、川渝中烟工业公司工作会议精神等相关内容的理解和把握；大力推进公司班子民主集中制建设。通过公司内网发布行业信息、公司动态，制作宣传展板，编印公司内部宣传刊物等手段，统一干部员工的思想和行动，形成“激情创业、创新发展、竞搏一流”的坚定决心和气势，确保公司成立一年来体制改革和生产经营目标任务的圆满完成。

党建工作。公司把党的建设提高到一个新水平，进一步发挥党支部的战斗堡垒作用和党员的先锋模范作用。公司全年发展新党员 40 人，分布在“一司四厂”各个关键岗位，党组织的凝聚力和战斗力进一步增强。“一司四厂”围绕生产经营组织开展“一个支部一个堡垒”、“一个小组一块阵地”、“一个党员一面旗帜”的党员主题活动。

党风廉政建设

公司以贯彻落实《建立健全教育、制度、监督并重的惩治和预防腐败体系实施纲要》为重点，紧密结合公司的生产管理实际，围绕中心、服务大局。以公司廉政文化建设为着力点，加大廉政教育力度；以行业内部专卖管理监督工作为核心，加紧制订各项生产管理和工作制度；以公司人、财、物管理为主线，加强对各种权力运行的监督和制约。通过充分发挥纪检监察工作职能，构建适合公司实际的惩治和预防腐败体系。

企业文化

公司认真按照川渝中烟工业公司系统性文化建设的相关要求和统一部署，启动公司文化建设工作。建立企业文化建设领导机构，安排和组织公司文化建设工作，将“激情创业、竞搏一流”的企业精神和“爱岗、敬业、忠诚、奉献”的员工理念融入到各项工作中，培育“激情文化”，增强干部员工的认同感、归属感和向心力，使企业文化转化为公司更大的凝聚力和竞争力，为公司深化改革、创新管理提供文化力。

2006 年四川烟草工业有限责任公司联合重组的企业

成都卷烟厂

（联合重组后为四川烟草工业有限责任公司成都分厂）

概　况

四川烟草工业有限责任公司成都分厂其前身为组建于 1952 年的成都卷烟厂。2004 年，成都卷烟厂分别兼并绵阳卷烟厂和西昌卷烟厂，取消绵阳、西昌卷烟厂的法人资格。2006 年 6 月，成都卷烟厂和什邡卷烟厂实施联合重组，成立四川烟草工业有限责任公司，企业名称变更为四川烟草工业有限责任公司成都分厂，成为四川烟草工业有限责任公司的生产点之一。

工厂占地面积 26.53 万平方米，建筑面积 9.92 万平方米，拥有资产总额 56.82 亿元；职工 2559 人，其中中级职称及以上 184 人、大学本科以上学历 319 人。

分厂先后获得由四川省省委、成都市政府颁发的“突出贡献工业企业”、“2006 年重点企业”、“成都市科学技术进步奖”等殊荣。

领导成员

厂长、党委书记：甘忠德（2006.6－）

党委副书记：杨云清（2006.6－）

副厂长、党委委员：熊永碧

副厂长、党委委员：丛鲁昌

副厂长、党委委员：罗　诚

副厂长、党委委员：刘晓鸣（2006.6－）

纪委书记、工会主席、党委委员：曾　惠（2006.6－）

生产经营

截至 2006 年 10 月，成都卷烟分厂生产卷烟 398.04 亿支（79.61 万箱），与上年同比增长 2.33%；销售卷烟 396.24 亿支（79.25 万箱），同比增长 0.55%。实现销售收入 49.93 亿元，同比增长 11.45%；实现税利 30.53 亿元，同比增长 5.87%。

科技创新

2006 年，成都分厂加强科技创新，对成品烟条输送系统技术改造，保障设备正常运行，降低故障停车时间和次数。对储丝柜振盘多功能空中平台进行技术改造，使现场管理得到根本性改善，解决了以前在接管过程中出现的烟丝造碎问题。对单头铝纸在 ALFA 上的长边折叠故障进行创新改造，使铝纸长边折叠故障带来的小包质量缺陷得到根治。对润叶加料压空引射进行改造，满足新增工艺要求。

企业管理

质量管理。成都分厂对工厂质量检验内外部考核、从进到出原辅料以及半成品判定、生产制造过程类技术标准、操作规程及检验作业指导书 4 个层面的文件体系进行修订和完善，保证 GB5606－2005《卷烟》新国标准确有效的执行；制订成都分厂《质量考核办法》、《质量判定规则》、《工艺判定规则》、《工艺纪律》、《检验实验方法》等一系列内部工艺技术文件，从机制上对预防不合格产品和不断提升产品质量提供保证。

安全管理。加强环境、职业健康安全管理体系（EHS）工作，保持环境管理体系 UKAS 证书和环境管理体系、职业健康安全管理体系国内认证证书和认证标志，实现“八无两控”的年度安全目标。

信息化建设

2006年，成都分厂主要进行了生产执行系统（MES）、营销中心业务系统（包含“营销业务信息管理系统”、“促销管理系统”、“营销报表系统”3个系统）、国家局卷烟生产经营决策系统，以及分厂原有各业务系统的建设、维护工作。

生产执行系统（MES）主要在原系统基础上，针对分组加工需求对生产任务指令分解调度进行调整，满足了分组加工模式下复杂的现场调度及任务跟踪需求。营销中心业务系统主要实现了营销中心根据生产情况和营销相关销售手段来审核申报的计划，针对大区来确定发货运输方式，开准运证，打印销售合同，仓储部门根据合同和准运证来组织发货，货到大区后要进行确认，该系统包含整个营销的全部流程。国家局组织北京中软国际信息技术有限公司对原有的工商数采系统进行升级改造，成都分厂作为该项目全国试点单位，于2006年6月进行系统升级改造。

队伍建设

教育培训。成都分厂制订下发《年度职工培训计划》，把各项培训任务逐一分解，落实责任，安排预算，确保培训经费，提高培训工作的计划性。组织机构重新设置后，成都分厂围绕打造一流的生产基地开展后期的职工教育培训工作，重新编制2006年9月~12月的职工培训计划。在培训内容和方式上进行创新，按照“加强理论、严格管理、注重实效”的要求，既要注重理论知识的提高，又要注重提升学员实际业务水平，通过送外培训，由参加培训人员在学习结束后，在业务范围内进行技术交流或实际操作技能演示等方式进行交流，达到以点带面，扩大培训收益。全年组织培训95项，参加培训2735人次。

技能鉴定。组织50多名职工参加行业职业技能鉴定，从理论和实际操作两方面组织考前培训，组织实施技师聘任试点工作。加强学历教育，全年取得专科学历的10人、本科学历15人、硕士研究生学历1人。

劳资管理。加强薪酬福利预算和总体调控，编制2006年8月~12月原成都卷烟厂收入分配方案；完成对原成都卷烟厂收入分配方案内规定的绵阳分厂、西昌分厂、制造中心、营销中心及成都分厂内部各部门的收入分配清算工作。

党风廉政建设

制订《成都卷烟厂卷烟材料供应商管理制度（试行）》和《经济活动廉洁协议》，对2005年党风廉政建设责任制落实情况、各级领导干部廉洁自律情况进行检查。加强干部员工的法制意识和廉洁意识，利用信息网络为各级领导发送廉政短信，对新提拔任用的42名中层管理人员进行任职前的廉政谈话，通过办公自动化系统登载文章供干部职工学习，强化领导干部和管理人员廉洁从政意识，更好地规范干部和管理人员自身言行，做到防范于未然。召开2006年政治工作暨纪检监察工作会议，举行《党委保证目标责任书》和《党风廉政建设责任书》签字仪式。

什邡卷烟厂

（联合重组后为四川烟草工业有限责任公司什邡分厂）

概　况

四川烟草工业有限责任公司什邡分厂其前身为成立于1918年的什邡卷烟厂，2006年6月，成都卷烟厂和什邡卷烟厂实施联合重组，成立四川烟草工业有限责任公司，企业名称变更为四川烟草工业有限责任公司什邡分厂，成为四川烟草工业有限责任公司的生产点。

企业占地面积47万平方米，职工3053人。企业拥有国内一流的制丝生产线和科技含量与国际先进水平同步的卷接包设备及公共配套工程和理化检测设备，有年产50万箱的卷烟生产规模。

领导成员

厂长、党委书记：黄若强（2006.6 -）

党委副书记：程宜根（2006.6 -）

副厂长、党委委员：刘谋志（2006.6 -）

副厂长、党委委员：张　楠（2006.6 -）

副厂长、党委委员：周玉军（2006.6 -）

纪委书记、工会主席、党委委员：李　洪（2006.6 -）

生产情况

2006年，什邡分厂累计生产卷烟225.17亿支（45.03万箱）（含出口烟、福样促试和机制雪茄）。生产雪茄销售3.07亿支（0.61万箱），同比增长9.1%，占国产雪茄80%以上的市场份额。

体制改革

2006年，随着四川烟草工业有限责任公司的成立和“生产、物资、技术、营销”4个统一的实现，分厂完成由工厂制向公司制的转变，成为四川烟草工业有限责任公司4个生产点之一。随着工厂制向公司制的转变，机构设置由原来20个部门整合为15个部门。

品牌战略与产品介绍

根据川渝中烟工业公司提出的“把什邡打造成中国雪茄基地，把长城雪茄打造成国产雪茄第一品牌”的战略目标，不断加强基础管理，夯实基础工作，配合川渝中烟技术中心制定了雪茄的品牌开发规划，确定了雪茄原料基地建设规划；加强国际技术交流，完成部分雪茄进口设备选型和购置。

企业管理

质量管理。以产品生产制造的全过程为主线，凸显关键过程和关键要素的控制及对关键过程和关键要素的监管、指导服务，保证分厂产品质量的稳定。物资方面，整合原仓储、供应、原料等部门职能，成立物资管理科，统一管理物资的收、发、存工作，保证生产有序进行。

财务管理。什邡分厂认真贯彻落实行业加强内部管理监督，搞好同级审计、专卖检查、多元化企业的清产核资工作，进一步规范会计核算，建立以全面预算管理为核心的财务管理模式，建立工厂、部门两级成本费用标准及责任体系目标，加强资金管理，加大成本费用的控制力度。

技术改造

2006 年，什邡分厂完成“十五”技术改造总体竣工验收工作，拉开“十一五”雪茄烟技术改造工作序幕，先后完成雪茄改造所需的部分进口设备的合同签订工作，完成雪茄真空回潮机、雪茄烘丝机的安装等工作。

信息化建设

2006 年，什邡分厂完成烟草行业卷烟生产经营决策管理系统项目改造，形成川渝中烟工业公司、四川烟草工业有限责任公司、什邡分厂的三级模式，并完成系统中数据采集系统的升级工作。在卷烟工业基础软件（MIS）中，完成成品、烟叶、辅料、备件与 K3 的接口、设备台账管理、设备运行管理、质量子系统、工资子系统的应用等模块的维护，实现企业物流、资金流、信息流的有效集成。建立协同办公自动化系统，实现四川烟草工业有限责任公司与什邡分厂的无纸化办公。

队伍建设

2006 年，什邡分厂坚持“竞聘上岗”原则，建立一套权责明确、充满生机与活力的选人用人机制。对整合后的 15 个部门重新定编定员，聘任中层正职干部 26 人、副职干部 28 人。按照川渝中烟工业公司党组和德阳市委“四好”领导班子创建活动的要求，在厂级班子中开展“四好”领导班子创建活动。根据领导、管理、技术、操作和后勤服务五大系列组织有针对性的培训。全年举办各类培训 94 项，培训职工 2829 人次。

重庆烟草工业有限责任公司

概　况

重庆烟草工业有限责任公司成立于 1998 年 11 月，由原重庆卷烟厂与涪陵卷烟厂联合、巫山卷烟厂实施三峡工程淹没企业破产试点的基础上建立。2003 年工商管理体制分离后，隶属于川渝中烟工业公司。2006 年体制改革，重庆烟草工业有限责任公司成为川渝中烟工业公司的全资子公司，设有重庆、涪陵、黔江 3 个分厂。公司拥有资产总额 52.3 亿元，年生产计划 406 亿支（81.2 万箱），占地面积 800 亩，职工 4500 人。

领导成员

总经理、党委书记：易从宽

副总经理、党委委员：苏明贵（－2006.10）

党委副书记、纪委书记：冉隆永（－2006.6）

副总经理、党委委员：胡晓明（－2006.6）

副总经理、党委委员：曾　俚

党委副书记、工会主席：张云义（－2006.6）

总工程师：何昭全（2006 年 6 月改任副总经理、党委委员）

总会计师：时　红（2006 年 6 月改任副总经理、党委委员）

总工艺师：唐　宏（－2006.7）

副总经理、党委副书记：张建华（2006.6－）

纪委书记、工会主席、党委委员：刘　炼（2006.6－）

总会计师：程晓苏（2006.6－）

生产情况

2006 年，企业生产卷烟 406 亿支（81.2 万箱），与上年同比增长 2.53%。调拨卷烟 405.8 亿支（80.96 万箱），同比增长 2.6%；其中，市内全年调拨 325.8 亿支（65.15 万箱），增长 4.8%；四川市场调拨 38.6 亿支（7.72 万箱），同比增加 4.9 亿支（0.98 万箱），省外市场销售 45.5 亿支（9.09 万箱），单箱调拨价格 5533 元。

全年实现销售收入 49.32 亿元，同比增长 13.22%。实现税利 27.47 亿元，同比增长 12.97%，单箱税利 3393 元，同比增长 10.12%；实现利润 2.91 亿元，同比下降 18.86%。

品牌战略与产品介绍

企业集中优势资源，重点培育“龙凤呈祥”、“宏声”、“天子”三个品牌，不断提高主导品牌的产销规模。全年销售“龙凤呈祥”31.9 亿支（6.39 万箱），同比增长 27.43%，销售“宏声”259.3 亿支（51.86 万箱），同比增长 38.6%。“宏声”在全国卷烟品牌销量的排序由上年的 28 位上升到 2006 年底的 20 位，单箱不含税调拨收入 5964.5 元，同比增长 17%。

在“（世纪朝）宏声”销量稳定的情况下，“（精品）宏声”通过提质改造，月销量 7000 多箱，比改造前翻一番。“（喜庆）龙凤呈祥”月销量 2500 箱以上。零售价 200 元/条的“（喜庆珍品）龙凤呈祥”在提质改造入市后，成为重庆市场 200 元/条卷烟消费层次的主流产品之一。零售价500元/条的“（软黄）天子”全年销售2639箱。

技术改造

企业坚持以中式卷烟调香工艺为核心，着力新工艺、新材料、新技术的研究。参与国家局多个项目的课题研究，《减缓烟气对呼吸系统不良影响的卷烟滤嘴添加剂》、《化学发光法测定卷烟主流烟气中的氮氧化物》等两项科研成果获得国家专利，并在实际运用得到市场的认可。“（精品）宏声”、“（珍品）龙凤呈祥”提质改造上市后都获得成功。

全年完成在线设备设施改造44项，购置监视测量装置49台套。根据川渝公司的总体部署，完成办公自动化系统（OA）在公司范围内的试点和集中安装，以及新旧财务管理信息系统的切换，参与川渝中烟工业公司的卷烟生产经营决策管理系统部署模式的变更和营销管理系统、物资供应系统、档案管理系统的建设工作，配合重庆市内商业改造营销流程，实施订单供货，在数据传递和信息收集等方面给予配套支持。

企业管理

完善全面规范化生产维护（TNPM）、“6S”管理模式及考核实施办法，实施设备大中项修52项，提高现场管理水平和设备运行效率；建立工艺指标的评价体系，规范生产过程的工艺管理，修订完善产品标准12个、工艺管理标准10个。

坚持“安全第一，预防为主”的安全工作方针，深化安全痕迹管理，促进安全工作常建常新，尤其针对重庆百年不遇的大旱灾，及时组织安全检查，逐一排查安全隐患。确保生产安全、技改安全、物资安全和车辆安全，全面实现年度安全工作目标。

内部管理监督

先后启动内部专卖管理监督、同级审计、多元产业清产核资的自查工作，按规定的时间和进度，对2006年的运行情况进行延伸检查，对相关制度实施清理、修订、补充和完善。全年新建专卖内部管理制度28个，财务审计制度19个，并及时补充内部审计和内部专卖管理等检查考核项目。深入贯彻一体化管理体系，按进度修订管理手册、程序文件和作业文件，组织开展重大危险源识别工作。

队伍建设

深入开展岗位适应性培训、职业资格技能培训与鉴定工作，强化中级以上专业技术职务任职资格管理，加快经营型、管理型、科技型和操作型人才尤其是关键人才、紧缺人才的培养步伐。全年选派两名中高层管理人员参加行业和地方组织的领导干部进修培训，组织培训中层管理人员320余人次，开展内部专题培训6100多人次、外部专题培训1000多人次，组织385人参加职业技能培训鉴定，获技师资格28人，高级工34人。

思想政治工作

“两个至上”。围绕“两个至上”行业共同价值观，在公司、分厂、班组、车间围绕主题征文、主题演讲、主题辩论、交心谈心、抗旱救灾、捐资助学等近70个活动，多角度、多渠道地丰富和发展主题实践活动。发现和挖掘近30个典型事例、典型人物，用发生在大家身边的鲜活事例达到教育目的。全年撰写各种心得体会文章1860篇，调研论文106篇，印发简报90期，开办专栏36期。

群团工作。根据机构调整和人员变动情况，建立健全工、青、妇、科协等各级组织，确保工作开展的连续性。秉持“建家就是建企业”的指导思想，深入开展职工之家建设活动；围绕企业的主体工作，组织“龙凤呈祥”感人事迹巡回演讲，展示企业文化，宣传企业品牌，增进工商情感，促进工商互动。以增强团员意识为契机，紧贴生产经营工作，组织“社会主义荣辱观”学习讨论活动，开展“服务新农村、抗旱促丰收”、“学雷锋青年志愿者”、“新国标质量知识竞赛”以及“青年文明号、青年岗位能手创建”等主题活动。

加强廉政建设。认真落实党风廉政建设责任制，建立干部廉政档案，开展治理商业贿赂工作，在组织机构上设置监察部和审计部，加大内部监督管理的力度，构筑规范运行和廉洁自律的防线。制定“五五”普法规划，组织法律知识考试，开展“12·4”法制宣传教育活动，增强员工的法治意识，提升企业的法律素质。

（晏　钢）

贵州中烟工业公司、贵州黄果树烟草集团公司

概　况

贵州中烟工业公司①成立于2003年7月16日，2006年公司总资产94.33亿元，总负债68.78亿元，所有者权益25.55亿元，资产负债率72.91%。共有员工15708人，其中在岗员工10218人。

贵州黄果树烟草集团公司（以下简称“黄果树集

① 贵州中烟工业公司总资产、总负债、所有者权益等数据，等于贵州中烟工业公司总部数据加上黄果树集团数据（贵州中烟本部向黄果树集团销售部分卷烟专卖品）。

团”）成立于2005年1月11日，7月1日正式运行，9月8日挂牌。截至2006年底，总资产92.87亿元，总负债为68.46亿元，所有者权益24.41亿元，资产负债率73.71%。

2006年12月，国家局批复同意贵州中烟工业公司与黄果树集团合并成为一个法人实体，保留贵州中烟工业公司的企业名称。贵州中烟工业公司下设6个卷烟生产厂：贵州中烟工业公司贵阳卷烟厂、遵义卷烟厂、毕节卷烟厂、贵定卷烟厂、铜仁卷烟厂、兴义卷烟厂。卷烟生产厂不具有企业法人资格，实行内部核算和目标管理。2006年，黄果树集团被国家统计局认定为“2006年度中国大型工业企业”。

领导成员

贵州中烟工业公司实行总经理负责制，主要领导成员有：

总经理、党组书记：张建华

副总经理、党组成员：廖天福

副总经理、党组成员：陈卫东（2006.2－）

副总经理、党组成员：白云峰（2006.2－）

副总经理、党组成员：徐东泰（2006.2－）

副总经理、党组成员：马达祥（2006.2－）

纪检组长、党组成员：杨　东（2006.2－）

组织机构

贵州中烟工业公司设办公室（外事办）、综合计划部、生产管理部、安全管理部、财务部、审计部、法律与改革部、投资管理部、人力资源部、政治思想工作部（机关党委）、监察部、信息中心、物资部、烟叶部、技术中心、市场营销部共16个部门。

生产经营

全年生产卷烟1058.5亿支（211.7万箱），与上年同比增长1.69%；销售卷烟1056.05亿支（211.21万箱），同比增长0.74%。其中，一类烟销量44.65亿支（8.93万箱），同比增长33.78%；二类烟销量21亿支（4.2万箱），同比减少45%；三类烟销量702亿支（140.4万箱），同比增长10.97%。实现销售收入121.1亿元，同比增长9.69%；单箱销售收入5721元。实现税利75.8亿元，同比增长9.93%。其中，实现利润13.17亿元，同比增长9.91%。

品牌战略

2006年，以“做大做强‘黄果树’，做精做强‘贵烟’”为核心，以实现“一个转变、两个跨越”为突破口，以推动工作着力点向消费者转移、产品向高结构主导品牌转移、市场向经济发达地区和中心城市转移“三个转移”为着力点，突出抓好营销管理和市场拓展，加强对营销过程的控制，初步实现市场运作从重“大调拨”向做大品牌转变。

品牌整合效果明显，品牌从13个整合为7个，规格从44个减少到27个，初步实现品牌规格规模化。市场布局上，制订《贵州中烟工业公司省外市场体系建设》方案，培育了单箱销售结构不含税调拨价5000元以上，年销量10万箱以上省级市场3个；单箱销售结构不含税调拨价5000元以上，年销量1万箱以上地市级分公司市场17个，市场集中度进一步提升。营销模式创新上，邀请英美烟草公司对品牌运作进行咨询分析，成立“IPD”、“多彩贵烟”、“5元价位”3个项目执行小组，在品牌导入、选点上摊、引导消费等方面进行创新探索。

2006年，“黄果树”品牌卷烟销量667.9亿支(133.58万箱)，与上年同比增长33.01%，单牌号销量列全国烟草行业第五位。“贵烟”品牌卷烟销量从2005年的23405万支（4681箱）增加到56250万支（11250箱），同比增长140.33%。产品结构稳步提升，中高档卷烟在省外市场实现批量销售为零的突破，首次达到省外销售近40000万支（8000箱）的历史新高。

科技创新

坚持创新的市场导向原则，在产品研发和维护上，借鉴集成产品开发（IPD）的研发模式，把市场需求转化为研究的思路和课题，转换为技术和管理的标准，再回到市场进行产品验证。成功开发“黄果树（景象）”和“贵烟（多彩）”两个新产品，完成“贵烟（奇彩）”等卷烟新产品的研制工作，提高产品研发的效率和适应市场变化的快速反应能力。

不断加强基础研究工作，逐步完善科技创新体系，2006年贵州中烟工业公司技术中心被省经委、省发改委、省教育厅和省科技厅认定为“贵州省第二批产学研结合示验基地”，并申报国家认可实验室。完成“环保型烟丝膨胀介质开发及应用技术研究”、“卷烟产品均质化加工技术研究”等3项课题的申报。参与国家局部分替代进口烟叶课题及中式卷烟制丝设备创新特色工艺战略性课题研究。完成“小配方打叶应用研究”等4个项目的对外申报工作；申报“贵烟（多彩）”等3项外观专利。在卷烟工业企业创新能力综合评价中，企业技术创新能力排名上升了7位。

技术改造

稳步推进技术改造工作，成立贵州中烟工业公司重大技术改造指挥部，统筹全省卷烟工业技术改造工作。贵阳卷烟厂易地技术改造项目工程进入实施阶段，圆满完成总体规划设计招标工作，小河区征地工作基本结束。围绕打造“一流装备”的目标，结合行业技术装备政策和企业发展定位，对贵阳卷烟厂易地技改总体规划方案的平面布局、工艺流程、物流组织、公用配套等进行整体优化完善，初步形成工艺流程模式，并向国家局重新申报。2006年11月27日，举行贵阳卷烟厂易地技改奠基仪式。按照国家局对毕节卷烟厂就地技改项目的批复，实施就地技改项目总体规划设计方案的发标工作。

加大固定资产投资力度，全年完成固定资产投资2.26亿元，其中基建技改项目投资2亿元。实施项目总数280个，其中100万元以上的项目19个，完成项目266个。

信息化建设

推动信息技术在企业管理中的应用，完成全省卷烟工业广域骨干网主链路和备用链路的建设，实现贵州中烟工业公司本部到各卷烟厂和市场营销部的专线链接，实现服务器与交换机之间1000M连接、100M到桌面。建成卷烟生产经营决策管理系统、办公协同系统、ERP系统、财务信息化系统、数据中心等。实现贵州中烟工业公司IP实施方案的统一规划和实施，确保每台PC终端都可访问到公司服务器和国家局。形成贵州中烟工业公司本部及5个卷烟生产点组成的广域网络，初步实现管理信息化。

企业管理

基础管理。2006年，贵州中烟工业公司以流程建设为切入点，积极推进管理水平的提升。通过到深圳华为参观学习，开展流程管理培训和交流等活动，增强全员流程化管理的意识，推动流程梳理和优化工作。从理顺管理流程入手，对管理运行中显露出来的问题进行梳理、研究和分析，提出解决问题的方法和措施，共发布企业核心管理流程和业务流程88个，初步建立和谐、顺畅的管理运行机制。

通过加强管理，2006年全省卷烟工业企业净资产与上年同比增长54.53%，总资产贡献率87%，同比提高4.27个百分点；销售利润率18.14%，同比提高1.13个百分点；成本费用利润率21.32%，同比提高1.31个百分点；平均全员劳动生产率84.28万元/人，同比增加7.65万元/人。

质量管理。2006年，启动OHSAS18001职业健康安全管理体系、ISO9001质量管理体系及ISO10012测量管理体系贯标认证工作，测量管理体系获国家最高级别的“AAA”级认证。产品市场抽查合格率100%。深入开展QC活动，贵阳卷烟厂QC小组获全国烟草行业第十七届优秀QC成果发布二等奖，毕节卷烟厂、遵义卷烟厂两个QC小组被评为“全国优秀质量管理小组”，贵阳卷烟厂获第七届“全国设备管理优秀单位”称号。

安全管理。按照安全工作是“1”，其他工作是“0”的安全理念，围绕“一个中心、两个重点”的安全工作重点，突出抓好“建好一个体系、做好两项活动、开展三项教育、建立四项制度”。开展“安全发展、国泰民安”为主题安全巡回演讲活动，建立健全安全生产责任制，加强安全检查和隐患整改，完善安全预防性考核制度，探索和理顺贵州卷烟工业管理体制变化后安全管理的模式和运行机制。全员安全意识普遍提高，全年未发生重特大安全事故。

整顿规范

2006年，按国家局“两项检查”的部署，抓好专卖检查和同级审计工作。逐级成立“两项检查”工作领导小组，逐级签订承诺书，制订切实可行的实施方案，提出严格的工作纪律和要求，确保“两项检查”深入推进。

同级审计工作中，对2005年度的财务收支、专项资金、预算管理、内部控制制度进行自查和回头看，并进行交叉检查。自查和复查共查出问题114项，整改105项，提出整改意见和建议169条，下发整改通知书50份，制订完善管理制度119个。在专卖检查中，对2005年度所需烟叶、烟机、卷烟专卖物资的购进、销售等进行自查，共披露问题31项，整改29项，下达整改通知书5份，提出整改意见和建议129条。

思想政治工作

2006年，开展“‘两个至上’在岗位”主题实践活动，并与树立正确的荣辱观和建立保持共产党员先进性教育长效机制相结合，全省卷烟工业广大干部职工立足岗位，以极大的热情投入到工作实践中，提高践行“两个至上”的自觉性。

开展丰富多彩的纪念建党85周年活动。2006年，贵州中烟工业公司荣获“2006年全省精神文明建设先进单位”称号，贵阳卷烟厂党委、贵定分厂党委被授予“全省先进基层党组织”荣誉称号，毕节卷烟厂党委被授予“贵州省国资委系统先进基层党组织”荣誉称号。

党风廉政建设

2006年，不断推进党风廉政建设和反腐败工作，生产经营中注重自律。贯彻落实中纪委六次全会、国务院第四次廉政工作会议、国家局纪检监察会议精神。深入开展党风廉政和反腐倡廉教育，特邀云南省纪委领导和省检察院领导作辅导报告。制订贯彻落实《建立健全教育制度监督并重的惩治和预防腐败体系的实施纲要》具体规划措施和方案，修订完善企业《党风廉政建设责任制和考核办法》及各类监管制度，狠抓

《实施纲要》的贯彻落实，开展《实施纲要》和《贵州省预防职务犯罪工作条例》知识竞赛，推进贵州中烟工业公司惩防体系建设。

开展效能监察，建立健全对重大工程项目招投标等工作的监管体系，对重点工程和投资项目开展效能监察，实施“阳光工程”，确保企业重大工程项目顺利进行。贵阳卷烟厂效能监察的做法被国家局纪检组收集总结作为经验介绍。制订《纪检监察信访举报工作制度》，处理信访举报和严肃查办违法违纪案件，不断规范贵州中烟工业公司信访举报工作。

所属企业

贵州中烟工业公司贵阳卷烟厂

概　况

贵州中烟工业公司贵阳卷烟厂其前身为成立于1940年7月1日的贵阳卷烟厂，占地面积7.87万平方米。2003年底，贵阳卷烟厂成功兼并贵定卷烟厂，原贵定卷烟厂更名为“贵阳卷烟厂贵定分厂”。2005年，根据烟草行业“大市场、大企业、大品牌”的发展战略，贵州卷烟工业企业整体整合为黄果树集团，贵阳卷烟厂成为黄果树集团的生产点。

2006年，贵阳卷烟厂（不含贵定分厂）年生产能力500亿支（100万箱），有员工4068人，其中，大专以上学历占30.29%，聘任技术职称人数占26.66%，聘任技术等级人数占33.62%。拥有12000千克/小时打叶复烤生产线1条、制丝线3条、高速卷烟机28组（其中引进德国PROTOS高速卷烟机16台，引进英国PASSIM高速卷烟机4台，国产ZJ17高速卷烟机8台）、高速包装机26组（其中引进意大利GDX1高速软盒包装机10台，国产ZB25高速软盒包装机2台，引进意大利GDX2高速硬盒包装机6台，国产ZB45高速硬盒包装机8台）。

2006年，贵阳卷烟厂被贵州省建设厅授予“贵州省节水型企业”称号，被中国设备管理协会授予第七届“全国设备管理优秀单位”称号。

领导成员

厂长、党委副书记：魏　鹰

副厂长、党委书记：方　静

党委副书记：李宏达

党委副书记、纪委书记、工会主席：晏　敏

副厂长、党委委员：杨　刚

副厂长、党委委员：龙志远

副厂长、党委委员：王光举

副厂长：隆智辉（－2006.7）

集团驻厂财务总监、党委委员：孙俊如

生产情况

企业主要生产“黄果树”、“贵烟”“遵义”“大丰收”4个品牌20个规格的产品。2006年，生产卷烟594亿支（118.8万箱），与上年同比增长1.55%，其中，贵定分厂生产120亿支（24万箱）。生产一类烟45.93亿支（9.19万箱），占总产量的7.73%；二类烟7.11亿支（1.42万箱），占总产量的1.2%；三类烟320.3亿支（64万箱），占总产量的53.92%；四类烟215.6亿支（43.14万箱），占总产量的36.3%；五类烟5.06亿支（1.01万箱），占总产量的0.85%。完成打叶生产4.8万吨，生产嘴棒108亿支。实现卷烟产值74.34亿元，同比增加8.2亿元，增幅为12.4%。

组织机构调整

2006年，按照由“以职能为中心”向“以流程为中心”转变的要求，以业务流程的优化与再造为切入点，完成企业生产车间的整合改革。经过整合，生产与辅助车间由原来的10个减少到3个，减少用工约200人，实现生产资源的共享和优化。通过调研制订《贵阳卷烟厂组织机构职能调整设计方案》。《方案》按“横向集成、纵向压缩”的原则，将企业的22个处室、公司大幅压缩，逐步变二级管理为一级管理。初步进行流程的梳理工作，整理出管理、工艺、业务和实物流程267个。

技术改造

实施就地技改工作。购置安装2组KDF2滤棒成型机和5组烟支输送连接设备；完成自动装封箱生产线安装调试，投入试生产。贵定分厂投资320万元，对卷包工艺调整、真空回潮机等6个项目进行技术改造。办公自动化系统投入运行，ERP二期项目建设开始启动。

科技创新

搭建创新平台，引导、支持职工在管理、技术方面的创新活动。分别成立了贵阳卷烟厂管理创新委员会和贵阳卷烟厂技术委员会，下发《贵阳卷烟厂管理创新项目管理办法》和《贵阳卷烟厂技术创新项目管理办法》，有计划、有组织地推进企业创新工作。对申报的2005年度管理创新、技术创新项目进行评审，评选出获奖项目68项，对获奖的部门和个人颁发荣誉证书和奖金（共计38.2万元）。

企业管理

目标管理。引进目标管理的概念和方法，推进实施目标管理体系的建设。制定2006年度贵阳卷烟厂一、二级目标，并将目标层层分解，责任到人。草拟《贵阳卷烟厂目标管理考核办法》，由厂目标办对目标完成情况按月度进行跟踪检查，以半年度为一考核期限，对目标完成情况进行考核，将目标任务完成情况与部门、个人的绩效挂钩。

质量管理。合理安排设备轮修保养时间，克服软、硬烟生产能力与生产计划存在矛盾等困难，保证生产稳定运行。配合黄果树集团新品开发和产品改造工作，共完成12个品牌（规格）的试制生产。实现制丝一线7个牌号（规格）的片烟投料生产，释放打叶线的初烟打叶能力。开展工艺诊断和工艺改进工作，针对市场反馈的质量问题和新《卷烟》国标达标的要求，组织质量攻关活动，成立“新国标重点指标攻关工作领导小组”，从工艺、实物、管理3个流程着手进行攻关改进。组织降低烟叶、烟丝糙碎，提高烟叶、烟丝结构、耐加工性和烟丝填充值的工艺测试，根据测试的数据和分析的结论，提出28项修改原料工艺流程、制丝指标的建议，并组织实施。贵定分厂对制丝线的相关设备及操作方法进行改进，调整风送系统，减少烟丝糙碎。

财务管理。进一步推进财务业务一体化，将财务职能管理和生产经营管理有机结合起来。加强基础经济数据管理，明确卷烟生产系统基础经济信息的采集、填报及管理程序，编制印发《贵阳卷烟厂卷烟生产系统基础经济报表编报手册》，规范基层统计核算人员的工作内容。重新制订《预算管理办法》，克服过去预算管理完全以经济指标为主的不足，使黄果树集团下达的各项预算指标落在实处。贵定分厂制订《建设节约型烟草企业重点工作实施方案》，各部室、车间按照《方案》拟定具体的节能降耗措施，收到较好效果。

安全管理。落实安全责任制，安全工作做到责、权、利的有效匹配。对黄果树集团下达的安全管理目标细化到具体岗位，并把各单位分管安全的领导作为第二责任人与工厂主管领导签订责任书。提高安全风险金上缴标准，普通职工的风险金从过去的200元提高到500元，对安全责任大的单位、部门提高奖惩力度，考核标准提高70%。完成连带责任制试点工作，初步建立月安全生产分析制度，对生产中出现的各种安全问题及隐情进行分析并提出应对解决方案。在全厂范围内开展查找自身周边危险源的活动，完成全厂危险源辨识工作。编制《重大突发事件应急救援预案》。对可能发生的重大突发事件和安全风险进行分析，共提出建立13类《预案》。开展安全检查和隐患整改工作，通过各班组的日查、车间的周查和安委会办公室组织的每月一次检查，消除大量生产经营中的安全隐患。

思想政治工作

建立和完善党员先进性教育长效机制。制订《贵阳卷烟厂党建工作纲要》，此项成果代表黄果树集团荣获“2006年度省级管理创新成果奖”。建立信访工作组织机构及制度，修订完善维稳应急工作机制。在车间整合、民工、短期合同工转移，生产计划调整加班延点增多、分配等改革较多的情况下，通过加强宣传、引导，利用《贵烟之窗》、墙报、广播、会议等多种形式，确保干部职工思想稳定，各项改革顺利推进。推行厂务公开，增加管理决策透明度，制订《贵阳卷烟厂“厂务公开”实施细则》，对职工关心的问题具体落实到相关管理部门，并通过会议、公示栏等形式定期向职工通报。

党风廉政建设

党风廉政纪检部门深入开展“账外账”、“小金库”的清理工作，党风廉政宣传教育、党纪教育达90%以上，制订《贵阳卷烟厂贯彻落实〈建立健全教育、制度、监督并重的惩治和预防腐败体系实施纲要〉工作安排的分解方案》，将任务分解到全厂各单位，形成廉政建设责任体系。2006年贵阳卷烟厂党委被省委和省国资委分别授予“贵州省先进基层党组织”、“省国资委系统先进基层党组织”荣誉称号。

贵州中烟工业公司遵义卷烟厂

概　况

贵州中烟工业公司遵义卷烟厂其前身为始建于1978年的遵义卷烟厂，占地面积21万平方米，建筑面积12万平方米。有烟叶醇化库4.6万平方米，年实际生产能力250亿支（50万箱）。2005年，贵州卷烟工业企业整体整合为黄果树集团，遵义卷烟厂成为黄果树集团的生产点。2006年，企业有固定资产9.3亿元，有在职职工1700余人，其中各种专业技术人员475人（中级职称112人，初级职称330人）。

在“九五”和“十五”期间，企业购置5000千克/小时制丝线、570千克/小时二氧化碳干冰膨胀线和公用工程，完成设备连接、条烟输送、成品烟输送、嘴棒输送、风力送丝、卷接机的集中工艺除尘等，实现卷接包一体化生产。生产车间有复烤、制丝（含膨胀）、卷接包、动力、机修、嘴棒等6个车间。配有从英、德、意等国引进的先进设备200多台套生产线，其中GDX2、帕西姆、福克等设备具有世界先进水平。

领导成员

厂长、党委副书记：余　文

副厂长、党委书记：何莉琴

纪委书记、工会主席：苟辉奇

副厂长：马　亚

副厂长：徐光明

集团驻厂财务总监：吴德波（2006.8－2006.12）

生产情况

2006年，主要生产“（翻盖）长征”，“（翻盖）桫椤（佳品）”，“（盖）黄果树（特制醇香）”和“（翻盖）桫椤（全红）”。全年共完成产量218.9亿支(43.78万箱)，其中，二类烟11亿支（2.2万箱），三类烟206.8亿支（41.36万箱），四类烟1.1亿支(0.22万箱)。完成加工烟32.3亿支（6.46万箱），主要加工“（翻盖）上游（新品）”和“（翻盖）上游（嘴）”。2006年共实现工业总产值25.08亿元。

人事改革

继续深化干部人事制度改革，完善人事考评机制。强化中层干部绩效考核工作机制，切实建立以工作实绩为核心的考核体系和考核量化标准，充分调动中层干部工作的积极性。加大对不称职、不胜任工作的干部的调整力度。进一步完善中层干部及专业技能人才的选拔聘用机制。

按照黄果树集团对生产点的职能分工，在企业内部按业务流程为主线进行流程再造，推进组织机构调整，重新对各部门岗位进行梳理，同时制订岗位描述、岗位职责和岗位评价表。建立完善的配套考核机制，对优秀员工进行晋升或奖励，对平庸员工进行培训学习或转岗，对经过再培训不合格的，进行分流，最终淘汰。

技术改造

遵义卷烟厂重点技术改造规划经国家局批复，设计院总体设计，分期实施。一期工程已建成投入生产，二期工程于2005年8月开始实施。二期工程计划总投资33095万元，总项目19个，2005年开工项目4个，2006年续建项目4个，开工项目3个，建成项目2个。截至2006年底累计完成投资1119万元，其中2006年完成投资6589万元。

新建4万平方米片烟醇化库及弯弓山库区配套技改工程，计划投资7465万元；综合科技大楼工程，计划投资4400万元，累计完成投资2286万元；联合工房局部加层改造工程，计划投资2449万元，累计完成投资1228万元；大修升级改造ZJ15卷接组合YF12烟支连接系统各1组；购置1组ZB45硬合硬条包装机组，完成投资1483万元；2500立方米/天综合污水处理项目工程，计划投资380万元。

企业管理

生产管理。严格遵照黄果树集团生产调度指令，按其品牌和结构要求组织生产。结合企业的设备情况和原辅料准备情况，制订月生产进度计划，报集团生产部审定后执行。根据月进度计划和实际生产情况，制订周（日）生产计划。实行每天生产短会、每周生产小结会和每月生产总结会三会制度，及时了解和协调处理生产过程中出现的质量、设备、原辅料等问题。自2006年5月份开始，为统一卷包规格，对卷、包设备和卷、包规格逐步进行改造。除“长征”保留25S嘴，宁波外加工烟为20S嘴外，其余牌号卷烟嘴长改为22S嘴。硬包机组由美式改为英式。

针对每月都不同程度地出现原辅料供应与计划脱节的情况，对计划和设备进行调整，使原辅料供应故障对生产的影响降到最低限度。

2006年先后拟订卷烟生产经营决策管理系统打码排产日台账登记核对规定、准运证管理制度、废支房安全操作规程、临时用工派工单制度等相关规章制度等让各相关工作的进行更为规范、有序。

成本管理。加大成本管理控制力度，逐步形成完整的成本控制系统。建立以全面成本管理为重点的预算管理控制体系，从预算编制上做起，提高预算的预见性。同时将年度和月度工作计划作为抓好预算管理的一个基础工作，提高编制的准确性、控制水平等。把预算管理贯穿到企业生产经营的全过程，建立更加科学的预算编制、执行、监督、分析、调查方法和预算管理激励机制，保证预算的执行力度。对部门目标责任进一步细化和考核，更加优化资源配置，提高成本效益。

质量控制。全厂继续推进ISO9001质量管理体系，按照精细化管理和精细化加工的要求，加强对产品质量的全过程控制。在QC成果方面，取得较好的成绩。七车间旺年QC小组荣获“全国优秀QC小组”称号，一车间QC小组、七车间QC小组、质检科QC小组、四车间QC小组获得“省级优秀QC小组”称号。据不完全统计，上述QC小组的QC成果为企业取得经济效益达360余万元。

安全管理。加强安全管理、安全知识培训，完善安全管理制度体系和安全预案，颁布和修改《遵义卷烟厂安全管理制度》68项。进一步强化厂、车间、班组的三级安全教育，提高职工安全意识。按期启动职业健康安全管理体系的宣传贯彻工作，在全厂展开查找身边危险源和安全隐患的活动。2006年5月开展“安全生产月”活动，并组织以安全为主题的演讲活动，大力宣传安全理念。严格操作规程，加大对“五小”场所的管理力度，完成新生产厂房的消防和厂区环保验收工作。对厂区库房和外租库进行全面检查。在工程建设中严格执行“三同时”，在事故处理中坚决依照“四不放过”原则。

信息化建设

加大对信息化基础建设的投入，逐步完成各生产车间、库房和关键部位的电视监控设备的安装。全面实现办公自动化，逐步实现无纸化办公，提高办公效率。2006年，采购PC机36台套，外设56台套，网络设备2台套，使用部门反映良好。企业与黄果树集团通过骨干网连接，完成并实现办公自动化系统、卷烟生产经营决策管理系统、ERP、NC等应用系统在全厂的广泛使用。针对四车间开发设备查询系统，规范车间库存备件查询和日常维护情况的管理。为厂办开发礼品烟领用登记及查询程序，方便厂办礼品烟的发放及查询。为档案室重新开发档案管理软件。

队伍建设

干部队伍建设。2006年4月，启动副主任工程师的公开选拔工作，通过公平、公开、公正的选拔程序，选聘一位副主任工程师。11月，通过公开选拔程序和民主推荐双轨人才选聘机制，4位职工走上中层领导岗位。

建成干部考核管理机制。2006年4月颁布《遵义卷烟厂中层干部考评办法》，建立和落实360度考核法与关键绩效指标考核法（KPI）相结合的绩效考评体系，达到传递压力，强化责任，改进管理方法的效果。

职工教育培训。2006年，共举行各类培训班206期，受训人数达1454人，合格率95.8%。送出170余人参加省内外各类专业知识的岗位培训、适应性培训，合格率100%。全年共投入培训经费100余万元。年初制订新进厂工人培训管理办法《关于对新进员工加强管理的实施细则》，完善专业技术职务管理，做好职称的评聘工作。根据《全国烟草行业专业技术人员管理手册》和企业的实际情况，制订《专业技术职务管理办法》，进一步规范专业技术评聘工作。

思想政治工作

坚持每月一次的党组理论学习中心组学习，坚持每月一次的政工例会，进一步打造学习型组织。宣传党的路线、方针、政策，贯彻落实《公民道德建设实施纲要》，开展公民道德宣传教育活动，建立有效的工作机制。组织开展了一系列主题鲜明、生动活泼的家庭助廉教育和廉政文化进家庭活动。

以支部建设为依托，探索建立保持共产党员先进性的长效机制。坚持执行《遵义卷烟厂党支部工作目标考核细则》，全面、准确、科学地评价党支部的工作成效。两次组织对党支部工作进行交叉考核，做到党建工作与行政工作一起部署安排，一起督促检查，一起考核总结。

各车间狠抓班组团队建设，七车间以“打造一流班组”为目标，针对原有的班组管理不规范的地方，重新严格采用ISO9001：2000质量管理体系要求，对其进行规范性、标准性贯标，取得显著的成绩。四车间甲班提出“有序、扎实、节约、高效”的设备管理新理念，在产、质、耗、安全文明生产等方面居全厂前茅，2006年荣获贵州省“五一劳动奖状”。

注意捕捉职工的闪光点，总结宣传身边的典型，并通过《黄果树烟草报》、厂内的“班组园地”、“宣传橱窗”等大力宣传职工敬业爱岗、技术创新、求知进取、无私奉献的先进事迹。组织车间党支部、基层工会开展的“共产党员示范机台”和“劳动竞赛”、“班组竞赛”等活动。

内部管理监督

根据国家局开展“两项”检查的要求，通过自查、复查和回头看3个阶段的工作，顺利通过省局和国家局的检查。

2006年，根据《国家烟草专卖局关于开展2005年同级审计工作的通知》、《贵州中烟工业公司贵州黄果树烟草集团公司2005年同级审计工作方案》，成立遵义卷烟厂2005年同级审计工作领导小组，对企业同级审计工作作总体部署，签署遵义卷烟厂《遵烟审指字〔2006〕第02号审计指令》、《遵烟审通字〔2006〕08号审计通知书》。对近年的审计报告进行清理，对审计报告中提出的问题进行清理和整改，整改内容28项。对《经济合同审计管理办法》及《工程预结算管理办法》等6个方面进行评审。

成立内部管理监督专项工作领导小组，对企业2005年执行《烟草专卖法》的情况、物资采购总体情况、技改建设工程项目进行情况、生产计划的执行情况、打扫码等情况进行梳理，对发现的不合格项进行整改。

党风廉政建设

贯彻落实党风廉政建设责任制和《惩防体系实施纲要》，层层签订党风廉政建设责任书，制订完善《遵义卷烟厂党风廉政建设责任制实施细则》、《遵义卷烟厂建立健全教育、制度、监督并重的惩治和预防腐败体系实施纲要的具体方案》等7项制度。通过宣传学习和开展“六个一”活动，对广大干部和职工进行廉政教育和警示教育。加强厂务公开和效能监察工作，对企业的重大决策，干部廉洁自律，选拔任用干部，工程项目和物资比质比价采购等方面进行有效监督。

贵州中烟工业公司毕节卷烟厂

概　况

贵州中烟工业公司毕节卷烟厂其前身为创建于

1974年的毕节卷烟厂，占地面积32万平方米。2005年，贵州卷烟工业企业整体整合为黄果树集团，毕节卷烟厂成为黄果树集团的生产点。2006年，有总资产11.77亿元，其中固定资产10.37亿元，年生产能力225亿支（45万箱）。有在岗职工1522人，其中各类专业技术人员670多人，具有大专以上学历的307人，中级职称67人；全厂技师10人、高级工117人、中级工308人、初级工505人。装备有3000千克/小时虹霓制丝线、570千克/小时干冰膨胀烟丝生产线，PASSIM、PROTOS、GDX1、GDX2、B1、ZB45等高速卷接包设备及公共配套工程和理化检测设备。

2006年，毕节卷烟厂荣获省总工会“构建和谐企业先进单位”，荣获贵州中烟工业公司“2006年安全管理先进单位”等荣誉称号。

领导成员

党委书记、纪委书记：胡齐志

厂长、党委副书记：丁先文

集团公司驻厂财务总监：程　华

副厂长：冷启国

副厂长：范丛军

工会主席：龙吉伦（ –2006.9）

工会主席：卢　镝（2006.10 – ）

调研员：龙吉伦（2006.12 – ）

生产情况

2006年，企业主要生产的产品有：公司自有品牌“驰（佳品）”、“黄果树（兰佳品）”、“黄果树（特制醇香）”、“黄果树（红金牌）”、“黄果树（特醇）”、“遵义（软）”；联营品牌“西湖（明珠）”、“雄狮（硬）”、“雄狮（红老版）”、“五一（喜字）”。

全年生产卷烟180.85亿支（36.17万箱），其中，三类烟2.05亿支（0.41万箱），占总产量的1.13%；四类烟167.1亿支（33.42万箱），占总产量的92.4%；五类烟11.7亿支（2.34万箱），占总产量的6.47%。实现不含税产值17.56亿元，与上年同比减少6.6%，入库税金11.97亿元（含清欠2.25亿元），同比增长47.78%。

组织机构调整

2006年，企业对内设机构进行改革。对6部1中心职能进行重新划分，设置内设机构。设厂办、政工科、人事劳资科、财务科、审计科、生产科、工艺执行科、质量监督科、三级站、物资管理科、烟叶科、安全保卫科、信息科、设备技改科、监察室、整顿办16个职能部门。

人事改革

针对毕节卷烟厂的实际情况，对人事、用工、分配制度进行改革。在人事制度方面，召开第四届十次职工代表大会，对职工内退年龄作适当调整，解决职能转变后企业人员富余的问题。在分配制度方面，适当增加内退人员工资待遇及退休人员的生活补贴，进一步缩少职工收入差距。对在岗职工的收入分配，赋予职能部门二次分配权，部门根据职工当月工作情况调整内部分配，有效解决无专门机构、绩效考核不到位的问题。在用工制度方面，开始着手解决历史临时用工劳务化问题。

技术改造

在技术改造方面，主要着力进行在线技改，对影响生产的设备问题进行整改。2006年完成大、中修计划27项，投入大、中修资金1864万元，项修资金1313万元。投入安全经费100余万元，对厂区防雷装置、污水处理系统、消防设备、压力容器等进行维护和完善，在一定程度上奠定安全工作的硬件基础。

为改变毕节卷烟厂设备落后状况，2006年争取到贵州中烟工业公司投资2亿元的40万箱生产线联合工房的就地技改项目，并获得国家局批复。

企业管理

资产管理。为理顺行业产权关系，配合行业做好资产上划基础工作，确保国有资产保值增值。对毕节卷烟厂所有资产进行清查核实，共计清理出不良资产1.01亿元，其中申请报废3151万元，闲置资产7003万元，在涉及到的企业历史应收账款中，对总额3004万元190户的单位往来进行集中清理。

财务管理。以预算管理为重点，加强成本控制。在开展“两项检查”的工作中，毕节卷烟厂财务、审计、整顿办分工协作，对在此次内部审计检查中查出的涉及金额9973万元的历史遗留问题进行整改和账务调整。制订适应现阶段实际情况的《毕节卷烟厂预算管理办法》、《三项可控费用预算管理规定》，并将三项可控费用进行分解，落实到各职能部门和车间，各职能部门和车间进行再次分解和落实，责任到人，建立健全费用控制台账，通过有效的管理和控制，毕节卷烟厂全年三项可控费用总额控制在预算范围之内，并略有节余。

质量管理。2006年，毕节卷烟厂开展“质量持续改进”，不断提高卷烟产品质量。从4月起，在全厂范围内开展以质量管理制度、节能降耗、稳定过程产品质量控制、设备质量保障能力、优化工艺、考核控制等多个方面为主要内容的“质量持续改进”竞赛活动。在“查找质量问题”阶段共查找出涉及全厂各环节的质量问题170条，需整改的问题125条。在“改进措施、落实整改”阶段共提出改进措施110条，分轻重缓急进行整改，初步达到预期目的。降低烟叶消耗，烟支重量降到18克/20支左右并稳定下来，烟梗利用率明显提高。

现场管理。严格按照《毕节卷烟厂现场管理考核实施细则》的具体要求，从职工上岗、现场安全生产、生产设备、物流控制、基础工作5个方面加强检查考核力度，把现场管理工作落到实处。向职工贯输“整理、整顿、清扫、清洁、素养、安全”的“6S”现场管理理念，在全厂逐步推行“6S”现场管理。

物资管理。建立健全各项规章制度，规范物资管理。拟订《物资管理规定》、《物资采购程序》、《仓库物资管理规定》、《专卖物资管理规定》、《现场管理规定》等制度。在“两项检查”工作中，拟订《专卖物资管理制度》、《物资采购控制程序》等制度，对存货物资10800多个品种进行清理。推行“阳光采购”，比质比价，货比三家。推进物资仓储计算机管理的进程，建立初始的数据库，辅料、香料完全进入计算机管理，完善配件、杂料物资基础工作，对账务的管理流程进行改进，成品的打扫码工作运行已趋于正常。

基础管理。以制度建设为突破口，建立“用制度管人、用制度管事、用制度管权”的长效管理机制。厂部办公室、政工科牵头，各职能部门全力参与，对涉及全厂的规章制度组织清理、修改、补充和完善，共清理废除制度9项，修改完善20项，对清理完善的213项规章制度按部门进行整理编号和装订存档。加强制度落实中的检查监督力度，提高规章制度的执行力。2006年毕节卷烟厂“建立设备电子档案管理模式”获第八届贵州省省级企业管理现代化创新成果三等奖。

安全管理。加大安全基础设施建设和投入，共投入安全经费100余万元，对厂区防雷装置、污水处理系统、消防设备、压力容器等进行维护和完善。开展安全检查与整改工作，开展全员查找身边安全隐患活动，查找人的不安全行为、物的不安全状态、环境的不安全因素、管理中的不安全环节，共查找安全隐患311项，下达隐患整改通知书17份25项，存在的安全隐患基本得到整改。制订和完善熏蒸杀虫、重大危险源特种设备、公共突发事件、灭火等应急救援预案，全年先后进行5次应急预案演练，提高岗位人员对生产安全事故及其他突发公共安全事件控制、应变处理的能力。相继开展“安全生产月”、“安康杯”竞赛等活动以及安全演讲、安全征文、安全知识竞赛等活动，组织全员学习《安全生产法》、《道路交通安全法》、《消防法》、《治安处罚法》等法律法规，普及安全知识，提高安全意识。

队伍建设

把领导班子建设作为队伍建设的核心内容，根据年初企业“四好”领导班子检查组检查中提出的问题和建议，解决领导班子成员在思想观念、精神状态和党性党风方面存在的突出问题。坚持党委中心组学习制度和民主生活会制度，修订和完善“党委会议事规则”、“党委中心组学习制度”、“领导干部联系群众制度”、“领导干部廉洁自律规定”等规章制度。推行目标管理，制定考核细则并实行量化，对领导班子政治素质、团结协作、作风形象、工作业绩方面提出15条工作任务，并进行分解，明确责任部门。工会委员会开展换届选举工作，特别注重选举的法制化、程序化，广泛征求意见，确保选举工作的顺利进行。

在全厂进行中层干部公开选拔。制订公开选拔中层干部的实施方案，采取笔试、面试、民主测评和组织考察相结合的方式进行，每个程序都实行量化，按权重比例进行综合评分，择优录用。104名职工参加考试，8名优秀职工走上中层干部岗位。

结合实际拟定全年培训计划、分步实施。全年完成安全知识、测量管理体系等内部培训13期889人次，完成计算机网络、生产管理、设备管理、岗位分析等外部培训44期182人次，培训取证合格率均达100%。开展员工技能鉴定工作，2006年50人获得职业技能鉴定等级合格证，截至2006年底，持证人员占工人总数的92.16%。为培养职工动手能力。引导职工开展群众性技术创新及岗位练兵、技术比武等活动，其中，3项QC成果分别被评为国优、省优和黄果树集团二等奖。

思想政治工作

以保持职工队伍稳定为重点，以转变观念、统一思想为难点，以党组织和党员队伍建设为切入点深入思想政治工作。根据职能部门的设置和党员分布，及时调整党支部设置。把思想政治工作列为党建目标管理的主要内容，各支部对党建目标进行分解，每个党员与支部签订责任书，划分党员责任区，通过加强党员的教育和管理发挥示范作用。修订完善《毕节卷烟厂思想政治工作条例》、《毕节卷烟厂思想政治工作责任制》，明确各部门及各级管理人员、共产党员、共青团员、生产骨干在思想政治工作中的职责和义务。2006年，毕节卷烟厂党委荣获省国资委先进基层党组织。

完善毕节卷烟厂职工思想政治工作研究会组织，开展思想政治工作研究，探索新的条件下思想政治工作的形式、方法和途径。3月，在全厂进行职工思想状况调查，对职工提出的10个方面45个问题，党委责成分管领导组织整改，解决职工关心的问题。通过调查，基本掌握职工的思想动态，有的放矢地采取措施加强职工的教育和引导。

党风廉政建设

以贯彻落实中纪委会议精神和《建立健全教育制度监督并重的惩治和预防腐败体系的实施纲要》为切入点，加强企业党风廉政建设。加强制度建设，修订完善领导干部联系群众、纪检监察信访工作实施细则、中层以上干部述廉实施办法、领导干部廉洁自律规定、领导干部报告个人重要事项规定、党风廉政信息员制度等规章制度，进一步完善党员干部权力制约机制。通过开展效能监察工作，注重事前监察防范，加强过程控制，对物资、技改、基建等重点部门和招投标重要环节进行经常性检查和过程监督，对关键环节、重要岗位实施廉洁保证和承诺。

落实党风廉政建设责任制，2006年签订党风廉政建设及反腐败工作目标责任书9份、廉洁自律承诺书17份、物资采购廉洁保证书10份、工程项目保证书8份，将组织领导、责任分解、责任考核、责任追究和奖惩兑现落到实处。

贵州中烟工业公司铜仁卷烟厂

概　况

贵州中烟工业公司铜仁卷烟厂其前身为创建于1977年的铜仁卷烟厂，2005年，贵州卷烟工业企业整体整合为黄果树集团，铜仁卷烟厂成为黄果树集团的生产点。截至2006年底，铜仁卷烟厂占地面积8.18万平方米，其中，建筑面积37186平方米，厂房面积20554平方米。年生产能力达75亿支（15万箱），年生产计划53.5亿支（10.7万箱）。全厂职工720人，其中，具有初级专业技术职称的201人、中级职称29人、高级职称2人。主要设备有1500千克/小时仿HAUNI制丝线一条，PASSIM7000卷烟机2组，MK95卷烟机4组，YB22包装机10组，ZB43包装机8组。

领导成员

2006年8月前，主要领导成员有：

厂长、党委书记：谭跃辉

副厂长、党委委员：胡成都

纪委书记、工会主席、党委委员：胡凡军

副厂长：聂迪华

副厂长：陈　骏

2006年8月后，主要领导成员有：

党委委员、副厂长：陈　骏

纪委书记、工会主席、党委委员：杨　和

副厂长、党委委员：田应红

助理调研员：胡成都

助理调研员：胡凡军

助理调研员：聂迪华

生产情况

2006年生产卷烟53.5亿支（10.7万箱）。其中，"桫椤（全红）"9.33亿支（1.87万箱），"黄果树（特醇）"13.84亿支（2.77万箱），"桫椤（绿）"26.54亿支（5.31万箱），"甲秀"3.8亿支（0.76万箱）。

信息化建设

用光纤、双绞线和5.8G线技术建立并完善内部局域网。

租用电信公司的两条光纤数字线路，分别用于Internet连接和作为贵州中烟工业公司视频通信的专网通路。

租用网通公司的一条光纤数字线路，作为与企业各业务系统连接的专用通道。

在Internet和与黄果树集团连接的专用网络上分别安装路由器、防火墙、过滤网等网络连接和网络安全设备。

技术改造

2006年3月，完成由遵义卷烟厂调入的两组SQ316切梗丝机的现场维修及安装调试工作。

2006年底前完成由贵阳卷烟厂调入的5组YB22包装机组、贵定卷烟分厂调入的两组MK95卷接机组的调拨、大修和安装调试工作。

科技创新

2006年2月，铜仁卷烟厂成立科学技术创新委员会；10月，成立厂技术中心。实施科技创新项目4个。

安全管理

对企业锅炉、压力容器、压力管道等特种设备、设施进行安全性评价，确保锅炉、压力容器等特种设备的安全经济运行。对安全管理制度进行梳理，完成《铜仁卷烟厂安全生产管理体系》的编写，并于4月份实施。

根据事故发生的多元性及突发公共事件的偶然性等特点，完成《铜仁卷烟厂事故应急救援支援预案》的编写，同时，组织应急救援体系的培训、演练，提升整体应急管理水平。

贵州中烟工业公司兴义卷烟厂

概　况

贵州中烟工业公司兴义卷烟厂其前身是作为贵阳卷烟厂分厂的兴仁县卷烟厂，1991年10月获国务院批准成为国家计划内地方卷烟厂，1988年5月进行技术改造，1991年7月技改结束投产至今。企业占地面积15.33万平方米。2005年，贵州卷烟工业企业整体整合为贵州黄果树烟草集团公司，兴义卷烟厂成为黄果树集团的生产点。

截至2006年6月，资产总额2.58亿元，负债总额2.52亿元。企业拥有数10台套国产的制丝、卷接、包装设备和两台英国制造的HLP250硬盒包装机，有较完善的质量检测体系。有员工302人，其中，本科以上学历10人、大专以上学历129人；高级职称2人、中级职称15人、初级职称172人。

领导成员

2006年9月前，主要领导成员有：

厂长、党委副书记：周争春

党委副书记、纪委书记：刘凤文

常务副厂长、党委委员：宋庆勇

副厂长、党委委员：王敬贵

副厂长、党委委员：李爱民

工会主席、党委委员：蒋先军

2006年10月后，主要领导成员有：

主持全面工作：刘凤文

领导班子成员：蒋先军

生产情况

1～4月按照贵州中烟工业公司下达的卷烟生产计划组织生产，4月17日停产进行改革。9月21日正式上划黄果树集团，10月12日恢复生产。

全年生产卷烟11.25亿支（2.25万箱），全部为四类烟，总产值0.75亿元。万支卷烟耗烟叶7.59公斤，万支卷烟耗盘纸644.36米，万支卷烟耗嘴棒（醋纤）1683.45支。产品合格率100%，无安全事故发生。

体制改革

2006年1～4月，兴义卷烟厂着手开展企业内部改革调整前的调查摸底、宣传发动、初拟方案等相关准备工作。2006年4月17日，企业停止生产，集中精力抓企业内部改革调整工作。到2006年6月30日止，企业709名职工安置结束，其中，分流到贵州中烟工业公司304人，分流到贵州省烟草公司黔西南分公司28人；由黔西南州人民政府协调安置88人；退休内退人员125人移交黔西南州劳动和社会保障局管理；调往州外安置1人；申请自谋职业163人。在整个安置工作中，未发生不稳定事件。

2006年7月，国家局和贵州中烟工业公司委托湖南长沙中仁会计师事务所对兴义卷烟厂止于2006年6月30日的资产情况进行清产核资和专项审计。贵州中烟工业公司与黔西南州人民政府达成一致意见，以2006年6月30日以前为时间点，无偿接收兴义卷烟厂资产。9月，兴义卷烟厂具备了正式移交的各项条件。9月21日，贵州中烟工业公司、贵州省烟草专卖局（公司）、黔西南州人民政府签署了《贵州省兴义卷烟厂资产划转移交协议》（资产接收时间点为2006年6月30日）和《贵州省兴义卷烟厂人员移交协议》，兴义卷烟厂正式上划黄果树集团，成为黄果树集团的一个生产点。

（胡桂姜）

云南中烟工业公司

概　况

云南中烟工业公司于2003年10月23日注册登记，2004年1月1日正式成立。截至2006年底，公司下设红云烟草（集团）有限责任公司（简称“红云集团”）、红河卷烟总厂、红塔烟草（集团）有限责任公司（简称“红塔集团”）3个卷烟工业企业，以及云南中烟物资（集团）有限责任公司共4个全资子公司，下辖云南烟草科学研究院、云南烟草教育培训中心、云南烟草兴云投资股份有限公司、云南省卷烟烤烟交易市场4家直属单位。公司在“九变四”、“四变三”重组整合的基础上继续稳步推进企业组织结构调整，于2006年9月25日挂牌成立云南中烟物资（集团）有限责任公司，2006年11月11日正式组建成立云南烟草国际有限公司。拥有资产总额1066.69亿元，负债总额262.24亿元，净资产771.34亿元，资产负债率24.58%。共有在职员工21859人。

2006年，云南中烟工业公司紧紧围绕“完善机制体制，优化资源配置，增强竞争实力，全面提升水平”的行业中心任务，结合云南烟草工业实际，按照“打造重点品牌，狠抓科技创新，实施差异化战略，走内涵式发展道路”的思路开展工作。

领导成员

公司实行总经理负责制，主要领导成员有：

总经理、党组副书记：张水长

副总经理、党组书记：柳万东

副总经理、党组成员：朱绍明

副总经理、党组成员：邱建康

副总经理、党组成员：徐　瑾

副总经理、党组成员：姚庆艳

纪检组长、党组成员：李新军（2006.9－）

副总经理、党组成员：李穗明（2006.9－）

副总经理、党组成员：李天飞

巡视员：李有义

组织机构

云南中烟工业公司机关设有办公室（外事办）、人力资源部、生产安全管理部、科技开发部、财务审计部、投资管理部、原料部、法律与改革部、党群工作部、纪检监察部、市场管理部等10部1室。

生产经营

2006年，云南卷烟工业企业共生产卷烟3240.5亿支（648.1万箱），与上年同比增长2.7%，其中，一类烟362.8亿支（72.56万箱），占总产量的11.2%；二类烟1119.15亿支（223.83万箱），占总产量的34.54%；三类烟1618.2亿支（323.64万箱），占总产量的49.94%；四类烟127.8亿支（25.56万箱），占总产量的3.94%；五类烟12.55亿支（2.51万箱），占总产量的0.39%。销售卷烟3265.2亿支（653.04万箱）（含省外回购），同比减少2.02%，其中，销售一类烟365.95亿支（73.19万箱），二类烟1120.65亿支（224.13万箱），三类烟1635.45亿支（327.09万箱），四类烟130.15亿支（26.03万箱），五类烟13亿支（2.6万箱）。

2006年，云南省内卷烟工业实现销售收入573.33亿元，与上年同比增长6.25%，实现税利421.32亿元，同比增长5.43%，其中，实现利润81.31亿元，平均单箱税利6405元。

品牌战略和产品介绍

2006年，云南中烟工业公司以“做精做强做大品牌”作为战略发展思路，逐渐提高品牌集中度。2006年，在线生产卷烟品牌20个，比上年减少5个，重点品牌“玉溪”、“红塔山”、“红梅”、“云烟”、“红山茶”、“红河”的全国商业销量达2744.5亿支（548.9万箱），与上年同比增长31.58%，占云南20个百牌号卷烟商业总销量的72.26%。

“玉溪”、“红塔山”、“云烟”、“红河”、“红梅”、“石林”、“阿诗玛”、“恭贺新禧”、“小熊猫”、“吉庆”、“国宾”、“美登”、“蝴蝶泉”、“红山茶”、“春城”、“香格里拉”、“茶花”、“龙泉”、“钓鱼台”、“福”等20个品牌为国家局《卷烟产品百牌号目录》品牌，2006年，“红梅”销量833.5亿支（166.7万箱），同比增长32%；“红河”销量726亿支（145.2万箱），同比增长12.16%；“红塔山”销量303亿支（60.6万箱），同比增长77.85%。2006年新推出的卷烟产品有“（13mg）红塔山（经典）”、“（15mg）红塔山（经典）”、“（13mg）红塔山（全包装）”、“（12mg翻盖）红塔山（黑）”、“（15mg全包装）红梅（顺）”、“（15mg翻盖）红梅（春）”、“（15mg翻盖）红梅（虹）”、“（15mg如意）云烟（软）”、“（15mg）云烟（吉祥）”、“（15mg94mm）云烟印象”、“（14mg）红河V6（硬）”、“（14mg）红河66（硬包）”、“（8mg翻盖）威斯（混合型红）”、“（12mg翻盖）威斯（混合型蓝）”、“（12mg翻盖）MARBL（GOLD）”、“（15mg）钓鱼台（金）”。

体制改革

在总结省内卷烟工业企业“九变四”、“四变三”重组整合的基础上，结合云南卷烟工业实际，按照国家局构建母子公司体制改革试点方案和现代产权制度、现代企业制度及《公司法》要求，建立健全红云集团董事会、监事会、经理层及各负其责、相互制衡的法人治理结构；调整和完善红塔集团的法人治理结构，组建新的董事会、监事会和总裁班子；完成云南中烟物资配套公司的改制工作，于2006年9月25日挂牌成立云南中烟物资（集团）有限责任公司，组建董事会、监事会和经理层。

进一步加快云南卷烟工业进出口工作的“转型、改制、整合”，按照《国家烟草专卖局关于调整中国烟草进出口（集团）公司成员企业管理体制的决定》（国烟法〔2006〕589号）的具体要求及《国家烟草专卖局关于组建云南烟草国际有限公司的批复》，整合云南红塔进出口有限公司、香港红塔国际烟草有限公司、香港玉成贸易发展有限公司、红塔瑞士有限公司、天成（太平洋）有限公司、滇龙实业有限公司，于2006年11月11日正式组建成立云南烟草国际有限公司。

为实现省际间资源共享，优势互补、互利共赢，按照《国家烟草专卖局关于组建吉林烟草工业有限公司的批复》，于2006年12月3日完成中国烟草实业发展中心与红塔集团共同出资组建吉林烟草工业有限公司的工作，实现了企业由工厂制向公司制的转变。

科技创新

云南中烟工业公司围绕公司党组提出的实施品牌差异化战略的科技发展思路，确定“原料差异化战略的研究与推广”、“物理及化学手段综合减害降焦研究”、“烟用香精香料技术及产品开发研究”、“针对不同卷烟需求的特色薄片研究开发”、“卷烟结构与烟气成分组成及特性研究”、“特殊加料工艺研究”、“烟梗膨胀工艺及应用研究”等7个“十一五”重大科技计划，编写下发《云南中烟工业公司“十一五”科技创新规划》。2006年，新立科技项目25项，接转历年延续项目33项；申报国家局项目10项，批准立项8项，申报云南省科技厅项目6项，批准立项4项。组织鉴定和验收21项科技成果，配合国家局和云南省科技厅对5项科技计划项目进行鉴定验收。对2005年度科技进步奖项目进行评审，评出获奖项目16项，其中，一等奖4项、二等奖11项、三等奖1项，1项获云南省科技进步二等奖，2项获云南省科技进步三等奖。召开云南烟草工业系统首届科学技术大会，表彰5名有突出贡献的科技专家、28名先进科技工作者和52名优秀科技工作者。

企业管理

财务审计。2006年财务审计工作以合并会计决算报表为首要任务，以开展同级审计自查、复查及整改为中心工作，不断夯实财务工作基础。按权益法核算并编制合并会计报表，完成云南中烟工业公司理顺资产关系后的首次年度会计决算工作。组织开展行业同级审计，做好自查自纠、复查及整改工作，进一步做实企业资产，规范财务管理。

加强成本分析，公司按月对主要财务指标进行通报，及时了解云南烟草工业的总体财务状况和效益指标完成情况。加强会计基础规范，提高会计信息质量，进一步加强对多元化经营企业的财务监管和会计基础规范日常工作指导，逐步提高多元化企业会计工作基础；对同级审计自查和复查发现的问题组织企业业务骨干进行专题研究，使各企业统一认识，共同研究整改办法；召开中期财务审计工作座谈会，对全面实行权益法核算及合并会计报表工作进行总结交流。加强预算的检查分析，优化流程，提高机关财务管理水平。强化对基建项目工程、大宗物资采购、广告宣传以及相关经济合同的日常审计监督，充分发挥内部审计监督与服务的功能作用。草拟《云南中烟工业公司离任经济审计操作规程》，确保客观公正地对领导人任期内各项工作和相关经济指标作出评价。

安全管理。加强安全设施建设，切实抓好安全重点整治，推进安全管理体系的实施。提高安全防范和处理突发事件的能力，有效防止重大事故的发生。2006年，全省烟草工业系统实现火灾事故为零，安全生产重特大责任事故为零，重特大交通事故为零，生产责任事故死亡率为零，重伤控制率为0.2‰，杜绝了重特大刑事案件的发生。

信息化建设

按照云南中烟工业公司“打造重点品牌，狠抓科技创新，实施差异化战略，完善体制机制，走内涵式发展道路”的工作重点，加强信息化管理。完成国家局组织的烟草行业信息化2004~2006年度考核工作。针对信息化建设工作的要求，建立健全各项管理规章制度和规范，制订《云南烟草工业信息化工作管理办法》、《云南中烟工业公司机关计算机设备管理办法》、《云南中烟工业公司网络系统管理规范》、《云南中烟工业公司网络信息保密管理规定》和《云南中烟工业公司信息系统项目管理规定》。根据国家局《数字烟草发展纲要》提出的建设数字烟草、实行统筹规划、统一领导、应用主导、资源共享、安全高效、务求实效的原则，初步拟定《云南中烟工业公司信息化建设规划》。为丰富数据来源，建立国家局《行业卷烟生产经营决策管理系统》数据落地采集渠道，红塔集团、红云集团、红河卷烟总厂到云南中烟工业公司的生产经营数据采集渠道，以及全国云产烟销售数据采集渠道。

云南中烟物资（集团）有限责任公司

云南中烟物资（集团）有限责任公司于2006年6月26日经国家烟草专卖局批复同意，由云南中烟物资配套公司改制而成，是云南中烟工业公司的全资子公司。公司是一个以经营管理云南省烟草工业系统卷烟辅料、烟机设备和零配件、仓储运输为主的国有独资公司。截至2006年底，资产总额11.24亿元，负债3.41亿元，净资产7.83亿元。共有职工320人。2006年，公司被授予“云南省烟草工业系统安全先进单位”、“五华区社会治安综合治理先进单位”、“云南烟草工业系统2006年度基层工会目标管理考核先进单位一等奖”等荣誉称号。

2006年，烟用丝束、滤嘴棒、卷烟纸统一经营管理紧密围绕各卷烟生产企业的卷烟生产计划开展，加强计划管理、价格管理和总量调控，较好实现了购销增长、供需平衡、均衡采购和平衡调拨。对接装纸、成型纸实行统一经营管理。

继续加强进口烟机专用零配件经营工作。G.D、HAUNI、MOLINS等进口烟机专用零配件保税寄售平稳发展，正式签订FOCKE机型专用零配件保税寄售协议。降低进口烟机专用零配件采购成本和库存水平，经营效益进一步提高。

继续发展仓储中转运输业务，2006年“两烟”特别是烤烟铁路运输明显强化，仓储结构得到调整优化，业务转型基本实现。

全年实现主营业务收入26.92亿元，实现利润1.68亿元，上缴税金1.06亿元。

物资管理。丝束、嘴棒、卷烟纸按照国家局要求严格落实到货确认制度，进一步规范采购秩序和行为。坚持丝束、卷烟纸、BOPP统一价格管理。

2006年，扎实开展烟用物资、烟机零配件采购供应管理工作检查考评活动，对全省卷烟工业系统的物资工作情况进行综合检查考评。组织专题调研组进行深入调研，制订出台全省烟用辅料采购整合实施方案、烟用辅料消耗定额标准以及统一全省烟用辅料技术标准工作方案。配合云南中烟工业公司对丝束等9类烟用物资的产品质量进行抽样检测。烟用包装铝箔纸行业标准制定、烟用瓦楞纸箱行业标准修订工作进展顺利，平稳启动卷烟商标印刷地方标准修订工作。

设备管理。组成烟机设备和零配件专题调研组，对省内9家卷烟生产企业的设备和设备管理情况进行调研，全面掌握全省设备配置、使用，以及封存设备、报废待销毁设备的情况，形成比较齐全的设备统计表。对设备统计报表进行修订完善，制定19类设备统计管理报表。推行进口、国产通用零配件资质认证采购管理，坚持以卷烟生产企业为主体，对2006年度供应厂商进行资质认证，并发布合格供应厂商名录。启动烟机零配件网上交易、网上合同鉴章管理系统，制定全省烟机零配件消耗定额标准和库存定额标准，建立烟机零配件管理统计报表制度。

仓储运输。组织召开全省“两烟”铁路中转运输工作会议，基本统一烤烟铁路运输保险费率和经营结算费用标准。配合昆明铁路局开发应用烟草大客户管理系统，初步制订《云南省烟草专卖品公路运输管理办法》。于2006年初全面停止卷烟省外公路运输经营业务，清理整顿公路运输队伍。对现有仓储资源进行合理调整和优化配置，实施凉亭仓库基建改造、防盗监控系统改造以及网络改造、仓储信息管理系统开发建设工程。

队伍建设

云南中烟工业公司以提高干部职工素质为重点，不断加强人才队伍建设。按照《中共云南中烟工业公司党组关于开展创建“四好”领导班子活动的通知》要求，在全省烟草工业企业、直属单位开展创建“四好”领导班子的活动，并要求各单位结合实际研究制定本单位创建“四好”领导班子活动的实施办法。

教育培训。加大培训工作力度，实施对管理人员的培训规划。2006年共举办4期“云南中烟工业公司企业领导干部及管理人员培训班”，各级管理干部238人参加了为期半个月的政治理论、业务知识的培训。结合企业实际和各企业人才工程的需要，加强与大专院校的沟通联系，委托各院校对急需专业人才进行培训，依托行业培训机构，为人才培养创造条件。抓好专业技术职称评聘分开试点工作。组织多渠道、多层次的技能竞赛，承办并组织选手参加“‘红塔杯’第二届全国烟草行业烟机设备维修职业技能竞赛”，组织开展首届云南中烟工业公司烟叶分级竞赛。组织各企业专业技能人员参加职业技能鉴定，2006年共有53人通过初级工、500人通过中级工、719人通过高级工职业技能鉴定，76人通过技师技能鉴定。加大职工在职岗位培训力度，2006年累计举办20余个班次，培训职工1300余人次。

人事劳资。劳资管理以规范职工收入分配制度、形成有效激励机制为重点，进一步深化分配制度改革。坚持“国家局宏观调控、省级公司协调监管、企业自主分配、职工民主参与”的分配原则，规范工资发放行为及发放渠道。做好工资总额使用计划的宏观控制，对所属单位实行严格的工资总额使用计划管理。完成企业用工情况、企业劳动关系协调调查及统计上报工作。组织相关人员参加《劳动法》及劳动关系处理培训，组织在昆单位完成企业劳动用工登记工作。组织完成所属卷烟工业企业的劳动合同管理、劳动工资管理、员工收入分配、考核等方面的调研。

思想政治工作

理论学习。组织开展各类主题教育活动，加强干部职工政治理论学习和思想道德建设。在云南烟草工业系统内广泛开展学习贯彻十六届六中全会精神、云南省第八次党代会精神、关于社会主义荣辱观的重要论述、党章及《江泽民文选》等主题教育活动，并邀请专家学者进行专题辅导讲座，组织云南中烟工业公司机关、红云集团和下属单位近400人参加学习。组织召开党组理论学习中心组学习（扩大）会议，组织云南烟草工业系统各单位对党委（党组）中心组学习情况进行自检自查。

价值观讨论。组织开展“心相通、情相连、做强品牌利共享，讲诚信、重服务、工商携手求双赢”主题实践活动。组织召开“‘两个至上’在岗位”主题实践活动座谈会，各单位通过进行汇报交流，推动主题实践活动的深入开展。组织由系统内劳模、专家及先进人物组成的“两个至上先进事迹”宣讲团进行专场巡回宣讲，3500名干部职工听取了宣讲。组织3名代表参加国家局举办的“两个至上”演讲比赛并获奖。

党建工作。组织各单位对先进性教育活动期间已经建立的制度及执行情况进行梳理并抓好贯彻落实。组织广大职工学习贯彻胡锦涛总书记在庆祝中国共产党成立85周年暨总结保持共产党员先进性教育活动大会上的重要讲话精神，开展纪念中国共产党成立85周年纪念活动。抓好“云岭先锋”工程，加强直属机关党组织建设。组织好云南中烟工业公司（直属机关、红塔集团、红云集团）出席中国共产党云南省第八次代表大会的代表选举工作。

舆论宣传。贯彻学习国家局政治工作会议精神，宣传先进典型和经验。组织召开云南烟草工业系统2006年政工工作会议，安排部署政工、党务、宣传、政研会、共青团等方面的工作。做好政工、党群工作信息的收集工作，编发《党群工作简报》39期。

党风廉政建设

结合党和国家反腐倡廉工作形势，在党员、干部和职工群众中开展普遍性教育。以各类制度、机制为依托，以制度促机制，以机制促落实。把干部的监督管理贯穿于组织管理、教育考察、选拔任用、日常管理的全过程，发挥工会组织及职代会等民主管理、民主监督、民主决策的作用，坚持厂（司）务公开制度，强化监督管理。在工程建设、物资采购、招投标等活动中，绝大多数单位以签订廉政协议书形式，协调规范外部环境和外部行为，防止腐败行为的发生。

企业文化

贯彻落实《中共云南中烟工业公司党组关于转发中国烟草企业文化建设纲要的通知》要求，协助国家局做好红云集团文化建设的启动、论证、咨询、提升等各项工作，组织相关人员对红塔集团等单位的企业文化建设工作进行调研和指导，抓好云南中烟物资配套公司的企业文化建设起步工作，组织红塔集团、红云集团、红河卷烟总厂3家企业参加国家局举办的全国烟草行业企业文化建设成果展示活动。组织相关人员参加国家局在郑州举办的企业文化建设培训班，举办由政工、工会、共青团干部参加的云南烟草工业系统企业文化建设工作培训班，并组织到试点单位参观学习。

特事要辑

9月25日，云南中烟物资（集团）有限责任公司挂牌成立。

11月11日，通过整合云南红塔进出口有限公司、红塔国际烟草有限公司、香港玉成贸易发展有限公司、红塔瑞士有限公司、天成（太平洋）有限公司、滇龙实业有限公司，正式组建成立云南烟草国际有限公司。

所属企业

红云烟草（集团）有限责任公司

概　况

红云烟草（集团）有限责任公司组建于2005年11月8日，由昆明卷烟厂和曲靖卷烟厂合并改制组建，是中国烟草行业首家工厂制变公司制改制试点单位。截至2006年底，红云集团拥有昆明卷烟厂、曲靖卷烟厂、会泽卷烟厂、昆明卷烟厂分厂、乌兰浩特卷烟厂5个生产点，控股山西昆明烟草有限责任公司（简称“山昆公司”），参股内蒙古昆明卷烟有限责任公司（简称“蒙昆公司”）。资产总额257.24亿元，员工近2万名，拥有400台套先进的关键加工设备，主要设备有卷接机112套，包装机122套，12000千克/小时打叶复烤线4条，1650千克/小时至12000千克/小时不同生产能力制丝线9条，2270千克/小时和1140千克/小时干冰膨胀烟丝线2条，稠浆法薄片生产线2条，其他辅助设备多台套。

2006年，红云集团昆明卷烟分厂王海荣获“全国五一劳动奖章”，红云集团卢莉芳、孟锋、李东节、饶智、黄建明、蒲花获得“云南中烟工业公司技术能手”荣誉，红云集团刘瑞、叶学华被授予“全国烟草技术能手”称号。

领导成员

董事会

董事长：徐　瑾

董事：陆宪生　郭洛夫　赵子敏　周少南　陆　琪　朱绍明　俞瑞方　武　怡　马子肖　许力为

监事会

主席：李新军

监事：袁林泽　李　明　魏琼仙　魏志刚

总裁班子

总裁：朱绍明

副总裁：俞瑞方　武　怡　马子肖　许力为

总裁助理：和国刚　黄木忠　李　恒

党委成员

党委书记：朱绍明

党委副书记：朱俊英

纪委书记：魏志刚

工会主席：田　福

党委委员：田　福　和国刚　黄木忠　杨校平　肖亚泽　刘凤书　田东明　马　珍　代　伟　祁　燕

组织机构

2006年1月1日，红云集团正式运行。设立2室10部4中心，分别为：党政办公室、人力资源部、计划财务部、审计部、原料部、发展改革部、信息管理部、三产管理部、营销中心、技术中心、制造中心、物资采购中心、党群工作部、纪检监察部、工会综合办公室、技改指挥部，设立5个直属党委29个党总支和相应的工会、共青团组织。

生产经营

2006年，红云集团昆明卷烟厂、曲靖卷烟厂、会泽卷烟厂、昆明卷烟分厂、乌兰浩特卷烟厂5个生产点累计生产卷烟1260.7亿支（252.14万箱），实现工业总产值235.9亿元。销售卷烟1253.95亿支（250.79万箱）。实现销售收入228.23亿元，与上年同比增长5.4%。实现税利164.3亿元，同比增长

5.44%；其中，实现利润36.48亿元，同比增长4.27%。

控股企业山昆公司生产卷烟130亿支（26万箱），实现税利7.44亿元，与上年同比增长13.96%；参股企业蒙昆公司生产卷烟140亿支（28万箱），实现税利12.85亿元，同比增长35.73%。

品牌战略和产品介绍

2006年，主要生产“云烟”、“红山茶”、“茶花”、“春城”、“香格里拉”、“石林”、“小熊猫”、“吉庆”、“福”及“苁蓉”10个品牌，均被列入《卷烟产品百牌号目录》。红云集团确定“‘云烟’税利过百亿、‘红山茶’产量过百万箱”的“双百工程”和在“10多个重点卷烟工业企业、10多个重点培育名优品牌和中式卷烟代表品牌中占有一席之地”的“三个一席之地”的战略发展目标，按集团品牌整合思路，从4月份开始“春城（软）”、“吉庆（软）”向“红山茶（软）”的全面整合工作。进一步提高品牌的集中度和计划资源的使用效率，为一、二类卷烟赢得市场拓展空间。

开展以卷烟内在品质为核心的品牌维护活动，不断疏通销售渠道，维护零售终端，引导消费行为，有序推进各项新产品上市宣传和老品牌的巩固培育工作。针对上半年“云烟（如意）”的上市和下半年“云烟（吉祥）”的推出，红云集团从方案拟定、过程控制到扩点推广各个环节开展工作，确保新品上市的促销活动顺利进行。2006年以“云烟”为代表的重点品牌成长迅速，全年“云烟”市场销售规模370亿支（74万箱），“（如意）云烟”完成销量21亿支（4.2万箱）；“云烟（珍品软）”和“云烟（特制精品紫）”的销量比上年分别增长14.11%和5.55%。“红山茶”市场规模425亿支（85万箱），“（软）红山茶”完成销量133.8亿支（26.76万箱），“云烟”和“红山茶”省级市场覆盖率均为100%，两者的品牌集中度分别为30.32%和27.03%。

2006年新推出“云烟（如意）”、“云烟（吉祥）”、“红山茶（软）”3个规格产品，退出市场7个规格。与2005年相比，“云烟”系列、“红山茶”系列、“钓鱼台”系列和“福”系列增加，其余品牌减少，特别是“吉庆”、“春城”减幅较大，而“红山茶”增幅较大。

2006年，红云集团向包括山昆公司和蒙昆公司等7个卷烟生产企业派出21名高层管理人员，通过交流促进管理的相互借鉴和整合，促进不同企业文化的认同和融合。与山昆公司、蒙昆公司分别进行年度品牌许可生产，涉及“云烟”、“红山茶”、“春城”3个系列品牌，许可生产总量为186.25亿支（37.25万箱），其中，山昆公司许可生产130亿支（26万箱），蒙昆公司许可生产56.25亿支（11.25万箱）。全年完成品牌许可生产177.3亿支（35.46万箱），其中，山昆公司130亿支（26万箱）、蒙昆公司47.3亿支（9.46万箱）。

技术改造

围绕整合资源、保证生产、提高制造技术水平满足生产工艺技术要求、提高集团设备综合利用率和生产效率及服务基层的原则，完成昆明卷烟厂生产二、三、四部风力送丝平衡系统改造、四部PASSIM70卷烟机微波重量控制系统和滤嘴规格改造等13项设备改造工作，完成昆明卷烟厂与昆明卷烟分厂对调设备及昆明卷烟厂调往乌兰浩特卷烟厂设备等3项设备调拨工作，对集团范围内嘴棒成型机与卷烟机生产能力进行调查，系统提出解决方案及KDF2丝束成型机的购置工作。

建设完成红云集团烟叶收购物流中心项目，主体建筑面积6000平方米，投资982万元，改善了烟叶收购环境，为提高收购效率提供了保障。

针对昆明卷烟厂易地技改制丝线项目，红云集团与国外知名公司进行探讨、论证，为易地技改制丝线工艺流程及平面布局方案提供新思路、新方法，优化和完善设计方案。开展白肋烟烤机生产线对烤烟加工处理试验，烟叶真空回潮设备对企业品牌加工效果验证试验，HDT、HXD与KLK不同干燥方式对企业品牌加工效果对比验证试验，以及箱式储叶试验，为技改项目中新工艺、新技术、新设备的应用及设备选型决策提供科学依据。

2006年是红云集团昆明卷烟厂易地搬迁技改项目开始实质性运作的一年，围绕新昆烟的规划设计，在争取并完成技改用地重新规划、地质初勘和环境影响评估、场地平整及理顺周边建设环境、各类管网和线路迁改等方面取得了成果。

科技创新

2006年，红云集团技术中心设为集团直属机构，原昆明卷烟厂国家级技术中心建制划转成为红云集团技术中心，原曲靖卷烟厂技术中心划归集团技术中心，过渡期内设为集团技术中心曲烟分中心，集团所属各生产点均不再设技术中心或分中心。按照统一卷烟产品研发、统一原料研究和资源调配、统一技术资源管理和调配、统一科技管理及重大项目科技攻关“四统一”的要求，以技术资源整合为主线，启动红云集团技术中心的组建工作，进行组织机构重组、人员结构优化、技术标准统一以及其他研发软、硬件资源整合。技术中心主要承担核心科研项目创新工作，实施集团技术资源整合，负责科技项目管理，策划产品技术提升方案，编制技术创新规划，制订产品开发与产品维护，以及品牌技术整合方案等工作。截至2006年底，技术中心共有科技人员158人，其中博士研究生学历5人，硕士研究生学历20人，高、中级技术职称人员66人。拥有科研仪器设备原值13478万元，设有开发、实验和研究基地，配置了完善的分析、检测、研发、基础研究、试验分析仪器设备及中试生产线。

2006年，红云集团对现有品牌的市场竞争能力、市场发展空间、产品风格特点等方面进行研究分析，以“增强品牌核心竞争能力”为宗旨，实施品牌的技术标准整合。围绕重点项目研究，全面开展以突破关键技术为核心的科技创新活动。为了开发满足市场需要的卷烟产品，加深研发人员对消费者口味需求的准确把握，红云集团技术中心与营销中心密切配合，共同深入华东、华中、东北等地区及省内各销区，对当地地理环境、生活习惯、饮食口味等市场信息进行实地调研，并为推介新上市的“云烟（软如意）”、“云烟（吉祥）”、“红山茶（软）”进行技术服务和设计理念解析。

2006年，红云集团科技项目有3项获“云南省政府科技进步三等奖”，1项获“云南中烟工业公司科技进步一等奖”、5项获“云南中烟工业公司科技进步二等奖”。发表科技论文47篇，其中在全国性会议上宣读4篇、国内外公开发行科技刊物13篇、核心期刊9篇。新申报“烟叶在线改性处理生物隧道装置”、“烟叶改性生物隧道再现处理工艺”、“烟草分组加工的柔性方法”、“烟草制丝线的箱式储叶工艺”、“半成品丝、成品丝共用立体箱式储存和掺配方法”、“烟用海藻复合添加剂及制备方法”、“具有增香、保健作用的天然烟用香料”和“一种提高卷烟吸食品质的醋纤增塑剂及其制备方法”8项发明专利及“烟叶在线改性处理的生物隧道装置”一项实用新型专利。

财务与审计

按照“资产、品牌、采购、销售、研发”的五统一管理模式，向各生产点派驻会计机构，实施统一管理，确保集团资产的集中掌控；统一会计核算软件，以及与各业务系统对接，实现财务业务的一体化。增强成本控制，制订预算、增收节支指标，对各生产点及部门的成本费用进行考核，加强预算的控制，增收节支工作取得实效。制订财务管理、预算管理、招标管理、合同管理、投资管理等制度，理顺工作接口。2006年，红云集团（省内）管理费用、销售费用和财务费用“三项费用”分别比上年下降9.8%、1.67%和106.41%，单箱宣传广告促销费用56元。在2005年归还完原春城卷烟厂13.5亿元贷款的基础上，完全消化其9.5亿元不良资产，实现了“零贷款”经营，整合优势初步显现。

深入开展财务收支审计、离任经济责任审计工作，严把合同、结算审核关、组织和参与招标工作。参与技改等项目服务工作，协同相关部门做好管理评审、专项检查和调研工作。2006年度，红云集团共完成经济合同审计1429项，送审金额1亿元，审减金额975.97万元，审减率0.97%。完成工程结算审核608项，送审金额20924.32万元，审减金额1038.28万元，审减率4.96%。参与招标项目221项，招标金额1.6亿元，节约资金0.46亿元。

企业管理

质量管理。2006年，以进一步提高质量意识，实现质量零缺陷为努力的方向，推进“三标一体”管理体系，建立、完善和细化各项管理制度、技术标准、工作标准，细化工作流程并与责任联接，增加质量工作整体执行力和执行效果。规范质量行为，明确职责，加大监督与考核力度，系统提升质量保障能力。

完成市场抽检合格率、上级部门行检合格率、出口烟商检合格率100%的目标。“云烟”、“红山茶”、“春城”、“吉庆”、“福”、“石林”、“小熊猫”等品牌获得“2006年度云南名牌产品”称号。2006年，红云集团荣获“2006年度质量效益型先进企业”称号；在云南烟草工业系统第三次优秀QC成果预审会上，11个成果中有3个获二等奖，8个获三等奖。18个质量管理小组获云南省第二十八次质量管理小组代表会“优秀质量管理小组”称号，两个质量管理小组荣获全国第第二十八次质量管理小组代表会“优秀质量管理小组”称号。

物资管理。2006年，物资管理工作按照“四统一”原则，把昆明卷烟厂卷烟物资部、曲靖卷烟厂物资中心、会泽卷烟厂供应部、昆明卷烟分厂物资供应部（含设备能源计量分部备件职能）合并组建为物资采购中心，确立以“统一标准、集中控制、分散实施、多点供应”的基本运作模式，对集团物资采购实行统一管理，物资采购管理由单一企业的采购管理模式调整为集团化采购管理模式。

安全管理。2006年，红云集团实现重大火灾事故为零、重大安全生产事故为零、工伤责任死亡事故为零、重大社会不稳定事件为零的目标，千人重伤率控制在0.2‰以下、千人轻伤率控制在2‰以下。员工安全培训教育率、特种作业人员持证率、特种设备年检率为100%、各类事故隐患整改率均为100%，较好地完成云南中烟工业公司下达的安全生产责任目标，被云南中烟工业公司授予“2004～2006年安全工作先进单位”称号。

信息化建设

2006年，红云集团对卷烟生产经营决策管理系统、办公自动化系统、财务系统、营销系统、原料管理系统、生产计划管理系统、人力资源管理系统、辅料管理系统、云南中烟工业公司数据中心系统配合建设、云南中烟工业公司安全系统建设工作、技术中心《计算机辅助卷烟产品设计》二期工程、烟叶大棚收购项目进行了整合管理。

审定实施《红云集团信息化工作管理制度》，制订《红云集团计算机维修维护及耗材领用管理实施细则》。强化管理，对各部室（中心）、生产点的计算机实物账以及网络拓扑结构进行清查。加强知识产权保护，抵制盗版行为，进一步规范计算机软件的管理，确保办公、应用的安全性和可靠性，拟发《关于使用正版软件清理盗版软件的通知》，初步完成各部室（中心）、各生产点计算机盗版软件的清理工作。

队伍建设

干部管理。红云集团对中级管理人员采取“分类管理、错位设岗、逐级聘任”，明确管理权限和任免流程，淡化行政级别，强化岗位职能，使党管干部原则与公司法人治理结构、管人与管事相结合。坚持对提拔中级管理人员的公示制度，对拟提拔任用、职务调整中级管理人员的谈话制度，做好人才支持和管理融合工作。按管理和业务岗位两条线对人事制度作出改革和创新，以岗位定职定责定编，组织实施业务人员内部招聘及人才引进。对集团各部室（中心）管理人员和业务人员岗位编制核定下发，并由各部室（中心）对业务人员进行聘用。

2006年，企业内部启动人力资源信息化，初步建立人事、劳资两个子系统。

职工教育培训。全年共投入经费近700万元开展各类岗位能力培训，共组织42批次495余人参加指令性培训，91批次2274余人参加集团内、外培训，学历教育申报64余人，各类技能人员取、换证12批次148人。对于专业技术（职业技能）管理，本着“统一标准、自主申报、外部鉴定、择优聘任”的原则，采取鉴聘分开的方式，建立技能人才发展通道，平稳推进专业技术人才与技能人才建设。

开展职业技能竞赛，选拔19人参加省烟草工业系统烟叶分级职业技能竞赛，6人进入前15名（1人获得第2名）。协助组织红云集团第一届烟机设备维修职业技能竞赛，选拔出6人参加“红塔杯”烟机设备维修职业技能竞赛，取得制丝、卷接两种机型维修竞赛第4名。

人事劳资。本着限高、稳中、托低的原则，集中统筹工资总额使用计划并加大调控力度，初步统一工资性津贴补贴，缩小各生产点员工收入差距，规范集团劳资社保及劳动用工的管理流程、标准及控制程序，初步实现集团本部及所属各生产点劳动工资的垂直管理。组织安排好在岗及内退员工12120人的劳动合同变更或重新签订及劳动用工登记工作。

思想政治工作

党建工作。截至2006年11月30日，红云集团党委辖5个直属党委，共有29个党总支，98个党支部，党员总数3050名。集团党委从规范党建工作制度流程入手，制定《中国共产党红云集团基层党委职能责任和履职权限（试行）》、《集团党委工作规则》、《政工会议制度》、《红云集团发展党员工作细则（暂行）》等一系列制度和办法，完善党委议事规则，明确各级领导的职能、职责和权限。

切实开展“四好”领导班子创建活动，坚持抓好党组理论学习中心组学习制度，先后学习了十六届五中、六中全会精神、党章、《江泽民文选》。在对集团班子的民主测评中，满意和基本满意率达到99.5%。

主题实践活动。结合牢固树立“两个至上”行业共同价值观，深入广泛开展“红云是我家，我为红云添光彩”大讨论活动；开展“‘两个至上’促发展，立足岗位添光彩”主题实践活动，在主题实践活动中穿插“树样板、学先进、推典型”活动、“我的岗位座右铭”征集活动、“红云人讲红云故事”活动、“我的岗位我承诺”活动、“红云之星”评选活动5个具有红云特色的专题活动，从各基层推荐的123名人选中评选出“红云之星”10名。

工、青、妇工作。2006年3月28日，依法成立工会，选举产生红云集团第一届工会委员会委员、工会委员会常委会委员等人员与机构。建立生产经营情况通报会制度，完善信息通报制度和工资、奖金、劳模评优、干部选拔任用公开公示制度，形成司、厂（部室）、工段的公开系统。工会经费严格按照“统一领导、分级管理、重心下移”和“工会主席一支笔”原则，明确工会预算内和预算外费用使用控制制度。

2006年3月，成立中国共产主义青年团红云集团委员会，于5月中旬完成团组织机构的设立。红云集团团委坚持开展以学习实践“三个代表”重要思想为主导的思想教育活动，推进团员青年思想建设。

工会在全集团范围开展“巾帼建功”活动优秀组织奖、“巾帼文明示范岗”、“三八红旗手”的评选，进一步促进女职工“自尊、自爱、自强、自立”的新时代风采。2006年度共评出“巾帼建功”活动优秀组织奖10个、“巾帼文明示范岗”5个、“三八红旗手”30名。

舆论宣传。利用红云电视台、《红云烟草》报、

《今日红云》杂志等内部宣传媒体，做好内部宣传工作。制订《红云集团2006年宣传工作要点》及《红云集团内部宣传管理办法》、《红云集团通讯员管理办法》等相关规定，理顺宣传工作程序，保证内部宣传的统一性和有效性。2006年红云电视台被评为“全国优秀企业电视台”，《红云烟草》报被评为“云南省优秀企业报”。

建立健全宣传工作管理机构，明确职责，理顺流程。充分利用互联网媒体，创新宣传形式。为提高集团知名度，建立新闻发布会制度、成立宣传外部顾问团。

党风廉政建设

2006年，红云集团纪委明确“建立一个网络、完善两项机制、做到三个提高”的工作思路，探索构建集团教育、制度、监督并重的惩治和预防腐败体系。

成立纪委、纪检监察部，健全了纪检监察机构，同时健全各厂纪委、纪检监察科，补充专职纪检监察干部。专门聘请党风廉政信息员，协助纪检监察部门做好教育宣传工作，及时反馈信息。集团纪委明确以预防教育为主，突出教育重点，抓好全面教育的方针，着力引导党员干部树立“两个至上”行业共同价值观。重视信访工作，提高案件查处能力，促进规范管理。红云集团纪委获得“2006年度云南省烟草工业系统纪检监察工作先进集体”称号。

企业文化

2006年，红云集团被国家局确定为烟草行业第二批企业文化建设试点单位。提出“和谐红云”的企业文化建设目标，以试点为契机，成立红云集团和各生产点企业文化建设领导机构，结合实际制定《红云集团企业文化建设规划和实施意见》，把文化建设与生产经营同布置、同推进、同检查。

在细致调研和诊断工作的基础上，初步完成红云文化体系构建，提出“和谐、创新、超越”的企业精神、“用每个红云人的成功，打造云烟百年品牌”的企业愿景、“践行两个至上，追求实业报国”的企业价值观、“为消费者提供优质产品，为社会创造恒久价值”的企业使命、“在10多个重点品牌、10多个重点企业、中式卷烟代表中占有一席之地、争做中国烟草工业企业的排头兵”的战略定位、“品质成就品牌、特色创造市场”的品牌理念、“以人为本、和谐管理”的管理理念、“低调诚信、求真务实、创新进取”的行为理念，初步构建起具有红云特色的文化体系并汇编成册。

特事要辑

2月23日，中共中央政治局委员、书记处书记、中央组织部部长、中央先进性教育活动领导小组组长贺国强在云南省省委书记白恩培、云南省省长徐荣凯的陪同下到红云集团考察。

3月28日，红云集团召开工会第一届一次职工（会员）代表大会，红云集团工会正式成立。

4月，在第十届全国市场销量领先品牌信息发布会上，红云集团“云烟”品牌获“2005年度全国十大畅销及最具竞争力品牌”称号。

6月8日，国家局副局长何泽华到红云集团曲靖卷烟厂考察调研。

6月22日，云南省人大常委会副主任戴光禄率云南省人大经济委员会领导考察红云集团。

8月15日，国家局副局长张保振到红云集团考察指导工作。

8月21日，红云集团三标一体贯标认证调研工作首次会议召开，标志红云集团ISO9000、ISO14000、OHSMS18000三标一体管理体系贯标认证工作正式启动。

10月，云南省委副书记李纪恒到红云集团曲靖卷烟厂考察调研。

11月18日，由中华全国工商业联合会、凤凰卫视中文台、财富时报社、《人物》周刊杂志社、中国国际教育家协会共同主办的“中国影响力国际高峰论坛暨2006企业？品牌？人物评选颁奖典礼”在北京举行，红云集团荣获“2006中国最具影响力企业奖”，成为烟草行业唯一一家获此殊荣的企业。

11月30日，国家局局长姜成康、云南省省长秦光荣，省委常委、昆明市委书记杨崇勇，副省长程映萱等一行到红云集团考察指导工作。

12月4日，云南省第三届工商企业诚信单位授牌仪式在昆明举行，红云集团被省消费者协会授予“云南省第三届工商企业诚信单位”称号。

12月，在北京举行的由中国工业合作协会、中国国际化发展研究中心、品牌中国产业联合会、欧洲工商业经济联合会、国际商务联合会等单位共同举办“2006中国品牌建设大会”上，红云集团主导品牌“云烟”被授予“世界影响力品牌”荣誉称号。

红河卷烟总厂

概　况

红河卷烟总厂系原红河卷烟厂（建于1985年）、昭通卷烟厂（建于1970年）、新疆卷烟厂（建于1960年）合并重组而成。2004年8月，经国家烟草专卖局批准，红河卷烟厂与昭通卷烟厂进行合并重组，成立红河卷烟总厂，同时取消红河卷烟厂和昭通卷烟厂的法人资格。2005年12月，红河卷烟总厂与新疆卷烟厂进行重组，取消新疆卷烟厂法人资格。截至2006年底，红河卷烟总厂含红河卷烟厂、昭通卷烟厂、新疆卷烟厂3个卷烟生产点。有在岗员工4003人，企业资产总额152亿元，其中，固定资产净值34.6亿元。拥有国际先进水平的打叶复烤、制丝、卷接包生产系统，年卷烟配套生产能力1200亿支（240万箱）。

领导成员

厂长、党委书记：邱建康

副厂长、党委副书记：张嘉滨（-2006.6）

党委委员：冯　斌

党委委员：文华玖

党委委员：许　泽（2006.6-）

工会主席：冯　立

生产经营

2006年生产卷烟755.95亿支（151.19万箱），与上年同比增长5.38%，其中，一类烟56.7亿支（11.34万箱），同比增长10.31%，二类烟384.75亿支（76.95万箱），同比增长23.79%，三类烟222.4亿支（44.48万箱），同比下降32.28%，四类烟82.65亿支（16.53万箱），同比增长326.03%，五类烟9.45亿支（1.89万箱），同比增长28.57%。销售卷烟753.8亿支（150.76万箱），实现卷烟销售收入118.94亿元，同比增长7.45%。实现税利84.01亿元，同比增长11.21%，其中，实现利润17.15亿元，同比增长28.08%。

产品介绍

2006年，红河卷烟总厂主要生产的品牌有“红河”、“龙泉”、“钓鱼台”、“画苑”、“雪莲”。“红河”、“龙泉”、“钓鱼台”、“雪莲”，均列入《卷烟产品百牌号目录》，同时推出“红河66”、“红河（精品扁盒）”、“红河V6”3个新品，2006年，三者的销量分别达到22.04亿支（4.41万箱）、8.77亿支（1.75万箱）、1.37亿支（0.27万箱）。

截至2006年底，“红河”品牌系列卷烟共有“红河V8（软、硬）”、“红河V6”、“红河（精品扁盒）”、“（精品99）红河（软、硬）”、“（精品88）红河（软、硬）”、“红河66”、“（甲级）红河（软、硬）”、“（乙级）红河（软、硬）”等13种规格。

技术改造

红河生产点。2006年，开展的技术改造项目有：完成空调系统技术改造项目；购置3组ZJ19卷接机组置换SUPER9卷接机组；购置两组YF17烟支储存输送系统；购置一台SQ341切丝机；完成车间自动扶梯技术改造；完成PASSIM卷接机组、GDX1包装机组、烟条输送系统、储丝柜、制丝二线集中除尘系统等改造；完成成品库拆垛机器人提速与成品库堆垛区新增一机器人技术改造等。

围绕提升产品品质、节能降耗、改善环境等需求目标方面，在打叶复烤、卷包、制丝、通用技术、网络等方面先后完成各类小改小革100多项，有效提高了设备的技术性能和运行可靠性。

昭通生产点。2006年，引进两台ZB42异型包装机组，对部分卷接包设备实施大修、升级置换及其新增配套设施、电控检测装置的安装调试，完成打叶复烤打机、烤机电控系统以及大量通用设备的技术改造工作；对成品物流系统功能进行补充和扩展，完成卷烟生产经营决策管理系统接口软件的开发应用。截至2006年底，昭通卷烟厂原料物流系统已通过验收并投入正式生产，成品、辅料物流系统处于带料试车和改进完善阶段。

科技创新

2006年，对打叶复烤线预处理工艺、多功能8000千克/小时制丝线工艺、原HAUNI制丝线电控系统等进行了多项自主创新和改造。

根据潜在市场需求调研设计虚拟产品，将信息提供给研发人员进行实品开发的流程。围绕产品品质，以项目制的方式开展市场调研，并对调研成果进行评审，2006年成功开发“红河V6”、“红河（精品扁盒）”和“红河66”。

在产品设计、研发方面，实施“三级配方烟叶配伍性研究”、“造纸法再造烟叶在红河产品中的开发及应用研究”等18个项目，并开展“现代化学分析及数理统计”、“卷烟感官评吸”等20多次内外交流和培训。

企业管理

财务审计。将同级审计和专卖管理监督“两项检查”，作为行业加强内部管理监督工作的两大重点，2006年，通过了国家局和云南中烟工业公司的复查。

开展多元化投资经营企业的清产核资工作。通过清理，摸清多元化投资经营的企业历史和现状，清理出资产损失。提出损失处理预案，经云南中烟工业公司审核确认，上报国家局审批，逐步理顺部分对外投资企业的产权关系，解决了一些历史遗留问题。

增强预算意识，促进预算管理。根据生产经营安排，以生产点为单位，编制生产经营预算。对红河卷烟总厂财务进行细致的审核，形成较为合理、可行的总预算。按照《云南中烟工业公司关于广告等三项费用支出的通知》和《云南卷烟工业卷烟消耗定额和成本标准控制管理规定》，确定降低费用方案，严格控制费用支出，营销费用有较大下降。

质量管理。推进和构筑质量管理责任制，真正从制度和规程上体现和保障“管生产就是管质量”这一企业经营理念的贯彻和执行。构建由质量状态和质量效果、质量放心指数组成的质量评价考核体系，把员工的质量意识和行为纳入质量巡检。加大质量责任追究力度，并依据制度、规程，进一步延伸全面质量管理。实施质量缺陷责令停机整改和质量缺陷限期整改两项措施，及时解决影响产品品质的问题和隐患。以质量专题会为平台，汇集产品生产、销售各环节职能部门共同研讨产品提质的路径与方法，通过月考核总结考核会，及时通报阶段内质量控制方面取得的成效和存在的问题。以项目制为主体工作方式，在商标、乳胶等辅料的适机性应用、梗签风选纯净度、物料利用率问题等多方面取得较大进展。

建立"红河"品牌合作生产品质保障体系，依据品质保障体系中的标准及要求，向各生产点及联营生产厂家派驻质量监管人员，实施质量监管。

物资管理。采购业务规范运作，物资采购基本构建形成同质比价、同价比质、竞争择优、互惠双赢、战略合作、业务透明的规范运作模式。与供方建立诚信互动、共同发展的合作关系。采用配件专转通采购及配合产品部门做好材料的替换使用等方式，在市场原材料成本上升的大环境下，实现采购成本逐年下降的目的。

原料采购以品牌发展和陈烟库存量为基础，在保证量及可用性的前提下，合理选择产烟区，调整烟叶等级结构，争取较多的原烟交接，探寻降低成本的途径，与三级配方相适宜。州内烤烟增大调拨计划，省内、省外以定点采购和建设卷烟导向型基地两种方式，逐步形成质和量相对稳定的多元化原料供应格局。

信息化建设

2006年，红河卷烟厂全面投入使用集管理、生产、物流、财流、行政办公等运行高度自动化、集成化的CIMS信息系统。该系统由行政、财务、物资、技术、销售、制造、机械、电气等8大业务子系统组成，形成全面、系统、完整的业务信息体系和技术体系。

品牌合作

2006年，红河卷烟总厂与川渝中烟工业公司成都卷烟厂和重庆烟草工业责任有限公司合作生产"红河"品牌，年度签署协议量为250000万支（50000箱）。全年实际共生产加工"红河"卷烟19.93亿支(3.99万箱)，其中，"红河甲级（硬）"17.66亿支(3.53万箱)、"（甲级）红河（软）"2.27亿支(0.45万箱)。

合作期间，组织相关部门对川渝中烟工业公司成都卷烟厂和重庆烟草工业责任有限公司的生产技术条件进行考察、评估，并协助完成生产技术标准、操作规范对接系列工作，按"确认生产条件——试生产（实验）——生产"的工作流程进行操作。按照《品牌许可生产质量保障通则》的相关要求，进一步完善"红河"品牌合作生产品质保障体系，依据品质保障体系中的标准及要求，对产品质量实施重点监管。

队伍建设

2006年初，企业发布《管理岗位制度》，明确各级行政管理人员应具备的能力与素质、履职的职责与任务、履职不力（不到位）的责任追究，进一步对管理人员提出"执著、知识、智能、品质、形象"5个方面的修为要求。

2006年，"两级"（高层管理班子，中心总部、控股公司经理会）民主生活会，都将《管理岗位制度》和"五个方面"修为的要求，作为参会人员对照检查、自我剖析的重要方面。制订履职监察方案，下半年展开对中心总部、经理管理岗位人员的履职监察工作。

全方位、多途径开展培训，并利用简报平台进行思想业务交流和写作训练。组织开展各类职业技能竞赛活动。2006年，各级党、工组织联合举办多类别、多范围、多层次的竞赛、岗位练兵等活动。

思想政治工作

结合企业"打造软实力、做强大品牌"这一主题，开展"'两个至上'在岗位"等主题实践系列活动。发挥企业内刊及电视电教的舆论宣导作用，对晋级专题讲座、专题对话及"'两个至上'在岗位"主题实践活动等进行全面宣传，对"红烟二十周年工作回顾"进行专题报道。

根据行政机构调整和党员分布情况，适时调整党总支、支部的设置，保障组织工作的正常开展。按规程对入党积极分子进行考察和教育培训，发展新党员。

党风廉政建设

2006年，纪检监察工作紧紧围绕"进一步创建独有的红烟廉政文化和价值理念"来开展。按"执著、悟性、知识、品质、形象"的基本标准，要求每个员工特别是各级管理人员反思自己"该做的努力做好了没有，不该做的做了没有"，形成较强的自律意识。

推进以事为主体的效能监察和以人为对象的履职监察工作。强化机制性监督，抓住论证的严谨性、程序的规范性、结果的质效性，"对不该发生的事"进行监督，针对存在问题，促其整改。结合管理人员聘用制度，推进以管理人员为主要对象的履职监察工作，对履职的能力、行为和成效以及做事的规范、严谨和高效进行评价，实现了优质、高效、低耗的目标。

特事要辑

2006年，红河品牌荣膺"中国烟草十大梦想品牌”。

7月28日，红河卷烟总厂新疆卷烟厂举行挂牌仪式。

红塔烟草（集团）有限责任公司

概　况

红塔烟草（集团）有限责任公司前身是玉溪卷烟厂，1995年按《公司法》改制为玉溪红塔烟草（集团）有限责任公司，2005年12月2日，玉溪红塔烟草（集团）有限责任公司正式更名为红塔烟草（集团）有限责任公司。截至2006年底，红塔集团除玉溪卷烟厂外，已经通过联合重组拥有大理卷烟厂、楚雄卷烟厂、长春卷烟厂、海南红塔卷烟有限责任公司、红塔辽宁烟草有限责任公司①5家成员企业。截至2006年底，企业年卷烟生产能力1500亿支（300万箱）。资产总额526.39亿元，共有职工10742人。

2006年4月27日，云南省总工会代表中华全国总工会表彰云南省9家荣获“全国五一劳动奖状”的集体和20名荣获“全国五一劳动奖章”的个人。红塔集团董事长、党委书记柳万东荣获“全国五一劳动奖章”。

领导成员

董事会

董事长：柳万东（2006.3－）

董事（2006.3－）：李新军　李穗明　李天飞　周少南　李光斗　张国良　谢昆或　李海昆　张　峻　郭　曼

监事会

监事会主席：李剑波（2006.3－，不再担任董事、总经济师）

监事会（2006.3－）：官润芬　廖世勇　赵建华　魏琼仙

经理层

总裁：柳万东（－2006.3）

总裁：李穗明（2006.3－）

副总裁：李天飞（－2006.11）

副总裁：张国良（2006.3－）

副总裁：蒋顺华（2006.3－）

副总裁：谢昆或（2006.3－）

副总裁：李光林（2006.3－）

总工程师：葛乎明

党委委员

党委书记：柳万东（2006.3－）

党委副书记：施永超（2006.3－，不再担任董事、副总裁）

党委副书记、纪委书记、工会主席：官润芬（2006.3－，不再担任董事、党委副书记）

党委委员（2006.3－）：李穗明　李德贤　吕子军　吕　坚　王敏慧　张建华

组织机构

2006年，红塔集团下辖云南红塔物资有限责任公司、云南红塔烟叶有限责任公司、云南红塔进出口有限公司、云南红塔集团有限责任公司、红塔集团玉溪卷烟厂、红塔集团楚雄卷烟厂、红塔集团大理卷烟厂、红塔集团长春卷烟厂、红塔辽宁烟草有限责任公司、海南红塔卷烟有限责任公司10个二级成员企业。

生产经营

2006年，红塔集团省内玉溪、楚雄、大理三厂全年产量1353.85亿支（270.77万箱）（含出口烟7.57万箱），与上年同比增长2.74%。销量1361.3亿支（272.26万箱）（含出口烟7.72万箱），同比增长2.81%。集团总部和省内三厂实现税利183.78亿元，同比增长4.99%；其中，实现税金150.43亿元，同比增长15.23%；实现利润33.35亿元，同比减少25.05%。

集团省外全资企业长春烟厂生产卷烟116亿支（23.2万箱），与上年持平；销售卷烟116.85亿支（23.37万箱），与上年同比增长1.92%；实现税利7.27亿元，同比增长12.15%。控股烟草企业红塔辽宁烟草有限责任公司生产卷烟239亿支（47.8万箱），销售卷烟239.35亿支（47.87万箱），实现税利16.95亿元。海南红塔卷烟有限责任公司生产卷烟65.5亿支（13.1万箱），销售卷烟63.75亿支（12.75万箱），实现税利3.93亿元。

品牌战略

2006年，红塔集团省内三厂、省外全资、控股烟草企业统一思想，推进“做精‘玉溪’，做强‘红塔山’，做大‘红梅’”的品牌发展战略，统一制定品牌整合发展规划和主力品牌年度增长目标，完善品牌生产管理体系和质量保证体系，保证品牌许可生产的均质性。明确产品定位，建立合理的梯次化价格体系，突出主力品牌和主导规格，加强老产品维护和新产品培育。加强渠道建设，在不同层面举行“红塔品牌·市场恳谈会”，强化品牌战略的宣传推广，构建工商共育品牌机制。以“红梅（顺）”整合集团低档卷烟为突破口，品牌整合平稳顺利推进。“宝石”、“美登”、“桂花”、“宝岛”、“沈阳”等品牌圆满完成护

① 海南红塔卷烟有限责任公司、红塔辽宁烟草有限责任公司为红塔集团的控股企业。

卫任务。

2006年，“玉溪”、“红塔山”、“红梅”三大主力品牌集中度为74.47%，与上年同比提高20.14%。“红塔山”品牌全年销量为312.2亿支（62.44万箱），同比增长71%，“红塔山”品牌规格由11个缩减为9个，改造升级后的“红塔山（经典1956）”年销量158.4亿支（31.68万箱），成为“红塔山”品牌主导性规格产品，并首次实现省外品牌许可生产1.75万箱。“玉溪”销量108.85亿支（21.77万箱），同比增长28.74%；“红梅”销量855.85亿支（171.17万箱），同比增长36.74%。

体制改革

2006年3月，红塔集团调整完善法人治理结构，成立新一届党委会、董事会、监事会、经营班子。

2006年10月，根据《国家烟草专卖局关于组建云南烟草国际有限公司的批复》的文件精神，对云南红塔进出口有限公司进行转型、改制、整合，实行归口管理，云南中烟工业公司组建云南烟草国际有限公司，撤销云南红塔进出口有限公司，其原有的进出口业务由云南烟草国际有限公司承接。

科技创新

红塔集团技术中心1997年11月20日成立，是国家级重点技术中心。2001年5月，经国家人事部、全国博士后管理委员会批准，红塔集团博士后科研工作站正式成立，企业技术进步与升级融为一体。技术中心下设原料开发研究室、产品开发研究室、烟草工艺技术科等5个部门。截至2006年底，技术中心共有169名职工，其中博士研究生学历5人，硕士研究生学历26人，本科学历63人；高级职称4人，中级职称53人，助理职称49人，员级职称13人。

2006年，技术中心在进行的科研课题和项目有：国家局项目“中式卷烟特色工艺研究”、“‘红梅’品牌调香技术核心体系构建”、“国家局20种烟草化学成分合作分析”、“红塔烟叶质量评价体系及其应用研究”、“低焦油、低CO卷烟产品研制”共5项；云南中烟工业公司项目“高品质造纸法再造烟叶开发及应用”、“红塔集团烟叶工业分级体系、烟叶原料模块等级体系的研究和应用”等共8项；企业自选项目“卷烟包装改版及新型包装材料应用”、“降焦提质配套技术研究集成及在‘红塔山’卷烟中的应用”等共17项。

2006年，顺利完成烟机设备和嘴棒成型机的改造；使用12台卷烟综合测试台，提高卷制过程控制，卷包、制丝质量控制实现由结果控制到过程控制的转变；顺利安装调试6台套高速卷包机组、4台套KDF4嘴棒成型机和5台套国产PROTOS70卷接机组，产品质量和设备效率得到稳步提升，单箱制造成本下降80元。

2006年，红塔集团第三轮大规模技术改造全面结束，卷烟加工的精细化、柔性化水平明显提高，分模块加工工艺模式使产品质量更加稳定并明显提升。对卷包布局进行调整，对自动化物流系统进行技术改造，使物流更加顺畅，为打造中式卷烟特色工艺奠定基础。

6月中旬，红塔集团新引进的代表国际烟草设备领先水平的首台套超高速卷包机组——德国HAUNI公司PROTOS2-2卷接机组和意大利GDH1000-C800-BC包装机组顺利通过验收。引进制丝新设备，于2006年6月底与意大利GARBUIO公司签订商务合同，引进一台超轻型烘丝机及两台切丝机。

企业管理

2006年，红塔集团全面启动管理提升工作，主要通过调整完善法人治理结构，构建一个集中统一、高效灵活、协调顺畅、相互制衡的集团化管理体系。“六个一体化”在省内三厂全面完成并向纵深延伸。进一步提高品牌、营销、研发一体化水平；推进生产管理一体化，实现省内三厂统一生产调度，计划资源集中于主力品牌；推进原料一体化，围绕品牌做原料，为品牌差异化和主力品牌可持续发展打牢基础；推进物资供应一体化，调整物资组织管理流程，制订《物资供应一体化管理暂行办法》，正式实施物资一体化管理；为进一步解决财务管理一体化中的财税瓶颈，与地方政府和相关部门协调，制订统一核算、按比例分配玉溪、大理、楚雄三州（市）GDP的方案；健全组织人事和人力资源一体化管理制度，建立干部人事统一考评体系，完善用人机制和激励机制。

对外合作与交流

红塔集团不断加强与国际烟草的合作与交流，积极开拓国际市场。2006年全年出口卷烟38.6亿支(7.72万箱)，比上年增长76.66%。主要混合型产品“红塔山”、“马宝”、“天堂”等出口到东南亚、中东、非洲、东欧等地区，“马宝”是国内目前卷烟出口量最大品牌，2006年销量达24.8亿支（4.96万箱）。

与法国摩迪公司、帝国烟草在烟草薄片、品牌许可生产等方面开展广泛的合作。国家局、总公司与法国摩迪公司合资在玉溪建设烟草薄片的项目于2006开始启动，基本完成可行性报告、《合资合同》、《SWM技术转让合同》、《中烟技术服务合同》、《技术实施服务合同》等的谈判工作。

多元化经营

云南红塔集团有限责任公司始建于1993年11月，注册资本1.12亿元，负责红塔烟草（集团）有限责任公司的多元化投资经营管理工作，是红塔集团的全资子公司。

公司多元化投资经营以参股、控股、联合、独资、融资等经营形式涉足能源、交通、轻工、化工、医药、机电、建材、金融、旅游等领域，已形成能源交通、烟草配套、建材木业、金融证券及保险、酒店房地产五大产业支柱，构建了跨地区、跨行业、跨所有制经营格局。在国家大型基础设施建设方面，公司持续参与大型水电站、中型火电站、小型水电站及昆玉高速公路、澜沧江流域开发、“西电东输”等西部大开发基础建设投资。在烟草工业配套产业方面，先后与德国、新加坡、泰国、澳大利亚等国家和地区的外商合作，引入资金、技术、装备和管理技术，与内地相关企业联合，投资兴建卷烟辅料配套产业。金融、保险、证券行业方面，公司持有多家保险、证券公司的股份。酒店、物业、房地产行业方面，公司先后参与昆明世界园艺博览园、上海红塔大酒店等多项服务设施投资建设。

2006年，按照行业多元化工作会议精神，对多元化实行归口管理，“先瘦身，再强身”，确保国有资产保值增值。红塔集团对多元化经营企业进行全面的清产核资和清理登记，进一步规范投资决策程序，严控新增投资项目，全年多元化投资收益8.11亿元，比上年增长41.44%。

内部管理监督

深入推进内部管理监督工作，从2006年2月中旬开始，红塔集团按照国家局关于加强同级审计、专卖管理监督工作的部署和文件要求，全面开展行业以同级审计监督和内部专卖管理监督为主要内容的“两项检查”工作。及时制订方案，确定自查、复查的范围和工作重点，涉及红塔集团省内外成员企业和各专业公司的财务收支、统计、预算、投资以及卷烟销售和卷烟专用物资管理。成立加强同级审计和专卖管理监督的工作领导小组，设立专门办公室，抽调专职人员，保障各项工作的顺利开展。组织企业内部自查、复查工作，并对存在的问题及时整改。8月，接受省中烟工业公司派出“两项检查”审计小组的复查，并按照复查组提出的整改意见，及时进行整改。

队伍建设

加强中层管理人员考核。修订红塔集团《干部管理条例》、《中层管理人员考评办法》等制度，加强对中层管理人员的任期述职考核。2006年1月10日，红塔集团对2002年底至2003年初竞争上岗中层管理人员的任期考核工作结束。考核采取绩效考评、个人述职、民主测评和专项考察相结合的方法，从德、能、勤、绩、廉5个方面进行打分。经考评，20人优秀，187人称职，无不称职。公开选聘中层管理人员，2006年3月，红塔集团在省内玉溪、大理、楚雄三厂公开选聘空缺的6个部级、1个副部级、5个正科级、1个副科级的中层管理人员。

加大中层干部培训和交流力度。2006年，红塔集团分4批组织61名中层以上管理人员参加云南中烟工业公司安排的干部培训，提高干部的综合素质。通过外派、挂职、轮岗等形式，交流干部16人次，为红塔集团的一体化管理培养了复合型人才。

2006年5月底，红塔集团经过报名、资格审查、笔试、面试、培训等程序选拔出30名青年技术人员和管理人员到美国加州圣荷塞州立大学进行为期6个月的学习生活。

思想政治工作

2006年，红塔集团结合企业实际，采取多种形式，广泛开展学习党章、学习实践“社会主义荣辱观”等活动，进一步提高党员干部的政策理论水平和政治素质。各党总支、党支部以落实党建目标责任制为重点，通过各具特色的方式加强党组织建设。开展“红塔心，岗位情，‘两个维护’求双赢”、“学习型团队建设”以及职工思想状况调查、座谈会等活动。2006年4月，红塔集团女工委员会被中华全国妇女联合会授予“全国三八红旗集体”荣誉称号。

2006年6月，按照国家局关于开展“‘两个至上’在岗位”主题实践活动的要求，红塔集团党委制订《“红塔心，岗位情，‘两个维护’求双赢”主题实践活动方案》，各厂、各部门积极开展“红塔品牌建设之我见”意见征集、“岗位荣辱标准”示范岗、“关爱烟农，关注烟叶”烟草科技下乡、“红塔山品牌体验”消费者联谊等系列活动，加深广大干部职工对行业“两个至上”共同价值观的认同和理解。

党风廉政建设

2006年6月，红塔集团党委按照党中央、国务院有关文件的精神要求，下发《红塔集团关于开展治理商业贿赂专项工作的通知》，利用半年时间，在全集团内分学习教育阶段（6~7月）、调查摸底阶段（8~9月）、整改提高阶段（10~11月）3个阶段开展治理商业贿赂专项工作。经过为期半年的教育和整改，集团干部职工抗腐拒变思想防线得到巩固，对国有资产保值增值、企业发展的责任感有效增强。

特事要辑

2月23日至24日，红塔集团在玉溪召开第十六届职工暨十三届工会会员代表大会第六次会议。

8月11日，中共中央政治局委员、国务院副总理曾培炎参观考察红塔集团楚雄卷烟厂。

9月25日至27日，中国烟草机械集团公司科技工作会在红塔集团召开。

10月5日，全国人大环境与资源保护委员会副主任委员、总后勤部原政委张文台上将一行到红塔集团考察。

10月17日至11月17日，红塔集团隆重举办创业50周年庆典系列活动。11月8日，云南中烟工业公司2007年上半年产销衔接会在玉溪召开。国家局副局长何泽华，云南省副省长程映萱出席会议。

11月27日，国家局局长姜成康、副局长李克明一行到红塔集团考察调研。

（刘 卉）

陕西中烟工业公司

概　况

陕西中烟工业公司成立于2003年12月。截至2006年底，拥有职工9745人，资产总额26亿元。2006年11月，国家烟草专卖局对陕西省卷烟工业企业管理体制改革批复，同意陕西中烟工业公司与陕西卷烟总厂合并成为一个法人实体，保留陕西中烟工业公司的企业名称。下设三个卷烟生产厂，即陕西中烟工业公司宝鸡卷烟厂、延安卷烟厂、汉中卷烟厂。卷烟生产厂不具有企业法人资格，实行内部核算和预算管理。

2006年，陕西中烟工业公司按照年初的工作部署，完善内部体制机制，加快内部资源整合，全面推进企业技术改造，深入开展“两项检查”工作，切实加强企业文化建设，圆满完成各项工作任务，行业经济运行持续健康发展。

领导成员

总经理、党组书记：龚朝凯（2006.3－）
副总经理、党组成员：高　峰
副总经理、党组成员：陈　晖
副总经理、党组成员：曹兴浪（2006.3－）
纪检组长、党组成员：陈建利（2006.3－）

组织机构

陕西中烟工业公司下设办公室、法律与改革部、企业管理部、安全保卫部、人力资源部、财务部、审计部、监察部、思想政治工作部、投资管理部、品质保障部、原料部、物资供应部、市场营销部、技术中心、信息中心、进出口部、整顿办共18个部门。

生产经营

2006年生产卷烟650.05亿支（130万箱），其中，一类烟11.25亿支（2.25万箱），同比增长14.71%；二类烟68.25亿支（13.65万箱），同比增长41.7%；三类烟297.1亿支（59.42万箱），同比增长9.55%；四类烟257.35亿支（51.47万箱），同比下降9.56%；五类烟16.1亿支（3.22万箱），同比下降8.43%。销售卷烟653.45亿支（130.69万箱）。实现销售收入65.89亿元，同比增长11.07%；实现税利37.28亿元，同比增长13.07%；实现利润5亿元，增长14.42%。

品牌战略

2006年，陕西中烟工业公司积极实施“百万箱猴王工程”，提高产品集中度，自有品牌由2005年的7个品牌28个规格整合为5个品牌20个规格；强化品牌宣传促销，优化技术资源配置，以推进省内卷烟品牌技术整合为基础，加大减害降焦、成本控制研究力度，实施产品创新、工艺创新，不断提高品牌的技术含量和核心竞争力。

2006年销售“好猫”品牌8.4亿支（1.68万箱），与上年同比增长18.6%，销售“猴王”品牌164.05亿支（32.81万箱），同比增长21.13%，销售“延安”品牌系列142.95亿支（25.89万箱），与上年基本持平。

以品牌为纽带，稳步推进省内外品牌的联合生产，2006年累计生产湖南卷烟75亿支（15万箱），其中，生产“（硬）白沙”15.05亿支（3.01）万箱，“（全包）白沙”44.95亿支（8.99万箱），全面完成对外联合生产计划。省内品牌统一生产取得积极进展，汉中卷烟厂加工“（软）猴王”33.9亿支（6.78万箱），“金丝猴”61.1亿支（12.22万箱），宝鸡卷烟厂旬阳生产点生产“（硬红）延安”2.9亿支（0.58万箱）。

体制改革

完成汉中卷烟一厂、永寿、咸阳、延长四个关闭卷烟厂的烟草专用设备销毁工作，延长卷烟厂进入依法破产程序。理顺烟草进出口管理体制，为下一步推进行业改革发展创造条件。

技术创新

召开全省烟草工业系统首次科技大会，开展卷烟关键技术以及卷烟新材料方面研究。进行卷烟品牌技术的全面整合，对原三个分厂5个品牌21个规格的卷烟品牌以减害降焦、控制成本、稳步提升质量为目标，实施工艺创新、产品创新，开展超前性的试验与研究，按照品牌共享、技术共享的原则，通过配方试验、工艺加工条件和设备能力的论证，实现省内卷烟品牌异地加工、多点生产条件下产品质量的一致和稳定。

技术改造

宝鸡卷烟厂、延安卷烟厂、汉中卷烟厂三厂技术改造全面启动。12月底，宝鸡卷烟厂联合工房主体工程封顶；延安卷烟厂技改基础工程完工；汉中卷烟厂完成设计方案的论证和初步优化。全年共完成投资2.69亿元。

企业管理

2006年，将建章立制作为基础性工作，完善配套措施，优化业务流程。修订《陕西中烟工业公司管理制度汇编》，出台83项管理制度，制定工作标准规范、业务流程，全面加强各项管理。

加强质量监督，推进ISO9000质量体系建设，基本建立体系框架。以贯彻执行新《卷烟》国标和《卷烟工艺规范》为主线，加强过程控制，加大监督检查考核力度，特别是针对卷烟产品同质化生产问题进行整改，及时解决质量管理中存在的问题。

加强设备管理，健全设备管理制度，统一设备的操作规程、保养规范、维修改造及管理办法，全年设备有效作业率达82.52%（宝鸡卷烟厂84.56%、延安卷烟厂81.2%、汉中卷烟厂81.8%），专用设备完好率达98.15%（宝鸡卷烟厂99.52%、延安卷烟厂97.43%、汉中卷烟厂97.5%）。

有效控制生产成本，全年卷烟实际总生产成本25.24亿元，较年度目标成本26.14亿元节约8967万元，节约幅度3.4%。

信息化建设

建立财务管理信息系统、原料库存管理系统，完成卷烟生产经营决策管理系统改造和国家局专卖准运证系统从互联网到行业骨干网的迁移，视频会议系统投入运行。

队伍建设

切实加强各级领导班子和后备干部队伍建设，开展“四好”领导班子创建活动，完善干部考核评价体系。按照干部考察程序，对卷烟厂领导班子和后备干部进行全面考核，对2005年以来提拔的处级干部开展廉政诫勉谈话。按照精简高效、对口顺畅的原则，理顺公司机关内设机构，对公司机关空缺管理岗位坚持“公开、平等、竞争、择优”的原则，严格按照个人报名、各厂推荐、择优推选、张榜公示、党组研究等程序，全系统289人参加竞聘，59人被择优录取，涉及15个部门、38个岗位。统一规范各厂机构设置和人员编制方案，修订各卷烟厂万箱定员标准，对计划外用工进行清理。

全面加强职工培训工作，开展专业技术职务评审和聘任试点工作，7月份举办全省烟草工业系统烟机设备维修技能竞赛，行业31人新取得专业任职资格，宝鸡卷烟厂王西玲同志被国家劳动和社会保障部授予“全国技术能手”称号，2006年全系统累计自培和外培共528期次11000人次。

思想政治工作

以弘扬延安精神为主线，在全省行业开展“发扬延安精神、搞好陕西中烟”系列活动。建立健全公司机关党委、工会等组织，创办《陕西中烟报》宣传载体，为推进行业改革发展打下基础。延安卷烟厂“红色文化”试点工作取得成效，在全国政研会上进行了经验交流。开展“心系国家，情系消费”大型慰问演出及扶贫帮困活动；充分发挥工会、共青团、女工委等群众组织作用，开展多种形式的劳动竞赛、建功立业及群众性的文化娱乐活动，激发职工生产积极性，营造和谐向上的企业氛围。

党风廉政建设

制订下发《贯彻落实建立健全教育、制度、监督并重的惩治和预防体系实施纲要的实施方案》及分工方案，构建预防体系的基础性工作。制订《关于加强对各级领导班子及主要领导干部监督的实施意见》，规范领导干部行为，加强权力的制约和监督。加大案件查办力度，全年处理来信来访7件（次），初核3件，立案3件，结案3件。

所属企业

陕西中烟工业公司宝鸡卷烟厂

概　况

陕西中烟工业公司宝鸡卷烟厂其前身为组建于1949年的宝鸡卷烟厂，2006年11月，陕西中烟工业公司与陕西卷烟总厂合并成为一个法人实体，陕西卷烟总厂宝鸡分厂改制更名为陕西中烟工业公司宝鸡卷烟厂。截至2006年底，共有在岗职工3103人（含聘用员工603人），其中大专以上学历844人，专业技术人员339人。年卷烟生产能力300亿支（60万箱）。企业下设1个卷烟生产点（旬阳生产点），5个基本生产车间，两个辅助车间，还有以三产为主、年销售收入超过3亿元的好猫集团公司以及一个三星级饭店。

宝鸡卷烟厂本部生产区占地面积8.33万平方米，拥有5000千克/小时、3000千克/小时制丝线各1条，570千克/小时二氧化碳膨胀烟丝线1条，200千克/小时薄片生产线两条，卷接包设备44台套。旬阳生产点拥有3000千克/小时制丝线1条，200千克/小时薄片生产线1条，6000千克/小时打叶复烤线1条，卷接包设备16台套。2006年，企业荣获“全国烟草行业经济效益先进企业”、“全国模范职工之家”、“全国精神文明建设先进单位”等多项国家、部、省级荣誉称号。

领导成员

厂长、党委副书记：李　强

副厂长、党委书记：冷长林（2006.7－）

副厂长、党委书记：李宝新（－2006.7）

副厂长：王连峰

副厂长：杨琦保

副厂长：李保平

副厂长：郭东伟

党委副书记、纪委书记、工会主席：秦东生

机构调整

根据陕西中烟工业公司的部署和机构设置、人员编制方案，按照精简高效、对口顺畅的原则，调整企业内设机构，合理落实定员定编，理顺管理职能，再造业务流程。宝鸡卷烟厂本部管理科室由原来的24个减少到20个，一次性压缩管理岗位编制160个。旬阳生产点管理部门由原来的20个压缩合并为16个。

生产情况

全年生产卷烟315亿支（63万箱），其中，一类烟8.1亿支（1.62万箱），二类卷烟53.5亿支（10.7万箱），三类烟109.3亿支（21.86万箱），四类烟144.1亿支（28.82万箱）。完成工业总产值34.78亿元，与上年同比增长6.28%。全年销售卷烟318.15亿支（63.63万箱），其中，一类烟8.4亿支（1.68万箱），二类烟53.55亿支（10.71万箱），三类烟110.45亿支（22.09万箱），四类烟145.75亿支（29.15万箱）。实现销售收入35.16亿元，同比增长9.36%。

产品介绍

2006年，主导产品“好猫”、“猴王”、“金丝猴”卷烟均为“陕西省名牌产品”，其中，“猴王”卷烟是“全国名优卷烟”，“好猫”卷烟是“全国卷烟优等品”。

技术改造

2006年3月，宝鸡卷烟厂易地技改项目开工建设。坚持把易地技改项目建设摆在与生产经营同等重要的位置，项目建设领导小组和工程指挥部坚持深入实地，坚持例会制度和现场检查、现场办公制度，及时研究解决项目建设中遇到的重大问题。围绕规划设计、材料供应、工程施工、工艺技术、监督检查等5个方面，健全完善工作机制，坚持推行施工单位自检、监理单位抽检、企业现场监督的三级质量管理体系，严把工程质量关。以建设“高效工程”为目标，科学安排进度，加快手续报批，加强沟通协调，确保工程建设进度。到2006年底，实际完成投资1.451亿元（不含土地款0.382亿元），占一期计划投资5亿元的29%，联合工房主体工程顺利封顶。

技术创新

深入开展《卷烟》新国标宣传贯彻工作，针对新国标中新增指标和强化指标所涉及的相关工艺和检测技术，开展有针对性的研究试验，调整修订部分关键工序工艺参数和技术标准，保证企业标准与国标的完全接轨。加强设备工艺改造，分别对烘丝机控制系统、梗丝膨化水分控制、真空回潮机、梗丝加料系统、烟梗筛分系统进行改造提升，较好地满足了生产工艺要求。健全完善设备自控装置专项管理制度，恢复完善了设备自检功能，设备自检装置的工艺质量保证作用得到充分发挥。

财务管理

预算管理。根据总厂下达的年度费用控制指标，科学合理地编制车间部门费用计划，实行预警机制，严格控制，严格考核。全年全厂管理费用占预算27800万元的87.12%，比预算减少3581万元。

成本控制。在全厂范围内开展形式多样的降耗增效劳动竞赛活动，降低生产成本。全年产品实际总成本13.04亿元，比下达的考核产品预算总成本减少3939万元。

资产管理。在保证生产、技改资金需求的同时，全年压缩贷款2.41亿元，减少财务费用973万元。加快货款回收。核对清收历史欠款1700万元。截至2006年底，宝鸡卷烟厂本部应收账款周转率11.02次，比上年加快2.71次。

企业管理

制度完善。按照组织机构调整的实际情况以及部门职责和业务流程的变化，对企业1996～2005年期间颁布的342个规章制度进行梳理，废止无调节对象的规章制度30个，修订规章制度312个，新增规章制度18个，并实现全厂规章制度电子化。初步形成责任明确、管理规范的制度体系。

质量管理。开展《卷烟》新国标宣传培训，顺利完成企业标准的转换工作。在企业内部制订高于国标的过程检验办法，在卷接车间推行内容统一、责任清晰的机台质量自检制度。制丝过程重点控制加香加料精度、物料掺兑、工序水分控制，卷接包过程重点监控检测装置运行、机台自检等环节，为稳定提升产品质量提供保障。全年卷烟一等品率达61.6%，与上年同比提高5个百分点。成品优等品率达34.9%，同比提高1.5个百分点。产品质量在国家局抽检中合格率达100%。9月12日，五车间507QC小组在“控制FK机小包外观质量”研究中成效显著，被中国质量协会等四部门授予“全国优秀质量管理小组”称号。

物资管理。成立6个专业小组对全厂存货及固定资产进行全面的清查，对清理出的资产损失及时上报处理，摸清家底，提高资产质量。修订完善《原料检验手册》和《卷烟材料检验手册》，坚持推行原料检验通报制度和辅料适用性监控验证制度，严把原辅材料检验关。全年抽检辅料2577批次，合格率达99.9%。

设备管理。全年共组织自主中修、协修和大修关键设备13台套。加强设备维护保养，制订实施切合企业实际的设备操作规范和保养细则。全年卷接包设备平均有效作业率达87.02%，制丝线及关键设备故障停机率控制在0.5%以下，设备完好率达99.52%。全年节约设备维修费用205万元。

安全管理。创新安全工作思路，设立安全专项奖励基金，层层签订安全目标责任书。严格考核办法，实行重奖重罚，形成全员参与，横向到边、纵向到底的安全管理网络。加强安全预警机制建设。从重大火灾、抗洪防汛、地震灾害、特种设备事故、群体性安全事件等方面，制订应急预案，并组织培训演练。做好职业健康安全管理体系贯标工作。先后完成厂内危险源的辨识评价和体系文件的编写工作。加大安全监督检查力度。投资100万元，在重点部位安装安全监控系统，全年新增灭火器74具，更换消防水带32条，安装应急灯25具，增加灭火器箱13套。完成37台电梯和20台特种设备的检查检测，确保安全设施、特种设备有效运行。

队伍建设

加强人才工作激励机制建设。制订下发《宝鸡分厂专业技术职务聘任暂行规定》、《宝鸡分厂技师聘任管理规定》、《关于调整工人技术等级津贴核发标准的通知》、《宝鸡分厂专业技术职务任职资格津贴管理暂行规定》等一系列规章制度，在企业专业技术人才和高技能人才薪酬制度和用人制度上进行新的有益尝试。对38名自学成才的职工进行奖励，激发职工钻研业务、岗位成才的热情。2006年，11名职工取得烟机设备修理技师职业资格，提前1年超额完成企业“三年人才规划”中确定的2007年底完成新增技师15名的目标任务，二车间职工王西玲荣获“全国技术能手”荣誉称号。

加大全员教育培训力度。严格落实企业年度培训计划。以提高管理人员和专业技术人员的业务技能水平为重点，抓好厂级培训。全年先后组织开展企业培训师、公文写作、计量管理、人力资源管理等6期305人次的厂级培训。有计划、有针对性地抓好外培工作。与资质好、声誉高的培训机构联系，先后选派管理骨干、专业技术人员及技术工人107人次参加管理者素质、5S现场管理与现场提升、物流师资格、制丝工艺技术、新会计知识等培训，提高理论水平和实际操作能力。扎实推进车间级培训，全年完成特殊工种取换证培训122人次，举办车间级培训50期2360人次。

党风廉政建设

通过组织召开预防职务犯罪警示报告会、签订廉政自律承诺书、观看警示教育专题片、组织廉政教育法规知识答题、组织提醒谈话等多种形式，加强党风廉政教育，全厂干部队伍的思想工作作风得到进一步转变。

特事要辑

3月4日~5日，宝鸡卷烟厂召开第一届职工代表大会暨第一届会员代表大会。

3月27日，宝鸡卷烟厂易地技术改造项目奠基，国家局副局长张保振、陕西省人大副主任刘遵义出席奠基仪式。

8月5日~12月15日，宝鸡卷烟厂召开第一届职工运动会。

8月19日，在2006年度中国制造业500强暨大型工业企业信息发布年会上，宝鸡卷烟厂再次名列中国制造业500强和中国企业纳税200佳金榜。

陕西中烟工业公司延安卷烟厂

概　况

陕西中烟工业公司延安卷烟厂其前身为始建于1970年的延安卷烟厂，占地面积18万平方米。2006年11月，陕西中烟工业公司与陕西卷烟总厂合并成为一个法人实体，陕西卷烟总厂延安分厂改制更名为陕西中烟工业公司延安卷烟厂。截至2006年底，总资产13.21亿元，年生产能力100亿支（20万箱）。共有在岗职工1053人，其中，拥有专业技术职称的360人、高级职称4人、中级职称104人、初级职称252人；持职业技术资格证书者678人，包括技师34人、高级工362人、中级工244人、初级工38人。

领导成员

厂长、党委副书记：张国亮（2006.7－）

副厂长、党委书记：谭福海（2006.7－）

副厂长、党委委员：齐建心

党委副书记、纪检书记、工会主席：朱群虎

副厂长、总工程师、党委委员：白　丰（2006.7－）

副厂长、党委委员：刘蟠生

生产情况

2006年累计生产卷烟142.5亿支（28.5万箱），其中，一类烟3.17亿支（0.63万箱），二类烟14.72亿支（2.94万箱），三类烟92.02亿支（18.4万箱），四类烟32.59亿支（6.52万箱）；累计销售卷烟141.62亿支（28.32万箱），其中，一类烟3.18亿支（0.64万箱），二类烟14.75亿支（2.95万箱），三类烟91.09亿支（18.22万箱），四类烟32.61亿支（6.52万箱）。全年实现销售收入14.72亿元，与上年同比增长14.3%；实现税利8.78亿元，同比增长13.9%；其中实现利润14.78亿元，同比增长40.2%；实现单箱税利3104元，同比增长11.8%。

按照《延安卷烟厂与常德卷烟厂2006年度品牌许可生产协议》，2006年加工生产联营品牌"芙蓉（皇后）"3万大箱。

产品介绍

2006年，陕西卷烟总厂实行品牌统一，品牌战略由陕西卷烟总厂统一规划实施，延安卷烟厂按照规划原则，继续扩大"延安"系列品牌阵容。主要产品有"延安（世纪经典）"、"延安（精品）"、"延安（醇香）"、"延安（醇和）"、"延安（新红）"、"延安（软红）"。

体制改革

2005年11月陕西卷烟总厂成立后，延安卷烟厂从生产经营型企业转变为生产型企业，确立"统一财务、统一品牌、统一采购、统一销售"等"四统一"原则，将企业原有的采购、销售、财务职能划归总厂管理，经营权上移，使企业主要职能转变为对上协调和对内管理。

技术改造

延安卷烟厂易地技术改造项目于2003年8月正式启动，2004年11月通过国家烟草专卖局专家评审，2005年7月国家局正式批复。整个项目建设周期分为三年，分两期进行建设，计划总投资约6.4亿元。

2006年，易地技改工程建设正式启动，全面开工建设项目有3个，分别是机加车间、联合工房和片烟醇化库。通过全面实行"两项公开"（工程招标情况公开和工程款项管理情况公开），工程建设的各项工作真正做到公开、公平、公正，有效地控制了投资成本。全年共完成招投标项目32个，招投标总金额达16576万元，应招标投标率和应公开招标投标率均达100%。按照设计标高完成场地平整和土方回填；完成机加车间项目主体工程的施工和装饰装修，具备临时办公入住条件，并完成避雷专项验收和消防专项验收；完成联合工房项目桩基的施工并已验收，联合工房基础梁、承台以及制丝车间和卷接包车间网架三层柱、梁柱浇注已完成，具备网架安装条件；完成片烟醇化库项目桩基的施工，片烟醇化库工程桩检测工作全部结束；烟草机械设备合同已签订；建设工程的各项手续在陆续办理之中；截至2006年底，累计完成投资5278万元。

科技创新

将原"世纪龙（极品）"改造为"延安（世纪经典）"，改进后的"延安（世纪经典）"采用沟槽嘴棒，改变卷烟烟气在沟槽滤嘴中的行进路线，提高了烟气总粒相物在沟槽滤嘴中的惯性碰撞和扩散沉积，具有更好的过滤效果，更有效地降低卷烟烟气中的焦油量。

结合《卷烟》新国标的实施，对生产线进行改造，优化工艺参数，烟丝质量指标得到提高。增加储丝柜，提高烟丝存放时间，香精香料的渗透有效均匀，提高了内在质量。

财务管理

在贯彻执行《会计法》等法律法规的基础上，严格规范会计核算，并进一步完善制度，新制订《职工暂借款管理办法》、《存货盘盈盘亏报废管理制度》、《固定资产报废处置管理制度》等8项规章制度。

实行全面预算管理，加强生产经营全过程的监督执行，按照陕西卷烟总厂预算管理制度，延安卷烟厂制定相应的成本费用预算、项目资金费用预算等管理制度。严格执行预算，全年的各项生产经营指标均控制在计划之内。加强财务自身的内部审核力度，在实行不相容岗位分离的基础上，制定内部财务审核程序规定。加强资产管理，核实企业资金，改善资产质量，按照"同级审计"内容，规范原有的"资产报损程序"，制定《应收账款坏账核销处理管理办法》、《往来账管理办法》等制度。

加强资金管理，制定相应的工程项目审计结算管理办法、易地技改和高层建筑财务管理规定、单项工程结算管理办法等制度，理顺投资关系。

企业管理

质量管理。进一步完善ISO9000质量管理体系和计量确认体系，结合《卷烟》新国标的实施，在质量管理过程中采取多种改进方法和途径，以抓现场产品实物质量为突破口，围绕"寻找质量问题、解决质量问题、控制质量问题、预防质量问题"的质量工作的重心，不断提高质量保证能力。

应用质量联动机制，有效解决长期困扰产品质量的一些顽疾问题。解决接装纸漏印、梗丝质量波动、PASSIM烟支切口等较为突出的质量问题。修订完善《卷包过程质量自检办法》和《卷包过程质量检验管理办法》，取消打分评价卷包过程产品质量的方式；

明确质量专检人员的工作要求和工作程序，强化专检人员对生产过程的监督和控制职能；严格卷包过程产品质量的首、末制检验流程，细化过程自检的具体要求。加强过程辅料产品质量检测控制，解决商标数量短缺、烟箱颜色不一致、接装纸甩墨、滤纸规格不适宜等问题。

邀请专家到厂系统讲解ISO9000质量管理体系相关知识，80多人参加培训并经过考试测试均达到合格要求，择优聘请21人为体系内审员。推进QC工作，修订《延安卷烟厂QC管理办法》，规范QC小组活动的具体要求。购买QC培训教材30套，对40余名质量骨干进行QC基础知识集中培训。

设备管理。以设备综合管理为中心，探索高新设备运行的基本规律，开展预知性设备维护，最大限度发挥设备的效能。全年设备平均有效作业率81.2%，全年设备平均完好率为97.43%，比2005年提高0.42个百分点。全年制丝设备故障停机率平均为0.85%；全年计划大、中修设备24台套，实际完成24台套，机修完成率100%。计划技术措施项目为23项，实际完成23项，完成率100%。除动力车间自付的项目外，计划投资共425.6万元，实际发生费用为308.25万元，节约资金117.35万元。

物资管理。在2005年全面修订61项物资管理制度的基础上，2006年新制定《卷烟专用材料管理办法》、《专卖品出入库实施细则》等7项制度，使物资计划、入库检验、仓储管理、安全管理、人员管理等各项工作有章可循、操作规范。

按月对各个库房的标识情况、货物垛放情况、贮存环境以及物资账、物、卡相符情况进行抽查，并在各个库房形成劳动竞赛机制。通过限额管理控制库存物资资金占用，从五金备件片开始实施，推广应用到辅料片库存上。

安全管理。健全安全生产管理机构，推行“5221”管理模式，设有“五会两队两组和一部”。完善安全生产管理制度，制定《安全风险抵押金制度》、《安全事故行政责任追究考核办法》。坚持“三级安全检查”制度，加大职能部门夜间突击检查力度和频次。加大对安全生产基础设施的资金投入，2006年在技防、物防投入资金50多万元，更新监控设备和远程监控线路，更新消防器材676台（具）。加强安全培训教育，充分利用广播、有线电视、板报、橱窗等宣传平台，不间断地对全厂职工进行安全教育。开展“4·30”安全活动并邀请消防灭火专家到企业进行消防知识及技能的专项培训。开展以“遵章守法，关爱生命”为主题的安全月活动，举办“3·9”和“11·9”消防实战灭火演练和应急预案现场演练活动。

信息化建设

配合省中烟工业公司，完成行业内网的调试和省内各企业网络的统一化工作。按照加强网络稳定性和安全性的要求，购置并安装天融信网路卫士防火墙、天融信网络卫士防病毒网关和3COM交换机。优化计算机配置管理。按照业务流量和业务重要性对各部门计算机进行更新或调配，基本解决业务量与计算机配置不匹配的矛盾。加强日常网络安全管理，实施服务器限制和不定期检查，保证网络资源的有效利用。

队伍建设

制订《定额定员机构设置方案》，逐步完善全厂机构设置，明确各部门职责，部门由26个增加为27个。机关管理岗位由146个减少为141个，管理人员由317人减少为221人。严格生产车间劳动定额定员管理，各车间共减员169人。严格劳动合同管理，1271名职工续签劳动合同，20名职工新签劳动合同。制订《解除劳动合同管理办法》，对6名职工解除劳动合同，对3名职工解除劳动关系。

完善《机关工作人员竞聘上岗管理办法》和《实施细则》，2006年先后9次对全厂30个空缺管理岗位进行公开竞聘，共有127人参与竞聘。完善《干部选拔任用管理办法》，共选拔13名年轻人充实到领导岗位。

制订《人才素质工程实施管理办法暂行规定》，全年组织各类培训227期，培训涉及4015人（次）。其中，内培182期，受培人员3700人次；外培58期，受培人员315人（次）。培训的内容涉及卷烟设备维修技术、安全知识、易地技改后新设备新工艺和新的管理理念。组织开展工人技术等级鉴定5期，鉴定人员197人。组织专业技术人员专业技术资格评审、考试3期，评审、考试人员44人，其中38人经过考评取得中级职称。组织新进大学生和复退军人进行岗前培训。

思想政治工作

开展党组理论学习中心组集中学习，重点学习省中烟工业公司党组文件《中共陕西中烟工业公司党组关于学习贯彻十六届六中全会精神的通知》和《中共中央关于构建和谐社会若干问题的决定》。

2月，召开七届七次职工代表大会，结合企业生产经营，展开广泛地讨论，提出各类意见和建议经汇总整理四个方面28条。3月，围绕“两个至上”、“和谐烟草”组织职工开展大讨论，并针对性地征集相关论文。开展“两个至上在岗位”、“延安精神在岗位”主题实践活动。5月，以分工会为单位组织召开职工大会，选举产生40名总厂代表。开展围绕以提升女职工素质、维权和“特别关爱”工程为主要内容的活动，组织女工参加自学本科与专科的继续学习和深造。

2006年3月《陕西中烟报》创刊，延安卷烟厂及时调整内刊宣传思路，组建通讯员队伍，建立稿件管理制度，征集发表内部稿件百余篇。与《延安日报》加强联系，对企业的生产经营、技术改造、经济效益、品牌培育等方面的情况进行连续报道。

党风廉政建设

为规范中层干部的廉政从业行为，防止职务失职，各部门自上而下签订廉政承诺书。实行中层正职向党委承诺，中层副职向所在部门正职承诺，同时要求基建、技改工作人员向部门领导承诺。制订《延安卷烟分厂基建、技改"阳光工程"实施方案》，坚持"公开透明、按章办事、民主监督、求实高效"的原则，规范招投标、比质比价采购行为，降低成本，节约工程费。扩展参与范围，增强监督力度，全年共参与人事调配监督9次，物资比质比价采购、基建技改工程招标工作86次，基建技改、生产、生活维修项目以及工程量变更的真实性监督24次。为进一步加大民主管理和群众监督力度，全年受理群众来信上访案件3起，解决3起。

企业文化

2006年1月起，延安卷烟厂开始企业文化理念的重塑与提升。按照2006年3月国家局副局长张保振考察延安卷烟厂时《发扬延安精神、做强延安烟厂》的讲话精神，完善《企业文化发展规划》和《企业文化导入期实施方案》，在企业内部倡导"效率、效果、快捷"的工作作风。

2006年5月，延安卷烟厂被国家局确立为行业企业文化建设试点单位。企业充分挖掘企业传统文化和延安精神的时代内涵，利用当代"红色管理"的研究成果，提炼文化理念。11月，以"进步之道"为核心的《企业文化手册》印刷出版，《进步之道——延烟魂》企业文化形象宣传片摄制完成，企业文化内部贯彻和对外传播思路基本成型。12月，在行业企业文化建设第二次工作会议上，延安卷烟厂作题为《建设红色文化典范，塑造延安特色品牌》的经验介绍，与行业同仁就"红色管理"、"进步之道"进行交流，"星的体系，进的文化"受到行业的广泛关注。

陕西中烟工业公司汉中卷烟厂

概　况

陕西中烟工业公司汉中卷烟厂其前身为创建于1975年8月的汉中卷烟厂，企业占地面积21万平方米。2006年11月，陕西中烟工业公司与陕西卷烟总厂合并成为一个法人实体，陕西卷烟总厂汉中分厂改制更名为陕西中烟工业公司汉中卷烟厂。截至2006年底，企业资产总额11.55亿元，其中固定资产2.91亿元，流动资产7.85亿元。拥有4500千克/小时制丝线1条，薄片生产线3条，各类卷烟专用设备56台套，年生产能力200亿支（40万箱）。企业内设职能部门18个，车间5个，下属1个多元化经营公司——汉中公主实业有限公司。有在岗职工1702人，其中中专以上学历381人，取得专业技术任职资格人员174人。

领导成员

厂长、党委副书记：任　立（2006.7－）

副厂长、党委书记：蒋正林（2006.7－）

副厂长：雷东锋

副厂长、党委委员：刘振宇

副厂长、党委委员：刘景明

生产情况

2006年，累计生产卷烟192.5亿支（38.5万箱），与上年同比增长2.67%。销售卷烟193.3亿支（38.66万箱），同比增长3.04%。实现销售收入16.02亿元，同比增长12.52%。实现税利8.38亿元，同比增长15.22%；单箱税利2168元，同比增长12%。

机构调整

2006年汉中卷烟厂开展内部机构调整、部门职能划分和人员优化组合工作，通过理论考试、民主测评、公开竞聘等措施，有11个部门的48人离开机关岗位，进一步精简了人员。

产品介绍

主要生产"白沙"、"猴王"、"金丝猴"、"大丰收"、"公主"等品牌卷烟。分别与湖南中烟工业公司长沙卷烟厂、江苏中烟工业公司淮阴卷烟厂、陕西宝鸡卷烟厂进行品牌联营加工合作。对外联营加工淮阴卷烟厂的"一品梅"，长沙卷烟厂的"相思鸟"、"（全包）长沙"、"（全包）白沙"、"（硬翻）白沙"，以及省内宝鸡卷烟厂的"猴王"和"金丝猴"，争取到全国第一卷烟共享品牌"大丰收"的生产加工权。

2006年对外合作品牌共计完成产量97.85亿支（19.57万箱），其中，生产"长沙"联营品牌49.95亿支（9.99万箱），省内品牌47.9亿支（9.58万箱），完成总厂下达计划的100%。联营品牌实现税金3.8亿元，实现利润1.03亿元，其中"白沙"实现利润0.94亿元。

技术改造

2006年2月16日，陕西卷烟总厂向国家局上报《陕西中烟公司关于陕西卷烟总厂汉中分厂6000千克/小时制丝线及配套设施技术改造项目的请示》，6月，国家局批复技术改造项目，委托合肥设计院按照批复进行总体规划设计。12月，总厂组织行业专家总体通过评审，并对总图、工艺、联合工房等方面提出优化完善建议。各项前期工程建设进展顺利，锅炉房建设工程土建主体框架按3台20t/h、1.6MPa锅炉设计，实际先安装两台，需投入2000万元，2006年11月初开始试运行。片烟库建设工程土建主体已封顶。新建过渡卷包车间项目于2006年6月经总厂立项批复，已完成设备及配套设施招标、购置、搬移和安装工作，并正式投入生产。新建薄片车间项目于2006年10月经总厂立项批复，11月10日前完成土建、设备安装工程、设备购置等项目的招标工作。全年共完成各类基建投资8923.2万元。

科技创新

制订激励办法，鼓励产品技术创新，着力解决实际生产过程中的具体工艺质量问题。开展控制、降低端部落丝量的技术研究攻关，召开企业“中式卷烟、特色工艺、QC及自主创新”科技工作会议，注重新成果、新技术在实践中的应用和发展。“生物型辊压法再造烟叶技术研究与应用”顺利通过省科技厅技术鉴定，被认定为陕西科技成果，发明专利申请进入公示阶段。“双壁两点喷射法”加香、加料系统设计全部完成，减小了物料水分、温度之间的波动，已获得国家实用新型专利。加香质量在线检测仪器的研发正在进行电路设计工作。特色工艺分组加工技术的研究和应用，改进了产品感官质量，降低了单箱烟叶消耗。

企业管理

财务管理。根据企业产量增加、实施技改的实际情况，在贷款总额不增加的前提下，积极探索有效途经，降低筹资成本和财务风险。一是加强销售业务衔接和财务收款流程管理，严格执行发货程序和票据传递程序，缩短了货款回收周期，提高了资金利用效率。二是克服困难，筹措资金，清理了职工风险金和银行账户，加强了资金运作和需求衔接。三是积极与银行协调，通过转贷、倒贷，在银行利率上调的情况下，降低资金使用费用。2006年偿还贷款9200万元。四是顺利完成了与总厂财务并账，理顺了地方财税关系。五是以汉中市地税稽查为契机，进一步规范、完善了财务管理办法和工作流程。

质量管理。成立品牌质量维护领导小组，建立工艺质量联合检查制度。全年共开展12次联合检查，查出各类问题256个，及时制订整改措施，确保产品质量稳定。

学习借鉴先进企业工艺质量管理理念，强化贯标和计量工作，为生产工艺质量持续改进提供准确信息。2006年产品质量投诉明显下降，质量投诉处理率100%。QC活动成效显著，全年共注册QC课题15个。2006年5月下旬在全省烟草工业系统第十九届优秀QC成果发布会上，获得一等奖1个，二等奖1个，三等奖3个，优秀奖4个。一车间QC小组“两点喷射法”加香加料系统的设计与应用荣获全国烟草系统第17届优秀QC成果发布会一等奖，被全国第28次质量管理代表会议评为“全国优秀质量管理小组”。

物资管理。实行比质比价采购，降低采购成本。加强供应商管理，提升材料供应质量。完善和修订部门各项管理制度和岗位经济责任制考核办法。严格按照“两项检查”工作要求整改问题，妥善处理和销毁报废材料。

安全管理。制订“陕西卷烟总厂汉中分厂安全生产目标责任奖惩办法”并贯彻执行。开展安全检查与隐患整治工作，全年共开展厂级安全检查45次，查出、整改隐患440条，整改率100%。制订并实施《陕西卷烟总厂汉中分厂五五普法实施方案》，在“安全生产月”、“11·9消防日”、“12·4普法日”等活动日期间，进行安全生产、法律知识教育、培训和消防演练18场次。

信息化建设

以信息化规范建设为主线，整合区域信息模块，顺利运行生产经营决策管理系统；强化各项信息工作业务流程和制度措施，加强工程管理培训，与技术改造同步跟进，构建信息化沟通平台，创建高效快捷工作条件。规范统计基础工作，加强从业人员技能培训。全年组织37名统计人员参加国家和地方统计培训及从业资格考试并取得从业资格，保证统计工作质量。

队伍建设

2006年，汉中卷烟厂针对设备更新速度加快、人员调整频繁的实际，完善职工在职教育培训与技能开发制度，强化考核评估力度。全年采取内外培训相结合的方式，进行各类培训48项，有效提高人员操作技术水平。

重视高级技能人才培训、选拔和管理工作，注重技能鉴定和职称管理，组织中层干部和技术管理骨干31人到长沙卷烟厂进行学习培训，在全厂范围内对电工、PT－GD等高级技术人员进行考核选拔，制订出台技术人员职称评定与津贴管理制度，对全厂持有资格证书的在岗人员进行登记，对全厂持有中、高级职称的183人和具有各类职业资格证书的474人发放技术津贴，提高干部职工学习积极性。

压缩机关科室定员编制，实行竞聘上岗，精减机关工作人员48人。2006年清退临时用工84人，全部解除劳动关系。配合总厂进行总厂机关工作人员选拔，为总厂机关选送18名业务骨干。按规定缴纳企业职工养老金，办理职工退休和退养手续。完善工资收入分配体制，健全技术岗位津贴管理办法。

规范劳动用工管理，按照“平稳过渡、衔接有序”的原则，对富余人员进行调整分流，稳妥解决了84名临时工离厂问题。对短期用工逐步实行劳务派遣，减少争议，规范劳动关系，为深入开展减员增效打下良好基础。

思想政治工作

贯彻落实总厂政工会议和厂长、书记座谈会精神，严格学习制度，巩固保持共产党员先进性教育成果。召开专题会议，制定基层党支部工作要点，开展“先进党支部”、“党员示范岗”、“优秀共产党员”创建活动，2006年，企业党委被评为南郑县“先进党委”。

切实发挥工会、共青团作用，以“创建学习型企业，争当知识型职工”为载体，深入开展“两个至上在岗位”、“我为双创作贡献”等主题实践活动。举行“明天更辉煌2006年元宵文艺晚会”、“建党85周年纪念大会”、“汉中分厂第一届职工运动会”和庆祝“三八”妇女节总结表彰大会，参加总厂举行的“猴王杯”篮球比赛。

结合企业实际开展“厉行节约、爱厂如家”活动，培养员工艰苦创业精神，借助《陕西中烟报》和厂广播等媒体，围绕企业中心工作开展宣传教育活动，全年各类投稿近450篇。

党风廉政建设

2006年，企业内部审计、纪检监察、惩防体系、信访工作顺利进行，开展“廉政宣传教育月”、“信访活动月”和“惩防体系建设活动月”活动，出宣传专栏13面，收到信息稿件、学习体会110余篇。召开纪检监察和提醒教育工作会，与9个涉外部门签订干部廉政承诺书，组织中层干部观看《居安思危——苏共亡党历史教训》、《省农电系统受贿案警世录》和《特殊的一课》电教片。召开3次廉政信息员工作会，对新提拔干部进行廉政鉴定。

（全新伟）

中国烟草实业发展中心

概　况

1999年1月，中国烟草实业发展中心（以下简称“中烟实业”）成立。中烟实业是国家烟草专卖局、中国烟草总公司的直属经济实体，负责经营管理国家局、总公司直接投资的非烟草专卖品、非烟草专用材料的独资企业和控股的合资、股份企业，代表国家局、总公司参与非控股股份企业的管理。

2004年6月，国家局对中烟实业的工作职责、机构设置和人员编制进行较大调整，将其工作职责从过去的以管理行业多元化经营工作为主调整为以管理工业企业为主，即对行业部分卷烟工业企业实施管理、指导、协调和服务。2004年11月1日，国家局印发《关于调整兰州卷烟厂等8家卷烟工业企业管理体制的通知》（国烟法〔2004〕734号），将原由省级局（公司）管理的哈尔滨卷烟总厂、兰州卷烟厂、延吉卷烟厂和深圳卷烟厂4家卷烟工业企业调整为中烟实业管理。将原由省级公司持有的4家卷烟工业企业的股权，即辽宁省公司持有红塔辽宁烟草有限责任公司的股权，内蒙古区公司持有内蒙古昆明卷烟有限责任公司的股权，山西省公司持有山西昆明烟草有限责任公司的股权，海南省公司持有海南红塔卷烟有限责任公司的股权，通过法定程序和审批手续调整为中国烟草实业发展中心持有，中烟实业下辖8家卷烟工业企业。

2005年8月，根据国烟人〔2005〕534号文件精神，撤销中烟实业内设的多元化投资管理部，中烟实业不再承担行业多元化经营的宏观管理职能。同时根据国烟法〔2006〕589号文件精神，将吉林烟草进出口有限责任公司调整为中国烟草实业发展中心的子公司。

2006年，中烟实业围绕“完善体制机制，优化资源配置，增强竞争实力，全面提升水平”的主要任务，紧密结合所属企业实际，以品牌发展为核心，较好地完成了预定的各项工作任务。

领导成员

总经理、党组书记：许志龙
副总经理、党组成员：张建军
副总经理、党组成员：李保林
副总经理、党组成员：李东明
副总经理、党组成员：李增林（2006.12－）
总会计师、党组成员：娄宝山
纪检组长、党组成员：傅　鹏

组织机构

中烟实业机关设办公室（外事办公室）、人力资源部（纪检监察部）、生产安全管理部、财务部、审计部（监事室）、法律与改革部、市场营销部、物资供应部等8个部门。

生产经营

2006年，中烟实业所属八家企业共生产卷烟1655.15亿支（331.03万箱），与上年同比增长4.06%，其中，生产低档烟858.65亿支（171.73万箱），完成全年低档烟生产基数的110.29%。销售卷烟1686.85亿支（337.37万箱），同比增长5.1%。实现销售收入178.8亿元，同比增长11.4%。实现税利106.6亿元，其中，利润17.3亿元、税收89.3亿元。

品牌战略和产品介绍

重视优化资源配置等基础性工作，按照“一切围绕市场转，一切围绕品牌干”的工作要求，品牌整合取得新进展，全年共生产重点骨干企业名牌卷烟387亿支（77.4万箱），与上年同比增长40%，行业重点品牌市场占有率进一步提高。

加大自有品牌整合力度。全年生产自有品牌16个牌号共49个规格，比上年减少了9个牌号20个规格。2006年，生产“兰州”品牌260亿支（52万箱），“长白山”、“人民大会堂”、“苁蓉”、“老仁义”等品牌在本企业效益增长中占较大比重。加大省外市场开拓力度。各企业克服对省内市场的依赖，有重点地开拓省外市场。2006年，省外市场销量达489.1亿支（97.82万箱），与上年同比增长113.21%。

体制改革

完成主业的资产划转和多元化清产核资工作。2006年，完成兰州卷烟厂、延吉卷烟厂和哈尔滨卷烟总厂3家工厂制企业的资产划转。通过资产的逐级上划和下投，理顺产权关系，强化中烟实业投资者角色，为企业的公司制改制做好准备。根据《烟草行业多元化经营企业清产核资工作方案》，聘请会计事务所对多元化资产开展清产核资，摸清家底，并针对每个企业的实际情况分别提出清理意见。

组建吉林烟草工业有限责任公司。推进延吉卷烟厂和长春卷烟厂的联合重组，多次与地方政府、红塔烟草（集团）公司、红塔烟草（集团）公司延吉卷烟厂和长春卷烟厂进行衔接、沟通，修改和完善公司合作协议、方案和章程。12月1日，国家局批准组建吉林烟草工业有限责任公司。12月6日，组织召开吉林烟草工业有限责任公司第一次股东会和第一届一次董事会、监事会，建立了相应机构，人员逐步到位，新公司正式运作。

接收吉林烟草进出口有限责任公司。根据行业进出口管理体制调整的要求，将中国烟草进出口（集团）公司持有的200万元股权、中国烟草总公司吉林省公司持有的150万元股权、延吉卷烟厂持有的231万元股权无偿划转给中烟实业，资产划转基准日为2005年12月31日，公司净资产（所有者权益）为1447.65万元。为使吉林烟草进出口有限责任公司更好地发展，中烟实业开展“走出去”系列调研工作，提出“走出去”工作的指导意见，公司管理实现平稳过渡。

完善红辽公司法人治理结构。根据新颁布的《中华人民共和国公司法》规定和实际工作需要，红塔辽宁烟草有限责任公司法人由以前的董事长担任更换为总经理担任。中烟实业和红塔烟草（集团）公司主要履行出资人职责，分别在行业管理和企业管理方面对红辽公司进行指导、管理和监督。红辽公司修订后的有关制度规定为其他企业的内部体制创新和完善法人治理结构提供了参考。

科技创新

为贯彻落实全国烟草科技大会精神，加强对企业科技工作的指导和管理，成立科技委员会，并在6月下旬召开中烟实业第一次科技大会，对所属企业在“十一五”期间的科技工作提出了规划部署和具体要求。

集中技术力量。集中八家企业的技术力量共同开展技术创新，是中烟实业科技创新活动的主要特色。2006年，中烟实业集中技术力量对现有品牌的卷烟组织开展品吸、分析、市场调研活动，提出维护提高产品质量的意见和建议。规定各企业的竞争力目标、技术标准、成本要求，组织力量研究开发三类卷烟共享品牌的卷烟配方，增进各企业间技术人员的交流，拓宽配方设计思路，强化企业创新意识。2006年，延吉卷烟厂开发研制“长白山（东方神韵5毫克）”卷烟，兰州卷烟厂、深圳卷烟厂也推出了改进后的新产品，红辽公司的“人民大会堂”、蒙昆公司的“苁蓉”都进行产品改进。

群众性质量管理活动。2006年，八家企业共上报21项科研项目，其中17项达到了立项条件。在国家局组织QC成果发布会上，深圳卷烟厂新丝路QC小组的“提高梗丝产成率”获得国家局QC成果二等奖，哈尔滨卷烟总厂（本部）五车间QC小组的“冷凝水箱热能回收利用”、内蒙古昆明卷烟有限责任公司卷接包车间包装QC小组的“实现ZB21机组无条盒包装”、延吉卷烟厂二车间GDX1QC小组的“提高GDX1小盒包装质量合格率”、兰州卷烟厂产品调试QC小组的“攻克兰州008#卷烟产品在HDT线调试难关”等获国家局QC成果三等奖。

企业管理

按照“以提质降耗为核心，加强管理，强化服务，全面提升基础管理水平”的工作要求，从生产现场管理、设备管理、烟叶物资采购和安全工作等方面入手，加强企业间的学习和交流，提升企业的基础管理水平。

生产现场管理。组织企业开展生产现场管理经验交流，通过相互学习，各企业针对薄弱环节进行了改进、完善。为提高企业设备管理水平，制订《中烟实业设备管理考核评价办法》，成立设备管理专业指导小组，对各个企业今年现场和设备管理开展评价和验收工作，有效促进企业降低生产成本、提高设备使用效能。

规范投资采购。为加强对所属企业固定资产投资和大宗物资采购的管理，先后印发《中烟实业固定资产投资管理暂行办法》、《中烟实业招标投标管理办法》，规范企业固定资产投资、技改建设和大宗物资采购的业务流程。

烟叶物资采购。在烟叶物资采购方面，强调服务和管理的有效结合。对企业烟叶库存进行清仓查库，摸清烟叶家底，增加烟叶储备。2006年，烟叶库存总量增加4.25万吨（85万担），有效缓减了生产供应压力。按照“在保证质量的前提下按质量相同价格优先、价格相同服务优先、服务相同资信优先、资信相同地域优先”的原则，将比质比价采购范围扩大到拉线、舌头纸（框架纸）和滤棒成型纸，全年减少采购成本约1000万元。

信息化建设

2006年3月，中烟实业管理信息系统正式投入使用，为生产经营的分析和调控提供了可靠依据。9月，进行信息化建设考核工作，通过企业自查和参加国家局组织的互查，各企业找出了自身存在的差距和不足，明确了工作要求和努力方向。财务分析系统和市场营销分析系统也于2006年年底投入使用。

内部管理监督

以“两项检查”为切入点，狠抓企业内部管理监督，组成4个检查组对企业内部专卖管理监督、同级审计、财务会计信息等3个方面进行协助自查和复查，并配合国家局、总公司和有关省局（公司）对企业开展专卖复查和同级审计、专卖的重点抽查。各企业以建立有效监管的长效机制为目标，以努力解决专卖制度下“注重自律”为核心，及时纠正违规生产经营问题。通过“两项检查”，各企业责任意识、监管意识和接受监管意识明显增强。

队伍建设

2006年，中烟实业依托行业的教育培训机构，相继组织卷烟工艺技术培训、工业控制技术培训、烟叶分级技术培训、烟草专卖政策法规培训和营销人员业务培训。各企业也根据各自特点开展教育培训工作。针对生产模式和新设备引进对员工技能提出的更高要求，有步骤地开展各项管理、技术、技能培训，培训对象涵盖企业的领导班子、管理人员和一线职工，培训内容涉及道德教育、法律法规、企业管理、质量检验、计算机应用等多方面的知识。通过全方位多方式的培训工作，拓展了员工视野，提高了员工职业技能。

思想政治工作

开展“‘两个至上’在岗位”主题实践活动。4月，中烟实业党组以“三结合四讲”为主要内容，制订《“‘两个至上’在岗位”主题实践活动的实施方案》，建立领导联系点制度，分头负责检查、指导企业活动的开展。7月，召开企业文化建设工作座谈会，全面研究部署企业文化建设。辽宁红塔烟草有限责任公司以推荐评选“六好”（好干部、好党员、好员工、好丈夫、好妻子、好家庭）为载体，将主题实践活动和“八荣八耻”社会主义荣辱观学习教育结合起来，与党员的先进性、干部的模范性、员工的积极性、家庭责任和社会行为紧密结合起来，提高全体员工的思想道德水平、综合素质和业务能力。深圳卷烟厂以“建设节约环保型企业”为主题，开展企业员工大讨论活动，把企业基础管理的触觉延伸到每一个细节，推进节约降耗工作。

特事要辑

2月16日~17日，中烟实业2006年第一次厂长（总经理）工作会在北京召开，国家局副局长李克明到会并作重要讲话。

5月23日~24日，国家局局长姜成康一行到红塔辽宁烟草有限责任公司考察工作。

9月，兰州卷烟厂和哈尔滨卷烟总厂开展技术合作和品牌合作。

10月，对中烟永发公司实行停业清盘，对中烟科技发展公司实行清理和处理善后事宜。

12月21日，国家局局长姜成康、副局长张辉一行到深圳卷烟厂考察工作。

所属企业

哈尔滨卷烟总厂

概　况

哈尔滨卷烟总厂（以下简称“哈烟总厂”）成立于2003年12月30日，以原哈尔滨卷烟厂为主体，对原绥化、海林、穆棱卷烟厂实施重组整合，形成一个新的法人实体，下辖海林、穆棱、绥化3个卷烟分厂。哈烟总厂占地面积55.3万平方米，共有员工5415人，其中工程技术人员和专业技术人员469人，具有中高级职称者205人。企业年创税利16亿元以上，年生产能力407.5亿支（81.5万箱）。

2006年，哈烟总厂荣获“黑龙江省扭亏增盈工作先进企业"、"中国质量信誉 AAA 企业"、"中国质量双优单位"、"'十五'制造业信息化工程优秀示范企业"、"全国实施卓越绩效先进企业"等称号。

领导成员

企业实行厂长负责制，主要领导成员有：

黑龙江省烟草专卖局党组成员、哈烟总厂厂长、党委书记：王殿贵

副厂长：王志军

副厂长：苗国盛

总会计师：仇慧君

总工程师：周长春

总经济师：连福昌

纪检书记、工会主席：吕德勋

党委副书记：戴建存（2006.5－）

组织机构

企业下设办公室（外事办）、党委工作部、卷烟销售部、辅料管理部、行政管理部、人劳培训部、财务管理部、计算机管理中心、审计部、生产调度部、设备能源部、5个生产车间、原料管理部、技术改造部、餐饮服务部、经贸公司、包装工业公司、安全保卫部、稽查大队、职工医院、退休管理部、企管计划部、技术开发部、纪检监察部、工会等部门和单位。

生产经营

2006年，共生产卷烟407.5亿支（81.5万箱），与上年同比增长1.89%，其中出口卷烟0.042亿支（0.0084万箱）。生产一至三类烟26.5亿支（5.3万箱），同比增长5.28%；四类烟303.6亿支（60.7万箱），同比增长15.6%；五类烟77.5亿支（15.5万箱），同比下降35.44%。全年销售卷烟407亿支（81.4万箱），同比增长1.33%，其中，省外销售155.2亿支（31.03万箱），同比增长77.3%。实现销售收入268154万元，同比增长11.86%。实现税利163492万元，其中利润21503万元。

市场开拓

在充分挖掘省内市场资源的同时积极开拓省外市场，做到既稳定原有市场份额，又培育新的消费群体，对有潜力、市场空间大的地区，采取灵活多样的营销策略。2006年，省外市场共销售卷烟140亿支（28万箱），与上年同比增长60%，企业销售市场由过去的省内依赖型逐步走向省外扩张型。

本着"总量控制、均衡生产、平稳发展"的方针，严格按照下达的月计划及低档烟生产比例组织生产，使计划执行率达到99%以上，品牌完成率达到100%。实施品牌整合，2006年企业在线生产的品牌只有7个。

品牌合作

哈烟总厂本着优势互补、互惠互利、真诚合作、共同发展的原则，加大与浙江中烟工业公司、兰州卷烟厂联营合作力度。对联营品牌实行"两个确保一个爱护"的原则，即确保生产时间、确保产品质量、将联营品牌像本企业自有品牌一样爱护。2006年，哈烟总厂联营加工品牌3个，产量20亿支（4万箱），其中"海洋"和"兰州"各5亿支（1万箱），"西湖"10亿支（2万箱）。全年加工"大丰收"16亿支（3.2万箱）。

科技创新

实施"降低成本集成技术"，缓解企业成本压力。进行配方改革，降低紧俏烟叶使用比例，采用片烟发酵新技术，优化工艺路线，改进产品配方结构。提高烟丝膨化率，降低烟叶单耗和烟叶成本。研究非烟草作物原料化应用、烟杆原料化应用、分组加工等新技术，碎梗（长度2厘米）利用率由原来的10%提高到目前的50%，采用赛伏丝束添加生物制剂技术，单箱降低成本80元左右。

以"红灵芝"卷烟降焦控焦为切入点，研究"减害降焦集成技术"，稳步降低"红灵芝"卷烟的焦油含量，使其在原有基础上又下降了近3毫克，波动极差由原来的5.3下降到现在的3.4，有效地提高了对低档卷烟降焦和控焦的能力。

信息化建设

2006年，哈烟总厂的信息化工作以提高企业管理水平和运作效率为目标，以实现数字化的运营与管理为手段，以ERP系统实施为切入点，严格按照国家局要求，不断完善信息管理制度。通过ERP系统的有效实施，把企业的所有业务，包括计划、合同、采购、仓储、销售、人力资源、财务与会计核算等无缝整合在一个统一的信息平台上，有效地优化了业务流程，提高了工作效率。提高信息集成化技术，在制丝车间从投入到产出全部实行由中央控制室全过程集中监控，通过计算机集成化控制，使制丝线按照不同品牌、不同工艺技术要求提供相应配方数据，确保投料的科学性和准确性。

企业管理

"两项检查"。开展"两项检查"工作，确保取得实效。10月中旬，国家局重点企业抽查组对哈烟总厂进行了为期一周的内部专卖管理监督工作抽查，针对抽查中发现的问题，企业及时出台整改措施、限定整改时限，确保严格按照"支支受控、包包依法"的内管目标开展生产经营工作。

财务管理。依法进行会计核算、会计监督、会计检查，建立健全财务管理制度和经济核算制度，利用

财务会计资料进行财务活动分析，督促有关部门降低消耗、节约费用、提高经营管理效益。严格规范预算执行，加强部门预算基础性工作，初步达到编制规范、执行严格、考核有据、资金使用效率不断提高的目的，提高预算收支的真实性、准确性、透明性，实现全年违规使用预算资金“零发生”的目标。企业内部审计工作实行垂直管理，总厂设立审计部，分别派审计人员常驻海林、穆棱、绥化3家卷烟分厂，确保审计工作真实、准确。

设备管理。加强设备基础管理工作，提高设管理水平，通过在“用、管、维、修”四个环节上不断探索新思路、新办法，确保设备安全有效运转，全年设备完好率和有效作业率均较上年大幅提升。

成本控制。把降低采购成本和减少库存资金占用作为控制成本的一大重点，在原辅材料采购中推行“资质认证”和“阳光工程”，使原辅材料采购价格比上年同期减少3200万元，其中烟叶、盘纸等项目节约900余万元，应用赛伏丝束节约2300万元，有效消除了原辅材料涨价给企业带来的减利因素。

安全生产。以“安全防火”为中心，以防重特大安全生产事故和防“三品”爆炸（防粉尘爆炸、防压力容器爆炸、防易燃易爆物品爆炸）为重点，全面推动安全生产、交通安全、安全保卫、安全教育、环境保护等工作，预防重特大安全生产事故的发生和恶性案件、重大人身伤亡事故的发生。2006年，企业火警、火灾发生率为零，安全生产事故发生率为零，刑事案件发生率为零，工伤事故发生率控制在2‰以下，重大交通事故发生率为零。

人事劳资

人事改革。2006年，哈烟总厂通过实施内退制度，不断活化人力资源。全年新进大学生22人，接收转业军人45人。加大部门整合力度，关停并转了总厂（本部）经贸公司、海林卷烟分厂国安公司、穆棱卷烟分厂宇宙纸箱厂，清退了临时用工人员。

教育培训。全年组织岗位技术培训34次，培训总人数2632人，其中岗位专业知识培训2064人次，基础知识培训568人次。开展工艺质量及机电培训318人次，岗位技术培训31人次，工艺技术知识207人次，销售人员素质培训920人次，制冷空调设备操作技术培训24人次，新职工上岗及转岗培训24人次，水松纸工艺培训49人次，通讯员培训30人次，资质认证培训24人次。

思想政治工作

宣传工作。利用厂内报纸、广播、各车间黑板报，对厂部作出的重大决策、厂内的重大新闻、各车间部门在实际工作中涌现的好人好事、先进人物、典型事迹、新风尚进行宣传，有针对性地把生产经营中的重点、职工思想中的困惑和普遍关注的热点，作为宣传教育的着力点，对企业当前所面临的形势和整体工作思路、方向、政策进行全方位的宣传引导，统一全厂干部职工的思想和工作目标。

教育活动。开展“讲形势、讲任务”和“转观念、鼓干劲”等教育活动，激发干部职工支持和投身企业改革发展的热情。开展社会主义荣辱观教育活动，在厂内宣传板张贴荣辱观宣传图片展，以图文并茂的形式，对“八荣八耻”包含的内容进行诠释。开展“送温暖、献爱心”和“包帮扶、结对子”等活动，发挥思想政治工作凝聚人心的作用。开展争当“岗位明星”争创“十佳岗位明星”竞赛活动，在企业中形成干中学、学中看、看中比、比中超的氛围。

文体活动。2月，举办“迎新春颂哈烟”职工联欢会，400多名职工参与；4月，组织“迎庆‘五四’点亮青春主持人大赛”；7月，举办2006年夏季职工趣味运动会；8月，开展职工文艺汇演活动；9月，召开“火一样的情怀，迎国庆，爱哈烟”诗歌散文朗诵会；12月，参加由中国烟草实业发展中心首届“好日子”职工文艺汇演，节目获得二等奖、三等奖和优秀奖。

党风廉政建设

以“探索建立新型党风廉政机制、改进效能监察工作方法、创新纪检监察工作思路、全力维护和促进企业和谐发展的工作布局”为出发点，突出“以人为本抓素质、强化制度抓源头、加强监督促发展、整体推进增效益”的工作原则，以“提前介入、重点防范、跟踪监督、关口前移”为总体工作思路，制定《哈尔滨卷烟总厂党风廉政建设目标责任状》，从制度上约束和规范了权力行为。

特事要辑

3月2日，黑龙江省烟草专卖局党组成员，哈尔滨卷烟总厂厂长、党委书记王殿贵随黑龙江省人大代表团赴京参加全国人大十届四次会议，并受到中共中央总书记、国家主席、中央军委主席胡锦涛接见。

3月23日，召开企业转制专题研究会，就工厂制转换为公司制等若干关键问题做重要部署。

7月14日，召开科技动员大会，与郑州烟草研究院签订《技术服务合同书》。

9月14日，召开2006年ISO9001：2000质量管理体系监督审核视频会议。

兰州卷烟厂

概　况

兰州卷烟厂始建于1936年，企业总资产42.03亿元。占地面积80.47万平方米，共有职工1834人，其中，大专以上学历713人，占职工总人数的38.88%。2006年，企业被评为甘肃省“2006年度工业发展突出贡献企业”称号。

领导成员

企业实行厂长负责制，主要领导成员有：

厂　长：田　成

党委书记、纪委书记：蒲蔚仲

副厂长：雒宪玲　蔺翻红　李保明　司继红　吴　兵（2006.5－）

工会主席：王凤阁

厂长助理：翟玉俊（2006.5－）

组织机构

兰州卷烟厂下设制丝车间、卷包车间、技术改造办公室、信息中心、生产计划科、设备动力科、党委办公室、厂长办公室、财务科、审计科、人事教育科、工会办公室、纪检监察科、销售科、省外销售科、供应科、烟叶科、安全保卫科和厂技术中心19个部门。厂属公司有兰州瑞丰实业有限公司和兰州兰烟汽车运输公司两家多元化经营企业。

生产经营

2006年，兰州卷烟厂生产卷烟355亿支（71万箱），与上年持平。其中，生产一类烟20.45亿支（4.09万箱），与上年同比下降1.21%；二类烟1.7亿支（0.34万箱），同比下降83%；三类烟149.4亿支（29.88万箱），同比增长42.76%；四类烟183.35亿支（36.67万箱），同比下降16.39%；一至三类烟产量为171.65亿支（34.33万箱），占总产量48.35%。全年销售卷烟356.15亿支（71.23万箱），销售一至三类烟173.3亿支（34.66万箱），占总销量的48.66%，比上年提高了11个百分点。实现销售收入369038万元。实现税利209900万元，其中利润20600万元。平均单箱收入5180.93元，同比增长6.86%。资产负债率46.84%，同比提高了2.51个百分点。

品牌战略和产品介绍

主要卷烟产品有“兰州”品牌。2006年，根据中烟实业《品牌发展规划》要求，加大品牌整合力度。6月，开始实施“海洋”品牌置换成“兰州”品牌的工作，全年“兰州”品牌销量达到256亿支（51.2万箱），占总销量的71.88%。完成共享品牌“大丰收”牌卷烟的研发工作。开发兰州卷烟厂第一个焦油量10毫克、烟气一氧化碳10毫克的“双十”产品——“兰州（如意）”和凝聚兰州卷烟厂先进技术水平的高端低焦油形象产品——“兰州（飞天）”。

市场开拓

2006年，是兰州烟厂实施“走出去”战略、产品走向省外市场的第一年。截至2006年底，企业已开拓了内蒙古、宁夏、青海、北京、江苏、浙江、河北等17个省级销区市场，全年省外销售卷烟39.7亿支（7.94万箱），企业形象和品牌知名度在全国有较大提升。

技术改造

随着企业易地搬迁任务的顺利完成，2006年，技改工程从整体施工转为单项验收、局部安装和收尾工作。完成了卷接包数据采集交验、烟草异味处理装置的安装调试和辅料成品高架库项目等后续工作。先后对新厂制丝线设备、二氧化碳膨胀线设备、薄片线设备、风力送丝系统、嘴棒发射系统、条烟输送系统、动力能源监控管理系统等30余项设备或系统，进行培训、验收和移交工作，并根据各使用部门在试运行过程中反馈的意见对系统、设备运行状况进行调整，使之更加适合部门操作和维护。同时完成了工程消防、劳动安全、工程质量、职业病危害控制环境保护等方面的验收，为国家局整体验收打好基础。

科技创新

2006年，兰州卷烟厂科技创新工作围绕“做精做强‘兰州’品牌，将‘兰州’品牌打造成为‘中式卷烟’代表品牌”的目标，加大科技投入，加强厂技术中心建设。根据国家局《烟草行业中长期发展规划纲要（2006－2020年）》和中烟实业《“十一五”科技规划发展纲要》，制定企业《“十一五”科技工作规划》，明确今后五年企业科技发展目标。按照新版《卷烟》国标要求，对各牌号卷烟相关指标进行严格的论证和合理修订。优化和完善各牌号（规格）新线工艺参数，产品的内外在质量稳定提高，消耗指标得到有效降低。

开展项目研究。开展烟叶质量评价、香精香料功能、部分替代进口烟叶工业验证、卷烟降焦和控焦技术等项目研究工作，推进新型高档造纸法再造烟叶和片烟醇化研究，在国家局组织的2006年三季度卷烟产品质量统检中，兰州卷烟厂产品焦油量加权平均值12毫克/支，位居行业第三。

QC小组成果。2006年，企业注册登记年度QC小组活动课题共16个。5月，《攻克兰州008#卷烟产品在HDT线调试难关》、《提高真空、空压制冷设备的有效作业率》在中烟实业举办的第二届QC成果发布会中分获二等奖、三等奖，其中《攻克兰州008#卷烟在HDT线上的调试难关》在国家局2006行业优秀QC成果评审中获得三等奖。该两项成果已在生产中推广应用。

技术合作交流。为优化企业资源配置，增强竞争实力，在中烟实业的积极协调下，7月兰州卷烟厂与哈尔滨卷烟总厂签订《哈尔滨卷烟总厂与兰州卷烟厂加强技术交流与合作协定》和《关于加强高档烟合作的协定》，推进两厂技术交流与合作。

企业管理

完善制度。把加强内部管理、提高工作效率放在重要位置，从制度的建立健全入手，结合新厂制丝生产工艺有较大变化的特点，修订和完善制丝设备管理、工艺质量、现场管理、能源消耗等方面的相关制度，确保车间生产平稳有序。修订和完善卷接包物料库、成品库和联合机组管理办法，提高企业现场管理水平。

质量管理。围绕打造“中式卷烟”代表企业的总体思路，坚持“质量第一”的工作指导思想，结合新《卷烟》国标的实施，紧扣新制丝线和卷包过程发生的工序、工艺变化，修订完善《兰州卷烟厂产品质量考核办法》，提高产品质量。为适应新生产模式和在线质量控制的要求，适时调整过程质量控制重点，转变检验职能，将结果控制转变为在线检测仪器的比对校准与结果控制相结合，保证在线仪器的检测准确性和过程控制稳定性。2006 年 11 月，中国产品质量协会评定兰州卷烟厂质量信誉等级为“AAA”级。

成本控制。以全面推行预算管理为主线，加大管理创新力度，降低生产成本和各项费用开支。生产部门与技术、技改、设备等部门沟通协作，重点解决生产工序工艺降耗问题。在制丝方面，全年平均加料精度达 0.22%，平均加香精度达 0.15%，平均掺配精度达 0.075%，加香后烟丝填充值达到 4.6 厘米/千克，烟丝整丝率加权平均达到 82.5%，卷烟焦油量平均下降 0.35 毫克/支。原料消耗平均下降 3.77 千克/箱。

信息化建设

2006 年，完成企业“十一五”信息化总体规划的编制工作，并通过中烟实业的评审。8 月，开通企业外部网站，加强企业形象和产品品牌对外宣传力度。10 月，企业生产执行系统（MES）通过由甘肃省科技厅、中科院兰州分院共同组织的专家组的验收，被甘肃省科技厅鉴定为国际先进项目。11 月，完成企业协同办公系统（OA）建设。全年完成了卷接包数据采集系统和物流自动化系统，开展了企业资源计划系统（ERP）三期的建设（集团模式），充分发挥了信息化在企业提高效率中的作用。

人事劳资

人事工作。修订《兰州卷烟厂工资管理规定》，细化工资发放和考核办法等，从制度上切实保证人事劳资管理工作的开展。对各部门定编、定员进行重新核定和调整，对部分设置不合理的岗位进行撤销或合并，优化岗位设置，提高工作效率。为探索新型的用工形式，经过笔试、面试、培训等程序，对招聘的大学生和退伍人员以劳务派遣的方式进行接收，从管理模式上实现了人员能进能出的用人机制。按照岗位设置的具体要求，对部分工人岗位从工作责任大小、劳动技能高低、劳动强度、劳动条件等方面进行测评。做好专业技术职称评审（聘任）组织工作，对取得技师资格的 14 名维修人员由厂里全部聘任为技师，并按照规定享受技师津贴。制订并下发初级职称评审办法，组织各部门填报了工程类和政工类的职称评审资料，并组织初级职称评审委员会对符合资格的 247 人进行初步评审。

教育培训。2006 年，共开展了电气技术、信息化建设、市场营销等五个方面，近 300 人次参加的专业技术培训，其中有 7 名制丝、卷包维修人员通过了维修技师技能鉴定考试；有 12 名烟叶采购员、烟叶检验员参加并通过了国家局组织的烟叶分级培训鉴定；有 3 人参加了烟草行业技能鉴定高级考评员培训考试。加强管理人员的素质的提升，对全体管理人员进行了礼仪、执行力等管理方面的培训。

思想政治工作

开展“‘两个至上’在岗位”主题实践活动，举办“‘两个至上’在岗位”主题演讲比赛和征文活动。加强基层党组织建设和职工的思想建设、作风建设，发挥党员在生产经营等各项工作中的先锋模范作用。组织召开第十一届一次会员代表大会，完成工会换届选举工作。参加首届“好日子”职工文艺汇演，兰州卷烟厂的锣鼓说唱“飞天鼓舞颂两维”节目荣获本次汇演一等奖。参加在全国烟草行业第二次企业文化建设工作会议暨政研会秘书长会议上的文艺表演，向全行业展示了兰烟人的精神风貌。

特事要辑

8 月 23 日，国家局副局长何泽华一行 3 人到兰州卷烟厂考察。

9 月 2 日，由国家税务总局计划统计司和中国税务杂志社联合推出中国纳税排行榜，兰州卷烟厂再居中国纳税 500 强。

延吉卷烟厂

概　况

延吉卷烟厂创建于 1975 年，企业总资产 21 亿元，年卷烟生产能力 225 亿支（45 万箱），占地面积 6.36 万平方米，共有职工 1650 人，其中朝鲜族职工占职工总数的 52%。下辖延边宏达工贸总公司、物业经营公司、延边友利打叶复烤有限责任公司和朝鲜罗先新兴烟草会社（独资）、朝鲜大同江烟草有限公司（合资）两个境外企业。主要设备有 1500 千克/小时、

5000千克/小时的制丝线各1条，PROTOS－70卷接机6组，GD－X1包装机3组、GD－X2包装机6组，对接设备6台套。2006年12月，取消延吉卷烟厂企业法人资格，原延吉卷烟厂作为公司的卷烟生产厂。

2006年6月，延吉卷烟厂荣获“全国先进基层党组织”称号，“长白山”牌卷烟被国家工商总局认定为“中国驰名商标”。

领导成员

企业实行厂长负责制，主要领导成员有：

厂长、党委书记：孙国伟

党委副书记：李凤元

常务副厂长、党委委员：金洪天

工会主席、党委委员：曹锡忱

副厂长：玄　涌

总会计师、党委委员：卜　莹

总经济师、党委委员：李维新

副厂长、党委委员：史宏义

总工程师、党委委员：丁昌禄

副厂长　、党委委员：张德俊

厂长助理、厂办主任、党委委员：梁宝君

宣传部长、党委委员：杨国栋

生产经营

2006年，共生产卷烟172.5亿支（34.5万箱），销售卷烟168亿支（33.6万箱），其中，销售一、二类烟77.20亿支（15.44万箱），与上年同比增长40.48%。销售三类烟78.5亿支（15.7万箱），销售四类烟12.5亿支（2.5万箱）。实现销售收入297568万元，同比增长16.22%。实现税利152638万元，同比增长19.4%；其中，利润33575万元，同比增长41.2%。

品牌战略和产品介绍

2006年，新开辟陕西、广西、山东、西藏等省外市场，初步形成以东三省为基地，辐射全国27个省、市、区的市场销售格局。全年以“长白山（软）”、“长白山（硬红）”为代表的二类烟销量大幅提升。“长白山”品牌逐步成为全国性知名品牌。

体制改革

开展与红塔烟草（集团）公司长春卷烟厂的联合重组工作，修改和完善成立吉林烟草工业有限责任公司合作协议、方案和章程。2006年12月，根据《国家烟草专卖局关于组建吉林烟草工业有限责任公司的批复》（国烟法〔2006〕328号），取消延吉卷烟厂企业法人资格，原延吉卷烟厂作为公司的卷烟生产厂，对外称吉林烟草工业有限责任公司延吉卷烟厂。

易地技改

按照公平、公正、公开的原则，对所有易地技改工程项目实行公开招投标。全年完成综合库与1号片烟库、动力区及生产区部分工程和与之相配套的市政建设工程，累计投资1.56亿元。

科技创新

提高卷烟科技含量和工艺技术水平，在当地烟叶的研究与应用及采用特色工艺方面进行有益探索，“长白山”卷烟的香型特征独特，更具市场竞争力。

产品开发和改造工作顺利进行。2006年，企业先后完成“长白山（宝石银）”、“长白山（宝石红）”、“长白山（神韵）”等牌号卷烟的配方及商标设计任务。其中，“长白山（神韵）”是目前国内烤烟型卷烟中焦油含量最低的卷烟产品，是延吉卷烟厂多年来开展自主创新、拥有自主知识产权的代表性产品。

信息化建设

2006年，企业完成销售过程、销售目标、协同管理、品牌管理、成本控制、情报管理、门户管理、决策分析、系统管理等系统的研发。完成“工商数据采集系统”报表自动上传系统。扩充ERP应用系统中的销售管理、备件寄售管理、质量综合测试台采集、工艺标准监控、人力资源、车间产量统计、财务核算等系统。

思想政治工作

思想稳定工作。做好联合重组期间思想政治工作，开展公司化改制的“超前教育”和“同步教育”，制订《长春卷烟厂和延吉卷烟厂联合重组宣传教育提纲》，围绕企业的发展方向、改革任务、工作目标、品牌扩张等一系列重大问题，集思广益，统一思想。通过检查指导、跟踪报道、典型引导，增强教育的及时性和实效性，使员工的改革意识、大局意识、责任意识、发展意识明显增强。加强基层员工思想工作，实行每月统一调度会制度，坚持每季度职工思想动态分析，完善思想工作网络体系，做到“四必谈、六必访”，初步建立思想政治工作应急预案制度，提高处理突发事件和重大问题的能力和水平。

群众化小改小革。以民主管理为主线，以班组建设为基础，开展技能比武、小改小革、提合理化建议活动，全年有28个工种、2552人次参加技术比武，完成小改小革104项，征集合理化建议183条，采纳实施93条，创效益277.4万元。

各类主题活动。围绕“孜孜以求、日新卓越”的质量方针，开展质量月活动，教育引导员工树立质量全员控制、品牌全员营销、市场全员开拓的思想观念。加强职业道德和岗位技能培训，开展“文明单位”、“文明职工”、“文明家庭”创建活动。充分发挥职工协会的作用，开展登山、球类、摄影书画等各项文体活动，丰富职工群众文化生活。“长白山”艺术团全

年赴黑龙江销区慰问演出90场。

加强企业内外宣传。2006年，《长白山烟草》报出刊24期，在行业报纸及州级以上报刊上刊登各类文章50余篇，并多次在省、州电视台宣传企业形象，介绍“长白山”品牌的发展。

党风廉政建设

推进党风廉政建设，不间断地开展反腐倡廉警示教育，举办以打击商业贿赂为主要内容的专题讲座，组织全体党员参观预防职务犯罪教育展览。制订《延吉卷烟厂党务公开实施意见》，突出抓好效能监察，推行“阳光工程”，纪检监察部门全程参与工程招标、备品备件、辅助材料供应的资质认证及采购。做好群众的来信来访工作，全年没有立案案件，没有因违法违纪受党纪政纪处分的党员干部。

企业文化

弘扬“创业、拼搏、奉献、腾飞”的企业精神，用长白山美人松顶天立地、挺拔向上的风格，岳桦林不屈不挠、顽强抗争的精神，峡谷奇石久经磨砺、铁骨铮铮的意志和三江水一往无前、百折不回的勇气来培育企业文化，锻造企业精神，打造“长白山”品牌，形成“长白山”是延烟人赢得自尊和快乐的生命品牌的企业价值观。

特事要辑

3月18日，中共中央政治局常委、中央纪委书记吴官正一行视察延吉卷烟厂。

12月1日，延吉卷烟厂和红塔烟草（集团）公司长春卷烟厂实行联合重组，组建吉林烟草工业有限责任公司。

12月6日~7日，吉林烟草工业有限责任公司召开一届一次股东会、董事会、监事会。

深圳卷烟厂

概　况

深圳卷烟厂组建于1988年，企业占地面积30万平方米，是深圳市重点扶持的大型国有企业。年卷烟产销规模175亿支（35万箱）。2004年11月，深圳卷烟厂正式纳入中国烟草实业发展中心管理。截至2006年底，共有员工456人，资产总额25.43亿元。2006年，“好日子”被国家工商总局认定为“中国驰名商标”。

领导成员

企业实行厂长负责制，主要领导成员有：

厂长：梁　强（2006.6－）

厂长、党委副书记：卢杰英（－2006.6）

党委书记：何博均（2006.6－）

副厂长、纪委书记、党委委员、工会主席：廖晓花

副厂长：宋士军

副厂长：曾培煜（2006.6－）

副厂长：王加深（2006.6－）

调研员：吴金良

组织机构

深圳卷烟厂下设17个部门和1个公司，为直线职能制架构。具体设置为办公室、生产管理部、技术中心、品质管理部、人事部、物资供应中心（包括烟叶部、辅料部）、财务部、销售中心（包括市场部、销售部、公关营销部）、制丝车间、卷接包车间、基建部、党委办公室、安全保卫部、工会和深圳市好日子经贸有限公司。

生产经营

2006年，共生产卷烟145.44亿支（29.09万箱），与上年同比增长5.88%；销售卷烟175.32亿支（35.06万箱），其中，销售一类烟5.23亿支（1.05万箱），同比增长46.91%，二类烟22.43亿支（4.49万箱），同比增长6.51%。三类烟102.36亿支（20.47万箱），同比下降5.26%；四类烟3.38亿支（0.675万箱）。实现销售收入250900万元，与上年同比增长3.48%，实现税利138800万元，同比增长4.66%；其中利润42800万元。全年销售“好日子”品牌卷烟87.45亿支（17.49万箱），销售“大丰收”品牌卷烟3.38亿支（0.68万箱）。共出口卷烟7.95亿支（1.59万箱）。

品牌战略和产品介绍

贯彻“优化产品结构，做精做强‘好日子’”的品牌战略，塑造品牌形象，挖掘品牌内涵，强化终端营销，提升“好日子”的总体竞争力。截至2006年底，将在产品牌整合成“好日子”、“特美思”2个品牌、8个规格。主导品牌“好日子”形成包括“好日子（软盒）”、“好日子（硬盒）”、“好日子（吉祥）”、“好日子（精品）”、“好日子（珍品）”、“好日子（金尊）”共6个规格。通过举办“‘好日子（金尊）’城市四驱越野争霸战”、“‘好日子’第五届大型国际集体婚礼”、“把‘好日子’带回家免费邮寄活动”等活动，提高消费者对“好日子”品牌的美誉度和忠诚度。

提升品牌规格结构，全年共销售一、二类烟27.7亿支（5.54万箱），与上年同比增长28.24%，自产卷烟单箱税利5122元，同比增加198元。结构的提升和销量增长两部分，全年共增加收入4100万元。

信息化建设

以易地技改为契机，推进信息化技术的应用。企

业资源计划（ERP）和制造执行管理系统（MES）全面完成。利用互联网和厂内服务器技术，实现业务系统的远程移动办公。

科技创新

根据国家局关于把深圳厂技术中心建成中烟实业技术中心的指示精神，推动企业技术中心建设。制订并上报《中烟（深圳）技术中心建设方案（草案）》，公开选拔了技术中心负责人，吸收引进了2名硕士研究生和3名本科生，充实了技术力量。成立卷烟配方工艺、烟叶原料、卷烟材料和化学分析4个专业研究室，推行室主任负责制，并购置了价值1000万元的仪器设备，调整装修设计，改善硬件环境。

2006年，企业技术部门较好地解决了烟叶余料问题，保证烟叶配方库的高效运转。开展改善膨胀烟丝生产能力的项目攻关，保证制丝车间的单班生产。与科研单位联合开展“特色工艺与分组加工”工艺研究。参与国家局造纸法薄片、活性炭滤嘴等科技项目的论证。申报并获准制定烟草薄荷醇检验的行业标准。

企业管理

“两项检查”。4月，向中烟实业报送《深圳卷烟同级审计自查报告》；6月，向深圳市局报送《深圳卷烟厂内部专卖管理检查自查报告》，全面反映企业上年度计划生产、专卖品报废等方面存在的6个问题，修订完善了预算和资金管理、用人机制和营销广告监管等8项制度；7月，通过深圳市烟草专卖局（公司）整顿办的专卖复查。

质量管理。完成新《卷烟》国标的宣贯、卷烟物理指标设计和新老版材料转换工作。修订完善深圳卷烟厂《质量管理制度》、《质检员岗位制庶》和《深圳卷烟厂售后理赔制度》，强化产品质量的事中、事后管理。

队伍建设

为完善企业管理机制，形成梯次合理的人才队伍结构，2006年底，企业公开竞争选拔中层管理人员，共有60名员工参与83个岗次的竞聘。本着“能上能下”和知识化、年轻化的用人理念，经过演讲、答辩和综合测评等程序，共选拔26名员工，其中6名普通员工走上中层领导岗位。

思想政治工作

开展“‘两个至上’在岗位”主题实践活动。开展“员工自我教育大家谈”活动，通过新老员工、派遣工等同志的亲身体会和现身说法，增强员工的危机意识。组织开展专题演讲比赛，并选派优秀选手参加实业中心和国家局的比赛。针对新厂投产后运营费用增加的实际，开展“节约环保”大研讨活动，成立节约环保工作机构，广泛收集群众意见，“车间烟尘棒回收循环利用”等68条建议操作性强，实施效果良好。年内启动认证的“职业健康安全管理体系”进入试运行阶段，增强了企业安全、职业健康风险防范的水平。

红塔辽宁烟草有限责任公司

概　况

红塔辽宁烟草有限责任公司成立于2003年12月22日，由红塔烟草（集团）公司和中烟实业持股，公司下设沈阳卷烟厂、营口卷烟厂两个卷烟生产点，截至2006年底，公司资产总额27.6亿元，其中，红塔集团持有公司52.17%股份，中烟实业持有公司47.83%股份。公司占地面积46.4万平方米，共有职工4072人，其中在岗职工2559人。

领导成员

董事会

董事长：柳万东

副董事长：李东明

董事会：柳万东、马曙勋、李天飞、李光林、李剑波、朱明权（2006.8－）、司武元（－2006.8）、李东明　赵　琦、李德贤、宋玉强、罗　晶

监事会

监事会主席：傅　鹏

监事会：张　萌、朱学成、傅　鹏、刘　宁、张　华

公司党组、经理层

总经理、党组书记：李德贤

副总经理、纪检组长、党组成员：宋玉强

副总经理、党组成员：罗　晶

副总经理、党组成员：司武元（－2006.8）

总会计师、党组成员：杨益清（－2006.8）

总会计师、党组成员：徐　晖（2006.8－）

生产经营

2006年，共生产卷烟239.17亿支（47.83万箱），其中，生产一类烟17.98亿支（3.60万箱），占总产量的7.5%，与上年同比下降2.2%；二类烟18.80亿支（3.76万箱），占总产量的7.9%，同比增长99.2%；三类烟178.42亿支（35.68万箱），占总产量的74.7%，同比增长53.5%；四类烟23.96亿支（4.7917万箱），占总产量的10%，同比下降72%。全年生产低档卷烟91.80亿支（18.36万箱），完成中烟实业下达的低档烟生产计划。共销售卷烟239.36亿支（47.8717万箱），实现销售收入299544万元，同比增长11.3%。实现税利170000万元，同比增长16.2%；其中利润17800万元。

品牌战略和产品介绍

在辽宁卷烟市场上较好地树立“红塔山”品牌形

象和市场信誉。全年共生产红塔烟草（集团）公司名优品牌卷烟 143.56 亿支（28.71 万箱），占总产量的 60.1%，同比增长 75.3%。其中，生产“红塔山”系统卷烟 7.59 亿支（1.52 万箱），“红梅”系列卷烟 130.60 亿支（26.12 万箱），全年生产“人民大会堂”系列卷烟 25.25 亿支（5.05 万箱）。2006 年“红塔山”系列卷烟产品在辽宁销售超过 10 亿支（2 万箱），比上年增长 300%。“红梅”系列卷烟产品销量超过 130 亿支（26 万箱），成为辽宁卷烟市场第一大品牌。

2006 年，实现“红梅（顺）”配方的本地化改造，完成“红梅（黄）”制丝试验。

体制改革

完善公司法人治理结构，聘请专家组成课题组，在总结公司运行机制建设、制度创新成果的基础上，就“国家专卖制度下中国烟草企业公司治理问题”进行研究。根据新颁布的《中华人民共和国公司法》，全面修改完善公司《章程》，编印《红塔辽宁公司制度汇编》，进一步理顺管理程序，提高效率和执行能力。

技术改造

红塔辽宁烟草有限责任公司营口卷烟厂“十五”后期技术改造项目包括：新建 6000 千克/小时制丝生产线一条；新建联合工房、锅炉房及相关仓储设施库房等土建工程，新增建筑面积 58045 平方米；搬迁卷包、滤棒成型等设备工程；建设为制丝线配套的变配电、消防、供热、空压、空调、除尘等公用工程及厂区给排水和道路绿化等工程设施。截至 2006 年底，各项工程进展顺利，联合工房、锅炉房等基建工程基本完工，专用设备基本安装就位。

企业管理

把全面提高预算管理水平作为 2006 年企业管理工作重点，不断提高预算质量，严格控制预算外支出，预算编制的准确性和控制能力明显增强。

以“两项检查”为契机，从加强制度建设、建立长效机制入手，加大内部管理监督力度，提高公司财务管理、质量管理、物资管理、生产管理、设备管理、安全管理、人力资源管理和信息化工作水平。在实现生产调度、物资管理、财务审计、市场营销“四个统一”管理的基础上，实现与红塔集团在生产管理和工艺技术方面的对接。

信息化建设

从服务管理、立足应用的角度，开展信息化工作。组织开展公司托盘扫码（RFID 技术应用）的方案论证。组织开发营销综合业务系统，提高市场预测能力。组织实施烟叶信息管理软件系统，实现与红塔烟草（集团）公司业务的接轨和卷烟生产经营决策管理系统报表的自动生成，规范卷烟准运证和合同管理流程。针对信息化技术应用趋势，进行计算机管理员培训活动。

教育培训

加大职工培训力度，全年实施各类培训近 100 项。举办第三期 MBA 管理人员学习班，红塔辽宁烟草有限责任公司营口卷烟厂制丝线车间近 150 人到红塔烟草（集团）公司参加学习培训，公司市场营销部连续 3 年开展全员培训。

思想政治工作

开展“‘两个至上’在岗位”主题实践活动，把树立行业共同价值观同保持共产党员先进性教育结合起来，同企业改革发展目标与实现员工自我价值结合起来，同员工教育培训与企业文化建设结合起来，同树立社会主义荣辱观、构建和谐社会结合起来，以争创“六好”为载体，开展评选“好员工、好干部、好党员、好妻子、好丈夫、好家庭”活动，对评选出的 97 名“六好”典型进行了表彰。

公司把 2006 年确定为企业文化建设年，制订企业文化建设实施意见和工作方案，提出围绕“和谐、成长、创造、诚信、健康”建设企业文化的总体思路。

内蒙古昆明卷烟有限责任公司

概　况

内蒙古昆明卷烟有限责任公司（以下简称“蒙昆公司”）于 2003 年 10 月 10 日挂牌，2004 年 6 月 30 日正式注册成立，截至 2006 年底，公司注册资本 7.5 亿元，中烟实业所占股份为 60%，红云烟草（集团）有限责任公司（以下简称“红云集团”）所占股份为 40%。蒙昆公司下辖呼和浩特卷烟厂劳动服务中心（含纸箱厂）、呼和浩特市苁蓉物业管理有限责任公司、呼和浩特苁蓉山庄有限责任公司、呼和浩特宏金叶卷烟销售有限责任公司 4 个多元化经营企业。

蒙昆公司占地面积（含白塔烟叶库区）18.35 万平方米。截至 2006 年底，企业资产总额 18.52 亿元，共有员工 2625 人，其中，在职员工 1784 人，拥有大专以上学历职工 374 人，中级以上技术职称职工 152 人。拥有 4000 千克/小时打叶生产混联线一条，4800 千克/小时生产能力的片烟生产小线一条。2006 年，公司被内蒙古自治区国家税务局、地方税务局评定为“A 级信用纳税人”。

领导成员

董事会

董事长：李保林

副董事长：朱绍明

董事：娄宝山　孔庆峰　许力为　李　恒　李建平　夏家全（－2006.8）　杨　帆（2006.8－）　付英宝

监事会

主席：胡志华

副主席：乌力吉

成员：寿庆春　石忠宁　郝云芳（－2006.8）　毛家昌（2006.8－）　陈少平　宋燕玲

经理层

总经理：李建平

副总经理：夏家全（－2006.3）　王洪波（2006.4－）　田凤霞　王　林　张耀中　王向荣　宋闻刚

总会计师：申　莹

总经理助理：向　也　魏　霞（2006.8－）　谷超今（2006.8－）

副总会计师：孙　东（－2006.8）　倪乐峰（2006.8－）

党委成员

党委副书记：李建平　陈少平（兼纪检书记、工会主席）

委员：田凤霞　王向荣　张耀中

组织机构

蒙昆公司设办公室、企管办、人劳科、设备动力科、生产科、原材料供应科、技术科、组织宣传科、团委、工会、行政科、纪检审计科、安全科、计量科、质检科、检测站、扶贫办、公安科、财务部、仓储科、营销中心、汽车队、技改办等23个职能部门，动力车间、原料车间、材料车间、制丝车间、卷接包车间等5个生产车间。

生产经营

2006年，生产卷烟140亿支（28万箱），其中，生产一类烟15.29亿支（3.06万箱），与上年同比增长54.66%，占总产量的10.92%；三类烟57.36亿支（11.47万箱），同比增长23.75%，占总产量的40.97%；四类烟51.30亿支（10.26万箱），同比增长24.26%，占总产量的36.65%；五类烟16.05亿支（3.21万箱），同比下降50.59%，占总产量的11.46%。销售卷烟140.76亿支（28.15万箱），实现销售收入（不含税）188457万元，同比增长30.39%。实现税利129100万元，同比增长36.36%，其中利润23369万元，同比增长34.23%。

品牌战略和产品介绍

2006年，制定《品牌发展五年规划（草案）》，确立“做强‘苁蓉’，做精‘冬虫夏草’，做大‘云烟’、‘红山茶’两个联营品牌”的总体思路。一类烟，实施“苁蓉”品牌工程，力争做强“苁蓉”品牌，做精“冬虫夏草”品牌。二类烟，停止原自有品牌的生产，待技术改造完成后将引入红云集团“云烟”品牌进行生产。三类烟，按照国家局“大市场、大企业、大品牌”战略，推进红云集团优势品牌的联营加工。四类烟，继续生产自有品牌“大青山（硬）”、“大青山（软）”。五类烟，继续生产中烟实业五类烟共享品牌“葡萄（红软）”卷烟。

推进销售工作，将销售部改制为营销中心。2006年，共生产“苁蓉”品牌系列产品14.68亿支（2.94万箱），与上年同比增长53.31%，销售14.63亿支（2.93万箱），同比增长48.46%。生产“冬虫夏草”品牌系列卷烟0.56亿支（0.11万箱），同比增长107.05%，销售0.54亿支（0.11万箱），同比增长97.88%。联营加工品牌方面，在继续生产“红山茶（特制）”、“春城（红·硬）”卷烟的同时，响应红云集团品牌发展“双百”工程要求，9月底结束“春城（红·软）”卷烟的生产，10月开始联营生产“红山茶（软）”卷烟。全年共生产联营品牌47.36亿支（9.47万箱），同比增长18.73%。销售47.57亿支（9.51万箱），同比增长19.88%。生产低档卷烟“葡萄（红软）”16.05亿支（3.21万箱），同比增长583.71%。加工杭州卷烟厂的“（全硬）西湖（明珠）”10亿支（2万箱）。

体制改革

启动机制创新工作，成立蒙昆公司机制创新工作领导小组及办公室，制订《蒙昆公司机制创新总体工作思路》并下发各部门，听取员工意见。选择内蒙古工业大学管理学院作为专业咨询机构，研究制订具体实施方案。

易地技改

截至2006年底，易地技改搬迁工程累计完成投资35637万元。土建工程大部分已完成，片烟库、综合库、锅炉房已基本具备交工条件。综合办公楼基本完工，正在进行室内外装修。联合工房生产车间部分满足设备安装条件，办公辅房内部装修接近尾声。公用设备安装完毕，正在进行调试。制丝线设备安装完毕，单机调试结束。物流大门已封顶并完成围护结构砌筑。中水站主体结构已完成。厂区管网铺设完毕，厂区道路完成基层铺设。为满足生产需要，购置1组ZJ17－ZB45卷包联合机组，已验收完毕并投产使用。

企业管理

财务管理。加强内部财务管理，修订完善财会制度，从严、从细、从实地强化基础管理，规范会计核算工作。突出预算管理，狠抓节支增效，对预算的调整或追加也严格按照预算管理办法履行相关程序。预算管理工作在成本费用管理方面效果明显，2006年，剔除价格等不可比影响因素的平均单箱可比成本比2005年节约34.33元，完成公司年初制订的各项效益指标。

质量管理。根据ISO9000质量体系运行实际情况修订质量手册和程序文件，保证文件的适宜性和可操作性。进行内部质量体系审核，配合第三方认证公司——方圆标志认证中心完成质量管理体系的监督审核，对发现的不合格项进行了纠正、整改，并对整改情况逐一验证。

开展质量管理小组活动。2006年，共有5项QC成果在企业评审中获奖，实现经济效益112.4万元，有两项成果在中烟实业第二届QC成果发布会上分别获得二等奖、三等奖。在内蒙古自治区质量协会、内蒙古自治区总工会、共青团内蒙古自治区委员会、内蒙古自治区科学技术协会联合举办的2006年全区优秀质量管理小组代表会议上，公司被评为"2006年内蒙古自治区质量管理小组活动优秀企业"，3个QC小组被评为"2006年度内蒙古自治区优秀质量管理小组"。

设备管理。以"设备质量保证工艺质量、工艺质量保证产品质量"为理念，修订16项设备管理制度。加强设备日常管理，采用点检、监测手段把故障消除在隐患期。落实例保、旬保制度，根据实际情况开展项修及大修项目，确保设备完好，提高设备工艺保障能力。加大考核力度，开展设备现场管理整治工作。贯彻《中国烟草实业发展中心设备管理考核评价办法》，规范设备管理工作。

物资管理。对专卖品物资的购进、运输及废旧物资的处理都严格遵守烟草专卖法。对非专卖品卷烟材料实施"阳光采购"，实行供应商资质认证和比质比价采购。严把进货质量关，加大物资计量、检验力度。对物资仓储保管建立完善的管理制度，减少库存积压和资金占用；对废旧材料进行回收整理、循环利用。

安全管理。坚持"安全第一，预防为主"的方针和"宁听骂声，不听哭声"的安全管理思想，健全安全组织机构，实行"责任到人，考核到位"的安全承包责任制，建立安全工作管理网，保证安全生产责任目标的层层落实。

开展经常性安全教育，组织员工观看安全教育片、进行"安康杯"安全知识答题活动、实施灭火实战演练，增强员工的安全意识。做好车间、库房及防雷设施等重点部位的安全防范工作。按规定对锅炉、安全阀、压力容器进行年检，做到防患于未然。抓好安全检查，实行日检、周查、月考核，重点做好节假日和停产检修前的全面检查。对建设中的技改工地也加强了安全保卫力度，保证设备及配套设施的安全。编写《蒙昆公司易地搬迁重大事故应急预案》，对易地搬迁的安全生产和职业危害进行预评价。制订职业安全健康管理体系认证计划，实现安全工作科学化、规范化。2006年实现安全生产"五个为零"的工作目标。

人事劳资

人力资源管理。以劳务派遣方式接收了7名大中专毕业生、6名复转军人。对营销中心带班长级及以上管理人员岗位实行公开竞聘。组织员工参加由内蒙古自治区烟草公司职业技能鉴定站举行的烟机设备修理技师技能鉴定考试，有10人通过考试。按照中烟实业发展中心关于专业技术职务评审工作的要求，公司申报了符合条件的员工，最终有7人被认定为助理工程师、4人被认定为工程师。为进一步完善竞争、激励机制，促进工作，对全体管理人员进行2006年度工作考核。

职工教育培训。加强对员工的培训，提高员工队伍素质。采取聘请专家教授讲课、请有专长的职工传授的方式，举办以烟机设备修理技师技能鉴定、计算机职业技能鉴定及市场营销、企业管理、商务礼仪等为内容的讲座和培训，全年共有3471人（次）参加。外送职工参加行业、地方政府组织的培训及向行业兄弟单位的先进管理及技能，全年累计培训98人（次）。

思想政治工作

"'两个至上'在岗位"主题实践活动。通过宣传动员、学习辅导、组织实施、指导检查、总结交流五个阶段，采取知识竞赛、征文、演讲比赛、技术大比武及参观革命根据地接受再教育等形式，倡导员工立足工作岗位做到讲责任、讲诚信、讲效率、讲奉献。举行"'两个至上'在岗位——听员工讲你我的故事"演讲比赛，参加中烟实业"'两个至上'在岗位"主题实践活动经验交流会。举行"我是蒙昆人、我为蒙昆添光彩"大讨论活动和"我是蒙昆人、我为蒙昆添光彩"演讲比赛。

党建工作。围绕加强党的执政能力建设和先进性建设，开展创建"五个好"党支部活动，充分发挥党支部的战斗堡垒作用和党员的先锋模范作用，努力使党支部的整体工作水平规范化、制度化。结合"'两个至上'在岗位"主题实践活动，开展民主评议党员工作。举行纪念建党85周年庆祝大会，对2个先进党支部、8名优秀共产党员及3名优秀党务工作者进行表彰，举行有28名新党员参加的入党宣誓仪式。参加区局（公司）举办、蒙昆公司协办的"内蒙古烟草系统驻呼单位纪念建党85周年、红军长征胜利70周年庆祝大会暨歌咏比赛"，并荣获三等奖。

职工工作。坚持以职工代表大会为基本形式的民主管理制度，召开蒙昆公司一届二次职工代表大会暨一届二次会员代表大会。开展以“岗位练兵，技术比武”为主要内容的劳动竞赛，提高员工的职业技术技能水平。积极开展文体活动，举办第四届员工运动会趣味体育比赛、第六届职工书法美术摄影小制作比赛等活动，为员工营造了和谐、进取的工作氛围。

党风廉政建设

以《建立健全教育、制度、监督并重的惩治和预防腐败体系实施纲要》为统领，加强党风廉政建设。学习中纪委第六次全会、中烟实业发展中心2006年纪检监察座谈会等重要内容，传阅《中国监察》、《党风与党纪》等重点刊物，组织党员和干部观看多部警示教育专题电教片，开展了为期一个月的以“学、看、唱”为形式的党风廉政、社会主义荣辱观教育活动。加强内部监管和效能监察工作，纪监部门介入物资采购、工程建设、卷烟促销等工作，参与管理考核与人员聘用等活动，进行了纪检监督，对企业生产经营起到了服务和保障作用。

企业文化

2006年企业文化建设正式启动，成立企业文化建设工作领导小组及办公室，明确企业文化建设目标及工作原则，具体部署了企业文化建设各阶段工作。7月，参加中烟实业企业文化建设工作座谈会暨第一届思想政治工作研究会，广泛征求参会代表对《蒙昆公司企业文化手册（初稿）》的意见。完善《蒙昆公司企业文化手册（初稿）》，企业文化VI（视觉识别系统）工作也接近尾声。

特事要辑

4月8日，内蒙古昆明卷烟有限责任公司召开一届二次职代会暨2005年度总结表彰大会。

8月4日，国家局副局长何泽华到蒙昆公司考察。

9月21日，国家局副局长李克明到蒙昆公司考察。

山西昆明烟草有限责任公司

概　况

山西昆明烟草有限责任公司（以下简称“山昆公司”）成立于2003年7月16日，企业总资产11亿元，占地面积18万平方米，年生产能力150亿支（30万箱），年产销规模130亿支（26万箱）。企业共有在岗职工1473人，其中，研究生以上学历职工10人、本科学历144人、大中专学历451人；高级职称8人、中级职称202人。拥有5000千克/小时混联制丝线1条，PASSIM、ZJ19、MK9、MK9－5卷接机组共14组，GDX2、ZB45、B1、ZB42、YB43包装机组共12组，KDF2嘴棒成型机组4组，YF12A烟支储存输送装置4套。2006年，公司被授予“山西省企业100强”、“山西省先进企业”等称号。

领导成员

企业实行董事会领导下的总经理负责制，主要领导成员有：

董事会

董事长：朱绍明（－2006.8）

董事长：许力为（2006.8－）

副董事长：李保林　许力为（－2006.8）

董事：李立林　李　恒　王玉堂　王永平　范　晓　刘根栓　金毅刚（－2006.8）　吴益昆（2006.8－）　杨帆（2006.8－）

监事会

主席：娄宝山

副主席：胡志华　杨德江

监事：杜玉山　王　凯　杨耀荣　石忠宁　郝云芳（－2006.8）　毛家昌（2006.8－）

经理层

总经理：王玉堂

副总经理：范　晓　刘建明　陈景云　李稚宏　付云祥　李　昀（－2006.8）　吴益昆（2006.8－）

总会计师：李秋生

副总会计师：卯　云（－2006.8）

副总会计师：陈　东（2006.8－）

党委成员

书记：王永平

副书记：王玉堂　杜玉山（兼纪委书记）

委员：范　晓　陈景云　李稚宏　刘根栓　付云祥　王　璐

工会主席：刘根栓

生产经营

2006年，生产卷烟130亿支（26万箱），其中，生产二类烟1.70亿支（0.34万箱），三类烟128.2亿支（25.64万箱），四类烟0.10亿支（0.02万箱）。销售卷烟130.40亿支（26.08万箱），其中销售二类烟1.75亿支（0.35万箱），三类烟128.50亿支（25.70万箱），五类烟0.15亿支（0.03万箱）。实现销售收入134700万元，与上年同比增长9.08%。实现税利74300万元，同比增长15.69%；其中利润10000万元。单箱税利2853元，同比增长11.69%。

品牌战略及产品介绍

2006年，围绕红云集团“‘云烟’年创利税百亿元，‘红山茶’年产量百万箱”的双百战略，力争把企业打造成为红云集团在华北地区一流的名优卷烟加工基地。将产品全部整合为“云烟”、“红山茶”、“春城”三大百牌号卷烟品牌。

技术改造

2006年，“十五”技改项目完成联合工房（18）轴以东主体机构工程的验收，完成联合工房土建桩基、A、B、F、G、C_1、C_2区砌体施工和E区主体施工，完成G区钢网架与太空板和F、A区耐磨地面的安装，完成办公区域吊顶及地面、玻璃墙体施工及门窗的安装。截至2006年底，共签订技改合同性付款72项，签订合同总金额27509.24万元。

科技创新

2006年，科技创新工作主要围绕异地加工产品均质化展开，把握《品牌许可生产质量保障通则》标准的内涵，克服红云集团生产设备、工艺参数、气候情况等与山昆公司差异较大的问题，对重点工序的工艺参数进行修订，对现行工艺参数和技术指标进行优化。开展超临界萃取、植物提取物、分子筛等技术在烟草减害降焦中的研究。

企业管理

财务管理。坚持“无预算不开支”的原则，把控制成本费用作为预算管理的重点，按照预算指标严格对各部门进行经济责任考核，按季度公布费用预算执行情况，保证预算管理的严肃性，发挥监督费用支出的作用。合理组织和安排资金，实现全年零贷款。重新修订多项内部管理规章，降低费用支出。

物资管理。2006年，秉持“消化库存原料，优化库存结构，降低库存成本，减少经营风险”的原则，通过调整采购定额、控制到货节奏、强化物料配送等手段，做到既保证生产计划衔接又避免不合理库存。和红云集团协商，公司对库存烟叶的子配方和膨胀烟丝配方进行适当调整，消化库存把烟、片烟。对部分有利用价值的烟叶废料进行二次处理，精心挑选，合理使用，盘活企业资金。

队伍建设

2006年，对新进公司的人员实行聘用制，在关键岗位实行公开招聘、竞争上岗，经公开报名、理论考试、演讲答辩、民主测评等严格的程序确定最终人选，营造公平竞争的氛围。2006年，公开招聘办公室机要员1名。

注重员工素质的提高。全年组织岗位培训4500人次，外出培训66人次，组织人员1000多人参加国家局及地方组织的各类相关业务及培训考试，组织各部门相关人员进行会计实务、统计实务、市场营销、信息化建设、工艺质量、工艺技术及产品开发人员等内部培训。

思想政治工作

以推进“先锋工程”、“堡垒工程”建设作为党建工作切入点，搞好标准化党支部建设，以发挥党组织服从企业改革与发展中心工作的政治核心作用，为企业“三个文明”协调发展提供组织支持、精神动力和思想保证。以职工文明道德教育为根本，加强“八荣八耻”的宣传教育，巩固提高文明创建成果。以贯彻行业工作部署为突破口，通过宣传激励，提升全员工作、服务的质量和效率，提升公司治理水平。通过宣传兴学、辅导帮学、进修强学、检查促学、制度保学，促进广大党员、干部和员工的政治理论学习。实施以“道德、素质、文化、典型、形象”为内容的五项工程，推进“网络化”思想政治工作和道德教育工作机制建设。开展纪念建党85周年和红云集团成立一周年庆典系列活动。

企业文化

在文化建设方面，把创建学习型组织、与红云集团的文化融合作为文化建设的切入点，以此作为创建具有特色的企业文化的新亮点。坚持培育以“勤学、敬业、尽责、进取、遵纪、守法、创新、高效”为核心价值观的员工精神，把员工自我价值的实现与企业目标的实现结合起来，开展“观念、知识、能力、管理、机制”五项创新，提高“择业、学习、竞争、发展”四项能力，同时以文化融合为内驱力，团结带领广大员工摒弃旧观念，树立新思维，实现员工与企业的和谐发展、共同成长。

特事要辑

1月18日，山昆公司第一届三次职代会召开。

6月31日，山昆公司党委开展纪念建党85周年暨创先争优表彰活动。

8月1日，山昆公司第二届四次股东大会召开，通过调整公司董事会、监事会及公司经理层部分人员的决议。

海南红塔卷烟有限责任公司

概　况

海南红塔卷烟有限责任公司（以下简称“海南红塔”）成立于2002年4月，企业总资产6.36亿元，占地面积16万平方米，在岗职工587人（包括多元化企业宝岛实业公司56人），其中，大中专以上学历309人、高级技术职称2人、中级技术职称31人、技师一人、高级工47人、中级工138人、配备3000千克/小时制丝生产线1条，ZJ171台、LOGAⅡ－PT3台、MK9－5卷接机2台，G. DX14台和G. DX2包装机1台、FOCKE465装封箱机2台、SF231－233烟丝储分配设备1套。企业年制丝能力30万箱，年卷包能力16万箱。

2006年，企业被授予“海南省AAA级信用企业”、“海南省用户满意企业”、“海南省创新型示范企业”等称号。

领导成员

企业实行董事会领导下的总经理负责制，主要领导成员有：

董事会

董事长：马曙勋

副董事长：李东明

董事：程春节　郭勇　梁生龙　桂云峰　刘志希

监事会

主席：傅　鹏

监事：严奉炎　张　萌　陈益峰　潘树衡

党委成员

书　记：梁生龙（2006.1－）

副书记：郭　勇　刘志希（兼纪检书记）

委　员：桂云峰

经理层

总经理：郭　勇

副总经理：梁生龙　桂云峰

工会主席：刘志希

总会计师：陈太伟

副总工艺师：阚永峰

生产经营

2006年生产卷烟65亿支（13万箱），其中，三类以上卷烟（含三类）50.47亿支（10.09万箱），占总产量的77.65%，与上年同比增长63.56%；四、五类卷烟14.53亿支（2.91万箱），占总产量的22.35%。共销售卷烟63.75亿支（12.75万箱），同比增长5.68%。实现销售收入6.9亿元，同比增长21.1%。实现税利3.89亿元，同比增长29.35%；其中利润0.71亿元。

品牌战略和产品介绍

2006年主要生产品牌有“红塔山”、“恭贺新禧”、“红梅”、“椰王”4个品牌7个规格的卷烟产品。

品牌整合。贯彻“做精玉溪，做强红塔，做大红梅”的品牌发展思路，坚持以市场为导向，以品牌整合为纽带，按照股东双方市场营销的总体部署，在满足海南市场低档卷烟需求的基础上，掌握市场需求动态，及时调整产品结构，提高市场的有效供给功能。2006年，企业加工生产红塔集团三类烟“红梅（黄软）”和“红梅（黄硬）”烟丝，引进加工红塔集团名优品牌——“红塔山（经典1956）”。

一体化营销。按照红塔集团“营销一体化”发展战略和总体部署，以提升红塔集团品牌的知名度和市场占有率为目的，加强对联营品牌的维护工作。推行“以销定产、以销定结构”的生产方式，通过每月对市场资料和信息的收集、整理和分析，为下个月确定生产卷烟品牌和产品结构提供准确的依据。合理制订营销策略，加大产品市场宣传力度。共安排全省各商业片区业务人员及经营户14批次760多人到企业参观交流，推动一体化营销工作开展。2006年8月，“红梅（顺）”卷烟顺利实现替换“宝石（红A）”和“宝岛（黄软）”卷烟。9月，新产品“红塔山（经典1956）”在海南市场上市，2006年实现销量2.31亿支（0.46万箱），一体化营销初见成果。

技术改造

2006年，企业相继投入资金3000多万元对卷接包设备、动力系统、纸箱制板线、综合楼等20多个项目实施改造，其中卷接包车间的装盘机大修改造、新增风送嘴棒系统、新增1台CDX1等项目提高了企业卷接包自动化水平逐步，保证了供能效率、供能质量和供能安全性，满足了生产红塔集团中高档品牌的需要。

科技创新

2006年，公司在推进技术改造的同时，着重加大技术创新力度，针对工艺技术、产品质量、设备效率等方面开展好技术创新工作，开展QC活动取得了明显的效果。《提高叶片处理段水分合格率》课题攻关，提高了叶片处理段水分控制过程能力指数，从根本上解决了叶片处理段水分波动大的问题，水分合格率由原来的88.4%提高到100%；《降低梗丝碎丝率》课题攻关，促使梗丝碎丝率由原来的5.3%降低到3.2%；《解决GDX1包装机组缺包条烟》课题攻关，促使因铝箔纸供纸不畅造成阻塞的停机率由原来的56.98%下降到8.01%。QC活动成果不仅得到公司的肯定，同时受到海南省质量协会的嘉奖，共有3个QC活动小组被评为海南省“优秀QC活动小组”。

企业管理

“两项检查”。开展内部审计工作和烟草专卖品监督检查工作，在2005年收支审计和2006年同级审计工作中，通过聘请会计师事务所对财务情况进行检查，共查出问题41个，整改率达93%。对于未能及时整改的问题，如历史遗留的职工宿舍产权和公司房产证问题，与地方政府有关部门协调寻求解决办法。

在烟草专卖品监督检查工作中，成立以总经理为组长的内部监管领导小组和内管办公室，设专人负责内部监管日常工作。开展内部自查，同时配合海南省烟草专卖局（公司）组织的复查，共查找出问题11个，均得到有效整改。为进一步明确烟草专卖品生产经营工作流程和标准，补充、修订、完善4项内管制度，逐步建立起内部专卖管理自查自纠的长效机制。全年共修订完善规章制度12个，内容涉及内部监管、招投标管理、现金管理、基础管理和安全生产等。

财务管理。财务审计方面，重点审计了基建工程、机器设备安装维修及零配件采购报价，严格按照内审管理规定和程序进行审计。2006年公司各部门报经审计的项目共33项，减少开支178万元。预算管理方面，严格执行2006年财务预算，控制预算外费用支出，在资金的使用过程中定期跟踪、检查和落实预算执行情况，确保财务预算的严肃性。针对确实因生产经营需要而超出预算的费用开支的情况，通过投资委员会研究，上报董事会审批后执行，规范预算追加行为。合同管理方面。全年按照公司合同管理制度的规定，审核各部门送审的94份经济合同，提出完善合同条款的具体意见，建立合同管理统计台账，保障企业经营活动的顺利进行。

绩效考核。建立部门季度工作绩效考核制度。在每月进行的目标考核的基础上，由相关职能部门组成多个考评小组，围绕生产经营管理的总体目标，每季度分别对生产、质量、设备、安全、政务、培训和后勤保障等重点工作进行考核和评价，其结果作为部门季度绩效考核奖金发放的依据，把分配向高绩效、高贡献岗位倾斜，激发员工的能动性。建立管理人员日工作记录汇报制度，坚持管理人员每日做好当天工作记录，每个星期向人事部汇报一次，培养管理人员良好的工作习惯，提高岗位工作的总结性和计划性。

招投标工作。实施“阳光工程”，严格按照中烟实业关于招投标以及固定资产投资管理等规定，以“公开、公平、公正、择优”为目标，重新调整成立招标投标组织机构，修改制订招标投标制度，完善管理流程，对所有非专卖管理范畴的基建工程、设备采购等项目进行公开招标，并视情况在《海南日报》刊登招标公告，规范投标评标行为，所有项目由内管办和纪检审计室参与监督，提高透明度，提高项目完成的质量和经济效益。

安全生产。坚持以落实安全责任制为工作重点，以增强安全意识为根本，着力抓好安全管理制度完善、安全生产预防、安全隐患整改、应急预警机制建立、消防安全和治安防范工作，在2006年中烟实业和公司组织的共6次安全大检查中，查出安全隐患67项，下达隐患整改通知单10份，安全隐患整改率达100%，实现全年无重大以上安全生产事故目标。

合作与交流

开拓外向型经济。探索开拓海外市场、发展外向型经济的路子，借助红塔集团的技术、品牌的优势，与云南红塔进出口有限公司合作，向红塔瑞士有限公司出口“BRASS”品牌卷烟5030件，出口创汇20多万美元。

队伍建设

2006年，企业培训工作注重提高在岗员工素质、业务能力，同时结合企业长远发展对人才储备的需要，重点突出“多样化、多层次、覆盖广、效果好”的特点，通过理论授课、案例分析、现场实操、观看光碟等方式开展培训，采用外聘专业教授（老师）和内聘具有专长的人员授课相结合，内部自行组织和外派培训相结合，满足不同类型培训课程和不同层次受培对象的需要。培训对象涵盖了公司的经营班子、管理人员和一线工人，培训内容涉及职业道德教育、法律法规、企业管理、质量检验、计算机应用等方面的知识。全年共组织各类培训19期，参加培训人数共计1061次。

思想政治工作

“‘两个至上’在岗位”主题实践活动。围绕“讲责任、讲诚信、讲效率、讲奉献”等方面，通过召开专题动员会、撰写学习心得体会、知识竞赛、征文比赛和专题演讲等形式，加强“‘两个至上’在岗位”的宣传、学习和教育，要求员工对照“两个至上”行业共同价值观，查找不足，进一步转变员工思想观念和价值观念。

党建工作。开展党章专题学习教育活动，组织3个党章专题学习讲座，并把党章学习活动列入各支部的活动范畴，每个季度进行考核，采取个人自学与集中学习相结合的方式，通过电教形式集中学习、法律辅导专题讲座、党委中心组学习扩大会以及举办学习党章知识竞赛、学习烟草专卖政策法规知识测试等多种形式学习党章。开展“四好”领导班子创建活动，组织两次党委理论学习中心学习会和一次民主生活会，提高领导班子的理论水平和政治素养。做好党员的发展工作，遵循“坚持标准、保证质量、改善结构、慎重发展”的方针，吸收优秀专业技术人员和生产经营一线优秀员工特别是青年员工加入党组织。通过支部培养，党委审批，全年共吸纳3名新党员。

宣传工作。全刊共制作宣传板报8期，各类宣传标语50多幅，向行业内各上级主管部门报送新闻报道65篇，其中48篇分别被国家局网站、《红塔时报》、红塔集团网站和中烟实业网站采用。

职工活动。组织第二届“海南红塔”杯职工球类比赛。参加2006年海南省烟草行业秋季球类运动会，并荣获三项团体冠军。组织文艺表演队参加红塔集团创业50周年成员企业文艺汇演活动。参加中烟实业组织的乒乓球比赛。

党风廉政建设

加强企业党风廉政建设责任制的贯彻落实工作，与各单位及部门的第一责任人签订《2006年党风廉政建设目标管理责任书》，明确在党风廉政建设责任制中中层以上领导干部责任的内容、考核与追究，承担的纪律责任以及行为要求。对全体中层干部实行年度的党风廉政建设责任制考核，强化各级领导加强对分管部门和人员管理的责任意识，形成反腐倡廉的整体合力，推动党风廉政建设的深入开展。

企业文化

围绕“两个至上”行业共同价值观，秉承“潜心做事，低调做人，勇于创新，甘于奉献”的创业精神，结合公司所处地域文化，融合中国烟草实业发展中心的管理理念和红塔集团“山高人为峰”的核心理念，坚持“一个战略，五个坚持，一个目标”的企业发展思路和“做精做实、做出特色”的奋斗目标，推进企业文化建设。

特事要辑

6月27日，老挝人民民主共和国国会副主席赛宋蓬·丰威汉考察海南红塔。他表示，将继续致力于支持在老挝的辽中好运烟草有限责任公司的改革与发展。

（陈焕）

烟草机械生产企业

烟机工业概况

2006年，烟机工业整体发展情况主要有以下几个特点：一是技术创新取得重大进展。行业“十五”重大技术创新装备项目ZJ112型10000支/分卷接机组和ZB47型550包/分包装机组运行状况良好，达到国际先进水平；二是与卷烟工业企业建立紧密合作关系起步良好，2006年中国烟草机械集团有限责任公司按照《关于新时期推进烟机工业与卷烟工业建立密切合作关系的通知》要求，依靠科技进步和技术创新作支撑，与卷烟工业企业密切合作共同构建“技术装备、大修改造、零配件保障、共同研发、信息交流、服务支撑”6个平台；三是技术创新体系建设得到进一步加强；四是内部管理得到进一步加强；五是烟机进出口继续保持良好的势头，全年共签订出口合同58份，涉及22个国家和地区，合同额3217万美元，同比增加1278万美元。

中国烟草机械集团有限责任公司工业产值占整个烟机工业总产值的80%以上，烟草机械整体情况以介绍中国烟草机械集团公司的主要工作情况为主。全国合法持有《烟草专卖生产许可证》的主要烟草机械生产企业共有31家，其中，行业内企业7家，行业外企业24家，具体名单参见附表。

中国烟草机械集团有限责任公司

概　况

1999年，由中国烟草总公司控股、上海烟草（集团）公司、云南、山东、河南省烟草公司共同投资组建了中国烟草机械集团有限责任公司（以下简称“中烟机械集团公司”），是烟草行业内第一家按现代企业制度框架组建的专业化集团公司。经过股权变更，中烟机械集团公司由中国烟草总公司控股，上海烟草（集团）公司、云南、山东、河南中烟工业公司参股。中烟机械集团公司是中国烟机工业的核心企业，对全国烟草专用机械的生产经营担负一定的行业管理职能。

中烟机械集团公司下辖7家控股公司：上海烟草机械有限责任公司、常德烟草机械有限责任公司、许昌烟草机械有限责任公司、秦皇岛烟草机械有限责任公司4家控股工业企业，北京达特烟草成套设备技术开发有限责任公司、北京特思达机电技术开发有限责任公司2家专业公司，以及设在上海专门从事烟机产品开发的中烟机械技术中心有限责任公司。

2006年，中烟机械集团公司以努力为烟草行业发展提供强有力的技术装备支撑与保障为己任，以与卷烟工业企业建立密切合作关系为重点，着力提高自主创新能力，提高经济运行质量，进一步加强内部监管，切实履行烟机工业行业管理职责，在市场开拓、技术创新、经济运行、内部监管、资源整合、推进三项制度改革、对外合资合作等方面取得新进展。

领导成员

董事长、党组书记：张林海

总经理、党组成员：王崇光

副总经理、党组成员、总会计师：宋春华

副总经理、党组成员：王仲强

副总经理、党组成员：王建法

纪检组长、党组成员：姜　凯

组织机构

中烟机械集团公司设有办公室、综合计划部、人力资源（纪检监察）部、生产管理部、市场部、技术合作部、财务资产部和审计部等8个部门。

生产经营

2006年，中烟机械集团公司总部和4家控股工业企业实现销售收入25.33亿元，与上年同比增长21.45%；实现税利8亿元，同比增长26%，其中，实现利润4.53亿元，同比增长26.81%。4家控股工业企业完成工业总产值21.45亿元，同比增长21.56%；完成工业增加值8.9亿元，同比增长20.77%；净资产利润率平均为23.04%，同比增长2.40个百分点；销售利润率平均为34.01%，同比降低0.42个百分点；成本费用利润率平均为19.76%，同比增长1.73个百分点。2006年，4家控股工业企业工业经济效益综合指数为401.24，同比增加66.25个百分点。

2006年，4家控股工业企业完成大修销售收入3.85亿元，同比增长34.7%；零配件销售收入2.16亿元，同比增长33.1%；大修、零配件销售收入合计6.01亿元，占4家工业企业全部销售收入的26.75%，同比提高2.1个百分点。

品牌战略和产品介绍

2006年，中烟机械集团公司继续实施“三分天下”战略，规范整机、大修理及零配件经营销售，建立整机与零配件多种销售渠道，形成整机、大修、零配件协调发展的良好格局。

中烟机械集团公司的主要产品有：ZB47型硬盒硬条包装机组、ZB45型硬盒硬条包装机组、ZB25型软盒硬条包装机组、ZL22型纤维滤棒成型机组、ZJ112（10000支/分钟）型卷接机组、ZJ17（7000支/分钟）、ZJ17C（8000支/分钟）和ZF12、YF13和YF14型卷烟储存输送系统、YJ35A型装盘机、YF171型滤棒储存输送装置、ZL26型纤维滤棒成型机组、SH986型燃油（气）管道式烘丝机（SDT）转化设计、SH37型滚筒管板式烘丝机开发设计、SH747型燃油（气）塔式烘梗丝机、HQ11—HQ12、HQ14、HQ19烟气清洗系统、6000千克/小时环保节能型打叶复烤线。

科技创新

2006年，中烟机械集团公司召开第二次科技工作会，对未来一个时期集团公司科技发展进行全面部署，确定了科技发展的方针、主要任务和目标，讨论通过《中烟机械集团公司中期科技发展实施纲要》及4个专业性配套执行办法。

参与《烟草行业中长期科技规划纲要》专家论证，成功地将中式卷烟制丝线和超高速卷接包机组确定为《烟草行业中长期科技规划纲要》9个重大专项中的两项。同时，启动超高速卷接包机组的应用技术基础研究部分课题，以及中式卷烟制丝线先期工艺研究的4个项目。

理顺烟机科技开发项目“统一归口、分级管理”体制，规范项目的申报各个程序。全面调整中烟机械技术中心的体制、机制、职责和机构，进一步加大中烟机械技术开发资金的投入。全年国家局为中烟机械技术中心卷接包机组研发及上下游产品研发投入资金2100万元，中烟机械集团公司为中式卷烟制丝线产品技术开发投入资金1900万元。

2006年5月，行业“十五”重大技术创新装备ZJ112型10000支/分卷接机组和ZB47型550包/分包装机组样机通过国家局组织的鉴定，鉴定委员会认为：“总体技术水平达到国际先进水平，缩小了中国烟草机械技术水平与国际先进水平的差距，是中国烟草机械技术发展的又一里程碑”。全年共有12项烟机产品通过鉴定。

企业管理

质量管理。通过不间断地开展质量工作，各企业质量意识不断提高，用户对国产烟机产品质量的投诉量明显减少，国产烟机质量稳步提高。2006年，各控股工业企业均组织产品可靠性考核工作，各控股工业企业产品质量抽检合格率、关键特性［A］合格率、重要特性［B］合格率均满足考核指标要求，让步接收率、机加废品率均小于目标考核值。全年没有发生用户重大（退货、换机）质量投诉。在出口产品质量检验中，各控股工业企业出口烟机产品均符合《出口烟机产品质量技术要求》。

经济运行。加强对经济运行工作的调研，开展烟机行业统计数据质量专项检查工作，中烟机械集团公司总部和各控股企业经济运行分析能力和综合分析技能得到提升。

安全生产。2006年，4家控股工业企业开展安全质量标准化宣传活动，其中，许昌烟草机械有限责任公司通过二级达标，上海烟草机械有限责任公司、常德烟草机械有限责任公司通过一级达标。全年对7家控股企业组织了两次全面安全检查，第一次安全检查共查出各种隐患和事故苗头41项，第二次安全检查共查出各种隐患45项，各企业均限期进行了整改。

信息化建设

2006年，中烟机械集团公司初步完成“十一五”信息化建设规划。规划主要包括以异地协同设计为基础的产品统一研发系统、以ERP和PDM深化应用为基础的财务一体化集成系统、卷烟生产经营决策管理系统、客户关系管理系统和集团公司人力资源管理系统等五大系统的建设。

合作交流

2006年，把落实《关于新时期烟机工业与卷烟工业建立密切合作关系》（国烟办386号文）作为全年工作重点，中烟机械集团公司总部及4家控股工业企业分别成立了建立密切合作关系工作领导小组。11月15日，中烟机械集团公司与湖北中烟工业公司举行建立密切合作关系签字仪式以及“中烟机械湖北地区零配件服务中心”揭牌仪式。12月，中烟机械集团公司与上海烟草（集团）公司举行建立密切合作关系签字仪式。

2006年，中烟机械集团公司就秦皇岛烟草机械有限责任公司合资项目与虹霓公司、迪更生公司进行谈判，与德国FOCKE公司探讨合作事宜。

队伍建设

以中烟机械集团公司本部和各控股企业领导班子调整为契机，完成上海、许昌、常德烟草机械有限责任公司董事长、总经理，北京达特公司总经理和中烟机械技术中心副主任的选拔和聘任工作，完成了集团公司7个控股企业董事会、监事会人员的调整。

加强经营管理、专业技术和技能“三支队伍”建设，全年评出烟机工业技术能手12名，其中一名同志获得“全国技术能手”称号。对职称改革领导小组成员和工程系列中级专业技术资格评审委员会委员进行调整，对职称评审工作进行调整，全年共有18人获得工程系列中级专业技术职务资格，有10人被推荐到国家局高级职称评审委员会评审。4家控股工业企业也开展了专业技术职务的聘任工作，推进企业职称评聘分开改革。

特事要辑

1月15日至16日，中烟机械集团公司在云南昆明召开中烟机零配件交易会第三次理事会，审定2006年度的全国烟机零配件交易会会员资格，审议《中烟机烟机零配件交易会章程》修改稿。

1月23日至24日，中烟机械集团公司2006年工作会议在北京召开，国家局副局长李克明出席会议并作讲话。

5月11日，行业“十五”重大技术创新装备ZJ112型10000支/分卷接机组和ZB47型550包/分包装机组样机通过国家局组织的鉴定。

8月2日，国家局局长姜成康、副局长李克明到秦皇岛烟草机械有限责任公司检查指导工作。

8月23日，国家局局长姜成康到常德烟草机械有限公司指导工作。

中烟机械集团所属企业

上海烟草机械有限责任公司

概　况

上海烟草机械有限责任公司（以下简称“上海烟机公司”）创建于1952年，是中国第一家烟草机械专业生产企业，中国烟草机械集团有限责任公司核心企业。公司下辖上海鑫隆烟草机械厂、上海烟草机械新场铸造有限责任公司、上海中臣烟草机械配件有限责任公司和上海中臣烟草数控技术有限公司4家子公司。公司占地面积8.14万平方米，共有职工1200余人，其中专业技术人员300余人。上海烟机公司年生产能力约80台（套）。

上海烟机公司采用先进的树脂砂铸造工艺，以加工中心、数控机床为机械切削主要手段，以三坐标测量仪、电子测高仪和精密理化仪器为主要检测手段，具备从产品设计、加工制造到总装调试全过程生产制造世界先进卷烟包装机的能力。产品覆盖全国90%的卷烟厂，出口至东南亚地区和欧洲国家。上海烟机公司主要产品为ZB45型硬盒硬条包装机组、ZB25型软盒硬条包装机组、ZL22A型纤维滤棒成型机组和最新试制成功的ZB47型（550包/分）硬盒硬条包装机组，同时还为全国卷烟生产企业提供大修理和零配件服务。

2006年，上海烟机公司获上海烟草（集团）公司“2006年度管理创新进步奖”；被评为“中国食品、饮料、烟草工业专用设备制造行业排头兵企业”。

领导成员

董事长：王海华（－2006.5）

董事长：傅锦弟（2006.5－）

副董事长：顾善根（－2006.5）

副董事长：管振毅（2006.5－）

总经理：胡森炯（2006.5－）

副总经理：童大方、王志祥

纪委书记、工会主席：倪莉萍

总会计师兼财务负责人：吴可音

党委书记：傅锦弟

生产经营

2006年，上海烟机公司完成工业总产值8.72亿元，与上年同比增长7.79%。实现销售收入8.10亿元，同比增长16.61%。其中，整机销售收入6.40亿元，大修理收入0.84亿元，零配件销售收入0.79亿元。实现利润1.13亿元，同比增长9.82%。完成工业增加值3.20亿元，同比增长8.64%。

科技创新

2006年，上海烟机公司完成了ZB45A型（16支花式烟包）、ZB45C型（YB45连接YB517等三辅机）包装机组的设计，标志着公司主打产品ZB45型硬盒硬条包装机组向系列化的方向发展。在现有产品基础上增加的新功能、新装置，提升现有产品的技术水平，研发了YB25型软盒包装机商标纸底部分离装置、YB95A型条透包装透明纸热收缩供料装置等。

企业管理

物资管理。加强采购计划管理，根据生产大纲，制订了相应的采购计划和物资发放计划保证生产需求；加强库存管理，对两年以上不使用的呆滞物资进行分析，合理使用呆滞物资。

安全管理。开展每月安全检查、季节性安全检查、专项安全检查、节假日安全检查等各类安全检查，接受上级公司的抽查以及安全综合评价、交通安全评价、消防安全体系评价。对安全检查中发现的安全隐患均记录在册，及时提出整改意见，并逐一落实整改部门和整改措施，规定期限完成，确保安全隐患整改率达到100%。落实安全生产责任制，签订安全工作目标责任书140份。针对确立的9个重点危险源，实施日常点检、部门周检、安保部月检的检查制度。推进安全质量标准化工作，通过上海环科环境认证有限公司对新版环境管理体系的转版审核。

信息化建设

2006年，上海烟机公司信息化（一期）项目取得实质性进展，项目所涉及的7大应用项目得到全面推广。

工程技术分系统（PDM/CAPP/CAD）方面，实现了PDM系统对产品结构、产品配置进行有效的管理以及对图文档进行有效的监控和管理；二维CAD软件广泛运用于机械、电气设计，应用广度均达到100%。CAPP系统实现了设计信息自动导入、工艺编制、工艺文档及信息查询、工艺文档安全性管理、产品工艺版本管理、工艺信息汇总和完整权限管理等。MES/NCS系统派工管理基本实现“上道未检验，下道不允许派工”，确保检验信息在系统及时记录。截至2006年底，派工管理及零件加工工序检验、车间工时统计业务全线贯通，覆盖率达95%以上。ERP系统实现正常运作，实现了销售与财务应收账务的集成、ERP与金穗开票系统的集成，覆盖率均达到100%。

对外交流

7月，对越南西贡、平阳、同奈、槟城卷烟厂以及柬埔寨威尼顿等卷烟生产企业进行用户访问、技术服务和产品推介；9月，韩国WOORITOBACCO公司董事长柳春植一行5人到上海烟机公司洽谈设备购置事宜；10月，赴欧洲烟草公司土耳其卷烟厂，洽谈双方于2005年签订的两套ZB45型包装机组合同的执行事宜，预计这两套ZB45型包装机组将于2007年1月交付土耳其卷烟厂。

队伍建设

2006年，累计开展培训100余项，共1412人次。结合科技大会精神，培养高技能人才和青年技术人才，全年外送高级技师12人，选送5名在职技术人员攻读工程硕士学位。

企业文化

2006年，上海烟机公司以“两个至上”行业共同价值观为指导，大力倡导“诚信、和谐、效率”的企业文化理念。制定《员工思想道德行为规范》，教育和引导全体员工树立科学文明健康的生活方式，树立“文明烟机”企业新形象。

先后开展“‘两个至上’在岗位”主题实践活动；女职工“学习知识、提升素质、展示风采”主题活动；“纪念三·八国际劳动妇女节庆祝会暨2006年职工健身活动”；举办“人生坐标、奉献如歌——‘两个至上’在岗位”主题演唱会；开展“学习工作化、工作学习化”主题征文和“‘两个至上’在岗位”征文活动。在“上海烟草（集团）公司第五届职工运动会和第二届文化艺术节”中，上海烟机公司荣获团体总分第二名。

常德烟草机械有限责任公司

概　况

常德烟草机械有限责任公司（以下简称“常德烟机公司”）创建于1969年，是中国最早从事烟草机械产品研发和生产制造的企业之一。截至2006年底，公司总资产5亿余元，年生产能力150台（套），拥有金切机床99台，数控及加工中心42台。企业占地面积1063万平方米，共有职工957人。

2006年，常德烟机公司荣获湖南省“制造业信息化应用示范工程优秀项目单位”称号。

领导成员

董事长、总经理：赵训滋（－2006.8）

董事长：杜国锋（2006.8－）

总经理：周诗伟（2006.8－）

副总经理：郭宏斌（2006.12－）、杨新安（2006.12－）

总会计师：熊卫国（2006.8－）

党委书记：王本华（－2006.12）

党委书记：杜国锋（2006.12－）

工会主席：华建忠

生产经营

2006年，常德烟机公司实现工业总产值8.03亿元，与上年同比增长22%；实现销售收入6.69亿元，同比增长5%；实现利润1.35亿元，同比增长4%；全年生产烟机产品197台（套），出库销售产品182台（套）。

主要产品

常德烟机公司主要产品包括ZJ17（7000支/分钟）、ZJ17C（8000支/分钟）和ZJ112（10000支/分钟）型卷接机组，ZF12A、YF13和YF14型卷烟储存输送系统，YJ35A型装盘机，YF171A型滤棒储存输送装置，ZL26型纤维滤棒成型机组等。其中，品牌产品为ZJ17（7000支/分钟）和ZJ112（10000支/分钟）型卷接机组。

2006年新开发的产品有：10000支/分钟的ZJ112型卷接机组、YF27型滤棒气力输送装置和FY113型废烟支处理机。

科技创新

常德烟机公司试制的ZJ112卷接机组样机（10000支/分钟）于5月在武汉通过国家局组织的鉴定。新产品YF27型滤棒气力输送装置、FY113废烟支处理机也相继通过了国家局组织的样机技术鉴定。

4月，自主开发研制的非烟机产品TH11型（200包/分钟）手帕纸包装机组样机参加昆明国际纸业博览会。6月，自主研发的第一台TH11型手帕纸包装机组运抵国内某合资纸业公司，产品稳定性满足客户要求。

企业管理

常德烟机公司于2006年开始实施“精细管理”工程，并将“精细管理”确定为公司今后一段时期主要的管理理念、方式和目标，通过实施“精细管理”，使企业管理的各个环节和各个层面的工作质量得到有效提高。

信息化建设

2006年3月，常德烟机公司信息化建设项目通过中烟机械集团公司与湖南中烟工业公司联合组织的验收。通过PDM系统的有效实施，公司所有产品的数据资料已顺利纳入PDM系统管理，实现了PDM系统与MRPII系统数据集成，企业的制造资源管理和产品数据管理功能得到增强。

合作交流

2006年以来，常德烟机公司相继与长沙卷烟厂、武汉烟草（集团）有限公司建立起密切合作伙伴关系，在整机服务、设备修理改造、零配件服务、技术合作与交流、人员培训、人员交流等方面加强合作，实现做优做强、共进双赢的目标。

队伍建设

常德烟机公司以经营管理、专业技术、技术工人“三支队伍”为重点，加强人才结构的优化。截至2006年底，共培养出5名科技项目带头人、4名高级工程师、1名高级经济师、6名数控加工技术带头人，50余名高素质产品研发人员，向中烟机械技术中心输送研发人员7名。全年通过各类职业鉴定，取得各类职业资格的职工70人。

思想政治工作

常德烟机公司利用政工例会征集群众意见和建议，并将其中的普遍性问题送交职能部门进行整改落实；围绕推进“精细管理”工程，举办企业精细管理论坛；开展建党85周年系列纪念活动；组织“党在我心中，永葆先进性”知识竞赛活动；开展社会主义荣辱观教育活动，组织全厂职工参加“知荣明耻”问卷调查，共有200多人次参加。

许昌烟草机械有限责任公司

概　况

许昌烟草机械有限责任公司（以下简称“许昌烟机公司”）创建于1958年，是开发和制造烟草机械的大型骨干企业。企业由南、北两个厂区组成，总占地面积12.2万平方米，在岗职工1110人，其中专业技术人员500多人。企业资产总额4.6亿元，净资产2.5亿元。

2006年，许昌烟机公司荣获“河南省高新技术企业”、“全国劳动争议调解先进单位”、“国家二级安全质量标准化认证企业”等称号。

领导成员

董事长：武宝贵（－2006.4）

董事长：张彦岭（2006.4－）

副董事长：曹顺兴

总经理：曹顺兴（2006.4－）

副总经理：董秀明、张松军（2006.11－）、王向东（2006.11－）

党委书记：李新光

纪委书记：魏万昌

工会主席：张梅香

组织机构

许昌烟机公司下设办公室、审计部、生产制造部、工程装备部、物资供应部、安全保卫部、后勤部、铸造分厂、机加一分厂（南厂区）、机加二分厂（北厂区）、装配分厂、大修分厂、结构件分厂、技术中心、质量保证部、财务管理部、人力资源部、市场营销部、客户服务部、国际业务部、驻昆明办事处等21个科室、部门，以及许昌富思特烟机配件有限公司1个控股子公司。

生产经营

2006年，许昌烟机公司实现工业总产值4.98亿元，与上年同比增长62.7%。实现销售收入4.21亿元，同比增长56%。实现税利0.95亿元，同比增长131%；其中，利润0.67亿元，同比增长222%。全年共生产整机218台（套）。

主要产品

2006年，许昌烟机公司主要产品有ZJ14、ZJ15、ZJ19、ZJ19E等莫林斯卷接产品系列；YF11、YF12、YF17、ZF15烟支存储输送装置及卷接包物流产品系列；ZL26（KDF3）烟用滤棒成型机、YF172滤棒存储固化输送装置、YF25滤棒自动发射与接收装置、YL43复合滤嘴成型机等产品系列；装封箱装置等卷接包物流产品系列。

科技创新

加快产品升级，应用全新电控系统的ZJ19B（PASSIM8K改进型）卷接机组在重量控制系统、烟支质量检测系统以及在自动化程度、智能化程度上都较原系统有明显提高和改善，各项技术指标达到同类进口机型的水平；运用PLC、触摸屏、总线等新技术改进后的YF12B卷烟储存输送装置，操作维护方便，能适应不同速度卷接包机组的联机要求。

截至2006年底，许昌烟机公司共申请《烟条交接装置》、《新型烟支成型装置》等专利项目23项。

信息化建设

截至2006年6月，CAD/CAM、CAPP、PDM、ERP等9个分项目模块全部建设完成并投入使用。

企业管理

贯彻“整顿、调整、规范、提高”的管理方针，建立健全各项规章制度。制订《专卖品管理办法》、《废品、废料、报废包装物品管理办法》等管理制度，规范内部专卖管理工作。开展同级审计工作，成立战略及投资委员会和预算管理委员会，建立健全《预算管理制度》、《财务收支管理办法》等规章制度，规范财务收支行为，控制成本费用的增长。制订实施新的《物资采购管理办法》，在ERP系统中建立供应商档案，由采购、财务、审计、技术、质量等职能部门分权管理，降低采购成本。用精益生产的管理方式组织生产，深入开展QC活动，提高产品质量和可靠性，2006年顺利通过中质协组织的质量管理体系复审认证审核。以收入分配制度改革为突破口，重新修订并实施了《中级管理人员绩效工资发放办法》、《技术中心科技人员绩效工资发放办法》。坚持“安全第一，预防为主，综合治理”的方针，落实各级安全生产目标责任制，通过了国家二级企业安全质量标准化标准。

队伍建设

以加强经营管理、专业技术、专业技能“三支队伍”为重点的人才队伍建设为目标，整合公司内部人力资源整合，完善职称评聘管理办法，强化职业资格鉴定，积极组织技能竞赛活动，组织管理、技术、设备维修等岗位的员工开展多形式、多层次的岗位技能培训，全年共培训员工1385人次。

秦皇岛烟草机械有限责任公司

概　况

秦皇岛烟草机械有限责任公司（以下简称“秦皇岛烟机公司”）成立于2002年3月，由中烟机械集团公司与河北中烟工业公司共同出资，在原秦皇岛烟草工业机械厂的基础上组建而成。公司下辖秦皇岛烟草工业机械厂轻机分厂、秦皇岛弘和机械有限责任公司、秦皇岛金叶物流有限责任公司。截至2006年底，公司总资产36405万元，占地面积20.2万平方米，在册职工1362人，其中主业在岗741人。公司年生产3条制丝线、3条打叶复烤线、2条二氧化碳膨胀烟丝线。

2006年，秦皇岛烟机公司获得河北省科学技术厅命名的“高新技术企业”称号。

领导成员

董事长、党委书记：郭冬青

副董事长：段铁力

监事会主席：张　涛

总经理、党委副书记：付　嘉

党委副书记、纪委书记、工会主席：王力明

副总经理：刘习申、张世成、李　彪

总工程师：赵德玉

组织机构

秦皇岛烟机公司下设综合管理办公室、党委工作部、项目管理部、技术中心、财务管理部、审计部、生产资源部（安全技术部）、质量保证部、人力资源部、纪检监察部、工会等11个职能部室，成品车间（一、二车间），金属切削车间（三车间），涂装车间（四车间）、电控车间（五车间）等5个生产车间。

生产经营

2006年，秦皇岛烟机公司实现工业总产值3.60亿元，与上年同比增长13.62%。实现销售收入3.46亿元，同比增长29.83%。实现工业增加值0.69亿元，同比降低25.53%。实现税利0.52亿元，同比增长34.8%；其中，利润0.22亿元，同比增长34.2%。

2006年，秦皇岛弘和机械有限责任公司、秦皇岛金叶物流有限责任公司两个辅业公司发展稳健。秦皇岛弘和机械公司全年完成工业总产值0.34亿元，超额完成年计划的13%，实现销售收入0.29亿元；秦皇岛金叶物流公司实现销售收入0.21亿元，超额完成年计划的41%。

产品项目

2006年，秦皇岛烟机公司主要生产项目有漯河卷烟厂5000千克/小时制丝线、太原卷烟厂5000千克/小时制丝线、恩施金叶烟草有限责任公司12000千克/小时复烤线、张家口卷烟厂8000千克/小时制丝线、安阳卷烟厂6000千克/小时制丝线，负责宁波卷烟厂6000千克/小时制丝线分组加工改造项目、安徽华圆烟叶有限责任公司6000千克/小时打叶线大修、长沙卷烟厂300千克/小时气流烘丝机科研小线、武汉烟草（集团）有限公司1000千克/小时燃油（气）管道式烘丝机、郴州天泰烟叶复烤有限责任公司6000千克/小时打叶复烤预处理大修等。

体制改革

2006年，秦皇岛烟机公司按照《公司法》成立具有独立法人资格的秦皇岛弘和机械公司和秦皇岛金叶物流公司。建立股东会、董事会和监事会，实现投资主体的多元化，公司产权更加清晰，主辅业业务关系更加规范，业务往来均建立在合同制基础上，进一步建立健全了以法人治理结构为核心的现代企业制度。

技术改造

2006年6月23日，在中烟机械集团公司的组织下，秦皇岛烟机公司装配车间专项技术改造项目顺利通过竣工验收。装配车间专项技术改造项目于2002年12月立项，总投资620万元。

2006年12月18日，占地面积3.33万平方米，总投资6365万元的辅联设备制造单元易地技术改造项目奠基仪式在秦皇岛经济技术开发区举行，标志着秦皇岛烟机公司易地技术改造项目全面启动。

科技创新

2006年秦皇岛烟机公司用于新产品研发、试制的科研经费1589万元，实现新产品产值20847万元，占全年工业总产值的67.78%。

制丝线技术开发。2006年，秦皇岛烟机公司先后为用户提供了SH9611一机两用型管道式烘丝机，SH973型300千克/小时电加热叶丝在线快速膨胀系统，SH935型1000千克/小时管道式烘丝机。完成了SH983型燃油（气）管道式烘丝机的转化设计，完成了SH747型3500千克/小时燃油（气）塔式烘梗丝机和SH713型2000千克/小时梗丝膨化塔方案设计。在叶（梗）丝气流干燥在线膨胀技术方面，形成了不同结构型式、适应不同厂房高度的系列产品。上年开始研发的低强度处理、模块化设计的大能力SH3型单筒管板式烘丝机于2006年开始生产。秦皇岛烟机公司和徐州众凯合作研制的500千克/小时微波回软设备，已发往用户。试制的首台气力旋转式喂丝机已成功用于玉溪卷烟厂。参考虹霓公司标准设计的新型皮带机、振槽和喂料机已完成工作图设计，将用于广州卷烟二厂。

打叶复烤技术开发。2006年，秦皇岛烟机公司推出了14000千克/小时叶片复烤机和12000千克/小时第二代环保节能型打叶线两项新产品。14000千克/小时叶片复烤机公称宽度为4米，是规格最大的“一机两用”型复烤机。12000千克/小时第二代环保节能型打叶线是继2004年推出第一代环保节能型打叶线后的又一次新的尝试。

二氧化碳膨胀烟丝生产线技术开发。在降低造碎、提高整丝率、减少香气损失研究方面取得初步成果。秦皇岛烟机公司自主开发的倒锥形变径升华器在杭州卷烟厂试运行结果表明，改进后的升华器在未加水、未加蒸汽的情况下与老线相比烟丝的填充值提高了0.3cm^3/g，整丝率提高了4.2%，碎丝率降低了2.25%。引进的两种不同二氧化碳膨胀烟丝技术的优点，开发800千克/小时新型膨胀烟丝生产线。

电气自动化控制技术。秦皇岛烟机公司开发的远程诊断维护系统新技术在天水卷烟厂投入使用，可随时远程分析处理现场问题，及时服务用户。以制丝控制系统为技术基础，开发能源管理系统，对生产现场的蒸汽、空压、水、电等能源数据在上位机系统上进行显示，实现数据管理。

科研合作。2006年秦皇岛烟公司与郑州烟草研究院、清华大学、安徽大学、徐州众凯、上海英雷等单位，在控制系统、工艺研究、专用设备等方面进行了有效的合作，开发了微波真空烘丝技术、片烟结构在线检测装置等具有中式卷烟特色的新工艺、新产品和新技术。

信息化建设

实施计算机集成制造系统工程项目，该项目主要包括：CAD/CAPP/PDM工程系统、ERP资源管理系统、质量管理系统、制造自动化系统、电控模拟系统、计算机网络系统等方面，项目计划投资1990万元，2006年完成项目投资额623.448万元，完成的项目有：计算机网络系统、网络布线及避雷系统、PDM图档管理、AutoCAD设计软件、三维PRO/E设计软件、CAPP工艺设计软件、EPLAN电气设计软件、企业网站、防病毒系统等。

中烟机械技术中心有限责任公司

概　况

中烟机械技术中心有限责任公司（以下简称“技术中心”）于1999年12月24日挂牌成立，主要职能是承担中国烟草机械集团有限责任公司重大新品的研发和应用技术的研究，同时兼顾承担对控股企业产品重大改进（升级）、国产化方案和其他产品技术方案等的审查和评审工作，为控股企业的产品创新提供技术咨询和技术支持。

2006年，技术中心荣获“全国烟草行业‘十五’期间科技创新工作先进集体”称号。

领导成员

董事长：张林海

副董事长：王建法

总经理：董祥云

副总经理：高同启（－2006.2）

副总经理、党支部书记、党委委员：魏安忠

副总经理：龚美华（2006.9－）

工会主席：吴晓芸

产品项目

2006年，500米/分钟滤棒成型机组研制项目，完成装配通过厂内验收。16000支/分钟卷烟储存输送系统研制项目6月前将试制资料分批下达给样机试制单位许昌烟机公司。550包/分软盒包装机项目2006年完成项目总体方案设计和评审、技术设计和评审、电控系统硬件电路方案设计、部分部件的设计和建模等工作。400米/分复合滤棒成型机组项目完成15个部组件的工作图设计以及电气系统的详细设计方案。超高速卷接机组应用技术研究（1）课题完成课题相关的调研及技术准备，确定了各专题的研究方案，并开始进行建模和设计。

信息化建设

截至2006年底，PDM项目已完成项目启动及培训、需求分析及方案设计、方案开发及测试、方案部署及试点项目上线的四个阶段，400米/分复合滤棒成型机项目及高速卷接机组专项课题分析研究项目也开始运用PDM系统进行管理。

对计算机机房进行整改，将主机房电源负载扩容、主机房的布线，以及服务器布局进行重新规划，相关工程于5月10日通过验收。2006年新增的服务器（PDM系统服务器、邮件服务器、备份服务器等）也已完成设备的采购、测试和验收工作。

11月，组织“烟草机械信息化基础标准工作会议”，就信息化基础标准达成共识。

人事与劳资

按产品和专业分工成立3个研究室，并聘任3位专业水平高、业务能力强和有责任心的技术人员担任研究室负责人。与上海市浦东人才交流中心加强合作，通过浦东人才网上录用了1名博士研究生、4名应届硕士研究生和1名高级工程师。

思想政治工作

开展2006年度党员民主评议工作，就思想觉悟、工作作风、服务群众、奉献精神、形象展示等五个方面进行了评议，同时邀请15位群众对全体党员进行测评。全体党员根据群众测评表和党员之间的面对面互谈，形成书面提纲在党员专题组织生活会上进行交流。

北京达特烟草成套设备技术开发有限责任公司

概　况

1998年3月经国家局批准，成立北京达特膨胀烟丝成套设备工程有限责任公司。为适应市场需求和公司业务拓展，2002年10月9日更名为北京达特烟草成套设备技术开发有限责任公司（简称“北京达特公司”）。北京达特公司由中国烟草机械集团有限责任公司、五洲工程设计研究院、秦皇岛烟草机械有限责任公司共同投资组建，是一家集科、工、贸于一体，实施机、光、电、控一体化的烟草成套设备工程公司，公司总资产4834万元，占地面积1062平方米，拥有员工34人，其中，研究员级高级工程师2人、高级工程师14人。2006年完成电控实验室，膨胀烟丝实验室建设。

2006年，公司被评为“2006年国税局及地税局A级企业”。

领导成员

董事长、总经理：凌卫民

副董事长：陈海英

总经理：于忠泉

副总经理：李建梅

工会主席：王小为

组织机构

北京达特公司设有技术开发部、物流系统工程部、信息与自动化控制技术部、采购与售后服务部、经营销售部、财务部、办公室等7个职能部门。

生产经营

2005年，北京达特公司实现销售收入6155万元，实现税利1474万元，其中利润974万元。

技术创新

2006年，完成膨胀烟丝生产线热端环保节能型加热装置及废气处理系统的小型样机试制。

北京特思达机电技术开发有限责任公司

概　况

北京特思达机电技术开发有限责任公司（以下简称“北京特思达公司”）由中国烟草机械集团公司控股，上海、常德、许昌、秦皇岛烟机公司共同出资组建，公司总资产8400万元，共有职工12人，公司先后在上海、福建、河北、浙江等地投资参股，合作建立烟机零配件公司或区域性中心库，致力于最终在全国建立起一个系统化、信息化、专业化的服务网络，负责烟机零配件的调剂、销售，完善烟机零配件的售后服务等工作，缩小和烟厂交流的距离，逐步使卷烟工业企业的烟机零配件趋于零库存、降低成本、盘活资金。

北京特思达公司为卷烟工业企业提供各种进口及国产烟机零配件，主要包括：卷烟工业企业高速卷接包机组中整机生产所需的进口关键件及主要通用件，用于高速卷接包机组的大修、项修及日常维修用配件，用于卷烟工业企业制丝生产线、打叶复烤线、二氧化碳膨胀烟丝线进口关键件、通用件及维修用配件。公司同时为国内生产烟草机械的公司提供销售、联系、进口关键件的工作，并负责经营各种国产化高速卷接包机组的国产烟机配件的组织、销售工作。

领导成员

董事长、总经理：王　珩

副总经理：姬建红

工会主席：张春红

组织机构

公司设有技术开发部、经营销售部、财务部、办公室等4个职能部门，同时，负责建设并运营“中国烟机零配件电子商务网”。

生产经营

2006年，公司实现销售收入7572万元，实现销售利润率2.69%。实现税利270万元，其中，利润204万元，同比增长2%。净资产利润为4.93%，同比提高2.7个百分点。

电子商务网建设

公司于2001年1月开始筹建中国烟草机械零配件电子商务网，并于2003年10月正式运营使用。中国烟草机械零配件电子商务网主要为卷烟工业企业、烟机零配件生产企业及省级烟机工业公司提供全面、系统、先进的网络技术服务。各相关企业可通过网站开展查询、报价、交易及广告宣传等业务。网站的运行，为烟机及零配件生产企业、卷烟生产企业、烟机零配件贸易企业提供数据完整的产品和企业信息检索平台。

（周志华）

辅料生产企业

南通醋酸纤维有限公司

概　况

南通醋酸纤维有限公司（以下简称“南纤公司”）成立于1987年3月，由中国烟草总公司与美国塞拉尼斯公司合资经营，是集化工、化纤、热电为一体的大型工业企业。公司占地面积57万平方米，总投资4.92亿美元，中方投资比例占69.32%，美方占30.68%。主要产品为烟用二醋酸纤维丝束（以下简称“醋纤丝束”）及其配套原料二醋酸纤维素片（以下简称“醋片”）。其中，醋纤丝束销售到全国40多家卷烟生产企业；醋片作为醋纤丝束的生产原料，除南纤公司自用外，同时供应昆明和珠海两家醋酸纤维有限公司。2006年，南纤公司有在职员工784名，其中，大专以上学历341名，助理工程师以上技术人员221名（含高级职称19名）。

2006年，南纤公司按照“瞄准一个目标，取得四个实效”（即以世界同行前两强为标杆，保持国内领先，争创国际一流；取得生产经营的明显实效，取得规模经济的明显实效，取得规范管理的明显实效，取得文化建设的明显实效）的工作思路，全年醋纤丝束和醋片产量创历史最好水平。丝束销量创历史最好水平，产品主要质量指标创历史最好水平，实现利润创历史最好水平，四期扩建工程——醋片扩建装置顺利完成新老系统对接。

领导成员

南纤公司实行董事会领导下的总经理负责制，主要领导成员有：

董事长：边有伦

副董事长：沃尔特（Robert Walters）

领导班子调整

2006年5月10日前

总经理、党委书记：陈旭东

副总经理、党委委员：张楠田

副总经理、党委委员：孙桂泉

副总经理、党委委员：杨占平

副总经理：王文庭（Wen Wang）

副总经理：汤姆斯（Chuck Thomas）

工会主席、党委委员：冯　树

2006年5月10日后

总经理、党委书记：孙桂泉

副总经理、党委委员：杨占平

副总经理、党委委员：茅　俊

副总经理、党委委员：张　杰

副总经理：王文庭（Wen Wang）

工会代主席：邹　同

组织机构

南纤公司下设办公室，总经理室，安全保卫部，质量管理部，党委、工会办公室，财务部，账务部，供销部，醋酐、醋酸回收工段，醋片工段，纺丝工段，制浆、丙酮回收工段，技术开发组，热电工段，动力工段，机械维修工段，电仪维修工段，设备技术项目部，四期综合计划组，丝束项目组，醋片项目组和公用工程项目组。

生产经营

确保主产品的优质高产。全年完成丝束产量

63501吨，与上年同比增长30%；完成丝束销量62470吨，同比增长26%。完成醋片产量62138吨，比上年增加2280吨。

2006年，丝束生产合格率、醋片生产合格率等18项质量指标创历史最好水平，也是国内最好水平。通过国内外相关生产厂家的丝束、醋片样品的全分析对比，南纤丝束吸阻稳定性、总旦CV、卷曲能稳定性列第一，醋片综合质量指标得分最高。丝束产品再次被评为江苏省名牌产品，醋片首次被评为江苏省名牌产品。

深化二级成本核算。2006年，为使成本核算更加精细化，南纤公司试行零基预算，事前编制全面预算，事中控制费用开支，事后分析成本费用并进行控制。公司以维修二级成本核算为突破口，树立“工段算成本、工段管成本、工段争成本”的责任成本意识，制订《二级成本核算与考核方案》、《二级成本核算与考核工作程序》，按月进行可控成本核算与分析，按季提供可控成本分析报告，对实际成本超支进行明细分析，结合奖金考核进行二级成本考核。2006年，原材料采购成本比2005年降低3804万元。四期工程国产设备投资退税筹划已退增值税2419万元，获得国产设备抵免所得税额度5591万元。近两年成本费用不断攀升的局面得到扭转，丝束单位总成本比2005年减少359元/吨，下降2%。

努力节能降耗。2006年，醋片单耗、木浆单耗比上年均有所下降，蒸汽耗标煤比2005年减少5.7公斤/吨。丝束单产标煤耗、丝束单产电耗、丝束单产汽耗、醋片单产标煤耗、醋片单产电耗、醋片单产汽耗，热电综合名义效率等主要能耗指标都好于2005年，全年累计节约标煤7807吨，节能率为3.028%，累计节约能源成本524万元。

推进群众性合理化建议活动。2006年，南纤公司共收到员工关于“醋片区域高、低浓度废水进行分流”、“纺丝对干燥机加湿系统和丙酮回收的分段解析”等方面的合理化建议602条，公司共投入128万元资金实施经过评估的合理化建议。

四期工程建设

2006年，南纤公司四期工程建设按照节点目标稳步推进，安全、质量、进度和费用全面受控。8月28日，9#炉顺利点炉并接带负荷；8月29日，9#汽轮发电机组成功实现了自动并网；9月15日，9#机组顺利通过72小时考核，正式交付生产；11月27日，废水处理装置、醋片循环水装置正式交付生产。四期醋片装置的安装从5月份开始，醋片大楼内的设备安装于11月底前基本完成，醋酸回收装置的设备安装于12月15日前基本结束，醋片及醋酸回收设备于12月28日交付生产部门开始联调。技术中心楼在12月12日交付使用部门，丝束中试装置在12月30日开车。306区大裂解炉于11月28日投料开车一次成功，四期醋酐装置全面建成投产。

2006年12月15日至23日，南纤公司进行有史以来最大规模的醋片新老生产系统对接及全厂停车检修。共有对接项目231个，检修项目531个，增资技改项目12个，大修理项目10个，施工内容多、难度大、风险高。经过周密计划，充分准备，顺利完成各项对接和检修任务，为四期醋片装置调试及2007年的醋片大负荷生产奠定了良好的基础。

技术创新

2006年初，“二醋酸纤维素浆液精细过滤及高密度生产技术研究”获得“国家科技进步二等奖”。6月29日，南纤公司召开第四次技术创新大会，对获得2005年“国家科技进步二等奖”的“二醋酸纤维素浆液精细过滤及高密度生产技术研究”、“电动摆丝机”等12个管理与技术创新项目，“提高满负荷生产中醋片水分控制的稳定性”、“提高丝束线密度测试精密度”等18项QC成果、合理化建议，以及《国产木浆合成烟用醋酸纤维素的研究》、《高粘度物料滤饼沟流的形成与特征》等37篇优秀论文进行表彰奖励，并明确了以后“依托中心、健全体系、重点突破、持续创新”的创新工作总体思路。

坚持以市场为导向，以用户需求为中心、以重点科研方向为目标，围绕南纤公司生产实际，在丝束、醋片应用研究、产品的质量改进、工艺技术优化和集成创新等方面确定明确的攻关课题，并力争取得实质性突破，缩小与国外同行在技术研发方面的差距，增强创新后劲，提高集成创新水平，培育核心竞争力。2006年，完成6.0/17000和2.2/32000两个新规格丝束的开发；完成上海烟草（集团）公司中华烟特种滤棒的研制与开发、成都卷烟厂减害降焦特种滤棒的设计等工作；完成与长沙卷烟厂合作的具有降低一氧化碳功能的丝束小试；完成GN01功能性丝束在四家卷烟厂的常规烟气测试及评吸工作；开展GN02型具清除自由基功能的丝束研究。

技术难题招标

2006年，南纤公司对“提高醋片产量并保证醋片质量项目”、“醋酸回收装置大负荷试验满足年产6万吨醋片需求”、“丙酮精馏塔高沸点低比重提取”3个技术难题进行了结题评估。其中，“提高醋片产量并保证醋片质量项目”成功超过6万吨产量的考核指标，年净增加效益300万元；“醋酸回收装置大负荷试验满足年产6万吨醋片需求”项目在不增加醋酸回收相关设备的基础上，满足了6万吨醋片生产配套需求，同时提高回收酸产量，原料和蒸汽单耗有所下降。

企业管理

2006年，南纤公司推进企业7S管理。从“整理、整顿、清扫、清洁、素养、节约、安全”七要素入手，提高企业现场管理水平、安全管理水平和员工素养。全面启动EHS绩效考核模型，完善安全考核机制。对工段、部门进行季度EHS自我评价总结，通过综合打分，设立季度安全之星、优秀奖、鼓励奖三个奖项，实行强制排名，奖罚结合，拉开优劣差距。

队伍建设

2006年，南纤公司对中层管理人员进行考核与调整。对部分值班长、工程师和敏感岗位的员工共29人进行工作岗位轮换。完成烟用二醋片制造工和烟用丝束制造工中、高级职业技能鉴定工作，共有161人通过职业技能鉴定。纺丝和醋片工段QC小组荣获2006年“全国优秀QC小组”称号。

（赵云峰）

珠海醋酸纤维有限公司

概　况

珠海醋酸纤维有限公司（以下简称“珠纤公司”）成立于1993年5月20日，由中国烟草总公司和美国塞拉尼斯公司合资兴建，总投资8831万美元。占地面积约16万平方米，共有员工320人。珠纤公司是国家级技术先进型企业，专业生产烟用二醋酸纤维素丝束，年生产能力为3.2万吨。

珠纤公司以“用户满意、员工满意、股东满意、社区满意”的企业理念为指导，追求“不求最大，力求最精”的企业目标，管理规范，运转协调，先后通过ISO9002、ISO14001和OHSAS18001管理体系认证，实现生产经营的安全稳定健康运行，取得良好的经济效益和社会效益。2006年，珠纤公司荣获“国家职业卫生示范企业”、“广东省高新技术企业”、“珠海‘十佳’和谐文明企业”、“珠海市首届‘金渔女奖’最佳外国投资企业”、“珠海市2006－2007年度纳税信用等级A级纳税人”等荣誉称号。

领导成员

珠纤公司实行董事会领导下的总经理负责制，主要领导成员有：

董事长：边有伦

副董事长：沃尔特（Robert Walters）

总经理、党委书记：王　军

生产副总经理：罗杰斯（Jim Rogers）

维修与工程副总经理、党委委员：潘定益

行政副总经理、党委委员：吴锡辉

财务副总经理：汪若泉（Bill Wang）

总会计师：唐　炯

工会主席：刘　强

组织机构

珠纤公司下设安保部、营销部、办公室、账务部、财务部、项目部、电仪工段、机修工段、公用工程工段、技术质量工段和丝束生产工段11个职能部门及工会。

生产经营

珠纤公司生产的醋纤丝束主要品种为3种：3.0Y35000、3.0Y37000、2.7Y35000。按照“单丝、束丝，一丝不苟；诚意、创意，用户满意”的质量方针，努力做到精益生产。2006年全年生产丝束34403吨，销售35199吨，产品销往全国14个省、区、直辖市的30多家烟厂。稳定、可靠的产品质量和真诚、周到的售后服务赢得了用户的一致好评。2006年，公司共实现利润1.69亿元，取得了良好的经济效益和社会效益。

技术与管理创新

珠纤公司在2006年导入六西格玛（6σ）管理体系，加大技术和管理创新力度。以六西格玛（6σ）为创新的平台，制定三年实施规划，以形成用数据说话和持续改进的企业文化。

六西格玛（6σ）项目作为2006年的工作重点，从2006年4月20日正式启动，总经理室成员分别担任项目明星，组建16个项目组，在安全管理、环境保护、技术革新、节能降耗、产品质量、物流优化、付款流程等方面全面展开项目研究。各项目组运用六西格玛（6σ）管理工具，结合生产和经营的实际优化工艺流程和管理模式，提高企业管理运行效率和工作效率。2006年，第一批六西格玛（6σ）观念及成果被导入已有的文件化管理系统，企业自主研究开发的“吸附床热能利用技术”，“分段解析及正压解析技术”投入应用，产生了显著的经济效益。2006年仅油耗和电耗就比2005年节约950万元人民币，取得良好的节能、环保效益。

安全管理

安全工作一直是珠纤公司所有工作的重中之重，

在组织机构上，公司安保部属总经理直接领导，在公司所有日常工作中具有“一票否决权”。建立了完善的EHS安全管理体系和网上安全管理系统。企业内部实行安全管理责任制。

2006年初，珠纤公司制定详尽的生产经营目标，每月召开全体中层以上管理人员安全工作会议，定期在企业网上公布当月的安全主题，每季度组织安委会成员和专业工程师参加生产安全大检查，对查出的事故隐患做到“三定”，即定责任部门、定责任人和定期完成整改，将事故隐患率降至最低。对已发生的事故坚持按照“四不放过”（即事故原因不调查清楚不放过，事故责任人不受到处理不放过，事故责任人及群众不受到教育不放过，整改措施不落实不放过）原则进行处理，并将事故相关信息在企业网上进行公布，防止事故的重复发生。

2006年，珠纤公司导入美国杜邦公司的STOP安全管理模式，狠抓“物态安全”和“行为安全”，安全生产管理绩效有了较大提高。全年事故发生率比上年下降56%。2006年4月珠纤公司被卫生部、国家安全生产监督管理总局、全国总工会评为“国家职业卫生示范企业”。

信息化管理

2006年，对计算机机房进行完善，安装独立的综合接地网，机房所有设备都进行等电位连接和防雷接地。改造电源线路，进行三级防雷设置。更换UPS并增大容量，清除机房的各项安全隐患。在南纤、珠纤、昆纤三纤信息化整合方面，配合咨询公司完成三纤信息化规划报告。

积极配合企业开展六西格玛（6σ）活动，提供信息技术支持，根据业务部门及各项目的要求改进和完善已有的K/3 ERP系统，并建立付款工作流系统，提高工作效率。进行E－LEARNING系统的推广和培训、公司网页的完善、财务分析系统的完善、安全信息系统建设等工作。

技术交流

与丝束用户的技术交流。2006年6月，珠纤公司在山西太原召开用户座谈会，了解用户对珠纤丝束在供应方面的需求。2006年7月，参加在昆明举行的“全国丝束应用技术交流会”，与珠纤公司的主要用户进行技术合作方面的交流。2006年，珠纤公司售后服务人员共走访用户74家，邀请用户来访、交流5批共35人次，接待上海卷烟厂进行供方质量审核一次。

注重加强与郑州烟草研究院的技术往来，邀请郑州烟草研究院的技术专家到公司进行技术指导。在节能降耗方面，多次邀请珠海市经贸局的专家到公司进行技术指导，研究水煤浆的应用技术，为进一步降低企业运行成本作好准备。

队伍建设

2006年，珠纤公司对人员的学历、专业及年龄进行系统性的分析，同时结合公司的岗位设置，通过系统调研和总结，提出《珠纤公司未来五年人力资源需求分析》，为今后五年建立全新的人力资源规划奠定基础。根据这一规划，2006年招聘了一批不同专业的本科及大专应届毕业生，做好人才储备工作。

珠纤公司继续通过公派进修、外派培训及组织内训等形式不断加大培训投入，有针对性地提高骨干员工的专业技术能力。在企业内部开办纺丝、制浆、电气仪表和机械等多种专业的业余培训班，鼓励员工参加学习，拓宽知识面，为广大员工提供学习的机会，不断提高员工的综合素质。为配合国家局职业技能鉴定指导中心关于实施烟草行业技术工人职业技能培训和鉴定，推行国家职业资格证书制度的有关精神，珠纤公司在2006年实施烟用丝束制造工初级和中级职业资格鉴定，并取得100%的通过率。

思想政治工作

珠纤公司党委注重加强自身建设。党委始终坚持党组理论学习中心组季度学习制度，深入学习胡锦涛总书记在中纪委六次全会上的讲话、学习胡锦涛总书记关于“八荣八耻”的论述，学习《江泽民文选》、党章、建设社会主义和谐社会等党的路线、方针、政策以及国家局党组的一系列文件，结合实际加以贯彻落实，使党的路线、方针、政策和国家局党组的要求转化为企业的发展思路。

在全国开展学习胡锦涛总书记关于“八荣八耻”的论述和行业开展“‘两个至上’在岗位”主题实践活动时，珠纤公司党委结合实际，做出向行业模范职工王兵学习的决定，并以党员为重点，以部门为单位，组织广泛的学习和讨论，撰写学习体会。

根据合资企业的特点，珠纤公司党委摸索、总结出以沟通法律规定、沟通党的路线方针政策、沟通党组织活动内容及效果、沟通党员表率作用为主要内容的党建“四沟通工作法”。采用这种做法，有效形成党组织在职工群众中的政治核心地位，党员的先锋模范作用得到充分的发挥。

党风廉政

2006年，珠纤公司党委通过制度化、规范化的工作，加强对领导班子尤其是对主要领导干部的监督。以《建立健全教育、制度、监督并重的惩治和预防腐败体系实施纲要》为指导，提高执行力，形成齐抓共管的有效工作机制。加大内部审计，加强检查、监督和控制的力度。领导班子严格执行制度，主动接受监督，在接受外审的同时，通过内部财务审计、体系审核等有效手段，及时发现管理中可能存在的问题，杜绝违纪行为。

持续加强宣传教育工作，增强党员干部廉洁自律的意识，倡导良好的风气，注重管理人员的作风建设。强化各级管理者的权力运作约束，着力培养中高层管理人员的全局意识、责任意识、规则意识，严格执行公司各项规章制度，提高自身素质和管理水平。

特事要辑

8月21日~24日，珠纤公司烟用丝束制造工职业技能鉴定在珠海举行。本次鉴定共有96名丝束生产工段的员工参加初、中级职业技能鉴定的理论与实操考核鉴定，所有参加鉴定的员工全部合格。

9月26日，广东省委组织部一行13人到珠纤公司指导党建工作。

12月1日，珠纤公司扩建工程（二期）通过国家局组织的总体竣工验收。

12月14日，珠纤公司正式通过上海烟草（集团）公司的供应方第二方质量保证能力评审，获得上烟颁发的“评审认定证书”。

（蔡远中）

昆明醋酸纤维有限公司

概　况

昆明醋酸纤维有限公司（以下简称“昆纤公司”）由中国烟草总公司和美国塞拉尼斯公司共同投资兴建，生产烟用二醋酸纤维丝束。昆纤公司于1993年5月注册成立，1994年4月开工建设，1995年12月建成投产，1996年2月7日全面投产。占地面积19万平方米，共有员工338人。2003年，中美投资方增资扩建，扩建工程于2005年1月完工，扩建后丝束年产量达到3.2万吨。

昆纤公司是云南省首家进入中国外商投资企业500强的外商投资企业。2006年，卫生部、国家安全生产监督管理总局和全国总工会授予昆纤公司“国家职业卫生示范企业”称号；云南省政府授予昆纤公司“云南省外商先进企业”、“云南省十大高营业和高利税企业”和“文明单位”称号。

领导成员

昆纤公司实行董事会领导下的总经理负责制，主要领导成员有：

董事长：边有伦

副董事长：沃尔特（Robert Walters）

总经理：田志刚（Chi Tien）（-2006.11）

总经理：奥　兰（Scott Oran）（2006.11-）

副总经理、党委书记：徐晓新

副总经理、党委委员：温　明

副总经理：李　博（Paul Liebbe）

总会计师、党委委员：周本琼

工会主席、党委委员：杨　敏

组织机构

昆纤公司下设办公室、工会、供销部、财务部、信息部、会计部、环境健康安全部、设备项目部、技术质量工段、浆液制备工段、纺丝工段、热动工段、电仪工段和机修工段14个部门。

生产经营

2006年，昆纤公司加强成本控制，注重节能降耗，克服生产主要原辅材料价格上涨等不利因素，保持了企业经济效益的持续上升。

有效实施多项技改项目，纺丝机提速达到585米/分，成功使用100%软木浆生产丝束，产品质量通过国家丝束行业标准检测。不断改善服务，用户满意度提升至96.1%，达到历史最好水平。维修保障能力显著提高，机电仪联机效率到达99.9%，创历史最高水平。制订《昆纤公司合理化建议制度》，合理化建议活动实现了经常化、制度化、规范化。安全生产管理实施“以人为本”的新举措，没有发生环境健康安全方面的重大事故。

2006年，生产丝束33124吨，销售32000吨，实现税利2.004亿元。

扩建工程

2003年8月1日昆纤公司扩建工程开工建设；2005年1月12日，完成扩建新旧系统停车对接和试车、开车工作，1月16日，4台纺丝机均出产正品，扩建工程一次开车成功，二期正式投产。2006年11月29日，昆纤公司召开二期增资扩建工程竣工验收会议。国家烟草专卖局、中国烟草投资管理公司、云南中烟工业公司、郑州烟草研究院、合肥烟草设计院、云南省及昆明市有关部门等28家单位的40名代表参与验收工作。验收委员会认为，昆纤公司二期工程项目取得满意的成果，扩建不增人，整合资源，发挥整体优势，建设投资得到有效控制；新老生产线成功采用二醋酸纤维素浆液精细过滤及高密度生产技术，做到外延与内涵式扩大再生产相结合，科技贡献率达61.5%，设备国产化率达到90%以上；项目实现环保设施与主体工程同时设计、同时施工、同时运行，各项排污指标均达到国家排放标准；安全、职业卫生设施的配置达到国家有关规定；消防系统、工程档案资料、项目预算管理、会计核算等均符合验收标准。

验收委员会确认和核定财务决算投资额为2.8亿元，比批复的工程建设投资减少630万元。昆纤公司二期工程实现建设周期短、投资省、工程及产品质量好、安全无事故、经济效益显著，达到和优于设计目标。

技术改造

2006年昆纤公司累计在项目上完成投资900多万元，项目集中在维持生产、保证质量、节能降耗、改善环境及安全等方面进行重点投入，项目成效显著。

继续集中资金解决维持生产和保证质量存在的问题。通过增加压滤机板框项目解决软木浆醋片的使用问题；通过滤棒综合测试台等实验室项目群解决产品的质量检验设备更新问题。

针对2005年供电事故频繁的现状，集中188万元资金对供电系统的稳定性进行重点投入，通过对全厂供电微机保护系统进行完善，对PC、MCC进线开关进行改造，对3号发电机励磁系统进行改造、以及更换2号主变电等项目的实施，提高生产供电的稳定性，使2006年度供电事故明显减少。

继续投入资金挖掘节能降耗的潜力，完成2号和3号锅炉分层给煤及炉前护板改造、3号汽机主抽疏水回收利用等节能降耗项目。

信息化建设

网络改造。2006年，昆纤公司投资32.5万元，新增或更换PC计算机25台。投资32万元对内部网络进行升级改造，从100兆网络升级到1000兆网络，两台3COM 4050核心交换机划分3个内部Vlan交换机和18台3COM子交换机，实现1000兆连接网络主干，100兆连接办公桌面。企业的内部网络和丝束生产更稳定，内部网络运行更安全。

2006年完成新增防火墙及昆纤公司内部网升级到千兆等项目的立项、选型、实施等工作，项目完成并验收。两台Cisco SAS5540防火墙一台安装在连接163的Internet出口，另一台安装在连接国家局网络的出口，具有先进的应用检测和控制功能，联网业务应用得到动态的、可靠的保护。

ERP软件系统。2006年，昆纤公司有效应用用友ERP U8.51软件系统，集成总账、采购、应付、库存控制、项目核算、固定资产管理、工资核算、财务报表等模块，实现数据的一体化管理。

生产执行系统。2006年，昆纤公司投资170万元实施生产执行系统（MES）。生产执行系统1月在二期扩建投产时投入使用，9月通过企业生产部门的验收。生产执行系统投入运行后，企业信息部组织把公用工程生产执行系统和丝束生产执行系统集成为一个系统，并和各生产执行系统建立接口，自动获取生产各控制系统的数据，为整个生产数据提供一个管理平台。生产执行系统自动对生产数据进行分析，自动产生各种生产数据分析图表，提高生产管理各环节的质量，实现对现场各道工序生产状态的实时监控。

企业管理

质量管理。2006年，昆纤公司产品接受了一次国家烟草质检中心年度行业统检和两次省烟草质检站的检验，结果均为合格。积极开展外部合作，与国家烟草质检中心、昆明卷烟厂共同展开“醋纤丝束线密度波动对卷烟过滤性能的影响试验研究”的研究项目。参与国家烟草质检中心年度丝束共同实验，结果表明昆纤公司实验室检测水平符合要求。参与烟草行业标准的讨论及分配的相关工作，对烟草行业标准不合理的部分提出修改意见，开展掉部位丝包对吸阻影响的研究，结果提交行业准标修订会议参考。

2006年，昆纤公司采用展开粒子数分析法，用粒子数分析结果指导醋片掺混比例，离合齿操作稳定产品产率等一系列旨在稳定软木浆醋片产率、减少断头率、减少切断的工艺改进和创新。全年开展并完成20项工艺改进措施和13项工艺试验。

全年共进行顾客走访65次，及时反馈并解决用户提出的问题。进行昆纤公司顾客满意度调查，得分96.1分。对调查中存在的或顾客提出的问题进行分析总结，并实施改进。与春城卷烟厂、昆明卷烟厂，会泽卷烟厂、玉溪卷烟厂展开一对一的技术交流活动，通过交流，向顾客介绍相关丝束生产知识、回答顾客关心的问题、收集顾客对产品和服务的意见、向顾客通报原料变化对丝束及制棒带来的影响。同时通过交流过程中顾客对昆纤公司生产现场的参观，展现昆纤公司现场管理和过程质量控制水平，加深顾客对昆纤的认识。参与主办2006年度全国丝束用户技术交流会，并就昆纤公司与红河卷烟厂共同开发的竹节嘴棒的研究成果在全国技术交流会上进行了交流。

预算管理。2006年制订预算管理制度，使预算编制、调整、控制和考核工作有章可循，有规可依。完成内部审计制度的制订，对项目管理流程进行内部审核，有效启动内部审计工作。2006年对10种生产介质成本进行核算，并对介质成本进行分析，细化成本核算管理。

安全管理。昆纤公司不断完善隐患整改管理工作。自主开发一套事故和隐患管理系统（数据库），搭建标准、规范、透明和互动的工作平台。系统投入使用后，记录跟踪处理400余项隐患，整改率大于96%，促进了隐患和事故的整改管理工作。

2006年，成功实施“安全生产月”活动。以“落实安全培训，关注行为安全；开展岗位竞赛，提高操作技能”为主题，在全公司范围内开展多种形式、注重实效的安全生产、岗位技能竞赛活动。结合实际，启动STOP行为安全观察项目，把关注人员的行为安全和习惯性行为作为一个新的工作方面，把行为安全观察的内容列入季度考核指标。编辑、汇编《工艺安全警示灯》和事故案例，进行回顾学习，开展全员知识答题和技能竞赛等活动，提高全体员工的安全意识、参与意识和岗位操作技能，进一步推动企业安全文化建设。

队伍建设

完善构建人力资源绩效管理体系，推进实施绩效激励机制。继2005年发布的《奖金考核方案》和《人事考核方案》之后，2006年正式进入对人力资源绩效管理体系的推进实施阶段。组织各工段、各部门结合总体目标，在各自的财务、客户、流程、学习成长四个维度分别制定工作目标细则，并通过分管副总和考核小组成员的评估，使得工作目标得到层层分解，并切实可行。员工绩效目标管理做到SMART原则，即目标是具体的、可度量的、可现实、有关联的、有时效性的，使绩效目标管理更加科学化、规范化。

加大激励、奖励的广度和力度，半年组织一次技术创新奖和管理创新奖的评比。通过完善这一体系，为员工创造绩效激励的良好氛围，充分挖掘员工的工作积极性和生产潜力，确保生产目标的顺利完成。

探寻培训新思路，突出培训新重点。制定《公司人力资源发展规划》，对中层管理人员、生产技术人员和员工进行分类，开展有针对性的培训规划。上半年实施面向中层管理人员的《基础领导艺术》培训，下半年针对2007年成本控制的工作重点，面向中层管理人员和班/组长举办《成本管理与控制》的内部培训。全共组织企业内部培训433项/次，完成外部培训项目61项，达到计划的82%，培训有效性评估率达100%。

建立人力资源信息平台，适应新的人事管理效率步伐。2007年，提出搭建人力资源信息平台的项目申请并得到公司总经理室批准。通过对人事信息初始化收集、整理和录入，项目进入启用阶段。人力资源信息平台能适当缓解人力资源组人员紧、任务重、效率低、准确性差等问题，提供有效准确的人事信息数据，为提高人力资源建设水平打好基础。

思想政治工作

学习教育。昆纤公司党委开展学习贯彻党章活动，增强党性观念，增强遵守党的原则和纪律的自觉性。党委要求全体党员边学习、边思考，学以致用，在工作和生活中起好先锋模范作用。在社会主义荣辱观教育实践活动中，引导党员牢固树立正确的世界观、人生观、价值观，大力倡导知荣辱、树新风的文明风尚，做社会主义荣辱观的模范实践者和积极推动者。

党建工作。昆纤公司各级党组织认真总结先进性教育活动的经验，在建立长效机制、切实推进党的建设上下工夫。严格执行申请入党人员考察培养制度，建立健全考察培养档案，按程序做好组织发展工作。2006年举办第六期申请入党人员培训班，加强党的后备力量的培养教育工作。2006年发展新党员5名，党员达到59人。

价值观讨论。继续开展“两个至上”行业共同价值观大讨论活动，在全体员工中开展“‘两个至上’在岗位”征文活动，同时选拔1名选手参加全国烟草行业“两个至上”演讲报告活动。

党风廉政

2006年，进一步加强和改进合资企业党风廉政建设工作，认真贯彻执行中央、国家局党组有关党风廉政建设的规定。2006年初召开由党、工、团负责人参加的党委扩大会议，研究部署2006年党风廉政建设和纪检监察工作。按照昆纤公司党委制订的各项党风廉政规章制度，党委班子按期召开领导干部民主生活会，班子成员以身作则、率先垂范，开展领导干部述廉报告、重大事项报告的工作。同时，在全体党员中开展专题警示教育学习活动，做到警钟长鸣、防患于未然。建立健全监督机制，严格执行项目及采购的招投标制度，从源头抓好廉政建设，确保合资企业健康稳定发展。

企业文化

2006年，昆纤公司进一步加强企业文化建设的推进实施步伐。组织全体员工参加“企业文化调查问卷”活动；召开企业文化建设座谈会，听取各部门、各工段员工的意见或建议。在《昆纤公司企业文化手册》的设计过程中，发布《企业文化手册》设计稿第1~4稿，广泛征求员工的意见或建议，对《企业文化手册》进行全面的修改完善。

针对昆纤公司企业形象代言、企业文化核心用语、核心价值观、理念体系、行为规范进行大讨论，策划、编辑昆纤公司创业发展历程的《专题片》，开展昆纤公司宣传片、生产流程片的前期策划工作。开展“企业文化建设大家谈”征文活动，共收到各部门、各工段员工的90篇征文，评选、奖励优秀征文一等奖2篇、二等奖4篇、三等奖6篇。

（唐丽维）

其他辅料生产企业

辅料生产企业名称	出资人/隶属关系	总资产（万元）	主要经营项目
常德金鹏凹版印刷有限公司	湖南中烟工业公司常德卷烟厂控股	46572.50	主要经营设计、制版、生产、销售纸制品、包装、书刊，商标印刷等；油墨制造及销售，出售国内印刷纸张及器材
常德芙蓉大亚化纤有限公司	湖南中烟工业公司常德卷烟厂控股	3777.90	主要经营烟用聚丙烯丝束，滤嘴棒的设计、开发、生产、销售
常德市金芙蓉实业发展总公司	湖南中烟工业公司常德卷烟厂参股	11553.00	卷烟原辅材料及包装物品的生产加工，木器加工制造，基建维修，装饰材料，建筑材料，日用杂品
常德有为物资再生中心	湖南中烟工业公司常德卷烟厂参股	1283.10	废旧物资回收、加工、销售；卷烟薄片防水复合；添加剂加工生产销售；塑料制袋的生产印刷；甘草的加工生产销售
四川三联卷烟滤嘴成型有限责任公司	川渝中烟工业公司、重庆烟草工业有限责任公司、四川烟草工业有限责任公司成都卷烟厂、什邡卷烟厂、绵阳卷烟厂、西昌卷烟厂	13454.00	主要经营滤嘴棒生产销售
西昌市腾飞纸箱厂	四川烟草工业有限责任公司西昌卷烟厂	824.00	主要经营纸箱生产销售
四川西昌神驹印务有限责任公司	四川烟草工业有限责任公司西昌卷烟厂所属全资多元化投资企业凉山烟草运输有限责任公司，西昌市腾飞纸箱厂	2704.00	主要经营卷烟商标、铝箔纸生产销售
成都卷烟厂资阳劳动服务公司	隶属四川烟草工业有限责任公司成都卷烟厂管理（集体企业）	3341.00	主要经营滤嘴棒生产销售
成都平大机械有限公司	四川烟草工业有限责任公司成都卷烟厂	4691.00	主要经营卷烟商标、铝箔纸生产销售
绵阳市奔驰工业总公司	隶属四川烟草工业有限责任公司绵阳卷烟厂管理	1162.00	主要经营纸箱生产销售
重庆宏声卷烟配套材料有限责任公司	隶属重庆烟草工业有限责任公司涪陵宏声实业（集团）有限责任公司管理	3400.00	主要经营纸箱生产销售
重庆华福卷烟配套材料有限责任公司	隶属重庆烟草工业有限责任公司涪陵宏声实业（集团）有限责任公司管理	11156.00	主要经营铝箔纸、滤嘴棒生产销售

辅料生产企业名称	出资人/隶属关系	总资产（万元）	主要经营项目
重庆宏声印务有限责任公司	隶属重庆烟草工业有限责任公司涪陵宏声实业（集团）有限责任公司管理	23205.00	主要经营卷烟商标生产销售
什邡佛兰包装材料厂	四川烟草工业有限责任公司什邡卷烟厂直属	1133.00	主要经营铝箔纸、粘胶带生产销售
什邡卷烟厂劳动服务公司	四川烟草工业有限责任公司什邡卷烟厂直属	619.00	主要经营薄片烟丝生产加工、卷烟商标生产销售
四川佛兰印务有限公司	四川烟草工业有限责任公司什邡卷烟厂直属	8869.00	主要经营卷烟商标、白卡纸生产销售
河南新郑金芒果实业总公司	隶属河南中烟工业公司管理（集体企业）	5524.46	主要经营滤嘴棒、白卡纸、内衬纸、接装纸、黏合剂、纸箱等
许昌帝豪实业公司	隶属河南中烟工业公司管理（集体企业）	13741.10	主要经营滤嘴棒、白卡纸、BOPP薄膜、内衬纸、接装纸、黏合剂、纸箱等
郑州黄金叶实业总公司	隶属河南中烟工业公司管理（集体企业）	7137.00	主要经营滤嘴棒、烟草薄片、白卡纸、BOPP薄膜、接装纸等
安阳市红旗渠集团	隶属河南中烟工业公司管理（集体企业）	5231.00	主要经营滤嘴棒、卷烟商标、白卡纸、内衬纸、接装纸等
南阳卷烟厂双龙实业公司	隶属河南中烟工业公司管理（集体企业）	3840.00	主要经营卷烟商标、BOPP薄膜、白卡纸、内衬纸、接装纸、黏合剂、纸箱等
洛阳烟草服务中心	隶属河南中烟工业公司管理（集体企业）	4229.00	主要经营滤嘴棒、卷烟商标、白卡纸、内衬纸等
漯河沙河实业有限公司	隶属河南中烟工业公司管理（集体企业）	1850.00	主要经营卷烟商标、BOPP薄膜、白卡纸、内衬纸、接装纸、纸箱等
驻马店发时达工贸有限公司	河南中烟工业公司控股	4300.00	主要经营滤嘴棒、烟草薄片、BOPP薄膜、白卡纸、内衬纸、接装纸、黏合剂、纸箱等
许昌永昌印务有限公司	河南中烟工业公司参股	18562.00	主要经营卷烟商标
河南金芒果印刷有限公司	河南中烟工业公司参股	18540.00	主要经营卷烟商标
河南金瑞香精香料有限公司	河南中烟工业公司控股	3088.00	主要经营香精香料
广东汕头龙华印务有限公司	河南中烟工业公司控股	7400.00	主要经营卷烟商标

辅料生产企业名称	出资人/隶属关系	总资产（万元）	主要经营项目
合肥烟草工贸总公司	隶属安徽中烟工业公司管理	2681.80	主要经营纸箱、铝箔纸、水松纸、卡纸、丙纤丝束再生产品加工和生产
芜湖卷烟材料厂	隶属安徽中烟工业公司管理	10149.00	主要从事丝束加工、卷烟纸箱、烟用接装纸、铝箔纸、卡纸的生产经营
阜阳卷烟材料厂	隶属安徽中烟工业公司管理	4494.00	主要从事丝束加工、烟箱、水松纸、铝箔纸、卡纸等卷烟辅材的生产经营
滁州卷烟材料厂	隶属安徽中烟工业公司管理	8794.00	主要经营丝束加工、水松纸、铝箔纸、包装纸板箱、卡纸等
蚌埠卷烟材料厂	隶属安徽中烟工业公司管理	21145.00	主要经营丝束加工、水松纸、铝箔纸、包装纸板箱、卡纸等
上海高扬国际烟草有限公司	上海烟草（集团）公司、香港南洋兄弟投资（中国）有限公司	40100.00	以委托加工生产低焦油卷烟产品为主
上海烟草工业印刷厂	上海烟草（集团）公司直属	110830.36	主要生产高中档卷烟商标及包装装潢印刷品、画册、样本等
上海白玉兰烟草材料有限公司	上海海烟实业合作公司、上海惠民工贸合作公司、上海张江实业总公司	14812.00	专业生产各类包装纸箱、制造卷烟滤棒和多用途胶粘剂
南通烟滤嘴有限责任公司	江苏中烟工业公司直属	12400.00	主要经营滤嘴生产研发
江苏格瑞实业有限责任公司	江苏中烟工业公司直属	20200.00	生产二氧化碳膨胀烟丝

烟叶加工企业

哈尔滨天阳国际烟草有限公司

概　况

哈尔滨天阳国际烟草有限公司成立于1991年，1995年正式运营，是由中国烟草总公司黑龙江省公司、哈尔滨卷烟总厂、中国烟草黑龙江进出口有限责任公司与香港天利国际经贸有限公司共同合资兴建的现代化的打叶复烤企业，注册资金8777.2万元。厂区占地面积为14万平方米，原烟仓储容量1.5万吨，片烟仓库容量1.2万吨，年打叶加工能力1.5万吨。共有员工276人。

公司的生产及质量检测设备均由美国、日本、德国、以色列引进，与生产经营相匹配的原料库区、成品仓储库房、铁路专用线、汽运集装箱站台等配套设施完备。公司主营业务为原烟代料加工，进行把选、片选、在线挑选等精选生产和配方打叶复烤等。烟叶产品销往国内21个省市、30多家卷烟企业和烟草集团公司，远销美国、西欧、俄罗斯、埃及等国家。

生产经营

2006年复烤加工烟叶2.92万吨（58.4万担），结算带料加工费5016.17万元，实现带料加工成本2653.31万元。销售烟叶1.03万吨（20.6万担）。

实现销售收入20215.58万元。实现利润3046.30万元，完成税金2800.71万元。

技术改造

2006年2月，公司与相关打叶复烤技术专家，对天阳技改方案多次进行论证与评审。4月，公司董事会做出对天阳公司生产线设备实施大修技术改造的决定，同时在反复比价的过程中确定理想的设备生产厂家。

在二期技术改造正式开始之前，对一些关键设备进行改造。完成对复压打包机、真空回潮机、锅炉上煤计量电子皮带秤和预温车间电子平台秤的选型、购置、安装、调试、验收等工作；完成原烟储运烟筐的设计、招标、采购、投入生产使用工作；完成金属探测仪的选型、采购工作。

绥化红塔烟叶有限责任公司

概　况

绥化红塔烟叶有限责任公司成立于2006年4月，是由云南红塔烟草（集团）有限责任公司和黑龙江省烟草公司哈尔滨烟叶公司合资组建的打叶复烤企业，公司注册资金21089万元，其中，哈尔滨烟叶公司投资11089万元，占53%的股份，红塔烟草（集团）有限责任公司投资10000万元，占47%的股份。厂区占地面积为10万平方米，年打叶加工能力2.5万吨（50万担）。共有在职员工151人。

生产经营

2006年4月～12月，复烤加工烟叶1.365万吨（27.3万担），产出片烟0.944万吨（18.88万担）。

全年实现加工收入2433万元。全年主营业务成本发生1589万元，实现税利385万元，其中实现利润63万元。

勃利龙湘烟叶有限责任公司

概　况

勃利龙湘烟叶有限责任公司成立于2006年4月28日，是由牡丹江烟叶公司与长沙卷烟厂、常德卷烟厂共同出资组建的国有股份制企业。注册资本10205万元，其中，牡丹江烟叶公司以实物资产出资5205万元，占51%的股份，长沙卷烟厂、常德卷烟厂分别出资2500万元，各占24.5%的股份。2006年10月，长沙卷烟厂、常德卷烟厂取消法人资格后，股东名称变更为湖南中烟工业公司。公司年加工能力为2.5万吨（50万担）。共有员工162人。

生产经营

2006年签订原烟加工合同2.09万吨（41.8万担）。截至2006年底，复烤加工烟叶0.945万吨（18.90万担）。

全年实现加工收入1211万元。实现税利179万元，其中实现利润15万元。

技术改造

公司技术部和生产部对麻丝机进行设计和制作，自制两台麻丝机，基本达到预期效果。对原车间2台旧式打包机进行大修，改造后运行正常。为水塔安装自动上水系统。

丹东辽东烟草发展有限责任公司

概　况

丹东辽东烟草发展有限责任公司成立于1996年7月9日，是由中国烟草总公司辽宁省公司与中国烟草进出口总公司共同出资在凤城市和岫岩县建立的出口烟叶基地，注册资金8800万元。2006年12月，取消丹东辽东烟草发展有限责任公司的烟叶种植、收购、销售的烟草专卖行政许可，主要职责为打叶复烤加工。2006年12月9日，公司迁至凤城市凤山经济管理区苗可秀街48号，注册资金变更为6122万元。公司共有员工170人，其中聘用员工12人。

生产经营

截至2006年底，接收原烟1.6万吨（32万担），其中辽东烟叶0.695万吨（13.9万担）；辽西辽北烟叶0.53万吨（10.5万担）；外省烟叶0.07万吨（1.4万担）。2006年全年累计复烤加工烟叶1.34万吨（26.72万担），产出片烟0.88万吨（17.66万担）。

2006年种植烟叶62583亩，与上年同比减少40.32%。其中，上等烟比例为39.72%，同比下降12个百分点。全年收购烟叶0.73万吨（14.60万担），同比下降38%；实现特产税1450.6万元，同比下降27.3%。

延边友利打叶复烤有限责任公司

概　况

延边友利打叶复烤有限责任公司位于延吉市，成立于2002年12月，2003年9月6日正式投入生产。公司是由延吉卷烟厂与延边烟叶公司共同投资兴建，注册资金1000万元。公司占地面积为85000平方米，年加工能力为40万担。共有员工242人，其中，硕士以上学历3人，本、专科人员21人，各类工程技术人员24人。公司打叶设备采用柔打细分工艺，片烟复烤设备采用低温慢烤技术，拥有生产能力6000千克/小时的整套打叶复烤生产线，是吉林省唯一的打叶复烤企业。

生产经营

2006年签订原烟加工合同1.70万吨（34.08万担），复烤加工烟叶1.59万吨（31.86万担）。

全年实现加工收入2111万元。实现税利410万元，其中实现利润9.9万元。

华环国际烟草有限公司

概　况

华环国际烟草有限公司成立于1994年5月28日，由蚌埠烟叶复烤厂（2006年改名为安徽省烟草公司蚌埠储运公司）与上海烟草（集团）公司、香港环球发展有限公司合资兴建、共同经营的合营公司。

公司总资产1.7亿元，占地面积11万平方米，截止到2006年底，共有职工316人，其中专业技术人员和管理人员145人。拥有一条从美国引进的9000千克/小时打叶复烤生产线和全套质量检测设备，年设计生产能力2.25万吨（45万担），2006年，华环公司被安徽省商务厅授予“全省外商投资经济效益奖”、被安徽省农业银行评为“AAA级信用企业”和“纳税A级企业”称号。

生产经营

公司全年复烤加工烟叶5.07万吨（101.43万担），实现加工收入8939.08万元。销售烟叶及副料2565吨，实现销售毛利606.41万元。实现税利4241.11万元，其中利润2753.52万元。

技术改造

投资108万元更新了两台真空回潮机，提高烟叶回潮质量；投资81.82万元，在一润和挑选台之间安装了风分除杂设备，在烟叶打前和烤后各安装一台金属探测仪，增强了打叶生产线的除杂能力，提高烟叶叶片的纯净度和安全性；投资83.35万元实施了26个大项设备维修任务；投资700余万元新建了1万平方米轻钢结构型分级备料车间，可分级储存烟叶约20万担；投资89万元完成打叶车间、锅炉房、35KV变电所和仓库屋面防水工程，对打叶车间、办公室内墙面进行了粉刷，改善生产和工作环境。

安徽华圆烟草有限责任公司

概　况

安徽华圆烟草有限责任公司的前身为涡阳烟叶复烤厂，创建于1984年，2005年8月30日安徽省烟草公司亳州市公司和安徽中烟工业公司共同投资组建，公司占地总面积19万平方米，总资产1.24亿元，共有在岗职工114人，其中大专以上学历职工占职工总数的38%。2006年11月15日，公司顺利通过安徽省质量技术监督局验收，被评为“国家标准化良好行为AAA级企业”。

生产经营

2006年，公司复烤加工烟叶3.69万吨（73.7万担），与上年同比下降0.41%；产出片烟2.45万吨（49万担），同比下降0.27%。实现销售收入5876.1万元，同比下降2.1%。实现利润1038万元，同比下降1.1%。

技术改造

2006年，共投入技改资金400多万元。改造打叶风分机组技术，实现柔打细分工艺，提高整丝率和切丝质量，增大烟叶填充能力。改造风选除杂机，减少烟叶中杂物含量，减轻人工挑拣劳动强度，提高烟叶纯净度。对部分工艺路线进行布局，对除杂机与贮柜等设备进行移位，重新布局预处理工艺路线，撤除了部分淘汰的工艺装备。

福建武夷烟叶有限公司

概　况

福建武夷烟叶有限公司成立于2000年12月，是集生产、加工、销售、调拨为一体的烟叶加工企业。2006年1月1日起，原股东中国烟叶公司和中国烟草进出口（集团）公司的股份无偿划转给福建省烟草公司。福建武夷烟叶有限公司股东单位由原来的6家变为4家，分别为福建省烟草公司、浙江中烟工业公司、中国烟草福建进出口有限责任公司、福建省烟草公司南平市公司。公司拥有长年性生产经营管理员工153人，季节性用工950人。

生产经营

2006年，复烤加工烟叶2.20万吨（44.05万担），实现总收入13499万元，其中，实现烟叶销售调拨收入10089万元；实现烟叶复烤加工收入3410万元。实现税利2728万元，其中实现利润109万元。

物流中心建设

投资2985万元，实施烟叶物流中心一期工程建设，烟叶物流中心建筑面积2.85万平方米。其中，原烟周转仓库1.9万平方米、清选大棚0.33万平方米，预计将于2007年7月前竣工并投入使用。

福建省龙岩金叶复烤有限责任公司

福建省龙岩金叶复烤有限责任公司位于福建省永定县，成立于2003年4月，由福建中烟工业公司、龙岩卷烟厂、龙岩烟草分公司、厦门卷烟厂共同出资组建。公司固定资产总额2.27亿元，注册资金5000万元，占地面积7.33万平方米。拥有两条6000千克/小时的打叶复烤线，4幢烟叶仓库总面积5.4万平方米，烟叶清选房5000平方米。

2006年，复烤加工烟叶45385吨（90.77万担），实现加工收入8054万元，实现税利4444万元，其中利润3079万元。

福建省三明金叶复烤有限公司

概　况

福建省三明金叶复烤有限公司是在原三明市烟叶复烤厂的基础，由福建省烟草公司、三明烟草分公司、厦门卷烟厂、龙岩卷烟厂联合投资组建而成。公司占地面积7.47万平方米，新建仓库2.2万平方米，共有正式员工163人，常年技术性临时工110人，拥有两条6000千克/小时的打叶复烤生产线。

生产经营

2006年，复烤加工烟叶4.32万吨（86.35万担），产出片烟2.83万吨（56.6万担），实现加工收入8376

万元，实现利润3284万元。

技术改造

2006年，投资75万元对抽真空系统、冷却水循环系统、加湿系统进行改造，解决了原来蒸汽耗量大、供料能力不足、加湿能力小、水渍烟严重的问题，改造后的真空回潮机回潮增湿能力、加工能力得到大幅提升，有效减轻锅炉运行压力；投资25万元对在线设备及电器设备等10多项项目进行改造，包括梗打包落料口、杂质剔除机风机入口、打叶输送管道观察窗、梗打包除尘口、润叶热风循环系统、梗复烤降温、低配3、4号变压器冷却风扇控制保护系统等，全年设备有效作业率达96.5%以上，设备完好率达98%以上。

山东中鲁烟叶有限公司

概　况

山东中鲁烟叶有限公司是国家局打叶复烤企业五大改制试点单位之一，由中国烟叶公司、将军烟草集团有限公司、山东临沂烟草有限公司共同出资组建，2000年4月30日完成工商注册，注册资本1亿元。2006年根据公司临时股东会决议和省工业公司管理体制改革要求，中国烟叶公司所持公司股权自2005年12月31日无偿划转山东省烟草公司，将军烟草集团有限公司所持公司股权自2006年8月31日随济南烟厂资产无偿划转山东省烟草物资设备有限公司。截至2006年底，企业总资产1.89亿元，共有在岗职工191人，派遣制职工43人。拥有两条6000千克/小时打叶复烤生产线，年生产能力3万吨（60万担）。

公司建有标准的理化检测分析中心暨山东烟草临沂实验站中心研究室，配有CA－14型叶含梗检测机、CA－23型叶片振动分选筛、德国产MW－33型微波快速水份仪等14台（套）物理检测设备和美国“爱斯特”AA－300化学自动分析仪器等10台（套）化学检测设备，不仅能够进行原烟及成品片烟物理指标测试，还能全面分析各类烟草制品化学指标和土壤检测指标。

生产经营

2006年，共收购烟叶2.02万吨（40.36万担），复烤加工烟叶1.48万吨（29.65万担），加工成品0.97万吨（19.3万担）。实现加工收入2451万元。

山东京鲁烟叶复烤有限公司

概　况

山东京鲁烟叶复烤有限公司成立于2003年7月1日，经营范围为烟叶复烤加工，隶属于山东潍坊烟草有限公司。公司注册资本6000万元，其中，山东潍坊烟草有限公司出资5400万元，北京卷烟厂出资600万元。2005年，增资扩股2000万元，由山东潍坊烟草有限公司和北京卷烟厂按组建出资比例出资。

公司占地面积19.3万平方米，共有在岗职工117人，其中聘用职工3人。年加工能力约为5万吨（100万担），拥有两条打叶复烤生产线。

生产经营

2006年，复烤加工烟叶5.02万吨（100.47万担），复烤成品3.34万吨（66.8万担），实现税利2372万元，其中利润1384万元。

技术改造

2006年，完成打叶一车间真空回潮机罐体改造工作。改造完成后，罐体气密性增强，保压时间达到2000Pa/h，烟包回透率达到99%，回潮后烟叶水分增加2%～4%，包芯温度在55℃～75℃，彻底避免了水渍烟、水湿烟。完成打叶机十风分出梗风筒改造，由风力输送改为皮带输送，有效避免了堵料现象的发生。

山东惠丰烟叶复烤有限公司

概　况

山东惠丰烟叶复烤有限公司成立于2001年8月23日，由山东中烟工业公司控股，山东潍坊烟草有限公司参股。注册资本7000万元，其中，山东中烟工业公司占51%的股份，山东潍坊烟草有限公司占49%的股份。公司主要经营范围为烟草专用机械购进、烟叶委托加工、储存保管。公司总资产11013万元。共有正式职工353人。年加工能力3万吨（60万担），拥有6000千克/小时低温慢烤、节能环保型打叶复烤生产线一条。

生产经营

2006年，共复烤加工烟叶1.9万吨（38万担），实现加工收入3023万元，实现利润100万元，税收430万元。

山东申沂烟叶复烤有限公司

概　况

山东申沂烟叶复烤有限公司是经国家局批准，在原沂水烟叶复烤厂基础上改制、由山东临沂烟草有限公司控股、上海烟草（集团）公司参股组建的烟叶复烤加工股份制企业。公司于2004年12月20日挂牌成立，公司注册资金1500万元，其中，山东临沂烟草有限公司以实物出资1350万元，占90%的股份；上海烟草（集团）公司出资150万元，占10%的股份。截至2006年底，公司总资产5459万元，所有者权益1521万元，资产负债率72%。

公司占地面积14.99万平方米，建筑面积3.9万平方米，仓储面积6.88万平方米（其中烟叶储备库面积12800平方米）。共有在岗职工92名，季节工350人。年加工能力1.5万吨（30万担）。拥有一条6000千克/小时打叶复烤生产线。

生产经营

2006年，复烤加工烟叶1.39万吨（27.86万担），产出片烟0.93万吨（18.51万担）。实现加工收入1656万元，实现利润45万元，实现税收397万元。成本费用支出1418万元。

技术改造

2006年，投资9万元对生产用锅炉进行了除尘改造。投资22万元对电控设备进行了升级改造。投资30.5万元更新改造了电子皮带秤。投资4.5万元更新改造了烟梗分选筛。

天昌国际烟草有限公司

概　况

天昌国际烟草有限公司成立于1993年7月，股东方有：中国烟叶公司、中国烟草进出口（集团）公司、天利国际经贸有限公司、中国烟草总公司河南省公司、中国烟草河南进出口有限责任公司、浙江中烟工业公司、河南省烟草公司许昌分公司、许昌卷烟总厂等8家企业。注册资本1360万美元，投资总额2608万美元。年生产能力3万吨（60万担）。共有职工159人，企业资产负债率49.6%，资本保值增值率105.69%，净资产收益率14.3%。拥有两条从国外引进的先进打叶复烤生产线和全套先进的质量检测设备。2006年4月，天昌国际烟草有限公司同意并收购许昌烤烟厂。

生产经营

2006年，共签订烟叶采购合同1.65万吨（33万担），签订加工合同3.89万吨（77.8万担），全年复烤加工烟叶4.85万吨（97.04万担）。实现销售收入33343万元，与上年同比增长63.7%。实现利润4534万元，同比增长29.2%。上缴税收3700万元，同比增长5.7%。

技术创新

开展烟叶生产技术研究试验。2006年，进行了烟田保护栽培试验与示范、优良品种示范、提高烟叶钾含量等技术研究试验，卢氏保护栽培试验，G80品种示范试验，灵宝RG17品种示范试验。实施烤烟生产GAP管理系统与应用项目研究并通过河南省烟草公司立项。改善水分检测滞后性项目研究进入实质性的现场实施阶段。初步建立烟叶和卷烟香气图谱与感官评吸指标的神经网络非线性关系模型，达到及时指导烟叶配方工作的目的。

针对客户关心的影响产品质量的关键点，进行工艺技术研究，制订个性化的工艺加工方案。开发研制烤房温湿度自控仪，该仪器已经在部分产区投入使用，2007年将无偿配送到各烟叶基地。加强产品开发，全年完成自营配方烟叶0.36万吨（7.17万担）。完成打叶复烤质量信息系统升级。公司检测实验室通过国家实验室认可委员会的认可。公司技术中心顺利通过了省级企业技术中心认定。

宝丰金叶烟草有限责任公司

概　况

宝丰金叶烟草有限责任公司始建于1988年，前身为宝丰烟叶复烤厂，隶属于河南省平顶山烟草分公司，企业占地面积15万平方米，共有职工236人，其中，大中专学历123人，高级技术职称1人、中级技术职称17人、初级技术职称7人。拥有年加工能力30万担的打叶复烤生产线和储存量8000吨的成品烟储备仓库。2005年4月，国家局批准同意将宝丰烟叶复烤厂改制为宝丰金叶烟草有限责任公司，股东单位为平顶山烟草分公司、郑州卷烟总厂、许昌卷烟总厂、洛阳烟草分公司。8月26日，宝丰金叶烟草有限责任公司揭牌运营。

生产经营

2006年签订合同2.58万吨（51.6万担）；加工烟叶3.34万吨（67.34万担），同比下降6.47%；实现销售收入5222万元，同比上升11.13%；实现税利1591万元，同比上升26.67%；实现利润1307万元，同比上升21.36%。

技术改造

2006年，公司对6000千克/小时生产线进行技术改造。截至2006年底，已完成“十一五”技术改造项目的总体规划和项目申请报告，相关上报手续正在报批。

三门峡金红烟草有限责任公司

概　况

三门峡金红烟草有限责任公司组建于2001年，由河南中烟工业公司和三门峡烟草分公司共同出资兴建。公司占地面积16.6万平方米，年打叶复烤能力3万吨（60万担），可存放原烟1.5万吨（30万担）、成品0.75万吨（15万担）。公司有正式职工110人（具有大专以上学历职工33人），聘用职工38人。拥有两条6000千克/小时打叶复烤线，质检中心采用荷兰SKALAR－SAN＋＋化学分析仪、布拉本德MT－E全自动快速水分仪、标准水分烘箱、叶含梗检测机、叶片振动分选筛、旋打分选机等先进的叶片物理及化学检测设备。

生产经营

2006年，全年复烤加工烟叶3.81万吨（76.2万担），产出片烟2.47万吨（49.4万担），实现加工收入5527.86万元，收回加工费5959.73万元，实现利润1146万元。

南阳金业烟草有限责任公司

概　况

南阳金业烟草有限责任公司是根据《国家烟草专卖局关于邓州市烟草公司烟叶复烤厂完善打叶复烤生产线项目建议书暨可行性研究报告的批复》（国烟计［1999］221号）文件，由南阳烟草分公司在原邓州烟草公司复烤厂现有厂房、烤片机等基础上新增一条6000千克/小时打叶生产线，组建成南阳烟叶复烤厂，2000年5月投产运行。2004年5月，经国家局批准，由南阳烟草分公司、郑州卷烟厂、南阳卷烟厂共同投资，将南阳烟叶复烤厂改制为南阳金业烟草有限责任公司，隶属南阳烟草分公司管理。

企业占地面积15万平方米，注册资本5500万元，共有职工153人，其中在岗职工132人。拥有大专以上学历职工36人，占职工总数的27%。拥有一条云南昆船公司制造的AU卧式打叶线和由秦皇岛烟机公司制造的烤片机。理化检测设备主要由德国、美国、意大利进口，能够检测和提供烟叶大中片率、含水率、含总糖以及氮、钾、氯等20多种元素成分的比例。

生产经营

2006年，签订网上交易合同2.32万吨（46.47万担），实际接收烟叶3.35万吨（67万担），复烤加工烟叶2.65万吨（53万担）。实现税利1331万元，其中利润511万元。

技术改造

2006年公司先后投资300万元对打叶机、打包机、碎片干燥机等重要设备进行技术改造，从当年生产效果看，达到国内先进设备应有的生产技术指标；对原余水回收系统和软水管路进行改造，不仅杜绝了滴漏现象，而且当年回收余水13000吨，节约费用近2万元。

襄樊金叶烟草有限责任公司

概　况

襄樊金叶烟草有限责任公司成立于1999年7月，是经国家局批准专门从事烟叶打叶复烤的加工生产企业，由襄樊市烟草公司、襄樊卷烟厂、武汉烟草（集团）有限公司、十堰市烟草公司共同出资组建。公司注册资本9425万元，实际投资11500万元。公司由湖北省局（公司）管理，行政上由襄樊市烟草公司代省局（公司）管理，业务上由省烟叶公司指导。

公司占地面积7.99万平方米，共有职工460人，其中正式职工36人。截至2006年底，企业固定资产0.82亿元，流动资产0.25亿元。年设计加工能力1.5万吨（30万担），实际加工能力2.5万吨（50万担），拥有一条6000千克/小时打叶复烤生产线。

生产经营

2006年，复烤加工烟叶2.62万吨（52.34万担），与上年同比增长7.6%。实现加工收入4338.5万元，同比增长17.17%。实现税利1372.5万元，同比增长22.8%；其中，利润806.4万元，同比增长49.64%。公司财务费用14.08万元，同比下降82.4%。资产负债率8.4%，同比下降9.1个百分点。

恩施金叶烟草有限责任公司

概　况

恩施金叶烟草有限责任公司是在原恩施、建始、利川三家烟叶复烤厂基础上由恩施州烟草公司、武汉烟草（集团）有限公司、湖北清江卷烟厂和湖北省烟草公司4家股东共同出资19519万元，于2004年7月1日在恩施州工商局注册成立的打叶复烤企业。

公司占地面积26.53万平方米，共有正式职工190人，劳务派遣工26人，具有大、中专以上学历121人，各类专业技术人员110人。年设计加工能力4.5万吨（90万担），拥有一条12000千克/小时节能型打叶复烤线和一条6000千克/小时打叶复烤生产线，公司内设6个管理部门和恩施、利川、建始3个复烤加工部。2006年3月，关停利川复烤加工部。

生产经营

2006年，共复烤加工烟叶5.43万吨（108.5万担），加工片烟3.47万吨（69.4万担），复烤烟梗1.2万吨，复烤烟末0.028万吨。综合出片率为63.9%。全年实现加工收入7744万元，平均成本费用2292元。实现税利1342万元，其中利润227万元。

全年烟叶加工质量全部达到YC/T146－2001、YC/T147－2001两个行业标准和客户协议标准要求，无质量争议和客户索赔事件发生。加工产品质量一次抽检合格率99%，成品水分抽检合格率99.5%，产品出厂合格率100%。

郴州天泰烟叶复烤有限责任公司

概　况

郴州天泰烟叶复烤有限责任公司于2005年9月注册登记，2006年1月独立运作，隶属于郴州市烟草专卖局（公司）。公司注册资本14055万元，年设计加工能力4.5万吨（90万担），拥有在岗职工167人。

生产经营

2006年，复烤加工烟叶5万吨（100万担），实现主营业务收入5591万元；实现税利2450万元，其中实现利润1204万元；成本费用下降23.99%。

技术改造

2006年1~8月，公司对打叶复烤生产线及其配套设施进行了技术改造，此项工程投资金额4934万元，新改造的格瑞芬12000千克/小时打叶复烤生产线于8月22日正式投入生产。技术改造后的加工质量、生产能力达到设计要求，各项费用控制在预算范围内，复烤工艺水平得到提高，加工质量平均总合格率95.13%，比上年提高5.1%，其中格瑞芬打叶复烤生产线质量总合格率93.33%，比技改前提高6.38%；打叶综合指标合格率95.45%，比技改前提高12.63%；出片率65.04%，比技改前提高1.54%；折标总得率97.37%，比技改前提高0.87%。

常德芙蓉烟叶复烤有限责任公司

概　况

常德芙蓉烟叶复烤有限责任公司是隶属于湖南中烟工业公司的烟叶复烤加工企业，于2005年11月28日工商登记，注册资本3721万元，同年12月16日挂牌成立，公司由湖南中烟工业公司、湖南省烟草公司常德市公司、湖南省烟草公司张家界市公司共同出资设立。公司有两条6000千克/小时打叶线、一条12000千克/小时复烤线、一套12000千克/小时打包设备线、两条12000千克/小时选叶生产线，另有一条1000千克/小时白肋烟处理线，年设计生产加工能力3万吨（60万担）。公司拥有员工135人，其中聘用员工4人，大专以上学历44人。

生产经营

2006年，复烤加工烟叶3.8万吨（76万担），加工“芙蓉王”长梗0.019万吨（0.37万担），产出片烟2.55万吨（50.92万担），片烟出片率67%，质量综合指标99%。全年实现主营业务收入5693万元，完成年预算计划的134%；其他业务收入3123万元，完成年预算计划的291%；实现税利2887万元，实现利润1800万元，完成年预算计划的544%。

湘西鹤盛原烟发展有限责任公司

概　况

湘西鹤盛原烟发展有限责任公司成立于1999年，是由长沙卷烟厂与湘西自治州烟草公司共同出资9000万元兴建的有限责任公司，占地面积11.2万平方米。2006年11月，湖南中烟工业公司与所属长沙卷烟厂、常德卷烟厂合并重组成一个法人实体，成立新的湖南中烟工业公司，原长沙卷烟厂对公司的投资由湖南中烟工业公司行使出资人权利，公司股东名称变更为湖南中烟工业公司，出资额为8000万元人民币，占注册资本的88.89%。公司拥有两条设计生产加工能力1.5万吨（30万担）的打叶复烤生产线。公司采取合同制用工制度，有员工130人。

生产经营

2006年，复烤加工烟叶3.52万吨（70.45万担），产出片烟2.27万吨（45.4万担），实现销售收入5357万元，实现税利1765万元，其中实现利润665万元。

技术改造

2006年，公司投资400万元建设智能化红外线监控系统，经过半年的试运行，12月该系统正式验收合格，为公司的安全管理提供了技术保障。公司还投资300万元安装质量跟踪系统，加强对生产过程质量的控制、追踪，确保产品质量。

浏阳天福打叶复烤有限责任公司

概　况

浏阳天福打叶复烤有限责任公司于2004年12月10日注册成立，隶属于湖南中烟工业公司，由湖南中烟工业公司、长沙卷烟厂、长沙市烟草公司、常德卷烟厂、衡阳市烟草公司共同出资组建，注册资本1.6亿元，占地面积10.7万平方米。2006年11月16日，湖南中烟工业公司与所属长沙卷烟厂、常德卷烟厂合并重组为一个法人企业，公司股东方变更为湖南中烟工业公司、长沙市烟草公司、衡阳市烟草公司。

公司拥有一条9000千克/小时的打叶复烤线，规划年复烤能力3万吨（60万担），配备有整套的国际先进质量检测仪器和实验室，拥有员工98人。

生产经营

2006年4～6月，公司投料调试设备期间，与长沙卷烟厂签订委托加工合同，复烤加工烟叶0.37万吨（7.42万担）。2006年10～12月投料试生产期间，完成复烤加工烟叶0.85万吨（16.94万担），产出片烟0.54万吨（10.85万担），实现工业产值1900万元。

永州天顺烟叶复烤有限责任公司

概　况

永州天顺烟叶复烤有限责任公司成立于2005年12月26日，是中国烟草总公司批准成立的烟草股份制中型企业，公司注册资金1.5亿元，由湖南省烟草公司永州市公司、颐中烟草（集团）有限公司、常德卷烟厂、长沙卷烟厂、南京卷烟厂五家企业出资，湖南省烟草公司永州市公司控股60.67%。公司拥有一条9000千克/小时打叶复烤生产线，年生产能力3万吨（60万担）。公司占地面积18.2万平方米，在岗职工194人，其中专业技术人员66人。

生产经营

2006年，全年复烤加工烟叶3.85万吨（77万担），同比增长16.7%；产出片烟2.5万吨（50万担），同比增长16.2%。实现工业产值5250万元，同比增长10%；实现销售收入6226万元，同比增长6%；实现利润1650万元，同比增长27%，完成全年任务的188%。

广东梅州烟叶复烤有限公司

概　况

广东梅州烟叶复烤有限公司成立于1999年，隶属于广东省烟草专卖局（公司），主要承担打叶复烤和烟叶加工任务，公司资产总额1.35亿元。公司拥有国内外先进水平的6000千克/小时烟叶打叶复烤生产线，年设计复烤加工烟叶1.5万吨（30万担），有员工158人，其中聘用员工96人。2006年，公司被中华全国总工会评为“全国厂务公开民主管理先进单位”。

生产经营

2006年，公司产品出厂合格率和顾客满意率继续保持100%。全年复烤加工烟叶2.55万吨（51万担），实现销售收入4570万元，其中原烟加工收入3737万元；实现税利1113万元，其中实现利润393万元。

技术改造

2006年，公司提出对生产设备进行现场大修改造以提高产能，新建烟叶仓库以增加库容，根据国家烟草专卖局的批复，现场大修改造批准的投资预算1500万元，其中大修费用1325万元；新建烟叶仓库工程批准的投资预算2200万元，工程为六层框架结构，建筑总面积14000平方米，工程预计在2007年6月底烤季到来前完成。

广东韶关烟叶复烤有限公司

概　况

广东韶关烟叶复烤有限公司的前身是成立于1992年的广东韶关烟叶复烤厂，2002年改制为有限公司，隶属于广东省烟草专卖局（公司）。公司年设计烟叶加工能力3万吨（60万担），拥有员工132人，其中聘用员工20人。

生产经营

2006年，复烤加工烟叶3.15万吨（63万担），实现工业总产值6291万元；实现税利1517万元，其中实现利润651万元。

广西伊灵烟叶复烤有限责任公司

概　况

广西伊灵烟叶复烤有限责任公司是广西唯一的烟叶打叶复烤企业，直属广西烟草专卖局（公司）管理，是通过改制产生的多元化投资的国有股份制企业。公司地处广西南宁市，筹建于2000年，2002年6月正式投产，2003年7月改制为有限责任公司，注册资金1亿元。

公司有国内外先进的6000千克/小时打叶复烤线一条，该线采用国际先进的柔打技术和低温慢烤的加工工艺。公司还拥有先进的纸箱生产设备及纸箱检测设备，可生产三层、五层等各类瓦楞纸箱，年生产能力300万只以上。公司有在岗职工165人，其中大中专以上学历人数占30%。

生产经营

2006年，复烤加工烟叶2.4万吨（48万担），同比增长29.73%；产出片烟1.6万吨（32万担），同比增长28.53%；产出率67.2%，产品交付合格率100%；全年完成纸箱生产256万只，同比增长25.5%。实现税利1600万元，其中实现利润600万元。

四川三益烟草有限公司

概　况

四川三益烟草有限责任公司成立于1997年。2006年，公司与四川三鑫烟草有限责任公司进行了合并重组，公司名称仍为四川三益烟草有限责任公司，有四川省烟草公司凉山州公司、川渝中烟工业公司、武汉烟草（集团）公司、湖南中烟工业公司、上海烟草（集团）公司、广东中烟工业公司、浙江中烟工业公司、山东中烟工业公司8家股东，由凉山州烟草专卖局（公司）相对控股。重组后，公司总资产3.7亿元，具有年加工原烟4.5万吨（90万担）的设计生产能力，是四川省最大的打叶复烤企业。公司拥有员工242人，其中聘用员工173人。

重组后，公司搭建了“三部一室两厂”的组织构架，公司总部设在西昌，下辖会理、会东两个复烤厂；确立了“异地三点”的管理模式和“统一模式、相对独立”的运作原则，公司对会理复烤厂和会东复烤厂实行“统一管理、分级负责、预算控制、目标考核”的管理办法。

生产经营

2006年，复烤加工烟叶7.55万吨（151万担），同比增长22.52%；产出片烟5万吨（100万担），同比增长23.89%。实现片烟收入10105万元，同比增长16.33%，实现利润3283万元，同比增长46.33%。

技术改造

2006年，公司对所辖会理复烤厂设备进行了较大维修，投入技改资金853万元，主要对打叶线、烤片机及液压打包机进行了检修，恢复了回梗打叶器。通过检修，2006年9～12月，复烤加工烟叶4.95万吨（99万担），设备有效作业率得到提高。

四川三友打叶复烤有限公司

概　况

四川三友打叶复烤有限公司地处四川省成都市，成立于2001年，是经国家烟草专卖局批准成立，纳入行业管理的具有独立法人资格的打叶复烤企业。公司由四川省烟草公司、什邡卷烟厂、四川省烟草公司泸州市公司合资组建，由什邡卷烟厂控股。2006年，公司实施增资扩股，由四川省烟草公司泸州市公司相对控股。公司打叶线年生产能力1.5万吨（30万担），拥有员工123人。

生产经营

2006年，复烤加工烟叶2.5万吨（50万担），实现销售收入4057万元，实现税利887万元，其中实现利润139万元。成品交付合格率100%，年平均出片率65.68%，设备完好率98.7%，设备稳定运转率97.93%。

宜宾烟叶复烤厂

概　况

宜宾烟叶复烤厂成立于1985年，是四川省烟草公司宜宾市公司下属的烟叶复烤加工企业，固定资产4100万元，占地面积约3万平方米。公司拥有一条年产1.5万吨（30万担）的片烟打叶复烤生产线，打叶复烤设备为昆明船舶公司仿格瑞芬设备，电气控制为变频PLC控制，打叶工艺为四打十分柔打工艺，烤片工艺采用低温慢烤工艺，拥有进口红外线水分控制仪等一整套质量检测设备。公司拥有员工108人，其中聘用员工36人。

生产经营

2006年，复烤加工烟叶1.55万吨（31万担），产出片烟1.02万吨（20.4万担）。全年实现销售收入2412万元，实现税利967万元，其中实现利润516万元。

技术改造

2006年4月，公司编制并实施设备检修计划。全年检修项目118项，其中，大修项目103项、外协项目15项。

贵州南明烟叶有限责任公司

概　况

贵州南明烟叶有限责任公司成立于1997年，2001年与中国烟草贵州进出口有限责任公司合并办公。公司年复烤能力3万吨（60万担）。拥有总资产2.35亿元，其中，固定资产净值1.12亿元、流动资产1.18亿元，负债总额0.21亿元，资产负债率8%。共有在岗员工125人，大专以上文化程度86人，生产季节使用季节工638人。拥有12000千克/小时打叶复烤生产线及相关配套工程和理化检测设备。

生产经营

2006年复烤加工烟叶3.78万吨（75.6万担），产出片烟2.43万吨（48.6万担），其中，委托加工产出片烟1.19万吨（23.8万担），出口烟叶加工产出片烟1.23万吨（24.6万担），样品0.01吨，平均出片率64.26%。销售烟叶（含梗）0.27万吨（5.32万担）。

实现销售收入10369万元，与上年同比下降7%。实现税利2838万元，同比增长21.6%，其中实现利润1455万元，同比增长65.2%。

贵州遵义烟叶有限责任公司

概　况

贵州遵义烟叶有限责任公司成立于2000年1月31日，由中国烟叶生产购销公司、广东卷烟总厂、贵州省烟草公司、武汉烟草（集团）有限公司、贵州省烟草公司遵义市分公司共同出资组建，注册资金2.32亿元。为贯彻国务院有关文件精神，理顺烟草行业国有资产产权关系，经2006年9月26日公司召开临时股东会议，同意中国烟叶公司①无偿转让该公司股权给中国烟草公司贵州省公司，公司股东变更为：广东卷烟总厂、贵州省烟草公司、武汉烟草（集团）有限公司、贵州省烟草公司遵义市分公司。

公司占地总面积约19万平方米，其中公司总部位于遵义市董公寺镇，占地面积约17万平方米，拥有厂房2万平方米，仓容约8.8万平方米，原烟精选车间0.34万平方米，年处理原烟能力3.5万吨（70万担）；公司二部位于遵义县南白镇，占地面积约2万平方米，年处理原烟能力1.5万吨（30万担）。公司拥有总资产2.73亿元，其中，固定资产2.1亿元、流动资产0.6亿元。共有员工172人，大专以上文化程度占63%，高级职称2人，中级职称8人，中级以上技术

① 2004年9月，中国烟叶生产购销公司改制更名为中国烟叶公司。

工人占生产线工人总数的80%以上，生产季节使用季节工约1200人。公司主营业务是为各卷烟工业企业提供原烟委托复烤加工服务工作，主要产品是成品片烟。拥有两条打叶复烤生产线，额定流量分别为12000千克/小时和6000千克/小时。

公司积极搭建整合型管理体系基础平台，引进先进管理理念与方法，大力倡导工艺改进与技术创新，强化市场开拓与客户管理。截至2006年底，公司共为国内40多家卷烟工业企业加工原烟约27万吨。

生产经营

2006年复烤加工烟叶5.85万吨（117万担），与上年同比增长24%。产出片烟3.54万吨（70.8万担），同比增长14%。

全年实现加工收入7112万元，同比增长11%。实现税利2036.77万元，同比下降23%，其中，实现利润795万元，同比下降44%。

技术改造

投入资金约99万元，添置检测设备。投入资金388万元，为生产一部安装光电异物智能剔除系统和增加两台除麻丝机。生产二部的技术改造方面，投入资金约430万元，新增10吨循环硫化床锅炉；投入资金约8.68万元，改造碎片干燥机；投入资金约23.8万元，改造电控柜降温系统；投入资金134.442万元，改造环境除尘系统。

质量管理

2006年6月，引入GAP管理理念。公司投入资金约230万元，集中技术力量开展“遵义烟叶质量管理项目”课题的探讨和研究工作。10月，项目获得中国烟叶公司组织的专家评价组的验证通过，一次性通过菲·莫公司的SPP评估，成为菲·莫公司的在贵州的唯一合格加工方。

贵州申义烟叶复烤有限责任公司

概　况

贵州申义烟叶复烤有限责任公司成立于1998年9月，位于贵州省湄潭县湄江镇，是在原湄潭县烟叶复烤厂基础上，由贵州省烟草公司遵义市公司与上海烟草（集团）公司共同投资组建，注册资金1.2亿元。2005年，长沙卷烟厂增股贵州申义烟叶复烤有限责任公司，公司注册资本增至1.5亿元，2006年11月，湖南中烟工业公司承继长沙卷烟厂的股权。公司年打叶能力3万吨（60万担）。

截至2006年底，公司拥有总资产1.68亿元，其中固定资产0.86亿元、流动资产0.71亿元。公司共有在册员工228人，其中在岗员工158人，在岗员工中具有大专以上学历87人，具有初级以上专业技术人员54人。

2006年公司被评为贵州省委、省政府“2003～2005年度全省精神文明建设工作先进单位”，遵义市人民政府“2006年度社会消防安全工作先进重点保卫单位”。

2006年5月8日，公司通过质量管理体系、环境管理体系、职业健康安全管理体系审核认证。全年平均设备运行率达98.19%，设备完好率达93.67%，设备有效作业率达94.79%。

生产经营

2006年，公司复烤加工烟叶3.18万吨（63.65万担），挑选原烟1.12万吨（22.47万担），回收成品片烟2.09万吨（41.8万担），根据客户要求回收副产品0.71万吨。

全年实现经营收入5914.6万元，与上年同比下降11.24%。实现税利1677万元，同比增长9.54%，其中，实现利润839.26万元，同比增长66.37%。

贵州梵净山烟叶复烤有限责任公司

概　况

贵州梵净山烟叶复烤有限责任公司是由原大龙烟叶复烤厂异地改造而成的打叶复烤国有中型企业。一期工程投资1.7亿元，于1999年7月建成投产。2000年3月与浙江烟叶物资公司进行合资组建。2006年引进南昌卷烟总厂和龙岩卷烟厂两大股东单位，引入资金约1990万元。公司占地面积为85325平方米。截至2006年底，拥有总资产1.6亿元，其中，固定资产1.3亿元、流动资产0.3亿元。共有在册职工134人（不含退休人员），其中，大专以上78人，占58%；获初级以上职称的有73人，占54%。

打叶生产线安装了柔打细分、低温慢烤、静态称重、多规格包装以及 TM710 等先进技术设备，实现了叶片复烤水分自动调节。公司拥有先进的质量检测室和化学分析室及时精确的检测，为生产“梵净山”牌片烟提供保障。

2006 年通过质量管理标准体系、环境标准体系、职业健康安全标准体系“三标一体”体系认证。截至 2006 年底，公司与杭州、宁波、南京、长沙、青岛等地的 20 多个厂家建立了稳定的业务关系。

生产经营

2006 年复烤加工烟叶 2.56 万吨（51.20 万担），与上年同比增加 0.04 万吨（0.85 万担）。产出片烟 1.69 万吨（33.8 万担），同比增加 0.03 万吨（0.6 万担）。

全年实现加工收入 5043 万元，与上年同比增加 310 万元。实现税利 1735 万元，其中，实现利润 885 万元，同比增加 1353 万元；完成税收 850 万元，同比增加 112 万元。

毕节地区顺泰烟叶有限责任公司

概　况

毕节地区顺泰烟叶有限责任公司成立于 2005 年 9 月 1 日，由毕节地区烟草专卖局（分公司）、浙江中烟工业公司、上海烟草（集团）公司、长沙卷烟厂、贵州黄果树烟草集团公司、广东卷烟总厂、淮阴卷烟厂、南京卷烟厂共同投资组建，注册资金 3 亿元。公司占地面积为 11.45 万平方米，拥有总资产 3.32 亿元，其中，固定资产 1.34 亿元、流动资产 1.82 亿元。公司年生产能力 3.3 万吨（ 66 万担）。

烟叶生产

2006 年复烤加工烟叶 3.02 万吨（60.4 万担）。全年实现加工收入 6722 万元，与上年同比增加 4092 万元。实现税利 3135 万元，同比增加 1787 万元，其中，实现利润 1709 万元，同比增加 709 万元。

黔南吉星烟叶有限责任公司

概　况

黔南吉星烟叶有限责任公司成立于 2006 年 9 月 15 日，是在贵州省烟草公司黔南分公司烟叶复烤厂的基础上，由贵州省烟草公司黔南分公司、厦门卷烟厂、中国烟草总公司贵州省公司、贵州黄果树烟草集团公司、安徽中烟工业公司、河北白沙烟草有限责任公司、贵州省烟草公司黔东南分公司共同出资组建，注册资金 1.5 亿元。公司占地面积为 15.94 万平方米，年生产加工能力 3 万吨（60 万担）。共有员工 138 人，其中，大专以上学历 43 人，获得国家职业鉴定资格证的技工 50 人。

2006 年新增检测项目包含烟叶的外型检测，重视烟叶的长、宽、单叶重、密度、原烟造碎、烤透率等数据，强化库检及厂检制。

生产经营

2006 年复烤加工烟叶 3.03 万吨（60.64 万担），与上年同比增加 0.16 万吨（3.24 万担），产出片烟 2.01 万吨（40.2 万担）；其中公司成立后，烤季投打原烟 1.42 万吨（28.36 万担），产出片烟 0.96 万吨（19.2 万担），成品综合合格率为 98.33%。

全年实现销售收入 4486 万元，与上年同比增加 346 万元。实现税利 2813 万元，其中，实现利润 1493 万元，同比增长 593 万元。公司成立后实现利润 1031 万元。

石林天合烟叶复烤有限责任公司

概　况

石林天合烟叶复烤有限责任公司成立于 1998 年 12 月，由云南中烟工业公司昆明卷烟厂、昆明市烟草专卖局（公司）、石林县烟草公司、宜良县烟草公司在原石林复烤厂的基础上共同投资组建。2006 年 3 月，经国家局批准，股东会形成决议，公司股权置换，股东方变更为昆明市烟草公司、石林县烟草公司和宜良县烟草公司。公司占地面积25.4万平方米。截至2006年底，公司有在册职工133人，其中大专以上学历41人，有专业技术人员46人。2006年，公司获“云南省第三届诚信企业”荣誉称号。

公司打叶复烤生产线主体设备采用美国MacTavish打叶生产线和Proctor复烤机，成品烟包装线采用美国Fishburne预压打包机，生产线设计能力为12000千克/小时，年复烤生产能力4万吨（80万担）。公司拥有5600千伏安变电站，210000立方米/小时中央集中除尘系统和两台10吨/小时锅炉，两台63立方米/分空压设备，30立方米/小时的污水集中处理系统和30立方米/小时软水处理系统。

生产经营

2006年，共计接收初烤烟4.99万吨（99.85万担），复烤加工烟叶4.71万吨（94.27万担）。产出片烟3.05万吨（61.02万担）。实现加工收入9453万元。实现税利3624万元，其中，实现税金1383万元，实现利润2241万元。

技术改造

2006年，公司投资52.5万元完成烟叶收购系统发电机组安装和备件库、辅料仓库管理系统的安装改造工作。

红河烟叶复烤有限公司

概　况

红河烟叶复烤有限公司于2003年8月8日成立，由云南省烟草公司红河州公司、云南中烟工业公司红河卷烟总厂共同出资组建。公司注册资本2亿元，其中，红河州公司占51%的股份，红河卷烟总厂占49%的股份。企业占地面积40万平方米，其中，复烤片区20万平方米、军校陈烟库区20万平方米。公司经营范围是烟叶复烤加工和仓储。截至2006年底，有总资产近5亿元。共有员工26人，其中聘用员工5人。

企业拥有两条打叶复烤生产线，一条为美国进口，一条由昆船公司与红河卷烟总厂共同研制，生产能力均为12000千克/小时，企业年复烤生产能力10万吨（200万担）。

生产经营

2006年，复烤加工烟叶6.65万吨（133万担），累计产出片烟4.45万吨（89万担）。全年实现加工收入10669万元，实现仓储收入960万元，实现税利3167万元，其中，实现税金2115万元，比上年增加309万元；实现利润1052万元，比上年增长64.12%。

技术改造

2006年，围绕设备工艺提质、性能提升、运行稳定、设备完好等方面开展的技改项目有：复烤车间蒸汽冷凝水系统管道改造，集中除尘搬迁改造，成品梗装包系统技术改造，碎片收集、装包系统改造，复烤捆扎机换型改造，复烤木夹板自动送装机改造，二线打叶段1~3分出料振筛项修，一、二线叶片烤机新型不锈钢散热器更换，二线梗烤机新型不锈钢散热器更换共9项。这些项目的实施及完成，使设备运行性能、稳定性、完好性得到极大改善。

为尽可能保证原料的稳定性，投资6500万元对复烤预处理段进行改造，建成两组超大型贮叶柜，每组柜分8个小柜，设计贮叶能力为480吨/组，最大限度保证了三级配方叶组配伍的要求。

云南曲靖烟叶有限责任公司

概　况

云南曲靖烟叶有限责任公司于2001年9月正式登记注册成立，2006年公司股东及股权进行变更后，共有中国烟草总公司云南省公司、中国烟草云南进出口有限公司及云南省烟草公司曲靖市公司3家股东，注册资本23333万元。公司占地面积24.3万平方米，拥有现代化的烟叶存贮仓库12万平方米，可储备烟叶3万吨，露天货场12万平方米，可临时存放烟叶2.5万吨。截至2006年底，公司资产总额46576万元，其中，流动资产41503万元、固定资产5059万元。共有在岗职工170人，其中，本科以上学历40人、大专学历73人、中专学历4人；有专业技术人员66人、技术工人97人。

公司拥有具有国际先进水平的美国PIEDMONT打叶复烤生产线一条及配套物理检验设备，年复烤生产能力1.5万吨（30万担）；生产线上配有Model QB－

6500在线水分检测仪；化验室配备有德国TEWS-ELEKTRONIK公司生产的MW3300微波水分测量系统和法国的联想之星连续流动化学分析仪（ALLIANCE FUTURA4）。

生产经营

2006年，公司总计购进烟叶1.5万吨（30万担），购进总值33815万元；复烤加工烟叶1.5万吨（30万担），累计产出片烟1万吨（20万担）。全年共计销售片烟1万吨（20万担），实现销售收入45851万元。实现税金3755万元，实现利润3965万元。

技术改造

公司作为国家烟叶储备基地，2006年投资约130万元对打叶复烤主要生产设备烤片机进行技术改造，其中，投资约53万元对电控系统进行改造，投资约72万元对机械设备进行改造。

体制改革

2006年，公司以2005年12月31日为基准日将中国烟草进出口（集团）公司、中国烟叶公司所持有的公司各15%的股权无偿划转给中国烟草总公司云南省公司；中国烟草总公司云南省公司以2005年12月31日为基准日将所持有的公司30%的股权转投中国烟草云南进出口有限公司。

曲靖天福烟叶复烤有限责任公司

概　况

曲靖天福烟叶复烤有限责任公司于2003年11月26日正式登记注册成立，由曲靖卷烟厂（占股份60%）、云南省烟草公司曲靖市公司（占股份40%）共同出资组建，注册资本24615万元。公司占地面积8万余平方米，其中厂房占地面积6.77万平方米。截至2006年底，公司资产总额32490万元，其中，流动资产15369万元、固定资产17098万元。共有员工195人，其中，本科以上学历20人、大专学历78人、中专学历8人；有专业技术人员40人、技术工人99人。

公司拥有两条生产能力为12000千克/小时的打叶复烤生产线。公司于2005年3月通过ISO9001：2000质量管理体系认证。

生产经营

2006年，复烤加工烟叶7.86万吨（157.29万担），累计产出片烟5.23万吨（104.69万担）。全年实现加工费收入14074万元，实现税金2037万元，实现利润2470万元。

技术改造

2006年，企业自筹资金6000余万元对在线复烤加工设备叶片复烤机、配方叶柜、加料设备、真空回潮及润叶设备进行大规模技术升级改造，应用最先进的电控系统平台，完成打叶复烤产品工艺质量手工控制向技术参数控制的历史性转变，公司具备了卷烟工业需要的配方加工、产品加料等精细化加工能力。

云南保山烟叶复烤有限责任公司

概　况

云南保山烟叶复烤有限责任公司于2003年12月由国家局批复成立，由云南省烟草公司保山市公司和昆明卷烟厂以股份合作的形式投资组建，投资总额21245万元，其中，云南省烟草公司保山市公司出资额占投资总额的69.85%，昆明卷烟厂出资额6406万元，占总投资额的30.15%。公司占地面积10.88万平方米。截至2006年底，有总资产22997万元，有员工259人，其中大、中专以上学历的101人。

公司建有一条12000千克/小时的意大利柯玛斯（COMAS）打叶复烤生产线，年生产加工能力为3万吨（60万担）。公司于2004年通过ISO9000族标准质量管理体系认证。

生产经营

2006年，全年共接受省内外16个厂家的委托加工，复烤加工烟叶3.50万吨（69.96万担），比上年增长24.35%；产出片烟2.35万吨（47.06万担），综合出片率为68.05%，比上年下降0.71%。片烟结算量23958吨，比上年增加4434吨（含上年结转的153.6吨片烟）。实现主营业务收入7767万元，比上年增加1426万元。设备故障停机率为0.51%，吨烟耗电209度，吨烟耗煤97.1千克，吨烟耗水2.67立方米。成品片烟水分为12.06%，成品入库合格率达100%。

技术改造

公司董事会全年审定批准各项投资项目29项，总投资共计375.33万元，其中投资69.2万元在原料挑选车间增设烟叶切断设备；投资30.2万元对10吨锅炉进行改造；投资20.96万元增设UME－CZ111型分层除杂机；投资39.78万元更换在线红外水分仪；投资38.57万元对1#、2#、3#库增设火灾自动报警系统；投资51.8万元购置一辆高空作业车，解决车间、货场照明系统和高空设备维修难的问题；投资23.18万元对烟叶备料区供电系统进行改造，有效解决了电杆多耗电大、且照明效果差及不安全隐患多等问题；投资14.4万元，对客户餐厅、季节工宿舍、招待所等生活设施进行修缮改造；投资31.76万元，新建季节工学习娱乐活动场所。

云南曲靖天然烟叶复烤有限责任公司

概　况

2005年1月，云南省烟草公司曲靖市公司和所属四个县级烟草公司（宣威市公司、陆良县公司、师宗县公司、罗平县公司）共同出资，将四个县级公司所属的宣威复烤厂、陆良复烤厂、师宗复烤厂、罗平转运站实行集中统一管理，组建成立云南曲靖天然烟叶复烤有限责任公司（简称“天然公司”）。2006年实行股东变更和股权转让。天然公司主要负责曲靖全市的烟叶入库、复烤加工和成品调拨任务。主营烟叶打叶复烤加工，兼营储运、包装材料、麻制品、复烤工业副产品等。截至2006年底，企业有在册职工397人，其中，机关31人、宣威复烤厂144人、陆良复烤厂92人、师宗复烤厂89人、罗平转运站41人；大专以上学历43人，占员工总数的11.3%；专业技术人员125人，占员工总数的33%；拥有高级工83人，占员工总数的21%。

企业拥有露天货场95807.8平方米，储存容量118万担；初烟库20121平方米，初烟储存容量15万担，成品库面积50101平方米，成品储存容量62万担。

生产经营

2006年入库烟叶11.02万吨（220.58万担），复烤加工烟叶7.61万吨（152.26万担），实现销售收入13460万元。实现税利6123万元，其中，上缴税金2288万元，实现利润3835万元。

技术改造

2006年，公司自主研发的“把叶分离加工工艺研究和应用”项目通过云南省烟草公司科技成果评定。该项目的实施使解把率达98%以上，烟叶把头杂物控制得到有效改善；烟叶的流量控制和润叶更为均匀，提高了烟叶的打叶复烤质量；有效降低了烟叶造碎，提高了出片率，提高了劳动生产率和设备有效作业率。2006年与2005年相比每吨烟用工减少0.48人，设备有效作业率提高1.16%。其中“烟叶打叶复烤预处理方法及设备”获得发明专利。

配方打叶工作取得较大进展，公司与武汉卷烟厂、芜湖卷烟厂、南京卷烟厂、浙江中烟工业公司、龙岩卷烟厂等12家卷烟工业企业共进行不同等级配打28.39万担，同级不同产地配打9.67万担，其中自主与合作开发配方5.38万担，进一步推进了公司的叶组配方打叶研究工作。

体制改革

根据云南省烟草公司曲靖市公司取消县级公司法人资格的实际，国家局2006年9月5日批复，同意曲靖市公司将天然公司的大部分股权向省外10家卷烟工业企业转让，曲靖市公司相对控股。2006年11月28日，天然公司召开股权转让后的第一次股东代表会、董事会、监事会，完成跨省改革重组工作。公司实行董事会领导下的总经理负责制。

云南省烟草大理烟叶复烤有限责任公司

概　况

云南省烟草大理烟叶复烤有限责任公司于2005年2月2日注册登记、2005年4月28日挂牌成立，是在原大理州烟叶复烤厂的基础上，由云南省烟草公司大理州公司和云南省烟草公司丽江市公司共同出资组建的国有股份制企业。企业注册资本1亿元（其中，大理州公司投资9000万元、丽江市公司投资1000万元）。公司占地面积29.85万平方米，拥有烟叶存贮仓库0.9万平方米，可储备烟叶9.83万吨，露天货场12万平方米，可临时存放烟叶77.6万吨。截至2006年底，公司资产总额11240万元，所有者权益10820万元；其中固定资产10900万元。共有在岗职工78人，其中，本科以上学历11人、大专学历51人；专业技术人员23人；技术工人47人，其中，技师1人、高级工15人、中级工31人。

公司拥有6000千克/小时的打叶复烤生产线，年生产能力1.5万吨（30万担）。该生产线由昆明船舶集团公司设计，以加工烤烟为主，兼顾白肋烟加工要求，同时具备全叶打叶和切尖打叶功能。

生产经营

2006年，复烤加工烟叶2.32万吨（46.35万担），产出片烟1.59万吨（31.79万担）；综合出片率67.39%。实现加工收入4332万元，实现税金1085万元，实现利润1133万元。全年未发生重大人员伤亡、设备和财产损失事故，工伤率在2‰以内。

楚雄烟叶复烤有限责任公司

概　况

楚雄烟叶复烤有限责任公司成立于2005年10月，由云南省烟草公司楚雄州公司和楚雄州烟草公司南华县公司共同出资组建，注册资本7800万元。截至2006年底，公司资产总额12514万元，其中，流动资产7636万元、固定资产4524万元。主营业务为烟叶复烤加工。年生产能力2.5万吨（50万担）。截至2006年底，固定资产净值4488万元。有在岗职工100人，其中大专以上学历91人，具有专业技术职称的60人。

公司拥有一条8000千克/小时的打叶复烤生产线。2006年投资约200万元对打叶复烤主要生产设备烤片机和电控系统进行改造。

生产经营

2006年，公司产出成品片烟3.69万吨（73.82万担），实现主营业务收入11970万元，实现利润3993万元。

云南省烟草烟叶公司

概　况

云南省烟草烟叶公司原为昆明烟叶复烤一厂的二车间，1979年筹建，1980年投产；1982年企业建制，成立昆明烟叶复烤二厂，直属云南省烟草公司；1993年2月，昆明烟叶复烤二厂与云南省烟草公司原料部合并，成立云南省烟叶公司；1995年改名为云南省烟草烟叶分公司，1996年又改名为云南省烟草烟叶公司。是云南省烟草公司的国有全资子公司。公司占地面积38万余平方米。截至2006年底，有固定资产73000万元，共有在岗职工591人。拥有一条12000千克/小时、两条6000千克/小时国外引进的打叶复烤生产线。

公司集烟叶收购、复烤、仓储、销售为一体，仓储复烤能力达9万吨（180万担），承担全省烤烟15%的复烤加工任务，担负着省内外100多家卷烟厂的烟叶调拨任务。2006年，公司荣获“昆明市纳税信用A级单位”称号。

生产经营

2006年，公司购进初烤烟12.16万吨（243.18万担），与上年同比增长12.95%；购进烤烟总值为249800万元，同比增长23.47%；产出片烟5.74万吨（114.73万担），同比增长11.8%；销售烤烟6.33万吨（126.53万担），同比增长18.53%。实现销售收入282400万元，同比增长22%；实现税利84800万元，其中，实现利润60900万元，同比增长13.43%；实现税金23900万元，同比增长13.27%。

技术改造

2006年，根据公司“12345”总体发展战略，在强化设备的维修保养的同时，相继完成12000千克/小时生产线电控系统、“VIP挑选生产线”、生产生活污水处理回收、10KV高压线路、风分除杂系统、挑选A、B机组以及样品冷库的改造；并根据生产经营的需要，完成对打叶车间的屋面更换。这些项目的完成，对减少综合消耗，提高生产效率，稳定产品质量，进一步提高企业的总体效益起到积极的作用。

云南烟草文山州复烤厂

概　况

云南烟草文山州复烤厂于1994年1月兴建，1995年12月建成，1996年投入生产。隶属于云南省烟草公司文山州公司。总占地面积18.67万平方米，建筑面积7.5万平方米。截至2006年底，资产总额20315万元，其中，固定资产10172万元、流动资产8295万元。有在岗职工116人，其中，大学本科以上学历10人（含研究生1人）、大专学历41人；专业技术人员32人；技术工人52人，其中，高级工46人、中级工6人。

企业拥有一条年复烤加工能力为2万吨（40万担）的打叶复烤生产线。基础设施配套齐全，建有面积近2万平方米的成品仓库，近8万平方米的露天货场可存放烟叶2万吨。2006年6月，企业顺利通过中国质量认证中心云南省评审中心组织实施的ISO9001质量管理体系第三方审核。

生产经营

2006年，复烤加工烟叶2.95万吨（59.02万担），实现主营业务收入5834万元，实现税利1882万元，其中实现利润854万元。

红河州烟草公司泸西复烤厂

概　况

红河州烟草公司泸西复烤厂创建于1985年8月，1994年与红塔烟草（集团）有限责任公司合资兴建12000千克/小时的打叶复烤生产线。曾先后两次与红河州烟草公司泸西分公司合并、分设，现隶属于云南省烟草公司红河州公司。企业占地面积21.33万平方米。截至2006年底，有固定资产19900万元；烟叶仓储容量4万吨（80万担）（其中，成品库40万担、原烟露天堆场40万担），年饱和加工量3.5万吨（70万担），是云南省烟草行业第一家实行“原烟交接、委托加工”的纯加工服务型复烤企业。共有在岗员工104人，其中，中层以上管理人员15人、专业技术人员55人。

生产经营

2006年，全年共收储烟叶2.86万吨（57.15万担），其中，计划内烟叶1.18万吨（23.57万担），出口备货1.38万吨（27.58万担），专卖罚没0.2万吨（3.995万担）。复烤加工烟叶2.37万吨（47.42万担），产出片烟1.61万吨（32.18万担），成品总产量2.23万吨（44.64万担）。

技术改造

2006年，企业投入资金1631.5万元进行相应技术改造。新建烟叶验级大棚，烟叶收储流程再造，收储环节工作实现集中验级、统一过磅。对烤梗系统进行改造，进一步完善和改进烟梗在复烤、输送及包装等环节的工艺控制水平。对除尘本体进行技术改造，进一步改善生产车间环境。对消防管网进行改造，有效解决原来消防管网因老化、泄漏等原因形成的系列安全隐患。

体制改革

企业曾于1999年1月与泸西县烟草专卖局（公司）第二次合并，实行“三块牌子、一套班子”的管理体制。2006年2月10日，与泸西县烟草专卖局（烟草公司）第二次分设，同属云南省烟草公司红河州公司的二级核算部门。

厂、司分设后，泸西复烤厂对内部管理机构进行调整，由原来的13个车间科室精减为6室1车间，压缩管理人员，整合管理职能，使管理更加扁平化。

咸阳烟叶复烤有限公司

概　况

咸阳烟叶复烤有限责任公司创建于1978年，由原咸阳烤烟复烤厂改制。2006年12月，由咸阳市烟草公司、湖南中烟工业公司、四川烟草工业有限责任公司、宝鸡市烟草公司、商洛市烟草公司、汉中市烟草公司、延安市烟草公司、安康市烟草公司8家卷烟工商企业联手，对原咸阳烤烟复烤厂进行改制，并注册成立咸阳烟叶复烤有限责任公司，注册资本9000万元。截至2006年底，公司共有员工134人，其中大专以上学历95人。

公司建有一条仿柯玛斯6000千克/小时的打叶复烤生产线，于1996年9月竣工投产，年生产加工能力1.5万吨（30万担）。

生产经营

2006年，公司共接受省内外8个卷烟生产厂家的委托加工，复烤加工烟叶2.12万吨（42.44万担），比2005年增长31.8%；产出片烟1.36万吨（27.2万担），综合出片率65.56%。设备有效作业率为87.5%，吨烟耗电348.11度，吨烟耗煤78千克，吨烟耗水3.93立方米。成品片烟水分11.9%，成品入库合格率达100%。综合质量指标达95%以上，平均出片率达65%以上。

重庆金益烟草有限责任公司

概　况

重庆金益烟草有限责任公司地处重庆市彭水县，成立于1999年10月，原由中国烟叶生产购销公司和重庆市内五家工商企业共同出资组建，2006年体制改革，公司股东变更为重庆市烟草公司、重庆烟草工业有限责任公司、江苏中烟工业公司，股本金总额1.29亿元，拥有总资产2.03亿元，所有者权益1.6亿元。公司年复烤加工能力4.5万吨（90万担），拥有员工171人，其中聘用员工103人。

生产经营

2006年，公司复烤加工烟叶4.65万吨（93万担），同比增长8.9%；实现销售收入7522元，同比增长15.5%；实现利润1282万元，同比增长21.2%；实现税收1670万元，同比增长12.5%。全年客户质量投诉为零，客户满意率98.2%。

技术改造

2006年，公司全面开展设备技术改造，主要项目有装箱密度技术攻关、煤炭计量装置电子计量、增加真空回潮设备等。改造后的设备有效作业率95%，同比提高2%；吨片烟耗水2.94吨，同比下降15.27%；吨片烟耗煤0.19吨，同比减少5%。

重庆万兴烟叶复烤有限公司

概　况

重庆万兴烟叶复烤有限公司地处重庆市万州区，是国家烟草专卖局和重庆市烟草专卖局（公司）重点扶持的三峡库区移民迁建技改企业，成立于2001年，原由重庆烟草工业有限责任公司、万州分公司及万州片区各产烟县公司等股东单位共同出资组建，2006年体制改革，公司股东变更为中国烟草总公司重庆市公司、湖南中烟工业公司、重庆烟草工业有限责任公司，股本金由0.9亿元追加至1.2亿元。公司年加工烟叶3.5万吨（70万担），总资产1.92亿元，所有者权益1.15亿元；员工860人，其中聘用员工689人。

生产经营

2006年，复烤加工烟叶2.9万吨（58万担），整选原烟0.94万吨（18.82万担），销售烟梗0.07万吨（1.4万担）、烟末0.02万吨（0.4万担）。公司实现销售收入4317万元，同比增长10.6%；实现税利1065万元，其中实现利润222万元。

技术改造

2006年，公司对原有设备进行技术改造，建成1.73万平方米的可容纳0.4万吨（8万担）原料的原烟仓库，年度生产能力由2万吨（40万担）提高到3.5万吨（70万担），直接生产成本由1050元/吨下降到1000元/吨，变动生产成本由375元/吨下降到370元/吨，实现“小技改、大成效”。

附：

省　份	已改制企业	未改制企业	卷烟企业打叶复烤车间
合　计	47家	6家	9家
黑龙江	哈尔滨天阳国际烟草有限公司		
	绥化红塔烟叶有限责任公司		
	勃利龙湘烟叶有限责任公司		
		林口打叶复烤厂	
小　计	3家	1家	
辽　宁	丹东辽东烟草发展有限责任公司		
小　计	1家		
吉　林	延边友利打叶复烤有限责任公司		
小　计	1家		
安　徽	华环国际烟草有限公司		
	安徽华圆烟草有限责任公司		
小　计	2家		
福　建	福建武夷烟叶有限公司		
	福建省龙岩金叶复烤有限责任公司		
	福建省三明金叶复烤有限公司		
小　计	3家		
山　东	山东中鲁烟叶有限公司		
	山东京鲁烟叶复烤有限公司		
	山东惠丰烟叶复烤有限公司		
	山东申沂烟叶复烤有限公司		
小　计	4家		
河　南	天昌国际烟草有限公司		
	宝丰金叶烟草有限责任公司		
	三门峡金红烟草有限责任公司		
	南阳金业烟草有限责任公司		
小　计	4家		
湖　北	襄樊金叶烟草有限责任公司		
	恩施金叶烟草有限责任公司		
小　计	2家		
湖　南	郴州天泰烟叶复烤有限责任公司		
	常德芙蓉烟叶复烤有限责任公司		
	湘西鹤盛原烟发展有限责任公司		
	浏阳天福打叶复烤有限责任公司		
	永州天顺烟叶复烤有限责任公司		

省份	已改制企业	未改制企业	卷烟企业打叶复烤车间
小计	5家		
广东	广东梅州烟叶复烤有限公司		
	广东韶关烟叶复烤有限公司		
		南雄烟叶复烤厂	
小计	2家	1家	
广西	广西伊灵烟叶复烤有限责任公司		
小计	1家		
四川	四川三益烟草有限责任公司		
	四川三友打叶复烤有限公司		
		宜宾烟叶复烤厂	
小计	2家	1家	
贵州	贵州南明烟叶有限责任公司		
	贵州遵义烟叶有限责任公司		
	贵州申义烟叶复烤有限责任公司		
	贵州梵净山烟叶复烤有限责任公司		
	毕节地区顺泰烟叶有限责任公司		
	黔南吉星烟叶有限公司		
			贵阳烟厂复烤车间
			遵义烟厂复烤车间
小计	6家		2家
云南	石林天合烟叶复烤有限责任公司		
	红河烟叶复烤有限公司		
	云南曲靖烟叶有限责任公司		
	曲靖天福烟叶复烤有限责任公司		
	云南保山烟叶复烤有限责任公司		
	云南省烟草公司曲靖市公司		
	云南省烟草大理烟叶复烤有限责任公司		
	楚雄烟叶复烤有限责任公司		
		云南省烟草烟叶公司	
		文山州烟叶复烤厂	
		泸西烟叶复烤厂	
			昆明烟厂复烤车间
			楚雄烟厂复烤车间
			玉溪烟厂复烤车间

省　份	已改制企业	未改制企业	卷烟企业打叶复烤车间
			昭通烟厂复烤车间
			大理烟厂复烤车间
			玉溪烟厂江川复烤车间
小　计	8家	3家	6家
陕　西	咸阳烟叶复烤有限公司		
			旬阳烟厂复烤车间
小　计	1家		1家
重　庆	重庆金益烟草有限责任公司		
	重庆万兴烟叶复烤有限公司		
小　计	2家		

科研机构

科研机构

2006年，全国烟草科研机构主要有以下14家：

中国烟草总公司郑州烟草研究院

国家烟草质量监督检验中心

中国烟草科技信息中心

中国烟草标准化研究中心

中国烟草总公司合肥设计院

中国烟草育种研究（南方）中心（云南省烟草科学研究所）

中国烟草东北农业试验站（中国烟草进出口烟叶检测站、黑龙江省烟草科学研究所）

中国烟草东南农业试验站（福建省烟草农业科学研究所）

中国烟草白肋烟试验站（湖北省烟草科学研究所）

中国烟草西南农业试验站（贵州省烟草科学研究所）

中国烟草中南农业试验站

云南烟草科学研究院

中国烟草遗传育种研究（北方）中心

国家烟草栽培生理生化研究基地

中国烟草总公司郑州烟草研究院

概　况

中国烟草总公司郑州烟草研究院（以下简称“郑州院”）始建于1958年，主要从事烟草栽培调制及贮保、卷烟加工工艺和卷烟配方、烟草化学、香精香料、减害降焦、再造烟叶等方面的基础理论研究、应用基础研究和技术开发，卷烟厂和烟叶复烤厂的工程设计、行业相关检测仪器的研制、开发等。截至2006年底，共有职工254人，其中，博士研究生学历11人、硕士研究生学历63人，高级职称75人，中级职称85人，中国工程院院士1人，国家级突出贡献专家2人，享受政府特殊津贴21人，烟草行业有突出贡献专家21人。图书馆馆藏图书资料10万册。

2006年，郑州院烟草工艺研发中心荣获“全国烟草行业‘十五’科技创新先进集体”称号。1人荣获“全国烟草行业‘十五’科技创新先进个人”称号。

领导成员

院长、党委书记：闫亚明

党委副书记：傅清波

副院长：谢剑平

副院长：赵继先

副院长：张建勋（2006.12－）

副院长：罗登山（2006.12－）

组织机构

郑州院下设院长办公室、党委人事办公室（含研究生部）、科研开发处、财务管理处等4个职能部门；农业研究室、烟草工艺研究开发中心、烟草化学重点实验室、香精香料研究室等4个科研部门；国家烟草质量监督检验中心、中国烟草科技信息中心、中国烟草标准化研究中心等3个行业中心；郑州新桥实业有限公司、郑州嘉德机电科技有限公司2个多元化经营企业。

科研工作

2006年，全院承担国家局项目93项（含标准项目42项），1个项目获得国家科技部批准和资助。2个项目分别通过国家局科技进步一等奖和三等奖评审。8个项目分别通过国家局和河南省组织的项目鉴定。全年申报职务发明专利30项，其中，发明专利19项、实用新型专利11项，获得发明和实用新型授权各1项，全年有3篇论文入选CORESTA大会；在国内外各类专业期刊上发表科技论文51篇，其中，2篇论文被SCI收录、32篇论文刊登在中文核心期刊上。

2006年，郑州院进行“中国烟草种植区划研究”、“中式卷烟制丝设备自主创新”、“烟用香精品控技术体系研究”、“中式卷烟香精香料核心技术研究”、“降低烤烟淀粉含量的技术研究”、“高效液相色谱法测定卷烟烟气中的酚类化合物”等6项科研项目。

“中国烟草种植区划研究”项目。通过大量深入细致的研究，建立和形成了烤烟生态适宜性评价指标体系和全国烟草种植区划分区体系，初步确定全国烟草种植区划由烟草生态适宜性区划和烟草种植区域区划组成，将对我国烟叶生产布局和未来发展提供重要决策参考。

“中式卷烟制丝设备自主创新”项目。作为行业9个重大专项之一，通过对制丝设备的调研和测试，开发和定制满足品牌个性化加工要求的制丝设备，从制丝设备调研测试与论证、品牌风格特征评价方法、工艺设备创新效果评价等多个方面开展研究工作，形成通过工艺创新带动设备开发、借助设备开发提升工艺水平的良性循环。

“烟用香精品控技术体系研究”项目。确定烟用香精香料标准品选取原则。根据香精香料的理化性质和功能，分类收集有代表性的烟用香精、料液、香原料，通过了1万多支卷烟的评吸和近200组香精的闻香，进行了香精和反应型香原料的化学测试工作。

“中式卷烟香精香料核心技术研究”项目。在大量系统评吸的基础上，建立多种科学适宜的统计和量化评价方法和低焦油卷烟香味补偿技术评价指标，针对性地运用加香加料、叶组配方等技术手段对低焦油卷烟的香味补偿技术进行综合性研究。

“降低烤烟淀粉含量的技术研究”项目。研究栽培、采收、烘烤措施对烤烟淀粉含量的影响，找出大田中后期烟叶淀粉酶活性及淀粉含量变化，以及烘烤过程中烟叶淀粉降解的规律，形成一套降低烤烟淀粉含量的配套技术。

“高效液相色谱法测定卷烟烟气中的酚类化合物”项目。采用高效液相色谱——荧光检测技术，建立卷烟主流烟气中7种酚类化合物的测定方法，操作简便，灵敏度和重复性结果明显优于以往文献报道，具有创新性。

队伍建设

2006年，通过资格审查，严格面试，确定了3名博士、14名硕士进院工作，并对新引进人员实行严格的聘用制和试用制。继续实行专业技术职务评聘分开，对34名具备高级专业技术职务任职资格的人员进行了集中述职和答辩，对40名具有中级专业技术职务任职资格的人员进行评议确认。坚持和推动客座研究机制，以客座研究形式引进8名高级技术人才。设立院长科技发展基金和引进人才基金，重点支持前瞻性的应用基础研究，重点支持年轻科技人员的探索性研究课题和思路。

研究生教育工作

2006年，郑州院继续与中科院大连化物所联合培养烟草化学方向博士学位研究生，与东南大学签署《关于联合培养博士研究生协议》，开始联合培养烟草工艺方向博士学位研究生。通过全国硕士研究生入学考试和严格的复试，全年共录取12名硕士研究生，在读研究生的数量达到34名，其中，中共党员17名、联合培养博士研究生2名、合作培养硕士研究生4名、7名硕士研究生通过了毕业论文答辩，取得工学硕士学位，就业率达100%。

2006年，郑州院具备研究生指导教师资格的导师共有53人，其中上岗导师21人。全年郑州院硕士毕业生公开发表学术性研究论文12篇，其中在英国《质谱学快讯》上发表2篇。

合作交流

2006年，郑州院先后派出22个团组、60人次出国（境）参与合作试验、学术研讨和考察交流，扩大郑州院在国际上的影响力，取得更多的国际交流话语权。

特事要辑

1月5日~6日，郑州院承担的“烟用香精香料品控技术体系研究”项目启动会在郑州召开。该项目是国家局四大战略课题之一“卷烟调香工程”的重要组成部分。

1月11日，郑州院申报的“卷烟安全性综合评价指标体系研究”在科技部“2005年度中央及科研院所社会公益研究专项基金”项目评审中获得批准。这是郑州院第一次获得此类专项基金的资助。

5月27日~6月4日，院长闫亚明率领郑州院代表团赴韩国烟草人参公社中央研究院进行访问。

6月13日，郑州院易地建院工程项目顺利通过国家局组织的总体竣工验收。

7月1日，郑州院首次承担的国家科技部项目“辊压法烟草皱纹薄片制造方法及设备的研究”和“造纸法烟草薄片加工工艺和成套设备的研究”通过河南省科技厅鉴定。

11月15日~20日，郑州院作为CORESTA正式成员单位出席第26届CORESTA大会。

12月7日，郑州院与上海烟草（集团）公司签订《上海烟草（集团）公司与郑州烟草研究院“中华”牌卷烟技术创新研究协议书》。

国家烟草质量监督检验中心

概 况

国家烟草质量监督检验中心（以下简称“质检中心”）是国家烟草专卖局的下属机构，业务上由国家局科技教育司指导和领导，日常行政工作由郑州烟草研究院管理。1999年通过中国实验室国家认可委员会认可。

质检中心是非营利性的烟草及烟草制品、烟用材料专职检验机构。主要承担国家监督抽查和企事业单位委托检验，承担和参与烟草及烟草制品、烟草材料的国家标准、行业标准的制定、修订工作，开展有关检测方法的研究，开展分析测试技术研究，围绕产品质量控制、工农业生产和科研需要开展非常规检验测试项目的分析方法研究。2006年，质检中心共有技术人员27名，其中研究员2名，高级工程师5名，工程师14名，助理工程师3名。

领导成员

主任：闫亚明（兼）

常务副主任：胡清源

副主任：邢 军

机构设置

质检中心下设综合管理室、化学检验室、物理检验室、烟叶检验室、评吸委员会等5个部门。

质量监督检验

卷烟监督检验方面，统检2次，共检测样品142个；市场监督抽查2次，共检测样品277个，全年卷烟焦油量加权平均值为13.2毫克/支，较上年降低0.3毫克/支。烟用聚丙纤丝束和醋纤丝束检验方面，全年共检验样品19个，其中检验醋纤丝束10个，合格率30%；检验聚丙纤丝束9个，合格率88.9%。醋纤滤棒和丙纤滤棒检验方面，全年共检验样品16个，其中丙纤滤棒2个，醋纤滤棒14个，合格率100%。卷烟纸市场检验方面，全年共抽查12个国内企业和2个国外企业生产的37个卷烟纸产品，产品合格率为91.89%。对全国15个产烟省（市），69个县、市工商交接烟叶等级质量进行抽样检查，共抽检897个批次，46300把烟叶，24个等级，质量合格率为63%。

与广东省、云南省烟草质检站共同承担烟用香精香料的市场监督抽查工作，在全国57家卷烟工业企业（生产点）抽查144家烟用香精生产企业的366个产品，合格率为93.4%。与云南省烟草质检站共同承担烟用接装纸市场抽查，共抽查70家企业生产的92个烟用接装纸产品，合格率为92.39%。与上海市、云南省、湖北省烟草质检站共同承担国产及进口卷烟、烟叶的农残测定工作，共检测样品420个。

科研工作

2006年，质检中心在册科研项目及参与合作项目共30项，其中，A类项目27项、C类3项。由质检中心牵头的国家局科研项目4项，标准项目23项，院长基金类项目3项。分别有9位同志担任项目负责人，涉及卷烟、辅料、化学分析方法、产品设计的研究、计算机网络等领域。全年共发表论文11篇，其中第一作者5篇。

参加郑州院化学重点实验室承担的国家局重点科研项目“卷烟有害成分评价体系”的研究工作，按计划完成部分指标的测试。参与国家局科教司组织的“烟草制品的包装和标识”和“烟草制品成分检测、成分管制和信息披露”两个专题的研究工作。“国内外卷烟产品品质及设计技术分析研究”项目顺利结束，并通过郑州院学术委员会的验收。

完成卷烟、烟叶、五类烟用材料的质量监督检验工作，为新版《卷烟》国家标准的实施和烟用材料的市场准入提供数据支持。参与编写“烟草制品的包装和标识”、“烟草制品成分检测、管制和信息披露”两个专题报告，成为国内烟草行业全面履行《烟草控制框架公约》的先导性技术储备。完成“国内外卷烟产品品质及设计技术分析研究”项目，为企业的产品设计和开发研究提供指导和量化评定。开发设计的卷烟真伪鉴别管理系统正式运行，通过网络化传输，实现快捷的真品信息传递。

实验室管理

2006年，质检中心参加的国际间实验室比对和水平测试8项，其中参加国际烟草科学研究合作中心组织的测试4项，参加日本烟草研究院组织的测试1项。9月，中国合格评定国家认可委员会（CNAS）派专家评审组对质检中心进行复评审后的第一次监督评审，质检中心顺利获得卷烟端部落丝、总通风率和卷烟真伪鉴别、烟用印刷包装材料挥发性有机化合物检测4个新扩展承检项目的检验授权。

国际交流

组织召开卷烟烟气、卷烟纸、醋纤丝束共同实验及检测技术国际研讨会，共有100多家国内外实验室参加了共同实验，共筛选出检测技术论文33篇，内容涵盖“卷烟减害降焦技术探讨”、“国内外卷烟有害成分普查和品质分析”、“我国应对FCTC的设想”、“烟用材料在卷烟设计中的应用”等方面。

参加 CORESTA 的4个分学组活动，8项国际实验室共同实验结果良好。参加第四届共同实验和检测技术国际交流会，提高质检中心的国际知名度。

培训工作

行业培训。开展行业培训，涉及卷烟、烟用材料的物理、化学检测技术。组织卷烟感官评吸技术培训班，培训学员1013人，对其中752位合格者颁发了资格证书。受山东省烟草专卖局邀请，联合举办卷烟真伪鉴别培训班，培训学员78人。受贵州省烟草专卖局邀请，联合举办卷烟感官质量评吸技术培训班，共培训学员221人。受国家局科教司的委托，在武汉举办“卷烟烟气分析技术提高培训班”，培训技术人员24人。受贵州黄果树集团、川渝中烟工业公司、北京市烟草专卖局邀请，在贵阳举办“卷烟物理性能检验”培训班，培训学员49人。

内部培训。6月，举办《中华人民共和国烟草专卖法》、《产品质量法》、《计量法》、《标准化法》等4个法律相关知识的专题讲座，并进行了现场答疑和基础理论考试。聘请中国计量科学研究院的专家举办讲座，教授员工掌握测量不确定度的计算方法，确保质检中心承担的两个有关测量不确定度的标准项目顺利完成。开展 CNAS01：2005《检测和校准实验室认可准则》新准则的宣贯工作。

中国烟草科技信息中心

概　况

中国烟草科技信息中心（以下简称“信息中心”）是国家烟草专卖局批准建立的行业信息机构。其前身为原国家轻工业部烟草工业科技情报站。1986年4月，经中国烟草总公司批准更名为全国烟草科技情报站，1989年3月更名为全国烟草科技情报中心，1994年更名为中国烟草科技信息中心。

信息中心业务上由国家局科技教育司指导和领导，日常行政工作由郑州烟草研究院管理。主要从事国内外烟草科技信息的搜集、研究、加工、报道、交流和软科学研究、科技查新、咨询服务以及烟草科技评估、评价等工作，为国家局提供决策支持服务和为行业经济建设提供综合信息服务。

2006年，中国烟草科技信息中心以“为领导决策提供高水平的决策支持服务，为行业各单位提供高质量的综合信息服务”为宗旨，以“狠抓基础，提升质量，创新发展”和着力做好“三大类信息产品”为目标，完成国家局科教司、郑州院安排的各项工作任务。

领导成员

主　任：郑新章

副主任：程　彪、王　峙

机构设置

信息中心下设《烟草科技》编辑部、信息资源部、情报研究部、网络系统部和综合部共5个部门。

编辑出版与信息资源建设

《烟草科技》。2006年，《烟草科技》进行全面改版。重新设计了刊物封面，改变装订形式，增加页码（由48页增加至64页）。全年共编辑出版《烟草科技》12期，发表论文190篇，与上年同比增长10%，约153.6万字。基金论文51篇，占发表论文总数的26.8%，其中，国家局基金资助项目论文31篇，占发表论文总数的16.3%。每期发行量5000多册，与上年同比增长70%。完成《烟草科技》理事会组建工作。完成《烟草科技》网络版的设计与维护工作，初步设计和确定了5个《烟草科技》主页页面和7个二级页面。

编辑出版《烟草科技》论文集，对收录论文进行统计分析。2005年美国《化学文摘》收录的《烟草科技》第1～12期刊登的72篇论文（约45万字），约占2005年《烟草科技》刊登论文量（173篇）的41.6%。

信息资源建设。中国烟草信息文献资源系统建设，完成中外文烟草科技文献的收集、加工整理工作。全年共收集中外文烟草的期刊文献、会议论文、学位论文、中外专利文献1.6万余篇、中外烟草信息8000多条。中国烟草科学技术数据资源系统建设，完成科技数据库系统技术平台的设计，数据库结构设计，数据库发布系统的开发，系统的安装调试，数据的加工及上网发布等工作，科学技术数据库有6大类，共21个烟草科学技术方面的数据库，该数据库系统于5月正式开通。中国烟草行业数字图书馆资源建设，共加工及购买数字烟草电子图书1287册，截至2006年底，共拥有数字图书1653册。2006年，新增设图书管理系统，完成中外文图书共16761种合计21085册、中外文期刊6571册（合订本）的入库工作。

“中国烟草科教网”。完成中国烟草科教网信息资源发布与改版工作。全年各种数据库共增加数据3.6万条，全文上网9660篇；科教网发布信息5000多条，各类文献2000篇。新增“重大专项”等栏目。截至2006年底，“中国烟草科教网”共有24个数据库，网上信息量22万多条。

完成中国烟草科教网网站发布系统、数据加工系统及数据库的设计开发，页面改造以及新老系统的数据移植等工作。5月，中国烟草科教网新系统正式使用，新系统采用万方RMS数据库作为文献数据库系统，共有栏目50多个，网站后台采用三级审核制度，完成对信息的三级审核。

科研工作

2006年，参与完成国家局软科学项目“卷烟工业企业技术创新能力评价及发展态势”。参与完成“烟草行业认定企业技术管理办法”，以及评价指标体系的研究与制订工作。参与完成《国家烟草专卖局科学技术奖励办法》和《国家烟草专卖局科学技术奖励办法实施细则》的修改完善工作。参与完成“烟草行业知识产权战略实施方案”的前期研究与起草工作。起草《2000~2005年中国卷烟生产企业获得国家授权专利统计分析》、《2005年中国烟草专利统计及分析》、《2005年7月~12月美国专利局公开（公告）部分烟草专利简介》、《1985~2006年国内重点卷烟工业企业授权专利统计表》等分析研究报告。申报“中国烟草知识产权发展策略与管理研究”项目获得国家局批准，已上报项目合同书，同时开展国外部分专利数据的分析及调研工作。

“国内外卷烟产品品质及设计技术分析研究”项目。在对国内外卷烟产品品质及设计数据进行全面的分析的基础上，进行数据网上发布系统的技术平台设计，数据库结构设计及程序开发。烟草种植区划项目，主要进行了系统方案设计，数据发布系统的开发设计GIS系统的调研招标等工作。

《烟用香精香料实用手册》的编撰工作、“烟用香精香料数据库”项目、“烟草及烟气化学信息资源系统建设”项目均完成了网上发布系统的开发研制，数据的校核、整理、分类、加工入库工作和项目技术文档的编写及整理等工作。

开展2005年度烟草行业R&D数据统计及核查，采用新的卷烟工业企业技术创新能力评价系统对数据进行了分析和评价，撰写《烟草行业卷烟工业企业技术创新能力评价研究与分析》（2005年度）分析报告，提交国家局科教司。

中国烟草标准化研究中心

概　况

中国烟草标准化研究中心（以下简称“标准化中心”）成立于1995年1月，是国家烟草专卖局批准建立的行业标准化、计量专业机构，业务上受国家局和郑州烟草研究院领导，接受国家质检总局、全国标准化管理委员会的业务指导。专门从事烟草标准化的研究及推广，组织重大标准的制（修）订，为行业提供标准体系框架，引导行业科学地制（修）定标准、积极地采用国际标准。2003年建立中国烟草标准化网：www.ctsrc.org.cn。

标准化中心负责烟草行业计量基准的建立、专用检测仪器的量值溯源以及标准物质的制定，负责行业计量体系和计量网络的建立。作为ISO/TC126烟草和烟草制品技术委员会在国内的技术归口单位，承担国际标准日常投票工作，为行业及时提供国际标准最新信息，组织专家对国际标准项目进行试验验证，开展中国烟草标准向国际标准上升的提案制订工作。负责烟草行业卷烟代码的审查、备案工作。

2006年，标准化中心围绕“2006年烟草行业科技工作基本思路”，以“项目带动战略”，提升科研和标准研究的水平，提高队伍素质；以“技术标准战略”，提升标准化工作的有效性和对行业发展的贡献度。坚持“有所为，有所不为”工作原则，在科研和标准研究与标准化管理推广两个领域均做出了一定的成绩。全年引进硕士研究生2名，共有职工13人，其中高级工程师5人，工程师5人、助理工程师1人。

领导成员

主　任：范　黎

副主任：陈连芳

机构设置

2006年，标准化中心撤销标准化技术委员会秘书处、综合管理室，成立标准化管理室、标准化研究与推广室。共有标准化研究与推广室、标准化管理室、计量室3个部门。

科研项目

科研成果。2006年标准化中心通过国家或行业标准审定的项目11项、国家局科研项目1项；作为第一承担单位，“烟草专用吸烟机风速仪计量基准”项目获得2006年度国家局科技进步三等奖。参与“雪茄烟系列标准”项目，该项目获得首届“中国标准创新贡献奖”。《浅析烟用接装纸产品的卫生安全性》在《中国造纸》（中文核心期刊）发表；《落实科学发展观，建立以市场为主导的企业标准化发展模式》在《中国标准化》发表。“旋转箱式卷烟端部落丝多组测量装置”申报实用新型专利。

完成科研项目。全年共完成《卷烟品牌许可生产质量保障通则》、《卷烟企业清洁生产评价准则》、《卷烟条与盒包装纸中挥发性有机化合物的测定方法》、“卷烟材料安全性研究—滤嘴用卷烟材料有害无机元素的分析研究”等科研项目或标准项目。

《卷烟品牌许可生产质量保障通则》和《卷烟企业清洁生产评价准则》是标准化中心2006年重点完成的管理和技术评价并举的标准项目。《卷烟品牌许可生产质量保障通则》对规范卷烟品牌许可生产经营活动，推动优势品牌做大做强，保障多点生产同一规格卷烟质量和风格的一致，具有很强的现实意义和指导意义。《卷烟企业清洁生产评价准则》是一个综合、系统的清洁生产评价标准，指标涵盖了烟草资源、能源的利用，废弃物的控制和环境管理等要素，并突出了源头控制，对建设“资源节约型、环境友好型”企业具有长远的意义。以上标准于2006年正式发布。

“卷烟条与盒包装纸中挥发性有机化合物的测定方法”项目是标准化中心与上海烟草集团、郑州烟草研究院烟草化学重点实验室、国家烟草质量监督检验中心等多家单位共同研究制定的标准，标准化中心为牵头单位之一。通过试验验证，确立测定VOCs含量的方法“顶空——气相色谱法”。2006年3月，其限量标准的制定工作正式启动。

“卷烟材料安全性研究——滤嘴用卷烟材料有害无机元素的分析研究”项目是国家局2002年科研类项目，通过研究，建立了直接接触人体口腔的8种滤嘴材料中有害无机元素（Hg、As、Pb）及荧光增白剂的分析测定方法；研究分析了纸品中荧光增白剂与白度、不透明度之间的关系；分析研究了国内外同类产品的差异；提出了限量要求。

在研项目进展情况。2006年，在标准化中心负责牵头的标准项目中，在研项目15项。包括《卷烟产品综合评价》、《烟草制品标准体系》、《烟用三乙酸甘油酯》、《烟草分析用主要化学标准物质——氯、氮、钾》、《烟草农业标准体系》等项目。

基础工作

加强实验室建设。购置电位滴定仪、顶空进样器、原子荧光仪、离子色谱仪以及两台计量基准器。在烟草化学标准物质的研究以及计量检定工作的开展方面，实验手段得到了加强。

建立参比样品库。在原有的感官标准样品、烟气标准样品的基础上，建立包括各示范区典型烟叶在内的参比样品及相应的数据库，丰富示范工作的内涵，扩大了标准样品的范围。同时，建立标准样品库，改善标准样品的贮存条件，为进一步建立健全标准样品体系提供条件。

计量基准的建标工作。“烟草实验室环境条件计量基准”通过国家质检总局考核，并获得国家局的正式授权，成为烟草行业正式建立的第四个烟草专用计量基准。根据国际间的交流和比对，将《烟草专用气体压力标准装置》、《烟草专用气体流量标准装置》从2002年建标时使用的CFO法提升为闭环控制法。标准化中心计量室依托四项计量基准检定相关计量器具2000余件，为保证行业质检工作的科学性提供有力的支持。

标准化工作

全标委工作。2006年，标准化中心配合国家标准委、国家局审定发布国家标准、行业标准、感官标准样品、烟气标样。配合完成2006年标准项目合同审查以及2007年标准项目申报、答辩工作。配合国家局科教司组织召开第三届全标委工作会议以及全标委和分标委的换届或成立工作。派出标准化专业技术人员对部分分标委进行标准化专业知识培训。注重各分标委之间所辖标准的界定、工作衔接以及标准的终审工作，共终审标准报批稿40余个，并确保标准文本的质量。

标准化示范工作。按照国家局对标准化示范、推广工作提出的“典型引路、以点带面”，以及“‘十一五’末期要力争在主产区基本实现烟叶的标准化生产”的要求，在国家局科教司的统一部署下，标准化中心稳步推进烟叶生产标准化示范工作，开展对第四、第五批16个示范区标准体系建设的指导，并加强了对前三批标准化示范区维护与改进的指导工作，使示范区建设步入规范化的轨道。启动“卷烟标准化生产示范企业建设”项目，以标准化的形式来规范和引领企业各项工作的开展，该项目已完成“卷烟企业标准化工作要求与评价”的阶段性工作，首批已有6家卷烟重点企业纳入示范企业建设。

国际标准化工作。参与国际标准化组织ISO/TC126的活动，5月赴美国拉斯维加斯参加ISO/

TC126第26届会议暨ISO/TC126/SCI“物理及测试分技术委员会”会议。与国外多家烟草专用检测仪器生产企业建立了计量检定的实验室比对。受郑州院委托赴美国Borgwaldt－kc公司进行技术交流和共同实验。参加了国家组织的“中国烟草标准化赴日韩技术交流团”，专门就卷烟标准、企业技术标准体系与日韩进行了技术交流。

特事要辑

2月5日，中国烟草标准化研究中心“烟草实验室大气环境检定装置”通过国家质检总局组织的计量考核，成为烟草行业建立的第6个行业计量检定项目。

中国烟草总公司合肥设计院

概　况

中国烟草总公司合肥设计院（以下简称“合肥设计院”）成立于1990年6月，是国家烟草专卖局直属管理的专业设计院。主要从事烟草行业大型技术改造建设工程设计和服务，以及行业工程建设基础研究性工作。合肥设计院具有国家建设部批准的“轻纺行业（烟草）甲级”和“建筑工程乙级”设计资质，具备承担行业内大中型技术改造工程项目设计和高中级民用建筑设计的能力。2006年10月合肥设计院迁入新址，新院址占地面积为18667平方米，拥有一座自行设计的建筑面积近6000平方米的科研办公楼。共有员工73人，其中，专业技术人员63人，获得高级职称任职资格34人、中级职称23人，国家一级注册建筑师1人，一级注册结构师3人。

2006年全院坚持以设计业务为中心的工作指导思想，把做好设计主营业务作为设计院工作的突出重点，贯彻落实到工作流程的各个环节，以设计项目为抓手，以提高质量为宗旨，以注重效率为促进，以跟踪服务为保障，全面做好设计服务工作。

组织机构

合肥设计院内设生产设计处（总师办）、经营处、人力资源处、财务处、办公室5个处（室）。

领导成员

院长、党委书记：朱小平

副院长、党委委员：陆　敏

经济效益

2006年，合肥设计院新签订设计项目合同13项，其中，卷烟厂技改项目2项、复烤厂技改项目2项、卷烟配送中心项目3项、烟草用库房项目3项，以及其他工程项目3项，合同金额为1980万元。全年完成设计项目11项，设计费收入1470万元，上缴税收135万元，实现利润4万元。设计费收入和合同额双双创历史新高。

在继续从事卷烟厂、打叶复烤厂等主流项目类型设计的同时，积极探寻新的业务增长点，努力开拓新市场，重点抓住卷烟配送中心物流项目的设计，囊括安徽、江西两省全部卷烟配送中心的物流项目设计。

设计研究项目

2006年承接的主要工程设计项目有：张家口卷烟厂技术改造（二期）、汉中卷烟厂技术改造、郑州卷烟厂技术改造（二期）、合肥卷烟厂生产车间及烟库工程、毕节复烤厂技术改造、江西景德镇卷烟配送中心工程、江西鹰潭卷烟配送中心工程等。同年，在毕节复烤厂技术改造项目设计中投标中标。

在国家局的主持下，合肥设计院组织编写了《卷烟配送中心设计规范》（送审稿）。

在中烟电子商务公司组织的行业所有地市级局（公司）参加的三期卷烟物流培训班上，院分管业务的副院长担任第一讲，为行业卷烟配送统一标准建设打下基础。

企业管理

2006年，全院始终坚持把解放思想、更新观念、强化市场意识和服务意识作为抓改革促发展的先导工程。

*加强市场意识。*认真解决市场意识不强、竞争意识不浓、服务意识不牢、工作作风不实等突出问题，引导职工增强危机感和紧迫感，强化市场意识，坚决破除“等、靠、要”的依赖思想，以竞争意识参与市场。院领导亲自带领生产经营人员跑市场、抓项目，经常到业主单位回访了解情况、解决问题，大力开展市场开拓工作。

*提高服务意识。*在逐步树立市场意识的基础上，设计院不断增强服务意识，提高服务质量和水平。坚持“设计院、项目组与业主单位联系不断”、“设计人员驻现场服务不断”的“两个不断”的服务宗旨，通过服务及时消除供需双方的误解和矛盾；为业主单位提供项目的技术需求和周到细致的服务，使项目得以顺利实施。在郑州卷烟厂技改项目实施过程中，合肥

设计院派出三名一级注册建筑师和结构工程师进驻施工现场，帮助建设单位解决由于施工原因造成的梁柱结构安全问题，采取优化的技术加固方案进行处理，使得技改工程顺利进行下去，得到建设单位的充分肯定与好评。全年派驻建设工程现场人员达15人次，驻现场人员中时间最长者达151天。

加强管理制度。加强对考勤制度、物业管理办法、职工补充保险实施办法、职工薪酬分配实施办法、领导班子成员薪酬管理暂行办法的贯彻落实，充分保障职工的民主管理权利和发挥职工的积极性和创造性。

多元化清产核资。成立多元化企业清产核资领导小组，开展清产核资、企业国有产权无偿划转、同级审计等工作。

队伍建设

按照从严治党的方针，注重领导班子自身建设，从加强班子自身的学习和提高入手，结合实际开展批评和自我批评。切实加强人才工作，大力实施人才强院战略。2006年招聘6名专业技术人员，先派遣到卷烟生产厂进行实习培训，再安排到专业岗位工作。

党风廉政建设

全面推进党风廉政建设和反腐倡廉工作中，着重在从严管理、完善制度、加强监督制约、认真查找薄弱环节上下工夫。制定《中国烟草总公司合肥设计院建立健全惩治和预防腐败体系实施意见》，并上报安徽省直工委纪工委。在新院科技办公楼工程建设中，严格按基建程序和规章制度办事，坚持公正、公开、公平原则和阳光操作，严防“大楼建起来，干部倒下去”的违规违纪现象发生。

加强党员干部的述职述廉制度，坚持年终对中层以上领导干部和行政管理人员从“德、能、勤、绩、廉”等方面进行综合性考核，干部在全院职工大会上进行述职并接受全院职工的民主测评和考核，考核结果作为兑现当年绩效工资的重要依据。

中国烟草育种研究（南方）中心（云南省烟草科学研究所）

概　况

中国烟草育种研究（南方）中心（以下简称“中心<所>”）成立于1995年，与云南省烟草科学研究所合署办公，承担国家局下达的烟草育种研究和优良品种的推广应用等任务。截至2006年底，共有职工148人，其中在职正式职工91人。在职职工中有科研人员77人，其中，高级职称21人、中级职称45人。中心（所）共有博士研究生13人、硕士研究生33人。

2006年，中心（所）坚持“科研来源于生产、科研必须为生产服务”的宗旨，针对烟草生产中存在的科学技术问题，以应用研究为主，基础研究为辅，科研与推广相结合，出成果、出人才、出效益。根据中式卷烟对烟叶原料的要求，瞄准世界烟草农业先进水平，以烟草新品种选育及其配套技术研究为重点，不断提高持续创新能力，努力建成国内一流、国际知名的烟草农业科研单位。

领导成员

所长、副书记、中心主任：邵　岩

副所长、书记：郭生云

副所长：邓云龙

中心副主任：李永平

副所长：易　冕（2006.2－）

副所长：晋　艳（2006.2－）

组织机构

中心（所）设办公室、科研管理科、财务科、基地管理科、育种研究室、生物技术研究室、栽培研究室、植保研究室、烘烤研究室、信息中心、科技推广中心、分析测试中心等12个科室（中心）。

科研工作

科研项目。2006年，中心（所）共承担各级科研项目（课题）64个，其中国家基金项目2个，国家局项目4个，省科技厅项目5个，省公司项目53个。2006年中心（所）向云南省烟草公司申报项目16项，批准立项10项。“低烟碱、早熟烤烟新品种选育”和“中津烟草技术合作研究”两个项目通过国家局立项。“烟草优质多抗新品种选育及配套技术研究与示范”申报云南省科技厅“十一五”攻关项目，并获立项。

科研成果。2006年，中心（所）共获科研成果14项，其中，获国家烟草专卖局科技进步二等奖1项，获云南省科技进步三等奖2项，获云南省烟草公司科技进步奖11项（见表一）。全年中心（所）获授权专利5项，申报受理专利3项（见表二）。

2006年，中心（所）专著《云南烤烟生产新技术》、《云南烤烟轮作规划研究》由科学出版社出版；专著《云南烟草栽培学》、《津巴布韦烟叶生产》、《云南烟叶主要化学成分分析》、《烟草种子学》完成校稿，待出版。

全年中心（所）共发表科研论文248篇，其中，有影响因子的179篇，影响因子超过1.0的3篇，汪安云在《环境科学学报》上发表的《一株降低烟草中特有亚硝胺细菌的分离鉴定及特性研究》论文，影响因子为1.201；肖炳光在《作物学报》上发表《烤烟几种主要化学成分的遗传分析》，影响因子为1.187；方敦煌在《中国生物防治》上发表的《烟草赤星病拮抗菌株B75产生抗菌物质的条件》，影响因子为1.132。

2006年，在加拿大召开的第60届TSRC会议上汪安云宣读了题为《Identification of Dominating Bacteria Strain of Burley Tobacco by Applying WB5 Strain During Air-curing》的论文；在法国召开的2006年度CORESTA会议上，祝明亮宣读了题为《Specific Molecular Markering of Biocontrol Fungus Pochonia chlamydospora ZK7 for Tobacco Root-knot Nematodes》的论文。

科技推广。派出20余名科技人员深入烟叶生产第一线驻点，到文山、思茅、临沧、保山、丽江等新烟区指导烟叶生产，同时承担国家局“部分替代进口烟叶开发”7个点的技术依托任务。

针对当地烟叶生产中存在的问题，应用现有科技成果，集成先进实用技术，对烟农和基层干部进行科技培训和技术指导。全年对全省12个州（市）公司及香料烟、白肋烟公司，96个县公司分管烤烟的领导和技术骨干进行培训。培训采取严格考勤、严格管理、严格考试的方式进行，克服了以往举办培训班流于形式的状况，收到了良好的效果。同时，根据各产区要求，在不同生产环节选派科研人员深入田间地头对基层科技人员和烟农进行培训，促进各项先进适用技术的落实到位。

新品种选育

2006年，烤烟品种“云烟201”、香料烟品种“云香巴斯玛一号”通过全国烟草品种审定委员会的审定。烤烟品种“云烟98”、“YNH09”，白肋烟品种“YNBS1”通过了全国烟草品种委员会组织的农业评审。中心（所）自行育种的“云烟85”、“云烟87”等品种的种植面积占全国烤烟种植面积的50%以上，改善了中国烤烟生产长期依赖国外引进品种的被动局面。加大新品种示范力度，全年共有6个烤烟新品系参加云南省品种区域试验，2个品系参加全国烤烟良种区域试验。共有9个烤烟品种（系）在云南省烟叶主要种植区进行生产示范，示范面积达265026亩。

2006年，中心（所）收集保存烟草种质资源数量达1839份，鉴定评价烟草种质资源863份。加强生物技术在烟草育种上的应用研究，开展烟草性状的基因定位及分子标记辅助选择研究，在国内外首次构建出了烤烟分子标记遗传连锁图谱。

烟草种子产业化

为适应和满足烟叶生产发展的需要，在中国烟叶公司和云南省烟草公司的领导下，云南省烟科所加速烟草种子产业化发展步伐，2001年8月成立了玉溪中烟种子有限责任公司。2006年，玉溪中烟种子有限责任公司共销售烟草包衣种子621.31万袋，其中省外销售179.35万袋，分别销往内蒙古、辽宁、甘肃、山东、河南、广西、福建、江西、浙江、安徽、四川、重庆、贵州等省、市、区，省外市场份额占有率为41.42%；省内销售441.96万袋，省内市场份额占有率为100%。催芽包衣种总销售量为217.30万袋，在全省的推广比例为49.17%。

烟叶生产配套技术研发

着眼云南烟叶可持续发展，研究明确了连作对烟叶质量和种植土壤的不良影响，为全省烤烟实施轮作提供科学依据。对目前云南省种烟的12个州、市进行烤烟轮作规划，形成了96个种烟县的基本烟田规划数字地图。在补充和完善2005年云南省基本烟田水利设施建设规划的基础上，修订了云南省基本烟田水利基础设施五年建设规划。

开展病虫害的预测预报和综合防治工作，降低云南烟草主要病虫的危害程度。开展“烟草丛顶病预防技术研究”，有效控制了保山、大理、楚雄等州、市烟草丛顶病高发烟区的病情。应用分子生物学手段和方法研究病虫害危害机理，在病原诊断、控制技术上取得较大进展。

按照烟叶烘烤“集约化、自动化、专业化”发展方向，紧紧围绕“降害增香，提高可用性”的烟叶质量主攻目标，进行云烟2000型烤房、卧式密集自动烤房（YM-A）、立式密集自动烤房（YM-B）、小型普通烤房密集化改造（YM-C）等类型烤房的研发和试验示范工作，并取得阶段性成效。

表一　　2006 年获奖科研成果情况表

序号	成果名称	奖　项	奖励等级
1	烟草种子标准化繁育关键技术研究及产业化示范	国家烟草专卖局科技进步奖	二等奖
2	云南烤烟淀粉代谢及对烟叶香吃味的影响研究	云南省政府科技进步奖	三等奖
3	烟蚜抗药性监测及治理技术研究与应用	云南省政府科技进步奖	三等奖
4	烟草种质创新利用与种子关键技术研究	云南省烟草公司科技进步奖	一等奖
5	烟草中转基因成分检测及检测技术研究	云南省烟草公司科技进步奖	一等奖
6	云南省烤烟轮作规划	云南省烟草公司科技进步奖	二等奖
7	烤烟水肥耦合作用及其调控技术的研究与应用	云南省烟草公司科技进步奖	二等奖
8	提高烤烟品质的营养调控技术研究	云南省烟草公司科技进步奖	二等奖
9	烟草漂浮育苗基质替代原料开发及相关技术深化研究应用	云南省烟草公司科技进步奖	二等奖
10	云南不同烤烟成熟度农艺特征及不同生态条件下烘烤技术的研究	云南省烟草公司科技进步奖	三等奖
11	典型田烟与地烟的质量差异比较研究	云南省烟草公司科技进步奖	三等奖
12	烟区交通干道植烟土壤及烟叶质量调查	云南省烟草公司科技进步奖	三等奖
13	新型高效生物农药控制烟草主要病虫害研究与应用示范	云南省烟草公司科技进步奖	三等奖
14	云南烟叶生产科技信息网站建设	云南省烟草公司科技进步奖	三等奖

表二　　2006 年专利授权和受理情况表

序号	专利发明人	专利名称	专利号	授权或受理
1	白永富、卢秀萍、方敦煌等	一种烟草生物型包衣丸化种子的生产方法	ZL03135484. x	授权
2	祝明亮、李天飞、汪安云等	一株降低烟草特有亚硝胺含量的放射根瘤菌及其应用	ZL03135608	授权
3	雷丽萍、李梅云、邓建华	一株以节支菌 AS－1 菌株制备的生物制剂及其应用	ZL2004100796506	授权
4	李梅云、雷丽萍、崔国民	一株以节支菌 AS－2 菌株制备的生物制剂及其应用	ZL2004100796510	授权
5	祝明亮、李天飞、汪安云等	降低烟草特有亚硝胺含量的生物制剂及其制备方法	ZL03135607. 9	授权
6	秦西云、谭仲夏、莫笑晗等	微波技术在烟叶干燥处理中的应用	200610010671. 1	受理
7	秦西云、杨宇虹、谭仲夏等	烟叶样品在进行近红外分析测试前的样品处理方法	200610010716. 5	受理
8	祝明亮、罗义勇、李梅云等	赤星病菌对二甲酰亚胺类杀菌剂抗药性的分子检测方法	200610010856. 2	受理

中国烟草东北农业试验站
（中国烟草进出口烟叶检测站、黑龙江省烟草科学研究所）

概　况

1995年3月，经国家局批准，依托黑龙江省烟草科学研究所建立中国烟草东北农业试验站（以下简称“东北站”），负责辽宁、吉林、黑龙江、内蒙古烟区的烟叶科研和技术推广工作。2006年，东北站共有职工23人，其中高级职称10人，中级职称5人。2006年11月，黑龙江省烟草专卖局为适应烟草行业的改革和发展，使科研所专心科研，指导和服务全省烟叶生产，充分发挥“一所两站”的作用，将东北站行政人员划分给牡丹江烟叶公司，退休人员划归牡丹江市烟草公司。

2006年5月20日，郭兆奎被国家局授予“全国烟草行业‘十五’科技创新工作先进个人”称号。

领导成员

主任、所长、党委书记：耿　牧

校长、党委副书记：栾　双（2006.11－）

副所长：辛　钢

郭兆奎

毛　怀（2006.3－）

副校长：耿玉林（2006.11－）

组织机构

东北站设高新技术研究室、栽培与烘烤研究室、育种研究室、植保研究室、土化研究室、办公室、财务科7个科室。

高新技术研究

2006年进行项目有：“应用RNAI提高烟草对病毒病抗性研究”、“转葡萄糖氧化酶（GO）基因提高烟草青枯病抗性研究”、“烟草病虫生物防治技术研究”、“烟草马铃薯Y病毒株系鉴定方法与区域分布的研究”、“转基因烟草标准物质的制备”、“转基因烟草标准物质的制备”、“CORESTA烟叶检测样品取样方法”等。2005年申报课题有一项与中国农业科学院生物技术研究所合作课题“冷诱导转录因子CBF基因转化烟草及其抗寒抗旱性研究”获国家局立项，正在进行前期的研究工作。

烟草转基因检测工作方面，较好地完成了2006年国内各烟区出口烟叶和进口烟叶、卷烟的转基因检测任务，共检测各类样品307个，其中，包括出口成品烟叶样品25个、发现阳性样品1个；烟叶出口备货基地普查样品131个，未发现阳性样品；检测进口卷烟样品35个、进口烟叶样品116个，未发现含有转基因成分样品。

开展烟草分子生物学的研究、转基因材料中间实验、专利申请等工作，获得具有自主知识产权烟草吸钾相关基因全序列4个，申报发明专利2项。

育种研究

根据黑龙江省科学技术厅科技计划项目“主要农作物资源创新利用及新品种选育”项目合同书（GB01B102－09－02）的要求，东北站承担了“优质烤烟资源创新利用及新品种选育”课题。

以常规育种（杂交育种）为主，与引种鉴定、系统选育、雄性不育杂种优势利用等多途径相结合。广泛收集品种种质资源，创造新的遗传变异群体，采取温室加代等有效措施，加快选育进程，缩短育种年限，尽快选育出优质、适产、抗病性较强的新品种。经过2006年的试验，准备推荐参加全国区试（小区）品种（系）1个：“0237”。可推荐参加黑龙江省烤烟良种区域（小区）试验品种8个：“9819－811”、“9826－412C”、“9833－511”、“9833－514”、“9859－142”、“9859－611”、“9861－81”和“9861－82”。通过对田间生长状况、农艺性状的调查，以及烤后烟叶外观质量和主要经济性状结果统计分析综合评定选出“9819－811（3）”、“9826－412C（7）”、“9833－511（8）”、“9833－514（9）”、“9859－142（13）”、“9859－611（14）”、“9861－81（17）”和“9861　82（18）”共计8个品系参加2007年更高级别的试验。

栽培研究

东北站栽培研究室2006年主要进行的项目有：“东北优质特色烤烟定向栽培技术开发研究”、“优质填充型烤烟适宜成熟度的生理生化基础研究”、“以成熟度为中心的烤烟配套生产技术开发研究”（国家局课题，东北站所协作，承担东北区域的工作）、“密集烤烟回潮技术研究”（国家局课题，东北站所协作）。

在成果转化方面：2006年，推广应用刨坑机1500余台，降低了烟农的劳动强度，提高了技术措施到位率。与东北农业大学共同合作、联合开发烤烟移栽机，经过三轮试验，效果显著，进入生产样机阶段。与东北农业大学联合开发DDKY－05－Ⅱ型智能烤烟控制仪，并在哈尔滨烟区全面推广，共计推广3500台，为黑龙江省半密集烤房通过国家烟叶公司的验收、争取资金扶持提供了重要保证。与佳木斯农垦科学院生物研究中心联合开发烟草专用有机肥，并在全省烟区推广300吨，收到良好效果。

土化研究

土化研究方面，开展“烟草平衡施肥技术推广”、“植烟土壤氮素矿化规律的研究”、“黑龙江省植烟土壤磷有效化技术研究”等课题和项目，并进行了烤烟新品种的肥料试验和烤烟漂浮育苗研究。

2006年，化验土壤样品2865个，烟叶样品600个。为吉林大安市测定土壤样品50个。负责牡丹江烟叶公司的基地开发工作，重点抓密山基地开发工作，2006年，密山市烟叶平均单产172.4公斤/亩，均价8.43元/公斤，亩产值1453元。

植保研究

2006年，东北站值保实验室进行“烟草主要病虫害预测预报及综合防治技术应用”、“新型烟用农药对比试验”、“无公害烟叶生产技术研究与应用”、“烟草主要病虫害治理技术集成与示范推广”和“烟叶化学合作分析”等项目和课题的研究。

对哈尔滨烟区的肇东、绥化、宾县、集贤、富锦，牡丹江烟区的宁安、宝清、海林等10几个主要烟叶生产县、市进行了全面的植保技术培训，并在试验场的烘烤班上进行了植保技术讲座和现场诊断、防病技术的操作共24学时。

技术服务

为哈尔滨烟叶公司、牡丹江烟叶公司提供有偿技术服务。从品种特点及配套技术、育苗（漂浮育苗）、病虫害防治、栽培技术措施等各个环节入手，对两大烟叶公司的生产技术人员、烟农进行培训，累计培训2000余人次。

完善烤烟测土施肥、平衡施肥、病虫害预测预报、品种示范网络建设，累计为烟区化验土样2867个，进行测土施肥的配方指导，化验烟叶样品1215个。

发布《黑龙江省烟草病虫简报》6期，对天气形势、品种阶段抗病性的特点、主要病虫害发生趋势进行讲解、诊断、识别，提出综合防治技术措施，使烟农提前做好预防准备工作。

科技成果

全年共主持承担各类科研课题22项，其中国家局课题14项，省科技厅新立课题1项，黑龙江省局（公司）课题7项。“烟草转基因检测方法研究”荣获国家局2006年度科学技术进步二等奖。在黑龙江省烟草品种审评会上，由黑龙江省烟草科学研究所选育的烤烟新品种“0035”和“9625”通过了审评，分别定名为“龙江935”、“龙江925”。

中国烟草东南农业试验站（福建省烟草农业科学研究所）

概　况

中国烟草东南农业试验站（以下简称“东南站”）于1995年5月在福建三明成立，福建省烟草专卖局烟草农业科学研究所（以下简称“福建烟科所”）于1996年在福建三明成立，东南站与福建烟科所实行一套班子、两块牌子管理。2004年全面完成福建省烟科所和东南站的异地搬迁工作，东南站与福建烟科所位于福州市晋安区宦溪镇，并在龙岩、三明、南平3个主产烟区建立分所。全省烟草农业科研已形成以东南站、福建省烟科所为龙头，龙岩、三明和南平3个分所和13个产烟县的烤烟试验站组成的科研试验网络。东南站、福建烟科所共有在岗职工17人，其中，博士研究生学历2人、硕士研究生学历4人，研究员1人；高级农艺师5人，中级技术职称1人，初级职称1人。

领导成员

所长：陈顺辉

副所长：林桂华

机构设置

下设办公室、科研开发部和行政事业部等3个部门；科研开发部内设烤烟遗传育种、营养与栽培、调制技术、病虫害综合防治、化学分析等5个研究室和福建省烟草病虫害预测预报及综合防治站；龙岩、三明、南平三个主产烟区设立分所。

科研工作

2006年，以福建风格特色烟叶为研究重点，在烤烟育种、营养与施肥、病虫害测报与防治、烘烤等方面，开展“福建省烤烟种植区划研究”、“部分替代进口烟叶生产示范”、“以成熟度为中心的配套生产技术试验示范与推广”、“福建适应性烤烟新品种选育”、“优质烟叶生产科技示范基地建设”等国家局项目和“福建清香型特色烟叶综合技术开发”、“福建烤烟优化推荐施肥试验与示范”、“烤烟新品种选育和试验示范”、“病虫害预测预报及综合防治技术研究”、“自动化烘烤设备与技术研究”等省局项目的研究工作。

清香型特色烟叶开发研究。研究制订清香型烟叶生产技术方案，建立4.71万亩的生产示范片，并在9个县（市）开展了相关的试验研究。主栽品种“翠碧1号”和“F1－35、C2”两个新品系，烤后烟叶外观质量较好，烟叶颜色橘黄、油份较足、叶色鲜亮，烟叶感官评吸质量具有明显的清香型风格，烟叶可用性强。同时，初步明确清香型烟叶生产的生态区域。

新品种选育。选育的新品系“K07”通过2004、2005两年全国品种区域试验和2005、2006年的新品种示范。获得全国烟草品种审定委员会高度评价，认为该品系是一个产量、品质、抗性较能兼顾，综合性状表现较好的优良烤烟新品系。2006年，全省示范推广“K07”新品系2800余亩。在武平等7个县开展新品系“F119”、“F123”、“DLY－1”的试种试验，其中“F123”表现突出，已申报参加2007年全国品种区域试验。在长汀、泰宁、延平3地开展“F209”等7个新品系小区比较试验。在省科研基地进行300多份杂交一代至六代及高代育种材料的选择。

完成农业部“948”项目。农业部“948”项目“养分资源综合管理”的子项目“福建烤烟氮素营养与优化推荐施肥技术研究”的评审鉴定。“福建烤烟氮素营养与优化推荐施肥技术研究”项目包含了5项创新，总体研究达到国内烟草同类研究的领先水平，在土壤矿化氮素对烟株上部叶烟碱的影响及机理研究达到国际先进水平。

“福建省烤烟种植区划研究”项目。已完成全省生态资源和烟叶质量的普查、基础数据资料的收集、整理与分析工作，建立生态资源数据库，构建评价福建烤烟生态适宜性评价指标体系。

“部分替代进口烟叶生产示范”项目。与南平烟草分公司、浙江中烟工业公司杭州卷烟厂研究制订生产技术方案和工业验证计划。在烟叶生产的各个关键时期，如育苗、移栽、追肥、打顶和采收等时期，深入田间地头进行技术指导，帮助培训烟农，解决实际技术问题。

“以成熟度为中心的配套生产技术试验示范与推广”项目。对松溪县烟叶生产技术方案提出修改意见，主要调整施肥、打顶留叶和成熟采收等技术。开展不同叶片成熟度与烟叶品质关系研究，并进行了烤烟新品种（系）试验研究。对示范点的烟技员和烟农进行相关技术培训，提高了一线人员对科学施肥、成熟度的认识，提高病虫害综合防治意识。示范基地烟叶生产水平和烟叶质量明显提高。

“自动化烘烤设备与技术研究”项目。与省局信息中心联合开展“自动化烘烤设备与技术研究”项目，并在松溪县进行示范，取得成功。

病虫害预测

2006年，对全省病虫害预测预报网络进行合理调整和科学布局，调整后的站点为3个三级站和9个县级测报站。3个三级站分别设在省烟科所龙岩分所、三明分所、南平分所；9个县级测报站分别为龙岩市长汀县、永定县和上杭县，三明市泰宁县、大田县和宁化县，南平市邵武市、松溪县和建阳市。

对工作站工作方式进行了大胆的改革，如建阳烟草分公司与建阳市农业局签订合作协议，将测报工作委托农业局农技站技术人员完成，农技站定期、定量完成田间数据的采集汇总并反馈给烟草公司。

省二级站在开展“全国烟草主要病虫害综合治理技术集成与示范推广”、“抗青枯病转多肽抗生素基因烟草的培育”等课题研究的同时，充分地利用三级站的技术资源，对县级测报站进行业务上的指导和人员上的管理，提高预报预测效率。2006年，省二级站共发布8期烟草病虫情报。

中国烟草白肋烟试验站（湖北省烟草科学研究所）

概　况

中国烟草白肋烟试验站（以下简称“试验站<所>”）成立于1997年7月，是全国唯一的白肋烟农业科研单位，其前身为湖北省鄂西烟草科研所（成立于1986年1月）。湖北省烟草研究所成立于1995年，1997年与中国烟草白肋烟试验站合署办公，实行一套班子、两块牌子管理。2002年7月，经湖北省烟草专卖局党组与国家局科教司共同研究，决定将中国烟草白肋烟试验站由湖北省恩施市搬迁到武汉市。2006年6月，将中心实验室从恩施搬迁至武汉，并完成了所有仪器设备的安装调试，同时投入40余万元对化学自动分析仪进行升级改造，确保科研项目化验分析工作的顺利进行。试验站（所）共有职工23人，其中，博士研究生1人、硕士研究生5人、本科生13人；高级技术职称9人、中级技术职称9人、初级技术职称5人。

2006年1月，试验站（所）荣获“湖北省烟叶科技工作先进单位”称号，被中共湖北省委省直机关工作委员会评为“先进基层党组织”。2006年，李进平被评为“全国烟草行业‘十五’科技创新工作先进个人”。

领导成员

站长、所长、党支部书记、副研究员：林国平

副站长、副所长、高级农艺师：李进平

总农艺师、高级农艺师：杨春雷（2006.3－）

组织机构

试验站设有育种研究室、栽培调制研究室、植保研究室、科技推广室、良种繁育室、中心实验室、办公室和财务科8个科室。

科研工作

2006年是试验站建立以来承担项目最多的一年，共承担了国家局、省局下达的科研项目33项，主要有“优质抗病白肋烟新品种选育”、“全国白肋烟品种区域试验”、“湖北省白肋烟品种区试”、“白肋烟新品种示范推广”、“优质抗病烤烟新品种选育与推广示范”、“烟草品种资源研究”等项目。在湖北省各烟叶产县均有试验项目布点，其中恩施崔坝试验基地共落实试验田45.5亩。在省局组织的全省烟草科技项目第一、二阶段检查中，试验站承担的科研项目平均得分都在95分以上。

2006年，试验站主持完成的“优质白肋烟晾制技术及其机理研究”项目荣获2006年度国家烟草专卖局科技进步二等奖。2006年11月，参与研究的“湖北优质烤烟生产综合配套技术试验示范与推广应用”成果荣获2006年度湖北省科技进步三等奖。4月，参与选育的白肋烟新品种“鄂烟5号”通过全国烟草品种审定委员会审定。8月，白肋烟新品系“9908”通过全国烟草品种审定委员会的农业评审。

2006年，在各级各类科技期刊上发表学术论文20余篇，其中6篇科技论文参加2006年中国烟草学会中南片学术论文交流。提交15篇科技论文参加2006度湖北省烟草学会年会交流，其中，获一等奖2篇、二等奖4篇、三等奖5篇。“白肋烟转基因技术研究”、“不同海拔下白肋烟的配套晾制技术研究”2篇论文获“第八届湖北省自然科学优秀学术论文二等奖”。

科技服务

2006年，试验站充分利用在科研、技术方面的优势，强化科技服务意识，加大科技服务的工作力度。在全省烟草科技工作和站长培训会上，就烟草栽培、植保、育种和调制等烟叶生产关键技术问题进行专题技术讲座与培训。为武汉烟草（集团）有限公司、芜湖卷烟厂建始基地进行生产技术讲座、基地生产技术培训。参与全省烟叶生产技术人员在襄樊市、恩施州的技能鉴定工作。派出专业技术人员到全省烟叶产区对技术人员和烟农进行现场技术指导与培训，督导科研试验项目及时准确落实，提高产区科研试验项目的到位率，推动产区烟叶生产和试验水平的提高。加强烟草病虫害预测预报工作，指导产区开展综合防治，发放病虫情报8期，拟合率在90%以上。

良种繁育工作

全年完成烤烟、白肋烟良种繁育625.45千克，经田间调查和室内检测，烤烟、白肋烟种子质量均达到烟草行业质量标准，种子田无任何病虫害侵染，留种株平均纯度达99.41%，裸种发芽率平均为92.13%，其中烤烟品种达91.67%，白肋烟品种达92.6%。千粒重烤烟品种达83.7毫克，白肋烟品种达82.04毫克。种子外观呈深褐色，光泽油亮，饱满均匀。

学术交流

2006年7月，协助国家局外事司、中国烟草学会在武汉召开“中美白肋烟生产技术研讨会”。会议邀请美国白肋烟烟农协会首席执行官麦克吉尼先生、协会顾问兼特约技术专家沃尔特先生进行了专题讲座，站长杨春雷代表中方介绍了中国近年白肋烟生产、科研和技术推广情况。此次会议是国内近年来组织召开的一次规格较高的中美白肋烟生产技术专题研讨会，开阔了白肋烟生产技术人员视野，增加了合作与发展的空间，为以后加强白肋烟育种、育苗、调制技术及相关配套设施的研究，以及白肋烟生产技术的进一步提高指明了努力方向。

技术合作

2006年，与华中农业大学、河南农业大学、郑州烟草研究院、青州烟草研究所、武汉烟草（集团）有限公司技术中心建立了长期紧密的技术协作关系。到郑州烟草研究院、河南农业大学和芜湖卷烟厂进行技术交流，洽谈合作重点，加强在白肋烟新品种选育、栽培、晾制、病虫害防治、质量分析方面的研究。

队伍建设

2006年，分别从浙江大学、华中农业大学引进1名硕士研究生和1名博士研究生，提升整体研究水平；11月，1名科技人员通过了高级农艺师的任职资格的评审。

中国烟草西南农业试验站（贵州省烟草科学研究所）

概　况

中国烟草西南农业试验站（以下简称“西南站”）于1999年在贵阳成立，与贵州省烟草科学研究所合署办公。2006年划归贵州省烟草专卖局（公司）。理顺体制后的贵州省烟草科学研究所按“事业化单位、企业化管理”的模式运作。截至2006年底，共有在岗职工93人，其中，科技人员69人，占在岗人员的74%；硕士研究生以上学历人数占科技人员总数的30%；高级职称8人、中级职称17人。2006年，共引进硕士研究生4人、大学本科生14人，通过评审获得高级专业技术职务任职资格2人、中级专业技术职务任职资格1人。

领导成员

副站长、副所长、党委副书记（主持工作）：李继新

副站长、副所长、党委副书记：龚顺禹

副站长、副所长、纪委书记：韩晓红

机构设置

西南站设有8个部门，即科研中心、开发中心、培训中心、测试中心、综合办公室、财务科、安保科和基地办，另设临时部门基建办，管理贵州省烟草科学实验大楼建设工作。

科研工作

育种研究。2006年，西南站对820份品种资源的农艺性状和经济性状进行了较系统的鉴定，为《贵州省烟草品种资源》的编著准备相关材料。利用理化诱变技术创建了213份变异材料，配置了130个杂交组合，并开展海南岛南繁加代工作，初步发现了5个较强优势F1组合。建立了烟草花药培养技术实验室，培养了利用细胞融合培育新型不育系的无菌苗。构建了由8个亲本、32个F1和32个F2组成的研究群体，开展了农艺、形态以及品质性状的发育数量遗传规律研究，并进行性状遗传、环境相关分析。

土壤肥料研究。2006年，国家局项目“主要植烟土壤氮素矿化特性与供氮潜力及应用研究”，开展了12个方面的研究。“烤烟平衡施肥技术示范研究”项目属国家局协作项目，2006年大方示范点烤烟生产达到预期目标，烟叶田间生长整齐、烟株生长营养平衡，前期暴发力增强，烟叶外观质量明显提高，身份适中，油分、弹性好，已取样进行化验评吸。示范点总产量706.52吨，总产值774.35万元，上等烟率48.91%，上中等烟率90.08%，桔色烟率43.71%，亩产量141.3公斤，担均价547.9元。

植保研究。“连作烟地土壤障碍因子及改良技术研究”项目经国家局、贵州省局（公司）立项，2006年初步明确了烤烟长期连作对烤烟生长及土壤酶的影响、烤烟根系分泌物对幼苗生长及土壤酶活性的影响；进行了土壤机械组成、物理结构、有机质及主要养分、微生物种群分析等。

“贵州省烟草病虫害预测预报及综合防治网”项目由贵州省局（公司）立项。2006年，新增安顺和六盘水两个三级站，并将全省所有产烟县市列入病虫普查点和统防统治示范推广县市。全省“病虫测报网”包含一个二级站、9个三级站（分公司）、11个定点测报点、50余个普查县市。

“贵州省主要烟区烟叶及环境中有害物质调查与分析”项目由贵州省局（公司）立项。2006年主要开展了烟区农药使用状况调研、烟叶主产区土壤、水体和烟叶中主要有害物质（农残、重金属）的取样检测工作，共检测土壤、水体、烟叶和农药产品182个样品、982个检测指标。

栽培研究。“部分替代进口烟叶生产示范及工业验证”项目贵州示范点2006年示范面积1.1万亩，共收购烟叶158.1吨。上等烟率为47.1%，较大面积生产提高9个百分点；桔黄色烟率为76.2%，较大面积生产提高8.8个百分点。示范点共增收烟叶27.06吨，烟农增加收入29.77万元。

“以成熟度为中心配套生产技术试验示范与推广”项目中，2006年贵州计划示范面积为8万亩，中心示范点面积3000亩。实际完成示范面积76661亩、中心示范点面积5210亩；分别超额完成计划任务的2.34%和73.67%。项目示范区收购烟叶938.9吨，亩产量122.54公斤，上等烟率为38.26%，均价10.36元/公斤，桔黄色烟率为59.97%。

烘烤研究。“贵州智能化散叶密集烤房的研究与应用”为2006年度结题项目，项目组已全部完成合同要求指标及材料准备。“散叶密集烤房烘烤烟叶的变化规律研究”项目，完成散叶烤房温湿度的变化规律测定和烟叶变化规律分析，提出散叶烘烤过程烟叶的变化特征及烘烤技术要点，初步明确散叶烘烤烟叶的变化规律。

区划研究。全省共取土样1189个，其中，生态样62个、其他试验3个、代表样941个、典型样183个。

共采集烟叶样品1741个，其中，生态样738个（按部位计）、代表样840个（按取样点计）、典型样163个（按取样点计）。

2006年共化验土样385个，完成788个烟样的物检、外观鉴定和化检，并将测定结果反馈各分公司区划项目组。整理2006年土壤样品1189个。贵州省区划办已完成2006年1704个代表典型烟叶样品整理、物理检测、外观鉴定和样品烟支卷制。2006年9~10月，受贵州省区划项目组委托，贵州省烟草质量监督检测站组织全省工业和商业有关评委评吸了2005年区划样品，共评吸烟样644个，其中生态样348个（涉及生态点23个）、代表典型烟样296个（涉及取样县52个），评吸样品覆盖了全省不同地域、不同品种和不同等级的烟叶。

区划报告编写工作。除铜仁外，其余州、市公司区划项目组进行了四个专题区划资料分析和报告试撰写工作。各州、市公司都已完成品质区划报告；遵义、黔西南和毕节完成了土壤区划报告；毕节地区气候区划报告撰写工作已完成。

烟水配套研究。2006年，对贵州省部分主产烟区气象情况、烤烟种植规模、烟水设施、烤房现状等作了调查，对各烟区气象适宜性作了分析和评价。针对贵州省降雨量时空差异较大的情况，制订了相应的水分调控技术措施。开展了水分协迫对烤烟产质量影响、烤烟大田期需水规律研究、植烟土壤地表迳流量研究、植烟土壤蒸发量研究、节水灌溉技术研究等一系列调研和田间试验工作。

科研成果

2006年5月，“烤烟集约化育苗技术开发与应用”通过贵州省科技厅组织的田间鉴评。7月，“西南部分地区烤烟生产综合技术开发研究”通过国家局科教司组织的鉴定。合作出版专著《遵义优质烟叶生产综合标准体系》。

2006年，在国内外公开刊物上发表论文30篇，其中在科学引文索引（SCI）刊物上发表1篇，国内一级核心期刊发表5篇。“细粒种子袋”和“烟草杂交专用套管”两项申请实用新型专利，“纸管法烟草杂交技术”申请发明专利。

技术服务

上海烟草（集团）公司基地技术开发项目。全年开展生产技术全面培训和现场示范培训会10次，培训基层技术员、乡镇烟草干部及烟农等1000余人次，在烟叶基地，分片区召开了拉绳等距分离式移栽、平衡施肥、成熟采收、科学烘烤等现场专项培训会，累计培训烟农5000余人次。发放技术资料8期共2万余份。

长沙卷烟厂余庆烟叶基地技术开发项目。完成2006年“长沙卷烟厂优质烟叶基地开发”贵州余庆基地大面积生产技术服务，完成各阶段总结和年度技术总结，全县共收购烟叶17.634万担，完成计划的99.45%，担均价为468元/公斤。完成了2006年余庆示范点2094亩替代进口烟叶生产示范任务，完成烟叶样品180个和土壤样品60个的选送、质量评价工作。

常德烟厂基地技术开发项目。全年共培训农户15次，参加培训烟农3902人，召集各烟叶站技术干部培训3次，参加培训136人。对开阳、普安、水城、赫章、威宁、绥阳的中下部烟叶取样进行检测。

贵州中烟工业公司基地技术开发项目。完成了基地技术服务和生产调研，对重点基地派遣技术骨干驻点，负责烤烟生产全过程指导和跟踪；对重点基地和部分基地基层站点工作人员及烟农进行了培训；就烟叶质量、化学成分分析指标、感官质量评吸指标、致香物质成分分析指标（选择有代表性的样品）、有害物质分析指标（选择有代表性的样品）、配伍性等方面对基地烟叶进行分析评价。

中国烟草中南农业试验站

概　况

中国烟草中南农业试验站（以下简称“中南站”）自1997年开始筹建，2000年7月由国家局科教司正式授牌成立，总部设在湖南省长沙市。根据湖南省烟叶产区生态区域的不同和所拥有的科研机构的实际状况，下设永州、郴州、长沙、湘西4个试验基地，各试验基地设置烟草品种研究室、栽培调制研究室、植保研究室、综合实验室和技术推广部等部门。中南站共有科技人员67人，其中，博士研究生3人、硕士研究生17人、大学本科学历47人；具有高级职称者6人、具有中级职称者15人。2006年，中南站和湖南省烟草公司科技处、烟叶管理处实行“三块牌子，一套人马”的管理模式。

领导成员

站 长：赵松义

副站长：郭汉华、刘正日、张洁清

科研工作

开展烤烟新品种选育、湖南烟草种植区划、烟草植保、基本烟田适宜性评价和可持续利用、密集式烤房及配套烘烤工艺研究等烟叶科研项目，取得阶段性成果。

加强技术培训与推广普及，先后举办烟叶生产技术、烘烤工艺与烤房建设、烟叶分级标准和稻草覆盖栽培现场观摩等烟叶技术培训班，培训800多人次。加快先进实用技术的推广步伐，2006年全省推广漂浮育苗94.5万亩、占总面积的84.4%；绿肥压青与稻草还田56.6万亩、占总面积的50.5%；对25个烟叶主产县的专用基肥进行分区测土配方，平衡施肥面积107.15万亩、占总面积的95.5%；落实统防统治面积86万亩、占总面积的76.7%。示范推广密集烤房及配套烘烤工艺，全省新建密集型烤房5505座，烟叶烘烤质量进一步提高。全面推行烟叶质量管理体系，加强烟叶标准化生产示范区建设，烟叶生产经营的规范化、标准化、专业化水平进一步提高，农业生产综合能力和综合效益明显提升。

加强对郴州市优质烟叶科技示范基地建设的指导，优先在示范基地安排烟草育种等关键性科研项目和部分替代进口烟叶等技术推广项目。示范基地的集约化育苗、专业化烘烤、机械化耕作、科技成果应用和信息化推广普及、科技示范园区建设等取得了阶段性成果，科技对烟叶产业的贡献率明显提高。

云南烟草科学研究院

概　况

云南烟草科学研究院（以下简称“云南院”）创建于1998年6月，位于昆明国家高新技术产业开发区，隶属于云南中烟工业公司，是基础性研究、应用基础性研究和决策咨询研究的科研机构。

云南院拥有国际先进水平的科研仪器和中试设备200多台套，能够开展多种基础性和常规性的理化分析检测。馆藏专业图书资料2万余册，办有院刊《烟草科学研究》。2006年，共有在岗职工114人，其中，博士研究生6人、硕士研究生26人；高级职称24人、中级职称57人。2006年，有4人享受国务院政府特殊津贴和云南省政府特殊津贴。王力京被云南省直机关工委评为“云岭先锋”工程优秀共产党员。

领导成员

院长、党委副书记：李　斌

党委书记、纪委书记：杨时斌

副院长、党委副书记：程永照

副院长：陈辉敏

副院长：杨伟祖

党委副书记：张嘉滨

机构设置

云南院设有办公室、纪检监察部、人力资源部、科技教育处、财务处、经营服务部等6个管理服务部门；卷烟原料研究室、卷烟制造技术研究室、烟草化学研究室、生物化学研究室、经济信息研究中心、检测室、薄片研究与协调组等7个科研部门。

科研工作

2006年，共承担科研项目19项，其中新立项目6项。完成的项目中，有5项通过了下达项目单位组织的鉴定或验收，其中，2项为国家局项目，3项发明专利获得授权。2006年科研工作主要在原料、工艺、烟草化学、新材料开发、减害降焦、品牌发展战略等方面开展研究工作；继续完善卷烟原料数据库和卷烟化学成分数据库的建设；配合国家局和云南中烟薄片基地筹建的技术引进和项目筹备开展调研和技术论证工作。

2006年作为第一作者发表论文10篇，其中国内公开发行的国家级科技刊物6篇，被科学引文索引（SCI）收录的期刊上发表4篇；研究院为第一单位撰写的论文一共6篇，其中，国内公开发行的国家级科技刊物1篇，被科学引文索引（SCI）收录的期刊上发表5篇。

2006年共获科技奖励4项：“《烟草控制框架公约》对云南烟草的影响及对策研究”获云南省人民政府科技进步二等奖、“烟气中半挥发性成分的研究及应用”获云南省科技进步三等奖、“诺卡酮的合成及在卷烟香料中的应用研究”获云南中烟工业公司科技进步二等奖、“卷烟化学辅助配方计算机设计与应用系统开发”获云南中烟工业公司科技进步二等奖。

中国烟草遗传育种研究（北方）中心

概　况

中国烟草遗传育种研究（北方）中心（以下简称“北方中心”）是1999年在中国农业科学院烟草研究所、中国烟草总公司青州烟草研究所遗传育种研究室的基础上筹建的。北方中心实行管委会领导下的主任负责制，管委会由中国烟叶生产购销公司、山东省烟草专卖局、中国农业科学院、青州烟草研究所共同组成。管委会的办公机构设在山东省烟草专卖局，办公地点在青州烟草研究所。北方中心是以“立足山东、服务全国”为宗旨，以应用研究为主、基础理论与应用研究相结合的烟草遗传育种研究基地。2006年，北方中心共有在研人员30人，其中，研究员6人、副研究员8人；博士生导师2人、硕士生导师8人。

领导成员

主　任：王元英

副主任：许家来、贾兴华

组织机构

北方中心下设遗传育种研究室、种质资源研究室、综合技术研究室、原种繁育研究室等4科室。

科研工作

科研项目。2006年，共承担科技项目15项（不包括标准项目8项），科研项目中新立项目7项，国家局招标项目1项、计划项目3项、山东省局项目3项；延续项目6项，包括科技部项目1项、农业部项目1项、国家局项目3项、CORESTA奖学金项目1项；自立项目2项。

2006年对全国烟草种质资源进行了全面调查，新收集31份种质鉴定编目，完成了国家烟草中期库种质440份的繁种更新保存，分发利用630份次，完成烟草种质资源数据库的建立及数据录入。对106份种质进行了CMV、TMV、PVY三种病害的抗性鉴定。对105份和82份种质进行了抗青枯病和抗黑胫病的鉴定。对25份核心种质进行了品质鉴定，完成了中国烟草核心种质资源遗传多样性反应体系的建立、引物筛选及120余份种质的AFLP、SRAP分子标记。

生物技术研究。用28个引物对32份烟草种质（包括8份栽培种、22份野生种和2份杂交种）基因组进行RAPD分子标记，初步实验结果表明28个不同随机引物中有21个可以扩增出至少在两个种质间表现出多态性的产物，21个引物共扩增出216条带，其中181条具有种质间多态性，35条为所有种质所共有。经过广泛调研、分析研究、多次论证，提出并确定了以二倍体绒毛状烟草（N. tomentosiformis）为测序材料，采取富集基因区测序和EST测序相结合的策略，注重功能基因研究和基因芯片的使用，确定以烟草功能基因研究为主导的中国烟草基因组框架图实施方案。

新品种选育研究。根据育种目标，新组配杂交、回交、复交组合225个。经加代纯化、性状鉴定入选杂种各世代中间育种代材料1874份。经品系鉴定入选稳定新品系32个，其中优质新品系10个，抗病新品系15个，其他7个。经品种比较试验入选基本符合育种目标的新品种9个，为省级区试推荐的新品种4个，为全国区试推荐供试品种5个、生产试验新品种1个。进一步完善CF986、CF209的栽培调制配套技术，以及评审材料，提交全国烟草品种审定委员会审定。对2004年卫星搭载的8个品种进行田间筛选、室内种子研究、抗病性鉴定。

烟草品种综合技术研究。完善全国烤烟品种试验程序，理顺山东省烤烟品种试验，加强新品种配套技术研究。全国烤烟品种试验在3个试验区的25个小区试验点对17个小区试验新品种进行了植物学性状、经济性状、抗病性能的鉴定，19生产试验点也对7个生产试验新品种进行了植物学性状、经济性状、抗病性能的鉴定，同时在4个单位进行了10种病次的人工病害接种鉴定。对新品种“ZC01”进行了田间鉴定。品种配套技术研究方面，2006年对烤烟新品种“CF986”、“CF209”、“LJ29”、“JY02”、“9717”、“8504”、“云烟98”、“云烟203”、“K07”分别进行了新品种栽培调制配套技术研究，并完成了“LJ29”、“JY02”、“云烟98”、“云烟203”、“K07”等5个新品种的农业评审，开展了植烟土壤、成熟采收、烘烤条件、种子加工等品种相关技术的研究。

标准制定。2006年承担8个标准项目的制定。《烟草种子检验规程》、《烟草国外引种技术规程》、《烟草种子繁育技术规程》、《烟草品种命名原则》、《烟草种子贮藏与运输》、《烟草种子包装》等6个标准已经调查研究、起草完成，提交了征求意见稿。《烟草新品种DUS测试指南》进行了35个植物学性状的数据调查和采集工作，完成了初稿，《烟草种子霜霉病检疫规程》正在调研中。

科研成果

育成的“中烟”系列烤烟品种，育成的“中烟100”、“中烟201”逐渐成为黄淮烟区的主栽品种，为山东、河南烟叶生产的恢复性发展发挥出巨大作用。

通过充分论证，获得“农业部转基因烟草环境安全监督检验测试中心”平台项目，农业部和财政部批准于2006年开始筹建。

编写出版《烟草种质资源描述规范和数据标准》著作1部，参加编写著作2部，在国家级学术刊物正式发表论文18篇，其中在国际刊物发表1篇，并被SCI收录。

人才培养

全年新引进博士研究生2人、硕士研究生1人。派送在职攻读博士研究生1人、攻读硕士研究生2人，派送5人参加全国农作物基因安全检测培训并获得检验员证书。4人参加ISTA种子检验技术培训、2人参加山东省农作物检验员培训并获得检验员证书。2人参加国家局组织的卷烟感官评吸高级培训班，获卷烟感官评吸技术资格证书。指导培养在读博士生2人、硕士生9人。

国家烟草栽培生理生化研究基地

概　况

1997年国家局依托河南农业大学组建了国家烟草栽培生理生化研究基地（以下简称“生理生化基地”）。生理生化基地是受国家局和河南农业大学双重领导、从事烟草生产技术研究和高层次人才培养的科研机构。2006年，生理生化基地共有从事烟草专业教学和科研工作的教师48人，其中，具有博（硕）士生导师资格的教授10人、副教授23人；博士研究生9人、硕士研究生9人。拥有“烟草行业栽培生理生化重点开放实验室”和“河南省烟叶生产技术研究与推广中心”。

领导成员

主　任：刘国顺

副主任：许自成

科研项目

2006年，生理生化基地主持的在研项目有20多项，项目来源主要是国家局科教司、中国烟叶公司、河南省科技厅、河南省局，以及有关卷烟工业企业，主要包括：“典型省份烟草种植区划技术平台的构建”、“南阳国家优质烟叶生产科技示范基地建设与开发”、“全国部分替代进口烟叶开发”、“烤烟优化灌溉理论和技术的研究与应用”、“烤烟适度规模种植配套烘烤设备研究与应用”、“无公害优质烤烟生产途径研究及产品开发”、“金攀西优质烤烟开发”、“以成熟度为中心的配套生产技术研究”、“河南省烟草种植区划研究”、“烟草转法呢基焦磷酸合酶（fps）基因的研究”、“花粉管通道法选育新品种”、“降低烟草特有N－亚硝胺（TSNA）含量的技术研究”、“四山五区烤烟电化学阵列指纹图谱及质控技术研究”、“四山五区优质烤烟开发技术研究”、“烤烟新品种选育”、“烟草微生物发酵增香机理与增香技术研究”、“具有生物农药功能的优质有机肥开发及其应用研究”、“湖南名优晒烟的深度开发”、“优质雪茄包皮烟生产技术开发应用”、“烤烟钾高效生理基础、土壤环境及其调控”、“烟草根系发育规律及其调控技术研究”、“鄂西南烟叶综合配套生产技术研究”等，各项目进展顺利，有的已按期完成并申请鉴定，有的已取得了阶段性的研究成果。

2006年，新增科研项目主要包括“皖南烟区烤烟特殊香气风格形成机理及配套栽培技术研究”、“清江流域及环神农架优质烟叶基地开发与工业利用研究”、“神农架周边区域特色烟叶研究”、“武烟集团原料小配方模块质量分类研究”、“烟草病毒病检测及防控技术研究”、“芳香、保健型烟草新品系的选育”、“抗旱优质烤烟新品种选育”、“烟草漂浮育苗技术可持续发展研究”、“河南省烟草节水高效灌溉制度及水肥耦合技术研究”、“浓香型烤烟内在质量的外显性鉴别技术及调控措施研究”、“提高河南上部烟叶可用性与增香降碱调控技术研究”等。

科研成果

2006年，生理生化基地获得中国标准创新贡献奖1项、国家专利3项、河南省科技进步二等奖1项、河南省科技进步三等奖1项。其中，由生理生化基地刘国顺教授、符云鹏副教授参与研究和起草的香料烟系列标准（GB 5991.1－2000香料烟分级技术要求、GB/T 5991.2－2000香料烟包装、标志与贮运、GB/T 5991.3－2000香料烟检验方法）获得首届“中国标准创新贡献奖”三等奖，这是标准化领域的最高权威奖项，也是烟草全行业唯一获此殊荣的项目。刘国顺教授申报的“一种烟草剪叶器械”（ZL200520031196.7），获得国家专利。宫长荣教授申报的“一种简易烟苗剪叶器”（200420010822.X）和

"一种烟叶烘烤专用风机"（200420010605.6）获得国家实用新型专利。许自成教授主持完成的"烟草特有亚硝胺前体物的变异、积累及调控技术研究"，于2006年先后获得河南省教育厅科技进步一等奖、河南省科技进步二等奖。赵铭钦副教授主持完成的"烟草微生物发酵增香机理及工程化技术的研究与应用"，于2006年先后获得河南省教育厅科技进步二等奖、河南省科技进步三等奖。

2006年，生理生化基地在《作物学报》、《生态学报》、《中国生物化学与分子生物学报》、《农业生物技术学报》、《FEBS Letter》、《Biological Macromolecules》、《Joural of Wuhan Botanical Research》、《中国烟草学报》、《植物营养与肥料学报》、《厦门大学学报》、《西北农林科技大学学报》、《生态学杂志》、《生物技术通讯》、《中国烟草科学》、《郑州轻工业学院学报》、《河南农业大学学报》、《烟草科技》等刊物，共发表CN级文章108篇，在国家核心期刊上发表的文章占95%以上。其中，刘卫群教授的《Effects of different nitrogen forms on photosynthetic rate and the chlorophyll fluorescence induction kinetics of flue - cured tobacco》、赵铭钦副教授的《Analysis of bacterial communities on aging flue - cured tobacco leaves by 16S rDNA PCR - DGGE technology》论文被科学引文索引（SCI）收录。

统计资料

总表部分

全国烟草系统主要指标总表（2006 年）

指标名称	计量单位	2006 年	2005 年	2006 年比 2005 年 ± %
一、工业总产值（按当年价计算）	亿元	3195.60	2850.00	12.13
其中：卷烟产值	亿元	3032.20	2722.50	11.38
二、工业增加值（按当年价计算）	亿元	2353.40	2074.60	13.44
三、复烤烟叶产量	万吨	155.90	141.40	10.25
其中：打叶复烤	万吨	155.30	132.90	16.85
四、卷烟产量	亿支	20218.60	19639.00	2.95
其中：一类	亿支	2030.70	1620.10	25.34
二类	亿支	3442.40	2993.60	14.99
三类	亿支	9706.20	8202.20	18.34
四类	亿支	4353.40	5974.80	-27.14
五类	亿支	686.00	848.30	-19.13
其中：11mg/支~15mg/支	亿支	19924.80	19444.00	2.47
5mg/支~10mg/支	亿支	285.70	185.80	53.77
4mg/支以下	亿支	8.00	8.00	
其中：滤嘴烟	亿支	20218.60	19639.00	2.95
醋纤嘴烟	亿支	18625.10	17386.20	7.13
烤烟型	亿支	19691.90	19109.80	3.05
混合型	亿支	450.40	417.00	8.01
其中：百牌号	亿支	18077.60	16591.50	8.96
名优烟	亿支	9524.20	7698.90	23.71
五、雪茄烟产量	亿支	1.80	3.00	-40.00
六、二醋酸纤维丝束产量	吨	131027.00	110785.00	18.27

指标名称	计量单位	2006 年	2005 年	2006 年比 2005 年±%
七、技术经济指标	——	——	——	——
卷烟质量抽检合格率	%	99.80	99.60	0.20
卷烟成品合格率	%	99.50	99.40	0.10
每万支卷烟耗用烟叶	千克	7.20	7.20	
每万支卷烟耗用盘纸	米	636.00	641.00	-0.78
每万支滤嘴烟耗用嘴棒	支	1764.00	1756.00	0.46
每万支醋纤嘴烟耗用嘴棒	支	1771.00	1760.00	0.63
万元产值耗能源（按现行价计算）	千克	49.00	54.90	-10.75
八、烟叶复烤年末生产能力	万吨	180.20	163.00	10.55
九、卷烟年末生产能力（三班）	亿支	31228.50	30660.00	1.85
十、烟叶收购量	万吨	207.10	207.60	-0.24
其中：烤烟	万吨	202.00	203.60	-0.79
十一、卷烟销售量	亿支	20430.10	19628.00	4.09
其中：百牌号	亿支	18012.00	16238.41	10.92
名优烟	亿支	9432.00	7466.44	26.33
十二、卷烟期末库存量	亿支	1184.90	1308.30	-9.43
其中：工业	亿支	177.30	256.00	-30.74
商业	亿支	878.90	1052.30	-16.48
其中：百牌号	亿支	986.00	1056.22	-6.65
名优烟	亿支	572.90	573.19	-0.05
十三、固定资产投资	亿支	165.50	141.10	17.29
十四、多元化经营投资	亿支	61.10	29.40	

资料来源：国家烟草专卖局烟草经济信息中心。

卷烟工业分地区经济效益综合指数

地　区	综合指数（%）	总资产贡献率（%）	资本保值增值率（%）	资产负债率（%）	流动资产周转率（次）
全国总计	149.99	64.22	115.58	28.42	1.41
河北省	132.54	76.96	166.03	50.98	1.81
上海市	271.00	52.47	117.84	6.30	0.93
江苏省	226.13	102.71	134.38	14.73	1.61
浙江省	267.19	84.88	120.68	12.06	1.50
安徽省	151.11	84.78	115.99	26.50	2.22
福建省	207.52	88.57	118.59	25.29	1.98
江西省	123.35	73.44	141.40	64.78	1.59
山东省	119.98	43.46	104.99	47.22	1.22
河南省	132.02	75.97	126.53	61.67	1.96
湖北省	132.31	63.75	126.67	71.27	1.50
湖南省	184.17	91.94	119.51	13.39	1.96
广东省	192.68	100.20	122.48	14.38	2.00
广西区	137.00	70.11	112.42	45.38	2.74
川渝公司	114.68	60.11	111.61	49.18	1.64
贵州省	128.94	82.44	144.24	73.71	1.89
云南省	140.56	45.00	106.25	21.12	0.98
陕西省	109.37	60.17	116.97	54.26	1.48
中烟实业	119.10	63.89	115.36	43.84	1.74

资料来源：国家烟草专卖局烟草经济信息中心。

部分

及经济效益指标完成情况表（2006 年）

成本费用利润率（%）	全员劳动生产率（元/人）	产品销售率（%）	销售收入成本率（%）	工业增加值（万元）	利润总额（万元）
32.45	1593439	100.41	34.35	22920658	4438862
22.16	668489	100.95	40.90	414329	69375
110.77	3880982	100.52	23.74	2293660	911044
73.23	2316730	104.53	25.51	1654145	465437
49.79	5167524	99.82	27.03	1456208	300299
17.71	1568847	100.59	38.77	869141	111890
35.99	3156961	100.67	33.59	769983	150977
22.73	643885	101.01	39.12	407322	70619
13.75	1575923	98.73	38.96	895282	96330
17.90	1052534	100.33	41.00	1053271	143045
13.73	1615683	103.45	41.16	1001077	119202
36.28	2133344	99.66	31.89	2383585	463602
38.81	2235631	99.54	33.39	1211265	280910
12.44	1258051	100.94	42.93	395783	41328
11.10	995340	100.08	40.18	912130	80890
18.44	867328	99.60	39.63	850936	112593
31.60	1783898	99.74	32.31	4705388	811167
14.07	697169	100.83	41.55	425133	50032
16.33	848507	99.45	43.25	1222020	160123

烟草系统全国工业企业

指标名称	计量单位	总计	一、在总计中：大中型企业
企业单位数	个	108	53
亏损企业	个	7	2
主营业务收入	万元	32237667	31628384
主营业务成本	万元	11548814	11146081
营业费用	万元	942198	924575
主营业务税金及附加	万元	12934715	12912112
消费税	万元	11267021	11249720
产品销售利润	万元	6811939	6645616
管理费用	万元	2286163	2198836
经营费用	万元	915974	911696
财务费用	万元	105569	99475
利息支出（净支出）	万元	103059	97161
营业利润	万元	4349172	4322171
利润总额	万元	4721230	4609768
应交增值税	万元	3725938	3667745
销项税额	万元	6381496	6333286
应交税金总额	万元	16660653	16579856
工业总产值（现行价）	万元	31956484	31337488
卷烟产值	万元	30321541	30253433
工业销售产值（现行价）	万元	32763578	32182720
其中：回购卷烟销售产值	万元	757393	757393
工业中间投入	万元	12137972	11781481
工业增加值（现行价）	万元	23534436	23223752
工业企业卷烟销售额	万元	36370234	36289734
期末库存额	万元	430851	430134
供应出口和出口	万元	18980	18980
全部从业人员①平均人数②	人	188004	151432
生产工人平均人数	人	71312	68942
全部从业人员劳动报酬③	万元	910482	894194
月人均劳动报酬	元/人	4036	4921

注：①指在企业中工作，取得工资或其他形式的劳动报酬的全部人员。②指一定时期内全部从业人员的平均数。③指各

资料来源：国家烟草专卖局烟草经济信息中心。

主要指标汇总表（2006 年）（一）

二、在总计中（按经济成分分类）：			三、在总计中：	四、在总计中：
1. 国有经济	2. 集体经济	3. 其他经济	卷烟厂、雪茄烟厂	独立核算复烤企业
92	2	14	37	41
7			1	5
31674775	47560	515332	30760768	599365
11178817	33207	336790	10567590	402077
937294	413	4491	900761	23848
12933762	143	810	12925738	5206
11267021			11267021	
6624902	13797	173241	6366679	168232
2235801	11029	39332	2110428	72563
915023	413	538	900761	
104745	－82	905	101562	2876
102485	－85	659	99229	2871
4229474	2976	116722	4186114	
4584233	3057	133940	4438862	104540
3682328	2636	40974	3603189	54952
6304211	8557	68727	6241690	
16616090	2779	41784	16528927	60158
31425230	48896	482358	30500404	540249
30304169		17372	30321541	
32215297	47036	501245	31382047	535600
757393			757393	
11827758	32678	277536	11182935	387527
23269252	18854	246330	22920658	208208
36349953		20281	36370234	
430851			430851	
18980			18980	
170239	857	16908	143844	29956
69796	538	978	66151	
890484	4716	15282	859309	
4359	4586	753	4978	

单位在一定时期内直接支付给本单位全部从业人员的劳动报酬总额。包括在岗职工工资总额和其他从业人员劳动报酬两部分。

烟草系统全国工业企业

指标名称	计量单位	总计	一、在总计中：大中型企业
期末资产	万元	35876700	34658757
平均资产总额	万元	34823014	33663654
期末资产流动资产	万元	22948126	22401186
流动资产平均余额	万元	22706870	22212226
存货	万元	12361353	12310151
产成品存货	万元	595264	541028
应收账款净额	万元	1360842	1244946
长期投资	万元	4356229	4355549
固定资产原价	万元	12626395	12418672
累计折旧	万元	6533552	6427661
本年折旧	万元	851585	840598
固定资产净值	万元	6632857	6030220
固定资产净值平均余额	万元	6471744	5863950
在建工程	万元	1425825	1423588
期末负债	万元	10316834	9992669
期末流动负债	万元	9391058	9288116
流动负债平均余额	万元	10030364	10935245
长期负债	万元	399259	399259
所有者权益	万元	25559865	24666088
总资产贡献率	%	61.70	63.23
资本保值增值率	%	115.73	115.43
资产负债率	%	28.76	28.83
流动资产周转率	次	1.42	1.42
成本费用利润率	%	31.72	32.08
全员劳动生产率	元/人	1251805	1533609
产品销售率	%	100.16	100.28
工业经济效益综合指数	%		
销售收入成本率	%	35.82	35.24

主要指标汇总表（2006年）（一）

二、在总计中（按经济成分分类）：			三、在总计中：	四、在总计中：
1. 国有经济	2. 集体经济	3. 其他经济	卷烟厂、雪茄烟厂	独立核算复烤企业
35203051	43891	629757	33669131	1150323
34195691	38763	588561	32805726	1007090
22692405	27673	228047	21830975	657777
22468920	24159	213791	21740721	526180
12302634	8843	49876	12211245	
559022	1930	34312	246572	303459
1326043	8346	26454	1189371	91775
4352615	3614		4331181	
12195626	38159	392610	11987558	
6296049	25805	211697	6216285	
825784	2183	23617	810719	
6325896	12354	294607	5771273	428157
6164641	13261	293842	5590231	431941
1331844	135	93846	1319641	
10182109	14574	120152	9567418	502660
9329439	14574	47045	9169163	
10984726	11678	33960	10819999	
399259			398254	
25020942	29317	509606	24101713	647664
62.30	14.84	29.97	64.22	16.64
115.88	114.69	108.86	115.58	115.23
28.92	33.20	19.08	28.42	43.70
1.41	1.97	2.41	1.41	1.14
31.71	6.86	35.11	32.45	20.85
1366858	220002	145688	1593439	69505
100.10	96.20	103.92	100.41	99.14
	241.34		149.99	200.68
35.29	69.82	65.35	34.35	67.08

烟草系统全国工业企业

指标名称	计量单位	总 计	一、在总计中：大中型企业
卷烟产量	亿支	20218.63	20157.27
其中：醋纤嘴烟	亿支	18625.06	18568.81
其中：软盒嘴烟①	亿支	8595.00	8595.00
硬盒嘴烟②	亿支	11613.34	11551.97
其中：一类卷烟［50元（含）以上］	亿支	2030.66	2029.29
二类卷烟［30元（含）~50元］	亿支	3442.45	3438.39
三类卷烟［15元（含）~30元］	亿支	9706.17	9684.25
四类卷烟［10元（含）~15元］	亿支	4353.39	4319.36
五类卷烟［10元以下］	亿支	685.97	685.97
其中：11~15mg/支	亿支	19924.76	19864.76
5~10mg/支	亿支	285.71	284.35
4mg/支以下	亿支	8.02	8.02
其中：烤烟型卷烟产量	亿支	19691.89	19631.89
混合型卷烟产量	亿支	450.44	449.08
其他型卷烟产量	亿支	76.30	76.30
其中：供应出口和出口卷烟产量	亿支	177.33	175.97
雪茄烟产量	亿支	1.83	1.83
来牌或来料加工卷烟产量	亿支	1.36	
联营加工卷烟产量	亿支	1272.32	1272.32
其中：省外	亿支	868.34	868.34
从生产者购进（指联营加工）	亿支	695.40	695.40
其中：省外	亿支	359.80	359.80
工业企业卷烟销售量	亿支	20986.94	20924.51

注：①指小包软包玻璃纸、金拉线，硬条盒玻璃纸包装的滤嘴卷烟。②指小包硬盒翻盖玻璃纸、金拉线，硬条盒玻璃

资料来源：国家烟草专卖局烟草经济信息中心。

主要指标汇总表（2006年）（二）

二、在总计中（按经济成分分类）：1. 国有经济	2. 集体经济	3. 其他经济	三、在总计中：卷烟厂、雪茄烟厂	四、在总计中：独立核算复烤企业
20217.27		1.36	20218.63	
18623.70		1.36	18625.06	
8595.00			8595.00	
11611.97		1.36	11613.34	
2029.29		1.36	2030.66	
3442.45			3442.45	
9706.17			9706.17	
4353.39			4353.39	
685.97			685.97	
19924.76			19924.76	
284.35		1.36	285.71	
8.02			8.02	
19691.89			19691.89	
449.08		1.36	450.44	
76.30			76.30	
175.97		1.36	177.33	
1.83			1.83	
		1.36	1.36	
1272.32			1272.32	
868.34			868.34	
695.40			695.40	
359.80			359.80	
20985.58		1.36	20986.94	

纸包装的滤嘴卷烟。

烟草系统全国工业企业

指标名称	计量单位	总　计	一、在总计中：大中型企业
卷烟期末库存	亿支	177.17	176.58
其中：一类卷烟［50元（含）以上］	亿支	43.38	43.38
二类卷烟［30元（含）~50元］	亿支	43.04	42.84
三类卷烟［15元（含）~30元］	亿支	62.06	61.82
四类卷烟［10元（含）~15元］	亿支	24.16	24.00
五类卷烟［10元以下］	亿支	4.54	4.54
其中：供应出口和出口	亿支	12.39	12.39
其中：联营加工	亿支	13.31	13.31
复烤烟叶产量	吨	1558679	454704
打叶复烤	吨	1553245	449270
期末烟叶库存	吨	3410204	3373727
二醋酸纤维丝束产量	吨	131027	63501
丝束期末库存	吨	35555	31457
二醋酸纤维丝束	吨	33632	29549
卷烟质量抽检合格率	%	99.80	99.80
卷烟成品合格率	%	99.51	99.50
每万支卷烟耗烟叶	千克	7.17	7.17
每万支卷烟耗盘纸	米	636	636
每万支卷烟耗嘴棒	支	1764	1764
每万支醋纤滤嘴卷烟耗嘴棒	支	1771	1771
万元产值耗能源（按现价计算）	千克	49.00	37.60

主要指标汇总表（2006 年）（二）

二、在总计中（按经济成分分类）：			三、在总计中：卷烟厂、雪茄烟厂	四、在总计中：独立核算复烤企业
1. 国有经济	2. 集体经济	3. 其他经济		
177.17			177.17	
43.38			43.38	
43.04			43.04	
62.06			62.06	
24.16			24.16	
4.54			4.54	
12.39			12.39	
13.31			13.31	
1319435		239244	339904	921238
1314001		239244	334470	921238
3386410		23794	3249759	157463
		131027		
28793		6762	27742	
26870		6762	25849	
99.80			99.80	
99.51		100.00	99.51	
7.17		7.70	7.17	
636		660	636	
1764		1705	1764	
1771		1705	1771	
36.30	24.30		29.20	384.20

烟草系统分地区卷烟工业企业

指标名称	计量单位	河北省	上海市	江苏省	浙江省	安徽省	福建省	江西省
企业单位数	个	2	2	1	1	1	2	3
亏损企业	个							
产品销售收入	万元	614803	2608821	1996158	1766364	1253409	980658	589222
主营业务成本	万元	251455	619451	509289	477367	485898	329403	230509
营业费用	万元	11989	32007	35471	71771	37845	35741	22129
主营业务税金及附加	万元	240924	1147422	898105	819125	512116	417103	249454
消费税	万元	216832	1015963	777683	717792	454511	370868	222809
营业利润	万元	110434	809941	553293	398101	217551	198412	87131
管理费用	万元	45563	194891	100518	64183	106909	55355	46932
经营费用	万元	11989	32007	35471	71771	37845	35741	22129
财务费用	万元	3998	-23916	-9659	-10206	1280	-1020	11148
利息支出（净支出）	万元	4077	-23938	-9659	-10206	1205	-1033	11467
主营业务利润	万元	71869	641894	463109	304593	113347	157003	31287
利润总额	万元	69375	911044	465437	300299	111890	150977	70619
应交增值税	万元	65930	346414	261427	217433	139346	116480	66072
销项税额	万元	128407	442348	340077	368364	232125	176459	102539
应交税金总额	万元	306855	1493836	1159532	1036558	651461	533582	315526
工业总产值（现行价）	万元	610468	2600253	1910091	1703035	1249218	1003155	585762
其中：卷烟产值	万元	609378	2595765	1910091	1703035	1246851	973797	585762
工业销售产值（现行价）	万元	616298	2613722	1996572	2000298	1256558	1009899	604681
其中：回购卷烟销售产值	万元				300354			13018
工业中间投入	万元	262069	653006	517373	464260	519423	349652	244513
工业增加值（现行价）	万元	414329	2293660	1654145	1456208	869141	769983	407322
工业企业卷烟销售额	万元	702594	3050498	2324846	2269321	1466345	1147258	707439
期末库存额	万元	16251	108394	16337	24617	12938	2733	25573
供应出口和出口	万元		18172			30		12
全部从业人员①平均人数②	人	6198	5910	7140	2818	5540	2439	6326
生产工人平均人数	人	3308	2039	2455	1053	2669	1100	3752
全部从业人员劳动报酬③	万元	21320	55615	47014	22570	39407	26996	23451

注：①指在企业中工作，取得工资或其他形式的劳动报酬的全部人员。②指一定时期内全部从业人员的平均数。③指各单位
资料来源：国家烟草专卖局烟草经济信息中心。

主要指标汇总表（2006 年）（一）

山东省	河南省	湖北省	湖南省	广东省	广西区	川渝公司	贵州省	云南省	陕西省	中烟实业
1	3	2	2	1	1	2	1	3	1	8
		1								
1333328	1546206	1634265	3066514	1668098	621590	1345214	1210978	6032527	658896	1833720
519452	633927	672696	977894	556965	266843	540459	479908	1949124	273788	793162
49821	46417	53114	111086	37305	20486	49996	25203	207633	10219	42531
513739	612615	617590	1315974	668783	237687	531886	486551	2702554	248387	705726
452105	543940	547979	1181351	596250	206770	468409	430500	2306432	220357	536470
250316	253247	290865	661560	405045	96574	222873	219317	1173216	126503	292302
120182	98195	124422	190711	130751	39682	116905	90930	390086	64108	130106
49821	46417	53114	111086	37305	20486	49996	25203	207633	10219	42531
11166	20381	17643	－1961	－1295	5110	21579	14669	20538	7449	14657
10625	20319	17643	－1974	－1326	5099	21477	14608	18546	7504	14796
122970	139826	150118	464968	278777	52477	85168	116696	784121	55617	152275
96330	143045	119202	463602	280910	41328	80890	112593	811167	50032	160123
143427	165759	164603	361302	201281	63311	153113	135167	736124	74023	191978
237251	270913	299795	592904	370246	106606	337866	212560	1623157	114027	286045
657165	778374	782193	1677276	870064	300998	684999	621718	3438677	322410	897704
1350525	1546884	1462428	2949431	1698184	608760	1351903	1213735	6197125	655300	1804148
1349578	1546884	1462428	2912773	1677972	608760	1350177	1213735	6122832	652300	1799424
1333328	1551983	1670190	3109241	1733549	614477	1352932	1208878	6209819	660768	1838855
	63	157353	169794	43169				28983		44658
598670	659372	625953	927148	688200	276288	592886	497966	2227861	304190	774105
895282	1053271	1001077	2383585	1211265	395783	912130	850936	4705388	425133	1222020
1559994	1809087	1951763	3591508	2002182	718938	1575653	1412963	7161235	769418	2149193
9074	2349	7051	32597	24916	8198	15166	16883	64742	4975	38059
358	14	31				155		204		4
5681	10007	6196	11173	5418	3146	9164	9811	26377	6098	14402
2790	5860	3406	3556	2611	1434	4029	4554	11399	3649	6487
32833	54380	26959	83781	64787	19554	48608	40555	162092	25947	63442

在一定时期内直接支付给本单位全部从业人员的劳动报酬总额。包括在岗职工工资总额和其他从业人员劳动报酬两部分。

烟草系统分地区卷烟工业企业

指标名称	计量单位	河北省	上海市	江苏省	浙江省	安徽省	福建省	江西省
期末资产	万元	557934	4948747	1892585	1696109	925947	878995	538584
平均资产总额	万元	494137	4537713	1572744	1563046	901772	771767	541380
期末资产流动资产	万元	384409	3119771	1477391	1275647	581657	590496	373960
流动资产平均余额	万元	339816	2815748	1236290	1177318	565730	495706	371625
存　货	万元	212329	732365	601217	488755	399210	406931	249175
产成品存货	万元	7819	31870	17342	17368	3779	8648	6695
应收账款净额	万元	17598	80949	78390	51873	16377	57025	24917
长期投资	万元	13403	1307683	29866	28640	34141	47856	5373
固定资产原价	万元	248287	804282	564665	484995	500541	357016	240863
累计折旧	万元	123830	399503	268386	233046	222695	162803	89933
本年折旧	万元	6466	55231	36987	28918	39037	39891	9112
固定资产净值	万元	124457	404779	296279	251949	277846	194213	150930
固定资产净值平均余额	万元	128171	373249	267017	242552	273832	197656	155461
在建工程	万元	34182	77888	70324	127629	29869	37960	923
期末负债	万元	284453	311537	278870	204603	245356	222299	348878
期末流动负债	万元	272571	310763	276067	177082	245356	222276	329720
流动负债平均余额	万元	273772	282769	390293	177318	251493	169080	336177
长期负债	万元	11883	775	2803	27521		23	19158
所有者权益	万元	273481	4637210	1613715	1491507	680591	656696	189707
总资产贡献率	%	76.96	52.47	102.71	84.88	84.78	88.57	73.44
资本保值增值率	%	166.03	117.84	134.38	120.68	115.99	118.59	141.40
资产负债率	%	50.98	6.30	14.73	12.06	26.50	25.29	64.78
流动资产周转率	次	1.81	0.93	1.61	1.50	2.22	1.98	1.59
成本费用利润率	%	22.16	110.77	73.23	49.79	17.71	35.99	22.73
全员劳动生产率	元/人	668489	3880982	2316730	5167524	1568847	3156961	643885
产品销售率	%	100.95	100.52	104.53	99.82	100.59	100.67	101.01
工业经济效益综合指数	%	132.54	271.00	226.13	267.19	151.11	207.52	123.35
销售收入成本率	%	40.90	23.74	25.51	27.03	38.77	33.59	39.12

主要指标汇总表（2006年）（一）

山东省	河南省	湖北省	湖南省	广东省	广西区	川渝公司	贵州省	云南省	陕西省	中烟实业
1696684	1285409	1406377	2293969	1188168	504656	1228710	928699	9307514	633249	1756796
1758411	1239651	1441603	2326369	1147357	495550	1309858	908472	9485525	631448	1678925
988544	798004	1031905	1462439	870770	244208	784718	667495	5648206	446709	1084647
1096270	790483	1090376	1560722	834274	227226	820629	639469	6181917	444343	1052782
633502	595894	774658	1125428	442064	171568	550971	492362	3401923	254264	678631
2885	785	39370	7380	18373	5600	7178	9005	42535	2159	17783
45262	9792	56189	43650	31350	8780	70049	52747	361357	48301	134766
319421	29376	92295	234191	37243		45075	9545	2051525	15298	30251
499227	695091	504517	966227	509400	328548	684203	455881	3077370	272556	793890
295880	317840	255967	539520	299899	91392	324140	232092	1902433	154939	301988
47019	39155	40775	64354	30944	25777	46425	48595	186304	13814	51915
203348	377250	248550	426707	209500	237156	360064	223789	1174937	117617	491902
229358	321946	248526	405516	210862	204899	373877	225526	1203260	116476	412047
179045	74536	30364	98092	59026	13033	21089	27359	264107	51542	122674
801097	792689	1002278	307210	170830	229030	604340	684569	1965591	343632	770157
795738	745865	983316	307210	113659	219030	488392	684569	1965208	318290	714054
860997	739555	1015891	476980	175207	200705	597031	687657	2164628	311312	709135
5359	16821	18962		57171	10000	115948		383	25342	56103
895587	492720	404098	1986759	1017339	275626	624370	244130	7341923	289616	986639
43.46	75.97	63.75	91.94	100.20	70.11	60.11	82.44	45.00	60.17	63.89
104.99	126.53	126.67	119.51	122.48	112.42	111.61	144.24	106.25	116.97	115.36
47.22	61.67	71.27	13.39	14.38	45.38	49.18	73.71	21.12	54.26	43.84
1.22	1.96	1.50	1.96	2.00	2.74	1.64	1.89	0.98	1.48	1.74
13.75	17.90	13.73	36.28	38.81	12.44	11.10	18.44	31.60	14.07	16.33
1575923	1052534	1615683	2133344	2235631	1258051	995340	867328	1783898	697169	848507
98.73	100.33	103.45	99.66	99.54	100.94	100.08	99.60	99.74	100.83	99.45
119.98	132.02	132.31	184.17	192.68	137.00	114.68	128.94	140.56	109.37	119.10
38.96	41.00	41.16	31.89	33.39	42.93	40.18	39.63	32.31	41.55	43.25

烟草系统分地区卷烟工业企业

指标名称	计量单位	河北省		上海市		江苏省		浙江省	
		2006年	2005年	2006年	2005年	2006年	2005年	2006年	2005年
卷烟产量	万支	6200000	5999999	11229196	10679573	8454050	8388556	6717269	7051802
其中：醋纤嘴烟	万支	4305619	3982726	11054153	10679573	7523869	6925971	6717269	7051802
软盒嘴烟①	万支	3723366	3876683	4563971	4259617	1505046	1404262	1647391	1239144
硬盒嘴烟②	万支	2476634	2123316	6665225	6419956	6949003	6984294	5069878	5812658
一类卷烟［50元（含）以上］	万支	120565	124327	2178154	1493237	1675267	1250225	2748115	2222543
二类卷烟［30元（含）~50元］	万支	715012	449833	2745987	2889775	2121123	2391835	901422	1288676
三类卷烟［15元（含）~30元］	万支	2611815	1787575	2811624	2809414	3543324	3642142	1268198	1587560
四类卷烟［10元（含）~15元］	万支	2084562	3380465	2871332	2650710	273982	133276	1757266	1904662
五类卷烟［10元以下］	万支	668046	257799	622099	836437	840354	971078	42268	48361
11mg/支~15mg/支	万支	6199560	5999999	9323103	9354535	8443919	8388556	6717269	7050335
5mg/支~10mg/支	万支	440		1826762	1246924	10131			1467
4mg/支以下	万支			79331	78114				
烤烟型卷烟产量	万支	5958765	5685882	10115185	9790188	8454050	8387656	6135201	6304074
混合型卷烟产量	万支	241235	252545	1101702	889385		900	42268	164896
其他型卷烟产量	万支		61572	12309				539800	582832
供应出口和出口卷烟产量	万支			569200	574575	19050	28556	67270	76461
雪茄烟产量	万支								
来牌或来料加工卷烟产量	万支			13642	4824		5307		450
联营加工产量	万支	966358	1216340					412318	199148
其中：省外	万支	841195	1216340						
从生产者购进（指联营加工）	万支						103207	2246017	1305229
其中：省外	万支						103207	1833699	1106081
工业企业卷烟销售量	万支	6206916	5999084	11262525	10772003	8686894	8338009	8959813	8366099
卷烟期末库存	万支	33165	42099	257279	290836	9645	245596	100900	105636
一类卷烟［50元（含）以上］	万支	4927	18103	136885	129158	4373	58200	33650	13201
二类卷烟［30元（含）~50元］	万支	5825	13886	34059	49641	341	148540	19031	25159
三类卷烟［15元（含）~30元］	万支	13206	8364	41982	60679	3261	37334	39220	46104
四类卷烟［10元（含）~15元］	万支	7846	1746	35518	34927	1577	821	8995	19153
五类卷烟［10元以下］	万支	1361		8835	16431	93	701	4	2019
供应出口和出口	万支			117663	58311			4	2020
联营加工	万支	3562	6161					26452	54868
期末烟叶库存	吨	64225	61172	227963	213785	156161	139548	109729	88338
复烤烟叶产量	吨								
其中：打叶复烤	吨								
二醋酸纤维丝束产量	吨								
丝束期末库存	吨	633	231	3768	2015			1901	1692
其中：二醋酸纤维丝束	吨	321	38	3768	2015			1901	1692
卷烟质量抽检合格率	%	100.00	100.00	100.00	100.00	99.89	100.00	100.00	100.00
卷烟成品合格率	%	99.19	98.79	99.26	99.15	98.95	99.04	99.02	99.08
每万支卷烟耗烟叶	千克	7.21	7.52	7.33	7.36	7.06	6.99	7.32	7.32
每万支卷烟耗盘纸	米	650	654	647	647	622	621	648	648
每万支卷烟耗嘴棒	支	1679	1683	1679	1680	2000	1985	1683	1684
每万支醋纤滤嘴卷烟耗嘴棒	支	1674	1681	1679	1680	2001	1991	1683	1684
万元产值耗能源（按现价计算）	千克	52.70	61.90	10.60	12.00	25.50	37.10	10.40	17.70

注：①指小包软包玻璃纸、金拉线，硬条盒玻璃纸包装的滤嘴卷烟。②指小包硬盒翻盖玻璃纸、金拉线，硬条盒玻璃

资料来源：国家烟草专卖局烟草经济信息中心。

主要指标汇总表（2006年）（二）

安徽省		福建省		江西省		山东省		河南省	
2006年	2005年	2006年	2005年	2006年	2005年	2006年	2005年	2006年	2005年
10661619	10400159	6400427	6049935	4490244	4091738	12019865	11702501	14844406	14301915
9225794	8742364	6400427	5870047	4320316	3956210	11616973	11160247	12216575	8650436
4522623	4992897	2449868	2321580	972201	807359	5440997	6169915	7434920	7632260
6138996	5407262	3950559	3728355	3517075	3283914	6578868	5532586	7409486	6669655
828277	709077	638522	579207	430418	455352	192295	171765	767009	493255
730473	974729	1395362	1039092	1117151	917100	1002291	813425	456900	345045
5510153	4648199	3593971	3375583	1614665	1132747	8260570	4870321	10919439	6558372
2562513	2850246	720340	764403	1042419	1451011	2559137	5796977	2597009	6551796
1030203	1217908	52232	291650	285591	135528	5572	50013	104049	353447
10558879	10336169	6328887	5985915	4490244	4091738	11696706	11499161	14844406	14301915
101878	63790	71540	64020			323159	201542		
862	200						1798		
9852842	9765594	6048950	5799412	4490244	4091738	11853120	11563197	14814027	14266606
808777	634565	351477	250523			166745	139304	30379	35309
11635	1854	427		1213	1904	119865	102498	45399	51916
5668	6071					5	3		
	207463		1034876	182500			55097	681527	808279
	207463						55097	328856	252136
				182500	35371				464998
					35371				
10671055	10349171	6463137	6034090	4723592	4090903	11960976	11774557	14866134	14788977
63677	73112	9560	72344	119948	171036	71438	13658	10163	34619
15598	16143	3225	8878	33591	36378	3272	2917	2798	10156
17544	22055	3391	3740	45871	66863	5216	6383	2179	10857
23121	22615	2925	5178	29488	42260	51265	2860	4705	11047
4776	9598	18	7563	6645	25518	11685	1489	407	1363
2638	2701	1	46985	4353	17		9	74	1196
400	9			18	22	2324	1512	80	347
	231		6785	8860	79				9
105338	92468	108704	90079	47828	44439	186984	169467	172692	170759
1356	907	1317	1383	871	666	363	1	857	638
1207	889	1317	1383	856	647	350		808	611
100.00	99.83	100.00	100.00	99.91	99.82	100.00	100.00	100.00	100.00
98.94	98.72	98.80	98.82	100.00	99.99	100.00	100.00	100.00	100.00
7.15	7.25	7.17	7.25	7.29	7.56	7.06	7.20	7.30	7.00
629	640	631	656	641	656	624	632	642	646
1685	1689	1664	1716	1703	1705	1704	1699	1711	1710
1684	1678	1664	1717	1704	1706	1741	1700	1714	2642
41.40	63.30	18.20	21.40	39.70	39.30	28.40	32.60	40.70	55.70

纸包装的滤嘴卷烟。

烟草系统分地区卷烟工业企业

指标名称	计量单位	湖北省		湖南省		广东省		广西区	
		2006年	2005年	2006年	2005年	2006年	2005年	2006年	2005年
卷烟产量	万支	11534012	11231703	15115185	14618116	9465978	9162052	5500000	5345000
其中：醋纤嘴烟	万支	10640183	9540485	14379084	13865944	9441117	9094183	5385337	5032500
软盒嘴烟	万支	5990430	6947964	4342621	4455642	5076832	4565947	2885780	3240944
硬盒嘴烟	万支	5498582	4283739	10772564	10162474	4382665	4587886	2612777	2103371
一类卷烟［50元（含）以上］	万支	747675	520740	3594718	2995131	1066313	979694	23071	43064
二类卷烟［30元（含）~50元］	万支	1458010	1007515	474800	394335	4934518	3729356	782841	495769
三类卷烟［15元（含）~30元］	万支	3899443	2667078	5792759	5426695	2795857	3228689	3262416	2506164
四类卷烟［10元（含）~15元］	万支	4531632	5515108	5020403	5349024	669290	1224313	1317009	1987503
五类卷烟［10元以下］	万支	897252	1521262	232505	452931			114663	312500
11mg/支~15mg/支	万支	11516729	11222178	15044643	14573817	9347707	8999439	5500000	5345000
5mg/支~10mg/支	万支	15822	9525	70542	42950	118271	162613		
4mg/支以下	万支								
烤烟型卷烟产量	万支	11511031	11165078	15074224	14554111	8749904	8337940	5500000	5345000
混合型卷烟产量	万支	22881	66625	30910	26048	699217	807730		
其他型卷烟产量	万支	100		10051	37957	16857	16382		
供应出口和出口卷烟产量	万支	9012	6715	115186	68117	115978	112052		
雪茄烟产量	万支	86	55						
来牌或来料加工卷烟产量	万支				2962				
联营加工产量	万支	2166958	2898377	505000				1731073	1728797
其中：省外	万支							1731073	1728797
从生产者购进（指联营加工）	万支	2223748	2936629	1479613	630778	250000	149733		
其中：省外	万支			992113	630778	250000	149733		
工业企业卷烟销售量	万支	14161383	14241648	16556494	15292569	9668119	9296198	5542420	5282681
卷烟期末库存	万支	61846	465470	102639	64548	88534	40675	51356	94106
一类卷烟［50元(含)以上］	万支	2801	42610	45051	30039	22740	33320	3256	2534
二类卷烟［30元(含)~50元］	万支	4533	49036	7237	2894	39511	1895	6106	29769
三类卷烟［15元(含)~30元］	万支	25610	93465	12510	23765	19557	5402	28240	47469
四类卷烟［10元(含)~15元］	万支	25356	255634	37381	7727	6726	58	9618	10308
五类卷烟［10元以下］	万支	3546	24725	460	123			4136	4026
供应出口和出口	万支	109	555			2	22		
联营加工	万支	29660	150170	6240	4892	3790	40	1252	5606
期末烟叶库存	吨	233674	180933	273823	246229	98423	84197	44287	43201
复烤烟叶产量	吨				40734				
其中：打叶复烤	吨				40734				
二醋酸纤维丝束产量	吨								
丝束期末库存	吨	1435	885	2323	2230	999	1250	1356	1063
其中：二醋酸纤维丝束	吨	1431	800	2238	2083	999	1244	1356	1016
卷烟质量抽检合格率	%	99.74	99.01	99.96	99.65	100.00	100.00	99.96	100.00
卷烟成品合格率	%	99.67	99.68	100.00	100.00	99.03	98.99	99.41	99.32
每万支卷烟耗烟叶	千克	7.46	7.42	6.78	6.93	7.35	7.35	7.26	7.44
每万支卷烟耗盘纸	米	647	646	638	642	645	646	637	644
每万支卷烟耗嘴棒	支	1687	1690	1761	1734	1677	1681	1683	1684
每万支醋纤滤嘴卷烟耗嘴棒	支	1686	1687	1765	1739	1677	1681	1684	1684
万元产值耗能源（按现价计算）	千克	31.70	51.70	21.20	28.90	21.00	24.30	41.90	50.20

主要指标汇总表（2006年）（二）

川渝公司		贵州省		云南省		陕西省		中烟实业	
2006年	2005年	2006年	2005年	2006年	2005年	2006年	2005年	2006年	2005年
11051085	10823859	10586603	10410686	34864796	33837612	6500000	6312517	16551595	15982597
8663013	7661342	10458126	9880724	34464288	33417862	5977545	5342903	13460926	13006883
3160908	3494212	3370063	3382395	15989457	15281695	4261781	4003182	8611727	9243184
7890177	7325828	7216540	7028291	18875189	18555917	2238219	2309335	7890931	6685841
465613	360678	460377	336467	3649597	2717194	112500	98077	608102	535823
1824431	1522741	200202	389066	11512372	9617719	682394	481566	1369199	1058111
5691654	4756945	7035621	6316846	17777796	17341600	2970768	2711853	7701630	6122374
2425133	4049107	2801781	2954619	1794908	4076999	2573481	2845361	5931704	6681825
644254	134388	88622	413688	130123	84100	160857	175660	940960	1584464
10948015	10816108	10567443	10392081	34677889	33797817	6500000	6312517	16542160	15940458
103070	2751	19160	18605	186907	39795			9435	36690
11033268	10817914	10586603	10410686	34508683	33576308	6500000	6304758	15732834	14931922
				315286	180944		7759	693525	713836
17817	5945			40827	80360			125236	336839
6086	13860	1603	701	604800	452622		12518	86595	77606
12569	24088								
					4400				
794330	580187	434856	708636		785367	810966	886543	4037277	2980153
509187	550187	434856	708636		300053	810966	598623	4027277	2980153
	30000			220981	1498431			351178	388639
				220981	1013117			301178	388639
11069094	10890317	10562319	10483914	35108051	36080268	6534451	6294718	16866036	16365456
134763	168780	67003	56821	305036	341928	49086	79585	235707	199479
14784	20306	20356	10127	54182	93844	1152	5223	31150	35626
24500	58430	6053	20970	101058	126940	5997	7497	101966	48304
74883	57480	30978	24523	107409	96525	31771	33910	80445	96871
8292	32560	9371	955	42343	24619	4224	26399	20787	13792
12304	4.	245	246	44		5942	6556	1359	4886
711				2417	10200		4	136	420
	8597	468	2149		26742	1847	1778	50919	75790
154645	155521	155933	150450	840696	762718	68820	76346	199834	173571
		67153	76027	261252	226202	11499	10738		
		62690	59590	260281	223737	11499	10738		
320	282	933	1729	5769	6364	485	577	3056	2954
302	209	817	1547	5235	6109	400	490	2543	2491
98.14	95.19	100.00	99.84	99.77	99.91	100.00	100.00	99.87	99.91
98.77	98.73	100.00	100.00	99.61	99.60	99.01	99.05	99.88	99.63
7.39	7.40	7.56	7.64	6.79	6.99	7.56	7.24	7.26	7.34
642	644	634	644	621	630	649	652	638	641
1722	1702	1816	1719	1943	1901	1723	1714	1734	1726
1732	1720	1817	1721	1946	1900	1724	1721	1741	1735
38.00	45.50	51.80	59.60	26.20	28.90	59.80	82.50	46.20	58.10

附：

工业主要统计指标解释

产品销售收入：指企业销售产品，包括产成品、自制半成品和提供劳务等主要经营业务所取得的净收入。

卷烟销售收入：指卷烟工业企业销售卷烟商品的实际收入。不包括价外征收的增值税。

产品销售成本：指企业销售产品和提供劳务等主要经营业务过程中的实际成本（不含增值税）。

卷烟销售成本：指工业企业购进商品的采购成本，是不含增值税成本。

产品销售费用：指企业销售产品和提供劳务过程中所发生的各项费用。具体包括内容见会计报表中的"产品销售费用明细表"。

产品销售税金及附加：指按新税制应由企业销售产品和提供劳务等主要经营业务应负担的产品销售税金及附加，包括营业税、消费税、资源税、城建税、教育费附加。

消费税：指按《消费税暂行条例》规定的主要经营业务应税消费品（卷烟、雪茄烟、烟丝）所应缴纳的消费税。

产品销售利润：指企业销售产品和提供劳务等主要经营业务收入扣除成本、费用、税金及附加后的利润。

管理费用：指企业行政管理部门为组织和管理生产经营活动而发生的各项费用。具体包括内容见会计"管理费用明细表"。

经营费用：同"产品销售费用"。

财务费用：指企业为筹集生产经营所需资金而发生的费用。包括利息支出（减利息收入）、汇兑损失（减汇兑收益）及相关的金融机构手续费等。

利息支出：指企业在生产经营期间利息支出扣除利息收入后的净额。

主营业务利润：指企业从事某种主要生产、经营活动所产生的利润。

利润总额：指企业在生产经营过程中各种收入扣除各种耗费后的盈余，反映企业在报告期内实现的盈亏总额，包括营业利润、补贴收入、投资净收益、营业外收支净额和以前年度损益调整。亏损以"—"号表示。该指标包括财政已补给企业的亏损补贴收入和其他补贴收入，是指补贴后的利润额。

应交增值税：指企业按税法规定，从事货物销售或提取加工、修理修配劳务等增加货物价值的活动所应交纳的税金。该指标根据会计"应交增值税"明细科目填列。

销项税额：指企业销售货物或提供劳务应收取的增值税额。

期末资产总计：指企业拥有或控制的能以货币计量的经济资源，包括各种财产、债权和其他权利。资产按其流动性质划分为流动资产、长期投资、固定资产、无形及递延资产和其他资产。

平均资产总额：是指期初、期末资产总计的算术平均值。

期末流动资产合计：指企业可以在一年内或者超过一年的一个生产周期内变现或者耗用的资产，包括现金、各种存款、短期投资、存货、应收及预付款等。

流动资产平均余额：指企业全部流动资产报告期平均余额。该指标根据会计各月"资产负债表"中"流动资产合计"项的月初、月末数计算填列。计算方法如下：

流动资产月平均余额是以月初（上月末）流动资产合计加上本月末流动资产合计除以2求得，即用简单算术平均法计算。

存货合计：指企业在生产经营过程中为销售或者耗用而储备的各种资产，包括原材料、周转材料、包装物、低值易耗品、在产品、自制半成品、产成品等。

产成品存货：指企业在报告期末完成全部生产过程，已验收入库或可作为商品对外销售的各种产品价值。

应收账款净额：指企业因销售产品和提供劳务而应向购买单位收取的各种款项扣除（估计）坏账损失后的可变现净额。

长期投资：指企业直接向其他单位投资且回收期限在一年以上的现金、实物和无形资产，以及已购入并不准备在一年内变现的股票投资、债券投资和其他投资。

固定资产原价合计：固定资产原价也称固定资产原始价值，指企业在建造、购置、安装、改建、扩建、技术改造某项固定资产时所支出的全部货币总额。

累计折旧：指企业在报告期末止提取的历年固定资产折旧的累计数。

本年折旧：指企业在本年度内提取的固定资产折旧合计数。

固定资产净值：指固定资产原价减去历年提取折旧（即累计折旧）后的净额。

固定资产净值平均余额：指企业全部固定资产净值报告期平均余额。

在建工程：指企业在报告期末各项未完工程的实际支出和尚未使用的工程物资的实际成本。

期末负债合计：指企业所承担的能以货币计量，将以资产或劳务偿付的债务。

期末流动负债合计：指企业在一年内或者超过一年的一个营业周期内需要偿还的债务，包括短期借款、应付票据、应付账款、预收货款、应付工资和福利费、应交税金、应付利润、其他应付款、预提费用等。

流动负债平均余额：指企业在报告期内流动负债的平均余额。

期末长期负债合计：指企业偿还期在一年以上或者超过一年的一个营业周期以上的债务，包括长期借款、长期应付款、应付债券等。

所有者权益：指企业投资人对企业净资产的所有权。企业净资产为企业全部资产与企业全部负债的差额，包括实收资本、资本公积金、盈余公积金和未分配利润等。

所有者权益＝资产总计－负债合计

工业总产值、卷烟产值（当年价）：指以货币表现的工业企业在报告期内生产的工业产品总量。它包括生产成品价值、对外加工费收入和自制半成品、在产品期末期初差额价值。它是计算增加值和劳动生产率及其他经济指标的依据。

工业总产值不包括：

（1）非本企业生产的工业产品价值；

（2）本企业非工业活动单位的非工业产品价值和收入；

（3）本企业工业生产过程中产生的废料（如锯末、切屑、矸石等）的出售价值。

工业销售产值（当年价）：指以货币表现的工业企业在一定时期内销售的工业产品总量。包括已销售的成品、半成品价值，对外提供的工业性作业价值和对本企业基本建设部门、生活福利部门等提供的产品和工业性作业及自制设备价值。除包含本企业生产的产品外，还包括本企业回购再销售的卷烟。（计算产品销售率时要用不含回购部分的工业销售产值。）

工业中间投入合计（不含增值税）：指工业企业在报告期内用于工业生产活动中消耗的外购物质产品和对外支付的服务费用。服务费用包括支付给物质生产部门（工业、农业、批发零售贸易业、建筑业、运输邮电业）的服务费用和支付给非物质生产部门（保险、金融、文化教育、科学研究、医疗卫生、行政管理等）的服务费用。

工业中间投入包括直接材料，制造费用中的中间投入、管理费用中的中间投入、销售费用中的中间投入和利息支出五项工业中间投入按购买者价格计算。计算中间物质消耗时，如外购材料、燃料、动力等，按现行会计核算的有关规定执行，均按不含增值税（进项税额）的价格计算。

工业增加值（当年价）：指工业企业在报告期内以货币表现的工业生产活动的最终成果。该指标要通过计算求得，计算方法有两种，一种是生产法，一种是分配法。烟草系统工业企业一律采用生产法计算。计算公式为：

工业增加值（当年价）＝工业总产值（当年价）－工业中间投入＋本期应交增值税

卷烟产量：指产品质量符合《国颁标准》，经检验合格，并已包装入库的卷烟（包括雪茄型卷烟）成品。凡不符合《国颁标准》的卷烟，不论是否包装入库，均列入不合格品，不做产量统计。

滤嘴烟产量：指全部滤嘴烟产量，包括醋纤丝束和丙纤丝束，或用其他嘴棒接装的卷烟。

醋纤嘴烟产量：指用二醋酸纤维丝束嘴棒接装的嘴烟。

卷烟产量按调拨价格分类统计：

调拨价格：指卷烟生产企业通过卷烟交易市场与购货方签定的卷烟交易价格。

一类卷烟：每标准条（200支）不含增值税调拨价格50元（含）以上；

二类卷烟：每标准条（200支）不含增值税调拨价格30元（含）~50元；

三类卷烟：每标准条（200支）不含增值税调拨价格15元（含）~30元；

四类卷烟：每标准条（200支）不含增值税调拨价格10元（含）~15元；

五类卷烟：每标准条（200支）不含增值税调拨价格10元以下。

出口卷烟划分等级不含税价计算按国内同牌号卷烟或参照同等级卷烟计算。

名优卷烟产量：按国家局经济运行司下发文件规定的名优卷烟牌号（规格）产量。

卷烟产量按盒标焦油量分组：11mg/支~15mg/支，5mg/支~10mg/支（含），4mg/支（含）以下3档。

卷烟产量按卷烟类型分类统计：卷烟按烤烟型、混合型、其他型分别统计。

供应出口和出口卷烟产量：指工业企业生产用作供应出口和直接出口的卷烟产量。

雪茄烟产量：指产品质量符合《部颁标准》，经检验合格入库的雪茄烟成品。凡不符合《部颁标准》的雪茄烟，不论是否包装入库，均列入不合格产品，不做产量统计。

来牌或来料加工卷烟产量：来牌加工卷烟指国外（境外）卷烟牌号，其主要原料使用国内的，并在国内进行加工又销往国外的卷烟产量统计在该指标内。来料加工卷烟指凡从国外（境外）来料加工，且在境外销售的卷烟产量统计在该指标内。

联营加工卷烟产量：指省内（外）工业企业之间的委托加工，委托方提供卷烟牌号和部分或全部原材料，且占用加工企业生产计划的卷烟产量一律由加工企业统计。

工业企业卷烟销售量（额）：指报告期内工业企业实际销售的由本企业生产（包括上期和本期生产）的符合质量要求或订货合同规定的技术条件的卷烟数量额，但不包括用订货者来料加工生产的卷烟数量（不包括次品烟数量）（额）。即对省内（外）烟草系统销售、供应出口与出口及其他项之和。

卷烟期末库存、一、二、三、四、五类卷烟库存、滤嘴烟库存、供应出口、出口库存：指报告期初或期末某一时点上，尚存在工业企业产成品仓库中，而暂未售出的产品实物数量（不包括次品烟数量）。包括订货者来料加工的产品，尚未拨出的实物量。其中：一、二、三、四、五类卷烟库存是指按不含增值税调拨价分类统计的卷烟库存数量；滤嘴烟库存是指库存总量中滤嘴烟的数量；供应出口库存是指暂未售给烟草进出口公司，尚存在工业企业产成品仓库中的实物数量；出口烟库存是指工业企业准备直接向国外出口的商品。

复烤烟叶产量：指烟叶经过复烤，产品质量符合《国颁标准》，经检验合格，并已包装入库的烟叶成品量。凡不符合《国颁标准》的复烤烟叶，不论是否包装入库均列入不合格品，不做产量统计。订货单位退回的本年内生产的不合格品量，应从产量中扣除。

打叶复烤烟叶产量：指烟叶经过打叶复烤，经检验合格，并已包装入库的烟叶成品量。

烟叶期末库存量：指的是工业企业报告期末烟叶库存总量，包括烤烟、晾烟、晒烟、进口烟叶。

二醋酸纤维丝束产量：指已包装入库的二醋酸纤维丝束成品。

丝束期末库存：指尚存在工业企业仓库中，而暂未售出的丝束数量。包括二醋酸纤维丝束和丙纤丝束。

不合格品卷烟数量：指次品和废品的数量之和。

$$\text{卷烟质量抽检合格率（\%）}=\frac{\text{报告期抽检合格品次数（次）}}{\text{报告期抽检总次数（次）}}\times100\%$$

$$\text{卷烟成品率（\%）}=\frac{\text{报告期卷烟产品产量（万支）}}{\text{报告期卷烟产品产量（万支）}+\text{不合格品数量（万支）}}\times100\%$$

$$\text{每万支卷烟耗用烟叶（千克）}=\frac{\text{报告期车间实收烟叶投料量}\pm\text{期末期初在制品差异量（千克）}}{\text{报告期卷烟产品产量（万支）}}$$

$$\text{每万支卷烟耗用盘纸量（米）}=\frac{\text{报告期耗用盘纸总量}\pm\text{期末期初在制品差异量（米）}}{\text{报告期卷烟产品产量（万支）}}$$

$$\text{每万支滤嘴卷烟耗用嘴棒量（支）}=\frac{\text{报告期耗用嘴棒总量}\pm\text{期末期初在制品差异量（支）}}{\text{报告期滤嘴烟产品产量（万支）}}$$

$$\text{万元产值综合耗能源（千克）}=\frac{\text{报告期生产消耗能源总量（折标准煤）（千克）}}{\text{报告期工业总产值（当年价）}}$$

$$\text{全员实物劳动生产率（万支、吨/人）}=\frac{\text{报告期卷烟（复烤烟叶）产品产量（万支、吨）}}{\text{报告期全部从业人员平均人数（人）}}$$

$$\text{生产工人实物劳动生产率（万支、吨/人）}=\frac{\text{报告期卷烟（复烤烟叶）产品产量（万支、吨）}}{\text{报告期生产工人平均人数（人）}}$$

从生产者购进（指联营加工）和其中省外：指报告期内工业企业直接从本省内（外）烟草系统工业企业购进的，且由系统内工业企业生产的符合产品质量要求或订货合同规定的技术要求的联营加工卷烟数量。

工业经济效益综合指数：是衡量工业经济效益各个方面在数量上总体水平的一种特殊相对数，是反映工业经济运行质量的总量指标。它是以各单位工业经济效益指标报告期实际数值分别除以该项指标的全国标准值，并乘以各自权数，加总后再除以总权数求得。计算公式为：

$$\text{工业经济效益综合指数}=\sum\left(\frac{\text{某项经济效益指标报告期数值}}{\text{该项指标全国标准值}}\times\text{该项指标权数}\right)\div\text{总权数}$$

总资产贡献率：该指标反映了企业全部资产的获利能力，是企业经营业绩和管理水平的集中体现，是评价和考核企业盈利能力的核心指标。计算公式为：

$$\text{总资产贡献率（\%）}=\frac{\text{利润总额}+\text{税金总额}+\text{利息支出}}{\text{平均资产总额}}\times\frac{12}{\text{累计月数}}\times100\%$$

资本保值增值率：该指标反映企业净资产的变动状况，是企业发展能力的集中体现。计算公式为：

$$\text{资本保值增值率（\%）}=\frac{\text{报告期期末所有者权益}}{\text{上年同期期末所有者权益}}\times100\%$$

资产负债率：该指标既反映企业经营风险的大小，又反映企业利用债权人提供的资金从事经营活动的能力。计算公式为：

$$\text{资产负债率（\%）}=\frac{\text{报告期期末负债总额}}{\text{报告期期末资产总额}}\times100\%$$

流动资产周转率：指在一定时期内流动资产的周转次数，是一个反映经营状况的指标，也是一个资金利用效果指标，反映再生产循环的速度。计算公式为：

$$\text{流动资产周转率（次）}=\frac{\text{报告期累计产品销售收入}}{\text{报告期流动资产平均余额}}\times\frac{12}{\text{累计月数}}$$

成本费用利润率：是企业全部生产投入与实际利润的对比关系，反映工业投入的生产成本及费用的经济效益，同时，也反映企业降低成本所取得的经济效益。计算公式为：

$$\text{成本费用利润率（\%）}=\frac{\text{报告期实现利润总额（补贴后）}}{\text{报告期成本费用总额}}\times100\%$$

全员劳动生产率：是工业企业平均每个职工在单位时间内创造的工业生产最终成果，反映企业的生产效率和劳动投入的经济效益。计算公式为：

$$\text{全员劳动生产率（元/人）}=\frac{\text{报告期累计工业增加值}}{\text{报告期全部从业人员平均人数}}\times\frac{12}{\text{累计月数}}$$

产品销售率：反映工业产品已实现销售的程度，是分析工业产销衔接情况，研究工业产品满足社会需求的重要指标。计算公式为：

$$\text{产品销售率（\%）}=\frac{\text{报告期工业销售产值（当年价）}}{\text{报告期工业总产值（当年价）}}\times100\%$$

各项指标的标准值及权数

1. 总资产贡献率为 50%，权数 20；
2. 资本保值增值率为 120%，权数 16；
3. 资产负债率为 55%，权数 12；
4. 流动资产周转率为 1.6 次，权数 15；
5. 成本费用利润率为 15%，权数 14；
6. 全员劳动生产率为 40 万元/人，权数 10；
7. 产品销售率为 99%，权数 13。

复烤工业和其他工业的标准值按照国家统计局公布的全国工业标准值执行。其标准值和权数为：

1. 总资产贡献率为 10.7%，权数 20；
2. 资本保值增值率为 120%，权数 16；
3. 资产负债率小于等于 60%，权数 12；
4. 流动资产周转率为 1.52 次，权数 15；
5. 成本费用利润率为 3.71%，权数 14；
6. 全员劳动生产率为 16500 元/人，权数 10；
7. 产品销售率为 96%，权数 13。

烟草系统商业企业经济

地区	经济效益综合指数（%）	总资产贡献率（%）	资本保值增值率（%）	资产负债率（%）	销售利润率（%）	成本费用利润率（%）	流动资产周转次数（次）
全国总计	185.12	47.49	135.47	29.72	14.32	16.48	3.74
北京市	217.86	37.93	132.48	8.97	10.82	12.09	5.45
天津市	230.30	55.58	150.59	34.07	11.76	13.15	4.80
河北省	159.15	49.50	127.93	14.63	11.05	12.48	4.29
山西省	223.70	76.01	142.53	16.75	15.11	17.89	5.78
内蒙古区	178.19	53.35	131.20	31.99	11.79	13.39	5.06
辽宁省	161.23	44.31	122.33	29.03	11.26	12.77	3.82
吉林省	187.11	40.62	129.78	30.92	16.20	18.25	4.42
黑龙江省	151.69	43.53	134.64	38.26	10.50	11.82	4.67
大连市	278.00	43.62	128.90	8.78	22.86	28.58	2.08
上海市	4308.74	286.78	208.80	28.83	20.15	23.90	16.28
江苏省	276.43	55.08	124.51	5.41	22.76	29.70	2.33
浙江省	257.41	49.68	121.62	57.97	14.59	17.10	3.95
安徽省	206.46	61.97	144.90	16.23	16.99	20.31	3.63
福建省	175.14	41.07	137.35	16.57	14.21	16.17	3.58
江西省	187.14	60.69	136.50	13.00	13.32	15.42	5.39
山东省	175.55	53.40	125.76	21.01	12.40	14.32	5.15
河南省	150.63	41.18	193.11	51.85	10.43	11.46	4.32
湖北省	177.77	46.56	143.85	36.19	14.03	16.46	3.39
湖南省	167.34	39.40	131.28	30.54	11.71	13.11	3.67
广东省	279.53	77.63	137.87	13.93	21.30	24.44	4.81
广西区	171.84	54.94	141.91	28.26	11.43	12.90	5.60
海南省	182.25	37.82	143.84	18.61	8.27	8.87	6.45
深圳市	350.09	44.04	135.65	8.76	12.29	14.00	4.89
重庆市	145.41	28.67	132.85	41.88	11.56	13.08	2.54
四川省	196.48	55.13	138.49	32.62	16.11	19.23	3.49
贵州省	148.99	33.93	129.28	47.37	14.25	16.29	2.48
云南省	136.79	25.87	142.02	38.64	10.01	11.13	2.66
西藏区	176.48	34.87	141.92	30.92	14.54	16.56	2.74
陕西省	165.23	47.46	150.34	40.80	12.50	14.13	4.33
甘肃省	160.26	41.41	121.05	28.46	12.78	14.60	3.51
青海省	143.01	29.22	120.56	12.24	10.45	11.41	3.13
宁夏区	175.21	38.99	126.41	12.78	14.22	16.54	2.62
新疆区	112.89	28.21	115.79	24.16	3.73	3.88	8.28
进出口	416.52	33.84	132.76	25.72	49.36	100.57	0.70

资料来源：国家烟草专卖局烟草经济信息中心。

部分

效益主要指标表（2006 年）

劳动效率（元/人）	毛利率（%）	经营费用率（%）	商业企业实现税利总额（万元）	盈利企业盈利额（万元）	亏损企业亏损额（万元）	商业增加值（万元）	毛利额（万元）
351045	21.12	2.90	10307673	8181330	−4177	11804111	11982279
874994	14.51	1.49	176110	192572		205886	185963
834545	14.12	0.79	106029	85618		115501	102796
244674	18.15	1.99	223671	166973		297426	274302
408199	22.58	1.29	255944	198898		280759	297267
336152	19.76	1.79	140263	104206	−46	175606	174625
312325	21.80	3.70	170276	129388	−4131	232307	242394
307949	19.93	2.43	159208	131333		151172	161571
217125	22.99	3.97	159448	113920		227590	249461
871082	24.92	2.29	82183	68283		83711	74440
39106571	16.04	0.18	343113	298033		273746	237257
751818	27.79	1.76	927120	748249		1006309	913755
1046659	19.50	2.09	1060229	853134		1256724	1139944
301262	25.54	2.99	324566	255313		384772	383730
307324	18.24	0.70	412673	328728		432343	421867
270236	21.46	4.34	201848	155001		251806	249680
274953	24.30	4.49	402460	294780		589830	577462
173701	17.30	2.54	415678	325840		524784	540433
294111	26.97	4.50	341956	253045		445490	486554
381221	19.90	2.65	423268	322317		526275	547944
683785	18.67	0.45	1383891	1185607		1056516	1038889
249234	21.92	3.41	150767	110607		201007	212137
609408	12.28	1.12	64856	49981		78187	74168
2090787	15.40	1.55	164326	134525		177926	168570
278500	25.54	4.35	152062	108237		233912	239079
308542	25.67	5.17	464597	362525		559757	577835
140938	28.74	4.80	309437	234763		407720	473363
280932	22.21	6.65	841493	617794		1119766	1370590
370339	21.37	2.03	18570	13833		21850	20322
213674	21.52	3.77	171930	134505		221900	231540
252723	20.72	4.80	109243	81646		131138	132361
311437	14.45	0.34	37221	29563		38587	40881
362573	21.81	3.72	38407	29494		48476	45232
180175	10.44	0.28	25622	15968		45332	44690
	54.14	1.41	49208	46651			51177

烟草系统商业企业

指标名称	单位	全国总计	北京市	天津市	河北省	山西省
一、商品购进总额	万元	59140211	1278237	839641	1612869	1179827
1. 从生产者购进	万元	38376294	629770	426867	1219811	1012561
其中：从省外①	万元	14195838	515853	326105	595465	915591
2. 从批零业购进	万元	20407251	648014	412742	392735	167266
3. 进口	万元	337505				
4. 其他②	万元	19161	453	32	323	
二、商品销售总额	万元	74097178	1499333	987232	2018687	1534577
1. 对生产经营者批发③	万元	5007782				9230
其中：对省外	万元	2848116				9073
2. 对批零业批发	万元	68334730	1499333	986331	2018687	1525326
3. 出口	万元	406765				
4. 零售	万元	347901		901		21
三、期末库存总额	万元	4547996	48997	17895	59597	58571
其中：出口	万元	78694				
四、卷烟商品购进总额	万元	53278489	1278237	839641	1612869	1173150
1. 从生产者购进	万元	36033766	629770	426867	1219811	1007511
其中：从省外	万元	14195838	515853	326105	595465	915591
2. 从省内批零业购进④	万元	16424708	632098	406822	249830	98554
其中：烟草系统内⑤	万元	16424708	632098	406822	249830	98554
3. 从省外批零业购进④	万元	765956	15916	5920	142905	67085
其中：烟草系统内⑤	万元	765956	15916	5920	142905	67085
4. 进口	万元	38060				
5. 其他	万元	15999	453	32	323	
五、卷烟商品销售总额	万元	66238955	1499333	987232	2018687	1525347
1. 批发⑥	万元	65891054	1499333	986331	2018687	1525326
①对省内批零业批发⑦	万元	64393516	1499333	986331	2018687	1525326
其中：烟草系统内⑧	万元	16255554	632115	407358	250499	98266
②对省外批零业批发⑦	万元	1298838				
其中：烟草系统内⑧	万元	1298838				
③出口	万元	198700				
2. 零售⑨	万元	347901		901		21
六、对国内烟草商业系统外销售卷烟额	万元	48485863	867218	579874	1768188	1427081
其中：一类[50元(含)以上]	万元	17096568	325069	181504	314140	383357
二类[30元(含)~50元]	万元	11298816	214223	148216	452563	368848
三类[15元(含)~30元]	万元	15614696	263129	208138	691679	577539
四类[10元(含)~15元]	万元	4036329	61839	41620	266222	80083
五类[10元以下]	万元	439381	2958	396	43584	17254
七、卷烟期末库存额	万元	1942572	48997	17895	59597	55098
其中：出口	万元					

注：①指烟草系统商业企业直接从省（区、市）外购进的工农业生产者生产的产品。②指烟草系统商业企业从生产
购进的缉私和罚没的国内外烟草制品（包括卷烟、烟叶和其他烟草专卖品）。③指烟草系统商业企业售给生产
系统内（外）的批发零售贸易业购进的商品。⑤从本省（区、市）内（外）烟草系统批发零售贸易业购进的
种经济类型的批发零售贸易单位批发及出口。⑦指烟草系统商业企业对本省（区、市）内（外）系统内（外）
内（外）的烟草批发零售贸易单位批发的商品。⑨指烟草系统商业企业售给城乡居民直接用于生活消费的商
(2)售给批发零售贸易等单位用于转卖的商品；(3)售给企业单位生产上专用的劳动保护用品；(4)售给民政部门救
资料来源：国家烟草专卖局烟草经济信息中心。

总值、卷烟类值表（2006年）

内蒙古区	辽宁省	吉林省	黑龙江省	大连市	上海市	江苏省	浙江省
817752	1140341	766870	932806	254445	2880594	2765260	5467182
685555	981047	647133	851021	249720	1021920	2477619	2763089
426690	682861	312652	597449	249720	50445	809793	1151392
132197	159192	119737	81785	4725	1858225	286818	2700571
	102				449	823	3522
1036158	1464411	986280	1210420	349432	3509868	3847385	6836024
17463	35623	51112	104395				2379
16850	28129	44796	85956				
1018695	1423766	930277	1095123	347520	3280396	3847385	6805651
	5022	4891	10902	1912	229472		27994
49794	70155	44291	94744	15949	26847	171400	99514
809370	1123554	744205	890124	254445	2880594	2765260	5463890
677173	964290	624468	808339	249720	1021920	2477619	2759797
426690	682861	312652	597449	249720	50445	809793	1151392
116806	157633	119380	81785		1786994	249927	2691531
116806	157633	119380	81785		1786994	249927	2691531
15391	1559	357		4725	71231	36891	9040
15391	1559	357		4725	71231	36891	9040
	72				449	823	3522
1018695	1427794	935168	1106025	349432	3509868	3847385	6831639
1018695	1422772	930277	1095123	347520	3280396	3847385	6803645
1018695	1422772	930277	1095123	347520	3280347	3847385	6803645
118263	155151	118614	88962		1773038	430	2619672
					49		
					49		
	5022	4891	10902	1912	229472		27994
900432	1272643	816554	1017063	349432	1736781	3846955	4211967
277690	336079	133172	191167	110841	1064022	1719940	2373354
178920	288743	193246	220250	99380	459717	1026305	990890
309474	524004	420450	369163	112672	173181	941694	711494
113728	119948	64570	221036	26539	39861	102845	135555
20620	3869	5116	15447			56171	674
47699	57298	40985	62432	15949	26847	171400	98761

者和批发零售贸易业以外的其他单位购进的商品。在烟草系统主要是指从海关、市场管理部门和专卖管理部门经营单位作为生产或经营使用的商品（主要指烟叶）。④指烟草系统商业企业从本省（区、市）内（外）烟草商品。⑥指除零售以外的一切商品销售活动，包括烟草系统商业企业对生产经营单位批发和对系统内（外）各的各种经济类型的批发零售贸易单位销售的用作转卖或加工后转卖的商品。⑧指烟草系统商业企业对本省（区、市）品和社会集团直接用于公共消费的商品的总量。不包括：⑴售给各行各业直接用于生产和业务经营使用的商品；实用的商品。

烟草系统商业企业

指标名称	单位	安徽省	福建省	江西省	山东省	河南省
一、商品购进总额	万元	1457562	2479588	1457572	2123935	3599957
1. 从生产者购进	万元	1431799	1484177	996605	2037564	1882232
其中：从省外	万元	321678	467300	387576	770279	356668
2. 从批零业购进	万元	23724	995303	459565	86196	1717473
3. 进　口	万元					
4. 其　他	万元	2039	108	1402	175	252
二、商品销售总额	万元	1945682	3169423	1792333	2817861	4328224
1. 对生产经营者批发	万元	10832	338292	26395	75487	324120
其中：对省外	万元	511	305685	1129	41843	204267
2. 对批零业批发	万元	1934850	2831131	1763809	2742374	4004104
3. 出口	万元					
4. 零售	万元			2129		
三、期末库存总额	万元	84729	62638	85965	131045	244339
其中：出口	万元					
四、卷烟商品购进总额	万元	1442859	2108179	1428376	2065981	3147081
1. 从生产者购进	万元	1417096	1342202	967455	1979675	1717776
其中：从省外	万元	321678	467300	387576	770279	356668
2. 从省内批零业购进	万元	12866	765923	417987	61679	1422876
其中：烟草系统内	万元	12866	765923	417987	61679	1422876
3. 从省外批零业购进	万元	10858	25	41578	24517	6411
其中：烟草系统内	万元	10858	25	41578	24517	6411
4. 进　口	万元					
5. 其　他	万元	2039	29	1356	110	18
五、卷烟商品销售总额	万元	1934519	2611789	1748960	2738645	3692129
1. 批　发	万元	1934519	2611789	1746831	2738645	3692129
①对省内批零业批发	万元	1934516	2571164	1746831	2738645	3692129
其中：烟草系统内	万元	12140	710273	419179	50974	1438111
②对省外批零业批发	万元	3	40625			
其中：烟草系统内	万元	3	40625			
③出　口	万元					
2. 零　售	万元			2129		
六、对国内烟草商业系统外销售卷烟额	万元	1922376	1860891	1329781	2687671	2254018
其中：一类[50元(含)以上]	万元	790184	762432	629134	552323	510906
二类[30元(含)~50元]	万元	314528	498689	288430	475308	161879
三类[15元(含)~30元]	万元	622620	544286	286200	1265752	1285306
四类[10元(含)~15元]	万元	157443	53897	109687	354817	278266
五类[10元以下]	万元	37528	1587	16330	39471	17661
七、卷烟期末库存额	万元	73916	57200	61526	74981	110280
其中：出口	万元					

总值、卷烟类值表（2006 年）

湖北省	湖南省	广东省	广西区	海南省	深圳市	重庆市	四川省
1552260	2338760	5237748	919812	613828	1071986	1108877	1919394
1515849	2120230	2500758	823316	229064	319416	748984	1909443
185267	327010	1461201	418870	159145	176296	236738	997712
33671	218297	2735934	94357	384735	752570	359686	9513
2740	233	1056	2139	29		207	438
2084920	3067607	6483515	1179445	706788	1268221	1446563	2571399
141110	334181	78819	48377			175212	267373
75119	138571	38573	39120			175212	138095
1934825	2720507	6403846	1119252	703620	1264464	1268937	2302018
8985	12919	850	11816	3168	3757	2414	2008
120390	122431	135638	55111	12595	24206	76238	240706
1433954	2138093	5168149	894960	613828	1071986	899011	1768288
1416807	1954008	2457621	798632	229064	319416	687304	1758337
185267	327010	1461201	418870	159145	176296	236738	997712
13849	183441	2696368	65819	333164	567671	207259	7772
13849	183441	2696368	65819	333164	567671	207259	7772
780	546	13108	28538	51571	184899	4446	1741
780	546	13108	28538	51571	184899	4446	1741
2518	98	1052	1971	29		2	438
1925069	2678540	6372463	1130900	706788	1268221	1140180	2296544
1916084	2665621	6371613	1119084	703620	1264464	1137766	2294536
1916084	2665621	6371613	1119084	703620	1264464	1137766	2294425
12177	168202	1900478	68939	333160	561237	200872	2614
							111
							111
8985	12919	850	11816	3168	3757	2414	2008
1912892	2510338	4471985	1061961	373628	706984	939308	2293819
705947	1209238	1434914	169332	133201	284430	288047	632453
518346	166260	1753617	294846	104280	186630	218504	545104
388722	778790	1149863	488745	114328	224836	293249	913895
268477	352271	129186	108362	20293	10524	101868	171586
31400	3779	4405	676	1526	564	37640	30781
58664	42080	117426	52182	12595	24206	36492	161019

烟草系统商业企业

指标名称	单位	贵州省	云南省	西藏区	陕西省
一、商品购进总额	万元	1400209	5493686	80204	1352640
1. 从生产者购进	万元	1090902	1999147	79627	929712
其中：从省外	万元	64878	38769	79627	324333
2. 从批零业购进	万元	308473	3492703	577	422928
3. 进　口	万元				
4. 其　他	万元	834	1836		
二、商品销售总额	万元	1995224	6949006	111008	1640426
1. 对生产经营者批发	万元	693664	1738073		65266
其中：对省外	万元	543649	830965		36243
2. 对批零业批发	万元	1299542	5197739	108346	1575118
3. 出　口	万元				
4. 零　售	万元	2018	13194	2662	42
三、期末库存总额	万元	284676	1052620	10762	96164
其中：出口	万元				
四、卷烟商品购进总额	万元	982784	3011758	80204	1303971
1. 从生产者购进	万元	775526	1124434	79627	881719
其中：从省外	万元	64878	38769	79627	324333
2. 从省内批零业购进	万元	207147	1886497		417456
其中：烟草系统内	万元	207147	1886497		417456
3. 从省外批零业购进	万元		325	577	4796
其中：烟草系统内	万元		325	577	4796
4. 进　口	万元				
5. 其　他	万元	111	502		
五、卷烟商品销售总额	万元	1187509	3503842	111008	1561588
1. 批　发	万元	1185491	3490648	108346	1561546
①对省内批零业批发	万元	1185491	3490648	108346	1561546
其中：烟草系统内	万元	205888	1908453		409930
②对省外批零业批发	万元				
其中：烟草系统内	万元				
③出　口	万元				
2. 零　售	万元	2018	13194	2662	42
六、对国内烟草商业系统外销售卷烟额	万元	981621	1595389	111008	1151658
其中：一类［50元（含）以上］	万元	323684	522517	47226	302284
二类［30元（含）~50元］	万元	58658	508335	29240	268618
三类［15元（含）~30元］	万元	450712	441099	25504	396931
四类［10元（含）~15元］	万元	142852	112424	8233	166660
五类［10元以下］	万元	5715	11014	805	17165
七、卷烟期末库存额	万元	77952	106412	10762	49047
其中：出口	万元				

总值、卷烟类值表（2006 年）

甘肃省	青海省	宁夏区	新疆区	销售公司	工业公司	进出口
764576	282660	202503	439037	11306	2644829	651458
429668	123836	149779	437609		1992051	178413
89146	123836	131134	437600			6759
334908	158777	52724	1423	11306	652778	135623
						337505
	47		5			−83
989138	331027	254668	501249	19153	2640196	524295
1362					431042	37975
22					73641	20667
987776	330637	254668	501144	19153	2209154	79226
						406765
	390		105			329
52582	10760	10657	16523		766134	93333
						78694
754884	282660	202503	439037	11306	1992051	201247
422865	123836	149779	437609		1992051	133642
89146	123836	131134	437600			6759
331088	158329	46612				29545
331088	158329	46612				29545
931	448	6112	1423	11306		
931	448	6112	1423	11306		
						38060
	47		5			
984887	331027	254668	501249	19153	2205702	276970
984887	330637	254668	501144	19153	2205702	276641
977620	330637	254668	501144	1167	1000733	50113
333368	158587	46591		1167	1000733	50113
7267				17986	1204969	27828
7267				17986	1204969	27828
						198700
	390		105			329
644252	172440	208077	501249			329
188351	51455	60440	87421			314
59622	29555	54529	122522			15
257385	62226	76944	244686			
138733	17690	14451	44763			
161	11514	1713	1857			
42385	10760	10657	16523		27572	4977

附：

商业主要统计指标解释

商品购进总额（总量）：指商品购进原价（含增值税），即烟草系统商业企业在一定时期内，从本企业以外的单位和个人购进（包括从国外直接进口）的所有权已经归属本单位的，作为转卖或加工后转卖的商品。这个指标主要反映烟草商业企业从国内、国外市场上购进商品的总额（总量）。包括：

（1）从工农业生产者购进的商品；

（2）从批发零售贸易业购进的商品。如：从烟草系统、其他系统批发零售贸易业购进的商品；

（3）从国（境）外直接进口和委托外贸部门代理进口的商品；

（4）从其他单位购进的商品。如从海关、市场管理部门、专卖管理部门购进的缉私和没收的商品。

不包括：

（1）企业为了本单位本级经营用，不是作为转卖而购进的商品。如材料物资、包装物、低值易耗品、办公用品等；

（2）未通过买卖行为而收入的商品。如接收其他部门移交的商品，借入的商品，代其他单位保管的商品，其他单位赠送的样品，加工收回的成品等；

（3）经本单位介绍，由买卖双方直接结算，本单位只收手续费的业务；

（4）销货退回和买方拒付货款的商品；

（5）商品溢余。

商品购进总额的计算方法：购进的各种商品，不论是否进入本单位仓库，凡是通过本企业结算货款，所有权已经归属本单位的都应包括在内。

从国内购进的商品，以进货原价（含增值税）计算商品购进；企业收购农副产品，按收购价款和在购入环节缴纳的税金计算。

进口总额（总量）：指烟草系统进出口公司直接从国外、境外自主经营进口的商品和受托代理进口的商品，其所有权已归属本单位，并在我国海关办理入关手续的商品。不包括从国内有关单位（包括对外贸易部门和其他单位）购进的进口商品。本指标一律由中国烟草进出口（集团）公司及所属18个口岸公司填报。各省级局（公司）商业统计不上报此指标的数据。

商品销售总额（总量）：指商品销售收入，即烟草系统商业企业对本企业以外的单位和个人出售，以及出口（包括对国（境）外直接出口）商品（包括售给本单位消费用的商品）的总额（总量）。这个指标反映烟草系统商业企业在国内市场上销售商品，以及出口商品的总额（总量）。包括：

（1）售给城乡居民和社会集团消费用的商品；

（2）售给烟草系统内和系统外批发零售贸易业等作为生产和经营用的商品，转卖或加工后转卖的商品；

（3）对国（境）外直接出口的商品；

（4）售给工业、农业、建筑业、交通运输邮电业、批零业、餐饮业、服务业、公用事业等作为生产、经营使用的商品。

不包括：

（1）出售本单位自用的废旧包装用品和其他废旧物资；

（2）未通过买卖行为付出的商品，如随机构移交而交给其他单位的商品，借出的商品，交付代其他单位保管的商品，加工原料付出和赠送给其他单位的样品等；

（3）经本单位介绍，由买卖双方直接结算，本单位只收取手续费的业务；

（4）购货退出的商品；

（5）商品损耗和损失。

出口总额（量）：指烟草系统进出口公司经营的已结算完毕、商品已出境，有海关签署验关凭证的商品。包括：直接向国（境）外自主经营出口的商品，受托代理出口的商品。不包括：售给本公司以外的进出口公司代理出口或加工后出口的商品，以及在国内市场以外币销售的卷烟。本指标一律由中国烟草进出口（集团）公司及所属18个口岸公司填报。各省级局（公司）商业统计不再上报此指标的数据。

库存：指报告期初或期末烟草系统商业企业已取得商品所有权的全部商品的数量。这个指标反映商业企业的商品库存，对市场商品供应的保证程度。包括：

（1）存放在本单位的仓库、货场、货柜、货架中的商品；

（2）挑选、整理、包装中的商品；

（3）已记入购进（即发货单或银行承兑凭证已到）而尚未运到本单位的商品；

（4）寄放在他处的商品，如因购货方拒绝付款，而暂时存放在购货方的商品；

（5）委托其他单位代销（未作销售或调出）尚未售出的商品；

（6）代其他单位购进尚未交付的商品；

（7）外贸部门作出口和内销用的库存商品。

不包括：

（1）所有权不属于本单位的商品。如商品已作销售但买方尚未取走的商品；

(2) 代其他单位保管、运输、加工的商品；

(3) 代其他单位销售（未作购进或调入）而未售出的商品；

(4) 委托外单位加工的商品；

(5) 外贸企业代理其他单位从国外进口尚未付给订货单位的商品；

(6) 代国家储备部门保管的商品。

出口库存：指期末库存中准备用于出口的库存商品。

商业经济效益评价考核指标及计算公式

商业经济效益是商业企业在组织商品流转过程中的劳动消耗、资金占用与经营成果的对比。商业企业在完成一定数量的商品流转额和利润额的情况下，支出费用和占用的资金愈少，则经济效益就愈大。为了全面地反映和评价商业企业在一定时期内的经济效益状况及其变化情况，商业经济效益评价考核体系主要从反映企业盈利能力、发展能力、偿债能力、营运能力、销售效益等方面考虑，形成了由商业总资产贡献率、商业资本保值增值率、商业资产负债率、商业销售利润率、商业成本费用利润率、商业流动资产周转次数、商业劳动效率七项指标组成。

(一) 七项指标的内容及计算公式

1. **商业总资产贡献率**：是反映企业全部资产的获利能力，是企业管理水平和经营业绩的集中体现，是评价和考核企业盈利能力的核心指标。计算公式为：

$$\text{商业总资产贡献率（\%）}=\frac{\text{利润总额}+\text{税金总额}+\text{利息支出}}{\text{平均资产总额}}\times\frac{12}{\text{累计月数}}\times 100\%$$

其中：税金总额为商品销售税金及附加与应交增值税之和；平均资产总额为期初期末资产总计的算术平均值。

2. **商业资本保值增值率**：是反映企业净资产的变动状况，是企业发展能力的集中体现。计算公式为：

$$\text{商业资本保值增值率（\%）}=\frac{\text{报告期期末所有者权益}}{\text{上年同期期末所有者权益}}\times 100\%$$

所有者权益＝资产总计－负债合计

3. **商业资产负债率**：既反映企业经营风险的大小，又反映企业利用债权人提供的资金从事经营活动的能力。计算公式为：

$$\text{商业资产负债率（\%）}=\frac{\text{报告期期末负债总额}}{\text{报告期期末资产总额}}\times 100\%$$

4. **商业销售利润率**：是反映一定时期内商业企业的利润总额与销售收入净额的关系，即反映企业销售收入的获利水平。计算公式为：

$$\text{商业销售利润率（\%）}=\frac{\text{报告期实现利润总额（补贴后）}}{\text{报告期商品销售收入净额}}\times 100\%$$

商品销售收入净额：指扣除销售折让和销货退回之后的销售净额。在通常情况下，商品销售利润率升高，企业获利相应增多，反之，企业获利相应减少。

5. **商业成本费用利润率**：是商业企业实现利润与成本费用的对比关系，反映企业降低成本所取得的经济效益。计算公式为：

$$\text{商业成本费用利润率（\%）}=\frac{\text{报告期实现利润总额（补贴后）}}{\text{报告期成本费用总额}}\times 100\%$$

它是反映企业投入产出水平，即所得与所费的比率，是从劳动消耗方面反映企业经济效益状况的指标。一般来说，成本费用利润率越高，表示企业利润水平和经营管理水平越好。

成本费用总额包括：销售成本、经营费用、管理费用和财务费用。

6. **商业流动资产周转次数**：是指商业企业在一定时期内流动资产的周转次数，是一个反映经营状况的指标，也是一个资金利用效果指标，反映再生产循环的速度。在流动资产平均余额不变的情况下，商品销售收入愈大，流动资产周转次数就愈多，反之就愈少；在商品销售收入不变的情况下，流动资产平均余额愈小，其周转次数就愈多，反之就愈少。计算公式为：

$$商业流动资产周转次数（次）=\frac{报告期商品销售收入净额}{报告期流动资产平均余额}\times\frac{12}{累计月数}$$

7. **商业劳动效率**：是指商业企业平均每个职工在单位时间内为国家和社会创造或支付的价值总额，即人均创造的商业增加值，它反映企业劳动投入的经济效益。计算公式为：

$$商业劳动效率（元/人）=\frac{报告期商业增加值}{报告期全部从业人员平均人数}\times\frac{12}{累计月数}$$

（二）各项指标的标准值及权数

1. 商业总资产贡献率 30%，权数 20；
2. 商业资本保值增值率 130%，权数 16；
3. 商业资产负债率 75%，权数 12；
4. 商业销售利润率 5%，权数 13；
5. 商业成本费用利润率 6%，权数 14；
6. 商业流动资产周转次数 4 次，权数 15；
7. 商业劳动效率 10 万元/人，权数 10。

（三）商业经济效益综合指数

商业经济效益综合指数：是综合衡量商业经济效益各个方面在数量上总体水平的一种特殊相对数，是反映商业经济运行质量的总量指标。它是以各单位商业经济效益指标报告期实际数值分别除以该项指标的全国标准值并乘以各自权数，加总后除以总权数求得。

计算公式为：

$$商业经济效益综合指数=\sum(\frac{某项经济效益指标报告期数值}{该项指标全国标准值}\times该项指标权数)\div总权数$$

商品流转统计若干问题的处理办法

1. 关于批发零售贸易业商品销售增值税的处理办法

为保证统计资料的可比，根据批发零售贸易企业目前统计核算的实际情况，要求填报商品购进、销售、库存类值及购销分对象指标时均按含增值税的现价统计。

2. 烤烟大于或等于上等、中等、下等之和。一般情况下，烤烟按国标 42 个等级划分为上等、中等、下等，其和应与烤烟合计数相等（烤烟等级标准见附录）。

积压多年的烟叶，无论是否有使用价值，凡未经国家局批准报废的烟叶仍需统计；否则，仍要统计库存数量及金额。

3. 卷烟对国内烟草商业系统外销售量（额）和期末库存分类的统计方法：为了做到同一牌号（规格）卷烟在工、商及商业各个不同经营环节类别划分的一致，本制度规定，烟草系统内各商业企业一律按照卷烟工业企业调拨价格（不含增值税）进行分类统计。

调拨价格：指卷烟生产企业通过卷烟交易市场与购货方签订的卷烟交易价格。

4. 关于进、出口卷烟的统计问题

进口商品指所有权已经归属本单位的，并在我国海关办理入关手续的商品。进口商品的购进价一律按 CIF 价为基础，并将外币按进口当日人民币与该国货币牌价汇率折合计算作为购进价。

出口商品指已结算完毕、商品已出境，有海关签署的验关凭证的商品。出口商品的价格以离岸价（FOB）计算，若发生对外理赔，须冲减商品销售量（额）。

5. 商业企业从跨省兼并、重组卷烟生产企业购进卷烟时统计核算的问题

商业企业从跨省兼并、重组卷烟生产企业购进卷烟时，应按以下两种情况分别核算：

（1）如被兼并或重组的卷烟工业企业在本省外，且卷烟生产计划下达到该企业归属管理的省份，本省商业企业从该卷烟工业企业购进卷烟时，作“从省（区、市）外生产者购进”处理；统计指标“从省（区、市）外生产者购进”时要对应被兼并企业归属管理省处理。

（2）如被兼并或重组的企业在本省内，填报“烟草系统商业企业卷烟购销存报表”，无论其卷烟产量下达到哪个地区，仍作“从省（区、市）内生产者购进”处理。

6. 关于地产烟的核算办法

（1）被兼并或重组的企业所在省商业企业购进其生产卷烟时，即使卷烟的商标所有权不属于被兼并或重组企业的，卷烟商标所有权归属于管理省的仍按“从省内生产者购进”处理，并统计在“地产烟”指标中。

（2）从改制的卷烟工业企业购进卷烟时，所在地商业企业一律按地产烟的办法核算。例如：北京、天津、太原、呼和浩特、沈阳、营口、海南红塔工业公司、四川、重庆、新疆所在省（区、市）的商业企业从上述卷烟工业企业购进卷烟商品时应处理为“从省内生产者购进”。

（3）各商业企业从本省（区、市）卷烟工业企业购进卷烟时，无论该产品是否在省（区、市）外联营加工，一律按“从省内生产者购进”处理，并统计在“地产烟”指标中。

7. 企业集团如何确定独立核算单位

企业集团有两种情况，一种是经国务院批准建立的企业集团，另一种是各地区在此之外建立的企业集团公司。企业集团公司中，有的整个集团公司为一个法人，就以整个集团作为独立核算单位，按大型联合企业处理；有的集团公司总部和下属企业分别具有法人资格（通常叫一级法人，二级法人，三级法人等），目前，在烟草系统成立的企业集团均属这类集团公司，对这类各自具有法人资格的核心企业或成员企业，应分别作为统计单位。

具有法人资格企业集团总部，原则上作为一个统计单位。如不具备法人资格，可随该企业的核心企业作为一个统计单位。

烟草系统商业统计商品目录及包括范围

商品目录	计量单位	包括范围
烤烟	万元	烤烟、进口烟叶的金额
	吨	经过初烤和复烤的各种等级的烤烟
晾晒烟	万元	晾晒烟、进口烟叶的金额
	吨	经过初烤和复烤的各种等级的烤烟
卷烟	万元	国产卷烟、国外卷烟、烟丝、雪茄烟、鼻烟的金额
	万支	国产卷烟、国外卷烟
一类卷烟	万支	每标准条（200支）不含增值税调拨价在50元（含）以上
二类卷烟	万支	每标准条（200支）不含增值税调拨价在30元（含）~50元
三类卷烟	万支	每标准条（200支）不含增值税调拨价在15元（含）~30元
四类卷烟	万支	每标准条（200支）不含增值税调拨价在10元（含）~15元
五类卷烟	万支	每标准条（200支）不含增值税调拨价在10元以下
滤嘴卷烟	万支	国产卷烟和国外卷烟中的所有滤嘴卷烟
百牌号卷烟	万支	卷烟产品百牌号目录（国烟运［2004］542号）内的卷烟（含所有规格）
名优卷烟	万支	按国家局经济运行司下发的名优卷烟牌号（规格）名单执行（产品编码为条包码）
地产烟	万支	本省烟厂生产的卷烟和调控目标下达到本省的跨省联营加工的卷烟
国外卷烟	万支	商标所有者为国外企业，并在国外生产的卷烟

其　他

2006年卷烟成交量品牌统计表

序　号	牌　号	成交量（万支）	百分比（%）
1	红　梅	5934922	7.79
2	红　河	4663940	6.12
3	黄果树	3697698	4.85
4	白　沙	3533833.50	4.64
5	云　烟	3038807	3.99
6	红塔山	2652731	3.48
7	红山茶	2516319	3.30
8	红金龙	2418736	3.17
9	红双喜	2271358	2.98
10	芙　蓉	1955717	2.57
11	哈德门	1703615	2.24
12	红旗渠	1644242	2.16
13	石　林	1622110	2.13
14	大前门	1391586	1.83
15	牡　丹	1363023	1.79
16	大丰收	1211191	1.59
17	国　宾	1159004	1.52
18	黄　山	1140647	1.50
19	芙蓉王	1019871.50	1.34
20	春　城	995909	1.31
21	玉　溪	988236	1.30
22	中　华	958215.60	1.26
23	金许昌	927348	1.22
24	七匹狼	923061	1.21
25	双　喜	838365	1.10
26	五　牛	822671	1.08
27	利　群	771257	1.01
28	庐　山	765184	1.00
29	都　宝	762600	1.00
30	老仁义	745825	0.98
31	小熊猫	740586.50	0.97
32	红三环	739299	0.97

序 号	牌 号	成交量（万支）	百分比（%）
33	桫 椤	714231	0.94
34	长白山	705753	0.93
35	南 京	696655	0.91
36	美 登	689846	0.91
37	吉 庆	669404	0.88
38	葡 萄	656225	0.86
39	黄金龙	639081	0.84
40	甲天下	610353	0.80
41	红杉树	598645	0.79
42	中南海	588241	0.77
43	金丝猴	573725	0.75
44	西 湖	535146	0.70
45	阿诗玛	495791	0.65
46	好日子	486827	0.64
47	双 叶	476235	0.62
48	驰	473217	0.62
49	娇 子	457713	0.60
50	黄金叶	407942	0.54
51	公 主	403297	0.53
52	香 梅	401629	0.53
53	长 征	398895	0.52
54	兰 州	392433	0.51
55	一品梅	377234	0.49
56	宏 声	372353	0.49
57	特美思	328503	0.43
58	北戴河	328334	0.43
59	沙 河	325505	0.43
60	石 狮	307767	0.40
61	金 桥	295550	0.39
62	真 龙	288792. 50	0.38
63	大 鸡	283930	0.37
64	猴 王	274270	0.36
65	恭贺新禧	247651	0.32
66	羊 城	216285	0.28
67	大红鹰	191935	0.25
68	蝴蝶泉	181306	0.24
69	小南海	181240	0.24

序号	牌号	成交量（万支）	百分比（%）
70	钻石	177260	0.23
71	飞马	177253	0.23
72	福牌	163183	0.21
73	秦淮	162250	0.21
74	东方红	152639	0.20
75	壹枝笔	147824	0.19
76	八喜	143741	0.19
77	将军	140417	0.18
78	香格里拉	136494	0.18
79	上游	127922	0.17
80	桂花	122120	0.16
81	苏烟	121332	0.16
82	五一	118892	0.16
83	五叶神	110095	0.14
84	天下秀	108796	0.14
85	延安	100400	0.13
86	喜来宝	94995	0.12
87	茶花	94609	0.12
88	宝石	93750	0.12
89	华西村	88300	0.12
90	红玫	84900	0.11
91	龙泉	81088	0.11
92	乘风	77035	0.10
93	黄鹤楼	75720	0.10
94	赣	72400	0.10
95	相思鸟	68635	0.09
96	山茶	66703	0.09
97	钓鱼台	61272.40	0.08
98	迎客松	57663	0.08
99	人民大会堂	56611	0.07
100	上海	49672	0.07
101	芒果	47425	0.06
102	椰树	43175	0.06
103	帝豪	41560	0.05
104	甲秀	39700	0.05
105	盛唐	39150	0.05
106	雄狮	32846	0.04

序 号	牌 号	成交量（万支）	百分比（%）
107	南 方	32799	0.04
108	金 圣	30420	0.04
109	赵 苑	30409	0.04
110	龙凤呈祥	27810	0.04
111	中 美	26500	0.03
112	大重九	25774	0.03
113	襄 阳	25000	0.03
114	威 龙	24902	0.03
115	人 参	20626	0.03
116	梦 都	20010	0.03
117	恒 大	20000	0.03
118	贵 烟	17546	0.02
119	北 京	16910	0.02
120	熊 猫	16228.90	0.02
121	画 苑	14998	0.02
122	力 士	14500	0.02
123	狮	12393	0.02
124	国 宝	10710	0.01
125	光 明	9239	0.01
126	红玫王	8700	0.01
127	九寨沟	6500	0.01
128	国 烟	6158	0.01
129	海 洋	5775	0.01
130	好 猫	4095	0.01
131	特 牌	4035	0.01
132	东 渡	3562	0.00
133	大生产	2500	0.00
134	威 斯	2050	0.00
135	天 子	530	0.00
136	孟菲斯	500	0.00
137	金芒果	425	0.00
138	长 城	201	0.00
139	王 冠	5.62	0.00
140	味美思	1	0.00

资料来源：中烟电子商务公司。

2006 年全国烟草行业名优烟品牌统计表

序　号	牌　号	成交量（万支）	同比增减（万支）
1	中　华	958215.60	133483.60
2	红塔山	2652731	951630
3	玉　溪	988236	236757
4	大红鹰	191935	-29261
5	恭贺新禧	247651	-99294
6	红　河	4663940	434174
7	一品梅	377234	46181
8	五　一	118892	-8495
9	利　群	771257	185727
10	红　梅	5934922	1461224
11	牡　丹	1363023	21421
12	红双喜	1306442	38711
13	石　林	1622110	1583108
14	芙蓉王	1019871.50	238323.50
15	金　圣	30420	-22585
16	福　牌	163183	159765
17	白　沙	3533833.50	399541.50
18	娇　子	457713	146191
19	红金龙	2418736	1101052
20	南　京	696655	132845
21	阿诗玛	495791	-33178
22	云　烟	3038807	554379
23	迎客松	57663	-12900
24	红山茶	2516319	711924
25	红杉树	598645	182133
26	七匹狼	923061	386119
27	黄果树	3697698	995172
28	红旗渠	1644242	140807
29	黄　山	1140647	742353
30	石　狮	307767	98170
31	天下秀	108796	-7228
32	中南海	588241	221053
33	羊　城	216285	-58126
34	将　军	140417	39899.80
35	猴　王	274270	120869
36	金芒果	425	-89350

资料来源：中烟电子商务公司。

2006年全国卷烟交易成交量汇总表（省际）

（按销方地区计算）

序 号	销方地区	合同数（份）	成交情况			交易金额（元）
			交易量（万支）	占全国（%）	同比增减（万支）	
	总 计	186577	76209487.52	100.00	8258482.01	125278696307.69
1	云南省	45589	26120818.90	34.28	-139892.10	49408369601.49
2	湖南省	17166	6413957.00	8.42	588705.00	15351962884.14
3	贵州省	10016	5366162.00	7.04	60054.00	5419553318.01
4	上海市	13509	4734592.50	6.21	100302.50	13411497865.81
5	湖北省	15925	4489793.00	5.89	476163.88	4472243576.32
6	河南省	9993	3394447.00	4.45	193540.00	3342297765.71
7	安徽省	9617	3255083.62	4.27	533682.09	3189651074.48
8	山东省	5864	2492862.00	3.27	833749.80	2733580384.27
9	江苏省	8187	2306184.00	3.03	342833.00	5389505558.19
10	浙江省	12163	2305024.00	3.02	229210.00	4750675754.45
11	福建省	4486	1711593.00	2.25	337669.00	2296578735.10
12	陕西省	3317	1459337.00	1.91	374309.00	1217907530.99
13	四川省	5617	1424484.00	1.87	559528.10	1898646440.71
14	黑龙江	2727	1402050.00	1.84	527061.24	813087413.00
15	广东省	2886	1351422.00	1.77	288603.00	2378375553.99
16	吉林省	3427	1237753.00	1.62	567282.00	1809233715.87
17	江西省	2278	900803.00	1.18	510803.00	1001402372.77
18	广西区	2197	899145.50	1.18	557088.50	864748328.75
19	深圳市	2042	841080.00	1.10	1575.00	1197503266.61
20	北京市	1575	655151.00	0.86	100954.00	816467651.60
21	重庆市	2399	617299.00	0.81	-137387.00	687012846.97
22	辽宁省	1143	533741.00	0.70	420788.00	642942356.45
23	河北省	1190	505594.00	0.66	176529.00	440942294.02
24	天津市	640	498328.00	0.65	163473.00	295565613.68
25	甘肃省	970	398208.00	0.52	383208.00	526903842.27
26	山西省	338	327600.00	0.43	33850.00	335507350.00
27	总公司	787	295550.00	0.39	118375.00	334139212.05
28	内蒙古区	334	175000.00	0.23	60000.00	160790250.00
29	海南省	195	96425.00	0.13	-3575.00	91603750.00

资料来源：中烟电子商务公司。

全国百牌号卷烟产、

序号	品牌	商标所有者	工业产量			
			2006年12月	2005年12月	1~12月累计	上年同期
	合计		1242.14	1219.11	18077.58	16591.53
1	新石家庄	河北白沙烟草有限责任公司	9.97	6.91	115.76	62.65
2	钻石	张家口卷烟厂	6.87	4.13	112.03	79.40
3	北戴河	张家口卷烟厂	12.19	13.95	213.63	192.38
4	玉兰	河北白沙烟草有限责任公司	0.71	1.51	16.77	23.50
5	苁蓉	内蒙昆明卷烟公司	1.31	0.53	14.68	9.58
6	长白山	延吉卷烟厂	13.14	10.05	159.31	115.49
7	林海灵芝	哈尔滨卷烟总厂	3.84	4.11	54.16	46.95
8	中华	上海烟草（集团）公司	13.63	10.61	158.88	132.85
9	红双喜	上海烟草（集团）公司	19.60	14.46	266.38	253.93
10	上海牡丹	上海烟草（集团）公司	11.75	14.18	217.76	222.85
11	熊猫	上海烟草（集团）公司	0.37	0.26	3.88	2.94
12	中南海	上海烟草（集团）公司	4.78	3.90	111.81	79.32
13	北京	上海烟草（集团）公司	0.47	0.35	16.01	17.44
14	恒大	上海烟草（集团）公司	5.76	5.58	76.95	79.77
15	江山	上海烟草（集团）公司	0.23	0.60	6.40	7.32
16	南京	南京卷烟厂	16.72	19.80	216.59	211.21
17	梦都	南京卷烟厂	2.70	3.81	32.83	57.08
18	一品梅	淮阴卷烟厂	14.48	13.33	196.48	186.48
19	华西村	淮阴卷烟厂	1.39	3.54	33.80	41.52
20	红杉树	徐州卷烟厂	14.68	17.15	240.17	213.34
21	苏烟	徐州卷烟厂	1.35	2.06	27.50	22.09
22	利群	浙江中烟工业公司	17.24	24.86	217.76	166.58
23	雄狮	浙江中烟工业公司	6.32	12.14	98.54	112.77
24	新安江	浙江中烟工业公司	6.17	11.73	60.60	51.25
25	西湖	浙江中烟工业公司	7.90	11.21	145.64	118.71
26	大红鹰	浙江中烟工业公司	5.29	5.97	58.89	57.55
27	五一	浙江中烟工业公司	5.50	9.52	87.17	86.58
28	上游	浙江中烟工业公司	0.55	12.08	90.48	140.41
29	黄山	安徽中烟工业公司	20.71	14.69	230.58	113.96
30	渡江	安徽中烟工业公司		4.45	21.15	87.61

注：“百牌号”销量为对国内烟草商业系统外销售。

销、存统计表（2006 年）

单位：亿支

商业销量				月末工商库存		
2006 年 12 月	2005 年 12 月	1～12 月累计	上年同期	合计	工业	商业
1317.12	1255.75	18012.01	16311.64	986.00	145.77	840.23
10.47	6.18	115.61	58.90	3.48	1.44	2.04
8.83	5.24	111.31	79.58	2.88	0.38	2.50
13.46	16.56	209.85	190.70	8.26	0.16	8.10
0.98	1.60	17.36	22.73	0.46	0.25	0.21
1.46	0.93	13.97	10.18	0.85	0.22	0.63
14.25	10.81	157.88	106.36	13.08	8.03	5.05
5.06	4.44	65.37	46.36	2.43	0.07	2.36
11.40	11.80	150.64	119.65	19.18	12.20	6.98
20.49	20.60	264.40	252.36	13.00	3.43	9.57
14.61	15.18	214.05	220.54	9.55	3.13	6.41
0.26	0.24	3.18	2.40	1.21	0.82	0.39
5.82	5.14	99.29	68.27	4.10	1.16	2.94
1.09	0.81	15.69	17.13	0.27	0.02	0.25
5.64	5.71	73.35	74.06	2.13	0.62	1.51
0.60	0.44	6.91	6.47	0.16	0.10	0.05
13.46	11.40	220.68	187.46	11.74	0.03	11.71
2.18	4.22	37.66	50.56	1.44	0.10	1.33
15.99	14.98	198.99	188.70	8.23	0.12	8.12
2.35	3.45	36.86	38.63	2.84	0.15	2.69
17.59	14.11	246.36	204.83	13.04	0.02	13.02
1.91	1.79	26.84	20.16	2.20	0.03	2.17
18.20	13.55	207.79	161.93	9.38	1.87	7.51
8.83	8.09	107.18	103.01	3.51	0.32	3.19
4.74	4.20	57.71	50.61	1.76	0.80	0.95
10.38	10.11	140.71	113.99	6.61	0.42	6.20
5.58	4.61	60.17	59.07	3.52	1.50	2.02
6.95	7.26	89.28	86.53	5.51	2.72	2.79
3.20	10.88	99.22	134.54	1.89	0.71	1.18
19.93	13.28	222.81	110.13	10.54	2.03	8.50
	4.56	22.91	87.31			

全国百牌号卷烟产、

序号	品牌	商标所有者	工业产量			
			2006年12月	2005年12月	1~12月累计	上年同期
31	迎客松	安徽中烟工业公司	2.19	5.04	57.59	67.03
32	都宝	安徽中烟工业公司	6.78	3.43	80.75	64.25
33	盛唐	安徽中烟工业公司	5.03	11.10	95.41	119.90
34	皖烟	安徽中烟工业公司	2.03	2.81	40.74	32.60
35	光明	安徽中烟工业公司		2.66	18.66	50.10
36	红三环	安徽中烟工业公司	21.34	22.31	337.84	284.50
37	七匹狼	龙岩卷烟厂	12.68	12.61	270.81	168.26
38	乘风	龙岩卷烟厂	0.36	1.41	8.43	48.07
39	石狮	厦门卷烟厂	17.28	23.47	285.89	215.66
40	沉香	厦门卷烟厂				47.22
41	金桥	厦门卷烟厂	0.72	1.78	35.15	25.05
42	金圣	南昌卷烟总厂	5.87	5.17	55.08	52.60
43	庐山	南昌卷烟总厂	23.60	13.95	217.57	115.30
44	赣	赣南卷烟厂	2.66	7.25	51.95	74.99
45	哈德门	山东中烟工业公司	47.89	42.01	526.75	502.62
46	壹枝笔	山东中烟工业公司	3.75	2.48	45.01	30.66
47	八喜	山东中烟工业公司	3.56	14.33	168.05	174.47
48	将军	山东中烟工业公司	17.29	13.49	178.34	127.03
49	大鸡	山东中烟工业公司	8.85	13.86	228.18	273.33
50	雪莲	山东中烟工业公司	2.89	3.35	32.76	33.00
51	红旗渠	新郑烟草集团	48.00	32.43	567.44	466.34
52	金芒果	新郑烟草集团	0.29		6.01	14.45
53	洛烟	新郑烟草集团		0.48	0.15	46.05
54	黄金叶	郑州卷烟总厂	9.05	6.49	118.12	54.54
55	散花	郑州卷烟总厂	12.00	2.02	94.30	30.11
56	沙河	郑州卷烟总厂	3.94	14.90	126.12	238.35
57	帝豪	许昌卷烟总厂	5.84	2.73	61.53	38.57
58	金许昌	许昌卷烟总厂	33.73	33.96	461.04	398.68
59	群英会	许昌卷烟总厂				63.19
60	红金龙	武汉烟草（集团）公司	55.85	42.80	747.82	544.34

销、存统计表（2006 年）

商业销量				月末工商库存		
2006 年 12 月	2005 年 12 月	1～12 月累计	上年同期	合 计	工 业	商 业
2.52	3.88	49.58	51.76	1.77	0.65	1.12
6.07	4.49	76.86	60.92	5.46	0.99	4.47
5.45	8.57	100.48	116.63	2.91	0.85	2.06
3.45	3.01	39.97	31.51	2.38	0.32	2.06
0.16	2.67	20.31	50.03	0.41	0.35	0.06
21.61	20.55	323.22	273.16	16.03	0.83	15.19
21.87	16.48	269.77	163.55	8.37	0.64	7.72
0.27	1.70	10.40	52.28	0.52		0.52
18.51	26.46	289.77	206.79	5.98	0.21	5.77
		0.02	46.53			
2.66	2.34	35.91	24.96	0.86	0.06	0.80
4.70	4.03	55.26	49.82	7.21	4.16	3.04
20.79	11.45	212.73	100.82	15.10	4.89	10.20
4.07	5.32	53.25	67.44	8.72	1.86	6.86
38.05	42.80	519.20	509.35	17.43	1.45	15.98
3.47	2.35	44.17	30.15	2.81	0.35	2.47
3.55	13.68	172.20	165.64	1.51	0.20	1.31
17.01	11.59	175.89	121.83	5.88	0.65	5.23
10.93	15.27	232.46	268.27	2.15		2.15
2.12	2.44	30.77	37.88	6.01	4.23	1.77
36.12	29.20	555.59	443.51	29.71	0.63	29.08
-0.07	0.43	6.42	19.46	0.30	0.06	0.24
	0.79	0.53	45.90			
4.64	3.91	113.06	51.26	7.28	0.17	7.11
11.02	0.98	93.20	30.10	1.00		1.00
4.42	11.64	130.77	238.18	1.76		1.76
2.93	2.29	56.98	33.35	6.04	0.15	5.90
27.42	29.36	456.67	382.72	12.57		12.57
	0.24	0.57	69.50	0.06		0.06
58.22	43.05	764.31	543.96	21.36	1.81	19.55

全国百牌号卷烟产、

序号	品牌	商标所有者	工业产量			
			2006年12月	2005年12月	1~12月累计	上年同期
61	红双喜	武汉烟草（集团）公司	2.21	17.88	100.24	177.13
62	黄鹤楼	武汉烟草（集团）公司	7.20	4.10	74.57	51.91
63	长　城	武汉烟草（集团）公司		6.98	11.55	54.74
64	中　美	武汉烟草（集团）公司		0.75	2.29	6.62
65	白　沙	长沙卷烟厂	60.83	62.00	871.81	757.87
66	长　沙	长沙卷烟厂		0.74		37.58
67	相思鸟	长沙卷烟厂	3.71	8.75	57.60	79.02
68	芙蓉王	常德卷烟厂	9.44	10.89	154.08	118.06
69	芙　蓉	常德卷烟厂	40.41	32.94	561.09	345.50
70	东方红	常德卷烟厂		2.01	16.47	34.32
71	红　豆	常德卷烟厂		3.52	12.18	73.96
72	羊　城	广东卷烟总厂	4.11	4.55	68.94	76.45
73	双　喜	广东卷烟总厂	29.54	21.72	479.36	338.81
74	椰　树	广东卷烟总厂	10.68	7.98	152.57	133.22
75	红　玫	广东卷烟总厂	4.46	9.09	122.47	131.26
76	五叶神	广东卷烟总厂	4.16	1.25	93.04	81.11
77	甲天下	广西卷烟总厂	15.00	4.05	313.51	313.72
78	真　龙	广西卷烟总厂	7.57	4.75	63.39	27.08
79	好日子	深圳卷烟厂	6.45	14.05	91.20	86.96
80	特美思	深圳卷烟厂	6.74	10.43	79.81	93.23
81	娇　子	四川烟草工业公司	7.67	3.93	89.08	63.04
82	五　牛	四川烟草工业公司	13.65	24.39	301.43	328.59
83	九寨沟	四川烟草工业公司		0.75	10.63	20.42
84	宏　声	重庆烟草工业公司	17.79	11.52	259.00	185.82
85	龙凤呈祥	重庆烟草工业公司	2.92	1.73	31.48	25.73
86	天下秀	四川烟草工业公司	22.31	16.90	228.35	201.21
87	国　宝	四川烟草工业公司	0.37	1.49	6.54	11.77
88	小南海	重庆烟草工业公司	0.52	3.56	18.00	31.97
89	黄果树	贵州黄果树集团公司	54.72	38.03	669.67	496.27
90	遵　义	贵州黄果树集团公司	9.45	8.10	106.23	85.65

销、存统计表（2006 年）

商业销量				月末工商库存		
2006 年 12 月	2005 年 12 月	1～12 月累计	上年同期	合 计	工 业	商 业
3.83	13.41	117.38	173.61	1.39	0.07	1.32
5.95	4.04	75.52	55.67	3.84	0.27	3.57
	5.53	15.75	61.37			
	0.10	3.33	5.77	0.02	0.02	
65.87	60.78	876.84	740.37	25.65	0.50	25.16
	1.22	0.46	37.27			
4.99	5.41	61.60	99.79	3.29	0.22	3.06
10.69	10.33	153.62	115.70	5.10	2.53	2.57
43.36	35.39	535.14	434.57	27.42	3.94	23.48
0.86	2.34	18.68	22.36	1.10		1.10
	3.11	12.89	86.32			
5.11	6.79	68.36	79.99	2.64	0.30	2.34
43.58	30.71	452.97	329.20	28.42	3.72	24.70
13.83	11.92	150.65	130.17	5.10	1.43	3.67
6.40	9.99	122.33	127.79	3.99	0.90	3.08
7.82	6.82	92.42	74.30	5.53	2.03	3.50
22.20	27.42	306.50	315.41	15.59	3.03	12.57
8.25	2.40	59.29	21.74	8.39	1.98	6.41
7.72	6.83	84.77	78.04	9.05	3.92	5.13
8.03	7.97	77.82	84.31	6.43	1.63	4.80
7.67	4.60	83.94	60.23	8.90	2.60	6.30
14.00	20.75	296.69	321.65	13.10	1.31	11.79
	1.29	11.46	20.15	0.02		0.01
22.89	16.73	255.60	182.01	10.21	1.34	8.87
3.53	2.01	31.60	23.10	2.12	0.50	1.62
22.89	13.80	222.51	185.94	14.27	1.05	13.21
0.38	0.55	7.28	9.24	1.12	0.35	0.77
0.58	2.87	21.03	34.20	0.54	0.16	0.38
58.40	40.56	644.44	486.16	60.31	2.98	57.32
9.44	8.23	103.85	84.25	9.79	1.28	8.51

全国百牌号卷烟产、

序号	品牌	商标所有者	工业产量			
			2006年12月	2005年12月	1~12月累计	上年同期
91	桫椤	贵州黄果树集团公司	1.58	9.14	75.98	142.85
92	长征	贵州黄果树集团公司	8.97	2.54	89.94	52.96
93	驰	贵州黄果树集团公司	1.07	6.82	53.44	143.03
94	红塔山	红塔集团	24.54	12.39	312.09	176.66
95	红梅	红塔集团	64.65	27.65	857.65	624.02
96	阿诗玛	红塔集团	2.44	3.19	63.85	57.74
97	恭贺新禧	红塔集团	0.87	2.82	35.00	42.82
98	玉溪	红塔集团	7.31	7.62	107.83	84.96
99	国宾	红塔集团	4.27	7.28	123.76	145.94
100	蝴蝶泉	红塔集团		1.72	18.94	87.59
101	美登	红塔集团	0.96	7.29	81.79	164.43
102	人参	红塔集团	2.21	7.78	56.38	83.91
103	人民大会堂	红塔辽宁烟草有限责任公司	1.87	2.08	25.25	22.94
104	云烟	红云烟草（集团）有限责任公司	30.13	22.19	375.80	316.63
105	红山茶	红云烟草（集团）有限责任公司	42.32	20.13	424.76	275.89
106	春城	红云烟草（集团）有限责任公司	9.48	22.02	213.37	302.14
107	香格里拉	红云烟草（集团）有限责任公司	0.79	1.33	13.23	18.77
108	茶花	红云烟草（集团）有限责任公司	0.85	0.83	8.81	15.32
109	福	红云烟草（集团）有限责任公司	1.28	0.92	18.47	16.04
110	石林	红云烟草（集团）有限责任公司	11.38	13.61	198.42	211.39
111	吉庆	红云烟草（集团）有限责任公司	1.61	16.57	86.24	204.10
112	小熊猫	红云烟草（集团）有限责任公司	4.36	7.84	85.03	90.18
113	红河	红河卷烟总厂	41.28	47.07	713.89	661.34
114	龙泉	红河卷烟总厂		1.38	11.53	37.11
115	钓鱼台	红河卷烟总厂	0.04	0.75	6.35	14.65
116	猴王	陕西卷烟总厂	13.28	9.39	163.02	138.12
117	好猫	陕西卷烟总厂	0.86	0.68	8.08	9.91
118	公主	陕西卷烟总厂	7.71	6.97	88.56	113.97
119	延安	陕西卷烟总厂	11.99	10.87	130.43	129.92
120	兰州	兰州卷烟厂	16.72	3.62	259.91	240.14
121	海洋	兰州卷烟厂	6.32		103.11	102.28

销、存统计表（2006 年）

商业销量				月末工商库存		
2006 年 12 月	2005 年 12 月	1～12 月累计	上年同期	合计	工业	商业
2.41	8.00	81.99	141.27	5.39	0.08	5.30
9.95	4.06	87.38	50.92	7.43	0.53	6.89
1.74	8.46	64.78	132.44	3.40	0.51	2.89
28.43	16.07	302.98	170.36	27.93	1.60	26.33
66.42	42.95	833.55	631.36	60.72	3.02	57.70
2.45	5.62	65.37	63.57	3.27	0.04	3.23
1.46	3.91	38.14	45.99	1.60	0.52	1.08
8.54	7.08	103.20	76.05	10.99	0.16	10.83
4.65	11.88	130.48	149.12	5.77		5.77
	3.34	25.85	85.14	0.08		0.08
0.57	10.65	93.21	166.59	2.19		2.19
2.06	3.82	63.67	75.37	2.00	0.45	1.55
1.97	1.90	24.84	22.98	3.96	2.21	1.75
30.68	25.01	383.24	294.22	36.71	7.83	28.87
40.96	22.84	395.57	266.51	48.44	6.83	41.61
9.51	19.01	226.57	300.78	8.30	0.25	8.04
1.06	1.54	15.18	19.50	1.62	0.52	1.10
0.71	1.20	10.27	15.17	0.71	0.26	0.45
1.38	1.45	19.05	18.85	1.86	0.81	1.06
13.08	16.02	211.22	216.77	9.11	1.58	7.53
1.54	14.04	101.96	200.14	1.56	0.15	1.41
5.64	7.21	92.39	87.65	7.61	0.77	6.85
46.76	47.62	725.99	647.28	54.35	5.44	48.91
0.02	2.63	15.09	42.18	0.02		0.02
0.02	1.20	8.15	17.37	0.05	0.04	0.01
11.55	9.76	162.89	130.86	12.67	2.49	10.19
0.82	0.73	8.02	7.02	1.21	0.04	1.17
7.76	7.97	92.56	114.19	3.79	0.82	2.97
10.14	9.15	129.55	124.11	7.12	1.04	6.08
23.44	13.10	245.57	253.07	23.90	1.08	22.82
5.43	10.44	104.22	103.65	4.11	0.29	3.82

人 物

人物名单

2005年度“全国五一劳动奖章”获得者（烟草行业）名单

（中华全国总工会关于颁发全国五一劳动奖状、全国五一劳动奖章的决定　总工发〔2006〕23号　中华全国总工会2006年4月26日印发）

滑福生　河北省烟草公司总经理
李元实（女，朝鲜族）　延吉卷烟厂技术中心高级工程师
张凤武　吉林省烟草公司白城分公司经济师
张玉生　哈尔滨卷烟总厂绥化分厂厂长
刘加树　黄山卷烟总厂蚌埠市卷烟厂制丝工段工人
李志勇　厦门卷烟厂卷包车间工人
邓武明　南昌卷烟总厂卷包车间工人
刘玲玲（女）　赣南卷烟厂技改设备科科长
胡新民　将军烟草（集团）有限公司济南卷烟厂卷接包车间技术主管
杨冬云（回族）　颐中烟草（集团）有限公司青州卷烟厂管理员
赵天泉　新郑卷烟厂工会主席
王国东　新烟集团安阳卷烟厂制丝车间工人
李士宏　许昌烟草机械有限责任公司车间主任
张新锋　许昌卷烟总厂南阳分厂维修电工
方战先　武汉烟草（集团）有限公司红安卷烟厂厂长
余　冰　长沙卷烟厂营销中心浙江销区营销师
刘东山　常德卷烟厂技术中心产品研究所配方组长
王　海　昆明卷烟厂工人
柳万东　红塔烟草（集团）有限公司董事长

全国“四五”法制宣传教育先进个人（烟草行业）名单

（国家烟草专卖局关于烟草行业在2001—2005年全国法制宣传教育中表彰情况的通报　国烟人〔2006〕521号　国家烟草专卖局2006年7月26日印发）

冯德文　黑龙江省烟草专卖局法规处处长
李　卫　湖北中烟工业公司法律与改革部部长

全国烟草行业“十五”期间科技创新工作先进个人名单

（国家烟草专卖局关于表彰奖励全国烟草行业“十五”重大科技成果暨科技创新工作先进集体和先进个人的决定　国烟科〔2006〕321号　国家烟草专卖局2006年5月16日印发）

武　怡　红云烟草（集团）有限责任公司
赖禄祥　福建省烟草公司三明分公司烟叶部
钟科军　常德卷烟厂技术中心产品研究所
王迪汗　南昌卷烟总厂
李文璧　云南省烟草大理州公司
李胜群　安徽中烟工业公司研发部
杨达辉　龙岩卷烟厂
肖汉乾　湖南省烟草专卖局科技处（烟叶处）
腾永忠　云南省烟草曲靖市公司烟叶生产技术部
戴　亚　重庆烟草工业公司技术中心
谢复炜　郑州烟草研究院烟草化学重点实验室
李群平　河南省烟草公司洛阳分公司烟叶生产科
李进平　湖北省烟草科研所
刘钟祥　贵州黄果树烟草集团公司技术中心
张忠峰　秦皇岛烟机公司技术中心
谢子发　四川省烟草公司达州市烟科所
蔡维德　深圳市烟草专卖局经济信息中心
董顺德　河南新郑烟草（集团）公司技术中心
杜学伟　西北烟草质量监督检测站
潘文杰　贵州省烟草科学研究所科研中心
刘广玉　山东临沂烟草有限公司烟叶技术推广中心
温东奇　广东中烟工业公司技术中心
雷东锋　陕西卷烟总厂汉中分厂
张振平　陕西省烟草专卖局科技处
郭兆奎　黑龙江省烟草科学研究所
庄亚东　淮阴卷烟厂技术中心
魏玉磊　将军烟草（集团）有限公司技术中心
李立新　江西省烟叶科学研究所
王树声　中国烟草总公司青州烟草研究所
宫长荣　国家烟草栽培生理生化研究基地

献身国家利益模范基层干部名单

（国家烟草专卖局关于追授高荆洪烈士"献身国家利益模范基层干部"称号的决定 国烟人〔2006〕481号 国家烟草专卖局2006年7月14日印发）

高荆洪　湖北省荆州市烟草专卖局（分公司）原局长（经理）、党组书记

践行社会主义荣辱观模范职工名单

（国家烟草专卖局关于授予王兵同志“践行社会主义荣辱观模范职工”称号的决定　国烟人〔2006〕418号　国家烟草专卖局2006年6月19日印发）

王　兵　陕西省西安市烟草专卖局（分公司）职工

第八届全国烟草技术能手名单

（国家烟草专卖局关于表彰第八届全国烟草技术能手的决定　国烟人〔2007〕224号　国家烟草专卖局2007年5月17日印发）

一、获奖名单

工作领域	姓　名	性　别	单　位
卷烟生产	欧志能	男	云南中烟工业公司玉溪卷烟厂
卷烟生产	陈明烈	男	云南中烟工业公司昭通卷烟厂
卷烟生产	潘志刚	男	云南中烟工业公司大理卷烟厂
卷烟生产	王　超	男	云南中烟工业公司昆明卷烟厂
卷烟生产	张　强	男	川渝中烟工业公司什邡分厂
卷烟生产	刘舒鳞	男	川渝中烟工业公司成都分厂
卷烟生产	周志刚	男	川渝中烟工业公司什邡分厂
卷烟生产	刘金云	男	湖南中烟工业公司长沙卷烟厂
卷烟生产	汪　华	男	贵州中烟工业公司毕节卷烟厂
卷烟生产	费　园	女	浙江中烟工业公司宁波卷烟厂
卷烟生产	严掌财	男	浙江中烟工业公司杭州卷烟厂
卷烟生产	李　坤	男	江苏中烟工业公司徐州卷烟厂
卷烟生产	张建宏	男	河南中烟工业公司许昌卷烟厂
卷烟生产	李国栋	男	河南中烟工业公司新郑卷烟厂
卷烟生产	包可翔	男	福建中烟工业公司龙岩卷烟厂
卷烟生产	郝建辉	男	河北中烟工业公司石家庄卷烟厂
卷烟生产	常治水	男	河北中烟工业公司张家口卷烟厂
卷烟生产	邵干辉	男	广东中烟工业公司
卷烟生产	任　伟	男	上海烟草（集团）公司上海卷烟厂
卷烟生产	王智明	男	上海烟草（集团）公司上海卷烟厂
卷烟生产	李建华	男	上海烟草（集团）公司北京卷烟厂
卷烟生产	赵世敏	男	山东中烟工业公司青州卷烟厂
卷烟生产	张金林	男	山东中烟工业公司青岛卷烟厂
原烟生产	杨跃华	男	云南省江川县烟草公司

工作领域	姓 名	性 别	单 位
原烟生产	卢振华	男	云南省陆良县烟草公司
原烟生产	高德富	男	云南省宜良县烟草公司
原烟生产	张长华	男	贵州省湄潭县烟草公司
原烟生产	代先强	男	重庆市武隆县烟草公司
原烟生产	顾怀胜	男	贵州省毕节市烟草公司
原烟生产	颜成生	男	湖南省衡南县烟草公司
原烟生产	禹宗汉	男	河南省泌阳县烟草公司
原烟生产	骆君华	男	湖南省宁远县烟草公司
原烟生产	钱 宇	男	四川省会理县烟草公司
原烟生产	马永建	男	河南省襄城县烟草公司
原烟生产	江 凯	女	河南省孟津县烟草公司
原烟生产	徐通盛	男	福建省将乐县烟草公司
原烟生产	白 胜	男	湖北省咸丰县烟草公司
原烟生产	华开文	男	陕西省旬阳县烟草公司
原烟生产	沈 平	男	福建省长汀县烟草公司
原烟生产	张国英	男	安徽省宣州烟叶经理部
原烟生产	陈 骏	男	贵州省镇远县烟草公司
原烟生产	吴文信	男	湖南省桂阳县烟草公司
原烟生产	冯小虎	男	江西省黎川县烟草公司
烟机制造	陆纪明	男	上海烟机公司
烟机制造	符国强	男	常德烟机公司
烟机制造	谭孟超	男	秦皇岛烟机公司
烟机制造	张建军	男	许昌烟机公司
丝束制造	宣志坚	男	南通醋酸纤维有限公司
丝束制造	李海彦	男	昆明醋酸纤维有限公司
丝束制造	杨海龙	男	珠海醋酸纤维有限公司

二、“红塔杯”第二届全国烟草行业烟机设备维修职业技能竞赛获奖名单

陈 民 上海烟草（集团）公司上海卷烟厂
郑东文 福建中烟工业公司龙岩卷烟厂
蔡 伟 川渝中烟工业公司涪陵卷烟厂
张成鹏 山东中烟工业公司济南卷烟厂
韩建夫 河南中烟工业公司许昌卷烟总厂
熊志辉 湖北中烟工业公司武汉卷烟厂
程 杰 上海烟草（集团）公司上海卷烟厂
陈 辉 上海烟草（集团）公司上海卷烟厂
夏志刚 上海烟草（集团）公司高扬国际烟草有限公司
刘 瑞 云南中烟工业公司昆明卷烟厂
张 健 云南中烟工业公司新疆卷烟厂
何鹏程 山东中烟工业公司青岛卷烟厂
李 湛 上海烟草（集团）公司上海卷烟厂
俞佳俊 上海烟草（集团）公司上海卷烟厂
王宏伟 云南中烟工业公司玉溪卷烟厂
叶学华 云南中烟工业公司曲靖卷烟厂

三、行业省级职业技能竞赛获奖名单

（一）河南中烟工业公司“帝豪杯”首届河南烟草工业系统烟机设备维修职业技能竞赛：

于连群 河南中烟工业公司许昌卷烟厂

杨　勇　河南中烟工业公司许昌卷烟厂
郑乔峰　河南中烟工业公司郑州卷烟厂

（二）云南中烟工业公司第二届云南烟草工业系统烟机设备维修职业技能竞赛：

胡　剑　红塔烟草（集团）有限责任公司玉溪卷烟厂

（三）山东中烟工业公司第一届烟机设备维修职业技能竞赛：

盖志强　山东中烟工业公司青岛卷烟厂
杜　斌　山东中烟工业公司济南卷烟厂

（四）川渝中烟工业公司第二届烟机设备维修职业技能竞赛：

舒洪波　四川烟草工业有限责任公司成都分厂

（五）河北中烟工业公司第二届烟机设备维修职业技能竞赛：

卜建立　河北白沙烟草有限责任公司
梁新群　张家口卷烟厂有限责任公司

（六）江苏中烟工业公司第二届烟机设备维修职业技能竞赛：

常之泉　江苏中烟工业公司南京卷烟厂
吴　伟　江苏中烟工业公司淮阴卷烟厂
冯绍文　江苏中烟工业公司淮阴卷烟厂
李家贵　江苏中烟工业公司淮阴卷烟厂

（七）云南中烟工业公司第一届云南烟草工业系统烟叶分级职业技能竞赛：

徐昭梅　红塔烟草（集团）有限责任公司
卢莉芳　红塔烟草（集团）有限责任公司
钟　莉　红河卷烟总厂
张　梅　红河卷烟总厂
孟　锋　红云烟草（集团）有限责任公司

（八）云南省烟草专卖局第三届烟叶分级职业技能竞赛：

潘元宏　云南省红河州烟草公司
董杏梅　云南省保山市烟草公司
代绍周　云南省曲靖市烟草公司
赵桂玲　云南省昆明市烟草公司

（九）四川省烟草专卖局第一届烟叶分级职业技能竞赛：

信俊峰　四川省攀枝花市烟草公司
罗　辉　四川省烟草公司烟叶经营管理部
彭国勋　四川省凉山州西昌市烟草公司
周　兴　四川省泸州市烟草公司

（十）中国烟草实业发展中心第一届烟叶分级职业技能竞赛：

王胜利　内蒙古昆明卷烟有限责任公司
戴良萃　红塔辽宁烟草有限责任公司

（十一）湖北省烟草专卖局第一届烟叶分级职业技能竞赛：

田辉文　湖北省襄樊市烟草公司
卢红良　湖北省襄樊市烟草公司
王洪炜　湖北省恩施州烟草公司

国家烟草专卖局直属机关优秀党务工作者名单

（国家烟草专卖局直属机关党委关于表彰先进党支部和优秀党务工作者的决定　国烟机党〔2006〕11号　中共国家烟草专卖局直属机关委员会2006年6月28日印发）

郭联君　办公室（外事司）副主任（副司长）兼经济研究所所长、党支部副书记
孙桂芳　发展计划司副司长、党支部副书记
孙晓莹　专卖监督管理司副司长、党支部副书记
舒　明　经济运行司综合处处长、党支部委员
张樑庆　政策法规与体制改革司综合处副处长、党支部委员
罗明德　财务管理与监督司（审计司）会计处处长、党支部委员
王德平　科技教育司科研推广处副处长、党支部委员
刘景珍　人事劳动司副司长、党支部委员
李　安　直属机关党委办公室主任
高　林　中央纪委驻国家烟草专卖局纪检组副组长、监察部驻国家烟草专卖局监察局局长、党支部书记
张修连　机关服务中心（机关服务局）主任（局长）、党支部书记
孔长生　离退休干部办公室副主任、党支部副书记
贾伯礼　离退休干部办公室第一（方庄）党支部书记
王世旭　离退休干部办公室第三（东便门、呼家楼）党支部书记
党铁山　离退休干部办公室第五（北下关、西晴）党支部委员会委员
黄忠魁　烟草经济研究所助理巡视员、党支部副书记
毛幼力　《中国烟草》杂志社主编室主任、党支部委员

陈 彤 烟草经济信息中心副主任、党支部副书记
王春媛 中国烟草学会办公室副主任、党支部委员
王继锋 国家烟草专卖局职工培训中心（中共国家烟草专卖局党校）副主任（副校长）、党支部委员
周尚勇 中国烟叶公司巡视员、党支部副书记
吴庚宏 中国卷烟销售公司副总经理、党支部副书记
张红宇 中国烟草投资管理公司办公室副主任、党支部委员
胡淑英 中国烟草机械集团有限责任公司人事部调研员、党支部委员
郭胜锁 中国烟草进出口（集团）公司副总经理、党总支副书记
滕彦芝 中烟电子商务公司办公室主任、党支部委员
赵 琦 中国烟草实业发展中心市场营销部主任、党支部委员
张国宾 整顿与规范市场经济秩序办公室副主任、党支部委员

全国烟草行业“十五”教育培训工作先进个人名单

（国家烟草专卖局关于表彰“全国烟草行业‘十五’教育培训工作先进集体和先进个人”的决定 国烟科〔2006〕252号 国家烟草专卖局2006年4月10日印发）

张 伟 北京市顺义区烟草专卖局（公司）
赵 宇 河北省烟草专卖局（公司）
刘先明 山西省烟草专卖局（公司）
赵 海 内蒙古自治区烟草专卖局（公司）
迟学礼 辽宁省本溪市烟草专卖局（公司）
张晓红 上海烟草（集团）公司
余定国 江苏省连云港市烟草专卖局（公司）
刘在强 江西省烟草专卖局（公司）
马宏伟 山东省烟草专卖局（公司）
王东贤 广西壮族自治区烟叶生产购销公司
党毓军 大连市烟草专卖局（公司）
赖远程 深圳市烟草专卖局（公司）
崔学求 延吉卷烟厂
刘善利 将军烟草集团有限公司
颜 妍 长沙卷烟厂
蔡丽萍 南京卷烟厂
黄晓霓 厦门卷烟厂
张喜才 河南中烟工业公司
苏丽婵 广州卷烟二厂
张 洁 宝鸡卷烟厂
寇松汉 许昌烟草机械有限责任公司
陈星球 南通醋酸纤维有限公司
甄焕菊 中国烟草总公司职工技术培训中心
白庆元 绥化烟草职工培训学校
耿玉林 黑龙江省烟草职工中等专业学校
朱建辉 安徽烟草培训中心
杜元东 山东烟草职工培训中心
朱超杰 河南省烟草技工学校
曹同枝 湖南省烟草职工培训中心
邓玉明 云南烟草教育培训中心

全国烟草系统离退休干部先进个人表彰名单

（中共国家烟草专卖局党组关于表彰全国烟草行业离退休干部先进个人和先进离退休干部党支部的决定 国烟党〔2006〕27号 国家烟草专卖局党组2006年4月17日印发）

冯国桢 国家烟草专卖局（总公司）
张复亨 北京市烟草专卖局（公司）
王 彤 河北省烟草专卖局（公司）
刘志英 山西省烟草专卖局（公司）
王显君 内蒙古自治区烟草专卖局（公司）
王永顺 吉林省烟草专卖局（公司）
王学孝 黑龙江省烟草专卖局（公司）
张立则 江苏省烟草专卖局（公司）
吴家仪 浙江省烟草专卖局（公司）
娄彦松 安徽省烟草专卖局（公司）
杨五豹 福建省烟草专卖局（公司）
肖诗论 江西省烟草专卖局（公司）
董守成 山东省烟草专卖局（公司）
聂长宏 河南省烟草专卖局（公司）
任泽贤 湖北省烟草专卖局（公司）
刘明初 湖南省烟草专卖局（公司）
赵鹏程 广东省烟草专卖局（公司）
李仁桂 广西壮族自治区烟草专卖局（公司）
杨志清 四川省烟草专卖局（公司）
黄 腾 云南省烟草专卖局（公司）
杨文发 云南省烟草专卖局（公司）
赵桂兰 陕西省烟草专卖局（公司）
何杏初 甘肃省烟草专卖局（公司）
吕嘉兴 青海省烟草专卖局（公司）
朱桂丰 宁夏回族自治区烟草专卖局（公司）

彭绍华　重庆市烟草专卖局（公司）
吴哲雄　中国烟草实业发展中心
赵文奇　安徽中烟工业公司
王圣德　山东中烟工业公司
石增奇　河南中烟工业公司
于经忠　河南中烟工业公司
朱慕尧　湖北中烟工业公司
孟祥政　湖南中烟工业公司
刘杏春　广西中烟工业公司
沈寿昌　川渝中烟工业公司
孙义祥　川渝中烟工业公司
何　颖　贵州中烟工业公司
何传芝　云南中烟工业公司
马兆先　云南中烟工业公司
贺　昭　陕西中烟工业公司
朱尊权　郑州烟草研究院

烟草行业优秀客户经理名单

（国家烟草专卖局关于表彰烟草行业优秀客户经理的决定　国烟办〔2006〕815 号 国家烟草专卖局 2006 年 11 月 16 日印发）

王学军　北京市烟草专卖局（公司）顺义区烟草公司
王嘉林　北京市烟草专卖局（公司）丰台区烟草公司
朱克实　北京市烟草专卖局（公司）昌平区烟草公司
樊秀金　天津市烟草专卖局（公司）第一分公司
赵圣勇　天津市烟草专卖局（公司）津南分公司
张　娜　河北省烟草专卖局（公司）石家庄市烟草分公司桥西客户服务部
张秋生　河北省烟草专卖局（公司）唐山市烟草分公司遵化营销部
王轶智　河北省烟草专卖局（公司）衡水市烟草分公司故城营销部
甄振宇　山西省烟草专卖局（公司）太原市烟草公司营销中心
李　强　山西省烟草专卖局（公司）晋中市烟草公司介休营销部
温　媛　山西省烟草专卖局（公司）临汾市烟草公司大宁营销部
李凌云　内蒙古自治区烟草专卖局（公司）包头市烟草分公司营销中心
刘　明　内蒙古自治区烟草专卖局（公司）呼和浩特市烟草分公司营销中心
赵东磊　辽宁省烟草专卖局（公司）本溪市烟草分公司营销部
张　旭　辽宁省烟草专卖局（公司）辽阳市烟草分公司营销中心
姚新秀　吉林省烟草专卖局（公司）长春市烟草分公司宽城营销部
刘宏国　吉林省烟草专卖局（公司）吉林市烟草分公司营销中心
孙建峰　吉林省烟草专卖局（公司）四平市烟草分公司公主岭营销部
于　庆　黑龙江省烟草专卖局（公司）哈尔滨市烟草分公司第一营销部
王红梅　黑龙江省烟草专卖局（公司）双鸭山市烟草分公司营销中心
王　蕊　黑龙江省烟草专卖局（公司）佳木斯市烟草分公司向阳区营销部
姜　楠　大连市烟草专卖局（公司）大客户市场部
沙学毅　大连市烟草专卖局（公司）市内营销中心
王　磊　大连市烟草专卖局（公司）市内营销中心
朱红昕　上海市烟草专卖局（公司）青浦烟草糖酒有限公司
葛剑峰　上海市烟草专卖局（公司）宝山烟草糖酒有限公司
周春珉　上海市烟草专卖局（公司）卢湾烟草糖酒有限公司
顾仲华　上海市烟草专卖局（公司）海烟物流发展有限公司
管晓飞　江苏省烟草专卖局（公司）扬州市烟草分公司市区营销部
倪美红　江苏省烟草专卖局（公司）南通市烟草分公司如东营销部
秦　莹　江苏省烟草专卖局（公司）南京市烟草分公司城区营销部
周　腾　江苏省烟草专卖局（公司）徐州市烟草分公司新沂营销部
侯彩兴　江苏省烟草专卖局（公司）苏州市烟草分公司昆山营销部
厉　亮　浙江省烟草专卖局（公司）杭州市烟草分公司湖墅市场部
蔡　鸣　浙江省烟草专卖局（公司）建德市烟草公司梅城市场部
王晔未　浙江省烟草专卖局（公司）嘉兴市烟草分公司市场部
方丽平　浙江省烟草专卖局（公司）温岭市烟草公司市场部
陈海木　浙江省烟草专卖局（公司）绍兴市烟草

分公司市场部
孟　斌　安徽省烟草专卖局（公司）合肥市烟草公司庐州营销部
张　俊　安徽省烟草专卖局（公司）六安市烟草公司霍邱营销部
李保静　安徽省烟草专卖局（公司）滁州市烟草公司凤阳营销部
石五良　安徽省烟草专卖局（公司）安庆市烟草公司太湖营销部
刘　英　安徽省烟草专卖局（公司）蚌埠市烟草公司怀远营销部
叶天津　福建省烟草专卖局（公司）厦门市烟草分公司思明客户服务中心
沈　玮　福建省烟草专卖局（公司）三明市烟草分公司市区客服中心
洪彩红　福建省烟草专卖局（公司）漳州市烟草分公司城区营销部
刘建义　福建省烟草专卖局（公司）泉州市烟草分公司泉港营销部
林满贵　江西省烟草专卖局（公司）九江市烟草分公司湖口营销部
王　婷　江西省烟草专卖局（公司）鹰潭市烟草分公司月湖区营销部
龙　雯　江西省烟草专卖局（公司）南昌市烟草分公司西湖营销部
刘学莹　山东省烟草专卖局（公司）济南市烟草有限公司营销中心
李艳红　山东省烟草专卖局（公司）滨州市烟草有限公司滨城营销部
陈　凯　山东省烟草专卖局（公司）青岛市烟草有限公司崂山区营销部
游丽亚　河南省烟草专卖局（公司）郑州市烟草分公司新郑第一客户服务部
鲁碧华　河南省烟草专卖局（公司）洛阳市烟草分公司城区营销部
李浩燕　河南省烟草专卖局（公司）焦作市烟草分公司直属营销部客户服务中心
杨凌燕　湖北省烟草专卖局（公司）十堰市烟草公司武当山市场部
周全胜　湖北省烟草专卖局（公司）武汉市烟草公司洪山营销中心
周　荣　湖北省烟草专卖局（公司）荆门市烟草公司钟祥营销部
张维娟　湖北省烟草专卖局（公司）荆州市烟草公司监利营销部
柳　隽　湖南省烟草专卖局（公司）长沙市烟草公司营销中心
黄　娟　湖南省烟草专卖局（公司）株洲市烟草公司醴陵营销部
陈雪培　湖南省烟草专卖局（公司）岳阳市烟草公司汨罗营销部
黄清荣　广东省烟草专卖局（公司）广州市烟草专卖局天河客户服务部
莫树谋　广东省烟草专卖局（公司）中山市有限责任公司营销管理中心市场服务部
翟小明　广东省烟草专卖局（公司）惠州市有限责任公司营销管理中心市场服务部
王　睿　广西壮族自治区烟草专卖局（公司）桂林市烟草公司营销三部
韦学毅　广西壮族自治区烟草专卖局（公司）河池市烟草公司都安营销部
黎　清　广西壮族自治区烟草专卖局（公司）柳州市烟草公司营销中心
全武焱　海南省烟草专卖局（公司）海口市烟草公司第二客户服务部
吴清乔　海南省烟草专卖局（公司）儋州烟草公司客户服务中心
张艳平　深圳市烟草专卖局（公司）宝安公司
张澍萍　深圳市烟草专卖局（公司）罗湖公司
陈安生　深圳市烟草专卖局（公司）龙岗公司
李　洁　重庆市烟草专卖局（公司）大足县卷烟营销中心
陈　茹　重庆市烟草专卖局（公司）永川市卷烟营销中心
张郡兵　重庆市烟草专卖局（公司）綦江县卷烟营销中心
朱家敏　四川省烟草专卖局（公司）成都市烟草公司第二营销部
陈　洪　四川省烟草专卖局（公司）资阳市烟草公司乐至营销部
王文莉　四川省烟草专卖局（公司）绵阳市烟草公司盐亭营销部
刘　彬　四川省烟草专卖局（公司）广元市烟草公司苍溪营销部
左珊珊　贵州省烟草专卖局（公司）贵阳市烟草分公司城区营销部
刘世爽　贵州省烟草专卖局（公司）遵义市烟草分公司第一卷烟营销部
张文兰　贵州省烟草专卖局（公司）毕节地区烟草公司大方城关客户服务部
陈立堂　云南省烟草专卖局（公司）大理州烟草公司马登客户服务分中心

王凤华　云南省烟草专卖局（公司）丽江市烟草公司永胜营销部
马　庚　云南省烟草专卖局（公司）德宏州烟草公司陇川营销部
杨　莉　陕西省烟草专卖局（公司）咸阳市烟草分公司三原营销部
雷茂盛　陕西省烟草专卖局（公司）榆林市烟草分公司神木营销部
吴　东　陕西省烟草专卖局（公司）汉中市烟草分公司洋县营销部
许　辉　陕西省烟草专卖局（公司）渭南市烟草公司直属分局
孟德成　甘肃省烟草专卖局（公司）兰州市烟草公司城关区营销部
高慧娟　甘肃省烟草专卖局（公司）天水市烟草分公司秦州区营销部
王　强　青海省烟草专卖局（公司）西宁市烟草分公司营销中心
雷有花　青海省烟草专卖局（公司）海东烟草分公司互助营销部
焦　旭　宁夏回族自治区烟草专卖局（公司）银川市烟草分公司集团客户服务部
杨莉艳　宁夏回族自治区烟草专卖局（公司）石嘴山市烟草分公司大武口区客户服务部
董艳玲　新疆维吾尔自治区烟草专卖局（公司）哈密烟草公司营销服务中心
杨峻峰　新疆维吾尔自治区烟草专卖局（公司）昌吉州烟草公司营销服务中心
乐　艳　新疆维吾尔自治区烟草专卖局（公司）阿克苏地区烟草公司营销服务中心

人物介绍

欧志能，男，汉族，1969年4月生，中共党员，红塔烟草（集团）有限责任公司玉溪卷烟厂生产二部膨胀烟丝车间操作组长。被国家局授予第八届“全国烟草技术能手”称号。

欧志能1991年7月，毕业于云南省机械工业学院，同年到玉溪卷烟厂参加工作，先后担任过修理工、备件加工、材料员、设备计量员、操作组长。

欧志能从事烟草机械设备维修十余年，在本职岗位上兢兢业业、勤于钻研，勇于进行技术革新。他参与并主持了多项重点设备的技术攻关工作。2005年，他参与并主持的“除尘滤筒清扫装置的研制”项目荣获红塔集团QC成果二等奖、云南省QC成果二等奖、全国QC成果一等奖；2005年他所带领的班组获得“全国优秀QC小组”称号。作为作业长，欧志能在班组的学习、工作、生活中发挥出模范带头作用，带领全体成员在创建学习型班组活动中取得优异成绩。他坚持在实践中学习、在学习中创新，为红塔集团的卷烟生产工作作出了积极贡献。2006年，他参与并主持的“降低除尘系统集中抽尘管新风入口气流噪声”项目荣获红塔集团QC成果二等奖。2006年，他被红塔集团授予年度“安全工作先进个人”称号。

陈明烈，男，汉族，1963年12月生，红河卷烟总厂昭通卷烟厂制造总部制丝C部8000千克/小时制丝生产线机长、烟叶制丝高级工。被国家局授予第八届“全国烟草技术能手”称号。

1981年，陈明烈进入昭通卷烟厂制丝车间工作，曾担任过设备操作工、修理工、质检员、生产班班长和质管组长。

陈明烈拥有扎实的工作技能和熟练的设备掌控、驾驭能力，在企业生产过程中充分发挥技术骨干作用，多次参与设备改造调试工作，对保证和提高在线产品内在质量作出了突出贡献。2006年，制丝车间新安装调试的管道式烘丝机生产过程中出现湿团烟，相关部门排查多方面原因都未能彻底解决问题，陈明烈用近一周的时间进行在线研究分析、试验，找出了一套行之有效的操作方法，成功解决湿团烟问题。目前，这套操作方法经过工艺质量管理部门认可，已在昭通卷烟厂推广。

作为在线生产主要负责人，每次放样工作都是白班投料，夜班切炒，次日卷制，陈明烈从早到晚一直工作在生产现场，对放样烟丝的质量进行全方面监控。他在放样期间每天工作平均18小时以上，这样的放样工作每年有数十次，但他始终无怨无悔，在平凡的岗位上坚守职责，无私奉献。

潘志刚，男，汉族，1965年2月生，中共党员，中专学历，红塔烟草（集团）有限责任公司大理卷烟厂制丝车间KTC80切丝机修理组组长。被国家局授予第八届“全国烟草技术能手”称号。

1984年9月，潘志刚进入大理卷烟厂制丝车间工作，先后担任过操作工、维修工。2003年，经国家烟草职业技能鉴定中心考评，获得技师资格证书。

他从事烟机维修工作多年，凭着求知进取、精益求精的职业精神，迅速成长为专业技术队伍中的骨干，参与和主持了多项重点设备的技术攻关工作，并在企业组织的技术大比武活动中多次获得第一名。2000年9月，他代表大理卷烟厂参加首届云南省烟草行业制丝线烟机设备技能竞赛，获得全省第二名的成绩，并被云南省烟草公司授予“云南省烟草技术能手”称号。他带领切丝机保养维修组人员，做好设备的技术创新、运行监测、预防维修及维护保养工作，为企业的生产和发展提供了有力支撑和保障。

王 超，男，汉族，1967年生，中共党员，红云烟草（集团）有限责任公司技术中心原料研究室主任，云南省评烟委员会委员、云南省烟草学会会员。被国家局授予第八届“全国烟草技术能手”称号。

1989年6月王超参加工作，一直从事卷烟产品研究、产品开发、卷烟工艺配方、卷烟产品设计和卷烟产品质量控制等烟草专业技术工作。

多年来，王超具体参与实施包括“云烟（软珍品）”、“云烟（印象）”等的卷烟产品开发和改造，勇于探索烟草科技的新领域，及时掌握烟草科技发展的新动向。他参加多项科技项目的研究并获奖，其中“‘云烟’系列和‘（特）红山茶’改进研制”项目荣获云南省烟草公司1998年度科技进步特等奖；“‘云烟’系列产品的开发研制”项目荣获云南中烟工业公司2003年度科技进步特等奖；“生化技术在烟草工业中的应用”项目获2005年度国家烟草专卖局科技进步二等奖；“昆产名优卷烟低焦油、低CO相关技术研究”项目获云南中烟工业公司2006年度科技进步一等奖。另外，他参与的“烟叶陈化品质调控研究及应用”、“膨胀烟草改性研究及改性添加剂开发”、“影响卷烟吸食性的辅料添加剂的研究和应用”、“稠浆法烟草薄片工艺配方技术研究”项目分别获云南省政府科技进步奖。王超曾荣获“企业精神文明建设先进个人”、“工会积极分子”、“先进工作者”、“质量管理先进个人”、“企业标兵”等称号。

张 强，男，汉族，1972年生，大专学历，四川烟草工业有限责任公司什邡分厂卷烟制造部高级切丝工，被国家局授予第八届“全国烟草技术能手”称号。

张强在平凡的工作中练就了不平凡的本领——“三准一快”，即手感准、眼睛准、耳朵准、动作快。他能够凭手感准确判断出烟丝的水分，其手感检测烟丝的水分值与先进的仪器仪表检测值仅相差0.1%，切出的烟丝合格率99%。他能够凭眼睛观察准确判断出烟丝的宽度和均匀性，测试的烟丝宽度与仪器测定的宽度仅相差0.1毫米，切出的烟丝宽度均匀一致，切口整齐。他在机器运转过程中，能根据机器发出的声音判断机器运转是否正常，并能根据异样的声音准确判断出出问题的具体部位，从而快速排除故障。他在操作中换刀、换砂轮的速度也是工厂同岗位职工中最快的。

张强先后担任RC4、SQ35、SQ21切丝机挡车工，并积极参加工厂QC活动和设备研讨。针对RC4切丝机每次停机后，会产生一定量细丝的问题，他总结出新的操作方法，在因后续工序原因导致切丝机停机时，采用排链提前后退的办法，大大降低了细丝量。在工厂与SQ35切丝机厂家开展的技术交流中，他大胆提出设备停机后，排链自动后退控制的思想，被厂家采纳，编入控制程序。SQ217切丝机运行不到30分钟就出现刀辊电机过热，从机械、电气方面都未找出原因，他根据刀口座上结垢后形状发生的变化，正确判断出是刀口座质量所导致。他曾先后被评为什邡卷烟厂“质量标兵”、“青年岗位能手”、“质量先进工作者”。

刘舒麟，男，汉族，1964年生，四川烟草工业有限责任公司成都分厂卷烟制造部操作工。被国家局授予第八届“全国烟草技术能手”称号。

刘舒麟自1982年参加工作以来，虚心请教，努力钻研技术，在实际工作中勤于动手、动脑，较为全面掌握了岗位技能，多次参与工厂设备技术改造工作，先后获得成都卷烟厂“岗位能手”、“技术能手”、“先进工作者”称号。在生产过程中严把产品质量关，时刻跟踪产品质量，仔细检查设备运行情况，通过调整设备参数来保障质量的稳定性，对于突发事件，他总能迅速判断问题，并及时处理，他所在班组在产品质量、产量上始终名列前茅。面对实际工作中的问题，刘舒麟总是反复剖析和研究，找出问题实质，并提出整改方案。在他努力下，相继解决了KTC切丝机跑叶片、SQ切梗丝机防尘板和铜压条损耗大等问题，形成了切丝机16小时工作制（一用一备）及维修保养制度，有效提高了设备生产水平。

周志刚，男，汉族，1968年10月生，四川广汉人，中共党员，大学学历，工程师。四川烟草工业有限责任公司什邡分厂技术中心副主任工程师，2006年7月，借调川渝中烟工业公司技术研发中心。被国家局授予第八届“全国烟草技术能手”称号。

周志刚参与“天下秀（特制）”产品的开发，作为主要研究人员开发了“天下秀（红盖）”、“天下秀（佳品）”、“天下秀（名品）”及“天下秀（珍品）”等系列产品，并长期从事“天下秀”系列卷烟产品的内在质量稳定与维护工作，为“天下秀”卷烟品牌成长作出了突出的贡献。

在产品维护工作中，周志刚通过采用多元立体的配方技术及分组加工技术合理利用烟叶原料，在产品内在质量稳定的前提下降低配方设计成本，提高企业的盈利水平，历年来共计减少设计成本上亿元，为企业提高经济效益作出较大贡献。周志刚多次获得什邡卷烟厂“先进生产工作者”、“优秀共产党员”、“质量标兵”、“劳动模范”称号。

刘金云，男，汉族，1971 年 2 月生，中共党员，大学学历，工程师，湖南中烟工业公司技术中心从事卷烟配方工作。被国家局授予第八届“全国烟草技术能手”称号。

刘金云一直扎根科研技术一线，从事烟草技术研究和卷烟配方工作，主持过“（和黑）白沙”、“NISE”、“（精品二代）白沙”、“（珍品）白沙”、“（宽版）白沙”、“（和天下）白沙”等产品的配方设计工作。

多年来，刘金云取得了丰硕的科技研究成果。他参加的“香料烟特征致香成分前体的合成和应用研究”获得湖南省科学技术成果奖；“一种卷烟滤嘴变色方法”获得国家发明专利；“白沙（和）牌烤烟型卷烟产品降焦减害技术研究”获全国烟草行业降焦减害科技工作先进集体二等奖；2005 年，刘金云参与的“卷烟生产工序加工质量评价及创新工艺研究”项目，产品单箱耗丝降低 1000 克以上，每年可为企业降低成本 5000 万元以上。

汪　华，男，汉族，1963 年 12 月生，中共党员，贵州中烟工业公司毕节卷烟厂制膨丝车间切梗丝机台机长、制梗丝工段小组长。被国家局授予第八届“全国烟草技术能手”称号。

1988 年，汪华高中毕业后进入毕节卷烟厂工作，先后担任过制丝车间切丝机机长、切丝段组长，切梗丝机机长和制梗丝段组长。

在汪华长期担任切梗丝机台的机长期间，他总是提前进入岗位，将设备调试正常，将设备打扫干净，15 年来，每天重复同样的工作，以一流的工作质量来保证一流的产品质量，机台产品质量抽检合格率始终保持 100%。1995 年，企业进行大规模设备改造，从德国引进了全新的制丝生产设备，他经过不断琢磨和广泛的学习实践，短时间内对新设备的操作游刃有余，得心应手，成为毕节卷烟厂主要生产车间一名不可缺少的技术、操作能手。

他曾先后被评为“优秀共青团员”、“先进工作者”，“优秀共产党员”、“五好职工”、和“工会工作积极分子”。1988 年至 2002 年，他所在的机台 1 次被评为“红旗机台”、2 次被评为“先进机台”，所负责的制梗丝工段 3 次被评为安全、质量、设备管理“先进班组”。2004 年，被评为“先进工作者”、“优秀共产党员”、“操作岗位能手”。

费　园，女，汉族，1967 年 6 月生，浙江宁波人，中共党员，中专学历，烟叶制丝中级工，浙江中烟工业公司宁波制造部烘丝线挡车工。被国家局授予第八届“全国烟草技术能手”称号。

1984 年进入浙江中烟工业公司宁波制造部（原宁波卷烟厂）工作。费园积极参加企业组织的各项技术培训，利用业余时间摸索其他生产线的操作技巧，快速掌握了制丝线各道工序的操作技能，成为车间第一个取得制丝 3 条线操作证书的员工。她善于学习，积极向维修技术人员请教，多次凭借自身丰富的操作经验、过硬的技术和良好的心理素质，减少了因突发性停电、设备故障等原因造成的企业经济损失。2002 ~ 2006 年连续 5 年获企业烘丝线挡车工综合质量考核第一名，创造了 4000 多批烘丝产品全部达标的优异成绩；先后获得企业“操作能手”、“生产突击手”、“优秀员工”、“优秀党员”等称号。

严掌财，男，汉族，1967 年 11 月生，浙江杭州人，中共党员，初中学历，切丝机高级工，浙江中烟工业公司杭州制造部制丝车间烟机设备机械保养工。被国家局授予第八届“全国烟草技术能手”称号。

1985 年 1 月，严掌财进入浙江中烟工业公司杭州制造部（原杭州卷烟厂）工作。

严掌财善于学习，总结自己在设备操作、故障判断和设备保养等多方面经验的同时，积极学习别人的先进操作方法，形成如“一看二听三检查”故障分析判断法，刀片、砂轮快速更换法，刀片、砂轮降低损耗法，跑片解决法，不合格烟丝解决法等一系列先进简单、较为实用的操作方法。

严掌财经常提出小改小革建议。他建议车间将每批次每个牌号的配叶柜出料实际状态进行核对并纳入作业指导书，从而减小了过程中混牌的可能性；在 HAUNI 制丝线上马 SQ35 切丝机调试的时候，他发现了导丝条在切丝状态下容易嵌住烟丝而影响产品质量和导致设备机械故障的隐患；提出减少切丝机刀辊设备换件频次的课题并参与攻关，配合设备保养人员增加对刀辊体内部安装负压装置，防止了灰尘、铁屑等杂物进入，延长了进刀机构的使用寿命，提高了产品质量，该项成果同时获得 2003 年度浙江省烟草工业优秀质量管理小组成果一等奖。

李　坤，男，汉族，1970 年 6 月生，江苏徐州人，中共党员，大学学历，江苏中烟工业公司徐州卷烟厂制丝车间工程师。被国家局授予第八届“全国烟草技术能手”称号。

1995 年，李坤毕业于中国矿业大学，同年进入徐州卷烟厂制丝车间工作。2005 年考入中国矿业大学攻读工程硕士。

李坤在生产一线上充分发挥专业知识优势，协助车间维修人员完成烘丝机的多项技术改造。在企业引进HXD管道式叶丝在线高膨胀机后，他在较短时间内掌握了较高的独立操作和维护技能，同时利用业余时间独立完成了所有电控图纸、重要元器件使用说明书的翻译，编写了操作和维护使用手册。在消化吸收进口设备技术的同时，他还对HXD系统进行多方面改进，改进了HXD空载水控制程序、系统燃烧炉点火装置和电控系统，有效降低了HXD的故障停机率，提高了在线烟丝加工质量。他带领车间QC小组攻克技术难关，在他带领下的制丝车间“卓越”QC研究成果连年获奖，其中仅“降低HXD系统故障停机率”一项研究，每年可为企业节约资金50万元，并被公司推荐参加国家局QC成果交流。

李坤多次被企业评为“岗位能手”。2005年承担研究的QC成果“减少梗丝膨胀水分的异常波动”在省公司优秀QC成果发布活动中获一等奖和“发布效果特别奖”，同时在国家局第十六届优秀QC成果交流活动中获二等奖。2006年他承担的“烟丝结团处理设备的研发”项目获省公司QC成果交流一等奖，获国家局QC成果交流二等奖。

张建宏，男，汉族，1973年10月生，河南许昌人，中共党员，大专学历，高级操作工，河南中烟工业公司许昌卷烟总厂一车间切丝机操作工、制丝梗段段长。被国家局授予第八届“全国烟草技术能手”称号。

1991年4月，张建宏进入许昌卷烟厂工作。工作Ｉ多年来，攻克了生产技术上的重重难关。他以精湛的操作技术、丰富的问题处理经验，独创了“看、摸、抓、听”的操作方法，使得梗丝出丝率由原来的91.3%提高到95%左右，被誉为高效生产的法宝。

从1998年开始，先后参加过厂级、市级、省级及行业多项技术比武，多次受到各级领导部门的表彰。先后荣获“许昌卷烟总厂十大青年之星”、“许昌市新长征突击手”、“许昌市一线技术英杰”、“河南省烟草系统技术能手”、“河南省技术能手”、“全国烟草技术能手”等荣誉称号。曾获“河南省切丝技术比武第一名”，被授予“河南省五一劳动奖章”。

李国栋，男，汉族，1969年5月生，河南登封人，中国民盟成员，研究生学历，工程师，河南中烟工业公司河南新郑烟草（集团）公司技术中心产品开发员。被国家局授予第八届“全国烟草技术能手”称号。

1988年8月，李国栋进入安阳卷烟厂工作，1999年4月任安阳卷烟厂技术中心副主任，2001年取得无锡轻工业大学食品科学与工程专业研究生结业证书，2003年10月任新郑集团技术中心品牌工程师。

李国栋长期从事科研实践工作。主持开发和培育了国优名烟“红旗渠”系列卷烟产品，参与研制荷马牌（Homer）卷烟；参与完成行业重点标准《卷烟品牌许可生产质量保障通则》的起草及宣贯教材的编写；主持新烟集团“造纸法薄片综合应用技术研究”项目的研究和应用，不仅提高了“红旗渠”产品质量稳定性和产品技术含量，同时每年降低产品成本达3000万元；作为主要参与人完成“河南名烟——红旗渠的开发研制”项目，获河南省烟草专卖局科技进步一等奖和河南省科技进步三等奖，“低焦油红旗渠的开发与技术研究”项目获第十一届全国发明展览会发明金奖。

李国栋先后荣获“全省卷烟产品开发先进工作者”、“安阳市首届科技新闻人物”、“河南省烟草行业先进工作者”、“安阳市十大优秀青年”、“河南省新长征突击手”、“全国烟草技术能手”等荣誉称号。

包可翔，男，汉族，1970年11月生，福建永定人，大学学历，福建龙岩卷烟厂技术中心产品研究室主任，工程师。2006年起担任福建省感官质量监督鉴定委员会委员。被国家局授予第八届“全国烟草技术能手”称号。

1991年，包可翔从上海轻工业高等专科学校毕业后分配到龙岩卷烟厂，先后从事工艺研究、原料研究、产品研究工作，为“七匹狼”产品内在质量的稳步提高和“七匹狼”品牌的发展壮大作出了贡献。近年来，他先后取得以下成绩和荣誉：2002年，参与完成的“低焦油混合型卷烟产品开发”项目，获福建省2003年度科技进步三等奖；2003年负责完成的“漂浮育苗和营养袋育苗对比试验研究”项目，获龙岩卷烟厂科技进步三等奖；2005年参与完成“烟叶醇化剂在烟叶自然醇化中的应用研究”项目，获龙岩卷烟厂科技进步三等奖；参与完成的“6000千克/小时制丝线工艺参数优化”项目，获厂科技进步二等奖；2006年负责完成的“‘七匹狼（软红）’产品开发设计”项目，获厂科技进步二等奖；参与完成的“24毫米嘴棒在龙岩卷烟厂翻盖产品中的应用研究”项目获厂科技进步二等奖。

郝建辉，男，汉族，1966年7月生，河北平山人，大学学历，工程师，河北中烟工业公司技术中心产品研发管理部主任。被国家局授予第八届“全国烟草技术能手”称号。

郝建辉作为“新石家庄”系列卷烟产品研发与维护组的主要成员，与项目组的同事共同对“新石家庄”品牌系列产品进行了全方面改造，实现了产品的升级换代，提高了品牌的市场占有率。“新石家庄（软）”、“新石家庄（硬珍品）”、“新石家庄（绿2代）”三个规格的产品研发项目被河北中烟工业公司评为2004、2005年度“科技创新奖”。

郝建辉努力做好“新工艺、新技术、新材料”的引进、消化、吸收、应用工作。根据公司新制丝线的特点，他运用“分组加工”模式，提出了以“提高产品科技含量、提高企业科技创新水平为突破口”的工作思路。在对实施方案进行反复探讨、验证的基础上，成功地在部分产品中实施了分组加工、分类处理的特色工艺。提高产品内在品质的同时降低了消耗，取得了良好的社会效益与经济效益。多次被评为公司“先进工作者”、“劳动模范”等。

常治水，男，汉族，1972年3月生，河北深县人，高中学历，张家口卷烟厂有限责任公司一车间甲班南线切烤工段切丝机司机。被国家局授予第八届“全国烟草技术能手”称号。

1990年5月，常治水进入张家口卷烟厂工作。作为一名切丝机司机，他勤奋学习，刻苦钻研，虚心向周围的同事和老师傅请教有关设备操作、故障排除和设备保养等多方面的技术，从而使自身的操作技能不断提高，并顺利地通过了烟草行业高级切丝工的技能鉴定。他勤于动脑，善于归纳，总结出了一套“全、快、慢、看”四字更换刀片的方法，被同事们称为“常氏换刀法”。他把这一方法毫无保留地传授给同岗位的其他职工，从而大大减少了停机时间，有效提高了工作效率，确保了烟丝的质量。他所负责的工作岗位，烟丝合格率常年保持在99.6%以上，设备停机率保持在0.5%以下，其他各项指标多年名列车间同岗位前茅。多次被评为企业“优秀员工”。

邵干辉，男，汉族，1958年10月生，广东中烟工业公司技术中心产品研发负责人。被国家局授予第八届“全国烟草技术能手”称号。

邵干辉从事卷烟配方设计研究工作20多年，兢兢业业，刻苦钻研技术。作为产品研发的技术带头人，他带领技术团队不断对品牌核心技术进行发展与演绎，在传承中创新，使“双喜”品牌核心技术得到不断发展。2004年，由他主持研制的“（经典醇香）双喜”产品，为“双喜”品牌里程碑式发展提供新的支撑点；2005年，由他主持研制的“（国际）双喜”、“（世纪经典）双喜”等系列产品推出市场后，深受欢迎。

在广东卷烟工业改革重组的过程中，邵干辉为广东卷烟工业的多点同质化生产提供技术决策依据。多年来他取得了多项技术研究突破，参与的课题研究与产品开发先后获得国家烟草专卖局科技进步奖、广东省烟草行业科技进步奖、广东省优秀新产品奖等奖项。2006年，他被广州市天河区委员会评为“广州市天河区专业技术拔尖人才”。

任　伟，男，汉族，1959年7月生，上海人，大专学历，任上海烟草（集团）公司技术中心原料与配方研究部主任。被国家局授予第八届“全国烟草技术能手”称号。

任伟从事烟草技术工作27年，在他的主持下，技术中心研究人员在基本保持卷烟产品原有风格质量的前提下，通过叶组配方的改造、造纸法薄片的试用、料香的调整，改进“红双喜”、“牡丹”卷烟配方结构，降低上等烟使用比例，为“中华”、“红双喜”卷烟品牌扩张提供原料保障，奠定了技术基础。他还针对不同的卷烟产品，采取不同的降焦措施，通过开展卷烟原料和配方化学指标监测和稳定性技术研究，使卷烟产品的平均焦油释放量逐渐降低，为卷烟产品“降焦控焦”提供技术保障。他参与研究的“降低烤烟型卷烟焦油综合应用技术研究”科技项目被评为“全国烟草行业降焦减害科技工作先进集体一等奖”。

此外，他还承担新品“熊猫”卷烟产品的开发和维护，编制并开展“烟叶原料三年配方使用滚动计划”。同时发挥技术上的带教作用，带出三个配方学徒。他曾多次荣获“上海烟草（集团）公司科技进步奖”。

王智明，男，汉族，1963年6月生，高中学历，高级工，上海烟草（集团）公司上海卷烟厂膨胀烟丝车间乙班热端的挡车工。被国家局授予第八届“全国烟草技术能手”称号。

凭着多年积累的热端挡车经验，王智明形成一套独有的“二勤、二检”操作方法，即勤巡检现场设备情况、勤询问生产运行状况并进行上下道工序沟通；自检：检测成品膨丝水分；互检：检测上、下来料水分，更好控制成品烟丝稳定性。在日常工作中，他严格要求自己，认真执行不接受不合格的产品、不生产不合格的产品、不放过不合格的产品的“三不”质量防线，绝不放过任何有瑕疵的产品。他利用所学的有关统计技术，运用数据采集系统，对岗位上的关键工艺质量点的Cpk值（工序能力指数）、控制图进行分析，通过动态自检，直接评估出本岗位产品质量的控制范围，从而有效减小产品质量偏差，提高生产过程控制能力。

王智明在工作中善于开动脑筋，主动协调解决一些实际问题。他与车间电工共同讨论、研究，对PLC（可编程逻辑控制器）程序做出相应修改，使得回潮筒加水量得到有效控制，使湿头湿尾不合格烟丝减少50%。他通过对冷却回潮水分严格自检，及对冷却回潮含水率控制图和水分偏差控制图进行分析，实时监测含水率的变化情况，从而根据实际变化情况及时调整冷却回潮水分的设定值，更好地控制了膨丝水分的稳定性，烟丝质量稳步提高。曾多次被评为局级“岗位示范员”、厂级“先进生产者”和“质量标兵”。

李建华，男，汉族，1977年4月生，北京人，大专学历，高级工，上海烟草（集团）公司北京卷烟厂制丝车间切丝机挡车工。2006年，荣获上海烟草（集团）公司“双喜杯”职业技能竞赛SQ35切丝组比赛第一名，被国家局授予第八届“全国烟草技术能手”称号。

1996年，李建华技校毕业后进入北京卷烟厂工作，在制丝车间乙班担任切丝机挡车工。在工作中，他善于观察、勤于思考，凭着对切丝机原理的理解和实际操作取得的经验，逐步摸索出一套行之有效的换刀方法，即每次换刀时把导丝条清理干净加油润滑，手动多出一些刀，缩短磨刀时间。这种方法换刀效率高，砂轮机刀片消耗低，出刀效果好。

为了清理切丝机几处难以清洁的角落，他与机修人员一道，发明“正吹负吸法”，即刀鼓引入空压气，避免灰尘进入，采取与负压吸尘设备相结合的办法，巧妙地解决设备的卫生死角。这一方法简便实用，在车间得到广泛应用。在他的精心保养下，他所负责的切丝机三年平均故障停机率达0.01%，切丝宽度质量达标率连续五年保持100%。

赵世敏，男，汉族，1977年生，中共党员，山东中烟工业公司青州卷烟厂制丝车间班长。被国家局授予第八届“全国烟草技术能手”称号。

1998年，赵世敏从潍坊高等专科学校机械制造专业毕业后，进入青州卷烟厂工作。先后在卷接包车间、制丝车间工作。他主持的“提高膨胀烟丝整丝率”项目将膨胀烟丝整丝率由65.06%提高到79.70%，成品烟丝的成丝率由92.04%提高到94.07%。他主持的“提高膨胀烟丝优良率”项目将膨胀烟丝优良率由77.89%提高到91.19%。他主持的“减少冷凝系统二氧化碳的超压排放”项目将冷凝系统的超压排空由每班次22次降到5个班次1次，解决了二氧化碳频繁超压排空现象。他主持的“提高燃烧炉/升华器热效率”项目每年节约维护费3600元。他主持的“降低二次回潮滚筒内壁沾烟丝量”项目解决了二次回潮滚筒系统不能连续生产两批烟丝（6000千克）的弊端，提高了设备的有效作业率，并且将每次清筒膨胀烟丝量由14.4千克降到1.9千克。他主持的“提高膨胀烟丝产成率”项目将膨胀烟丝产成率由92.79%提高到95.59%。他主持的“降低膨胀烟丝碎丝率”项目将碎丝率由3.23%降为2.78%，年节约膨胀烟丝8100千克。

张金林，男，汉族，1971年生，山东临清人，颐中集团技术中心产品开发室副主任、主任配方师。被国家局授予第八届“全国烟草技术能手”称号。

在产品开发方面，张金林主持或参与开发了“哈德门”、“泰山”、“壹枝笔”等系列产品。在减害降焦方面，他研制成功25毫米全醋纤嘴棒降焦技术，并率先使用；开展卷烟盘纸降焦研究，在不改变卷烟规格的情况下，选用新型卷烟盘纸使“泰山”品牌卷烟焦油量降低了1.0毫克/支、“世纪宏图”品牌卷烟降低了1.2毫克/支、“哈德门”品牌卷烟降低了0.8毫克/支，为中式卷烟在降焦方法的选择上，提供了有益的借鉴。此外，他还率先研究并实践二次配方，并在企业广泛应用，提高了产品质量。

杨跃华，男，汉族，1962年5月生，云南江川县人，中共党员，大专学历，江川县烟草专卖局（公司）办公室副主任。被国家局授予第八届“全国烟草技术能手”称号。

他1981年8月参加工作，1981年8月至1983年12月在江川县路居公社农科站工作，1984年1月至今在江川县烟草专卖局（公司）工作，1996年11月被评聘为农艺师。曾任江川县局（公司）生产股股长，生产科、生产技术科科长等职务。

杨跃华自参加工作以来，一直从事烟草栽培管理、科学施肥、病虫害防治、科学烘烤等烤烟生产技术研究推广工作。他参与和主持烤烟科技的试验、示范、推广获奖项目30项，其中，获得国家级奖1项，省级奖3项，地（市）级奖25项，县级奖一项。发表论文9篇均分别获第二届华中地区、云南省烟草学会、玉溪市烟草学会优秀论文奖，其中，《江川烤烟生产现状与发展前景》被收编为1999年玉溪科学技术协会优秀学术论文集；《烟草根结线虫生物防治研究》在《云南农业科技》杂志发表；《烤烟赤星病综合防治技术研究》在《云南烟草》杂志发表。

1989～1999年期间，杨跃华14次被玉溪市烟草公司、玉溪卷烟厂分别评为“先进工作者”、“先进生产者”。

卢振华，男，汉族，1967年6月生，中共党员，研究生学历，农艺师，云南省烟草陆良县公司副经理、党委委员。被国家局授予第八届“全国烟草技术能手”称号。

在卢振华和科技人员的努力下，在2001年的国际型优质烟样板优质烟开发项目田间鉴评中，陆良县烟草公司荣获全国6省9点第一名，2002年位居全国11省17个点第一流水平，2003年出口到美国德孟公司的烟叶被评为“四星级”烟叶，为此，陆良县烟草公司获得曲靖市“国际型优质烟开发特等奖”，他个人获得曲靖市“三年国际型优质烟先进个人”的称号。

他参与研究的“烟草主要病虫害预测预报技术研究”等课题获得云南省烟草公司颁发的2002年、2003年和2005年度科学技术进步奖，发表的两篇论文均荣获云南省烟草学会学术优秀论文二等奖。

他成功探索并实践运作GAP管理模式，建立健全了对烟农的技术服务体系、行政监督服务体系、质量管理跟踪体系、烟农信誉评价管理制度等。作为2004年全市烤烟生产推广QTP模式的创始人和奠基人，他被曲靖市烟草公司评为“创新创效优秀个人”。2005年，他创新了“入户收购、烟叶直调”、“按部位散烟收购”的聚约式收购新模式。曾先后被评为省、市、县级“优秀共产党员”、“先进工作者”、陆良县首届“十杰青年”等。

高德富，男，汉族，34岁，大专学历，助理农艺师，云南省烟草宜良县公司烟叶调制工。被国家局授予第八届“全国烟草技术能手”称号。

1993年，高德富参加工作，他敬业爱岗，努力学习烘烤专业知识，提高自身科学文化水平。2000年率先推行开展烤房群和标准化烤房的建设，对老烤房进行立式热风室平板炉的改造和改进。他组建和培养当地烟叶烘烤队伍，层层组织和举办、协办烘烤技术培训班，千方百计提高烟农和基层技术员的烘烤技术水平和烘烤工艺的普及到位率。他参与配合昆明市烟草公司组织的新型烘烤设备和新工艺的试验、示范，取得良好效果。同时积极组织开展烟叶集约化烘烤新路子的有益尝试和探索，取得平均亩产值增加134元、上等烟比例提高4~6个百分点、烘烤损失降低7个百分点的好成绩。

2006年，高德富参与试验的课题项目“动力自控排湿烤房及其烘烤工艺”获云南省烟草公司科技进步二等奖；撰写的论文获得省、市烟草学会优秀论文二等奖和三等奖。他经过连续多年的努力，较好地改善了当地烟叶调制的基础环境，提升了烟叶烘烤技术员和广大烟农的烘烤水平，减少了烤坏烟比例，每年直接和间接为烟农和国家税收增加的综合效益平均在200万元以上，取得了较好的经济效益和社会效益。他曾被评为宜良县烟草公司“先进工作者”，被昆明卷烟厂授予“工会积极分子”、“先进工作者”称号。

张长华，男，汉族，1967年3月生，贵州凤冈人，中共党员，大学学历，农艺师，湄潭县烟草专卖局（分公司）烟叶技术推广站副站长。被国家局授予第八届“全国烟草技术能手”称号。

15年来张长华服务在烟草科技工作的第一线，爱岗敬业，探索创新，努力解决烤烟生产中的突出问题，先后参加科研试验示范项目31项，其中5项获得贵州省“科学技术进步三等奖”，编写、印发烤烟生产技术资料20余万份，培训烟农近2万人次，并录制了农村党员干部远程教育课件《湄潭优质烟叶的种植管理技术》。

从1999年开始，张长华参加了《湄潭烤烟综合标准体系》、《遵义优质烤烟综合标准体系》的编撰和修订，所做的工作得到中国烟草标准化研究中心的肯定。在“申黔基地烤烟主要病害综合治理研究和应用”和“花叶病综合防治技术的示范推广”的项目研究中，他深入全县14个产烟乡镇的86个重病区进行调查、宣传、引导，烤烟TMV花叶病综防技术在全县累计推广面积达23.4万亩，获得社会效益833.2万元，该项目获得2003年贵州省“科学技术进步三等奖”。近年来，张长华共获得县级表彰奖励5次、地市级表彰奖励4次、省部级表彰奖励9次。

代先强，男，汉族，1969年生，重庆涪陵人，中共党员，研究生学历，农艺师，武隆县烟草公司综合管理科科长。被国家局授予第八届“全国烟草技术能手”称号。

2006年，代先强主要负责烟草农业科研试验示范和信息化管理工作，科研方面主要承担了全国烟草品种试验示范、全国烟草平衡施肥示范、全国烟草新型农药试验和重庆市烟草专卖局的相关试验示范，全部通过了专家检查组的验收。在信息化管理中，他主要承担“两烟”系统和办公系统的应用推广，信息化资源的综合利用和有效配置等工作。

代先强一直在烟叶生产第一线上勤勤恳恳工作，以科学的态度、求真务实的作风，抓好科技兴烟、实用技术应用推广、科研试验和技术培训工作，取得了较为显著的成绩，多年来在《中国烟草科学》、《烟草科技》、《重庆烟草》等刊物上发表论文30篇，获论文奖35项。曾三次获得重庆市政府办公厅“金桥工程奖”，多次获重庆市烟草专卖局“科技兴烟项目奖”，三次获武隆县人民政府“科技进步奖”。

顾怀胜，男，汉族，1973年10月生，贵州毕节人，中共党员，大学学历，助理农艺师，毕节地区烟草专卖局（公司）技术推广站站长。被国家局授予第八届“全国烟草技术能手”称号。

顾怀胜曾在基层烟叶站工作4年，先后担任技术员、副站长、基地办主任、生产科科长，主要从事烤烟生产、收购、基地建设、实用技术及新技术推广、烤烟标准化示范区建设、现代烟草农业课题研究等工作。他创建了山区烤烟生产模式，全面提高了全市烤烟生产水平及烟叶质量，2002~2006年四年间全市上等烟比率提高12%，上中等烟比率提高9%。

近年来，顾怀胜受到各级表彰20次，被选为“国家局行业标准化工作技术骨干人才库第一批成员”，被贵州省烟草专卖局（公司）评为“‘十五’期间科技工作先进个人”，被中共毕节地委授予“优秀共产党员”称号。

颜成生，男，汉族，1969年12月生，湖南衡东人，中共党员，研究生学历，农艺师，衡南县烟草专卖局（营销部）副主任科员。被国家局授予第八届“全国烟草技术能手”称号。

1992年7月，颜成生参加工作以来，曾担任衡南县烟草专卖局（公司）原烟股副股长、烟叶技术推广站站长、烟叶室主任。他一直扎根烟区，带领烟叶技术人员坚持立足本地、潜心攻关，不断突破技术难关，对当地科技兴烟作出了贡献，被评为2006年“衡阳市青年农业致富带头人标兵”。其主持开展的“优质烤烟配套栽培技术推广”项目获得湖南省“科学技术进步三等奖”，参与制定的《衡阳市烤烟综合标准化体系》在衡阳市烟叶生产中得到全面执行，并于2005年承担了中国烟叶公司“以成熟度为中心配套生产技术试验示范与推广项目”工作。

颜成生为烟叶适用技术的本地化也做了较有成效的工作，如完善膜下移栽配套技术，使衡南烟叶移栽季节提早，解决了烟稻争季的矛盾；全面建立测土平衡施肥体系和推广稻草还田技术，改良土壤结构，使衡南烟叶的外观与内在质量得到相当改观；组织科研人员自主开发适合本地的密集型烤房，解决了种植大户的烘烤难题；实行病虫害统防统治，使全县近年来病虫害发病率得到较好控制。

禹宗汉，男，汉族，1969年4月生，河南泌阳人，泌阳县烟草公司烟叶生产经营中心主任，驻马店市第二届政协委员。被国家局授予第八届“全国烟草技术能手”称号。

禹宗汉，毕业于河南农业大学烟草加工与管理专业，自毕业后一直在泌阳县烟草公司生产技术科工作，曾任泌阳县局（公司）烟叶质检科副科长、生产科科长等职务，在烤烟应用铁灭克治蚜防病技术研究与推广和利用碳化麦糠作基质的漂浮育苗试验研究等方面有深入研究。尤其在半自动密集烤房的引进、改造、推广工作中成绩突出。禹宗汉2005年、2006年连续两年被驻马店市总工会、驻马店市发展和改革委员会授予“张玮式技术创新能手”、“驻马店市技术创新能手”称号。2006年，被驻马店市争创活动指导协调委员会授予“知识型职工标兵”称号，被驻马店市委人才办选聘为“驻马店市拔尖技术人才”。

骆君华，男，汉族，1977年5月生，湖南新田人，1997年7月毕业于中国烟草总公司郑州烟草中等专科学校，烟草种植专业，1997年到湖南宁远县烟草专卖局（营销部）工作。被国家局授予第八届“全国烟草技术能手”称号。

骆君华工作认真负责，勤于钻研，尤其是在烤房建设和烘烤工艺方面颇有造诣。十年来，他一直在烟叶生产收购一线工作，从事优质烟开发和科研工作，先后承担过国家烟草专卖局、湖南省烟草专卖局、永州市烟草专卖局的科研项目20多个，巡回组织举办烤烟生产技术、烤房建造、烟叶烘烤等培训班320期，撰写各种技术资料100多份，培训烟农和生产技术员2.6万人次，为提高烟叶烘烤质量、树立“九嶷金叶”品牌起了重要的作用。

2002~2004年，骆君华参与国家局下达的平衡施肥和病虫害综合防治示范项目，取得预期效果，由于成绩突出，2004年的全国烟草病虫害综合防治及病虫害预测预报现场观摩会在宁远县举行。2005年，他承担了烤烟适度规模烘烤设备开发及配套工艺研究与应用项目，研发的散叶式装烟筐改进了装烟方式，有效解决了散叶式烘烤存在平板烟、烤不透等问题，填补了国内密集型烤房散叶式烘烤在解决平板烟这一问题上的技术空白。近年来，骆君华曾多次获得市级“烟叶科技先进个人”称号。

钱　宇，男，汉族，1977年10月生，安徽泗县人，中共党员，大学学历，助理农艺师，凉山州会理县烟草专卖局（营销部）烟叶科科长。被国家局授予第八届“全国烟草技术能手”称号。

2002年参加工作后，钱宇就参与了全国烟叶生产标准化示范县和“金攀西”项目开发的相关科研试验、示范工作，他的“烤烟品种对比试验”、“烤烟不同有机肥施用对比试验”、“增加上部烟宽度试验”等试验课题为标准化示范县顺利验收通过提供宝贵资料。通过烤烟标准化示范县的建设，取得了良好的经济、社会效益，2002~2005年，示范区内种烟农户每年平均增收125元。2005~2006年，他参加了国家局“部分替代进口烟项目”示范基地建设。

2004年，钱宇撰写的《会理县侵染性病害调查研究报告》获四川省烟草专卖局科技进步奖三等奖。2005年底撰写的《稳定和优化烟农队伍，实现四川烟叶可持续发展》报告被四川省烟草学会评为二等奖。2006年，获四川省烟草行业第一届分级竞赛第八名，12月，被四川省人事厅评为“农业标准化先进个人”。

马永建，男，汉族，1971年生，中共党员，大学学历，助理农艺师。襄城县烟草公司党组成员、副经理，主抓烟叶生产、科研工作。被国家局授予第八届“全国烟草技术能手”称号。

1991年，马永建毕业于河南省农业大学，参加工作以来，一直从事烟叶生产工作，任职期间，他严格贯彻落实行业烟叶生产工作方针，科学制定烟叶生产规划，做好对烟叶生产工作的组织领导，强化日常的管理、检查、考核、奖惩，夯实烟叶工作基础。他狠抓土壤改良、新品种推广、集约化育苗、平衡施肥、规范间作套种等先进实用技术推广，搞好技术指导、技术服务，有效解决技术棚架和技术疑难。还加强与郑州烟草研究院、国家烟草生理生化基地、上海烟草（集团）公司等科研单位、工业企业的技术合作。曾多次被鄢陵县烟草公司评为“文明职工”，被许昌市政府评为“先进工作者”，2004年，在许昌市烟叶生产技术竞赛中取得第一名的好成绩。2005年、2006年，襄城县烟草公司连续两年被河南省烟草公司评为“全省烟叶生产先进单位”。

江　凯，男，汉族，1968年11月生，洛阳市局（分公司）烟叶生产科科员。被国家局授予第八届“全国烟草技术能手”称号。

1991年6月，江凯毕业于河南农业大学烟草系，曾参加“全国烟叶烘烤技术”高级研修班，一直工作在烟叶生产第一线上，他综合洛阳地区气候和鲜烟叶素质特点，革新了气流下降式烤房的建造技术标准，有效地避免和减轻了烤青烟、挂灰烟，提高了烟叶烘烤质量。他主持的洛阳烟区气流下降式烤房的示范与推广工作以及烟叶温湿度控制仪两项创新技术，有效地提高了烟叶烘烤技术的到位率，降低了烟农烘烤期间的劳动强度。他参与主持的“智能烟叶烘烤温湿度控制仪”、“系列下排湿烤房及烟叶烘烤配套技术研究”等科研项目，均通过河南省科技厅科技成果鉴定。此外，他还撰写了《洛阳烤烟生产100问》、《气流下排湿烤房应用研究》、《气流下降式烤房三段式烘烤技术图表》、《烤烟温湿度自控系统应用研究》等科研书籍。曾获洛阳市“2003年度烟叶生产技术推广能手”、“2004年度先进工作者”称号。2006年，被河南省局评为“‘十五’期间科技创新先进个人”。

徐通盛，男，汉族，1960年3月生，福建三明人，中共党员，大专学历，助理农艺师。将乐县局（分公司）烟叶股股长。被国家局授予第八届“全国烟草技术能手”称号。

徐通盛自参加工作以来，先后担任将乐县局（分公司）烟叶生产部门技术员、烟草站长，一直在第一线从事烟叶生产工作，先后为宁化、永安、将乐三县烟草事业付出了艰辛的努力，在他的努力下，永安小陶镇烟叶发展规模跃居永安市第一，成为烟叶质量最优、烟农效益最高的烟叶生产基地；将乐县发展成为规模稳定在10万担以上、生产技术落实率高、烟叶质量好、户均种植规模全省第一的烟叶生产大县和强县。在育苗、施肥、烘烤、轮作等方面开展技术改良和技术创新19项，面向烟农撰写《烟草科技》208期，印发烟草科技材料129万份，有效地提高了三明烟区烟叶生产和科研水平。自工作以来，他撰写烟草科技论文25篇，在《福建烟草》登载2篇，在《三明烟草》登载5篇，组织撰写汇编《将乐烟草技术论文集》论文共176篇。

白　胜，男，苗族，1954年生，农艺师，大专学历，中共党员，湖北省恩施州烟草公司咸丰县烟叶分公司副经理。被国家局授予“全国烟草技术能手”称号。

30多年来，白胜同志始终恪尽职守、严以律己、勤奋工作，以严谨务实的工作态度，从事良种繁育、科学研究、新技术推广等工作，为咸丰县烟叶生产实现良种化、规范化、区域化做出了贡献，推动了咸丰县烟叶产业持续稳定发展。

白胜同志参与的《水田改种烟叶普及与推广》、《烟草普通花叶病综合防治》、《烟叶平衡施肥》项目分别被咸丰县政府评为科技进步一等奖、三等奖；撰写《麦烟套种实验》、《新品种推广实验、示范》等多篇论文公开发表。参与编撰的《湖北烟叶生产技术指南》，为推动恩施州乃至湖北省烟叶生产发展发挥了重要作用。曾先后被国家局、湖北省烟叶公司、恩施州科学技术委员会授予“全国烟草技术能手”、“烟叶生产科技工作先进个人”、“优秀科技人员”等称号。

华开文，男，汉族，1968年6月生，陕西旬阳人，大专学历，农艺师，安康市烟草公司旬阳分公司蜀河烟站站长。被国家局授予第八届“全国烟草技术能手”称号。

1989年，华开文毕业于旬阳县高级职业中学烟草培训班，同年9月被旬阳县烟草公司聘为技术员，自1992年起，先后担任旬阳县境内多个基层烟站站长职务，一直工作在生产、收购的一线。

华开文从事烟草技术工作20年，在烟叶生产方面一直致力于优质烟田配方施肥、麦田套种、营养袋两段育苗、烤烟良种品比配套技术、品种布局、标准化烤炉、漂浮育苗、地膜烟配套栽培、病虫害综合防治等技术的示范推广普及工作，业务精深，成绩显著。曾先后获得旬阳县烟草专卖局（分公司）第一届、第二届分级技能大赛“三等奖”；2004年度全市烟叶生产研讨会“三等奖”。同时参与《旬阳烟区麦烟套种技术规范》、《旬阳烟区烟田轮作方案》、《旬阳县烤烟农业标准技术操作规范》及《2004年旬阳县烟叶生产与气象》等相关资料与方案的制订和编制。在烟叶分级技术培训工作中，他除了长期组织对技术员及广大烟农的分级技术学习培训以外，还多次参与县级以上烟叶技术培训，并多次获奖。

他曾13次获旬阳县烟草公司“优秀站长”称号，被安康地区行政公署授予“1998年烤烟生产收购工作先进个人”称号。

沈　平，男，汉族，1977年12月生，福建永定人，中共党员，大学学历，农艺师。被国家局授予第八届“全国烟草技术能手”称号。

沈平自参加工作以来，先后担任龙岩市烟草公司长汀分公司濯田烟草站烟技员、科技实验站试验负责人、三洲烟草站副站长、科技实验站副站长，龙岩市烟草公司长汀分公司南山烟草站站长。长期从事烤烟生产技术指导、科技试验、育苗烘烤、烟草站管理等工作。先后主持或参与国家局“密集式烤房自动控制设备对比试验”、青州所“青枯病、黑胫病药剂防治对比试验”、“全国及福建省品种区试”、“全国病虫害综合防治试验示范”、“环保型机质试验”、“清香型烤烟开发及配套技术研究”等项目，得到了国家局、省、市局领导和各部门的高度评价。

张国英，男，汉族，1966年生，大专学历，安徽皖南烟叶有限责任公司技师。曾任烟站技术员、烟站站长、烟叶科副科长，被国家局授予第八届“全国烟草技术能手”称号。

1986年，张国英参加工作即被分配到烟草系统从事烟叶生产工作，在峄山烟区工作期间，针对峄山烟区品种老化的问题，为加快品种选育，推广新品种，他带领技术人员开展新品种选育工作，共选育了品种五个，经过艰苦培育，终于找到了适合峄山烟区的新品种。为普及和推广科技新技术，张国英跑遍了全镇895户烟农的家和1万多亩的烟田，他在峄山工作的三年，峄山烟叶种植水平得到很大的提高。张国英还先后被评为“宣城市烟草公司先进个人”、“安徽省烟草公司烟叶收购先进个人”。

陈　骏，男，汉族，1969年12月生，贵州安顺人，中共预备党员，大学学历，助理农艺师，贵州省镇远县烟草分公司副经理。被国家局授予第八届“全国烟草技术能手”称号。

2002～2005年，陈骏任贵州省烟草公司黔东南分公司烟叶生产购销公司生产科副科长期间，刻苦钻研，兢兢业业工作，在烤烟育苗从传统育苗转向无土栽培（漂浮育苗）方面，取得了优异的成绩：一是制订漂浮育苗基质理化指标，实现了基质本地化生产；二是制订漂浮育苗技术方案，使黔东南州于2005年实现100%漂浮育苗。漂浮育苗技术的推广惠及全州8个县（市），50个乡镇，近2万户农户，成功降低了烤烟育苗的劳动强度；三是创造了适合贵州山区简易适用的“双厢屋脊式”中棚，并在全省推广应用；四是集思广益，研制了木制剪叶器及浮盘规格。

在镇远县分公司任副经理期间，他从烤烟育苗、起垄待栽、平衡施肥、适时打顶、成熟采烤以及分级扎把等入手，运用所学知识指导烟农改变老习惯、老方法，逐步提高了全县烟叶整体质量，烟叶外观质量、内在质量、评吸质量都得到了相关部门的一致好评，适应了中式卷烟对原料的需求。他先后被评为贵州省黔东南州漂浮育苗推广“先进工作者”、贵州省烟草专卖局（公司）“十五”期间“科技工作先进个人”。

吴文信，男，汉族，1970年9月生，湖南桂阳人，大专学历，农艺师，郴州市烟草公司桂阳县分公司烟叶生产经营分部副主任，主管科研与生产技术。被国家局授予第八届“全国烟草技术能手”称号。

近年来，吴文信努力钻研新科技，推广新技术，针对产烟老区桂阳县烟农观念陈旧、新技术推广难度较大的实际困难，他深入第一线大力推广新技术，并在各产烟乡镇创办“金叶夜校”，带领技术骨干深入农村授课，把“金叶夜校”作为向烟农进行科普教育的阵地，个人授课100余次，切实改变了桂阳县烤烟生产中品种乱杂、烟叶化学成分不协调、烤房杂乱差等诸多不良现象。

吴文信参与主持实施科研项目20余项，2005年参与研究、撰写的《湖南烟叶生产长期主要气象灾害及防御对策》在《湖南烟草》发表并获省烟草学会优秀稿件三等奖，参与湖南省农业厅主编的《经济作物》烤烟部分的编写工作。曾参加多个国家级烟叶开发项目，获得郴州市“科技进步奖”和“科技论文奖”。

冯小虎，男，汉族，1969年3月生，大学学历，农艺师，江西省黎川县烟草分公司副经理。被国家局授予第八届“全国烟草技术能手”称号。

1990年6月，冯小虎从河南农业大学烟草系烟草种植专业毕业，分配到广昌县烟草专卖局工作，2003年调至黎川县烟草专卖局，长期从事烟叶生产管理工作。1993～1995年，参与的“江西晒红烟—广昌铁赤烟提纯复壮”科研项目获抚州地区科技进步三等奖；多次参与江西省烟草专卖局（公司）、抚州市烟草专卖局（公司）组织的烟叶生产调研，撰写的论文连续多次在全省获奖，并在行业内外刊物发表作品20余篇。

2005年，冯小虎被中共抚州市委评为“优秀共产党员”；2006年，被中共抚州市委、市政府评为抚州市“首届十佳优秀技能人才”。

陆纪明，男，汉族，1958年7月生，上海烟草机械有限责任公司制造一部数控二组组长、数控技师。2006年，在“李斌”杯第一届上海市数控技能大赛中，陆纪明荣获三等奖，被国家局授予第八届“全国烟草技术能手”称号。

1991年，陆纪明调入上海烟草机械有限责任公司金工车间工作，一直在生产一线从事烟机零件的金切加工，他先后参与了SASIB6000、ZB25（GDX1）、ZB45（GD45）和ZB47（550包新产品）试制，以及参与精度高、难度大的零件，如凸轮、马尔他轮、连杆和异型箱体的国产化工作，“自制6BBG32000700工装”、“提高YB45-05.001-99零件加工水平”等项目多次获得上海烟草机械有限责任公司、上海市烟草专卖局QC成果二等奖、三等奖。他还积极参与技能培训工作，多次为公司内部员工进行数控操作技能培训。陆纪明曾先后于1998年、1999年被上海烟草（集团）公司评为局级岗位状元，2000年~2005年连续6年被评为局级“先进生产者”，2004年被评为烟草行业“全国劳动模范”、“全国烟草职工创新能手”。

符国强，男，汉族，1978年3月生，湖南常德人，中共党员，大专学历，常德烟草机械有限责任公司金工车间加工中心操作工，工人技师。被国家局授予第八届“全国烟草技术能手”称号。

1994年，符国强于进入常德烟机公司，1997年开始从事加工工作。他熟练掌握了立式和卧式加工中心的操作技术，在公司“五小活动”评选中，提出五项建议分获特等奖一项，一等奖两项，二等奖一项，三等奖一项。设计ZJ17卷接机组关主件半轴加工中心序专用夹具，彻底解决了半轴加工质量不稳定和加工效率低的问题。设计ZF12卷烟储存输送系统箱体零件加工中心序专用夹具，解决了加工质量不稳定的问题。

2004年，符国强被常德市青年职工工作委员会授予“常德市青年岗位能手”称号，同年在“湖南省烟草机械职业技能竞赛”中获得加工中心操作职工组第三名，2004年、2006年代表公司参加“湖南省数控技能大赛”获加工中心操作工职工组优秀奖。

谭孟超，男，汉族，1964年9月生，秦皇岛烟草机械有限责任公司一车间成品制作工。被国家局授予第八届“全国烟草技术能手”称号。

谭孟超善于钻研业务，在承担常德精品线34台皮带机的任务中，他提出将核子称皮带机身板的三段并接为两段，修改防踏板、卸料罩、链轮罩等零部件的外形，使产品整机外观质量全面提升。在制作复烤机回潮段集水装置时，他积极思考、勇于创新，解决焊接变形大，拆装困难和工件过长，不便发运的问题。在承担四川三鑫打叶线装配任务中，他提出在装配打叶器动辊时采用倒装法，将工效提高了3倍。在安装、调试河南邓州金叶复烤厂叶片复烤机时，他协助技术人员解决了复烤机回潮区左中右水分偏差过大的技术难题。

多年来，他带领班组同志搞小改小革40余项，提出合理化建议80余条。他主持的“均衡复烤机出料端轴向物料水分”项目，被秦皇岛烟机公司评为“2005年度质量小组活动成果”。“降低复烤机出料端横向物料水分偏差”课题获秦皇岛烟机公司QC成果一等奖、秦皇岛市科技质量成果奖。他曾连续19年被秦皇岛烟机公司评为“先进生产者”；2003年被秦皇岛烟机公司授予“生产标兵”称号；2004年被中国烟草机械集团有限责任公司授予第一届烟草机械“技术能手”称号。

张建军，男，汉族，1970年2月生，河南新郑人，许昌烟草机械有限责任公司机加一分厂加工中心操作工。被国家局授予第八届“全国烟草技术能手”称号。

张建军参加工作以来，立足本职，勤于钻研，掌握了多种具有国际先进水平加工中心的操作、编程技能，在大件箱体类零件的加工和技术攻关中成绩突出，先后参与YJ15型卷烟机、ZJ19型卷接机组、ZL26型滤棒成型机、YB555包装机、YL48复合滤嘴成型机等多种产品主关零件的技术攻关项目，解决了困扰公司多年的加工瓶颈难题。共有5项攻关项目获公司QC质量改进成果奖，3项攻关项目获中烟机械集团公司全国烟机工业质量管理小组成果奖。经过多年的实践积累，他自创绝招“三招校直法”，有效地克服了因设备应用多年造成的回转精度下降的问题，保证了零件的加工精度。2004年在许昌市数控技能大赛中获得加工中心组第一名，2006年在第二届全国数控技能大赛河南赛区选拔赛中获得加工中心组第八名，同年被授予许昌市“技术能手”、许昌烟机公司“技术能手”称号。

宣志坚，男，汉族，1969年5月生，南通醋酸纤维有限公司醋酸回收、醋酐制备工段主操。被国家局授予第八届“全国烟草技术能手”称号。

1987年，宣志坚毕业于南通市第二中学，同年到南通醋酸化工厂工作，1993年被南纤公司招聘录用，2003年9月南通工学院化工工艺大专班结业。

宣志坚是一名善于学习、勤于钻研的操作工，精通烟用二醋片生产醋酸回收、醋酐制备生产工艺，具有丰富的实践操作经验、解决实际生产问题和改进创新的能力。针对亚洲最大的醋酐生产装置，他提出的醋酸裂解炉“压力回路和流量回路相切换”控制策略，优化操作程序，降低了操作难度。由他独创的“醋酸回收单元萃取剂循环操作法”，稳定各种纯溶剂的组分，提高了生产效率，被美国Celanese公司推广使用。他参与完成的“优化醋酐生产工艺，提高醋酐产量”项目荣获南纤公司2001年度技术创新一等奖，醋酸回收装置在不增加设备投入的情况下，生产能力提高20%，每年为公司创收数百万元。在进行主精馏塔的扰动分析的基础上，他通过操作中对精馏过程的稳态优化，每年为公司节约蒸汽约1.2万吨。在13年的工作过程中，他带出的徒弟不下十几位，多人成为班组技术骨干。宣志坚1999年获南纤公司“五好员工”称号，2002年获南纤公司“岗位示范员工”称号。

李海彦，男，汉族，1970年6月生，昆明醋酸纤维有限公司（简称“昆纤公司”）浆液制备工段高级技工。被国家局授予第八届“全国烟草技术能手”称号。

1993年，李海彦毕业于云南省化工专科学校化工工艺专业，1995年，李海彦被录用为昆明醋酸纤维有限公司浆液制备工段的丙酮回收副操作工。

李海彦认真钻研工艺流程及每一操作步骤，很快掌握了制备区域设备的工作原理和实际操作方法，理论和操作水平有了质的提升。1997年他通过考试，以优异的成绩被提拔为丙酮主操。2005年公司二期扩建结束后，他积极参加新的操作系统－PCS7的培训，通过努力，很快掌握新系统的操作，取得PCS－7考核的第一名的优异成绩。在公司进行的上岗资格取证培训中，他认真刻苦，努力掌握必备的知识，在理论考试中取得理论考试的第一名。曾先后荣获昆纤公司“爱公司的优秀员工”、“青年岗位能手”称号。

杨海龙，男，汉族，1970年8月生，湖南桂东人，大专学历，任珠海醋酸纤维有限公司丝束生产工段的制浆主操。被国家局授予第八届“全国烟草技术能手”称号。

1995年，杨海龙进入珠海醋酸纤维有限公司工作，在工作中严格要求自己，善于思考，不断摸索经验，对技术精益求精。掌握了一套行之有效的操作手法与操作技巧。他在员工中具有较强的影响力，是班组岗位中的核心力量。他从自身做起，在工作中起模范带头作用，在当班时每班至少对现场巡查两次以上，对现场的设备运行情况与安全状况了如指掌。不断熟悉本岗位的新业务，精通新技术。不断完善操作水平，不计较个人得失，确保优质的浆液质量指标。

在2006年3月公司工会和工段组织的岗位技能比武中，杨海龙取得制浆主操技能第一的好成绩。他所带领的班组在2006年连续几个季度中排名第一。二期制浆投产时，在操作系统和操作环境改变，以及制浆比例比一期增加1.5倍的情况下，他很快找到浆液个组分的平衡点，使浆液质量得以稳定，为纺丝开车输送合格的浆液作出了积极贡献。

陈　民，男，汉族，1973年1月生，江苏南京人，大专学历，技师，上海烟草（集团）公司上海卷烟厂二车间日班包装维修工。2006年，荣获“红塔杯”第二届全国烟草行业烟机设备维修职业技能竞赛GDX2机型第一名，被国家局授予第八届“全国烟草技术能手”称号。

陈民进入上海卷烟厂工作近16年，凭着对工作的执著追求、扎实的技术功底和敬业创新的工作精神，他从一名普通的维修工人逐步成长为一名出色的维修技术骨干，并成功地解决一系列技术难题。他针对GD系列包装机条盒拉线缺损的问题，认真分析工艺流程、设备结构，发现其主要原因是拉线在复卷过程中受静电或自粘性干扰导致的偏移，并带头实施“油封机加装拉线偏移检测装置”的质量改进项目，通过加装光电检测器，实现拉线偏移或缺损条烟的自动剔除，从而有效地杜绝了此类问题的发生。近年来，陈民先后参与“ALFA条盒提升机加装喷码字迹检测装置”，“加装C600透明纸包装机烟包外观检测装置”等多个设备改进、技术攻关项目。

他曾荣获上海卷烟厂“八五”技改银质奖章和“全国创新能手”称号，并多次被评为局级和厂级先进工作者。

郑东文，男，汉族，1968年9月生，大专学历，福建龙岩卷烟厂卷包车间维修轮保组组长、包装机维修技师。2006年，荣获“红塔杯”第二届全国烟草行业烟机设备维修职业技能竞赛GDX2机组第三名，被国家局授予第八届“全国烟草技术能手”称号。

1990年，郑东文毕业于福建烟草技校后，分配到龙岩卷烟厂卷包车间，一直在生产一线从事包装设备的维修、管理工作，他先后参与了SASIB6000、B1、GDX1、GDX2包装机的安装调试，GD机组铝纸下纸系统改造，GDX1机组封签下纸机构改造，GDX2机组插卡机构负压吸风改造，CH机组烟包补偿机构，GDX1商标上胶系统改造等项目，多次获得厂部技术革新、省局QC成果二等奖、三等奖。他还积极参与包装设备教材的编写，先后编写包装修理工教材、课后作业、题库等，经常为操作工、修理工上课、辅导作业。曾获龙岩卷烟厂厂级标兵称号，被福建省设备管理协会评为2003～2006年度全省设备管理先进工作者。

蔡　伟，男，汉族，1976年6月生，中共党员，重庆商学院企业管理专业毕业，大专学历，1992年9月参加工作，重庆烟草工业有限责任公司涪陵分厂卷接包车间维修技师。获得第八届“全国烟草技术能手”称号。参加“红塔杯”第二届全国烟草行业烟机设备维修职业技能竞赛，被国家局授予第八届“全国烟草技术能手”称号。

蔡伟具有强烈的责任感和事业心，爱岗敬业，勤学苦练，熟练掌握了GD包装机的原理、结构，在六年的设备维修工作中，摸索出大量的设备维修等方面科学有效的先进经验，运用于实际工作中产生了非常好的效果。他积极参与车间的各种技术改造，参加设计并改进了YP11装箱机的横向收集机提升装置、GD－X2包装机组8#轮剔除装置、透明纸分切机、GD－X2商标纸胶缸等10余个项目并在重庆烟草工业有限责任公司及重庆市QC成果发布中获奖。近年来，蔡伟先后被评为公司“先进工作者”、“青年岗位能手”、“年度标兵”，获得重庆市涪陵区“十大杰出青年”称号。

张成鹏，男，汉族，1972年4月生，大学学历，烟机设备修理技师，参加“红塔杯”第二届全国烟草行业烟机设备维修职业技能竞赛，被国家局授予第八届“全国烟草技术能手”称号。

1992年，张成鹏进入济南卷烟厂工作，是GD包装机组的技术主管。为使设备更有效地工作，减少故障，降低消耗，提高产品质量，减少操作工的劳动强度，多年来，他对厂内设备进行了多项技术革新。通过这些革新，消除了设备可能存在的一些不可靠因素，提高了设备稳定性。除了做好本职工作外，他还勤于传播技能，毫无保留地将自己多年积累的一整套设备维修、保养的心得、经验和“绝招”，耐心细致地传授给其他的维修人员，努力做好“传、帮、带”工作。

韩建夫，男，汉族，1970年9月生，河南商水人，中共党员，河南中烟工业公司许昌卷烟总厂三车间包装机机械修理工。参加“红塔杯”第二届全国烟草行业烟机设备维修职业技能竞赛，被国家局授予第八届“全国烟草技术能手”称号。

1993年7月，韩建夫毕业于周口师范高等专科学校，同年进入许昌卷烟厂工作。韩建夫在工作中刻苦钻研，踏实勤奋，有着精湛的技术、过硬的业务素质和高度的敬业精神，在设备维修上走出了一条“理论＋实践”的新型技术型工人的发展道路。2004年6月，在“红旗渠杯”河南烟草工业系统技术比武GDX－2包装机组决赛中获第九名；同年10月，在河南省烟草工业系统烟机设备维修职业技能竞赛中获得第二名。先后荣获许昌卷烟总厂“十大帝豪功臣”、许昌市“青年岗位能手”、“全省烟草工业系统技术能手”等荣誉称号。

熊志辉，男，1970年4月生，中共党员，武汉烟草（集团）有限公司武汉卷烟厂卷包车间维修工。参加“红塔杯”第二届全国烟草行业烟机设备维修职业技能竞赛，被国家局授予第八届“全国烟草技术能手”称号。

1989年7月，熊志辉毕业于武汉烟草技工学校，同年到武汉卷烟厂参加工作，先后担任过挡车工、6000型维修工、GD包装机维修工。

熊志辉从1996年开始从事GD维修工作，十多年来，他在本职岗位上兢兢业业、勤于钻研，勇于进行技术革新。他参与并主持了多项重点设备的技术攻关工作。2004年以来，他先后参与并主持的“条烟商标纸带式负压输送机构改造”项目获得武汉卷烟厂技术创新成果一等奖、“GDX1、GDX2铝纸通道改进及钢辊的修复改进”项目获武烟集团技术改进成果二等奖、“硬条盒透明机（CV）整容烙铁的加装”项目获武汉卷烟厂技术改造成果三等奖。2006年，他参与的“降低软包封签外观质量缺陷”QC项目，荣获湖北省局（公司）二等奖。2004年荣获武汉卷烟厂“十佳青年”及武烟集团“岗位明星”称号。

程　杰，男，汉族，1973年5月生，广东中山人，中共党员，大专学历，高级技师，上海烟草（集团）公司上海卷烟厂二车间包装维修工。参加“红塔杯”第二届全国烟草行业烟机设备维修职业技能竞赛，被国家局授予第八届“全国烟草技术能手”称号。

1991年，程杰从上海市劳动局第二技校毕业分配到上海卷烟厂，从事机修工作。进厂短短一年多，他就开始独当一面，单独负责两台SASIB包装机的维修工作。两年后，他成为上海卷烟厂最年轻的高级钳工。1996年下半年，程杰作为企业第一批外派意大利的培训人员出国学习，熟悉和掌握引进的GD新机种的操作维修技能。学成回国后，他凭着过硬的技术和工作热情，与同事一起在3个月内成功完成12台GDX2包装机组及3台GD500包装机的搬迁，有条不紊地完成繁重的设备调试工作，为企业的持续发展打下坚实的基础。

程杰曾被授予1995年度“上海市劳动模范”和2000年度“全国劳动模范”称号，并多次被评为局级、厂级先进生产者。

陈　辉，男，汉族，1970年10月生，江苏人，高中学历，技师，上海烟草（集团）公司上海卷烟厂二车间卷烟维修工。2006年，荣获“红塔杯”第二届全国烟草行业烟机设备维修职业技能竞赛GD121机型第一名，被国家局授予第八届“全国烟草技术能手”称号。

1989年陈辉进入上海卷烟厂，在卷包车间从事挡车工作，1991年转到PROTOS机型机械维修岗位工作。在不断实践、磨炼和刻苦学习的基础上，陈辉的维修技能和服务水平得到有效提高。2000年起，他开始担任机械维修的主修。近年来，他在PROTOS机型维修的基础上继续钻研GD121机型，通过将实际工作经验和卷烟设备维修理论紧密结合，他对相关机型的零部件改进提出一些有价值的设想，并多次发表相关论文，为进一步提高卷接设备性能开辟了新的途径。

陈辉曾荣获“上海市青年技术岗位能手”称号，并多次被评为局级岗位示范员、厂级先进生产者。2004年，荣获“中华杯”首届全国烟草行业烟机设备维修职业技能竞赛PROTOS70机型第二名，并被授予“全国烟草技术能手”称号。

夏志刚，男，汉族，1963年6月生，上海人，高中学历，卷接维修技师，上海高扬国际烟草有限公司卷接项修工。2006年，荣获“红塔杯”第二届全国烟草行业烟机设备维修职业技能竞赛PASSIM70机型第二名，被国家局授予第八届“全国烟草技术能手”称号。

虽然夏志刚刚进公司工作时只有技校文化程度，但他以“干就要干一流，争就要争上游”为工作理念，刻苦钻研、勤奋上进，积极向老师傅们请教，不断摸索总结，不到两年的时间就掌握PASSIM卷接机的维修技术，成为车间生产骨干，并实现从一个高级机修工到技师的跨越。

夏志刚作为一名机修组长，除认真完成分内的设备维护任务外，他还主动帮助组员分析设备上的疑难杂症。遇到技术难题时，他总是身先士卒，想方设法破解。他采用自编教材与选用教材相结合的办法，加强对组员的技术培训，逐渐实现由“个人创佳绩”到“团队争一流”的良好局面。以夏志刚为核心的卷接口班维修班组学习气氛浓厚，“比学赶帮超”蔚然成风，多次被评为厂级先进集体。

刘　瑞，男，汉族，1976年1月生，中共党员，红云烟草（集团）有限责任公司昆明卷烟厂卷包车间职工，车间最年轻的设备维修技师。2006年，荣获“红塔杯”第二届全国烟草行业烟机设备维修职业技能竞赛PASSIM机型第四名，被国家局授予第八届“全国烟草技术能手”称号。

1993年，夏志刚参加工作，在多年的维修工作中，积极上进，刻苦钻研，其参与的多个技术成果先后获得企业的表彰，其中“卷烟设备夹沫烟技术改造”项目获得国家专利技术申请。2006年6月，刘瑞通过国家烟草行业技师资格鉴定考试，于7月代表昆明卷烟厂参加红云集团第一届烟机设备维修职业技能竞赛，在曲靖赛点取得第一名成绩。刘瑞曾先后荣获“全国烟草系统技术能手”、“云南省烟草系统技术能手”、“云南省烟草系统先进个人”、“红云之星”等光荣称号。

张　健，男，汉族，1967年生，中共党员，高中学历，卷烟技师，红河卷烟总厂新疆卷烟厂二车间PASSIM卷接机组修理工。2006年，荣获“红塔杯”第二届全国烟草行业烟机设备维修职业技能竞赛第五名，被国家局授予第八届“全国烟草技术能手”称号。

张健在车间卷烟技术工作中发挥骨干作用，他排除设备故障和问题的速度快、准、细、巧，深受同事好评。在红河卷烟总厂举办的第二届、第三届职工技术大比武活动中，他均获得第一名的好成绩。近年来，由他组织和参与的QC课题攻关项目“以适用多种材料对PASSIM接装机滤嘴棒切割部位的改造与调整”、“改造PASSIM重量控制系统，提高产品质量”、“改造盘纸输送机构，减少设备停机率”均获得厂里好评，并被评为“新疆自治区优秀课题”。他在2006年发布的QC成果“YJ29接装机安装水盘、杜绝因出现水渍烟而停机，提高设备有效作业率”荣获“全国质量全面管理优秀奖”。

张健利用业余时间耐心解答挡车工、修理工提出的每一个问题，并给予耐心的示范和解答。他把自己的理论知识和实践经验毫不保留地传授给每一位职工，带出了一批年轻有为的后备技术技能人才。2004年，荣获奎屯市“技术创新先进个人”称号。

何鹏程，男，汉族，1972年生，山东淄博人，青岛卷烟厂三车间PASSIM卷烟机机长。参加“红塔杯”第二届全国烟草行业烟机设备维修职业技能竞赛，被国家局授予第八届“全国烟草技术能手”称号。

1994年，何鹏程进入青岛卷烟厂工作，曾先后操作过MK9－5、PASSIM和PROTOS等卷烟机。由于他工作出色，成绩突出，被派到英国莫林斯公司学习PASSIM8K卷烟机技术。他将学习到的新知识运用于实践中，解决当时在PASSIM卷烟机上存在的烟支空头、缩头、嘴夹末等技术难题。2000年，他担任PASSIM7#操作工兼维修工，为保证设备正常运转，他经常放弃自己的休息时间，主动到车间对设备进行维修。在他的努力下，PASSIM7#的各项生产指标均处于车间前列。

在做好本职工作的同时，何鹏程还积极参与车间的多项技改项目。他参与改造的项目如卷烟机平准器的改造、卷烟机供丝流量的改造、卷烟机回丝装置的改造以及卷烟机印刷装置的改造等，降低了物料消耗、提高产品质量及设备有效作业率。曾被青岛市授予“青年岗位能手”称号。

李　湛，男，汉族，1976年7月生，山东人，中共党员，大学学历，高级技师，上海烟草（集团）公司上海卷烟厂一车间制丝设备修理工。2006年，荣获“红塔杯”第二届全国烟草行业烟机设备维修职业技能竞赛 KTC80 机型第一名，被国家局授予第八届“全国烟草技术能手”称号。

作为上海卷烟厂制丝车间的一名青年维修技师，李湛拥有 4 年的 RC4 切丝机、6 年的 KTC80 切丝机维修经验。多年来，他终以攻坚克难、开拓创新的精神和“办法总比困难多”的思想，立足平凡岗位，刻苦钻研技术，逐步成长为一名技术骨干。面对复杂的设备故障，他总会对着图纸苦思冥想，直到找到解决办法。近年来，李湛先后参加“降低 KTC 切丝机控制柜温度”、“提高烘后梗丝出口水分”等重要技术改进项目研究，其中由他主持的“提高 KTC 排链传动减速箱使用寿命”项目为提高工厂制丝设备保障能力作出了新的贡献。他曾获得“上海市新长征青年突击手”、局级技术标兵等多项荣誉。

俞佳俊，男，汉族，1975 年 10 月生，浙江宁波人，中共党员，大专学历，技师，上海烟草（集团）公司上海卷烟厂一车间制丝设备修理工。2006 年，荣获“红塔杯”第二届全国烟草行业烟机设备维修职业技能竞赛 KTC80 机型第二名，被国家局授予第八届“全国烟草技术能手”称号。

俞佳俊从踏上维修岗位的第一天起，便带着“百分之百的兴趣”和“付出百分之两百的执著和勤奋”活跃在生产一线。凭着敬岗爱业的精神和刻苦钻研的韧劲，他阅读和学习了大量的专业书籍，并利用业余时间不断深造，相继获得大专学历和技师资格。面对闷热的制丝车间，他钻进机器里一干就是几个小时。凭着对工作的“痴迷”，十年来他积极参与企业技术改进项目，为企业的“提质、降本”工作作出了积极贡献。其中，由俞佳俊负责主要实施的“提高洗梗机除杂能力”和“提升梗预处理除杂能力”项目，在全国烟草行业 QC 成果评比中获得一等奖，并取得“提高洗梗机除杂能力”技术专利权。他曾被评为“上海市优秀青年岗位能手”。

王宏伟，男，汉族，1970 年 12 月生，云南昆明人，大专学历，技师，云南中烟工业公司红塔集团玉溪卷烟厂生产一部制丝车间烟机设备修理技师。参加“红塔杯”第二届全国烟草行业烟机设备维修职业技能竞赛，被国家局授予第八届“全国烟草技术能手”称号。

1989 年 7 月进入玉溪卷烟厂工作。王宏伟在工作中勤于思考，勇于攻关，熟练掌握制丝设备及总成件的结构性能和工作原理。工作以来，他先后从事过制丝线多个工序点的操作工作，并一直致力于解决烘丝机、切丝机、真空回潮机等主机设备的疑难故障。曾针对两台烘梗丝机烘后梗丝水分偏差大的问题，参与对烘梗丝机热风系统分风板的改进工作，促进了梗丝烘干质量的提升。

2005 年 9 月，在云南省第二届烟机设备维修职业技能竞赛中获得制丝 KTC80 机型第一名，被授予“云南中烟工业公司技术能手”、“全国烟草行业技术能手”荣誉称号。

叶学华，男，汉族，1975 年 5 月生，云南曲靖人，中共党员，大学学历，高级技师，云南中烟工业公司红云集团曲靖卷烟厂制造一部 9000 千克/小时制丝线修理工兼设备点检员。参加“红塔杯”第二届全国烟草行业烟机设备维修职业技能竞赛，被国家局授予第八届“全国烟草技术能手”称号。

1994 年 7 月，叶学华毕业于云南省国防工业学校机械制造专业，同年到曲靖卷烟厂工作，先后从事过操作工、修理工等工作。

叶学华自参加工作以来，努力提高专业理论知识水平，为充实维修专业知识和方便维修工作，还翻译了相关外文技术资料。注重理论与实际工作的结合，先后取得机械工程专业大专及本科学历，负责并参与了多项技术改造。他撰写的论文《烘丝机干头干尾增湿系统改造》获云南省烟草学会 2004 年学术年会优秀论文二等奖，2005 年该论文在西南西北片区第十一次烟草学术论文研讨会上被评为三等奖。

2006 年 5 月取得技师职业资格，7 月参加红云集团第一届烟机设备维修职业技能竞赛并荣获第一名，11 月通过高级技师项目评审，取得高级技师职业资格。2007 年 1 月被中国财贸轻纺烟草工会授予“全国烟草行业职工创新能手”荣誉称号，6 月红云集团颁发第 1 号、第 2 号总裁嘉奖令，叶学华被通令嘉奖。

武　怡，男，汉族，1962 年 5 月生，云南昆明人，中共党员，大学学历，高级工程师，云南中烟工业公司红云集团副总裁兼技术中心总监，全国评烟委员会副主任委员，全国烟草标准化技术委员会委员，云南省烟草学会理事，中国烟草学会工业专业委员会副主任委员。2006 年，被国家局授予“全国烟草行业‘十五’期间科技创新工作先进个人”称号。

武怡一直从事烟草科技、卷烟工艺配方、卷烟产品设计、生产管理等专业技术工作，在卷烟基础理论、工艺配方设计、减害降焦、产品开发等方面具有较高的专业理论水平和实践能力。他先后参加、承担和组织实施一批较大的烟草科技科研项目。直接参与主持完成“云烟系列产品的开发研制”项目，2004 年获云南省科学技术进步一等奖、云南中烟工业公司科技进步特等奖；参与主持完成“生化技术在烟草工业中的应用”项目，2005 年获国家局科学技术进步二等奖；参与主持完成“低自由基低毒害卷烟的研究与开发”、“卷烟企业执行系统（MES）”项目，2006 年获云南省科学技术进步三等奖。

先后在《中国烟草》、《烟草科技》、《烟草科学研究》等期刊上发表科技论文数篇。在行业内较早提出“精细加工”及“特色配方”、“特色工艺”、“特色文化”、“特色原料”等理念，丰富了中式卷烟技术内涵。

赖禄祥，男，汉族，1964年1月生，福建龙岩人，中共党员，大学学历，农艺师，三明市局（公司）纪检组组长。2006年，被国家局授予“全国烟草行业‘十五’期间科技创新工作先进个人”称号。

赖禄祥自参加工作以来，先后担任三明市局（公司）烟叶生产部门技术员、烟草站长、烟叶事业发展部总监、福建省烟科所三明分所所长等职务，长期从事烟叶生产、科研与推广工作，2002年，他推行的“提质控碱”工程，根本性地解决了上部叶烟碱偏高问题，得到国家局、省局和烟厂的高度评价；2002年11月，他参与编写的《金三明烤烟综合标准体系》获得福建省烟草专卖局科学技术二等奖；同时，他撰写的《CB-1光滑（僵硬）烟成因及控制技术研究》获得福建烟草专卖局科学技术二等奖；此外，他还在《中国烟草科学》上发表《烤烟空气整根育苗技术探讨》、《烤烟品种云烟85在三明烟区的栽培特性研究》、《农药对烟田蓼科杂草专食性天敌—蓼蓝龄胫叶甲的影响》，以及《烟草生物碱的研究现状》等多篇科技论文，参与编写并出版《中国烟草地膜覆盖栽培技术》一书。2001年，被国家局评为“全国烟叶生产技术推广先进个人”。2003年，被中共三明市委市直机关工委评为2002年度党工委优秀共产党员。

钟科军，男，汉族，1970年4月生，湖南常德人，中共党员，研究生学历，高级工程师，湖南中烟工业公司技术中心香精香料研究所所长兼产品研究所副所长。2006年，被国家局授予“全国烟草行业‘十五’期间科技创新工作先进个人”称号。

钟科军在科研和技术管理思路上勇于创新，不断突破，先后在国内外学术刊物上公开发表30余篇科技论文，其中8篇论文被《科学引文索引》（SCI）收录，申请专利技术6项，成为湖南中烟工业公司技术中心的青年学术带头人。

钟科军在产品开发、改造以及烟草工程、烟草化学分析等研究方面做出了卓有成效的工作，为企业创造了显著经济效益。他相继主持开发了“（蓝盖）芙蓉王”、“（蓝软）芙蓉王”、“（钻石）芙蓉王”等高档卷烟品牌，制订了独特的高档卷烟生产工艺及相关技术标准，成功解决了高档烤烟型卷烟减害降焦与中式卷烟风格保持的矛盾，为“芙蓉王”品牌的发展作出了突出贡献。

王迪汗，男，汉族，1963年7月生，江西南昌人，中共党员，大学学历，工程师，南昌卷烟总厂党委副书记、常务副厂长。2006年，被国家局授予“全国烟草行业‘十五’期间科技创新工作先进个人”称号。

王迪汗，曾任南昌卷烟厂工艺技术科科长、副总工程师、副厂长、党委副书记。20世纪90年代初，王迪汗就成功主持开发了“南方”品牌卷烟。1992年，在南昌卷烟厂与江西中医学院共同研发“金圣”牌低害卷烟过程中，王迪汗为“金圣”卷烟开发项目核心技术的攻关负责人，经过近两年的研发和实验，南昌卷烟厂终于在1994年成功研制出添加中草药添加剂的低危害卷烟——“金圣”，结束了江西省没有高档卷烟的历史。此后，为突破南昌卷烟厂中档卷烟的空白，他陆续主持开发了“海鸟”、“庐山”系列品牌，并先后主持了南昌卷烟厂“八五”制丝线改造、卷烟降耗等工程，南昌卷烟厂卷烟焦油加权平均值由2000年的17.5毫克/支下降到2006年的13.44毫克/支，截至2006年底，南昌卷烟厂产品规格由原来的40多个压缩到19个，基本形成了比较具有竞争优势的产品结构体系。他曾先后被评为“江西烟草行业劳动模范”、“南昌市十大杰出青年”、“南昌市十大杰出科技青年”、“江西省质量管理卓越领导人”、“江西省QC小组活动卓越领导人”等称号。

李文璧，男，白族，1964年3月生，大理剑川人，中共党员，大专学历，农艺师，云南省烟草公司大理州公司副经理。2006年，被国家局授予“全国烟草行业‘十五’期间科技创新工作先进个人”称号。

1983年8月，李文璧毕业于大理农校，同年到大理州经济作物科学研究所工作。1984年1月调大理州烟草公司工作。李文璧长期从事烟草科研、新技术示范推广、科研管理和烟叶生产管理工作。他带领全州科技工作者进行科技创新，优化了烤烟品种结构，区域化布局基本形成；在国内率先开发成功并全面推广烤烟漂浮育苗技术，提高了烟叶生产整体水平；确立了“控氮、减磷、增钾、加微量元素，达到营养平衡”的施肥原则，烤烟平衡施肥取得重大突破。在全州推广标准化烤房，2002~2005年，全州建成10万座标准化烤房。

为加强科技队伍建设，李文璧积极致力于营造“团结、协作、和谐、创新”的团队。通过他的努力，大理州烟草公司先后制订了对科技成果、科技论文的奖励制度，建立了技术要素参与分配的制度，对重大科技适用技术给予重奖，极大地鼓舞了全州科技人员。

组织完成“大理州烤烟漂浮育苗技术研究”、“大理州植烟土壤养分诊断与调控技术研究”等多个科研项目。先后荣获5项省部级科技成果，获发明专利7项。积极撰写科技论文，在国内外学术刊物上公开发表论文10余篇。1995年被中共大理州委、州人民政府授予“大理州有突出贡献的中青年专业技术人才”称号；2003年、2004年先后被云南省烟草专卖局评为“科技兴烟先进工作者”和“烟叶工作先进个人”；2003年当选为中共大理白族自治州第五届党代会代表。

李胜群，男，汉族，1955年2月生，江苏无锡人，中共党员，大专学历，工程师，安徽中烟工业公司技术中心主任。2006年，被国家局授予“全国烟草行业‘十五’期间科技创新工作先进个人”称号。

1977年12月，李胜群进入合肥卷烟厂工作，2000年4月任合肥卷烟厂副厂长，2005年调安徽中烟工业公司研发部工作，兼任黄山卷烟总厂研发部部长，2006年任安徽中烟工业公司技术中心主任。

李胜群长期从事卷烟产品开发、技术研究及管理工作。2002年，他主持的“叶丝在线高速膨胀系统研制”科技项目获国家烟草专卖局科技进步三等奖。2004年初，他提出以“分组加工”提升企业产品和科技发展水平。在他的主持下，合肥卷烟厂参与了国家局“中式卷烟特色工艺技术应用基础及共性技术研究”项目。李胜群作为“皖烟”品牌主要开发研究者，认真策划、精心组织实施每一次提质改造、每一个叶组配方调整、每一项技术改进。他率先将特色工艺技术引入“皖烟”的生产，推进了全省卷烟加工技术的进步。2005年，他调任安徽中烟工业公司研发部，带领技术人员成功提质改造“黄山”品牌的三个档次产品，使企业效益水平大幅增长。

杨达辉，男，汉族，1956年1月生，福建龙岩人，中共党员，大专学历，工程师，龙岩卷烟厂副厂长兼技术中心主任。2006年，被国家局授予“全国烟草行业‘十五’期间科技创新工作先进个人”称号。

20多年来，杨达辉始终以对企业、对消费者负责的态度，投入到配方评吸工作中，为新产品的研制开发夯实基础。1995年，时任企业产品开发研究所负责人的杨达辉带领技术人员精选津巴布韦、云南、福建等国内外优质烟叶，经过多方征求商业公司和零售客户、消费者的意见，几十次调整内在质量和外包装，成功将“七匹狼（白）”卷烟投放市场，填补了福建省高档过滤嘴烟的空白。近年来，相继组织开发研制“七匹狼（红）”、“七匹狼（豪情）”、“七匹狼（软红）”、“七匹狼（枣红）”、“七匹狼（白金）”等新规格，以提高“七匹狼”的品位。

由杨达辉主持的《打叶复烤工艺参数优化》项目，在国内首次提出了以控制碎片率和稳定大中片率的打叶质量评价观点，找到了较为完善、合理的工艺参数组合和工序质量评价方法、指标，为由生产结果控制向加工过程控制提供了较切实可行的方案。该项目还通过对烟片干燥段热风温度和排潮气流相对湿度与烟片感官质量的研究分析，找到了感官质量随温、湿度变化的规律，提出了较为完善、合理的烟片复烤技术方案。杨达辉主持的《卷烟生产工序质量评价方法的研究》，建立了较为完善的卷烟生产工序质量评价体系，并首次将感官质量评价方法应用于评价制丝工艺各主要生产工序，从理论上突破了传统工艺管理观念。2001年5月，这两个项目均通过了国家局鉴定，并获得了国家局2001年度科技进步三等奖。

肖汉乾，男，汉族，1967年5月生，湖南益阳人，中共党员，高级农艺师，湖南省烟草公司烟叶处（科技处）副处长、烟叶基础办常务副主任（正处级），并担任全国烟草品种审定委员会委员，烟草行业全国高级职称评审委评委。2006年，被国家局授予“全国烟草行业‘十五’期间科技创新工作先进个人”称号。

肖汉乾长期致力于烟叶科研和技术推广工作，1998年，他主持的“烟草活性有机—无机专用肥的研究与开发”项目于2003年获湖南省“科学技术进步二等奖”。他主持的“烟草优质高效施肥技术体系及其决策系统的研究”，2005年获湖南省“科学技术进步二等奖”。2002～2005年，他参与国家烟草栽培生理生化基地的“烟草特有亚硝胺前体物的变异、积累及调控技术研究”项目研究，2006年获得河南省科技进步二等奖。

1998年11月～2006年3月，肖汉乾任职湖南金叶肥料有限责任公司副经理期间，主持开发的烟草专用基肥、烟草专用提苗肥等系列产品，其中仅烟草活性有机—无机专用肥一项就每年为公司新增产值2000多万元。他主持开发出的适合湖南25个不同烟叶主产县生态区域的烟草专用肥配方，对湖南烟草常规施肥技术的升级和烟叶生产整体水平的提高起到重要作用。

近年来，肖汉乾在省部级刊物发表学术论文30多篇，出版了《湖南烤烟栽培》和《湖南植烟土壤肥力与平衡施肥》两部专著，获国内领先水平和国际先进水平的科研成果5项，并经常为产区烟叶生产技术人员培训授课，培训1800多人次。他曾被评为湖南省烟草行业2001～2005年度“优秀科技工作者”。

滕永忠，男，汉族，1970年11月生，湖南常宁人，中共党员，研究生学历，高级农艺师，云南省烟草专卖局烟叶管理处主任科员。2006年，被国家局授予“全国烟草行业‘十五’期间科技创新工作先进个人”称号。

1996 年 8 月，滕永忠毕业于南京农业大学，同年到云南省曲靖市烟草公司工作。2007 年 8 月调至云南省烟草专卖局（公司）烟叶管理处工作。滕永忠在新技术推广及生产组织管理模式创新方面做了大量工作。创新了曲靖优质烟生产管理模式（QTP 模式）；在国内率先开发成功小棚漂浮育苗技术；组织创新薄盘直播漂浮育苗技术，完成对漂浮育苗技术的更新替代，该技术为国内领先水平；合作开发的 QJ 系列智能化密集式烤房和集群烤房中央监控系统，被推荐为云南省密集式烤房推广产品。他积极组织科技培训，先后培训农函大的辅导老师和科技人员 2000 余人次、烟农 5000 余人次；2005 年，在国家局组织的两期培训会上培训 150 余人次。

主持完成多个科研项目，获得 1 项实用新型专利。主持完成"曲靖市国际型优质烟开发"等 4 个项目，参与完成"烤烟漂浮育苗技术研究与应用"等 10 个项目。其中 1 个项目获曲靖市 2005 年度科学技术特等奖，5 个项目获云南省烟草公司科技进步奖二等奖和曲靖市科学技术二等奖。

积极撰写科研论文，多篇论文、译文发表在国内外学术刊物上。其中，13 篇论文分获国家级、省级或市级奖励，3 篇论文被《中国烟叶学术论文集》收录，1 篇论文被《中国烟叶生产实用技术指南》收录。组织编写专著 4 部，主持摄制科教片 5 部。

2000 年被评为曲烟企业科技推广及科研先进个人；2002 年当选云南省第六届科协代表；2003 年被评为曲靖市第一层次中青年学术技术带头人、曲靖市烟草公司创新创效先进个人；2004 年被评为云南省烟草系统优秀科技工作者、曲靖市第二届"优秀青年"、曲靖市烟草公司先进管理工作者、云南省农函大优秀教师；2005 年被评为云南省烟叶工作先进个人、曲靖市烟草专卖局先进生产者、农函大优秀辅导教师。

戴　亚，男，汉族，1946 年 10 月生，中国科技大学近代化学系放射化学专业毕业，教授，博士生导师，川渝中烟工业公司技术研发中心研究员，并担任国家烟草专卖局科技委员会委员、中国烟草学会理事、国家科学技术奖励评委。2006 年，被国家局授予"全国烟草行业'十五'期间科技创新工作先进个人"称号。

戴亚先后编写出版了《烟草化学》、《烟气胶体化学》、《有机物结构——性能关系》等 17 本学术著作，多篇论文填补了国内某些研究领域的空白，具有较高的学术价值。2000 年 4 月到重庆烟草工业有限责任公司工作后，先后主持省部级项目三项，其中国家发明专利"一种用于卷烟滤嘴的薄荷脑微乳液"克服了传统薄荷脑保存期短、抽吸时先浓后淡的缺陷，该专利技术除用于普通卷烟薄荷脑的加香外，先后生产出 2.3 万余箱薄荷烟，受到外商欢迎，出口创汇 4800 万美元。另两项已申请并获公开的国家发明专利"四种卟啉类化合物去除卷烟烟气中的几类致癌物"和"一种卷烟滤嘴添加剂载体"应用于卷烟生产中，取得了较好的经济效益和社会效益。

2006 年 7 月，戴亚到川渝中烟工业公司工作后，为推动技术研发中心的科技发展，增强自主创新能力，他通过申报国家项目、对外争取合作和加强内部自主研发等多种途径，培养科技人员的科研能力和技术研发中心的技术支撑能力。

谢复炜，男，汉族，1973 年 4 月生，河南郑州人，大学学历，研究生导师，副研究员，郑州烟草研究院烟草化学重点实验室吸烟与环境研究课题组组长，国际烟草科学研究合作中心（CORESTA）特种分析物工作组成员。2006 年，被国家局授予"全国烟草行业'十五'期间科技创新工作先进个人"称号。

1994 年，谢复炜毕业于南京大学，同年分配到中国烟草总公司郑州烟草研究院从事烟草化学研究工作。谢复炜熟悉烟草化学的研究动态与发展趋势，根据烟草行业发展需求提出多项开拓性的研究课题，在烟草和卷烟香味成分分析，以及卷烟主流、侧流烟气和环境烟草烟气中有害成分分析技术方面进行多年的研究工作，承担过原国家经贸委、国家烟草专卖局、国家自然科学基金和科技部的多项研究课题。其中，"十五"期间主持和参与完成国家局科研项目 9 项、国家自然科学基金项目 1 项、科技部项目 1 项。"降低卷烟烟气中有害成分的技术研究"项目获得国家科技进步二等奖和国家局科技进步特等奖，"烟草中亚硝胺的研究"项目、"吸烟对局部空间污染程度的研究"项目、"环境烟草烟气的测定方法研究"项目和"几种国内外卷烟主流烟气中芳香胺的对比分析研究"项目获郑州烟草研究院科技进步奖二等奖。参与研究制订国家和行业标准 4 项，发表科学研究论文 20 篇，其中在国际烟草学术会议上发表论文 6 篇。

李群平，女，汉族，1964 年生，中共党员，洛阳市局（公司）生产科科长。2006 年，被国家局授予"全国烟草行业'十五'期间科技创新工作先进个人"称号。

1985 年，李群平毕业于河南农业大学烟草专业，一直从事烟叶生产、科研示范、技术推广工作，曾结合洛阳烟叶生产实际，主编《烤烟生产技术》一书，多年来在省、部级期刊上发表主要技术论文 15 篇，其中，获得河南省科技进步二等奖 2 项、三等奖 3 项、国家局科技进步奖 2 项。经过多年生产一线经验总结，李群平形成了一套完善的具有洛阳特色的旱作栽培技术体系和生产管理模式，她推广的绿肥掩青、秸秆覆盖等土壤改良技术，有效地提高了烟叶生产技术含量和生产水平。同时，她还对洛阳烟区可持续发展的基本条件限制因素发展潜力进行了论证，制订规划措施，通过多年的不懈努力，洛阳烟叶生产新技术的推广工作取得明显成效，新品种推广面积累计达到280万亩，适合洛阳实际的气流下降式烤房推广率达90%，大棚集约化育苗技术推广率达100%，化学抑芽率达到80%。曾获"洛阳烟叶工作突出贡献奖"、"洛阳市烟叶优秀工作者"等称号，2005年被评为"洛阳市具有突出贡献的青年科技专家"。

李进平，男，汉族，1961年生，中共党员，研究生学历，研究员，湖北省烟草科研所、中国烟草白肋烟试验站副所长（副站长）。2006年，被国家局授予"全国烟草行业'十五'期间科技创新工作先进个人"称号。

李进平长期工作在烟叶生产、科研第一线，他坚持科研课题来源于生产，科研成果服务于生产的原则，充分运用专业知识，在烟叶生产实践中发现问题、研究并解决问题，积极组织协调全省烟叶科研和新技术推广工作，多次主持国家局、省政府和省局重点科研项目，其中，他主持的"提高白肋烟质量及可用性的技术研究"获2002年度国家局科技进步一等奖和2003年度国家科技进步二等奖；"白肋烟晾制技术及其机理研究"项目获2006年度国家局科技进步二等奖；"白肋烟晾制技术规程"填补国内空白，达到国内领先水平；"湖北优质烤烟生产综合配套技术试验示范与推广应用"项目获2006年度湖北省科技进步三等奖，"湖北省植烟土壤肥力状况评价及区域性烟草专用肥开发与应用"项目2005年通过湖北省科技厅组织的鉴定。近年来，他共发表学术论文50余篇，其中，湖北省自然科学优秀学术论文一、二、三等奖各1项；湖北省烟草学会优秀论文一等奖5项。

刘钟祥，男，汉族，1954年9月生，贵州贵阳人，贵州中烟工业公司总工艺师、技术中心常务副主任。2006年，被国家局授予"全国烟草行业'十五'期间科技创新工作先进个人"称号。

刘钟祥在实践中勇于创新，参与制定《YC/T138—1998烟草及烟草制品感官评价方法》标准，主持制定《GB5606.4—2005卷烟感官技术要求》标准，多次主持中国烤烟、中国白肋烟、中国香料烟替代进口烟叶评吸评价活动，主持制定全国卷烟标准样品的感官标准。他主持研发的"黄果树"系列卷烟产品多次获贵州省政府优秀新产品一等奖。他主持建设的企业技术中心分别获行业级和省级认定。

刘钟祥从事卷烟工艺配方技术工作近30年，在理论上刻苦钻研，相继在《中国烟草学报》、《烟草科技》、《贵州烟草》等期刊发表学术论文30余篇，多次在全行业举办卷烟工艺配方，卷烟评吸评价，烟叶质量评价技术讲座。他先后担任第二、三、四、五、六、七届全国评烟委员会委员和第五、六届副主任委员，全国烟草标准化卷烟分技术委员会副主任委员，全国烟草品种审定委员会常务委员、专家评吸组组长。1998年被国家烟草专卖局评为"全国烟草技术创新先进工作者"，2000年被国家局授予"全国烟草行业劳动模范"称号，2000年获国家质量技术监督总局"全国质量管理突出贡献奖"，2005年获国家标准化技术委员会"全国从事标准化工作二十年荣誉奖"。

张忠峰，男，汉族，1969年2月生，中共党员，大学学历，秦皇岛烟草机械有限责任公司打叶复烤组项目负责人、主任设计师。2006年，被国家局授予"全国烟草行业'十五'期间科技创新工作先进个人"称号。

1992年，张忠峰毕业于天津轻工业学院，同年分配到秦皇岛烟草工业机械厂技术开发研究所从事烟机产品设计开发和售前售后技术服务工作。他先后主持完成许昌复烤厂12000千克/小时打叶复烤打包生产线、三鑫公司6000千克/小时环保节能型打叶复烤线、天泰公司第二代环保节能型打叶复烤线和顺泰公司12000千克/小时环保智能型打叶复烤线的研发设计、安装调试等工作。他作为第一设计人完成了4项专利的申报工作，均获得国家知识产权局的授权。他主持研发的"环保节能型打叶复烤线"获得河北省总工会职工技术创新成果二等奖。他还多次荣获"秦皇岛烟草机械有限责任公司技术标兵"、"优秀共产党员"称号，2004年被评为"秦皇岛市创新创效活动先进个人"。

谢子发，男，汉族，1952年9月生，四川宣汉人，高级农艺师，四川省达州市烟草科研所所长，四川省烟草专卖局（公司）第二届学术委员会委员，四川省烟草品种评审委员会委员。2006年，被国家局授予"全国烟草行业'十五'期间科技创新工作先进个人"称号。

谢子发自1988年在烟草系统工作以来，先后主持完成了"烤烟生产示范"、"白肋烟雄性不育利用研究"、"稀土复合肥在白肋烟生产中应用"、"降低烟碱提高白肋烟香气量"、"香气质研究"等研究课题。在白肋烟新品种选育中，他借鉴玉米轮回选择技术，苎麻雄性不育两系法的成功经验，开展白肋烟雄性不育利用研究，选育出全国对照品种"鄂烟一号"优良的品种组合6个，其中"Msky14×达所26"于2004年通过全国烟草品种审定委员会审定，定名为"达白一号”，品种组合“50926”于2006年通过全国烟草品种审定委员会农业评审，两个品种的成功选育，填补了国内自选亲本和自选亲本育成不育杂交种的两项空白。

谢子发在烟草科研工作中，先后主笔撰写了《白肋烟雄性不育利用研究》、《提高白肋烟香气量研究》等12个项目、241万字的科研报告，拟定、承担的国家烟草专卖局、四川省局重点研究课题均取得了优异成绩，获得了多项科技成果奖。“提高白肋烟质量及其在低焦油卷烟中的应用研究”获得国家科学技术进步奖二等奖、国家局科技进步奖一等奖。

蔡维德，男，汉族，1964年3月生，福建南安人，中共党员，研究生学历，高级工程师，深圳市烟草专卖局（公司）信息中心主任。2006年获“2006年中国信息化百强企业杰出CIO”荣誉称号，被国家局授予“全国烟草行业‘十五’期间科技创新工作先进个人”称号。

1983年，蔡维德毕业于厦门大学数学系。1983年8月参加工作，历任深圳市爱华电子有限公司工程师、开发室副主任。1991年8月至2000年4月，任深圳市局（公司）计划处科长。2000年4月起先后任深圳市局（公司）经济信息中心副主任、主任。

蔡维德独立开发了深圳烟草第一代管理信息系统，推动了深圳烟草行业信息化建设的步伐。1999～2002年参与筹建深圳烟草自动化立体仓库，该系统是全国烟草商业企业第一个现代化立库系统。2002年担任国家局科技立项的“深圳烟草卷烟商业供应链配送系统”项目课题组组长，主持项目的方案设计、研制及实施管理工作，参与分拣系统研发并具体主持信息系统研制。他提出的利用XML技术实现异构数据库的集成、订单采集与送货路线的同序匹配，引入“虚拟库存”概念等创新性意见，推动系统的成功研制实施。该项目于2004年12月通过国家局科学成果鉴定，获2004年中国物流与采购联合会科技技术进步二等奖、2005年国家局科学技术进步三等奖。他是“A形架分拣机”主要发明人之一，该设备系统于2003年获国家专利局专利。先后荣获“深圳烟草行业先进管理者”、“深圳烟草行业先进工作者”等荣誉称号。

董顺德，男，汉族，1967年11月生，河南长垣人，中共党员，大学学历，高级工程师，河南中烟工业公司河南新郑烟草（集团）公司技术中心主任。2006年，被国家局授予“全国烟草行业‘十五’期间科技创新工作先进个人”称号。

1989年7月，董顺德毕业于河南农业大学，同年9月至2000年3月任安阳卷烟厂科研所助理工程师、副所长、工程师、所长；2000年3月至2003年7月任安阳卷烟厂副总工程师兼技术中心常务副主任、检测站站长；2003年7月起任河南新郑烟草（集团）公司技术中心主任。

董顺德长期致力于烟草研究开发工作，在卷烟配方研究、产品开发改造、卷烟的风格保持、减害降焦、降耗增效等方面作出了突出贡献。成功主持开发培育国优名烟“红旗渠”系列产品；坚持开展基础研究工作，组织建立库存烟叶质量数据库，实现计算机系统管理，为产品配方设计和配方管理提供了依据；主持配方技术和提质降耗项目的研究，在确保产品质量稳定的前提下，将配方技术和提质降耗项目的研究成果运用到产品中去，有效降低了成本，为企业节约资金9000余万元。先后荣获“安阳市劳动模范”、“安阳市优秀专业技术人才”等荣誉称号。

杜学伟，男，汉族，1955年10月生，河北保定人，中共党员，大专学历，工程师，西北烟草质量监督检测检站站长。2006年，被国家局授予“全国烟草行业‘十五’期间科技创新工作先进个人”称号。

1973年，杜学伟毕业于郑州轻工业学院，同年10月参加工作，先后任兰州卷烟厂技术科配方员、副科长、科长、副厂长、常务副厂长，甘肃省烟草技术中心主任，甘肃省烟草专卖局科技处处长等职务。曾任国家烟草专卖局全国卷烟内在评吸委员会第三、四、五、六届委员。

杜学伟先后主持并参与兰州卷烟厂的“九五”、“十五”技术改造，主持并参加了“海洋”、“兰州”等系列卷烟产品的开发和改造，成功开发“兰州（珍品）”和“海洋（精品）”。产品在受到消费者喜爱的同时，也为企业创造了巨大的经济效益。他在担任质检站站长期间，积极拓展承检项目，除积极组织质检站参加国家局举办的烟气共同试验、片区统检、焦油专检和卷烟纸共同试验外，还充分发挥现有的先进检测仪器的潜力，进行化学测试技术的摸索和研究，在化学分析测试等方面确定了20多个课题开展研究，先后拓展了滤棒、纸张等产品检验项目。为维护烟草专卖秩序，净化卷烟市场，他主动联系全省各地专卖部门，亲自带领有关技术人员，利用质检站的人才优势和多媒体设施，开展对全省专卖管理人员进行假冒卷烟鉴别能力的培训。2003年，杜学伟获“全国烟草行业降焦减害科技工作先进集体主要贡献者”荣誉称号。

潘文杰，男，汉族，1972年6月生，四川三台人，中共党员，植物营养学博士，贵州省烟草科学研究所科研中心副研究员。2006年，被国家局授予“全国烟草行业‘十五’期间科技创新工作先进个人”称号。

1997年，潘文杰毕业于西南农业大学农学系，同年分配到贵州省烟草科学研究所工作。2002年在西南农业大学获植物营养学硕士学位，2006年获西南大学植物营养学博士学位。2005年6月~2006年9月被选送到加拿大圭尔夫大学和加拿大烟草研究基地开展博士论文研究。

潘文杰长期从事育苗及烤烟栽培技术研究。烤烟生产季节，深入田间地头，走村串户，手把手传播烤烟漂浮育苗、托盘育苗、烤烟栽培及管理技术。“十五”期间，他几乎走遍了贵州省所有主产烤烟县，为两盘育苗技术在贵州的成功推广作出了积极贡献。

“十五”期间，潘文杰参与承担国家局的项目研究有：“西南部分地区烤烟生产综合技术开发研究”、“连作烟地土壤障碍因子发生机理及改良技术研究”、“遵义优质烟叶示范基地建设”。此外，他还主持或参与多个项目研究。其中，参与主持的“烤烟托盘水床育苗技术开发与应用”和“烤烟浮盘育苗技术开发与应用”项目，分别获2005年贵州省人民政府科技进步三等奖和2003年度黔南州科技进步三等奖。

2001~2006年，先后在国内多家期刊上发表论文十余篇；“SCI”收录论文一篇；2003年、2004年参加省烟草学会论文交流，分获三等奖和一等奖；2006年在法国CORESTA国际烟草大会上发表论文一篇。参与编译《北卡州烤烟生产技术指南》，参与撰写《贵州省烤烟生产技术指南》。2006年被贵州省局（公司）评为“科技创新先进个人”。

刘广玉，男，汉族，1963年11月生，山东临沂人，中共党员，大专学历，高级农艺师，临沂市局（有限公司）烟叶技术推广中心主任。2006年，被国家局授予“全国烟草行业‘十五’期间科技创新工作先进个人”称号。

刘广玉自参加工作以来，一直从事烟草种植技术的研究与推广工作，先后担任临沂市局（有限公司）烟叶生产部门技术员、烟叶生产技术科副科长兼烟草研究所副所长、烟叶生产科科长等职务。共在省级以上刊物发表科技论文11篇，编写了《优质烤烟生产技术》、《临沂优质烤烟综合标准体系》、《烤烟病虫害识别与防治》等3本科技书籍。先后主持或参与多项科技研究项目，其中“沂蒙山优质烤烟生产技术研究与开发”获国家局2005年度科技进步二等奖，“烟田土壤性状改良技术研究与开发”获山东省局2005年度科技进步二等奖。

温东奇，男，汉族，1966年3月生，中共党员，大专学历，广东中烟工业公司技术中心主任。2006年，被国家局授予“全国烟草行业‘十五’期间科技创新工作先进个人”称号。

2004年，温东奇担任广东中烟工业公司技术中心主任以来，全面负责科技管理与创新工作。作为广东卷烟工业资源整合领导小组核心成员，温东奇致力于技术资源重组，主持完成技术中心的历次整合工作。他还负责产品开发与改造工作，相继完成“（经典醇香）双喜”、“（世纪经典）双喜”等新产品的系统开发工程，其中“（经典醇香）双喜”投放市场后一年半时间销售量达105亿支（21万箱）。

作为科技带头人，温东奇先后主持和承担多个国家烟草专卖局科技项目、重大的产学研省级科技项目的研究工作。2004年，在温东奇的主持下，完成“一种卷烟用辅助材料气味检测装置”（实用新型200520057856.9、发明专利200510034463.0）等13项卷烟包装设计，实现了广东省烟草企业发明专利和实用新型专利零的突破，增强了自主创新能力和知识产权保护手段。此外，他还先后发表了“深度吸烟对卷烟焦油、烟碱和CO释放量测定结果的影响”等多篇技术论文。

雷东锋，男，汉族，1969年6月生，博士，陕西卷烟总厂汉中分厂副厂长。2006年，被国家局授予“全国烟草行业‘十五’期间科技创新工作先进个人”称号。

雷东锋自2001年在陕西省烟草研究所工作以来，刻苦钻研业务，着重做了“卷烟品牌开发”、“水松纸质量卫生标准及污染防治”、“烟叶发酵新技术的研究”三个项目的立项工作，并在《中国烟草科学》等期刊发表多篇论文。2004年，以关爱消费者健康、提高烟草质量，减害降焦为目的的研究成果《水松纸质量计算机管理系统的实现》发表后，引起国内专家和厂家的关注，并指导开展无菌水松纸的开发和应用，取得了良好的经济效益。

2004年7月，雷东锋担任陕西卷烟总厂汉中分厂副厂长，负责企业卷烟工艺、质量工作。他主持设计的“双壁两点喷射法加香、加料系统改进方案”，完成了对加香、润叶加料系统的改进，该成果获2005年中国烟草学会西南西北片区优秀成果一等奖和陕西省烟草行业第19届优秀QC成果一等奖。2004年11月，他组织有关技术人员开展“生物型辊压法烟草薄片的研制与应用”研究课题，对薄片生产工艺和设备进行了系统的改进与创新，两年内为企业创造了1800万元的经济效益。

张振平，男，汉族，1962年12月生，陕西泾阳人，中共党员，农学博士，高级农艺师，陕西省烟草专卖局（公司）科技处处长，兼任国家烟草专卖局高级专业技术职称评定委员会委员、陕西省烟草科技委员会副主任委员等职。2006年，被国家局授予“全国烟草行业‘十五’期间科技创新工作先进个人”称号。

1987年7月，张振平参加工作，在天津农学院任教；1989年5月~2000年4月，在陕西省烟草专卖局（公司）烟叶分公司从事生产技术与管理工作；2000年4月~2004年10月，任商洛市烟草专卖局（公司）副经理；2004年7月在西北农林科技大学获农学博士学位；2004年10月起，先后任陕西省烟草专卖局（公司）科技处副处长、处长；2006年被国家局评定为研究员。

张振平长期从事烟叶生产、科研与管理工作，先后主持或参与了“陕西省地方标准《烟叶标准综合体》”、“陕西省烟叶基地县建设与综合技术推广”、“陕西烟草病虫害综合防治技术的应用与推广”、“烤烟三段式烘烤及其综合配套技术的研究与推广”、“陕西省烤烟秦烟1号等新品种的选育及中烟98等新品种的引进推广”、“烟草丸化种芽技术开发与推广”等省部级科研项目。填补了科技空白，取得了重大经济效益。其中，获农牧渔业部科技成果二等奖1项，陕西省人民政府科技成果二等奖5项、三等奖1项。出版专著3部，在国内外期刊上发表论文20余篇。2002年，享受国务院政府特殊津贴。

郭兆奎，男，汉族，1964年6月生，山东曹县人，中共党员，研究生学历，高级农艺师，黑龙江省烟草科学研究所副所长、《中国菌物学会》会员、《中国烟草学会》会员及黑龙江省烟草学会理事。2006年，被国家局授予“全国烟草行业‘十五’期间科技创新工作先进个人”称号。

1989年，郭兆奎毕业于黑龙江八一农垦大学植保系，同年分配至黑龙江省烟草科学研究所工作，先后从事烟草植病研究，转基因烟草检测研究以及烟草分子生物学研究。

郭兆奎长期从事烟草植物病害研究，刚参加工作不久就完成了黑龙江省侵染性病害的普查工作，摸清侵染性病害的发生发展规律，并提出科学的防治方法。数月在烟叶生产县进行蹲点培训及技术指导。

1997年，面对国际烟草商们纷纷以转基因问题终止进口中国烟叶合同的严峻形势，在郭兆奎的带领下，中国烟草东北农业试验站中心实验室很快制订了建立在PCR基础上的基因分子检测技术路线。在短时间内检测全国所有良种繁育基地及烟叶产区近100多份种子，最终得出所有的样品中阳性含量不足10%的结论，为国家烟叶生产布局提供了科学依据，也使国家局及时有效地控制了部分转基因烟草品种的扩散种植。在烟叶的进出口上，郭兆奎多次面对是否含转基因成分的挑战，他以科学的态度，全力维护国家、消费者的权益。在他加入CORESTA的转基因检测小组后，多次宣传中国对待转基因烟草的态度及采取的有效措施，并和其他小组成员一起编制了转基因烟草CORESTA检测标准。在CORESTA转基因检测小组2001~2003年进行的四次“盲检”试验中，郭兆奎所在的小组在两轮定性检测“盲检”实验中都取得了100%的正确率。

2000~2006年，郭兆奎先后在国内外期刊上发表论文12篇，主持制定行业标准3项。2006年，他主持的科研项目“转基因烟草检测方法”获国家局科技进步奖二等奖。2006年获国家授权专利一项，公布专利一项，受理专利一项。数次被国家局和黑龙江省局授予“先进科技工作者”、“科技创新标兵”等称号，享受国务院政府特殊津贴。2005年被中国科协授予“优秀科技工作者”称号。

庄亚东，男，汉族，1972年5月生，江苏沭阳人，中共党员，研究生学历，工程师，江苏中烟工业公司淮阴卷烟厂技术中心化学分析员。2006年，被国家局授予“全国烟草行业‘十五’期间科技创新工作先进个人”称号。

1995年，庄亚东毕业于天津大学，同年7月进入淮阴卷烟厂工作。庄亚东自工作以来，一直从事烟草化学、减害降焦、相关软件开发和基础课题等专业研究工作，具备烟叶四十级分级资格、感官评吸资格和化学成分分析方法开发能力、仪器维修能力。在课题研究过程中，他创新性地开发了多种化学成分分析方法，并根据课题需要筛选出16项化学指标并参与模型建立，主导检测分析了数千个烟草样品，建立了企业的烟草化学成分数据库，为“数字化卷烟产品设计”软件的运行奠定了坚实的基础。数字化卷烟产品设计的成功应用，每年可节约科研费用400万元以上。

先后参加两项国家局课题的研究，参与江苏中烟工业公司“卷烟包装材料气味对产品影响分析”、“国内外烟叶有机酸、多酚含量及趋势分析”、“数据挖掘在卷烟研发前期市场调研中的应用”等3项省级课题的研究，参与制定行业技术标准《烟草及烟草制品有机氯除草剂农药残留量的测定气相色谱法》。在国内外期刊、会议上发表论文10余篇，其中，《卷烟中多酚类物质的分析》、《化学计量学在烟草中的应用》分别获烟草化学组年会暨学术研讨会优秀论文奖、三等奖，《多酚类物质与卷烟质量关系的研究》、《小波变换预处理技术用于近红外光谱法测定烟草中绿原酸含量》分别获江苏省烟草学会优秀论文一等奖、三等奖。

魏玉磊，男，汉族，1972年生，山东诸城人，中共党员，研究生学历，山东中烟工业公司技术中心工程师。2006 年，被国家局授予“全国烟草行业‘十五’期间科技创新工作先进个人”称号。

魏玉磊参加工作以来，主要从事产品开发与维护工作，并致力于卷烟减害降焦技术的研究与应用。他先后承担并完成了“将军（特醇）”、“将军（国际）”、“将军（功勋）”等卷烟产品的设计开发，其中“将军（特醇）”产品在 2003 年投产后，销量增长迅速；他还进行了降低吸烟危害的天然植物提取物制剂研究，并将该技术应用到“将军（国际）”卷烟中。经有关部门鉴定，与空白样比较，“将军（国际）”卷烟的危害性明显降低。

魏玉磊在工作期间主持和承担了多个重大科研课题，主持山东省科技厅科技攻关项目“阻遏烟气有害物质产生的有效物质筛选及应用研究”，该项目成果被评为国际先进，并应用到产品中。参与国家烟草专卖局科研项目“干燥过程香味物质损失的控制与补偿”、“制丝关键过程在制品化学成分变化与内在质量关系研究”。参与完成将军烟草（集团）有限公司“十一五”规划项目的调研与编写工作。近年来，魏玉磊先后申请了“一种适合卷烟用银杏叶制品的加工方法”等 8 项专利，其中发明专利 4 项。在《烟草科技》等期刊发表科研论文 4 篇。2006 年，他主持的“将军卷烟系列优化研究”成果被评为国内先进，获 2005 年度山东中烟工业公司科学技术进步一等奖。

李立新，男，汉族，1969 年 10 月生，中共党员，大学学历，农艺师，江西省烟叶科学研究所综合科副科长。2006 年，被国家局授予“全国烟草行业‘十五’期间科技创新工作先进个人”称号。

1994 参加工作后，李立新一直从事烤烟科学研究、示范和推广工作，先后参与“江西省烟草直播漂浮育苗技术研究”、“烟草平衡施肥技术体系研究”、“密集烤房示范推广研究”、“顶叶带杆烘烤技术研究”等多项课题的研究，在《中国烟草科学》、《江西省农业大学学报》、《江西烟草》等刊物发表多篇论文。2002 年，他参与开发、研究的“烟叶烘烤温湿度自动控制系统”获国家发明专利。

李立新积极参与全省烤烟技术培训资料和教材的编辑工作，先后编写了《烤烟栽培与烘烤技术》（农村实用技术培训教材丛书）、《江西省烟草直播漂浮育苗技术要点》、《江西省烤烟栽培新技术》、《江西省烟叶生产技术要点》、《江西省烟叶烘烤技术要点》、《江西省密集烤房建造安装调试及使用技术》等资料，并开展不同规模的理论和现场培训 40 余期，培训 4000 余人次。

王树声，男，汉族，1962 年 1 月生，山东青州人，中共党员，农学硕士，研究员，中国烟草总公司青州烟草研究所副所长。2006 年，被国家局授予“全国烟草行业‘十五’期间科技创新工作先进个人”称号。

1983 年 7 月，王树声参加工作，历任科技信息中心副主任、栽培调制研究室副主任（主持工作）、主任、副所长。

2001 年以来，王树声全面负责青州烟草所的科技成果转化和科技开发工作，先后与多家烟草工商企业联合进行了烟叶基地建设工作。他创造性地组织开展技术咨询、技术培训、合作研究等工作，使青州烟草研究所基地服务技术人员和烟农的科技素质有了较大提高，基地烟叶生产整体水平全面提升。

王树声先后主持或参加研究与开发项目 20 余项。获省（部）级科技成果奖励 11 项，其中，一等奖 2 项、二等奖 2 项、三等奖 7 项。先后在国内外期刊上发表学术论文 50 余篇，其中 3 篇分别在国际烟草会议（TRSC 和 CORESTA）上宣读。主编或参编科技著作、教材和论文集 12 部。多次被评为所“优秀共产党员”、“文明职工标兵”、“先进个人”等。先后被评为中国农业科学院“先进工作者”、“文明职工”和“优秀共产党员”。

宫长荣，男，汉族，1948 年 11 月生，河南荥阳人，中共党员，大学学历，教授，博士生导师，河南农业大学烟草系副主任。2006 年，被国家局授予“全国烟草行业‘十五’期间科技创新工作先进个人”称号。

宫长荣长期围绕提高烟叶烘烤质量这一关键问题，主持和承担国家局和河南省局的科技项目，着力研究烟叶烘烤理论和应用关键技术难题，比较完善地研究确立了烤烟三段式烘烤理论。根据中国生产实际，他创造性地提出烤烟三段式烘烤技术体系，不仅与国际先进烘烤工艺接轨，并在全国推广应用。近几年，他着力研究密集式烤房的实用性、耐用性、经济性诸多关键技术，实现了烟叶烘烤提质、节能、减工、增效和烟农轻松的根本目的，其应用范围覆盖全国烤烟面积的 20% 以上，有效地推动了中国烟叶烘烤设备的创新发展。这些关键技术适宜于现代烟草农业的发展需要，在烤烟生产中产生了巨大的经济效益和社会效益。

自 1998 年以来，宫长荣在国家核心期刊发表学术论文近 100 篇，主编出版《烟叶烘烤原理》、《烤烟三段式烘烤导论》和《密集式烘烤》等专著 4 部，获国家发明专利、实用新型专利 8 项，主持的科技项目获省部级科技进步一等奖 1 项，二等奖 4 项。先后获“全国烟草农业科技推广先进个人”、“全国优秀农业科技工作者”等称号，享受国务院政府特殊津贴。

赵天泉，男，汉族，1955 年 5 月生，河南新郑人，中共党员，大学学历，河南中烟工业公司河南新郑烟草（集团）公司新郑卷烟厂党委副书记、纪委书记、工会主席。2006年获“全国五一劳动奖章”。

1974年12月，赵天泉参加工作；1988年8月任新郑卷烟厂劳动人事科副科长；1993年2月任新郑卷烟厂办公室主任；1999年2月任新郑卷烟厂工会主席。

赵天泉担任工会主席期间，积极探索改善民主管理、民主监督的有效形式，切实维护企业和职工合法权益。坚持和完善职工代表大会制度，凡是企业改革的重大决策和涉及职工切身利益的改革事项，推动用无记名投票的方式进行表决。充分发挥工会组织的桥梁纽带作用，建立“厂情通报会制度”、“厂领导接待信访制度”等，拓宽干群沟通渠道。坚持“人才兴企”方针，建立“首席操作工聘任制度”，大力开展劳动竞赛和技术比武活动，拓宽管理、技术、技能、先进人物等各类人才的四条成长跑道。广泛组织开展丰富多彩的文体活动，坚持每年举办“金芒果杯”运动会和“新烟之春”文艺晚会。重视改善困难职工的生活，协助成立企业“爱心助学”基金会，为困难职工的子女上大学进行资助。长期对困难职工进行走访慰问，帮助解决实际难题。他多次被郑州市工会和河南省轻工会授予“先进工会工作者”称号，先后获“郑州市五一劳动奖章”、“河南省五一劳动奖章”等荣誉称号。

张新峰，男，汉族，1976年8月生，河南新野人，中共党员，大学学历，助理工程师，维修电工技师，河南中烟工业公司许昌卷烟总厂十车间新线电修组组长。2006年获“全国五一劳动奖章”。

1999年7月，张新峰毕业于郑州大学物理工程学院工业自动化系，同年毕业分配到南阳卷烟厂。张新锋熟知制丝设备的电器控制原理和保养、维修知识，在罗克维尔自动化网络技术方面，具有很强的设计、维护、改造该控制系统的能力。先后参与10余项技术改造和技术攻关，为企业节约维修资金上百万元。其中“YG1908真空回潮机自动控制系统改造”项目获2001年度河南省烟草专卖局科学技术进步奖三等奖；“切丝机控制系统、进刀机构改进”项目获2000年度国家局QC成果三等奖；“制丝线网络技术的改造和应用”项目获2002年度河南省卷烟工业企业优秀QC小组成果一等奖；“烘丝机控制系统改造”项目获2003年度河南省烟草工业系统QC成果三等奖、河南省QC成果二等奖；“研制更换减振橡胶条的专用工具”项目获2006年度河南省QC成果特等奖、国家局QC成果二等奖。他先后荣获“南阳市优秀党员”、“南阳市十佳职工”、“河南省技术能手”、“全国烟草行业职工创新能手”等荣誉称号，曾获“河南省五一劳动奖章”。

王国东，男，汉族，1971年6月生，河南滑县人，中共党员，中专学历，河南中烟工业公司河南新郑烟草（集团）公司安阳卷烟厂制丝车间切丝机操作工。2006年获“全国五一劳动奖章”。

1991年6月，王国东进安阳卷烟厂工作。王国东刻苦钻研专业技术，不断提高操作技能，他所操作的切丝机生产的烟丝合格率连续多年为100%，所在叶丝组的综合质量合格率由1994年的85.6%提高到了2005年的99.2%。他不仅注重提高操作技能，而且还积极参与设备维修，大胆地对一些设备提出改进建议，并参与了多项技术改造项目。十几年来，共为企业节约费用100多万元。

从1996年至2004年，王国东7次获得安阳卷烟厂切丝工种技术比武第一名，4次获得市切丝工种技术比武第一名。2000年、2002年，在两届河南省烟草系统切丝工种技术比武中，分别获得第三、第二名。先后荣获“安阳市业务技术能手”、“河南省技术能手”、“河南省烟草系统技术能手”等荣誉称号，曾获“安阳市五一劳动奖章”、“河南省五一劳动奖章”。

刘加树，男，汉族，1970年10月生，安徽青阳人，中共党员，大学学历，助理工程师、电工技师，安徽中烟工业公司蚌埠卷烟厂制丝工段电工组组长。2006年获“全国五一劳动奖章”。

1997年，刘加树毕业于合肥经济技术学院工业自动化专业，同年进入蚌埠卷烟厂工作。刘加树苦练电工技术本领，自学掌握了西门子S7控制程序、现场总线技术。他解决了生产过程出现的各种各样的电气设备故障，有效地保障了生产任务的顺利完成。他积极参与技术革新，利用自适应理论，对烘丝机的配方进行优化，有效地稳定烘丝机出口水分的波动，并使烘丝每批干头干尾量降低了40%。先后主持开展了“探索烘丝机过程控制、提高烟丝的填充值”、“探索梗线加工工艺，提高梗丝填充值”、“提高电子秤放大信号稳定性”和“改进烘丝机倒料模式”等二十余项QC成果和小改小革项目，极大地提高了工段电气设备的性能和在线加工工艺水平。2003年被评为“蚌埠市百名优秀青年”；2004年被评为“蚌埠市劳动模范”、“安徽省烟草系统先进工作者”、“全国职工创新能手”。

李拖梅，女，汉族，1956年3月生，山西清徐人，中共党员，高中学历，清徐县烟草专卖局（营销部）综合办公室主任。2006年7月被山西省烟草专卖局（公司）党组授予“奉献社会楷模”荣誉称号。

1975年8月，李拖梅参加工作，1983年调入太原市清徐县烟草公司，曾任中共太原市第八次、第九次党代会代表。

李拖梅从1990年3月开始，在做好本职工作的同时，多年利用业余时间坚持义务教育辅导，编写趣味识字故事百余则共10余万字，义务举办了中小学生科学知识和德育辅导班，共计16000余课时，使1000多名青少年受益，接受家长咨询来访3000余人次，使30多个“问题孩子”重新回到了正确的人生轨道，让10多个破裂或将要破裂的家庭重归于好。

1999年4月被山西省社会主义劳动竞赛委员会授予“山西省五一劳动奖章”；2005年5月被山西省妇女联合会授予“山西省爱心大使”称号。她的先进事迹分别被中国教育电视台、山西卫视、山西人民广播电台、《山西日报》、《中国烟草》杂志、《东方烟草报》等几十家新闻单位宣传报道。

甘世柱，男，汉族，1964年7月生，湖北公安人，中共党员，1979年参加工作，1984年入伍，1988年复员后从事烟草工作，先后担任荆州市公安县烟草专卖局业务采购员、营业员、烟草站站长、稽查中队队长等职，因长期工作在条件艰苦的专卖管理第一线，积劳成疾，病倒在工作岗位上，于2006年7月28日病逝。

甘世柱从事烟草工作18年来，敬业爱岗、默默奉献，把自己的青春、汗水和满腔热忱，毫无保留地奉献给了他钟爱的烟草事业。特别是在他担任黄山头烟草站长和稽查中队长的6年时间里，他以站为家，主动争取地方党委、政府领导的支持，寻求各有关部门的配合，带领本单位职工克难奋进，把一个烟草工作在全县处末位的乡镇提升到全县第一位；2005年，他转任黄山头稽查中队长后，长期超负荷工作，坚守在打击不法烟贩的第一线，与不法烟贩展开了殊死的斗争，当年他所在的中队被评为“全市先进稽查中队”，他本人被评为“全市烟草系统打假先进个人”。2006年5月，他被确诊为肝癌晚期。甘世柱得知自己的真实病情后，为给单位减少费用，毅然要求从省城医院转回县城医院治疗，在2个多月的化疗期间，他还坚持上班28天，直到7月份病逝。

文化

中国烟草博物馆

概 况

中国烟草博物馆位于上海市长阳路，于2004年7月15日开馆，总投资1.8亿元。它是一家反映中国烟草发展历史、传承中国烟草文化的专业博物馆，是上海首个国家级行业博物馆，也是目前世界上规模最大的烟草博物馆。根据国家烟草专卖局的有关文件精神，中国烟草博物馆开馆后的日常管理纳入上海烟草（集团）公司统一管理。

领导成员

常务副馆长：王传清

馆长助理：章　伟（2006.7－）

组织机构

下设办公室、陈列布展部、征集保管部、后勤保障部等4个部门。

参观交流

中国烟草博物馆既是一个公益性的文化教育场所，也是全国烟草行业向社会开放的特殊窗口，拥有展示行业形象的重要职责。为了给观众提供幽雅的参观环境、热情的讲解服务，博物馆始终坚持“以人为本，真情服务”的服务宗旨，热情接待，回报社会。截至2006年底，博物馆已累计接待各方观众达77553人次。2006年，中国烟草博物馆抓住旅游旺季，组织长宁、虹口、卢湾等区的万余名社区烟草专卖管理人员及烟草网络零售户来馆参观；与上海市杨浦区委宣传部、精神文明办公室等单位承办“2006年暑期学生寻访文博足迹”活动，接待12000名中学生来馆参观。

管理创新

2006年，中国烟草博物馆着力提升各项工作水平，把握重点，不断创新，以“夯实日常管理、加强员工队伍建设、提升专业水平”为抓手，围绕“展示、收藏、研究”的三大功能，稳步推进农业馆调整、新世纪馆筹建、信息化二期建设等关键工作。一是精心组织，打造农业馆调整的精品工程；二是按照“旧址复原、修旧如旧”的原则，布展了“132”小组原址的历史真迹；三是收购一批珍贵烟画、烟标，确立了国内烟标收藏第一的地位；四是开通中国烟草博物馆网站，受到了广大烟文化爱好者的支持；五是申报“全国工业旅游示范点”，并成为“杨浦区青少年爱国主义教育基地”，进一步扩大了博物馆的社会影响。

特事要辑

2月中旬至4月底，启动农业馆调整工作，在没有影响其他展馆正常开放的情况下，完成全部调整工作，并通过国家局验收。

7月4日，由杨浦区委宣传部、精神文明办公室主办的“明荣辱、知使命，我与杨浦共奋进——2006暑期中小学生寻访文博足迹活动”启动仪式在中国烟草博物馆广场举行。

7月14日，上海市发展行业博物馆座谈会在中国烟草博物馆举行，上海102家行业博物馆的负责人参加了此次会议。

7月15日，中国烟草博物馆召开建馆两周年座谈会，回顾博物馆两年来的建设历程，进一步明确发展方向。

8月，中国烟草博物馆“信息化二期开发”项目顺利通过系统测试阶段，正式上线试运行。

9月6日，国家局副局长张辉、中国烟草学会副理事长郑富钢一行参观中国烟草博物馆，并观摩了博物馆收购的烟画等藏品，听取了新世纪馆筹建工作的汇报。

11月6日，中国烟草博物馆网站（http://www.tobaccomuseum.com.cn）正式开通。

11月30日，由国家旅游局、上海市旅游事业管理委员会等有关领导和专家组成的“全国工业旅游示范点”验收组一行对上海烟草工业园区的创建工作进行验收。

12月27日，中国烟草学会理事长杨传德参观中国烟草博物馆，听取了新世纪馆筹建的工作汇报，参观了“132”小组的布展，并对“旧址复原、修旧如旧”的展示形式表示赞赏。

烟草行业媒体宣传

报刊名	报刊号/准印证号	创刊日期	刊期	网址	联系电话	主办单位
《中国烟草》	ISSN1008－9063 CN11－3831/D	1985年7月	半月刊	www. echinatobacco. com	010－63605464	中国烟草杂志社
《通讯员园地》	内部资料	2001年1月	季刊	/	010－63605124	中国烟草杂志社
《中国烟草学报》	ISSN1004－5708 CN11－2985/TS	1992年	双月刊	www. tobacco. org. cn	010－63605768	中国烟草学会
《烟机通讯》		2001年3月	半月刊	/	0374－3266940	中国烟草机械集团有限责任公司
《北京烟草》		1993年	季刊	/	010－84559779	北京市烟草专卖局（公司）
《北京烟草视窗》		2004年	半月报	/	010－84559779	北京市烟草专卖局（公司）
《天津烟草》	准印证第05038号	2000年6月	季刊	/	022－60336155	天津市烟草专卖局（公司）、天津市烟草学会
《河北烟草》	JL01－0160 （内部交流）	1984年9月	双月刊	/	0311－88607992	河北省烟草专卖局（公司）、河北中烟工业公司、河北省烟草学会
《河北烟草报》		2004年3月	月报	/	0311－8702797 9－3058/3029	河北中烟工业公司、河北省烟草专卖局（公司）
《山西烟草》	山西省连续性内部资料准印证（99）第K224号	1987年3月	季刊	/	0351－4153278	山西省烟草专卖局（公司）
《金叶之声》		2006年1月	月刊	/	0356－2197877	山西省晋城市烟草专卖局（公司）
《工商客消连心桥》		2006年9月	半月刊	/	0359－2080680	山西省运城市烟草专卖局（公司）
《握手》		2006年1月	月刊	/	0349－2288030	山西省朔州市烟草专卖局（公司）
《吕梁烟草》		2002年4月	半月刊	/	0358－8211720	山西省吕梁市烟草专卖局（公司）
《互动营销》		2006年8月	月刊	/	0354－3073124	山西省晋中市烟草专卖局（公司）
《共同关注》		2005年10月	月刊	/	0350－3040538	山西省忻州市烟草专卖局（公司）

注：以上媒体宣传中包括烟草行业主办的公开发行的报刊和行业内部交流资料等。

报刊名	报刊号/准印证号	创刊日期	刊 期	网 址	联系电话	主办单位
《临网导刊》		2005年7月	周 刊	/	0357－3086373	山西省临汾市烟草专卖局（公司）
《内蒙古烟草》	15－088/C（内部交流）	1988年	双月刊	/	0471－2297071	内蒙古自治区烟草专卖局（公司）、内蒙古烟草学会、内蒙古烟草职工思想政治工作研究会
《金叶报》		1998年11月	月 报	/	0471－4927156	内蒙古金叶实业（集团）有限责任公司
《呼烟报》		1998年1月	月 报	/	0471－5976633－6300	内蒙古昆明卷烟有限责任公司
《卷烟销售时讯》		2002年10月	双月刊	/	0471－5976633－6324	内蒙古昆明卷烟有限责任公司
《丝语》		2000年1月	月 刊	/	0471－5976633－6261	内蒙古昆明卷烟有限责任公司
《辽宁烟草》	辽宁省内部资料准印证号0022	1990年1月	双月刊	/	024－22937058	辽宁省烟草专卖局（公司）、辽宁省烟草学会
《烟草资讯》		2003年1月	月 刊	/	024－22717756	辽宁省沈阳市烟草专卖局（公司）
《辽阳烟草》		2002年11月	季 刊	/	0419－4126788	辽宁省辽阳市烟草专卖局（公司）
《铁岭烟草》		2003年12月	月 报	/	0410－2651305	辽宁省铁岭市烟草专卖局（公司）
《锦州烟草简报》		2005年7月	月 报	/	0416－2341431	锦州市烟草专卖局（公司）
《吉林烟草》	吉林省连续性内部资料出版物准印证编号：JN00－013	1994年1月	月 刊	/	0431－88401432	吉林省烟草专卖局（公司）
《新烟草》	ISSN1008－5181 CN23－1526/TS	1986年6月	月 刊		0451－82654197	《新烟草》杂志社
《哈尔滨烟草》	黑新出印字2301026号	2002年9月	半月刊	/	0451－88620697	黑龙江省哈尔滨市烟草公司
《黑龙江烟草报》	黑新出印字2300009号	1999年3月	旬 报	/	0451－82643781	黑龙江省烟草专卖局（公司）
《政务信息》		2004年9月	月 刊	/	0467－2682215	黑龙江省鸡西市烟草专卖局（公司）
《上海烟业报》		1994年11月	周 报	www.sh－tobacco.com.cn	021－61669053	上海市烟草专卖局、上海烟草（集团）公司
《上海烟业》	沪（K）第0205号	1987年	季 刊	xh.sh－tobacco.com.cn	021－61669608	上海市烟草学会

报刊名	报刊号/准印证号	创刊日期	刊期	网址	联系电话	主办单位
《专卖网建动态》		2005年4月	月刊	www.fxyc.com.cn	021-37101067	上海市烟草专卖局奉贤分局、上海烟草集团奉贤烟草糖烟酒有限责任公司
《白玉兰报》		2004年1月	双月刊	/	021-61662878	上海白玉兰烟草材料有限公司
《上海烟机》		1993年8月	月刊	/	021-58541023	上海烟草机械有限责任公司
《京烟》	内部资料出版物准印证号99-L0501	1993年1月	月报	www.znhongline.com	010-65762922-211	上海烟草（集团）公司北京卷烟厂
《津烟》	内部资料准印证号津07011	1994年10月	半月报	/	022-24727350	上海烟草（集团）公司天津卷烟厂
《烟印报》		1993年1月	月报	/	021-61666913	上海烟草工业印刷厂
《江苏烟草》	苏新出准印JS-060号	1987年9月	双月刊	www.js.com.yc	025-86794543	江苏省烟草专卖局（公司）、江苏中烟工业公司、江苏省烟草学会
《金陵烟草报》		1987年4月	半月报	/	025-86479878	江苏中烟南京卷烟厂
《彭城烟草》		1989年	半月刊	www.xzjyc.com.cn	0516-3673208-3628	江苏中烟徐州卷烟厂
《浙江烟草》	浙内部资料准印证第0039号	1987年4月	季刊	/	0571-87032401	浙江省烟草专卖局（公司）、浙江省烟草学会
《杭州烟草报》	浙企准字第A052号	1999年	月报	/	0571-87227553	浙江省杭州市烟草专卖局（分公司）
《客户经理》		2002年	月刊	/	0571-87229720	浙江省杭州市烟草专卖局（分公司）
《客户直通车》		2003年	月刊	/	0571-87229720	浙江省杭州市烟草专卖局（分公司）
《零售户之友》		2002年11月	月刊	/	0576-8599018	浙江省台州市烟草专卖局（分公司）
《浙江中烟报》	浙企准字S042号	2006年10月	月报	/	0571-87048273	浙江中烟工业公司
《安徽烟草》	安徽省内部资料准印证号（综）00-2046	2001年1月	月刊	www.ahyc.com.cn	0551-2282013	安徽省烟草专卖局（公司）、安徽中烟工业公司、安徽省烟草学会
《安庆烟草》		2003年4月	双月刊	/	0556-5543084	安徽省安庆市烟草专卖局（公司）
《安徽中烟报》		2006年10月	双周报	/	0551-5392203	安徽中烟工业公司

报刊名	报刊号/准印证号	创刊日期	刊 期	网 址	联系电话	主办单位
《福建烟草》	闽内刊出版许可证第K097号	1987年	双月刊	/	0591－87069999	福建省烟草专卖局（公司）、福建中烟工业公司、福建省烟草学会
《三明烟草》	闽内刊许可证第123号	1992年	双月刊	/	0598－8566618	福建三明烟草专卖局（公司）、三明烟草学会
《海峡烟草》		2003年6月	旬 报	www.fj－tobacco.com	0591－87069999	福建省烟草专卖局（公司）
《海峡烟草》（烟叶版）		2005年5月	月 报	www.fj－tobacco.com	0591－87070000	福建省烟草专卖局（公司）
《永烟信息》		2002年2月	月 刊	/	0598－3739108	福建省永安市烟草专卖局（公司）
《龙烟人》	闽内部资料出版物出版许可证第119号	1991年7月	半月刊	www.lycf.com.cn	0597－2776792	龙岩卷烟厂
《厦门烟草》	厦新出（99）内资第16号	1993年12月	月 刊	www.xmjyc.com	0592－6536171	厦门卷烟厂
《江西烟草》	赣内资字第122号	1993年3月	双月刊	/	0791－6535063	江西省烟草专卖局（公司）、江西中烟工业公司、江西烟草学会
《江西烟草调研》		1996年4月	不定期	/	0791－6535011	江西省烟草专卖局（公司）办公室
《江西烟草信息》		1994年	周 刊	/	0791－6535092	江西省烟草专卖局（公司）办公室
《烟叶简报》		2004年12月	月 报	/	0791－6535137	江西省烟草专卖局（公司）
《南昌烟草》		2005年9月	月 刊	/	0791－6516840	江西省南昌市烟草专卖局
《学与思》	/	/	不定期	/	0793－8310193	江西省上饶市烟草专卖局（公司）
《饶烟论坛》		2002年6月	不定期	/	0793－8310528	江西省上饶市烟草专卖局（公司）
《九江广播电视报·金叶周刊》	国内统一刊号：CN－0025/03－12	2004年1月	周 报	/	0792－8136532	江西省九江市烟草专卖局（公司）、九江广播电视局
《鹰潭广播电视报·金叶周刊》	国内统一刊号：CN36－0025/08－12	2005年1月	周 报	/	/	江西省鹰潭市烟草专卖局、鹰潭广播电视局
《赣烟人》		1998年6月	月 刊	www.jinsheng.com	0797－6611898－6186	赣南卷烟厂
《金圣》		2004年6月	半月刊	/	0791－8358981	南昌卷烟总厂

报刊名	报刊号/准印证号	创刊日期	刊期	网址	联系电话	主办单位
《月兔信息》	赣内资字第 E004 号	/	月刊	/	0793-2624118	广丰卷烟厂
《南烟信息》		1999 年 10 月	周刊	/	0791-8358920	南昌卷烟总厂
《东方烟草报》	国内统一刊号：CN37-0082	1992 年 7 月	周五报	www.eastobacco.com	0531-88562706	东方烟草报社
《金叶》	枣庄市内部资料	2003 年 12 月	双月刊		0632-5501607	山东省枣庄市烟草专卖局（有限公司）
《淄博烟草》		2004 年 10 月	半月刊	/	0533-2175414	山东省淄博市烟草专卖局（有限公司）
《滨州烟草报》	滨州市内部资料准印证（2006）第 44 号		季报		0543-313077	山东省滨州市烟草专卖局（有限公司）
《将军集团报》	济南市内部资料准印证第 004 号	1990 年 7 月	旬报	/	0531-88776460	将军烟草集团有限公司
《星光报》	山东省连续型内部资料出版物准印证 0085 号	1997 年 10 月	不定期	www.qzcf.com	0536-3239468	颐中公司青州卷烟厂
《颐中烟草》	青岛市内部资料准印证第 071 号	1991 年 9 月	半月刊	www.etsong.com	0532-81921261	颐中公司青岛卷烟厂
《中国烟草科学》	CN37-1277/S	1979 年	双月刊	www.tric.cn	0532-88703708	中国农业科学院烟草研究所、中国烟草总公司青州烟草研究所
《河南烟草》	内资［豫直］0058 号	1996 年 6 月	季刊	/	0371-65583128	河南省烟草专卖局（公司）、河南中烟工业公司、河南省烟草学会
《郑州烟草》	河南省连续性内资［郑州］0005	/	半月刊	/	0371-68810589	河南省郑州市烟草专卖局（公司）
《焦作烟草》	河南省连续内部资料［焦作］0024 号	/	半月刊	/	0391-2285031	河南省焦作市烟草专卖局（公司）
《今日信烟》	河南省连续内部资料［信阳］0025 号	/	半月刊	/	0376-6557519	河南省信阳市烟草专卖局（公司）
《周口烟草》	豫内资周新通［2005］025 号	/	不定期	/	0394-8395384	河南省周口市烟草专卖局（公司）
《郑州院报》		2004 年 1 月	月报	/	0371-67672000	郑州烟草研究院
《烟草信息》		1984 年 7 月	半月刊	www.tobaccoinfo.com.cn	0371-67672639	中国烟草科技信息中心
《烟草科技》	ISSN1002-0861 CN41-1137	1957 年	月刊	www.tobaccoinfo.com.cn	0371-67672637	中国烟草总公司、郑州烟草研究院

报刊名	报刊号/准印证号	创刊日期	刊 期	网 址	联系电话	主办单位
《河南中烟》	内资［省直］163号	2006年6月	月 刊	www. hatic. com/magazine	0371-69192833	河南中烟工业公司
《帝豪时讯》	内资［许昌］0006号	1989年6月	半月刊	/	0374-3351233	河南中烟许昌卷烟总厂
《黄金叶信息》	豫内资通字［2002］0026	2002年2月	月 刊	www. goldenleaf. com. cn	0371-66393271	河南中烟郑州卷烟总厂
《湖北烟草》	湖北省内部资料准印证第2006/SG	1986年1月	双月刊	/	027-83738388	湖北省烟草专卖局（公司）、湖北中烟工业公司、湖北省烟草学会
《武汉烟草》		2001年10月	季 刊	/	027-65682185	武汉烟草（集团）有限公司、武汉市烟草专卖局（公司）、武汉烟草学会
《鄂州烟草报》		2003年1月	双周刊	/	0711-3870952	湖北省鄂州市烟草学会
《襄樊烟草学报》		2003年	月 刊	/	0710-3010881	湖北省襄樊市烟草专卖局（公司）
《襄樊烟草》		2001年	月 刊	/	0710-3010881	湖北省襄樊市烟草专卖局（公司）
《随州烟草》		2000年10月	月 刊	/	0722-3223091	湖北省随州市烟草专卖局（公司）
《随州烟草信息》		2000年10月	月 刊	/	0722-3223092	湖北省随州市烟草专卖局（公司）
《红金龙》	鄂内资准印1013	1988年	半月刊	www. wuyan. com. cn	027-68832900	武汉烟草（集团）有限公司、武汉市烟草专卖局（公司）
《湖南烟草》	湖南省内部资料刊型准印证号0058	1986年9月	双月刊	www. hntobacco. com	0731-5799277	湖南省烟草专卖局（公司）、湖南中烟工业公司、湖南省烟草学会
《白沙》	湖南省内部报型资料准印证A002	1989年	旬 报	/	0731-5559117	湖南中烟长沙卷烟厂
《常德烟厂报》		1984年	旬 报	/	/	湖南中烟常德卷烟厂
《广东烟草》	粤O第1339号	2004年8月	双月刊	/	020-38809775	广东省烟草专卖局（公司）
《广东中烟报》	粤O第0075号	2005年5月	月 报	/	020-87013273	广东中烟工业公司
《广西烟草》	广西壮族自治区内部资料性出版物准印证第0040475号	1987年1月	双月刊	/	0771-5851875	广西壮族自治区烟草专卖局（公司）、广西中烟工业公司、广西壮族自治区烟草学会
《河池烟草》		2003年4月	月 刊	www. hctobacco. com	0778-2284430	广西壮族自治区河池市烟草专卖局（公司）
《真龙》	广西内部资料版物准印证第0018007	2005年4月	旬 报	/	0771-2093159	广西中烟工业公司、广西卷烟总厂
《海南烟草》		2000年10月	月 刊	/	0898-66764848	海南省烟草专卖局(公司)

报刊名	报刊号/准印证号	创刊日期	刊 期	网 址	联系电话	主办单位
《长江烟草报》	渝内字07-040号	1999年2月	旬 报	/	023-62940675	重庆市烟草专卖局（公司）、重庆烟草工业公司
《重庆烟草》	渝内字（06）-（349）号	1989年	月 刊	/	023-67982697	重庆市烟草专卖局（公司）、重庆市烟草学会
《四川烟草通讯》		1985年	双月刊	/	028-86162076	四川省烟草专卖局（公司）、川渝中烟工业公司、四川省烟草学会
《成都烟草》		2006年4月	月 刊	/	028-82957346	成都市烟草专卖局（公司）成都市烟草学会
《贵州烟草》	黔新出［报刊］2005连续性内资准字第220号	1979年	季 刊	/	0851-6830484	贵州省烟草专卖局（公司）、贵州中烟工业公司、贵州省烟草学会、贵州省烟草科学研究所
《贵阳烟草》	黔新出［报刊］2006内资准字第226号	2005年5月	季 刊	/	0851-6782827	贵州省贵阳市烟草专卖局（公司）
《遵义烟草》	贵州省［报刊］内资字第DK108号		双月刊	www.zytobacco.com	0852-8822787	贵州省遵义市烟草专卖局（公司）
《毕节烟草报》	黔新出（2006）内资准字162号	1987年7月	旬 报	www.gzbjcf.com.cn	0851-8283770	贵州省毕节市烟草专卖（公司）
《黄果树烟草报》	黔新出［报刊］2005连续性内资字第SB20号	1988年	旬 报	www.huangguoshu.com	0851-5981926	贵阳卷烟厂
《云南烟草》		1988年	双月刊	/	0871-3154518	云南省烟草专卖局（公司）、云南中烟工业公司、云南省烟草学会
《云南烟草报》		1993年	旬 报	/	0871-3136874	云南省烟草专卖局（公司）
《红烟视窗》		2004年	月 刊	/	0873-6225009	云南省红河州烟草专卖局（公司）
《思烟》		2003年10月	月 刊	/	/	云南省思茅市烟草专卖局（公司）
《芳草》		1997年6月	季 刊	/	0883-2162325	云南省临沧市烟草专卖局（公司）
《红河烟草信息》		2000年	双月刊	/	0873-3732056	云南省红河州烤烟生产协调领导小组办公室
《红塔时报》		1987年5月	周 报	www.hongtatimes.com.cn	0877-2968943	云南红塔（集团）有限责任公司
《红云烟草》报	云新内准印字（079）号		半月刊	/	0871-5833129	红云烟草（集团）有限责任公司

报刊名	报刊号/准印证号	创刊日期	刊 期	网 址	联系电话	主办单位
《今日红云》	云新（2006）准印连字		双月刊		0871－5833129	
《昭通烟草》	云新出（2001）准印连字第379号		半月刊	http://www.zctf.com	0870－2130197	红河卷烟总厂昭通卷烟厂
《新烟工人》	准印证第0067号		月 刊		0992－3223394	红河卷烟总厂新疆卷烟厂
《红烟文苑》	第271号（内部资料）	1994年6月	旬 刊	www.honghe.com	0873－6196737	红河卷烟总厂
《和谐昆烟》		2006年3月	双月刊		0871－5811733	红云集团昆明卷烟厂
《昆烟报》		1987年6月	双周报	www.kmcf.com	0871－5825178	红云集团昆明卷烟厂
《今日昆烟》		1991年1月	双月刊	/	0871－5811733	红云集团昆明卷烟厂
《烟草农业科学》		2005年9月	季 刊	http://www.tas.net.cn	0877－2075100	云南省烟草科学研究所、中国烟草育种研究（南方）中心
《烟草种子通讯》		2004年7月	双月刊	/	0877－2664910	中国烟草育种（南方）中心、云南省烟草公司烟叶处、中烟种子有限责任公司
《烟草科学研究》		1999年10月	季 刊	/	0871－8310750	云南烟草科学研究院
《陕西烟草》	陕新出内印字/第9617号	1990年12月	双月刊	/	029－87445566－8717	陕西省烟草专卖局（公司）、陕西中烟工业公司、陕西省烟草学会
《陕烟信息》		2000年	不定期	/	029－87445566－8803	陕西省烟草专卖局（公司）
《陕烟办通报》		1998年	不定期	/	029－87445566－8803	陕西省烟草专卖局（公司）
《西安烟草》		2004年3月	半月刊	/	029－82509149	陕西省西安市烟草专卖局（公司）
《商洛烟草》		1992年	周 刊	/	0914－2313216	陕西省商洛市烟草专卖局（公司）
《烟语心声》		2006年	双月报	/	0917－3251892	陕西省宝鸡市烟草专卖局（公司）
《政务信息》		2002年12月	不定期	/	0917－3250219	陕西省宝鸡市烟草专卖局（公司）
《咸阳烟草》		/	不定期	/	0910－3369992	陕西省咸阳市烟草专卖局（公司）
《榆烟心桥》		/	不定期	/	0912－5632623	陕西省榆林市烟草专卖局（公司）
《甘肃烟草》	甘内资G07019	1992年12月	不定期	/	0937－8878053	甘肃省烟草专卖局（公司）、甘肃省烟草学会

报刊名	报刊号/准印证号	创刊日期	刊 期	网 址	联系电话	主办单位
《青海烟草》	青内资 k－173 号	1986 年	双月刊	/	0971－6154026	青海省烟草专卖局（公司）、青海省烟草学会
《宁夏烟草》	宁新出管字［2007］第 153 号	1991 年	季 刊	/	0951－6087000－8225	宁夏回族自治区烟草专卖局（公司）、宁夏回族自治区烟草学会
《银川烟草》	宁新出管字［2007］第 377 号	2005 年 1 月	双月刊	/	0951－5077021	宁夏回族自治区银川市烟草专卖局（分公司）
《银烟市场报》	内部资料	2003 年 1 月	月 报	/	0951－5077021	宁夏回族自治区银川市烟草专卖局（分公司）
《石嘴山烟草报》	内部资料	2004 年 7 月	月 报	/	0952－2013123	宁夏回族自治区石嘴山市烟草专卖局（公司）
《中卫烟草报》	内部资料	2006 年 3 月	月 报	/	0955－7022901	宁夏回族自治区中卫市烟草专卖局（公司）
《新疆烟草》	新疆内部资料（刊物）准印证第 0113 号	1990 年	季 刊	/	0991－4810977	新疆维吾尔自治区烟草专卖局（公司）、新疆维吾尔自治区烟草学会
《深圳烟草》	/		月 刊	/	0755－82029915	深圳市烟草专卖局（公司）
《深烟风采》		2002 年 6 月	季 刊	www. szjyc. com	0755－25533525	深圳卷烟厂

2006 年度烟草新书目

1. 2005 鄂州烟草纵横/ 夏汉林主编；鄂州市烟草学会编．—武汉：湖北人民出版社，2006

2. 2005 云南烟草科学研究院科研论文汇编/ 姚庆艳主编；云南烟草科学研究院编．—昆明：云南大学出版社，2006

3. WHO 烟草控制框架公约对案及对中国烟草影响对策研究/ 周瑞增、程永照主编．—北京：经济科学出版社，2006

4. YC/T198—2006《卷烟品牌许可生产质量保障通则》实施指南/ 王海燕著．—北京：中国经济出版社，2006

5. YC/T199—2006《卷烟企业清洁生产评价准则》实施指南/ 冯茜主编；国家烟草专卖局科技教育司、国家烟草专卖局经济运行司、中国烟草标准化研究中心编．—北京：中国标准化出版社，2006

6. 阿坝州烟草志/ 王开友主编；阿坝藏族羌族自治州烟草专卖局（公司）编纂．—成都：四川人民出版社，2006

7. 成都卷烟厂志/ 张永明总编；甘国辉主编；成都卷烟厂编纂．—成都：四川人民出版社，2006

8. 创新与发展 / 吴洪田主编；遵义市烟草商业系统“十五”期间创新与发展文集编委会编纂．—成都：四川科学技术出版社，2006

9. 创业新歌——枣烟管理手册/ 赵波主编；枣庄市烟草专卖局（公司）编纂．—济南：山东大学出版社，2006

10. 都江堰市烟草志/ 吕强主编；都江堰市烟草专卖局（分公司）编纂．—成都：四川人民出版社，2006

11. 峨眉山市烟草志/ 张东升主编；峨眉山市烟草

专卖局（分公司）编纂 .—成都：四川人民出版社，2006

12. 福建省地市级烟草公司卷烟销售网络运行规范/ 杨培森主编；福建省烟草公司编著 .—福州：海潮摄影艺术出版社，2006

13. 甘孜州烟草志/ 四朗彭措主编；甘孜州烟草专卖局（分公司）编纂 .—成都：四川人民出版社，2006

14. 广安市烟草志/ 杨成全主编；广安市烟草专卖局（分公司）编纂 .—成都：四川人民出版社，2006

15. 杭州烟草改革与发展·2004/ 浙江省杭州市烟草专卖局、浙江省烟草公司杭州分公司编 .—合肥：中国科技大学出版社，2006

16. 杭州烟草改革与发展·2005/ 浙江省杭州市烟草专卖局、浙江省烟草公司杭州分公司编 .—合肥：中国科技大学出版社，2006

17. 红安县烟草志/ 张其华主编；红安县烟草专卖局编纂 .—武汉：崇文书局，2006

18. 红塔集团志/ 柳万东主编；红塔烟草（集团）有限责任公司编纂 .—昆明：云南人民出版社，2006

19. 黄梅县烟草志/ 董建雄主编；黄梅县烟草专卖局编纂 .—武汉：崇文书局，2006

20. 黄州区烟草志/ 王胜言主编；黄州区烟草专卖局编纂 .—武汉：崇文书局，2006

21. 卷烟产品开发 = Cigarette Product Development / Fawky Abdallah［美］原著；缪明明等翻译 .—昆明：云南科技出版社，2006

22. 卷烟工艺质检员素质教育读本/ 杨自业、司书贵主编 .—郑州：河南人民出版社，2006

23. 烤烟三段式烘烤导论/ 宫长荣、周义和、杨焕文著 .—北京：科学出版社，2006

24. 乐山市烟草志/ 乐山市烟草专卖局（分公司）编纂 .—成都：四川人民出版社，2006

25. 廉洁指导手册/ 张丕中主编；杨萍等编写 .—郑州：河南人民出版社，2006

26. 廉政论坛/ 张丕中主编 .—郑州：河南人民出版社，2006

27. 凉山州烟草志/ 邢小军主编；凉山州烟草专卖局（分公司）编纂 .—成都：四川人民出版社，2006

28. 辽宁烟草志/ 初昭仑主编；辽宁烟草志编撰委员会编 .—沈阳：白山出版社，2006

29. 刘彩望烟草新闻调研作品集/ 刘彩望著 .—北京：经济日报出版社，2006

30. 泸州市烟草志/ 泸州市烟草专卖局（分公司）编纂 .—成都：四川人民出版社，2006

31. 罗田县烟草志/ 张禾炎主编；罗田县烟草专卖局编纂 .—武汉：崇文书局，2006

32. 麻城市烟草志/ 南春友主编；麻城市烟草专卖局编纂 .—武汉：崇文书局，2006

33. 眉山市烟草志/ 叶章贵主编；眉山市烟草专卖局（分公司）编纂 .—成都：四川人民出版社，2006

34. 魅力赞歌——枣烟文化手册/ 赵波主编；枣庄市烟草专卖局（公司）编纂 .—北京：文化艺术出版社，2006

35. 蕲春县烟草志/ 万觉益主编；蕲春县烟草专卖局编纂 .—武汉：崇文书局，2006

36. 深圳烟草志/ 杨正中主编；深圳烟草志编撰委员会编 .—深圳：海天出版社，2006

37. 市场化条件下的烟叶政策研究/ 王现军主编；聂和平等编写；中国烟叶公司编 .—北京：中国农业科学技术出版社，2006

38. 四川省烟草志/ 黄友良主编；四川省烟草专卖局（公司）编纂 .—成都：四川人民出版社，2006

39. 遂宁市烟草志/ 步克主编；遂宁市烟草专卖局（分公司）编纂 .—成都：四川人民出版社，2006

40. 团风县烟草志/ 王新龙主编；团风县烟草专卖局编纂 .—武汉：崇文书局，2006

41. 武穴市烟草志/ 胡新江主编；武穴市烟草专卖局编纂 .—武汉：崇文书局，2006

42. 浠水县烟草志/ 高琼主编；浠水县烟草专卖局编纂 .—武汉：崇文书局，2006

43. 襄樊烟区土壤施肥区划研究/ 唐启楹、王学龙主编 .—北京：中国农业出版社，2006

44. 心灵颂歌——枣烟歌颂词萃/ 赵波主编；枣庄市烟草专卖局（公司）编纂 .—济南：山东友谊出版社，2006

45. 许昌卷烟厂志/《许昌卷烟厂志》编纂委员会编 .—郑州：中州古籍出版社，2006

46. 烟草百科全书 = Tobacco Encyclopedia/ 潘必兴主编；德国烟草国际出版公司编著；烟草百科全书编委会编译 .—北京：中国大百科全书出版社，2006

47. 烟草计划/ 巫鸿编著 .—北京：中国人民大学出版社，2006

48. 烟草技术标准汇编（八）/ 范黎主编；国家烟草专卖局、全国烟草标准化技术委员会编 .—北京：中国标准出版社，2006

49. 烟草技术标准汇编（九）/ 范黎主编；国家烟草专卖局、全国烟草标准化技术委员会编 .—北京：中国标准出版社，2006

50. 烟草经济研究报告［专著］：2004～2006 / 张辉主编 .—北京：中国财政经济出版社，2006

51. 烟草企业客户经理制与大客户管理规范/ 夏国

俊著.—哈尔滨：哈尔滨地图出版社，2006

52. 烟草栽培技术/ 郭玉海主编.—北京：中央广播电视大学出版社，2006

53. 烟草种质资源描述规范和数据标准/ 王志德、王元英、牟健民等编著.—北京：中国农业出版社，2006

54. 烟民保健直通车/ 钮文异主编.—北京：中国广播电视出版社，2006

55. 烟叶产业化经营与管理创新/ 马聪著.—北京：中国农业出版社，2006

56. 烟叶分级/ 陆星星主编.—昆明：云南大学出版社，2006

57. 英汉烟草工业术语词典/ 缪明明主编.—昆明：云南科技出版社，2006

58. 英山县烟草志/ 魏亚纯主编；英山县烟草专卖局编纂.—武汉：崇文书局，2006

59. 优质烟草增值20%关键技术/ 祖朝龙、高正良编著.—北京：中国三峡出版社，2006

60. 友谊放歌——枣烟楹联选粹/ 赵波主编；枣庄市烟草专卖局（公司）编纂.—北京：中国文联出版社，2006

61. 云南烤烟生产新技术/ 雷丽萍、崔国民编.—北京：科学出版社，2006

62. 云南省烤烟轮作规划研究/ 邵岩编.—北京：科学出版社，2006

63. 漳州市烟草志/ 曾武彬主编；《漳州市烟草志》编纂委员会编.—北京：方志出版社，2006

64. 郑烟人之歌/ 杨自业等主编.—北京：中国工人出版社，2006

65.《郑州卷烟厂志》述评集/ 吴殿信主编.—香港：中国文化出版社，2006

66.《中国烟草年鉴（2004）》/ 国家烟草专卖局编.—北京：中国经济出版社，2006

67. 中国烟草企业文化建设系列丛书之《管理红河》/ 李瑾主编.—北京：华艺出版社，2006

68. 中国烟草企业文化建设系列丛书之《厚德致远》/ 于谦主编.—北京：华艺出版社，2006

69. 中国烟草企业文化建设系列丛书之《我心飞翔》/ 白沙管理发展学院主编.—北京：华艺出版社，2006

70. 中国烟草企业文化建设系列丛书之《再造“儒商”》/ 崔方成主编.—北京：华艺出版社，2006

71. 中国烟草通志/ 杨国安主编；中国烟草通志编撰委员会编.—北京：中华书局，2006

72. 中国烟草重组整合及走出去（一）/ 国家烟草专卖局、中国烟草总公司烟草经济研究所主编.—北京：首都经济贸易大学出版社，2006

73. 遵义优质烤烟综合标准体系/ 吴洪田主编；贵州省烟草公司遵义市分公司、贵州省烟草科学研究所、遵义市质量技术监督局编.—成都：四川科学技术出版社，2006

11月，国家局机关向灾区人民捐赠棉衣等过冬物资近800件

陈慧芳 摄

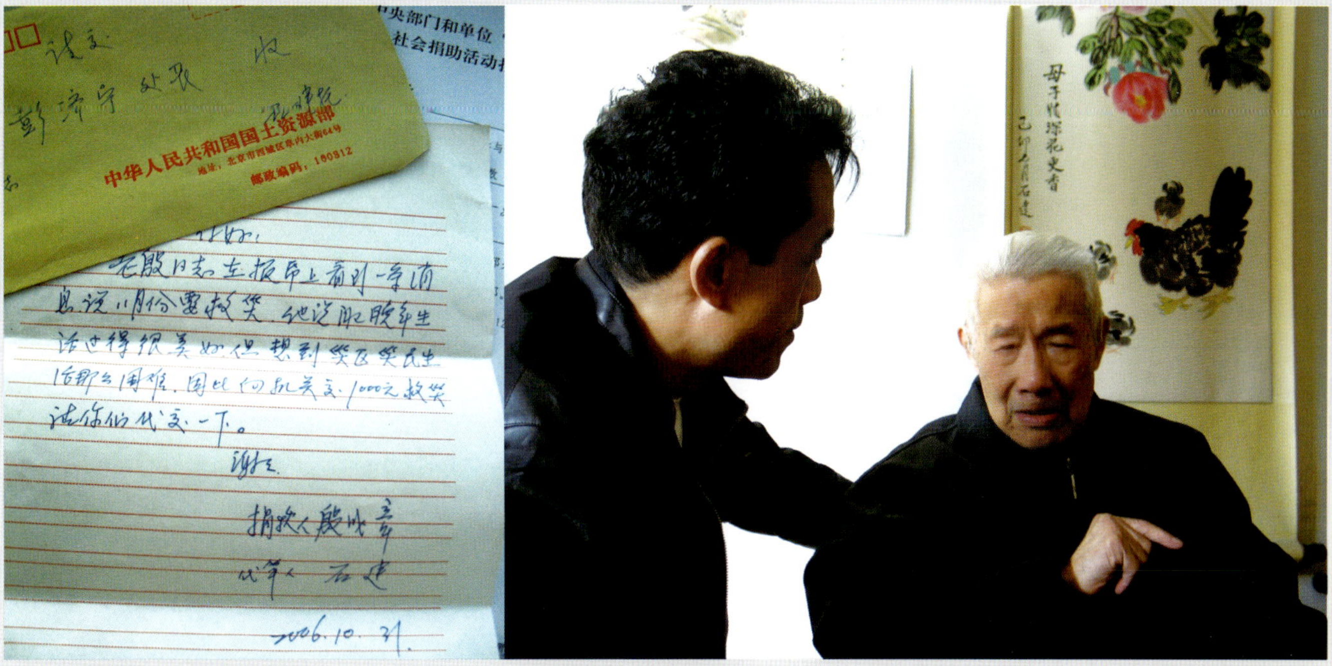

九十一岁高龄的中国烟草总公司原副经理殷成章主动为灾区捐款1000元

陈慧芳 摄

上海烟草（集团）公司向天津市慈善协会捐款帮助天津贫困学生

上海市局 供稿

12月16日，上海烟草（集团）公司举行“知识改变命运——大型慈善报告会暨中华慈善教育基金捐助仪式”

上海市局 供稿

南京卷烟厂员工自发资助贫困学生

江苏中烟南京卷烟厂 供稿

淮阴卷烟厂职工捐款资助特困群众过春节

江苏中烟淮阴卷烟厂 王普刚 摄

9月19日，“浙江中烟光明行动”正式启动，现场向浙江省慈善总会捐款200万元

浙江中烟 陈 军 摄

9月9日，安徽省局（公司）向亳州市谯城区十河镇褚刘村小学捐献爱心助学款

安徽亳州市局 李子亭 摄

8月，南昌卷烟总厂开展“金秋助学”活动

江西中烟南昌卷烟厂 付 鹈 摄

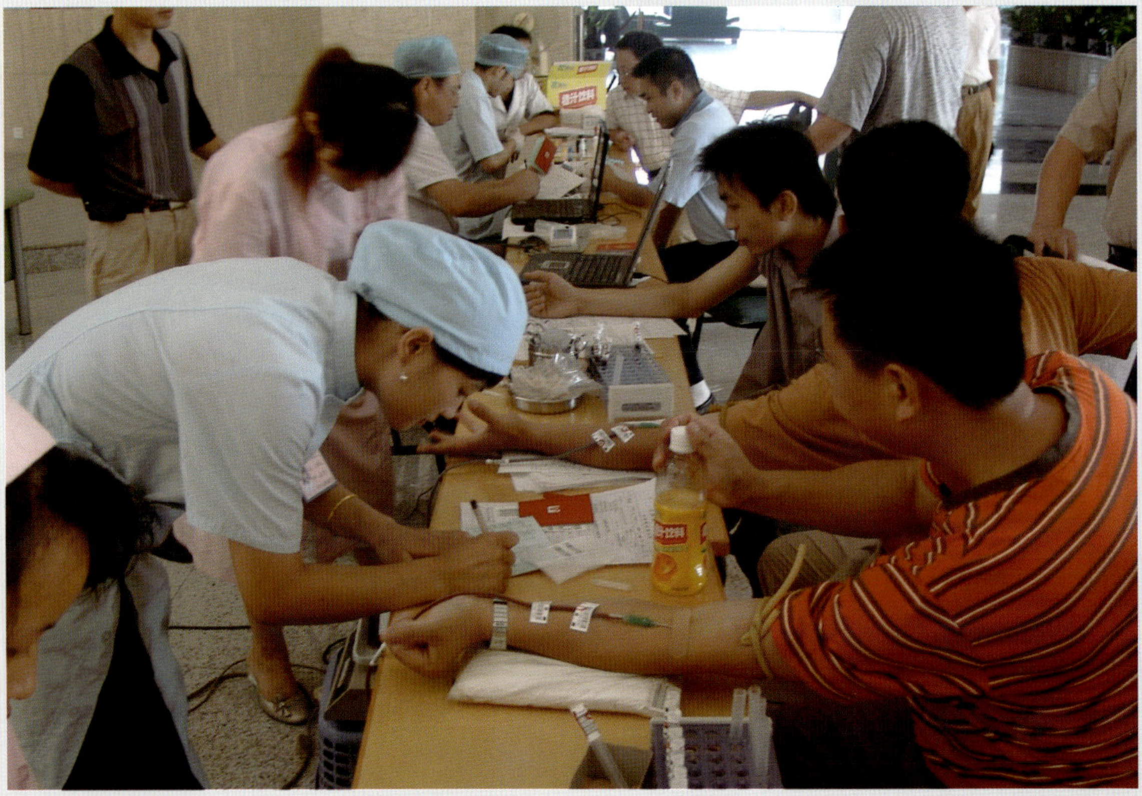

江西省局（公司）机关职工参加义务献血活动

江西省局 供稿

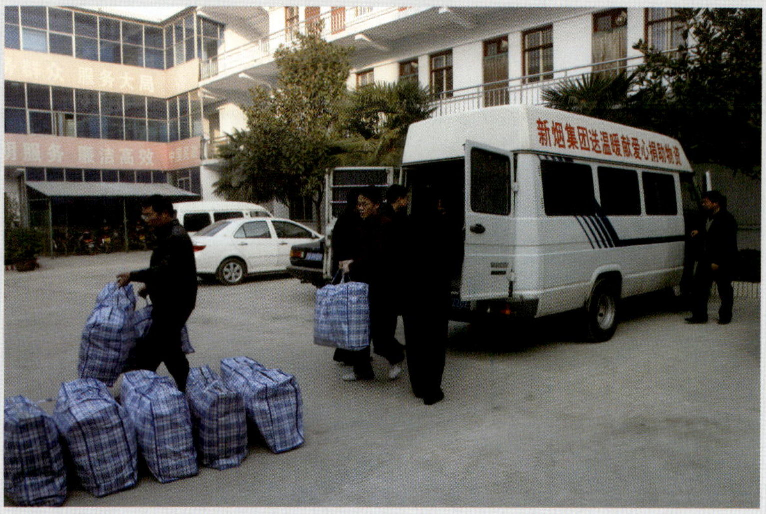

12月20日，河南新郑烟草（集团）公司向当地民政局捐资捐物

河南中烟新郑卷烟厂 崔照伟 摄

广东中烟捐赠“双喜助学金”资助贫困地区学生

广东中烟 供稿

广东中烟为江西瑞金的贫困学生颁发奖学金

广东中烟 端木裕松 摄

广东中烟向粤北灾区运送救灾物资

广东中烟 李广阳 摄

湖南省局（公司）和湖南省慈善总会联合举办的2006年“慈善医疗金叶卡”救助项目正式启动

湖南省局 供稿

广西中烟设立“真龙教育基金”

广西中烟 供稿

重庆潼南县局组织抗旱救灾，积极向受灾地区捐款送水

重庆潼南县局 供稿

广西区局（公司）向广西富川瑶族自治县麦岭镇长春完小捐资助学

广西区局 供稿

四川省局（公司）在巴中市通江县捐资修建四川烟草希望学校

四川省局 供稿

甘肃白银市局（公司）参加“心系灾区、关注灾民”社会捐助活动

甘肃白银市局 田种才 摄

5月11日，新疆喀什分局（公司）开展扶贫帮困捐款活动

新疆喀什区局 徐 良 摄

陕西汉中市局（公司）捐资修建小学

陕西汉中市局 供稿

公益事业

公益事业

2006年，全国烟草行业积极参加各项社会公益活动，据不完全统计，全年用于助学助残、扶贫帮困、救灾等各项社会公益活动的捐款超过3.88① 亿元。此外，行业还积极开展资助教育、科学、卫生、体育事业等活动，捐建希望小学、农民工图书馆若干；为贫困地区村民免费订阅报刊；组织职工为灾区人民捐赠衣物和生活必需品；积极参加义务献血活动、植树造林活动、环境保护活动；为村民修建公路、桥梁等，支援贫困地区的社会主义新农村建设。

国家烟草专卖局、中国烟草总公司

国家局扶贫办继续定点帮扶十堰市郧西、竹溪两个山区特困县。在郧西、竹溪县累计投入资金600万元，共实施73个项目。

竹溪县扶贫情况。为竹溪县投入300万元扶贫款，组织实施34个扶持项目，57个行政村、14974户共54336人（含受益师生和贫困劳动力转移人数）从中受益。截至2006年底，34个扶贫项目已完工32个。其中完成3个农田灌溉、人畜饮水项目，对80户农户栏圈进行改造、培训转移600名农民工，为100个村订阅《农民日报》。为龙坝乡红庙村修建14条公路和街道共102.1公里，修建6座桥梁、2座索桥和2座石拱桥。

郧西县扶贫情况。为郧西县投入300万元扶贫款，组织实施了49个项目，56个行政村、16800户共67200人从中受益。其中，修建公路252公里（硬化230公里，新修维修22公里）；新建、维修水渠6000米，增加灌溉面积606亩；在两个乡镇兴建沼气池100口，并做到改厨、改栏、改厕相配套，改善100户农民的生活环境，为农户提供优质农家肥3万担，年节约柴火25万公斤；为县职业技术学校、香口乡六斗希望小学添置教学器材60台（套）、桌椅30套；为18个乡镇、296个村订阅《农民日报》300份。

为"太阳花"杯劝阻青少年吸烟公益活动捐款150万元；向中国扶贫基金会"新长城特困大学生自强项目"捐款20万元，资助100名经济特困、品学兼优的全日制在校本科生；向中国绿化基金会捐款70万元，在国家级贫困村——河北省涿鹿县清宁堡村建立生态扶贫林。

国家局机关职工为"送温暖、献爱心"活动捐款12.38万元，捐赠衣物780件。

中国烟草实业发展中心

中国烟草实业发展中心以及下属八家企业共捐款649万元用于各项社会公益活动。

内蒙古昆明烟草有限责任公司：开展"博爱一日捐"活动，共捐款3.68万元；为部分受灾地区捐款7732元，捐赠棉衣物525件。组织91名职工参加义务献血。

北京市烟草专卖局（公司）

全市商业系统共捐款21.21万元用于各项社会公益活动。

北京市卷烟销售公司：6月，开展向灾区献爱心活动，共捐款1800元；8月，向贫困、残疾零售户捐赠价值3000元的慰问品，向一名贫困零售户捐助子女学费2000元；10月，参加"博爱在京城"活动，共捐款5140元。

北京烟草物流中心：参加"共产党员献爱心"捐款活动，共捐款7925元。

北京市烟草质量监督监测站：10月，参加"博爱在京城"活动，共捐款950元。

北京市东城区烟草专卖局（公司）：为区内某武警部队官兵捐赠图书500余本。参加"共产党员献爱心"捐款活动，共计捐款1920元。

北京市西城区烟草专卖局（公司）：参加"共产党员献爱心"捐款活动，共捐款4185元；为灾区、贫困地区捐款2990元、捐赠衣被49件。

北京市崇文区烟草专卖局（公司）：1月，继续对本区两名品学兼优的贫困学生按照捐资助学标准给予每人每年助学金500元，帮助他们顺利完成学业；6月，开展"关爱在崇文"活动，共捐款2660元；11月，开展"送温暖、献爱心"活动，共捐款1520元、捐赠衣被18件。

北京市宣武区烟草专卖局（公司）：6月，参加"共产党员献爱心"捐款活动，共捐款1630元；9月，向辖区一残疾特困户送去了过节食品和慰问金。开展

① 此数据由《中国烟草年鉴》编辑部根据本《年鉴》收集的公益事业资料统计而来。

"传递爱心，营造和谐"活动，捐款400余元，捐助北京市"希望之星（1+1）奖学金"项目。

北京市丰台区烟草专卖局（公司）：为西部"母亲水窖"工程捐款5000余元。

北京市石景山区烟草专卖局（公司）：积极参加爱心捐助活动，全年向社会捐款2000余元。

北京市通州区烟草专卖局（公司）：5月，参加"共产党员献爱心"捐款活动，共捐款1110元；11月，开展"送温暖、献爱心"活动，共捐款1万元、捐赠衣被126件。

北京市顺义区烟草专卖局（公司）：开展"慈善一日捐"活动，共捐款6.04万元。

北京市延庆县烟草专卖局（公司）：3月，参加"博爱在京城"活动，共捐款715元。5月，开展"救助贫困母亲"活动，共捐款755元。11月，开展"送温暖、献爱心"活动，共捐款1810元。

北京市怀柔区烟草专卖局（公司）：参加"博爱在京城"活动，共捐款1360元；6月，参加"共产党员献爱心"活动，共捐款2760元；9月，为怀柔区"红领巾读书"活动献爱心，捐赠电脑8台；11月，参加"送温暖、献爱心"活动，共捐款1550元。

北京市大兴区烟草专卖局（公司）：9月10日，向联谊学校大兴区大皮营第二中心小学捐款3000元；11月10日，向江西、内蒙古等受灾地区捐款1420元、捐赠衣被192件。

北京市昌平区烟草专卖局（公司）：6月，参加"共产党员献爱心"活动，共捐款4490元。11月，向高崖口小学捐赠价值2000元的电脑、打印机、图书等物品。

北京市密云县烟草专卖局（公司）：参加"共产党员献爱心"活动，共捐款1500元；11月，参加"送温暖、献爱心"活动，共捐款3940元；捐款6600元帮助11名贫困学生完成学业；向对口扶贫单位庄户峪村捐助扶贫修路款2万元。

北京市门头沟区烟草专卖局（公司）：参加"资助山区贫困学生"、"博爱在京城"、"共产党员献爱心"、"慈善一日捐"等公益活动，共捐款5410元、捐赠衣物41件；9月13日，向门头沟区清水镇捐赠电脑44台，打印机、扫描仪、传真机等办公设备共45台。

北京市房山区烟草专卖局（公司）：1月，与房山卫生局、教委共同开展"清新校园、无烟行动"，共捐款1000元；4月，参加"博爱在京城"活动，共捐款1000元；6月，参加"共产党员献爱心"活动；共捐款1550元；11月，为灾区人民献爱心，捐款760元。

北京市平谷区烟草专卖局（公司）：帮扶东高村一残疾家庭、为红十字会捐款、参加"共产党员献爱心"活动、捐资助学"中南海爱心小学"等，全年共捐款4.70万元。

北京市烟草专卖局铁路运输专卖分局：参加爱心捐助活动，全年共向社会捐款2000余元。

北京市烟草专卖局公路运输专卖分局：参加"博爱在京城"活动，共捐款850元。

天津市烟草专卖局（公司）

全市商业系统共捐款23.6万元用于各项社会公益活动。

天津市烟草专卖局（公司）机关：为河北省燕赵残疾人艺术团捐款1.2万元；参加"爱心奉献、扶残助残"活动，捐款2.8万元。

天津市区第三烟草专卖局（分公司）：为街道困难居民捐助食用油60桶，价值2400元。

北辰区烟草专卖局（分公司）：9月，开展"奉献爱心、回报社会"活动，共捐款2380元。

西青区烟草专卖局（分公司）：9月，向大寺镇捐赠扶贫款1300元；11月，向甘肃贫困地区捐赠衣物43件。

塘沽区烟草专卖局（分公司）：4月，向蓟县下营镇希望小学捐款1.07万元，捐赠桌椅120套，电脑桌15套、电脑18台；组织开展两次"慈善一日捐"活动，共捐款1.2万元。

大港区烟草专卖局（分公司）：开展"送温暖、献爱心"活动，共捐款3800元，为困难零售户捐款3500元。

武清区烟草专卖局（有限公司）：8月，为受灾地区捐款8640元；12月，参加"迎新春，扶贫助困"活动，共捐款1.41万元。

蓟县烟草专卖局（有限公司）：4月，向蓟县下营镇镇东小学捐款1.51万元，并捐赠电脑28台、桌椅240套；8月，向蓟县下营镇古强峪村捐款2万元；10月，向蓟县第二幼儿园捐款4万元；11月，开展"送温暖、献爱心"活动，为贫困灾区群众捐款5600元；12月，开展"奉献爱心、回报社会"活动，共捐款2.51万元。

宁河县烟草专卖局（有限公司）：7月，开展"慈善一日捐"活动，共捐款1040元；9月，为支持宁河县东棘坨镇文明生态村建设，捐款2万元。

天津市恒大实业公司：为4名下岗困难职工捐款1.28万元，捐赠棉被3床、捐赠衣物2件。

河北省烟草专卖局（公司）

全省商业系统共捐款59.05万元用于各项社会公益活动。

河北省烟草专卖局（公司）机关：1月，慰问沧州市海兴县香坊乡东马村20家贫困户，并送去慰问金6670元；4月，向张家口市怀来县一白血病儿童捐款8750元；7月，为农民工捐赠爱心图书235册、影碟12张；11月，参加“送温暖、献爱心”活动，捐款2250元、捐赠衣物170余件。

邯郸市烟草专卖局（公司）：3月14日，向邯郸市一白血病儿童捐款2070元；11月28日，向邯郸市社会捐助接收中心捐款7680元、捐赠衣物101件。

保定市烟草专卖局（公司）：1月，向对口扶贫点捐赠扶贫款7000元；支持生态文明村建设捐款9.75万元；9月、10月，通过市民政局捐赠助学金3万元。

张家口市烟草专卖局（公司）：1月8日，为保护张家口历史文化及文化遗产工程捐款1万元；11月5日，开展“送温暖、献爱心”活动，捐款4800元。

唐山市烟草专卖局（公司）：参加“一助一扶贫济困”活动，共捐款16万元；支持文明生态村建设捐款23万元。为助残扶弱事业捐款1万元。

廊坊市烟草专卖局（公司）：11月，参加“送温暖、献爱心”活动，共捐款9100元。

秦皇岛市烟草专卖局（公司）：11月24日，向秦皇岛市救灾捐助中心捐助4700元。

河北中烟工业公司

全年共捐款225.8万元用于各项社会公益活动。

河北中烟工业公司：4月，捐款40万元帮助蔚县北水泉镇南柏山村修建引水工程；7月20日，捐款11万元开展晋冀两省“钻石、白沙”助学活动；9月，投入50万元扶贫款为将南柏山村硬化公路8.5公里，开展“送温暖、献爱心”活动，共捐款16.8万元、捐赠衣物5000余件。

张家口卷烟厂有限责任公司：向张北县公会镇东号村、柴家营村捐款30万元，为两个村新打机井3眼，架设高压线路1600米，低压线路1400米，新增水浇地710亩。在山西省开展为期3个月的“山西省百县千乡送电影到基层活动”。

河北白沙烟草有限责任公司：帮扶张家口蔚县杨庄克乡胡家庄村和嘴子村，捐款12万元建造一所希望小学；投入3万元，支援两村水泥衬砌渠建设，新建水泥衬砌渠1000米，实现水浇地面积200亩；捐助栾城县信家庄村建设文明生态村3万元；向河北省慈善总会捐款3万元；向第二届“新青年、新石家庄”青年论坛捐助5万元；向河北省第三届职工运动会赞助20万元；向石家庄市第三届职工运动会赞助7万元；4月5日，保定分厂向保定市“山花工程”办公室捐款25万元。

山西省烟草专卖局（公司）

全省商业系统共捐款127.95万元用于各项社会公益活动。

山西省烟草专卖局（公司）机关：向定点扶贫点临汾市永和县阁底乡投入扶贫造林资金33万元；在“扶贫济困送温暖”活动中捐款2.5万元；开展“联企帮困”和“送温暖、献爱心”活动，与山西建筑机械厂9户贫困职工实行“结对子”，发动机关职工捐款1.91万元。

太原市烟草专卖局（公司）：开展“送温暖、献爱心”活动，为困难职工捐款3.1万元；为晋源区家庭困难的小学生购买价值4000元的文具；向阳曲县侯村捐款10万元解决该村人畜饮水问题；为阳曲县侯村小学捐赠价值3.5万元的电脑、桌椅、板凳等。

大同市烟草专卖局（公司）：捐款11万元完成对对口扶贫单位天镇县李二口村截潜流引水入户扶贫项目；开展“送温暖、献爱心”活动，共捐款4.46万元、捐赠衣物480件、新棉被25套。

阳泉市烟草专卖局（公司）：开展“结对子、助残扶困”活动，共帮扶零售户160人；通过市民政局向社会弱势群体捐款2700元、捐赠衣物102件。

长治市烟草专卖局（公司）：开展“企业捐一天利润、职工捐一天工资”和“送温暖、献爱心”等活动，向扶贫点捐赠价值2000元的学习用具及VCD、电视等，为83户村民订阅《农民文摘》、《农民工作通讯》，为村里修建涵洞桥及水泥路捐款10万元。

晋城市烟草专卖局（公司）：全年为救济贫困、扶助残疾人等公益事业捐款14.5万元。

朔州市烟草专卖局（公司）：为右玉县高家堡乡三岔堡村捐款13万元，发动职工为当地困难群众捐款8830元。

忻州市烟草专卖局（公司）：向五台县台城镇走马岭村村委捐款2.5万元及电脑1台；在“扶贫济困送温暖”活动中捐款5000元，捐赠衣物182件。

吕梁市烟草专卖局（公司）：开展党员干部结对帮扶弱势群体活动，中阳、孝义等县局（营销部）开展“真情服务到一线活动”；交口县局（营销部）向贫困零售户发放领导帮扶联系卡。全年市局（公司）与171名弱势零售户实现结对帮扶，为扶贫村种植酸枣接大枣300亩、打水井1眼、捐赠电脑5台、课桌30余套，捐赠救助款3300元。

晋中市烟草专卖局（公司）：向榆次区东阳镇四村联校捐赠电脑24台；在“‘六·一’儿童节扶贫献爱心”活动中，向左权县麻田尖庙村小学捐赠桌椅30套，价值3010元；先后两次捐助爱心助学款共计2.4万元。

临汾市烟草专卖局（公司）：全市商业系统共有769名员工自愿为社会贫困群众和弱势群体客户捐款3.32万元，捐赠衣物309件。向永和县南庄乡刘家圪崂村捐款7万元解决通电照明问题；职工个人向艾滋病患者学校“红丝带”小学捐款1万元。

运城市烟草专卖局（公司）：全年捐款6.28万元用于社会公益事业。其中：向平陆县西侯乡西侯村捐助扶贫款3000元；向稷山县消费者协会捐款1000元、向稷山翟店镇捐助下水道改建款5000元；向新绛县孙家院村委会捐赠帮扶款5000元；向夏县秦涧村捐赠修路款3万元、向夏县郭道村捐赠修路款4180元；支援永济新农村建设5000元；向河北唐山残疾人协会捐款1000元；向万荣县庆祝建党85周年文艺演出捐助2500元；向垣曲县公益宣传警示栏项目捐款3300元。

内蒙古自治区烟草专卖局（公司）

全省商业系统共捐款109.93万元用于各项社会公益活动。

内蒙古自治区烟草专卖局（公司）机关：参加“送温暖、献爱心”活动，共捐款7274元、捐赠衣物260件；5月，参加“博爱一日捐”活动，区局（公司）机关及驻呼直属单位的职工捐款4.92万元。

呼和浩特市烟草专卖局（公司）：开展捐资助学活动共捐款3万元，为农民扶贫致富工程捐款5万元，为希望工程、“博爱一日捐”、“送温暖、献爱心”等活动捐款2.2万元。

包头市烟草专卖局（公司）：全市商业体系共捐款16.47万元用于扶贫帮困、捐资助学。2月，向固阳县教育局捐赠价值1.27万元电脑；3月，向土右旗村捐赠助学款500元；4月，向土右旗村捐赠价值575元的物品；6月，向包头市人才中心捐款3000元；10月，向固阳县银号镇捐赠扶贫款10万元。

呼伦贝尔市烟草专卖局（公司）：全市商业体系共捐款1.5万元用于帮助残疾人、贫困户，为见义勇为献爱心等社会公益活动。4月，为扎兰屯市美化工程捐款5万元；7月，为评选“魅力城市”赞助24万元；10月，为支援新农村建设捐款9万元。

通辽市烟草专卖局（公司）：全市商业系统共捐款11490元、捐赠衣物210件用于社会公益活动。其中，5月，参加“博爱一日捐”活动捐款4510元；8月，为科尔沁区6位贫困大学生捐款3000元；11月，市局（公司）机关员工为贫困农牧民捐款3980元、捐赠衣物210件。

赤峰市烟草专卖局（公司）：5月，向对口帮扶喀喇沁旗王爷府镇王爷府村捐款10万元，修建塑料大棚50座。

乌兰察布市烟草专卖局（公司）：为凉城县天城乡井尔村解决人畜饮水问题捐款10万元。向受灾地区群众捐款2万元、捐赠衣物194件。

巴彦淖尔市烟草专卖局（公司）：全年市局（公司）及所属的旗、县局（营销部）共捐款14万元用于社会公益活动。

乌海市烟草专卖局（公司）：为乌达区苏海图矿山路社区9位贫困大学生、3位中学生捐款5400元。

阿拉善盟烟草专卖局（公司）：向6户贫困户发放生活补助4200元，并向其中4户贫困户每户捐助白面2袋、大米1袋。

辽宁省烟草专卖局（公司）

全省商业系统共捐款616.51万元用于各项社会公益活动。

辽宁省烟草专卖局（公司）机关：3月，向岫岩县捐赠救灾款77.96万元，向残疾人联合艺术团捐款1万元；5月，向贫困户捐款1.5万元；10月，向阜新市彰武县满堂红乡捐赠扶贫款188.13万元；11月，向阜新市彰武县满堂红乡捐赠扶贫款24万元，向凤城、岫岩特困乡捐赠救助金30万元；12月，参加“送温暖、献爱心”活动，捐款2万元。

沈阳市烟草专卖局（公司）：1月，慰问贫困零售户并捐款16.04万元；3月，向保定市残疾人艺术团捐款3万元；4月，向法库县四家子乡捐赠扶贫款18.2万元；7月，向辽宁省老区扶贫助学办公室捐款9万元；8月，向沈阳市红十字会捐款3万元；10月，向沈阳市沈河区残疾人活动中心捐款10万元；11月，向沈阳市希望办捐赠宣传教育费5万元。

鞍山市烟草专卖局（公司）：1月，通过海城市民政局捐赠救灾款3万元，通过鞍山市铁西区民政局捐赠救灾款5万元，向台安市生产救灾办公室赈灾捐款2900元，向岫岩县赈灾捐赠办公室捐款1200元；2月，向台安市生产救灾办公室捐款1.85万元；8月，向鞍山市防汛指挥部捐款460元；12月，向鞍山市教育基金会捐款10万元，向岫岩县赈灾捐赠办公室捐款1620元。

本溪市烟草专卖局（公司）：6月，向本溪市慈善总会捐款1万元；8月，向唐山残疾人艺术团捐款1600元，向南芬区捐赠扶贫款4万元，通过溪湖区民政局捐赠扶贫款2万元，向妇女儿童委员会捐款3000元用于救助特困儿童，参加“送温暖、献爱心”活动捐款2万元；12月，通过本溪市民政局捐赠救灾款6000元。

丹东市烟草专卖局（公司）：6月，支持新农村建设捐款5.19万元；8月，向丹东红十字会捐款20万元；9月，为山区残联扶贫帮困事业捐款2万元；12月，向丹东市慈善总会捐款8000元，支援示范村建设捐赠赞助款2.45万元。

锦州市烟草专卖局（公司）：1月，向锦州市贫困户捐款2.25万元，向农村困难户捐款4000元，赞助古塔庙会10万元，向义县城关乡捐款5000元；2月，向锦州市零售户捐赠价值6万元的生活用品，向麻地村贫困户捐赠价值2万元的大米、面粉等生活用品；6月，为儿童福利院捐款3000元；7月，向残疾青年赠送价值5000元的电脑；8月，为农村乡镇医院、学校改造工程，捐款10万元；9月，为“金秋助学”活动捐款3万元，开展慈善助学活动捐款3万元，为温滴楼乡修路捐款2万元，为义县扶贫捐款10万元；11月，赞助义县朱瑞广场塑像工程10万元。

营口市烟草专卖局（公司）：11月，向贫困户捐款8400元；赞助贫困村镇2万元修建道路。

阜新市局烟草专卖局（公司）：5月，向阜新市慈善总会捐款3.5万元，为包乡抗旱工作捐款10万元；8月，开展爱心助学活动，捐款2000元；9月，向于寺乡扶贫捐款1万元；10月，向阜新市慈善总会捐款30.5万元；12月，为阜新市贫困下岗职工捐款9000元，向阜新市满堂红乡贫困农民捐款5000元。

辽阳市烟草专卖局（公司）：1月，向“温暖工程”捐款534元；5月，向灯塔市残疾人福利基金会捐款600元；9月，向市扶贫办捐款3万元，开展捐资助学活动捐款1万元，向市慈善总会捐款5万元。

铁岭市烟草专卖局（公司）：5月，向开原市八棵树乡捐赠扶贫款7.5万元；向西丰县和隆乡捐赠扶贫款5万元；9月，向昌图县三江口镇捐赠扶贫款3万元，向开原市东耿村捐赠扶贫款1.5万元；11月，向开原市八棵树乡捐赠扶贫款7.5万元；12月，向西丰县和隆乡捐赠扶贫款2.2万元，向西丰县营厂乡捐赠扶贫款1.5万元。

朝阳市烟草专卖局（公司）：6月、12月，向北票三宝营乡捐赠扶贫款共计2万元；6月、11月，向北票北塔子乡西山村捐赠扶贫款共计2万元；9月，向喀左县山咀子镇捐赠扶贫款1万元；12月，为贫困户捐款7000元，捐赠价值1万元的生活用品，向大连春蕾教育基金会捐款5万元。

盘锦市烟草专卖局（公司）：11月，向盘锦沙岭镇三河村捐赠扶贫款2万元；12月，通过盘锦市民政局捐赠救灾款6.01万元。

葫芦岛市烟草专卖局（公司）：为扶助贫困村捐款6.4万元；11月，向市慈善总会捐赠扶贫帮困款1.35万元。

吉林省烟草专卖局（公司）

全省商业系统共捐款497.87万元用于各项社会公益活动。

吉林省烟草专卖局（公司）机关：开展“慈善救助双日捐”活动，捐款3.40万元；开展“手拉手、献爱心”活动，捐款1606元。

长春市烟草专卖局（公司）：全市商业系统共捐款10万元用于各项社会公益活动，其中，向捐资助学工程捐款2.86万元，捐赠桌椅20套、打印机1台、电脑1台、衣服100件、鞋100双；开展“慈善救助双日捐”活动，共捐款4万元；向市红十字会捐款1.04万元；节日期间慰问贫困家庭并送去价值1.37万元的生活用品和生产资料。

吉林市烟草专卖局（公司）：支援社会主义新农村建设、开展“送温暖、献爱心”活动和捐资助学等各项社会公益活动，共捐款81万元、捐赠衣物298件。

四平市烟草专卖局（公司）：全市商业系统共捐款188万元用于各项社会公益活动，其中，向四平战役纪念馆捐款150万元；为四平市房身村新农村建设捐款10万元，捐款18万元扶助60名贫困学生，为西条河村捐款10万元用于新农村建设。

辽源市烟草专卖局（公司）：全市商业系统共捐款50.52万元用于各项社会公益活动，其中，向市红十字会捐款2000元；为修缮矿工墓地捐款2200元；支援东丰县三合乡蚂蚁村新农村建设捐款50万元。

通化市烟草专卖局（公司）：全市商业系统共捐款30.62万元，用于各项社会公益活动，其中，慈善捐款4万元；市局（公司）开展“扶贫济困送温暖”活动，捐款1.62万元；支援新农村建设捐款5万元；捐助贫困零售户、大学生5万元。

白城市烟草专卖局（公司）：全市商业系统共捐款111.54万元用于各项社会公益活动，其中，向市残联捐款60.93万元；向市慈善总会捐款45万元；开展“慈善救助双日捐”活动，捐款5.61万元。

白山市烟草专卖局（公司）：全市商业系统共捐款2.52万元，用于各项社会公益活动，其中，8月，市局（公司）机关开展“慈善救助双日捐”活动，向白山市慈善总会捐款1.88万元；11月，开展“送温暖、献爱心”活动，捐款400元、捐赠棉衣70件。江源县局（营销部）组织员工捐款1000余元资助失学儿童；抚松县局（营销部）组织员工为松江河“5·18”特大火灾受灾群众捐款5000元。

松原市烟草专卖局（公司）：全市商业系统共捐款13.73万元用于各项社会公益活动，其中，向困难零售户捐赠扶贫款1510元；为下岗贫困职工捐款1000元；开展“送温暖、献爱心”活动，捐款3230元、捐赠棉衣93件；开展爱心捐助活动，捐款1.57万元；支持市标准化巷路建设项目建设捐款1.56万元；向市慈善总会捐款10万元。

延边州烟草专卖局（公司）：全市商业系统共捐款6.38万元用于各项社会公益活动，其中，市局（公司）机关为龙井市智新乡长财村一贫困村民购买耕牛一头并捐款1000元；开展“慈善救助双日捐”活动捐款1.73万元；通过延边州民政局捐赠军用被服500套，价值8440元。敦化分公司向大桥乡兴发村遭受火灾的零售户捐款1000元、捐助货架1节、柜台2节；向青沟子乡柳树河村捐赠价值5000元的水泥管。汪清分公司开展“5321”活动向零售户捐款捐物共3315元。图们分公司开展“党民连心、解困扶贫”活动捐款1100元；开展“送温暖、献爱心”活动捐款620元。珲春分公司开展“5321”活动向零售户捐款捐物共5980元。和龙分公司支持和龙市新农村建设捐款1万元，资助市残联残疾人危房改造5000元，向贫困学生捐款1000元。

黑龙江省烟草专卖局（公司）

全省商业系统共捐款395.38万元用于各项社会公益活动。

黑龙江省烟草专卖局（公司）机关：开展“送温暖、献爱心”捐款活动，共捐款1.68万元。

哈尔滨市烟草专卖局（公司）：开展“三助”（助残、助困、助弱）活动，启动“扶困助学希望工程”行动，为希望工程捐款160万元。为海林市建希望小学捐款100万元。开展“我为农民献爱心”活动，捐赠价值2000元的化肥。开展“爱心永恒”邮品义购活动，义购邮政收藏品229册，价值9160元。向江西九江地震灾区捐款1.7万元。在松花江水体污染期间，向动力区文政办事处提供2万元的援助资金，为4个社区、10户特困家庭送去纯净水及生活用品，走访锅炉房12个、社区送水点8个。支援家乡建设，为建设太阳岛捐款100万元。为社会主义新农村建设捐款30万元。为延寿县双星村捐赠7台微型面包车，价值10万元。

上海烟草（集团）公司

上海烟草（集团）公司共捐款1343.4万元用于各项社会公益活动。

7月~8月，上海烟草（集团）公司向受灾严重的福建省烟草公司龙岩、三明、南平分公司各捐款50万元，向湖南郴州烟叶基地和永州烟叶调拨点分别捐款50万元和20万元；10月，向贵州省的湄潭求知高级中学、毕节黔西县林泉职业中学、兴义市猪场坪小学以及云南省文山州一中捐资助学共计160万元；12月16日，在“知识改变命运——大型慈善报告会暨中华慈善教育基金捐助仪式”上向上海市慈善基金会捐赠1000万元。

4月，崇明烟草糖酒有限公司向崇明县红十字会捐款5万元；5月，普陀烟草糖酒有限公司向普陀区9个街道的90名贫困学生发放帮困助学金5.4万元，并签订了合作帮困协议；6月，闸北烟草糖酒有限公司向上海市慈善基金会捐款3万元。

江苏省烟草专卖局（公司）

2006年江苏省烟草专卖局（公司）公益事业统计表

单位	企业或个人救助灾害、救济贫困、扶助残疾人	资助教育、科学、文化、卫生、体育事业	资助环境保护、社会公共设施建设	促进社会发展和进步的其他社会公共和福利事业	合计（万元）
江苏省烟草专卖局（公司）机关	80.00	/	/	8.28	88.28
南京市烟草专卖局（公司）	36.14	105.30	/	9.00	150.44
苏州市烟草专卖局（公司）	104.30	52.66	/	15.00	171.96
无锡市烟草专卖局（公司）	97.80	0.20	/	58.20	156.20
常州市烟草专卖局（公司）	36.66	1.94	/	13.50	52.09
镇江市烟草专卖局（公司）	30.00	1.00	50.00	19.00	100.00
南通市烟草专卖局（公司）	111.12	8.69	26.38	52.40	198.59
扬州市烟草专卖局（公司）	8.00	/	/	31.00	39.00
泰州市烟草专卖局（公司）	114.00	30.00	35.00	27.00	206.00

单 位	企业或个人救助灾害、救济贫困、扶助残疾人	资助教育、科学、文化、卫生、体育事业	资助环境保护、社会公共设施建设	促进社会发展和进步的其他社会公共和福利事业	合计（万元）
盐城市烟草专卖局（公司）	36.96	5.30	24.40	/	66.66
淮安市烟草专卖局（公司）	64.62	9.61	31.33	14.00	119.56
宿迁市烟草专卖局（公司）	3.47	6.00	10.15	11.48	31.09
徐州市烟草专卖局（公司）	41.63	/	/	/	41.63
连云港市烟草专卖局（公司）	8.00	5.00	/	2.50	15.50

浙江省烟草专卖局（公司）

全省商业系统共捐款2072.74万元用于各项社会公益活动。

浙江省烟草专卖局（公司）机关：省局（公司）机关共捐款336万元，其中，捐赠救灾款150万元、扶贫款60万元、慈善捐款100万元、资助文体事业26万元。

杭州市烟草专卖局（分公司）：全市商业系统共捐款437.66万元用于捐助贫困地区、开展“春风行动”等公益活动。其中，市局（分公司）捐款96.75万元，萧山区局（公司）捐款52.23万元，余杭区局（公司）捐款67.2万元，临安市局（公司）捐款36.85万元，富阳市局（公司）捐款69.7万元，桐庐县局（公司）捐款56.23万元，建德市局（公司）捐款17.12万元，淳安县局（公司）捐款41.58万元。

宁波市烟草专卖局（分公司）：全市商业系统共捐款311万元用于各项社会公益活动。其中，市局（分公司）机关捐款61万元，通过市民政局向灾区捐赠衣物4000余件，资助失学儿童50余人。

温州市烟草专卖局（分公司）：全市商业系统共捐款329.85万元用于各项社会公益活动。其中，市局（分公司）机关捐款105.76万元，永嘉县局（公司）捐款9.1万元，文成县局（公司）捐款15万元，洞头县局（公司）捐款5.21万元，瑞安市局（公司）捐款74.4万元，苍南县局（公司）捐款82.5万元。

嘉兴市烟草专卖局（分公司）：1月，向贫困地区捐款1.16万元；3月，向一白血病学生捐款5.14万元；8月，市局（分公司）领导班子成员分别与5名贫困学生签订了个人助学协议，组织职工开展“我为南湖增光辉”捐赠活动，共捐款1.11万元，组织职工参加嘉兴市无偿献血活动；10月，向新塍钱码头村捐赠电脑1台、彩电1台、跑步机1台。

湖州市烟草专卖局（分公司）：全市商业系统共捐款83.46万元用于各项社会公益活动。其中，安吉县局（公司）捐款35.25万元，长兴县局（公司）捐款19.58万元，德清县局（公司）捐款9.23万元。

绍兴市烟草专卖局（分公司）：全市商业系统共捐款303.85万元用于各项社会公益活动。

金华市烟草专卖局（分公司）：参加“慈善一日捐”活动，捐款35万元；为苏孟乡合山头村新农村建设捐款2万元；参加“送温暖、献爱心”和“抗台救灾”公益活动，职工个人捐款2.99万元、捐赠衣被459件。

衢州市烟草专卖局（分公司）：全市商业系统共捐款51.5万元用于各项社会公益活动。其中，职工个人捐款5.3万元。

丽水市烟草专卖局（分公司）：8月，向庆元县捐赠救灾款15万元，用于该县开展灾后生产自救，重建家园。

台州市烟草专卖局（分公司）：向市慈善总会捐款100万元，向市扶贫办捐赠扶贫款2万元，捐赠价值9280元的电视机1台。

舟山市烟草专卖局（分公司）：全市商业系统共捐款55.02万元用于公益活动。其中，捐款7.59万元用于救助灾害、救济贫困、扶助残疾人等活动；6.2万元用于资助教育、科学、文化、卫生、体育事业；41.23万元用于促进社会发展和进步的其他社会公共和福利事业。

浙江中烟工业公司

全省工业系统共捐款1348万元用于各项社会公益活动。

浙江中烟工业公司机关：4月，向淳安县贫困地区捐赠助学扶贫款50万元，向中华科技基金会捐赠助学扶贫款100万元，为助残义演活动捐款4万元；5月，向浙江新四军研究会捐款10万元用于“纪念长征70周年”电视制作，向文成县捐款30万元用于生态农业开发和助学扶贫；7月，向杭州市慈善总会捐款520万元用于“利群阳光助学”行动；8月，向浙江小百花越剧团捐款200万元用于支持浙江优秀传统文化发展；9月，向浙江省慈善总会捐赠200万元用于联合开展“浙江中烟光明行动”，帮助省内1000名家境贫困急需救助的白内障患者重见光明；11月，向景宁县梧桐乡捐款4万元用于乡村级公共场所建设，公司机关职工为“春风行动”捐款4.6万元；12月，向福建省三明市《三明侨报》捐款100万元，用于三明烟叶产区报业发展。

浙江中烟工业公司杭州制造部：向浙江省政府捐助接收办公室捐款1.46万元。

浙江中烟工业公司宁波制造部：开展“慈善一日捐”活动，1080名职工参加捐款，共捐款5.94万元；制造部女员工参加市总工会“困难女职工一元捐”活动；捐款48万元，帮助贫困地区改善生活条件；动用“大红鹰”扶贫助学基金70万元，帮助近390名特困学生完成学业。

安徽省烟草专卖局（公司）

2006年安徽省烟草专卖局（公司）公益事业统计表

全省商业系统共捐款318.92万元用于各项社会公益活动。

时间	单位		项目	金额（万元）	捐赠衣物
企业或个人救助灾害、救济贫困、扶助残疾人等公益活动					
2006	安徽省局（公司）机关		参加“送温暖、献爱心”活动捐款	1.71	捐棉衣14件、棉被4床、衣裤172件
2006	合肥市局（公司）	机关	组织员工向困难职工献爱心捐款	4.15	
2006		机关	向特困职工献爱心捐款	5.00	
2006		机关	参加合肥市“暖冬行动”捐款	/	捐赠衣物800件
2006.1.13		长丰县局	向困难群众捐款	0.30	捐赠棉被30床
2006.1.24		长丰县局	开展春节慰问特困老人活动捐款	0.10	
2006.2.6		肥东县局	向肥东县贫困村捐款	2.18	
2006.1		肥西县局	参加肥西县“送温暖、献爱心”活动单位捐款	1.70	
2006.1		肥西县局	捐助肥西县官亭镇敬老院	0.10	
2006.2.5	宿州市局（公司）	机关	向萧县新庄镇捐赠扶贫款	0.50	
2006.6.19		机关	捐赠扶贫款	0.32	
2006.11.9		机关	慰问贫困烟农	0.20	
2006.11.9		机关	助残日爱心捐款	0.02	
2006.6.6		萧县县局	助残日爱心捐款	0.10	
2006.6.8		泗县县局	捐赠残疾人保障金	0.60	
2006.8.22		砀山县局	捐赠残疾人保障金	0.50	
2006.12.22		泗县县局	参加“送温暖、献爱心”活动捐款	0.20	
2006.4	蚌埠市局（公司）	机关	参加“慈善一日捐”活动捐款	0.55	
2006.10		机关	参加“工资十日捐”活动捐款	2.63	
2006.9		机关	向市残联、社会福利院、民族协会捐款	1.44	

时间	单位		项目	金额（万元）	捐赠衣物
2006.1	阜阳市局（公司）	阜南县局	捐赠“两节”慰问扶贫款	2.00	
2006.1	阜阳市局（公司）	临泉县局	捐赠“两节”慰问扶贫款	1.00	
2006.1	阜阳市局（公司）	太和县局	捐赠“两节”慰问扶贫款	0.50	
2006.1	阜阳市局（公司）	颍上县局	捐赠“两节”慰问扶贫款	0.06	
2006.2	阜阳市局（公司）	界首市局	捐赠“两节”慰问扶贫款	0.60	
2006.12	阜阳市局（公司）	临泉县局	帮扶庞营乡扶贫款	1.00	
2006.12	阜阳市局（公司）	临泉县局	参加“送温暖、献爱心”活动捐款	0.30	
2006.12	阜阳市局（公司）	太和县局	支援新农村建设	0.50	
2006.12	阜阳市局（公司）	机　关	参加“送温暖、献爱心”活动捐款	0.10	
2006.6.1	淮南市局（公司）		捐助凤太县康圩小学贫困学生	0.92	
2006.12	滁州市局（公司）	机　关	参加“送温暖、献爱心”活动捐款	1.69	
2006.1	六安市局（公司）	机　关	捐赠金寨县扶贫款	0.18	
2006.1	六安市局（公司）	机　关	捐赠舒城县救灾款	0.68	
2006.1	六安市局（公司）	机　关	捐赠寿县扶贫捐款	0.25	
2006.2	六安市局（公司）	机　关	帮扶贫困村捐款	0.20	
2006.2	六安市局（公司）	机　关	捐赠霍邱县扶贫款	0.12	
2006.2	六安市局（公司）	机　关	捐赠市扶助残联款	0.03	
2006.3	六安市局（公司）	机　关	捐赠寿县保义镇救灾款	8.00	
2006.4	六安市局（公司）	机　关	捐赠舒城县扶助残联款	0.03	
2006.5	六安市局（公司）	机　关	支援霍邱县购买农用化肥	0.10	
2006.7	六安市局（公司）	机　关	为市残联残疾人就业保障金捐款	2.00	
2006.9	六安市局（公司）	机　关	捐赠寿县窑口乡救灾款	0.15	
2006.9	六安市局（公司）	机　关	捐赠舒城县扶贫款	0.20	
2006.10	六安市局（公司）	机　关	捐赠霍山县扶贫款	0.20	
2006.11	六安市局（公司）	机　关	参加“送温暖、献爱心”活动捐款	0.48	
2006.12	马鞍山市局（公司）	机　关	参加“慈善一日捐”活动捐款	3.00	
2006.1	马鞍山市局（公司）	机　关	捐赠“两节”慰问扶贫款	0.40	
2006.1	宣城市局（公司）	机　关	捐赠泾县云岭镇江潭村扶贫款	0.30	
2006.1	宣城市局（公司）	机　关	捐赠泾县黄村镇安吴村扶贫款	0.20	
2006.8	宣城市局（公司）	机　关	向宣城希望工程捐款	2.00	

时间	单位		项目	金额（万元）	捐赠衣物
2006.1	池州市局（公司）	东至县局	捐赠长安村对口帮扶款	0.20	
2006.1		青阳县局	捐赠对口扶贫村帮扶款	0.50	
2006.1		石台县局	捐赠扶贫村帮扶款	0.20	
2006.1		东至县局	为泥溪乡贫困户捐款	0.10	
2006.4		机关	对口捐赠单身贫困母亲	2.00	
2006.9		机关	向青阳县慈善协会捐赠新农村建设帮扶款	1.00	
2006.9		东至县局	助残日爱心捐款	0.03	
2006	安庆市局（公司）	全市各基层公司	参加“送温暖、献爱心”活动捐款	37.43	
2006.2		桐城市局	扶助贫困村、捐助残疾人捐款	3.10	
2006.12	安庆市局（公司）		为对口帮扶村捐款	2.40	
2006	黄山市局（公司）		参加“送温暖、献爱心”活动捐款	10.07	
2006	华圆烟草有限责任公司		捐助各类社会公益活动	0.90	
资助教育、科学、文化、卫生、体育事业等公益活动					
2006	安徽省局（公司）	机关	支援亳州市谯城区十河镇褚刘小学新建教室、校内道路，维修教师办公室	7.00	
2006.7		机关	支援金寨县希望小学，解决学生住宿困难，改善办公环境	10.00	
2006.9		机关	捐赠安徽大学董事会基金	8.00	
2006		机关	捐赠金寨县洪冲中学助学款	6.50	
2006.6.1	合肥市局（公司）	长丰县局	慰问“烟草春蕾班”	0.20	
2006.9		长丰县局	为“金秋助学”结队帮扶活动捐款	0.50	
2006.9		长丰县局	赞助长丰县“烟草杯”职工篮球赛	0.30	
2006.12		长丰县局	赞助“烟草行”法律进校园活动	0.30	
2006.12.2		肥东县局	捐赠肥东县特殊学校助学款	0.20	
2006.5.15	宿州市局（公司）	机关	捐助“春蕾班”办学	1.00	
2006.6.29		机关	捐赠老年书画研究会	0.40	
2006.10.9	宿州市局（公司）	机关	赞助宿州市奇石节	10.00	
2006.2.9	蚌埠市局（公司）	机关	捐助怀远、固镇县中小学110名女童上学	1.40	
2006.5		机关	参加献血活动，为市中心血库献血3000毫升		
2006.5	阜阳市局（公司）	界首市局	捐赠计划生育帮扶款	2.00	
2006.9		阜南县局	捐赠贫困大学生	0.40	
2006.9		机关	捐赠贫困大学生	0.20	

时间	单位		项目	金额（万元）	捐赠衣物
2006.10	滁州市局（公司）	机关	为滁州市“农民体育健身工程”捐款	10.00	
2006.10		天长市局	为天长市贫困学生捐款	1.00	
2006.5	六安市局（公司）	机关	赞助金寨县全民健身运动会	0.10	
2006.5		机关	捐赠寿县“六·一”儿童节慰问款	0.16	
2006.6		机关	捐赠霍邱县老年书画展活动	0.15	
2006.7		机关	赞助金寨县维修革命旧址	5.00	
2006.9		机关	捐赠霍山县教师节慰问费	0.10	
2006.9		机关	赞助金寨县工贸委举办长征70周年活动	0.05	
2006.10		机关	赞助市政府纪念红军长征胜利70周年画展	1.00	
2006.12		机关	捐赠六安市南山学校助学款	9.00	
2006.12		机关	赞助寿县创办老年大学	0.60	
2006.12		机关	为寿县扶贫点贫困生购书	0.12	
2006.11	马鞍山市局（公司）		捐赠马鞍山市二十二中学助学款	0.20	
2006.1	宣城市局（公司）	机关	赞助广德县老年人自行车旅游者协会	0.20	
2006.2		机关	捐赠旌德县蔡家桥镇乔亭中心小学助学款	0.20	
2006.5		机关	捐赠泾县稼详中学助学款	0.10	
2006.12		机关	捐赠宣州区黄渡中心初级中学助学款	4.00	
2006.2	池州市局（公司）	东至县局	捐助希望工程	0.20	
2006.5		东至县局	向市诗联协会捐款	0.05	
2006.5		机关	向池州市棋类运动会捐款	0.30	
2006.10		东至县局	捐赠昭潭龙潭村迎客松希望小学助学款	0.10	
2006.11		石台县局	捐赠石台实验小学助学款	0.18	
2006.12		机关	向青阳学校学生捐赠学习用品	1.50	
2006.1	安庆市局（公司）	怀宁县局	赞助老年书画事业	0.30	
2006.3		桐城市局	协办《桐城文学》	1.00	
2006.8		机关	为“奉献爱心、圆梦助学”活动捐款	6.10	
2006.9		机关	为“育才关怀行动”捐款	3.00	
2006.9		怀宁县局	赞助江淮情艺术团演出	1.00	
2006.11		机关	为“赠报扶贫”活动捐款	10.00	
2006.12		枞阳县局	资助市摄影比赛	0.40	
2006	黄山市局（公司）		资助各类社会公益活动	6.78	
2006	华圆烟草有限责任公司		为涡阳县郭寨中学贫困学生捐款	1.40	
资助环境保护、社会公共设施建设等公益活动					
2006	安徽省局（公司）		捐助宣城市郎溪县十字镇石槽村修路	10.00	

时间	单位		项目	金额（万元）	捐赠衣物
2006.6.6	合肥市局（公司）	肥东县局	捐助肥东县长临河镇青阳村民组开挖当家塘	3.00	
2006.11.12		肥东县局	捐助肥东县白龙镇三家村修建蓄水拦水坝	2.00	
2006.4.20	宿州市局（公司）	机关（公司）	为宿州市夹沟镇东北村水利维修捐款	0.30	
2006.8.16		萧县县局	捐助萧县黄口镇修路	0.80	
2006.10.26		灵璧县局	为灵璧县灵城镇社区捐款	1.00	
2006.10.30		机　关	为宿州市修建浍水路捐款	20.00	
2006.11.27		机　关	为宿州市永镇乡孙夏村修路捐款	0.30	
2006.12.5		萧县县局	为萧县城市治理捐款	1.00	
2006.8	蚌埠市局（公司）		为固镇湖沟乡修建乡公路捐款	2.00	
2006.12	六安市局（公司）	临泉县局	为迎先镇迎南村修路捐款	0.50	
2006.10		机　关	捐赠霍邱县生态环保演出费	0.06	
2006.12		机　关	为舒城县张洼村修路捐款	0.50	
2006.12		机　关	霍山县社区扶持资金	0.50	
2006.7		机　关	市绿化委绿化款	0.12	
2006.8		机　关	支援寿县计划生育服务室建设	0.10	
2006.9	马鞍山市局（公司）		资助“金秋花卉展”活动	4.50	
2006.8	宣城市局（公司）		为泾县云岭镇章渡村修路捐款	0.30	
2006.1	池州市局（公司）	东至县局	为香隅老虎岗村修路捐款	0.15	
2006.2		石台县局	捐赠社区建设费	0.20	
2006.6	池州市局（公司）	青阳县局	为乔木乡修桥捐款	0.50	
2006.10		东至县局	为大渡口镇镇联村修路捐款	0.10	
2006.6	安庆市局（公司）		赞助“独秀园”建设	0.77	
2006	黄山市局（公司）		捐资修路	2.07	
促进社会发展和进步的其他社会公共和福利事业的活动					
2006.5	合肥市局（公司）	长丰县局	捐助义井乡黄巷村修建抗旱水渠	1.80	
2006.12.13		肥东县局	捐助肥东县篮球协会	0.20	
2006.12		肥西县局	捐赠上派镇四十埠社区“烟草巷”安装街灯	1.00	
2006.7－12	滁州市局（公司）		向滁州市及各县新农村建设和帮扶点捐赠	21.00	
2006.3	六安市局（公司）	机　关	赞助叶集“3·15”平台建设	0.10	
2006.3	马鞍山市局（公司）	机　关	资助奖励见义勇为活动	1.00	
2006.5		机　关	支援社区共建	0.40	

时 间	单 位		项 目	金额（万元）	捐赠衣物
2006.1	宣城市局（公司）	机 关	支援宣州区西林办事处社区建设	0.20	
2006.1	宣城市局（公司）	机 关	支援宣州区鳌峰街道办事处城南居委会社区建设	0.20	
2006.11		桐城市局	向老年福利院捐款	0.50	
2006	黄山市局（公司）		向慈善协会捐款	11.17	

安徽中烟工业公司

全省工业系统共捐款360.37万元用于各项社会公益活动。

合肥卷烟厂：开展“送温暖、献爱心”活动，为合肥市送温暖工程捐款26.49万元，其中，企业捐款15万元、职工个人捐款11.49万元；开展“慈善一日捐”活动，661名职工个人捐款6.21万元。

芜湖卷烟厂：2006年，芜湖卷烟厂捐款300万元在安徽全省援建15所迎客松希望小学。2004～2006年芜湖卷烟厂共捐款1000万元，在全省援建了39所迎客松希望小学；8月24日，发起“爱心圆梦大学”助学活动，共捐款1.4万元，开展结对捐助活动，捐助7名优秀贫困大学生完成学业。

阜阳卷烟厂：开展“送温暖、献爱心”活动，共捐款4.57万元。

蚌埠卷烟厂：开展“慈善一日捐”活动，为下岗特困职工捐款7.2万元；开展“扶贫济困捐赠月”活动，通过市民政局向灾区捐款5万元、捐赠衣物2300件。

滁州卷烟厂：1月13日，滁州卷烟厂团委部分代表带着生活日用品到滁州腰铺乡敬老院慰问孤寡老人；开展以“关爱社会困难职工，共建和谐滁烟”为主题的职工捐助活动，共捐款4.98万元；6月，在共青团滁州市委员会开展的“百团助百村”活动中，滁州卷烟厂团委为冉周村捐建“‘红三环’爱心书屋”，捐赠图书350余册；11月，开展“送温暖、献爱心”活动，共捐款4.52万元。

福建省烟草专卖局（公司）

2006年福建省烟草专卖局（公司）公益事业统计表

全省商业系统共捐款1387.09万元用于各项社会公益活动。

单 位		项 目	金额（万元）
		资助教育、科学、文化、卫生、体育事业等公益活动	
南平分公司		支持南平市组团参加福建省第二届八闽巾帼健身大赛	1.00
龙岩分公司	机 关	资助贫困烟农及零售户子女上学	20.52
龙岩分公司	机 关	赞助中国闽西首届国际客属龙舟文化节	10.00
龙岩分公司	机 关	教师节慰问龙岩七中教师	1.00
龙岩分公司	机 关	捐资助学	10.00
龙岩分公司	连城县公司	赞助十一届全国冬泳锦标赛	3.00
三明分公司	机 关	赞助三明市第七次党代会文艺活动	50.00
三明分公司	机 关	支持《村支书张仁和》的摄制	10.00
三明分公司	宁化县公司	为宁化县一中第九届“金叶奖教、奖学金”捐款	5.00
三明分公司	宁化县公司	赞助宁化县委纪念红军长征胜利70周年活动	20.00

单 位		项 目	金额（万元）
泉州分公司	南安营销部	赞助码头镇柳林村刘氏、铺前村雷氏、坑内村雷氏宗祠建设	1.50
	泉港区营销部	赞助泉港区涂岭镇松园村松园小学危墙改造	1.50
莆田分公司		赞助莆田荔城区新度镇沟口村中心小学改造校园环境	3.00
企业或个人救助灾害、救济贫困、扶助残疾人等公益活动			
龙岩分公司	机 关	向永定县捐赠救灾款	200.00
	机 关	向龙岩市捐赠救灾款	200.00
	漳平市公司	向漳平市老区与扶贫办公室捐款	50.00
宁德分公司		向宁德受灾县市捐赠救灾款	50.00
		支持宁德市物价局灾后重建	20.00
		向宁德市扶贫开发基金协会捐款	2.00
		通过民政部门向农作物受灾严重和交通网络设施受损严重的乡镇捐款	50.00
南平分公司	机 关	支持建瓯市灾后重建	100.00
	松溪县公司	捐助松溪县受灾烟农	75.00
厦门分公司		向厦门市同安区洪塘镇塘边村捐赠扶贫款	3.00
漳州分公司	机 关	向漳州台风受灾县捐赠赈灾款	200.00
	南靖营销部	支持赤坑村灾后重建	2.00
泉州分公司	安溪营销部	向安溪县扶贫办捐赠扶贫款	3.00
	永春营销部	向永春慈善总会捐款	2.00
中国烟草福建进出口有限责任公司		向诏安县捐赠救灾款	18.00
赞助政府开展社会公益活动			
南平分公司		捐助南平市赤门乡、东平镇、富岭镇、延平区文明办	10.60
宁德分公司	机 关	捐助宁德市关心职工委员会基金	2.00
	福安营销部	赞助詹厝自然村筹建詹氏经济文化活动中心	1.00
	柘荣营销部	赞助柘荣县委办公室“三台合一”监控系统项目建设	1.00
莆田分公司		支持莆田市城厢区东海镇蔡亭村共建精神文明活动	7.00
漳州分公司	南靖县公司	支持南靖县文明办建设	1.50
资助环境保护、社会公共设施建设等公益活动			
福州分公司	机 关	支援永泰县长庆镇下杨村建设	4.00
	闽清营销部	支援闽清县三溪乡修建前光村至上洋村修建水泥路	1.00
南平分公司	机 关	支援武夷山市兴田镇南树村乡村建设	1.00
	南平分公司	支援武夷山市改善烟叶生产基础设施	50.00
	政和县公司	支援政和县澄源乡坑里村修建水泥路	0.57

单位		项目	金额（万元）
三明分公司	机关	赞助宁化县治平乡坪埔村安装有线电视	5.00
	机关	支援宁化治平畲族乡建设公路	50.00
	机关	支援永安市小陶镇八一村修复半溪桥、后灌桥	60.00
	泰宁县公司	支援泰宁县下渠乡大渠村新农村建设	3.00
	宁化县公司	支援安远中学危房改造	2.00
莆田分公司		支援秀屿区平海镇石塘村道路硬化建设	2.00
泉州分公司	南安营销部	支援南安东田镇盖凤村道路硬化、危桥改建	3.00
	南安营销部	支援南安市金淘镇南丰村道路建设	2.00
漳州分公司	机关	支援漳州平和县国强乡梅子村梅子小学教学设施建设	4.00
	漳浦营销部	支援漳浦县镇中路改造建设	3.00
	南靖营销部	支援南坑镇烟区道路建设	3.00
	龙海营销部	支援松浦村修复乡村通道和建设桥梁、桥墩	2.00
	漳浦营销部	支援漳浦县绥安镇草埔村、大南坂农场大埃村水泥路建设	4.00
龙岩分公司	机关	赞助连城县姑田镇大洋地村维修电视接收器和电视网络	1.20
	机关	支援连城县姑田镇大洋地村医疗卫生所建设	1.50
	机关	支援长汀县河田镇伯湖村水泥路硬化建设	5.00
宁德分公司	机关	赞助宁德希望工程领导办公室阳光助学经费	2.00
	机关	支援古田县城西街道巴斗村道路路面硬化改造	1.00
	福安营销部	支援福安坂中畲族乡日宅村硬化公路	1.20
	古田营销部	支援宁德安洋村修建水泥路	1.00
促进社会发展和进步的其他社会公共和福利事业的活动			
南平分公司	建瓯市公司	赞助建瓯市见义勇为工作协会基金	2.00
	武夷烟叶公司	赞助邵武市见义勇为工作协会基金	5.00
泉州分公司	德化营销部	支援德化县桂阳乡新农村建设	2.00
三明分公司	建宁县公司	支援建宁县黄埠乡友兰村社会主义新农村建设	2.00

福建中烟工业公司

全省工业系统共捐款 3002.6 万元用于各项社会公益活动。

福建中烟工业公司：向大田县湖美乡长坂村村委捐款 54.6 万元用于新农村建设；7 月，向福建省民政厅捐款 1000 万元支援灾区建设；8 月，向集美大学捐款 100 万元，向古田县教育局捐款 10 万元；9 月，向宁德市红十字会捐款 100 万元，向福鼎市红十字会捐款 10 万元。

龙岩卷烟厂：1 月，向长汀县教育局捐赠助学款 20 万元；向永定县下洋村捐款 12 万元用于道路维修改造；7 月，通过龙岩市民政局捐款 500 万元支援灾区建设，向云霄市民政局捐款 30 万元支援灾区建设；8 月，向福建省民政厅捐款 500 万元支援灾区建设；向厦门市中山医院基金会捐款 20 万元。

厦门卷烟厂：6 月，向福建省民政厅捐款 500 万元支援灾区建设；7 月，向厦门市慈善总会捐款 10 万元，向厦门市教育基金会捐款13万元；9月，向集美大学捐款100万元，向厦门市中山医院基金会捐款20万元。

龙岩金叶复烤有限责任公司：全年共捐款1.02万元用于各项社会公益活动。

金闽再造烟叶有限责任公司：全年共捐款1.98万元用于各项社会公益活动。

江西省烟草专卖局（公司）

全省商业系统共捐款264.49万元用于各项社会公益活动。

江西省烟草专卖局（公司）机关：省局（公司）捐助公益活动52万余元。其中，对口支援新疆建设40万元；资助社区街道建设2.06万元；向省红十字会捐款10万元；组织职工个人参加“捐一日工资”活动，捐款5840元；组织机关干部职工无偿献血9000cc。

南昌市烟草专卖局（公司）：全市商业系统捐助公益活动22万余元。其中，向瑞昌慈善会捐款10万元；开展献爱心捐款活动，共捐款1.68万元；为支持南昌县塘南填新光小学和蔡家村小学建设捐款6万元；向市见义勇为基金会捐款1.02万元；为支持新建县光明村自然村新农村建设捐款3万元。

九江市烟草专卖局（公司）：全市商业系统捐助公益活动18.9万元。其中，捐款11万元帮助湖口县张青乡沈仲村修建“户户通”水泥公路；捐款5万元帮助修水县白岭镇蕉洞村扶贫点建立200亩茶园；捐款2万元帮助瑞昌市黄金乡重建在地震中毁坏的敬老院；捐款9000元对3个帮扶点的特困和贫困户进行走访慰问。

上饶市烟草专卖局（公司）：全市商业系统捐助公益活动44.1万元。其中，在新农村建设、烟叶救灾、农村扶贫等方面捐款34.28万元，捐赠助学款6980元，赞助社区建设1.11万元，赞助弋阳县年糕艺术节1200元。

抚州市烟草专卖局（公司）：全市商业系统捐助公益活动28.05万元。其中，捐赠抚州市残疾人联合会11万元购置电脑等办公设备；资助新农村建设6.1万元；捐助贫困户8300元。

宜春市烟草专卖局（公司）：全市商业系统开展包村扶贫，资助当地新农村建设，捐款5.7万元，资助社会公共设施建设4.22万元。

吉安市烟草专卖局（公司）：全市商业系统捐助公益活动18万元。

赣州市烟草专卖局（公司）：全市商业系统捐助公益活动32.99万元。其中，资助当地新农村建设（扶贫、走访慰问等）32.56万元；5月，开展助残日捐款活动，职工捐款1430元；6月，开展为遭受洪灾的困难群众捐款1250元；8月，开展赈灾捐款活动，捐款1620元。

景德镇市烟草专卖局（公司）：全市商业系统先后开展帮扶困难村、“捐献一日工资”、走访慰问困难零售户等各种形式的扶贫帮困和献爱心捐赠活动，共捐款1.55万元。

萍乡市烟草专卖局（公司）：全市商业系统捐助公益活动29.32万元，其中职工个人捐款1.68万元。1月，为安源区福利院捐款3000元；3月，开展“春蕾计划十元捐活动”捐款2280元；4月，开展“助残一日捐”活动捐款2900元、为芦溪县源南乡源头村贫困党员捐款1800元、捐款4000元救助莲花县重症贫困患者；7月，捐款4000元资助两名贫困大学生。

新余市烟草专卖局（公司）：全市商业系统捐赠公益活动3.32万元。6月，全体党员捐助分宜县风阳乡敬老院2290元；10月，全体职工捐助渝水区日杂果品公司下岗职工2180元。

鹰潭市烟草专卖局（公司）：全市商业系统捐赠公益活动4.31万元。参与扶持贫困村、植树造林、文明城市创建等系列社会公益活动，捐款3.8万元；参加“金秋助学”活动，捐款2600元；参加“慈善一日捐”活动，职工捐款2265元。

江西省烟草专卖局驻南昌铁路烟草专卖局：组织“慈善一日捐”活动，捐款280元。

江西中烟工业公司

全省工业系统共捐款381.5万元用于各项社会公益活动。

南昌卷烟总厂：4月，南昌卷烟总厂积极参与爱国主义教育基地建设，向“八·一”起义纪念馆捐款150万元，用于纪念馆改扩建工程；为支援九江地震灾后重建捐款200万元；8月，向南昌慈善总会捐赠20万元，参与“金秋助学”活动。

南昌卷烟总厂赣南卷烟厂：为江西省赣县四胞胎儿童捐款5000元；出资1万余元定点帮扶江西省南康市唐江镇白石村。

南昌卷烟总厂井冈山卷烟厂：捐款10万元支援吉安县梅塘乡岭上村新农村建设。

山东省烟草专卖局（公司）

全省商业系统共捐款1226.3万元用于各项社会公益活动。

山东省烟草专卖局（公司）机关：向山东省慈善

总会捐款1000万元，设立“烟草平安基金”，用于因保护人民群众生命财产安全而英勇献身公安干警家属的生活、教育等。

青岛市烟草专卖局（有限公司）：6月12日，市局（有限公司）机关、营销中心、市北区局以及部分离退休人员开展“慈善一日捐”活动，共捐款2.58万元；开展“送温暖·献爱心，青岛贵州一家亲”捐助活动，共募捐棉衣、棉被5671件。

淄博市烟草专卖局（有限公司）：5月26日，参加市慈善总会举办的“慈心一日捐”活动，共捐款10.9万元；11月18日，对高青县木李镇中学进行对口帮扶，共捐款11万元；12月5日，参加市委、市政府举行的见义勇为基金募捐活动，捐款10.9万元。

枣庄市烟草专卖局（有限公司）：6月30日，向山亭镇徐庄丝宝侨心小学捐款3万元。

东营市烟草专卖局（有限公司）：全市商业系统捐款44.70万元用于公益活动。市局（有限公司）机关开展“慈心一日捐”活动，共捐款5.3万元；为扶贫村修建文化大院，捐款1万元；为扶贫村修建公路，捐款31.3万元。利津县局（营销部）有关领导走访慰问特困群众，捐赠慰问金2830元。垦利县局（营销部）有关领导走访慰问特困群众，捐赠慰问金5000元；为扶贫村修建沼气池，共捐款4.32万元。河口区局（营销部）开展扶贫慰问活动，共捐款2万元。

烟台市烟草专卖局（有限公司）：4月，参加市委、市政府举行的“奉献一片爱心，构筑和谐社会”爱心帮贫扶弱捐助活动，捐款9.6万元；9月，参加“手拉手、一帮一”爱心助学活动，捐款5.1万元；6名副处级以上干部参加“领导干部结对帮扶困难家庭”活动，共捐款1.2万元。

潍坊市烟草专卖局（有限公司）：1月，向临朐县石家河乡于家庄村捐款5.85万元，用于当地吃水、用电、小学修缮和村容村貌整治；6月，开展“慈心一日捐”活动，共捐款4.78万元；10月，参加爱心助学活动，捐款3.66万元；11月，开展“送温暖、献爱心”活动，捐款5.06万元；12月，参加爱心捐款活动，捐款6.23万元。

济宁市烟草专卖局（有限公司）：市局（有限公司）机关参加“慈心一日捐”活动，捐款5600元；向济宁市机关幼儿园捐赠3000元。金乡县局（营销部）赞助金乡县职工运动会2800元；赞助金乡县团委举办“五四”书画展2900元；向金乡县慈善总会捐赠慈善基金2万元；资助金乡县贫困学生2000元。泗水县局（营销部）赞助泗水县团委宣传泗水旅游文化800元；资助泗水县圣水峪乡南尧村维修水井2800元。鱼台县局向县红十字会捐款1500元。

泰安市烟草专卖局（有限公司）：5月19日，开展“慈善一日捐”活动，共捐款2.48万元；10月6日，与泰安市特种车辆厂特困职工结成帮扶对子。

威海市烟草专卖局（有限公司）：1月17日，市局（有限公司）机关党员走访乳山市育黎镇下宋格庄村贫困家庭，捐款4400元；5月29日，捐资5万元帮助乳山市育黎镇下宋格庄村修筑混凝土路面；7月1日，走访乳山市育黎镇下宋格庄村两户特困党员家庭，捐款1600元；11月3日，捐资5万元帮助乳山市育黎镇下宋格庄村整治电源线路、架设街道照明灯；11月8日，捐资6万元帮助威海市第十五中学修建篮球场、购置运动器械。

日照市烟草专卖局（有限公司）：全市商业系统积极参加救济贫困、资助教育等公益活动活动，共捐款11.95万元，捐赠衣物260件。市局（有限公司）机关参加“慈心一日捐”活动，共捐款1.60万元；向莒县峤山镇聂家洪沟村捐款8万元，机关副科级以上干部捐款3990元帮扶4户贫困户，同时还帮助该村硬化道路，美化村容村貌；开展“送温暖、献爱心”活动，共捐款7550元，捐赠衣物260件；向莒县闫庄镇中心小学20名贫困生捐赠2000元及书包等学习用具。莒县县局（营销部）捐款3000元帮扶莒县闫庄镇郭家当门村；参加“慈心一日捐”活动，共捐款3700元。东港区局（营销部）捐款600元帮扶东港区秦楼街道；向东港区三庄镇高家庄子村捐款1100元。五莲县局（营销部）参加“圆梦行动一日捐”资助贫困大学生活动，捐款260元。

莱芜市烟草专卖局（有限公司）：8月，开展“慈心一日捐”活动，捐款1.4万元；9月，开展教师节慰问活动，捐款1万元；10月，开展“爱心助残”活动，捐款6万元；12月，市局（有限公司）同市妇联、公安等部门联合，开展“救助百名贫困母亲”活动，捐款5万元。

临沂市烟草专卖局（有限公司）：5月，开展“慈心一日捐”活动，捐款20万元；为困难群众特别是受灾特困户捐款7500元，捐赠棉衣、棉被、毛衣等共243件。

德州市烟草专卖局（有限公司）：5月24日，开展“慈善一日捐”活动，共捐款6.05万元；7月，向宁津县大曹乡捐赠帮扶款7万元；10月，为宁津县大曹乡捐赠帮扶款1万元。

聊城市烟草专卖局（有限公司）：8月3日，开展“情洒贫困生、爱育栋梁才”捐助活动，共捐款1.02万元；11月20日，开展“送温暖、献爱心”活动，捐款8100元。

滨州市烟草专卖局（有限公司）：12月16日，开展创建文明城市捐赠图书活动，共捐赠图书300余册。

菏泽市烟草专卖局（有限公司）：市局（有限公司）机关向两名原柴油机厂下岗职工捐款1000元；为"3211扶贫工程"捐款6800元；开展"慈心一日捐"活动，共捐款12.13万元；开展"送温暖、献爱心"活动，共捐款5270元，捐赠棉衣、棉被240件。曹县县局（营销部）为"平安曹县"建设捐款7346元，捐赠棉衣、棉被168件。单县县局（营销部）向单县春节文化活动捐款1万元。巨野县局（营销部）慰问田庄镇田庄村10名困难群众，捐赠现金1000元，面粉10袋，食用油10桶。同时还慰问对结对帮扶的董管屯村特困户，捐赠慰问款4220元。定陶县局（营销部）为定陶镇贾庄村失火卷烟零售户捐款3000余元及生活用品。鄄城县局（营销部）开展"救灾一日捐"活动，捐款2280元。

中国烟草山东进出口公司：参加山东省外经贸厅组织的"慈善一日捐"活动，共捐款3155元。

山东中烟工业公司

全省工业系统共捐款56万元用于各项社会公益活动。

青岛卷烟厂：6月13日，向青岛市慈善总会捐款30万元，其中职工个人捐款11.97万元；11月6日，向贵州贫困地区捐赠衣被8830件。

济南卷烟厂：向济南市慈善总会捐款20万元；向济南历城全福街道办事处捐款5万元用于社区建设。

青州卷烟厂：1月29日，走访慰问扶贫村青州市弥河镇壮汉庙村老党员、老支书和特困户，并送去生活用品，价值2万元；11月，发动职工为临沂灾区捐款1万元。

河南省烟草专卖局（公司）

全省商业系统共捐款332.48万元用于各项社会公益活动。

河南省烟草专卖局（公司）机关：全市商业系统共捐款46万元用于社会公益活动，其中，帮助对口帮扶村南阳市桐柏县毛集镇毛寨村修路、架桥捐款31万元，慰问天然商厦特困职工、参加"金秋助学"活动、扶助残疾人等捐款15万元。

郑州市烟草专卖局（分公司）：全市商业系统共捐款15.81万元用于社会公益活动，其中，为郑州市帮扶基金捐款5万元；开展领导干部"一帮一"活动中，郑州市局（分公司）7名县级领导干部帮扶7名下岗工人，共捐款4.71万元；5月，为巩义滩小关村建设卫生所捐款2万元；为建设村小游园捐款2万元；为巩义涉村贫困户捐款1万元，为该村小学捐款1.1万元。

洛阳市烟草专卖局（分公司）：全市商业系统共捐款41.16万元用于社会公益活动，其中，市局（分公司）机关为支持绿化工程捐款8.7万元，为吉利区小川小学捐款2000元，支援宜阳新农村建设5万元。洛宁县局（营销部）援建军营图书室捐款1000元、捐赠爱心助学款2000元、捐赠救灾款1000元、捐赠小界乡卫洼村帮扶款5万元。汝阳县局（营销部）捐助残疾人4.65万元，捐赠爱心助学款2000元。宜阳县局（营销部）赞助"六·一"儿童节活动费3000元、赞助烟草杯乒乓球赛5000元、慰问盐镇周沟学校923元。嵩县县局（营销部）捐赠爱心助学款1000元、慈善捐款5000元、捐赠残疾人保障金1.29万元。新安县局（营销部）支持扶持贫困村修路捐款2800元、捐赠残疾人保障金7583元、支持新农村建设8100元、献爱心捐款7000元。伊川县局（营销部）支援县绿化工程2.32万元、捐助平等乡宋店小学爱心助学款5000元、向对口扶贫村高山曾花营村捐赠救济款2000元、开展"送温暖、献爱心"活动捐款3500元、捐赠残疾人保障金1万元。孟津县局（营销部）捐赠残疾人保障金2万元，向对口扶贫村红水乡故县捐款1.5万元。栾川县局（营销部）捐赠残疾人就业保障金8501元。偃师市局（分公司）赞助"六·一"儿童节活动费2000元、向对口扶贫村石牛村捐赠扶贫款1.06万元、向对口扶贫村李家寨捐赠扶贫款5000元。

平顶山市烟草专卖局（分公司）：开展"送温暖、献爱心"活动，号召行业广大干部职工为受灾烟农捐款，全市商业系统共有2363名职工为受灾烟农捐款6.08万元；其中，机关190名员工捐款1.3万元、捐赠衣物608件。

安阳市烟草专卖局（分公司）：参加捐献造血干细胞活动，共有11名职工自愿献血。7月，组织职工为贫困大学生捐款8570元；10月，组织团员进行"缴纳特殊团费、奉献一份爱心、捐献一天零花钱"活动，捐款1525元；11月，组织职工为灾区捐款550元，捐赠衣物64件。为安阳市一白血病学生捐款1180元。

鹤壁市烟草专卖局（分公司）：8月，参加"金秋助学"活动，市局（分公司）机关干部职工28人参加捐款活动，共捐款3470元。12月6日，开展"送温暖、献爱心"活动，共捐款965元。

新乡市烟草专卖局（分公司）：先后参加"牵手帮扶"和"民族村"安定建设活动，分别对辉县市南村镇尚庄村和封丘县李庄乡顺河集村进行帮扶济困工作，为尚庄村修建沼气池150个，资助尚庄村两名大学生完成学业，维修顺河几村学校围墙，并为尚庄村和顺河集村修建村公路各1公里，累计捐款10万元；组织员工向新乡市电器股份有限公司困难职工捐款3600元。

焦作市烟草专卖局（分公司）：全市商业系统共捐款8万余元用于扶贫赈灾、捐资助学等公益活动。

濮阳市烟草专卖局（分公司）：全市商业系统共捐款4.44万元用于扶贫赈灾、捐资助学等公益活动。3月28日，为清丰县韩村乡镇捐赠树苗，价值5520元；为农村计划生育家庭捐赠帮扶款5000元，捐献价值1250元的图书；8月4日，为贫困群众捐款2000元；10月17日，为濮阳县黄河滩区捐款及救灾物资共计1.96万元；9月18日和10月13日两次向慈善总会捐款共计1.10万元。

许昌市烟草专卖局（分公司）：全市商业系统共捐款21.3万元用于扶贫赈灾、捐资助学等公益活动。其中，支持新农村建设16.4万元、支持社区建设4.9万元。

漯河市烟草专卖局（分公司）：全市商业系统共捐款4.19万元用于扶贫赈灾、捐资助学、助残捐款等公益活动。

三门峡市烟草专卖局（分公司）：全市商业系统通过爱心捐款、购买助残明信片、救助下岗职工、驻村帮扶等形式，共向社会捐款38.5万元，其中干部职工捐款14.8万元。共救助下岗职工近400户，购买助残明信片3.4万元；捐款20.3万元支援农村道路建设、学校改造、贫困家庭救助等。

南阳市烟草专卖局（分公司）：全市商业系统共捐款2.43万元，捐赠衣物1405件。1月19日，为市儿童福利院和市聋哑学校，捐赠3000元现金和价值7000元的生活必需品以及近百本图书；6月13日，61名干部职工参加无偿献血，共献血23600cc；8月，开展“送岗助学、回报社会”活动，为2005年资助的6名品学兼优的贫困大学生提供勤工俭学的岗位；8月22日，资助8名大学生，为每人提供3000元助学金；10月3日，慰问南阳社会福利院；11月22日，为市扶贫办捐款500元，捐赠衣物328件；12月2日，参加“关爱孤困儿童”公益活动，为6名儿童每人捐助300元；12月8日，为市聋哑学校和市社会福利院捐款6000元，捐赠棉被80套；12月16日，开展“结对帮扶”爱心行动，为来自卧龙、宛城两区的14名孤童每人捐助了300元。12月21日，向南阳市慈善总会捐款4000元、捐赠衣物1000余件。

商丘市烟草专卖局（分公司）：全市商业系统慰问特困农户、受灾烟农，支持爱心助学公益活动，累计捐款53.71万元。

信阳市烟草专卖局（分公司）：采用“班子成员一帮一、中层干部二帮一、一般员工三帮一”的形式，对全市25名困难学生每人每年资助600元；开展对口帮扶，向罗山县莽张乡张槐店村捐款2万元；开展“送温暖、献爱心”活动，向罗山县莽张乡张槐店村贫困户捐款3600元。

周口市烟草专卖局（分公司）：3月，为卷烟零售户捐款2750元；4月15日为周口市慈善总会捐款4490元；5月，为项城市三张店乡新农村建设捐款3.77万元；11月6日，为受灾烟农捐款14.77万元。

驻马店市烟草专卖局（分公司）：9月，教师节慰问教师，捐款6000元；向特困职工捐赠帮扶款1000元；向市慈善总会捐款3万元；为贫困女大学生捐款2万元；支援扶贫村小学建设、铺路、筑桥等捐款13.13万元。

济源市烟草专卖局（分公司）：全市商业系统共捐款4万元用于公益活动。支援济源市王屋乡清虚村文化大院建设，捐赠图书800册，会议桌33张，椅子66把，图书柜4个，配备棋牌桌2张、凳子8个，乒乓球桌1张，安装健身器材10件。

天昌国际烟叶有限公司：为许昌县苏桥镇孟村村民建设人畜饮水工程捐款31万元，解决了长期困扰当地群众的吃水难问题。

河南中烟工业公司

全省工业系统共捐款324.07万元用于各项社会公益活动。

河南新郑烟草（集团）公司：2月，向嵩县旧县镇上川村中心小学捐款4.5万元；5月，捐款20万元支持“感动中原十大母亲”评选活动；6月，捐款20万元在洛阳洛宁县下峪乡茅草洼村援建红旗渠春蕾小学，捐款55万元为对口扶贫的安阳县都里乡援建红旗渠路；7月，捐款15万元支持殷墟申报世界文化遗产；11月，向安阳受灾地区捐款1274元，捐赠衣物、被褥2522件；12月，开展“送温暖、献爱心”活动，职工个人捐款1.54万元，捐赠棉衣、棉被2707件；捐款6000元救助贫困大学生两名；捐款50万元支持信阳老区茶叶产业开发。

许昌卷烟总厂：为许昌、南阳和驻马店3地困难大学生发放“帝豪助学金”45万元；8月，为襄城县阳光福利院和十里铺敬老院捐赠助学金、慰问金16万元，为禹州文殊村小学捐赠助学金30万元，向禹州市朱阁乡大墙王村受灾村民捐款5000元、捐赠衣物100余件、矿泉水50余箱。

郑州卷烟总厂：赞助第三届全国体育大会；赞助

拍摄话剧《村官李天成》捐款10万元；赞助“第八届少数民族传统体育运动会民族风情采风行”活动8万元；赞助“我为父母尽孝心”活动5万元；赞助丙戌年黄帝故里拜祖大典20万元；捐款18.8万元与河南省豫剧一团制作大型音乐报告剧《洪战辉》；赞助河南省第二届传统武术节4万元。

湖北省烟草专卖局（公司）

全省商业系统共捐赠600余万元，支持贫困乡村建设和各项社会公益活动。

湖北省烟草专卖局（公司）机关：捐款18万元，并筹集资金60万元，开展扶贫村的社会主义新农村建设。开展“送温暖、献爱心”活动和资助贫困学生上学活动，机关干部职工捐款5万元，并为贫困村小学赠送了电脑、书本等文体用品。

武汉市烟草专卖局（公司）：全市商业系统共捐款14.5万元，用于扶贫助残等社会公益活动。

黄冈市烟草专卖局（公司）：全市商业系统共捐款69.53万元，用于扶贫助残等社会公益活动。

襄樊市烟草专卖局（公司）：开展“送温暖、献爱心”救灾捐赠等公益活动，共捐款32.5万余元，帮助灾区人民重建家园。

孝感市烟草专卖局（公司）：全市商业系统共捐款64万元，用于公益活动，其中，参加“送温暖、献爱心”活动捐款12.11万元、捐赠衣物192件；支援大悟县韩田村新农村建设14.04万元，捐赠残疾人救助金1.04万元；资助地方教育、科学、文化和其他社会公共设施建设活动36.82万元。

恩施州烟草专卖局（公司）：全市商业系统共捐款30.94万元，支持扶贫点建始县花坪乡花掌坡村建设和扶贫济困献爱心活动；开展“送温暖、献爱心”活动，捐款5630元，捐赠衣物812件。

宜昌市烟草专卖局（公司）：全市商业系统积极参加社会公益活动，共捐款29万元，捐赠衣物317件、图书400册。

黄石市烟草专卖局（公司）：全市商业系统共捐款30余万元，支持乡村建设和扶贫济困。

荆门市烟草专卖局（公司）：对李官桥村开展对口扶贫，投入扶持资金10万元，其中，项目资金7.6万元、各种济困救助资金2.4万元；捐赠衣物50余件、电视机1台、影碟机1台、电脑1台、办公桌椅4套、文件柜2个、塑料凳子100个、农业科技图书200册。

鄂州市烟草专卖局（公司）：开展“送温暖、献爱心”活动，共捐款1.7万元。

湖北中烟工业公司

全省工业系统共捐款40.1万元用于各项社会公益活动。

襄樊卷烟厂：11月，开展“送温暖、献爱心”活动，帮助灾区重建工作，解决特困群众缺少口粮、御寒衣被等方面的困难，捐款7.2万元。

广水卷烟厂：4月，向广水县第二中学捐款5000元；6月，向扶贫点广水县关庙聂店村捐款1.8万元；9月，教师节慰问教师24.6万元。

红安卷烟厂：捐款6万元修缮王建安上将故居。

湖南省烟草专卖局（公司）

全省商业系统共捐款2010万元用于各项社会公益活动。向遭受台风“碧利斯”侵袭且严重受灾的郴州、衡阳、永州市捐款500万元用于受灾群众重建家园。省局（公司）机关捐款80万元，所属14个市局（公司）各捐款30万元共同筹资500万元设立“慈善医疗金叶卡”救助项目，帮助特困企业下岗职工和社区特困家庭解决看病难、看病贵的问题。

湖南省烟草专卖局（公司）机关：省局（公司）机关共捐款1010万元用于慈善、扶贫、救灾、助学等公益活动。其中，1月，向长岭社区特困职工捐款1.04万元；2月，向湘西龙山县捐款40万元用于建整扶贫；3月，捐赠长沙曹家坡小学助学款3万元；5月，捐赠长沙十一中学助学款3万元；赞助湖南省第七届残疾人运动会2万元，向新邵县、永州市捐赠扶贫款45万元；7月，向湘西龙山县捐款60万元用于建整扶贫。8月，省局（公司）机关全体干部职工也开展救灾募捐活动，向遭受台风“碧利斯”侵袭且严重受灾的郴州、衡阳、永州市捐款3万余元，捐赠衣物561件；9月，赞助预防青少年违法犯罪知识画册2000元；10月，向湘西龙山县捐款130万元用于建整扶贫；赞助2006年羽毛球世界杯赛50万元；12月，捐助湘西自治州慈善总会救灾款50万元；捐助湘西自治州救灾款30万元。全年资助社区困难学生6万余元。

湖南中烟工业公司

全省工业系统共捐款3980万元、捐物25000余件，主要捐助项目包括教育、体育、社会公共设施建设、救助灾害、救济贫困、扶助残疾人等方面。7月18日，向湖南衡阳、郴州灾区捐款1000万元，支持灾区抗灾抢险和灾后重建工作。

广东省烟草专卖局（公司）

全省商业系统共捐款1173.76万元用于各项社会公益活动。

广东省烟草专卖局（公司）机关：6月，省局（公司）机关干部职工向“幸福工程”捐款2.55万元；8月，向西藏墨脱捐款4.78万元。

广州市烟草专卖局（公司）：全市商业系统捐款142.31万元用于各项公益活动。其中，7月，向广州市慈善总会捐款100万元、职工个人捐款8.25万元；12月，开展“送温暖、献爱心”活动，共捐款3.97万元；与增城市增江街西山东境共建文明村，捐款18.45万元。

韶关市烟草专卖局（公司）：“7·15”特大洪涝灾害发生后，市局（公司）向韶关灾区捐赠救灾款30万元，其中职工个人捐款4.4万元。

惠州市烟草专卖局（公司）：10月12日，市局（公司）机关为惠东县白盆珠镇双金小学捐赠电脑20台。

江门市烟草专卖局（公司）：市局（公司）机关129名干部职工参加“慈善公益万人行”活动，单位及个人共捐款11.32万元。

潮州市烟草专卖局（公司）：为潮州“春风暖人心”帮扶特困家庭爱心工程捐款11.28万元。

揭阳市烟草专卖局（公司）：全市商业系统捐款101.52万元用于各项公益活动，其中29.05万元用于救助灾害、救济贫困、扶助残疾人；23.27万元用于资助教育、科学、文化、卫生、体育事业；38.2万元用于资助环境保护、社会公共设施建设；11万元用于促进社会发展和进步的其他社会公共和福利事业。

梅州烟叶复烤有限公司：全年捐款70余万元用于社会公益活动。其中，10万元用于救助灾害、救济贫困、救助残疾人；7.7万元用于资助教育、科学、文化、卫生、体育事业；50万元用于资助环保、社会公共设施建设活动。

广东中烟工业公司

全省工业系统共捐款1745万元用于各项社会公益活动。7月，向遭受台风的地区捐款1600万元支援灾区重建；捐款100万元主办“重走长征路，喜愿传中国”社会公益活动，帮助革命老区贫困学生；举办“天路之旅”世纪婚礼大型社会公益活动，向青藏地区捐款45万元及大批图书、文体用品，对青藏铁路沿线困难儿童群体进行帮扶。

广西壮族自治区烟草专卖局（公司）

全省商业系统共捐款70.81万元用于各项社会公益活动。

广西壮族自治区烟草专卖局（公司）机关：9月18日，举办“共同关注希望工程圆梦行动”爱心见面会，向希望工程捐款50万元，其中员工自发捐款8000元；12月1日，开展“送温暖、献爱心”活动，员工捐款4880元、捐赠衣物200件；12月5日，向富川扶贫点捐赠图书374册，价值3488元，捐款1.84万元帮助30名贫困学生完成学业；12月6日，向贫困地区宁明县思乐中学捐赠多媒体教室桌椅216套，价值3.85万元。

河池市烟草专卖局（公司）：1月17日，开展“送温暖、献爱心”活动，给129名家境困难的零售户、烟农每户送去慰问金200元。

柳州市烟草专卖局（公司）：1月23日，捐款8万元帮助三江县洋溪乡扶贫点群众解决茶苗款问题，确保该乡备耕的1586亩茶叶的种植苗木；2月，开展“结对子”活动，资助山区贫困小学生39人、中学生25人完成学业，为柳城、三江等贫困地区失学儿童捐款3.4万元、捐赠衣物1000余件；5月，捐款1万元帮扶三江县洋溪乡村茶叶种植户学习茶叶种植、护理和病虫害处理等技术；8月29日，捐款2万元对柳州市6个县的25名贫困学生进行资助。

百色市烟草专卖局（公司）：9月12日，向百色市特殊学校捐款1.5万元。

广西中烟工业公司

全省工业系统共捐款2033.59万元用于各项社会公益活动。3月9日，举办“‘真龙’关爱进城务工人员子女就学”活动，20多名青年团员代表公司全体青年团员向20名进城务工子女捐赠了价值4000余元的学习用具、图书、体育器材及一面“努力成材，报效祖国”的锦旗；5月22日，开展助残活动，机关团委向南宁市盲聋哑学校捐赠价值3000余元的书籍、体育用具；7月29日，向遭受台风“碧利斯”、“派比安”影响的灾区捐款3.59万元、捐赠衣物2797件；8月18日，举办第二届“‘真龙’金秋助学”活动，向广西区总工会捐赠30万元助学金，用于资助因家庭经济困难而无法上大学就读的100名学生；捐款2000万元设立“‘真龙’教育基金”，每年拿出基金增值部分的50余万元奖励全区5所知名大学的168名广西籍贫困大学生。

海南省烟草专卖局（公司）

全省商业系统共捐款117.37万元用于各项社会公益活动。

海南省烟草专卖局（公司）机关：集中投入人力、物力和财力对临高县临城镇进行帮扶，全年共实施扶贫项目9个，投入扶贫资金96.5万元，用于村容村貌、道路和农田水利等基础设施建设。其中，帮助临城镇德老村铺设水泥道路2400米；帮助临城镇抱瑞村修建水利渠道2000米、涵洞和闸门各1座；帮助德老村委和头星村委建设饮水工程、修建学校运动场、修补学校门窗、给五保户建房和修建水库闸门，解决了农民出行、用水、住房等实际问题。

海口市烟草专卖局（公司）：参加“千家单位万吨水泥支持新农村建设”活动，向美兰区和旧州镇岭南村捐赠价值4.06万元的水泥140吨；开展“送温暖、送爱心”活动，市局（公司）机关捐款1万，职工个人捐款1.35万元；参加澄迈县委发动的“千名党员下基层送温暖”活动，捐赠价值3000元的慰问品；为定安县帮扶联系点龙湖镇捐助购置图书、农药等，价值2250元；向定安县妇联捐助法律咨询活动费500元。

三亚市烟草专卖局（公司）：全市商业系统共捐款8.29万元用于各项社会公益活动。其中，捐款2.27万元用于救助灾害、救济贫困、扶助残疾人等活动；2.82万元用于资助教育、科学、文化、卫生、体育事业等活动；3.20万元用于资助环境保护、社会公共设施建设等活动。

琼海市烟草专卖局（公司）：全市商业系统共捐款6.83万元用于支持农村文明生态村建设和农田治理工程建设。

儋州市烟草专卖局（公司）：全市商业系统共捐款3.35万元用于支持文明生态村建设、扶贫、救灾、助残等工作。

重庆市烟草专卖局（公司）

全市商业系统共捐款676.94万元用于各项社会公益活动。

重庆市烟草专卖局（公司）机关：开展“关注弱势群体，向社会奉献爱心”活动，为南川市马嘴乡春蕾小学的留守儿童捐赠价值10万元的课外读物。为“掘万口井、献万般情、重庆国企心系灾情”活动捐款300万元，其中机关个人捐款8万余元。

丰都县烟草专卖局（公司）：1月，向丰都县三坝乡贫困党员捐款5620元，慰问社区贫困户捐款1179元；开展“慈善双日捐”活动，共捐款4638元。

合川区烟草专卖局（公司）：组织干部员工到土场镇新铺村开展献爱心活动；开展助学捐资活动，职工个人捐款1.1万元；资助抗旱活动捐款8000元。

江津区烟草专卖局（公司）：参加“慈善双日捐”、“抗旱救灾”、夏坝村对口扶贫等公益活动，共捐款1.03万元。

南岸区烟草专卖局（公司）：为支持南岸地区抗旱工作捐款4.6万元；2001～2006年累计捐款12万元，用于对口扶贫单位广阳塘坎村。

彭水县烟草专卖局（公司）：开展“尽责任、献爱心”活动，捐款3万元；与汉葭镇镇南村贫困学生签定了帮扶协议，每年捐赠助学金4000元，直至其完成学业；组织职工在植树节上山种树、上街打扫街道。

綦江县烟草专卖局（公司）：支援中峰镇龙山村新农村建设，捐款1万元用于龙山村公路建设；组织职工捐款3000元修缮中峰镇龙山村村小学校舍；捐赠1500本图书成立村民阅览室；23名中层以上干部与该村23名品学兼优的贫困学生结为长期帮扶对子，资助其学费，并向贫困学生赠送学习用具、工具书以及生活用品。在2006年特大旱灾中，捐赠抗旱资金1.5万元，帮助龙山村抗旱救灾和恢复生产，及时购买30个送水桶，解决该村缺少送水工具的问题。

黔江区烟草专卖局（公司）：职工个人为“掘万口井、献万般情、重庆国企心系灾情”活动捐款4.8万元、捐物折合人民币6.9万元。

荣昌县烟草专卖局（公司）：为清流镇抗旱捐款5000元。

潼南县烟草专卖局（公司）：7月28日，职工自发向受灾严重的玉溪镇捐款3000元；8月12日，为旱灾地区送去8.88万瓶矿泉水；租用专车，坚持每天向卧佛镇太白村等地准时运送生活用水；职工个人捐款6000元，帮助两名贫困学生圆了大学梦。

万州区烟草专卖局（公司）：为“掘万口井、献万般情、重庆国企心系灾情”活动捐款3.75万元。

武隆县烟草专卖局（公司）：开展“情系烟区、关爱烟农”捐款活动，共募集卷烟工业企业捐款110万元，用于救助灾区烟农；积极支持教育事业，争取淮阴卷烟厂40万元教育捐款，用于黄莺乡修建学校；捐款15万元，用于烟区公路维修；捐款165万救助受灾烟农。

渝北区烟草专卖局（公司）：全年共捐款18.7万元用于各项社会公益活动。开展“联、帮、带”主题实践活动，落实了1个镇、1个社区的对口扶贫工作，全年为社会主义新农村建设捐款6.3万元，为抗击特大旱灾捐款8万元；捐款4000元帮助特困零售户子女上学。

云阳县烟草专卖局（公司）：全体职工为江口受灾零售户捐款1000元，为云阳县慈善基金捐款2000元，资助清水镇失学孤儿1200元。

金益烟草有限责任公司：为“掘万口井、献万般情、重庆国企心系灾情”活动捐款3万元。

四川省烟草专卖局（公司）

全省商业系统共捐款1070.55万元用于各项社会公益活动。其中，250万修建巴中市通江县四川烟草希望小学、广元市剑阁县四川烟草希望小学、遂宁市射洪县复兴中学和自贡市富顺县东湖小学；为凉山州中、小学捐款300万元，购买被褥1.5万套。向部分乡镇卫生院捐款20万元用于购买医疗设备。

成都市烟草专卖局（公司）：全市商业系统共捐款16万元用于各项社会公益活动。开展“送温暖、献爱心”活动，捐款4万元；开展“慈善一日捐”活动，市局（公司）机关捐款6万元，职工个人捐款5万元。

自贡市烟草专卖局（公司）：开展“送温暖、献爱心”活动，市局（公司）机关捐款1万元，职工个人捐款3891元；开展“七·一”送温暖活动，向大罗村18户五保老人捐款1000元；参加“慈善一日捐”活动，市局（公司）机关捐款4万元，职工个人捐款8150元；向富顺、荣县两县捐款3.8万元用于新农村建设。

攀枝花市烟草专卖局（公司）：向边远山区东风村捐款3万元，用于东瓜坪社生产生活用水管道建设和东风村东风小学附属设施建设。

德阳市烟草专卖局（公司）：参加精神文明共建、“部门帮村、党员帮户”及新农村建设等社会公益活动，全市商业系统先后向帮扶乡（镇、村）捐赠帮扶资金13.41万元、捐赠衣物327件、书刊500余册，其中，行业干部职工个人捐款2.34万元、捐赠衣物327件、书刊67册。

广元市烟草专卖局（公司）：向剑阁县剑门关镇青树村捐款50万元，修建四川烟草希望学校；向遭受洪灾的青川县、遭受旱灾的苍溪县、遭受风灾的剑阁县捐款共计7.5万元；与苍溪县石马镇安家村结成帮扶对子，采取“部门帮村、党员帮户”的方法帮助其脱贫致富，捐款7.5万元。

遂宁市烟草专卖局（公司）：捐款50万元帮助射洪复兴中学修建实验教学楼，参与“一对一”帮扶和“慈善一日捐”等社会公益活动。

内江市烟草专卖局（公司）：开展“送温暖、献爱心”活动，发动广大职工参与“捐一日工资、献一份爱心”活动，共捐款3972元；向内江市慈善总会捐款2000元。

宜宾市烟草专卖局（公司）：全市商业系统共捐款40.39万元用于各项公益活动。4月，向筠连联合苗族乡民族小学捐款2万元；6月，向珙县观斗苗族乡捐款10万元建设四川烟草希望小学，6月14日，机关21名干部职工参加宜宾市红十字会组织的献血活动；8月，向宜宾市旅游发展协会捐款5万元；10月9日，机关全体职工、翠屏区局（营销部）职工参加“慈善一日捐”活动，共捐款1.29万元；11月，向珙县观斗苗族乡捐款15万元修建四川烟草希望小学；12月，向筠连联合苗族乡民族小学捐款3.4万元，并赠送电脑20台。

广安市烟草专卖局（公司）：为贫困大学生捐款5000元；单位和个人对口支持扶贫联系村8.18万元。

达州市烟草专卖局（公司）：全市商业系统共捐款160万元用于各项社会公益活动。为全省十运会捐款60万元；为遭受特大旱灾的县、市捐款60万元；为社会主义新农村建设捐款30万元；捐款5.4万元修建宣汉县漆树土家族乡乘龙村金叶希望小学；向市慈善总会捐款8000元，资助宣汉、万源4名贫困学生。

巴中市烟草专卖局（公司）：捐款86.85万元与省局（公司）共同修建了四川烟草希望学校；全市行业共捐赠扶贫款、抗灾资金6.54万元；干部职工向灾区困难群众捐款捐物近1万元。

凉山彝族自治州烟草专卖局（公司）：开展“一帮一”、“一帮多”捐资助学活动和党员干部结对帮扶活动，全体干部职工捐款2.6万元帮助10名贫困学生顺利入学；捐款2.6万元用于改善越西县瓦里觉乡小学图书室，为289名贫困学生购置运动服、书包等学习用品，捐款8.5万元对乡中心校原教师用房、学生教室进行装修，向越西县瓦里觉乡21名贫困党员干部捐款6300元，捐款2.65万元购变压器等材料设施解决乡村照明问题，捐款1万元扩建蓄水池解决周边群众饮水问题；向甘洛县波波坤、胜利斯补两所小学捐款15万元；向西昌市第三小学捐赠衣物4000余件。

都江堰市烟草专卖局（公司）：3月，开展“慈善一日捐”活动，捐款6万元。

川渝中烟工业公司

全省工业系统共捐款266.03万元用于各项社会公益活动。

成都卷烟厂：向共青团四川省委捐赠娇子助学款42.5万元；向成都市大熊猫繁育基地捐款10万元；开展“慈善一日捐”活动，职工个人捐款12.3万元。

重庆烟草工业有限责任公司：为抗击重庆市特大

旱灾，向重庆市捐赠救灾款100万元，并捐赠赈灾助学款4.5万元；向黔江地区捐赠扶贫款8万元；为救助困难职工，捐款6.9万元。

什邡卷烟厂：向中江县贫困山区群众捐款10万元；向德阳市慈善基金总会捐款50万元；向贫困大学生、贫困户、孤寡老人、困难职工捐款7万元。

西昌卷烟厂：向凉山州慈善总会捐赠教育扶贫款8.8万元；向贫困学生、孤寡老人、残疾人捐赠救助款1.63万元。

绵阳卷烟厂：向特困职工捐款4.4万元。

贵州省烟草专卖局（公司）

全省商业系统共捐款3294.6万元用于各项社会公益活动。其中，修建希望小学27所；捐款3060万元对受灾严重的烟区和烟农进行救助；捐款234.6万元，支持扶贫联系点开展社会主义新农村建设。

贵阳市烟草专卖局（分公司）：捐助希望工程等公益活动71.93万元。其中，向息烽县石硐乡何家硐村捐款30万元修建金叶希望小学，并向希望小学捐赠课座椅103套；市局（分公司）职工向息烽县金叶希望小学捐款1.21万元用于购买课座椅，向农民工捐款5000元，捐赠衣服1487件、裤子936条、大衣3件、被子3床。

铜仁地区烟草专卖局（分公司）：捐款30万元修建松桃盘塘村金叶希望小学；捐款30万元修建石阡聚凤乡金叶希望小学；为梵净山旅游文化节捐资20万元。

毕节地区烟草专卖局（分公司）：捐款37万元为赫章县古基乡修建水桃金叶春晖小学；捐款40万元为威宁县板底增建金叶教学楼1栋；向威宁、赫章等受灾地区种烟农户捐赠救灾款45万元；购买190多吨大米救助烟农，向赫章、织金两地受灾烟农捐赠物资款70余万元。

安顺市烟草专卖局（分公司）：为烤烟生产受灾地区，捐助救灾款38万余元；开展“送温暖、献爱心”活动，市局（公司）机关捐款6000余元、捐赠衣物559件；开展“温暖农民工、共建大和谐”捐赠活动，捐款6000元；配合相关部门做好“一村一名大学生计划”工作，为紫云县50名大学生捐赠3万元的学费；捐资25万元修建普定白岩金叶希望小学。

黔东南州烟草专卖局（分公司）：捐款56万元分别在丹寨县排调乡、锦屏县高柳村修建两所金叶希望小学；捐款26万元用于“两山”（雷公山、月亮山）扶贫工作；筹集15万元帮助受灾烟区做好防雹、抗旱、防涝减灾工作。

遵义市烟草专卖局（分公司）：在湄潭西河乡计划生育“三结合”活动中帮扶30户贫困户，向每户贫困户捐款300元；组织开展“慈善一日捐”活动，捐款5.03万元；参与“温暖农民工、共建大和谐”活动，捐款1万元；捐款850万元用于全市抗旱救灾，并购置火箭弹200发、增雨弹1070发。

黔南州烟草专卖局（分公司）：集资53.19万元在瓮安县荣院小学和长顺县思岗小学修建金叶希望小学；向长顺县代化镇井边村捐款3.48万元用于乡村公路建设、村委会建设及希望工程、特困农户等方面的帮扶。

六盘水市烟草专卖局（分公司）：捐款20万元，用于改善盘县四格乡水塘村扶贫点群众生产生活条件；捐款6万元改造3公里的村级公路；捐款5万元修建50口沼气池；捐款9万元新建22栋房屋；捐款17.32万元，用于盘县红果开发区环城绿化；捐资30万元，在六枝特区陇脚乡修建补雨希望小学一所；捐资1万元为六枝特区龙场乡15户贫困户购买耕牛15头；慰问盘县四格乡水塘村、六枝特区龙场乡红旗村86户贫困户，送去慰问款7780元；慰问盘县四格乡水塘村40户贫困户，送去慰问款1.5万元。

黔西南州烟草专卖局（分公司）：组织开展捐助农民工活动，共捐款4650元；向“6·12”特大洪灾灾区捐款18.95万元，其中职工个人捐款8.7万元。

贵州中烟工业公司

全省工业系统共捐款1128.09万元用于各项社会公益活动。其中，向“送温暖基金会”捐赠助学款100万元；向遵义市委、市政府组织的“四在农家”活动捐款20万元；向铜仁地区六龙山捐赠扶贫款32.88万元；捐款30万元支持毕节地区消防支队购置消防车；捐款500万元赞助“2006中国·贵州黄果树瀑布节”；捐款400余万元支持“多彩贵州风、倾情黄果树”在全国15个主要城市进行巡演。

贵州中烟工业公司机关：开展“送温暖、献爱心”活动，捐款2.26万元、捐赠衣物598件。

遵义卷烟厂：参加“四在农家”、“创建国家卫生城市”等文明创建活动，向红花岗区金鼎镇金川村捐款20万元、捐赠100吨水泥用于“四在农家”建设；10月，向遭受特大旱灾的受灾群众捐款5.77万元；党员、团员青年还自发到遵义市少年儿童福利院、荣军疗养院等开展捐助和慰问活动。

铜仁卷烟厂：向六龙山牛场村扶贫帮扶点捐款17.18万元，其中职工个人捐款3.2万元。为六龙山牛场村修建桥梁两座，修筑公路2.9公里。

云南省烟草专卖局（公司）

全省商业系统共捐款9.03亿元用于抗震救灾、见义勇为基金、农田烟水配套工程建设等社会公益活动。

云南省烟草专卖局（公司）机关：捐款120万元，其中干部职工捐款9万余元，用于挂钩扶贫、捐助希望小学及农村水利建设等公益活动。对文山州麻栗坡县大坪镇进行重点帮扶，实施引水渠道、公路维修、人畜饮水、援建希望小学等扶贫开发项目，解决了大坪镇9个村民小组1260余亩农田灌溉和160余人、60头（匹）大牲畜的饮水困难和1100余人出行难等问题，捐赠黄果希望小学，解决两个村民小组30名孩子的上学问题。

云南中烟工业公司

全省工业系统共捐款1543.1万元用于各项社会公益活动。

云南中烟工业公司：捐款65万元，赞助“兴边富民”工程；向云南省消费者协会捐款10万元，赞助3·15消费与环境晚会；捐款45万元，赞助国家安监总局全民安全知识公益广告活动；向昆明体育训练基地捐款100万元，赞助云南省网球协会活动；向云南省儿童基金委员会捐款20万元，赞助春蕾计划；向文山州广南县扶贫办捐款40万元；向云南省希望工程助学基金捐款10万元；向中国人民解放军军事统筹学会捐款10万元，赞助“情系长征路慈善万里行”活动；向大理市捐款150万元用于支持教育事业；捐款25万元用于修建干坝红云希望小学；捐款20万元，赞助户撒乡20中心小学红塔教学楼。

红塔烟草（集团）有限责任公司：4月14日，向云南见义勇为基金会捐款200万元；4月18日，向中华国际科学交流基金会“春雨工程”捐款100万元；6月14日，赞助云南财经大学20万元；9月4日，向怒江州贡山独龙族怒族自治县实施爱心助学，贡山县70名在校初高中学生及19名今年考入大学的学生得到了“红塔爱心助学工程”的首批资助；9月22日，向怒江贡山地区捐赠扶贫款20万元；12月4日，向云南儿童基金委员会捐赠助学款40万元；12月20日，赞助德宏州中缅边境群众联欢50周年纪念活动20万元；12月23日，向云南老龄事业发展基金会捐款15万元；12月30日，赞助大理州大理白族自治州50周年庆典活动60万元。全年共捐款1108.43万元用于各项社会公益活动。

红云烟草（集团）有限责任公司：红云集团昆明卷烟厂开展“爱心永恒”助残公益活动，全厂职工自愿认购772册《爱心永恒》助残公益活动邮品宣传册，支持残疾人事业；参与“爱心助老”捐款活动，全厂3155名职工共捐款4.67万元。

西藏自治区烟草专卖局（公司）

全区商业系统共捐款94.44万元用于各项社会公益活动。

西藏自治区烟草专卖局（公司）机关：3月，机关干部职工向贫困农牧民捐款1.5万元；4月，向日喀则拉孜县农牧民艺术团捐款17.19万元、向西藏政府驻格尔木办事处小学捐款1000元；9月，向拉萨市第一小学捐款2000元；12月，向拉萨市堆龙德庆县乃琼镇色玛村委会捐款3万元、向昌都地区儿童福利院捐款6万元。

昌都地区烟草专卖局（公司）：1月，向定点扶贫帮困点芒康县莽岭乡完全小学捐赠生活用车1台和复印机1台，为困难家庭学生捐赠过冬衣物；为昌都地区孤儿院学生每人捐赠1000元的生活补助以及过冬衣物。全年共捐款8万元用于公益助学。

日喀则地区烟草专卖局（公司）：2月，支援热萨乡草场育肥基地改建工程，捐款5万元；3月，为热萨乡的14名贫困大学生捐款4.2万元；全年支持文化扶贫工程共捐款24万元。

山南地区烟草专卖局（公司）：3月，捐款3万元资助错那县卡达乡6名贫困学生；11月，干部职工为地区民政局捐赠救助款1050元、捐赠衣物34件。

陕西省烟草专卖局（公司）

全省商业系统共捐款187.99万元用于各项社会公益活动。

陕西省烟草专卖局（公司）机关：8月21日，参加“圆贫困学生大学梦”捐赠活动，向130名品学兼优的贫困学生捐赠助学款32万元。开展捐助月活动，共捐款2250元，捐赠衣物522件，棉被、棉衣17件。

西安市烟草专卖局（公司）：春节期间，组织慰问长乐坊社区10户贫困户，送去价值1000元的过节物资和慰问金；4月，开展“为王兵资助的同学张铭捐款”活动，853人参加了捐助，共捐款2.5万元；“六·一”前夕，向周至县楼观镇金叶希望小学捐赠价值5000元的电脑和激光打印机等教学用品；9月，组织“慈善一日捐”活动，向市慈善总会捐款10万元，向西安市总工会捐款10万元，其中职工捐款5.58万元；11月，开展“送温暖、献爱心”活动，全系统669名干部职工共捐款1.15万元、捐赠衣物309件。

咸阳市烟草专卖局（公司）：为贫困大学生和灾区群众捐款捐物30余万元。

宝鸡市烟草专卖局（公司）：7月，向陇县马曲村捐赠扶贫款2.67万元；为西山大湾河村捐款3.1万元；为坪头镇贫困大学生捐赠助学款2000元；12月，参与宝鸡市“突破西山”工程，捐款40万元为西山赤沙镇修建宝鸡金叶希望小学一所。

渭南市烟草专卖局（公司）：向“两联一包”定点包扶村蒲城县东阳乡柳家村捐款3万元，建成校舍6间；向渭南市慈善协会捐款2万元，用于爱心助学；合阳、富平、潼关等县局分别向包扶村捐款1万元，用于捐建学校、扶贫修路。

汉中市烟草专卖局（公司）：市局（公司）机关向宁强县柏林驿小学捐赠助学款10万元；开展“送温暖、献爱心”活动，机关干部职工捐款4350元、捐赠衣物100件；捐款5万元帮助城固县二里镇星红村道路建设。西乡县局（营销部）向白龙镇龙王村捐款1200元、捐赠衣物166件、食用油400斤；捐款3000元用于龙王村党支部购买宣教设备；向龙王村捐款760元、捐赠棉衣87件；分别向扶贫村龙王村、堰口镇龙家湾村捐款1万元和5000元修建村级道路。洋县县局（营销部）向扶贫点贫困户捐款700元、捐赠面粉7袋、食用油70斤。佛坪县局（营销部）为修建社会主义新农村村委会，捐款7010元。宁强县局（营销部）帮助铁锁关镇刘家坝村修建公路2.6公里；出资7000元购置水泥12.5吨、机砖2万匹。城固县局（营销部）为小河镇石糟河村扶贫点捐款3.6万元购买灌溉设备一套；向县扶贫办捐款2000元。南郑县局（营销部）向黄官镇水井村捐款2.9万元；向塘口乡捐款2万元用于修建道路。勉县县局（营销部）干部职工向贫困山区捐款4390元、捐赠衣物30余件。洋县局（营销部）支持当地社会主义新农村建设，捐资2万元修建公路。

安康市烟草专卖局（公司）：开展“牵手希望——安烟爱心助学”行动，帮助300余名贫困学生完成九年义务教育。帮扶旬阳县桦树梁村社会主义新农村建设，捐赠电脑10台、图书426册、电视机1台、DVD机1台、电视接收机1台、体育器材30余套，为村小学安装铁大门、粉刷墙面，引自来水入校；帮助建设村部文化活动室；开展慰问活动，为汉滨区关家乡双沟村贫困群众送去价值5000余元的生活用品；开展交友帮扶活动，市局（公司）领导与安康运输公司4名困难职工结成对子。

商洛市烟草专卖局（公司）：向“两联一包”帮扶村商州区腰市镇屈村捐赠教学桌椅160套，价值4万元；节日期间，走访慰问4名特困学生和9名特困户，并捐赠慰问金8000余元。

铜川市烟草专卖局（公司）：5月，资助铜川市直机关工委“猴王杯”第四届全民健身运动会；7月，开展“帮助贫困生完成学业”活动，为3名大学生捐赠助学款9000元；11月，开展“送温暖、献爱心”活动，市局（公司）职工共捐款3860元；12月，走访慰问了4名铜川市纺织厂的困难职工，并送去800元慰问金以及大米、面粉、食用油等。

延安市烟草专卖局（公司）：开展扶贫帮困献爱心活动，共捐款4.77万元，捐赠衣物505件；为富县直罗镇屈家沟小学捐款1000元；资助吴起县宜兴希望小学贫困生500元；帮助延川县延水镇中心小学解决冬季取暖；帮助宝塔区官庄乡圪塔原村维修党员活动室、维修灌溉设施，捐款2万元；捐款3000元为黄陵县腰坪乡建庄村购买50亩玉米地的地膜；向吴起县白豹镇楼坊村援助复合专用肥10吨，捐款5000元；为子长县栾家坪乡强家洼村购买煤炭20吨；支援宜川县英旺乡阿道村和龙泉村引水修路工程，捐款3.15万元。

榆林市烟草专卖局（公司）：参加“爱心一日捐”活动，捐款3140元；捐款5万元为包扶的定边县村子打蓄水窖30眼；捐款1万元支援绥德县社会主义新农村建设。绥德县局（分公司）为考入重点院校的12名零售户子女发放7500元的助学金。

甘肃省烟草专卖局（公司）

全省烟草商业系统为扶贫赈灾、捐资助学、扶残助残等社会公益活动先后捐款、捐物60余次，累计捐款90余万元，捐赠衣物300余件，救助贫困学生、失学儿童30余名。

甘肃省烟草专卖局（公司）机关：开展捐资助学活动，共捐款1.2万元，资助合水县一中、二中20名品学兼优的贫困高中学生完成学业；11月，开展“送温暖、献爱心”活动，共捐款5500元，捐赠衣物160件、棉被1床、书包1个。

兰州市烟草专卖局（公司）：皋兰县局（营销部）干部职工向扶贫点西岔镇漫湾村贫困村民捐款1840元。

天水市烟草专卖局（公司）：1月，为扶贫点清水县郭川乡平定小学捐赠价值5000元的篮球架1副；10月，捐款1万元整修平定小学道路及花坛；12月，为平定小学赠送烤火煤5吨，价值2000元。

武威市烟草专卖局（公司）：参加“扶贫济困献爱心”、“爱心一日捐”等活动，捐款2.3万元。6月，为古浪县尖山村贫困村民捐助价值2000元的面粉和帮扶款3000元；7月，开展“爱心一日捐”活动，捐款

3630元；8月，为“7·30”受灾群众捐赠救灾款6850元；12月，开展“送温暖、献爱心”活动，捐款3270元。古浪县局（营销部）为七墩台移民区捐助结对帮扶款2500元。民勤县局（营销部）全体干部职工为民勤县东湖镇捐助帮扶款2000元。

金昌市烟草专卖局（公司）：3月10日，金昌市局（公司）团支部在志愿者入村服务活动中为双湾镇尚家沟村捐赠电脑1台、打印机1台；5月28日，金昌市局（公司）为尚家沟村艺术节捐款1000元；12月1日，开展“送温暖、献爱心”活动，向灾区人民捐款670元。

张掖市烟草专卖局（公司）：全市商业系统参加城市绿化、市政建设、帮助扶贫点、救助失学儿童、送温暖献爱心、资助贫困零售户和扶残助残等社会公益活动共18次，累计捐助现金和物品价值6.45万元。其中，甘州区专卖局向辖区贫困零售户捐赠价值3.2万元货物陈列柜台；开展“送温暖、献爱心”活动，共捐款1.27万元。

酒泉市烟草专卖局（公司）：全市商业系统捐款11080元用于社会公益活动。为欢度“六·一”儿童节捐款1360元；12月，开展“送温暖、献爱心”活动，捐款2885元；为贫困学生捐款2885元；为残疾人捐款3950元。

敦煌市烟草专卖局（公司）：全市商业系统为固定扶贫联系点敦煌市黄渠乡代家墩村捐款3000元。

平凉市烟草专卖局（公司）：全市商业系统捐款10.2万元用于社会公益活动。其中，扶贫、助残、支教等捐款2.5万元，开展社会公益活动捐款7万元，环境建设、绿化捐款7000元。

庆阳市烟草专卖局（公司）：全市商业系统捐款25.31万元用于公益活动。其中，捐赠救灾款9.05万元；资助教育、文化和其他社会福利事业14.76万元，其中，个人捐款救助贫困群众1.5万元。

陇南市烟草专卖局（公司）：6月，市局（公司）机关党委在“双联双促”活动中，向礼县沙金乡徐门村捐款3万元修建村级党员活动室，同时还捐赠各类报刊、图书近千册；向武都县、文县地震灾区捐款11.5万元，其中干部职工捐款3.02万元；开展“送温暖、献爱心”活动捐款2890元，捐赠衣物142件。

白银市烟草专卖局（公司）：3月，开展“为贫困山区灾民献爱心”活动，共捐款1.04万元；5月，开展“扶残助困”活动，为残疾人捐款2000元；8月，向当年考上复旦大学的一名成绩优异的贫困学子捐款；11月，开展“心系灾区、关注灾民”活动，向遭受特大干旱的灾区捐款1万元。

定西市烟草专卖局（公司）：全市商业系统捐款4.21万元用于各项社会公益活动。

甘南州烟草专卖局（公司）：全市商业系统为贫困农牧民捐赠面粉1500斤。

青海省烟草专卖局（公司）

全省商业系统共捐款13.81万元用于各项社会公益活动。

青海省烟草专卖局（公司）机关：2月，为申中乡购买价值6000元的电脑1台、打印机1台；5月，“六·一”前夕慰问青海烟草希望小学学生，并赠送图书286套，价值5300元；8月，支持希望工程“爱心圆梦大学”助学行动，向青海省青少年基金会捐款8万元；11月，开展“博爱一日捐”活动，共捐款3.87万元，捐赠棉衣百余件，价值8440元。

西宁市烟草专卖局（分公司）：5月26日，市局（分公司）机关团总支慰问市儿童福利院儿童，并送去价值2100元的慰问品；为西宁市大通县宝库乡张家滩小学捐赠课桌23张价值3450元，慰问宝库乡5户特困户，送去价值735元的慰问品；慰问西宁市城东区清真巷办事处8户困难户并送去价值1210元的慰问品；开展“博爱一日捐”活动，捐款3142元。5月31日，湟中县局党支部向湟中县拦隆口乡川中小学的贫困学生捐款800元。

格尔木市烟草专卖局（分公司）：3月，开展“博爱一日捐”活动，共捐款1290元；5月，向格尔木慈善会捐款100元；8月，向格尔木市卫生局捐赠灭蚊费2000元；8月，捐赠昆仑文化旅游节宣传费1000元；9月，向乌图美仁乡捐赠扶贫款1300元，向格尔木市第一中学捐赠教师节慰问金500元，出资1800元制作“创建卫生城市”公益广告牌。

海北州烟草专卖局（分公司）：5月22日，为海北州民族技校捐款600元，为海晏县下巴台村贫困学生捐款1400元；9月10日，为门源县受冰雹灾害的群众捐款3760元；11月16日，开展“博爱一日捐”活动，共捐款710元。

黄南州烟草专卖局（分公司）：3月，开展“博爱一日捐”活动，共捐款950元；5月，为定点帮扶村泽雄村的3名特困生捐赠了价值300元的衣服和学习用品；6月，州局党组到泽雄村慰问，送去价值1300元的面粉及生活用品；8月，支援泽雄村党员活动室建设，并为其购买了价值6000元的会议（办公）桌17张，椅子32把。

宁夏回族自治区烟草专卖局（公司）

全省商业系统共捐款54.22万元用于各项社会公

益活动。

宁夏回族自治区烟草专卖局（公司）机关：走访慰问同心县五里墩村50户特困户，并送去慰问金1万元；捐款1.5万元对同心县姚山乡套塘村村部和党员群众活动室进行改造；开展“扶贫济困送温暖”活动，机关干部职工个人捐款1.4万元；开展向南部山区中小学捐赠图书活动，机关干部职工捐赠各类图书744册，价值6400元。

银川市烟草专卖局（分公司）：把定点扶贫工作列入重要议事日程，提出“扶贫工作做到造血型、扶教育、扶意志、扶基础、扶纯贫户、扶基层党团组织建设”的基本思路，多次到扶贫点对捐助的扶贫项目进行监督检查。全年共投入扶贫资金27.2万元，其中，捐款21万元，帮助灵武市郝家桥镇永清村和新民村完善农业基础设施建设；捐款2万元，帮助灵武市郝家桥镇永清村发展养殖、征订书报资料；捐款4.2万元，帮助修建闽宁镇中心小学学生食堂和水房。

石嘴山市烟草专卖局（分公司）：共捐款8800元慰问继红社区68户贫困户；向市慈善总会捐款1000元；向市社会捐助接收工作站捐款2670元；捐赠“三夏”抗洪救灾款8000元；向“幸福工程——救助贫困母亲”活动捐款650元，捐赠衣物226件；向惠农区红果子镇下营子村新农村建设项目捐赠水泥20吨，捐款1600元；捐助2600元慰问平罗县高庄乡金星村老党员，为罗平新农村建设捐赠帮扶资金4万元，捐赠助学款2000元，为秋季农田水利建设工程捐款4000元，为罗平县向灵沙乡捐款3000元，用于丰富村民文化体育活动。

吴忠市烟草专卖局（分公司）：先后捐赠价值1000元的大米、面粉、香油等慰问社区贫困户；向对口帮扶点同心县予旺镇白崖子村捐款1.8万元；为同心县“双基”攻坚验收、吴忠市少儿围棋赛、捐助贫困大学生等活动捐款1.3万元。

固原市烟草专卖局（分公司）：2月，向隆德县田柳村捐助扶贫款1500元；4月，为泾源县大湾乡捐赠助学款1000元，为西吉县西滩乡捐赠助学款5000元；6月，为彭阳县小岔乡定点帮扶村捐款400元，为西吉县偏城乡定点帮扶村捐款1万元；7月，支援固原市农村教育捐款3000元；9月，为泾源县城市绿化捐款1000元；10月，为隆德县街道改造捐款2000元；10月，为西吉县将台堡红军长征胜利会师纪念活动捐款2000元。

中卫市烟草专卖局（公司）：全市商业系统共捐款10万元用于各项公益活动。其中，支援永康镇徐庄村修建村级公路2万元；与村党支部开展“手拉手”联谊活动，捐赠帮扶款1万元；出资2.5万元支持地方农田水利建设和海原压沙西瓜和生态公园建设；支援镇罗镇李咀村搭建蔬菜大棚捐款2万元；为海原县蒿川中学维修校舍资助5000元；支援校园“双基”建设捐款5000元；为烫伤食道男孩捐款3030元；为城区受旱灾群众捐款3770元。协同市文化局举办“夏日情怀”、“相约新中卫”两次大型广场文艺晚会，捐款9000元；组织职工购买《见义勇为募资明信片》价值1760元；资助1000元拍摄电影《冯志远》。

新疆维吾尔自治区烟草专卖局（公司）

全区商业系统共捐款158.3万元用于各项社会公益活动。

新疆维吾尔自治区烟草专卖局（公司）机关：为自治区定点帮扶地区吉木乃县喀尔交乡阔克阔拉村和萨帕克村捐款89.5万元；9月，向自治区红十字会捐款3万元；10月，向乌鲁木齐市见义勇为基金会捐款1000元；参加“送温暖、献爱心”活动，共捐款5740元。

乌鲁木齐烟草专卖分局（公司）：1月6日，慰问乌鲁木齐儿童福利院，捐赠电视机10台、毛毯20条，价值8500元；6月1日，开展“六·一”儿童节慰问活动，为孤残儿童送去学习、日常生活用品，价值1000余元；11月21日，开展“送温暖、献爱心”活动，向民政部门捐款2万元；12月28日，开展“博爱送千家”活动，全体干部职工向自治区红十字会捐款1.19万元。

昌吉回族自治州烟草专卖分局（公司）：开展“送温暖、献爱心”活动，捐款1.03万元。多次前往扶贫帮困对象家中慰问，并送去了大米、清油、面粉等生活用品，为其女儿解决了高中一学年1800元的学费。

新疆维吾尔自治区烟草专卖局石河子分局、新疆烟草兵团石河子有限公司：8月2日，开展“幸福工程——救助贫困母亲”活动，共捐款1210元；12月15日，开展“送温暖、献爱心”活动，共捐款1660元。

博尔塔拉蒙古自治州烟草专卖分局（公司）：赞助冰雕展1万元；6月25日，为温泉县哈日布呼镇绥得尔村贫困村民捐助大米、白面、清油、棉被等生活必需品和2015元现金。

伊犁哈萨克自治州烟草专卖分局（公司）：开展扶贫帮因和“送温暖、献爱心”活动，共捐款12.39万元，其中，资助“结对子”乡村、困难户5.99万元，用于春耕生产、路渠建设；援助“两基”教育与建设村卫生所6.4万元。

克拉玛依烟草专卖分局、克拉玛依市烟草商贸有限责任公司：开展“送温暖、献爱心”活动中共捐款4550元。

塔城地区烟草专卖分局（公司）：12月，向阿不都拉乡叶留拜村捐助扶贫款4800元。

阿勒泰地区烟草专卖分局（公司）：1月4日，为帮扶对象捐赠价值150元的生活用品；1月8日，为吉木乃县喀尔交乡贫困牧民捐款2000元，捐赠价值2000元的生活用品；1月10日，开展“送温暖、献爱心”活动共捐款5600元、捐赠衣物71件。2月，为当地特困群众捐款2450元；捐赠对口帮扶富蕴县喀拉通克乡白杨沟村扶贫款3.7万元；5月，为特困农牧民参加新型农村合作医疗捐款512元；11月，为解决吉木乃县两个贫困村冬天穿衣烧煤难题，共捐款1.12万元。

巴音郭楞蒙古自治州烟草专卖分局（公司）：2月，为萨依巴格恒友社区的两名贫困户捐款1000元；7月，慰问尉犁县局（营销部）的包联单位塔里木乡，给英库勒村捐赠桌椅10套、文件柜1组和饮水机1台，到3户贫困户家中慰问，用职工个人捐款1100元为贫困户购买了生活用品。帮助对口帮扶单位改善办公条件、迁移扶贫、转移富余劳动力、捐助生活物资及扶贫款项投入近3万元。开展“送温暖、献爱心”活动共捐款8740元。开展“一助一”扶贫助学活动，为3名贫困学生捐款2800元。

吐鲁番地区烟草专卖分局（公司）：为吐鲁番地区受灾群众捐款4050元；向吐鲁番市新城社区捐款3000元用于抗震安居；向苏公塔社区捐赠5000元用于抗震安居；向托克逊县捐款3150元用于防洪，捐款1386元用于建设沙堤，捐款4000元用于乡村建设，向托克逊县孤儿院献爱心捐款780元。

哈密烟草专卖分局（公司）：11月21日，开展“送温暖、献爱心”活动，向灾区及困难群众捐款6320元，捐赠衣物4件。

阿克苏地区烟草专卖分局（公司）：3月，向库车县阿格乡栏杆村捐款1万元用于抗震安居房建设；4月，向新和县贫困户捐赠树苗，价值2000元。11月，开展“送温暖、献爱心”活动共捐款3550元，捐赠防寒衣物100余件、蔬菜2.5吨。

喀什地区烟草专卖分局（公司）：为帮扶贫困群众捐款2万余元；为残疾青年塔依尔江骑车环游中亚捐款1500元；为塔什库尔干县大同乡小学捐款2万元修建校舍；捐助建设克州殡仪馆3万元；慰问两名贫困党员并送去慰问金400元。

和田地区烟草专卖分局（公司）：为和田地区偏远农牧区特困学校和困难群众捐款24.19万元用于抗震安居。

新疆烟草进出口有限责任公司：为开发区二期项目义务植树300余株；为乌鲁木齐开发区综合治理办公室捐款1000元用于表彰见义勇为人员；向乌鲁木齐扶贫献爱心办公室捐款700元。

深圳市烟草专卖局（公司）

全市商业系统共捐款27.64万元用于各项社会公益活动。

3月，深圳市局（公司）机关积极响应市委、市政府提出的“建设绿色家园、倡导生态文明”的号召，组织行业新婚夫妇以“夫妻共植同心树、共建和谐家园”的形式参加2006年“万人同植万株树，争创国家生态园林城市”绿色行动；4月19日，向广东省教育基金会捐赠5万元，支持其开展“奖优扶贫”工作；6月3日，开展“驻深单位绿色生态基地”植树活动，共植树50棵；7月13日，为支援遭受台风“碧利斯”影响的灾民，开展爱心捐款活动，职工个人捐款12.64万元，市局（公司）以单位名义向灾区捐款10万元；11月9日，开展“送温暖、献爱心”活动，捐赠棉被、棉衣282件。福田区局（公司）组织员工开展义务献血活动，共有23名同志义务献血。

大连市烟草专卖局（公司）

全市商业系统共捐款118.44万元用于各项社会公益活动。其中，扶贫捐款12.3万元；向扶贫帮困对象瓦房店赵屯乡捐款3万元；向大连市慈善总会捐款100万元；向希望工程捐款8800元；向市共青团组织捐款2631.4元。

论点摘要

烟叶生产

须把握“两个方面”推进烟叶工作

天昌国际烟草有限公司袁红星在《烟叶工作如何适应大企业、大品牌战略》一文中指出，烟叶工作要以提高品质和等级合格率为中心，为名优品牌提供优质原料。但是，当前大多数地市级公司的烟叶产量无法满足大企业、大品牌需要；单一牌号近 100 万担的原料要委托多家打叶复烤企业加工；打叶复烤企业很难保证卷烟工业企业烟叶加工工艺、质量标准执行的一致性；各烟叶产区布局分散，种植水平和烟叶质量参差不齐，很难建立起统一的烟叶生产质量保证体系。

针对以上问题，作者提出了要创造良好的运行体制和运行机制，更好地推进烟叶工作。

一、推动打叶复烤企业的联合重组，优化打叶复烤资源的配置，培育国内打叶复烤重点骨干企业。按行政区划，以设备、技术和管理水平整体实力较强的打叶复烤企业为主体，吸收工商企业出资入股，按照现代企业制度组建区域性的打叶复烤集团（公司）。确保大品牌烟叶原料加工工艺标准在一定区域内得到统一执行，保持原料加工质量的稳定性；保证大品牌烟叶原料加工工艺标准在不同区域内得到统一的执行。深化管理体制改革，组建区域性烟叶经销公司。在区域性打叶复烤集团（公司）综合实力增强的基础上，借鉴国际烟草代理商如环球烟叶公司、联盟一号国际公司等经营模式，选择具有一定实力的打叶复烤集团（公司)，按照烟叶产区生态条件、烟叶香气风格类型组建区域性烟叶经销公司，形成与大品牌相适应的烟叶生产经营规模，赋予其人员管理、资金调配、生产指导、市场营销等权利，使其成为集烟叶生产、加工、销售为一体的烟叶生产经营实体。

二、用工业的理念指导农业生产。加大烟叶生产的技术投入，改良烟叶种植土壤条件，在一定区域范围内统筹规划，解决烟叶种植散、规模小的问题，提高烟叶种植的集中度；推广和普及先进的烟叶生产技术，解决烟叶生产技术到位率低的问题；在烟叶标准体系建设方面，简化农业标准，细化商业和工业标准，提高烟农种烟积极性，形成烟叶生产区域的规模效益；提高烟叶生产的市场化程度，逐渐实现烟叶订单式生产，降低烟叶生产的市场风险；在更大范围内推行烟叶配方打叶，实现与国际接轨，有效整合、合理利用烟叶资源，提高烟叶资源利用率。

（摘编自《中国烟草》，2006 年第 13 期）

烟叶产区改革要实现“三大创新”

福建省清流县烟草专卖局（分公司）罗尚喜在《创新是烟叶产区和谐持续发展的必由之路》一文中指出，影响烟区烟叶生产和谐持续发展的障碍和不确定因素主要体现在：生态环境破坏严重，烟叶生产的基础要素受到冲击；基础设施相对落后，种烟劳动强度过大；一线技术员贡献回报比下降，员工思维更趋活跃；组织管理方式僵化，烟叶种植对烟农的吸引力弱化。

针对烟区烟叶生产面临的主要问题，作者提出要确保烟叶生产持续发展必须依靠创新，具体来讲包括以下三个方面：

一、人才机制创新。发挥一线技术人员的主力军作用，为他们提供良好的外部环境，优化一线技术队伍的专业结构和年龄结构。建立激励机制，出台有利于企业技术创新的优惠政策，对一些科研贡献大的一线技术人员实行课题津贴或设置特殊贡献奖。实现烟区正式工和聘用工同工同酬，真正与现代企业管理同步。

二、关键技术创新。以自主创新为主，充分利用一线技术人员接触烟叶生产多的优势，进行局部实验，调整一些因地制宜的、实用的技术操作，满足局部区域的技术需求。打破技术创新垄断格局，以行业为依托实施联合创新战略，结合烟叶产区实际，共同开发市场。最大程度利用企业自身的技术资源，鼓励烟叶产区的企业与科研院校展开合作，充分利用高校雄厚的理论基础和设备条件开展产学研合作；鼓励企业与国外拥有先进技术的企业合作，通过技术引进和消化实现企业技术再创新。完善技术创新的基础性工作，加大资金的投入，改善烟田基础设施，实施烤房技改，提高烟叶生产机械化、自动化水平。

三、组织管理创新。打造稳定的烟农队伍和高素质的烟技员队伍，提升烟农和技术员的成长空间，围绕烟农个体种植规模扩大来实现农场化模式的经营，达到培育专业户、专业村的目的，有效杜绝烟农流失。搭建烟农和企业共享的信息平台，确定目标烟农群，按烟农发展潜力的不同实施不同的发展战略。

（摘编自《中国烟草学会2006年学术年会论文集》）

克服差距　带动替代进口烟叶工作的发展

湖南农业大学烟草工程技术研究中心周冀衡、中国烟叶公司刘建利等在《对我国部分替代进口烟叶工作的思考》一文中指出，国家烟草专卖局组织开展的“部分替代进口烟叶”工作，通过两年的努力，部分基地生产的烟叶已达到或超过巴西烤烟的质量水平，也有一些近似津巴布韦的烤烟出现，但大部分试验示范点种出的烤烟仍保持“中国特色”。与津巴布韦、巴西相比，我国在烟区合理布局方面、烟田保护性栽培方面、烟叶生产设备和烟田基础设施方面、烟草种植规模方面、烟草科研和技术推广体系方面、烟叶生产观念方面、烟叶生产管理方面仍然存在很大差距。

针对这些主要差距，作者认为，替代进口烟叶工作顺利进行，应从以下几个方面努力带动。

一、选择相似生态区。生态环境是形成烤烟香型和香气质、香气量最大的影响因素，建议在我国沿北回归线，选择海拔高度为1200～1800米；光照充足，年日照时数2000～2800小时；雨季、旱季分明，年降雨量在800～1000毫米的生态区作为重点烟区，进行系统的基地建设规划并组织攻关。

二、选择相似土壤。在符合生态条件的烟区中，选择PH值6左右；质地为砂土、壤砂土或砂壤土；土壤结构疏松，土层深厚，立地条件为高原平坡或丘陵的烟田。组织优势资源和力量，研究解决我国烤烟生产中存在的“适氮迟发、增肥高碱”等影响烟叶香气和可用性的矛盾，在相似性土壤上，采取改良土壤环境方法优化生产环境。

三、选择相似品种。建议根据津巴布韦烟叶的特点，通过选种、引种、育种等方法，开发种植类似津巴布韦的中、多叶型烤烟品种，并研究与之配套的良种、良法。

四、烟水配套与肥水协调相结合。进一步提高水分影响烤烟质量的认识，改变“烤烟不怕旱”的观念。在替代进口烟叶的示范基地率先改变烤烟生产靠天的被动局面，降低干旱给烤烟生产带来的风险，加强肥水协调和涵养烟田水分及节水灌溉技术的研究。

五、系统技术引进与自主创新研究相结合。引进国外优质烤烟生产技术的同时，还必须与我国具体情况紧密结合，做好我国烟叶生产的自主创新研发。通过替代进口烟叶的技术开发和工业验证工作，采用先进的组织管理模式，降低烟叶生产成本和烟农劳动强度，形成适合我国的优质烟叶生产加工的新技术体系，以充分满足卷烟加工企业对烟叶原料的需求。

（摘编自《烟草农业科学》，2006年第3期）

加强烟叶基层建设的几点建议

贵州省烟叶生产购销公司王丰在《浅谈烟叶基层建设存在的问题及改进措施》一文中指出，烟叶是行业发展的基础，加强烟叶基层建设是促进烟叶生产发展的重要措施。近年来，国家烟草专卖局对烟叶基层建设高度重视，多次开展基层建设调研，然而，当前烟叶基层建设存在基层体制不够完善、基层队伍素质不高、基层站分散且设施较差、基层管理有待加强等问题。

针对这些主要问题，作者提出了加强烟叶基层建设的几点建议：

一、完善基层体制。加强地市级公司建设，在全市范围内整合资源，提高资源配置水平。加快对打叶复烤企业的公司制改造步伐，对改制后的打叶复烤企业按现代企业制度进行管理。

二、加强生产管理。把合同制作为整顿和规范烟叶收购秩序的重点，将合同签订与执行情况纳入绩效考核与奖惩体系。规范烟叶种植、收购、调拨、加工、仓储等流程。

三、完善考核与激励机制。建立科学的工作目标考核体系，将基层建设的目标、标准及内容纳入绩效管理中，调动员工的工作积极性。采用“分级管理、层层负责、对口考核”的方式，逐级完善考核制度。

四、加强基础设施建设。推进烟叶基层建设项目的开展，提高烟田综合生产能力。加强密集型烤房建设和烟叶仓储设施建设，改善烟叶生产的硬件条件，加强设施竣工后的运行管理和维护。

五、推进基层站建设。完善基层站布局规划，有效整合现有烟叶基层站资源；按照“以改为主、新建为辅”的原则，改善基础设施条件；完善基层站功能，将烟叶基层站建设为综合性的烟叶工作站。

六、加强资金预算管理。在地市级公司成立专职部门，负责所辖县级烟草部门各项资金的管理、调度和结算工作，对县级烟草部门资金实施预算管理，并严格实行预算内支付。加强成本费用核算，规范烟叶生产补贴，强化对烟叶基层建设资金的管理监督。

七、严格内部管理监督。健全各项规章制度，突出管理监督重点，加大管理监督力度，坚持整顿与规范并举，建立并完善内部管理监督长效机制，维护烟叶收购秩序。

八、提高基层队伍素质。创新选人机制，拓宽选人渠道；完善机构设置，合理配置人员。加强员工培训，建立以职业技术为主的培训体系，培养一批具有中高级技术职称或具有技师、高级技师职业资格的技术骨干。

（摘编自《东方烟草报》，2014 期）

网络建设

须把握三个要点推进订单供货

国家烟草专卖局经济研究所李保江、杭州卷烟厂许勇在《订单供货：创新中国烟草管理体制》一文中提出，2005 年 7 月正式启动订单供货试点以来，试点单位卷烟销量、重点企业和名优品牌扩张速度、市场集中度、零售客户满意度等均有较大提升，而且明显高于全国平均水平，订单供货的积极效应得到初步显现。然而，订单供货在实际运行中也与现行计划管理体制、组织运行机制方面产生了许多冲突和碰撞，优势品牌受到计划指标的束缚成为矛盾的主要方面，工商关系仍然停留在彼此独立的制造商与渠道商的市场交易层面。

如何推进订单供货，作者认为应着重把握好以下三点：

一、严格计划管理。实行订单供货，是在严格计划管理的基础上提高烟草市场化水平，而不是用市场的力量来否定计划管理。尽管实行订单供货后出现了计划与订单的冲突，但从中国烟草体制改革的总体取向看，化解冲突的基本思路，只能是在严格执行国家计划和保持总量稍紧平衡的前提下，通过机制创新和政策调整，充分发挥市场“指挥棒”的作用。

二、完善行业组织运行体系。当前，中国烟草的资源配置是一种典型的“企业内部市场化”的方式，来自于市场的订单是引导烟草资源配置的主线。要把客户订单体现的市场导向与资源配置的企业化运作统一起来，就必须有健全、完善的组织体系，明确各层级、各环节的职能定位，按照统一的供应链设计业务流程，以高度发达的信息系统和物流系统为支撑，确保内部运行机制科学、高效、顺畅、有序。

三、推进行业统一的信息系统建设。该信息系统的建设不能停留在技术和操作层面，必须提升到战略和全局的高度，注重从体制、机制和政策层面加以推进。一是按照落实国家烟草专卖制度和理顺行业资产管理体制的总体要求，切实加强统一领导和垂直管理，真正把行业管理与企业管理、专卖管理与资产管理、宏观管理与微观管理放在统一的信息化系统中，通过信息化建设来完善专卖专营体制、全面提高决策管理水平。二是加快建设行业统一的数据中心和信息管理系统，以适应订单供货不断推进的要求，加快实现行业电子商务系统与电子政务系统的协调统一，构建全国统一的电子物流系统，促使行业管理与价值链各个环节全面贯通，实现行业商流、物流、资金流、信息流的有机统一。三是整合资源，突出重点，加快统一和规范的烟草商业电话订货管理信息系统的建设，加强卷烟生产经营决策管理系统、卷烟零售市场监测系统等重点项目建设。

（摘编自《中国烟草》，2006 年第 13 期）

从五个方面着手如何降低烟草物流企业成本

北京烟草物流中心刘进民在《烟草物流企业降低成本的探讨》一文中指出，随着中国烟草行业的发展和网建水平的提高，越来越多烟草企业正努力实践从传统商业向现代流通模式的转变。然而，烟草物流企业要实现高效率、低成本的运作，需要经历一个长期磨合、不断探索和逐步优化的过程。作者对烟草物流企业如何有效降低成本提出了以下五点建议：

一、降低供应链管理成本。对于烟草物流企业来说，控制物流成本应该考虑从产品采购到最终用户使用这个全过程物流费用的降低和效率的提高。降低物流成本应当使供应链整体化和系统化，实现物流一体化，使整个供应链利益最大化，从而有效降低企业物流成本。

二、构建物流标准化。全行业应以“卷烟生产经营决策管理系统”为基础，构建行业物流管理公共信息平台，推进物流电子数据交换的普及和应用，制定行业物流信息标准和网络接口规范，建立物流信息的共享机制，提高行业物流领域的信息化水平，探索和制定行业的物流标准。

三、规划科学合理的配送体系，降低运输成本。企业要实现效益化的运营，物流配送体系的建设是重中之重。相比较仓储和管理成本而言，运输成本不仅比重较大而且可控性较强，运输成本的可控建立在配送体系的基础上，因此建立一个好的配送体系可为物流中心进行成本控制创造一个好的条件。

四、均衡销售、平稳运行。物流中心如果按照满足一年中某一两个月的高峰期销量来进行规模设计，初期的建设成本和运行后的折旧费用都会大大增加。所以在保障市场供给的基础上，要最大限度实现均衡销售，防止人为的销量大起大落。

五、实施标准化管理，树立成本管理意识。实施标准化管理，开展贯标工作，对于物流中心改善工作环境、提高工作效率、保证服务质量、营造良好和谐的企业文化氛围等方面会产生显著的效果。

（摘编自《中国烟草》，2006 年第 5 期）

专卖管理

新形势下专卖管理工作的应对策略

陕西省永寿县烟草专卖局（分公司）李改凌在《新形势下烟草专卖管理工作的思路和对策》一文中指出，随着市场经济的不断完善和中国加入世界贸易组织，烟草专卖管理工作在新形势下面临诸多新问题：非市场性因素带来的市场供需矛盾加大了专卖管理工作的压力；卷烟零售户守法意识淡薄使专卖管理工作陷入被动；违法行为的隐蔽性和违法手段的先进性加大了专卖管理工作的难度；现阶段的专卖执法理念和专卖执法人员的执法难以达到新形势下的标准和要求。

针对以上问题，作者提出了新形势下专卖管理工作的五点应对策略：

一、夯实市场基础，全力打造专卖管理的发展平台。在依法行政、监管市场、培育市场等方面提高工作标准，增强控制市场的能力，对涉烟违法行为始终保持高压势态；针对出现的新情况、新特点，改进打击方式，创新打击手段，牢牢抓住许可证管理的主动权，发挥其在零售户合理布局中的作用。

二、创新用人机制，加强专卖执法队伍建设。更新思想观念，激发意识潜能；创新用人机制，加强队伍管理。建立科学的用人机制、规范的管理体系和公平的竞争激励机制；加强专卖执法人员的教育培训，提升队伍素质，建立科学的学习教育制度，强化各类行之有效的培训教育。

三、着力客户培育，营造平稳有序的执法环境。培育诚信、忠诚的零售户，提高零售户遵纪守法的自觉性；加强对零售户标准化、制度化、规范化、科学化的教育培训；为零售户提供全方位的服务，不断扩大其利益空间。

四、强化服务意识，突出市场服务。专卖管理人员必须强化服务意识，改善服务态度，在执法过程中时刻为零售户着想；畅通与零售户的交流渠道，融入柔性管理、亲和管理、人性化管理等理念；注重客户细分，确定不同对象，实行差异化服务。

五、改进工作方法，提升专卖管理的工作效能。专卖执法人员要具备全面的理论知识和过硬的业务技能，创新管理执法模式，由过去经验型、粗放型管理向科学化、规范化管理转变。推进专卖社区化建设和客户自治体系建设，充分发挥政府部门的核心职能和零售户自管自治的长效作用。

（摘编自《中国烟草学会 2006 年学术年会论文集》）

对新型卷烟零售业态专卖管理工作的几点建议

天津市烟草专卖局（公司）陈学明、王明在《新型卷烟零售业态的发展变化对烟草专卖管理的影响和应对的策略》一文中指出，国内卷烟零售业迅速发展，大型超市、购物中心、连锁店、专卖店等新型卷烟零售业态不断发展变化，对专卖辖区管理的方式提出了新课题：大型超市等零售业态的统一集中进货，与烟草专卖辖区管理的“一店一证”产生了矛盾；卷烟专卖店的扩张增加了专卖管理的难度；新型零售业态的让利促销对卷烟批发价格带来了潜在的威胁，进而对卷烟的市场价格产生影响；对烟草行业的市场批发商主导地位有潜在威胁。

针对以上问题，作者提出了加强对新型零售业态专卖管理工作应采取的措施：

一、采取相应措施鼓励、引导、规范不同的零售业态。与大型超市等新型零售业态结成战略伙伴关系，提高其对烟草行业的依赖度。引导、规范、整合食杂店、便利店等中小零售业态。规范、调控专卖店、农村批发站等容易导致不规范的零售业态。根据实事求是、因地制宜的原则妥善处理无证户问题。

二、进一步规范内部经营行为。烟草公司要杜绝依靠卖大户完成销售任务的旧观念，防止以组合方式销售卷烟，避免形成“大户”控制“小户”的局面。要尽可能合理分配货源，以满足中小零售业态对各类卷烟的需求。

三、加强零售许可证的管理。坚持实行辖区发放与管理，坚持实行“一店一证”，连锁超市或其他连锁店要分辖区办理零售许可证，不得“多店一证”；对专卖店的零售许可证办理工作严格审查，对其数量与分布进行限制。

四、探索参与终端销售的有效途径。新型零售业态的发展变化显示出销售终端将发挥日益重要的作用，因此，对销售终端的把握也就成为卷烟销售的重点。建议烟草公司尝试以入股、股权转换、契约等形式参与终端销售。

五、加强研究，掌握各零售业态的变化。卷烟零售行业在新型零售业态的发展变化下，形成多层次、多渠道的卷烟零售市场。要对各种零售业态的实际情况进行充分的调查研究，对市场状况做出客观分析，建立健全专卖管理运作模式，掌握烟草市场的主动权。

（摘编自《中国烟草学报》，2006 年第 6 期）

卷烟市场

应对连锁经营对卷烟销售冲击的几点对策

国家烟草专卖局经济研究所韩彦东在《连锁经营对我国卷烟销售的影响分析及对策》一文中指出，连锁门店已经成为消费者日常购物的主要场所，连锁门店零售卷烟的数量和数额不断扩大，已经成为卷烟零售的一个重要渠道，对烟草专卖行政主管部门控制和监管连锁零售商业企业销售卷烟产生了一定的影响：一是连锁零售商业企业的卷烟销售量和销售额增长速度较快；二是外商投资的商业企业已经成为卷烟销售的一个重要场所；三是连锁零售商业企业的门店扩张对卷烟零售网点的合理布局产生一定的影响；四是连锁零售商业企业物流配送系统和烟草专卖行政主管部门对卷烟配送的管理存在一定矛盾；五是连锁零售商业企业的零售价格制定对卷烟零售价格管理产生一定的影响；六是连锁零售商业企业对供货商的额外要求和烟草行业内部监督管理存在很大背离。

针对连锁经营对卷烟销售产生的影响，作者提出了以下几点对策：

一、高度重视连锁经营的发展态势，应对连锁经营发展对卷烟销售带来的影响。烟草专卖行政主管部门应充分正视连锁零售商业企业已经逐渐成为一个重要卷烟销售渠道的事实，依据烟草专卖的有关法律、条例和政策，加强对连锁零售商业企业卷烟销售的管理。

二、依据《烟草专卖法》及相关条例、政策，加强对连锁零售商业企业经营卷烟的管理。依法对连锁零售商业企业新开门店销售卷烟进行管理；依法限制连锁零售商业企业统一配送烟草制品；制订有效措施，解决外商投资商业企业经营卷烟的问题。

三、加快行业内部创新，提高烟草行业对卷烟销售网络的控制力。实施品牌战略，提高中国烟草卷烟销售网络的品牌竞争力；制定科学的卷烟销售网络发展规划；创新业务流程模式，实行差别化经营；提高卷烟销售网络现代信息技术应用的先进程度；优化卷烟销售的物流配送系统。

（摘编自《中国烟草学报》，2006 年第 1 期）

解决卷烟价格管理问题的三点对策

中国烟草总公司职工技术培训中心王娜在《浅析卷烟价格管理中存在的问题及对策》一文中指出，卷烟价格是烟草经济中的重要杠杆之一，我国现行的卷烟价格体系是由卷烟出厂价格、卷烟调拨价格、卷烟批发价格、卷烟零售价格四大类价格组成。在专卖体制下，价格发挥着明显的行业性管理作用，但是在实际的卷烟价格管理中存在诸多问题：卷烟价格种类多、不统一，批发价格一价制执行不力，零售价格缺乏规范手段。

针对以上问题，作者借鉴了一些国家的成功做法，并结合我国的实际情况，提出以下三点对策：

一、加强烟草法律法规的完善，避免与相关法律法规的冲突。加快卷烟价格管理办法、制度、体系的制订与修订工作。可以将全国同品牌同规格的卷烟零售价进行统一；对卷烟批发价与零售价区别对待，根据经济发展情况分为几个大的区域，设定一个最低批发价，可以上浮，但不得低于这个最低批发价格，同时各省烟草公司应进一步完善客户差异化服务制度。

二、加强行业内部管理，逐步取消同牌号卷烟等级划分，以牌号界定卷烟等级的规则。同一牌号卷烟可实行统一价格，方便消费者对卷烟档次识别，保护高档烟的纯真性。

三、加强与物价部门的协调，加大调控力度。在卷烟价格管理工作中应严格执行《烟草专卖法》，并将管理工作由行业或部门行为转为政府行为。可以在卷烟盒包或条包上印刷卷烟零售价格，或实行卷烟零售明码标价，以便于政府有关部门对卷烟价格的管理检查和消费者的监督。

（摘编自《法制与经济》，2006 年第 3 期）

品牌建设

中国卷烟品牌培育的三点建议

中国卷烟销售公司张士刚在《关于中国烟草卷烟品牌培育的思考》一文中指出，“培育大品牌”是提高中国烟草整体竞争力的重要途径。虽然行业已初步形成一批具有较高知名度和文化内涵的品牌，但与行业发展的要求相比，品牌培育工作仍然存在较大的差距。文章指出，当前我国烟草品牌培育存在的问题主要是缺乏完善的培育体系、工商业双方利益不对称及品牌所有权归属不清。

针对中国卷烟品牌培育的实际情况和面临的问题，作者从行政手段和市场手段两个方面就如何做大做强中国卷烟品牌提出以下建议：

一、明确国家局、总公司和工业企业、商业企业的三方职责，完善考核机制。国家局、总公司应负责搭建品牌培育的公平平台，建议国家局、总公司成立品牌培育中心，统筹全国的品牌规划；在形成有中国特色的品牌体系后，品牌培育中心转变为品牌经营中心。工业企业的职责是将主要精力放在塑造品牌核心价值、技术创新和降低成本方面。商业企业的职责是做好网络建设、品牌培育与专卖管理。

二、规范卷烟品牌定位，对卷烟品牌进行纵向分层定位和横向分类培育。分层定位的第一步是将烤烟型卷烟品牌按零售价进行纵向分层定位，各品牌不能跨层级推出产品；第二步是分层确立一线品牌（主力品牌）、二线品牌（培育品牌）、三线品牌（区域品牌或过渡性品牌）；第三步是一线品牌经过一定时间的培育，在市场中优胜劣汰，最终形成每层级中的国家卷烟品牌。横向分类培育是依据不同类型卷烟和不同的市场竞争状况，制订不同培育方法，促进其他类型强势卷烟品牌形成。第一步是对市场所销售的国内品牌进行分类管理，将全国卷烟品牌进行明确分类定位，确定其发展方向；第二步是针对不同类型卷烟品牌的特点，制订不同的培育方式与引导措施；第三步是在卷烟品牌分类的基础上再进行同类型卷烟的分层培育。

三、搭建一个公平、公正、公开、有序竞争的品牌培育平台。工业企业专注于降低成本、技术创新、培养品牌核心竞争力，商业企业专注于培育品牌、提高服务质量、提升网络运营质量、降低运营成本、促进国家品牌的培育，使真正具有市场竞争力和比较优势的品牌脱颖而出。

（摘编自《中国烟草学报》，2006 年第 5 期）

做好原料供应　推进大品牌战略的几点建议

河南新郑烟草（集团）公司张国显在《原料供应：大品牌培育不可忽视的环节》一文中指出，随着烟草行业理顺资产管理体制的新一轮改革，大企业、大品牌战略进一步推进，重点骨干品牌的成长步伐会进一步加快，而大品牌的原料供应却面临着以下问题：现有原料供应规模难以支撑大品牌的稳定发展；打叶复烤企业的行政隶属关系制约了工业企业进行跨区规模化配打；烟叶仓库容量不足且较为分散，成品片烟分流成为难题。

针对我国烟草行业大品牌培育中的原料供应问题，作者提出以下三点建议：

一、改革现行打叶复烤企业的管理体制。对现有的打叶复烤企业隶属关系进行改革，把打叶复烤企业从现在所隶属的烟草分公司脱离出来，以资产为纽带，进行打叶复烤企业之间的联合重组，归属省级公司管理，形成烟叶产区、打叶复烤企业、卷烟工业企业既相互独立又有机对接的链条。

二、强化配方模块配打，形成原料批量规模供应。在对配方功能模块的详细分析及不同产区烟叶配伍性分析基础上，对烟叶质量接近、产区相临、甚至跨区跨省的烟叶进行配打，形成 3 ~ 5 万担以上的成品片烟配方模块，确保大品牌质量的长期稳定。

三、建立大集团的原料仓储物流中心，实现原料供应的套餐化。针对未来大集团生产点较多且布局较为分散、新烟难以科学分流的难题，可以选择地理位置相对居中、土地价格相对便宜、交通相对便利的生产点所在地，建立1～2个烟叶仓储物流中心，对共用和通用原料以及可预见使用方向的原料，按产量计划直接调到生产点。对非通用原料以及不可预见使用方向的原料，配打后集中存放，集中管理，待醇化完成使用时，依据产品配方数量与比例要求，对各生产点进行配方套餐化供应。

（摘编自《中国烟草》，2006 年第 19 期）

烟草科技

卷烟减害需要自主创新与多方减害

中国工程院院士、郑州烟草研究院朱尊权在《卷烟减害与自主创新》一文中指出，近年来，我国烟草行业面临着世界贸易组织（WTO）和世界卫生组织（WHO）空前的双重压力。面对吸烟危害健康的压力，作者认为，减害是烟草行业平稳发展的唯一目标和出路。作者分别介绍了美国卷烟减害技术的进展和国内卷烟减害技术的应用发展情况，并指出减害降焦的方针应与时俱进，减害是目的，降焦是手段，应把减害列在首位以拓宽创新思维。作者就卷烟如何减害提出以下几点建议：

一、加强自主创新。烟草科技要以模仿为主转向以创新为主，研究人员要解放思想，树立创新意识，加强责任感。需要社会为科研人员营造一个创新的环境，在行业主攻方向内让其自由选题，并给予充分的时间去思考、阅读和实践。改进“项目考核”模式，避免科研工作者为完成一定的项目指标贸然得出结论或发表论文。

二、科研机制创新。卷烟减害是一项涉及多学科的系统工程，需要中西医药学专家及掌握高新科技的科研单位、大专院校和企业的专家和领导共同参与。在国家局的组织领导下建立产、学、研密切结合的卷烟减害专题小组，争取列入国家重大科技项目。慎重讨论研究卷烟减害的问题，规划必须解决的课题，制定切实可行的技术经济指标，成立专项工作组和技术组，按照重点项目重点管理的模式对项目进行跟踪管理。

三、贯彻国家烟草专卖局提出的“两个维护”。卷烟减害技术应考虑用于中低档烟，维护广大消费者利益。

四、农业方面减害。在育种工作上，利用分子技术针对各种有害成分来改变烟叶的遗传性状，但不可在育种上以降焦为目标。在栽培措施上，可以考虑如何阻断有害成分生成的问题。在调制措施上，可以研究如何避免产生大量的亚硝胺。

五、利用中医药手段减害。可以在卷烟中加入中草药，卷烟中的中草药有效成分随着烟气进入呼吸管道，直接与病变部位接触，减少吸烟对呼吸系统的危害。添加的药物除了能减少主要有害成分外，还应产生润喉、止咳、化痰效果，使吸烟者在短期内就能感受到其好处；也可以考虑在提高免疫力、减少肺癌或缓解其他疾病方面的作用。

（摘编自《中国烟草学报》，2006 年第 1 期）

企业管理

两条主线构建烟草商业企业的创新体系

广东烟草汕头市有限责任公司卢浩在《构建烟草商业企业创新体系研究》一文中指出，中国烟草行业发展正处在一个重要的转折时期，只有通过制度创新才能从根本上解决烟草行业的可持续发展问题。作者以国内外的相关理论为依据，着重探讨了烟草商业企业创新体系的构建思路，提出以“市场营销创新、企业文化创新”为主线构建烟草商业企业的创新体系。

一、市场营销创新。烟草商业企业的市场营销创新主要包括三点：一是营销理念创新，烟草商业企业应适应营销环境的变化树立起市场营销理念、知识营销理念和数字营销理念，把满足需求作为一切经营决策的出发点并贯穿于经营活动的始终。二是营销方式创新，正确选择营销方式是提高组织核心竞争力的前提，烟草商业企业应根据营销环境的变化及自身的优势，不断创造和应用新的诸如整合营销、关系营销、文化营销等营销方式。三是营销管理创新，烟草商业企业一方面要建立高效的市场营销组织，对其组织结构进行重组，建立以市场为核心的营销管理系统，变原来的金字塔型管理结构为扁平化组织状态，把市场作为营销管理的出发点和落脚点；另一方面要建立适应营销管理要求的人才机制，管理者要学会"识才"和"用才"，做到人尽其才，各取所长。

二、企业文化创新。企业文化创新也是流通组织制度创新的重要补充，一方面烟草商业企业要吸收中华传统文化的精华，树立以人为本理念，培育团结协作的团队精神，树立社会责任感并体现出中国烟草行业经营特征。另一方面要立足于烟草商业企业的制度创新进行企业文化创新，摒弃陈旧过时的企业价值观，建立适应中国社会主义市场经济要求的经营价值观。

（摘编自《中国烟草学会2006年学术年会论文集》）

"三大能力"、"三项工作"推进联合重组企业的设备管理

国家烟草专卖局经济运行司孙志强、浙江中烟工业公司许正福在《联合重组企业如何进行设备管理》一文中指出，近年来，烟草行业通过深化改革，使卷烟工业企业在更大范围内实现了联合重组，企业的组织结构也随之发生明显变化。通过联合重组，卷烟工业企业拥有更多的存量资产和更广阔的市场空间，同时也对企业如何有效地优化设备资源的配置、提高企业的设备管理水平、增强均质化生产的保障能力，提出更高的要求。基于此，作者提出了联合重组企业提高企业设备管理的"三大能力"和深化创新设备管理的"三项工作"。

一、"三大能力"提高企业设备管理。一是提高设备对产品质量的保障能力，解决好设备管理的过程化、工艺参数的数字化、检测维修的现代化以及管理制度的统一化的问题。二是提高科学配置资源的能力，作为卷烟工业企业，应考虑如何让设备的终生价值与效能最大化，根据市场和消费者的需求科学地配置设备资源。三是提高构筑比较优势的能力，从成本控制、特色工艺、质量均质等方面构筑设备管理的比较优势。

二、"三项工作"创新设备管理。一要建立起三支设备使用和维护方面的专业队伍，即专业化的操作队伍、维修队伍和保养队伍。二要实现设备管理实物形态与价值形态的有机统一，强调周期性地配置设备资源，以适应不同产品结构生产的需要，根据不同等级结构的产品质量标准与设备性能状况配置生产设备。三要建立一套新的设备使用评价体系，联合重组企业可以根据自身实际需要确立设备使用评价体系，明确重点考核的内容，并通过实践和创新，逐渐形成实用、有效的统计分析与考核评价指标体系。

（摘编自《中国烟草》，2006年第13期）

混合式财务管理模式重在把握好"度"

陕西中烟工业公司吴建玲在《卷烟工业公司财务管理模式探寻》一文中提出，近年来，卷烟工业企业战略性重组，形成一批具有较大经济规模和先进管理水平的大型工业公司，建立一套行之有效的卷烟工业公司财务管理模式，提高卷烟工业公司财务管理水平势在必行。企业集团的财务管理模式一般分为集权式、分权式和混合式三种，作者认为就卷烟工业公司的具体情况而言，混合式财务管理模式是可供考虑选择的一种模式。有效运行混合式财务管理模式，关键在集权与分权"度"的把握上。

首先，要对资金、预算实行强有力的集权管理，加强对子公司资金账户的控制，子公司在银行开户要经集团审批，纳入统一管理系统；做好资金预测，对现有资金的状况有一个全面的认识。研究工业公司资金来源的构成方式，选择最佳的筹资方式。母公司成立专门的预算管理委员会，审查和平衡各子公司的预算，并汇总编制母公司预算，经批准后的预算下达给各子公司，据此指导其经营活动。

其次，在投资、利润分配领域，集权与分权管理应适当结合。在工业公司对子公司资金加以集权管理之后，投资管理可以适当分权，即允许子公司有权制定一定限额以下的投资项目。建立健全子公司投资立项、审批、控制、检查和监督制度，防止出现只投资不管理的现象。母公司对于集团利润分配的控制一般拥有相对的集权，可以按照持股比例，要求子公司将所增利润按一定的比例上缴集团，以满足母公司的长远发展需要，同时也要保证子公司及其职工的利益得到保障。

此外，工业公司财务的集权管理并不排斥子公司的独立核算，而母子公司各自独立的法人地位，为财务管理的分权化提供了依据。子公司在母公司限定的决策范围内，自主经营、自负盈亏，对其生产、销售、投资和研发等享有法定的自主经营权。

（摘编自《中国烟草》，2006年第15期）

烟草商业企业财务和业务系统的一体化需注意的问题

湖南省烟草公司徐智在《烟草商业企业财务和业务系统的一体化建设》一文中提出，烟草商业企业的财务和业务系统的一体化建设，可以加强对各业务部门工作的及时反映和监控，提高企业管理水平和工作效率。然而烟草商业企业财务和业务系统一体化建设一直进展缓慢，存在编码的不一致性、规则的差异性、监管的滞后性、维护的复杂性、建设的重复性等问题。

针对以上问题，作者认为要实现财务与业务系统的一体化，可以在对业务和财务系统进行流程梳理和整合的基础上，建立一个支持财务与业务系统一体化的动态会计平台，以实现财务会计流程与经营业务流程的有机融合。当一项经营业务（事件）发生时，业务数据进入信息系统后，立即保存到指定的数据库中；同时，该事件通过动态会计平台可以自动生成实时凭证，虽然实时凭证只是一种虚拟凭证，不是实际的会计凭证，但可以定期或不定期地将实时凭证汇总生成实际的会计凭证。实时凭证一经财务确认，立即就可以反映到所有相关的账簿和会计报表上，不需要再经其他部门工作人员另行录入。另外，通过动态会计平台，分类款项、部门、往来等辅助信息也均能实现自动传递，从而真正做到前后台的无缝连接。

动态会计平台针对财务核算的具体要求，对实时凭证进行适当处理，以保证实时凭证在核算原则、统计口径、展现方式上满足财务管理的具体要求。同时，为保证基础数据的统一，应建立基础数据的编码手册，以此保证财务系统和业务系统在公共基础信息上能够实现实时更新和同步维护。除此之外，可扩展性也是财务系统和业务系统一体化建设时需要考虑的，以满足企业业务拓展和延伸的需求。

（摘编自《中国烟草》，2006 年第 3 期）

构建卷烟工业企业法人治理结构的设想

湖南中烟工业公司刘兴在《卷烟工业企业法人治理结构探析》一文中指出：国有企业改革的方向是建立现代企业制度，现代企业制度的核心是完善公司法人治理结构。烟草行业由于实行“统一领导、垂直管理、专卖专营”的专卖管理体制，卷烟工业企业公司制改造相对滞后，因此，建立和完善公司法人治理结构，对卷烟工业企业而言，显得尤为重要和紧迫。作者结合卷烟工业企业的实际，对公司法人治理结构的理论和实务作以下探讨：

一、突出董事会的地位和作用。一要完善董事会的构成，与国家级总公司构建二级母子公司的工业公司，建议由国家烟草专卖局、中国烟草总公司依法组建董事会。国家级总公司与下级工业公司、下级工业公司与卷烟工业企业构建三级母子公司的，暂不组建董事会、监事会。二要完善董事会的管理，建立董事会资格认证制度、健全董事会的议事规则、强化董事会的义务和责任、建立对董事会和董事的科学评价体系。三要明确董事会的职权。四要完善董事会结构。

二、强化监事会的职能。完善监事会的构成，明确监事会的职权，加强监事会的监督职能，建立健全对监事会和监事的激励和约束机制。

三、有效激励约束经理层。结合烟草行业实际，要将党管干部的原则与市场化配置企业经营管理者的方法有机结合起来。同时，国家局、总公司应适时出台指导性政策，培育行业的职业经理人市场。

四、正确处理“三种关系”。一要正确处理借鉴经验与注重行业实际的关系，将国内外的成功经验与中国烟草行业实际有机结合起来，探索建立符合行业实际，具有烟草行业特点的公司法人治理结构。二要正确处理公司法人治理结构与“老三会”（即党委会、职代会、工会）的关系，合理划分公司董事会、监事会、经理层及党委会、职代会、工会的职权，坚持双向进入，交叉任职。确保党对企业的政治领导，坚持企业党委班子配备与建立法人治理结构同步进行，党群组织与行政组织同步建立，党、政工作同步规划，党、政功能同步到位。三要正确处理权力制衡与公司治理效率的关系，完善公司治理机制，加快公司劳动用工、人事、分配等三项制度改革，完善用人机制、激励和约束机制，不断提高公司治理效率。建立规范有效的公司法人治理结构的过程中，合理划分母子公司的职权。一方面要克服母公司的计划经济惯性，母公司只能治理企业，不能管理企业；另一方面，要克服子公司资产上划后，产生“责任也上划”的思想，努力将卷烟工业企业培育成为充满生机与活力的市场竞争主体，不断提高公司治理效率。

（摘编自《中国烟草》，2006 年第 17 期）

烟草行业引入危机管理的必要性

湖南省长沙市烟草专卖局（公司）曾超在《危机管理与企业制度建设——烟草行业企业引入危机管理模式初探》一文中指出，烟草行业正处于改革发展和体制调整的重要时期，引入危机管理的理念，建立危机管理体制，值得深入探讨。

中国烟草行业正处于改革发展和体制调整的重要时期，应对加入 WTO 后的压力，行业现行的配额及许可证管理等非关税壁垒将逐渐松动，由此导致外烟挤占国内烟草市场份额，特别是对高档卷烟和优质烟叶市场产生强烈冲击，国内各种烟草专卖品也将面临国外同类产品带来的强大竞争压力。面对压力，烟草行业"硬件"已经达到较为先进程度，只有更加注重"软件"的先导作用，才能进一步增强企业的竞争实力。危机管理正是提高企业管理水平的有力补充，有利于挖掘内部人力资源并发现制约企业发展的因素。危机管理适用于烟草行业的专卖、卷烟经营、烟叶经营和第三产业经营等各个部门，引入危机管理可以加强企业危机预测和研究，拓宽现代管理的思路和方法，探索出更多、更新、更成熟的现代管理经验。

（摘编自《中国烟草》，2006 年第 18 期）

"走出去"战略

对中国烟草实施"走出去"战略的几点建议

国家烟草专卖局经济研究所李保江、马超在《中国烟草"走出去"》一文中，对中国烟草"走出去"的现状及方式作了分析，指出了中国烟草"走出去"的差距及不足，主要体现在"走出去"的规模很小、层次较低、动力不足、体制不顺等方面。为更好实施"走出去"战略，作者提出以下几点建议：

一、统一思想，提高认识，增强决心和信心。中国烟草总公司拥有实施"走出去"战略较为雄厚的资本实力和集中统一的体制优势，随着外界环境的利好变化，中国烟草只要有决心、有信心，完全可以成为在全球烟草市场上具有强大竞争力和影响力的跨国烟草公司。

二、明确战略定位，做好战略规划，加强战略管理。制定"走出去"的战略规划，必须跨出传统的"出口导向模式"和"计划管理模式"。依赖传统的出口贸易和投资办厂方式在国际烟草市场上谋得更大发展的空间已越来越小，必须把加强资本运作、推进战略性合作和实现本地化生产经营作为"走出去"的主攻方向。

三、加强与境外烟草公司的战略性合作。在坚持烟草国家专卖制度的基础上，通过"以我为主"的适度"引进来"，在国际烟草市场上有选择地加强与其他烟草公司的战略性合作。

四、加强资本运作，适时推进跨国并购。一要重点关注一直实行国家垄断经营而又准备实行私有化改革的烟草企业。二要积极同日本烟草公司、帝国烟草公司等处于第二梯队、但又有着丰富的并购整合经验的跨国烟草公司进行沟通和交流，在条件成熟的情况下适时开展联合并购行动。三要探索与一些成长性较好的本地化中小烟草公司进行股权合作。

五、有效利用现有境外企业资源和代理商资源。努力推动"由点到面"的渐进式扩张，对于现有二十来家境外合资公司，要逐一进行考察研究，最大限度地利用好这些公司的人员、渠道、品牌、物质、技术及关系资源。

六、统筹考虑烟叶、卷烟和烟机辅料出口。烟叶要更多地关注如何在境外建立可靠的烟叶基地，关注境外烟叶的进口工作；卷烟产品既要重视打造"中式"烤烟型卷烟品牌，也要重视"中式"混合型卷烟特别是低焦油混合型卷烟品牌的营销推广；烟机和烟用辅料出口必须进一步明确定位。

七、大力推动技术创新。一要大力整合行业技术要素，集中力量在国内或者国外建立产品研发机构，加强对国际烟草产品标准和贸易技术壁垒的跟踪研究。二要不断提高中国烟草技术装备和产品的科技含量，加大研发力量和增加技术投入。

八、重视跨国经营人才建设。一要广泛地借助外力，寻找熟悉国际金融、法律、会计的专业服务机构和有能力的专业人士作为自己的委托机构和相关业务代理人。二要重视跨国经营人才建设，广揽跨国经营人才。

九、加强风险防范。对目标国家的相关情况事先进行深入了解及评估，办理境外投资保险和担保，借助当地各种组织的力量，加强与有关各方的沟通。尽量通过合资、合作方式来实现"走出去"，谨慎签订有关合同和协议。

十、争取国家有关部门的支持和配合。最大限度为"走出去"创造更有利的体制环境和提供更有力的政策保障。

（摘编自《中国烟草》，2006 年第 19 期）

中国烟草企业"走出去"应有新思维

中国烟草进出口（集团）公司刘寒鹏在《中国烟

草企业“走出去”应有新思维》一文中指出，中国烟草的生存环境正在发生巨大变化，随着国内外市场竞争不断加剧，尤其是《烟草控制框架公约》在中国正式生效之后，中国烟草面临着更加严峻的挑战。中国烟草实施“走出去”战略，不应是被动而应是主动选择的结果，不应是短期行为而应是长期性战略。中国烟草已经具备“走出去”的基础和能力，特别是近年来的行业改革，催生了一批具有相当经济实力、设备和技术优势以及一定成本和资源优势的卷烟工业企业。中国烟草实施“走出去”战略，已成为在国家局统筹下行业“十一五”期间的一项重要工作。全行业，特别是位于“走出去”前沿的卷烟工业企业，应抓住利好时机，勇于创新，开拓国际化发展的崭新局面。

作者认为中国烟草企业“走出去”应该在以下四个方面有所推进：

一、深化对烟草外经贸工作的认识，进一步理顺中国烟草国际化进程中的主要矛盾和关系。卷烟工业企业要在企业所属地更好地建立与烟叶基地、进出口公司等兄弟企业的关系，在品牌建设、烟叶和卷烟物资资源配置上相互理解和支持，避免争资源、多头对外等短视行为，积极促进农、工、商、贸的共同发展。

二、积极参与当前行业外经贸领域进行的改革和建设。中国烟草进出口企业应抓紧探索行业性、系统性的改革和创新，以国际化经营管理思维和发展模式进军更广阔的领域。

三、骨干企业应在“走出去”方面率先突破。骨干企业应直接参与跨国生产和经营，从而摆脱当前简单的出口发展模式，为行业改革发展培养人才，提供实践经验。

四、强化企业的战略研究和创新能力，建立合理的决策监控机制。中国烟草“走出去”战略涵盖的内容与国内烟草的改革发展息息相关，同时又与广阔的国际市场紧密结合，靠简单的、传统的行政管理是无法应对的。烟草企业必须加强对新问题、国内外经营环境以及国际市场等重要课题的研究，提高宏观层面的战略研究和创新能力，同时通过建立合理的决策和监控机制，提高企业抗风险能力。

（摘编自《中国烟草》，2006 年第 1 期）

企业文化

避免“三化”、把握“三个方面”，推进企业文化建设

江苏省泰州市烟草专卖局（公司）卜善干在《烟草商业企业如何进行企业文化建设》一文中指出，当前，国家烟草专卖局对行业企业文化建设提出了具体要求，但是，从理论认识到具体操作，烟草行业的企业文化建设仍有待完善和提升。作者联系实际情况，提出了在烟草商业企业文化建设中要避免“三化”：一是避免企业文化建设极端化，避免忽视优良传统文化的传承，避免故步自封、不承认企业现有的企业文化中存在的不足。二是避免企业文化建设空洞化。三是避免企业文化建设庸俗化，认为企业文化等同于文娱文化，企业文化建设就是导入企业形象识别系统。

为更好地推进企业文化建设，作者提出，烟草商业企业在企业文化建设中还应把握好“三个方面”：

一、深化改革，将传统文化和先进企业文化相结合。烟草商业企业在建设企业文化的过程中要依托企业发展历程中积淀的优秀文化，针对制约企业发展的主要问题有针对性地引进先进的企业文化，在明确企业未来发展方向的基础上，建立一种既符合国家局总体要求又有自身特点的先进企业文化。

二、统筹兼顾，从宏观决策到具体实施。一方面要建立完善的企业文化建设制度，对企业文化建设进行总体规划，保证企业各部门、各分公司围绕省公司的总体规划和阶段目标，结合实际开展企业文化建设，形成运转有序的企业文化建设的领导机制和决策体系。另一方面要建立多层次实施措施，成立企业文化战略委员会，负责企业文化的决策、优化和控制等宏观工作。依托各职能部门推进企业文化建设，在企业基层的作业层面上完善企业文化建设的运行机制。

三、刚柔并济，注重以人为本。一方面要科学管理、民主管理、依法管理，根据企业文化建设的基本精神建立各项流程和规章制度，用制度规范管理和经营行为，以企业制度作为企业文化的基础。另一方面要坚持以人为本，培育员工的现代企业意识，创建“学习型”企业，改善员工思维和行为方式，形成积极向上、健康和谐的企业文化氛围。

（摘编自《烟草政工通讯》，2006 年第 12 期）

发挥员工在企业文化建设中的主体作用

湖北省恩施州烟草专卖局（公司）林智艺在《如何发挥员工在企业文化建设中的主体作用》一文中指出，在烟草企业的企业文化建设中发挥员工的主体作用，可以使企业的价值观得到全体员工的普遍认同，挖掘员工的潜力，提高员工的工作积极性。但是，当前部分企业对员工如何发挥作用、发挥什么样的作用、怎样发挥作用仍然存在认识上的误区。主要表现在以下几个方面：认为员工是一种“成本”而不是企业发展的“资本”，员工在企业文化建设中发挥的作用不大。把企业文化建设的表象混同于企业文化的深刻内涵，使员工在企业文化建设中成为“附庸”。员工的价值追求、个人合理需求、成长培训、民主参与管理等权利还没有得到根本性保障。企业文化缺乏鲜明的时代特征和行业特色，照抄照搬使员工成为企业文化建设事实上的“观众”。

针对以上问题，作者就如何发挥员工在企业文化建设中的主体作用，提出了以下建议：

一是打造员工高度认同的企业价值观，激发员工“荣辱与共”的主人翁意识。员工的个人价值追求与企业的理想、目标、使命和价值观达到高度统一，员工的命运与企业的发展连在一起，每个人都能在企业中找到自我价值的存在。

二是打造企业独特的价值观。首先要体现出时代风貌，如落实科学发展观；其次要体现出鲜明的行业特色，如弘扬“两个至上”的行业共同价值观；此外，要彰显企业的文化个性。

三是树立“人人都是人才、人人都能成才”的理念，在实际的管理中体现“人人都是人才”的思想，肯定、重视和尊重员工在岗位上取得的成绩，激发不同层次、不同身份员工的工作激情和创新潜能。

四是构建和谐的企业人际关系，营造尊重人、关心人、帮助人的氛围。管理者要抛开官本位的思想，从言行上尊重和关心员工，在工作上理解和信任员工。在制订、实施生产经营考核方案和人事劳资分配制度时要体现公平、公正、公开的原则。注重团队精神的培养，促使员工之间、员工和领导干部之间形成团结、友善、合作、互助的良好关系。

（摘编自《东方烟草报》，2008 期）

论文索引

论文索引使用说明

一、本索引采用内容分析索引法编制。收录2006年国内期刊公开发表的烟草相关论文，对其标题予以标注，以供检索使用。

二、本索引按烟草科技研究、农学与植病、机械与工艺、信息化与物流管理、经济与管理、吸烟与健康及其他共七个类目进行分类。

三、本索引每个标目有4个检索字段，分别按题名、作者、刊名、年份顺序排列。

四、本索引以首字音序排列。具体排列规律如下：以数字开头的标目，排在最前面；以英文字母打头的标目，列于其次；汉字标目按首字的音序、音调依次排列；首字相同时，则以第二个字排序，依此类推。

烟草科技研究

10－十一烯醛乙二醇缩醛的合成及在卷烟中的应用/边瑞芳、汤坚、顾晓红等//烟草科技．－2006，(5)

2，3，4，6－葡萄糖四异戊酸酯的合成及其在卷烟中的应用/杨华武、谭新良、黎艳玲等//烟草科技．－2006，(11)

2，6－脱氧果糖嗪合成、提纯及其向卷烟烟气释放香气成分的研究/杨华武、黎艳玲、黎成勇等//香料香精化妆品．－2006，(2)

3，5－二硝基水杨酸比色法测定废烟草中总糖/赵春玲、王秀霞、李琼//湖北工业大学学报．－2006，21（6）

3，5－二硝基水杨酸显色法测定烟草中的果胶/马东萍、刘维涓、卫青等//烟草科技．－2006，(8)

5℃低温对转SOD或POD基因烟草影响的研究/曾淑华、刘飞虎//广西植物．－2006，26（5）

AAⅡ型自动分析仪测定烤烟中硝酸盐的含量/寇智岭//安徽农业科学．－2006，34（11）

AOTF－近红外光谱技术快速分析烟草主要化学成分/何智慧、练文柳、吴名剑等//现代科学仪器．－2006，(1)

Changes of Polyphenols in Tobacco Leaves During the Flue－Curing Process and Correlation Analysis on Some Chemical Components/Changrong Gong、Aihua Wang、Songfeng Wang//中国农业科学：英文版．－b2006，5（12）

CMO与BADH双基因表达载体构建及在烟草中的表达/刘君、韩烈保、陈其军等//中国生物工程杂志．－2006，26（8）

CO_2膨胀回收塔中沉积物挥发及半挥发性成分分析/宋金勇、王文领、郝辉等//烟草科技．－2006，(10)

CO_2膨胀前后不同部位烤烟香味成分的变化/刘江生、谢卫、杨斌等//烟草科技．－2006，(2)

CO_2膨胀前后烟丝中游离氨基酸的变化/张鼎方、刘江生//烟草科技．－2006，(11)

Determination of heavy metal ions in tobacco and tobacco additives（烟草添加剂中重金属元素的测定研究）/胡秋芬、陈章玉等//South african journal of chemistry（南非化学杂志）．－2006，(59)

Determination of mercury and selenium in tobacco by inductively coupled plasma mass spectrometry after microwave digestion（微波消化－电感耦合等离子体质谱测定烟草中的硒和汞）/缪明明、陈章玉等//Chemical Journal on Internet（国际网上化学学报）．－2006，8（9）

DN_2菌降解烟碱的动力学及其应用研究/袁勇军、陆兆新、别小妹等//中国生物工程杂志．－2006，26（3）

DTOPSIS法在烟叶化学品质综合评价中的应用/李富欣、邓蒙芝//烟草科技．－2006，(8)

D－葡萄糖与L－亮氨酸棕化反应物制备及在烟草薄片中的应用/林宏图、刘德海、彭少伟等//食品科技．－2006，(9)

Fps转基因烤烟类胡萝卜素及其降解产物的研究/李雪君、崔红、刘海礁等//中国烟草科学．－2006，(3)

GC与GC/MS定量分析香料的比较/李炎强、冼可法//烟草科技．－2006，(7)

国产烤烟挥发酸含量的对比分析/闫克玉、李春松、闫洪洋等//烟草科技．－2006，(7)

HarpinEa激发与烟草品种可溶性蛋白质变化的关系/乔卿梅、程茂高、王素琴等//烟草科技．－2006，(3)

HAUNI制丝线自动加香控制系统的改造/蔡华川、卢荣德、周开辟//烟草科技．－2006，(1)

HP－5MS与HP－FFAP分析烟丝致香成分的差异比较/刘亚、张莹、李茂昌等//云南化工．－2006，33（6）

HPLC 法同时测定烟草和料液中的糖和保润剂/王岚、李忠、蒋次清等//烟草科技．-2006，(8)

HXD 前后烟丝中烟碱及部分香味成分的变化/杨斌、白俊海//烟草科技．-2006，(1)

ICP-MS 法同时测定烟草中的铬、镍、砷、硒、镉、汞、铅/石杰、李力、胡清源等//烟草科技．-2006，(12)

In Vitro Reassembly of Tobacco Ribulose-1, 5-bisphosphate Carboxylase/ Oxygenase from Fully Denatured Subunits/Zhenhua Yong、Genyun Chen、Jiaonai Shi 等//生物化学与生物物理学报：英文版．-2006，38 (10)

Isolation of a genomic DNA for Jatropha curcas ribosome inactivating protein and its tobacco transformation/罗言云、魏琴、黄明星等//上海大学学报：英文版．-2006，10 (5)

Ochrobacterum intermedium DN2 新型烟碱降解酶的分离纯化/李颖、袁勇军、陆兆新等//食品科学．-2006，27 (12)

PttGA20ox1 基因在转化烟草植株中的表达/李伟、陈晓阳、杜金友等//西北植物学报．-2006，26 (1)

RNA 干扰降低烟草植株中内源生长素水平/姜洋、肖尊安、李俊全//北京师范大学学报：自然科学版．-2006，42 (4)

Roles of Salicylic Acid-responsive Cis-acting Elements and W-boxes in Salicylic Acid Induction of VCH3 Promoter in Transgenic Tobac*cos*/ Haiyan Li、Weiwei、Yuli//生物化学与生物物理学报：英文版．-2006，38 (1)

SIMCA 分类法与 PLS 算法结合近红外光谱应用于卷烟纸的质量控制/王家俊、汪帆、马玲//光谱学与光谱分析．-2006，26 (10)

SIMCA 分类法与偏最小二乘法结合近红外光谱检测卷烟的内在品质/王家俊、梁逸曾、汪帆//计算机与应用化学．-2006，23 (11)

SODIM 综合测试台测定普通滤棒吸阻的研究/刘泽春//福建分析测试．-2006，15 (1)

Solid phase extraction and spectrophotometric determination of platinum (IV) with N-(3, 5-dihydroxyphenyl) -N'-(4-aminobenzenesulfonate) -thiourea (用 N'-3, 5-二羟基苯基) -N'-(4-氨基苯磺酸基) 硫尿光度法测定钯的研究) /李志刚、李雪梅等//印度化学杂志．-2006，(8)

Spectrophotometric determination of gold in water and ore with 2-carboxyl-1-naphthalthiorhodanine (2-〈羧基-1-奈〉-亚甲基硫代若丹宁光度法测定金) /陈章玉等//Analytical letters (分析快报)．-2006，(3)

Study on determination of solanesol in tobacco by high performance liquid chromatography (高效液相色谱测定烟草中的茄呢醇) /林洪、杨光宇等//Chemical Journal on Internet (国际网上化学学报)．-2006，8 (9)

Study on spectrophotometric determination of chlorogenic acid and rutin in tobacco (光度法测定烟草中的氯原酸和芸香苷) /林洪、杨光宇等//Chemical Journal on Internet (国际网上化学学报)．-2006，8 (9)

Study on the Phase Extraction and Spectrophotometric Determination of Gold with 5-(2-Hydroxy-4-nitrophenylazo) -Thiorhodanine/李雪梅等//Asian Journal of Chemistry. -2006，(3)

TLC 法测定烟叶中茄尼醇的含量/于华忠、龙维珍、饶立群等//四川食品与发酵．-2006，42 (3)

Transiently Expressed Short Hairpin RNA Targeting 126 kDa Protein of Tobacco Mosaic Virus Interferes with Virus Infection/ Mingmin Zhao、Derong An、Jian Zhao 等//生物化学与生物物理学报：英文版．-2006，38 (1)

本生烟组织培养及遗传转化体系的建立/崔海涛、李春霞、王红艳等//山东科学．-2006，19 (1)

比重瓶法与密度仪法测定香精密度相关性的回归分析/李坤健、赵世兴//香料香精化妆品．-2006，(1)

薄荷卷烟研究进展/何智慧、罗嘉、练文柳//烟草科技．-2006，(9)

不同产地国产烤烟近红外光谱的特征分析及其模式识别/王国东、束茹欣、张建平等//烟草科技．-2006，(5)

不同产地烤烟复烤烟叶 C_3F 致香物质与其感官质量的关系/廖惠云、甘学文、陈晶波等//烟

草科技．-2006，(7)

不同工艺处理的烟草中游离氨基酸含量的反相 HPLC 分析/王蕾、孟广宇、于瑞国等//分析测试学报．-2006，25（3）

不同生态条件下烤烟化学成分的相似性研究/孙建锋、刘霞、李伟等//中国烟草科学．-2006，(3)

不同型号吸烟机烟气测定结果的差异比较/陈再根、王菲、禹舰等//烟草科技．-2006，(11)

常规烟气检测数据的统计分析/许寒春、李东亮、郑捷琼等//烟草科技．-2006，(11)

超临界 CO_2 萃取-气相色谱/质谱分析烟丝化学成分/徐子刚、郑琳//浙江大学学报（理学版）．-2006，33（2）

超临界 CO_2 萃取烟草中茄尼醇/张歆、倪晋仁、黄文//精细化工．-2006，(5)

超临界 CO_2 萃取烟叶中的烟碱/邱运仁、俞晓惠、杜吉华//烟草科技．-2006，(8)

超临界 CO_2 萃取在烟草工业上的应用综述/杜毅、陈洪、马清仪//烟草科技．-2006，(4)

超临界 CO_2 流体萃取降低上部烟叶中的烟碱/杨叶昆、李雪梅、周瑾等//烟草科技．-2006，(1)

超临界萃取麦芽浸膏中致香成分的研究及在卷烟加香中的应用/王海涛、杨虹、胡根英等//分析测试技术与仪器．-2006，12（2）

成像环境因素对烟叶图像采集结果的影响及校正研究/马文杰、贺立源、刘华波等//中国农业科学．-2006，39（12）

重组人 BMP-2 在烟草不同组织中的表达/高原、索广力、韩津//遗传学报．-2006，33（1）

醋纤和改性丙纤滤嘴对卷烟烟气成分的影响比较/杨韶辉、马宇平、王文领等//烟草科技．-2006，(7)

大豆 LEA 蛋白 Em 的表达可提高大肠杆菌和烟草耐盐性/蔡丹、郑易之、兰英//深圳大学学报：理工版．-2006，23（3）

大蒜挥发油抗烟草花叶病毒机理/陈启建、刘国坤、吴祖建等//福建农业学报．-2006，21（1）

淡紫拟青霉 IPC 土壤抑菌作用影响因子分析/祝明亮、张克勤//云南大学学报：自然科学版．-2006，28（6）

等离子体及生物酶对滤嘴用醋酸纤维的改性/朱梅、王鸿博//纺织学报．-2006，27（8）

电感耦合等离子体质谱及其在烟草分析中的应用进展/石杰、李力、胡清源等//烟草科技．-2006，(8)

电偶法测量卷烟内部动态温度/郑赛晶、顾文博、张建平等//烟草科技．-2006，(1)

电渗析法分离提纯 2，5-脱氧果糖嗪的研究/杨华武、黎艳玲、陈雄等//香料香精化妆品．-2006，(6)

顶空液相微萃取技术综述/孙世豪、宗永立、谢剑平//烟草科技．-2006，(5)

对喷式氢化物发生原子荧光光谱法同时测定烟叶中痕量砷和锑/张效伟、张召香、宋琦等//分析化学．-2006，34（10）

多维气相色谱/质谱法快速测定卷烟烟气中的苯并［a］芘/谢雯燕、金永明、孙凯建等//中国烟草学报．-2006，12（6）

二次萃取蒸馏法提取废次烟叶中烟碱的研究/路绪旺、崔鹏、姚育翠//应用化工．-2006，35（1）

二醋酸纤维素浆液精细过滤及高密度生产技术研究/杨占平、徐坦、曹建华等//中国烟草学报．-2006，12（3）

二醋酸纤维素片丙酮浆液中 TiO2 的 X-射线荧光光谱分析/曹建国//烟草科技．-2006，(9)

二氢猕猴桃内酯的合成及其对卷烟香气的作用/但东明、李庆廷、贺继欣等//香料香精化妆品．-2006，(4)

发展中的烟草减害技术/傅映霞//高科技与产业化．-2006，(10)

反相 HPLC 法同时测定烟草中的 6 种有机酸/易娇、尹笃林、廉世勋等//烟草科技．-2006，(7)

反相高效液相色谱法测定烤烟叶片发育过程中的类胡萝卜素类物质/刘国顺、韦凤杰、王芳等//色谱．-2006，24（2）

反转录转座子标记及在作物遗传育种中的应用/肖炳光、徐照丽//生物技术通报．-2006，17（4）

仿生物嗅觉传感技术在卷烟品牌识别中的应用/骆德汉、谭辉平//食品研究与开发. -2006, 27 (1)

菲和其他芳香族化合物降解菌多酚氧化酶的变化研究/李钠、章骥、闵航等//浙江大学学报: 农业与生命科学版. -2006, 32 (5)

废次烟叶中茄尼醇萃取技术/俞晓慧、邱运仁//中国烟草科学. -2006, (2)

废次烟叶作为天然药食资源的研究进展/吴苏喜//食品与机械. -2006, 22 (6)

傅立叶变换近红外光谱仪在制丝线上的应用/马翔、温亚东、王毅等//烟草科技. -2006, (1)

高纯度茄尼醇的制备方法和茄尼醇的质谱特征/张振、张长庚//贵州大学学报: 自然科学版. -2006, 23 (2)

高氯酸萃取-连续流动法测定烟草中的淀粉含量/吴玉萍、邵岩、赵立红等//光谱实验室. -2006, 23 (3)

高频电磁感应加热技术在接装纸鼓轮中的应用/段绍伟、黄兰英//烟草科技. -2006, (2)

高效液相色谱-串联质谱法测定烟草中有机磷农药的残留量/刘莹雯、丁时超、杜文等//色谱. -2006, 24 (2)

高效液相色谱-二极管阵列检测同时测定烟草中多酚类/白长敏、钟科军、黄建国等//分析化学. -2006, 34 (11)

高效液相色谱法测定CO_2膨胀前后烟丝中氨基酸/陈群、张鼎方//福建分析测试. -2006, 15 (1)

高效液相色谱法测定烟草中的烯虫酯/徐爱平、杜应琼、邓义才等//广东农业科学. -2006, (1)

高效液相色谱法测定烟叶提取物中茄尼醇的含量/李晓露、李宁、张雪霞等//河北化工. -2006,29 (6)

高效液相色谱法同时测定烟叶中茄尼醇和辅酶Q_{10}的含量/李春英、赵春建、祖元刚//应用化学. -2006, 23 (5)

高效阴离子交换色谱-脉冲安培检测法测定烤烟中的水溶性葡萄糖、果糖和蔗糖/王荔、陈巧珍、宋国新等//色谱. -2006, 24 (2)

光系统Ⅱ的抑制增强N基因介导的抗性但减弱烟草非寄主抗性/何伟华、蔡新忠、张志新//浙江大学学报: 农业与生命科学版. -2006, 32 (6)

国产烤烟烟叶的NIRS模式识别/束茹欣、王国东、张建平等//烟草科技. -2006, (8)

国产香烟主流烟雾中多环芳烃的含量/黄曙海、葛宪民、汤俊豪等//环境与健康. -2006, 23 (1)

果糖胺的制备及其在卷烟中的应用/刘桂荣、邱晔、杨群水//烟草科技. -2006, (8)

过氧化氢对烟草光合功能衰退的影响/江力、曹树青、张荣铣//浙江大学学报: 理学版. -2006,33 (5)

红外遥控技术在小车送丝系统中的应用/杜峰、李亚锋、杨小勇等//烟草科技. -2006, (2)

灰色关联分析方法在烟草内在质量评价上的应用/谭仲夏、秦西云//安徽农业科学. -2006, 34 (5)

回归分析在卷烟质量预测控制中的应用/李敏//烟草科技. -2006, (12)

基于烟草中致香成分的人工神经网络分类模型/陈清、刘巍、钟科军//湖南大学学报: 自然科学版. -2006, 33 (2)

降烟碱细菌-烟草节杆菌K_9的分离及鉴定/夏振远、雷丽萍、吴玉萍等//中国烟草科学. -2006, (1)

介孔材料选择性降低卷烟烟气中苯并[a]芘的研究/刘少民、雍国平、金钟秀等//中国烟草学报. -2006, 12 (4)

近红外光谱法快速测定烟草中的钙/邱军、王允白、付秋娟等//烟草科技. -2006, (2)

近红外光谱法预测烟草中的纤维素含量/段焰青、孔祥勇、李青青等//烟草科技. -2006, (8)

近红外光谱法预测烟气总粒相物中的烟碱含量/邱军、王允白、张怀宝等//中国烟草科学. -2006, (2)

近红外光谱分析技术及其在烟草行业中的应用/江苏、马翔、陈永福等//光谱实验室. -2006,23 (3)

近红外光谱技术在烟草领域的应用进展/王保兴、陈国辉、汪旭等//光谱实验室. -2006,

23（5）

菊苣根提取物的抑菌活性研究/徐雅梅、呼天明、张存莉等//西北植物学报．-2006，26（3）

卷烟劲头与其烟丝、烟气主要化学成分的相关性/于川芳、卢斌斌、牟定荣等//烟草科技．-2006，（9）

卷烟盘纸添加剂的热裂解产物研究/杨燕、曹秋娥、徐济仓等//光谱实验室．-2006，23（6）

卷烟配方组份掺配模式/李国龙、陈科、张超等//安徽科技．-2006，（6）

卷烟商标残留成分的顶空-GC/MS分析/董永智、盛志艺、周仕禄等//烟草科技．-2006，（10）

卷烟烟碱向主、侧流烟气中的转移率/刘泽春、谢卫、刘加增等//烟草科技．-2006，（11）

卷烟烟气CO及其降低去除研究进展/谢兰英、钟科军、刘琪等//环境科学与技术．-2006，29（9）

卷烟主流烟气粒相物硅烷衍生化GC-MS数据的解析/施弘、刘百战、余苓等//计算机与应用化学．-2006，23（12）

卷烟主流烟气中苯并［a］芘分离纯化方法的研究/周仕禄、肖协忠、许锴霖等//中国烟草学报．-2006，12（3）

卷烟主流烟气中羰基化合物的改进分析方法/谢复炜、吴鸣、王昇等//中国烟草学报．-2006，12（5）

卷烟主流烟气总粒相物中挥发性和半挥发性有机酸的分析/鲁喜梅、谢复炜、刘晖等//烟草科技．-2006，（6）

烤烟化学成分与其静燃速率的关系研究/于建军、庞天河、任晓红等//安徽农业科学．-2006，34（2）

烤烟烟叶香气质量与其常规化学成分的相关性/薛超群、尹启生、王信民等//烟草科技．-2006，（9）

烤烟叶片发育过程中阴离子的离子色谱法测定研究/杜惠文、韦凤杰、杨卫芳等//河南科学．-2006，24（3）

离子色谱法测定烟草中的10种阴、阳离子/王金平//化学分析计量．-2006，15（3）

离子色谱法同时测定烟叶中的6种无机阴离子/庹苏行、吴名剑、李辉等//烟草科技．-2006，（11）

离子色谱技术及其在烟草中的应用进展/蔡君兰、王冰、赵晓东等//烟草科技．-2006，（8）

利用DH群体构建烤烟分子标记遗传连锁图/肖炳光、徐照丽、陈学军等//中国烟草学报．-2006，12（4）

利用FLP/frt重组系统产生无选择标记的转基因烟草植株/单晓昳、李蓓、张举仁//生物工程学报．-2006，22（5）

利用IRAP标记分析烤烟品种间遗传差异/肖炳光、杨本超//西北植物学报．-2006，26（6）

利用红外测温技术测定卷烟的燃烧温度/郑赛晶、顾文博、张建平等//烟草科技．-2006，（7）

利用烟草表达人凝血Ⅸ因子（hFIX）的研究/赵凌侠、张凌、魏捷等//中国生物工程杂志．-2006，26（3）

利用植物提取物降低卷烟主流烟气中的自由基/胡启秀、方智勇、成涛等//中国烟草学报．-2006，12（3）

连续流动分析法测定烟草中的蛋白质/瞿先中、程涛、蒋士盛等//烟草科技．-2006，（1）

磷酸活化烟草杆制备中孔活性炭的研究/张利波、彭金辉、张世敏等//化学工业与工程技术．-2006，27（2）

灵芝LZ-8在烟草中的表达及产物特性的初步研究/白杰英、曾林、刘毅等//分子植物育种．-2006，4（5）

流动分析法测定烟草中的不溶性氮和可溶性氮/王鹏、吕祥敏、戴亚//烟草科技．-2006，（3）

氯酸钠氧化法合成4-氧代-β-紫罗兰酮/罗一鸣、刘长辉、唐瑞仁等//中南大学学报：自然科学版．-2006，37（3）

络合萃取分光光度法测定烟草提取液中的烟碱/吴苏喜、董君英//烟草科技．-2006，（2）

毛细管区带电泳富集分离烟草生物碱/许庆平、王蕾、何友昭//中国科学技术大学学报．-2006，36（10）

酶水解－连续流动法测定烟草中的淀粉含量/聂聪、吴鸣、张威等//中国烟草学报．－2006，12（3）

美洲商陆抗真菌蛋白转化烟草的研究和抗病性检测/刘爽、杨爱国、赵琦等//西北植物学报．－2006，26（11）

模糊神经网络自适应PID控制在烟叶复烤系统中的应用/宋北光//河南科学．－2006，24（6）

某烟草打叶复烤职业病危害因素控制效果评价/吴东、李麟琳、张德志//实用预防医学．－2006，13（2）

拟南芥中离子转运蛋白载体构建及烟草转化/钟晓丽、朱骏、张永明//上海师范大学学报：自然科学版．－2006，35（6）

酿酒酵母NHX1基因克隆与烟草表达分析/郭兆奎、杨谦、万秀清等//分子植物育种．－2006，4（6）

葡萄糖苷类香味前体合成研究进展/毛多斌、胡林、何景福等//烟草科技．－2006，（4）

葡萄蔗糖转运蛋白在烟草中的反义表达及其对转基因烟草的影响/张雅丽、孟庆勇、曲桂芹等//生物化学与生物物理进展．－2006，33（7）

气相色谱/质谱分析烟草中的主要生物碱/许燕娟、白长敏、钟科军等//分析化学．－2006，34（3）

气相色谱－电子捕获检测法分析烟丝产品中膨化剂氟利昂的残留量/叶贵标、李维喜、汪泳三//色谱．－2006，24（1）

气相色谱－质谱指纹图谱在甄别真假卷烟上的应用/廖堃、胡纲//分析测试学报．－2006，25（1）

气象因子与烟叶化学成分及香吃味间的典型相关分析/李天福、王彪、杨焕文等//中国烟草学报．－2006，12（1）

氢化物发生－原子荧光光谱法检测烟草中痕量砷和铋/夏振远、雷丽萍、吴玉萍//光谱实验室．－2006，23（5）

全二维气相色谱/飞行时间质谱（GC×GC/TOFMS）用于烟叶中挥发、半挥发性碱性化合物的组成研究/李海锋、钟科军、路鑫等//化学学报．－2006，64（18）

全二维气相色谱/飞行时间质谱法分析烟草挥发和半挥发性酸性成分/李莉、蔡君兰、蒋锦锋等//烟草科技．－2006，（5）

全二维气相色谱/飞行时间质谱用于烟用香精化学组分的分析//朱书奎、路鑫、邢钧等//分析化学．－2006，34（2）

热脱附和气－质联用测定卷烟包装材料中的酞酸酯/侯英、曹秋娥、谢小光等//光谱实验室．－2006，23（5）

人组织型纤溶酶原激活剂（t－PA）在转基因烟草中的表达/齐拓荒、王庆华、刘进等//药物生物技术．－2006，（5）

三种Amadori化合物的热解研究/张敦铁、殷发强、何佳文//中国烟草学报．－2006，12（2）

深度吸烟对卷烟焦油、烟碱和CO释放量测定结果的影响/王芳、温东奇、陈再根等//烟草科技．－2006，（3）

生防真菌基因标记技术研究进展/祝明亮//生物技术通报．－2006，17（1）

生物固定化技术及其在烟草加工过程中的应用/刘谋盛、王平艳、苏毅等//河南化工．－2006，23（12）

生物固定化技术及其在烟叶陈化过程中的应用/刘谋盛、王平艳、李国斌等//应用化工．－2006，35（11）

生物技术在我国烟草研究领域的应用/杨铁钊、鲁黎明、王瑞华//中国烟草学报．－2006，12（3）

生物接触氧化结合气浮法处理卷烟综合废水/张红振、刘汉湖、齐运伟等//环境污染与防治．－2006，28（5）

声光可调－近红外光谱技术分析烟草主要化学成分/何智慧、练文柳、吴名剑等//分析化学．－2006，34（5）

石墨炉原子吸收法测烟草中的镉/毛志瑛//现代科学仪器．－2006，（5）

室内不同燃烧模式香烟污染的研究/邓大跃、郑霜、陈双基//环境科学与技术．－2006，29（12）

受MeJA诱导的烟草GTs基因启动子的克隆及转化/袁磊、刘学群、王春台//湖北农业科学．－2006，45（6）

水蒸气活化烟杆制造活性炭及孔结构表征/

张利波、刘晓海、彭金辉等//四川环境．-2006，25（3）

苏云金杆菌幕虫亚种菌株的特性研究/李梅云//生物技术．-2006，16（5）

糖苷类香料前体的卷烟加香和缓释效果/解万翠、刘艺、阁威等//烟草科技．-2006，（7）

提高烟草抗旱能力的研究进展/何礼军、周冀衡、杨虹琦//安徽农业科学．-2006，34（2）

天然菌类香菇烟用香原料的开发及应用/徐若飞、邓国宾、李祖红等//精细化工．-2006，23（11）

微波烘丝前后烟丝中主要中性香味成分分析/李晓、王建民、李华杰//烟草科技．-2006，（2）

微波加热烟杆制备微孔活性炭的研究/彭金辉、张利波、张世敏等//材料科学与工程学报．-2006，24（1）

微波膨胀烟梗质量研究/何炬、刘维涓、师建全//烟草科技．-2006，（2）

微生物在烟草生产中应用研究进展/雷丽萍、郭荣君、缪作清等//中国烟草学报．-2006，12（4）

无机镁盐对卷烟纸燃烧性能影响的研究/潘泉利、徐程程、刘明友等//造纸科学与技术．-2006，25（4）

吸附热脱附-气质联用技术分析烟丝中挥发及半挥发性成分/徐伟玲、赵云荣、王文领//化学研究．-2006，17（1）

吸烟与肺癌 p53、K-ras 基因突变关系及性别差异的研究进展/孔令亭、李若葆、王金平//解剖科学进展．-2006，12（3）

硒对烤烟的生态毒理效应及临界指标研究/高家合、张晓海//云南环境科学．-2006，25（4）

香料指纹图谱及其在烟用香精质量控制中的应用概述/曲国福、孟昭宇、陆舍铭等//烟草科技．-2006，（5）

香茅草产香内生真菌的筛选及香气成分分析/杨黎华、李祖红、陈东等//生物技术．-2006，16（5）

香烟浸出液诱导微生物基因突变的探究活动/焦燕波、章振华、陈铭德//生物学教学．-2006，31（11）

香烟烟雾提取物对气道上皮细胞粘附迁移的影响及其机制研究/许丽、张珍祥、徐永健//中国病理生理杂志．-2006，22（4）

香烟烟雾提取物对哮喘大鼠气道平滑肌细胞蛋白激酶 C 活性的影响/林俊岭、徐永健、张珍祥等//中国病理生理杂志．-2006，22（7）

香烟烟雾提取物通过活化 NF-kB 上调小鼠巨噬细胞 ICAM-1 表达/许建英、杜永成、庞敏等//中国病理生理杂志．-2006，22（9）

新型改性烟用聚丙烯纤维的结构和性能表征/葛明桥、曹远虑、李永贵//合成纤维．-2006，35（11）

选择性降低卷烟烟气中苯并芘含量的研究/何智慧、练文柳、罗嘉等//现代科学仪器．-2006，（1）

选择性脱除卷烟烟气中 CO 研究进展/毛建华//烟草科技．-2006，（6）

雪茄外包皮烟人工发酵过程中香气物质的变化/时向东、张晓娟、汪文杰等//中国烟草科学．-2006，（1）

烟草“开片降碱灵”施用方法研究/王能如、李章海、徐增汉等//安徽农业科学．-2006，34（2）

烟草Ⅰ类几丁质酶和 β-1，3 葡聚糖酶基因茎尖转化太子参的研究/王贵荣、刘敬梅、高山林//药物生物技术．-2006，（5）

烟草 DREBP 转录因子结合 DRE 元件的关键氨基酸/刘卫群、王永亮、郭红祥等//中国生物化学与分子生物学报．-2006，22（2）

烟草 NtCDC48 基因的克隆及功能分析/陈志玲、虞沂、刘丽娜等//自然科学进展．-2006，16（12）

烟草不同基因型的光合特性研究/朱列书、赵松义、李伟//中国烟草科学．-2006，（1）

烟草多酚氧化酶研究进展/彭新辉、周清明、易建华等//烟草科技．-2006，（12）

烟草高分子量核 DNA 提取方法比较/寇姝燕、李文政、谭学林//中国农学通报．-2006，22（3）

烟草根中 N、K、Ca、Mg 的近红外光谱分析/付秋娟、王树声、窦玉青等//烟草科技．-2006，（10）

烟草节杆菌 02181 肌酸酶的纯化及理化特

性/罗侃、崔有宏、曾志南等//甘肃科学学报. -2006, 18 (1)

烟草抗 TMV 基因工程的研究进展/赵明敏、赵健//西北植物学报. -2006, 26 (1)

烟草绿原酸的研究进展/彭新辉、易建华、周清明待//中国烟草学报. -2006, 12 (4)

烟草内生细菌 Atp-oe 的发酵过程优化研究/王万能、全学军//数学的实践与认识. -2006, 36 (3)

烟草内生细菌 Atp-oe 的防治作用及发酵研究/王万能、全学军//河北师范大学学报: 自然科学版. -2006, 30 (6)

烟草糖苷类香气前体研究进展/李英波、宛晓春、张正竹//烟草科技. -2006, (3)

烟草腺毛全长 cDNA 文库的构建/崔红、冀浩、张华等//厦门大学学报: 自然科学版. -2006,45 (6)

烟草烟碱去甲基化研究进展/史宏志//作物研究. -2006, 20 (3)

烟草叶蛋白利用价值研究进展/郭俊成、苏勇、刘强等//中国烟草科学. -2006, (1)

烟草叶和根细胞质膜 Ca2+-ATPase 特性的比较研究/庄国庆、邹琴、韩善华//四川大学学报: 自然科学版. -2006, 43 (4)

烟草叶绿体 NAD (P) H 脱氢酶在抵御高温胁迫中的作用/王鹏、叶济宇、沈允钢等//中国科学 C 辑. -2006, 36 (2)

烟草叶片发育过程中光合功能衰退与 H_2O_2 积累的关系/江力、张荣铣//分子细胞生物学报. -2006, 39 (4)

烟草叶片光谱特征及其光谱反射率的变化/殷全玉、杨伊檬、靳志伟//河南科学. -2006, 24 (4)

烟草与药用植物罗勒远缘杂交后代的细胞学研究/李彦平、王素琴、刘凤兰等//烟草科技. -2006, (8)

烟草原生质体的分离纯化/江力、孔小卫、吴晓杰等//安徽大学学报: 自然科学版. -2006, 30 (6)

烟草真空回潮机真空装置的腐蚀原因探讨及技术改进/贺万华、杨华武、屈明辉等//腐蚀与防护. -2006, 27 (8)

烟草致香成分超声溶剂萃取-气相色谱-质谱法研究/储国海、陆明华、舒明等//香料香精化妆品. -2006, (1)

烟草致香物质的研究进展/刘宇、颜合洪//作物研究. -2006, 20 (5)

烟草中淀粉、石油醚提取物的近红外光谱分析模型研究/邱军、王允白、张怀宝等//分析化学. -2006, 34 (4)

烟草中多酚总含量的检测/李应金、吴玉萍//光谱实验室. -2006, 23 (5)

烟草中糖类的 1-苯-3-甲基-5-吡唑啉酮衍生化与 HPLC 分析方法研究/周斌、张承明、张承聪等//云南化工. -2006, 33 (6)

烟草中微量元素和重金属检测进展/石杰、李力、胡清源等//烟草科技. -2006, (2)

烟草中烟碱的高效液相色谱分析综述/陈燕舞、廉世勋、尹笃林//烟草科技. -2006, (1)

烟草中抑芽丹残留量的测定/张威、唐纲岭、刘惠民等//烟草科技. -2006, (7)

烟草中游离烟碱水萃取体系定量分析方法/杜珊、吴寅初、姚忠达//安徽大学学报: 自然科学版. -2006, 30 (5)

烟草中游离植物甾醇的 GC/MS/SIM 分析/黄龙、王进元、罗诚浩等//烟草科技. -2006, (10)

烟草中蔗糖酯的研究进展/蔡莉莉、谢复炜、谢剑平//烟草科技. -2006, (6)

烟草主要酚类物质研究进展/张秋芳、刘奕平、刘波等//福建农业学报. -2006, 21 (2)

烟碱的提取/徐晓沐、高科达、黄倪丽//化学与粘合. -2006, 28 (1)

烟碱的微生物降解研究进展/李梅云//微生物学杂志. -2006, 26 (3)

烟碱预防帕金森氏综合症和老年痴呆症的分子机理/谢渝湘、刘强、张杰等//中国烟草学报. -2006, 12 (4)

烟碱转化为去甲基烟碱的原理研究与遗传资源开发/Balazs Siminszcky、Ralph E. Dewey、时焦//中国烟草学报. -2006, 12 (4)

烟丝气力输送系统送丝管风速的测量/张雄、李国荣//烟草科技. -2006, (2)

烟叶处理降低烟气污染的作用及研究/刘明友、侯轶、李友明等//山东农业大学学报: 自然科学版. -2006, 37 (2)

烟叶结构和油分的近红外光谱预测/周汉平、王信民、宋纪真等//烟草科技．-2006，(1)

烟叶烟碱提取条件探讨/路绪旺、崔鹏、梁彭欣//烟草科技．-2006，(12)

烟用聚丙烯纤维滤棒专用胶黏剂的研制/窦强//化学与粘合．-2006，28 (1)

烟用生香酵母的研究及其应用/阮祥稳、任平、陈卫峰等//生物技术．-2006，16 (1)

烟用香精的高效液相色谱指纹图谱分析/廖堃、胡纲、肖竞//烟草科技．-2006，(2)

烟用香精的混批勾兑研究/廖堃、王迪汗//中国烟草学报．-2006，12 (6)

烟用香精调配稳定性的X质量控制图监控/黎洪利、朱立军、戴亚等//烟草科技．-2006，(10)

烟用香精中致香成分的气质联用定性定量分析/李峰//应用化工．-2006，35 (3)

烟用香料无花果提取物的热裂解产物研究/杨燕、曹秋娥、徐济仓等//光谱实验室．-2006,23 (6)

样品粒度和光谱分辨率对烟草烟碱NIR预测模型的影响/段焰青、杨涛、孔祥勇等//云南大学学报：自然科学版．-2006，28 (4)

叶组配方卷烟烟气预测模型的建立/王建民、甘学文、李晓等//烟草科技．-2006，(6)

液相色谱-串联质谱技术测定卷烟烟气中烟草特有亚硝胺/毛友安、钟科军、魏万之等//现代科学仪器．-2006，(1)

一种改进的烟草多酚氧化酶Ⅱ纯化方法/刘卫群、郭红祥、饶学明等//生物技术通讯．-2006，17 (2)

乙酸浸提-原子吸收光谱法测定烟草中的镁元素/吴玉萍、李应金、方敦煌等//光谱实验室．-2006，23 (5)

应用近红外检测技术快速测定烟叶主要化学成分/蒋锦锋、李莉、赵明月//中国烟草学报．-2006，12 (2)

荧光法研究香烟烟气中多环芳烃的降低作用/张海容、宋浩斌、赵二劳等//化学研究与应用．-2006，18 (1)

影响硒在烟草上吸附的因素/杨志宏、吴长英、欧阳萌等//南昌大学学报：理科版．-2006,30 (2)

用香味成分分析法研究烟用香精的质量控制/李炎强、段彩霞、吕健等//香料香精化妆品．-2006，(2)

用于蛋白亚细胞定位研究的烟草愈伤组织培养条件优化/夏玉凤//河北师范大学学报：自然科学版．-2006，30 (3)

优化的VHb基因和GFMcryIA基因构建的双价基因在烟草中的表达/王友如、崔洪志、郭三堆//分子植物育种．-2006，4 (5)

原子荧光光谱法测定烟草中的硒/邹莹、李青诚、廖晓玲等//烟草科技．-2006，(8)

圆柚酮的晶体结构及在烟用香精香料中的应用/陈永宽、谢冰、刘欣宇等//精细化工．-2006，23 (10)

在线固相萃取和高效液相色谱法测定卷烟主流烟气中几种芳胺/陈章玉、杨光宇、缪明明等//分析化学．-2006，34 (5)

植物基因工程技术在降低食品和烟草产品中镉的应用潜力/George J. Wagner、Victor Koren'kov、Kendal Hirschi 等//中国烟草学报．-2006，12 (2)

植物添加剂降低卷烟烟气自由基研究进展/谢兰英、刘琪、谢新萍//广东化工．-2006，33 (1)

指纹图谱异常指数法在烟气色谱数据处理中的应用/余苓、刘百战、王美琳等//中国烟草学报．-2006，12 (4)

主成分分析-支持向量回归建模方法及应用研究/侯振雨、蔡文生、邵学广//分析化学．-2006，34 (5)

主因子法在分析烟叶化学成分中的应用/杨再波、彭黔荣、叶冲等//贵州化工．-2006，31 (3)

贮叶时间对卷烟化学成分及感官质量的影响/简辉、熊文、王保兴等//烟草科技．-2006，(6)

转fps基因烟草纯合系的获得及其特性分析/刘海礁、王哲、李雪君等//中国烟草学报．-2006,12 (4)

转LEA基因烟草的$NaHCO_3$抗性分析/刘甜甜、于影、赵鑫等//分子植物育种．-2006，4 (2)

转LEA基因烟草的耐盐性分析/姜静、于

影、赵鑫等//生物技术.-2006, 16 (1)

转SOD基因对烟草抗旱性和相关生理指标的影响/覃鹏、刘飞虎、孔治有等//广西植物.-2006, 26 (6)

转SOD基因烟草中SOD酶活力对逆境的耐性及其遗传学特征/周玮、周波、杨雪等//广西植物.-2006, 26 (2)

转柽柳eIF1A基因烟草的耐盐性分析/李艳霞、姜静、于影等//生物技术通讯.-2006, 17 (3)

转柽柳晚期胚胎富集蛋白基因烟草T_1代的耐盐性评价/刘焕臻、杨传平、姜静等//生物技术通讯.-2006, 17 (6)

转柽柳晚期胚胎富集蛋白基因烟草的耐低温性分析/林士杰、李俊涛、姜静等//生物技术通讯.-2006, 17 (4)

转录因子DREB2A植物表达载体构建及烟草转基因研究/曾会明、马挺军、王华芳//生物技术通讯.-2006, 17 (2)

转铁蛋白基因烟草中内源铁蛋白基因的差异表达及含铁量的变化/姜廷波、丁宝建、李凤娟等/遗传学报.-2006, 33 (12)

最小二乘支持向量回归与偏最小二乘回归建立烟草总糖NIR预测模型比较/李世勇、王芳、邵学广//烟草科技.-2006, (11)

农学与植病

1%吡虫啉灭虫签防治烟蚜的药效试验/李章海、王方晓//烟草科技.-2006, (3)

1.8%阿维菌素乳油防治烟田烟青虫药效试验/任广伟、王新伟、王秀芳等//现代农药.-2006,5 (4)

10%千红可湿性粉剂防治烟草蚜虫药效试验/郭玉强、刘鹏、黄丽等//现代农业科技.-2006, (9上)

12种不同基因型烤烟种苗特性及其烟碱动态探讨/何礼军、周冀衡、杨虹琦//广西农业科学.-2006, 37 (1)

24%99植宝1号防治烟草花叶病药效试验/陆成方、张琼芬、王杨//广西农业科学.-2006,37 (2)

25%阿克泰水分散粒剂防治烟蚜田间药效试验/邓海滨、陈永明、吴水泉等//现代农药.-2006,5 (6)

2种防治烟草花叶病药剂的药效试验/李章海、王能如//安徽农业科学.-2006, 34 (5)

35%艾美乐SC防治烟草蚜虫试验/陈铁、姚良洪、施海泉等//上海农业科技.-2006, (1)

4种基因型烟草叶肉原生质体培养的研究/陈名红、李天飞、陈学军等//江西农业大学学报.-2006, 28 (2)

5%吡虫啉乳油防治烟草蚜虫田间药效试验/王永、王新伟、任广伟等//现代农药.-2006, 5 (1)

6-苄基腺嘌呤和脱落酸对不同发育阶段烟草叶片光合功能及过氧化氢水平的调控/江力、王东胜、王能如等//中国烟草学报.-2006, 12 (5)

6-苄基腺嘌呤和脱落酸对烟草光合功能衰退的影响/江力、孔小卫、张荣铣//南京农业大学学报.-2006, 29 (4)

B型烟粉虱携带传播烟草曲茎病毒的能力/纠敏、周雪平、刘树生 //植物保护学报.-2006,33 (2)

Calcium - Mediated Mitochondrial Permeability Transition Involved in Hydrogen Peroxide - Induced Apoptosis in Tobacco Protoplasts/Yuan Wang、Jiusheng Lin、Genxuan Wang//植物学报:英文版.-2006, 48 (4)

DEA模型在中国烤烟生产效率评价中的应用/李富欣、邓蒙芝//河南农业科学.-2006, (2)

Effects of N Application Rates and NO3 - N to NH4 - N Ratios on Yield and Quality of Flue - cured Tobacco Planted in Black Soil/Dexin Shan、

Shengyu Guan、Dechen Shan 等//东北农业大学学报：英文版. -2006，13（2）

Enhanced Cadmium Accumulation in Transgenic Tobacco Expres*sing* the Phytochelatin Synthase Gene of Cynodon dactylon L. /Jiangchuan Li、Jiangbo Guo、Wenzhong Xu 等//植物学报：英文版. -2006，48（8）

HAL1 基因转化烟草提高烟叶含钾量研究/郭兆奎、杨谦、姚泉洪等//中国烟草学报. -2006,12（5）

HarpinXoo 诱发烟草过敏反应早期 H_2O_2 变化及有关基因表达/刘爱新、李多川、董汉松等//植物病理学报. -2006，36（2）

UGPase 和反义 4CL 基因对转基因烟草纤维素和木质素合成的调控/梁海泳、夏秀英、冯雪松//植物生理学通讯. -2006，42（6）

Use of Real-time RT-PCR Analysis for mRNA Expression of Tobacco Ferritin Gene (NtFer1) /Tingbo Jiang、Fengjuan Li、Chuanping Yang//东北农业大学学报：英文版. -2006，13（2）

安徽省烟草黑胫病菌的交配型及其地理分布研究/马国胜、高智谋//植物病理学报. -2006，36（6）

铵态氮与硝态氮不同配比对烟叶产量和质量的影响/凌寿方、李德强//广东农业科学. -2006，（8）

白僵菌防治烟田小地老虎试验/冯玉元//烟草科技. -2006，（10）

白肋烟农艺性状和经济性状的配合力分析/王毅、周永碧、张俊杰等//烟草科技. -2006，（12）

白肋烟品种比较试验研究/尚志强//中国农业科技导报. -2006，8（4）

白肋烟生物碱和烟碱转化率的配合力及遗传力的研究/李宗平、李进平、史宏志等//中国烟草学报. -2006，12（6）

白肋烟种子萌发的生理生化动态研究/柴家荣//中国烟草科学. -2006，（2）

病毒特防治烟草病毒病效果研究/陈德鑫、王宗恒、曾嵘等//中国烟草科学. -2006，（1）

播种深度对烤烟小棚漂浮育苗旋根的影响/李明福//安徽农业科学. -2006，34（3）

驳枝对早花烟草成熟期间叶中叶绿素含量、硝酸还原酶和淀粉酶活性的影响/张金霖、陈建军、吕永华等//植物生理学通讯. -2006，42（6）

不同产地烤烟叶中绿原酸和芸香苷的含量分析/杨虹琦、周冀衡、邵岩等//天然产物研究与开发. -2006，18（4）

不同陈化时期的烟叶酶活性变化及其同工酶酶谱分析/赵铭钦、王豹祥、邱立友等//烟草科技. -2006，（3）

不同陈化时期烤烟叶片中酶活性及其相关化学成分分析/赵铭钦、王豹祥、邱立友等//中国农业大学学报. -2006，11（4）

不同打顶时间对烤烟 K326 烟叶产量和品质的影响/刘常荣、孟剑君//江苏农业科学. -2006，（3）

不同氮用量对晒黄烟生长发育及产量品质的影响/符云鹏、艾永峰、王闯等//中国农学通报. -2006，22（3）

不同地区烟蚜对药剂的反应及其羧酸酯酶活性/程新胜、杨丽文、魏重生等//烟草科技. -2006，（4）

不同调控措施对烤烟质体色素及其降解产物的影响/许自成、张婷、马国华等//河南农业大学学报. -2006，40（1）

不同覆膜处理对烤烟生长及蔗糖转化酶、硝酸还原酶活性的影响/位辉琴、杨兴有、刘国顺等//河南农业大学学报. -2006，40（1）

不同覆膜期限对烟田土壤含水率及氮、磷、钾含量的影响/刘国顺、位辉琴、杨兴有等//水土保持学报. -2006，20（4）

不同覆膜移栽方式对烤烟根系发育及烟叶产量和质量的影响/王以慧、厉昌坤、董小卫等//中国烟草科学. -2006，（2）

不同改土物料对烤烟养分吸收及碳、氮代谢的影响/邢世和、刘春英、熊德中等//植物营养与肥料学报. -2006，12（5）

不同供 Fe 水平下受 TMV 感染的烟草中几种防御酶活性变化/李晔、吴元华、赵秀香//安徽农业科学. -2006，34（17）

不同供铁水平对烟草与 PVYN 互作关系中防御酶活性的影响/关洪丹、姜新、李晔等//安徽农业科学. -2006，34（15）

不同环剥时期对烤烟上部叶品质的影响/向东山、翟琨//安徽农业科学. -2006, 34 (17)

不同基因型烤烟品种吸收钾差异的根系特性研究/杨铁钊、范进华//西北农业学报. -2006, 15 (3)

不同基因型烤烟种子表面特征和主要贮藏成分/李永亮、周冀衡、杨虹琦等//种子科技. -2006, 24 (6)

不同寄主作物对斜纹夜蛾分布和生长发育的影响研究/邓海滨、王晓容、陈永明//广东农业科学. -2006, (4)

不同烤烟品种及海拔对烟叶中有机酸的影响/王树会、李天福、邵岩等//西南农业大学学报. -2006, 28 (1)

不同烤烟品种区域性试验研究/易建华、蒲文宣、张新要等//中国农村小康科技. -2006, (6)

不同烤烟品种生态适应性评价/周金仙//种子. -2006, 25 (2)

不同品种烤烟对烟蚜羧酸酯酶和谷胱甘肽转移酶活性的影响/宋春满、高家合、邓建华等//昆虫知识. -2006, 43 (3)

不同起垄覆膜方式对土壤水分及烟株前期生长的影响/王怀珠、胡玉录、郭红英//水土保持学报. -2006, 20 (1)

不同深度施用基肥和追肥对烤烟根系生长的影响/贾志红、易建华、李挥文等//湖南农业科学. -2006, (2)

不同施氮量和移栽时间对烤烟产量和质量的影响/翟琨、向东山//安徽农业科学. -2006, 34 (13)

不同施肥方式对烤烟生长发育及烟叶产质量的影响/李良勇、余卓越、邹喜明等//湖南农业科学. -2006, (4)

不同施肥土壤中无机氮的垂直分布及烤烟对氮素的利用/李良勇、余卓越、邹喜明等//湖北农业科学. -2006, 45 (5)

不同收晾方法对白肋烟品质的影响/宋朝鹏、郭瑞、孙建峰等//中国农学通报. -2006, 22 (3)

不同水平的氮肥形态对烟苗生长及钾素积累的影响/何礼军、周冀衡、杨虹琦//安徽农业科学. -2006, 34 (4)

不同体色种群烟蚜传播 CMV 的效率/洪家保、邓建华//烟草科技. -2006, (1)

不同土壤消毒剂防除烟草苗床杂草试验/周本国、高正良、雷艳丽等//安徽农业科学. -2006, 34 (11)

不同香料烟品种对曲叶病的抗病性/李光西、张仲凯、丁铭等//西南农业学报. -2006, 19 (5)

不同消毒剂对烟草黑胫病菌的抑制作用/李梅云、刘勇、高家合等//中国农学通报. -2006, 22 (8)

不同烟草类型种子萌发期淀粉酶及糖类物质动态研究/柴家荣//种子. -2006, 25 (10)

不同育苗方式对烟株生长及烟叶品质的影响/姜超英、陈伟、李继新等//作物杂志. -2006, (4)

不同栽培方式对烤烟主要含氮化合物的影响/向东山、翟琨//河南农业科学. -2006, (6)

不同种类饼肥与化肥配施对烟叶香气质量的影响/武雪萍、钟秀明、秦艳青等//中国农业科学. -2006, 39 (6)

不同种类有机肥对烤烟生长及其品质的影响/王岩、刘国顺//河南农业科学. -2006, (2)

采收成熟度对烤烟亚硝胺和烟叶品质的影响/张树堂、杨雪彪//西南农业学报. - 2006, 19 (6)

采收前叶面喷施微生物制剂改善烟叶品质试验/汪长国、戴亚、朱立军等//烟草科技. -2006, (4)

菜籽饼肥与化肥配合施用对烤烟伤流液组分的影响/苏帆、王毅、瞿兴等//华中农业大学学报. -2006, 25 (3)

产几丁质酶菌的分离、筛选及其对烟草病原真菌的抑制作用/奚家勤、宋纪真、周汉平等//烟草科技. -2006, (3)

潮土中施入不同钾肥的动态变化及对烟叶品质的影响/赵竟英、刘国顺、陈静//沈阳农业大学学报. -2006, 37 (6)

陈化烟叶中细菌基因组 DNA 的提取及其多样性分析/王豹祥、王淑敏、赵铭钦等//河南农业科学. -2006, (1)

赤霉素对烟叶生理特性及产量和质量的影响/付鑫钟、任竹、李小玲等//广东农业科学.

-2006，(6)

重庆市植烟区土壤硼素状况及施硼效应的研究/张薇、高明、宋珍霞等//中国土壤与肥料. -2006，(5)

重庆市植烟土壤基础环境信息空间变异性分析/鲍金星、高明、秦建成//西南农业学报. -2006，19 (3)

促进烟株根系生长的技术/何礼军//现代农业科技. -2006，(6)

催芽后包衣对烤烟种子质量的影响/刁朝强、郑伟才、张明显等//种子. -2006，25 (10)

打顶对烤烟谷氨酰胺合成酶和天冬酰胺合成酶活性的影响/刘卫群、崔振伟、陈旭初等//植物生理学通讯. -2006，42 (6)

打顶后烤烟叶片酶活性、钾及烟碱含量的调控技术研究/许自成、张婷、马聪等//植物营养与肥料学报. -2006，12 (5)

打顶时间对烤烟根系形态及烟碱含量的影响/易建华、贾志红、孙在军//安徽农业科学. -2006，34 (12)

打顶时间与外源生长素对烟叶成熟衰老及产质量的影响/陈爱国、王树声、申国明等//中国烟草科学. -2006，(4)

打顶时期对烤烟根系活力及烟碱积累规律的影响/张丹、刘国顺、章建新等//中国烟草科学. -2006，(1)

大肠杆菌甜菜碱醛脱氢酶基因的克隆及其在烟草中的表达/陆云华、马立新、张新//安徽农业科学. -2006，34 (14)

大田烟叶团棵期虫害调查/赵锐、程保山//西南农业学报. -2006，19 (1)

大田中后期烤烟淀粉酶活性及淀粉含量的变化/尹启生、蔡宪杰、王信民等//烟草科技. -2006，(9)

单株定量施肥方式下烟田土壤NO_3-N淋溶特征研究/李良勇、余卓越、邹喜明等//作物研究. -2006，20 (2)

氮、钾营养对烟草质量影响研究进展/关广晟、屠乃美、朱英华等//作物研究. -2006，20 (5)

氮、磷、钾肥配施对烤烟化学成分和致香物质含量的影响/汪耀富、高华军、刘国顺等//植物营养与肥料学报. -2006，12 (1)

氮、磷、钾营养对白肋烟叶绿体色素、化学成分的影响及相关性分析/柴家荣、尚志强、戴福斌等//中国烟草科学. -2006，(2)

氮肥用量对雪茄外包烟叶光合特性及其植物学性状的调控效应/时向东、汪文杰、韦风杰等//农业现代化研究. -2006，27 (4)

氮肥用量与留叶数对烤烟氮吸收及烟碱含量的影响研究/刘泓、熊德中、许茜//中国生态农业学报. -2006，14 (2)

氮素调理剂对烟叶质量及土壤速效氮的影响/窦玉青、陈刚、王树声等//中国烟草科学. -2006，(3)

氮素用量对烤烟间套玉米产量的效应研究/杨宗飞//云南农业科技. -2006，(6)

氮素用量及有机无机肥料配比对烤烟产质量的影响/易建华、张新要、蒲文宣等//中国农学通报. -2006，22 (6)

氮形态和硫水平对烤烟氮、硫、钾等营养的影响/刘勤//土壤通报. -2006，37 (6)

氮用量对晒红烟生理特性的影响/方明、符云鹏、刘国顺等//烟草科技. -2006，(2)

稻草还田对烟田土壤性状和烟草产量及品质的影响/李明德、肖汉乾、汤海涛等//中国土壤与肥料. -2006，(6)

低温对烤烟早期腋芽发生的影响/岳彩鹏、黄进勇、朱大恒等//河南农业科学. -2006，(12)

地膜覆盖下烤烟干物质积累和氮、钾养分吸收分配规律的研究/殷红慧、赵正雄、王丽萍等//浙江农业科学. -2006，(1)

顶端调控对烤烟生长、主要矿质养分吸收和分配特性的影响/杨怀玉、李春俭//中国农业科学. -2006，39 (9)

对药剂敏感性不同的烟蚜体内几种关键性酶活性的比较分析/程新胜、张现//中国烟草学报. -2006，12 (3)

鄂西南烤烟吸食质量与致香物质的关系/于建军、庞天河、章新军等//华中农业大学学报. -2006，25 (4)

鄂西南烤烟主要化学成分与评吸质量的关系/章新军、任晓红、毕庆文等//烟草科技. -2006，(9)

二氯喹啉酸诱导烟草过氧化物酶活性的动态

分析/邓建朝、万树青、陈泽鹏等//植物保护学报. －2006，33（3）

防治烟草赤星病拮抗根际芽孢杆菌的筛选/方敦煌、吴祖建、邓云龙等//植物病理学报. －2006，36（6）

放线菌活性产物对烟草赤星病抑制作用的初步筛选研究/曾莉、朱孟沼、刘树芳等//西南农业学报. －2006，19（5）

分根交替灌溉对烤烟生理特性和烟叶产量的影响/汪耀富、蔡寒玉、张晓海等//干旱地区农业研究. －2006，24（5）

风机配置对热风循环烤房性能和烟叶烘烤质量的影响/王胜雷、许锡祥、陈顺辉等//中国烟草科学. －2006，（4）

封顶期与留叶数对白肋烟叶片组织结构的影响/柴家荣//中国农学通报. －2006，22（7）

腐殖酸对烤烟生长的影响研究/高家合//中国农学通报. －2006，22（8）

复烤温度对烟叶化学成分及感官质量的影响/简辉、杨学良、王保兴等//烟草科技. －2006，（12）

富钾基因型烤烟钾积累特征研究/杨铁钊、彭玉富//植物营养与肥料学报. －2006，12（5）

覆膜方式和移栽深度对烤烟产质量的影响/张晓海、蔡寒玉//安徽农业科学. －2006，34（3）

改良剂对烟草吸收土壤中镉铅影响的研究/胡钟胜、章钢娅、王广志等//土壤学报. －2006，43（2）

干旱胁迫对烤烟养分吸收分配及产量品质的影响/汪耀富、孙德梅、徐传快等//干旱地区农业研究. －2006，24（1）

干旱胁迫及氮水平对烤烟生理特征的影响/朴世领、刘丹、安金花等//河南农业科学. －2006，（11）

甘蔗渣在烤烟漂浮育苗中的应用研究/韦建玉、曾祥难、王军//中国烟草科学. －2006，（1）

根结线虫种及种群致病性的聚类分析/胡先奇、杨艳丽、廖金铃等//华中农业大学学报. －2006，25（5）

光照强度对烤烟漂浮育苗成苗素质的影响/刘国顺、杨兴有、位辉琴等//烟草科技. －2006，（8）

贵州省不同香气类型烟叶质量特征研究/秦松、王正银、石俊雄//中国农业科学. －2006，39（11）

贵州省植烟土壤氮素释放特征研究Ⅰ——黔南地区植烟土壤氮素释放的特征/翟琨、向东山//安徽农业科学. －2006，34（4）

贵州烟仓害虫天敌种类及优势种的生物学特性/高念昭、胡涌、谢志勇等//中国生物防治. －2006，22（2）

贵州烟区紫色土与其他土壤类型养分特点的差异/王晖、丁伟、许自成等//贵州农业科学. －2006，34（3）

贵州植烟区气象因素对烤烟评吸质量的影响/秦松、刘洪斌、王正银//中国农学通报. －2006，22（6）

海拔高度与烟叶化学成分的相关分析/王彪、李天福、王树会//广西农业科学. －2006，37（5）

海岛棉GbNPR1基因全长cDNA的克隆及其在烟草中的表达/王旭静、窦道龙、王志兴等//中国农业科学. －2006，39（5）

河南省烟草生态适宜性评价的指标体系/吴克宁、杨扬、吕巧灵等//河南农业科学. －2006，（4）

褐土上不同氮、钾比例对烟叶化学成分的影响/梁洪波、董建新、亓建等//中国烟草学报. －2006，12（6）

烘烤过程中温湿度对烤烟淀粉酶活性的影响/蔡宪杰、尹启生、王信民等//烟草科技. －2006，（12）

烘烤期间带茎采收的烤烟顶部叶某些生理生化特性变化/徐秀红、王爱华、王传义等//烟草科技. －2006，（9）

红壤性水稻土上钾肥运筹对烤烟产量和品质的影响/钟晓兰、张德远、何宽信等//土壤. －2006，38（3）

红土晒烟的栽培及调制/张晨东//特种经济动植物. －2006，9（6）

红土晒烟漂浮育苗技术/苏泽春、陈于福、张红梅//云南农业科技. －2006，（6）

湖南不同烤烟中非挥发性有机酸含量的差异/杨虹琦、周冀衡、郭紫明等//中国烟草学报.

-2006，12（4）

湖南烤烟评吸质量与化学成分、烟气成分关系的研究/张国、朱列书、李小忠等//中国农学通报. -2006，22（2）

环剥时期对烤烟生长发育的影响/向东山、翟琨//安徽农业科学. -2006，34（16）

黄瓜花叶病毒及抗病转基因烟草研究进展/李正风、刘勇、夏玉珍//生物技术. -2006，16（5）

灰色关联度分析和DTOPSIS法对烤烟新品种评价效果比较/卢秀萍//西南农业学报. -2006，19（6）

混合盐碱胁迫对3种类型烟草幼苗保护酶活性的影响/陈展宇、崔喜艳、史岩玲//吉林农业大学学报. -2006，28（5）

机械损伤和茉莉酸甲酯对烟株蛋白酶抑制剂的诱导作用研究/杨丽文、程新胜、薛泽春等//中国烟草学报. -2006，12（6）

基于ArcGIS的彭水县烟区土壤有效态微量元素丰缺评价/秦建成、罗云云、魏朝富等//土壤学报. -2006，43（6）

几种烟草病毒病的症状识别及防治对策/席孟玲//河南农业. -2006，（3）

寄主植物对斜纹夜蛾酯酶和乙酰胆碱酯酶活性的影响/黄水金、唐秋庚//华东昆虫学报. -2006，15（3）

寄主植物对烟蚜生长发育和繁殖的影响/马丽娜、刘映红、王雅静等//西南农业大学学报. -2006，28（1）

加拿大烤烟生产和品种的选育推广/潘家华、周尚勇、李鸣等//中国烟草学报. -2006，12（6）

剪叶面积对烤烟漂浮育苗幼苗生长及生理特性的影响/王怀珠、易建华、杨焕文等//河南农业科学. -2006，（7）

将IL-2基因构建到叶绿体转化载体并转入烟草/黄益洪、刘蔼民、汤日圣等//江苏农业学报. -2006，22（4）

降低烤烟漂浮育苗成本的技术试验/冉清、方腾、陈开然//贵州农业科学. -2006，34（5）

降低烤烟生产成本促进烟叶可持续发展/郭芳军//福建农业科技. -2006，（5）

降碱增香细菌发酵条件研究初报/雷丽萍、夏振远、郭荣君等//西南农业学报. -2006，19（4）

降烟碱节杆菌发酵条件研究/雷丽萍、夏振远、郭荣君等//中国烟草科学. -2006，（3）

接种TMV的烟草高温胁迫后防御酶活性的变化/王小青、赵志、蒋士君等//烟草科技. -2006，（12）

秸秆还田和覆盖对烤烟生长发育及品质的影响/尚志强、张晓海、邵岩等//烟草科技. -2006，（1）

“秸秆压块”燃料在烟叶烘烤上的应用研究/王汉文、郭文生、王家俊等//中国烟草学报. -2006，12（2）

近红外定量分析青烟叶中K、Ca、Mg含量的研究/付秋娟、王树声、窦玉青等//中国烟草学报. -2006，12（2）

聚类分析在卷烟配方中的应用/高月兰、张延军、黄平俊等//中国农学通报. -2006，22（2）

卷烟纸助燃剂中添加烟灰调节剂HFA的研究/都业壮//湖南造纸. -2006，（3）

抗生素对根癌农杆菌的抑菌效果及时对烟草叶片分化的影响/王丽、张公莲、王蒂等//中国烟草学报. -2006，12（1）

烤烟胞质雄性不育杂种双季制种技术研究初报/胡日生、徐文军、杨全柳等//中国农学通报. -2006，22（9）

烤烟保护性栽培研究初报/梅兴霞、程云吉、朱兆江等//中国烟草科学. -2006，（3）

烤烟不同部位化学元素的对应分析/谭仲夏//云南农业. -2006，（10）

烤烟不同氮磷钾用量技术浅探/李堂平、戴兴武、唐文伟//湖南农业科学. -2006，（3）

烤烟不同烤房烘烤对比试验/吕芬、王丽萍、肖志文//云南农业科技. -2006，（2）

烤烟不同育苗方式对比试验/赵伟才、王行、罗慧红等//广东农业科学. -2006，（7）

烤烟不育系杂交制种的最适授粉期/周金仙//种子. -2006，25（8）

烤烟醇化过程中主要化合物的变化及其与烟叶品质的关系/张西仲、徐晓燕、黄义德//安徽农业科学. -2006，34（16）

烤烟催芽种子不同回干水分包衣对烟苗生长

的影响/刘启彤、赖禄祥、黄一兰等//种子. -2006，25（10）

烤烟大棚托盘水床育苗技术/马京民//中国农技推广. -2006，(10)

烤烟大田移栽要点/常远程//新农业. -2006，(7)

烤烟地膜覆盖栽培技术/金洪波、费洪波、金洪涛//中国农村小康科技. -2006，(1)

烤烟二氯甲烷萃取物对卷烟香吃味的影响/殷全玉、杨铁钊、董顺德等//河南农业科学. -2006，(8)

烤烟丰产沟模式化栽培抗旱技术研究/陈玉仓、王芳泽、陆李鸿//中国烟草科学. -2006，(4)

烤烟控制性分根交替灌水的生理基础研究/蔡寒玉、汪耀富、李进平等//节水灌溉. -2006，(2)

烤烟喷施天然芸苔素试验/刘建峰//安徽农业科学. -2006，34（11）

烤烟漂浮育苗过程中的重点与难点/吕芬、易建华//云南农业. -2006，(6)

烤烟漂浮育苗技术/梁彦//福建农业. -2006，(3)

烤烟漂浮育苗中的主要问题/王怀珠//现代农业科技. -2006，(2)

烤烟漂浮育苗中普通花叶病的主要传播途径/李凡、王钰丽、吴德喜等//烟草科技. -2006，(10)

烤烟漂浮育壮苗拔苗移栽技术及效益/包开荣、王云川、刘冬梅等//云南农业. -2006，(12)

烤烟品种比较试验/许美玲//种子. -2006，25（10）

烤烟品种重复繁殖性状变化研究/叶兰钦、马文广//西南农业大学学报. -2006，28（4）

烤烟上部叶带茎烘烤的技术研究/赖秀清、林桂华、童旭华等//中国烟草科学. -2006，(1)

烤烟生产的平衡施肥技术/刘强、姚礼福//现代农业科技. -2006，(12)

烤烟生产过程中不同因素对淀粉代谢的影响/谢强、卢红//广西农业科学. -2006，37（2）

烤烟生长后期喷施叶面肥对上部叶质量的影响/周道金、郑开强、黄光伟//福建农业科技. -2006，(1)

“烤烟-晚稻”品种搭配模式探讨/刘康星、阳春瑜、彭庆华等//作物研究. -2006，20（2）

烤烟吸收氯的主要来源及其在体内分布的研究/张翔、范艺宽、黄元炯等//土壤肥料. -2006，(2)

烤烟硒积累及其与土壤和气候关系/潘文杰、黄建国、姜超英等//植物营养与肥料学报. -2006，12（2）

烤烟香气质与化学成分的相关和通径分析/于建军、庞天河、刘国顺等//中国农学通报. -2006，22（1）

烤烟新品种（系）试验初报/张新要、易建华、蒲文宣等//中国烟草科学. -2006，(4)

烤烟新品种秦烟95的选育与应用研究/唐永红、马英明、薛锋等//种子. -2006，25（1）

烤烟新品种豫烟四号的选育及特征特性/王素琴、刘风兰、李群平等//中国烟草科学. -2006，(3)

烤烟新品种云烟87在广东的种植表现及栽培技术/罗战勇、郑荣豪、李淑玲等//广东农业科学. -2006，(12)

烤烟新品种中烟100（CF965）的选育及其应用评价/贾兴华、王元英、佟道儒等//中国烟草学报. 2006，12（2）

烤烟新品种主要性状分析及综合评判/卢秀萍、白永富//中国农学通报. -2006，22（9）

烤烟雄性不育杂交种制种技术/孙焕、刘凤兰、王素琴等//中国种业. -2006，(11)

烤烟雄性不育杂交种制种技术研究/杨全柳、胡日生、张大伟//中国烟草科学. -2006，(2)

烤烟烟碱含量与其他化学成分的相关关系及其阈值的研究/招启柏、王广志、王宏武等//中国烟草学报. -2006，12（2）

烤烟烟叶自然陈化期间烟丝填充值变化规律研究/李成富、周显升、厉昌坤等//中国烟草科学. -2006，(2)

烤烟叶面微生物5种水解酶的产生、温度稳定性及其在烟叶人工陈化中的应用/钱卫、田敏、李丽莉等//山东大学学报：理学版. -2006，(5)

烤烟叶片栅栏组织与叶片厚度比值的变化/张贵峰、李恒全、赵光伟//中国烟草科学. -2006，(4)

“烤烟-制种”高效种植技术/谢火生//中国农村小康科技. -2006，(6)

烤烟质量与焦油量的灰色关联分析/邓小华、周冀衡、李晓忠等//江西农业大学学报. -2006，28 (6)

烤烟种植形式设想/柴建国//现代农业科技. -2006，(12)

烤烟种质资源差异性分析/许美玲//植物遗传资源学报. -2006，7 (4)

烤烟株高的发育遗传研究/卢秀萍、肖炳光//中国烟草学报. -2006，12 (4)

烤烟主要农艺性状的遗传与相关分析/肖炳光、朱军、卢秀萍等//遗传. -2006，28 (3)

烤烟自动控温强制排湿装置的烘烤效应/徐增汉、何嘉欧、林北森等//湖北农业科学. -2006，(1)

壳寡糖诱导对烟草花叶病病情发展的影响/郭成瑾、商文静、商鸿生//西北农业学报. -2006，15 (4)

苦皮藤内生真菌A10代谢产物的杀菌活性/钱勇、杨春平、姬志勤等//中国生物防治. -2006，22 (2)

昆虫保幼激素类似物“双氧威”对烟草甲的生物学效应/洪深求、程新胜、魏重生//烟草科技. -2006，(12)

利用铁、铜间相互作用减轻烤烟铜毒害的研究/徐照丽、张晓海//中国烟草科学. -2006，(2)

两个品种烟草叶片发育过程中几种光合参数变化的比较/江力、曹树青、张荣铣//植物生理学通讯. -2006，42 (6)

晾制期间白肋烟烟叶含氮化合物的变化/高林、李进平、杨春雷等//烟草科技. -2006，(3)

磷对不同基因型烤烟幼苗生长和生理特性的影响/徐敏、叶协锋、刘国顺等//华北农学报. -2006，21 (3)

灵山烟区生态环境及其烤烟质量评价/马京民、马聪、王建刚等//中国农业科技导报. -2006，8 (5)

浏阳植烟土壤肥力状况的综合评价/王林、卢秀萍、肖汉乾等//河南农业大学学报. -2006，40 (6)

绿肥翻压对烟田土壤理化性状及土壤微生物量的影响/刘国顺、罗贞宝、王岩等//水土保持学报. -2006，20 (1)

绿肥中养分释放规律及对烟叶品质的影响/王岩、刘国顺//土壤学报. -2006，43 (2)

马里兰烟品种比较试验研究初报/李梅云、殷端、霍玉昌等//中国农学通报. -2006，22 (3)

马铃薯X病毒和马铃薯Y病毒胶体金免疫层析试纸条的研制/魏梅生、刘洪义、李桂芬等//植物保护. -2006，32 (6)

马铃薯Y病毒与介体蚜虫传毒的关系研究进展/任广伟、王凤龙、彭世阳//烟草科技. -2006，(10)

酶联免疫吸附反应（ELISA）在烟草病毒病检测中的应用/张洪波、肖启明、李小娟//江西植保. -2006，29 (4)

美国烤烟生产和品种的选育推广/潘家华、周尚勇、李鸣等//中国烟草学报. -2006，12 (5)

密集式烤房与热风循环智能化烤房效果分析/陈用、熊晶、张建等//耕作与栽培. -2006，(3)

嘧肽霉素抗烟草花叶病毒作用机理初步研究/朱春玉、吴元华、赵秀香等//植物病理学报. -2006，36 (4)

苗期剪叶处理对烤烟生长发育的影响/董建新、叶宝兴、温清等//中国烟草科学. -2006，(1)

闽西北烟草普通花叶病与气象因子的关系/郑美秀//福建农业科技. -2006，(2)

闽西烟区主要病害及其综合防治技术体系/上官克攀、林祥永、曾文龙等//中国烟草科学. -2006，(1)

钠盐与AT毒素对烟苗根生长的影响/李梅云//中国烟草学报. -2006，12 (5)

南方根结线虫侵染不同抗性烟草品种的组织病理学观察/王刚、沈永红、王俊芳等//河南农业科学. -2006，(2)

南雄优质晒黄烟品质评价研究/孙福山、王

传义、刘伟等//中国烟草科学. -2006,(3)

尼古丁调控细胞凋亡的分子机制/张涛、程汉华、周荣家//细胞生物学杂志. -2006,28(6)

拟南芥 VTE1 过量表达可以增加维生素 E 含量和提高烟草植株耐盐性/郭娟、刘小丽、李晓峰等//应用与环境生物学报. -2006,12(4)

逆境胁迫下植物 LEA 蛋白的研究进展/杨天旭、汪耀富、宋世旭等//干旱地区农业研究. -2006,24(6)

农田烟草上 2 种蜗牛的识别和防治/胡坚//植物医生. -2006,19(6)

农药混配剂防治烟蚜的田间药效试验/李应金、苏家恩、杨程//烟草科技. -2006,(5)

攀西烤烟评吸结果与中性致香成分的关系/于建军、庞天河、焦桂珍等//西北农林科技大学学报:自然科学版. -2006,34(11)

硼对烤烟干物质积累和养分吸收的动态模拟/宋珍霞、高明、关博谦等//植物营养与肥料学报. -2006,12(4)

漂浮育苗不同苗龄烟苗的生长及生理特性/王怀珠、胡玉录、郭红英//烟草科技. -2006,(2)

品种、部位和成熟度对烟叶淀粉含量及评吸质量的影响/邓云龙、崔国民、孔光辉等//中国烟草科学. -2006,(4)

平衡施肥对烤烟产量和质量的影响/黄光荣//安徽农业科学. -2006,34(11)

平衡施肥技术在烟草生产中的应用研究/刘建安、刘向锋、王志攀等//现代农业科技. -2006,(1)

普通烤房改建为密集烤房试验/陈凤雷、黄立栋、谭建等//烟草科技. -2006,(6)

铅污染对烤烟光合特性、产量及其品质的影响/马新明、李春明、袁祖丽等//植物生态学报. -2006,30(3)

前茬作物营养对烟草生长和品质的影响/王欣英、李文庆、张兴海等//河南农业科学. -2006,(2)

浅议烟草漂浮育苗中存在的问题/岑怡红、方俊//现代农业科技. -2006,(12)

浅议烟叶的产地效应/李玉高//中国农学通报. -2006,22(6)

杀青前后烤烟叶片中性香气物质变化研究/杨永锋、韦凤杰、刘国顺等//中国农学通报. -2006,22(1)

筛选放线菌活性产物防治烟草黑胫病的初步研究/曾莉、朱孟沼、刘树芳等//植物保护学报. -2006,33(2)

晒红烟新品种延晒七号的选育及其特征特性/金爱兰、金妍姬、吴国贺等//烟草科技. -2006,(3)

晒红烟自然陈化过程中非挥发性有机酸及高级脂肪酸含量的变化/于建军、李琳、王豹祥等//安徽农业科学. -2006,34(3)

山东不同土壤类型对烟叶品质的影响/梁洪波、刘昌宝、许家来等//中国烟草科学. -2006,(2)

上海主要烤烟生产基地质量生态类型的初步划分/唐远驹、张建平//中国烟草科学. -2006,(3)

砷对烤烟碳氮代谢及其产量和品质的影响/常思敏、马新明、张贵龙等//植物生态学报. -2006,30(4)

生长调节剂 2,4-D 灌施对烤烟上部叶常规化学成分的影响/简永兴、杨磊、董道竹等//作物杂志. -2006,(6)

生长发育过程中晒黄烟的养分吸收和干物质积累/何命军、符云鹏、艾永峰等//烟草科技. -2006,(6)

生切烟品种资源比较及筛选/张晨东//种子. -2006,25(10)

生态因子与烤烟中性挥发性香气物质的关系研究/张永安、王瑞强、杨述元等//安徽农业科学. -2006,34(18)

生物杀虫剂防治烟蚜试验/莫永信、李展//云南农业科技. -2006,(5)

生物杀虫剂强敌-312 防治烟叶仓储害虫的试验与示范/钟建明、雷邦海、付继刚//贵州农业科学. -2006,34(1)

施氯对烟草植株光合特性的影响/王少先、李再军、徐艳芬等//中国农学通报. -2006,22(9)

施用不同浓度的开片降碱灵对烤烟产质量的影响/李章海、王能如、徐增汉等//安徽农业科学. -2006,34(3)

施用沸石、白云石对植烟土壤及烟叶品质的影响/李昱、何春梅、林新坚//烟草科技. -2006,(4)

施用沸石对烤烟生长效应的研究/李昱、何春梅、林新坚等//江西农业学报. -2006,18(3)

十二种不同基因型烤烟种苗特性及其烟碱动态探讨/何礼军//种子世界. -2006,(4)

食料对烟草甲共生菌数量和生长发育的影响/薛宝燕、程新胜、魏重生等//昆虫知识. -2006,43(1)

水稻质体多顺反子表达载体的构建及其对烟草质体的转化/陆云华、马立新、严红//中国农业科学. -2006,39(8)

水分调控对烟叶钾及钙、镁含量的影响/董建新、梁洪波、元建等//烟草科技. -2006,(4)

水杨酸诱导的烟草对烟草花叶病毒的抗性/赵明敏//长江大学学报:农学卷. -2006,3(3)

瞬时表达靶向TMV外壳蛋白基因的siRNA能干扰病毒侵染/赵明敏、安德荣、黄广华等//植物病理学报. -2006,36(1)

四聚乙醛在烟草和土壤中的残留检测与消解动态/张雪燕、代雪芳//农药学学报. -2006,8(4)

苏云金芽孢杆菌防治烟草害虫研究进展/齐绪峰、宋纪真等//烟草科技. -2006,(4)

塔城市香料烟栽培技术/周萍、郝丽芬、康春霞//新疆农业科技. -2006,(2)

提高烟草钾含量的技术途径/龙朝//现代农业科技. -2006,(14)

提质增香烟叶烘烤工艺/崔国民//云南农业. -2006,(11)

天然型脱落酸和微量元素对烤烟种子萌发的影响/李章海、王能如、冯勇刚等//烟草科技. -2006,(2)

田间小棚繁殖烟蚜茧蜂的繁蜂效果研究/邓建华、吴兴富、宋春满等//西南农业大学学报. -2006,28(1)

调节土壤微生态防治烟草青枯病/李红丽、李清飞、郭夏丽等//河南农业科学. -2006,(2)

铁营养对烟草幼苗生长及生理生化指标的影响/李晔、王潮中、赵秀香等//中国农学通报. -2006,22(9)

土壤环境质量研究回顾与讨论/陈怀满、郑春荣、周东美等//农业环境科学学报. -2006,25(4)

土壤拮抗链霉菌R15菌株发酵产物的抑菌作用/王清海、万平平、李安娜等//中国农学通报. -2006,22(2)

土壤水分状况与烤烟生长及磷肥利用的关系/吕永华、高淑涛、郭庆荣等//中国烟草科学. -2006,(1)

外加酶在烟草行业中的应用/李伟、李少鹏、张圣炜等//中国农学通报. -2006,22(9)

外源SOD和APX基因在转基因烟草中的表达与遗传/刘飞虎、梁雪妮、周玮等//植物生理学通讯. -2006,42(5)

外源抗坏血酸对烟草细胞生长及衰老的影响/黄文敏、邢伟、李敦海等//农业环境科学学报. -2006,25(5)

微肥和有机肥对保山红土晒烟品质的影响/张晨东//中国农学通报. -2006,22(8)

微量元素对烤烟品质效应的影响/何明辉、魏成熙//贵州农业科学. -2006,34(3)

微生物对烤烟叶片烟碱含量的影响/李梅云、雷丽萍、郭荣君等//中国农学通报. -2006,22(9)

温度对烤烟棒孢霉叶斑病病菌生长和产孢量的影响/关国经、梁贵林、李继新等//中国烟草学报. -2006,12(1)

我国西南烟区桃蚜 Myzus persicae (Sulzer)的抗药性水平/顾春波、王刚、王开运等//植物保护学报. -2006,33(1)

我国烟草苗床甲基溴替代研究现状及展望/张成省、孔凡玉、王凤龙等//中国烟草学报. -2006,12(5)

我国烟草新病害——靶斑病/吴元华、王左斌、刘志恒等//中国烟草学报. -2006,12(6)

我国烟草杂种优势利用概况/谢玲玲、刘峰、颜合洪//作物研究. -2006,20(5)

我国烟田昆虫群落的划分及其特征分析/郭线茹、罗梅浩、蒋金炜等//昆虫知识. -2006,43(3)

我国主要烟区、主要烤烟品种烟叶钾含量分析/李强、李章海、陈琴等//湖北农业科学. -2006，45（4）

五莲植烟土壤及烟叶中重金属、农药残留状况研究/牛柱峰、杜永利、崔丙慧等//中国烟草科学. -2006，(1)

烯酰吗啉对我国烟草黑胫病菌的毒力研究/胡燕、王开运、许学明等//农药学学报. -2006，8（4）

香料烟陈化过程中烟叶化学成分与品质变化的研究/赵铭钦、刘国顺//中国烟草学报. -2006，12（2）

香料烟品种在云南产区的适应性分析/殷端、屈生彬//西南农业学报. -2006，19（4）

香料烟细菌性斑点病的调查研究/方敦煌、李光西、殷端等//中国烟草学报. -2006，12（5）

香料烟有色膜棚调制过程生理特性研究/温华东、宗会、张燕等//西南农业学报. -2006，19（4）

湘南烟稻连作区烟行旱育晚稻秧苗技术/张全顺//中国农技推广. -2006，(6)

硝酸银对离体培养烟草叶片愈伤组织形成和芽再生及其脯氨酸和丙二醛含量的影响/王文星、屈山、曹成有等//植物生理学通讯. -2006，42（4）

小麦-烟叶间作套种栽培模式探讨/黄吉平//河南农业. -2006，(4)

小型密集式烤房与普通气流下降式烤房的对比试验/冉清、方腾、陈开然//贵州农业科学. -2006，34（2）

新建气流下降式密集烤房应注意的几个问题/蒋正根//江西农业学报. -2006，18（6）

新质源雄性不育烟草MS革新3号雄蕊发生的细胞学观察/刘齐元、刘飞虎、杨建兵等//江西农业大学学报. -2006，28（2）

修复剂对烟草吸收污染土壤中砷的改良/胡钟胜、章钢娅、王广志等//土壤. -2006，38（2）

锈菌对烟田杂草小蓟的侵染与为害/时焦、徐宜民、孙惠青等//中国烟草科学. -2006，(2)

烟草、苜蓿及甜瓜对甘露糖耐受性比较研究/王延蛟、陈创夫、祝建波//内蒙古农业科技. -2006，(3)

烟草K326叶片愈伤组织诱导及继代的初步研究/刘卫群、刘巧真、石永春等//安徽农业科学. -2006，34（2）

烟草包衣种子辅料筛选及配比试验/张恒、马文广//中国烟草科学. -2006，(4)

烟草胞质雄性不育性与花蕾组织内源激素的平衡关系/刘齐元、刘飞虎、黄海泉等//烟草科技. -2006，(5)

烟草病毒病的发生与防治技术/殷丽娟//现代化农业. -2006，(2)

烟草病毒病的预防/任大勤//现代农业科技. -2006，(11下)

烟草病毒研究现状与展望/马国胜、何博如//中国生态农业学报. -2006，14（2）

烟草不同时期采用灭虫签防蚜对减轻烟草病毒病的影响/王方晓、薛泽春 //植物保护. -2006，32（4）

烟草赤星病的防治/典瑞丽、李同泉//河南科技：乡村版. -2006，(10)

烟草赤星病拮抗菌株B75产生抗菌物质的条件/方敦煌、吴祖建、邓云龙等//中国生物防治. -2006，22（3）

烟草赤星病菌分生孢子产生条件的研究/马贵龙、王丽、高洁等//吉林农业大学学报. -2006，28（6）

烟草赤星病综合防治措施/陈玉仓、王芳泽、陆李鸿//山西农业：农业科技版. -2006，(12)

烟草赤星菌毒素诱导烟草微细胞死亡及对TMV的抗性/白涛、梁元存、王荣等//中国烟草科学. -2006，(2)

烟草大田期的生长及管理要点/王金玲//新农业. -2006，(8)

烟草地膜覆盖配套栽培技术措施/曾志军、林玉、谢岳昌//中国农技推广. -2006，22（4）

烟草对气候斑点病的抗性遗传研究/殷全玉、杨铁钊、邵惠芳等//中国烟草科学. -2006，(1)

烟草对土壤中环境激素铅的吸收及其相互影响的研究/王学锋、师东阳、刘淑萍等//农业环境科学学报. -2006，25（4）

烟草感染马铃薯Y病毒脉坏死株系后内源

激素的变化/钟丽娟、赵秀香、贾玉才等//安徽农业科学. -2006, 34 (15)

烟草工业下脚料综合利用研究——抗虫成分的提取与抗虫效果测定/李雁楠、杨启银、陈育如等//安徽农业科学. -2006, 34 (2)

烟草含钾量反射仪-钾离子试纸法快速测定研究初报/张晓海//中国农学通报. -2006, 22 (7)

烟草和茶叶上炭疽病的发生规律及其防治/孔凡彬、谢国红、崔乘幸//安徽农业科学. -2006, 34 (16)

烟草黑胫病大发生的原因及防治对策/潘进军//河南农业. -2006, (7)

烟草黑胫病拮抗菌的筛选及其抑制作用研究/李清飞、郭桥燕、李红丽等//河南农业科学. -2006, (3)

烟草黑胫病菌培养特性的研究/李梅云、卢秀萍、李永平//植物保护. -2006, 32 (6)

烟草花蕾中内源激素含量与雄性不育性的关系初探/刘齐元、刘飞虎、何宽信等//华北农学报. -2006, 21 (5)

烟草花叶病毒 siRNA 设计及其植物表达载体构建/马欣荣、谈心、刘华玲等//应用与环境生物学报. -2006, 12 (2)

烟草环斑病毒 IC-RT-Realtime PCR 检测方法研究/杨伟东、郑耘、章桂明等//中国病毒学. -2006, 21 (3)

烟草黄酮醇合成酶基因的克隆及其序列分析/黄伟伟、杨曦、张常娥等//植物生理学通讯. -2006, 42 (6)

烟草及向日葵上列当 Orobanche cumana 的发生及其生物防治/孔令晓、王连生、赵聚莹等//植物病理学报. -2006, 36 (5)

烟草甲及防治/史普俊、李康、谢鸿雁//云南农业科技. -2006, (1)

烟草钾素营养研究进展/胡小凤、王正银、张国平等//湖南农业科学. -2006, (4)

烟草钾素营养与钾肥研究/解燕、王文楷、赵杰等//中国农学通报. -2006, 22 (8)

烟草钾营养的基因型差异及烤烟育种中应用研究 Ⅰ. 烟叶钾含量的基因型差异/徐文军、胡日生、郭清泉等//作物研究. -2006, 20 (1)

烟草毛状根诱导及其茄尼醇含量初探/王英娟、步怀宇、李多伟//植物学通报. -2006, 23 (4)

烟草内生细菌对烟草病害的拮抗和防治作用/王万能、全学军、肖崇刚//烟草科技. -2006, (1)

烟草农药使用过程中存在的问题及对策/陈荣华、张祖清、肖先仪等//江西植保. -2006, 29 (4)

烟草青枯病病原菌的分离及其拮抗菌的筛选/李清飞、李红丽、王岩等//河南农业科学. -2006, (1)

烟草青枯病菌浸注烟苗的显症反应与对杂草根部带菌检测/方树民、陈顺辉、顾刚等//中国烟草学报. -2006, 12 (3)

烟草青枯病抗性基因的遗传分析及 RAPD 标记/杨友才、周清明、朱列书//中国烟草学报. -2006, 12 (2)

烟草纱网覆盖栽培的防病增产增值效果/李现道、侯跃亮、孟庆宏等//山东农业科学. -2006, (4)

烟草生防益菌对烟草幼苗的促生效应研究/易龙、马冠华、肖崇刚//中国农学通报. -2006, 22 (2)

烟草蚀纹病毒外壳蛋白基因的克隆与原核表达/王秀敏、吴云锋、成巨龙等//西北农林科技大学学报: 自然科学版. -2006, 34 (6)

烟草团棵期后除草剂的选择/陈燕芳、丁伟、张永强//植物医生. -2006, 19 (4)

烟草线条病毒 RT-PCR 检测方法/魏梅生、相宁、张春泉等//植物检疫. -2006, 20 (3)

烟草蚜虫的空间格局与抽样技术/陈轶//烟草科技. -2006, (11)

烟草野火病土壤颉颃细菌的筛选和鉴定/王玲玲、鲁燕汶、盛存波等//西北农业学报. -2006, 15 (3)

烟草与紫苏、罗勒及其远缘杂种 F1 酯酶同工酶分析/李彦平、韩永明、魏治中//山西农业大学学报: 自然科学版. -2006, 26 (1)

烟草云 85 叶肉原生质体培养再生植株及影响因素的研究/陈名红、李天飞、陈学军等//种子. -2006, 25 (6)

烟草中含硫有机磷杀虫剂残留量的测定/张威、唐纲岭、刘惠民等//烟草科技. -2006,

(4)

烟草中有机磷杀虫剂残留量的测定/马会、唐纲岭、张威等//烟草科技. -2006, (4)

烟草种传病害的发生与防治研究进展/徐安传//烟草科技. -2006, (7)

烟草种质资源烟叶化学成分的初步分析/赵立红//中国种业. -2006, (5)

烟草种质资源遗传多样性及亲缘关系的AFLP分析/杨友才、周清明、尹晗琪等//中国农业科学. -2006, 39 (11)

烟草种子纯度检测方法研究进展/阳会兵、周清明、杨虹琦等//作物研究. -2006, 20 (5)

烟草种子的老化及发芽规律研究/许美玲//种子. -2006, 25 (9)

烟草种子萌发期间淀粉酶活性与可溶性总糖的相关性研究/白永富、卢秀萍、肖炳光等//种子. -2006, 25 (9)

烟草种子萌发期间可溶性蛋白质含量与游离氨基酸含量的相关性研究/白永富、卢秀萍//中国农学通报. -2006, 22 (8)

烟草株高变异体的茎尖中内源激素含量变化及其对外源激素的响应/杨铁钊、杨欣玲、殷全玉等//植物生理学通讯. -2006, 42 (4)

烟草专用高分子聚合物在烤烟生产中的应用/周万春、罗建新、赵延民//作物研究. -2006, 20 (3)

烟地土壤氮素的氨化作用与硝化作用的强度变化/丁美丽、陆引罡、赵承等//贵州农业科学. -2006, 34 (4)

烟苗漂浮式培育与冻害的调查分析/吴兰团//福建农业科技. -2006, (2)

烟青虫人工饲料的筛选/王方晓、薛泽春、徐庆丰//安徽农业科学. -2006, 34 (4)

烟区土壤改良技术措施研究/刘添毅、黄一兰、王雪仁等//中国烟草科学. -2006, (3)

烟实夜蛾触角化学感受蛋白 cDNA 的克隆、序列分析及在大肠杆菌中的表达/蒋金炜、高素霞、安世恒等//昆虫学报. -2006, 49 (5)

烟田稻草还田技术的研究概况/肖艳松、柏连阳、陈坤等//作物研究. -2006, 20 (5)

烟田蓼科杂草的重要天敌－褐背小萤叶甲对酸模叶蓼的控制效果研究/林智慧、杨建全、赖禄祥等//中国烟草学报. -2006, 12 (2)

烟田土壤水分动态变化特征/陈佳勃、钱晓刚、李许滨等//贵州农业科学. -2006, 34 (4)

烟田土壤微生物组成及其垂直分布特征/张艳玲、蔡宪杰、王信民//烟草科技. -2006, (9)

烟田斜纹夜蛾的发生及防治/胡坚//作物杂志. -2006, (5)

烟田杂草的危害及防治技术/胡坚//现代农业科技. -2006, (9上)

烟田杂草的综合防除技术/黄智明//福建农业. -2006, (6)

烟蚜的发生与防治/席孟玲//河南农业. -2006, (6)

烟叶陈化过程中化学成分的分解转化与品质形成的关系/赵铭钦、陈红华//安徽农业科学. -2006, 34 (14)

烟叶初分预检过程存在问题及对策/卢荣才//江西农业学报. -2006, 18 (4)

烟叶的成熟度标准/崔国民//云南农业. -2006, (9)

烟叶烘烤中淀粉酶和淀粉磷酸化酶的活性测定/王怀珠、杨焕文、郭红英//河南农业科学. -2006, (5)

烟叶下角料巧利用/吕云生//吉林农业. -2006, (6)

烟叶中还原糖测定方法的改进/熊江波、陈文芳、吴建富//江西农业大学学报. -2006, 28 (4)

烟夜蛾滞育蛹和非滞育蛹的耐寒性/郭线茹、高玉红、罗梅浩等//昆虫知识. -2006, 43 (2)

野生烟草种子活力检测及物候特性观察/陈学军、徐照丽//植物资源与环境学报. -2006, 15 (3)

液相色谱法分析烟草中吡虫啉/谷勋刚、刘晓松//安徽农业科学. -2006, 34 (4)

一种新型基肥对烤烟生长发育的影响/曾分有、袁世豪、肖汉乾等//中国土壤与肥料. -2006, (6)

以农业预防措施为主的烟草病毒病综合防治技术/张长华、关国经、冯光群等//贵州农业科学. -2006, 34 (2)

抑芽药棒抑制烟芽效果及对上部烟叶生长的影响/王方晓、李继新//贵州农业科学. -2006,

34（5）

抑制烟草病毒病植物源活性物质的研究进展/陈庆园、胡玉录、王发鹏//中国烟草科学．-2006，(3)

应用复合RT－PCR同时检测烟草环斑病毒和番茄环斑病毒/吴兴海、陈长法、张云霞等//江苏农业学报．-2006，22（4）

应用频振式杀虫灯防治烟草害虫效果好/雷成建、史文飞//湖南农业．-2006，(3)

应用微矿物元素营养液优化漂浮池育烟苗/王将克、邱晓武、钟俊周等//中山大学学报：自然科学版．-2006，45（6）

影响烤烟烟碱含量的因素及其控制技术/郭德义//福建农业科技．-2006，(4)

影响烤烟烟叶糖和淀粉含量的因素研究/高玉珍、李伟、王运锋等//中国农学通报．-2006，22（6）

影响黔西南州优质烤烟生产的气候资源浅析/李洪勋、唐远驹、莫建国等//耕作与栽培．-2006，(5)

影响烟草生长、产量和品质的因子的研究进展/林跃平、周清明、王业建//作物研究．-2006，20（5）

用甘蔗花叶病毒生物防治烟草蚀纹病毒病/王秀敏、成巨龙、吴云锋等//植物病理学报．-2006，36（2）

优质白肋烟晾制技术//农村实用技术与信息．-2006，(5)

优质烟草栽培技术/徐得富//河南农业．-2006，(11)

优质烟叶栽培技术/赵红旗//河南科技：乡村版．-2006，(12)

有机氮与无机氮不同配比对烟叶产量质量的影响/李德强、凌寿方、伍运林//现代农业科技．-2006，(8上)

有机肥对白肋烟香味物质及品质的影响/柴家荣、黄成江//作物研究．-2006，20（2）

有机肥对土壤和烤烟生长及品质影响研究进展/张新要、袁仕豪、易建华等//耕作与栽培．-2006，(5)

育苗方式对烟苗生长发育及生理特性的影响/胡龙兴、颜合洪、刘宁芳//烟草科技．-2006，(1)

云南、福建、湖南烟区烟草花叶病主要病毒种类检测及黄瓜花叶病毒亚组鉴定/刘勇、莫笑晗、余清等//植物病理学报．-2006，36（4）

云南烤烟轮作的现状分析与保障措施/李天福、王彪、王树会//中国烟草科学．-2006，(2)

云南香料烟曲叶病发生流行特点/李光西、张仲凯、杜绍明等//西南农业学报．-2006，19（4）

云南烟草漂浮苗主要病毒病种类的检测/刘勇、李应金//烟草科技．-2006，(11)

云南植烟土壤有机质与氮含量的研究/王树会、邵岩、李天福等//中国土壤与肥料．-2006，(5)

增温增湿过程中烟叶吸湿速率的变化/曾强、李斌、闫亚明等//烟草科技．-2006，(1)

遮荫对雪茄外包皮烟生长和光合特性的影响/时向东、文志强、刘艳芳等//西北植物学报．-2006，26（8）

遮荫对雪茄外包烟叶光合和水分利用效率日变化的影响/时向东、汪文杰、顾会战等//河南科学．-2006，24（5）

针对烟草蚜传病毒病的避蚜与防病关系研究再报/郑劲民、陈玉国、李亚凡等//中国烟草科学．-2006，(3)

真空渗入浸染转化烟草的初步研究/刘巧真、王永亮、刘卫群等//河南农业科学．-2006，(3)

植物核糖核酸酶与转基因工程雄性不育系研究进展/聂明建、王国槐//中国农学通报．-2006，22（3）

植物激活蛋白对烟草花叶病毒RNA复制及外壳蛋白合成的抑制作用/陈梅、邱德文、刘峥等//中国生物防治．-2006，22（1）

植物生长调节剂对烟草生长及营养代谢的调节作用/邹焱、苏以荣//中国土壤与肥料．-2006，(5)

植物营养素对烤烟生长发育的影响/郑志广、杨栓明、蔡玉发//华北农学报．-2006，21（专辑）

植物源农药防治烟草病虫害/章新军、杨峰钢、高致明等//烟草科技．-2006，(6)

酯酶在烟草远缘杂种早代中的应用/程昕昕、

魏治中//中国农学通报. -2006, 22 (7)

中草药添加剂在中国卷烟中的应用研究进展/孟冬玲、刘绍华//中国烟草科学. -2006, (3)

中耕揭膜对香料烟产质量的影响/宗会、温华东、张燕等//烟草科技. -2006, (5)

中国烤烟大田施肥研究进展/彭冠云、周清明、易克等//湖南农业科学. -2006, (3)

中国烟草甲的寄生蜂一新记录种/许再福、何俊华//昆虫分类学报. -2006, 28 (4)

中国烟叶含钾量研究现状及其提高途径探讨/马朝文//作物研究. -2006, 20 (2)

中国烟叶铅、镉、砷的含量及分布特征/张艳玲、尹启生、周汉平等//烟草科技. -2006, (11)

中国主要烟区烟叶烟碱含量差异分析/黄新杰、李章海、王能如等//湖南农业科学. -2006, (5)

中式混合型卷烟白肋烟两次加里料和烘焙技术研究/郭俊成、刘强、苏勇等//中国烟草科学. -2006, (2)

中式卷烟烟草育种工作进展及对策/叶为民、李海锋//现代农业科技. -2006, (8下)

种植海拔对烤烟生物碱组成的影响/简永兴、董道竹、杨磊等//烟草科技. -2006, (11)

重金属铅胁迫对不同烟草品种种子发芽的影响/王树会、许美玲//种子. -2006, 25 (8)

主要气象因子对烟草生长发育影响研究进展/张国、朱列书、王奎武等//作物研究. -2006, 20 (5)

贮烟仓库中苏云金芽孢杆菌对烟草甲的杀灭活性/齐绪峰、宋纪真、谢剑平等//烟草科技. -2006, (5)

转基因烟草中PVYN CP基因沉默及其介导的抗病性受温度的调控/李芳、郭兴启、侯文萃等//植物病理学报. -2006, 36 (1)

转抗真菌病基因烟草后代遗传分析/王占斌、孙仲平、张福丽等//植物研究. - 2006, 26 (2)

转枯草芽孢杆菌纤溶酶 (Bacillus Subtilis Fibrinolytic Enzyme, BSFE) 基因对烟草生长发育的影响/李龙梅、邸娜、王瑞刚等//内蒙古农业大学学报 (自然科学版). -2006, 27 (1)

转枯草芽孢杆菌纤溶酶基因对烟草激素代谢的影响/李国婧、王金祥、王瑞刚等//中国农学通报. -2006, 22 (3)

转录后基因沉默 (PTGS) 与烟草抗病毒育种/杨军、周汉平、宋纪真等//中国烟草学报. -2006, 12 (6)

装烟密度对烟叶烘烤过程中几种抗氧化酶活性的影响/王卫峰、王松峰、陈江华等//植物生理学通讯. -2006, 42 (5)

紫外诱变降烟碱菌对烟碱脱氢酶活力及烟碱含量的影响/艾继涛、孙君社、胡国昌等//安徽农业科学. -2006, 34 (14)

机械与工艺

B1卷烟包装机组电控系统改造/张振华、徐合军、孟振伟等//设备管理与维修. - 2006, (12)

BOPP薄膜性能的时效性研究/涂志刚、吴增青//塑料包装. -2006, 16 (3)

GDX1包装机组小包封签检测器的改进/刘春林、林国华//烟草科技. -2006, (12)

GDX2翻盖硬盒薄膜收缩装置的设计应用/王明江//烟草科技. -2006, (5)

GDX2和FOCKE350S卷烟硬盒翻盖包装机设计比较/李家贵、孔晓玲、陈焱焱等//包装与食品机械. -2006, 24 (4)

GDX2小包透明纸整形装置/鲁俊义//内蒙古科技与经济. -2006, (9)

GD小包透明纸检测装置护航烟包质量/杨琳//中国招标. -2006, (2)

GOEBEL分切机的改进/马平、张金兰//黑龙江造纸. -2006, 34 (3)

HIP卡在卷烟机PLC控制系统中的应用/侯昌信//烟草科技. -2006, (6)

HXD叶丝进料状态对其综合质量的影响/席年生、胡建新、陈建军等//烟草科技．-2006，(8)

i．CS3000分布式控制系统在烟叶仓库环境自控中的应用/邓浪//自动化信息．-2006，(7)

LASER 300S在线激光打孔参数的选择/莫远烈、代建文//烟草科技．-2006，(10)

PASSIM卷接机组烟支堆码装置的改造/王广胜、涂成金、石国强//烟草科技．-2006，(11)

PLC在负压恒压自动控制系统中的应用/罗秋芳//中国科技信息．-2006，(3)

PROTOS 70卷接机组提升带传动机构的改进/陆大军//烟草科技．-2006，(4)

QJ-Ⅱ型密集式自控烟叶烘烤设备的研究与开发/吴中华、高体仁、夏开宝等//中国烟草科学．-2006，(4)

RFID在卷烟厂成品码垛系统中的应用/章强、楼卫东、盛志芳等//烟草科技．-2006，(5)

S7PLC+SEW改造PASSIM卷烟机差速器系统/莫军//自动化信息．-2006，(1)

SPAD-502叶绿素仪在烤烟生产中的应用研究/徐照丽、李天福//贵州农业科学．-2006，34(4)

SPC技术在烟叶打叶复烤质量管理中的应用/邓斌、范梅、刘洪//湖南农业科学．-2006，(6)

彩色图像处理在香烟包装检测上的应用/赵阳、杨永跃、王烨青//合肥工业大学学报：自然科学版．-2006，29(8)

TRIZ创新理论在卧式卷烟包装盒设计中的运用/齐瑞文、杨明朗、黄婉春//包装工程．-2006，27(1)

YB45型硬盒包装机铝箔纸下纸装置的改进/郭建娟//烟草科技．-2006，(12)

YF12机组PLC控制系统改造方案/刘海歌//电工技术．-2006，(8)

YJ29接装机供胶控制系统的改进/杜彩凤//烟草科技．-2006，(3)

ZJ19A卷接机组检测系统的调整/杜彩凤//电工技术．-2006，(6)

凹印烟包产品溶剂残留问题的探讨/周樊华、孟宪志//印刷技术．-2006，(32)

凹印油墨、纸张与印版的选配/叶卉荣//印刷技术．-2006，(29)

包装油墨站在烟草包装防伪的第一线/安舫//中国包装工业．-2006，(11)

采用PLC的卷烟机平均重量控制系统的实现/耿玉茹、黄世勇//自动化信息．-2006，(12)

超级防伪在烟标防伪中的应用/李景伟//今日印刷．-2006(7)

超九卷接机组卷烟纸拼接第二直径检测的改进/蒋景强、邓春宁//烟草科技．-2006，(5)

出厂卷烟扫码系统漏扫问题的解决/杜峰//烟草科技．-2006，(12)

搓板堵塞检测通道气动清洁组件的改进/王立春//烟草科技．-2006，(10)

多变量分析法结合近红外光谱表征卷烟配方的过程质量/王家俊、袁洪福、陈剑明等//烟草科技．-2006，(10)

阀岛技术在YF12A卷烟储存输送设备中的应用/程改青、吴永胜//电工技术．-2006，(9)

复烤润叶机电控系统改造/金剑、金钊//烟草科技．-2006，(7)

干冰膨胀烟丝流量控制的改进/林天勤、吴永生//烟草科技．-2006，(10)

高档软盘小盒烟包挺度的研究/张胜利、张样积//中国招标．-2006，(5)

高压微雾加湿器在卷烟空调中的应用/吴锐//中国设备工程．-2006，(12)

辊压法再造烟叶起皱工艺研究/王迪汗、付曲鹏、胡玩哺等//烟草科技．-2006，(5)

滚筒式回潮机片烟松散装置的改造/孟庆华、赵晨光//烟草科技．-2006，(3)

国际烟草包装的发展/史昶鲍//中国包装工业．-2006，(11)

国家烟叶基础软件数据交换系统的设计开发技术研究/黄炎//制造业自动化．-2006，28(1)

滑块式分拣系统的仿真研究/但正刚、蔡临宁、岳秀江等//制造业自动化．-2006，28(4)

回归分析在卷烟生产中的应用/李柳、李维娜//中国质量．-2006，(8)

基于DSP的智能盘纸接头长度测定仪/初明、杨光、牛晓升等//仪器仪表用户．-2006，

13（2）

基于Interbus总线的烟叶复烤控制系统设计/金剑、李琨//自动化技术与应用. -2006, 25（4）

基于PLC的满盘提升机控制系统/和颖歌//制造业自动化. -2006, 28（9）

基于PLC的实验室烟丝处理控制系统/黄卢记、王杰、王建新等//烟草科技. -2006,（3）

基于PLC的烟丝喂入自动控制系统的改造/钱立根、洪军//烟草科技. -2006,（4）

基于RBF网络的香烟包装质量在线检测与诊断/朱正为、张寿明//现代电子技术. -2006, 29（14）

基于TMCI再造烟叶生产线的综合技术改造/贺万华//轻工机械. -2006, 24（2）

基于近红外光谱的卷烟配方结构识别/刘晓萍、李斌、于川芳等//烟草科技. -2006,（10）

基于两种算法的烘丝机PID控制器设计/陈裕文//电气传动. -2006, 36（12）

基于模糊控制的烤烟房温湿度控制系统/王炜//仪器仪表用户. -2006, 13（5）

基于图像处理的烟叶分拣系统的设计与实现/郑志军、张乐年、李世平等//计算机测量与控制. -2006, 14（4）

基于图像的香烟滤棒截面周长检测系统/王赟//计算机测量与控制. -2006, 14（9）

基于稳健性设计的筛分加料工序质量评价和参数优化/胡建军、周冀衡、熊燕等//中国烟草学报. -2006, 12（5）

基于现场总线技术的饱和蒸汽流量测量系统的设计与实现/黄杭昌//仪表技术. -2006,（1）

计量施硝在卷烟纸生产中的应用/居彬、胡玉生//纸和造纸. -2006, 25（5）

简易智能烤烟房温湿度监测控制系统的研制/聂思敏、孙向荣、吴坤等//农机化研究. -2006,（3）

建立缓冲器 提高包装机器效率新途径//中国招标. -2006,（5）

卷接设备集中工艺风力与除尘自动监控系统的设计/王怀杰、张振峰、李国荣等//烟草科技. -2006,（5）

卷烟包装防伪技术现状及发展方向/郭虹//中国包装. -2006, 26（1）

卷烟包装印刷的防伪技术/廖毓明//中国招标. -2006,（1）

卷烟厂风力送丝组合供丝控制系统的开发与应用/张振峰、袁国安、许诺等//烟草科技. -2006,（9）

卷烟厂空调系统控制技术/陈伟//节能. -2006, 25（12）

卷烟厂码垛机RFID应用控制系统/章强、楼卫东、盛志芳等//制造业自动化. -2006, 28（10）

卷烟厂烟丝气力输送参数的优选/周晖、黄娟、张敏//轻工机械. -2006, 24（3）

卷烟机盘纸、水松纸接头检测剔除系统开发/魏新科、郭文龙、赵永进//中国设备工程. -2006,（8）

卷烟机烟支密端控制系统改造/邓春宁//中国设备工程. -2006,（7）

卷烟纸对卷烟燃烧性能的影响/赵宏//黑龙江造纸. -2006, 34（2）

卷烟纸对烟气量和烟气组分的影响/李劲松//黑龙江造纸. -2006,（1）

卷烟纸透气度稳定性的影响因素/彭洪光、王志//黑龙江造纸. -2006,（1）

卷烟纸中磷酸盐含量的测定（分光光度法）/李凤伟、曹金英//黑龙江造纸. -2006, 34（2）

卷烟制丝生产的柔性制造初探/李涛、管仲、马路品//烟草科技. -2006,（12）

卷烟制造企业ERP系统应用规划/陈敏//中国科技信息. -2006,（2B）

卷烟自动分拣机的创新设计/鞠镁隆、沈敏德//轻工机械. -2006, 24（1）

烤烟漂浮育苗播种器（装置）的构想与研制的可行性/董水生//南方农机. -2006,（5）

烤烟叶丝微波干燥特性研究/林玉红、闫亚明、罗登山等//烟草科技. -2006,（4）

矿物复合纤维原料对手卷烟纸厚度和透气度的影响/胡勤勇//上海造纸. -2006, 37（3）

雷诺兹烟草：包装的创新“演化”//广东包装. -2006,（5）

冷却工艺在烟包印刷中的应用/冯岩//印刷技术. -2006,（2）

利用能量特征进行条烟识别/孙冬、明军、

臧小溪//计算机技术与发展. -2006, 16 (4)

爆炸喷涂技术在烟机高速摩擦副的应用研究/鲁方霞、宫成胜//石油机械. -2006, 34 (4)

模糊控制技术在ZB43型包装机组中的应用/贺鹏雄//内蒙古科技与经济. -2006, (7)

模切压痕规格不准的若干情况探讨/康启来//中国招标. -2006, (5)

能降低点燃其他物品倾向的卷烟用纸——安全型卷烟纸/沈兴楠//上海造纸. -2006, 37 (2)

浅论烟厂配电系统的谐波问题/雷雯//安徽科技. -2006, (4)

浅谈"正品身份认证管理系统"在烟包中的应用/董长刚//中国印刷. -2006, (4)

浅谈烟包的整合设计/彭翔//印刷世界. -2006, (8)

浅谈烟标凹凸与模切压痕组合工艺的技术控制/王军//印刷世界. -2006, (4)

浅析卷烟行业ZB21型机组PLC电气改造/高峰//内蒙古科技与经济. -2006, (7)

浅析卷烟纸燃烧性能与卷烟烟支熄火的关系/聂彪//纸和造纸. -2006, 25 (2)

浅析烟用接装纸产品的卫生安全性/韩云辉//中国造纸. -2006, 25 (6)

浅议PLC在KDF2滤棒机组中的应用/刘纪元//内蒙古科技与经济. -2006, (9)

切丝机传动系统的改造/杨晓春、王雷//烟草科技. -2006, (4)

切丝机刀辊两侧密封装置的改进/杨晓春、郭飚、王雷等//烟草科技. -2006, (7)

切丝机新型磨刀装置的研制/李忠寿、杨晓春、王雷等//烟草科技. -2006, (9)

全自动点烟器的研制与开发/蒙秉嵩//中国科技信息. -2006, (12)

热敏防伪在烟标印刷中的应用/李景伟//今日印刷. -2006 (8)

热脱附技术及其在环境监测和烟草行业中的应用/许保鑫、李中昌、缪明明等//云南化工. -2006, 33 (5)

柔性版印刷在烟包印刷领域的运用与发展/周冬岩//印刷技术. -2006, (2)

柔印烟标印刷质量的控制环节/黄光伟//印刷世界. -2006, (4)

射频识别技术及其在烟草上的应用/谭仲夏//中国制造业信息化. -2006, (9)

使用试验设计提高 膨胀烟丝物理质量/崔源//中国质量. -2006, (1)

数字水印技术在烟包防伪中的应用/陈文革//中国印刷. -2006, (2)

水平侧吸式烟丝气力输送系统/毛伟俊、易文波、熊善初等//烟草科技. -2006, (7)

水松纸印刷加工工艺分析/王海梅、骆光林//中国印刷. -2006, (12)

谈谈烟包彩盒模切起毛的问题/南静生//中国印刷. -2006, (4)

提高卷烟纸填料留着率的研究/王登远//浙江造纸. -2006, 30 (1)

提高烟包条码印刷质量的经验/张斗良//印刷技术. -2006, (2)

提高烟标印刷条码质量的途径和方法//中国招标. -2006, (1)

提高烟草包装质量的印刷工艺研究/骆光林、李霞、李永梅//中国印刷. -2006, (2)

提升ZJ17机组烟支质量的改进设计/覃仕辉//发明与创新. -2006, (2)

提升凹印烟标的应对能力/张健//中国招标. -2006, (1)

条烟装封箱机的工作原理/沈继斌//包装与食品机械. -2006, 24 (6)

微波加热松散在片烟制丝工艺中的应用/曹洁穹、王健强、樊亚玲等//烟草科技. -2006, (3)

微波检测技术在烟支重量控制系统中的应用/黄威//烟草科技. -2006, (3)

温度测量仪器在烟草制丝生产线的应用/孟庆华、王建腾、吕建国//中国仪器仪表. -2006, (6)

五类卷烟外包装条盒改用PVDC薄膜包装的基本做法/广西卷烟总厂柳州分厂//中国招标. -2006, (1)

现代财富密码——生物识别技术为广东中烟工业公司保驾护航/宏霸数码集团//智能建筑与城市信息. -2006, (11)

香烟包装上的全息图应用及全息制版新技术/范诚、柯重来//国际防伪. -2006, (1)

香烟包装设计技要/王琪、张岩//包装工程. -2006, 27 (2)

香烟产品包装防伪数字水印系统介绍/孙京宁//中国印刷. -2006, (4)

小议镀铝纸在环保包装中的应用/武瑞年、李霞//印刷技术. -2006, (3)

新型ZJ19卷接机组上位机软件设计与实现/冯远彬、周密、冯立成等//烟草科技. -2006, (9)

新型滤棒气力输送装置的设计/包军、吴先士//烟草科技. -2006, (3)

新型天然保润剂PDS在卷烟中的应用/阮晓明、王青海、徐海涛等//烟草科技. -2006, (9)

虚拟制造技术在烟草烘干机械上的应用/刘军、赵东辉、侯军兴等//农机化研究. -2006, (7)

烟包胶印设备的选购及使用经验/李景伟//印刷技术. -2006, (2)

烟包新品整合//印刷技术. -2006, (35)

烟包压痕线的成型原理及质量评价/吴应斌、欧炎辉//印刷技术. -2006, (2)

烟包印刷工艺分析/修香成//印刷技术. -2006, (29)

烟包印刷工艺现状分析与发展趋势/王为锋//中国招标. -2006, (2)

烟标仿金属蚀刻网印工艺及故障的排除/齐成//网印工业. -2006, (1)

烟标环保材料新宠——真空镀铝纸/周宏//中国印刷物资商情. -2006, (10)

烟标印刷企业如何引进CTP/周淑宝//数码印刷. -2006, (1)

烟标印刷行业的清洁生产途径/靳晓艳、裴宗平、邓绍坡等//环境科学与管理. -2006, 31 (3)

烟草包装裂缝大小对保存期影响的处理/陆玉龙、杨小俊、周建伟//包装工程. -2006, 27 (4)

烟草包装中的裂缝面积与保存期/杨小俊、陆玉龙、奚德昌//包装工程. -2006, 27 (4)

烟草定量喂料机的改进/贺万华//烟草科技. -2006, (9)

烟草工业用纸的发展现状/李梁//黑龙江造纸. -2006, 34 (3)

烟草烘烤房冷凝换热器的设计与评价/筒宇华//节能. -2006, 25 (3)

烟草机械的润滑/申宝武、马学成//石油商技. -2006, 24 (5)

烟草企业的液压式压棒机及其关键技术/邹炜、华刚//轻工机械. -2006, 24 (1)

烟草系统中剪带装置的机械设计及其PLC控制系统/胡涛、苏建良、石剑锋//机床与液压. -2006, (1)

烟草行业数字水印防伪解决方案/王强//中国印刷. -2006, (4)

烟草自动化立体仓库的无线自动穿梭车设计/陈祖述、徐清华//自动化信息. -2006, (8)

烟厂润叶机电控制系统改造/金剑、李琨//计算机测量与控制. -2006, 14 (10)

烟秆爆破法制浆造纸研究/郑宝琛、林小琦、李平//中华纸业. -2006, 27 (5)

烟叶在复烤机干燥过程中的传热传质研究/管桂春、胡芃//轻工机械. -2006, 24 (3)

烟叶在叶片复烤机干燥过程中的传热传质研究/管桂春、胡芃//包装与食品机械. -2006, 24 (3)

烟用包装BOPP薄膜的现状及发展趋势/吴增青//塑料包装. -2006, 16 (5)

烟用材料标准体系的研究/韩云辉、范黎、刘刚毅等//中国标准化. -2006, (4)

烟支松头缺嘴检测器的改进/罗吉斌//烟草科技. -2006, (1)

研磨碳酸钙用于卷烟纸加填/张恒、杨仁党、杨国柱//纸和造纸. -2006, 25 (4)

叶组配方的分组加工模块设计/于录、阮晓明、卢在雨等//烟草科技. -2006, (7)

应用超声技术解决烟支紧头位置窜动问题/靳为民、王晖//烟草科技. -2006, (6)

影响卷烟端部落丝量的因素研究/贺万华、曹兴洪、朱浩勇等//中国烟草学报. -2006, 12 (5)

用Visual Basic编程实现节能监测的数据处理/席剑岚//中国科技成果. -2006, (6)

用分光光度计快速测定烟草提取液的烟碱含量/吴苏喜、刘瑞兴//仪器仪表学报. -2006, 27 (2)

用新型材料金卡纸印刷、烫金应注意的几个问题/王敏//网印工业. -2006, (12)

优选"切梗丝厚度"初探/阮见、郑洪峰、盛辉//山西科技. -2006, (3)

在线红外水分仪的定标技术/章习//烟草科技. -2006，(10)

在线水分仪探测精度评定方法探讨/章习//烟草科技. -2006，(5)

造纸法烟草薄片废水的研究/陈元彩、陈竹、肖仙英等//中国造纸. -2006，25 (9)

纸凹印中油墨黏度选择与调配/叶卉荣//印刷杂志. -2006，(6)

制冷机组冷却水温度控制系统的改进/罗富德、苏建国、谢勇//烟草科技. -2006，(2)

制丝设备辅机改造中需注意的几个问题/徐平、赵晨光、王鹏等//烟草科技. -2006，(11)

制丝线环境除尘系统中吸口的设计/赵宏洲、苏剑云//烟草科技. -2006，(11)

中国全息企业的发展和全息在烟包印刷上的应用/张建军//国际防伪. -2006，(2)

中国烟包 中国特色/凯文、李艾艾//印刷技术. -2006，(2)

贮丝柜松丝器轴断裂原因及对策/杜峰//设备管理与维修. -2006，(5)

自动箱式储丝系统的设计与应用/吴兴强//烟草科技. -2006，(6)

总线端子在干冰膨胀烟丝线上的应用/杨桂清//现代制造. -2006，(18)

信息化与物流管理

2005年中国烟草行业信息化生态调查报告/李黎//微型机与应用. -2006，25 (1)

2006年烟草信息化门槛提高——系统应用带动软件和服务投资提升/计世资讯//中国制造业信息化. -2006，(6)

ENTEK状态监测系统与烟草制丝线自动化系统的集成应用/张家毅//国内外机电一体化技术. -2006，9 (2)

FLEXSIM在卷烟厂自动化辅料配送物流系统仿真中的应用/梁瑞凤、程国全、王转//物流技术. -2006，(2)

IP网络带宽管理和OoS解决方案在浙江烟草视讯会议系统中的应用/蒋善航 //中国多媒体通信. -2006，(3)

PROFIBUS-DP在烟草企业自动化物流系统中的应用/徐仰高、李汉瑞//现代制造. -2006，(32)

WinCC在烟草行业中的应用研究/汪钧、沈俊杰、施华//机械与电子. -2006，(1)

白沙烟草物流GIS配送优化系统案例//中外物流. -2006，(7)

宝利通视频方案助力烟草企业走进多媒体/宝利通//世界电信. -2006，19 (11)

倍福总线端子在干冰膨胀烟丝线上的应用/杨桂清//国内外机电一体化技术. -2006，9 (5)

从“订单供货”看烟草行业价值链整合/王宏、张仲仪//中国烟草学报. -2006，12 (3)

电子监控技术在烟叶烘烤中的应用/史强、范章万//南方农机. -2006，(2)

电子商务的安全体系结构及安全技术应用/曹娟//网络安全技术与应用. -2006，(7)

光机电一体化烤烟烟叶图像采集系统的研发/韩力群、何为、苏维均等//微计算机信息. -2006，22 (3)

红塔LGV系统的功能扩展研究及实现/杨启成、张建华、罗兵等//物流技术. -2006，(9)

基于BP网络的香烟包装质量在线检测与诊断/朱正为、郭玉英//微计算机信息. -2006，(10-3)

基于DSP的烟支重量控制系统的设计/杜劲松、蒋华英//微计算机信息. -2006，(9-1)

基于Web的烟草专家系统的设计与实现/陈杰、贺立源、徐胜祥等//计算机工程. -2006，32 (4)

基于计算机视觉的烟叶分离系统/李强、杨晓京、魏岚等//现代制造工程. -2006，(5)

基于现场总线的卷烟入库数据采集系统/马春华//自动化技术与应用. -2006，25 (10)

基于烟草供应链的物流治理模式研究/高少军、黄章树//物流技术. -2006，(12)

卷烟厂卷接包车间空调自控系统/贺艳松//科技信息（学术版）. -2006，(10)

卷烟滤嘴棒生产线自动化立体库技术/金桂根、刘海萍、王京林//物流技术. -2006，(11)

卷烟生产辅料入库系统设计规划/徐伟华、方宁//物流技术与应用. -2006，11（6）

卷烟物流配送中心的规划与设计/张小勇//物流技术与应用. -2006，11（5）

卷烟主流烟气成分释放量的人工神经网络预测研究/李炎强、相秉仁、屈凌波等//计算机与应用化学. -2006，23（9）

利用工业数据库实现烟草制丝线生产数据管理系统/王小飞//国内外机电一体化技术. -2006，9（6）

罗克韦尔自动化助力烟草行业 OEM/罗克韦尔自动化公司//现代制造. -2006，(32)

浅谈烟草企业实用型数据仓库构建/周祥、石小勇//科技信息（学术版）. -2006，(5)

实时数据库在烟用二醋酸纤维素生产中的应用/傅庆宜、杨永富//现代制造. -2006，(18)

视频监控技术在企业平安建设中的应用/孙青//安防科技. -2006，(12)

数据包络分析模型在烤烟生产效率评价中的应用/邓蒙芝、李富欣//烟草科技. -2006，(11)

数据质量控制在制丝生产线的应用/孟庆华、段三青、尹旭梅//微计算机信息. -2006，22（7）

丝束管控一体化系统——西门子 MES 产品在烟用二醋酸纤维素丝束生产中的应用/李海//微型机与应用. -2006，25（8）

无线局域网技术在烟草数字化仓库中的应用/刘华明、时良平、赵健//电气时代. -2006，(10)

物流配送中心的系统仿真/石伟、郑晓海//物流技术与应用. -2006，11（12）

现场总线 Profibus 和以太网技术在烟草制丝线控制系统的应用/王文、潘琍//电气应用. -2006，25（6）

现场总线技术 PROFIBUS 在烟草制丝电控系统中的应用/林龙//微计算机信息. -2006，(11 上)

现代烟丝箱式自动化储存技术与应用/杨忠文、黎建强//物流技术与应用. -2006，11（1）

烟草电子商务体系的构建/刘振业、孙勇//中国物流与采购. -2006，(2)

烟草企业统一信息平台/冯维文、肖创柏、刘时光//计算机与信息技术. -2006，(4)

烟草企业自动数据采集系统的研究与实践/接道良//自动化仪表. -2006，27（3）

烟草商业物流系统建设——我国烟草商业现代物流发展综述/张正义、郑晓海、张永征//物流技术与应用. -2006，11（2）

烟草行业现代物流体系的构建/扈景科//中国储运. -2006，(1)

烟草行业整合形势下卷烟企业信息化建设策略/徐路宁、张和明、谢汉东等//CAD/CAM 与制造业信息化. -2006，(6)

烟丝箱式存储系统对提高卷烟生产柔性化水平的探讨/赵骏//物流技术与应用. -2006，11（12）

烟叶加工自动化的未来布局//现代制造. -2006，(32)

用 Visual Basic 编程实现节能监测的数据处理/席剑岚//中国科技信息. -2006，(6)

用于卷烟机组 CAN 总线实时监听器设计与实现/向立莉、梁杰申、王星//微计算机信息. -2006，(11 中)

运用自动识别技术提高烟草物流效益/黄宇红//物流科技. -2006，29（3）

中国烟草物流高起点发展/陈方建//物流技术. -2006，(7)

自动仓储系统及其应用/张正义、张永征、郑晓海等//物流技术与应用. -2006，11（7）

自动化立体库应用领域更加广泛/祁庆民//物流技术与应用. -2006，11（1）

自学型多曲线烤烟控制系统的设计/刘志壮、张文昭//电子工程师. -2006，32（2）

经济与管理

2005 年烤烟生产成本收益调查/付毅强//四川物价. -2006，(8)

重庆烟草专卖局：靠行业自控调节垄断行业分配/夏一仁//中国经济周刊. -2006,(47)

出口卷烟进项税额转出方法评析/吴福求//税务研究. -2006,(4)

低档卷烟短缺的经济学分析/徐光远、曾尔庆//财贸经济. -2006,(5)

反垄断法的适用与豁免——兼论我国烟草专卖制度的存与废/张晨颖//法学. -2006,(7)

构建烟草工业企业财务管理体系刍议/曾平//中国总会计师. -2006,(11)

寡头垄断市场结构与我国烟草产业组织效率/李勇//经济理论与经济管理. -2006,(7)

关于提高中国烟叶市场竞争力的战略性思考/杨天旭、汪耀富、吴军//安徽农业科学. -2006,34(2)

关于中国烟草卷烟品牌培育的思考/张士刚//中国烟草学报. -2006,12(5)

国际化要提升中国烟草的核心竞争力——中国烟草国际化发展初探/贺鲲、黄耀华//中国财经信息资料. -2006,(5)

加强对烟草行业财政监管的思考/张青//中国财政. -2006,(8)

加强价格管理 促进烤烟发展/胡渝//四川物价. -2006,(9)

卷烟高税的目的难以实现/冯文和//经济理论研究. -2006,(2)

卷烟零售价格实行“一价制”管理的思考——兼谈对放开价格的有效管理/霍喜福、白秀云、王四安等//价格理论与实践. -2006,(6)

跨国烟草公司“走出去”战略研究/李保江//中国烟草学报. -2006,12(5)

浅述烟草商业企业全面预算管理体系的构建/胡樟安//金融经济. -2006,(9)

浅谈烟草公司全面预算管理的过程控制/胡樟安//时代金融. -2006,(9)

浅析卷烟价格管理中存在的问题及对策/王娜//法制与经济. -2006,(3)

浅析中国烟草企业的激励机制/王哲堂//金融经济. -2006,(9)

区际分割与产业效率损失分析——以中国烟草制品产业为例/朱顺林//统计与决策. -2006,(2)

通过零售商调查分析市场饱和度及品牌竞争力——以某地区中档烟零售户调查为例/程开明//市场研究. -2006,(10)

完善我国卷烟价格管理模式的若干思考/李勇//中国物价. -2006,(3)

我国烟草财税体制改革的成本分析/廉春慧//改革与战略. -2006,(12)

我国烟草企业的市场行为与政府管制/曹越//经营与管理. -2006,(7)

我国烟草业如何应对WTO的挑战/高树迪//经济师. -2006,(7)

我国烟叶产业的发展策略研究/傅有星//山东经济战略研究. -2006,(11)

我国烟叶产业可持续发展问题研究/陆继锋、唐绅//中国烟草科学. -2006,(4)

现代烟草品牌传播策略趋向研析/翁宇凯、赵永泉//华东经济管理. -2006,20(9)

烟草产量与社会福利/骆昭东//经济师. -2006,(10)

烟草产品的水平营销策略探讨/何泉//市场论坛. -2006,(12)

烟草产业规制——基于需求面的分析框架/陈勇//财经问题研究. -2006,(12)

烟草集团企业预算管理的典型问题分析/谭卫华//中国烟草科学. -2006,(1)

烟草配送中心的作业成本管理研究/王静波、吴耀华//山东大学学报：工学版. -2006,36(6)

烟草企业并购模式选择潜在规律探讨/曹轶玲//发展研究. -2006,(10)

烟草企业技术刚性和管理刚性成因分析/孟庆华、于川芳、李桂贤等//中国烟草学报. -2006,12(4)

烟草企业经济合同审计初探/张绍福、杜桂英//中国内部审计. -2006,(5)

烟草专卖专营制下的客户经理制/李孝卫//经济师. -2006,(9)

烟叶收购政策与烟农利益分析及建议/王明茹//农村财政与财务. -2006,(12)

银行代理支付业务：多方共赢的成功实践——从烟草在线代扣系统的研发推广谈起/陈湘//中国金融电脑. -2006,(12)

针对卷烟零售户的市场分析及方法探讨/程开明//市场研究. -2006,(9)

中国企业国际化现状及对策——以烟草业为例/汪立军//中国经贸导刊. -2006,(15)

中国烟草产业组织结构的实证分析/张全在//中国烟草学报. -2006, 12 (3)

中国烟草工业市场结构与绩效的实证分析/于良春、薛蕾//山东理工大学学报：社会科学版. -2006, 22 (2)

中国烟草企业基于国际战略联盟的国际市场进入方式探析/汪立军//科技信息：科技教育版. -2006, (9)

中国烟草行业制度改革探讨/蒋海岩//山东企业管理. -2006, (1)

作业成本法在卷烟制造业成本核算中的应用研究/张蕊、饶斌、吴炜//会计研究. -2006, (7)

吸烟与健康

1996~2001 年北京市城区居民吸烟知、信、行变化趋势分析/石建辉、田向阳、周岚等//中国健康教育. -2006, 22 (11)

2006 年中国“吸烟与健康”报告（节选）——控烟与肺癌防治/于健蔚//丹东医药. -2006, (3)

MMP-2 在吸烟牙周炎患者牙龈组织中的表达/伍协阶、李霞、唐西清等//口腔医学研究. -2006, 22 (5)

P-选择素在吸烟大鼠脑血管内皮细胞的表达/刘菲、柳忠兰、刘淑杰//中国现代医学杂志. -2006, 16 (2)

北京市居民吸烟、运动、居住情况与呼吸道传染病患病关系的分析/罗艳侠、田向阳、李玉青等//中国初级卫生保健. -2006, 20 (10)

被动吸烟对 7~12 岁儿童肺活量的影响/阿斯木古丽·克力木、古丽巴哈尔·卡、努尔曼古丽等//中国学校卫生. -2006, 27 (8)

被动吸烟对儿童免疫功能的影响/刘汝青、宋宏、吴辉等//环境与健康. -2006, 23 (2)

被动吸烟对非吸烟妇女健康影响的现况研究/应桂英、刘熹、甘德坤等//现代预防医学. -2006, 33 (11)

被动吸烟对胚胎致畸作用的研究和致畸动物模型的建立/于向民、潘晓亮、闫凤霞等//中国优生与遗传杂志. -2006, 14 (6)

被动吸烟对小鼠学习记忆功能的影响/姜丽娜、栗学军、刘基芳等//中国学校卫生. -2006, 27 (6)

被动吸烟对仔鼠学习记忆功能影响及干预效应/姜丽娜、栗学军、李君文等//中国公共卫生. -2006, 22 (3)

被动吸烟影响仔鼠小脑皮质神经生长因子含量及牛磺酸的干预作用术/李芳兰//中国临床康复. -2006, 10 (38)

不同胆固醇水平人群吸烟与冠心病死亡的关系/姜斌、何耀、封康等//中国慢性病预防与控制. -2006, 14 (6)

不同信念对大学生吸烟行为阶段转变的影响/韩旻雁、陈维清、卢次勇等//中国热带医学. -2006, 6 (12)

彩色多普勒超声对长期吸烟者的颈动脉的检测/焦欣//中国社区医师：综合版. -2006, 8 (11)

成都市医务人员吸烟及其参与控烟工作状况分析/王琼、魏咏兰、贾勇等//中国慢性病预防与控制. -2006, 14 (5)

大量吸烟对肝脏的影响探讨/朴美玉、朴云峰//中国临床医药研究杂志. -2006, (10)

德国家庭吸烟状况与 6~7 岁儿童哮喘关系研究/许敏兰、Pohlabeln H、陶芳标//中国学校卫生. -2006, 27 (7)

多中心前瞻性队列研究发现主动和被动吸烟均增加年轻人糖耐量异常的危险/曹贵方//中华医学杂志. -2006, 86 (33)

儿童及少年吸烟的危害与预防/司荣婷//中国民康医学. -2006, 18 (4). -146

飞行人员中吸烟者血液流变学测定分析/于波、杨梅华、李志宏//中国疗养医学. -2006, 15 (1)

肺结核与吸烟关系探讨/王福生、林嵩//临床和实验医学杂志. -2006, 5 (12)

妇女被动吸烟的健康影响/甘德坤、韩京秀、郑素华等//环境与健康. -2006, 23 (2)

干预烟草戒断综合征药物的研究与进展/黄淑芬、陈芸、卢延年等//中国临床康复. -2006, 10 (11)

广西青少年吸烟行为现况调查/张洁宏、阮青、黄立嵘等//中国卫生工程学. -2006, 5 (5)

广州高中生吸烟状况调查分析/杨志卫、林细明、冯志和//国际医药卫生导报. -2006, 12 (3)

广州市城乡结合部初中生吸烟行为特点的调查/文孝忠、陈维清、卢次勇等//中国公共卫生管理. -2006, 22 (1)

广州市初中男生尝试戒烟和戒烟成功的影响因素/文孝忠、陈维清、卢次勇等//卫生研究. -2006, 35 (3)

广州市中学生吸烟状况调查/潘顺波、黄丽宜、李小惠等//中国学校卫生. -2006, 27 (7)

海口市中学生吸烟调查与健康教育干预对策探讨/李成功//中国热带医学. -2006, 6 (9)

韩国某大学学生吸烟行为与血镉的相关性研究/许青松、许松姬、金永三//中国学校卫生. -2006, 27 (6)

杭州市初中生吸烟行为调查/张雪海、张新卫、郭俊香等//浙江预防医学. -2006, 18 (12)

杭州市中学生尝试吸烟的影响因素分析/项海青、黄春萍、程彬等//中国预防医学杂志. -2006, 7 (3)

湖北省民族地区在校大学生吸烟状况调查分析/袁琳//中国民康医学. -2006, 18 (8)

环境烟草烟雾的健康危害及其暴露的评价/关玉群、宋宏//现代预防医学. -2006, 33 (12)

环境烟草烟雾与从不吸烟的中国妇女的死亡率：前瞻性队列研究/Wanqing Wen、舒晓欧、高玉堂等//英国医学杂志：中文版. -2006, 9 (4)

江苏省青少年吸烟行为现状调查与分析/戴寿桂、史祖民、潘晓群等//中国健康教育. -2006, 22 (11)

借鉴国际经验，加速履行《烟草控制框架公约》/杨小宝//中国健康教育. -2006, 22 (12)

辽宁省成年居民吸烟现状分析/刘钟梅、李绥晶、李欣等//中国慢性病预防与控制. -2006, 14 (5)

南京市大中学生吸烟饮酒现状/班秀华、郭丽、刘辉//中国学校卫生. -2006, 27 (7)

尼古丁对脑功能影响的影像学研究进展/谭伟、吴光耀、周昕//放射学实践. -2006, 21 (12)

农村中学生吸烟行为的影响因素分析/姚捷、叶冬青、朱继民等//中国公共卫生. -2006, 22 (4)

浅谈青少年吸烟对健康的危害/赵红梅//中华医学研究杂志. -2006, 6 (8)

浅谈吸烟对孕妇的危害/赵春生、卞野//中华临床医学研究杂志. -2006, 12 (12)

青岛市教师对儿童被动吸烟的认知现状/逄增昌、纪锋颖、李泽民//中国学校卫生. -2006, 27 (11)

青少年吸烟的阶段性及其在控烟中的意义/刘翔、叶冬青//中华预防医学杂志. -2006, 40 (1)

青少年吸烟者的吸烟水平及其影响因素分析/林丹华、方晓义、李晓铭//中国健康心理学杂志. -2006, 14 (2)

青少年烟酒滥用与自尊、焦虑、抑郁的关系/张河川//中国公共卫生. -2006, 22 (10)

全球烟草控制进展/姜垣//中国健康教育. -2006, 22 (6)

缺血性脑卒中患者吸烟与热休克蛋白70-1变异的交互作用/刘建平、程锦泉、彭绩等//中国行为医学科学. -2006, 15 (9)

妊娠早期被动吸烟与不良妊娠结局关系的队列研究/徐育松、徐娟、杨勤等//中国妇幼保健. -2006, 21 (12)

上海市大学生使用烟草和酒精等成瘾物质状况/彭宁宁、朱佳碾、周月芳等//中国校医. -2006, 20 (4)

上海市中学生对被动吸烟认知现状的调查/黎明、李明珠//上海预防医学. -2006, 18 (3)

上海市中学生控烟干预研究/郑频频、崔红

伟、符英英等//卫生研究. -2006, 35 (3)

少年儿童对控烟知识的关注点/陈玉阳、金慧娟、李小芳 //浙江预防医学. -2006, 18 (12)

社区护理干预青少年吸烟依赖者的效果评价/陈妙萍、朱美玉//国际护理学杂志. -2006, 25 (7)

社区预防吸烟健康教育模式的探索/徐哲懿//中国健康教育. -2006, 22 (4)

深入了解吸烟的危害 搞好青少年控烟宣教/蒲陶菊//卫生职业教育. -2006, 24 (11)

生长激素1基因多态性和烟酒习惯与结直肠癌易感性的关系/龚建平、高长明、Takezaki Toshiro 等//中华肿瘤防治杂志. -2006, 13 (15)

十堰市某中学学生吸烟状况的思考与对策/喻成华、陈启超、陈永超等//中国初级卫生保健. -2006, 20 (2)

温州市鹿城区居民吸烟状况及控烟知识调查/陈镭、张晓红、陈川//中国健康教育. -2006, 22 (6)

我国6城市中小学教职工烟草与健康的知信行调查/钱玲、易厚广、田本淳等//中国学校卫生. -2006, 27 (9)

我国六城市中学生烟草与健康方面的知信行状况分析/田本淳、钱玲、张巍等//中国行为医学科学. -2006, 15 (4)

吸烟、低胆红素血症与冠心病的关系/张名均、越太迁、丁懿//国际检验医学杂志. -2006, 27 (9)

吸烟、饮酒对男性精液质量的影响/王正蓉、夏曙华、彭晓枫等//现代医药卫生. -2006, 22 (5)

吸烟、饮酒与蒙古族高血压的关联性/胡伟、佟伟军、刘彦斌等//中国公共卫生. - 2006, 22 (11)

吸烟暴露对儿童的健康影响/亓凤丽//预防医学情报杂志. -2006, 22 (6)

吸烟成瘾者吸烟暗示 fMRI 研究/周昕、孙骏谟、吴光耀//武汉大学学报: 医学版. -2006, 27 (6)

吸烟对2型糖尿病患者血清同型半胱氨酸的影响/阳苹、陈辉、刘秀容等//重庆医学. -2006, 35 (10)

吸烟对 9 - cis - RA 诱导肺癌组织 RARβ 转录影响的研究/戴洪海、胡国强、陈萍等//肿瘤学杂志. -2006, 12 (5)

吸烟对大鼠骨骼肌细胞葡萄糖转运子4基因表达及蛋白含量的影响/王继旺、张素华、吴豪杰等//南京医科大学学报. -2006, 26 (9)

吸烟对肺功能的影响/王伟民、王宾、范女等//四川医学. -2006, 27 (10)

吸烟对吉非替尼治疗晚期非小细胞肺癌疗效的影响/李子明、虞永峰、廖美琳等//肿瘤. -2006, 26 (7)

吸烟对健康人足甲襞微循环的影响/张庆富、周慧敏、王清江//中国微循环. -2006, 10 (1)

吸烟对克罗恩病的影响/任蔚虹、徐群燕//国际护理学杂志. -2006, 25 (10)

吸烟对口腔中挥发性含硫化合物 (VSCs) 含量的影响/胡旺顺、钟科军、何小解等//中国烟草学报. -2006, 12 (1)

吸烟对老年慢性病患者影响的调查及其健康教育/刘玲玲、任尉华//医学理论与实践. -2006, 19 (4)

吸烟对老年脑梗死患者血小板 GMP - 140 表达的影响/黄葵、柳忠兰、王林等//中国现代医学杂志. -2006, 16 (14)

吸烟对老年人代谢综合征的影响调查/张青、端木玉兰、张洁莹//中华临床医学研究杂志. -2006, 12 (12)

吸烟对男性精液质量的影响/常正义、覃志坚、韦叶生等//中国临床康复. -2006, 20 (20)

吸烟对男性精子动态参数的影响探讨/龚平、周治兰、王昌富//中国优生与遗传杂志. -2006, 14 (8)

吸烟对男性血清粘附分子和氧化应激的影响/李荔、凌文华//华南预防医学. -2006, 32 (3)

吸烟对脑梗死患者血清可溶性细胞间黏附分子-1水平变化的影响及其意义/孙素梅、耿建红、柳忠兰//中国现代医学杂志. -2006, 16 (5)

吸烟对人淋巴细胞微核率的影响/王秋艳//环境与健康. -2006, 23 (4)

吸烟对人气道上皮细胞γ－谷氨酰半胱氨酸合成酶表达的影响/韩玲、许建英//临床和实验医学杂志. －2006，5（12）

吸烟对术前肺癌患者肺功能影响/官文芳、陈德芳、曹明芳等//医药论坛杂志. －2006，27（23）

吸烟对糖尿病患者并发肺结核病影响的研究/朱红、王建华//中国慢性病预防与控制. －2006，14（3）

吸烟对牙龈上皮细胞凋亡的影响/于西佼、李纾、薛兰德//上海口腔医学. －2006，15（4）

吸烟对牙周病进展的影响/王心光、孙红//医学信息（西安上半月）. －2006，19（12）

吸烟对牙周炎患者牙龈组织上皮和血管的影响/孙晓强、刘晓勇、王瑛瑕等//首都医科大学学报. －2006，27（3）

吸烟对牙周炎治疗前后龈沟液中弹性蛋白酶水平变化的影响/孙颖、徐艳、孙卫斌//口腔医学研究. －2006，22（6）

吸烟对早孕胎盘和蜕膜影响的组织学观察/张祥盛、张磊磊、张燕等//临床与实验病理学杂志. －2006，22（5）

吸烟对中年男性肺功能的影响/郭武、张孝彬、廖秀清等//四川医学. －2006，27（8）

吸烟飞行员的瞬间反应、平衡功能及微循环的变化及机制/李彦萍、王锡英、郭辉等//中国康复. －2006，21（4）

吸烟飞行员的微循环变化及机制探讨/李彦萍、郭辉、马俊//东南国防医药. －2006，8（6）

吸烟肺癌患者尿中烟草特有亚硝胺4－（甲基亚硝胺）－1－（3－吡啶）－1－丁酮代谢产物的测定/张同梅、赖百塘、段连山等//中国肺癌杂志. －2006，9（3）

吸烟和环境烟草烟雾暴露与膀胱癌关系的病例对照研究/张薇、项永兵、邵常霞等//肿瘤. －2006，26（1）

吸烟和体质指数与肺癌发病的前瞻性研究/陈纪春、吴锡桂、段秀芳等//中国慢性病预防与控制. －2006，14（5）

吸烟和饮酒现状及其危害和对策/潭壮生//中国全科医学. －2006，9（13）

吸烟和饮酒与颅内肿瘤关系的Meta分析/吴敏、赵志伦、王洁贞//山东大学学报：医学版. －2006，44（11）

吸烟及其相关基因和帕金森病的关系/陈新平、陈彪//中国神经精神疾病杂志. －2006，32（3）

吸烟可抑制细胞自我修复功能//当代医学. －2006，12（9）

吸烟人群血清癌胚抗原检测结果分析/陈荣策、林津、黄伟刚//中国热带医学. －2006，6（3）

吸烟是妇女健康的一个风险因素/苏联珍//国外医学：医学地理分册. －2006，27（3）

吸烟相关基因的研究进展/顾朱勤、陈彪//中国行为医学科学. －2006，15（6）

吸烟与2型糖尿病足早期危险性的相关分析/陈波、毛季萍、赵飞等//中国基层医药. －2006，13（8）

吸烟与不吸烟不育男子精液分析与性激素检测的比较/徐志强、唐宝松、周德众//中国性科学. －2006，15（1）

吸烟与成人牙周炎的关系/任旭、于锡良、郭晓岚//医学研究杂志. －2006，35（5）

吸烟与动脉粥样硬化的关系/冯民、张梅、张运//中国动脉硬化杂志. －2006，14（11）

吸烟与恶性肿瘤的相关研究/杨永芳、吴永志//中国医学研究与临床. －2006，4（6）

吸烟与非吸烟患者纤维支气管镜术前麻醉效果的比较/那美玲//现代护理. －2006，12（21）

吸烟与非吸烟者慢性牙周炎龈下福赛类杆菌的检测/王敏、程政、雷霆等//临床口腔医学杂志. －2006，22（8）

吸烟与冠状动脉的狭窄程度/盛晓东、贾恩志、杨志健等//中国临床康复. －2006，10（36）

吸烟与溃疡病的发病关系及临床干预/刘芝兰、陈萍//医学综述. －2006，12（18）

吸烟与老年性痴呆关系的研究/邓娟、周华东、李敬诚等//重庆医学. －2006，35（10）

吸烟与卵巢早衰关系的探讨/蒋利华、姚珍薇、张新华//中国医学理论与实践. －2006，16（2）

吸烟与青年脑大动脉粥样硬化性狭窄的相关性分析/王桂红、王拥军、姜卫剑等//中国卒中

杂志．－2006，1（2）

吸烟与糖尿病的关系/贾红、刘玉秀、冯爱萍等//现代预防医学．－2006，33（11）

吸烟与心脑血管病/丁关庆//中老年保健．－2006，（5）

咸宁市高中生吸烟状况及相关因素分析/蒋汝刚//中国学校卫生．－2006，27（7）

香烟烟雾的氧化应激效应及褪黑素的干预作用/刘珊、徐海滨、孙贵范//卫生研究．－2006，35（4）

香烟烟雾对2种肺细胞的DNA损伤与修复/李娜、张遵真、吴媚//环境与健康．－2006，23（2）

香烟烟雾对大鼠脑血管细胞粘附分子－1表达的影响/孙芸、柳忠兰//中国现代医学杂志．－2006，16（1）

香烟烟雾对巨噬细胞的氧化损伤及盐酸氨溴索抗氧化作用的研究/许建英、庞敏、杜永成等//中国药物与临床．－2006，6（7）

香烟烟雾和脂多糖对大鼠肺组织热休克蛋白70表达的影响/杨士芳、徐永健、谢俊刚等//中国组织化学与细胞化学杂志．－2006，15（6）

香烟烟雾提取物对人呼吸道上皮细胞DNA损伤和凋亡的影响/付强、成静、韩中博等//癌症．－2006，25（10）

香烟烟雾提取物抑制肺泡上皮细胞的增殖并诱导其凋亡/焦宗宪、敖启林、熊密//生理学报．－2006，58（3）

学生吸烟心理及教育方法探析/练启康//中国人民教师．－2006，（4）

学校预防吸烟健康教育模式的实施与探讨/徐哲懿//中国健康教育．－2006，22（6）

烟草尘对作业工人肺部影响的调查/唐德环、刘慕珍、袁红等//中国工业医学杂志．－2006，19（6）

烟草的危害、流行特点及控制策略/杨焱//中国健康教育．－2006，22（5）

《烟草控制框架公约》打响人类控烟战役/郭晓熹//中国科技财富．－2006，（5）

烟草特有亚硝胺的致癌作用及其抑制/毛友安、魏新亮、刘巍//环境与健康．－2006，23（5）

烟草提取物与环氧化酶－2对食管鳞癌细胞株增生作用的研究/周巧直、张澍田//首都医科大学学报．－2006，27（4）

烟草致癌原NNK诱发大鼠肺癌前病变的实验研究/张玉霞、赖百塘、陈洪雷等//中国肺癌杂志．－2006，9（2）

烟草中甲基亚硝胺吡啶基丁酮诱发人支气管上皮细胞恶性转化的研究/张宏山、张阳、陈家堃等//毒理学杂志．－2006，20（1）

烟盒上健康警语及其在控烟中的作用/李竹、姜垣//中国慢性病预防与控制．－2006，14（5）

烟碱上调大鼠脑纹状体多巴胺D1受体mRNA表达诱导其行为改变术/陈涛、唐北沙、廖小平等//中国临床康复．－2006，10（38）

烟焦油及被动吸烟对小鼠肺微粒体ANDM、GST活力的影响/常福厚、扈廷茂//中国预防医学杂志．－2006，7（1）

一种测定香烟烟气或尼古丁气雾环境中大鼠体内尼古丁摄入量的简单方法/陈岩、袁守军、李正强等//中国临床药理学与治疗学．－2006，11（5）

医学专科生吸烟情况及影响因素分析/张谦、杨治国//卫生职业教育．－2006，24（8）

医院门诊实施控烟干预的研究/何晓俐、周瑞敏、刘建萍等//中国预防医学杂志．－2006，7（4）

杉依树抗氧化剂对香烟烟气自由基及人淋巴细胞姐妹染色单体交换率的影响/毛绍春、李竹英、李聪//生态毒理学报．－2006，1（4）

孕期被动吸烟对脐血铅、镉水平的影响/徐宣枝、周昌菊、余丹等//中国医师杂志．－2006，8（10）

郑州市医生控烟知识及控烟能力的调查/王艳红、刘建勋、张跃忠//中国健康教育．－2006，22（5）

中国4城市中学教职工吸烟现状调查/杨焱、南奕、魏小帅等//中国公共卫生．－2006，22（4）

中国北方老年人多巴胺受体D2基因多态性与吸烟的相关性研究/陈新平、陈彪、马秋兰等//现代预防医学．－2006，33（7）

中国居民吸烟与原发性高血压关系Meta分析/张京、郭永梅、张莹莹等//中国公共卫生．－2006，22（11）

中国女性被动吸烟与乳腺癌发病关系的 Meta 分析/周晓彬、张健//中国临床康复. -2006, 10 (16)

中学生控烟项目基线调查/李晓亮、张郝鹏、肖霞等//中国健康教育. -2006, 22 (5)

中学生吸烟行为危险因素研究/张联、王卫峰、赵庆法//现代预防医学. -2006, 33 (10)

其 他

2005 年美国《化学文摘》收录《烟草科技》刊登论文统计分析/中国烟草科技信息中心//烟草科技. -2006, (12)

2005 年世界烟草生产报告/朱显灵、郑富钢、曹振杰//中国烟草学报. -2006, 12 (4)

CORESTA 热点研究问题/谢剑平//中国烟草学报. -2006, 12 (1)

白俄罗斯缩减香烟进口配额/岳萍（译）//中亚信息. -2006, (11)

当前烟草行业价值取向的哲学思考/易玮//中国烟草学报. -2006, 12 (2)

对我国烟草行业今后发展的几点建议/黄睿//内蒙古科技与经济. -2006, (16)

工商交接备货烟叶等级质量分析/闫新甫、马建伟、王英元等//中国烟草科学. -2006, (3)

假冒卷烟的识别方法//中国防伪报道. -2006, (2)

建立环境管理体系、实施烟叶生产的可持续发展——谈谈“烟叶种植业”重要环境因素的控制/唐柳杭//中国 ISO14000 认证. -2006, (4)

卷烟减害与自主创新/朱尊权//中国烟草学报. -2006, 12 (1)

卷烟企业调入烟叶的等级质量分析/闫新甫、马建伟、王英元等//烟草科技. -2006, (8)

卷烟企业品牌竞争力提升与供应链整合/张军琴//物流时代. -2006, (10)

卷烟纸制造行业未来发展的思考/杜芳//纸和造纸. -2006, 25 (6)

控烟：500 年的艰难博弈/吴欧//生命世界. -2006, (5)

连锁经营对我国卷烟销售的影响分析及对策探讨/韩彦东//中国烟草学报. -2006, 12 (1)

明清以来美洲作物的引种推广对经济社会发展的影响——以山东为例（1368～1949）/王宝卿//中国农史. -2006, 25 (3)

袅袅烟“香”——烟草减害科技创新：中国烟草业的十字路口/吕学谦//高科技与产业化. -2006, (10)

浅谈在卷烟生产企业中的量值溯源/林桂鑫//科技信息：学术版. -2006, (7)

浅析烟草控制框架公约. -对我国卷烟商标影响/赵文侠、张保国//中国烟草学报. -2006, 12 (1)

社会营销策略在社区控烟中的应用/郑频频、傅华//中国卫生资源. -2006, 9 (6)

世界香料烟生产形势分析/朱显灵、郑富钢、哈君利//世界农业. -2006, (11)

世界烟机市场活力再现//中国招标. -2006, (2)

提高卷烟安全性促进烟草业健康发展/佟英//世界农业. -2006, (3)

无害香烟新标准/黄建军//中国科技财富. -2006, (5)

新型卷烟零售业态的发展变化对烟草专卖管理的影响及其对策/陈学明、王明//中国烟草学报. -2006, 12 (6)

烟标：烟草文化的缩影/戎国荣//生命世界. -2006, (5)

烟草农业减害的地位和现状/史宏志//高科技与产业化. -2006, (10)

烟草行业加强客户关系管理的对策/乐瑛//上海商业. -2006, (1)

烟草运输模式间的较量/张晨悦//中国汽车市场. -2006, (10)

烟草在中国的传播及其影响/蒋慕东、王思明//中国农史. -2006, 25 (2)

烟叶基地的建设与发展探讨/耿宝峰、王允白、厉昌坤等//中国烟草科学．-2006，(4)

烟印企业竞合新棋谱——由烟草整合说开去/艾艾//印刷技术．-2006，(23)

以全面质量管理理论构建烟叶质量管理体系/陆继锋、刘建利、黄勤勤等//中国烟草科学．-2006，(1)

硬盒中华香烟的识别方法/钟桦//中国防伪报道．-2006，(1)

用经济手段遏制烟草的流行——解读《烟草控制框架公约》有关经济条款/魏小帅、姜垣、南奕//中国卫生资源．-2006，9（1）

真假香烟的识别/曾强//中国品牌与防伪．-2006，(11)

中国烟草的困局与希望/雨文//中国科技财富．-2006，(5)

中式低危害卷烟的品类营销之道/曹建敏//销售与市场．-2006，(6中)

'朱尊权：从降焦减害到减害降焦/马珉、吕学谦//高科技与产业化．-2006，(10)

走出中国烟草广告的怪圈/张克伟//销售与市场．-2006，(6中)

附 录

国外烟草

世界烟草：2006年发展报告

2006年，世界烟草行业面临着《烟草控制框架公约》生效后日趋严峻的外部环境，许多发达国家烟草需求持续减少，但绝大部分发展中国家烟草需求仍然保持增长态势，全球卷烟产销总量继续增加。为应对不断变化的政策和市场环境，各大跨国烟草公司纷纷加大对发展中国家的扩张步伐，跨国企业并购较为活跃，世界卷烟市场集中度继续提高，绝大部分跨国烟草公司在2006年均取得较好的经营业绩。总体来看，2006年世界烟草行业呈现出“环境压力迅速加大，市场规模继续扩张，寡头垄断更加明显，企业绩效不断提高”的发展特征。

一、《烟草控制框架公约》的履行和影响

《烟草控制框架公约》于2005年2月正式生效，截至2006年底，已有142个国家批准了该公约。2006年2月6日~17日，《烟草控制框架公约》缔约方首次会议在日内瓦举行。会议决定在世界卫生组织总部设立一个实施该公约的常设秘书处，指导各缔约国进行烟草控制，协调各国在实施该公约过程中出现的各种问题。

按照《烟草控制框架公约》的要求，许多国家和地区采取了出台禁烟法令、提高烟草税收、扩大图片警示等各种控制烟草的措施。澳大利亚、加拿大、爱尔兰、新西兰、挪威、南非、中国香港等很多国家和地区已经颁布法令，在公共场所全面禁止吸烟。比利时、塞浦路斯、捷克、爱沙尼亚、法国、芬兰、希腊、匈牙利、意大利、拉脱维亚、立陶宛、马耳他、波兰、俄罗斯、斯洛伐克、斯洛文尼亚、西班牙和瑞典等国家虽然没有实行全面禁烟，但也制定实施了较为严格的禁烟令。当前，通过法律禁令来控制烟草的国家越来越多，各国禁烟法令虽然内容各异，但对吸烟区域划分和具体的禁烟办法均有明确规定。譬如，西班牙从2006年1月1日起开始正式实施《禁烟法》，规定在办公室等所有室内工作场所禁止吸烟，同时严格限制在酒吧、餐馆等餐饮场所吸烟。泰国从2006年1月17日起正式实施《禁烟令》，规定所有政府部门所在区域均为“严格禁烟区”，所有公务员、政府工作人员和前往政府部门联系工作的外来人员都不准在政府部门区域内吸烟，违者将被处以2000泰铢的罚款，相关部门主管人员也将被处以2万泰铢的罚款。为进一步加强烟草控制，很多国家都扩大了卷烟包装警示面积，加拿大、新加坡、泰国、乌拉圭等国要求烟盒正面健康警示面积不少于50%，比利时、瑞士、芬兰等国要求不少于48%，英国、挪威、冰岛等国要求不少于43%。近年来，许多国家还纷纷把提高烟草税收作为控制烟草的重要手段，法国、西班牙、波兰、德国、意大利等国均较大幅度地提高了烟草税收，2006年烟草税收占卷烟零售价格的比重，法国为80.4%、比利时为77.7%、西班牙为77.6%、英国为76.3%、德国为75.8%、意大利为74.9%。另外，许多国家对烟草制品的有害成分含量也做出明确要求，譬如，欧盟要求市场上销售的卷烟每支焦油含量不得超过10毫克，同时禁止使用“柔和”、“淡味”等词语。在美国，对烟草产品的责任诉讼此起彼伏（1997~2000年是高峰期，近年来有所减少），对烟草公司造成了严重困扰和巨大压力。

在世界卫生组织和各国政府的倡导下，世界烟草所面临的环境压力正在迅速加大。在一些控烟严格的国家，烟草消费正在不断减少，近年来美国、日本、德国、英国、加拿大、西班牙等国卷烟消费量均有较大幅度减少。不过，世界各国烟草控制并不平衡，总体上是发达国家比发展中国家严格。在这种背景下，近年来各个跨国烟草公司纷纷加大对发展中国家的市场拓展力度，烟草生产能力也有向发展中国家逐步转移的趋势。受控烟运动的影响，近年来世界烟草市场上合法卷烟的价格快速提高，低价烟和手卷烟更加流行，走私卷烟和仿造合法卷烟也呈加剧之势。

二、2006年世界卷烟市场发展状况

2006年，世界卷烟市场总体上保持增长态势，全年卷烟消费量约为5.7万亿支，比上年增长2%左右。绝大部分发达国家卷烟消费量比上年有所减少，德国减少3.9%，英国减少3.3%，西班牙减少2.8%，日本减少2.5%，美国减少1.7%。但也有部分发达国家

前几年快速减少，但在2006年出现了反弹，如意大利比上年增长1.1%，法国增长1.8%。在发达国家卷烟消费量减少的同时，2006年大部分发展中国家卷烟消费量在继续增加，阿根廷增长7.5%、中国增长3.9%、墨西哥增长2.1%、俄罗斯增长0.7%。

美国、俄罗斯、日本、印度尼西亚、德国是除中国外的世界五大烟草消费国。2006年，美国卷烟消费量为3646亿支，占世界卷烟消费总量的比重为6.4%；俄罗斯约为3370亿支，所占比重为5.9%；日本为2852亿支，所占比重为5.0%；印度尼西亚约为2150亿支，所占比重为3.8%；德国为932亿支，所占比重为1.6%。

目前世界各国消费的卷烟基本由以下三大类型的公司生产和供应：

第一种类型是实行国家专卖制度、实现资产一体化经营的中国烟草总公司。从绝对规模来看，2006年中国烟草总公司卷烟产销量、资产总额和利润总额均居世界烟草企业第一位，卷烟销售收入略低于奥驰亚集团。但中国烟草总公司基本依托国内市场，对国际市场依存度很低。2006年，中国烟草总公司卷烟销售总量为20352亿支，但出口量仅为166亿支，加上在境外生产和销售的卷烟，中国烟草总公司国际市场销量占总销量的比重仅为1.5%左右。

第二种类型是以国际市场为主、已经实现全球化生产和销售的跨国烟草公司。2006年，奥驰亚集团、英美烟草公司、日本烟草公司、帝国烟草公司、加莱赫烟草公司、阿塔迪斯烟草公司和韩国烟草人参公司7家跨国烟草公司合计卷烟销量为26956亿支，占全球卷烟市场份额的47.3%，占中国以外世界卷烟市场份额的73.2%，其中，奥驰亚集团所占份额为27.6%、英美烟草公司所占份额为18.7%、日本烟草公司所占份额为11.1%、帝国烟草公司所占份额为5.1%、加莱赫烟草公司所占份额为5.0%、阿塔迪斯烟草公司所占份额为3.2%、韩国烟草人参公司所占份额为2.5%。上述跨国烟草公司2006年在国内市场销量大部分都有较大幅度的减少（韩国烟草人参公司有所增长），但在国际市场销量大部分都保持快速增长（阿塔迪斯烟草公司有所下降）。从各个跨国烟草公司国际市场销量占其总销量的比重来看，2006年奥驰亚集团为81.9%、英美烟草公司为99.6%、日本烟草公司为53.8%、帝国烟草公司为87.5%、加莱赫烟草公司为89.7%、阿塔迪斯烟草公司为76.2%、韩国烟草人参公司为33.3%。可以看出，除韩国烟草人参公司外，上述其他6家跨国烟草公司均是以国际市场为主，是真正全球化生产和经营的公司。从2006年各个跨国烟草公司的市场覆盖范围看，奥驰亚集团覆盖160多个国家和地区，英美烟草公司为180多个国家和地区，日本烟草公司为120多个国家和地区，帝国烟草公司为130多个国家和地区，加莱赫烟草公司为85个国家和地区，阿塔迪斯烟草公司和韩国烟草人参公司均为30多个国家和地区。

2006年主要跨国烟草公司卷烟销售情况

公司名称	总计		国内市场		国际市场		国际销量所占比重（%）
	销量（亿支）	同比增长（%）	销量（亿支）	同比增长（%）	销量（亿支）	同比增长（%）	
奥驰亚集团	10148	2.5	1834	-1.1	8314	3.4	81.9
英美烟草公司[1]	6893	1.7	30	/	6863	1.7	99.6
日本烟草公司[2]	4098	-4.9	1895	-11.2	2203	3.7	53.8
帝国烟草公司	1869	6.7	234	-2.1	1635	8.0	87.5
加莱赫烟草公司	1824	5.0	188	-3.4	1636	6.0	89.7
阿塔迪斯烟草公司	1186	-12.3	282	-13.0	904	-11.9	76.2
韩国烟草人参公司	938	5.9	626	4.2	312	9.5	33.3

备注：1. 英美烟草公司卷烟销量包括联营公司在内为9300亿支。

2. 日本烟草公司国际销量和增长率为2005财政年度数据。

第三种类型是以本地化生产经营为主的中小型烟草公司。这种类型的烟草公司大多数是民营公司，但在部分国家仍然实行国家垄断经营或准垄断经营（如政府授权特定企业经营、政府控股等）。近年来，土耳其、保加利亚、泰国、越南等国试图推进国有烟草企业的民营化改革，但由于种种因素一直未能完成民营化进程。而在加拿大等已经实现烟草企业民营化的国家，却出现了重新国有化的呼声。总体来看，世界上对烟草企业实行国家垄断或准垄断经营的国家仍然为数不少，但其占世界卷烟市场的份额正在逐步缩小。2005年（2006年数据暂缺）国家垄断或准垄断公司（中国除外）卷烟销量约为3400亿支，占中国以外卷烟市场的份额约为8.5%。除了国家垄断或准垄断烟草企业和跨国烟草公司以外，世界市场上仍然存在为数众多的民营中小型烟草公司，这部分烟草公司占中国以外世界卷烟市场的份额大约为20%。

卷烟是一种品牌效应非常显著的快速消费品，各个烟草公司都把培育强势品牌作为参与市场竞争的主要战略。2005年，不包括中国卷烟品牌在内，全球销量最大的10个卷烟品牌分别是：奥驰亚集团的“万宝路（Marlboro）”4727亿支、日本烟草公司的“柔和七星（Mild Seven）”1117亿支、奥驰亚集团的“L&M”1062亿支、日本烟草公司与雷诺兹美国烟草公司共有的“云丝顿（Winston）”913亿支和“骆驼（Camel）”590亿支、东方烟草公司的“Cleopatra”572亿支、英美烟草公司的“都宝（Derby）”421亿支、“波迈（Pall Mall）”397亿支、“健牌（Kent）”395亿支和“金切威尔斯（Wills Gold Flake）”343亿支。

2005年部分实行垄断或准垄断国家卷烟市场情况

国家	垄断或准垄断公司	垄断或准垄断公司卷烟销量（亿支）	国内市场规模（亿支）	垄断或准垄断公司所占份额（%）
埃及	东方烟草公司	656	690	95
越南	Vintaba	410	820	50
土耳其	Tekel	385	1100	35
泰国	泰国烟草专卖公司（TTM）	280	340	83
伊朗	伊朗烟草公司（ITC）	270	600	45
阿尔及利亚	Alumenettes 国家烟草公司	170	170	100
保加利亚	保加利亚烟草公司	170	228	75
古巴	Tabecuba	124	130	95
叙利亚	大众烟草组织（GOT）	96	115	83
突尼斯	Regie 烟草公司	92	112	82
以色列	Dubek	45	85	53
利比亚	大众烟草公司	39	64	62
约旦	约旦烟草工业公司	36	40	90
缅甸	人民卷烟工业管理委员会	29	44	66
埃塞俄比亚	国家烟草专卖公司	23	44	53
玻利维亚	Compania 烟草工业公司	13	13	100

资料来源：摩根斯坦利。

备注：2006年数据暂缺。

三、2006年世界烟叶发展状况

世界烟叶生产受各国卷烟工业需求、自然条件和政策环境等因素的影响较大，存在一定的波动性。根据环球烟叶公司提供的数据，2006年世界烟叶总产量为577.8万吨，其中，烤烟产量为387.5万吨、白肋烟产量为77.3万吨、香料烟产量为31.8万吨、其他类型烟叶产量为81.2万吨。在烟叶总产量中，烤烟所占比重为67.1%、白肋烟所占比重为13.4%、香料烟所占比重为5.5%、其他类型烟叶所占比重为14.0%。

2006年，烟叶产量超过10万吨的国家有中国、巴西、美国、印度、阿根廷、马拉维和土耳其，世界烟叶生产总量的77.5%来自这7个国家。中国烟叶产量占世界烟叶总产量的34.5%，其中烤烟产量占世界烤烟总产量的50.4%。土耳其是香料烟生产大国，2006年产量为13.2万吨，占世界香料烟总产量的41.5%。

近年来，受卷烟工业需求、自然条件、政策环境等各种因素的影响，全球烟叶生产格局发生了较大变化。在非洲，津巴布韦、马拉维、坦桑尼亚、赞比亚、乌干达、莫桑比克、南非、肯尼亚和民主刚果是主要的烟叶生产国，其中马拉维是世界第六大烟叶生产国，2006年生产烤烟2.9万吨，生产白肋烟12.8万吨，分别比上年增长12.6%和7.1%。津巴布韦受2000年土地改革政策的影响，烟叶产量急剧下降，虽然近几年政府出台了一些鼓励生产的政策，烟叶生产下滑势头有所减缓，但2006年由于生产要素紧缺及不利天气等原因，烟叶产量减至5.8万吨，比上年减少21.0%。赞比亚烤烟生产有所增长，2006年产量达2.4万吨，比上年增长8.6%。坦桑尼亚主要由于干旱天气，烤烟比上年减少0.6万吨；南非主要由于需求原因，烤烟比上年减少0.9万吨。

在欧盟，由于2005年改变了烟叶补贴政策，导致烟叶生产大幅下降。特别是希腊，2005年生产烟叶11.3万吨，为当年世界第八大烟叶生产国，2006年则停止生产烤烟和白肋烟，只生产香料烟2.8万吨，香料烟产量比上年也减少近50%。除此之外，意大利、法国、西班牙等国烟叶生产也不同程度地减少。

在北美，由于美国国内烟叶需求增加，2006年生产烤烟22.2万吨，白肋烟11.3万吨，分别比上年增长14.0%和21.9%。加拿大由于国内卷烟产量下降导致烟叶需求减少、烤烟价格提高导致竞争力下降等原因，2006年烤烟产量仅为2.5万吨，比上年减少33.9%。墨西哥主要生产白肋烟，2006年产量为1.3万吨，比上年增长13.9%。

在南美，主要烟叶生产国巴西和阿根廷的产量继前两年快速增长后，2006年出现回落，生产规模有所下降，其中，巴西生产烤烟63.2万吨，生产白肋烟13.3万吨，分别比上年减少9.0%和3.3%；阿根廷生产烤烟9.1万吨，生产白肋烟5.2万吨，分别比上年减少10.9%和12.1%。巴西是目前世界第二大烟叶生产国和第一大烟叶出口国，在世界烟叶市场上具有较为重要的位置和影响。

在亚洲，由于东盟自由贸易区和跨国烟草公司并购活动的推动，烟叶生产逐年增长，特别是印度，近年来烟叶生产呈快速发展势头，2006年烟叶产量达25.1万吨，与上年基本持平。印度烟叶由于质优价低和供应量稳定很受欢迎，预计2007年烟叶产量将接近29万吨。印度尼西亚是亚洲另外一个较为重要的烟叶生产国，2005年奥驰亚集团兼并了印度尼西亚三宝麟公司后，促进了其烟叶生产的发展。2006年印度尼西亚烟叶产量为4.3万吨，比上年增长4.9%。2006年泰国烟叶产量为6.1万吨，比上年减少6.5%。菲律宾、越南、巴基斯坦等亚洲国家虽然烟叶生产规模较小，但具有一定的发展潜力。

四、2007年世界烟草发展趋势分析

2006年，世界烟草行业在《烟草控制框架公约》正式履行后外部环境压力不断加大的背景下，继续保持增长态势，包括中国烟草总公司在内的绝大部分大型烟草公司均取得较为良好的经营业绩。日本烟草公司并购加莱赫烟草公司，改变了全球烟草市场竞争格局，并将对2007年和今后一个时期内全球烟草市场产生很大影响。综合考虑外部环境、市场需求、政府政策、消费者行为，以及跨国烟草公司的战略举动，2007年的世界烟草总体上将呈现以下发展趋势：

世界烟草市场总量规模继续扩张，但发达国家不断下降、发展中国家不断增长的基本格局保持不变。根据摩根斯坦利预测，2005~2010年，世界各国卷烟销量年均增长0.33%，其中，非洲年均增长2.3%、拉美年均增长1.27%、亚洲（不含中国）年均增长0.3%、东欧年均增长0.24%、西欧年均下降1.18%、北美年均下降1.29%。从卷烟市场地区结构增长变化趋势看，总体上仍然保持发达国家不断下降、发展中国家继续增长的格局。2007年，中国、印度、印度尼西亚、巴西、巴基斯坦、菲律宾、俄罗斯可能是卷烟销量增加较多的国家，而美国、日本、意大利、西班牙、德国、波兰、英国、法国可能会是卷烟销量下降较多的国家。综合分析，预计2007年世界卷烟市场销量将接近5.8万亿支，卷烟产量将超过5.95万亿支，烟叶产量将超过580万吨。

较大规模的企业并购重组可能继续出现。受日本烟草公司并购加莱赫烟草公司的影响，未来一个时期世界烟草市场的格局将进一步朝着垄断化、集中化方向发展，2007年及今后一个时期，世界第四大烟草公

司——帝国烟草公司有可能展开较大规模的并购活动，譬如收购阿塔迪斯烟草公司和土耳其国家烟草公司等，但也面临被奥驰亚集团或英美烟草公司收购的可能，其中被奥驰亚集团收购的可能性很大。而近年来快速发展起来的阿塔迪斯烟草公司，被居于领先地位的几大跨国烟草公司收购的可能性越来越大。除了上述可能出现的较大规模的企业并购外，跨国烟草公司对其他市场开放国家的中小型烟草公司的收购步伐会进一步加快，几个主要的跨国烟草公司在国际市场的垄断地位将进一步增强。

《烟草控制框架公约》的有关规定继续在世界范围内得到切实履行，但一些烟草管制政策的效应在理论和实践上将引起更多的争论。譬如，提高烟草产品的税收和价格导致卷烟走私更加严重、对合法品牌卷烟的仿造更加普遍、低价和手卷烟更加流行、烟草管制成本更加高昂等，都引起了有关各方的普遍关注。另外，前几年在美国非常普遍的针对烟草公司的产品责任诉讼，随着卷烟消费的健康危害性得到广为宣传和烟草产品成分信息更加公开透明，起诉烟草公司越来越难以得到法院的支持。可以预见，在未来时期内，世界各国仍将继续加强烟草管制，但具体的管制政策将会不断调整和创新。

（李保江　衡丙权）

2006年部分国家和地区卷烟市场概况

美　国

美国是仅次于中国的世界第二大卷烟产销国。2006年，美国生产卷烟4837亿支，占世界卷烟生产总量的8%；美国销售卷烟3646亿支，占世界卷烟销售总量的6.4%。受控烟运动的影响，近年来美国卷烟市场产销量继续呈现下降趋势。

巴　西

2006年，巴西生产卷烟1271亿支，占世界卷烟生产总量的2.1%，同比减少4.6%，是世界第七大卷烟生产国。巴西是拉丁美洲卷烟销量最大的国家，占该地区卷烟销量的40%以上。

英　国

2006年，英国生产卷烟791亿支，同比减少9.5%，占世界卷烟生产总量的1.3%，卷烟产量的持续下降使英国从2005年位居全球卷烟生产大国排行榜第16位降为2006年的第18位。英国的卷烟消费量也呈现下降趋势，同比下降3.3%，烟草税收占卷烟零售价格的比重为76.3%。

德　国

德国是欧盟国家主要的卷烟生产国。2006年，德国生产卷烟2160亿支，占世界卷烟生产总量的3.6%，是世界第五大卷烟生产国；销售卷烟932亿支，占世界卷烟销售总量的1.6%。其中，奥驰亚集团占德国的市场份额为30.4%，同比增长1.7%；帝国烟草公司占德国的市场份额为20.7%。

俄罗斯

俄罗斯是世界第三大卷烟消费国，目前吸烟人口约为4000万人。2006年，俄罗斯生产卷烟4100亿支，比上年略有增长，占世界卷烟生产总量的6.8%；销售卷烟3370亿支，占世界卷烟销售总量的5.9%。俄罗斯卷烟市场被世界几大跨国烟草公司所占据，其中，奥驰亚集团在俄罗斯的市场份额为26.6%，日本烟草公司占俄罗斯的市场份额为17.4%，帝国烟草公司占俄罗斯的市场份额为5.5%。

日　本

2006年，日本生产卷烟1966亿支，同比减少6.7%；销售卷烟2852亿支，占世界卷烟销售总量的5.0%。日本烟草产业株式会社是日本唯一的卷烟制造商，拥有庞大的卷烟分销网络，2006年，其卷烟销量占国内卷烟销售市场份额的66.4%，与2005年基本持平，随着其对加莱赫烟草集团的成功并购，加强了其开拓海外市场能力。

印　度

2006年，印度生产卷烟1057亿支，同比增长6.8%，占世界卷烟生产总量的1.8%，是世界第十三大卷烟生产国。印度烟草公司（ITC）是印度最大的烟草公司，占印度卷烟市场份额的70%左右，其最大的三个卷烟品牌是“Gold Flake”、“Wills”和“Scissors”。近年来，印度的雪茄烟市场呈现快速上涨趋势。

韩　国

2006 年，韩国生产卷烟 1190 亿支，同比增长8%，是世界第十大卷烟生产国；销售卷烟 877 亿支。韩国烟草人参公司控制着韩国的卷烟市场，占韩国卷烟市场份额的 71.4%。英美烟草公司、菲莫·国际公司（PMI）和日本烟草公司是其主要的竞争对手，三家公司 2006 年占韩国的市场份额为 28.6%。

印度尼西亚

2006 年，印度尼西亚生产卷烟 2303 亿支，同比增长 2%，占世界卷烟生产总量的 3.8%，是世界第四大卷烟生产国；销售卷烟 2150 亿支，占世界卷烟销售总量的 3.8%。丁香型卷烟是印度尼西亚市场的主流产品，约占国内卷烟市场总量的 90%。

土耳其

2006 年，土耳其生产卷烟 1149 亿支，同比增长3.4%，占世界卷烟生产总量的 1.9%，是世界第十一大卷烟生产国；销售卷烟 1100 亿支。土耳其本土烟草公司 Tekel 公司占国内卷烟市场份额的 35%，奥驰亚集团占 42.5%，日本烟草公司占 9.5%。

（马　超）

2006 年主要跨国烟草公司发展动态

一、烟叶类跨国公司

环球烟叶公司（Universal Corporation）

环球烟叶公司是全球最大的跨国烟叶公司，总部位于美国弗吉尼亚州，烟叶业务除美国外，还涉及全球 35 个国家和地区，主要是美洲的阿根廷、巴西、加拿大、哥伦比亚、多米尼加、危地马拉、墨西哥和巴拉圭；欧洲的比利时、法国、德国、希腊、匈牙利、意大利、荷兰、波兰、葡萄牙、俄罗斯、西班牙、瑞士和英国；亚洲的印度、印度尼西亚、中国、菲律宾、新加坡；非洲的马拉维、莫桑比克、南非、坦桑尼亚、乌干达、赞比亚和津巴布韦等。环球烟叶公司烟叶经营所涉及的业务包括烟叶买卖、运输、加工、打包、仓储和烟叶购销信贷等，但出售加工烟叶和为客户提供服务的收入是环球烟叶公司烟叶经营收入的主要来源。

环球烟叶公司在巴西、意大利、马拉维、加拿大、匈牙利、荷兰、坦桑尼亚、波兰、津巴布韦均独立设有烟叶加工厂；在危地马拉和墨西哥设有合资的烟叶加工厂；在阿根廷、印度、菲律宾、中国、南非、乌干达和赞比亚等地有合作烟叶加工厂。依赖其在全球分布广泛的经营机构、先进的烟叶加工设施和技术、强大的资金实力、满足客户需求的能力以及与客户所建立的长期关系，环球烟叶公司的烟叶业务在世界大部分烟叶主产区处于领先地位。

环球烟叶公司在世界各地开展烟叶业务主要是利用自己建立的经营机构，较少利用代理机构，客户大多是长期经营的烟草制造商。在 2006 财政年度，公司营业收入为 35.1 亿美元，比上年增长 7.2%；在营业收入保持增长的同时，实现利润却大幅下降，全年净利润仅为 794 万美元，比上年下降 91.7%。对于环球烟叶公司来说，2006 年是较为困难的一年，几乎在公司的所有经营领域都遭遇了挑战。这些挑战主要包括：巴西烟叶质量的下降和货币坚挺影响销售收入和利润；马拉维和赞比亚烤烟受天气影响减产；对巴西和非洲一些农民的投入没有产生回报；因为美国烟叶减产关闭的弗吉尼亚 Danville 的加工厂使公司承担一大笔重组费用；遵循美国会计准则调整公司在津巴布韦投资的合理估值使公司坏账增加；欧盟调查公司在西班牙烟叶购买活动后对公司开出了巨额罚单等等。公司在这一年的亮点主要是在美国的烟草业务因为经营效率和销售量扩大而大大改善；位于莫桑比克的加工厂如期投产并运转良好。经历了 2006 年的困难和调整之后，公司计划在 2007 财政年度采取一系列应对举措以改善经营业绩，包括恢复烟叶特别是烤烟供应和需求的平衡；降低巴西的产量，通过调控公司在其他地区烟叶的生产和采购来满足那些忠实客户的需求；通过多种途径提高烟草业务方面的现金流和利润水平；控制成本费用，一如既往地保证产品质量等。

联盟一号国际公司（Alliance One International）

联盟一号国际公司是2005年由德孟公司和标准商业公司合并而成的世界第二大烟叶公司。目前，联盟一号国际公司在17个国家拥有29个烟叶加工厂，全球雇员总数超过7000人。联盟一号国际公司从45个国家收购烟叶，客户分布在90多个国家。2006年，公司营业收入为21.1亿美元，比上年增长62.5%。

在联盟一号国际公司2006年所收购的烟叶中，21%来自于美国（按价值量计算），29%来自于巴西，8%来自于土耳其，5%来自于阿根廷，5%来自于中国，其余32%来自于其他40个国家。2006年，联盟一号国际公司对奥驰亚集团和日本烟草公司的销售收入分别占公司总收入的34%和18%。

虽然联盟一号国际公司是由两个具有较强实力的跨国烟叶公司合并而成，其市场影响力和竞争实力都得到一定提升，但联盟一号国际公司近两年业务经营并不理想。在2006财政年度中，联盟一号国际公司亏损4.5亿美元。之所以出现巨额亏损，主要是因为具体的公司整合还在进行中，与合并相关的庞大费用削弱了公司的盈利能力，此外还有以下不利因素：一是截至2006年3月31日的财政年度的数字，反映了合并的完成，但并没有包括标准商业公司从2005年4月1日至5月13日期间的业绩，上一财政年度的业绩没有包括标准商业公司的业绩，而只是关于德孟公司的业绩。二是作为公司重要的烟叶来源地，巴西的经营业绩受到了烟叶质量不佳的负面影响，而成本因巴西货币相对走强而大幅度增加。三是与商誉损害有关的费用、重组与资产减损、与合并有关的债务注销费用、停产企业的亏损增加、继续经营企业的业绩滑坡等，对公司2006财政年度的业绩产生消极影响。为扭转亏损局面，在2007财政年度，联盟一号国际公司拟采取以下重大战略措施：继续加深整合以提升公司实力，通过降低费用、提高效率和改善定价来提高盈利，通过积极控制营运资本减少债务，同时通过适当提价抵消成本上升、利率上升和美元疲软的不利影响，通过专注客户战略巩固和加强与客户的互利关系等。

二、卷烟类跨国公司

奥驰亚集团（Altria Group）

奥驰亚集团是除中国烟草总公司外（下同）的世界第一大跨国烟草公司，其烟草业务由菲莫·国际公司（PMI）和菲莫·美国公司（PM USA）两大部分组成。除烟草业务外，奥驰亚集团还经营食品和金融业务。在2006年《财富》全球企业500强排名中，奥驰亚集团位居第62位。

2006年，奥驰亚集团共销售卷烟10148亿支，比上年增长2.5%；其中，国内销售1834亿支，比上年减少1.1%；国际销售8314亿支，比上年增长3.4%。卷烟销售收入为667.3亿美元，比上年增长5.2%；其中，美国国内销售收入184.7亿美元，比上年增长1.9%；国际销售收入482.6亿美元，比上年增长6.6%。税收为310.8亿美元（仅指包括其他产品在内的产品税和消费税），比上年增长7.4%；其中，国内税收36.2亿美元，比上年减少1.1%；国际税收274.6亿美元，比上年增长8.7%。烟草营业利润为132.7亿美元，比上年增长7.0%，其中，国内利润为48.1亿美元，比上年增长5.0%；国际利润为84.6亿美元，比上年增长8.2%。烟草资产总额为326.1亿元，比上年增长0.7%。包括其他业务在内，2006年奥驰亚集团销售收入为1014.1亿美元，比上年增长3.6%；营业利润为181.6亿美元。

奥驰亚集团的“万宝路”品牌是销量遥遥领先于其他卷烟品牌的全球第一大卷烟品牌，2006年销量达4637亿支，比上年减少1.4%；其中，在美国市场销售1477亿支，比上年减少0.5%；在国际市场销售3160亿支，比上年减少1.9%。

2006年，菲莫·美国公司在国内市场的占有率为50.3%，比上年提高0.3个百分点；其中，“万宝路”品牌市场占有率为40.5%，比上年提高0.5个百分点。

菲莫·国际公司卷烟销售遍及全球160多个国家和地区。2006年，菲莫·国际公司在欧盟的卷烟销量比上年减少2.8%，市场份额为35.3%，比上年下降0.2个百分点；其中，在西班牙的市场份额为32.2%，比上年下降2.4个百分点；在德国的市场份额为30.4%；在意大利的市场份额为53.8%，比上年提高1.3个百分点；在法国的市场份额为42.7%，比上年提高1.0个百分点；在波兰的市场份额为40%，比上年提高2.8个百分点。

在东欧、中东和非洲市场上，2006年菲莫·国际公司卷烟销量比上年增长1.7%，其中在俄罗斯、乌克兰和埃及市场上增长强劲，但在罗马尼亚和土耳其市场上有所下降。2006年菲莫·国际公司在罗马尼亚的市场份额为31.4%，在土耳其的市场份额为42.5%，在俄罗斯的市场份额为26.6%。

在亚洲市场上，2006年菲莫·国际公司卷烟销量比上年增长12.3%，其中，印度尼西亚市场销量增长69.6%，市场份额为27.7%；日本市场销量减少4.8%，市场份额为24.7%。

在拉美市场上，2006年菲莫·国际公司卷烟销量比上年增长10.8%，其中，阿根廷市场销量增长15.9%，市场份额为66.3%；墨西哥市场销量增长6.0%，市场份额为63.5%。

英美烟草公司（British American Tobacco）

英美烟草公司是世界第二大跨国烟草公司。2006年，英美烟草公司卷烟销量达6893亿支（含联合企业销量为9300亿支），比上年增长1.7%。其中，欧洲销售2477亿支，比上年增长1.5%；亚太地区销售1419亿支，比上年增长3.5%；拉美地区销售1526亿支，比上年增长2.2%；非洲和中东地区销售1033亿支，比上年增长0.7%；美太①地区销售438亿支，比上年减少2.7%。

英美烟草公司卷烟销售分布在全球180多个国家和地区，其中在50多个国家和地区居于市场领导地位。从各区域卷烟销量占公司总销量的比重来看，2006年欧洲占35.9%，亚太地区占20.6%，拉美地区占22.1%，非洲和中东地区占15.0%，美太地区占6.4%。巴西、俄罗斯、巴基斯坦、意大利、日本、南非、墨西哥、加拿大、德国、越南、乌克兰、马来西亚、韩国、智利、阿根廷、孟加拉国、罗马尼亚、波兰、澳大利亚和土耳其是英美烟草公司卷烟销量最大的20个国家，其卷烟销量的63%在这20个国家，利润的80%左右来自这20个国家。在上述国家中，除了德国、土耳其、日本和乌克兰外，英美烟草公司均是这些国家的第一或第二大烟草公司，其中，市场份额超过50%的有智利、南非、巴西、马来西亚、加拿大和孟加拉国；市场份额在30%～50%之间的有巴基斯坦、澳大利亚、墨西哥、罗马尼亚、阿根廷和意大利。

英美烟草公司在全球范围内重点发展“健牌（Kent）”、“登喜路（Dunhill）”、“好彩（Lucky Strike）”和“波迈（Pall Mall）”四大“全球驱动品牌”。2006年，这四大品牌共销售1460亿支，同比增长17%，其中，“健牌”450亿支，同比增长16%；“登喜路”330亿支，同比增长6%；“好彩”220亿支，与上年持平；“波迈”460亿支，同比增长40%。

2006年，英美烟草公司继续推进“促进增长、提高效率、强化责任、优化组织”四大战略，在资源重组、成本控制、股票回购、企业联合等方面采取了一系列卓有成效的战略行动。譬如，以9500万英镑出售意大利的雪茄烟业务、投资9100万英镑把在智利公司的股份从70.4%提高到96.5%、把原有64家卷烟厂调整压缩至52家、花费5亿英镑进行股票回购、与菲莫·国际公司签订商标转移协议等。

2006年，英美烟草公司销售收入为251.9亿英镑（约464.5亿美元），比上年增长5.0%；税收总额为154.3亿英镑（约284.5亿美元），比上年增长5.2%；利润总额为27.9亿英镑（51.6亿美元）；资产总额为177.8亿英镑（约327.9亿美元），比上年减少6.7%。

日本烟草公司（Japan Tobacco）

日本烟草公司是世界第三大跨国烟草公司。2006年，日本烟草公司共销售卷烟4098亿支（国际销量为2005财政年度数），比上年减少4.9%；其中，国内销售1895亿支，比上年减少11.2%，所占市场份额为66.4%；国际销量2203亿支，比上年增长3.7%。

日本烟草公司在国内拥有10家卷烟厂，比上年减少8家；在境外拥有17家卷烟厂，比上年增加1家。国内烟草业务雇员11795人，国际烟草业务雇员11943人。

日本烟草公司的国际业务由其子公司日本烟草国际公司（JTI）负责经营，JTI总部设在瑞士日内瓦，在全球有90多个分支机构，烟草业务遍及120多个国家和地区。在主要目标市场上，日本烟草国际公司2006年的市场份额分别是：法国9.7%、西班牙11.5%、意大利10.2%、俄罗斯17.4%、乌克兰12.8%、土耳其9.5%、加拿大11.6%、中国台湾36.9%、马来西亚19.4%、韩国3.2%。从国际市场布局来看，2006年日本烟草国际公司在亚洲（日本除外）销售卷烟335亿支，占其国际销量的15.2%；在欧洲销售392亿支，占国际销量的17.8%；在美洲销售93亿支，占国际销量的4.2%；在独联体及其他地区销售1383亿支，占国际销量的62.8%。

① 英美烟草公司根据在世界各地的业务和市场特点，将全球分成6个区域性市场，其中美太地区是指美国、墨西哥、日本、韩国市场。

2006年，日本烟草公司共销售117个卷烟品牌，比上年增加22个，其中，“骆驼（Camel）”、“云丝顿（Winston）”、“柔和七星（Mild Seven）”、“沙龙（Salem）”是公司重点发展的四大“旗舰品牌”。“柔和七星”是目前全球第二大卷烟品牌，2005年销量为1117亿支。

2006年，日本烟草公司烟草销售收入为42865亿日元（约364.9亿美元），同比增长0.1%；税收为26288亿日元（约223.8亿美元），同比增长1.5%；利润为2911亿日元（约24.8亿美元），同比增长11.8%。

2007年，日本烟草国际公司将完成对英国加莱赫烟草公司的收购，并购完成后的日本烟草公司卷烟销量将达到每年6000亿支左右，占中国以外世界卷烟市场的份额将达到16%左右。

帝国烟草公司（Imperial Tobacco）

帝国烟草公司是世界第四大跨国烟草公司，其产品在全球130多个国家和地区销售，其战略性主导卷烟品牌是“威斯（West）”和“大卫·杜夫（Davidoff）”。目前，帝国烟草公司在全球拥有32家烟草加工厂（其中卷烟厂21家），全球雇员14500人。

2006年，帝国烟草公司共销售卷烟1869亿支，比上年增长6.7%；其中，在英国销售234亿支，比上年减少2.1%；在德国销售207亿支，比上年减少1.0%；在西欧其他国家销售201亿支，比上年增长13.6%；在世界其他国家销售1227亿支，比上年增长8.9%。帝国烟草公司2006年还销售了2.55万吨烟丝和手卷烟，比上年减少4.1%。

在主要目标市场上，帝国烟草公司2006年的市场份额是：英国45.5%，德国20.7%，荷兰8.9%，比利时10.2%，意大利1.5%，爱尔兰26.2%，法国3.6%，西班牙6.4%，希腊8.4%，中国台湾11.1%，澳大利亚17.8%，波兰16.1%，俄罗斯5.5%，乌克兰19.0%。

2006年，帝国烟草公司销售收入为116.7亿英镑（约215.2亿美元），比上年增长4.0%；税收总额为85.1亿英镑（约156.9亿美元）；利润总额为13.1亿英镑（约24.2亿美元）；资产总额为71.4亿英镑（约131.7亿美元）。

加莱赫烟草公司（Gallaher Group）

加莱赫烟草公司成立于1857年，总部位于英国，目前在全球85个国家和地区开展烟草业务，全球雇员11000多人，主要卷烟品牌有“金边臣（Benson & Hedges）”、“LD”、“Mayfair”、“孟菲思（Memphis）”、“Ronson”、“时运（Silk Cut）”、“寿百年（Sobranie）”和“Sovereign”。尽管近年来加莱赫烟草公司各项业务发展较快，但在2006年，公司股东会决定以147亿美元的价格将公司整体出售给日本烟草公司，此项并购交易预计于2007年最终全部完成。

2006年，加莱赫烟草公司共销售卷烟1824亿支，比上年增长5.0%；其中，在英国销售188亿支，比上年减少3.4%；在国际市场销售1636亿支，比上年增加6.0%；销售收入为84.0亿英镑（约154.9亿美元），比上年增长2.3%；税收总额为56.7亿英镑（约104.5亿美元），比上年增长1.0%；利润总额为6.9亿英镑（约12.7亿美元），比上年增长3.4%；资产总额为39.3亿英镑（约72.5亿美元），比上年增长1.5%。

2006年中国烟草总公司及世界五大跨国烟草公司烟草业务

公司名称	卷烟销量（亿支）	销售收入（亿美元）	税收总额（亿美元）	利润总额（亿美元）	资产总额（亿美元）
中国烟草总公司	20352	610.0	237.7	141.7	765.9
奥驰亚集团	10148	667.3	310.8	132.7	326.1
英美烟草公司	6893	464.5	284.5	51.6	327.9
日本烟草公司	4098	364.9	223.8	24.8	181.0
帝国烟草公司	1869	215.2	156.9	24.2	131.7
加莱赫烟草公司	1824	154.9	104.5	12.7	72.5

备注：奥驰亚集团税收仅指包括其他产品在内的产品税和消费税；汇率计算：1美元=7.9元人民币=0.54英镑=117.5日元。

阿塔迪斯烟草公司（Altadis Group）

阿塔迪斯公司是1999年由西班牙的塔巴克莱拉公司与法国的塞塔公司合并而成的一家跨国烟草公司。目前，其烟草业务涉及30多个国家和地区，主要目标市场集中于西欧，2006年雇员总数为27437人。近年来，西欧国家烟草税收持续提高和其他控烟措施日趋严格，烟草市场需求在不断减少，这直接影响了阿塔迪斯公司的烟草经营状况。2006年，阿塔迪斯公司卷烟销量为1186亿支，比上年减少12.3%；不含税的卷烟销售收入为16.9亿欧元（约21.1亿美元），比上年减少14.5%。从市场布局来看，2006年阿塔迪斯公司在西班牙销售卷烟282亿支，在法国销售卷烟158亿支，在俄罗斯销售卷烟215亿支，在摩洛哥销售卷烟124亿支，在德国销售卷烟61亿支，在其他国家和地区销售卷烟346亿支。

阿塔迪斯公司是全球排名第一的雪茄烟公司，2006年共销售雪茄烟32.8亿支，比上年减少4.6%；雪茄烟不含税销售收入为8.9亿欧元（约11.2亿美元），比上年增长0.4%。

阿塔迪斯公司重点发展"Gauloises"、"Fortuna"和"Gitanes"三大"旗舰品牌"，2006年三大品牌销量为881亿支，占公司总销量的74.3%。2006年，阿塔迪斯公司与菲莫·国际公司于达成一项战略性协议，根据此项协议，菲莫·国际公司可以在亚洲市场上生产和销售"Gauloises"和"Gitanes"品牌卷烟。

韩国烟草人参公司（Korea Tobacco and Ginseng Corporation）

韩国烟草人参公司是近年来快速成长起来的跨国烟草公司，目前其业务已遍及全球30多个国家和地区，最近几年在中东、中亚地区发展很快。尤其是在俄罗斯和中国市场上，其"爱喜"（ESSE）品牌的市场影响力正在迅速扩大。

韩国烟草人参公司原是一家国有企业，2002年彻底完成私有化改革后，通过提升品牌竞争能力、优化品牌组合、实施积极的市场营销策略、强化分销渠道的领导地位等，在不断巩固国内市场份额的基础上，积极寻求向境外扩张，目前已发展成为一家具有较强实力的跨国烟草公司。2006年，韩国烟草人参公司共销售卷烟938亿支，比上年增长5.9%；其中，在国内市场销售卷烟626亿支，比上年增长4.2%；在国际市场销售卷烟312亿支，比上年增长9.5%。

2006年，韩国烟草人参公司在韩国卷烟市场的占有率为71.4%，比上年减少1.6个百分点。英美烟草公司、菲莫·国际公司和日本烟草公司是其主要的竞争对手，三家公司2006年在韩国市场的合计占有率为28.6%。

2006年，韩国烟草人参公司销售收入（不含税）为21866亿韩元（约23.8亿美元），比上年增长2.4%；净利润为6497亿韩元（约7.1亿美元），比上年增长25.9%；资产总额为36684亿韩元（约39.9亿美元），比上年减少7.5%。

韩国烟草人参公司的目标是成为世界第五大跨国烟草公司，该公司计划2007年销售卷烟995亿支，其中国际市场销售367亿支。

三、烟机和辅料类跨国公司

莫林斯公司（Molins PLC）

莫林斯公司（Molins PLC）创建于1912年，目前是一家主要从事烟草机械、食品加工机械及其他大批量产品加工机械的设计、生产和经营的国际化集团公司。莫林斯集团公司划分为3个业务部门：包装机械制造、烟草机械制造和科技服务。其中，包装机械制造业务主要为非耐用消费品行业设计、生产、销售包装设备并提供相关服务；烟机制造业务是莫林斯公司的传统核心业务部门，负责运营的公司位于英国桑德顿城，在英国、美国、巴西、巴拉圭、新加坡、捷克、俄罗斯等7国设有分支机构，产品涵盖了卷烟生产设备、包装设备、传输设备、质量检测设备等，莫林斯公司通过分布在全球的基地，为中国烟草总公司、奥驰亚集团、英美烟草公司等提供一系列服务；莫林斯公司科技服务业务是在2002年收购Arista实验室的基础上发展起来的，业务由此扩大到烟气分析业务，以及烟草化学成分分析领域，目前已成为公司增长最快的部分。

长期以来，莫林斯公司保持着较为稳健的发展步伐。2006年莫林斯公司进行比较大的结构调整，重组了烟草机械制造部门，出售了Sandiacre Rose Forgrove.和Sasib公司两家亏损的公司。2006年，莫林斯公司实现营业收入8860万英镑，比上年减少0.8%。其中，包装机械制造、烟草机械制造和科技服务营业收入分别为3390万英镑、3620万英镑和1850万英镑，所占比重分别为38.3%、40.8%、20.9%；实现利润760万英镑，以上三项业务分别为250万英镑、190万英镑和320万英镑，所占比重分别为32.9%、25.0%、42.1%。

2006年莫林斯公司的全球市场分布情况是：英国

11%、欧洲大陆20%、北美27%、亚洲25%、其他地区17%。1964年，莫林斯公司的产品第一次进入中国市场。1996年莫林斯公司在昆明设有合资企业——昆明莫林斯烟草机械有限公司，并且在上海和昆明都设立了零备件服务中心。

塞拉尼斯公司（Celanese Corp.）

塞拉尼斯公司是一家在全球化工产品市场上具有领先地位的公司，总部位于美国德克萨斯州的达拉斯市。塞拉尼斯公司的前身是1912年克拉夫和德莱福斯兄弟在瑞士的巴塞尔组建的塞洛尼德里福公司（Cellonit Gesellschaft Dreyfus & Co.）。此后几经变迁，1999年10月，塞拉尼斯公司股份公司（Celanese AG）在德国完成商业注册，随后在纽约和法兰克福证券交易所上市。2004年，黑石集团通过友好要约方式收购了Celanese AG，将其私有化。同年11月，Celanese AG私有化后的实际控制者Blackstone Crystal Holdings Capital Partners（Cayman）IV Ltd. 更名为Celanese Corporation，并在纽约证券交易所上市，成为今日的塞拉尼斯公司。塞拉尼斯公司在北美、欧洲、亚洲的11个国家有30家产品制造中心和6个研发中心，2006年，全球雇员约8900人，公司2006年营业收入的60%来源于北美之外的地区。

目前，塞拉尼斯公司主要业务包括基础化工产品、Ticona工程聚合物、醋酸纤维产品、辅助产品，2006年，塞拉尼斯公司营业收入为66.6亿美元，比上年增长10.3%；营业利润为7.5亿美元，比上年增长30.3%。公司业务与烟草工业有关的主要是醋酸纤维产品，包括薄片、丝束和细丝等，2004年公司提出振兴醋酸纤维产品计划，巩固和提升薄片与丝束业务和退出细丝业务，在这两方面已经取得一定进展。2005年5月，公司停止细丝生产，2006年公司宣布收购在英国从事薄片与丝束业务的Acetate Products Limited（APL）公司。同时，公司提高效率，削减特定地区过剩产能，专注能带来价值持续增长的市场。2006年，公司利用在醋酸纤维产品市场上的领先优势，把所有地区标准等级醋酸纤维的价格提高12%。通过这些积极的经营措施，2006年公司的醋酸纤维产品业务收入达7亿美元，比上年增长6%。

1987年，塞拉尼斯公司与中国烟草总公司在江苏省南通市共同投资兴建了南通醋酸纤维有限公司。2003年，塞拉尼斯公司又与中国烟草总公司达成协议，把双方合资的3个公司（南通、珠海、昆明醋酸纤维有限公司）的产能提高一倍。此外，塞拉尼斯公司在中国的其他化工领域也快速发展，目前，中国业务已经成为塞拉尼斯公司重要的收入来源。

（李保江　衡丙权）

先进企业名单

全国烟草行业“十五”期间获国家科技进步奖项目名单

（国家烟草专卖局关于表彰奖励全国烟草行业“十五”重大科技成果暨科技创新工作先进集体和先进个人的决定　国烟科〔2006〕321号 国家烟草专卖局2006年5月16日印发）

序号	项目名称	年度	获奖等级	主要完成单位	主要完成人
1	二醋酸纤维素浆液精细过滤及高密度生产技术研究	2005	二等奖	南通醋酸纤维有限公司	陈旭东、杨占平、王振寰、王　军、徐　坦、曹建华、黄建新、袁慰椿、周　庆、许统林

序号	项目名称	年度	获奖等级	主要完成单位	主要完成人
2	降低卷烟烟气中有害成分的技术研究	2004	二等奖	中国烟草总公司郑州烟草研究院、北京卷烟厂、中国科学院兰州化学物理研究所、吉林省大方经贸有限公司、长沙卷烟厂、广东神农烟科技术有限公司、上海烟草（集团）公司	王彦亭、谢剑平、赵明月、谢复炜、吕功煊、夏巧玲、王德平、曲志刚、李绍民、刘建福
3	根结线虫生防真菌资源的研究与应用	2004	二等奖	云南大学、云南烟草科学研究院农业研究所、贵州大学	张克勤、李天飞、刘杏忠、夏振远、周薇、祝明亮、莫明和、杨树军、蔡磊
4	提高白肋烟质量及其在低焦油卷烟中的应用研究	2003	二等奖	中国烟草总公司郑州烟草研究院、中国烟草白肋烟试验站、云南烟草科学研究院	谢剑平、尹启生、李进平、李天飞、吴鸣、朱大恒、陈小瑜、谢子发、罗登山、程多福
5	红河卷烟厂自动化物流系统	2002	二等奖	昆明船舶设备集团有限公司、红河卷烟厂	张正义、邱建康、李涛、徐仲兴、徐广晋、张鹤松、刘林海、张晓昆、樊跃进、史龙炎

2006年度国家烟草专卖局科学技术进步奖获奖项目名单

（国家烟草专卖局关于2006年度国家烟草专卖局科学技术进步奖励的决定 国烟科〔2007〕97号 国家烟草专卖局2007年2月15日印发）

序号	申报项目名称	获奖等级	成果类别	主要完成单位	主要完成人	申报单位
1	制丝工艺技术水平分析及提高质量的技术集成研究推广	一等奖	科技成果推广类	中国烟草总公司郑州烟草研究院、龙岩卷烟厂、楚雄卷烟厂、淮阴卷烟厂、常德卷烟厂、哈尔滨卷烟总厂	高学林、罗登山、刘朝贤、堵劲松、王兵、姚光明、常纪恒、王宏生、梁伟、席年生、杨达辉、高中华、孙贤军、周涛、孔臻	中国烟草总公司郑州烟草研究院
2	烟草转基因检测方法研究	二等奖	科研开发类	中国烟草东北农业试验站	郭兆奎、张丽萍、万秀清、范志新、颜培强、栾双、李丽杰、冯茜、魏继承、焦庆明	中国烟草东北农业试验站

序号	申报项目名称	获奖等级	成果类别	主要完成单位	主要完成人	申报单位
3	烟草种子标准化繁育关键技术研究及产业化示范	二等奖	科研开发类	中国烟草育种研究（南方）中心	李永平、白永富、卢秀萍、肖炳光、张恒、马文广、段凤云、梁云高、王文君、黄韦华	中国烟草育种研究（南方）中心
4	上海烟草（集团）公司产销集成系统	二等奖	科研开发类	上海烟草（集团）公司	王伟民、陆永年、蔡曙沧、陈剑虹、周铭、沈祖明、巫德泉、刘璎、王平、张建民	上海烟草（集团）公司
5	香料烟特征致香成分前体合成和应用研究	二等奖	科研开发类	长沙卷烟厂、湖南师范大学	杨华武、谭新良、银董红、刘建福、黎艳玲、傅见山、尹新强、刘金云、邓昌健、陈勇	长沙卷烟厂
6	优质白肋烟晾制技术及其机理研究	二等奖	科研开发类	中国烟草白肋烟试验站（湖北省烟草科研所）、湖北省烟草质量监督检验站、华中农业大学、武汉烟草（集团）有限公司	李进平、杨春雷、李青诚、徐芳森、廖晓玲、林国平、高艾飞、赵传良、王建新、郑莉	中国烟草白肋烟试验站（湖北省烟草科研所）
7	具有降低危害、清新口气功效的生物活性剂微胶囊在卷烟中的应用研究	二等奖	科研开发类	常德卷烟厂	孙贤军、胡旺顺、钟科军、何小解、陈汉清、高泽华、张小明、马畛、刘东山	常德卷烟厂
8	数字化卷烟产品设计	三等奖	科研开发类	淮阴卷烟厂、清华大学	张映、李青、张安廷、庄亚东、赵长松、丁毅、刘文煌	淮阴卷烟厂
9	“无公害”烟叶农药、重金属最高残留限量标准研究	三等奖	科研开发类	中国烟草总公司青州烟草研究所	李义强、王凤龙、曹爱华、徐光军、孙惠青、王能如、余清	中国烟草总公司青州烟草研究所
10	以甘蔗渣为基质的烤烟漂浮育苗综合技术应用研究	三等奖	科研开发类	广西中烟工业公司、广西大学	韦建玉、陈佩琼、李桂湘、曾祥难、唐小平、杨启港、周效峰	广西中烟工业公司

序号	申报项目名称	获奖等级	成果类别	主要完成单位	主要完成人	申报单位
11	长沙卷烟厂卷烟生产工序质量评价技术研究	三等奖	科技成果推广类	长沙卷烟厂	刘建福、陈刚、谭新良、易浩、尹大锋、廖文大、胡长锋	长沙卷烟厂
12	烟草专用吸烟机风速仪计量基准	三等奖	科技成果推广类	中国烟草标准化研究中心、中国船舶重工集团公司七〇二所	赵航、徐兴祺、张勍、苗芊、陈隽、范黎、李栋	中国烟草标准化研究中心
13	烟用香精特征芳香组成分析及调配研究	三等奖	科研开发类	武汉烟草（集团）有限公司、武汉大学	熊国玺、吴采樱、李丹、邢军、熊斌、刘建峰、张世灵	武汉烟草（集团）有限公司
14	智能烟草异物剔除系统	三等奖	科研开发类	昆明船舶设备集团有限公司	张勇、张鹤松、许永明、唐向阳、李江有、张云、杨晓华	昆明船舶设备集团有限公司
15	止咳化痰类中草药在卷烟中的应用研究	三等奖	科研开发类	武汉烟草（集团）有限公司、湖北中医学院	陈义坤、卢金清、罗红兵、李丹、潘婷婷、江汉美、胡志刚	武汉烟草（集团）有限公司

全国烟草行业第十七届优秀QC小组成果发布会获奖小组名单

（国家烟草专卖局关于表彰全国烟草行业第十七届优秀QC成果的通报 国烟运〔2006〕596号 国家烟草专卖局2006年8月15日印发）

一等奖小组名称	成果名称
许昌卷烟总厂一车间乙班QC小组	提高松散回潮机出口水分合格率
石家庄卷烟厂三车间QC小组	减少ZJ19卷烟机组剔除系统故障
广西中烟南宁分厂卷包车间“神韵”QC小组	GD包装机条盒玻璃纸检测器的研发
上海储运公司国权北路仓库烟叶保管QC小组	解决密封烟垛测温线引出的技术难题
上海卷烟厂一车间日班“创新”QC小组	完善梗预处理除杂能力
长沙卷烟厂制丝车间“跨难”QC小组	提高梗丝加香精度
郑州卷烟总厂黄金叶QC小组	降低卷烟单支重量标准偏差
红塔集团生产一部制丝车间QC小组	直线轴承替代件的研制
广西中烟柳州分厂“耕耘”QC小组	降低叶片加料的不合格率
武汉卷烟厂工艺QC小组	提高CO_2膨胀烟丝的整丝率
陕西卷烟总厂汉中分厂101QC小组	“两点喷射法”加香加料系统的设计与运用
常德卷烟厂一车间“东方红”QC小组	KDF2下成型烟枪冷却系统的研制

二等奖小组名称	成果名称
新郑烟草集团包装电气 QC 小组	降低 08JHJ 包装机的噪音
许昌卷烟总厂十车间机械 QC 小组	研制更换（振槽摇杆）减振橡胶条的专用工具
芜湖卷烟厂信息化应用 QC 小组	企业信息系统的设计和开发
南昌卷烟厂制丝车间 QC 小组	提高润梗出口水分 CPK 值合格率
上海白玉兰烟草材料公司成型车间机修 QC 小组	减少波纹滤棒成型机停机时间
徐州卷烟厂一车间“卓越”QC 小组	烟丝结团处理设备的研发
杭州卷烟厂制丝车间技术 QC 小组	提高小流量控制精度实现梗丝掺配柔性化
许昌烟机厂组合夹具攻关小组	提高 YJ19E 卷烟机刀盘轴的机加工合格率
贵阳卷烟厂卷烟原料公司金小蜂 QC 小组	寻求纸箱片烟的取样新方法
昆明卷烟厂干冰膨胀线工艺参数技术攻关小组	提高膨胀烟丝加工质量降低过程造碎
龙岩卷烟厂制丝小线 QC 小组	降低 KLK——G 烘丝机出口干头量
福建省烟草公司泉州分公司“育苗”QC 小组	提升“硬盒一品梅（醇红）”市场铺货率
张家口卷烟厂四车间 QC 小组	解决除氧器低水位问题保证锅炉供水安全
深圳卷烟厂新丝路 QC 小组	提高梗丝产成率
三等奖小组名称	成果名称
武汉卷烟厂动力车间 QC 小组	降低制冷机组蒸汽单耗
长沙卷烟厂郴州卷烟分厂	减少加料筒粘附烟叶
淮阴卷烟厂制丝车间现场 QC 小组	提高 HXD 燃烧炉热能利用率
将军集团济南卷烟厂制丝车间“创新”QC 小组	降低 HXD 故障停机频次
楚雄卷烟厂软包车间 QC 小组	降低 RC 油封机拉线座故障次数
宝鸡卷烟厂 507QC 小组	降低 FK 机小包外观质量不合格率
厦门卷烟厂制丝车间“尖峰”QC 小组	降低 HXD 燃烧炉熄火次数
北京卷烟厂卷包车间电修 QC 小组	解决条烟缺包问题
哈尔滨卷烟总厂（本部）五车间 QC 小组	冷凝水箱热能回收利用
宁波卷烟厂一车间五一 QC 小组	减少糖料厨房供料失败次数
红河卷烟厂制丝部梗丝 QC 小组	降低梗丝风选物料流失量
内蒙古昆明卷烟有限责任公司卷接包车间包装 QC 小组	实现 ZB21 机组无条盒包装
延吉卷烟厂二车间 GDX1QC 小组	提高 GDX1 小盒包装质量合格率
广州卷烟二厂生产一部制丝车间机电 QC 小组	稳定膨后烟丝加香流量提高膨丝品质
成都卷烟厂制造中心“先锋”QC 小组	提高卷烟烟支重量精度
兰州卷烟厂产品调试 QC 小组	攻克兰州 008JHJ 卷烟产品在 HDT 线调试难关

2005～2006年度烟草行业会计信息质量评比获奖单位名单

（国家烟草专卖局办公室关于表彰2005～2006年度烟草系统会计信息质量评比获奖单位的通知　国烟办综〔2006〕527号　国家烟草专卖局2006年12月4日印发）

一等奖

中国烟草总公司浙江省公司

中国烟草总公司河北省公司

广东中烟工业公司

二等奖

中国烟草总公司北京市公司

中国烟草总公司新疆区公司

中国烟草总公司江西省公司

湖南中烟工业公司

山东中烟工业公司

三等奖

中国烟草总公司广西区公司

中国烟草总公司福建省公司

中国烟草总公司四川省公司

中国烟草总公司湖北省公司

川渝中烟工业公司

江西中烟工业公司

广西中烟工业公司

全国烟草行业先进离退休干部党支部名单

（中共国家烟草专卖局党组关于表彰全国烟草行业离退休干部先进个人和先进离退休干部党支部的决定 国烟党〔2006〕27号 国家烟草专卖局党组2006年4月17日印发）

国家烟草专卖局（总公司）机关离退休干部党支部东经路支部

北京市烟草专卖局（公司）机关离退休干部党支部

山西省烟草专卖局（公司）机关离退休干部党支部

内蒙古自治区烟草专卖局（公司）机关离退休党支部

吉林省烟草专卖局（公司）机关离退休党支部

黑龙江省齐齐哈尔市烟草专卖局离退休职工党支部

上海烟草（集团）公司离休干部党支部

江苏省徐州市烟草专卖局（公司）第四党支部（离退休党支部）

浙江省烟草专卖局（公司）离退休党支部

安徽省亳州市烟草专卖局（公司）离退休党支部

福建省南平市烟草专卖局（分公司）总支部第六支部

江西省九江市烟草专卖局（分公司）离退休干部党支部

山东省潍坊市烟草专卖局（有限公司）机关离退休党支部

河南省濮阳市烟草专卖局（分公司）离退休党支部

湖北省十堰市烟草专卖局（公司）离退休党支部

湖南省益阳市烟草专卖局（公司）机关离退休党支部

广东省汕头市烟草专卖局（有限责任公司）离退休干部党支部

广西壮族自治区防城港市烟草专卖局第三党支部

四川省烟草专卖局（公司）机关离退休人员第一党支部

云南省宣威市烟草专卖局离退休党支部

陕西省渭南市烟草专卖局（分公司）离退休党支部

甘肃省烟草专卖局陇南分局机关委员会第四党支部

青海省烟草专卖局（公司）机关第七党支部

宁夏回族自治区烟草专卖局（公司）机关党委离退休干部党支部

重庆市烟草专卖局（公司）离退休党支部

中国烟草实业发展中心哈尔滨卷烟总厂离休党支部

浙江中烟工业公司宁波卷烟厂离退休党支部

安徽中烟工业公司蚌埠卷烟厂离退休干部党支部
山东中烟工业公司济南卷烟厂离退休党支部
河南新郑烟草（集团）公司安阳卷烟厂离退休党总支
湖北中烟工业公司武汉烟草（集团）有限公司离退休干部党支部
湖南中烟工业公司长沙卷烟厂离退休党支部
广西卷烟总厂柳州分厂离退休党支部
川渝中烟工业公司重庆烟草工业有限责任公司重庆分厂离退休党支部
贵州中烟工业公司贵阳卷烟厂贵定分厂离退休党支部
云南中烟工业公司红塔烟草（集团）有限责任公司离退休党支部
陕西卷烟总厂宝鸡分厂退休职工管理处党总支

全国烟草行业“十五”教育培训工作先进集体名单

（国家烟草专卖局关于表彰“全国烟草行业‘十五’教育培训工作先进集体和先进个人”的决定 国烟科〔2006〕252 号 国家烟草专卖局2006 年4 月10 日印发）

山西省太原市烟草专卖局（公司）
湖北省武汉市烟草专卖局（公司）
重庆市烟叶生产购销有限责任公司
贵州省毕节地区烟草专卖局（公司）
陕西省安康市烟草专卖局（公司）
延吉卷烟厂
杭州卷烟厂
许昌卷烟总厂
红塔烟草（集团）有限责任公司
湖南省烟草职工培训中心

全国烟草行业“十五”期间科技创新工作先进集体名单

（国家烟草专卖局关于表彰奖励全国烟草行业“十五”重大科技成果暨科技创新工作先进集体和先进个人的决定 国烟科〔2006〕321 号 国家烟草专卖局2006 年5 月16 日印发）

上海烟草（集团）公司技术中心
郑州烟草研究院烟草工艺研究开发中心
南通醋酸纤维有限公司
长沙卷烟厂技术中心
红塔烟草（集团）有限责任公司技术中心
武汉烟草（集团）有限公司技术中心
贵州省烟草公司遵义市分公司
福建省烟草公司龙岩市公司
河南省烟草公司三门峡市分公司
湖北省烟草质量监督检测站
中烟机械技术中心有限责任公司

国家烟草专卖局直属机关先进党支部名单

（国家烟草专卖局直属机关党委关于表彰先进党支部和优秀党务工作者的决定 国烟机党〔2006〕11 号 中共国家烟草专卖局直属机关委员会2006 年6 月28 日印发）

办公室（外事司）党支部
政策法规与体制改革司党支部
财务管理与监督司（审计司）党支部
中国烟叶公司党支部
中烟电子商务公司党支部
中国烟草实业发展中心机关党支部

《中国烟草》杂志社党支部

离退休干部办公室第二（东经路）党支部

2005年“全国五一劳动奖状”（烟草行业）获奖单位名单

（中华全国总工会关于颁发全国五一劳动奖状、全国五一劳动奖章的决定总工发〔2006〕23号 中华全国总工会2006年4月26日印发）

黑龙江省烟草公司佳木斯分公司

新郑烟草（集团）公司原料供应部

重庆市巴南区烟草专卖局（营销中心）

全国“四五”法制宣传教育先进集体（烟草行业）名单

（中央宣传部、司法部2006年5月2日公布）

全国“四五”法制宣传教育先进单位：

云南省烟草专卖局（公司）法规处

常德卷烟厂

全国“四五”法制宣传教育先进普法办：

国家烟草专卖局政策法规与体制改革司

“全国先进基层党组织”（烟草行业）名单

（中央组织部2006年6月30日公布）

延吉卷烟厂党委

黄山卷烟总厂蚌埠卷烟厂党委

许昌卷烟总厂党委

常德卷烟厂党委

广东卷烟总厂韶关卷烟厂党委

烟草行业获2006年度新命名的“全国青年文明号”名单

（共青团中央2007年4月23日公布）

上海烟草（集团）公司天津卷烟厂二车间甲班 PROTOS－GDX22JHJ机组

吉林市烟草专卖局（公司）专卖管理中心

武汉市烟草专卖局（公司）客户服务部（订单部）

烟草行业获第二届“振兴杯”全国青年职业技能大赛优秀集体企业名单

（共青团中央、劳动和社会保障部2006年10月13日公布）

长沙卷烟厂

烟草行业入选首批“中华老字号”的品牌名单

（商务部2006年12月19日公布）

“利　群”

入选中国驰名商标的23个卷烟品牌

（国家工商行政管理总局商标局认定）

“中华”“红塔山”“芙蓉王”“云烟”“黄山”“金圣”

“利群”“红金龙”“红旗渠”“娇子”“哈德门”“石狮”

“壹枝笔”“七匹狼”“大红鹰”“白沙”“将军”

“红河”

“天下秀”* “黄金叶”* “长白山”* “黄鹤楼”* “好日子”*

注：* 号为2006年新增中国驰名商标。

烟草行业入选“中国100最具价值驰名商标”名单

（中国品牌研究院2006年1月10日发布）

排　名	品　牌	商标价值（亿元）
1	“红塔山”	46.866
17	“白 沙”	30.425
27	“芙蓉王”	28.029
32	“红金龙”及图	27.512
34	“利 群”及图	27.364
37	“大红鹰”	27.116
44	“黄 山”	26.558

烟草行业获“国家级企业管理现代化创新成果奖”企业名单

（中国企业联合会、中国企业家协会、全国企业管理现代化创新成果审定委员会2006年3月26日公布）

一等奖

红云烟草（集团）有限责任公司昆明卷烟厂

二等奖

新郑烟草（集团）公司

南昌卷烟厂

烟草行业入选“2006年度中国制造业500强”企业名单

（国家统计局2006年8月19日公布）

红塔烟草（集团）有限责任公司
上海烟草（集团）公司
长沙卷烟厂
贵州黄果树烟草集团公司
杭州卷烟厂
颐中烟草（集团）有限公司
徐州卷烟厂
成都卷烟厂
宁波卷烟厂
新郑烟草（集团）公司
济南卷烟厂
淮阴卷烟厂
红云烟草（集团）有限责任公司
广东卷烟总厂
常德卷烟厂
武汉烟草（集团）有限公司
红河卷烟总厂
安徽黄山卷烟总厂
南京卷烟厂
广西卷烟总厂
许昌卷烟总厂
龙岩卷烟厂
重庆烟草工业有限责任公司
厦门卷烟厂

烟草行业入选“2006中国工业行业排头兵企业”名单

（中国工业经济联合会、《中国工业报》社2006年7月29日公布）

上海烟草（集团）公司
红塔烟草（集团）有限责任公司
红云烟草（集团）有限责任公司
长沙卷烟厂
常德卷烟厂

烟草行业入选“2006年度中国企业信息化百强企业”名单

（中国电子学会企业信息化专委会、《每周电脑报》2006年9月21日公布）

红塔烟草（集团）有限责任公司
武汉烟草（集团）有限公司
中国烟草总公司深圳市公司
中国烟草总公司安徽省公司
重庆市烟草专卖局
上海烟草（集团）公司
杭州市烟草专卖局
广东中烟工业公司
龙岩卷烟厂
大连市烟草专卖局

烟草行业获“中国企业管理创新示范单位”名单

（中国管理科学研究院2006年6月25日公布）

常德卷烟厂

烟草行业入选“全国工业重点行业效益十佳企业”名单

（中国行业企业信息发布中心2006年6月28日公布）

上海烟草（集团）公司
红塔烟草（集团）有限责任公司
红云烟草（集团）有限责任公司
南京卷烟厂
广东卷烟总厂
常德卷烟厂
杭州卷烟厂
长沙卷烟厂
徐州卷烟厂
武汉烟草（集团）有限公司

索 引

索引使用说明

一、本索引采用关键词索引法编制，对年鉴中有实质检索意义的内容予以标引，以供检索使用。

二、本索引基本上是按汉语拼音音序排列。具体排列规律如下：以数字开头的标目，排在最前面；以英文字母打头的标目，列于其次；汉字标目则按首字的音序、音调依次排列；首字相同时，则以第二个字排序，并依次类推。

三、索引标目后的数字，表示检索内容所在的年鉴正文页码，如果一个关键词在同一页中出现多次，页码只标一次。

索引

图书在版编目（CIP）数据

中国烟草年鉴·2006年/国家烟草专卖局编．－北京：中国经济出版社，2008.7
ISBN 978－7－5017－8682－4

Ⅰ．中… Ⅱ．国… Ⅲ．烟草工业－中国－2006－年鉴 Ⅳ．F426.89－54

中国版本图书馆CIP数据核字（2008）第097485号

出版发行：中国经济出版社（100037·北京市西城区百万庄北街3号）
网　　址：www.economyph.com
责任编辑：刘一玲　（电话：010－68359417　13681590988）
责任印制：张江虹
封面设计：吉天虹
彩插设计：吉天虹　张晨艳　陈兴杰　华　眉　　**彩插印张**：5
经　　销：各地新华书店
承　　印：潮河印业有限公司
开　　本：889×1194mm　1/16　　**印张**：63.25　**字数**：2000千字
版　　次：2008年7月第1版　　**印次**：2008年7月第1次印刷
书　　号：ISBN 978－7－5017－8682－4/F·7660　　**定价**：300.00元

贵州平水机械有限责任公司

贵州平水机械有限责任公司系中国航空工业第一集团所属的航空专业设备制造企业及中国烟草总公司烟草机械定点生产企业，国家二级计量单位。一九九八年取得IS9001认证，建立了设计、开发、生产安装与服务的质量保证体系。

公司固定资产2.6亿元，占地面积36万平方米，员工1200余人。技术力量雄厚，在烟草机械制造行业中，公司先后研制生产了ZB21(6000型)及ZB25（8000型）软盒硬条包装机组等系列产品并专业从事精密设备、重型设备的修理、改造，产品多次荣获国家及省、部级科技奖。迄今为止，公司一直从事烟草包装机械的系列产品生产，年GDX1整机生产能力为35台，年GDX1大修理生产能力为30台，销售网络已经遍布24个省市，共销售ZB21(6000型)机组269台，销售ZB25（8000型）机组53台，两机备件年供给能力能达8000万元。同时，公司又不断的在ZB21(6000型)、ZB25（8000型）机组上做了大量的技术改造，在产品质量及售后服务上，深受用户的好评，为行业的发展作出了相应的贡献。

2006年公司出口了一条ZB21(6000型)机组到印度GTC公司，并得到用户较高的评价，为中国烟草工业ZB21(6000型)机组的出口奠定了良好的基础。

目前，公司不断地加强和提高研发能力，立足自主创新。完善现代企业管理制度及经营理念，满足用户的需求，为国内烟草行业的发展提供强有力的技术装备保障及支撑，使企业能够为烟草行业的发展再谱新章。

董事长、总经理：阮湄江
TEL：0853-4758988
传真：0853-4758888
http://www.ps-machinery.com

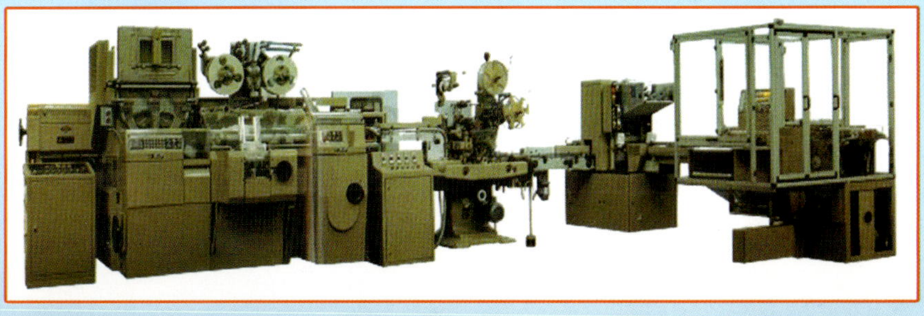

Potevio
中国普天

公司简介

贵阳普天物流技术股份有限公司，是目前国内规模较大、较早从事物流系统规划，物流技术产品研发、设计、制造、安装、调试、服务、培训以及总集成服务的物流技术装备专业企业。具有30多年的发展历史。

公司由贵阳基地，珠海软件园、北京分公司、上海办事处、华中办事处、西安办事处、和各地维护中心等共同构成。企业占地面积18万平方米，共有员工600多人。

企业通过ISO9001质量管理体系认证，物流运输产品通过国家3C认证。具有国家“计算机信息系统集成二级资质”。

公司是我国分拣技术的技术依托单位。国家火炬-计划重点高新技术企业，是省物流工程技术中心的主体单位，省专利申请示范企业和信息化示范企业，省产学研示范基地，中国农行贵州分行特级AAA信誉企业，2006年获得国家资格认证的物流设备企业和物流软件企业。拥有国家级新产品12项，专利产品74项（其中发明专利14项.专利号：2004101555831、2006102004360......）

公司主要提供的系统有：分拣系统、输送系统、信息管理系统、物流运输车和智能搬运AGV等；其中仅分拣系统就拥有8大类，20多个系列，输送设备具有轻、重型两大类，基本涵盖了目前世界上在用的分拣输送形式，并全部拥有自主知识产权。从1972年我国的分拣设备在这里诞生以来，公司承担了许多省部级科研项目。

公司产品可为烟草、图书、邮政、医药、民航、军事等多个行业提供物流技术、装备和系统解决方案，其中：在烟草行业物流中，形成了串联、并联、复合式等自动、半自动七大类分拣输送系统解决方案，应用案例遍及全国各地。

物流技术装备作为中国普天和政府的重要产业，正在共同支持公司的发展；目前，公司正在构建物流装备先进制造系统，实现企业从传统制造业向现代物流装备集成企业的转型。

科技创造新物流

地址：贵州省贵阳市野鸭塘
电话：（0851）4720053 4720022
传真：（0851）4720467
网址：www.gyputian.cn

贵阳普天物流技术股份有限公司
GUIYANG PUTIAN LOGISTICS TECHNOLOGY CO.LTD